Moritz · Dreier

Rechts-Handbuch zum E-Commerce

Rechts-Handbuch zum E-Commerce

herausgegeben von

Dr. Hans-Werner Moritz
Rechtsanwalt, München

und

Prof. Dr. Thomas Dreier
Universität Karlsruhe

Bearbeiter siehe nächste Seite

2002

ovs
Verlag
Dr. Otto Schmidt
Köln

Zitierempfehlung:
Bearbeiter in Moritz/Dreier, E-Commerce, Teil ... Rz. ...
(z.B. B Rz. 20)

Die Deutsche Bibliothek – CIP-Einheitsaufnahme

Rechts-Handbuch zum E-Commerce / hrsg. von Hans-Werner Moritz und Thomas Dreier. – Köln: O. Schmidt, 2002
ISBN 3-504-56016-9

Verlag Dr. Otto Schmidt KG
Unter den Ulmen 96–98, 50968 Köln
Tel.: 02 21/9 37 38-01, Fax: 02 21/9 37 38-9 21
e-mail: info@otto-schmidt.de
www.otto-schmidt.de

Das verwendete Papier ist aus chlorfrei gebleichten Rohstoffen hergestellt, holz- und säurefrei, alterungsbeständig und umweltfreundlich.

Umschlaggestaltung: Jan P. Lichtenford, Mettmann

Gesamtherstellung: Bercker Graphischer Betrieb GmbH & Co. KG, Kevelaer

Printed in Germany

Bearbeiter

Dipl.-Ing. Jürgen Betten
Patentanwalt, München

Prof. Dr. Wolfgang Däubler
Universität Bremen

Dr. Jochen Dieselhorst
Rechtsanwalt, Hamburg

Prof. Dr. Thomas Dreier
Universität Karlsruhe

Dr. Dipl.-Phys.
Alexander Esslinger
Patentanwalt, München

Dr.-Ing. Hannes Federrath
Technische Universität Dresden

Dr. Stefan Freytag
Rechtsanwalt, München

Andreas Göckel
Rechtsanwalt, Bonn

Mag. iur. Gerhard Hermann
Max-Planck-Institut, München

Dr. Christoph Holzbach
Rechtsanwalt, Frankfurt a.M.

Stefan Hütig
Rechtsanwalt, München

Dr. Tanja Jessen
Rechtsanwältin, München

Prof. Dr. Klaus Lammich
Hochschule Harz, Wernigerode

Dr. Theo Langheid
Rechtsanwalt, Köln

Frithjof A. Maennel
Europäische Kommission, Brüssel

Dr. Anja Miedbrodt
Rechtsanwältin, Stuttgart

Dr. Hans-Werner Moritz
Rechtsanwalt, München

Eckart Müller
Assessor jur., München

Axel Petri
Rechtsanwalt, Bonn

Prof. Dr. Andreas Pfitzmann
Technische Universität Dresden

Dr. Rainer Spatscheck
Rechtsanwalt, Fachanwalt für Steuerrecht, Köln

Dr. Christoph Süßenberger
Rechtsanwalt, Frankfurt a.M.

Dr. Matthias Terlau
Rechtsanwalt, Köln

Dr. Alexander Tettenborn, LL.M.
Regierungsdirektor, Berlin

Dr. Irini Vassilaki
Universität Göttingen

Dr. Michael Wächter
Justiziar, Sindelfingen

Vorwort

Inzwischen ist allgemein anerkannt, dass das Internet kein rechtsfreier Raum ist. Das Bild vom Cyberspace, in dem ein neuer virtueller Kontinent entstanden ist, war zwar schön, bedeutet aber nicht, dass auf diesem neuen Kontinent kein Recht gilt. Früher brachten die Eroberer neuer Erdteile und Kontinente ihr Recht mit und setzten es auch durch. Es handelte sich zunächst meist um das Recht, welches in ihrem Heimatstaat galt. (Macht-)Politisch wurde dies dadurch erreicht, dass der eroberte Erdteil oder Kontinent in das Staatsgebiet des Heimatlandes eingegliedert wurde. Später, als die eroberten Erdteile oder Kontinente unabhängig wurden, erklärten sie sich selbst zu abhängigen Staaten, die für ihr Recht und dessen Durchsetzung verantwortlich waren.

Nach der herkömmlichen Staatslehre sind für einen Staat ein Staatsgebiet, ein Staatsvolk und eine Staatsgewalt wesentlich. Die Staatsgewalt ist dafür verantwortlich, dass Recht durchgesetzt werden kann. Doch wie verhält es sich hiermit im neuen virtuellen Kontinent des Internet? Während man das Internet vielleicht noch mit einem Staatsgebiet gleichsetzen könnte und die Nutzer des Internets, die „Netizens", als „Volk" des Internets bezeichnen könnte, fehlt dem Internet eine eigene Staatsgewalt. Dies wird weniger an der Setzung von Recht deutlich, die durch Mehrheitsentscheidungen der Internetnutzer immerhin noch vorstellbar wäre, wohl aber bei der Durchsetzung eines solchen Rechts. Wo ist die Polizei, die Rechtsverstöße verfolgen könnte? Und wo ist die Instanz, die die Durchsetzung dieses Rechts gewährleisten könnte?

Wenn es sich also beim Internet nicht um einen rechtsfreien Raum handeln soll, dann kann das dort geltende Recht nur das jeweilige nationale Recht der Staaten, das Recht der internationalen völkerrechtlichen Verträge sowie die allgemeinen Regeln des Völkerrechts sein. Nur der nationale Staat bzw. die in internationalen Verträgen für bestimmte koordinierte Bereiche gleichen Regeln folgenden nationalen Staaten verfügen über den Machtapparat, der in der Lage ist, auf ihrem Staatsgebiet bzw. ihren Staatsgebieten geltendes Recht durchzusetzen. Genau hier aber liegt die Crux der Rechtsstaatsidee des Internets. Das Internet kennt keine staatlichen Grenzen. Äußerungen und Erklärungen im Internet sind überall empfangbar und abrufbar. Man kann sie nicht an den staatlichen Grenzen aufhalten. So ist es eben denkbar, dass Äußerungen, die zum Beispiel in den USA keinen Straftatbestand erfüllen, in der Bundesrepublik Deutschland sehr wohl strafbar sein können. Werbung, die in einem Staat erlaubt ist, kann in einem anderen Staat, in dem sie abrufbar ist, unzulässig sein. Selbst wenn ein Wettbewerber nun im Empfängerstaat der Werbung ein rechtskräftiges Urteil erstreitet, erhebt sich die Frage von dessen Durchsetzbarkeit im Staate des Werbenden. Dies gelingt nur, wenn internationale Verträge die Vollstreckbarkeit solcher Urteile garantieren.

Für die Rechtsstaatsidee des Internets wäre es ideal, wenn sich alle Staaten dieser Erde auf ein einheitlich geltendes Recht im Internet einigen und auch dessen Durchsetzung garantieren würden. Gemessen an den historischen Erfahrungen, die uns lehren, dass die Nationalstaaten ihre staatliche Souveränität nur sehr ungern aufgeben, wird dies aber noch lange eine Utopie bleiben. So wird es wohl zunächst dabei bleiben, dass die nationalen Staaten für die Rechtssetzung und Rechtsdurchsetzung im Internet ihre Zuständigkeit beanspruchen werden.

Die Bundesrepublik Deutschland hat bereits 1997 mit dem Informations- und Kommunikationsdienstegesetz (IuKDG) einen Rechtsrahmen für das Tätigwerden im Internet und mittels des Internets vorgegeben. Dieses Gesetz hat in wesentlichen Bereichen der Richtlinie der Europäischen Kommission und des Rates vom 8. 6. 2000 als Vorbild gedient. Mit dieser Richtlinie wurde für das Gemeinschaftsgebiet eine Koordinierung der nationalen Rechte für die elektronisch abgewickelten Dienste der Informationsgesellschaft vorgenommen. Die Umsetzung dieser Richtlinie in deutsches Recht ist gerade erfolgt, und so ist es insbesondere ein Ziel dieses Handbuches, Sie, verehrte Leser, als Dienstleister und Nutzer der Informationsgesellschaft über das im Gemeinschaftsgebiet für Sie derzeit geltende Recht mit seinen nationalen und internationalen Bezügen zu unterrichten.

Das Werk richtet sich dabei an den Bedürfnissen der Praxis aus. Es soll praktische Hilfestellung bei der Lösung der rechtlichen Fragen rund um den E-Commerce bieten. Daher tritt die lehrbuchhafte wissenschaftliche Vertiefung dogmatischer Streitfragen in den Hintergrund. Im Vordergrund steht vielmehr die Verständlichkeit der Darstellung, die den aktuellen Stand der Rechtsprechung aufarbeitet und auf die allgemein verfügbare Literatur weiterverweist. Gewährleistet wird dies durch eine Auswahl von Autoren, die mit wenigen Ausnahmen nicht dem universitären Bereich entstammen, sondern die in der Praxis als Rechts- und Patentanwälte sowie als Angehörige nationaler und europäischer Behörden in der täglichen Praxis mit den Rechtsfragen des E-Commerce befasst sind.

Anders als sonst weithin üblich wird die Materie nicht in einzelnen monographischen Abhandlungen, die jede für sich alleine stehen könnte, erörtert. Stattdessen haben wir uns zusammen mit dem Verlag dafür entschieden, den Weg des Anbieters ins Netz, seinen Auftritt im Netz und seinen Austritt aus dem Netz nachzuzeichnen. Ein solches Vorgehen führt zwangsläufig zu einer Aufspaltung von Materien, weil – um nur ein Beispiel wie etwa das Marken- und das Urheberrecht herauszugreifen – rechtliche Probleme sowohl vor Aufnahme der eigenen Tätigkeit als auch in der späteren Phase der Verteidigung eigener Rechte gegen Verletzungshandlungen Dritter darzustellen sind. Dennoch erscheint dieser Ansatz nicht nur reizvoll, sondern vor allem angesichts der genaueren Abbildung des tatsächlichen Geschäftsablaufs auch gerechtfertigt. Wiederholungen wird dabei durch ein System umfänglicher Querverweise begegnet.

Das Werk ist vor allem für Rechtsanwälte und Berater von Unternehmen verfasst, die am E-Commerce teilnehmen oder dabei sind, ihre Aktivitäten in den Bereich des E-Commerce zu erweitern, oder planen, eine solche Geschäftstätigkeit aufzunehmen. Aber auch für die Juristen und Geschäftsführer in diesen Unternehmen ist das vorliegende Buch gedacht. Für weitere Anregungen und Ergänzungen aus dem Kreis der Nutzer dieses Buches sind die Herausgeber dankbar.

München, Karlsruhe, im November 2001 — Die Herausgeber

Inhaltsübersicht

I. Das Netz und die Steuer
(Spatscheck)

J. Versicherungsmöglichkeiten
(Langheid)

Inhaltsverzeichnis

A. Einführung in die Grundlagen des elektronischen Geschäftsverkehrs

(Federrath/Pfitzmann)

B. Der Weg zum Netz
(Lammich/Petri/Göckel/Dreier/Dieselhorst/Betten/ Esslinger/Jessen/Müller)

D. Haftung der im Netz Tätigen

(Hütig/Freytag/Dreier/Dieselhorst/Betten/Esslinger/Moritz/Hermann/Waechter/Terlau)

E. Schutz der Tätigkeit
(Dreier/Dieselhorst/Betten/Esslinger)

F. Sicherheit im Netz
(Federrath/Pfitzmann/Miedbrodt)

G. Strafrechtlicher Schutz des E-Commerce
(Vassilaki)

H. Das Netz und arbeitsrechtliche Fragen
(Däubler)

I. Das Netz und die Steuer
(Spatscheck)

Literaturverzeichnis

Albrecht, Biometrie zum Nutzen der Verbraucher, DuD 2000, 332
Althammer/Ströbele/Klaka, Markengesetz, 6. Aufl. 2000
Amor, Die E-Business-(R)Evolution: Das umfassende Executive-Briefing, 2000
Auerbach, Bestellvorgänge mittels Bildschirmtext, CR 1988, 18
Auernhammer, Bundesdatenschutzgesetz, Kommentar, 2. Aufl. 1981
Auernhammer, Bundesdatenschutzgesetz, Kommentar, 3. Aufl. 1993

Bachhofer, Die Rechtsgültigkeit der elektronischen Unterschrift, NJW-CoR 1993, 25
Balke/Müller, Arbeitsrechtliche Aspekte beim Einsatz von E-Mails, DB 1997, 326
Bartl, Aktuelle Rechtsfragen des Bildschirmtextes, DB 1982, 1097
Barton, Multimedia-Strafrecht, 1999
Bartosch/Schneider, Kryptographie-Standards und ihre APIs, DuD 2000, 392
Bartsch/Lutterbeck (Hrsg.), Neues Recht für neue Medien, 1998
Baumbach/Hefermehl, Wettbewerbsrecht, 22. Aufl. 2001
Baumbach/Hopt, Handelsgesetzbuch, 30. Aufl. 2000
Beck'scher TK-Kommentar, hrsg. von Büchner/Ehmer/Geppert/Kerkhoff/Piepenbrock/Schütz/Schuster, 2. Aufl. 2000 (zit. Beck TKG-Komm/*Bearbeiter*)
Beckschulze/Henkel, Der Einfluss des Internets auf das Arbeitsrecht, DB 2001, 1491
Benkard, Patentgesetz, 9. Aufl. 1993 (zit. *Bearbeiter* in Benkard)
Bermanseder, Verbraucherschutz beim Teleshopping, MMR 1998, 342
Beucher/Leyendecker/von Rosenberg, Mediengesetze, Kommentar zum RStV, MDStV, TDG und TDDSG, 1999
Bieser, Das neue Signaturgesetz – Die digitale Signatur im europäischen und internationalen Kontext, DStR 2001, 27
Bijok/Class, Arbeitsrechtliche und datenschutzrechtliche Aspekte des Internet-Einsatzes (insbes. E-Mail), RDV 2001, 52
Birk, Umschulung statt Kündigung, in Festschrift Kissel, 1994, S. 51
Bizer, Die Kryptokontroverse. Innere Sicherheit und Sicherungsinfrastrukturen, in Hammer (Hrsg.), Sicherungsinfrastrukturen – Gestaltungsvorschläge für Technik, Organisation und Recht, 1995, S. 179
Bizer, Digitale Dokumente im elektronischen Rechtsverkehr, in Kröger (Hrsg.), Internet für Rechtsanwälte und Notare, 1997, S. 148
Bizer, Kryptokontroverse – Der Schutz der Vertraulichkeit in der Telekommunikation, DuD 1996, 5
Bizer, Kryptokontroverse. Teilnehmerautonome Verschlüsselung und Innere Sicherheit, in Kubicek/Müller/Neumann/Raubold/Roßnagel (Hrsg.), Jahrbuch Telekommunikation und Gesellschaft 1995: Multimedia-Technik sucht Anwendung, 1995, S. 214

Bizer, Rechtliche Bedeutung der Kryptographie, DuD 1997, 203

Bizer/Hammer, Elektronisch signierte Dokumente als Beweismittel, DuD 1993, 619

Bizer/Hammer, Im Namen des Volkes . . . Sie haben signiert! Beweiswert elektronisch signierter Dokumente, GMD-Spiegel 1993, S. 40

Bizer/Herda, Kriterien zur Gewährleistung eines ausreichenden Beweiswertes digital signierter Dokumente im elektronischen Rechtsverkehr, in Horster (Hrsg.), Digitale Signaturen, 1996, S. 19

Blaze, Cryptography Policy and the Information Economy, DuD 1997, 209

Bleisteiner, Rechtliche Verantwortlichkeit im Internet, 1998

Blum, Entwurf eines neuen Signaturgesetzes, DuD 2001, 71

BMWi/VDMA/ZVEI, Electronic Commerce – Chancen für den Mittelstand, 1999

Boehme-Neßler, CyberLaw: Ein Lehrbuch zum Internet-Recht, 2001

Boriths Müller/Roessler, Zur rechtlichen Anerkennung elektronischer Signaturen in Europa, DuD 1999, 497

Borsmann, Arbeitsrechtliche Fragen bei der Einführung von Neuen Medien, NZA 1984, 185

Borsum/Hoffmeister, Bildschirmtext und Vertragsrecht, 1984

Brauner, Das Erklärungsrisiko beim Einsatz von elektronischen Datenverarbeitungsanlagen, 1988

Brehm, Zur automatisierten Willenserklärung, in FS Hubert Niederländer, 1991, S. 233

Bremer/Welsch, Die europäische Signaturrichtlinie in der Praxis, DuD 2000, 85

Brinkmann, Bestellvorgang über Bildschirmtext und Abruf von Bildschirmtext-Angeboten unter besonderer Berücksichtigung des AGB-Gesetzes und des Abzahlungsgesetzes, in Bildschirmtext-Anbieter-Vereinigung (Hrsg.), Das Bildschirmtext-Recht entwickelt sich, 1985, S. 73

Brinkmann, Der Zugang von Willenserklärungen, 1984

Brinkmann, Vertragsrechtliche Probleme bei Warenbestellungen über Bildschirmtext, BB 1981, 1183

Brinkmann, Zivil- und presserechtliche Fragen bei der Nutzung von Bildschirmtext, ZUM 1985, 337

Brisch, EU-Richtlinienvorschlag zum elektronischen Geschäftsverkehr, CR 1999, 235

Brown, Internet – Referenz und Anwendung, 1998

Brox, Allgemeiner Teil des Bürgerlichen Gesetzbuchs, 25. Aufl. 2001

Büllesbach/Klawitter/Miedbrodt, Das neue Namensaktiengesetz – Ein Überblick über die Modernisierungsvorschriften, DStR 2001, 666

Büllesbach/Klawitter/Miedbrodt, Das Namensaktiengesetz – Neuerungen und praktische Umsetzungsmöglichkeiten, CR 2000, 565

Büllesbach/Rieß/Miedbrodt, Digitale Signaturen zwischen Anwendung und Regulierung am Beispiel der Situation in Europa, Japan und den Vereinigten Staaten von Amerika, in Geis (Hrsg.), Die digitale Signatur – eine Sicherheitstechnik für die Informationsgesellschaft, 2000, S. 1

Bullinger/Mestmäcker, Multimediadienste – Struktur und staatliche Aufgaben nach deutschem und europäischem Recht, 1997
Bultmann/Rahn, Rechtliche Fragen beim Teleshopping, NJW 1988, 2432
Burgard, Das Wirksamwerden empfangsbedürftiger Willenserklärungen im Zeitalter moderner Telekommunikation, AcP 195 (1995), 74
Busse, Patentgesetz, 5. Aufl. 1999 (zit. *Bearbeiter* in Busse)
Busse, Softwarevertrieb in Netzen, CR 1996, 389
Bydlinski, Fundamentale Rechtsgrundsätze: Zur rechtsethischen Verfassung der Sozietät, 1988

Camphausen, Schlüsselzertifizierung mit PGP, DuD 1998, 382
Canaris, Die Vertrauenshaftung im deutschen Privatrecht, 1971
Cerf, Computer Networking: Global Infrastructure for the 21st Century, www.cs.washington.edu/homes/lazowska/cra/networks.html
Cichon, Internetverträge, 2000
Clemens, Die elektronische Willenserklärung – Chancen und Gefahren, NJW 1985, 1998

Däubler, Internet und Arbeitsrecht, 2001
Däubler, Das Arbeitsrecht 1, 15. Aufl. 1998; Das Arbeitsrecht 2, 11. Aufl. 1998
Däubler, Gläserne Belegschaften? Datenschutz für Arbeiter, Angestellte und Beamte, 3. Aufl. 1993
Däubler, Nutzung des Internet durch Arbeitnehmer, K&R 2000, 323
Däubler, Die veränderte Betriebsverfassung – Erste Anwendungsprobleme, AuR 2001, 285
Däubler/Kittner/Klebe (Hrsg.), Betriebsverfassungsgesetz, Kommentar für die Praxis, 7. Aufl. 2000 (zit. Däubler/Kittner/Klebe/*Bearbeiter*)
Deville/Kalthegener, Wege zum Handelsverkehr mit elektronischer Unterschrift, NJW-CoR 1997, 168
Dobbertin, Digitale Fingerabdrücke, DuD 1997, 82
Drexl, Verbraucherschutz im Netz, in Lehmann (Hrsg.), Rechtsgeschäfte im Netz – Electronic Commerce, 1999, S. 75
Drexl/Kreuzer/Scheuing/Sieber (Hrsg.), Europarecht im Informationszeitalter, Ius Europaeum Band 11, 2000
Drühmel, Feldversuch Elektronischer Rechtsverkehr – Finanzgericht Hamburg, in Geis (Hrsg.), Die digitale Signatur – eine Sicherheitstechnik für die Informationsgesellschaft, 2000, S. 113
Dumortier/Gravesen/van Eecke, Die europäische Signaturrichtlinie – Regulative Funktion und Bedeutung der Rechtswirkung, MMR 1999, 577
Dumortier/Rinderle, Umsetzung der Signaturrichtlinie in den europäischen Mitgliedstaaten, CRI 2001, 5

Ebbing, Schriftform und E-Mail, CR 1996, 271
Eberspächer (Hrsg.), Sichere Daten, sichere Kommunikation, 1994
Ebnet, Rechtsprobleme bei der Verwendung von Telefax, NJW 1992, 2985
Engel-Flechsig, IuKDG vom Bundestag verabschiedet, DuD 1997, 474

Engel-Flechsig/Maennel/Tettenborn, Neue gesetzliche Rahmenbedingungen für Multimedia, BB Sonderveröffentlichung, 1998
Engel-Flechsig/Roßnagel, Multimedia-Recht, 1998
Erber-Faller, Gesetzgebungsvorschläge der Bundesnotarkammer zur Einführung elektronischer Unterschriften, CR 1996, 375
Erbs/Kohlhaas, Strafrechtliche Nebengesetze, Loseblatt
Erfurter Kommentar zum Arbeitsrecht, hrsgg. von Dieterich/Hanau/Schaub, 2. Aufl. 2001 (zit. ErfK/*Bearbeiter*)
Erman, Bürgerliches Gesetzbuch, 10. Aufl. 2000 (zit. Erman/*Bearbeiter*)
Ernst, Der Mausklick als Rechtsproblem – Willenserklärungen im Internet, NJW-CoR 1997, 165
Ernst, Wirtschaftsrecht im Internet, BB 1997, 1057
Esser/Weyers, Schuldrecht, Band II Besonderer Teil, 7. Aufl. 1991
Etling-Ernst, Praxiskommentar zum Telekommunikationsgesetz, 2. Aufl. 1999

Fabricius/Kraft/Wiese/Kreutz/Oetker, BetrVG, Gemeinschaftskommentar, Band 1, 6. Aufl. 1997; Band 2, 6. Aufl. 1998 (zit. GK/*Bearbeiter*)
Fangmann, Rechtliche Konsequenzen des Einsatzes von ISDN, 1993
Federrath, Schlüsselgenerierung in Trust Centern? Einseitig sicher ist nicht sicher genug, DuD 1997, 98
Federrath/Jerichow/Pfitzmann/Pfitzmann, Mehrseitig sichere Schlüsselerzeugung, in Horster (Hrsg.), Trust Center, 1995, S. 117
Fezer, Markenrecht, 3. Aufl. 2001
Fikentscher, Schuldrecht, 9. Aufl. 1997
Fitting/Kaiser/Heither/Engels, BetrVG mit Wahlordnung, Handkommentar, 20. Aufl. 2000
Flume, Allgemeiner Teil des Bürgerlichen Rechts, Zweiter Band: Das Rechtsgeschäft, 4. Aufl. 1992
Fox, Gateway: Signaturschlüsselzertifikat, DuD 1997, 106
Fox/Grimm, Entwurf einer EU-Richtlinie zu Rahmenbedingungen „elektronischer Signaturen“, DuD 1998, 407
Freytag, Haftung im Netz, 1999
Friedmann, Bildschirmtext und Rechtsgeschäftslehre, Diss. Köln 1986
Fringuelli/Wallhäuser, Formerfordernisse beim Vertragsschluß im Internet, CR 1999, 93
Fritze/Holzbach, Die Electronic-Commerce-Richtlinie, WRP 2000, 872
Fritzemeyer/Heun, Rechtsfragen des EDI, CR 1992, 129
Fritzsche/Malzer, Ausgewählte zivilrechtliche Probleme elektronisch signierter Willenserklärungen, DNotZ 1995, 3
Fromm/Nordemann, Urheberrecht, Kommentar zum Urberrechtsgesetz und zum Urheberrechtswahrnehmungsgesetz, 9. Aufl. 1998
Fuhrberg, Internet-Sicherheit: Browser, Firewalls und Verschlüsselung, 2. Aufl. 2000
Führich, Wirtschaftsprivatrecht: Privatrecht, Handelsrecht, Gesellschaftsrecht, 5. Aufl. 2001

Gates, Digitales Business: Wettbewerb im Informationszeitalter, 2000
Geimer, Internationales Zivilprozeßrecht, 4. Aufl. 2001
Geimer/Schütze, Europäisches Zivilverfahrensrecht, 1997
Geis, Die digitale Signatur, NJW 1997, 3000
Geis, Die elektronische Signatur als Bestandteil rechtssicheren Geschäftsverkehrs, in Geis (Hrsg.), Die digitale Signatur – eine Sicherheitstechnik für die Informationsgesellschaft, 2000, S. 155
Geis, Die elektronische Signatur: Eine internationale Architektur der Identifizierung im E-Commerce, MMR 2000, 667
Geis/Mühlein, Besteht Handlungsbedarf seitens der Bundesregierung und des Gesetzgebers im Hinblick auf elektronische Signaturverfahren?, CR 1994, 443
Gemeinsame Stellungnahme der Gesellschaft für Datenschutz und Datensicherung e.V. (GDD), Bonn und der Arbeitsgemeinschaft für Wirtschaftliche Verwaltung e.V. (AWV), zur Frage: „Besteht Handlungsbedarf seitens der Bundesregierung und des Gesetzgebers im Hinblick auf elektronische Signaturverfahren“, DuD 1993, 306
Gerling, Verschlüsselungsverfahren, DuD 1997, 197
Gierschmann, Die E-Commerce-Richtlinie, DB 2000, 1315
Gilles, Das Gesetz über den Widerruf von Haustürgeschäften und ähnlichen Geschäften, NJW 1986, 1131
Gilles, Recht und Praxis des Teleshopping, NJW 1988, 2424
Göhler, Gesetz über Ordnungswidrigkeiten, 12. Aufl. 1998
Gola, Neuer Tele-Datenschutz für Arbeitnehmer? Die Anwendung von TKG und TDDSG im Arbeitsverhältnis, MMR 1999, 322
Gola/Schomerus, Bundesdatenschutzgesetz mit Erläuterungen, 6. Aufl. 1997
Gößmann, Electronic Commerce – Die EU-Fernabsatzrichtlinie und ihre Auswirkungen auf den Handel über neue Medien, MMR 1998, 88
Grabitz/Hilf, Das Recht der Europäischen Union, Loseblatt
Griese/Sieber, Internet als erste Aufbaustufe des Information Highway, in Hilty (Hrsg.) Information-Highway, 1996, S. 43
Grimm, Kryptoverfahren und Zertifizierungsinstanzen, DuD 1996, 27
Gromov, The Roads and Crossroads of Internet History, www.internetvalley.com/intvalold.html

Hahn, Im Dickicht der Begriffe oder Was sind Telekommunikationsdienstleistungen?, RTkom 2000, 139
Hamm, Kryptokontroverse, DuD 1997, 186
Hammer, Gestaltungsbedarf und Gestaltungsoptionen für Sicherungsinfrastrukturen, in Hammer (Hrsg.), Sicherungsinfrastrukturen, 1995, S. 41
Hammer, Rechtsverbindliche Telekooperation, CR 1992, 435
Hance, Internet-Business und Internet-Recht, 1996
Haratsch/Kugelmann/Repkewitz (Hrsg.), Herausforderungen an das Recht der Informationsgesellschaft, 1996
Hardy, The History of the Net, www.ocean.ic.net/ftp/doc/nethist.html
Härting, Fernabsatzgesetz, Kurzkommentar, 2000

Härting, Internetrecht, 1999
Hay, US-Amerikanisches Recht: Ein Studienbuch, 2000
Heckmann, E-Commerce: Flucht in den virtuellen Raum?, NJW 2000, 1370
Heilmann/Tege, Informationstechnologie im Unternehmen, AuA 2001, 54
Heinrichs, Die Entwicklung des Rechts der Allgemeinen Geschäftsbedingungen im Jahre 1996, NJW 1997, 1407
Herda, Zurechenbarkeit – Verbindlichkeit – Nichtabstreitbarkeit, in Glade/Reimer/Struif (Hrsg.), Digitale Signatur & sicherheitssensitive Anwendungen, 1995, S. 96
von Herget/Reimer, Rechtsformen und Inhalte von Verträgen im Online-Bereich, DStR 1996, 1288
Hermanns/Sauer (Hrsg.), Management-Handbuch Electronic Commerce: Grundlagen, Strategien, Praxisbeispiele, 1999
Hess/Schlochauer/Glaubitz, Kommentar zum BetrVG, 5. Aufl. 1997
Heun, Die elektronische Willenserklärung, CR 1994, 595
Heun, Elektronisch erstellte oder übermittelte Dokumente und Schriftform, CR 1995, 2
Heussen, Vertragsverhandlung und Vertragsmanagement, 1997
Hoeren, Grundzüge des Internetrechts: E-Commerce, Domains, Urheberrecht, 2001
Hoeren, Rechtsfragen des Internet, 1998
Hoeren, Vorschlag für eine EU-Richtlinie über E-Commerce, MMR 1999, 192
Hoeren/Sieber (Hrsg.), Handbuch Multimedia-Recht, Loseblatt, Stand Februar 2000 (zit. *Bearbeiter* in Hoeren/Sieber)
Hoffmann, Die Entwicklung des Internet-Rechts, NJW 2001, Beil. zu Heft 14

IBM Consulting Group (Hrsg.), Das e-business Prinzip: Von Spinnern, Visionären und Realisten. Idee und Funktionsweise der neuen Wirtschaft
Informationsdienst des Instituts der Deutschen Wirtschaft (zit. IDW) Nr. 48/99, S. 8.
Ingerl/Rohnke, Markengesetz, 1998

Jaburek/Wölfl, Cyber-Recht, 1997
Jacobs/Lindacher/Teplitzky, UWG, Großkommentar zum Gesetz gegen den unlauteren Wettbewerb mit Nebengesetzen, Loseblatt
John, Grundsätzliches zum Wirksamwerden empfangsbedürftiger Willenserklärungen, AcP 184 (1984), 385

Kasseler Handbuch zum Arbeitsrecht, Band 1, hrsg. von Leinemann, 2. Aufl. 2000
Käufer, Weiterbildung im Arbeitsverhältnis, Diss. Bremen 2001
Kauffels, Moderne Datenkommunikation, 2. Aufl. 1997
Kelm, Signed in Germany?, DuD 1999, 526
Kelm/Kossakowski, Zur Notwendigkeit der Kryptographie (Warum die Praxis für die Kryptographie und gegen Regulierung spricht!), DuD 1997, 192

Kilian, EG-Richtlinie über digitale Signaturen in Kraft, BB 2000, 733
Kilian/Heussen (Hrsg.), Computerrechts-Handbuch, Loseblatt (zit. *Bearbeiter* in Kilian/Heussen, Computerrechts-Handbuch)
Kiper, Kontrollierte Kommunikation, CF Heft 6/2000, S. 12; Heft 7/2000
Kleier, Bildschirmtext – Wirtschaftliche und rechtliche Auswirkungen, WRP 1983, 534
Klotz, Die neuen Regeln der Informationsökonomie, CF Heft 1/2000, S. 6–13, Heft 2/2000, S. 4, Heft 3/2000, S. 8, Heft 4/2000, S. 6
Koch, Computer-Vertragsrecht, 5. Aufl. 2000
Koch, Internetrecht, 1998
Koehler, Allgemeine Geschäftsbedingungen im Internet, MMR 1998, 289
Kohl, Telematik im Zivilrecht, in Scherer (Hrsg.), Telekommunikation und Wirtschaftsrecht, 1988, S. 91
Köhler, Die Problematik automatisierter Rechtsvorgänge, insbesondere von Willenserklärungen, AcP 182 (1982), 126
Köhler, Die Problematik automatisierter Rechtsvorgänge, insbesondere von Willenserklärungen, DuD 1986, 337 (Teil 1); DuD 1987, 6 (Teil 2); DuD 1987, 61 (Teil 3)
Köhler, Die Rechte des Verbrauchers beim Teleshopping (TV-Shopping, Internet-Shopping), NJW 1998, 185
Köhler, Rechtsgeschäfte mittels Bildschirmtext, in Hübner/Schnoor/Florian/Dittrich/Köhler/Katzenberger/Steiner, Rechtsprobleme des Bildschirmtextes, 1986, S. 51
Köhler/Arndt, Recht des Internet, 3. Aufl. 2001
Köhler/Piper, UWG, 2. Aufl. 2001
Kommission der Europäischen Gemeinschaften, Sechster Bericht über die Umsetzung des Reformpaketes für den Telekommunikationssektor vom 7. 12. 2000, KOM (2000) 814
Kreis, Thesen zum Vertragsschluß mittels Btx, jur-pc 1994, 2879
Kreis, Vertragsschluß mittels Btx, Diss. Marburg 1992
Kreuzberger, Internet: Geschichte und Begriffe eines neuen Mediums, 1997
Kröger/Gimmy (Hrsg.), Handbuch zum Internet-Recht, 1999 (zit. *Bearbeiter* in Kröger/Gimmy)
Kronisch, Privates Internet-Surfen am Arbeitsplatz, AuA 1999, 550
Kuhn, Rechtshandlungen mittels EDV und Telekommunikation, 1991

Lachmann, Ausgewählte Probleme aus dem Recht des Bildschirmtextes, NJW 1984, 405
Lackner/Kühl, StGB, 23. Aufl. 1999
Lammich, Kommentar zum Telekommunikationsgesetz, Loseblatt, Stand Juli 2000
Langenfeld, Einführung in die Vertragsgestaltung, 2001
Larenz/Wolf, Allgemeiner Teil des Bürgerlichen Rechts, 8. Aufl. 1997
Lehmann, Electronic Commerce und Verbraucherschutz in Europa, EuZW 2000, 517

Lehmann, Rechtsschutz und Verwertung von Computerprogrammen, 2. Aufl. 1993

Littbarski, Allgemeine Versicherungsbedingungen für die Haftpflichtversicherung (AHB), Kommentar, 2001

Löffler, Presserecht, 4. Aufl. 1997

Loewenheim/Koch (Hrsg.), Praxis des Online-Rechts, 1998

Löhnig, Die Einbeziehung von AGB bei Internet-Geschäften, NJW 1997, 1688

Lorenz, Im BGB viel Neues: Die Umsetzung der Fernabsatzrichtlinie, JuS 2000, 833

Maennel, Elektronischer Geschäftsverkehr ohne Grenzen – der Richtlinienvorschlag der Europäischen Kommission, MMR 1999, 187

Malzer, Gesetzesentwurf des BMJ: Die Anpassung der Formvorschriften an den modernen Rechtsverkehr, in Geis (Hrsg.), Die digitale Signatur – eine Sicherheitstechnik für die Informationsgesellschaft, 2000, S. 171

Manssen (Hrsg.), Telekommunikations- und Multimediarecht, Loseblatt, Stand 4/2000

Marly, Softwareüberlassungsverträge, 3. Aufl. 2000

Martinek, Verbraucherschutz im Fernabsatz – Lesehilfe mit Merkpunkten zur neuen EU-Richtlinie, NJW 1998, 207

Marwitz, Haftung für Hyperlinks, K&R 1998, 369

Masing (Hrsg.), Handbuch Qualitätsmanagement, 4. Aufl. 1999

Maunz/Dürig, Grundgesetz – Kommentar, 2000

Mayer, Recht und Cyberspace, NJW 1996, 1782

Medicus, Allgemeiner Teil des BGB, 7. Aufl. 1997

Medicus, Bürgerliches Recht, 18. Aufl. 1999

Meents, Ausgewählte Probleme des Fernabsatzgesetzes bei Rechtsgeschäften im Internet, CR 2000, 610

Mehrings, Verbraucherschutz im Cyberlaw: Zur Einbeziehung von AGB im Internet, BB 1998, 2373

Mehrings, Vertragsabschluß im Internet, MMR 1998, 30

Meiser, Urheberrechtliche Besonderheiten bei angestellten Filmschaffenden, NZA 1998, 291

Melullis, Zum Regelungsbedarf bei der elektronischen Willenserklärung, MDR 1994, 109

Micklitz, Verbraucherschutz und Bildschirmtext, NJW 1982, 263

Miedbrodt, Signaturregulierung im Rechtsvergleich – Ein Vergleich der Regulierungskonzepte in Deutschland, Europa und in den Vereinigten Staaten, 2000

Möhring/Nicolini, UrhG, Urheberrechtsgesetz, Kommentar, 2. Aufl. 2000 (zit. Möhring/Nicolini/*Bearbeiter*)

Möschel, Dogmatische Strukturen des bargeldlosen Zahlungsverkehrs, AcP 186 (1986), 187

Müglich, Neue Formvorschriften für den E-Commerce, Zur Umsetzung der EU-Signaturrichtlinie in deutsches Recht, MMR 2000, 7

Müller/Wächter, Der Datenschutzbeauftragte: Eine systematische Darstellung des Bundesdatenschutzgesetzes, 2. Aufl. 1991

Münchener Handbuch zum Arbeitsrecht, hrsg. von Richardi/Wlotzke, 2. Aufl. 2000 (zit. MünchArbR/*Bearbeiter*)

Münchener Kommentar zum Bürgerlichen Gesetzbuch, 3. Aufl. 1992 ff. (zit. MünchKomm/*Bearbeiter*)

Nagel, Deutsches und europäisches Gesellschaftsrecht: Eine Einführung, 2000

Neuser, Faule Kunden bei „Tante-Emma.com". Eine europäische Vertrauenshaftung für elektronische Signaturen, MMR 1999, 67

Nickel/Roßnagel/Schlink (Hrsg.), Die Freiheit und die Macht – Wissenschaft im Ernstfall –, Festschrift für Adalbert Podlech, 1994

Paefgen, Bildschirmtext aus zivilrechtlicher Sicht, 1988

Paefgen, Forum: Bildschirmtext – Herausforderung zum Wandel der allgemeinen Rechtsgeschäftslehre, JuS 1988, 592

Palandt, Bürgerliches Gesetzbuch, 60. Aufl. 2000 (zit. Palandt/*Bearbeite*r)

Picot/Reichwald/Wigand, Die grenzenlose Unternehmung: Information, Organisation und Management, Lehrbuch zur Unternehmensführung im Informationszeitalter, 1996

Plaß, Hyperlinks im Spannungsfeld von Urheber, Wettbewerbs- und Haftungsrecht, WRP 2000, 599

Plath, Zu den rechtlichen Auswirkungen betrieblicher Rationalisierungsmaßnahmen im Versicherungswesen, Diss. 1967

Pohlmann, Firewall-Systeme: Sicherheit für Internet und Intranet, 3. Aufl. 2000

Popper, Die beiden Grundprobleme der Erkenntnistheorie, hrsg. von Troels Eggers Hansen, 2. Aufl. 1994

Post-Ortmann, Der Arbeitgeber als Anbieter von Telekommunikations- und Telediensten, RDV 1999, 102

Probandt, Zivilrechtliche Probleme des Bildschirmtextes, UFITA 98 (1984), 9

Provet/GMD, Die Simulationsstudie Rechtspflege – Eine neue Methode zur Technikgestaltung für Telekooperation, 1994

Raffler/Hellich, Unter welchen Voraussetzungen ist die Überwachung von Arbeitnehmer-E-Mails zulässig?, NZA 1997, 862

Redeker, Der EDV-Prozeß, 2. Aufl. 2000

Redeker, EU-Signaturrichtlinie und Umsetzungsbedarf im deutschen Recht, CR 2000, 455

Redeker, Geschäftsabwicklung mit externen Rechnern im Bildschirmtextdienst, NJW 1984, 2390

Rehbinder, Urheberrecht, 11. Aufl. 2001

Reich, Die neue Richtlinie 97/7/EG über den Verbraucherschutz bei Vertragsabschlüssen im Fernabsatz, EuZW 1997, 581

Reithmann/Martiny, Internationales Vertragsrecht, 5. Aufl. 1996

Richardi, BetrVG mit Wahlordnung, Kommentar, 7. Aufl. 1998
Rieß, Signaturgesetz – Der Markt ist unsicher, DuD 2000, 530
Röhricht/Graf von Westphalen, HGB, 2. Aufl. 2001 (zit. *Bearbeiter* in Röhricht/von Westphalen, HGB)
Roessler, PGP-„Kryptographie fürs Volk“, DuD 1998, 377
Roßnagel (Hrsg.), Recht der Multimedia-Dienste, Loseblatt (zit. *Bearbeiter* in Roßnagel, Recht der Multimedia-Dienste)
Roßnagel, Der europäische Standard: Die elektronische Signatur der europäischen Richtlinie, in Geis (Hrsg.), Die digitale Signatur – eine Sicherheitstechnik für die Informationsgesellschaft, 2000, S. 195
Roßnagel, Die Infrastruktur sicherer und verbindlicher Telekooperation, Gutachten im Auftrag der Friedrich-Ebert-Stiftung, 1996
Roßnagel, Die Sicherheitsvermutungen des Signaturgesetzes, NJW 1998, 3312
Roßnagel, Elektronische Signaturen in Europa – Der Richtlinienvorschlag der Europäischen Kommission, MMR 1998, 331
Roth, Exportkontrollen für Verschlüsselungsprodukte, DuD 1998, 81
Roth, Fälle zur Exportkontrolle, in Geis (Hrsg.), Die digitale Signatur – eine Sicherheitstechnik für die Informationsgesellschaft, 2000, S. 69
Rott, Die Auswirkungen des Signaturgesetzes auf die rechtliche Behandlung von elektronischem Datenmanagement und Datenaustausch – eine Prognose, NJW-CoR 1998, 420
Ruppmann, Der konzerninterne Austausch personenbezogener Daten. Risiken und Chancen für den Datenschutz, 2000
Rüßmann, Haftungsfragen und Risikoverteilung bei ec-Kartenmissbrauch, DuD 1998, 395

Sachs, Grundgesetz, 2. Aufl. 1999
Schack, Urheber- und Urhebervertragsrecht, 2. Aufl. 2001
Schaub, Arbeitsrechts-Handbuch, 9. Aufl. 2000
Scheffler/Dressel, Vorschläge zur Änderung zivilrechtlicher Formvorschriften und ihre Bedeutung für den Wirtschaftszweig E-Commerce, CR 2000, 378
Schmitz, TDDSG und das Recht auf informationelle Selbstbestimmung, 2000
Schneider, Handbuch des EDV-Rechts, 2. Aufl. 1997
Schönke/Schröder, StGB, 26. Aufl. 2001
Schricker, Urheberrecht, Kommentar, 2. Aufl. 1999 (zit. Schricker/*Bearbeiter*)
Schricker, Urheberrecht auf dem Weg in die Informationsgesellschaft, 1997
Schwab, Das Namensnennungsrecht des angestellten Werkschöpfers, NZA 1999, 1254
Schwarz (Hrsg.), Recht im Internet, Loseblatt (zit. *Bearbeiter* in Schwarz, Recht im Internet)
Schweitzer/Hummer, Europarecht, 5. Aufl. 1996
Seidel, Dokumentenschutz im elektronischen Rechtsverkehr, CR 1993, 409 (Teil 1); CR 1993, 484 (Teil 2)

Sieber, Verantwortlichkeit im Internet, 1999

Simitis/Dammann/Geiger/Mallmann/Walz, Kommentar zum Bundesdatenschutzgesetz, 4. Aufl. 1992 ff. (zit. *Bearbeiter* in Simitis/Dammann/Geiger/Mallmann/Waltz, BDSG)

Skowronek, Rechtsberatung im Internet, CF Heft 5/2000, S. 29

Soergel/Siebert, Bürgerliches Gesetzbuch mit Einführungsgesetz und Nebengesetzen, 13. Aufl. 1999 ff. (zit. Soergel/*Bearbeiter*)

Spatscheck, Steuern im Internet – Steuerprobleme des E-Commerce, 2000

Spindler (Hrsg.), Vertragsrecht der Internet-Provider, 2000 (zit. *Bearbeiter* in Spindler, Vertragsrecht der Internet-Provider)

Spindler, E-Commerce in Europa, MMR-Beil. 2000, 4

Spindler/Wiebe, Internet-Auktionen, 2001

Strömer, Online-Recht, 2. Aufl. 1999

Susat/Stolzenburg, Gedanken zur Automation, MDR 1957, 146

Süßenberger, Das Rechtsgeschäft im Internet, Diss. Frankfurt 2000

Tettenborn, Die Evaluierung des Signaturgesetzes und Umsetzung der EG-Signaturrichtlinie, in Geis (Hrsg.), Die digitale Signatur – eine Sicherheitstechnik für die Informationsgesellschaft, 2000, S. 231

Tettenborn, Die Novelle des Signaturgesetzes, CR 2000, 683

The Legal Aspects of Digital Signatures, Report III, 1998

Thiel, Marktentwicklung im Umfeld digitaler Signaturen, DuD 2000, 77

Thomas/Putzo, ZPO, 23. Aufl. 2001

Tinnefeld/Ehmann, Einführung in das Datenschutzrecht, 3. Aufl. 1998

Tinnefeld/Köhler/Piazolo, Arbeit in der mobilen Kommunikationsgesellschaft, 1996

Tinnefeld/Philipps/Weis (Hrsg.), Die dunkle Seite des Chips: Herrschaft und Beherrschbarkeit neuer Technologien, 1993

Tinnefeld/Viethen, Arbeitnehmerdatenschutz und Internet-Ökonomie, NZA 2000, 977

Tischer/Jennrich, Internet intern, 1997

Tonner, Das neue Fernabsatzgesetz – oder: System statt „Flickenteppich", BB 2000, 1413

Traut, Rechtsfragen zu Bildschirmtext, Diss. München 1987

Tröndle/Fischer, Strafgesetzbuch und Nebengesetze, 50. Aufl. 2001

Ulmer/Brandner/Hensen, AGB-Gesetz, 9. Aufl. 2001

Ultsch, Zugangsprobleme bei elektronischen Willenserklärungen – Dargestellt am Beispiel der Electronic Mail, NJW 1997, 3007

Vehslage, Das geplante Gesetz zur Anpassung der Formvorschriften des Privatrechts und anderer Vorschriften an den modernen Rechtsverkehr, DB 2000, 1801

Viebcke, Durch Datenverarbeitungsanlagen abgegebene Willenserklärungen und ihre Anfechtung, Diss. Marburg 1972

Wächter, Falsifikation und Fortschritt im Datenschutz: Qualitätsmanagement und Haftung im privaten Datenschutzrecht, 2000

Waldenberger, Grenzen des Verbraucherschutzes beim Abschluß von Verträgen im Internet, BB 1996, 2365

Weis/Lucks, Advanced Encryption Standard, DuD 1999, 582

Welsch, Das Signaturänderungsgesetz, DuD 2000, 408

Wendel, Wer hat Recht im Internet?, 1997

Graf von Westphalen, Vertragsrecht und AGB-Klauselwerke, 2001

Wiechert/Schmidt/Königshofen, Telekommunikationsrecht der Bundesrepublik Deutschland, Loseblatt

Willingmann, Auf dem Weg zu einem einheitlichen Vertriebsrecht für Waren und Dienstleistungen in der Europäischen Union? – Die Richtlinie über den Verbraucherschutz bei Vertragsabschlüssen im Fernabsatz (97/7/EG), VuR 1998, 395

Wirtz, Biometrische Verfahren, DuD 1999, 129

Wohlgemuth, Datenschutzrecht: Eine Einführung mit praktischen Fällen, 2. Aufl. 1993

Wolf/Horn/Lindacher, Gesetz zur Regelung des Rechts der Allgemeinen Geschäftsbedingungen, 4. Aufl. 1999

Zeuner, Erfahrungen nach der Umsetzung des deutschen Signaturgesetzes, in Geis (Hrsg.), Die digitale Signatur – eine Sicherheitstechnik für die Informationsgesellschaft, 2000, S. 51

Zöller, Zivilprozeßordnung mit Gerichtsverfassungsgesetz und Nebengesetzen, 21. Aufl. 1999 (zit. Zöller/*Bearbeiter*)

Zöllner, Arbeitsrecht und menschengerechte Arbeitsgestaltung, RdA 1973, 212

Zuther, Auswirkungen der Rationalisierung im Rechtsverkehr auf die Abgabe und Anfechtung von Willenserklärungen, Diss. 1968

Abkürzungsverzeichnis

aA	anderer Ansicht
ABE	Allgemeine Bedingungen für die Elektronikversicherung
abl.	ablehnend
ABl.	Amtsblatt
ABl. EC	Amtsblatt der Europäischen Gemeinschaften
Abs.	Absatz
AcP	Archiv für die civilistische Praxis (Zeitschrift)
aE	am Ende
aF	alte Fassung
AFB	Allgemeine Feuerversicherungs-Bedingungen
AfP	Zeitschrift für Medien- und Kommunikationsrecht
AG	Amtsgericht; Aktiengesellschaft; Die Aktiengesellschaft (Zeitschrift)
AGB	Allgemeine Geschäftsbedingungen
AGBG	Gesetz über Allgemeine Geschäftsbedingungen
AHB	Allgemeine Versicherungsbedingungen für die Haftpflicht-Versicherung
Alt.	Alternative
AMB	Allgemeine Maschinenversicherungs-Bedingungen
AMG	Arzneimittelgesetz
Anh.	Anhang
Anm.	Anmerkung
AO	Abgabenordnung
AOL	American Online
AP	Arbeitsrechtliche Praxis
ArbEG	Gesetz über Arbeitnehmererfindungen
ArbG	Arbeitsgericht
ArchPT	Archiv für Post und Telekommunikation (Zeitschrift)
Art.	Artikel
ASCII	American Standard Code for Information Interchange
AStG	Außensteuergesetz
AT	Allgemeiner Teil
AuA	Arbeit und Arbeitsrecht (Zeitschrift)
Aufl.	Auflage
AVB	Allgemeine Versicherungsbedingungen
AWG	Außenwirtschaftsgesetz
AWV	Außenwirtschaftsverordnung
BAG	Bundesarbeitsgericht
BAGE	Entscheidungen des Bundesarbeitsgerichts
BayObLG	Bayerisches Oberstes Landesgericht

BB	Betriebs-Berater (Zeitschrift)
Bd.	Band
BDSG	Bundesdatenschutzgesetz
Beil.	Beilage
Begr.	Begründung
Beschl.	Beschluss
BetrVG	Betriebsverfassungsgesetz
BFH	Bundesfinanzhof
BGB	Bürgerliches Gesetzbuch
BGBl.	Bundesgesetzblatt
BGH	Bundesgerichtshof
BGHSt	Entscheidungen des Bundesgerichtshofs in Strafsachen
BGHZ	Entscheidungen des Bundesgerichtshofes in Zivilsachen
BMPT	Bundesministerium für Post und Telekommunikation
BpO	Betriebsprüferordnung
BRAK-Mitt.	Mitteilungen der Bundesrechtsanwaltskammer
BStBl.	Bundessteuerblatt
BT-Drucks.	Bundestags-Drucksache
Btx	Bildschirmtext
BVB	Besondere Vertragsbedingungen
BVerfG	Bundesverfassungsgericht
BVerfGE	Sammlung der Entscheidungen des Bundesverfassungsgerichts
bzgl.	bezüglich
bzw.	beziehungsweise
ca.	circa
ccTLD	country code Top Level Domain
CD-ROM	Compact Disc – Read-only Memory
CF	Computer-Fachinformationen
CI	Computerrecht Intern (Zeitschrift)
c.i.c.	culpa in contrahendo
CISG	United Nations Conventions on Contracts for the International Sale of Goods (UN-Kaufrecht)
CR	Computer und Recht (Zeitschrift)
CRI	Computer und Recht International (Zeitschrift)
DB	Der Betrieb (Zeitschrift)
DBA	Doppelbesteuerungsabkommen
DENIC	Deutsches Network Information Center
dh.	das heißt
DIN	Deutsche Industrie-Norm
Diss.	Dissertation
DNotZ	Deutsche Notar-Zeitschrift

DNS	Domain Name System
Dok.	Dokument
DRiZ	Deutsche Richterzeitung
DStR	Deutsches Steuerrecht (Zeitschrift)
DtZ	Deutsch-deutsche Rechts-Zeitschrift
DuD	Datenschutz und Datensicherung (Zeitschrift)
DVBl.	Deutsches Verwaltungsblatt
DVD	Digital Versatile Disc
DZWiR	Deutsche Zeitschrift für Wirtschaftsrecht
EC-RL	Richtlinie über den elektronischen Geschäftsverkehr
EDV	Elektronische Datenverarbeitung
EG	Europäische Gemeinschaften
EGBGB	Einführungsgesetz zum Bürgerlichen Gesetzbuch
EGV	Vertrag zur Gründung der Europäischen Gemeinschaften
Einf.	Einführung
EKG	Einheitliches Gesetz über den internationalen Kauf beweglicher Sachen
E-Mail	Electronic Mail
endg.	endgültig
EPÜ	Europäisches Patentübereinkommen
EStB	Der Ertrag-Steuer-Berater (Zeitschrift)
etc.	et cetera
EU	Europäische Union
EuGH	Europäischer Gerichtshof
EuGVÜ	Europäisches Übereinkommen über die gerichtliche Zuständigkeit und die Vollstreckung gerichtlicher Entscheidungen in Zivil- und Handelssachen
EuVÜ	Europäisches Übereinkommen über das auf vertragliche Schuldverhältnisse anzuwendende Recht
EuZW	Europäische Zeitschrift für Wirtschaftsrecht
evtl.	eventuell
EWiR	Entscheidungen zum Wirtschaftsrecht
EWR	Europäischer Wirtschaftsraum
EWS	Europäisches Wirtschafts- und Steuerrecht (Zeitschrift)
EzA	Entscheidungen zum Arbeitsrecht
f., ff.	folgende, fortfolgende
FBUB	Allgemeine Feuer-Betriebsunterbrechungs-Versicherungsbedingungen
FernAbsRL	Fernabsatzrichtlinie
FernAG	Fernabsatzgesetz
Fn.	Fußnote
FR	Finanzrundschau (Zeitschrift)
FS	Festschrift

FTP	File Transfer Protocol
FÜV	Fernmeldeverkehr-Überwachungs-Verordnung
GA	Goltdammers Archiv für Strafrecht
gem.	gemäß
GEMA	Gesellschaft für musikalische Aufführungs- und mechanische Vervielfältigungsrechte
GeschmMG	Geschmacksmustergesetz
GemS-OGB	Gemeinsamer Senat der obersten Gerichtshöfe des Bundes
GewO	Gewerbeordnung
GG	Grundgesetz
ggf.	gegebenenfalls
GjS	Gesetz über die Verbreitung jugendgefährdender Schriften
GjSM	Gesetz über die Verbreitung jugendgefährdender Schriften und Medieninhalte
GmbH	Gesellschaft mit beschränkter Haftung
GRUR	Gewerblicher Rechtsschutz und Urheberrecht (Zeitschrift)
GRUR Int.	Gewerblicher Rechtsschutz und Urheberrecht – Internationaler Teil (Zeitschrift)
gTLD	generic Top Level Domain
GWB	Gesetz gegen Wettbewerbsbeschränkungen
HGB	Handelsgesetzbuch
hM	herrschende Meinung
HMG	Heilmittelwerbegesetz
Hrsg.	Herausgeber
Halbs.	Halbsatz
html	hypertext markup language
HWG	Heilmittelwerbegesetz
HWiG	Gesetz über den Widerruf von Haustürgeschäften
IANA	Internet Assigned Numbers Authority
ICANN	Internet Corporation for Assigned Names and Numbers
idF	in der Fassung
INF	Die Information über Steuer und Wirtschaft (Zeitschrift)
inkl.	inklusive
insbes.	insbesondere
InterNIC	International Network Information Center
IP	Internet Protocol
IPR	Internationales Privatrecht
IPRax	Praxis des Internationalen Privat- und Verfahrensrechts (Zeitschrift)

IPRspr.	Deutsche Rechtsprechung auf dem Gebiet des Internationalen Privatrechts
iSd.	im Sinne des/der
ISDN	Integrated Services Digital Network
ISO	International Organization for Standardization
ISOC	Internet Society
ISP	Internet Service Provider
IStR	Internationales Steuerrecht (Zeitschrift)
iSv.	im Sinne von
ITRB	Der IT-Rechts-Berater (Zeitschrift)
ITU	International Telecommunications Union
IuKDG	Informations- und Kommunikationsdienste-Gesetz
iVm.	in Verbindung mit
Jb.	Jahrbuch
J.int.Arbitr.	Journal of international arbitration
jur-PC	Internet-Zeitschrift für Rechtsinformatik
JZ	Juristenzeitung
Kap.	Kapitel
kB	Kilobyte
KG	Kammergericht; Kommanditgesellschaft
KKOWiG	Karlsruher Kommentar zum Gesetz über Ordnungswidrigkeiten
KOM	Kommission (Dokumente der Kommission der Europäischen Gemeinschaft)
krit.	kritisch
K&R	Kommunikation & Recht (Zeitschrift)
KUG	Kunsturhebergesetz
LAGE	Entscheidungen der Landesarbeitsgerichte
LG	Landgericht
lit.	litera (Buchstabe)
LMG	Lebensmittel- und Bedarfsgegenständegesetz
MDR	Monatsschrift für deutsches Recht
MDStV	Mediendienste-Staatsvertrag
MHG	Gesetz zur Regelung der Miethöhe
Mio.	Million
Mitt.	Mitteilungen der deutschen Patentanwälte
MMR	Multimedia und Recht (Zeitschrift)
MSN	Microsoft Network
MünchArbR	Münchener Handbuch zum Arbeitsrecht
MünchKomm	Münchener Kommentar
mwN	mit weiteren Nachweisen

NaStraG	Gesetz zur Namensaktie und zur Erleichterung der Stimmrechtsausübung
NIC	Network Information Center
nF	neue Fassung
NJW	Neue Juristische Wochenschrift
NJW-CoR	Computerreport der Neuen Juristischen Wochenschrift
NJWE-WettbR	NJW-Entscheidungsdienst Wettbewerbsrecht
NJW-RR	Rechtsprechungsreport der Neuen Juristischen Wochenschrift
Nr.	Nummer
NSI	Network Solutions, Incorporated
NStZ	Neue Zeitschrift für Strafrecht
n.v.	nicht veröffentlicht
NVersZ	Neue Zeitschrift für Versicherung und Recht
NWB	Neue Wirtschaftsbriefe für Steuer- und Wirtschaftsrecht
NZA	Neue Zeitschrift für Arbeitsrecht
NZV	Netzzugangsverordnung
OECD-MA	OECD-Musterabkommen
OECD-MK	Kommentar zum OECD-Musterabkommen
OEM	Original Equipment Manufacturer
OFD	Oberfinanzdirektion
OHG	Offene Handelsgesellschaft
OLG	Oberlandesgericht
ONP	Open Network Provision
PAngV	Preisangabenverordnung
PC	Personal Computer
PGP	Pretty Good Privacy
PIN	Personal Identification Number
POP	Point of Presence
ProdHaftG	Produkthaftungsgesetz
ProdHB	Produkthaftpflichtmodell
PrPG	Produktpirateriegesetz
pVV	Positive Vertragsverletzung
RabattG	Rabattgesetz
RabelsZ	Rabels Zeitschrift für ausländisches und internationales Privatrecht
RBÜ	Revidierte Berner Übereinkunft zum Schutze von Werken der Literatur und Kunst
RdA	Recht der Arbeit (Zeitschrift)
RDV	Recht der Datenverarbeitung (Zeitschrift)
RefE	Referentenentwurf

RegE	Regierungsentwurf
Rev.crit.dr.int.pr.	Revue critique de droit international privé
RG	Reichsgericht
RGSt	Entscheidungen des Reichsgerichts in Strafsachen
RiLi	Richtlinie
RIPE-NCC	Réseaux Internet Protocol Européen Network Coordination Center
RIW	Recht der internationalen Wirtschaft (Zeitschrift)
Riv.dir.int.proc.	Rivista di diritto internazionale privato e processuale
RL	Richtlinie
Rs.	Rechtssache
Rspr.	Rechtsprechung
RStV	Rundfunk-Staatsvertrag
RTkom	Zeitschrift für das Recht der Telekommunikation und das Recht der elektronischen Medien
Rz.	Randziffer
s.	siehe
S.	Seite
s.a.	siehe auch
Schufa	Schutzgemeinschaft für allgemeine Kreditsicherung
SchwJZ	Schweizerische Juristen-Zeitung
SigG	Signaturgesetz
SigV	Verordnung zur digitalen Signatur
Slg.	Sammlung
SMS	Short Message Service
smtp	simple mail transport protocol
sog.	so genannte
SpuRt	Sport und Recht (Zeitschrift)
SQL	Structured Query Language
StGB	Strafgesetzbuch
StPO	Strafprozeßordnung
str.	streitig
StraFo	Strafverteidiger-Forum (Zeitschrift)
st. Rspr.	ständige Rechtsprechung
TDDSG	Teledienstedatenschutzgesetz
TDG	Teledienstegesetz
TDSV	Telekommunikations-Datenschutzverordnung
TK	Telekommunikation
TKG	Telekommunikationsgesetz
TKV	Telekommunikations-Kundenschutzverordnung
TLD	Top Level Domain
TRIPS	Agreement on Trade-Related Aspects of Intellectual Property Rights, including Trade in Counterfeit Goods
TV	Television

u.a.	unter anderem/und andere
UDRP	Uniform Domain Name Dispute Resolution Policy
UFITA	Archiv für Urheber-, Film-, Funk- und Theaterrecht
UN	United Nations
UNCITRAL	United Nations Commission on International Trade Law
UNÜ	UN-Übereinkommen über die Anerkennung und Vollstreckung ausländischer Schiedssprüche
UR	Umsatzsteuer-Rundschau (Zeitschrift)
UrhG	Urheberrechtsgesetz
UrhWG	Urheberrechtswahrnehmungsgesetz
URL	Uniform Resource Locator
UStDV	Umsatzsteuer-Durchführungsverordnung
usw.	und so weiter
uU	unter Umständen
UVR	Umsatz- und Verkehrsteuer-Recht (Zeitschrift)
UWG	Gesetz gegen den unlauteren Wettbewerb
v.	von/vom
VAR	Value Added Reseller
VerBAV	Veröffentlichungen des Bundesaufsichtsamtes für das Versicherungswesen
VerbrKrG	Verbraucherkreditgesetz
VersR	Versicherungsrecht
VerstV	Versteigererverordnung
Vfg.	Verfügung
VG	Verwaltungsgericht; Verwertungsgesellschaft
VGB	Allgemeine Bedingungen für die Neuwertversicherung von Wohngebäuden gegen Feuer-, Leitungswasser- und Sturmschäden
vgl.	vergleiche
VRS	Verkehrsrechtssammlung
vs.	versus
VuR	Verbraucher und Recht (Zeitschrift)
VVDStRL	Veröffentlichungen der Vereinigung der deutschen Staatsrechtslehrer
VVG	Gesetz über den Versicherungsvertrag
VW	Versicherungswirtschaft (Zeitschrift)
VwGO	Verwaltungsgerichtsordnung
WCT	WIPO Copyright Treaty
WG	Wechselgesetz
WIPO	World Intellectual Property Organization
WiStG	Wirtschaftsstrafgesetz
wistra	Zeitschrift für Wirtschaft, Steuer, Strafrecht
WiVerw	Wirtschaft und Verwaltung (Zeitschrift)

WM	Wertpapier-Mitteilungen (Zeitschrift)
WPPT	WIPO Performances and Phonograms Treaty
WRP	Wettbewerb in Recht und Praxis (Zeitschrift)
WÜRV	Wiener Übereinkommen über das Recht der Verträge
WuW	Wirtschaft und Wettbewerb (Zeitschrift)
WWW	World Wide Web
ZAP	Zeitschrift für die Anwaltspraxis
zB	zum Beispiel
ZEuP	Zeitschrift für Europäisches Privatrecht
ZfA	Zeitschrift für Arbeitsrecht
ZfVers	Zeitschrift für Versicherungswesen
Ziff.	Ziffer
ZIP	Zeitschrift für Wirtschaftsrecht
ZKDSG	Zugangskontrolldiensteschutzgesetz
ZPO	Zivilprozeßordnung
ZRP	Zeitschrift für Rechtspolitik
ZStW	Zeitschrift für die gesamte Strafrechtswissenschaft
ZugabeVO	Zugabeverordnung
ZUM	Zeitschrift für Urheber- und Medienrecht
ZUM-RD	Zeitschrift für Urheber- und Medienrecht – Rechtsprechungsdienst
zust.	zustimmend
ZVglRWiss	Zeitschrift für vergleichende Rechtswissenschaft
ZZP	Zeitschrift für Zivilprozeß

A. Einführung in die Grundlagen des elektronischen Geschäftsverkehrs

I. Technische Grundlagen des Internets

1. Aufbau des Internets

Das weltweite Rechnernetz „Internet“ wird gebildet durch den Zusammenschluss vieler Millionen Rechner und vieler Tausend Rechnernetze. Zu Beginn waren dies größtenteils Rechner und Rechnernetze wissenschaftlicher und technischer Einrichtungen. Mehr und mehr kommen jedoch Rechner aus allen Bereichen des Lebens (Wirtschaft, öffentliche Einrichtungen, private Haushalte) hinzu. Die verteilte Netzstruktur des Internets besteht aus Rechnern vieler verschiedener Hersteller mit sehr unterschiedlicher Hardware- und Softwareausstattung. Damit die daraus resultierende Vielfalt kein Hindernis bei der weltweiten Kommunikation ist, wurden technische und organisatorische Kommunikationsvereinbarungen getroffen, an die sich alle Rechner des Internets halten müssen. 1

Die Vielfalt an Benutzern und Betreibern hat weiterhin die Konsequenz, dass man nicht davon ausgehen kann, dass sich alle Akteure im Internet kooperativ verhalten. Es existiert zwar eine sog. Netiquette, aber niemand ist gezwungen, sich daran zu halten. Nichtkooperatives Verhalten wird durch das Internet größtenteils noch nicht verhindert. Anders herum gesagt: Es existieren derzeit nur sehr wenige Sicherheitsfunktionen, die Betreiber und Benutzer vor Angriffen auf die Verfügbarkeit, Integrität, Zurechenbarkeit und Vertraulichkeit von Diensten und Daten schützen. Dieses Defizit muss für die ernsthaft geschäftsmäßige Anwendung des Internets, also für E-Business, beseitigt werden, sonst leidet auf lange Sicht die Vertrauenswürdigkeit eines „im Netz“ agierenden Unternehmens. 2

Technisch gesehen ist das Internet ein stark vermaschter Graph von einzelnen kleineren Rechnernetzen. Das Internet ist international und organisationsübergreifend, nicht nur bezüglich der abrufbaren Daten, sondern ebenfalls bezüglich der Kommunikationsprotokolle, die weltweit standardisiert sind (siehe Rz. 18 ff.). Im Internet sind eine Vielzahl von Diensten realisierbar; die wichtigsten (zB E-Mail, World Wide Web, Telnet) sind ebenfalls standardisiert. 3

a) Transport in Datenpaketen

Das zentrale Protokoll für den Transport von Daten im Internet ist das **Internet Protocol (IP)**, das dem Netz auch seinen Namen gab. Alle transportierten Daten – egal ob Text, Sprache, Video, Bilder oder binäre Dateien – werden bei der Übertragung in einzelne Datenpakete zergliedert. Diese sog. IP-Pakete besitzen einen Nachrichtenkopf (Header) und den eigentlichen Nachrichteninhalt (Payload). 4

Header (Adresse etc.)	**Payload** („Bitkette“)

Abb. 1: Alle Inhalte werden in Pakete verpackt

5 Die wichtigsten Datenfelder des Headers sind:
- Versionsnummer des IP-Protokolls (meist 4, zukünftig 6),
- Größe des gesamten IP-Paketes,
- Protokoll-Feld,
- IP-Adresse des Absenders,
- IP-Adresse des Empfängers.

6 Das Protokoll-Feld legt fest, wie die im Payload enthaltenen Daten interpretiert und transportiert werden. Die beiden wichtigsten Transportprotokolle sind das **Transmission Control Protocol (TCP)** und das **User Datagram Protocol (UDP)**. Nahezu alle derzeit wichtigen Dienste benutzen entweder TCP oder UDP. Deren Eigenschaften werden unten in Rz. 18 ff. genannt.

b) IP-Adressen

7 Jeder an das Internet angeschlossene Rechner besitzt eine IP-Adresse. Eine IP-Adresse besteht aus 4 Zahlen (Bytes) zwischen 0 und 255. Die IP-Adresse (zB 141.76.75.101) dient der „Wegewahl“ (Routing) vom Absender zum Empfänger. Der Empfänger eines IP-Pakets antwortet dem Absender, indem er die Anwort an die IP-Nummer im Absenderfeld sendet und seine IP-Adresse als Absender einträgt.

8 Es gibt im wesentlichen **Client-, Server- und Vermittlungsrechner**. Der Client (zB der Browser auf dem Rechner) nutzt einen vom Server angebotenen Dienst, während die Vermittlungsrechner an den Knotenpunkten der Kommunikationswege anhand der IP-Adressen lediglich Datenpakete durch das Netz transportieren, ohne deren eigentlichen Inhalt näher zu untersuchen (siehe Abb. 2).

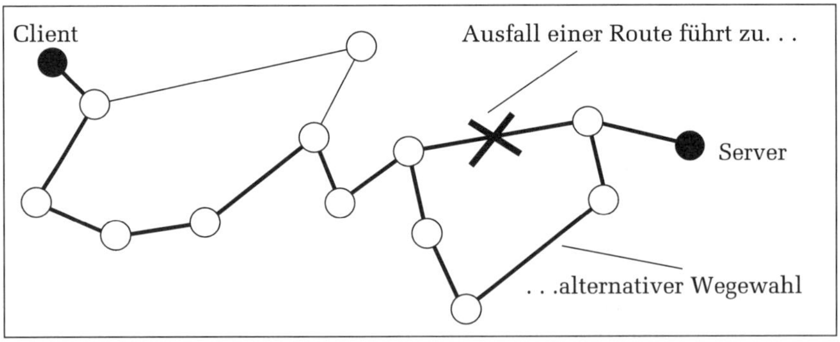

Abb. 2: Ausfall einer Route führt zu alternativer Wegewahl

c) Verteiltes System

Das Internet ist ein verteiltes System. Das bedeutet, dass die Ressourcen (zB Speicher, Rechenleistung) nicht zentral angeordnet sind, sondern über das Netz verteilt sein können. Beispielsweise kann der Aufruf einer Webseite dazu führen, dass viele, weltweit verteilte Kommunikationsverbindungen vom Client (hier also dem Browserprogramm auf dem PC) angefordert werden. Am Ende entsteht die Webseite als Ganzes, obwohl die auf ihr dargestellten Objekte (zB Bilder oder Texte) im Internet verteilt gespeichert waren. 9

Ursprünglich wurde das Internet für **Hochverfügbarkeit** entwickelt. Das bedeutet, dass ein unterbrochener Kommunikationsweg nicht zwangsläufig zur Unterbrechung der Kommunikation führt, da die Vermittlungsrechner in der Lage sind, alternative Kommunikationswege zu finden (siehe Abb. 2). 10

Ein Rechner kann gleichzeitig Client- und Serverfunktionen übernehmen und auch Kommunikationspakete vermitteln. Man muss also jeweils für jeden Dienst unterscheiden, welche Rolle ein Rechner im Kommunikationsgeschehen einnimmt. 11

d) Zugang zum Internet

Zur Kopplung eines einzelnen Rechners oder eines organisationsinternen **Local Area Network (LAN)** an das Internet bieten **Internet Service Provider (ISP)** entsprechende Zugänge an. Die Kopplung erfolgt meist über ein Modem, das die physikalische Anpassung an die jeweilige Übertragungsstrecke vornimmt. Als Internet-Zugänge werden vorrangig eingesetzt: 12

- das analoge Telefonnetz mit einer maximalen Übertragungsrate von 55 kbit/s,
- Integrated Services Digital Network (ISDN) mit maximal 128 kbit/s,
- Digital Subscriber Line (DSL) mit etwa 0,7-2 Mbit/s, meist als Asymmetric DSL, wobei die Raten für eingehende und ausgehende Nachrichten unterschiedlich sind.

Das gebräuchlichste Übertragungsprotokoll, mit dem die IP-Pakete über die jeweilige physische Übertragungsstrecke transportiert werden, ist das **Point-to-Point Protokoll (PPP)**. Der Internet Service Provider betreibt einen PPP-Server, über den sich die Kunden mit dem Internet verbinden. Der auf der Kundenseite nötige PPP-Client ist heutzutage Bestandteil der Standardbetriebssysteme. Damit Internet-Zugänge nicht durch Unberechtigte missbraucht werden können, muss sich der Client (bzw. sein Benutzer) gegenüber dem ISP authentisieren. Gebräuchlich sind hier Passwörter, so genannte Callback-Verfahren[1], aber auch proprietäre, dh. nichtstandardisierte Verfahren. 13

1 Das Modem des Servers ruft den Client zurück, aber nur dann, wenn der Zugriffswunsch von einer dem Server bekannten und berechtigten ISDN-Rufnummer stammt. Das Callback-Verfahren kommt zB bei firmeneigenen Modem-Zugängen zum Einsatz.

14 Um mehrere Rechner eines LANs an das Internet zu koppeln, setzt der Betreiber des LANs einen Router ein, der für alle Rechner des LANs den Zugang zum Internet bereitstellt. Für die organisationsinterne Kommunikation wird meist ebenfalls IP verwendet. Man spricht dann von einem **Intranet**. Somit ist potentiell jeder Rechner des LAN auch aus dem Internet erreichbar, da er über eine IP-Adresse verfügt. Ohne zusätzliche Schutzmechanismen birgt dies erhebliche Risiken für die Datensicherheit und den Schutz firmeninterner und personenbezogener Daten, da es meist sehr aufwendig und teilweise auch unmöglich ist, jeden einzelnen Rechner des Intranets gegen unbefugten Zugriff von außen zu schützen. Deshalb wird das Intranet meist mit einer **Firewall** gegen unbefugten Zugriff von außen gesichert.

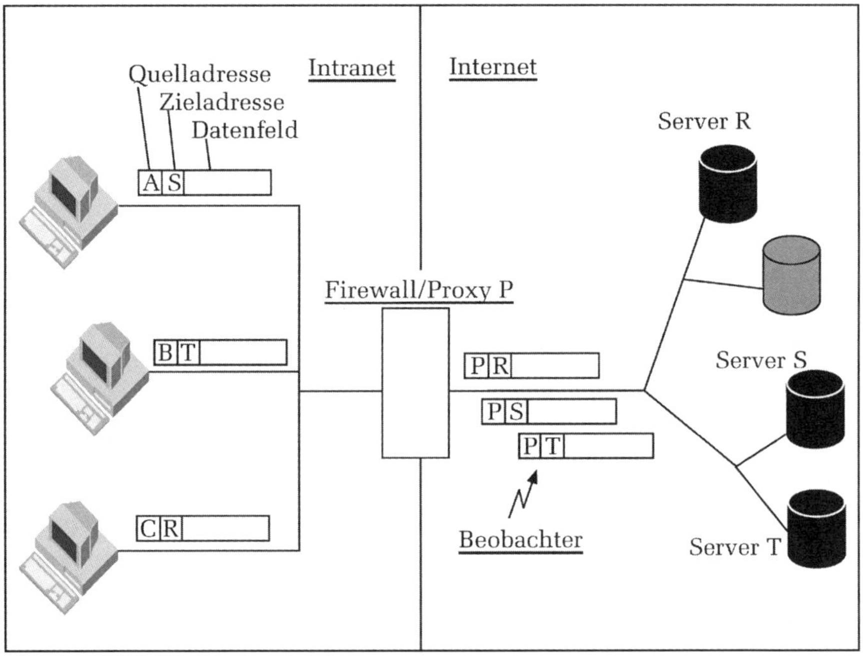

Abb. 3: Proxies als Schutz vor Beobachtern im Internet

15 Meist kommt die Firewall zusammen mit einem **Proxy** (Stellvertreter) zum Einsatz. Der Proxy verbirgt bei Zugriffen, die aus dem Intranet stammen und in das Internet gehen, welcher Rechner den Request abgesendet hat. Hierzu bauen die Rechner des Intranets zunächst eine Verbindung zu einem Proxy-Server auf, der seinerseits (stellvertretend) die vom Benutzer gewünschte Verbindung zum Zielrechner (zB einem WWW-Server) aufbaut (siehe Abb. 3). Beobachtern im Internet bleiben damit die (firmeninternen) Netzstrukturen und Adressen verborgen. Dies erschwert Hackern das Eindringen in das Intranet. Darüber hinaus verhindern Proxies die Beobachtung einzelner Nutzer, da die Ursprungsadresse einer Verbindung vor dem Internet verborgen wird.

Proxies und Firewalls schützen nicht vor einem Beobachter oder Saboteur, der im Intranet verbreitet ist, dh. berechtigten Zugang zum Intranet hat (zB ein Mitarbeiter). Ebenso schützen sie nicht, wenn der Proxy/Firewall selber der Beobachter/Saboteur ist. 16

Ein Verfahren, das selbst gegen Beobachtung durch den Betreiber des Proxys sicher ist, ist das **Mix-Netz**[1]. Ein praktisch nutzbares System zum anonymen Web-Surfen ist der Java Anon Proxy[2]. 17

2. Die Internet-Protokoll-Familie

Bevor unten in Rz. 38 ff. näher auf die wichigsten Anwendungen im Internet eingegangen wird, sollen einige Grundbegriffe der Übertragungsprotokolle im Internet eingeführt werden. 18

Die Nutzerdaten werden im Internet mit Hilfe von zwei **Übertragungsprotokollen** transportiert, dem Transmission Control Protocol (TCP) und dem User Datagram Protocol (UDP). Jeder Dienst eines Servers wird auf einer sog. Portnummer angeboten. Die Zuordnung von IP-Adressen zu den üblichen Rechnernamen erfolgt durch das Domain Name System (DNS).

Die angebotene Sicherheitfunktionalität der IP-Familie ist derzeit noch sehr gering, was sich aber mit künftigen IP-Versionen ändern wird.

a) Transmission Control Protocol (TCP)

Das Transmission Control Protocol (TCP) wird bei **Punkt-zu-Punkt-Verbindungen** zwischen zwei Endpunkten, zB einem Browser und einem Webserver, eingesetzt. Bei TCP wird darauf geachtet, dass alle vom einen Endpunkt gesendeten Bits auch tatsächlich beim anderen Endpunkt ankommen und auch deren Reihenfolge nicht durcheinander kommt. Falls Daten beim Transport verloren gehen, werden sie erneut gesendet (*Retransmission*). Dieses Transportprotokoll wird zB beim Transport von Webseiten, E-Mails, Dateien etc. angewendet, da man sicher gehen möchte, dass die Daten auch wirklich beim Empfänger ankommen. 19

Sollen mit Hilfe von TCP-Verbindungen viele Nutzer mit dem gleichen Inhalt von einem Server versorgt werden, muss jeder Nutzer eine eigene Verbindung zum Server aufbauen. Der Bandbreitebedarf wächst dadurch linear mit der Teilnehmerzahl, da der Server jeweils eine Verbindung pro Client und Request unterhält. 20

1 *David Chaum*, Untraceable Electronic Mail, Return Addresses, and Digital Pseudonyms. Communications of the ACM 24/2 (1981) 84–88.

2 Der Java Anon Proxy (JAP, http://anon.inf.tu-dresden.de/) basiert auf dem Mix-Netz und leitet jeden Zugriff über mehrere unabhängige, von unterschiedlichen Betreibern betriebene Mix-Proxies. Solange mindestens ein beteiligter Mix-Proxy korrekt arbeitet, ist der Client unbeobachtbar.

b) User Datagram Protocol (UDP)

21 Beim User Datagram Protocol (UDP) sendet der Sender Datenpakete aus, die in Abhängigkeit von der Auslastung des Netzes den Empfänger rechtzeitig, zu spät (*delayed*) oder auch gar nicht (*dropped*) erreichen. UDP wird hauptsächlich für Datenströme verwendet, bei denen eine Retransmission nicht möglich ist. Beispielsweise bei Audio- und Videoströmen, die synchron gesendet und konsumiert werden, ist es nicht sinnvoll, verloren gegangene Datenpakete erneut zu senden, da der fehlende „Abschnitt" des Datenstroms zeitlich hinter dem aktuell gesendeten liegt. UDP-Pakete werden beispielsweise vom Real Player[1] verarbeitet. Der Verlust von Datenpaketen macht sich je nach Kodierung der Medienströme durch Qualitätsverschlechterung oder Aussetzer bemerkbar.

Ein typischer UDP-Dienst ist der Domain Name Service (DNS, siehe Rz. 25 ff.).

22 Mit UDP lassen sich sowohl Punkt-zu-Punkt-Übertragungen, dh. vom Sender zu einem einzigen bestimmten Empfänger, als auch Punkt-zu-Mehrpunkt-Übertragungen (Multicast, Broadcast) realisieren. **Multicast-Verkehr** wird zukünftig den Bereich des Webcastings abdecken. Dabei verbindet sich ein Benutzer zB mit einem Videodatenstrom über eine so genannte Multicast-Adresse (*join*). Dies wird durch das so genannte Internet Group Management Protocol (IGMP) realisiert. An den Vermittlungsstellen wird der Datenstrom erst dann verzweigt, dh. in mehrere verschiedene Richtungen weitergesendet, wenn es keine günstigere Route zur Versorgung mehrerer Teilnehmer der Gruppe gibt. Dieses Vorgehen spart gegenüber der Punkt-zu-Punkt-Übertragung erheblich Bandbreite und macht die Übertragung von Bewegtbildern in sehr hoher Qualität an viele Empfänger erst möglich.

23 Derzeit wird massiv an der Zusicherung sog. **Quality-of-Service-Merkmale** (QoS) gearbeitet, um die auftretenden Verzögerungen und Datenverluste derart vorhersagen bzw. vermeiden zu können, dass dem Endbenutzer eine gleichbleibend hohe Qualität der Übertragung zugesichert werden kann. Die bisher entwickelten Protokolle, die alle Sonderformen von UDP sind, tragen Namen wie Real-Time Transport Protocol (RTP), Real-Time Control Protocol (RTCP) und Real-Time Streaming Protocol (RTSP). Im Zusammenhang mit QoS spielt das Resource Reservation Protocol (RSVP) noch eine Rolle. In der gegenwärtigen Distributionspraxis im Internet spielen die genannten Protokolle noch keine große Rolle, was sich aber mit steigenden Übertragungskapazitäten ändern wird.[2]

1 http://www.real.com/.

2 An technischer Einführungsliteratur kann empfohlen werden: *D. Kosiur*, IP Multicasting, 1998.

c) Portnummern

Jeder Dienst, egal ob er mit TCP oder UDP realisiert wird, ist eindeutig gekennzeichnet durch die IP-Adresse des Servers und die Portnummer, auf der der Dienst angeboten wird. Es können pro IP-Adresse insgesamt jeweils 65 535 Dienste für UDP und die gleiche Anzahl für TCP angeboten werden. Einigen Portnummern sind bestimmte Dienste fest zugeordnet. Sie werden „well-known ports" genannt. Beispielsweise wird das im World Wide Web wichtigste Protokoll HTTP (Hypertext Transfer Protocol) von einem Webserver meist auf TCP-Port 80 angeboten. 24

d) Domain Name System (DNS)

Das Domain Name System (DNS) sorgt für die **Zuordnung von IP-Nummern zu Rechnernamen** und umgekehrt. Damit sich die Benutzer anstelle der IP-Nummer einen Rechnernamen merken können, werden den im DNS registrierten Rechnern ein oder mehrere Namen zugewiesen. Beispielsweise merkt man sich www.datenschutz.de viel besser als 195.244.234.206. 25

Das Registrieren und Einrichten einer Domain im Internet war in den Anfangszeiten des Internets ein rein technischer Vorgang. Wer als Erster die Einrichtung einer Domain veranlasste, bekam die Domain. Dies führte zum **„Domain-Grabbing"** durch gewiefte Geschäftemacher: Es wurden „vorsorglich" Domain-Namen registriert, die Firmen-, Marken- oder Produktnamen entsprechen. Als die betroffenen Firmen das Internet entdeckten, wurden die Domain-Namen teilweise teuer zurückgekauft. 26

Die **Namen** sind hierarchisch aufgebaut. Beispielsweise gibt der Rechnername ikt.inf.tu-dresden.de an, dass der Rechner innerhalb der deutschen Domain (de), von der TU Dresden (tu-dresden), Fakultät Informatik (inf), betrieben wird, und zwar am Lehrstuhl Informations- und Kodierungstheorie (ikt). Die Landesbezeichnung in der Domain (zB de für Deutschland oder tv für Tuvalu, einen kleinen Inselstaat im Pazifischen Ozean) entspricht nicht notwendigerweise dem geographischen Standort des Rechners, der unter dieser Domain registriert ist. 27

Bei der Eingabe eines Rechnernamens, etwa in einen Browser, fragt der zunächst das Domain Name System nach der 4 Byte großen IP-Adresse, die nötig ist, um schließlich die Verbindung zum Server herzustellen. 28

Das DNS ist *kein* Suchsystem. Zwar können Rechnernamen ausprobiert werden, was zu einer erfolglosen DNS-Anfrage führt, aber zum gezielten Suchen von Rechnernamen oder Organisationen sollten Suchmaschinen eingesetzt werden, deren Technologie aber nichts mit dem DNS gemeinsam hat. 29

Die wirtschaftliche und politische Bedeutung eines Domain-Namens und des DNS wurde von den Entwicklern des Internets lange Zeit unterschätzt. DNS sollte das Merken von Adressen vereinfachen. Das Verhalten und die Erwartungen der Benutzer sind aber anders: Wer www.ibm.com eingibt, möchte gewöhnlich auch auf der Webseite des Rechnerherstellers IBM landen. 30

e) Sicherheit von IP

31 Die Internet-Protokolle besitzen nahezu keine Funktionen zur Gewährleistung von Vertraulichkeit und Integrität der übertragenen Daten. Der Schwerpunkt wurde von den Entwicklern auf die Zuverlässigkeit der Übertragung (hier: Fehlertoleranz) gegen unbeabsichtigte Fehler (zB Ausfall eines Rechners oder einer Kommunikationsverbindung) gelegt. Das Internet bietet keinerlei Garantie, dass ein IP-Paket tatsächlich und unverändert beim Empfänger ankommt. Ebenso kann man sich nicht darauf verlassen, dass die in einem IP-Paket enthaltene Absenderadresse authentisch ist. Ein Hacker kann ohne große Mühe eine beliebige Absenderadresse in das IP-Paket einfügen. Dieses sog. IP-Spoofing wird von Hackern zB bei Denial-of-Service-Angriffen (DoS) angewendet, um die Rückverfolgung zum Hacker zu verhindern (siehe auch Kap. F Rz. 49).

32 Ein Schutz gegen böswillige Angriffe auf die Vertraulichkeit, Integrität und Verfügbarkeit von Daten und Diensten existierte in den Anfangszeiten des Internets nicht einmal in Ansätzen. Besonders deutlich wird das durch die erfolgreichen Angriffe auf Firmen, die ihre Dienstleistungen nur noch im Internet anbieten, womit erfolgreiche Angriffe existenzbedrohend sind.[1]

33 IP ohne Berücksichtigung von Security ist keine gute Voraussetzung für den Durchbruch von E-Commerce im Internet. Alle Sicherheitsfunktionen, beispielsweise Secure Socket Layer (SSL) oder Pretty Good Privacy (PGP), müssen derzeit als Add-On, dh. aufsetzend auf IP, TCP und UDP, eingesetzt werden. Besser wäre es, wenn es einen Grundschutz gäbe. Mit der künftigen Generation des Internet-Protokolls, IP-Version 6 (dazu sogleich), wird die Situation wahrscheinlich besser.

f) IP-Version 6

34 In Anbetracht der starken Verbreitung und Nutzung des Internets musste die derzeit meistgenutzte Version der Internet Protocols (IP-Version 4) erweitert werden, um zukünftigen Anforderungen gerecht werden zu können. Dabei bot sich die Gelegenheit, die auf Netzebene unterstützten Sicherheitsfunktionen (IPSec) mit IP-Version 6 (IPv6) grundlegend mit zu erweitern. IPv6/IPSec[2] besitzt folgende **Funktionen**, mit denen direkt kryptographische Funktionen genutzt werden können:

---

1 Im Frühjahr und Sommer 2000 wurden die Firmen Yahoo und Amazon beispielsweise Opfer von Angriffen auf die Verfügbarkeit. Deren Dienstleistungen waren für mehrere Stunden nicht mehr erreichbar (http://www.heise.de/bin/tp/issue/dl-artikel.cgi?artikelnr=5785&mode=html). Weiteres Beispiel: Einem Betrüger gelang es mit Hilfe von ausgespähten Sozialversicherungsnummern, im Namen seiner Opfer Kreditschecks über Beträge von bis zu 44 000 Dollar zu erhalten und damit einkaufen zu gehen (http://www.heise.de/newsticker/data/jk-04.09.00-000/).

2 *R. Atkinson*, Security Architecture for IP. RFC 1825, NRL, August 1995.

Mit einem **Authentication Header**[1] **(AH)** ist es möglich, den Sender eines Paketes zu authentisieren sowie die Nutzdaten (Payload) vor unerkannter Verfälschung zu schützen.

In einem **Encapsulating Security Payload**[2] **(ESP)** ist es möglich, den Inhalt eines Paketes verschlüsselt zu übertragen. Dies bietet einerseits ideale Voraussetzungen für das sog. Tunneling, bei dem beliebige Datenpakete (auch anderer Übertragungsprotokolle) zwischen den Endpunkten des verschlüsselten Übertragungskanals („Tunnels") ausgetauscht werden. Andererseits können im ESP auch Daten der übergeordneten Protokolle (zB TCP) verschlüsselt werden.

Obwohl es natürlich bereits heute mit entsprechenden Erweiterungen möglich ist, über das Internet vertraulich und authentisch zu kommunizieren, bietet das Internet mit IPv6/IPSec erstmals eine Sicherheitsbasis, auf die sich alle Dienste, besonders auch solche, die im Bereich E-Business Anwendung finden, stützen können. 35

Die zu verwendenden kryptographischen Verfahren sind nicht näher spezifiziert. Aus Kompatibilitätsgründen wird bei Authentication-Headern zumindest der MD5-Hash-Algorithmus vorgeschrieben und bei Encapsulating Security Payloads der DES (Data Encryption Standard) in der Betriebsart CBC (Cipher Block Chaining). Ebenso ist das Schlüsselmanagement nicht Bestandteil der Spezifikationen. 36

Eine der heute schon verbreiteten Anwendungen von IPSec ist das Tunneling von firmeninternen Daten zwischen entfernten Unternehmensstandorten über so genannte **Virtual Private Networks (VPN)**. 37

II. Die wichtigsten Anwendungen

1. Wichtige Internet-Dienste im Bereich E-Business

a) Electronic Mail (E-Mail)

Die elektronische Post ist ein netzübergreifender Mitteilungsdienst. Ein Internet-Benutzer erhält von seinem Provider oder seinem Systemadministrator eine E-Mail-Adresse, die aus einer persönlichen Kennung und dem Domain- oder Rechnernamen besteht, verbunden durch das at-Zeichen @. Beispiel: federrath@inf.tu-dresden.de. 38

Den Transport von elektronischer Post übernimmt im Internet das **Simple Mail Transfer Protocol (SMTP)**. Es arbeitet nach dem Store-and-forward-Prinzip. Das bedeutet, der Rechner, von dem die E-Mail abgesetzt wird, schickt sie nicht direkt an den Zielrechner, sondern an einen günstig gele- 39

1 *R. Atkinson*, IP Authentication Header. RFC 1826, NRL, August 1995.
2 *R. Atkinson*, IP Encapsulating Security Payload. RFC 1827, NRL, August 1995.

genen Rechner auf dem Weg zum Zielrechner. Erhält ein günstig gelegener Rechner die E-Mail, so speichert er sie lokal (*store*), sucht einen weiteren günstig gelegenen Rechner und schickt die E-Mail dorthin weiter (*forward*). Dieses Store-and-forward wiederholt sich, bis der Zielrechner erreicht ist. Bei der Übertragung einer E-Mail kann jeder Store-and-forward-Rechner den Inhalt der Nachricht mitlesen. Es empfiehlt sich deshalb, den Nachrichteninhalt zu verschlüsseln. Hierzu können zB das Programm **Pretty Good Privacy (PGP)** oder der Standard **S/MIME (Secure Multipurpose Internet Mail Extensions)** eingesetzt werden.

40 Da nicht alle Teilnehmer auf jedem SMTP-Server im Internet eine Nutzerberechtigung haben können, sind diese Server meist über einen speziellen Zugang (meist TCP-Port 25) für das SMTP auch **ohne Login-Berechtigung** zugänglich. Ein Benutzer kann also mit einem SMTP-Server ohne Account kommunizieren. Diese Form des Zugangs zu einem SMTP-Server wird von den meisten PC-basierten E-Mail-Programmen verwendet, um E-Mails ins Internet zu schicken. Die im E-Mail-Programm angegebene Absenderadresse wird vom SMTP-Server meist ungeprüft übernommen. Deshalb kann der Empfänger von E-Mails nicht sicher davon ausgehen, dass der Absender der E-Mail authentisch ist.[1] Das Absenden von E-Mails mit gefälschter Absenderadresse wird **Mail-Spoofing** genannt. Um sich vor Mail-Spoofing zu schützen, muss der Absender seine Nachrichten authentisieren, zB indem er sie digital signiert. Hierfür können ebenfalls PGP oder S/MIME eingesetzt werden.

41 Das Abholen von E-Mails vom Mail-Server übernimmt das **Post Office Protocol (POP)** oder neuerdings das **Interactive Mail Access Protocol (IMAP)**. Hierzu muss sich der Benutzer gegenüber dem Mail-Server authentisieren, um fremden Zugriff auf die empfangenen E-Mails zu verhindern. Dies wird zB durch Abfrage eines Passworts realisiert.

b) Hypertext Transfer Protocol (HTTP) und World Wide Web (WWW)

42 Das Hypertext Transfer Protocol (HTTP) ist das Kernprotokoll des World Wide Web (WWW). Die in einem Browser angezeigten Dokumente werden mit dem HTTP vom Webserver zum Browser übertragen. Die Dokumente im WWW enthalten Querverweise, sog. Links, zu anderen Hypertext-Dokumenten, die ihrerseits wieder Verweise enthalten können. Dadurch entsteht ein Netz (Web) von verlinkten Dokumenten. Als Dokumentbeschreibungssprache wird im WWW hauptsächlich die **Hyptertext Markup Language (HTML)** eingesetzt.

1 *Damker/Federrath/Schneider*, Maskerade-Angriffe im Internet. Eine Demonstration für Unsicherheit, DuD 1996, 286-294.

Protokoll	Aufbau der URL
HTTP	http://Rechneradresse:Port/Pfad/Datei Beispiel: http://www.inf.tu-dresden.de/~hf2
HTTPS (verschlüsseltes HTTP mit dem Protokoll Secure Socket Layer, SSL)	https://Rechneradresse:Port/Pfad/Datei Beispiel: https://www.inf.tu-dresden.de/
FTP (File Transfer Protocol, dient meist dem Übermitteln großer Dateien)	ftp://Login:Passwort@Rechneradresse:Port/Pfad/Datei Beispiel: ftp://ftp.inf.tu-dresden.de/ (anonymes ftp)
E-Mail	mailto://Name@Domain
News	news:Newsgroup Beispiel: news:comp.os.macos
Telnet (Terminal Network)	telnet://Login:Passwort@Rechneradresse:Port Beispiel: feder:xv5d390n@server.inf.tu-dresden.de
Lokale Datei	file://Rechnername/Pfad/Datei

Tab. 1: Ausgewählte Protokolle und ihre Verwendung in URLs

Ein Link wird durch einen **Uniform Resource Locator (URL)** realisiert. URLs vereinheitlichen die Bezeichnung von Dokumenten im Internet: 43

Aufbau einer URL: Protokoll://Rechneradresse:Port/Ressource

Protokolle können zB http, ftp, mailto sein (siehe auch Tabelle 1). Die Angabe des Ports mit führendem Doppelpunkt wird häufig weggelassen, wenn der Dienst auf dem standardisierten Port zur Verfügung steht. Die Ressource ist meist ein Dateiname mit führender Pfadangabe. Beispielsweise verweist die URL „http://www.inf.tu-dresden.de/~hf2/index.html" auf eine Webseite auf dem Rechner www.inf.tu-dresden.de, von dem aus dem Verzeichnis „/~hf2/" die Datei „index.html" angefordert wird. Da der Webserver auf dem für HTTP standardisierten Port 80 arbeitet, kann die Portnummer weggelassen werden. Die Abbildung 4 zeigt vereinfacht den typischen Protokollablauf am Beispiel eines Abrufs einer HTML-Seite.

Mit HTTP können beliebige Datentypen (Texte, Bilder, Sound, binäre Dateien) übertragen werden. 44

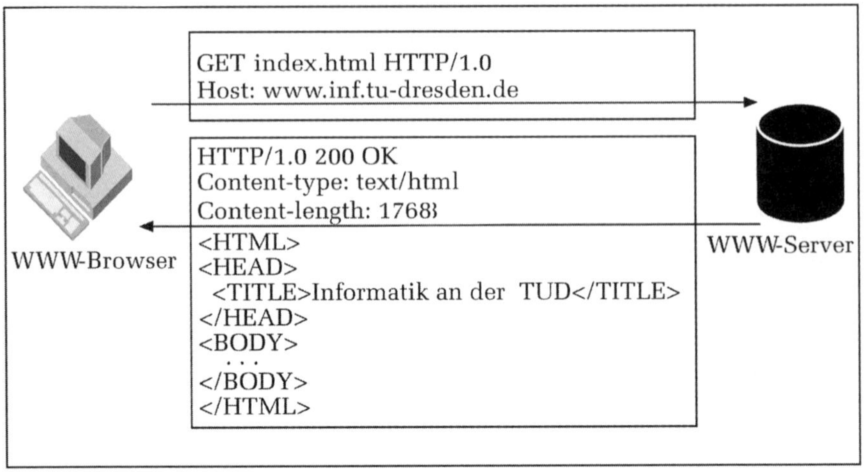

Abb. 4: Beispielhafter Protokollablauf beim Abruf einer HTML-Seite

c) News

45 Der weltweite Informationsservice Usenet News arbeitet wie ein weltweites schwarzes Brett und ist ein verteiltes Datenbanksystem, bei dem jeder News-Beitrag an alle News-Server weitergegeben und gespeichert wird. Hierzu wird das **Net News Transfer Protocol (NNTP)** verwendet. Es werden in themenspezifischen News-Gruppen vorrangig Diskussionen geführt, aber auch Daten (Bilder, Binärdateien etc.) öffentlich verteilt und verfügbar gemacht. Der Endbenutzer verbindet sich mit dem nächstgelegenen News-Server über seinen News-Client, der zB im Web-Browser integriert ist.

46 Die Newsgruppen sind hierarchisch nach Themengebieten geordnet. Beispielsweise beschäftigen sich die Newsgruppen, die mit der Bezeichnung sci.crypt beginnen, mit wissenschaftlichen Fragen zur Kryptographie. Deutschsprachige Diskussionsforen beginnen mit de. Beispielsweise beschäftigt sich die Newsgruppe de.talk.sex völlig offensichtlich mit in Deutsch geführten Diskussionen zum Thema Sex.

d) Telnet

47 Mit dem Dienst Telnet (Teletype Network) ist eine interaktive, aber rein **textbasierte Benutzung eines entfernten Rechners** möglich. Über eine sog. Konsolen- bzw. Terminalsoftware können Befehle auf dem entfernten Rechner über das Internet ausgeführt werden. Durch den Siegeszug von graphischen Benutzungsoberflächen (Graphical User Interfaces, GUI) verliert Telnet im Bereich E-Business zunehmend an Bedeutung.

48 Noch vor einigen Jahren arbeiteten nahezu alle Buchungs-, Abfrage- und Datenverwaltungssysteme textbasiert und kommunizierten teilweise über

das Telnet-Protokoll mit dem Zentralrechner (Host). Heute wird Telnet vorzugsweise für die entfernte Administration von Rechnern angewendet und dürfte noch für Spezialanwendungen im Bereich B2B verwendet werden. Im Bereich B2C hat Telnet nahezu keine Bedeutung.

e) Wireless Application Protocol (WAP)

Das Wireless Application Protokoll (WAP) ermöglicht die Kommunikation 49
zwischen einem WAP-Server und kleinen, mobilen, drahtlosen Endgeräten. Mobiltelefone, die mit einem WAP-Browser ausgestattet sind, können so Hypertext-Dokumente abrufen, deren Gestaltung sich an den sehr kleinen und bisher wenig Gestaltungsmöglichkeiten bietenden Displays der Geräte orientiert. Die Beschreibungssprache für WAP-Dokumente nennt sich **Wireless Markup Language (WML)**.

Prinzipiell könnten über WAP alle aus dem World Wide Web bekannten 50
Dienste angeboten werden. In einigen Jahren werden sich die Darstellungsmöglichkeiten der mobilen Displays drastisch verbessert haben.

Durch die Verknüpfung von Ortsinformation (gegenwärtiger Aufenthaltsort des mobilen Teilnehmers) mit Stadtinformationssystemen ermöglicht WAP interessante Anwendungen, zB interaktive Wegweiser und Navigation: Der Kunde (bzw. sein Mobiltelefon) lokalisiert sich und ruft einen WAP-basierten Stadtplan auf, um sich zu seinem Ziel leiten zu lassen.[1] Ebenso ist der zielgenaue Ruf von Rettungsdiensten, Taxis etc. möglich, wenn der Kunde (bzw. sein Mobiltelefon) seinen genauen Standort mitteilt.

Bei der **Lokalisierung** von Teilnehmern ist zu beachten, dass aus Daten- 51
schutzgründen keine ständige und keine unbemerkte Lokalisierung des Teilnehmers möglich sein darf. Es sollten nach Möglichkeit Techniken zum Schutz vor Lokalisierung[2] eingesetzt werden.

Mit der optionalen Erweiterung WTLS (Wireless Transport Layer Security) 52
können WAP-Verbindungen auch **verschlüsselt** und authentisiert werden.

f) Virtuelle E-Shopping-Systeme

Eine komplexe Anwendung der Internet-Dienste stellen virtuelle E-Shop- 53
ping-Systeme dar. Dabei handelt es sich um (meist) Web-basierte Einkaufssysteme. Auf einer Website werden dem Kunden in Katalogform verschiedene Waren angeboten. Artikelsuche und multimediale Präsentationsfähigkeiten erhöhen gegenüber herkömmlichen Home-Shopping-Möglichkeiten den Nutzwert von E-Shopping.

1 Mit einem Navigationssystem kann man dies natürlich heute schon, doch erstens muss man ein solches besitzen und zweitens stets dabei haben. Dagegen könnte man über das Mobiltelefon einen solchen Service „on-demand" nutzen und bezahlen.

2 *Federrath*, Sicherheit mobiler Kommunikation, 1999.

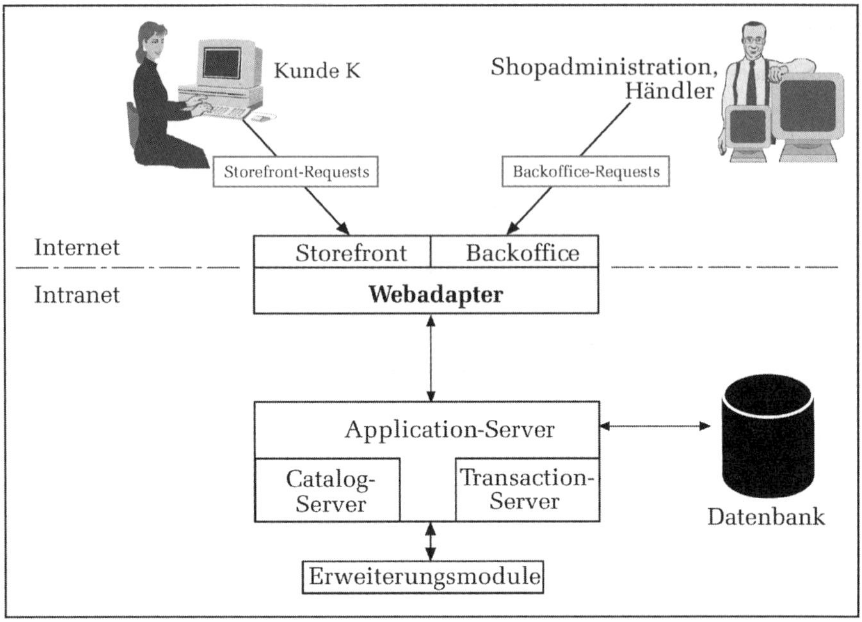

Abb. 5: Komponenten eines E-Shops

54 Ein Online-Shop besteht aus folgenden Kernkomponenten (siehe auch Abb. 5):

- **Webadapter mit Storefront und Backoffice:** Der für den Shop-Besucher sichtbare Teil des E-Commerce-Systems ist die „Storefront". Händler und Administratoren greifen zur Einrichtung und Verwaltung des Shops auf das „Backoffice" zu.
- **Application-Server:** Hier liegt die Hauptlast des Systems. Der Application-Server generiert aus den Katalogdaten dynamisch die im Browser des Kunden dargestellten Web-Dokumente und ist für die Abwicklung aller Transaktionsvorgänge bei Bestellungen zuständig. Außerdem verwaltet der Application-Server die Zugriffsrechte für die Datenbank.
- **Datenbank:** Die Datenbank enthält alle Katalogdaten und verwaltet die gespeicherten Kunden-, Händler- und Transaktionsdaten. Aufgrund der Sensibilität der personenbezogenen Daten darf die Datenbank niemals direkt mit dem Webadapter kommunizieren, sondern es müssen alle Anfragen über den Application-Server laufen, der die Rechteverwaltung übernimmt.

55 Der **Zugriffsschutz** in E-Shopping-Systemen basiert bisher meist auf Passwörtern. Zum Schutz der Vertraulichkeit werden, sobald personenbezogene Daten zwischen dem Webadapter und dem Kunden bzw. dem Webadapter und dem Backoffice ausgetauscht werden, diese über das HTTPS-Protokoll übertragen. HTTPS ist ein verschlüsseltes HTTP auf der Basis des Protokolls Secure Socket Layer (SSL).

2. Beschreibungssprachen und Datentypen

a) Beschreibungssprachen

Hypertext-Dokumente sind heute die wichtigste Klasse von Inhalten im Internet. Der Aufbau eines Dokuments wird durch eine Sprache beschrieben, die eine Maschine (hier: der Browser, das WAP-Handy oder andere Anzeigeinstrumente) interpretieren kann, und in eine multimediale Darstellung des Dokumentinhalts verwandelt. **HTML (Hypertext Markup Language)** ist die Beschreibungssprache für Webseiten im Internet.**WML (Wireless Markup Language)** ist die Beschreibungssprache für Inhalte, die auf kleinen mobilen, vorzugsweise WAP-fähigen Endgeräten verarbeitet/dargestellt werden. **XML (Extensible Markup Language)** ist eine universelle Dokumentbeschreibungssprache, die zunehmend auch im World Wide Web Anwendung findet. XML ist eine Teilmenge von **SGML (Standardized Generalized Markup Language)**. 56

b) Inhalte von Hypertext-Dokumenten

In Hypertext-Dokumenten können mindestens folgende drei **Klassen von Inhalten** enthalten sein: 57

- **Textdaten**, dh. formatierter und unformatierter Text mit allen möglichen gestalterischen Elementen,
- **multimediale Objekte**, also Bilder, Grafiken, Animationen, Audio- und Video-Ströme und
- **aktive Inhalte**. Hierzu zählt ein ausführbarer Code (JavaScript, Java-Applets, ActiveX).

Die Abb. 6 zeigt ein einfaches Hypertext-Dokument mit seiner Darstellung im Web-Browser. Links ist der Inhalt des HTML-Dokuments zu sehen, rechts dessen Anzeige im Web-Browser. Das Dokument enthält einen Hyperlink auf die URL http://www.datenschutz.de/ und das eingebettete Grafikobjekt note.gif sowie einige Textauszeichnungen. 58

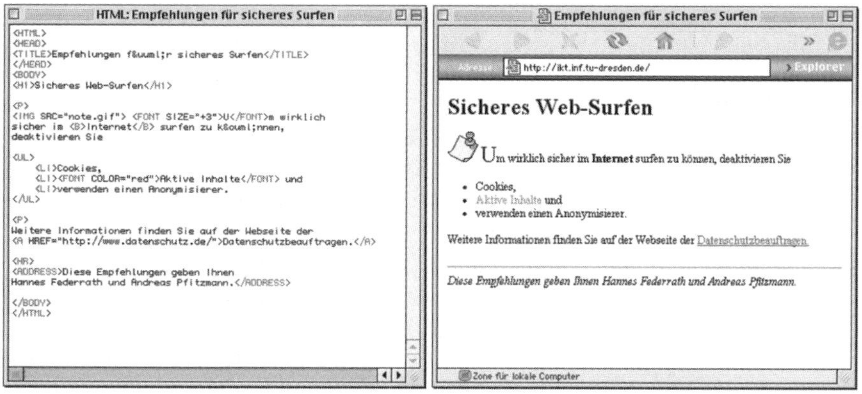

Abb. 6: Beispiel eines Hypertext-Dokuments

59 Durch die sog. **Plug-In-Architektur** der Browser ist es möglich, den Funktionsumfang der Hypertext-Dokumente zu erweitern. Die Installation von Plug-Ins und die Ausführung aktiver Inhalte birgt für den Endbenutzer einige **Sicherheitsprobleme und Risiken**. So ist es möglich, dass bösartige ActiveX-Controls und Plug-Ins unbemerkte Lese- und Schreibzugriffe auf lokale Dateien ausführen können. Auch Java-Applets dürfen nach Rückfrage an den Benutzer lokale Dateien schreiben und lesen. Dem Benutzer eines Betriebssystems ohne Zugriffs- und Speicherschutz ist deshalb dringend zu raten, nur Plug-Ins und ActiveX-Controls von vertrauenswürdigen Herstellern zu benutzen bzw. vom Browser ausführen zu lassen und genau darauf zu achten, welche Rechte ein Java-Applet bei der Ausführung erhält. Dies alles ist besonders wichtig, wenn der PC auch für sensible Anwendungen, zB Electronic Banking, benutzt wird. Eigentlich ist die vollständige Deaktivierung aktiver Inhalte empfehlenswert. Diese Empfehlung steht allerdings im Widerspruch zu dem Trend, mehr und mehr E-Business-Anwendungen (zB Electronic Banking) durch aktive Inhalte zu realisieren oder aufzupeppen, was praktisch einem Aktivierungszwang aktiver Inhalte gleichkommt. Der Benutzer muss folglich abwägen zwischen Sicherheit und Bequemlichkeit.

c) Grafiken und Bilder

60 Grafiken und Bilder im Internet werden meistens in den Formaten **GIF (Graphics Interchange Format)**, **PNG (Portable Network Graphics)** und **JPEG (Joint Photographic Expert Group)** verwendet.

GIF arbeitet mit einer verlustfreien Kompression der Bilddaten. Allerdings darf das Bild nur maximal 256 Farbwerte enthalten, was die Formate für Fotos ungeeignet, aber für graphische Darstellungen sehr geeignet macht. JPEG dagegen arbeitet mit verlustbehafteter Kompression und eignet sich für die komprimierte Übertragung und Speicherung von Fotos und anderem Bildmaterial mit Farbverläufen.

PNG setzt sich bei der Gestaltung von Web-Dokumenten aufgrund seiner Universalität immer mehr gegen GIF und JPEG durch.

d) Audio und Video

61 Bei Audio und Video ist zu unterscheiden, ob die Mediendaten bereits während der Übertragung konsumiert werden oder zunächst heruntergeladen und dann offline verwendet werden.

62 Audio- und Videokommunikation über das Internet in Echtzeit, sog. **Streaming**, stellt hohe Anforderungen an die Dienstgüte und Übertragungsbandbreite des Kanals. Für eine hohe Übertragungsqualität werden Verfahren verwendet, die den Datenstrom hoch komprimiert und tolerant gegen Paketverluste machen. Ein erneutes Senden eines verloren gegangenen Datenpaketes wäre unnütz, da der fehlende „Abschnitt" des Datenstroms zeitlich hinter dem aktuell gesendeten liegt.

Für Videoübertragung (inkl. des Audio-Streams) kommen hauptsächlich die standardisierten Formate der **Motion Picture Expert Group (MPEG)** sowie die proprietären Formate von **Quicktime** (Apple Computer Inc.) und **RealVideo** (Real Inc.) zum Einsatz. Allerdings sind die Software-Player von Apple und Real auch in der Lage, viele Standard-Formate wiederzugeben. 63

Als Datenformat für Audio im Internet ist derzeit das Format **MP3** (eigentlich richtig MPEG-1 Layer 3 genannt) gebräuchlich, das einen Audio-Stream auf etwa 1/10 der Datenmenge reduziert, nahezu ohne hörbare Qualitätsverluste. 64

B. Der Weg zum Netz

I. Netzbetreiber

E-Commerce wird über Kommunikationsnetze abgewickelt. Die Funktionsweise derartiger Netze wurde im Teil A erläutert. Es stellt sich somit die Frage, was Telekommunikationsnetze sind und unter welchen Voraussetzungen man solche Netze betreiben kann. 1

1. Rechtsquellen, Zulassungs- und Regulierungsverfahren

a) Rechtsquellen

aa) Nationales Recht

Wichtigste **Rechtsquelle** für das Betreiben von Telekommunikationsnetzen ist in Deutschland das Telekommunikationsgesetz (TKG)[1]. Es enthält 17 Verordnungsermächtigungen, die inzwischen weitgehend ausgefüllt sind[2]. Daneben können das Teledienstegesetz (TDG)[3] und der Mediendienste-Staatsvertrag (MDStV)[4] von Bedeutung sein. Während das TKG den Transport betrifft, regelt das TDG den Inhalt.[5] Auch der Mediendienste-Staatsvertrag regelt die Inhaltsebene, wobei sowohl die Abgrenzung zwischen TKG einerseits und TDG bzw. Mediendienste-Staatsvertrag andererseits (vgl. dazu unten Rz. 239 ff.) als auch zwischen TDG und Mediendienste-Staatsvertrag (vgl. dazu unten Rz. 254) teilweise erhebliche Schwierigkeiten bereitet. 2

---

1 Telekommunikationsgesetz v. 25.7.1996 (BGBl. I S. 1120 ff.), zuletzt geändert durch Art. 3 Abs. 5 des Gesetzes vom 26.6.2001, BGBl. I S. 1254 ff., 1261, abgedruckt zB bei *Lammich*, Kommentar zum Telekommunikationsgesetz, oder bei *Manssen*, Telekommunikations- und Multimediarecht, B 10.

2 Die bereits in Kraft getretenen Verordnungen sind abgedruckt bei *Lammich*, Kommentar zum Telekommunikationsgesetz, Anlage B.

3 Art. 1 des Gesetzes zur Regelung der Rahmenbedingungen für Informations- und Kommunikationsdienste (IuKDG) v. 22.7.1997, BGBl. I S. 1870 ff., geändert durch Art. 6 Abs. 4 des Gesetzes vom 27.6.2000, BGBl. I S. 897 ff., 907, abgedruckt zB bei *Lammich*, Kommentar zum Telekommunikationsgesetz, Anlage A 4, oder bei *Manssen*, Telekommunikations- und Multimediarecht, B 70.

4 Mediendienste-Staatsvertrag v. 20.1./12.2.1997, Baden-WürttGBl. 1997 S. 181 = BayGVBl. 1997 S. 226 = BerlGVBl. 1997 S. 360 = BbgGVBl. 1997 S. 75 = BremGBl. 1997 S. 205 = HbgGVBl. 1997 S. 253 = HessGVBl. 1997 S. 134 = MVGVBl. 1997 S. 242 = NdsGVBl. 1997 S. 280 = NWGVBl. 1997 S. 158 = RhPfGVBl. 1997 S. 235 = SaarlABl. 1997 S. 641 = SachsGVBl. 1997 S. 500 = Sachs-AnhGVBl. 1997 S. 572 = SchlHGVBl. 1997 S. 318 = ThürGVBl. 1997 S. 258, abgedruckt zB bei *Manssen*, Telekommunikations- und Multimediarecht, B 60.

5 *Manssen*, Telekommunikations- und Multimediarecht, E § 2 Rz. 9.

bb) Europäisches Recht

3 Europäisches Recht spielt gerade auf dem Gebiet der Telekommunikation eine erhebliche Rolle, da die Europäische Union Initiator und Motor der Liberalisierung der Telekommunikationsmärkte in Deutschland und Europa war. Auf europäischer Ebene gibt es eine Vielzahl von **Richtlinien und Verordnungen**, die für Netzbetreiber von Bedeutung sein können[1]. Während die europäische Verordnung unmittelbar in jedem Mitgliedstaat gilt und damit gegebenenfalls auch entgegenstehendes nationales Recht außer Kraft setzt, bedürfen europäische Richtlinien der Umsetzung in nationales Recht. Sie müssen fristgerecht und vollständig umgesetzt werden. Geschieht dies nicht, können Richtlinien unmittelbare Rechtswirkungen im Verhältnis Individuum – Staat entfalten, wenn die Bestimmung den Einzelnen begünstigt und der Inhalt unbedingt, hinreichend genau und deshalb unmittelbar anwendbar („self executing") ist.[2] Gegebenenfalls kommt auch ein Schadensersatzanspruch des Geschädigten gegen den Staat wegen nicht fristgerechter Umsetzung einer Richtlinie in Betracht, wenn es Ziel der Richtlinie ist, dem Einzelnen Rechte zu verleihen, der Inhalt der Richtlinie bestimmbar ist und ein kausaler Zusammenhang zwischen dem Verstoß des Mitgliedstaates und dem entstandenen Schaden vorliegt.[3] Darüber hinaus sind bei der Auslegung nationalen Rechts europäische Vorgaben zwingend zu beachten, wenn und soweit nationale Normen einen Interpretationsspielraum offen lassen (Grundsatz der gemeinschaftskonformen Auslegung).

4 Von herausragender Bedeutung speziell für die Netzbetreiber dürfte die Richtlinie 96/19/EG vom 13. 3. 1996 zur Änderung der Richtlinie 90/388/EWG hinsichtlich der Einführung des vollständigen Wettbewerbs auf den Telekommunikationsmärkten sein, die die Aufhebung der Monopole für den Sprachtelefondienst und für Telekommunikationsinfrastrukturen vorsieht.

Zu den wichtigsten europäischen Vorschriften gehören daneben folgende **Richtlinien**:

- Richtlinie 88/301/EWG der Kommission über den Wettbewerb auf dem Markt für Telekommunikations-Endgeräte[4], geändert durch Richtlinie 94/46/EWG[5],
- Richtlinie 90/387/EWG des Rates zur Verwirklichung des Binnenmarktes für Telekommunikationsdienste durch Einführung eines offenen Netzzugangs (Open Network Provision – ONP)[6], zuletzt geändert durch die Richtlinie 57/51 EG[7],

1 Zusammenstellungen der wichtigsten europäischen Vorschriften finden sich bei *Lammich*, Kommentar zum Telekommunikationsgesetz, Anhang C, und bei *Manssen*, Telekommunikations- und Multimediarecht, Teil R.
2 *Schweitzer/Hummer*, Europarecht, Rz. 365.
3 *Schweitzer/Hummer*, Europarecht, Rz. 370.
4 ABl. EG Nr. L 131/73 ff.
5 ABl. EG Nr. L 268/15 ff.
6 ABl. EG Nr. L 192/1 ff.
7 ABl. EG Nr. L 295/23 ff.

- Richtlinie 90/388/EWG der Kommission über den Wettbewerb auf dem Markt für Telekommunikationsdienste (Diensterichtlinie)[1], zuletzt geändert durch die Richtlinie 99/64/EG[2],
- Richtlinie 92/44/EWG des Rates zur Einführung des offenen Netzzugangs bei Mietleitungen[3], zuletzt geändert durch Richtlinie 97/ 51/EG[4],
- Richtlinie 95/62/EG des Europäischen Parlaments und des Rates zur Einführung des offenen Netzzugangs (ONP) beim Sprachtelefondienst[5],
- Richtlinie 97/13/EG des Europäischen Parlaments und des Rates über einen gemeinsamen Rahmen für Allgemein- und Einzelgenehmigungen für Telekommunikationsdienste[6],
- Richtlinie 97/33/EG des Europäischen Parlaments und des Rates über die Zusammenschaltung in der Telekommunikation im Hinblick auf die Sicherstellung eines Universaldienstes und der Interoperabilität durch Anwendung der Grundsätze für einen offenen Netzzugang (ONP)[7], zuletzt geändert durch Richtlinie 98/61/ EG[8],
- Richtlinie 97/66/EG des Europäischen Parlaments und des Rates über die Verarbeitung personenbezogener Daten und den Schutz der Privatsphäre im Bereich der Telekommunikation[9],
- Richtlinie 98/10/EG des Europäischen Parlaments und des Rates über die Anwendung des offenen Netzzugangs (ONP) beim Sprachtelefondienst und den Universaldienst im Telekommunikationsbereich in einem wettbewerbsorientierten Umfeld[10],
- Richtlinie 99/5/EG des Europäischen Parlaments und des Rates über Funkanlagen und Telekommunikationsendeinrichtungen und die gegenseitige Anerkennung ihrer Konformität[11],
- Verordnung (EG) Nr. 2887/00 des Europäischen Parlaments und des Rates vom 18.12.2000 über den entbündelten Zugang zum Teilnehmeranschluss[12].

Die Europäische Kommission berichtet regelmäßig über den **Stand der Umsetzung** der europäischen Vorschriften auf dem Gebiet der Telekommunikation in den Mitgliedstaaten. In ihrem jüngsten Bericht[13] bemängelt die Kommission in Deutschland insbesondere folgende Defizite: 5

1 ABl. EG Nr. L 192/10 ff.
2 ABl. EG Nr. L 175/39 ff.
3 ABl. EG Nr. L 165/27 ff.
4 ABl. EG Nr. L 295/23 ff.
5 ABl. EG Nr. L 321/6 ff.
6 ABl. EG Nr. L 117/15 ff.
7 ABl. EG Nr. L 199/32 ff.
8 ABl. EG Nr. L 268/37 ff.
9 ABl. EG Nr. L 24/1 ff.
10 ABl. EG Nr. L 101/24 ff.
11 ABl. EG Nr. L 91/10 ff.
12 ABl. EG Nr. L 336/4 ff.
13 Kommission der Europäischen Gemeinschaften, Sechster Bericht über die Umsetzung des Reformpaketes für den Telekommunikationssektor v. 7.12.2000, KOM (2000) 814.

- Der Regulierungsbehörde mangele es an Eingriffsbefugnissen, insbesondere bei Zusammenschaltungsstreitigkeiten.[1]
- Lange Zeitdauer zwischen Einspruch gegen Entscheidungen der Regulierungsbehörde und endgültiger gerichtlicher Entscheidung.[2]
- Die Regulierungsbehörde fordere zu viele Informationen bei der Erteilung einer Regionalgenehmigung. Insbesondere die Ausdehnung einer bestehenden Regionalgenehmigung erfordere erheblichen Arbeits- und Zeitaufwand, sei kostspielig und unverhältnismäßig, da der Regulierungsbehörde bereits umfangreiche Informationen über den Antragsteller vorlägen.[3]
- In Deutschland seien die Genehmigungsgebühren zu hoch.[4] Nach Art. 11 Abs. 1 der Richtlinie 97/13/EG des Europäischen Parlaments und des Rates über einen gemeinsamen Rahmen für Allgemein- und Einzelgenehmigungen für Telekommunikationsdienste dürfen von den Unternehmen nur die Gebühren erhoben werden, die die für die Ausstellung, Verwaltung, Kontrolle und Durchsetzung der jeweiligen Einzelgenehmigung anfallenden Verwaltungskosten abdecken. Eine Berücksichtigung des wirtschaftlichen Wertes sei deshalb bei der Gebührenbemessung (außer bei der Nutzung knapper Ressourcen, Art. 11 Abs. 2 RL 97/13/EG) unzulässig.[5] Manche halten deshalb § 2 der Telekommunikations-Lizenzgebührenverordnung[6], die aufgrund der Ermächtigung des § 16 TKG erlassen wurde, für nichtig.[7]
- Verhandlungen über Zusammenschaltungen bei Diensten, die nicht Standard-Zusammenschaltungsangebote seien, dauerten zu lange. Neueinsteiger könnten die Zusammenschaltung oftmals nur über das Streitbeilegungsverfahren erreichen.[8]

---

1 Kommission der Europäischen Gemeinschaften, Sechster Bericht über die Umsetzung des Reformpaketes für den Telekommunikationssektor v. 7.12.2000, KOM (2000) 814, S. 15.

2 Kommission der Europäischen Gemeinschaften, Sechster Bericht über die Umsetzung des Reformpaketes für den Telekommunikationssektor v. 7.12.2000, KOM (2000) 814, S. 16.

3 Kommission der Europäischen Gemeinschaften, Sechster Bericht über die Umsetzung des Reformpaketes für den Telekommunikationssektor v. 7.12.2000, KOM (2000) 814, S. 17.

4 Kommission der Europäischen Gemeinschaften, Sechster Bericht über die Umsetzung des Reformpaketes für den Telekommunikationssektor v. 7.12.2000, KOM (2000) 814, S. 18.

5 Beck TKG-Komm/*Schütz*, § 16 Rz. 5–7.

6 Telekommunikations-Lizenzgebührenverordnung v. 28.7.1997, BGBl. I S. 1936, auch abrufbar unter www.regtp.de, abgedruckt zB bei *Lammich*, Kommentar zum TKG, Anlage B 1.

7 Beck TKG-Komm/*Schütz*, Anhang zu § 16, § 2 TKLGebVO Rz. 2.

8 Kommission der Europäischen Gemeinschaften, Sechster Bericht über die Umsetzung des Reformpaketes für den Telekommunikationssektor v. 7.12.2000, KOM (2000) 814, S. 19.

- Die Notwendigkeit von 23 Zusammenschaltungspunkten ab einem bestimmten Verkehrsaufkommen aufgrund der geltend gemachten Bedrohung der Netzintegrität werde von neuen Marktteilnehmern bezweifelt.[1]
- Die Frist für die Bereitstellung der Zusammenschaltung werde nicht eingehalten.[2]
- Die Regulierungsbehörde sei nicht befugt, aus eigener Veranlassung Entscheidungen über Zusammenschaltungen zu treffen, und könne daher keine Vorbeugemaßnahmen gegen Streitigkeiten ergreifen.[3]
- In Deutschland würden EU-weit die höchsten Zusammenschaltungsentgelte für die Anrufzustellung in Mobilfunknetzen erhoben.[4]
- Beim entbündelten Teilnehmeranschluss seien die Kollokationsbedingungen (Tarifgestaltung, Bereitstellung, Verzögerungen) für neue Marktteilnehmer problematisch.[5]
- Beim Bitstrom-Zugang seien in Deutschland die Großkundenpreise identisch mit den Endkundenpreisen für Nutzer in großem Maßstab. Ein fehlendes bzw. verzögertes Großkundenangebot bei gleichzeitigem eigenem DSL-Diensteangebot an Endkunden bedeute einen Wettbewerbsnachteil für neue Marktteilnehmer.[6]
- Die Preise für den Zugang zur Teilnehmer-Datenbank für Auskunftsdienste seien nach Ansicht der Wettbewerber zu hoch.[7] So wird vertreten, der Begriff des angemessenen Entgelts in § 12 Abs. 2 TKG sei richtlinienkonform iSd. RiLi 98/10/EG auszulegen.[8] Art. 6 Abs. 3 der Richtlinie 98/10/EG des Europäischen Parlaments und des Rates über die Anwendung des offenen Netzzugangs (ONP) beim Sprachtelefondienst und den

1 Kommission der Europäischen Gemeinschaften, Sechster Bericht über die Umsetzung des Reformpaketes für den Telekommunikationssektor v. 7.12.2000, KOM (2000) 814, S. 19.
2 Kommission der Europäischen Gemeinschaften, Sechster Bericht über die Umsetzung des Reformpaketes für den Telekommunikationssektor v. 7.12.2000, KOM (2000) 814, S. 20.
3 Kommission der Europäischen Gemeinschaften, Sechster Bericht über die Umsetzung des Reformpaketes für den Telekommunikationssektor v. 7.12.2000, KOM (2000) 814, S. 20.
4 Kommission der Europäischen Gemeinschaften, Sechster Bericht über die Umsetzung des Reformpaketes für den Telekommunikationssektor v. 7.12.2000, KOM (2000) 814, S. 21.
5 Kommission der Europäischen Gemeinschaften, Sechster Bericht über die Umsetzung des Reformpaketes für den Telekommunikationssektor v. 7.12.2000, KOM (2000) 814, S. 23.
6 Kommission der Europäischen Gemeinschaften, Sechster Bericht über die Umsetzung des Reformpaketes für den Telekommunikationssektor v. 7.12.2000, KOM (2000) 814, S. 23 f.
7 Kommission der Europäischen Gemeinschaften, Sechster Bericht über die Umsetzung des Reformpaketes für den Telekommunikationssektor v. 7.12.2000, KOM (2000) 814, S. 25.
8 Beck TKG-Komm/*Büchner*, § 12 Rz. 20.

Universaldienst im Telekommunikationsbereich in einem wettbewerbsorientierten Umfeld verlangt eine Kostenorientierung der Preisgestaltung.

- Bei der Vergabe von Wegerechten können Interessenkonflikte entstehen, wenn Stadtverwaltungen, die selbst an Netzbetriebsunternehmen beteiligt sind, diese vergeben.[1]

6 Teilweise gibt es auch begriffliche Unstimmigkeiten zwischen dem TKG und europäischen Richtlinien. Dies gilt zB für den Begriff der **Zusammenschaltung**. Nach der Legaldefinition des § 3 Nr. 24 TKG ist Zusammenschaltung derjenige Netzzugang, der die physische und logische Verbindung von Telekommunikationsnetzen herstellt, um Nutzern, die an verschiedenen Telekommunikationsnetzen angeschaltet sind, die mittelbare oder unmittelbare Kommunikation zu ermöglichen. Der Begriff der Zusammenschaltung nach Art. 1 der Richtlinie 90/388/EWG der Kommission über den Wettbewerb auf dem Markt für Telekommunikationsdienste (Diensterichtlinie) geht dagegen weiter und umfasst auch den Netzzugang von Organisationen, die nicht selbst Netzbetreiber sind, sondern lediglich Telekommunikationsdienste bereitstellen bzw. erbringen. Nach der Richtlinie genüge für eine Zusammenschaltung auch die Verbindung von Teilen von Telekommunikationsnetzen.[2] Danach sei auch nicht erforderlich, dass die Benutzer, zwischen denen die Kommunikation hergestellt werden soll, an verschiedene Netze angeschlossen sind.[3]

7 Das TKG unterwirft **marktbeherrschende Unternehmen** einer speziellen Missbrauchsaufsicht, wobei für den Begriff der Marktbeherrschung auf § 19 GWB verwiesen wird. Die EU-Kommission wirft Deutschland vor, damit den Begriff der beträchtlichen Marktmacht in Art. 4 Abs. 3 der Richtlinie 97/33/EG des Europäischen Parlaments und des Rates über die Zusammenschaltung in der Telekommunikation im Hinblick auf die Sicherstellung eines Universaldienstes und der Interoperabilität durch Anwendung der Grundsätze für einen offenen Netzzugang (ONP) nicht sachgerecht umzusetzen. Nach dieser Vorschrift gilt eine beträchtliche Marktmacht als gegeben, wenn eine Organisation einen Anteil von über 25 % an einem bestimmten Telekommunikationsmarkt in einem Mitgliedsstaat besitzt. Die Vermutung des § 19 Abs. 3 GWB greife dagegen erst bei einem Marktanteil von mindestens einem Drittel.[4]

---

1 Kommission der Europäischen Gemeinschaften, Sechster Bericht über die Umsetzung des Reformpaketes für den Telekommunikationssektor v. 7.12.2000, KOM (2000) 814, S. 40.

2 Beck TKG-Komm/*Schuster*, § 4 Rz. 27c; Beck TKG-Komm/*Piepenbrock*, § 35 Rz. 27–29 und § 36 Rz. 6.

3 Beck TKG-Komm/*Schuster*, § 4 Rz. 27c; Beck TKG-Komm/*Piepenbrock*, § 35 Rz. 27–29.

4 Beck TKG-Komm/*Wendland*, Vor § 33 Rz. 1.

b) Zulassungs- und Regulierungsverfahren

aa) Telekommunikationsgesetz (TKG)[1]

(1) Ziele des TKG und Ausgangssituation

8 Mit dem TKG sollten die bis zu seinem In-Kraft-Treten vorhandenen staatlichen Monopole beseitigt und die Telekommunikationsmärkte für den **Wettbewerb** geöffnet werden.

9 Das TKG nennt in seinem § 1 TKG die Förderung des Wettbewerbs im Bereich der Telekommunikation, die Gewährleistung flächendeckender, angemessener und ausreichender Dienstleistungen sowie die Festlegung einer Frequenzordnung. Diese Zwecke sollen durch Regulierung als hoheitliche Aufgabe des Bundes erreicht werden. In § 2 Abs. 2 TKG werden die Regulierungsziele beschrieben. Unter anderem wird in § 2 Abs. 2 Nr. 2 TKG die Sicherstellung eines chancengleichen und funktionsfähigen Wettbewerbs, auch in der Fläche, auf den Märkten der Telekommunikation genannt.

10 Auf den ersten Blick erstaunt es, dass die Förderung des Wettbewerbs auf den Märkten der Telekommunikation ausgerechnet durch **Regulierung** erreicht werden soll. Das TKG kann allerdings nur vor dem Hintergrund des überkommenen Postmonopols verstanden werden. Vor dem In-Kraft-Treten des TKG verfügte die Deutsche Telekom AG als Rechtsnachfolgerin des Sondervermögens DBP Telekom, das nach der Dreiteilung der Deutschen Bundespost entstandenen war, über Monopole in den Bereichen Sprachtelefondienst und Übertragungswege. Neue Wettbewerber sahen sich einer überragenden Marktstellung der Deutschen Telekom AG gegenüber, die in Deutschland über ein flächendeckendes Netz, erhebliche Erfahrungen auf dem Gebiet der Telekommunikation, personelle Ressourcen und Kundenbeziehungen verfügte. Sie befürchteten, die Deutsche Telekom AG werde aufgrund des Wettbewerbsvorsprungs potenzielle Wettbewerber aus dem Markt drängen. Die kartellrechtliche Missbrauchsaufsicht allein als Ex-post-Kontrolle sei nicht geeignet, dies zu verhindern. Erfahrungen in anderen Ländern wie Neuseeland hätten gezeigt, dass allein die Aufhebung vorhandener Monopole nicht geeignet sei, Wettbewerb in Gang zu bringen. Andererseits argumentierte die Deutsche Telekom AG, sie gehe mit den Fesseln des öffentlichen Dienstrechts, mit Personalüberhang, hohen Pensionsansprüchen und mit Verpflichtungen zur flächendeckenden Versorgung in den Wettbewerb. Gegenüber neuen Wettbewerbern fühlte sie sich deshalb erheblich benachteiligt.

11 Der Gesetzgeber war wohl zu Recht der Auffassung, dass auf dem Gebiet der Telekommunikation wegen der ungleichen Ausgangssituation eine über die Missbrauchsaufsicht des Kartellrechts hinausgehende **sektorspezifische Ver-**

---

1 Zum TKG vgl. Kommentierungen von *Etling-Ernst*, TKG-Kommentar; *Lammich*, Kommentar zum Telekommunikationsgesetz; *Mannsen*, Telekommunikations- und Multimediarecht; Beck'scher TKG-Kommentar; *Moritz* in Hoeren/Sieber, Multimedia-Recht, Teil 3.1.

haltenskontrolle notwendig ist, und hat sich deshalb für einen asymmetrischen Regulierungsansatz entschieden, nach dem die Deutsche Telekom AG strenger reguliert wird als andere Unternehmen. Auch eine Ex-ante-Kontrolle ist vorgesehen. Zur Wahrnehmung dieser Aufgabe wurde die Regulierungsbehörde für Telekommunikation und Post (RegTP) eingerichtet. Mit zunehmendem Wettbewerb soll die Regulierung zurückgeführt werden. Durch das gesamte Gesetz zieht sich das Spannungsverhältnis zwischen dem Schutz der Deutschen Telekom AG einerseits und dem der Wettbewerber andererseits.[1]

(2) Aufbau des TKG

12 Das **Telekommunikationsgesetz** gliedert sich in 13 Teile und umfasst 100 Paragraphen. Es enthält insgesamt siebzehn Verordnungsermächtigungen, die inzwischen weitgehend ausgefüllt sind.

13 Der erste Teil des Gesetzes beinhaltet allgemeine Vorschriften über Zweck und Ziel des Gesetzes, Begriffsbestimmungen, Anzeige- und Berichtspflichten. Der zweite Teil trägt den Titel Regulierung von Telekommunikationsdienstleistungen. Er unterteilt sich in die beiden Abschnitte Lizenzen und Universaldienst. Der dritte Teil enthält Bestimmungen über die Entgeltregulierung. Im vierten Teil werden der offene Netzzugang und Zusammenschaltungen geregelt. Der fünfte Teil beschäftigt sich mit dem Kundenschutz, der sechste Teil mit der Frage der Nummerierung und der siebente Teil mit der Frequenzordnung. Im achten Teil wird die Benutzung von Verkehrswegen geregelt. Der neunte Teil untergliedert sich in die beiden Abschnitte Zulassung und Sendeanlagen, wobei der erste Abschnitt inzwischen aufgehoben wurde. Im zehnten Teil finden sich Bestimmungen über die Regulierungsbehörde. Dieser Teil gliedert sich in die fünf Abschnitte (1) Errichtung, Sitz und Organisation, (2) Aufgaben und Befugnisse, (3) Verfahren, (4) Rechtsmittel und Bürgerliche Rechtsstreitigkeiten und (5) Tätigkeitsbericht, Zusammenarbeit. Der elfte Teil trägt den Titel Fernmeldegeheimnis, Datenschutz, Sicherung, der zwölfte Teil beinhaltet Straf- und Bußgeldvorschriften, und der dreizehnte Teil enthält Übergangs- und Schlussvorschriften.

(3) Wesentlicher Inhalt

(a) Begriffsbestimmungen

14 Das TKG enthält in § 3 TKG eine Reihe von wichtigen **Begriffsdefinitionen**. Für Anbieter sind folgende Legaldefinitionen von besonderer Bedeutung:

- **Telekommunikation**, § 3 Nr. 16 TKG: Der technische Vorgang des Aussendens, Übermittelns und Empfangens von Nachrichten jeglicher Art in der Form von Zeichen, Sprache, Bildern oder Tönen mittels Telekommunikationsanlagen.

---

1 Zur Entstehungsgeschichte und Ausgangssituation vgl. *Lammich*, Kommentar zum Telekommunikationsgesetz, Einführung.

- **Telekommunikationsnetz,** § 3 Nr. 21 TKG: Die Gesamtheit der technischen Einrichtungen (Übertragungswege, Vermittlungseinrichtungen und sonstige Einrichtungen, die zur Gewährleistung eines ordnungsgemäßen Betriebs des Telekommunikationsnetzes unerlässlich sind), die zur Erbringung von Telekommunikationsdienstleistungen oder zu nichtgewerblichen Telekommunikationszwecken dient.
- **Betreiben von Telekommunikationsnetzen**, § 3 Nr. 2 TKG: Ausüben der rechtlichen und tatsächlichen Kontrolle (Funktionsherrschaft) über die Gesamtheit der Funktionen, die zur Erbringung von Telekommunikationsdienstleistungen oder nichtgewerblichen Telekommunikationszwecken über Telekommunikationsnetze unabdingbar zur Verfügung gestellt werden müssen; dies gilt auch dann, wenn im Rahmen des Telekommunikationsnetzes Übertragungswege zum Einsatz kommen, die im Eigentum Dritter stehen.
- **Öffentliches Telekommunikationsnetz**, § 3 Nr. 12 TKG: Die Gesamtheit der technischen Einrichtungen (Übertragungswege, Vermittlungseinrichtungen und sonstige Einrichtungen, die zur Gewährleistung eines ordnungsgemäßen Betriebs des Telekommunikationsnetzes unerlässlich sind), an die über Abschlusseinrichtungen Endeinrichtungen angeschlossen werden, und die zur Erbringung von Telekommunikationsdienstleistungen für die Öffentlichkeit dient.[1]
- **Betreiben von Übertragungswegen**, § 3 Nr. 1 TKG: Das Ausüben der rechtlichen und tatsächlichen Kontrolle (Funktionsherrschaft) über die Gesamtheit der Funktionen, die zur Realisierung der Informationsübertragung auf Übertragungswegen unabdingbar erbracht werden müssen.
- **Sprachtelefondienst**, § 3 Nr. 15 TKG: Die gewerbliche Bereitstellung für die Öffentlichkeit des direkten Transports und der Vermittlung von Sprache in Echtzeit von und zu Netzabschlusspunkten des öffentlichen, vermittelnden Netzes, wobei jeder Benutzer das an solch einem Netzabschlusspunkt angeschlossene Endgerät zur Kommunikation mit einem anderen Netzabschlusspunkt verwenden kann.
- **Telekommunikationsanlagen**, § 3 Nr. 17 TKG: Technische Einrichtungen oder Systeme, die als Nachrichten identifizierbare elektromagnetische oder optische Signale senden, übertragen, vermitteln, empfangen, steuern oder kontrollieren können.
- **Telekommunikationsdienstleistungen**, § 3 Nr. 18 TKG: Das gewerbliche Angebot von Telekommunikation einschließlich des Angebots von Übertragungswegen für Dritte.[2] Zur Abgrenzung der Telekommunikationsdienstleistung von den Tele- bzw. Mediendiensten vgl. unten Rz. 239 ff.

1 Beachte hierzu auch die (weitere) Definition in der EU-Richtlinie 97/33/EG. Danach fallen unter den Begriff auch Telekommunikationsnetze, die sowohl für geschlossene Nutzergruppen als auch für die Öffentlichkeit genutzt werden.

2 Zu diesem wichtigen Begriff vgl. auch *Hahn*, Im Dickicht der Begriffe oder Was sind Telekommunikationsdienstleistungen?, RTkom 2000, 139 ff.

- **Telekommunikationsdienstleistungen für die Öffentlichkeit**, § 3 Nr. 19 TKG: Das gewerbliche Angebot von Telekommunikation einschließlich des Angebots von Übertragungswegen für beliebige natürliche oder juristische Personen und nicht lediglich die Teilnehmer geschlossener Benutzergruppen. Einzelheiten zum Begriff der Telekommunikationsdienstleistung für die Öffentlichkeit vgl. unten Rz. 52 ff.
- **Geschäftsmäßiges Erbringen von Telekommunikationsdiensten**, § 3 Nr. 5 TKG: Das nachhaltige Angebot von Telekommunikation einschließlich des Angebots von Übertragungswegen für Dritte mit oder ohne Gewinnerzielungsabsicht.
- **Mobilfunkdienstleistungen**, § 3 Nr. 8 TKG: Telekommunikationsdienstleistungen, die für die mobile Nutzung bestimmt sind.
- **Satellitenfunkdienstleistungen**, § 3 Nr. 14 TKG: Telekommunikationsdienstleistungen, die unter Zuhilfenahme von Satellitenfunkanlagen erbracht werden.
- **Netzzugang**, § 3 Nr. 9 TKG: Die physische und logische Verbindung von Endeinrichtungen oder sonstigen Einrichtungen mit einem Telekommunikationsnetz oder Teilen desselben sowie die physische und logische Verbindung eines Telekommunikationsnetzes mit einem anderen Telekommunikationsnetz oder Teilen desselben zum Zwecke des Zugriffs auf Funktionen dieses Telekommunikationsnetzes oder auf die darüber erbrachten Telekommunikationsdienstleistungen.
- **Zusammenschaltung**, § 3 Nr. 24 TKG: Derjenige Netzzugang, der die physische und logische Verbindung von Telekommunikationsnetzen herstellt, um Nutzern, die an verschiedenen Telekommunikationsnetzen angeschaltet sind, die mittelbare oder unmittelbare Kommunikation zu ermöglichen. Zur Problematik der abweichenden europarechtlichen Definition vgl. oben Rz. 6.

15 Zu beachten ist, dass diese Begriffsbestimmungen nicht immer mit denen in europäischen Richtlinien und Verordnungen identisch sind und deshalb richtlinienkonform ausgelegt werden müssen.

(b) Lizenzen

16 Der Gesetzgeber hat für den Bereich der früheren Monopole die Vergabe von **Lizenzen** vorgesehen.

17 So ist das Betreiben von **Übertragungswegen**, die die Grenze eines Grundstücks (Legaldefinition § 3 Nr. 6 TKG) überschreiten und die für Telekommunikationsdienstleistungen für die Öffentlichkeit genutzt werden, lizenzpflichtig, § 6 Abs. 1 Nr. 1 TKG. Nicht erfasst und damit lizenzfrei ist das Betreiben von Übertragungswegen für die Eigenversorgung und für Telekommunikationsdienstleistungen für geschlossene Benutzergruppen. Auch das Angebot von **Sprachtelefondienst** auf der Basis selbst betriebener Telekommunikationsnetze bedarf einer Lizenz, § 6 Abs. 1 Nr. 2 TKG.

In § 6 Abs. 2 TKG werden die möglichen **Lizenzklassen** festgelegt. Bei den Übertragungswegen unterscheidet das Gesetz zwischen Mobilfunklizenz (Lizenzklasse 1), Satellitenfunklizenz (Lizenzklasse 2) und sonstiger Lizenz (Lizenzklasse 3). Schließlich gibt es noch eine Lizenz für Sprachtelefondienst auf der Basis selbst betriebener Telekommunikationsnetze (Lizenzklasse 4), die das Recht zum Betreiben von Übertragungswegen nicht einschließt. 18

Es besteht ein **Rechtsanspruch** auf Erteilung einer Lizenz, deren Anzahl grundsätzlich nicht beschränkt ist, § 8 Abs. 1 TKG. Sie wird auf Antrag als Verwaltungsakt iSd. § 35 VwVfG erteilt und kann mit Nebenbestimmungen versehen werden, § 8 Abs. 2 TKG. Bei Frequenzknappheit kann sie auch befristet erteilt werden, § 8 Abs. 4 TKG. Die Versagungsgründe für die Erteilung einer Lizenz sind in § 8 Abs. 3 TKG abschließend aufgeführt. Zulässige Versagungsgründe sind knappe Frequenzen (§ 8 Abs. 3 Satz 1 Nr. 1 TKG), subjektive Gründe in der Person des Antragstellers (§ 8 Abs. 3 Satz 1 Nr. 2a TKG) oder eine Gefährdung der öffentlichen Sicherheit oder Ordnung (§ 8 Abs. 3 Satz 1 Nr. 2b TKG). 19

Bei **knappen Frequenzen** kann die Anzahl der Lizenzen beschränkt werden, § 10 TKG. Das vorgesehene Verfahren setzt eine Knappheit voraus, die anhand des Frequenznutzungsplanes festgestellt wird. Die Beschränkung der Lizenzen muss öffentlich bekannt gemacht werden. Vorher müssen die betroffenen Kreise gehört werden. 20

Das **Vergabeverfahren** selbst richtet sich dann nach § 11 TKG. Grundsätzlich werden die Lizenzen versteigert. Nur wenn dieses Verfahren ungeeignet ist, findet ausnahmsweise eine Ausschreibung der Lizenzen statt. § 11 Abs. 2 Satz 2 TKG nennt als Regelbeispiele für die Ungeeignetheit des Versteigerungsverfahrens eine bereits erfolgte Vergabe einer Lizenz ohne Ausschreibung oder eine gesetzliche Präferenz (zB Polizeifunk). Wegen der besonderen Situation bei Teilnehmeranschlüssen – faktisch verfügt die Deutsche Telekom AG hier auch heute noch über eine überragende Marktstellung – sieht § 11 Abs. 2 Satz 3 TKG auch für die Funkanbindung von Teilnehmeranschlüssen das Ausschreibungsverfahren vor. Lizenzen für die Funkanbindung von Teilnehmeranschlüssen müssen darüber hinaus nach § 11 Abs. 6 TKG mit einer Universaldienstauflage verbunden werden. Die Vereinbarkeit dieser auch rechtsdogmatisch missglückten Vorschrift mit EU-Recht ist allerdings zweifelhaft.[1] 21

Bei einer **Gefährdung des chancengleichen Wettbewerbs** durch ein erfolgreiches Gebot oder eine erfolgreiche Bewerbung können Bewerber vom Vergabeverfahren ausgeschlossen werden, § 11 Abs. 3 TKG. Damit soll verhindert werden, dass zB ein dominanter Anbieter durch den Erwerb weiterer Lizenzen das Entstehen von Wettbewerb verhindert. 22

Die Wahl des Verfahrens, die Verfahrensregeln und die Entscheidungskriterien müssen aus Gründen der Transparenz vorab veröffentlicht werden. Die 23

1 Vgl. auch *Lammich*, Kommentar zum TKG, § 11 Rz. 29 mwN.

Beteiligung der Öffentlichkeit soll eine diskriminierungsfreie Vergabe gewährleisten.

24 Für die Lizenzen werden nach § 16 TKG iVm. der **Lizenzgebührenverordnung**[1] Gebühren erhoben. Zur Problematik der Vereinbarkeit der Verordnung mit europarechtlichen Vorgaben vgl. oben Rz. 5.

25 **Rücknahme und Widerruf** einer Lizenz bestimmen sich nach den allgemeinen Vorschriften der §§ 48, 49 VwVfG. Daneben nennt § 15 TKG als zusätzliche telekommunikationsspezifische Widerrufsgründe Verstöße gegen Verpflichtungen aus der Lizenz oder das TKG sowie das Entstehen eines Versagungsgrundes beim Wechsel eines Lizenznehmers.

26 Anbieter von Sprachkommunikationsdienstleistungen für die Öffentlichkeit müssen nach § 12 TKG Konkurrenten und Dritten **Teilnehmerdaten** zum Zweck der Aufnahme eines Auskunftsdienstes oder der Herausgabe von Rufnummernverzeichnissen zur Verfügung stellen. Ferner müssen derartige Anbieter nach § 13 TKG Notrufmöglichkeiten bereitstellen.

27 Um zu verhindern, dass kapitalstarke marktbeherrschende Unternehmen von anderen Märkten (zB Energieversorgungsunternehmen) auf dem Telekommunikationsmarkt tätig werden und andere Unternehmen mit Quersubventionierungen und Dumping aus dem Markt drängen, hat der Gesetzgeber in § 15 TKG die sog. **strukturelle Separierung** vorgeschrieben. Dies bedeutet, dass die Telekommunikationsaktivitäten eines derartigen Unternehmens in getrennten, rechtlich selbständigen Unternehmen gebündelt werden müssen. Unternehmen, die auf den Telekommunikationsmärkten über eine marktbeherrschende Stellung verfügen, werden zu getrennter Rechnungslegung verpflichtet, denn nur dadurch können Quersubventionierungen offen gelegt und eine sachgerechte Regulierung ermöglicht werden.

28 Alle anderen Telekommunikationsdienstleistungen, die nicht lizenzpflichtig sind, unterliegen lediglich den **Anzeige- und Berichtspflichten** der §§ 4, 5 TKG (vgl. dazu unten Rz. 238 ff.).

(c) Universaldienste

29 Während der Diskussion um die Liberalisierung der Telekommunikationsmärkte gehörte der sog. **Universaldienst** zu den umstrittensten Fragen. Das Grundgesetz verpflichtet den Bund in seinem Art. 87f GG, flächendeckend angemessene und ausreichende Dienstleistungen in der Telekommunikation zu gewährleisten. Daraus folgerten die Befürworter eines Universaldienstes, das Telekommunikationsgesetz müsse alle Anbieter verpflichten, eine Grundversorgung mit Dienstleistungen flächendeckend zur Verfügung zu stellen. Der Wettbewerb werde sich sonst auf die wirtschaftlich interessan-

---

1 Telekommunikations-Lizenzgebührenverordnung v. 28.7.1997, BGBl. I S. 1936, auch abrufbar unter www.regtp.de, abgedruckt zB bei *Lammich*, Kommentar zum TKG, Anlage B 1.

ten Regionen beschränken („Rosinen picken"). In wirtschaftlich weniger attraktiven Regionen werde es ohne Universaldienstleistungsverpflichtungen dagegen zu Unterversorgungen kommen. Über Inhalt und Umfang derartiger Universaldienstleistungsverpflichtungen gab es unterschiedliche Vorstellungen.

Die Gegner eines Universaldienstes argumentierten, der Wettbewerb werde zu einer Vollversorgung der Bevölkerung mit Telekommunikationsleistungen führen. Auch in anderen Wirtschaftsbereichen tendiere der Markt zur Überversorgung und funktioniere ohne Universaldienstverpflichtungen. Die grundgesetzliche Vorschrift schreibe in Abs. 1 lediglich die Verantwortung des Bundes für die Flächendeckung fest, gehe aber in Abs. 2 selbst davon aus, dass Telekommunikationsdienstleistungen im Wettbewerb erbracht werden sollen. 30

Das Telekommunikationsgesetz löst die Problematik in seinem zweiten Abschnitt des zweiten Teils folgendermaßen: In § 17 Abs. 1 TKG findet sich zunächst eine abstrakte **Definition des Universaldienstes**. Danach sind Universaldienstleistungen ein Mindestangebot an Telekommunikationsdienstleistungen für die Öffentlichkeit, für die eine bestimmte Qualität festgelegt ist und zu denen alle Nutzer unabhängig von ihrem Wohn- oder Geschäftsort zu einem erschwinglichen Preis Zugang haben müssen. Obligatorische Universaldienstleistungen sind lizenzpflichtige Telekommunikationsdienstleistungen aus den früheren Monopolbereichen, also dem Sprachtelefondienst und dem Betreiben von Übertragungswegen, die für die Öffentlichkeit als Grundversorgung unabdingbar geworden sind. Mit diesen Leistungen im unmittelbaren Zusammenhang stehende Dienstleistungen können zu fakultativen Universaldienstleistungen erklärt werden, wenn deren Erbringung für die Öffentlichkeit als Grundversorgung unabdingbar geworden ist (zB Auskunftsdienste, öffentliche Sprechstellen). Welche Leistungen als Universaldienstleistungen bestimmt werden, wird in einer Universaldienstleistungsverordnung[1] aufgrund des § 17 Abs. 2 TKG festgelegt. Durch die Festlegung im Rahmen einer Rechtsverordnung sollte eine höhere Flexibilität auch im Hinblick auf Anpassungen aufgrund neuer technischer Entwicklungen geschaffen werden. In der Verordnung werden auch Mindestqualität und die Maßstäbe für die Bestimmung des Preises der Universaldienstleistung festgelegt. 31

Grundsätzlich geht der Gesetzgeber davon aus, dass der Markt für ein ausreichendes Angebot sorgen wird. Das Gesetz sieht aber auch die Möglichkeit vor, im Falle eines **Marktversagens** marktbeherrschende Unternehmen zu verpflichten, Universaldienstleistungen zu bestimmten Bedingungen zu erbringen. Diese unterliegen dann einem Kontrahierungszwang. Von dieser Möglichkeit darf aber nur dann Gebrauch gemacht werden, wenn der Markt 32

1 Telekommunikations-Universaldienstleistungsverordnung v. 30.1.1997, BGBl. I S. 141, auch abrufbar unter www.regtp.de, abgedruckt zB bei *Lammich*, Kommentar zum TKG, Anlage B 2.

versagt oder ein solches Marktversagen unmittelbar bevorsteht. Dazu muss die Regulierungsbehörde bestimmte Verfahrensregeln einhalten. Zunächst muss nämlich das Marktversagen oder drohende Marktversagen festgestellt und öffentlich bekannt gegeben werden. Gleichzeitig muss die Regulierungsbehörde ankündigen, dass sie von der Möglichkeit, Universaldienstverpflichtungen aufzuerlegen, Gebrauch zu machen beabsichtigt. Erst dann, wenn sich nicht innerhalb eines Monats ein Unternehmen bereit erklärt, die Universaldienstleistung zu erbringen, hat die Behörde nach § 19 TKG die Möglichkeit, ein oder mehrere marktbeherrschende Unternehmen zu verpflichten, die Universaldienstleistung zu erbringen. Machen das oder die verpflichteten marktbeherrschenden Unternehmen glaubhaft, dass die Dienstleistung nur defizitär zu erbringen ist, kann die Regulierungsbehörde die Universaldienstleistung ausschreiben und an den günstigsten fachkundigen Anbieter vergeben. Dieser kann nach § 20 TKG für die Erbringung der Universaldienstleistung einen finanziellen Ausgleich verlangen, der aus einer umsatzbezogenen Umlage der am Markt tätigen Lizenznehmer mit einem Marktanteil von mindestens vier Prozent finanziert wird, § 21 TKG. Zur Berechnung der Universaldienstleistungsabgabe kann die Regulierungsbehörde von den Lizenznehmern Angaben über ihre Umsätze verlangen.

33 Die Marktteilnehmer haben es damit selbst in der Hand, für ein flächendeckendes Angebot zu sorgen und gegebenenfalls staatliche Markteingriffe im Rahmen von Universaldienstleistungsverpflichtungen abzuwenden.

(d) Entgeltregulierung

34 Die sogenannte **Entgeltregulierung** ist im dritten Teil des TKG in den §§ 23–32 TKG behandelt. Hintergrund ist die Tatsache, dass die Telekommunikationsmärkte in der Vergangenheit durch Monopole geprägt waren. Wenn man nun mit dem TKG die Übertragungswege und den Sprachtelefondienst für den Wettbewerb geöffnet hat, stehen neue Unternehmen einem riesigen marktbeherrschenden Unternehmen, nämlich der Deutschen Telekom AG, gegenüber, das bereits gewaltige Investitionen im Netzbereich getätigt hat. Dadurch hatte die Deutsche Telekom AG zunächst einen erheblichen Wettbewerbsvorsprung. Aufgrund seiner Überlegenheit könnte der marktbeherrschende Anbieter durch Konditionengestaltung Newcomer aus dem Markt drücken. Deshalb war zum Schutz der Wettbewerber eine intensive Verhaltenskontrolle dieses Unternehmens notwendig.

35 Die **kartellrechtliche Missbrauchsaufsicht** nach dem Gesetz gegen Wettbewerbsbeschränkungen (GWB) allein wurde als nicht ausreichend angesehen, da damit zwar ein missbräuchliches Verhalten festgestellt und untersagt werden kann, die Kontrolle aber nur im Nachhinein (ex post) erfolgt. Die Feststellung kann erhebliche Zeit in Anspruch nehmen und könnte dazu führen, dass neue Unternehmen bis zur Feststellung und Untersagung eines missbräuchlichen Verhaltens bereits wieder vom Markt verschwunden sind. Wegen dieser besonderen Umstände auf den Telekommunikationsmärkten

hat der Gesetzgeber in bestimmten Fällen eine sektorspezifische Vorabkontrolle (ex ante) für notwendig erachtet und im TKG verankert.

Im Einzelnen sieht das TKG folgende Regelungen vor: Allgemeine Geschäftsbedingungen von Lizenznehmern unterliegen nach § 23 TKG einem **Widerspruchsrecht** der Regulierungsbehörde. Prüfungsmaßstab ist die Richtlinie 90/387/EWG (ONP-Richtlinie) der EU. 36

Die Entgelte und entgeltrelevanten Bestandteile der allgemeinen Geschäftsbedingungen von Lizenznehmern mit marktbeherrschender Stellung in den bisherigen Monopolbereichen, also Übertragungswege und Sprachtelefondienst, unterliegen nach § 25 Abs. 1 TKG einer **Genehmigungspflicht** durch die Regulierungsbehörde. Dieser gravierende Eingriff in die wirtschaftliche Gestaltungsfreiheit der betroffenen Unternehmen wird mit der besonderen Marktsituation begründet. 37

Maßstab für die Genehmigung sind in diesem Fall die **Kosten der effizienten Leistungsbereitstellung** nach § 24 TKG. Dies sind nicht die tatsächlich beim Unternehmen angefallenen Kosten, sondern die, die ein gut organisierter, dem Wettbewerb unterliegender und wirtschaftlich handelnder Unternehmer kalkulieren müsste. Die Regulierungsbehörde verfügt hier über einen gerichtlich nur eingeschränkt nachprüfbaren Beurteilungsspielraum.[1] Einzelheiten und Maßstäbe für die Berechnung dieser Kosten enthält die Entgeltregulierungsverordnung.[2] § 24 TKG enthält ferner in seinem Abs. 2 eine besondere Ausprägung des kartellrechtlichen Diskriminierungsverbotes. Entgelte dürfen danach weder missbräuchlich hoch noch missbräuchlich niedrig, noch diskriminierend sein. 38

Die Genehmigung kann im Rahmen des **Price-Cap-Verfahrens** erteilt werden, wobei verschiedene Dienstleistungen in einem Korb zusammengefasst werden oder ausnahmsweise als Einzelpreisgenehmigung erteilt werden. Einzelheiten sind in § 27 TKG und der Entgeltregulierungsverordnung geregelt. 39

Für das **Verfahren** sind nach § 28 TKG bestimmte Fristen sowie Auskunfts- und Veröffentlichungspflichten vorgesehen. Die Lizenznehmer sind nach § 29 Abs. 1 TKG an die behördlich genehmigten Entgelte gebunden. § 31 TKG enthält bestimmte Befugnisse für die Regulierungsbehörde, damit diese die Entgeltregulierung ordnungsgemäß wahrnehmen kann. 40

Bei allen anderen Telekommunikationsdienstleistungen hat die Regulierungsbehörde gegenüber marktbeherrschenden Unternehmen bezüglich der Entgelte und entgeltrelevanten Bestandteile von allgemeinen Geschäftsbedingungen lediglich ein nachträgliches **Widerspruchsrecht** nach § 25 Abs. 2 TKG, weil hier der Wettbewerb bereits seine Aufsichtsfunktion erfüllen kann. Die Kontrolle durch die Regulierungsbehörde kann sich deshalb auf 41

---

1 *Manssen*, Telekommunikations- und Multimediarecht, § 24 Rz. 8–10.

2 Telekommunikations-Entgeltregulierungsverordnung v. 1.10.1996, BGBl. I S. 1492, auch abrufbar unter www.regtp.de, abgedruckt zB bei *Lammich*, Kommentar zum TKG, Anlage B 3.

erkennbare, auf den Missbrauch von Marktmacht beruhende Auswüchse beschränken.

42 Aufgrund der unterschiedlichen Regulierungsdichte muss die Regulierungsbehörde nach § 26 TKG jährlich aus Gründen der Transparenz veröffentlichen, auf welchen Märkten eine **marktbeherrschende Stellung** besteht. Die relevanten Verfahrensvorschriften für die nachträgliche Entgeltregulierung finden sich in § 30 TKG.

43 Die Genehmigungspflicht von Entgelten stellt einen Kernbereich der **asymmetrischen Regulierung** dar. Sobald funktionsfähiger Wettbewerb entstanden ist, kann auf die Entgeltregulierung verzichtet werden. Das Gesetz sieht deshalb in § 81 Abs. 3 TKG eine regelmäßige Überprüfung der Notwendigkeit der Entgeltregulierung im Rahmen des Tätigkeitsberichts der Regulierungsbehörde und des Berichts der Monopolkommission vor.

(e) Offener Netzzugang und Zusammenschaltungen

44 Der vierte Teil des Gesetzes, der den Titel **Offener Netzzugang und Zusammenschaltungen** trägt, stellt einen weiteren Kernpunkt der asymmetrischen Regulierung dar. Für Wettbewerber ist besonders wichtig, dass sie die Netze anderer, insbesondere der Deutschen Telekom AG, zu fairen Bedingungen benutzen können (offener Netzzugang), da nur die Deutsche Telekom AG derzeit über ein flächendeckendes Netz verfügt. Ebenso unverzichtbar für Wettbewerb ist, dass Wettbewerber ihre Netze mit anderen Netzen zusammenschalten dürfen.

45 Die Anbieter von Telekommunikationsdienstleistungen für die Öffentlichkeit, die über eine marktbeherrschende Stellung verfügen, unterliegen deshalb nach § 33 TKG einer besonderen Missbrauchsaufsicht: Diese Unternehmen müssen Wettbewerbern diskriminierungsfrei **Zugang** zu ihren intern genutzten und zu ihren am Markt angebotenen Leistungen gewähren, soweit sie wesentlich und anderweitig am Markt nicht verfügbar sind. Diese Leistungen müssen grundsätzlich zu den gleichen technischen, betrieblichen und ökonomischen Bedingungen eingeräumt werden, wie sie sich das Unternehmen selbst bei der Erbringung anderer Telekommunikationsdienstleistungen gewährt, andernfalls wird ein Missbrauch vermutet. Es gilt der Grundsatz: interne Behandlung gleich externe Behandlung. Damit handelt es sich um eine spezielle Ausprägung des Gleichbehandlungsgebotes. Die Einräumung ungünstigerer Bedingungen ist nur zulässig, wenn ein sachlicher Rechtfertigungsgrund vorhanden ist.

46 Die **Missbrauchsaufsicht** und bestimmte Eingriffsbefugnisse liegen bei der Regulierungsbehörde. Die Behörde kann dabei nicht nur wie nach dem GWB ein bestimmtes Verhalten untersagen, sondern auch betroffenen Anbietern ein bestimmtes Verhalten auferlegen. Ferner kann die Regulierungsbehörde Verträge ganz oder teilweise für unwirksam erklären und im Wege des Ordnungswidrigkeitenverfahrens nach § 96 Abs. 1 Nr. 7 TKG vorgehen.

Der Anbieter muss bestimmte Schnittstellen für den **offenen Nutzzugang (Open Network Provision)** zur Verfügung stellen. Bezüglich dieser Schnittstellen verweist § 34 TKG auf die Festlegungen in europäischen Vorschriften. Werden diese technischen Vorschriften eingehalten, besteht eine gesetzliche Vermutung, dass die grundlegenden Bedingungen für den offenen Netzzugang gegeben sind. Soweit keine technischen Definitionen vorliegen, kann die Regulierungsbehörde jedem Anbieter öffentlicher Telekommunikationsdienstleistungen auferlegen, die Einhaltung der Bedingungen für den offenen Netzzugang nachzuweisen. 47

Der Betreiber eines Telekommunikationsnetzes, der Telekommunikationsdienstleistungen für die Öffentlichkeit anbietet und über eine marktbeherrschende Stellung verfügt, muss nach § 35 TKG anderen Nutzern den Zugang zu seinem Netz gewähren. Der **Netzzugang** erfolgt über allgemeine (Netzzugänge, die für alle Nutzer bereit gestellt werden) oder besondere Netzzugänge (Netzzugänge, die aufgrund von Vereinbarungen individuell für einen oder mehrere bestimmte Nutzer zur Verfügung gestellt werden). Regelbeispiel für den Netzzugang ist die Zusammenschaltung über standardisierte Schnittstellen. 48

Vereinbarungen über Netzzugänge müssen nach § 35 Abs. 2 TKG auf objektiven Maßstäben beruhen, nachvollziehbar sein und einen gleichwertigen Zugang gewähren. Der Begriff der Gleichwertigkeit wird durch das Entbündelungsverbot des § 2 NZV[1] und die so genannte Kollokation (Frage, wo der Netzzugang gewährt werden muss) in § 3 NZV konkretisiert.[2] Beschränkungen des Netzzugangs dürfen nur erfolgen, wenn sie von den grundlegenden Anforderungen der ONP-Richtlinie gedeckt sind; dies sind die Sicherheit des Netzbetriebs, die Aufrechterhaltung der Diensteintegrität, die Interoperabilität der Dienste und der Datenschutz. Vereinbarungen über Netzzugänge werden aus Gründen der Transparenz veröffentlicht. Einzelheiten über besondere Netzzugänge und Zusammenschaltungen ergeben sich aus der Netzzugangsverordnung (NZV).

Die Anbieter von öffentlichen Telekommunikationsnetzen haben die **Zusammenschaltung** ihres Netzes mit anderen öffentlichen Telekommunikationsnetzen zu ermöglichen, auch wenn sie nicht über eine marktbeherrschende Stellung verfügen. Der Begriff der Zusammenschaltung ist in § 3 Nr. 24 TKG legaldefiniert. Zur Vereinbarkeit dieser Definition mit europarechtlichen Vorgaben vgl. oben Rz. 6. Nach § 36 TKG besteht eine Verhandlungspflicht. Kommt eine Vereinbarung über die Zusammenschaltung nicht zu Stande, kann die Regulierungsbehörde die Zusammenschaltung nach § 37 TKG iVm. § 9 NZV anordnen. 49

1 Verordnung über besondere Netzzugänge (NZV) v. 23.10.1996, BGBl. I S. 1568, auch abrufbar unter www.regtp.de, abgedruckt zB bei *Lammich*, Kommentar zum TKG, Anlage B 4.

2 *Moritz* in Hoeren/Sieber, Multimedia-Recht, Teil 3.1 Rz. 150 und 154.

(f) Kundenschutz

50 Bei schuldhaften Verstößen eines Anbieters von Telekommunikationsdienstleistungen für die Öffentlichkeit gegen eine den Schutz des Nutzers betreffende Vorschrift, Verpflichtung oder Anordnung, haftet der Anbieter dem Nutzer nach § 40 TKG auf Unterlassung und Schadensersatz in unbegrenzter Höhe. Auf der Grundlage des § 41 TKG hat die Bundesregierung zum Schutz der Nutzer, insbesondere der Verbraucher, die **Telekommunikations-Kundenschutzverordnung (TKV)**[1] erlassen, in der weitere Einzelheiten geregelt sind.

51 Die Verordnung regelt nach § 1 Abs. 1 TKV die besonderen Rechte und Pflichten der Anbieter von Telekommunikationsdienstleistungen für die Öffentlichkeit und derjenigen, die diese Leistungen vertraglich in Anspruch nehmen oder begehren (Kunden). Nach § 1 Abs. 2 TKV sind Vereinbarungen, die zu Ungunsten des Kunden von der TKV abweichen, unwirksam.

52 **Normadressat** sind also alle Anbieter von Telekommunikationsdienstleistungen für die Öffentlichkeit. Der Begriff der Telekommunikationsdienstleistung ist in § 3 Nr. 18 TKG legal definiert als das gewerbliche Angebot von Telekommunikation einschließlich des Angebots von Übertragungswegen für Dritte. Telekommunikationsdienstleistungen für die Öffentlichkeit sind nach § 3 Nr. 19 TKG das gewerbliche Angebot von Telekommunikation einschließlich des Angebots von Übertragungswegen für beliebige natürliche oder juristische Personen und nicht lediglich die Teilnehmer geschlossener Benutzergruppen. Telekommunikationsdienstleistungen für die Öffentlichkeit sind also der Sprachtelefondienst, Sprachkommunikationsdienstleistungen und das Betreiben von drittgenutzten Übertragungswegen. Zum Sprachtelefondienst gehören auch mittelbare und unmittelbare Universaldienstleistungen wie Rufnummernauskunft, Herausgabe von Teilnehmerverzeichnissen und die Bereitstellung von öffentlichen Telefonstellen.[2]

53 Nicht erforderlich ist, dass die Telekommunikationsdienstleistung lizenzpflichtig ist. Erfasst werden also auch reine Wiederverkäufer wie Service-Provider im Mobilfunk, Wiederverkäufer von Sprachtelefondienst im Festnetz, Unternehmen, die Übertragungswege anmieten und die Übertragungskapazität (Bandbreite) portioniert anbieten, ohne die Übertragungswege selbst zu betreiben sowie Telekommunikationsmehrwertdiensteanbieter.[3] Nicht erfasst werden Anbieter von Leistungen an geschlossene Benutzergruppen, da diese die Telekommunikationsdienstleistungen nicht für die Öffentlichkeit anbieten.

---

1 Telekommunikations-Kundenschutzverordnung v. 11.12.1997, BGBl. I S. 2910, geändert durch die Erste Verordnung zur Änderung der Telekommunikations-Kundenschutzverordnung v. 14.4.1999, BGBl. I S. 705, auch abrufbar unter www.regtp.de, abgedruckt zB bei *Lammich*, Kommentar zum TKG, Anlage B 5.

2 Vgl. auch *Hahn*, Im Dickicht der Begriffe oder Was sind Telekommunikationsdienstleistungen?, RTkom 2000, 139 ff.

3 Beck TKG-Komm/*Piepenbrock*, Anhang § 41, § 1 TKV Rz. 7.

Auch die **Abgrenzung** zwischen Telekommunikationsdienstleistungen und Telediensten spielt eine entscheidende Rolle, da nur erstere als Normadressaten von der TKV erfasst werden. Zu dieser Abgrenzung im Einzelnen vgl. unten Rz. 239 ff. Von der TKV als Normadressat erfasst werden also auch zB Access-Provider, nicht aber reine Content-Provider.[1] Bei kombinierten oder integrierten Diensten muss eine Aufteilung der Dienstleistungen in Telekommunikationsdienstleistungen und Teledienste erfolgen, wobei die Zuordnung nach einer funktionalen Betrachtung vorgenommen wird. Die Tätigkeit eines Internet-Providers ist zumindest zum Teil eine Telekommunikationsdienstleistung. Das Bereitstellen eines Backbones ist eine Telekommunikationsdienstleistung für die Öffentlichkeit und unterliegt damit den Bestimmungen der TKV. 54

Geschützt werden die **Kunden** der Anbieter von Telekommunikationsdienstleistungen für die Öffentlichkeit. Dies sind nach der Legaldefinition des § 1 Abs. 1 TKV diejenigen, die die Leistungen der Anbieter von Telekommunikationsdienstleistungen für die Öffentlichkeit vertraglich in Anspruch nehmen oder begehren. Gleichgültig ist dabei, ob es sich um Endkunden (Verbraucher) oder auch um Anbieter von Telekommunikationsdienstleistungen handelt, die lediglich Vorprodukte für ihre eigenen Leistungen beziehen.[2] Auch Content-Provider können damit als Kunden von Anbietern von Telekommunikationsdienstleistungen für die Öffentlichkeit unter den Anwendungsbereich der Verordnung fallen.[3] 55

Bei der Vertragsgestaltung zwischen Anbietern von Telekommunikationsdienstleistungen für die Öffentlichkeit und ihren Kunden sind die Vorgaben der TKV deshalb zwingend zu beachten. 56

Wichtig ist die Frage der Anwendbarkeit der TKV auch insbesondere für die Frage der **Haftung** und möglicher Haftungsbeschränkungen. Nach § 7 Abs. 1 TKV iVm. § 40 TKG haftet der Anbieter von Telekommunikationsdienstleistungen für die Öffentlichkeit grundsätzlich unbegrenzt, kann seine Haftung aber im Rahmen der Bestimmungen des AGBG beschränken.[4] § 7 Abs. 2 Satz 1 TKV enthält eine gesetzliche Haftungsbeschränkung für reine Vermögensschäden auf bis zu 25.000 DM je Nutzer. Diese Haftungsbeschränkung gilt aber nach § 7 Abs. 2 Satz 2 TKV nicht für Nutzer, die ihrerseits Telekommunikationsdienstleistungen für die Öffentlichkeit erbringen. In diesem Verhältnis sind nach § 7 Abs. 2 Satz 3 TKV Haftungsvereinbarungen zulässig. Die vereinbarte Haftungsbeschränkung darf nach § 7 Abs. 2 Satz 4 TKV die Summe der Mindesthaftungsbeträge gegenüber den geschädigten Endkunden des anderen Nutzers nicht unterschreiten. Die Haftungshöchstsumme beträgt nach § 7 Abs. 2 Satz 5 TKV (außer bei Vorsatz) 20 Mio. DM je schadensverursachendes Ereignis. 57

---

1 *Strömer*, Online-Recht, S. 16. Zum Inhalt eines Content-Provider Vertrages vgl. unten *Jessen*, Rz. 332 ff.

2 Beck TKG-Komm/*Piepenbrock*, Anhang § 41, § 1 TKV Rz. 6.

3 Zum Inhalt eines Content-Provider-Vertrags vgl. *Jessen*, Rz. 332 ff.

4 Beck TKG-Komm/*Ehmer*, Anhang § 41, § 7 TKV Rz. 1.

(g) Nummerierung

58 **Nummern** (Legaldefinition § 3 Nr. 10 TKG) sind eine knappe Ressource. Sie sind wichtig für den Wettbewerb. Eine Nummer kann privilegieren oder diskriminieren. Die Strukturierung und Ausgestaltung obliegt deshalb als staatliche Aufgabe nach § 43 Abs. 1 TKG der Regulierungsbehörde.

59 Die **Zuteilung** von Nummern erfolgt auf Antrag. Einzelheiten, insbesondere über die zu erhebenden Gebühren, regelt die Nummerngebührenverordnung[1].

60 Grundsätzlich müssen nach § 43 Abs. 5 TKG die sog. Netzbetreiberportabilität und nach § 43 Abs. 6 TKG die freie Wahl des Verbindungsnetzbetreibers gewährleistet werden.

61 **Netzbetreiberportabilität** bedeutet, dass der Nutzer beim Wechsel des Netzbetreibers seine Rufnummer beibehalten kann. Wäre dies nicht gewährleistet, würde der Wettbewerb dadurch erheblich erschwert.

62 Unter **freier Wahl des Verbindungsnetzbetreibers** versteht man die Möglichkeit, im Einzelfall abweichend von einer bestimmten Voreinstellung durch Eingabe einer Verbindungsnetzbetreiberkennzahl einen anderen Netzbetreiber wählen zu können.

(h) Frequenzordnung

63 Die §§ 44–49 TKG regeln die **Frequenznutzung**. Die Vergabe von Frequenzen als knappes Gut ist eine hoheitliche Aufgabe. Einer diskriminierungsfreien Vergabe und einem transparenten Verfahren kommen deshalb große Bedeutung zu.

64 Zuständig für die **Vergabe von Frequenzen** ist die Regulierungsbehörde. Ziel ist die Sicherstellung einer effizienten und störungsfreien Nutzung von Frequenzen. Verfahrensmäßig ist zunächst der Erlass eines Frequenzbereichszuweisungsplanes vorgesehen, aus dem ein Frequenznutzungsplan hervorgehen soll. Anhand des Frequenznutzungsplanes findet die Frequenzvergabe statt. Die Nutzung der Frequenzen wird ebenfalls durch die Regulierungsbehörde überwacht, § 44 TKG.

65 Der **Frequenzbereichszuweisungsplan** nach § 45 TKG wird von der Bundesregierung als Rechtsverordnung erlassen.[2] Der **Frequenznutzungsplan** nach § 46 TKG wird dann von der Regulierungsbehörde auf der Grundlage des Frequenzbereichszuweisungsplanes unter Beteiligung der Öffentlichkeit er-

---

1 Telekommunikations-Nummerngebührenverordnung v. 16.8.1999, BGBl. I S. 1887, auch abrufbar unter www.regtp.de, abgedruckt zB bei *Lammich*, Kommentar zum TKG, Anlage B 6.

2 Frequenzbereichszuweisungsplanverordnung v. 26.4.2001, BGBl. I S. 778 ff., auch abrufbar unter www.regtp.de, abgedruckt zB bei *Lammich*, Kommentar zum TKG, Anlage B 7.

stellt. Das Verfahren zur Erstellung des Frequenznutzungsplanes hat die Bundesregierung im Rahmen einer zustimmungsbedürftigen Rechtsverordnung geregelt.[1]

Von hoher praktischer Bedeutung ist die **Frequenzzuteilung** nach § 47 TKG. 66
Jede Frequenznutzung bedarf einer vorherigen Zuteilung der Lizenz durch die Regulierungsbehörde. Die Nutzung von Frequenzen ohne Zuteilung ist eine Ordnungswidrigkeit nach § 96 Abs. 1 Nr. 10 TKG. Die Zuteilung richtet sich nach dem Frequenznutzungsplan. Die Vergabe muss diskriminierungsfrei erfolgen. Das Vergabeverfahren muss objektiv und nachvollziehbar sein. Die Bundesregierung hat durch zustimmungspflichtige Rechtsverordnung Inhalt, Umfang und Verfahren der Frequenzzuteilung und den Widerruf der Frequenzzuteilung geregelt.[2]

Diese Zuteilung der Frequenz erfolgt auf Antrag oder von Amts wegen und 67
stellt einen **Verwaltungsakt** dar. Die Verweigerung der Zuteilung kann deshalb vor den Verwaltungsgerichten angefochten werden. Gleiches gilt für den Widerruf einer Frequenz. Ein zusätzlicher Widerrufsgrund neben den allgemeinen Widerrufsgründen nach dem VwVfG stellt die nicht zweckentsprechende Nutzung dar. Damit sollen der Vorratserwerb von Frequenzen verhindert und die effiziente Nutzung knapper Ressourcen sichergestellt werden.

Bei **Frequenzknappheit** und mehreren Anträgen kann eine Vergabe im Wege 68
des Versteigerungsverfahrens oder gegebenenfalls auch des Ausschreibungsverfahrens erfolgen. Ein Wechsel der Eigentumsverhältnisse des Begünstigten muss der Regulierungsbehörde unverzüglich angezeigt werden.

Diejenigen, denen Frequenzen zugeteilt werden, müssen nach § 48 TKG 69
Kosten tragen und **Beiträge** entrichten. Der Begriff der Kosten umfasst Gebühren und Auslagen. Kosten werden für die Zuteilung von Frequenzen und für Maßnahmen aufgrund von Verstößen gegen die Frequenzordnung erhoben. Mit den Beiträgen soll eine Abgeltung der Aufwendungen für die Planung und Fortschreibung von Frequenznutzungen erfolgen. Einzelheiten über Kosten und Beiträge sind in der Frequenzgebührenverordnung[3] und in der Frequenznutzungsbeitragsverordnung[4] geregelt.

---

1 Verordnung über das Verfahren zur Aufstellung des Frequenznutzungsplanes v. 26.4.2001, BGBl. I S. 827 ff., auch abrufbar unter www.regtp.de, abgedruckt zB bei *Lammich*, Kommentar zum TKG, Anlage B 8.

2 Frequenzzuteilungsverordnung v. 26.4.2001, BGBl. I S. 829 ff., auch abrufbar unter www.regtp.de, abgedruckt zB bei *Lammich*, Kommentar zum TKG, Anlage B 9.

3 Frequenzgebührenverordnung v. 21.5.1997, BGBl. I S. 1226 ff., geändert durch die Erste Verordnung zur Änderung der Frequenzgebührenverordnung v. 16.12.1997, BGBl. I S. 3194 ff., auch abrufbar unter www.regtp.de, abgedruckt zB bei *Lammich*, Kommentar zum TKG, Anlage B 10.

4 Frequenznutzungsbeitragsverordnung v. 19.11.1996, BGBl. I S. 1790 ff., geändert durch die Erste Verordnung zur Änderung der Frequenznutzungsbeitragsverordnung v. 22.12.1998, BGBl. I S. 3894 ff., auch abrufbar unter www.regtp.de, abgedruckt zB bei *Lammich*, Kommentar zum TKG, Anlage B 11.

70 § 49 TKG räumt der Regulierungsbehörde die Befugnis zur **Überwachung der Frequenznutzung** ein. Bei Verstößen kann sie Einschränkungen des Betriebs oder die Außerbetriebnahme von Geräten anordnen.

(i) Benutzung von Verkehrswegen

71 In der Vergangenheit durften ausschließlich die Deutsche Telekom AG und ihre Rechtsvorgänger, die über das Übertragungswegemonopol verfügten, öffentliche Verkehrswege unentgeltlich nutzen. Im Wettbewerb muss diese Möglichkeit allen Wettbewerbern offen stehen. Das TKG sieht deshalb im achten Teil in den §§ 50 bis 58 TKG die **unentgeltliche Nutzung der Verkehrswege** für alle Wettbewerber vor, die öffentlichen Zwecken dienende Übertragungswege anbieten. Rechtstechnisch erfolgt in § 50 Abs. 1 TKG die Übertragung der Nutzungsberechtigung auf den Bund. Dieser überträgt nach § 50 Abs. 2 TKG seine Rechte im Rahmen der Lizenzvergabe auf die Lizenznehmer weiter.

72 Da einige Kommunen sich durch die unentgeltliche Wegenutzung in ihren Rechten beeinträchtigt sahen, legten sie Verfassungsbeschwerde ein. Diese blieb jedoch erfolglos.[1]

73 Das TKG sieht in § 57 TKG auch die Möglichkeit der **Nutzung privater Grundstücke** gegen Entgelt für Telekommunikationslinien (Legaldefinition in § 3 Nr. 20 TKG) vor, wenn dadurch keine wesentliche Beeinträchtigung des Grundstücks erfolgt. Dieses Recht steht nicht nur Lizenznehmern, sondern auch sonstigen Netzbetreibern zu. Als Kompensation zu dieser umfassenden Duldungspflicht gewährt § 57 Abs. 2 TKG dem Grundstückseigentümer einen Anspruch auf einen angemessenen Ausgleich in Geld, wenn die Benutzung des Grundstücks oder dessen Ertrag über das zumutbare Maß hinaus beeinträchtigt wird. Die Verfassungsmäßigkeit dieser Regelung wurde vom Bundesverfassungsgericht inzwischen ebenfalls bejaht.[2]

(j) Zulassung, Sendeanlagen

74 Der neunte Teil des TKG beinhaltete ursprünglich Vorschriften über die **Zulassung** von Endeinrichtungen und Satellitenfunkanlagen, Voraussetzungen und Zuständigkeiten sowie Regelungen über den Missbrauch von **Sendeanlagen**. Diese wurden inzwischen mit Ausnahme der Vorschrift über den Missbrauch von Sendeanlagen (§ 65 TKG) zugunsten eines neu erlassenen Gesetzes über Funkanlagen und Telekommunikationsendeinrichtungen[3] aufgehoben.

---

1 BVerfG, Beschl. v. 7.1.1999 – 2 BvR 929/97, MMR 1999, 355 ff.

2 BVerfG, Beschl. v. 25. 8.1999 – 1 BvR 1499/97, MMR 2000, 87 ff.

3 Gesetz über Funkanlagen und Telekommunikationsendeinrichtungen v. 31.1.2001, BGBl. I S. 170 ff.

(k) Regulierungsbehörde

Im Rahmen der Diskussion um den neuen Rechtsrahmen bestand weitgehend Einigkeit darüber, dass die Bedeutung einer Regulierung bei einer Liberalisierung der Telekommunikationsmärkte und der Öffnung der Märkte für den Wettbewerb stark zunimmt. Dennoch waren der Umfang der Regulierung und die organisatorische Einbindung stark umstritten. Die Vorstellungen reichten von der Wahrnehmung der Regulierungsaufgaben durch das Bundeskartellamt bis zur Einrichtung einer obersten Bundesbehörde. Aufgrund des § 66 TKG wurde die **Regulierungsbehörde für Telekommunikation und Post (RegTP)** als obere Bundesbehörde im Geschäftsbereich des Bundesministers für Wirtschaft mit Sitz in Bonn eingerichtet. Gleichzeitig wurde das Bundesministerium für Post und Telekommunikation aufgelöst. 75

Die Regulierungsbehörde wird von einem Präsidenten geleitet, der zwei Stellvertreter hat. Bei der Regulierungsbehörde wird ein **Beirat** eingerichtet, der aus neun Mitgliedern des Deutschen Bundestages und neun Bundesratsmitgliedern besteht. Der Beirat verfügt über bestimmte Mitwirkungs- und Informationsrechte, die in § 69 TKG geregelt sind. Er hat ein Vorschlagsrecht für die Besetzung des Präsidenten und der Stellvertreter, verfügt über Antragsrechte (zB bezüglich Universaldiensten) und kann Auskünfte und Stellungnahmen der Regulierungsbehörde einholen. Durch den Beirat wird sichergestellt, dass die Bundesländer in bestimmtem Umfang Einfluss auf die Telekommunikationspolitik nehmen können. 76

Die Regulierungsbehörde ist nach § 71 TKG für die sektorspezifische Verhaltenskontrolle, also für die Überwachung der Vorschriften des TKG, der darauf beruhenden Verordnungen und daraus resultierenden Verwaltungsmaßnahmen (zB Einhaltung der Lizenzauflagen) zuständig. Zu diesem Zweck stehen der Regulierungsbehörde umfassende Auskunfts- und Prüfungsrechte nach § 72 TKG zu. Sie ist zum Betreten von Betriebs- und Geschäftsräumen befugt und darf Durchsuchungen und Beschlagnahmen vornehmen sowie Zwangsgelder verhängen. 77

In wichtigen Fällen (zB bei der Auferlegung von Universaldienstleistungen, der Entgeltregulierung, beim offenen Netzzugang und Zusammenschaltungen) entscheidet die Regulierungsbehörde nach § 73 TKG in einem gerichtsähnlich gestalteten **Beschlusskammerverfahren**. Verfahrensregelungen dazu finden sich in den §§ 74–79 TKG. Gegen Entscheidungen der Regulierungsbehörde ist die Klage zum Verwaltungsgericht möglich, wobei nach § 80 TKG abweichend von den allgemeinen Regeln weder ein Widerspruchsverfahren stattfindet, noch die Klage grundsätzlich aufschiebende Wirkung hat. 78

Die Regulierungsbehörde wird durch § 82 TKG zur engen **Zusammenarbeit mit dem Bundeskartellamt** verpflichtet. Durch die organisatorische Eingliederung der Regulierungsbehörde in den Geschäftsbereich des Bundesministeriums für Wirtschaft, dem auch das Bundeskartellamt zugeordnet ist, wird eine Koordinierung der beiden Bundesbehörden erleichtert. 79

80 Die Regulierungsbehörde muss nach § 81 TKG alle zwei Jahre einen **Tätigkeitsbericht**[1] über die Lage und Entwicklung auf dem Gebiet der Telekommunikation erstellen. Zusätzlich muss gleichzeitig jeweils ein **Bericht der Monopolkommission**[2] über die Frage, inwieweit funktionsfähiger Wettbewerb besteht und ob eine Entgeltregulierung weiter notwendig ist, vorgelegt werden.

(l) Fernmeldegeheimnis, Datenschutz und Sicherung

81 Im elften Teil des TKG finden sich Bestimmungen über das **Fernmeldegeheimnis**, den **Datenschutz** und die **Sicherung**. § 85 TKG stellt eine Konkretisierung des in Art. 10 Abs. 1 GG geschützten Fernmeldegeheimnisses dar. Der gesamte Inhalt der Telekommunikation (vgl. Legaldefinition in § 3 Nr. 16 TKG) und die näheren Umstände sowie erfolglose Verbindungsversuche unterliegen nach § 85 TKG dem Fernmeldegeheimnis. Alle, die geschäftsmäßig Telekommunikationsdienste erbringen (vgl. Legaldefinition in § 3 Nr. 5 TKG) oder daran mitwirken, unterliegen dem Fernmeldegeheimnis.

82 § 87 TKG sieht für Betreiber von Telekommunikationsanlagen eine Reihe von **technischen Schutzmaßnahmen** zur Wahrung des Fernmeldegeheimnisses, des Datenschutzes und eines störungsfreien Betriebs von Telekommunikationsnetzen im Interesse der Allgemeinheit vor. Lizenznehmer müssen einen Sicherheitsbeauftragten benennen und ein Sicherheitskonzept erarbeiten. Einzelheiten können in einer Verordnung über technische Schutzmaßnahmen festgelegt werden.

83 Das **Fernmeldegeheimnis** kann nach Art. 10 Abs. 2 GG beschränkt werden. § 88 TKG regelt die technische Umsetzung gesetzlich vorgesehener Überwachungsmaßnahmen (§§ 100a, 100b StPO, G-10-Gesetz, § 39 AWG) und enthält eine Ermächtigungsgrundlage zum Erlass einer Überwachungsverordnung.

84 Einzelheiten über Verpflichtungen von Unternehmen, die geschäftsmäßig Telekommunikationsdienste erbringen oder an der Erbringung solcher Dienste mitwirken, bezüglich des Schutzes personenbezogener Daten sind in § 89 TKG iVm. der **Telekommunikations-Datenschutzverordnung**[3] geregelt. Wesentliche Elemente sind der Erlaubnis- bzw. Einwilligungsvorbehalt, die Beschränkung der Erhebung, Verarbeitung oder Nutzung von Daten auf das Erforderliche, das Ziel der Datenvermeidung und Datensparsamkeit und die

---

1 Regulierungsbehörde für Telekommunikation und Post, Tätigkeitsbericht 1998/1999, Dezember 1999, auch abrufbar unter www.regtp.de.

2 Monopolkommission, Wettbewerb auf den Telekommunikations- und Postmärkten?, Sondergutachten der Monopolkommission vom 12.11.1999, auch abrufbar unter www.monopolkommission.de.

3 Telekommunikations-Datenschutzverordnung (TDSV) v. 18.12. 2000, BGBl. I S. 1740 ff., auch abrufbar unter www.regtp.de, abgedruckt zB bei *Lammich*, Kommentar zum TKG, Anlage B 18.

Unterrichtungspflicht. Bei Online-Medien sind daneben das TDDSG[1] und der MDStV zu beachten.

Mit § 90 TKG wurde eine Rechtsgrundlage geschaffen, mit der den Sicherheitsbehörden **Zugriff auf Daten privater Anbieter** von Telekommunikationsdienstleistungen ermöglicht wird. Allerdings unterliegen private Mailboxen, kommerzielle Online-Dienste und Internet-Service-Provider nicht diesen Verpflichtungen, da es sich dabei um nichtrufnummernbasierte Dienste handelt.[2] §§ 91 und 92 TKG enthalten entsprechende Kontroll- und Durchsetzungsbefugnisse sowie Auskunftsverpflichtungen. 85

(m) Sanktionsmöglichkeiten

Der zwölfte Teil des TKG enthält in den §§ 94 und 95 TKG eine **Straf- und** im § 96 TKG eine **Bußgeldvorschrift**, nach denen bestimmte Verstöße gegen das TKG bzw. gegen darauf beruhende Bestimmungen oder Verfügungen straf- bzw. bußgeldbewehrt sind. Strafbewehrt sind insbesondere das unerlaubte Betreiben einer Sendeanlage (Abhörwanzen) und das Abhören von Funksendungen nach § 86 TKG. 86

bb) Teledienstegesetz (TDG) und Mediendienste-Staatsvertrag (MDStV)

Während das TKG den Transport von Daten betrifft, regeln das **Gesetz über die Nutzung von Telediensten (TDG)** und der **Mediendienste-Staatsvertrag (MDStV)** die Inhaltsebene. Da dies weniger für die Netzbetreiber als für die Anbieter von Diensten von Bedeutung sein dürfte, kann hier von einer Darstellung abgesehen und insoweit auf die Darstellungen unter Rz. 250 ff. und 269 ff. verwiesen werden. 87

2. Übersicht Verträge

Nach realistischen Schätzungen bewegen sich heute bereits über 300 Millionen Nutzer im weltweiten Internet, die Zugriff auf die unterschiedlichsten Dienste nehmen. Sowohl die Anzahl der Nutzer, als auch die Anzahl der Dienste wird in den nächsten Jahren stetig ansteigen. Neue Dienste, die zumeist auf Basis des TCP/IP[3] übertragen werden, verlangen zunehmend 88

1 Teledienstedatenschutzgesetz, Art. 2 des Gesetzes zur Regelung der Rahmenbedingungen für Informations- und Kommunikationsdienste (IuKDG) v. 22.7.1997, BGBl. I S. 1870 ff., abgedruckt zB bei *Lammich*, Kommentar zum Telekommunikationsgesetz, Anlage A 4, oder bei *Manssen*, Telekommunikations- und Multimediarecht, B 70. Die Bundesregierung plant derzeit den Erlass eines Gesetzes über rechtliche Rahmenbedingungen für den elektronischen Geschäftsverkehr, das u.a. auch Änderungen des TDDSG vorsieht. Der Entwurf ist über die Homepage des BMJ (www.bmj.de) abrufbar.

2 § 90 TKG verwendet ausdrücklich den Begriff Rufnummern statt den in § 3 Nr. 10 TKG legaldefinierten Begriff Nummer, vgl. *Moritz* in Hoeren/Sieber, Multimedia-Recht, Teil 3.1 Rz. 302 mwN.

3 Transmission Control Protocol/Internet Protocol. Das TCP zerlegt und überträgt die Daten, über das IP erfolgt die Adressierung der Daten-Pakete.

mehr Bandbreite, Flexibilität und Stabilität in den Netzinfrastrukturen[1]. Die IP-Fähigkeit und die Dimensionierung der **Netzinfrastrukturen** ist deshalb zu einem entscheidenden Wettbewerbsfaktor im Internetmarkt geworden. Nur ausreichend und proaktiv ausgebaute und verknüpfte (vermaschte) Netze sowie eine internationale Anbindung insbesondere in die USA sind dieser Herausforderung gewachsen. Nachfolgend sollen daher die Grundlagen für den Zugang zu diesen Hochleistungsnetzen sowie die Verknüpfung dieser Netze untereinander dargestellt werden.

a) Backbone-Access[2]

aa) Allgemeines

89 Viele Unternehmen sind von den neuen, fast unbegrenzt scheinenden Möglichkeiten fasziniert, die das neue Medium Internet bietet. Die globale Reichweite und Offenheit des Internets bietet einen preiswerten und schnellen Weg, neue Märkte in aller Welt zu erschließen. Neben den herkömmlichen Vertriebswegen tauchen neue, bislang unbekannte auf. Ein Beispiel dafür sind die sog. **virtuellen Marktplätze**.

Durch die neue Technologie und ihr multimediales Potenzial ist eine überzeugendere Kommunikation mit Kunden, Partnern und einem erheblich erweiterten Kreis potenzieller neuer Kunden möglich. Auch kleinere Unternehmen haben nunmehr die Chance, ohne Unterbrechung ansprechbar zu sein und hinsichtlich der Wahrnehmung von Absatzchancen und der Sicherstellung von Kundenzufriedenheit sogar auf einer Ebene mit sonst unerreichbaren Weltkonzernen zu stehen.

90 Ausgangspunkt für die Anbindung der eigenen Rechner und Webservices an das World Wide Web ist die Zusammenarbeit mit einem **Internet Service Provider** (ISP)[3], kurz Provider[4]. Die Provider stellen Rechnerzugänge für

---

1 Derzeit verdoppelt sich das Datenvolumen etwa alle 10 Monate, allein das IP-Netz der Deutschen Telekom wird kurzfristig die 10 Terrabyte-Marke überschreiten.

2 Backbone, zu deutsch „Rückgrat"; Backbones verbinden als Hauptstrang mehrere eigenständige Rechnernetze eines Internet Service Providers zu einem größeren Netzwerkverbund. Die einzelnen Subnetze sind über den Backbone miteinander verbunden. Stern- und ringförmige Backbones stellen dabei die Mehrheit dar, wobei mit zunehmender Größe eines Netzes und höheren Anforderungen eine „wildere" Topologie wahrscheinlich ist.

3 Beschränkt sich die Rolle des Providers auf die Bereitstellung des Netzzugangs zum Internet, wird dieser Provider auch als Access-Provider (Telekommunikationsanbieter mit – zumeist – eigenem Netz) bezeichnet. Da die Provider aber in aller Regel auch noch weitere Dienstleistungen und Services zur Verfügung stellen, werden sie in aller Regel auch als Internet Service Provider tätig. Neben den großen Netzbetreibern, in Deutschland zB die Deutsche Telekom AG, existiert eine Vielzahl von kleineren Service-Providern, die keine eigenen Netze betreiben, sondern ihre Kunden über die Backbones anderer Access-Provider bedienen.

4 Vgl. zu den vielschichtigen möglichen Vertragskonstellationen mit Providern den Überblick bei *Spindler*, Vertragsrecht der Internet-Provider, Teil II Rz. 1 ff.

Modem-, ISDN[1]- oder ADSL-[2], aber auch für Festverbindungen zur Verfügung. Auf diesem Wege wird dann die Verbindung vom Rechner des Nutzers zum **Point of Presence** (PoP)[3] hergestellt. Innerhalb des jeweiligen PoPs befinden sich die Anschlusseinrichtungen des Providers, über die die Anbindung an den Backbone realisiert wird. Hinzu kommen bei den nicht ausschließlich als Access-Provider arbeitenden ISPs noch andere Dienste wie zum Beispiel E-Mail-Server, FTP[4] und Gopher[5], aber auch eigene Contents[6].

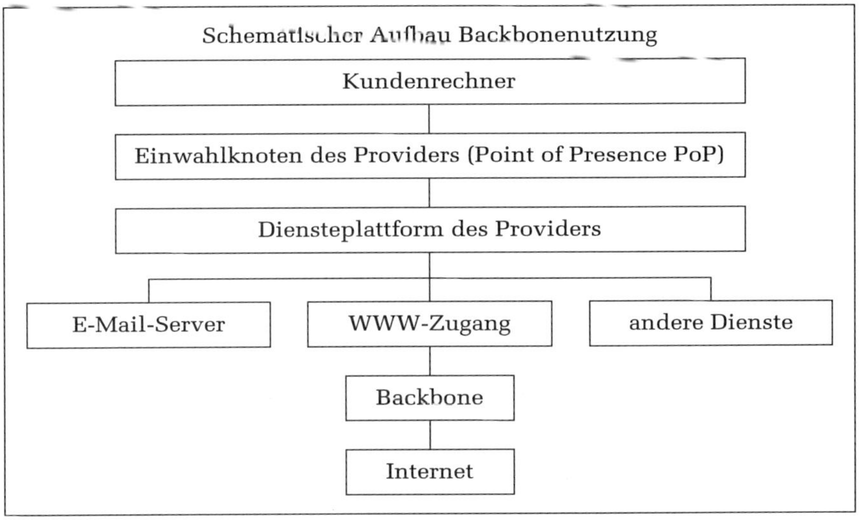

Abb. 1: Schematischer Überblick über den Kundenzugang zum Backbone

1 Abk. für Integrated Services Digital Network, Dienste integrierendes digitales Telekommunikationsnetz. ISDN integriert Telekommunikationsdienste wie Telefon, Fax und Datenkommunikation in einem Netz. Die Digitalisierung verbessert die Übertragungsqualität (64.000 bit/s) und erhöht die Übertragungsgeschwindigkeit gegenüber der herkömmlichen analogen Übertragung.

2 Abk. für Asymetrical Digital Subscriber Line. Zugangstechnologie, mit der über ein normales Kupferkabel Daten bis zu 8 Mbit/s empfangen (downstream) und bis zu 768 Kbit/s gesendet (upstream) werden können.

3 Als Point of Presence werden die lokalen Einwahlknoten der Provider bezeichnet.

4 File Transfer Protocol, bevorzugt für die schnelle Übertragung von Dateien (files) zwischen verschiedenen Rechnern über das Netz benutzter Internet-Dienst.

5 Vorläufer der jetzigen intelligenten Suchsysteme für das WWW zum Aufspüren von Informationen und Texten, die dann per FTP auf den eigenen Rechner geladen werden.

6 Zu denken ist hier beispielsweise an ein sog. Unified-Messaging-System (zu deutsch vereinheitlichte Nachrichtenbearbeitung), bei dem verschiedene Kommunikationswege wie Telefonie, Fax, Anrufbeantworterfunktionen, E-Mail, Datenübertragung und sonstige Kommunikationswege über eine einheitliche Nachrichtenzentrale des Nutzers abgewickelt werden. Mittels Telefon, Onlinezugang per PC oder per WAP (Wireless Application Protocol, drahtloses, von neueren Handys benutztes Übertragungsprotokoll für Daten) über das Handy hat der Nutzer Zugriff auf sämtliche eingegangenen Nachrichten und kann diese so verwalten, organisieren, bearbeiten, beantworten, an ein frei wählbares Endgerät weiterleiten etc.

91 Die Provider werben mit einer möglichst leistungsfähigen und sicheren Infrastruktur. Die Leistungsfähigkeit des Providers wird zum einen bestimmt durch die Backbone-Anbindung und zum anderen durch den Datendurchsatz. Verfügbar sind heute bereits Geschwindigkeiten von bis zu 30 Gbit/s im Kernbereich des Backbones und 34 Mbit/s in den Randbereichen. Herzstück dieser (Netz-)Infrastruktur ist das sog. **Backbone**. Die Provider bedienen sich dabei entweder eines eigenen Backbones oder aber greifen auf die Ressourcen eines Backbonebetreibers, zB die Deutsche Telekom AG, zurück.

92 Das Backbone besteht in der Regel aus einem flächendeckenden **Router**[1]-**Netzwerk** mit festgeschalteten Verbindungen, über die der Datenverkehr geleitet wird.

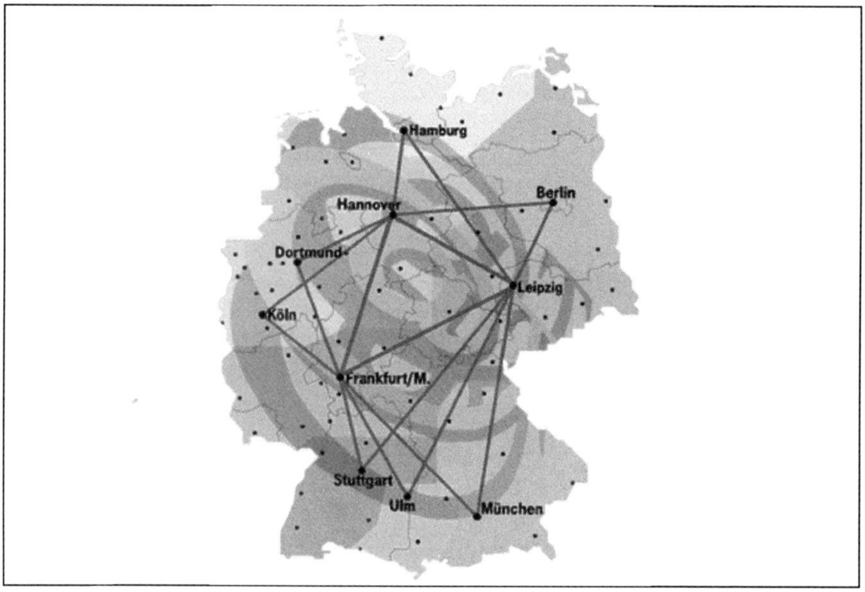

Abb. 2: Netztopologie der Deutschen Telekom AG[2]

Die leistungsstarken Netze können in ihrem Kern jede Verbindungsstörung wegen der redundanten[3], unabhängigen Zweiwegeführung durch mindes-

1 Ein Router hat die Funktion, zwei räumlich getrennte Netzwerke über eine Telekommunikations-Leitung miteinander zu verbinden. Er leitet in seiner Funktion als Router für das Internet-Protocol (IP-Router) die einzelnen IP-Pakete weiter. Mittels der sog. Router-Protokolle wird festgelegt, welche Pakete wohin weitergeleitet werden müssen.

2 Entnommen aus http://www.telekom.de/dtag/ipl1/cda/level4s_a/0,3682,10835,00.html.

3 Ursprünglich: mehrfach vorhandene Information. Im Bereich der Informationstechnologie: Mittels technischer Bereitstellung einer alternativen Streckenführung wird erreicht, dass bei Ausfall einer Datenstrecke der Verkehr durch Nutzung einer anderen Strecke dennoch ungehindert fließen kann.

tens eine alternative Streckenführung kompensieren. Dadurch erreichen die Netze eine sehr hohe Verfügbarkeit und erfüllen sämtliche für ein großdimensioniertes Internet-System geforderten technischen Randbedingungen.

Der Kundenzugang zum Backbone erfolgt zumeist über festgeschaltete Verbindungen zu den einzelnen Knoten in verschiedenen Bandbreitenklassen.

Darüber hinaus verfügen die Backbones in der Regel über breitbandige Anbindungen zu den wichtigsten Knotenpunkten des Internets in aller Welt. Diese Anbindung wird über die sog. **Peering-Verträge** realisiert.

Das Angebot der Provider für die Anbindung der Kunden an das Backbone deckt dabei zumeist die festgeschalteten Verbindungen an das Internet mit verschiedenen Zugangsklassen (zB 64 kbit/s, 128 kbit/s, 2 Mbit/s und 34 Mbit/s) ab und umfasst die Übertragungsleistung ins Internet, die festgeschaltete Verbindung zum nächsten Internet-Knoten, einen Kunden-Router, die Bereitstellung von Internet-Adresskonzepten und Domain-Namen sowie ein Rund-um-die-Uhr-Management des Netzes. Die Kombination dieser Elemente und ihre qualitative Ausgestaltung wird dabei zumeist zielgruppenorientiert und kundenspezifisch vorgenommen.

bb) Anspruch auf Zugang zum Backbone

Da die Leistungs- und Wettbewerbsfähigkeit der Provider in Bezug auf die Qualität der Anbindung ihrer Kunden an das Internet von der Qualität der Backbones abhängt, stellt sich die Frage, ob ein Provider gegen einen anderen Provider einen rechtlichen Anspruch auf Zugang zu dessen Netz haben kann oder ob der Netzbetreiber sich die Provider, mit denen er zusammenarbeiten möchte, selbst aussuchen kann. 93

(1) Grundzüge des offenen Netzzugangs

Telekommunikation basiert in ihrem Grundgedanken darauf, dass eine Kommunikation nicht nur mit den Kunden des eigenen Diensteanbieters, sondern auch netzübergreifend mit Kunden anderer Diensteanbieter möglich ist (sog. **netzübergreifende Kommunikation**). Um die netzübergreifende Kommunikation sicherzustellen und neuen Netzbetreibern gegenüber den unter Umständen bereits marktbeherrschenden Netzbetreibern bessere Wettbewerbsmöglichkeiten zu bieten, hat der Gesetzgeber Regelungen geschaffen, die diese Art des Netzzugangs regeln. 94

Der Vierte Teil des TKG[1] (§§ 33 ff.) soll grundsätzlich einen offenen **Netzzugang** gewährleisten und die Netzzusammenschaltung regeln. Der Netzzugang kann über für sämtliche Nutzer bereitgestellte Anschlüsse (allgemeiner Netzzugang) oder über besondere Anschlüsse (besonderer Netzzugang) gewährleistet werden.[2]

---

1 Telekommunikationsgesetz v. 25. 7. 1996 (BGBl. I S. 1120 ff.).

2 § 35 Abs. 1 Satz 2 TKG.

Nach § 1 Abs. 2 Satz 1 NZV[1] unterscheidet sich der allgemeine vom besonderen Netzzugang dadurch, dass Letzterer von einem Nutzer begehrt wird, der diesen als Anbieter von Telekommunikationsdienstleistungen oder als Betreiber von Telekommunikationsnetzen nachfragt, um Telekommunikationsdienstleistungen anzubieten. Dies bedeutet nichts anderes als die Unterscheidung danach, ob der nachfragende Nutzer die Leistungen nachfragt, um seinerseits wiederum Telekommunikationsdienstleistungen anzubieten.[2]

(2) Anspruch auf Netzzugang gegen Provider

95 Die Tätigkeit der Internet-Provider ist – zumindest zum Teil – als Telekommunikationsdienstleistung einzustufen, so dass das TKG grundsätzlich Anwendung auf sie finden kann.[3] Fraglich ist allerdings, ob aus den Grundsätzen des besonderen Netzzuganges ein Anspruch des Nutzers auf Access zum Backbone eines bestimmten Providers besteht.[4] Dies würde für den nachgefragten Provider einen **Kontrahierungszwang**, also eine Verpflichtung zum Abschluss eines Backbone-Nutzungsvertrages mit dem nachfragenden Provider bedeuten.[5] In diesen Fällen richtet sich der mögliche Anspruch des nachfragenden Providers nach § 35 Abs. 1 Satz 1 TKG[6]. Ein Anspruch ist zu bejahen, wenn der angefragte Provider ein Telekommunikationsnetz betreibt, Telekommunikationsdienstleistungen für die Öffentlichkeit anbietet und auf dem relevanten Markt marktbeherrschend im Sinne des § 19 GWB ist.

1 Verordnung über besondere Netzzugänge v. 23. 10. 1996 (BGBl. I S. 1568 ff.).

2 Vgl. Beck TKG-Komm/*Piepenbrock*, Anh. § 39 § 1 NZV Rz. 5.

3 So zB *Riehmer/Hessler*, in Spindler, Vertragsrecht der Internet-Provider, Teil II Rz. 229 und *Dietz/Richter*, CR 1998, 528.

4 Zur Frage, ob andere auf der Plattform des Providers angebotene Dienste wie E-Mail und Unified Messaging ebenfalls vom offenen Netzzugang umfasst sind, vgl. *Dietz/Richter*, CR 1998, 528 ff.

5 Die Bereitstellung der eigenen Dienste im Rahmen des *allgemeinen* Netzzuganges ist – unabhängig von einer etwaigen Verpflichtung – zumeist im Interesse des Providers selbst, so dass sich hier keine Probleme stellen. Der Marktwert der Provider bestimmt sich in erster Linie nach der Anzahl der (Individual-)Nutzer, so dass die Weigerung eines Providers, einen Endkundenvertrag über den Netzzugang abzuschließen, in der Praxis kaum vorkommen wird. Zudem wird der Endkunde wohl auch nicht in die Situation kommen, ausschließlich den Zugang zum Backbone zu benötigen, sondern immer auch die zugehörigen Dienste in Anspruch nehmen wollen. Die Problematik des Kontrahierungszwanges bezüglich des Backbones stellt sich für den allgemeinen Netzzugang daher nicht. Praktisch relevanter ist der Fall, dass der Provider einem anderen Provider – mithin seinem mittelbaren oder unmittelbaren Konkurrenten – seine Dienste, in deren Entwicklung und Bereitstellung er unter Umständen große Summen investiert hat, nicht zur Verfügung stellen will. Ausführlich hierzu *Dietz/Richter*, CR 1998, 528 ff.

6 § 35 TKG stellt eine Konkretisierung der bereits in § 33 Abs. 1 TKG enthaltenen Verpflichtung zur Gewährung eines besonderen Netzzugangs dar, vgl. OVG NW, Beschl. v. 29.9.1997 – 13 B 1987/97, 13 B 2159/97, 13 B 2160/97 (VG Köln), MMR 1998, 98 (99).

96 Bei dem nachgefragten Provider müsste es sich zunächst um den Betreiber eines **Telekommunikationsnetzes** handeln. Gemäß der Begriffsdefinition in § 3 Nr. 2 TKG ist dies zu bejahen beim Ausüben der rechtlichen und tatsächlichen Kontrolle (Funktionsherrschaft) über die Gesamtheit der Funktionen, die zur Erbringung von Telekommunikationsdienstleistungen oder nichtgewerblichen Telekommunikationszwecken über Telekommunikationsnetze unabdingbar zur Verfügung gestellt werden müssen.

97 Der Begriff der **Telekommunikationsdienstleistung** ist in § 3 Nr. 18 TKG geregelt. Er beinhaltet das gewerbliche Angebot von Telekommunikation einschließlich des Angebots von Übertragungswegen für Dritte. Bei der Bereitstellung des Backbones müsste es sich damit also um Telekommunikationsanlagen im Sinne des § 3 Nr. 17 TKG handeln. Unter diesen Begriff fallen alle technischen Einrichtungen oder Systeme, die als Nachrichten identifizierbare elektromagnetische oder optische Signale senden, übertragen, vermitteln, empfangen, steuern oder kontrollieren können. Das Backbone-Netz eines Providers dient – einschließlich der vorhandenen Router – der Übertragung der von den jeweiligen am Internet angeschlossenen Rechnern gesendeten Datenpakete, die nichts anderes darstellen als elektromagnetische Signale. Insoweit ist das Backbone-Netz als **Telekommunikationsanlage** im Sinne des TKG anzusehen.

98 Das Backbone-Netz müsste dem Provider dazu dienen, Telekommunikation im Sinne des § 3 Nr. 16 TKG zu betreiben. Dafür müssten mittels des Backbones Nachrichten jeglicher Art in der Form von Zeichen, Sprache, Bildern oder Tönen ausgesendet, übermittelt oder empfangen werden. Aufgabe des Backbones ist es, Rechner miteinander zu verbinden und den Datenaustausch (Zeichen, Sprache, Bild, Ton) zu ermöglichen. Somit handelt es sich bei der Bereitstellung des Backbones um **Telekommunikation** im Sinne des TKG.

99 Das Angebot der Bereitstellung des Backbones gegen Zahlung von Nutzungsentgelten an potentielle Kunden stellt unzweifelhaft auch ein gewerbliches Angebot an Dritte dar.

Damit kann die Bereitstellung des Backbones durch den Provider als Angebot von Telekommunikationsdienstleistung im Sinne des TKG angesehen werden.

100 Telekommunikationsnetz im Sinne des § 3 Nr. 21 TKG ist die Gesamtheit der technischen Einrichtungen (Übertragungswege, Vermittlungseinrichtungen und sonstige Einrichtungen, die zur Gewährleistung eines ordnungsgemäßen Betriebs des Telekommunikationsnetzes unerlässlich sind), die zur Erbringung von Telekommunikationsdienstleistungen oder zu nichtgewerblichen Telekommunikationszwecken dient. **Übertragungswege** in diesem Sinne sind gemäß § 3 Nr. 22 TKG Telekommunikationsanlagen in Form von Kabel- oder Funkverbindungen mit ihren übertragungstechnischen Einrichtungen als Punkt-zu-Punkt- oder Punkt-zu-Mehrpunkt-Verbindungen mit einem bestimmten Informationsdurchsatzvermögen (Bandbreite oder Bitrate) einschließlich ihrer Abschlusseinrichtungen. Hierunter fällt das Backbone-

Netz, über das (zumeist) per Kabelverbindung die Datenpakete mit der jeweiligen Durchsatzgeschwindigkeit übertragen werden.

101 Der Provider, der sein Backbone-Netz selbst errichtet und verwaltet und somit die rechtliche und tatsächliche Kontrolle über sein Netz ausübt, besitzt die gem. § 3 Nr. 2 TKG erforderliche **Funktionsherrschaft** und ist somit als Betreiber eines Telekommunikationsnetzes gem. § 35 Abs. 1 Satz 1 TKG anzusehen.

102 Die Bereitstellung des Backbones als Telekommunikationsdienstleistung müsste auch **für die Öffentlichkeit** im Sinne des § 3 Nr. 19 TKG erfolgen. Dies ist der Fall, wenn ein gewerbliches Angebot für beliebige natürliche oder juristische Personen und nicht lediglich für Teilnehmer eines bestimmten Kreises[1] zur Verfügung gestellt wird.

Gewerblich sind die Telekommunikationsdienstleistungen, wenn sie auf Erwerb ausgerichtet sind und nachhaltig, also auf eine gewisse Dauer, ausgeübt werden.[2] Die Provider wenden zum Teil erhebliche Investitionssummen auf, um ein leistungsstarkes redundantes Backbone-Netz aufzubauen. Dieses Backbone-Netz wird dann – sei es im Rahmen des allgemeinen oder des besonderen Netzzuganges – entgeltlich einem nicht vorbestimmten Nutzerkreis zur Verfügung gestellt.

Damit ist die Bereitstellung des Backbones auch als Angebot für die Öffentlichkeit anzusehen.

Insgesamt ist daher festzuhalten, dass das Backbone-Angebot eines Providers als Telekommunikationsdienstleistung für die Öffentlichkeit zu klassifizieren ist, das dieser als Betreiber eines Telekommunikationsnetzes anbietet.

103 Ein Kontrahierungszwang des Backbone-Betreibers setzt aber weiterhin voraus, dass dieser als **Marktbeherrscher** im Sinne des § 19 GWB anzusehen ist. Gemäß § 19 Abs. 2 GWB ist ein Unternehmen marktbeherrschend, wenn es als Anbieter oder Nachfrager einer bestimmten Art von Waren oder gewerblichen Leistungen keine (wesentlichen) Wettbewerber hat oder aber im Verhältnis zu seinen Wettbewerbern eine überragende Markstellung hat. Nach § 19 Abs. 3 GWB wird dies vermutet, wenn das Unternehmen einen Marktanteil von mindestens **einem Drittel** hat. Entsprechende Marktanteile dürfte in Deutschland zur Zeit aber kein Unternehmen aufweisen können.[3]

---

1 Insbesondere firmeneigene Netze (sog. Corporate Networks); zu unterscheiden von den Closed User Groups (Geschlossenen Benutzergruppen, CUG), bei der es sich um Gruppen festgelegter Benutzer oder Anschlüsse eines Datennetzes oder Mehrwertdienstes mit eingeschränkten Kommunikationsmöglichkeiten handelt, meist begrenzt auf die Kommunikation unter den festgelegten Mitgliedern einer Gruppe.

2 Beck TKG-Komm/*Schütz*, § 6 Rz. 23.

3 Im Bereich der Internet Access Provider lagen UUNet und Xlink mit 14,4 und 13,1 % Marktanteil Anfang 1999 an der Spitze vor der Deutschen Telekom und ECRC mit je 8,1 % und IS Internet Services mit 6,9%.

Bei der Bestimmung der Marktbeherrschereigenschaft ist zunächst der **relevante Markt** zu definieren. Der relevante Markt ist sowohl produkt- oder dienstleistungsbezogen als auch geographisch einzugrenzen.

Das Angebot des Backbones muss aus Sicht des Nutzers austauschbar sein gegen Dienstleistungen anderer Unternehmen oder anderer Art, um mit diesen einen sachlichen Markt bilden zu können.[1] Internet Access Provider sind deutschland- und weltweit in unzähliger Anzahl am Markt. Mit UUnet/WorldCom, Xlink/KPNQwest, Deutsche Telekom, ECRC, IS Internet Services und Nacamar seien hier nur einige beispielhaft aufgezählt, die untereinander vergleichbare Backbone-Anbindungen am Markt anbieten. Daher kann davon ausgegangen werden, dass – auch ohne Einbeziehung von Alternativen zur Nutzung des WWW[2] – schon alleine hier die für den Nachfrager zugänglichen Ausweichmöglichkeiten einen Anspruch gegen einen deutschen Access-Provider auf Zugang zu dessen Backbone ausscheiden lassen. 104

Etwas anderes könnte allenfalls dann gelten, wenn die räumliche Marktabgrenzung den Rückgriff auf derartige Alternativen ausschließt. Auch hier ist wieder die Austauschbarkeit der Güter oder Dienstleistungen zu untersuchen. Aus Sicht des Endnutzers ist mitentscheidendes Kriterium für die Auswahl seines Access-Providers die Erreichbarkeit des PoP zu günstigen Tarifen, in der Regel also zum Ortstarif.[3] Dies ist aber mittlerweile bei nahezu allen in Deutschland verfügbaren Access-Providern möglich, so dass der relevante Markt für die Endnutzer dem Gebiet der Bundesrepublik entspricht oder doch zumindest in der gesamten Bundesrepublik für den Endnutzer der räumlich relevante Markt mit ausreichenden Alternativen bestückt ist.[4] 105

Aus Sicht eines nachfragenden Providers wird der räumlich relevante Markt wohl auf das gesamte Bundesgebiet ausgedehnt werden müssen. Bei den meisten gängigen Vertrags- und Berechnungsmodellen für den Backbone-Zugang unter Providern kommt der räumlichen Entfernung zum PoP nur eine untergeordnete Rolle zu. Großdimensional gestaltete Datenverkehre werden vielmehr auf Grundlage des erreichten Datendurchsatzes errechnet. Somit stellen die transportierten Datenvolumina neben den monatlichen Grundentgelten eine bedeutendere Rechengröße dar. Die Bedeutung der Entfernung zum PoP ist dabei nicht mehr von entscheidender Bedeutung, so dass der räumlich relevante Markt nicht in kleine Regionalmärkte zu zersplittern ist. 106

---

1 Vgl. *Dietz/Richter*, CR 1998, 528 (532 ff.), die sich auch mit der Frage beschäftigen, ob die Austauschbarkeit aus Sicht der nachgefragten Provider oder aus Sicht der Nachfrager bestimmt werden muss.

2 So wie von *Dietz/Richter*, CR 1998, 528 (532 ff.) zu Recht angenommen.

3 So auch *Dietz/Richter*, CR 1998, 528 (533).

4 Vgl. dazu *Dietz/Richter* CR 1998, 528 (533).

(3) Fazit

107 Ein Anspruch auf Zugang zum Backbone aus § 35 Abs. 1 Satz 1 TKG ist zwar rechtstheoretisch grundsätzlich denkbar, aber in der Rechtswirklichkeit zur Zeit wohl nicht zu bejahen. Nichtsdestotrotz spielt diese Thematik eine bedeutende Rolle, da angesichts des ständigen Verdrängungswettbewerbes und auch der bekannten Fusionswellen[1] starke **Marktanteilsverschiebungen** möglich sind, die ein Unternehmen durchaus zum Marktbeherrscher machen können.[2]

cc) Vertragliche Regelung des Netzzugangs

108 Sowohl der Privat- als auch der Geschäftskunde[3] bedarf zur Realisierung seines Access zum Backbone der Unterstützung eines Providers. Die gegenseitigen Rechte und Pflichten zwischen den Parteien werden dann in den sog. Provider-Verträgen ausgestaltet. Diese **Provider-Verträge** sind zumeist nicht beschränkt auf den reinen Backbone-Access, sondern beinhalten darüber hinaus die Vereinbarung weiterer Leistungsmerkmale.[4]

Bevor der Nutzer einen Vertrag mit dem Provider abschließt, sollte er sich genau überlegen, welche Leistungsmerkmale für ihn erforderlich sind und auf welche Dienste er verzichten kann. Solange er sich im Massenmarkt bewegt, wird es dem Nutzer – egal ob als Privat- oder als Geschäftskunde – zwar kaum möglich sein, einen individuell ausgehandelten Vertrag mit dem Provider abzuschließen. Angesichts der Vielzahl der Anbieter und auch der vielen verschiedenen Leistungsangebote, die bei einem Provider eingekauft werden können, wird es möglich sein, ein auf die speziellen Bedürfnisse des einzelnen Nutzers zugeschnittenes und passendes Leistungsspektrum zu erhalten.

109 Aufgrund der Vielzahl der vom Provider beziehbaren Leistungen lässt sich ein Provider-Vertrag nicht sauber unter eine der im siebten Abschnitt des zweiten Buches des BGB geregelten einzelnen Schuldverhältnisse subsumie-

1 § 35 Abs. 4 TKG, die sog. Konzernklausel, verpflichtet nicht nur den Marktbeherrscher, sondern auch die mit diesem verbundenen Unternehmen. Regelungen über die Zurechnung der Marktanteile von Tochter- oder Schwesterunternehmen bei einer Gesamtheit von Unternehmen finden sich in § 19 Abs. 3 Satz 2 GWB.

2 So auch *Riehmer/Hessler* in Spindler, Vertragsrecht der Internet-Provider, Teil II Rz. 225.

3 Zumeist unterscheiden die Provider ihre Kundenstämme nach diesen Kategorien, da von diesen grundlegende verschiedene Anforderungen gestellt werden.

4 Dabei kann es sich zB um **Webhosting**, also die Auslagerung (Outsourcing) einer Webpräsenz (Website), bei der das beauftragte Dienstleistungsunternehmen, der sog. Webhosting- oder auch Webspace-Provider, seinen Webserver (Gastrechner, Host), die notwendige Software zur Verfügung stellt, ggf. aber auch die Entwicklung und die Pflege der Website übernimmt, handeln. Üblich sind aber auch Vereinbarungen über die Abwicklung des E-Mail-Verkehres oder aber auch die Content-Bereitstellung, dh. die Zurverfügungstellung von Nachrichten und sonstigen Informationen durch einen sog. Content-Provider.

ren. In der Regel wird der Provider-Vertrag als ein **rahmenvertragsähnliches Dauerschuldverhältnis** aus Bestandteilen verschiedener klassischer Vertragsarten mit vorwiegend werk-, miet- und dienstvertraglichen Elementen bestehen[1] und daher als sog. gemischter Vertrag[2] anzusehen sein. Bei Rückgriff auf die gesetzlichen Regelungen – insbesondere bei Nicht- oder Schlechtleistung – ist dann immer auf den betroffenen Vertragsteil abzustellen.[3] Um hierbei Auslegungsschwierigkeiten zu vermeiden, ist es sinnvoll, die dispositiven gesetzlichen Regelungen durch Parteivereinbarungen zu konkretisieren. Selbstverständlich sind dabei gesetzlich zwingende Grenzen – zB das AGB-Gesetz[4] und die TKV[5] – zu beachten.[6]

Gegenstand der nachfolgenden Ausführungen wird in erster Linie der reine **Access zum Backbone** sein. Er wird – da im Sinne der Vertragsparteien vernünftigerweise nicht ein jederzeitiger Einwahlerfolg, sondern nur die Bereitstellung der für die Einwahl erforderlichen Dienstleistung als solche geschuldet ist – am ehesten als **atypisches dienstvertragliches Element** gemäß § 611 BGB einzuordnen sein. Allerdings ist die Einordnung des Access-Provider-Vertrages zur Zeit in der rechtswissenschaftlichen Literatur stark umstritten.[7] Zur Vermeidung der daraus entstehenden Rechtsunsicherheit und zur Klarstellung des Umfangs gerade dieser elementaren Leistungspflicht empfiehlt es sich für den Provider, eine explizite Regelung über die durchschnittliche Verfügbarkeit der Access-Leistung (zB „97,5% im Jahresdurchschnitt“) zu treffen. Auch für den Nutzer ist eine derartige Regelung vorteilhaft, da er bei etwaigen Schadensersatzansprüchen bei Ausfällen seines Backbone-Access klar definierte Leistungspflichten des Providers vor- 110

1 Vgl. *Schuppert* in Spindler, Vertragsrecht der Internet-Provider, Teil II Rz. 5.

2 Dazu Palandt/*Heinrichs*, Einf v § 305 BGB Rz. 16 ff.

3 Vgl. ausführlicher zur vertragstypologischen Einordnung *Schuppert* in Spindler, Vertragsrecht der Internet-Provider, Teil II Rz. 2 ff.

4 Gesetz zur Regelung des Rechts der Allgemeinen Geschäftsbedingungen v. 9. 12. 1976 (BGBl. I S. 3317).

5 Telekommunikations-Kundenschutzverordnung v. 11. 12. 1997 (BGBl. I S. 2910).

6 Vgl. ausführlich zu Grenzen der Vertragsgestaltung insbesondere durch AGB-Gesetz und TKV *Spindler* in Spindler, Vertragsrecht der Internet-Provider, Teil IV Rz. 10 ff.

7 Aufgrund der Pflicht des Providers zur Bereitstellung der technischen Infrastruktur werden auch **mietvertragliche Ansätze** diskutiert, was aber eine komplette Änderung der Zugangsstechnik durch den Provider erfordert und den damit verbundenen Komplettaustausch der technischen Infrastruktur problematisch erscheinen lassen würde. Zudem wird es dem Nutzer häufig egal sein, mit welchen Mitteln sein Access hergestellt wird. Bei den üblichen Mietverträgen kommt es dem Mieter aber sehr wohl darauf an, was ihm zum Gebrauch überlassen wird, und nicht nur, wie er den Mietgegenstand nutzen kann. Das sprichwörtliche „Dach über dem Kopf“ kann wesentliche Unterschiede in der Ausgestaltung aufweisen, die dem Mieter wichtig sind, auch wenn er die Räume natürlich in erster Linie zum Wohnen nutzt. Auch der Werkvertrag scheint auf den Access-Vertrag nicht zu passen, da ein dort vorgesehenes Nachbesserungsrecht bei zwischenzeitlich fehlgeschlagenem Access wenig sinnvoll erscheint. Vgl. zum Streitstand *Schuppert* in Spindler, Vertragsrecht der Internet-Provider, Teil II Rz. 15 ff. mwN.

weisen kann und der Provider sich nicht auf eine Diskussion über den Umfang seiner Leistungspflicht zurückziehen kann (s. unten Rz. 114 ff.).

111 Auf Basis aktueller Provider-Verträge, die unter anderem auch den Access zum Backbone regeln, soll im Folgenden eine **Vertragsstruktur** aufgezeigt werden, die dem Backbone-Provider Anhaltspunkte für die vertragliche Gestaltung des Access geben kann. Selbstverständlich divergieren die Anforderungen von Vertrag zu Vertrag, so dass je nach individueller Anforderung an den Access Regelungen wegfallen oder zusätzlich erforderlich sein können.

Wie für jeden Vertrag können auch für den Vertrag über den Access zum Backbone wesentliche Vertragsinhalte herausgestellt werden. Im Falle des Zugangs zum Backbone sind dies:

- Vertragsgegenstand
- Leistungsumfang (ggf. im Zusammenhang mit separater Leistungsbeschreibung)
- Pflichten und Obliegenheiten des Kunden
- Nutzung durch Dritte
- Preise, Zahlungsbedingungen und Einwendungsausschluss
- Vertragslaufzeit und Kündigung
- Verzug
- Gewährleistung und Absicherung von Terminzusagen
- Vertraulichkeit
- Sonstiges.

Die ergänzende Leistungsbeschreibung lässt sich wiederum unterteilen in

- Leistungsdefinition und Laufzeit
- Bereitstellung
- Art des Routing
- Nutzung Internetzugang
- Zusätzliche Leistungen (zB Domain-Names, E-Mail-Server, Newsgroups)
- Entstörung.

112 Die ergänzenden Regelungen können entweder zusätzlich im Vertrag aufgenommen werden oder aber in einer separaten Leistungsbeschreibung fixiert sein. Letzteres hat den Vorteil, detailliertere Regelungen und Beschreibungen treffen zu können, ohne den eigentlichen Vertragstext zu überfrachten und flexiblere Gestaltungen der zu erbringenden Leistungen zu erreichen.

(1) Vertragsgegenstand

113 Angesichts der bereits mehrfach erörterten Schwierigkeiten und Unklarheiten bei der Frage der Leistungserbringung und der Unterscheidung der verschiedenen Arten von Providerverträgen macht es Sinn, in einer kurzen Beschreibung des **Vertragsgegenstandes** darzulegen, welches Ziel die Parteien verfolgen

und was Inhalt der nachfolgenden Regelungen sein soll. Dies kann später durchaus als Auslegungshilfe bei Unklarheiten über einzelne Vertragsbestandteile oder aber auch bei der Bestimmung der vertragsrechtlichen Einordnung in die hergebrachten Schuldverhältnisse des BGB dienen. Insbesondere ein Außenstehender – im Zweifel der Richter, der den Auslegungsstreit zu entscheiden hat – wird dadurch schon für die Thematik des Vertrages sensibilisiert.

(2) Leistungsumfang

Unter dem Stichwort Leistungsumfang werden die **vertraglichen (Haupt-) Pflichten** des Providers geregelt. Der Leistungsumfang im Rahmen eines Dauerschuldverhältnisses kann ständigen Änderungen und Anpassungen unterliegen. Insofern bietet es sich an, im Rahmenvertrag nur einen Verweis auf die im Anhang vorgenommene und modular leicht austauschbare Leistungsbeschreibung Bezug zu nehmen. 114

Da der Provider bei der Erbringung seiner Leistungen auf teilweise hoch sensible Technik angewiesen ist, empfiehlt es sich aus seiner Sicht, eine diesbezügliche generelle Einschränkung seiner Leistungspflicht zu vereinbaren.[1] Auch für den Kunden ist dies fair, da ihm bei Vertragsschluss nicht vorgespiegelt wird, er greife auf ein Netz zurück, das negative technische Einflüsse von vornherein ausschließen lässt. Dies läge fern der Realität. 115

Gemäß § 611 Abs. 1 Satz 1 BGB wird derjenige, welcher Dienste zusagt, zur Leistung der versprochenen Dienste verpflichtet. Anders als beispielsweise beim Kaufvertrag gem. § 433 BGB ergibt sich ein Großteil der Verpflichtung nicht aus dem Gesetz selbst. Die Konkretisierung der Dienstverpflichtung ist vielmehr den vertraglichen Vereinbarungen der Parteien vorbehalten. Dementsprechend sind die Leistungspflichten der Parteien sorgfältig und möglichst detailliert vertraglich zu fixieren. 116

Wichtigste Leistungspflicht des Providers ist der Transport der Datenpakete vom Kundennetz zum Backbone und umgekehrt. Der Kunde ist dabei auf eine möglichst hohe und durchgehende Verfügbarkeit dieser Verbindung angewiesen. Umgekehrt kann der Provider aufgrund möglicher technischer Probleme, aber auch einfacher Netzüberlastung durch zu viele gleichzeitige Zugriffe auf den Backbone nicht garantieren, dass der Access immer und in jedem Falle möglich ist. Im Rahmen der Leistungsbeschreibung sollte daher geregelt sein, welche Verfügbarkeit der Verbindung der Provider dem Kunden zusichert. So entsteht Planungssicherheit auf Kunden- und Regressreduzierung auf Providerseite.[2] Ein **Verfügbarkeitswert** von 97–98% im Jahres- 117

---

1 ZB durch den Hinweis auf die Überlassung des Anschlusses an das Backbone „im Rahmen der technischen und betrieblichen Möglichkeiten".

2 So hat der BGH unlängst entschieden, dass beim Online-Banking dem Kunden der Online-Zugriff auf den Rechner der Bank grundsätzlich unbeschränkt zusteht, wenn keine zeitlichen Nutzungsbeschränkungen vereinbart sind; vgl. BGH, Urteil v. 12.12.2000 – XI ZR 138/00, K&R 2001, 217 (218).

durchschnitt erscheint insoweit interessengerecht. Erbringt der Kunde seinerseits Netzleistung für Dritte, sollte er darauf achten, keine höhere Netzverfügbarkeit zu vereinbaren, als er selbst bekommt, um im Schadensfalle ggf. Regress bei seinem Backbonebetreiber nehmen zu können.

118 Selbst eine Verfügbarkeit von 100% würde dem Kunden nicht nutzen, wenn die Durchsatzraten derart gering sind, dass sein Datenverkehr nicht zügig abgewickelt werden kann. Daher muss in der Leistungsbeschreibung auch eine Vereinbarung darüber fixiert werden, welche **Übertragungsgeschwindigkeiten** dem Kunden geboten werden. Je nach Provider sind hierbei verschiedene Werte denkbar.[1] Je höher die vom Kunden gewünschte Übertragungsrate ist, desto aufwendiger ist natürlich auch die Infrastruktur beim Provider. Dies schlägt sich selbstverständlich im zu entrichtenden Preis nieder. Auch hier ist aus Providersicht wieder darauf zu achten, dass – ggf. sogar außerhalb seines Einflussbereiches liegende – technische Umstände die technische Leistungsfähigkeit beeinträchtigen können. Um hier keine verbindlichen Zusagen abzugeben, die nicht eingehalten werden können, ist eine Klausel aufzunehmen, die die Erreichung der Übertragungsgeschwindigkeit vom Vorliegen der technischen Voraussetzungen abhängig macht.[2]

119 Die Nutzung der Anbindung an das Provider-Backbone ist auf Kundenseite ebenfalls von technischen Voraussetzungen abhängig. In der Leistungsbeschreibung sollten daher Regelungen darüber enthalten sein, welche technischen Voraussetzungen (Hard[3]- und Software[4]) beim Kunden geschaffen werden müssen, um den Access zu realisieren. Hier sind insbesondere die Verantwortlichkeiten für die Beschaffung, die Installation und selbstverständlich die Kostentragung zu treffen.

120 Weiterer wichtiger Bestandteil eines Vertrages über den Access zum Backbone ist die Bereitstellung des Adressraumes, der dazu dient, dass der Kundenserver aus dem Internet heraus erreichbar ist. Zentrale Bedeutung kommt dabei den IP-Adressen[5] zu. Die Bereitstellungsklausel sollte regeln, wie die

---

1 Die Werte können von 64kbit/s bei Nutzung eines herkömmlichen ISDN-Anschlusses über ADSL-Lösungen von zB 6,0 Mbit/s Downstream bis hin zu individuell errichteten höherratigen Zugangsleitungen differieren.

2 Dies könnte durch folgende Klausel geschehen: „Die angegebenen Übertragungsgeschwindigkeiten sind Maximalwerte. Die jeweils nutzbaren Übertragungsgeschwindigkeiten sind abhängig von den im Nutzungszeitraum bestehenden Netzauslastungen."

3 Dies können Router, Splitter, Modem etc. sein.

4 Die Ansteuerung der Schnittstelle zum Backbone muss auch softwareseitig gewährleistet sein, so dass auch hier Konfigurationsarbeiten erforderlich werden können.

5 Internetadresse im Adressierungsschema des Internet Protocol der Version 4 (IPv4) 32-Bit-Folgen aus vier Zahlen zwischen 0 und 255, die gewöhnlich in vier durch Punkte getrennte Bytes (Oktetts) in Dezimalnotation geschrieben werden (zB 213.160.64.51). IP-Adressen identifizieren Schnittstellen IP-fähiger Geräte. Ein IP-Netz ist die Menge aller Adressen, deren Netzanteil gleich ist. Im Bereich des Internets sind IP-Adressen weltweit gültig und müssen registriert werden. In der Regel werden sie von den Providern vermittelt, die in Europa Adressbereiche von

IP-Adressen bereitgestellt werden, aus welchem Bestand sie zugeteilt werden[1] und wann die Aktivierung des für den Kunden zugeteilten IP-Adressraumes erfolgt. Da der PA-Adressraum des Providers beim RIPE NCC nicht unerschöpflich ist, sollte der Provider darauf achten, dass er seinem Kunden nur dann IP-Adressen aus seinem Fundus zur Verfügung stellt, wenn dieser sie tatsächlich benötigt.[2]

Im Rahmen des technischen und betrieblichen Ablaufes kann es erforderlich 121
sein, die IP-Adressräume auszutauschen (**Renumbering**). Um hier nicht in unlösbare Haftungsprobleme zu geraten, empfiehlt es sich für den Provider, sich derartige Änderungen vorzubehalten und Regressansprüche somit auszuschließen[3]. Aus Kundenschutzgründen sollten diese Ausschlussgründe aber beschränkt werden, zB auf übergeordnete betriebliche bzw. technische Gegebenheiten.[4]

Um für beide Seiten festzulegen, nach welchen Regeln die technische Anbin- 122
dung erfolgt, sollten auch Ausführungen zur Art des **Routing**[5] gemacht werden. In der Regel wird dies auf der Basis der IP-Paketvermittlung mit weltweiter Konnektivität nach von der ICANN[6] oder einer ihr zuarbeitenden

---

RIPE zugeteilt bekommen. Für den Aufbau interner Netze, die nicht zum Internet geroutet werden, können spezielle Adressen frei verwendet werden, die nur in einer lokalen Umgebung eindeutig sind.

1 Zumeist aus dem Provider Aggregatable Address Space (PA-Adressraum) des jeweiligen Providers beim Réseux IP Européens Network Coordination Centre (RIPE NCC).

2 Dies kann geschehen durch das Aufstellen eines Überprüfungsbedürfnisses auf weiteren Bedarf, wenn der Kunde bereits IP-Adressen besitzt. Zudem benötigen die Kunden, die bereits selbst eine akkreditierte Local Internet Registry (zu deutsch Registrierstelle; in den internationalen Vergabesystemen für IP-Adressen und für DNS-Domainnamen die akkreditierten Organisationen und Unternehmen, die für die Verwaltung, dh. Registrierung und Delegation der Adressen und/oder Domainnamen auf den verschiedenen Stufen der hierarchisch aufgebauten Vergabesysteme zuständig sind; im Internet eine autorisierte lokale, regionale oder internationale Internetorganisation, Internet Registry, die Aufgaben im Rahmen der Vergabe von Domainnamen im Domain-Name-System oder von IP-Adressen wahrnimmt) nach den Regeln des RIPE NCC betreiben, keine IP-Adressen aus dem Fundus eines anderen Providers, da sie auf ihren eigenen PA-Adressraum zurückgreifen können.

3 Renumbering kann für den Kunden ggf. umfangreiche Neu-Programmierungs- und Konfigurierungsarbeiten erforderlich machen.

4 Als Beispiel kann hier die Einführung neuer Protokollversionen angeführt werden. Mitte 1999 hat die Internet Engineering Task Force (IETF) einen weltweiten Versuch mit der Version 6 des Internet-Protokolls (IPv6) gestartet, um das alte 32-Bit-Adresssystem durch ein 128-Bit-System zu ersetzen und so das Problem der knapper werdenden Ressourcen an IP-Adressen zu bewältigen. Eine Einführung dieses Systems würde ein umfangreiches Renumbering erforderlich machen.

5 Zu deutsch: Leitweglenkung, Wegefindung, Wegewahl. In paketorientierten Kommunikationssystemen die Entscheidung von Vermittlungsknoten oder Routern, welchen Weg eine Datei oder ein Dateifragment nehmen soll, um zum Empfänger zu gelangen.

6 http://www.icann.org.

Organisation wie der Internet Engineering Task Force (IETF)[1] vorgegebenen technischen Standards des Internets erfolgen.

123 Soweit auch **PI-Adressraum**[2] geroutet werden soll, sollte der Provider einen Gewährleistungsausschluss für vollständige Konnektivität vereinbaren, da die Konnektivität des PI-Adressraumes ggf. außerhalb seiner Einflusssphäre liegt. Aus gleichen Gründen sollte ebenfalls vereinbart werden, ob und wie weit PA-Adressraum anderer Provider geroutet werden soll und darf.

124 Aufgrund des Bedürfnisses nach möglichst ständiger Verfügbarkeit des Backbone-Zuganges sollten dringend auch Regelungen über Art und Umfang der **Entstörungspflichten** des Providers getroffen werden. Dabei lassen sich verschiedene entscheidende Parameter für die Entstörung festhalten, deren Servicegrad zwischen den Parteien vereinbart werden sollte.

Die Störungsannahme unter einer festgelegten Service-Rufnummer sollte 24 Stunden am Tag, 7 Tage die Woche möglich sein.[3] Die Servicebereitschaft, also die Verfügbarkeit eines Technikers, der die Störung behebt, sollte zumindest während der üblichen Geschäftszeiten bestehen. Wünscht der Kunde zusätzliche Servicebereitschaft, ggf. sogar 24 Stunden am Tage und 7 Tage die Woche, so muss er dies mit dem Provider vereinbaren und selbstverständlich auch entsprechend vergüten. Dritte Stellschraube für den Servicegrad ist die zugesicherte Entstörungsfrist. Diese sollte grundsätzlich spätestens 24 Stunden nach Erhalt der Störungsmeldung enden. Hierbei ist dann allerdings wieder die Bereitschaft eines Service-Mitarbeiters erforderlich, so dass eine Freitag um 19 Uhr abgegebene Störungsmeldung ggf. erst zu einer Entstörfrist bis Dienstag um 8 Uhr führen kann. Der Kunde sollte also stets genau darauf achten, welche Entstörungsfrist er im ungünstigsten Fall in Kauf nehmen muss. Reicht ihm diese Frist nicht aus, so bieten ihm die Provider wiederum die Möglichkeit, durch Vereinbarung kürzerer Entstörungsfristen – teilweise bis hin zu 6 Stunden ohne Rücksicht auf den Wochentag oder die Tageszeit – die Ausfallzeiten geringer zu halten. Da die Provider dafür allerdings auch ihr Personal in Bereitschaft halten müssen, ist hierfür regelmäßig ein höheres Entgelt vom Kunden zu entrichten.[4]

125 Darüber hinaus können noch zusätzliche entgeltpflichtige Provider-Leistungen vereinbart werden, auf die im Rahmen der Ausführungen zum Back-

1 http://www.ietf.org.

2 Provider Independent Adressraum, also Adressraum, der unabhängig vom routenden Provider verwaltet wird.

3 Die Provider greifen für Service-Hotlines zumeist auf Freecall-, Shared Cost- oder Premium Rate-Rufnummern zurück und können so ggf. zusätzlichen Service bieten oder aber auch die Kosten für das Call-Center amortisieren.

4 Zusätzliche Parameter können sein die Größe des Zeitfensters für den Besuch des Servicemitarbeiters („vormittags" ist weniger planbar als „zwischen 10 und 11 Uhr") oder auch die Häufigkeit von Zwischenmeldungen über den Stand der Entstörung. Eine Rückmeldung bei Störungsbeseitigung sollte aber selbstverständlich sein und nicht vom Service-Level abhängen.

bone-Access aber nicht weiter eingegangen werden kann. Dazu können zB zählen die Delegierung von **Second Level Domains**, die Bereitstellung des **Primary Domain Name Servers**[1], ein **Backup-E-Mail-Server**[2], ein **Newsfeed-Server**[3], die Bereitstellung zusätzlicher IP-Adressen, Sonderbauformen des genutzten Netzes, zusätzliche Support- und Beratungsleistungen oder auch die **Zweiwegeführung**[4].

(3) Pflichten und Obliegenheiten des Kunden

Viele der Pflichten des Kunden ergeben sich schon aus den gesetzlichen Regelungen und der Einstufung des Access-Provider-Vertrages als Dienstleistungsvertrag des § 611 BGB. Ungeachtet dessen sollte der Vertrag aber bestimmte Klauseln enthalten, die – wenn auch aufgrund der Gesetzes- und Vertragssystematik nicht zwingend erforderlich – dem Vertrag seine Struktur geben und den Kunden nochmals ausdrücklich auf diese Pflichten hinweisen. Ein Anspruch aus Vertrag ist zumeist auch leichter beweis- und durchsetzbar als ein Anspruch aus Gesetz. 126

§ 611 Abs. 1 BGB verpflichtet den Kunden zur Gewährung der vereinbarten **Vergütung**. Sie steht zur Dienstleistungspflicht im Gegenseitigkeitsverhältnis. Ihre Höhe richtet sich nach der vertraglichen Vereinbarung.[5] Ist eine solche Vergütung nicht vereinbart, ist gemäß § 612 BGB eine taxmäßige oder übliche Vergütung zu entrichten, wenn die Dienstleistung den Umständen nach nur gegen eine Vergütung zu erwarten ist. In aller Regel wird aber eine ausdrückliche Vergütungsvereinbarung getroffen worden sein. 127

Im heutigen Geschäftsverkehr sind bargeldlose Zahlungsmethoden die Regel. Dabei kann es immer wieder vorkommen, dass mangels Deckung Schecks oder Lastschriften nicht eingelöst werden und dadurch **Rückbuchungskosten** der Banken entstehen. Um hierbei nicht auf den Kosten für 128

---

1 Zur Delegierung eines Domain-Namens ist es erforderlich, der Registrierungsstelle (zB der DENIC e.G.) Primary Name-Server zu benennen, um die Domain konnektieren zu können und den Server so an das Netz anbinden zu können. Eine bloße Registrierung ohne Konnektierung ist zum Schutz vor Domain-Blockaden durch Grabber nicht zulässig. Wenn der Kunde keinen eigenen Primary Name-Server betreibt oder betreiben will, kann er zumeist auch die Nutzung des Provider Name-Servers vereinbaren.

2 Zum ständigen Empfang von E-Mails kann es erforderlich sein, die eingegangenen Nachrichten beim Provider zwischenzuspeichern, um nicht ständig Empfangsbereitschaft der kundeneigenen Systeme gewährleisten zu müssen.

3 Gleiches wie in der vorigen Fußnote für die E-Mails gilt auch für die von einer Newsgroup abonnierten Inhalte.

4 Zur Absicherung der Erreichbarkeit bei Ausfall des Standard-Übertragungsweges kann der Kunde zumeist einen Zweitweg als Backup-Lösung beauftragen. Über die Anbindung des Zweitweges an einen anderen Netzknoten des IP-Backbone-Netzes kann somit sichergestellt werden, dass bei Störung des Standard-Übertragungsweges auf einen alternativen Übertragungsweg zurückgegriffen werden kann.

5 Palandt/*Putzo*, § 611 BGB Rz. 51.

derartige Buchungen sitzen zu bleiben, empfiehlt es sich für den Provider, die durch Kunden-Verschulden entstandenen Kosten diesem aufzuerlegen.[1]

129 Durch die Abgabe von **Störungsmeldungen** in gehäufter Anzahl können erhebliche Ressourcen des Providers gebunden werden, da er vertraglich verpflichtet ist, diesen Störungsmeldungen nachzugehen und sie zu überprüfen. Stellt sich eine gemeldete Störung im Nachhinein als „Fehlalarm" dar, stellt sich die Frage, wer die dadurch entstandenen Kosten zu tragen hat. Eine Kostentragungspflicht des Kunden könnte sich aus einer pFV[2] des Providervertrages ergeben, wenn ein (Mit-)Verschulden des Kunden vorliegen würde. Um dies klarzustellen und auch den Kunden auf seine Sorgfaltspflicht hinzuweisen, sollte in den Vertrag eine Regelung aufgenommen werden, die dem Kunden die Kostentragungspflicht auferlegt, wenn er bei zumutbarer Fehlersuche hätte erkennen können, dass gar keine Störung der technischen Einrichtung des Providers vorlag[3].

130 Weiterer regelungsbedürftiger Punkt ist die Einhaltung der gesetzlichen Vorgaben durch den Kunden. Gemäß § 5 Abs. 3 **Teledienstegesetz** (TDG)[4] und entsprechend § 18 Abs. 3 **Mediendienste-Staatsvertrag** (MDStV) sind Diensteanbieter, die lediglich den Zugang zur Nutzung fremder Inhalte vermitteln, in ihrer Haftung für diese Inhalte privilegiert und grundsätzlich für diese Informationen nicht verantwortlich. Die Gesetzesbegründung zu § 5 Abs. 3 TDG geht dabei davon aus, dass eine Zugangsvermittlung dann vorliegt, wenn der Diensteanbieter lediglich den Weg zu fremden Inhalten öffnet, den Inhalt durchleitet und keinen Einfluss auf den Inhalt nimmt[5]. Insofern dürfte die Haftungsprivilegierung des § 5 Abs. 3 TDG auch auf Backbone-Provider zutreffen[6]. Unabhängig von der Haftungsprivilegierung nach § 5 Abs. 3 TDG muss ein Backbone-Provider jedoch mit einer Inanspruchnahme nach § 5 Abs. 4 TDG[7] rechnen und kann insoweit, soweit technisch möglich und zumutbar, zB zur Sperrung von Inhalten verpflichtet werden. Es empfiehlt sich daher, eine entsprechende Klausel aufzunehmen, die Verkehrseinschränkungen für diesen Fall sowie vergleichbare Fälle vorsieht, zB durch eine beispielhafte Auflistung der Fälle[8], in denen eine Verkehrseinschrän-

1 Solange auf das Kundenverschulden abgestellt wird, hält die Klausel wohl auch der AGB-rechtlichen Inhaltskontrolle stand. Vgl. ausführlich *Spindler* in Spindler, Vertragsrecht der Internet-Provider, Teil IV Rz. 207 ff.

2 Positive Forderungsverletzung, ein Rechtsinstitut zur Sicherung vertraglicher Nebenpflichten.

3 ZB bei Abschaltung oder Ausfall eines kundenseitig bereitgestellten Servers oder Routers.

4 Teledienstegesetz v. 22. 7. 1997 (BGBl. I, S. 1870).

5 Begründung zu § 5 Abs. 3 TDG-Entwurf, BT-Drucks. 13/7385, S. 20.

6 AA *von Netzer*, Verantwortung und Haftung des Netzbetreibers im Internet, in Kröger/Gimmy, Handbuch zum Internet-Recht, 2000, S. 219, der jedoch übersieht, dass für die übermittelten Inhalte das TDG und nicht das TKG einschlägig ist.

7 Und entsprechend § 18 Abs. 3 (MDStV).

8 Sog. Regelbeispielmethode, die durch Begriffe wie „insbesondere" oder „vor allem" gekennzeichnet ist.

kung vorgenommen werden kann[1]. Im Regelfall sehen Nutzungsbedingungen der Backbone-Provider zumindest die allgemeine Pflicht ihrer Kunden vor, eine **missbräuchliche Nutzung** der Dienste, insbesondere durch rechtswidrige Handlungen zu unterlassen[2].

(4) Nutzung durch Dritte

Grundsätzlich berechtigt der Access-Vertrag den Kunde nur zur Nutzung des Backbone-Access für sich selbst. Da grundsätzlich keiner Vertragspartei ein anderer Vertragspartner ohne Zustimmung aufgedrängt werden kann[3], sollte eine Überlassung des Anschlusses an einen Dritten zur ständigen **Alleinbenutzung** an die Zustimmung des Providers geknüpft werden. Für den Fall, dass Dritte den Anschluss – befugt oder unbefugt – genutzt haben, sollte eine Kostentragung durch den Kunden festgeschrieben werden, wenn dieser die Nutzung zu vertreten hat. 131

Davon zu unterscheiden ist die Konstellation, dass der Kunde seinerseits – mit Einverständnis des Providers – den Backbone-Access an eigene Kunden „durchreicht". Hier sollte – um entsprechende Konflikte während der Vertragslaufzeit von vorneherein auszuschließen – bereits im Vorfeld die Nutzungsberechtigung klar geregelt werden. 132

(5) Preise, Zahlungsbedingungen, Einwendungsausschluss

Wie oben bereits gezeigt, sollten die Parteien zur Vermeidung von Unklarheiten dezidierte Preisregelungen treffen. (Haupt-)Preiskomponenten sind die einmalige Bereitstellung und die monatliche Überlassung des Anschlusses sowie die von der Inanspruchnahme abhängigen Nutzungsentgelte. Letztere werden in der Regel nach den monatlich übertragenen Datenvolumina berechnet, ggf. abhängig von der Übertragungsgeschwindigkeit. Hinzu kommen die Preise für die Inanspruchnahme optionaler Zusatz- und Serviceleistungen. Damit die **Preisstruktur** möglichst flexibel bleibt, wird in der Praxis zumeist eine modular austauschbare Preisliste erstellt. 133

Soweit nichts anderes vereinbart ist, wird die Vergütung gemäß § 614 Satz 1 BGB erst nach Leistung der Dienste fällig. Ist sie nach Zeitabschnitten be- 134

1 Darunter fallen zum Beispiel, aber nicht abschließend, Informationsangebote mit rechts- oder sittenwidrigen Inhalten, insbesondere Übermittlung von Informationen, die iSd. §§ 130, 130a, 131 StGB zum Rassenhass aufstacheln, Gewalt verherrlichen oder verharmlosen, sexuell anstößig sind, iSd. § 184 StGB pornographisch sind, den Krieg verherrlichen, geeignet sind, Kinder und Jugendliche sittlich schwer zu gefährden oder in ihrem Wohl zu beeinträchtigen, sowie das Ansehen der Vertragsparteien schädigen können oder auf Angebote mit solchem Inhalt hinweisen.

2 Ein Spezialfall sind Verbote des sog. Mail-Spammings. Insbesondere US-amerikanische Backbone-Provider behalten sich aufgrund der dortigen Rechtslage Sperrmaßnahmen bei Mail-Spamming vor.

3 Zumindest dann, wenn die Position des Schuldners wechseln soll, vgl. § 415 BGB.

messen (monatliches Überlassungsentgelt), so muss der Dienstberechtigte – hier also der Kunde – sie nach Ablauf der einzelnen Zeitabschnitte gewähren (§ 614 Satz 2 BGB). Will der Provider von seiner somit bestehenden Vorleistungspflicht abweichen, so hat er entsprechende Regelungen in den Vertrag aufzunehmen. Eine Vorleistungsklausel zum Nachteil des Kunden in Allgemeinen Geschäftsbedingungen ist an § 9 AGBG zu messen. Sie ist zulässig, wenn für sie ein sachlich berechtigter Grund gegeben ist und keine überwiegenden Belange des Kunden entgegenstehen[1]. Da die monatlichen Überlassungsentgelte für Kunden und Provider planbar sind und eine Vorzahlungspflicht für die Nutzungsentgelte kaum durchführbar scheint, wird die Vorleistungsklausel in den gängigen Access-Verträgen auf die monatlichen Grundentgelte beschränkt.

135 Backbone-Provider etablieren zur Erleichterung der Abrechnung im Massengeschäft in der Regel **Einwendungsausschlussklauseln**. Wie oben (Rz. 97 ff.) gezeigt, ist das Backbone-Angebot eines Providers als Telekommunikationsdienstleistung für die Öffentlichkeit zu klassifizieren, das dieser als Betreiber eines Telekommunikationsnetzes anbietet. Dementsprechend müssen sich diese Klauseln grundsätzlich auch an der TKV messen lassen. Unter Beachtung bestimmter Parameter (Länge der Einwendungsfrist, Belehrung, Fortbestehen gesetzlicher Ansprüche nach Fristablauf) können derartige Klauseln aber grundsätzlich auch den Anforderungen der TKV und des AGBG standhalten[2].

(6) Vertragslaufzeit und Kündigung

136 Gemäß § 621 BGB ist ein Dienstvertrag, bei dem die Vergütung nach Monaten bemessen ist, spätestens am Fünfzehnten eines Monats für den Schluss des Kalendermonats kündbar. Diese Fristen sind allerdings – auch in AGB[3] – durch Parteivereinbarung abänderbar. Oft kann die Kündigung nur zu einem bestimmten Termin (zB Quartalsende) ausgesprochen werden. Üblich sind auch **Mindestvertragslaufzeiten**. Kriterium für eine ausgewogene Regelung ist die erforderliche Planungssicherheit für den Provider einerseits und die zumutbare Dauer der Bindung des Kunden an den Provider andererseits. Kündigungsfristen von bis zu drei Monaten und Mindestvertragslaufzeiten von einem Jahr können als durchaus üblich für den Access-Vertrag angesehen werden.

137 Zwar ist der Vertrag grundsätzlich auch mündlich kündbar. Aus Gründen der Beweisbarkeit und der Rechtssicherheit empfiehlt sich aber die Vereinbarung des Schriftformerfordernisses für die Vertragskündigung.

---

1 Palandt/*Heinrichs*, BGB, § 11 AGBG Rz. 11.

2 Vgl. ausführlicher *Spindler* in Spindler, Vertragsrecht der Internet-Provider, Teil IV Rz. 214 ff.

3 Vgl. zu den Grenzen Palandt/*Heinrichs*, BGB, § 11 AGBG Rz. 76 ff.

(7) Verzug

Die meisten Provider verankern in ihren Verträgen Sperrklauseln für den Fall des **Zahlungsverzugs** ihrer Kunden, um ggf. ein Anwachsen der ausstehenden Nutzungsentgelte zu verhindern. Auch hier sind grundsätzlich wieder AGBG und TKV[1] zu beachten. Voraussetzung sollte dabei ein nicht unerheblicher Zahlungsrückstand sein.[2] Des Weiteren sollte nicht auf eine Mahnung des Kunden verzichtet werden.[3] Auch Verzugsschadensklauseln, die pauschalierte Schadenssätze als Mindestschaden etablieren, sind grundsätzlich zulässig, aber auch hier sind die Grundsätze des Verbraucherschutzes zu beachten.[4] 138

(8) Gewährleistung und Absicherung von Terminzusagen

Wie schon mehrfach erwähnt, ist die Sicherstellung einer möglichst durchgehenden Erreichbarkeit des Backbone zwar oberstes Kundeninteresse, aber für den Provider nicht mit einem zumindest vertretbaren Risiko zusicherbar. Daher wird die zu erbringende Leistung, die den Charakter des Dienstvertrages prägt, von vorneherein so formuliert, dass eine ständige Accessmöglichkeit gar nicht geschuldet ist. Dementsprechend können Gewährleistungsansprüche auch nur dann greifen, wenn die somit geschuldete Leistung nicht erbracht wird. Dies führt dazu, dass im Rahmen der Provider-Verträge regelmäßig die kurzfristige Nichterreichbarkeit des Backbones keine Ansprüche des Kunden auslöst. 139

Um nun aber auf Kundenseite dennoch eine gewisse Absicherung herzustellen, geben die Provider teilweise verbindliche Zusagen für Bereitstellung und Entstörung. Dies wird dann verbunden mit einem Vertragsstrafeversprechen gemäß § 339 BGB. Dadurch wird einerseits der Provider dazu angehalten, für eine termingerechte Bereitstellung und Entstörung zu sorgen, um die **Vertragsstrafe** nicht zu verwirken. Andererseits kann der Kunde durch das Vertragsstrafeversprechen auch von der Ernsthaftigkeit der Zusagen des Providers ausgehen. Ansprüche des Kunden auf Schadensersatz bleiben von dem Vertragsstrafeversprechen meist unberührt.[5]

Sonstige Gewährleistungsansprüche des Kunden wegen Ausfall des Backbones können zumeist unproblematisch – auch in AGB – für die Fälle ausgeschlossen werden, in denen die Störungen nicht vom Provider als AGB-Ver- 140

---

1 Zur Anwendbarkeit der TKV vgl. *Spindler* in Spindler, Vertragsrecht der Internet-Provider, Teil IV Rz. 218 ff.

2 Als weiterer Schritt ist hier auch an die Kündigung des gesamten Vertragsverhältnisses zu denken.

3 Vgl. zu den Gestaltungsmöglichkeiten ausführlicher *Spindler* in Spindler, Vetragsrecht der Internet-Provider, Teil IV Rz. 218 ff.

4 Vgl. ausführlicher *Spindler* in Spindler, Vertragsrecht der Internet-Provider, Teil IV Rz. 226 ff.

5 Siehe dazu auch § 340 Abs. 2 BGB.

wender zu vertreten sind bzw. außerhalb seines Verantwortungsbereiches liegen.[1]

Problematischer ist ein formularmäßiger **Haftungsausschluss** für Verzug oder durch den Provider zu vertretende (Teil-)Unmöglichkeit. Derartige Klauseln unterliegen der strengen Inhaltskontrolle nach dem AGBG, insbesondere § 11 Nr. 7–11 AGBG, deren Rechtsgedanken auch im Verkehr zwischen Unternehmen im Rahmen der Inhaltskontrolle nach § 9 AGBG wertend einbezogen werden können.[2] Zudem ist die Möglichkeit der summenmäßigen Haftungshöchstbegrenzung nach § 7 TKV zu beachten. Danach kann gegenüber Anbietern von Telekommunikationsdienstleistungen für die Öffentlichkeit die Haftung für fahrlässig verursachte Vermögensschäden begrenzt werden, wobei die Summe der Mindesthaftungsbeträge gegenüber den Endkunden des anderen Anbieters nicht unterschritten werden darf[3].

(9) Vertraulichkeit

(a) Vertragliche Vereinbarung

141 Im Rahmen der Vertragsverhandlungen sowie der eigentlichen Vertragsabwicklung selbst werden zwischen den Parteien unter Umständen eine Vielzahl von geschäftsinternen technischen, organisatorischen oder kaufmännischen Informationen ausgetauscht, deren Weitergabe an Dritte zum Teil nicht nur unerwünscht, sondern geschäftsschädigend sein kann. Sollte nicht im Vorfeld der Verhandlungen bereits eine entsprechende **Vertraulichkeitsvereinbarung** zwischen den Vertragsparteien abgeschlossen worden sein, auf die dann im Rahmen des Access-Vertrages Bezug genommen werden kann, so sollte unbedingt im Access-Vertrag selber eine entsprechende reziproke Vertraulichkeitsklausel aufgenommen werden. Aufzunehmen sind hierbei Regelungen[4] über

- die Art der vertraulichen Information[5], insbesondere die Vertragsbedingungen (Konditionen)

1 Vgl. Staudinger/*Coester-Waltjen*, BGB, § 11 Nr. 8 AGBG Rz. 6.

2 Ausführlicher *Spindler* in Spindler, Vertragsrecht der Internet-Provider, Teil IV Rz. 87 ff.; Palandt/*Heinrichs*, BGB, § 9 AGBG Rz. 32 sowie BGH, Urteil v. 17.12.2000 – XI ZR 138/00, K&R 2001, 217 (219); kritisch hierzu *Moritz*, BGH-Report 2001, 208.

3 25.000 DM je Nutzer, maximal 20.000.000 DM je schadensverursachendes Ereignis.

4 Vgl. umfassender *Spindler* in Spindler, Vertragsrecht der Internet-Provider, Teil VII Rz. 95 ff.

5 Grundsätzlich alle Schriftstücke, Unterlagen etc., die einer Partei von der anderen Partei zur Verfügung gestellt werden. Hinsichtlich Informationen, die gemeinsam im Rahmen der Kooperation entwickelt werden, sind differenzierende Regelungen erforderlich. Hinsichtlich mündlicher Information empfiehlt sich die Aufnahme einer nachträglichen schriftlichen Klassifizierung.

- die Dauer der Vertraulichkeit[1]
- Weitergabe an Dritte[2]
- öffentliche Verlautbarungen.[3]

(b) Exkurs

Unabhängig von etwaigen vertraglichen Regelungen sind die Provider von Backbones zu umfangreichen Maßnahmen zum Schutze des Fernmeldegeheimnisses, der Nutzerdaten und der Netzsicherheit verpflichtet. Die Grundzüge sollen hier kurz dargestellt werden. 142

– Fernmeldegeheimnis

Nach § 85 Abs. 2 TKG ist jeder, der geschäftsmäßig Telekommunikationsdienste erbringt oder daran mitwirkt, zur Wahrung des Fernmeldegeheimnisses verpflichtet. Der Schutzbereich des Fernmeldegeheimnisses wird in § 85 Abs. 1 TKG definiert und unterwirft den gesamten Inhalt der Telekommunikation (§ 3 Nr. 16 TKG) und dessen nähere Umstände dem **Fernmeldegeheimnis**. Den Verpflichteten nach § 85 Abs. 2 TKG wird in § 85 Abs. 3 TKG lediglich eine Kenntnisverschaffung zur Erbringung ihrer Dienstleistung eingeräumt. Backbone-Provider müssen, neben den technischen Schutzmaßnahmen nach § 87 Abs. 1 Nr. 1 TKG, geeignete organisatorische Maßnahmen treffen, um eine Kenntnisnahme der geschützten Daten auf das absolut notwendige Mindestmaß zu reduzieren. 143

§ 85 Abs. 3 TKG erlaubt eine anderweitige Verwendung der geschützten Daten, insbesondere eine Weitergabe an Dritte nur dann, wenn dies gesetzlich vorgesehen ist und die entsprechende gesetzliche Vorschrift sich ausdrücklich auf Telekommunikationsvorgänge bezieht. Diese Vorrangstellung des Fernmeldegeheimnisses vor anderen staatlichen Eingriffsbefugnissen wird lediglich dahin gehend eingeschränkt, dass derjenige, der entsprechende Kenntnisse über Inhalte erlangt, wegen der Nichtanzeige geplanter Straftaten nach § 138 StGB zur Verantwortung gezogen werden kann. Die Abwendung einer drohenden Gefahr für die in § 138 StGB genannten Rechtsgüter genießt ihrerseits Vorrang vor dem Fernmeldegeheimnis.

Die Verletzung des Fernmeldegeheimnisses ist nach § 206 StGB strafbewehrt und kann gemäß § 15 Abs. 1 TKG zum Entzug der Lizenz führen.

---

1 Im Regelfall sind zeitliche Befristungen von zwei Jahren nach Vertragende ausreichend.

2 Üblich und erforderlich ist im Regelfall zumindest die Weitergabe an Berater, verbundene Gesellschaften und Subunternehmer, soweit sie in die Abwicklung des Vertrages mit einbezogen sind.

3 Es sollte jeder Partei vorbehalten bleiben, eigenständig zu entscheiden, ob und wann ihre vertraglichen Vereinbarungen öffentlich gemacht werden.

– Datenschutz

144 Die **Telekommunikations-Datenschutzverordnung** (TDSV)[1] gilt für alle Unternehmen und Diensteanbieter, die der Öffentlichkeit angebotene Telekommunikationsdienstleistungen erbringen oder daran mitwirken (§ 1 Abs. 1 TDSV). Insofern ergeben sich hierbei keine Unterschiede zu den sonstigen Datenschutzregelungen[2]. Es erfolgte lediglich eine Anpassung an die Besonderheiten des TKG, die jedoch für Backbone-Betreiber nicht von besonderer Bedeutung sein dürften.

– Auskunftspflicht

145 Gemäß § 92 Abs. 1 TKG sind die geschäftsmäßigen Anbieter von Telekommunikationsdiensten verpflichtet, dem Bundesministerium für Post und Telekommunikation oder der **Regulierungsbehörde**, soweit ihr diese Aufgaben übertragen sind (§ 92 Abs. 2 Satz 3 TKG), auf Anfrage des **Bundesnachrichtendienstes** entgeltfrei Auskünfte über die Strukturen des Telekommunikationsdienstes und -netzes sowie bevorstehende Änderungen mitzuteilen. Die Verwendung der Auskünfte ist auf die in § 92 Abs. 2 TKG normierten Zwecke festgeschrieben, wobei angesichts der weitgehenden Offenbarungspflicht, die auch Betriebsgeheimnisse und Geschäftsfeldplanungen umfassen kann, unter Wettbewerbsgesichtspunkten erhebliche Bedenken geltend gemacht werden.[3] An das Bundesministerium für Post und Telekommunikation bzw. die Regulierungsbehörde sowie den Bundesnachrichtendienst werden hierbei strenge Anforderungen hinsichtlich der Geheimhaltung der Mitteilungen zu stellen sein.

– Technische Sicherheitsmaßnahmen

146 Nach § 87 Abs. 1 Satz 1 TKG ist der Betreiber einer Telekommunikationsanlage, die dem geschäftsmäßigen Erbringen von Telekommunikationsdiensten dient, verpflichtet, bei seinen Telekommunikations- und Datenverarbeitungssystemen bestimmte **technische Schutzmaßnahmen** zu treffen. Es sind Maßnahmen zu treffen zum Schutz:

- des Fernmeldegeheimnisses und personenbezogener Daten (§ 87 Abs. 1 Nr. 1 TKG)
- von programmgesteuerten Telekommunikations- und Datenverarbeitungssystemen gegen unerlaubte Zugriffe (§ 87 Abs. 1 Nr. 2 TKG)
- gegen Störungen, die zu erheblichen Beeinträchtigungen von Telekommunikationsnetzen führen (§ 87 Abs. 1 Nr. 3 TKG), und

1 Telekommunikations-Datenschutzverordnung (TDSV) v. 20. 12. 2000 (BGBl. I S. 1740).

2 Hierzu auch umfassend *Königshofen* in Wiechert/Schmidt/Königshofen, Telekommunikationsrecht der Bundesrepublik Deutschland, vor § 1 TDSV.

3 *Königshofen*, Die Umsetzung von TKG und TDSV durch Netzbetreiber, Service-Provider und Telekommunikationsanbieter, RDV 1997, 108.

- von Telekommunikations- und Datenverarbeitungssystemen gegen äußere Angriffe und Einwirkungen von Katastrophen (§ 87 Abs. 1 Nr. 4 TKG).

Hinsichtlich des Umfangs der Maßnahmen sind keine Vorgaben gemacht worden. Es besteht von Seiten der Betreiber jedoch nur ein eingeschränkter Ermessensspielraum, da ein dem Stand der Technik und internationalen Maßstäben angemessener Standard zu erreichen ist, der von der Regulierungsbehörde bzw. gemäß § 98 TKG dem Bundesministerium für Post und Telekommunikation im Benehmen mit dem Bundesamt für Sicherheit in der Informationstechnik in einem Katalog von Sicherheitsanforderungen festgehalten wird. Der Katalog wurde veröffentlicht als Beilage zum Bundesanzeiger Nr. 208 vom 7. November 1997. Hinzuweisen ist darauf, dass sich die Verpflichtungen nach § 87 TKG nur auf die Telekommunikations- und Datenverarbeitungssysteme beziehen, die bei dem geschäftsmäßigen Erbringen von Telekommunikationsdiensten eingesetzt werden, nicht aber auf Datenverarbeitungssysteme, die lediglich für unternehmensinterne Zwecke genutzt werden.[1]

- **Technische Umsetzung von Überwachungsmaßnahmen**

Gemäß § 88 Abs. 4 TKG ist jeder Betreiber einer Telekommunikationsanlage, 147
der anderen den Netzzugang, dh. die physische und logische Verbindung von Endeinrichtungen oder sonstigen Einrichtungen mit einem Telekommunikationsnetz zum Zwecke des Zugriffs auf Funktionen dieses Telekommunikationsnetzes oder auf die darüber erbrachten Telekommunikationsdienstleistungen (§ 3 Nr. 9 TKG), zu seiner Telekommunikationsanlage geschäftsmäßig überlässt, verpflichtet, den gesetzlich zur Überwachung der Telekommunikation berechtigten Stellen auf deren Anforderung einen Netzzugang für die Übertragung der im Rahmen einer **Überwachungsmaßnahme** anfallenden Informationen unverzüglich und vorrangig bereitzustellen. Überwachungsmaßnahmen im Rahmen des § 88 TKG sind im wesentlichen Maßnahmen nach

- § 100a StPO, wonach die Überwachung und Aufzeichnung des Fernmel- 148
deverkehrs dann angeordnet werden kann, wenn bestimmte Tatsachen den Verdacht der Begehung oder Vorbereitung einer der dort genannten **Katalogstraftaten** nahe legen. Nach § 100b StPO hat die Anordnung durch einen Richter, bei Gefahr im Verzug auch durch die Staatsanwaltschaft zu erfolgen. Zu beachten ist hierbei, dass der Betreiber einer Telekommunikationsanlage zwar zur Ermöglichung der Überwachung und Aufzeichnung des Fernmeldeverkehrs verpflichtet ist, diese Mitwirkungspflicht sich aber ausschließlich auf die Schaffung der technischen Voraussetzungen für die angeordneten Maßnahmen beschränkt.[2] Die Bereitstellung des

1 *Königshofen*, Die Umsetzung von TKG und TDSV durch Netzbetreiber, Service-Provider und Telekommunikationsanbieter, RDV 1997, 99.

2 *Königshofen*, Die Umsetzung von TKG und TDSV durch Netzbetreiber, Service-Provider und Telekommunikationsanbieter, RDV 1997, 100.

Netzzugangs erfolgt gegen das übliche Entgelt. Die netzseitigen Vorkehrungen sind vom Betreiber der Telekommunikationsanlage dagegen auf eigene Kosten zu gestalten und vorzuhalten.

149 – § 1 Abs. 1 des Gesetzes zur Beschränkung des Brief-, Post- und Fernmeldegeheimnisses (**Artikel 10 – Gesetz** – G 10)[1] berechtigt die dort aufgeführten Behörden zur Überwachung und Aufzeichnung des Fernmeldeverkehrs, wenn tatsächliche Anhaltspunkte für den Verdacht der Planung oder Begehung einer der in § 3 Abs. 1 G 10 genannten Katalogstraftaten bestehen oder tatsächliche Anhaltspunkte für den Verdacht vorliegen, dass eine solche Tat begangen worden ist. Gemäß § 2 Abs. 1 Satz 3 G 10 haben die Betreiber einer Fernmeldeanlage, die für den öffentlichen Verkehr bestimmt ist, die Überwachung und Aufzeichnung des Fernmeldeverkehrs zu ermöglichen sowie der berechtigten Stelle auf Anordnung Auskunft über den nach Wirksamwerden der Anordnung durchgeführten Fernmeldeverkehr zu erteilen. Hinzuweisen ist darauf, dass nach § 2 Abs. 2 G 10 die Personen, die der nach § 2 Abs. 1 Satz 3 G 10 verpflichtete Betreiber einer Fernmeldeanlage mit der Durchführung der Maßnahmen betraut, sicherheitsüberprüft und über die Geheimhaltungspflicht nach § 17 G 10 belehrt worden sein müssen. Weiter ist sicherzustellen, dass die **Geheimschutzmaßnahmen** nach der Anlage 7 der Allgemeinen Verwaltungsvorschrift zum materiellen und organisatorischen Schutz von Verschlusssachen[2] getroffen werden.

150 – § 39 **Außenwirtschaftsgesetz**[3] (AWG) berechtigt das Zollkriminalamt zur Überwachung und Aufzeichnung des Fernmeldeverkehrs von Personen, juristischen Personen und Personenvereinigungen bei Vorliegen der Kataloggründe nach § 39 Abs. 2 AWG. Nach § 40 Abs. 2 AWG hat die Anordnung durch das Landgericht, bei Gefahr im Verzug auch durch den Bundesminister der Finanzen zu erfolgen. Im Übrigen sind die Maßnahmen gemäß § 39 Abs. 5 AWG entsprechend § 2 G 10 durchzuführen. Zu beachten ist weiter die Verschwiegenheitspflicht der Personen gemäß § 42 Abs. 1 AWG, die die für den öffentlichen Verkehr bestimmte Fernmeldeanlage betreiben, beaufsichtigen, bedienen oder bei ihrem Betrieb tätig sind.

151 Anzumerken bleibt, dass gemäß § 88 Abs. 5 TKG die von Überwachungsmaßnahmen nach §§ 100a, 100b StPO betroffenen Betreiber eine Statistik über die durchgeführten Überwachungsmaßnahmen aufzustellen und diese der Regulierungsbehörde unentgeltlich zur Verfügung zu stellen haben. Die Statistik dient dem Zweck, verlässliche Erkenntnisse über diesen politisch sensiblen Bereich zu gewinnen und möglichen Missbräuchen vorzubeugen.

---

1 V. 26. 6. 2001 (BGBl. I S. 1254).
2 V. 29. 4. 1994 (GMBl. S. 674).
3 V. 28. 4. 1961 (BGBl. I S. 1481), zuletzt geändert durch das Gesetz zur Neuregelung von Beschränkungen des Brief-, Post- und Fernmeldegeheimnisses v. 26. 6. 2001 (BGBl. I S. 1254).

Der Betrieb einer Telekommunikationsanlage ohne den erforderlichen Netzzugang nach § 88 Abs. 4 kann nach § 96 Abs. 2 TKG von der Regulierungsbehörde als Ordnungswidrigkeit mit einer Geldbuße bis zu zwanzigtausend Deutsche Mark geahndet werden. 152

Zur Durchsetzung der Verpflichtungen aus § 88 TKG kann die Regulierungsbehörde gemäß § 91 Abs. 1 TKG Anordnungen und geeignete Maßnahmen treffen, erforderliche Einkünfte einholen und die Geschäfts- und Betriebsräume der Verpflichteten zu den üblichen Geschäftszeiten betreten. Weiter kann ein Zwangsgeld von bis zu drei Millionen Deutsche Mark festgesetzt und letztendlich der Betrieb der betreffenden Telekommunikationsanlage oder das geschäftsmäßige Erbringen des betreffenden Telekommunikationsdienstes ganz oder teilweise untersagt werden. 153

(10) Sonstige Regelungen

Je nach Umfang und Bedeutung des Vertrages können noch zusätzliche Regelungen aufgenommen werden, die aber keine providerspezifischen Probleme aufwerfen und daher hier nur enumerativ genannt werden sollen. Denkbar sind Regelungen über die **Rechtsnachfolge** bei Umwandlung der Rechtsform etc., Ausschluss von **Zession** und Vertragsübernahme für nicht gem. § 15 AktG verbundene Unternehmen, **Schriftformklauseln**, **geltendes Recht** und **Gerichtsstand**, **Salvatorische Klausel**[1] und **Ausschließlichkeitsregelung**[2]. 154

(dd) Zusammenfassung

Insgesamt lässt sich festhalten, dass „**der Provider-Vertrag über den Access zum Backbone**" als solcher nicht existiert. Seine individuelle Ausgestaltung differiert je nach Vertragsparteien, Gestaltung, Leistungsmerkmalen und zusätzlich vereinbarten Dienstleistungen des Providers. Steht allerdings der Access zum Backbone als einzelne Leistung im Focus der Vertragsparteien, so sollten die vorstehenden Ausführungen einen Rahmen bilden können, an dem sich die Parteien orientieren können. Nichtsdestotrotz ist der Vertrag selbstverständlich auf die individuellen Bedürfnisse des konkreten Geschäftsmodells abzustimmen. 155

---

1 Weitergeltung des Vertrages bei Unwirksamkeit einer einzelnen Klausel unter Ersetzung der unwirksamen durch eine dem angestrebten Erfolg am nächsten kommende wirksame Bestimmung.

2 Klarstellung, dass der Vertrag sämtliche zwischen den Vertragsparteien bezüglich des Vertragsgegenstandes bis zum Vertragsschluss getroffenen Vereinbarungen enthält und dass die Rechte und Pflichten der Parteien ausschließlich in dem Vertrag festgeschrieben sind.

b) Peering

156 Um eine weltweite Anbindung und Erreichbarkeit der an das Backbone eines Providers angeschlossenen Rechner zu gewährleisten, sind weitere technische und rechtliche Rahmenbedingungen zu schaffen. Zentraler Begriff hierbei ist das sog. Peering.

aa) Allgemeines

157 In Request for Comments (RFC) 1958 führt die Internet Engineering Task Force (IETF) aus: „the community believes that the goal is connectivity". Eine klare Definition der „Connectivity" wird allerdings nicht gegeben, auch nicht in weiteren RFCs der IETF. Vielmehr hat sich für die Zusammenschaltung von Netzen im Internet der Ausdruck **„Peering"** entwickelt, ohne allerdings einheitlich verwendet zu werden[1]. Überwiegend wird unter Peering jedoch „die Zusammenschaltung von öffentlichen Netzen im Internet ohne gegenseitige Verrechnung des verursachten Verkehrs, die Ihren Kunden den unmittelbaren Zugriff auf die Kunden des anderen Netzwerks erlauben"[2] verstanden. Grundsätzlich sind zwei Arten des Peering – in unterschiedlicher Ausprägung – zu unterscheiden, sog. Public Peering und sog. Private Peering.

(1) Public Peering

158 Seit 1986 wurde in den USA von der NSF[3] das erste Backbone-Netzwerk, das NSFNET, aufgebaut, ein 56Kbps[4] Backbone, das die Verbindung zwischen fünf Supercomputerzentren in den USA sicherstellen sollte. Bereits 1988 wurden 13 Zentren miteinander verbunden. Da zu diesem Zeitpunkt bereits die ersten kommerziellen Netzwerke in den USA aufgebaut wurden, wurde an NSFNET der Wunsch herangetragen, die Verknüpfung dieser kommerziellen Netzwerke über NSFNET vorzunehmen. Hintergrund war das Routing der Datenpakete in der sog. Internet-Cloud, da basierend auf der Technologie des „**Packet-Switching**" jede Nachricht in kleine Einheiten zerlegt, mit einer eigenen „Routing"-Information versehen und eben in die Internet-Cloud „entlassen" wurde, so dass jeder angeschlossene Computerknoten erkennen konnte, wohin das Paket weiterzuleiten war. Jedes Datenpaket suchte sich eine eigene Verbindung zu dem adressierten Rechner. Beim Empfängerrechner angekommen, werden die Pakete wieder zu der Ursprungsnachricht zusammengesetzt. Da die Datenpakete einen nicht vorherbestimmbaren Weg nehmen, war die Datenverlustrate und insbesondere die

1 Insbesondere RFC 1983, das weitgehende Definitionen für Bezeichnungen im Internet festlegt, hat weder einen Eintrag für „Peering" noch für „Interconnection".

2 Vgl. zB *Cukier*: Peering and Fearing: ISP Interconnection and Regulatory Issues, 3 (http://www.ksg.harvard.edu/iip/iicompol/papers/cukier.html).

3 National Science Foundation.

4 Kilobit pro Sekunde.

Dauer der Übertragung nicht mehr akzeptabel. Dem sollte durch die Zusammenschaltung von Backbone-Netzen begegnet werden.

Da NSFNET aufgrund einer von NSF vorgegeben „Acceptable Use-Policy“ 159
gehindert war, kommerzielle Aktivitäten auf dem Backbone zu dulden, wurde 1991 auf Basis eines Agreements mehrerer kommerzieller Backbone-Provider der **Commercial Internet Exchange** (CIX)[1] gegründet, um außerhalb des NSFNET den Datenaustausch zwischen diesen Backbone-Providern zu gewährleisten. 1993 zog sich NSF aus der Verwaltung des NSFNET-Backbones zurück und richtete an mehreren Stellen sog. **Network Access Points** (NAPs) ein, die jedem beliebigen anderen Backbone-Provider die Möglichkeit geben sollte, sein Backbone-Netz oder Wide Area Network (WAN) über NAPs mit den Netzen anderer Backbone-Provider zusammenzuschalten. 1995 wurde NSFNET abgeschaltet und komplett durch die Vernetzung der Backbones über die NAPs ersetzt. Eine ähnliche Entwicklung (allerdings ohne ein den NSFNET vergleichbares „Ur-Backbone“) vollzog sich auch in anderen Regionen. In Deutschland ist seit 1995 der Deutsche Commercial Internet Exchange (DE-CIX)[2] in Betrieb, der die Netz-Zusammenschaltung zwischen den deutschen Backbone-Providern ermöglicht[3]. Einen vergleichbaren Knoten unterhält der Internet Exchange Service (INXS)[4]. Die nationalen Knoten[5] wiederum sind über entsprechende Datenleitungen mit anderen Knoten weltweiter Backbone-Provider verbunden, insbesondere mit den immer noch bestehenden NAPs[6] in den USA, so dass letztendlich ein „Network der Networks“ entsteht.

Public oder multilaterales Peering liegt folglich dann vor, wenn eine Mehrzahl von Backbone-Providern an einem Exchange ihre Netzwerke zusammenschalten. Diese Exchanges können wie die meisten CIX lediglich aus einem zentralen Router[7] oder, wie die **Metropolitan Area Exchanges** (MAE), eigenständige hochbitratige Netzwerke bilden.

1 http://www.cix.net.

2 http://www.decix.com.

3 Bis zur Einführung des DE-CIX wurde der gesamte innerdeutsche Datenverkehr über die USA geroutet, da innerhalb Deutschlands keine Peering-Punkte aufgebaut waren.

4 http://www.inxs.de.

5 Nationaler Knoten für Deutschland ist der DE-CIX.

6 PacBell, Ameritech, MAE East, MAE West, Sprint NAP.

7 Vgl. zB den technischen Aufbau des DE-CIX. An ein high-end LAN (geswitchtes Ethernet) werden die DE-CIX-Teilnehmer physisch angeschlossen. Über einen zentralen Router werden über Border Gateway Protocol (BGP) Routinginformationen zwischen den Domains der Teilnehmer ausgetauscht. Auf Basis dieser Routinginformationen wird der Pfad festgelegt, den ein Datenpaket durchlaufen muss, um optimal an das angeschlossene Zielnetzwerk zu gelangen.

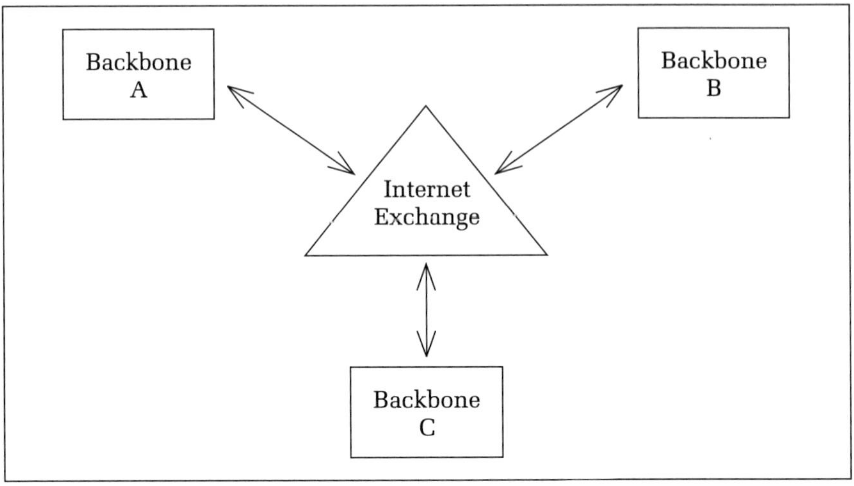

Abb. 3: Public Peering

(2) Private Peering

160 Parallel zu der Zusammenschaltung von Backbone-Providern an NAPs wurde bereits frühzeitig die unmittelbare Zusammenschaltung von Backbone-Netzen vorgenommen. **Private Peering** oder „Peer-to-Peer Bilateral Peering"[1] wird überwiegend von Backbone-Providern gleicher Größe eingesetzt. Hintergrund war die zunehmende Überlastung insbesondere der US-NAPs[2]. Im Gegensatz zu Public Peering werden bei Private Peering lediglich zwei Backbone-Netze zusammengeschaltet, im Regelfall von Backbone-Providern vergleichbarer Größe und vergleichbarer technischer Standards.

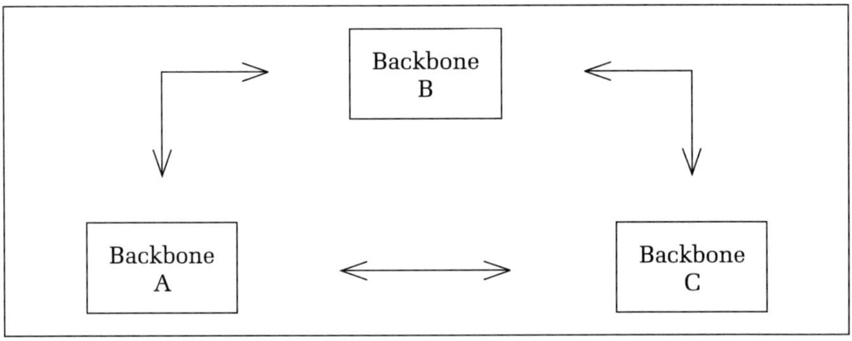

Abb. 4: Private Peering

1 Vgl. *Bailey*, The Economics of Internet Interconnection Agreements, Network World 1996, 161.

2 An MAE East wurden zeitweise Datenverlustraten von 20% festgestellt.

161 Der Vorteil von Private Peering liegt in der unmittelbaren Übergabe der Datenpakete, die für die Endkunden des Peering-Partners gedacht sind, ohne den Umweg über einen unter Umständen örtlich weiter entfernt liegenden Internet Exchange. Der wesentliche Nachteil liegt in der Anzahl der Private-Peerings, die ein Backbone-Provider abschließen muss, um vollen Anschluss an das Internet zu bekommen.

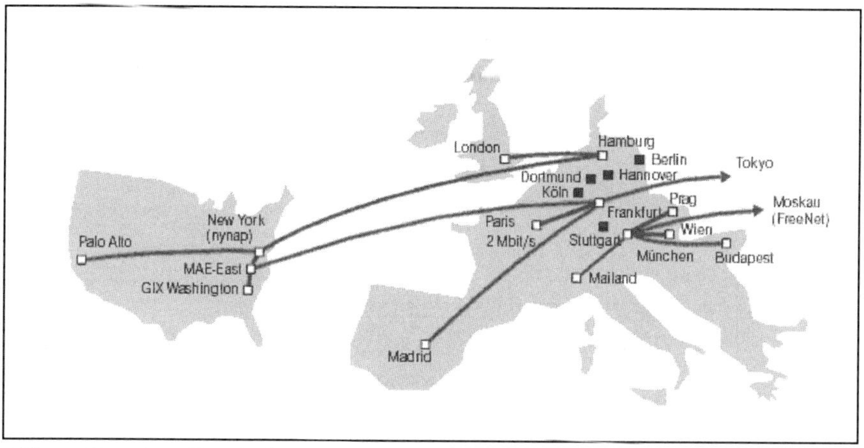

Abb. 5: Peering Circuits[1]

Ein Großteil der Backbone-Provider **kombiniert** daher Public und Private Peering.

1 Quelle: http://www.sitecom.de/peering_abb.htm.

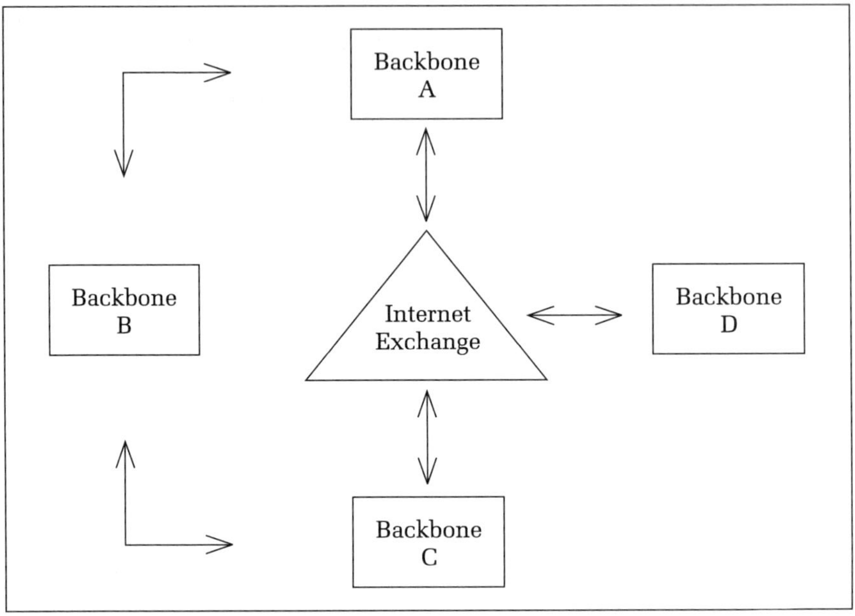

Abb 6: Public and Private Peering

bb) Vertragliche Regelungen des Peerings

162 Sowohl im Rahmen von Public Peering als auch bei Private Peering werden zwischen den beteiligten Parteien Verträge in der Form von sog. **Peering-Agreements**[1], Internet-Interconnection-Agreements o.Ä. in unterschiedlichster Ausprägung geschlossen. Vertragsmuster oder Vertragshandbücher für Peering-Agreements sind unbekannt, selbst die Grundzüge dieser Vereinbarungen werden in den einschlägigen Vertragshandbüchern nicht behandelt[2]. Gerichtsentscheidungen im Zusammenhang mit Peering-Agreements sind zumindest in Deutschland noch nicht bekannt.

Im Folgenden soll auf der Basis aktueller Peering-Agreements eine Vertragsstruktur dargestellt werden, die einem Backbone-Provider Anhaltspunkte für die Gestaltung von Peering-Agreements geben kann. Dabei ist zu berücksichtigen, dass je nach individueller Gestaltung des Peerings unterschiedliche Anforderungen an ein Peering-Agreement gestellt werden. Insbesondere die Spezifizierung des Vertragsgegenstandes ist bei einem technisch komplexen Peering von besonderer Bedeutung. Public-Peering- und Private-Peering-Agreements werden nachfolgend gemeinsam behandelt, wobei auf Abwei-

1 Der Ausdruck Peering-Agreement hat sich international durchgesetzt und wird auch im deutschen Rechtskreis so benutzt.

2 Vgl. zB *Spindler*, Vertragsrecht der Internet-Provider.

chungen in den einzelnen Punkten eingegangen wird. Gleiches gilt für die Sonderausprägungen des Public Peering und Private Peering.

(1) Vertragsstruktur

Im Regelfall werden Peering-Agreements modular aufgebaut, dh., es erfolgt eine Aufgliederung in einen Hauptteil sowie diverse Anlagen. Diese Aufgliederung hat sich in der Praxis bewährt. Bei Peering handelt es sich um einen technisch und operativ komplizierten Vorgang, der ständigen Änderungen und Ergänzungen unterliegt. Durch die **modulare Vertragsstruktur** ist ein schneller Austausch bzw. eine rasche Ergänzung von Vertragsteilen möglich. Der Vertragstext bleibt immer vollständig und gut lesbar. Dies ist ein großer Vorteil gegenüber anderen Vertragswerken, denen Vertragsänderungen lediglich vor- oder nachgeheftet werden und bei denen die Vertragspartner irgendwann den Überblick über den tatsächlichen Vertragsstand verlieren. 163

Im Hauptteil des Peering-Agreements finden sich die für die wesentlichen Vertragsinhalte geltenden Grundsatzregelungen, die hinsichtlich der speziellen Regelungen auf die Anlagen verweisen. Diese enthalten aus redaktionellen Gründen und aus Gründen erleichterter späterer Änderbarkeit technische und betriebliche Detailregelungen, gegebenenfalls auch Hinweise für die organisatorische Abwicklung und sonstige Detailregelungen. Während in dem Hauptteil kaum providerindividuelle Vereinbarungen getroffen werden, enthalten die Anlagen providerspezifische Angaben.

(2) Vertragstypus

Peering-Agreements gehören nicht zu den „klassischen" Verträgen des BGB wie Kaufvertrag, Mietvertrag, Werkvertrag etc. und lassen sich auch nicht ohne weiteres in diese Vertragsformen einpassen. Vielmehr dürften Peering-Agreements eine Mischform verschiedener Vertragstypen darstellen[1], die je nach Ausprägung des vereinbarten Leistungsinhalts zB eher dienst- oder werkvertragliche Elemente haben kann[2]. Die Zuordnung kann jedoch von erheblicher praktischer Bedeutung sein, da von der Zuordnung abhängt, welche Verpflichtungen den Vertragsparteien obliegen bzw. welche Rechtsfolgen sich aus der Schlecht- oder Nichterfüllung einzelner oder aller Verpflichtungen ergeben können. Insofern wird für jedes einzelne Leistungsmerkmal eines Peering-Agreements anhand der konkreten technischen und vertraglichen Ausgestaltung zu differenzieren sein, welchem Vertragstypus dieses Leistungsmerkmal zuzuordnen wäre. 164

1 ZT wird eine Mischform aus Miet- und Werkvertrag angenommen; vgl. *Jessen*, Vertraggestaltung und -praxis der Online-Dienste, ZUM 1998, 282.

2 Für ein Vertragsverhältnis sui generis bei Netzzugangs- und Zusammenschaltungsvereinbarungen im TK-Bereich: Beck TKG-Komm/*Salger/Traugott*, Anh. § 39 Rz. 10.

(3) Präambel

165 Eine **Präambel** ist im Regelfall nicht erforderlich, hat sich jedoch im anglo-amerikanischen Rechtskreis weitestgehend durchgesetzt. Hintergrund ist die Information über die Motive der Parteien im Rahmen des Vertragsschlusses, die im Streitfall einem anglo-amerikanischen Geschworenengericht im Rahmen der Vertragsdokumente vorzulegen sind. Im Regelfall sind anglo-amerikanische Geschworene im Rahmen der Vertragsauslegung auf das Vertragsdokument angewiesen, darüber hinausgehende Punkte dürfen nicht berücksichtigt werden. Im deutschen Zivilprozessrecht ist die Bindung an die Vertragsdokumente in dieser Form so nicht bekannt[1]. Die Aufnahme einer Präambel kann jedoch entweder aus Gründen der Verständlichkeit oder der Rechtssicherheit sinnvoll sein. So können außenstehende Dritte, die nicht an den Vertragsverhandlungen beteiligt waren, allein aus den Vertragsdokumenten die Hintergründe des Vertragsschlusses erkennen. Zudem kommt im Rahmen der Vertragsauslegung dem niedergelegten und damit dokumentierten Willen der Parteien besondere Bedeutung zu.

(4) Definitionen

166 Die Aufnahme von Definitionen als eigener Punkt[2] ist optional und dient lediglich der Übersichtlichkeit. Zu empfehlen ist die Aufnahme von Definitionen, die den sonstigen Vertragsregelungen vorangestellt sind, dann, wenn entweder umfangreiche technische Begriffe zu definieren sind oder es sinnvoll erscheint, wesentliche, sich häufig wiederholende Begriffe bereits vorab zu verdeutlichen.

(5) Vertragsgegenstand

167 Der **Vertragsgegenstand** ist von den Parteien so genau zu spezifizieren, dass im Falle eines Streites über den Vertragsgegenstand nach Möglichkeit allein anhand des Vertragswerkes für außenstehende Dritte zu erkennen ist, worum es den Parteien geht und somit Auslegungsschwierigkeiten vermieden werden. Dabei ist weiter zu berücksichtigen, dass es (s.o. Rz. 164) kein einheitliches vorgegebenes gesetzliches Leitbild für Peering-Agreements gibt und daher ein Rückgriff auf gesetzlich normierte Regelungen häufig nicht oder nur schwer möglich ist. Der Vertragsgegenstand im Rahmen von Peering-Agreements sollte daher zumindest Regelungen über die Netzwerkzusammenschaltung und etwaige Verkehrseinschränkungen enthalten.

(a) Netzwerkzusammenschaltung

168 Wesentlicher Gesichtspunkt beim Peering sind Regelungen, die die **Art der Netzwerkzusammenschaltung** definieren. Es ist klar festzulegen, welche

1 Vgl. Zöller/*Berberich*, § 416 ZPO Rz. 4.
2 Zu unterscheiden von Definitionen in dem jeweiligen Vertragspassus.

Netzwerke der Parteien in die Zusammenschaltung einbezogen werden[1], welcher Verkehr über das Peering geleitet wird (auch hier im Regelfall jeder auf TCP/IP basierende Verkehr[2], der an bestimmte Adressaten gerichtet ist).

(b) Verkehrseinschränkungen

Verkehrseinschränkungen sind unter folgenden Gesichtspunkten sinnvoll:

– Netzwerkmissbrauch durch Routingmissbrauch oder Transit

Soweit nichts Abweichendes vereinbart worden ist, dienen Peerings dazu, 169
den Verkehr an vorgegebene Adressaten, sog. **Customer Routes**[3] zu leiten. Darüber hinausgehender Verkehr (**Third Party Transit**), dh. Verkehr, der an Adressaten geleitet wird, die nicht im Rahmen der Customer Routes aufgenommen worden sind, ist regelmäßig auszuschließen, um eine übermäßige und vor allem kostenlose Nutzung des Netzwerks über eigentliches Peering hinaus durch den Vertragspartner zu verhindern[4]. Ebenso muss eine übermäßige Nutzung des eigenen Netzwerks durch die Verhinderung eines „**Route of last Resort**“[5] gesichert werden.

– Netzwerksicherheit

Jeder Backbone-Provider ist gesetzlich, (§ 87 Abs. 1 Satz 1 TKG) im eigenen 170
Interesse sowie im Rahmen seiner Endkundenverträge (s.o. Rz. 124) zu bestimmten **Netzwerksicherheitsleistungen** verpflichtet. Im Rahmen des Peering-Agreements muss der Backbone-Provider dafür Sorge tragen, dass hinsichtlich des Verkehrs, der die Sicherheit seines Netzes beeinträchtigt[6], unabhängig von etwaigen Kündigungsregelungen, die sich auf den Gesamtvertrag beziehen[7], netztechnische Maßnahmen möglich sind, die die Sicherheit seines Netzes aufrechterhalten.

1 Im Regelfall Internet Backbones mit TCP/IP oder anderen Internet-Protokollen, seltener auch ATM-Netzwerke.

2 ZB: WorldWideWeb: TCP/IP, UDP, ICMP, IGMP, SNMP, NTP und HTTP; E-Mail: SMTP, POP3 und IMAP4; Filetransfer: FTP und Gopher; Newsgruppen: NNTP; Remote Log-in: Telnet.

3 Austausch der Routes erfolgt im Regelfall über BGP4 Routing Protocol.

4 Third Party Transit kann natürlich im Rahmen eines Transit-Agreements (sog. Peering- and Transit-Agreement) vereinbart werden.

5 Route of last Resort bedeutet das Routing von Verkehr, der nicht in den vorgegebenen Customer Routes des Vertragspartners aufgenommen ist.

6 Aktuelles Beispiel sind die Denial-of-Service (DoS)-Angriffe auf kommerzielle Server im Internet.

7 In den Kündigungsregelungen empfiehlt sich die Aufnahme einer Regelung, die unabhängig von etwaigen netztechnischen Maßnahmen die ordentliche oder außerordentliche Kündigung des Peerings ermöglicht, wenn das Peering eine Gefahr für die Netzsicherheit des Backbone-Providers oder seiner Kunden darstellt.

– **Gesetzliche Vorgaben**

171 Gemäß § 5 Abs. 3 **Teledienstegesetz** (TDG)[1] sind Diensteanbieter, die lediglich den Zugang zur Nutzung fremder Inhalte vermitteln, in ihrer Haftung für diese Inhalte privilegiert und grundsätzlich für diese Informationen nicht verantwortlich. Die Gesetzesbegründung zu § 5 Abs. 3 TDG geht dabei davon aus, dass eine Zugangsvermittlung dann vorliegt, wenn der Diensteanbieter lediglich den Weg zu fremden Inhalten öffnet, den Inhalt durchleitet und keinen Einfluss auf den Inhalt nimmt[2]. Insofern dürfte die Haftungsprivilegierung des § 5 Abs. 3 TDG auch auf Backbone-Provider zutreffen[3]. Unabhängig von der Haftungsprivilegierung nach § 5 Abs. 3 TDG muss ein Backbone-Provider jedoch mit einer Inanspruchnahme nach § 5 Abs. 4 TDG[4] rechnen und kann insoweit, soweit technisch möglich und zumutbar, zB zur Sperrung von Inhalten verpflichtet werden. Es empfiehlt sich daher, eine entsprechende Klausel aufzunehmen, die Verkehrseinschränkungen für diesen Fall sowie vergleichbare Fälle vorsieht. Denkbar sind hier zwei Varianten, zum einen die Auflistung der Fälle, in denen eine Verkehrseinschränkung vorgenommen werden soll[5], zum anderen der Verweis auf die Nutzungsbedingungen des eigenen Backbones, soweit diese Verkehrseinschränkungen bei Missbrauch vorsehen (s.o. Rz. 130).

(6) Kostentragung

172 Die Kosten des Peerings lassen sich anhand einer Vielzahl von Modellen darstellen[6]. Nachfolgend sollen lediglich in allgemeiner Form die wichtigsten Grundmodelle dargestellt werden.

(a) Public Peering

173 Die Kosten des Peering im Rahmen eines Public-Peering-Agreements hängen im Wesentlichen von der jeweiligen Organisation und Kostenstruktur des Internet Exchange ab. Zwei Modelle haben sich am Markt durchgesetzt: zum einen das reine **entgeltfinanzierte Public Peering**, dh. Finanzierung durch die Erhebung von Entgelten oder Gebühren für die Zurverfügungstellung des

1 Und entsprechend § 18 Abs. 3 MDStV.

2 Begründung zu § 5 Abs. 3 TDG-Entwurf, BT-Drucks. 13/7385, S. 20.

3 AA *von Netzer*, Verantwortung und Haftung des Netzbetreibers im Internet in Kröger/Gimmy, Handbuch zum Internet-Recht, 2000, S. 219.

4 Und entsprechend § 18 Abs. 3 MDStV.

5 Darunter fallen zB, aber nicht abschließend, Informationsangebote mit rechts- oder sittenwidrigen Inhalten, insbesondere Übermittlung von Informationen, die iSd. §§§ 130, 130a, 131 StGB zum Rassenhass aufstacheln, Gewalt verherrlichen oder verharmlosen, sexuell anstößig sind, iSd. § 184 StGB pornographisch sind, den Krieg verherrlichen, geeignet sind, Kinder und Jugendliche sittlich schwer zu gefährden oder in ihrem Wohl zu beeinträchtigen sowie das Ansehen der Vertragsparteien schädigen können oder auf Angebote mit solchem Inhalt hinweisen.

6 Siehe hierzu umfassend: *Baake/Wichmann*: On the Economics of Internet Peering, 1998; *Bailey*; The Economics of Internet Interconnection Agreements; Network World 1996, 161.

Interconnection Points sowie ggf. weiterer Dienstleistungen[1], zum anderen das **kooperative Public Peering**, dh. Finanzierung durch die Erhebung von Entgelten oder Gebühren für die Zurverfügungstellung des Interconnection Points sowie ggf. weiterer Dienstleistungen und einem Grundbetrag (zB Mitgliedsbeitrag)[2].

(b) Private Peering

– Kostenneutral auf Gegenseitigkeitsbasis

Grundidee und Standard zwischen allen großen Internet-Backbone-Providern[3] ist der Verzicht auf die Abrechnung und Geltendmachung von Forderungen aus dem Datenaustausch[4]. Die Parteien tragen jeweils ihre für die Durchführung des Vertrages zu tätigenden Aufwendungen selbst. Die für die Zusammenschaltung der Netzwerke anfallenden Kosten werden von beiden Vertragsparteien jeweils zur Hälfte getragen[5]. Sinnvoll kann die Vereinbarung einer Klausel sein, dass nach einem bestimmten Zeitablauf (zB 6 Monate) das Verkehrsaufkommen dahin gehend überprüft wird, ob wirklich die ausgetauschten Verkehrsmengen vergleichbar sind. 174

– Einseitig kostenbelastend[6]

Abweichend von der o.g. Grundidee sind, insbesondere in den USA, größere Internet-Backbone-Provider dazu übergegangen, die Kosten des Peerings auf kleinere Backbone-Provider abzuwälzen[7]. Im Regelfall werden zumindest die Kosten der Netzzusammenschaltung auf den kleineren Backbone-Provider verlagert. Daneben werden zunehmend auch zusätzliche Zahlungen vereinbart[8], der Übergang zu Peering and Transit (dazu sogleich) ist fließend. 175

---

1 ZB DE-CIX.

2 ZB INXS.

3 Unterschieden wird zwischen Tier1, Tier2 und Tier3 ISPs. Tier3 ISPs betreiben kein eigenes Backbone-Netzwerk, sondern sind mit einem Backbone-Provider über eine Standleitung verbunden. Tier2 ISPs sind überregionale ISPs zT mit einem eigenen nationalen Backbone. Tier1 ISPs sind global tätige ISPs mit eigenen weltweiten Backbone-Netzwerken.

4 Sog. SKA oder Sender-keeps-all-Modell, in dem der Backbone-Provider alle Zahlungen seiner Endkunden einbehält, ohne diese letztendlich mit den anderen an der Verkehrsübermittlung Beteiligten aufzuteilen. SKA funktioniert auf der Annahmebasis, dass die ausgetauschten Verkehrsmengen gleich groß sind und daher eine Art „Aufrechnung" erfolgt.

5 Alternativ wird häufig vereinbart, dass eine der beiden Parteien die Kosten des ersten Interconnection-Punktes übernimmt, die andere Partei die Kosten des zweiten Punktes usw.

6 Auch als „Hierarchical Bilateral Peering" bezeichnet.

7 Dies betrifft insb. das Verhältnis Tier1 zu Tier2 ISPs.

8 Hintergrund ist die Kündigung diverser Peering-Agreements durch UUNET in 1997 unter der neuen UUNET-Peering-Policy, Peering nur noch mit Tier1 und national tätigen ISPs durchzuführen. Andere Tier2 und Tier3 ISPs wurden auf Transit-

– Peering and Transit

176 Peering mit Transit ist eine Sonderform des Access-Providings. Dabei fungiert das Internet-Backbone des Backbone-Providers als **Transitnetz** zwischen dem IP-Netz des Transit-Kundens und den Netzen, mit denen der Backbone-Provider Peering-Abkommen geschlossen hat bzw. den Zugängen zu Public Peering Exchanges. Anders als beim Peering entfallen damit die Kosten für die Zuführung zu diversen Peering-Punkten, es wird lediglich die Zuführung (Standleitung) zu einem Netzknoten des Internet-Backbones des Backbone-Providers realisiert.

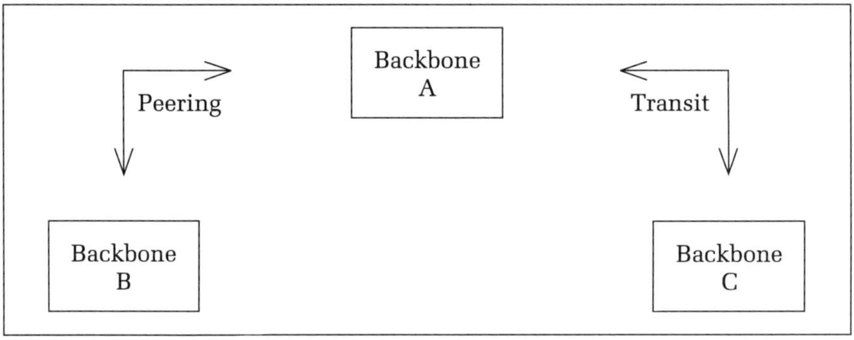

Abb. 7: Peering and Transit

(7) Technische Regelungen

177 Wesentlicher Regelungspunkt eines jeden Peering-Agreements sind die technischen Parameter, die die Netzzusammenschaltung ermöglichen. Da, wie oben Rz. 163 dargestellt, Peering-Agreements sinnvollerweise modular aufgebaut werden, bietet es sich an, gerade bei technischen Parametern, die entweder zu umfangreich für den Hauptvertrag sind oder häufig abgeändert werden, diese in Anhängen zum Hauptvertrag aufzunehmen. Abhängig von der Art des Peerings und dem Umfang dürften zumindest folgende **technische Parameter** zu regeln sein:

– Peering Points

178 Aufzunehmen ist immer eine genaue Festlegung des oder der **Peering Points**[1], da, wie oben Rz. 174 dargestellt, die physische Entfernung eines

Agreements umgeschichtet. Vergleichbar war der Streit um das Peering der kommerziellen deutschen ISPs mit dem Wissenschaftsnetz (WIN) das vom DFN-Verein betrieben wird. Der DFN verlangte für das Peering eine Kostenbeteiligung der ISPs an den Betriebskosten des DFN. Ende 1997 wurde der Streit zwischen den ISPs und dem DFN dahin gehend beigelegt, dass gegen eine Kostenbeteiligung der ISPs ein WIN-Exchangepunkt eingerichtet wird.

1 Nicht unüblich ist auch die Vereinbarung eines bilateralen Peerings an einem Public Peering Exchange unter Nutzung der dort vorhandenen Kapazitäten.

Backbone-Providers sowie die Anzahl der vereinbarten Peering Points Auswirkungen auf die Kosten, aber auch auf die Effektivität des Peerings haben können.

– Übertragungsraten

Abhängig von der zu erwartenden Größe des ausgetauschten Verkehrs empfiehlt es sich für die Peering-Partner, eine großzügige **Mindestbandbreite**[1] für den Zugang zum Peering Point festzulegen. Gegebenfalls bietet sich auch an, die angestrebte Gesamtbandbreite durch mehrere Einzelleitungen (zB 2 Leitungen à 34 Mbit/s) sicherzustellen. Dies verringert zum einen das Ausfallrisiko, zum anderen kann die Bandbreite durch das Zuschalten weiterer Leitungen flexibel erhöht werden. 179

– Maintenance

Peering-Agreements werden im Regelfall auf „Good-Will"- oder „Best-Effort"-Basis geschlossen. Im Regelfall wird sich daher keiner der Peering-Partner auf dezidierte Regelungen zB zur Netzverfügbarkeit, Reparaturzeiten o.Ä. einlassen[2]. Sinnvoll ist jedoch die Zusicherung, dass das jeweilige Netzwerk durch ein **Network Operations Center** (NOC)[3] auf 24x7-Basis[4] überwacht wird, da dadurch sowohl die Verfügbarkeit des Peerings als auch die Sicherheit des eigenen Netzes gesichert werden kann. Es empfiehlt sich weiter die Aufnahme von Verfahrensabläufen bei Wartungsarbeiten an den jeweiligen Netzen, da hierdurch das Peering beeinträchtig werden kann[5]. 180

– Routing Announcements/AS-Nummern

Wie oben angeführt erfolgt der Austausch der Routes[6] im Regelfall über das BGP4 **Routing Protocol**. Dies setzt voraus, dass jeder Peering-Partner die Peering-Routes entsprechend der **Internet Routing Registry Policy** dem anderen Peering-Partner zur Verfügung stellt. Ebenso müssen dem Peering-Partner die entsprechenden Autonomous System Nummern (AS-Nummern)[7] 181

1 Im Regelfall zwischen 2 Mbit/s und 155 Mbit/s für Public Peering, beim Private Peering zwischen großen ISPs können die Bandbreiten noch deutlich größer sein.

2 Anders gegebenenfalls bei Peering mit Transit.

3 Zentrale Einrichtung des Betreibers eines Telekommunikationsnetzes zur Ausübung des Netzmanagements im weitesten Sinne (Administration, Monitoring, Steuerung, Wartung, Service-Einsatz usw.).

4 24 Stunden am Tag, 7 Tage die Woche.

5 So zB eine Vorwarnzeit bei Wartungsmaßnahmen, die Einfluss auf das Peering haben könnten.

6 Im Rahmen des Routing festgelegte Netzpassage, über die eine Verbindung (verbindungsorientierte Übertragung) oder eine einzelne Dateneinheit (verbindungslose Übertragung), wie Datagramm oder Frame, im Netz geführt wird.

7 In TCP/IP-Netzen ist das Autonomous System (RFC 1930), in der ISO-Terminologie als Routing Domain bezeichnet, eine Menge von Routern unter einer gemeinsamen

mitgeteilt werden, die dem Backbone-Provider zugeordnet sind. Bewährt hat sich die Aufnahme der AS-Nummern und Routes in einem öffentlichen Routing-Register, zB dem RIPE-Register[1] oder dem RADB[2].

– Organisation/Kontakte

182 Es ist zu empfehlen, in die Vereinbarung auch Regelungen über die wesentlichen nicht-technischen, administrativen Verfahrensabläufe sowie Kontaktinformationen (diese im Rahmen eines Anhangs[3]) aufzunehmen, die die Peering-Partner zur Durchführung des Peerings benötigen. Dies sind zumindest Regelungen über:

- die Art und Weise einer Kontaktaufnahmen (Fax, E-Mail etc.)
- die administrative Kontaktperson
- die technische Kontaktperson.

– Weitere vertragsindividuelle Punkte

183 Weitere Punkte, die vertragsindividuell angesprochen werden können, sind:

- Security Procedures
- Austausch statistischer Daten
- Fehlerdiagnoseverfahren.

(8) Datenschutz und Fernmeldegeheimnis

184 Wie oben dargestellt (Rz. 142 ff.), sind die Provider von Backbones zu umfangreichen Maßnahmen zum Schutze des **Fernmeldegeheimnisses**, der **Nutzerdaten** und der **Netzsicherheit** verpflichtet. Die Verpflichtungen beruhen weitestgehend auf national-gesetzlichen Regelungen. Es empfiehlt sich daher, zumindest bei internationalen Peerings, einen Hinweis auf die Erforderlichkeit der Beachtung der entsprechenden Vorschriften aufzunehmen.

(9) Haftung

185 Da Peerings im Regelfall auf einer „Best-Effort"-Basis erfolgen, werden die Vertragsparteien regelmäßig versuchen reziprok ihre Haftung im weitestgehenden Rahmen auszuschließen. Inwiefern ein kompletter **Haftungsaus-**

---

administrativen Verwaltung. Diese Router haben ein einheitliches und klar definiertes Routing-Verhalten nach außen. Innerhalb eines AS werden ein oder mehrere sog. „interne" Routingprotokolle (IGP, Interior Gateway Protocol) benutzt. Anforderungen an diese Protokolle sind insbesondere schnelle Konvergenz bei Netzänderungen und einfaches Management.

1 http://www.ripe.net.

2 Datenbank zur Speicherung und Bereitstellung von Routing-Informationen, die auf den Route-Servern (RS) der Network Access Points (NAPs) läuft.

3 Erleichtert den Austausch zB der Kontaktperson oder der Kontaktadressen.

schluss bis zur Grenze des § 276 Abs. 2 BGB möglich ist, ist fraglich, da § 40 TKG ausdrücklich normiert, dass ein Anbieter von Telekommunikationsdienstleistungen für die Öffentlichkeit, der vorsätzlich oder fahrlässig gegen dieses Gesetz, gegen eine auf Grund dieses Gesetzes erlassene Rechtsverordnung oder gegen eine auf Grund dieses Gesetzes in der Lizenz festgelegte Verpflichtung oder eine Anordnung der Regulierungsbehörde verstößt, diesem zum Ersatz des aus dem Verstoß entstandenen Schadens verpflichtet ist, sofern die Vorschrift oder die Verpflichtung den Schutz eines Nutzers bezweckt. Inwiefern ein Peering-Partner als „Nutzer" im Sinne des § 40 TKG definiert werden kann, ist ungeklärt; da jedoch einige der Vorschriften des TKG auch dem Schutz von Peering-Partnern dienen können (vgl. zB § 87 Abs. 1 TKG), kann zumindest nicht ausgeschlossen werden, dass im Schadensfalle auf § 40 TKG zurückgegriffen wird. Insofern empfiehlt sich zumindest, im Hinblick auf § 7 Abs. 2 TKV (s.o. Rz. 140) bei Peering-Verträgen, die nach deutschem Recht abgeschlossen werden, eine hilfsweise **Haftungsbeschränkung** entsprechend § 7 TKV.

(10) Regulierungs- und Kartellvorbehalt

Grundsätzlich ist davon auszugehen, dass im Rahmen von Peering-Agreements weitestgehende Verhandlungs- und Vertragsfreiheit besteht. Es kann jedoch nicht ausgeschlossen werden, dass im Rahmen einer Marktbereinigung[1] von Seiten der nationalen oder internationalen Regulierungs- und Kartellbehörden **Verhandlungs- und Zugangsgewährungsvorgaben** erlassen werden, die die Verträge insgesamt oder einzelne Klauseln der abgeschlossen Verträge betreffen. Vorsorglich sollte daher eine Klausel aufgenommen werden, die diese Fälle berücksichtigt[2]. 186

(11) Streitbeilegung

Unabhängig von etwaigen Gerichtstands- und Rechtswahlklauseln[3], die zwischen Unternehmen ohne weiteres zulässig sind (§ 38 ZPO bzw. Art. 27 Abs. 1 EGBGB), empfiehlt es sich, alternativ oder ergänzend[4] eine außergerichtliche **Streitbeilegungsklausel** für Meinungsverschiedenheiten zwischen den Vertragsparteien aufzunehmen. Üblich sind im Wesentlichen zwei Modelle: 187

1 Siehe hierzu unten Rz. 195 die internationalen Ansätze, Peering stärker zu beobachten und ggf. zu regulieren.

2 ZB: „Diese Vereinbarung sowie alle weiteren vertraglichen Vereinbarungen unterliegen dem Vorbehalt der Nichtuntersagung der zuständigen Regulierungs- und Kartellbehörden."

3 Übliche Klausel: „Es gilt das Recht der Bundesrepublik Deutschland. Gerichtsstand ist . . ."

4 Der Gang vor Gericht kann aus unterschiedlichen Gründen, zB hoher Streitwert, möglicher Ansehensverlust, Verfahrensdauer ungünstig sein.

(a) Schiedsverfahren

188 Die Parteien können ihre Meinungsverschiedenheit vor einem **Schiedsgericht** austragen, das auf Grund einer Vereinbarung zwischen den Parteien Streitigkeiten in Bezug auf ein bestimmtes Rechtsverhältnis entscheidet (§ 1029 Abs. 1 ZPO). Folgende Punkte, unter Umständen neben der Bestimmung einer anerkannten Schiedsordnung (zB ICC[1], DIS[2]), sollten in dieser Vereinbarung aufgenommen werden:

- der Ort des schiedsrichterlichen Verfahrens
- die Anzahl und gegebenenfalls die Auswahl der Schiedsrichter
- das anwendbare materielle Recht
- die Sprache des schiedsrichterlichen Verfahrens
- die Kostentragung.

(b) Eskalationsverfahren

189 Ergänzend bzw. einer Schiedsklausel vorgeschaltet werden kann ein sog. Eskalations- oder internes Streitbeilegungsverfahren. Ein **Eskalationsverfahren** dient dazu, Meinungsverschiedenheiten zwischen den Vertragspartnern zunächst auf einer höheren Entscheidungsebene zu behandeln. Um ein solches Verfahren sinnvoll und zeitnah einzusetzen, empfiehlt sich die dezidierte Aufzählung der Eskalationsstufen sowie die Festlegung des zeitlichen Rahmens, innerhalb dessen eskaliert und gegebenenfalls entschieden worden sein muss.

(12) Sonstige Regelungen

(a) Laufzeit und Kündigung

190 Laufzeit und Kündigungsregelungen beinhalten im Regelfall keine Besonderheiten im Verhältnis zu anderen Dauerschuldverhältnissen. Üblich sind mittlerweile Laufzeiten von einem Jahr, wobei – optional – der Vertrag sich bei Nicht-Kündigung (üblich: Frist von 60 Tagen) automatisch um ein weiteres Jahr verlängert. Zu achten ist allerdings auf eine **„Survivor-Klausel“**, wonach bestimmte Regelungen auch nach Vertragsbeendigung weiter Geltung beanspruchen[3].

(b) Schriftform

191 Die **Schriftformklausel** beinhaltet keine Besonderheit. Es hat sich jedoch gezeigt, dass eine Vielzahl von „Hand-Shake Agreements“ im Bereich von

1 International Chamber of Commerce.
2 Deutsche Institution für Schiedsgerichtsbarkeit e.V.
3 Dies sind im Regelfall die Regelungen über Haftung, Vertraulichkeit, Streitbeilegung und Gerichtsstand/geltendes Recht.

Peering existieren bzw. kurzfristig geschlossene Vereinbarungen zwischen den technisch Beteiligten mündlich abgeändert werden. Insofern ist die Aufnahme einer Schriftformklausel[1] zur Beweissicherung dringend zu empfehlen.

(c) Vertraulichkeit

192 Im Rahmen der Vertragsverhandlungen sowie der eigentlichen Vertragsabwicklung selbst werden zwischen den Parteien unter Umständen eine Vielzahl von geschäftsinternen technischen, organisatorischen oder kaufmännischen Informationen ausgetauscht, deren Weitergabe an Dritte zum Teil nicht nur unerwünscht, sondern geschäftsschädigend sein kann. Sollte nicht im Vorfeld der Verhandlungen bereits eine entsprechende **Vertraulichkeitsvereinbarung** zwischen den Vertragsparteien abgeschlossen worden sein, auf die dann im Rahmen des Peering-Agreements Bezug genommen werden kann, so sollte unbedingt im Peering-Agreement selber eine entsprechende reziproke Vertraulichkeitsklausel aufgenommen werden.

(d) Abtretungs- und Übertragungsverbot

193 Hinsichtlich möglicher Abtretungs- und Übertragungsverbote bestehen keine Besonderheiten. Im Regelfall wird im Rahmen des Peerings jedoch ein **Abtretungs- und Übertragungsverbot** regelmäßig vereinbart, da die Parteien ein besonderes Interesse an der Identität gerade des Vertragpartners haben. Sinnvoll und üblich kann jedoch eine Ausnahme von diesem Verbot für die Abtretung oder Übertragung an verbundene Unternehmen iSd. § 15 AkG sein.

(13) AGB

194 Peering-Agreements beruhen weitestgehend auf standardisierten Vertragsmustern, deren Aushandlungsgrad im Einzelfall nicht besonders hoch ist. Von daher kann grundsätzlich eine Inhaltskontrolle nach dem Gesetz zur Regelung des Rechts der Allgemeinen Geschäftsbedingung (AGBG) in Betracht kommen, soweit die betreffende Klausel nicht gesondert verhandelt worden ist (§ 4 AGBG). Da Peering-Agreements ausschließlich zwischen kommerziellen Internet-Providern, mithin Unternehmern abgeschlossen werden, finden gemäß § 24 AGBG insbesondere die §§ 10 und 11 AGBG (**Klauselverbote** mit und ohne Wertungsmöglichkeit) keine Anwendung, so dass allein § 9 AGBG, unter Umständen unter Einbindung der Rechtsgedanken aus den §§ 10, 11 AGBG, die Grundlage der Inhaltskontrolle ist[2].

---

1 ZB: „Mündliche Nebenabreden bestehen nicht. Änderungen des Vertrages bedürfen der Schriftform. Dies gilt auch für einen Verzicht auf das Schriftformerfordernis."

2 Vgl. hierzu umfassend Palandt/*Heinrichs*, BGB, § 9 AGBG Rz. 32; s. auch Rz. 140.

cc) Zusammenfassung und Ausblick

195 Struktur und Inhalt von Peering-Agreements sowohl auf nationaler als auch auf internationaler Ebene haben sich in den letzten Jahren weitestgehend vereinheitlicht, obwohl es derzeit noch kein anerkanntes Muster-Peering-Agreement gibt. Dies hängt damit zusammen, dass letztendlich die Gewichtung der vertraglichen Vereinbarung von Unternehmen zu Unternehmen unterschiedlich ist. Wie oben angeführt beruhen viele Peerings noch auf reiner Handshake-Basis. Zunehmend unter Kritik gerät jedoch die Verteilung der Kosten beim Peering, insbesondere im Hinblick auf die Kosten, die von Tier1-Providern für bilaterales Peering verlangt wird. Entsprechende Untersuchungen liegen bereits vor[1], ein einheitliches Bild ist jedoch nicht erkennbar. Lediglich die **International Telecommunications Union** (ITU) ist im Rahmen einer ITU-Recommendation (Recommendation D.50 (10/00) – International Internet Connection) tätig geworden mit dem Ziel, eine einheitliche Kostenverteilung nach dem Verkehrsverursacherprinzip einzuführen[2]. Auswirkungen auf die Peering-Praxis hat die ITU-Recommendation bisher nicht gehabt.

3. Sicherung der Rechte vor Aufnahme der Tätigkeit

a) Urheberrecht/Datenbankschutz

196 Für ein besseres Verständnis, welche urheberrechtlichen Nutzungsrechte ein Netzbetreiber vor Aufnahme seines Betriebes einholen muss, will er einer Inanspruchnahme durch in ihren Rechten verletzte Urheber entgehen, bedarf es einleitend einer kurzen Darstellung von Grund und Inhalt des urheberrechtlichen Schutzes. Sodann ist zu fragen, welche urheberrechtlich relevanten Handlungen ein Netzbetreiber vornimmt und inwieweit er in Bezug auf urheberrechtlich relevante Handlungen von einer Haftung ausnahmsweise freigestellt ist.

aa) Aufgaben und Ziele des Urheberrechts

197 Das Urheberrecht schützt die Schöpfer von Werken der Literatur, Wissenschaft und Kunst und ist damit insbesondere vom Patentrecht als dem Recht der Erfindungen und dem Markenrecht als dem Recht geschäftlicher Kennzeichen abgegrenzt. Neben Urhebern **(Urheberrecht ieS)** sind auch Inhaber sog. Nachbarrechte geschützt, die als ausübende Künstler oder aufgrund ihrer kaufmännisch-organisatorischen Tätigkeit etwa als Tonträgerhersteller,

---

1 Vgl. zB Europäische Kommission: Internet Network Issues, internetreg-sk-aug00; FCC OPP Working Paper No. 32: The Digital Handshake: Connecting Internet Backbones.

2 „It is recommended that administrations involved in the provision of international Internet connection negotiate and agree bilateral commercial arrangements applying to direct international Internet connections whereby each administration will be compensated for the cost that it incurs in carrying traffic that is generated by the other administration."

Sendeunternehmen und Filmhersteller zum Kulturschaffen beitragen **(Urheberrecht iwS)**. Gesetzlich geregelt ist das Urheberrecht in Deutschland im Urheberrechtsgesetz (UrhG) vom 9.9.1965. Als Teil des Rechts des geistigen Eigentums gewährt das Urheberrecht ausschließlich Rechte in Bezug auf die geschützten **immateriellen** Schutzgegenstände. Dabei ist das Eigentum am Werkexemplar strikt von dem in diesem verkörperten urheberrechtlich geschützten Werk zu trennen. Folglich verschafft das Eigentum am Werkexemplar – also etwa ein Buch oder eine CD – dem Eigentümer als solches noch keinerlei Nutzungsrechte. Diese Nutzungsrechte muss sich der Nutzer vielmehr im Wege von **Lizenzvereinbarungen** einräumen lassen, will er fremde Urheberrechte nicht verletzen und den an eine Urheberrechtsverletzung geknüpften zivilrechtlichen Rechtsfolgen von Schadensersatz, Unterlassung und Beseitigung sowie den strafrechtlichen Sanktionen[1] entgehen.

Die aus urheberrechtlicher Sicht entscheidende Frage geht also dahin, welche Handlungen, die jemand in Bezug auf fremde geschützte Werke und Leistungen vornimmt, dem Urheber bzw. Inhaber urheberrechtlicher Nutzungsbefugnisse vom UrhG zur ausschließlichen Nutzung vorbehalten sind und welche Handlungen ein Nutzer dagegen – ggf. gegen Zahlung lediglich einer Vergütung – auch ohne Zustimmung des Urhebers bzw. des Rechteinhabers vornehmen darf. 198

bb) Urheberrechtlich relevante Handlungen

Als Handlungen des Netzbetreibers, die möglicherweise urheberrechtlich relevant sein könnten, kommen in Betracht das reine **Durchleiten**, mit **Routern verbundene kurzzeitige technische Vervielfältigungen** sowie **Vervielfältigungen im Zusammenhang mit dem Caching** und ggf. dem Einsatz von **Proxy-Servern**. Zu denken ist auch daran, dass der Netzbetreiber eine **Beihilfe** zu urheberrechtsverletzenden Handlungen desjenigen leisten könnte, der sich des Netzes zur Übermittlung von Daten bedient.[2] 199

Hinsichtlich dieser Fragen enthält das deutsche Urheberrecht bislang noch **keine ausdrücklichen**, speziell auf die Tätigkeit von Netzbetreibern zugeschnittenen **Sonderregelungen**. Vielmehr gelten einstweilen die allgemeinen Regelungen des UrhG. Immerhin Anhaltspunkte ergeben sich dagegen aus den jüngsten Rechtsetzungsaktivitäten auf internationaler wie auch auf europäischer Ebene. 200

So haben sich die Vertragsparteien im Zuge der Verhandlungen des WIPO Copyright Treaty (WCT)[3] 1996 auf eine ausdrückliche Erklärung zum Recht der öffentlichen Wiedergabe dahin gehend verständigt, dass die **Bereitstellung** der materiellen Voraussetzungen, die eine öffentliche Wiedergabe ermöglichen oder bewirken, für sich genommen noch keine Wiedergabe im 201

---

1 Vgl. zu den Sanktionen im Verletzungsfall die §§ 97 ff. UrhG und dazu näher Teil G.
2 Vgl. dazu noch nachfolgend D Rz. 271 ff.
3 Der Text des WCT ist abgedruckt im ABl. der EU Nr. L 89 v. 11.4.2000, S. 8 ff.

Sinne des WCT oder der Berner Übereinkunft darstellt. In Bezug auf das **Vervielfältigungsrecht** haben sich die Parteien jedoch nur darauf verständigen können, dass das Vervielfältigungsrecht nach Art. 9 RBÜ auch im digitalen Bereich Anwendung findet und dass die elektronische Speicherung eines geschützten Werks in digitaler Form als Vervielfältigung im Sinne dieser Vorschrift anzusehen ist. Damit ist noch nichts darüber gesagt, wann im digitalen Kontext eine solche Vervielfältigung gegeben ist.

202 Nach Art. 5 Abs. 1 der **Richtlinie über das Urheberrecht in der Informationsgesellschaft**[1] werden „vorübergehende Vervielfältigungshandlungen, die flüchtig oder begleitend sind und einen integralen und wesentlichen Teil eines technischen Verfahrens darstellen und deren alleiniger Zweck es ist, eine Übertragung in einem Netz zwischen Dritten durch einen Vermittler oder eine rechtmäßige Nutzung eines Werks oder sonstigen Schutzgegenstands zu ermöglichen, und die keine eigenständige wirtschaftliche Bedeutung haben", für alle Mitgliedstaaten zwingend vom Vervielfältigungsrecht des Urhebers ausgenommen.[2] Hinsichtlich des Rechts der **öffentlichen Wiedergabe** stellt zumindest der 27. Erwägungsgrund dem WCT vergleichbar klar, dass „die bloße Bereitstellung der Einrichtungen, die eine Wiedergabe ermöglichen oder bewirken", als solche noch keine Wiedergabe im Sinne der Richtlinie darstellt. Damit bedürfen bloße Netzbetreiber und Zugangsvermittler insoweit also zumindest künftig keiner Zustimmung der Rechteinhaber.[3]

203 Das dürfte sowohl im Hinblick auf das Vervielfältigungs- wie auch auf das Recht zur öffentlichen Wiedergabe schon jetzt auch geltendem deutschen Urheberrecht entsprechen.

204 In Bezug auf urheberrechtlich relevante Vervielfältigungshandlungen hat der BGH zumindest für **Computerprogramme** seinerzeit entschieden, dass nicht schon jede technische Vervielfältigung zugleich auch eine Vervielfältigung im urheberrechtlichen Sinn darstellt.[4] Angesichts der Vergleichbarkeit der technischen Vorgänge im Rahmen der Nutzung dürfte dies für alle Werke in digitaler Form gelten. Dazu wird man auch jedes kurzzeitige **Caching** zählen können, das aus technischer Sicht für den reibungslosen Signaltransport erforderlich ist. Anders dürfte es hingegen in Bezug auf das Caching ausse-

1 ABl. EU Nr. L 167 v. 22.6.2001, S. 10 ff.

2 Vgl. erläuternd dazu den 33. Erwägungsgrund: „Soweit diese Voraussetzungen erfüllt sind, erfasst diese Ausnahme auch Handlungen, die das ‚Browsing' sowie Handlungen des ‚Caching' ermöglichen; dies schließt Handlungen ein, die das effiziente Funktionieren der Übertragungssysteme ermöglichen, sofern der Vermittler die Information nicht verändert und nicht die erlaubte Anwendung von Technologien zur Sammlung von Daten über die Nutzung der Information, die von der gewerblichen Wirtschaft weithin anerkannt und verwendet werden, beeinträchtigt. Eine Nutzung sollte als rechtmäßig gelten, soweit sie vom Rechtsinhaber zugelassen bzw. nicht durch Gesetze beschränkt ist."

3 Ebenso *Metzger*, CR 2001, 281.

4 BGH, Urt. v. 4.10.1990 – ZR 139/89, GRUR 1991, 449 (453) – Betriebssystem.

hen, das nur zum Zweck der Verkürzung der Zugriffszeiten auf häufig aufgerufene Seiten vorgenommen wird.

Hinsichtlich des **Zurverfügungstellens von Mitteln des Signaltransports** unter dem Gesichtspunkt der öffentlichen Wiedergabe ist man bislang – etwa in Bezug auf die Sendemittel, welche die Telekom den Sendeunternehmen zur Verfügung stellt – ebenfalls davon ausgegangen, dass darin keine eigenständige Sendung oder öffentliche Wiedergabe liegt. Mithin kommt eine Haftung insoweit allenfalls dann in Betracht, wenn derjenige, der das Netz zur Verfügung stellt, eine **Überwachungspflicht** verletzt. Die dafür erforderliche Garantenstellung dürfte jedoch allenfalls bei schwer wiegenden und fortgesetzten Verstößen Dritter bestehen.[1] Allerdings wird der Netzbetreiber nach § 5 Abs. 3 TDG insoweit von einer Haftung zumindest auf Schadensersatz befreit sein; jedenfalls künftig werden nach der **E-Commerce-Richtlinie** der EU jegliche Überwachungspflichten seitens der Netzbetreiber beseitigt.[2] 205

cc) Beschränkung der Haftung

Es würde in der Praxis jedoch zu weit führen, wollte man den Netzbetreiber für alle Urheberrechtsverletzungen haften lassen, zu denen er einen noch so kleinen kausalen Tatbeitrag leistet. Solche kausalen Tatbeiträge untergeordneter Funktion liegen, wie soeben erwähnt, zum einen in **Vervielfältigungshandlungen**, die der Netzbetreiber aus technischen Gründen oder mit dem Ziel eines rascheren und stabileren Datentransportes **regelmäßig automatisiert** vornimmt, und zum anderen in sämtlichen **technischen Hilfeleistungen**, durch welchen es der Netzbetreiber Dritten, die sich des Netzes zum Transport ihrer Daten bedienen, möglich macht, fremde Urheberrechte zu verletzen. 206

Der Gesetzgeber hat sowohl in Deutschland als auch in Europa – wie im übrigen auch in den USA – die Netzbetreiber insoweit im Wege der ausdrücklichen Gesetzesänderung in bestimmtem Umfang von der **Haftung freigestellt**. Dabei hätte das allgemeine Haftungsrecht durchaus hinreichende Flexibilität geboten, im Rahmen etwa der Verhältnismäßigkeitsprüfung bei der Unterlassungs- und Beseitigungshaftung nach § 1004 BGB sowie mittels des Verschuldensmaßstabes bei der Schadensersatzhaftung nach den §§ 97 Abs. 1 UrhG, 823 Abs. 1 BGB zu vernünftigen Ergebnissen zu führen.[3] Erklärtes Ziel der Haftungserleichterung war es, die noch junge Providerindustrie nicht mit allzu weit reichenden Haftungsrisiken zu belasten. 207

Nach der bereits 1997 im Rahmen des **Informations- und Kommunikationsdienstegesetzes** (IuKDG)[4] verabschiedeten Vorschrift des § 5 Abs. 3 **Tele-** 208

---

1 Vgl. nur *Schricker*, Urheberrechtliche Probleme des Kabelrundfunks, 1986, S. 24 f., zur urheberrechtlichen Haftung des Störers, der nicht selbst in fremde Urheberrechtsbefugnisse eingreift (sog. mittelbarer Störer).

2 Vgl. dazu noch nachfolgend D Rz. 273 ff.

3 Vgl. auch insoweit noch D Rz. 272.

4 Gesetz v. 22.7.1997, BGBl. I S. 1870.

dienstegesetz (TDG) sind Diensteanbieter für **fremde Inhalte**, zu denen sie lediglich den Zugang zur Nutzung vermitteln, **nicht verantwortlich**. Eine automatische und kurzzeitige Vorhaltung fremder Inhalte auf Grund einer Nutzerabfrage gilt nach dem Gesetzeswortlaut ausdrücklich als Zugangsvermittlung. Unberührt von dieser Haftungsfreistellung bleiben nach § 5 Abs. 4 TDG allerdings **Verpflichtungen zur Sperrung der Nutzung rechtswidriger Inhalte** nach den allgemeinen Gesetzen, vorausgesetzt, der Diensteanbieter hat von diesen Inhalten unter Wahrung des Fernmeldegeheimnisses Kenntnis erlangt und eine Sperrung ist ihm technisch möglich und zumutbar. Unstreitig dürfte sein, dass die Tätigkeit als reiner Netzbetreiber § 5 Abs. 3 TDG unterfällt. Über alle weiteren Fragen, insbesondere über die Reichweite der Haftung nach § 5 Abs. 4 TDG einschließlich des Umfangs etwaiger Überwachungs- und Informationspflichten besteht jedoch weit gehende Unklarheit. Neuerdings wird sogar die Geltung des – unstreitig zunächst für strafrechtliche Sachverhalte konzipierten – § 5 TDG auf Fälle der Urheberrechtsverletzung wieder in Zweifel gezogen.[1] Sollte diese Auffassung höchstrichterlich bestätigt werden, bliebe es zumindest bis zur Umsetzung der EU-Richtlinie zum E-Commerce auch für Netzbetreiber bei der Haftung nach allgemeinem Recht, die allerdings zumindest für reine Netzbetreiber keine großen Risiken bereithält.[2]

209 Die EU-Richtlinie über den elektronischen Geschäftsverkehr (**E-Commerce-Richtlinie**)[3] folgt in ihren Art. 12 ff. weitgehend dem deutschen Vorbild. Nach Art. 12 Abs. 1 der Richtlinie sind Netzbetreiber für die übermittelten Informationen nicht verantwortlich, sofern sie die Übermittlung nicht veranlassen, den Adressaten der übermittelten Informationen nicht auswählen und die übermittelten Informationen nicht auswählen oder verändern. Nach Abs. 2 erfasst die Haftungsfreistellung auch „die automatische kurzzeitige Zwischenspeicherung der übermittelten Informationen, soweit dies nur zur Durchführung der Übermittlung im Kommunikationsnetz geschieht und die Information nicht länger gespeichert wird, als es für die Übermittlung üblicherweise erforderlich ist“. Nach Abs. 3 schließlich sollen auch künftig die Möglichkeiten unberührt bleiben, dass Diensteanbieter nach dem Recht der Mitgliedstaaten verpflichtet sind, eine Rechtsverletzung abzustellen oder zu verhindern. Darüber hinaus stellen die Art. 13 und 14 der E-Commerce Richtlinie auch jedes Caching, das allein dazu dient, die Übermittlung der Information an andere Nutzer auf deren Anfrage effizienter zu gestalten, von der Haftung frei, ebenso wie unter im Einzelnen näher bezeichneten eingeschränkten Voraussetzungen das Hosting.[4]

---

1 So ausdrücklich OLG München, Urt. v. 8.3.2001 – 29 U 3282/00 (LG München I) – AOL.

2 Vgl. dazu näher unten D Rz. 277 ff.

3 Richtlinie 2000/31/EG des Europäischen Parlaments und des Rates v. 8.6.2000 über bestimmte rechtliche Aspekte der Dienste der Informationsgesellschaft, insbesondere des elektronischen Geschäftsverkehrs, im Binnenmarkt, ABl. EU Nr. L 178 v. 17.7.2000, S. 1 ff.

4 Vgl. auch dazu näher nachfolgend D Rz. 277 ff.

Nach dem Entwurf[1] eines Umsetzungsgesetzes durch das BMJ sollen diese Bestimmungen weitgehend wörtlich ins deutsche Recht übernommen werden.[2] 210

b) Marken- und Kennzeichenrecht

Die rechtzeitige Sicherung von Marken und Kennzeichenrechten vor der Aufnahme der Geschäftstätigkeit ist sowohl für Netzbetreiber als auch für Inhalte-Anbieter von wesentlicher Bedeutung. Meist steht dabei die rechtzeitige Registrierung der für die jeweilige Geschäftstätigkeit angestrebten Marken im Vordergrund. Auch die rechtzeitige Auswahl und Sicherung von Unternehmenskennzeichen und Werktitelrechten kann von Bedeutung sein. Schließlich spielt die richtige Auswahl und Anmeldung von Domainnamen im Bereich des E-Commerce eine entscheidende Rolle. 211

Im Folgenden soll ein kurzer Überblick über die gesetzlichen Kennzeichenrechte sowie die sich aus ihnen ergebenden Ansprüche gegeben werden. Die Ausführungen beschränken sich dabei auf die „echten" Kennzeichenrechte, insbesondere nach dem Markengesetz, erfassen hingegen nicht den Schutz von Domainnamen. Die Rechtsfragen zu Domainnamen werden vielmehr im Rahmen des Kapitels über Inhalte-Anbieter besprochen (s.u. Rz. 827 ff.).

aa) Art der Kennzeichenrechte

Das deutsche Markenrecht unterscheidet zwischen drei verschiedenen Kennzeichenrechten, nämlich den Marken, den Unternehmenskennzeichen und den Werktiteln. 212

(1) Marken

Marken sind sämtliche Zeichen, die geeignet sind, **Waren oder Dienstleistungen** eines Unternehmens von denen anderer Unternehmen zu unterscheiden (§ 3 Abs. 1 MarkenG). Hierzu zählen Zeichen jeglicher Art, insbesondere Worte (sog. Wortmarken) und grafische Darstellungen (Wort-/Bildmarken), aber auch dreidimensionale Gestaltungen oder Farben. Voraussetzung ist allein, da der Marke **Kennzeichnungskraft** in dem Sinne zukommt, da das Kennzeichen durch den Verkehr als Hinweis auf die Herkunft der jeweiligen Ware oder Dienstleistung aus dem Unternehmen des Kennzeichen-Inhabers verstanden wird. Insbesondere rein beschreibende Bezeichnungen, welche keine derartige Herkunftsfunktion erfüllen, sind daher nicht als Marke schutzfähig (§ 8 Abs. 2 MarkenG). 213

Der Markenschutz entsteht grundsätzlich mit der Eintragung des Zeichens in das **Markenregister** des Deutschen Patent- und Markenamtes in München

1 Entwurf eines Gesetzes über rechtliche Rahmenbedingungen für den elektronischen Geschäftsverkehr (Elektronischer Geschäftsverkehr-Gesetz – EGG), BT-Drucks. 14/6098 v. 17.5.2001.

2 §§ 8–11 TDG-E.

(§ 4 Nr. 1 MarkenG), bei besonders bekannten Zeichen, welche Verkehrsgeltung erworben haben, ausnahmsweise auch allein durch die Benutzung ohne Eintragung (§ 4 Nr. 2 und 3 MarkenG). Er erstreckt sich auf den in der Markenanmeldung angegebenen Waren- und Dienstleistungsbereich, soweit die Marke auch tatsächlich in diesem Bereich genutzt wird (§§ 25, 26 MarkenG).

(2) Unternehmenskennzeichen

214 Unternehmenskennzeichen sind Zeichen, die im geschäftlichen Verkehr als Name, Firma oder besondere Bezeichnung eines **Geschäftsbetriebes** benutzt werden (§ 5 Abs. 2 MarkenG). Erforderlich ist wie bei der Marke eine **Kennzeichnungskraft** in dem Sinne, dass der Verkehr das Unternehmenskennzeichen als individuellen Herkunftshinweis auf das zugehörige Unternehmen versteht.

Der Schutz des Unternehmenskennzeichens entsteht im Gegensatz zur Marke allein durch die Aufnahme der **tatsächlichen Nutzung**. Eine Registrierung ist nicht erforderlich[1]. Der Schutzumfang des Unternehmenskennzeichens bestimmt sich ebenfalls nicht nach einer Registrierung, sondern allein nach der Reichweite der tatsächlichen Nutzung des Zeichens durch den Zeicheninhaber.

(3) Werktitel

215 Werktitel sind Namen oder besondere Bezeichnungen von Zeitschriften, Zeitungen, anderen **Druckschriften**, Filmwerken, Tonwerken, Bühnenwerken oder vergleichbaren Werken (§ 5 Abs. 3 MarkenG) wie zB Software[2]. Erforderlich ist ebenso wie bei Marken und Unternehmenskennzeichen eine **Kennzeichnungskraft** des gewählten Titels, wenn auch eine deutlich geringere[3].

Ähnlich wie beim Unternehmenskennzeichen entsteht der Werktitelschutz im Grundsatz mit der Nutzungsaufnahme. Allerdings kann er durch sog. **Titelschutzanzeigen** schon auf einen Zeitpunkt vor der Nutzungsaufnahme vorverlagert werden[4]. Eine Registrierung ist ebenso wie beim Unternehmenskennzeichen nicht erforderlich.

---

1 Die handelsrechtliche Registerpflicht nach §§ 29 ff. HGB ist für die Schutzbegründung des Kennzeichenschutzes nicht relevant.

2 Vgl. zum Werktitelschutz für Softwareprodukte BGH v. 24.4.1997 – I ZR 44/95, WRP 1997, 1184 – „PowerPoint"; BGH v. 24.4.1997 – I ZR 233/94, WRP 1997, 1181 – „FTOS".

3 Vgl. *Ingerl/Rohnke*, MarkenG, § 5 Rz. 52 f.

4 Vgl. hierzu *Ingerl/Rohnke*, MarkenG, § 5 Rz. 50, sowie nachfolgend in diesem Abschnitt Rz. 226.

(4) Kennzeichenrechte außerhalb des Markengesetzes

Neben den Kennzeichenrechten des Markengesetzes gibt es auch in anderen Gesetzen teilweise kennzeichenrechtliche Bestimmungen: 216

- **Namensrecht:** Nach § 12 BGB ist der Name natürlicher und juristischer Personen sowie sonstiger Personenvereinigungen gegen eine ungerechtfertigte Nutzung durch Dritte („Namensanmaßung") oder die Leugnung durch Dritte („Namensleugnung") geschützt. Dies gilt auch für Pseudonyme. Erforderlich ist allein, dass der Name „Namensfunktion" erfüllt, dh. vom Verkehr als Hinweis auf eine Person oder ein Unternehmen verstanden wird. Ähnlich wie beim Unternehmenskennzeichen entsteht das Namensrecht mit der Aufnahme der Benutzung. Eine Registrierung ist nicht erforderlich.
- **Firmenregisterschutz**: Nach § 37 HGB kann der unberechtigte Gebrauch fremder Firmennamen auch registerrechtliche Unterlassungsansprüche nach sich ziehen. Diese Vorschrift ist allerdings im Gegensatz zu dem umfassenderen Unternehmenskennzeichenschutz nach §§ 5, 15 MarkenG von geringerer Bedeutung.

bb) Umfang der Kennzeichenrechte

Kennzeichenrechte berechtigen den Rechtsinhaber zur Geltendmachung von Ansprüchen gegen Nutzer **identischer oder ähnlicher** Kennzeichen im geschäftlichen Verkehr, soweit hierdurch eine **Verwechslungsgefahr** erzeugt wird (§ 14 Abs. 2 Nr. 1 und 2, § 15 Abs. 2 MarkenG)[1]. Ob eine derartige Verwechslungsgefahr besteht, richtet sich zum einen nach der terminologischen, inhaltlichen, klanglichen und bildlichen Nähe der sich gegenüberstehenden Kennzeichen – **„Zeichennähe"** – sowie zum anderen nach der Identität oder Ähnlichkeit der mit den jeweiligen Kennzeichen genutzten Waren oder Dienstleistungen (so bei Marken) oder Werken (so bei Werktiteln) bzw. nach der Identität oder Ähnlichkeit der Branche, in der das jeweilige Unternehmen tätig ist (so bei Unternehmenskennzeichen) – **„Waren-/Dienstleistungs-/Branchennähe"** –. Ob eine Verwechslungsgefahr besteht, muss von Fall zu Fall unter Berücksichtigung sämtlicher Umstände des Einzelfalles bestimmt werden. Entscheidend ist dabei die Sicht des Abnehmerkreises[2]. 217

Ausnahmsweise kann darüber hinaus bei **bekannten Kennzeichen** auch ein Schutz über den Bereich der Verwechslungsgefahr hinaus bestehen, soweit die Nutzung des Kennzeichens durch einen Dritten dazu geeignet ist, die Wertschätzung für das bekannte Kennzeichen ohne rechtfertigenden Grund 218

1 Dies bezieht sich auf die markenrechtlichen Kennzeichenrechte. Verwechslungsgefahr und eine Nutzung im geschäftlichen Verkehr sind bei den Namensrechten nach § 12 BGB nicht erforderlich.

2 Vgl. zur Bestimmung der Verwechslungsgefahr *Ingerl/Rohnke*, MarkenG, § 14 Rz. 168 ff.

auszunutzen oder zu beeinträchtigen (sog. „**Verwässerungsgefahr**") (vgl. § 14 Abs. 2 Nr. 3, § 15 Abs. 2 MarkenG).

cc) Ansprüche aus Kennzeichenrechten

219 Inhabern von Kennzeichenrechten stehen in dem vorstehend beschriebenen Schutzumfang gegenüber Rechtsverletzern in erster Linie **Unterlassungsansprüche** zu (vgl. § 14 Abs. 5, § 15 Abs. 4 MarkenG), welche in den relevanten Bestimmungen des Markengesetzes zum Teil konkrete Ausformungen erfahren (siehe § 14 Abs. 3 und Abs. 4 MarkenG).

Ist die jeweilige Verletzungshandlung vorsätzlich oder fahrlässig begangen worden, ist der Kennzeicheninhaber darüber hinaus auch zur Geltendmachung von **Schadensersatzansprüchen** berechtigt (vgl. § 14 Abs. 6, § 15 Abs. 5 MarkenG). Hinsichtlich der Berechnung des Schadens gelten die im Immaterialgüterrecht allgemein anwendbaren drei Berechnungsmethoden (Erstattung des tatsächlich entstandenen Vermögensnachteiles, Zahlung einer fiktiven Lizenzgebühr im Wege der Lizenzanalogie oder Herausgabe des Verletzergewinns; vgl. hierzu unten D Rz. 258 ff.).

Schließlich hat der Kennzeichenrechtsinhaber gegenüber dem Verletzer einen Anspruch auf **Vernichtung** sämtlicher widerrechtlich gekennzeichneter Gegenstände (vgl. § 18 MarkenG) sowie auf **Auskunft** über die Herkunft und den Vertrieb derartig gekennzeichneter Gegenstände (vgl. § 19 MarkenG).

220 Machen mehrere Personen gegeneinander Rechte an dem gleichen Kennzeichen in dem gleichen Nutzungsbereich geltend, bestimmt sich die Rechtsstellung der Kennzeicheninhaber untereinander nach der **zeitlichen Priorität** der jeweiligen Kennzeichenrechtserlangung (§ 6 MarkenG). Das zeitlich ältere Kennzeichenrecht erhält dabei gegenüber dem zeitlich nachfolgenden Kennzeichenrecht den Vorrang. Auf die Art des Kennzeichens kommt es nicht an. Vielmehr gilt im deutschen Markenrecht der Grundsatz der Gleichwertigkeit aller Kennzeichenrechte. Dieser gilt nicht nur für die markengesetzlichen Kennzeichenrechte (Marke, Unternehmenskennzeichen, Werktitel), sondern zB auch für die Namensrechte nach § 12 BGB.

dd) Bestimmung des anwendbaren Kennzeichenrechts

221 Kennzeichenrechte sind grundsätzlich nationale Rechte. Ihre Reichweite beschränkt sich auf das jeweilige nationale Territorium desjenigen Landes, in dem ein Kennzeichenschutz begründet wird („**Territorialitätsprinzip**"). Deutsche Kennzeichenrechte beschränken sich daher auf das Gebiet der Bundesrepublik Deutschland und berechtigen nicht zur Nutzung des gleichen Kennzeichens im Ausland. Auch internationale Markenanmeldungen wie die Anmeldung einer sog. IR-Marke bei der World Intellectual Property Organisation (WIPO) über das Madrider Markenabkommen führen nicht zu einem internationalen Markenschutz, sondern stellen nur ein vereinfachtes

Anmeldeverfahren zur Erlangung eines Bündels nationaler Marken dar. Einzig die durch die Gemeinschaftsmarkenverordnung[1] geschaffene europäische **Gemeinschaftsmarke** stellt ein länderübergreifendes internationales einheitliches Markenrecht dar. Auch dieses beschränkt sich hinsichtlich seiner geographischen Reichweite allerdings auf das Gebiet der Europäischen Union.

Die geographische Beschränkung der Kennzeichenrechte steht in einem auffallenden Widerspruch zu der **Internationalität des Internets** und der über das Internet verfügbaren Dienste. Dies führt dazu, dass eine Kennzeichennutzung im Internet sich faktisch nur sehr schwer auf ein bestimmtes geographisches Territorium beschränken lässt. Im Regelfall ist jede Kennzeichennutzung weltweit ohne geographische Beschränkung abrufbar. Damit läuft ein inländischer Kennzeicheninhaber Gefahr, allein durch die Einstellung seines Kennzeichens ins Internet ausländische Kennzeichenrechte Dritter zu verletzen. 222

Um das Risiko einer Kennzeichennutzung im Internet nicht uferlos ausweiten zu lassen, kommt der Frage, wie die Anwendung nationaler Markenrechte für Internet-Nutzungen angemessen beschränkt werden kann, entscheidende Bedeutung zu. Die deutsche Rechtsprechung hat hierzu den Grundsatz entwickelt, dass das deutsche Kennzeichenrecht bei Internet-Nutzungen nur dann zur Anwendung kommt, wenn die Website, in der das Kennzeichen genutzt wird, sich in ihrer **objektiven Zielrichtung** bestimmungsgemäß an deutsche Nutzer richtet. Da diese Rechtsprechung sich bislang im Wesentlichen zur Frage der Nutzung von Domainnamen entwickelt hat, soll hier insoweit auf die Darstellung der Anwendbarkeit des deutschen Kennzeichenrechts bei der Nutzung von Domainnamen verwiesen werden (vgl. unten Rz. 889 ff.) 223

ee) Sicherung von Kennzeichenrechten

Vor der Nutzung von Kennzeichen im Zusammenhang mit E-Commerce-Diensten ist von dem jeweiligen Netzbetreiber oder Inhalte-Anbieter genauestens zu prüfen, ob das angestrebte Kennzeichen nicht vorbestehende Rechte Dritter verletzt. Hierzu sollten über Rechts- oder Patentanwälte **Marken-, Unternehmenskennzeichen-, Werktitel- und Domainnamen-Recherchen** durchgeführt werden, welche den bereits existierenden Bestand identischer oder ähnlicher Kennzeichen in der von dem Anbieter angestrebten Branche aufzeigen. Gerade junge Unternehmen scheuen zwar häufig die mit einer derartigen Recherche zu Beginn ihrer Tätigkeit verbundenen Kosten. Angesichts der Tatsache, dass spätere Kennzeichen-Verletzungsverfahren und insbesondere spätere Umbenennungen von Unternehmen oder Produkten weit höhere Kosten verursachen können, ist eine sorgfältige Kennzeichenrecherche vor der Aufnahme jedoch äußerst ratsam. 224

1 VO EG/40/94 des Rates über die Gemeinschaftsmarke vom 20.12.1993.

225 Wie bereits erwähnt (Rz. 214), entsteht der Kennzeichenschutz für **Unternehmenskennzeichen** automatisch mit der Nutzungsaufnahme, so dass für die Erlangung des Unternehmenskennzeichenschutzes keine zusätzlichen Handlungen erforderlich sind.

Kennzeichnungen von Waren und Dienstleistungen sollten stets vor der erstmaligen Nutzungsaufnahme als **Marke** beim Deutschen Patent- und Markenamt sowie, falls eine Nutzung im Ausland geplant ist, auch bei den ausländischen Markenämtern angemeldet werden. Angesichts der Tatsache, dass es in Konfliktfällen bei der Frage der Kennzeichenpriorität allein auf den Zeitpunkt der Markenanmeldung und nicht auf den Zeitpunkt der Benutzungsaufnahme ankommt, bestünde anderenfalls die Gefahr, dass ein Dritter durch eine spätere Markenanmeldung Unterlassungs- und Schadensersatzansprüche gegen den Kennzeichennutzer geltend machen könnte, obwohl dieser das geschützte Kennzeichen bereits vor dem Markeninhaber genutzt hatte. Wie die umfassende Rechtsprechung zu derartigen Konfliktlagen zeigt[1], sind derartige Fälle nicht selten.

226 Bei **Werktiteln** sollte vor der Herausgabe der jeweiligen Druckschrift eine Titelschutzanzeige veröffentlicht werden[2]. Hierbei handelt es sich um eine in bestimmten Buchhandels-Zeitschriften veröffentlichte Kurzanzeige, dass für eine bestimmte Titelbezeichnung Rechtsschutz begehrt wird. Die Titelschutzanzeige verlagert den Beginn des Rechtsschutzes, welcher normalerweise mit der Herausgabe des Druckwerkes beginnen würde, auf den Tag der Veröffentlichung der Titelschutzanzeige vor. Voraussetzung für diese Vorverlagerung des Schutzbeginns ist allerdings, dass das angekündigte Druckwerk tatsächlich nach der Titelschutzanzeige in „angemessener Zeit" – dh. im Regelfall innerhalb von ca. 6 Monaten – erscheint. Anderenfalls würde die Prioritätswirkung der Titelschutzanzeige verfallen.

c) Patentrechte für eigene Handlungen

aa) Patente für Erzeugnisse

227 Ein Patent verleiht dessen Inhaber ein Exklusivrecht an der patentierten Erfindung. Der Patentinhaber kann es jedem Dritten verbieten, ohne seine Zustimmung ein **patentiertes Erzeugnis** herzustellen, anzubieten, in Verkehr zu bringen oder zu gebrauchen oder zu den genannten Zwecken entweder einzuführen oder zu besitzen (§ 9 Nr. 1 PatG). Jeder Netzbetreiber verwendet eine Vielzahl von Telekommunikationsausrüstungs-Bauelementen sowie Prüf- und Messgeräten, die patentgeschützte Technologie enthalten. Nach § 434 BGB ist der Verkäufer derartiger Erzeugnisse jedoch verpflichtet, dem Käufer diese frei von Rechtsmängeln zu verschaffen, wofür der Verkäufer

---

1 Vgl. nur BGH v. 10.10.1985 – I ZR 135/83, GRUR 1986, 74 – „Shamrock III"; BGH v. 27.10.1983 – I ZR 146/81, GRUR 1984, 210 – „AROSTAR"; OLG Hamburg v. 14.9.1995 – 3 U 40/95, GRUR 1995, 816 – „Xtensions".

2 Vgl. zur Titelschutzanzeige *Ingerl/Rohnke*, MarkenG, § 5 Rz. 50.

auch haftet. Ist das durch ein Patent geschützte Erzeugnis rechtmäßig in den Verkehr gebracht worden, dh. der Hersteller bzw. Vertreiber eines Erzeugnisses hat alle Patentrechte an diesem genutzt, unterliegt der weitere Gebrauch dieses Erzeugnisses nicht mehr dem Verbietungsrecht des Patentinhabers. Durch das erstmalige rechtmäßige Inverkehrbringen des Erzeugnisses hat sich das Patentrecht erschöpft (siehe E Rz. 23). Der Netzbetreiber braucht daher nicht zu befürchten, wegen der Benutzung von rechtmäßig erworbener Telekommunikationsausrüstung oder Prüfgerätschaft vom Patentinhaber in Anspruch genommen zu werden.

bb) Patente für Verfahren

Der Patentinhaber kann jedem Dritten verbieten, ein **patentiertes Verfahren** 228
anzuwenden (§ 9 Nr. 2 PatG). Eine Erschöpfung der Patentrechte tritt bei Verfahren nicht ein, da diese nicht „in den Verkehr gebracht" werden[1]. Falls jemand eine patentgeschützte Vorrichtung erworben hat, ist der Erwerber jedoch auch berechtigt, die Vorrichtung (beispielsweise Telekommunikationsausrüstung) bestimmungsgemäß zu benutzen, dh. das Verfahren anzuwenden, für dessen Ausführung die Vorrichtung gedacht ist. Für die Benutzung von patentgeschützten Verfahren wie etwa Codierverfahren, Decodierverfahren oder Verschlüsselungsverfahren benötigt der Netzbetreiber jedoch eine Erlaubnis, dh. in der Regel eine Lizenz (siehe E Rz. 49 ff.). Für Netzbetreiber und ISPs relevant ist beispielsweise das RSA-Verschlüsselungsverfahren (US Patent 4,405,829) oder patentierte Datenkompressionsverfahren wie GIF (europäisches Patent 129 439), MP3 oder MPEG 2–4.

cc) Patentpools

Zur Ermöglichung einer internationalen Telekommunikation sind **internationale technische Standards** erforderlich, die die Kompatibilität unter- 229
schiedlicher nationaler oder regionaler Kommunikationsnetze sicherstellen. Solche technische Standards werden von öffentlichen internationalen Organsiationen wie beispielsweise der International Telecommunication Union (ITU) in Genf oder privaten Organisationen wie dem World Wide Web Consortium (W3C) beschlossen. In aller Regel umfassen die technischen Standards eine Reihe von gewerblichen Schutzrechten, insbesondere Patenten, deren Benutzung für die Verwendung des Standards erforderlich ist. Um komplizierte Einzelverhandlungen zwischen verschiedenen Patentinhabern und Nutzern der in einem Standard definierten Technologie zu vermeiden, werden alle für einen technischen Standard essentiellen Patentrechte zu einem Patentpool bzw. Lizenzpool zusammengefasst (siehe E Rz. 53 f.). Eine einheitliche Vereinbarung regelt den Zugang der für die Benutzung des Standards notwendigen Technologie und die dafür zu zahlenden Lizenzge-

1 *Bruchhausen* in Benkard, Patentgesetz, 9. Aufl. 1993, § 9 PatG Rz. 24; *Keukenschrijver* in Busse, Patentgesetz, 5. Aufl. 1999, § 9 PatG Rz. 951.

bühren. Derartige Patentpools sind nach Art. 81 Abs. 3 des EG-Vertrages genehmigungspflichtig, um sicherzustellen, dass die Vereinbarung keine unnötigen oder unverhältnismäßigen Wettbewerbsbeschränkungen enthält[1].

230 Verschiedene Standardisierungsorganisationen verfolgen eine jeweils unterschiedliche „Patentpolitik“. Beispielhaft werden im folgenden drei **Organisationen** erwähnt:

– **International Telecommunication Union**

Diese **UN-Organisation** erarbeitet in ihrem Sektor ITU-T eine Vielzahl von internationalen Standards für die Telekommunikation. Patentinhaber werden aufgefordert mitzuteilen, ob ihrer Ansicht nach zur Implementierung eines Standards die Benutzung eines ihrer Patente erforderlich ist. Der Patentinhaber muss sich zwischen drei grundsätzlichen Alternativen der Nutzung seiner Patentrechte entscheiden. Er kann sich bereit erklären, (1) eine unbeschränkte und kostenfreie Lizenz an jedermann zu vergeben, (2) auf Basis von Reziprozität eine weltweite nichtdiskriminierende Lizenz an eine unbeschränkte Anzahl von Lizenznehmern unter vernünftigen Bedingungen zu vergeben, oder (3) zu erklären, dass er nicht bereit ist, eine Lizenz zu den genannten Bedingungen zu vergeben. Im letzteren Fall prüft die ITU, ob das Patent für die Implementierung des Standards tatsächlich erforderlich ist, und verzichtet, wenn dies zutrifft und möglich ist, für den Standard auf die entsprechende Technologie. Die ITU unterhält eine Datenbank (www.itu.net) mit den so gemeldeten Patenten und der Lizensierungsbereitschaft des Patentinhabers. Dabei ist Alternative (2) am häufigsten anzutreffen.

– **3G-Patentplattform**

Dieser **private Lizenzpool** betrifft die Technologie der dritten Generation der Mobiltelefonie. Basierend auf den soeben skizzierten Grundsätzen der ITU verpflichten sich die Mitglieder der Patentplattform, essentielle Patente an alle Mitglieder des Lizenzpools zu festgelegten Bedingungen auf Basis der Gegenseitigkeit zu lizensieren[2]. In diesem Fall beträgt der vereinbarte Standard-Lizenzsatz 0,1% pro Lizenz und die maximale kumulative Lizenz 5% in jeder Produktkategorie.

– **World Wide Web Consortium**

Das World Wide Web Consortium (W3C) ist eine **private und offene Standardisierungsorganisation** zur Entwicklung von internetbezogenen Standards wie HTML und XML. W3C verlangt, dass technische Beiträge zu einem W3C-Standard gebührenfrei an jedermann lizensiert werden[3].

1 GRUR Int. 2000, 1094.
2 *Kearsey/MacNaughton*, Managing Intellectual Property, September 1999, 16.
3 *Schallop*, AIPLA Quarterly Journal 2000, 195 (229).

dd) Patentrechte für fremde Handlungen

231 Über das Internet werden von **verschiedensten Anbietern** aus dem In- und Ausland Produkte aller Art angeboten. Das Anbieten eines Erzeugnisses, das Gegenstand eines Patentes ist, ist nach § 9 Nr. 1 PatG jedoch nur mit Zustimmung des Patentinhabers zulässig. Wenn das Anbieten über das Internet nicht einen Hinweis darauf enthält, dass das Produkt nicht zum Verkauf und Vertrieb in Deutschland gedacht ist, stellt das Anbieten eines solchen Erzeugnisses eine Patentverletzung in Deutschland dar[1]. Wenn aus der Webseite jedoch ersichtlich ist, dass nicht der Netzbetreiber oder Internet-Service-Provider Anbieter der patentverletzenden Produkte ist, sondern ein Hersteller oder Händler, so begeht Letzterer die patentverletzende Handlung und nicht der Netzbetreiber, der nur die Übertragungsbandbreite oder im Rahmen der Hosting-Vereinbarungen Server-Speicherplatz für Online-Shops zur Verfügung stellt. Der Netzbetreiber hat damit eine vergleichbare Funktion wie eine Zeitung, die Druckseiten für Anzeigen zur Verfügung stellt. Auch in diesem Fall ist der Anbieter der Waren der Inserent und nicht der Herausgeber der Zeitung.

Auch eine mittelbare Patentverletzung nach § 10 PatG kommt nicht in Betracht, da der Netzbetreiber keine Mittel anbietet, die sich auf ein wesentliches Element der Erfindung beziehen.

232 Fraglich ist, ob das „Hosten" einer Webseite, über die ein patentverletzendes Programm heruntergeladen werden kann, oder das Weiterleiten eines solchen patentverletzenden Computerprogrammes über ein Kommunikationsnetzwerk ein **Inverkehrbringen** des Computerprogrammes darstellt. Der Begriff Inverkehrbringen schließt jeden Akt ein, durch den das patentierte Erzeugnis tatsächlich in die Verfügungsgewalt einer anderen Person übergeht[2]. Auch wenn der Netzbetreiber so durch das Inverkehrbringen eines patentgeschützten Computerprogrammes eine patentverletzende Handlung nach § 9 Nr. 1 PatG begeht, haftet er lediglich im Falle von Vorsatz und Fahrlässigkeit. Fahrlässigkeit kann nur angenommen werden, wenn er wusste oder wissen musste, dass das Computerprogramm patentgeschützt ist. Einem Netzbetreiber kann aber nicht zugemutet werden, die Patentfähigkeit von allen Computerprogrammen zu überprüfen, die von Dritten über den Netzbetreiber zum Herunterladen angeboten werden. Jedoch kann bei festgestellter Patentverletzung der Netzbetreiber nach § 139 Abs. 1 PatG zur Unterlassung weiterer Handlungen verurteilt werden, die ein Inverkehrbringen des patentverletzenden Programmes darstellen.

---

1 OLG Frankfurt, Beschl. v. 3.12.1998 – 6 W 122/98, CR 1999, 450; OLG München, Urt. v. 21.9.1999 – 9 HK O 12244/99, CR 2000, 464; OLG Bremen, Urt. v. 17.2.2000 – 2 U 139/99, CR 2000, 770.

2 *Bruchhausen* in Benkard, Patentgesetz, 9. Aufl. 1993, § 9 PatG Rz. 43.

II. Anbieter

1. Rechtsquellen, Zulassungs- und Regulierungsverfahren

a) Rechtsquellen

aa) Nationales Recht

233 Als wesentliche **Rechtsquellen** des nationalen Rechts kommen für Anbieter das Telekommunikationsgesetz (TKG)[1] und seine Ausführungsverordnungen[2], das Teledienstegesetz (TDG)[3], der Mediendienste-Staatsvertrag (MDStV)[4] und das Fernabsatzgesetz (FernAbsG)[5] sowie das Gesetz über Rahmenbedingungen für elektronische Signaturen[6] in Betracht.

bb) Europäisches Recht

234 Auf europäischer Ebene sind für Diensteanbieter in erster Linie die Fernabsatzrichtlinie (FernAbsRL)[7], die Richtlinie über den elektronischen Geschäftsverkehr (E-Commerce-RL)[8] und die Signaturrichtlinie (SigRL)[9] von Bedeutung.

---

1 Telekommunikationsgesetz v. 25.7.1996 (BGBl. I S. 1120 ff.), zuletzt geändert durch Art. 3 Abs. 5 des Gesetzes v. 26.6.2001, BGBl. I S. 1254 ff. (1261), abgedruckt zB bei *Lammich*, Kommentar zum Telekommunikationsgesetz, oder bei *Manssen*, Telekommunikations- und Multimediarecht, B 10.

2 Die bereits in Kraft getretenen Verordnungen sind abgedruckt bei *Lammich*, Kommentar zum Telekommunikationsgesetz, Anlage B. Auch abrufbar unter www.regtp.de.

3 Art. 1 des Gesetzes zur Regelung der Rahmenbedingungen für Informations- und Kommunikationsdienste v. 22.7.1997, BGBl. I S. 1870 ff., geändert durch Art. 6 Abs. 4 des Gesetzes v. 27.6.2000, BGBl. I S. 897 ff. (907), abgedruckt zB bei *Lammich*, Kommentar zum Telekommunikationsgesetz, Anlage A 4, oder bei *Manssen*, Telekommunikations- und Multimediarecht, B 70.

4 Mediendienste-Staatsvertrag v. 20.1./12.2.1997, Baden-WürttGBl. 1997 S. 181 = BayGVBl. 1997 S. 226 = BerlGVBl. 1997 S. 360 = BbgGVBl. 1997 S. 75 = BremGBl. 1997 S. 205 = HbgGVBl. 1997 S. 253 = HessGVBl. 1997 S. 134 = MVGVBl. 1997 S. 242 = NdsGVBl. 1997 S. 280 = NWGVBl. 1997 S. 158 = RhPfGVBl. 1997 S. 235 = SaarlABl. 1997 S. 641 = SachsGVBl. 1997 S. 500 = Sachs-AnhGVBl. 1997 S. 572 = SchlHGVBl. 1997 S. 318 = ThürGVBl. 1997 S. 258, abgedruckt zB bei *Manssen*, Telekommunikations- und Multimediarecht, B 60.

5 Art. 1 des Gesetzes über Fernabsatzverträge und andere Fragen des Verbraucherrechts sowie zur Umstellung von Vorschriften auf Euro v. 27.6.2000, BGBl. I S. 897 ff., berichtigt durch das Gesetz v. 21.7.2000, BGBl. I S. 1139.

6 Gesetz über Rahmenbedingungen für elektronische Signaturen und zur Änderung weiterer Vorschriften v. 16.5.2001, BGBl. I S. 876 ff.

7 Richtlinie 97/7/EG des Europäischen Parlaments und des Rates v. 20.5.1997 über den Verbraucherschutz bei Vertragsabschlüssen im Fernabsatz (Fernabsatzrichtlinie), ABl. EG Nr. L 144 v. 4.6.1997, 19 ff. = NJW 1998, 212.

8 Richtlinie 2000/31/EG des Europäischen Parlaments und des Rates v. 8.6.2000 über bestimmte rechtliche Aspekte der Dienste der Informationsgesellschaft, insbesondere des elektronischen Geschäftsverkehrs, im Binnenmarkt, ABl. Nr. L 178 v. 17.7.2000, S. 1 ff.

9 Richtlinie 99/93/EG des Europäischen Parlaments und des Rates v. 13.12.1999 über gemeinschaftliche Rahmenbedingungen für elektronische Signaturen, ABl. EG Nr. L 13 v. 19.1.2000, 12 ff.

b) Zulassungs- und Regulierungsverfahren

aa) Telekommunikationsdienstleistungen nach dem TKG

(1) Allgemeines

Das **TKG** bezweckt nach § 1 TKG, im Bereich der Telekommunikation den Wettbewerb zu fördern und flächendeckend angemessene und ausreichende Dienstleistungen zu gewährleisten sowie eine Frequenzordnung festzulegen. Es muss vor dem Hintergrund der bis zu seinem In-Kraft-Treten bestehenden Monopole für Netze und Sprachtelefondienst verstanden werden. Seinem Charakter nach handelt es sich im Wesentlichen um ein Marktöffnungsgesetz. 235

Das TKG beschäftigt sich insbesondere mit dem Transport. Über die Inhalte enthält das Gesetz kaum Regelungen. Diese werden vielmehr im **TDG** und im **MDStV** geregelt (zur Abgrenzung vgl. unten Rz. 239 ff.). Für Anbieter dürften deshalb nur wenige Vorschriften des TKG von Bedeutung sein. Dies sind die Vorschriften über Anzeige- und Berichtspflichten sowie die Begriffsbestimmungen. 236

(2) Begriffsbestimmungen

§ 3 TKG enthält eine Reihe von wichtigen Begriffsbestimmungen. Nach der Legaldefinition des § 3 Nr. 18 TKG ist eine **Telekommunikationsdienstleistung** das gewerbliche Angebot von Telekommunikation einschließlich des Angebots von Übertragungswegen für Dritte. **Gewerblich** ist nach handelsrechtlichen Grundsätzen jede planmäßige, auf Dauer und mit Gewinnerzielungsabsicht angelegte Tätigkeit. Der Begriff der **Telekommunikation** wird in § 3 Nr. 16 TKG definiert als der technische Vorgang des Aussendens, Übermittelns und Empfangens von Nachrichten jeglicher Art in der Form von Zeichen, Sprache, Bildern oder Tönen mittels Telekommunikationsanlagen. **Telekommunikationsanlagen** sind nach § 3 Nr. 17 TKG technische Einrichtungen oder Systeme, die als Nachrichten identifizierbare elektromagnetische oder optische Signale senden, übertragen, vermitteln, empfangen, steuern oder kontrollieren können. **Übertragungswege** sind nach § 3 Nr. 22 TKG Telekommunikationsanlagen in Form von Kabel- oder Funkverbindungen mit ihren übertragungstechnischen Einrichtungen als Punkt-zu-Punkt- oder Punkt-zu-Mehrpunkt-Verbindungen mit einem bestimmten Informationsdurchsatzvermögen (Bandbreite oder Bit- Rate) einschließlich ihrer Abschlusseinrichtungen. 237

(3) Anzeigepflicht

238 Das Erbringen von Telekommunikationsdienstleistungen bedarf nach § 4 TKG lediglich einer **Anzeige**. Für bestimmte Telekommunikationsdienstleistungen, die sich früher im Monopol der Deutschen Telekom AG und ihrer Rechtsvorgänger befanden, ist zusätzlich nach § 6 TKG eine Lizenz erforderlich. Nach der Gesetzesbegründung sollen mit der Anzeigepflicht Umgehungen der Bestimmungen des TKG (zB der Lizenzpflicht) verhindert werden. Gleichzeitig dient die Anzeigepflicht der Marktbeobachtung durch die Regulierungsbehörde.

239 Zur gesetzlichen Definition des Begriffs der Telekommunikationsdienstleistung vgl. § 3 Nr. 18 TKG. Zu beachten ist, dass eine präzise **Abgrenzung** zwischen einerseits Telekommunikationsdienstleistungen nach dem TKG und andererseits Telediensten nach dem TDG bzw. Mediendiensten nach dem MDStV ausgesprochen schwierig ist. Auch die Abgrenzung zwischen Telediensten nach dem TDG und Mediendiensten nach dem MDStV bereitet erhebliche Probleme (vgl. dazu unten Rz. 254).

240 Die Diskussion über die Abgrenzungen ist noch nicht abgeschlossen. Überwiegend wird ausgeführt, das TKG betreffe den Transport, das TDG und der MDStV den Inhalt,[1] wobei das TDG die Individualkommunikation und der MDStV die Massenkommunikation regele. Dennoch ist insbesondere die Abgrenzung von Telekommunikationsdienstleistungen und Tele- bzw. Mediendiensten von erheblicher praktischer Bedeutung, weil die regulatorischen Rahmenbedingungen nach dem TKG und dem TDG bzw. MDStV vollkommen unterschiedlich ausgestaltet sind. Während Tele- und Mediendienste nach dem TDG bzw. dem MDStV grundsätzlich anmelde- und zulassungsfrei sind, müssen Telekommunikationsdienstleistungen nach dem TKG nach § 4 TKG angezeigt werden, sie unterliegen nach § 5 TKG bestimmten Berichtspflichten, unter bestimmten Voraussetzungen können sie einer Entgeltregulierung unterliegen usw. Schließlich sind nur Anbieter von Telekommunikationsdienstleistungen für die Öffentlichkeit Normadressat der Kundenschutzverordnung (TKV)[2], was wiederum erhebliche Auswirkungen auf die vertraglichen Beziehungen des Anbieters zu Dritten hat, da die Kundenschutzverordnung keine Abweichung zu Ungunsten des Vertragspartners zulässt (vgl. dazu oben Rz. 54 ff.).

241 Besonders problematisch ist die Abgrenzung auch deshalb, weil überwiegend davon ausgegangen wird, dass **Gesamtdienste** teilweise unter das TKG und teilweise unter das TDG bzw. den MDStV fallen können (zB T-Online enthält Zugangs- [=Transport-] und Online- [=Inhalts-] Komponenten).[3] Selbst

1 *Manssen*, Telekommunikations- und Multimediarecht, E § 2 Rz. 9.

2 Telekommunikations-Kundenschutzverordnung v. 11.12.1997, BGBl. I S. 2910, geändert durch die Erste Verordnung zur Änderung der Telekommunikations-Kundenschutzverordnung v. 14.4.1999, BGBl. I S. 705, auch abrufbar unter www.regtp.de, abgedruckt zB bei *Lammich*, Kommentar zum TKG, Anlage B 5.

3 Beck TKG-Komm/*Schuster*, § 4 Rz. 3, ebenso Beck TKG-Komm/*Schütz*, § 3 Rz. 21.

die in § 2 Abs. 2 Nr. 3 TDG ausdrücklich als Teledienste genannten Angebote zur Nutzung des Internet enthalten in Wahrheit auch Zugangsdienstleistungen, die Telekommunikationsdienstleistungen darstellen und damit unter das TKG fallen.[1]

Eine weit verbreitete Meinung nimmt für die Abgrenzung zwischen Telekommunikationsdienstleistungen und Telediensten eine **funktionale Betrachtung** vor.[2] Dies entspricht der Auffassung, dass bei gemischten Verträgen zwischen den einzelnen Bestandteilen differenziert werden muss und das Recht des für das jeweilige Element einschlägigen Typenvertrags gelten soll.[3] Bei Kollisionen wird auf das Recht des Vertragselements zurückgegriffen, das den Schwerpunkt der Vereinbarung bildet. Beim Fehlen eines Schwerpunktes gelten die Regeln der Vertragsart, die dem Vertragszweck am nächsten steht. Bei der Abgrenzung zwischen Telekommunikationsdienstleistungen und Tele- bzw. Mediendiensten wird zunächst zwischen der Transportleistung (dann Telekommunikationsdienstleistung) und der Inhaltsleistung (dann Tele- oder Mediendienst) getrennt. Es wird also zwischen einerseits dem technischen Vorgang des Aussendens, Übermittelns und Empfangens und andererseits dem mittels dieses technischen Vorgangs transportierten Inhalts unterschieden.[4] Werden in einem Komplettpaket kombinierte oder integrierte Dienste angeboten (zB Sprachtelefondienst- und Internet-/Online-Anschluss), muss dieses Paket in seine Bestandteile aufgeteilt werden. Auf den jeweiligen Bestandteil wird dann das entsprechende Gesetz angewandt (also zB TKG für Sprachtelefondienst und Verschicken von Datenpaketen, TDG für Nutzung von Suchmaschinen).[5] 242

Bei **Komplettpaketen** wie zB dem T-Online heißt das in der praktischen Auswirkung, dass zB die Entgeltregulierungsvorschriften der §§ 24 ff. TKG nur auf einen Teil des Gesamtdienstes anwendbar sind.[6] Auf den Internet-Provider, der lediglich den Zugang vermittelt (Access-Provider), ist allein das TKG anwendbar, da es sich um eine reine Transportdienstleistung handelt.[7] Bei E-Mail-Diensten ist die reine Übertragung eine Telekommunikationsdienstleistung nach dem TKG. Wird die E-Mail dagegen bei ihrer Übertragung gespeichert oder bearbeitet (zB automatische Virenprüfung), liegt darin ein Teledienst nach dem TDG. Weitere Mischformen, die entsprechend aufgeteilt werden müssen, sind Fernwirkdienste, EDI, Faxabruf, Verteildienste, Mailbox-Dienstleistungen, Videokonferenzen usw. Der reine Reseller (zB Service-Provider im Mobilfunk) erbringt eine Telekommunika- 243

1 Beck TKG-Komm/*Schütz*, § 3 Rz. 21 a.
2 *Manssen*, Telekommunikations- und Multimediarecht, E § 2 Rz. 3; Beck TKG-Komm/*Schuster*, § 4 Rz. 4; Beck TKG-Komm/*Schütz*, § 3 Rz. 21 b.
3 Palandt/*Heinrichs*, Einführung vor § 305 BGB Rz. 24 ff.
4 Beck TKG-Komm/*Schütz*, § 3 Rz. 21 b.
5 Beck TKG-Komm/*Schuster*, § 4 Rz. 4, 4 a.
6 Beck TKG-Komm/*Schütz*, § 3 Rz. 21.
7 Beck TKG-Komm/*Schuster*, § 4 Rz. 4 b; aA *Manssen*, Telekommunikations- und Multimediarecht, E § 2 Rz. 6.

tionsdienstleistung und unterliegt damit auch der Anzeigepflicht des § 4 TKG.[1] Auch der Unternehmer, der Übertragungswege anmietet und die Übertragungskapazität (Bandbreite) portioniert weiter vermietet, ohne die Übertragungswege selbst zu betreiben, ist Telekommunikationsdiensteanbieter, ebenso der Telekommunikationsmehrwert-Diensteanbieter.[2]

244 Anzeigepflichtig sind die **Aufnahme, die Änderung und die Beendigung des Betriebs**. Die Aufnahme des Betriebs erfolgt, wenn das Unternehmen mit der Telekommunikationsdienstleistung erstmals werbend in die Öffentlichkeit tritt. Eine Änderung liegt vor, wenn eine neue oder andere Telekommunikationsdienstleistung angeboten wird. Beendigung ist gegeben, wenn das Unternehmen die Telekommunikationsdienstleistung einstellt.[3] Ein Formular für die Anzeige kann über die Homepage der Regulierungsbehörde abgerufen werden.[4]

245 Die **Veröffentlichung** der Anzeigen durch die Regulierungsbehörde soll den Marktteilnehmern mehr Transparenz verschaffen.[5]

246 Die Anzeige muss schriftlich innerhalb einer Frist von einem Monat gegenüber der Regulierungsbehörde erfolgen. Ein Verstoß gegen die Anzeigepflicht wird als **Ordnungswidrigkeit** nach § 96 Abs. 1 Nr. 1 TKG geahndet. Der Bußgeldrahmen beträgt nach § 96 Abs. 2 TKG bis zu 20.000 DM. Verwaltungsbehörde ist die Regulierungsbehörde.

(4) Berichtspflicht

247 Die Erbringer von Telekommunikationsdienstleistungen unterliegen nach § 5 TKG bestimmten **Berichtspflichten**. Grund dafür ist, dass die nationalen Regulierungsbehörden aufgrund europäischen Rechts der Europäischen Kommission berichten müssen. Dieser Berichtspflicht kann die Regulierungsbehörde nur nachkommen, wenn sie ihrerseits die notwendigen Informationen von den Erbringern von Telekommunikationsdienstleistungen erhält.

248 Die Berichtspflichten der Regulierungsbehörde ergeben sich aus Art. 6 der Richtlinie 90/387/EWG des Rates vom 28.6.1990 zur Verwirklichung eines offenen Netzzugangs (Open Network Provision – ONP) [6]. Weitere Berichtspflichten können sich aus darauf beruhenden Richtlinien oder Empfehlungen oder solchen nach Art. 90 Abs. 3 des Vertrages zur Gründung der Europäischen Gemeinschaft (Art. 86 Abs. 3 nF) ergeben.

249 Die Berichtspflicht der Erbringer von Telekommunikationsdienstleistungen entsteht nicht bereits mit Aufnahme der Tätigkeit, sondern erst, wenn die

1 Beck TKG-Komm/*Schuster*, § 4 Rz. 4 b–4 d.
2 Beck TKG-Komm/*Piepenbrock*, Anh. § 41 § 1 TKV Rz. 7.
3 *Manssen*, Telekommunikations- und Multimediarecht, C § 4 Rz. 3 f.
4 www.regtp.de.
5 *Lammich*, Kommentar zum Telekommunikationsgesetz, § 4 Rz. 4.
6 ABl. EG Nr. L 192, 1.

Regulierungsbehörde nach pflichtgemäßem Ermessen **Auskünfte** im Wege des Verwaltungsaktes[1] verlangt. Ein Verstoß gegen die Berichtspflicht stellt eine Ordnungswidrigkeit nach § 96 Abs. 1 Nr. 2 TKG dar, die von der Regulierungsbehörde mit einer Geldbuße von bis zu 20.000 DM geahndet werden kann.

bb) Teledienste nach dem TDG[2]

Während sich das TKG im wesentlichen mit dem **Transport** beschäftigt, 250 regeln das TDG und der MDStV die **Inhalte**. Zur Abgrenzung vgl. oben Rz. 239 ff. Tele- und Mediendienste bedienen sich der Telekommunikation, um mit ihren Nutzern in Kontakt treten zu können.[3]

(1) Ziel und Hintergrund

Zweck des Teledienstegesetzes (TDG) ist es nach dessen § 1, einheitliche 251 wirtschaftliche Rahmenbedingungen für die verschiedenen Nutzungsmöglichkeiten der elektronischen Informations- und Kommunikationsdienste zu schaffen.[4] Für neue sog. Multimediadienste war die herkömmliche Unterscheidung zwischen Telekommunikation und Rundfunk, die völlig unterschiedlichen Bedingungen unterliegen, nicht mehr brauchbar. Um die wirtschaftliche Entwicklung nicht zu behindern und um Rechtsunsicherheiten zu beseitigen, musste deshalb ein neuer Rechtsrahmen für Multimediadienste geschaffen werden. Dem ist der Gesetzgeber durch die Schaffung des Informations- und Kommunikationsdienstegesetzes (IuKDG) nachgekommen, das auch das TDG beinhaltet. Parallel dazu haben die Bundesländer den Mediendienste-Staatsvertrag (MDStV) erlassen. Das TDG und der MDStV stimmen in vielen Punkten inhaltlich überein. Das Gesetz sieht im Wesentlichen die Zugangsfreiheit für derartige Dienste vor und regelt die Verantwortlichkeiten. Der Erlass paralleler Gesetze durch Bund und Länder beruht auf einem sachlich wenig befriedigenden politischen Kompromiss, weil der Bund und die Länder jeweils die Zuständigkeit für Multimediadienste für sich reklamieren.[5]

---

1 *Manssen*, Telekommunikations- und Multimediarecht, C § 5 Rz. 2.

2 Die Bundesregierung plant derzeit den Erlass eines Gesetzes über rechtliche Rahmenbedingungen für den elektronischen Geschäftsverkehr, das ua. auch Änderungen des TDG vorsieht. Der Referentenentwurf ist über die Homepage des BMJ (www.bmj.de) abrufbar.

3 *Moritz* in Hoeren/Sieber, Multimedia-Recht, Teil 3.1 Rz. 1.

4 Vgl. hierzu auch den Entwurf eines Gesetzes über rechtliche Rahmenbedingungen für den elektronischen Geschäftsverkehr der Bundesregierung (Stand 1.12.2000), abzurufen unter www.bmj.de, der ua. wichtige Änderungen des Teledienstegesetzes vorsieht.

5 Ausführlich und zu Recht kritisch zu den Konsequenzen *Manssen*, Telekommunikations- und Multimediarecht, E § 1 Rz. 4, 5.

(2) Begriffsbestimmungen

252 Das TDG enthält in seinen §§ 2 und 3 zunächst wichtige **Legaldefinitionen**. Nach § 2 Abs. 1 TDG sind Teledienste alle elektronischen Informations- und Kommunikationsdienste, die für eine individuelle Nutzung von kombinierbaren Daten wie Zeichen, Bildern oder Tönen bestimmt sind, und denen eine Übermittlung mittels Telekommunikation zugrunde liegt. Der Begriff der Telekommunikation ist in § 3 Nr. 16 TKG legaldefiniert. Zur Abgrenzung vgl. oben Rz. 239 ff.

253 Die Definition in § 2 Abs. 1 TDG wird durch die **Regelbeispiele** des § 2 Abs. 2 TDG ergänzt. Teledienste sind danach zB Angebote im Bereich der Individualkommunikation (Nr. 1), Angebote zur Information und Kommunikation, soweit nicht die redaktionelle Gestaltung zur Meinungsbildung für die Allgemeinheit im Vordergrund steht (Nr. 2), Angebote zur Nutzung des Internets oder weiterer Netze (Nr. 3) und Angebote zur Nutzung von Telespielen (Nr. 4). Von besonderer Bedeutung für Anbieter von E-Commerce dürfte sein, dass nach § 2 Abs. 2 Nr. 5 TDG auch Angebote von Waren und Dienstleistungen in elektronisch abrufbaren Datenbanken mit interaktivem Zugriff und unmittelbarer Bestellmöglichkeit darunter fallen. Die Aufzählung ist nicht abschließend. Auf die Frage der Entgeltlichkeit der Nutzung kommt es nach § 2 Abs. 3 TDG nicht an.

254 Keine Teledienste sind Telekommunikationsdienstleistungen (Legaldefinition in § 3 Nr. 18 TKG), Rundfunk und Angebote, die unter § 2 MDStV fallen. Zur **Abgrenzung** zwischen TDG und TKG vgl. oben Rz. 239 ff.). Nicht unter den Anwendungsbereich des Gesetzes fallen Offline-Dienste (zB CD-ROMs). Entscheidendes Abgrenzungsmerkmal der Teledienste zu den Mediendiensten ist nach dem Gesetzeswortlaut die individuelle Nutzung des Dienstes.[1]

255 Nach der Legaldefinition des § 3 Nr. 1 TDG sind **Diensteanbieter** natürliche oder juristische Personen oder Personenvereinigungen, die eigene oder fremde Teledienste zur Nutzung bereithalten oder den Zugang zur Nutzung vermitteln. **Nutzer** sind nach § 3 Nr. 2 TDG natürliche oder juristische Personen oder Personenvereinigungen, die Teledienste nachfragen. Man kann bei den Anbietern zwischen dem Content-Provider (Anbieter, der eigene Dienste bereit hält)[2], dem Host-Provider (Anbieter, der fremde Teledienste bereit hält) und dem Access-Provider (Anbieter, der den Zugang vermittelt) unterscheiden.[3] In einer Person können verschiedene Funktionen zusammenfallen.

1 Kritisch *Manssen*, Telekommunikations- und Multimediarecht, E § 2 Rz. 3.
2 Zum Inhalt eines Content-Provider-Vertrags vgl. *Jessen*, unten Rz. 332 ff.
3 Näher dazu *Koch*, CR 1997, 193 ff.

(3) Zulassungs- und Anmeldefreiheit

Teledienste sind im Rahmen der Gesetze zulassungs- und anmeldefrei, § 4 TDG, dh. Anbieter können ohne **Zulassung oder Anmeldung** am Markt tätig werden. Teledienste müssen allerdings den sonstigen Gesetzen entsprechen, soweit diese auf sie anwendbar sind.[1] In Betracht kommen hier zB die Gewerbeordnung, das Ladenschlussgesetz usw.[2] 256

(4) Verantwortlichkeiten

In § 5 TDG wird die **Verantwortlichkeit** von Diensteanbietern geregelt. Auch das Angebot von Telediensten kann zu strafrechtlichen, verwaltungsrechtlichen oder zivilrechtlichen Konsequenzen führen. Wegen der Besonderheiten der elektronischen Kommunikation und den gegebenenfalls damit verbundenen eingeschränkten Kontrollmöglichkeiten übernimmt § 5 TDG dabei eine Art Filterfunktion.[3] Eine Verantwortlichkeit ist nur gegeben, wenn neben der in Betracht kommenden Vorschrift, gegen die verstoßen wird, zusätzlich auch die Voraussetzungen des § 5 TDG erfüllt sind. 257

§ 5 Abs. 1 TDG regelt die Verantwortlichkeit für **eigene Inhalte**, die der Diensteanbieter zur Nutzung bereithält. Dies ist eigentlich selbstverständlich. Allein der Vertrieb eines Produkts mittels Telekommunikation ändert nichts an der Verantwortlichkeit nach allgemeinen Grundsätzen. Eigene Inhalte sind solche, die der Anbieter selbst erstellt hat, sowie solche, die von Dritten erstellt und vom Anbieter in den von ihm selbst verantworteten Angebotsbereich übernommen wurden. Zur Nutzung bereitgehalten werden die Inhalte, wenn der Diensteanbieter ihnen Speicherplatz zuordnet. 258

§ 5 Abs. 2 TDG regelt die Verantwortlichkeit für **fremde Inhalte**, die der Diensteanbieter zur Nutzung bereithält. Der Diensteanbieter haftet, wenn er von den Inhalten Kenntnis hat und es ihm technisch möglich und zumutbar ist, die Nutzung zu verhindern. Typischer Anwendungsfall ist der Presence-Provider, der seinen Kunden im Rahmen eines Webhosting-Vertrags erlaubt, eigene Seiten auf einem Rechner des Providers abzulegen.[4] 259

Fremd sind Inhalte, die von Dritten verfasst sind, und die der Anbieter auch als von Dritten verfasst kennzeichnet. Im Zweifel ist die Sichtweise des durchschnittlichen Zugreifenden entscheidend.

Eine **Verantwortlichkeit für fremde Inhalte** besteht allerdings nur dann, wenn der Anbieter positive Kenntnis vom rechtswidrigen Inhalt hat; nur fahrlässige Unkenntnis genügt nicht. Damit wird berücksichtigt, dass die Datenmengen bei Diensteanbietern oftmals nicht überschaubar sind. Allein 260

---

1 *Heckmann*, E-Commerce: Flucht in den virtuellen Raum?, NJW 2000, 1370 ff.

2 Vgl. dazu *Heckmann*, E-Commerce: Flucht in den virtuellen Raum?, NJW 2000, 1370 ff.

3 *Manssen*, Telekommunikations- und Multimediarecht, E § 5 Rz. 1–3.

4 *Strömer*, Online-Recht, S. 216.

das Kennenmüssen genügt nicht. In der Praxis wird der Diensteanbieter häufig von dritter Seite auf potenzielle Rechtsverletzungen aufmerksam gemacht werden. Nicht in jedem Fall hat er damit automatisch Kenntnis. Positive Kenntnis kann nur dann angenommen werden, wenn für jeden klar erkennbar ist, dass gegen geltendes Recht verstoßen wird. Es ist nicht Aufgabe des Providers, juristische Zweifelsfragen zu entscheiden.[1]

In Unternehmen kann der Anbieter sich allerdings nicht auf seine eigene **Unkenntnis** berufen, sondern er muss den Informationsfluss betriebsintern so organisieren, dass er unverzüglich über rechtswidrige Inhalte informiert wird, wenn seine Mitarbeiter Kenntnis davon erlangen.

261 Eine Verantwortlichkeit für fremde Inhalte besteht auch nur dann, wenn der Anbieter über **technische Möglichkeiten** verfügt, die Nutzung zu verhindern. Entscheidend sind die subjektiven technischen Möglichkeiten des Anbieters.

262 Ferner muss die Sperrung dem Anbieter **zumutbar** sein. Der technische und wirtschaftliche Aufwand muss im Verhältnis zum angestrebten Zweck stehen. So sind zB Maßnahmen unzumutbar, wenn sie erheblichen Aufwand erfordern, ihre Wirksamkeit aber leicht durch Zugriff auf andere Verbindungen, etwa aus dem Ausland, umgangen werden kann. Die Auswahl der geeigneten Maßnahmen bleibt dabei dem Anbieter überlassen.

263 Soweit ein Anbieter lediglich den **Zugang zu fremden Inhalten** vermittelt, ist er für den Inhalt nicht verantwortlich, § 5 Abs. 3 Satz 1 TDG. Dies gilt allerdings nur für die reine Zugangsvermittlung. Die Vorschrift erfasst zB Access-Provider und die Betreiber von Suchmaschinen. Nach § 5 Abs. 3 Satz 2 TDG gilt auch das kurzzeitige Vorhalten von fremden Inhalten (Proxy- oder Cache-Speicher) als Zugangsvermittlung, wenn die Inhalte nach begrenzter Zeit automatisch wieder gelöscht werden.

264 § 5 Abs. 4 TDG schränkt die Freistellung des Anbieters von der Verantwortlichkeit ein, wenn eine **anderweitige Sperrverpflichtung** besteht. Eine solche Verpflichtung kann sich zB aus dem Polizei- und Ordnungsrecht ergeben. In Betracht kommt auch die zivilrechtliche verschuldensunabhängige Störerhaftung.[2] Weitere Voraussetzungen sind, dass der Anbieter vom rechtswidrigen Inhalt unter Wahrung des Fernmeldegeheimnisses Kenntnis erlangt und eine Sperrung technisch möglich und zumutbar ist. Ein Verschulden ist nicht erforderlich.

265 Nicht unproblematisch ist die **Haftung für Hyperlinks**.[3] So wird teils die Auffassung vertreten, es handele sich um eigene Inhalte iSd. § 5 Abs. 1 TDG, da derjenige, der den Link setze, sich durch die Auswahl des Links auch den Inhalt zu Eigen mache. Die Gegenauffassung geht davon aus, dass es sich bei

1 *Strömer*, Online-Recht, S. 216.

2 *Manssen*, Telekommunikations- und Multimediarecht, E § 5 Rz. 20.

3 Vgl. zB *Strömer*, Online-Recht, S. 212 ff.; *Marwitz*, Haftung für Hyperlinks, K&R 1998, 369 ff.; *Plaß*, Hyperlinks im Spannungsfeld von Urheber, Wettbewerbs- und Haftungsrecht, WRP 2000, 599 ff., jeweils mwN. Vgl. auch *Jessen*, unten Rz. 422 ff.

Links immer um fremde Inhalte handele. Streitig ist, ob diese Inhalte von dem, der den Link setzt, zur Nutzung bereitgehalten und damit unter § 5 Abs. 2 TDG fallen, oder ob durch den Link lediglich der Zugang zur Nutzung vermittelt wird und somit § 5 Abs. 3 TDG eingreift.[1] Die Frage, welcher Absatz des § 5 TDG in Betracht kommt, kann wohl nur im Einzelfall beantwortet werden. Ein Kriterium kann zB die Art des Links sein. Beim Inline-Link und beim Framing wird man häufiger davon ausgehen können, dass sich der Verlinkende den Inhalt zu Eigen macht und damit nach § 5 Abs. 1 TDG auch für den Inhalt haftet. Dies gilt insbesondere, wenn der Inhalt nicht als fremd gekennzeichnet wird. Beim Surface-Link dagegen wird dem Nutzer wie bei einer Fußnote die Möglichkeit gewährt, fremde Ausführungen in unveränderter Form nachzulesen. Diese Form dürfte deshalb bei entsprechender Kennzeichnung idR eher unter § 5 Abs. 2 TDG zu subsumieren sein. Beim Deep-Link wird immer eine Einzelfallbetrachtung vorzunehmen sein. Entscheidend dürfte letzlich sein, ob der objektive Nutzer den Eindruck gewinnt, es handele sich um eigene oder fremde Inhalte des Verlinkers. Je nachdem greift § 5 Abs. 1 TDG oder § 5 Abs. 2 TDG ein.

Zu beachten ist allerdings, dass eine Haftungsprivilegierung nach § 5 TDG 266 sich nur auf den Inhalt bezieht. Nicht automatisch beantwortet ist damit die Frage, ob das **Setzen des Links** nicht anderweitige Vorschriften verletzt.[2] In Betracht kommen hier zB Vorschriften des Strafrechts (zB Verbreitung von Pornografie, von indizierten Spielen oder Propagandamitteln verfassungswidriger Institutionen), des Urheberrechts oder des Wettbewerbsrechts.

(5) Anbieterkennzeichnung

§ 6 TDG sieht eine **Anbieterkennzeichnung** vor. Diensteanbieter müssen Na- 267 men und Anschrift angeben. Falls es sich dabei um Personenvereinigungen und -gruppen handelt, müssen auch Namen und Anschrift des Vertretungsberechtigten angeben werden. Diese Verpflichtung gilt allerdings nur bei geschäftsmäßigen Angeboten. Geschäftsmäßig ist ein Angebot, wenn die Tätigkeit nachhaltig ausgeübt wird. Auf eine Gewinnerzielungsabsicht kommt es dabei nicht an (vgl. zum Begriff der Geschäftsmäßigkeit auch § 3 Nr. 5 TKG).

(6) Sonstiges

Das TDG wird ergänzt durch das Gesetz über den Datenschutz bei Telediens- 268 ten (TDDSG) und das Gesetz über Rahmenbedingungen für elektronische Signaturen. Mit dem Signaturgesetz sollen Rahmenbedingungen für den sicheren Einsatz von digitalen Signaturen im Rechts- und Geschäftsverkehr geschaffen werden.

---

1 So *Manssen*, Telekommunikations- und Multimediarecht, E § 5 Rz. 18; aA *Strömer*, Online-Recht, S. 212.

2 *Plaß*, Hyperlinks im Spannungsfeld von Urheber, Wettbewerbs- und Haftungsrecht, WRP 2000, 599 (604).

cc) Mediendienste nach dem Mediendienste-Staatsvertrag (MDStV)

(1) Ziel und Hintergrund

269 Der **Mediendienste-Staatsvertrag (MDStV)** bezweckt, in allen Bundesländern einheitliche Rahmenbedingungen für die verschiedenen Nutzungsmöglichkeiten von elektronischen Informations- und Kommunikationsdiensten zu schaffen, § 1 MDStV. Ihre Gesetzgebungskompetenz für Mediendienste leiten die Länder in Abstimmung mit dem Bund aus Art. 30 und 70 GG ab (vgl. dazu auch oben Rz. 251).[1] Durch einheitliche Rahmenbedingungen sollen Wettbewerbsverzerrungen vermieden und Investitionshemmnisse aufgrund von Rechtsunsicherheiten vermieden werden.

(2) Begriffsbestimmungen

270 § 2 MDStV regelt den **Geltungsbereich**. Er betrifft das Angebot und die Nutzung von so genannten Mediendiensten. Dies sind nach dem Gesetzeswortlaut an die Allgemeinheit gerichtete Informations- und Kommunikationsdienste in Text, Ton oder Bild, die unter Benutzung elektromagnetischer Schwingungen oder Verbindungsleitungen oder längs oder mittels eines Leiters verbreitet werden. Durch den MDStV werden nur Dienste geregelt, die weder unter das TDG noch unter den Rundfunkstaatsvertrag noch unter das TKG fallen. Zur Abgrenzung zwischen Mediendiensten und Rundfunk vgl. § 20 Abs. 2 Rundfunkstaatsvertrag. Von Telekommunikationsdiensten nach dem TKG unterscheiden sich Mediendienste dadurch, dass das TKG den Transport, der MDStV dagegen den Inhalt der Mediendienste regelt. Einzelheiten zur Abgrenzung vgl. oben Rz. 239 ff. Die Abgrenzung der Mediendienste von den Telediensten im Einzelnen bereitet erhebliche Probleme (vgl. dazu Rz. 254). § 2 Abs. 2 nennt beispielhaft Dienste, die unter den MDStV fallen sollen. Dies sind der Fernseheinkauf (§ 2 Abs. 2 Nr. 1 MDStV), sonstige Verteildienste (§ 2 Abs. 2 Nr. 2 und 3 MDStV) und Abrufdienste (§ 2 Abs. 2 Nr. 4 MDStV). Durch die nur beispielhafte Aufzählung soll sichergestellt werden, dass auch neue technische Entwicklungen erfasst werden können.[2]

271 Die Begriffsdefinitionen des Anbieters und des Nutzers in § 3 MDStV sind identisch mit denen des TDG (vgl. oben Rz. 255).

(3) Zulassungs- und Anmeldefreiheit

272 Nach § 4 MDStV sind Mediendienste (ebenso wie Teledienste nach dem TDK) **zulassungs- und anmeldefrei**. Andere als medienrechtliche Zulassungserfordernisse (zB Gewerberecht) bleiben unberührt.

---

1 *Manssen*, Telekommunikations- und Multimediarecht, D § 1 Rz. 1.
2 *Holznagel* in Hoeren/Sieber, Multimedia-Recht, Teil 3.2 Rz. 33.

(4) Verantwortlichkeiten

§ 5 Abs. 1 – 3 Satz 2 MDStV über die **Verantwortlichkeiten** der Anbieter entspricht § 5 TDG. Insoweit kann auf die Erläuterung zum TDG verwiesen werden (vgl. oben Rz. 257 ff.). Allerdings wird zT die Verfassungsmäßigkeit des § 5 MDStV mit der Begründung angezweifelt, die Länder hätten keine Gesetzgebungskompetenz für Haftungsfragen im Bereich gewerblicher Rechtsschutz und Urheberrecht.[1] Eine dem § 5 Abs. 4 TDG entsprechende Einschränkung der Freistellung des Anbieters von der Verantwortlichkeit beim Bestehen einer anderweitigen Sperrverpflichtung existiert dagegen für Mediendienste nicht. Dafür verweist § 5 Abs. 3 Satz 3 MDStV auf § 18 Abs. 3 MDStV, der die Möglichkeit einer staatlichen Sperrungsverfügung vorsieht. 273

(5) Anbieterkennzeichnung

Die Verpflichtung des Anbieters zur **Kennzeichnung** seiner Angebote nach § 6 MDStV entspricht der des § 6 TDG, geht aber darüber hinaus. Sie betrifft alle Anbieter, nicht nur wie nach dem TDG geschäftsmäßige Anbieter. Ferner besteht nach § 6 Abs. 2 MDStV bei Mediendiensten eine Pflicht zur Erstellung eines Impressums. Ein Verstoß gegen die Pflicht zur Anbieterkennzeichung stellt nach § 20 Abs. 1 Nr. 1 MDStV eine Ordnungswidrigkeit dar. 274

(6) Sonstiges

Der MDStV enthält weitere Regelungen für Mediendienste betreffend Sorgfaltspflichten, Jugendschutz, Werbung, Gegendarstellungen, Auskunftsrechte, Datenschutz und Aufsicht. 275

dd) Fernabsatzrichtlinie (FernAbsRL)[2]

(1) Anwendungsbereich und Begriffe

Fernabsatz ist dadurch gekennzeichnet, dass kein direkter persönlicher Kontakt zwischen dem Besteller und dem Anbieter besteht. Der Kunde hat keine Möglichkeit, die Ware vor der Bestellung zu prüfen. Daraus können für ihn Schwierigkeiten bei Falschlieferungen oder Reklamationen resultieren. Ziel der FernAbsRL sind die Förderung des grenzüberschreitenden Absatzes von 276

---

1 Vgl. *Jessen*, unten Rz. 407 mwN.

2 Richtlinie 97/7/EG des Europäischen Parlaments und des Rates v. 20.5.1997 über den Verbraucherschutz bei Vertragsabschlüssen im Fernabsatz (Fernabsatzrichtlinie), ABl. EG Nr. L 144 v. 4.6.1997, 19 ff. = NJW 1998, 212. Zur Entstehungsgeschichte und zum Inhalt der Richtlinie vgl. auch *Waldenberger* in Hoeren/Sieber, Multimedia-Recht, Teil 13.4 Rz. 107–139.

Waren und Dienstleistungen[1] und die Wahrung des Verbraucherschutzes beim Distanzvertrieb.[2]

Die Richtlinie gilt für alle zwischen einem Lieferer und einem Verbraucher geschlossenen **Verträge im Fernabsatz.**[3] Auch die Vertragsanbahnung wird bereits vom Anwendungsbereich der FernAbsRL mit umfasst.[4]

277 Art. 2 FernAbsRL enthält eine Reihe von **Begriffsdefinitionen**. Vertragsabschluss im Fernabsatz ist nach Art. 2 Nr. 1 FernAbsRL jeder zwischen einem Lieferer und einem Verbraucher geschlossene, eine Ware oder eine Dienstleistung betreffende Vertrag, der im Rahmen eines für den Fernabsatz organisierten Vertriebs bzw. Dienstleistungssystems des Lieferers geschlossen wird, wobei der Lieferer für den Vertrag bis zu dessen Abschluss, einschließlich des Vertragsschlusses selbst, ausschließlich Fernkommunikationstechniken verwendet.

278 Eine **Fernkommunikationstechnik** verwendet der, der sie bewusst zum Erreichen eines Vertragsschlusses einsetzt. Dazu gehört das Versenden eines Vertragsangebotes oder auch schon eine bloße Aufforderung zur Abgabe eines Vertragsangebotes (inivitatio ad offerendum).

279 **Verbraucher** ist nach Art. 2 Nr.2 FernAbsRL jede natürliche Person, die beim Abschluss von Verträgen zu Zwecken handelt, die nicht ihrer gewerblichen oder beruflichen Tätigkeit zugeordnet werden können.

280 **Lieferer** ist nach Art. 2 Nr. 3 FernAbsRL jede natürliche oder juristische Person, die beim Abschluss von Verträgen im Rahmen ihrer gewerblichen oder beruflichen Tätigkeit handelt.

281 Als **Fernkommunikationstechnik** wird in Art. 2 Nr. 4 FernAbsRL jedes Kommunikationsmittel definiert, das zum Abschluss eines Vertrages zwischen einem Verbraucher und einem Lieferer ohne gleichzeitige körperliche Anwesenheit der Vertragsparteien eingesetzt werden kann. Ergänzend enthält Anhang I der Richtlinie eine beispielhafte Liste in Betracht kommender Techniken, zB Brief, Radio, Fernsehen, Telefon, Telefax, E-Mail, Videotext. Erfasst werden also alte und neue Fernabsatztechniken.

282 Ein **vom Lieferer organisiertes Vertriebs- bzw. Dienstleistungssystem** setzt voraus, dass der Lieferer sein System zumindest auch auf den Fernabsatz ausgerichtet hat. Lediglich bloße Gelegenheitsbestellungen im Wege des Fernabsatzes sollen vom Anwendungsbereich ausgenommen werden.

1 *Reich*, Die neue Richtlinie 97/7/EG über den Verbraucherschutz bei Vertragsabschlüssen im Fernabsatz, EuZW 1997, 581.

2 *Martinek*, Verbraucherschutz im Fernabsatz – Lesehilfe mit Merkpunkten zur neuen EU-Richtlinie, NJW 1998, 207.

3 Zu Entwicklung und Zielen der Richtlinie vgl. *Willingmann*, Auf dem Weg zu einem einheitlichen Vertriebsrecht für Waren und Dienstleistungen in der Europäischen Union? – Die Richtlinie über den Verbraucherschutz bei Vertragsabschlüssen im Fernabsatz (97/7/EG), VuR 1998, 395 ff.

4 *Waldenberger* in Hoeren/Sieber, Multimedia-Recht, Teil 13.4 Rz. 109 mwN.

283 In Art. 3 Abs. 1 FernAbsRL sind **Ausnahmen** vom Anwendungsbereich der Richtlinie festgelegt. Die wichtigste Ausnahme betrifft Finanzdienstleistungen, die beispielhaft in Anhang II der Richtlinie aufgeführt sind. Weitere Ausnahmen betreffen Verträge mit Warenautomaten, mit Betreibern von Telekommunikationsmitteln aufgrund der Benutzung von öffentlichen Fernsprechern (zB Einwurf von Münzen in Fernsprecher), über Bau und Verkauf von Immobilien und Versteigerungen. Eingeschränkte Anwendung findet die Richtlinie nach Art. 3 Abs. 2 unter weiteren Voraussetzungen auf bestimmte Verträge über die Lieferung von Lebensmitteln, Getränken oder sonstigen Haushaltsgegenständen des täglichen Bedarfs und auf Verträge über die Erbringung von Dienstleistungen in den Bereichen Unterbringung, Beförderung, Lieferung von Speisen und Getränken sowie Freizeitgestaltung. So ist es zB nicht möglich, eine online bestellte Pizza oder ein online bestelltes Hotelzimmer zu widerrufen.[1]

(2) Informationspflicht

284 Nach Art. 4 Abs. 1 FernAbsRL muss der Verbraucher rechtzeitig vor Vertragsschluss eine Reihe von **Informationen** erhalten, zB über die Identität des Lieferers, über wesentliche Eigenschaften der Ware oder Dienstleistung, über den Preis einschließlich der Steuern, gegebenenfalls über Lieferkosten, Zahlungs- und Lieferungsmodalitäten usw. Er muss ferner über sein Widerrufsrecht belehrt werden. Zu den notwendigen Informationen gehören weiterhin die Kosten über den Einsatz der Fernkommunikationstechnik, die Gültigkeitsdauer des Angebotes oder des Preises und bei dauernden oder regelmäßig wiederkehrenden Leistungen die Mindestlaufzeit des Vertrags.

285 Was zB wesentliche Eigenschaften der Ware oder Dienstleistung sind, muss durch **Auslegung** vom Verbraucherhorizont aus ermittelt werden. Ob der Verbraucher im Ergebnis bei Online-Verträgen tatsächlich um ein Mehrfaches besser über das bestellte Produkt informiert ist als beim Kauf im Geschäft, bleibt abzuwarten[2]; die Informationspflicht soll lediglich den dem Online-Geschäft immanenten „Nachteil“, das Produkt nicht „anfassen“ zu können, ausgleichen.

286 Die **Informationen** müssen nach Art. 4 Abs. 2 FernAbsRL klar und verständlich erteilt und an die verwendete Fernkommunikationstechnik angepasst werden. Der kommerzielle Zweck der Informationen muss eindeutig erkennbar sein. Die Grundsätze der Lauterkeit bei Handelsgeschäften und des Minderjährigenschutzes der Mitgliedstaaten müssen beachtet werden. Bei Telefonaten müssen zu Beginn des Gesprächs die Identität des Lieferers und der kommerzielle Zweck offen gelegt werden, Art. 4 Abs. 3 FernAbsRL.

---

1 *Gößmann*, Electronic Commerce – Die EU-Fernabsatzrichtlinie und ihre Auswirkungen auf den Handel über neue Medien, MMR 1998, 88 (90).

2 So aber *Waldenberger* in Hoeren/Sieber, Multimedia-Recht, Teil 13.4 Rz. 120.

287 **Klar, verständlich und an die Fernkommunikationstechnik angepasst** bedeutet, dass die Informationen möglichst im Zusammenhang dargestellt werden müssen. Dies ist zB nicht der Fall, wenn sich der Verbraucher sämtliche Informationen selbst von verschiedenen Websites zusammensuchen muss. Inhalt und Umfang der Informationen müssen so sein, dass dem durchschnittlichen Kunden das Lesen zuzumuten und das Verstehen ohne weiteres möglich ist.

288 Diese in Art. 4 FernAbsRL aufgeführten Informationen müssen vom Lieferer nach Art. 5 FernAbsRL nochmals rechtzeitig während der Erfüllung des Vertrags, bei nicht zur Lieferung an Dritte bestimmten Waren, spätestens zum Zeitpunkt der Lieferung schriftlich oder auf einem anderen für ihn verfügbaren dauerhaften Datenträger bestätigt werden. Die Erfüllung dieser Pflicht ist wichtig für den Beginn der **Widerrufsfrist**. Eine Bestätigung des Lieferers per E-Mail dürfte genügen, da der Verbraucher an einer E-Mail-Domain auf dem Mail-Server eines Internet-Providers zwar kein Eigentum, aber die Verfügungsbefugnis hat. Auch das Merkmal der Dauerhaftigkeit ist gegeben, weil die Löschung nur vom Verbraucher selbst vorgenommen werden kann. Eine automatische Löschung nach Ablauf einer bestimmten Frist kann von ihm verhindert werden. Er kann ferner die Nachricht auf der Festplatte speichern oder ausdrucken.

289 Nach Art. 5 Abs. 1 Satz 2 FernAbsRL müssen weiterhin schriftlich die **Modalitäten** über die Ausübung des Widerspruchsrechts, die Anschrift des Lieferers für Beanstandungen, Informationen über Kundendienst und Garantiebestimmungen und bei unbestimmter Vertragsdauer bzw. Vertragsdauer über einem Jahr die Kündigungsbedingungen übermittelt werden. Problematisch ist vor allem die Frage, ob die Modalitäten des Widerrufs zulässigerweise auch online übermittelt werden können. Angesichts des klaren Wortlautes der Vorschrift und der in Abs. 1 vorgenommenen Unterscheidung zwischen „schriftlich" und „auf einem für ihn verfügbaren dauerhaften Datenträger" dürfte eine teleologische Auslegung in diesem Sinne wohl nicht zulässig sein, auch wenn durch die für die Widerrufsbelehrung geforderte Schriftform der eigentliche Vorteil von Online-Geschäften wieder in Frage gestellt wird.[1]

290 Eine **Ausnahme** von der Pflicht zur schriftlichen Bestätigung besteht nach Art. 5 Abs. 2 FernAbsRL für Dienstleistungen, die unmittelbar durch Einsatz einer Fernkommunikationstechnik erbracht werden, sofern diese Leistungen in einem Mal erfolgen und über den Betreiber der Kommunikationstechnik abgerechnet werden. Allerdings muss der Verbraucher auch in diesem Fall die Möglichkeit haben, die geographische Anschrift der Niederlassung des Lieferers zu erfahren.

1 AA *Waldenberger* in Hoeren/Sieber, Multimedia-Recht, Teil 13.4 Rz. 128, der von einem Redaktionsversehen ausgeht.

(3) Widerrufsrecht

Art. 6 FernAbsRL gewährt dem Verbraucher ein **Widerrufsrecht**. Nach deutschem Rechtsverständnis handelt es sich dabei rechtsdogmatisch um ein Rücktritts- bzw. Kündigungsrecht, da die Richtlinie davon ausgeht, dass der Vertragsschluss bereits erfolgt ist.[1] Die Angabe von Gründen ist nicht erforderlich. Eine Strafzahlung darf nicht verlangt werden. Für den Widerruf ist keine bestimmte Form vorgeschrieben. Die Frist für den Widerruf beträgt bei ordnungsgemäßer Belehrung über die Widerrufsmöglichkeit mindestens sieben Werktage, grundsätzlich beginnend mit dem Tag des Eingangs der Ware beim Verbraucher bzw. bei Dienstleistungen mit Vertragsabschluss. Eingang bedeutet, dass der Verbraucher die Möglichkeit haben muss, die Ware zu untersuchen.[2] Bei unterlassener Belehrung über die Widerrufsmöglichkeit beträgt die Widerrufsfrist grundsätzlich drei Monate ab dem Wareneingang beim Verbraucher, bei Dienstleistungen ab dem Tag des Vertragsabschlusses. Falls die Belehrung über die Widerrufsmöglichkeit vor Ablauf der Dreimonatsfrist erfolgt, wird dadurch die kurze Frist (sieben Werktage) in Kraft gesetzt. In Art. 6 Abs. 3 FernAbsRL sind bestimmte Fälle vorgesehen, in denen der Verbraucher sein Widerrufsrecht nicht ausüben darf. Wird das Widerrufsrecht ausgeübt, können infolge dessen dem Verbraucher lediglich die Kosten für die Rücksendung der Ware auferlegt werden. Daneben sind Ansprüche wegen Nutzungsentschädigung denkbar (zB Ware wurde beim Ausprobieren beschädigt), da diese nicht infolge der Ausübung des Widerrufsrechts entstanden sind. Bei Verbraucherkreditverträgen sieht Art. 6 Abs. 4 FernAbsRL bei der Ausübung des Widerrufsrechts eine entschädigungsfreie Auflösung des Kreditvertrags vor. Wird der Widerruf ausgeübt, müssen dem Verbraucher innerhalb von 30 Tagen alle geleisteten Zahlungen erstattet werden, danach kann dieser auch Verzugszinsen fordern. 291

Zu beachten ist, dass die Voraussetzungen der Richtlinie nicht in allen Punkten mit dem deutschen **Verbraucherkreditgesetz** identisch sind (zB Fristen). 292

(4) Lieferpflichten

Die **Lieferung** muss nach Art. 7 FernAbsRL beim Fehlen abweichender Vereinbarungen grundsätzlich innerhalb von 30 Tagen nach der Bestellung erfolgen. Weitere Pflichten bestehen bei Ersatzlieferungen, wenn die bestellte Ware nicht mehr verfügbar ist. 293

(5) Sicherung bei Zahlung mit Kreditkarte

Von großer Bedeutung für die Akzeptanz neuer Fernabsatztechniken ist die in Art. 8 FernAbsRL verankerte Sicherung bei **Zahlungen mittels Kreditkar-** 294

1 Dies wird durch die Einfügung des § 361a BGB bestätigt.

2 *Reich*, Die neue Richtlinie 97/7/EG über den Verbraucherschutz bei Vertragsabschlüssen im Fernabsatz, EuZW 1997, 581 (585).

te. Betrügerische Verwendungen von Kreditkarten dürfen nicht zu Lasten des Kunden gehen.

(6) Zusendung unbestellter Ware

295 Art. 9 FernAbsRL untersagt die **Zusendung unbestellter Ware**. Die Verwendung von Voice-Mail-Systemen und von Telefax im Fernabsatz bedarf nach Art. 10 FernAbsRL der vorherigen Zustimmung des Verbrauchers.

(7) Verbraucherschutzregelungen, Umsetzung

296 Den Mitgliedstaaten bleibt es nach Art. 14 FernAbsRL unbenommen, strengere **Verbraucherschutzregelungen** als in der Richtlinie vorgesehen zu erlassen. Die Umsetzungsfrist betrug drei Jahre ab Inkrafttreten der Richtlinie, also bis zum 5.7.2000.

ee) Fernabsatzgesetz[1]

(1) Allgemeines

297 **Ziel des Fernabsatzgesetzes** ist neben der Umsetzung der Fernabsatzrichtlinie eine Verbesserung der Rechtsstellung des Verbrauchers.[2] Die Umsetzung der Fernabsatzrichtlinie erfolgt dabei nicht nur durch das Fernabsatzgesetz, sondern wird ergänzt durch zahlreiche Änderungen des BGB und von Verbraucherschutzvorschriften.[3]

298 Als **Fernabsatzverträge** definiert § 1 Abs. 1 FernAbsG alle Verträge über die Lieferung von Waren oder die Erbringung von Dienstleistungen zwischen einem Unternehmer und einem Verbraucher, die unter ausschließlicher Verwendung von Fernkommunikationsmitteln abgeschlossen werden, es sei denn, der Vertragsschluss erfolgt nicht im Rahmen eines für den Fernabsatz organisierten Vertriebs- und Dienstleistungssystems.

299 Die **Begriffe** „Unternehmer" und „Verbraucher" sind inzwischen in den §§ 13, 14 BGB legaldefiniert. § 1 Abs. 2 FernAbsG beschreibt Fernkommunikationsmittel als Kommunikationsmittel, die ohne gleichzeitige körperliche Anwesenheit der Vertragsparteien zur Vertragsanbahnung oder zum Vertragsschluss eingesetzt werden können, und nennt beispielhaft Briefe, Kataloge, Telefon, Telefax, E-Mail und Tele- und Mediendienste. Der Anwen-

1 Art. 1 des Gesetzes über Fernabsatzverträge und andere Fragen des Verbraucherrechts sowie zur Umstellung von Vorschriften auf Euro v. 27.6.2000, BGBl. I S. 897 ff.

2 Zum Fernabsatzgesetz vgl. *Tonner*, Das neue Fernabsatzgesetz – oder: System statt „Flickenteppich", BB 2000, 1413 ff. Kritisch zum neuen Gesetz *Meents*, Ausgewählte Probleme des Fernabsatzgesetzes bei Rechtsgeschäften im Internet, CR 2000, 610 ff.

3 Einen Überblick vermittelt *Lorenz*, Im BGB viel Neues: Die Umsetzung der Fernabsatzrichtlinie, JuS 2000, 833 ff.

dungsbereich erstreckt sich damit auf alte und neue Kommunikationsmittel.[1] Die Beschränkung auf ein für den Fernabsatz organisiertes Vertriebs- und Dienstleistungssystem bedeutet, dass beispielsweise gelegentliche telefonische Bestellungen eines grundsätzlich auf stationären Handel ausgelegten Unternehmens vom Anwendungsbereich ausgenommen sind.[2]

§ 1 Abs. 3 FernAbsG nimmt bestimmte Fälle vom Anwendungsbereich des Gesetzes aus, zB Fernunterrichtsverträge, Timesharing, Finanzgeschäfte, Immobiliengeschäfte, die Lieferung von Lebensmitteln im Rahmen häufiger und regelmäßiger Fahrten, Warenautomaten usw.

(2) Unterrichtungspflicht

Der Anbieter muss nach § 2 FernAbsG den Verbraucher vor Vertragsschluss 300
über den geschäftlichen Zweck und seine Identität **unterrichten**. Die Mitteilungen beziehen sich auf den Anbieter (zB Kontaktadresse, Firmensitz), das bestellte Produkt (zB Preis, Lieferbedingungen, Versandkosten, Steuern, Zahlungsmodalitäten, Widerrufs- und Rückgaberechte usw.) und das Zustandekommen des Vertrags sowie Mindestlaufzeiten. Spätestens bei der vollständigen Vertragserfüllung bzw. der Lieferung der Ware muss der Kunde diese Informationen nochmals schriftlich oder auf einem dauerhaften Datenträger erhalten, wobei bestimmte Informationen in besonderer Weise herausgestellt werden müssen.

(3) Widerrufs- und Rückgaberecht

Nach § 3 FernAbsG hat der Verbraucher ein **Widerrufsrecht**. Der Inhalt 301
dieses Rechts ist in § 361a BGB geregelt. Innerhalb einer Frist von 14 Tagen kann der Verbraucher den Vertrag ohne Angabe von Gründen widerrufen. Der Vertrag ist dogmatisch als schwebend wirksam anzusehen. Die Frist beginnt mit der Belehrung über die Widerrufsmöglichkeit.[3] Wenn der Verkäufer wichtige Informationen (zB Firmensitz, AGB) verschweigt, verlängert sich die Frist auf vier Monate. Allerdings kann vertraglich vereinbart werden, dass der Verkäufer Ersatz für die Kosten für die Rücksendung verlangen kann, wenn der Wert der Ware 40 Euro nicht übersteigt. Weitere Kosten dürfen dem Verbraucher nicht auferlegt werden.[4] Ausnahmen existieren für bestimmte Waren, deren Rücknahme für den Anbieter unzumutbar wäre (zB entsiegelte Software, verderbliche Waren, Zeitschriften/Zeitungen, Spezialanfertigungen wie maßgeschneiderte Kleidung). Alternativ zum Widerrufs-

---

1 *Tonner*, Das neue Fernabsatzgesetz – oder: System statt „Flickenteppich", BB 2000, 1413 (1416).

2 *Tonner*, Das neue Fernabsatzgesetz – oder: System statt „Flickenteppich", BB 2000, 1413 (1416).

3 Legt man die Vorschrift richtlinienkonform aus, muss die Belehrung über das Widerrufsrecht wegen Art. 5 Abs. 1 Satz 2 FernAbsRL schriftlich erfolgen.

4 Auch wenn dies nicht ausdrücklich im Gesetz so formuliert ist, gebietet dies eine richtlinienkonforme Auslegung der Vorschrift.

recht kann dem Verbraucher der Ware ein Rückgaberecht nach § 361b BGB eingeräumt werden.

(4) Sonstiges

302 Für ohne Aufforderung übersandte Waren und Gewinnzusagen/Preisausschreiben wurden in den §§ 241a, 661a BGB Regelungen aufgenommen, die der Fernabsatzrichtlinie entsprechen. Zu den Folgen eines **Kreditkartenmissbrauchs** vgl. jetzt § 676h BGB.

ff) Richtlinie über den elektronischen Geschäftsverkehr[1]

(1) Ziel

303 Die **Richtlinie über den elektronischen Geschäftsverkehr** verfolgt nach ihrem Art. 1 Abs. 1 das Ziel, den freien Verkehr von Diensten der Informationsgesellschaft sicherzustellen.

(2) Grundsatz der Zulassungsfreiheit

304 Nach Art. 4 Abs. 1 der Richtlinie über den elektronischen Geschäftsverkehr sind die Aufnahme und Ausübung der Tätigkeit eines Anbieters von Diensten der Informationsgesellschaft **zulassungsfrei**. Anderweitig erforderliche Zulassungen, die nicht ausschließlich Dienste der Informationsgesellschaft betreffen (zB berufliche oder gewerberechtliche Anforderungen, Lizenzen nach dem TKG usw.), bleiben davon unberührt.

(3) Dienste der Informationsgesellschaft

305 Den **Begriff** der „Dienste der Informationsgesellschaft" definiert die Richtlinie nicht selbst, sondern verweist insoweit in ihrem Art. 2 lit. a auf die Richtlinie 98/34/EG des Europäischen Parlaments und des Rates vom 22.6.1998 über ein Informationsverfahren auf dem Gebiet der Normen und technischen Vorschriften.[2] Dort ist in Art. 1 Nr. 2 eine „Dienstleistung der Informationsgesellschaft" legaldefiniert als jede in der Regel gegen Entgelt elektronisch im Fernabsatz und auf individuellen Abruf eines Empfängers erbrachte Dienstleistung. „Im Fernabsatz erbrachte Dienstleistung" ist dabei eine Dienstleistung, die ohne gleichzeitige physische Anwesenheit der Ver-

1 Richtlinie 2000/31/EG des Europäischen Parlaments und des Rates v. 8.6.2000 über bestimmte rechtliche Aspekte der Dienste der Informationsgesellschaft, insbesondere des elektronischen Geschäftsverkehrs, im Binnenmarkt, ABl. Nr. L 178 v. 17.7.2000, 1 ff.

2 ABl. EG Nr. L 204 v. 21.7.1998, 37 ff., geändert durch die Richtlinie 98/48/EG des Europäischen Parlaments und des Rates v. 20.7.1998 zur Änderung der Richtlinie 98/34/EG 1998 über ein Informationsverfahren auf dem Gebiet der Normen und technischen Vorschriften, ABl. EG Nr. L 217 v. 5.8.1998, 18 ff.

tragsparteien erbracht wird. „Elektronisch erbrachte Dienstleistung" ist eine Dienstleistung, die mittels Geräten für die elektronische Verarbeitung (einschließlich digitaler Kompression) und Speicherung von Daten am Ausgangspunkt gesendet und am Endpunkt empfangen wird und die vollständig über Draht, Funk, auf optischem oder anderem elektromagnetischem Wege gesendet, weitergeleitet und empfangen wird. „Auf individuellen Abruf eines Empfängers erbrachte Dienstleistung" ist eine Dienstleistung, die durch die Übertragung von Daten auf individuelle Anforderung erbracht wird.

Diese Definitionen werden durch eine in Anhang V der Richtlinie 98/48/EG 306
abgedruckte **Liste beispielhaft aufgeführter Dienste** ergänzt, die nicht unter die Definition fallen. Auch der 18. Erwägungsgrund der Richtlinie über den elektronischen Geschäftsverkehr versucht beispielhaft zu beschreiben, welche Dienste erfasst werden sollen und welche nicht. Die reine Nutzer-Nutzer-Ebene, wie beispielsweise individuelle E-Mail Kommunikation zwischen zwei natürlichen Personen außerhalb ihrer gewerblichen oder beruflichen Tätigkeit, ist kein Dienst der Informationsgesellschaft.[1] Auch Radio- und Fernsehsendungen fallen nicht darunter, da sie nicht auf individuellen Abruf erbracht werden. Etwas anderes soll beispielsweise für Video auf Abruf gelten.

(4) Herkunftslandprinzip

Nach Art. 3 Abs. 1 der Richtlinie trägt jeder Mitgliedstaat Sorge dafür, dass 307
die Dienste der Informationsgesellschaft, die von einem in seinem Hoheitsgebiet niedergelassenen Diensteanbieter erbracht werden, den in diesem Mitgliedstaat geltenden innerstaatlichen Vorschriften entsprechen, sofern sie in den koordinierten Bereich fallen (zum Begriff des koordinierten Bereichs vgl. Art. 2 lit. h, i–ii der Richtlinie). Diensteanbieter können also gemeinschaftsweit tätig werden, wenn sie den Regeln des **Herkunftslandes** entsprechen, auch wenn im Empfängerland andere Regelungen gelten.[2] Für den Anbieter bedeutet das, dass er sich lediglich mit der Rechtsordnung des Staates vertraut machen muss, in dem er niedergelassen ist.[3]

Für die sachgemäße Anwendung des Herkunftslandprinzips ist eine präzise Fassung des Begriffs der **Niederlassung** unabdingbar. Nach Art. 2 c der Richtlinie, ergänzt durch den 19. Erwägungsgrund, ist für eine Niederlassung eine feste Einrichtung auf unbestimmte Zeit erforderlich, von der aus eine Wirtschaftstätigkeit tatsächlich ausgeübt wird. Dem genügen nicht zB nur ein Briefkasten, ein Server oder eine Website.

---

1 *Gierschmann*, Die E-Commerce-Richtlinie, DB 2000, 1315 ff.

2 *Maennel*, Elektronischer Geschäftsverkehr ohne Grenzen der Richtlinienvorschlag der Europäischen Kommission, MMR 1999, 187 (188); *Brisch*, EU-Richtlinienvorschlag zum elektronischen Geschäftsverkehr, CR 1999, 235 ff.; *Hoeren*, Vorschlag für eine EU-Richtlinie über E-Commerce, MMR 1999, 192 ff.

3 Kritisch zum Herkunftslandprinzip *Lehmann*, Electronic Commerce und Verbraucherschutz in Europa, EuZW 2000, 517 ff.

308 Art. 3 Abs. 3 iVm. dem Anhang der Richtlinie regelt **Ausnahmen** vom Herkunftslandprinzip. Wichtige Ausnahmen betreffen zB das Urheberrecht und gewerbliche Schutzrechte sowie Verbraucherschutzregelungen. Die Abrufstaaten können insoweit auch restriktivere Regelungen erlassen. Das AGBG und das Verbraucherkreditgesetz bleiben damit zB für in Deutschland niedergelassene Diensteanbieter weiter anwendbar.[1]

(5) Informationspflichten

309 Art. 5 und 6 der Richtlinie über den elektronischen Geschäftsverkehr legen den Diensteanbietern gegenüber den Nutzern und den zuständigen Behörden eine umfassende **Informationspflicht** auf. Art. 5 der Richtlinie enthält zunächst allgemeine Informationspflichten. Dazu gehören u.a. der Name des Dienstanbieters, die Anschrift seiner Niederlassung, Angaben, die es ermöglichen, schnell mit ihm Kontakt aufzunehmen, gegebenenfalls die Angabe der Handelsregisternummer, die Umsatzsteuernummer, die Angabe der zuständigen Aufsichtsbehörde, bei reglementierten Berufen (insbesondere freie Berufe) Angabe des Berufsverbandes oder der Kammer usw. Ferner müssen die Preise klar und unzweideutig ausgewiesen werden; insbesondere muss angegeben werden, ob darin Steuern und Versandkosten enthalten sind.

310 Noch weiter gehendere Informationspflichten ergeben sich für **kommerzielle Kommunikation**, Art. 6 der Richtlinie. Kommerzielle Kommunikation (Legaldefinition Art. 2 lit. f) muss als solche erkennbar sein. Die Person, in deren Auftrag die Kommunikation erfolgt, muss klar identifizierbar sein. Angebote zur Verkaufsförderung (Preisnachlässe, Zugaben, Geschenke) und die Bedingungen für ihre Inanspruchnahme müssen leicht zugänglich und klar sein.

(6) E-Mail-Werbung

311 Nicht angeforderte kommerzielle Kommunikation mittels elektronischer Post (Spamming) muss als solche klar und unzweideutig erkennbar sein, Art. 7. Dies bedeutet, dass **Werbesendungen** bereits in der Betreff-Zeile als solche gekennzeichnet sein müssen. Allerdings ist damit noch nichts über die generelle Zulässigkeit von E-Mail-Werbung gesagt, da diese nach Art. 3 Abs. 3 iVm. dem Anhang vom Anwendungsbereich der Richtlinie ausgeschlossen ist.

Ferner müssen die Mitgliedstaaten nach Art. 7 Abs. 2 der Richtlinie sicherstellen, dass Diensteanbieter Eintragungen in so genannten **Robinson-Listen** beachten.

---

1 *Gierschmann*, Die E-Commerce-Richtlinie, DB 2000, 1315 (1316).

(7) Reglementierte Berufe

Grundsätzlich ist nach Art. 8 der Richtlinie das Anbieten von Online-Diensten auch für Angehörige von **reglementierten Berufen** (zB Ärzte, Rechtsanwälte, Wirtschaftsprüfer usw.) zulässig. Allerdings müssen dann auch die Verhaltenskodizes der entsprechenden Berufsvereinigungen eingehalten werden. 312

(8) Abschluss von Verträgen auf elektronischem Weg

Die Mitgliedstaaten müssen grundsätzlich **Vertragsschlüsse auf elektronischem Weg** ermöglichen, Art. 9 Abs. 1. Diesen muss die gleiche Gültigkeit und Rechtskraft zukommen wie auf konventionelle Weise zustande gekommenen Verträgen. Art. 9 Abs. 2 der Richtlinie sieht Ausnahmen davon vor, zB für Immobiliengeschäfte und Verträge auf dem Gebiet des Familienrechts und des Erbrechts. 313

Art. 10 sieht vor, dass dem Nutzer vom Diensteanbieter vor Vertragsschluss bestimmte weitere **Informationen** klar, verständlich und unzweideutig erteilt werden. Dies sind ua. die technischen Schritte, die zum Vertragsschluss führen, die technischen Mittel zum Erkennen und Korrigieren von Eingabefehlern vor Abgabe der Bestellung und die für den Vertragsabschluss zur Verfügung stehenden Sprachen. Davon abweichende Vereinbarungen sind nur zwischen Parteien, die nicht Verbraucher sind, zulässig (B2B). Ferner muss der Anbieter alle Verhaltenskodizies angeben, denen er sich unterwirft. Den Nutzern müssen die Vertragsbestimmungen und die allgemeinen Geschäftsbedingungen zur Speicherung und zur Reproduktion zur Verfügung gestellt werden.

Art. 11 der Richtlinie enthält eine **technische Anleitung** für das Zustandekommen der Verträge, ohne in bestehende Zivilrechtssysteme einzugreifen.[1] Danach muss der Diensteanbieter den Eingang der Bestellung des Nutzers unverzüglich auf elektronischem Weg bestätigen. Dabei gelten Bestellung und Empfangsbestätigung als eingegangen, wenn sie von den Parteien, für die sie bestimmt sind, abgerufen werden können. Der Nutzer als Verbraucher muss aber die Möglichkeit der Korrektur von Eingabefehlern haben. Abweichende Vereinbarungen sind nur zwischen Vertragspartnern zulässig, die nicht Verbraucher sind (B2B). Die Regeln gelten ferner nicht, sofern der Vertragsschluss ausschließlich durch den Austausch per E-Mail erfolgt. 314

(9) Haftung

Die Mitgliedstaaten dürfen den Diensteanbietern nach Art. 15 der Richtlinie keine allgemeine Überwachungspflicht aufbürden. Art. 12–14 enthalten **Haftungsprivilegierungen** für die reine Durchleitung, das Caching und das 315

1 *Gierschmann*, Die E-Commerce-Richtlinie, DB 2000, 1315 (1318).

Hosting. Sofern die dort aufgeführten Voraussetzungen nicht erfüllt sind, haften die Diensteanbieter nach den in ihrem Land geltenden innerstaatlichen Vorschriften.

316 Art. 12 stellt sicher, dass der Diensteanbieter, der lediglich eine vom Nutzer eingegebene Information in ein Kommunikationsnetz oder den Zugang zu einem Kommunikationsnetz vermittelt **(reine Durchleitung)**, nicht für die übermittelte Information verantwortlich ist, wenn er die Übermittlung nicht veranlasst, den Adressaten nicht auswählt und die übermittelten Informationen nicht auswählt oder verändert.

317 **Caching** ist die Speicherung von Daten, um die Leistungsfähigkeit und Geschwindigkeit von digitalen Netzwerken zu erhöhen. Der Diensteanbieter ist grundsätzlich nicht für eine automatische, zeitlich begrenzte Zwischenspeicherung verantwortlich, die allein dazu dient, die Übermittlung der Information an andere Nutzer auf deren Anfrage effizienter zu gestalten, wenn er die Information nicht verändert, die Bedingungen für den Zugang zu der Information beachtet und die Regeln für die Aktualisierung der Information einhält, Art. 13.

318 Gleiches gilt für die reine Speicherung einer Information im Auftrag eines Nutzers **(Hosting)**, wenn der Dienstanbieter keine Kenntnis von den rechtswidrigen Inhalten hat und die Information entfernt oder den Zugang zu ihr sperrt, sobald er Kenntnis von der Rechtswidrigkeit erlangt, Art. 14.

(10) Umsetzung

319 Art. 16 der Richtlinie bringt zum Ausdruck, dass die EU die Erarbeitung freiwilliger Verhaltenskodizes unterstützt, die insbesondere von Handels-, Berufs- und Verbraucherverbänden entwickelt werden sollen. Außerdem sollen nach Art. 17 Einrichtungen zur außergerichtlichen Streitbeilegung zwischen Diensteanbietern und Nutzern auf elektronischem Weg gefördert werden. **Umsetzungsfrist** für die Richtlinie ist der 17.1.2002.[1]

1 Vgl. hierzu auch den Entwurf eines Gesetzes über rechtliche Rahmenbedingungen für den elektronischen Geschäftsverkehr der Bundesregierung, abzurufen unter www.bmj.de, der ua. Änderungen des Teledienstegesetzes vorsieht. Weitere Änderungen sind durch das Gesetz zur Anpassung der Formvorschriften des Privatrechts und anderer Vorschriften an den modernen Rechtsgeschäftsverkehr vom 18.7.2001 (BGBl. I S. 1542 ff.) erfolgt und durch den Entwurf eines Gesetzes zur Umsetzung der Verbrauchsgüterkaufrichtlinie und zur Modernisierung des Schuldrechts (Schuldrechtsmodernisierungsgesetz), beide abrufbar über die Homepage des BMJ (www.bmj.de), geplant.

gg) Elektronische Signatur

(1) Signaturrichtlinie[1]

Die **Signaturrichtlinie (SigRL)** bezweckt, die Verwendung elektronischer (digitaler) Signaturen durch Schaffung von einheitlichen Rahmenbedingungen zu erleichtern und zur rechtlichen Anerkennung dieser elektronischen Signaturen beizutragen. Divergierende Regeln über die rechtliche Anerkennung elektronischer Signaturen und die Akkreditierung von Zertifikationsanbietern sollen harmonisiert werden.[2] 320

Art. 2 SigRL enthält eine Reihe von **Begriffsbestimmungen**. Unter anderem wird hier unterschieden zwischen elektronischer Signatur und fortgeschrittener elektronischer Signatur. Bei einer fortgeschrittenen elektronischen Signatur ist erforderlich, dass diese ausschließlich einem Unterzeichner zugeordnet ist, sie die Identifizierung des Unterzeichners ermöglicht, sie mit Mitteln erstellt wird, die der Unterzeichner unter seiner alleinigen Kontrolle hat und sie so mit Daten verknüpft ist, dass eine nachträgliche Veränderung der Daten erkannt werden kann. 321

Nach Art. 3 SigRL ist der **Marktzugang zu Zertifizierungsdiensten** frei; das Bereitstellen von Zertifizierungsdiensten bedarf keiner Genehmigung durch die Mitgliedstaaten. Freiwillige Akkreditierungssysteme zur Steigerung des Niveaus der Zertifizierungsdienste sind zulässig, sofern sie objektiv, transparent, verhältnismäßig und nichtdiskriminierend sind. 322

Nach der Kernvorschrift des Art. 5 SigRL müssen fortgeschrittene elektronische Signaturen, die unter ein elektronisches Dokument gesetzt werden, die rechtlichen Anforderungen in gleicher Weise erfüllen wie eine handschriftliche Unterschrift unter einem Papierdokument. Ferner muss die elektronische Signatur in **Gerichtsverfahren** als Beweismittel zugelassen werden. 323

Art. 6 SigRL regelt die **Haftung des Zertifizierungsdiensteanbieters**. Vorgesehen ist eine Gefährdungshaftung, die einen Gegenbeweis zulässt, mit einer Höchstsummenbegrenzung.[3] 324

Umsetzungsfrist für die Signaturrichtlinie war der 19.7.2001. 325

---

1 Richtlinie 99/93/EG des Europäischen Parlaments und des Rates v. 13.12.1999 über gemeinschaftliche Rahmenbedingungen für elektronische Signaturen, ABl. EG Nr. L 13 v. 19.1.2000, 12 ff. Ein Überblick über den wesentlichen Inhalt der Richtlinie sowie den Änderungsbedarf hinsichtlich des Signaturgesetzes und der Signaturverordnung findet sich bei *Kilian*, EG-Richtlinie über digitale Signaturen in Kraft, BB 2000, 733 ff.

2 *Kilian*, EG-Richtlinie über digitale Signaturen in Kraft, BB 2000, 733.

3 *Kilian*, EG-Richtlinie über digitale Signaturen in Kraft, BB 2000, 733 (734).

(2) Umsetzungsbedarf, Gesetz über Rahmenbedingungen für elektronische Signaturen[1]

326 Der Erlass der europäischen SigRL zwang den deutschen Gesetzgeber ua. zur Änderung des bereits älteren deutschen Signaturgesetzes (SigG)[2] und der darauf erlassenen Signaturverordnung (SigV).[3] So musste insbesondere die Sicherungsinfrastruktur, die dem deutschen Signaturgesetz zugrunde lag, geändert werden. Das deutsche SigG und die SigV förderten nämlich ein bestimmtes Verfahren der Vergabe eines öffentlichen Schlüssels und räumten diesem Verfahren mittelbar einen höheren Beweiswert ein. Auch das ursprünglich in § 4 SigG vorgesehene Genehmigungsverfahren war unzulässig. Von ausländischen Zertifizierungsdiensteanbietern durfte auch nicht verlangt werden, dass die Zertifikate die gleiche Sicherheit aufweisen wie nach dem SigG vorgesehen (§ 15 SigG). Schließlich mussten besondere Haftungsregelungen für Zertifizierungsdiensteanbieter eingeführt werden.

327 Die **Umsetzung** der SigRL musste bis zum 19.7.2001 erfolgen. In Deutschland wurde zu diesem Zweck das **Gesetz über Rahmenbedingungen für elektronische Signaturen** erlassen, das das Signaturgesetz ablöst. Das Gesetz sieht trotz grundsätzlicher Genehmigungsfreiheit für den Betrieb von Zertifizierungsdiensten eine Anmeldung und den Nachweis von Zuverlässigkeit, Fachkunde und einer Deckungsvorsorge (mindestens 500.000 DM bzw. ab 1.1.2002 250.000 Euro) vor. Besondere Vorschriften bestehen für qualifizierte Zertifikate. Bei schuldhaftem Handeln haftet der Zertifizierungsdiensteanbieter gegenüber Dritten, die auf die Angaben in einem qualifizierten Zertifikat vertrauen. Der Zertifizierungsdiensteanbieter kann sich freiwillig akkreditieren lassen. Das Gesetz enthält neben weiteren Vorschriften über Zuständigkeiten und Kosten und Beiträge verschiedene Bußgeldtatbestände sowie eine Ermächtigungsgrundlage für den Erlass einer neuen Signaturverordnung.

328 Das Gesetz über Rahmenbedingungen für elektronische Signaturen wird ergänzt durch das Gesetz zur Anpassung der Formvorschriften des Privatrechts und anderer Vorschriften an den modernen Rechtsgeschäftsverkehr[4],

---

1 Gesetz über Rahmenbedingungen für elektronische Signaturen und zur Änderung weiterer Vorschriften v. 16.5.2001, BGBl. I S. 876 ff.

2 Ursprünglich Art. 3 des Gesetzes zur Regelung der Rahmenbedingungen für Informations- und Kommunikationsdienste v. 22.7.1997, BGBl. I S. 1870 ff., inzwischen aufgehoben durch Art. 5 des Gesetzes über Rahmenbedingungen für elektronische Signaturen und zur Änderung weiterer Vorschriften vom 16.5.2001, BGBl. I S. 876 ff. (884).

3 Verordnung zur digitalen Signatur vom 22.10.1997, BGBl. I S. 2498 ff. Zum Umsetzungsbedarf im Einzelnen vgl. *Kilian*, EG-Richtlinie über digitale Signaturen in Kraft, BB 2000, 733 ff.; *Müglich*, Neue Formvorschriften für den E-Commerce, MMR 2000, 7 ff.; *Redeker*, EU-Signaturrichtlinie und Umsetzungsbedarf im deutschen Recht, CR 2000, 455 ff.

4 Gesetz zur Anpassung der Formvorschriften des Privatrechts und anderer Vorschriften an den modernen Rechtsgeschäftsverkehr v. 13.7.2001, BGBl. I S. 1542 ff.

mit dem die schuldrechtliche Gleichstellung der elektronischen Signatur mit der eigenhändigen Unterschrift und die Klarstellung des Beweiswertes der elektronischen Signatur bezweckt wird. Weitere Umsetzungen der Signaturrichtlinie sind durch den Erlass eines Gesetzes über rechtliche Rahmenbedingungen für den elektronischen Geschäftsverkehr und durch das Schuldrechtsmodernisierungsgesetz geplant.[1]

2. Übersicht Verträge und vertraglicher Schutz der Tätigkeit und des Ergebnisses

329 In der Vertragspraxis wird man nicht auf fertige Vertragstypen zurückgreifen können, da die Anforderungen an die Vereinbarungen sich aus verschiedenen Leistungselementen zusammensetzen. Auch sind Verträge im Allgemeinen so abstrakt wie möglich formuliert, um alle denkbaren Alternativen zu erfassen. Ferner werden sie so strukturiert, dass sie im Ablauf der Regelungsinhalte vom Allgemeinen zum Besonderen gehen.

Die Vertragspraxis sieht eine Einteilung in gewichtige Abschnitte mit logischen Untergruppen vor. Eine nähere vertragstypische Zuordnung der jeweiligen Leistungselemente und deren Verknüpfung zu typenkombinierten Verträgen soll im Folgenden versucht werden.

Erhebliche Schwierigkeiten bereitet in der Praxis die vertragliche Fixierung der Leistungen, die die Parteien einander im Detail zu erbringen haben. Oft muss die gemeinsame Basis der Zusammenarbeit erst in einem Konzept erarbeitet werden, bevor mit der Erstellung des Vertrages begonnen werden kann. Dies bedeutet auch, dass je nach Anforderung und technischem Zusammenhang individuelle Vereinbarungen, die sich aus unterschiedlichen Leistungselementen zusammensetzen, zu gestalten sind.

330 Viele Vertragsbestimmungen sind unwirksam und unklar, was für den Verwender von Nachteil ist. Wesentlich ist auch, die Anforderungen des AGB-Gesetzes zu beachten.[2]

331 Die wichtigsten zu vereinbarenden **Leistungsmerkmale** sind:

- Vertragsgegenstand: ob Zugang zu Inhalten/zum Netz, Hosting, Design etc.
- Leistungen und Pflichten der Parteien
- Vergütung und Zahlungspflichten
- Schutzrechte und Nutzungsrechte an Web-Seiten, Datenbanken, Software und/oder Inhalten
- Gewährleistung
- Haftung
- Vertragsdauer, -beendigung und Kündigungsrecht

1 Beide Gesetze sind als Entwurf über die Homepage des Bundesministeriums der Justiz (www.bmj.de) abrufbar.
2 *Koch*, Computer-Vertragsrecht, Teil 10, S. 37.

– Anwendbares Recht
– Gerichtsstand.

Die spezifischen Leistungsinhalte werden für die jeweiligen Verträge in den nachstehenden Abschnitten dargestellt.

a) Content-Provider-Vertrag

aa) Einführung

332 Unter dem Motto „Content is King" soll in diesem Abschnitt die vertragliche Gestaltung zur Verwertung von hochqualitativen Inhalten im Internet illustriert werden.

Es existieren verschiedene **Varianten** der Informationsbeschaffung und Weiterverarbeitung. Der Begriff „Inhalt" kann verschiedene, im Internet in digitalisierter Form darstellbare Objekte[1] umfassen, insbesondere die Zurverfügungstellung einer Datenbank, eines Forums, einzelner Seiten oder ein Link auf eine andere Seite. Ein Website-Linking-Vertrag hat die Gestattung der Herstellung von Links zu einer Site zum Gegenstand.[2]

333 Beim **Framing**, als Sonderfall des Website-Linking, stellt sich die Sachlage folgendermaßen dar: In diesen Fällen werden fremde Web-Seiten in einem Rahmen der eigenen Webseite dargestellt, wobei sich die URL normalerweise nicht ändert. Für den Betrachter ist daher nicht erkennbar, von wem der Inhalt des Frames stammt. Er wird aufgrund der Bildschirmdarstellung jedoch regelmäßig davon ausgehen, dass es sich um Inhalte der ursprünglich betrachteten Seite handelt, sofern diese oder die einbezogene Seite nicht einen ausdrücklichen Hinweis auf die tatsächliche Herkunft enthält.

334 Das **Schwergewicht** liegt auf der Leistungsbeschreibung sowie auf den lizenz- und vertriebsvertraglichen Regelungen.

Die wichtigsten Vertragsregelungen werden im Folgenden kurz in einer **Checkliste** angesprochen:

---

1 Objekte ist in einem weiten untechnischen Sinn zu verstehen, Verwendung des Begriffs wie bei *Schuppert* in Spindler, Vertragsrecht der Internet-Provider, Teil VII Rz. 11.

2 Neben der urheberrechtlichen Zulässigkeit des Hyperlinks stellt sich bei so genannten „Deep Links" mittels IMG-Links (diese öffnen als aktive Inline-Links automatisch eine (Grafik-)Datei auf einem fremden Server und stellen sie in der Webseite dar, ohne dass der Betrachter tätig werden muss oder den Ursprung der Datei erkennen kann) die interessante Frage, ob ein Vervielfältigen einer Grafikdatei eine Vervielfältigung im Sinne des UrhG darstellt. „Deep Links" sind Hyperlinks zu fremden Websites, die in Form von Icons oder ähnlichen optischen Darstellungen unmittelbar auf hierarchisch unterhalb einer Startseite liegende Dateien oder Seiten verweisen. Shetland Times Limited against Dr. Jonathan Wills and Zetnews Ltd., www.jmls.edu/cyber/cases/shetld1.html; siehe ausführlich *Koch*, Internet-Recht, Teil VII.

- Wo soll der Content eingestellt bzw. gehostet werden? Auf einem eigenen Rechner oder fremden Rechnern?
- Wie lauten die Features des Angebotes?
- Auf welcher Technologie soll das Angebot basieren?
- Werden Inhalte und/oder Materialien erstellt oder geliefert?
- Sind vorherige Prüfungs- und schriftliche Abnahmerechte vorgesehen?
- Soll das Angebot aktualisiert und gewartet werden? Wer ist für Aktualisierungen verantwortlich?
- Welche Verwertungsrechte werden eingeräumt? Sind die Leistungsschutzrechte uneingeschränkt oder sind inhaltliche (exklusiv oder einfach), territoriale und/oder zeitliche Einschränkungen vorgesehen? Für welchen Einsatz werden die Nutzungsrechte benötigt?
- Ist eine Verwendung in und für alle Medien oder nur online, im Internet geplant? Sind Datenbankrechte betroffen?
- Ist beabsichtigt, die Nutzungsrechte ganz oder teilweise auch im Rahmen neuer Kooperationen an Dritte zu lizenzieren?
- Werden Bearbeitungs- und Weiterentwicklungsrechte benötigt?
- Was ist mit sonstigen Leistungen („Arbeitsergebnisse"), an denen Urheberrechte, Leistungsschutzrechte oder sonstige Schutzrechte bestehen?
- Soll dem Partner die Nutzung eines Logos oder einer Marke (kostenfrei/nur nach ausdrücklicher Zustimmung?) erlaubt sein?
- Vergütung oder „unentgeltlich"?
- Welche Materialien muss wer zur Verfügung stellen?
- Welche Übertragungswege, Aufnahme- und Empfangsgeräte sind vorgesehen?
- Ist Programmierung vorgesehen (falls ja: einschließlich Quellcode)?
- Wie werden Werbung und PR abgestimmt?

bb) Vertragsgegenstand und rechtliche Qualifizierung des Content-Provider-Vertrages

Die Typisierung eines Vertrages richtet sich nach der Formulierung der vertraglichen Rechte und Pflichten und dem Parteiwillen, **§§ 133, 157 BGB**, und nicht nach der von den Parteien gewählten Bezeichnung (die aber im Rahmen der Auslegung Indizwirkung haben kann).[1] Da eine Vielfalt von Gestaltungsmöglichkeiten besteht, kann hier eine allgemeingültige Einordnung praktisch nicht erfolgen. Es kommen verschiedene Vertragstypen in Betracht. Zu denken ist insbesondere an Kauf und Pacht bzw. Miete, § 581 BGB, im Einzelfall ist jedoch auch die Anwendbarkeit von Dienst- oder Werkvertragsrecht denkbar.[2] 335

1 Vgl. Palandt/*Heinrichs*, Einf. v. § 305 BGB Rz. 11.
2 So *Schuppert* in Spindler, Vertragsrecht der Internet-Provider, Teil VII Rz. 4 für das Beispiel der Informationslieferung nach Suchabfrage.

336 Die Ermittlung und Umsetzung des Parteiwillens muss mit Rücksicht auf die Rechtsfolgen, insbesondere im Leistungsstörungs- und Gewährleistungsrecht erfolgen. Im Folgenden soll daher auf die typischen Gestaltungsmöglichkeiten eingegangen werden.[1]

(1) Mögliche Varianten des Vertragsgegenstandes

337 Der Content-Provider ist selbstredend mit der Beschaffung und **Überlassung von Inhalten** betraut. Allerdings müssen sich seine Pflichten nicht in dieser Tätigkeit erschöpfen. Er wird teilweise auch für die Einspeisung der Informationen in den Web-Auftritt des Auftraggebers verantwortlich sein, wobei auch hier differenzierte Leistungen, bis hin zum Webdesign, vereinbart werden können.

338 Im Wesentlichen sind folgende Varianten zu unterscheiden: der Content-Provider überlässt Informationen oder Werke, die der Auftraggeber eventuell redaktionell aufarbeitet und im Rahmen seines Dienstes selbständig den Nutzern zur Verfügung stellt, oder der Content-Provider wird nicht nur mit der Erstellung bzw. Beschaffung von Informationen betraut, sondern auch mit der **Einbindung in den Dienst** des Auftraggebers, also unter dessen Benutzeroberfläche.[2]

339 Als Sonderfall stellt sich in diesem Zusammenhang die Einrichtung und Betreuung eines **Forums** dar: der Content-Provider wird hier zur Versorgung mit aktuellen Informationen oder auch Dateien verpflichtet, daneben können Nutzer das Forum zum Informations-, Daten- und Softwareaustausch nutzen.

340 Denkbar sind aber auch zwischen diesen Polen liegende Gestaltungen, zB die Einräumung redaktioneller Einflussmöglichkeiten für den Auftraggeber bei der zweiten Alternative. Im Fall eines klassischen Hyperlinks wird der Content (die Webseite des Providers) erkennbar nicht in den Dienst des Auftraggebers eingebunden. Etwas anderes gilt hier nur für Frames oder IMG-Links[3], die ohne deutliche Kennzeichnung für den Betrachter als eigener Inhalt des Auftraggebers erscheinen.

341 Im Rahmen der **Lieferung der Inhalte** kann nach verschiedenen Kriterien differenziert werden:

– Sicherlich ist die **Leistungszeit** zu beachten: liegt eine einmalige endgültige Übertragung oder eine Überlassung auf Zeit vor, oder schuldet der Content-Provider die ständige (Neu-)Lieferung oder Aktualisierung der

1 Vgl. dazu auch *Schuppert* in Spindler, Vertragsrecht der Internet-Provider, Teil VII Rz. 2 ff.

2 Insoweit sind wieder die Ausführungen zum Webdesign-Vertrag zu beachten, da hier die Gebiete ineinander übergehen können, s. Rz. 611 ff.

3 IMG-Links sind aktive Inline-Links, dh. sie sind in den HTML-Code der Seite eingebunden und werden bei deren Aufruf automatisch ausgeführt, ohne dass es einer Handlung des Nutzers bedarf. Ziel des Links sind Grafikdateien, die in der Webseite dargestellt werden, aber von einem anderen Server bezogen werden.

Informationen während der Vertragslaufzeit? Abgesehen von der ersten Variante, für die zunächst Kauf- oder Werkvertragsrecht nahe liegen, erhält die Vereinbarung in den anderen Alternativen einen Dauerschuldcharakter, eventuell nach den Regelungen des Pacht-/Miet- oder Dienstvertragsrechts.

- Weiterhin kann nach dem **Objekt des Angebots** unterschieden werden: Erschöpft sich die Leistungspflicht des Providers in der Überlassung oder Nutzungsgewährung eines urheberrechtlich geschützten Werks (im weitesten Sinne), oder handelt es sich um sonstige, wegen mangelnder Schöpfungshöhe nicht urheberrechtlich[1] geschützte Informationen?
- Die **Nutzungsart** prägt den Vertragstyp ebenfalls: Eine endgültige Überlassung spricht für Kaufrecht oder Werkvertragsrecht, bei der Einräumung von Nutzungsrechten, zB an einer Datenbank, liegen die Regeln des Mietrechts (über § 581 BGB) näher.

(2) Qualifikation

Im Fall der endgültigen Überlassung urheberrechtlich geschützter, wie auch sonstiger Werke wird in der Regel Kaufrecht in Betracht kommen.[2] Das Recht der Miete, also der **Nutzungsüberlassung** von Sachen (körperliche Gegenstände, § 90 BGB), wird regelmäßig nur über die Verweisung des § 581 BGB zur Anwendung kommen, da Pachtrecht „Gegenstände", also auch zeitlich beschränkte Nutzungsrechte, erfasst.[3] 342
Letzteres wird insbesondere für die Zugangsgewährung zu Datenbanken des Content-Providers für die Kunden des Auftraggebers gelten.[4] Erstellt aber der Content-Provider die Inhalte zum Zweck der endgültigen Veräußerung, wird Werkvertragsrecht eingreifen.[5]

Für die Abgrenzung des Werkvertrages zum Kaufvertrag gilt als Kriterium die Unterscheidung zwischen der Herbeiführung eines Erfolges in Form einer **Wertschöpfung** für den Besteller und der Veräußerung eines fertigen Produkts.[6] 343

Dienstvertragsrecht findet demgegenüber Anwendung, wenn kein konkreter Erfolg, sondern lediglich ein **Tätigwerden** geschuldet ist. Dies wird nur in seltenen Fällen zutreffen: der Auftraggeber wird meistens gerade an konkre- 344

---

1 Für die aber uU wettbewerbsrechtlicher Schutz in Frage kommt!

2 Vgl. Palandt/*Putzo,* Einf. v. § 433 BGB Rz. 19, § 433 Rz. 2; *Schuppert* in Spindler, Vertragsrecht der Internet-Provider, Teil VII Rz. 3 f.; ähnlich MünchKomm/*Westermann,* v. § 433 BGB Rz. 27 für Lizenzvertrag.

3 Vgl. Palandt/*Putzo,* Einf. v. § 535 BGB Rz. 10; MünchKomm/*Voelskow,* §§ 525, 536 BGB Rz. 36; *Schuppert* in Spindler, Vertragsrecht der Internet-Provider, Teil VII Rz. 3.

4 Vgl. *Schuppert* in Spindler, Vertragsrecht der Internet-Provider, Teil VII Rz. 6; *Fritzsche,* CR 1998, 632 (638).

5 So auch *Härting,* CR 2001, 37 (42).

6 MünchKomm/*Soergel,* § 631 BGB Rz. 5; Palandt/*Sprau,* Einf. v. § 631 BGB Rz. 1.

ten, definierten Inhalten, zB Grafiken oder Texten interessiert sein, bei denen es sich um abnahmefähige Werke bzw. veräußerungsfähige Produkte handelt. Lediglich bei konstanter Lieferung von Informationen, zB in Form eines Nachrichtentickers, kann die konkrete Ausgestaltung des Inhalts im Vergleich zur ständigen Lieferung in den Hintergrund treten.[1] Hier lässt sich aber auch die Annahme eines Dienstvertrages mit werkvertraglichen Elementen vertreten.

345 Ist die Zusammenarbeit auf einen längeren Zeitraum ausgerichtet, während dessen der Content-Provider zur wiederholten Lieferung verschiedener Informationen oder Werke oder zur ständigen Aktualisierung verpflichtet ist, erhält der Vertrag außerdem den Charakter eines **Dauerschuldverhältnisses**. In der Regel wird es sich um einen Sukzessivlieferungsvertrag in Form eines Bezugsvertrages handeln.[2] Im Unterschied zum Ratenlieferungsvertrag ist nicht eine von vornherein bestimmte Gesamtmenge geschuldet, vielmehr richtet sich die Leistungsmenge nach dem Bedarf des Anbieters und der Dauer der Vertragsbeziehung. Es liegt ein auf unbestimmte oder längere Zeit geschlossenes Vertragsverhältnis vor, kraft dessen ständige Leistungsbereitschaft des Content-Providers im Rahmen ständig wiederkehrender Leistungen gefordert ist. Eine Ausnahme davon wird nur für Fälle zu machen sein, in denen eine zu einem bestimmtem Zeitpunkt vorhandene Information geliefert werden soll, zB die Vereinbarung der einmaligen Lieferung eines Nachschlagewerkes auf dem aktuellen Stand.

346 Die Vereinbarung des Zugangs zu einer Website wird als **Linking-Vertrag** bezeichnet. Hier muss wohl wie folgt differenziert werden: Soll die Seite in ihrem Zustand unverändert bleiben, wird wiederum Kauf- oder Pachtrecht Anwendung finden. Geht es dem Auftraggeber aber nicht um den Inhalt in vorliegender Form, sondern um die Thematik der Webseite, kommen wiederum Dienst- bzw. Werkvertragsrecht in Betracht, je nachdem, ob die Bearbeitung der Webseite als abnahmefähiger Erfolg geschuldet ist oder lediglich die Aktualisierung als Tätigkeit. Für einen Werkvertrag spricht in diesem Fall aber insbesondere die Pflicht des ständigen Verfügbarhaltens der Seite als geschuldeter Erfolg.

---

1 Vgl. *Härting*, CR 2001, 37 (42); ähnlich *Fritzsche*, CR 1998, 632 (637) für Informationsbeschaffungsverträge mit Auskunfteien und Detekteien. Eine Geschäftsbesorgung wird eher nicht vorliegen, da den Geschäftsführer im Normalfall keine Interessenwahrungspflicht treffen wird. Dies wäre allenfalls bei Einbindung in einen Entscheidungsfindungsprozess anzunehmen, ein Sachverhalt, der hier äußerst selten anzutreffen sein dürfte.

2 Qualifikation uneinheitlich vgl. Palandt/*Heinrichs*, Einf. v. § 305 BGB Rz. 27 ff., Einl. v. § 241 BGB Rz. 17; anders MünchKomm/*Westermann*, § 433 BGB Rz. 46 f.; vgl. auch *Fritzsche*, CR 1998, 632 (639).

cc) Der Vertragsgegenstand im Einzelnen

(1) Leistungen und Pflichten des Content-Providers

a) Leistungsbeschreibung und Pflichtenheft

Wegen der bereits angesprochenen Vielfalt an Gestaltungsmöglichkeiten ist eine möglichst **genaue Beschreibung** der Leistungspflichten des Content-Providers erforderlich, um Auslegungsprobleme zu vermeiden. Dies kann entweder im Vertragstext selbst oder durch Bezugnahme auf einen Anhang (Pflichtenheft) geschehen.[1] Die zweite Alternative ist dabei insbesondere bei häufigem Abschluss ähnlicher Verträge sinnvoll. Damit ist bereits die Notwendigkeit der Berücksichtigung des AGBG angesprochen. Aufgrund der vielzähligen Varianten der Content-Lieferung werden zwar meist Individualverträge[2] vorliegen, bei großen Content-Anbietern, zB Nachrichtenagenturen, kommt aber die Verwendung von AGB in Betracht. [3] 347

Beschreibungen der Hauptleistung unterfallen nicht der umfassenden Inhaltskontrolle nach **§§ 9–11 AGBG**, da der freie Leistungsaustausch nicht reglementiert werden soll.[4] Die Abgrenzung zu kontrollfähigen Nebenabreden ist jedoch schwierig. Allgemein kann man sagen, dass negative Leistungsbeschreibungen regelmäßig kontrollfähig sind.[5] Ansonsten kommt es entscheidend auf eine Modifikation des Hauptleistungsversprechens an: nicht kontrollfähig sind nur solche Leistungsbeschreibungen, ohne deren Vorliegen ein Vertragsschluss wegen mangelnder Bestimmtheit nicht mehr angenommen werden kann.[6] Wenn die Leistungspflichten durch andere Klauseln, insbesondere in Regelungen, die nicht mehr zur eigentlichen Leistungsbeschreibung gehören, zB Gewährleistungs- und Haftungsklauseln, modifiziert werden, ist die Kontrollfähigkeit zu bejahen.[7] 348

---

1 Schwierigkeiten entstehen hier im Rahmen der Mitwirkungspflichten, wenn zum Zeitpunkt des Vertragsschlusses aufgrund der Komplexität des Projekts eine Erstellung des Pflichtenheftes noch nicht möglich ist, die Parteien aber einen einheitlichen Vertrag ohne separate Planungsphase abschließen wollen. Zur ähnlichen Problematik der Erstellung von Pflichtenheften im Rahmen der Vertragsdurchführung beim Softwareerstellungsvertrag siehe *Ihde*, CR 1999, 409, sowie *Schneider*, CR 2000, 27.

2 Für diese gelten gegenüber Verbrauchern gem. § 24a Nr. 2 AGBG jedoch ebenfalls die §§ 5, 6, 8-11 AGBG, Art. 29a EGBGB. Jedoch wird diese Konstellation beim angesprochenen Vertrag eher selten anzutreffen sein.

3 Siehe das Angebot der dpa – Deutsche Presse-Agentur GmbH, http://www.dpa.de/dt_home.htm oder von Reuters unter http://about.reuters.com/online-media/.

4 *Wolf* in Wolf/Horn/Lindacher, § 8 AGBG Rz. 10; Palandt/*Heinrichs*, BGB, § 8 AGBG Rz. 1, 2, es greift aber insbesondere der Schutz der §§ 3, 4 AGBG.

5 *Brandner* in Ulmer/Brandner/Hensen, § 8 AGBG Rz. 28

6 *Brandner* in Ulmer/Brandner/Hensen, § 8 AGBG Rz. 28; *Wolf* in Wolf/Horn/Lindacher, § 8 AGBG Rz. 10.

7 Vgl. § 8 AGBG; *Redeker*, Der EDV-Prozeß, Rz. 503, S. 240. Insofern ist aber das unterschiedliche Schutzniveau gegenüber Kaufleuten zu beachten.

Zweck dieser Regelung ist, den Vertragspartner in seinem Vertrauen auf eine typische Leistung zu schützen. Er soll nicht durch außergewöhnliche Einschränkungen der Hauptleistung überrascht werden. Insofern ist aber gerade problematisch, dass man noch nicht von einem typischen „Content-Provider-Vertrag" sprechen kann, auch die Typenverträge des BGB werden nicht einheitlich angewendet (s. oben Rz. 335 ff.).

(b) Bestimmung der zu liefernden Inhalte

349 Für alle Alternativen muss selbstverständlich geregelt werden, welche Inhalte zu liefern sind. Unterscheiden kann man zunächst nach der **Art der zu liefernden Informationen**, also beispielsweise Texte, Grafiken, Bilder, Musik, Nachrichten oder Zugriffe auf eine Datenbank. Diese Differenzierung ist im Hinblick auf die Rechteübertragung entscheidend: Erreichen die zu liefernden Inhalte die erforderliche Schöpfungshöhe, ist die Einräumung urheberrechtlicher Nutzungsrechte erforderlich.[1] Mangelt es an der Schöpfungshöhe und damit dem urheberrechtlichen Schutz, wird in der Regel wettbewerbsrechtlicher Schutz eingreifen. [2]

350 Zum anderen können bestimmte **Themenbereiche** vereinbart werden, wenn der Vertrag sich noch nicht auf fertige Werke bezieht.

351 Auch die zu verwendenden **Quellen** können vertraglich festgelegt werden. Letztlich ist dabei auf die Umstände des jeweiligen Einzelfalles Rücksicht zu nehmen.

352 Jedenfalls ist bei der Gestaltung von Verträgen das **Vertragsprodukt** konkret zu bezeichnen, so dass der Vertragsgegenstand für jeden unbeteiligten Dritten ohne weiteres erkennbar ist. Dies kann beispielsweise für Online-Ausgaben von Zeitschriften durch die Nennung von Titel, Ausgabe und Erscheinungsjahr oder auf sonstige Weise geschehen.

Aus welchen redaktionellen Unterlagen das Produkt oder der Bereich bestehen, eine Bezeichnung der Unterlagen in **anderen Medien**, die Nennung des „hard copy" Äquivalent – kann insofern hilfreich sein.

353 In diesem Zusammenhang sind die Besonderheiten des **Forum-Manager-Vertrages** hervorzuheben. Wesentlich ist hier die detaillierte Beschreibung eines Forums oder Bereiches, dessen Verwaltung der „Forum Manager" – auch **„Sysop"** genannt – übernommen hat[3]. Dieser Bereich kann ua. aus Bibliotheken, News-Bereichen, Chat-Foren und Download-Areas bestehen.

---

1 Für den Schutz einer Linksammlung als Datenbank LG Köln, Urt. v. 25.8.1999 – 28 O 527/98, CR 2000, 400. Framing ohne Zustimmung des ursprünglichen Anbieters und ohne seine Kennzeichnung verletzt seine Nutzungsrechte, LG Hamburg, Urt. v. 12.7.2000 – 308 O 205/00, CR 2000, 776.

2 ZB wegen unmittelbarer Leistungsübernahme oder Werbebehinderung im Falle von Deep Links, so OLG Celle, Urt. v. 12.5.1999 – 13 U 38/99, CR 1999, 523. S. dazu den Beitrag von *Moritz/Hermann*, unten D Rz. 310 ff.

3 Ein System-Operator (Sysop) ist ein Systemverwalter, jemand, der ein Forum verwaltet.

(c) Modalitäten der Content-Lieferung

In welcher Form und auf welche Weise die Inhalte zu liefern sind, bedarf ebenfalls der Vereinbarung der Parteien. 354

(aa) Präsentation

Sofern der Content-Provider nicht bloß Inhalt liefert, sondern darüber hinaus auch für die Präsentation gegenüber dem Nutzer verantwortlich ist, können diesbezüglich zusätzliche Vereinbarungen entsprechend dem **Webdesign** Vertrag erforderlich sein (siehe dazu unten Rz. 611 ff.). Zu regeln sind dann insbesondere die Verwendung bestimmter Gestaltungsmerkmale, speziell einer Benutzeroberfläche, um eine lückenlose Einbindung in den Dienst des Anbieters zu ermöglichen (Look & Feel). Dazu gehört nicht nur die Verwendung bestimmter Software bei der Erstellung der Präsentation, sondern auch die Sicherstellung der Kompatibilität des Produktes mit der Software des Nutzers, zB den gängigen Internet-Browsern bzw. spezieller Nutzungssoftware von Online-Diensten, Zugangsschlüssel- oder Jugendschutzmaßnahmen. Die Features des Angebotes sind genau zu spezifizieren, ob HTML- oder HMI-Technologie, ob Kombination aus offenen und geschlossenen Bereichen, sowie die Implementierung der Browser. Der Content-Provider hat sicherzustellen, dass das Produkt den möglicherweise in einer Anlage beigefügten stilistischen und technischen Standards des Auftraggebers entspricht. 355

Beim **Framing** sind dabei insbesondere die technischen Voraussetzungen einer fehlerfreien Darstellung der fremden Seite im Frame sicherzustellen. 356

(bb) Lieferung

Die Ablieferung der zur Verfügung zu stellenden Inhalte sollte normiert werden, etwa, ob diese direkt in eine vom Anbieter betreute Datenbank einzuspielen oder zunächst an eine Redaktion zu übermitteln sind, zB per E-Mail, FTP oder auf Datenträgern. 357
Eine derartige Vereinbarung ist bei Linking-Verträgen unpraktikabel. Sinnvollerweise wird dort aber eine Regelung zur Ablieferung mit dem Zweck der Prüfung und Abnahme vereinbart werden.

(d) Produktpflege und -verwaltung

(aa) Aktualität der Inhalte

Gestaltet der Content-Provider die Präsentation des Contents selber, insbesondere beim Forum-Manager-Vertrag, bedarf die Produktpflege einer Regelung. Besonderer Wert ist auf die Aktualität und ständige Überarbeitung der Inhalte zu legen. Alle Inhalte der Produkte, deren optische Darstellung und Pflege, werden vom Content-Provider gestaltet und betreut. Wie regelmäßig 358 der Content-Provider das Produkt oder den Bereich zu aktualisieren hat, ob „mindestens einmal pro Tag, Woche oder Monat", ist zu regeln.[1]

Insofern könnte eine Formulierung lauten:

„Der Content-Provider hat die Website mit ihren Datenverarbeitungs- und Informationsdiensten, Software, Informationen und sonstigen Inhalten (‚Inhalte') so zu verwalten, dass sie

- 24 Stunden am Tag vollständig zur Verfügung steht, die für den Content-Provider verfügbaren und relevanten Inhalte enthält sowie auf dem neuesten Stand ist,
- keine Inhalte verbreitet, vorhält oder vermittelt, wenn sie Rechte Dritter verletzen, einen Rechtsverstoß darstellen, oder vom möglichen Empfänger als beleidigend, belästigend oder irreführend angesehen werden können. Des Weiteren gewährleistet der Content-Provider ausdrücklich, dass Inhalte die Leistung oder Verfügbarkeit des Dienstes nicht beeinträchtigen können, insbesondere keine schädliche Komponenten wie Viren oder Trojanische Pferde enthalten."

(bb) Überwachungspflichten

359 Selbstverständlich sollte die Durchführung von **Datensicherungs- und Virenschutzmaßnahmen** zu bestimmten Zeiten vereinbart werden. Dadurch wird die kontinuierliche Verfügbarkeit des Angebots abgesichert. Außerdem bestehen gegenüber dem Endnutzer Schutzpflichten, bei deren Verletzung sich Haftungsrisiken ergeben.

360 Insbesondere wenn für Nutzer die Möglichkeit des **Informationsaustausches** oder **Dateiuploads** besteht, sollten diesbezüglich Überwachungspflichten des Content-Providers vereinbart werden, selbstverständlich verbunden mit der Pflicht, rechtswidrige Inhalte oder schädliches Material unverzüglich zu entfernen. Der Auftraggeber läuft sonst Gefahr, für diese Inhalte zu haften. Je nachdem, ob diese als sein eigener Inhalt erscheinen (zB bei fehlendem Hinweis auf den Content-Provider) oder als fremder Inhalt, den er zur Nutzung bereithält, gelten §§ 5 Abs. 1, 2 TDG/MDStV mit der Folge, dass er voll verantwortlich ist.

361 In erster Linie klarstellende Bedeutung haben Klauseln, die dem Provider untersagen, seine Site/sein Forum in einer Weise zu verwalten, die entweder für ihn oder den Vertragspartner einen **Verstoß gegen geltendes Recht** darstellt. Dadurch wird lediglich auf die geltenden allgemeinen Gesetze (Straf- und Deliktsrecht, Schutz des geistigen Eigentums) verwiesen. Dies gilt entsprechend für Klauseln, die sich auf die zur Verfügung gestellten Inhalte beziehen. Problematisch kann der Verweis auf ausländisches Recht sein, siehe dazu unten Rz. 563.

---

1 *Jessen*, ZUM 1998, 282 ff. (284).

Klauseln, die demgemäß eine „anderweitig zu beanstandende oder Anstoß erregende“ Verwaltung oder „die Beeinträchtigung der Leistung oder der Ressourcen“ des Auftraggebers verbieten, sind im Hinblick auf die **Unklarheitenregelung** der §§ 5, 9 und 2 Abs. 1 Nr. 2 AGBG bei Anwendbarkeit des AGBG problematisch. Für den Vertragspartner ist die Reichweite und der genaue Inhalt dieser Klauseln nicht eindeutig erkennbar. Die Klausel wäre wegen des Verbots der geltungserhaltenden Reduktion regelmäßig nichtig, mit der Folge der Geltung allgemeiner Treuepflichten aus § 242 BGB. Daher müssen die Verhaltenspflichten des Content Providers möglichst genau formuliert werden (zB Verbot der Verbreitung von Viren, Trojanischen Pferden uä. bzw. entsprechende Überwachungspflichten), wenn man über die allgemein geltenden Treuepflichten hinaus diese vertraglich normieren möchte. 362

Diese Regelungen können generell durch eine **Verpflichtung zur Duldung und Unterstützung inhaltlicher Kontrollen durch den Auftraggeber** ergänzt werden. Im Hinblick auf die Haftung für Inhalte (idR wird es sich um Inhalte iSd. §§ 5 Abs. 1, 2 TDG/MDStV handeln) wird eine solche Überwachungsmöglichkeit angemessen sein. Eine derartige Regelung macht insbesondere dann Sinn, wenn der Auftraggeber ohnehin Personen mit der Überwachung seiner Inhalte beauftragt hat.[1] Weiter gehend können aber auch redaktionelle Mitspracherechte vorgesehen werden, um dem Auftraggeber die Möglichkeit der Einflussnahme auf die Tätigkeit des Content-Providers zu geben. 363

(e) Verfügbarkeitsklausel

In den Fällen der Präsentation durch den Content-Provider sollte, insbesondere beim Framing oder bei Datenbanken, für die eine **ständige Erreichbarkeit** entscheidend sein kann, eine Verfügbarkeitsklausel aufgenommen werden. Festzulegen ist dabei, dass die Site grundsätzlich ständig verfügbar ist, abgesehen von einzelnen Teilen bei Wartungsmaßnahmen (je nach den technischen Gegebenheiten), aber auch die **Bandbreiten** und **Antwortzeiten**. Bedürfnis nach einer Verfügbarkeitsklausel besteht in der Regel nur bei Vereinbarungen, die als Dauerschuldverhältnis mit Nutzungsüberlassung auf Zeit gestaltet sind, weshalb auf die entsprechenden Ausführungen zum Hosting-Vertrag, unten Rz. 551 ff., verwiesen wird. 364

(2) Leistungen und Pflichten des Diensteanbieters, insb. Hosting

Nicht selten wird der Auftraggeber als Service-Provider auch das Hosting des Produkts übernehmen. Wegen der Einzelheiten kann auf die Ausführungen zum Web-Hosting verwiesen werden, siehe unten Rz. 504 ff., letztend- 365

1 ZB sog. „Scouts“ bei AOL. Dabei darf aber nicht übersehen werden, dass gerade der Einsatz dieser Scouts und die Zurechnung ihrer Tatsachenkenntnis zu dem Urteil des LG München I v. 30.3.2000 – 7 O 3625/98, CR 2000, 389 geführt haben: Dort wurde die Privilegierung des § 5 Abs. 2 TDG wegen Kenntnis des vorhandenen Materials verneint.

lich liegt hier ein kombinierter Vertrag vor. Wesentliche Pflichten sind die Überlassung von Rechnerleistung und Speicherplatz. Außerdem kann der Content-Provider daran interessiert sein, dass seine Inhalte nur in Zusammenhang mit bestimmten anderen Inhalten erscheinen, siehe dazu Rz. 436, 447 f.

dd) Sonstige Verpflichtungen

366 Erfasst werden müssen insbesondere **Berichts- und Informationspflichten**, die zB für Abrechnungsfragen Bedeutung erlangen. Beispielsweise kann die regelmäßige Erstellung von Berichten über durchgeführte Aktualisierungen oder Werbemaßnahmen vereinbart werden. Denkbare Ansprüche der Parteien können noch sein:

(1) Training und Support

367 Hat der Content-Provider bestimmte proprietäre Software zu verwenden oder das Produkt an diese anzupassen, wird er in der Regel zu verpflichten sein, sich über technische Weiterentwicklungen zu informieren und sich weiterzubilden sowie Neuerungen möglichst umgehend umzusetzen. Hier sollte Bezug auf konkrete technische Standards genommen werden, um der Unklarheitenregel des AGBG zu entgehen. Korrespondierend kann in diesen Fällen der Auftraggeber entweder selbst zur Durchführung von Schulungen oder zur Tragung der Kosten von Fortbildungsmaßnahmen durch Dritte verpflichtet werden. Insbesondere die Kostentragung sollte dann abschließend und eindeutig normiert werden.

Beispiel:
CompuServe stellt einer bestimmten Anzahl von Personen eine Schulung hinsichtlich der Betreuung und Verwaltung der Produkte zusammen mit Kopien der Einführungsmaterialien, wie zB dem Sysop Manual von CompuServe, zur Verfügung. Bei Fragen und Problemen im Bereich Hosting und Wartung kann eine Abteilung Content-Provider-Support weiterhelfen.[1]

368 Neben Training und Informationsanbieter-Support können **Pflege- und Wartungsarbeiten** gegenüber dem Endkunden, sog. Customer-Support, vorgesehen werden. In diesem Bereich können natürlich Module verwendet werden.

(2) Sponsored Accounts

369 Service-Provider stellen ihren Content-Providern für die Dauer der Vereinbarung eine bestimmte Anzahl von **Benutzerkennnummern** („User ID") zur Verfügung, um ihm als Endbenutzer Zugang zum Dienst zu ermöglichen. Der

---

1 Dies beinhaltet je nach Vereinbarung auch den Zugang zum „Oncall Emergency Escalation Team".

maximale Wert des Zugangs aufgrund dieser Benutzerkennnummern ist im Vertrag pro Monat und Benutzerkennnummer geregelt. In erster Linie dienen diese der Verwaltung des Angebots im Rahmen der Vertragsdurchführung, sie können aber auch als Gegenleistung vereinbart werden.

Regelungsbedürftig ist die Frage, ob bzw. bis zu welchem Umfang diese Accounts unentgeltlich genutzt werden können, da sie in der Regel auch den Zugriff auf andere Angebote des Auftraggebers ermöglichen. Um Missbrauch zu verhindern bzw. um für diesen Fall Verantwortlichkeiten klarzustellen, sollten auch die zur Nutzung befugten Personen festgelegt oder dem Content-Provider entsprechende Dokumentationspflichten auferlegt werden. Ergänzend sollten hier jedenfalls die allgemeinen Benutzerpflichten, wie sie für jeden Teilnehmer des Dienstes des Auftraggebers gelten, in den Vertrag aufgenommen werden.

(3) Rating

Es kann darüber nachgedacht werden, dem Content-Provider aufzuerlegen, 370
den Inhalt des Produkts mit Hilfe von Rating-Labeln wie RSACi (Recreational Software Advisory Council for the Internet – basierend auf PICS) oder mit Hilfe anderer spezieller **Filtersoftware** zu raten und zu kontrollieren.[1] Der Content-Provider hätte dann selbst dafür zu sorgen, dass die Inhalte des Produkts ein Rating-Label, dessen Funktion die eines Gütesiegels wäre, erhalten. RSACi beschreibt Inhalte in verschiedenen Stufen nach dem Grad ihrer möglichen Gefährlichkeit (u.a. Violence, Nudity und Sex), die dann von einer Softeware gelesen – zB von Cyber Patrol – und mit einem Passwortschutz angeboten werden. Bei der Bewertung der Geeignetheit von Angeboten für Kinder und Jugendliche wird hierbei von 12-Jährigen ausgegangen. Nachteil: Dies kann auch als Selbst-Zensur angesehen werden.

(4) Besonderheiten für Forum-Manager-Verträge

Wird das Angebot auf bestimmte individualisierbare Nutzer oder Mitglieder 371
eines Online-Dienstes des Auftraggebers zB durch Registrierung beschränkt, kommen Informationspflichten des Content-Providers hinsichtlich Verstößen gegen Benutzungsbedingungen in Betracht. Dies gilt auch für die vorübergehende oder dauernde Sperrung von Nutzern vom Angebot des Content-Providers, sofern dieser zu derartigen Maßnahmen berechtigt oder verpflichtet ist. Eine derartige Ermächtigung/Verpflichtung muss ebenfalls vertraglich fixiert werden. In diesem Zusammenhang steht auch die Festlegung und Durchsetzung spezieller Nutzungsbedingungen für das Angebot durch den Content-Provider. Diese Befugnis kann ihm je nach Sachlage durch den Auftraggeber erteilt werden.

1 Siehe zu PICS das Grünbuch der EG-Kommission über den Jugendschutz und den Schutz der Menschenwürde in den audiovisuellen und den Informationsdiensten, KOM (96) 483 endg., v. 16.10.1996, und zu RSACi siehe http://www.rsac.org/.

Dann sollte dieser jedoch auch diesbezüglich Kontrollmöglichkeiten erhalten, da das Angebot letztlich unter seinem Logo erscheinen wird.

ee) Fälligkeit und Abnahme

372 Im Übrigen ist eine Bestimmung zur Fälligkeit und Abnahme der Leistung aufzunehmen.[1]

Dabei ist es ratsam, auf Seiten des Diensteanbieters ein vorheriges Prüfungsrecht und schriftliches Abnahmerecht vorzusehen.

Bei dauernder Lieferung über längere Zeiträume ist zusätzlich die Fälligkeit der **Teilleistungen**, abgestuft von genauen Datumsangaben für die Bereitstellung neuen Inhalts bis hin zu Leistungszeiträumen, zu regeln, zB das Produkt regelmäßig, möglichst einmal die Woche, zu ergänzen. Es ist auf eine angemessene Interessenabwägung zu achten, damit einerseits die Aktualität des Angebots (und damit der Verkaufswert) nicht leidet, andererseits nicht überzogene Anforderungen an den Content-Provider gestellt werden.

ff) Vergütung

373 Je nach Interessenlage bieten sich unterschiedliche Vergütungsformen an, die sich wiederum untereinander kombinieren lassen.[2] Generell sollte die Gegenleistung möglichst exakt festgelegt werden, eventuell unter ausdrücklichem Ausschluss anderweitig in Betracht kommender Möglichkeiten.

(1) Geldleistungen

374 Bei Geldleistungen sind folgende Gestaltungen üblich:

In der Praxis ist es üblich, ein fixes **Pauschalhonorar**[3] zu vereinbaren, damit beide Vertragspartner mit einem festen Betrag rechnen können, häufig aber auch ein nutzungsabhängiges Honorar[4]. Dessen Grundlage wird entweder

---

1 Abnahme im Falle der Neueinrichtung: „Der Content-Provider hat die Site so zu verwalten, dass sie spätestens innerhalb von dreißig (30) Tagen nach Vertragsschluss abnahmebereit eingerichtet ist."

2 Einen Überblick über denkbare Gestaltungen gibt *Gordon*, CRI 2000, 2 ff.

3 Formulierung zur Vergütung (1. Alternative): „Der Content-Provider erhält vom Diensteanbieter für sämtliche gem. dieser Vereinbarung zu erbringenden Leistungen und für die Rechtseinräumungen einen monatlichen/quartalsweisen Pauschalbetrag von Euro (‚...') (in Worten Euro: [‚...']) zzgl. gesetzlicher Mehrwertsteuer."

4 Formulierung zur Vergütung (2. Alternative): „Der Content-Provider erhält vom Diensteanbieter für sämtliche gem. dieser Vereinbarung zu erbringenden Leistungen und für die Rechtseinräumungen (‚...')% der Nettoerlöse aus den durch den Aufruf der Inhalte generierten Nutzungszeitgebühren abzüglich etwaiger Lastschriften und Forderungsausfälle. Die Nutzungszeitgebühr errechnet sich aus der Multiplikation der auf den Inhalten von Nutzern verbrachten Stundezahl mit dem errechneten Prozentsatz des Preises für eine Online-Stunde. Der Prozentsatz errechnet sich

pro Zugriff auf das Werk oder anhand der Anzahl der an den Endnutzer übertragenen Zeichen gemessen. Je nach Gegebenheiten kann hier eine Anpassungsklausel verwendet werden, in der die Grundlage der Vergütungsberechnung festgehalten wird und bei nachweislicher Änderung dieser Grundlagen eine Nachverhandlungspflicht aufgenommen wird. Die Voraussetzungen dieses Nachweises sollten dann ebenfalls fixiert werden.

Aufwendiger ist die **Bezahlung nach Abrufzahlen bzw. Seitenaufrufen**[1] oder **Werbeerlösen**[2], die auf der Grundlage von Hit-Statistiken durchgeführt werden kann. Vorteil: der Lizenzgeber ist direkt an den Erlösen beteiligt. Bei einer IP-basierten Übermittlung lässt sich anhand der Log-Files genau nachprüfen, wie viele Nutzer das Angebot nachgefragt haben. Der Diensteanbieter hat diese Zahl dem Content-Provider mitzuteilen, der daraus die Rechnungssumme ermittelt. In derartigen Verträgen ist es ratsam, ein Einsichtsrecht für den Content-Provider zu vereinbaren, das nach Wahl des Diensteanbieters auch durch einen von Berufs wegen zur Verschwiegenheit verpflichteten Vertreter wahrgenommen werden kann. 375
Problematisch ist hier die Möglichkeit der Verfälschung dieser Statistiken durch den Einsatz von automatisierten Programmen, so genannten „robots", die vorgegebene Seiten wiederholt abrufen. Diese Verzerrung ist durch eine Beschränkung des Angebots auf registrierte Nutzer, die einer Zugangskontrolle unterworfen werden, zu verhindern. Hierbei kann jedoch das gerade unter Internetnutzern verbreitete Misstrauen gegenüber Registrierungen, auch wenn diese kostenfrei sind, zu einer Reduzierung der Aufrufe des Angebots führen.

Auch bei einer **Bezahlung pro Download** ergeben sich Ungenauigkeiten durch Verbindungsabbrüche oder Installationsprobleme, die den Nutzer zu einem wiederholten Download der gleichen Information zwingen. 376

Natürlich können auch **Garantiehonorare** vereinbart werden. So erhält der Content-Provider bei Vertragsunterzeichnung oder bei Live-Schaltung für den unbeschränkten Zugang zum Produkt einen bestimmten Betrag als garantiertes Mindesthonorar. Weitere Ansprüche des Content-Providers können einmalige Prämien für neu gewonnene Mitglieder sein, welche sich nachweislich aufgrund der Akquiseaktivitäten des Content-Providers oder 377

---

durch Abzug von Freistunden der Nutzer und Forderungsausfälle. Derzeit liegt der Geldwert einer Online-Stunde Euro (,...')/Stunde."

1 Formulierung zur Vergütung (3. Alternative): „Der Content-Provider erhält für sämtliche gem. dieser Vereinbarung zu erbringenden Leistungen an den vom Diensteanbieter im Zusammenhang mit der auf den mit den Inhalten erstellten Web-Seiten generierten Nettowerbeerlöse eine Beteiligung von (,...')% nach Abzug aller Agenturprovision, Rabatten und einer (,...') Unkostenpauschale des Diensteanbieters."

2 Formulierung zur Vergütung (4. Alternative): „Als Gegenleistung für die Erbringung sämtlicher Leistungen gem. dieser Vereinbarung und der Rechtseinräumungen stellt der Diensteanbieter auf den mit den Inhalten erstellten Web-Seiten in dem in Anlage 1 spezifizierten Umfang Werbefläche zur Verfügung. Weitere Leistungen seitens des Diensteanbieters erfolgen nicht."

durch die gemeinsamen Marketing-Aktivitäten erfolgreich beim ISP oder Online-Dienst angemeldet haben.

(2) Marketingmaßnahmen

378 Neben oder an Stelle von Geldleistungen kann auch ein **Crosslinking** oder eine andere Marketingmaßnahme vereinbart werden. Dadurch kann die Bekanntheit und die Anzahl der Zugriffe auf eine Webpräsenz des Content-Providers gesteigert werden, was indirekt wieder zu erhöhten Einnahmen führen kann. Außerdem lässt sich dadurch ein Markenbewusstsein beim Nutzer aufbauen. Gleiches gilt für uU wechselseitige **Exklusivitätsvereinbarungen**. Derartige Gegenleistungen können gerade für unbekanntere Unternehmen wesentlich vorteilhafter als Geldzahlungen sein.

gg) Rechteeinräumung

(1) Schutzrechte

379 Der wichtigste Gegenstand ist die Einräumung der Rechte (übertragen wird nicht das Urheberrecht) an Inhalten und Materialien zur Nutzung im Internet, wobei einzelne oder alle Nutzungsarten übertragen werden können, § 31 Abs. 1 UrhG. Eine Vereinbarung über „**Schutzrechte**“, die aus der Zusammenarbeit resultieren, aber auch über Know-how und Zeichen, ganz gleich welcher Art, ist zu empfehlen. Hierbei ist Pionierarbeit zu leisten. So hat die Rechtsprechung bisher nicht zu den internetspezifischen Rechtsfragen Stellung genommen. Insbesondere haben die Vertragsparteien einander dafür einzustehen, dass sie über die Schutz- und Nutzungsrechte in dem für die Durchführung dieser Vereinbarung notwendigen Umfang verfügen können. In welchem Umfang die eingeräumten Schutzrechte durch die jeweils andere Partei genutzt werden können, ist aufgrund der Zweckübertragungslehre nach § 31 Abs. 5 UrhG im Vertrag zu regeln.[1] Für eine Schilderung der urheberrechtlichen Nutzungsrechte soll auf die Beiträge von *Dreier/Würfel* und *Dreier/Buhrow*, Rz. 695 ff., verwiesen werden; relevant sind im Zusammenhang mit der Nutzung im Internet insbesondere die Schutzrechte an den Inhalten wie Lichtbilder oder Datenbanken, Ton und Schrift, an Unternehmenskennzeichen, Marken sowie Logos und die Persönlichkeitsrechte. In einem solchen Vertrag kann kein Lizenzgeber mehr Rechte übergeben als ihm zustehen. Ein gutgläubiger Erwerb von urheberrechtlichen Nutzungsrechten ist nicht möglich.[2] Insofern ist zu prüfen, ob ein Wahrnehmungsvertrag mit einer Verwertungsgesellschaft (für Texte die VG Bild-Kunst, für

---

1 Die Regelung zum Zweckübertragungsgrundsatz in § 31 Abs. 5 UrhG führt dazu, dass Lizenznehmer stets darum bemüht sein sollten, möglichst umfassend sämtliche Nutzungsarten, in denen das Werk auch nur möglicherweise genutzt werden könnte, im Einzelnen zu bezeichnen. *Hertin* in Fromm/Nordemann, Urheberrecht, §§ 31/32 UrhG Rz. 19.; Schricker/*Schricker*, Urheberrecht, UrhG §§ 31/37 Rz. 31 ff.

2 *Schwarz* in Schwarz, Recht im Internet, 3-3.2, S. 42.

Musik die GEMA[1], für ausübende Künstler die GVL[2]) sich auf die Übertragung der Rechte auswirkt. Ferner ist zu regeln, ob die eingeräumten Nutzungsrechte an einem Urheberrecht auch auf Dritte übertragen werden können. Dies können nur beim Provider registrierte Endkunden sein, auch kann der Umfang der Nutzung durch dessen Endkunden (nur zum privaten Gebrauch) eingeschränkt werden. Auch ist die Zeitdauer, für die die Nutzungsrechte eingeräumt werden sollen, zu bestimmen, ob nur kurzfristig und damit aktuell oder für die Dauer des Schutzrechts.

(2) „Internet-Recht"

Ob es das „Internet-Recht" oder einzelne **„Internet-Rechte" als eigenständige Nutzungsarten** gibt, ist umstritten.[3] Grenzt man jenseits der technischen Unterscheidung nach der wirtschaftlichen Nutzung ab, führt dies dazu, dass auch eine Internetübertragung von dem „klassischen" Rechtskatalog abgedeckt sein kann. So ist die Einordnung schwierig, weil die Verwertung bei den klassischen Verwertungsformen der §§ 15 ff. UrhG entweder durch eine körperliche Vervielfältigung (Fotos) oder durch eine unkörperliche Verwertung (Werke der Musik) erfolgt. Aus diesem Grunde soll in das deutsche Urheberrecht die Formulierung des „Making-available"-Rechtes als besonderes Recht der öffentlichen Wiedergabe übernommen werden, wie bereits im WIPO-Urheberrechtsvertrag vorgesehen.[4] 380

(3) Formulierung

Eine **positive Formulierung** der eingeräumten Internet-Rechte und der nicht gewährten Rechte ist ratsam. Denkbar sind folgende Regeln, die für die Nutzung gelten: Die elektronische Speicherdauer und damit die Verfügbarkeit des Materials in dem Online-Angebot des Providers kann zeitlich (auf ... Stunden/Tage) begrenzt werden. Eine Weitergabe der Inhalte oder des Materials an Dritte, die nicht zum Kreis der Nutzer zählen, kann verboten sein. Einer gesonderten Regelung bedürfen andere Vertriebs- oder Angebotsformen; vor allem ist im Zusammenhang mit dem Recht zur Bewerbung zwischen einer Bewerbung von Programmen oder Elementen aus Programmen 381

---

1 Gesellschaft für musikalische Aufführungs- und mechanische Vervielfältigungsrechte, siehe http://www.gema.de.

2 Gesellschaft zur Verwertung von Leistungsschutzrechten (GVL), siehe http://www.gvl.de.

3 Vgl. zur Diskussion, ob eine hinreichend klar abgrenzbare wirtschaftliche-technische Nutzungsform vorhanden ist: *Vinck* in Fromm/Nordemann, Urheberrecht, § 15 UrhG Rz. 2; Schricker/*Schricker*, Urheberrecht, §§ 31/32 UrhG Rz. 38; *Loewenheim* in Loewenheim/Koch, Praxis des Online-Rechts, S. 269 (292 ff.), sowie den Beitrag von *Dreier/Buhrow*, unten Rz. 800 und 811 ff.

4 Siehe auch den Vorschlag für einen Entwurf eines Gesetzes zur Stärkung der vertraglichen Stellung von Urhebern und ausübenden Künstlern, zugänglich über: http://www.bmj.bund.de/ggv/entwurh1.pdf.

zu unterscheiden. So ist ein miteingeräumtes Werberecht (Trailer) nicht gleichbedeutend mit der Vergabe von Ausschnittsrechten. Jedes einzelne Recht setzt eine gesonderte Rechteeklärung voraus. Anders ist das zu beurteilen, wenn keine eigenständige bzw. gesteigerte Werknutzung gegeben ist, sondern die Art der Speicherung nur technischen Arbeitsvorgängen oder der unkörperlichen Wiedergabe dient, so bei extrem kurzen Festlegungen von Daten. Anders beim Caching, das nach hM eine urheberrechtlich relevante Vervielfältigung iSd. § 16 UrhG darstellt.[1] Auch beim sog. Broadband-Streaming (Einsatz von Bewegtbildern im Internet) ist dies relevant. So ist zwischen Live-Streams[2], durch die der Nutzer das laufende Fernsehprogramm verfolgen kann, und Library-Streams, durch die der Nutzer kurze Beiträge oder ganze Filme abrufen kann, zu unterscheiden. Gerichtsurteile zu diesem Themenkomplex sind bereits ergangen.[3] Internetrechte mit geringen oder keinen interaktiven Möglichkeiten (beispielsweise Pay-TV mit festen Sendezeiten über das Internet ohne Möglichkeit der Beeinflussung der Sendeabfolge durch den einzelnen Nutzer, dh. der Nutzer wählt nur den Internet Channel aus) könnten als Senderecht einzustufen sein, da die individuelle Abrufbarkeit zu verneinen ist. Soweit keine Sendung eines vorgegebenen Programmablaufes im Internet erfolgt, müssen On-demand-Rechte für einen Abruf erworben werden (dazu unten *Dreier/Buhrow*, Rz. 809 ff. und 811 ff.). Weitere Nutzungsarten können entstehen, sobald sie **technisch und wirtschaftlich selbständig** sind.

(a) Varianten

382 Es sind prinzipiell zwei Varianten denkbar, um Rechte vertraglich einzuräumen:

(aa) Einzelübertragungsklausel

383 Die erste Alternative, die sog. Einzelübertragungsklausel, erfolgt durch eine **genaue und detaillierte Aufzählung aller Nutzungsarten**, die es einzeln zu

1 Schricker/*Loewenheim*, Urheberrecht, § 16 UrhG Rz. 19; *Waldenberger*, ZUM 1997, 176 (179).

2 Bei Live-Streams klinkt sich der Nutzer in eine Sendung ein, dh., es steht nicht jederzeit der gleiche Inhalt zum Abruf bereit. Gegen die Annahme einer eigenständigen Werknutzung spricht, dass die Übertragung im Internet sowohl in technischer als auch in wirtschaftlicher Hinsicht eine starke Ähnlichkeit mit der „klassischen" Sendung hat.

3 Zur urheberrechtlichen Einordung von Library-Streams hat die Rechtsprechung im Urteil des LG München I v. 10.3.1999 – 21 O 15039/98, CR 2000, 467 bereits Stellung genommen. Das Gericht ging davon aus, dass Library-Streams nicht von den im Gesetz genannten Rechten wie etwa dem Senderecht (§ 20 UrhG) oder dem Recht zur öffentlichen Aufführung (§ 19 UrhG) umfasst sind. Es ist nicht anzunehmen, dass der Erwerb des Senderechts und des Rechts zur öffentlichen Aufführung auch zur Bereithaltung der Library-Streams auf einer Website berechtigt.

übertragen gilt. Eine positive Formulierung der eingeräumten Rechte ist zu empfehlen, aber auch eine Aufnahme ausgeschlossener Nutzungsrechte, indem die Übertragung bezüglich dieser Nutzungsarten räumlich, zeitlich und nach ihrem Umfang bzw. inhaltlich eingeschränkt wird. Der Katalog von einzuräumenden Nutzungsrechten und -arten beinhaltet in der Praxis die einfache, räumlich unbeschränkte Nutzung des Produktes im Wege der Datenfernübertragung für die Dauer des Vertrages, einschließlich der vertraglichen Gestattung, das Produkt digital zu erfassen, mit anderen Produkten zu vereinen, auf allen bekannten Speichermedien zu speichern und es interaktiv auf elektronischem Weg nutzbar zu machen, dh. per Download auf die Rechner Dritter zu übertragen und Ausdrucke von Papierkopien durch den Endnutzer zu gestatten. Eingeräumt wird in der Regel auch das Recht, das Multimedia-Produkt auf beliebigen Datenträgern zu vervielfältigen, zu verbreiten, zu vermieten und zu verleihen. Diese seitenlangen Kataloge werden häufig als Anlage zum Vertrag angehängt. Der Bundesgerichtshof hat in seinen Urteilen zur Videozweitauswertung entschieden, dass Rechte an Nutzungsarten, die zwar technisch bekannt, jedoch wirtschaftlich noch nicht bedeutsam sind, dann übertragen werden dürfen, wenn die Vertragspartner dies ausdrücklich vereinbaren. „Denn in diesem Fall begebe sich der Urheber sehenden Auges seiner Rechte. Daran wolle ihn auch das Urheberrecht nicht hindern."[1] So können auch solche Nutzungsarten übertragen werden, die zwar technisch bekannt, jedoch wirtschaftlich noch nicht von Bedeutung sind.

(aa) Zweckübertragungsregel

Die zweite Alternative besteht darin, von der sog. Zweckübertragungsregel 384
Gebrauch zu machen und die **Nutzungsarten nicht einzeln zu bezeichnen.**[2] Das Urhebergesetz sieht als Grundprinzip vor, dass sich im Zweifel die Reichweite von Übertragungen nach dem mit der Einräumung der Nutzungsrechte verfolgten Zweck des Vertrages nach dem Parteiwillen bestimmt, § 31 Abs. 5 UrhG. Sind die Nutzungsarten nicht einzeln benannt, ist nach dem mit der Rechteeinräumung verfolgten Vertragszweck zu fragen. Hierzu sind sämtliche für die Vertragsparteien im Zeitpunkt des Vertragsabschlusses erkennbaren Umstände heranzuziehen. In der Vertragspraxis wird dieser Vertragszweck meist in der Präambel so genau wie möglich beschrieben und in der Rechteübertragungsklausel allein die für den in der Präambel beschriebenen Zweck erforderlichen Rechte eingeräumt. So kann man sich die umfangreiche Auflistung der Einzelrechte sparen. Sobald im Streitfall Auslegungsprobleme auftreten, gilt die urheberfreundliche Auslegung.

---

1 OLG München, Urt. v. 10.12.1992 – 29 U 6173/89, GRUR 1994, 115 f.
2 *Hertin* in Fromm/Nordemann, Urheberrecht, §§ 31/32 UrhG Rz. 198; Schricker/*Schricker*, Urheberrecht, §§ 31/32 UrhG Rz. 31 ff.

(cc) Kombination

385 Denkbar ist auch eine Kombination aus beiden Übertragungsformen, um die Vorteile beider Systeme zu verknüpfen. Zum einen erfolgt mit Bezug auf den in der Präambel formulierten Zweck eine Übertragung aller für die Errichtung dieses Zwecks erforderlichen Rechte. Zum anderen werden einzelne Rechte beispielhaft im Rahmen einer **„Insbesondere-Klausel"** aufgezählt.

(b) Prinzipien

386 Bei der Gestaltung von Verträgen zur Einräumung von Rechten im Internet sind folgende Prinzipien zu beachten:

(aa) Keine Übertragung unbekannter Nutzungsarten

387 Enthalten Altverträge keine Regelung über die Einräumung der „Internet-Rechte", so ist grundsätzlich davon auszugehen, dass die Internet-Rechte nicht enthalten sind. Zwar können **Buy-out-Klauseln** in Form einer allgemeinen Formulierung vereinbart worden sein, wonach alle Rechte übertragen werden sollen. Selbst wenn es dem Willen der Vertragspartner entsprach, alle nur denkbaren Rechte zu übertragen, ist eine Übertragung von Rechten an unbekannten Nutzungsarten nicht erfolgt. Die Internetrechte können damit vor 1995 nicht mit übertragen worden sein, § 31 Abs. 4 UrhG.[1] Zwar könnten beispielsweise Live-Streams vom Senderecht umfasst sein, und es könnte im Falle des entgeltlichen Abrufs auf das Pay-TV-Recht zurückgegriffen werden. In allen anderen Fällen wird man von Folgendem ausgehen müssen: Immer dann, wenn die Nutzung in Online-Diensten als Live- oder Archiv-Stream nicht ausdrücklich genannt ist und sich auch aus dem Zweck des Vertrages nicht zweifelsfrei herleiten lässt, ist das Recht nicht übertragen und Internet-Nutzung des Werkes ohne eine erneute Lizenzierung des Berechtigten nicht zulässig. Sicherheitshalber sollte man es nicht darauf ankommen lassen, sondern eine **Nachlizenzierung** verhandeln.

(bb) Erwerb weltweiter Rechte

388 Internet-Rechte sollten im Hinblick auf die **weltweite Abrufbarkeit** des Internets grundsätzlich immer weltweit erworben werden. Im Einzelfall lässt sich eine territoriale Beschränkung über die Sprachfassung erreichen.

Ein **Beispiel** aus der Praxis soll dies verdeutlichen: Werden typischerweise Filmrechte für internationale Produktionen territorial getrennt eingeräumt, ist die Vergabe von Internet-Rechten schwierig. Im Gegensatz zur Übertragung von Filmen im Fernsehen lässt sich die Verbreitung von Inhalten über

1 Der BGH hat in seiner Entscheidung vom 26.1.1995 – I ZR 63/93, ZUM 1995, 713, für die Nutzungsart Video in der Form von Videokassetten angenommen, dass diese in den Jahren 1973 bis 1975 bekannt wurde. Diese Grundsätze sind entsprechend anzuwenden.

das Internet nur dann geographisch beschränken, wenn der Dienst gegen Entgelt angeboten wird oder nur nach vorheriger Eingabe eines Passwortes nutzbar ist. Ohne derartige technische Schranken müssen grundsätzlich die weltweiten Nutzungsrechte erworben werden, wenn das Internet als Verbreitungsweg genutzt werden soll. Denkbar ist weiter, bei der Vertragsgestaltung auf die Sprache abzustellen und allein eine deutschsprachige Synchron-Fassung zu lizenzieren.

(4) Sonstige Vereinbarungen

Im Falle von urheberechtlich geschütztem Material wird der Provider dazu 389
zu verpflichten sein, die Online-Angebote mit **Copyright**-Vermerken zu versehen und den Endkunden in geeigneter Form über Copyright-Bestimmungen und Haftungsregelungen des Vertrages mit dem Content-Provider zu unterrichten. Selbst wenn das Produkt teilweise wegen der einfachen Auswahl oder Zusammenstellung nicht die Anforderungen an einen urheberrechtlichen Schutz erfüllt, sollten sich die Parteien vertraglich gegenseitig verpflichten, das Urheberrechtsgesetz einzuhalten.[1] Dies kann u.a. für Datenbanken relevant sein.[2]

Eine vertragliche Vereinbarung zur Verteidigung und Durchsetzung der Schutzrechte ist nicht von Nachteil.

hh) Gewährleistung

(1) Vertragstyp

Die Wahl vertraglicher Gestaltungsmöglichkeiten der Gewährleistung beim 390
Content-Provider-Vertrag hängt von der rechtlichen Qualifizierung des Vertrages und damit wiederum von der Formulierung des Parteiwillens ab. Zwingendes Recht grenzt den Gestaltungsspielraum ein. Entscheidend ist daher die Berücksichtigung der Parteiinteressen bereits bei der Formulierung der vertraglichen Leistungspflichten, da diese den Vertragscharakter bestimmen (siehe oben Rz. 335 ff.).

(2) Regelungen des BGB und die Zulässigkeit von Modifikationen durch AGB

Individualvertraglich können die Parteien in den Grenzen von §§ 138, 242 391
BGB die Gewährleistung an ihre Vorstellungen anpassen. Beschränkungen

---

1 So für den Online-Lizenzvertrag auch *Lutz*, Verträge für die Multimedia-Produktion, S. 187, Fn. 3.

2 Nach der EU-Datenbankrichtlinie, 96/9/EG v. 11.3.1996, ABl.EG v. 27.3.1996, Nr. L 77, S. 20, soll für Datenbanken, soweit eine geistige Schöpfung fehlt, ein Sui-generis-Recht (§ 87a UrhG), das weitgehend einem Leistungsschutzrecht entspricht, gewährt werden. Durch Art. 5 Informations- und Kommunikationsdienstegesetz (IuKDG) sind neue Regelungen zum Schutz von Datenbanken, die nicht unter den Urheberrechtsschutz fallen, eingefügt worden.

der Gewährleistung können insbesondere gegen eine niedrigere Vergütung den Parteiinteressen entsprechen. Im Fall der Anwendbarkeit des AGBG sind jedoch die Wertungen der §§ 9–11 AGBG, insbesondere § 11 Nr. 10 und 11 AGBG zu beachten.

392 Zu differenzieren ist generell zwischen **Sach- und Rechtsmängeln**. Erstere umfassen beispielsweise fehlerhafte Multimediadateien, die sich nicht mit den spezifizierten Programmen abspielen lassen oder auch Virenbefall, der zu Schäden an weiteren Gegenständen des Kunden führen kann. Aber auch die Fehlerhaftigkeit der Informationen stellt einen Sachmangel dar. Rechtsmängel lägen beispielsweise vor, wenn an den gelieferten Inhalten Schutzrechte Dritter bestehen und der Content-Provider nicht zur Übertragung von Nutzungsrechten im Stande ist.

393 Findet **Kaufrecht** Anwendung, ist die Haftung für Sachmängel in den §§ 459 ff. BGB, die Rechtsmängelgewährleistung in den §§ 434 ff. BGB geregelt.[1] Für Letztere gilt beim Rechtskauf, zB dem Nutzungsrecht an einer Datenbank, die Garantiehaftung des § 437 BGB. Die Ausschlussfrist des § 477 BGB greift nicht: Erstens, weil § 477 nur auf Sachmängel anwendbar ist[2], zweitens wegen der Verweisung auf die allgemeinen Vorschriften des Leistungsstörungsrechts. Die Rechtsmängelgewährleistung, die über § 440 Abs. 1 BGB auf die §§ 320 ff. BGB verweist, ist dispositiv,[3] Grenzen ergeben sich aber aus § 443 BGB für arglistig verschwiegene Mängel. Insbesondere beim Rechtskauf sollte sich der Käufer aber auf einen Ausschluss nicht einlassen.

Die Sachmängelgewährleistung kann im Rahmen des § 476 BGB ebenfalls modifiziert oder ausgeschlossen werden, zu beachten ist im Anwendungsbereich des AGBG besonders § 11 Nr. 10 AGBG. Die Vereinbarung eines Nachlieferungs-/ Nachbesserungsrechts ist zulässig,[4] auch in AGB, sofern die Voraussetzungen des § 11 Nr. 10 b AGBG eingehalten werden.[5] Der verschuldensunabhängige Schadensersatzanspruch aus § 463 BGB steht nicht zur Disposition, sofern die – tatsächlich nicht bestehende – Eignung für einen bestimmten Verwendungszweck zugesichert wurde, sowie in AGB, § 11 Nr. 11 AGBG.[6] Zur Zulässigkeit von Haftungsbeschränkungen siehe unten Rz. 399 ff.

---

1 Die Sachmängelgewährleistung ist auf unkörperliche Kaufgegenstände zumindest entsprechend anwendbar, vgl. Palandt/*Putzo*, Vorbem. v. § 459 BGB Rz. 13; *Schuppert* in Spindler, Vertragsrecht der Internet-Provider, Teil VII Rz. 118; MünchKomm/*Westermann*, § 459 BGB Rz. 43 beim Lizenzvertrag auf neben dem Schutzrecht überlassenen Kaufgegenstand.

2 Palandt/*Putzo*, § 477 BGB Rz. 2.

3 Palandt/*Putzo*, § 434 BGB Rz. 1.

4 Vgl. näher Palandt/*Putzo*, Vorbem. v. § 459 BGB Rz. 29.

5 Palandt/*Heinrichs*, § 11 ABGB Rz. 58: insbesondere der Vorbehalt der Rechte Wandelung und Minderung, der mit den verständlicheren Worten des § 11 Nr. 10 b) AGBG erfolgen muss.

6 Palandt/*Putzo*, § 463 BGB Rz. 3. § 11 Nr. 11 AGBG gilt auch zwischen Unternehmern, Palandt/*Heinrichs*, § 11 AGBG Rz. 75; *Hensen* in Ulmer/Brandner/Hensen, § 11 Nr. 11 AGBG Rz. 22.

Im **Werkvertragsrecht** gelten für Sachmängel die §§ 633 ff. BGB, für Rechtsmängel nach hM die §§ 434 ff. BGB entsprechend.[1] Die Sachmängelgewährleistung erfasst im Rahmen des Werkvertragsrechts nicht nur die unmittelbaren Mängel, sondern auch Mangelschäden und enge Mangelfolgeschäden, § 635 BGB.[2] 394

Die Sachmängelgewährleistung ist gesetzlich abgestuft geregelt. Sie beginnt mit der Abnahme des Werkes und erfasst Mängel, die zu diesem Zeitpunkt bereits vorlagen oder wenigstens angelegt waren.[3] Der Erfüllungsanspruch bleibt bis zur Abnahme des Werkes erhalten, diese kann bei Mangelhaftigkeit verweigert werden. Nach Abnahme steht dem Auftraggeber zunächst ein Nachbesserungsanspruch zu, § 633 Abs. 2 BGB, der jedoch noch kein Gewährleistungsanspruch, sondern modifizierter Erfüllungsanspruch ist. Bei Verzug mit der Nachbesserung kann der Kunde diese auf Kosten des Content-Providers selbst oder durch einen Dritten durchführen. Schlägt die Nachbesserung fehl, kann der Auftraggeber Wandelung oder Minderung verlangen, § 634 BGB, bei schuldhafter Mangelhaftigkeit steht ihm auch ein Schadensersatzanspruch wegen Nichterfüllung zu, § 635 BGB.

Diese Regelung kann im Rahmen von § 637 BGB individualvertraglich modifiziert werden.[4] Für AGB gelten umfangreiche Einschränkungen, §§ 11 Nr. 10, 11 AGBG. Zulässig ist etwa die Vereinbarung eines vorrangigen Nachbesserungsrecht die Rechte auf Wandelung und Minderung müssen dem Auftraggeber allerdings ausdrücklich und mit den Worten des § 11 Nr. 10 b) AGBG vorbehalten werden.[5] Die Haftung für enge Mangelfolgeschäden über den Schadensersatzanspruch des § 635 BGB kann wegen § 11 Nr. 11 AGBG nur ausgeschlossen werden, wenn der Schaden nicht von der Zusicherung erfasst ist.[6] Das gilt auch für entfernte Mangelfolgeschäden, die aber nach den Regeln der pVV zu ersetzen sind.[7] Zur Zulässigkeit von Haftungsmodifizierungen siehe unten Rz. 399 ff.

Im **Mietrecht** führen Sachmängel zur Minderung, § 536 Abs. 1 BGB, und zum Kündigungsrecht des § 543 Abs. 1, 2 Nr. 1 BGB. Beide Vorschriften können ausgeschlossen werden, sofern der Vermieter den Mangel nicht arglistig verschweigt, §§ 536d, 543 Abs. 4 iVm. § 536d BGB. Für den Content-Provider ist insbesondere die verschuldensunabhängige Haftung für anfängliche Mängel nach § 536a BGB gefährlich. Diese kann jedoch, auch 395

1 Palandt/*Sprau*, Vorbem. v. § 633 BGB Rz. 1.
2 Palandt/*Sprau*, Vorbem. v. § 633 BGB Rz. 22 f.
3 Palandt/*Sprau*, § 633 BGB Rz. 1.
4 Palandt/*Sprau*, Vorbem. v. § 633 BGB Rz. 14.
5 Palandt/*Heinrichs*, § 11 AGBG Rz. 58.
6 *Wolf* in Wolf/Horn/Lindacher, § 11 Nr. 11 AGBG Rz. 13.
7 Palandt/*Sprau*, Vorbem. v. § 633 BGB Rz. 22 f.; Palandt/*Heinrichs*, § 11 AGBG Rz. 74; *Wolf* in Wolf/Horn/Lindacher, § 11 Nr. 11 AGBG Rz. 11, 13.

in AGB, abbedungen werden.[1] Die Rechtsmängelhaftung läuft im Wesentlichen parallel zur Sachmängelhaftung, § 536 Abs. 3 BGB.

396 Im **Dienstvertragsrecht** existieren keine Gewährleistungsvorschriften, anwendbar sind die allgemeinen Regeln, insbesondere §§ 280, 286, 320 ff. BGB und die Haftung aus pVV.[2] Diese Ansprüche setzen allerdings Verschulden voraus und werden durch dienstvertragliche Regelungen modifiziert. Es besteht ein außerordentliches Kündigungsrecht, § 626 BGB, auch für Schlechterfüllung.[3] Dieses schließt das Rücktrittsrecht der §§ 325, 326 BGB aus.[4] Die Parteien können vertraglich festlegen, welche Sachverhalte einen wichtigen Grund darstellen und welche nicht.[5]

Der Schadensersatzanspruch des § 628 Abs. 2 BGB bei Kündigung wegen vertragswidrigen Verhaltens ist ebenfalls verschuldensabhängig,[6] er verdrängt die Schadensersatzansprüche aus §§ 325, 326 BGB.[7] Beschränkungen können daher hauptsächlich im Bereich der Haftung vorgenommen werden, dazu unten Rz. 399 ff. Gleiches gilt entsprechend auch für sonstige Dauerschuldverhältnisse, insbesondere den oben erwähnten Bezugsvertrag, die Rechte beschränken sich zunächst auf die gestörte Teilleistung.[8]

397 Liegt ein **Dauerschuldverhältnis** vor, sollten insbesondere ein Kündigungsrecht und dessen Voraussetzungen ausdrücklich normiert werden. Das gilt in besonderem Maße für das Kündigungsrecht aus wichtigem Grund, das in Analogie zum Dienstvertragrecht bei allen Dauerschuldverhältnissen gegeben ist.[9] Siehe zu diesem Punkt unten Rz. 673.

398 **Gemischte Verträge** werden hinsichtlich der Gewährleistung uneinheitlich behandelt: Grundsätzlich soll das Recht der gestörten Teilleistung Anwendung finden, bei Kollisionen das Recht des Vertragstyps, der den wirtschaftlichen oder rechtlichen Schwerpunkt bildet.[10] Bei gleichwertigen Teilleistungen greifen die Vorschriften, die dem Vertragszweck am besten entsprechen.[11]

---

1 Palandt/*Weidenkaff*, § 538 BGB Rz. 7; *Wolf* in Wolf/Horn/Lindacher, § 9 AGBG Rz. M34.
2 Palandt/*Putzo*, § 611 BGB Rz. 15; MünchKomm/*Müller-Glöge*, § 611 BGB Rz. 8, 16.
3 Palandt/*Putzo*, § 626 BGB Rz. 43.
4 Palandt/*Putzo*, § 626 BGB Rz. 3; MünchKomm/*Müller-Glöge*, § 611 BGB Rz. 14.
5 Vgl. Palandt/*Putzo*, § 626 BGB Rz. 2.
6 Palandt/*Putzo*, § 628 BGB Rz. 6.
7 Palandt/*Putzo*, § 626 BGB Rz. 3.
8 Palandt/*Heinrichs*, Einf. v. § 305 BGB Rz. 34.
9 Palandt/*Putzo*, § 626 BGB Rz. 1. Zur Zulässigkeit der Normierung von wichtigen Gründen Palandt/*Putzo*, § 626 BGB Rz. 2.
10 Palandt/*Heinrichs*, Einf. v. § 305 BGB Rz. 24.
11 Palandt/*Heinrichs*, Einf. v. § 305 BGB Rz. 25.

ii) Haftung

Bezüglich der Einzelheiten der Haftung im Netz wird auf die Beiträge von *Hütig* und *Freytag*, J Rz. 1 ff. bzw. J Rz. 85 ff., verwiesen. Dabei ist im Wesentlichen zwischen der gegenseitigen Haftung der Vertragspartner und der Haftung gegenüber Dritten zu unterscheiden. Haftungsausschlüsse erfassen die Tatbestandsvoraussetzungen einer Norm, Haftungsbegrenzungen den Umfang der Haftung auf der Rechtsfolgenseite. Grundsätzlich ist die Freizeichnung von der Haftung bis auf vorsätzliches Handeln möglich, § 276 Abs. 2 BGB. Einschränkungen ergeben sich für die gewährleistungsrechtlichen Schadensersatzverpflichtungen sowie im Anwendungsbereich des AGBG.[1] 399

(1) Allgemeines zur Wirksamkeit von Haftungseinschränkungen

Haftungsausschlussklauseln in AGB müssen sorgfältig formuliert werden: eine deutliche **Abgrenzung zu Gewährleistungsbeschränkungen** ist erforderlich, da diese strengeren Anforderungen unterliegen, § 11 Nr. 10 AGBG. Wegen des Verbots der geltungserhaltenden Reduktion, § 5 AGBG, besteht das Risiko der Gesamtnichtigkeit der Klausel. Das gilt erst recht für salvatorische Klauseln.[2] 400

Die Haftung für **zugesicherte Eigenschaften** kann individualvertraglich abbedungen werden, außer für Schäden, die von der Zusicherung umfasst sind.[3] Für AGB gilt § 11 Nr. 11 AGBG, und zwar entsprechend auch für das Mietrecht:[4] Ausschluss und Begrenzung sind unzulässig, auch im Verkehr zwischen Unternehmern, wobei allerdings für die Annahme einer konkludenten Zusicherung strengere Anforderungen gelten.[5] 401

Problematisch sind in AGB vor allem Klauseln, in denen die **Haftung für leichte Fahrlässigkeit ausgeschlossen** wird, § 11 Nr. 7 AGBG.[6] Hier wird bei pauschaler Formulierung auch die Verletzung vertragswesentlicher Pflichten erfasst, der sog. Kardinalpflichten. Eine solche Beschränkung ist sowohl gegenüber Privaten als auch Unternehmern nach § 9 Abs. 2 Nr. 2 AGBG unzulässig, da der Vertragspartner auf die sorgfältige Erfüllung dieser Pflichten vertrauen darf.[7] Daneben ist für Vertragsverletzungen auch § 11 Nr. 8 b AGBG zu beachten, der Haftungsausschlüssen und -begrenzungen für leichte Fahrlässigkeit ebenfalls enge Grenzen setzt.[8] 402

---

1 Ausführlich *Spindler*, CR 1999, 626 ff.

2 „Schadensersatzansprüche sind ausgeschlossen, soweit gesetzlich zulässig."

3 Palandt/*Putzo*, § 463 BGB Rz. 3; *Spindler*, CR 1999, 626 (631).

4 Palandt/*Heinrichs*, § 11 AGBG Rz. 73; *Wolf* in Wolf/Horn/Lindacher, § 11 Nr. 11 AGBG Rz. 2.

5 Palandt/*Heinrichs*, § 11 AGBG Rz. 75; *Wolf* in Wolf/Horn/Lindacher, § 11 Nr. 11 AGBG Rz. 13 f.

6 BGH, Urt. v. 5.12.1995 – X ZR 14/93, DB 1996, 1276.

7 Vgl. Palandt/*Heinrichs*, § 11 AGBG Rz. 38 f.; *Wolf* in Wolf/Horn/Lindacher, § 11 Nr. 7 AGBG Rz. 29, 52.

8 Siehe dazu im Einzelnen *Wolf* in Wolf/Horn/Lindacher, § 11 Nr. 8 AGBG Rz. 14 ff.

403 Eine **summenmäßige Begrenzung** der Haftung für Vorsatz und grobe Fahrlässigkeit ist in AGB nach § 11 Nr. 7 AGBG ebenfalls ausgeschlossen. Dies gilt auch bei Verwendung der AGB gegenüber Unternehmern. Dagegen ist eine Begrenzung für leichte Fahrlässigkeit zulässig,[1] im Verkehr zwischen Unternehmern auch für die Verletzung von Kardinalpflichten, sofern die vereinbarte Summe das Ausmaß der vorhersehbaren Schäden abdeckt, § 9 Abs. 2 Nr. 2 AGBG.[2]

404 Die Beschränkung der Haftung auf **unmittelbare Schäden** ist im Geltungsbereich von § 11 Nr. 7 AGBG für vorsätzliches und grob fahrlässiges Handeln unzulässig. Für leichte Fahrlässigkeit ist eine Beschränkung im unternehmerischen Verkehr anerkannt,[3] aber nicht gegenüber Privaten.[4]

405 Die Haftung für **Körperschäden** kann in AGB weder durch Ausschluss noch durch Begrenzung modifiziert werden.[5] Das folgt aus einer richtlinienkonformen Auslegung der §§ 9 und 11 Nr. 7 AGBG. Diese Normen konkretisieren die Richtlinie 93/13/EWG[6] vom 5.4.1993 über missbräuchliche Klauseln in Verbraucherverträgen, die in Art. 3 Abs. 1 iVm. Anhang Nr. 1 a ein absolutes Freizeichnungsverbot aufstellt.[7] Relevant kann dies speziell bei medizinischen Informationsangeboten werden.

406 Die Haftung für **Erfüllungsgehilfen** kann nach § 278 Satz 2 BGB individualvertraglich auch für dessen vorsätzliches Verhalten und damit umfassend ausgeschlossen werden. Das gilt aber nicht im Anwendungsbereich des AGBG, § 11 Nr. 7 AGBG: Hier ist allenfalls ein Ausschluss für leichte Fahrlässigkeit möglich. Gegenüber Unternehmern wird eine Haftungsmodifizierung für grobes Verschulden bei „einfachen" Erfüllungsgehilfen – im Unterschied zu gesetzlichen Vertretern und leitenden Angestellten – dagegen teilweise für möglich gehalten.[8] Der BGH hat diesbezüglich lediglich entschieden, dass der Ausschluss für einfache Erfüllungsgehilfen jedenfalls bei Verletzung von Kardinalpflichten unzulässig sein soll.[9] Hier herrscht Rechtsunsicherheit, entsprechende Klauseln laufen Gefahr, wegen des Verbots der geltungserhaltenden Reduktion als insgesamt nichtig beurteilt zu werden.

1 *Wolf* in Wolf/Horn/Lindacher, § 11 Nr. 7 AGBG Rz. 31.

2 Vgl. Palandt/*Heinrichs*, § 11 AGBG Rz. 39; *Wolf* in Wolf/Horn/Lindacher, § 11 Nr. 7 AGBG Rz. 31.

3 Vgl. *Spindler*, CR 1999, 626 (633), mwN; *Wolf* in Wolf/Horn/Lindacher, § 11 Nr. 7 AGBG Rz. 55.

4 Palandt/*Heinrichs*, § 11 AGBG Rz. 37; *Wolf* in Wolf/Horn/Lindacher, § 11 Nr. 7 AGBG Rz. 31.

5 *Wolf* in Wolf/Horn/Lindacher, § 11 Nr. 7 AGBG Rz. 32.

6 ABl.EG v. 21.4.1993, Nr. L 95, S. 29.

7 So *Spindler*, CR 1999, 626 (630).

8 Nachweise bei Palandt/*Heinrichs*, § 11 AGBG Rz. 38; *Wolf* in Wolf/Horn/Lindacher, § 11 Nr. 7 AGBG Rz. 47 f.

9 Palandt/*Heinrichs*, § 11 AGBG Rz. 38; BGH, Urt. v. 20.6.1984 – VIII ZR 137/83, NJW 1985, 914 (915).

(2) Allgemeines zu §§ 5 TDG/MDStV

§§ 5 TDG/MDStV sollen die Haftung bereits auf **Tatbestandsebene** umfas- 407
send für jedes rechtliche Einstehenmüssen, auch im vertraglichen Bereich, regeln.[1] Sie stehen Haftungsklauseln nicht entgegen, da sie kein zwingendes Recht darstellen.[2] Daher könnte man die Haftungsklauseln auf die nicht privilegierten Bereiche beschränken, insbesondere eigene und fremde, aber zu Eigen gemachte Inhalte.[3] Allerdings wird mit beachtlichen Argumenten die Verfassungsmäßigkeit des § 5 MDStV angezweifelt:[4] Dienste, die an die Allgemeinheit gerichtet sind und deshalb als „Mediendienste" vom MDStV geregelt werden, sind nach teilweiser Ansicht in der Literatur mangels Gesetzgebungskompetenz der Länder für Haftungsfragen im Bereich gewerblicher Rechtsschutz und Urheberrecht, Art. 73 Nr. 9 GG, nicht wirksam haftungsprivilegiert.[5] Vielmehr seien die § 5 Abs. 2 und 3 MDStV auf der Grundlage der §§ 78, 82 Abs. 1 iVm. § 95 Abs. 1 BVerfGG mangels Gesetzgebungszuständigkeit für nichtig zu erklären.[6] Will man sich nicht der schwierigen und nicht immer eindeutigen Abgrenzung zwischen Tele- und Mediendiensten ausliefern, sind Haftungsregelungen daher weiterhin erforderlich.

Strittig ist, ob die Normen nur für **kommunikative Inhalte** oder auch für 408
sonstige Produkte, wie zB zum Download angebotene Software, gelten. Da-

---

1 *Spindler* in Hoeren/Sieber, Multimedia-Recht, Teil 29 Rz. 28 ff, 37; *Moritz*, CR 1998, 500 (506); ähnlich (Einordnung als positiv festgelegte Verkehrspflichten) *Haedicke*, CR 1999, 309 (311). Dies gilt auch für die noch umzusetzende E-Commerce-Richtlinie, 2000/31/EG v. 8.6.2000, ABl.EG v. 17.7.2000, Nr. L 178, S. 1, vgl. *Spindler*, MMR-Beilage 7/2000, 4 (16).

2 *Spindler*, CR 1999, 626 (627).

3 Im Zusammenhang mit der Abgrenzung zwischen eigenen und fremden Inhalten droht jedoch ein Verstoß gegen das Transparenzgebot. Dieser kommt insbesondere in Betracht, wenn man alle denkbaren Kombinationen in einer Klausel zusammenfassen wollte.

4 Dazu *Spindler* in Hoeren/Sieber, Multimedia-Recht, Teil 29 Rz. 19 ff. mwN; *Schack*, MMR 2001, 9 (14 f.); aA anscheinend *Bettinger/Freytag*, CR 1998, 545; Fraglich ist die Gültigkeit dieser Normen im Hinblick auf Urheberrechtsverletzungen auch, da das TRIPS-Abkommen die Unterzeichner, zu denen auch Deutschland gehört, verpflichtet, dem Verletzten einen Schadensersatzanspruch gegen den Verletzer zu gewähren, sofern dieser vorsätzlich oder fahrlässig handelte. Die Haftung bei Kenntnis der Verletzung wird in § 5 Abs. 2 TDG aber durch das Zumutbarkeitskriterium beschränkt; vgl. dazu *Lehmann*, CR 1998, 232 ff., der deshalb für eine völkerrechtskonforme Auslegung eintritt, S. 234; *Schack*, MMR 2001, 9 (16); sowie *Spindler* in Hoeren/Sieber, Multimedia-Recht, Teil 29, Rz. 27.

5 Gerade Online-Dienste mit ihren an die Allgemeinheit gerichteten Angeboten sind nach dieser Ansicht weiterhin grundsätzlich auch im Fahrlässigkeitsbereich ohne Haftungsprivilegierung haftbar. „Online-Dienste müssten für jedes einzelne Informationsangebot mit vollem eigenen Risiko abzuklären versuchen, ob eine haftungsrechtlich „sichere" Einordnung als Teledienst oder „riskante" Einordnung als Mediendienst vorzunehmen ist." *Koch*, NJW-CoR 1997, 302.

6 Vgl. dazu *Spindler* in Hoeren/Sieber, Multimedia-Recht, Teil 29 Rz. 21, sowie die Nachweise bei *Schuppert* in Spindler, Vertragsrecht der Internet-Provider, Teil V Rz. 119.

bei wird man nach der Einordnung des Anbieters als Tele- oder Mediendienst unterscheiden müssen. Für Letztere erfasst § 5 MDStV wohl nur kommunikative Inhalte, so dass für sonstige Inhalte keine Privilegierung besteht.[1]

409 Zum anderen erscheint fraglich, ob §§ 5 TDG/MDStV ausschließlich für Rechtsverletzungen durch die Inhalte oder auch für Verletzungen von **Aufklärungs-, Beratungs- oder Sicherungspflichten** gilt. § 5 TDG soll sich auch auf die Verletzung von Aufklärungs- und Beratungspflichten erstrecken, die im Zusammenhang mit dem angebotenen Produkt stehen, sich auf die Inhalte selber beziehen. Hier kommt es dann nur auf die Frage an, ob es sich dabei um eigene/zu Eigen gemachte oder fremde Inhalte handelt.[2] Dies gilt auch für die verschuldensabhängige Produkthaftung.

Etwas anderes soll allerdings für Sicherungspflichten gelten, die nicht direkt mit den angebotenen Inhalten zusammenhängen, also etwa Viren, die nicht über den angebotenen Inhalt, sondern durch sonstige Dienste übermittelt werden.[3]

Zusammenfassend ist daher festzuhalten, dass §§ 5 TDG/MDStV die Notwendigkeit einer Haftungsregelung zwischen den Parteien nicht entfallen lassen.

(3) Haftung für rechtswidrige Inhalte

410 Die Inhalte können in verschiedener Hinsicht gegen geltendes Recht verstoßen: zu denken ist an Äußerungsdelikte, §§ 823 ff. BGB, evtl. in Verbindung mit weiteren Schutznormen, aber auch an sonstige Verletzungen von Drittrechten, zB Urheberrecht und die abgeleiteten Nutzungsrechte, §§ 97 ff. UrhG oder Markenrechte, § 14 MarkenG. Im Einzelnen wird auf das Kapitel D zur Haftung der im Netz Tätigen verwiesen.

(4) Produkthaftung

411 Die **verschuldensabhängige** Produkthaftung ergibt sich aus §§ 823 ff. BGB.[4] Sie beruht auf den zur Beherrschung von Gefahrenquellen erforderlichen

1 Vgl. zur Diskussion *Spindler* in Hoeren/Sieber, Multimedia-Recht, Teil 29, Rz. 83 ff. Bei Annahme von Verfassungsmäßigkeit des § 5 MDStV ergeben sich für Mediendienste keine Änderungen. AA (nur kommunikative Inhalte werden erfasst) ohne zwischen TDG und MDStV zu differenzieren, *Völker/Lührig*, K&R 2000, 20 (21).

2 *Spindler* in Hoeren/Sieber, Multimedia-Recht, Teil 29 Rz. 91.

3 *Spindler* in Hoeren/Sieber, Multimedia-Recht, Teil 29 Rz. 93; *Podehl*, MMR 2001, 17 (21).

4 Vgl. zur Diskussion um die Möglichkeit der Haftungsfreizeichnung in Informationsbeschaffungsverträgen, die hier ebenfalls Bedeutung erlangen kann, den ausführlichen Beitrag von *Fritzsche*, CR 1999, 462. S. außerdem den Beitrag von *Freytag*, J Rz. 241 ff.

Verkehrssicherungspflichten.[1] Im Einzelnen kann hier nur fraglich sein, welche konkreten Pflichten die in Anspruch genommene Person konkret treffen.[2] Dabei können unterschiedliche Kriterien eine Rolle spielen, etwa die Stellung in der Produktionskette oder die Höhe der Vergütung.[3] Diese Haftung erfasst sowohl Informationen als auch sonstige Inhalte, wie etwa Software oder Multimediadateien, gerade auch im Fall der Virenverseuchung. Die Haftung ist nach allgemeinen Grundsätzen abdingbar, aber nur gegenüber dem unmittelbaren Abnehmer, nicht im Verhältnis zu Benutzern oder Verbrauchern des Produkts.[4]

Das Eingreifen der **verschuldensunabhängigen** Produkthaftung nach dem 412
ProdHaftG erscheint hinsichtlich der Definition des Produkts als körperliche Sache in § 2 Satz 1 ProdHaftG fraglich. Weiterhin wird die Haftung für fehlerhafte Informationen bestritten, da von diesen keine Sachgefahr ausgehe und Produktionsabläufe keine Rolle spielten.[5] Die Fragen sollen hier nicht diskutiert werden, weil §§ 5 TDG/MDStV die Verantwortlichkeit nach dem ProdHaftG nicht modifizieren können, da dieses auf einer EG-Richtlinie[6] beruht.[7] Durch vertragliche Vereinbarung kann die Haftung ebenfalls nicht eingeschränkt werden, § 14 ProdHaftG.

(5) Haftung gegenüber Dritten, insbesondere den Kunden des Auftraggebers

Für den **Content-Provider** ergibt sich eine direkte Verantwortlichkeit man- 413
gels vertraglicher Beziehungen grundsätzlich nur aus Delikt und aus dem ProdHaftG. Zum Teil wird die Rechtsfigur des Vertrages mit Schutzwirkung zugunsten Dritter diskutiert, deren Vorliegen aber allenfalls im Einzelfall angenommen werden kann.[8] Im Regelfall wird es wegen des unüberschaubaren Nutzerkreises nicht nur an der Erkennbarkeit der Haftungsrisiken für den Content-Provider fehlen, sondern auch an der Fürsorgepflicht des Auftraggebers gegenüber den geschädigten Dritten. Etwas anderes mag für sog. Premium-Dienste gelten, deren Nutzerkreis durch Registrierung begrenzt ist, die durch den Kunden separat vergütet werden und bei denen deshalb ein höheres Vertrauen in die Richtigkeit der Informationen gerechtfertigt ist.

---

1 Vgl. Palandt/*Thomas*, § 823 BGB Rz. 202; *Spindler* in Hoeren/Sieber, Multimedia-Recht, Teil 29, Rz. 179 f.

2 Vgl. Palandt/*Thomas*, § 823 BGB Rz. 216; *Spindler* in Hoeren/Sieber, Multimedia-Recht, Teil 29, Rz. 183 ff.

3 Vgl. *Spindler* in Hoeren/Sieber, Multimedia-Recht, Teil 29 Rz. 195 ff.

4 Vgl. Palandt/*Thomas*, § 823 BGB Rz. 218.

5 Vgl. mit Nachweisen *Spindler* in Hoeren/Sieber, Multimedia-Recht, Teil 29 Rz. 223.

6 Richtlinie 85/374/EWG v. 25.7.1985 zur Angleichung der Rechts- und Verwaltungsvorschriften der Mitgliedstaaten über die Haftung für fehlerhafte Produkte, ABl. EG v. 7.8.1985, Nr. L 210, S. 29.

7 Siehe dazu *Spindler* in Hoeren/Sieber, Multimedia-Recht, Teil 29 Rz. 26.

8 *Spindler* in Hoeren/Sieber, Mulitmedia-Recht, Teil 29 Rz. 371 ff.

414 Der **Auftraggeber** haftet gegenüber Dritten für unerlaubte Handlungen, sowie seinen Kunden zusätzlich vertraglich. Insbesondere können Ansprüche aus Leistungsstörungsrecht, aber auch aus Produkthaftung entstehen sowie aus sonstigen deliktischen Normen. Ihn treffen unter Umständen auch die presserechtlichen Sorgfaltspflichten über § 7 Abs. 2 MDStV.[1] Der Auftraggeber ist nicht durch §§ 5 TDG/MDStV privilegiert: für den Kunden des Auftraggebers erscheinen die Inhalte meist als eigener oder zu eigen gemachter Content des Auftraggebers, sofern nicht eine ausdrückliche Kennzeichnung erfolgt, §§ 5 Abs. 1 TDG/MDStV. Aber selbst dann wird der Auftraggeber die fremden Inhalte zur Nutzung bereit halten, §§ 5 Abs. 2 TDG/MDStV. Der Auftraggeber ist daher regelmäßig voll verantwortlich.[2]

415 **Haftungsklauseln** gegenüber den Endnutzern unterliegen regelmäßig den strengen Anforderungen des AGBG, die bereits oben skizziert wurden.[3] Gegenüber Dritten, zu denen keine vertraglichen Beziehungen bestehen, entfalten Haftungsklauseln keine Wirkung. Für den Auftraggeber stellt sich daher das Problem des Abweichens seiner Haftung gegenüber seinen Kunden und der Möglichkeit des Rückgriffs beim Content-Provider.[4] Gerade der Punkt dieser Haftungsdifferenz dürfte eine sorgfältige Verhandlung dieser Klauseln erforderlich machen, insbesondere angesichts der regelmäßigen Unverhältnismäßigkeit der drohenden Haftung im Verhältnis zur geschuldeten Gegenleistung.[5] Der Auftraggeber, der die überlassenen Inhalte des Content-Providers ohne Bearbeitung übernimmt, ist auf dessen sorgfältige Arbeit angewiesen. Seine einzige Absicherung stellt regelmäßig die Vereinbarung einer Regressmöglichkeit beim Content-Provider oder eine Freistellungsvereinbarung dar. Der Content-Provider kann seine Zustimmung billigerweise nicht verweigern, da er die Inhalte erstellt, sie mithin aus seiner Risikosphäre stammen. Allerdings sollte ausdrücklich festgehalten werden, dass die Klausel nur für die unveränderten Inhalte gilt, da vom Content-Provider nicht erwartet werden kann, dass er auch für die Bearbeitung oder Übermittlung durch den Auftraggeber haftet. Fällt der Content-Provider als Haftungssubjekt aus, liegt das Risiko allerdings beim Auftraggeber. Er sollte daher zusätzlich ein Recht zur Einsichtnahme in die Unterlagen des Content-Providers vereinbaren, also speziell in die Lizenz-

---

1 Siehe dazu *Podehl*, MMR 2001, 17 (19).

2 Eine Ausnahme gilt nach OLG München, Urt. v. 3.2.2000 – 6 U 5475/99, CR 2000, 541 (542 f.), für gespiegelte Inhalte: es soll sich dabei um fremde Inhalte handeln, oder jedenfalls im Rahmen von § 5 Abs. 2 TDG die Sperrung unzumutbar sein. Die Haftungsprivilegierung der Art. 12–14 E-Commerce-Richtlinie, 2000/31/EG v. 8.6.2000, ABl. EG v. 17.7.2000, Nr. L 178, S. 1, erfasst nicht die Haftung für eigene oder zu Eigen gemachte Inhalte, vgl. *Freytag*, CR 2000, 600 (603 f.); aA anscheinend *Spindler*, MMR-Beilage 7/2000, 4 (18), der den elektronischen Verleger unter Art. 14 Abs. 2 der Richtlinie subsumiert.

3 Das soll für unentgeltliche Angebote nicht gelten, *Podehl*, MMR 2001, 17 (23).

4 *Schuppert* in Spindler, Vertragsrecht der Internet-Provider, Teil VII Rz. 131.

5 Mit der Folge, dass eine Individualabrede vorliegen würde!

verträge mit Drittunternehmen, um dieses Risiko besser einschätzen zu können.[1]

(6) Haftung zwischen den Vertragspartnern

Hier greifen neben Ansprüchen aus Leistungsstörungsrecht ebenfalls die Ansprüche aus Delikt, pVV und Produkthaftung. Sollen diese Anspruchsgrundlagen modifiziert werden, so ist das ausdrücklich zu vereinbaren, von einem Gewährleistungsausschluss werden sie normalerweise nicht erfasst.[2] 416

Die Haftung hat zunächst im Hinblick auf **rechtswidrige Inhalte** Bedeutung. 417 Die Prüfungspflicht für den Inhalt, die Ausgestaltung, die Art, den Erfolg und die Folgen der Angebote des Content-Providers sollte allein diesen, nicht den Access-Provider treffen. Nach Ansicht des LG München I umfasst die Kenntnis im Rahmen der Haftungsprivilegierung des § 5 Abs. 2 TDG nicht die Kenntnis der Rechtswidrigkeit der Inhalte, sondern nur die Tatsachenkenntnis.[3] Die Privilegierung entfällt daher auch bei Unkenntnis der Rechtswidrigkeit. Diese kann aber der Content-Provider sehr viel besser aufgrund der vertraglichen Beziehungen zu seinen Lieferanten beurteilen. Daher erscheint es interessengerecht, ihm die Haftung dafür zuzuweisen; er ist der Leistung näher, sie entstammt seiner Risikosphäre.

Wichtig ist daher, eine Regelung zur **Haftungsfreistellung** zugunsten des 418 Auftraggebers einzufügen. Zwar ergeben sich Schadensersatz- und Freistellungsansprüche bereits unter den Voraussetzungen der pVV aus der Missachtung der vertraglichen Verpflichtung, nur rechtmäßige Inhalte einzustellen, jedoch hat die explizite Erwähnung dieser Ansprüche zusätzliche Warn- und Absicherungsfunktion.[4] Angesichts der Rechtsunsicherheit zu § 5 MDStV müssen Provider eine Klausel zur Verantwortlichkeit gestalten, siehe oben Rz. 407 ff.

Haftungsfreizeichnungen unterliegen den oben unter Rz. 400 ff. dargestellten Grundsätzen. Nimmt man für die Richtigkeit der Inhalte das Vorliegen einer Kardinalpflicht an, wäre diesbezüglich eine Ausnahme in einer derartigen Klausel vorzunehmen, da ansonsten die Klausel wegen Verbots der geltungserhaltenden Reduktion grundsätzlich im Ganzen unwirksam wäre.[5]

Insoweit bleibt, allerdings nur im geschäftlichen Verkehr,[6] der hier aber idR 419 anzunehmen sein wird, lediglich die Vereinbarung einer **Haftungsbegren-**

1 Vgl. *Schuppert* in Spindler, Vertragsrecht der Internet-Provider, Teil VII Rz. 119.

2 Palandt/*Putzo*, § 476 BGB Rz. 3; MünchKomm/*Westermann*, § 476 BGB Rz. 13; Palandt/*Sprau*, § 637 BGB Rz. 2.

3 LG München I, Urt. v. 30.3.2000 – 7 O 3625/98, CR 2000, 389; so auch *Spindler* in Hoeren/Sieber, Multimedia-Recht, Teil 29, Rz. 115.

4 Vgl. *Schuppert* in Spindler, Vertragsrecht der Internet-Provider, Teil V, Rz. 121.

5 Palandt/*Heinrichs*, § 9 AGBG Rz. 49. Eine Ausnahme kann nur bei inhaltlicher und sprachlicher Trennung der Klausel angenommen werden (Blue-Pencil-Test), Palandt/*Heinrichs*, Vorbem. v. § 8 AGBG Rz. 11, § 11 AGBG Rz. 37.

6 § 11 Nr. 7 AGBG verbietet diese im Verhältnis zu Nichtunternehmern, Palandt/*Heinrichs*, § 11 AGBG Rz. 37.

zung, insbesondere auf den typischerweise zu erwartenden Schaden.[1] Dabei soll wiederum nach Verschuldensformen und Stellung der handelnden Person zu differenzieren sein, sofern es sich um Kardinalpflichten handelt.[2] Die Haftung für Mangelfolgeschäden, insbesondere für Entschließungen aufgrund der fehlerhaften Informationen, folgt denselben Regeln.[3]

420 Wichtig ist weiterhin, vertraglich **Sperrmöglichkeiten** vorzusehen, sobald nach begründeter Ansicht des Diensteanbieters angenommen werden kann, dass die Angebote des Content-Providers mit den jeweils anwendbaren Bestimmungen nicht vereinbar sind, Rechte Dritter verletzen oder gegen die guten Sitten verstoßen. Problematisch ist eine Löschungsmöglichkeit; diese kann einen unverhältnismäßigen Eingriff in die Rechte des Content-Providers darstellen. Andererseits bezieht sie sich auf eine nicht vertragsgemäße Leistung. Siehe dazu unten Rz. 567.

421 Diese Klausel ist auch unter Berücksichtigung des AGBG als zulässig anzusehen: Sie normiert letztlich ein Recht des Auftraggebers, die nicht vertragsmäßige Leistung zurückzuweisen. Dieses lässt sich nicht unmittelbar in die gesetzlichen Gewährleistungsregelungen einordnen, die Vereinbarung ist aber nötig vor dem Hintergrund der eigenen Haftung des Providers für Inhalte. Letztlich stellt dieses Recht ein milderes Mittel als eine Kündigung des Dauerschuldverhältnisses dar, da nach Beseitigung der beanstandeten Inhalte der Vertrag fortgesetzt werden kann. Bei einmaliger Lieferung kann während der Sperre eventuell eine Nachbesserung erfolgen. Eine unangemessene Benachteiligung ist deshalb nicht anzunehmen, § 9 AGBG.[4]

b) Linking- und Werbevereinbarungen

aa) Einführung

422 Ein wesentliches Kennzeichen des WWW stellt die Möglichkeit dar, durch Links verschiedene Angebote zu verbinden. Der Nutzer kann dadurch zwischen verschiedenen Webseiten hin- und herwechseln. Für Marketingmaßnahmen bietet es sich daher an, auf Seiten, die eine bestimmte Zielgruppe anziehen, einen Link zu einer Produkt-Homepage zu legen. Ungleich einfacher als bei herkömmlichen Anzeigen in klassischen Medien kann der Verbraucher zum eigentlichen Angebot, etwa in einem Online-Shop, geführt werden. Aber auch in sonstigen Inhalten ermöglichen Links die gezielte Verweisung und Inbezugnahme anderer Angebote. Die Ausgestaltung eines

1 Palandt/*Heinrichs*, § 11 AGBG Rz. 39.

2 *Fritzsche*, CR 1999, 462 (467 f.).

3 *Fritzsche*, CR 1999, 462 (468).

4 Insbesondere kann hier nicht das Urteil des OLG Köln v. 14.4.2000 – 6 U 135/99, CR 2000, 537, herangezogen werden: Dieses erklärt eine Sperrklausel, die eine Bank als Service-Provider gegenüber ihren Kunden verwendete, wegen Unbestimmtheit und unangemessener Benachteiligung des Kunden für unwirksam. Jedoch geht es dort gerade um die Einschränkung der geschuldeten Leistung, hier aber um die Zurückweisung dieser Leistung wegen Mangelhaftigkeit.

Links kann dabei von der bloßen Adressangabe über Banner bis hin zum Inline-Linking reichen, bei dem automatisch eine fremde Webseite in die aktuell aufgerufene Seite einbezogen wird. Für Marketingmaßnahmen wird eine Vereinbarung regelmäßig schon aufgrund einer angestrebten Vergütung getroffen. Aber auch für sonstige Querverweise in Internet-Dokumenten empfehlen sich Vereinbarungen, da die Frage der Verletzung von Schutzrechten durch die Anbringung nicht explizit genehmigter Links noch nicht abschließend geklärt ist.[1] Da letztere Linking-Vereinbarungen jedoch weitgehend dem Content-Provider-Vertrag entsprechen, werden sie hier nur hinsichtlich ihrer Besonderheiten behandelt.

Folgende Leistungsmerkmale sind dabei zu regeln: 423

- Wie sieht das Format des Links aus? Ist eine Rück-Verlinkung vorgesehen?
- Wer programmiert die Links?
- Wer wählt die Links aus?
- Wer trägt dafür Sorge, dass die Links aktiv sind?
- Wie sehen die technischen Spezifikationen aus?
- Sollen Logos, Marken von Produkten und/oder Dienstleistungen des Betreibers der linkenden Site in die eigene Site aufgenommen werden und umgekehrt? Änderungsverbot bzgl. Logos und Kennzeichen etc.
- Sind Hinweise wie Urheberrechtsvermerke vereinbart?
- Ist die Haftung für fremde Inhalte durch eine Haftungsfreistellung seitens des Verweisenden hinsichtlich Inhalt, Waren und/oder Dienstleistungen ausgeschlossen?
- Wird für eventuelle Ausfälle der Website gehaftet?
- Ist die Einrichtung von Metatags vertraglich geregelt?
- Ist vorgesehen, dem Vertragspartner Statistiken über die mittels der jeweiligen Links generierten Page-Views-/Click-through-Raten zu übermitteln?
- Sollen die Leistungen unentgeltlich oder gegen Entgelt erfolgen? Wer zahlt an wen die Vergütung?
- Soll eine Verpflichtung zur Einhaltung der Datenschutzbestimmungen aufgenommen werden?

bb) Rechtsnatur

Wegen der **unterschiedlichen Interessenlage** ist zwischen Werbemaßnahmen und sonstigen Verweisen zu unterscheiden. Werbemaßnahmen werden 424

1 Siehe etwa LG Hamburg, Urt. v. 12.7.2000 – 308 O 205/00, CR 2000, 776; LG Köln, Urt. v. 25.8.1999 – 28 O 527/98, CR 2000, 400; OLG Düsseldorf, Urt. v. 29.6.1999 – 20 U 85/98, CR 2000, 184; OLG Celle, Urt. v. 12.5.1999 – 13 U 38/99, CR 1999, 523; LG Köln, Urt. v. 2.12.1998 – 28 O 431/98, CR 1999, 593.

im Interesse des Beworbenen geschaltet, derjenige, der diese Maßnahmen ausführt, wird dafür vergütet. Links, als reine Querverweise, liegen dagegen primär im Interesse desjenigen, der diese setzt: Sein Angebot soll dadurch informativer und interessanter werden.

(1) Werbemaßnahmen

(a) Grundfall

425 Eine **rechtliche Zuordnung** des Online-Werbevermarktungsvertrages ist schwierig: Es sind vielfältige Kombinationen wie Banner gegen Inhalte, Banner gegen Links oder Banner gegen Banner denkbar. Der klassische Bannerverkauf nach Preisliste „wie im Supermarkt" macht nicht den Hauptteil aus. Vielmehr werden individuelle Kooperationen zwischen Werbetreibenden und Werbehändlern ausgehandelt. Neben klassischen Barter- und Sponsoring-Geschäften spielen zunehmend Co-Branding und Content-Integration eine Rolle. Warum ist dies so? Ein Grund ist wohl: Viele der Werbetreibenden, aber auch die Werbeträger kommen aus dem Contentbereich. Es handelt sich beim Online-Vermarktungsvertrag um einen gemischten Vertrag, der mit dem klassischen Anzeigenvertrag vergleichbar ist. Im Grunde handelt es sich um Auftragsrecht, aber die Werbeschaltung an sich hat, da ein gewisser Erfolg geschuldet ist, werkvertragsrechtlichen Charakter. Ferner sind dienstvertragliche Elemente enthalten, soweit Informationspflichten vereinbart sind.

426 Im Unterschied zu einem Kaufvertrag kommt es dem Werbenden nicht auf die Verschaffung von Rechten an einem fertigen Gegenstand an, sondern auf die Herbeiführung eines Erfolges.[1] Deshalb liegt die Annahme eines **Werkvertrages** nahe.[2] Im Gegensatz zu einem klassischen Anzeigenvertrag, der mit dem Erscheinen der Anzeige(n) als einzelnem Werkstück erfüllt wird, liegt hier jedoch eine auf Dauer geschuldete Leistung vor. Daneben stellt der Linkende auf seiner Homepage Platz für die Anbringung einer Werbemaßnahme zur Verfügung, wenn auch in der Regel nicht auf seinem Server. Denn typisch für die HTML-Sprache ist die Möglichkeit, auch fremde Inhalte einzubeziehen, die von fremden Servern geladen, aber in der aufgerufenen Webseite dargestellt werden. Hinsichtlich diese Raumes auf seiner Webseite könnte daher auch ein Miet-/Pachtvertrag vorliegen. Da es dem Werbenden aber primär um die Veröffentlichung der von ihm inhaltlich vorgegebenen Ausgestaltung der Anzeige, also um den Link und nicht um den beanspruchten Raum geht, erscheint die Annahme eines Werkvertrages iSv. §§ 631 ff. BGB interessengerechter.[3]

---

1 Vgl. Palandt/*Sprau*, Einf. v. § 631 BGB Rz. 5.

2 AA *Härting*, CR 2001, 37, 42: Dienstvertrag.

3 So auch *Schuppert* in Spindler, Vertragsrecht der Internet-Provider, Teil IX Rz. 3; *Cichon*, Internetverträge, S. 141.

An dieser Beurteilung ändert auch die Vereinbarung einer atypischen Vergütung nichts.[1] Auch bei einer Sachleistung als Gegenleistung wird der Vertrag nicht zu einem Tausch, da dieser, wie der Kauf, nur den Fall der Übertragung, nicht der Herstellung von Gegenständen betrifft.[2]

Im Falle sog. **„Keyword Buys“**[3] ändert sich an der grundlegenden Einstufung nichts, denn der Anbieter schuldet den Erfolg der Auswahl passender Werbung, deren Anzeige und die Funktionsfähigkeit des Links. Für die Parteien ist eine derartige Ausgestaltung in wettbewerbsrechtlicher Hinsicht allerdings gefährlich, wenn Marken oder Geschäftszeichen Dritter als „Keywords“ verkauft werden.[4] 427

(b) Besondere Gestaltungen

(aa) Crosslinking und Bannertausch

Crosslinking-Verträge verpflichten die Vertragspartner, ein Banner der jeweils anderen Partei zu schalten. Hier ändert sich nichts an der Einstufung als **Werkvertrag mit atypischer Gegenleistung**.[5] Zu differenzieren ist davon das Angebot von Bannertauschprogrammen: Durch entsprechende Programmierung holt eine Webseite bei jedem Aufruf ein Werbebanner von einem Server, den der Anbieter des Tauschprogrammes betreibt. Im Gegenzug sorgt dieser dafür, dass ein eigenes Banner auf anderen Webseiten, die an dem Tauschprogramm teilnehmen, erscheint. Eine vertragliche Beziehung besteht aber lediglich zwischen dem Anbieter des Bannertausches und dem Werbenden. Diese ist wiederum als Werkvertrag zu qualifizieren, da sowohl der Teilnehmer als auch der Anbieter als Erfolg die Einblendung des Banners auf den Webseiten schuldet.[6] 428

---

1 Palandt/*Sprau*, § 632 BGB Rz. 1a.

2 AA *Schuppert* in Spindler, Vertragsrecht der Internet-Provider, Teil IX Rz. 5.

3 Diese Gestaltung ist bei Suchmaschinen interessant: Der Betreiber der Suchmaschine „verkauft“ bestimmte Suchbegriffe, bei deren Eingabe durch den Nutzer eine dazu passende Werbung angezeigt wird, siehe dazu unten Rz. 449 sowie *Dieselhorst*, J Rz. 292 ff.

4 Siehe LG Hamburg, Urt. v. 16.2.2000 – 315 O 25/99, CR 2000, 392; Anmerkung dazu *Schmidt-Bogatzky*, GRUR 2000, 959.

5 So im Ergebnis auch *Schuppert* in Spindler, Vertragsrecht der Internet-Provider, Teil IX Rz. 7.

6 Ebenso *Schuppert* in Spindler, Vertragsrecht der Internet-Provider, Teil IX Rz. 8.
Formulierungsvorschlag:
„Die Vertragsparteien verpflichten sich, einander die in Anlage 1 beschriebenen Inhalte in HTML-Codierung auf dem Server des Vertragspartner mit der Adresse http:\\www.[....] zur Verfügung zu stellen.“
oder
„Die Vertragspartner (nachstehend „VP 1“ und „VP 2“ genannt) erklären sich damit einverstanden, dass die Vertragspartner die Inhalte auf dem Server des VP 1 mit der Adresse http:\\www.[....] an einer beliebigen Stelle in der Website mit der Adresse http:\\www.[....] des VP 2 installieren und umgekehrt. Die Vertragspartner werden dafür Sorge tragen, dass die in den Inhalten enthaltenen Links zur Website des anderen Vertragspartners aktiv sind.“

(bb) „Associate"-Programme

429 Um eine abweichende Gestaltung handelt es sich wiederum bei Associate-Programmen.[1] Ein Unternehmen (Associate) bietet hier dem Betreiber einer Website an, ihm Werbebanner seiner Vertragspartner zur Verfügung zu stellen, die der Betreiber dann selber auf seiner Webseite platziert. Eine fixe oder nach den vereinbarten Kriterien wie Ad-Clicks oder Page-Impressions dynamische Vergütung wird aber nicht durch den Werbenden bezahlt, sondern durch den Associate. Vertragliche Beziehungen entstehen hier nur zwischen Werbeträger und Associate sowie zwischen Associate und dem Werbenden.[2]

430 Im **Verhältnis Werbeträger und Associate** übernimmt Letzterer die Pflicht, passende Banner auszusuchen und dem Betreiber HTML-Code zur Verfügung zu stellen, der diese Banner von einem bestimmten Server bei Aufruf der Seite abruft. Diese Tätigkeit ist wohl am ehesten als Dienstleistung zu qualifizieren. Der Werbeträger wird meist lediglich für die erzielten Page-Impressions oder Ad-Clicks bezahlt und auch nur, wenn diese eine bestimmte Mindestsumme übersteigen.

431 Der Werbende wiederum schuldet dem Associate ebenfalls eine frei vereinbarte Vergütung. In diesem Fall liegt die Annahme eines Dienstvertrages zwischen dem **Associate und dem Werbenden** nahe, da der Associate lediglich die sorgfältige Auswahl der Webseiten anhand bestimmter Vorgaben übernimmt, die für den Link in Betracht kommen. Bei sehr detaillierten Vorgaben kann aber eventuell Werkvertragsrecht zur Anwendung kommen.

432 Das Recht des Maklervertrages, §§ 652 ff. BGB, scheidet in dieser Konstellation aus, da nicht die Vermittlung der Gelegenheit des Abschlusses von Verträgen zwischen Dritten geschuldet ist. Jedoch wäre auch die Konstellation denkbar, dass sich der Associate auf diese Vermittlung beschränkt.

(2) Sonstige Links

433 Hier lässt sich der Linkende das Recht zur Verweisung auf die Seite einräumen. Ziel ist es, über den Link bestimmte Inhalte darzustellen. Die Situation entspricht dem Content-Provider-Vertrag.[3] Siehe zur rechtlichen Qualifizierung daher Rz. 346. Bei der Ausgestaltung des Links auf der verweisenden Seite des Ausgangsseiten-Anbieters ist entweder das Logo des Zielseiten-Anbieters oder die Überschrift der Seite seiner Website zu benutzen, auf die

1 Beispielsweise http://www.adclix.com/.

2 Eine Benennung des Werbetreibenden ist bei der Einschaltung von Werbeagenturen aus Sicht des Werbeträgers wegen möglicherweise rechtswidriger Inhalte und der Mengenrabatte von Bedeutung: „Aufträge von Werbeagenturen oder -mittlern werden nur für namentlich bezeichnete Werbungtreibende angenommen. Der Werbeträger ist berechtigt, von der Werbeagentur oder von dem Werbemittler einen Nachweis über die Beauftragung zu verlangen."

3 Vgl. *Schuppert* in Spindler, Vertragsrecht der Internet-Provider, Teil X Rz. 15.

verwiesen werden soll, Letzteres jedoch nur in Verbindung mit dem Logo, um einem Betrachter des Hyperlinks zu verdeutlichen, dass er auf eine der Seiten des Zielseiten-Anbieters verwiesen wird.

cc) Vertragsgegenstand der Werbevereinbarung

Der Vertrag, entweder Auftrag und schriftliche Bestätigung oder eine individuell verhandelte Kooperation, ist ein Vertrag über die Veröffentlichung und Verbreitung einer oder mehrerer Werbungen eines Werbetreibenden auf den vom Vermarkter betreuten Seiten bzw. auf den Seiten eines Online-Dienstes oder Internet-Portals. 434

Zum **Vertragsabschluss** nur so viel: Für den Verkauf aller Werbeflächen und sonstigen werblichen Inhalte gelten in der Regel die Preisliste und die Allgemeinen Geschäftsbedingungen des Werbeträgers. Die Preislisten der Online-Dienste bzw. der Vermarkter sind keine Angebote iSd. Bürgerlichen Gesetzbuchs. Eventuell von diesen abgegebene Angebote sind in jedem Fall freibleibend. Hat der Kunde als Auftraggeber keinen Platzierungswunsch für die Werbung geäußert, kommt der Vertrag durch die schriftliche oder durch E-Mail erfolgende Bestätigung mit dem im Auftrag angegebenen Umfang zustande. 435

Sinnvoll ist es, die Geltung der AGB der Werbeträger auch auf die Erschließung weiterer, nicht zum Online-Dienst oder Internet-Portal gehörender Werbeinhalte des Werbetreibenden durch Hyperlinks auszudehnen.

(1) Leistungen und Pflichten des Werbeträgers

(a) Platzierung

Regelmäßig ist die Einbindung des Links in eine bestimmte **Umgebung** für die Parteien entscheidend. Als Marketingmaßnahme ist entscheidend auf die ins Auge gefasste **Zielgruppe** zu achten. 436

Die Platzierung der Werbung wird im Einvernehmen mit dem werbetreibenden Auftraggeber sowie mit dem den Online-Werbeträger betreibenden Unternehmen vorgenommen. Ist dieses nicht herstellbar, behalten sich die Online-Werbeträger zumeist vor, nach **billigem Ermessen** unter größtmöglicher Berücksichtigung der Interessen des Auftraggebers zu entscheiden.[1] 437

Für die Platzierung von Werbung ist es ratsam, jene **Flächen** unter Angabe der Pixel, ob 468 x 60 Pixel oder 156 x 60 Pixel, ob auf der Startseite oder im Navigationsrahmen, ob statisch oder in Form von rotierenden Bannern, vertraglich zu bestimmen, auf denen die Werbung erscheinen soll. Dies können 438

1 Formulierung: „Ein Anspruch auf eine Platzierung des Werbebanners in einer bestimmten Position der jeweiligen Web-Seite sowie auf einer bestimmten Web-Seite ist nicht gegeben."

die in der jeweils gültigen Preisliste ausgewiesenen Flächen sein. Die Datengröße (in kB) entscheidet über die Schnelligkeit des Seitenaufbaus.

(b) Impressions: Über- und Unterlieferung

439 Unter „Page-Impressions" ist die Anzahl der Zugriffe auf eine Seite, auch Page-Views genannt, zu verstehen. Sie sind vergleichbar mit der **Auflage** im klassischen Anzeigenvertrag. Nach den Richtlinien der Informationsgesellschaft zur Feststellung der Verbreitung von Werbeträgern (IVW) bezeichnen die Page-Impressions „die Anzahl der Sichtkontakte beliebiger Benutzer mit einer potentiell werbeführenden HTML-Seite. Sie liefern das Maß für die Nutzung einzelner Seiten eines Angebotes".[1] Diese sind von den „Visits", der Anzahl der zusammenhängenden Nutzungsvorgänge in einem Online-Angebot, zu unterscheiden. Abhängig von der Anzahl der auf einer Webseite erzielten Page-Impressions oder Visits ist die Höhe des Entgelts für Werbeflächen.

(c) Richtigkeit der von den Medien-Anbietern gemeldeten Daten

440 Die IVW **kontrolliert** mit einer speziellen Software die Richtigkeit der von den Medien-Anbietern gemeldeten Daten.

441 Sind die Page-Impressions als verbindlich im Vertrag angegeben, so wird man dies als **Zusicherung oder Garantie** ansehen. Eine Regelung im Werbeschaltungsvertrag zu Unter- und Überlieferung ist insofern sinnvoll. Kommt es im Vertrag lediglich auf die Gesamtimpressionszahl an, kann vorgesehen werden, dass die Unterlieferung in einem anderen Service oder nach der vereinbarten Laufzeit ausgeglichen wird.[2]

(d) Kapazität

442 Auf mögliche Regelungen zur „**Verfügbarkeit**" als Bestandteil der Leistungsangabe soll kurz eingegangen werden. Ist für eine zeitbasierte Buchung zum Beispiel die Platzierung für einen kompletten Monat vereinbart, kann der Ausfall des Ad-Servers bei TKP-Abrechnung (siehe dazu unten Rz. 468 ff.) dazu führen, dass strittig ist, was zu bezahlen ist. Um möglichem Ärger vorzubeugen, sollten die AGB des Werbetreibenden eine Ausfallzeit vorsehen (beispielsweise von bis zu X Stunden in 30 Tagen), ohne dass die Rechnung gemindert werden muss. Bei Verwendung in AGB sicherer ist die Vereinbarung, dass die Impressions „innerhalb angemessener Zeit" nachgeholt werden kön-

1 Ziffer I. 2. der Richtlinien für die Kontrolle von Online-Medien in der Fassung des Verwaltungsbeschlusses vom 23.5.2000.

2 Formulierungsvorschlag: „Der Werbeträger ist berechtigt, in Abstimmung mit dem Auftraggeber in den von Ihnen bestimmten Services Links an ausgewählten Stellen zu platzieren, um während der Vertragslaufzeit die vertraglich vereinbarte Gesamtimpressionsanzahl zu erreichen."

nen.[1] Im Übrigen gelten bei Klauseln zur Verfügbarkeit wegen technischer Ausfälle die Ausführungen zum Hosting-Vertrag, Rz. 551 ff., entsprechend. Hier ist zu berücksichtigen, dass Werbeschaltungen regelmäßig im unternehmerischen Verkehr getroffen werden und § 11 Nr. 10 a AGBG dort nur einen völligen Ausschluss der Gewährleistung verbietet.[2]

(e) Besonderheiten bei sonstigen Links

Für die **Erstellung** eines Links bestehen verschiedene Möglichkeiten. 443

Zum einen kann ein schlichter Hyperlink durch die Angabe der URL gelegt werden, zB www.adresse.de, wobei dieser nicht in dieser Form sichtbar sein muss, sondern durch anderen Text überlagert sein kann. Dann wird dieser Text aber zB durch Unterstreichung oder sonstige Hervorhebung, etwa durch Veränderung des Mauszeigers, als Link kenntlich gemacht sein.

Darüber hinaus kann aber auch eine grafische Gestaltung vereinbart werden, insbesondere als Besonderheit der IMG-Links, bei dem der Linkende die Grafik von einem anderen Server bezieht.

Weiter gehend als ein bloßer Link wäre ein **Framing** der anderen Webseite. 444
Im Unterschied zum Link erscheint hier Content des Verlinkten in einem abgegrenzten Bereich im Browserfenster des Clients, das weiterhin auf die Adresse des Linkenden zeigt. Natürlich kann vereinbart werden, den Frame deutlich als Inhalt des Verlinkten zu kennzeichnen.

Noch einen Schritt weiter geht die Technik des aktiven **Inline Linkings:** Der 445
Link erscheint nicht mehr sichtbar auf der aufgerufenen Seite, vielmehr ist er direkt in ihren Code eingearbeitet und wird vom Browser ohne Anforderung des Nutzers ausgeführt. Der Inhalt wird dann dementsprechend auch im Browserfenster dargestellt, ohne dass für den Nutzer erkennbar wäre, dass es sich um fremden Inhalt handelt.

Bei Bannerlinks und Pop-up-Windows muss, sofern der Verlinkte nicht 446
selber eine entsprechende Datei zur Verfügung stellt, neben dem Format meist die **Dateigröße** sowie das anzuwendende **Design** zu vereinbaren. Dabei ist dann auch zu regeln, ob der Linkende diese Datei eventuell verändern darf oder nicht und ob eventuelle Anpassungen zu übernehmen sind.

---

1 Siehe Muster-AGB des ZAW zur Verwendung im Geschäftsverkehr für das Werbegeschäft in Online-Medien, Stand 25.1.2001, unter 11. Gewährleistung: „... Ein unwesentlicher Fehler in der Darstellung der Werbemittel liegt insbesondere vor, wenn er hervorgerufen wird ... – durch einen Ausfall des Ad-Servers, der nicht länger als 24 Stunden (fortlaufend oder addiert) innerhalb von 30 Tagen nach Beginn der vertraglich vereinbarten Schaltung andauert."
Ferner unter 4. allgemein zur Abwicklungsfrist: „Ist im Rahmen eines Abschlusses das Recht des Auftraggebers zum Abruf einzelner Werbemittel eingeräumt, so ist der Auftrag innerhalb eines Jahres nach Vertragsschluss abzuwickeln."

2 Über § 9 Abs. 2 Nr. 1 AGBG *Wolf* in Wolf/Horn/Lindacher, § 11 Nr. 10 a AGBG Rz. 31.

447 Daneben ist auch das **Ziel** des Links festzulegen: die Hauptseite des Verlinkten oder eine bestimmte Seite, beispielsweise mit einem besonderen Angebot für die Kunden des Linkenden, unterhalb der Startseite der Domain.

448 Auch im Fall eines sonstigen Links kann es im Interesse des Verlinkten sein, dass **kein** Zusammenhang mit bestimmten Inhalten hergestellt, von diesen aus also nicht auf ihn verwiesen wird.

(f) Suchwörter und Account-Service

449 Soweit vertraglich vereinbart, stellt der Provider während der Dauer der Vereinbarung bestimmte Suchwörter zur Verfügung.[1] Die Vergabe von Suchwörtern ist durchaus üblich. Die Suchwörter sind von der Verfügbarkeit abhängig und sollten im Zusammenhang mit den Inhalten und Produkten des Werbetreibenden weder irreführend noch sittenwidrig sein und auf Marken beschränkt werden. Soweit nicht anders vereinbart, hat der Werbetreibende bei einem Suchwort keinen Anspruch auf Exklusivität oder einen bestimmten Rang bei den angezeigten Suchergebnissen. Gattungsbegriffe wie zB „Auto" oder „Bücher" sollten dabei niemals exklusiv gewährt werden.

Ein Account-Service, durch den der Provider dem Werbenden tägliche Beratung und seine Sachkunde und Erfahrungen bezüglich des Nutzerverhaltens zur Verfügung stellt, wird nur ausnahmsweise vergeben. Aus dem Vertrauensverhältnis der Parteien kann sich aber auch ohne Account-Service eine Pflicht zur Beratung und Aufklärung ergeben.

(2) Leistungen und Pflichten des Werbenden

(a) Anlieferung der Bannervorlagen

450 Vor allem ist der **Anlieferungstermin** für Bannervorlagen (Bilddateien mit Grafikmaterial, Logo, ggf. die URL, auf die der Link verweisen soll) als Nebenpflicht festzulegen.[2] Die Überlassung bzw. Bereitstellung dieser Mittel stellt eine Mitwirkungshandlung im Sinne der §§ 642 f. BGB dar.[3] Dabei handelt es sich aber lediglich um Obliegenheiten, die grundsätzlich nicht zu Ansprüchen aus Leistungsstörungsrecht führen.[4] Etwas anderes gilt nur bei Gefährdungen des Vertragszwecks durch die Verletzung dieser Obliegenheiten oder bei ausdrücklicher oder konkludenter Vereinbarung als Nebenpflicht.[5]

451 Eine **Verletzung der Mitwirkungspflichten** kann u.a. in der verspäteten Lieferung oder Nichtlieferung des Materials zur Bannererstellung liegen.

---

1 S. dazu den Beitrag von *Dieselhorst*, D Rz. 292 f.
2 Vgl. *Cichon*, Internetverträge, S. 144 ff.
3 Vgl. *Schuppert* in Spindler, Vertragsrecht der Internet-Provider, Teil IX Rz. 25.
4 Palandt/*Sprau*, § 642 BGB Rz. 1b; Palandt/*Heinrichs*, Einl. v. § 241 BGB Rz. 16; MünchKomm/*Soergel*, § 642 BGB Rz. 2.
5 Palandt/*Sprau*, § 642 BGB Rz. 1b f.; MünchKomm/*Soergel*, § 642 BGB Rz. 11.

Der Werbetreibende sollte dem Werbeträger die für das Scanning erforderlichen Unterlagen und sonstiges für die Veröffentlichung der Werbung erforderliches Material **rechtzeitig** vor der vereinbarten Veröffentlichung der Werbung zur Verfügung stellen. Es empfiehlt sich, vertraglich zu regeln, ab wie viel Werktagen vor Aufschaltbeginn Änderungen von Größen, Formaten, Ausstattungen und Platzierungen nicht mehr möglich sind (ob ab drei oder fünf Werktagen).[1] 452

In Betracht kommen aber auch das selbständige Herunterladen fertiger Werbemittel von einem durch den Werbenden zu benennenden Server, uU auch nur bei Aufruf der Seite durch den Browser des Endnutzers, sowie die Übermittlung der Dateien per E-Mail oder auf einem Trägermedium. 453

(b) Abrufzeitraum

Werbung ist im Zweifel innerhalb eines Jahres nach Vertragsabschluss zur Veröffentlichung abzurufen. Ist in einem Rahmenvertrag das Recht zum Abruf mehrerer Werbungen eingeräumt, so ist der Auftrag innerhalb eines Jahres seit Erscheinen der ersten Werbung abzuwickeln. 454

(c) Werbematerial

Üblicherweise werden **Zusatzkosten** für die Bearbeitung von Bildvorlagen, Originalabänderungen usw. nach Aufwand berechnet. 455

Ratsam ist auch, im Online-Werbevermarktungsvertrag die **Gefahr für Verlust von Materialien** im Vertrag zu regeln. Grundsätzlich sehen die AGBs von Werbeträgern vor, dass der Werbetreibende die Gefahr der Übermittlung des zur Veröffentlichung bestimmten Materials trägt, insbesondere die Gefahr für den Verlust von Daten. Datenträger, Fotos oder sonstige Unterlagen des Auftraggebers werden ihm nur auf sein Verlangen und auf seine Kosten zurückgesandt. Die Gefahr hierfür trägt der Auftraggeber. 456

(d) Abnahme

Für den Werbeträger vorteilhaft ist die Regelung der Abnahme, da diese im Rahmen des Werkvertrages **Voraussetzung der Fälligkeit der Vergütung** ist und erst danach die Gewährleistungsfrist beginnt.[2] Da sich eine Banner- 457

1 Formulierung zum Anlieferungstermin für Bannervorlagen: „Der Werbetreibende ist verpflichtet, dem Werbeträger rechtzeitig bis spätestens 5 Werktage vor dem vereinbarten ersten Schaltungstermin das Werbematerial in der endgültigen elektronischen Form als .gif- oder als .jpg-Datei an die Adresse (...) zu übermitteln oder ihm innerhalb derselben Frist und an dieselbe Adresse die URL der zu schaltenden Grafikdateien mitzuteilen."

2 Formulierung zu Untersuchung und Abnahme: „Der Werbetreibende ist verpflichtet, die Web-Seite, auf der die Werbung platziert ist, unverzüglich nach der ersten Schaltung zu untersuchen und etwaige Fehler spätestens innerhalb von fünf Tagen

schaltung nicht in einer einmaligen Handlung erschöpft, sondern auf Dauer angelegt ist, sollte eine Abnahmepflicht des Werbetreibenden explizit mit ihren Voraussetzungen normiert werden. Üblicherweise wird der Provider die gelieferten Bannervorlagen lediglich einbauen, so dass eine Überprüfung der Funktionalität, ob die Seite mit dem Banner oder der Link abrufbar ist, für die Billigung durch den Werbeträger ausreichen wird. Da Werbeschaltungen im Allgemeinen im geschäftlichen Verkehr erfolgen, sollte auch eine Prüfungs- und Rügepflicht entsprechend den §§ 377 f. HGB vereinbart werden.[1]

(e) Besonderheiten bei sonstigen Links

(aa) Pflege der Inhalte

458 Der Betreiber der Webseite, auf der der Link angebracht ist, wird aus verschiedenen Gründen versuchen, die Ausgestaltung der verlinkten Inhalte zu **kontrollieren**. Dem Linkenden droht zum einen die Haftung für die Inhalte, abhängig vom Eingreifen der §§ 5 TDG/MDStV. Handelt es sich bei der Vereinbarung nicht um eine reine Marketingmaßnahme, ergibt sich das Kontrollinteresse bereits aus dem Zweck der Vereinbarung. Denn in diesen Fällen wird ja gerade auf bestimmte Inhalte, die dem Linkenden interessant erscheinen, verwiesen. Hier bietet sich eine Verpflichtung an, diese Inhalte nicht zu verändern oder beispielsweise einen Rahmen in Form einer thematischen Vorgabe zu stecken. Erforderlich ist natürlich die Zustimmung des Inhabers der anderen Webseite.

(bb) Haftungsfragen

459 Hinsichtlich der Haftung für Links ist die Einordnung des Links in die Regelungen der §§ 5 TDG/MDStV entscheidend, siehe dazu die Beiträge von *Hütig* und *Freytag*, J Rz. 64 ff. und J Rz. 125 ff. sowie unten Rz. 496 ff. Entscheidend für den Linkenden ist im Rahmen der Vertragsgestaltung, dass auf der verknüpften Seite keine rechtswidrigen Inhalte bereitgestellt werden. Eine entsprechende Klausel sollte deshalb auch in den Linking-Vertrag aufgenommen werden, siehe dazu oben Rz. 359 ff.

(cc) Informationspflichten

460 Insbesondere bei Links, die der Aufwertung des eigenen Angebots dienen, ist die Vereinbarung einer Informationspflicht über **Veränderungen der verknüpften Seite** anzuraten. Für den Linkenden ist die enthaltene Information

---

nach der ersten Schaltung zu rügen. Nach Ablauf dieser Zeit gilt die Werbung als abgenommen."

1 Aufgrund dieser gesetzlichen Regelung kommt ein Verstoß gegen das Verbot von Erklärungsfiktionen im Rahmen des AGBG nicht in Betracht; vgl. auch *Schuppert* in Spindler, Vertragsrecht der Internet-Provider, Teil IX Rz. 39.

für die Aufrechterhaltung des Links entscheidend. Eine Veränderung kann zur Notwendigkeit der Anpassung seines eigenen Web-Auftritts führen. Aber auch wegen der bereits angesprochenen Haftungsfragen ist eine entsprechende Vereinbarung empfehlenswert. Der Linkende ist dann nicht auf die Beurteilung des Partners allein angewiesen, sondern kann sich aktuell selber informieren.

(3) Anforderung an Inhalte und Werbung

Ein wesentliches Vertragselement aus Sicht des Werbeträgers ist auch die Fixierung der Anforderung an Inhalte und Werbung. 461

(a) Überprüfung der Inhalte

Grundsätzlich hat der Werbeträger die vom Werbetreibenden gelieferten Inhalte nicht zu überprüfen. Neben den allgemeinen Gesetzen sind durch den Werbenden insbesondere § 9 Abs. 1 MDStV (Abs. 2 richtet sich an den Linkenden) sowie die Generalklauseln der §§ 1, 3 UWG und spezialgesetzliche Einschränkungen für bestimmte Berufe und Produkte zu beachten. Anders ist das zu beurteilen, wenn dem Werbeträger der unzulässige Inhalt der Werbung bekannt ist. Der Betreiber eines Internet-Servers, der Dritten die Möglichkeit bietet, über diesen für ihre Leistungen zu werben, kann nach Ansicht des OLG München auf Unterlassung ihm bekannter wettbewerbswidriger Werbung der Dritten (in diesem Fall handelte es sich um Last-Minute-Angebote) in Anspruch genommen werden.[1] Insofern ist die Haftung von Verlagen für veröffentlichte Werbung zu beachten. Diese Haftung entsteht unter der Voraussetzung einer Verletzung der Pflicht zur Prüfung dieser Angebote auf grobe und eindeutige Wettbewerbsverstöße. Eine entsprechende Anwendung dieser Grundsätze auf Webseiten-Betreiber liegt zumindest im Fall gewerblicher Tätigkeit im Bereich des Wahrscheinlichen.[2] 462

Für eigene bzw. zu eigen gemachte Inhalte greifen auch die **Haftungsprivilegierungen** der §§ 5 TDG/MDStV nicht ein. Das Vorliegen eigenen Inhalts kann allerdings fraglich sein, insbesondere wenn die Werbematerialien bei Aufruf der Seite automatisch von einem Server des Beworbenen abgerufen werden, siehe dazu unten Rz. 498.[3] Ratsam ist in jedem Fall eine Freistellungsvereinbarung, die das Risiko des Werbeträgers im Innenverhältnis reduziert.[4] 463

1 OLG München, Urt. v. 26.2.1998 – 29 U 4466/97, CR 1998, 300.

2 *Schuppert* in Spindler, Vertragsrecht der Internet-Provider, Teil IX Rz. 34 f.

3 So *Schuppert* in Spindler, Vertragsrecht der Internet-Provider, Teil IX Rz. 35.

4 Formulierung zur Prüfung von Bannerwerbung: „Der Auftraggeber (Werbetreibende) stellt den Provider (Werbeträger) von allen Ansprüchen Dritter frei, die diesen aus der Ausführung des Auftrags, auch wenn er storniert sein sollte, erwachsen. Der Provider (Werbeträger) ist berechtigt, aber nicht verpflichtet, Werbung auf die Beeinträchtigung von Rechten Dritter zu prüfen."

(b) Sperrung und Löschung von Inhalten

464 Zulässig sind Klauseln, die die Ablehnung bzw. eine Sperrung von Inhalten zum Gegenstand haben.[1]

Auch kann der Werbeträger die Veröffentlichung von Werbung für Arznei- und Heilmittel von einer schriftlichen Zusicherung des Auftraggebers über die rechtliche Zulässigkeit der Werbung abhängig machen oder sich das Recht einräumen lassen, die Dateien auf Kosten des Auftraggebers von einer sachverständigen Stelle auf rechtliche Zulässigkeit prüfen zu lassen.

dd) Kennzeichnung der Werbung

465 Sinnvoll ist, aufgrund des aus dem Trennungsgebot folgenden Kennzeichnungsgebots eine Kennzeichnungsklausel aufzunehmen, die eine Kennzeichnung der Werbung vorsieht.[2]

ee) Ad-Reporting und Datenschutz

466 Für den Werbetreibenden ist eine zeitnahe Erfolgskontrolle seiner Schaltung wesentlich. In den Schaltungspreisen ist ein Leistungsnachweis in Form der jeweiligen über den Buchungszeitraum erzielten Page-Impressions, Ad-Clicks sowie der sich daraus ergebenden **Click-Rate** für das geschaltete Banner inbegriffen[3]. Aus dem Verhältnis von Ad-Clicks (Anklicken der geschalteten Werbebanner) zu der Zahl der Nutzer, die die Seite angesehen haben (sog. Ad-Views), errechnet sich die Click-Rate (Verhältnis von Ad-View und Ad-Click). Dieses Ad-Reporting wird in der Regel per E-Mail jeweils täglich oder wöchentlich dem Werbetreibenden zugeschickt. Verschiedene Verbände haben sich auf eine einheitliche Form der Auskunft

---

1 Formulierung zu Sperrung und Löschung von Inhalten: „Wird dem Werbetreibenden bekannt, dass ein hinreichender Verdacht auf rechtswidrige Inhalte der Webseiten vorliegt, auf die der mit der Werbung verbundene Hyperlink verweist, insbesondere weil sie gesetzlichen Bestimmungen zuwiderlaufen, so wird der Werbetreibende sofort die Schaltung der Werbung unterbrechen und den Provider benachrichtigen, damit dieser den Zugang zu den Inhalten über den Dienst sperren kann. Dies gilt insbesondere in Fällen einer Abmahnung des vermeintlich Verletzten, es sei denn, diese ist offensichtlich unbegründet, oder bei Ermittlungen staatlicher Behörden. Der Provider ist nach freiem Ermessen berechtigt, Werbung, die gegen geltendes Recht verstößt oder Rechte von Dritten verletzt, unverzüglich vom Werbetreibenden entfernen oder ersetzen zu lassen, den Zugang zu den Webseiten zu sperren oder die Inhalte selbst zu ersetzen. Die Sperrung wird dem Werbetreibenden unter Angabe der Gründe unverzüglich mitgeteilt".

2 Vgl. auch AGB von AOL:„Werbung, die aufgrund ihrer redaktionellen Gestaltung nicht auf den ersten Blick als Werbung erkennbar ist, ist als Werbung deutlich kenntlich zu machen."

3 Formulierung zum Reporting: „Es obliegt dem Werbeträger, dem Werbetreibenden statistische Informationen bezüglich der Zahlen von Ad-Views und Ad-Clicks und über die Ad-Click-Rate für die im Rahmen dieses Vertrages eingestellte Werbung wöchentlich/täglich zu übermitteln."

über Benutzerzahlen geeinigt.[1] Einigen sich die Parteien auf diese Form der Auskunft, sollte man ergänzend regeln, wie die Datenübertragung erfolgen soll (per Online-Download, als ASCII- oder HTML-Datei).

Die zentrale Frage innerhalb der Diskussion um die Tücken des personalisierten Werbens ist: Wie geht man mit Daten der User um? Personalisierung, dh. der individuelle Zuschnitt von Informationen, Werbebotschaften und Services, ist gefragt. **Cookies** sind jedoch nur zulässig, ohne dass personenbezogene Daten verwertet werden (auch sind Nutzerprofile bei wirksamer Einwilligung des betroffenen Nutzers oder Verwendung eines Pseudonyms zulässig). Viele Werbeträger verzichten dennoch auf Cookies. Hintergrund ist auch: datenschutzwidrige Cookie-Konzepte können bei Werbevermarktungsverträgen deren Nichtigkeit zur Folge haben (§ 134 BGB). Siehe im Übrigen zur Zulässigkeit von Datenerhebungen und -verarbeitungen den Beitrag von *Wächter*, D Rz. 646 ff. und zur Absicherung gegen Inanspruchnahme wegen Verletzung einschlägiger Vorschriften unten Rz. 666 f. 467

ff) Vergütung und Preisänderungen

(1) Vergütung

Die Abrechnung einer Werbebuchung erfolgt auf **Tausendkontakter-Basis** (TKP-Basis) abhängig von der Anzahl der erzielten Page-Impressions bzw. Visits. Grundlage können jedoch auch Ad-Clicks oder die Zeit sein, die ein Besucher auf der Seite verweilt. 468

Der Kunde erhält meistens vor Buchung eine **Kontaktgarantie**. Sollte diese nach Ablauf des Buchungszeitraumes unterschritten werden, so erfolgt in der Regel eine entsprechende Rückerstattung bzw. Weiterschaltung. Eine Nachbelastung bei Überschreiten der Kontaktgarantie erfolgt dagegen nicht. 469

Eventuell wird eine **Mindestbuchungssumme** von Banner- und Buttonschaltungen vereinbart. 470

Rabattiert werden regelmäßig nur die Schaltkosten. Eine Rabattierung von technischen, Gestaltungs- oder Handlings-Kosten ist bei den bekannten Vermarktern ausgeschlossen. 471

Um zu verhindern, dass Agenturen die **Vermittlungsvergütung** an ihre Kunden weitergeben, wird häufig eine Klausel vorgesehen, die dies ausdrücklich ausschließt. 472

Zu vereinbaren ist daher die Erstellung entsprechender **Statistiken**. Der Bewerbene wird sich in der Regel auch für das Verhältnis von Page-Impressions/Visits zu den Ad-Clicks interessieren, da er daraus ablesen kann, wie viele Besucher auf die Anzeige reagieren, s. oben Rz. 466. 473

1 „Ad-Reporting-Standardschnittstelle in der Version 1.0/11-98 http://www.dmmv.de/adreport"schnittstellen.htm.

474 Im Allgemeinen werden sog. **„Cost Per Order Deals“** (Verträge, die auf einem bestimmten Prozentsatz der E-Commerce-Einnahmen basieren) selten abgeschlossen, da sie viele Nachteile und nicht steuerbare Risiken beinhalten (u.a. in Bezug auf Produkthaftung, Qualität der Produkte, Erfüllung, Preis und Nachfrage).

475 Teilweise werden **Cross-Promotions** eingegangen, u.a. um die Bekanntheit der Brands zu fördern. Schwierig ist es, bei den Verhandlungen den Wert für den Partner zu bestimmen.

(2) Preisänderungen

476 In den AGB der Werbeträger sind insbesondere sog. **Preisanpassungsklauseln** enthalten. Der ZAW hat beispielsweise eine Preisänderungsklausel entwickelt, die durchaus fair zu sein scheint.[1] Der Vorbehalt eines freien Abänderungsrechts ist im Anwendungsbereich des § 11 Nr. 1 Halbs. 1 AGBG für Leistungen, die innerhalb von 4 Monaten nach Vertragschluss erbracht werden, unzulässig. Zulässig ist nur die Änderung für künftige Leistungen.[2] Entscheidend ist, ob es sich bei der Werbeschaltung um ein Dauerschuldverhältnis handelt.[3] Dann unterliegt die Klausel nur der Kontrolle nach § 9 AGBG. Gleiches gilt für den Verkehr zwischen Unternehmern.[4] Die Werbeschaltung erfordert neben der Einrichtung auch die Aufrechterhaltung des Links, der Vertrag ist daher auf eine dauernde Leistung ausgelegt, siehe dazu oben Rz. 426. Unerheblich ist, wie die Preisanpassung erfolgen soll.[5] Im Rahmen einer Kontrolle nach § 9 AGBG muss die Klausel dem Gebot der Bestimmtheit und Klarheit entsprechen, sie muss daher Grund und Umfang der Preisfestsetzung erkennen lassen und darf nicht zu einer Erhöhung des Gewinnanteils führen.[6] Die Vereinbarung eines Rücktritts- oder Kündigungsrechts führt nicht zur Zulässigkeit der Klausel; die Angemessenheit ist davon unabhängig zu beurteilen, da sich der Verwender sonst durch Preiserhöhung die Chance auf Vertragsauflösung erwirken würde.[7] Andererseits ist auch im unternehmerischen Verkehr ein Kündigungsrecht nicht Voraussetzung für die Wirksamkeit der Klausel.[8]

1 Formulierungsvorschlag zu Preisanpassungen siehe ZAW 14. (1) in der Fassung vom 25.1.2001, abgedruckt unter http://www.interverband.com/u-img/184/OnlineAGB.htm: „Es gilt die im Zeitpunkt der Auftragserteilung im Internet veröffentlichte Preisliste. Gegenüber Unternehmen bleibt eine Änderung vorbehalten. Für vom Anbieter bestätigte Aufträge sind Preisänderungen allerdings nur wirksam, wenn sie vom Anbieter mindestens einen Monat vor Veröffentlichung des Werbemittels angekündigt werden.
Im Falle einer Preiserhöhung steht dem Auftraggeber ein Rücktrittsrecht zu. Das Rücktrittsrecht muss innerhalb von 14 Tagen nach Erhalt der Mitteilung über die Preiserhöhung ausgeübt werden (...)“.

2 *Wolf* in Wolf/Horn/Lindacher, § 11 Nr. 1 AGBG Rz. 23.

3 Dafür: *Härting*, CR 2001, 37 (42).

4 *Wolf* in Wolf/Horn/Lindacher, § 11 Nr. 1 AGBG Rz. 55.

5 *Wolf* in Wolf/Horn/Lindacher, § 11 Nr. 1 AGBG Rz. 5.

6 *Wolf* in Wolf/Horn/Lindacher, § 11 Nr. 1 AGBG Rz. 36, 56, 63.

7 *Wolf* in Wolf/Horn/Lindacher, § 11 Nr. 1 AGBG Rz. 49.

8 *Wolf* in Wolf/Horn/Lindacher, § 11 Nr. 1 AGBG Rz. 64.

(3) Rabatte

Einzelne Werbeträger wie AOL oder Yahoo schließen eine **Verbund- oder Kollektivwerbung**, dh. die Zusammenfassung von Werbung mehrerer Anbieter, grundsätzlich aus. Ausnahmeregelungen bedürfen einer individuellen Absprache. Hintergrund dieser Praxis: durch Kollektivwerbung sollen die marktüblichen Rabatte nicht umgangen werden. 477

Mengenrabatte[1] sowie Rabatte für konzernangehörige Unternehmen sind üblich. Für den Anspruch auf gemeinsame Rabattierung ist bei **konzernangehörigen Unternehmen** eine Kapitalbeteiligung von mindestens 50 % erforderlich. Der Anspruchsteller hat den Nachweis des Bestehens einer solchen Unternehmensverbindung zu führen. 478

gg) Rechteeinräumung

(1) Nutzungsrechte für Linkmaterial, insbesondere Grafiken und Marken

Die zur Verfügung gestellten Materialien zur Ausführung des Links können marken- oder urheberrechtlich geschützt sein.[2] Zwar ist nach der Zweckübertragungslehre in der Regel von einer konkludenten Nutzungsrechtseinräumung auszugehen, vorteilhafter ist jedoch die vertragliche Fixierung der übertragenen Rechte.[3] Dabei ist insbesondere auf die Einräumung eines weltweiten Nutzungsrechts zu achten. Unter Umständen kann eine Anpassung des Formats einer Grafik an die Webseite erforderlich sein, dann muss auch das Bearbeitungsrecht als das Recht, die Werbung zu gestalten und auf sonstige Weise zu bearbeiten, eingeräumt werden. Hier müssen Kollisionen mit dem Interesse des Beworbenen an einer bestimmten Darstellung aufgelöst werden. 479

---

1 Formulierung zu Mengenrabatten von *Schuppert* in Spindler, Vertragsrecht der Internet-Provider, Teil V, Rz. 47: „Auf die Listenpreise des Providers werden Nachlässe durch Rabatte gewährt, wenn der Buchungsetat eines Werbungtreibenden für ein Kalenderjahr die in der Rabattstaffel genannten Summen übersteigt. Der Rabatt wird auf Basis des zum Zeitpunkt der jeweiligen Rechnungsstellung eingebuchten Buchungsetats für das laufende Kalenderjahr berechnet und bei der Rechnungsstellung entsprechend berücksichtigt. Die Abrechnung für das Kalenderjahr erfolgt spätestens zum Ende des ersten Quartals des auf das abzurechnende Kalenderjahr folgenden Jahres rückwirkend entsprechend der tatsächlich für diesen Werbungtreibenden gebuchten und bezahlten Werbezeit."

2 Diese Möglichkeit ist auch bei sonstigen Links zu beachten, vgl. dazu *Völker/Lührig*, K&R 2000, 10 (22). S. dazu auch den Beitrag von *Dreier/Würfel*, unten Rz. 695 ff.

3 Formulierung zu Rechteeinräumungen: „Der Werbetreibende räumt dem Werbeträger an den im Zusammenhang mit der Werbeschaltung bestehenden Urheber- und sonstigen Schutzrechten im für die Durchführung dieses Vertrages erforderlichen Umfang und für die Dauer dieses Vertrages sämtliche für die Nutzung und vertragsgemäße Schaltung der Werbung erforderlichen Nutzungsrechte ein, insbesondere das Multimedia- und Online-Recht, das Datenbankrecht, das Senderecht, das Werberecht, das Bearbeitungsrecht."

480 Zu dem Thema **Rechte/Marken** wird in dem Beitrag von *Dieselhorst*, D Rz. 281 ff. einiges gesagt. Relevant sind die markenrechtlichen Aspekte vor allem beim sog. Keyword-Advertising, dem Verwenden von Suchwörten und bei Metatags. Unbedenklich ist die Verwendung von Gattungsbegriffen wie „Mode". Gefährlich kann es aber bereits sein, den Bestandteil eines Namens eines schon bekannten Wettbewerbers als Suchwort zu verwenden. Existiert ein Wettbewerber mit dem Namen „Zwerg-Mode GmbH", wäre die Verwendung der Wortes „Mode" als Metatag bzw. Suchwort problematisch. Daher ist zu empfehlen, vor der Verwendung von Metatags die namens- und markenrechtliche Prüfung dem Werbetreibenden aufzuerlegen.

(2) Nutzungsrecht an den Inhalten der verlinkten Seite

481 Viel diskutiert wird die Frage, ob bzw. unter welchen Voraussetzungen das Erstellen eines Links der Zustimmung des Urhebers der Seite bedarf. Diese Problematik stellt sich praktisch nur bei Links, die nicht Teil einer Marketingmaßnahme sind. Vorauszusetzen ist, dass die Webseite urheberrechtlichen Schutz genießt, siehe dazu unten Rz. 637 ff. und den Beitrag von *Dreier*, E Rz. 4 ff. Dabei kommen nicht nur der Ersteller der Webseite als Urheber in Betracht, sondern auch Dritte, deren Werke in die Seite eingefügt werden.[1] Abgesehen von Urheberrechtsverletzungen können insbesondere Inline Links auch wettbewerbswidrig sein.[2]

Zu differenzieren ist daher zunächst nach dem **Ziel des Links**: Bei dem allgemeinen Aufbau einer Website mit einer Startseite und verschiedenen darunter liegenden anderen Seiten, die meist auch durch unterschiedliche URL-Adressen im Browserfenster angezeigt werden, wird idR auf der Startseite ein Impressum oder ein Urheberrechtsvermerk angebracht sein. Außerdem ist diese Startseite für Marketingmaßnahmen attraktiv, dort lassen sich gegen Vergütung Banner platzieren.

482 Hinzu kommt aber auch die Verwendung unterschiedlicher **Techniken** bei der Ausgestaltung eines Links. So erfordern passive Links das Anklicken durch den Benutzer, um den Link zu aktivieren. Aktive Inline Links hingegen werden bereits in den Code eingebaut, so dass bei Aufruf der Seite

1 Webseiten können als Schriftwerke gem. § 2 Abs. 1 Nr. 1 UrhG, aber auch als Darstellung technischer oder auch wissenschaftlicher Art gem. § 2 Abs. 1 Nr. 7 UrhG urheberrechtlich geschützt sein. Des Weiteren kommt ein urheberrechtlicher Schutz als Datenbankwerk im Sinne des § 4 Abs. 2 UrhG in Betracht, vorausgesetzt in der benutzerfreundlichen Gestaltung liegt eine besondere und eigene Struktur und damit eine persönliche geistige Schöpfung. Vgl. Schricker/*Loewenheim*, Urheberrecht, § 2 UrhG Rz. 93, 201; *Koch*, NJW-CoR 1997, 298; *Lehmann/v. Tucher*, CR 1999, 700 f.; LG Hamburg, Urt. v. 12.7.2000 – 308 O 205/00, CR 2000, 776; OLG Düsseldorf, Urt. v. 29.6.1999 – 20 U 85/98, CR 2000, 184.

2 Dies prüft etwa das OLG Düsseldorf, Urt. v. 29.6.1999 – 20 U 85/98, CR 2000, 184, wenn es auch im konkreten Fall die Wettbewerbswidrigkeit verneint; siehe auch die Anmerkung zu diesem Urteil von *Leistner*, CR 2000, 187 f.; vgl. auch *Völker/Lührig*, K&R 2000, 20 (22 f.).

automatisch die angezielte Website aufgerufen wird. Diese Technik findet insbesondere Anwendung, um Bilddateien von fremden Servern in das eigene Angebot einzubinden. Frames lassen sich sowohl als aktiver als auch als passiver Link gestalten. Problematisch sind Frames und Inline Links, weil die angezielte Seite gewöhnlich als Teil der ursprünglichen Webseite im Browserfenster erscheint.

(a) Link zur Startseite

(aa) Durch passiven Link

Wird durch einen passiven Hyperlink auf diese Startseite gelinkt, stellt sich 483
die Situation nicht anders dar, als hätte der Nutzer, der den Link klickt, diesen selber in die Adressleiste seines Browser eingetippt. Das Vervielfältigungsrecht des Urhebers ist nicht betroffen, da die Vervielfältigung nicht durch das Setzen des Links geschieht, sondern im Speicher des Rechners des Dritten, der den Link anklickt.[1] Eine Verletzung des Rechts der Anerkennung der Urheberschaft scheidet hier ebenfalls aus, da der Ersteller der Webseite selbst für die entsprechende Kenntlichmachung auf seiner Startseite verantwortlich ist. Festgehalten werden kann daher, dass die Veröffentlichung einer Internetpräsenz im Allgemeinen konkludent auch das Setzen eines passiven Hyperlinks auf die Startseite der Site erlaubt.[2] Denn gerade die Vernetztheit der Informationen macht das Wesen des Internets aus. Darüber hinaus haben Betreiber von Webseiten regelmäßig ein Interesse daran, möglichst viel Traffic auf ihre Seite zu ziehen, etwa um ihrerseits durch höhere Page-Impressions Werbeeinnahmen zu optimieren. Im Regelfall wird also von einem stillschweigenden Einverständnis mit dem Setzen eines Links auszugehen sein. Allerdings bleibt es dem Urheber unbenommen, die Annahme dieses Einverständnisses durch einen expliziten Ausschluss auf der Webseite zu verhindern.[3]

(bb) Durch aktiven Link

Für einen aktiven Link in Form eines Frames gilt bei Verweis auf die 484
Homepage nichts anderes, sofern diese vollständig übernommen wird. Problematisch ist allerdings die Veränderung des Aussehens der angezielten Webseite durch die Einbindung in das Erscheinungsbild der Ausgangsseite. Dabei kann es sich um eine zustimmungspflichtige Bearbeitung oder Umgestaltung im Sinne von § 23 UrhG handeln.

1 Vgl. LG Hamburg, Urteil v. 12.7.2000 – 308 O 205/00, CR 2000, 776, das sich allerdings auf einen Framelink bezieht; aA *Schack*, MMR 2001, 9 (13), der den Linkenden als mittelbaren Täter ansieht.

2 So etwa *Schuppert* in Spindler, Vertragsrecht der Internet-Provider, Teil X Rz. 5; *Decker* in Hoeren/Sieber, Multimedia-Recht, Teil 7.6 Rz. 44; *Lütje* in Hoeren/Sieber, Multimedia-Recht, Teil 7.2 Rz. 78; *Schack*, MMR 2001, 9 (11); *Völker/Lührig*, K&R 2000, 20 (26); vgl. auch OLG Düsseldorf, Urt. v. 29.6.1999 – 20 U 85/98, CR 2000, 184.

3 Vgl. *Schuppert* in Spindler, Vertragsrecht der Internet-Provider, Teil X Rz. 5.

(b) Deep Link

(aa) Durch passiven Link

485 Wird durch einen Hyperlink auf eine untergeordnete Seite einer Internet-Präsenz verwiesen, wird in der Regel ebenfalls eine stillschweigende Zustimmung anzunehmen sein.[1] Denn wer in Kenntnis der Besonderheiten des Internets seine Website in einzeln ansteuerbare Seiten aufteilt, muss damit rechnen, dass diese auch unabhängig von der Homepage aufgerufen werden. Die Situation stellt sich wie oben in Rz. 483 dar. Der Ersteller kann entweder technische Vorkehrungen gegen den isolierten Aufruf treffen oder auf jeder Seite seine Urheberschaft kennzeichnen.

(bb) Durch aktiven Link

486 Neben der Veränderung des Aussehens der ursprünglichen Webseite ist wiederum die Unkenntlichkeit der Urheberschaft problematisch. Der Aufruf und die Darstellung der Datei erfolgen vollautomatisch und sind für den Betrachter nicht erkennbar. Häufig werden dadurch einzelne Bilddateien einer Webseite in den eigenen Internet-Auftritt eingebunden. Gerade Grafiken enthalten aber häufig keine für den Betrachter sichtbaren Urheberzeichen. Hat der Ersteller der angezielten Seite keine Urheberkennzeichnung angebracht oder wird diese durch die Programmierung des Links umgangen, ist für den Betrachter aufgrund der Einbindung der angezielten Seite[2] ohne Anzeige der URL in die im Browser erkennbare Seite nicht ersichtlich, dass es sich um das Angebot eines Dritten handelt. Weist der Linksetzende nicht ausdrücklich auf die Herkunft der Datei hin, besteht für den Betrachter kein Anlass, an dessen Urheberschaft zu zweifeln. Der Unterschied wird insbesondere deutlich bei bewusster Umgehung einer bestehenden Kennzeichnung. Durch die Darstellung in einem Frame der eigenen Seite, die deutlich auf die eigene Urheberschaft hinweist, wird dem Betrachter vorgetäuscht, die Inhalte stammten vom Ersteller dieser Seite. Im Gegensatz zum passiven Hyperlink erkennt der Nutzer nicht aufgrund der Anzeige einer unterschiedlichen URL, dass er Bestandteile einer anderen Seite vor sich hat. Aufgrund der begrenzten Möglichkeiten, eine derartige Täuschung zu verhindern, ist die Annahme einer konkludenten Zustimmung hier nicht zu rechtfertigen.[3] Sofern diese nicht ausdrücklich erklärt wird, muss daher von einer Verletzung des Rechts aus § 13 UrhG ausgegangen werden.[4] Außerdem wird man hier auch schon beim Setzen des Links eine Vervielfältigung annehmen können, da allein der Linkende die Entscheidung über die automatische Einbindung in die Seite trifft.[5] Im Falle gewerblicher Angebote ist auch an wettbewerbsrechtliche Verletzungshand-

---

1 Vgl. *Decker* in Hoeren/Sieber, Multimedia-Recht, Teil 7.6, Rz. 45.

2 Oder Grafik beim IMG-Link.

3 Vgl. *Völker/Lührig*, K&R 2000, 20 (26).

4 Vgl. *Decker* in Hoeren/Sieber, Multimedia-Recht, Teil 7.6 Rz. 52; sowie LG Hamburg, Urt. v. 12.7.2000 – 308 O 205/00, CR 2000, 776.

5 *Schack*, MMR 2001, 9, 13.

lungen zu denken.[1] In Betracht kommt hier vor allem die unmittelbare Leistungsübernahme[2], die gegen § 1 UWG verstößt, aber auch die Rufausbeutung durch Herkunftsverwechslung oder eine Rufschädigung. Weiterhin sind auch etwaige Markenrechte zu beachten.

(c) Vertragliche Gestaltung

487 Aufgrund der vielschichtigen und zum Teil noch ungeklärten Problematik empfiehlt sich auch für sonstige Links die Aufnahme einer ausdrücklichen vertraglichen Regelung hinsichtlich der zu verwendenden Technik sowie der Reichweite des Links.[3] Ersteller einer Website können bereits in einer Rubrik die Bedingungen ihres Einverständnisses mit einem Link erklären.[4]

488 Hier ist ebenfalls zu beachten, dass unter Umständen **weltweite** Nutzungsrechte einzuräumen sind.

Bei Vorliegen internationaler Sachverhalte spricht insbesondere das urheberrechtliche Schutzlandprinzip für die Vereinbarung einer vertraglichen Abrede.[5] Ein Vertrag kann die Übertragung der gewünschten Rechte absichern, durch entsprechende Haftungs- bzw. Freistellungsregelungen auch bei tatsächlicher Berechtigung Dritter.

489 In gewissen Fällen mag der Betreiber der durch Link verbundenen Seite insbesondere für die Richtigkeit der Inhalte nur bei Verwendung für bestimmte Fälle oder auch gar nicht einstehen. Er wird dies auf seiner Seite entsprechend kennzeichnen. Problematisch ist diese Beschränkung im Verhältnis zu Usern, die durch den Link unter Umgehung dieses Hinweises direkt zu diesen Inhalten geführt werden. Deshalb ist auch hier die **Vereinbarung des Linkzieles** empfehlenswert.

---

1 Siehe insbesondere *Völker/Lührig*, K&R 2000, 20 (27 ff.).

2 Vgl. OLG Celle, Urt. v. 12.5.1999 – 13 U 38/99, CR 1999, 523.

3 „Der Verlinkte gewährt dem Linkenden das zeitlich unbeschränkte, weltweite, einfache Recht zu der Nutzung der Inhalte der Zielseite durch Setzen eines auf die Zielseite verweisenden Hyperlinks auf der Ausgangsseite. Der Linkende ist nach freiem Ermessen berechtigt, die Nutzung der Inhalte auch durch Laden in einen Frame der Seite des Linkenden (Framing) oder durch eine für den Betrachter nicht ohne weiteres erkennbare Aufnahme der Inhalte der Seite des Verlinkten in die Seite des Linkenden (Inline Linking) vorzunehmen."

4 Siehe zB http://de.docs.yahoo.com/ytg/legal.html: „6. Sie sind nicht berechtigt, mittels Frame- oder Mirror-Technik irgendeine Yahoo!-Seite, dh. eine von Yahoo! oder mit Yahoo! verbundenen Unternehmen angebotene oder kontrollierte Seite (die Seite, die bei einem Klicken auf den Button erscheint, eingeschlossen), auf Ihren Seiten zu verwenden."

5 Dieses Prinzip besagt, dass für die Bestimmung der Urheberrechte die Rechtsordnung des Landes gilt, für das der Inhaber Schutzrechte geltend macht, *Nordemann* in Fromm/Nordemann, Urheberrecht, vor § 120 UrhG Rz. 1; vgl. *Schuppert* in Spindler, Vertragsrecht der Internet-Provider, Teil X Rz. 6.

hh) Gewährleistung

(1) Auf Seiten des Werbeträgers

490 Sachmängel können hier in Form der fehlerhaften oder nicht erfolgten Linkerstellung oder auch in der Veränderung des Linkmaterials liegen.

Im Fall von Werbemaßnahmen verpflichtet sich der Linksetzende in der Regel zur Herbeiführung eines Erfolges. Einschlägig ist daher kraft Gesetzes das Recht des **Werkvertrages**, siehe dazu bereits oben Rz. 394.[1]

491 Für den Werbeträger ungünstig ist insbesondere die Wandelung. Diese sollte insoweit modifiziert werden, als vorrangig die Neu- bzw. Weiterschaltung der Werbung vereinbart wird (Nachbesserung). Dabei ist bei Anwendbarkeit des AGBG dessen § 11 Nr. 10 b zu beachten[2], der für den Fall des Fehlschlagens der Nachbesserung verlangt, dem Vertragspartner ausdrücklich Wandelung und Minderung vorzubehalten.

Beispiel:
Wurde die Leistung in Form von Banner oder Link nicht geschaltet, kann vollständige Nichterfüllung vorliegen. So kann der Werbeträger Nachbesserung verlangen, wenn die Bannerschaltung nicht in allen Einzelheiten vertragsgerecht ist, weil der Banner an einer anderen Stelle auf einer Unterseite platziert ist oder seine Größe verändert ist, das Bildformat falsch ist oder der Link auf eine falsche Website verweist. Wird die vereinbarte Mindestverfügbarkeit durch Unterbrechung des Netzzuganges nicht erreicht, so handelt es sich um einen Mangel.[3] Dieser kann bei zeitgebundener Schaltung zu Minderung oder Wandelung führen, wenn die gesamte Werbewirkung massiv beeinträchtigt ist. Sollten mängelbeseitigungsbedingte Kosten entstehen, so hat diese der Anbieter zu tragen.

492 Sicherheitshalber sollte jedoch auch die **mietvertragliche** Gewährleistung berücksichtigt werden, da aufgrund des Dauerschuldcharakters deren Anwendung nicht von vornherein ausgeschlossen werden kann.[4] Insbesondere die Garantiehaftung aus § 536a BGB für anfängliche Mängel sollte vertraglich ausgeschlossen werden, was auch durch AGB zulässig ist.[5]

493 Für **Dienstverträge** besteht keine gesetzliche Gewährleistung, siehe dazu Rz. 396.

---

1 Liegt der seltene Fall vor, dass der Werbeträger die Werbung selber erstellt, kommt uU auch eine Haftung für Rechtsmängel in Betracht, für die hier aber auf die entsprechenden Ausführungen im Rahmen des Content-Provider-Vertrags, Rz. 390 ff. verwiesen wird.

2 § 11 Nr. 10 b AGBG gilt über § 9 Abs. 2 Nr. 1 AGBG auch im Verkehr zwischen Unternehmern, Palandt/*Heinrichs*, § 11 AGBG Rz. 60; *Wolf* in Wolf/Horn/Lindacher, § 11 Nr. 10 b AGBG Rz. 37.

3 Beispiel der Systemcrash von AOL, durch den am 7.8.1996 sechs Mio. AOL-Mitglieder für 19 Stunden vom AOL-Service getrennt waren. Es kam zu keiner Schadensersatzklage.

4 Vgl. *Schuppert* in Spindler, Vertragsrecht der Internet-Provider, Teil X Rz. 50.

5 Vgl. Palandt/*Weidenkaff*, § 538 BGB Rz. 7.

Diese Ausführungen gelten sowohl für **technische Mängel**[1] als auch für das **Verfehlen vereinbarter TKP-Zahlen.**[2] 494

(2) Auf Seiten des Betreibers der verlinkten Seite

Die Interessenlage ist hier identisch mit derjenigen der Parteien eines Content-Provider-Vertrages. Insoweit wird auf die dortigen Ausführungen verwiesen, siehe oben Rz. 391 ff. 495

ii) Haftung

Der Werbetreibende kann im Internet auf Unterlassung bzw. auf Schadensersatz in Anspruch genommen werden. Ebenso der Provider. Zu denken ist an eine Haftung aufgrund des verwendeten Materials zur Ausgestaltung des Links, also zB der Banner, und der Haftung für die Inhalte der Site, auf die der Link verweist. 496

Die Haftung ist in § 5 TDG und § 5 MDStV querschnittsartig ausdrücklich geregelt, siehe dazu oben Rz. 407 ff. Diensteanbieter und damit auch Werbeträger sind nur für Inhalte verantwortlich, die sie selbst zur Nutzung bereithalten, im Übrigen haftet der Content-Anbieter bzw. Werbetreibende.[3] Bei fremden Inhalten wird der Werbeträger bereits von Gesetzes wegen von der Haftung befreit, sofern die Inhalte nicht bekannt sind und deren Verhinderung unzumutbar ist. Das Risiko für zum Abruf angebotene Informationen trägt insofern der Werbeträger. Für fremde Inhalte, die sich der Werbeträger als Service-Provider nicht zu Eigen macht, vor allem für das Internet, ist die Haftung für Schadensereignisse dadurch abzuwenden, dass in den Endnutzerbedingungen deutlich hervorgehoben wird, es handele sich um einen gesonderten Bereich. Wichtig ist auch: unter den Voraussetzungen des § 5 Abs. 4 TDG bleibt die Störerhaftung unberührt. 497

(1) Haftung für das Linkmaterial

Für die Haftung des Werbeträgers gegenüber Dritten stellt sich hier die Frage, ob es sich um eigene/zu Eigen gemachte Inhalte handelt oder um fremde. Die Abgrenzung ist nach der Sicht eines objektiv verständigen Nutzers unter Würdigung aller Umstände des Einzelfalls danach vorzunehmen, ob der Anbieter für den Inhalt Verantwortung übernehmen will.[4] Die Kennzeich- 498

---

1 Insoweit kommen nicht nur mangelhafte Bannerplatzierung oder, sofern geschuldet, -herstellung in Betracht, sondern auch die fehlende Verfügbarkeit der Seite oder ihr fehlerhafter Aufbau, zB aufgrund von Programmierfehlern; vgl. ausführlich *Cichon*, Internetverträge, S. 149.

2 Vgl. *Schuppert* in Spindler, Vertragsrecht der Internet-Provider, Teil IX Rz. 52.

3 *Sieber*, JZ 1996, 429 (499); *Conradi/Schlosser*, NStZ 1996, 366 (472); *Beiselt/Heinrich*, CR 1997, 360 (363); *Koch*, CR 1997, 193.

4 *Spindler* in Hoeren/Sieber, Multimedia-Recht, Teil 29 Rz. 95.

nung als fremder Inhalt ist für sich allein nicht ausreichend. Dabei wird man aber zu dem Schluss kommen, dass der Anbieter für **Werbematerial**, welches den Link optisch darstellt, keine Verantwortung gegenüber Dritten übernehmen möchte.[1] Dass Werbung als solche zu kennzeichnen ist, ist insofern ein Vorteil. Letztlich haftet der Werbeträger daher allenfalls als Störer, § 5 Abs. 4 TDG/MDStV.

499 Bei **sonstigen Links** stellt sich ebenfalls die Frage der Zulässigkeit der Ausgestaltung des Links insbesondere bei Gebrauch von Marken und anderen Kennzeichen. Im Einzelfall kann auch hier eine Rechtsverletzung vorliegen.[2]

(2) Haftung für Links

500 Die Verantwortlichkeit für Links ist bereits in Rechtsprechung[3] und Literatur[4] behandelt worden, insbesondere soll auf die Beiträge von *Hütig* und *Freytag*, J Rz. 64 ff. bzw. J Rz. 125 ff. verwiesen werden. Ein vollständiger Überblick würde den Rahmen sprengen. So hat das LG Frankfurt/M. beispielsweise entschieden, dass ein Anbieter auch dann gemäß § 5 Abs. 1 TDG verantwortlich ist, wenn die Websites mit dem unzulässigen Inhalt erst durch weiteres Aktivieren von diversen Links erscheinen.[5] Die vergleichende Werbung war in dem zu entscheidenden Fall über die Homepage des Anbieters erreichbar.

501 Entscheidend ist die Differenzierung, welche Norm der §§ 5 TDG/MDStV[6] eingreift. Zum Teil wird hier auf § 5 Abs. 3 abgestellt[7], der aber für sog. qualifizierte Hyperlinks teleologisch zu reduzieren sei,[8] zum Teil sollen

---

1 *Schmidt-Bogatzky*, GRUR 2000, 959 (964).

2 *Völker/Lührig*, K&R 2000, 20 (22); LG Braunschweig, Urt. v. 6.9.2000 – 9 O 188/00, CR 2001, 47 f.

3 LG Hamburg, Urt. v. 12.5.1998 – 312 O 85/98, CR 1998, 565; jüngere Entscheidungen etwa LG München Urt. v. 25.5.2000 – 4HK 0 6543/00, http://www.netlaw.de/urteile/lgm_16.htm“; LG Braunschweig, Urt. v. 6.9.2000 – 9 O 188/00, CR 2001, 47 f.; zur Störerhaftung einer Suchmaschine (ablehnend) LG München I, Urt. v. 20.9.2000 – 7 HK O 12081/00, CR 2001, 46 f.

4 Siehe etwa: *Spindler* in Hoeren/Sieber, Multimedia-Recht, Teil 29 Rz. 131 ff.; *Freytag*, Haftung im Netz, S. 164 ff., S. 228 ff.; *Völker/Lührig*, CR 2000, 20 (21 f.); *Vassilaki*, CR 1999, 85 ff.; *Bettinger/Freytag*, CR 1998, 545 ff.; *Flechsig/Gabel*, CR 1998, 351 ff.

5 LG Frankfurt/M., Urteil v. 27.5.1998 – 3/12 O 173/97, CR 1999, 45.

6 Diese Haftung wird durch die E-Commerce-Richtlinie, 2000/31/EG v. 8.6.2000, ABl. EG v. 17.7.2000, Nr. L 178, S. 1, bewusst nicht geregelt, Art. 21 Abs. 2 der Richtlinie. Da sie auf die technische Zugänglichmachung ausgerichtet ist, kann sie auf Hyperlinks auch nicht analog angewendet werden, *Freytag*, CR 2000, 600 (604).

7 *Spindler* in Hoeren/Sieber, Multimedia-Recht, Teil 29 Rz. 133. *Vassilaki*, CR 1999, 85 (85 f.) zur strafrechtlichen Verantwortlichkeit; sie befürwortet aber nach Lage des Einzelfalls eine teleologische Reduktion.

8 *Spindler* in Hoeren/Sieber, Multimedia-Recht, Teil 29 Rz. 135 ff., 139.

Links entweder unter § 5 Abs. 2[1] oder sogar unter Abs. 1[2] fallen. Vereinzelt wird die Anwendbarkeit dieser Normen auch gänzlich abgelehnt.[3] Dabei wird nicht immer zwischen der Art der Links differenziert. Richtigerweise ist dieses Kriterium aber entscheidend.[4] Für den reinen Hyperlink liegt die Annahme der reinen Zugangsvermittlung nahe, jedenfalls wird es sich um einen fremden Inhalt handeln, den sich der Anbieter bei entsprechender Distanzierung nicht zu Eigen macht. Bei Inline-Links, aber auch bei Frames ist wegen der Darstellung als eigenem Inhalt des Anbieters die Anwendung von § 5 Abs. 2 näher liegend. Unabhängig von der Ausgestaltung muss aber jedenfalls für den Fall der Einflussnahme des Anbieters auf den Inhalt § 5 Abs. 1 eingreifen, da ansonsten die Möglichkeit der Umgehung der Haftungsnormen eröffnet wäre.

(3) Haftungsklauseln[5]

Neben dieser spezifischen Haftung für Rechtsverstöße durch den Link oder Inhalte auf der gelinkten Seite greift im Verhältnis der Vertragsparteien auch die allgemeine Haftung für Leistungsstörungen und Delikt. Nicht nur für den Fall der Verfassungswidrigkeit des § 5 MDStV, sondern auch im Rahmen der gestuften Verantwortlichkeit nach §§ 5 TDG/MDStV wird sich eine vertragliche Freistellung für die Inanspruchnahme wegen rechtswidriger Inhalte der Zielseite anbieten. Da der Werbetreibende keine Einflussmöglichkeit auf die Ausgestaltung der Inhalte der Webseite oder der Werbemittel durch den Werbeträger hat, sollte dieser wenigstens im Verhältnis der Parteien zueinander haftungsrechtlich allein für etwaige Ansprüche Dritter haften. Die Parteien sollten daher eine **Freistellungs- bzw. Regressmöglichkeit** vereinbaren. Darüber hinaus kommt die explizite Vereinbarung eines Rechts zur **Unterbrechung** des Links bei Rechtswidrigkeit der Inhalte in Betracht. Für den Fall der Verletzung Rechte Dritter, etwa Markenrechte oder Urheberrechte einer Grafik, durch den Link selber muss auch die vorübergehende **Entfernung** dieses Links vereinbart werden. Im Übrigen sind die oben in Rz. 399 ff. skizzierten Grundsätze zu Haftungsklauseln zu beachten. 502

Hat der Linkende dagegen die Möglichkeit, den Inhalt der anderen Seite zu beeinflussen, wird sich der Inhaber dieser Seite nicht auf eine uneinge- 503

---

1 *Bettinger/Freytag*, CR 1998, 545 ff.

2 *Lechsig/Gabel*, CR 1998, 351 (354) zur strafrechtlichen Verantwortlichkeit, aber ohne Differenzierung zwischen verschiedenen technischen Ausgestaltungen; siehe auch LG München, Urt. v. 25.5.2000 – 4HK 0 6543/00, http://www.netlaw.de/urteile/lgm_16.htm.

3 *Schack*, MMR 2001, 9 (15 f.), der über die allgemeinen Zurechnungsregeln je nach Einzelfall zu ähnlichen Ergebnissen gelangt.

4 So etwa *Podehl*, MMR 2001, 17 (21).

5 Für einen Formulierungsvorschlag zu Leistungsstörungen und zur Haftung siehe § 12 und § 13 der Allgemeinen Geschäftsbedingungen für das Werbegeschäft in Online-Medien des ZAW in der Fassung vom 25.1.2001, abgedruckt unter http://www.interverband.com/u-img/184/OnlineAGB.htm.

schränkte Freizeichnung einlassen können. Hier wird man nach Einflussbereichen differenzieren müssen.

c) Hosting-Verträge

aa) Einführung

504 Hosting-Verträge regeln im weitesten Sinne die **Zugänglichmachung von Inhalten jeder Art** im Internet, zum Teil auch nur für einen begrenzten Personenkreis. Dabei kommen als Vertragspartner des Anbieters nicht nur Gewerbetreibende in Betracht, die über das Internet ihre Geschäftstätigkeit abwickeln oder ergänzen, sondern auch private Internetnutzer, die sich mit ihrer privaten Homepage im Datennetz präsentieren. Diese Differenzierung zwischen privaten und gewerblichen Vertragspartnern wird im Hinblick auf Verbraucherschutzregelungen, vgl. die Definition des Verbrauchers in § 13 BGB, auch bei Hosting-Verträgen relevant.

505 Unter Web-Hosting wird generell die Überlassung von Speicher- und Rechnerkapazität zur Speicherung von Inhalten verstanden, kombiniert mit der Anbindung dieser Inhalte an das Internet, um von dort den Zugriff auf diese Inhalte zu ermöglichen. Je nach Einzelfall können diese bestimmenden Leistungselemente jedoch durch weitere Leistungen ergänzt oder auch variiert werden, zB durch die Anmeldung eines Domain-Namens oder die Vergabe einer IP-Adresse, die Einrichtung von E-Mail-Accounts oder des kompletten Internet-Zugangs des Kunden (insoweit wäre der Anbieter dann Access-Provider), oder auch die Gestaltung des Internetauftritts des Kunden (Webdesign). Zugriffsmöglichkeit und insbesondere Speicherplatz müssen aber keineswegs allein für den Zugriff durch Dritte bereitgestellt werden; so können ebenfalls (gleichzeitig oder ausschließlich) Inhalte des ausschließlich dem Kundenzugriff vorbehaltenen Intranets gehostet werden.

506 Im Detail variieren die Leistungen deshalb erheblich. Vertragliche Vereinbarungen erfordern daher eine an den Erfordernissen des Einzelfalls orientierte, differenzierte Regelung der Leistungspflichten. Die bestimmenden Leistungselemente sind jedoch im Regelfall einerseits die **Überlassung von Speicherkapazität** und andererseits die **Anbindung der Site an das Internet** zur Ermöglichung des Zugriffs durch Clients. Zu berücksichtigen ist dabei, dass der Anbieter seine Leistungen meist nicht ohne Rückgriff auf Leistungen Dritter erbringen kann. Denn die Anbindung an das Internet erfordert regelmäßig Vereinbarungen mit Netzbetreibern, die letztlich die Internetanbindung herstellen.

507 Es sollten folgende **Inhalte** in Hosting-Verträgen festgelegt werden:

- Ist in der Leistungsdefinition der Zugang zum Netz, die Rechnerkapazität und -bandbreite, das Speicherplatz-Kontingent, ob eigene oder fremde Rechner genutzt werden, geklärt?
- Verfügbarkeitsgarantien für Service-, Zugangs- und Bandbreitenverfügbarkeit?

- Ist Inhalt der Nutzung des Hostrechners E-Mail-Transfer, FTP, Telnet, WWW, Usenet/News, Online-Shop-Funktionalitäten und/oder Homepage/Content-Präsentation? Welche Dienste werden benötigt?
- Ist Proxy-Caching vorgesehen?
- Werden alle wesentlichen Protokolle (telnet, FTP, SMTP, HTTP etc.) unterstützt (gefiltert und protokolliert)?
- Können ausreichend IP-Adressen für Rechner zur Verfügung gestellt werden?
- Sollen Gateways zu anderen Netzen genutzt werden?
- Wie hoch sind die einmaligen (Lizenzen, Implementierung) und laufenden Gebühren?
- Sind die Nutzungsrechte an Software und Dateninhalten ausreichend geregelt?
- Sind Firewall-Absicherung, Spiegelsysteme, Back-ups der Server-Inhalte und/oder Secure-Socket-Layer (SSL) zur Datensicherung geplant?
- Sollen Zugriffsstatistiken zur Verfügung gestellt werden?
- Wer ist für die Domain-Registrierung (als de- oder com-Domain) verantwortlich?
- Werden Routing-Funktionen (Weiterleiten von Datenpakten) übernommen?
- Wie sieht die Betreuung (Unterstützung bei Installation, Störungsbeseitigung mit Reaktionszeiten [7X24], Benachrichtigung über Unterbrechungen, Aktualisierungsarbeiten, Hotline/Helpdesk) aus?
- Sind Upgrades vorzunehmen und bis wann?
- Ist die Einhaltung des Datenschutzes hinsichtlich Nutzerdaten sichergestellt?

bb) Rechtsnatur des Hosting-Vertrages

Aufgrund der vielfältigen Ausgestaltungsmöglichkeiten des Hosting-Vertrages fällt eine generelle Einordnung in die Typenverträge des BGB schwer. 508
Die Frage der Rechtsnatur des Hosting-Vertrages ist daher erheblich umstritten.[1] Diskutiert wird neben Miet- bzw. Pachtverträgen, eventuell mit dienst- und werkvertraglichen Elementen, bzw. mit Geschäftsbesorgungscharakter auch die direkte und analoge Anwendung des Rechenzentrumsvertrages.

Eine eindeutige Zuordnung hätte den Vorteil, dass bei fehlenden oder zweifelhaften Parteivereinbarungen, insbesondere im Leistungsstörungs- und Gewährleistungsrecht, der Rückgriff auf die Regelungen des jeweiligen Ver-

1 Einen Überblick über die vertretenen Ansichten gibt *Komarnicki* in Hoeren/Sieber, Multimedia-Recht, Teil 12 Rz. 26 ff. Vgl. weiter Palandt/*Heinrichs*, vor § 241 BGB Rz. 17; Staudinger/*Peters* § 631 BGB Rz. 6; *Moritz* in Kilian/Heussen, Computerrechts-Handbuch, Kap. 43 Rz. 43 und *Koch*, Rechtsfragen der Nutzung elektronischer Kommunikationsdienste, BB 1996, 2056.

tragstyps eröffnet wäre. Wegen des wiederholten und fortdauernden Leistungsaustausches ist mittlerweile jedenfalls sicher, dass es sich dabei um ein **Dauerschuldverhältnis** handelt.[1]

509 Andererseits kann eine Einordnung in einen bestimmten Vertragstyp je nach Standpunkt auch einengend und nachteilig sein, wenn dadurch ungewollte Rechtsfolgen eintreten. Im Schuldrecht gilt **kein strenger Typenzwang**, § 305 BGB, die Parteien sind innerhalb der Grenzen von Treu und Glauben in ihrer Ausgestaltungsfreiheit praktisch nicht eingeschränkt. Sie können daher durch die Ausgestaltung ihres Vertrags das anwendbare Recht bestimmen. Es ist nicht nur möglich, sondern zur Vermeidung von Rechtsunsicherheit und zur umfassenden rechtlichen Absicherung der Parteiinteressen angezeigt, unter Berücksichtigung der Standpunkte von Literatur und insbesondere Rechtsprechung, durch die Beschreibung der Leistungspflichten eine eindeutige Zuordnung des Vertrages zu ermöglichen bzw. im Bereich des dispositiven Rechts oder außerhalb der Typenverträge eine umfassende Regelung, insbesondere der Nebenpflichten, vorzunehmen.

510 Im Fall echter **Verträge sui generis** sind die Parteien letztlich nur durch die Grenzen der Sittenwidrigkeit und den Grundsatz von Treu und Glauben beschränkt, sowie natürlich durch die allgemeinen Gesetze, insbesondere AGBG und Verbraucherschutzregelungen. Zu beachten ist, dass je nach Art und Ausgestaltung des Vertrages bei fehlenden oder zweifelhaften Regelungen im Rahmen einer Auslegung Analogien zu Typenverträgen in Betracht kommen. Diese Analogiebildung muss deshalb bereits in der Vertragsgestaltung berücksichtigt werden.

511 Bei **gemischten Verträgen**, also einer Kombination der Elemente mehrerer Typenverträge, soll nach der Rechtsprechung im Zweifel zwischen den einzelnen Bestandteilen zu differenzieren sein und das Recht des für das jeweilige Element einschlägigen Typenvertrages gelten.[2] Ergeben sich dabei Kollisionen, wird auf das Recht des Vertragselements zurückgegriffen, das den Schwerpunkt der Vereinbarung bildet. Sofern kein eindeutiger Schwerpunkt festzustellen ist, soll das Recht des Typenvertrages gelten, der dem Vertragszweck am nächsten liegt. Auch hier muss daher bereits bei der Ausgestaltung des Vertrages Wert auf den eindeutigen Ein- oder Ausschluss des Rechts bestimmter Typenverträge gelegt werden.

512 Empfehlenswert ist daher folgendes **Vorgehen**:[3] Zunächst müssen die einzelnen Leistungsbestandteile identifiziert werden, die dann auf die Anwendbarkeit von Typenverträgen überprüft werden können. Je nach Ergebnis und Parteiwillen können dann die für die Einordnung entscheidende Leistungs-

1 Vgl. *Komarnicki* in Hoeren/Sieber, Multimedia-Recht, Teil 12 Rz. 25; *Härting*, CR 2001, 37 (39).

2 Vgl. hierzu Palandt/*Heinrichs*, Einf. v. § 305 BGB Rz. 24 f. mit Überblick über die Rspr.

3 Vgl. *Koch*, Internet-Recht, S. 29.

beschreibung angepasst oder aber auch die Rechtsfolgen für die Fälle der Nicht- oder Schlechtleistung sowie der Gewährleistung modifiziert werden.

Im Folgenden wird daher bei der Beschreibung der bestimmenden Leistungen auf deren rechtliche Qualifizierung eingegangen.

cc) Vertragsgegenstand

(1) Leistungen und Pflichten des Hosts

(a) Überlassung von Speicher- und Rechnerkapazität (Web-Space)

(aa) Leistungsbeschreibung

Als wesentliche Leistung hauptsächlich regelungsbedürftig ist die Art und Weise der Bereitstellung von Webspace, also der Speicher- und Rechnerkapazität. In der Praxis bestehen dabei unterschiedliche Varianten des Web-Hostings. 513

Für gewöhnlich betreibt der Anbieter einen physikalischen Server und stellt dem Kunden lediglich auf dessen Festplatte Speicherplatz zur Verfügung. Diese Variante, auch als **Virtual-Server-Hosting** bezeichnet, stellt den Standard dar und kann als Web-Hosting im engeren Sinne definiert werden.[1] Dieser Speicherplatz erhält eine eigene IP-Adresse und einen eigenen Domainnamen, so dass er für Dritte als Server des Website-Inhabers, also des Kunden, erscheint. 514

Abzugrenzen ist demgegenüber das **Server-Housing**. Hier verfügt der Website-Inhaber, also der Kunde, über einen oder mehrere eigene physikalische Server, die in seinem Eigentum stehen, aber auch von Dritten zur Nutzung überlassen sein können, und benötigt lediglich die Räumlichkeiten und Anschlüsse des Providers an dessen Netzwerk oder das Internet. Es werden demnach geschlossene Räume und eine Internetanbindung zur Verfügung gestellt. 515

Vereinzelt wird auch noch die bloße Anbindung eines eigenen Servers des Kunden, der sich auch in dessen Räumlichkeiten befindet, an das Netzwerk des Anbieters als Hosting bezeichnet.[2] Hier schuldet der Anbieter jedoch lediglich die Internet-Anbindung, in der Regel kombiniert mit der Domain-Registrierung und dem Betrieb eines Domain-Name-Servers zur Identifizierung der IP-Adresse. Dabei handelt es sich zwar um typische, aber nicht um bestimmende Leistungen im Rahmen eines Hosting-Vertrags, denn gerade der ordnungsgemäße Betrieb des Servers und die Überlassung von Rechnerkapazität ist hier nicht geschuldet. Insofern sollte hier besser von einem Access-Provider-Vertrag gesprochen werden. 516

Zwischen diesen Grenzgestaltungen ist Raum für weitere Varianten, zB die Überlassung kompletter physikalischer Server des Anbieters an den Kunden 517

---

1 Vgl. *Schuppert* in Spindler, Vertragsrecht der Internet-Provider, Teil V Rz. 17.
2 Vgl. *Schuppert* in Spindler, Vertragsrecht der Internet-Provider, Teil V Rz. 18.

(**Web-Housing**; im Gegensatz zum Server-Housing) oder mehrerer physikalischer Server in einem Rack oder auch ganzer Racks (sog. **Rack-Space-Provider**).

518 Um Unklarheiten zu vermeiden, muss die gewünschte Variante vertraglich möglichst **genau beschrieben** werden.[1] Nicht ausreichend ist dabei die Aufnahme bloß allgemeiner Bezeichnungen, wie zB Server-Housing, da diese die konkrete Variante nicht hinreichend beschreiben. Die Begrifflichkeiten werden oft uneinheitlich gebraucht, es ist deshalb sicherer, die Leistung detailliert nach ihren einzelnen Bestandteilen aufzuschlüsseln und im Vertrag darzustellen.

519 Stellt der Anbieter einen Server zur Verfügung (virtuell oder physikalisch, auch im Rack), ist auf die genaue **Spezifikation der technischen Ausstattung** (zB CPU, RAM, Betriebssystem, unterbrechungsfreie Stromversorgung) des Servers Wert zu legen, da diese dessen Leistungsfähigkeit und auch Ausfallsicherheit bestimmt.

520 Weiterhin ist selbstverständlich die Menge des verfügbaren **Speicherplatzes** festzulegen und ob diese Menge in Ausnahmefällen überschritten werden kann.

521 Im Fall des Server-Housings sind die **Räumlichkeiten** zu beschreiben, unter Umständen auch die **physikalischen Rahmenbedingungen** wie Temperatur und Luftfeuchtigkeit, die einen ordnungsgemäßen Rechnerbetrieb ermöglichen.

522 Außerdem sind die erforderlichen Anschlüsse zu spezifizieren, insbesondere nach der **Art und Bandbreite der Netzwerkanbindung**.

(bb) Rechtsnatur

523 Die rechtliche Qualifikation dieser Leistung ist, wie schon erwähnt, strittig. Letztlich ist diese aber abhängig von der konkreten Ausgestaltung durch die Vertragsparteien. Diese müssen sich daher Klarheit über die Vertragsziele verschaffen. Hinsichtlich der Überlassung des Speicherplatzes wird eine direkte Anwendung des **Mietrechts**, eventuell über die Verweisung aus dem Pachtrecht, § 581 Abs. 2 BGB, am ehesten in Betracht kommen, insbesondere wenn ein genau bestimmter und lokalisierbarer Raum zur Verfügung gestellt wird. Dies ist sicher im Fall des Server-Housings anzunehmen, jedoch ebenfalls beim Virtual-Server-Housing denkbar. Dem Kunden ist es zwar regel-

1 Formulierung für Virtual-Server-Hosting zB: „Host-Provider bietet Kunden an, eigene Inhalte zu hosten. Der Begriff hosten wird wie folgt definiert: Host-Provider stellt Kunden Festplattenspeicherplatz auf Rechnern zur Verfügung, die von Host-Provider oder einem Subunternehmer betrieben und administriert werden. Anspruch auf Einrichtung eines eigenen physikalischen Web-Servers in Form einer eigenen Maschine besteht nicht. Die Größe des Festplattenspeicherplatzes, die Rechnerkapazität, Art und Ausgestaltung des Servers werden in verschiedenen Spezifikationen und Preisstufen nach beiliegender Leistungsbeschreibung angeboten."

mäßig egal, auf welchem Server bzw. an welcher Stelle der Festplatte sein Speicher liegt, solange der Server an sich bestimmte technische Spezifikationen einhält; nur insoweit legt der Kunde vernünftigerweise Wert auf die Überlassung und Nutzung eines konkret spezifizierten Gegenstandes. Jedoch scheint unter den vertretenen Ansichten die Annahme eines Mietvertrages den Parteiinteressen am ehesten gerecht zu werden.[1] Das gilt gerade auch für die (verschuldensunabhängige) Gewährleistung: hinsichtlich der eigenen technischen Einrichtungen ist diese dem Provider durchaus zumutbar.

(b) Anbindung an das Internet (Internet-Connectivity)

(aa) Parteiinteressen

Neben der Bereitstellung von Speicherplatz für die Website ist als zweiter 524
wesentlicher Punkt die Anbindung an das Internet zu regeln.[2] Diese umfasst zunächst die **Zugriffsmöglichkeit Dritter** über das Internet auf die gehostete Website, aber in der Regel auch die **Erreichbarkeit des Inhabers** der Website durch elektronische Nachrichten Dritter (E-Mail und ähnliche Mitteilungen, zB in Foren oder Gästebüchern). Für den Kunden ist dabei in der Regel von Interesse, dass seine Website ständig und weltweit erreichbar ist, wobei im Einzelfall natürlich auch die regionale Erreichbarkeit ausreichen mag. Die Anbindung an das Internet kann dabei über ein anbietereigenes Netzwerk oder das eines Dritten erfolgen.

Damit ist bereits das wesentliche Problem der Internetanbindung angesprochen: der Anbieter ist hier praktisch immer auf die **Leistung Dritter** angewiesen, zum einen, weil er seine Internetanbindung von Dritten herstellen und aufrechterhalten lassen kann, zum anderen, weil das Internet selber aus einer Vielzahl unterschiedlicher Fremdnetzwerke besteht. Mit dem Interesse des Kunden an möglichst ständiger, weltweiter Verfügbarkeit seiner Website kollidiert daher das Anbieterinteresse, sich hinsichtlich Ausfällen seines Netzwerkes, wie auch des Internets oder dessen einzelner Teile, abzusichern. Für die Funktionsfähigkeit von Drittnetzwerken außerhalb des Einflussbereichs des Anbieters wird dieser nach Möglichkeit keinerlei Gewähr oder Haftung übernehmen wollen, für eigene Netzwerke ist eine Begrenzung der Inanspruchnahme wünschenswert. Weiterhin kann zwischen kontrollierten Einschränkungen der Verfügbarkeit, zB durch Wartungs- oder Verbesserungsmaßnahmen, und vom Anbieter nicht steuerbaren Ausfällen, zB durch Eingriffe Dritter oder höherer Gewalt, differenziert werden.

Für den **Kunden** ist die Vereinbarung eines **geschuldeten Erfolges**, nämlich 525
der ständigen Verfügbarkeit, vorteilhafter. Er erhält dadurch die Einrede des

1 Siehe dazu *Komarnicki* in Hoeren/Sieber, Multimedia-Recht, Teil 12 Rz. 34 ff.; *Schuppert* in Spindler, Vertragsrecht der Internet-Provider, Teil V Rz. 3 ff.; *Cichon*, Internetverträge, S. 57; *Härting*, CR 2001, 37 (39).

2 Dabei handelt es sich entgegen *Cichon*, Internetverträge, S. 69 f. wohl nicht um eine untergeordnete Nebenleistung, sondern um eine weitere prägende Pflicht.

nichterfüllten Vertrages, § 320 BGB. Außerdem wird die Anwendbarkeit des für den Anbieter aufgrund seiner grundsätzlich verschuldensunabhängigen Gewährleistungsvorschriften strengeren Werkvertragsrechts eröffnet.

526 Der **Anbieter** wird versuchen, sich dem Eingreifen des Werkvertragsrechts zu entziehen, indem er sich lediglich auf die Vereinbarung eines **Bemühens** um den Erfolgseintritt festlegen lässt. Dadurch könnte er die Anwendung des Dienstvertragsrechts mit seiner verschuldensabhängigen Haftung erreichen, deren Risiko durch Haftungsbeschränkungen weiter eingegrenzt werden kann.

(bb) Rechtliche Qualifizierung

527 Betrachtet man diese Unterscheidung von der **Rechtsfolgenseite,** fällt jedoch auf, dass für den Kunden die Anwendung der Gewährleistungsvorschriften des Werkvertragsrechts regelmäßig uninteressant ist. Wie sollte im Fall eines anonymen Internetnutzers, der zu einer bestimmten Zeit auf die nicht verfügbare Site zugreifen will, nachgebessert werden? Das Übermitteln der Site per E-Mail oder eine sonstige Benachrichtigung über die Wiederherstellung der Anbindung kann mit sinnvollem Aufwand (Ermittlung nicht nur der oft dynamischen IP-Adresse des Zugriffs, sondern auch der Person, die diesen Rechner zu diesem Zeitpunkt bedient hat!) nicht erreicht werden. Auch die Wandelung hat für den Kunden in der Regel nur begrenztes Interesse und stößt gerade bei Dauerschuldverhältnissen auf Abwicklungsprobleme. Einzig Minderung und Schadenersatz sind für den Kunden interessant, ein Schadensersatzanspruch ist jedoch, wie im Dienstvertragsrecht, verschuldensabhängig, § 635 BGB.

Demgegenüber bietet ihm das Dienstvertragsrecht über das Institut der pVV nicht nur einen verschuldensabhängigen Schadensersatzanspruch, sondern auch das Recht zur außerordentlichen Kündigung aus wichtigem Grund.

Dieses ist im Rahmen der Dauerschuldverhältnisse unabhängig vom Vertragstyp anerkannt,[1] es wäre daher auch bei geschuldetem Erfolg gegeben.

528 An diesem Grundproblem muss die Formulierung der Leistungspflichten ausgerichtet werden. Es erscheint relativ klar, dass ein unbegrenztes Einstehen des Anbieters für jegliche Störung nicht interessengerecht ist, andererseits aber auch der Kunde sich in der Regel nicht mit einem bloßen Bemühen zum Tätigwerden zufrieden geben kann. Letzteres gilt insbesondere beim Hosting von **Intranets**. Eine Abgrenzung sollte nach den Einflussbereichen des Anbieters gezogen werden. Auf eine Erfolgshaftung wird sich der Anbieter billigerweise nur bei Hosting eines Intranets einlassen, da dessen Funktionsfähigkeit für den internen Geschäftsablauf des Kunden kritisch ist, sowie bei rein Internet-basierten Dienstleistungen, zB Online-Shops. In beiden Fällen wird der Anbieter aber versuchen müssen, seine Haftung für

1 Vgl. Palandt/*Putzo*, § 626 BGB Rz. 1.

Unterbrechungen auf seinen Einflussbereich zu begrenzen, siehe dazu unten Rz. 573 ff., 576 ff.[1]

(cc) Ausgestaltung

Nachdem der Kunde an den Regelungen der werkvertraglichen Gewährleistung regelmäßig kein Interesse hat und auch für den Anbieter ein **Bemühen** um die Anbindung an das Internet regelmäßig interessengerechter ist, sollte auch lediglich dieses vereinbart werden.[2] Ergänzend kann die Verantwortung für den Erfolg dieses Bemühens explizit ausgeschlossen werden, jedenfalls sofern nicht das anbietereigene Netzwerk betroffen ist. Diese Regelung sollte dann über die entsprechende Ausgestaltung der Gewährleistungsvorschriften ergänzt werden. 529

Für ein **Intranet** ergeben sich insoweit andere Kriterien, als der Kunde hier auf eine höhere Verfügbarkeit angewiesen ist. Dennoch wird der Provider nur hinsichtlich seines eigenen Netzwerkes eine Erfolgsverpflichtung übernehmen können (siehe oben Rz. 524). 530

Weiterhin sind die **technischen Eigenschaften der Verbindung** zu vereinbaren und zwar hinsichtlich des eigenen Netzwerkes, aber auch bezüglich der Schnittstelle zum Internet. Die Vereinbarung von **Mindestnutzerzahlen**, die gleichzeitig auf die Site zugreifen können, ist nur begrenzt sinnvoll. Der Anbieter kann nicht für das Erreichen dieser Zahlen einstehen, soweit sich die Entwicklung außerhalb seines Gefahrenbereichs abspielt. Insbesondere kann und muss er nicht für die weltweite Funktionsfähigkeit des Internets einstehen. Ihn trifft daher nur eine Verantwortlichkeit für die abstrakte Nutzungsmöglichkeit seiner eigenen Netzwerkeinrichtungen seitens einer bestimmten Anzahl gleichzeitig zugreifender User. Diese Verantwortlichkeit kann und sollte dann auch in den vertraglichen Abreden enthalten sein. 531

Daneben wird häufig die **Bandbreite der Verbindung** vertraglich festgelegt. Diese bezeichnet in der Datenfernübertragung (DFÜ) den maximal möglichen Datendurchsatz für eine Leitung.[3] Im Hinblick auf Zugriffszeiten ist das ebenfalls nur begrenzt sinnvoll. Die Parteien müssen sich im Klaren sein, dass die Bandbreite nur ein bestimmender Faktor in diesem Zusammenhang ist. Entscheidender sind die Fragen, über welches Netzwerk Internetnutzer auf die Site zugreifen und wie viele Daten über den gleichen Knoten des Anbieters laufen. Die erste Frage entscheidet sich gewöhnlich mit der Wahl des Providers. Sofern dieser ein eigenes Backbone betreibt, werden seine Kunden schnellere Zugriffszeiten erzielen als andere Nutzer. Die zweite Frage kann dagegen durchaus auch Gegenstand einer vertraglichen Klausel 532

---

1 Ähnlich *Cichon*, Internetverträge, S. 78.

2 Vgl. *Härting*, CR 2001, 37 (39); *Cichon*, Internetverträge, S. 75, ist für die Annahme eines Werkvertrages.

3 Datendurchsatz = Informationsmenge pro Zeiteinheit.

sein, indem sich der Anbieter verpflichtet, über den gleichen Knoten nur eine bestimmte und begrenzte Datenmenge abzuwickeln.[1]

533 Die Einschränkung, **„im Rahmen der bestehenden technischen und betrieblichen Möglichkeiten"** stünden die Leistungen zur Verfügung (CompuServe 10/1998, TOL 01/1998, Nr. 2.3), enthält keine reine Leistungsbeschreibung und unterliegt damit der Inhaltskontrolle, da sie dem Betreiber ermöglicht, die versprochene Leistung vorübergehend abzuändern. Problematisch sind im Hinblick auf § 10 Nr. 4 AGBG Regelungen, die keine weiteren Kriterien festlegen. Geht man von einer Kontrollmöglichkeit aus, ist diese Norm über §§ 24 Satz 2, 9 AGBG als Kodifizierung des Grundsatzes der Vertragsbindung auch im Rahmen einer Inhaltskontrolle bei Verwendung gegenüber Unternehmern zu beachten.[2] In dieser weiten Fassung liegt in der Regel ein Verstoß gegen die genannten Vorschriften vor,[3] da durch die Unbestimmtheit der Anbieter frei in der Bestimmung des technisch Möglichen ist. Erforderlich ist daher die Benennung konkreter Änderungsgründe, letztlich also die Berücksichtigung des Zumutbarkeitskriteriums.[4] Damit ist bereits gesagt, dass bei Definition triftiger Gründe diese Klauseln Bestand haben können. Notwendig ist dafür aber die konkrete Angabe der Gründe in der Klausel, auch wenn dies im Unterschied zu § 10 Nr. 3 AGBG nicht ausdrücklich vorgeschrieben ist.[5] Entscheidend ist, dass eine Abwägung der Interessen des Verwenders und der geschäftstypischen Interessen des anderen Vertragsteils zu dem Ergebnis führt, dass das Interesse des Verwenders überwiegt oder wenigstens gleichwertig ist.[6] Ein maßgebliches Kriterium ist dabei die Handelsüblichkeit. Eine Einschränkung der Zugangsgewährung im Rahmen von möglichen, nicht beherrschbaren Systemausfällen ist durchaus sachgerecht und zumutbar. Interessant ist: § 6 Abs. 3 Satz 1 TKV sieht für Anbieter von Telekommunikationsdiensten eine Unterrichtspflicht gegenüber dem Kunden bei längeren, temporären Leistungsbeschränkungen vor. Im Übrigen hat ein Anbieter seine Leistung nach dem Stand der Wissenschaft und Technik zu erbringen.

534 An dieser Stelle ist bereits in der Leistungsbeschreibung zu regeln, in welchen Grenzen **Systemausfälle** noch als leistungsgerecht gelten. Eine entspre-

---

1 Allgemeine Bedingungen für den Netzzugang sehen oft so aus: „Der Server ist über das Netzwerk von Host-Provider oder eines Subunternehmers mit dem Internet verbunden. Für ausreichenden Datentransfer und -volumen wird im Rahmen der technischen und betrieblichen Möglichkeiten und des allgemeinen Ausbaus des Netzwerks Rechnung getragen. Anspruch auf Einrichtung weiterer Einwahlknoten besteht nicht. Die Kosten werden dem Kunden nach Datentransfer und -volumen und nach Festplattenspeicherplatz in MB in Rechnung gestellt." Zur Problematik der Einschränkung auf die betrieblichen Möglichkeiten siehe aber weiter im Text!

2 Vgl. *Wolf* in Wolf/Horn/Lindacher, § 10 Nr. 4 AGBG Rz. 26.

3 Vgl. *Schuppert* in Spindler, Vertragsrecht der Internet-Provider, Teil V, Rz. 39.

4 Vgl. Palandt/*Heinrichs*, § 10 AGBG Rz. 23.

5 Vgl. *Wolf* in Wolf/Horn/Lindacher, § 10 Nr. 4 AGBG Rz. 20.

6 Vgl. *Wolf* in Wolf/Horn/Lindacher, § 10 Nr. 4 AGBG Rz. 14.

chende Klausel sollte Bestandteil einer positiven Leistungszusage sein, damit sie der Inhaltskontrolle durch § 8 AGBG entzogen ist[1].

(c) Domain-Registrierung

Als zusätzlicher Service[2] kann die Übernahme der Domain-Registrierung von der DENIC e.G. durchgeführt werden. Diese registriert den Domain-Namen für den Antragsteller, sofern die **Registrierungsbedingungen und Richtlinien** nicht entgegenstehen.[3] Im Vertrag sollte darauf hingewiesen werden, dass eine Registrierung nur nach diesen Regelungen erfolgen kann. 535

Der Anbieter wird normalerweise nur eine **Vermittlerrolle** zwischen Kunde und DENIC übernehmen können und wollen, da er auf den Erfolg der Registrierung keinerlei Einfluss hat.[4] Die Annahme, dass der Anbieter hier für den Erfolg der Registrierung einstehen möchte, erscheint sehr fraglich, auch wenn die Vergütung für die erfolgreiche Registrierung vereinbart ist.[5] Auch der Kunde kann vernünftigerweise nicht erwarten, dass der Anbieter für einen nicht zu beeinflussenden Erfolg einstehen möchte. Empfehlenswert für den Anbieter ist die Beschränkung seiner Verpflichtung auf die Abgabe der Registrierungsunterlagen bei der DENIC. 536

Ferner sollten die **Kunden** für die Überprüfung der gewünschten Domain mit den DENIC-Bedingungen und den allgemeinen Gesetzen allein **verantwortlich** gestellt sein. Vorteilhaft ist eine Vereinbarung, die dem Kunden die **Auswahl und Überprüfung der Domain auf Verfügbarkeit** auferlegt.[6] Schwierigkeiten bereitet aufgrund des „first come, first serve"-Prinzips der Vergabe durch die DENIC der zeitliche Abstand zwischen Überprüfung einer Domain auf Verfügbarkeit und Anmeldung. Für den Fall der Zuteilung der gewünschten Domain an einen anderen Interessenten muss daher eine ver- 537

---

1 MünchKomm/*Kötz*, § 8 AGBG Rz. 5; *Redeker*, Der EDV-Prozeß, Rz. 503.

2 *Cichon* hält einen Dienstvertrag mit Geschäftsbesorgungscharakter für gegeben, Internetverträge, S. 101.

3 Die Registrierungsbedingungen und -richtlinien sind unter http://www.denic.de/doc/DENIC/agb.html und http://www.denic.de/doc/faq/vergaberichtlinie.html abrufbar. S. dazu auch den Beitrag von *Dieselhorst*, B Rz. 827 ff.

4 Vgl. zB die AGB von Schlund, Ziff. 4.1, http://www.schlund.de/agb.htm; Formulierungsvorschlag: „Bei der Verschaffung und/oder Pflege von Internet-Domains wird Host-Provider im Verhältnis zwischen dem Kunden und dem DENIC oder einer anderen Organisation zur Domain-Vergabe lediglich als Vermittler tätig. Host-Provider hat auf die Domain-Vergabe keinen Einfluss. Host-Provider übernimmt deshalb keine Gewähr dafür, dass die für den Kunden beantragten Domains überhaupt zugeteilt werden und/oder zugeteilte Domains frei von Rechten Dritter sind oder auf Dauer Bestand haben."

5 So aber *Schuppert* in Spindler, Vertragsrecht der Internet-Provider, Teil VI Rz. 14.

6 Vgl. zB die AGB von Strato, http://www.schlund.de/agb.htm; Formulierungsvorschlag: „Der Kunde versichert, dass nach seinem besten Wissen durch Registrierung bzw. Konnektierung eines Domainnamens keine Rechte Dritter verletzt werden. Der Kunde erkennt an, dass er für die Wahl von Domainnamen allein verantwortlich ist."

tragliche Regelung getroffen werden. Zunächst sollte der Anbieter klarstellen, dass kein Anspruch auf Zuteilung einer bestimmten Domain besteht. Zusätzlich können zum einen bereits bei der Anmeldung Ersatzdomains angegeben werden, zum anderen kann der Anbieter im Fall einer fehlgeschlagenen Anmeldung versuchen, sich seinen Verwaltungsaufwand pauschaliert vergüten zu lassen, sofern eine Gegenleistung sonst nur bei Erfolg vereinbart ist.

Vorsicht ist bei der Vereinbarung von Bearbeitungszeiten geboten, wenn der Anbieter sich ausnahmsweise doch zum Erfolg einer Registrierung verpflichtet hat. Denn die Bearbeitungszeit bei der DENIC ist für ihn nicht kontrollierbar. Daher sollte grundsätzlich eine unverbindliche Formulierung gewählt werden. § 10 Nr. 1 2. Alt. AGBG verbietet allerdings unangemessen lange oder nicht hinreichend bestimmte Fristen für die Erbringung einer Leistung. Unter dieses Verbot sollen allerdings keine ca.-Angaben fallen, sofern sich die ungefähre Lieferangabe auf den Zeitpunkt des Vertragsschlusses bezieht.[1]

538 Neben der Registrierung der Domain wird der Anbieter in der Regel auch weitere damit **zusammenhängende Dienstleistungen** übernehmen:

- Änderungen in der Who-is-Datenbank des RIPE, in der die Ansprechpersonen der Domain aufgenommen werden.
- Änderungen des Domain-Namens sowie der zu einer Domain gehörenden Daten.
- Eintragung des Domain-Namens in einen DNS-Server des Anbieters, damit er von Clients gefunden und in eine IP-Adresse aufgelöst werden kann.

539 Nicht erforderlich ist die Aufnahme einer Verpflichtung zur Behandlung von Anträgen auf **Übertragung der Domain**, da der Anbieter dazu nach dem Übertragungssystem der DENIC ohnehin verpflichtet ist.

(d) Technische Durchführungsregelungen

540 Die vertragstypischen Regelungen sind um Regelungen zur Durchführung der Zusammenarbeit zu ergänzen. Für den Kunden wesentlich ist die Möglichkeit des **Uploads von Dateien auf den Server und deren Verwaltung**. Außerdem wird er sich dafür interessieren, für die Besucher seiner Website erreichbar zu sein. Weiterhin werden Sicherungs- und Archivierungsmaßnahmen vereinbart.

541 Die Erreichbarkeit des Website-Betreibers wird üblicherweise durch die Einrichtung von **E-Mail-Accounts** sichergestellt. Dabei können Anzahl, Adresse und erweiterte Funktionen, zB Forwarding, Autoresponding, Unterstützung von attachments sowie die Art des Übertragungsprotokolls (IMAP oder POP),

1 *Wolf* in Wolf/Horn/Lindacher, § 10 Nr. 1 AGBG Rz. 47.

vertraglich vereinbart werden. Insoweit bestehen keine Besonderheiten zu einem normalen Providervertrag.

Das **Upload** wird gewöhnlich über einen FTP-Account erfolgen, der für den Kunden eingerichtet und nach Möglichkeit passwortgeschützt ist. Die Verwaltung der Daten auf dem Server kann, ebenfalls passwortgeschützt, über einen einzurichtenden Telnet-Account erfolgen. Dabei sollten auch die unterstützten Programme vertraglich festgelegt werden. 542

Insbesondere Datenbankanwendungen erfordern die Verwendung bestimmter **Programmmodule**, die Internetinhalte um zusätzliche Funktionalität erweitern (zB CGI, Cold Fusion, SQL). Diese können jedoch Einfluss auf den Serverbetrieb haben. Der Anbieter wird deren Verwendung unter Umständen nicht uneingeschränkt zulassen wollen. Er kann daher geprüfte und für sicher befundene Standardmodule zur Verfügung stellen und die Verwendung kundeneigener Module untersagen oder sich deren Sperrung vorbehalten (dazu unten). Entsprechend sollte nach den technischen Gegebenheiten die vertragliche Gestaltung möglichst detailliert die Grenzen der zulässigen Verwendung dieser Module berücksichtigen. 543

Bereits erwähnt wurde die Möglichkeit, vertraglich festzulegen, welche **Software** der Anbieter mit seinen Systemen unterstützt. Dadurch lässt sich für ihn die Möglichkeit von Inkompatibilitäten reduzieren. Für den Kunden entsteht dadurch eine höhere Sicherheit und Zuverlässigkeit des Systems. 544

Der Anbieter wird auch das **Datentransfervolumen** festlegen wollen. Zum einen kann daran die Höhe einer Vergütung orientiert werden, zum anderen wird er auch aus technischen Gründen daran interessiert sein, die Datenmengen, die seine Leitungen belasten, zu kontrollieren. Denn im Zusammenhang mit der Bandbreite seiner Anbindung bestimmen diese die Zuverlässigkeit und Schnelligkeit seiner Internetanbindung. Im Verhältnis zu seinem Netzwerkprovider kann diese Größe ebenfalls Grundlage der Vergütungspflichten sein. 545

Der Anbieter kann seinem Kunden **zusätzlichen Speicherplatz** in gleichem Umfang des Servers zur Verfügung stellen, um diesem eine komfortable Übertragung der Inhalte auf den Web-Server zu ermöglichen. Diese **Live-Schaltung** erfolgt durch das Abbilden der Dateien vom temporären Speicherplatz auf den Server. Dadurch kann der Kunde die Vollständigkeit der Daten bereits vor der eigentlichen Einstellung ins Internet überprüfen. Gleichzeitig kann der Kunde diesen Platz auch für Archivierungszwecke nutzen, sofern er über längere Zeit und nicht nur für die einmalige Live-Schaltung zur Verfügung gestellt wird. Nötig ist allerdings die Festlegung der technischen Spezifikationen, wie oben Rz. 513 ff. 546

Davon zu unterscheiden ist die Überlassung zusätzlichen Speicherplatzes für das Spiegeln der Seiten auf anderen Servern zum Zweck der Erhöhung der **Ausfallsicherheit**. Dabei kann diese Aufgabe in regelmäßigen Abständen oder auf Anforderung durch den Anbieter vorgenommen werden, oder der Kunde erhält Zugriffsrechte auf diese weiteren Systeme, um das Backup selber einzuspielen. Beide Alternativen erfordern ebenfalls die vertragliche Festlegung der technischen Spezifikationen (wie bereits oben unter Rz. 513 ff. beschrieben). Zu beachten ist, dass Backup-Systeme am gleichen Netzwerkknoten von einem Netzwerkausfall in der Regel mitbetroffen sind, also nur Serverausfälle ausgleichen können. Für weitergehenden Schutz ist die Verpflichtung zur Internetanbindung über einen anderen Knoten erforderlich. Auch hier sind dann (wie oben unter Rz. 529 ff.) die genauen technischen Spezifikationen festzulegen. Zu beachten ist bei der Ausführung durch den Auftraggeber, dass diesem ein Vervielfältigungsrecht an den kopierten Inhalten aufgrund der Zweckübertragungstheorie zwar nicht notwendig eingeräumt werden muss, eine gesonderte Vereinbarung aber speziell im Streitfall sinnvoll ist.

547 Im Fall des Server-Housings bietet sich eine explizite Vereinbarung zur **Wartung und Pflege** der eingestellten Rechner an.[1] Der Host-Provider kann in der Regel leichter und schneller auf die Rechner zugreifen.

548 Zur Behebung technischer Probleme im Zusammenhang mit der Vertragsdurchführung kann der Anbieter technischen **Kundendienst** in verschiedenen Formen, mit oder ohne separate Vergütung anbieten. Vereinbart werden sollten die Verfügbarkeit und Reaktionszeit dieser Services sowie die Möglichkeiten zur Kontaktaufnahme.

549 Der **Serverstandort** kann im Wesentlichen aus zwei Gründen für die Parteien von Bedeutung sein. Einerseits kann für international tätige Unternehmen die Anbindung über einen Server in den USA vorteilhafter sein, um bessere Zugriffsgeschwindigkeiten zu erhalten. Andererseits können sich datenschutzrechtliche Problem ergeben, auf die noch einzugehen ist.

550 Weitere Bestimmungen zu Branding, virtuellen Sicherheitsschlüsseln oder zur Protokollierung von User-IDs hier aufzuführen würde den Rahmen des Beitrages sprengen. Aus diesem Grunde werden diese Punkte hier ausgelassen.

(e) Verfügbarkeitsklauseln

(aa) Netzwerkstabilität

551 Die Erreichbarkeit des Web-Servers richtet sich nach der **Stabilität des Netzwerkes**, das die Verbindung zum Internet herstellt. Der Anbieter muss sich schon allein wegen der Gefahr von Ausfällen des Backbones oder von Drittnetzwerken gegenüber seinem Kunden absichern. Auch Angriffe auf die eigenen Server und das eigene Netzwerk, zB durch Denial-of-Service-Attacken, müssen abgesichert werden.

1 Vgl. *Cichon*, Internetverträge, S. 78.

Zu berücksichtigen sind aber hauptsächlich Leistungsunterbrechungen für **Wartungsarbeiten** oder beim Ausbau des eigenen Netzes, die in den Gefahrenbereich des Anbieters fallen.

Häufig anzutreffen sind Verfügbarkeitsklauseln, nach denen der Anbieter 552
eine **mittlere Verfügbarkeit** über einen bestimmten Zeitraum verspricht oder sich nach Stunden oder Tagen bemessene, eventuell auch auf bestimmte Zeiträume festgelegte **Ausfallzeiten** ausbedingt. Üblich sind zum Beispiel Klauseln, in denen eine durchschnittliche Verfügbarkeit von 97 % im Jahresmittel vereinbart wird,[1] häufig ist aber auch die Vereinbarung regelmäßiger Zeitfenster. Der Kunde muss dabei beachten, dass eine prozentuale Regelung je nach Länge der in Bezug genommenen Vertragsperiode durchaus dazu führen kann, dass seine Internetpräsenz für mehrere Tage nicht erreichbar ist – bei 97 % im Jahr könnten das insgesamt ca. 10 Tage sein! Vorteilhafter für ihn ist die Vereinbarung von Zeitfenstern, also festgelegter Service-Intervalle, zB von 2 Stunden zu einer bestimmten Zeit und an einem festgelegten Wochentag, wobei hier auch geregelt werden kann, dass bestimmte saisonale oder tägliche Kernzeiten, in denen die Zugriffszahlen auf die Site besonders hoch sind, von Unterbrechungen freizuhalten sind. Andererseits kann natürlich auch die prozentuale Verfügbarkeitsklausel dahin gehend eingeschränkt werden, dass zu bestimmten Zeiten die Site in jedem Fall erreichbar sein muss.

(bb) Zulässigkeit nach dem AGBG

Problematisch ist bei Formularverträgen die Einstufung derartiger Vereinba- 553
rungen als Leistungsbeschreibungen oder als Nebenbestimmung, da für Letztere die **Regelungen des AGBG** eingreifen.[2] Die Abgrenzung ist schwierig, da die prozentuale Verfügbarkeit sowohl als Leistungsbeschreibung als auch als Gewährleistungs- und Haftungsausschluss für Ausfälle von bis zu 3 % pro Jahr verstanden werden kann. Tendenziell neigt die Rechtsprechung bei vergleichbaren Klauseln zur Inhaltskontrolle, speziell bei Verlagerung typischer Risiken in Versicherungsbedingungen.[3] Da auch hier eine Risikoverlagerung vorliegt, ist eine Kontrolle zumindest wahrscheinlich. Andererseits sollte man bedenken, dass die Kontrolle dort eröffnet werden soll, wo die Leistungsbeschreibung zu Lasten des Vertragspartners durch AGB so modifiziert wird, dass sie nach Vertragszweck und -gegenstand, vom zu Erwarten-

---

1 ZB Schlund, Ziff. 3.1, http://www.schlund.de/agb.htm; Formulierungsvorschlag: „Host-Provider gewährleistet eine Erreichbarkeit seiner Internet-Webserver von 97% im Jahresmittel. Hiervon ausgenommen sind Zeiten, in denen der Webserver aufgrund von technischen oder sonstigen Problemen, die nicht im Einflussbereich von Host-Provider liegen (höhere Gewalt, Verschulden Dritter etc.) über das Internet nicht zu erreichen ist."

2 Vgl. zum Folgenden insbesondere *Schuppert* in Spindler, Vertragsrecht der Internet-Provider, Teil V Rz. 52 ff., sowie *Wolf* in Wolf/Horn/Lindacher, § 8 AGBG Rz. 10 ff.

3 Vgl. *Wolf* in Wolf/Horn/Lindacher, § 8 AGBG Rz. 12.

den abweicht. Maßgeblich soll daher sein, ob die Klausel von den Leistungsinhalten abweicht, die sich ohne Klausel nach §§ 157, 242 BGB ergeben würden.[1] Dies erscheint bei Verfügbarkeitsklauseln in Hosting-Verträgen zumindest zweifelhaft. Der Vertragspartner kann billigerweise kaum erwarten, dass eine technisch komplexe Anlage ohne Unterbrechung zu Wartungszwecken funktionsfähig gehalten wird. Schließlich kommen Verbesserungsmaßnahmen auch ihm durch Qualitätserhöhungen zugute. Hier besteht aber durchaus Rechtsunsicherheit.

554 Bei Annahme von Kontrollfähigkeit verbietet **§ 11 Nr. 8 AGBG** den Ausschluss des Rechts auf Schadensersatz für vom Verwender zu vertretende Unmöglichkeit. Da hier ein Dauerschuldverhältnis über eine ständig fortdauernde Leistung vorliegt, tritt mit Zeitablauf Unmöglichkeit ein. Damit wäre die Klausel unwirksam, über § 9 AGBGB wohl auch im geschäftlichen Verkehr; möglich ist hier in der Regel nur ein Ausschluss für leichte Fahrlässigkeit wegen § 11 Nr. 7 AGBG und dieser ist an strengen Maßstäben zu messen.[2] Sie sollen nur zulässig sein, sofern nicht wesentliche Rechtsgüter oder versicherbare Schäden betroffen sind und ein besonderer Vertrauenstatbestand nicht besteht, siehe zur Problematik der Einschränkung der Haftung bei Kardinalpflichten oben Rz. 400 ff. Dies ist hier wohl regelmäßig ausgeschlossen, muss aber im Einzelfall geprüft werden, da eine Haftungsklausel ansonsten wegen § 5 AGBG insgesamt nichtig wäre.

555 **§ 11 Nr. 10 a AGBG** hingegen erfasst nur Kauf-, Werk- und Werklieferungsverträge,[3] da es sich bei der Anbindung aber eher um eine Dienstleistung (insofern ist also auf die Leistungsbeschreibung zu achten) handelt, erscheint eine Kontrolle an diesem Maßstab unwahrscheinlich. Überdies wird wohl auch nur ein räumlich abgrenzbarer Teil einer Leistung durch die Formulierung „einzelne Teile" erfasst, wobei hier aber eine zeitliche Abgrenzung vorliegt.

556 **§ 10 Nr. 3 AGBG** greift wegen des Dauerschuldcharakters nicht ein.

557 **§ 10 Nr. 4 AGBG** ist begrenzt auf unzumutbare Vereinbarungen. Zum einen sollen handelsübliche Abweichungen auch im nicht-kaufmännischen Bereich zulässig sein,[4] zum anderen erscheint die Einschränkung von 3% für den Kunden weder im Fall von Nutzungsausfällen aus Wartungsgründen, noch im Fall von Ausfällen, die ihre Ursache nicht im Gefahrenbereich des Anbieters haben, als unzumutbar, da hier triftige und nachvollziehbare Gründe für die Vereinbarung vorliegen. Empfehlenswert ist aber wohl eine Abrede, dass die prozentuale Verfügbarkeit auf ein Zeitmittel bezogen wird, um zu verhindern, dass die Website für eine längere Periode nicht erreichbar ist. Als triftige Gründe kommen die bereits erwähnten Wartungs- und Ver-

1 Vgl. *Wolf* in Wolf/Horn/Lindacher, § 8 AGBG Rz. 12.
2 Vgl. dazu *Wolf* in Wolf/Horn/Lindacher, § 11 AGBG Nr. 8 Rz. 22.
3 Vgl. *Wolf* in Wolf/Horn/Lindacher, § 11 Nr. 10 AGBG Rz. 10 f.
4 Vgl. *Wolf* in Wolf/Horn/Lindacher, § 10 Nr. 4 AGBG Rz. 17.

besserungsmaßnahmen in Betracht. Für Ausfälle außerhalb des Gefahrenbereichs des Anbieters wäre ein Ausschluss nicht erforderlich, da insofern die Haftung im Rahmen des Dienstvertrages ohnehin mangels Verschuldens entfallen würde. Erforderlich ist aber eine zeitliche Begrenzung für diese Ausfallzeiten. Dies kann entweder durch die Vereinbarung zeitlich bestimmter, regelmäßiger Wartungsintervalle geschehen oder aber über die Vereinbarung einer prozentualen mittleren Verfügbarkeit über einen bestimmten Zeitraum.

(2) Leistungen und Pflichten des Kunden

(a) Pflichten bezüglich der gespeicherten Inhalte

(aa) Überwachung

Häufig finden sich in Provider-Verträgen Klauseln, die dem Kunden die Pflicht zur Überwachung der von ihm ins Netz gestellten Inhalte auferlegen.[1] Diese verpflichten den Kunden, keine rechtswidrigen, oft auch **keine anstößigen Inhalte** einzustellen und meistens auch zur **Einhaltung der Netiquette**. Hintergrund dieser Klauseln ist die Gefahr der Verantwortlichkeit, die sich nach § 5 Abs. 2 TDG und § 5 Abs. 2 MDStV für den Host für fremde Inhalte, die er zur Nutzung bereithält, ergibt. Hinzu kommt aber, und dies erklärt die weite Fassung der Klausel durch Begriffe der Anstößigkeit und Netiquette, ein Interesse des Anbieters, unerwünschte Inhalte aus Imagegründen kontrollieren zu können. Auch wenn die Inhalte per se nicht rechtswidrig sind, können sie durch Anstößigkeit den Anbieter in seiner Wettbewerbsfähigkeit beeinträchtigen. Durch die Kombination dieser Klauseln mit einem Sperrungs- und Kündigungsrecht versuchen Anbieter häufig, sich eine Inhaltskontrolle vorzubehalten. 558

Für den Kunden relevant sind in diesem Zusammenhang Überwachungspflichten bezüglich fremder Inhalte. Nicht abschließend geklärt ist bis heute die Haftung für Hyperlinks, Frames und andere Möglichkeiten der Einbeziehung oder Verweisung auf fremde Inhalte in den eigenen Internetauftritt, siehe dazu bereits oben Rz. 500 f. 559

(bb) Rechtmäßigkeit der Inhalte

Der Kunde ist zunächst an die **Strafgesetze** gebunden. Besonders relevant sind hier die Verbreitung pornographischer Schriften, § 184 StGB, Volksver- 560

---

1 ZB in den AGB von Schlund, Ziff. 12.2, http://www.schlund.de/agb.htm, oder CompuServe, Ziff 5.3, http://www.compuserve.de/cso/hilfe/win/nutzungsbedingungen/; Formulierungsvorschlag: „Der Kunde darf durch die Internet-Präsenz sowie dort eingeblendete Banner nicht gegen gesetzliche Verbote, die guten Sitten und Rechte Dritter (Marken-, Namens-, Urheber-, Datenschutzrechte usw.) verstoßen. Insbesondere verpflichtet sich der Kunde, keine pornographischen Inhalte anzubieten."

hetzung, § 130 StGB und die Ehrdelikte, §§ 185 ff. StGB, sowie die Staatsschutzdelikte der §§ 86, 86a StGB.

561 Daneben sind insbesondere Leistungsschutzrechte zu beachten, die sich aus dem **Urhebergesetz** ergeben. Auch **Markenverletzungen** sind zu berücksichtigen.

562 Problematisch sind Klauseln, die sich gegen anstößige Inhalte richten oder zur Einhaltung der **Netiquette** verpflichten. Durch die Unbestimmtheit dieser Begriffe, insbesondere des der Anstößigkeit, besteht Missbrauchsgefahr. In Formularverträgen besteht ohne nähere Qualifizierung eine große Gefahr der Unwirksamkeit wegen mangelnder Transparenz.[1] Anstößigkeit wird regional und bei verschiedenen Bevölkerungsgruppen (und damit Nutzergruppen) unterschiedlich verstanden. Auch die Netiquette ist letztlich ein kaum zu erfassendes Regelwerk. Dieses mag in den Anfangszeiten des Internets noch allgemeine Beachtung erfahren haben, mit der gestiegenen Verbreitung von Internetzugängen und entsprechend unerfahrenen Nutzern verliert es aber zunehmend an Bedeutung. Zur Vermeidung der Unwirksamkeit der Klauseln müssen diese Regeln konkret abgefasst werden und können beispielsweise als Benutzerrichtlinien zum Vertragsinhalt gemacht werden.

563 Die Verpflichtung zur Einhaltung **ausländischer Rechtsvorschriften** kann unter Umständen vertraglich vereinbart werden, wenn der Server in einem Drittstaat steht. Individualvertraglich muss dies nach Art. 27 Abs. 1 Satz 3 EGBGB möglich sein, da nicht nur die Geltung einer Rechtsordnung für einzelne Vertragsbestimmungen vereinbart werden kann, sondern erst recht auch die Beachtung einzelner ausländischer Normen.[2] In Formularverträgen führt eine derartige Klausel jedoch zu Bedenken hinsichtlich des Transparenzgebotes, außerdem könnte sie überraschend im Sinne von § 3 AGBG sein oder den Kunden unangemessen benachteiligen, § 9 AGBG.[3] Für den Verbraucher gilt im Unterschied zum geschäftlichen Vertragspartner wegen Art. 29a EGBGB der Schutz des AGB auch bei Vereinbarung ausländischen Rechts. Eine unangemessene Benachteiligung wird allerdings nicht in Betracht kommen, weil zum einen auch der Provider zur Einhaltung der ausländischen Rechtsvorschriften verpflichtet ist und sich der Kunde zum anderen durch die Platzierung des Servers bestimmte Vorteile erwarten wird (niedrigere Kosten, bessere Netzanbindung, Nähe zur Zielgruppe). Für Geschäfte ohne Auslandsbezug ist die Vereinbarung der Geltung ausländischen Rechts als unzulässig, weil überraschend, angesehen worden. Dies wird allerdings dann nicht gelten, wenn in der Leistungsbeschreibung deutlich auf den Auslandsstandort hingewiesen wird. Um dem Transparenzgebot zu genügen, ist daher dringend anzuraten, die jeweiligen Vorschriften des aus-

1 So auch *Schuppert* in Spindler, Vertragsrecht der Internet-Provider, Teil V Rz. 108.

2 Vgl. *Schuppert* in Spindler, Vertragsrecht der Internet-Provider, Teil V Rz. 102. S. außerdem Rz. 679 ff.

3 Zu diesen Fragen im Einzelnen *Schuppert* in Spindler, Vertragsrecht der Internet-Provider, Teil V Rz. 103 ff.

ländischen Rechts konkret zu benennen oder bestimmte Sachverhalte anzugeben, eventuell auch in den Benutzungsrichtlinien abzudrucken.[1]

(b) Anbieterkennzeichnung

Im Rahmen von **§ 6 TDG/MDStV**[2] sind die Anbieter von Tele- und Mediendiensten zur Angabe bestimmter Daten verpflichtet. Für die Einhaltung dieser Verpflichtung durch den Kunden hinsichtlich seines Internetauftrittes ist dieser selber verantwortlich. Interessant ist jedoch die Frage, ob der Kunde eine Anbieterkennzeichnung bezüglich des Host-Providers aufnehmen muss. Letztlich wird man das bejahen müssen.[3] Dieser ist nach § 3 Nr. 1 TDG/MDStV selber Diensteanbieter im Sinne dieser Gesetze, da er fremde Dienste zur Nutzung bereithält. Außerdem richtet sich gegen ihn der Anspruch auf Sperrung der Inhalte nach § 5 Abs. 4 TDG. Dafür ist aber auch die Kenntnis der Identität des Anbieters erforderlich. Für den Kunden ist die Aufnahme einer entsprechenden Angabe auch ohne großen Aufwand möglich, sie erfordert keinen nennenswerten Speicherplatz und kann beispielsweise zentral im Impressum einer Website untergebracht werden. 564

Abgesehen davon kann sich für den Anbieter auch aus Marketinggründen der Wunsch auf einen Hinweis des Kunden auf sein Angebot ergeben.

dd) Sperrung der Website

Viele Anbieter behalten sich in ihren Verträgen die Sperrung rechts- oder vertragswidriger Inhalte vor.[4] Dies dient der vertraglichen **Absicherung** der sich aus allgemeinen Gesetzen ergebenden Pflicht zur Sperrung von Inhalten, die gegen geltendes Recht verstoßen. 565

Zu unterscheiden ist die Sperrung von der Kündigung, da sie ein auf die Internet-Connectivity beschränktes Leistungsverweigerungsrecht darstellt. Das Vertragsverhältnis besteht weiter und der Anbieter behält seinen Vergütungsanspruch. Diese Vereinbarung ist im Allgemeinen als interessengerecht anzusehen: zum einen ist der Host-Provider nach § 5 Abs. 2 TDG/MDStV für

---

1 *Schuppert*, CR 2000, 231.

2 Diese Verpflichtung wird durch Art. 5 der E-Commerce-Richtlinie, 2000/31/EG v. 8.6.2000, ABl. EG v. 17.7.2000, Nr. L 178, S. 1, noch erweitert, siehe *Spindler*, MMR-Beilage 7/2000, 4 (15). S. auch der Beitrag von *Lammich*, oben Rz. 267.

3 *Schuppert* in Spindler, Vertragsrecht der Internet-Provider, Teil V Rz. 113 ff. Das muss gerade im Hinblick auf Art. 5 der E-Commerce-Richtlinie, 2000/31/EG v. 8.6.2000, ABl. EG v. 17.7.2000, Nr. L 178, S. 1, gelten.

4 ZB Schlund + Partner in Ziff.12.3, http://www.schlund.de/agb.htm; Formulierungsvorschlag: „Host-Provider ist nicht verpflichtet, die Internet-Präsenz des Kunden auf eventuelle Rechtsverstöße zu prüfen. Verstoßen die Inhalte nach Auffassung des Host-Providers gegen gesetzliche Verbote, die guten Sitten oder Rechte Dritter (Marken-, Namens-, Urheber-, Datenschutzrechte usw.), ist Host-Provider berechtigt, die entsprechende Internet-Seite bis zum Nachweis der Rechtmäßigkeit zu sperren."

diese Inhalte verantwortlich, zum anderen wird die Sperrung meist auch im objektiven Interesse des Kunden liegen. Eine Abmahnung des Kunden, die als milderes Mittel regelmäßig Voraussetzung bei fristlosen Kündigungen im Dauerschuldverhältnis ist, befreit den Provider nicht von seiner Haftung.

566 Allerdings ist die Sperre zu **begrenzen**. Die Entfernung der gerügten Inhalte, der Nachweis der Rechtmäßigkeit und die Möglichkeit der Kündigung durch den Provider lassen sein überwiegendes Interesse an der Sperre entfallen.[1] Insbesondere für die letzte Alternative hätte der Anbieter die Möglichkeit, ohne Gegenleistung weiter die Vergütung zu verlangen. Ausreichend ist daher die Vereinbarung einer vorübergehenden Sperre.

567 Problematisch ist demgegenüber die **Löschung** dieser Inhalte.[2] Diese ist nicht erforderlich, um eine Haftung des Anbieters nach § 5 TDG/MDStV auszuschließen. Daher liegt die Annahme einer überraschenden Klausel im Sinne von § 3 AGBG nahe. Sie wäre aber wohl jedenfalls nach § 9 Abs. 1 AGBG unwirksam, da durch die Löschung ein erheblicher Eingriff in die Rechte des Kunden erfolgt, zB in das Recht des eingerichteten und ausgeübten Gewerbebetriebs. Dies gilt insbesondere, wenn die Löschung ohne besondere Mitteilung an den Kunden erfolgen soll. Gleiches gilt für Software oder Programmiertechniken, die vertraglich ausgeschlossen wurden, um die technischen Einrichtungen vor bestimmten Belastungen zu schützen. Hier wird ebenfalls eine Sperrung ausreichen.

ee) Vergütung

568 Eine Vereinbarung ist nicht nur hinsichtlich der **Höhe**, sondern vor allem auch bezüglich der **Berechnung** der Gegenleistung erforderlich. Diese wird anhand der in Anspruch genommenen Dienste erfolgen. Um Kalkulationsirrtümer zu vermeiden, ist eine genaue vertragliche Definition von Vorteil, welche Berechnungsgrundlage verwendet wird. Eine Validierung der Annahmen kann durch Statistiken erfolgen. Maßstab kann zum einen der belegte Festplattenspeicher sein, zum anderen das Datentransfervolumen zwischen Server und Internet.

569 Zwei unterschiedliche Modelle kommen in Betracht: eine **dynamische** Gegenleistung, die sich am tatsächlich verwendeten Webspace und Datentransfer orientiert, oder eine an festgelegten Werten **fixe** Gegenleistung. Diese beiden Modelle können natürlich auch kombiniert werden. Für die erste Variante ist für den Kunden die Frage der Kostentransparenz problematisch, der Anbieter kann dagegen nicht mit festen Größen bezüglich seiner Rech-

1 Für eine Abstufung entsprechend dem Digital Millennium Copyright Act v. 8.10.1998 *Schuppert* in Spindler, Vertragsrecht der Internet-Provider, Teil V Rz. 175.

2 ZB CompuServe, Ziff. 5.4, http://www.compuserve.de/cso/hilfe/win/nutzungsbedingungen, sowie Strato, Ziff. 4.2., dort sogar ohne vorherige Mitteilung an den Kunden.

nerauslastung rechnen; für die zweite Variante stellt sich die Frage, wie sich die Über- bzw. Unterschreitung der Werte auf das vertragliche Verhältnis auswirkt. Hier können die Leistungen des Anbieters auf diese Werte beschränkt werden, was aber für den Kunden meist indiskutabel ist, weil dann bei Überschreiten der Grenzwerte die Site nicht mehr erreichbar wäre.

Hier kommt die Vereinbarung einer **Vertragsanpassungsklausel** in Betracht, 570 eventuell kombiniert mit einem Kündigungsrecht, sofern die Überschreitung der Leistungswerte auf Dauer angelegt ist. Für kurzfristige Überschreitungen wird sich in der Regel eine gesonderte Vergütungspflicht anbieten. § 11 Nr. 1 AGBG erfasst eine derartige Klausel nicht: nicht nur weil hier ein Dauerschuldverhältnis vorliegt, siehe dazu oben Rz. 523 und 527 f., sondern auch, weil keine Entgelterhöhung vorliegt, wenn das Entgelt an eine Leistungsänderung anknüpft.[1]

ff) Rechteeinräumung

(1) Übertragung von Auftraggeber an Host

Zunächst erfordert der Zweck des Vertrages die Übertragung des Rechts des 571 **Zugänglichmachens** der Inhalte der Website für Dritte. Je nach Ausgestaltung der Vertragsdurchführung kann zusätzlich die Übertragung von **Vervielfältigungsrechten** erforderlich sein. Wie im Kapitel über Webdesign dargelegt ist, entstehen an Web-Seiten Urheber- oder Leistungsschutzrechte unterschiedlicher Art. Soll der Anbieter für die Sicherung der Daten Kopien erstellen, ist auch eine entsprechende Rechtsübertragung erforderlich. Diese ist oft nicht in Hosting-Verträgen enthalten, da sie sich bereits notwendig aus den vertraglichen Vereinbarungen zur Datensicherung ergibt. Andererseits muss berücksichtigt werden, dass sich bei fehlenden Vereinbarungen im Streitfall erhebliche Rechtsunsicherheiten ergeben können. Daher ist regelmäßig zumindest das Vervielfältigungsrecht explizit vertraglich zu gestalten. Dabei ist insbesondere der Umfang der Rechteeinräumung zu regeln. Diese wird in der Regel nicht ausschließlich sein, zeitlich auf die Vertragsdauer beschränkt sein und für die Zugänglichmachung in der Regel räumlich unbegrenzt sein.

(2) Übertragung von Host an Auftraggeber

Stellt der Anbieter dem Kunden bestimmte Software, zB FTP- oder Telnet- 572 Programme zur Einspeisung und Pflege der Daten auf dem Server zur Verfügung, muss sichergestellt sein, dass die entsprechenden **Nutzungsrechte** übertragen werden.[2] Der Provider muss dabei sicherstellen, dass er zur Verfügung über die entsprechenden Rechte befugt ist. Oft ist das Recht zur

1 Vgl. *Wolf* in Wolf/Horn/Lindacher, § 11 Nr. 1 AGBG Rz. 9.
2 Vgl. hierzu *Schuppert* in Spindler, Vertragsrecht der Internet-Provider, Teil V Rz. 72 ff.

unentgeltlichen Nutzung dieser Programme auf den privaten Einsatz beschränkt. Werden diese Grenzen nicht eingehalten, kommt ein Gewährleistungsanspruch aus Kauf- oder Schenkungsrecht für Rechtsmängel, bei Vorliegen von Sachmängeln auch für diese in Betracht.

gg) Gewährleistung

573 Die Frage der einschlägigen Gewährleistungsvorschriften richtet sich, wie bereits oben dargelegt, nach dem jeweils anwendbaren Vertragstyp. An dieser Stelle soll nur auf die regelmäßig als Hauptpflichten zu qualifizierenden Vereinbarungen eingegangen werden. Regelmäßig wird ein gemischter Vertrag vorliegen, siehe dazu oben Rz. 398. Generell müssen auch hier die Vorschriften des AGBG, insbesondere zu Gewährleistungs- und Haftungsausschlüssen bzw. -begrenzungen beachtet werden. Insoweit ergeben sich jedoch im Bereich des Hosting-Vertrages keine online-spezifischen Besonderheiten.

(1) Webspace

574 Es wurde bereits festgestellt, dass es sich hierbei am ehesten um einen **Mietvertrag** handeln wird, siehe Rz. 523. Grundsätzlich sind daher die Sachmängelgewährleistungsvorschriften dieses Vertragstyps anwendbar, wenn die technischen Spezifikationen nicht eingehalten werden, siehe dazu oben Rz. 395. Damit muss nicht nur bei Übergabe, sondern auch während der Vertragslaufzeit die Mangelfreiheit der Mietsache sichergestellt werden. Diese ist anhand der Leistungsbeschreibung zu bestimmen: Sachmängel liegen bei einer Minderung der Gebrauchstauglichkeit durch erheblich abweichende technische Spezifikationen vor. Rechtsmängel kommen bei der Ausübung dinglicher Rechte durch Dritte in Betracht. Für den Provider ist insbesondere die **Garantiehaftung auf Schadensersatz** für anfänglich mangelhafte Mietsachen nach § 536a Abs. 1 BGB gefährlich. Der Ausschluss ist aber in den Grenzen des § 11 Nr. 7 AGBG, also nicht für Vorsatz und grobe Fahrlässigkeit, auch in Formularverträgen zulässig.[1]

Für **zugesicherte Eigenschaften** entsteht eine Gewährleistungspflicht auch, wenn die Gebrauchstauglichkeit nur unerheblich eingeschränkt ist, da § 536 Abs. 2 BGB nicht auf § 536 Abs. 1 Satz 3 BGB verweist. Dementsprechend vorsichtig sollte der Anbieter bei der Zusicherung von Eigenschaften sein.

(2) Internet-Connectivity und Domain-Registrierung

575 Hier wird in der Regel das Recht des **Dienstvertrages** eingreifen. Hinsichtlich der sich ergebenden Rechte wird auf Rz. 396, 399 ff. verwiesen. Der Vertragspartner hat ein Kündigungsrecht und verschuldensabhängige Schadensersatzansprüche, speziell aus pVV. Für den Sonderfall des Hostings von

1 Palandt/*Weidenkaff*, § 538 BGB Rz. 7.

Intranets wird unter Umständen die Gewährleistung nach Werkvertragsrecht in Betracht kommen, siehe dazu oben Rz. 394.

Auf die Problematik der Abgrenzung von Verantwortungsbereichen durch Verfügbarkeitsklauseln, speziell in Formularverträgen, wurde bereits hingewiesen, Rz. 551 ff.

hh) Haftung

Zu differenzieren ist zwischen der Haftung für die gehosteten Inhalte gegenüber Dritten und der Haftung zwischen den Vertragspartnern. Dabei soll hinsichtlich der Einzelheiten auf das Kapitel D. zur Haftung der im Netz Tätigen verwiesen werden. 576

Host-Provider sind nur für Inhalte verantwortlich, die sie selbst zur Nutzung bereithalten, von denen sie Kenntnis haben und wenn ihnen die Sperrung dieser Inhalte zumutbar und technisch möglich ist, im Übrigen haftet der Content-Provider.[1] 577

(1) Haftung gegenüber Dritten

Der Content-Provider ist für seine Inhalte nach den allgemeinen **Gesetzen**, modifiziert durch die §§ 5 TDG/MDStV, verantwortlich. Seine Haftung wird ihm der Host-Provider weder durch Überprüfungspflichten noch durch Haftungsregelungen abnehmen wollen. Interessanter ist die Frage nach der Haftung des Host-Providers für diese Inhalte. Dieser ist regelmäßig nur bei Kenntnis der Inhalte verantwortlich, §§ 5 Abs. 2 TDG/MDStV, allerdings haftet er unter den Voraussetzungen des § 5 Abs. 4 TDG als (Mit-)Störer.[2] 578

Bereits angesprochen wurde die Möglichkeit, dem Kunden auch **vertraglich** die Verantwortung für die Rechtmäßigkeit der veröffentlichten Inhalte aufzuerlegen und sie zur Unterlassung zu verpflichten. Im Zusammenhang mit der diskutierten Verfassungswidrigkeit des § 5 MDStV[3] ist den Anbietern zusätzlich dringend anzuraten, sich durch einen **Schadensersatz- und/oder Freistellungsanspruch** gegen ihre Kunden für den Fall der Inanspruchnahme für deren Inhalte abzusichern. Zwar ergeben sich diese Ansprüche bereits unter 579

---

1 *Sieber*, JZ 1996, 429 (499); *Conradi/Schlosser*, NStZ 1996, 366 (472); *Beiselt/Heinrich*, CR 1997, 360 (363); *Koch*, CR 1997, 193.

2 Das gilt nach OLG Hamburg, Urt. v. 4.11.1999 – 3 U 274/98, CR 2000, 385 ff., auch für den Betreiber eines Domain-Name-Servers, der hier wegen vertraglicher Beziehungen zum Anbieter des rechtswidrigen Angebots nicht unter § 5 Abs. 3 TDG fallen sollte. Das OLG München, Urt. v. 26.2.1998 – 29 U 4466/97, CR 1998, 300, nahm die Störerhaftung an, ohne überhaupt auf § 5 Abs. 4 TDG einzugehen, was am Ergebnis wohl nichts geändert hätte, vgl. die Anmerkung von *Hackbarth*, CR 1998, 302 (303).

3 Vgl. dazu *Spindler* in Hoeren/Sieber, Multimedia-Recht, Teil 29 Rz. 21, sowie die Nachweise bei *Schuppert* in Spindler, Vertragsrecht der Internet-Provider, Teil V Rz. 119.

den Voraussetzungen der pVV aus der Missachtung der vertraglichen Verpflichtung, nur rechtmäßige Inhalte einzustellen, jedoch hat die explizite Erwähnung dieser Ansprüche zusätzliche Warnfunktion.[1]

(2) Haftung im Verhältnis der Vertragspartner

580 Wie sieht es nun bei einem Widerspruch des Haftungsprivilegs mit dem Vertragszweck aus, gilt § 5 TDG dann nicht? Beispielsweise bei einer Garantie? Haftungsbegrenzungen verstoßen nicht gegen § 5 TDG bzw. MDStV, dh. gegen zwingendes Recht, da beide Regelungen dispositiv sind, siehe dazu oben Rz. 407 ff. Allein aus § 9 Abs. 2 AGBG könnte sich etwas anderes ergeben. Ein Anbieter kann damit über § 5 Abs. 3 TDG hinausgehen.

581 Eine Beschränkung der Haftung in Allgemeinen Geschäftsbedingungen ist **insbesondere im Bereich der Kardinalpflichten** nach deutschem Recht kaum möglich, siehe dazu oben Rz. 400 ff.[2]

582 Eine Klausel könnte aufgenommen werden, soweit man sie als deklaratorische, dh. kontrollfreie, und nicht als kontrollfähige Klausel ansieht. Erstere geben lediglich das Gesetz wieder[3].

583 Freilich ist eine Klausel dann gefährlich, wenn nicht klar ist, für welche Ansprüche sie gelten soll. Es könnten damit Gewährleistungsausschlüsse verbunden sein.

Die Haftung für leichte Fahrlässigkeit bei der Verletzung vertragswesentlicher Pflichten darf nicht ausgeschlossen werden.

584 Eine Haftungsbegrenzung auf einen bestimmten Betrag bei leichter Fahrlässigkeit ist möglich, sofern die Pauschale den auch typischerweise zu erwartenden Schaden abdeckt und es nicht zu einer Aushöhlung des Schadensersatzanspruches kommt.[4]

(a) Haftung und Leistungsstörungen: Schlecht- oder Nichterfüllung

585 Weitere Problemfelder, die für eine Anbieterhaftung gegenüber dem Nutzer relevant sein könnten, sind eine Überbelastung des Netzes sowie Virenangriffe. Grundsätzlich wird ein Betreiber alle Maßnahmen durchführen, die seiner Gefahrabwendungspflicht genügen, u.a. erforderliche und zumutbare Sicherungs- und Kontrollpflichten.[5] Die Auswirkungen von Virenangriffen und anderer unberechtigter Zugriffe sind dadurch möglichst abzumildern.[6] Eine Verletzung übernommener Pflichten begründet bei Verschulden Scha-

1 Vgl. *Schuppert* in Spindler, Vertragsrecht der Internet-Provider, Teil V Rz. 121.
2 Siehe § 11 Nr. 7 AGBG. Vgl. Palandt/*Heinrichs*, § 9 AGBG Rz. 29 mwN.
3 *Wolf* in Wolf/Horn/Lindacher, § 8 AGBG Rz. 22.
4 *Koch*, Computervertragsrecht, Teil 10 Rz. 63.
5 *Sieber*, CR 1992, 518 (524).
6 *Koch*, Computervertragsrecht, Teil 10 Rz. 104a.

densersatzansprüche des Geschädigten. Soweit die Dienste in Risikosphären Dritter eingreifen, wie bei der Übermittlung von E-Mail an Drittnetze, ist Werkvertragsrecht nicht anzuwenden. Gewährleistungsansprüche, insbesondere Ansprüche auf Schadensersatz, scheiden folgerichtig aus.

(b) Haftungsbegrenzungsnorm des § 7 Abs. 2 TKV

Diskutiert wird auch, ob derjenige, der Hosting anbietet, unter das TKV fällt und ob er das Haftungsprivileg aus § 7 TKV nutzen kann. 586

Die Haftung für **Vermögensschäden** ist für Anbieter von Telekommunikationsleistungen für die Öffentlichkeit auf bis zu 25.000 DM je Kunde **beschränkt**, wobei die Haftung gegenüber der Gesamtheit der Geschädigten auf zwanzig Millionen Deutsche Mark je schadensverursachendem Ereignis begrenzt ist. Ausgenommen sind natürlich vorsätzlich begangene Schädigungen. 587

Nach § 1 Abs. 2 TKV darf von der TKV nur zugunsten des Kunden abgewichen werden. Eine generelle Haftungsfreizeichnung für leichte Fahrlässigkeit erlaubt § 7 TKV nicht, dh. auch **keine völlige Haftungsfreizeichnung** ohne jegliche Einschränkung. 588

Das Transparenzangebot erfordert eine **eindeutige Formulierung** für die Freizeichnung, so müssen die Anforderungen nach § 11 Nr. 7 AGBG eingehalten werden (keine Freizeichnung für grobes Verschulden oder Vorsatz). 589

(3) Haftung nach der E-Commerce-Richtlinie

Die Richtlinie[1], am 17.7.2000 in Kraft getreten, ist bis 17.1.2002 in nationales Recht umzusetzen, Art. 22 Abs. 1 Richtlinie. Da sie aber inhaltlich unbedingt und hinreichend genau ist, wird sie im Fall nicht rechtzeitiger Umsetzung vertikal (gegenüber staatlichen Maßnahmen) **unmittelbar anwendbar** sein.[2] Aus diesen Gründen ist sie bereits jetzt hinsichtlich der Haftung für rechtswidrige Inhalte zu berücksichtigen. 599

Die Richtlinie regelt nur die **Haftung für Inhalte Dritter**, insbesondere im Bereich des Hostings, Art. 14 Richtlinie.[3] Die Haftung für eigene Inhalte bleibt unberührt, wobei die Frage, wann eigene Inhalte vorliegen, durch eine andere Terminologie gelöst wird als im deutschen Recht. Die Richtlinie erfasst grundsätzlich alle Rechtsbereiche, bis auf diejenigen, die von ihrem Geltungsbereich allgemein ausgenommen sind.[4] Unterlassungsansprüche bleiben explizit unberührt, Art. 14 Abs. 3 Richtlinie. Zu beachten ist aber, 600

---

1 Richtlinie 2000/31/EG v. 8.6.2000, ABl. EG v. 17.7.2000, Nr. L 178, S. 1; siehe allgemein *Spindler*, MMR-Beilage 7/2000, 4, und *Freytag*, CR 2000, 600.

2 Vgl. dazu *Freytag*, CR 2000, 600 (606) mwN.

3 *Freytag*, CR 2000, 600 (603).

4 *Freytag*, CR 2000, 600 (604).

dass den Anbieter keine allgemeinen Überwachungspflichten treffen, Art. 15 Abs. 1 Richtlinie.

601 Die Regelung des Art. 14 Abs. 1 a Richtlinie unterscheidet sich insofern von § 5 Abs. 2 TDG[1], als „Kenntnis“ explizit die **Kenntnis der Rechtswidrigkeit** voraussetzt.[2] Strafrechtlich entsteht dadurch eine Beschränkung der Verantwortlichkeit auf Vorsatzdelikte, Schadensersatzansprüche kommen ab grober Fahrlässigkeit in Betracht.[3]

602 Im Ergebnis ist dem Host-Provider daher auch im Geltungsbereich der Richtlinie eine **Haftungsvereinbarung** mit seinem Kunden anzuraten, um sich für den Fall der Inanspruchnahme Regressmöglichkeiten offen zu halten.

ii) Rechte bei Vertragsbeendigung

603 Hier ist insbesondere an die Pflicht zur **Herausgabe** der auf dem Server gespeicherten Daten zu denken,[4] darüber hinaus aber auch an eventuell überlassene Materialien, wie zB Software. Hinsichtlich der auf dem Server liegenden Inhalte der Website hat der Kunde regelmäßig Urheberrechte, eventuell als Datenbankhersteller (siehe dazu unten Rz. 611 ff.). Um unabhängig von einer rechtlichen Qualifizierung des Vertrages zu sein, sollte der Rückgabeanspruch vertraglich vereinbart werden. Dies empfiehlt sich trotz des eventuell daneben bestehenden, vergütungsabhängigen Herausgabeanspruchs aus § 98 Abs. 2 UrhG. Dabei muss entweder der Provider zur Herausgabe verpflichtet oder aber dem Kunden die Möglichkeit zum Herunterladen oder Löschen der Inhalte eingeräumt werden. Dies gilt nach den §§ 87a ff., 97 Abs. 1 UrhG auch für das Recht des Datenbankherstellers als sonstigem Recht.

---

1 Für den Verzicht auf die Kenntnis der Rechtswidrigkeit, um den Provider nicht noch zusätzlich zu privilegieren, *Spindler* in Hoeren/Sieber, Multimedia-Recht, Teil 29, Rz. 115 mwN; vgl. auch LG München I, Urt. v. 30.3.2000 – 7 O 3625/98, CR 2000, 389.

2 Insofern erscheint die Entscheidung des LG München I, Urt. v. 30.3.2000 – 7 O 3625/98, CR 2000, 389, nach der im Rahmen des § 5 Abs. 2 TDG Tatsachenkenntnis ausreichen soll, in anderem Licht. Allerdings könnte man in dem dort entschiedenen Fall wohl durchaus grobe Fahrlässigkeit hinsichtlich der Rechtswidrigkeit annehmen.

3 Vgl. *Freytag* CR 2000, 600 (608). Dadurch würde die Privilegierung nach § 5 Abs. 2 TDG eingeengt, siehe *Spindler*, MMR-Beilage 7/2000, 4 (18). Inwiefern sich das mit dem Verbot allgemeiner Prüfungspflichten nach Art. 15 Abs. 1 Richtlinie verträgt, ist allerdings noch unklar. Nach *Freytag* soll dieses nur für die Inhalte selber gelten; *Freytag* CR 2000, 600 (608, Fn. 44a). Vgl. auch *Spindler*, MMR-Beilage 7/2000, 4 (19).

4 Vgl. hierzu *Schuppert* in Spindler, Vertragsrecht der Internet-Provider, Teil V Rz. 75 ff.

d) Hosting, Reseller-Verträge

aa) Einführung

Viele Host-Provider bieten Reseller-Programme an.[1] Sie gestatten ihren Vertragspartnern, in der Regel zu besonderen Konditionen, den überlassenen Web-Space Dritten anzubieten, also nicht (nur) für eigenen Content zu nutzen. Der Vertragspartner kann als Unternehmer selber Hosting anbieten, ohne selber die Hardware betreiben zu müssen. Eigene Werbemaßnahmen und die gewöhnlich angebotenen Rabatte für hohes Datenvolumen ermöglichen dem Weiterverkäufer durch eine entsprechende Preiskalkulation mit Gewinn als Host aufzutreten. Der Anbieter wiederum kann die Kapazitäten seiner Hardware besser ausnutzen. 604

bb) Vertragsgegenstand

(1) Verhältnis Host zu Reseller

Der Reseller erhält die Leistungen des Host-Providers regelmäßig zu den gleichen Konditionen wie dessen Endkunden. Jedoch wird der Reseller ausdrücklich zur **Weiterveräußerung** der erbrachten Leistungen ermächtigt. Abgesehen davon kann daher auf die Ausführungen oben Rz. 513 ff. verwiesen werden. Aufzunehmen ist entsprechend eine Erweiterung der Leistungsbeschreibung, die dem Reseller erlaubt, Webspace und Internet-Connectivity auch an Dritte zu veräußern. 605

Im Detail kommen unterschiedliche Gestaltungen in Betracht.[2] Zum einen kann der Reseller lediglich zur Vermittlung der Leistungen ermächtigt sein. Er kann dabei wie ein **Makler** auftreten, also lediglich den Parteien die Möglichkeit eines Vertragsabschlusses vermitteln. Anwendbar wären dann die Vorschriften der §§ 652 ff. BGB. Andererseits kann der Reseller auch für Rechnung und im Namen des Host-Providers auftreten. Diese Stellung entspricht der des **Handelsvertreters**, § 84 Abs. 1 HGB.[3] Im Unterschied zur bloßen Vermittlung wird aber meistens vereinbart, dass der Reseller auf eigenen Namen und eigene Rechnung tätig wird. Er ist dann einem **Vertragshändler** vergleichbar, sofern er ähnlich einem Handelsvertreter in die Absatzorganisation des Herstellers einbezogen ist.[4] Auf diesen ist das Recht des Dienstvertrags mit Geschäftsbesorgungscharakter anwendbar, §§ 675, 611 ff. BGB. 606

Konsequenterweise kommt für den Handelsvertreter, aber in analoger Anwendung auch für den Vertragshändler, ein **Ausgleichsanspruch** aus § 89 b 607

1 ZB http://www.edv-internet.de/angebote/web-hosting/reseller.htm; http://www.reseller-hosting.com/

2 Vgl. dazu *Schuppert* in Spindler, Vertragsrecht der Internet-Provider, Teil V Rz. 245 f.

3 Vgl. *Küstner* in Röhricht/von Westphalen, § 84 HGB Rz. 1.

4 *Küstner* in Röhricht/von Westphalen, § 84 HGB Rz. 27.

HGB bei Beendigung des Vertrags in Betracht.[1] Für den Vertragshändler entsteht dieser Anspruch, wenn er in die Absatzorganisation des Host-Providers eingebunden ist, er zur Überlassung des Kundenstamms verpflichtet[2] ist und darauf Vorteile des Providers beruhen. Dieser Anspruch kann nach § 89 b Abs. 4 Satz 1 HGB nicht im Voraus ausgeschlossen werden.

(2) Verhältnis Reseller zu Endkunden

608 Die vertragliche Ausgestaltung richtet sich nach dem Vertrag zwischen Reseller und Host-Provider. Tritt der Reseller lediglich als Vermittler auf, sei es als Makler oder Handelsvertreter, sind seine vertraglichen Pflichten entsprechend enger und anders als bei einem Hosting-Vertrag auszugestalten. Im Regelfall wird er jedoch die Rolle eines Vertragshändlers einnehmen. Dann sind die Leistungspflichten entsprechend einem „normalen" **Hosting-Vertrag** zu beschreiben. Besonderes Augenmerk ist allerdings darauf zu richten, dass der Reseller sich explizit vorbehält, die geschuldeten **Leistungen durch Dritte** erbringen zu dürfen. Außerdem muss sichergestellt werden, dass die Leistungsbeschreibung des Resellers nicht weiter reicht als die des Hosts, da der Reseller sonst den Vertrag nicht wird erfüllen können und sich Schadensersatzansprüchen aus pVV aussetzt. Andererseits darf der Provider dem Reseller seine Vertragsbedingungen nicht vorschreiben. Nach § 14 GWB wäre der Vertrag mit einer derartigen Konditionenbindung nichtig.

cc) Rechteeinräumung

609 Ebenfalls zu erweitern ist die Übertragung der Nutzungsrechte. Erforderlich ist die Vereinbarung der Erteilung von **Unterlizenzen** und der Übertragung eingeräumter Rechte, insbesondere des Rechts der Veröffentlichung.

dd) Gewährleistung und Haftung

Im Wesentlichen liegt hier die gleiche Ausgangslage wie beim normalen **Hosting-Vertrag** vor. Dies gilt jedenfalls für das Verhältnis Reseller zum Host-Provider. In Betracht kommt hier insbesondere eine Regelung, die den Host zur Freistellung des Resellers gegenüber Gewährleistungsansprüchen von dessen Kunden verpflichtet, die ihren Grund in mangelhaften Leistungen des Hosts haben.

610 Aber auch im Verhältnis des Resellers zum Endkunden stellen sich Gewährleistung und Haftung wie beim Standardvertrag dar. Insbesondere gilt dies

---

1 Vgl. *Schuppert* in Spindler, Vertragsrecht der Internet-Provider, Teil V Rz. 249. Wegen der Besonderheit, dass der Vertragshändler im Gegensatz zum Handelsvertreter einen eigenen Kundenstamm hat, ist jedoch eine Einzelfallprüfung erfoderlich, *Küstner* in Röhricht/von Westphalen, § 89b HGB Rz. 28.

2 Ausreichend ist die Kenntnis des Kundenstamms, sofern sich daraus eine Nutzungsmöglichkeit ergibt; *Küstner* in Röhricht/von Westphalen, § 89b HGB Rz. 28.

für die Haftungsnormen der §§ 5 TDG/MDStV, da Bereithalten nur eine tatsächliche Verfügungsbefugnis über den Speicherplatz erfordert.[1] Im Übrigen bleibt es bei der Regelung des § 278 BGB, da der Reseller als Vertragshändler sich eines Dritten zur Erfüllung seiner Pflichten bedient. Bezüglich der Möglichkeit von Modifikationen insbesondere durch AGB siehe oben Rz. 390 ff., 399 ff.

e) Webdesign

aa) Einführung

In diesem Zusammenhang ist an Verträge mit selbständigen Webdesignern, 611
aber auch an Verträge mit Webdesignern als Arbeitnehmer zu denken. Hier soll lediglich auf die erste Variante eingegangen werden.[2]

Der Webdesign-Vertrag ist im UrhG nicht geregelt. Eventuell können die Auslegungsregeln zum Verfilmungsvertrag aus § 88 UrhG herangezogen werden, soweit die Website insgesamt als Sammelwerk und uU als filmähnliches Werk gem. § 2 Abs. 2 UrhG anzusehen ist.[3] Die wichtigsten **Inhalte**, die festgelegt sein sollten, sind:

- Wo und bis wann (Zeitplan) soll die Website voll funktionsfähig eingestellt werden? Auf einem eigenen oder fremden Rechner?
- Wie viele Webseiten sind zu erstellen, und wie sind die Inhalte zu verteilen? Woraus bestehen die Webseiten (Navigation, Grafiken, Menüleisten, Buttons, Tondigitalisierung, 2-D/3-D, Links, Frames, etc.)?
- Wie hoch ist die maximale Download-Zeit pro Web-Seite?
- Sind verschiedene Browser mit der Web-Seite lauffähig?
- Sind verschiedene Entwurf- und Durchführungsphasen vorgesehen? Verfahren für Änderungen?
- Wie sehen die technischen Spezifikationen im Detail aus (Dateiformate, Programmierung in SQL, Java, VRML, Datenbankanbindung etc.)?
- Soll eine Internet-Domain beschafft oder eine Marke eingetragen werden?
- Welche Materialien muss der Auftraggeber liefern? Formate, Logo, Styleguides etc.
- In wessen Verantwortungsbereich fallen Aufgaben wie Sicherheitsstandards und -vorkehrungen (Firewall-System)?
- Wie soll die Dokumentation aussehen?
- Welche Verwertungsrechte werden eingeräumt? Ist eine internationale Auswertung der Seiten geplant? Schutzrechte an Datenbanken beachten!

---

1 *Spindler* in Hoeren/Sieber, Multimedia-Recht, Teil 29 Rz. 74.
2 Zur zweiten Variante siehe zB *Cichon*, Internetverträge, S. 127 ff.
3 *Koch*, NJW-CoR 1997, 298.

– Soll eine Abnahme (alle Leistungsmerkmale vorhanden, Belastungstests zu verschiedenen Tageszeiten, mit verschiedenen Browsern kompatibel) vorgesehen werden?
– Ist die Aktualisierung der Seiten, Daten und/oder Software nach Abnahme geschuldet?

bb) Rechtsnatur

612 Im Gegensatz zu den anderen diskutierten Verträgen fällt die rechtliche Qualifizierung des Webdesign-Vertrages verhältnismäßig eindeutig aus. Der Webdesigner verpflichtet sich, gegen eine bestimmte Vergütung eine Internet-Präsenz herzustellen. Dabei wird er eher selten die komplette Produktion selber erstellen oder aber zumindest Teile des Projekts aus anderen Quellen beziehen und in sein Produkt einbauen, wobei es sich bei der Erstellung eines HTML-Quelltextes um individuelle Programmierarbeiten handelt. Das Ergebnis dieser Bemühungen stellt einen konkreten abnahmefähigen **Erfolg** dar. Der Schwerpunkt des Vertrages liegt also nicht auf der Tätigkeit an sich oder auf der Veräußerung eines fertigen Produkts, sondern auf der Herbeiführung eines bestimmten individuellen Erfolges, einer Wertschöpfung als Ergebnis der Bemühungen des Auftragnehmers nach den Vorgaben des Auftraggebers. Eine derartige Vereinbarung unterliegt den Regelungen des **Werkvertrages**, §§ 632 ff. BGB.[1]

613 Abhängig von der konkreten Ausgestaltung können hier jedoch wiederum andere Vertragstypen Einfluss gewinnen. Wird beispielsweise die **Wartung des Web-Auftritts** zusätzlich vereinbart, also die regelmäßige Aktualisierung der Inhalte, erhält der Vertrag **Dauerschuldcharakter**. Außerdem können auch Elemente des Dienstvertrags[2] bestimmend werden bzw. Gestaltungen ähnlich dem Content-Provider-Vertrag, zB wenn der Auftragnehmer zur eigenständigen Beschaffung dieser Inhalte verpflichtet wird. Entscheidend sind letztlich wieder die Ziele der Parteien und deren vertragliche Fixierung.

cc) Vertragsgegenstand

(1) Grundsätzliche Erwägungen

614 Der Auftraggeber eines Internet-Auftritts wird in erster Linie an einer möglichst individuellen und ausdrucksstarken Präsentation als Aushängeschild seines Unternehmens interessiert sein. Je nach Einzelfall kann er selber, eventuell durch Drittunternehmen, ein Konzept erstellen oder aber dies ebenfalls dem Auftragnehmer überlassen. Schwerpunkt der vertraglichen Gestaltung ist die Beschreibung der zu erbringenden Leistungen. Sie defi-

1 So auch *M. Schmidt* in Spindler, Vertragsrecht der Internet-Provider, Teil VIII Rz. 4; *Cichon*, Internetverträge, S. 110; vgl. auch Palandt/*Sprau*, Einf. v. § 631 BGB Rz. 1; *Härting*, CR 2001, 37 (40).
2 Vgl. *Härting*, CR 2001, 37 (40).

niert den herbeizuführenden Erfolg und bildet die Grundlage für die Beurteilung der Abnahmefähigkeit des Werkes, § 640 BGB, die nach der gesetzlichen Konzeption Voraussetzung für den Vergütungsanspruch ist, § 641 BGB.

(2) Leistungsbeschreibungen

(a) Pflichtenheft

Insbesondere im Werkvertragsrecht besteht ein Bedürfnis für umfangreiche Leistungsbeschreibungen, die oftmals aufgrund der zeitlichen Dauer des Projekts und bei veränderten oder erweiterten Anforderungen an die aktuellen Vorstellungen der Parteien angepasst werden müssen. Eine Eingliederung dieser Beschreibung in den Vertragstext führt nicht nur zu Unübersichtlichkeit, sondern im Falle von Anpassungen auch zur Gefahr, dass im Zusammenhang andere Vertragsteile zur Disposition gestellt werden.[1] Eine Ausgliederung der Beschreibung in einen Anhang vermeidet diese Probleme und ist daher in der Regel die vorzugswürdige Lösung.[2] 615

Ein Standard-Website-Design-Vertrag wird insbesondere die **Entwicklung** des Designs der Website inklusive Menüleisten, Buttons und Felder, die **Umsetzung** des Designs auf Screens sowie auf allen Websites des Auftraggebers, die **Programmierung und Verlinkung** bis zur vollständigen Produktimplementierung umfassen.[3] 616

(b) Schwerpunkte der Leistungsbeschreibung

Im Detail regelungsbedürftig sind insbesondere **Aufbau und Struktur** der Website, dh., wie viele Seiten sind zu erstellen, wie sind diese zu verbinden, welche **technischen Spezifikationen** sind einzuhalten, etwa Dateiformate, Optimierung für Browser (je nach Browser kann eine Webseite völlig unterschiedlich, sogar unlesbar, dargestellt werden) und Bildschirmauflösung.[4] 617

---

1 Darauf weist auch *M.Schmidt* in Spindler, Vertragsrecht der Internet-Provider, Teil VIII Rz. 11 hin.

2 Zur Problematik von Aufklärungs- und Mitwirkungspflichten bei der Erstellung von Pflichtenheften, insbesondere *während* der vertraglichen Zusammenarbeit, siehe für die vergleichbaren Softwareerstellungsverträge *Ihde*, CR 1999, 409, sowie *Schneider*, CR 2000, 27 und Fn. 17. Formulierungsvorschlag: „Der Auftraggeber beauftragt den Auftragnehmer, die Website mit der in Anlage 1 beschriebenen Spezifikation zu erstellen. Dies beinhaltet die vollständige graphische Gestaltung, die Entwicklung der Inhalte und Funktionen, die vollständige Programmierung sowie die technische Umsetzung."

3 Für ein Vertragsmuster siehe, *Schwarz*, Recht im Internet, 16-3.1, S. 51.

4 Vgl. zu Einzelheiten *Feil*, Cybiz 2000, 80 ff. Zur Problematik der markenrechtlichen Zulässigkeit von Metatags (im konkreten Fall Verletzung bejaht): OLG München, Urt. v. 6.4.2000 – 6 U 4123/99, CR 2000, 461, Anmerkung *Strittmatter*, CR 2000, 701; LG Frankfurt/M., Urt. v. 3.12.1999 – 3/11 O 98/99, CR 2000, 462; LG Hamburg, Beschl. v. 13.9.1999 – 315 O 258/99, CR 2000, 121.

618 Aus Sicht des Auftraggebers ist sicherzustellen, ein vertragsgegenständliches Produkt vom Webdesigner zu erhalten, welches nach dem neuesten Stand der Wissenschaft und Technik und den sonstigen Erkenntnissen und Entwicklungen des betroffenen Fachgebietes entwickelt worden ist (§ 4 ProdHaftG).

619 An dieser Stelle ist auf die verhältnismäßig umfangreichen **Aufklärungs-, Prüfungs- und Beratungspflichten** des Werkunternehmers hinzuweisen, deren Verletzung zu einer Haftung aus pVV führen kann.[1] Der Auftragnehmer ist aufgrund seiner regelmäßig größeren Sachkenntnis insbesondere im EDV-Bereich zur Prüfung des Auftrags und Erstellung entsprechender Lösungen verpflichtet.[2]

(c) Leistungsänderungen

620 Oftmals entsteht während der vertraglichen Zusammenarbeit das Bedürfnis nach Leistungsänderungen.[3] Es kann aus Problemen bei der technischen Umsetzung hervorgehen, zu berücksichtigen ist aber auch der Wunsch des Auftraggebers, zusätzliche Bestandteile aufzunehmen. Leistungsänderungen, egal ob sie die bisherigen Vereinbarungen ändern, aufheben oder ergänzen, bedürfen einer **Vereinbarung** der Parteien, da sie ihrerseits Vertragscharakter haben. Dabei sollte nicht nur die grundsätzliche Möglichkeit der Anpassung der Leistungsbeschreibung, sondern auch das einzuhaltende Verfahren und zum Zwecke der Dokumentation Schriftform vereinbart werden. Außerdem ist unter Umständen die **Anpassung der Vergütung** vorzusehen.[4] Dadurch wird ein Übergewicht einer Partei in etwaigen Verhandlungen verhindert. Auf Seiten des Auftragnehmers wird gerade wegen einer Vergütungserhöhung meist die grundsätzliche Bereitschaft für Leistungsänderungen bestehen, die regelmäßig aus der Sphäre des Auftraggebers stammen. Wird ein einseitiges Leistungsbestimmungsrecht vereinbart, sollte dies allenfalls abgemildert durch Vergütungspflichten geschehen.

621 Regelungsbedürftig kann in diesem Zusammenhang auch die **Einhaltung von Fristen** sein. Man wird davon ausgehen müssen, dass sich bei Durchführung eines Änderungsverfahrens auch die Abnahmetermine verschieben werden.[5] Um hier eine Grenze zu ziehen, sollte für die Prüfung und Verhandlung der Änderungen vertraglich eine Frist gesetzt werden, und für den Fall einer Nichteinigung sollten die Rechtsfolgen bestimmt werden. Für den Fall unzu-

---

1 Vgl. im Einzelnen Palandt/*Sprau*, § 631 BGB Rz. 13.
2 Vgl. *M. Schmidt* in Spindler, Vertragsrecht der Internet-Provider, Teil VIII Rz. 9 f.
3 Siehe zur Behandlung dieser so genannten Change-Request-Verfahren *Schneider*, CR 2000, 27 (30 f.).
4 *Schneider*, CR 2000, 27 (31), mit Nachweisen aus der Rechtsprechung zum Vergütungsrisiko.
5 Bei einvernehmlicher Änderung soll dies stillschweigend erfolgen, so unter Hinweis auf die Rechtsprechung des BGH *Schneider*, CR 2000, 27 (31).

mutbarer Änderungswünsche kommt hier etwa ein Kündigungsrecht in Betracht.[1]

Es empfiehlt sich, den Auftragnehmer dazu zu verpflichten, den Auftraggeber auf Gründe des Produktionsablaufes oder organisatorische Gründe, die eine Berücksichtigung der Projektänderungen verhindern, schriftlich hinzuweisen.[2] 622

Die Änderungen selber sind mit gleicher Sorgfalt wie das ursprüngliche Pflichtenheft zu formulieren, um im Rahmen der Abnahme eine vertragsgemäße Leistung feststellen zu können. 623

dd) Zeitrahmen

Die Erstellung einer Webseite ist ein dynamischer und zeitintensiver Vorgang. Der Auftraggeber ist auf die pünktliche Fertigstellung angewiesen. Da eine Website regelmäßig aus verschiedenen **Teilprojekten** aufgebaut ist, zB Online-Shop und Präsentation eines Unternehmens, die sich wiederum aus verschiedenen Bestandteilen, etwa Bildern, Filmen und Musik, zusammensetzen, bietet sich neben der Vereinbarung eines Endtermins auch die Unterteilung in Teilprojekte an, für die wiederum Zeitrahmen gesteckt werden. Der Vorteil besteht in der größeren Sicherheit des Auftraggebers, das Projekt zum vereinbarten Endtermin übernehmen zu können. 624

Verzögerungen bei den Teilprojekten setzen sich gewöhnlich im Gesamtprojekt fort. Die Verzugsvorschriften im Leistungsstörungsrecht erfassen prinzipiell nur Verzögerungen des Endprodukts. Für den Auftraggeber stellt sich das Problem, trotz einer sicher abzusehenden Verzögerung noch keine Rechte geltend machen zu können und weiterhin an den Vertrag gebunden zu sein. Um dieses Risiko zu minimieren, kann für die Teilleistungen die Anwendbarkeit der Regelungen des Leistungsstörungsrechts, insbesondere 625

---

1 Projektänderungen: „Sofern bei der Projektdurchführung noch Veränderungen oder Verbesserungen von Leistungsinhalten und -umfang notwendig oder zweckmäßig erscheinen, wird der Auftragnehmer den Auftraggeber hiervon unverzüglich schriftlich unterrichten. Die Vertragsparteien werden sich innerhalb von zwei Wochen schriftlich über Leistungsänderungen einigen. Zusatz- oder Änderungsleistungen ohne Zustimmung des Auftraggebers begründen keinen Vergütungsanspruch. Der Auftraggeber kann schriftlich Änderungen oder Zusatzleistungen verlangen. Der Auftragnehmer wird diese, sofern und soweit sie im Rahmen der organisatorischen Möglichkeiten des Auftragnehmers realisierbar sind, nach Maßgabe der Bestimmungen dieses Vertrages vornehmen Kommt eine Einigung nicht zustande, steht den Parteien ein Kündigungsrecht aus besonderem Grund zu."

2 Formulierung: „Der Auftragnehmer ist hierbei verpflichtet, dem Auftraggeber gegenüber schriftlich anzuzeigen, wenn solche Änderungen oder Änderungswünsche einen erheblichen Mehraufwand darstellen, den vereinbarten Zeitplan gefährden oder die Umsetzung der Änderungswünsche bzw. Anregungen nicht möglich ist. Soweit eine solche Anzeige seitens des Auftragnehmers nicht erfolgt, werden solche Anregungen und Änderungswünsche im Rahmen des einvernehmlich festgelegten Aufwandes und Zeitplanes umgesetzt."

des Verzugs, vertraglich vereinbart werden.[1] Dabei sollte ausdrücklich formuliert werden, dass Verzögerungen der Teilprojekte verzugsauslösend sind, eventuell auch die sich daraus ergebenden Rechte dargestellt werden, um dem Auftragnehmer die Konsequenzen deutlich vor Augen zu führen. Dabei kommen insbesondere die Rechte aus § 326 BGB, Fristsetzung und Ablehnungsandrohung, sowie danach Rücktritt und Schadensersatz in Betracht. Diese Rechte können, jedenfalls individualvertraglich, auch modifiziert werden.[2]

626 Der gesteckte zeitliche Rahmen mit den „Meilensteinen" sollte wie die Leistungsbeschreibung in einem **Anhang** fixiert werden, auf den im Rahmen der Verzugsregelung verwiesen werden kann.[3] Dieses Vorgehen erlaubt die relativ unproblematische Änderung der Vereinbarungen.

ee) Aufteilung in Konzept und Realisierung: Freigabevorbehalt

627 Die Erstellung einer Webseite ist, sofern keine detaillierten Vorgaben gemacht werden und nur die technische Umsetzung geschildert ist, ein **kreativer Vorgang**. Üblich ist deshalb die Unterteilung des Projekts in die Phasen Entwurf und Realisation und die Vereinbarung eines Freigabevorbehalts zugunsten des Auftraggebers. Alternativ können natürlich auch getrennte Verträge abgeschlossen werden, wodurch der Abschluss des Vorhabens allerdings verzögert werden kann. Durch beide Varianten hält sich der Auftraggeber eine Hintertür offen, um bei Nichtgefallen des Konzepts, also aus rein **subjektiven** Gründen, aus der Zusammenarbeit aussteigen zu können. Stellt der Vertrag über eine Design-Leistung einen Werkvertrag dar, kann der vertragsmäßige Erfolg nicht nach der rein subjektiven Bewertung der künstlerischen Leistung bestimmt werden, dem Designer bleibt nach dem Parteiwillen eine künstlerische Gestaltungsfreiheit.[4]

Zu unterscheiden ist die Freigabe von der Abnahme des fertigen, vertragsgemäßen Werkes nach § 640 Abs. 1 Satz 1 BGB, sie ist von dieser unabhängig und nicht an die Übereinstimmung mit der Leistungsbeschreibung geknüpft. Die Freigabe bringt das Projekt in die nächste Stufe der Realisation, die ihrerseits wieder abnahmefähig oder freigabepflichtig sein kann.

Sofern der Auftragnehmer eine angemessene **Vergütung** für das Konzept erhält, wird er sich auf eine derartige Vereinbarung auch einlassen. Außerdem können auch bestimmte Kriterien für die Freigabeerklärung vereinbart werden, die jedoch mit dem Interesse des Auftraggebers an größtmöglicher Entscheidungsfreiheit in Einklang gebracht werden müssen.

---

1 *M. Schmidt* in Spindler, Vertragsrecht der Internet-Provider, Teil VIII Rz. 34.
2 Palandt/*Heinrichs*, § 326 BGB Rz. 4.
3 Für ein Vertragsmuster siehe *Schwarz*, Recht im Internet, 16-3.1, S. 52.
4 Vgl. *Cichon*, Internetverträge, S. 109.

ff) Sonstige Pflichten des Webdesigners

628 Oft wird der Auftragnehmer nicht in der Lage sein, sämtliche vertraglichen Leistungen selber zu erbringen, er wird sich die Einschaltung von **Subunternehmen** eröffnen wollen. Grundsätzlich ist der Werkunternehmer frei in der Auswahl seiner Erfüllungsgehilfen: er haftet für die Fertigstellung des Projekts, muss die Leistungen aber nicht höchstpersönlich erbringen. Der Auftraggeber hat sich indes für die Fertigstellung des Projekts den Auftragnehmer aufgrund bestimmter Kriterien ausgewählt, der Einsatz eines Dritten kann deshalb seinen Interessen zuwiderlaufen. Nachdem der Auftragnehmer kaum generell auf den Einsatz von Subunternehmern verzichten kann, empfiehlt sich die Aufnahme einer Klausel, die ein Zustimmungserfordernis, bzw. Ablehnungsrecht des Auftraggebers statuiert. Damit diese nicht eine schrankenlose Billigkeitsentscheidung ermöglicht, sollten Kriterien für die Ablehnung angegeben werden.

629 Für seine Subunternehmer haftet der Auftragnehmer nach § 278 BGB. Er ist für die Herbeiführung des geschuldeten Erfolges verantwortlich.[1] Schwierigkeiten können sich ergeben, wenn der Auftraggeber seinerseits einzelne Teilprojekte an Dritte vergibt. Hier stellt sich die Frage, ob der Auftragnehmer über die Haftung für den Erfolgseintritt auch für deren Leistungen einstehen muss. Grundsätzlich ist das nicht der Fall. Gewährleistungsansprüche bestehen nur im Vertragsverhältnis, das gestört wurde. Allerdings kann durch Verletzung von Prüfungspflichten die eigene Leistung mangelhaft werden.[2]

630 Um die Webseiten später mit eigenem Personal aktualisieren zu können, bedarf es möglicherweise der Durchführung von Schulungen durch den Webdesigner. Derartige Schulungen werden Einweisungen in das Basis-Know-how für die selbstständige Aktualisierung der Website beinhalten, auf sie ist Dienstvertragsrecht anwendbar. Im Vertrag kann diese Leistungspflicht mitenthalten sein oder eine separate Vergütung vorgesehen sein, die gesondert abgerechnet wird.

gg) Sonstige Pflichten des Auftraggebers

631 Die Ausgestaltung des Projekts bestimmt auch die **Mitwirkungspflichten** des Auftraggebers.[3] Zu erwähnen ist die Überlassung von bestimmter Software

---

1 Projektverantwortung: „Der Auftragnehmer trägt die Verantwortung für die Richtigkeit, Vollständigkeit und Eindeutigkeit fachlicher Angaben im Pflichtenheft und steht dem Auftraggeber diesbezüglich jederzeit für verbindliche Auskünfte zur Verfügung. Die Verantwortung für die technische Umsetzung des Pflichtenhefts trägt der Auftragnehmer. Er wird die Leistungen selbst oder durch Subunternehmer erbringen. Die Projektverantwortung wird aber hierdurch nicht berührt. Der Auftragnehmer trägt Sorge dafür, dass die sich aus diesem Vertrag ergebenden Verpflichtungen von Subunternehmern eingehalten werden."

2 Vgl. Palandt/*Sprau*, Vorbem. v. § 633 BGB Rz. 10.

3 In der Vertragspraxis wird der Umfang der Mitwirkung des Auftraggebers zu bestimmen sein „Soweit für die Erbringung der Leistung des Auftragnehmers etwaige

oder auch Datenbanken, die in die Internet-Präsenz eingebaut werden sollen oder deren Kompatibilität sicherzustellen ist. Diese Mitwirkungspflichten sind ebenfalls vertraglich zu fixieren. Ist ihre Erbringung zeitlich nicht festgelegt, sollte zur Sicherheit des Auftraggebers vereinbart werden, dass der Auftragnehmer die Leistungen in ausreichender Frist anzufordern hat. Dadurch lässt sich das Risiko einer Leistungsstörung auf Seiten des Auftraggebers wirkungsvoll minimieren und gleichzeitig die Effektivität der Vertragsdurchführung steigern.

hh) Abnahme

632 Eine Abnahme der Website nach Erstellung der finalen Version durch den Webdesigner ist vorzusehen. Entspricht das Werk der Leistungsbeschreibung, ist der Auftraggeber zur Abnahme verpflichtet, § 640 Abs. 1 BGB. Einen Anspruch auf Teilabnahme hat der Auftragnehmer nur bei vertraglicher Vereinbarung,[1] die aber nur bei selbständiger Nutzbarkeit sinnvoll ist. Da es auf das Zusammenwirken aller Teile ankommt, ist das Zusammenwirken Gegenstand einer Endabnahme. Dem Auftraggeber muss Gelegenheit zu Funktionstests gegeben werden.[2] Die Abnahmedurchführung wird üblicherweise gemeinsam anhand der live geschalteten Website erfolgen. Ansonsten ist zu regeln, bis wann die Funktionsprüfung als durchgeführt gelten soll, beispielsweise zwei bis vier Wochen nach Übergabe bzw. Implementierung. Auch ist festzuschreiben, bis wann („innerhalb von ... Tagen") die Beseitigung von Abweichungen von den Spezifikationen und Funktionsstörungen erfolgen soll und die Abnahme als abgeschlossen gelten soll.

Im Hinblick auf § 640 Abs. 2 BGB sollte die Erstellung eines Abnahmeprotokolls ausdrücklich vereinbart werden.

ii) Vergütung

633 Mit der Abnahme wird die Vergütung fällig, wobei insoweit auch abweichende Regelungen zulässig[3] und üblich sind. Insoweit ergeben sich zu sonstigen Werkverträgen keine Besonderheiten. Bedenkenswert kann die Vereinbarung von Einbehalten[4] sein, um einerseits im Fall von Teilleistun-

---

Materialien, Unterlagen, Daten oder ähnliche Dokumente wie Grafikelemente sowie Texte erforderlich sind, wird der Auftraggeber dem Auftragnehmer diese zur Verfügung stellen. Der Auftragnehmer wird alle Unterlagen spätestens mit Abschluss seiner Tätigkeit an den Auftraggeber übergeben. Ein Zurückbehaltungsrecht in Bezug auf diese Unterlagen steht dem Auftragnehmer nicht zu. Die Informationen sind vom Auftragnehmer abzurufen."

1 MünchKomm/*Soergel*, § 640 BGB Rz. 12.

2 Vgl. Palandt/*Sprau*, § 640 BGB Rz. 4. Jedenfalls für Computersoftware, MünchKomm/*Soergel*, § 640 BGB Rz. 11a.

3 Palandt/*Sprau*, § 641 BGB Rz. 2; MünchKomm/*Soergel*, § 641 BGB Rz. 2

4 Dazu im Einzelnen *M. Schmidt* in Spindler, Vertragsrecht der Internet-Provider, Teil VIII Rz. 45 ff.

gen das Risiko der Funktionsfähigkeit des Gesamtwerkes für den Auftraggeber zu mindern und um andererseits – für Gewährleistungseinbehalte – die Durchführung von Gewährleistungsmaßnahmen durch den Auftragnehmer sicherzustellen oder die Ausführung durch Dritte vorfinanzieren zu können. Diese können allerdings auch durch sonstige Sicherungsmittel, zB Bürgschaften, abgelöst werden.

Als Vergütung können die Parteien entweder eine Pauschale oder einen Betrag pro Mann-Tag mit einer Höchstgrenze vereinbaren. Möglich ist auch eine Zahlung nach Leistungsfortschritt, gekoppelt an sog. Milestones. An- und Abfahrt sowie Reisekosten werden üblicherweise getrennt berechnet. 634

jj) Rechteeinräumung

Unterschieden werden einerseits das Recht zur Herstellung einer Multimedia-Produktion und andererseits die Rechte zur Auswertung der vom Webdesigner hergestellten Sites. 635

Der Katalog der eingeräumten Rechte ist in den meisten Fällen wegen § 31 Abs. 4 und 5 UrhG sehr detailliert und beinhaltet ein Bearbeitungs- und Vervielfältigungsrecht, §§ 16, 23 Satz 2 UrhG. Zumeist wird eine internationale Auswertung der Seiten geplant sein.

Eine Formulierung ist sicherlich sehr weitgehend, sobald sie eine uneingeschränkte Verwendung der Multimedia-Produktion im Internet ermöglicht.[1] 636

Ferner ist vom Auftragnehmer zu fordern, dass er zusichert, über die durch den Vertrag eingeräumten Rechte verfügungsberechtigt zu sein. Noch besser wäre eine Vorlage der Rechtekette („Chain-of-Title“).

(1) Durch den Webdesigner an Auftraggeber

Mit der wichtigste Punkt eines Webdesign-Vertrages ist die Regelung der Verwertungsrechte. Eine multimediale Website setzt sich aus unterschiedlichen Werkformen zusammen. Die Urheber dieser Bilder, Texte und Musik- 637

---

1 Formulierung: „Der Auftragnehmer räumt dem Auftraggeber für sämtliche Urheber- und Leistungsschutzrechte und sonstige Wettbewerbs- und Sui-generis-Schutzrechte, die an der Website bestehen, die ausschließlichen, örtlich, zeitlich und inhaltlich unbegrenzten Nutzungsrechte zur umfassenden Auswertung der Website und deren Inhalte im Internet ein. Hierzu zählen insbesondere die folgenden ausschließlichen Nutzungsrechte: das Senderecht, die Theaterrechte (Kino-/Vorführungsrecht), die Videogrammrechte, das Vervielfältigungs-, Verbreitungs- und Übertragungsrecht, das Bearbeitungs- und Synchronisationsrecht, das Recht zur Werbung und Klammerteilauswertung, das Merchandising-Recht, das Druck- und Verlagsrecht, das Tonträgerrecht, die Datenbankrechte/Interaktive Rechte, das Bühnen- und Radiohörspielrecht sowie das Archivierungsrecht, jeweils unter Einschluss sämtlicher Übertragungs- und Abruftechniken (insbesondere Kabel, Funk, Satellit ICP/TP, HTTP, HTML, XML, WAP etc.) und unter Einschluss sämtlicher Empfangsgeräte (insbesondere PC und Computer-Netzwerke).“

stücke genießen in der Regel Schutz nach dem Urhebergesetz, der eine Einräumung der Nutzungsrechte erforderlich macht.[1] Aber auch für den Webdesigner, der eine Webseite aus unterschiedlichen Elementen zusammenstellt und dadurch ein neues Werk schafft, kommt urheberrechtlicher Schutz in Frage. Wie dieser im Einzelnen aussieht und unter welchen Voraussetzungen er entsteht, ist allerdings noch nicht abschließend geklärt.[2]

638 Zu **differenzieren** ist dabei zwischen dem Schutz des zugrunde liegenden Computerprogramms und dem Schutz der gestalterischen Leistung.[3] Die steuernde Software wird wohl einhellig unter §§ 2 Abs. 1 Nr. 1, 69a UrhG subsumiert,[4] hinsichtlich der gestalterischen Leistung, also des Konzepts und des dargestellten Ergebnisses der Webseite selber, wird u.a. der Schutz als Datenbankwerk, filmähnliches Werk, Darstellung wissenschaftlicher oder technischer Art sowie der Schutz als neue Werkart diskutiert.[5] Dabei soll für den Fall der Annahme einer eigenständigen Werkart das generierende Computerprogramm als selbständig geschütztes Werkteil des einheitlichen Gesamtwerkes Webseite anzusehen sein.[6] Der Auftraggeber benötigt für eine funktionsfähige Internetpräsenz das Gesamtwerk Webseite und entsprechend auch die Nutzungsrechte an diesem Gesamtwerk. Der Auftragnehmer wird eventuell für bestimmte Teile des Produkts weniger weit reichende Nutzungsrechte einräumen können oder wollen als für andere Teile. Deshalb sollten die Parteien darauf achten, dass alle benötigten, andererseits aber nicht unbedingt umfassend alle Verwertungsrechte übertragen werden.

639 Treffen die Parteien keine Vereinbarung, greift die in § 31 Abs. 5 UrhG normierte **Zweckübertragungstheorie** der Rechtsprechung ein, nach der dem Lizenznehmer nur die Nutzungsrechte übertragen werden, die er für den vertraglichen Zweck im Zeitpunkt des Vertragsabschlusses benötigt. Diese Situation sollte aufgrund der sich ergebenden Auslegungsprobleme auf beiden Seiten vermieden werden. Die Parteien müssen sich Klarheit über den Einsatz des Produkts und die dafür erforderlichen Rechte verschaffen, da die vertragliche Nutzungsrechtseinräumung restriktiv auszulegen ist.[7] Daher ist es ratsam, ausdrücklich zu vereinbaren, dass die Nutzungsrechte an den

---

1 Vgl. *Schack*, MMR 2001, 9 (10). S. dazu auch den Beitrag von *Dreier*, E Rz. 4 ff.

2 Siehe dazu *M. Schmidt* in Spindler, Vertragsrecht der Internet-Provider, Teil VIII Rz. 21 ff.; *Schack*, MMR 2001, 9 (10 ff.); *Völker/Lührig*, KR 2000, 20 (23 ff.); *Lehmann/von Tucher*, CR 1999, 700 ff., sowie den sehr ausführlichen Beitrag von *Leistner/Bettinger*, CR 1999, Beil. 12, 1 ff.; jeweils mit weiteren Nachweisen. Aus der Rspr. etwa OLG Düsseldorf, Urt. v. 29.6.1999 – 20 U 85/98, CR 2000, 184, das den Schutz im konkreten Fall allerdings verneint; LG Köln, Urt. v. 25.8.1999 – 28 O 527/98, CR 2000, 400; LG Hamburg, Urt. v. 12.7.2000 – 308 O 205/00, CR 2000, 776.

3 Vgl. *Lehmann/von Tucher*, CR 1999, 703.

4 Vgl. *Lehmann/von Tucher*, CR 1999, 703; *Leistner/Bettinger*, CR 1999, Beil. 12, 24.

5 Vgl. zu Einzelheiten *Schack*, MMR 2001, 9 (10 ff.); *Lehmann/von Tucher*, CR 1999, 703 ff., sowie *Leistner/Bettinger*, CR 1999, Beil. 12, 24.

6 So *Lehmann/von Tucher*, CR 1999, 705.

7 *Hertin* in Fromm/Nordemann, Urheberrecht §§ 31, 32 UrhG Rz. 19.

Webseiten auch für die Zeit nach Vertragsbeendigung eingeräumt werden, ansonsten fallen sie automatisch an den Urheber zurück.[1]

Für den Auftragnehmer ist aus Marketinggründen auch die **Urhebernennung** auf der Webseite interessant. Zwar besteht ein entsprechender Anspruch kraft Gesetzes, § 13 UrhG, eine explizite Regelung dient aber jedenfalls der Vermeidung späterer Unklarheiten, insbesondere hinsichtlich der Form dieser Kennzeichnung. 640

Zu bedenken ist insbesondere auf Auftragnehmerseite die Beeinträchtigung der **Rechte Dritter**, die an einzelnen Bestandteilen der Webseite bestehen können. Der Auftragnehmer wird sich zum Erwerb und/oder zur Weiterveräußerung dieser Rechte an den Auftraggeber verpflichten müssen. 641

Die hier aufgeführten Vertragsmuster stellen zwei Regelungsvarianten vor, wobei die erste Variante alle Verwertungsrechte einräumt und eine weitere Verwertung einzelner Gestaltungselemente verneint.[2] 642

In der Vertragspraxis werden häufig die „fertigen" Module und Inhalte, die der Webdesigner für andere Aufträge weiterverwenden möchte, von den individuellen Tools und Inhalten unterschieden.[3] Diese sind detailliert in einer Anlage zu bezeichnen.

(2) Durch den Auftraggeber an den Webdesigner

Auch der Auftraggeber kann unter Umständen gezwungen sein, dem Auftragnehmer Nutzungsrechte zu übertragen, wenn er beispielsweise die Einbindung bestimmter Software bzw. die Anpassung der Webseite in eine bestimmte Programmumgebung wünscht. Auch hier ist wieder auf Drittrechte zu achten, die entsprechend lizenziert werden müssen. 643

1 Schricker/*Schricker*, Urheberrecht, vor §§ 28 UrhG Rz. 61.

2 Formulierung: „Alle Verwertungsrechte an der Website liegen ausschließlich beim Auftraggeber. Der Auftraggeber ist nicht berechtigt, einzelne Gestaltungselemente sowie das Look und Feel der Site in anderen Sites zu verwenden."

3 Formulierung der Verwertungsrechte: „Der Webdesigner und seine Erfüllungsgehilfen bleiben Inhaber ihrer Urheber- und Leistungsschutzrechte an den vom Webdesigner über die Site zur Verfügung gestellten und in Anlage X aufgeführten Inhalten, an denen entsprechende Rechte bereits bestanden, bevor der Webdesigner in Geschäftsbeziehungen mit dem Diensteanbieter getreten ist, sowie in den Fällen, in denen die betreffenden Inhalte vereinbarungsgemäß unabhängig von diesem Vertrag vom Webdesigner entwickelt oder von den Erfüllungsgehilfen bereitgestellt werden. Alle sonstigen Urheber- und Leistungsschutzrechte an der Site, ihrer Darstellungsoberfläche, ihren Inhalten sowie alle Tools mit Bezug auf die Site, den Informationsdienst und die Erfüllung des vorliegenden Vertrages verbleiben beim Diensteanbieter oder werden an den Diensteanbieter als ausschließliches Recht zur weltweiten Vervielfältigung, Änderung, Verbreitung und Veröffentlichung übertragen."

kk) Gewährleistung

644 Die Leistung des Auftragnehmers kann in zweifacher Hinsicht mangelhaft sein. Zum einen besteht die Möglichkeit eines **Sachmangels**, wenn das Produkt nur eingeschränkt funktionstauglich ist oder eine vertraglich vereinbarte Eigenschaft fehlt. Ob ein Mangel zu bejahen ist, wird anhand der Gebrauchsfähigkeit zu prüfen sein. In Betracht kommt u.a. eine falsche oder unrichtige Web-Seite. Zu unterscheiden ist das Vorliegen von **Rechtsmängeln:** das Produkt ist nach seiner Ausführung grundsätzlich funktionstauglich, der Nutzung stehen jedoch Rechte Dritter entgegen, zB an den verwendeten Grafiken.

645 Wird auch die **Wartung** der Webseiten geschuldet, kommt also auf Teilleistungen das Dienstvertragsrecht zur Anwendung, greift keine gesetzliche Gewährleistung, sondern lediglich die Haftung nach allgemeinen Regeln, insbesondere aus pVV, siehe dazu im Einzelnen bereits oben Rz. 396, 399.

(1) Sachmängel

646 Die Sachmängelgewährleistung erfasst im Rahmen des Werkvertragsrechts nicht nur die unmittelbaren Mängel, sondern auch **Mangelschäden und enge Mangelfolgeschäden.**[1] Sie wurde bereits oben unter Rz. 394 skizziert. Es wurde schon darauf hingewiesen, dass die künstlerische Qualität für die Annahme eines Sachmangels außer Betracht bleiben muss, siehe oben Rz. 627. Dies gilt natürlich nicht für Vorgaben in der Leistungsbeschreibung des Auftraggebers.

647 Vertraglich sollte erstens eine **längere Verjährungsfrist** als die sechs Monate des § 638 Abs. 1 Satz 1 BGB vereinbart werden, § 638 Abs. 2 BGB[2], und zweitens als Abnahme im Sinne des § 638 Abs. 1 Satz 2 BGB die **Endabnahme des Gesamtprojekts** vereinbart werden. Bei Abnahme von Teilprojekten kann sonst deren etwaige Mangelhaftigkeit, die erst im Zusammenspiel mit den anderen Teilprojekten bemerkt wird, unter Umständen nicht mehr rechtzeitig geltend gemacht werden.[3]

648 Lässt sich der Auftragnehmer darauf nicht ein, bietet sich alternativ die Vereinbarung einer **Beweislastregel** an, nach der sog. Schnittstellenmängel immer der zuletzt abgenommen Stufe zugerechnet werden.[4] In AGB, egal, ob gegenüber Unternehmern oder Privaten, stößt eine derartige Vereinbarung allerdings an die Grenzen des § 11 Nr. 15 AGBG.[5]

1 Palandt/*Sprau*, Vorbem. v. § 633 BGB Rz. 22 f.
2 Branchenüblich sind mindestens 12 Monate, vgl. *M. Schmidt* in Spindler, Vertragsrecht der Internet-Provider, Teil VIII Rz. 112.
3 Vgl. *M. Schmidt* in Spindler, Vertragsrecht der Internet-Provider, Teil VIII Rz. 109.
4 Zulässig in Individualverträgen, Palandt/*Sprau*, § 633 BGB Rz. 10.; vgl. *M. Schmidt* in Spindler, Vertragsrecht der Internet-Provider, Teil VIII Rz. 110.
5 Palandt/*Heinrichs*, § 11 AGBG Rz. 92, 93a.

(2) Rechtsmängel

Hinsichtlich des Auftretens von Rechtsmängeln enthält das Werkvertragsrecht keine Regelungen. Diese fallen jedoch ebenfalls unter § 633 Abs. 2 BGB, den Auftragnehmer trifft eine Mängelbeseitigungspflicht und es greifen die **§§ 434 ff. BGB entsprechend,**[1] siehe dazu Rz. 394. Zulässig ist auch hier eine **Modifizierung der Gewährleistung** bis hin zum völligen Ausschluss, § 443 BGB. Darauf sollte sich der Auftraggeber aber nie einlassen. 649
Im Rahmen der Mangelbeseitigung bestehen für den Auftragnehmer letztlich nur zwei Möglichkeiten: der Erwerb einer Lizenz vom Dritten oder die Umgestaltung der Software, so dass die Verletzung beseitigt wird.

ll) Haftung

Neben den Gewährleistungsvorschriften finden im Rahmen des Werkvertrages die Regeln der pVV auf Pflichtverletzungen, die nicht mit Mängeln im Zusammenhang stehen, sowie auf die entfernten Mangelfolgeschäden Anwendung.[2] Sie erfassen daher in erster Linie die Pflichtverletzungen des Auftraggebers. In diesem Zusammenhang sollte über **Haftungsbeschränkungen** nachgedacht werden, die allerdings nach allgemeinen Regeln vorzunehmen sind, siehe dazu oben Rz. 399 ff. 650

Dagegen empfiehlt sich für den Fall der **Inanspruchnahme durch Dritte** eine Regelung der Konsequenzen.[3] Grundsätzlich ist es Sache des Auftragnehmers, dem Besteller ein mangelfreies Werk zu verschaffen. Daher wird ihm auch regelmäßig die Pflicht zur Rechtsdurchsetzung gegenüber Dritten auf eigene Kosten auferlegt. Dies ist auch sachgerecht, da er seine Rechtsposition im Verhältnis zum Dritten besser beurteilen kann. 651

Problematisch ist die direkte Inanspruchnahme des Auftraggebers durch den Dritten. Die Vereinbarung einer Freistellungspflicht gegenüber Schadensersatzansprüchen ist durchaus gebräuchlich, wobei die Kosten zur Rechtsverteidigung vorzuschießen sind. Aufgrund der eingeschränkten Zulässigkeit einer gewillkürten Prozessstandschaft ist diese Vorschusspflicht für den Auftragnehmer durchaus problematisch: er ist zur Leistung verpflichtet, obwohl der Anspruch noch nicht rechtskräftig festgestellt ist, hat aber selber keinen Einfluss auf die Prozessführung durch den Auftraggeber. Insofern ließe sich allerdings ein Weisungsrecht des Auftragnehmers gegenüber dem Auftraggeber vereinbaren, von dessen Befolgung die Kostentragungspflicht abhängig gemacht wird.[4]

---

1 Palandt/*Sprau*, Vorbem. v. § 633 BGB Rz. 1.
2 Palandt/*Sprau*, Vorbem. v. § 633 BGB Rz. 22 f.
3 Zum Folgenden detailliert *M. Schmidt*, in Spindler, Vertragsrecht der Internet-Provider, Teil VIII Rz. 124 ff.
4 Vgl. *M. Schmidt* in Spindler, Vertragsrecht der Internet-Provider, Teil VIII Rz. 127.

f) Sonstige Bestimmungen

aa) Präambel

652 Aufgrund ihrer Bedeutung bei Auslegungsproblemen – insbesondere auch bei einem eventuellen Rechtsstreit – ist die Aufnahme einer Präambel üblich und empfehlenswert.[1] Zwar binden die in der Präambel niedergelegten Erwägungsgründe nicht wie der eigentliche Vertragstext, aber die Präambel dient der Lesbarkeit des Vertrages für Dritte und der Dokumentation des Parteiwillens. Die Formulierung der Präambel verdient die gleiche Sorgfalt wie der materielle Vertragsinhalt.

653 Nach der Präambel folgt der eigentliche Vertrag. Im deutschen Recht wird im Vertrag unmittelbar der Vertragsgegenstand festgelegt, während sich im amerikanischen Vertrag an dieser Stelle umfangreiche Definitionen finden. Hier ist Raum für die Niederlegung der mit der Zusammenarbeit verfolgten Ziele und die Einordnung in zukünftige Vorhaben der Vertragspartner, wie etwa geplante Erweiterungen. Erwägungen der Parteien, die nicht im eigentlichen Vertragstext zu erwähnen sind, können in der Präambel aufgenommen werden. Andererseits sollte der Text der Präambel selbstverständlich schlank bleiben und nicht überfrachtet werden, um ihre Aussagekraft und Funktion nicht einzuschränken. Dabei sollte auch auf einen klaren Aufbau geachtet werden, etwa eine deutliche Trennung in Regelungsgegenstand und Parteiziele. Mit der Definition des Leistungsumfangs unter der Überschrift „Gegenstand des Vertrages/Vertragsleistung“ beginnt die vertragliche Detailarbeit.

bb) Presseveröffentlichungen und Marketing

654 Da sich der kommerzielle Wert eines Internet-Auftritts im Wesentlichen nach der erzielten Reichweite bemisst, sind **gemeinsame Marketingmaßnahmen** häufig ratsam. Dabei sollten wiederum die Mitwirkungspflichten der Parteien an einer gemeinsamen Kampagne möglichst genau geregelt werden, etwa durch Einbeziehung eines weiteren Anhangs. In den Vertragstext sollte zusätzlich die Pflicht zur bestmöglichen Förderung dieser Maßnahmen aufgenommen werden. Korrespondierend ist die eventuelle Benutzung von Marken oder anderen gewerblichen Schutzrechten im Rahmen von Werbemaßnahmen vertraglich zu regeln. Zum einen wird die Benutzung dieser Bezeichnungen notwendig sein, andererseits sollte sie aber von der Zustimmung im Einzelfall abhängig gemacht werden, um Missbrauch zu verhindern.

655 Neben dem Promoten und Ankündigen des Service können gemeinsame **Pressemitteilungen**, aber auch Anzeigen und Printkampagnen für das Angebot vorgesehen werden.

---

1 Vgl. dazu: *Imbeck* in Heussen, Handbuch Vertragsverhandlung und Vertragsmanagement, Rz. 430 ff.

Da insbesondere durch Verkauf von Werbemöglichkeiten auf populären Internet-Angeboten Einnahmen erzielt werden können, sollten auch die **Werbeschaltungen**, die im Zusammenhang mit den Inhalten durch Dritte erfolgen, geregelt werden. Der Auftraggeber wird insbesondere auf Mitspracherechte bei der Auswahl von Werbepartnern achten, um Werbung für Konkurrenzunternehmen oder deren Produkte zu verhindern. Aber auch die Art und Weise der Werbung (zB Fragebögen, Pop-up-windows, Banner) sollte Beachtung finden. Klärungsbedürftig ist ebenfalls die Frage der Verteilung der Erlöse. 656

cc) Vertragsstrafen und Schadenspauschalierungen

Zur Sicherung der vertraglichen Pflichten können die Parteien eine Vertragsstrafe vereinbaren, §§ 339 ff. BGB, oder den befürchteten Schaden pauschalieren. Eine Kumulierung beider Möglichkeiten ist unwirksam.[1] 657

Die durch eine **Vertragsstrafe** gesicherten Pflichten sind zu bezeichnen.[2] Formularklauseln unterliegen der Inhaltskontrolle, § 11 Nr. 6 AGBG sowie § 9 AGBG bei Verwendung gegenüber Unternehmern.[3] Eine unangemessene Benachteiligung kann bei fehlender Begrenzung nach oben vorliegen, ebenso Unverhältnismäßigkeit bei nur geringfügigen Verletzungen.[4] Wegen des Verbots der geltungserhaltenden Reduktion kann eine unangemessene Strafe nicht nach § 343 BGB herabgesetzt werden.[5] Das Verschuldenserfordernis kann nur bei Unternehmern und nur bei gewichtigen Gründen und nur ausnahmsweise abbedungen werden.[6] Außerdem werden die Rechte des Verwenders in der Regel durch die Vereinbarung von Schadenspauschalierungen ausreichend gewahrt.[7] 658

Schadenspauschalierungen dienen der Beweiserleichterung im Schadensfall. Für eine Vereinbarung in AGB gilt § 11 Nr. 5 AGBG, auch im unternehmerischen Verkehr, §§ 9, 24 Satz 2 AGBG.[8] Sie darf daher den nach dem Schadensbegriff des BGB nach dem gewöhnlichen Lauf der Dinge zu erwartenden Schaden nicht übersteigen.[9] Die Klausel muss den Gegenbeweis nicht ausdrücklich für zulässig erklären, unzulässig ist aber das aus- 659

---

1 *Wolf* in Wolf/Horn/Lindacher, § 11 Nr. 6 AGBG Rz. 24.

2 Insbesondere in AGB, da die Klausel sonst mangels Bestimmtheit unwirksam wäre, vgl. *Wolf*, in Wolf/Horn/Lindacher, § 11 Nr. 6 AGBG Rz. 25.

3 Palandt/*Heinrichs*, § 11 AGBG Rz. 32; *Wolf* in Wolf/Horn/Lindacher, § 11 Nr. 6 AGBG Rz. 33.

4 Vgl. *Mummenthey*, CR 1999, 651 (658) mwN aus der Rspr. in Fn. 50; Palandt/*Heinrichs*, § 343 BGB Rz. 3; *Wolf* in Wolf/Horn/Lindacher, § 11 Nr. 6 AGBG Rz. 27.

5 Palandt/*Heinrichs*, § 343 BGB Rz. 9; *Mummenthey*, CR 1999, 651 (658).

6 Palandt/*Heinrichs*, § 11 AGBG Rz. 33; *Wolf* in Wolf/Horn/Lindacher, § 11 Nr. 6 AGBG Rz. 26, 35.

7 Palandt/*Heinrichs*, § 11 AGBG Rz. 28; *Wolf* in Wolf/Horn/Lindacher, § 11 Nr. 6 AGBG Rz. 6.

8 Palandt/*Heinrichs*, § 11 AGBG Rz. 27; *Wolf* in Wolf/Horn/Lindacher, § 11 Nr. 5 AGBG Rz. 39.

9 Palandt/*Heinrichs*, § 11 AGBG Rz. 22.

drückliche oder konkludente Verbot des Gegenbeweises[1], § 11 Nr. 5b AGBG, wobei auf den Eindruck des rechtsungewandten Kunden abzustellen ist.[2] Zu bedenken ist, dass auch hier eine Herabsetzung der Pauschale wegen des Verbots der geltungserhaltenden Reduktion nicht in Betracht kommt.[3]

dd) Vertraulichkeitsvereinbarungen

660 Im Rahmen der Zusammenarbeit erhalten die Parteien häufig – absichtlich oder unabsichtlich – Zugang zu Geschäftsinterna technischer oder kaufmännischer Art. Deshalb sollten sich die Partner gegenseitig zu Stillschweigen verpflichten und eine Weitergabe oder Verwertung dieser Informationen, soweit sie nicht zur Vertragserfüllung erforderlich ist, ausschließen.[4] Darüber hinaus sollten die Parteien vereinbaren, auch ihre Mitarbeiter, Erfüllungsgehilfen und Subunternehmer zur Einhaltung dieser Vereinbarung zu verpflichten, und zumutbare Maßnahmen zu treffen, um diese an der Kenntnisnahme zu hindern.

Nicht nur bei Verwendung in AGB wegen § 9 Abs. 2 Nr. 2 AGBG[5], sondern auch, um die Kooperation in Individualverträgen nicht zu gefährden, sollten die Parteien unter Berücksichtigung der gegenläufigen Interessen versuchen, eine verhältnismäßige Regelung zu finden.

661 Dazu gehört zunächst eine **Differenzierung** zwischen tatsächlich vertraulichen und sonstigen Informationen, da eine pauschale Vereinbarung für den Informationsempfänger nicht akzeptabel ist. Diesbezüglich sollte eine Kennzeichnung oder, bei mündlicher Mitteilung, eine in zu bestimmender Frist nachfolgende schriftliche Identifizierung der vertraulichen Informationen vereinbart werden.[6]

662 Eine **zeitliche Befristung** der Vereinbarung von etwa zwei bis drei Jahren ist anzuraten. Eine unbeschränkte Verpflichtung, die nicht auf einzelne, besonders schutzwürdige Daten beschränkt ist, fesselt die empfangende Partei normalerweise über Gebühr.[7] Der Beginn dieser Frist sollte für alle Informationen gleich gewählt werden, um Abwicklungsprobleme zu umgehen.

---

1 Zwischen Unternehmern ist eine Schadenspauschalierung wegen § 376 Abs. 2 HGB zulässig, sofern die Pauschale dem typischen Schaden entspricht, *Wolf* in Wolf/Horn/Lindacher, § 11 Nr. 5 AGBG Rz. 40.

2 Palandt/*Heinrichs*, § 11 AGBG Rz. 26; *Wolf* in Wolf/Horn/Lindacher, § 11 Nr. 5 AGBG Rz. 33, 29.

3 Palandt/*Heinrichs*, § 11 AGBG Rz. 22.

4 Ausführlich mit Klauselvorschlägen *Mummenthey*, CR 1999, 651 ff. Hier soll nur auf die wichtigsten Punkte eingegangen werden.

5 Darüber hinaus ist insbesondere an §§ 3, 4, 9 Abs. 2 Nr. 1 AGBG zu denken, die über § 24 AGBG auch im unternehmerischen Verkehr gelten.

6 Vgl. *Mummenthey*, CR 1999, 651 (655).

7 Vgl. *Mummenthey*, CR 1999, 651 (656).

Auch eine **gegenständliche Beschränkung** ist üblich[1]: Informationen, die sich bereits im Besitz des Empfängers befinden, zB durch Weitergabe von Dritten, und die keiner Vertraulichkeitsvereinbarung unterliegen, Informationen, die die mitteilende Partei ohne Vertraulichkeitsvereinbarung an Dritte mitgeteilt hat, aber auch allgemein verfügbare Daten werden regelmäßig ausgenommen. Dies gilt auch für die Verwendung zur rechtlichen Beratung und in Prozessen. 663

Ein **Weitergabeverbot** ist im Allgemeinen zulässig, allerdings sollte berücksichtigt werden, ob nicht eventuell Dritte, zB als Subunternehmer, von diesem Verbot ausgenommen werden müssen.[2] Nutzungsbeschränkungen[3] sind ebenfalls denkbar, aber problematisch, weil sie praktisch nicht einzuhalten sind. Sie können jedoch durch Haftungsbeschränkungen oder eine Klausel, die das Recht zur Verwendung verbleibenden Wissens regelt, abgemildert werden. 664

Verpflichtungen zur Rückgabe oder Vernichtung von Unterlagen der jeweils anderen Partei sind für die mitteilende Partei ebenfalls interessant. Allerdings führt eine derartige Klausel zu Problemen:[4] Zum einen stellt sich die Frage, wie mit Unterlagen zu verfahren ist, die nur teilweise vertraulichen Charakter haben oder die zum Teil im Eigentum der anderen Partei stehen, zum anderen setzt sich die zur Vernichtung verpflichtete Partei Beweisschwierigkeiten aus, wenn es um den Nachweis geht, welche Informationen sie überhaupt erhalten hat. Letzteres lässt sich beispielsweise durch Aufstellung einer Liste der überlassenen Informationen vermeiden. Das erste Problem lässt sich nur durch eine saubere Trennung der Unterlagen umgehen – ist diese nicht möglich, sollte von einer derartigen Vereinbarung Abstand genommen werden. 665

ee) Datenschutz

Die Anbieter von Tele- oder Mediendiensten sind zur Einhaltung datenschutzrechtlicher Bestimmungen verpflichtet, §§ 1 ff. TDDSG, 12 ff. MDStV. Gleiches gilt für die Anbieter von Telekommunikationsdiensten, §§ 85 ff. TKG. Das BDSG gilt subsidiär, § 1 Abs. 4 BDSG. Hinsichtlich der Einzelheiten zur Zulässigkeit der Datenerhebung und -verarbeitung wird auf den Beitrag von *Wächter*, D Rz. 646 ff. verwiesen. Insbesondere im Hinblick auf Nutzerdaten sollten sich beide Parteien zur Einhaltung der datenschutzrechtlichen Bestimmungen, auch durch ihre Hilfspersonen, Erfüllungsgehilfen und Subunternehmer, vertraglich verpflichten. Zwar handelt es sich insoweit um gesetzliche, allgemein verbindlichen Bestimmungen, die Aufnahme als Nebenpflicht in den Vertrag eröffnet aber den Anwendungsbereich der pVV.[5] 666

1 *Mummenthey*, CR 1999, 651, (656).
2 *Mummenthey*, CR 1999, 651, (656).
3 *Mummenthey*, CR 1999, 651, (657).
4 *Mummenthey*, CR 1999, 651, (657).
5 In der Vertragspraxis übliche Formulierung: „Der Vertragspartner ist verpflichtet, die einschlägigen datenschutzrechtlichen Bestimmungen einzuhalten."

Auch ist regelungsbedürftig, ob und welche Rechte der Provider an Daten der Kunden des Auftraggebers haben bzw. nicht haben soll.

667 Im Übrigen ist der Content-Provider vertraglich zu verpflichten, Informationen über Mitglieder des Online-Dienstes nicht an Dritte weiterzugeben und sie selbst unter Beachtung der geltenden Datenschutzbestimmungen zu verwenden.[1] Eine formularmäßige Klausel zur Einwilligung in die Datenspeicherung und damit in die weitere Verarbeitung personenbezogener Daten über den Rahmen der Zweckbestimmung des Vertragsverhältnisses hinaus hat § 9 Abs. 1 iVm. Abs. 2 AGBG iVm. § 4 Abs. 2 BDSG zu beachten. Die Einwilligung kann beim Betroffenen eingeholt werden, wenn er auf den Zweck der Speicherung und einer vorgesehenen Übermittlung hingewiesen wurde.[2]

ff) Exklusivität und Konkurrenzausschluss

668 **Exklusivitätsklauseln** steigern die Attraktivität des Auftraggebers gegenüber seinen Nutzern. Dieser wird bei spezifischen Angeboten auf eine dementsprechende Klausel Wert legen.[3] Aber auch der Content-Provider kann dadurch seinen Marktwert steigern. Dem Content-Provider kann aber auch die Betreibung eines anderen Internet-Auftritts gleichen oder ähnlichen Inhalts gestattet werden, sofern dieser – evtl. ausschließlich – für die Mitglieder des Auftraggebers frei zugänglich ist. Daneben bietet sich eine Verpflichtung des Content-Providers an, andere Auftritte mit dem für den Auftraggeber erstellten Produkt zu verlinken. Für etwaige (Werbe-)Einnahmen dieser anderen Auftritte kann eine Beteiligung vereinbart werden, jedenfalls wenn dessen Inhalt mit dem Produkt in Verbindung steht.

669 Im Zusammenhang mit dem Zugang zu Geschäftsinterna sind beide Parteien gewöhnlich daran interessiert, sich gegen Konkurrenz durch ihren Partner abzusichern. Für die Dauer des Vertrages stellen angemessene **Wettbewerbsklauseln** eine Lösung dar.[4] Dabei sollte die Abwerbung von Kunden für Dritte ebenso erfasst werden wie auch die Veranlassung der Beendigung eines Vertragsverhältnisses zwischen einer Partei und ihren Kunden oder Mitarbeitern. Aber auch der Hinweis auf Konkurrenzprodukte, zB andere

1 Siehe zum Teledienstedatenschutzgesetz (TDDSG) http://www./iid.de/rahmeniukdg.html; *Schaar*, Datenschutzfreier Raum Internet?, CR 1996, 170 ff.

2 LG Halle, Urt. v. 18.3.1996 – 8 O 103/95, CR 1998, 85.

3 Premiumpartnerschaft statt Exklusivität: „Der Werbeträger gewährleistet, dass der Werbetreibende in den vereinbarten Bereichen der Online-Dienste der bevorzugte Partner ist, dh. dass der Werbetreibende hinsichtlich des Umfangs der Gesamtimpressionanzahl und der Art der Darstellung gegenüber Mitwettbewerbern des Werbetreibenden an erster Stelle steht."

4 Eine Formulierung für eine Wettbewerbsklausel kann im Bereich AdSales wie folgt aussehen. „Auftraggeber (Werbetreibende) verpflichtet sich, während der Laufzeit dieses Vertrages nicht für bestimmte Wettbewerber des Auftragnehmers (Werbeträgers) Waren und Dienstleistungen zu bewerben oder Nutzern die ISPs solcher Wettbewerber in den Bereichen der Auftragnehmer Websites zugänglich zu machen, auf die durch die Werbeschaltungen direkt verlinkt wird. Die von dieser Klausel erfassten Wettbewerber sind nachstehend beispielhaft aufgezählt: [...]."

Informationsdienste, oder auf die Beteiligung einer der Parteien an Konkurrenzprodukten sollte vertraglich untersagt werden.

670 **Nachvertragliche Wettbewerbsverbote** sind an § 138 BGB zu messen. Erforderlich ist ein schutzwürdiges Interesse des Berechtigten sowie eine angemessene zeitliche, räumliche und gegenständliche Beschränkung.[1] Dies gilt letztlich auch bei Verwendung in AGB, dort ist vor allem § 9 Abs. 1 und § 3 AGBG zu beachten, die auch im Verkehr mit Unternehmern gelten, § 24 AGBG. In der Regel darf die Schutzfrist zwei Jahre nicht überschreiten. Zu berücksichtigen sind jedoch die Umstände des Einzelfalls. Ein übermäßiges Verbot ist im ganzen unwirksam und kann über § 139 BGB den gesamten Vertrag erfassen. Bei zeitlicher Unangemessenheit besteht jedoch die Möglichkeit, das Verbot mit reduzierter Dauer aufrechtzuerhalten (in der Regel zwei Jahre).[2] Unter Umständen kann auch eine Ausgleichszahlung vereinbart werden, um die Grenze der Angemessenheit einzuhalten.

gg) Laufzeit und Kündigung

671 Laufzeit und Kündigung beinhalten keine online-spezifischen Besonderheiten. Immer regelungsbedürftig ist die Frage der Dauer der Zusammenarbeit und eventuelle Kündigungsmöglichkeiten. Zu beachten ist bei Verwendung eines Formularvertrages § 11 Nr. 12 AGBG, der Laufzeiten von mehr als zwei Jahren, stillschweigende Verlängerungen um mehr als ein Jahr sowie längere Kündigungsfristen als drei Monate vor Ablauf der zunächst vorgesehenen oder stillschweigend verlängerten Vertragsdauer verbietet. Dieser gilt aber nur für Kauf-, Werk- und Dienstverträge, die eine regelmäßige Leistungserbringung erfordern und nicht für Miete und Pacht.[3] Außerdem ist er im Verkehr zwischen Unternehmern nicht anwendbar, dort gilt aber, dass Laufzeitbeschränkungen angemessen sein müssen, wobei auch auf die Gewohnheiten des Handelsverkehrs Rücksicht zu nehmen ist.[4]

672 Es kann eine **befristete Zusammenarbeit** vereinbart werden, eventuell mit automatischer Verlängerung für den Fall, dass keine Kündigung erfolgt. Alternativ kann bei Befristung auch die bloße Pflicht zur Verhandlung über eine Verlängerung bestimmt werden, wobei hier etwaige Äußerungen außerhalb des Vertrages oder in der Präambel zu ernsthaften Verhandlungen verpflichten werden, sofern dies nicht ausdrücklich erwähnt wird. Schließlich kann auch eine unbefristete Laufzeit vereinbart werden, wobei hier die Vereinbarung eventueller Nachverhandlungen bei Änderung wesentlicher Umstände ratsam ist.

---

1 Vgl. dazu und zum Folgenden Palandt/*Heinrichs*, § 138 BGB Rz. 104 ff.

2 Das gilt nicht im Anwendungsbereich des AGBG, § 5 AGBG (Verbot der geltungserhaltenden Reduktion).

3 Palandt/*Heinrichs*, § 11 AGBG Rz. 76; *Wolf* in Wolf/Horn/Lindacher, § 11 Nr. 12 AGBG Rz. 5 ff.

4 § 9 AGBG, Palandt/*Heinrichs*, § 11 AGBG Rz. 83; *Wolf* in Wolf/Horn/Lindacher, § 11 Nr. 12 AGBG Rz. 26.

673 In jedem Fall ist aber bei unbefristeter Laufzeit oder ausdrücklicher Kündigungsmöglichkeit zu regeln, wer, wann, warum und eventuell unter welcher Frist zur Kündigung berechtigt sein soll. Empfehlenswert ist die ausdrückliche **Normierung eines Rechts zur (fristlosen) Kündigung** aus wichtigem Grund. Dieses ist zwar bei Dauerschuldverhältnissen durch die Rechtsprechung anerkannt, die ausdrückliche Normierung insbesondere der Voraussetzungen schafft für die Beteiligten aber erhöhte Rechtsklarheit. Dabei ist die genaue Regelung der Voraussetzungen zu beachten[1]. In Betracht kommt dieses Kündigungsrecht in Fällen des Verstoßes gegen wesentliche Vertragspflichten, die eine weitere Zusammenarbeit der Parteien unmöglich oder unzumutbar machen. In der Regel sollte auch die Pflicht einer Abmahnung aufgenommen werden, um der anderen Seite die Beseitigung eines konkreten und einmaligen Fehlverhaltens zu ermöglichen.

In diesem Zusammenhang sollte auch die Regelung etwaiger Rückgabepflichten erfolgen, siehe dazu schon oben Rz. 603. Im Laufe der Zusammenarbeit kommt es in der Regel zum Austausch von Arbeitsmitteln, aber auch bereits für die Zukunft gewährte Leistungen müssen rückabgewickelt werden.

hh) Abtretung und Vertragsübernahme

(1) Abtretung

674 Beide Vertragsparteien können aus unterschiedlichen Gründen Interesse an der ausdrücklichen Ermöglichung oder aber Ausschließung der Abtretung vertraglicher Rechte haben. Ein Abtretungsverbot ist gesetzlich ausdrücklich zulässig, § 399 BGB, auch für zukünftige Forderungen.[2] Die Vereinbarung durch AGB ist möglich, sie verstößt in der Regel nicht gegen § 9 AGBG.[3] Möglich ist auch die Vereinbarung eines Zustimmungserfordernisses zur Abtretung oder die Beschränkung der Zulässigkeit auf bestimmte Übernehmer.[4] Zur Entschärfung kann der anderen Partei ein Kündigungsrecht für bestimmte oder alle Fälle gewährt werden. Gemäß § 1274 Abs. 2 BGB ist die Forderung dann auch unpfändbar, jedoch nicht in der Zwangsvollstreckung, § 851 Abs. 2 ZPO.

675 Zu differenzieren ist zwischen einem **schuldrechtlichen**, also relativ wirkenden, § 135 BGB, und einem **dinglichen Verbot**. § 399 BGB erfasst nur die dinglich wirkende Vereinbarung.[5] Vertraglich sollte daher die gewünschte Form ausdrücklich festgelegt werden. Eine verbotswidrige Abtretung ist unwirksam.[6] Im kaufmännischen Verkehr führt die zwingende Vorschrift des

---

1 Diese Vereinbarung ist zulässig, vgl. Palandt/*Putzo*, § 626 BGB Rz. 2.
2 Palandt/*Heinrichs*, § 399 BGB Rz. 8.
3 Palandt/*Heinrichs*, § 399 BGB Rz. 10.
4 Palandt/*Heinrichs*, § 399 BGB Rz. 8.
5 Palandt/*Heinrichs*, § 399 BGB Rz. 8.
6 Palandt/*Heinrichs*, § 399 BGB Rz. 11.

§ 354a HGB jedoch zur absoluten, nicht nur relativen[1] Wirksamkeit der Abtretung, sofern das der Forderung zugrunde liegende Rechtsgeschäft beiderseitiges Handelsgeschäft war und eine Geldforderung Gegenstand der Abtretung ist. Erfasst wird auch das eingeschränkte Verbot durch Zustimmungserfordernis zur Abtretung.[2] Der Schuldner kann an den bisherigen Gläubiger weiterhin befreiend leisten.

(2) Vertragsübernahme

Da die dargestellten Verträge als Dauerschuldverhältnisse ausgestaltet werden können, sollten auch die Möglichkeiten der Schuld- und der Vertragsübernahme bedacht und entsprechend geregelt werden. Die Vertragsübernahme erfordert die Zustimmung aller Beteiligten, diese kann auch im Voraus erteilt werden.[3] Zur befreienden Schuldübernahme müssen mindestens Schuldner und neuer Gläubiger ihr Einverständnis erteilen, jedoch nicht bei der kumulativen.[4] Die Zustimmung kann bereits im Vertrag ausgeschlossen oder gewährt werden, wobei aber die Grenzen des § 11 Nr. 13 AGBG zu beachten sind.[5] Dieser gilt für die Vertragsübernahme direkt, für die Schuldübernahme entsprechend.[6] Mietverträge werden nur als Verbraucherverträge erfasst, §§ 9, 24a AGBG iVm. dem Anhang Nr. 1p der EG-Richtlinie 93/13/EWG[7] vom 5.4.1993 über missbräuchliche Klauseln in Verbraucherverträgen.[8] Im Verkehr zwischen Unternehmern dürfen berechtigte Interessen des anderen Teils nicht beeinträchtigt werden.[9] Die Vereinbarung eines Kündigungsrechts stellt eine Möglichkeit dar, diese Interessen zu berücksichtigen. 676

ii) Gerichtsstand und Erfüllungsort

Vereinbarungen des **Erfüllungsortes** haben materiell-rechtliche Auswirkungen, sie legen den Ort der Leistungserbringung durch den Schuldner fest.[10] Folgen hat dies für den Eintritt von Gläubiger- und Schuldnerverzug. Prozessuale Auswirkungen hat eine derartige Vereinbarung hinsichtlich des besonderen Gerichtsstandes des § 29 Abs. 1 ZPO nur, wenn die Parteien Vollkauf- 677

1 Baumbach/*Hopt*, § 354 a HGB Rz. 1.
2 Baumbach/*Hopt*, § 354 a HGB Rz. 1.
3 Palandt/*Heinrichs*, § 398 BGB Rz. 38.
4 Palandt/*Heinrichs*, Überbl. v. § 414 BGB Rz. 1 f.
5 Vgl. Palandt/*Heinrichs*, § 398 BGB Rz. 38, § 415 Rz. 3; § 11 Nr. 13 AGBG gilt nicht direkt für Miete und Pacht, aber über § 9 AGBG; *Wolf* in Wolf/Horn/Lindacher, § 11 Nr. 13 AGBG Rz. 2.
6 Palandt/*Heinrichs*, § 11 AGBG Rz. 85.
7 ABl. EG v. 21.4.1993 Nr. L 95 S. 29.
8 Palandt/*Heinrichs*, § 24 a AGBG Rz. 41.
9 Palandt/*Heinrichs*, § 11 AGBG Rz. 86a; § 11 Nr. 13 AGBG gilt über § 9 Abs. 2 Nr. 1 AGBG für Unternehmer; *Wolf* in Wolf/Horn/Lindacher, § 11 Nr. 13 AGBG Rz. 12.
10 Vgl. Palandt/*Heinrichs*, § 269 BGB Rz. 8.

leute, juristische Personen des öffentlichen Rechts oder öffentlich-rechtliche Sondervermögen sind.

678 Eine **Gerichtsstandsvereinbarung** vor Entstehen der Streitigkeit steht unter denselben Wirksamkeitsvoraussetzungen, § 38 Abs. 1 ZPO. Hier ist insbesondere ausdrücklich festzulegen, ob ein ausschließlicher oder ein Wahlgerichtsstand vereinbart werden soll. Sind für einen Ort mehrere Gerichte zuständig, zB in München die Landgerichte I und II, so ist das gewünschte zu bestimmen.

jj) Rechtswahlklausel

679 Jedenfalls in Fällen mit **Auslandsberührung** sollte das anwendbare Recht ausdrücklich bestimmt werden, Art. 27 Abs. 1 EGBGB.[1] Ansonsten findet im Wege einer objektiven Anknüpfung das Recht des Staates Anwendung, mit dem der Sachverhalt die engsten Verbindungen aufweist, Art. 28 Abs. 1 EGBGB.[2] Eine Rechtswahl ist auch stillschweigend möglich, sofern aus Indizien auf einen entsprechenden Parteiwillen geschlossen werden kann.[3] Die Vereinbarung ist auch in AGB zulässig, [4] wobei unter Umständen jedoch eine überraschende Klausel vorliegen kann, § 3 AGBG. Deutsches Recht, das einen Sachverhalt auch international zwingend regeln soll, kann jedoch nicht ausgeschlossen werden, Art. 34 EGBGB. Dies gilt auch für zwingende Vorschriften einer anderen Rechtsordnung, sofern der Sachverhalt nur zu dieser Beziehungen aufweist, Art. 27 Abs. 3 EGBGB. Der Begriff des zwingenden Rechts ist allerdings nicht mit dem Begriff der nichtdispositiven Vorschriften des nationalen Rechts gleichzusetzen.[5]

680 Eine besondere Regelung findet sich in Art. 29, 29a EGBGB für **Verbraucherverträge**, die allerdings bei den hier angesprochenen Gestaltungen eher selten vorliegen werden.[6] Auch hier stellt sich die Frage der Anwendbarkeit auf unkörperliche Online-Übertragung von Leistungsgegenständen, sofern keine

---

1 Die Wirksamkeit beurteilt sich nach der gewählten Rechtsordnung, Art. 28 Abs. 4, 31 Abs. 2 EGBG; vgl. *Mehrings*, CR 1998, 613 (616).

2 Dazu *Mankowski*, CR 1999, 512 ff. unter Berücksichtigung verschiedener Vertragstypen, sowie *Mehrings*, CR 1998, 613 (616 f.); es gelten die Vermutungen nach Art. 28 Abs. 2, 3 und 5 EGBGB. Dabei soll es für die Anwendbarkeit deutschen Rechts nach Art. 28 Abs. 2 EGBGB nicht ausreichen, wenn ein Unternehmen mit Sitz im Ausland einen in Deutschland belegenen Server unter deutscher Top-Level-Domain verwendet, außer das Angebot richtet sich in deutscher Sprache erkennbar an den deutschen Markt; vgl. *Mehrings*, CR 1998, 613 (617). Nach *Koch*, Internet-Recht, S. 52, soll es beim automatischen Downloading von Software auf den Standort des Nutzers ankommen; dagegen *Mankowski*, CR 1999, 512 (515).

3 Einzelheiten bei *Mehrings*, CR 1998, 613 (616).

4 *Mehrings*, CR 1998, 613 (616) mwN.

5 *Mehrings*, CR 1998, 613 (615).

6 Insbesondere für Hosting-Verträge kann diese Frage aber durchaus relevant werden. *Koch*, Internet-Recht, S. 52 mwN.

Dienstleistung vorliegt.[1] Mangels Rechtswahl findet das Recht des Staates Anwendung, in dem der Verbraucher seinen gewöhnlichen Aufenthalt hat, Art. 29 Abs. 2 EGBGB, aber auch bei ausdrücklicher Vereinbarung kann ihm der Schutz zwingender Rechtsnormen seines Aufenthaltsstaates nicht entzogen werden, Art. 29 Abs. 1 EGBGB.[2] Dabei ist einschränkend zu berücksichtigen, dass der Verbraucher nicht erwarten kann, dass ihn das Recht seines Heimatstaates schützt, wenn er sich auf das Gebiet einer fremden Rechtsordnung begibt und dort Verträge schließt.[3] Entscheidend ist, ob der typische Verbraucher von einem Inlandsgeschäft ausgehen darf, weil der Schwerpunkt des Vertragsschlusses in Deutschland liegt, oder ihm der Auslandsbezug nicht bewusst ist. Dies ist für die Fallgruppen des Art. 29 Abs. 1 Nr. 1–2 EGBGB[4] aufgrund von Indizien[5] zu beurteilen und kann regelmäßig durch einen ausdrücklichen Vorbehalt auf der Webseite, dass sich das Angebot nicht an den Markt des Verbrauchers richte, ausgeschlossen werden.[6]

Fraglich ist die Anwendbarkeit des **UN-Kaufrechts** (CISG)[7] unter zwei Ge- 681
sichtspunkten: Liegt ein Vertragstyp vor, auf den das CISG anwendbar ist, und handelt es sich bei der vertragsgegenständlichen Leistung um Waren im Sinne des CISG, Art. 1 Abs. 1, 3 CISG?

Gerade die zweite Frage ist für unkörperliche Produkte umstritten, wobei einiges dafür spricht, auch immaterielle Leistungen (Information-Download) unter diesen Begriff zu subsumieren.[8] Damit kommt die Anwendung insbesondere bei den Content-Provider- und Linking-Verträgen, aber vor allem auch beim Webdesign-Vertrag in Betracht.

Erfasst werden grundsätzlich Kaufverträge, aber auch gemischte Verträge, sofern sie nicht durch Art. 3 Abs. 2 CISG ausgeschlossen sind.[9] Die Frage

1 *Mankowski*, CR 1999, 512 (515) mwN, schlägt eine erweiternde Auslegung entsprechend dem CISG vor, dazu siehe unten Rz. 681.

2 *Mehrings*, CR 1998, 613 (617 f.).

3 Vgl. *Mehrings*, CR 1998, 613 (618) mwN.

4 Nr. 3 spielt bei Internet-Verträgen regelmäßig keine Rolle.

5 Vgl. *Mehrings*, CR 1998, 613 (618 ff.), zB Sprache, Währung, Top-Level-Domain, Serverstandort, Servicestellen.

6 Vgl. *Mehrings*, CR 1998, 613 (618 ff.) mwN.

7 Convention on Contracts for the International Sale of Goods, Wiener Übereinkommen v. 11.4.1980. Das Übereinkommen geht als materielles Einheitsrecht unabhängig von der Kenntnis der Parteien sonstigen deutschen Rechtsvorschriften als lex specialis vor, sofern sein Anwendungsbereich eröffnet ist, vgl. *Mehrings*, CR 1998, 613 (614). Das CISG gilt unter Umständen auch für Verträge zwischen Parteien, deren Niederlassungsstaaten dem Abkommen nicht beigetreten sind, Art. 1 Abs. I b), *Mehrings*, CR 1998, 613 (615).

8 Ausführlich *Schmitz*, MMR 2000, 256 (258 f.) mwN; Nachweise auch bei *Mehrings*, CR 1998, 613 (615, Fn. 22, 23); aA Schlechtriem/*Ferrari*, Kommentar zum einheitlichen UN-Kaufrecht, Art. 1 Rz. 36 ff., 38, mwN.

9 Zur insofern vorzunehmenden Abgrenzung siehe ausführlich *Schmitz*, MMR 2000, 256 (257 f.) mwN.

soll hier nicht abschließend geklärt werden, aber insbesondere Content-Provider-Verträge sind wohl über Art. 3 Abs. 1 CISG erfasst.

682 Die Anwendung des CISG birgt insbesondere im Bereich der Schadensersatzansprüche Risiken, deren sich die Vertragsparteien bewusst sein sollten.[1] Soll UN-Kaufrecht ausgeschlossen werden,[2] so muss dies ausdrücklich neben einer eventuellen Rechtswahl erfolgen: wird das Recht eines Mitgliedstaats des CISG gewählt, gilt das Abkommen als Sonderordnung im nationalen Recht, Art. 1 Abs.1 lit. b CISG.[3]

683 Es besteht auch die Möglichkeit, die Anwendbarkeit des CISG nicht auszuschließen, aber die unerwünschten Regelungen zu **modifizieren**, Art. 6 CISG. Geschieht dies jedoch in AGB, sind über § 9 Abs. 2 Nr. 1 AGBG wiederum die Regelungen des CISG zu berücksichtigen, die Folge ist erhebliche Rechtsunsicherheit.[4]

kk) Formvereinbarungen, Zugangs- und Erklärungsregelungen

(1) Formvereinbarungen

684 Den Parteien steht es frei, etwa zur Beweissicherung eine **Schriftformklausel** zu vereinbaren, § 127 BGB. Da es sich aber bezüglich des Verweises auf § 126 BGB lediglich um eine Auslegungsregel handelt, können diesbezüglich auch andere Anforderungen aufgestellt werden. Sofern keine weiteren Anhaltspunkte ersichtlich sind, genügt jedoch gemäß § 127 Satz 2 BGB auch telegrafische Übermittlung oder Briefwechsel.[5]

685 Zu beachten ist bei rechtsgeschäftlichen Schriftformklauseln jedoch die durch die Rechtsprechung eingeräumte Möglichkeit, diese auch konkludent und formlos aufzuheben.[6] Zur Absicherung sollte daher auch für die **Aufhebung der Klausel** Schriftform ausdrücklich verlangt werden.

686 Selbstverständlich besteht auch Raum für anderweitige Formvereinbarungen, die Parteien sind nicht an die gesetzlichen Formen gebunden.[7]

687 Außerdem ist in diesem Zusammenhang zu beachten, dass ein **Verstoß** gegen die gewillkürte Form nicht zwingend zur Nichtigkeit führt, § 125 Satz 2 BGB. Eine Auslegung kann vielmehr ergeben, dass die Klausel lediglich der Beweissicherung oder Klarstellung dienen soll.[8] Es empfiehlt sich

---

1 *Schmitz* weist insbesondere auf die verschuldensunabhängige Haftung sowie die eingeschränkte Möglichkeit von Haftungsbegrenzungen hin, MMR 2000, 256 (259 f.).
2 Zulässig nach Art. 6 CISG.
3 *Mehrings*, CR 1998, 613 (615).
4 *Wolf*, in Wolf/Horn/Lindacher, § 9 AGBG Rz. 66; darauf weist auch *Schmitz*, MMR 2000, 256 (260) hin.
5 Palandt/*Heinrichs*, § 127 BGB Rz. 2.
6 Vgl. Palandt/*Heinrichs*, § 125 BGB Rz. 14.
7 Palandt/*Heinrichs*, § 125 BGB Rz. 2.
8 Vgl. Palandt/*Heinrichs*, § 125 BGB Rz. 12.

daher, explizit festzulegen, welche Rechtsfolge die Nichteinhaltung der Form nach sich ziehen soll.

Grenzen für Formularverträge finden sich in § 11 Nr. 16 AGBG, der allerdings für den unternehmerischen Verkehr nicht gilt.[1] Danach ist die Vereinbarung telegrafischer oder fernschriftlicher Übermittlung, sowie die Pflicht zur Verwendung bestimmter Formulare des Verwenders der Klausel unzulässig.[2] Daneben ist ein Schriftformerfordernis, das auch für Nebenabreden und Vertragsänderungen konstitutive Wirkung beansprucht, wegen Verstoßes gegen § 4 AGBG nichtig, auch bei Verwendung gegenüber Unternehmern, § 24 AGBG.[3] 688

(2) Zugangsregelungen

Für empfangsbedürftige Willenserklärungen ist **Zugang** nach § 130 Abs. 1 BGB erforderlich. Diese Norm ist dispositiv.[4] Vertragliche Abreden können Schwierigkeiten bei der Bestimmung der Person des Empfängers als auch des Zugangsbeweises vermeiden. Zum einen kann vertraglich eine zum Empfang bevollmächtigte Person bestimmt werden, zum anderen auch eine Zugangsfiktion vereinbart werden. Grenzen finden sich jedoch insbesondere in § 10 Nr. 6 AGBG für Zugangsfiktionen von Erklärungen des Verwenders der Klausel und in § 11 Nr. 16 AGBG für Zugangserfordernisse. § 10 Nr. 6 AGBG gilt für alle Erklärungen von besonderer Bedeutung, worunter Erklärungen zu verstehen sind, die für den Vertragspartner negative Rechtsfolgen nach sich ziehen.[5] Im unternehmerischen Verkehr findet jedoch nur § 10 Nr. 6 AGBG über §§ 9, 24 Satz 2 AGBG Anwendung.[6] 689

(3) Erklärungsfiktionen

Schweigen hat im Rechtsverkehr grundsätzlich keine Bedeutung. Im Interesse einer zügigen Vertragsabwicklung kann sich das Bedürfnis nach Erklärungsfiktionen ergeben. Die Verwendung einer entsprechenden Klausel in AGB ist gegenüber Verbrauchern unwirksam, sofern sie nicht die Anforderungen des § 10 Nr. 5 AGBG einhält, also Setzung einer angemessenen Frist[7] zur Abgabe einer ausdrücklichen Erklärung und Verpflichtung zum Hinweis auf die Erklärungswirkung bei Beginn der Frist. Der Hinweis muss dann natürlich auch tatsächlich erfolgen. Zusätzlich gilt aber wegen § 9 AGBG, 690

---

1 Palandt/*Heinrichs*, § 11 AGBG Rz. 97.
2 Palandt/*Heinrichs*, § 11 AGBG Rz. 95.
3 Palandt/*Heinrichs*, § 4 AGBG Rz. 5; eine Vollständigkeitsklausel ist dagegen zulässig, sofern sie nicht gegen § 9 AGBG verstößt; *Lindacher* in Wolf/Horn/Lindacher, § 4 AGBG Rz. 47.
4 Palandt/*Heinrichs*, § 130 BGB Rz. 19.
5 Palandt/*Heinrichs*, § 10 AGBG Rz. 33.
6 Palandt/*Heinrichs*, § 10 AGBG Rz. 33a, § 11 AGBG Rz. 97.
7 Untere Grenze in der Regel ein bis zwei Wochen, aber abhängig vom Einzelfall, vgl. Palandt/*Heinrichs*, § 10 AGBG Rz. 27.

dass der Verwender ein berechtigtes Interesse an der Verwendung dieser Klausel haben muss, was sich insbesondere aus dem Massenverkehr ergeben kann.[1]

Diese Beschränkungen gelten unter Unternehmern insofern nur eingeschränkt, als dort die Grundsätze zum Schweigen auf kaufmännische Bestätigungsschreiben und bei Rechtspflicht zum Widerspruch, § 242 BGB, unberührt bleiben.[2]

ll) Vollständigkeitsklausel

691 In diesem Zusammenhang empfiehlt sich die Aufnahme einer Klausel, die den Vertragstext als abschließend bestimmt, um Rechtssicherheit zu erlangen. Zusätzlich sollte normiert werden, dass alle bisherigen oder derzeitigen Vereinbarungen, Zusicherungen oder sonstigen Mitteilungen durch den Vertrag ersetzt werden. Im Anwendungsbereich des AGBG kommt ein Verstoß insbesondere gegen § 9 AGBG in Betracht.[3] Vollständigkeitsklauseln, die lediglich die Vermutung der Vollständigkeit und Richtigkeit der Urkunde wiederholen, sollen zulässig sein, es sei denn, sie begründen eine unwiderlegbare Vermutung.[4]

mm) Ausschluss von Vertretungs- und Gesellschaftsrecht

692 Sicherheitshalber kann in begründeten Fällen die Anwendbarkeit von Gesellschaftsrecht ausgeschlossen werden. Dies bietet sich bei Content-Provider-Verträgen insofern an, als oft eine sehr enge Zusammenarbeit der Parteien über einen längeren Zeitraum geschuldet wird. Zusätzlich kann auch die rechtsgeschäftliche Vertretungsmacht explizit ausgeschlossen werden, um die Vollmachtsanmaßung durch Vorlage des Vertrages gegenüber Dritten ausschließen zu können.

nn) Salvatorische Klausel

693 Salvatorische Klauseln führen zum einen zur Nichtanwendbarkeit von § 139 BGB, falls einzelne Bestimmungen unwirksam sind, zum anderen enthalten sie regelmäßig eine Regelung, was im Falle der Nichtigkeit einzelner Klauseln gelten soll. Im Hinblick auf die Abbedingung von § 139 BGB sind jedoch eventuelle Nachteile zu bedenken, wenn Hauptleistungen davon betroffen sind: das Austauschverhältnis kann zu Lasten einer Partei empfindlich gestört werden.[5] Im Hinblick auf die Ersetzung nichtiger Klauseln kann

1 Palandt/*Heinrichs*, § 10 AGBG Rz. 28.
2 Palandt/*Heinrichs*, § 10 AGBG Rz. 31.
3 *Lindacher* in Wolf/Horn/Lindacher, § 4 AGBG Rz. 47.
4 Palandt/*Heinrichs*, § 9 AGBG Rz. 128b; BGH, Urt. v. 14.10.1999 – III ZR 203/98, CR 2000, 168 (169).
5 Vgl. *Imbeck* in Heussen, Handbuch Vertragsverhandlung und Vertragsmanagement, Rz. 571.

zum einen die Verpflichtung der Parteien, eine wirtschaftlich möglichst nahe kommende Vereinbarung zu treffen, aufgenommen werden, vorzugswürdig ist aber wohl die Normierung einer Rechtsfiktion dieses Inhalts, wodurch auch der Richter zu einer Ersetzung ermächtigt wird.[1]

In AGB ist die Verwendung einer salvatorischen Klausel wirkungslos: sie verstößt gegen § 6 Abs. 2 AGBG und gegen das Transparenzgebot des § 2 Abs. 1 Nr. 2 AGBG.[2] Eine Ausnahme soll gelten, wenn der Klausel eine Regelung hinzugefügt wird, die im Zeitpunkt der Verwendung dem Stand der Rechtsprechung entsprach.[3] 694

3. Sicherung der Rechte

a) Urheberrecht

aa) Grundsätze

Das Internet ist kein „urheberrechtsfreier Raum". Urheberrechtlich schutzfähige Werke auf dem Gebiet der Literatur, Wissenschaft und Kunst (iSd. § 1 UrhG) verlieren ihren als persönliche geistige Schöpfung erworbenen Urheberrechtsschutz nicht allein deshalb, weil sie in Rechnern gespeichert oder in Kommunikationsnetzen übermittelt werden. Die elektronische Form der Werkpräsentation schränkt die Schutzfähigkeit und die Schutzbedürftigkeit nicht ein, noch hebt sie sie auf. Wer als Anbieter fremde urheberrechtlich geschützte Werke und Leistungen nutzt, muss daher die hierzu nach dem Gesetz erforderlichen Urheberrechte erwerben. Andernfalls begeht er eine Rechtsverletzung, die ihn den an anderer Stelle beschriebenen Rechtsfolgen aussetzt.[4] 695

Urheberrechtlich geschützt sind alle Werke auf dem Gebiete der Literatur, Wissenschaft und Kunst, die iSv. § 2 Abs. 2 UrhG eine persönliche geistige Schöpfung darstellen, die also eine hinreichende **Originalität** aufweisen. Dies ist der Fall, wenn durch menschliches Schaffen in subjektiver Hinsicht etwas Neues geschöpft wird.[5] Das Werk muss genügend schöpferische Eigentümlichkeiten aufweisen, wenn auch schon eine geringe Schöpfungshöhe – man spricht insoweit von der „kleinen Münze" – ausreicht.[6] Nach den §§ 64 ff. UrhG besteht der Urheberschutz in aller Regel bis zum Ablauf von 70 Jahren nach dem Tode des Urhebers.[7] 696

---

1 *Imbeck* in Heussen, Handbuch Vertragsverhandlung und Vertragsmanagement, Rz. 571.
2 Palandt/*Heinrichs*, § 6 AGBG Rz. 7.
3 So jedenfalls Palandt/*Heinrichs*, Vorbem. v. § 8 AGBG Rz. 14, aus Gründen des Vertrauensschutzes.
4 Vgl. zu den Rechtsfolgen D Rz. 256 ff.
5 Vgl. nur etwa BGH, Urt. v. 12.2.1952 – I ZR 115/51, BGHZ 5, 116 (120).
6 BGH, Urt. v. 26.9.1980 – I ZR 17/78, GRUR 1981, 267 – Dirlada.
7 Da die Schutzdauer im Jahre 1995 durch eine EU-Richtlinie verlängert worden ist, bestehen hier im Einzelfall zT schwierige Berechnungsprobleme; vgl. dazu nur die

697 Ebenfalls vom Urheberrechtsgesetz geschützt sind im Weiteren die durch die verwandten Schutzrechte geschützten Darbietungen ausübender Künstler sowie die **Organisations- und Investitionsleistungen** von Produzenten, die dafür sorgen, daß der Endnutzer in den Genuss der Werke gelangt. Mithin sind auch eventuelle Rechte der Tonträgerhersteller, der Sendeunternehmen und der Filmhersteller sowie einer Reihe weiterer Nachbarrechte zu berücksichtigen. Allerdings ist die Schutzdauer insoweit kürzer; sie beträgt zumeist nur 50 Jahre seit der ersten Veröffentlichung oder der ersten öffentlichen Wiedergabe.[1]

698 In ein Multimediawerk aufgenommen oder online angeboten werden häufig nicht nur ganze Werke, sondern auch **Werkteile**, zB einige Takte Musik oder ein Bildausschnitt. Auch Werkteile sind geschützt, dh. auch ihre Verwertung ist dem Urheber zur ausschließlichen Verwertung zugewiesen. Voraussetzung für diesen Schutz ist aber, dass der übernommene Teil seinerseits Werkqualität hat, also bereits für sich genommen eine persönliche geistige Schöpfung ist. Auch kleinste Teile, die im Verhältnis zum ganzen Werk bedeutungslos sind, genießen danach Schutz, sofern sie nur als solche eine individuelle Prägung aufweisen.[2] Das gilt grundsätzlich auch für die Übernahme wesentlicher Teile von Schutzgegenständen benachbarter Schutzrechte, nicht jedoch für das sog. Sampling kleinster Teile wie insbesondere einzelner Töne.[3]

bb) Urheberrechtlich geschützte vorbestehende Werke und Leistungen

699 An welchen Werken bei hinreichender Originalität urheberrechtlicher Schutz besteht, ergibt sich aus der Aufzählung des § 2 Abs. 1 UrhG. Urheberrechtsschutz genießen danach **Sprachwerke**, wie Schriftwerke, Reden und Computerprogramme (Nr. 1), **Werke der Musik** (Nr. 2), **pantomimische Werke einschließlich der Werke der Tanzkunst** (Nr. 3), Werke der **bildenden Künste** einschließlich der Werke der Baukunst und der angewandten Kunst sowie Entwürfe solcher Werke (Nr. 4), **Lichtbildwerke** einschließlich der Werke, die ähnlich wie Lichtbildwerke geschaffen werden (Nr. 5), **Filmwerke** einschließlich der Werke, die ähnlich wie Filmwerke geschaffen werden (Nr. 6), und schließlich **Darstellungen wissenschaftlicher oder technischer Art**, wie Zeichnungen, Pläne, Karten, Skizzen, Tabellen und plastische Dar-

---

Kommentierung zur Übergangsvorschrift des § 137f UrhG etwa bei Schricker/*Katzenberger*, Urheberrecht, § 137f, Rz. 2 ff.; *Schack*, GRUR Int. 1995, 310 ff., sowie für Fotografien *G.Schulze/Bettinger*, GRUR 2000, 12 ff. – Man kann nur dann wirklich sicher sein, dass an einem fremden urheberrechtlich geschützten Werk keinerlei Urheberrecht mehr besteht, wenn der Urheber im Jahr der Verwertung bereits mindestens 70 Jahre verstorben ist. Bei mehreren Urhebern gilt dies nach § 65 Abs. 1 UrhG für den längstlebenden Miturheber.

1 Einzelheiten finden sich bei den einzelnen Abschnitten des UrhG in den §§ 73 ff. UrhG.

2 Schricker/*Loewenheim*, Urheberrecht, § 2 Rz. 33; *Rehbinder*, Urheberrecht, S. 91.

3 Vgl. dazu auch nachfolgend Rz. 714, 723 und 735.

stellungen (Nr. 7). Diese Aufzählung ist zwar nur beispielhaft, doch sind sonstige Werke auf dem Gebiet von Literatur, Wissenschaft und Kunst, die nicht den genannten Beispielen unterfallen und dennoch als persönliche geistige Schöpfung Urheberrechtsschutz genießen, in der Praxis vergleichsweise selten. Hierher gehören immerhin jedoch die Kombinations- und Mischwerke, die nicht eindeutig einer der genannten Kategorien unterfallen,[1] mithin also auch **Multimediawerke**, die gerade dadurch gekennzeichnet sind, dass sie mehr als die Summe ihrer Einzelteile sind.[2]

Im Folgenden sei daher kurz auf die einzelnen Werkkategorien eingegangen. 700
Hinzu kommen noch Sammelwerke und Datenbankwerke iSv. § 4 UrhG sowie Bearbeitungen nach §§ 3, 23 UrhG sowie die durch die verwandten Schutzrechte der §§ 73 ff. UrhG geschützten sog. nachbarrechtlichen Schutzgegenstände.

(1) Sprachwerke und Computerprogramme, § 2 Abs. 1 Nr. 1 UrhG

(a) Sprachwerke

Geschützt sind Werke, die sich der Sprache als Ausdrucksmittel bedienen, 701
gleichviel ob sie schriftlich niedergelegt sind oder nicht. Ohne Belang ist, welchem Gebiet der Inhalt entnommen ist, sofern nur ein begrifflicher Inhalt durch Sprache ausgedrückt wird. Auch einer stofflichen Fixierung bedarf es nicht, selbst das gesprochene Wort genießt als Sprachwerk Schutz. Urheberschutz besteht daher an **durch Sendung übertragenen Textdateien** ebenso wie an **elektronischen Schriftwerken, gedruckten Reden** und **Tonaufzeichnungen im Digitalformat.**

Da Voraussetzung für die Schutzfähigkeit von Schriftwerken ist, dass dem 702
individuellen Geist Ausdruck verliehen wird, werden vom Urheberrecht – im Gegensatz zum Markenrecht[3] – beispielsweise **nicht** geschützt Titel,[4] Slogans,[5] der banale Text eines Schlagerrefrains oder Paragraphenüberschriften einer Gesetzessammlung auf CD-ROM.[6] Auch das einzelne Wort ist kein Werk; dasselbe gilt für Wortverbindungen.[7]

---

1 Vgl. etwa BGH, Urt. v. 6.2.1985 – I ZR 179/82, GRUR 1985, 529 – Happening.

2 Dazu eingehend *Schricker* (Hrsg.), Urheberrecht auf dem Weg zur Informationsgesellschaft, S. 28 ff., der insoweit jedoch eine gesetzliche Klarstellung angeraten sein lässt, S. 49; *Dreier*, GRUR 1997, 859 (860).

3 Zum markenrechtlichen Titelschutz vgl. bereits Rz. 215.

4 BGH, Urt. v. 15.11.1957 – I ZR 83/56, BGHZ 26, 52 (60) – Sherlock Holmes; BGH, Urt. v. 25.2.1977 – I ZR 165/75, GRUR 1977, 543 (544) – Der 7. Sinn.

5 OLG Düsseldorf, Urt. v. 1.12.1977 – 20 U 46/77, GRUR 1978, 640 (641) – fahr'n auf der Autobahn; OLG Frankfurt, Beschl. v. 4.8.1986 – 6 W 134/86, GRUR 1987, 44 – WM-Slogan.

6 Vgl. OLG München, Urt. v. 26.9.1996 – 6 U 1707/96, NJW 1997, 1931 (1932).

7 OLG München, Urt. v. 12.6.1967 – 61 R 22/67, UFITA 51 (1968), 375 (377); OLG München, Urt. v. 19.7.1973 – 6 U 2077/73, *Schulze* OLGZ 134, 4.

703 Demgegenüber werden **wissenschaftliche Arbeiten** und **Artikel** sowie längere Zeitungsartikel, Features, Leitartikel oder Hintergrundberichte[1] meist eine individuelle Gestaltung aufweisen und somit urheberrechtlichen Schutz für sich in Anspruch nehmen können. Bei kürzeren Artikeln ist zu differenzieren: Weisen kurze Texte eine individuelle Gestaltung auf (wie zB Kurzkritiken, Glossen), ist der Werkcharakter zu bejahen. Beschränkt sich der Artikel auf die Darstellung von Tatsachen oder werden lediglich Meldungen wiedergegeben, so besitzt der Artikel bloßen Nachrichtencharakter, und es besteht kein Urheberrechtsschutz. Zu differenzieren ist auch bei **Briefen:** Alltägliche Mitteilungen sind – unabhängig von der Berühmtheit der sie abgebenden Personen – nicht geschützt. Alles darüber Hinausgehende genießt jedoch urheberrechtlichen Schutz.[2] Diese Grundsätze lassen sich auch auf **E-Mails** übertragen, die sich lediglich hinsichtlich der Übermittlungsart, nicht aber hinsichtlich ihres Inhalts von herkömmlichen Briefen unterscheiden.[3]

704 **Telefonbücher** und ähnliche Verzeichnisse wie **Adressbücher** lassen wenn überhaupt nur einen sehr begrenzten Raum für individuelle Gestaltung, sind also grundsätzlich keine Werke.[4] Sie sind aber seit dem 1.1.1998 im Regelfall gem. §§ 87a ff. UrhG als Datenbanken geschützt.[5] Dagegen können Telefon- und Adressbücher auf CD-ROM oder ähnlichen Datenträgern unter Umständen eine schöpferische Gestaltung aufweisen, weil hier Benutzeroberfläche, Zugriffssysteme, Hilfsanweisungen und Ähnliches weiteren Raum für individuelle Gestaltung bieten können.[6]

705 Auch **allgemeine Geschäftsbedingungen** können grundsätzlich eine persönliche geistige Schöpfung darstellen,[7] nicht geschützt ist aber ihr Inhalt, dh. die im Vertrag enthaltene rechtliche Regelung. Insoweit kann Individualität nur im gedanklichen Konzept, im Aufbau und in der Formulierung zum Ausdruck kommen.[8] **Verträge** und **Vertragsentwürfe** sind ähnlich wie allgemeine Geschäftsbedingungen zu beurteilen. Sie können grundsätzlich eine persönliche geistige Schöpfung darstellen.[9] Nicht geschützt ist auch dort wiederum der Inhalt.

---

1 BGH, Urt. v. 16.1.1997 – I ZR 9/95, GRUR 1997, 459 f. – CB-Infobank I.

2 RG, Urt. v. 7.11.1908 – Rep I. 638/07, RGZ 69, 401 (404) – Nietzsche-Briefe; KG, Urt. v. 21.4.1995 – 5 U 1007/95, NJW 1995, 3392 (3393).

3 *Härting*, Internetrecht, S. 188.

4 BGH, Urt. v. 23.6.1961 – I ZR 105/59, GRUR 1961, 631 (633) – Fernsprechbuch.

5 BGH, Urt. v. 6.5.1999 – I ZR 199/96, CR 1999, 496 – Tele-Info-CD. – Vgl. dazu nachfolgend den Abschnitt über verwandte Schutzrechte unter Rz. 732 ff.

6 OLG Frankfurt, Beschl. v. 24.6.1994 – 6 W 77/94, CR 1995, 85; LG Frankfurt, Urt. v. 10.11.1993 – 3/8 O 198/93, CR 1994, 473; LG Hamburg, Urt. v. 21.10.1993 – 312 O 462/93, CR 1994, 476; LG Mannheim, Urt. v. 29.3.1996 – 7 O 43/96, CR 1996, 411.

7 LG München I, Urt. v. 29.3.1996 – 7 O 43/96, GRUR 1997, 50 (51) – Geschäftsbedingungen.

8 Schricker/*Loewenheim*, Urheberrecht, § 2 Rz. 90.

9 LG Hamburg, Urt. v. 4.6.1986 – 74 O 283/85, GRUR 1987, 167 (168) – Gesellschaftsvertrag; LG Köln, Urt. v. 21.11.1986 – 28 O 291/86, GRUR 1987, 905 (906) – Vertragswerk.

Anwaltsschriftsätze haben Werkcharakter, wenn auf ihren Aufbau und ihre sprachliche Gestaltung besonderen Wert gelegt worden ist.[1] Das trifft in Revisionsverfahren fast immer, in Berufungssachen häufig und in der ersten Instanz jedenfalls in Sachen von größerer Bedeutung zu. Da Anwaltsschriftsätze jedoch nicht dem rein literarischen, sondern eher dem wissenschaftlichen Bereich zuzurechnen sind, geht der BGH von einer höheren Schutzuntergrenze aus. Danach ist entscheidend, ob sich der Schriftsatz vom alltäglichen, mehr oder weniger auf Routine beruhenden Anwaltsschaffen deutlich abhebt. Bejaht wird dies jedenfalls dann, wenn der Anwalt bei der Darstellung umfangreiches Material unter individuellen Ordnungs- und Gestaltungsprinzipien ausgewählt, angeordnet und dabei nicht nur ein hohes Maß an geistiger Energie und Kritikfähigkeit, sondern auch an schöpferischer Phantasie und Gestaltungskraft gezeigt hat. 706

Ähnlich können auch **nichtamtliche Leitsätze** zu Gerichtsentscheidungen die Voraussetzungen einer persönlichen geistigen Schöpfung erfüllen. Dabei kann ein bescheideneres Maß an schöpferischer Tätigkeit genügen, weil die Leitsätze sich sachnotwendig eng an die bearbeitete Entscheidung anlehnen müssen.[2] Die gleichen Grundsätze gelten für die Aufarbeitung von Entscheidungen für Dokumentationszwecke.[3] Auch **DIN-Normen,**[4] **VDE-Vorschriften**, die **VOB**[5] und andere **nichtamtliche Regelwerke,** auch private Gesetzesentwürfe, haben stets Werkqualität. Bei **Formularen, Merkblättern** oder **Vordrucken** reicht es aus, wenn der meist vorgegebene Inhalt in eigenständiger Weise geordnet und in eigener sprachlicher Gestalt dargestellt wird.[6] 707

Gesetzestexte, die Texte von Verordnungen, amtlichen Erlassungen und Bekanntmachungen sowie Entscheidungen und amtlich verfasste Leitsätze zu Entscheidungen sind hingegen als sog. **amtliche Werke** nach § 5 Abs. 1 UrhG urheberrechtsfrei. Das Gleiche gilt nach § 5 Abs. 2 UrhG auch für andere amtliche Werke, die im amtlichen Interesse zur allgemeinen Kenntnisnahme veröffentlicht werden; auch bei jenen ist die Übernahme grundsätzlich frei, doch ist die Quelle anzugeben (vgl. §§ 61 Abs. 1–3, 63 Abs. 1 und 2 UrhG). Was im Einzelfall als amtliches Werk anzusehen ist, ist vielfach streitig, zumal es häufig entscheidend darauf ankommt, auf welche Art und Weise sich eine Behörde Werke zueignet, die nicht von vornherein 708

---

1 BGH, Urt. v. 17.4.1986 – I ZR 213/83, GRUR 1986, 739 – Anwaltsschriftsatz.

2 BGH, Urt. v. 21.11.1991 – I ZR 190/89, GRUR 1992, 382 (384 f.) – Leitsätze; OLG Köln, Urt. v. 28.6.1989 – 6 U 257/88, GRUR 1989, 821 (822) – Entscheidungsleitsätze. – Allerdings handelt es sich dabei regelmäßig um eine Bearbeitung der zugrunde liegenden Entscheidung iSv. § 3 UrhG, deren Veröffentlichung nach § 23 UrhG der Zustimmung des Inhabers der Rechte am bearbeiteten Werk bedarf (vgl. dazu noch nachfolgend Rz. 728 ff.), sofern Letzeres nicht als amtliches Werk iSv. § 5 UrhG urheberrechtsfrei ist.

3 Schricker/*Loewenheim*, Urheberrecht, § 2 Rz. 100.

4 BGH, Urt. v. 26.4.1990 – I ZR 79/88, GRUR 1990, 1003 – DIN-Normen.

5 BGH, Urt. v. 30.6.1983 – I ZR 129/81, GRUR 1984, 117 (118) – VOB/C.

6 *Fromm/Nordemann*, Urheberrecht, § 2 Rz. 29.

amtlich sind.[1] So hat der BGH etwa DIN-Normen als amtliche Werke iSv. § 5 Abs. 1 UrhG angesehen.[2]

709 Im digitalen Bereich können zunächst **Benutzeroberflächen** bei Computerprogrammen grundsätzlich als Sprachwerk geschützt sein, sofern aufgrund der grafischen Gestaltung nicht schon ein Schutz als Bildwerk in Betracht kommt. Da die Oberfläche vom zugrunde liegenden Programm verschieden ist, kommt ein Programmschutz nach zutreffender Ansicht dagegen wohl nicht in Betracht. Entscheidend für die Schutzfähigkeit als Sprachwerk ist auch hier, ob die textliche Gestaltung die erforderliche Originalität aufweist. Diese kann sich insbesondere aus der übersichtlichen, verständlichen und benutzerfreundlichen Textgestaltung ergeben, die den Dialog mit dem Benutzer erleichtert, ihn anschaulich durch die verschiedenen Ebenen und Funktionen des Programms führt und die Programmbedienung vereinfacht.[3]

710 Verweisungsstrukturen in und zwischen den Web-Seiten („**Hyperlinks**") – also „anklickbare" Markierungen vor allem von Textteilen, die auf weitere Seiten mit anderen Inhalten führen und eine nichtlineare Lektüre ermöglichen – haben grundsätzlich nur rein funktionalen, nicht individuell-schöpferisch gestalteten Charakter. Deshalb besteht für das reine Verweisen (Linking) grundsätzlich auch kein Vergütungsanspruch des Betreibers des Host-Rechners, auf dem sich das Dokument befindet, auf das im Link verwiesen ist.[4] Doch können die Markierungen dieser Links, zB Unterstreichungen, als Gestaltungselemente für die Webseiten genutzt werden und damit als Teil einer schöpferisch erstellten Web-Page geschützt sein.[5] In Betracht kommt jedoch auch hier wiederum, wie schon bei Telefonbüchern, ein Schutz als nichtoriginale Datenbank nach §§ 87a ff. UrhG.[6]

(b) Computerprogramme

711 Auch **Computerprogramme** benutzen mit der Programmiersprache eine Sprache und unterfallen danach ebenfalls den Sprachwerken gem. § 2 Abs. 1 Nr. 1 UrhG. So hatte bereits der BGH in seiner Inkasso-Programm-Entschei-

1 Vgl. zu den Einzelheiten Schricker/*Katzenberger*, Urheberrecht, § 5 Rz. 17 ff.

2 BGH, Urt. v. 26.4.1990 – I ZR 79/88, GRUR 1990, 1003 – DIN-Normen; BVerfGE v. 29.7.1998 – 1 BvR 1143/90, GRUR 1990, 226.

3 Schricker/*Loewenheim*, Urheberrecht, § 2 Rz.93.

4 *Koch*, GRUR 1997, 417. – Wettbewerbsrechtliche Ansprüche aufgrund des Verlinkens und Aufrufens innerhalb sog. Frames verneint von OLG Düsseldorf, Urt. v. 29.6.1999 – 20 U 85/98, CR 2000, 184 – Frame; bejaht hingegen von OLG Celle, Urt. v. 12.5.1999 – 13 U 38/99, CR 1999, 523 – Deep Links; ebenso LG Hamburg, Urt. v. 2.1.2001 – 312 O 606/00, EWiR § 1 UWG, wenn dadurch der falsche Eindruck erweckt wird, es bestünden zwischen dem Verlinkenden und dem gelinkten Unternehmen geschäftliche Verbindungen.

5 S. auch die Darstellung der technischen Grundlagen, A Rz. 57 ff.

6 So LG Köln, Urt. v. 25.8.1999 – 28 O 527/98, CR 2000, 400 (251 Links als geschützte Datenbank). – Vgl. dazu auch noch nachfolgend den Abschnitt über verwandte Schutzrechte in Rz. 743 ff.

dung vom 9.5.1985 entschieden,[1] ehe der Gesetzgeber Computerprogramme in Umsetzung der EU-Richtlinie zum Computerprogrammschutz den Sprachwerken auch ausdrücklich zugeordnet hat. Nach § 69a UrhG sind alle Formen von Computerprogrammen geschützt, also der maschinenlesbare Objektcode ebenso wie der Quellcode, und zwar unabhängig von der Art ihrer Verkörperung, dh. in ausgedruckter Form sowie in Soft- oder in Hardware implementiert. Vorstufen und das Entwurfsmaterial sind dem Urheberrechtsschutz ebenfalls zugänglich. Auch den Schnittstellen wird Schutz gewährt, soweit es nicht um die ihnen zugrunde liegenden Ideen und Grundsätze geht.[2] Das Gleiche gilt für **Logik**, **Algorithmen** und **Programmsprachen;**[3] diese sind zwar grundsätzlich nicht schutzfähig, können dies jedoch aufgrund der Art und Weise der Implementierung und Zuordnung zueinander sein.[4] Für die Schutzfähigkeit bei der Verwendung von Logik, Algorithmen und Programmsprachen ist damit vor allem auf die individuelle Programmstruktur abzustellen, auf die Art, wie durch sie zB Unterprogramme, Arbeitsroutinen und Verzweigungsanweisungen miteinander verknüpft werden. Während der BGH in seiner Inkasso-Programm-Entscheidung an die Schöpfungshöhe bei Computerprogrammen noch sehr hohe, überdurchschnittliche Anforderungen gestellt hat, gilt seit der Einführung des § 69a Abs. 3 UrhG genauso wie für alle anderen Werke, dass ein Minimum an Originalität für die Schutzfähigkeit eines Programms ausreicht. Damit sind jetzt auch einfachere Programme dem Urheberrechtsschutz zugänglich.[5]

(2) Musikwerke, § 2 Abs. 1 Nr. 2 UrhG

Das UrhG schützt in § 2 Abs. 1 Nr. 2 auch Werke der **Musik**. Sie drücken 712
einen durch Hören erfassbaren Inhalt in Klangfolgen aus. Ausdrucksmittel ist der Ton, gleichgültig, ob er durch die menschliche Stimme, durch Instrumente oder elektronische Apparate erzeugt wird. Auch musikalische Werke haben einen Inhalt, der zum Ausdruck gebracht werden soll. Schon von daher sind bloße Signale nicht geschützt, drücken sie doch ebenso wenig ein musikalisches Erlebnis aus wie der Kuckucksruf.[6]

Die für die Schutzfähigkeit erforderliche **Originalität** liegt auch hier wiede- 713
rum in der Form, wobei auch die konkrete Ausgestaltung des Inhalts zur

---

1 BGH, Urt. v. 9.5.1985 – I ZR 52/83, NJW 1986, 192.

2 OLG Celle, Urt. v. 9.9.1003 – 13 U 105/93, CR 1994, 748 (749 f.); OLG Karlsruhe, Urt. v. 13.6.1994 – 6 U 52/94, GRUR 1994, 726 (729) (Freiheit der Idee, ein bestimmtes Computerprogramm zu erstellen). – Vgl. ebenso Schricker/*Loewenheim*, Urheberrecht, § 69a Rz.10–12.

3 Vgl. die Erwägungsgründe der Richtlinie 91/250/EWG des Rates vom 14.5.1991 über den Rechtsschutz von Computerprogrammen, ABl. Nr. L 122 v. 17.5.1991, S. 42 ff.

4 BGH, Urt. v. 4.10.1990 – I ZR 139/89, GRUR 1991, 449 (453) – Betriebssystem.

5 Vgl. etwa BGH, Urt. v. 14.7.1993 – I ZR 47/91, BGHZ 123, 208 (211) – Buchhaltungsprogramm.

6 *Rehbinder*, Urheberrecht, § 13 I.

Schutzfähigkeit beitragen kann.[1] Allerdings genügt auch eine individuelle Formgebung, wie zB bei der schöpferischen Umgestaltung eines Volksliedes.[2] Geschützt sind alle Tonfolgen, die eine persönlich geistige Schöpfung darstellen. Schutzfähig ist die Melodie, im Einzelfall bei hinreichender Individualität auch der Rhythmus und der Aufbau von Tonfolgen. Die Verwendung von Maschinen als Hilfsmittel schließt eine menschlich-gestalterische Tätigkeit nicht aus.[3] Werden Computer bei der Musikschöpfung verwandt, so ist nicht schutzfähig, was ohne menschlich-schöpferisches Zutun lediglich durch einen Computer erzeugt wird. Das gilt grundsätzlich auch für die aleatorische Musik, bei der die Klangfolge durch den Zufallsgenerator des Computers erzeugt wird. Davon ist der Fall zu unterscheiden, in dem sich der Komponist eines Computers als Hilfsmittel bedient.

714 Zwar können auch bei Musikwerken wiederum **Auszüge** als Werkteile geschützt sein, soweit sie eine eigenständige schöpferische Eigenart besitzen,[4] doch ist der einzelne Ton,[45] Akkord, ein Klang- oder Musikfetzen (sog. „licks") mangels Individualität regelmäßig nicht geschützt. Gleiches gilt für allgemeine Harmoniegrundsätze, Keyboard-Einstellungen, Schlagzeugfiguren und Bassläufe, da sie als abstrakte Idee ohne konkrete Form die Melodie nicht tragen. Auch ein bestimmter Musikstil oder Sound (zB Blues) ist als solcher nicht schutzfähig.

715 Die Form der Speicherung – analog auf Kassette, digital auf CD oder als Sound-File im Wave- oder MP3-Format – ist für den Urheberschutz ohne Bedeutung.

(3) Werke der bildenden Künste, § 2 Abs. 1 Nr. 4 UrhG

716 Unter bildender Kunst wird die künstlerische Gestaltung von Flächen und Raumkörpern verstanden, also die **Malerei** einschließlich der **Grafik** einerseits und **Bildhauerei** sowie **Plastik** andererseits. Geschützt ist auch hier wieder nur das konkrete Werk, nicht die abstrakte Malart, der Stil oder die Technik.[6] Auch hier hat das verwendete Material keine Bedeutung.

717 Ebenfalls schutzfähig sind zwei- und dreidimensionale Figuren.[7] So weisen Comic-Figuren in aller Regel die für den Kunstwerkschutz erforderliche Individualität auf und sind urheberrechtlich geschützt.[8] Bei Tierfiguren kann sich die künstlerische Individualität insbesondere aus der originellen

1 BGH, Urt. v. 26.9.1980 – I ZR 17/78, GRUR 1981, 267 – Dirlada.
2 LG Frankfurt, Urt. v. 7.12.1955 – 2/6 O 101/54, UFITA 22 (1956), 372.
3 Schricker/*Loewenheim*, Urheberrecht, § 2 Rz. 125.
4 Schricker/*Loewenheim*, Urheberrecht, § 2 Rz. 122.
5 Vgl. zum sog. Soundsampling unter dem Gesichtspunkt des Schutzes von Teilen kommerzieller Tonträger nachfolgend im Abschnitt über verwandte Schutzrechte in Rz. 735 ff.
6 So schon RG, Urt. v. 8.2.1930 – I 194/29, RGZ 127, 206 – Werbeanzeige.
7 Insoweit kommt häufig auch ein zeichenrechtlicher Schutz in Betracht; vgl. Rz. 213.
8 BGH, Urt. v. 11.3.1993 – I ZR 264/91, GRUR 1994, 191 ff. – Asterix-Persiflagen.

Darstellung ihrer Physiognomie ergeben.[1] Soweit Figuren einem Gebrauchszweck dienen, sind sie nicht den bildenden Künsten, sondern der angewandten Kunst zuzurechnen. Für die Schutzfähigkeit bedeutet das, dass die Schutzuntergrenze höher anzusetzen ist als bei Werken der reinen Kunst. Ihren Grund hat diese unterschiedliche Anforderung an die Schutzfähigkeit darin, dass für Formgebungen auf dem Gebiet der Gebrauchsgegenstände vornehmlich der Geschmacksmusterschutz zur Verfügung steht.

Bei **Schriftzeichen** zeigt sich die Rechtsprechung demgegenüber mit der Zuerkennung von Urheberrechtsschutz zurückhaltend; der BGH hat ihn verneint.[2] 718

Synthetische Computergrafiken, die mittels Grafikprogrammen oder auch durch Computerberechnungen erzeugt werden, sind als Werke der angewandten Kunst geschützt, sofern sie ein hinreichendes Maß an individueller Schöpfungsleistung aufweisen. Insoweit gilt das Gleiche wie bei mittels eines Computers erzeugten Musikwerken. Auch virtuelle Architektenentwürfe können danach ebenso Werkschutz genießen wie vergleichbar dargestellte Kunstwerke. Dasselbe gilt für Laufschriften, animierte Icons u. Ä., die als Computeranimationen unabhängig von dem zugrunde liegenden Computerprogramm als Werke der angewandten Kunst anzusehen sind, wenn sie die Voraussetzungen des § 2 Abs. 2 UrhG erfüllen.[3] Ein Schutz besteht nur dann nicht, wenn dem Geschaffenen lediglich eine rein handwerkliche oder routinemäßige Tätigkeit zugrunde liegt. Auch im digitalen Bereich sind **Stil, Technik und Manier des Gestaltens** nicht schutzwürdig. In Betracht kommt bei Animationen schließlich auch ein Schutz als Filmwerk nach § 2 Abs. 1 Nr. 6 UrhG bzw. als nichtoriginales Laufbild nach § 95 UrhG.[4] 719

(4) Lichtbildwerke, § 2 Abs. 1 Nr. 5 UrhG

Lichtbildwerke sind **Fotografien, die Werkcharakter haben**. Die dazu erforderliche Originalität setzt auch hier wiederum eine gestalterische Leistung voraus; nicht ausreichend ist, dass die Fotografie in handwerklicher Hinsicht einwandfrei ist.[5] „Ähnlich" wie Lichtbildwerke geschaffen werden alle Bilder, die unter Benutzung strahlender Energie erzeugt werden, also zB einzelne Fernsehbilder, sofern sie Werkcharakter haben. Einer körperlichen Festlegung bedarf es für die Schutzfähigkeit nicht; mithin genießen auch Bilder von Live-Sendungen Urheberrechtsschutz.[6] Angesichts dessen bedarf 720

1 BGH, Urt. v. 17.6.1992 – I ZR 182/90 (OLG Hamburg), GRUR 1992, 697 (698) – Alf; Urt. v. 14.4.1988 – I ZR 99/86, GRUR 1988, 690 – Kristallfiguren.

2 BGH, Urt. v. 27.11.1956 – I ZR 57/55, BGHZ 22, 209 – Europapost; Urt. v. 30.5.1958 – I ZR 21/57, BGHZ 27, 351 – Candida-Schrift.

3 *Härting*, Internetrecht, 1999, S. 191.

4 Vgl. zu Letzterem noch den Abschnitt „Verwandte Schutzrechte", Rz. 732 ff.

5 OLG Düsseldorf, Urt. v. 13.2.1996 – 20 U 115/95, GRUR 1997, 49 – Beuys-Fotografien.

6 BGH, Beschl. v. 27.2.1962 – I ZR 118/60, BGHZ 37, 1 – AKI.

auch die Übernahme geschützter Einzelbilder aus Kinofilm- und Fernsehwerken, die dem Filmwerk im Wege des Picture Sampling entnommen werden, der Zustimmung des Urhebers.[1] Auch computergenerierte Bilder genießen Urheberschutz, soweit diese dem Inhalt und der Darstellung nach Ergebnis einer den Lichtbildwerken vergleichbaren geistigen schöpferischen Leistung sind.

721 Fehlt es einem Lichtbildwerk an der hinreichenden Originalität, so heißt das jedoch noch nicht, dass ein solches Bild ohne Zustimmung des Photographen frei benutzt werden dürfte. Denn das UrhG schützt neben originalen Lichtbildwerken in § 72 UrhG auch die nichtoriginalen sog. **Lichtbilder**.[2]

(5) Filmwerke, § 2 Abs. 1 Nr. 6 UrhG

722 Die besondere Werkart der Filmwerke betrachtet **Bildteil und Tonteil als Werkeinheit**. Das Filmwerk drückt einen geistigen Inhalt in einer Bildfolge auf der Fläche aus.[3] Die Formgebung liegt in der Gestaltung der Bild- und Tonfolge, wie sie bei den Dreharbeiten erfolgt. Das Filmwerk entsteht nicht schon durch das Ersinnen der Bildfolge und ihre Niederlegung im Drehbuch, sondern erst durch die Dreharbeiten (vgl. § 89 UrhG). Auch das Filmwerk muss eine persönliche geistige Schöpfung sein. Es darf nicht bloß in einer schematischen Aneinanderreihung von Fotografien oder in einer Wiedergabe natürlichen Geschehensablaufs bestehen.[4] Fernsehfilme, Spielfilme, Videofilme, Werbefilme, Kultur- und Dokumentarfilme, wissenschaftliche Filme sowie Live-Sendungen im Fernsehen oder im Internet via Web-Cam können damit bei entsprechend individueller Gestaltung Filmwerke darstellen. Ebenso wie schon bei Lichtbildwerken ist auch bei Filmwerken eine körperliche Fixierung für den Werkschutz nicht erforderlich.[5] Auch Computerspiele,[6] Filmclips sowie Computervideos sind unabhängig von der Art der Herstellung als Filmwerke im Sinne der §§ 2 Abs. 1 Nr. 6 und 88 ff. UrhG geschützt, sofern sie eine persönliche geistige Schöpfung beinhalten. Eine individuelle Gestaltung fehlt dagegen regelmäßig der Aufzeichnung von Sportveranstaltungen, Konzerten, Tages- und Wochenschauen oder Reportagen, die sich auf die bloße Wiedergabe von Ereignissen beschränken. Allerdings besteht insoweit – wie schon bei Lichtbildern – auch für nichtoriginale Filme ein nachbarrechtlicher Schutz als sog. **Laufbilder** (§ 95 UrhG).

723 Auch hinsichtlich der Filmwerke gilt, dass nicht nur das Filmwerk als Ganzes geschützt ist, sondern auch dessen **Teile**, sofern nur diese Teile für

1 *Fromm/Nordemann*, Urheberrecht, § 2 Rz. 77. Vgl. insoweit auch die Sonderregelung in § 91 UrhG.
2 Vgl. dazu noch nachfolgend Rz. 738 f.
3 *Rehbinder*, Urhebergesetz, § 15 II.
4 BGH, Urt. v. 24.11.1983 – I ZR 147/81, BGHZ 90, 219 – Filmregisseur.
5 BGH, Beschl. v. 27.2.1962 – I ZR 118/60, GRUR 1962, 470 – AKI.
6 Vgl. nur etwa OLG Hamburg, Urt. v. 12.10.1989 – 3U 75/89, GRUR 1990, 127; Urt. v. 31.3.1983 – 3 U 192/82, GRUR 1983, 436.

sich genommen urheberrechtlich schutzfähig sind, dh. sofern sie ihrerseits eine hinreichende Gestaltung erkennen lassen. Mithin dürfen auch einzelne Filmausschnitte nicht ohne Zustimmung der Filmurheber[1] bzw. der Inhaber der Filmurheberrechte übernommen werden, und es ist daher – ebenso wie die Rechte an den Einzelbildern – die Erlaubnis zur digitalen Off- oder Online-Verwertung einzuholen. Die Kosten für Filmsequenzen können in der Praxis je nach Qualität und Bekanntheit des Filmwerkes erheblich sein.

(6) Darstellungen wissenschaftlicher oder technischer Art, § 2 Abs. 1 Nr. 7 UrhG

Als letzte Werkart nennt das deutsche UrhG Darstellungen wissenschaftlicher oder technischer Art. Dazu zählen Zeichnungen, Pläne, Karten, Skizzen, Tabellen und plastische Darstellungen mit jeweils technischem oder wissenschaftlichem Inhalt.[2] Sofern sie nicht literarischen oder Werken der bildenden Künste zuzurechnen sind, kommen im elektronischen Bereich auch die **Benutzeroberflächen** von Anwenderprogrammen sowie von Online-Diensten oder die „**Homepages**" im World Wide Web in Betracht. Schaubilder, Masken, tabellarische oder bildliche Elemente, die auf dem Bildschirm erscheinen, können ebenfalls Schutz nach § 2 Abs. 1 Nr. 7 UrhG genießen, eine hinreichende Originalität vorausgesetzt.[3] Der dazu erforderliche Gestaltungsspielraum, an den angesichts der zahlreichen funktionalen Vorgaben im Vergleich zu anderen Werkarten allerdings keine allzu hohen Anforderungen zu stellen sind, kann insofern beispielsweise hinsichtlich der Anordnung, Gewichtung und optischen wie farblichen Untermalung und Veranschaulichung des darzustellenden Stoffes gegeben sein. Die bloße drucktechnische Hervorhebung einzelner Begriffe und bestimmter Linien oder Aufteilungen eines Blattes in Spalten und Reihen sowie die vorwiegend routinemäßige Wiedergabe bestimmter Fakten stellt hingegen keine schöpferische Leistung dar. Zwar haben Verweisungsstrukturen (Hyperlinks) wie dargestellt regelmäßig keinen individuell-schöpferisch gestalteten Charakter, doch kann die gesamte durch mehrere Ebenen reichende Verweisungsstruktur zwischen den verschiedenen Webseiten als individuelles Gestaltungselement integraler Teil mehrerer, über eine Suchbaumstruktur zu einer einheitlichen Benutzeroberfläche verbundenen Webseiten und damit Teil einer technischen Darstellung im Sinne von § 2 Abs. 1 Nr. 7 UrhG sein.[4] 724

1 Vgl. zur Frage, wer im Einzelnen den Filmurhebern zuzurechnen ist, nachfolgend Rz. 751.
2 BGH, Urt. v. 25.10.1955 – I ZR 200/53, BGHZ 18, 319 – Bebauungsplan; BGH, Urt. v. 2.7.1987 – I ZR 232/85, GRUR 1988, 33 – Topographische Landkarten. Vgl. auch BGH, Urt. v. 15.12.1978 – I ZR 26/77, GRUR 1979, 464 – Flughafenpläne.
3 *Kilian/Heussen*, Computerrechts-Handbuch, Teil 5, 54, Rz. 30.
4 Zum Schutz einer Linksammlung als Datenbank vgl. LG Köln, Urt. v. 25.8.1999 – 28 O 527/98, CR 2000, 400 (251 Links als geschützte Datenbank), sowie nachfolgend im Abschnitt über verwandte Schutzrechte, Rz. 743 ff.

(7) Sammelwerke und Datenbankwerke, § 4 UrhG

725 Zu den durch das Urheberrecht geschützten Geisteswerken gehören nach § 4 UrhG auch Sammelwerke (Abs. 1) und Datenbankwerke (Abs. 2).

726 **Sammelwerke** sind Sammlungen von Werken, Daten oder anderen unabhängigen Elementen, die aufgrund Auswahl oder Anordnung eine persönliche geistige Schöpfung sind. Gegenstand der Sammlung können seit der Neufassung im Zug der Umsetzung der EU-Datenbankrichtlinie[1] neben Werken iSd. § 2 Abs. 2 UrhG auch andere unabhängige Elemente sein, die selbst nicht urheberrechtlich geschützt zu sein brauchen wie etwa **Gesetze**,[2] **Urteile** und **amtliche Werke**. Die Schutzfähigkeit hängt auch hier von der Eigentümlichkeit ab, dh. vom schöpferischen Gehalt der Sammlung, von Anordnung und Darbietung. Dabei genügt es, wenn die Sammlung in Auswahl oder Anordnung eine persönliche geistige Schöpfung ist. Ein rein handwerkliches, schematisches oder routinemäßiges Schaffen reicht dagegen nicht aus.[3] So sind die gesammelten **Börsendaten** über die erwartete Dividende und das erwartete Ergebnis deutscher Aktien, die auf individuellen Bewertungen und Berechnungen beruhen, nicht als Sammelwerke geschützt, wenn weder die Auswahl, noch die Anordnung der Elemente eine persönlich geistige Schöpfung iSv. § 2 Abs. 2 UrhG ist.[4] Der Schutz des Sammelwerkes bezieht sich nur auf die in der Auswahl und Anordnung liegende persönliche geistige Schöpfung. Deshalb ist die Entnahme einzelner Werke oder anderer Beiträge kein Eingriff in das Urheberrecht an der Sammlung selbst, und es ist insoweit nur die Zustimmung der Urheber dieser in der Sammlung enthaltenen Werke erforderlich.[5]

727 Ein Unterfall des Sammelwerkes ist das **Datenbankwerk** (§ 4 Abs. 2 UrhG). Dabei handelt es sich um Sammelwerke, deren Elemente systematisch oder methodisch angeordnet sind – was für fast alle Sammelwerke und jedenfalls für alle Multimedia-Werke zutreffen dürfte – und deren Elemente einzeln zugänglich sind, sei es mit elektronischen oder anderen Mitteln. Voraussetzung ist auch hier eine hinreichend schöpferische Gestaltung in Auswahl oder Anordnung der einzelnen im Datenbankwerk enthaltenen Elemente. Daher dürfte etwa eine Sammlung von Hyperlinks nur in den seltenen Fällen in Betracht kommen, in denen gerade die Auswahl sachlich nicht zusammengehörender Links als eine individuelle Schöpfungsleistung anzusehen ist.[6] Fehlt es an einer solchen schöpferischen Leistung, so ist die Sammlung von Daten oder anderen Bestandteilen dennoch nicht gänzlich urheberrechtsfrei; in Betracht kommt vielmehr der bereits erwähnte Leistungsschutz

1 Richtlinie 96/9/EG des Europäischen Parlaments und des Rates vom 11.3.1996 über den rechtlichen Schutz von Datenbanken, ABL. EU Nr. 77 v. 27.3.1996, S. 20 ff.
2 OLG Frankfurt, Urt. v. 10.1.1985 – 6 U 30/84, GRUR 1986, 242.
3 BGH, Urt. v. 25.9.1953 – I ZR 104/52, GRUR 1954, 129.
4 OLG Hamburg, Urt. v. 6.5.1999 – 3 U 246/98, GRUR 2000, 319.
5 *Hoeren/Sieber*, Multimedia-Recht, Teil 7.1 Rz. 39.
6 *Härting*, Internetrecht, S. 197.

als einfache Datenbank im Sinne der §§ 87a ff. UrhG. Voraussetzung dafür ist lediglich, dass die Herstellung der Datenbank nach Art oder Umfang eine wesentliche Investition erfordert hat.[1]

(8) Bearbeitungen, §§ 3, 23 UrhG

Schutzfähig sind schließlich nicht nur originäre Werke, sondern auch sog. Bearbeitungen und Umgestaltungen, dh. solche Schöpfungen, die in Abhängigkeit von vorbestehenden Werken geschaffen werden. § 3 UrhG nennt hier beispielhaft nur **Übersetzungen,**[2] doch kommt grundsätzlich jede **Umgestaltung** in Betracht wie zB Ergänzungen, Zusammenfassungen sowie die Herstellung einer Zeichnung nach einem Gemälde, die Animation einer Figur, die Dramatisierung oder Verfilmung einer Erzählung, die Fertigung eines Klavierauszugs, die Übernahme charakteristischer Einzelheiten und Stilelemente von Figuren eines anderen oder die Einfügung in eigene Figuren.[3] Voraussetzung für die Schutzfähigkeit einer Bearbeitung oder Umgestaltung ist freilich, dass diese selbst eigenschöpferische Züge aufweist. Die Bearbeitung muss das Original also zwar noch erkennen lassen, sich jedoch von ihm durch eine eigene schöpferische Ausdrucksweise abheben.[4] Fehlt es daran, liegt lediglich eine Vervielfältigung vor, die nicht zu eigenen Rechten des Vervielfältigenden führt.[5] 728

Aus diesem Grund ist die bloße **Digitalisierung** keine Bearbeitung im urheberrechtlichen Sinn, dh., durch die bloße Digitalisierung allein erwirbt derjenige, der die Digitalisierung vornimmt, noch keine Rechte.[6] Das gilt auch für die Einspeicherung geschützter Werke, in der lediglich eine Vervielfältigung nach § 16 UrhG zu sehen ist. Auch geringfügige Änderungen wie bloße Kürzungen sind in der Regel keine Bearbeitungen, sofern dadurch nicht die Aussage des Werkes verändert wird. Bearbeitung ist deshalb auch nicht das bloße Herausnehmen einzelner Werkteile, die bloße Änderung der Größenverhältnisse, die Transposition in eine andere Tonart, das Weglassen einzelner Dialogteile. Deshalb ist die Umgestaltung eines Textes zu einer webfähigen HTML-Version keine Bearbeitung, erst recht nicht das Löschen einer Datei beim Website-Betreiber, und auch nicht das Fragmentieren im Zuge des Routing oder das Komprimieren.[7] Werden hingegen vorbestehende Wer- 729

---

1 Vgl. dazu noch die nachfolgenden Ausführungen im Abschnitt über „verwandte Schutzrechte“, Rz. 732 ff.

2 Die Übersetzung eines Sprachwerkes nach § 2 Abs. 1 Nr. 1, Abs. 2 UrhG stellt im Allgemeinen eine persönliche geistige Schöpfung des Übersetzers dar; vgl. BGH, Urt. v. 15.9.1999 – I ZR 57/97, GRUR 2000, 144 – Comic-Übersetzungen II.

3 *Fromm/Nordemann*, Urheberrecht, § 3 Rz. 11.

4 Vgl. nur BGH, Urt. v. 19.11.1971 – I ZR 31/70, GRUR 1972, 143 (144) – Biografie: Ein Spiel.

5 So § 3 Satz 2 UrhG ausdrücklich für die nur unwesentliche Bearbeitung eines nicht geschützten Werkes der Musik.

6 *Hoeren/Sieber,* Multimedia-Recht, Teil 7.1. Rz. 30.

7 *Loewenheim/Koch*, Praxis des Online-Rechts, S. 286 ff.

ke digital bearbeitet, so entsteht an der Bearbeitung ein Bearbeiterurheberrecht, sofern die digitale Bearbeitung eigenschöpferische Züge aufweist. Im Bildbereich ist auch zu beachten, dass selbst eine digitale Bildbearbeitung, die unterhalb der Schwelle der für den Urheberschutz relevanten eigenschöpferischen Gestaltung bleibt und die sich nicht auf eine bloße Reproduktion beschränkt, zu einem Lichtbildschutz nach § 72 UrhG führt.

730 Da **Bearbeitungen** auf schutzfähige Werke zurückgreifen, dürfen sie nach § 23 UrhG nur mit Einwilligung des Urhebers des bearbeiteten oder umgestalteten Werkes veröffentlicht oder verwertet werden. Bei der Verfilmung ist bereits die Herstellung des Filmes erlaubnispflichtig; das Gleiche gilt nach § 69 c Nr. 3 UrhG auch für Computerprogramme. Darüber hinaus bleibt das Urheberrecht am bearbeiteten Werk durch die Bearbeitung unberührt (vgl. § 3 UrhG), so dass derjenige, der eine fremde Bearbeitung verwerten will, grundsätzlich zwei Erlaubnisse einholen muss: zum einen von demjenigen, der das vorbestehende Werk geschaffen hat, und zum anderen von demjenigen, der die Bearbeitung vorgenommen hat.[1]

731 Etwas anderes gilt nur dann, wenn sich das nachfolgende Schaffen vom Vorbild soweit gelöst hat, dass die Züge des ersten Weges vollständig verblassen, das erste Werk also lediglich Inspiration für das zweite Werk war. In diesem Fall liegt eine sog. **freie Benutzung** vor, die nach § 24 UrhG ohne Zustimmung des Urhebers des vorbestehenden Werkes zulässig ist. Das hat zur Folge, dass am Resultat der freien Benutzung auch nur ein Urheberrecht des zweiten Schöpfers besteht und dass derjenige, der eine solche freie Benutzung verwerten will, auch nur eine Erlaubnis einholen muss. Eine Ausnahme besteht insoweit nach § 24 Abs. 2 UrhG jedoch für Musikwerke. Hier gilt der sog. „starre Melodienschutz“, dh., eine geschützte Melodie darf einem neuen musikalischen Werk nicht ohne Zustimmung von deren Urheber zugrunde gelegt werden. Ohne Erlaubnis unzulässig sind danach zB Variationen von Melodien anderer Komponisten. Auch musikalische Parodien werden durch § 24 Abs. 2 UrhG unterbunden.[2] Zulässig ist insoweit allein in begrenztem Umfang das sog. Musikzitat.[3]

(9) Verwandte Schutzrechte, §§ 73 ff. UrhG

732 Urheberrechtlich geschützt sind nicht nur die zuvor genannten Werke, sondern in den §§ 73 ff. UrhG darüber hinaus auch die **nachschaffenden Dar-**

---

1 Eine Bearbeitung kann auch ihrerseits bearbeitet werden und mithin ein weiteres Bearbeiterurheberrecht entstehen. Auch diese Bearbeitung berührt das Urheberrecht an der vorherigen Bearbeitung ebenso wenig wie das Urheberrecht am ursprünglichen Werk, so dass letztlich drei Erlaubnisse einzuholen sind; vgl. nur *Wenzel/Burkhardt*, Urheberrecht in der Praxis, 2.51.

2 BGH, Urt. v. 5.6.1970 – I ZR 44/68, GRUR 1971, 266 – Magdalenenarie.

3 § 51 Nr. 3 UrhG. – Vgl. zu den Schranken der ausschließlichen Verwertungsbefugnisse des Urhebers auch noch nachfolgend unter Rz. 814 ff.

bietungen ausübender Künstler sowie eine Reihe weiterer Produzenten und Werkvermittler, die durch ihre **organisatorische**, **kaufmännische** und **investive Tätigkeit** dazu beitragen, dass der Endnutzer in den Genuss geschützter Werke und Darbietungen kommt. Anders als geschützte Werke, die in Bezug auf jegliche Art ihrer Verwertung geschützt sind,[1] genießen die Inhaber der sog. verwandten Schutzrechte bzw. Nachbarrechte jedoch nur einen nicht in jeder Hinsicht vollständigen Schutz. Auch ist die Schutzdauer kürzer; von wenigen Ausnahmen abgesehen beträgt sie 50 Jahre nach Erscheinen bzw. erster öffentlicher Wiedergabe bzw., wenn eine solche nicht erfolgt ist, 50 Jahre nach erster Fixierung oder Herstellung der Leistung. In der Praxis beträgt der Schutz also regelmäßig 50 Jahre nach der Schaffung, in Einzelfällen jedoch auch bis zu einhundert Jahren (wenn nämlich die erste Verwertung erst kurz vor Ablauf des 50-jährigen Zeitraumes seit der Herstellung stattgefunden hat).

(a) Ausübende Künstler, §§ 73, 92 UrhG, und Veranstalter, § 81 UrhG

733 Nachbarrechtlichen Schutz genießen gem. §§ 73 ff. UrhG zunächst die **ausübenden Künstler**, also alle diejenigen, die ein Werk vortragen oder aufführen oder die bei dem Vortrag oder der Aufführung eines Werkes künstlerisch mitwirken. Nicht dazu zählen artistische oder sportliche Leistungen.[2] Die Darbietung eines ausübenden Künstlers darf nur mit seiner Einwilligung auf Bild- und Tonträger aufgenommen, vervielfältigt und verbreitet und, falls der Tonträger noch nicht erschienen ist, durch Funk gesendet werden.[3] Ist die Darbietung hingegen erlaubterweise auf einem erschienenen Bild- oder Tonträger aufgenommen worden, so steht dem ausübenden Künstler für deren Sendung und öffentliche Wahrnehmbarmachung jedoch nur ein Anspruch auf eine angemessene Vergütung zu, die in der Praxis von den Verwertungsgesellschaften eingezogen und ausgeschüttet wird[4] und den er sich mit den Tonträgerherstellern teilen muss.

---

1 S. zu § 15 UrhG und zu den Verwertungsrechten noch nachfolgend unter Rz. 796 ff.

2 Vgl. nur Schricker/*Krüger*, Urheberrecht, § 73 Rz. 10 f. – Allerdings bestehen an der Aufzeichnung derartiger Ereignisse regelmäßig Tonträger- und Laufbildrechte, so dass der nachfolgende Verwerter auch insoweit nicht ohne Einholung der entsprechenden Erlaubnisse auskommt. Bei der Live-Aufnahme sind schließlich Persönlichkeitsrechte der Abgebildeten insbesondere unter dem Gesichtspunkt des Rechts am eigenen Bild (§§ 22 ff. KUG) ebenso zu beachten wie das Hausrecht desjenigen, der die Räumlichkeiten für die Darbietung zur Verfügung stellt (zB der Eigentümer und Betreiber des Theaters oder eines Sportstadions).

3 Nach § 80 UrhG genügt bei Chor-, Orchester- und Bühnenaufführungen in den Fällen der §§ 74, 75 Abs. 1 und 2 und 76 Abs. 1 UrhG neben der Einwilligung der Solisten, des Dirigenten und des Regisseurs die Einwilligung der gewählten Vertreter (Vorstände) der mitwirkenden Künstlergruppen; hat eine Gruppe keinen Vorstand, so wird die Einwilligung der ihr angehörenden ausübenden Künstler durch die Einwilligung des Leiters der Gruppe ersetzt.

4 Vgl. zur Rolle der Verwertungsgesellschaften beim Rechteerwerb noch nachfolgend Rz. 779 ff.

734 Ein eigenständiges Leistungsschutzrecht kommt nach § 81 UrhG auch dem **Veranstalter** der Darbietung zu. Mithin bedarf es für die öffentliche Wahrnehmbarmachung, die Aufnahme und Vervielfältigung sowie die Sendung der Darbietung eines ausübenden Künstlers (§§ 74, 75 Abs. 1 und 2 und 76 Abs. 1 UrhG) zusätzlich zu dessen Einwilligung auch der Einwilligung des Inhabers des Unternehmens.[1]

(b) Hersteller von Tonträgern, §§ 85 f. UrhG

735 Ein weiteres Leistungsschutzrecht kommt dem Hersteller von Tonträgern zu. Hersteller eines Tonträgers ist nur, wer die **erste Tonfestlegung** vornimmt. Das kann auch ein Filmhersteller in Bezug auf die Tonspur des Films sein oder ein Sendeunternehmen, soweit es sich um Eigenproduktionen handelt.[2] Ob die erste Festlegung analog oder digital erfolgt ist, spielt keine Rolle. Nach § 85 Abs. 1 UrhG hat der Hersteller eines Tonträgers das ausschließliche Recht zu dessen Vervielfältigung und Verbreitung. Der Schutz besteht gegen die unmittelbare Leistungsübernahme; Nachschaffungen, also eine zweite Aufnahme der gleichen Darbietung, bleiben dagegen unberührt.[3] Nach der Rechtsprechung schützt der Tonträgerschutz jedenfalls nicht gegen das sog. **Sound-Sampling**; die Übernahme einzelner Töne und kleinster Tonpartikel ist danach auch ohne Zustimmung des Tonträgerherstellers zulässig.[4] Nach § 86 UrhG steht diesem in den Fällen der Sendung und öffentlichen Wahrnehmbarmachung von Handelstonträgern nur ein Beteiligungsanspruch an den entsprechenden gesetzlichen Vergütungsansprüchen des ausübenden Künstlers[5] zu.

736 Die **Neuzusammenstellung** bereits vorhandener Tonaufnahmen zu neuen Ton- oder Bildtonträgern begründet hingegen ebenso wenig ein eigenständiges Schutzrecht nach § 85 UrhG wie die digitaltechnische Verbesserung historischer Aufnahmen.[6]

---

1 OLG München, Urt. v. 20.3.1997 – 29 U 4573/96, NJW-RR 1997, 1405 hat dem Veranstalter von Boxwettkämpfen, der als solcher nicht § 81 UrhG unterfällt, dennoch einen eigenständigen Schutz unter dem Gesichtspunkt des Rechts am eingerichteten und ausgeübten Gewerbetrieb gem. § 823 Abs.1 BGB zugesprochen, da es sich insoweit um eine dem Recht „wesenseigene wirtschaftliche Auswertungsmöglichkeit" handele.

2 BGH, Urt. v. 12.11.1998 – I ZR 31/96, ZUM 1999, 402.

3 Schricker/*Vogel*, Urheberrecht, § 85 Rz. 11.

4 OLG München, Urt. v. 18.7.1991 – 29 U 3050/91, ZUM 1991, 540 (548); OLG Hamburg, Beschl. v. 18.4.1991 – 3 W 38/91, GRUR Int. 1992, 390 (391). Zur abweichenden Ansicht in der Literatur vgl. die Nachw. bei Schricker/*Vogel*, Urheberrecht, § 85 Rz. 34.

5 S. dazu soeben Rz. 733.

6 So jedenfalls die wohl hM; vgl. etwa Schricker/*Vogel*, Urheberrecht, § 85 Rz. 11 f. mit Nachw. auch zur aA.

(c) Schutz der Sendeunternehmen, § 87 UrhG

737 Ein verwandtes Schutzrecht kommt nach § 87 UrhG zum Dritten den Sendeunternehmen in Bezug auf die von diesen durchgeführten **Funksendungen** zu. Die Befugnis erstreckt sich auf das ausschließliche Recht, die Funksendung weiter zu senden, die Sendung auf Bild- oder Tonträger aufzunehmen, Lichtbilder von der Sendung herzustellen sowie die Bild- oder Tonträger oder Lichtbilder zu vervielfältigen und zu verbreiten[1] und schließlich darauf, die Sendung an Stellen, die der Öffentlichkeit nur gegen Zahlung eines Eintrittsgeldes zugänglich sind, öffentlich wahrnehmbar zu machen. Da der Schutz jedoch an den Begriff der Sendung iSv. § 20 UrhG anknüpft, kommt er für Online-Anbieter nicht in Betracht, es sei denn, deren Angebot bestünde in einer dem klassischen Rundfunk vergleichbaren Form des Internetradios.[2]

(d) Schutz der Lichtbildner, § 72 UrhG

738 Die bislang genannten drei Gruppen (ausübende Künstler, Tonträgerhersteller und Sendeunternehmen) sind in den meisten ausländischen Staaten urheberrechtlich geschützt. Darüber hinaus erkennt das deutsche Recht auch einigen sonstigen Gruppen nachbarrechtliche Schutzrechte zu.

739 Dazu gehören zunächst die Hersteller von Lichtbildern, dh. von Bildern, denen es an der für den Schutz als Lichtbildwerke erforderlichen Schöpfungshöhe fehlt.[3] Zu diesen Lichtbildern, die die an ein Werk zu stellenden Anforderungen nicht erfüllen, zählen etwa Urlaubsfotos, Schnappschüsse oder am Automaten erstellte Schnellfotos.[4] Urheberrechtlich geschützt ist also nicht nur die künstlerische Fotografie, sondern auch die große Masse anspruchsloser Routine- und **Amateuraufnahmen** sowie die sog. **Gegenstandsfotografie**, die darauf abzielt, die Vorlage möglichst unverändert naturgetreu wiederzugeben,[5] sofern die Wiedergabe nur über die bloße 1:1-Reproduktion hinausgeht. Vom Umfang des Schutzes her werden Lichtbildwerke und Lichtbilder vom Gesetz gleich behandelt. Der Unterschied besteht allein in der Schutzdauer. Diese beträgt bei Lichtbildern lediglich 50 Jahre seit dem Erscheinen bzw. der ersten erlaubten öffentlichen Wiedergabe bzw., wenn das Lichtbild nicht binnen dieser Zeit erschienen oder öffentlich wiedergegeben worden ist, 50 Jahre seit Herstellung.

---

1 Vom Verbreitungsrecht des Sendeunternehmens ausgenommen ist allein das Vermietrecht, § 87 Abs. 1 Nr. 2 UrhG.

2 Vgl. dazu auch nachfolgend Rz. 809 f.

3 Vgl. dazu bereits oben Rz. 720.

4 BGH, Urt. v. 3.11.1999 – I ZR 55/97, GRUR 2000, 317 – Werbefotos; Urt. v. 8.11.1989 – I ZR 14/88, GRUR 1990, 669 (673) – Bibelreproduktion; Urt. v. 10.10.1991 – ZR 147/89, GRUR 1993, 34 (35) – Bedienungsanweisung.

5 *Fromm/Nordemann*, Urheberrecht, § 2 Rz. 74; Schricker/*Loewenheim*, Urheberrecht, § 2 Rz. 179.

(e) Schutz der Filmhersteller, §§ 94 f. UrhG

740 Da nach dem Schöpfergrundsatz des deutschen Urheberrechts zu den Urhebern eines Filmwerkes nur zählt, wer einen schöpferischen Beitrag zum Film geleistet hat[1], nicht jedoch der für Organisation und Finanzierung verantwortliche Produzent, gewährt das UrhG den Filmherstellern in den §§ 94 und 95 ein eigenes Leistungsschutzrecht. Dieses behält ihnen das ausschließliche Recht vor, den Bildträger oder Bild- und Tonträger, auf den das Filmwerk aufgenommen ist, zu **vervielfältigen**, zu **verbreiten** und zur **öffentlichen Vorführung oder Funksendung zu benutzen.**

(f) Schutz der Verfasser wissenschaftlicher Ausgaben, § 70 UrhG, und der Herausgeber nachgelassener Werke, § 71 UrhG

741 Einen allerdings nur 25-jährigen Schutz genießen nach deutschem Recht des Weiteren die Verfasser wissenschaftlicher Ausgaben. Voraussetzung ist nach § 70 UrhG, dass die Ausgabe das **Ergebnis wissenschaftlich sichtender Tätigkeit** darstellt und sich wesentlich von den bisher bekannten Ausgaben der Werke oder Texte unterscheidet.

742 Ebenfalls für den Zeitraum von 25 Jahren geschützt ist derjenige, der ein **bislang unveröffentlichtes Werk**, an dem der Urheberschutz bereits abgelaufen ist (dh., dessen letzter überlebender Urheber bereits seit mehr als 70 Jahren verstorben ist), erstmals erlaubterweise erscheinen lässt oder erstmals öffentlich wiedergibt.

(g) Schutz des Datenbankherstellers

743 Für den Anbieter von Online-Dienstleistungen von besonderer Bedeutung ist schließlich der auf der Grundlage der EU-Richtlinie zum Datenbankschutz[2] mit Wirkung zum 1.1.1998[3] in das deutsche Urheberrecht eingefügte **Sui-generis-Schutz für Datenbanken**. Ziel dieses Sonderschutzes ist es, sowohl in ihrer Auswahl und Anordnung schöpferische wie auch nichtschöpferische Datenbanken gegen die unlautere Übernahme der dazu aufgewendeten Investition zu schützen.[4] Es handelt sich also wiederum um ein Unternehmerschutzrecht.[5]

744 Geschützt sind nach dem Gesetzeswortlaut solche Datenbanken, bei denen die „Beschaffung, Überprüfung oder Darstellung" des Inhalts „eine nach Art oder Umfang wesentliche Investition erfordert" hat.[6] Wann dies der Fall ist, lässt sich

---

1 Vgl. dazu noch näher nachfolgend Rz. 751.

2 Richtlinie 96/9/EG des Europäischen Parlaments und des Rates vom 11.3.1996 über den rechtlichen Schutz von Datenbanken, ABL. EG Nr. 77 v. 27.3.1996, S. 20 ff.

3 Art. 7 des Informations- und Kommunikationsdienste-Gesetzes (IuKDG) v. 22.7.1997, BGBl. I, 1870.

4 Vgl. nur Schricker/*Vogel*, Urheberrecht, vor §§ 87a ff. Rz. 21.

5 *Hoeren/Sieber*, Multimedia-Recht, Teil 7.1 Rz. 44.

6 Geringfügig abweichend insoweit Art. 9 der EU-Richtlinie zum Datenbankschutz, ABl.EG Nr. 77 v. 27.3.1996: „eine in qualitativer oder quantitativer Hinsicht wesentliche Investition".

abstrakt kaum umschreiben. Die Rechtsprechung jedenfalls hat in Deutschland demnach bislang Telefonbücher auf CD-ROM,[1] die Sammlung der Daten von Veranstaltungen und Veranstaltern,[2] eine Sammlung von Online-Anzeigen[3] sowie eine Sammlung von 251 Links[4] geschützt.

Der Schutz besteht nach § 87b Abs. 1 UrhG zum einen gegen die **Vervielfältigung, Verbreitung (offline)** oder **öffentliche Wiedergabe (online)** der Datenbank insgesamt oder eines nach Art oder Umfang **wesentlichen** Teils. Ohne Zustimmung des Rechteinhabers unzulässig ist zum anderen aber auch die wiederholte und systematische Vervielfältigung, Verbreitung oder öffentliche Wiedergabe von nach Art und Umfang **unwesentlichen** Teilen der Datenbank, sofern diese Handlungen einer normalen Auswertung der Datenbank zuwiderlaufen oder die berechtigten Interessen des Datenbankherstellers unzumutbar beeinträchtigen.[5] Dabei legt die bisherige untergerichtliche Rechtsprechung diese Voraussetzungen zugunsten des Rechteinhabers extensiv aus. Unzulässig sein soll danach etwa der über einzelne Datensätze hinausgehende Rückgriff auf fremde Datenbanken zum Zweck der Recherche für einen eigenen Informationsdienst, da die Benutzung dabei nicht zur eigenen Information, sondern zu kommerziellen Zwecken erfolge.[6] Gleiches soll für den systematischen Zugriff auf eine Datenbank durch eine so genannte „Meta-Suchmaschine" gelten.[7] Aus der Sicht der Förderung innovativer Mehrwertdienste auf dem Gebiet der Informationswirtvermittlung und Informationswirtschaft ist das nicht unbedenklich. Das gilt vor allem dann, 745

---

1 BGH, Urt. v. 6.5.1999 – I ZR 199/96, GRUR 1999, 923 – Tele-Info-CD. – Offen gelassen hat der BGH jedoch, ob die Freiheit amtlicher Werke nach § 5 UrhG, der an sich auch auf Leistungsschutzrechte Anwendung findet, angesichts des insoweit abschließenden Kataloges von Ausnahmen in Art. 9 der EU-Richtlinie auch für Datenbanken iSv. §§ 87a ff. UrhG gilt. Dennoch wird die Anwendung von § 5 UrhG in der Literatur auch insoweit zumeist befürwortet; so *Gaster*, Der Rechtsschutz von Datenbanken, 1999, Art. 9, Rz. 614; Möhring/Nicolini/*Decker*, Urheberrechtsgesetz, vor §§ 87a ff., Rz. 9, sowie Möhring/Nicolini/*Ahlberg*, § 5 Rz. 22; aA hingegen Schricker/*Vogel*, Urheberrecht, § 87c Rz. 5.

2 KG, Urt. v. 9.6.2000 – 5 U 2172/00, CR 2000, 812 (EDV-gesteuerter Ticketverkauf mit Daten von 300 – 400 Veranstaltern im Verbund von 500 Vorverkaufsstellen, [Saalpläne, Reservierungen und Kundendaten], Daten von Vorverkaufsstellen [zB den Kundendaten]).

3 LG Köln, Urt. v. 2.12.1998 – 28 O 431/98, CR 1999, 593 und LG Berlin, Urt. v. 8.10.1998 – 16 O 448/98, CR 1999, 388 (aus der Printversion einer überregionalen Tageszeitung abgeleiteter Online-Immmobiliendienst).

4 LG Köln, Urt. v. 25.8.1999 – 28 O 527/98, CR 2000, 400. – Danach sollen auch Zeit sowie Mühe und nicht allein Geld für die Begründung der Schutzfähigkeit entscheidend sein.

5 Daneben besteht nach § 87b Abs. 2 UrhG ein Vergütungsanspruch für das Verleihen geschützter Datenbanken.

6 So LG Köln, Urt. v. 2.12.1998 – 28 O 431/98, CR 1999, 593 (Übermittlung von maximal 99 Treffern aus den Datenbanken mehrerer Anbieter). Nach Ansicht des Gerichts bestehe die Gefahr, dass die Suchenden keine Anfragen mehr beim Anbieter der durchsuchten Originaldatenbanken tätigen.

7 LG Berlin, Urt. v. 8.10.1998 – 16 O 448/98, CR 1999, 388.

wenn selbst in der Kopie einzelner Links zur Ergänzung eines eigenen Angebots eine systematische unwesentliche Übernahme gesehen wird.[1] Für die nach der Konzeption des Schutzes an sich erlaubnisfreie Nutzung unwesentlicher Teile der Datenbank bliebe dann nämlich kein hinreichender Spielraum mehr. Unstreitig urheberrechtlich frei ist hingegen die Übernahme einzelner, in einer fremden Datenbank enthaltenen Daten.[2]

746 Die vergleichsweise eng gefassten Schrankenbestimmungen des § 87c UrhG dürften einem Anbieter von Online-Dienstleistungen regelmäßig nur wenig nützen. **Zustimmungsfrei** zulässig ist nach § 87c Abs. 1 UrhG nämlich neben der Vervielfältigung eines nach Art oder Umfang wesentlichen Teils einer analogen Datenbank zum privaten Gebrauch auch derjenige einer digitalen Datenbank zum eigenen wissenschaftlichen Gebrauch, wenn und soweit die Vervielfältigung zu diesem Zweck geboten ist und der wissenschaftliche Gebrauch nicht zu gewerblichen Zwecken erfolgt, sowie für die Benutzung zur Veranschaulichung des Unterrichts, die ebenfalls nicht zu gewerblichen Zwecken erfolgen darf. In den beiden zuletzt genannten Fällen ist die Quelle anzugeben.[3]

747 Die Dauer des Sonderschutzes beträgt nach § 87d UrhG **fünfzehn Jahre** nach der Veröffentlichung der Datenbank bzw. fünfzehn Jahre nach der Herstellung, wenn die Datenbank innerhalb dieser Frist nicht veröffentlicht worden ist. Nach § 87a Abs. 1 Satz 2 UrhG gilt eine in ihrem Inhalt nach Art oder Umfang wesentlich geänderte Datenbank immer dann als neue Datenbank, sofern die Änderung eine nach Art oder Umfang wesentliche Investition erfordert. Im Ergebnis besteht damit für alle Datenbanken, deren Pflege zeit- oder kostenaufwendig ist, der Schutz so lange, wie die Datenbank vom Anbieter gepflegt wird.

748 In der Praxis ist zuletzt zu beachten, dass nach dem oben Dargelegten[4] auch an den einzelnen **Bestandteilen einer Datenbank** Urheberrechtsschutz bestehen kann, mit der Folge, dass eine Weiterverwendung selbst einzelner Bestandteile einer Datenbank (zB von Bildern, Musikwerken, Text u.a.) dann letztlich doch erlaubnispflichtig ist.

---

1 So in einem *obiter dictum* jedoch LG Köln, Urt. v. 25.8.1999 – 28 O 527/98, CR 2000, 400; allerdings bestand in diesem Fall ein Anscheinsbeweis dafür, dass die Beklagte eine komplette Sammlung von 251 Links übernommen hatte, und überdies standen die Parteien des Rechtsstreits in direkter Konkurrenz zueinander.

2 KG, Urt. v. 9.6.2000 – 5 U 2172/00, CR 2000, 812.

3 Nach § 87c Abs. 2 UrhG ist sodann die Vervielfältigung, Verbreitung und öffentliche Wiedergabe selbst eines nach Art oder Umfang wesentlichen Teils einer Datenbank zulässig zur Verwendung in Verfahren vor einem Gericht, einem Schiedsgericht oder einer Behörde sowie für Zwecke der öffentlichen Sicherheit.

4 Vgl. vorstehend Rz. 727.

cc) Inhaber der Rechte an vorbestehenden Werken und Leistungen

(1) Grundsatz

Da jeder, der eines oder mehrere der oben genannten Werke und Leistungen auf eine der dem Rechteinhaber vorbehaltenen Arten[1] nutzen will, dessen Erlaubnis benötigt, stellt sich die entscheidende Frage, wer im Einzelfall Inhaber der jeweiligen Rechte ist. Die Antwort auf diese Frage fällt unterschiedlich aus, je nachdem, ob es sich um Rechte an urheberrechtlich geschützten Werken oder um verwandte Schutzrechte handelt. Eine weitere Frage geht dahin, ob die Rechte noch beim ursprünglichen Rechteinhaber liegen oder ob dieser sie nicht schon anderweit an Dritte vergeben hat. 749

(a) Inhaber von Urheberrechten

Für urheberrechtlich geschützte Werke – also nicht für die durch verwandte Schutzrechte geschützten Leistungen – geht das deutsche Urheberrecht vom sog. **Schöpfergrundsatz** aus. Nach § 7 UrhG ist Urheber grundsätzlich der Schöpfer des Werkes, also diejenige natürliche Person, auf die die schöpferische Leistung zurückgeht. Juristische Personen können nach deutscher Vorstellung nie originäre Urheber sein. Da das Urheberrecht angesichts seines persönlichkeitsrechtlichen Bestandteils[2] nach § 29 Satz 2 UrhG als Ganzes nicht übertragbar ist,[3] können juristische Personen nur Inhaber abgetretener oder auf sie übergegangener Nutzungsrechte sein. Das gilt nach § 30 UrhG auch für den Erbfall. An dieser originären Urheberschaft des wahren Schöpfers ändert sich grundsätzlich auch nichts, wenn ein Werk als Auftragswerk oder – das folgt aus § 43 UrhG – im Rahmen eines Arbeits- oder Dienstverhältnisses geschaffen wird.[4] 750

Wirken mehrere Personen bei der Schöpfung des Werkes bewusst zusammen, ohne dass sich die Anteile des Ergebnisses gesondert verwerten lassen, so besteht **Miturheberschaft** nach § 8 UrhG,[5] ansonsten Werkverbindung nach 751

---

1 Vgl. zu den Rechten der Urheber gem. §§ 15 ff. UrhG sowie zu den diesbezüglichen Schranken gem. §§ 45 ff. UrhG im Einzelnen nachfolgend Rz. 795 ff., 814 ff.

2 Vgl. zu den sog. Urheberpersönlichkeitsrechten nachfolgend Rz. 785 ff.

3 Nach § 29 Satz 1 UrhG kann das Urheberrecht lediglich in Erfüllung einer Verfügung von Todes wegen oder an Miterben im Wege der Erbauseinandersetzung übertragen werden.

4 Vgl. nur BGH, Urt. v. 22.2.1974 – I ZR 128/72, GRUR 1974, 480 – Hummelrechte.

5 Nach § 8 Abs. 2 UrhG steht das Recht zur Veröffentlichung und zur Verwertung des Werkes den Miturhebern zur gesamten Hand zu; Änderungen des Werkes sind nur mit Einwilligung der Miturheber zulässig. Ein Miturheber darf jedoch seine Einwilligung zur Veröffentlichung, Verwertung oder Änderung nicht wider Treu und Glauben verweigern. Jeder Miturheber ist berechtigt, Ansprüche aus Verletzungen des gemeinsamen Urheberrechts geltend zu machen; er kann jedoch nur Leistung an alle Miturheber verlangen. Nach Abs. 4 kann ein Miturheber auf seinen Anteil an den Verwertungsrechten (§ 15) verzichten. Der Verzicht ist den anderen Miturhe-

§ 9 UrhG[1]. In diesem Zusammenhang ist im deutschen Recht nicht abschließend geklärt, wer zu den Urhebern eines Filmwerkes zählt.[2] Nicht dazu zählen jedenfalls die Urheber der sog. vorbestehenden Werke, die nicht unmittelbar für Filmzwecke geschaffen worden sind, also etwa die Romanvorlage oder ein bereits bestehendes Musikstück, das zur musikalischen Untermalung herangezogen wird. Im Weiteren sind nach der hM auch diejenigen nicht Urheber des Films, deren Werke zwar erst im Hinblick auf einen Film geschaffen worden sind, die sich jedoch auch unabhängig vom Film selbst verwerten lassen, insbesondere also die Schöpfer von Drehbuch und Filmmusik. Unstreitig den Filmurhebern zuzurechnen sind dagegen der Regisseur, der Kameramann, der Cutter und ggf. auch der Beleuchter sowie der Tonmeister.

752 Nach § 10 Abs. 1 UrhG schließlich besteht für denjenigen, der auf den Vervielfältigungsstücken eines erschienenen Werkes oder auf dem Original eines Werkes der bildenden Künste in der üblichen Weise als Urheber bezeichnet ist, bis zum Beweis des Gegenteils **eine Vermutung der Urheberschaft** an diesem Werk. Das gilt auch für eine Bezeichnung, die als Deckname oder Künstlerzeichen des Urhebers bekannt ist.

(b) Inhaber verwandter Schutzrechte

753 Bei den verwandten Schutzrechten entstehen die Rechte des ausübenden Künstlers (§ 73 UrhG), der Lichtbildner (§ 72 UrhG) sowie der Verfasser wissenschaftlicher Ausgaben (§ 70 UrhG) zwar ebenfalls **originär** in der Person des ausübenden Künstlers bzw. des Photographierenden, doch können erster Inhaber der sonstigen verwandten Schutzrechte **auch juristische Personen** sein. Entscheidend kommt es dabei darauf an, wer den für das Entstehen des Schutzes erforderlichen organisatorischen oder investiven Aufwand erbringt. Für den Sui-generis-Schutz von Datenbanken enthält § 87a Abs. 2 UrhG insoweit eine klarstellende Sonderregelung: Inhaber des Schutzes ist danach der Datenbankhersteller, der die Investition vorgenommen hat, dh., wer die wirtschaftliche Leistung erbracht hat und das wirtschaftliche Risiko trägt. Nach der Rechtsprechung ist dabei nicht entscheidend, wer die Daten tatsächlich erfasst und eingegeben hat.[3]

---

bern gegenüber zu erklären. Mit der Erklärung wächst der Anteil den anderen Miturhebern zu. Nach Abs. 3 schließlich gebühren Erträgnisse aus der Nutzung des Werkes den Miturhebern dann, wenn nichts anderes vereinbart ist, nach dem Umfang ihrer Mitwirkung an der Schöpfung des Werkes.

1 Haben nach § 9 UrhG mehrere Urheber ihre Werke zu gemeinsamer Verwertung miteinander verbunden, so kann jeder vom anderen die Einwilligung zur Veröffentlichung, Verwertung und Änderung der verbundenen Werke verlangen, wenn die Einwilligung dem anderen nach Treu und Glauben zuzumuten ist.

2 Vgl. zum Meinungsstand statt vieler nur Schricker/*Katzenberger*, Urheberrecht, vor §§ 88 ff. Rz. 57 ff. – Allerdings werden die Unterschiede durch die filmrechtlichen Vermutungsregelungen der §§ 88 ff. UrhG zT wieder aufgehoben; vgl. zu Letzteren nachfolgend Rz. 757 ff.

3 BGH, Urt. v. 6.5.1999 – I ZR 199/96, GRUR 1999, 923 – Tele-Info-CD; KG, Urt. v. 9.6.2000 – 5 U 2172/00, CR 2000, 812.

(2) Vermutungen des Rechtsübergangs; Auslegungsregelungen zugunsten des Werkverwerters

Um die in wirtschaftlicher Hinsicht häufig wenig praktikablen Folgen der originären Rechtsinhaberschaft des Schöpfers abzumildern, enthält das deutsche UrhG eine Reihe von Vermutungen des Rechtsübergangs bzw. von Auslegungsvorschriften zugunsten des Werkverwerters. Die wesentlichen Vorschriften betreffen die Rechte an Werken, die in **Auftrags- oder Dienstverhältnissen** geschaffen worden sind (§§ 43, 69b UrhG), in Bezug auf **Filmwerke** sowie die dazu benutzten **vorbestehenden Werke** (§§ 88 ff. UrhG) und schließlich eine Reihe weiterer **vertragsrechtlicher Sonderregelungen** (vor allem in den §§ 34 und 35 UrhG). 754

(a) In Arbeits- und Dienstverhältnissen geschaffene Werke, §§ 43, 69b UrhG

Zwar können Arbeitgeber und Arbeitnehmer grundsätzlich **frei** bestimmen, in welchem Umfang der Arbeitnehmer dem Arbeitgeber Nutzungsrechte an dem von ihm geschaffenen Werk einräumt. Fehlt es hingegen an einer solchen Vereinbarung, so ist der Arbeit- bzw. Dienstnehmer nach § 43 UrhG verpflichtet, die Rechte in dem Umfang auf den Arbeitgeber bzw. den Dienstherrn zu übertragen, in dem sich „aus dem Inhalt oder dem Wesen des Arbeits- oder Dienstverhältnisses nichts anderes ergibt". Letztlich sind dies all diejenigen Rechte, die der Arbeitgeber bzw. Dienstherr für seine Tätigkeit benötigt. Beim Arbeitnehmer bzw. beim Dienstnehmer verbleiben mithin nur die Rechte einer Verwertung außerhalb der Nutzung im Rahmen der Zwecke des Betriebes des Arbeitgebers.[1] Nach der Rechtsprechung des BGH erfüllt ein angestellter Urheber, der zur Einräumung von Nutzungsrechten verpflichtet ist, diese Verpflichtung stillschweigend spätestens bei der Ablieferung des Werkes an den Arbeitgeber, wenn er der Erfüllung nicht ausdrücklich widerspricht.[2] Weiter gehend ist bei **Computerprogrammen,** die in einem Arbeits- oder Dienstverhältnis in Wahrnehmung der Aufgaben oder nach Anweisung des Arbeitgebers bzw. des Dienstherrn entstanden sind, nach § 69b UrhG allein der Arbeitgeber zur Ausübung aller vermögensrechtlichen Befugnisse berechtigt. Eine vergleichbare Regelung für **Auftragsproduktionen** kennt das deutsche UrhG dagegen nicht. Im letzteren Fall bedarf es daher der vertraglichen Übertragung aller benötigten Rechte. 755

Allerdings gilt die Regelung der §§ 43, 69b UrhG nur dann, wenn die Beteiligten **keine anderweitige Vereinbarung** getroffen haben und auch sonst aus den Umständen kein übereinstimmender abweichender Wille erkennbar ist. So enthalten in der Praxis vor allem Einzelverträge wie auch einige Tarifver- 756

---

1 Vgl. zu den Nachweisen der insoweit nicht immer einheitlichen Rechtsprechung Schricker/*Rojahn*, Urheberrecht, § 43 Rz. 55 f. – Zum Teil wird darüber hinaus eine Anbietungspflicht für solche Werke angenommen, die der Arbeitnehmer bzw. Dienstverpflichtete außervertraglich geschaffen hat; vgl. die Nachw. bei Schricker/*Rojahn*, Urheberrecht, § 43 Rz. 100 ff.

2 BGH, Urt. v. 22.2.1974 – I ZR 128/72, GRUR 1974, 480 – Hummelrechte.

träge ausdrückliche diesbezügliche Regelungen. Deren Inhalt hat der Nutzer also in Erfahrung zu bringen, wenn er feststellen will, von wem er die Rechte erwerben muss, die er für die in Aussicht genommenen Nutzung benötigt.

(b) Filmrechtliche Sonderregelungen, §§ 88 ff. UrhG

757 Weitere Sonderregelungen zugunsten des Verwerters finden sich in Bezug auf Filmwerke in den §§ 88 ff. UrhG.[1] Zu unterscheiden ist hier zwischen **Rechten an vorbestehenden Werken**, die für das Filmwerk herangezogen werden, und den **Rechten am Filmwerk** selbst.

758 Nach § 88 Abs. 1 UrhG liegt in der Gestattung, ein **Werk zu verfilmen**, im Zweifel die Einräumung des ausschließlichen Rechts, das Werk unverändert oder unter Bearbeitung oder Umgestaltung zur Herstellung eines Filmwerkes zu benutzen, das Filmwerk zu vervielfältigen und zu verbreiten, das Filmwerk öffentlich vorzuführen, wenn es sich um ein zur Vorführung bestimmtes Filmwerk handelt, das Filmwerk durch Funk zu senden, wenn es sich um ein zur Funksendung bestimmtes Filmwerk handelt, sowie Übersetzungen und andere filmische Bearbeitungen oder Umgestaltungen des Filmwerkes in gleichem Umfang wie dieses zu verwerten. Das Recht der **Wiederverfilmung** des Werkes ist damit nach Abs. 2 nicht verbunden; zugleich ist der Urheber frei, sein Werk nach Ablauf von zehn Jahren nach Vertragsabschluss anderweit filmisch zu verwerten.

759 Nach § 89 Abs. 1 UrhG räumt derjenige, der sich zur Mitwirkung bei der Herstellung eines Filmes verpflichtet, damit dem Filmhersteller im Zweifel das ausschließliche Recht ein, das Filmwerk sowie Übersetzungen und andere filmische Bearbeitungen oder Umgestaltungen des Filmwerkes auf alle bekannten Nutzungsarten zu nutzen. Die Urheberrechte an den **zur Herstellung des Filmwerkes benutzten Werken**, wie Roman, Drehbuch und Filmmusik, bleiben nach Abs. 3 jedoch ausdrücklich unberührt.

760 Nach § 91 UrhG schließlich erwirbt der Filmhersteller die Rechte zur filmischen Verwertung der bei der Herstellung eines Filmwerkes entstehenden Lichtbilder.[2]

761 In diesem Zusammenhang sei darauf hingewiesen, dass diese besonderen Vorschriften nur für Filmwerke iSv. § 2 Abs. 1 Nr. 6 UrhG gelten, zu denen **Online-Angebote** jedoch ebensowenig zählen wie **Multimediawerke**. Denn diese enthalten nicht notwendig Bild- und Tonfolgen, die den Eindruck eines bewegten Bildes entstehen lassen.[3] Da dies jedoch das entscheidende

1 Zur streitigen Urheberschaft an Filmwerken vgl. bereits oben Rz. 751.

2 Diese Vorschrift wird zumeist ebenfalls als gesetzliche Auslegungsregel oder doch zumindest als gesetzlicher Übergang von Rechten angesehen, die zunächst beim Lichtbildner entstanden sind (sog. *cessio legis*); in letzterem Sinn Schricker/*Katzenberger*, Urheberrecht, § 91 Rz. 6 mwN auch zur aA, die darin einen originären Filmerwerb des Filmherstellers sieht.

3 *Fromm/Nordemann*, Urheberrecht, § 2 Rz. 79.

Kriterium ist, kann ein Schutz als filmähnliches Werk deshalb allenfalls für konkret bewegte Bildfolgen einer Homepage bestehen.[1] Auch die Parallele zu Computerspielen[2] hilft nicht weiter. Zwar vermag der Nutzer auch dort den Ablauf der einzelnen Spielsequenzen interaktiv zu steuern, doch handelt es sich dort eben um Bildsequenzen, die den Eindruck von Bewegungsfolgen entstehen lassen und die einmal in Gang gesetzt ohne weiteres Zutun des Spielers ablaufen.

(c) Sonstige, die Verwertung erleichternde Regelungen

762 Von den sonstigen gesetzlichen Bestimmungen, die mangels diesbezüglicher vertraglicher Vereinbarung eine Verwertung erleichtern, sind zu nennen: § 31 Abs. 2 UrhG, demzufolge dann, wenn mit dem Nutzungsrecht an einem **Sammelwerk** (§ 4 UrhG) Nutzungsrechte an den in das Sammelwerk aufgenommenen einzelnen Werken übertragen werden, die Zustimmung des Urhebers des Sammelwerkes ausreicht; § 31 Abs. 3 UrhG, demzufolge ein Nutzungsrecht auch ohne Zustimmung des Urhebers übertragen werden kann, wenn die Übertragung im Rahmen der **Gesamtveräußerung eines Unternehmens** oder der Veräußerung von Teilen eines Unternehmens erfolgt (wobei hiervon zugunsten des Urhebers ausdrücklich wiederum vertraglich abgewichen werden kann, Abs. 4); sowie § 35 Abs. 1 Satz 2 UrhG, wonach der Inhaber eines **ausschließlichen Nutzungsrechts** ein einfaches Nutzungsrecht jedenfalls dann ohne Zustimmung des Urhebers einräumen kann, wenn das ausschließliche Nutzungsrecht nur zur Wahrnehmung der Belange des Urhebers eingeräumt ist.

763 Schließlich erleichtert es den Rechtsverkehr, wenn nach § 10 Abs. 2 UrhG bei Fehlen einer Urheberbezeichnung vermutet wird, dass derjenige ermächtigt ist, die Rechte des Urhebers geltend zu machen, der auf den Vervielfältigungsstücken des Werkes als **Herausgeber** bezeichnet ist. Ist kein Herausgeber angegeben, so wird vermutet, dass der Verleger ermächtigt ist.

(3) Urheberschützende Vorschriften

764 Da sich der originäre Schöpfer in der Praxis gegenüber den Verwertern regelmäßig in der schwächeren Verhandlungsposition befindet, enthält das deutsche UrhG umgekehrt eine Reihe von Vorschriften zum Schutz des Urhebers. Diese urheberschützenden Vorschriften wirken sich auf den Umfang der Rechte aus, welche der Urheber dem Werkverwerter vertraglich übertragen hat.

---

1 *Schwarz* (Hrsg.), Recht im Internet, Kap. 3-2.1., S. 10.

2 Zum Schutz von Computerspielen als Filmwerke, der nicht mit dem Schutz des das Spiel steuernden Programms identisch ist, vgl. etwa Schricker/*Loewenheim*, Urheberrecht, § 2 Rz. 183 mwN.

(a) Neue unbekannte Nutzungsart, § 31 Abs. 4 UrhG

765 Zu diesen urheberschützenden Vorschriften zählt vor allem § 31 Abs. 4 UrhG, demzufolge die Einräumung von Nutzungsrechten für noch **nicht bekannte Nutzungsarten** sowie Verpflichtungen hierzu grundsätzlich unwirksam sind. Bei der betreffenden Nutzung muss es sich um eine konkrete technisch und wirtschaftlich eigenständige Verwendungsform des Werkes handeln, wobei der Begriff der Nutzung durchaus enger ist als der der Verwertung in den §§ 15 ff. UrhG.[1] Die Nutzung muss zum Zeitpunkt des Vertragsschlusses in technischer und wirtschaftlicher Hinsicht neu sein, dh., sie darf sich zu diesem Zeitpunkt nach dem Kenntnisstand der Urheber noch **nicht als technisch möglich und wirtschaftlich relevant** abzeichnen.[2] Dabei nimmt die Rechtsprechung wirtschaftliche Relevanz nicht erst dann an, wenn die Auswertung tatsächlich einen bedeutsamen wirtschaftlichen Erfolg erreicht hat, sondern bereits dann, wenn ihre wirtschaftliche Bedeutung und Verwertbarkeit bekannt ist.[3] Bewusste Risikogeschäfte in Bezug auf eine technisch zwar bekannte, in ihrer wirtschaftlichen Tragweite jedoch noch bedeutungslose Nutzung lässt der BGH hingegen zu.[4]

766 Da in Gerichtsentscheidungen immer nur festgestellt wird, ob eine fragliche Nutzung zu einem bestimmten Datum noch oder schon nicht mehr neu war, lassen sich konkrete Daten kaum ermitteln. Das gilt insbesondere in Bezug auf die Nutzung analoger Werke in digitaler Form. Insgesamt ist man sich jedoch weitgehend einig, dass die **digitale Nutzung** sowohl off- als auch online im Vergleich zu früher grundsätzlich eine neue unbekannte Nutzungsart ist.[5] An Zeitpunkten haben die Untergerichte bislang angenommen: Audio-CDs 1971[6] bzw. 1972[7] noch nicht bekannt; Online-Nutzung von Zeit-

---

1 BGH, Urt. v. 4.7.1996 – I ZR 101/94, GRUR 1997, 215 – Klimbim.

2 BGH, Urt. v. 5.6.1985 – I ZR 53/83, GRUR 1986, 62, 65 – GEMA-Vermutung I.

3 BGH, Urt. v. 16.1.1997 – I ZR 38/96, GRUR 1997, 464 (465) – CB-Infobank II; BGH, Urt. v. 26.1.1995, BGHZ 128, 336 (345) – Videozweitauswertung III.

4 BGH, Urt. v. 26.1.1995 – I ZR 63/93, ZUM 1995, 713.

5 Vgl. dazu mit zahlreichen w. Nachw. Schricker/*Schricker*, Urheberrecht, §§ 31/32 Rz. 30. – AA aber jetzt OLG Köln, Urt. v. 22.9.2000 – 6 U 19/96, ZUM 2001, 166: die CD sei gegenüber der Schallplatte keine neue Nutzungsart, sondern „nur Übermittlung des aufgenommenen Werkes auf anderem technischen Wege". Das Gericht beruft sich dabei auf BGH, Urt. v. 4.7.1996 – I ZR 101/94, GRUR 1997, 215 – Klimbim und BGH, Urt. v. 23.2.1995 – I ZR 68/93, BGHZ 129, 66 (72) – Mauer-Bilder; danach müsse sich eine neue Verwertungsform von der bisherigen Nutzungsart so sehr unterscheiden, dass die Verwertung in dieser Form nur aufgrund einer neuen Entscheidung des Urhebers in Kenntnis der neuen Nutzungsmöglichkeiten zugelassen werden könne. Jedenfalls dürfe § 31 Abs. 4 UrhG „die auch im Interesse des Urhebers liegende wirtschaftlich-technische Fortentwicklung der Werknutzung" nicht „behindern". Stattdessen seien die Interessen der Urheber im Wege der ggf. ergänzenden Vertragsauslegung, der Zweckübertragungslehre sowie des § 36 UrhG zu berücksichtigen.

6 OLG Düsseldorf, Urt. v. 10.10.1995 – 20 U 86/95, NJW-RR 1996, 420.

7 OLG Düsseldorf, Urt. v. 14.12.1999 – 20 U 52/99, ZUM 2001, 164.

schriften 1989 nicht mehr unbekannt[1] und Video-on-demand 1995 bereits bekannt.[2]

Die Unsicherheit hinsichtlich der entscheidenden Datumsgrenze wirkt natürlich auf die Unsicherheit hinsichtlich der Rechtsinhaberschaft zurück. Das gilt umso mehr, als § 31 Abs. 4 UrhG auch im Rahmen von Arbeits- und Dienstverhältnissen[3] und nach Auffassung des BGH zumindest teilweise selbst im Verhältnis der Verwertungsgesellschaften zu den Urhebern gilt,[4] die ihnen ihre Verwertungsrechte übertragen haben. Aus diesem Grund haben sich die Verwertungsgesellschaften in den Wahrnehmungsgesellschaften in den vergangenen Jahren nicht nur die digitalen Rechte übertragen lassen, sondern sich auch darum bemüht, sog. **Altrechte** nachträglich zu erwerben. 767

(b) Zweckübertragungslehre, § 31 Abs. 5 UrhG

Ein weiteres urheberschützendes Prinzip des deutschen Urheberrechts, das den Umfang jeder vertraglichen Rechtseinräumung bestimmt, ist die sog. **Zweckübertragungslehre**. Danach verbleiben alle diejenige Rechte, deren der Vertragspartner des Urhebers zur Erreichung des mit dem Nutzungsvertrag verfolgten Zwecks nicht unbedingt bedarf, **im Zweifel** grundsätzlich beim Urheber.[5] Als gesonderte Ausprägung dieses Grundsatzes bestimmt § 31 Abs. 5 UrhG, dass sich der Umfang der eingeräumten Nutzungsrechte dann, wenn die Nutzungsarten, auf die sich das Recht erstrecken soll, bei der Einräumung des Nutzungsrechts nicht einzeln bezeichnet sind, nach dem **Zweck** bestimmt, der mit der Einräumung des Nutzungsrechts verfolgt wird. Letztere Regel gilt zumindest in dem Umfang, in dem nicht etwa Sondervorschriften wie die §§ 43, 69b UrhG für solche Werke eingreifen, die in Arbeits- oder Dienstverhältnissen geschaffen sind. 768

Zwar mag § 31 Abs. 5 UrhG als zwingende Norm des deutschen Urhebervertragsrechts unabdingbar sein, doch lässt sich der mit ihr intendierte urheber- 769

---

1 LG Hamburg, Urt. v. 19.8.1997 – 308 O 284/96, CR 1998, 32 (33). – Nach BGH, Urt. v. 16.1.1997 – I ZR 38/96, GRUR 1997, 464 (465) – CB-Infobank II besteht insoweit immerhin Neuheit.

2 OLG München, Urt. v. 19.3.1998 – 29 U 2643/97, ZUM 1998, 413 (416).

3 BGH, Urt. v. 11.10.1990 – I ZR 59/89 (OLG München), GRUR 1991, 133 (135) – Videozweitauswertung.

4 Anwendung in Bezug auf das Videozweitauswertungsrecht an Filmen BGH, Urt. v. 11.10.1990 – I ZR 59/89, GRUR 1991, 135 – Videozweitauswertung und zuvor BGH, Urt. v. 15.10.1987 – ZR 96/85, GRUR 1988, 296 (298) – GEMA-Vermutung IV; BGH, Urt. v. 5.6.1985 – I ZR 53/83, GRUR 1986, 62 (65) – GEMA-Vermutung I; keine Anwendung hingegen bei primär auf Videoauswertung abzielende Produktionen BGH, Urt. v. 15.10.1987 – ZR 96/85, GRUR 1988, 296 (298) – GEMA-Vermutung IV und BGH, Urt. v. 13.6.1985 – ZR 35/83, GRUR 1986, 66 – GEMA-Vermutung II.

5 Das Urheberrecht hat also gleichsam die Tendenz, soweit als möglich beim Urheber zu verbleiben. – Vgl. BGH, Urt. v. 23.2.1979 – I ZR 27/77, GRUR 1979, 637 (639) – White Christmas, und zur Reichweite der Vorschrift generell etwa nur Schricker/*Schricker*, Urheberrecht, §§ 31/32 Rz. 31 ff.

schützende Zweck leicht dadurch umgehen, dass der Vertragspartner des Urhebers sich die Rechte für möglichst viele, im Einzelnen konkret benannte Nutzungsarten einräumen lässt. Dagegen hilft dann allenfalls das **Rückrufsrecht wegen Nichtausübung,**[1] doch machen die Urheber davon in der Praxis offensichtlich nur in seltenen Fällen Gebrauch.

(c) Sonstige urheberschützende Vorschriften

770 An sonstigen urheberschützenden Vorschriften, die eine Auswirkung auf den Verbleib der Rechte haben, seien an dieser Stelle nur kurz die folgenden Bestimmungen genannt:

771 § 34 Abs. 1 UrhG, demzufolge ein Nutzungsrecht nur mit **Zustimmung** des Urhebers übertragen werden kann; allerdings darf der Urheber die Zustimmung nicht wider Treu und Glauben verweigern, und nach § 34 Abs. 4 UrhG sind ohnehin abweichende vertragliche Abreden zulässig. In der Praxis wird das Zustimmungserfordernis denn auch weithin abbedungen.

772 Nach § 37 UrhG verbleibt dem Urheber bei Einräumung eines Nutzungsrechts im Zweifel das Recht der **Einwilligung** zur Veröffentlichung oder Verwertung einer Bearbeitung des Werkes ebenso wie bei der Einräumung des Vervielfältigungsrechts das Recht, das Werk auf Bild- oder Tonträger zu übertragen, und bei der Vergabe des Rechts zu einer öffentlichen Wiedergabe das Recht, die Wiedergabe außerhalb der Veranstaltung, für die sie bestimmt ist, durch Bildschirm, Lautsprecher oder ähnliche technische Einrichtungen öffentlich wahrnehmbar zu machen.

773 Nach § 38 Abs. 1 Satz 2 UrhG darf der Urheber eines in einer **Zeitschrift** erschienenen Beitrages diesen **nach Ablauf eines Jahres** seit Erscheinen **anderweit** vervielfältigen und verbreiten, sofern freilich wiederum nichts anderes vereinbart ist. Nach § 38 Abs. 3 UrhG besteht keine solche Frist, so dass der Urheber einen Zeitungsbeitrag selbst bei Einräumung eines ausschließlichen Nutzungsrechts sofort anderweit verwerten kann. Auch dies gilt wiederum nur, sofern nichts anderes vereinbart ist.

774 Verträge über **künftige Werke** sind zwar zulässig, bedürfen nach § 40 Abs. 1 Satz 1 UrhG jedoch der Schriftform; fehlt diese, so ist der Vertrag nach § 125 Abs. 1 BGB nichtig.

775 Übt der Inhaber eines ausschließlichen Nutzungsrechts das Recht nicht oder nur unzureichend aus und werden dadurch berechtigte Interessen des Urhebers erheblich verletzt, so kann dieser das Nutzungsrecht gem. § 41 UrhG frühestens zwei Jahre[2] nach dessen Einräumung zurückrufen.[3] Ein **Rückrufs-**

1 Vgl. dazu noch sogleich nachfolgend Rz. 794.

2 Bei einem Beitrag zu einer Zeitung beträgt die Frist drei Monate, bei einem Beitrag zu einer Zeitschrift, die monatlich oder in kürzeren Abständen erscheint, sechs Monate und bei einem Beitrag zu anderen Zeitschriften ein Jahr.

3 Nach § 41 Abs. 3 UrhG kann der Rückruf erst erklärt werden, nachdem der Urheber dem Inhaber des Nutzungsrechts unter Ankündigung des Rückrufs eine angemesse-

recht besteht auch gem. § 42 UrhG wegen gewandelter Überzeugung, dh., wenn das Werk nicht mehr der Überzeugung des Urhebers entspricht und ihm dessen Verwertung deshalb nicht mehr zugemutet werden kann.[1] Nach § 44 Abs. 1 UrhG ist darüber hinaus mit der Veräußerung des Originals eines Werkes im Zweifel keine Einräumung eines Nutzungsrechts verbunden; auch hier allerdings sind vertragliche Abreden zulässig.

Schließlich sei an dieser Stelle auch die grundsätzliche Kontrolle nach dem **AGBG** genannt, denen die Klauseln in Standard- und Formularverträgen unterworfen sind. Da die §§ 10 und 11 AGBG keine speziell auf die Rechtsübertragung in Urheberverträgen zugeschnittenen Klauselverbote enthalten, liegt das Hauptaugenmerk der Überprüfung auf der Generalklausel des § 9 Abs. 1 AGBG. Die urheberrechtliche Rechtsprechung zu § 9 AGBG ist jedoch vergleichsweise spärlich.[2] Vor allem zählt der BGH gesetzliche Auslegungsregeln nicht zum Bestand des gesetzlichen Leitbildes, da es in der Natur einer derartigen Auslegungsregel liege, dass sie den Vertragspartnern Spielraum für eine zeitlich beschränkte oder unbeschränkte Vertragsgestaltung lasse, ihr mithin keine Leitbild-, sondern lediglich eine Ersatzfunktion zukomme.[3] 776

(4) Nichtige Vertragsbestimmungen

Immerhin kennen die zuletzt eingefügten Vorschriften zum Schutz von Computerprogrammen und Datenbanken einige vertragsrechtliche Regelungen, die das UrhG ausdrücklich für **unabdingbar** erklärt. Diese Regelung geht auf die europäischen Richtlinien zurück, die die Handhabung fundamentaler rechtspolitischer Fragen insoweit dem Parteiwillen entziehen. Unabdingbarkeit besteht gem. § 69g Abs. 2 UrhG danach für die sich aus den §§ 69d Abs. 2 und 3 sowie 69e UrhG ergebenden Befugnisse derjenigen, die ein 777

---

ne Nachfrist zur zureichenden Ausübung des Nutzungsrechts bestimmt hat. Der Bestimmung der Nachfrist bedarf es nicht, wenn die Ausübung des Nutzungsrechts seinem Inhaber unmöglich ist oder von ihm verweigert wird oder wenn durch die Gewährung einer Nachfrist überwiegende Interessen des Urhebers gefährdet würden. – Nach Abs. 6 hat der Urheber den Verwerter im Rahmen der Billigkeit zu entschädigen.

1 Nach § 42 Abs. 3 UrhG hat der Urheber den Inhaber des Nutzungsrechts angemessen zu entschädigen. Will der Urheber das Werk dennoch wieder verwerten, so ist er nach Abs. 4 verpflichtet, dem früheren Inhaber des Nutzungsrechts ein entsprechendes Nutzungsrecht zu angemessenen Bedingungen anzubieten. Auf das Rückrufsrecht kann im Voraus ebenso wenig verzichtet werden wie auf dasjenige wegen Nichtausübung.

2 Vgl. die Nachw. bei Schricker/*Schricker*, Urheberrecht, vor §§ 28 ff. Rz. 16.

3 BGH, Urt. v. 18.2.1982 – I ZR 81/80, GRUR 1984, 45 (48) – Honorarbedingungen: Sendevertrag. – Das ist in der Literatur zu Recht heftig kritisiert worden, da es nicht auf die formale Ausgestaltung einer Norm, sondern allein auf den sie tragenden Gerechtigkeitsgehalt ankommen kann und muss. Überdies lässt sich mit guten Gründen annehmen, dass der Gesetzgeber gerade mit der Anordnung dessen, was „im Zweifel" gelten soll, seine Vorstellungen eines gerechten Interessenausgleiches ins Gesetz aufgenommen hat.

Programm erlaubterweise nutzen, zur Anfertigung von Sicherungskopien, zum Beobachten des Programmlaufs mit dem Ziel, die zugrunde liegenden, als solche ungeschützten Ideen und Grundsätze in Erfahrung zu bringen, sowie des Dekompilierens im gesetzlich zulässigen Rahmen mit dem Ziel der Herstellung kompatibler Produkte. Eine vergleichbare Regelung enthält § 87e UrhG, demzufolge Vereinbarungen **nichtig** sind, die den Nutzer verpflichten, die an sich **zulässige Übernahme** unwesentlicher Teile der Datenbank **zu unterlassen**, sofern die Übernahme weder einer normalen Auswertung der Datenbank zuwiderläuft noch die berechtigten Interessen des Datenbankherstellers unzumutbar beeinträchtigt.

778 Darüber hinaus sind Fragen der Rechtsinhaberschaft und des Rechtsübergangs auch bei **grenzüberschreitenden Sachverhalten** nach den Grundsätzen des deutschen internationalen Privatrechts (IPR) des Urheberrechts teilweise der Disposition der Parteien entzogen.[1]

(5) Zur Rolle der Verwertungsgesellschaften

779 Wer in seinem Online-Angebot fremde urheberrechtlich geschützte Werke und Leistungen anbieten oder auf solche auch nur zurückgreifen will, muss sich also in Bezug auf jedes einzelne dieser Werke und Leistungen der entsprechenden Rechte, derer er zu seinem Online-Angebot bedarf,[2] versichern. In der Regel sind dazu zunächst der oder die Rechteinhaber jedes einzelnen Werkes ausfindig zu machen und mit diesen ein entsprechender **Lizenzvertrag** abzuschließen. Das ist in der Regel äußerst zeit- und auch kostenintensiv, lässt sich jedoch nicht umgehen. Da überdies ein gutgläubiger Rechteerwerb im Urheberrecht ausscheidet[3] und da der Erwerber von Nutzungsrechten zumal längere Rechteketten nicht regelmäßig mit letzter Sicherheit nachprüfen kann, behilft sich die Praxis mit sog. **Freistellungsklauseln**, dh., es stellt derjenige, der Nutzungsrechte an fremden Werken und Leistungen einräumt oder überträgt, den Erwerber dieser Rechte von allen etwaigen Ansprüchen Dritter frei. Das verhindert zwar nicht, dass der Erwerber von Dritten verklagt werden kann, ersetzt ihm jedoch dadurch entstehende Schäden.

780 Zumindest ein Teil der für ein Online-Angebot erforderlichen Rechte wird jedoch von den urheberrechtlichen Verwertungsgesellschaften wahrgenommen. Verwertungsgesellschaften sind meist in der Rechtsform einer **juristischen Person des Privatrechts** betriebene Zusammenschlüsse der Inhaber urheberrechtlicher Nutzungsrechte oder Vergütungsansprüche. Ihr Zweck ist die gemeinschaftliche – „**kollektive“ – Wahrnehmung von Nutzungsbefugnissen für Rechnung mehrerer Urheber oder Inhaber verwandter Schutzrechte**.

1 Darauf kann hier jedoch nicht näher eingegangen werden. Vgl. nur Schricker/*Katzenberger*, Urheberrecht, vor §§ 120 ff. Rz. 120 ff.; *Dreier* in Schwarz (Hrsg.), Recht im Internet, Teil 3-2.4, S. 17 ff.

2 Welche Rechte dies im Einzelnen sind, dazu vgl. nachfolgend Rz. 795 ff.

3 Vgl. nur Schricker/*Schricker*, Urheberrecht, vor §§ 28 ff. Rz. 63 ff.

Tätig werden Verwertungsgesellschaften überall dort, wo die Wahrnehmung dem einzelnen Rechteinhaber in der Praxis entweder unmöglich ist oder aber eine individuelle Rechtswahrnehmung aus Kostengründen unwirtschaftlich erscheint; so etwa beim Recht der öffentlichen Wiedergabe, auf dessen Einführung die Gründung der ersten Verwertungsgesellschaft in Deutschland zurückgeht. Die Rechteinhaber übertragen ihre Rechte der jeweiligen Verwertungsgesellschaft zur **treuhänderischen** Wahrnehmung, die sie ihrerseits den Nutzern – sozusagen aus einer Hand – verschafft. Bei den gesetzlichen Vergütungsansprüchen ziehen die Verwertungsgesellschaften von den Nutzern diejenige Vergütung ein, die als Ausgleich für die erlaubnisfrei gestellte Nutzung – etwa die private Vervielfältigung – von Gesetzes wegen zu entrichten ist. Angesichts der darin liegenden Wettbewerbsbeschränkung sind Verwertungsgesellschaften in Deutschland nach § 1 des Urheberrechtswahrnehmungsgesetzes (UrhWG) **genehmigungspflichtig** und unterliegen einer gesonderten Kontrolle durch das Deutsche Patent- und Markenamt (§§ 18 ff. UrhWG). Darüber hinaus besteht für Verwertungsgesellschaften ein **doppelter Kontrahierungszwang**: Zum einen sind sie verpflichtet, die Rechte all derjenigen wahrzunehmen, die Rechte der von der Verwertungsgesellschaft wahrgenommenen Art innehaben, und zum anderen müssen sie jedem Nutzer die wahrgenommenen Rechte in Individual- wie auch in Gesamtverträgen zu angemessenen Bedingungen einräumen (§§ 6 und 11 UrhWG).[1]

Allerdings nimmt allein die **GEMA** für den musikalischen Bereich in nennenswertem Umfang digitale Erstverwertungsrechte wahr. Dazu zählt jetzt auch das Recht, Musikwerke offline oder online nutzbar zu machen. Für die Herstellung von Multimediawerken von Bedeutung ist auch das Recht der Verbindung von Musik mit anderen Werken (sog. Synchronisationsrecht), das jedoch unter dem Vorbehalt der individuellen Rechtewahrnehmung steht. Die **VG Bild-Kunst** nimmt darüber hinaus die Rechte zur Speicherung von Werken der von ihr vertretenen bildenden Künstler und Fotografen wahr. Demgegenüber nimmt die **VG-Wort** in nur begrenztem Umfang sog. Zweitverwertungsrechte wahr, etwa das Recht zur Digitalisierung zurückliegender Zeitschriftenbeiträge. Im Übrigen macht sie den Nutzern gegenüber gesetzliche Vergütungsganspüche geltend, die allerdings im erlaubnisfreien, nicht jedoch im erlaubnispflichtigen Bereich anfallen und daher hier nicht weiter von Bedeutung sind[2]. 781

---

1 Bei Streitigkeiten über die von einer Verwertungsgesellschaft geforderten Tarife, die aus Gründen der Transparenz im Bundesanzeiger zu veröffentlichen sind, kann der Nutzer mit der Nutzung beginnen, sofern er nur die geforderte Vergütung hinterlegt. Über die Höhe des Tarifs entscheiden dann – regelmäßig unter Vorschaltung einer gleichfalls sondergesetzlichen und ebenfalls beim DPMA angesiedelten Schiedsstelle – die Gerichte.

2 Vgl. dazu sowohl OLG Köln, Urt. v. 30.12.1999 – 6 U 151/99, CR 2000, 352 als auch OLG Hamburg, CR 2000, 658, denen zufolge die Rechte hinsichtlich elektronischer Pressespiegel bei den Verlegern liegen, also weder vom Pressespiegelprivileg nach § 49 UrhG erfasst, noch der VG Wort von den einzelnen Urhebern zur Wahrnehmung übertragen worden sind.

782 Entsprechend der auch von der EU-Kommission favorisierten Schaffung eines „One-stop-shop“ haben die deutschen Verwertungsgesellschaften inzwischen die bei der GEMA angesiedelte **CMMV**[1] (Clearingstelle Multimedia-Verein) gegründet. Da die angeschlossenen Verwertungsgesellschaften jedoch nicht selbst über alle digitalen Rechte verfügen, vermag das System zunächst auch nur **Auskunft** darüber geben, wer die Rechte an einem bestimmten geschützten Werk innehat. Diese Rechercheergebnisse werden dem Anfragenden von der CMMV nach automatisierter Rückfrage bei den Verwertungsgesellschaften mitgeteilt.[2] Lizenziert werden muss dann jedoch regelmäßig auch weiterhin direkt vom Rechteinhaber.

dd) Für die digitale Verwertung erforderliche Nutzungsrechte

783 Damit verbleibt die Frage, welche Rechte des Urhebers bei einer Verwertung seiner Werke und Leistungen in digitaler Form eigentlich berührt sind. Denn in dem Umfang muss sich der Anbieter digitaler Dienstleistungen entsprechende Nutzungsrechte **einräumen** bzw. **übertragen**[3] lassen.

784 Aufgrund der persönlichkeitsrechtlichen Verwurzelung des Urheberrechts kommen dem Urheber nicht nur Verwertungsrechte (§§ 15 ff. UrhG), sondern auch urheberpersönlichkeitsrechtliche Befugnisse zu (§§ 12 ff. UrhG).[4]

(1) Persönlichkeitsrechtliche Befugnisse

785 Während das allgemeine Persönlichkeitsrecht an der Person des Menschen anknüpft und gegen Eingriffe in die Individual-, Privat- und Intimsphäre schützt,[5] betreffen die **Urheberpersönlichkeitsrechte** die ideelle Beziehung des Urhebers zu seinem Werk. Im Einzelnen zählen dazu neben dem Veröffentlichungsrecht (§ 12 UrhG), dem Recht auf Namensnennung (§ 13 UrhG) und dem Recht auf Werkintegrität (§ 14 UrhG) noch eine Reihe weiterer urheberpersönlichkeitsrechtlich geprägte Vorschriften.

---

1 S. die Homepage der CMMV unter www.cmmv.de.

2 Der Abfragende erhält die Antwort auf seine Anfrage per E-Mail binnen zwei Wochen, frühestens nach Zahlungseingang der Nutzungsgebühr. Diese beträgt zum jetzigen Zeitpunkt pauschal 50 Euro für bis zu zehn angefragte Werke, für jedes weitere angefragte Werk 2,50 Euro. Die Nutzungsgebühr wird auch dann erhoben, wenn der Rechteinhaber von der CMMV mittels Anfrage bei den Verwertungsgesellschaften nicht ermittelt werden konnte.

3 Von „Einräumung“ spricht man zumeist auf der ersten Stufe, wenn der ursprüngliche Inhaber des Vollrechts zum ersten Mal ein Nutzungsrecht einräumt oder der Inhaber eines solchen Rechts weitere Nutzungsrechte konstitutiv einräumt (vgl. § 35 UrhG). Als „Übertragung“ bezeichnet man hingegen die translative Weitergabe bereits zuvor konstitutiv eingeräumter Nutzungsrechte. Was im Einzelnen gewollt ist, ist im Einzelfall anhand der Auslegung zu ermitteln; vgl. Schricker/*Schricker*, Urheberrecht, vor §§ 28 ff. Rz. 22 ff.

4 Vgl. § 11 UrhG: „Das Urheberrecht schützt den Urheber in seinen geistigen und persönlichen Beziehungen zum Werk und in der Nutzung des Werkes.“

5 BGH, Urt. v. 25.5.1954 – I ZR 211/53, BGHZ 13, 334 (338).

(a) Veröffentlichungsrecht, § 12 UrhG

Dem Urheber allein steht die Entscheidung darüber zu, ob er anderen überhaupt die Möglichkeit geben will, von der Existenz seines Werkes Kenntnis zu nehmen. Der Urheber soll nur dann mit einem Werk in Verbindung gebracht werden, wenn er die Entscheidung darüber getroffen hat, dass er zu seinem Werk stehen und als dessen Urheber gelten will. Wurde das Werk in diesem Sinne veröffentlicht, kann eine Nutzung im Rahmen der Schrankenbestimmungen nicht mehr verhindert werden. 786

Mithin liegt eine **Veröffentlichung** iSv. § 12 UrhG vor, wenn die Wiedergabe des Werkes für eine Mehrzahl von Personen bestimmt war, die nicht einen in sich abgeschlossenen Kreis bilden und nicht persönlich miteinander oder mit dem Veranstalter verbunden sind. Eine tatsächliche Wahrnehmung ist dagegen nicht erforderlich.[1] Hat der Urheber sein Werk hingegen nur einzelnen Personen zugänglich gemacht, um etwa deren Meinung einzuholen, so hat er damit noch nicht zwangsläufig zu erkennen gegeben, ob er der Öffentlichkeit allgemein Zugang verschaffen möchte. Eine Versendung per E-Mail jedenfalls stellt noch keine Veröffentlichung dar, solange der Charakter einer privaten Mitteilung gewahrt wurde.[2] 787

Das Veröffentlichungsrecht betrifft jedoch nur die **Erstveröffentlichun**g und ist danach grundsätzlich verbraucht.[3] Gleiches muss dann, wenn ein Werk auf bislang herkömmliche Weise der Öffentlichkeit präsentiert worden ist, auch für die nachfolgende Online-Veröffentlichung gelten.[4] Insoweit dürfte die Zulässigkeit **weiterer** Veröffentlichungen dann – von etwaigen sonstigen Persönlichkeitsrechtsverletzungen, die mit der nachfolgenden Veröffentlichung verbunden sein mögen, einmal abgesehen – allein unter dem Gesichtspunkt der Verwertungsrechte zu beurteilen sein. 788

(b) Recht auf Namensnennung, § 13 UrhG

Nach § 13 UrhG kann der Urheber eines geschützten Werkes sowohl Dritten verbieten, sich der Urheberschaft zu berühmen, als auch verlangen, selbst als Urheber genannt zu werden. Dabei ist es in sein Belieben gestellt, wie er genannt werden möchte. Das schließt die Wahl eines **Pseudonyms** ebenso ein wie den völligen Verzicht auf Nennung.[5] 789

---

1 KG, Urt. v. 22.5.1981 – 5 U 2295/81, GRUR 1981, 742 – Totenmaske I.

2 *Decker* in Hoeren/Sieber, Multimedia-Recht, Teil 7.6, Rz. 95. Das wird auch dann angenommen, wenn über Mail-Verteiler ein großer Personenkreis angesprochen wird; das erscheint einerseits zwar zu undifferenziert, vermeidet andererseits jedoch Probleme der Abgrenzung.

3 Vgl. nur Schricker/*Dietz*, Urheberrecht, § 12 Rz. 9 f.

4 Zu weiteren Nachw. sowie zu der zT abweichenden Meinung vgl. etwa nur *Decker*, in: Hoeren/Sieber, Multimedia-Recht, Teil 7.6. Rz. 96.

5 Dagegen dürfte das Bedürfnis für das in der Literatur mitunter erwogene Namensnennungsrecht auch juristischer Personen (vgl. nur Schricker/*Dietz*, Urheberrecht, § 13 Rz. 1) im digitalen Kontext angesichts des verpflichtenden eigenständigen

790 Werden zur **Erstellung von Internetseiten** geschützte vorbestehende Werke verwendet, sind grundsätzlich alle Urheber in einer Weise zu nennen, die eine tatsächliche Kenntnisnahme durch die Nutzer sicherstellt. Es sind also die Fotografen, Autoren, Komponisten, Regisseure, Drehbuchautoren, Cutter, Kameraleute usw. zu nennen, sowie der Ersteller der Website selbst, sofern diese eine urheberrechtliche Gestaltungshöhe erreicht. Darüber hinaus muss sichergestellt werden, dass die einzelnen auf den Internetseiten enthaltenen Werke den genannten Urhebern auch zugeordnet werden können. Beachten muss man in diesem Zusammenhang, dass der Zugriff auf einzelne Unterseiten über Links die Möglichkeit der Kenntnisnahme der Urhebernamen vereiteln oder doch zumindest erschweren kann; doch lässt sich dem durch ein entsprechendes Feld in den Frames wirksam begegnen, sofern nicht fremde Seiten durch die Frames als eigene Seiten dargestellt werden.

791 Allerdings ist in Bezug auf das **Wie** der Benennung nach § 12 Satz 2 UrhG auch entgegenstehenden Interessen Rechnung zu tragen. Nach Auffassung des BGH ist davon auszugehen, dass Verkehrsgewohnheiten oder allgemeine Branchenübungen beim Abschluss von Verwertungsverträgen mangels abweichender Abreden stillschweigend zugrunde gelegt werden, wenn nichts anderes vereinbart worden ist.[1] Das Problem besteht jedoch darin, dass sich derartige Branchenübungen im Online-Bereich gerade noch nicht herausgebildet haben dürften; schlechte, rechtlich problematische Verhaltensweisen können insoweit jedenfalls nicht rechtlich verbindlich werden. Dennoch wird das Namensnennungsrecht des Urhebers gerade bei Werken geringer Schöpfungshöhe, wie sie auf Webseiten oft verwendet werden, besonders flexibel zu handhaben sein.[2]

(c) Recht auf Werkintegrität, § 14 UrhG

792 Die digitalen Veränderungsmöglichkeiten haben den Anwendungsbereich des Rechts des Urhebers, sich gegen Entstellungen und Veränderungen seines Werkes zu wehren, erheblich vergrößert. Denn jeder Laie kann mittels gängiger Software vor allem Bilder bearbeiten und sie über das Internet auch selbst wiederum der Öffentlichkeit zugänglich machen.

793 Die Werkintegrität wird verletzt, wenn der **geistig-ästhetische Gesamteindruck** des Werkes gestört wird oder die Wesenszüge des Werkes verzerrt oder verfälscht werden und damit die Aussage des Werkes verändert wird.[3] Liegt eine Verletzung der Werkintegrität vor, so sind im Rahmen einer **Abwägung** die Art und Intensität des Eingriffs, die Interessen des Urhebers

Schutzes gegen die Verfälschung von Informationen zur Rechtewahrnehmung nach Art. 12 WCT und 19 WPPT entfallen.

1 BGH, Urt. v. 16.6.1994 – I ZR 3/92, GRUR 1995, 671 – Namensnennungsrecht des Architekten.

2 Schricker/*Dietz*, Urheberrecht, § 13 Rz. 2.

3 OLG München, Urt. v. 26.9.1991 – 29 U 2285/89, ZUM 1992, 307 f.; LG Mannheim, Urt. v. 14.2.1997 – 7 S 4/96, GRUR 1997, 364 f.

sowie diejenigen des Eingreifenden zu berücksichtigen. Da § 14 UrhG nur vor Entstellungen oder Beeinträchtigungen schützt, welche die „berechtigten geistigen und persönlichen Interessen des Urhebers zu gefährden geeignet" sind, kann man die mit der bloßen Digitalisierung eines Werkes einhergehende Veränderung noch nicht als Eingriff in das Recht auf Werkintegrität ansehen. Dafür spricht auch § 39 Abs. 2 UrhG, demzufolge der Inhaber eines Nutzungsrechts diejenigen Änderungen des Werkes und seines Titels vornehmen darf, zu denen der Urheber seine Einwilligung nach Treu und Glauben nicht versagen kann. Angesichts des Erfordernisses einer Interessenabwägung ist auch der Entstellungsschutz bei Filmwerken nach § 93 UrhG auf „gröbliche" Entstellungen sowie durch das Gebot zu gegenseitiger Rücksichtnahme beschränkt. Anders fällt die Interessenabwägung hingegen bei nachhaltigen Eingriffen in die Bildkomposition aus, doch ist auch hier in jedem Einzelfall abzuwägen. In Betracht kommen kann bei der Übernahme fremder Seiten in eigene Frames eine Werkentstellung in Form einer abträglichen **Kontextveränderung.**[1] Es ist jedoch kein Grund dafür ersichtlich, das Recht auf Werkintegrität im Internet angesichts der dortigen Vielzahl der mit der Werknutzung verbundenen Veränderungen gänzlich auszuschließen.

(d) Sonstige urheberpersönlichkeitsrechtliche Regelungen

Die persönlichkeitsrechtliche Fundierung des Urheberrechts spiegelt sich 794
auch in einer Reihe weiterer Vorschriften wider. Genannt seien hier etwa nur das **Verbot von Änderungen** im Zusammenhang mit zulässigen Werknutzungen im Rahmen der Urheberrechtsschranken (§ 62 UrhG) und das insoweit bestehende **Gebot der Quellenangabe** (§ 63 UrhG). Auch das bereits genannte Erfordernis der **Zustimmung zur Weiterübertragung von Nutzungsrechten** nach § 34 Abs. 1 UrhG gehört ebenso hierher wie das gleichfalls bereits genannte **Rückrufsrecht wegen gewandelter Überzeugung** nach § 42 UrhG.[2]

(2) Verwertungsrechte

Im Mittelpunkt stehen für den Online-Anbieter – der freilich auch die urhe- 795
berpersönlichkeitsrechtlichen Befugnisse beachten muss – jedoch eindeutig die Verwertungsrechte an fremden urheberrechtlich geschützten Werken und Leistungen.

(a) Verwertungs- und Nutzungsrechte; Rechtsverkehr

Das UrhG unterscheidet begrifflich zunächst zwischen Verwertungs- und 796
Nutzungsrechten. Machen die in den §§ 15 ff. UrhG geregelten **Verwertungsrechte** den Inhalt des Urheberrechts aus, so bezeichnen **Nutzungsrechte** die

---

1 Vgl. zu einem seltenen Fall einer gerichtlich entschiedenen Kontextveränderung: OLG Frankfurt, Urt. v. 20.12.1994 – 11 U 63/94, GRUR 1995, 215.

2 Zu Einzelheiten dieses Urheberpersönlichkeitsrechts „im weiteren Sinn" vgl. Schricker/*Dietz*, Urheberrecht, vor §§ 12 ff. Rz. 9.

Befugnis, ein urheberrechtlich geschütztes Werk auf die dem Urheber vorbehaltenen Arten der Verwertung zu nutzen. Zugleich ist der Begriff des Nutzungsrechts enger als derjenige des Verwertungsrechts,[1] kann ein bestimmtes Werk im Rahmen einer bestimmten Verwertungsart doch auf vielfältige Art und Weise genutzt werden.[2] Beispielhaft genannt sei nur die Vervielfältigung ein und desselben Musikstücks in Form des Notenmaterials, der Aufnahme auf CD und der elektronischen Speicherung. Während das Verwertungsrecht als Teil des als solchen nach § 29 Satz 2 UrhG nicht übertragbaren Urheberrechts beim Urheber verbleibt, kann der Urheber dem Nutzer Nutzungsrechte übertragen. Dadurch vermag er dem Nutzer eine dingliche, dh., gegenüber jedermann wirkende Rechtsposition zu verschaffen. In Betracht kommt jedoch auch eine nur schuldrechtliche Berechtigung oder eine einfache Gestattung der Benutzung.[3]

797 Die Nutzungsrechte können ausschließlich und einfach sein.[4] Das **ausschließliche** Nutzungsrecht berechtigt den Inhaber, das Werk unter Ausschluss aller anderen Personen einschließlich des Urhebers auf die ihm erlaubte Art zu nutzen und einfache wie auch selbst wiederum ausschließliche[5] Nutzungsrechte einzuräumen. Das **einfache** Nutzungsrecht hingegen berechtigt den Inhaber, das Werk neben dem Urheber oder anderen Berechtigten auf die ihm erlaubte Art zu nutzen. Nach § 32 UrhG kann der Urheber ein Nutzungsrecht räumlich, zeitlich oder inhaltlich beschränkt einräumen. Während eine zeitliche Beschränkung uneingeschränkt zulässig und in der Praxis auch üblich ist, sind der inhaltlichen Aufspaltbarkeit im Interesse des Verkehrs an überschaubaren Rechtezuschnitten allerdings Grenzen gesetzt.[6] Das gilt auch für räumliche Begrenzungen. Zum einen ist das Geltungsgebiet des UrhG als einheitliches Wirtschaftsgebiet zu betrachten. Zum anderen sind Marktabschottungen im Wege einer nach Staaten getrennten Rechtevergabe innerhalb der EU in Bezug auf das Verbreitungsrecht aufgrund des sog. Erschöpfungsgrundsatzes ausgeschlossen.[7] Außerhalb der EU bleibt eine territoriale Segmentierung nach Staaten jedoch möglich.

---

1 Vgl. BGH, Urt. v. 16.1.1997 – I ZR 38/96, GRUR 1997, 464 f. CB-Infobank II.

2 Vgl. zur Definition des Nutzungsrechts § 31 Abs. 1 Satz 1 UrhG; Schricker/*Schricker*, Urheberrecht, §§ 31/32 Rz. 38.

3 Vgl. zu letzteren beiden Formen Schricker/*Schricker*, Urheberrecht, vor §§ 28 ff. Rz. 25.

4 Vgl. § 31 Abs. 1 Satz 2, Abs. 2 und 3 UrhG.

5 Schricker/*Schricker*, Urheberrecht, §§ 31/32 Rz. 4.

6 Vgl. dazu zuletzt BGH, Urt. v. 6.7.2000 – I ZR 244/97, GRUR 2001, 153; zuvor aA: KG, Urt. v. 27.2.1996 – 5 U 8281/95, GRUR 1996, 974 – OEM-Software, und zu den Grenzen der sachlichen Aufspaltbarkeit insgesamt Schricker/*Schricker*, Urheberrecht, vor §§ 28 ff. Rz. 55.

7 So jetzt ausdrücklich § 17 Abs. 2 UrhG. Danach kann ein Werkexemplar, das einmal in einem Mitgliedstaat der EU duch den Rechteinhaber oder mit dessen Zustimmung in Verkehr gebracht worden ist, innerhalb der Gemeinschaft frei zirkulieren. Dagegen ist das Recht der unkörperlichen Wiedergabe durch eine erste öffentliche Wiedergabe nicht erschöpft; EuGH, Urt. v. 18.3.1980, Rs. 62/79, GRUR Int. 1980, 602 – Coditel I.

(b) Die Verwertungsrechte im Einzelnen

Nach § 15 UrhG hat der Urheber das ausschließliche Recht, sein Werk in körperlicher Form zu **verwerten** (Abs. 1) sowie es in unkörperlicher Form **wiederzugeben** (Abs. 2). Dabei sind dann jeweils die hauptsächlichen Formen der **körperlichen** und der **unkörperlichen Verwertung** beispielhaft aufgezählt – also vor allem das Vervielfältigungsrecht (§ 16 UrhG) und das Verbreitungsrecht (§ 17 UrhG) zum einen und die Vortragsrechte (§ 19 UrhG), das Senderecht (§ 20 UrhG) und die Rechte der Wiedergabe unter Benutzung eines Bild- und Tonträgers (§ 21 UrhG) sowie einer Funksendung (§ 22 UrhG) zum anderen –, doch ist das Verwertungsrecht des Urhebers umfassend. Er soll tunlichst am Erlös einer jeden Verwertung seines Werkes beteiligt werden.[1] 798

Eine weitere Folge dieser Aufgliederung in einzelne Verwertungsrechte ist, dass derjenige, der ein fremdes urheberrechtlich geschütztes Werk verwerten will, in vielen Fällen nicht mit nur einem Verwertungsrecht auskommt, sondern oft ein ganzes **Bündel** erwerben muss, je nachdem, welche einzelnen urheberrechtlich relevanten Handlungen er zur Vermarktung seines Produktes vornimmt. So benötigt zB der Verleger das Vervielfältigungs- und zugleich das Verbreitungsrecht, und ein Sendeunternehmen, das nicht live sendet, neben dem Senderecht ebenso das Vervielfältigungsrecht für die Aufzeichnung der Sendung. Mehrere Rechte benötigt auch, wer will, dass die Abnehmer seines Produkts mit diesem urheberrechtlich relevante Handlungen vornehmen dürfen. Sollen etwa Videokassetten nicht nur verkauft, sondern auch von Videotheken vermietet werden, so benötigt der Produzent neben dem Vervielfältigungs- und Verbreitungsrecht auch das durch den Verkauf gem. § 17 Abs. 2 UrhG allein noch nicht erschöpfte Vermietrecht. 799

Entsprechendes gilt auch für die **Online-Nutzung** urheberrechtlich geschützter Werke. Denn für „die Internetnutzung“ kennt das UrhG kein eigenständiges, einheitliches Nutzungsrecht, das sich der Online-Anbieter vom Urheber übertragen lassen könnte. Die urheberrechtlich relevanten Vorgänge sind vielmehr getrennt voneinander zu betrachten. Der Online-Anbieter benötigt also auch hier ein Bündel von Rechten, dessen genauer Zuschnitt sich je nach Art und Umfang seiner Tätigkeit richtet. Daran wird sich auch nach Einführung des sog. Rechts des Zugänglichmachens[2] vermutlich nichts ändern, da dieses lediglich den Akt des Bereithaltens zum Abruf, nicht jedoch etwa damit verbundene Vervielfältigungshandlungen umfasst. 800

(aa) Vervielfältigungsrecht, §§ 15 Abs. 1, 16 UrhG

Das Vervielfältigungsrecht des Urhebers ist immer dann tangiert, wenn **körperliche Exemplare** eines § 2 UrhG geschützten Werkes hergestellt werden. 801

1 Vgl. nur BGH, Urt. v. 12.12.1991 – I ZR 210/89, BGHZ 116, 305 (308) – Altenwohnheim II; BGH, Urt. v. 31.5.1990 – I ZR 233/88, GRUR 1990, 1005 (1007) – Salome I.

2 Vgl. dazu noch nachfolgend Rz. 812 f.

Nach § 16 Abs. 2 UrhG ist auch die Übertragung des Werkes auf Vorrichtungen zur wiederholbaren Wiedergabe von Bild- oder Tonfolgen (Bild- oder Tonträger) eine Vervielfältigung.[1] Damit sind **digitale Datenträger**, die ja nicht nur Bilder und Töne, sondern ganz allgemein Daten speichern, zwar nicht ausdrücklich erfasst, doch besteht Einigkeit, dass auch das Abspeichern eines geschützten Werkes auf einem digitalen Datenträger § 16 UrhG unterfällt.[2]

802 Aus der Sicht des **Online-Anbieters** kommen als relevante Vervielfältigungshandlungen daher in Betracht die erstmalige Digitalisierung geschützter Werke[3] einschließlich des Einscannens[4], das Speichern auf Datenträgern und Speichermedien, das Caching,[5] die Übertragung von einem Datenträger auf den anderen, das Uploading, dh. das Heraufladen von eigenen Dateien vom eigenen Rechner auf den Serverrechner, das Speichern im Arbeits-, Haupt- und Zwischenspeicher,[6] das Downloading, also das Herunterladen von Dateien vom Serverrechner auf den eigenen Rechner, und schließlich der Ausdruck eines digitalen Datensatzes in analoger Form.[7] Auch das Verlinken ist zumindest in einer untergerichtlichen Entscheidung dann als Eingriff in das fremde Urheberrecht gesehen worden, wenn der Link die Website eines anderen im eigenen Fenster öffnet und die Gesamtumstände objektiv erkennbare berechtigte Interessen ergeben, welche gegen ein Einverständnis des anderen mit der beschriebenen Vorgehensweise sprechen.[8]

---

1 Und zwar gleichviel, ob es sich um die Aufnahme einer Wiedergabe des Werkes auf einen Bild- oder Tonträger oder um die Übertragung des Werkes von einem Bild- oder Tonträger auf einen anderen handelt.

2 So für CDs OLG Düsseldorf, Urt. v. 13.12.1988 – U 24/88, GRUR 1990, 188, und generell Schricker/*Loewenheim*, Urheberrecht, § 16 Rz. 26.

3 Vgl. zB OLG Frankfurt, Urt. v. 29.10.1996 – 11 U 44/95, CR 1997, 275 f.

4 Vgl. nur *Reuter*, GRUR 1997, 23, 29; *Becker* in Becker/Dreier, Urheberrecht und digitale Technologie, S. 45, 61; *Dreier* in Becker/Dreier, Urheberrecht und digitale Technologie, 1994, S. 123 (135).

5 Also die zeitlich begrenzte Speicherung in Zwischenspeichern des Diensteanbieters zum Zweck der effizienteren Verbreitung der übermittelten Informationen; vgl. statt vieler etwa *Moritz*, CR 2000, 61 (69).

6 Das ist zwar nicht ganz unstreitig, ergibt sich jedoch aus der Möglichkeit einer gesteigerten Werknutzung durch die Festlegung im RAM; siehe hierzu OLG Düsseldorf Urt. v. 14.4.1996 – 20 U 126/95, ZUM-RD 1997, 380 f. AA jedoch erst jüngst wieder *Hoeren/Schuhmacher*, CR 2000, 137 (138).

7 Vgl. dazu insgesamt auch etwa Schricker/*Loewenheim*, Urheberrecht, § 16 Rz. 16 ff.

8 LG Hamburg, Urt. v. 12.7.2000 – 308 O 205/00, CR 2000, 776. Diese Entscheidung scheint sehr von der Argumentation der wettbewerbsrechtlichen Entscheidungen beeinflusst zu sein; vgl. etwa OLG Celle, Urt. v. 12.5.1000 – 3 U 38/99 (LG Verden), CR 1999, 523. – In der Literatur hingegen werden Links zumeist als bloße urheberrechtlich irrelevante Verweise gesehen; vgl. nur Schricker/*Loewenheim*, Urheberrecht, § 16 Rz. 22; ebenso die bei *Hoffmann*, NJW 2001 Heft 14, S. 30 zitierte Entscheidung des OLG Köln v. 27.10.2000 – 6 U 71/00; offen gelassen in OLG Düsseldorf, Urt. v. 29.6.1999 – 20 U 85/98, CR 2000, 184. Vgl. zum Ganzen auch *Plaß*, WRP 2000, 599 (600 ff.).

803 Keine Vervielfältigungshandlung im urheberrechtlichen Sinn dürfte dagegen im bloßen **Anzeigen eines geschützten Werkes auf dem Bildschirm** oder in dessen Audiowiedergabe auf einem multimediafähigen PC[1] zu sehen sein.[2] Da damit regelmäßig jedoch eine – und sei es nur kurzzeitige – Speicherung im RAM verbunden ist, besteht für eine gesonderte Unterstellung auch der Bildschirmanzeige jedoch ohnehin kein nennenswertes Bedürfnis. Auch die **Weiterübertragung von Nachrichten** stellt an sich keine Vervielfältigungshandlung dar, da dabei kein körperliches Werkexemplar entsteht. Ein körporliches Vervielfältigungsexemplar entsteht erst wieder beim Abrufer, so dass allenfalls an eine Beihilfe des Anbieters zur Erstellung des Vervielfältigungsstückes beim Nutzer in Betracht kommen könnte.[3]

804 Diese rechtliche Umschreibung des Vervielfältigungsrechts stimmt mit dem **WIPO-Copyright Treaty (WCT)** vom Dezember 1996[4] ebenso wie mit der **EU-Richtlinie Urheberrecht in der Informationsgesellschaft**[5] überein, mit der der WCT in das nationale Recht der Mitgliedstaaten der EU umgesetzt werden soll, auch wenn der EU-Richtlinienentwurf keine ausdrückliche Bezugnahme auf digitale Vervielfältigungshandlungen enthält.[6]

805 In der Praxis muss der Online-Anbieter also von den jeweiligen Rechteinhabern alle für seine Tätigkeit benötigten Vervielfältigungsrechte einholen. Dabei brauchen sie als unterschiedliche Nutzungen trotz § 31 Abs. 5 UrhG nicht notwendig einzeln bezeichnet zu werden, sofern nur der Zweck, der

1 Sofern diese Wiedergabe nicht iSv. § 21 UrhG an die Öffentlichkeit erfolgt.

2 So für Computerprogramme nach deutschem Recht bereits BGH, Urt. v. 4.10.1990 – I ZR 139/89, GRUR 1991, 449 (456) – Betriebssystem. – Zurückhaltender insoweit unter Übernahme der Regelung aus der EU-Richtlinie zum Schutz von Computerprogrammen jedoch § 69c Nr. 1 Satz 2 UrhG: „Soweit das Laden, Anzeigen, Ablaufen, Übertragen oder Speichern des Computerprogramms eine Vervielfältigung erfordert, bedürfen diese Handlungen der Zustimmung des Rechtsinhabers."

3 So *Schwarz* , Recht im Internet, 3-3.2, S. 32.

4 Abgedruckt im ABl. EG Nr. L 89 v. 11.4.2000, S. 8 ff. (der Vertrag ist gegenwärtig noch nicht in Kraft). – Nach der vereinbarten Erklärung zu Art. 1 Abs. 4 WCT findet das Vervielfältigungsrecht nach Art. 9 der RBÜ und die darunter fallenden Ausnahmen in vollem Umfang im digitalen Bereich Anwendung, insbesondere auf die Verwendung von Werken in digitaler Form. Die elektronische Speicherung eines geschützten Werks in digitaler Form gilt danach als Vervielfältigung im Sinne von Artikel 9 der Berner Übereinkunft.

5 Richtlinie 2001/29/EG des Europäischen Parlaments und des Rates vom 22.5.2001 zur Harmonisierung bestimmter Aspekte des Urheberrechts und der verwandten Schutzrechte in der Informationsgesellschaft, ABl. EG Nr. L 167 v. 22.6.2001, S. 10 ff.

6 Diese ergibt sich jedoch aus dem erklärten Ziel, den WCT umzusetzen, ebenso wie aus der zwingenden Ausnahme vom Ausschließlichkeitsschutz in Art. 5 Abs. 1 für vorübergehende Vervielfältigungshandlungen, die flüchtig oder begleitend sind und einen integralen und wesentlichen Teil eines technischen Verfahrens darstellen und deren alleiniger Zweck es ist, eine Übertragung in einem Netz zwischen Dritten durch einen Vermittler oder eine rechtmäßige Nutzung eines Werks oder sonstigen Schutzgegenstands zu ermöglichen, und die keine eigenständige wirtschaftliche Bedeutung haben.

mit der Rechtseinräumung in Bezug auf die Vervielfältigung verfolgt wird, im Vertrag hinreichend breit umschrieben ist.

(bb) Bearbeitungsrecht, § 23 UrhG

806 Dem Urheber vorbehalten ist nicht allein die unveränderte Vervielfältigung, sondern auch die das ursprüngliche Werk umgestaltende **Bearbeitung;** daran ändert nichts, dass § 23 UrhG nicht in den Katalog der Rechte des § 15 UrhG eingegliedert ist. Zwar ist die Anfertigung einer Bearbeitung grundsätzlich noch ohne Zustimmung des Urhebers zulässig, doch bedarf es der Erlaubnis selbst für die Herstellung nach § 23 Satz 2 UrhG zumindest dann, wenn vorbestehende Werke verfilmt, Werke der bildenden Künste ausgeführt oder Datenbankwerke bearbeitet werden. Vor allem aber ist die Nutzung von Bearbeitungen geschützter vorbestehender Werke dem Urheber vorbehalten.

807 Dem entsprechend darf der Inhaber eines Nutzungsrechts nach § 39 UrhG das Werk, dessen Titel oder Urheberbezeichnung (§ 10 Abs. 1 UrhG) nicht ändern, wenn nichts anderes vereinbart ist. Allerdings sind **Änderungen** des Werkes und seines Titels, zu denen der Urheber seine Einwilligung nach Treu und Glauben nicht versagen kann, zulässig. Will der Online-Anbieter dagegen fremde geschützte Werke selbst bearbeiten, so muss er insoweit die entsprechende Erlaubnis einholen. Will er von Dritten angefertigte Bearbeitungen verwerten, so bedarf er der Erlaubnis des Urhebers des bearbeiteten Werkes wie auch der Erlaubnis des Urhebers der Bearbeitung (sog. Bearbeiterurheberrecht).[1] Dem vergleichbar ist auch bei **Fotografien geschützter Werke** zu beachten, dass zur Verwertung nicht nur die Rechte am abgebildeten Werk, sondern auch diejenigen an der Fotografie erworben werden müssen. Denn in der Bearbeitung wie auch in der Abbildung sind eben zwei verschiedene immaterielle Schutzgegenstände verkörpert, an denen die Rechte häufig auch zwei unterschiedlichen Personen zustehen.

(cc) Verbreitungsrecht, §§ 15 Abs. 1, 17 UrhG

808 Neben dem Vervielfältigungsrecht steht dem Urheber als selbständiges Recht das Verbreitungsrecht nach den §§ 15 Abs. 1, 17 UrhG zu. Eine Verbreitung liegt dann vor, wenn das Original oder **körperliche** Vervielfältigungsexemplare der Öffentlichkeit angeboten oder in Verkehr gebracht werden. Das Verbreitungsrecht des Urhebers ist beim Übertragungsvorgang an sich nicht tangiert, da es bei der Online-Übertragung an der Körperlichkeit mangelt. Etwas anderes gilt nur insoweit, als der Online-Anbieter Teile seines Angebots auch offline anbietet, und sei es auch nur zu Werbezwecken. Dann bedarf er insoweit auch der Verbreitungsrechte an den geschützten Werken.[2]

---

1 Vgl. dazu bereits oben Rz. 728 ff.

2 Hat der Anbieter solche Offline-Medien einmal im Wege der Veräußerung – sei es entgeltlich, sei es unentgeltlich – in Verkehr gebracht, so ist das Verbreitungsrecht an jedem einzelnen in Verkehr gebrachten Exemplar jedoch gem. 17 Abs. 2 UrhG

(dd) Senderecht, §§ 15 Abs. 2, 20 UrhG

§ 20 UrhG versteht unter Senderecht das Recht, das Werk durch Funk, wie Ton- und Fernsehrundfunk, Satellitenrundfunk, Kabelfunk oder ähnliche technische Mittel der Öffentlichkeit zugänglich zu machen. Auf den ersten Blick scheint dem auch das Online-Angebot geschützter Werke und Leistungen zu unterfallen, ist doch die Art und Weise der Signalübermittlung ohne Belang.[1] Dennoch bestehen erhebliche Unterschiede, die letztlich wohl dazu führen, dass das Senderecht auf die **Online-Übertragung** keine Anwendung findet. So wird der Übertragungsvorgang im Unterschied zur klassischen Sendung vom Nutzer ausgelöst; das Angebot ist damit nicht mehr nur zu einem bestimmten, vom Anbieter festgelegten Zeitpunkt, sondern **kontinuierlich verfügbar**. Etwas anderes gilt nur dann, wenn ein Rundfunkanbieter die programmtragenden Signale seiner Sendung – ausschließlich oder zusätzlich zu einer terrestrischen Übertragung – über das Internet sendet (sog. Webcasting).[2] Beim sonstigen Online-Angebot fehlt es nach Ansicht der hM aber an der „**Öffentlichkeit**" der Wiedergabe iSv. § 15 Abs. 3 UrhG, wonach die Werkwiedergabe von ihrer Zielrichtung her für eine Mehrzahl von Personen bestimmt sein muss. Zwar ist ohne Bedeutung, wie viele Personen letztlich tatsächlich erreicht werden, und es müssen die Empfänger dabei auch nicht im gleichen Raum anwesend sein.[3] Die hM entnimmt § 15 Abs. 3 UrhG jedoch, dass der Empfang gleichzeitig erfolgen muss, so dass die sukzessive Nutzung ein und desselben Werkes nicht ausreicht.[4] 809

Wenn gleichwohl versucht worden ist, das **Online-Angebot** im deutschen Recht dem **Senderecht** oder aber auch dem **Verbreitungsrecht** zu unterstellen, so deshalb, weil zwar die Urheber, nicht jedoch die Inhaber der verwandten Schutzrechte umfänglich gegen die Verwertung ihrer Werke geschützt sind. Teils sieht das Gesetz hier kein umfassendes Recht der öffentlichen Wiedergabe vor, sondern nur ein Senderecht, teils besteht hinsichtlich 810

---

erschöpft, dh., es kann jedes einzelne Vervielfältigungsstück ohne weitere Zustimmung des Rechtsinhabers weiter verbreitet werden. Anders verhält es sich hingegen mit der Verkörperung eines Datensatzes, den der Anbieter dem Nutzer online zuspielt und den erst der Nutzer selbst auf einem Datenträger fixiert (vgl. § 53 Abs. 6 Satz 1 UrhG). Da beide Fälle zumindest unter gewissen Umständen in wirtschaftlicher Hinsicht zum gleichen Ergebnis führen, wird mitunter auch eine rechtliche Gleichbehandlung im Wege einer analogen Anwendung von § 17 Abs. 2 UrhG auch auf den Fall der Online-Zuspielung des digitalen Datensatzes befürwortet; vgl. *Koch*, GRUR 1997, 417 (423). Anders hingegen die hM, vgl. etwa *Loewenheim* in Loewenheim/Koch, Praxis des Online-Rechts, S. 301; *Ernst*, GRUR 1997, 592 f.

1 LG München I, Urt. v. 14.3.1986 – 21 O 17 784/85, ZUM 1986, 484; OLG Hamburg, Urt. v. 11.5.1989 – 3 U 250/88, GRUR 1989, 590.

2 Vgl. zur daraus folgenden Abgrenzung vom Recht des Zugänglichmachens (sog. Making-available-right) auch noch nachfolgend Rz. 811 ff.

3 BGH, Urt. v. 9.06.1994 – I ZR 23/92, GRUR 1994, 797 – Verteileranlage im Krankenhaus.

4 Vgl. nur Schricker/*v.Ungern-Sternberg*, Urheberrecht, § 20 Rz. 9 mwN; *Schwarz*, GRUR 1996, 836 ff.; *Hoeren*, CR 1996, 518 (520).

der Sendung anders als hinsichtlich der Verbreitung kein Verbotsrecht, sondern lediglich ein Vergütungsanspruch.[1] Dennoch bestehen zwischen Sendung und dem Online-Angebot trotz gewisser Tendenzen einer Konvergenz zumindest gegenwärtig noch phänomenologisch wie soziologisch und nicht zuletzt auch wirtschaftlich recht deutliche Unterschiede. Diesen Unterschieden sollte – nicht zuletzt im Hinblick auf die insoweit ebenfalls differenzierenden Schrankenregelungen[2] – auch rechtlich entsprochen werden. Begrifflich ließe sich dies damit begründen, dass es sich beim Online-Angebot nicht um die Einbettung eines geschützten Werkes in einen sequentiellen Programmablauf handelt, so dass von daher keine Sendung iSv. § 20 UrhG vorliegt.

(ee) Unbenanntes Recht der öffentlichen Wiedergabe, § 15 Abs. 2 UrhG; künftiges Recht des Zugänglichmachens (Übertragungsrecht)

811 Während sich im deutschen Recht die inzwischen wohl überwiegende Auffassung mit der Annahme eines unbenannten, dh. in § 15 Abs. 2 UrhG nicht beispielhaft aufgezählten, Nutzungsrechts behilft,[3] ist die Online-Übertragung im internationalen Konventionsrecht – und dem folgend in absehbarer Zeit auch im europäischen Recht – dagegen bereits eigens genannt.

812 Für ausübende Künstler und die Hersteller von Tonträgern trägt jetzt der **WIPO Vertrag über Darbietungen und Tonträger (WPPT)**[4] dem Bedürfnis nach Unterscheidung von Sendung und Online-Angebot Rechnung, indem er ausübenden Künstlern und Tonträgerherstellern in Art. 10 und 14 hinsichtlich des Online-Angebots fortan ein ausschließliches Recht zugesteht, es im Übrigen in Bezug auf klassische Sendungen in Art. 15 WPPT jedoch bei einem Verbotsrecht belässt. Den Urhebern steht nach Art. 8 des WIPO Urhebervertrages (WCT)[5] fortan dagegen ein umfassendes Recht der unkörperlichen Wiedergabe zu, das ausdrücklich auch das Recht „der Zugänglichmachung ihrer Werke in der Weise“ erfasst, „dass sie Mitgliedern der Öffentlichkeit an Orten und zu Zeiten ihrer Wahl zugänglich sind“(sog. Making-

1 Vgl. auch dazu im Einzelnen bereits oben Rz. 733 und 735.

2 Vgl. dazu in diesem Abschnitt nachfolgend Rz. 814 ff.

3 Vgl. statt vieler nur Schricker/*v.Ungern-Sternberg*, Urheberrecht, § 15 Rz. 24 mwN – allerdings müsste man dann zumindest insoweit einen modifizierten Begriff der Öffentlichkeit iSv. § 15 Abs. 3 zugrunde legen, wie Schricker/*v.Ungern-Sternberg*, Urheberrecht, § 15 Rz. 60 aE selbst eingesteht, wenn er dort zurückhaltend auf das Verbreitungsrecht verweist. – Vorzugswürdig erscheint daher, § 15 Abs. 3 UrhG von vornherein nicht als auf die zeitgleiche Nutzung beschränkt zu lesen (dem Wortlaut der Vorschrift ist eine solche Beschränkung jedenfalls nicht zu entnehmen) und auf diese Weise zur Annahme einer unbenannten öffentlichen Wiedergabe nach § 15 Abs. 2 UrhG zu gelangen. Das Senderecht wäre – wie bereits ausgeführt – deshalb ausgeschlossen, weil es sich beim Online-Angebot nicht um die Einbettung eines geschützten Werkes in einen sequentiellen Programmablauf handelt, so dass von daher keine Sendung iSv. § 20 UrhG vorliegt.

4 WIPO Performances and Phonograms Treaty (WPPT), abgedruckt in ABl. EG Nr. L 89 v. 11.4.2000, S. 15 ff.

5 WIPO Copyright Treaty (WCT), abgedruckt im ABl. EG Nr. L 89 v. 11.4.2000, S. 8 ff.

available-right). Dieser Konzeption folgt in Umsetzung der beiden Verträge in seinem Art. 3 auch die bereits angesprochene Richtlinie über das Urheberrecht in der Informationsgesellschaft.[1]

Damit handelt es sich künftig beim Online-Angebot geschützter Werke um ein **gesondertes Nutzungsrecht** (Recht des Zugänglichmachens, Recht der Übermittlung), das der Online-Anbieter erwerben muss. Dieses Recht erfasst das Bereitstellen an die Öffentlichkeit und den Übermittlungsakt selbst, nach wie vor nicht jedoch die zuvor erforderliche Einspeicherung auf dem Server des Anbieters, so dass auch weiterhin daneben das Vervielfältigungsrecht zu erwerben ist. Eine andere Frage geht dahin, ob das neue Recht nur die sog. **Pull-** oder auch die sog. **Pushdienste**, bei denen die Inhalte dem Nutzer zugesandt werden, sowie die diversen Formen des sog. **Webcastings** erfasst.[2] Hinsichtlich der Pushdienste wird man möglicherweise darauf abstellen können, dass auch diese letztlich auf einen Akt des Anforderns seitens des Nutzers zurückgehen (mag dieser sich auch pauschal auf eine Vielzahl einzelner Übermittlungen beziehen und nicht allein auf eine einzelne konkrete Übermittlung) und damit ebenso dem Making-available-right unterfallen. In Bezug auf Formen des Webcastings hingegen dürfte eine Entscheidung nur von Fall zu Fall möglich sein.[3]

Der Online-Anbieter ist hier ungeachtet dieser Einordnungsschwierigkeiten 813
jedenfalls dann auf der sicheren Seite, wenn er sich die Rechte **umfassend** einräumen lässt. Das schließt bis zur Umsetzung der EU-Richtlinie auch das unbenannte Recht der öffentlichen Wiedergabe nach § 15 Abs. 2 UrhG ein. Auf jeden Fall sollten in den Verträgen die unterschiedlichen Verwertungsrechte aufgezählt sein. Das Gleiche gilt für die Nutzungsarten, wobei eine nicht zu enge Umschreibung des mit der Rechtseinräumung verfolgten Zwecks dafür sorgt, dass im vertraglich erworbenen Rechtebestand keine Lücken bestehen.

(3) Schrankenbestimmungen

(a) Allgemeines

Der ausschließliche Schutz der Urheber und Inhaber von Leistungsschutz- 814
rechten ist freilich nicht grenzenlos, sondern mit Rücksicht auf sonstige

1 Richtlinie 2001/29/EG des Europäischen Parlaments und des Rates vom 22.5.2001 zur Harmonisierung bestimmter Aspekte des Urheberrechts und der verwandten Schutzrechte in der Informationsgesellschaft, ABl. EG Nr. L 167 v. 22.6.2001, S. 10 ff.

2 Vgl. dazu nur die Nachweise bei Schricker/*v.Ungern-Sternberg*, Urheberrecht, § 20 Rz. 9.

3 Vgl. etwa *Leupold*, CR 1998, 234 ff., demzufolge die Dienste von Nachrichtenkanälen der Fernsehübertragung so nahe kommen, dass eine Nichtanwendung des Senderechts auf den ersten Blick nur schwer erklärlich erschiene. Zu berücksichtigen ist jedoch, dass dem Nutzer dabei aufgrund der digitalen Speichermöglichkeit eine erheblich größere Nutzungsintensität ermöglicht wird.

Allgemeininteressen zB der freien Berichterstattung, der geistigen Auseinandersetzung, der Rechtspflege und öffentlichen Sicherheit durch sog. **Schrankenbestimmungen** begrenzt. Die Schranken können eine bestimmte Nutzung **erlaubnis-** und **vergütungsfrei** stellen oder aber die Erlaubnispflicht beseitigen und den Rechteinhabern dennoch einen Vergütungsanspruch belassen. Letztere Lösung wählt der Gesetzgeber vor allem in Fällen des Marktversagens; ein Beispiel hierfür ist die Leerkassetten-, Geräte- und Betreiberabgabe als Ausgleich für die zulässige Vervielfältigung zum privaten Gebrauch. Da urheberrechtlich relevante Handlungen im analogen Bereich – von der Reprographie und der privaten Vervielfältigung abgesehen – vornehmlich im Bereich der Produzenten und Werkvermittler vorkommen, werden vornehmlich diese von den Schrankenbestimmungen in ihrer Tätigkeit privilegiert.

815 Aus der Sicht des Online-Anbieters stellt sich damit die Frage, inwieweit bestehende Schrankenbestimmungen des geltenden UrhG ihre Tätigkeit zustimmungs- und vielleicht sogar vergütungsfrei stellen.

816 Die gesetzlich vorgesehenen **Ausnahmen von der Zustimmungs- oder Vergütungspflicht** des Urhebers gelten grundsätzlich auch für on- oder offline erfolgende elektronische Werknutzungen. Einigkeit besteht zugleich darüber, dass die in den §§ 45 ff. UrhG enthaltenen Schrankenbestimmungen als Ausnahmetatbestände eng auszulegen sind,[1] so dass eine analoge Anwendung auf verwandte Sachverhalte regelmäßig nicht in Betracht kommt.[2] Dennoch soll das UrhG ausweislich der amtlichen Begründung aus dem Jahre 1965 künftige technische Entwicklungen erfassen;[3] so hat die Rechtsprechung in Einzelfällen durchaus eine vorsichtige erweiternde Anwendung der Schrankenbestimmungen zugelassen.[4] Allerdings halten die §§ 45 ff. UrhG letztlich nur wenige Schrankenbestimmungen bereit, die die Tätigkeit von Online-Anbietern in nennenswertem Umfang vom Zustimmungserfordernis der Urheber befreien könnten.[5]

817 Auch die EU-Richtlinie zum Urheberrecht in der Informationsgesellschaft sieht in ihrem Art. 5 Abs. 1–3 eine Reihe von Schrankenbestimmungen vor. Verpflichtend ist danach jedoch allein die Ausnahme für bestimmte nur vorübergehende Vervielfältigungshandlungen technischer unterstützender Natur (Abs. 1),[6] wohingegen die nach langem Ringen formulierten insgesamt

---

1 Vgl. nur die Hinweise zur Rechtsprechung bei Schricker/*Melichar*, Urheberrecht, vor §§ 45 ff. Rz. 15.

2 Vgl. auch insoweit Schricker/*Melichar*, Urheberrecht, vor §§ 45 ff. Rz. 16 mwN.

3 Abgedruckt in UFITA 45 (1965) 240, 260.

4 So insbesondere BGH, Urt. v. 4.12.1986 – I ZR 189/84, GRUR 1987, 362 f. – Filmzitat. – Dabei ist immer mit der „gebotenen Vorsicht“ zu prüfen, ob die Anwendung dem intendierten Gesetzeszweck noch entspricht und die korrespondierenden Rechte des Urhebers ausreichend gewahrt bleiben.

5 Zu einer umfassenden Diskussion der §§ 45 ff. UrhG in Bezug auf Werknutzungen in digitaler Form vgl. etwa *Dreier* in Schricker (Hrsg.), Urheberrecht auf dem Weg zur Informationsgesellschaft, S. 139 ff., 153 ff.

6 Vgl. dazu bereits oben Rz. 803.

20 einzelnen Ausnahmen zum Vervielfältigungs- (Abs. 2) sowie zum Vervielfältigungsrecht und dem Recht der öffentlichen Wiedergabe (Abs. 3) für die Mitgliedstaaten lediglich **fakultativ** sind. Das ist aus der Sicht der Anbieter insofern misslich, als sie, um wirklich sicher sein zu können, dass eine bestimmte Handlung innerhalb der EU tatsächlich zustimmungsfrei zulässig ist, auch künftig ganz genau die jeweilige Gesetzeslage in jedem einzelnen EU-Mitgliedstaat werden prüfen müssen. Jedenfalls gilt auch hier wiederum, dass urheberrechtlich relevante Tätigkeiten von Online-Anbietern in nur vergleichsweise geringem Umfang zustimmungs- und ggf. auch vergütungsfrei gestellt sind.

(b) Zitatrecht, § 51 UrhG

In Betracht kommt etwa das Zitatrecht nach § 51 UrhG. Danach ist die Anführung fremder Textpassagen zur Untermauerung der eigenen Aussage, zur Erläuterung oder aus Gründen des besseren Verständnisses als Zitat zustimmungsfrei. Neben einem solchen anerkannten **Zitatzweck** ist der durch den Zweck gebotene Umfang einzuhalten. Dagegen kann das Sammeln und Zusammenstellen fremder Werke ohne eine dadurch gestützte, im Vordergrund stehende eigene Aussage nicht nach § 51 UrhG zustimmungsfrei sein.[1] Immerhin wird man Zitate in Multimediawerken, die einem zulässigen Zitatzweck dienen und die den gebotenen Umfang nicht überschreiten, ebenso wie Filmzitate analog § 51 Nr. 2 UrhG als Kleinzitat ansehen können.[2] 818

(c) Pressespiegel-, Recherche- und Dokumentendienste, §§ 53 Abs. 2 Nr. 2 und 4a, 49 UrhG

Wichtiger ist hingegen die Frage nach dem Spielraum, der für Dritte besteht, 819
die **Informationsdienste** anbieten wollen.

Hier hatte der BGH zunächst Fälle der Übermittlung von Papierkopien zu 820
beurteilen. Von der Schranke des Kopierens zum sonstigen privaten Gebrauch gem. § 52 Abs. 2 Nr. 2 und 4a UrhG, der das Herstellenlassen der Kopien durch Dritte grundsätzlich erlaubt, ist ein **Kopienversand** nach Auffassung des BGH nur dann erfasst, soweit er sich auf den technisch maschinellen Vorgang der Vervielfältigung beschränkt",[3] nicht hingegen, soweit der Verkauf der Kopien mit einem Recherchedienst im Auftrag der Kunden verbunden ist. Insgesamt äußert der BGH ganz deutlich eine vorsichtige Zurückhaltung gegenüber den durch neue Technologien vergrößerten Nutzungsmöglichkeiten der individuellen Nutzer, wenn es heißt, das Verständnis der privilegierenden Norm habe sich somit „vor allem an den techni-

1 BGH, Urt. v. 12.6.1981 – I ZR 95/79, GRUR 1982, 37 (40) – WK-Dokumentation.

2 *Fromm/Nordemann,* Urheberrecht, § 51 Rz. 11; BGH, Urt. v. 4.12.1986 – I ZR 9/85, BGHZ 99, 162 f. – Filmzitat; OLG Frankfurt, Urt. v. 10.11.1988 – 6 U 206/87, AfP 89, 553 f.

3 BGH, Urt. v. 16.1.1997 – I ZR 9/95, GRUR 1997, 459 (462) – CB-Infobank I.

schen Gegebenheiten der Information im Zeitpunkt der Einführung des Privilegierungstatbestands zu orientieren". Nach Auffassung des BGH geht aber ein Recherchedienst, „auch wenn die Recherche selbst urheberrechtlich nicht relevant ist, damit über das hinaus, was der Gesetzgeber als Herstellenlassen einzelner Kopierstücke im Rahmen des § 53 Abs. 1 oder Abs. 2 UrhG zugelassen hat. Denn sie erschließt eine urheberrechtsrelevante Nutzung in einem Ausmaß und einer Intensität, die sich mit den eine Privilegierung rechtfertigenden Erwägungen nicht mehr vereinbaren lässt".[1] In einer parallelen Entscheidung stellte der BGH klar, dass auch „eine angemessene Berücksichtigung des vom Gesetzgeber erwogenen Informationsinteresses der Allgemeinheit im Verhältnis zum Verwertungsrecht des Urhebers" eine andere Auslegung des § 53 Abs. 2 Nr. 4a UrhG nicht gebiete.[2] Lediglich der bloße Kopienversand auf Bestellung durch Bibliotheken sei zustimmungsfrei zulässig, doch gebühre dem Urheber hierfür eine angemessene Vergütung.[3] Nur mit Zustimmung des Urhebers zulässig ist nach Ansicht des BGH auch die Erstellung eines elektronischen Dokumentenarchivs im Auftrag eines Kunden, da dabei „der Umfang der Nutzungsmöglichkeiten weit über diejenigen hinaus[geht], die durch § 53 Abs. 2 Nr. 2 UrhG freigestellt werden sollten". Denn „anders als ein herkömmliches – auf Papier oder Mikrofilm gesammeltes und nur ‚am Ort' benutzbares – Archiv kann ein in einer Datenverarbeitungsanlage gespeichertes Archiv schnell, kostengünstig und vom Urheberberechtigten kaum kontrollierbar weiter auf Datenträgern vervielfältigt und verbreitet werden". Dadurch werde aber „die Gefahr begründet, dass die den Urhebern vorbehaltene Auswertung ihrer Werke in wesentlichem Umfang beeinträchtigt wird".[4]

821 Dieser Art der Abgrenzung hat sich die Rechtsprechung der Instanzgerichte angeschlossen und in der Folge auch **elektronische Pressespiegel** als nicht von § 49 UrhG erfasst angesehen.[5] Entscheidend war nach Auffassung der Gerichte auch hier, dass ein digitaler Datensatz in den Händen des Nutzers eine „wesentlich andere, nämlich insbesondere schnellere und weiter reichende Verwertung der Artikel als bei der Papierform des Pressespiegels" ermöglicht „und so in nicht wenigen Fällen erreicht, dass der Erwerb eines einzigen Exemplars der Zeitung, die den gespeicherten Artikel enthält, zur Information aller in das Kommunikationssytem [des Kunden] eingebunden Personen ausreicht".[6]

822 Damit ist den Möglichkeiten der Online-Anbieter, im Rahmen bestehender gesetzlicher Schrankenbestimmungen ohne Zustimmung der betroffenen Ur-

1 BGH, Urt. v. 16.1.1997 – I ZR 9/95, GRUR 1997, 459 (463).
2 BGH, Urt. v. 16.1.1997 – I ZR 38/96, GRUR 1997, 464 (466) – CB-Infobank II.
3 BGH, Urt. v. 25.2.1999 – I ZR 118/96, GRUR 1999, 707 – Kopienversanddienst.
4 BGH, Urt. v. 10.12.1998 – I ZR 100/96, GRUR 1999, 325 (327) – Elektronische Pressearchive.
5 OLG Köln, Urt. v. 30.12.1999 – 6 U 151/99, GRUR 2000, 417 und ebenso OLG Hamburg, Urt. v. 6.4.2000 – 3 U 211/99, CR 2000, 658.
6 OLG Köln, Urt. v. 30.12.1999 – 6 U 151/99, GRUR 2000, 417 (419).

heber der zugrunde liegenden oder recherchierten Dokumente informationelle Mehrwertdienstleistungen zu erbringen, ein vergleichsweise enger Rahmen gesteckt. Da die Rechtsprechung hier letztlich auf die berechtigten Verwertungsinteressen des ursprünglichen Rechteinhabers abstellt und die Grenzen des Zulässigen mithin an genau denjenigen Kriterien misst, die auch der Gesetzgeber aufgrund internationaler Vorgaben in den Art. 13 TRIPS, 9 Abs. 2 RBÜ, 10 Abs. 2 WCT und 16 WPPT bei der Einführung von Schrankenbestimmungen zu beachten hat (sog. **Drei-Stufen-Test**[1]), wird sich hieran auch selbst nach Umsetzung der EU-Richtlinie grundsätzlich wohl kaum etwas ändern.

Schließlich sei in diesem Zusammenhang dran erinnert, dass die Instanzgerichte auch in Bezug auf die nach § 87b Abs. 1 UrhG zulässige **Übernahme von unwesentlichen Teilen einer Datenbank** dazu neigen, die Grenzen des Zulässigen restriktiv zu handhaben, wenn es darum geht festzustellen, ob eine wiederholte und systematische Übernahme unwesentlicher Teile, wie es im Gesetz heißt, einer „normalen Auswertung der Datenbank zuwiderlaufen oder die berechtigten Interessen des Datenbankherstellers unzumutbar beeinträchtigen“.[2] Auch hier handelt es sich also wiederum um einen Maßstab, der demjenigen des Drei-Stufen-Tests der genannten konventionsrechtlichen Vorgaben für die Schrankenbestimmungen entspricht. Rechtspolitisch erscheint diese Zurückhaltung im Hinblick auf die Entwicklung der Informationsgesellschaft jedoch nicht unbedenklich. 823

(d) Vervielfältigung zum privaten oder sonstigen eigenen Gebrauch, §§ 53 ff. UrhG

Der Vollständigkeit halber sei schließlich noch erwähnt, welche Reichweite die Vervielfältigung zum privaten oder sonstigen eigenen Gebrauch gem. den §§ 53 ff. UrhG für den Endnutzer der Dienstleistung des Online-Anbieters hat. Denn zumindest in dem Umfang, in dem dieser durch die Schrankenregelungen urheberrechtlich freigestellt wird, scheidet für den Anbieter auch eine theoretisch denkbare Beihilfehandlung[3] von vornherein aus. 824

Urheberrechtlich freigestellt sind auf Seiten des Endnutzers aufgrund der **Sonderbestimmungen für Computerprogramme und Datenbanken in den §§ 69d Abs. 1 und 2, 87e UrhG** zunächst sämtliche an sich urheberrechtlich 825

1 Nach dem Drei-Stufen-Test dürfen nationalstaatliche Ausnahmen von den Ausschließlichkeitsrechten 1. nur in bestimmten Sonderfällen angewandt werden, in denen 2. die normale Verwertung des Werks oder des sonstigen Schutzgegenstands nicht beeinträchtigt wird und 3. die berechtigten Interessen des Rechtsinhabers nicht ungebührlich verletzt werden. – Zur Auslegung dieses bewusst von unbestimmten Rechtsbegriffen geprägten Maßstabs vgl. vor allem WTO Dispute Resolution Panel, Doc.WT/DS160/R v. 15.6.2000 (betr. die Vereinbarkeit von Sec. 110[5] des U.S. Copyright Act mit Art. 13 TRIPS).

2 Vgl. dazu bereits oben Rz. 745.

3 Vgl. dazu noch näher D Rz. 271.

relevanten Handlungen, die ein berechtigter Nutzer im Rahmen der Nutzung zu dem vertraglich vereinbarten Zweck vornehmen darf und muss. Im Übrigen dürften beim Endnutzer im Rahmen der erlaubten Benutzung zwangsweise entstehende Vervielfältigungen – wie etwa das Speichern im RAM, das temporäre Caching auf dem PC des Nutzers, aber auch eine permanente Abspeicherung auf der Festplatte sowie ein analoger Papierausdruck – von anderen Werken als Computerprogrammen und Datenbanken von § 52 UrhG gedeckt sein, sofern nicht zusätzlich eine Gestattung von Seiten des Rechtsinhabers im Rahmen der von diesem erteilten Zustimmung zum vertraglich umschriebenen Gebrauch vorliegt. Die Grenzen des privaten und sonstigen eigenen Gebrauchs sind nach § 53 Abs. 6 UrhG jedoch dann überschritten, wenn der Nutzer eine heruntergeladene und abgespeicherte Kopie Dritten zugänglich macht; bietet er sie der Öffentlichkeit zum Online-Zugriff an, so liegt darin ohnehin ein dem Urheber vorbehaltenes Zugänglichmachen bzw. eine unbenannte öffentliche Wiedergabe nach § 15 Abs. 2 UrhG.[1]

826 Kompensiert wird die Befreiung vom Zustimmungserfordernis nach § 53 UrhG von Gesetzes wegen allerdings durch einen Anspruch der Urheber auf eine angemessene **Vergütung**, die die Rechtsprechung in einer Reihe von Entscheidungen auch auf neuere Geräte erstreckt hat.[2] Streitig ist die Abgabepflicht zur Zeit in Bezug auf **CD-Brenner** sowie auf **Festplatten von PCs.**

b) Marken und Domains

827 Essentiell für das Angebot von E-Commerce-Diensten über das Internet ist die Auswahl der richtigen Internet-Domain sowie die Sicherung der hierfür gegebenenfalls erforderlichen Markenrechte. Angesichts der Vielzahl heute bereits vergebener Domainnamen wird es für neue Diensteanbieter zunehmend schwieriger, für ihr Angebot eine kennzeichnungskräftige Domain zu sichern, insbesondere dann, wenn es sich um ein internationales Angebot handelt und Domain-Registrierungen unter einer Vielzahl von landesspezifischen Top-Level-Domains vorgenommen werden sollen. Kein anderer Bereich innerhalb des E-Commerce hat daher in den letzen Jahren eine solche Vielzahl von Gerichtsstreitigkeiten erfahren wie der Bereich der Internet-Domainnamen.

828 Im Folgenden sollen zunächst die Funktion der Domainnamen im Internet sowie die Möglichkeiten ihrer Anmeldung dargestellt werden (Rz. 829–845).

1 Vgl. dazu bereits oben Rz. 811 ff.

2 Zu den vergütungspflichtigen Geräten zählen danach auch Mikrofiche-Lesegeräte mit Ausdruckfunktion, BGH, Urt. v. 28.1.1993 – I ZR 34/91, GRUR 1993, 553 – Readerprinter; Faxgeräte mit Kopierfunktion, OLG Köln, Urt. v. 4.10.1996 – 6 U 125/95, ZUM-RD 1997, 8 und OLG Zweibrücken, Urt. v. 15.11.1996 – 2 U 14/96, ZUM-RD 1998, 323 sowie bestätigend BGH, Urteil v. 28.1.1999 – I ZR 208/96, NJW 1999, 3561 ff.; sowie Scanner, OLG Hamburg, Urt. v. 3.12.1998 – 3 U 62/98, ZUM 1999, 248 und LG Düsseldorf, Urt. v. 27.8.1997 – 12 O 73/97, NJW-RR 1999, 553.

Anschließend werden die aktuelle Rechtslage zur Domain-Nutzung im nationalen und internationalen Kontext (Rz. 846–894) sowie verfahrensrechtliche Besonderheiten bei der Verfolgung von Ansprüchen gegen Domain-Inhaber (Rz. 895–908) erläutert. Abschließend soll kurz darauf eingegangen werden, ob die zusätzliche Anmeldung von Marken zur Sicherung einer Domain sinnvoll ist (Rz. 909–911).

aa) Funktion und Anmeldung von Domainnamen

(1) Was sind Internet-Domainnamen?

Die Adresskennungen, welche im Internet zur Ansteuerung eines Computers genutzt werden, bestehen in technischer Hinsicht nicht aus Domainnamen, sondern aus Zahlenkombinationen, welche sich aus vier einzelnen, jeweils durch einen Punkt getrennten Zahlen zusammensetzen. Jede einzelne dieser Zahlen darf nicht größer als 255 sein. Eine zahlengestützte Internet-Adresse wäre daher zB die Adresse 134.215.73.112. 829

Es ist offensichtlich, dass derartige bis zu 12-stellige Zahlenkombinationen für den Internet-Nutzer wenig einprägsam sind. Schon frühzeitig wurde daher als alternative Adresskennung das **Domain-Name-System (DNS)** eingeführt, unter welchem einer Internet-Zahlenadresse Buchstaben- oder Wortkombinationen als Synonym zugeordnet werden. Gibt der Internet-Nutzer die entsprechende Buchstaben- oder Wortkombination in seinen Internet-Browser ein, wird über die Nameserver der jeweiligen Registrierungsstellen und Internet-Service-Provider automatisch die richtige Internet-Adresse zugewiesen. Bei den Internet-Domainnamen handelt es sich daher um **begriffliche Synonyme für** die eigentlich im Internet als Adresskennung genutzten **Zahlen-Kombinationen**. Sie weisen gegenüber den Zahlen-Adressen eine höhere Kennzeichnungskraft auf und erleichtern dem Internet-Nutzer damit das Wiederfinden und Erinnern bestimmter Sites. 830

(2) Der Rechtscharakter der Domain: Ähnlichkeiten und Unterschiede zur Marke

In tatsächlicher Hinsicht bestehen zwischen der Nutzung von Domains und der Nutzung von Marken eine Reihe von **Ähnlichkeiten**: 831

- Sowohl eine Domain als auch eine Marke gewähren dem jeweiligen Inhaber eine **Monopolstellung** in Bezug auf die Nutzung eines bestimmten Kennzeichens für ein bestimmtes Angebot.
- Sowohl die Nutzung einer Domain als auch die Nutzung einer Marke erfordert im Regelfall[1] die Vornahme einer entsprechenden **Registrierung**. Eine Domain ist bei der jeweils zuständigen Domain-Registrierungsstelle

---

1 Eine Ausnahme besteht im Falle der so genannten Benutzungsmarke nach § 4 Nr. 2 und 3 MarkenG, welche auch ohne Eintragung im Markenregister Schutz genießt.

(zB DENIC) registrieren zu lassen, eine Marke bei der jeweiligen nationalen Markenbehörde.

- Sowohl Domains als auch Marken dienen zur **Kennzeichnung** eines bestimmten Produkt- oder Dienstleistungsangebotes. Die Kennzeichnungsfunktion einer Marke ist konstituierendes Merkmal (§ 3 Abs. 1 MarkenG). Die Kennzeichnungsfunktion einer Domain bezieht sich auf die Wiedererkennung eines bestimmten Internet-Angebotes unter einer bestimmten Internet-Adresse (siehe hierzu noch unter Rz. 848 f.).
- Sowohl hinsichtlich einer Domain als auch hinsichtlich einer Marke gilt im Grundsatz der **Prioritätsgrundsatz** („Wer zuerst kommt, mahlt zuerst."). Im Markenrecht ergibt sich dies aus § 6 MarkenG iVm. den jeweiligen markenrechtlichen Unterlassungs- oder Löschungsansprüchen. Bei Domains ergibt sich dies aus den Registrierungsbedingungen der Vergabestellen, nach denen verfügbare Domains für den jeweils ersten Interessenten ohne weitere Rechtsprüfung registriert werden[1].
- Sowohl bei Marken als auch bei einigen Domains besteht darüber hinaus ein **Benutzungszwang**. Der Zwang zur Nutzung einer Marke ergibt sich aus §§ 25, 26 MarkenG. In ähnlicher Weise sehen die Registrierungsrichtlinien mancher Domain-Registrierungsstellen vor, dass vergebene Domains durch den jeweiligen Inhaber auch tatsächlich genutzt, dh. mit einem Rechner im Internet konnektiert werden müssen[2]. Rein vorsorgliche Domain-Reservierungen sind bei den meisten Vergabestellen nicht mehr möglich.

832 Die vorstehenden **Ähnlichkeiten** zwischen Domain und Marke lassen es teilweise nahe liegend erscheinen, bestimmte Regelungen des Markengesetzes auch auf die Nutzung von Domainnamen anzuwenden. So wurde und wird – insbesondere in Bezug auf beschreibende Domainnamen – immer wieder erörtert, ob zB die Regelungen über absolute Schutzhindernisse gemäß § 8 MarkenG, welche die Eintragung einer freihaltebedürftigen Kennzeichnung als Marke verhindern sollen, in analoger Form auch auf die Registrierung von Domains anzuwenden sind[3]. Für derartige Analogien zum Markengesetz spricht, dass die durch eine Domain-Registrierung entstehende Monopolstellung im Internet möglicherweise eines korrigierenden Faktors im Allgemeininteresse bedarf. So besteht sicherlich ein öffentliches Interesse daran, allgemein beschreibende Angaben wie zB „reise.de", „anwalt.de", „bank.de" oder ähnliche Begriffe als Portal für alle Anbieter der jeweils beschriebenen Dienstleistung nutzen zu können und nicht für einen einzigen Anbieter zu monopolisieren, der mehr oder weniger zufällig als Erster

1 Vgl. zB § 2 Abs. 1 der DENIC-Registrierungsbedingungen, www.denic.de/doc/DENIC/agb.html.

2 Nicht ganz klar sind in dieser Hinsicht die Registrierungsbedingungen der DENIC, welche in § 3 Abs. 2 nur vorsehen, dass der Kunde die „technischen Voraussetzungen zur Konnektierung der Domain" sicherstellen muss.

3 Vgl. zB OLG Frankfurt v. 13.2.1997 – 6 W 5/97, CR 1997, 271 – „wirtschaft-online.de"; *Kur*, CR 1996, 325, 328; *Ubber*, WRP 1997, 497, welche im Ergebnis aber alle eine analoge Anwendung des § 8 Abs. 2 MarkenG bei Domains ablehnen.

die beschreibende Domain für sich hat registrieren können, auch wenn die Registrierung von Gattungsbegriffen nicht allein wegen dieses öffentlichen Freihaltungsinteresses als wettbewerbswidrig angesehen werden kann[1].

Auf der anderen Seite bestehen jedoch zwischen Marken und Domains auch einige grundsätzliche **Unterschiede**, welche eine analoge Anwendung der Vorschriften des Markengesetzes auf Domains nicht ohne weiteres gerechtfertigt erscheinen lassen: 833

- Im Gegensatz zu einer Marke, bei der die Eintragung an bestimmte materiell-rechtliche Voraussetzungen gebunden ist (siehe §§ 8 ff. MarkenG), übernehmen die Domain-Vergabestellen im Regelfall keine **rechtliche Prüfung** der Berechtigung des jeweiligen Antragstellers zur Nutzung der angeforderten Domain, und zwar weder von Amts wegen noch auf Antrag eines Betroffenen[2].
- Während sich der Schutz der Marke auf ein bestimmtes Produkt oder eine bestimmte Dienstleistung beschränkt, erstreckt sich die Monopolstellung, die aus einer Internet-Adresse erwächst, auf **sämtliche Produkt- oder Dienstleistungsbereiche**. Die Nutzung der gleichen Domain durch einen anderen Anbieter aus einem völlig anderen Waren- oder Dienstleistungsbereich, wie sie im Markenrecht grundsätzlich möglich wäre, ist bei Domainnamen technisch ausgeschlossen.
- Während Marken eine durch die gesetzlichen Rechte nach §§ 14 ff. MarkenG ausgestattete dingliche Rechtsposition gewähren, gewährt eine Domain nur eine faktische Ausschlussposition, an welche **keinerlei dingliche Rechte** gebunden sind (zur Frage, ob die Nutzung einer Domain ein dingliches Kennzeichenrecht begründen kann, siehe noch Rz. 871 ff.).

Bei einer Domain handelt es sich somit um eine **faktische Ausschlussposition aufgrund eines Vertrages zwischen dem Nutzer und der Domain-Registrierungsstelle** (siehe zur Vertragsbeziehung zwischen Nutzer und Registrierungsstelle noch Rz. 841 f.). Soweit nicht ausnahmsweise ein Unternehmenskennzeichen- oder Werktitelschutz nach § 5 Abs. 2 und 3 MarkenG in Betracht kommt (siehe hierzu Rz. 872 ff.), ist mit einer Domain-Registrierung – im Gegensatz zur Markenregistrierung – grundsätzlich keine dingliche Rechtsposition verbunden. 834

(3) Zusammensetzung von Domainnamen

Jeder Domainname untergliedert sich in verschiedene so genannte „**Levels**“. 835 Im Gegensatz zur normalen Leserichtung baut sich die Hierarchie dieser Domain-Levels nicht von links nach rechts, sondern von rechts nach links auf, dh. der oberste Level ist der am weitesten rechts und der unterste Level der am weitesten links stehende Begriff. Jeder Level wird dabei von dem nächsten Level durch einen Punkt getrennt. Die ganz links stehende Ken-

1 Vgl. BGH, Urt. v. 17.5.2001 – I ZR 216/99, CR 2001, 777 – „mitwohnzentrale.de“.
2 Vgl. zB § 2 Abs. 1 Satz 2 der DENIC-Registrierungsbedingungen.

nung des Internet-Bereichs, in dem sich die Domain befindet (zB „www") wird nicht berücksichtigt. Die Internet-Adresse

www.jura.uni-hamburg.de

untergliedert sich danach zum Beispiel in folgende Levels:

– Top Level Domain: „de"
– Second Level Domain: „uni-hamburg"
– Third Level Domain: „jura"

(a) Top Level Domain

836 Bei den **Top Level Domains** (kurz „**TLD**") unterscheidet man zwischen länderspezifischen TLDs (country code Top Level Domain = **ccTLD**), welche auf eine bestimmte landesbezogene Nutzung hinweisen (zB „.de" für Deutschland, „.fr" für Frankreich, „.at" für Österreich etc.[1]) und bereichspezifischen TLDs (sog. generic Top Level Domains = **gTLD**), welche nicht eine Nutzung in einem bestimmten Land, sondern in einem bestimmten gewerblichen oder nicht-gewerblichen Umfeld anzeigen. Die bekannteste zur Zeit genutzte gTLD ist die Top Level Domain „.com", welche für gewerbliche Unternehmen gedacht ist. Daneben bestehen zur Zeit die gTLDs „.org" für nicht-gewerbliche Organisationen, „.net" für Netzwerkanbieter, „.edu" für schulische oder universitäre Einrichtungen, „.gov" für Regierungsstellen sowie „.mil" für Militärdienststellen.

837 Aufgrund der ständig zunehmenden Nachfrage nach Domainnamen hat das für die Vergabe der Top Level Domains zuständige ICANN[2] am 16. November 2000 die Einführung **sieben neuer generic Top Level Domains** beschlossen[3]. Hierbei handelt es sich um die folgenden Domains:

– „.biz" für gewerbliche Unternehmen
– „.pro" für freie Berufe
– „.name" für Privatpersonen
– „.info" für allgemeine Informationen
– „.museum" für Museen und Ausstellungen
– „.aero" für Fluggesellschaften und Reiseveranstalter
– „.coop" für Genossenschaften

Eine Registrierung von Second Level Domains unterhalb dieser neuen Top Level Domains war zum Zeitpunkt der Abfassung dieses Beitrages (April 2001) noch nicht möglich, da das ICANN mit den für die jeweiligen TLDs zuständigen Registrierungsstellen noch in Verhandlungen stand. Es ist jedoch zu erwarten, dass insbesondere bei denjenigen Domains, welche für

1 Eine vollständige Übersicht über die aktuell bestehenden länderspezifischen Top Level Domains findet sich unter www.iana.org/ccTLD/ccTLDwhois.htm.
2 Siehe zur Zusammensetzung und Funktion des ICANN http://www.icann.com.
3 Vgl. hierzu die Information des ICANN unter http://www.icann.com/tlds/.

spezifische Bereiche freigehalten werden sollen (zB „.pro“, „.name“, „.museum“, „.aero“ und „.coop“), strengere Anforderungen an den Nachweis der jeweiligen Branchenzugehörigkeit des Anmelders gestellt werden, als dies bislang der Fall war. Hierdurch soll vermieden werden, dass nach Freigabe der neuen gTLDs bestehende Inhaber von Second Level Domains ihre bereits registrierten Second Level Domains sofort auch unter sämtlichen neuen Top Level Domains registrieren lassen. Denn nur so kann der mit der Einführung der neuen Top Level Domains verfolgte Zweck – die Erweiterung des Domainnamen-Angebotes – gesichert werden.

Ebenfalls in Vorbereitung ist die Einführung einer **neuen länderspezifischen Top Level Domain „.eu“** für die Europäische Union. Auch hier ist eine Registrierung von Second Level Domains bislang nicht möglich, da über das Vergabeverfahren noch keine Einigung erzielt wurde. 838

(b) Second Level Domain

Links von der Top Level Domain folgt die sog. **Second Level Domain**, welche im Regelfall[1] für die Registrierung durch Internet-Nutzer offen steht. Vergeben werden die Second Level Domains jeweils durch bestimmte durch das ICANN bestellte Registrierungsstellen. Dies sind in Bezug auf die landesspezifischen Top Level Domains meist gemeinnützig arbeitende sog. „NICs“ (Network Information Centers). Zu diesen gehört u.a. auch die in Deutschland für die deutsche ccTLD „.de“ zuständige DENIC eG (siehe hierzu noch Rz. 841)[2]. Hinsichtlich der generischen Top Level Domains hat das ICANN hingegen eine Vielzahl miteinander in Wettbewerb stehende Unternehmen, meist größere Internet-Service-Provider, als Registrierungsstellen benannt[3]. 839

(c) Third Level Domain etc.

Zuständig für die Vergabe von **Third Level Domains** ist der jeweilige Inhaber der Second Level Domain. Dieser kann frei darüber entscheiden, ob und welche Unter-Domains unter seiner Second Level Domain als eigene Internet-Adressen eingerichtet werden sollen. Das Gleiche gilt für die in der Praxis weniger häufig vorkommenden Fourth oder Fifth Level Domains. Auch hier liegt die Zuständigkeit für die Vergabe dieser Unter-Domains bei dem Inhaber der nächsthöheren Domain. 840

1 Anders zB die Vergabepraxis der englischen Vergabestelle Nominet.uk, welche unterhalb der Top Level Domain „.uk“ für den geschäftlichen Bereich drei bereichspezifische Second Level Domains „.co“, „.ltd“ und „.plc“eingerichtet hat, so dass Internet-Nutzern erst die Registrierung von Third Level Domains (zB „virgin.co.uk“) möglich ist.

2 Eine vollständige Übersicht der für die jeweiligen landesspezifischen Top Level Domains zuständigen Registrierungsstellen findet sich unter www.iana.org/ccTLD/ccTLD-whois.htm.

3 Eine Liste der akkreditierten Registrierungsstellen für die TLDs „.com“, „.org“ und „.net“ findet sich unter http://www.icann.org/registrars/accredited-list.html.

(4) Domain-Registrierung in Deutschland

841 Zuständig für die Registrierung von Domains unter der deutschlandspezifischen ccTLD „.de“ ist die **DENIC** Domain Verwaltungs- und Betriebsgesellschaft eG, eine eingetragene Genossenschaft mit Sitz in Frankfurt am Main[1]. Registrierungen von Domains können bei der DENIC durch zwei unterschiedliche Personenkreise vorgenommen werden, nämlich zum einen durch die genossenschaftlichen Mitglieder der DENIC – dies sind im Wesentlichen die größeren deutschen Internet-Service-Provider[2] – sowie zum anderen durch den Internet-Nutzer selbst über den Service „DENICdirect“[3].

In der Praxis werden Domain-Registrierungen in den meisten Fällen nicht durch die Internet-Nutzer, sondern durch die für sie tätigen **Internet-Service-Provider („ISPs“)** vorgenommen. Soweit dieser ISP ein Mitglied der DENIC ist, kann er die Registrierung aufgrund seiner Mitgliedschaft unmittelbar gegenüber der DENIC vornehmen. ISPs, welche nicht Mitglied der DENIC sind, haben im Regelfall laufende Geschäftsbeziehungen mit einem DENIC-Mitglied, über das sie derartige Registrierungen abwickeln. In den meisten Fällen wird der die Domain bestellende Internet-Nutzer nicht einmal wissen, ob sein ISP die Anmeldung direkt oder indirekt über einen anderen ISP vorgenommen hat.

Insgesamt sind daher die folgenden drei **Anmeldevarianten** bei der DENIC denkbar:

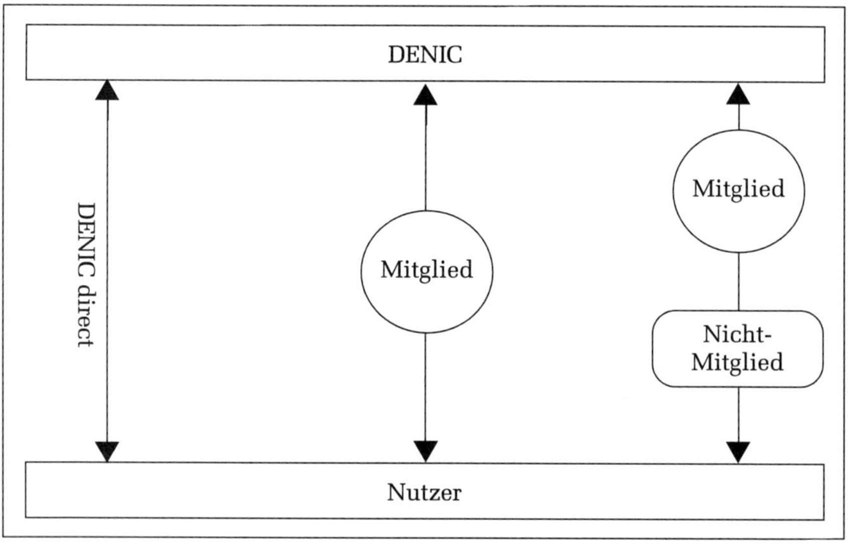

1 DENIC eG, Wiesenhüttenplatz 26, 60329 Frankfurt/Main, Telefon: 01802/336420; Telefax: 069/27235-235.

2 Eine Liste sämtlicher Mitglieder ist unter http://www.denic.de/doc/DENIC/mitglieder.shtml verfügbar.

3 Siehe www.denic.de/DENICdb/domainreg/DENICdirect/index.html.

Unabhängig davon, wie die Anmeldung über den ISP konkret vorgenommen wird, wird nach den Registrierungsbedingungen der DENIC[1] stets diejenige Person **Vertragspartner** der DENIC, zu deren Gunsten die angemeldete Domain eingetragen werden soll. Auch in den Fällen, in denen ein Internet-Nutzer seine Domain über einen ISP registrieren lässt, wird damit nicht der ISP, sondern der jeweilige Auftraggeber des ISP, auf den die Domain eingetragen wird, Vertragspartner der DENIC[2]. Dies ist zum einen für den Anmelder vorteilhaft, da er selbst Berechtigter an der Domain wird und die Domain damit ohne seine Zustimmung nicht an einen Dritten übertragen werden kann. Andererseits entstehen mit der Inhaberschaft an der Domain aber auch Verpflichtungen des Nutzers gegenüber der DENIC. So haftet der Domain-Inhaber insbesondere subsidiär für die anfallenden Registrierungskosten, wenn der beauftragte ISP seinen Zahlungspflichten gegenüber der DENIC nicht nachkommt[3]. Darüber hinaus trifft ihn die Verantwortlichkeit dafür zu sorgen, dass die von ihm registrierte Domain keine Rechte Dritter verletzt[4]. 842

Bis Oktober 2000 war es nach den Registrierungsbedingungen der DENIC weiter erforderlich, dass der Domain-Inhaber seinen **Sitz in Deutschland** hatte. Dies führte zu teilweise erheblichen praktischen Schwierigkeiten für ausländische Unternehmen, welche neben ihren jeweiligen nationalen oder generischen Domains ebenfalls eine Domain unter der ccTLD „.de" registrieren lassen wollten[5]. Seit Oktober 2000 besteht diese – europarechtlich ohnehin fragwürdige[6] – Sitzbeschränkung bei der DENIC nicht mehr. Weiterhin erforderlich – aber auch ausreichend – ist nach den neuen Registrierungsbedingungen, dass ein inländischer administrativer Ansprechpartner (der sog. „admin-c") benannt wird[7]. Dieser gilt als Vertreter des Domain-Inhabers und Zustellungsbevollmächtigter im Sinne von §§ 174 f. ZPO mit der Folge, dass etwaige kennzeichenrechtliche Ansprüche auch dann, wenn der Domain-Inhaber ein ausländisches Unternehmen ist, unter der admin-c-Adresse im Inland zugestellt werden können (siehe hierzu noch Rz. 90). 843

1 www/denic.de/doc/DENIC/agb.html.
2 Etwas anderes gilt dann, wenn ISPs Domains für ihre Auftraggeber im eigenen Namen anmelden. In diesem Fall ist rechtlicher Inhaber der Domain – und damit auch Vertragspartner der DENIC – der ISP. Der Kunde des ISP hat jedoch aus dem Auftragsverhältnis gegenüber dem ISP einen Anspruch auf Herausgabe der Domain.
3 § 4 Abs. 2 DENIC-Registrierungsbedingungen.
4 § 3 Abs. 1 und § 5 Abs. 4 DENIC-Registrierungsbedingungen.
5 Diese Gesellschaften behalfen sich in der Regel durch die Benennung eines inländischen Treuhänders, welcher für die ausländische Gesellschaft die Domain erwarb und verwaltete.
6 Eine Sitzbeschränkung dürfte mit den Regelungen zum freien Dienstleistungsverkehr gemäß Art. 49 EG-Vertrag kaum vereinbar sein.
7 Ziff. III der DENIC-Registrierungsrichtlinien.

(5) Domain-Registrierungen im Ausland

844 Bei Domain-Registrierungen **im Ausland** ist zwischen ccTLDs und gTLDs zu unterscheiden:

Bei ausländischen **ccTLDs** ist – wie bei der DENIC – jeweils eine nationale Stelle für die Registrierung von Second Level Domains unterhalb der jeweiligen ccTLD zuständig[1]. Die Registrierungsbedingungen sind dabei von Land zu Land unterschiedlich: Während viele Registrierungsstellen hinsichtlich des Sitzes des Domain-Inhabers und der Anzahl der von ihm registrierten Domains keinerlei Beschränkungen vorsehen, fordern andere Registrierungsstellen[2], dass der jeweilige Domain-Inhaber seinen Sitz im Inland hat, oder lassen nur eine bestimmte Höchstanzahl von Domains unter der jeweiligen Landeskennung zu[3].

Die **gTLDs** werden nicht durch eine einzige, sondern durch mehrere miteinander im Wettbewerb stehende ISPs vergeben, welche bei der ICANN akkreditiert sind[4]. Die grundsätzlichen Registrierungsvoraussetzungen sind – da durch die ICANN vorgegeben – bei allen akkreditierten ISPs gleich. Allerdings unterscheiden sich die ISPs hinsichtlich ihrer Registrierungspreise sowie der Einzelheiten der Domain-Verwaltung.

845 In der Praxis werden ausländische ccTLD- und gTLD-Anmeldungen meistens **über den lokalen, für den Internet-Nutzer tätigen ISP** vorgenommen. Dieser unterhält in der Regel Geschäftsbeziehungen mit ausländischen ISPs, über die die jeweiligen Registrierungen vorgenommen werden können.

bb) Kennzeichenverletzungen durch Domains

(1) Überblick

846 Das erste veröffentlichte Gerichtsurteil in Deutschland zu Domainnamen ist das Urteil des LG Mannheim „heidelberg.de" vom März 1996, in welchem die Stadt Heidelberg ihre Stadtnamensrechte gegenüber einem kommerziellen Anbieter von Stadtinformationen durchsetzte[5]. Seither ist eine Fülle weiterer Einzelentscheidungen zu Domainnamen veröffentlicht worden[6]. Hinzu kommt eine wahrscheinlich noch weit größere Anzahl von Gerichtsentscheidungen, welche nicht einmal zur Veröffentlichung in den einschlägigen juristischen Zeitschrif-

---

1 Die zuständigen Registrierungsstellen sind unter http://www.iana.org/ccTLD/ccTLD/whois.htm verfügbar.

2 ZB Belgien, Finnland, Frankreich, Niederlande, Portugal, Schweden.

3 ZB Finnland.

4 Eine vollständige Liste der akkreditierten Registrierungsstellen ist unter http://www.icann.org/registrars/acredited-list.html verfügbar.

5 LG Mannheim v. 8.3.1996 – 7 O 60/96, CR 1996, 353 – „heidelberg.de".

6 Nach der Zählung des Verfassers dürften bis zur Erstellung dieses Beitrages (April 2001) allein in Deutschland über 100 Gerichtsentscheidungen zu Domainnamen-Fragen veröffentlicht worden sein.

ten gelangt sind. Insgesamt ist die Rechtsprechung zu Fragen des Domainnamen-Rechts heute damit kaum noch zu überschauen.

Zusätzliche Schwierigkeiten bei der Rechtsanwendung bereitet die Tatsache, dass die Entscheidungen der Gerichte sowohl hinsichtlich ihres Tenors als auch hinsichtlich ihrer rechtlichen Begründungen häufig inkonsistent sind und damit die Herausbildung klarer Rechtsgrundsätze für die Nutzung von Domainnamen erschweren. Nachteilig ist insoweit auch, dass die Mehrzahl der Entscheidungen in Verfügungsverfahren ergangen sind, mit der in diesen Verfahren häufig üblichen „apodiktischen" Begründungskürze. Schließlich gab es über Jahre hinweg auch keinerlei Entscheidungen des Bundesgerichtshofs, welche strittige Fragen des Domainnamensrechts klargestellt hätten[1].

Dies alles führt dazu, dass im Bereich der Domainnamen zwar mittlerweile einige grundsätzliche Fragen geklärt sind, in vielen Detailfragen jedoch weiterhin eine große Rechtsunsicherheit mit teilweise divergierender instanzgerichtlicher Rechtsprechung besteht. Nachfolgend soll versucht werden, die wesentlichen erkennbaren Grundsätze in der Rechtsprechung zu Domainnamen herauszuarbeiten sowie noch verbleibende Widersprüche aufzuzeigen. Die Darstellung wird dabei zunächst diejenigen Fälle beleuchten, bei denen der angegriffene Domain-Inhaber selbst keinerlei Kennzeichenrechte an der genutzten Domain geltend machen kann (Rz. 847–880). Anschließend sollen die besonderen Problemlagen bei Streitigkeiten zweier Kennzeichenrechts-Inhaber um die gleiche Domain erörtert werden (Rz. 881–886).

(2) Relevante Kennzeichenrechte

Durch Domainnamen kann grundsätzlich jedes der gesetzlich gewährten Kennzeichenrechte verletzt werden. Dies sind im Wesentlichen: 847

- das Namensrecht nach § 12 BGB[2],
- das Unternehmenskennzeichenrecht nach §§ 5 Abs. 2, 15 MarkenG[3],
- das Markenrecht nach §§ 4, 14 MarkenG[4] sowie
- das Werktitelrecht nach §§ 5 Abs. 3, 15 MarkenG[5].

1 Erst mit den Urteilen „ambiente.de" (BGH v. 17.5.2001 – I ZR 251/99, NJW 2001, 3265) und „mitwohnzentrale.de" (BGH v. 17.5.2001 – I ZR 216/99, CR 2001, 777 mit Anm. *Jaeger-Lenz*) nahm der BGH erstmals zu Fragen des Domain-Rechts Stellung und sorgte hierdurch insbesondere in dem bis dahin äußerst umstrittenen Bereich der Domain-Registrierung von Gattungsbegriffen für größere Rechtssicherheit (siehe hierzu noch Rz. 867).

2 Vgl. zB KG v. 25.3.1997 – 5 U 659/97, KGR Berlin 1997, 235 = NJW 1997, 3321 – „concertconcept.com"; OLG Düsseldorf v. 17.11.1998 – 20 U 162/97, WRP 1999, 343 – „ufa.de"; OLG Hamm v. 13.1.1998 – 4 U 135/97, CR 1998, 241 – „krupp.de".

3 Vgl. zB LG Düsseldorf v. 4.4.1997 – 34 O 191/96, GRUR 1998, 159 – „epson.de".

4 Vgl. zB OLG Dresden v. 20.10.1998 – 14 U 361/97, CR 1999, 589 – „cyperspace.de"; OLG Karlsruhe v. 24.6.1998 – 6 U 247/97, MMR 1999, 171 – „zwilling.de".

5 Vgl. zB OLG Hamburg v. 5.11.1998 – 3 U 130/98, CR 1999, 184 – „emergency.de"; OLG Dresden v. 29.9.1998 – 14 U 433/98, CR 1999, 102 – „dresden-online.de"; LG Hamburg v. 13.8.1997 – 315 O 120/97, MMR 1998, 46 – „bike.de".

Obwohl die Anspruchsvoraussetzungen bei den vorstehenden Kennzeichenrechten in Einzelheiten teilweise unterschiedlich sind, sind die grundsätzlichen Fragestellungen, die sich bei der Geltendmachung von Kennzeichenrechten gegenüber Domainnamen stellen, bei den meisten Kennzeichenrechten identisch. Im Folgenden soll daher zwischen den einzelnen Kennzeichenrechten nicht weiter unterschieden werden. Auf Besonderheiten, welche in Einzelfällen für bestimmte Kennzeichenrechte gelten, wird jeweils besonders hingewiesen.

(3) Kennzeichnungsfunktion von Domainnamen

848 Kennzeichenrechte sind nach herrschender Meinung[1] nur dann verletzt, wenn eine kennzeichenmäßige Benutzung durch den Verletzer vorliegt. Eine derartige **kennzeichenmäßige Benutzung** liegt nach gängiger Definition dann vor, wenn die betroffenen Verkehrskreise die Nutzung der Kennzeichnung als Herkunftshinweis zu einem bestimmten Geschäftsbetrieb verstehen[2]. Eine Verletzung von Kennzeichenrechten durch Domainnamen ist nach dieser herrschenden Meinung daher nur möglich, wenn Domainnamen überhaupt eine derartige Kennzeichnungsfunktion haben.

Die **Kennzeichnungsfunktion von Domainnamen** war zu Beginn der Domainnamen-Streitigkeiten umstritten. So wurde insbesondere vom LG Köln[3] die Meinung vertreten, Domainnamen würden nur eine technische Adressfunktion besitzen – ähnlich wie Telefonnummern oder Bankleitzahlen –, ohne dass hiermit eine Kennzeichnungsfunktion im Sinne einer markenrechtlichen Herkunftszuordnung verbunden sei. Dem ist die herrschende Meinung zu Recht entgegengetreten. Angesichts der bestehenden Übung der Website-Nutzer, Homepages von Unternehmen unter ihren jeweiligen Firmen- und Markenkennzeichen zu suchen, dürfte an der Kennzeichnungsfunktion von Domainnamen bei angemessener Würdigung nicht zu zweifeln sein. Mittlerweile geht die Rechtsprechungspraxis sämtlicher Oberlandesgerichte daher davon aus, dass Domainnamen im Internet zur Kennzeichnung des jeweiligen Anbieters der Internet-Seite dienen und damit Kennzeichnungsfunktion im Sinne des Kennzeichenrechts haben[4].

---

1 Hinsichtlich des Streites darüber, ob nach dem neuen Markengesetz Markenschutz auch gegen nicht kennzeichenmäßige Nutzungsformen möglich ist, vgl. *Fezer*, MarkenG, § 14 Rz. 32; *Ingerl/Rohnke*, MarkenG, § 14 Rz. 53; *Althammer/Ströbele/Klaka* MarkenG, § 14 Rz. 64 ff.

2 Vgl. für alle *Ingerl/Rohnke*, MarkenG, § 14 Rz. 48.

3 LG Köln v. 17.12.1996 – 3 O 478/96, NJW-CoR 1997, 304 – „hürth.de"; LG Köln v. 17.12.1996 – 3 O 507/96, NJW-RR 1998, 976 – „pulheim.de".

4 Vgl. zB KG v. 25.3.1997 – 5 U 659/97, NJW 1997, 3321 – „concertconcept.de"; OLG Düsseldorf v. 17.11.1998 – 20 U 162/97, WRP 1999, 343 – „ufa.de"; OLG Hamburg v. 5.11.1998 – 3 U 130/98, CR 1999, 184 – „emergency.de"; OLG Hamm v. 13.1.1998 – 4 U 135/97, CR 1998, 241 – „krupp.de"; OLG Karlsruhe v. 9.6.1999 – 6 U 62/99, CR 1999, 783 – „badwildbad.com"; OLG München v. 25.3.1999 – 6 U 4557/98, ZUM 1999, 584 – „shell.de"; OLG Stuttgart v. 3.2.1998 – 2 W 77/87, MMR 1998, 543 – „steiff.com".

Ungeklärt ist noch, ob auch **Third Level Domains** oder noch darunter liegende Unter-Domains Kennzeichenfunktion haben. Mit dieser Frage hatte sich – als, soweit ersichtlich, bislang einziges Gericht – das LG Duisburg im Fall „k.cty.de“[1] zu beschäftigen. Der Fall betraf einen Anbieter von Städteinformationen, welcher unter seiner Second Level Domain „cty.de“ für veschiedene Städte eigenständige Third Level Domains einrichtete. Diese benannte er jeweils mit dem Namen der zugehörigen Stadt, so dass zB für die Stadt „K“ die Domain „k.cty.de“ genutzt wurde. Auf die daraufhin eingereichte Unterlassungsklage der Stadt „K“ entschied das LG Duisburg, dass auch derartigen Third Level Domains eine Kennzeichnungsfunktion zukomme und daher die Namensrechte der Stadt „K“ durch die Third Level Domain „k.cty.de“ des Beklagten verletzt seien. 849

Die Richtigkeit dieser Entscheidung erscheint allerdings fraglich. Im Regelfall dürfte der Verkehr bei mehrstufigen Domains die **wesentliche Herkunftsbezeichnung allein in der Second Level Domain** sehen, da dem Verkehr die freie Wählbarkeit dieser Domains sowie ihre allgemeine Nutzung zur Anbieterkennzeichnung mittlerweile bekannt ist. Auch wenn der Inhaber der Second Level Domain seine Domain in weitere Third Level Domains untergliedert, bleibt das wesentliche kennzeichnende Element somit die Second Level Domain. Der Verkehr wird daher eine Site „k.cty.de“ zutreffend als Seite *für* die Stadt „K.“ *von* dem Diensteanbieter der Second Level Domain „cty.de“ erkennen, nicht jedoch als Site der Stadt „K“. In dem geschilderten Fall des LG Duisburg diente die Third Level Domain damit als beschreibendes Zuordnungsmerkmal und nicht als ein kennzeichenmäßiger Herkunftshinweis und verletzte damit nicht die Kennzeichenrechte der Stadt „K“.

(4) Wann liegt eine „Nutzung“ von Domains vor?

Umstritten war ebenfalls lange Zeit, ab wann eine kennzeichenrechtliche „Nutzung“ von Domainnamen vorliegt. Diese Frage stellte sich insbesondere unter der früheren Praxis der DENIC, auch vorsorgliche Reservierungen von Second Level Domains zu ermöglichen, ohne dass diese durch Konnektierung zu einem Name-Server tatsächlich in Benutzung genommen werden mussten. Bei der Geltendmachung von kennzeichenrechtlichen Ansprüchen gegen derartige **Reservierungen** kam es darauf an, ob bereits die Reservierung einer Domain eine kennzeichenrechtliche Nutzung darstellte, welche Verletzungsansprüche auslösen konnte, oder ob stets die Konnektierung zu fordern war. 850

In der Literatur wurde hierzu zum Teil die Meinung vertreten, eine Verletzungshandlung liege erst mit der **Konnektierung** der Domain vor, da das geschützte Kennzeichen des Dritten durch den Domain-Anmelder vorher noch nicht in Benutzung genommen sei[2]. Demgegenüber war die Rechtspre-

1 LG Duisburg v. 2.12.1999 – 8 O 219/99, MMR 2000, 168 – „k.cty.de“; ähnlich LG Mannheim v. 10.9.1999 – I 7 O 74/99, MMR 2000, 47 – „nautilus“.
2 ZB *Bücking*, NJW 1997, 1886; *Völker/Weigert*, WRP 1997, 652.

chung bei der Annahme einer verletzungsrelevanten Nutzungshandlung von Anfang an recht großzügig und erachtete die Reservierung einer Domain für die Geltendmachung von Verletzungsansprüchen für ausreichend[1]. Begründet wurde dies mit der Vergleichbarkeit der Situation zum Rechtsschutz gegen angemeldete, aber noch nicht eingetragene Marken[2] sowie – bei Namensrechten – dem Hinweis, dass nach § 12 BGB bereits eine Namensleugnung Unterlassungsansprüche auslöse, ohne dass der Name durch den jeweiligen Dritten tatsächlich genutzt worden sein müsse.

851 Aufgrund der Umstellung der Registrierungspraxis der DENIC, nach welcher heute Reservierungen von Domainnamen nicht mehr möglich sind, hat der vorstehende Streit in der Rechtspraxis an Bedeutung verloren. Es stellt sich heute allerdings die etwas verlagerte Frage, ob sich eine Domain auch dann kennzeichenrechtlich in Benutzung befindet, wenn sie zwar technisch mit einem Server konnektiert ist, **inhaltlich dort aber kein Internet-Angebot bereitgehalten wird** (sog. „Baustellen-Seiten")[3]. Nach der vorstehend genannten Rechtsprechung zur Domain-Reservierung kann in derartigen Fällen allerdings an einer relevanten Nutzungshandlung wohl nicht gezweifelt werden, da mit der Konnektierung eine über die schlichte Reservierung sogar hinausgehende aktive Nutzungshandlung vorliegt[4].

(5) Verwechslungsgefahr

852 Voraussetzung für die Geltendmachung von Kennzeichenrechten ist es grundsätzlich[5], dass zwischen dem verletzten Kennzeichen einerseits und dem verletzenden Kennzeichen andererseits die Gefahr von Verwechslungen besteht (§ 14 Abs. 2 Nr. 2, § 15 Abs. 2 MarkenG). Diese bestimmt sich aus einem Wechselspiel zwischen der „**Zeichenähnlichkeit**" – dh. der sprachlichen oder gedanklichen Nähe der beiden sich gegenüber stehenden Kennzeichen – und der „**Waren-/Dienstleistungsähnlichkeit**" (bei Marken) bzw. der „**Branchennähe**" (bei Unternehmenskennzeichen) – dh. der Ähnlichkeit des Produktfeldes oder der Branche, in der die sich gegenüberstehenden Kenn-

---

1 OLG Stuttgart v. 3.2.1998 – 2 W 77/97, MMR 1998, 543 – „steiff.com"; OLG München v. 12.8.1999 – 6 U 4484/98, CR 2000, 247 – „rolls-royce.de"; LG Lüneburg v.29.1.1997 – 3 O 336/96, CR 1997, 288 – „celle.de"; OLG Düsseldorf v. 17.11.1998 – 20 U 162/97, WRP 1999, 343 – „ufa.de"; OLG Dresden v. 20.10.1998 – 14 U 3616/97, CR 1999, 589 – „cyberspace.de".

2 Vgl. hierzu *Ingerl/Rohnke*, MarkenG, vor §§ 14–19 Rz. 26 ff.

3 Gleiches gilt, wenn ein Domainname überhaupt nicht für www-Angebote, sondern für andere Internet-Dienste wie zB E-Mail-Dienste oder FTP-Dienste genutzt wird.

4 Probleme bereitet bei „Baustellen-Seiten" allerdings der Umstand, dass die registrierte Domain noch nicht für klar identifizierbare Waren oder Dienstleistungen genutzt wird und daher eine kennzeichenrechtliche Verwechslungsgefahr mangels Anzeichen über die Waren- oder Dienstleistungsnähe schwer zu begründen ist. Hier bleiben dann oft nur Ansprüche nach § 1 UWG oder §§ 826, 1004 BGB (siehe hierzu Rz. 864 ff., 870).

5 Ausnahmen gelten für bekannte Kennzeichen (§ 14 Abs. 2 Nr. 3, § 15 Abs. 3 MarkenG).

zeichen genutzt werden. Dabei gilt: Umso größer die Zeichennähe zwischen zwei Kennzeichen ist, desto geringer sind die Anforderungen, die an die Waren-/Dienstleistungs- oder Branchennähe zu stellen sind. Umso größer andererseits die Waren-/Dienstleistungs- oder Branchennähe zwischen den betroffenen Kennzeichen ist, desto geringere Anforderungen sind an die Zeichennähe zu stellen[1].

Voraussetzung für die Geltendmachung eines Kennzeichenrechtes ist daher, dass das angegriffene Kennzeichen zum einen in dem gleichen oder zumindest einem ähnlichen Waren-, Dienstleistungs- oder Branchenbereich genutzt wird wie das geschützte Kennzeichen, sowie zum anderen, dass das angegriffene Kennzeichen gegenüber dem geschützten Kennzeichen auch in sprachlicher oder inhaltlicher Hinsicht hinreichend ähnlich ist. Hinsichtlich beider Kriterien bestehen bei der Geltendmachung von Kennzeichenrechten gegenüber Domains Unsicherheiten.

(a) Waren-, Dienstleistungs- oder Branchennähe

Es ist bislang weitgehend ungeklärt, ob und in welchem Umfang die Gel- 853
tendmachung von Kennzeichenrechten gegenüber Domainnamen die Nutzung der Domain in der gleichen oder einer ähnlichen Branche (bei Unternehmenskennzeichen) bzw. in der gleichen oder ähnlichen Waren- oder Dienstleistungskategorie (bei Marken) wie das Schutzkennzeichen erfordert. Die Unsicherheit bei der Anwendung der allgemeinen kennzeichenrechtlichen Grundsätze zur Verwechslungsgefahr rührt daher, dass im allgemeinen Geschäftsverkehr außerhalb des Internets ein Kennzeichen in zulässiger Weise von mehreren Unternehmen genutzt werden kann, solange durch eine hinreichende Branchenferne oder einen hinreichenden regionalen Abstand der betroffenen Märkte sichergestellt ist, dass keine Verwechslungen im Markt entstehen. Dies ist bei Internet-Domains anders: Dadurch, dass Domains technisch nur einmal zugewiesen werden können, ist die gleichzeitige Nutzung einer Domain durch mehrere Unternehmen technisch selbst dann ausgeschlossen, wenn diese in verschiedenen Branchen oder verschiedenen Regionen tätig sind. Dies führt dazu, dass derjenige, der als erster eine Domain registriert, **branchen- und regionenübergreifend andere Unternehmen von der Nutzung dieser Domain ausschließt**. Die Registrierung von Domains führt damit zu einer faktischen Monopolstellung, welche die durch eine Marke, ein Unternehmenskennzeichen oder einen Werktitel erreichbare Rechtsstellung übertrifft.

Zum Ausgleich von hierdurch entstehenden Unbilligkeiten ist die Recht- 854
sprechung häufig geneigt, Kennzeicheninhabern bei Domain-Streitigkeiten einen über die jeweilige Branche hinausgehenden Kennzeichenschutz zu gewähren. So wurden von verschiedenen Gerichten Unterlassungsansprüche

1 Vgl. hierzu *Ingerl/Rohnke*, MarkenG, § 14 Rz. 180 ff.; *Althammer/Ströbele/Klaka*, MarkenG, § 14 Rz. 11.

auch gegen Domain-Inhaber zuerkannt, deren Website-Angebot sich deutlich von dem Waren- oder Dienstleistungsbereich des geschützten Kennzeichens unterschied. Die rechtlichen Begründungen hierfür sind unterschiedlich:

- Im Fall „epson.de“[1] gewährte das **LG Düsseldorf** dem Druckerhersteller Epson einen Unterlassungsanspruch gegen eine Medienagentur, welche für die Domain „epson.de“ bei der DENIC, eine – damals noch zulässige[2] – Reservierung hatte eintragen lassen. Das LG Düsseldorf überwand das Problem der fehlenden Branchennähe zwischen Kläger und Beklagten dadurch, dass es für die Begründung der Verwechslungsgefahr allein auf das **Angebot einer Website an sich** abstellte und nicht auf die unter der jeweiligen Website angebotenen Inhalte. Nach Ansicht des Gerichts begründete bereits die Tatsache, dass beide Gesellschaften im Internet mit einer Homepage auftreten, eine hinreichende Überschneidung der beiderseitigen Tätigkeiten, selbst wenn die auf der Website angebotenen Inhalte unterschiedlich sein sollten.
- Eine Reihe **anderer Gerichte** stützte den branchenübergreifenden Kennzeichenschutz auf § 12 BGB[3]. Begründet wurde dies damit, dass die Nutzung eines fremden Unternehmenskennzeichens als Internet-Domain eine Namensleugnung gemäß § 12 BGB darstelle. Bei derartigen Namensleugnungsansprüchen aber komme es auf eine Verwechslungsgefahr aufgrund Branchennähe nicht an.

855 Der Ansicht des LG Düsseldorf in der Entscheidung „epson.de“, dass allein das Angebot einer Website die Verwechslungsgefahr mit anderen im Internet vertretenen Unternehmen begründet, **kann nicht zugestimmt werden**. Sie verselbständigt das Anbieten einer Website in unzulässiger Weise als eigenständige geschäftliche Tätigkeit, ohne den unterschiedlichen Nutzungsformen von Websites Rechnung zu tragen. Die Annahme, jeder gewerbliche Anbieter einer Website stehe allein aufgrund des Angebotes der Website mit allen anderen Website-Anbietern in Wettbewerb, geht an der Realität der Internet-Nutzung vorbei und stellt eine unzulässige Verwässerung des Kriteriums der Branchennähe dar[4].

856 Richtiger erscheint die Begründung über **§ 12 BGB**. In der Tat dürfte eine rechtlich relevante Namensbeeinträchtigung aufgrund der branchenübergreifenden Sperrwirkung einer Domain-Registrierung bereits dann vorliegen, wenn ein Name überhaupt von einer anderen Person als Internet-Domainnamen genutzt und damit für die Nutzung durch den berechtigten Namensinhaber blockiert wird. Andererseits darf auch die Berufung auf § 12 BGB

1 LG Düsseldorf v. 4.4.1997 – 34 O 191/96, GRUR 1998, 159 – „epson.de“.

2 Siehe hierzu oben Rz. 850 f.

3 OLG Düsseldorf v. 17.11.1998 – 20 U 162/97, WRP 1999, 343, – „ufa.de“; OLG Stuttgart v. 3.2.1998 – 2W 77/97, MMR 1998, 543 – „steiff.com“; OLG München v. 12.8.1999 – 6 U 4484/98, CR 2000, 247 – „rolls-royce.de“; LG Düsseldorf v. 22.9.1998 – 4 O 473/97, CR 1999, 716 – „nazar.de“.

4 Kritisch gegenüber der „epson.de“-Entscheidung des LG Düsseldorf auch OLG München v. 12.10.2000 – 29 U 3947/00, Mitt. 2000, 512 – „teambus.de“.

nicht dazu führen, dass die im gewerblichen Bereich nach § 15 Abs. 2 MarkenG zu fordernde Branchennähe durch einen branchenübergreifenden Prioritätsschutz nach § 12 BGB verwässert wird. Richtigerweise ist daher der branchenübergreifende Namensschutz aus § 12 BGB auf solche Fälle zu beschränken, in denen der Domain-Inhaber überhaupt keine Kennzeichenrechte an der genutzten Bezeichnung geltend machen kann. Hat hingegen der Domain-Inhaber ein eigenes – wenngleich möglicherweise prioritätsjüngeres – Kennzeichenrecht an der genutzten Domain, setzt sich das prioritätsältere Kennzeichen aus § 12 BGB nicht automatisch branchenübergreifend durch, sondern nur unter den besonderen Voraussetzungen, welche die Rechtsprechung für den Fall eines Kennzeichenkonfliktes herausgearbeitet hat (siehe hierzu Rz. 881 ff.)[1].

Der Namensbehinderungsschutz nach § 12 BGB beschränkt sich allerdings auf den Schutz von Namen und Unternehmenskennzeichen. Ein **branchenübergreifender Schutz für Marken** kann daher aus § 12 BGB nicht hergeleitet werden. Bei Marken verbleibt es somit bei dem Grundsatz, dass sich die aus der Marke hergeleiteten Ansprüche auf Produkte und Dienstleistungen im Ähnlichkeitsbereich der geschützten Marke beschränken[2]. 857

(b) Zeichennähe

Auch die Anwendung der kennzeichenrechtlichen Grundsätze der Zeichennähe sind bei der Geltendmachung von Ansprüchen gegen Domainnamen nicht unumstritten. 858

Fraglich ist zunächst, ob bei Betrachtung des zeichenrechtlichen Charakters einer Internet-Domain nur die Second Level Domain oder auch andere Teile der Domain wie zB die genutzte **Top Level Domain** oder die Kennung **„www" zu berücksichtigen** sind. So könnte man die Meinung vertreten, dass eine Kennzeichenverletzung durch die Nutzung einer bestimmten Second Level Domain schon deswegen ausscheide, weil die Second Level Domain in eine Reihe weiterer Domain-Bestandteile eingebunden ist und sich das Gesamtbild des Domainnamens daher hinreichend von dem geschützten Kennzeichen unterscheidet. Die ganz herrschende Meinung geht allerdings – zu Recht – davon aus, dass es bei der Beurteilung der Kennzeichennähe von Internet-Domainnamen allein auf denjenigen Domain-Level ankommt, welcher von dem Nutzer frei wählbar ist, dh. der Second Level Domain, Third Level Domain etc. Diejenigen Domain-Bestandteile, die durch den Aufbau des Internets vorgegebenen sind, wie Top Level Domains und „www"-Kennungen haben mangels Wahlmöglichkeiten des Nutzers keine eigene Kennzeichnungskraft und sind daher bei der Bewertung der Zeichennähe zweier 859

1 So ausdrücklich auch LG Düsseldorf v. 22.9.1998 – 4 O 473/97, CR 1999, 716 – „nazar.de".

2 Vgl. LG München I v. 18.7.1997 – 21 O 17599/96, CR 1997, 540 und OLG München v. 2.4.1998 – 6 U 4798/97, CR 1998, 556 – „freundin.de".

Kennzeichen grundsätzlich zu vernachlässigen[1]. Dies führt dazu, dass die Nutzung einer inländischen Marke als Teil einer ausländischen oder internationalen Domain grundsätzlich genauso eine Markenverletzung in Deutschland darstellen kann wie die Nutzung eines Domainnames unter der deutschen Top Level Domain „.de"[2].

860 **Umstritten** ist in Literatur und Rechtsprechung des Weiteren, ob die allgemeinen Grundsätze zur Zeichennähe, nach welchen Unterlassungsansprüche nicht nur gegen identische, sondern – bei Vorliegen einer Verwechslungsgefahr – auch gegen **ähnliche Kennzeichen** geltend gemacht werden können, vollständig auf den Bereich der Internet-Domains übertragen werden können. Hierzu haben sich im Wesentlichen zwei Rechtsansichten herausgebildet:

- Nach der **herrschenden Meinung** in der Literatur sind die allgemeinen Grundsätze zur Verwechslungsgefahr bei Internet-Domainnamen nur eingeschränkt anwendbar. Nach dieser Ansicht reichen bei Internet-Domainnamen bereits geringe Abweichungen von dem geschützten Kennzeichen aus, um die Gefahr von Verwechslungen auszuschließen[3].
- Demgegenüber ist das **OLG München**[4] der Ansicht, dass die allgemeinen Grundsätze zur Verwechslungsgefahr bei ähnlichen Kennzeichen auch auf Internet-Domains anzuwenden seien. So verstoße zum Beispiel die Domain „intershopping.com" eines holländischen Shop-Anbieters gegen die deutsche Marke „Intershop" des Softwareherstellers Intershop AG.

861 Die vom **OLG München** vertretene Ansicht führt dazu, dass das ohnehin schon knappe Gut verfügbarer Domainnamen weiter eingeschränkt wird. Domain-Inhaber müssten nicht nur darauf achten, keine vorbestehenden identischen Marken, Unternehmenskennzeichen oder Werktitel für ihre Domain zu nutzen, sondern müssten darüber hinaus auch noch einen hinreichenden Abstand zu ähnlichen vorbestehenden Kennzeichen wahren. Eine derartige weitere Verknappung möglicher Domainnamen widerpricht nicht nur dem öffentlichen Interesse, den Zugang zum Internet auch späteren Nutzern offen zu halten, sondern ist auch kennzeichenrechtlich **nicht gerechtfertigt**.

Internet-Nutzern ist es im Regelfall bekannt, dass bereits die Abänderung eines einzigen Buchstabens bei der Domain-Kennung zu einem völlig anderen Anbieter führen kann. Internet-Nutzer sind es daher gewohnt, auf die genaue Buchstabierung der jeweiligen Internet-Domain zu achten und auch

---

1 Vgl. zB BPatG v. 26.1.2000 – 29 W (pat) 160/99, CR 2000, 535 – „http://www.cyberlaw.de"; LG Frankfurt v. 10.9.1997 – 2/6 O 261/97, MMR 1998, 151 – „lit.de".

2 Siehe zur Geltendmachung von Ansprüchen gegen ausländische oder internationale Domains noch Rz. 887 ff.

3 *Bettinger*, GRUR Int. 1997, 497; *Ernst*, BB 1997, 1057; *Hoeren/Sieber*, Multimedia-Recht, Kap. VI Rz. 81.

4 LG München I v. 21.9.1999 – 9 HK O 12244/99, CR 2000, 464 – „intershopping.com".

geringfügige Abweichungen zu registrieren. Ähnlich wie beim Titelschutz für Zeitungen, Zeitschriften und Fachbücher, bei welchem ebenfalls bereits kleinere Unterscheidungen genügen, um die Gefahr von Verwechslungen zu vermeiden[1], reichen daher auch bei Domainnamen bereits geringe Abweichungen von einem vorbestehenden geschützten Kennzeichen aus, um eine Verwechslungsgefahr auszuschließen. So dürfte sich der Kennzeichenschutz zwar noch auf andere Schreibweisen des gleichen Kennzeichens erstrecken, wie dies zB beim Hinzufügen oder Weglassen von Bindestrichen oder bei der bewussten Einfügung von Schreibfehlern der Fall ist[2]. Auch dürften Domains, bei denen einem geschützten Kennzeichen ausschließlich beschreibende Zusätze ohne eigene Kennzeichnungskraft hinzugefügt werden, noch von dem Schutzbereich des betroffenen Kennzeichens erfasst sein[3]. Eine Verwechslungsgefahr zwischen der Domain „intershopping.com" und der Marke „Intershop" dürfte jedoch kaum zu befürchten sein, da sich die Domain sowohl klanglich als auch bildlich hinreichend deutlich von der geschützten Marke abhebt.

Insgesamt beschränkt sich damit der Kennzeichenschutz bei Internet-Domains auf einen **Schutz gegen die Verwendung identischer sowie geringfügig veränderter Domains**, bei denen das geschützte Kennzeichen klanglich nicht verändert wird und dem geschützten Kennzeichen keine eigenen neuen kennzeichnungskräftigen Bestandteile hinzugefügt werden. Die zum Teil großzügige Bejahung einer Verwechslungsgefahr, welche im allgemeinen Marken- und Kennzeichenrecht üblich ist, ist im Bereich der Internet-Domains damit nicht gerechtfertigt. 862

(6) Anspruchsgrundlagen gegen Domains außerhalb des Kennzeichenrechts

Bestehen gegen die Verwendung von Domains keine kennzeichenrechtlichen Ansprüche – zB weil die Domain durch den Domain-Inhaber nicht im geschäftlichen Verkehr genutzt wurde[4], weil es an der erforderlichen Waren-/Dienstleistungs-/Branchen- oder Zeichennähe fehlt, weil es sich bei dem benutzten Domainnamen um eine beschreibende Kennzeichnung handelt, welche einem Kennzeichenschutz generell nicht zugänglich ist, oder weil einer Domain kein Kennzeichen, sondern lediglich eine andere Domain entgegengehalten wird (zur Frage der Begründung von Kennzeichenrechten durch die Verwendung einer Domain vgl. noch Rz. 871 ff.) –, kommen auch andere Anspruchsgrundlagen in Betracht, aus denen Unterlassungsansprüche geltend ge- 863

---

1 Vgl. *Ingerl/Rohnke*, MarkenG, § 15 Rz. 86f.

2 Vgl. OLG München v. 12.8.1999 – 6 U 4484/98, CR 2000, 247 – „Rolls-Royce".

3 Vgl. OLG München v. 12.8.1999 – 6 U 4484/98, CR 2000, 247 – „Rolls-Royce", wonach dem Inhaber der Marke „Rolls-Royce" auch Unterlassungsansprüche gegen die Domains „rollsroyceboerse" und „rolls-royce-boerse.de" zustehen.

4 Der markenrechtliche Schutz nach § 14 und § 15 MarkenG beschränkt sich auf Nutzungen „im geschäftlichen Verkehr".

macht werden können. Eine zunehmende Bedeutung kommt insoweit § 1 UWG zu. Darüber hinaus sind Ansprüche nach § 3 UWG und nach §§ 826, 1004 BGB denkbar. Da diese Anspruchsgrundlagen noch an anderer Stelle dieses Buches eingehend erörtert werden (siehe *Moritz/Herrmann*, unten D Rz. 327 ff.), sollen die wesentlichen Tatbestände für den Bereich der Domainnamen im folgenden nur kurz zusammengefasst werden.

(a) Ansprüche nach § 1 UWG

864 Nach einer Reihe von Gerichtsentscheidungen kann die Nutzung von Domainnamen in bestimmten Konstellationen nach § 1 UWG wettbewerbswidrig sein. Dabei lassen sich im Wesentlichen drei Fallgruppen unterscheiden:

865 – **Behinderung**: Die erste Fallgruppe ist das echte **„Domain Grabbing"**, bei welchem Personen fremde Kennzeichen allein zu dem Zweck registrieren, diese später an die jeweiligen Kennzeicheninhaber zu verkaufen oder in sonstiger Weise eine Geschäftsbeziehung mit ihnen zu begründen. Derartige Fälle stellen nach nahezu einhelliger Rechtsprechung einen Fall des so genannten Behinderungswettbewerbs nach § 1 UWG dar und sind unzulässig[1]. Dies gilt auch dann, wenn der Geschäftsbetrieb des Domain-Inhabers nach seiner eigentlichen geschäftlichen Ausrichtung mit dem Kennzeicheninhaber nicht im Wettbewerb steht, da das Wettbewerbsverhältnis in derartigen Fällen nach ständiger Rechtsprechung gerade durch die Behinderung begründet wird[2].

866 – **Anlehnung**: Eine zweite Fallgruppe ist die Nutzung von nicht kennzeichenrechtlich geschützten Begriffen, welche sich an andere Kennzeichen anlehnen oder vom Verkehr gemeinhin mit einer anderen Person assoziiert werden. Die Rechtsprechung sieht hierin regelmäßig ein sittenwidriges Handeln unter dem Gesichtspunkt des „Abwerbens von Kunden" oder der „Rufausbeutung". So untersagte zB das OLG München dem Online-Buchhändler „buch.de" die Nutzung der Domain „buecherde.com", da diese offensichtlich darauf angelegt war, Interessenten des Konkurrenten „buecher.de" bei einer fehlerhaften Eingabe auf das Angebot des eigenen Buchshops umzuleiten.[3]

867 – **Monopolisierung von Gattungsbegriffen**: Schließlich kann sich ein Anspruch nach § 1 UWG aufgrund der Kanalisierungswirkung von Internet-Domainnamen im Einzelfall auch gegen beschreibende Domains ergeben. Die Reichweite derartiger Unterlassungsansprüche gegen beschreibende

1 Vgl. zB: LG Braunschweig v. 5.8.1997 – 9 O 188/97, CR 1998, 364 – „deta.com"; OLG Dresden v. 20.10.1998 – 14 U 3613/97, CR 1999, 589 – „cyber space.de"; LG Düsseldorf v. 4.4.1997 – 34 O 191/96, CR 1998, 165 – „epson.de".

2 Vgl. *Baumbach/Hefermehl*, Einl. UWG, Rz. 228 ff.

3 OLG München v. 23.9.1999 – 28 U 4357/99, NJWE-WettbR 2000, 70 – „buecherde.com"; ähnlich das LG Köln v. 23.9.1999 – 31 O 502/99, n. rkr., MMR 2000, 45, welches in der Nutzung der Domain „hauptbahnhof.de" ein unzulässiges Abwerben von Kunden der Deutschen Bahn AG sah.

Domains war in der Rechtsprechung lange Zeit ungeklärt und Gegenstand widerstreitender Entscheidungen. Das OLG Frankfurt hatte in dem Fall „wirtschaft-online.de“ zunächst entschieden, dass eine Nutzung beschreibender Domains trotz der damit verbundenen Kanalisierung grundsätzlich nicht gegen § 1 UWG verstoße, da es für Wettbewerber hinreichende Ausweichmöglichkeiten gebe[1]. Gut 2 Jahre später entschied das OLG Hamburg in dem Fall „mitwohnzentrale.de“ jedoch, dass zumindest bei der Nutzung der Domain „mitwohnzentrale.de“ eine faktische Monopolisierung des Gattungsbegriffs „Mitwohnzentrale“ im Internet erfolge, die gegen § 1 UWG verstoße, da es für konkurrierende Mitwohnzentralen-Anbieter keine realistische Ausweichmöglichkeit zur Kennzeichnung ihrer Dienste gäbe[2]. In der Folge der „mitwohnzentrale.de“-Entscheidung gingen eine Reihe anderer Kläger gegen die Verwendung beschreibender Domains vor, teilweise mit Erfolg[3], teilweise jedoch auch ohne Erfolg[4].

Erst das Revisionsurteil des BGH in dem Verfahren „mitwohnzentrale.de“[5] 868
brachte schließlich die notwendige Rechtsklarheit: Der BGH entschied, dass die Registrierung von Domainnamen grundsätzlich wettbewerbsgemäß ist und daher § 1 UWG nicht verletzt. Eine wettbewerbswidrige Handlung komme nur in Betracht, wenn die Gattungsbezeichnung für die tatsächlich angebotene Internet-Site irreführend sei oder der Anbieter durch eine Registrierung der Gattungsbezeichnung unter sämtlichen Top Level Domains und in sämtlichen Schreibweisen eine vollständige Blockade des Gattungsbegriffes herbeiführe. Grundsätzlich ist damit heute von der **Zulässigkeit der Registrierung von Gattungsbegriffen** auszugehen.

(b) Ansprüche nach § 3 UWG

Die Nutzung bestimmter Domainnamen kann darüber hinaus irreführend im 869
Sinne von § 3 UWG sein, wenn – insbesondere bei der Nutzung beschreibender Domains – durch die Verwendung eines bestimmten Namens Inhalte vorgetäuscht werden, welche sich auf der jeweiligen Website tatsächlich nicht befinden[6].

---

1 OLG Frankfurt v. 13.2.1997 – 6 W 5/97, CR 1997, 271 – „wirtschaft-online.de“; das OLG Frankfurt wies in seiner Entscheidung allerdings darauf hin, dass es für eine endgültige Bewertung der „Kanalisierungsfunktion“ beschreibender Domains auch auf die jeweiligen Nutzergewohnheiten im Online-Bereich ankäme, welche im Rahmen des einstweiligen Verfügungsverfahrens nicht geklärt werden könnten.

2 OLG Hamburg v. 13.7.1999 – 3 U 58/98, K&R 2000, 190 – „mitwohnzentrale.de“.

3 LG Köln v. 10.10.2000 – 33 O 286/00, MMR 2001, 55 – „zwangsversteigerungen.de“; LG München v. 16.11.2000 – 7 O 5570/00, MMR 2001, 179 – „rechtsanwaelte.de“.

4 LG Hamburg v. 30.6.2000 – 416 O 91/00, K&R 2000, 409 – „lastminute.de“; OLG Braunschweig v. 20.7.2000 – 2 U 26/00, CR 2000, 614 – „stahlguss.de“; LG München v. 28.9.2000 – 4 HKO 13251/00, MMR 2001, 185 „autovermietung.de“.

5 BGH, Urt.v. 17.5.2001 – I ZR 216/99, CR 2001, 777 m. Anm. *Jaeger-Lenz* – „mitwohnzentrale.de“.

6 Beispiel: Nutzung einer Domain „sex.de“ für das Angebot eines Computerhändlers.

(c) Ansprüche nach §§ 826, 1004 BGB

870 Kommen auch Ansprüche nach §§ 1, 3 UWG nicht in Betracht – zB weil es an einem Wettbewerbsverhältnis zwischen dem Domain-Inhaber und dem Kläger fehlt oder weil der Beklagte nicht zu geschäftlichen Zwecken gehandelt hat –, bleiben als Auffangtatbestände Unterlassungsansprüche nach §§ 826, 1004 BGB[1]. Dies gilt insbesondere dann, wenn der Domain-Inhaber seine Website noch nicht für ein konkretes Waren- oder Dienstleistungsangebot nutzt und es daher (noch) an einer Branchennähe nach § 14 Abs. 2 Nr. 2, § 15 Abs. 2 MarkenG fehlt und zusätzlich auch ein Anspruch nach § 1 UWG mangels geschäftlicher Nutzung ausscheidet.

cc) Kennzeichenrechtsbegründung durch Domainnamen

871 Weitgehend ungeklärt ist bislang, ob und in welchem Umfang die Nutzung von Internet-Domainnamen auch Kennzeichenrechte begründen kann. Im Gegensatz zu der umfangreichen Rechtsprechung zur Verletzung von Kennzeichenrechten durch Domainnamen sind Urteile zur **Begründung von Kennzeichenrechten** durch Domains bislang vereinzelt geblieben. Der Frage der Kennzeichenrechtsbegründung dürfte jedoch in Zukunft nicht nur im Zusammenhang mit der Abwehr von Kennzeichenansprüchen Dritter, sondern auch im Zusammenhang mit der Verfolgung eigener Untersagungsansprüche des Domain-Inhabers gegenüber prioritätsjüngeren Marken oder Unternehmenskennzeichen Dritter zunehmende Bedeutung gewinnen.

(1) Begründung von Markenrechten durch Domainnamen

872 Aufgrund des grundsätzlich geltenden Eintragungsprinzips[2] dürfte die Begründung eines Markenrechts aufgrund der Nutzung einer Domain nur selten relevant werden. Eine solche Markenrechtsbegründung ist theoretisch in den Fällen von Verkehrsgeltung oder notorischer Bekanntheit nach § 4 Nr. 2 oder Nr. 3 MarkenG denkbar, wie sie bei berühmten Domains wie zB „amazon.com“ oder „yahoo.com“ vorkommen kann. In aller Regel sind derartig berühmte Domains jedoch mit den Firmennamen des jeweiligen Domain-Inhabers identisch, so dass bereits ein Schutz nach § 5 Abs. 2, § 15 MarkenG besteht. Darüber hinaus dürften in der Praxis für die meisten derartig bekannten Domains bereits Markeneintragungen bestehen. Ein denkbarer zusätzlicher Schutz der Domain als Marke allein aus der Nutzung der Domain ist daher in diesen Fällen praktisch ohne Bedeutung.

---

1 Vgl. OLG Frankfurt v. 12.4.2000 – 6 W 33/00, WRP 2000, 645 – „weideglueck.de“.
2 § 4 Nr. 1 MarkenG.

(2) Begründung von Unternehmenskennzeichenrechten durch Domainnamen

Von großer rechtlicher Relevanz ist hingegen die Frage, ob und unter welchen Voraussetzungen Domains **Namensschutz** nach § 12 BGB oder **Unternehmenskennzeichenschutz** nach § 5 Abs. 2, § 15 MarkenG erlangen können. Mit dieser Fragestellung sind nicht diejenigen Fälle gemeint, bei denen eine Domain den Namen einer Person oder einer Firma wiedergibt, da sich in solchen Fällen der Schutz der Kennzeichnung bereits aus dem allgemeinen Namens- oder Unternehmenskennzeichenrecht des Inhabers ergibt. Relevant wird die Frage eines eigenständigen Namens- oder Unternehmenskennzeichenrechts hingegen bei denjenigen Fällen, in denen von einem Website-Inhaber ein Domainname ausgewählt worden ist, der gerade nicht mit dem von ihm sonst gewählten Namen oder Unternehmens-Kennzeichen identisch ist. 873

Ob die Nutzung eines Kennzeichens als Domain für die Begründung eines Namens- oder Unternehmenskennzeichenrechts ausreicht, ist in Rechtsprechung und Literatur **umstritten**. Einige Stimmen in der Literatur gehen davon aus, dass eine derartige Rechtsbegründung bei Domainnamen generell zu versagen ist, da der Domain nach ihrer Ansicht im Wesentlichen eine technische Adressfunktion und keine Namensfunktion zukommt. Ein Schutz als Unternehmenskennzeichen nach § 5 Abs. 2 MarkenG komme daher nur in Betracht, wenn die Domain Verkehrsgeltung erlangt habe[1]. Demgegenüber sieht die Rechtsprechung die Begründung eines Namens- und Unternehmenskennzeichenschutzes durch Domains überwiegend als möglich an[2]. 874

Der Ansicht der Rechtsprechung, nach der die Nutzung von Domains grundsätzlich Namens- und Unternehmenskennzeichenrechte begründen kann, ist zuzustimmen. Sie ist die zwangsläufige Folge daraus, dass nach der mittlerweile ganz herrschenden Meinung in Literatur und Rechtsprechung die Verwendung von nicht rein beschreibenden Domains eine kennzeichenmäßige Nutzung darstellt. Es wäre widersprüchlich, Domain-Inhaber wegen der kennzeichenmäßigen Nutzung ihrer Domains einerseits Unterlassungsansprüchen von Kennzeichenrechts-Inhabern auszusetzen, ihnen aber andererseits den Schutz des eigenen Kennzeichens wegen einer angeblich nicht ausreichenden kennzeichenmäßigen Nutzung der Domain zu verwehren. Die Ansicht, dass Domains grundsätzlich Namens- und Unternehmenskennzei- 875

---

1 *Omsels*, GRUR 1997, 328; *Bettinger*, GRUR Int. 1997, 402, 418, unter Berufung auf BGH v. 25.2.1955 – I ZR 124/53, GRUR 1955, 481 – „Hamburger Kinderstube".

2 OLG München v. 16.9.1999 – 29 U 5973/98, n. rkr., ZUM 2000, 71 – „tnet.de"; OLG Hamburg v. 5.11.1998 – 3 U 130/98, CR 1999, 184 – „emergency.de"; LG Frankfurt v. 26.8.1998 – 2/6 O 438/98, CR 1999, 190 – „warez.de". Die Voraussetzungen für die Schutzbegründung werden dabei allerdings unterschiedlich gesehen: Während das OLG Hamburg und das LG Frankfurt jeder kennzeichnungskräftigen Domain Unternehmenskennzeichenschutz zubilligen wollen, soll dies nach dem OLG München nur für solche Kennzeichnungen gelten, welche erkennbar aus Namen, Firmenbezeichnungen oder entsprechenden Abkürzungen bestehen.

chenschutz genießen können, dürfte auch der Auffassung des Bundesgerichtshofes entsprechen. Der BGH lehnte nämlich die gegen die „tnet.de"-Entscheidung des OLG München eingelegte Revision u.a. mit der Begründung ab, dass die Revision inhaltlich keine Aussicht auf Erfolg habe[1]. Hieraus lässt sich schließen, dass auch der BGH von der grundsätzlichen Möglichkeit des Namens- oder Unternehmenskennzeichenschutzes für Domains ausgeht.

876 Zumindest dann, wenn Domains zur Kennzeichnung eines Unternehmens oder Unternehmensteils – also nicht einer Ware oder Dienstleistung – im Internet genutzt werden, kommt ihnen aus § 12 BGB, § 15 MarkenG damit ein **Prioritätsrecht gegenüber zeitlich nachfolgenden Kennzeichenrechten** zu. Hieraus folgt zum einen, dass Markeninhaber aus jüngeren Markenrechten nicht gegen prioritätsältere unternehmenskennzeichnende Domains vorgehen können. Unklar ist indes, ob und in welchem Umfang Inhaber einer prioritätsälteren Domain zum anderen auch selbst Unterlassungs- und Schadensersatzansprüche gegen zeitlich nachrangige Kennzeichen geltend machen können. Diese für die Praxis höchst relevante Frage wurde vom OLG Hamburg in der Entscheidung „emergency.de"[2] ausdrücklich offen gelassen. In seinem Urteil „fnet.de" erkannte das LG München hingegen einen Löschungsanspruch des Inhabers der Domain „f-net.de" gegenüber der prioritätsjüngeren Marke „F-net" eines Wettbewerbers ausdrücklich an. Das LG München begründete seine Entscheidung mit der Gleichrangigkeit aller Kennzeichenrechte gemäß § 6 Abs. 1 MarkenG. Da die Domain „fnet.de" gegenüber der Marke „F-net" das ältere Recht darstelle, setze es sich gegenüber der späteren Marke durch.

877 Aus der **„fnet.de"-Entscheidung des LG München** könnte gefolgert werden, dass sich Domains als Unternehmenskennzeichen stets gegen prioritätsjüngere Marken im gleichen Waren- oder Dienstleistungsbereich durchsetzen. Ob die Entscheidung des LG München allerdings in dieser Form verallgemeinerungsfähig[3] oder überhaupt richtig ist, erscheint fraglich. Das LG München unterließ es nämlich zu prüfen, ob der prioritätsälteren Domain „fnet.de" aufgrund der ausschließlich auf das Internet beschränkten Nutzungsform möglicherweise auch nur ein für diesen Bereich eingeschränkter Schutzumfang zu gewähren ist. Es ist nämlich gerade im Bereich des Unternehmenskennzeichenrechts anerkannt, dass sich der Schutzbereich des in Anspruch genommenen Rechts nach dem tatsächlichen Nutzungsumfang richtet. Es ist daher sachlich und räumlich auf diejenigen Gebiete beschränkt, in denen das Kennzeichen tatsächlich genutzt worden ist. Im Gegensatz zum Markenrecht kennt das Unternehmenskennzeichenrecht daher auch einen regional beschränkten Schutz, falls das Unternehmenskenn-

1 Beschluss des BGH vom 15.5.2000 – I ZR 269/99 – „tnet.de".

2 OLG Hamburg v. 5.11.1998 – 3 U 130/98, CR 1999, 184 – „emergency.de".

3 Da es sich bei der unter der Domain „fnet.de" angebotenen Website um eine Online-Finanzzeitung handelte, stützte das LG München seinen Unterlassungsanspruch zusätzlich auf den Werktitelschutz nach § 5 Abs. 3 MarkenG.

zeichen geschäftlich nur in einem bestimmten Teil Deutschlands genutzt wird[1]. Wird ein Kennzeichen daher nur als Internet-Domainname, nicht aber darüber hinaus im allgemeinen Geschäftsverkehr des Domain-Inhabers zB in der Firma oder in Firmenschlagworten als Unternehmenskennzeichen genutzt, spricht dies dafür, dass der Schutz der Domain als Unternehmenskennzeichen ebenfalls – in Analogie zu der regionalen Schutzbegrenzung – auf den „virtuellen" Nutzungsraum des Internets beschränkt ist. Der Domain-Inhaber kann damit nur gegen prioritätsjüngere Domains im – streng zu ziehenden (vgl. Rz. 858 ff.) – Verwechslungsbereich vorgehen, nicht hingegen gegen verwechslungsfähige Marken oder allgemeine Unternehmenskennzeichen.

Richtigerweise sollte der Schutzbereich von Internet-Domains daher im Regelfall[2] auf den tatsächlichen Nutzungsbereich, dh. die Nutzung als Kennzeichen im Internet, beschränkt werden. Ein Untersagungsrecht gegenüber außerhalb des Internet genutzten Kennzeichenrechten (Unternehmenskennzeichen, Marken, Werktiteln) sollte Domain-Inhabern dagegen nur dann zuerkannt werden, wenn die jeweilige Kennzeichnung über die Verwendung als Domain hinaus im allgemeinen Geschäftsverkehr kennzeichenmäßig genutzt wird oder eine derartige Nutzung zu erwarten ist. 878

(3) Begründung von Werktitelrechten durch Domainnamen

Es ist allgemein anerkannt, dass Domainnamen dann, wenn die zugehörige Website in ihrer inhaltlichen Ausgestaltung einem Druckwerk gleichkommt (zB Online-Magazine), auch als ein Werktitelrecht nach § 5 Abs. 2 MarkenG geschützt sein können[3]. 879

Auch hier stellt sich – ähnlich wie bei dem Schutz als Name oder Unternehmenskennzeichen (vgl. Rz. 873 ff.) – allerdings die Frage, in welchem Umfang derartigen Internet-Werktitelrechten Rechtsschutz auch gegenüber außerhalb des Internets genutzten Kennzeichen zukommt. In der bereits erwähnten Entscheidung **„fnet.de"** hat das LG München[4] den Untersagungsanspruch gegen die prioritätsjüngere Marke „F-net" neben dem aus der Domain begründeten Unternehmenskennzeichenrecht auch auf ein Werktitelrecht des Domain-Inhabers gestützt, da es sich bei der unter der Domain angebotenen Website um eine Online-Finanzzeitung handelte. Richtigerweise dürfte jedoch auch hier – ähnlich wie beim Unternehmenskennzeichenschutz – der 880

---

1 BGH v. 20.3.1970 – IZR 54/68, GRUR 1970, 479 – „Treppchen".

2 Ausnahmen sind zB dann denkbar, wenn die Nutzung außerhalb des Internets eine zu erwartende, nahe liegende Ausweitungsmöglichkeit darstellt; siehe insoweit die Parallelität zur territorialen Schutzbeschränkung von Unternehmenskennzeichen durch BGH v. 14.5.1957 – I ZR 94/55, GRUR 1957, 547 –„Tabu I"; BGH v. 12.7.1984 – I ZR 49/82, GRUR 1985, 72 – „Consilia"; BGH v. 6.5.1993 – I ZR 123/91, GRUR 1993, 923 – „Pic Nic".

3 LG München v. 4.3.1999 – 17 HKO 18453/98, CR 1999, 451 – „fnet.de"; OLG Dresden v. 29.9.1998 – 14 U 433/98, CR 1999, 102 – „dresden.online.de".

4 LG München v. 4.3.1999 – 17 HKO 18453/98, CR 1999, 451.

sich aus der Domain-Nutzung ergebende Kennzeichenschutz auf die Nutzung als Internet-Kennung zu beschränken sein. Insoweit kann auf die Ausführungen zum Unternehmenskennzeichenrecht (Rz. 873 ff.) verwiesen werden.

dd) Konflikt zweier Kennzeichenrechte

881 Schwierigkeiten bereiten Rechtsstreitigkeiten um Domainnamen insbesondere dann, wenn zwei oder mehr verschiedene Personen Kennzeichenrechte an dem gleichen Domainnamen geltend machen. Wie bereits erörtert (vgl. Rz. 853), ergibt sich diese Konfliktlage daraus, dass bei Domains – im Gegensatz zum herkömmlichen Geschäftsverkehr – ein Nebeneinander identischer Kennzeichen für verschiedene Waren oder Dienstleistungen oder in verschiedenen Regionen technisch nicht möglich ist. Fallkonstellationen, bei denen Streitigkeiten mehrerer Kennzeicheninhaber über die Berechtigung an einer Domain entstehen können, sind daher insbesondere die folgenden:

- Konflikt zweier Inhaber des gleichen Kennzeichens aus verschiedenen Branchen (zB Getränkehandel „Meyer“ gegen Softwarehaus „Meyer“)
- Konflikt zweier Inhaber des gleichen, jeweils nur regional genutzten Kennzeichens (zB Getränkehandel „Meyer“ aus Hamburg gegen Getränkehandel „Meyer“ aus München)
- Konflikt des Inhabers eines Unternehmenskennzeichens oder einer Marke mit einem natürlichen Personennamen (zB Unternehmen oder Marke „Meyer“ gegen Familie „Meyer“)

Zu derartigen Konfliktfällen lassen sich aus der Rechtsprechung die folgenden Leitlinien erkennen:

(1) Grundsatz: Priorität der Domain-Anmeldung geht über Priorität des Kennzeichenrechts

882 Theoretisch lassen sich **zwei Anknüpfungspunkte** für die Entscheidung von Konfliktlagen bei der Geltendmachung von Kennzeichenrechten an Domains ausmachen, nämlich entweder die Anknüpfung an der Priorität der Domain-Registrierung oder die Anknüpfung an der Priorität des geltend gemachten Kennzeichenrechts.

883 Für den Vorrang der **Priorität des Kennnzeichenrechtes** spricht zunächst, dass für die Entscheidung von Kennzeichenrechtskonflikten nach § 6 MarkenG grundsätzlich der Zeitpunkt der Entstehung des Kennzeichenrechts maßgeblich sein soll. Auch entspricht es dem zu herkömmlichen Konfliktfällen entwickelten sog. „Recht der Gleichnamigen“, dass sich der prioritätsjüngere Kennzeicheninhaber grundsätzlich gegenüber dem prioritätsälteren Recht abzugrenzen habe[1]. Unter Berücksichtigung dieser Grundsätze wäre es

1 *Althammer/Ströbele/Klaka*, MarkenG, § 15 Rz. 74; *Ingerl/Rohnke*, MarkenG, § 23 Rz. 16.

nahe liegend, bei zwei Kennzeichenrechtsinhabern, welche um eine Domain streiten, demjenigen Inhaber den Vorrang zu geben, welcher auf das ältere Kennzeichenrecht verweisen kann.

Die bisherige Rechtsprechung zeigt indessen eine Tendenz, Konfliktfälle, bei 884
denen keines der beiden betroffenen Kennzeichen den besonderen Schutz als bekannte Marke oder bekanntes Unternehmenskennzeichen nach § 14 Abs. 2 Nr. 3 oder § 15 Abs. 3 MarkenG aufweisen kann, nach der **Priorität der Domain-Registrierung zu entscheiden**[1]. Hierfür spricht, dass auch nach dem „Recht der Gleichnamigen" bei einer Konfliktlage zweier Kennzeichenrechtsinhaber grundsätzlich beide Kennzeichenrechtsinhaber dasselbe Recht zu einer redlichen Benutzung ihres Kennzeichenrechts im Rahmen ihres Geschäftsbetriebes haben[2]. Bei einer derartigen redlichen Nutzung kann auch der prioritätsältere Kennzeichenrechtsinhaber keine Untersagungsrechte gegenüber einem prioritätsjüngeren Kennzeichenrecht geltend machen. Vielmehr muss er Überschneidungen, die aufgrund einer solchen redlichen Nutzung entstehen, auch dann dulden, wenn hierdurch seine eigenen Kennzeicheninteressen beeinträchtigt werden.

Richtigerweise dürfte die Nutzung eines geschützten Kennzeichens als Inter- 885
net-Domain eine derartige redliche Nutzung darstellen, welche auch durch einen prioritätsälteren Kennzeichenrechtsinhaber nicht untersagt werden kann. Im Rahmen „normaler" Kennzeichen, welche nicht den besonderen Bekannheitsschutz gemäß § 14 Abs. 2 Nr. oder § 15 Abs. 3 MarkenG genießen, setzt sich daher derjenige Kennzeichenrechtsinhaber gegenüber anderen Berechtigten durch, welcher **als Erstes die entsprechende Domain angemeldet** hat. Dies gilt unabhängig davon, ob die Domain-Anmeldung für gewerbliche oder für private Zwecke erfolgt[3].

(2) Ausnahme: Schutz bekannter Kennzeichen

Eine Ausnahme von dem vorstehenden Grundsatz der ausschlaggebenden 886
Priorität der Domain-Registrierung besteht nach einhelliger Ansicht dann, wenn es sich bei einem der geltend gemachten Kennzeichenrechte um ein bekanntes Kennzeichen im Sinne von § 14 Abs. 2 Nr. 3 oder § 15 Abs. 3 MarkenG handelt. Bei Vorliegen eines derartigen bekannten Kennzeichens ist es dem Nutzer identischer Kennzeichen zuzumuten, sich bei der Auswahl seines Domainnamens durch Zusätze oder Abkürzungen so von dem bekannten Kennzeichen abzugrenzen, dass die Gefahr von Verwechslungen und Verwässerungen ausgeschlossen ist. So waren zB Privatpersonen mit den Familiennamen „Krupp", „Shell" und „Joop" verpflichtet, sich bei der Wahl ihres Domainnamens von den gleich lautenden bekannten Unterneh-

1 OLG Frankfurt v. 4.5.2000 – 6 U 81/99, K&R 2000, 408 – „alcon.de"; LG Paderborn v. 1.9.1999 – 4 O 2288/99, MMR 2000, 49 – „a.de"

2 *Althammer/Ströbele/Klaka*, MarkenG, § 15 Rz. 74.

3 Vgl. LG Paderborn v. 1.9.1999 – 4 O 228/99, MMR 2000, 49 – „a.de", welches den Vorrang einer gewerblichen Nutzung von Domainnamen ausdrücklich ablehnte.

menskennzeichen und Marken abzusetzen[1]. Insoweit setzt sich der besondere Verwässerungsschutz des bekannten Kennzeichens nach § 14 Abs. 2 Nr. 3 und § 15 Abs. 3 MarkenG auch gegenüber prioritätsälteren Kennzeichen durch.

ee) Kennzeichenrechtliche Ansprüche gegen ausländische Domains

887 Die vorstehenden Ausführungen zu Ansprüchen im Fall von Kennzeichen- oder Wettbewerbsverletzungen durch Domains gelten stets für die Geltendmachung von Ansprüchen gegen deutsche Domains unter der Top Level Domain „.de". Fraglich ist, ob und inwieweit entsprechende Ansprüche auch gegenüber **internationalen Domains** (dh. den sog. generic Top Level Domains „.com", „.net", „.org" etc.; siehe Rz. 836) und **ausländischen Domains** (dh. Domains unter fremden country-code Top Level Domains wie „.fr", „.it", „.at" etc.; vgl. Rz. 836) geltend gemacht werden können. In diesem Zusammenhang stellt sich zum einen die Frage, ob ein zulässiger Gerichtsstand in Deutschland begründet werden kann, sowie zum anderen, ob die Nutzung derartiger ausländischer oder internationaler Domains überhaupt deutschem Kennzeichenrecht unterliegt.

(1) Zuständigkeit deutscher Gerichte

888 Es sind in Deutschland mittlerweile eine ganze Reihe von Gerichtsentscheidungen ergangen, welche sich nicht auf eine „.de"-Domain beziehen, sondern auf eine generic Top Level Domain, im Regelfall der Top Level Domain „.com"[2]. Die Geltendmachung von Ansprüchen gegen derartige internationale Domains in Deutschland kommt nach deutschem Zivilprozessrecht dann in Betracht, wenn entweder die beklagte Partei ihren allgemeinen Gerichtsstand in Deutschland hat (**§ 12 ZPO**) oder die Nutzung der Domain eine inländische unerlaubte Handlung darstellt (**§ 32 ZPO**).

Während die Anknüpfung an den Sitz der beklagten Partei unproblematisch ist, stellt sich bei der Zuständigkeitsbestimmung im Rahmen von § 32 ZPO die Frage, wann die Nutzung von Domainnamen unter einer internationalen Top Level Domain eine inländische Verletzungshandlung darstellt, die den deliktischen Gerichtsstand gemäß § 32 ZPO begründen kann. Da insoweit – ebenso wie bei der Frage des anwendbaren Rechts – das Tatortprinzip

---

1 Vgl. OLG Hamm v. 13.1.1998 – 4 U 135/97, CR 1998, 241 – „krupp.de"; OLG München v. 25.3.1999 – 6 U 4557/98, ZUM 1999, 584 – „shell.de"; LG Hamburg v. 1.8.2000 – 312 O 328/00, MMR 2000, 620 – „joop.de"; ähnlich LG Köln v. 23.5. 2000 – 33 O 216/00, MMR 2000, 625 – „wdr.org".

2 ZB: OLG Karlsruhe v. 9.6.1999 – 6 U 62/99, CR 1999, 783 – „badwildbad.com"; KG v. 25.3.1997 – 5 U 659/97, NJW 1997, 3321 – „concertconcept.com"; LG München I v. 21.9.1999 – 9 HK O 12244/99, CR 2000, 464 – „intershopping.com"; LG Braunschweig v. 5.8.1997 – 9 O 188/97, CR 1998, 364 – „deta.com"; LG Köln v. 23.5.2000 – 33 O 216/00, MMR 2000, 625 – „wdr.org"; Urteile gegen ausländische ccTLDs sind bislang nicht veröffentlicht.

ausschlaggebend ist, soll insoweit auf die nachfolgenden Ausführungen zum anwendbaren Recht verwiesen werden (siehe Rz. 889 ff.).

(2) Bestimmung des anwendbaren Rechts

Die Frage, ob ausländische ccTLDs oder international genutzte gTLDs deutsche Marken- oder Firmenrechte verletzen, richtet sich nach der Reichweite der Anwendung des deutschen Markenrechts. 889

Für die Bestimmung der Anwendbarkeit des deutschen Markenrechts gilt grundsätzlich das **Tatortprinzip**. Danach findet deutsches Markenrecht auf Kennzeichenrechtsverletzungen Anwendung, wenn der Tatort (zumindest auch) in Deutschland liegt. Der Tatort wiederum kann sowohl der Ort sein, an dem die beeinträchtigende Handlung vorgenommen wird (Handlungsort), als auch der Ort, an dem die Rechtsgutverletzung eintritt (Erfolgsort)[1]. Würde man diese Grundsätze auf das Internet übertragen, würde jede Nutzung eines in Deutschland geschützten Kennzeichens im Internet zu einer Kennzeichenrechtsverletzung in Deutschland führen, da jede Internet-Seite (zumindest auch) in Deutschland abrufbar ist und damit der Erfolgsort einer derartigen Kennzeichennutzung stets (zumindest auch) in Deutschland liegt.

Dass eine derart weit gehende Anwendbarkeit des deutschen Kennzeichenrechts nicht sachgerecht ist, ist in der deutschen Rechtsprechung und Literatur weitgehend anerkannt. In Anlehnung an die *Tampax*-Entscheidung des BGH aus dem Jahr 1970[2] soll daher nach herrschender Meinung deutsches Kennzeichenrecht auf Verletzungstatbestände im Internet nur dann anwendbar sein, wenn die **bestimmungsgemäße Zielrichtung** der betroffenen Website (zumindest auch) auf Deutschland ausgerichtet ist[3]. Ob eine Website – und damit die für die Website genutzte Domain – bestimmungsgemäß (auch) auf Deutschland ausgerichtet ist, lässt sich nur von Fall zu Fall unter Berücksichtigung sämtlicher Umstände des Einzelfalles bestimmen. Folgende Kriterien spielen dabei eine besondere Rolle[4]: 890

- **Sprache**: Ist eine Internet-Seite in deutscher Sprache verfasst, so dürfte sie sich im Regelfall (zumindest auch) an den deutschen Internet-Nutzer richten (Ausnahme: lokale Websites im deutschsprachigen Ausland). Domains mit deutschsprachigen Internet-Angeboten verletzten daher im Regelfall auch dann inländische Kennzeichenrechte, wenn es sich nicht um eine Domain unter der deutschen ccTLD „.de", sondern um eine Domain unter ausländischen ccTLDs oder internationalen gTLDs handelt. 891

  Umgekehrt dürften fremdsprachige Websites normalerweise nicht bestimmungsgemäß auf den deutschen Markt ausgerichtet sein, so dass deut-

1 Vgl. *Althammer/Ströbele/Klaka*, MarkenG, § 141 Rz. 7.
2 BGH v. 23.10.1970 – I ZR 86/69, GRUR 1971, 153 – „Tampax".
3 OLG Frankfurt v. 3.12.1998 – 6 W 122/98, CR 1999, 450 – „Füllfederhalter"; LG Hamburg v. 5.5.1999 – 315 O 271/98, MMR 1999, 612 – „animalplanet.com".
4 Vgl. hierzu im Einzelnen *Dieselhorst*, ZUM 1998, 293 ff.

sches Kennzeichenrecht im Regelfall nicht zur Anwendung kommt (Ausnahme: Websites für ausländische Minderheiten in Deutschland). Eine Ausnahme gilt hier allerdings für englischsprachige Websites: Da die Nutzung der englischen Sprache als Internet-Universalsprache auch in Deutschland allgemein genutzt und verstanden wird, spricht die Verwendung englischer Texte auf einer Website nicht gegen – aber auch nicht unbedingt für – eine mögliche bestimmungsgemäße Ausrichtung der Website (auch) auf deutsche Nutzer[1].

892 – **Inhalt**. Zu berücksichtigen ist weiter der Inhalt der jeweiligen Website. Werden auf der unter der beanstandeten Domain abrufbaren Internet-Seite konkrete Produkte angeboten, welche auch von Deutschland aus bezogen werden können, so ist die jeweilige Internet-Seite eher auf den deutschen Markt ausgerichtet, als dies zB bei allgemeinen ausländischen Unternehmenspräsentationen ohne konkrete Produktangebote der Fall wäre.

893 – **Disclaimer**. Fraglich ist, ob die bestimmungsgemäße Zielrichtung einer Website durch die Anbringung eines „Disclaimers" eingeschränkt werden kann, nach welchem sich die jeweilige Website nur an Nutzer aus bestimmten Ländern richtet. Da es bei der Bestimmung der Zielrichtung einer Website nach herrschender Meinung allein auf die objektive Ausrichtung der Website ankommt und nicht auf die subjektive Intention des jeweiligen Website-Anbieters[2], dürfte die Anbringung eines derartigen „Disclaimers" zumindest dann nutzlos sein, wenn der „Disclaimer" im Widerspruch zu der objektiven Zielrichtung der jeweiligen Website steht. So könnte sich ein ausländischer Domain-Inhaber durch die Anbringung eines „Disclaimers", nach welchem seine Website nicht für Deutschland gelten soll, sicherlich nicht gegen inländische Kennzeichenrechtsinhaber erfolgreich zur Wehr setzen, wenn die Website tatsächlich Produkte auch gezielt für deutsche Interessenten zum Kauf anbietet. Andererseits kann ein „Disclaimer" dann nützlich sein, wenn sich aus den Inhalten der jeweiligen Website nicht zweifelsfrei herleiten lässt, ob das Website-Angebot auch für Deutschland gedacht ist. So hat zB das OLG Frankfurt einen ausländischen Anbieter eines im Inland markenverletzenden Füllfederhalters verurteilt, weil er auf seiner englischsprachigen Internet-Seite nicht hinreichend klargestellt hat, dass die dort vorgesehenen Bestellmöglichkeiten nicht für Bestellungen aus Deutschland galten. Das OLG Frankfurt erwähnte in diesem Zusammenhang, dass dies der ausländische Anbieter durch einen „Disclaimer" hätte kenntlich machen können und müssen[3].

---

1 Vgl. zB OLG Frankfurt v. 3.12.1998 – 6 W 122/98, CR 1999, 450 – „Füllfederhalter"; LG Hamburg v. 5.5.1999 – 315 O 271/98, MMR 1999, 612 – „animalplanet.com".
2 Vgl. BGH v. 23.10.1970 – I ZR 86/69, GRUR 1971, 153 – „Tampax".
3 OLG Frankfurt v. 3.12.1998 – 6 W 122/98, CR 1999, 450 – „Füllfederhalter".

(3) Internationale Kennzeichenrechtskollisionen

Weitestgehend ungeklärt ist die Anwendbarkeit des deutschen Markenrechts bei international genutzten Domains schließlich in denjenigen Fällen, in denen verschiedene Unternehmen mit gleichen nationalen Markenrechten in verschiedenen Ländern aufeinander treffen. So ist zB die Marke „Budweiser" in manchen Ländern zugunsten der tschechischen Budvar-Brauerei geschützt, in anderen zugunsten der amerikanischen Brauerei Anheuser-Busch. Würden in einem solchen Fall alle nationalen Gerichte die Anwendbarkeit ihres nationalen Markenrechts davon abhängig machen, dass die jeweilige Website bestimmungsgemäß (auch) in ihrem Land genutzt wird, würde dies dazu führen, dass verschiedene Gerichte in verschiedenen Ländern zum Beispiel die Domain „budweiser.com" teils der tschechischen und teils der amerikanischen Brauerei zuweisen. Dass derartige nebeneinander oder gar gegeneinander stehende Entscheidungen nationaler Gerichte in Bezug auf ein und dieselbe Domain wenig sachgerecht sind, liegt auf der Hand[1]. 894

Gerichtsentscheidungen zu derartigen internationalen Kollisionen zweier Kennzeichenrechtsinhaber, welche um die gleiche Domain streiten, sind – zumindest in Deutschland – bislang nicht veröffentlicht worden. Dies mag zum einen daran liegen, dass Streitigkeiten hinsichtlich der generic Top Level Domains „.com", „.net" und „.org" seit Dezember 1999 zunehmend im Rahmen des durch die ICANN eingerichteten außergerichtlichen Streitschlichtungsverfahrens durchgeführt werden, dessen Entscheidungen nicht auf der Grundlage eines bestimmten nationalen Kennzeichenrechts, sondern allgemeiner Billigkeitsmaßstäbe ergehen (siehe hierzu Rz. 903 ff.). Darüber hinaus beschäftigt sich die World Intellectual Property Organisation (WIPO) seit geraumer Zeit mit der Ausarbeitung von Grundlagen für die Entscheidung derartiger Kollisionsfälle. Es bleibt abzuwarten, ob die internationalen Bemühungen von ICANN und WIPO dazu geeignet sein werden, nationale markenrechtliche Verfahren um internationale Domains durch **internationale Streitschlichtungsregelungen** zu ersetzen.

ff) Rechtsschutz und Verfahren

Bei der Verfolgung von kennzeichenrechtlichen Ansprüchen gegen Domain-Inhaber haben – wie stets im Bereich des gewerblichen Rechtsschutzes – Eilverfahren im Rahmen des einstweiligen Rechtsschutzes eine große praktische Bedeutung. Insoweit kann auf die allgemeine markenrechtliche Literatur verwiesen werden[2]. Besonderheiten bestehen bei der Verfolgung rechtswidriger Domain-Inhaber jedoch im Hinblick auf die außergerichtlichen Rechtsmittel im Rahmen der DENIC-Registrierungsbedingungen sowie des Streitschlichtungsverfahrens der ICANN. 895

1 Vgl. zu den Problemen internationaler Kennzeichenkollisionen im Internet insbesondere *Bettinger/Thum*, GRUR Int. 1999, 659 ff.

2 Vgl. zB *Ingerl/Rohnke*, MarkenG, vor §§ 14–19 Rz. 48 ff.

(1) Dispute-Eintrag bei der DENIC

896 Wichtigstes außergerichtliches Mittel zur Sicherung der eigenen Rechte an einer bereits durch einen Dritten registrierten Domain ist in Deutschland die Einreichung eines sog. **Dispute-Eintrages** bei der deutschen DENIC[1].

Durch den Dispute-Eintrag wird gegenüber der DENIC angezeigt, dass an einer bereits registrierten Domain Rechte geltend gemacht werden. Die DENIC blockiert die streitbefangene Domain daraufhin bei dem jeweils aktuellen Domain-Inhaber. Eine Übertragung der Domain auf einen neuen Domain-Inhaber kann nur noch mit der ausdrücklichen Zustimmung desjenigen vorgenommen werden, der den Dispute-Eintrag eingereicht hat. Hierdurch wird zum einen verhindert, dass die Domain während eines möglichen Rechtsstreites von dem Domain-Inhaber auf Dritte weiter übertragen wird. Darüber hinaus wird der Antragsteller automatisch neuer Domain-Inhaber, falls der bisherige Inhaber die Domain freigibt.

Die Einreichung eines Dispute-Eintrages sollte daher der erste Schritt einer jeden Einleitung von Maßnahmen gegen rechtsverletzende Domain-Inhaber sein. Andererseits sollte auch berücksichtigt werden, dass eine unberechtigte Einreichung eines Dispute-Eintrages möglicherweise zu Schadensersatzansprüchen des Domain-Inhabers führen kann, nämlich dann, wenn der Domain-Inhaber aufgrund des Dispute-Eintrages an einer Übertragung des Domain-Namens an einen potentiellen Erwerber gehindert wird.

(2) Unterlassungs- und Schadensersatzansprüche

897 Im Übrigen können gegen Inhaber von kennzeichenverletzenden Domains die üblichen **Unterlassungs-, Beseitigungs-, Schadensersatz- und Auskunftsansprüche** nach §§ 14 ff. MarkenG, §§ 1, 3 UWG und §§ 826, 1004 BGB geltend gemacht werden. In der Rechtspraxis spielt dabei die Geltendmachung von Unterlassungsansprüchen die größte Rolle. Mangels eines konkret nachweisbaren Schadens beschränken sich die möglichen Schadensersatzansprüche zumeist auf Ansprüche im Wege der Lizenzanalogie[2]. Insoweit gilt bei Streitigkeiten um Domainnamen nichts anderes als im allgemeinen Kennzeichenrecht, so dass auf die allgemeine Literatur verwiesen werden kann[3].

898 Bei der Geltendmachung von Unterlassungsansprüchen ist zu berücksichtigen, dass im Rahmen von einstweiligen Verfügungsverfahren nur die Unterlassung der Nutzung der jeweiligen Domain, nicht jedoch die **Freigabe der Domain** verlangt werden kann[4]. Die Freigabe der Domain stellt nämlich eine endgültige, rechtsgestaltende Handlung dar, welche im Rahmen des Verfü-

1 Das Formblatt für den „Dispute"-Eintrag ist unter http://www.denic. verfügbar.
2 Vgl. hierzu *Althammer/Ströbele/Klaka*, MarkenG, § 14 Rz. 163.
3 *Ingerl/Rohnke*, MarkenG, vor §§ 14-19 Rz. 5 ff; *Althammer/Ströbele/Klaka*, MarkenG, § 14 Rz. 101 ff.
4 OLG Frankfurt v. 5.12.2000 – 6 W 122/00, MMR 2001, 158.

gungsverfahrens zu einer unzulässigen Vorwegnahme der Hauptsache führen würde. Die Freigabe der Domain kann daher regelmäßig nur im Rahmen eines Hauptsacheverfahrens – mit den dadurch sich ergebenden zeitlichen Verzögerungen –, nicht jedoch im Verfügungsverfahren erreicht werden.

Umstritten ist darüber hinaus, ob von dem Domain-Inhaber im Rahmen des Hauptsacheverfahrens neben der Freigabe auch die **Übertragung der Domain** verlangt werden kann. Während einige Gerichte einen derartigen Übertragungsanspruch für zulässig halten[1], haben sich andere Gerichte ausdrücklich gegen die Zulässigkeit eines derartigen Übertragungsanspruches ausgesprochen[2]. Richtigerweise dürfte hierbei derjenigen Ansicht der Vorzug zu geben sein, welche einen Übertragungsanspruch ablehnt, da anderenfalls der Geschädigte durch die Übertragung der Domain mehr erhalten würde – nämlich die faktische Ausschlussposition im Internet –, als er ohne die Verletzungshandlung des Schädigers hätte[3]. Zur Sicherung des eigenen Interesses des Geschädigten an der beanstandeten Domain ist daher rechtzeitig ein Dispute-Eintrag bei der DENIC einzureichen (vgl. Rz. 896). 899

(3) Anspruchsgegner

Kennzeichenrechtliche Ansprüche im Zusammenhang mit der rechtswidrigen Nutzung von Domainnamen können sich nicht nur gegen den jeweiligen Domain-Inhaber richten, sondern auch gegen **alle** anderen **Personen, welche einen Beitrag zur Registrierung** der jeweiligen Domain **leisten**. 900

Dies ist insbesondere die bei der DENIC angegebene Kontaktperson, welche für die Verwaltung der jeweiligen Domain zuständig ist, dh. der so genannte **„admin-c“**. Nachdem die DENIC seit Oktober 2000 Domainnamen unter der Top Level Domain „.de“ auch an Personen und Unternehmen vergibt, welche ihren Sitz im Ausland haben, ist die Möglichkeit der Inanspruchnahme des „admin-c“ von besonderer Bedeutung, da dieser nach den Registrierungsrichtlinien der DENIC weiterhin seinen Sitz in Deutschland haben muss und als Zustellungsbevollmächtigter des Domain-Inhabers im Sinne von §§ 174 f. ZPO gilt[4]. Zur Vermeidung verfahrensrechtlicher Schwierigkeiten und Verzögerungen werden sich daher bei „.de“-Domains, die von einer ausländischen Person gehalten werden, die inländischen Gerichtsverfahren im Regelfall gegen den „admin-c“ richten. Neben dem „admin-c“ 901

1 LG München v. 15.1.1997 – 1 HKO 3146/96, CR 1997, 479 – „juris.de“; LG Hamburg v. 25.3.1998 – 315 O 792/97, CR 1999, 47 – „eltern.de“; OLG München v. 25.3.1999 – 6 U 4557/98, CR 1999, 382 – „shell.de“; ebenso *Hackbarth*, CR 1998, 558, und *Kur* in Loewenheim/Koch, Praxis des Online-Rechts, 1998, S. 340 f.

2 OLG Hamm v. 13.1.1998 – 4 U 135/97, CR 1998, 241 – „krupp.de“; ebenso *Ernst*, MMR 1999, 482, und *Bettinger*, CR 1998, 243.

3 Vgl. hierzu *Weisert*, Rechtsanspruch auf Übertragung einer Internet-Adresse?, ITRB 2001, 17 ff.

4 Vgl. Ziff. III der Registrierungsrichtlinien der DENIC.

kommen auch Ansprüche gegen den technischen Verwalter der Domain, den so genannten „**tech-c**“, sowie den Zonenverwalter, den „**zone-c**“, in Betracht.

902 Schließlich kann auch die **DENIC** selbst für ihre Registrierung einer rechtsverletzenden Domain haftbar gemacht werden, da sie durch die Zuweisung der Domain ebenfalls einen Tatbeitrag zu der beanstandeten Kennzeichenrechtsverletzung setzt. Zur Vermeidung zu weit reichender Verantwortlichkeiten ist der Haftungsmaßstab der DENIC jedoch herabgesetzt[1]. Ansprüche gegenüber der DENIC bestehen nur, wenn die geltend gemachte Kennzeichenverletzung offensichtlich war und von der DENIC ohne weiteres hätte erkannt und verhindert werden können[2]. Der DENIC kommt damit ein Haftungsprivileg zugute, welches mit dem Verlagsprinzip im Falle der Veröffentlichung von marken- oder wettbewerbswidriger Anzeigen Dritter vergleichbar ist[3].

(4) Außergerichtliche Streitbeilegung im Rahmen der ICANN Uniform Domain Name Dispute Resolution Policy

903 Große Bedeutung hat im Rahmen der Domain-Streitigkeiten in den letzten Jahren die Uniform Domain Name Dispute Resolution Policy der ICANN[4] gewonnen.

Die **Uniform Domain Name Dispute Resolution Policy**[5], abgekürzt **UDRP**, wurde im Oktober 1999 durch das ICANN als alternative Streitschlichtungsmethode zu herkömmlichen Gerichtsverfahren verabschiedet. Zweck der UDRP ist es, ein überstaatliches, schnelles und kostengünstiges Streitschlichtungsverfahren für Domainnamen-Streitigkeiten für die **generic Top Level Domains „.com“, „.net“ und „.org“**[6] zu schaffen, das es Rechtsinhabern ermöglichen sollte, ohne Rücksichtnahme auf die verfahrensrechtlichen und materiell-rechtlichen Besonderheiten des jeweiligen Nutzungslandes Ansprüche gegen rechtswidrige Domain-Inhaber durchzusetzen. Hierzu wurden die UDRP auf Veranlassung der ICANN von sämtlichen von ICANN zugelassenen Registrierungsstellen für „.com“-, „.net“- oder „.org“-Domains als Teil der eigenen Registrierungsbedingungen übernommen. Jeder Anmel-

1 Vgl. *Bettinger/Freytag*, CR 2000, 28 ff.

2 Vgl. OLG Frankfurt v. 14.9.1999 – 11 U Kart 59/98, WRP 2000, 214 – „ambiente.de“.

3 Vgl. BGH v. 30.6.1972 – I ZR 1/71, GRUR 1973, 203 – „Badische Rundschau“; BGH v. 7.5.1992 – I ZR 119/90, MDR 1992, 954 = GRUR 1992, 618 – „Pressehaftung II“.

4 Siehe zur ICANN bereits unter Rz. 837.

5 Die aktuelle Fassung kann unter «hyperlink http://www.icann.org/udrp/udrp-policy-24oct99.htm » abgerufen werden.

6 Registrierungsstellen nationaler ccTLDs können sich ebenfalls der UDRP unterwerfen. Hiervon haben aber bislang nur einige wenige Registrierungsstellen Gebrauch gemacht (aktuell nur die Registrierungsstellen für „.nu“, „.tv“ und „.ws“), so dass der wesentliche Anwendungsbereich der UDRP bei den „.com“-, „.net“- oder „.org“-Domains liegt.

der einer „.com“-, „.net“- oder „.org“-Domain unterwirft sich damit automatisch den besonderen außergerichtlichen Streitschlichtungsbestimmungen der UDRP[1].

904 Die Streitschlichtungsverfahren unter der UDRP werden nicht durch das ICANN selbst, sondern durch von der ICANN ernannte **Dispute Resolution Provider** durchgeführt. Von den vier bislang ernannten Dispute Resolution Providern[2] ist – zumindest in Europa – die World Intellectual Property Organization (WIPO) in Genf bei weitem die bedeutendste[3]. Für die Verfahrensdurchführung gelten die von der ICANN vorgegebenen „Rules for Uniform Domain Name Dispute Resolution Policy“ sowie etwaige vom jeweiligen Dispute Resolution Provider ergänzend erlassene „Supplemental Rules“[4].

905 In **verfahrensrechtlicher Hinsicht** sehen die UDRP-Rules der ICANN sowie die „Supplemental Rules“ der Dispute Resolution Provider ein schnelles und kostengünstiges Verfahren unter Einsatz elektronischer Kommunikationsmittel wie E-Mail vor. Der Anspruchsteller hat seine Beschwerde bei dem Dispute Resolution Provider mit bestimmten in § 3 URDP-Rules einzeln aufgeführten Angaben einzureichen. Er hat zeitgleich die – vergleichsweise günstigen – Verfahrenskosten vorzuschießen[5]. Die Beschwerdeschrift wird daraufhin vom Dispute Resolution Provider dem Domain-Inhaber zugestellt. Dieser hat 20 Tage Zeit, zu der Beschwerde Stellung zu nehmen. Nach dem Eingang der Beschwerdeerwiderung ernennt der Dispute Resolution Provider das den Streit entscheidende Schiedsgericht, das sog. „Panel“. Dieses besteht aus einem Schiedsrichter, soweit nicht entweder der Beschwerdeführer oder der Beschwerdegegner die Einrichtung eines dreiköpfigen Panels beantragt. Das Panel kann weitere Stellungnahmen von den Parteien einholen, soll aber im Regelfall innerhalb von 14 Tagen entscheiden, soweit nicht außergewöhnliche Gründe eine längere Entscheidungszeit erforderlich machen.

906 **Rechtsfolge der Entscheidung** des Panel ist, dass die jeweilige Registrierungsstelle 10 Tage nach Zugang der Entscheidung die beanstandete Domain freigibt oder an den Anspruchsteller überträgt, soweit zuvor nicht durch den

1 Soweit die Registrierung einer „.com“-, „.net“- oder „.org“-Domain in Deutschland bei einer deutschen Registrierungsstelle erfolgt, stellt sich allerdings die Frage, ob die UDRP nach § 2 AGBG überhaupt in den Registrierungsvertrag wirksam einbezogen sind und der Formvorschrift des § 1031 ZPO entsprechen. Dies ist bislang – soweit ersichtlich – weder in der Rechtsprechung noch in der Literatur genauer untersucht worden.

2 Abzurufen unter http://www.icann.org/udrp/approved-providers.htm.

3 Seit der Verfahrenseröffnung durch die WIPO im Dezember 1999 bis April 2001 wurden 2300 Streitverfahren bei der WIPO anhängig gemacht.

4 Im Fall der WIPO zB die „WIPO Supplemental Rules for Uniform Domain Name Dispute Resolution Policy“, abrufbar unter http://arbiter.wipo.int/domains/rules/supplemental.html.

5 Bei der WIPO betragen die Verfahrenskosten zur Zeit US-$ 1.500,- bei einem Ein-Personen-Panel und US-$ 3.000,- bei einem Drei-Personen-Panel (vgl. http://arbiter.wipo.int/domains/fees/index.html).

Domain-Inhaber eine Klage bei einem zuständigen Gericht[1] eingereicht worden ist. Im Gegensatz zu einem herkömmlichen Schiedsverfahren ersetzt das UDRP-Verfahren daher nicht ein Streitverfahren vor staatlichen Gerichten, sondern stellt nur eine vereinfachte Möglichkeit zur Verfolgung von Ansprüchen gegen Domain-Inhaber dar.

907 Im Unterschied zu den meisten Streitschlichtungsverfahren beschränkt sich die UDRP nicht nur auf die Festlegung verfahrensrechtlicher Regelungen, sondern bestimmt auch die **materiell-rechtlichen Voraussetzungen**, unter denen eine Domain freigegeben werden soll - und zwar ohne Bezugnahme auf ein anzuwendendes nationales Recht. Die Voraussetzungen für die Freigabe der Domain sind nach § 4 (a) UDRP – unabhängig von der Wahl des Dispute Resolution Providers – die folgenden:

– Der Anspruchssteller muss Inhaber einer **Marke** sein, die zu der angegriffenen Domain identisch oder zumindest verwechslungsfähig ist;
– der Domain-Inhaber darf an der Domain **kein legitimes Eigeninteresse** haben[2];
– die Domain muss durch den Domain-Inhaber **treuwidrig** („*in bad faith*") angemeldet worden sein und genutzt werden[3].

908 Es ist nahe liegend, dass die Anwendung derartig vager unbestimmter Rechtsbegriffe wie „legitimes Eigeninteresse" oder „treuwidrige Nutzung" zu einer erheblichen **Rechtsunsicherheit bei der Rechtsanwendung** führen muss. Diese wird dadurch weiter verstärkt, dass die durch die Dispute

1 Zu berücksichtigen ist insoweit, dass nach § 3 (b) (xiii) der UDSP-Rules der Beschwerdeführer mit der Beschwerdeeinreichung zu erklären hat, dass er mit der Gerichtszuständigkeit einer „Mutual Jurisdiction" einverstanden ist. Eine „Mutual Jurisdiction" ist der Gerichtsstand des Ortes, an dem die für die Domain-Anmeldung genutzte Registrierungsstelle ihren Sitz hat, oder des Sitzortes des Domain-Inhabers, der von dem Domain-Inhaber bei der Registrierung angegeben ist. Die Einreichung einer UDRP-Beschwerde führt daher dazu, dass der Beschwerdeführer an im Regelfall für den Domain-Inhaber günstigen Gerichtsständen verklagt werden kann. Dies sollte bei der Einreichung einer UDRP-Beschwerde berücksichtigt werden.

2 Ein legitimes Eigeninteresse besteht nach § 4 (c) UDRP insbesondere, wenn
– der Domaininhaber die Domain vor der Kenntnis der Streitigkeit ohne treuwidrige Absicht („bona fide") für das Angebot von Waren oder Dienstleistungen genutzt hat,
– der für die Domain genutzte Begriff allgemein als Kennzeichen des Geschäftsbetriebes oder der Person des Domaininhabers genutzt wird, auch wenn keine Marke angemeldet worden ist, oder
– die Domain in sonstiger Weise „fair" ohne Irreführungs- oder Gewinnerzielungsabsicht genutzt wird.

3 Ein treuwidriges Verhalten ist nach § 4 (b) UDRP insbesondere anzunehmen, wenn
– die Domain in erster Linie dazu erworben wurde, sie dem Anspruchsteller gegen Geld zur Verfügung zu stellen,
– die Domain zur Behinderung eines Wettbewerbers, insbesondere zur Verhinderung der Domain-Anmeldung des Anspruchstellers, vorgenommen wurde, oder
– die Domain dazu genutzt wird, Internet-Traffic von dem Anspruchsteller auf die eigene Website zu ziehen.

Resolution Provider benannten Schiedsrichter aus verschiedenen Staaten und Rechtskulturen kommen und ihr jeweiliges nationales Rechtsverständnis in ihre Entscheidungen einfließen lassen. Insgesamt sind daher die bisher veröffentlichten UDRP-Entscheidungen[1] in ihren Ergebnissen und der aus ihren Begründungen ersichtlichen Qualität recht unterschiedlich und eröffnen ein gewisses Spektrum von „Zufälligkeit", welche sich bislang in einer eher anspruchstellerfreundlichen Entscheidungspraxis niedergeschlagen hat[2]. Es bleibt abzuwarten, ob mit einer umfangreicheren Entscheidungspraxis – und der Veröffentlichung erster UDRP-Kommentarwerke – eine größere Konsistenz in den Entscheidungen herbeigeführt werden wird.

gg) Anmeldung von Marken

Für viele Anbieter neuer E-Commerce-Dienstleistungen stellt sich die Frage, 909
ob zur Sicherung der jeweiligen Domain zusätzlich eine gleich lautende Marke beim deutschen Patent- und Markenamt eingereicht werden soll. Bei der Beantwortung dieser Frage dürfte nach der Art der Domain zu unterscheiden sein:

- Hat die genutzte **Domain keine Kennzeichnungskraft**, weil sie zB allein 910
  beschreibender Natur ist, kommt eine Markenanmeldung wegen § 8 Abs. 2 MarkenG von vornherein nicht in Betracht. Wie bereits erwähnt, kann die Ausschlussbestimmung des § 8 Abs. 2 MarkenG auch nicht dadurch umgangen werden, daß die Domain zusammen mit der jeweiligen TLD-Kürzung (zB „lastminute.de") als Marke angemeldet wird. Nach der ständigen Entscheidungspraxis des deutschen Patent- und Markenamtes kommt nämlich der Top Level Domain keine eigene Kennzeichnungskraft zu[3], so dass eine an sich schutzunfähige Kennzeichnung als Second Level Domain nicht durch die Hinzufügung der Top Level Domain Schutzfähigkeit erlangt.
- Ist die **Domain kennzeichnungskräftig**, so kommt ihr dann, wenn sie zur 911
  Kennzeichnung eines Unternehmens oder eines Online-Magazins genutzt wird, nach der herrschenden Meinung aus sich heraus Unternehmenskennzeichen- oder Werktitelschutz nach §§ 5 Abs. 2, 15 Abs. 2 MarkenG zu (siehe Rz. 873 ff.). Eine zusätzliche Markenanmeldung erscheint daher auf den ersten Blick entbehrlich, da dem Domain-Inhaber bereits aufgrund der Domain-Anmeldung ein Prioritätsrecht gemäß § 6 MarkenG zukommt. Gleichwohl dürfte die zusätzliche Anmeldung einer Marke ratsam sein: Zum einen kann durch eine sorgfältige Auswahl des Waren- und Dienstleistungsverzeichnisses bei einer Markenanmeldung ein präziserer und

1 Die unter der UDRP ergangenen Entscheidungen sind unter http://www.icann.org /udrp/proceedings-list-name.htm abrufbar.

2 Von 1470 Entscheidungen unter den WIPO-Rules ergingen ca. 1200 zugunsten des Klägers und nur ca. 270 zugunsten des Beklagten.

3 BPatG v. 26.1.2000 – 29 W (pat) 160/99, CR 2000, 535 – „hppt://www.cyberlaw.de"; siehe hierzu bereits oben Rz. 859.

größerer Schutzumfang erreicht werden, als dies bei der Schutzumfangsbestimmung allein auf der Grundlage der tatsächlichen Nutzung eines Unternehmenskennzeichens oder Werktitels[1] der Fall ist. Darüber hinaus ist insbesondere der Wert der Domain im Zusammenhang mit der aktiven Geltendmachung von Unterlassungsansprüchen gegen Dritte zur Zeit noch unklar (siehe hierzu bereits Rz. 876 ff.). Insgesamt dürfte daher die Rechtsposition des Domain-Inhabers durch eine zusätzliche Markenanmeldung deutlich verstärkt werden.

c) Patentrecht

912 Ein **Anbieter** von Waren oder Dienstleistungen über das Internet muss sicherstellen, dass durch seine Tätigkeit keine Patentrechte Dritter verletzt werden. Dabei können durch die Verwendung von E-Business-Software, des Geschäftsmodells als solchem oder durch das Anbieten von patentverletzenden Produkten oder Dienstleistungen Patentrechte Dritter tangiert sein. Die vorgenannten Fälle werden im Folgenden getrennt betrachtet. Dabei ist zu berücksichtigen, dass die Patentierbarkeit von Software und insbesondere von Geschäftsmethoden international unterschiedlich beurteilt wird. In den USA ist derzeit eine weitergehende Patentierbarkeit möglich als etwa in den europäischen Staaten.

aa) Patentgeschützte E-Business-Software

913 In Deutschland sowie den 20 Vertragsstaaten des Europäischen Patentübereinkommens (umfassend alle Staaten der Europäischen Union sowie die Schweiz, Liechtenstein, Monaco, Zypern und die Türkei) ist **Software** („Programme für Datenverarbeitungsanlagen") nach § 1 PatG bzw. Art. 52 EPÜ als solche von der Patentierung ausgeschlossen. Diese gesetzliche Regelung (vgl. E Rz. 27) hat zu der weit verbreiteten Fehleinschätzung geführt, dass Software überhaupt nicht patentfähig sei, was sich in der wesentlich geringeren Anzahl europäischer Inhaber von softwarebezogenen Patenten gegenüber US-Amerikanern und Japanern niederschlägt. Ein genereller Patentierungsausschluss für Computersoftware besteht jedoch nicht. Ob ein Computerprogramm patentierbar ist, hängt grundsätzlich davon ab, ob mit diesem eine patentfähige Erfindung implementiert wird. Wann eine solche Erfindung genügenden technischen Charakter hat, um als patentfähig angesehen zu werden, hat sowohl die Beschwerdekammern des Europäischen Patentamts als auch den Bundesgerichtshof in den letzten 20 Jahren mehrfach beschäftigt (siehe unten E Rz. 30 mit Nachweisen). Die Rechtsprechung hat sich

---

1 Insbesondere können im Wege der Markenanmeldungen auch mögliche Erweiterungsgebiete der unter der Domain angebotenen E-Commerce-Dienste durch eine Aufnahme in das Waren- und Dienstleistungsverzeichnis von vornherein mitgeschützt werden, wohingegen sich der Schutzbereich der Domain als Unternehmenskennzeichen oder Werktitel stets nur auf den aktuellen Nutzungstatbestand beschränkt.

dabei im Trend dahin gehend entwickelt, den Begriff des Technischen immer weiter auszulegen, so dass sowohl vom Europäischen Patentamt als auch vom Deutschen Patentamt regelmäßig in großer Anzahl Patente auch für durch Software implementierte Erfindungen erteilt werden. Die noch stärkere Öffnung des Patentrechts für Computerprogramme in den USA sowie die rasante Entwicklung des Internets ab ca. 1996 hat zu einem starken Anstieg von Patentanmeldungen für Internet- und E-Business-Software vor allem durch amerikanische Unternehmen geführt.

Im Gegensatz zum Deutschen Patentgesetz und dem Europäischen Patentübereinkommen existiert **in den USA** kein gesetzlicher Patentierungsausschluss für Computerprogramme als solche. Bis Ende der 70er Jahre wurden Computerprogramme jedoch auch in den USA als nicht patentfähige abstrakte Ideen angesehen. Erst durch die wegweisenden Entscheidungen „Diamond vs. Chakrabarty“[1] und „Diamond vs. Diehr“[2] des US-Supreme Court änderte sich die Situation. Seit Beginn der 80er Jahre wurden daher in den USA eine ständig zunehmende Anzahl von Softwarepatenten angemeldet und auch erteilt (siehe auch E Rz. 39–41). Die letzten Zweifel an der Patentierbarkeit von Software in den USA wurden durch die Entscheidung „State Street Bank“[3] beseitigt. 914

Derjenige, der über das Internet Waren und/oder Dienstleistungen anbietet, muss die für **E-Business-** und **Transaktionssysteme** bestehenden Patente berücksichtigen. Ein typisches Beispiel für E-Business-Patente ist das sog. „One-Click“-Patent des Online-Buchhändlers Amazon.com[4]. Dieses schützt ein Transaktionsverfahren, bei dem der Käufer eines Gegenstands, etwa eines Buches oder einer CD, durch eine einzige Tätigkeit (einen Mausklick) die Bestellung des Gegenstands wirksam ausführen kann, wenn der Online-Käufer vorher registriert und mit einer eindeutigen Kennung versehen worden ist. Wenn der Kunde einen gewünschten Gegenstand ausgesucht hat, wird mittels der Kennung die Adress- und Rechnungsstellungsinformation des registrierten Kunden erfasst und der Kunde kann mit einem einzigen Mausklick den Bestellvorgang abschließen. Die für das patentierte Verfahren wesentlichen Vorgänge laufen auf dem Server-Computer des Händlers ab. Eine Patentverletzung kommt daher in der Regel nur dann in Betracht, wenn der Server in einem Territorium liegt, für welches das Patent erteilt und in Kraft ist. Dort muss der Anbieter, um eine Patentverletzung auszuschließen, sicherstellen, dass sein Kunde wenigstens zweimal klicken muss, um einen Gegenstand über das Internet zu bestellen. 915

Verwendet ein Anbieter für seine Aktivitäten im Netz von **einem Softwarehaus erworbene Software**, so haftet das Softwarehaus nach § 434 BGB dafür, 916

---

1 GRUR Int. 1980, 627.

2 GRUR Int. 1981, 646.

3 GRUR Int. 1999, 633; *Esslinger/Hössle*, Mitt. 1999, 327; CRI 2000, 19 mit Anm. *Esslinger*.

4 US-Patent Nr. 5,960,411.

dass die Software frei von Rechtsmängeln, dh. auch frei von Patentrechten Dritter ist und der Erwerber die Software auch bestimmungsgemäß verwenden kann. Beim Erwerb von E-Business-Softwarepaketen ist bei Vertragsabschluss jedoch darauf zu achten, dass die Patentsituation in verschiedenen Ländern unterschiedlich sein kann.

917 **Entwickelt** ein Netzanbieter seine E-Business-Software **selbst**, so ist dieser zu Überprüfung verpflichtet, ob er Patentrechte Dritter verletzt. Wenn andererseits die selbst entwickelte E-Business-Software selbst Erfindungen enthält, können diese durch Anmeldung eines Patents vor der Übernahme durch Dritte geschützt werden. Die Anmeldung eigener Patente wird häufig auch als Defensivstrategie verwendet, um im Falle einer Verletzung fremder Patente eine verbesserte Verhandlungsposition zu erlangen und um mittels einer Kreuzlizenzvereinbarung die Erlaubnis zur Benutzung des verletzten Patents zu bekommen.

bb) Patentgeschützte Geschäftsmodelle

918 Die zunehmende Verbreitung und Kommerzialisierung des Internets hat insbesondere in den USA, aber auch in Europa und Asien eine Vielzahl von neu gegründeten Unternehmen hervorgebracht, die auf neuen oder zumindest weiterentwickelten **Geschäftsmethoden oder -modellen** basieren. Durch die Rechtsprechung und Praxis seit 1998 wurde in den USA die Patentierung neuer und nicht nahe liegender Geschäftsmethoden möglich, so dass im Internet tätige Unternehmen sich mit Patenten konfrontiert sehen, die nicht technische Gegenstände oder Verfahren, sondern Geschäftsmodelle im Internet schützen. Typisches Beispiel für ein solches Patent auf ein Geschäftsmodell ist das sog. „Reverse Auction“-Patent der Online-Flugbörse Priceline.com[1]. Es schützt ein computergestütztes Verfahren, bei dem Kaufangebote von Kunden (beispielsweise für Flugtickets) an eine Mehrzahl von Verkäufern (in diesem Beispiel Fluggesellschaften) versteigert werden. Der Kunde gibt die gewünschte Flugroute, Flugzeit und den maximalen Preis, den er zu zahlen bereit ist, zusammen mit seiner Kreditkartennummer über das Internet ein. Das Kaufangebot wird an alle am System angeschlossenen Fluggesellschaften weitergeleitet, die dann entscheiden können, ob sie das Angebot annehmen. Sobald eine Fluggesellschaft das Angebot akzeptiert, ist das Geschäft zustande gekommen.

919 Ausgelöst wurde diese Entwicklung durch die bekannte Entscheidung **„State Street Bank“**[2] des US-Berufungsgerichtshofs CAFC (Court of Appeal for the Federal Circuit) für Patentstreitsachen. Das Gericht hatte über die Rechtsbeständigkeit eines Patents zu entscheiden, das für ein Computersystem zur Ausführung eines bestimmten Fondmanagementschemas erteilt worden war. In den Urteilsgründen wurde in für Gerichte unüblich eindeutiger Formulie-

1 US-Patent Nr. 5,794,207.
2 CRI 2000, 19; GRUR Int. 1999, 633.

rung („wir nehmen diese Gelegenheit wahr, diese fehlkonzipierte Ausnahme (für Geschäftsmethoden) zu Grabe zu tragen“) festgestellt, dass es einen Patentierungsausschluss für Geschäftsverfahren nicht gibt. Geschäftsverfahren oder Geschäftsmodelle sind in den USA auch unabhängig von der Implementierung als Software patentfähig, wenn die weiteren Patentierungsvoraussetzungen Neuheit und erfinderische Tätigkeit erfüllt sind. Nach „State Street Bank“ sind in den USA innerhalb kurzer Zeit eine Vielzahl von Geschäftsmethoden zum Patent angemeldet worden. Die meisten dieser Patentanmeldungen betrafen internetbasierte Geschäftsmethoden. Das Patentamt wurde dadurch mit Anmeldungen konfrontiert, die nicht der technischen Expertise der Prüfer entsprachen und für die das Patentamt auch keine Datenbanken zum Stand der Technik aufgebaut hatte. Das führte zur Erteilung von sehr breiten, in den Augen mancher Kritiker trivialen Patenten. Als Reaktion auf öffentliche Kritik an dieser Situation hat das US-Patent- und Markenamt Maßnahmen zur Verbesserung von Recherche und Prüfung von Patenten auf Geschäftsmethoden ergriffen[1]. Demnach soll für Geschäftsmethoden, die lediglich die Implementierung eines bereits bekannten Geschäftsverfahrens als Computerprogramm oder die Umsetzung ins Internet umfassen, kein Patent erteilt werden. Darüber hinaus hat im Falle von Patenten auf Geschäftsmethoden der beklagte Verletzer im Unterschied zu anderen technischen Gebieten in den USA die Möglichkeit der Einrede der Vorbenutzung im eigenen Betrieb. In Deutschland sind Vorbenutzungsrechte für Patente auf allen technischen Feldern durch § 12 PatG gesetzlich geregelt (siehe unten E Rz. 20).

Im **Deutschen Patentgesetz** genauso wie im **Europäischen Patentübereinkommen (EPÜ)** sind nach § 1 PatG bzw. Art. 52 EPÜ Geschäftsmethoden („Verfahren für geschäftliche Tätigkeiten“) genauso wie Computerprogramme „als solche“ von der Patentierung ausgeschlossen. Ein Patent für eine Geschäftsmethode wird nur dann erteilt, wenn die Geschäftsmethode einen erfinderischen technischen Beitrag zum Stand der Technik liefert[2]. Geschäftsmethoden ohne technischen Bezug werden somit in Deutschland und Europa nicht patentiert. Wie in den USA stellt außerdem die reine Implementierung eines bekannten Geschäftsverfahrens als Computerprogramm oder Internet-System keine auf erfinderischer Tätigkeit beruhende und daher patentfähige Erfindung dar[3]. 920

Der Anbieter im Internet mit einem innovativen Geschäftsmodell, der **international** tätig sein will, muss prüfen, ob insbesondere in den USA das Geschäftsmodell nicht schon durch ein Patent Dritter geschützt ist. Ist dies nicht der Fall, kann umgekehrt natürlich eine eigene Patentanmeldung, 921

1 *Meyer/Kort*, Mitt. 2000, 479.
2 EPA T 0931/95 Pension Benefits System, 8.9.2000, CRI 2001, 18, m. Anm. *Sedlmaier/Glasen.*
3 BPatG, Beschl. v. 14.6.1999 – 20 W (pat) 8/99, CR 2000, 97 – Automatische Absatzsteuerung.

insbesondere mit Wirkung für die USA, zur Sicherung eines Wettbewerbsvorsprungs gegenüber Konkurrenten sinnvoll sein.

cc) Patentgeschützte Produkte

922 Ein Patent verleiht dem Inhaber nach § 9 PatG ein **Exklusivrecht** an der patentierten Erfindung. Die folgenden Benutzungshandlungen sind dem Patentinhaber vorbehalten bzw. von dessen Zustimmung abhängig:

Für ein Erzeugnis:

- Herstellen des Erzeugnisses
- Anbieten des Erzeugnisses
- In-Verkehr-bringen des Erzeugnisses
- Gebrauchen des Erzeugnisses
- das Erzeugnis zu den genannten Zwecken einzuführen oder zu besitzen

Für ein Verfahren:

- Anwenden des patentierten Verfahrens
- Anbieten des Verfahrens zur Anwendung, wenn die Anwendung des Verfahrens nicht zulässig ist
- ein durch das patentierte Verfahren unmittelbar hergestelltes Erzeugnis anbieten, in Verkehr bringen, gebrauchen oder zu diesen Zwecken einführen oder besitzen.

923 Die Regelungen des Patentgesetzes gelten für einen **Online-Anbieter** in gleicher Weise wie für einen traditionellen Hersteller oder Händler. Betreibt ein Online-Anbieter eine von Deutschland aus zugreifbare und (unter anderem) an Deutschland gerichtete Webseite, so unterfallen alle auf dieser Webseite angebotenen Artikel der Benutzungshandlung des Anbietens, egal ob die Webseite von einem Server im Inland oder im Ausland betrieben wird[1].

Wird patentgeschützte Software über eine Webseite zum Downloaden angeboten, so kann neben der Benutzungshandlung des Anbietens auch die Benutzungshandlung des In-Verkehr-Bringens erfüllt sein.

924 Grundsätzlich muss ein Online-Anbieter für die angebotenen Artikel **in allen Territorien, an die sich die Webseite richtet** (bestimmbar etwa durch die Sprache, in der die Webseite gestaltet ist), bestehende Patentrechte beachten. Wer widerrechtlich eine patentierte Erfindung benutzt, kann nach § 139 PatG vom Verletzten (dh. dem Patentinhaber oder einer von diesem zur Rechtsverfolgung authorisierten Rechtsperson) auf Unterlassung und, im Falle von Vorsatz oder Fahrlässigkeit, Schadenersatz in Anspruch genommen werden. Von einem reinen, nicht spezialisierten Händler wird wegen

1 OLG Frankfurt, Beschl. v. 3.12.1998 – 6 W 122/98, CR 1999, 450; OLG München, Urt. v. 21.9.1999 – 9 HK O 12244/99, CR 2000, 464; OLG Bremen, Urt. v. 17.2.2000 – 2 U 139/99, CR 2000, 770.

des damit verbundenen großen Aufwands nicht erwartet, dass er das eventuelle Bestehen von Patentrechten an allen von ihm vertriebenen Produkten überprüft[1]. Für Importeure gilt eine strengere Prüfungspflicht, da von einem ausländischen Hersteller nicht im gleichen Maße wie von einem in Deutschland ansässigen Hersteller erwartet werden kann, dass er selbst die Patentrechtslage in Deutschland prüft[2]. Vom Hersteller eines Produktes wird in der Regel erwartet, dass er die für sein Fachgebiet einschlägigen Patente und Patentanmeldungen überwacht.

Ist ein Online-Anbieter gleichzeitig auch Hersteller der angebotenen Gegenstände, so kann er auf Unterlassung der Patentverletzung für die Zukunft und auf Schadenersatz für die Vergangenheit seit dem Zeitpunkt der Patenterteilung verklagt werden. Der reine Online-Händler kann nur auf Unterlassung des weiteren Anbietens und In-Verkehr-Bringens der patentverletzenden Artikel in Anspruch genommen werden. Noch im Lager verbliebene Artikel werden in der Regel an den Hersteller zurückgegeben.

1 *Rogge* in Benkard, Patentgesetz, 9. Aufl. 1993, § 139 PatG Rz. 47.
2 *Rogge* in Benkard, Patentgesetz, 9. Aufl. 1993, § 139 PatG Rz. 47.

C. Tätigkeit im Netz

In den letzten fünf Jahren hat sich das Internet zu einem wahren Paradies – manche meinen auch zu einem El Dorado – für Einkaufsmöglichkeiten und sonstige Angebote entwickelt. Insbesondere der private Endverbraucher findet hier zum einen Produkte, die er unmittelbar über das Netz erwerben kann, nämlich Software, Bücher, Musik und Filme in elektronischer Form sowie Tickets für Veranstaltungen und andere Angebote. Daneben stehen eine nahezu unendliche Fülle von elektronischen Dienstleistungen wie elektronisches Banking, Direktvertrieb von Wertpapieren, Versicherungsberatung und sonstige kostenlose oder entgeltliche Auskunftsdienste zur Verfügung. Selbst vor öffentlich-rechtlich stark geregelten Angeboten, wie Arzneimittel, macht das Internet keinen Halt[1]. Die Technik wird täglich fortentwickelt, und schon in sehr naher Zukunft wird aufgrund des Ausbaus der Netze die Bestellung über einen Mobilfunk-Datendienst in sehr einfacher Form (im Gegensatz zum schwerfälligen WAP) möglich sein und der sich selbst über eine Online-Verbindung bestückende Kühlschrank ist sicherlich kein Szenario für einen Science Fiction-Roman mehr. Eine ebenso natürliche Entwicklung ist es, dass in Zukunft mehr und mehr Angebote nicht mehr kostenlos zur Verfügung stehen (Stichwort: Napster, MP3), sondern über die Fortentwicklung der Online-Sicherheit neue Bezahlsysteme entstehen, die eine erleichterte und sichere Abrechnung auch für einfache Informationsangebote möglich machen. Auf der Ebene der Geschäftsbeziehungen zwischen Unternehmen (business-to-business, B2B) sind in den letzten Jahren Einkaufs- und Vertriebsplattformen großer Automobilhersteller (Covisint), von Pharma-Unternehmen (Chemplorer) und anderen entstanden. Hier verbessert das Internet deutlich die Transparenz der Angebote und des Marktes; es steht deshalb zu erwarten, dass in den nächsten Jahren der Trend zur Gründung von solchen sog. Marktplätzen anhalten wird. Im Vertrieb von Waren und Dienstleistungen spielt darüber hinaus die Technik des Linkings eine große Rolle. Die einzelnen Internet Service-Provider integrieren aufgrund der Vereinbarung mit dem Händler oder Dienstleister entweder dessen Werbebanner oder lediglich einen sog. Link in ihre eigenen Internet-Auftritte, beispielsweise unter der Rubrik „Shopping". 1

Bei der Abwicklung dieser verschiedenen Vorgänge mit Hilfe des Internets sind eine Fülle von Besonderheiten, insbesondere in rechtlicher Hinsicht, zu berücksichtigen. Dies betrifft zum einen den Vertragsschluss im oder über das Netz. Darüber hinaus geht es um die Belieferung über das Netz oder aber die Belieferung auf herkömmlichem Wege und auf der anderen Seite die Bezahlvorgänge. Dabei spricht heute niemand mehr vom Internet als rechts- 2

---

1 Financial Times Deutschland vom 15. 5. 2001: „Medikamente Online bestellen"; LG Berlin v. 7. 11. 2000 – 103 O 192/00, MMR 2001, 249 ff. – DocMorris; LG Frankfurt a.M. v. 9. 11. 2000 – 2/03 O 366/00, CR 2001, 185 ff.

freiem Raum[1], vielmehr haben sich Rechtsprechung und Rechtslehre in vielfacher Weise dieses Phänomens intensiv angenommen[2]. Auch die Diskussion, ob über Verträge im Internet überhaupt ein einzelnes nationales Recht regieren könne oder nur globale Lösungen denkbar sind[3], wurde im Ausgangspunkt zugunsten der traditionellen Lösung entschieden, die das Rechtsanwendungsrecht, das **Internationale Privatrecht**, auf den Plan ruft[4]. Dabei soll bereits an dieser Stelle nicht verschwiegen werden, dass gerade auf der Ebene der Europäischen Union für das Internet länderübergreifende Lösungen entwickelt werden, wie beispielsweise die Signaturrichtlinie vom 13. 12. 1999[5], die Fernabsatzrichtlinie[6], die E-Commerce-Richtlinie[7], um nur einige Initiativen zu nennen. Aber auch diese übernationalen Initiativen führen lediglich dazu, dass die jeweiligen nationalen Rechte aufeinander abgestimmt werden; die Frage nach dem anwendbaren nationalen Recht ist deshalb jedoch nicht obsolet, sondern gerade im Gegenteil erfährt das Internationale Privatrecht durch das Internet einen erheblichen Bedeutungszuwachs[8].

I. Netz als Mittel zum Zweck (business-to-business, B2B)

3 Gerade auch zwischen Unternehmen sind Handel (zB Einkaufsplattformen, Softwarekauf) und Dienstleistungen (zB Online-Banking, Online-Broking, Informationsdienste), die über das Internet abgewickelt werden, in der Regel nicht national begrenzt. Während sich im materiellen Recht Fragen des Vertragsschlusses, der Einbeziehung von Allgemeinen Geschäftsbedingungen und ggf. Haftungsfragen stellen (dazu unten *Holzbach/Süßenberger*, Rz. 61 ff., sowie Kap. D), ist jedoch aufgrund des in der Regel vorhandenen Auslandsbezugs des Sachverhaltes sowohl bei der Vertragsgestaltung als auch im Streitfall zunächst die Frage des Gerichtsstands oder des einschlägigen Schiedsverfahrensrechts sowie die Frage des nach Internationalem Privatrecht anwendbaren materiellen Rechts zu klären.

---

1 Ähnlich *Hoeren*, WM 1996, 2006.

2 Vgl. lediglich die Übersicht bei *Hoffmann*, NJW 2001, Beilage zu Heft 14, der die jüngste Entwicklung von Rechtsprechung und Lehre nachzeichnet.

3 *Nordemann/Goddar/Tönhardt/Czychowski*, CR 1996, 645 (656).

4 Umfassend *Mankowski*, RabelsZ 63 (1999), 203 (207).

5 Richtlinie 1999/93/EG des Europäischen Parlaments und des Rates über gemeinsame Rahmenbedingungen für elektronische Signaturen v. 13. 12. 1999 (ABl. EG Nr. L 13/12 v. 19. 1. 2000).

6 Richtlinie 97/7/EG des Europäischen Parlaments und des Rates v. 20. 5. 1997 über den Verbraucherschutz bei Vertragsschlüssen im Fernabsatz (ABl. EG 1997 Nr. L 144, S. 19).

7 Richtlinie 2000/31/EG des Europäischen Parlaments und des Rates v. 8. 6. 2000 über bestimmte rechtliche Aspekte der Dienste der Informationsgesellschaft, insbesondere des elektronischen Geschäftsverkehrs, im Binnenmarkt (ABl. EG Nr. L 178/1 v. 17. 7. 2000).

8 *Mankowski*, RabelsZ 63 (1999), 203 (207).

1. Internationales Vertragsrecht, Gerichtsstand und Schiedsgerichtsklauseln

4 Aufgrund der im Folgenden noch zu erörternden, durch die typischen Sachverhalte des Internets hervorgerufenen Schwierigkeiten, den Anknüpfungspunkt für die kollisionsrechtliche Rechtsanwendungsregel zu bestimmen, sei dem Vertragsgestalter jedenfalls nahe gelegt, hierfür wirksame vertragliche Regelungen zu schaffen. Hierbei ist von der Gerichtsstands- oder Schiedsgerichtsklausel auszugehen, da das wirksam für zuständig erklärte Gericht nach seinem nationalen Kollisionsrecht die Wirksamkeit und die ggf. nach diesem nationalen Recht beschränkte Reichweite der Rechtswahlklausel bestimmt[1].

a) Gerichtsstandsvereinbarungen

5 Über die Zulässigkeit und die Wirksamkeit von Gerichtsstandsvereinbarungen befindet das Internationale Zivilverfahrensrecht im weitesten Sinne. Dabei sind mit diesem Begriff die Gesamtheit der Normen gemeint, die in einer zivilrechtlichen Rechtsstreitigkeit mit Auslandsbezug die zu lösenden Fragen der Gerichtszuständigkeit und des Gerichtsverfahrens regeln[2]. Dabei darf auch hier, ebenso wie im Internationalen Privatrecht, nicht übersehen werden, dass es sich hier vorrangig um **nationales Zivilprozessrecht** und teilweise, wie im Fall des EuGVÜ, um **zwischenstaatliche Abkommen** zwischen einigen Staaten handelt[3].

6 Eine andere Frage ist es, inwieweit das nationale, an territoriale Gegebenheiten anknüpfende Zuständigkeitsrecht im Online-Bereich überhaupt noch taugt, um die auftretenden Zuständigkeitsfragen zu lösen[4]. Dies betrifft jedoch kaum die Frage der gerichtlichen Zuständigkeit kraft Vereinbarung, sondern vielmehr die gesetzlichen Zuständigkeitsregeln, insbesondere den Gerichtsstand der unerlaubten Handlung, dessen Anknüpfung im Online-Bereich (Ort der unerlaubten Handlung!) besondere Schwierigkeiten bereitet (dazu unten D Rz. 795).

aa) Allgemeines

7 Das nationale und auch das in zwischenstaatlichen Abkommen vereinbarte internationale Zuständigkeitsrecht legt deshalb fest, unter welchen Umständen die Gerichte des jeweiligen Staates bzw. der jeweils beteiligten Staaten

---

1 BGH v. 14. 6. 1965 – GSZ 1/65, BGHZ 44, 46 (50); MünchKomm/*Sonnenberger*, EGBGB/IPR, Einl. Rz. 239 ff.

2 *Geimer*, Internationales Zivilprozeßrecht, Rz. 9; *Kropholler*, Internationales Privatrecht, § 56 I, S. 499.

3 *Kropholler*, Europäisches Zivilprozeßrecht, Einl. Rz. 17; das Haager Abkommen über die gerichtliche Zuständigkeit in Zivilsachen befindet sich noch im Entwurfsstadium.

4 Umfassend hierzu *Pichler* in Hoeren/Sieber, Multimedia-Recht, Teil 31 Rz. 71 ff.

zuständig sind[1]; eine verbindliche Zuweisung an Gerichte anderer Staaten scheidet aufgrund der nationalen Souveränität aus[2]. Dabei ordnen die genannten Gesetze und internationalen Abkommen die internationale Zuständigkeit der Gerichte des jeweiligen Staates aufgrund bestimmter Anknüpfungspunkte zu. Hierbei handelt es sich beispielsweise um den Wohnsitz/Niederlassung, um den Erfüllungsort einer Verpflichtung, den Ort einer unerlaubten Handlung oder aber eine Vereinbarung eines bestimmten Gerichtsstands zwischen den Vertragsparteien. Gerade im Online-Bereich entsteht durch die Fülle von Anknüpfungsmöglichkeiten (Niederlassung des Unternehmens, Standort des Servers, die jeweilige URL, Ort der Verbreitung von Inhalten) eine **Vielzahl von potentiellen internationalen Zuständigkeiten**.

8 Bei der Vereinbarung eines bestimmten Gerichtsstandes sollte jedoch dem Vertragsgestalter klar sein, dass es bei der internationalen Zuständigkeit nicht nur um den Zugang zu bestimmten nationalen Gerichten geht, sondern auch um die Anerkennung eines dort ergangenen Urteils in einem anderen Staat, der in der Regel in einem gesonderten Verfahren die Zulassung der Vollstreckung aus diesem Urteil prüft[3]. Im Rahmen einer solchen Anerkennung eines ausländischen Urteils prüfen die Gerichte des Vollstreckungsstaates grundsätzlich nach dem eigenen Internationalen Zivilprozessrecht, ob das Gericht des Urteilsstaates seine eigene Zuständigkeit im gegebenen Fall bejahen durfte (für deutsche Gerichte gilt §§ 722 f. ZPO); wir sprechen von **indirekter internationaler Zuständigkeit**[4]. Das ist allerdings oft anders, wenn ein Vollstreckungsabkommen zur Anwendung kommt (vgl. Art. 26 ff. EuGVÜ). Eine Gerichsstandsvereinbarung sollte sich – soweit möglich – deshalb immer auch am internationalen Zuständigkeitsrecht eines möglichen Vollstreckungsstaates, dh. vor allem des Staates der Niederlassung der Vertragsparteien, orientieren.

9 Des Weiteren hat der Rechtsanwender den Vorrang internationaler Abkommen zu berücksichtigen. In Europa sind hier zunächst das sog. **Brüsseler Übereinkommen** von 1968 („Brüsseler EWG-Übereinkommen über die gerichtliche Zuständigkeit und die Vollstreckung gerichtlicher Entscheidungen in Zivil- und Handelssachen v. 27. 9. 1968") mit seinen zahlreichen, teilweise auch das Übereinkommen ändernden Beitrittsabkommen[5] zu berücksichtigen[6]. In Paralle-

---

1 *Schack*, Internationales Zivilverfahrensrecht, Rz. 186; *Geimer*, Internationales Zivilprozeßrecht, Rz. 848.

2 *Schack*, Internationales Zivilverfahrensrecht, Rz. 186; *Geimer*, Internationales Zivilprozeßrecht, Rz. 848.

3 *Schack*, Internationales Zivilverfahrensrecht, Rz. 187; *Geimer*, Internationales Zivilprozeßrecht, Rz. 851.

4 *Geimer*, Internationales Zivilprozeßrecht, Rz. 853; *Schack*, Internationales Zivilverfahrensrecht, Rz. 831.

5 Nachweise bei *Kropholler*, Europäisches Zivilprozeßrecht, Einl. Rz. 6 ff.; *Geimer/Schütze*, Europäisches Zivilverfahrensrecht, 1997, Einl. Rz. 4–10.

6 Das EuGVÜ wird am 1. 3. 2002 durch die Verordnung (EG) Nr. 44/2001 des Rates über die gerichtliche Zuständigkeit und die Anerkennung von Entscheidungen in Zivil- und Handelssachen vom 22. 12. 2000, ABl. EG Nr. L 12/1 v. 16. 1. 2001 (EG-Zuständigkeits- und Vollstreckungsverordnung) ersetzt.

le zum **EuGVÜ** schlossen die meisten der EU-Mitgliedstaaten mit den Mitgliedern der Europäischen Freihandelsassoziation (EFTA)[1] das sog. **Lugano-Abkommen**, das dem EuGVÜ inhaltlich und auch textlich nahezu gleicht[2]. Das EuGVÜ (demnächst die EG-Zuständigkeits- und Vollstreckungsverordnung) und auch das Lugano-Übereinkommen sind gem. Art. 2 Abs. 1, Art. 3 und Art. 4 jeweils einschlägig, wenn der Beklagte seinen Wohnsitz/seinen Sitz (Art. 52, 53) in einem Vertragsstaat hat. Auf den Wohnsitz des Klägers oder auf eine sonstige Verbindung mit dem Territorium der Vertragsstaaten kommt es nach hM nicht an[3]. Sachlich ist der Anwendungsbereich auf Zivil- und Handelssachen iSv. Art. 1 Abs. 1 EuGVÜ/Lugano-Abkommen beschränkt. In anderen Fällen, insbesondere wenn der Beklagte nicht in einem Vertragsstaat des EuGVÜ oder des Lugano-Akommens ansässig ist, gelten die nationalen Regeln über die internationale Zuständigkeit.

Aus dem Vorstehenden ergibt sich, dass der Gestalter internationaler Gerichtsstandsvereinbarungen zunächst zu berücksichtigen hat, ob das Gericht, das zur Schlichtung des Rechtsstreits berufen sein soll (Prorogation), diese Verweisung annimmt[4], und ob das Gericht, dessen ansonsten gegebene Zuständigkeit abbedungen werden soll (Derogation), dieses akzeptiert. Dabei ist zu berücksichtigen, dass nach herrschender Meinung die Gerichtsstandsvereinbarung ein Vertrag über prozessrechtliche Beziehungen ist, über dessen Zulässigkeit und Auswirkungen das Prozessrecht, über dessen Wirksamkeit hingegen das anwendbare Vertragsrecht entscheidet[5]. Die Zulässigkeit und Wirkung, insbesondere die Reichweite, der Prorogation, richten sich deshalb nach dem Prozessrecht des vereinbarten Gerichts[6]. Dies gilt sowohl für Gerichtsstandsvereinbarungen nach ZPO als auch solche nach EuGVÜ[7]. 10

bb) Internationale Zuständigkeitsvereinbarung nach ZPO

Im Rahmen der deutschen ZPO sind, wie auch in den meisten anderen Rechtsordnungen, zwei verschiedene Möglichkeiten der Wahl des Gerichtsstands eröffnet. Es handelt sich zum einen um die **direkte Gerichtsstandsvereinbarung**, in der die Zuständigkeit eines bestimmten Gerichts oder eines bestimmten Staates festgelegt wird. Zum anderen ist es zulässig, einen (nicht-ausschließlichen) Gerichtsstand über die **Wahl des Erfüllungsortes** zu bestimmen. 11

---

1 Überblick über die Vertragsparteien bei *Geimer/Schütze*, Europäisches Zivilverfahrensrecht, 1996, Einl. Rz. 11 f.

2 Kommentierung bei *Kropholler*, Europäisches Zivilprozeßrecht; *Geimer/Schütze*, Europäisches Zivilverfahrensrecht, 1997.

3 *Kropholler*, Europäisches Zivilprozeßrecht, vor Art. 2 Rz. 8 f.; *Geimer/Schütze*, Europäisches Zivilverfahrensrecht, Art. 2 Rz. 73; *Schloßer*, EuGVÜ, Vorb. Art. 2 Rz. 5.

4 Zöller/*Geimer*, ZPO, vor § 38 Rz. 1 ff.

5 BGH v. 17. 5. 1972 – VIII ZR 76/71, BGHZ 59, 23 (27); BGH v. 24. 11. 1988 – III ZR 150/87, NJW 1989, 1431 (1432); *Schack*, Internationales Zivilverfahrensrecht, Rz. 432; *Baumbach/Lauterbach/Albers/Hartmann*, ZPO, Übersicht vor § 38 Rz. 7; teilweise anders: Zöller/*Geimer*, § 38 ZPO Rz. 5 ff.

6 *Schack*, Internationales Zivilverfahrensrecht, Rz. 436.

7 HM: *Koppola*, Europäisches Zivilprozeßrecht, Art. 17 Rz. 17.

(1) Gerichtsstandsvereinbarungen nach § 38 ZPO

12 Für die Zulässigkeit von Gerichtsstandsvereinbarungen wird gem. § 38 ZPO unterschieden zwischen solchen Vereinbarungen zwischen Kaufleuten und zwischen Nicht-Kaufleuten. Die Kaufmannseigenschaft beurteilt sich hierfür entsprechend den allgemeinen Regeln des Internationalen Privatrechts nach dem Personalstatut[1]. **Kaufleute** können gem. § 38 Abs. 1 ZPO nach hM[2] formfrei eine Gerichtsstandsvereinbarung abschließen, wenn ein bestimmtes Rechtsverhältnis (§ 40 Abs. 1 ZPO) und eine vermögensrechtliche Streitigkeit (§ 40 Abs. 2 Satz 1 ZPO) betroffen sind. Es darf des Weiteren kein ausschließlicher Gerichtsstand nach deutschem Zivilprozessrecht begründet sein (§ 40 Abs. 2 Satz 1 ZPO). Im Anwendungsbereich der ZPO sind Gerichtsstandsvereinbarungen im Online-Bereich zwischen Kaufleuten deshalb mangels Formvorschrift unproblematisch.

13 Anders liegt es, wenn an einer Internet-Einkaufsplattform Unternehmen beteiligt sind, die gem. § 1 Abs. 2 HGB oder nach ähnlichen ausländischen Vorschriften aufgrund des geringen Umfangs ihres Geschäftsbetriebes oder aus sonstigen Gründen (Freiberufler) **nicht als Kaufleute** iSv. § 38 Abs. 1 ZPO zu qualifizieren sind. In diesem Fall verlangt § 38 Abs. 2 ZPO zusätzlich eine Gerichtsstandsvereinbarung in schriftlicher Form oder eine schriftliche Bestätigung einer zuvor mündlich getroffen Gerichtsstandsvereinbarung. Des Weiteren muss mindestens eine der Vertragsparteien keinen allgemeinen Gerichtsstand im Inland haben (§ 38 Abs. 2 Satz 1 ZPO).

14 Das **Schriftformerfordernis** des § 38 Abs. 2 ZPO bereitet in diesen Fällen ganz erhebliche Probleme. Erforderlich ist nach hM nämlich wenigstens ein Schriftwechsel zwischen den Parteien[3]. Selbst eine solche Schriftlichkeit ist jedoch bei einer elektronisch abgegebenen Willenserklärung nicht gegeben, wenn man nicht, was nach der gegenwärtigen Rechtsprechung nicht zulässig erscheint, lediglich auf die Zulässigkeit jederzeitiger Reproduzierbarkeit in traditioneller Schriftform abstellt[4]. Die Schriftform kann zwar nunmehr nach § 126 Abs. 3 BGB nF auch durch die elektronische Form gewahrt werden (vgl. unten Rz. 124). Hierzu bedarf es aber zweier qualifizierter Signaturen nach dem SigG nF (dazu unten Rz. 117 ff.); für Gerichtsstandsvereinbarungen in AGB ist dies wohl kein praktikabler Weg. Online-Gerichtsstandsver-

1 *Baumbach/Lauterbach/Albers/Hartmann*, § 38 Rz. 17; aA *Schack*, Internationales Zivilverfahrensrecht, Rz. 439.

2 OLG Saarbrücken v. 21. 9. 1988 – 5 U 8/88, NJW-RR 1989, 828 (829); *Schack*, Internationales Zivilverfahrensrecht, Rz. 438; *Geimer*, Inernationales Zivilprozeßrecht, Rz. 1606; *Thomas/Putzo*, ZPO, § 38 Rz. 15; aA OLG Nürnberg v. 28. 11. 1984 – 9 U 3061/84, NJW 1985, 1296.

3 BGH v. 14. 11. 1991 – IX ZR 250/90, BGHZ 116, 77 (82); *Geimer*, Internationales Zivilprozeßrecht, Rz. 1623.

4 Dagegen für das EuGVÜ *Mankowski*, RabelsZ 63 (1999), 203 (219); *Waldenberger*, BB 1996, 2365 (2367); *Gummig*, ZUM 1996, 573 (576); *Heun*, CR 1995, 2 (6); aA *Ebbing*, CR 1996, 271 (274 ff.).

einbarungen sind deshalb im Rahmen des § 38 ZPO derzeit mit Nicht-Kaufleuten praktisch verhindert[1].

(2) Indirekte Gerichtsstandsvereinbarung gem. § 29 Abs. 2 ZPO

Über eine Vereinbarung des Erfüllungsortes lässt sich gem. § 29 Abs. 2 ZPO ein nicht-ausschließlicher Gerichtsstand begründen. Eine solche Vereinbarung ist jedoch nach der ausdrücklichen Regelung des § 29 Abs. 2 ZPO nur solchen Personen, dh. auch Unternehmern, eröffnet, die **Kaufleute** sind. Dabei wird die Kaufmannseigenschaft auch hier nach den Regeln des Internationalen Privatrechts bestimmt[2]. Dasselbe gilt auch für den Begriff des Erfüllungsortes, der über die lex causae zu ermitteln ist[3]. 15

cc) Internationale Gerichtsstandsvereinbarungen nach EuGVÜ

Auch nach dem EuGVÜ sind Gerichtsstandsvereinbarungen von den indirekten Zuständigkeitsvereinbarungen über die Festlegung des Erfüllungsortes zu unterscheiden. 16

(1) Gerichtsstandsvereinbarungen nach Art. 17 EuGVÜ

Der **Anwendungsbereich** von Art. 17 EuGVÜ (demnächst Art. 23 EG-Zuständigkeits- und Vollstreckungsverordnung) ist umstritten. Seinem Wortlaut nach verlangt er lediglich, dass eine der Parteien der Gerichtsstandsvereinbarung ihren Wohnsitz in dem Hoheitsgebiet eines Vertragsstaates hat (Art. 17 Abs. 1 Satz 1 EuGVÜ) und dass es sich um eine Zivil- oder Handelssache iSv. Art. 1 EuGVÜ handelt. Bei strenger Wortlautauslegung würden deshalb auch innerstaatliche Gerichtsstandsvereinbarungen und solche Vereinbarungen, deren einziger Auslandsbezug zu einem Nicht-Vertragsstaat besteht, in den Anwendungsbereich fallen[4]. Eine Entscheidung des EuGH zu dieser Frage steht noch aus; der BGH fordert dagegen über den Wortlaut hinaus einen Bezug zu mindestens einem weiteren Vertragsstaat[5], so dass die o.g. Fälle nicht nach dem EuGVÜ, sondern nach nationalem Zivilprozess- 17

---

1 Vgl. auch ohne Berücksichtigung von § 126 Abs. 3 BGB nF: *Pichler* in Hoeren/Sieber, Multimedia-Recht, Teil 31 Rz. 160; *Rüßmann* in Tauss u.a. (Hrsg.), Deutschlands Weg in die Informationsgesellschaft, 1996, S. 709 (732); *Strömer*, Online-Recht, S. 216; aA, aber fehlgehend, *Ernst*, NJW-CoR 1997, 1057 (1058).

2 Zöller/*Vollkommer*, § 29 ZPO Rz. 3; aA *Schack*, Der Erfüllungsort, 1985, Rz. 177.

3 Sehr str., Zöller/*Vollkommer*, § 29 ZPO Rz. 3; aA *Schack*, Internationales Zivilverfahrensrecht, Rz. 276.

4 Sehr str.: vgl. *Geimer/Schütze*, Europäisches Zivilverfahrensrecht, Art. 17 Rz. 36; *Schack*, Internationales Zivilverfahrensrecht, Rz. 463 f.; *Kropholler*, Europäisches Zivilprozeßrecht, Art. 17 Rz. 9.

5 BGH v. 24. 11. 1988 – III ZR 150/87, NJW 1989, 1431 (1432); BGH v. 14. 11. 1991 – IX ZR 250/90, RIW 1992, 142 (143); wN. *Kropholler*, Europäisches Zivilprozeßrecht, Art. 17 Rz. 6.

recht zu entscheiden sind. Art. 17 EuGVÜ bleibt dagegen anwendbar, wenn die Parteien ihren Wohnsitz/ihre Niederlassung in verschiedenen Vertragsstaaten haben und die Zuständigkeit der Gerichte eines Vertragsstaates, ggf. eines dritten Vertragsstaates, vereinbaren. Er ist auch dann zu befragen, wenn die Parteien in demselben Vertragsstaat ihren Wohnsitz/ihre Niederlassung haben, aber die Gerichte eines weiteren Vertragsstaates für zuständig erklären[1]. Bei elektronischem Vertragsschluss liegen die hauptsächlichen Schwierigkeiten im Anwendungsbereich des Art. 17 EuGVÜ in den Formvorschriften des Art. 17 Abs. 1 Satz 2 a–c EuGVÜ. Hier ist das Hauptaugenmerk auf die Auslegung der Begriffe der Schriftform, der zwischenparteilichen Gepflogenheiten und des internationalen Handelsbrauchs zu legen.

18 **Schriftlichkeit** iSv. Art. 17 Abs. 1 Satz 2 lit. a EuGVÜ ist dabei entsprechend dem in den Vorarbeiten zum EuGVÜ, die gem. Art. 32 des Wiener Vertragsrechtsübereinkommens von 1931 zu berücksichtigen sind, weit zu verstehen[2]. Es ist unstreitig, dass sowohl Telex wie auch Telefax das Schriftformerfordernis des Art. 17 Abs. 1 Satz 2 lit. a EuGVÜ erfüllen[3]. In den Vorarbeiten zum Art. 17 Lugano-Übereinkommen ist gar die Rede von jeder „anderen modernen Übermittlungstechnik"[4]. Einigkeit besteht jedoch darüber, dass mindestens der Nachweis einer Vereinbarung durch Text möglich sein muss[5]. Diesem Erfordernis genügen Online-Erklärungen als solche nicht. Sie liegen nicht in Textform vor, sondern sind allenfalls in dieser Weise reproduzierbar[6]. Dieses Ergebnis lässt sich auch mit dem Zweck des Formerfordernisses, der Beweissicherung und dem Schutz vor übereilten Entscheidungen[7] begründen. Insbesondere ist die Manipulierbarkeit von Daten zu groß[8]. Eine qualifizierte elektronische Signatur (Rz. 118) erfüllt hingegen die Schriftform nach Art. 17 Abs. 1 Satz 2 lit. a EuGVÜ[9]; dies wird man schon wegen Art. 5 Abs. 1 der Signaturrichtlinie[10] nicht anders entscheiden können. Allerdings verbleibt die Schwierigkeit der praktischen Handhabung gerade im Massengeschäft (vgl. oben Rz. 14).

---

1 OLG München v. 3. 2. 1985 – 7 U 3867/84, Riv. dir. int. proc. 1986, 931 = IPRspr. 1985 Nr. 133 A; *Kropholler*, Europäisches Zivilprozeßrecht, Art. 17 Rz. 3.
2 *Droz*, Compétence judiciaire effets des jugements dans le Marché Commun, 1972, Nr. 196.
3 *Geimer/Schütze*, Europäisches Zivilverfahrensrecht, Art. 17 Rz. 104.
4 Zit. bei *Mankowski*, RabelsZ 63 (1999), 203 (218).
5 *Killias*, Die Gerichtsstandsvereinbarung nach dem Lugano-Übereinkommen, 1993, S. 158; *Kaufmann-Kohler*, Internet, 1998, S. 89 (130 f.).
6 Darauf weist auch *Mankowski*, RabelsZ 63 (1999), 203 (219), hin.
7 BGH v. 9. 3. 1994 – VIII ZR 185/92, NJW 1994, 2699; *Geimer/Schütze*, Europäisches Zivilverfahrensrecht, Art. 17 Rz. 98.
8 *Pichler* in Hoeren/Sieber, Multimedia-Recht, Teil 31 Rz. 194.
9 Anders noch *Arnold*, CR 1997, 526; *Pichler* in Hoeren/Sieber, Multimedia-Recht, Teil 31 Rz. 194.
10 Richtlinie 1999/93/EG des Europäischen Parlaments und der Kommission v. 13. 12. 1999 über gemeinschaftliche Rahmenbedingungen für elektronische Signaturen, ABl. EG 2000 Nr. L 13/12 v. 19. 1. 2000.

Inwiefern man von **Gepflogenheiten** zwischen den Parteien im Hinblick auf die Verwendung von elektronischer Datenübertragung für Vertragsschlüsse sprechen kann, ist eine Frage des Einzelfalles. Als Gepflogenheiten werden Verhaltensweisen innerhalb einer längeren Geschäftsverbindung bezüglich der Form des Vertrages angesehen[1]. So ist es durchaus denkbar, dass zwischen Unternehmen der Schriftverkehr überwiegend in elektronischer Form abgewickelt wird und ggf. für wichtige Dokumente eine digitale Signatur vorgesehen ist. In solchen Fällen kommen nach allgemeiner Ansicht ebenfalls elektronische Gerichtsstandsvereinbarungen nach Art. 17 Abs. 1 Satz 2 lit. b EuGVÜ in Betracht[2]. 19

Ähnlich ist es um die Frage der Gerichtsstandsvereinbarung in den Formen eines **internationalen Handelsbrauchs** nach Art. 17 Abs. 1 Satz 2 lit. c EuGVÜ bestellt. Gerade weil zwischen Unternehmen im In- und Ausland noch die Ansicht weit verbreitet ist, dass elektronische Erklärungen im Hinblick auf ihre Beweisbarkeit und Sicherheit Schwierigkeiten aufwerfen, dürfte ein solcher internationaler Handelsbrauch, der in einem bestimmten Geschäftszweig allgemein anerkannt und regelmäßig beachtet wird[3], noch nicht bestehen[4]. 20

Gerichtsstandsvereinbarungen nach Art. 17 EuGVÜ sind deshalb derzeit, auch mangels ausreichender Regelungen über die Wirkung digitaler Signaturen, in elektronischer Form nur in wenigen Fällen wirksam. 21

(2) Zuständigkeitsvereinbarung über Wahl des Erfüllungsortes

Nach Art. 5 Nr. 1 EuGVÜ kann eine Person mit einem Wohnsitz/einer Niederlassung in einem Vertragsstaat in demjenigen Vertragsstaat verklagt werden, in dem die in Streit befindliche Verbindlichkeit erfüllt wurde oder hätte erfüllt werden müssen[5]. 22

Dabei wird der Erfüllungsort nicht autonom qualifiziert und deshalb nach der lex fori angeknüpft, sondern es entscheidet das **Vertragsstatut (lex causae)**[6]. Inwieweit eine Vereinbarung über diesen Erfüllungsort möglich ist, entscheidet ebenfalls das anwendbare materielle Recht[7]. Der Schriftform 23

---

1 *Schütze/Geimer*, Europäisches Zivilverfahrensrecht, Art. 17 Rz. 117 ff.

2 *Mankowski*, RabelsZ 63 (1999), 203 (219 f.).

3 EuGH v. 20. 2. 1997 – Rs. C-196/95 – MSG/Les Gravières Rhénanes, JZ 1997, 839, 840; *Kropholler*, Europäisches Zivilprozeßrecht, Art. 17 Rz. 52.

4 *Pichler* in Hoeren/Sieber, Multimedia-Recht, Teil 31 Rz. 195; *Strömer*, Online-Recht, S. 216; *Kaufmann-Kohler*, Internet, 1998, S. 89 (126); *Mankowski*, RabelsZ 63 (1999), 203 (219).

5 *Kropholler*, Europäisches Zivilprozeßrecht, Art. 5 Rz. 6 ff.; *Geimer/Schütze*, Europäisches Zivilverfahrensrecht, Art. 5 Rz. 3 ff.

6 Ständ. Rspr. EuGH v. 6. 10. 1976 – Rs. 12/76, Slg. 1976, 1473 (1486); v. 29. 6. 1994 – Rs. C-288/92, Slg. 1994, I-2913, 2949; dagegen vor allem *Schack*, ZZP 107 (1994), 279 (295); *Lüderitz*, FS für Zweigert, 1981, S. 233 (250).

7 EuGH v. 17. 1. 1980 – Rs. 56/79, Slg. 1980, 1989 (1990); aA *Piltz*, NJW 1979, 1074.

oder der Kaufmannseigenschaft bedarf es – anders als im Rahmen von § 29 ZPO – nicht, sofern die lex causae nicht derartige Anforderungen aufstellt[1]. Zu beachten ist, dass eine solche Erfüllungsortsvereinbarung nicht ausschließlich wirkt, wie es bei einer Gerichtsstandsklausel der Fall sein kann. Darüber hinaus wird eine Erfüllungsortsklausel nicht anerkannt, wenn es sich lediglich um eine „abstrakte" Vereinbarung handelt, die nur dazu dient, den Gerichtsstand zu begründen[2].

b) Schiedsgerichtsvereinbarungen

24 Schiedsgerichtsvereinbarungen sind im Geschäftsverkehr zwischen Unternehmen insbesondere dann üblich, wenn es um die Beurteilung von Verträgen geht, deren Inhalt geheimhaltungsbedürftiges Know-how betrifft oder bei denen die Vertragspartner die Zusammenarbeit als solche verborgen halten wollen. Im Gegensatz zu Verfahren vor staatlichen Gerichten gilt hier in der Regel der **Ausschluss der Öffentlichkeit**[3]. Des Weiteren ist die Vereinbarung eines Schiedsgerichts dann sinnvoll, wenn komplizierte Technologien in Rede stehen und die Parteien eine **Besetzung des Schiedsgerichts mit versierten Technikern** wünschen.[4] Diese Erwägungsgründe haben auch im Online-Bereich gleichermaßen Bedeutung.

aa) Allgemeines

25 Verschiedene **Rechtsquellen**, multilaterale und bilaterale Staatsverträge sowie autonomes nationales Recht, behandeln Zustandekommen und Wirksamkeit von Schiedsvereinbarungen, das schiedsgerichtliche Verfahren sowie Anerkennung und Vollstreckung ausländischer Schiedssprüche. In seiner praktischen Bedeutung eine Vorrangstellung genießt hier das UN-Übereinkommen über die Anerkennung und Vollstreckung ausländischer Schiedssprüche vom 10. 6. 1958[5]. Daneben bestehen die Genfer Übereinkommen von 1923 und 1927[6] sowie das europäische Übereinkommen über die internationale Handelsschiedsgerichtsbarkeit vom 21. 4. 1961[7]. Zahlreiche weitere Regelungen finden sich in bilateralen Staatsverträgen[8]. Obschon

1 EuGH v. 17. 1. 1980 – Rs. 56/79, Slg. 1980, 1989 (1996); aA *Schack*, Der Erfüllungsort, 1985, Rz. 341.
2 EuGH v. 20. 2. 1997 – Rs. C-106/95, Slg. 1997, I-932.
3 Art. 21 Abs. 3 Satz 3 ICC-Regeln.
4 Ausführlich zu den Vor- und Nachteilen des Schiedsgerichtsverfahrens *Lachmann*, Handbuch für die Schiedsgerichtspraxis, 1998, S. 11 ff.
5 BGBl. II 1961, S. 122; abgedr. bei *Jayme/Hausmann*, Internationales Privat- und Verfahrensrecht, 10. Aufl. 2000, Nr. 242.
6 Abgedr. bei *Jayme/Hausmann*, Internationales Privat- und Verfahrensrecht, 10. Aufl. 2000, Nr. 240, 241.
7 Abgedr. bei *Jayme/Hausmann*, Internationales Privat- und Verfahrensrecht, 10. Aufl. 2000, Nr. 243.
8 Übersicht und Nachweise bei *Hausmann* in Reithmann/Martiny, Internationales Vertragsrecht, 5. Aufl. 1996, Rz. 2308 ff.; Stein/Jonas/*Schlosser*, vor § 1044 ZPO Rz. 53 ff.

das UN-Übereinkommen in der Regel den Vorrang genießt, bestehen hier in Einzelfällen komplizierte Abgrenzungsfragen zwischen den einzelnen Regelungswerken[1]. Darüber hinaus kommt nationales Zivilverfahrensrecht für Schiedsvereinbarungen, Verfahren, Anerkennung und Vollstreckung nur dann zum Tragen, wenn einseitige- und mehrseitige Staatsverträge einzelne Teilaspekte nicht regeln. Im Übrigen gilt im Anerkennungs- und Vollstreckungsverfahren das Prinzip der Meistbegünstigung (Art. 7 Abs. 1 UN-Übereinkommen), wonach es einer Partei eines Schiedsverfahrens nicht verwehrt ist, die Anerkennung und Vollstreckung auch nach einem nationalen Recht zu suchen[2]. Gerade auch im Hinblick auf internationale Schiedsverfahren hat der deutsche Gesetzgeber das Schiedsverfahrensrecht der ZPO (§§ 1025 ff.) im Jahre 1997 vollständig überarbeitet.[3]

Ebenso wie die Gerichtstandsvereinbarung wird auch der Schiedsvertrag 26
nach herrschender Meinung als materiellrechtlicher Vertrag über prozessrechtliche Beziehungen angesehen, dessen Zustandekommen dem Vertragsstatut (lex causae) und dessen Zulässigkeit und Wirkung dem Prozessrecht untersteht[4]. Unstreitig ist jedoch, dass der Schiedsvertrag und der Hauptvertrag gesonderten Regeln unterstehen. Dasselbe gilt im Verhältnis zwischen Schiedsvertrag und Schiedsverfahrensrecht; Letzteres wird in der Regel in der Schiedsklausel über einen Verweis auf eine internationale Verfahrensordnung festgelegt[5].

bb) Schiedsklauseln nach §§ 1029 ff. ZPO

Die zwingenden Regeln der §§ 1029 ff. ZPO für die Wirksamkeit von 27
Schiedsvereinbarungen sind zu beachten, wenn der Ort des Schiedsverfahrens **in Deutschland** liegt (§§ 1025 Abs. 1, 1043 Abs. 1 ZPO)[6] und wenn kein

1 *Hausmann* in Reithmann/Martiny, Internationales Vertragsrecht, 5. Aufl. 1996, Rz. 2313 ff.

2 BGH v. 10. 5. 1984 – III ZR 206/82, NJW 1984, 2763; *Schloßer* in Stein/Jonas, ZPO, Anh. § 144 Rz. 88.

3 Hierzu MünchKommZPO/*Münch*, vor § 1025 Rz. 47 ff.

4 BGH v. 30. 1. 1957 – V ZR 80/55, NJW 1957, 589; BGH v. 28. 11. 1963 – VII ZR 112/62, NJW 1964, 591; OLG Hamburg v. 22. 9. 1978 – 14 U 76/77, RIW 1979, 482 (484); *Schütz/Tscherning/Wais*, Handbuch des Schiedsverfahrens, 2. Aufl. 1990, Rz. 559; MünchKommZPO/*Maier*, § 1025 Rz. 3; anders die prozessuale Theorie: Stein/Jonas/*Schlosser*, § 1025 ZPO Rz. 1; *Schwab/Walter*, Schiedsgerichtsbarkeit, 5. Aufl. 1995, Kap. 7 Rz. 28; Zöller/*Geimer*, § 1025 ZPO Rz. 3; *Hausmann* in Reithmann/Martiny, Internationales Vertragsrecht, 5. Aufl. 1996, Rz. 2298.

5 Im Einzelnen vgl. *Hausmann* in Reithmann/Martiny, Internationales Vertragsrecht, 5. Aufl. 1996, Rz. 2300 ff.

6 Mit der Neufassung des Schiedsverfahrensrechts der ZPO zum 1. 1. 1998 ist die alte verfahrensrechtliche Theorie zur Bestimmung, ob es sich um ein in- oder ausländisches Verfahren bzw. einen solchen Schiedsspruch handelt, zu Gunsten der Anknüpfung an den Ort des Schiedsverfahrens außer Kraft getreten; zum alten Recht vgl. *Geimer*, Internationales Zivilprozeßrecht, 3. Aufl. 1997, Rz. 3895; dies steht im Einklang mit ausländischen Rechten, vgl. *Sandrock*, JZ 1986, 370 (372).

internationales Abkommen Vorrang beansprucht[1]. Im Rahmen des UN-Übereinkommen gilt allerdings das Günstigkeitsprinzip (Art. VII Abs. 1 UN-Übereinkommen), wonach Schiedsvereinbarungen, die nach einem anderen Abkommen oder nach nationalem Recht Gültigkeit haben, im Rahmen des UN-Übereinkommen anerkannt werden.

28 Den **Ort des Schiedsverfahrens** können die Parteien gemäß § 1043 Abs. 1 Satz 1 ZPO vereinbaren; er kann unabhängig von Niederlassung und Aufenthalt der Parteien, vom „Sitz" des Rechtsstreits oder vom späteren Tagungsort des Schiedsgerichts bestimmt werden[2]. Insbesondere auch eine „Arbitration on the Net[3]" stellt im Rahmen des § 1043 Abs. 1 Satz 1 ZPO keine Schwierigkeit dar, weil eine tatsächliche Lokalisation des Schiedsverfahrens hiernach nicht erforderlich ist[4]. Die Vereinbarung des Schiedsortes ist grundsätzlich formfrei[5]. Legen die Parteien den Ort des schiedsrichterlichen Verfahrens bereits in der Schiedsvereinbarung mit fest – was aus praktischen Gründen fast immer der Fall sein wird –, so gilt die Form des § 1031 ZPO auch für diese Vereinbarung, wenn Deutschland Schiedsort sein soll[6].

29 **§ 1031 Abs. 1 ZPO** verlangt für die Wirksamkeit einer Schiedsvereinbarung entweder ein von den Parteien unterzeichnetes Schriftstück, zwischen ihnen gewechselte Schreiben, Fernkopien, Telegramme oder eine andere Form der Nachrichtenübermittlung, die einen Nachweis der Vereinbarung sicherstellt. Ob auch im Rahmen dieser Vorschrift eine Schiedsvereinbarung im Wege des elektronischen Datenaustausches möglich ist, wird in der rechtlichen Literatur nicht einheitlich entschieden. Insbesondere *Mankowski*[7] hält dies nicht für ausreichend, da die Sicherheit gegen Manipulationen derzeit noch nicht in genügendem Umfang gegeben sei. Dagegen ist zunächst festzuhalten, dass im Rahmen des § 1031 Abs. ZPO wesentlich geringere Anforderungen an die Formvereinbarung zu stellen sind als beispielsweise im Rahmen des § 38 Abs. 2 Satz 1 ZPO oder im Rahmen des Art. 17 EuGVÜ. Während man dort eine irgendwie geartete Schriftform (vgl. oben Rz. 13 f., 18) zu fordern hat, reicht bei § 1031 Abs. 1 ZPO lediglich die **Beweisbarkeit der Vereinbarung**, so dass jedenfalls gegen den elektronischen Vertragsschluss mit digitaler Signatur keine Einwände bestehen können. Aber auch im Übrigen bestehen bereits ausreichende Möglichkeiten, den Nachweis der Vereinbarung mittels Datei zu erbringen, zB durch Konvertierung in eine pdf-Datei. Deshalb ist mit der herrschenden Meinung die Formvor-

---

1 MünchKommZPO/*Gottwald*, Art. I UNÜ Rz. 8 ff.
2 MünchKommZPO/*Münch*, § 1043 Rz. 4.
3 Dazu *Arsic*, J.Int.Arbitr. 14 (1997), 209 (216).
4 Die Bedenken von *Mankowski*, RabelZ 63 (1999), 203 (219 f.), sind deshalb im Rahmen des § 1043 ZPO nicht erheblich.
5 *Baumbach/Lauterbach/Albers*, § 1043 ZPO Rz. 2; MünchKommZPO/*Münch*, § 1043 Rz. 4; Zöller/*Geimer*, § 1043 ZPO Rz. 1.
6 MünchKommZPO/*Münch*, § 1043 Rz. 4.
7 RabelZ 63 (1999), 203 (216 f.).

schrift des § 1031 Abs. 1 ZPO auch mittels elektronischen Datenaustausches erfüllbar[1].

cc) Schiedsklauseln nach Art. 2 UN-Übereinkommen

Im Falle eines **ausländischen Schiedsverfahrens** richtet sich die Anerkennung von Schiedsvereinbarungen und des Schiedsverfahrens sowie die Anerkennung und Vollstreckung von Schiedssprüchen nach dem New Yorker UN-Übereinkommen über die Anerkennung und Vollstreckung ausländischer Schiedssprüche (UNÜ) vom 10. 6. 1958[2] (vgl. auch § 1061 ZPO). Art. 1 Abs. 1 UNÜ regelt – unter Berücksichtigung der Lokalisation und der verfahrensrechtlichen Theorie – selbst, wann ein Schiedsspruch als ausländisch anzusehen ist. Insoweit ist es dem nationalen Recht vorrangig, soweit dieses nicht Regeln für die Anerkennung von Schiedsvereinbarungen und Schiedssprüchen beinhaltet, die im Einzelfall für eine Anerkennung günstiger sind (Günstigkeitsprinzip; Art. 7 Abs. 1 UNÜ). 30

Entscheidendes Erfordernis für die Wirksamkeit einer Schiedsvereinbarung nach Art. 2 UNÜ ist die **Schriftlichkeit**. Hierfür ist erforderlich, dass entweder beide Parteien den Vertrag oder die Schiedsabrede unterzeichnet haben oder diese in Briefen oder Telegrammen enthalten ist, die sie gewechselt haben (Art. 2 Abs. 2 UNÜ). Allgemein wird auch eine Schiedsvereinbarung mittels Telefax im Rahmen von Art. 2 UNÜ für wirksam angesehen[3]. Ob allerdings auch eine Schiedsvereinbarung nach Art. 2 UNÜ mittels elektronischer Kommunikation (E-Mail oder E-Mail-Anhang) möglich ist, erscheint nach dem Text des Übereinkommens fraglich. Die herrschende Meinung nimmt jedoch im Lichte des in Art. 7 UNÜ verankerten Günstigkeitsprinzips eine erweiternde Auslegung vor. Sie will Art. 7 Abs. 2 Satz 2 des UNCITRAL-Modellgesetzes[4] von 1985 bei der Auslegung von Art. 2 Abs. 2 UNÜ[5] berücksichtigen. Damit liest die herrschende Meinung die Definition der Schriftform des Art. 7 Abs. 2 Satz 2 UNCITRAL-Modellgesetz in Art. 2 Abs. 2 UNÜ hinein. Es soll demnach – ebenso wie auch in § 1031 Abs. 2 ZPO – eine Form der Nachrichtenübermittlung ausreichen, die einen Nachweis der Vereinbarung erlaubt[6]. Der herrschenden Meinung ist beizupflichten, da auch in der Vergangenheit die Praxis der Vertragsstaaten – etwa beim 31

1 Zöller/*Geimer*, § 1031 ZPO Rz. 7; *Raeschke-Kessler/Berger*, Das Recht der Schiedsgerichtsbarkeit, 1999, Rz. 226.

2 BGBl. II 1961, S. 122; abgedr. bei *Jame/Hausmann*, 10. Aufl. 2000, Nr. 242.

3 *Schwab/Walter*, Schiedsgerichtsbarkeit, 5. Aufl. 1995, Rz. 44/7; *Hausmann* in Reithmann/Martiny, Internationales Vertragsrecht 5. Aufl. 1996, Rz. 2343.

4 *UNCITRAL* (Hrsg.), UNCITRAL Yearbook XIX (1998), 117 ff.; dazu *Böckstiegl*, RIW 1984, 670 ff.

5 *Bucher*, Die neue internationale Schiedsgerichtsbarkeit der Schweiz, 1989, Rz. 123; *Granzow*, Das UNCITRAL-Modellgesetz über die internationale Handelsschiedsgerichtbarkeit, 1988, S. 88 f.; *Volken*, IPRG-Kommentar, 1992, Art. 7 Rz. 12, Art. 178 Rz. 10; *Mankowski*, RabelsZ 63 (1999), 203 (215 ff.).

6 AA jedoch Zöller/*Geimer*, § 1031 ZPO Rz. 22.

Telefax – gezeigt hat, dass das UNÜ einer dynamischen Auslegung durchaus zugänglich ist[1]. Deshalb ist anzunehmen, dass es dem Konsens der Vertragsstaaten – auch vor dem Hintergrund des UNCITRAL-Modellgesetzes – entspricht, das Schriftformerfordernis des Art. 2 Abs. 2 UNÜ durch elektronische Kommunikationsmittel als erfüllt anzusehen. Eine qualifizierte elektronische Signatur nach dem SigG (Rz. 118) erfüllt erst recht das Erfordernis der Schriftform.

32 Eine Besonderheit gilt im Rahmen des Art. 2 Abs. 2 UNÜ für Schiedsvereinbarungen in **Allgemeinen Geschäftsbedingungen.** Eine Schiedsvereinbarung in Allgemeinen Geschäftsbedingungen wird nur dann Vertragsbestandteil, wenn auf die AGB ausdrücklich Bezug genommen wurde, diese dem Vertrag beigelegt wurden oder diese im Rahmen des Schriftwechsels beiden Parteien zugehen und von beiden Parteien akzeptiert werden[2]. Im Rahmen des E-Commerce ist es deshalb erforderlich, dass die Vertragsparteien bei jeder einzelnen Bestellung – beispielsweise am Ende des elektronischen Bestellformulars – auf die (auch online abrufbaren) AGB Bezug nehmen.

c) Anwendbares Recht

aa) Allgemeines

33 Die Frage des anwendbaren Rechtes stellt sich immer dann, wenn der Sachverhalt Verbindungen zu dem Recht eines ausländischen Staates aufweist (Art. 3 Abs. 1 Satz 1 EGBGB). Obschon das Internet ein genuin internationales Medium darstellt, ist es jedoch nicht zwingend, dass in jedem Falle eine **Auslandsberührung** vorliegt. Dieses gilt beispielsweise nur eingeschränkt, wenn die einzige Verbindung zu einem ausländischen Staat darin besteht, dass die Parteien dessen Recht gewählt haben[3]. Im Online-Bereich stellt sich die Frage, ob auch so marginale Tatsachen wie das Routing einer E-Mail, die von einem deutschen Absender zum deutschen Empfänger möglicherweise den Weg über mehrere ausländische Staaten nimmt, oder auch der Standort eines Servers, der ein Angebot eines deutschen Unternehmens an inländische Kunden speichert, die Auslandsverbindung begründen kann[4]. Auf der anderen Seite könnte eine Auslandsbeziehung im Sinne von Art. 3 Abs. 1 Satz 1 EGBGB bei enger Sichtweise dann zu verneinen sein, wenn nicht ein solches Sachverhaltselement in einem zweiten Staat vorliegt, das als Anknüpfungspunkt einer Kollisionsnorm dienen könnte[5]. Unstreitig liegt eine internationale Anbindung vor, wenn Verträge zwischen Parteien geschlossen werden, die ihren Wohnsitz oder ihre Niederlas-

1 Nachweise bei *Mankowski*, RabelsZ 63 (1999), 203 (214) Fn. 36.

2 BayObLG v. 17. 9. 1998 – 4 Z Sch 1/98, RIW 1998, 965 f.; *Sieg*, RIW 1998, 102 (106); MünchKommZPO/*Gottwald*, Art. II UNÜ Rz. 14.

3 BGH v. 26. 10. 1993 – XI ZR 42/93, BGHZ 123, 380 (384).

4 Sehr weitgehend *Hanotiau*, International Contract for Sale of Information Services, 1997, S. 175 (185).

5 *Mankowski*, RIW 1993, 453 (454); *Mankowski*, RabelsZ 63 (1999), 203 (208).

sung in verschiedenen Staaten haben[1]. Gleiches gilt, wenn sich das Leistungssubstrat – das zu bebauende Grundstück, die zu errichtende Fabrik etc. – im Ausland befindet oder die Erfüllung des Vertrages eine grenzüberschreitende Wertbewegung notwendig macht[2]. Selbst der Ort des Vertragsabschlusses, der als Anknüpfungspunkt nur noch für das Formstatut (Art. 11 Abs.1 1. Alt. EGBGB) von Bedeutung ist, wird als ausreichender Auslandsbezug angesehen. Die Frage hat allerdings in erster Linie Bedeutung für den Tatbestand des Art. 27 Abs. 3 EGBGB (Art. 3 Abs. 3 EuVÜ), der die Möglichkeit, zwingendes nationales Recht durch Rechtswahl abzubedingen, begrenzt. Diese Frage ist an anderer Stelle zu behandeln. Die Notwendigkeit der Befragung von Kollisionsnormen zur Ermittlung des anwendbaren Rechts bedarf hingegen keiner Eingrenzung; sie ist immer dann durchzuführen, wenn hierzu Anlass besteht.

Das jeweils angerufene Gericht ermittelt das anwendbare Recht nach seinem nationalen Kollisionsrecht (Lex-fori-Prinzip)[3]. Die Kollisionsrechte der meisten Staaten weisen jedoch meistens große Ähnlichkeiten oder sogar weitgehende Übereinstimmungen auf[4]. Auf europäischer Ebene gilt das EG-Übereinkommen von 1980 über das auf vertragliche Schuldverhältnisse anwendbare Recht, das von allen 15 Mitgliedstaaten der EU ratifiziert wurde[5]. In Deutschland wurde es allerdings nicht unmittelbar in Kraft gesetzt, sondern wortgleich in die Regelungen der **Art. 27 bis 37 EGBGB** übernommen[6]. 34

Gemäß Art. 3 Abs. 2 EGBGB gehen den Regelungen der Art. 27 bis 37 EGBGB spezielle internationale Übereinkommen vor. Von praktischer Bedeutung ist hier insbesondere das Übereinkommen der Vereinten Nationen über Verträge über den internationalen Warenkauf (UN-Kaufrecht) vom 11. 4. 1980[7]. 35

bb) Rechtswahl

Unzweifelhaft ist eine Rechtswahl für Verträge, die über das Internet abgeschlossen oder abgewickelt werden, **zulässig**[8]. Auch das AGB-Gesetz schränkt die Freiheit der Rechtswahl im Bereich des E-Commerce nicht ein[9]. Rechtswahlvereinbarungen sind deshalb als Individualvereinbarung oder in Allgemeinen Geschäftsbedingungen (AGB) zulässig. 36

1 MünchKomm/*Sonnenberger*, EGBGB, Einl. Rz. 659 ff.
2 MünchKomm/*Sonnenberger*, EGBGB, Einl. Rz. 671.
3 MünchKomm/*Sonnenberger*, EGBGB, Einl. Rz. 671.
4 Zu den USA *Scoles/Hay*, Conflict of Laws, 2. Aufl. 1994, S. 656 ff.; zum schweizerischen IPR *Heini*, FS R. Moser, 1987, S. 68 ff.; *Schwander*, FS R. Moser, 1987, S. 82 ff.
5 BGBl. II 2000 , S. 1204.
6 Zur Kritik MünchKomm/*Martiny*, vor Art. 27 EGBGB Rz. 8.
7 BGBl. II 1990, S. 1699; weitere Abkommen in *Reithmann/Martiny* in Internationales Vertragsrecht, 5. Aufl. 1996, Rz. 666 ff.
8 *Mankowski*, RabelsZ 63 (1999), 203 (209).
9 So bereits *Tettenborn*, K&R 2000, 59 (60) zur E-Commerce-Richtlinie; zum EGG vgl. *Spindler*, ZRP 2001, 203 (204).

(1) Rechtswahl in AGB

37 Die meisten Anbieter von E-Commerce-Leistungen führen den Kunden entweder am Anfang oder am Ende der Bestellseite auf ein Feld, bei dem der Nutzer durch Anklicken oder durch Betätigung eines „ok"-Buttons sein Einverständnis mit den AGB zu erklären hat. Vor Abschluss dieses so genannten Click-Wrap-Agreement[1] hat der Nutzer in nahezu allen Fällen die Möglichkeit, die AGB vorher einzusehen und sich zu informieren.

38 Die Wahl des anwendbaren Rechtes ist gerade im E-Commerce besonders zu empfehlen, da eine Zuordnung des Rechtsverhältnisses aufgrund objektiver Anknüpfungspunkte (wie im Folgenden zu zeigen sein wird, Rz. 44 ff.) Schwierigkeiten bereitet. Deshalb sollte der Anbieter von E-Commerce-Leistungen Allgemeine Geschäftsbedingungen verwenden, die eine Rechtswahl – typischerweise Wahl des Rechtes an der Niederlassung/am Sitz des Verwenders – enthalten.

39 Die Wirksamkeit einer in AGB enthaltenen Rechtswahlklausel bestimmt sich wie auch bei sonstigen Rechtswahlvereinbarungen nach Art. 27 Abs. 4, 31 EGBGB. Gemäß Art. 31 Abs. 1 EGBGB entscheidet deshalb über die Wirksamkeit der Rechtswahlklausel das in ihr gewählte Recht. Dabei findet nach herrschender Meinung im deutschen Internationalen Privatrecht keine Inhaltskontrolle der Rechtswahlklauseln, ob also das gewählte Recht den Sachverhalt angemessen regelt, gemäß §§ 9–11 AGBG statt[2]. Entscheidender Gesichtspunkt bei der Wirksamkeitskontrolle elektronischer AGB ist dagegen die Frage der **Einbeziehung** in den Vertrag. Das in der Klausel angegebene Recht entscheidet also darüber, welche Art von Vereinbarung zwischen den Parteien über die Einbeziehung der Bedingungen vorzuliegen hat, ob insbesondere die Zustimmung des Kunden durch Click auf den sog. „ok"-Button ausreicht (sog. Click-Wrap-Agreement[3]). Dieses Recht bestimmt außerdem, ob der Umfang des einzelnen Klauselwerks eine Einbeziehung im Online-Bereich bereits verhindert[4]. Auch die Frage der Art und Weise, wie die AGB zur Verfügung gestellt werden, ob nur als Download oder ob die AGB möglicherweise dauerhaft als Datenträger zur Verfügung gestellt werden müssen[5], ist nach dem in der Klausel angerufenen Recht zu entscheiden. Das benannte nationale Recht regelt auch, ob dem Kunden bestimmte Kosten oder zB das Herunterladen einer bestimmten Software (häufig die neueste Version des Adobe Reader), zumutbar ist[6].

---

1 S. *Mankowski*, RabelsZ 63 (1999), 203 (210).

2 MünchKomm/*Spellenberg*, EGBGB, Art. 31 Rz. 18; Staudinger/*Magnus*, EGBGB, Art. 27 Rz. 137, 146; *Mankowski*, RIW 1994, 421 (422 f.); *Mankowski*, RIW 1996, 1001 (1002); *A. Ernst*, BB 1997, 1057 (1058).

3 Zur Herkunft dieses Ausdrucks siehe *Mankowski*, RabelsZ 63 (1999), 203 (210 f.).

4 Vgl. OLG Köln v. 21. 11. 1997 – 19 U 128/97, NJW-RR 1998, 1277; LG Freiburg v. 7. 4. 1992 – 9 S 139/90, NJW-RR 1992, 1018; *Mehrings*, BB 1998, 2373; *Löhning*, NJW 1997, 1688; *Ernst*, JuS 1997, 777.

5 Umfassend *Löhning*, NJW 1997, 1688 (1689 f.); *Mehrings*, BB 1998, 2373 (2380 ff.).

6 *Mehrings*, BB 1998, 2373 (2379); *Rüßmann*, K&R 1998, 129 (135); sowie unten Rz. 220 ff.

40 Während über die Einbeziehung das in der Klausel genannte Recht entscheidet, ist die Frage der **Formvorschriften** für derartige Rechtswahlklauseln gesondert gemäß Art. 27 Abs. 4, 11 EGBGB dem Formstatut unterworfen. Nach Art. 11 EGBGB gilt das Günstigkeitsprinzip, wonach entweder das Vertragsstatut, in diesem Fall das in der Rechtswahlklausel angegebene Recht, oder das Recht am Ort des Vertragsschlusses oder das Recht des Ortes, an dem sich eine der Vertragsparteien aufhält, gilt (Art. 11 Abs. 1 und Abs. 2 EGBGB). Bei Online-Verträgen ist also in der Regel das Vertrags- bzw. Rechtswahlstatut zu prüfen und, wenn dieses die Formwirksamkeit der Rechtswahlklausel nicht bejaht, auf das Recht am Aufenthaltsort der beiden Vertragsparteien zurückzugreifen. Ausschlaggebend ist hierbei nicht der gewöhnliche Aufenthalt, sondern der Aufenthalt der vertragschließenden Parteien im Zeitpunkt des Vertragsschlusses, dh. für den Kunden der häufig zufällige Ort, an dem der ihm den Zugang zum Internet gestattende Personal Computer oder der portable Rechner sich im Zeitpunkt des Vertragsschlusses befindet[1]. Insbesondere also die Frage, ob eine Rechtswahlklausel (in AGB) der Schriftform bedarf, ist nach den gemäß Art. 11 Abs. 1 und Abs. 2 EGBGB alternativ heranzuziehenden Rechtsordnungen zu prüfen.

41 Über die Einbeziehungskontrolle hinaus kann die konkrete Rechtswahl noch daran scheitern, dass nach dem anwendbaren Recht die vorgenommene Rechtswahl als **überraschend** anzusehen ist[2]. Scheitert die Rechtswahl, so können die übrigen AGB dennoch Vertragsbestandteil werden, wenn das sodann gemäß objektiver Anknüpfung nach Art. 28 EGBGB maßgebliche Recht die AGB sowie auch deren Einbeziehung anerkennt. Das objektiv berufene Vertragsstatut ist allerdings nicht mehr daraufhin zu befragen, ob die Rechtswahlklausel einbezogen oder sonst wirksam wurde[3].

(2) Konkludente Rechtswahl

42 Nach Art. 27 Abs. 1 Satz 2 EGBGB kann die Rechtswahl auch konkludent erfolgen, wenn sie sich mit hinreichender Sicherheit aus den Bestimmungen des Vertrages oder aus den Umständen des Falles ergibt. Die angesprochenen Umstände des Falles sind jedoch bei online zu schließenden Verträgen nicht wesentlich andere als bei sonstigen Verträgen. Hinweise auf eine stillschweigende Rechtswahl[4] können Gerichtsstandsklauseln, Schiedsklauseln mit der Unterwerfung unter ein Schiedsgericht eines bestimmten Landes (deutsche

1 MünchKomm/*Spellenberg*, EGBGB, Art. 11 Rz. 65; Begründung der BReg, BT-Drucks. 10/504, S. 48; abweichend *Bülow*, ZEuP 1994, 501; *Merkt*, ZIP 1994, 1423 f.

2 Vgl. BGH v. 26. 10. 1993 – XI ZR 42/93, BGHZ 123, 380; OLG Düsseldorf v. 14. 1. 1994 – 17 U 129/93, NJW-RR 1994, 1132; MünchKomm/*Spellenberg*, EGBGB, Art. 31 Rz. 34.

3 *Mankowski*, RabelsZ 63 (1999), 203 (212).

4 Vgl. die Kataloge bei MünchKomm/*Martiny*, EGBGB, Art. 27 Rz. 43 ff.; Soergel/*von Hoffmann*, EGBGB, Art. 27 Rz. 45 ff.; Staudinger/*Magnus*, EGBGB, Art. 27 Rz. 63 ff.

Handelskammer in der BRepD), die Bezugnahme auf Vorschriften oder vertragsrechtliche Konstruktionen einer bestimmten Rechtsordnung, die Bestimmung eines gemeinsamen Erfüllungsortes oder die Vertragspraxis der Parteien sein. Hier kann es einzelne Internet-spezifische Fragen geben, beispielsweise wenn „Abitration on the Internet" (oben Rz. 28) vereinbart wurde, was regelmäßig eine ausreichende Lokalisation ausschließen dürfte[1].

43 Da – wie oben gesehen (Rz. 14, 18, 31 f.) Gerichtsstands- und Schiedsgerichtsklauseln in Online-AGB nur mit praktischen Schwierigkeiten (elektronische Signatur) wirksam vereinbart werden können, gewinnt die Frage an Bedeutung, ob die häufig dennoch aufgrund einer Routine integrierten **Gerichtsstands- und Schiedsgerichtsklauseln** trotz Unwirksamkeit die oben genannte **Indizfunktion** für das anwendbare Recht entfalten können. Dies ist dann nicht der Fall, wenn dem Vertrag ein Hinweis darauf zu entnehmen ist, dass notwendigerweise ein Gleichlauf von forum und ius gewollt war, da nun die Wahl des forums ausfällt[2]. Eine solche Schlussfolgerung ist jedoch nicht immer zwingend, da je nach den Umständen des Einzelfalles die Wahl eines bestimmten Gerichtsstandes oder Ortes eines Schiedsgerichts erfolgt sein mag, weil die Parteien ihr Rechtsverhältnis einem bestimmten Recht unterstellen wollten oder ebenfalls gemeinsam davon ausgingen, dass dieses Recht anwendbar sei. In diesem Fall muss auch eine unwirksame Schiedsgerichts- und/oder Gerichtsstandsklausel die genannte Indizwirkung entfalten.

cc) Fehlende Rechtswahl (Art. 28 EGBGB)

(1) Allgemeines

44 Falls weder eine ausdrückliche noch aus den Umständen des Vertrages oder des Vertragsabschlusses sich ergebende Rechtswahl feststellbar ist, bestimmt Art. 28 Abs. 1 Satz 1 EGBGB, dass der Vertrag dem Recht des Staates unterliegt, mit dem er die **engsten Verbindungen** aufweist. Zur Ermittlung dieser engsten Verbindungen ist vorrangig die Vermutung des Art. 28 Abs. 2 EGBGB einschlägig, wonach der gewöhnliche Aufenthalt der Vertragspartei, welche die charakteristische Leistung zu erbringen hat, maßgeblich ist. Im Falle von beruflicher oder gewerblicher Tätigkeit ist die Hauptniederlassung oder die andere Niederlassung, von der aus die Leistung erbracht wird, einschlägig. Nur in dem Fall, in dem es keine charakteristische Leistung gibt (einfache Gesellschaftsverträge), oder im Falle von inneren Verbindungen zu einem anderen Staat (Art. 28 Abs. 5 EGBGB) kommt die Vermutung nicht zum Tragen.

---

1 *Mankowski*, RabelsZ 63 (1999), 203 (219 f.).

2 *Mankowski*, RabelsZ 63 (1999), 203 (213).

(2) Charakteristische Leistung im Online-Bereich

Im Grundsatz gilt auch bei Geschäften, die über das Internet abgewickelt werden, die Anknüpfung an die charakteristische Leistung gemäß Art. 28 Abs. 2 EGBGB, so dass hiernach das Recht an der Hauptniederlassung desjenigen zum Tragen kommt, der die Waren oder Dienstleistungen anbietet. 45

Bei dem **Online-Erwerb von Software**, Musik (zB Tonsequenzen, die in der Filmproduktion benötigt werden) oder Filmen bzw. Filmaterial, bei dem der Kunde die entsprechende Leistung des Anbieters durch Downloading abruft, wird bisweilen die Einordnung problematisiert. Nach richtiger Auffassung ist hier nicht das UN-Kaufrecht einschlägig (unten Rz. 59). Es wird jedoch behauptet, dass der tatsächliche Schwerpunkt des Vertrages am Rechner des Kunden liege, da dort der Vorgang des Downloading und die Registrierung stattfinde[1]. Diese Auffassung ist jedoch abzulehnen. Im Rahmen des Art. 28 Abs. 2 Satz 2 EGBGB geht es nicht darum, die Nachfragehandlung des Kunden zu erfassen, sondern diese Vorschrift stellt auf die betriebliche Organisationseinheit ab, von der aus die Leistungserbringung gesteuert wird; dies ist die jeweilig zuständige Niederlassung oder Zweigniederlassung des Anbieters[2], soweit diese für den Rechtsverkehr erkennbar ist (dazu unten Rz. 55). Die Download-Handlungen des Kunden stellen in diesem Zusammenhang nicht derartig gewichtige Umstände dar, dass eine Abweichung hiervon und eine Sonderanknüpfung nach Art. 28 Abs. 5 EGBGB gerechtfertigt wäre[3]. 46

Auch für **Dienstleistungen**, wie zB Informationsdienste (Wetterauskunft, Börsennachrichten), Reisevermittlung oder Online-Zeitschriften (eZines), ist die Anknüpfung gemäß Art. 28 Abs. 2 Satz 2 EGBGB einschlägig, so dass es auf die gewerbliche Niederlassung des Leistungsanbieters ankommt. 47

In unterschiedlicher Weise sind auch **Finanzdienstleistungen** über das Netz denkbar. So geht es zum einen um den schlichten Bezahlvorgang (Rz. 49), sodann auch um Online-Bankgeschäfte (Online-Banking und Online-Broking, Rz. 50) sowie zuletzt auch um sonstige Finanzdienstleistungen (zB Akreditive) (Rz. 51). 48

Der **Bezahlvorgang**, gleich mit welchem Mittel (Kreditkarte, Scheckkarte, Netzgeld), ist eine Frage der Erfüllung der Zahlungspflicht unter dem jeweiligen Vertrag. Es gilt gemäß Art. 32 Abs. 1 Nr. 2, Abs. 2 EGBGB grundsätzlich das Vertragsstatut; Erklärungen des nicht die charakteristische Leistung erbringenden Vertragspartners können auch gemäß Art. 32 Abs. 2 EGBGB dessen Aufenthaltsrecht unterstehen. Das Vertragsstatut entscheidet also darüber, ob es sich um eine Leistung an Erfüllungs Statt oder eine Leistung erfüllungshalber handelt, inwieweit die primäre Leistungspflicht gestundet 49

1 *Koch*, Internet-Recht, 1998, S. 52.

2 *Hoeren*, CR 1993, 129 (133); *Mankowski*, CR 1999, 512 (515).

3 So aber wohl *Koch*, Internet-Recht, 1998, S. 52; dagegen im Ergebnis zu Recht *Mankowski*, CR 1999, 512 (515).

wird und wann letztendlich die Erfüllung eintritt. Besonderheiten bei der Zahlung mit Netzgeld[1] stellen jedoch vorrangig die Fragen der Datensicherheit[2] und währungsrechtliche Fragen[3] dar.

50 Im **Online-Banking** und im **Online-Broking** sind in der Regel die Allgemeinen Geschäftsbedingungen der Banken einschlägig, die nahezu immer eine Rechtswahl zugunsten des Rechts an der Hauptniederlassung der Banken beinhalten. Liegt keine wirksame Rechtswahl vor, so führt die objektive Anknüpfung gemäß Art. 28 Abs. 2 Satz 2 EGBGB zum Recht an der Niederlassung der Bank oder des Brokers, da diese die charakteristische Leistung erbringen[4]. Daneben sind vor allem Sicherheitsfragen[5] und – beim Online-Broking – Fragen des internationalen Wertpapierhandelsrechtes[6] relevant.

51 Bei **Akkreditiven** gilt im Verhältnis zwischen der Akkreditivbank und dem Begünstigten mangels Rechtswahl das Recht am Sitz dieser Bank[7]. Dieses Recht entscheidet vor allem auch darüber, ob die einheitlichen Richtlinien und Gebräuche für Dokumente-Akkreditive (IRA) der internationalen Handelskammer[8] Bestandteil des Vertrages werden. Für die Form des Akkreditivs gilt gemäß Art. 11 Abs. 2 und Abs. 3 EGBGB (wortgleich mit Art. 9 Abs. 2 und Abs. 3 EuGVÜ) entweder das Vertragsstatut oder die Rechtsordnungen der jeweiligen Vornahmestaaten, je nachdem welches zur Formwirksamkeit des Vertrages führt[9].

52 **Auktionen** und **Leistungsausschreibungen** finden im Internet nicht nur zwischen Privatleuten (beispielsweise über die Plattformen ebay.com oder ricardo.de) statt, sondern auch in zunehmendem Maße zwischen Unternehmen. Eine Rechtswahlklausel kann hier sowohl in den Teilnahmebedingungen für die Auktion als auch in den Ausschreibungsbedingungen enthalten sein. Mangels wirksamer Rechtswahl wird erwogen, bei Versteigerungen an den

1 Hierzu *Neumann*, Die Rechtsnatur des Netzgeldes, 2000, S. 123 ff.

2 Hierzu ausführlich *Holznagel/Hoeren*, Rechtliche Rahmenbedingungen des elektronischen Zahlungsverkehrs, 1999.

3 *Gramlich*, CR 1997, 11 ff.

4 Vgl. zB OLG Köln v. 17. 9. 1993 – 20 U 251/92, RIW 1993, 1025; OLG München v. 9. 1. 1996 – 25 U 4605/95, RIW 1996, 330; OLG Düsseldorf v. 8 12. 1994 – 6 U 250/92, RIW 1996, 155; *Berger*, DZWiR 1997, 426 ff.

5 *Holznagel/Hoeren*, Rechtliche Rahmenbedingungen des elektronischen Zahlungsverkehrs, 1999.

6 Hierzu *Koller* in Assmann/Schneider, WpHG, 2. Aufl. 1999, § 31 Rz. 145; *Assmann*, FS Schütze, 1999, S. 15 (35 f.)

7 OLG Frankfurt/Main v. 12. 11. 1991 – 5 U 207/91, RIW 1992, 315 (316); *Thorn*, IPRax 1996, 259; *Scheafold*, IPRax, 1996, 348 f.; *Eschmann*, RIW 1996, 914; aA OLG Frankfurt/Main v. 22. 9. 1987 – 5 U 60/86, WM 1988, 254; OLG Köln v. 25. 5. 1994 – 2 U 143/93, ZIP 1994, 1791 (jeweils Recht am Sitz der inländischen Zahlstelle).

8 Abgedr. bei *Baumbach/Hopt*, HGB, 30. Aufl. 2000, Anh. Nr. 11.

9 Allgemein zu Akkreditiven *von Bar*, ZHR 152 (1988), 38 ff.; *Schütze*, RIW 1988, 343 ff.

Versteigerungsort anzuknüpfen[1]; soweit es sich jedoch, wie in der Regel bei Internet-Versteigerungen, um eine privatrechtliche Angelegenheit handelt, sollte es bei der Regelanknüpfung an den Ort der charakteristischen Leistung, nämlich die Niederlassung des die Ware einliefernden Verkäufers oder des Auktionators als Kommissionär, verbleiben[2]. Ist der Versteigerer als Kommissionär der Veräußerer, so gilt das Recht des Ortes der den Vertrag betreuenden Niederlassung; auf den Standort eines einzelnen Computers oder eines Servers, der von dem Versteigerer als Arbeitsmittel eingesetzt wird, kommt es nicht an, es sei denn, dieser ist in eine selbständige Betriebsorganisation eingebunden[3].

Ähnliches gilt bei **Ausschreibungen**, wie sie in letzter Zeit häufiger bei Hersteller-Zulieferer-Beziehungen auch auf internationaler Ebene stattfinden. Existiert keine Rechtswahl, etwa in einem Rahmenvertrag oder in den vom Hersteller vorgegebenen Ausschreibungsbedingungen, so gilt im Falle des Zuschlags das Recht desjenigen Bieters (Zulieferers), der den Zuschlag und damit den Auftrag erhält[4]. Dieser erbringt die charakteristische Leistung; die Zahlungspflicht des Ausschreibenden fällt diesbezüglich nicht ins Gewicht. 53

(3) Niederlassung gemäß Art. 28 Abs. 2 Satz 2 EGBGB

Im Online-Bereich ist fraglich, welche Bedeutung im Rahmen der Bestimmung des Anknüpfungspunktes dem Server, von dem aus ein Kunde ein bestimmtes Angebot abrufen kann, oder auch der Domain (Top Level Domain) zukommen. Im Rahmen des Art. 28 Abs. 2 Satz 2 EGBGB kommt es auf die vertragsbetreuende Haupt- oder Zweigniederlassung an. Im Übrigen ist gemäß Art. 28 Abs. 2 Satz 2 EGBGB der gewöhnliche Aufenthalt oder bei juristischen Personen der Sitz der Hauptverwaltung ausschlaggebend. 54

Der **Niederlassungsbegriff** des Art. 28 Abs. 2 Satz 2 EGBGB wird herkömmlich ebenso interpretiert wie derjenige des Art. 5 Nr. 5 EuGVÜ[5], so dass im Rahmen der gemäß Art. 36 EGBGB gebotenen rechtsvergleichenden Auslegung die Rechtsprechung des Europäischen Gerichtshofes zum EuGVÜ heranzuziehen ist. Danach ist eine Niederlassung ein Mittelpunkt geschäftlicher Tätigkeiten, der auf Dauer als Außenstelle eines Stammhauses unter dessen Aufsicht und Leitung hervortritt, seine eigene Geschäftsführung hat und sachlich hinreichend ausgestattet ist, Geschäfte im Außenverhältnis mit Dritten zu betreiben und abzuwickeln, ohne dass sich diese Dritten unmittel- 55

1 § 40 des österreichischen IPR; Staudinger/*Magnus*, BGB, Art. 28 EGBGB Rz. 176.
2 OLG Düsseldorf v. 15. 3. 1991 – 6 U 215/89, NJW 1991, 1492; MünchKomm/*Martiny*, Art. 28 EGBGB Rz. 114a; Soergel/*von Hoffmann*, Art. 28 EGBGB Rz. 145.
3 *Mankowski*, CR 1999, 512 (513); *A. Pestalozzi*, SchwJZ 1998, 241 (245 f.).
4 *Mankowski*, CR 1999, 512 (513).
5 *Martiny* in Reithmann/Martiny, Internationales Vertragsrecht, Rz. 120 f.; MünchKomm/*Martiny*, Art. 28 EGBGB Rz. 45, 47; Staudinger/*Magnus*, Art. 28 EGBGB Rz. 87.

bar an das Stammhaus wenden müssten[1]. Dabei ist nach der Rechtsprechung des EuGH der Eindruck nach außen entscheidend, da es für die Bestimmung der Anknüpfungspunkte nach Art. 28 Abs. 2 Satz 2 EGBGB auf die Perspektive des unternehmensexternen Rechtsverkehrs ankommt[2]. Diese vom EuGH geforderte organisatorische Einheit entsteht in der Regel nicht allein durch das Aufstellen eines Servers. Hierbei handelt es sich lediglich um eine technische Einrichtung, mit Hilfe derer betriebliche Abläufe, insbesondere auch das Verhältnis zum Kunden, organisiert werden; der Server erfüllt deshalb eine bloße Hilfsfunktion[3]. Der **Standort des Servers** ist zudem beliebig und kann jederzeit, je nach betrieblichen Anforderungen, geändert werden, indem ein Outsourcing an lokale oder überregionale Rechenzentren oder an einen **Internet Service Provider** stattfindet; all dies ist zudem auch für den Rechtsverkehr nicht erkennbar. Hinzu kommt, dass häufig mehrere Server gleichzeitig in Form von Haupt- und Cache-Servern eingesetzt werden oder dass sogar das gesamte Angebot auf verschiedenen Servern lagert und jeweils bei Abruf zusammengefasst wird[4]. Hierbei handelt es sich also um eine beliebig veränderbare und im Rahmen der Vertragsanbahnung und Abwicklung untergeordnete und für den Kunden nur schwer lokalisierbare Hilfsfunktion der zuständigen betrieblichen Organisationseinheit.

56 Noch weniger als der Serverstandort sind die **Top Level Domains** (die Domain-„Endungen", zB .de, .com, .nl, .at) geeignet, eine Lokalisierung des Rechtsverhältnisses zu begründen. Völlig unbrauchbar sind diesbezüglich Top Level Domains wie .com, .net, .org., .gov, da diese von Unternehmen sowie staatlichen und überstaatlichen Organisationen weltweit eingesetzt werden. Aber auch die vermeintlich auf ein bestimmtes Land (.de für Deutschland) hinweisenden Domains können jeweils für ausländische Niederlassungen eingesetzt werden, und sie sind deshalb allenfalls als Indiz zur Lokalisierung des Vertragspartners brauchbar[5].

57 Vorrangig ist deshalb abzustellen auf eine (ggf. im Impressum) genannte **Anschrift** des Anbieters, auf die im Rahmen des Vertragsabschlusses und der Vertragsabwicklung tätige **organisatorische Einheit**, hilfsweise auch auf die **Vertragssprache** und sonstige Umstände des Einzelfalles.

1 EuGH v. 22. 11. 1978 – Rs. 33/78, Slg. 1978, 2183 (2193); EuGH v. 6. 4. 1995 – Rs. C-439/93, Slg. 1995, I-961.

2 EuGH v. 9. 12. 1987 – Rs. C-218/86, Slg. I 4905 (4920).

3 *Waldenberger*, BB 1996, 2365 (2371); *Junker*, RIW 1999, 818 ff.; *Mankowski*, RabelsZ 63 (1999), 226 f.; *Sandrock*, ZVglRWiss 1999, 236 ff.; zum Steuerrecht *Zöllkau*, ZR 1998, 290 (292); *Portner*, IStR 1998, 553 (556); *Schneider*, Handbuch des EDV-Rechts, O Rz. 51.

4 *Sieber*, Verantwortlichkeit im Internet, Rz. 22.

5 So auch *Waldenberger*, BB 1996, 2365 (2371); *Mehrings*, CR 1998, 613 (617).

dd) UN-Kaufrecht

Wenn mit Hilfe des Mediums Internet internationale Kaufverträge über Waren abgeschlossen werden, so kann das Wiener Übereinkommen der Vereinten Nationen über Verträge über den internationalen Warenkauf von 1980 (kurz: UN-Kaufrecht)[1] zur Anwendung kommen. 58

Sachlich ist das UN-Kaufrecht auf Kaufverträge und Werklieferungsverträge 59 (Art. 3 Abs. 1 UN-Kaufrecht) über Waren anwendbar, wenn es sich hierbei nicht um Konsumentenkäufe (Art. 2 lit. a UN-Kaufrecht) handelt. Im Online-Bereich stellt sich die Frage, ob der Verkauf von Standardsoftware oder sogar von Individualsoftware auch dann noch als Warenkauf im Sinne von Art. 1 Abs. 1 UN-Kaufrecht anzusehen ist, wenn die Übertragung nicht in verkörperter Form (etwa auf Disketten oder CD-ROM), sondern durch Downloading erfolgt. Diese Frage ist hoch umstritten. Von einem Teil der Lehre wird das Merkmal der Körperlichkeit als essentieller Bestandteil des Begriffs „Ware“ angesehen[2]; damit fällt die Übertragung mittels Downloading aus dem Anwendungsbereich heraus. Ein anderer Teil der Lehre verweist darauf, dass es keinen Unterschied mache, ob die Software auf einem Datenträger verkörpert oder über ein Download verkauft werde[3]. Der Streit um die Auslegung des Begriffs „Ware“ in Art. 1 Abs. 1 UN-Kaufrecht ist unter Berücksichtigung von Art. 7 Abs. 1 UN-Kaufrecht, dem Gebot der autonomen, internationalen Auslegung, zu lösen. Hier steht die Textinterpretation im Vordergrund[4]. Des Weiteren ist eine historische Auslegung mit Blick auf die Materialien zum UN-Kaufrecht sowie – auch im beschränkten Maße – die Interpretation des Haager Einheitskaufrechts heranzuziehen[5]. Während allerdings der Textvergleich in allen gleichberechtigten Vertragssprachen[6] nicht weiter führt – „Ware“, „Goods“, „Merchandises“ lassen beide Interpretationen zu –, sind Recherchen in den Vorarbeiten und in Vorläufertexten hilfreich. Das Haager Einheitskaufrecht (EKG) verwandte den Ausdruck „objets mobiliers corporels“. Mit dieser textlichen Änderung im UN-Kaufrecht gegenüber dem EKG sollte jedoch ausweislich der Materialien kein grundsätzlich anderes Verständnis verbunden sein, so dass hieraus ein entscheidender Hinweis für die

---

1 Abgedruckt bei *Jayme/Hausmann*, Internationales Privat- und Verfahrensrecht, 10. Aufl. 2000, Nr. 77.

2 *Ferrari* in Schlechtriem, Kommentar zum Einheitlichen UN-Kaufrecht, 3. Aufl. 2000, Art. 1 Rz. 38; Staudinger/*Magnus*, UN-Kaufrecht, Art. 1 Rz. 44; *Diedrich*, RIW 1993, 441 (451 f.); *Hoeren*, CR 1988, 908 (916); *Czerwenka*, Rechtsanwendungsprobleme im internationalen Kaufrecht, 1988, S. 128; *Piltz*, NJW 1994, 1101.

3 *Honnold*, Commentary, 3. Aufl. 1999, Art. 1 Rz. 56.4; *Karollus*, UN-Kaufrecht, 1991, S. 21; *Endler/Daub*, CR 1993, 601 (605).

4 *Herber/Czerwenka*, Internationales Kaufrecht, 1991, Art. 6 Rz. 7; so auch schon BGH v. 25. 9. 1991 – VIII ZR 209/90, WM 1991, 2108, zum Haager Einheitskaufrecht.

5 Staudinger/*Magnus*, UN- Kaufrecht, Art. 7 Rz. 35; *Honnold* in Schlechtriem (Hrsg.), Einheitliches Kaufrecht und nationales Obligationenrecht, 1987, S. 115 (131 ff.).

6 Hierzu *Ferrari* in Schlechtriem, Kommentar zum Einheitlichen UN-Kaufrecht, 3. Aufl. 2000, Art. 7 Rz. 31.

Richtigkeit der Annahme zu ziehen ist: Ware im Sinn von Art. 1 Abs. 1 UN-Kaufrecht bedeutet demnach bewegliche körperliche Sache[1].

60 **Räumlich** ist das UN-Kaufrecht nur anwendbar, wenn die Parteien des Kaufvertrages ihre Niederlassung in verschiedenen Vertragsstaaten (Art. 1 Abs. 1 lit. a UN-Kaufrecht) haben oder wenn – alternativ – die Anknüpfung nach Internationalem Privatrecht darauf verweist (Art. 1 Abs. 1 lit. b UN-Kaufrecht). Niederlassung im Sinne dieser Bestimmung ist der für den Rechtsverkehr erkennbare organisatorische oder betriebliche Schwerpunkt des Vertragspartners[2]. Bei dieser Definition müssen dieselben Überlegungen, die bereits oben zu Art. 28 Abs. 2 Satz 2 EGBGB angestellt wurden (Rz. 55 f.), auch im Rahmen von Art. 1 Abs. 1 UN-Kaufrecht gelten[3], so dass der Serverstandort und die Top Level Domain allein nicht entscheidend sein können.

2. Vertragsrecht

a) Der Vertragsschluss über das Internet – business-to-business (B2B)

61 Nutzt ein User seinen Internet-Zugang nicht nur, um sich zu informieren oder um unverbindlich mit anderen Benutzern zu kommunizieren, sondern auch, um Rechtsgeschäfte zu tätigen, so stellt sich die Frage nach der Rechtsverbindlichkeit der jeweiligen Handlung. Das Bürgerliche Gesetzbuch enthält keine explizit auf das Rechtsgeschäft im Internet zugeschnittenen Vorschriften, sondern lediglich ein allgemeines Regelwerk, das sich auf die Grundfragen des Rechtsgeschäfts und seine Rahmenbedingungen beschränkt.

Ob unter Kaufleuten, also im Bereich B2B, im Supermarkt oder bei Bestellungen aus dem Katalog, Grundlage eines jeden Geschäftes ist der **Vertragsschluss**. Nach den allgemeinen Regeln des Zivilrechtes kommt ein Vertrag durch zwei sich deckende Willenserklärungen, Angebot und Annahme, zustande. Dies hört sich zunächst einfach an, die folgenden Ausführungen werden jedoch zeigen, dass um die Abgabe, den Zugang wie auch die Rechtsverbindlichkeit abgegebener Willenserklärungen die unterschiedlichsten Fragestellungen entstehen können. Im Folgenden soll daher aufgezeigt werden, welche Formen der Willenserklärung es im Internet gibt, wie sie abgegeben werden und wie sie zugehen können, wie sie gegebenenfalls auszulegen sind, aber auch, wie mit fehlerhaften Willenserklärungen umzugehen ist und ob im Internet abgegebene Willenserklärungen rechtlich vorgegebene Formen wahren. Hierbei sollen die grundsätzlichen Ausführungen bei der Darstellung des Vertragsschlusses im Bereich B2B erfolgen, für den Bereich B2C werden sodann unter Rz. 261 ff. lediglich die besonderen Regelungen und Abweichungen dargestellt.

1 So auch ausdrücklich OLG Köln v. 26. 8. 1994 – 19 U 282/93, RIW 1994, 970.

2 *Jayme* in Bianca/Bonell, Commentary, Mailand 1987, Art. 1 Anm. 2.3; *Karollus*, UN-Kaufrecht, 1991, S. 29; Staudinger/*Magnus*, UN-Kaufrecht, Art. 1 Rz. 63.

3 So auch *Mankowski*, CR 1999, 581 (586).

aa) Die Willenserklärung

Zu Beginn soll zunächst kurz allgemein auf die Willenserklärung als Grundbestandteil eines wirksamen Vertrages eingegangen werden. 62

Die **Willenserklärung** als Ausdruck rechtsgeschäftlichen Handelns ist im Bürgerlichen Gesetzbuch nicht definiert. Dieses enthält in den §§ 116 ff. BGB lediglich eine Darstellung der Willensmängel, also der Fehler, mit denen eine abgegebene Willenserklärung behaftet sein kann, sowie eine umfassende Regelung der Auslegung und der Anfechtung der Willenserklärung. Trotz des Fehlens einer Legaldefinition ist nach allgemeiner Ansicht unter der Willenserklärung die Äußerung eines auf die „Herbeiführung rechtlicher Folgen gerichteten Willens" zu verstehen.[1] Sie setzt sich zusammen aus einem objektiven Tatbestand, der **Erklärungshandlung**,[2] und einem subjektiven Tatbestand, der **Willensrichtung**.[3] Die Willensrichtung umfasst den Handlungswillen, das Erklärungsbewusstsein und den Rechtsfolgewillen. Heute, wie schon bei der Entstehung des Bürgerlichen Gesetzbuches, ist umstritten, welche dieser drei Elemente der Willensrichtung für eine Willenserklärung konstitutiv sind und wie eine Erklärung rechtlich einzuordnen ist, bei der nicht alle subjektiven Elemente erfüllt sind. Hierauf soll im Rahmen der folgenden Ausführungen nicht näher eingegangen werden. Für die Praxis ausschlaggebend ist die vom BGH vertretene Geltungstheorie,[4] nach der davon auszugehen ist, dass Wille und Erklärung eine Einheit bilden, die Rechtsfolgen der Willenserklärung also dann eintreten, wenn der Wille des Erklärenden auf die Geltung der Erklärung gerichtet ist und in ihr seinen Ausdruck findet. Anerkannt ist jedoch, dass der Erklärende auch dann an seine Erklärung gebunden ist, wenn er zwar keine Willenserklärung abgeben wollte, jedoch hätte erkennen können, dass sein Verhalten von einem anderen als Willenserklärung aufgefasst werden kann.[5]

---

1 *Brox*, AT, Rz. 80; *Flume*, AT II, § 4, 5.; *Larenz/Wolf*, AT, § 22 Rz. 6, § 24 Rz. 1; MünchKomm/*Kramer*, Vor § 116 BGB Rz. 17; Palandt/*Heinrichs*, Einf. v. § 116 BGB Rz. 1, jeweils mwN.

2 Hierunter ist das äußere Verhalten, das ausdrücklich oder zumindest konkludent den Willen, eine Rechtsfolge herbeizuführen, erkennen lässt, zu verstehen. *Brox*, AT, Rz. 87 ff.; *Flume*, AT II, § 5, 1. ff.; *Larenz/Wolf*, AT, § 24 Rz. 13 ff.; MünchKomm/*Kramer*, Vor § 116 BGB Rz. 20 ff.; Palandt/*Heinrichs*, Einf. v. § 116 BGB Rz. 1, 6; Soergel/*Hefermehl*, Vor § 116 BGB Rz. 15, jeweils mwN.

3 *Brox*, AT, Rz. 82 ff.; *Flume*, AT II, § 4, 2.; *Larenz/Wolf*, AT, § 24 Rz. 3 ff.; Palandt/*Heinrichs*, Einf. v. § 116 BGB Rz. 1; Soergel/*Hefermehl*, Vor § 116 BGB Rz. 11 ff., jeweils mwN. Einige Autoren bezeichnen den Rechtsfolgewillen auch als den Geschäftswillen. Zum besseren Verständnis wird hier einheitlich der Begriff Rechtsfolgewille verwendet.

4 Auf die ebenfalls vertretene Willenstheorie und die Erklärungstheorie soll an dieser Stelle nicht eingegangen werden, nähere Ausführungen hierzu finden sich bei *Brauner*, S. 16; *Brox*, AT, Rz. 331 f.; *Clemens*, NJW 1985, 2000.

5 *Brox*, AT, Rz. 333 ff.; *Flume*, AT II, § 4, 7.; *Kuhn*, S. 50; *Larenz/Wolf*, AT, § 24 Rz. 26 ff.; Palandt/*Heinrichs*, Einf. v. § 116 BGB Rz. 3; Soergel/*Hefermehl*, Vor § 116 BGB Rz. 7, jeweils mwN; ebenso BGH v. 7. 6. 1984 – IX ZR 66/83, NJW 1984, 2279.

63 Neben der objektiven Erklärungshandlung ist Voraussetzung einer wirksamen Willenserklärung der **Handlungswille**, also der Wille, eine Erklärung abgeben und damit handeln zu wollen. Eine Willenserklärung liegt daher regelmäßig nicht vor, wenn die Erklärungshandlung nicht von einem entsprechenden Handlungswillen getragen ist.[1] Vom Handlungswillen zu unterscheiden ist der Rechtsfolgewillen des Erklärenden – also der Wille, dass die abgegebene Erklärung auch eine verbindliche Rechtsfolge nach sich ziehen soll. Das Fehlen eines Rechtsfolgewillens steht im Gegensatz zu dem Fehlen des Handlungswillens einer wirksamen Willenserklärung nicht entgegen. Fehlt dem Erklärenden der Rechtsfolgewille, so hat er lediglich die Möglichkeit, seine Willenserklärung durch Anfechtung unter Ersatz des Vertrauensschadens gemäß §§ 119 ff. BGB zu beseitigen.[2]

bb) Die Willenserklärung im Internet

64 Der Willenserklärung, wie das Bürgerliche Gesetzbuch sie kennt und voraussetzt, liegt der Stand der Verkehrs- und Nachrichtentechnik des ausgehenden 19. Jahrhunderts zugrunde. Entsprechend geht das Gesetz davon aus, dass eine Willenserklärung mündlich oder schriftlich abgegeben wird. Darüber hinaus findet sich lediglich in § 147 Abs. 1 Satz 2 BGB eine Vorschrift zur fernmündlichen Kommunikation, Kommunikation über Computer, Netzwerke oder andere elektronische Medien.

65 Grundsätzliche Voraussetzung einer Willenserklärung ist die Anknüpfung an eine menschliche **Erklärungshandlung** und einen menschlichen Willen. Geht man davon aus, dass bei einer mündlichen, fernmündlichen oder schriftlichen Willenserklärung in der Regel ohne weiteres zu erkennen ist, dass sie von einem Menschen abgegeben wurde, so kann es, wegen des erheblich veränderten Erscheinungsbildes einer im Internet abgegebenen Erklärung, Schwierigkeiten bereiten, diese eindeutig als von einer natürlichen Person abgegebenen Willenserklärung zu qualifizieren. Betrachtet man nämlich die verschiedenen Formen internetgestützter Kommunikation, so fällt auf, dass die problemlos als menschlich erkennbare Erklärungshandlung und der unmittelbare zwischenmenschliche Kontakt, an die der Tatbestand der Willenserklärung anknüpft, einer Kommunikation über oder durch einen Computer gewichen ist.

66 In der juristischen Literatur wird die Willenserklärung im Internet häufig mit den Begriffen „automatisierte", „elektronische" oder „digitale Willenserklärung" überschrieben.[3] Die uneinheitliche Terminologie verbirgt bisweilen,

1 *Flume*, AT II, § 4, 3.; *Kuhn*, S. 50; *Larenz/Wolf*, AT, § 24 Rz. 37; *Medicus*, AT, Rz. 606; MünchKomm/*Kramer*, Vor § 116 BGB Rz. 7; Palandt/*Heinrichs*, Einf. v. § 116 BGB Rz. 1; Soergel/*Hefermehl*, Vor § 116 BGB Rz. 15 f.

2 *Flume*, AT II, § 4, 3; *Kuhn*, S. 50; *Larenz/Wolf*, AT, § 24 Rz. 38 f.; Soergel/*Hefermehl*, Vor § 116 BGB Rz. 11, jeweils mwN.

3 Teilweise auch zu den im Wesentlichen identischen Problemkreisen der elektronischen Willenserklärungen im Rechtsverkehr mittels Btx, ISDN oder Electronic Data Interchange zB *Clemens*, NJW 1985, 1998 f.; *Deville/Kalthegener*, NJW-CoR 1997,

dass unter einer solchen Willenserklärung zweierlei verstanden werden kann:

- Ein Benutzer erstellt und formuliert eine Willenserklärung unter Verwendung eines Computers und schickt sie dann über Telefon- oder Netzwerkleitungen an den Computer des Empfängers – es handelt sich in diesem Fall um **eine elektronisch übermittelte Willenserklärung**.
- Der Computer wird als Hilfsmittel nicht nur bei der Erstellung und Übermittlung der Willenserklärung verwendet. Vielmehr erstellt der Computer die Erklärung automatisch und übermittelt sie auf elektronischem Wege an den Computer des Empfängers – in diesem Fall liegt eine **Computererklärung** vor.

(1) Die elektronisch übermittelte Willenserklärung im Internet

Wie schon bei Btx ist auch in fast allen Bereichen internetgestützter Kommunikation eine von dem Benutzer am Computer selbst erstellte **und elektronisch übermittelte Erklärung** möglich. Beispielsweise kann ein Benutzer über eine Web-Seite eine Bestellung oder einen Banküberweisungsauftrag abgeben oder einen Informationsdienst wie etwa eine Datenbank in Anspruch nehmen. Ebenso kann er sich statt mittels eines herkömmlichen Briefs oder Telefongesprächs per E-Mail oder im Rahmen einer Chat-Verbindung, eines Internet-Telefonats oder einer Videokonferenz erklären. Ordnet man die verschiedenen Formen der von einem Benutzer im Internet abgegebenen Erklärungen den verschiedenen Kommunikationsdiensten zu, so ergeben sich folgende **Fallgruppen**: 67

- Ein Benutzer ruft eine als Formular gestaltete Web-Seite auf, füllt sie aus und schickt sie zurück an den Web Server des Anbieters.
- Ein Benutzer klickt auf einer Web-Seite mit seinem Mauszeiger eine Schaltfläche oder eine Menüleiste an oder drückt zur Ausübung einer bestimmten Funktion eine Taste auf der Tastatur seines Personal Computers.
- Ein Benutzer schreibt eine E-Mail und schickt sie per Internet an einen Empfänger.

168; *Ernst*, NJW-CoR 1997, 165; *Fangmann*, S. 177 ff.; *Friedmann*, S. 10 ff.; *Fringuelli/Wallhäuser*, CR 1999, 93; *Fritzemeyer/Heun*, CR 1992, 129; *Fritzsche/Malzer*, DNotZ 1995, 6 ff.; *Geis*, NJW 1997, 3000; *Hammer*, CR 1992, 435; *Herget/Reimer*, DStR 1996, 1291; *Heun*, CR 1994, 595; *Hoeren*, Rechtsfragen, S. 123 f.; *Mehrings* in Hoeren/Sieber, Multimedia-Recht, Teil 13.1, Rz. 23 ff.; *Jaburek/Wölfl*, S. 108 f.; *Kilian* in Kilian/Heussen, Computerrechts-Handbuch, Kap. 20, Rz. 12 ff.; *Hoeren* in Kilian/Heussen, Computerrechts-Handbuch, Kap. 143, Rz. 10; *Koch*, S. 130 f.; *Köhler*, AcP 182 (1982), 132 ff.; *Köhler*, DuD 1986, 339 ff.; *Köhler/Arndt*, Rz. 87 f.; *Kreis*, Vertragsschluß, S. 13 ff.; *Kuhn*, S. 54 ff.; *Larenz/Wolf*, AT, § 30 Rz. 52 ff.; *Waltl* in Loewenheim/Koch, Online-Recht, S. 182; *Medicus*, AT, Rz. 256; *Mehrings*, MMR 1998, 31; *Melullis*, MDR 1994, 109 ff.; *Möschel*, AcP 186 (1986), 192 ff.; *Paefgen*, Bildschirmtext, S. 17 ff.; *Paefgen*, JuS 1988, 593; *Redeker*, NJW 1984, 2390 f.; *Schwerdtfeger* in Schwarz, Kap. 6-2.3, S. 3 f.; *Strömer*, S. 86; *Traut*, S. 68; *Ultsch*, NJW 1997, 3007; *Ultsch*, DZWiR 1997, 467 ff.

- Ein Benutzer hat sich mit einem Chat Server verbunden, seine Texteingabe wird über diesen Server an einen anderen Teilnehmer in demselben Chat-Kanal übertragen und auf dessen Computerbildschirm dargestellt.
- Ein Benutzer bedient sich einer Internet-Telefonverbindung oder Videokonferenz, um sich gegenüber einem anderen Teilnehmer mündlich zu erklären.

(a) Die ausdrückliche Willenserklärung

68 All die aufgezeigten Kommunikationshandlungen können Willenserklärungen darstellen, nämlich dann, wenn sie – wie angesprochen – als Erklärungshandlung von einer entsprechenden Willensrichtung getragen sind. **Gibt der Benutzer** am Computer **einen Text ein**, den er dann als Formularinhalt, E-Mail oder Chat-Botschaft über das Internet einem Empfänger zuschickt, so ist darin unproblematisch eine von dem erforderlichen Handlungswillen getragene herkömmliche Willenserklärung zu sehen. Neu ist lediglich die Übermittlung der Erklärung über das Internet, ein grundlegender Unterschied beispielsweise zu einer brieflich abgegebenen Willenserklärung, die auf dem Postwege an den Empfänger übermittelt wird, besteht nicht.

69 Formuliert der User dagegen den Text nicht selbst und gibt er ihn nicht selbst ein, sondern klickt er lediglich mit dem Mauszeiger eine Schaltfläche in der Bildschirmmaske oder eine Menüleiste an oder drückt er eine bestimmte Taste auf der Tastatur seines Computers und bringt er auf diesem Wege eine entsprechende Information an einen Empfänger auf den Weg, so kommt dieser Handlung bei isolierter Betrachtung noch kein Erklärungscharakter zu. Das bloße **Anklicken oder Drücken** hat insoweit keinen eigenen Erklärungsinhalt, als der Benutzer mit diesen Handlungen selbst keine Erklärung formuliert. Eine solche Beurteilung des geschilderten Lebenssachverhaltes ginge jedoch an der Realität vorbei. Nicht verkannt werden darf nämlich, dass der Erklärende durch seine Handlung eine – vorformulierte – Erklärung abgeben will. Die Schaltfläche, die Menüleiste oder auch das bestätigende Drücken einer bestimmten Taste auf der Tastatur des Computers sind in der Regel durch die Gestaltung des Computerprogramms oder der Web-Seite mit einem vorgegebenen Erkärungsinhalt belegt. Indem der Benutzer seine Handlung vornimmt, gibt er selbst die Erklärung mit dem vorformulierten Inhalt ab. Auch wenn dem Empfänger dann lediglich die Information zugeht, dass der Erklärende auf seinem PC eine der programmgemäß vorgesehenen Aktionen durchgeführt hat, ist ihm der mit dieser Handlung verbundene Erklärungsinhalt bekannt. Er ordnet die ihm zugehende Information demselben systematischen Erklärungsinhalt zu wie der Erklärende. Folglich ist eine Erklärungshandlung auch beim Anklicken oder „Tastendrücken" zu bejahen.[1]

---

1 *Deville/Kalthegener*, NJW-CoR 1997, 168; *Ernst*, NJW-CoR 1997, 165; *Geis*, NJW 1997, 3000.

Soweit schließlich ein Benutzer über eine **Internet-Telefonverbindung** oder in einer **Videokonferenz** eine verbale Erklärung abgibt, besteht kein Unterschied zu einer über eine herkömmliche Telefonverbindung oder im Rahmen eines persönlichen Gesprächs vorgenommenen Erklärungshandlung. 70

(b) Die konkludente Willenserklärung

Die bisher aufgezeigten Erklärungshandlungen haben alle gemeinsam, dass es sich bei ihnen um ausdrückliche Erklärungshandlungen handelt. Die Abgabe einer Willenserklärung ist jedoch nicht nur durch eine ausdrückliche Erklärung möglich, vielmehr besteht auch die Möglichkeit, sieht man von den gesetzlich geregelten Fällen ausdrücklicher Erklärungen (beispielsweise in §§ 164 Abs. 1 Satz 2, 244 Abs. 1, 700 Abs. 2 BGB, 48 Abs. 1 HGB) ab, durch konkludentes Handeln eine Willenserklärung abzugeben. Das Gewollte wird dann nicht durch eine Erklärungshandlung unmittelbar und ausdrücklich geäußert, stattdessen nimmt der Erklärende **sonstige Handlungen** ohne einen ausdrücklichen Erklärungsinhalt vor, anhand derer jedoch auf einen entsprechenden Erklärungsinhalt geschlossen werden kann.[1] 71

Für den Bereich **internetgestützter Kommunikation** sind zunächst keine grundsätzlichen rechtlichen Bedenken ersichtlich, warum es einem Erklärenden nicht auch möglich sein soll, sich nicht nur durch eine ausdrückliche Willenserklärung, sondern auch durch konkludentes Handeln zu erklären. Eine faktische Einschränkung ergibt sich bei Internet-Kommunikation jedoch aus der Tatsache, dass aufgrund der Verwendung von Computern seitens des Erklärenden und des Empfängers sowie der letztlich eingeschränkten Handlungsmöglichkeit im Netz regelmäßig ausdrückliche Erklärungen vorliegen werden. Eine konkludente Willenserklärung setzt immer die Freiheit des Erklärenden voraus, seinen Willen auch durch andere Handlungen als die ausdrückliche Erklärung zum Ausdruck bringen zu können. Diese Freiheit fehlt jedoch bei der Internet-Kommunikation. Hier ist es dem Benutzer lediglich möglich, entsprechend den programmierten Vorgaben zu handeln, um sich zu erklären. Sieht man einmal von den Kommunikationsdiensten Internet-Telefonie und Videokonferenz ab, beschränkt sich das Handeln im Internet auf die Eingabe von Textbotschaften oder auf ein Anklicken und „Tastendrücken". Diese Handlungen stellen jedoch, wie ausgeführt, ausdrückliche Willenserklärungen dar. Sonstiges Handeln außerhalb einer Texteingabe, des Anklickens oder Tastendrückens, das lediglich mittelbar auf einen Rechtsfolgewillen schließen lässt, ist bei Internet-Kommunikation nahezu unmöglich, auch kann es von einem Empfänger nicht wahrgenommen werden.[2] Da somit 72

1 *Flume*, AT II, § 5, 3.; *Larenz/Wolf*, AT, § 24 Rz. 16; *Medicus*, AT, Rz. 245; MünchKomm/*Kramer*, Vor § 116 BGB Rz. 22; Palandt/*Heinrichs*, Einf. v. § 116 BGB Rz. 6; Soergel/*Hefermehl*, Vor § 116 BGB Rz. 31.

2 Etwas anderes kann für den Fall des Schweigens des Empfängers auf ein ihm zugehendes Angebot gelten, insbesondere dann, wenn dieses Angebot mit dem Hinweis versehen ist, dass eine fehlende Reaktion als Annahme verstanden wird. Hierauf wird noch gesondert einzugehen sein.

jede Handlung im Internet eine unmittelbare Erklärungshandlung darstellt, ist für eine Erklärung durch konkludentes Verhalten regelmäßig kein Platz und streng genommen auch kein Bedürfnis.[1]

73 Im Ergebnis wird bei den genannten Formen der elektronisch übermittelten Erklärung mit der Texteingabe, dem Anklicken auf der Bildschirmmaske oder dem Drücken einer Funktionstaste eine Erklärungshandlung jeweils unmittelbar durch den Benutzer vorgenommen. Erst nach Abschluss der Erklärungshandlung des Benutzers kommt es zur Verwendung der unterschiedlichen Internet-Dienste, mit deren Hilfe die Erklärung an den Empfänger übermittelt wird.[2] Eine menschliche Erklärungshandlung ist daher auch bei der elektronisch übermittelten Willenserklärung im Internet grundsätzlich zu bejahen.

(c) Das Schweigen als Willenserklärung im Internet

74 Bloßes Schweigen ist in der Regel keine Willenserklärung. Das Schweigen bringt in der Regel weder Ablehnung noch Zustimmung zum Ausdruck, dennoch wird ihm in verschiedenen Fällen die Wirkung einer Willenserklärung beigelegt.[3] Dies gilt insbesondere in den Fällen, in denen das Gesetz im Schweigen ausdrücklich eine Erklärung mit Rechtsfolgen **fingiert** (beispielsweise §§ 108 Abs. 2 Satz 2, 177 Abs. 2 Satz 2, 415 Abs. 2 Satz 2, 416 Abs. 1 Satz 2, 458 Abs. 1 Satz 2, 496 Satz 2, 516 Abs. 2 Satz 2, 568 Satz 2, 612 Abs. 2 BGB und § 362 Abs. 1 HGB).

75 Abgesehen von den genannten gesetzlichen Fiktionen können besondere Umstände es ausnahmsweise erlauben, das **Schweigen als Willenserklärung** zu verstehen. Entscheidend für eine Auslegung des Schweigens als Willenserklärung ist nach §§ 133, 157 BGB, dass der Empfänger das Schweigen nach Treu und Glauben und der Verkehrssitte als Kundgabe eines bestimmten Rechtsfolgewillens verstehen musste. Dies ist beispielsweise dann der Fall, wenn zwischen den Parteien eine Vereinbarung des Inhalts geschlossen wurde, dass dem Schweigen eine besondere Bedeutung zukommen soll. Erfolgt eine solche Vereinbarung zwischen den Parteien über allgemeine Geschäftsbedingungen, ist dies gegenüber Nichtkaufleuten nach § 10 Nr. 5 AGBG nur eingeschränkt möglich.[4]

---

1 Ablehnend gegenüber konkludenten Willenserklärungen im Btx-Verkehr: *Friedmann*, S. 11; *Kreis*, Vertragsschluß, S. 13 f.; *Friedmann*, jur-pc 1994, 2879, mit der Begründung, der Btx-Verkehr sei als elektronische Kommunikation auf programmkonforme Bedienung und damit auf ausdrückliche Erklärungen angewiesen.

2 Vgl. *Kuhn*, S. 55; *Larenz/Wolf*, AT, § 30 Rz. 52.

3 Zum Komplex der rechtlichen Bewertung von Schweigen im Rechtsverkehr gehören von vornherein nicht die Fälle des § 151 BGB. Denn auch wenn dessen Voraussetzungen vorliegen, wird nicht die Abgabe der Annahmeerklärung, sondern lediglich deren Zugang beim Anbietenden entbehrlich.

4 Der Gegenseite des Verwenders muss eine angemessene Frist zur Abgabe einer ausdrücklichen Erklärung eingeräumt werden, und der Verwender ist verpflichtet, seinen Vertragspartner jeweils bei Beginn der Erklärungsfrist auf die vorgesehene Bedeutung des Schweigens besonders hinzuweisen.

Ausnahmsweise kann auch ein **Vertrauenstatbestand** vorliegen, der es rechtfertigt, den Schweigenden wie jemanden zu behandeln, der seine Zustimmung zu einem Vertragsangebot ausdrücklich erklärt hat. Dies gilt insbesondere dann, wenn der Schweigende verpflichtet gewesen wäre, seinen abweichenden Willen zu äußern.[1] Ein solcher Fall liegt beispielsweise dann vor, wenn das Schweigen auf ein endgültiges Angebot erfolgt, das aufgrund einverständlicher und alle wichtigen Punkte betreffender Vorverhandlungen ergeht, sofern nicht nach den Umständen des Einzelfalls eine solche Annahme durch Schweigen ausgeschlossen sein sollte.[2] Der eigentliche Vertragsschluss muss also nur noch als Formalität erscheinen. Insbesondere muss derjenige sich in aller Regel sein Schweigen zurechnen lassen, der auf einen Antrag schweigt, der inhaltlich auf genau den Vertragsschluss zielt, der von ihm selbst angestrebt wurde.[3] Entsprechendes gilt für Annahmeerklärungen, die nur ganz geringfügige Modifikationen des ursprünglichen Angebots enthalten.[4] 76

Aber auch dann, wenn es der **Verkehrssitte** oder einem **Handelsbrauch** entspricht, kann dem Schweigen ein Erklärungsgehalt zukommen.[5] Zu beachten ist jedoch, dass auch im kaufmännischen Geschäftsverkehr – also auch im Bereich B2B – Schweigen nicht grundsätzlich als Zustimmung gilt.[6] Es kann nur dann ausnahmsweise als Zustimmung gewertet werden, wenn nach den Grundsätzen des redlichen Geschäftsverkehrs (insbesondere bei ständiger Geschäftsbeziehung) der Erklärungsempfänger eine konkrete Rechtspflicht hat zu widersprechen, jedenfalls eventuelle Vorbehalten anzumelden, so dass der Erklärende beim Ausbleiben eines Vorbehaltes oder Widerspruchs darauf vertrauen darf, sein Geschäftspartner sei mit seiner Offerte einverstanden.[7] 77

Beim **kaufmännischen Bestätigungsschreiben** hingegen gilt Schweigen kraft Gewohnheitsrecht in der Regel als Zustimmung.[8] Hier liegt der Grund für die Abweichung vom allgemeinen Grundsatz darin, dass der kaufmännische Verkehr eine schnelle und klare Anbahnung von Geschäften verlangt. Darüber hinaus gilt es beim Kaufmann als Genehmigung, wenn er mangelhafte Ware nicht unverzüglich nach Erkennbarkeit des Mangels rügt (§ 377 HGB). 78

---

1 Palandt/*Heinrichs*, Einf. v. § 116 Rz. 8 u. 10 mit weiteren Rechtsprechungsnachweisen.

2 BGH v. 22. 11. 1995 – IX ZR 135/93, NJW 1996, 919 (920); BGH v. 14. 2. 1995 – XI ZR 65/94, NJW 1995, 1281; BGH v. 14. 10. 1955 – I ZR 210/53, BB 1955, 1068; vgl. auch BGH v. 6. 5. 1975 – VI ZR 120/74, NJW 1975, 1358 (1359).

3 So schon BGH v. 14. 10. 1955 – I ZR 210/53, BB 1955, 1068; ähnlich OLG Frankfurt v. 3. 4. 1986 – 6 U 24/85, NJW-RR 1986, 1164 f. (Unterlassungserklärung), das allerdings § 151 BGB heranzieht.

4 Vgl. OLG Frankfurt v. 3. 4. 1986 – 6 U 24/85, NJW-RR 1986, 1164 (1165).

5 *Brox*, AT, Rz. 90; *Larenz/Wolf*, AT, § 28 Rz. 48 ff.; *Medicus*, AT, Rz. 346; MünchKomm/*Kramer*, Vor § 116 BGB Rz. 23; Soergel/*Hefermehl*, Vor § 116 BGB Rz. 33 f.

6 Palandt/*Heinrichs*, Einf. v. § 116 Rz. 10; BGH v. 14. 2. 1995 – XI ZR 65/94, NJW 1995, 1281; BGH v. 24. 9. 1980 – VIII ZR 299/79, NJW 1981, 43 (44).

7 BGH v. 24. 9. 1980 – VIII ZR 299/79, NJW 1981, 43 (44).

8 St. Rsp., vgl. nur BGH v. 31. 1. 1994 – II ZR 83/93, NJW 1994, 1288.

Als Annahme ist es auch zu werten, wenn der Kaufmann auf den Antrag zur Besorgung von Geschäften der Art, die er üblicherweise für andere zu besorgen pflegt, schweigt, obwohl er sich dem Antragenden gegenüber zur Besorgung solcher Geschäfte erboten hat oder mit ihm in Geschäftsverbindung stand (§ 362 HGB).

Beim Nichtkaufmann – also im Bereich B2C – löst Schweigen unter ähnlichen Voraussetzungen hingegen gemäß § 663 BGB lediglich eine Pflicht zum Ersatz des Vertrauensschadens aus.[1]

79 Bezogen auf **elektronisch übermittelte Willenserklärungen** gilt, dass gesetzliche Fiktionen von Willenserklärungen, entsprechende Vereinbarungen oder Treu und Glauben ebenso Geltung beanspruchen können, wenn sich der Erklärende eines Internet-Dienstes bedient, wie wenn er auf „konservative Weise" am rechtsgeschäftlichen Verkehr teilnimmt.[2] Ebenso wie ein Teilnehmer durch sein Schweigen im herkömmlichen Rechtsverkehr die Fiktion einer Willenserklärung auslösen kann, kann diese Fiktion auch dann begründet werden, wenn er beispielsweise auf eine ihm zugeschickte E-Mail oder Chat-Botschaft nicht antwortet.[3]

80 Eine praktische Unsicherheit bei der Qualifikation von Schweigen über das Internet als Willenserklärung kann sich jedoch aus dem Umstand ergeben, dass Internet-Kommunikation noch immer mit einer gewissen **technischen Unwägbarkeit** zu kämpfen hat. So kann beispielsweise eine E-Mail nicht zugestellt werden, wenn der Mail Server nicht einwandfrei funktioniert oder der elektronische Briefkasten des Empfängers überfüllt ist. Wenn sich im herkömmlichen Rechtsverkehr eine Partei nicht äußert, wird man in der Regel davon ausgehen, sie habe bewusst und willentlich geschwiegen, dies kann jedoch bei der Kommunikation über das Internet nicht grundsätzlich und zweifelsfrei unterstellt werden. Die technischen Unwägbarkeiten des Mediums Internet sind den meisten Benutzern jedoch hinlänglich bekannt. Daher werden sie bei dem Schweigen eines anderen Benutzers – insbesondere dann, wenn dem Schweigen dieses Benutzers nicht aufgrund Vereinbarung zwischen den Parteien ein Erklärungsgehalt zukommen soll – nicht unbedingt von einem bewussten und willentlichen Schweigen ausgehen, sondern eher annehmen, eine von ihnen erwartete Willenserklärung sei aufgrund eines technischen Versagens nicht angekommen. Insoweit ergibt sich im Bereich internetgestützter Kommunikation die Besonderheit, dass ein Benutzer dem Schweigen eines Kommunikationspartners seltener einen Erklärungsgehalt beimessen wird, als dies im herkömmlichen Rechtsverkehr der Fall ist. Vielmehr wird er aufgrund der ihm bekannten Unwägbarkeiten nachfragen, ob eine Willenserklärung abgegeben wurde. Dies ändert jedoch nichts an dem Grundsatz, dass auch im Internet mit Erklärungswirkung

1 MünchKomm/*Seiler*, § 663 BGB Rz. 20 ff.

2 *Kuhn*, S. 83; *Schwerdtfeger* in Schwarz, Kap. 6-2.3, S. 7 f.; ebenso *Friedmann*, S. 12 f., zum Schweigen des Btx-Teilnehmers.

3 *Ernst*, NJW-CoR 1997, 167.

geschwiegen werden kann. Mit zunehmender technischer Stabilität des Internets wird es hier zu einer Annäherung internetgestützter und „konservativer“ Kommunikation kommen.

(d) Die Willensrichtung bei elektronischer Übermittlung im Internet

Weiteres Erfordernis der wirksamen Willenserklärung ist, wie angesprochen, 81
der **Handlungswille**. Auch bei einer mit Hilfe des Computers formulierten und mittels eines Internet-Dienstes übermittelten Erklärung sind Willensmängel denkbar, die der Qualifizierung einer solchen Erklärung als Willenserklärung entgegenstehen oder zumindest ihre Anfechtbarkeit zur Folge haben können. So kann auch bei einer Erklärungshandlung mit elektronischer Übermittlung der Handlungswille fehlen, beispielsweise wenn der Benutzer reflexartig oder unter Einwirkung von absoluter Gewalt handelt. Ebenso kann ein Benutzer ohne das erforderliche Erklärungsbewusstsein handeln, wenn ihm etwa aufgrund technischer Unerfahrenheit oder eines nur spielerischen Umgangs mit dem Internet nicht klar ist, dass er mit dem Anklicken einer Schaltfläche oder der Eingabe und Absendung einer Textbotschaft eine Willenserklärung abgibt. Und schließlich kann ihm auch der Rechtsfolgewille fehlen, wenn er eine andere Rechtsfolge bewirken wollte, als sich aus seiner Erklärungshandlung tatsächlich ergibt. All diese Mängel der Willenserklärung unterscheiden sich nicht von den Möglichkeiten, Fallgestaltungen und Problemfällen der Willenserklärungen, die nicht über das Internet, sondern auf „konservativem“ Wege übermittelt werden. Wird jedoch seitens des Benutzers dessen Erklärungshandlung im Internet auch von einer entsprechenden Willensrichtung getragen, so steht einer Qualifizierung der durch eine menschliche Erklärungshandlung zustande gekommenen und per Internet übermittelten Erklärung als Willenserklärung auch hinsichtlich des subjektiven Tatbestandes nichts entgegen.

(2) Die Computererklärung im Internet

Nicht immer gibt der User auf die oben geschilderten Arten eine eigene, 82
menschliche Willenserklärung ab. Oftmals tritt die Computertechnik so weit an die Stelle des Menschen, dass der User an dem Erklärungsvorgang nicht mehr selbst und unmittelbar beteiligt ist, er oftmals noch nicht einmal eine konkrete Kenntnis von dessen Inhalt und Ergebnis hat, sondern der Computer aufgrund seiner Programmierung die Erklärung vollständig **automatisch erstellt** und über das Internet zu dem Empfänger transportiert. Mit solchen Erklärungen hat man es insbesondere im Bereich gewerblicher Internetangebote wie dem Electronic Commerce zu tun. Paradebeispiel ist das „virtuelle Kaufhaus“, in dem ein Benutzer die auf der Web-Seite eines Versandhandels angebotenen Waren online bestellen kann.[1]

---

1 Hier kann die Eingabe und Versendung der Benutzereingaben sowohl mittels einer Formularseite als auch durch Anklicken eines entsprechenden Funktionsfelds, das in eine Mail-Programmroutine führt und eine Bestellung als E-Mail an den Server

83 Gleichfalls verbreitet ist das entgeltliche **Zurverfügungstellen von Informationen oder Software**. Ein Benutzer fordert beispielsweise über eine Web-Seite des Anbieters Informationen an und gibt seine Kreditkartennummer ein. Der Computer des Anbieters überprüft automatisch die Kreditkartendaten, überträgt aus seiner Datenbank die gewünschten Informationen eingebettet in eine individuell angepasste Web-Seite an den Benutzer und belastet das Kreditkartenkonto entsprechend. Dieses Verfahren kann auch zum Online-Vertrieb von Software genutzt werden, indem statt Informationen ein Computerprogramm über die Web-Seite des Anbieters ausgewählt und über das Internet auf den Computer des Benutzers heruntergeladen wird. Schließlich kann sich ein Benutzer etwa mittels einer E-Mail, die den Befehl „subscribe" enthält, in eine so genannte Mailing-Liste eintragen lassen und regelmäßige Internet-Publikationen abonnieren. Der Computer des Anbieters empfängt die E-Mail, verarbeitet sie und schickt dem Benutzer dann wiederum per E-Mail die gewünschte Publikation zu.

84 Soweit in den aufgezeigten Beispielen ein Computer die Bestellungen oder Anforderungen des Benutzers entgegennimmt, verarbeitet und mit der Abgabe einer Erklärung reagiert, kann die „Initiative" von dem Computer ausgehen, indem er beispielsweise durch den Rückgriff auf Datenbanken ständig den Lagerbestand des Betreibers kontrolliert und per E-Mail bei einem Lieferanten automatisch neue Waren ordert oder etwa E-Mails an einen Kundenstamm verschickt, in denen ein Vertragsangebot enthalten ist. Die **Automatisierung der Kommunikation** kann noch weiter gehen, wenn auf beiden Seiten mittels Computeranlagen kommuniziert wird. Das ist beispielsweise nach dem Vorbild des Electronic Data Interchange (EDI) der Fall, wenn ein Computerprogramm für Lagerhaltung bei Unterschreitung eines bestimmten Soll-Bestandes per E-Mail eine Nachbestellung vornimmt, die dann von einem Empfängersystem sofort in gleicher Weise bestätigt und automatisch ausgeführt wird.[1]

85 Ordnet man verschiedene mögliche Formen von Computererklärungen den einzelnen Internet-Diensten zu, so ergeben sich folgende **Fallgruppen**:

- Von einem Web Server wird eine vorgefertigte Web-Seite mit Hinweisen, Angeboten oder einem sonstigen Erklärungsinhalt auf den Computer des Benutzers heruntergeladen und dort dargestellt.
- Auf einem von einem Anbieter betriebenen Web Server oder einer mit diesem verbundenen Computeranlage läuft ein Programm, das per Formularseite eingegebene Benutzerdaten oder -befehle verarbeitet und dazu

---

des Anbieters überträgt, erfolgen. Nach dem Empfang verarbeitet die Computeranlage des Anbieters die Bestellung und entscheidet ohne unmittelbare Beteiligung des Anbieters über Vertragsschluss und -inhalt. Der Computer macht dem Benutzer über eine weitere Web-Seite eine entsprechende Mitteilung, nimmt gegebenenfalls dessen Kreditkartendaten entgegen, informiert die Versandabteilung des Anbieters über den Vertragsschluss und rechnet die Bestellung automatisch ab, indem er das Kreditkartenkonto des Benutzers mit dem Kaufpreis belastet.

1 *Mehrings* in Hoeren/Sieber, Multimedia-Recht, Teil 13.1, Rz. 28, mwN.

unter Umständen auf eine Datenbank zugreift. Das Resultat der Datenverarbeitung ist eine Erklärung, die eingebettet in einer neuen Web-Seite oder per E-Mail an den Benutzer geschickt wird.

- Der Computer eines Anbieters empfängt E-Mails des Benutzers, die Benutzerdaten oder -befehle enthalten, bearbeitet diese und schickt das Resultat wiederum als E-Mail mit einem Erklärungsinhalt an den Benutzer.
- Ein Computer erstellt automatisch eine E-Mail und schickt sie an einen oder mehrere Benutzer.

Bei diesen Erklärungen scheint der **Computer autonom** über das Zustande- 86
kommen und den Inhalt zu entscheiden und sie dann gleichfalls autonom abzugeben. Der Betreiber der Computeranlage wirkt weder an der Erstellung und Abgabe der einzelnen Erklärung unmittelbar mit, noch hat er konkrete Kenntnis davon, ob, wem gegenüber und mit welchem Inhalt die Erklärung abgegeben wird. Eine Willenserklärung setzt jedoch gerade voraus, dass schon im äußeren Erklärungstatbestand erkennbar wird, dass – fast selbstverständlich – ein Mensch einen rechtlich verbindlichen Erfolg herbeiführen will.[1] Dieses Willenselement kann bereits begrifflich immer nur ein menschliches sein, da ein Computer nicht in der Lage ist, einen eigenen Willen zu bilden. Vor diesem Hintergrund ist fraglich, ob es sich bei einer Computererklärung überhaupt um eine Willenserklärung nach traditionellem Verständnis handelt. Auf die unterschiedlichen Theorien, die in der juristischen Literatur zu dieser Frage vertreten werden, soll an dieser Stelle nicht im Einzelnen eingegangen werden.[2] Denn trotz der Erkenntnis, dass ein Computer keinen eigenen Willen haben und daher auch keine eigene Willenserklärung abgeben kann, sieht die herrschende Meinung auch die Computererklärung als menschliche Willenserklärung des Betreibers des Computers an[3]. Dabei kommt es entscheidend darauf an, dass die Computererklärung die folgenden Kriterien erfüllt:

- Die von der Computeranlage zu dem Empfänger übertragene Computererklärung hat einen Erklärungsinhalt.

---

1 *Larenz/Wolf*, AT, Rz. 51; *Redeker*, NJW 1984, 2391, mwN.

2 Zu den unterschiedlichen Theorien und Begründungsansätzen seien folgende Fundstellen genannt: *Susat/Stolzenburg*, MDR 1957, 146 f.; *Brauner*, S. 39 ff., Fn. 1; *Brehm*, S. 233, Fn. 2; *Fritzsche/Malzer*, DNotZ 1995, 7, Fn. 12; *Jaburek/Wölfl*, S. 108, Fn. 138; *Köhler*, AcP 182 (1982), 133, Fn. 14; *Köhler*, DuD 1986, 343, Fn. 14; *Kreis*, Vertragsschluß, S. 18, Fn. 61; *Kuhn*, S. 59, Fn. 74, S. 64 ff.; *Mehrings*, MMR 1998, 31, Fn. 13; wohl auch *Paefgen*, Bildschirmtext, S. 17, Fn. 34; *Paefgen*, JuS 1988, 593, Fn. 34.; *Clemens*, NJW 1985, 2001; *Mehrings* in Hoeren/Sieber, Multimedia-Recht, Teil 13.1, Rz. 40 ff.; *Koch*, S. 133 f.; *Kohl*, S. 96; *Redeker*, NJW 1984, 2391; *Traut*, S. 68; *Viebcke*, S. 71; *Zuther*, S. 104 ff.

3 *Viebcke*, S. 78 ff.; *Brauner*, S. 39 ff.; *Köhler*, AcP 182 (1982), 126 ff., und DuD 1986, 339; *Fritzsche/Malzer*, DNotZ 1995, 7, die eine Computererklärung mit einer gespeicherten Warenautomaten-Willenserklärung vergleichen; *Kohl*, S. 96; *Heun*, CR 1994, 596, mwN; *Kilian* in Kilian/Heussen, Computerrechts-Handbuch, Kap. 20, Rz. 13, 17; *Möschel*, AcP 186, 196; *Clemens*, NJW 1985, 2001.

- Der Betreiber der Computeranlage hat mit der Programmierung Regeln für die Bearbeitung von Geschäftsvorfällen vorgegeben hat, aufgrund derer der Computer die Erklärung erzeugt und an den Empfänger überträgt.
- Der Betrieb der Computeranlage und die Erstellung der Computererklärung werden dergestalt von dem Willen des Anlagenbetreibers getragen, dass er durch die Computererklärung berechtigt und verpflichtet werden will.

  Dieser Wille des Anlagenbetreibers ist nach außen hin erkennbar und der Erklärungsempfänger rechnet ihm die Computererklärung als eigene Willenserklärung zu.

87 Hiernach kann die **Web-Seite** des Anbieters grundsätzlich als **Willenserklärung** anzusehen sein. Der Erklärungsinhalt ergibt sich unschwer aus dem Inhalt, den der Anbieter ihr gegeben hat. So kann er eine Web-Seite mit einem vorgefertigten Erklärungsinhalt gestalten, der dem Benutzer beispielsweise mitteilt, seine im Rahmen eines virtuellen Versandhauses abgegebene Bestellung werde angenommen und der gewünschte Artikel ihm zugeschickt. Ferner kann sich der Erklärungsinhalt daraus ergeben, dass der Anbieter die Web-Seite mit der Ausführung von Programmen wie den JAVA-Applets, ActiveX-Komponenten, Server Side Includes und Common Gateways Interfaces unmittelbar auf dem Web Server, auf einer an den Server angeschlossenen Computeranlage oder auf dem Personal Computer des Benutzers verbindet. Das Ergebnis der Programmausführung ergibt einen Erklärungsinhalt, wird in die Web-Seite eingebunden und dann auf dem Bildschirm des Benutzers dargestellt. Zum Beispiel kann der Web Server die Bestellung des Kunden entgegennehmen und auf eine Datenbank mit dem Lagerbestand des Anbieters zugreifen. Ist der bestellte Artikel gegenwärtig nicht lieferbar, so wird dieses Zugriffsergebnis dem Kunden im Rahmen einer entsprechend angepassten und aktualisierten Web-Seite mitgeteilt.

88 Indem der Anbieter die Web-Seite als Hypertext-Dokument programmiert, sie auf den Web Server hochlädt **(„uploading")** und zum Abruf speichert sowie durch das Setzen von Hyperlinks und Programmieren der mit der Web-Seite verbundenen Programme festlegt, ob, wann und mit welchem Inhalt diese Seite an den Benutzer übertragen werden soll, hat er weiterhin die seinem Willen entsprechenden Regeln für die Bearbeitung des Kommunikationsvorgangs zwischen dem Web Server und dem Benutzer vorgegeben.

89 Ebenso wie eine Web-Seite lässt sich auch eine **computergenerierte E-Mail** als **Willenserklärung** ansehen. Der Erklärungsinhalt ergibt sich unmittelbar aus dem Text der E-Mail. Indem ein Betreiber seinen an das Internet angeschlossenen Computer so programmiert, dass dieser selbständig E-Mails erstellt und versendet und dabei möglicherweise auch an den Betreiber adressierte E-Mails beantwortet, gibt er die Regeln für die Erstellung der Computererklärungen vor. Dieser Vorgang wird auch von dem erkennbaren Willen des Betreibers getragen, sich durch die von dem Computer erstellten und verschickten E-Mails zu binden und sie sich als eigene zurechnen zu lassen.

cc) Die Auslegung der Willenserklärung im Internet

90 Hat man den Tatbestand der Willenserklärung bejaht, so kann – ebenso wie im herkömmlichen Rechtsverkehr – auch eine elektronisch übermittelte Willenserklärung oder Computererklärung im Internet möglicherweise nicht eindeutig formuliert und daher **auslegungsbedürftig** sein.

91 Gemäß §§ 133, 157 BGB muss bei der Auslegung einer empfangsbedürftigen Willenserklärung – ausgehend von dem **Wortlaut** und unter Berücksichtigung der Begleitumstände – der Wille des Erklärenden festgestellt werden, wie er sich aus der Sicht des so genannten objektivierten Empfängerhorizonts darstellt.[1] Soweit eine Willenserklärung jedoch einen nach Wortlaut und Zweck eindeutigen Inhalt hat, ist für eine solche Auslegung kein Raum.[2]

92 Eine elektronisch übermittelte Willenserklärung kann einer Auslegung zugänglich sein, wenn der Benutzer selbst sie inhaltlich gestaltet und einen **nicht eindeutigen Text** eingegeben hat, der dann per E-Mail, WWW oder Chat übertragen wird, oder er sich in einer Internet-Telefonverbindung oder Videokonferenz nicht eindeutig verbal geäußert hat. Internetspezifische Besonderheiten bezüglich der Auslegung dieser Willenserklärungen liegen dann nicht vor.

93 Hat der Benutzer dagegen lediglich in einer Web-Seite des Anbieters vorgefertigte Texte angekreuzt, eine Funktionstaste betätigt oder in einem Menü entsprechende Punkte angeklickt, ohne dabei eigene Formulierungen vorzunehmen, so ist eine individuelle Gestaltung des Inhalts der Willenserklärung ausgeschlossen, da der Benutzer nur systemkonforme und **vorformulierte Erklärungen** abgeben kann. Aus dem systematischen Zusammenhang ergibt sich dann in der Regel ein vorgegebener und eindeutiger Erklärungsinhalt, der einer Auslegung nicht zugänglich ist.[3]

94 Wenn dabei jedoch bereits der von dem Anbieter bei der Gestaltung der Web-Seite vorgegebene Erklärungsinhalt nicht eindeutig ist, wird man es als unbillig ansehen müssen, bei der Auslegung lediglich auf den Empfängerhorizont abzustellen und damit möglicherweise zu einem für den Benutzer ungünstigen, für den Anbieter jedoch günstigen Auslegungsergebnis zu kommen. In diesem Fall kann sich der Anbieter und Empfänger der Willenserklärung nicht darauf berufen, die Willenserklärung sei nicht eindeutig formuliert und von ihm in einer bestimmten Weise zu verstehen. Denn schließlich geht die fehlende Eindeutigkeit auf seine Vorformulierung und damit auf ihn selbst und nicht auf den Erklärenden zurück.

95 Bezüglich der Auslegung von Computererklärungen gilt, dass Anbieter sich in der Regel zwar um Benutzerfreundlichkeit bemühen, und computergene-

---

1 *Larenz/Wolf*, AT, § 28 Rz. 23 ff.; MünchKomm/*Mayer-Maly*, § 133 BGB Rz. 27; Palandt/*Heinrichs*, § 133 BGB Rz. 2, 9 ff., jeweils mwN.

2 *Larenz/Wolf*, AT, § 28 Rz. 29; MünchKomm/*Mayer-Maly*, § 133 BGB Rz. 42; Palandt/*Heinrichs*, § 133 BGB Rz. 6, jeweils mwN.

3 So auch *Friedmann*, S. 30 f., zur Auslegung einer Btx-Willenserklärung.

rierte Willenserklärungen in Form einer Web-Seite oder E-Mail derart formulieren sollten, dass keine Verständnisschwierigkeiten auftreten, die Raum für eine Auslegung bieten. Ist eine Computererklärung jedoch stark formalisiert, vereinfacht oder unübersichtlich gestaltet und ihr Erklärungsinhalt nicht eindeutig, so kann sich der Anbieter nicht darauf berufen, eine verständlichere oder ausführlichere Darstellung sei etwa aus technischen Gründen nicht möglich, denn die **Vereinfachung und Rationalisierung** des Rechtsverkehrs, die er durch die Abgabe von Computererklärungen anstrebt, **darf nicht zu Lasten des Benutzers** gehen. Der Anbieter muss eine Auslegung seiner Computererklärung gemäß dem Empfängerhorizont und der Verständnismöglichkeit eines durchschnittlichen Benutzers gegen sich gelten lassen. Bei der Bestimmung des Durchschnittsbenutzers wird jedoch nicht auf den kompletten Computerlaien, sondern unter Zugrundelegung erhöhter Anforderungen an die Verständnismöglichkeit auf den relevanten Empfängerkreis, nämlich die Benutzer von Computern, Online-Diensten und des Internets, abzustellen sein.[1]

dd) Die Anfechtung einer fehlerhaften Willenserklärung im Internet

96 Da es möglich ist, im Internet selbst oder durch einen Computer Willenserklärungen abzugeben, muss es grundsätzlich auch möglich sein, eine **fehlerhafte Willenserklärung**, die der Erklärende nicht oder nicht mit dem tatsächlichen Inhalt abgeben wollte, anzufechten.

97 Gesetzlich vorgesehen ist eine Anfechtung wegen Irrtums (§ 119 BGB), falscher Übermittlung (§ 120 BGB) sowie wegen Täuschung oder Drohung (§ 123 BGB). Hier sollen zunächst die internetspezifischen Fälle der Anfechtung fehlerhafter Willenserklärungen gemäß **§ 119 BGB** dargestellt werden. Im Vordergrund stehen dabei Eingabefehler des Benutzers sowie Hardware-, Software- und Datenfehler seitens des Anbieters. Auf Übermittlungsfehler und deren Folgen wird, da es sich hierbei streng genommen nicht um Fehler der Willenserklärung selbst, sondern des anschließenden Übertragungsvorgangs handelt, im Rahmen der Ausführungen zu Abgabe und des Zugangs von Willenserklärungen im Internet und der sich daraus ergebenden Risikosphären der Parteien eingegangen werden (s. Rz. 170 ff.).

98 Auf die Anfechtung wegen **Täuschung oder Drohung** gemäß § 123 BGB ist nicht gesondert einzugehen, da sie sich in dem Bereich internetgestützter Kommunikation nicht anders darstellt, als dies im herkömmlichen Rechtsverkehr der Fall ist.

(1) Eingabefehler

99 Die in der Praxis häufigste Fehlerquelle bei einer im Internet abgegebenen Willenserklärung dürfte der Fall des **Eingabefehlers** bei der Erstellung der

1 *Schwerdtfeger* in Schwarz, Kap. 6-2.3, S. 19.

Erklärung sein. So kann der Benutzer sich beispielsweise bei der Formulierung einer E-Mail oder Chat-Botschaft vertippen oder in eine Formularseite versehentlich falsche Daten eintragen, indem er etwa eine falsche Bestellnummer oder eine zu große Bestellmenge eingibt.[1] Wird diese – fehlerhafte – Erklärung sodann übermittelt, stellt sich die Frage nach der Anfechtbarkeit nach § 119 BGB.

Bei einer fehlerhaften Eingabe kommt eine Anfechtung wegen **Erklärungsirrtums** gemäß § 119 Abs. 1, 2. Fall BGB in Betracht. Demnach wird ein Anfech- 100
tungsrecht begründet, wenn sich der Erklärende bei der Abgabe der Willenserklärung dergestalt verschreibt, vergreift oder vertippt, dass der äußere Erklärungstatbestand nicht seinem inneren Willen entspricht.[2] Für den Bereich der elektronisch übertragenen Willenserklärung handelt es sich um einen Erklärungsirrtum iSd. § 119 Abs. 1, 2. Fall BGB, wenn der Benutzer sich des Computers lediglich vergleichbar einer Schreibmaschine zur Erstellung der Willenserklärung bedient, ohne dass dabei der Inhalt der Erklärung durch den Computer mitbestimmt oder verändert wird[3]. Da es für die Frage, ob die Willenserklärung selbst fehlerhaft und anfechtbar ist, auf den Übermittlungsvorgang nicht ankommt,[4] ist ein Eingabefehler einer per Internet übermittelten Willenserklärung als Erklärungsirrtum gemäß § 119 Abs. 1, 2. Fall BGB anzusehen und berechtigt den Erklärenden zur Anfechtung.

Anders ist es zu beurteilen, wenn der Benutzer sich nicht lediglich bei der 101
Formulierung der Willenserklärung vertippt, sondern beispielsweise eine **falsche E-Mail-Adresse** angibt und daher ein Vertragsangebot an einen anderen Empfänger als den gewollten schickt, der das Angebot dann annimmt. Denkbar ist auch, dass der Benutzer beim Vorwärtsblättern durch verschiedene Seiten einer Web Site entgeltlich Informationen abruft, jedoch davon ausgeht, der Abruf sei unentgeltlich. In diesen Beispielsfällen wird man nicht von einem Eingabefehler und daher von einem Erklärungsirrtum ausgehen können, da der Benutzer genau diejenigen Erklärungshandlungen vollzogen hat, die er vornehmen wollte. In den geschilderten Fällen kommt jedoch eine Anfechtung wegen eines Inhaltsirrtums nach § 119 Abs. 1, 1. Fall BGB in Betracht, bei dem der äußere Tatbestand der Erklärung zwar dem Willen des Benutzers entspricht, er jedoch über Bedeutung oder Tragweite der Willenserklärung irrt, namentlich über die Person des Geschäftspartners oder die Rechtsfolgen der Willenserklärung.[5]

---

1 Der Fall eines Eingabefehlers des Betreibers bei der Programmierung des Computers oder bei der Datenfütterung ist der eigentlichen Erklärungserstellung vorgelagert.

2 Zur Definition des Erklärungsirrtums: MünchKomm/*Kramer*, § 119 BGB Rz. 35; Palandt/*Heinrichs*, § 119 BGB Rz. 10; Soergel/*Hefermehl*, § 119 BGB Rz. 11.

3 *Heun*, CR 1994, 596; *Mehrings* in Hoeren/Sieber, Multimedia-Recht, Teil 13.1, Rz. 97; *Kohl*, S. 102; *Köhler/Arndt*, Rz. 102; *Kuhn*, S. 141; *Schwerdtfeger* in Schwarz, Kap. 6-2.3, S. 22. Im Ergebnis ebenso *Waldenberger*, BB 1996, 2367.

4 *Mehrings* in Hoeren/Sieber, Multimedia-Recht, Teil 13.1, Rz. 97, mwN.

5 *Schwerdtfeger* in Schwarz, Kap. 6-2.3, S. 22. Zur Definition des Inhaltsirrtums: MünchKomm/*Kramer*, § 119 BGB Rz. 44; Palandt/*Heinrichs*, § 119 BGB Rz. 11 ff.; Soergel/*Hefermehl*, § 119 BGB Rz. 17.

(2) Fehlerhafte Computererklärungen

102 Werden sich Eingabefehler zumeist auf den Bereich der menschlich erstellten und elektronisch übertragenen Willenserklärung beschränken, so kann daneben auch ein Computer eine **Computererklärung**, die von dem Willen des Anlagenbetreibers abweicht, erstellen und per Internet übermitteln.

(a) Hardware-, Software- und Datenfehler

103 Als mögliche Ursachen einer fehlerhaften Computererklärung sind Fehler der Hardware, der verwendeten Software oder der verarbeiteten Daten denkbar. Geht man jedoch davon aus, dass Computerhardware nach dem heutigen Stand der Technik trotz zunehmender Komplexität sowohl des einzelnen Rechners als auch der Netzwerke ganz überwiegend einwandfrei funktioniert und ein Computer die ihm softwaremäßig vorgegebenen Befehle und Operationen auch programmkonform und korrekt ausführt, so scheiden **Hardwarefehler** als Ursache für eine inhaltlich fehlerhafte Computererklärung regelmäßig aus.[1]

104 Eine fehlerhafte Computererklärung, die nicht dem Willen des Anbieters entspricht, wird also in der Regel auf eine **Fehlerhaftigkeit der Software** oder der bei ihrem Ablauf benötigten und verarbeiteten Daten zurückzuführen sein. So kann beispielsweise der Programmcode der auf dem Server oder einem angeschlossenen Computer laufenden Software des Anbieters einen Fehler enthalten, aufgrund dessen der Computer eine falsche Berechnung durchführt – etwa bei der Ermittlung des Gesamtpreises mehrerer Artikel, die ein Benutzer über das Internet bestellt, oder des Lagerbestandes des Anbieters –, und diese Berechnung Eingang in eine Computererklärung finden. Gleichfalls liegt ein Softwarefehler vor, wenn die fehlerhafte Software nicht unmittelbar auf dem Computer des Anbieters abläuft, sondern von dem Server des Anbieters mittels des Browsers auf den Computer des Benutzers heruntergeladen und erst dort ausgeführt wird. Denn ebenso wie ein Programm auf dem Computer eines Anbieters ablaufen und die Computererklärung dann als Ergebnis zu dem Benutzer übertragen kann, kann beispielsweise eine Web-Seite mit einem fehlerhaften Hyperlink auf den Computer des Benutzers übertragen werden. Betätigt der Benutzer den Link, so wird statt der programmgemäß vorgesehenen Web-Seite eine andere mit einem abweichenden Erklärungsinhalt abgerufen und an den Benutzer übertragen. Für die Frage, ob die Software des Anbieters fehlerhaft ist und daher zur Erstellung einer gleichfalls fehlerhaften Computererklärung führt, kommt es nicht entscheidend darauf an, ob die Software nun auf seinem eigenen Computer abläuft und dort die Computererklärung erstellt oder auf dem Computer des Empfängers und Benutzers. Schließlich kann eine fehlerhafte Computererklärung auf einer Verarbeitung falscher, unvollständiger oder veralteter Daten durch den Computer beruhen. Möglicherweise ist auch eine

1 *Mehrings* in Hoeren/Sieber, Multimedia-Recht, Teil 13.1, Rz. 103; *Köhler*, AcP 182 (1982), 134; *Köhler*, DuD 1986, 340; *Mehrings*, MMR 1998, 32.

Zugriffsroutine fehlerhaft, so dass sich der Computer bei der Anforderung der Daten, die er für die Erstellung der Erklärung benötigt, gleichsam vergreift, die falschen Daten aus einer Datenbank abruft, als Erklärungsinhalt in eine Web-Seite einbaut und an den Benutzer überträgt. Dabei wird gegebenenfalls danach zu unterscheiden sein, von wem die verarbeiteten Daten stammen und in den Verarbeitungsvorgang eingeführt werden. Zum einen kann der Anbieter selbst den Computer mit falschen Daten wie veralteten Preislisten oder Lagerbeständen gefüttert und der Computer dann aufgrund dieses Datenmaterials eine falsche Computererklärung erstellt haben. Zum anderen kommen gerade im Bereich gewerblicher Angebote im WWW Computererklärungen des Anbieters häufig erst zustande, nachdem ein Benutzer seine eigenen Daten etwa in eine Formularseite eingetragen hat, diese Daten von der Computeranlage des Anbieters verarbeitet und dann Grundlage der Computererklärung werden. Falsche Daten können also auch von dem Benutzer und nicht dem erklärenden Anbieter selbst stammen.

(b) Die Anfechtung fehlerhafter Computererklärungen

Bezüglich der Anfechtung einer Computererklärung, deren Fehlerhaftigkeit auf Software- oder Datenfehler zurückzuführen ist, ist zu berücksichtigen, dass nach der gesetzlichen Wertung des § 119 BGB Irrtümer bei der Willensbildung, die der eigentlichen Willenserklärung vorausgehen, als **Motiv- oder Kalkulationsirrtümer** außer in den Fällen des Eigenschaftsirrtums gemäß § 119 Abs. 2 BGB unbeachtlich sind und kein Anfechtungsrecht wegen Irrtums begründen.[1] 105

Die Software und Daten, die von dem Anlagenbetreiber selbst in den Datenverarbeitungsprozess eingeführt werden, sind die Komponenten, auf deren Grundlage und in deren Zusammenspiel der Computer die Computererklärung bildet. Insoweit entsprechen Software und Daten bei rechtlicher Betrachtung den **Beweggründen**, den **Motiven** des Erklärenden, auf denen seine Willensbildung bei persönlich abgegebenen Willenserklärungen beruht. Daraus ergibt sich, dass ein Fehler im Bereich der Software und der Daten vergleichbar mit einem Irrtum bei der Willensbildung ist und ebenso unbeachtlich sein muss wie ein Motiv- und Kalkulationsirrtum bei einer Willenserklärung im herkömmlichen Rechtsverkehr. Demzufolge kann eine entsprechend fehlerhafte Computererklärung grundsätzlich nicht wegen Irrtums angefochten werden.[2] 106

---

1 *Larenz/Wolf*, AT, § 36 Rz. 70 ff., 78; MünchKomm/*Kramer*, § 119 BGB Rz. 72; Palandt/*Heinrichs*, § 119 BGB Rz. 18, 29; Soergel/*Hefermehl*, § 119 BGB Rz. 58 ff., jeweils mwN.

2 *Friedmann*, S. 36 f.; *Köhler/Arndt*, Rz. 103 f. Wohl auch *Fritzsche/Malzer*, DNotZ 1995, 14; *Heun*, CR 1994, 596 f.; *Mehrings* in Hoeren/Sieber, Multimedia-Recht, Teil 13.1, Rz. 108; *Koch*, S. 147; *Köhler*, AcP 182 (1982), 135; *Köhler*, DuD 1986, 340; *Kuhn*, S. 151; *Mehrings*, MMR 1998, 32; *Plath*, S. 113 f.; *Traut*, S. 73 f.; *Viebcke*, S. 109; *Zuther*, S. 113 f. Siehe auch LG Bremen v. 24. 5. 1991 – 9 S 63/1991a, NJW 1992, 915, zu dem vergleichbaren Fall, dass ein Verkäufer den Kaufpreis einer veralteten betriebsinternen Preisliste entnimmt.

107 Etwas anderes gilt nur, wenn die fehlerhaften Daten nicht von dem Anlagenbetreiber selbst, sondern von dem **späteren Erklärungsempfänger in den Verarbeitungsprozess eingeführt wurden**. Auch in diesem Fall werden sie zwar durch den Computer zu einer Willenserklärung verarbeitet, sie stellen jedoch keine von dem Anlagenbetreiber selbst oder einer ihm irgendwie zuzurechnenden Person zugrunde gelegten Komponenten der Computererklärung dar. Bei einer Verarbeitung falscher fremder Daten, die unbemerkt von dem Anlagenbetreiber zu einer fehlerhaften, nicht von seinem Willen getragenen Computererklärung führt, ist daher nicht von einem unbeachtlichen Motiv- oder Kalkulationsirrtum auszugehen. Vielmehr kann sich aus dieser Situation je nach den Umständen des Einzelfalls seitens des Anlagenbetreibers ein Inhalts-, Erklärungs- oder Eigenschaftsirrtum nach § 119 BGB ergeben. Zudem stellt sich die Einführung falscher Daten möglicherweise sogar als Fall der arglistigen Täuschung nach § 123 Abs. 1 BGB dar, wenn der Benutzer die Daten in Kenntnis ihrer Fehlerhaftigkeit mit Täuschungswillen und zur Erregung eines Irrtums angegeben hat.

108 In der Konsequenz kann daher dem Anlagenbetreiber bei einer Computererklärung, die allein aufgrund fremder Daten fehlerhaft ist, eine Anfechtung nach §§ 119, 123 BGB gegebenenfalls nicht versagt werden.

ee) Die Formerfordernisse bei Willenserklärungen im Internet

109 Das Bürgerliche Gesetzbuch geht von dem Grundsatz der **Formfreiheit** aus. Damit können Willenserklärungen formlos abgegeben und Verträge formlos geschlossen werden, soweit nicht eine besondere Form ausdrücklich gesetzlich vorgeschrieben ist. Neben der notariellen Beurkundung und der öffentlichen Beglaubigung sieht das Gesetz für bestimmte Rechtsgeschäfte insbesondere die Schriftform vor. Hierunter ist gemäß § 126 BGB die eigenhändige Unterschrift auf derselben oder nur auf der jeweils für die andere Partei bestimmten körperlichen Urkunde zu verstehen. Die **Schriftform** einer Willenserklärung sieht das Bürgerliche Gesetzbuch ausdrücklich beispielsweise für die Einwilligung des gesetzlichen Vertreters in das einseitige Rechtsgeschäft eines Minderjährigen (§ 111 Satz 2 BGB), die Bürgschaftserklärung (§ 766 Satz 1 BGB), das Schuldversprechen und -anerkenntnis (§§ 780 f. BGB), bei Hypothekengeschäften (§§ 416, 1154 BGB) oder für das eigenhändige Testament (§§ 2247, 2267 BGB) vor. Außerhalb des Bürgerlichen Gesetzbuches findet sich die gesetzliche Schriftform unter anderem beim Verbraucherkreditvertrag (§ 4 VerbrKrG), beim Fernunterrichtsvertrag (§ 3 Abs. 1 Fernunterrichtsschutzgesetz) oder bei den kaufmännischen Orderpapieren (§§ 363–365 HGB, Art. 13 WG).

110 Wird die gesetzlich vorgeschriebene Schriftform bei der Abgabe einer einseitigen Willenserklärung oder dem Abschluss eines Vertrages nicht gewahrt, so sind Willenserklärung und Vertrag zwingend **nichtig**, § 125 Satz 1 BGB.[1]

1 *Ebbing*, CR 1996, 272; Palandt/*Heinrichs*, § 126 BGB Rz. 1 ff.; *Schwerdtfeger* in Schwarz, Kap. 6-2.3, S. 29 f.

111 Auch wenn das Gesetz die Schriftform nicht vorsieht, können die Parteien sie für eine Willenserklärung oder einen Vertrag vereinbaren. Bei der Ausgestaltung der **gewillkürten Schriftform** sind die Parteien grundsätzlich frei, denn die Anforderungen der gesetzlichen Schriftform gelten lediglich im Zweifelsfall auch für die gewillkürte Schriftform.[1]

(1) Die Rechtslage vor dem Gesetz zur Anpassung der Formvorschriften des Privatrechts und anderer Vorschriften an den modernen Rechtsgeschäftsverkehr

112 Da die Schriftform grundsätzlich an die **eigenhändige Unterschrift auf einer Urkunde** anknüpft, stellte sich vor dem In-Kraft-Treten des Gesetzes zur Anpassung der Formvorschriften des Privatrechts und anderer Vorschriften an den modernen Rechtsgeschäftsverkehr vom 13. 7. 2001 die Frage, ob eine im Internet abgegebene Willenserklärung einem Schriftformerfordernis überhaupt genügen kann. Denn allen Formen der elektronisch übermittelten Willens- und Computererklärung ist eine Kommunikation ohne die Erstellung eines handschriftlich unterschriebenen Schriftstücks gemeinsam.

113 Eine Legaldefinition der **Urkunde** als erstes Element der Schriftform findet sich im deutschen Zivilrecht nicht. Allgemein und auch außerhalb des Bürgerlichen Gesetzbuches versteht man jedoch unter einer Urkunde eine schriftliche verkörperte Gedankenerklärung, die ihren Aussteller erkennen lässt und zur Beweisführung im Rechtsverkehr geeignet und bestimmt ist. Dazu muss sich die Gedankenerklärung auf einem gegenständlichen und räumlich abgrenzbaren Träger befinden und unmittelbar aus sich selbst heraus wahrnehmbar und verständlich sein.[2] Von dieser Definition ausgehend können elektronisch übermittelte Willenserklärungen oder Computererklärungen den § 126 BGB zugrunde liegenden Urkundsbegriff nicht erfüllen. Denn ihnen fehlt zum einen die **Verkörperung** der Gedankenerklärung, da E-Mails, Chat-Botschaften oder Web-Seiten genau genommen nicht gegenständlich sind, sondern aus Computerdaten bestehen, die selbst nicht greifbar sind. Allein der Datenfluss oder der Zustand eines Speichermediums sind nicht ausreichend, um als Verkörperung und greifbare Vergegenständlichung der in den Daten enthaltenen Gedankenäußerung angesehen zu werden.[3] Zum anderen sind die in einer Datei wie einer E-Mail, Chat-Botschaft oder Web-Seite enthaltenen Gedankenäußerungen einer **unmittelbaren**

1 *Ebbing*, CR 1996, 272; Palandt/*Heinrichs*, § 127 BGB Rz. 1; *Schwerdtfeger* in Schwarz, Kap. 6-2.3, S. 30.

2 Insgesamt zur Urkunde: *Bizer/Hammer*, DuD 1993, 622 f.; *Ebbing*, CR 1996, 272 (274); *Fritzsche/Malzer*, DNotZ 1995, 19; *Heun*, CR 1995, 3; Palandt/*Heinrichs*, § 126 BGB Rz. 2 ff.; Tröndle/*Fischer*, § 267 StGB Rz. 1 ff.; Zöller/*Stephan*, vor § 415 ZPO Rz. 2.

3 Im Ergebnis ebenso *Bizer/Hammer*, DuD 1993, 622; *Erber-Faller*, CR 1996, 380; *Herget/Reimer*, DStR 1996, 1291; *Hoeren*, Rechtsfragen, S. 121; *Hoeren* in Kilian/Heussen, Computerrechts-Handbuch, Kap. 143, Rz. 8; *Köhler/Arndt*, Rz. 129; *Kuhlberg* in Schwarz, Kap. 6-5.1, S. 11 f.; *Strömer*, S. 113.

Wahrnehmung, wie sie neben einer Verkörperung als zweites Element einer Urkunde erforderlich ist, nicht zugänglich. Der Empfänger benötigt zur Wahrnehmung immer seinen Computer als technisches Hilfsmittel, der zum einen den binären Code in verständliche Schriftzeichen übersetzt und diese zum anderen auf einem Ausgabegerät wie dem Computermonitor oder einem Drucker darstellt und so überhaupt erst sinnlich wahrnehmbar macht.[1]

114 Im Internet verschickte E-Mails, Chat-Botschaften oder Web-Seiten können somit zwar als Willenserklärungen Gedankenäußerungen enthalten, sie sind jedoch mangels Verkörperung und unmittelbarer Wahrnehmbarkeit keine Urkunden im Sinne des § 126 BGB.[2]

115 Neben der fehlenden urkundlichen Niederlegung scheitert die Wahrung der Schriftform im Internet auch daran, dass E-Mails, Chat-Botschaften oder Web-Seiten von dem Aussteller nicht **eigenhändig unterzeichnet** werden können. Eine **Unterschrift** nach herkömmlichem Verständnis, bei der der Aussteller einer Internet-Willenserklärung seinen Namenszug mittels eines Schreibgerätes auf oder in eine Computerdatei setzt, scheidet aufgrund praktischer Unmöglichkeit aus. Denkbar ist allenfalls, dass die Internet-Willenserklärung mit einer digitalisierten Unterschrift in Form einer Graphikdatei verbunden wird, vergleichbar einem **Faksimile**. Jedoch ist auch die Verwendung eines Faksimiles anstelle einer eigenhändigen Unterschrift im Rahmen der gesetzlichen Schriftform grundsätzlich unzulässig.[3] Die gesetzliche Schriftform einer E-Mail, Chat-Botschaft oder Web-Seite scheitert daher neben der fehlenden Urkundseigenschaft auch daran, dass eine eigenhändige Unterschrift nicht möglich ist.[4]

---

1 Vgl. *Bizer/Hammer*, DuD 1993, 622; *Heun*, CR 1995, 3; *Fritzsche/Malzer*, DNotZ 1995, 19; *Ultsch*, DZWiR 1997, 470.

2 *Bizer/Hammer*, DuD 1993, 622; *Ernst*, BB 1997, 1057; *Fritzemeyer/Heun*, CR 1992, 131, zur gesetzlichen Schriftform bei EDI-Dokumenten; *Fritzsche/Malzer*, DNotZ 1995, 18 ff.; *Geis*, NJW 1997, 3004; *Herget/Reimer*, DStR 1996, 1291; *Heun*, CR 1995, 6 f.; *Hoeren*, Rechtsfragen, Rz. 284; *Kilian* in Kilian/Heussen, Computerrechts-Handbuch, Kap. 20, Rz. 35; *Koch*, S. 152; *Kohl*, S. 97; *Melullis*, MDR 1994, 112; *Ultsch* in Schwarz, Kap. 6-2.5, S. 10; *Strömer*, S. 86; *Ultsch*, DZWiR 1997, 470; *Waldenberger*, BB 1996, 2367; *Wendel*, S. 121; wohl auch *Ernst*, NJW-CoR 1997, S. 165. Im Ergebnis ebenso *Schwerdtfeger* in Schwarz, Kap. 6-2.3, S. 31 f., der jedoch die Frage unbeachtet lässt, ob eine Computerdatei überhaupt eine Urkunde darstellen kann, dafür verschiedene Möglichkeiten eines Unterschriftersatzes am Computer diskutiert und als den Anforderungen der gesetzlichen Schriftform nicht entsprechend ablehnt. Ebenso *Fringuelli/Wallhäuser*, CR 1999, 96, die zwar die Verkörperung bejahen, die Wahrnehmbarkeit des elektronischen Dokuments aus sich selbst heraus jedoch verneinen. Zur gesetzlichen Schriftform im Telefax-Verkehr grundlegend BGH v. 28. 1. 1993 – IX ZR 259/91, NJW 1993, 1126.

3 *Koch*, S. 153; MünchKomm/*Förschler*, § 126 BGB Rz. 22; Palandt/*Heinrichs*, § 126 BGB Rz. 7; Soergel/*Hefermehl*, § 126 BGB Rz. 7, jeweils mwN.

4 Vgl. im Ergebnis ebenso *Borsum/Hoffmeister*, S. 46; *Ernst*, BB 1997, 1057; *Ernst*, NJW-CoR 1997, 165; *Fangmann*, S. 186; *Fritzemeyer/Heun*, CR 1992, 131; *Geis*, NJW 1997, 3000; *Herget/Reimer*, DStR 1996, 1291; *Heun*, CR 1995, 6; *Kilian* in Kilian/Heussen, Computerrechts-Handbuch, Kap. 20, Rz. 42 f.; *Koch*, S. 154; *Köhler*,

116 Eine Einhaltung der Schriftform bei per Internet versandten Willenserklärungen war daher vor dem In-Kraft-Treten des Gesetzes zur Anpassung der Formvorschriften des Privatrechts und anderer Vorschriften an den modernen Rechtsgeschäftsverkehr nicht möglich.[1]

(2) Die Rechtslage nach dem In-Kraft-Treten des Signaturgesetzes

117 Das **Signaturgesetz** (SigG) ist als Teil des Gesetzes zur Regelung der Rahmenbedingungen für Informations- und Kommunikationsdienste (IuKDG)[2] am 1. 8. 1997 in Kraft getreten und wurde zuletzt durch das Gesetz über Rahmenbedingungen für elektronische Signaturen und zur Änderung weiterer Vorschriften vom 16. 5. 2001[3] neu gefasst.

118 Das Signaturgesetz regelte in seiner ersten Fassung nur die so genannte **digitale Signatur**, ein Siegel, das mittels eines Signaturprogramms aus einer Computerdatei und dem privaten Schlüssel des Erstellers erzeugt wird, und das mit einem öffentlichen und allgemein zugänglichen Schlüssel geprüft werden kann. Die digitale Signatur ist damit ein Verfahren, durch das der Empfänger einer signierten Computerdatei feststellen kann, ob die Signatur unter Verwendung des privaten Schlüssels des Erklärenden erzeugt wurde, und ob die Datei nach der Signierung, also während der Übermittlung oder der Aufbewahrung beim Empfänger, inhaltlich verändert wurde.[4] Seit der Neufassung vom 16. 5. 2001 definiert und regelt das Signaturgesetz verschiedene Formen **elektronischer Signaturen**. Grundsätzlich sollen unter elektronischen Signaturen Daten in elektronischer Form zu verstehen sein, die anderen elektronischen Daten beigefügt oder logisch mit ihnen verknüpft

---

Rechtsgeschäfte, S. 65; *Köhler/Arndt*, Rz. 128; *Kohl*, S. 97; *Rott*, NJW-CoR 1998, 422; *Schwerdtfeger* in Schwarz, Kap. 6-2.3, S. 30 ff.; *Ultsch* in Schwarz, Kap. 6-2.5, S. 10; *Ultsch*, DZWiR 1997, 470; *Wendel*, S. 121.

1 Zur Vermeidung der mit diesem Ergebnis verbundenen Einschränkung der Anwendungsmöglichkeiten und der Verkehrsfähigkeit der Internet-Kommunikation, aber auch des in sie zu setzenden Vertrauens der Parteien wird insbesondere von *Ebbing* eine zeitgemäße Auslegung des § 126 BGB gefordert und eine „elektronische Urkunde" konstruiert, die als elektronisches Formsubstitut sämtliche Funktionen der gesetzlichen Schriftform erfüllen und ihr daher in ihrer rechtlichen Bedeutung gleichzusetzen sein soll, *Ebbing*, CR 1996, 272 ff. Ebenso *Kilian* in Kilian/Heussen, Kap. 20, Rz. 39 ff.; wohl auch *Seidel*, CR 1993, 488 f., der gesetzliche Regelungsvorschläge macht, um ein „Telematikdokument" zu begründen. Im Ansatz auch *Fritzsche/Malzer*, DNotZ 1995, 21 ff., die feststellen, dass zumindest eine elektronisch signierte Willenserklärung eine Formqualität besitzt, die „über den formfreien Bereich deutlich hinausgeht". Ablehnend *Süßenberger*, Das Rechtsgeschäft im Internet, S. 103 f.

2 Informations- und Kommunikationsdienste-Gesetz (IuKDG), BGBl. I 1997, S. 1870 (1872), bisweilen auch Multimedia-Gesetz genannt.

3 BGBl. I 2001, S. 876.

4 Das so genannte „asymmetrische Verschlüsselungsverfahren", vgl. *Eber-Faller*, CR 1996, 378 f.; *Geis*, NJW 1997, 3001; *Koch*, S. 156 f.; *Ultsch* in Schwarz, Kap. 6-2.5, S. 6 f.; *Wendel*, S. 125 f.

sind und der Authentifizierung dienen (§ 2 Nr. 1 SigG). **Fortgeschrittene elektronische Signaturen** sind ausschließlich dem Inhaber eines Signaturschlüssels zugeordnet und ermöglichen seine Identifizierung (§ 2 Nr. 2 SigG). **Qualifizierte elektronische Signaturen** beruhen zudem auf einem qualifizierten Zertifikat, einer elektronischen Bescheinigung, die von einem Zertifizierungsdiensteanbieter ausgestellt wird und die Identität des Signierenden beglaubigt (§ 2 Nr. 3 SigG).

119 Jedoch bleibt das Signaturgesetz auch in seiner letzten Fassung für die Schriftformerfordernisse im Internet ohne rechtliche Konsequenz. Insbesondere enthält es keine Änderung der Schriftformvorschriften des Bürgerlichen Gesetzbuches und sieht keine Gleichstellung signierter Computerdaten mit der Schriftform der §§ 126, 127 BGB vor. Jedoch sollte das Signaturgesetz bereits in seiner ersten Fassung Experimentiercharakter haben; der Gesetzgeber hatte sich vorbehalten, nach dem In-Kraft-Treten des Signaturgesetzes zu prüfen, ob neben der Schriftform auch eine „digitale Form" mit digitaler Signatur zugelassen werden soll.[1]

(3) Die Reform der §§ 126 ff. BGB durch das Gesetz zur Anpassung der Formvorschriften des Privatrechts und anderer Vorschriften an den modernen Rechtsgeschäftsverkehr

120 Am 19. 5. 1999 legte das Bundesjustizministerium den Entwurf eines Gesetzes zur Anpassung der Formvorschriften des Privatrechts an den modernen Rechtsgeschäftsverkehr vor, der auf zwei europäische Richtlinienentwürfe zurückging.[2] Nachdem die Europäische Kommission am 13. 5. 1998 den Vorschlag einer Richtlinie des Europäischen Parlaments und des Rates über gemeinsame Rahmenbedingungen für elektronische Signaturen[3] erarbeitet hatte, wurde Ende 1999 die auf diesem Entwurf basierende Richtlinie 1999/93/EG des Europäischen Parlaments und des Rates vom 13. 12. 1999 über gemeinsame Rahmenbedingungen für elektronische Signaturen verabschiedet.[4] Diese so genannte **Signaturrichtlinie** sollte harmonisierte rechtliche Rahmenbedingungen für den Einsatz elektronischer Signaturen schaffen und Kriterien festlegen, die die Grundlage für die rechtliche Anerkennung

---

1 BT-Drucks. 13/7385, S. 16, 26.

2 Entwurf eines Gesetzes zur Anpassung der Formvorschriften des Privatrechts an den modernen Rechtsgeschäftsverkehr, vorgelegt von dem Bundesjustizministerium am 19. 5. 1999; teilweise basiert dieser Entwurf auf dem gleichfalls von dem Bundesjustizministerium erarbeiteten Entwurf eines Gesetzes zur Änderung des Bürgerlichen Gesetzbuches und anderer Gesetze vom 31. 1. 1997.

3 Vorschlag für eine Richtlinie des Europäischen Parlaments und des Rates über gemeinsame Rahmenbedingungen für elektronische Signaturen, KOM (1998) 297 endg., vorgelegt von der Kommission der Europäischen Gemeinschaften am 13. 5. 1998, zuletzt geändert am 29. 4. 1999, KOM (1999) 195 endg.

4 Richtlinie 1999/93/EG des Europäischen Parlaments und des Rates vom 13. 12. 1999 über gemeinsame Rahmenbedingungen für elektronische Signaturen, ABl. EG Nr. L 13 v. 19. 1. 2000, S. 12.

elektronischer Signaturen darstellen; dabei erstreckte sie sich ausdrücklich nicht auf den Abschluss und die Gültigkeit von Verträgen.[1] Die Signaturrichtlinie deckte sich im Wesentlichen mit dem Signaturverfahren auf der Grundlage eines öffentlichen und eines privaten Schlüssels sowie eines Zertifikats, wie es damals bereits das deutsche **Signaturgesetz** vorsah.

Eine relevante Abweichung der Signaturrichtlinie zu dem Signaturgesetz und der zu diesem Zeitpunkt geltenden Rechtslage in Deutschland ergab sich aus **Art. 5 der Signaturrichtlinie**. Demnach hatten die Mitgliedsstaaten dafür zu sorgen, dass „fortgeschrittene elektronische Signaturen (...) die rechtlichen Anforderungen an eine Unterschrift in Bezug auf in elektronischer Form vorliegende Daten in gleicher Weise erfüllen wie handschriftliche Unterschriften in Bezug auf Daten, die auf Papier vorliegen und in Gerichtsverfahren als Beweis zugelassen sind".[2] Nachdem die Richtlinie verabschiedet wurde und in einzelstaatliches Recht zu übertragen war, musste der deutschen Gesetzgeber also die bislang vermiedene umfassende Neuregelung der Schriftform nicht nur im Bürgerlichen Gesetzbuch vornehmen, sondern alle Gesetze anpassen, in denen Schriftformvorschriften enthalten waren. Auch Computerdateien, die mit einer digitalen Signatur nach dem Muster der Signaturrichtlinie versehen sind, sollten in denjenigen Fällen formwahrend sein, in denen bislang noch die Schriftform als eigenhändige Unterschrift auf einer körperlichen Urkunde vorgeschrieben war. 121

Weiterhin bezog sich der von dem Bundesjustizministerium erarbeitete „Entwurf eines Gesetzes zur Anpassung der Formvorschriften des Privatrechts an den modernen Rechtsgeschäftsverkehr" auf die „Richtlinie des Europäischen Parlaments und des Rates über bestimmte Aspekte des elektronischen Geschäftsverkehrs im Binnenmarkt", allgemein als **E-Commerce-Richtlinie** bekannt.[3] Nach Art. 9 Abs. 1 der E-Commerce-Richtlinie hatten die Mitgliedsstaaten unter anderem dafür zu sorgen, dass durch nationale Rechtsvorschriften elektronische Verträge weder verhindert noch in ihrer Gültigkeit oder Rechtswirkung allein aufgrund des Umstandes gefährdet werden, dass sie auf elektronischem Wege zustande gekommen sind. Damit ging die E- 122

---

1 Aus der Begründung zu dem geänderten Vorschlag für eine Richtlinie des Europäischen Parlaments und des Rates über gemeinsame Rahmenbedingungen für elektronische Signaturen, KOM (1999) 195 endg., 1) b) (S. 3). Ebenso Art. 1 Richtlinie des Europäischen Parlaments und des Rates über gemeinsame Rahmenbedingungen für elektronische Signaturen.

2 Art. 5 Richtlinie des Europäischen Parlaments und des Rates über gemeinsame Rahmenbedingungen für elektronische Signaturen.

3 Vorschlag für eine Richtlinie des Europäischen Parlaments und des Rates über bestimmte rechtliche Aspekte des elektronischen Geschäftsverkehrs im Binnenmarkt, KOM (1998) 586 endg., vorgelegt von der Kommission der Europäischen Gemeinschaften am 23. 12. 1998. Geändert durch KOM (1999) 427 endg., angenommen und veröffentlicht als Richtlinie 2000/31/EG des Europäischen Parlaments und des Rates vom 8. 6. 2000 über bestimmte rechtliche Aspekte der Dienste der Informationsgesellschaft, insbesondere des elektronischen Geschäftsverkehrs, im Binnenmarkt, ABl. EG Nr. L 178 v. 17. 7. 2000, S. 1.

Commerce-Richtlinie über die Signaturrichtlinie hinaus, denn Letztere behandelte allein die Wirksamkeit elektronischer Signaturen und Willenserklärungen, regelte jedoch nicht die rechtliche Wirksamkeit von Verträgen, die auf elektronischem Wege abgeschlossen wurden. Nach der Annahme der E-Commerce-Richtlinie musste der deutsche Gesetzgeber unter anderem Formvorschriften, die die Nutzung elektronischer Mittel beim Vertragsschluss bislang eingeschränkt oder ausgeschlossen hatten, indem sie die Schriftform vorschrieben, dergestalt anpassen, dass ein Vertrag auch auf elektronischem Wege abgeschlossen werden kann.[1]

123 Erklärtes Ziel des deutschen „Entwurfs eines Gesetzes zur Anpassung der Formvorschriften des Privatrechts an den modernen Rechtsgeschäftsverkehr" war es demnach – in Kompatibilität zu den Anforderungen des europäischen Rechts – zur sinnvollen und möglichst weitgehenden Nutzung neuer Informations- und Kommunikationstechnologien beizutragen, Hindernisse bei der elektronischen Übermittlung von Willenserklärungen und dem elektronischen Vertragsschluss zu beseitigen und gleichzeitig die Rechtssicherheit im elektronischen Rechtsverkehr durch einen verlässlichen gesetzlichen Rahmen zu stärken. Dazu sah der Gesetzentwurf als Option zur Schriftform eine speziell auf die elektronischen Medien ausgerichtete **elektronische Form** vor, die der gesetzlichen Schriftform gleichstehen sollte, und eine unterhalb der Schriftform stehende **Textform**.

Auf diesem Gesetzentwurf basiert das **Gesetz zur Anpassung der Formvorschriften des Privatrechts und anderer Vorschriften an den modernen Rechtsgeschäftsverkehr** vom 13. 7. 2001.[2]

124 Erste wesentliche Neuerung dieses Gesetzes ist die Einfügung eines § 126 Abs. 3 BGB, in dem die **elektronische Form** der gesetzlichen Schriftform grundsätzlich gleichgestellt wird. Die elektronische Form wird in dem gleichfalls neu eingefügten § 126a BGB definiert. Anknüpfend an die in dem Signaturgesetz geregelten Signaturverfahren muss der Erklärende zur Wahrung der elektronischen Form dem Text seiner elektronischen Willenserklärung seinen Namen hinzufügen und das so erstellte elektronische Dokument mit einer qualifizierten elektronischen Signatur gemäß § 2 Nr. 3 SigG versehen. Soll mittels elektronischer Medien ein Vertrag geschlossen werden, so müssen beide Parteien ein gleich lautendes elektronisches Dokument digital signieren; nicht ausreichend soll es sein, wenn jeder Vertragspartner nur sein eigenes Angebot beziehungsweise seine eigene Annahme signiert.

125 Ist die Schriftform nicht gesetzlich vorgeschrieben, sondern nur rechtsgeschäftlich vereinbart, so kann eine Willenserklärung gemäß § 127 Abs. 2

1 Ausnahmen sieht die Richtlinie gemäß Art. 9 II, III lediglich bei Verträgen über Rechte an Immobilien außer Mietrechte, bei Verträgen unter Mitwirkung von Gerichten, Behörden oder öffentliche Befugnisse ausübenden Berufen, bei Verträgen über private Bürgschaften oder Sicherheiten sowie bei familien- oder erbrechtlichen Verträgen vor.

2 BGBl. I 2001, S. 1542 ff.

BGB nunmehr auch telekommunikativ übermittelt werden. Zur Wahrung der rechtsgeschäftlich vereinbarten elektronischen Form soll es nach einem neuen § 127 Abs. 3 BGB genügen, wenn andere als qualifizierte elektronische Signaturen gemäß § 2 Nr. 3 SigG verwendet werden und bei einem Vertrag lediglich die jeweils digital signierten Angebots- und Annahmeerklärungen ausgetauscht werden.

Zudem führt § 126b BGB die geringeren Anforderungen als die elektronische oder die Schriftform unterliegende **Textform** ein. Sie wird gewahrt, wenn eine Willenserklärung gegenüber einem anderen derart abgegeben wird, dass sie in Schriftzeichen fixiert und lesbar ist sowie die Person des Erklärenden angibt. Nicht erforderlich ist dagegen eine urkundliche Verkörperung, eigenhändige Unterschrift oder digitale Signatur. Damit kann ein herkömmliches Papierdokument, aber auch ein elektronisches Dokument die Textform wahren. 126

ff) Stellvertretung und Handeln unter fremdem Namen im Internet

Ebenso wie im herkömmlichen Rechtsverkehr ist es auch im Internet grundsätzlich möglich, dass ein Benutzer bei der Abgabe einer Willenserklärung einen anderen nach entsprechender **Bevollmächtigung** für sich handeln lässt. Soweit der Vertreter tatsächlich Vertretungsmacht hat, handelt es sich um eine direkte Stellvertretung gemäß §§ 164 ff. BGB. Fehlt die Vertretungsmacht, kann der Vertretene möglicherweise nach den Grundsätzen der Duldungs- und Anscheinsvollmacht in Anspruch verpflichtet werden, wenn er das Handeln des angeblichen Vertreters duldet oder bei pflichtgemäßer Sorgfalt hätte erkennen und verhindern können.[1] 127

Gemeinsam ist diesen Formen der Stellvertretung, dass der Vertreter **offenkundig** für einen anderen und **in dessen Namen** eine Willenserklärung abgibt. Im Bereich der Internet-Kommunikation kommt jedoch den Fällen gesteigerte Bedeutung zu, in denen der Empfänger wegen des Fehlens eines persönlichen Kommunikationskontakts nicht ohne weiteres erkennen kann, wer auf der Gegenseite die Erklärung abgegeben hat und wer aus ihr verpflichtet werden soll. Denn tatsächlich kann Internet-Kommunikation weitestgehend anonym verlaufen. Daher kann der Empfänger einer Erklärung nie absolut sicher sein, dass die Chat-Botschaft, der Eintrag in einer Web-Seite oder die E-Mail auch tatsächlich von dem Benutzer stammt, der als Absender angegeben ist.[2] 128

---

1 Siehe zur Duldungs- und Anscheinsvollmacht zB *Flume*, AT II, § 49, 3. f.; *Larenz/Wolf*, AT, § 48 Rz. 19 ff; MünchKomm/*Schramm*, § 167 BGB Rz. 34 ff.; Soergel/*Leptien*, § 167 BGB Rz. 15 ff.

2 Die Möglichkeit, den von den Netzwerk-Protokollen dokumentierten Weg einer Willenserklärung im Internet zurück zu dem Erklärenden zu verfolgen, dürfte für den durchschnittlichen Benutzer eher theoretisch sein.

(1) Handeln unter einem fremden (Fantasie-)Namen

129 Für das rechtsgeschäftliche Handeln im Internet gilt zunächst, dass die Angabe des Namens eines anderen oder eines Fantasienamens durch den Benutzer beim Anbieter im Electronic Commerce als Empfänger aufgrund der weitgehenden Anonymität und des erheblichen Umfangs des Geschäftsverkehrs **häufig keine besonderen Vorstellungen über dessen Identität** auslösen wird. Regelmäßig liegt eine den Namensträger verpflichtende direkte Stellvertretung im Sinne des § 164 BGB nicht vor, da seitens des Benutzers bei der Verwendung eines fremden oder eines Fantasienamens die Erklärung fehlt, als Vertreter für einen anderen zu handeln. Will der Benutzer sich aus einem Rechtsgeschäft, bei dem er unter fremden Namen auftritt, selbst verpflichten und der Empfänger zudem das Geschäft mit dem Benutzer, ohne dass es ihm darauf ankommt, welchen Namen dieser in Wirklichkeit trägt, abschließen, dann treffen die Rechtsfolgen ausschließlich den Benutzer.

130 Ist jedoch dem Empfänger einer Willenserklärung die Person des Erklärenden nicht gleichgültig, so ist der Benutzer wie ein Vertreter, der im fremden **Namen ohne Vertretungsmacht** gehandelt hat, zu behandeln. Er wird aus seiner Erklärung selbst verpflichtet, wenn nicht der Empfänger das Geschäft widerruft oder der wahre Namensträger es genehmigt und damit gegen sich gelten lässt (§§ 177 ff. BGB).[1] In diesen Fällen steht jedoch der Empfänger vor dem praktischen Problem, dass es ihm aufgrund der Verschleierung der wahren Identität des Nutzers kaum möglich sein wird, diesen zu ermitteln.

(2) Handeln unter einem fremden Identifikationsmittel

131 Von besonderer Bedeutung für das Rechtsgeschäft im Internet ist weiterhin der Fall, dass ein Benutzer **fremde Identifikationsmittel** wie Passwörter zum Zugang zu einer Website oder digitale Signaturschlüssel verwendet. Hat dabei der Inhaber selbst dem Benutzer das Passwort oder den privaten Signaturschlüssel zugänglich gemacht und ihn im Wege der Innenvollmacht ermächtigt, unter deren Verwendung und damit unter seinem Namen ein Rechtsgeschäft vorzunehmen, so ist die Zurechnung des Handelns des Benutzers zu dem Inhaber unproblematisch. Anders stellt sich die Rechtslage dar, wenn der Benutzer ein fremdes Passwort oder einen fremden Signaturschlüssel ohne das Einverständnis des Inhabers verwendet, um rechtsgeschäftlich zu handeln. Hier liegt ein Handeln unter fremdem Namen vor;[2]

---

1 Grundlegend BGH v. 3. 3. 1966 – II ZR 18/64, BGHZ 45, 193, 195 f.; *Brox*, AT, Rz. 485 f.; *Larenz/Wolf*, AT, § 46 Rz. 87 ff.; *Medicus*, AT, Rz. 908, 997; *Waldenberger*, BB 1996, 2366.

2 *Hoeren*, Rechtsfragen, Rz. 283. Zur Willenserklärung unter fremder Btx-Teilnehmerkennung zB *Borsum/Hoffmeister*, S. 48; *Brinkmann*, BB 1981, 1186; *Friedmann*, S. 70 ff.; *Kleier*, WRP 1983, 536; *Kreis*, Vertragsschluß, S. 64; *Köhler*, Rechtsgeschäfte, S. 63; *Kuhn*, S. 195 f.; OLG Oldenburg v. 11. 1. 1993 – 13 U 133/92, CR 1993, 558, 559; *Paefgen*, Bildschirmtext, S. 61 f.; Palandt/*Heinrichs*, § 164 BGB Rz. 11; *Probandt*, UFITA 98, S. 17; *Redeker*, NJW 1984, 2392 f.; *Traut*, S. 102 f.

eine eigene Verpflichtung des Benutzers scheidet regelmäßig aus, da es dem Empfänger nicht gleichgültig sein wird, wer das Rechtsgeschäft vorgenommen hat. Denn Sinn der Identifikationsmittel ist aus der Sicht des Empfängers gerade, sicherzustellen, dass nur ihr Inhaber selbst sie verwendet, um dadurch von dem Empfänger identifiziert werden zu können. Folglich sind zunächst die Vorschriften über den Vertreter ohne Vertretungsmacht entsprechend anzuwenden. Der Inhaber wird grundsätzlich nur dann selbst verpflichtet, wenn er das unter seinem Namen getätigte Rechtsgeschäft genehmigt und damit gegen sich gelten lässt. Genehmigt er dagegen nicht, so muss sich der Empfänger – mit dem angeprochenen Ermittlungsproblem – an den Benutzer halten.[1]

Dem Unvermögen des Empfängers, den Erklärungsvorgang nachzuvollziehen, trug auch der Entwurf eines Gesetzes zur Anpassung der Formvorschriften des Privatrechts an den modernen Rechtsgeschäftsverkehr für den Bereich der digitalen Signatur Rechnung. So sollten dem Empfänger einer signierten Willenserklärung gemäß einem neu eingefügten § 126a Abs. 3 BGB zwei Vermutungsregelungen zugute kommen: 132

- Es wird vermutet, dass eine digital signierte Willenserklärung vom Signaturschlüssel-Inhaber abgegeben wurde, und
- dass ein Dritter, der eine Erklärung mit einem privaten Signaturschlüssel signiert hat, von dem Inhaber dazu bevollmächtigt worden ist.

Statt dieser Vermutungsregelungen wurde schließlich durch das Gesetz zur Anpassung der Formvorschriften des Privatrechts an den modernen Rechtsgeschäftsverkehr ein neuer § 292a ZPO eingefügt, wonach Willenserklärungen mit einer qualifizierten elektronischen Signatur als echt gelten, bis Tatsachen ernste Zweifel daran begründen, daß die Erklärung mit dem Willen des Signaturschlüssel-Inhabers abgegeben worden ist. 133

gg) Das Wirksamwerden einer Willenserklärung

Rechtsgeschäftliches Handeln setzt voraus, dass nicht nur der Erklärende das Rechtsgeschäft vornimmt, das Rechtsgeschäft muss auch gegenüber der Person, die von seiner Rechtsfolge betroffen werden soll, Wirksamkeit entfal- 134

1 Vgl. zur Rechtsscheinshaftung des Signaturschlüsselinhabers *Fritzsche/Malzer*, DNotZ 1995, 15 f., die die Haftung des Kennwortinhabers nach den Regeln der Duldungs- und Anscheinsvollmacht bejahen; *Jaburek/Wölfl*, S. 111 f., insbesondere im Verkehr zwischen Unternehmen. Erschöpfend diskutiert wurde in der Literatur die Verpflichtung des Btx-Teilnehmers nach den Grundsätzen der Duldungs- und Anscheinsvollmacht bei unbefugter Verwendung des persönlichen Kennworts durch Dritte: *Auerbach*, CR 1988, 20 f.; *Borsum/Hoffmeister*, S. 53 ff.; *Friedmann*, S. 87 ff.; *Kleier*, WRP 1983, 537; *Kreis*, Vertragsschluß, S. 71 ff.; *Köhler*, Rechtsgeschäfte, S. 61 ff.; *Paefgen*, Bildschirmtext, S. 64 ff.; *Redeker*, NJW 1984, 2393; *Traut*, S. 107 f., jeweils mwN. Insgesamt ablehnend *Probandt*, UFITA 98, S. 17 f. Aus der Rechtsprechung LG Ravensburg v. 13. 6. 1991 – 2 S 6/91, NJW-RR 1992, 111, und insbesondere OLG Oldenburg v. 11. 1. 1993 – 13 U 133/92, CR 1993, 559.

ten. Eine Willenserklärung wird – außer in den Fällen der nicht empfangsbedürftigen Willenserklärung – erst dann wirksam, wenn der Erklärende sie abgibt und sie dem Empfänger zudem **zugeht**.

(1) Definition der Abgabe und des Zugangs

135 Unter **Abgabe** einer Willenserklärung ist die willentliche und wissentliche Äußerung des rechtsgeschäftlichen Willens des Erklärenden in einer Weise, die an der Endgültigkeit seines Willens keinen Zweifel lässt, zu verstehen. Handelt es sich um eine empfangsbedürftige Willenserklärung, so muss die Willensäußerung weiterhin so in Richtung des Empfängers erfolgen, dass mit dessen Kenntnisnahme gerechnet werden kann.[1]

136 Bezüglich des **Zugangs** einer Willenserklärung wird allgemein danach unterschieden, ob die Willenserklärung unter Abwesenden oder unter Anwesenden in verkörperter oder nicht verkörperter Form abgegeben wird.

(a) Zugang einer Willenserklärung unter Anwesenden

137 Nach ganz hM geht eine Willenserklärung unter Abwesenden entsprechend der Empfangstheorie und dem Grundgedanken des § 130 BGB dann zu, wenn sie in verkehrsüblicher Weise in den Machtbereich des Empfängers gelangt und dieser unter Zugrundelegung gewöhnlicher Verhältnisse die Möglichkeit hat, von ihrem Inhalt Kenntnis zu erlangen.[2] Das Risiko der Falschübermittlung der Willenserklärung bis zum Erreichen des Empfangsbereichs hat gemäß § 120 BGB grundsätzlich der Erklärende zu tragen. Auch eine falsch übermittelte Willenserklärung ist also wirksam, sie berechtigt und verpflichtet den Erklärenden. Er hat lediglich die Möglichkeit, die falsch übermittelte Willenserklärung anzufechten, wenn er sie nicht mit dem zugegangenen Inhalt abgegeben hätte, muss dem gutgläubigen Empfänger dann jedoch gemäß § 122 BGB den Vertrauensschaden ersetzen. Ebenso geht es grundsätzlich zu Lasten des Erklärenden, wenn die Willenserklärung sich verspätet oder gänzlich untergeht, bevor sie in den Empfangsbereich gelangt, so dass die mit ihr intendierte Rechtsfolge nur verspätet oder gar nicht eintritt.

138 Der Machtbereich des Empfängers ist dabei keine eindeutig abgrenzbare Sphäre. Anerkanntermaßen zählen insbesondere die typischen oder im Einzelfall bekannt gegebenen Empfangsvorrichtungen des Empfängers sowie

---

1 ZB BGH v. 30. 5. 1975 – V ZR 206/73, BGHZ 65, 13, 14; *Larenz/Wolf*, AT, § 26 Rz. 3; MünchKomm/*Förschler*, § 130 BGB Rz. 10; Palandt/*Heinrichs*, § 130 BGB Rz. 4; Soergel/*Hefermehl*, § 130 BGB Rz. 5 ff.

2 So die ganz hM: zB BGH v. 3. 11. 1976 – VIII ZR 140/75, BGHZ 67, 271 (275); *Brinkmann*, Willenserklärungen, S. 49; *Brox*, AT, Rz. 152 f.; *John*, AcP 184 (1984), 386; *Köhler*, AcP 182 (1982), 139 f.; *Larenz/Wolf*, AT, § 26 Rz. 17; MünchKomm/*Förschler*, § 130 BGB Rz. 14; Palandt/*Heinrichs*, § 130 BGB Rz. 5; Soergel/*Hefermehl*, § 130 BGB Rz. 8, jeweils mwN.

zum Empfang geeignete und ermächtigte Mittelspersonen zu seinem Machtbereich.[1]

Die **fernmündliche Willenserklärung** ist gemäß § 147 Abs. 1 Satz 2 BGB gleich einer unter Anwesenden abgegebenen unverkörperten Willenserklärung zu behandeln. Das Gleiche gilt nach einer Ergänzung des § 147 Abs. 1 Satz 2 BGB durch das Gesetz zur Anpassung der Formvorschriften des Privatrechts und anderer Vorschriften an den modernen Geschäftsverkehr vom 13. 7. 2001[2] auch für Willenserklärungen, die **mittels sonstiger technischer Einrichtungen** abgegeben werden. Laut der Begründungen zu dem gleich lautenden Gesetzesentwurf vom 19. 5. 1999[3] sollte mit dieser Erweiterung jedoch keine besondere Regelung des Zugangs elektronischer beziehungsweise elektronisch übermittelter Willenserklärung vorgenommen werden, sondern an den allgemeinen Vorschriften des Bürgerlichen Gesetzbuches, ergänzt durch die hergebrachten Auslegungskriterien und Wertungen, festgehalten werden. Diese Grundlagen sollten genügen, um auch im Bereich des elektronischen Geschäftsverkehrs zu angemessenen und sich in das Gesamtsystem einfügenden Lösungen zu gelangen. 139

(b) Zugang einer Willenserklärung unter Abwesenden

Wird die Willenserklärung dagegen unter **Anwesenden** abgegeben, wird bei der Beurteilung ihres Zugangs regelmäßig danach differenziert, ob sie verkörpert ist oder nicht. 140

Unter einer **Verkörperung** ist dabei eine dauerhafte, regelmäßig schriftliche und urkundliche Niederlegung der Willenserklärung zu verstehen.[4] Eine unter Anwesenden abgegebene und verkörperte Willenserklärung wird wirksam, wenn sie – in der Regel mit der Übergabe an den Empfänger – in dessen Machtbereich gelangt und dieser damit die Möglichkeit der Kenntnisnahme hat.[5] Eine unverkörperte Willenserklärung, die unter Anwesenden abgegeben wird, gilt nach der Vernehmungstheorie dann als zugegangen und wirksam, wenn sie von dem Empfänger tatsächlich wahr- und zur Kenntnis genommen wird.[6] 141

1 *John*, AcP 184 (1984), 386; MünchKomm/*Förschler*, § 130 BGB Rz. 12 ff.; Palandt/*Heinrichs*, § 130 BGB Rz. 5; Soergel/*Hefermehl*, § 130 BGB Rz. 8, jeweils mwN.

2 BGBl. I 2001, S. 1542 ff.

3 Begründung zu dem Entwurf eines Gesetzes zur Anpassung der Formvorschriften des Privatrechts an den modernen Geschäftsverkehr, BMJ B I – 3414/2 A.I.2. (S. 4 f.).

4 *Burgard*, AcP 195 (1995), 80 f.; MünchKomm/*Förschler*, § 130 BGB Rz. 12; Palandt/*Heinrichs*, § 130 BGB Rz. 13 f.; Soergel/*Hefermehl*, § 130 BGB Rz. 20.

5 So die ganz hM: ZB BAG v. 9. 8. 1984 – 2 AZR 400/83, NJW 1985, 823 (824); *Brinkmann*, Willenserklärungen, S. 83 f.; *Brox*, AT, Rz. 158; *Larenz/Wolf*, AT, § 26 Rz. 28; MünchKomm/*Förschler*, § 130 BGB Rz. 19; Palandt/*Heinrichs*, § 130 BGB Rz. 13; Soergel/*Hefermehl*, § 130 BGB Rz. 20.

6 BGH v. 25. 1. 1989 – IVb ZR 44/88, WM 1989, 650 (652); *Brinkmann*, Willenserklärungen, S. 85 f.; *Flume*, AT II, § 14 3. f.; MünchKomm/*Förschler*, § 130 BGB Rz. 3, 20, jeweils mwN.

142 Die jüngere Lehre hat, ausgehend von der dargestellten Differenzierung, die Willenserklärung unter Abwesenden oder Anwesenden zunehmend **losgelöst** von einem rein **räumlichen Verständnis**. Anwesenheit wird hiernach generell als das Bestehen eines direkten Übermittlungskontakts zwischen dem Erklärenden und dem Empfänger verstanden. Dabei spielt es keine Rolle, „ob der Kontakt sozusagen körperlich-direkt oder durch ein technisches Medium vermittelt ist (...), sofern nur dem Ausgangsfall der gleichzeitigen körperlichen Anwesenheit vergleichbare (Kommunikations-)Bedingungen geschaffen werden".[1] Eine Willenserklärung wird also auch dann unter Anwesenden abgegeben, wenn Erklärender und Empfänger zwar räumlich getrennt sind, jedoch in einem unmittelbaren und zeitgleichen Übermittlungs- und Verständigungskontakt zueinander stehen, der einen Dialog wie bei räumlicher Anwesenheit ermöglicht. Dabei kann es nicht darauf ankommen, ob es sich um einen Sprechkontakt wie beim Telefongespräch handelt oder um einen unmittelbaren Schrift- oder Sichtkontakt. Wesentliche Kennzeichen des direkten und unmittelbaren Kommunikationskontakts sind seine Wechselseitigkeit und die dadurch geschaffene Möglichkeit einer sofortigen Rückfrage und Erläuterung des jeweiligen Erklärungsinhalts. Eine solche Kommunikation ist jedoch nicht nur dann möglich, wenn gleich einem Telefonat ein Sprechkontakt besteht, sondern kann auch bei der beiderseitigen Verwendung beispielsweise optischer Zeichen wie Schriftzeichen auf einem Computerbildschirm möglich sein.[2] Entscheidend kommt es somit bei einer Differenzierung zwischen Abwesenheit und Anwesenheit nur darauf an, ob ein unmittelbarer Kommunikationskontakt zwischen dem Erklärenden und dem Empfänger besteht. Unerheblich ist, mit welchem Medium oder Hilfsmittel dieser Kontakt hergestellt wird. Dem entspricht letztlich auch die Ergänzung des § 147 Abs. 1 Satz 2 BGB, wonach eine Willenserklärung nunmehr unter Verwendung „technischer Einrichtungen" wie unter Anwesenden abgegeben werden kann.

(2) Die Abgabe der Willenserklärung im Internet

143 Bei der Beurteilung der Abgabe von Willenserklärungen im Internet ist gemäß den obigen Ausführungen zwischen elektronisch übermittelten Willenserklärungen einerseits und Computererklärungen andererseits zu differenzieren.

(a) Die Abgabe einer elektronisch übermittelten Willenserklärung

144 Für die Abgabe einer (schriftlichen) Willenserklärung im Internet wird man nicht auf den Zeitpunkt der bloßen Texteingabe abstellen können, vielmehr ist eine Abgabe mit der Erteilung des endgültigen **Sendebefehls** und der

---

1 *John*, AcP 184 (1984), 393; auch *Brinkmann*, Willenserklärungen, S. 23, 85; *Heun*, CR 1994, 597; *Rott*, NJW-CoR 1998, 422.

2 Vgl. *Heun*, CR 1994, 597 f.; *Koch*, S. 140; *Larenz/Wolf*, AT, § 26 Rz. 12 f.

Versendung des eingegebene Textes aus dem Arbeitsspeicher des Computers über das Internet an den Empfänger zu bejahen.[1] Wie ein solch endgültiger Sendebefehl aussieht, richtet sich jeweils nach der Funktionsweise der verschiedenen Internet-Dienste.[2]

Bei mündlichen Willenserklärungen im Rahmen einer **Internet-Telefonverbindung** oder einer **Videokonferenz** gibt der Erklärende keinen gesonderten Absendebefehl, auf den als Zeitpunkt der Abgabe abgestellt werden könnte. Es ist daher sachgerecht, sich daran zu orientieren, wie eine mündliche Erklärung üblicherweise abgegeben wird, nämlich mit der Äußerung des Erklärenden in einer Weise, die den Empfänger in die Lage versetzt, diese Äußerung zu verstehen.[3] Für die mündliche Willenserklärung im Internet ergibt sich daraus, dass der Erklärende seinen Willen so geäußert haben muss, dass die Erklärung von seinem Computer in digitale Signale verarbeitet, als solche über das Internet zu dem Empfänger übertragen und dieser nach einer Rückumwandlung des digitalen Signals in Sprache in die Lage versetzt wird, die Erklärung zu verstehen. Da die Verarbeitung und Versendung der mündlichen Erklärung unmittelbar und automatisch erfolgen, ist eine mündliche Willenserklärung innerhalb einer Internet-Telefonverbindung oder einer Videokonferenz bereits mit ihrer Äußerung abgegeben. 145

(b) Die Abgabe einer Computererklärung

Die **Abgabe einer Computererklärung** ist nach anderen Kriterien zu beurteilen, da der Anbieter nach dem Abschluss der Vorbereitungshandlungen an dem Zustandekommen der konkreten Erklärung nicht mehr unmittelbar beteiligt ist. Hier stellt sich die Frage, ob bereits die Vorbereitungshandlungen genügen, um die Abgabe einer Willenserklärung anzunehmen. Dies ist jedoch zu verneinen, da der Anbieter mit Programmierung und Inbetriebnahme der Computeranlage seinen Willen nicht endgültig geäußert und in Richtung des Empfängers in den Verkehr gebracht hat. 146

Auch mit der anschließenden Erstellung der Computererklärung durch die Computeranlage erfolgt noch keine Abgabe. Vielmehr ist auf den Zeitpunkt abzustellen, zu dem die Computeranlage die von ihr erstellte Computererklärung **endgültig freigibt**, sie also den Systembereich des Computers verlässt und über das Internet auf den Weg zum Empfänger gebracht wird.[4] Wird im Rahmen einer Website eine Computererklärung abgegeben, so bedeutet dies, dass erst beim Downloaden, wenn die Web-Seiten tatsächlich von dem Web-Server zu dem Computer des Benutzers übertragen werden, die in 147

1 *Friedmann*, S. 22; *Fritzsche/Malzer*, DNotZ 1995, 11; *Herget/Reimer*, DStR 1996, 1291; *Koch*, S. 136 f.; *Kreis*, Vertragsschluß, S. 24; *Kuhn*, S. 86; *Larenz/Wolf*, AT, § 26 Rz. 7; *Waltl* in Loewenheim/Koch, Online-Recht, S. 182; *Ultsch*, NJW 1997, 3007.

2 Siehe hierzu *Süßenberger*, Das Rechtsgeschäft im Internet, S. 135 f.

3 *Brox*, AT, Rz. 147; *Larenz/Wolf*, AT, § 26 Rz. 4.

4 Vgl. *Friedmann*, S. 22; *Koch*, S. 137; *Kuhn*, S. 88.

ihnen enthaltene Willensäußerung abgegeben wird. Auch computergenerierte E-Mails werden dementsprechend erst dann abgegeben, wenn sie den Speicher der Computeranlage tatsächlich verlassen und dem Empfänger zugeschickt werden.

(3) Der Zugang der Willenserklärung im Internet

148 Wirksam wird eine Willenserklärung – wie angesprochen – erst im Moment **des Zugangs** beim Empfänger. Auch hier bietet es sich an, zwischen Erklärungen unter Abwesenden und Erklärungen unter Anwesenden sowie gegebenenfalls verkörperten und nicht verkörperten Willenserklärungen zu unterscheiden.[1]

149 In der juristischen Literatur wird teilweise ohne Differenzierung zwischen den verschiedenen Kommunikationsdiensten angenommen, dass im Internet Willenserklärungen immer unter Abwesenden abgegeben werden und ihr Zugang immer erst dann zu bejahen ist, wenn die Erklärung in den Machtbereich der Empfängers gelangt und dieser die zumutbare Möglichkeit der Kenntnisnahme hat.[2] Eine andere Auffassung behilft sich bei der Einordnung der Internet-Willenserklärung, indem sie zwei Fallgruppen bildet und bei der Beurteilung des Zugangs danach differenziert, ob eine Willenserklärung im Internet innerhalb einer **Einweg- oder einer Dialog-Kommunikation** abgegeben wurde.[3]

150 Ohne auf die einzelnen Auffassungen näher einzugehen, ist festzustellen, dass dem BGB und der hergebrachten Zugangslehre ein Verständnis von Kommunikation als persönliches Gespräch, Ferngespräch und Briefwechsel zugrunde liegt, bei dem sich in der Regel eindeutig feststellen lässt, ob eine Willenserklärung unter Abwesenden oder Anwesenden, verkörpert oder unverkörpert abgegeben wird. Die meisten Kommunikationsdienste im Internet sind dagegen weder mündlich noch schriftlich noch fernmündlich im herkömmlichen Sinne. Eine mündliche Kommunikation als Gespräch zwischen zwei räumlich anwesenden Personen von Angesicht zu Angesicht ist im

---

1 Die entsprechende Qualifizierung der Willenserklärungen und ihres Zugangs war jedoch bereits in der juristischen Literatur zum Bildschirmtext außerordentlich umstritten, siehe bspw. *Brinkmann*, ZUM 1985, 339; *Friedmann*, S. 23 ff.; *Köhler*, Bildschirmtext, S. 56 ff.; *Kreis*, Vertragsschluß, S. 24 ff.; *Paefgen*, Bildschirmtext, S. 18 ff.; *Paefgen*, JuS 1988, 593 f.; *Probandt*, UFITA 98, S. 13; *Redeker*, NJW 1984, 2391; *Traut*, S. 74 ff., jeweils mwN. Der Streit setzt sich bei der Beurteilung des Zugangs einer Willenserklärung im Internet mit zum Teil identischen Argumenten fort. Entscheidungen der Rechtsprechung dazu liegen bislang nicht vor.

2 ZB *Ernst*, BB 1997, 1057; *Hoeren*, Rechtsfragen, Rz. 292 f.; *Mehrings* in Hoeren/Sieber, Multimedia-Recht, Teil 13.1, Rz. 73; *Köhler/Arndt*, Rz. 94; *Mehrings*, MMR 1998, 32.

3 *Ernst*, NJW-CoR 1997, 166; *Fritzsche/Malzer*, DNotZ 1995, 11; *Herget/Reimer*, DStR 1996, 1291; *Heun*, CR 1994, 597 ff.; *Koch*, S. 139 f.; *Gimmy* in Kröger/Gimmy, S. 68; *Larenz/Wolf*, AT, § 26 Rz. 13, 27 und 33; *Rott*, NJW-CoR 1998, 422. Grundsätzlich ebenso differenzieren *Drexl*, S. 83, und *Fringuelli/Wallhäuser*, CR 1999, 97 f. Ablehnend *Kuhn*, S. 93.

Internet bereits aufgrund des Umstandes, dass es sich um Telekommunikation handelt, nicht möglich. Auch wenn weiterhin bei den meisten Kommunikationsdiensten wie E-Mail, Chat oder WWW mittels Schriftzeichen kommuniziert wird, ist darin insoweit keine schriftliche Kommunikation nach herkömmlichem Verständnis zu sehen, als keine Schriftstücke übergeben, sondern lediglich Computerdaten über Netzwerkleitungen übertragen werden. Und schließlich wird sich zwar möglicherweise bei einem Telefonat oder einer Videokonferenz im Internet der Vergleich mit einem Ferngespräch aufdrängen, nicht unbedingt jedoch, wenn mittels einer E-Mail, eines Chat-Kanals oder einer Web-Seite kommuniziert wird. Hinzu kommt, dass die hergebrachte Zugangslehre von einer Kommunikation zwischen zwei Personen ausgeht und nicht – wie dies im Internet möglich ist – zwischen einer Person und einer Computeranlage oder sogar nur zwischen zwei Computern.[1] Die Beurteilung des Zugangs im Internet kann deshalb nicht nach traditionellen Gesichtspunkten wie „Abwesende" oder „Anwesende" erfolgen. Zu prüfen ist vielmehr, wie **eine angemessene Risikoverteilung** zwischen den Kommunizierenden und potentiellen Vertragspartnern erreicht werden kann.[2] Denn eigentlicher Sinn der Bestimmung des Zugangs ist, das Risiko eines Verlusts, einer Verspätung oder Verstümmelung der Willenserklärung während des Transports vom Erklärenden zum Empfänger angemessen und sachgerecht nach Gefahrenbereichen oder Sphären zwischen den Parteien zu verteilen.[3] Hieran muss auch die Frage des Zugangs einer Internet-Willenserklärung gemessen werden.

Eine sachgerechte Risikoverteilung lässt sich anhand der angesprochenen 151
Differenzierung zwischen den beiden **Grundschemata Einweg- und Dialog-Kommunikation** erreichen.[4] Mag auch im herkömmlichen Rechtsverkehr bezüglich des Zugangs einer Willenserklärung und einer entsprechenden Risikoverteilung vieles umstritten sein, gesichert ist jedoch, dass die Briefsendung als die „klassische" Einweg-Kommunikation unter Abwesenden erfolgt und sich ihr Zugang nach der Empfangstheorie richtet. Ebenso unstreitig ist, dass eine Willenserklärung unter Anwesenden nach der (eingeschränkten) Vernehmungstheorie zugeht, wenn sie im Rahmen eines mündlichen Gesprächs von Angesicht zu Angesicht oder eines Telefonats als typische Formen der Dialog-Kommunikation abgegeben wird.

---

1 Hierzu ausführlich *Süßenberger*, Das Rechtsgeschäft im Internet, S. 141 ff. Gegen eine Unterscheidung zwischen Willenserklärung unter Anwesenden und unter Abwesenden sind *John*, AcP 184 (1984), 387 ff.; *Kilian* in Kilian/Heussen, Computerrechts-Handbuch, Kap. 20, Rz. 21 f.; *Kuhn*, S. 92 f.; *Medicus*, AT, Rz. 291.

2 So jedoch die hM, zB *Ernst*, NJW-CoR 1997, 166; *Fringuelli/Wallhäuser*, CR 1999, 97 f.; *Hoeren*, Rechtsfragen, Rz. 292; *Hoeren* in Kilian/Heussen, Computerrechts-Handbuch, Kap. 143, Rz. 10; *Köhler/Arndt*, Rz. 94; *Mehrings*, MMR 1998, 32 f.; *Schwerdtfeger* in Schwarz, Kap. 6-2.3, S. 11 ff.; *Wendel*, S. 90.

3 *Brinkmann*, Willenserklärungen, S. 25; *Burgard*, AcP 195 (1995), 94; *Larenz/Wolf*, AT, § 26 Rz. 17 und 32; Soergel/*Hefermehl*, § 130 BGB Rz. 2 und 8.

4 Wobei nicht vollständig auf die Kriterien der Anwesenheit und Abwesenheit verzichtet werden soll, siehe *Süßenberger*, Das Rechtsgeschäft im Internet, S. 147 f.

152 Unter der Fallgruppe der **Einweg-Kommunikation** lassen sich also diejenigen Kommunikationsformen subsumieren, bei denen aufgrund räumlicher Trennung und des Fehlens eines unmittelbaren Kommunikationskontakts von einer Willenserklärung unter Abwesenden auszugehen und zu erwarten ist, dass sich eine angemessene Risikoverteilung mit einer Beurteilung des Zugangs nach der Empfangstheorie erzielen lässt. Als **Dialog-Kommunikation** sind dagegen die Kommunikationsformen zu umschreiben, bei denen der Umstand, dass die Parteien räumlich anwesend sind und von Angesicht zu Angesicht kommunizieren, oder zumindest ein unmittelbarer und wechselseitiger Kommunikationskontakt eine Anwendung der Vernehmungstheorie rechtfertigen.

153 Bei der **Risikoverteilung** muss die gesetzliche Grundentscheidung der §§ 130, 120 BGB berücksichtigt werden, derzufolge der Erklärende nach der **Empfangstheorie** das Risiko des Verlusts, der Verspätung oder Verstümmelung der Willenserklärung grundsätzlich nur so lange tragen soll, wie sich die Willenserklärung in seinem Machtbereich und auf dem Weg zu dem Empfangsbereich des Empfängers befindet. Sobald die Willenserklärung diesen Bereich erreicht und der Empfänger in zumutbarer Weise die Möglichkeit der Kenntnisnahme hat, geht das Risiko auf ihn über.

Bei einer mündlichen Willenserklärung, die aufgrund ihrer Flüchtigkeit nur sofort zur Kenntnis genommen werden kann, geht dagegen das Risiko des Verlusts später auf den Empfänger über. Erforderlich ist nach der **(eingeschränkten) Vernehmungstheorie**, dass der Empfänger die Willenserklärung tatsächlich auch richtig wahrgenommen hat oder der Erklärende zumindest davon ausgehen kann.

(a) Der Zugang bei Einweg-Kommunikation im Internet

154 In der Regel wird eine Einweg-Kommunikation im Internet nach dem Grundschema ablaufen, dass der Erklärende seine Willenserklärung dem Empfänger in Form von Computerdaten zuschickt, dieser jedoch nicht – wie bei einer Dialog-Kommunikation – unmittelbar und innerhalb derselben wechselseitigen Verbindung auf sie reagieren kann.

Abgesehen von der fehlenden Möglichkeit einer unmittelbaren Reaktion als Gemeinsamkeit ist bei Einweg-Kommunikationen zwischen einer direkten **Übermittlung** vom Erklärenden zum Empfänger und einer Übermittlung mit Abrufspeicherung zu unterscheiden. Bei einer direkten Übermittlung gelangt die Willenserklärung sofort nach ihrer Abgabe über das Internet und ohne Zwischenspeicherung direkt zu dem Computer des Empfängers und wird dort gespeichert. Bei einer Übermittlung mit Abrufspeicherung dagegen wird die Willenserklärung nach ihrer Abgabe zunächst auf einem zwischengeschalteten Server zwischengespeichert und kann dann von dem Empfänger gesondert abgerufen sowie auf seinen Computer heruntergeladen werden.[1]

1 Vgl. *Heun*, CR 1994, 598 f.

Grundsätzlich ist davon auszugehen, dass bei diesen skizzierten Formen der Einweg-Kommunikation eine Willenserklärung aufgrund der räumlichen Trennung und des Fehlens eines direkten und unmittelbaren Kommunikationskontakts **unter Abwesenden abgegeben** wird. Damit bestimmt sich ihr Zugang gemäß der Empfangstheorie zunächst danach, ob die Willenserklärung in den Empfangsbereich der Empfängers gelangt und er die Möglichkeit hat, sie zur Kenntnis zu nehmen. Weiterhin kommt es darauf an, wann die tatsächliche Kenntnisnahme des Empfängers nach der Verkehrsanschauung zu erwarten ist. 155

Der Erklärende trägt somit das **Risiko des Verlusts, der Beschädigung oder Verspätung** der Willenserklärung bis zu ihrem Eingang beim Empfänger. Diese Risikoverteilung rechtfertigt sich aus dem Umstand, dass die Willenserklärung auch noch während ihres Transports zur Disposition des Erklärenden steht, der sich entschlossen hat, sie auf dem gewählten Weg an den Empfänger zu übermitteln. Er kann sie noch während des Transportes und vor dem Zugang beim Empfänger diesem gegenüber beispielsweise widerrufen. Andererseits ist es dem Empfänger jedoch nicht möglich, während des Transportes über das Internet Einfluss auf die Willenserklärung und ihre Beförderung zu nehmen. Umgekehrt verhält es sich, sobald die Willenserklärung den Empfangsbereich erreicht hat. Dann hat nur noch der Empfänger die Möglichkeit der Einflussnahme und muss billigerweise das Risiko nur teilweiser, gänzlich unterbliebener oder verspäteter Kenntnisnahme tragen.[1] 156

Im herkömmlichen Rechtsverkehr wird bereits das Gelangen einer Willenserklärung in den Empfangsbereich die zumindest **abstrakte Möglichkeit der Kenntnisnahme** durch den Empfänger eröffnen. Bei Einweg-Kommunikation im Internet ist allerdings auch nach dem Erreichen des Empfangsbereichs eine Kenntnisnahme der Willenserklärung nur dann möglich, wenn sie auf dem Empfängercomputer beziehungsweise einem zwischengeschalteten Server tatsächlich für den Empfänger wahrnehmbar gespeichert wird und – im Fall der Abrufspeicherung – abgerufen werden kann. Findet eine Speicherung etwa aufgrund technischer Fehler im Empfangsbereich nicht statt, so kann der Empfänger von ihr keine Kenntnis nehmen. Die Möglichkeit der Kenntnisnahme als Voraussetzung des Zugangs nach der Empfangstheorie hängt also entscheidend davon ab, ob eine Willenserklärung den Empfangsbereich nicht nur erreicht, sondern auch in ihm gespeichert wird. Daher ist bei der Internet-Willenserklärung zu fragen, wer das Risiko einer fehlgeschlagenen Speicherung zu tragen hat, ob also der Zugang schon mit dem bloßen Eintritt in den Empfangsbereich oder erst mit Vollendung der sich anschließenden Speicherung bewirkt ist. 157

Denkbar wäre, den Zugang bereits dann zu bejahen, wenn die Willenserklärung in den Empfangsbereich gelangt, auch wenn die sich anschließende 158

1 *Brinkmann*, Willenserklärungen, S. 161 ff.; *Brox*, AT, Rz. 161 f.; *Larenz/Wolf*, AT, § 26 Rz. 41.

Speicherung scheitert, da der Empfangsbereich, in dem die Speicherung nur stattfinden kann, grundsätzlich dem Herrschaftsbereich des Empfängers zuzuordnen ist.[1] Andererseits ist für den Zugang nach der Empfangstheorie neben dem Gelangen der Willenserklärung in den Empfangsbereich konstitutiv, dass der Empfänger unter normalen Verhältnissen die zumindest abstrakte Möglichkeit hat, von ihrem Inhalt Kenntnis zu erlangen.[2] Diese Kenntnisnahmemöglichkeit fehlt, wenn die Willenserklärung nicht gespeichert wird und daher von dem Empfänger weder abgerufen noch wahrgenommen werden kann. Insoweit wäre es als unbillig anzusehen, dem Empfänger das Speicherrisiko aufzubürden, wenn der Verlust zwar in seinem Herrschaftsbereich stattfindet, er jedoch mangels Speicherung noch nicht einmal die abstrakte Möglichkeit hatte, vor dem Verlust von dem Inhalt der Willenserklärung Kenntnis zu nehmen.[3] Der Erklärende hat somit, sofern nicht der Empfänger selbst in pflichtwidriger und vorwerfbarer Weise oder sogar arglistig die Speicherung verhindert oder die zunächst fehlerfrei in seinem Empfangsbereich gespeicherte und damit seiner Kenntnisnahme zugängliche Willenserklärung nachträglich in seiner Sphäre verloren geht, bevor er sie tatsächlich zur Kenntnis genommen hat, auch das Risiko eines Verlusts der Willenserklärung zwischen dem Erreichen des Empfängercomputers (bei direkter Übermittlung) oder des zwischengeschalteten Servers (bei Abrufspeicherung) und ihrer Speicherung zu tragen.

159 Im Ergebnis ist somit die Einweg-Kommunikation im Internet als Kommunikation unter Abwesenden zu werten. Eine angemessene und sachgerechte Risikoverteilung zwischen Erklärendem und Empfänger lässt sich durch Anwendung der Empfangstheorie erzielen. Eine Willenserklärung geht

---

1 *Burgard*, AcP 195 (1995), 101 ff., mwN; wohl auch *Koch*, S. 142. Differenzierend *Heun*, CR 1994, 598, der bei einer direkten Übermittlung bereits mit Passieren der Schnittstelle zwischen Übertragungsweg und Empfangsgerät den Zugang auch ohne Speicherung als gegeben ansieht, bei einer Abrufspeicherung jedoch verlangt, dass die Willenserklärung auch tatsächlich abrufbereit gespeichert ist.

2 *Brinkmann*, Willenserklärungen, S. 37, zur nachholenden Kenntnisnahme des perpetuierten Erklärungsinhalts.

3 Entsprechend beurteilt auch die hM den mit der direkten Übermittlung bei Einweg-Kommunikation im Internet vergleichbaren Zugang einer Willenserklärung in Form eines Telefaxes. Sie verneint den Zugang eines Telefaxes, wenn die Telefaxsignale zwar das Empfangsgerät erreichen, die Willenserklärung dann jedoch nicht ausgedruckt wird. Denn der bloße Empfang der Signale, die von dem Empfänger nicht wahrgenommen werden können, vermittelt diesem noch keine Möglichkeit der Kenntnisnahme, diese ist erst dann möglich, wenn die Signale mittels Ausdrucks fixiert und lesbar gemacht werden; BGH v. 7. 12. 1994 – VIII ZR 153/93, NJW 1995, 665 (666); MünchKomm/*Förschler*, § 130 BGB Rz. 13; Palandt/*Heinrichs*, § 130 BGB Rz. 7; Soergel/*Hefermehl*, § 130 BGB Rz. 13, jeweils mwN. *Mehrings* in Hoeren/Sieber, Multimedia-Recht, Teil 13.1, Rz. 78, und *Köhler/Arndt*, Rz. 98, nehmen zumindest für den Zugang bei Verwendung eines Mailbox-Systems zur Zwischenspeicherung an, dass die Willenserklärung erst dann in den Machtbereich des Empfängers gelangt ist, wenn sie in der Mailbox gespeichert und für den Empfänger abrufbar ist, so dass dieser einen unmittelbaren Zugriff nehmen kann.

danach dann zu, wenn sie im Empfangsbereich des Empfängers gespeichert wird und dieser die zu erwartende Möglichkeit der Kenntnisnahme hat.

(b) Der Zugang bei der Dialog-Kommunikation

Bei einer **Dialog-Kommunikation** im Internet kann – im Gegensatz zur Einweg-Kommunikation – nicht nur der Erklärende einseitig Erklärungen abgeben, die dann von dem Empfänger nur empfangen und zur Kenntnis genommen werden können; vielmehr können beide Seiten wechselseitig und simultan miteinander kommunizieren. Die Verbindung kann direkt und in Echtzeit ablaufen, wenn eine Erklärung unmittelbar von dem Erklärenden zu dem Empfänger gelangt und sofort auf seinem Computermonitor zur Kenntnisnahme abgebildet wird. Der Empfänger kann hier umgehend reagieren und unmittelbar antworten. Auch ist es dem Erklärenden möglich, bei dem Empfänger nachzufragen, ob die Willenserklärung empfangen, wahrgenommen und verstanden wurde. 160

Stellt man allein auf **räumliche Kriterien** ab, so erfolgt auch eine Dialog-Kommunikation im Internet unter Abwesenden, da Erklärender und Empfänger regelmäßig räumlich voneinander getrennt kommunizieren. Anknüpfend an das erweiterte Verständnis von Anwesenheit als Bestehen eines unmittelbaren Übermittlungskontakts jedoch könnte eine Dialog-Kommunikation zwischen zwei Personen im Internet trotzdem als Kommunikation unter Anwesenden zu qualifizieren und der Zugang einer innerhalb dieses Kontakts abgegebenen Willenserklärung nach der Vernehmungstheorie zu beurteilen sein. Denn die Dialog-Kommunikation im Internet kann im Hinblick auf den zeitgleichen Übermittlungs- und Verständigungskontakt dem Telefonat gleichgestellt werden, so dass eine entsprechende Anwendung des § 147 Abs. 1 Satz 2 BGB dazu führt, dass der Zugang sich nach der Vernehmungstheorie richtet.[1] 161

Demnach ist eine innerhalb einer Dialog-Verbindung abgegebene Willenserklärung dann zugegangen, wenn der Empfänger den **Erklärungsinhalt richtig und vollständig zur Kenntnis nimmt** oder der Erklärende (gemäß der eingeschränkten Vernehmungstheorie) nach den für ihn erkennbaren Umständen **davon ausgehen durfte**. Eine solche Kenntnisnahme ist erst dann anzunehmen, wenn die Erklärung tatsächlich lesbar auf dem Computermonitor des Empfängers abgebildet wird. Entsprechend trägt der Erklärende das Risiko nicht nur während des Transports der Willenserklärung in den Empfangsbereich, sondern darüber hinaus bis zu dem Zeitpunkt, zu dem sie auf dem Monitor erscheint und der Empfänger sie zur Kenntnis nimmt oder der Erklärende zumindest davon ausgehen kann. 162

Es stellt sich dann jedoch die Frage, ob die Anwendung der **Vernehmungstheorie** auch zu einer **sachgerechten Risikoverteilung** führt. Grundlage der 163

---

1 *Fritzsche/Malzer*, DNotZ 1995, 11; *Geis*, NJW 1997, 3000; *Herget/Reimer*, DStR 1996, 1291; *Heun*, CR 1994, 597; *Koch*, S. 139 f.; *Larenz/Wolf*, AT, § 26 Rz. 13, 27 und 33.

Risikoverteilung bei einer Kommunikation unter Anwesenden ist der Umstand, dass die Willenserklärung unter Anwesenden regelmäßig flüchtig und nicht verkörpert ist. Dies kann sich jedoch bei der Dialog-Kommunikation im Internet abweichend darstellen, da der Empfänger einer Erklärung gegebenenfalls die Möglichkeit hat, diese auch im Rahmen einer Dialog-Kommunikation zu speichern. Wurde die Erklärung von dem Empfänger gespeichert, so könnte es angebracht sein, den Zugang wie bei einer Erklärung unter Abwesenden nach der Empfangstheorie zu behandeln.[1] In diesem Fall ist der Empfänger nicht mehr auf die Wahrnehmung der flüchtigen Erklärung angewiesen und bedarf somit eines geringeren Schutzes, als er ihm durch die Vernehmungstheorie gewährt wird. Der Zugang einer Willenserklärung ist daher auch bei unmittelbarem Kommunikationskontakt nach der Empfangstheorie zu beurteilen, sobald sie in dem Herrschaftsbereich des Empfängers gespeichert wird; eine tatsächliche Kenntnisnahme, wie sie die Vernehmungstheorie verlangt, ist dann für den Zugang nicht erforderlich. Zwar wird die im Rahmen der Dialog-Kommunikation unter Anwesenden im Sinne des § 147 Abs. 1 Satz 2 BGB abgegebene Willenserklärung durch die Speicherung nicht zu einer unter Abwesenden abgegebenen Erklärung. Insoweit ist das Kriterium der Speicherung einer Willenserklärung nicht geeignet, um neben dem Bestehen eines unmittelbaren Kommunikationskontakts eine Differenzierung zwischen Anwesenheit und Abwesenheit zu begründen. Jedoch kann die Speicherung des Erklärungsinhalts dazu führen, dass auch beim Bestehen eines unmittelbaren Kommunikationskontakts unter Anwesenden im Sinne des § 147 Abs. 1 Satz 2 BGB nicht mehr die Vernehmungstheorie, sondern vielmehr die Empfangstheorie eine angemessene Risikoverteilung ermöglicht und zu billigen Ergebnissen führt.

164 Im Ergebnis ist festzuhalten, dass bei dem Grundschema einer Dialog-Verbindung zwischen zwei Personen im Internet eine Willenserklärung aufgrund des unmittelbaren Kommunikationskontakts unter Anwesenden im Sinne des § 147 Abs. 1 Satz 2 BGB abgegeben wird, der Zugang sich jedoch unabhängig davon im Einzelfall nach der Frage beurteilt, ob der Erklärungsinhalt dem Empfänger nur flüchtig zur Kenntnis gebracht wird oder in gespeicherter Form vorliegt. Ist eine Speicherung zu verneinen und der Empfänger auf die Wahrnehmung eines flüchtigen Erklärungsinhalts angewiesen, so ist der Zeitpunkt des Zugangs nach der Vernehmungstheorie zu beurteilen. Im Falle der Speicherung bestimmt sich der Zeitpunkt dagegen nach der Empfangstheorie.

Anhand der aufgezeigten Grundsätze stellt sich der Zugang von Erklärungen bei den einzelnen Internet-Kommunikationsdiensten wie folgt dar:

---

1 *John*, AcP 184 (1984), 394; *Medicus*, AT, Rz. 288.

(c) Der Zugang einer Willenserklärung in Form einer E-Mail

Bei der Übermittlung einer E-Mail handelt es sich um eine Einweg-Kommunikation mit Abrufspeicherung unter Abwesenden. Erklärender und Empfänger stehen nicht in einem unmittelbaren und zeitgleichen Kommunikationskontakt. Mithin richtet sich der Zugang einer E-Mail gemäß der Empfangstheorie danach, wann sie in den Empfangsbereich gelangt, dort gespeichert wird und der Empfänger nach der Verkehrsanschauung die Möglichkeit der Kenntnisnahme hat.[1] 165

(aa) Der Empfangsbereich des Empfängers

Während nach der hergebrachten Zugangslehre Briefkasten, Postfach oder Anrufbeantworter zu dem Empfangsbereich des Empfängers gehören, stellt sich die Frage, ob auch der elektronische Briefkasten auf dem Mail Server des Access Providers zu dem **Empfangsbereich** des Empfängers zu zählen ist. Damit wäre eine Willenserklärung bereits dann zugegangen, wenn sie auf diesem Server gespeichert wird und der Abruf durch den Empfänger nach der Verkehrsanschauung zu erwarten ist.[2] Bei dem elektronischen Briefkasten handelt es sich jedoch nicht um ein räumliches Gebilde, auf das der Empfänger selbst und tatsächlich zugreifen kann, sondern um einen lediglich softwaremäßig definierten Speicherbereich auf dem Massenspeicher irgendeines Computers des Access Providers. Der elektronische Briefkasten befindet sich somit nicht im eigentlichen Herrschaftsbereich des Empfängers, die eigentliche Herrschaftsgewalt über den Mail Server und damit auch über den darauf befindlichen elektronischen Briefkasten übt vielmehr der Access Provider aus, dem es möglich ist, den Mail Server jederzeit abzustellen, auf ihm gespeicherte E-Mails zu löschen oder sogar dem Empfänger den Zugriff durch Sperrung des Mail Accounts unmöglich zu machen.[3] 166

Jedoch ist der elektronische Briefkasten auf dem Server des Access Providers von dem Empfänger zum Empfang der an ihn adressierten E-Mail bestimmt und erfüllt somit die grundsätzliche Voraussetzung einer **Empfangsvorrichtung**. Selbst wenn der elektronische Briefkasten nicht ohne weiteres dem Herrschaftsbereich des Empfängers zugeordnet werden kann, so befindet er sich doch in dessen Risikosphäre. Denn es obliegt ihm, sich einen leistungsfähigen und zuverlässigen Access Provider auszuwählen und gegebenenfalls im Rahmen des bestehenden Vertragsverhältnisses auf ihn einzuwirken, um 167

---

1 Zur Beurteilung des Zugangs einer E-Mail nach der Empfangstheorie siehe zB *Ernst*, NJW-CoR 1997, 166; *Fringuelli/Wallhäuser*, CR 1999, 97; *Geis*, NJW 1997, 3000; *Herget/Reimer*, DStR 1996, 1291; *Larenz/Wolf*, AT, § 26 Rz. 13; *Schwerdtfeger* in Schwarz, Kap. 6-2.3, S. 11; *Strömer*, S. 110 f.; *Ultsch*, NJW 1997, 3007; *Wendel*, S. 91.

2 *Fringuelli/Wallhäuser*, CR 1999, 99; *Herget/Reimer*, DStR 1996, 1291; *Heun*, CR 1994, 598; *Mehrings* in Hoeren/Sieber, Multimedia-Recht, Teil 13.1, Rz. 78; *Köhler/Arndt*, Rz. 98; *Wendel*, S. 91.

3 Grundsätzlich ebenso *Koch*, S. 142.

das Funktionieren der Kommunikation über den elektronischen Briefkasten und den sicheren Abruf einer dort eingegangenen und gespeicherten E-Mail zu gewährleisten. Dabei steht der Empfänger seinem Access Provider deutlich näher als der Erklärende, der letztlich keine Möglichkeit hat, für eine zuverlässige Abwicklung der Kommunikation über den elektronischen Briefkasten des Empfängers zu sorgen. Vor diesem Hintergrund ist es nur sachgerecht, den Empfangsbereich so zu definieren, dass er den elektronischen Briefkasten auf dem Mail Server des Access Providers mit umfasst.

(bb) Die Möglichkeit der Kenntnisnahme

168 Der Zugang ist, wie angesprochen, erst dann bewirkt, wenn die **Kenntnisnahme** des Erklärungsinhalts dem Empfänger möglich und nach der Verkehrsanschauung zu erwarten ist. Möglich ist die Kenntnisnahme, sobald die E-Mail in dem elektronischen Briefkasten auf dem Mail Server gespeichert ist und abgerufen werden kann.

169 Im **geschäftlichen Verkehr**, also im Verhältnis B2B, ist zu erwarten, dass der Empfänger während seiner Geschäftszeiten regelmäßig die eingegangenen E-Mail abruft, so dass eine Willenserklärung noch am selben Geschäftstag zugeht, unabhängig davon, ob der Empfänger die E-Mail tatsächlich abgerufen hat. Wird die E-Mail dagegen außerhalb der Geschäftszeiten in dem Empfangsbereich gespeichert, so ist mit ihrem Zugang erst am Morgen des nächsten Geschäftstages zu rechnen.[1] Sollte der Empfänger die E-Mail jedoch tatsächlich zu einem früheren als dem zu erwartenden Zeitpunkt abgerufen haben, so geht die Willenserklärung zu diesem früheren Zeitpunkt zu.

(cc) Zugangsstörungen

170 Im Bereich der E-Mail-Kommunikation sind verschiedene Formen der **Zugangsstörung** denkbar. Scheitert die Speicherung, weil der Mail Server eine Fehlfunktion hat, so wird sich dahinter kaum ein objektiv pflichtwidriges Verhalten des Empfängers feststellen lassen. Diese Zugangsstörung geht gemäß der grundsätzlichen Risikoverteilung zu Lasten des Erklärenden. Jedoch kann eine E-Mail beispielsweise auch dann nicht gespeichert werden, wenn zwar der Mail Server einwandfrei funktioniert, der dem elektronischen Briefkasten des Empfängers zugewiesene Speicherplatz aber vollständig mit bereits eingegangener E-Mail belegt ist. Es wird sich regelmäßig nicht allgemein feststellen lassen, ob ein derartiges Scheitern der Speicherung nun dem Empfänger oder dem Erklärenden zuzurechnen ist. Entscheidend ist vielmehr darauf abzustellen, welche Pflichten den Empfänger bezüglich des Funktionierens seines Mail Accounts treffen und aus welchem Grund in dem konkreten Fall eine Speicherung nicht möglich ist. Grundsätzlich be-

1 *Ernst*, BB 1997, 1057; *Hoeren*, Rechtsfragen, Rz. 293; *Mehrings*, MMR 1998, 33; *Schwerdtfeger* in Schwarz, Kap. 6-2.3, S. 13; *Ultsch*, DZWiR 1997, 468; wiederholend *Ultsch*, NJW 1997, 3008; *Wendel*, S. 91.

steht die Verpflichtung des Empfängers, seinen elektronischen Briefkasten in einem Zustand zu halten, der eine Speicherung etwaiger für ihn bei dem Mail Server ankommender E-Mail auch tatsächlich ermöglicht. Entsprechend hat er dafür Sorge zu tragen, dass in seinem elektronischen Briefkasten stets genügend Speicherplatz frei ist, um neu hereinkommende E-Mail zu speichern. Wird der Zugang aufgrund fehlender Speicherkapazität verhindert, so ist dies dem Empfänger zuzurechnen, wenn und soweit er seiner Pflicht, eine Überfüllung des Briefkastens zu vermeiden, nicht nachgekommen ist.

Andererseits ist es unbillig, dem Empfänger damit auch das Risiko aufzubürden, dass für ihn unvorhersehbar besonders umfangreiche oder aber in großer Anzahl unerwünschte E-Mail in seinem elektronischen Briefkasten gespeichert wurde und damit der übrige **Posteingang behindert** wird. Gleiches gilt, wenn in dem elektronischen Briefkasten an sich noch genügend Platz für eine Mehrzahl durchschnittlich langer E-Mails wäre, eine besonders speicherplatzintensive E-Mail jedoch keinen Platz mehr findet und daher nicht gespeichert werden kann. In diesen Fällen beruht ein Scheitern der Speicherung und des Zugangs nicht auf einer Pflichtverletzung des Empfängers, so dass der Erklärende wiederum das ihn grundsätzlich treffende Risiko eines Scheiterns der Speicherung und damit des Zugangs zu tragen hat. 171

Ein weiterer Fall der Zugangsstörung liegt vor, wenn die E-Mail zwar in dem elektronischen Briefkasten gespeichert wird, jedoch **nach der Speicherung eine Fehlfunktion** des Mail Servers auftritt und die E-Mail gelöscht wird. Ferner ist denkbar, dass der Empfänger nicht in der Lage ist, die für ihn auf dem Mail Server gespeicherte E-Mail auf seinen Computer herunterzuladen und dort zu lesen, beispielsweise aufgrund technischen Unverständnisses oder weil ihm seitens seines Access Providers das Mail Account gesperrt und damit der Zugriff auf den elektronischen Briefkasten verweigert wurde. In diesen Fällen ist mit dem Erreichen des Mail Servers und dem Speichern in dem elektronischen Briefkasten das Verlust- und Verzögerungsrisiko auf den Empfänger übergegangen und die danach eintretenden Störungen des Kommunikationsvorgangs gehen zu Lasten des Empfängers. 172

Schließlich kann es trotz Standardisierung der E-Mail-Kommunikation vorkommen, dass eine E-Mail den Empfänger lediglich in **verstümmelter** oder nur **schwer lesbarer** Form erreicht, etwa weil Erklärender und Empfänger unterschiedliche Mail-Formate verwenden und dadurch beispielsweise Umlaute oder Textformatierungen bei dem Empfänger nicht so dargestellt werden, wie der Erklärende sie bei Erstellung der E-Mail eingegeben hat. Soweit die E-Mail gleichwohl noch lesbar ist und die fehlerhafte Formatierung sich nicht sinnentstellend auswirkt, so dass der Empfänger den Erklärungsinhalt trotzdem eindeutig und unschwer wahrnehmen kann, ist dies für den Zugang der Willenserklärung unschädlich und kann lediglich im Rahmen der Auslegung des Erklärungsinhalts zu berücksichtigen sein. Dagegen wird man 173 einen Zugang wegen fehlender Möglichkeit der Kenntnisnahme vom Inhalt der Willenserklärung zu verneinen haben, wenn sich der Empfänger aufgrund der Formatierungsfehler der korrekten Wahrnehmung des Inhalts der E-Mail nicht sicher sein kann.

(dd) Der Empfang durch einen Computer

174 Neben der geschilderten Empfangsmöglichkeit durch einen Nutzer, der sich zum Abruf der E-Mail einlädt, besteht auch die Möglichkeit, dass die E-Mail von einem **Computer empfangen** wird. In diesem Fall ist in der Regel eine Computeranlage permanent mit dem Mail Server verbunden und die hereinkommende E-Mail wird nicht erst zum Abruf auf dem Mail Server zwischengespeichert, sondern direkt und unmittelbar an die Computeranlage des Empfängers übertragen. Von dort aus kann die E-Mail zu dem Computerarbeitsplatz des Empfängers weitergeleitet werden, so dass der Empfänger sie dort persönlich zur Kenntnis nehmen und bearbeiten kann. Das System kann auch noch weiter automatisiert sein. Der Empfänger selbst erhält dann keine Kenntnis mehr von der einzelnen E-Mail, da seinerseits der gesamte Kommunikationsvorgang einschließlich der inhaltlichen Verarbeitung automatisch durch die entsprechend programmierte Computeranlage ausgeführt wird. Auch bei einem solch automatischen E-Mail-Empfang stellt sich der Empfangsbereich nicht anders dar als im herkömmlichen E-Mail-Verkehr. Auch wenn ein Mail Server nicht mehr der Zwischenspeicherung bis zum Abruf, sondern nur noch als Durchlaufstation der Übermittlung zur Computeranlage des Empfängers dient, so ist er dennoch als Empfangsvorrichtung von dem Empfänger dafür bestimmt, die an ihn gerichtete E-Mail zunächst entgegenzunehmen und dann weiterzuleiten. Da eine Zwischenspeicherung der E-Mail zum Abruf nicht stattfindet, wird man es für den Zugang als ausreichend ansehen können, wenn die E-Mail den Mail Server dergestalt erreicht, dass eine Weitersendung an die Computeranlage des Empfängers möglich ist.

175 Die Kenntnisnahme der E-Mail ist dem Empfänger dann, wenn die Automatisierung nur den Transport der E-Mail von dem Mail Server zu dem Computerarbeitsplatz des Empfängers, nicht jedoch die eigentliche Kenntnisnahme betrifft, in dem Moment möglich, in dem die E-Mail zu seiner Computeranlage weitergeleitet wird. Die **Kenntnisnahme** ist gegebenenfalls sofort zu erwarten, wenn ihm der Empfang einer E-Mail auf seinem Computer unmittelbar angezeigt und damit zur Kenntnis gebracht wird, jedenfalls aber am selben Geschäftstag. Entsprechend den obigen Ausführungen (Rz. 156) trifft den Empfänger auch bei automatischer Weiterleitung somit das Risiko, dass eine E-Mail auf dem Weg von dem Mail Server zu seiner Computeranlage oder innerhalb seines eigenen Netzwerks vor dem Erreichen des Computerarbeitsplatzes verloren geht oder beschädigt wird. Bei einem Eintreffen außerhalb der Geschäftszeiten ist mit der Kenntnisnahme erst am Morgen des nächsten Geschäftstages zu rechnen.

176 Wird die E-Mail dagegen sofort nach ihrem Eingang bei dem Mail Server zur Computeranlage des Empfängers weitergeleitet und von dieser **automatisch ausgewertet und verarbeitet**, so ist eine abweichende Bewertung gerechtfertigt. Bei diesem Grad der Automatisierung hat der Empfänger regelmäßig nicht einmal mehr die abstrakte Möglichkeit der Kenntnisnahme vom Erklärungsinhalt. In diesem Fall kann auf die Kenntnisnahmemöglichkeit als Voraussetzung des Zugangs nicht entscheidend abgestellt werden.[1] Da auf der Empfängerseite die systematisch vorgesehene und zu erwartende Reaktion nicht mehr die persönliche Kenntnisnahme durch den Empfänger, sondern die Auswertung und Verarbeitung durch seine Computeranlage ist, ist der Zugang dann als bewirkt anzusehen, wenn sich die E-Mail dergestalt in dem Empfangsbereich befindet, dass der Computeranlage die Auswertung und Verarbeitung möglich sind.[2] Denn wenn die automatisierte Erstellung und Abgabe einer Willenserklärung möglich ist, so muss es konsequenterweise auch möglich sein, eine Willenserklärung automatisiert zugehen zu lassen.[3]

177 Eine Auswertung und Verarbeitung sind grundsätzlich dann möglich, wenn die Computeranlage des Empfängers die E-Mail funktionsgemäß erfasst hat oder zumindest die abstrakte Möglichkeit einer Erfassung besteht, also sobald sich die E-**Mail im Speicherbereich** des Mail Servers befindet und an die Computeranlage des Empfängers weitergeleitet werden kann. Eine zeitliche Begrenzung auf die Geschäftszeiten des Empfängers – wie bei der Kenntnisnahme durch den Empfänger selbst – lässt sich hier nicht mehr aufrechterhalten. Mit der Automatisierung der Kenntnisnahme gibt der Empfänger gerade seine jederzeitige Erreichbarkeit zu erkennen und verzichtet zur Rationalisierung und Flexibilisierung seiner Geschäftstätigkeit auf die Einhaltung von Geschäftszeiten.[4]

(d) Zugang einer Willenserklärung im Chat-Kanal

178 Auf den Zugang einer Willenserklärung in einem **Chat-Kanal** soll an dieser Stelle aufgrund dessen, dass B2B im Chat-Kanal wohl nur selten verbindliche Willenserklärungen abgegeben und Verträge geschlossen werden, nicht näher eingegangen werden.[5] Grundsätzlich ist festzuhalten, dass die Dialog-Kommunikation über einen Chat-Kanal wie ein persönliches Gespräch oder ein Telefonat zu behandeln ist. Der Zugang der unter Anwesenden abgegebenen Willenserklärung richtet sich entsprechend den obigen Ausführungen entweder nach der Vernehmungstheorie oder nach der Empfangstheorie, je nachdem, ob die Willenserklärung in einem Chat-Kanal nur flüchtig ist oder durch Speicherung im Empfangsbereich perpetuiert wird.

---

1 Andernfalls wäre ein Zugang regelmäßig nicht gegeben.
2 Vgl. *Mehrings* in Hoeren/Sieber, Multimedia-Recht, Teil 13.1, Rz. 82; *Kuhn*, S. 103 f.; *Mehrings*, MMR 1998, 33.
3 *Süßenberger*, Das Rechtsgeschäft im Internet, S. 174.
4 *Heun*, CR 1994, 598.
5 Siehe hierzu *Süßenberger*, Das Rechtsgeschäft im Internet, S. 175 ff.

(e) Der Zugang einer Willenserklärung im WWW

179 Im World Wide Web ist bei einer Kommunikation zwischen dem Benutzer und einem Web Server mittels verschiedener Web-Seiten, Hyperlinks und Formularseiten nicht ohne weiteres ersichtlich, ob es sich um eine Einweg- oder um eine Dialog-Kommunikation, um eine Kommunikation unter Abwesenden oder unter Anwesenden handelt.

180 Wird eine Web-Seite **von einem Web-Server** über das Internet auf den Computer eines Benutzers **heruntergeladen**, könnte es sich dabei um eine Einweg-Kommunikation mit einer direkten Datenübermittlung handeln. Denn auf den ersten Blick überträgt der Web-Server die in seinem Speicher befindliche Web-Seite an den Empfänger, ohne dass dabei ein unmittelbarer und wechselseitiger Kommunikationskontakt zwischen dem Web-Server und dem Empfänger besteht. Jedoch werden von einem Web-Server immer nur dann Web-Seiten an Benutzer verschickt, wenn sie zuvor von der Client-Software des Benutzers abgerufen wurden, etwa weil der Benutzer die Internet-Adresse der jeweiligen Web-Seite in seinen Browser eingegeben oder über eine andere Web-Seite einen Hyperlink betätigt hat, der auf die dann übertragene Seite verweist. Auch kann der Benutzer Eintragungen in eine Formularseite des Anbieters machen und eine Reaktion in Form einer Web-Seite empfangen. Bei genauerer Betrachtung werden also nicht in eine Richtung Web-Seiten auf den Computer des Benutzers heruntergeladen, sondern es findet ein Austausch von Daten zwischen dem Benutzercomputer als Client und dem Computer des Anbieters als Server statt, der sich – wenngleich nicht ganz unmissverständlich – als Interaktion bezeichnen lässt.

181 Trotz dieses interaktiven Datenausgleichs ist die beschriebene Kommunikation zwischen einem Benutzer und einer Computeranlage im WWW nicht als Dialog-, sondern als **Einweg-Kommunikation** unter Abwesenden zu qualifizieren.[1] Zwar kann bei Eingaben des Benutzers und Reaktionen der Computeranlage in Form zugeschickter Web-Seiten der Eindruck entstehen, der Benutzer und der durch seine Computeranlage „vertretene“ Anbieter würden simultan und unmittelbar miteinander kommunizieren. Bei dieser Kommunikation handelt es sich jedoch genau genommen nur um einen Scheindialog. Der Kommunikation mit der Computeranlage fehlt die für eine Dialog-Kommunikation erforderliche Flexibilität, auf die Äußerungen des Gesprächspartners individuell einzugehen, seine eigene Äußerung erläutern und sich bei dem anderen des richtigen Verständnisses vergewissern zu können. Nicht nur der Inhalt der einzelnen Erklärungen, sondern der Ablauf der gesamten Kommunikation oder Interaktion mit dem Computer ist auf den von der Programmierung vorbestimmten Verlauf beschränkt. Die Computeranlage ist nicht imstande, den individuellen Verständnishorizont des Benutzers zu begreifen und ihre Reaktion diesem Verständnis anzupassen, sie kann vielmehr nur mit den von der Programmierung vorgegebenen Pro-

1 Siehe auch die Literatur zu Btx: *Borsum/Hoffmeister*, S. 35 ff.; *Köhler*, Rechtsgeschäfte, S. 56 f.; *Traut*, S. 84. Ebenso Soergel/*Wolf*, § 147 BGB Rz. 3.

grammschritten reagieren.[1] Als Einweg-Kommunikation unter Abwesenden ist der Zugang sowohl einer elektronisch übermittelten Willenserklärung des Benutzers als auch einer Computererklärung der Computeranlage des Anbieters im WWW im Ergebnis nach der Empfangstheorie zu beurteilen.

Gibt also der Benutzer gegenüber der Computeranlage eines Anbieters eine 182
Willenserklärung ab, indem er auf einer Formularseite einen Text eingibt, ein Funktionsfeld ankreuzt oder anklickt oder eine Taste mit einem von der Web-Seite vorgegebenen Erklärungsinhalt drückt, so werden die entsprechenden Daten über das Internet an den Web-Server des Anbieters geschickt. Hat die Willenserklärung den Web-Server erreicht, so wird sie mittels der entweder auf dem Server selbst oder auf der mit ihm vernetzten Computeranlage laufenden Software verarbeitet, und zwar in der Regel unmittelbar, automatisch und ohne persönliche Kenntnisnahme durch den Anbieter. Dieser Vorgang entspricht auf der Anbieterseite im Wesentlichen dem bereits dargestellten automatisierten Empfang und der Verarbeitung einer E-Mail durch die Computeranlage des Empfängers. Für die Bestimmung, wann der Zugang dieser Willenserklärung bewirkt ist, kann also gleichfalls darauf abgestellt werden, wann sich die Willenserklärung dergestalt in dem **Empfangsbereich** befindet, dass zwar nicht die Kenntnisnahme durch den Anbieter selbst, jedoch ihre Verarbeitung durch seine Computeranlage möglich und nach der Verkehrsanschauung zu erwarten ist. Der Empfangsbereich des Anbieters beginnt mit seinem ans Internet angeschlossenen Web-Server, der als Empfangsvorrichtung zur Entgegennahme der an ihn adressierten Willenserklärungen bestimmt ist. Die Verarbeitung der Willenserklärung ist möglich, sobald die Daten über die Eingabe des Benutzers den Arbeitsspeicher des Web-Servers erreicht haben. Geht die Willenserklärung noch vor dem Eingang in den Web-Server verloren oder verspätet sie sich, so trägt dieses Risiko der erklärende Benutzer, und der Zugang ist ausgeschlossen oder erst zu dem späteren Zeitpunkt bewirkt. Man wird dem Benutzer auch das Risiko aufzuerlegen haben, dass die Willenserklärung den Web-Server zwar erreicht, jedoch nicht in seinem Arbeitsspeicher gespeichert wird und damit auch nicht verarbeitet werden kann.[2] Bezüglich des Zeitpunkts der nach der Verkehrsanschauung zu erwartenden Verarbeitung durch die Computeranlage ist bei dem automatisierten Empfang einer Willenserklärung auch im WWW eine Beschränkung auf etwaige Geschäftszeiten nicht anzunehmen.

---

1 Ähnlich *Fringuelli/Wallhäuser*, CR 1999, 97 f.; *Heun*, CR 1994, 597. Für den Btx-Verkehr stellt *Brinkmann*, ZUM 1985, 339, entsprechend fest, die Kommunikation verlaufe „nicht interaktiv, weil der Btx-Anbieter nicht individuell, sondern nur vorformuliert antworten" könne.

2 Ebenso *Kuhn*, S. 104, der für einen automatisierten Zugang verlangt, dass die Willenserklärung von der EDV beim Online-Betrieb zutreffend abgespeichert wird. AA ist *Heun*, CR 1994, 598, demzufolge bei direkter Übermittlung der Zugang bereits bewirkt ist, sobald die betreffenden Daten den Übertragungsweg verlassen haben und über eine Schnittstelle in die Empfangseinrichtung gelangt sind, und zwar auch schon vor der Speicherung.

183 Eine Computererklärung in Form einer Web-Seite dagegen wird von dem Web-Server, auf dem sie gespeichert sowie gegebenenfalls softwaremäßig angepasst und individualisiert wurde, zunächst über das Internet zu dem Host-Rechner des Access Providers des Empfängers und von dort zu dem Computer des Empfängers übertragen. Dort wird sie in dem Arbeitsspeicher gespeichert und auf dem Bildschirm dargestellt. Die Computererklärung wird also nicht wie eine computergenerierte E-Mail zum Abruf auf einem zwischengeschalteten Server zwischengespeichert, sondern ebenso direkt an den Empfänger übertragen wie eine gegenüber der Computeranlage eines Anbieters im WWW abgegebene und elektronisch übermittelte Willenserklärung.

184 Zur Beurteilung des Zugangs ist der mit dem Internet verbundene **Host-Rechner** des Access Providers **nicht als Empfangsvorrichtung** anzusehen, da er – anders als etwa ein Mail Server – nur die Verbindung zwischen dem Empfängercomputer und dem Internet herstellt und damit dem Transport der Computererklärung, nicht jedoch deren Empfang und Speicherung für den Empfänger zu dienen bestimmt ist. Empfangsvorrichtung ist vielmehr erst der Computer des Benutzers, der die Web-Seite in seinem Arbeitsspeicher speichert und mittels des Browsers auf dem Bildschirm darstellt. Erst wenn die Speicherung der Computererklärung nach dem Erreichen des Empfängercomputers tatsächlich erfolgt und eine Kenntnisnahme damit möglich geworden ist, geht das Risiko auf den Benutzer über, und er muss es sich zurechnen lassen, wenn die Web-Seite von seinem Computer gelöscht wird, bevor er tatsächlich Kenntnis erlangt hat.

185 Da es sich bei der Computererklärung in Form einer Web-Seite um eine Einweg-Kommunikation mit direkter Übermittlung handelt, in deren Verlauf der Benutzer online ist und seinen Computer unmittelbar bedient, ist nach der Verkehrsanschauung seine Kenntnisnahme nicht erst im Rahmen eines späteren Abrufs einer zwischengespeicherten Erklärung oder zu bestimmten Geschäftszeiten zu erwarten, sondern unmittelbar nach der **Speicherung der Web-Seite** auf seinem Computer. Folglich ist der Zugang einer im WWW in Form einer Web-Seite abgegebenen Computererklärung ohne zeitliche Begrenzung bewirkt, sobald sie in dem Arbeitsspeicher des Computers des Benutzers und Empfängers gespeichert wird.

(f) Der Zugang einer Willenserklärung bei Internet-Telefonie und einer Videokonferenz

186 Die beiden Kommunikationsformen **Internet-Telefonie und Videokonferenz** im Internet schließlich ähneln im Prinzip stark dem herkömmlichen Ferngespräch mittels eines Telefons oder Bildtelefons, nur dass die Audio- und Videosignale nicht über Telefon-, ISDN- oder Glasfaserkabel übertragen werden, sondern als Datenpakete über das Internet.

187 Insoweit erscheint es vertretbar, Internet-Telefonie und Videokonferenzen als **fernmündliche Kommunikation unter Anwesenden** iSd. § 147 Abs. 1

Satz 2 BGB zu qualifizieren und den Zugang einer innerhalb eines solchen Kommunikationskontakts abgegebenen Willenserklärung somit nach der Vernehmungstheorie zu beurteilen.

Dabei ist es auch nicht schädlich, wenn bei der Übertragung **Verzögerungen** auftreten, da die Komprimierung der Audio- und Videosignale vor und ihre Dekomprimierung nach der Versendung erhebliche Rechenzeit beanspruchen. Denn ein unmittelbarer Kommunikationskontakt unter Anwesenden wird nicht dadurch zu einem Kontakt unter Abwesenden, dass die Kommunikation aufgrund technik-typischer Wartezeiten nicht so flüssig verläuft, wie dies bei einem persönlichen Gespräch von Angesicht zu Angesicht der Fall ist [1]. 188

hh) Der Widerruf einer Willenserklärung im Internet

Will der Erklärende an eine bereits abgegebene Willenserklärung nicht mehr gebunden sein, so kann er sie noch bis zum Zugang bei dem Empfänger **widerrufen**. Dabei genügt es, dass der Widerruf dem Empfänger vor oder zumindest gleichzeitig mit der Willenserklärung zugeht; bei einem erst nachträglichen Zugang ist er jedoch wirkungslos (§ 130 Abs. 1 Satz 2 BGB). 189

Widerruft der Erklärende eine Willenserklärung in Form einer **E-Mail**, indem er eine zweite E-Mail an den Empfänger schickt, ist hinsichtlich der Wirksamkeit dieses Widerrufs danach zu unterscheiden, ob auf der Empfängerseite der Empfänger selbst tätig oder seine Computeranlage eingeschaltet ist. 190

Wenn der Empfänger persönlich die für ihn bestimmte E-Mail von dem Mail Server abruft, um sie zur **Kenntnis zu nehmen**, so ist der Widerruf wirksam, wenn er auf dem Mail Server gespeichert wurde, bevor der Abruf der – gleichfalls gespeicherten – Willenserklärung nach der einzelfallmäßig zu bestimmenden Verkehrsanschauung zu erwarten ist. Erreichen die Willenserklärung und der Widerruf den Mail Server also beispielsweise beide außerhalb der Geschäftszeiten, so ist der Zugang jeweils erst am nächsten Arbeitstag erfolgt. Aufgrund dieses dann gleichzeitigen Zugangs ist der Widerruf wirksam, unabhängig davon, ob der Empfänger zuerst die Willenserklärung selbst abruft oder den Widerruf. Dagegen erfolgt der Widerruf verspätet, wenn er erst dann gespeichert wird, nachdem der Empfänger die Willenserklärung bereits abgerufen und zur Kenntnis genommen hat.[2] 191

Wenn nicht der Empfänger selbst seine E-Mail abruft und zur Kenntnis nimmt, sondern der Empfang und die Verarbeitung **automatisch** durch seine Computeranlage erfolgen, geht eine Willenserklärung unmittelbar mit dem Erreichen des Mail Servers zu, unabhängig von Geschäftszeiten oder einer nach der Verkehrsanschauung zu erwartenden persönlichen Kenntnisnahme des Empfängers. Damit ist es dem Erklärenden praktisch unmöglich, seine Willenserklärung zu widerrufen, denn in der Regel wird die per E-Mail 192

1 *Heun*, CR 1994, 598; *Koch*, S. 140; im Ergebnis auch *Wendel*, S. 90.
2 Vgl. *Koch*, S. 146; *Schwerdtfeger* in Schwarz, Kap. 6-2.3, S. 16 f.

verschickte Willenserklärung den Mail Server früher erreichen und damit früher zugehen als ein nachträglich verschickter Widerruf.[1]

193 Regelmäßig ausgeschlossen ist auch der Widerruf einer im **WWW abgegebenen und elektronisch übertragenen Willenserklärung** des Benutzers oder einer Computererklärung in Form einer Web-Seite. In beiden Fällen ist eine Verarbeitung der Willenserklärung durch die Computeranlage beziehungsweise eine Kenntnisnahme des Benutzers regelmäßig unmittelbar nach dem Erreichen des Web-Servers oder des Computers des Benutzers zu erwarten und der Zugang bewirkt. Ein nachträglicher Widerruf wird die Computeranlage oder den Benutzer also erst nach Zugang der Willenserklärung erreichen und ist damit verspätet und unwirksam.

194 Hat der Benutzer schließlich im Rahmen einer Internet-Telefonverbindung oder einer Videokonferenz eine Willenserklärung abgegeben, so **scheidet** ein wirksamer Widerruf ebenfalls **aus**. Der Zugang einer Willenserklärung ist bei diesen Kommunikationsformen nach der Vernehmungstheorie zu beurteilen. Der Empfänger wird die verbal abgegebene Willenserklärung vor dem erst nachträglich erklärten Widerruf wahrnehmen. Die Willenserklärung ist damit bereits zugegangen und wirksam, bevor auch der Widerruf zugeht, so dass der Widerruf nicht beachtlich ist und die Wirksamkeit der Willenserklärung nicht beseitigt.

ii) Der Vertragsschluss im Internet

195 Bislang wurde die Kommunikation im Internet lediglich im Zusammenhang mit der Grundform des rechtsgeschäftlichen Handelns untersucht und die Versendung von Willenserklärungen per E-Mail, in einem Chat-Kanal, im WWW oder mittels Internet-Telefonie oder in einer Videokonferenz betrachtet. Solche Willenserklärungen sind die Grundlage eines jeden Vertragsschlusses. Auch im Internet liegt ein Vertrag immer dann vor, wenn **zwei sich deckende Willenserklärungen, Angebot und Annahme**, gegeben sind. Von einem verbindlichen Vertragsangebot zu unterscheiden ist die nur unverbindliche Aufforderung an die andere Partei, ihrerseits ein Angebot abzugeben (invitatio ad offerendum), sowie der Fall, in dem sich ein bereits verbindliches Angebot nicht an eine bestimmte Person richtet, sondern an einen unbestimmten Personenkreis, der an einem Vertragsschluss interessiert sein kann (Angebot ad incertas personas).

196 Auch wenn sich Angebot und Annahme decken und den wesentlichen Vertragsinhalt regeln, so führen sie nur dann zu einem wirksamen Vertragsschluss, wenn die Annahme **rechtzeitig** erfolgt; eine verspätete Annahme gilt dagegen als neues Angebot (§§ 146 ff. BGB). Ist der Angebotsempfänger anwesend, so ist seine Annahme nur dann rechtzeitig, wenn sie sofort erfolgt (§ 147 Abs. 1 Satz 1 BGB). Bei einem Antrag gegenüber einem Abwesenden

1 Vgl. *Mehrings* in Hoeren/Sieber, Multimedia-Recht, Teil 13.1, Rz. 85; *Koch*, S. 145 f.; *Köhler/Arndt*, Rz. 99; *Mehrings*, MMR 1998, 33.

bestimmt sich die Annahmefrist dagegen nach den regelmäßigen Umständen (§ 147 Abs. 2 BGB).

(1) Der Vertragsschluss per E-Mail

Der Vertragsschluss zweier Personen per E-Mail läuft nicht wesentlich anders ab als mittels herkömmlicher Briefpost. Ein Benutzer verfasst eine E-Mail, in der er einem anderen den Abschluss eines Vertrages beliebigen Inhalts anbietet, und schickt sie dem potentiellen Vertragspartner zu. Sobald dieser die E-Mail erhalten hat, kann er dem Antragenden seine Annahme wiederum in Form einer E-Mail zuschicken. Denkbar ist auch, dass der Empfänger des Vertragsangebots seinerseits auf die Zusendung einer ausdrücklichen Annahmeerklärung per E-Mail verzichtet und das Angebot lediglich durch konkludentes Verhalten annimmt, etwa indem er per E-Mail bestellte Ware dem Antragenden zuschickt und damit seinen Annahmewillen eindeutig nach außen zu erkennen gibt. Wie schon angesprochen (Rz. 75 ff.), kann eine Annahme im Einzelfall, gerade im Bereich B2B, auch durch Schweigen erfolgen (§ 362 Abs. 1 HGB). 197

Besonderheiten gegenüber dem herkömmlichen Rechtsverkehr ergeben sich für den Vertragsschluss per E-Mail jedoch bezüglich der Frist, innerhalb derer ein Angebotsempfänger die Annahme des ihm angetragenen Vertragsangebots erklären muss. Da die Kommunikation per E-Mail unter Abwesenden stattfindet, bestimmt sich die **Annahmefrist** gemäß § 147 Abs. 2 BGB danach, wann der Antragende nach den regelmäßigen Umständen die Annahme seines Angebots erwarten darf, es sei denn, dass der Antragende selbst eine dann vorrangig zu wahrende Frist zur Annahme bestimmt hat (§ 148 BGB). 198

Auf der Basis der obigen Ausführungen und der Qualifizierung der E-Mail-Kommunikation als Einweg-Kommunikation wird der Antragende nach den regelmäßigen Umständen nicht die sofortige Annahme seines Angebots erwarten können. Vielmehr setzt sich, entsprechend dem funktionellen Ablauf der E-Mail-Kommunikation, die Annahmefrist aus mehreren Phasen zusammen, nämlich der Dauer der Übermittlung der E-Mail vom Antragenden zum Mail Server des Empfängers, der Zeit bis zum zu erwartenden Abruf und der Kenntnisnahme der E-Mail durch den Empfänger, einer **Überlegungsfrist** und schließlich der Zeit für die Formulierung der Annahme und ihre Rücksendung an den Mail Server des Antragenden.[1] Wie lang man die über den reinen Transport der E-Mail hinausgehende Zeit für die Überlegung und die Formulierung einer Annahme zu bemessen hat, ist letztlich eine Frage des Einzelfalls und wird sich unter anderem nach dem Inhalt des angetragenen 199

1 Zur Annahmefrist bei Verwendung von Btx beziehungsweise allgemein von Telekommunikationsdiensten siehe zB *Friedmann*, S. 55 ff.; *Kreis*, Vertragsschluß, S. 57 ff.; *Kuhn*, S. 115; *Paefgen*, Bildschirmtext, S. 27 ff. Allgemein zur Annahmefrist zB MünchKomm/*Kramer*, § 147 BGB Rz. 6; Palandt/*Heinrichs*, §§ 147, 148 BGB Rz. 7.

Vertrages sowie beispielsweise danach richten, welchen Umfang die Geschäftstätigkeit des Angebotsempfängers im Electronic Commerce-Bereich hat.

200 Was die für die Zusendung der Annahme zu bemessende Zeit angeht, so wird der Antragende bei Übersendung eines Vertragsangebots per E-Mail angesichts der weitgehenden Etablierung von elektronischer Post im Geschäftsverkehr in der Regel erwarten können, dass eine Annahme ihm ebenfalls in **Form** einer E-Mail zugeschickt wird, insbesondere dann, wenn die Kommunikation zwischen den Parteien üblicherweise auf diesem Wege abgewickelt wird. Zwingend ist dies letztlich jedoch nicht, der Empfänger kann seine Annahme beispielsweise auch per Telefon, Telefax oder Telex fristwahrend erklären.[1]

201 Soweit bei einer E-Mail-Kommunikation auf Seiten des Angebotsempfängers die Verarbeitung sowie Beantwortung der elektronischen Post durch eine Computeranlage automatisch erfolgt, kann ein Vertrag durch eine Annahme in Form einer per E-Mail verschickten **Computererklärung** abgeschlossen werden. Die Annahmefrist wird bei der Verwendung einer Computeranlage seitens des Angebotsempfängers zu kürzen sein; der Antragende wird in diesen Fällen regelmäßig erwarten, dass der Empfänger eines Angebots auf die ihm nach § 147 Abs. 2 BGB eingeräumte Zeit zugunsten der automatischen Verarbeitung weitgehend verzichtet. Sind bei einem automatischen Empfang von E-Mail sowohl der jeweilige Transport von Angebot und Annahme als auch die Verarbeitung des Angebots und die Erstellung der Annahme in Sekunden bis wenigen Minuten vollbracht, so wird die nach den regelmäßigen Umständen zu erwartende Annahmefrist gemäß § 147 Abs. 2 BGB auch nur Sekunden bis wenige Minuten betragen.

(2) Der Vertragsschluss im WWW

202 Bei einem Vertragsschluss im WWW lassen sich zwei Grundkonstellationen unterscheiden:

Erstens kann der Benutzer gegenüber dem Web Server und der Computeranlage des Anbieters ein **Angebot** abgeben, indem er eine Formularseite ausfüllt und abschickt oder auf einer bereits heruntergeladenen Web-Seite ein Funktionsfeld anklickt oder eine Funktionstaste drückt. Dieses Angebot kann von der Computeranlage des Anbieters mittels einer Computererklärung oder aber seitens des Anbieters beispielsweise auch stillschweigend angenommen werden, indem er dem Benutzer einen bestellten Artikel ohne ausdrückliche Annahmeerklärung zuschickt (§ 151 Satz 1 BGB). Zweitens

1 Zur Wahrung der Annahmefrist genügt, wenn der Angebotsempfänger sich zur Übersendung der Annahmeerklärung eines ähnlich schnellen Übermittlungswegs wie der Antragende bedient, eine Annahme per Briefpost wird daher regelmäßig als verspätet anzusehen sein; siehe auch MünchKomm/*Kramer*, § 147 BGB Rz. 7; Palandt/*Heinrichs*, §§ 147, 148 BGB Rz. 7; Soergel/*Wolf*, § 130 BGB Rz. 8.

kann das Angebot auch von dem Anbieter ausgehen, indem eine Computererklärung in Form einer Web-Seite mit einem entsprechenden Inhalt zum Benutzer übertragen wird und dieser mittels Ausfüllens eines Formulars, Anklickens eines Funktionsfeldes oder Betätigung einer Funktionstaste auf der Web-Seite seine Annahme erklärt. Denkbar ist auch, dass der Benutzer das Angebot außerhalb der WWW-Kommunikation und der heruntergeladenen Web-Seite annimmt, indem er dem Anbieter eine E-Mail zuschickt.

(a) Unterscheidung zwischen Angebot und invitatio ad offerendum

Ausgehend von den aufgezeigten Möglichkeiten eines Vertragsschlusses mit- 203
tels WWW stellt sich die Frage, ob in einer Web-Seite des Anbieters, die auf den Computer des Benutzers heruntergeladen wird, bereits ein verbindliches Vertragsangebot zu sehen sein kann oder lediglich eine unverbindliche **invitatio ad offerendum**. Diese Frage wurde bereits in der juristischen Literatur zum Versandhandel über Btx ausführlich diskutiert; die damals herrschende Meinung ging davon aus, die Btx-Seite eines Anbieters stelle lediglich eine invitatio ad offerendum dar. Erst der Benutzer gebe ein Vertragsangebot ab, indem er beispielsweise eine Btx-Bestellseite mit Daten aus einem zugrunde liegenden Katalog oder einer vorangegangenen Informationsseite ausfülle oder durch Tastendruck den Bestellvorgang starte. Eine abweichende Beurteilung wurde nur dann angenommen, wenn Gegenstand des Vertrages nicht der Verkauf von Waren, sondern der entgeltliche Abruf von Daten oder Informationen sei. Dann stelle bereits die Btx-Seite, von der aus der Abruf durch den Benutzer erfolge, ein verbindliches Vertragsangebot des Anbieters dar, das von dem Benutzer mit dem Abruf angenommen werde.[1]

Auch bei einer Web-Seite handelt es sich regelmäßig um eine unverbindli- 204
che invitatio ad offerendum.[2] Denn mit einer Qualifizierung der Web-Seite als **verbindliches Angebot** käme der Vertrag durch rechtzeitige Annahme des Benutzers und ohne weitere Einflussnahmemöglichkeit des Anbieters zustande. Dieser hätte somit das Risiko eines Vertragsschlusses mit einem

1 Für die hM zum Btx siehe zB *Bartl*, DB 1982, 1100; *Brinkmann*, BB 1981, 1185; *Brinkmann*, ZUM 1985, 338; *Brinkmann*, Bildschirmtext, S. 74 ff.; *Friedmann*, S. 55; *Kleier*, WRP 1983, 535; *Köhler*, Rechtsgeschäfte, S. 56; *Kreis*, Vertragsschluß, S. 56; *Marly*, Teil B, Rz. 232; *Paefgen*, Bildschirmtext, S. 25 ff.; *Paefgen*, JuS 1988, 595; Palandt/*Heinrichs*, § 145 BGB Rz. 2; *Redeker*, NJW 1984, 2390 f., jeweils mwN. AA *Micklitz*, NJW 1982, 266; *Probandt*, UFITA 98, S. 11 f. Differenzierend *Borsum/Hoffmeister*, S. 30 ff.; *Kohl*, S. 94; *Kuhn*, S. 112 f.; *Traut*, S. 66 ff., 80. Aus der Rechtsprechung ist das Urteil des OLG Oldenburg v. 11. 1. 1993 – 13 U 133/92, CR 1993, 558, zu nennen, in dem entschieden wurde, dass zumindest beim vertragsgegenständlichen Abruf von Daten per Btx in der Bildschirmdarstellung des Anbieters bereits ein Vertragsangebot zu sehen sein soll.

2 *Drexl*, S. 83; *Ernst*, BB 1997, 1057; *Ernst*, NJW-CoR 1997, 165; *Hance*, S. 170; *Herget/Reimer*, DStR 1996, 1290; *Hoeren*, Rechtsfragen, Rz. 281; *Koehler*, MMR 1998, 290; *Köhler*, NJW 1998, 187; *Köhler/Arndt*, Rz. 93; *Löhnig*, NJW 1997, 1688; *Schwerdtfeger* in Schwarz, Kap. 6-2.3, S. 4 ff.; *Strömer*, S. 125; *Waldenberger*, BB 1996, 2365; *Wendel*, S. 87 ff., jeweils mwN. Differenzierend *Koch*, S. 134 f.

zahlungsunwilligen oder querulatorischen und damit unerwünschten Benutzer sowie der Erfüllung in Fällen, in denen aufgrund der Annahmeerklärungen mit einer größeren Anzahl von Benutzern Verträge zustande kämen, als der Anbieter tatsächlich erfüllen kann.[1] Die Web-Seite kann daher mit einem Katalog verglichen werden, in dem ein Anbieter seine Waren präsentiert und in dem er dem Interessenten mit einem – hier elektronischen – Bestellschein die Möglichkeit gibt, seine Bestellung und damit sein Angebot zum Erwerb der Waren abzugeben.

205 Gleichwohl kann es im Einzelfall angebracht sein, die Web-Site nach **Treu und Glauben** unter Berücksichtigung der Verkehrssitte schon als verbindliches Angebot zu verstehen. Dies dann, wenn der Anbieter sich mit der Darstellung seines Angebotes derart an potentielle Kunden wendet, dass er erkennbar ein verbindliches Angebot zum Abschluss eines Vertrages machen will. Gerade im Bereich B2B auf elektronischen Marktplätzen, auf denen Kaufleute regelmäßig miteinander Geschäfte machen und entsprechende Verträge schließen, kann dies öfters der Fall sein.

(b) Die Annahmefrist beim Vertragsschluss im WWW

206 Trotz einer Annäherung der Interaktion zwischen dem Benutzer und dem Web-Server des Anbieters an die Dialog-Kommunikation erfolgt der Vertragsschluss über eine Website des Anbieters, wie dargestellt, unter Abwesenden. Für das Zustandekommen eines Vertrages ist daher die **Annahmefrist gem. § 147 Abs. 2 BGB** zu wahren.

207 Gibt der Anbieter im Bereich B2B auf einer Web-Seite ein verbindliches Vertragsangebot ab, das sein Vertragspartner durch Ausfüllen einer Formularseite beziehungsweise das Betätigen von Funktionsfeldern oder -tasten auf der Web-Seite oder aber durch eine E-Mail annehmen kann, so stellt sich die Frage, bis wann der Anbieter diese Annahme unter regelmäßigen Umständen erwarten kann. Die Annahmefrist setzt sich zusammen zum ersten aus der Dauer der Übermittlung der Web-Seite über das Internet und den Host des Access Providers des Benutzers bis zu seinem Computer, zum zweiten einer Überlegungsfrist und zum dritten der Zeit für die Erstellung der Annahmeerklärung und ihre Rücksendung an den Web-Server des Anbieters. Wie auch bei einer E-Mail wird die Zeit der jeweiligen Übermittlung der Web-Seite bzw. der Annahmeerklärung lediglich wenige Sekunden bis äußerstenfalls einige Minuten dauern. **Die Frist zur Überlegung** wird nach den Umständen des Einzelfalls, insbesondere dem Vertragsinhalt, zu bestimmen sein. Indem jedoch nicht nur der Anbieter sein Vertragsangebot mittels einer Web-Seite abgibt, sondern der gesamte Vertragsschluss über das Inter-

---

1 *Schwerdtfeger* in Schwarz, Kap. 6-2.3, S. 5 f.; *Wendel*, S. 88 f. Vgl. auch *Mehrings* in Hoeren/Sieber, Multimedia-Recht, Teil 13.1, Rz. 53 ff., der jedoch im Ergebnis differenzierend darauf abstellt, wie der Benutzer das Angebot im Wege der Auslegung verstehen kann und darf. Ebenso *Mehrings*, MMR 1998, 32; *Mehrings*, BB 1998, 2375.

net vorgenommen wird, kann der Anbieter von einer insgesamt kürzeren Überlegungsfrist ausgehen, das Angebot kann also schneller verfallen als im herkömmlichen Rechtsverkehr. Je nach Einzelfall ist die Frist zur Formulierung der Annahmeerklärung eher länger zu bemessen, wenn der Empfänger die Antwort mittels einer E-Mail außerhalb der Web-Seite des Anbieters selbst formulieren muss, dagegen kürzer, wenn er zur Annahme des Vertragsangebots lediglich eine von dem Anbieter vorgefertigte Formularseite ausfüllen, ein auf der Web-Seite angebrachtes Funktionsfeld anklicken oder eine Funktionstaste drücken muss.

Ist in der Web-Seite lediglich eine invitatio ad offerendum zu sehen, so geht 208 das eigentliche Angebot während des Online-Bestellvorgangs von dem Benutzer aus. Die Annahmefrist reduziert sich in diesen Fällen aufgrund der automatischen Verarbeitung des Angebots durch die Computeranlage des Anbieters zum einen auf die Dauer des Transports der beiden Willenserklärungen und zum anderen auf die Zeit für eine automatische Erfassung und Verarbeitung des Vertragsangebots durch die Computeranlage. Der Vertragspartner kann also nach den regelmäßigen Umständen gemäß § 147 Abs. 2 BGB bereits nach **Sekunden bis maximal wenigen Minuten** mit einer Annahme seitens des Anbieters rechnen, und zwar in Form einer entsprechend angepassten Web-Seite.[1]

(3) Der Vertragsschluss bei Internet-Telefonie und einer Videokonferenz

Mittels der Kommunikationsdienste Internet-Telefonie und Videokonferenz 209 schließlich wird ein Vertrag nicht anders abgeschlossen, als dies mittels eines herkömmlichen Ferngesprächs der Fall ist. Der Antragende formuliert mündlich ein Vertragsangebot, das von dem Angebotsempfänger durch eine gleichfalls mündliche Erklärung angenommen wird. Da im Rahmen eines Internet-Telefonats oder einer Videokonferenz Willenserklärungen unter Anwesenden abgegeben werden, kann der Angebotsempfänger ein Vertragsangebot gemäß § 147 Abs. 1 Satz 2 BGB nur sofort und innerhalb des Telefonats oder der Konferenz annehmen.

(4) Der Vertragsschluss nach der E-Commerce-Richtlinie[2]

Das Europäische Parlament hat **am 4. 5. 2000** die so genannte E-Commerce- 210 Richtlinie angenommen.[3] Mit dem In-Kraft-Treten der Richtlinie haben die

1 Vgl. auch *Jaburek/Wölfl*, S. 104 f., die nach dem Ausfüllen einer Bestellseite im WWW und bei vollautomatischer Verarbeitung eingehender Bestellungen die Überlegungsfrist im Minutenbereich ansiedeln.

2 Ausführlich zur E-Commerce-Richtlinie *Maennel*, unten Rz. 432, und zu ihrer Umsetzung im deutschen Recht *Tettenborn*, unten Rz. 384.

3 Richtlinie 2000/31/EG des Europäischen Parlaments und des Rates vom 8. 6. 2000 über bestimmte rechtliche Aspekte der Dienste der Informationsgesellschaft, insbesondere des elektronischen Geschäftsverkehrs, im Binnenmarkt, ABl. EG Nr. L 178 vom 17. 7. 2000, S. 1.

Mitgliedstaaten 18 Monate Zeit, diese in nationales Recht umzusetzen.[1] Ziel der Richtlinie ist es, „den freien Verkehr von Diensten der Informationsgesellschaft zwischen den Mitgliedstaaten sicherzustellen". Der **Anwendungsbereich** der Richtlinie erstreckt sich auf die „Dienste der Informationsgesellschaft" und damit auf alle gegen Entgelt elektronisch im Fernabsatz und auf individuellen Abruf eines Empfängers erbrachten Dienstleistungen, auch auf Dienste zum Verkauf von Waren, und damit auf weite Teile des Electronic Commerce im Internet.[2]

211 Es stellt sich die Frage, ob die E-Commerce-Richtlinie Vorgaben enthält, die nach der Umsetzung in nationales Recht eine **abweichende rechtliche Beurteilung des Vertragsschlusses** im Internet zur Folge haben können.

212 Grundsätzlich ist zunächst festzuhalten, dass die Richtlinie in Art. 9 ausdrücklich vorgibt, dass die Mitgliedstaaten den **Abschluss elektronischer Verträge** – von einigen Ausnahmen abgesehen, die von den Mitgliedstaaten festgelegt werden können – zu ermöglichen haben.

213 Eine der zentralen Normen der E-Commerce-Richtlinie ist, neben dem in Art. 3 der Richtlinie festgeschriebenen Herkunftslandprinzip,[3] Art. 11, der **die Abgabe einer Bestellung** auf elektronischem Wege regelt. Ursprünglich enthielt Art. 11 eine ausführliche Regelung zum Zustandekommen von Verträgen, die aber, nachdem sie bei den Mitgliedstaaten auf umfangreiche Kritik gestoßen ist, abgeändert wurde. Nunmehr ist Gegenstand des Art. 11 der Richtlinie die Abgabe einer Bestellung. Nach Art. 11 müssen die Mitgliedstaaten sicherstellen, dass – außer im Fall abweichender Vereinbarungen zwischen Parteien, die nicht Verbraucher sind – im Falle einer Bestellung durch einen Nutzer auf elektronischem Wege die folgenden Grundsätze gelten:

- Der Diensteanbieter hat den Eingang der Bestellung des Nutzers **unverzüglich** auf elektronischem Wege zu **bestätigen**;
- Bestellung und Empfangsbestätigung gelten als **eingegangen**, wenn die Parteien, für die sie bestimmt sind, sie **abrufen können**.

214 Durch diese gegenüber dem Entwurf offene Formulierung wird auch der schon angesprochenen invitatio ad offerendum Rechnung getragen, da die Bestellung – ausgehend vom Nutzer – sowohl verbindliches Angebot wie auch Annahme eines verbindliches Angebotes sein kann. Auch diese Formu-

---

1 Grundsätzlich haben Richtlinien keine unmittelbare Wirkung, solange die Umsetzungsfrist nicht abgelaufen ist.

2 Art. 2 a) Richtlinie 2000/31/EG des Europäischen Parlaments und des Rates vom 8. 6. 2000 über bestimmte rechtliche Aspekte der Dienste der Informationsgesellschaft, insbesondere des elektronischen Geschäftsverkehrs, im Binnenmarkt, ABl. EG Nr. L 178 v. 17. 7. 2000, S. 1, iVm. Art. 1 Nr. 2 Richtlinie 98/34/EG über ein Informationsverfahren auf dem Gebiet der Normen und technischen Vorschriften v. 22. 6. 1998, ABl. EG Nr. L 204 v. 21. 7. 1998, S. 37, idF der Richtlinie 98/48/EG vom 20. 7. 1998, ABl. EG Nr. L 217 v. 5. 8. 1998, S. 18.

3 Siehe hierzu auch *Fritze/Holzbach*, WRP 2000, 872 ff.

lierung lässt jedoch Fragen offen, die zu klären sein werden. So stellt sich die Frage, ob in den (Ausnahme-) Fällen, in denen schon die Web-Seite des Diensteanbieters ein bindendes Angebot darstellt, der Vertrag nicht schon mit Annahme dieses Angebotes durch den Nutzer, sondern erst mit **einer dritten Willenserklärung**, nämlich eben der Bestätigung, zustande gekommen sein soll. Dies ist zu verneinen.

Auch wird zu prüfen sein, was zB in dem Fall sein soll, in dem der Diensteanbieter eine bindende Bestellung des Nutzers und damit ein verbindliches Angebot erhält, er dieses jedoch nicht annehmen will. Schweigt er auf ein solches Angebot, so kommt im Regelfall – von den angesprochenen Ausnahmefällen, in dem dem Schweigen ein Erklärungsgehalt zugewiesen wird, abgesehen – ein Vertrag mangels Willenserklärung nicht zustande. Ist der Diensteanbieter aufgrund Art. 11 zukünftig gefordert, grundsätzlich **eine Nichtannahme zu erklären**? 215

Ein Abweichen von den Grundsätzen des Vertragsschlusses nach deutschem Recht ist nicht erforderlich. Art. 11 Abs. 1 der E-Commerce-Richtlinie ist vielmehr so zu verstehen, dass auch auf **elektronischem** Wege ein Vertrag durch ein Angebot und eine Annahme geschlossen wird. Daneben ist der Anbieter verpflichtet, dem Benutzer den Vertragsschluss zu bestätigen. Diese Bestätigung ist jedoch – anders als in den Richtlinienentwürfen – für den Vertragsschluss nicht konstitutiv. 216

Hinzuweisen ist nochmals darauf, dass gerade im Bereich B2B die Vertragsparteien die Möglichkeit haben, von den Vorgaben des Art. 11 der Richtlinie **abweichende Vereinbarungen** zu treffen. Zudem sind vom Geltungsbereich des Art. 11 Verträge, die ausschließlich durch den Austausch elektronischer Post oder vergleichbarer individueller Kommunikation geschlossen werden, ausgenommen. 217

Schließlich verpflichtet Art. 11 Abs. 2 Satz 1 der E-Commerce-Richtlinie die Mitgliedstaaten zu einer Regelung, wonach der Anbieter dem Benutzer „angemessene, wirksame und zugängliche technische Mittel zur Verfügung" stellen muss, um Eingabefehler vor Abgabe der Bestellung erkennen und korrigieren zu können. Auch insoweit ist die Richtlinie gegenüber dem letzten Entwurf abgemildert, nach dem **Eingabefehler** nicht nur bis zur Abgabe der Bestellung, sondern sogar bis zum Vertragsschluss korrigiert werden können sollten. Eine mit der im Entwurf vorgesehenen Regelung verbundene Risikoverschiebung zu Lasten des Anbieters sieht die Richtlinie nicht mehr vor. 218

Der Verpflichtung, dem Benutzer **Korrekturmechanismen** zur Verfügung zu stellen, kann der Anbieter mit der programmmäßigen Gestaltung des Bestellvorgangs genügen, etwa indem er dem Benutzer beim Vertragsschluss im WWW ermöglicht, seine Eingaben auf einer zusammenfassenden Seite zu verifizieren und eventuelle Fehleingaben zu korrigieren, bevor er die Bestellung an den Web-Server schickt. 219

jj) Die Einbeziehung von Allgemeinen Geschäftsbedingungen

220 Die mit gewerblichen Electronic Commerce-Auftritten eng verbundene Frage, inwieweit Verbraucherschutzvorschriften auch auf im Internet geschlossene Verträge anwendbar sind und hieraus den Anbietern besondere Pflichten entstehen, soll für den Bereich B2C betrachtet werden. An dieser Stelle soll lediglich auf die Einbeziehung **Allgemeiner Geschäftsbedingungen** in elektronisch zwischen **Unternehmen** geschlossene Verträge eingegangen werden.

221 Nach § 2 Abs. 1 AGBG muss auf Geschäftsbedingungen im Zeitpunkt des Vertragsschlusses ausdrücklich hingewiesen werden. Zudem muss dem Erwerber eine zumutbare Möglichkeit der Kenntnisnahme gegeben sein. Gemäß § 24 Satz 1 AGBG ist § 2 Abs. 1 AGBG jedoch nicht anwendbar, wenn AGB gegenüber einem Unternehmer Verwendung finden. Auch zwischen Unternehmern gelten AGB jedoch nur dann, wenn sie durch rechtsgeschäftliche Einbeziehung **Vertragsbestandteil** geworden sind.[1] Die vertragliche Einigung der Parteien muss sich auch auf die Einbeziehung der AGB des Verwenders beziehen. Ob dies der Fall ist, ist gegebenenfalls durch Auslegung nach §§ 133, 157 BGB und § 346 HGB zu beurteilen. Unproblematisch ist somit eine ausdrückliche Einbeziehung, selbst dann, wenn dem Vertragspartner des Verwenders die AGB nicht bekannt sind. Für eine konkludente Einbeziehung ist erforderlich, dass der Verwender erkennbar auf die AGB verweist, und der Vertragspartner der Einbeziehung nicht widerspricht. Wird im Rahmen eines kaufmännischen Bestätigungsschreibens auf AGB verwiesen, so werden diese, sofern nicht widersprochen wird, auch dann Vertragsbestandteil, wenn sie nicht Gegenstand der Vertragsverhandlungen waren.[2] Auch dann, wenn der Verwender erstmals in seiner Auftragsbestätigung auf die AGB Bezug nimmt, können diese durch widerspruchslose Entgegennahme der Leistung Vertragsinhalt werden.[3]

222 Auch im kaufmännischen Geschäftsverkehr gilt der Grundsatz, dass der Verwender dem Vertragspartner ermöglichen muss, in zumutbarer Weise vom Inhalt der AGB **Kenntnis** zu nehmen. Die AGB brauchen zwar dem für den Vertragsschluss maßgeblichen Schreiben nicht beigefügt zu sein, fordert der Vertragspartner den Verwender jedoch auf, ihm die AGB zu übersenden, und geschieht dies nicht, kann der Verwender sich im Nachhinein nicht auf die AGB berufen.

223 Ist die Verwendung von AGB branchenüblich, so können im kaufmännischen Verkehr AGB auch ohne besonderen Hinweis Vertragsinhalt werden.

1 BGH v. 12. 2. 1992 – VIII ZR 84/91, NJW 1992, 1232.
2 BGH v. 7. 6. 1978 – VIII ZR 146/77, NJW 1978, 2243 (2244).
3 BGH v. 26. 9. 1973 – VIII ZR 106/72, BGHZ 61, 282 (287).

II. Netz als Mittel zum Zweck (business-to-consumer, B2C)

224 Eine ganz besondere Rolle hat das Internet sowohl als **Informationsmedium** wie auch als gigantische **Einkaufsplattform** für die privaten Endverbraucher. Hier geht es um den Erwerb von Konsumgütern jeglicher Art, aber auch von Versicherungsleistungen, Bankdienstleistungen sowie Brokerage. Selbstverständlich kommt hinzu die Buchung von Pauschalreisen, von Mietwagen, die Ticketreservierung und viele andere Leistungen. Zum Angebot zählen des Weiteren auch zahlreiche Dienstleistungen, insbesondere Beratungsleistungen, die teilweise vollständig, teilweise nur in der Anbahnung über das Internet abgewickelt werden. Bei der rechtlichen Betrachtung steht im Vordergrund die Frage der Anwendbarkeit spezieller Verbraucherschutznormen bei Transaktionen mit Hilfe des Internets. Dabei steht die Rechtspraxis bei der rechtlichen Erfassung bestimmter Vorgänge im Internet bisweilen vor beträchtlichen Schwierigkeiten. Auf der anderen Seite bemühen sich nationale und übernationale Rechtsetzungsorgane und andere Gremien darum, mit zahlreichen neuen Vorschriften, dem Phänomen Internet gerecht zu werden.

1. Internationale Zuständigkeit, Schiedsgerichtsvereinbarungen, internationales Vertragsrecht, insbesondere Verbraucherschutz

225 Sowohl im internationalen Zivilprozessrecht als auch im internationalen Vertragsrecht geht es bei den Geschäften mit privaten Endverbrauchern darum, festzustellen, inwieweit die oben (Rz. 4 ff.) für den Geschäftsverkehr zwischen Unternehmen dargestellten Grundsätze jeweils aus den Gesichtspunkten des Verbraucherschutzes Einschränkungen hinnehmen müssen.

a) Internationale Zuständigkeit, Gerichtsstandsvereinbarungen

aa) Allgemeines

226 Der Vorrang von staatsvertraglichen Regelungen des internationalen Zivilprozessrechts – in der Praxis bedeutet dies insbesondere den Vorrang des EuGVÜ – gilt im B2C-Bereich ebenso wie im Geschäftsverkehr zwischen Unternehmen (oben Rz. 9). Erst recht gilt dieser Vorgang für die am 22. 12. 2000 verabschiedete Verordnung (EG) Nr. 44/2001 des Rates über die gerichtliche Zuständigkeit und die Anerkennung und Vollstreckung von Entscheidungen in Zivil- und Handelssachen[1], die am 1. 3. 2002 in Kraft tritt. Diese **EG-Zuständigkeits- und Vollstreckungsverordnung**[2] enthält insbesondere auch einschneidende Neuerungen des sog. Verbrauchergerichtsstands.

---

1 Abl. EG Nr. N L 12 v. 16. 1. 2001, S. 1.

2 Gesamtüberblick bei *Micklitz/Rott*, EuZW 2001, 325 ff.; vgl. auch *Spindler*, MMR 2000, 18 ff.

bb) Internationale Zuständigkeit und Gerichtsstandsvereinbarungen nach ZPO

227 Neben den Zuständigkeitsregeln des EuGVÜ bleibt für die ZPO nur noch ein sehr begrenzter Anwendungsbereich, da sich die internationale Zuständigkeit bei Klagen gegen eine Person mit Wohnsitz im Inland zuerst dann gemäß Art. 2 Abs. 1 EuGVÜ nach dessen Vorschriften richtet, wenn der Kläger Staatsangehörigkeit, Wohnsitz oder Sitz in einem Nicht-Vertragsstaat hat[1]. Von den Gerichtsständen der ZPO kommen deshalb vor allem die besonderen Gerichtsstände des Vermögens (§ 23 ZPO) und des Erfüllungsortes (§ 29 ZPO) für die direkte internationale Zuständigkeit in Betracht. Des Weiteren behält die ZPO eine ganz wichtige Funktion für die Anerkennung von Entscheidungen aus Nicht-Vertragsstaaten des EuGVÜ gemäß § 328 Abs. 1 Nr. 1 ZPO. Des Weiteren ist die ZPO zu befragen, sofern es um die örtliche Zuständigkeit geht, wenn nicht das EuGVÜ diese ebenfalls regelt (Art. 5 bis 18, mit Ausnahme von Art. 5 Nr. 6 und Art. 16). Einen besonderen Verbrauchergerichtsstand kennt die ZPO nicht.

228 **Gerichtsstandsvereinbarungen mit Verbrauchern** kommen gemäß § 38 Abs. 2 ZPO nur dann in Betracht, wenn mindestens eine der Vertragsparteien keinen allgemeinen Gerichtsstand, also keinen Wohnsitz im Inland hat. Weiter ist erforderlich, dass nicht das EuGVÜ Vorrang beansprucht; dies ist beispielsweise dann nicht der Fall, wenn eine Vertragspartei mit Wohnsitz im Inland mit einer Vertragspartei aus einem Drittstaat einen Gerichtsstand in einem Drittstaat vereinbart[2]. Ist allerdings diejenige Vertragspartei, die im Inland den Wohnsitz hat, der Verbraucher, so beanspruchen Art. 13 ff. EuGVÜ – trotz mangelnder Anwendbarkeit von Art. 17 EuGVÜ – den Vorrang vor § 38 ZPO[3]. Ein US-amerikanischer E-Commerce-Anbieter, der rechtsgeschäftliche Kontakte zu inländischen Verbrauchern sucht, tut also gut daran, in seinen AGB Art. 13 ff. EuGVÜ zu berücksichtigen, da entgegenstehende Gerichtsstandsvereinbarungen im Inland gemäß Art. 17 Abs. 3 EuGVÜ (zukünftig Art. 23 Abs. 5 EG-Zuständigkeits- und Vollstreckungsverordnung) wirkungslos ist. Für einen deutschen Anbieter, der mittels Gerichtsstandsvereinbarung einen inländischen Rechtsstand über einen Verbraucher aus einem Drittstaat begründen will, gilt Ähnliches: Nach richtiger Ansicht unterfällt die Beurteilung einer solchen Gerichtsstandsvereinbarung Art. 17 EuGVÜ, selbst wenn die Verbindung lediglich zu einem Vertragsstaat des EuGVÜ besteht[4]. Diese Sonderregelungen der Art. 13 ff. EuGVÜ (Verbrauchergerichtsstand) greifen allerdings vorliegend nicht ein, da diese einen

---

1 *Geimer/Schütze*, Europäisches Zivilverfahrensrecht, Rz. 43 f.; MünchKommZPO/*Gottwald*, Art. 2 EuGVÜ Rz. 9.

2 Im Einzelnen zum Anwendungsbereich des EuGVÜ, insbesondere des Art. 17 EuGVÜ, MünchKommZPO/Gottwald, Art. 17 EuGVÜ Rz. 2 ff.

3 MünchKommZPO/*Gottwald*, Art. 17 EuGVÜ Rz. 12.

4 Zu den unterschiedlichen Ansichten MünchKommZPO/*Gottwald*, Art. 17 EuGVÜ Rz. 6.

Wohnsitz des Verbrauchers in einem Vertragsstaat voraussetzen[1]. Eine Gerichtsstandsvereinbarung nach § 38 ZPO kommt deshalb vor allem in Betracht, wenn die Vertragsparteien ihren **Wohnsitz nicht in einem EuGVÜ-Vertragsstaat** (unter der EG-Zuständigkeits- und Vollstreckungsverordnung: in einem EU-Mitgliedstaat) haben.

Die Voraussetzungen einer solchen Gerichtsstandsvereinbarung wurden bereits oben (Rz. 12 ff.) behandelt. Sofern auf die Gerichtsstandsvereinbarung nach den Regeln des internationalen Vertragsrechts deutsches materielles Recht anwendbar ist, findet in Verbraucherverträgen eine Kontrolle am Maßstab des AGB-Gesetzes statt[2]. Eine solche Klausel wäre gemäß § 9 AGBG – insbesondere nach der Entscheidung des EuGH in der Sache „Ozéano“[3] – unwirksam, sofern sie einen anderen Gerichtsstand als den des Wohnsitzes des Verbrauchers oder des Erfüllungsortes des Vertrages bedingt. 229

Nach der Rechtsprechung des BGH kann eine Gerichtsstandsvereinbarung dann gegen den **ordre public** (Art. 6 EGBGB) verstoßen, wenn sie der anderen Vertragspartei den Schutz von zwingenden Vorschriften des inländischen Rechts (zB Termineinwand der nicht börsentermingeschäftsfähigen Partei; §§ 53 ff. BörsenG[4]) entzieht. 230

cc) Internationale Zuständigkeit und Gerichtsstandsvereinbarungen nach EuGVÜ

Zum Schutz der schwächeren Vertragspartei beinhaltet das EuGVÜ abschließende Spezialregelungen jeweils für Versicherungssachen (Art. 7 bis 12a EuGVÜ) und für Verbrauchersachen (Art. 13 bis 15 EuGVÜ). Wenn sich bei den speziellen Gerichtsständen in Versicherungssachen keine Besonderheiten ergeben, ist der Verbrauchergerichtsstand im Hinblick auf ein Angebot im Internet Anlass für eine heftige juristische Auseinandersetzung. Hierbei handelt es sich im Übrigen um dieselben Problempunkte, die sich bei der Anwendung von Art. 29 EGBGB auf Verbraucherverträge im Internet ergeben, sodass die nachfolgenden Ausführungen hierfür ebenfalls Geltung beanspruchen. 231

(1) Verbrauchervertrag

Art. 13 ff. EuGVÜ finden Anwendung auf Verträge, die eine Person zu einem Zweck abgeschlossen hat, der nicht der beruflichen oder der gewerblichen Tätigkeit dieser Person zugerechnet werden kann (Art. 13 Abs. 1 EuGVÜ). Ein Rechtsnachfolger, der in Ausübung seiner beruflichen oder gewerbli- 232

---

1 Statt aller MünchKommZPO/*Gottwald*, Art. 14 EuGVÜ Rz. 6.

2 Palandt/*Heinrichs*, § 9 AGBG Rz. 87.

3 EuGH v. 27. 6. 2000 – verb. Rs. C-240/98 bis C-244/98, RIW 2000, 700 f.

4 Vgl. BGH v. 21. 4. 1998 – XI ZR 377/97, NJW 1998, 2358; OLG Frankfurt/M. v. 25. 7. 1996 – 16 U 157/95, NJW-RR 1997, 1202; andererseits BGH v. 12. 3. 1984 – II ZR 10/83, NJW 1984, 2037.

chen Tätigkeit ggf. die Forderungen von dem Verbraucher erwirbt, ist nicht geschützt[1]; ebenfalls nicht geschützt sind Verträge zur Aufnahme einer künftigen beruflichen und gewerblichen Tätigkeit[2]. Nicht geschützt sind ebenfalls Privatpersonen, die – häufig mit Hilfe des Internets – Verträge untereinander schließen[3].

233 Fraglich kann sein, ob die **Erkennbarkeit der Verbrauchereigenschaft** Tatbestandsvoraussetzung ist[4]. In der Praxis wird sich die Frage kaum jemals stellen, da meist bereits an den über das Internet georderten Produkten erkennbar ist, ob sie für den privaten oder beruflichen Gebrauch verwendet werden sollen. Ein weiteres Kriterium ist selbstverständlich die E-Mail-Adresse, unter der bestellt wird, sowie die Lieferanschrift. In den verbleibenden Zweifelsfällen dürfte davon auszugehen sein, dass bei Produkten, die sowohl für den privaten als auch für den beruflichen Einsatz geeignet sind, im Zweifel ein privater Einsatz anzunehmen ist[5]; im Übrigen entscheiden aber die Umstände des Einzelfalles.

(2) Sachlicher Anwendungsbereich

234 Art. 13 Abs. 1 EuGVÜ enthält in Nr. 1 bis Nr. 3 drei Kategorien von Verträgen. In der Sache besteht eine starke Ähnlichkeit mit Art. 29 Abs. 1 EGBGB.

(a) Art. 13 Abs. 1 Nr. 1 und 2 EuGVÜ

235 Art. 13 Abs. 1 Nr. 1 und Nr. 2 EuGVÜ betreffen den **Kauf beweglicher Sachen,** einmal als Teilzahlungskauf (Nr. 1) und einmal als Darlehen oder anderes Kreditgeschäft, das zur Finanzierung eines Kaufs beweglicher Sachen bestimmt ist (Nr. 2). Auch hier stellt sich erneut die Frage, ob unter Kauf beweglicher Sachen auch der Erwerb über eine Online-Übertragung, beispielsweise von Software, Musik, Büchern oder Filmen, fällt. Dabei ist das EuGVÜ autonom, dh. unabhängig von dem anwendbaren Vertragsstatut, auszulegen[6]. Dabei wird zwar der Begriff „bewegliche Sache" in der Regel als verkörperter Gegenstand verstanden[7]; die Übermittlung von Software via Internet soll jedoch ebenfalls aufgrund der Vergleichbarkeit mit dem Kauf eines Datenträgers diesem Merkmal unterfallen[8]. Diese Auslegung ist – an-

---

1 EuGH v. 19. 1. 1993 – Rs. C-89/91, Slg. 1993, 181; BGH v. 20. 4. 1993 – XI ZR 17/90, RIW 1993, 670; *Koch*, IPRax 1995, 71.

2 EuGH v. 3. 7. 1997 – Rs. C-369/95, Slg. 1997, I-3788, 3795.

3 Stein/Jonas/*Schlosser*, Art. 13 EuGVÜ Rz. 3.

4 So jedenfalls *Mankowski*, RabelsZ 63 (1999), 203 (231 f.).

5 Anders *Mankowski*, RabelsZ 63 (1999), 203 (232).

6 EuGH v. 21. 6. 1978 – Rs. 150/77, Slg. 1978, 1431 (1445); MünchKommZPO/*Gottwald*, Art. 13 EuGVÜ Rz. 5.

7 Vgl. auch *Ferrari* in Schlechtriem, UN-Kaufrecht, Art. 1 Rz. 44.

8 *Pichler* in Hoeren/Sieber, Multimedia-Recht, Teil 31 Rz. 179; *Spindler*, MMR 2000, 18 (19); *Mankowski*, RabelsZ 63 (1999), 203 (232); anders *Koch*, Internet-Recht, S. 53.

ders als im Rahmen von Art. 1 Abs. 1 CISG (Rz. 58 ff.) – sowohl bei Art. 13 Abs. 1 Nr. 1 EuGVÜ als auch bei Art. 29 Abs. 1 EGBGB (Art. 5 Abs. 1 EuVÜ) unter dem Gesichtspunkt des Verbraucherschutzes zu befürworten. Es ist nämlich nicht einzusehen, dass der Verbraucher, der eine Software auf einem Datenträger (CD-ROM, Diskette) bestellt, im Hinblick auf spätere Rechtsstreitigkeiten und im Hinblick auf das anwendbare Recht besser gestellt sein soll als derjenige, der die Software online bezieht.

(b) Art. 13 Abs. 1 Nr. 3 EuGVÜ

Art. 13 Abs. 1 Nr. 3 EuGVÜ sieht für Verbrauchergeschäfte, die nicht Abzahlungskauf oder Verbraucherkreditgeschäft sind, ebenfalls den Verbrauchergerichtsstand unter bestimmten Umständen vor. 236

Zunächst erfasst Nr. 3 Verträge über die **Erbringung von Dienstleistungen** und über die **Lieferung beweglicher Sachen.** Hierunter fällt nicht nur fertige Ware, sondern auch die Lieferung individuell hergestellter Gegenstände[1]. Noch weiter geht der Begriff der Dienstleistung, wonach lediglich die Erbringung einer tätigkeitsbezogenen Leistung an den Verbraucher erforderlich ist[2], sodass auch Werk- und Werklieferungsverträge sowie alle Geschäftsbesorgungen jeder Art, auch Maklerleistungen und Leistungen von Kommissionären, unter diesen Begriff fallen[3]. Eingeschlossen ist deshalb auch Online-Broking von Wertpapieren[4], Reisevermittlung[5], nicht aber Versicherungsverträge (hierfür enthalten die Art. 7 ff. EuGVÜ Spezialregelungen). 237

Nur für die in Nr. 3 genannten Vertragsarten stellt Art. 13 Abs. 1 Nr. 3 die zusätzlichen Erfordernisse auf, dass entweder ein **ausdrückliches Angebot** oder eine **Werbung** des Anbieters dem Vertragsabschluss vorausgegangen sein muss und – zusätzlich – der Verbraucher die Handlung zum Abschluss des Vertrages in diesem Staat vorgenommen haben muss. Hier stellt insbesondere das Merkmal der Werbung im Wohnsitzstaat des Verbrauchers im Zusammenhang mit Online-Geschäften ein in der rechtswissenschaftlichen Literatur höchst umstrittenes Merkmal dar. Im Wesentlichen geht es um die Frage, ob jede Website eine Werbung im Sinne von Art. 13 Abs. 1 Nr. 3 EuGVÜ (dasselbe gilt auch für Art. 29 Abs. 1 EGBGB, Art. 5 Abs. 1 EuVÜ) in jedem Staat darstellt, in dem ein Verbraucher diese Werbung abrufen kann[6]. 238

---

1 BGH v. 29. 2. 1996 – IX ZB 40/95, NJW 1997, 2685 (2686).

2 BGH v. 26. 10. 1993 – XI ZR 42/93, BGHZ 123, 380 (387); LG Berlin v. 1. 10. 1991 – 65 S 31/91, IPRax 1992, 243 (244); *Schlosser*, EuGVÜ, 1996, Art. 13 Rz. 7; *Geimer/Schütze*, Europäisches Zivilverfahrensrecht, 1997, Art. 13 EuGVÜ Rz. 30.

3 EuGH v. 19. 1. 1993 – Rs. C 89/91, NJW 1993, 1251 f.; *Auer* in Bülow/Böckstiegel, Internationals Zivilverfahrensrecht, 1997, Art. 13 EuGVÜ Rz. 49.

4 Diese fallen nicht unter Nr. 1: BGH v. 26. 10. 1993 – XI ZR 42/93, BGHZ 123, 380 (387); Palandt/*Heinrichs*, Art. 29 EGBGB Rz. 2.

5 MünchKommZPO/*Gottwald*, Art. 13 EuGVÜ Rz. 7.

6 So im Ergebnis *Mankowski*, RabelsZ 63 (1999), 203 (248 ff.); *Thorn*, IPRax 1999, 1 (4 f.); *Mehrings*, CR 1998, 613 (619).

Dagegen wird eingewandt, dass gerade lokale Anbieter keinen europäischen oder weltweiten Wirkungsgrad erzielen wollen, geschweige denn können, sodass hierdurch, gerade im Rahmen von Art. 13 EuGVÜ und Art. 29 Abs. 1 EGBGB (Art. 5 Abs. 1 EuVÜ) Zufallsergebnisse erzielt würden[1]. Richtig erscheint die Meinung, die nach den Umständen des Einzelfalles alle Elemente einer Website würdigt, um festzustellen, ob ein Angebot oder eine Werbung in dem jeweiligen Wohnsitzstaat des Verbrauchers vorliegt[2]. Es lässt sich nämlich auf der einen Seite sicherlich nicht sagen, dass eine Website keine Werbung im Sinne von Art. 13 Abs. 1 Nr. 3a EuGVÜ, Art. 29 Abs. 1 EGBGB (Art. 5 Abs. 2 EuVÜ) ist. Das Argument, es handele nicht der Anbieter, sondern der Verbraucher, der das Angebot bzw. die Werbung im Internet abrufe, geht fehl, da dies ebenso für eine Zeitschrift, Zeitung und auch für Fernsehen und andere Medien angeführt werden könnte; der Verbraucher nimmt die Werbung erst wahr, wenn er das entsprechende Medium erworben und aufgeschlagen bzw. angeschaltet hat[3]. Auf der anderen Seite lässt sich auch nicht argumentieren, dass allein das Betreiben einer Website durch einen Anbieter zu einer weltweiten Werbung bzw. einem weltweiten Angebot führt. Hier ist die Parallele zu einer überregionalen Zeitung oder Zeitschrift zu ziehen, die ebenfalls – auch praktisch – weltweit erhältlich ist, bei der jedoch die Ausrichtung auf ein bestimmtes Land als entscheidend angesehen wird[4]. Praktisch relevant wird die Frage vor allem für Anbieter von online abrufbaren Waren (zB elektronischen Zeitschriften), die nur einen sehr kleinen, lokal begrenzten Kundenkreis haben. Im Extremfall, zB bei Spezialzeitschriften, deren Vertrieb über das Internet auch unter günstiger Kostenstruktur wirtschaftlich sehr sinnvoll ist, könnte einer von vielleicht lediglich 1000 ansonsten niederländischen oder deutschen Abonnenten seinen Wohnsitz in Griechenland oder Portugal haben. Ein solcher Anbieter hat zwar theoretisch die Möglichkeit, beispielsweise ausländischen Kunden das Download zu verwehren. Insofern dürfte er sich bei entsprechender Abfrage auch auf die Richtigkeit der Angaben des Kunden zu seinem Wohnsitz verlassen[5]. Dies erfordert jedoch einen größeren technischen Aufwand, der eine große Anzahl von Angeboten, insbesondere Informationsangeboten, im Internet verhindern würde[6]. Eine – ohne weitere Maßnahmen – zielführende Alternative ist es auch nicht, in Form eines Hinweises (Disclaimer) ausländischen Kunden zu verbieten, Angebote abzugeben. Insbesondere, wenn dem Kunden sodann dennoch der Bezug der (Online-)Ware erlaubt ist oder – aus

---

1 *Rüßmann*, K&R 1998, 129 (134); *Borges*, ZIP 1999, 567 (569 f.); *Pichler* in Hoeren/Sieber, Multimedia-Recht, Teil 31 Rz. 183; *Spindler*, MMR 2000, 18 (22 f.).

2 Im Ergebnis ebenso *Borges*, ZIP 1999, 567 (569 f.); *Pichler* in Hoeren/Sieber, Multimedia-Recht, Teil 31 Rz. 183; *Spindler*, MMR 2000, 18 (23); ähnlich auch *Pfeiffer*, NJW 1997, 1207 (1214).

3 *Mankowski*, RabelsZ 63 (1999), 203 (241); *Spindler*, MMR 2000, 18 (20).

4 Vgl. zu Art. 5 EuVÜ: Bericht *Giuliano/Lagarde*, BT-Drucks. 10/503, S. 56; *A. Lüderitz*, Festschrift für Riesenfeld, 1983, S. 147, 158.

5 *Mankowski*, RabelsZ 63 (1999), 203 (249).

6 *Spindler*, MMR 2000, 18 (22).

technischen Gründen – erlaubt werden muss, wird der Disclaimer in der Regel alleine nicht ausreichen.

239 Eine Werbung oder ein Angebot im Sinne von Art. 13 Abs. 1 Nr. 3a EuGVÜ (Art. 29 Abs. 1 EGBGB; Art. 5 Abs. 2 EuVÜ) liegt deshalb nicht vor, wenn aufgrund aller Umstände anzunehmen ist, dass der Anbieter eine Werbung und ein Angebot im Vertragsstaat des jeweiligen Verbrauchers klar erkennbar und offenkundig nicht wollte. Vorrangig heranzuziehen ist hierfür selbstverständlich ein ausreichend deutlicher Hinweis auf der Website des Anbieters; hinzu kommt die Sprache sowie – insbesondere bei online abrufbaren Angeboten – die Beschränkung der Zahlungsmodalitäten. Insbesondere bei Zeitschriftenabonnements oder bei sonstigen Informationsangeboten ließe sich die Bezahlung auf Einzugsermächtigungen beschränken, wodurch eine günstige Kontrolle der Nutzerherkunft ermöglicht würde.

240 Die nach Art. 13 Abs. 1 Nr. 3b EuGVÜ erforderliche Rechtshandlung des Verbrauchers, das Vertragsangebot oder dessen Annahme, kann durch jedes zur Verfügung stehende Medium, E-Mail, Telefax u.a. abgegeben werden, solange die Abgabe in dem Wohnsitzstaat des Verbrauchers erfolgt[1]. Auf den Standort des Rechners, in den sich der Verbraucher ggf. einwählt, kommt es hierbei grundsätzlich nicht an[2].

241 Eine **Kausalität** zwischen der Werbung und dem späteren Vertragsabschluss wird nach hM im Rahmen des Art. 13 Abs. 1 Nr. 3 EuGVÜ nicht verlangt[3]. Der EuGH hat diese Frage bisher offengelassen[4]. Für die herrschende Meinung spricht insbesondere, dass dem Verbraucher der Nachweis der Kausalität häufig kaum möglich sein wird[5].

(3) Änderungen durch EG-Zuständigkeits- und Vollstreckungsverordnung

242 Durch die neue EG-Zuständigkeits- und Vollstreckungsverordnung, die im Wesentlichen die Regelungen des EuGVÜ übernimmt, hat jedoch insbesondere der Verbrauchergerichtsstand eine **Erweiterung** erfahren. Art. 15 EG-Zuständigkeits- und Vollstreckungsverordnung (entspricht Art. 13 EuGVÜ) wurde in Abs. 1c in der Weise erweitert, dass der Verbrauchergerichtsstand

1 *Kronke*, RIW 1996, 985 (988); *Mankowski*, RabelsZ 63 (1999), 203 (250); *Spindler*, MMR 2000, 18 (23).

2 *Pichler* in Hoeren/Sieber, Multimedia-Recht, Teil 31 Rz. 184; *Thorn*, IPRax 1999, 1 (5); *Mankowski*, RabelsZ 63 (1999), 203 (251); ähnlich *Borges*, ZIP 1999, 567 (571).

3 *Kropholler*, EuGVÜ, 6. Aufl. 1998, Art. 13 Rz. 23; *Schlosser*, EuGVÜ, 1996, Art. 13 Rz. 8; *Hausmann* in Wieczorek/Schütze, ZPO, Anh. I § 40 ZPO – Art. 13 EuGVÜ Rz. 19; *Gaudemet-Tallon*, Rev.crit.dr.int.pr. 82 (1993), 325 (329); *Mankowski*, RIW 1997, 990 (992); *Spindler*, MMR 2000, 18 (19); anders OLG Schleswig-Holstein v. 29. 1. 1997 – 5 W 47/96, RIW 1997, 955; MünchKommZPO/*Gottwald*, Art. 13 EuGVÜ Rz. 10.

4 EuGH v. 15. 9. 1994 – Rs. C-318/93, RIW 1994, 1045.

5 *Nasall*, WM 1993, 1950 (1952); *Kropholler*, EuGVÜ, Art. 13 Rz. 23; *Hausmann* in Wieczorek/Schütze, ZPO, Anh. I § 40 ZPO – Art. 13 EuGVÜ Rz. 19.

nunmehr bei allen anderen Verträgen mit Verbrauchern einschlägig ist, wenn der Anbieter im Wohnsitzstaat des Verbrauchers eine berufliche oder gewerbliche Tätigkeit ausübt oder – dies ist die entscheidende Neuerung – seine Tätigkeit „auf irgend einem Wege" auf diesen Mitgliedstaat „ausrichtet". Gleichzeitig muss der Vertrag in den Bereich dieser Tätigkeit fallen. Im Übrigen wurde das Erfordernis gestrichen, dass der Verbraucher in seinem Wohnsitzstaat eine für den Vertragsabschluss erforderliche Rechtshandlung vorgenommen haben muss. Hierdurch sollen die Fälle einbezogen werden, in denen der Verbraucher vom Anbieter gezielt veranlasst wird, seinen Wohnsitzstaat zwecks Abschluss von Verträgen über Konsumgüter zu verlassen[1].

243 Zentrales Merkmal des neuen Art. 15 Abs. 1c EG-Zuständigkeits- und Vollstreckungsverordnung ist die **„Ausrichtung"** der Tätigkeit des Anbieters auf den Wohnsitzstaat des Verbrauchers. Entsprechend den Vorarbeiten der Kommission soll vermutet werden, dass ein Anbieter seine Tätigkeit entsprechend ausrichtet, wenn es einmal zu einem Vertragsabschluss mit einem Verbraucher gekommen ist[2]. Auf der anderen Seite sei ein Ausrichten zu verneinen, wenn der Anbieter im Verbraucherstaat allenfalls eine „passive Website" unterhält[3]. Da die Kommission selbst die in den USA gebräuchliche Unterscheidung zwischen interaktiven und nicht interaktiven Websites[4] abgelehnt hat[5], muss der Begriff im Rahmen der EG-Verordnung anders verstanden werden. Dies gilt insbesondere vor dem Hintergrund, dass es Intention der Verordnung war, den Verbraucherschutz zu erweitern[6]. Insofern liegt es durchaus auch im Rahmen des Wortsinns des neuen Art. 15 Abs. 1c der EG-Zuständigkeits- und Vollstreckungsverordnung, den Hinweis auf die „passive Website" als Einschränkungsmöglichkeit des Anbieters zu begreifen[7]: Ein Anbieter kann den geschäftlichen Kontakt mit Verbrauchern in einem bestimmten Staat ausschließen, indem er darauf hinweist und – dies sollte nach dem oben festgestellten (Rz. 242) ergänzend gelten – auch keine Geschäfte mit Verbrauchern tätigt, die für ihn erkennbar ihren Wohnsitz in dem ausgeschlossenen Staat haben. Im Falle eines tatsächlich zustande gekommenen Vertrages obläge dem Anbieter der Nachweis, dass es sich um eine unplanmäßige Ausnahmeerscheinung handelt[8].

(4) Gerichtsstandsvereinbarungen

244 Gerichtsstandsvereinbarungen mit Verbrauchern sind gemäß Art. 15 EuGVÜ in den praktisch relevanten Fällen, nämlich bei Vertragsschluss oder in

1 *Spindler*, MMR 2000, 18 (23).
2 Vorschlag, KOM (2000) 689 endg., S. 6.
3 Verordnungsvorschlag vom 7. 9. 1999, ABl. EG Nr. C 376 E v. 28. 12. 1999, S. 17.
4 Vgl. *Buchner*, EWS 2000, 147 (150 f.).
5 Vorschlag KOM (2000) 689 endg., S. 6.
6 *Spindler*, MMR 2000, 18 (23); *Micklitz/Rott*, EuZW 2001, 325 (331).
7 So *Micklitz/Rott*, EuZW 2001, 325 (331).
8 *Micklitz/Rott*, EuZW 2001, 325 (330).

AGB, ausgeschlossen. Lediglich möglich ist eine Gerichtsstandsvereinbarung, die dem Verbraucher zusätzliche, über Art. 14 EuGVÜ hinausgehende Gerichtsstände eröffnet (Art. 15 Nr. 2 EuGVÜ), oder in dem Fall, dass Verbraucher und Anbieter Wohnsitz oder Aufenthalt in demselben Staat haben und das Recht dieses Staates vereinbart wird (Art. 15 Nr. EuGVÜ). Letzteres kommt nur in Ausnahmefällen vor.

b) Schiedsgerichtsvereinbarungen

Für Schiedsgerichtsvereinbarungen mit Verbrauchern gelten zunächst auch die oben Rz. 24 ff. dargelegten Grundsätze. Dabei kennt § 1031 Abs. 5 ZPO eine Spezialregelung für Verbraucher, wonach Schiedsvereinbarungen mit diesen in einem **separaten Dokument** enthalten sein müssen und von beiden Parteien eigenhändig zu unterzeichnen sind. Dabei will das Erfordernis der **eigenhändigen Unterschrift** lediglich auf die Schriftform gemäß § 126 BGB verweisen, so dass gemäß § 126 Abs. 3 BGB auch die elektronische Form zulässig ist. 245

Im internationalen Rahmen, dh. insbesondere wenn der Ort des Schiedsgerichts nicht in Deutschland liegt, gilt § 1031 Abs. 5 ZPO nicht, sondern es sind lediglich die Voraussetzungen des Art. 2 UNÜ zu erfüllen. Hier gelten keine für Verbraucher spezifische Besonderheiten (vgl. oben Rz. 24 ff.). 246

Allerdings kann eine Schiedsvereinbarung nach dem deutschen ordre public dann nichtig sein, wenn die Schiedsklausel dazu führt, dass aus deutscher Sicht international zwingendes und daher auch gegenüber (ausländischen) Schiedssprüchen durchzusetzendes Recht nicht beachtet wird[1]. 247

c) Anwendbares Recht

Das auf Verbraucherverträge anwendbare Recht hat im deutschen Internationalen Privatrecht in **Art. 29 und Art. 29a EGBGB** eine Sonderregelung erfahren. Während Art. 29 EGBGB auf Art. 9 Abs. 5 EuVÜ beruht, stellt Art. 29a EGBGB auf die in seinem Absatz 4 zitierten Richtlinien, also europäisches Recht, ab[2]. Für die Zukunft ist absehbar, dass sich gewisse Änderungen des Kollisionsrechts aus dem Gesetz zur Umsetzung der E-Commerce-Richtlinie[3] ergeben werden[4]. 248

1 Vgl. die ältere Rspr. BGH v. 15. 6. 1987 – II ZR 124/86, WM 1987, 1153; jetzt aber BGH v. 21. 4. 1998 – XI ZR 377/97, ZIP 1998, 1024; s. auch *Raeschke-Kessler/Berger*, Schiedsgerichtsbarkeit, 1999, Rz. 206.

2 *Wagner*, IPRax 2000, 249.

3 Richtlinie 2000/31/EG des Europäischen Parlaments und des Rates vom 8. 6. 2000 über bestimmte rechtliche Aspekte der Dienste der Informationsgesellschaft, insbesondere des elektronischen Geschäftsverkehrs, im Binnenmarkt, ABl. EG Nr. L 178, S. 1.

4 Vgl. § 4 des Referentenentwurfs eines Gesetzes über rechtliche Rahmenbedingungen für den elektronischen Geschäftsverkehr (EGG) v. 14. 2. 2001, abrufbar unter www. bmj.de/ggf/egg.pdf.

aa) Art. 29 EGBGB

(1) Rechtswahl

249 Enthält ein Vertrag mit einem Verbraucher eine Rechtswahl, mit der eine andere Rechtsordnung als das Aufenthaltsrecht des Verbrauchers bedungen wird, so ist im Falle von deren Wirksamkeit (hierzu oben Rz. 36 ff.) zu prüfen, ob nicht dennoch das zwingende Verbraucherschutzrecht des Aufenthaltsstaates aufgrund von Art. 29 Abs. 1 EGBGB (Art. 5 Abs. 1 EuVÜ) eingreift. Die Rechtswahl selbst ist nach hM nicht mehr nach dem von Art. 29 Abs. 1 EGBGB zusätzlich berufenen Recht zu prüfen[1].

(a) Art. 29 Abs. 1 Nr. 1 EGBGB

250 Die Merkmale des Art. 29 Abs. 1 Nr. 1 EGBGB werden in der gleichen Weise verstanden wie die wortgleichen Merkmale des Art. 13 Abs. 1 Nr. 3 EuGVÜ. Es wird deshalb hinsichtlich der Verbrauchereigenschaft (Rz. 232 f.), der Merkmale beweglicher Sachen und Dienstleistungen (Rz. 235) sowie für die Definition der Merkmale Werbung oder Angebot im Verbraucherstaat (Rz. 238) sowie der Vertragsannahmehandlung des Verbrauchers (Rz. 240) auf die oben stehenden Ausführungen verwiesen.

(b) Art. 29 Abs. 1 Nr. 2 EGBGB

251 Soweit der Anwendungsbereich des Art. 29 EGBGB nicht gemäß Art. 29 Abs. 1 Nr. 1 EGBGB eröffnet ist, wird erwogen, ob Art. 29 Abs. 1 Nr. 2 EGBGB einschlägig ist. Der Anbieter nehme die Willenserklärung des Verbrauchers in diesem Sinn am Bildschirm des Verbrauchers entgegen[2]. Dies erscheint jedoch fraglich. **Entgegennehmen** im Sinn dieser Vorschrift heißt Zugang der Bestellung oder der Annahmeerklärung des Verbrauchers[3]. Deshalb muss die Erklärung des Verbrauchers in den Herrschaftsbereich des Anbieters gelangen; dies ist regelmäßig die Niederlassung des Anbieters, die das betreffende Internet-Angebot betreut[4]. Nicht entscheidend kann es in diesem Zusammenhang sein, ob die Erklärung durch inländische Datennetze und Server geleitet wird, die auch in der Regel nicht dem Anbieter zuzurechnen sind, oder von welchem Ort aus der Unternehmer die Nachricht über den Eingang der Bestellung abruft[5], abgesehen davon, dass im Massenver-

---

1 Sehr str.; wie hier: BGH v. 19. 3. 1997 – VIII ZR 316/96, BGHZ 135, 124 (137); *Taupitz*, BB 1990, 643; Erman/*Hohloch*, Art. 29 EGBGB Rz. 18; Palandt/*Heldrich*, Art. 29 EGBGB Rz. 6; anders: OLG Frankfurt/M. v. 1. 6. 1989 – 6 U 76/88, NJW-RR 1989, 1018; OLG Düsseldorf v. 14. 1. 1994 – 17 U 129/93, RIW 1994, 420 mwN.

2 *Waldenberger*, BB 1996, 2365 (2371).

3 BGH v. 19. 3. 1997 –VIII ZR 316/96, BGHZ 135, 124 (132); *Lüderitz*, IPRax 1990, 219 f.; Palandt/*Heldrich*, Art. 29 EGBGB Rz. 5; anders noch OLG Frankfurt/M. v. 1. 6. 1989 – 6 U 76/88, NJW-RR 1989, 1018.

4 *Mankowski*, RabelsZ 63 (1999), 203 (253).

5 *Mankowski*, RabelsZ 63 (1999), 203 (253).

brauchergeschäft der Anbieter/Unternehmer in der Regel nicht individuell bestimmte Verbraucherbestellungen abruft.

252 Im Übrigen ist auch im Rahmen von Art. 29 Abs. 1 Nr. 2 EGBGB auf den berechtigten **Erwartungshorizont des Verbrauchers** abzustellen, da es um seinen Schutz und um seine Kenntnis von der Auslandsberührung des Geschäftes geht. Nimmt also der Verbraucher aufgrund der Darstellung des Angebotes der Website berechtigterweise an, dass sich die den Vertrag betreuende Niederlassung seines Vertragspartners im Inland befindet, so darf er darauf im Rahmen des Art. 29 Abs. 1 Nr. 2 EGBGB vertrauen[1]. Im umgekehrten Fall ist Art. 29 Abs. 1 Nr. 2 EGBGB dagegen nicht einschlägig. In diesem Zusammenhang kann es auch grundsätzlich einem inländischen Anbieter nicht verwehrt werden, ausländische Empfangseinrichtungen (zB Call-Center, Mailbox-Service) zu nutzen, es sei denn, dies geschieht allein, um dem Verbraucher den Schutz seines Aufenthaltsrechts zu entziehen[2].

(2) Objektive Anknüpfung des Vertragsstatuts

253 Die objektive Anknüpfung von Verbraucherverträgen führt abweichend von der Regel des Art. 28 Abs. 2 EGBGB zum Aufenthaltsrecht des Verbrauchers. Ist dieses ein ausländisches Recht, so ist sehr streitig, ob nach den Grundsätzen des Art. 34 EGBGB eine Anwendbarkeit zwingenden deutschen Verbraucherrechts dennoch in Betracht kommt, wenn ein genügender Inlandsbezug – unabhängig von den Voraussetzungen des Art. 29 Abs. 1 EGBGB – gegeben ist[3].

(3) Formstatut

254 Die Form eines unter Art. 29 Abs. 1 EGBGB fallenden Verbrauchervertrages ist ausschließlich nach dem Aufenthaltsrecht des Verbrauchers zu beurteilen. Diese Vorschrift gilt auch gemäß Art. 27 Abs. 4 EGBGB für die Rechtswahl.

(4) Art. 29 Abs. 4 Nr. 2 EGBGB

255 Die Sonderregelungen des Art. 29 EGBGB finden jedoch im Falle von Dienstleistungen (zB Pauschalreisen) keine Anwendung, wenn die Leistungen ausschließlich außerhalb des Verbraucherstaates zu erbringen sind (Art. 29 Abs. 4 Nr. 2 EGBGB). Im E-Commerce stellt sich die Frage, ob auch Leistungen, die im Wege des **Downloads** erbracht werden, in diese Kategorie fallen.

Auszugehen ist hier – schon aufgrund der nach Art. 36 EGBGB gebotenen einheitlichen Auslegung – nicht von einem nationalen Erfüllungsortbegriff,

1 Ähnlich *Mankowski,* RabelsZ 63 (1999), 203 (253).
2 *Mankowski*, RabelsZ 63 (1999), 203 (254).
3 Vgl. Palandt/*Heldrich*, Art. 29 EGBGB Rz. 7; s. jedoch auch BGH v. 19. 3. 1997 – VIII ZR 316/96, BGHZ 135, 124 (135); hierzu kritisch *Mankowski*, RIW 1998, 289.

wonach möglicherweise nur auf die Erfüllungshandlung abzustellen wäre. Es kann nämlich nicht Intention des Gesetzgebers und der Vertragsstaaten des EuVÜ gewesen sein, einen Versendungs-Werklieferungsvertrag, der eine Dienstleistung im Sinn dieser Vorschrift darstellt[1], aus dem Anwendungsbereich des Art. 29 EGBGB auszuklammern. Auch diese Auslegungsfrage ist letztlich unter dem Gesichtspunkt des Schutzbedürfnisses des Verbrauchers zu untersuchen. Soll die Erfüllung ausschließlich außerhalb des Verbraucherstaates erbracht werden, ohne dass irgendein Teil der Erfüllung in diesem Staat stattfindet, so hat sich der Verbraucher des Schutzes seiner Heimat begeben.

Deshalb ist bei dem Download als ein wesentlicher Akt die Download-Handlung des Verbrauchers selbst zu werten, die am heimischen PC erfolgt. Art. 29 Abs. 4 EGBGB findet hier keine Anwendung[2].

bb) Art. 29a EGBGB

(1) Allgemeines

256 In Ergänzung zu Art. 29 EGBGB lässt Art. 29a EGBGB die in Umsetzung bestimmter europäischer Verbraucherschutzrichtlinien erlassenen Bestimmungen zur Anwendung gelangen, wenn kraft Rechtswahl Drittstaatenrecht zur Anwendung kommt und ein enger Bezug zu einem Staat der Europäischen Union oder des Europäischen Wirtschaftsraums besteht. Diese Vorschrift ist eine Zusammenfassung von Kollisionsnormen der in Art. 29a Abs. 4 EGBGB genannten Richtlinien; entsprechend wurde auch § 12 AGBG mit dem Erlass von Art. 29a EGBGB aufgehoben[3]. Sie hat – anders als die (meisten) übrigen Vorschriften der Art. 27 bis Art. 37 EGBGB – keine Entsprechung im EuVÜ.

(2) Enge Verbindung

257 Für die erforderliche enge Verbindung stellt Art. 29a Abs. 2 EGBGB Regelbeispiele auf. Diese nennen – ebenso wie Art. 29 Abs. 1 EGBGB und Art. 13 Abs. 1 EuGVÜ – das Angebot des Anbieters, die Werbung sowie eine ähnliche geschäftliche Tätigkeit. Diese Begriffe sind ebenso auszulegen wie diejenigen der genannten Vorschriften[4], sodass auf die vorstehenden Ausführungen (oben Rz. 250 f.) zu verweisen ist.

---

1 BGH v. 26. 10. 1993 – XI ZR 42/93, BGHZ 123, 380; Palandt/*Heldrich*, Art. 29 EGBGB Rz. 2.
2 Ebenso *Mankowski*, RabelsZ 63 (1999), 203 (255).
3 Zum Hintergrund *Wagner*, IPRax 2000, 249.
4 Vgl. auch *Roth/Schulze*, RIW 1999, 932; *Freitag/Leible*, EWS 2000, 345.

(3) Anwendbares Recht

Die Verweisung ist allseitig ausgestaltet, sodass die in Umsetzung der Richtlinien erlassenen Normen des Staates der EU oder des EWR zur Anwendung kommen, zu dem der engste Zusammenhang besteht[1]. Sind die **Vorschriften nicht umgesetzt** worden, so kann eine unmittelbare Anwendung der Richtlinien jedenfalls nicht über Art. 29a EGBGB erfolgen[2]. Auch Art. 34 EGBGB ist insoweit nicht anwendbar, da Art. 29a EGBGB eine Sonderregelung des ordre public enthält[3]. Im Übrigen bleibt es selbst dann bei der Anwendung des von Art. 29a EGBGB berufenen Rechts, wenn dieses für den Verbraucher weniger günstig ist als das in der Rechtswahl berufene[4]. 258

cc) Art. 34 EGBGB

In den Fällen, in denen sich Art. 29 und Art. 29a EGBGB als lückenhaft erweisen, kommt eine Anwendung von Verbraucherschutznormen auch unter dem Gesichtspunkt des (positiven) **ordre public** (Art. 34 EGBGB) in Betracht[5]. Dies gilt insbesondere dann, wenn bestimmte Vertragsarten von Art. 29 EGBGB nicht erfasst sind, obschon der dort geforderte Inlandsbezug vorliegt[6]. 259

dd) Einschränkungen aufgrund des Herkunftslandprinzips (Art. 1 Nr. 4 EGG-Entwurf [§ 4 TDG-Entwurf])

Für den internationalen Verbraucherschutz wird das Gesetz zur Umsetzung der E-Commerce-Richtlinie möglicherweise ebenfalls Änderungen bringen. Das Herkunftslandprinzip des § 4 TDG-Entwurf und damit dessen kollisionsrechtliche Regelungen gelten zwar nicht für Vorschriften für Verbraucherverträge (§ 4 Abs. 3 Nr. 2 TDG-Entwurf). Hiervon sind jedoch nach dem Wortlaut des Entwurfs lediglich die spezifischen Verbrauchervorschriften betroffen, sodass nicht klar ist, ob vom Herkunftslandprinzip auch das ebenfalls für Unternehmen geltende AGB-Gesetz ausgenommen ist[7]. – Ausführlich dazu *Tettenborn,* unten Rz. 432 ff. 260

---

1 *Freitag/Leible*, EWS 2000, 345.

2 *Staudinger*, RIW 2000, 417; Palandt/*Heldrich*, Art. 29a EGBGB Rz. 5.

3 *Staudinger*, RIW 2000, 417; Palandt/*Heldrich*, Art. 29a EGBGB Rz. 5.

4 HM; *Wagner*, IPRax 2000, 254; *Staudinger*, RIW 2000, 417 (418); Palandt/*Heldrich*, Art. 29a EGBGB Rz. 5; kritisch, aber im Ergebnis ebenso *Freitag/Leible*, ZIP 1999, 1299.

5 BGH v. 26. 10. 1993 – XI ZR 42/93, BGHZ 123, 380 (391); *Roth*, RIW 1994, 278; *Fischer*, JZ 1994, 370; *W. Lorenz*, IPRax 1994, 431.

6 BGH v. 19. 3. 1997 – VIII ZR 316/96, BGHZ 135, 124 (135); OLG Celle v. 13. 2. 1996 – 17 U 28/95, RIW 1996, 963 (964); kritisch hierzu *Mankowski*, RIW 1998, 289; zu den im Einzelnen sehr umstrittenen Fragen vgl. Erman/*Hohloch*, Art. 29 EGBGB Rz. 15.

7 *Spindler*, ZRP 2001, 203 (205); *Waldenberger*, EuZW 1999, 296 (300 f.).

2. Vertragsrecht

261 Der Vertragsschluss im Bereich B2C unterscheidet sich nicht wesentlich von den Grundsätzen, die für den Bereich B2B ausführlich dargestellt wurden (oben Rz. 61 ff.). Auch hier ist erforderlich, dass zwei **sich deckende Willenserklärungen** abgegeben werden und zugehen. Unterschiede bestehen jedoch in Einzelfragen sowie im Bereich des Verbraucherschutzes, also insbesondere im Rahmen des Gesetzes über Allgemeine Geschäftsbedingungen, des Fernabsatzgesetzes und einiger anderer Verbraucherschutzvorschriften, die im Bereich B2B keine Anwendung finden.

a) Zugang der Willenserklärung

262 Hinsichtlich der Frage, wann vom **Zugang** einer per E-Mail übersandten Willenserklärung im privaten Rechtsverkehr ausgegangen werden kann, erscheint es, selbst wenn der Inhaber einer E-Mail-Adresse seinen elektronischen Briefkasten zum Empfang von rechtsgeschäftlichen Erklärungen bestimmt, zumindest zweifelhaft, ob ebenso wie im geschäftlichen Bereich mit einer mehrfach täglichen Nachschau und Leerung des elektronischen Briefkastens zu rechnen ist. Der Sinn der Einrichtung eines Mail Accounts bei einem Provider besteht in der Regel darin, dass der private Nutzer keine kostspielige permanente Verbindung zum Internet unterhalten will, bei der sein Computer rund um die Uhr online und empfangsbereit ist. Die permanente Empfangsbereitschaft gewährleistet vielmehr der Provider mit seinem Mail Server, mit dem sich der Empfänger dann nur noch temporär verbinden muss, um die eingegangene Post abzurufen. Da auch diese temporäre Verbindung für den Empfänger zum einen mit einem gewissen Aufwand einhergeht, indem er mit seinem Computer online gehen und sich mit dem Mail Server verbinden muss, sowie zum anderen mit Kosten wie den dabei anfallenden Online- und Telefongebühren, ist nach der Verkehrsanschauung nicht zu erwarten, dass sich ein privater Benutzer häufiger als einmal täglich mit seinem Provider verbindet, um nach seiner E-Mail zu schauen. Bei nur einmal täglichem Abruf kann eine E-Mail bei einer privat genutzten E-Mail-Adresse spätestens am **nächsten Tag** als zugegangen gelten.[1] Bei einem nur sehr gelegentlichen Benutzer des Internet, der sich vielleicht selbst seines Mail Account gar nicht bedient und nicht damit rechnen muss, dass ein anderer ihm eine rechtsgeschäftliche Erklärung per E-Mail zuschickt, wird man – je nach den Umständen des Einzelfalls – möglicherweise von einer noch selteneren Leerung des elektronischen Briefkastens und somit einem späteren Zugang ausgehen müssen.

1 *Ernst*, NJW-CoR 1997, 166; *Fringuelli/Wallhäuser*, CR 1999, 99; *Heun*, CR 1994, 599; *Wendel*, S. 91. Unentschieden *Hoeren*, Rechtsfragen, Rz. 293, mit Hinweis darauf, dass sich noch keine Usancen zur Bestimmung des Zugangszeitpunkts bei Privatpersonen gebildet haben.

b) Der virtuelle Warenkorb als Sonderform des Vertragsschlusses im WWW

Im Bereich B2C verdient der typischerweise bei kommerziellen Versandhäusern im Electronic Commerce anzutreffende Bestellvorgang mittels eines so genannten virtuellen Warenkorbs noch eine exemplarische nähere Darstellung. 263

aa) Der virtuelle Warenkorb

Der virtuelle Warenkorb funktioniert bei einer **Bestellung über die Website** 264 eines Anbieters in der Regel so, dass der Benutzer zunächst über eine Formularseite Artikelbezeichnungen oder Schlagwörter in eine Suchmaschine eingibt oder einen auf der Web-Seite befindlichen Hyperlink mit einem von dem Anbieter offerierten Artikel anklickt. Auf einer angepassten Web-Seite werden ihm dann die entsprechenden Waren des Anbieters nebst ihrem Kaufpreis angezeigt, unter Umständen mit einer Produktbeschreibung. Der Benutzer kann durch das Anklicken eines Funktionsfelds auf der Web-Seite die angezeigten Waren in der von ihm gewünschten Menge in seinen Warenkorb legen und anschließend weitere Waren aufrufen. Hat er seine Auswahl abgeschlossen, klickt er seinen Warenkorb an und bestätigt durch Anklicken eines weiteren Funktionsfelds zunächst, dass er die in dem Warenkorb befindlichen Waren bestellen möchte. Danach gelangt er in eine Bestellroutine. In eine Formularseite trägt er Namen, Adresse und seine Kreditkartendaten ein, falls er diese Bezahlungsart wünscht. Diese Eingaben werden dann, zusammen mit dem Inhalt seiner Bestellung, also den einzelnen Artikeln sowie dem Einzel- und dem Gesamtkaufpreis, wiederum auf einer abschließenden Web-Seite dargestellt. Klickt der Benutzer dann ein entsprechendes Funktionsfeld an, so schickt er damit seine Bestellung ab; in einer weiteren Web-Seite wird ihm daraufhin seitens des Anbieters die Entgegennahme der Bestellung bestätigt.

bb) Der Vertragsschluss

Hier stellt sich die Frage, welche der beiden Parteien, Anbieter oder Kunde, 265 das für den Vertragsschluss erforderliche Vertragsangebot abgibt und wer die Annahme erklärt.

Die Eingabe der Artikelbezeichnung sowie das Anklicken entsprechender Hyperlinks durch den Benutzer und die folgenden Darstellungen der gewünschten Waren sind noch nicht als **Vertragsangebote** zu werten, da sie den konkreten Vertragsgegenstand noch nicht enthalten und weder der Benutzer verbindlich erklärt, er wolle die aufgerufenen Artikel tatsächlich kaufen, noch der Anbieter, er wolle sie verkaufen. Sucht man den Vergleich zum herkömmlichen Geschäftsverkehr, so lässt sich diese Interaktion mit einem noch unverbindlichen Verkaufsgespräch vergleichen. Indem der Benutzer einen der angezeigten Artikel auswählt und in seinen virtuellen

Einkaufswagen legt, gibt er gleichfalls noch kein Vertragsangebot ab, da er den Artikel jederzeit wieder herausnehmen und damit die Auswahl rückgängig machen kann. Auch die Einleitung und Durchführung des Bestellvorgangs, in dem der Benutzer seine persönlichen Daten angibt und die Bezahlungsart wählt, ist nicht als Angebot zu werten, denn er kann diesen Vorgang noch immer unterbrechen, seine Auswahl revidieren oder gänzlich von einer Bestellung Abstand nehmen.

266 Ein verbindliches Vertragsangebot kann jedoch dann vorliegen, wenn dem Kunden am Ende der Bestellroutine in einer Web-Seite die **essentialia negotii** angezeigt werden, also die von ihm eingegebenen und dem Anbieter übermittelten Daten, die gewünschte Bezahlungsart, gegebenenfalls mit den Kreditkartendaten, sowie welche Artikel er zu welchen Einzelpreisen und zu welchem Gesamtpreis bestellt. In einer von der Computeranlage des Anbieters entsprechend gestalteten individuellen Web-Seite könnte das verbindliche Vertragsangebot zu sehen sein, da der Anbieter durch sie seine Lieferbereitschaft erklärt. Insbesondere dann, wenn der Anbieter intern sicherstellen kann, dass die von dem Kunden in den Warenkorb gelegten Waren auch tatsächlich vorhanden und auf Lager sind, wird die Darstellung der nach den individuellen Eingaben des Kunden gestaltete Web-Seite durch den Anbieter von diesem in der Regel mit Rechtsbindungswillen übermittelt worden sein und somit ein verbindliches Angebot darstellen. Das Vertragsangebot ginge in diesem Fall von dem Anbieter aus. Die verbindliche Annahme durch den Benutzer würde derart erfolgen, dass dieser mit dem Anklicken eines Funktionsfeldes erklärt, die ihm so präsentierte Bestellung zu wünschen. Soweit danach in einer weiteren Web-Seite die Computeranlage des Anbieters den Eingang der Bestellung bestätigt, so wäre darin keine vertragsschließende oder -gestaltende Willenserklärung zu sehen. Die Bestätigung diente lediglich der Versicherung des Benutzers, dass seine Annahmeerklärung tatsächlich empfangen und bearbeitet wurde, also zugegangen ist.

267 Fehlt der Präsentation der Web-Seite mit den individuellen Nutzerdaten durch den Anbieter dagegen dessen Rechtsbindungswille, so wäre die Web-Seite lediglich als **invitatio ad offerendum** zu sehen; die Bestellung des Kunden würde somit das Angebot darstellen, das der Anbieter annehmen müsste, damit ein rechtswirksamer Vertrag geschlossen wird.

268 Der Kunde, der über die Web-Seite des Anbieters eine Bestellung tätigt, wird regelmäßig von der Lieferbereitschaft und -fähigkeit des Anbieters ausgehen, wenn dieser ihm auf einer individuellen Web-Seite unter Angabe der vom Kunden eingegebenen Daten den „Warenkorb" darstellt. Will der Anbieter sich mit der Darstellung nicht entsprechend binden, so empfiehlt es sich, im Rahmen eines gut wahrnehmbaren und verständlichen **Disclaimers** darauf hinzuweisen, und den Kunden aufzuklären, dass es sich hier nicht um ein verbindliches Angebot des Anbieters, sondern vielmehr um die Aufforderung an den Kunden handelt, unter Bestätigung der dargestellten Daten seinerseits ein Angebot abzugeben, das dann von dem Anbieter anzunehmen wäre.

c) Der Verbraucherschutz im Internet

Die Bedeutung des Verbraucherschutzes im Bereich der Online-Verträge B2C darf nicht unterschätzt werden. Es ist nicht zu übersehen, dass sich der Benutzer im Electronic Commerce bisweilen auf eine Bestellung einlässt, ohne die bestellte Ware tatsächlich gesehen zu haben oder über ausreichende Informationen über die Ware und den Anbieter zu verfügen. Häufig mag er auch aufgrund mangelnder technischer Erfahrung und eines möglicherweise noch spielerischen Umgangs mit dem neuen Medium Internet rechtsverbindliche Handlungen vornehmen, ohne deren Tragweite abzuschätzen. Andererseits ist es einem gewerblichen Anbieter leicht möglich, etwa durch eine unübersichtliche Gestaltung seiner Website, verwirrende Bestellroutinen oder zweideutige Formulierungen wesentlich dazu beizutragen. Der Benutzer bedarf daher im Electronic Commerce sicherlich eines nicht geringeren Schutzes als im herkömmlichen Geschäftsverkehr. 269

aa) Allgemeine Geschäftsbedingungen

Zunächst ist die Einbeziehung Allgemeiner Geschäftsbedingungen in einen Vertrag, der mittels Internet-Diensten im Bereich B2C geschlossen wird, zu untersuchen. 270

Bereits zum Btx befassten sich Literatur und Rechtsprechung mit der Frage, wann AGB **wirksamer Bestandteil eines Vertrages** zwischen Benutzer und Anbieter werden. In der Literatur wurde dabei die Möglichkeit der Einbeziehung allgemein bejaht, in der Regel jedoch aufgrund der beschränkten Bildschirmdarstellung im Btx nur bei kurzen AGB und einem deutlichen Hinweis auf der Bestellseite zugelassen.[1] Auch in der Rechtsprechung ging die Tendenz dahin, eine zumutbare Kenntnisnahmemöglichkeit nur dann anzunehmen, wenn die AGB relativ kurz, übersichtlich sowie von dem Benutzer problemlos und kostenfrei abzurufen sind; nicht genügen sollte dagegen der bloße Hinweis auf AGB ohne Abrufmöglichkeit.[2] 271

Auch wenn damit ungefähr vorgegeben ist, wo die Probleme einer Einbeziehung von AGB bei einem im Internet geschlossenen Vertrag liegen können, so verbietet sich jedoch eine pauschale Übernahme dieser Ergebnisse. Die technische Fortentwicklung der Telekommunikation und die Einführung 272

1 ZB *Auerbach*, CR 1988, 22; *Bartl*, DB 1982, 1101; *Brinkmann*, ZUM 1985, 340 f.; *Brinkmann*, Bildschirmtext, S. 79 f.; *Friedmann*, S. 114 ff.; *Kleier*, WRP 1983, 537; *Kreis*, Vertragsschluß, S. 84 ff.; *Lachmann*, NJW 1984, 408; *Micklitz*, NJW 1982, 267; *Paefgen*, Bildschirmtext, S. 36 ff.; *Probandt*, UFITA 98, S. 18 ff.; *Traut*, S. 85 ff.

2 ZB LG Bielefeld v. 20. 2. 1990 – 18 S 295/89, NJW-RR 1991, 1145; AG Kassel v. 16. 2. 1990 – 81 C 5096/89, NJW-RR 1991, 1146; LG Wuppertal v. 16. 5. 1990 – 8 S 21/90, NJW-RR 1991, 1148; LG Aachen v. 21. 1. 1991 – 6 S 192/90, NJW 1991, 2159 f.; LG Frankenthal v. 9. 10. 1991 – 2 S 174/90, NJW-RR 1992, 954; LG Bielefeld v. 30. 10. 1991 – 1 S 174/90, NJW-RR 1992, 955; LG Freiburg v. 7. 4. 1992 – 9 S 139/90, NJW-RR 1992, 1018; LG Osnabrück v. 10. 11. 1995 – 2 O 60/94, CR 1996, 227 (229); OLG Köln v. 21. 11. 1997 – 19 U 128/97, CR 1998, 244 f.

neuer Kommunikationsdienste könnten nämlich insbesondere Konsequenzen dafür haben, wie und wann dem Benutzer die zumutbare **Möglichkeit einer Kenntnisnahme** gegeben wird.

(1) Der Hinweis auf die AGB

273 Die Einbeziehung von AGB in den Vertrag setzt zunächst den ausdrücklichen und in geeigneter Form gehaltenen **Hinweis** des Verwenders auf die AGB gemäß § 2 Nr. 1 AGBG im Zeitpunkt des Vertragsschlusses voraus.

274 Speziell bei dem Vertragsschluss per E-Mail ist ein ausdrücklicher Hinweis zu verneinen, wenn der Verwender die AGB der E-Mail lediglich als **Textdatei** anhängt, ohne explizit auf diesen Anhang und seine Einbeziehung hinzuweisen.

275 Möchte ein Anbieter bei einem Vertragsschluss im WWW seine AGB einbeziehen, so ist erforderlich, dass auf der Web-Seite, die sein Angebot oder seine invitatio ad offerendum enthält, ein **deutlich sichtbarer Hinweis**, möglicherweise auch in Form eines Hyperlinks, zu den AGB angebracht ist oder die AGB selbst in die Bildschirmmaske integriert sind. Der Hinweis muss in geeigneter Form, also gut sichtbar, erfolgen. Diesbezüglich bietet es sich beispielsweise an, den Hinweis auf die AGB farblich abzusetzen oder auf andere Art und Weise besonders hervorzuheben. Ein nur versteckter oder zu kleiner Hinweis reicht ebensowenig aus, eine Einbeziehung der AGB zu gewährleisten, wie die Erwähnung der AGB lediglich auf der Homepage des Anbieters und nicht auf der Web-Seite mit dem Angebot oder der invitatio ad offerendum.[1]

276 Will der Anbieter für den Fall einer rechtlichen Auseinandersetzung Beweisschwierigkeiten vermeiden, so bietet es sich an, die Web-Seite so zu gestalten, dass vor Abgabe der Willenserklärung durch den Kunden auf dessen Bildschirm zumindest der beschriebene deutlich gestaltete Hinweis auf die AGB oder aber die AGB des Anbieters insgesamt erscheinen.[2] Hierdurch wird gegenüber dem Benutzer unmissverständlich angezeigt, dass die AGB Vertragsinhalt werden sollen.

(2) Die Möglichkeit der zumutbaren Kenntnisnahme

277 Hat der Verwender auf seine AGB hingewiesen, so erfordert ihre Einbeziehung gemäß § 2 Abs. 1 Nr. 2 AGBG weiterhin, dass der Benutzer zum einen

1 Ein Hinweis „bei Vertragsschluss", also in systematischer Nähe zu dem Angebot oder der invitatio ad offerendum des Anbieters oder zumindest auf der Bestellseite liegt gerade nicht vor, wenn der Kunde nur nach Herstellung der Verbindung mit der Website auf der Homepage einmalig auf die AGB hingewiesen wird, nicht mehr jedoch bei dem eigentlichen Vertragsschluss, so auch *Koehler*, MMR 1998, 291; *Köhler/Arndt*, Rz. 110; *Löhnig*, NJW 1997, 1689; *Mehrings*, BB 1998, 2376.

2 *Ernst*, NJW-CoR 1997, 167; *Koehler*, MMR 1998, 290 f.; *Köhler/Arndt*, Rz. 109 f.; *Löhnig*, NJW 1997, 1688 f.; *Mehrings*, BB 1998, 2374 f.; *Schwerdtfeger* in Schwarz, Kap. 6-3.1, S. 8a f.; *Waldenberger*, BB 1996, 2368.

die Möglichkeit hat, von ihrem Inhalt **Kenntnis zu nehmen,** und ihm zum anderen diese Kenntnisnahme auch zumutbar ist. Dabei gelten die allgemeinen Anforderungen an AGB – wie etwa die Vermeidung unverständlicher Fachtermini, sprachliche und inhaltliche Klarheit sowie eine deutliche, übersichtliche und sinnvolle Gliederung – grundsätzlich und unverändert auch für Geschäftsbedingungen, die in einen Internet-Vertrag einbezogen werden sollen.[1]

(a) Vertragsschluss per E-Mail

Wird der Vertrag per E-Mail geschlossen, so hat der Benutzer die Möglichkeit der Kenntnisnahme, wenn die AGB in den Text der E-Mail eingefügt oder als Textdatei angehängt sind, soweit diese Datei ein gängiges Format hat und problemlos geöffnet werden kann. 278

Was die **Zumutbarkeit** der Kenntnisnahme angeht, so ist zunächst die in der Diskussion zum Btx vorgenommene Begrenzung auf relativ kurze AGB im Bereich des Vertragsschlusses im Internet nicht mehr gerechtfertigt. Mag die Darstellung beim Bildschirmtext aufgrund der geringen Textmenge von 25 Zeilen à 40 Zeichen pro Bildschirmseite noch unübersichtlich und schlecht zu lesen gewesen sein, so ermöglicht es die verbesserte Graphikleistung heutiger Personal Computer durchaus, selbst längere Texte übersichtlich und lesefreundlich wiederzugeben und die gesamten Geschäftsbedingungen am Stück anzuzeigen. Auch kann der Kunde durch Suchfunktionen gezielt auf die ihn interessierenden Textpassagen zugreifen, die Buchstabengröße oder Textformatierung ändern oder die AGB ausdrucken und die Darstellung damit gegebenenfalls seinen persönlichen Vorlieben anpassen. 279

(b) Vertragsschluss im WWW

Kontrahiert ein Benutzer mit einem Anbieter über dessen Website, so stellt sich die **zumutbare Kenntnisnahme** der AGB des Anbieters ähnlich dar. Hat der Anbieter den Benutzer auf die Geltung seiner AGB hingewiesen, so ermöglicht er ihm die zumutbare Kenntnisnahme, indem er auf einer Web-Seite entweder die gesamten AGB abbildet oder zumindest einen Hyperlink setzt, von dem aus der Benutzer die AGB abrufen, auf seinen Computer herunterladen und darstellen kann. Der Benutzer kann – gerade auch wegen der Möglichkeiten der beliebig angepassten Darstellung und des Ausdrucks der Web-Seite – selbst von umfangreichen AGB in zumutbarer Weise Kenntnis nehmen. Setzt der Anbieter auf seiner Web-Seite einen Hyperlink, so ist jedoch erforderlich, dass der Benutzer nach dessen Betätigung problemlos und direkt die AGB auf seinem Computer herunterladen und darstellen kann. Gelangt er erst nach mehreren weiteren Links zu dem eigentlichen 280

1 Allgemein zur zumutbaren Kenntnisnahmemöglichkeit: *Ulmer* in Ulmer/Brandner/Hensen, § 2 AGBG Rz. 45 ff.; *Wolf* in Wolf/Horn/Lindacher, § 2 AGBG Rz. 24 ff.

AGB-Text, so ist dessen Kenntnisnahme nicht mehr zumutbar im Sinne des § 2 Abs. 1 Nr. 2 AGBG.[1]

(c) Vertragsschluss über Internet-Telefonie/Videokonferenz

281 Soweit ein Vertrag vergleichbar einem herkömmlichen Ferngespräch über ein Telefonat oder eine Videokonferenz im Internet geschlossen wird, so kann ein Anbieter zwar problemlos auf seine AGB hinweisen, fraglich ist jedoch, ob er dem Benutzer auch eine zumutbare Kenntnisnahme ermöglichen kann, wenn diesem die AGB nicht bereits vorliegen. Eine zumutbare Kenntnisnahmemöglichkeit unmittelbar im Telefonat oder in der Videokonferenz scheidet praktisch aus. Denkbar ist lediglich, dass der Anbieter parallel zu dem Telefonat oder der Videokonferenz und während der Vertragsverhandlungen **weitere Kommunikationsdienste** verwendet und dem Benutzer seine AGB in Form einer E-Mail zuschickt oder ihm mitteilt, unter welcher WWW-Adresse sie unmittelbar und problemlos heruntergeladen werden können. Die Kenntnisnahme ist dem Benutzer dann ebenso möglich und zumutbar, wie wenn der Anbieter ihm bei einem Vertragsschluss per E-Mail die AGB zuschicken oder ihm mitteilen würde, unter welcher Adresse sie heruntergeladen werden können.

(3) Die Sprache der AGB

282 Angesichts der Möglichkeiten globaler Kommunikation und Vertragsschlüsse kommt auch der Frage Bedeutung zu, ob einem Benutzer zugemutet werden kann, bei einem Vertragsschluss im Internet von **fremdsprachigen AGB** Kenntnis zu nehmen. Soweit dazu die Auffassung vertreten wird, einem deutschen Benutzer seien fremdsprachige AGB generell nicht zumutbar mit der Konsequenz, dass sie nicht Vertragsbestandteil werden können,[2] so kann dem nicht uneingeschränkt gefolgt werden. Der Anbieter wäre angehalten, jedem Benutzer nur in dessen Muttersprache verfasste AGB vorzulegen, und wäre damit – würde er seine AGB nicht in jeder kommerziell relevanten Sprache bereithalten und verschicken – kaum in der Lage, die Möglichkeiten eines weltweiten Vertragsschlusses zu nutzen.

283 Andererseits wird man es dem Kunden nicht zumuten können, sich auf einen Vertragsschluss einzulassen, wenn dabei Geschäftsbedingungen einbe-

---

1 Zur zumutbaren Kenntnisnahme von AGB beim Vertragsschluss im WWW ebenso *Ernst*, BB 1997, 1057 f.; *Ernst*, NJW-CoR 1997, 167; *Koehler*, MMR 1998, 291 f.; *Köhler/Arndt*, Rz. 113 f.; *Löhnig*, NJW 1997, 1689; *Mehrings*, BB 1998, 2378 f.; *Strömer*, S. 121 f.; *Waldenberger*, BB 1996, 2368 f.; *Wendel*, S. 116, jeweils mwN. Stark einschränkend *Waltl* in Loewenheim/Koch, Online-Recht, S. 186 ff.

2 *Schwerdtfeger* in Schwarz, Kap. 6-3.1, S. 9; *Wendel*, S. 116. Ebenso *Waltl* in Loewenheim/Koch, Online-Recht, S. 187, wonach zumindest gegenüber dem privaten Verbraucher fremdsprachige AGB stets unwirksam sind und im kaufmännischen Verkehr nur Kenntnisse der englischen Sprache unterstellt werden können. Wohl auch *Jaburek/Wölfl*, S. 114.

zogen werden, die in einer ihm gänzlich fremden Sprache abgefasst sind und von deren Regelungsgehalt er daher keinerlei Kenntnis nehmen kann. Es ist daher, um einen angemessenen Ausgleich der Parteiinteressen zu finden, an die Sprache anzuknüpfen, derer sich die Parteien bei **Abschluss des Vertrages** bedienen. Sind die AGB in dieser Sprache verfasst, so ist davon auszugehen, dass der Kunde, der dieser Sprache hinreichend mächtig ist, um das Angebot des Anbieters zu verstehen, auch in der Lage ist, dessen AGB zu verstehen.[1]

Das erforderliche – zumindest konkludent erklärte – **Einverständnis** des Kunden mit der Einbeziehung der AGB ist regelmäßig dann anzunehmen, wenn der Benutzer nach dem Hinweis des Anbieters und der Eröffnung einer zumutbaren Möglichkeit der Kenntnisnahme den Vertrag abschließt und damit seine Zustimmung zur Einbeziehung der AGB zu erkennen gibt.[2] 284

(4) Ausblick: Die Einbeziehung von AGB nach der E-Commerce-Richtlinie

Eine relativ knappe Regelung sieht die E-Commerce-Richtlinie für die Einbeziehung von AGB in einen Internet-Vertrag vor, wenn sie in Art. 10 Abs. 3 vorschreibt, dass „die Vertragsbestimmungen und die allgemeinen Geschäftsbedingungen (...) dem Nutzer so zur Verfügung gestellt werden" müssen, „dass er sie **speichern und reproduzieren** kann". Trotz der Kürze dieser Regelung wird deutlich, dass auch nach der Richtlinie eine Einbeziehung von AGB in Internet-Verträge grundsätzlich möglich und eine Beschränkung ihres Umfangs nicht notwendig ist. Das Erfordernis einer Speicher- und Reproduktionsmöglichkeit deckt sich mit den Anforderungen, die nach geltendem deutschen Recht an die wirksame Einbeziehung von AGB in einen im Internet geschlossenen Vertrag zu stellen sind. Denn entsprechend den obigen Ausführungen (Rz. 278, 280) kann der Benutzer nur dann zumutbare Kenntnis von den AGB nehmen, wenn sie ihm per E-Mail zugeschickt werden oder er sie in Form einer Web-Seite abrufen und auf seinen Computer herunterladen kann. In beiden Fällen wird dem Benutzer damit die Möglichkeit eingeräumt, die AGB auf seinem Computer in Dateiform zu speichern und beliebig zu reproduzieren, indem er die Datei kopiert oder ausdruckt. 285

bb) Das Fernabsatzgesetz

Das Fernabsatzgesetz gilt nach § 1 Abs. 1 FernAbsG für alle so genannten Fernabsatzverträge zwischen einem Unternehmer und einem Verbraucher, also Verträge, die u.a. per E-Mail und im WWW, aber auch über Telefon und Telefax zustande kommen. Grundsätzlich sind dabei alle Vertragsschlüsse für Waren und Dienstleistungen von der Regelung betroffen, bei denen eine gleichzeitige körperliche Anwesenheit der Vertragsparteien nicht notwendig 286

1 AA *Heinrichs*, NJW 1997, 1409, jedoch ohne Begründung.
2 *Löhnig*, NJW 1997, 1689; *Mehrings*, BB 1998, 2380; Palandt/*Heinrichs*, § 2 AGBG Rz. 16; *Ulmer* in Ulmer/Brandner/Hensen, § 2 AGBG Rz. 61.

ist. Das FernAbsG findet als Verbraucherschutzgesetz gemäß seinem § 1 Abs. 1 ausschließlich auf Verträge Anwendung, die zwischen einem Unternehmer und einem Verbraucher **B2C** geschlossen werden.

(1) Das Widerrufsrecht

287 Im Mittelpunkt des Fernabsatzgesetzes stehen neben der Begründung einer umfassenden Informations- und Unterrichtungspflicht des Unternehmers (§ 2 FernAbsG) ein **Widerrufs- und ein Rückgaberecht** des Verbrauchers. Bezüglich des Widerrufsrechts verweist § 3 Abs. 1 und 2 FernAbsG teilweise auf den neuen § 361a BGB. Demnach ist ein Verbraucher nicht mehr an einen Fernabsatzvertrag gebunden, wenn er schriftlich, auf einem anderen dauerhaften Datenträger oder durch Rücksendung bestellter Sachen innerhalb von zwei Wochen widerruft. Zur Fristwahrung genügt die rechtzeitige Absendung (vgl. § 361a Abs.1 Satz 2 BGB). Der Widerruf muss keine Begründung enthalten. Auf einen Widerruf hin wird der Vertrag ex nunc unwirksam, die bereits ausgetauschte Leistungen sind zurück zu gewähren.

288 Die **Widerrufsfrist** beginnt bei Fernabsatzverträgen nicht vor der Erfüllung der unternehmerischen Informationspflicht, bei Warenlieferungen nicht vor ihrem Eingang beim Empfänger, bei wiederkehrenden Lieferungen gleichartiger Waren nicht vor dem Eingang der ersten Teillieferung und bei Dienstleistungen nicht vor dem Tag des Vertragsschlusses. Das Widerrufsrecht erlischt bei Warenlieferungen spätestens vier Monate nach dem Eingang beim Verbraucher, bei Dienstleistungen spätestens vier Monate nach Vertragsschluss oder wenn der Unternehmer mit der Ausführung der Dienstleistung mit Zustimmung des Verbrauchers vor Ende der Widerrufsfrist begonnen hat oder der Verbraucher diese selbst veranlasst hat. Vorbehaltlich anderer Vereinbarungen und gesetzlicher Bestimmungen besteht kein Widerrufsrecht beispielsweise bei eigens für den Verbraucher gefertigten Waren, bei entsiegelten Audio-, Video- oder Softwaredatenträgern oder bei solchen Fernabsatzverträgen, die in Form von Versteigerungen geschlossen werden. Statt eines Widerrufsrechts kann gemäß § 3 Abs. 3 FernAbsG bei Fernabsatzverträgen über Warenlieferungen ein entsprechend ausgestaltetes Rückgaberecht des Verbrauchers gemäß § 361b BGB vereinbart werden.

289 Das Fernabsatzgesetz schließt etwaige Lücken im Verbraucherschutz, die sich aus der Unanwendbarkeit des Haustürwiderrufsgesetzes auf Verträge, die im Internet über eine Website oder per E-Mail geschlossen werden, ergaben. Mit dem Widerrufs- bzw. Rückgaberecht wird ein bereits bekanntes Werkzeug des Verbraucherschutzes ins Internet gebracht, das es dem Verbraucher ermöglicht, sich problemlos und ohne nachteilige Folgen von einem Fernabsatzvertrag zu lösen und damit vor den Risiken eines übereilten oder untergeschobenen Vertragsschlusses zu schützen.

(2) Die Informations- und Unterrichtungspflicht

Die neue Informations- und Unterrichtungspflicht hat erhebliche Auswirkungen auf den Electronic Commerce und die Konzeption von Internet-Auftritten gewerblicher Anbieter. Bei der Gestaltung der Website ist zu berücksichtigen, dass der Verbraucher noch vor Abschluss eines Fernabsatzvertrages ausreichend über die Identität des Anbieters, den Preis, die wesentlichen Eigenschaften der Ware oder Dienstleistung, die Lieferkosten, Garantiebedingungen, Liefervorbehalte, Zahlungsmodalitäten, den Zeitpunkt des Vertragsschlusses und das Widerrufs- bzw. Rückgaberecht informiert werden muss. Der Gesetzgeber bürdet dem Unternehmer die umfangreichen Informationspflichten also bereits im **Stadium der Vertragsanbahnung** auf. Der Anbieter sollte daher zunächst beachten, dass er gemäß § 2 Abs. 1 FernAbsG bei Vertragsanbahnung, also vor Abschluss des eigentlichen Vertrages, den Kunden über den geschäftlichen Zweck und die Identität des Anbieters informiert. Bei Online-Geschäften sollten also die Unternehmeridentität und der Geschäftszweck auf der ersten für den Verbraucher wahrnehmbaren Seite sichtbar sein. 290

Die Informationspflicht nach § 2 Abs. 2 FernAbsG bezieht sich auf 291

- Identität und Anschrift,
- wesentliche Merkmale der Ware oder Dienstleistung sowie den Zeitpunkt des Zustandekommens des Vertrages,
- die Mindestlaufzeit des Vertrages, wenn dieser eine dauernde oder regelmäßig wiederkehrende Leistung zum Inhalt hat,
- einen Vorbehalt, eine in Qualität und Preis gleichwertige Leistung (Ware oder Dienstleistung) zu erbringen , und einen Vorbehalt, die versprochene Leistung im Falle ihrer Nichtverfügbarkeit nicht zu erbringen,
- den Preis der Ware oder Dienstleistung einschließlich aller Steuern und sonstiger Preisbestandteile,
- gegebenenfalls zusätzlich anfallende Liefer- und Versandkosten,
- Einzelheiten hinsichtlich der Zahlung und Lieferung oder Erfüllung,
- das Bestehen eines Widerrufs- oder Rückgaberechts nach § 3,
- Kosten, die dem Verbraucher durch die Nutzung der Fernkommunikationsmittel entstehen, sofern sie über die üblichen Grundtarife, mit denen der Verbraucher rechnen muss, hinausgehen,
- die Gültigkeitsdauer befristeter Angebote, insbesondere hinsichtlich des Preises.

Der Unternehmer muss außerdem an den Verbraucher in einer Weise herantreten, die bei dem Verbraucher keinen Zweifel über das **geschäftliche Motiv** aufkommen lassen kann, das der Kontaktaufnahme zugrunde liegt.[1] 292

Der Anbieter hat zusätzlich dafür Sorge zu tragen, dass die Informationen nach Abs. 2 Nr. 1 bis 8 FernAbsG dem Verbraucher alsbald, spätestens bis 293

1 *Härting*, § 2 FernAbsG Rz. 19.

zur vollständigen Erfüllung des Vertrages, bei Waren spätestens bei Lieferung an den Verbraucher, auf einem **dauerhaften Datenträger** zur Verfügung stehen,[1] um auf diese Weise die Durchsetzung von beispielsweise Gewährleistungsrechten zu erleichtern.[2] Zudem muss er auf die folgenden Informationen „in einer hervorgehobenen und deutlich gestalteten Form" aufmerksam machen:

- Informationen über die Bedingungen, Einzelheiten der Ausübung und Rechtsfolgen des Widerrufs- oder Rückgaberechts nach den §§ 3 und 4 sowie über den Ausschluss des Widerrufsrechts nach § 3 Abs. 1 Satz 3 Nr. 2b FernAbsG,
- die Anschrift der Niederlassung des Unternehmers, bei der der Verbraucher Beanstandungen vorbringen kann, sowie eine ladungsfähige Anschrift des Unternehmers und bei juristischen Personen, Personenvereinigungen oder -gruppen auch den Namen eines Vertretungsberechtigten,
- Informationen über Kundendienst und geltende Gewährleistungs- und Garantiebedingungen,
- Kündigungsbedingungen bei Verträgen, die ein Dauerschuldverhältnis betreffen und für eine längere Zeit als ein Jahr oder für unbestimmte Zeit geschlossen werden.

294 Der Unternehmer kann ohne weiteres die Erfüllung seiner Informationspflichten gemäß § 2 Abs. 2 und § 2 Abs. 3 Satz 1 und 2 FernAbsG miteinander verbinden und dem Verbraucher beispielsweise bereits rechtzeitig vor Vertragsschluss ein Schriftstück mit sämtlichen Pflichtangaben gemäß § 2 Abs. 2 und § 2 Abs. 3 Satz 1 und 2 FenAbsG überlassen.[3]

295 Rechtsfolge eines Verstoßes gegen die Informationspflichten nach § 2 FernAbsG ist zunächst die **Verlängerung der Widerrufsfrist** des Kunden. Diese beginnt nach § 3 Abs. 1 Satz 2 FernAbsG erst mit Erfüllung der Informationspflicht zu laufen. Darüber hinaus führt ein Verstoß gegen die Belehrungspflicht hinsichtlich des Widerrufsrechts ggf. zu einer Haftungsmilderung zugunsten des Kunden. Im Falle der Rückabwicklung des Vertrages aufgrund eines Widerrufs haftet er bei Unkenntnis vom Widerrufsrecht vor dem Zeitpunkt der Beschädigung oder dem Untergang der Sache gemäß § 361a Abs. 2 Satz 5 BGB nur für Vorsatz und grobe Fahrlässigkeit und nicht nach der über § 361a Abs. 2 Satz 1 BGB eigentlich anwendbaren Grundregel der §§ 347 Satz 1, 989 BGB für jedes Verschulden.

(3) Gestaltung, wenn sowohl B2B als auch B2C vorliegt

296 Schwierigkeiten bereitet die Einhaltung des FernAbsG, wenn der **Kundenkreis** des Unternehmers sowohl aus Verbrauchern als auch aus Unternehmern besteht. Werden beispielsweise Internet-Seiten als Werbung sowohl

1 Vgl. § 361a Abs. 3 Satz 1 BGB.
2 *Fuchs*, ZIP 2000, 1273 (1278).
3 *Härting*, § 2 FernAbsG Rz. 197.

gegenüber Verbrauchern als auch gegenüber gewerblichen Kunden eingesetzt, so muss die Web-Seite den Anforderungen des § 2 FernAbsG genügen. Um ein (vertragliches) Widerrufsrecht gewerblicher Kunden zu verhindern, sollte der Anbieter die Pflichtangaben gemäß § 2 FernAbsG um den Hinweis ergänzen, dass gewerblichen Kunden kein Widerrufsrecht gemäß § 3 FernAbsG eingeräumt werden soll.[1]

cc) Das Verbraucherkreditgesetz

297 Aufgrund der fortschreitenden Entwicklung des Electronic Commerce und des stetig größer werdenden Angebots von Waren und Dienstleistungen könnte ein Bedürfnis bestehen, im Internet Verträge zu schließen, in denen der Anbieter dem Benutzer **Kredit** etwa in Form eines Darlehens, einer Ratenzahlungsvereinbarung oder eines Zahlungsaufschubs gewährt und die daher unter das Verbraucherkreditgesetz fallen könnten.

298 Das Verbraucherkreditgesetz gilt für Kreditverträge zwischen einem Kreditgeber oder -vermittler und einem Verbraucher, sofern der auszuzahlende Kredit oder der Barzahlungspreis DM 400,– übersteigt beziehungsweise ein Zahlungsaufschub von mehr als drei Monaten eingeräumt wird (§§ 1, 3 Nrn. 1 und 3 VerbrKrG). Eher ausnahmsweise dürfte ein Verbraucher mit einem Kreditgeber einen Darlehensvertrag über das Internet abschließen. Vielmehr werden im Electronic Commerce Ratenzahlungsverträge, etwa im Zusammenhang mit elektronischem Versandhandel, im Vordergrund stehen. Jedoch scheitern solche Verbraucherkreditverträge im Internet bislang regelmäßig daran, dass sie die vorgeschriebene **gesetzliche Schriftform** nicht wahren können und damit nichtig sind (§§ 4 Abs. 1, 6 Abs. 1 VerbrKrG), wenn nicht der Formmangel mit Übergabe der Ware beziehungsweise Inanspruchnahme des Kredits geheilt wird (§ 6 Abs. 2 und 3 VerbrKrG). An dieser Rechtslage hat sich auch nach dem Gesetz zur Anpassung der Formvorschriften des Privatrechts an den modernen Rechtsgeschäftsverkehr[2] nichts geändert. Denn das Gesetz sieht in seinem Art. 16 eine Erweiterung des § 4 Abs. 1 VerbrKrG vor, wonach der Abschluss eines Verbraucherkreditvertrages in elektronischer Form ausdrücklich ausgeschlossen ist, so dass Verbraucherkreditverträge weiterhin nur schriftlich geschlossen werden können.

299 Eine Ausnahme kommt lediglich bei Verbraucherkrediten im Zusammenhang mit Vertragsschlüssen aufgrund eines Verkaufsprospekts in Betracht, für die gemäß dem so genannten **Versandhandelsprivileg** die gesetzliche Schriftform nicht vorgeschrieben ist (§ 8 Abs. 1 VerbrKrG). Bereits in der juristischen Literatur zum Btx wurde – damals noch unter Geltung des Abzahlungsgesetzes – diskutiert, ob eine Btx-Seite einen Verkaufsprospekt

1 *Härting*, § 1 FernAbsG Rz. 15.
2 Gesetz zur Anpassung der Formvorschriften des Privatrechts an den modernen Rechtsgeschäftsverkehr, BGBl. I 2001, S. 1542 ff.

darstellen kann.[1] Für den Bereich der Internet-Verträge wurde dieser Ansatz wieder aufgegriffen, überwiegend die Gleichstellung einer Web-Seite mit einem Verkaufsprospekt bejaht und damit das Versandhandelsprivileg zumindest auf einige Formen des Verbraucherkreditvertrages im Internet ausgedehnt.[2]

300 Durch die mit In-Kraft-Treten des Fernabsatzgesetzes erfolgte Neufassung des § 8 VerbrKrG ist die Diskussion über eine Gleichstellung von Web-Seite und Verkaufsprospekt jedoch überflüssig geworden. Denn nach dieser Neufassung können auch kreditfinanzierte Fernabsatzverträge im Internet zwischen einem Benutzer und einem Anbieter über die Lieferung einer Ware oder Erbringung einer Dienstleistung **ohne Einhaltung der Schriftform** iSd. § 4 VerbrKrG wirksam abgeschlossen werden, sofern die gemäß § 4 Abs. 1 Satz 4 Nr. 2a) – e) VerbrKrG erforderlichen Angaben dem Verbraucher so rechtzeitig auf einem dauerhaften Datenträger zur Verfügung stehen, dass er sie vor dem Vertragsschluss zur Kenntnis nehmen kann.

d) Bestellung und Abwicklung

aa) Warenbestellungen im Internet

301 Bei der Warenbestellung im Internet bestellt der Benutzer in dem Online-Shop des Anbieters anhand des dort abrufbaren Produktkataloges; die Abwicklung dieser Bestellung und Lieferung an den Benutzer erfolgt dann mittels herkömmlicher Post- und Paketdienste. Der Benutzer kann von dieser Form der Bestellung insoweit profitieren, als er problemlos auf ein gigantisches Warenangebot zugreifen und die Angebote verschiedener Anbieter miteinander vergleichen kann, um das für ihn günstigste und seinen konkreten Vorstellungen entsprechende zu ermitteln. Dabei bieten professionelle Auftritte von Anbietern auch in der Darstellung ihrer Waren **Vorteile** gegenüber beispielsweise dem herkömmlichen Print-Katalog. Integrierte Suchmaschinen und eine im Idealfall intuitive Bedienungsoberfläche des Online-Shops erleichtern dem Benutzer die Auswahl, und interaktive Darstellungen verschaffen ihm einen genaueren Eindruck von der Beschaffenheit der Waren. Daneben wird es dem Benutzer häufig ermöglicht, sich Alternativen zu dem gewünschten Produkt oder Entscheidungshilfen wie detaillierte Produktbeschreibungen oder Kommentare und Kritik anderer Benutzer anzeigen zu lassen. Aus der Sicht des Anbieters dagegen fehlt

---

1 Ablehnend *Bartl*, DB 1982, 1101 f.; *Kreis*, Vertragsschluß, S. 93 f.; *Micklitz*, NJW 1982, 267; *Paefgen*, Bildschirmtext, S. 102 f.; *Probandt*, UFITA 98, S. 21; *Traut*, S. 91, jeweils zum damals geltenden AbzG. Offen lassend *Brinkmann*, Bildschirmtext, S. 82 f. Die Verwendung einer Btx-Seite als Prospektersatz bejaht dagegen *Friedmann*, S. 125 ff.

2 *Drexl*, S. 92 f.; *Köhler*, NJW 1998, 188; *Schwerdtfeger* in Schwarz, Kap. 6-3.1, S. 15; *Waldenberger*, BB 1996, 2370, jeweils mwN. Offen lassend *Hoeren*, Rechtsfragen, S. 140 und *Köhler/Arndt*, Rz. 123.

dieser Form der Bestellung zunächst ein wesentlicher Vorteil, den Verträge haben, die im Internet nicht nur abgeschlossen, sondern auch erfüllt werden können. Denn ebenso wie im herkömmlichen Versandhandel muss der Anbieter seine Waren in der Regel auf Vorrat produzieren oder erwerben und bis zur Bestellung lagern. Weiterhin benötigt er eine Vertriebsinfrastruktur, die es ihm ermöglicht, die Bestellungen der Benutzer abzuwickeln und ihm die gewünschte Ware zukommen zu lassen. Dabei wird der Kunde – anders als im herkömmlichen Versandhandel – häufig erwarten, dass der Anbieter die Kosten der Versendung selbst trägt, wodurch die Gewinnspanne des Anbieters erheblich geschmälert werden kann. Gleichwohl kann die Attraktivität des Versandhandels im Internet gerade auch für den Anbieter nicht überschätzt werden. Präsentiert ein Anbieter seine Waren im Internet, so hat er die ganze Welt als potentielle Kunden und erzielt eine höhere Verbreitung seines Produktangebotes, als es ihm unter Verwendung herkömmlicher Werbemittel möglich ist. Weiterhin bietet der Produktkatalog im Internet den Vorteil erhöhter Flexibilität. Änderungen in der Produktpalette sind schnell und problemlos möglich, nicht mehr lieferbare Waren können sofort aus dem Angebot genommen oder zumindest entsprechend gekennzeichnet werden, und neue Artikel sind schnell eingefügt. Ist der Online-Shop mit dem internen EDV-System des Anbieters verbunden, so erlaubt dies weiterhin eine schnellere und rationellere Erfassung, Abwicklung und Abrechnung der Bestellungen und damit erhebliche Kosteneinsparungen.

(1) Vertragsinhalt

Mit der Bestellung körperlicher Waren, die dem Benutzer von dem Anbieter 302
zugeschickt werden, kommt zwischen den Parteien ein **Kaufvertrag** nach § 433 BGB in der Sonderform des Versendungskaufs gemäß § 447 BGB zustande. Denn Vertragsgegenstand ist neben der entgeltlichen Übereignung der bestellten Waren, dass der Anbieter die Waren auf Verlangen des Benutzers nach einem anderen Ort als dem Erfüllungsort versendet; Erfüllungsort ist aber – soweit die Parteien nichts Abweichendes vereinbart haben – bei Verbindlichkeiten im Gewerbebetrieb des Anbieters stets seine gewerbliche Niederlassung (§ 269 Abs. 2 BGB), nicht jedoch der Wohnsitz des Benutzers, zu dem die Waren geschickt werden.[1]

(2) Vertragsschluss

Zum Vertragsschluss, ebenso wie hinsichtlich der Abgrenzung zwischen 303
invitatio ad offerendum und verbindlichem Angebot, kann auf die obigen Ausführungen unter Rz. 61 ff. verwiesen werden. Auch wenn bei einer Online-Bestellung der Benutzer nicht zunächst die bloße Warenpräsentation des Anbieters begutachtet, um dann seinerseits unabhängig davon den Bestellvorgang einzuleiten, sondern vielmehr bei einem E-Commerce-Auftritt

1 *Scheller* in Loewenheim/Koch, Online-Recht, S. 203.

wie dem Online-Shop in der Regel von einer dem Dialog angenäherten Interaktion zwischen dem Benutzer und der Computeranlage des Anbieters auszugehen ist, muss im Einzelfall, sofern keine ausdrücklichen Ausführungen des Anbieters auf seiner Web-Seite zu dieser Frage enthalten sind, im Wege der Auslegung nach Treu und Glauben unter Berücksichtigung der Verkehrssitte und des Verständnisses der angesprochenen Verkehrskreise ermittelt werden, ob die Homepage als unverbindliche invitatio ad offerendum oder als verbindliches Vertragsangebot anzusehen ist.[1]

(3) Leistungsstörungen

304 Haben die Parteien im Internet einen Kaufvertrag über die Lieferung körperlicher Waren abgeschlossen, so erfüllt der Benutzer seine **Kaufpreisverpflichtung** durch Bezahlung in der Regel per Kreditkarte bei der Bestellung oder per Nachnahme oder Rechnung nach Erhalt der Waren. Der Anbieter leistet nach den Regelungen zum Versendungskauf (§ 447 BGB), indem er die Waren einer Beförderungsperson zum Transport zu dem Benutzer übergibt. Dabei ist der Anbieter allgemein bei Unmöglichkeit oder Verzug der Lieferung zum Schadensersatz wegen Nichterfüllung verpflichtet. Geht die Ware während des Transports zum Anwender verloren oder wird sie beschädigt, so muss der Anwender gemäß § 447 Abs. 1 BGB gleichwohl den Kaufpreis entrichten, da mit der Übergabe an die Beförderungsperson das Transportrisiko von dem Anbieter auf ihn übergegangen ist. Wenn die Ware bereits vor der Übergabe an die Beförderungsperson mangelhaft war, so kann der Benutzer gemäß § 480 Abs. 1 BGB die Nachlieferung mangelfreier Ware verlangen. Weiterhin hat er einen Anspruch auf Wandelung oder Minderung (§ 462 BGB) und Schadensersatz wegen Nichterfüllung, wenn der Ware eine zugesicherte Eigenschaft fehlt oder der Anbieter einen Fehler arglistig verschwiegen hat (§ 463 BGB). Bei einem Rechtsmangel der Kaufsache haftet der Anbieter dem Benutzer nach §§ 440 Abs. 1 iVm. 323, 325 f. BGB.

bb) Bestellung von Dienstleistungen über das Internet

305 Neben einer Bestellung von Waren können online auch Verträge über **entgeltliche Dienstleistungen**, die außerhalb des Internet zu erbringen sind, geschlossen werden. Insbesondere im Bereich der Reise- und Kulturveranstaltung hat sich das Internet als Medium des Vertragsschlusses etabliert und ermöglicht es dem Benutzer beispielsweise, über den Internet-Auftritt eines Veranstalters Reisen oder Hotelübernachtungen zu buchen sowie Eintrittskarten für Konzert- oder Theateraufführungen zu bestellen. Eher selten werden dagegen Angebote über die Erbringung von Dienstleistungen anzutreffen sein, die eine individuelle Leistungsbeschreibung und Augenscheinnahme am vorgesehenen Leistungsort erfordern und daher nicht in dem Maße

1 Ständige Rechtsprechung, vgl. BGH v. 5. 7. 1990 – IX ZR 10/90, NJW 1990, 3206; BGH v. 12. 3. 1992 – IX ZR 141/91, NJW 1992, 1446 f.

standardisiert und katalogisiert werden können, wie dies für einen automatischen Vertragsschluss im Internet erforderlich ist.[1]

306 Dabei läuft der **Vertragsschluss** über die Dienstleistungen im Wesentlichen genauso ab, wie dies bei dem Erwerb körperlicher Waren der Fall ist. Der Benutzer verbindet sich über das Internet mit dem Dienstleistungskatalog des Anbieters, wählt das ihn interessierende Angebot aus und bekommt seine Bestellung von dem Anbieter bestätigt. Ebenso wie bei einem Kaufvertrag im Internet kann im Einzelfall auch der Dienstleistungskatalog auf der Web-Seite des Anbieters bereits als verbindliches Vertragsangebot zu qualifizieren sein, nicht als unverbindliche invitatio ad offerendum.

307 Etwaige **Schadensersatzansprüche** des Benutzers wegen verspäteter, unmöglicher oder mangelhafter Leistung des Anbieters richten sich danach, ob seiner Dienstleistung ein Werk-, Dienst- oder Mietvertrag zugrunde liegt, und weisen keine internetspezifischen Besonderheiten auf.

cc) Sonderfall des Online-Vertriebs: Online-Auktionen

308 Wachsender Beliebtheit erfreut sich der Vertrieb im Wege so genannter **Online-Auktionen**, bei denen Anbieter im Internet eigene Waren und Dienstleistungen versteigern, aber auch Vertragsabschlüsse mit Dritten vermitteln. Diese Online-Auktionen können der herkömmlichen Versteigerung stark angenähert sein, wenn die Benutzer in Echtzeit ihre Gebote abgeben und der Zuschlag gleichfalls in Echtzeit binnen weniger Minuten durch einen Moderator erfolgt.

309 Es existieren aber auch Versteigerungen, die über **mehrere Tage und Wochen** laufen und bei denen die Benutzer ihre Gebote auf der Web-Seite des Anbieters hinterlegen, bis bei Schluss der Versteigerung automatisch das höchste Gebot den Zuschlag erhält. Schließlich veranstalten einige Anbieter selbst keine Auktionen, sondern stellen privaten Benutzern lediglich eine Plattform zur Durchführung ihrer eigenen Auktionen zur Verfügung. Für den hier interessierenden Bereich des Online-Vertriebs B2C soll auf die letztgenannte Form der Online-Auktion jedoch nicht gesondert eingegangen werden.

(1) Vertragsinhalt

310 Es stellt sich die Frage, ob es sich bei Online-Auktionen überhaupt um **Versteigerungen iSd. § 156 BGB** handelt und wie bei einer solchen Auktion ein Vertrag abgeschlossen wird.[2] Nach § 156 BGB gibt bei einer Versteigerung ein Bieter mit seinem Gebot ein Vertragsangebot ab. Dieses Gebot

---

1 *Scheller* in Loewenheim/Koch, Online-Recht, S. 201, führt dazu als Beispiel die Bestellung handwerklicher Leistungen via Internet an.

2 Dabei bleibt unberücksichtigt, ob Online-Auktionen auch als Versteigerungen iSv. § 34b GewO zu qualifizieren sind.

erlischt mit der Abgabe eines höheren Übergebotes oder dem Ende der Versteigerung. Die Annahme des Gebotes und damit der Vertragsschluss erfolgen durch den Versteigerer mit dem Zuschlag. Bei dem Zuschlag handelt es sich um eine nicht empfangsbedürftige Willenserklärung, so dass der Vertrag auch dann zustande kommt, wenn sich der Bieter nach Abgabe seines Gebotes von dem Versteigerungsort entfernt hat.[1] Dabei sieht das klassische Modell der Versteigerung vor, dass die Bieter bei der Durchführung körperlich anwesend sind und ein Auktionator als Kommissionär oder Stellvertreter des Einlieferers des Versteigerungsgutes auftritt. Die Versteigerungssituation ist dabei gekennzeichnet durch augenblicks- und situationsbedingte Entschlüsse der Bieter in einem gegenseitigen Überbieten des jeweils geltenden Höchstgebotes.[2] Bei der Regelung des § 156 BGB handelt es sich um dispositives Recht, so dass der Vertragsschluss bei einer Versteigerung von den Beteiligten auch abweichend geregelt werden kann.

311 Das Merkmal **gleichzeitiger körperlicher Anwesenheit** der Bieter während der Versteigerung kann bei einer Online-Auktion im Internet offensichtlich aus mehreren Gründen nicht erfüllt werden. Zum einen ermöglicht das Internet den Benutzern zwar einen interaktiven simultanen Kommunikationskontakt in Echtzeit, bei dem eine Eingabe gleich nach Erteilung des Absendebefehls verschickt wird und ohne weitere Zwischenschritte zu dem Empfänger gelangt, der auf diese Eingabe gleichfalls unmittelbar reagieren kann. Die dadurch erzeugte Kommunikationssituation ist in ihrer Unmittelbarkeit und Simultaneität zwar der Kommunikation bei körperlicher Anwesenheit angenähert, erreicht jedoch nicht deren Freiheit, Geschwindigkeit und Flexibilität. Hinzu kommt, dass der Kommunikationskontakt aufgrund technischer Unwägbarkeiten wesentlich leichter verzögert, gestört und unterbrochen werden kann, als dies bei einer Kommunikation unter körperlich Anwesenden der Fall ist. Zum anderen kann es einem Benutzer zwar möglich sein, während einer nur wenige Minuten dauernden Versteigerung online zu sein und ihren Verlauf zu verfolgen. Dauert eine Online-Versteigerung jedoch mehrere Tage und Wochen, wird praktisch kaum ein Benutzer dazu in der Lage sein. Dies hat neben dem Fehlen gleichzeitiger körperlicher Anwesenheit auch zur Folge, dass die der herkömmlichen Versteigerung zugrunde liegende Versteigerungssituation mit dem wechselseitigen Überbieten der Bieter bei einer Online-Auktion nur eingeschränkt anzutreffen sein wird. Zwar ist es einem Benutzer möglich, über die Web-Seite des Anbieters Kenntnis von den konkurrierenden Geboten und dem aktuellen Höchstgebot zu erhalten, er kann jedoch nur dann unmittelbar auf ein Gebot reagieren und höher bieten, wenn er gerade online ist und den Versteigerungsverlauf verfolgen kann.

312 Doch selbst wenn eine Online-Auktion nicht alle Merkmale einer herkömmlichen Versteigerung aufweist, erscheint es doch vertretbar, sie unter § 156 BGB zu subsumieren. Denn für eine Versteigerungssituation ist nach der

1 Palandt/*Heinrichs*, § 156 BGB Rz. 1.

2 *Wiebe*, MMR 2000, 323 f.

Wertung des § 156 BGB letztlich entscheidend, dass die Bieter sich mit ihren Geboten **wechselseitig überbieten**, um die Erteilung des Zuschlags zu erreichen, das jeweilige **Höchstgebot** den Bietern bekannt ist und durch einen Zuschlag des Höchstgebotes ein Vertrag mit dem entsprechenden Bieter zustande kommt. Diese Voraussetzungen werden von der Online-Auktion erfüllt.[1] Der Umstand, dass der Zuschlag auch dann wirksam ist, wenn der Bieter sich nach Abgabe seines Gebotes von der Versteigerung entfernt hat, zeigt zudem, dass die gleichzeitige körperliche Anwesenheit der Bieter für eine Versteigerung zwar typisch, letztlich jedoch nicht konstitutiv ist. Damit wird man auch die gleichsam virtuelle Anwesenheit durch einen simultanen Kommunikationskontakt in Echtzeit über das Internet für ausreichend halten können, und zwar auch dann, wenn der Benutzer nur bei der Abgabe seines Gebotes online ist, nicht mehr jedoch beim Ende der Versteigerung.

(2) Vertragsschluss

Versteht man also auch eine Online-Auktion als Versteigerung im Sinne des § 156 BGB, so ergibt sich daraus, wie bei einer solchen Veranstaltung ein **Vertrag abgeschlossen** wird. Der Benutzer gibt entweder durch eine Texteingabe oder das Betätigen entsprechender Funktionsfelder auf der Web-Seite des Anbieters während der Online-Auktion ein Gebot und damit ein Vertragsangebot ab. Gibt danach ein anderer Benutzer ein höheres Gebot ab oder wird die Online-Auktion ohne einen Zuschlag geschlossen, so erlischt dieses Gebot. Die Annahme des Höchstgebotes erfolgt durch den Anbieter mit der Erteilung des Zuschlags. Bei einer kurzen moderierten Auktion in Echtzeit erteilt ein Moderator den Zuschlag, bei einer Versteigerung über einen längeren Zeitraum erhält automatisch das zum Ende der Auktion höchste Gebot den Zuschlag.[2] Hat der Anbieter eigene Waren oder Dienstleistungen in der Auktion angeboten, so schließt er selbst einen Vertrag mit dem Benutzer ab. Hat der Anbieter dagegen die Waren oder Dienstleistungen für einen Dritten versteigert, so handelt er bei dem Zuschlag als dessen Vertreter, und der Vertrag kommt zwischen diesem Dritten und dem Benutzer zustande. 313

III. Online-Vertrieb (B2B)

Warenvertrieb findet im Internet nicht nur im Wege der unmittelbaren Ansprache des privaten oder des kommerziellen Endkunden (hierzu oben Rz. 3 ff. und Rz. 224 ff.) statt (Direktvertrieb). E-Commerce-Anbieter haben 314

1 *Wiebe*, MMR 2000, 324.

2 Bei privaten Auktionen, für die der Anbieter lediglich die Plattform bietet, sehen die AGB des Anbieters häufig vor, dass der versteigernde Benutzer bereits mit der Eröffnung der Internet-Auktion zur Annahme des jeweils höchsten Gebotes verpflichtet wird oder an sein Angebot gebunden wird, sobald das erste wirksame Gebot abgegeben wird. Siehe zur AGB-rechtlichen Zulässigkeit solcher Vertragsschlussregelungen *Wiebe*, MMR 2000, 324 ff.

vielmehr zahlreiche Wege des mittelbaren Vertriebs gefunden. Beispielsweise betreiben viele Service- oder Access-Provider ein Portal, von dem aus mit Hilfe eines (passiven) Links[1] die Angebote verschiedener Online-Händler (zB Amazon.com oder travel24.com) zugänglich sind. Andere Anbieter übernehmen das Angebot eines anderen Unternehmens nur teilweise. Die Technik des Framing und des Deep-Linking gestattet dies[2]. Der Nutzer kann hier jeweils nur auf Produktpräsentationen oder Informationen eines anderen Anbieters zugreifen, und er erkennt häufig nicht, welcher E-Commerce-Anbieter dem angewählten Portal zuliefert. Insbesondere auch die hiermit verbundenen urheberrechtlichen Probleme (hierzu vgl. E Rz. 1 ff.) sind selbstverständlich in einem Vertrag zu regeln. Rechtlich kann es sich bei den Verträgen zwischen den Anbietern – nach deutschem Verständnis – je nach konkreter Ausgestaltung entweder um **Vertragshändler-** oder um **Handelsvertreterbeziehungen** handeln.

1. Anwendbares Recht, Gerichtsstandsvereinbarungen, Schiedsgerichtsvereinbarungen

315 Auch im Ausland sind solche Händler- und Handelsvertreterbeziehungen bekannt[3]. Im Hinblick auf die Gerichtsstands- und Schiedsgerichtsvereinbarungen (s.o. Rz. 5 ff.) ergeben sich hier keine Besonderheiten. Lediglich die Frage des anwendbaren Rechts verdient an dieser Stelle besondere Erörterung.

a) Allgemeines

316 Während der **Handelsvertretrer** damit betraut ist, für ein anderes Unternehmen Geschäfte zu übermitteln oder in dessen Namen abzuschließen (§ 84 Abs. 1 Satz 1 HGB), wird unter einem **Vertragshändlervertrag** (auch „Eigenhändlervertrag") ein Rahmenvertrag verstanden, durch den sich der Vertragshändler verpflichtet, Waren des Herstellers oder Lieferanten im eigenen Namen und auf eigene Rechnung zu vertreiben, und durch den der Eigenhändler in die Verkaufsorganisation des Herstellers eingegliedert wird[4].

317 Bei aller Vielfalt im Internet werden dies mit Abstand die beiden am häufigsten anzutreffenden Vertriebsformen sein. Dabei hat man einen Handelsvertretervertrag dann anzunehmen, wenn beispielsweise in einem Internetportal ein Link für „Bücher" auf das Angebot eines Online-Buchhändlers (zB

1 Zu aktiven und passiven Links, zur Frametechnik und zu Deep-Links vgl. *Sieber* in Hoeren/Sieber (Hrsg.), Multimedia-Recht, Teil 1 Rz. 80 ff.

2 Hierzu *Sieber* in Hoeren/Sieber (Hrsg.), Multimedia-Recht, Teil 1 Rz. 82 ff.

3 *Baldi*, Das Recht des Warenvertriebs in der Europäischen Gemeinschaft, 1988; *Graf von Westphalen* (Hrsg.), Handbuch des Handelsvertreterrechts in EU-Staaten und in der Schweiz, 1995; *Detzer/Zwernemann* (Hrsg.), Ausländisches Recht der Handelsvertreter und Vertragshändler, 1997.

4 BGH v. 21. 10. 1970 – VIII ZR 255/68, BGHZ 54, 338 (340 f.).

Amazon.com oder Buecher.de) platziert wird. Dasselbe gilt, wenn ein Reiseportal es dem Nutzer ermöglicht, über eine ausgefeilte Suchmaschine (Angabe von Zielort, Hotelkategorie, Reisezeit etc.) ein konkretes Angebot eines bestimmten Pauschalreiseanbieters zu finden[1]. Anderes gilt beispielsweise, wenn ein Internetportal selbst bestimmte Produkte (Bücher, Software, Nachrichten) eines anderen gegen Entgelt anbietet; hier handelt es sich um eine Vertragshändlerbeziehung[2].

b) Internationales Handelsvertreterrecht

318 Das Kollisionsrecht des Handelsvertretervertrages ist in dem **Haager-Übereinkommen** über das auf die Stellvertretung anzuwendende Recht vom 14. 3. 1978[3] geregelt; dieses ist lediglich für Argentinien, Frankreich und Portugal am 1. 5. 1992 und für die Niederlande am 1. 10. 1992 in Kraft getreten. Mangels Rechtswahl kommt es hier auf die gewerbliche Niederlassung bzw. den gewöhnlichen Aufenthalt des Handelsvertreters an (Art. 5 des Übereinkommens)[4].

319 Im Übrigen ist darauf hinzuweisen, dass in der Europäischen Union und dem Europäischen Wirtschaftsraum das materielle Handelsvertreterrecht durch die **Richtlinie zur Koordinierung der Rechtsvorschriften** der Mitgliedstaaten betreffend die selbständigen Handelsvertreter vom 14. 12. 1986[5] angeglichen wurde[6]. Zahlreiche Unterschiede sind geblieben, sodass es noch immer auf das jeweils im Einzelfall anwendbare Recht eines EU-Mitgliedstaates ankommt[7].

320 Nach deutschem IPR sind die Parteien eines Handelsvertretervertrages zunächst berechtigt, das **anwendbare Recht selbst zu wählen** (Art. 27 EGBGB). Dies ist zum einen wegen der Unterschiede in den einzelnen EU-Rechtsordnungen sinnvoll; für Vertreter aus Nicht-EU-Staaten sind darüber hinaus Abweichungen vom ansonsten zwingenden Handelsvertreterrecht möglich (Rz. 323).

321 Mangels Rechtswahl gilt nach deutschem IPR (Art. 28 Abs. 2 Satz 2 EGBGB) das Recht des Staates, in welchem sich die **Niederlassung** des Handelsvertreters befindet, da dieser die charakteristische Leistung der Absatzförderung

---

1 Vgl. auch *Ende/Klein*, Grundzüge des Vertriebsrechts im Internet, 2001, S. 54 ff.

2 Vgl. auch *Ende/Klein*, Grundzüge des Vertriebsrechts im Internet, 2001, S. 69 ff., 88 ff.

3 Abgedruckt in RabelsZ 43 (1979), 176 ff.

4 Im Einzelnen s. auch *Müller-Freienfels*, RabelsZ 43 (1979), 80 (99 f.).

5 RL 86/853/EWG, ABl. EG 1986 Nr. L 382/17.

6 Zur Umsetzung der Richtlinien in den einzelnen EU-Mitgliedstaaten vgl. *Graf von Westphalen* (Hrsg.), Handbuch des Handelsvertreterrechts in den EU-Staaten und der Schweiz, 1995; *Detzer/Zwernemann* (Hrsg.), Ausländisches Recht der Handelsvertreter und Vertragshändler, 1997.

7 *Westphal*, Die Handelsvertreterrichtlinie und deren Umsetzung in den Mitgliedsstaaten der Europäischen Union, 1994, S. 215 ff.

erbringt[1]. Die Niederlassung des Vertreters gilt selbst dann, wenn sein Tätigkeitsgebiet in einem oder mehreren anderen Staaten liegt[2]. Lediglich unter besonderen Umständen kann die gemeinsame Staatsangehörigkeit von Unternehmen und Handelsvertretern eine engere Verbindung (Art. 28 Abs. 2 EGBGB) zu diesem Staat begründen[3].

322 Im Online-Bereich ist also in der Regel auf die gewerbliche Niederlassung des Portalbetreibers abzustellen. Wie auch sonst, kommt es nicht auf den Standort des Servers, geschweige denn auf den Wohnsitz oder Aufenthalt des Nutzers an. Bei mehreren Niederlassungen kommt es auf diejenige an, von der aus das Portal betrieben wird.

323 Im Handelsvertreterrecht gibt es eine Fülle von Vorschriften, die sich uU selbst gegenüber einer Rechtswahl durchsetzen (Art. 34 EGBGB). So hat der EuGH unlängst entschieden, dass bestimmte Vorschriften der Handelsvertreterrichtlinie gegenüber einem Drittland-Prinzipal (nicht aus der EU oder dem EWR) **unabdingbar** sind, insbesondere die Vorschriften über die Ansprüche des Handelsvertreters nach Vertragsbeendigung[4]. Darüber hinaus ist § 92c Abs. 1 HGB zu beachten, wonach trotz Wahl deutschen Rechts die zwingenden Vorschriften des HGB abdingbar sind, wenn der Handelsvertreter seine Tätigkeit nicht in der EU oder dem EWR ausübt[5].

c) Internationales Vertragshändlerrecht

324 Das Kollisionsrecht des Vertragshändlervertrages ist ebenfalls nicht geregelt.

Eine **Rechtswahl** ist gem. Art. 27 Abs. 1 Satz 1 EGBGB zulässig[6]. Auf den Vertragshändlervertrag selbst findet auch das **UN-Kaufrecht** keine Anwendung, da es sich um einen Rahmenvertrag handelt, bei dem es an den typischen Verkäufer- und Käuferpflichten fehlt[7]. Dies schließt freilich nicht aus, dass die Einzelverträge des Einkaufs zwischen Hersteller und Vertrags-

---

1 BGH v. 12. 5. 1993 – VIII ZR 110/93, NJW 1993, 2753 (2754); OLG Düsseldorf v. 10. 2. 1994 – 6 U 32/93, RIW 1995, 53 (55); Erman/*Hohloch*, BGB, Art. 28 EGBGB Rz. 53.

2 *Sura*, DB 1981, 1271; *Kränzlin*, ZVglRWiss 83 (1984), 277 f.; *Martiny* in Reithmann/Martiny, Internationales Vertragsrecht, 5. Aufl. 1996, Rz. 1411; anders *Birk*, ZVglRWiss 79 (1980), 282 f.

3 RG v. 22. 10. 1929 – II 33/29, IPRspr. 1930, Nr. 32; LG Hamburg v. 19. 6. 1980 – 21 O 10/80, IPRax 1981, 174.

4 EuGH v. 9. 11. 2000 – Rs. C-381/98 (Ingmar GB Ltd./Eaton Leonhard Technologies Inc.), NJW 2001, 2007 (2008); siehe auch schon *Reich*, NJW 1994, 2128 (2130 f.); *Ferry*, Clunet 120 (1993), 303 f.; *Martiny*, ZEuP 1995, 67 (87).

5 Hierzu im Einzelnen *Baumbach/Hopt*, HGB, § 92c Rz. 1; *Martiny* in Reitmann/Martiny, Internationales Vertragsrecht, 5. Aufl. 1996, Rz. 1415 f.

6 OLG Frankfurt/M. v. 25. 12. 1991 – 6 U (Kart) 109/91, DtZ 1992, 246 f.

7 Von *Caemmerer/Schlechtriem*, UN-Kaufrecht, Vor Art. 14–28 Rz. 7; vgl. auch die Entscheidung zum EKG: BGH v. 4. 4. 1979 – VIII ZR 199/78, BGHZ 74, 136 (139 f.); BGH v. 26. 11. 1980 – VIII ZR 261/79, NJW 1981, 1156.

händler nach dem UN-Kaufrecht zu beurteilen sind, wenn dieses nicht ausdrücklich oder stillschweigend ausgeschlossen wurde[1].

325 Welches Recht auf den Vertragshändlervertrag Anwendung findet, wenn eine Rechtswahl nicht erfolgt ist, wird unterschiedlich beantwortet. Die herrschende Meinung geht allerdings davon aus, dass der Vertragshändler selbst die charakteristische Leistung gem. Art. 28 Abs. 2 EGBGB erbringt, sodass die Rechtsordnung an seiner Niederlassung Maß gibt[2]. Andere befürworten die Anknüpfung an das Tätigkeitsgebiet des Vertragshändlers[3]; eine dritte Meinung stellt auf den Niederlassungsort des Lieferanten/Herstellers ab[4]. Richtigerweise wird man jedoch für den Rahmenvertrag die Absatzleistung des Vertragshändlers in den Vordergrund stellen, sodass an dessen Hauptniederlassung bzw. die Niederlassung, die den Vertrag hauptsächlich abwickelt, anzuknüpfen ist. Lediglich in Einzelfällen mag eine engere Verbindung zum Recht des Tätigkeitsstaates oder zum Recht des Lieferanten/Herstellers gegeben sein, sodass über Art. 28 Abs. 5 EGBGB hier eine Ausnahmeanknüpfung angezeigt ist[5].

2. Vertragsrecht

326 Grenzt man den Online-Vertrieb im Verhältnis B2B von dem Vertrieb B2C ab, so sind in vertragsrechtlicher Hinsicht zwei Unterschiede nennenswert.

327 Bei dem Online-Vertrieb B2C stehen sich ein gewerblicher Anbieter und ein privater Verbraucher gegenüber. B2B dagegen bedeutet – wie schon in Rz. 61 ausgeführt –, dass **Unternehmen** miteinander kontrahieren.

328 Auch das Umfeld des Vertragsschlusses unterscheidet den Online-Vertrieb B2B von dem B2C. Schließt ein Verbraucher mit einem Anbieter in der Regel einen Vertrag, indem er sich mit dessen Web-Seite verbindet und dort Waren oder Dienstleistungen bestellt, so kontrahieren Unternehmen miteinander zwar auch unter Verwendung von E-Mail-Kommunikation, zunehmend aber über gemeinsame so genannte **virtuelle Marktplätze**. Abweichungen zur Rechtslage beim Vertragsschluss B2C können sich daher beim Online-Vertrieb B2B zum einen aus den Eigenschaften der Vertragsparteien selbst und zum anderen aufgrund des Vertragsschlusses über einen virtuellen Marktplatz ergeben.

---

1 Hierzu *Holthausen*, RIW 1989, 514 ff.

2 OLG Düsseldorf v. 4. 6. 1993 – 17 U 13/93, RIW 1993, 761 (762); OLG Koblenz v. 16. 1. 1992 – 5 U 534/91, RIW 1992, 1019 (1020 f.); Erman/*Hohloch*, BGB, Art. 28 EGBGB Rz. 53; MünchKomm/*Martiny*, BGB, Art. 28 EGBGB Rz. 159; *Müller-Feldhammer*, RIW 1994, 928 f.; *Kindler*, RIW 1987, 664 f.; *Schurig*, IPRax 1994, 29 f.

3 OLG Hamburg v. 9. 7. 1976 – 1 U 138/75, IPRspr. 1976 Nr. 125b, S. 368 f.; LG München I v. 24. 5. 1982 – 3 HKO 4714/81, IPRspr. 1982, Nr. 141, S. 344 f.

4 RG v. 8. 1. 1929 – 310/28 II, JW 1929, 1291 f.

5 So auch *Müller-Feldhammer*, RIW 1994, 928 f.

a) Handelsgeschäfte im Internet

329 Unternehmen schließen im Internet zumeist als Kaufleute im Betrieb ihres Handelsgewerbes Verträge miteinander ab. Für solche **Handelsgeschäfte** im Sinne des § 343 HGB enthält das vierte Buch des HGB Vorschriften, die den Erfordernissen des kaufmännischen Verkehrs angepasst sind und die den allgemeinen bürgerlich-rechtlichen Normen vorgehen oder diese ergänzen. Von besonderer Relevanz für den Online-Vertrieb B2B sind dabei die Bestimmungen über das Schweigen im Handelsverkehr und den Handelskauf. Daneben enthält auch das AGBG besondere Regelungen zur Verwendung Allgemeiner Geschäftsbedingungen im kaufmännischen Verkehr. Auf beide Punkte wurde schon im Rahmen der allgemeinen Ausführungen zum Vertragsschluss eingegangen (vgl. oben Rz. 77 f., 220 ff.).

aa) Der Handelskauf

330 Nutzen Unternehmen das Internet zum Online-Vertrieb von Waren oder Wertpapieren business-to-business, so sind neben den allgemeinen bürgerlich-rechtlichen Vorschriften zum Kaufrecht auch die besonderen **handelsrechtlichen Regelungen** zum Handelskauf zu berücksichtigen (§§ 373 ff. HGB). Diese Vorschriften dienen einer schnellen Abwicklung des Kaufvertrages, indem sie vornehmlich die Rechtsstellung des Verkäufers stärken. Gerät beispielsweise der Käufer mit der Annahme der Kaufsache in Verzug, so kann sich der Verkäufer der Ware entledigen, indem er sie auf Gefahr und Kosten des Käufers hinterlegt. Daneben kann er auch einen Selbsthilfeverkauf durchführen, um von seiner Lieferpflicht befreit zu werden (§ 373 HGB). Die Vorschriften über den Handelskauf weisen zudem Besonderheiten bezüglich der Mängelhaftung des Verkäufers auf. Ist der Kaufvertrag für beide Parteien ein Handelsgeschäft, trifft den Käufer hinsichtlich der gelieferten Waren oder Wertpapiere eine erweiterte Untersuchungs- und Rügepflicht. Weist die Lieferung einen Mangel iSd. § 459 BGB auf oder werden andere als die bestellten Waren oder Wertpapiere bzw. die vereinbarten Mengen geliefert, so muss der Käufer dies dem Verkäufer unverzüglich anzeigen, um seiner Gewährleistungs- und Erfüllungsansprüche nicht verlustig zu gehen. Denn bei einem Unterlassen der Rüge gilt die Lieferung als genehmigt mit der Folge, dass der Käufer weder Mängelgewährleistung noch Erfüllung verlangen kann (§§ 377 f. HGB).

bb) Die Einbeziehung von AGB

331 Neben dem HGB enthält auch das AGBG besondere Vorschriften für den kaufmännischen Verkehr, die beim Online-Vertrieb B2B von Bedeutung sein können. Denn das AGBG behandelt, wie schon ausgeführt, den Nichtkaufmann und den Unternehmer nicht nur bezüglich der inhaltlichen Zulässigkeit Allgemeiner Geschäftsbedingungen unterschiedlich, sondern auch im Hinblick auf die Einbeziehungsvoraussetzungen. Die **Einbeziehungsvoraus-**

setzungen des § 2 Abs. 1 AGBG gelten gerade nicht, wenn der Vertragspartner des Verwenders bei Abschluss des Vertrages in Ausübung seiner gewerblichen oder selbständigen beruflichen Tätigkeit handelt (§ 24 Satz 1 AGBG). Hier genügt für eine wirksame Einbeziehung, dass der Verwender zumindest konkludent auf seine Allgemeinen Geschäftsbedingungen verweist und sie seinem Vertragspartner auf Wunsch überlässt, ohne dass er sie ihm bereits beim Vertragsschluss vorlegen muss.

b) Der Vertragsschluss über einen virtuellen Marktplatz

Weitere vertragsrechtliche Besonderheiten des Online-Vertriebes im Verhält- 332
nis B2B können sich aus dem Umstand ergeben, dass der Vertragsschluss zwischen Unternehmen im Internet zunehmend über Internet-Handelsplattformen, so genannte virtuelle Marktplätze, erfolgt. Dabei ist der Begriff des **virtuellen Marktplatzes** denkbar unklar und wird uneinheitlich gebraucht, mal für Shopping Malls, die sich statt an Verbraucher an Unternehmen wenden, mal für Portale, bei denen Unternehmen einer Branche ihre Bestell- und Lieferprozesse zur Rationalisierung und Kostenersparnis online abwickeln.[1]

Bei unterschiedlichster Gestaltung im Detail wird man unter einem virtuel- 333
len Marktplatz generell eine interaktive Website zu verstehen haben, die mit einer Anbindung an die Back-End-Systeme der beteiligten Unternehmen ein **internetbasiertes geschäftliches Handeln** ermöglichen soll. Das rechtsgeschäftliche Handeln kann dabei durch Mitarbeiter des Unternehmens erfolgen oder vollständig automatisiert werden. Möglich ist weiterhin, dass der Betreiber eines Marktplatzes den angeschlossenen Unternehmen lediglich eine Plattform zur Verfügung stellt, ohne weiter an dem Kontakt zwischen zwei Unternehmen und dem Abschluss eines Vertrags beteiligt zu sein; er kann allerdings auch an der Vertragsanbahnung und -abwicklung unmittelbar mitwirken.

Dabei erfolgt der **Vertragsschluss** auf einem virtuellen Marktplatz nicht 334
wesentlich anders, als dies bei der Kommunikation über eine Website üblicherweise der Fall ist. Wie auch beim Vertragsschluss über die Website eines Anbieters kontrahieren die Parteien unter Abwesenden. Der Vertrag wird natürlich durch die Abgabe zweier sich deckender Willenserklärungen abgeschlossen, wobei es sich – je nach Gestaltung des Marktplatzes – bei einem Angebot entweder bereits um ein verbindliches Vertragsangebot handeln kann oder um eine unverbindliche invitatio ad offerendum. Weiterhin kann auf einer Seite oder auch bei beiden Vertragspartnern der Kommunikationsvorgang vollständig automatisiert sein, sodass die jeweiligen Computeranlagen Willenserklärungen abgeben und auch empfangen können. Die beim Vertragsschluss unter Abwesenden zu wahrende Annahmefrist wird auf

1 Als Beispiele zu nennen sind die Internet-Plattformen „Covisint" und „MyAircraft.com", gemeinsame Handelsplätze von Automobilherstellern bzw. Luft- und Raumfahrt-Unternehmen und deren Zulieferer, die der Kommunikation, Beschaffung und Produktentwicklung dienen sollen.

einem virtuellen Marktplatz denkbar kurz zu bemessen sein, insbesondere, wenn der Kommunikationsvorgang teilweise oder vollständig automatisiert ist. Wirkt der Betreiber des virtuellen Marktplatzes bei dem Vertragsschluss mit, so kann er nach den Umständen des Einzelfalles entweder als Bote oder als Vertreter der Parteien zu qualifizieren sein.

IV. Online-Vertrieb (B2C)

1. Anwendbares Recht

335 Für das anwendbare Recht sowie Gerichtsstandsvereinbarungen und Schiedsgerichtsvereinbarungen in Vertriebsverträgen, die eine Versorgung des Endverbrauchers zum Gegenstand haben, wird auf die Ausführungen oben Rz. 314 ff. verwiesen.

2. Vertragsrecht

336 Verträgen, die das Netz als Mittel zum Zweck haben, ist gemeinsam, dass zum einen der Vertragsschluss zwischen dem Anbieter und dem Benutzer über das Internet erfolgt und zum anderen auch die für den Vertrag charakteristische **Leistung im Netz erbracht wird.** Anders als beim Vertrieb körperlicher Waren oder Dienstleistungen, die im Internet bestellt, aber auf konventionellem Weg an den Benutzer geschickt oder erbracht werden, kontrahieren die Parteien über das Internet, der Benutzer erhält online immaterielle Güter oder Dienstleistungen und bezahlt diese häufig auch online.[1] Insbesondere im Bereich des Versandhandels bieten die Anbahnung und Durchführung des Vertrags im Internet sowohl dem Anbieter als auch dem Benutzer wesentliche Vorteile. Dem Anbieter steht mit dem Internet ein neuer und globaler Vertriebskanal zur Verfügung. Da er seine Waren nicht mehr körperlich bereithalten muss, kann er sofort weltweit online liefern, ohne sie auf Vorrat produzieren und lagern oder eine Vertriebsinfrastruktur unterhalten zu müssen. Von den dadurch möglichen Einsparungen kann auch der Benutzer über niedrigere Endpreise profitieren. Zudem kann er komfortabel vom heimischen Computer aus bestellen und muss nicht mehr warten, bis ihm die bestellte Ware zugeschickt wird, wenn er sie direkt nach der Bestellung über das Internet erhält.

337 Naturgemäß können über das Internet lediglich digitalisierbare Güter geliefert und immaterielle Dienstleistungen erbracht werden; daher betreffen die meisten Verträge, die im Internet geschlossen und auch abgewickelt werden, die Überlassung von Software oder sonstigen Daten sowie die Nutzung von Online-Datenbanken.

1 Vgl. *Scheller* in Loewenheim/Koch, Online-Recht, S. 212, der als Charakteristikum anführt, dass die gesamte Leistungsbeziehung zwischen Anbieter und Benutzer „ohne Medienbruch“ vollzogen werden kann.

a) Softwareüberlassung

Der Vertrieb von Software über das Internet ist bereits etabliert. Softwarehersteller machen schon lange von der Möglichkeit Gebrauch, ihren Kunden Updates und Patches, aber auch vollständige Computerprogramme nicht mehr in Form eines körperlichen Datenträgers, sondern zum **Download** zur Verfügung zu stellen. Teilweise erfolgt diese Softwareüberlassung entgeltlich, jedoch kann im Internet auch eine unendliche Vielzahl von Programmen von einfachen Spielen und Tools bis hin zu ganzen Betriebssystemen und Office-Anwendungen als Free- oder Shareware kostenlos heruntergeladen werden. 338

aa) Vertragsinhalt

Liegt der **entgeltlichen** und zeitlich unbegrenzten Überlassung von Standardsoftware in Form eines Datenträgers nach ganz herrschender Meinung ein **Kaufvertrag** im Sinne der §§ 433 ff. BGB zugrunde,[1] so kann auf den ersten Blick fraglich sein, ob auch der entgeltliche Download zur zeitlich unbegrenzten Nutzung der Software ein solcher Vertrag ist. Denn der Übertragung der Software durch das Internet fehlen wesentliche Merkmale des Kaufvertrages. Es findet keine Übergabe und Übereignung einer Sache und damit auch keine Vermögensverschiebung statt, da der Anbieter dem Benutzer keinen Datenträger mit der Software übergibt und die Software auch nach dem Download auf dem Server des Anbieters gespeichert ist und noch beliebig oft heruntergeladen werden kann. Jedoch können nicht nur Sachen, also körperliche Gegenstände gemäß § 90 BGB Kaufgegenstand sein, sondern auch Rechte und alle anderen wirtschaftlich verkehrsfähigen Güter.[2] Das Fehlen eines körperlichen Kaufgegenstandes, der übergeben und übereignet wird, steht einer Qualifizierung als Kaufvertrag also nicht zwingend entgegen, da auch das unkörperliche Computerprogramm, das über die Netzwerkleitungen übertragen wird, ein wirtschaftlich verkehrsfähiges Gut ist. Weiterhin erlangt der Benutzer mit dem Download ein einfaches Nutzungsrecht und damit die Befugnis, die Software zeitlich unbegrenzt zu verwenden, sodass zumindest auf seiner Seite eine Vermögensvermehrung festzustellen ist. Dass dieser Mehrung aufgrund der beliebigen Reproduzierbarkeit der Software kein Vermögensverlust bei dem Anbieter gegenübersteht, spricht letztlich nicht gegen die Annahme eines Kaufvertrages. Im Ergebnis kommt es auf eine tatsächliche Vermögenseinbuße bei dem Anbieter nicht entscheidend an, solange das Vermögen des Benutzers einen Zuwachs erfährt.[3] Wird dem Benutzer daher die Software über das Internet zur entgeltlichen und zeitlich unbegrenzten Nutzung überlassen, so stellt dies einen Kaufvertrag dar.[4] 339

---

1 Palandt/*Putzo*, § 433 BGB Rz. 5, mwN.
2 Palandt/*Putzo*, § 433 BGB Rz. 1 ff.
3 *Busse*, CR 1996, 390.
4 Im Ergebnis auch *Roth* in Loewenheim/Koch, Online-Recht, S. 69.

340 Kann der Benutzer die Software dagegen **unentgeltlich** herunterladen, so scheidet ein Kaufvertrag aus. Die Einordnung des Vertrages hat sich dann zunächst danach zu richten, ob dem Benutzer ein unbegrenzten Nutzungsrecht eingeräumt wird. Steht ihm die Software zeitlich unbegrenzt zur Verfügung, so kann es sich um eine **Schenkung** handeln. Ist die Funktionalität dagegen zeitlich begrenzt und kann die Software daher nur über einen bestimmten Zeitraum hinweg genutzt werden, wie dies bei Demo- oder Try-out-Versionen häufig der Fall ist, so wird der zugrunde liegende Vertrag möglicherweise als **Leihe** zu qualifizieren sein.[1]

341 Gegebenenfalls ist eine unentgeltliche Softwareüberlassung nicht als Schenkungs- oder Leihvertrag, sondern lediglich als ein **Gefälligkeitsverhältnis** zu qualifizieren. Im elektronischen ebenso wie im herkömmlichen Rechtsverkehr liegt ein vertragliches Schuldverhältnis nur dann vor, wenn die Parteien mit einem ausdrücklich erklärten oder konkludenten Rechtsbindungswillen eine Vereinbarung treffen. Dagegen handelt es sich um ein Gefälligkeitsverhältnis ohne Rechtsbindungswillen, wenn die Parteien eine Vereinbarung über ein unentgeltliches und uneigennütziges Verhalten treffen und wenn die wirtschaftliche und rechtliche Bedeutung dieses Verhaltens, ferner dessen Art, Grund und Zweck sowie die Interessenlage der Parteien darauf schließen lassen, dass keine vertragliche Verpflichtung begründet werden soll. Bei der Ermittlung des Rechtsbindungswillens ist maßgeblich, wie sich das Verhalten der Parteien nach Treu und Glauben mit Rücksicht auf die Verkehrssitte für den objektiven Beobachter darstellt.[2]

342 Vor diesem Hintergrund lassen sich **keine allgemein gültigen Regeln** dazu aufstellen, wann eine unentgeltliche Softwareüberlassung im Internet eine Schenkung bzw. Leihe oder aber eine bloße Gefälligkeit darstellt. Ein wichtiges Kriterium zur Beurteilung des **Rechtsbindungswillens** der Parteien ist, in welchem Rahmen der Anbieter dem Benutzer die Software zum Download präsentiert. Handelt es sich beispielsweise um einen kommerziellen Internet-Auftritt, bei dem der Benutzer sich vor dem Download unter Angabe seiner Personalien registrieren muss und bei dem der Anbieter sich auf Lizenz- oder sonstige Geschäftsbedingungen bezieht, so spricht dies für einen Rechtsbindungswillen und eine vertragliche Softwareüberlassung. Dagegen wird man bei einer nicht gewerblichen Homepage, auf der ein Anbieter der Allgemeinheit von ihm selbst programmierte Software zur Verfügung stellt, eine Rechtsbindung eher zu verneinen haben.

343 Ferner ist die wirtschaftliche und rechtliche **Interessenlage des Anbieters** bei der Softwareüberlassung zu prüfen. Bietet er etwa ein kostenloses Update oder einen der Beseitigung von Programmierfehlern dienenden Patch zu einem im Übrigen entgeltlich vertriebenen Computerprogramm an, so deutet dies auf einen Rechtsbindungswillen hin. Verfolgt er dagegen lediglich einen Werbe- oder gar einen altruistischen Zweck, so spricht dies wiederum gegen

1 *Roth* in Loewenheim/Koch, Online-Recht, S. 69 f.
2 Palandt/*Heinrichs*, Einl. v. § 241 BGB Rz. 9.

die Annahme eines Vertragsschlusses. Auch ist bezüglich der Interessenlage des Anbieters zu berücksichtigen, dass bei einem frei und jedermann zugänglichen Download eine vertragliche Bindung gegenüber einer nicht überschaubaren Anzahl von Benutzern möglich ist und es dem Anbieter nach Treu und Glauben nicht ohne weiteres zugemutet werden kann, mit dieser Vielzahl von Benutzern zu kontrahieren und sich damit letztlich einem nicht kalkulierbaren Haftungsrisiko auszusetzen, ohne dass er dafür eine adäquate Gegenleistung erhält.[1]

Zusammenfassend ist festzuhalten, dass bei der entgeltlichen und dauerhaften Überlassung von Software über das Internet ein Kaufvertrag zwischen dem Anbieter und dem Benutzer abgeschlossen wird. Erfolgt die Softwareüberlassung unentgeltlich, so kann es sich – bei entsprechendem Rechtsbindungswillen der Parteien – um einen Schenkungs- oder Leihvertrag handeln. Lassen die Umstände des Einzelfalls nicht auf einen Rechtsbindungswillen schließen, so liegt kein vertragliches Schuld-, sondern lediglich ein Gefälligkeitsverhältnis vor. 344

Denkbar, jedoch in der Praxis noch nicht verbreitet, ist schließlich der Internet-Vertrieb von Software, die im Rahmen eines **Werkvertrages** nach den individuellen Vorgaben des Benutzers von dem Anbieter entwickelt wird. Gleiches gilt für die entgeltliche und daher mietvertragliche Überlassung von Standardsoftware auf Zeit. Der Grund dafür dürfte sein, dass bei solchen Verträgen zumeist umfangreichere und individuellere Regelungen getroffen werden müssen, als dies bei einem automatisierten und damit standardisierten Vertragsschluss und Vertrieb im Internet möglich ist. 345

bb) Vertragsschluss

Ein Vertrag wird bei dem Vertrieb von Software über das Internet typischerweise so geschlossen, dass sich der Benutzer mit der Homepage des Anbieters verbindet und ihm dort die abrufbaren Programme vorgestellt werden, häufig mit mehr oder weniger detaillierten Angaben zu ihren Funktionen und Systemanforderungen. Der Benutzer kann dann angeben, welches Programm er erwerben möchte, etwa indem er eine entsprechende Formularseite ausfüllt und abschickt oder auf der Web-Seite des Anbieters ein Funktionsfeld anklickt oder eine Funktionstaste drückt. Wird die Software dem Benutzer entgeltlich überlassen, so kann er bei seiner Bestellung in der Regel auch seine Kreditkartennummer angeben. Die Bestellung kann von der Computeranlage des Anbieters nach entsprechender Verarbeitung noch mittels einer entsprechend angepassten Web-Seite angenommen werden, oder aber der Abschluss des Bestellvorgangs führt direkt zu dem Download der gewünschten Software. Ein Vertrag kann beispielsweise auch dadurch geschlossen werden, dass auf der Web-Seite des Anbieters lediglich die ge- 346

1 Vgl. auch die Beurteilung des Rechtsbindungswillens bei *Schmitz*, MMR 2000, 396 f., zur Gefälligkeit beim unentgeltlichen Informationserwerb via Internet.

wünschte Software mit einem Hyperlink aufgeführt ist und direkt nach dem Anklicken dieses Hyperlinks durch den Benutzer die Software auf seinen Computer heruntergeladen wird.

(1) Verbindliches Angebot oder invitatio ad offerendum?

347 Auch beim Vertrieb von Software über das Netz stellt sich die schon oben erörterte Frage, ob die Web-Seite des Anbieters, von der aus der Benutzer die gewünschte Software auswählen und herunterladen kann, lediglich eine invitatio ad offerendum oder aber ein verbindliches Angebot darstellt. Hier kann auf die obigen Ausführungen in Rz. 203 ff. verwiesen werden; die Qualifizierung einer Homepage als unverbindliche invitatio ad offerendum oder als verbindliches Vertragsangebot richtet sich gemäß §§ 133, 157 BGB grundsätzlich danach, wie sie der Benutzer im **Einzelfall nach Treu und Glauben** unter Berücksichtigung der Verkehrssitte verstehen muss.[1] Bezeichnet der Anbieter daher selbst auf seiner Web-Seite die Präsentation der herunterzuladenden Software ausdrücklich als verbindliches Vertragsangebot, so muss der Benutzer auch davon ausgehen, der Anbieter wolle sich bereits mit dieser Seite zur Softwareüberlassung verpflichten. Umgekehrt wird es sich nicht um ein Angebot handeln, wenn der Anbieter erklärt, mit der bloßen Präsentation seiner Software noch nicht zur Lieferung über das Internet verpflichtet sein zu wollen (Disclaimer). Erst wenn sich der Anbieter zur eigenen Leistungsverpflichtung nicht oder unklar äußert, ist zu ermitteln, ob in seiner Web-Seite ein Vertragsangebot oder eine invitatio ad offerendum zu sehen ist. Für den an dieser Stelle interessierenden Vertrieb von Software über das Internet können dabei die Argumente, die für eine generelle Qualifizierung der Web-Seite als invitatio ad offerendum angeführt werden, nicht durchgreifen. Es ist zu berücksichtigen, dass die Software von dem Server des Anbieters beliebig häufig heruntergeladen werden kann. Da der Anbieter also nicht auf eine Lieferung vorrätiger körperlicher Waren beschränkt ist, sondern die Software praktisch jedem Benutzer zukommen lassen kann, hat er nicht zu befürchten, dass er über seine Leistungsfähigkeit hinaus vertraglich verpflichtet wird und eine größere Anzahl an Computerprogrammen überlassen muss, als es ihm tatsächlich möglich ist. Entsprechend hat er auch kein Interesse daran, sich die Entscheidungsfreiheit über den Vertragsschluss zu bewahren und nach der Präsentation der Software, aber vor einem verbindlichen Vertragsangebot noch seine eigene Leistungsfähigkeit zu überprüfen. Andererseits wird auch der Benutzer davon ausgehen, dass er die auf der Web-Seite angebotene Software sofort herunterladen kann und der Anbieter sich bereits mit dieser Präsentation vertraglich binden will. Kann der Benutzer also auf der Web-Seite des Anbieters Software zum Download auswählen, so wird dies regelmäßig bereits als verbindliches Vertragsangebot des Anbieters zu werten sein, das der Benutzer annimmt,

1 Ständige Rechtsprechung, vgl. BGH v. 5. 7. 1990 – IX ZR 10/90, NJW 1990, 3206; BGH v. 12. 3. 1992 – IX ZR 141/91, NJW 1992, 1446 f.

indem er den Download der Software durchführt und damit bereits den Leistungsaustausch einleitet.[1]

(2) Annahmefrist

348 Da der Vertragsschluss über die Web-Seite des Anbieters unter Abwesenden erfolgt, kommt ein Vertrag über die Softwareüberlassung nur dann zustande, wenn der Benutzer das Angebot des Anbieters innerhalb der Frist gemäß § 147 Abs. 2 BGB annimmt. Die **Überlegungsfrist** des Benutzers bestimmt sich dabei im Wesentlichen nach dem Vertragsinhalt. Da jedoch der gesamte Vertrag online abgeschlossen und auch erfüllt wird, kann der Anbieter von einer erheblich kürzeren Überlegungsfrist als im herkömmlichen Rechtsverkehr ausgehen, sodass ein Angebot bereits nach wenigen Minuten verfallen kann. Bei der Zeit für die Erstellung der Annahmeerklärung ist schließlich zu berücksichtigen, dass der Benutzer zur Annahme zumeist lediglich eine vorgefertigte Formularseite ausfüllen oder einen Mausklick ausführen muss, sodass auch insoweit lediglich von einigen Minuten auszugehen ist. Im Ergebnis wird daher die Annahmefrist bei einer Online-Bestellung regelmäßig nur wenige Minuten betragen.

cc) Leistungsstörungen

349 Ist zwischen Anbieter und Benutzer ein Vertrag über die Softwareüberlassung zustande gekommen, so erfüllt der Anbieter seine Vertragsverpflichtung, indem er dem Benutzer die Möglichkeit einräumt, die Software von dem Server auf seinen Computer herunterzuladen. Bei entgeltlicher Überlassung leistet der Benutzer den Kaufpreis in der Regel dadurch, dass er dem Anbieter seine Kreditkartennummer mitteilt und sein Konto entsprechend belastet wird. Wird dieser vertragliche **Leistungsaustausch gestört**, weil die Software nicht oder nur verspätet heruntergeladen werden kann, dann haftet der Anbieter grundsätzlich nach dem allgemeinen Leistungsstörungsrecht für Unmöglichkeit und Verzug und schuldet dem Anwender Schadensersatz wegen Nichterfüllung.

350 Kann die Software heruntergeladen werden, ist sie jedoch **mangelhaft**, so ist hinsichtlich der Rechtsfolgen danach zu differenzieren, ob die Softwareüberlassung entgeltlich erfolgt – und daher nach Kaufrecht zu beurteilen ist – oder unentgeltlich im Rahmen einer Schenkung oder Leihe.

---

1 Vgl. *Jessen* in Lehmann, Rechtsgeschäfte im Netz – Electronic Commerce, 1999, S. 140. Dieses Ergebnis entspricht im Übrigen auch der damals hM zum entgeltlichen Abruf von Daten über Btx, die aufgrund der faktischen Simultaneität des Abrufs und der Übersendung der gewünschten Daten als Vertragserfüllung bereits in dem Angebot durch den Anbieter eine verbindliche Vertragsofferte sah, zB *Bartl*, DB 1982, 1100; *Brinkmann*, ZUM 1985, 338; *Kleier*, WRP 1983, 535; *Redeker*, NJW 1984, 2390 f.

(1) Gewährleistung beim Kaufvertrag

351 Wie generell im Kaufrecht hat der Anbieter auch bei der entgeltlichen Softwareüberlassung über das Internet dafür einzustehen, dass die Software als Kaufsache im Zeitpunkt des Gefahrübergangs **keine Fehler** hat und alle **zugesicherten Eigenschaften** aufweist (§ 459 BGB). Dabei ist der Zeitpunkt des Gefahrübergangs nicht nur als Beurteilungszeitpunkt für eine Mangelhaftigkeit der Kaufsache, sondern auch für die Frage von Bedeutung, wer das Risiko einer Verschlechterung oder eines Verlusts der Kaufsache auf dem Weg vom Verkäufer zum Käufer zu tragen hat (§ 446 BGB).

(a) Gefahrübergang

352 Der Gefahrübergang wird im herkömmlichen Geschäftsverkehr regelmäßig durch die Aushändigung der Kaufsache an den Käufer markiert. Problematisch jedoch stellt sich die Bestimmung des Gefahrübergangs beim Vertrieb von Software über das Internet dar, da hier eine körperliche Übergabe gerade nicht stattfindet, sondern eine **unkörperliche Übertragung** durch die Netzwerkleitungen. Doch an welcher Stelle zwischen der Versendung der Software von dem Server des Anbieters bis zu ihrem Gelangen zu dem Computer des Anwenders ist der Gefahrübergang anzusiedeln? Denkbar wäre, die gesetzlichen Regelungen zum Versendungskauf heranzuziehen, die vorsehen, dass die Gefahr auf den Käufer übergeht, sobald der Verkäufer die Ware einer Beförderungsperson zum Transport zu dem Käufer übergibt (§ 447 BGB). Dafür könnte immerhin sprechen, dass beim Softwarevertrieb im Internet ähnlich wie beim Versendungskauf ein Transport der Kaufsache vom Verkäufer zum Käufer stattfindet, wenn auch unkörperlich und auf anderem Wege als bei der Versendung. In der Konsequenz hätte der Anbieter nur dafür einzustehen, dass die Software zu Beginn der Übertragung von seinem Server mangelfrei ist; eine Verstümmelung der Software während des Downloads zu dem Benutzer müsste er dann ebenso wenig vertreten wie ihren vollständigen Verlust. Andererseits ist zu berücksichtigen, dass bei dem Versendungskauf der Erfüllungsort regelmäßig die Niederlassung oder der Wohnort des Verkäufers ist (§ 269 BGB). Die Gefahr geht bereits mit der Übergabe an die Beförderungsperson auf den Käufer über, da die Kaufsache auf seinen Wunsch hin nach einem anderen Ort als dem Erfüllungsort geschickt wird und das damit verbundene erhöhte Risiko nicht dem Verkäufer aufgebürdet werden soll.[1] Bei dem Softwarevertrieb im Internet dagegen kann der Anbieter seine Leistungspflicht systembedingt nur dadurch erfüllen, dass die Software zu dem Computer des Benutzers übertragen wird. Der Erfüllungsort liegt also nicht bei dem Server des Anbieters oder seiner Niederlassung, sondern bei dem Computer des Benutzers. Wird eine Kaufsache jedoch nicht vom Erfüllungs- nach einem anderen Ort geschickt, sondern gemäß einer Bringschuld gerade zu dem Erfüllungsort hin, ist keine mit dem Versendungskauf vergleichbare Situation gegeben. Vielmehr bewirkt

1 Palandt/*Putzo*, § 447 BGB Rz. 1 ff.

eine Versendung zum Erfüllungsort hin, dass die Gefahr eines zufälligen Untergangs oder einer zufälligen Verschlechterung erst beim Erreichen des Erfüllungsorts auf den Käufer übergeht. Im Ergebnis geht die Gefahr bei dem Vertrieb von Software über das Internet erst mit **Abschluss des Downloads** auf den Benutzer über, also wenn die Software über das Internet verschickt wurde und seinen Computer vollständig und unverändert erreicht hat.[1] Der Anbieter hat also dafür einzustehen, dass die Software bei Abschluss des Downloads keinen Mangel aufweist.

(b) Mangel der Software

Software ist gemäß § 459 BGB zunächst dann mangelhaft, wenn ihre **Ist- von der Sollbeschaffenheit abweicht**, die von den Vertragsparteien bei Vertragsschluss vorausgesetzt wurde. Dabei kann es dem Benutzer in der Praxis schwer fallen, genau nachzuweisen, was die Sollbeschaffenheit der Software ist. Mögliche Ansatzpunkte sind dabei die Produktbeschreibungen des Anbieters und die Programmdokumentation.[2] Daneben bestimmt auch der gewöhnliche oder vertraglich vorausgesetzte Gebrauch der Software, welche Eigenschaften und Funktionen sie haben soll. Beispielsweise ist Software dann mit einem Fehler behaftet, wenn der Ablauf des Programms gestört ist, etwa weil das Programm aufgrund eines Programmierfehlers häufig abstürzt, mit einem Computervirus verseucht ist oder weil Programmfunktionen nicht ausgeführt werden können.[3] Weiterhin ist Software mangelhaft, wenn ihr eine **zugesicherte Eigenschaft fehlt**. Eine Eigenschaft ist zugesichert, wenn der Wille des Anbieters, die Gewähr für das Vorhandensein einer bestimmten Eigenschaft zu übernehmen und für die Folgen ihres Fehlens einzustehen, Vertragsinhalt geworden ist. Dabei ist zu berücksichtigen, dass in der bloßen Beschreibung oder Bewerbung der Software regelmäßig noch keine verbindliche Zusicherung bestimmter Eigenschaften zu sehen sein wird. Vielmehr sind über eine Produktbeschreibung oder Bewerbung hinaus noch besondere Umstände wie etwa das eindringliche Hervorheben einer bestimmten Eigenschaft oder persönliches Vertrauen des Käufers erforderlich, um eine Zusicherung annehmen zu können. Bei dem automatisierten und unpersönlichen Vertragsabschluss im Internet wird eine Zusicherung von Eigenschaften daher eher selten vorkommen. 353

Hat der Benutzer mangelhafte Standardsoftware **entgeltlich** heruntergeladen, so hat er zunächst einen Anspruch auf Überlassung mangelfreier Software (§ 480 Abs. 1 BGB). Stattdessen kann er auch gemäß § 462 BGB zwischen der Rückgängigmachung des Kaufvertrages (Wandelung) und der Herabset- 354

1 Vgl. *Redeker*, DB 1986, 1058, für den vergleichbaren Fall des Abrufs einer Bildschirmtextseite. Im Ergebnis auch *Marly*, Softwareüberlassungsverträge, 3. Aufl. 2001, Teil B, Rz. 228, zur Softwareüberlassung mittels Datenfernübertragung. Ebenso *Schwerdtfeger* in Schwarz, Recht im Internet, Kap. 6-2.2, S. 3.

2 *Busse*, CR 1996, 390 (391).

3 Vgl. Palandt/*Putzo*, § 459 BGB Rz. 46 ff.

zung des Kaufpreises (Minderung) wählen. Dabei wird sich die Wandelung bei einer Überlassung von Software über das Internet in der Praxis schwierig gestalten. Der herkömmliche Kaufvertrag wird gewandelt, indem der Verkäufer dem Käufer den Kaufpreis erstattet und dafür die Kaufsache zurückerhält. Da es jedoch bei der Überlassung von Software im Internet keine körperliche Kaufsache gibt, die zurückgegeben werden könnte, sondern die Software bei dem Anbieter auch nach dem Herunterladen noch vorhanden ist und von ihm beliebig reproduziert werden kann, wird er regelmäßig kein Interesse daran haben, dass der Benutzer die heruntergeladene Software an ihn zurückschickt. Zur Abwicklung der Wandelung ist lediglich denkbar, dass der Benutzer die Software aus seinem Speicher unwiederbringlich löscht und dies gegenüber dem Anbieter erklärt. Weiterhin steht dem Benutzer ein Anspruch auf Schadensersatz wegen Nichterfüllung gemäß § 463 BGB zu, wenn der Software eine zugesicherte Eigenschaft fehlt oder der Anbieter einen Fehler arglistig verschwiegen hat.

355 Neben den vorbeschriebenen Sachmängeln sind bei dem Vertrieb von Software auch **Rechtsmängel** von Bedeutung. Dabei liegt ein Rechtsmangel im Sinne des § 434 BGB vor, wenn der Verkäufer dem Käufer die Kaufsache nicht frei von Rechten Dritter verschafft, die dieser Dritte gegen den Käufer geltend machen könnte und die dem Gebrauch der Kaufsache entgegenstehen. Bezogen auf den Vertrieb von Software ist ein Rechtsmangel insbesondere dann zu bejahen, wenn der Anbieter dem Benutzer die Software als Raubkopie und damit im weitesten Sinne ohne die erforderliche Zustimmung des Rechtsinhabers überlassen hat.[1] Denn zu den Rechten Dritter iSd. § 434 BGB gehören auch urheberrechtliche Verwertungsrechte und das Urheberrecht. Überlässt der Anbieter dem Benutzer also im Wege des Downloads unberechtigterweise ein Computerprogramm, dann steht dem Rechtsinhaber gegen den Benutzer zumindest ein urheberrechtlicher Vernichtungsanspruch bezüglich des überlassenen Programms zu. Bei der Durchsetzung dieses Anspruchs kann der Rechtsinhaber von dem Benutzer die Löschung des heruntergeladenen Programms verlangen, womit jeder weitere Gebrauch dem Benutzer unmöglich gemacht wird. Auch wenn der Rechtsinhaber diesen Anspruch im Einzelfall nicht gegen den Benutzer geltend macht, so genügt doch bereits die Möglichkeit einer Geltendmachung, um einen Rechtsmangel der überlassenen Software zu begründen.[2]

356 Ist die heruntergeladene Software mit einem solchen Rechtsmangel behaftet und verschafft der Anbieter dem Benutzer die fehlenden Befugnisse nicht, so kann der Benutzer als **Rechtsfolge** gemäß §§ 440 Abs. 1 iVm. 323 BGB die Bezahlung verweigern und gemäß §§ 440 Abs. 1 iVm. 325 f. BGB vom Vertrag zurücktreten oder Schadensersatz wegen Nichterfüllung verlangen.

1 *Roth* in Loewenheim/Koch, Online-Recht, S. 72 f.
2 Palandt/*Putzo*, § 434 BGB Rz. 3.

(2) Gewährleistung bei Schenkung und Leihe

Wird die Software dem Benutzer von dem Anbieter aufgrund vertraglicher Verpflichtung **unentgeltlich** überlassen und damit geschenkt oder geliehen, finden die kaufvertraglichen Gewährleistungsvorschriften keine Anwendung. Bei einem Mangel der Software hat der Benutzer lediglich einen vertraglichen Ersatzanspruch, wenn der Anbieter ihm arglistig einen Rechts- oder Sachmangel der Software verschwiegen hat und ihm dadurch ein Schaden entstanden ist (§§ 523 f., 600 BGB). Im Übrigen genießt der Anbieter aufgrund der Unentgeltlichkeit der Softwareüberlassung eine Haftungsprivilegierung und muss etwa bei einer verspäteten oder unmöglich gewordenen Softwareüberlassung gemäß §§ 521, 599 BGB nur Vorsatz und grobe Fahrlässigkeit vertreten. 357

Neben der Softwareüberlassung als Hauptleistungspflicht obliegen dem Anbieter noch **vertragliche Neben- oder Schutzpflichten**, die insbesondere bei Schenkungs- und Leihverträgen, die kein eigenes Gewährleistungsrecht haben, von Bedeutung sind. Bei einer rechtswidrigen schuldhaften Verletzung dieser Pflichten durch den Anbieter steht dem Benutzer ein Schadensersatzanspruch nach den Grundsätzen der positiven Vertragsverletzung (pVV) zu, sodass der Anbieter den Schaden ersetzen muss, der dem Benutzer durch die Pflichtverletzung entstanden ist. Welche Neben- oder Schutzpflichten ein Anbieter zu beachten hat, kann nicht generell gesagt werden, sondern muss jeweils anhand des einzelnen Vertrages festgestellt werden. Gleichwohl dürfte es für den Bereich der schenkungs- oder leihweisen Softwareüberlassung im Internet jedenfalls zu den Pflichten des Anbieters gehören, etwa nur solche Software anzubieten, zu deren Verbreitung er berechtigt ist, und die von ihm zur Verfügung gestellten Programme auf gängige Viren zu überprüfen.[1] Verletzt der Anbieter eine solche Pflicht, kann der Benutzer zwar nicht verlangen, dass ihm beispielsweise ein virenfreies Programm überlassen wird, er hat jedoch einen Anspruch auf Ersatz des Schadens, den der Virus auf seinem Computer verursacht hat. Dabei ist zu berücksichtigen, dass der Anbieter auch hinsichtlich der Ansprüche des Benutzers aus einer positiven Vertragsverletzung haftungsprivilegiert ist und gemäß §§ 521, 599 BGB lediglich eine vorsätzliche oder grob fahrlässige Pflichtverletzung zu vertreten hat. 358

(3) Gewährleistung bei Gefälligkeitsverhältnissen

Überlässt der Anbieter dem Benutzer die Software nicht aufgrund vertraglicher Verpflichtung, sondern im Rahmen eines Gefälligkeitsverhältnisses, dann hat der Benutzer **keinerlei Erfüllungs- oder Gewährleistungsansprüche**. Weder kann er bei einer verspäteten oder unterlassenen Softwareüberlassung Schadensersatz verlangen noch hat er einen Anspruch auf Lieferung eines mangelfreien Programms. Eine Haftung wegen Verletzung von Neben- 359

1 Vgl. *Schwerdtfeger* in Schwarz, Recht im Internet, Kap. 6-2.2, S. 7.

oder Schutzpflichten nach den Grundsätzen der positiven Vertragsverletzungen scheidet mangels Vertragsverhältnisses gleichfalls aus. Auch für eine außervertragliche Haftung des Anbieters analog den Grundsätzen der culpa in contrahendo wird regelmäßig kein Raum sein, da bei der automatisierten Softwareüberlassung im Internet die dazu erforderliche vertragsähnliche Sonderbeziehung aufgrund sozialen Kontaktes zwischen den Parteien fehlen wird.[1] Der Anbieter haftet daher bei der gefälligkeitsweisen Softwareüberlassung lediglich allgemein nach den deliktsrechtlichen Vorschriften der §§ 823 ff. BGB, etwa wenn er in rechtswidrig schuldhafter Weise eines der in § 823 Abs. 1 BGB aufgeführten absoluten Rechte wie das Eigentum des Benutzers verletzt oder gemäß § 823 Abs. 2 BGB gegen eine gesetzliche Vorschrift verstößt, die auch dem Schutz des Benutzers dient.

b) Sonstige Formen der Datenüberlassung

360 Neben der Überlassung von Computerprogrammen haben neuere Formen der Datenkompression und technische Entwicklungen wie höhere Übertragungsgeschwindigkeiten es möglich und attraktiv gemacht, multimediale Inhalte, also Musik, Literatur, sogar Filme in Dateiform über das Internet zu vertreiben. Nachdem beispielsweise das Kompressionsverfahren für Tondateien **MP3** insbesondere durch juristische Auseinandersetzungen zwischen den Urhebern und den Anbietern von zumeist urheberrechtswidrig hergestellten und verbreiteten Musikdateien erheblich an Bekanntheit gewonnen hat, bieten zunehmend auch kommerzielle Anbieter dem Benutzer Musikdateien gegen Zahlung einer Lizenzgebühr oder auch unentgeltlich zum Download an. Weiterhin können inzwischen ganze Bücher in Dateiform heruntergeladen und von dem Benutzer entweder direkt auf seinem Computer oder auf eigens zu diesem Zweck entwickelter Hardware, den so genannten elektronischen Büchern, gelesen werden. Und schließlich existieren Anbieter, die über das Internet – wenngleich noch nicht in optimaler Bild- und Tonqualität – Videoclips und Filme verbreiten.

361 Die **vertragstypologische Einordnung** dieser Formen der Datenüberlassung kann sich an den obigen Ausführungen zum Softwarevertrieb im Internet orientieren (Rz. 339 ff.). Wird eine Datei dem Benutzer entgeltlich und zur dauerhaften Nutzung überlassen, so geschieht dies im Rahmen eines Kaufvertrages. Kann er die Dateien dagegen unentgeltlich herunterladen, dann handelt es sich – je nachdem, ob die Überlassung dauerhaft ist oder nicht – um eine Schenkung oder eine Leihe. Daneben kann es sich auch bei der Überlassung von Ton-, Bild- oder Textdateien im Einzelfall lediglich um ein Gefälligkeitsverhältnis ohne schuldrechtliche Bindung handeln. Der Vertragsschluss selbst wird bei der Überlassung solcher Dateien nicht wesentlich anders ablaufen als bei dem Vertrieb von Software. Insbesondere wird man bereits die Präsentation der herunterzuladenden Dateien durch den

---

1 Vgl. Palandt/*Heinrichs*, Einl. v. § 241 BGB Rz. 10, zur Schadensersatzpflicht analog der c.i.c. bei Gefälligkeitsverhältnissen.

Anbieter gegebenenfalls als verbindliches Vertragsangebot zu qualifizieren haben und nicht als unverbindliche invitatio ad offerendum.

Was etwaige Ansprüche des Benutzers wegen verspäteter oder unmöglicher Leistung des Anbieters oder Mängel der heruntergeladenen Dateien angeht, so kann abschließend gleichfalls auf die Ausführungen zur **Leistungsstörung** beim Softwarevertrieb im Internet verwiesen werden (vgl. Rz. 349 ff.). 362

c) Online-Datenbanknutzung

Zahlreiche Fachdatenbanken, Archive und Wirtschaftsauskunftsdienste können inzwischen über das Internet genutzt werden. Teilweise wird ihre Benutzung nur entgeltlich angeboten; es existiert aber auch eine Vielzahl von Diensten, die dem Benutzer kostenlos zur Verfügung stehen und sich dabei häufig durch auf den jeweiligen Seiten befindliche Werbung finanzieren. Eine herausragende Position unter den Online-Datenbanken nehmen die jedem Internet-Benutzer bekannten **Suchmaschinen** ein, die es ihm ermöglichen, Internet-Seiten zu den ihn interessierenden Themenbereichen zu finden. 363

aa) Vertragsinhalt

Die **Online-Datenbanknutzung** im Internet findet praktisch auf zweierlei Weise statt: Der Anbieter kann dem Benutzer mit der so genannten Retrieval-Software eine besondere Client-Software zur Verfügung stellen, mit der der Benutzer von seinem Computer aus und über das Internet mit dem Datenbank-Server des Anbieters kommunizieren, die Funktionen der Datenbank nutzen und die in ihr gespeicherten Informationen abrufen kann. Ein Zugriff auf die Datenbank kann auch über den Browser erfolgen, etwa indem der Benutzer eine Formularseite des Anbieters aufruft und seine Suchstrategie, beispielsweise Suchbegriffe oder Fundstellen, eingibt. Die Formulareintragungen werden dann an den Server des Anbieters geschickt, verarbeitet, und die Resultate der Suche und gewünschten Informationen werden in Form einer entsprechend angepassten Web-Seite zu dem Computer des Benutzers übertragen. 364

Dabei scheint die Online-Datenbanknutzung auf den ersten Blick eng mit der zuvor beschriebenen Software- und Datenüberlassung verwandt zu sein, wenn der Anbieter dem Benutzer Datenbankinhalte über das Internet zukommen lässt. Neben der bloßen Datenüberlassung besteht die **charakteristische Leistung** des Anbieters jedoch noch darin, dass er die Datenbank als Gesamtheit erstellt, die Inhalte sammelt und pflegt. Weiterhin ermöglicht er dem Benutzer den Zugriff auf die Datenbank und die in ihr gespeicherten Daten und Informationen und stellt ihm eine Struktur zur individuellen Datenbanknutzung und Recherche zur Verfügung, die ihm durch die Eingabe und logische Verknüpfung von Begriffen und sonstigen Daten eine systematische Suche nach den gewünschten Informationen gestattet. Der Schwerpunkt der Leistung des Anbieters liegt also nicht nur in der bloßen Übertra- 365 gung der Daten, sondern auch in dem Bereithalten einer vorgeschalteten Suchfunktion zum systematischen Zugriff auf den Datenbankinhalt und geordneten Datenabruf.

366 Ordnet man die Datenbanknutzung vor diesem Hintergrund den Vertragstypen des Bürgerlichen Gesetzbuches zu, ist wiederum danach zu differenzieren, ob die Nutzung der Datenbank mit dem Datenabruf für den Benutzer **entgeltlich oder unentgeltlich** ist.

367 Bei einer **entgeltlichen Nutzung** wäre zunächst denkbar, allein auf die Überlassung der aus der Datenbank abgerufenen Daten abzustellen und – in Anlehnung an die bereits dargestellte Überlassung von Software – einen Kaufvertrag über die aus der Datenbank abgerufenen Informationen anzunehmen. Man könnte auch in der Ermöglichung der Datenbankrecherche und des Zugriffs auf die gespeicherten Daten einen Erfolg sehen, den der Anbieter dem Benutzer schuldet. In der Konsequenz wäre der Vertrag über die Nutzung der Online-Datenbank dann als Werkvertrag iSd. § 631 BGB zu qualifizieren.[1] Jedoch berücksichtigen diese beiden Ansätze nicht, dass sich die Leistung des Anbieters aus den zwei beschriebenen Komponenten zusammensetzt, nämlich zum einen aus der Ermöglichung des systematischen Zugriffs auf die Datenbank und zum anderen aus der Überlassung der gefundenen und abgerufenen Daten. Es ist daher sachgerecht, bei der vertragstypologischen Einordnung des Vertrags über die Nutzung einer Online-Datenbank dem Bestehen dieser zwei Komponenten dadurch Rechnung zu tragen, dass man ihn als gemischten Vertrag in Form eines **Typenkombinationsvertrages** qualifiziert. Was dabei die Einräumung des Zugriffsrechts, das Bereithalten der Daten und die Einräumung des Rechts zur Recherche angeht, so wird damit die Datenbank in ihrer Gesamtheit dem Benutzer zur umfassenden Nutzung zur Verfügung gestellt. Dies deutet auf eine mietvertragliche Komponente des Vertrages hin. Gegen diese Qualifizierung könnte freilich sprechen, dass bei der Datenbanknutzung die Überlassung eines Mietobjektes fehlt, da die in der Datenbank gespeicherten Informationen für sich gesehen keine sinnlich wahrnehmbaren und räumlich abgrenzbaren Gegenstände darstellen. Für die Annahme eines Mietobjektes ist jedoch ausreichend, dass der Datenbankinhalt zumindest in der Computeranlage des Anbieters gespeichert und damit körperlich fixiert ist. Die dergestalt verkörperlichte Datenbank kann auch dann Mietobjekt sein, wenn sie dem Benutzer nicht körperlich überlassen wird und er keine tatsächliche Sachherrschaft ausüben, sondern lediglich funktionsgemäß auf die in ihr gespeicherten Informationen zugreifen kann. Denn für eine Gebrauchsüberlassung ist die Einräumung unmittelbaren Besitzes nicht zwingend erforderlich, es genügt, wenn der Mieter die Mietsache vertragsgemäß gebrauchen kann.[2]

368 Entsprechend kann bei der Nutzung einer Online-Datenbank eine **mietvertragliche Gebrauchsüberlassung** bejaht werden, wenn dem Benutzer die

1 *Roth* in Loewenheim/Koch, Online-Recht, S. 87 ff., mwN.

2 Palandt/*Putzo*, § 535 BGB Rz. 6.

Datenbank durch die Ermöglichung des Zugriffs und der Recherche in einer Weise zur Verfügung gestellt wird, die ihn in die Lage versetzt, den vertragsgemäßen Gebrauch auszuüben.[1] Die zweite wesentliche Komponente der Datenbanknutzung ist – nach der Recherche – der Abruf der in ihr gespeicherten Informationen und deren Übertragung zu dem Nutzer. Erfolgt die Übertragung der Informationen entgeltlich, so ist es sachgerecht, diese Vertragskomponente nach Kaufrecht zu beurteilen. Bereits im Rahmen der Ausführungen zur Softwareüberlassung im Internet wurde festgestellt, dass neben Sachen iSd. § 90 BGB alle wirtschaftlich verkehrsfähigen Vermögensgegenstände Gegenstand eines Kaufvertrages sein können, mithin auch die in einer Datenbank enthaltenen und unkörperlich an den Benutzer geschickten Informationen. Die weiterhin zur Annahme eines Kaufvertrages erforderliche Vermögensmehrung tritt seitens des Benutzers durch den Abruf und die Erlangung des Datenbankinhaltes und seine Kenntnisnahme ein.[2]

Gestattet der Anbieter dem Benutzer, **unentgeltlich** in der Datenbank zu recherchieren und Daten abzurufen, so scheidet ein solcher Typenkombinationsvertrag mit miet- und kaufvertraglichen Komponenten aus, da der Benutzer keine dem Mietzins oder dem Kaufpreis entsprechende Zahlung vornehmen muss. Die Unentgeltlichkeit der anbieterischen Leistung führt dazu, dass der Vertrag hinsichtlich des Bereithaltens der Daten sowie der Einräumung eines Zugriffs- und Rechercherechts als **Leihe** iSd. § 598 BGB zu qualifizieren ist. Im Hinblick auf die Übermittlung der abgerufenen Informationen liegt dann eine **Schenkung** gemäß § 516 BGB vor.[3] 369

Jedoch ist, ebenso wie bei der unentgeltlichen Softwareüberlassung, auch bei der kostenlosen Online-Datenbanknutzung zu prüfen, ob überhaupt ein **Vertrag** zwischen Anbieter und Benutzer abgeschlossen wurde oder es sich lediglich um ein **Gefälligkeitsverhältnis** handelt, das die Parteien ohne Rechtsbindungswillen eingegangen sind. Zur Beurteilung des Rechtsbindungswillens ist wiederum auf die wirtschaftliche und rechtliche Bedeutung der Datenbanknutzung abzustellen, auf ihren Grund und Zweck sowie schließlich auf die Interessenlage der Parteien. Wesentliche Kriterien können dabei der Rahmen sein, in dem der Anbieter seine Datenbank zur Verfügung stellt, sowie die Bedeutung, die die Parteien der Datenbanknutzung zumessen. So wird man bei einer Nutzung kommerzieller Datenbanken, die dem Nutzer erst nach einer Identifizierung und Registrierung ermöglicht wird und unter Einbeziehung von Geschäftsbedingungen erfolgt, 370

---

1 *Roth* in Loewenheim/Koch, Online-Recht, S. 89 ff. Auch *Schuppert* in Spindler, Vertragsrecht der Internet-Provider, Teil II, Rz. 59, will die Datenbanknutzung nach miet- und pachtvertraglichen Vorschriften beurteilen.

2 *Roth* in Loewenheim/Koch, Online-Recht, S. 91 f.; *Schuppert* in Spindler, Vertragsrecht der Internet-Provider, Teil II, Rz. 59.

3 *Schuppert* in Spindler, Vertragsrecht der Internet-Provider, Teil II, Rz. 60. Würde man entgegen der hier vertretenen Auffassung bei einer entgeltlichen Nutzung der Datenbank einen einheitlichen Werkvertrag annehmen, so wäre bei unentgeltlicher Nutzung von einem Auftrag gemäß § 662 BGB auszugehen.

einen Rechtsbindungswillen der Parteien und den Abschluss eines Vertrages annehmen können. Gleiches wird gelten, wenn der Benutzer eine besondere Retrieval-Software des Anbieters auf seinem Computer installieren muss, bevor er auf die Datenbank zugreifen kann. Ist die Nutzung der Datenbank dagegen jedermann ohne weiteres und ohne Beachtung besonderer Nutzungsbedingungen möglich, so wird man im Einzelfall einen Willen des Anbieters zum Vertragsschluss mit jedem einzelnen Benutzer nicht annehmen können und lediglich von einem Gefälligkeitsverhältnis ausgehen können.

bb) Leistungsstörung

371 Ist einem Benutzer die Nutzung der Datenbank nicht möglich oder kann er keine Daten abrufen und ist dies von dem Anbieter zu vertreten, so ist Letzterer wegen Unmöglichkeit oder Verzuges zum **Schadensersatz wegen Nichterfüllung** verpflichtet. Weiterhin kann es bei der Nutzung einer Online-Datenbank in zwei Bereichen zu Leistungsstörungen kommen: Eine Störung im Bereich der Bereitstellung der Datenbank kann auftreten, die eine Nutzung durch den Benutzer erschwert, oder die abgerufenen Daten können im weitesten Sinne fehlerhaft sein. Haben die Parteien einen Vertrag über die Nutzung der Online-Datenbank abgeschlossen, so ist hinsichtlich etwaiger Gewährleistungsansprüche des Benutzers zunächst danach zu differenzieren, ob eine entgeltliche oder unentgeltliche Nutzung vereinbart wurde. Da es sich bei dem Vertrag jedenfalls um einen gemischten Vertrag handelt, kommt es weiterhin darauf an, welcher Leistungsteil gestört ist.

(1) Gewährleistung bei miet- und kaufvertraglichen Komponenten

372 Wenn die Nutzung der Online-Datenbank **entgeltlich** erfolgt, so richten sich die Gewährleistungsansprüche des Anwenders bei einer Störung im Bereich der Bereitstellung und Funktion der Datenbank nach den mietrechtlichen Vorschriften. Sind dagegen die Informationen, die der Benutzer aus der Datenbank abruft, fehlerhaft, beurteilen sich seine Ansprüche nach Kaufrecht.

373 Die **mietvertraglichen Gewährleistungsvorschriften** verlangen von dem Vermieter, dass er die Mietsache während der gesamten Mietzeit in dem vertragsgemäßen Zustand und frei von Fehlern erhält, die ihre Tauglichkeit zu dem vertragsgemäßen Gebrauch aufheben oder mindern; daneben haftet der Vermieter dafür, dass die Mietsache die zugesicherten Eigenschaften hat (§§ 535 f. BGB). Ein Fehler der Online-Datenbank wird beispielsweise dann vorliegen, wenn der Benutzer in der Datenbank aufgrund einer Funktionsstörung die gewünschte Recherche nicht durchführen oder die ausgewählten Daten nicht auf seinen Computer übertragen kann. Muss der Benutzer zur Nutzung der Online-Datenbank eine Retrieval-Software auf seinem Computer verwenden, die ihm zu diesem Zweck von dem Anbieter überlassen wird,

stellt es aufgrund der funktionellen Einheit, die die Software mit der Datenbank bildet, auch einen mietvertraglichen Fehler dar, wenn die Software nicht funktioniert und dem Benutzer den gewünschten Datenzugriff nicht ermöglicht. Wenn und solange die Online-Datenbank einen Mangel aufweist, ist der Benutzer gemäß § 536 Abs. 1 BGB ganz oder teilweise von der Entrichtung des Mietzinses, also des Nutzungsentgeltes, befreit. Weiterhin kann er von dem Anbieter die Beseitigung des Mangels und Herstellung des vertragsgemäßen Zustandes verlangen (§ 535 Abs. 1 Satz 2 BGB) und hat einen Anspruch auf Schadensersatz, wenn die Datenbank bereits bei Vertragsschluss mangelhaft gewesen ist oder später infolge eines von dem Anbieter zu vertretenden Umstandes mangelhaft geworden ist (§ 536a BGB). Und schließlich kann der Benutzer gemäß § 543 BGB den Vertrag mit dem Anbieter fristlos kündigen, wenn der Mangel so erheblich ist, dass dadurch der vertragsgemäße Gebrauch der Datenbank ganz oder zum Teil unmöglich ist.

Funktioniert die Datenbank an sich fehlerfrei, sind jedoch die von dem Benutzer entgeltlich abgerufenen **Daten mangelhaft**, so richten sich seine Gewährleistungsansprüche nach den kaufrechtlichen Vorschriften der §§ 459 ff. BGB. Ein Fehler wird etwa dann vorliegen, wenn die Daten inhaltlich falsch sind oder nur unvollständig und unleserlich an den Benutzer übertragen werden. Dabei hat es – entsprechend den obigen Ausführungen zur entgeltlich heruntergeladenen Software – zunächst der Anbieter zu vertreten, wenn die Daten bei der Übertragung zum Benutzer verloren gehen oder beschädigt werden. Zur Beurteilung einer Mangelhaftigkeit der Daten ist weiterhin darauf abzustellen, welche Qualitätsmerkmale Vertragsgegenstand geworden sind. Haben die Parteien beispielsweise vereinbart, dass die in der Datenbank enthaltenen Daten immer auf dem aktuellen Stand sind oder ein bestimmtes Themengebiet vollständig abdecken, so sind die Daten fehlerhaft, wenn sie veraltet oder unvollständig sind.[1] Dabei kann im Einzelfall die Differenzierung zwischen miet- und kaufvertraglichen Gewährleistungsansprüchen nicht eindeutig sein, denn es lässt sich auch vertreten, dass bei veralteten oder unvollständigen Datensätzen nicht die Daten selbst fehlerhaft sind, sondern die Datenbank insgesamt. Gewährleistungsansprüche des Benutzers würden sich dann nach Mietrecht richten. Sind die entgeltlich abgerufenen Daten mangelhaft, so kann der Benutzer wie auch bei der Überlassung von Software über das Internet das entsprechende Entgelt mindern oder den Bezug der Daten rückabwickeln (§ 462 BGB). Dabei stellt sich wiederum das Problem, dass eine kaufvertragliche Wandelung bei einer Überlassung unkörperlicher Daten und Information praktisch ebenso schwer möglich sein wird wie bei heruntergeladener Software. Denn auch hier wird der Anbieter regelmäßig kein Interesse daran haben, dass der Benutzer die fehlerhaften Daten an ihn zurückschickt, und lediglich die Löschung der von dem Benutzer abgerufenen Daten verlangen können. Schließlich hat der Benutzer gegen den Anbieter einen Anspruch auf Schadensersatz wegen 374

1 *Roth* in Loewenheim/Koch, Online-Recht, S. 94.

Nichterfüllung (§ 463 BGB), wenn den abgerufenen Daten eine zugesicherte Eigenschaft fehlt oder ein Mangel arglistig verschwiegen wurde.

375 Neben Sachmängeln gemäß § 459 BGB kann den abgerufenen Daten auch ein **Rechtsmangel** im Sinne des § 434 BGB anhaften, etwa weil der Anbieter nicht berechtigt war, die in der Datenbank enthaltenen Daten und Informationen weiterzugeben, mit der Konsequenz, dass der Benutzer für die abgerufenen Daten kein Entgelt zu entrichten hat und seinerseits Schadensersatz wegen Nichterfüllung verlangen kann (§§ 440 Abs. 1 iVm. 323, 325 f. BGB).

(2) Gewährleistung bei leih- und schenkungsvertraglichen Komponenten

376 Sieht der zwischen Anbieter und Benutzer geschlossene Vertrag die **Unentgeltlichkeit** der Datenbanknutzung und des Datenabrufs vor, so sind die Gewährleistungsansprüche des Benutzers bei einer Fehlfunktion der Datenbank nach Leih-, bei einem Mangel der abgerufenen Daten nach Schenkungsrecht zu beurteilen. In der Konsequenz hat der Benutzer gegen den Anbieter gemäß § 600 BGB bzw. §§ 523 f. BGB nur dann einen vertraglichen Schadensersatzanspruch, wenn dieser ihm arglistig einen Rechts- oder Sachmangel entweder der Datenbank selbst oder der abgerufenen Daten verschwiegen hat. Im Falle einer nur verspäteten oder unmöglich gewordenen Datenbanknutzung haftet der Anbieter schließlich gemäß §§ 521, 599 BGB nur bei Vorsatz oder grober Fahrlässigkeit. Gleiches gilt für eine Haftung des Anbieters wegen einer Neben- oder Schutzpflichtverletzung nach den Grundsätzen der pVV.

(3) Gewährleistung bei Gefälligkeitsverhältnissen

377 Haben die Parteien über die Nutzung der Online-Datenbank und den Datenabruf keinen Vertrag geschlossen, sodass lediglich ein **Gefälligkeitsverhältnis** vorliegt, so stehen dem Benutzer keine vertraglichen Erfüllungs- oder Gewährleistungsansprüche zu, der Anbieter haftet nur deliktisch nach den §§ 823 ff. BGB.

cc) Internet-Suchmaschinen als Online-Datenbanken

378 Abschließend rechtfertigt die besondere Bedeutung, die **Internet-Suchmaschinen** für den Benutzer haben, eine genauere Untersuchung des Rechtsverhältnisses zwischen dem Anbieter und dem Benutzer einer solchen Suchmaschine. Dabei ist auf der Benutzerseite zu differenzieren zwischen zum einen dem Benutzer, der seine Web-Seite bei der Suchmaschine anmeldet, und zum anderen dem Benutzer, der die Suchmaschine benutzt, um eine ihn interessierende Web-Seite zu finden.

(1) Die Anmeldung der Web-Seite

In den meisten Fällen erfolgt die **Anmeldung** einer Web-Seite bei einer Suchmaschine **unentgeltlich**. Typischerweise ruft der Benutzer die Homepage des Anbieters auf und trägt die Internet-Adresse der anzumeldenden Web-Seite in eine Formularseite ein, möglicherweise noch unter Angabe der Rubriken, unter denen die Seite in der Suchmaschine geführt werden soll. Eine Angabe der Personalien des Benutzers ist dabei in der Regel nicht erforderlich. Nach Abschluss der Anmelderoutine verbindet sich die Suchmaschine mit der neu angemeldeten Web-Seite des Benutzers und speichert deren Inhalt in ihre Datenbank. Wird danach ein Suchbegriff in die Suchmaschine eingegeben, der sich auch auf der gespeicherten Seite befindet, so wird diese Seite als Suchergebnis angezeigt, zusammen mit ihrer Internet-Adresse, kurzen Inhaltsauszügen sowie einem Hyperlink, mit dem die Seite aufgerufen werden kann. 379

Zunächst stellt sich die Frage, ob mit der Anmeldung der Web-Seite bei der Suchmaschine ein Vertrag zwischen dem Anbieter und dem Benutzer zustande gekommen ist oder ob dieser Vorgang lediglich ein Gefälligkeitsverhältnis darstellt. Für ein **Gefälligkeitsverhältnis** spricht dabei, dass es sich bei der Anmeldung einer Web-Seite aus Sicht des Anbieters für gewöhnlich um ein Massengeschäft handelt, bei dem ihm nicht bekannt ist, wer im Einzelnen eine Seite anmeldet und damit seine Leistung in Anspruch nimmt. Aufgrund der Anonymität des Benutzers wird man ein besonderes wirtschaftliches Interesse des Anbieters, sich gegenüber dem unbekannten Benutzer zur Aufnahme der Web-Seite in die Suchmaschine zu verpflichten, eher zu verneinen haben. 380

Dagegen deuten die bisweilen sehr **detaillierten Nutzungsordnungen**, die Anbieter für eine Anmeldung von Web-Seiten aufstellen, auf einen **Vertragsschluss** hin, wenn sie den Leistungsumfang genau beschreiben und mitteilen, unter welchen Bedingungen die Anmeldung einer Web-Seite erfolgen kann und wann der Anbieter sich vorbehält, eine Web-Seite nicht in die Suchmaschine einzutragen oder sie wieder zu löschen. Andererseits macht eine solche Leistungsbeschreibung auch deutlich, dass der Anbieter zwar grundsätzlich bereit ist, die angemeldete Web-Seite in seine Suchmaschine zu übernehmen, sich dazu jedoch nicht vertraglich verpflichten will. Es sprechen daher – vorbehaltlich einer einzelfallmäßigen Prüfung – die besseren Gründe dafür, dass bei der unentgeltlichen Anmeldung einer Web-Seite lediglich ein Gefälligkeitsverhältnis zwischen dem Anbieter der Suchmaschine und dem Benutzer vorliegt, nicht jedoch ein Vertrag. 381

(2) Die Nutzung durch den User

Gleichfalls unentgeltlich ist in der Regel die Benutzung der **Suchfunktionen** einer Internet-Suchmaschine. Dass der Benutzer diese Funktion beliebig und anonym ausführen kann, deutet auch hier auf ein Gefälligkeitsverhältnis hin. 382

Auch ist zu berücksichtigen, dass die Datenbank einer Internet-Suchmaschine in der Regel keine Daten und Informationen enthält, die der Anbieter selbst erstellt oder zumindest zusammengestellt hat, sondern lediglich die Inhalte der Web-Seiten, die Dritte bei der Suchmaschine angemeldet haben. Es wird daher nicht im Interesse des Anbieters liegen, bezüglich des Inhalts seiner Suchmaschine irgendwelche Verpflichtungen einzugehen und Gewährleistungen zu übernehmen. Wiederum für einen Vertragsschluss können die Nutzungsordnungen sprechen, die die Anbieter einer Benutzung der Suchfunktionen der Internet-Suchmaschine zugrunde legen. Häufig enthalten diese Nutzungsordnungen Eigenbedarfsklauseln, die bestimmen, dass der Benutzer die Rechercheergebnisse und den Datenbankinhalt nur für den eigenen Gebrauch verwenden und nicht kommerziell nutzen darf. Will sich der Anbieter daher gegen die beliebige Verwertung und Nutzung des Inhalts seiner Datenbank schützen, so wird ihm dies nur im Wege der Vertragsbindung möglich sein. Der gesetzliche Schutz, den eine Datenbank nach dem Urheberrechtsgesetz genießt, beschränkt sich auf ihre wesentlichen Teile (§§ 87a ff. UrhG). Dabei ist der Schutzbereich der Datenbank insgesamt wie auch der einzelnen in ihr gespeicherten Daten auf die jeweiligen Schöpfer beschränkt. Der Anbieter einer Internet-Suchmaschine kann daher lediglich bezüglich der Datenbank als Gesamtheit geschützt. Da er jedoch der Inhalt der Suchmaschine aus den Web-Seiten Dritter besteht, ist der Anbieter hinsichtlich dieser einzelnen fremden Inhalte von Gesetzes wegen ohne Schutz. Beansprucht er gleichwohl in seiner Nutzungsordnung einen entsprechenden Schutz, indem er die Verwendung des Suchmaschineninhalts an Bedingungen knüpft und regelt, so deutet dies auf einen Vertragsschluss hin.[1]

383 Ergibt sich im Einzelfall, dass zwischen dem Anbieter und dem Benutzer einer Internet-Suchmaschine nicht nur ein Gefälligkeitsverhältnis vorliegt, sondern ein ausdrücklicher oder konkludenter Vertragsschluss, so wird man diesen Vertrag bezüglich der Anmeldung einer Web-Seite regelmäßig als **Auftrag iSd. § 662 BGB** qualifizieren können. Hinsichtlich der Nutzung der Suchmaschine bietet sich die oben bereits dargestellte Einordnung als Leihvertrag an. Was den Abruf der Daten aus der Suchmaschine betrifft, so ist wiederum eine Qualifizierung als Schenkungsvertrag nahe liegend.

V. Ausblick

1. Die EU-Richtlinie zum Electronic Commerce

a) Überblick

384 Mit der Verabschiedung der Richtlinie 200/31/EG des Europäischen Parlaments und des Rates vom 8. Juni 2000 über bestimmte rechtliche Aspekte der Dienste der Informationsgesellschaft, insbesondere des elektronischen

1 Vgl. *Schmitz*, MMR 2000, 388 f., zum unentgeltlichen Informationserwerb via Internet.

Geschäftsverkehrs, im Binnenmarkt („Richtlinie über den elektronischen Geschäftsverkehr“)[1] (EC-RL) hat die Europäische Union einen ganz wesentlichen Teil des geplanten Rechtsrahmens für die Informationsgesellschaft verwirklicht.

Damit ist in wesentlichen Teilen erreicht, was sich die Kommission in ihrer Mitteilung „Eine europäische Initiative im elektronischen Geschäftsverkehr“ (KOM [97] 157) vom 16. 4. 1997[2] zum Ziel gesetzt hatte: einen sicheren rechtlichen Rahmen zu schaffen, um die Vorteile nutzen zu können, die sich aus dem Zusammenwirken der schnellen Fortentwicklung der Informations- und Kommunikationstechnik, der Liberalisierung der Telekommunikationsmärkte, der Einführung des Euro und dem Binnenmarkt ergeben. Vor dem Hintergrund der raschen Entwicklung neuer Technologien in vielen Lebensbereichen und der fortschreitenden „Globalisierung“ des Wirtschaftslebens sollte die Schaffung eines europäischen Rechtsrahmens für den elektronischen Geschäftsverkehr Priorität erhalten. Dabei spielte auch die Erkenntnis eine wichtige Rolle, dass sich der europäische Binnenmarkt und der elektronische Geschäftsverkehr gegenseitig beflügeln können und eine neue Dimension erhalten. Mit dem elektronischen Geschäftsverkehr werde eine neue Etappe erreicht, die den Prozess der rechtlichen und wirtschaftlichen Integration fortführen und zur Vollendung des Binnenmarktes beitragen werde[3].

Der elektronische Geschäftsverkehr schafft neue Fakten, auf die das Rechts- 385
system angemessen zu reagieren hat. Durch das Internet und die Dienste der Informationsgesellschaft haben erstmals nicht nur Großunternehmen, sondern auch Klein- und Kleinstunternehmen die Möglichkeit, ihre Produkte und Dienste europaweit anzubieten, zu bewerben und zu vertreiben. Umgekehrt haben die europäischen Verbraucher die Möglichkeit, vom heimischen PC aus mit einem Mausklick europa-, sogar weltweitweit Informationen einzuholen, Produkte und Dienstleistungen, Angebote und Preise zu vergleichen und dort einzukaufen, wo es am günstigsten ist. Durch die virtuelle Mobilität der Verbraucher wird es beispielsweise möglich, selektive und exklusive Vertriebssysteme mit geographischen Preisunterschieden zu umgehen und den europaweit günstigsten Preis zu erhalten. Darüber hinaus wird es für Gleichgesinnte durch die Dienste der Informationsgesellschaft möglich, sich europaweit zusammenzuschließen und online in Newsgroups und Chatrooms Informationen und Meinungen auszutauschen.

b) Vorgeschichte

Die Europäische Kommission hatte bereits am 18.11.1998 einen Vorschlag 386
für eine „Richtlinie des Europäischen Parlaments und des Rates über be-

1 ABl. L 178/1 v. 17. 7. 2000.

2 Mitteilung „Eine Europäische Initiative im elektronischen Geschäftsverkehr“ KOM (97) 157 v. 16. 4. 1997; http://www.ispo.cec.be/ecommerce/initiat.html.

3 *Fröhlinger*, Europäisches Recht und Electronic Commerce, in Drexl/Kreuzer/Scheuing/Sieber (Hrsg.), Europarecht im Informationszeitalter, Bd. 11, 2000.

stimmte rechtliche Aspekte des elektronischen Geschäftsverkehrs im Binnenmarkt" (KOM [1998] 586 endg.)[1] beschlossen und zur weiteren Beratung an den Rat und an das Europäische Parlament überwiesen. Mit diesem Vorschlag hatte die Kommission ein Kernstück des geplanten europäischen Rechtsrahmens für die elektronischen Online-Dienste vorgelegt und ihr Arbeitsprogramm – bis auf weiteres – komplettiert. Die für die weitere Entwicklung der „neuen Dienste" überaus wichtige Richtlinie sollte nach dem Willen der Kommission sicheren rechtlichen Grund für das Angebot und die Nutzung insbesondere von Internet-Diensten legen. Neben der insbesondere für den Binnenmarkt wichtigen Garantie des freien Dienstleistungsverkehrs, verbunden mit der Frage nach der Niederlassung eines Diensteanbieters, behandelte der Entwurf so wichtige Themen wie „Kommerzielle Kommunikationen"[2], das Auftreten von reglementierten Berufen im Internet, den Vertragsschluss auf elektronischem Wege, die Verantwortlichkeit der Beteiligten für Rechtsverletzungen im Netz sowie den Zugang der Nutzer zum Recht und die Zusammenarbeit der Mitgliedstaaten. Der Richtlinienvorschlag baute insbesondere auf der sog. „Transparenzrichtlinie"[3] und der „Richtlinie über den rechtlichen Schutz von zugangskontrollierten Diensten und von Zugangskontrolldiensten (conditional access)"[4] auf; mit der Richtlinie über gemeinsame Rahmenbedingungen für elektronische Signaturen[5] bestand von Beginn an ein enger wechselseitiger Zusammenhang. Die zwischenzeitliche Aussprache im Europäischen Parlament[6] gab Gelegenheit zur Diskussion der Ziele und Prinzipien der Kommission und unterstrich die Übereinstimmung des Parlaments mit den dort gezogenen Schlussfolgerungen in den wesentlichen Punkten; diese haltung des Europäischen Parlaments bestätigte sich in der ersten Lesung der EC-RL. Der Rat konnte sich daraufhin bereits am 7. 12. 1999 auf eine sog. „politische Einigung" zum Richtlinienvorschlag (in der aufgrund der Parlamentsdiskussionen „geänderten Fassung", die im Rat weiter überarbeitet worden war) verständigen. Lediglich Belgien enthielt sich als einziger Mitgliedstaat der Stimme. Nach redaktioneller Überarbeitung und Anpassung der Sprachversionen beschloss der Ministerrat am 28. 2. 2000 den formellen „gemeinsamen Standpunkt", den das Europäische Parlament ohne weitere Änderungen in zweiter Lesung am 4. 5. 2000 angenommen hat – ohne Gegenstimme.

1 ABl. C 30 v. 5. 2. 1999, S. 4 ff.; abzurufen unter www.europa.eu.int/comm/dg15/en/media/elecomm/999.htm oder www.ispo.cec.be/ecommerce/legal.htm#legal.

2 Dieser Begriff, der mit „Werbung" oder „Marketing" nur unscharf umschrieben wäre, beginnt sich durchzusetzen, vgl. auch die Mitteilung der Kommission „Folgemaßnahmen zum Grünbuch kommerzielle Kommunikation im Binnenmarkt".

3 Richtlinie 98/34/EG, ABl. L 204 v. 21. 7. 1998, S. 37 idF der Richtlinie 98/48/EG, ABl. L 217 v. 5. 8. 1998, S. 18.

4 Richtlinie 98/84/EG, ABl. L 320 v. 28. 11. 1998, S. 54.

5 Richtlinie 99/93/EG, ABl. L 13 v. 19. 1. 2000, S. 12 ff.

6 Entschließung des Europäischen Parlaments v. 15. 4. 1998 (A4-0173/98); zugrunde lag der Bericht des Wirtschaftsausschusses von Frau Erika Mann, MEP (C4-0297/97).

c) Zielsetzung

Der grenzüberschreitende, besser gesagt, rechtliche und territoriale Abgrenzungen ignorierende Charakter von Online-Diensten entspricht in idealer Weise dem Binnenmarktprinzip (Raum ohne Binnengrenzen, Art. 7a Abs. 2 EG-Vertrag) der Union, wie es vor allem in den Art. 14 (ex 7a), 43 (ex 52), 49 (ex 59) und 50 (ex 60) EG-Vertrag festgelegt ist. Trotz des laut Art. 14 (ex 7a) EGV bis zum 31. 12. 1992 vollendeten Binnenmarkts enthält der bestehende, auch auf diese Dienste anwendbare nationale, gemeinschaftliche und internationale Rechtsrahmen zumindest Unsicherheiten und Differenzen, die den grenzignorierenden Charakter verwässern und die (geschäftliche) Nutzung der Dienste erschweren. Eine der Zielsetzungen der Richtlinie ist es daher, die die geschäftliche Nutzung der Dienste erschwerenden Unsicherheiten zu beseitigen. Die Richtlinie folgt dabei, soweit dies sinnvoll ist, den auf zahlreichen (internationalen) Konferenzen diskutierten Grundsätzen, wie etwa dem der „keine Regulierung um der Regulierung willen", der „Technologieneutralität" oder der Gleichbehandlung vergleichbarer Sachverhalte online und offline. 387

Nicht alle Handlungsansätze und -ebenen finden sich unmittelbar im Text der Richtlinie wieder. Bei der rechtlichen Einordnung der Richtlinie sind zwei Ebenen auseinander zu halten. Die eine Ebene betrifft den **Binnenmarkt**, mit den originären Kompetenzen der Europäischen Union. Auf der zweiten Ebene finden sich die **internationalen Aspekte**, selbstverständlich für ein globales Medium wie das Internet. Auf beiden Ebenen finden sich Regulierungsmaßnahmen und -ansätze der – jedenfalls von der Art des Regelungsinstruments her gesehen – klassischen Art; für den Binnenmarkt mag die EC-RL als Beispiel dienen, für die internationale Ebene die OECD-Guidelines für den Verbraucherschutz[1]. Auffällig ist, dass dem Regelungsbedarf auf beiden Ebenen nicht mehr allein mit einer staatlichen Regulierung und staatlicher Rechtsetzung Genüge getan zu sein scheint, sondern dass mehr und mehr die sog. „Selbstregulierung" oder „Selbstkontrolle" Regelungsaufgaben übernimmt. Dies ist politisch gewollt und gefördert[2]. Selbstregulierung der Beteiligten bedeutet dabei durchaus auch, zu versuchen, Anbieter und Nutzer – also Gruppen, denen bislang meist gegensätzliche Interessenlagen zugeschrieben wurden – zusammenzubringen und auf einen gemeinschaftliche Regelungsinhalt zu verpflichten. Ob und wie dies funktioniert, wird sicher eine der interessanten zukünftigen Fragen in diesem Gebiet sein. 388

Mit diesen soeben beschriebenen Ansätzen verfolgt die Richtlinie gleichberechtigt eine **Verbesserung der Stellung der Diensteanbieter und der Dienstenutzer**; dabei dem Gedanken folgend, dass ein möglichst breites Angebot und ein kompetitives Umfeld den Verbraucherinteressen am besten entgegenkommt. Damit die Verbraucher die zur sinnvollen und sicheren Nutzung 389

1 „Leitlinien für den Verbraucherschutz im Zusammenhang mit dem elektronischen Geschäftsverkehr", am 9. 12. 1999 vom Rat der OECD angenommen, www.oecd.org.

2 Vgl. zB Art. 8 Abs. 2 EC-RL.

des Angebots erforderlichen Informationen auch erhalten, stellt die Richtlinie eine Reihe von strafbewehrten Transparenzgeboten auf.

d) Anwendungsbereich

390 Die Richtlinie soll in erster Linie den **freien Verkehr von „Diensten der Informationsgesellschaft“** (Art. 1; in der englischen Fassung die sog. „Information Society Services“, ISS) in der Gemeinschaft sicherstellen. Diese „Dienste der Informationsgesellschaft“ werden dabei definiert als „jede in der Regel gegen Entgelt elektronisch im Fernabsatz und auf individuellen Abruf eines Empfängers erbrachte Dienstleistung“ (Art. 2 lit. a[1] EC-RL). Im Sinne dieser Definition bezeichnet der Ausdruck „im Fernabsatz erbrachte Dienstleistung“ eine Dienstleistung, die ohne gleichzeitige physische Anwesenheit der Vertragsparteien erbracht wird; „elektronisch erbrachte Dienstleistung“ eine Dienstleistung, die mittels Geräten für die elektronische Verarbeitung (einschließlich digitaler Kompression) und Speicherung von Daten am Ausgangspunkt gesendet und am Endpunkt empfangen wird und die vollständig über Draht, über Funk, auf optischem oder anderem elektromagnetischem Wege gesendet, weitergeleitet und empfangen wird, und „auf individuellen Abruf eines Empfängers erbrachte Dienstleistung“ eine Dienstleistung, die durch die Übertragung von Daten auf individuelle Anforderung erbracht wird.

391 Ausgangspunkt der Definition ist dabei der Begriff „Dienst“, der als **Dienstleistung** iSd. Artikels 50 (ex 60) EG-Vertrag verstanden werden muss, dh. entsprechend der Auslegung durch den Gerichtshof als Leistung, die in der Regel gegen Entgelt erbracht wird[2]. Dieses Merkmal fehlt zB bei Tätigkeiten, die der Staat ohne wirtschaftliche Gegenleistung im Rahmen seiner Aufgaben ausübt. Nationale Regelungen für diese Tätigkeiten werden von der Definition in Art. 50 EGV nicht erfasst und fallen somit nicht in den Anwendungsbereich dieser Richtlinie. Der Begriff der Dienstleistung darf aber nicht zu eng ausgelegt werden; Art. 50 EGV verlangt nicht, dass die Dienstleistung von demjenigen bezahlt wird, dem sie zugute kommt[3]. Auf die Modalitäten der Finanzierung und die Entgeltstruktur (direkt oder indirekt) kommt es also nicht an, so dass der z.Zt. vorherrschende Typus des Internetangebots (werbefinanziert, dem Nutzer aber unentgeltlich zur Verfügung gestellt) von der Richtlinie erfasst wird. Eine rein private Homepage ohne gewerblichen Charakter fällt dagegen – dies legen schon Kompetenzgründe nahe – nicht unter die Definition.

392 Diese Richtlinie findet **keine Anwendung** auf:

- Hörfunkdienste;
- Fernsehdienste gemäß Art. 1 Buchstabe a) der Richtlinie 89/552/EWG.

1 Regelungstechnisch verweist Art. 2a EC-RL auf die ausformulierte Definition in der „Transparenzrichtlinie“, Richtlinie 98/34/EG, ABl. L 204 v. 21. 7. 1998, S. 37 idF der Richtlinie 98/48/EG, ABl. L 217 v. 5. 8. 1998, S. 18.

2 Urt. v. 7. 12. 1993, Rs. Wirth, C-109/92, Slg. 1993, I 6447.

3 Urt. v. 26. 4. 1988, Rs. Bond van Adverteerrders, C-352/85, Slg. 1988, S. 2085.

Die EC-RL schafft damit eine passgenaue Abgrenzung zu zwei Seiten: auf der einen Seite zur Telekommunikation, also der „Transportebene“ für die Dienste und Anwendungen; auf der anderen Seite zum bekannten Medium „Rundfunk“, auf europäischer Ebene geregelt in der Fernsehrichtlinie („Fernsehen ohne Grenzen“)[1]. Es stehen damit nebeneinander die Fernsehdienste auf der einen Seite und die Dienste der Informationsgesellschaft auf der anderen Seite, ein bestimmter Dienst gehört entweder in den einen oder in den anderen Anwendungsbereich; eine „zweifache“ Zugehörigkeit gibt es nicht. Beide Arten von Diensten sind jeweils für den „Transport“ auf die Telekommunikation angewiesen. Während sich die Diskussion in Deutschland zum „Multimediagesetz“[2] neben dem Problem der Abgrenzung der „neuen“ Informations- und Kommunikationsdienste (IuK-Dienste) zu den Telekommunikationsdienstleistungen und zum traditionellen Rundfunk aus den bekannten Kompetenzgründen vor allem auf die zwangsweise Abgrenzung der „ländernahen“ IuK-Dienste (Mediendienste) von den „bundesnahen“ IuK-Diensten (Teledienste) konzentrierte, blieb der EC-RL diese deutsche Eigentümlichkeit und damit eine dritte Abgrenzungsfrage erspart.

Dass die grundlegende Charakterisierung der Dienste der Informationsgesell- 393
schaft bzw. der IuK-Dienste um die gleichen Probleme kreist, im Detail aber durchaus unterschiedlich gelöst werden kann, zeigt ein Vergleich von Art. 2a EC-RL und § 2 TDG. Die Abgrenzung zum Rundfunk erfolgt durch die Merkmale „auf Abruf“ (Art. 2a EC-RL) bzw. „individuelle Nutzung“ (§ 2 TDG). Der Rückgriff auf das Abrufmerkmal („Interaktivität“) ermöglicht eine passgenaue Abgrenzung zur Fernsehrichtlinie, die in ihrem Art. 1 ausdrücklich bestimmt, dass „Kommunikationsdienste auf individuellen Abruf“ nicht eingeschlossen sind. Das Definitionselement „im Fernabsatz“ bzw. „Übermittlung mittels Telekommunikation zugrunde liegt“ beschreibt die räumliche Trennung der Parteien (die dank der technischen Hilfsmittel doch wie „unter Anwesenden“ handeln können, obwohl sie es nicht sind); während bei „elektronisch erbracht“ (Art. 2a EG-RL) bzw. „elektronisch-kombinierbare Daten“ (§ 2 TDG) im Kern die digitale Datenverarbeitung und -speicherung am Ausgangspunkt, während der Übermittlung und am Endpunkt gemeint ist. Damit fallen Dienstleistungen, die „offline“, also nicht über das Netz erbracht werden, aus der Definition heraus; genauso wie Dienstleistungen, die in Echtzeit (ohne Verarbeitung und Speicherung von Daten) erbracht werden. Bei den vielfältigen Phänomenen, die die Digitalisierung (und in ihrem Gefolge die Konvergenz) bescheren, bleibt hier und da eine Auslegung nach Sinn und Zweck der Norm erforderlich: So ist die ISDN-Te-

---

1 „Fernsehen ohne Grenzen“, Richtlinie 89/552/EWG des Rates zur Koordinierung bestimmter Rechts- und Verwaltungsvorschriften der Mitgliedstaaten über die Ausübung der Fernsehtätigkeit v. 3. 10. 1989, ABl. EG L 298/23 v. 17. 10. 1989, geändert durch die Richtlinie 97/36/EG v. 30. 6. 1997, ABl. EG Nr. L 202/60 v. 30. 7. 1997.

2 So die Alias-Bezeichnung für das „Informations- und Kommunikationsdienste-Gesetz“ (IuKDG).

lefonie zwar digital und nur quasi-echtzeitig, aber eine echte Datenverarbeitung (oder die Möglichkeit der Weiterverarbeitung) gibt es nicht, so dass dieser Telefondienst, wie etwa auch Telefaxdienste, nicht unter die Definition fällt.

394 Die Definition der Dienste der Informationsgesellschaft entspricht in ihrer Reichweite in etwa dem deutschen Begriff der „Informations- und Kommunikationsdienste“[1] und umfasst daher sowohl **Teledienste** als auch **Mediendienste**, soweit diese jeweils in einem geschäftlichen Rahmen erbracht werden. Für die jetzt geplante Umsetzung der Richtlinie in deutsches Recht bedeutet dies zunächst nur eine weitere Angleichung der Regelungen für Teledienste und für Mediendienste dort, wo die Richtlinie neue Vorgaben macht und wo nicht bereits jetzt inhaltsgleiche Regelungen bestehen. Es bedeutet aber auch, dass die Länder den Mediendienstestaatsvertrag nicht als Instrument zur Verhinderung von (gewerblichen) Diensten einsetzen dürfen, die in einem anderen Mitgliedstaat rechtmäßig in den Verkehr gelangt sind. Dem deutschen Diensteanbieter wird es aber in gewissen Fällen auch weiterhin wohl nicht erspart bleiben, zu prüfen, ob nun ein Teledienst oder ein Mediendienst angeboten wird.

395 Die exakt gleiche Definition wie in Art. 2a EC-RL findet sich bereits in der sog. „Transparenzrichtlinie“[2] und in der Richtlinie über den „Schutz von zugangskontrollierten Diensten und von Zugangskontrolldiensten (conditional access)“[3], in deren Zusammenhang bereits eine Antwort auf die Frage nach einer passenden Definition der „neuen (Online-)Dienste“ gefunden werden musste. Die Kommission baute damit in sinnvoller Weise auf bereits bestehendes Gemeinschaftsrecht (acquis communautaire) auf; die Definition ist bereits bekannt und grundsätzlich von den Mitgliedstaaten akzeptiert. Einen sachlichen Grund, für die Zwecke der EC-RL von dieser bereits anerkannten Definition abzuweichen, gab es nicht. Eine gleich bleibende Beschreibung des Anwendungsbereichs liegt dagegen im Interesse von Rechtsklarheit, -sicherheit und – einheitlichkeit. Dieser Sichtweise haben sich Parlament und Rat angeschlossen und den Verweis der EC-RL auf die Transparenzrichtlinie akzeptiert. Um Abgrenzungsfragen in der Praxis zu erleichtern, zählt die Transparenzrichtlinie in ihrem Anhang V beispielhaft Dienstetypen auf , die nicht unter die Definition der „Dienste der Informationsgesellschaft“ fallen:

---

1 Tatsächlich sind die Dienste der Informationsgesellschaft eine – wenn auch ganz wesentliche – Teilmenge der IuK-Dienste; diese umfassen, obwohl nicht legaldefiniert, nach jetzigem Verständnis alle Tele- und Mediendienste und damit auch die sog. Verteildienste; die Verteildienste fallen aber nicht unter den Begriff der Dienste der Informationsgesellschaft, weil sie nicht auf individuellen Abruf erbracht werden. Auch nicht von den Diensten der Informationsgesellschaft erfasst sind die „privaten“ IuK-Dienste.

2 Richtlinie 98/34/EG, ABl. L 204 v. 21. 7. 1998, S. 37 idF der Richtlinie 98/48/EG, ABl. L 217 v. 5. 8. 1998, S. 18.

3 Richtlinie 98/84/EG, ABl. L 320 v. 28. 11. 1998, S. 54.

Anhang V

Beispielliste der nicht unter Art. 1 Nummer 2 Unterabsatz 2 fallenden Dienste

1. Nicht „im Fernabsatz“ erbrachte Dienste

   Dienste, bei deren Erbringung der Erbringer und der Empfänger gleichzeitig physisch anwesend sind, selbst wenn dabei elektronische Geräte benutzt werden:

   a) Untersuchung oder Behandlung in der Praxis eines Arztes mit Hilfe elektronischer Geräte, aber in Anwesenheit des Patienten;

   b) Konsultation eines elektronischen Katalogs in einem Geschäft in Anwesenheit des Kunden;

   c) Buchung eines Flugtickets über ein Computernetz, wenn sie in einem Reisebüro in Anwesenheit des Kunden vorgenommen wird;

   d) Bereitstellung elektronischer Spiele in einer Spielhalle in Anwesenheit des Benutzers.

2. Nicht „elektronisch“ erbrachte Dienste

   – Dienste, die zwar mit elektronischen Geräten, aber in materieller Form erbracht werden:

     a) Geldausgabe- oder Fahrkartenautomaten;

     b) Zugang zu gebührenpflichtigen Straßennetzen, Parkplätzen usw., auch wenn elektronische Geräte bei der Ein- und/oder Ausfahrt den Zugang kontrollieren und/oder die korrekte Gebührenentrichtung gewährleisten;

   – Offline-Dienste: Vertrieb von CD-ROM oder Software auf Disketten;

   – Dienste, die nicht über elektronische Verarbeitungs- und Speicherungssysteme erbracht werden:

     a) Sprachtelefondienste;

     b) Telefax-/Telexdienste;

     c) über Sprachtelefon oder Telefax erbrachte Dienste;

     d) medizinische Beratung per Telefon/Telefax;

     e) anwaltliche Beratung per Telefon/Telefax;

     f) Direktmarketing per Telefon/Telefax.

3. Nicht „auf individuellen Abruf eines Empfängers“ erbrachte Dienste

   Dienste, die im Wege einer Übertragung von Daten ohne individuellen Abruf gleichzeitig für eine unbegrenzte Zahl von einzelnen Empfängern erbracht werden (Punkt-zu-Mehrpunkt-Übertragung):

a) Fernsehdienste (einschließlich zeitversetzter Video-Abruf) nach Art. 1 Buchstabe a) der Richtlinie 89/552/EWG;

b) Hörfunkdienste;

c) Teletext (über Fernsehsignal).

396 Kaum eine juristische Regelung kommt bei der Festlegung ihres Anwendungsbereichs um die Festlegung von **Ausnahmen** herum, so auch die EC-RL, Art. 1 Abs. 5 EC-RL. Vollständig vom Anwendungsbereich der Richtlinie (und nicht nur vom Anwendungsbereich des Herkunftslandprinzips, dazu unten Rz. 403 f.) ausgenommen ist zunächst der Bereich der Besteuerung (andere Rechtsgrundlage), dann der Datenschutz (wegen bereits bestehender, auch auf Dienste der Informationsgesellschaft anwendbarer Regelungen), Fragen betreffend Vereinbarungen oder Verhaltensweisen, die dem Kartellrecht unterliegen, sowie die Tätigkeiten der Notare als auch die Vertretung von Mandanten vor Gericht. Gewinnspiele mit einem einen Geldwert darstellenden Einsatz bei Glücksspielen, einschließlich Lotterien und Wetten sind schlussendlich auch ausgenommen.

e) Sicherung des Binnenmarkts: Art. 3

397 Kernstück der EC-RL ist die Binnenmarktregel des Art. 3, mit der grundsätzlich das sog. **„Herkunftslandprinzip"** oder auch „Ursprungslandprinzip" für die Dienste festgeschrieben wird. Dienste der Informationsgesellschaft können demnach gemeinschaftsweit angeboten und durchgeführt werden, wenn sie den Regeln ihres Herkunftslandes entsprechen, auch wenn das „Empfängerland" andere Regeln vorsehen sollte. Denn die Mitgliedstaaten dürfen den freien Verkehr von Diensten der Informationsgesellschaft aus einem anderen Mitgliedstaat nicht aus Gründen einschränken, die den durch diese Richtlinie koordinierten Bereich (definiert in Art. 2h EC-RL) betreffen (Art. 3 Abs. 2 EC-RL). Zum koordinierten Bereich gehören sämtliche (rechtlichen) Anforderungen, denen ein Diensteanbieter oder sein Dienst der Informationsgesellschaft unterliegt, dh. auch solche Anforderungen, die im „besonderen Teil" der Richtlinie nicht angesprochen sind. Unzulässig sind damit praktisch alle Handlungen eines Mitgliedstaates, die die tatsächliche Ausübung des Rechts zum (grenzüberschreitenden) Angebot von Diensten der Informationsgesellschaft be- oder verhindern. Frei bleiben die Mitgliedstaaten dagegen in der Ausgestaltung der Anforderungen an ihre „eigenen", inländischen Diensteanbieter, solange dies den EU-rechtlichen Vorgaben entspricht. So wären zB über die Harmonisierung der Informationspflichten, wie sie in Art. 5 ff. EC-RL vorgesehen werden, hinausgehende Transparenzgebote für die jeweils inländischen Diensteanbieter denkbar. Zudem lassen eine ganze Reihe von Ausnahmen (Art. 3 Abs. 3, Annex EC-RL) den Mitgliedstaaten Platz für Abweichungen vom Herkunftslandprinzip.

398 Trotz dieser durch die durchaus weit reichenden Ausnahmen eingeschränkten Geltung wird das Herkunftslandprinzip von verschiedenen Seiten kriti-

siert. Das Herkunftslandprinzip sei der Komplexität und dem horizontalen Charakter des elektronischen Geschäftsverkehrs nicht angemessen[1]. Ohne ein einigermaßen gleiches Rechtsniveau in den Mitgliedstaaten der EU sei ein Wettbewerb um die niedrigste Eingriffsschwelle, eine Art „Wirtschafts-dumping", vorprogrammiert[2] („race to the bottom"). Unzulässigerweise, weil von gleichen Voraussetzungen ausgehend, wird das Problem auf die Frage zugespitzt, ob es denn nun eher zu vertreten sei, dass ein Diensteanbieter bei der Gestaltung seiner Präsenz im Netz neben seinem Heimatrecht noch die Rechtsordnung von 14 anderen Mitgliedstaaten zu beachten habe oder ob sich der Nutzer darauf einstellen müsse, mit Angeboten zurechtzukommen, die 15 verschiedenen Regeln folgen (von der EU-externen Dimension einmal ganz abgesehen). Dabei wird außer Acht gelassen, dass die Kommission, ihrem Auftrag und den Interessen von Anbietern und Nutzern folgend, kaum anders handeln konnte als vorgeschlagen; schließlich ist das Herkunftslandprinzip ein grundlegendes europarechtliches Prinzip, ohne das der Binnenmarkt schwerlich denkbar wäre. Der mit der EC-RL angenommene Ansatz ist denn auch nichts Neues; das bekannteste Beispiel für eine entsprechende Regelung in einem vergleichbaren Bereich ist die „Fernsehrichtlinie"[3]. Bereits dort wird die Dienstleistungsfreiheit durch die Anwendung des Herkunftslandprinzips gewährleistet, ohne dabei in der Richtlinie eine Harmonisierung des materiellen Rechts auf breiter Front zu beginnen. Es wäre nun wirklich nicht mehr zu verstehen, wenn man – einen zumindest ausreichenden Stand an materieller Harmonisierung vorausgesetzt – ausgerechnet für die noch viel mehr als das traditionelle Fernsehen grenzüberschreitend ausgerichteten Dienste der Informationsgesellschaft einen Schritt zurückgegangen wäre.

Offen gelassen wird von den Befürwortern des Bestimmungslandprinzips 399
aber vor allem die Frage nach der Durchsetzung der dem Nutzer angeblich besser vertrauten Regeln seines Mitgliedstaates. Es werden eben nicht nur eine Handvoll multinationaler Konzerne grenzüberscheitend tätig, deren Aktivitäten noch von staatlichen Aufsichtsbehörden übersehen werden können und die in der Regel von sich aus die Rechtsordnung des Ziellandes ihrer Aktivitäten beachten. Die neue Qualität der Internetdienste besteht vielmehr in der zuvor ungeahnten Quantität des Angebots. Ungezählte kleine und mittlere Unternehmen gehen online, die eben nicht mehr willens oder auch nur in der Lage wären, sich entlang den Regeln der Staaten des Abruforts zu bewegen; noch dazu, wo sie überhaupt nicht wissen (können), wer ihren

1 Stellungnahme des Europäischen Verbraucherschutzverbandes BEUC v. 19. 2. 1999.

2 Siehe zB *Lehmann*, Rechtsgeschäfte und Verantwortlichkeit im Netz – der Richtlinienvorschlag der EU-Kommission, EuZW 2000, 517.

3 „Fernsehen ohne Grenzen", Richtlinie 89/552/EWG des Rates zur Koordinierung bestimmter Rechts- und Verwaltungsvorschriften der Mitgliedstaaten über die Ausübung der Fernsehtätigkeit v. 3. 10. 1989 (ABl. EG L 298/23 v. 17. 10. 1989), geändert durch die Richtlinie 97/36/EG v. 30. 6. 1997, ABl. EG Nr. L 202/60 v. 30. 7. 1997.

Dienst von wo abrufen wird. Diese Diensteanbieter bekommen unklare Signale, einmal sollen sie sich an ihr Heimatrecht, ein anderes Mal an das Recht des Abrufortes (der Begriff „Bestimmungsland“ wird für Abrufdienste schon leicht eine Irreführung) halten. Die Folgen sind leicht abzusehen: Jeder macht, was er will. Was nützt das schönste Schutzniveau, wenn es nur auf dem Papier steht – bestenfalls bleibt es folgenlos, befürchtet werden muss aber eine Erosion von Rechtssicherheit und Rechtsvertrauen. Der erfolgversprechendere Weg ist daher Aufsicht und Durchsetzung an der Quelle der Dienste. Aus diesem Grund statuiert die EC-RL nicht allein die Dienstleistungsfreiheit des Art. 3 Abs. 2 als Grundlage, sondern beginnt in Art. 3 Abs. 1 mit der Verpflichtung der Mitgliedstaaten, dafür zu sorgen, dass die Dienste der Informationsgesellschaft entsprechend der Rechtsordnung im koordinierten Bereich des Staates ihrer Niederlassung geführt werden.

400 Die Alternative wäre nicht nur für den elektronischen Geschäftsverkehr und die Dienstleistungsfreiheit und den freien Warenverkehr ein ernsthaftes Problem. Es könnte dazu führen, dass Unternehmen – insbesondere Klein- und Kleinstunternehmen – nach Wegen suchen, um rechtlichen Risiken zu entgehen. Entweder sehen sie ganz davon ab, online zu gehen und Websites einzurichten, oder aber sie bringen auf ihrer Website so genannte „Disclaimer“ an, die ausführen, dass „dieses Angebot nicht an Kunden in anderen Mitgliedstaaten gerichtet ist“. Tatsächlich wird das auch teilweise in der Literatur den Unternehmen als Ausweg offeriert. Dies läuft jedoch nicht nur der Logik des Internets und des elektronischen Geschäftsverkehrs, die ihrer Natur nach grenzüberschreitend sind, entgegen. Es widerspricht auch den Grundsätzen des Binnenmarktes und schränkt die den Verbrauchern gerade zuvor versprochene größerer Auswahlmöglichkeit wieder drastisch ein. Es muss also eine Situation erreicht werden, in der ein Unternehmen, das über eine Website Produkte oder Dienstleistungen vertreibt und sich dabei im Einklang mit dem Recht seines Sitzstaates verhält, online Dienste frei in Europa über nationale Grenzen hinweg anbieten kann, ohne dass es sich dem Risiko aussetzt, Maßnahmen durch Aufsichtsbehörden und Gerichten in anderen Mitgliedstaaten wegen Unvereinbarkeit mit dem jeweiligen nationalen Recht unterworfen zu werden. Die Verwirklichung des Prinzips, wonach ein Unternehmen, das Dienste der Informationsgesellschaft erbringt, grundsätzlich dem Recht seines Sitzstaates unterliegt, ist daher das Hauptanliegen der Richtlinie zum elektronischen Geschäftsverkehr. Dies wird einerseits durch Harmonisierung, andererseits durch gegenseitige Anerkennung ermöglicht.

401 Problematisch könnte das Herkunftslandprinzip doch nur werden, wenn tatsächlich ein zu großes Gefälle im Schutzniveau der Mitgliedstaaten festzustellen wäre, wenn es also an einer zumindest ausreichenden Harmonisierung fehlen würde. Der Richtlinienentwurf und seine Begründung machen aber an vielen Stellen deutlich, dass die Richtlinie selbst zwar eine Reihe von Harmonisierungsmaßnahmen vorschlägt, in der Hauptsache aber auf das bestehende, einschlägige Gemeinschaftsrecht aufbaut, das in der Regel auch

auf Online-Sachverhalte anwendbar ist. Die Richtlinie kann damit nicht nur auf einem ausreichenden, sondern in vielen Fällen von einem **hohen Schutzniveau** ausgehen. Dies gilt vor allem für die Bereiche Verbraucherschutz und Schutz der öffentlichen Gesundheit. Als wichtiges Beispiel sei nur die Fernabsatzrichtlinie genannt[1].

Untrennbar mit der Festlegung des Herkunftslandprinzips ist die Definition 402
der **„Niederlassung“** des Diensteanbieters verbunden, bestimmt sich durch den Ort seiner Niederlassung doch die für ihn geltende Rechtsordnung, Art. 2c iVm. Art. 3 Abs. 1. Für den Diensteanbieter und für die Nutzer soll klar sein, welche rechtlichen Regeln gelten und wer zuständige Aufsichtsbehörde ist. In Übereinstimmung mit der Rechtsprechung des Europäischen Gerichtshofes[2] kommt es auf den Schwerpunkt der tatsächlich ausgeübten wirtschaftlichen Aktivität an, nicht entscheidend sind zB formale Kriterien (Briefkasten) oder technologische Kriterien (zB der Server-Standort). Einer Umgehung der jeweils geltenden rechtlichen Regelungen wird damit vorgebeugt.

Die bereits angesprochenen **Ausnahmen** finden sich einmal generell im 403
Annex der Richtlinie (durch Art. 3 Abs. 2 EC-RL in den Text eingebunden), Möglichkeiten zur Ausnahme im Einzelfall finden sich in Art. 3 Abs. 3 EC-RL.

Dazu gehören insbesondere das Urheberrecht (und verwandte Schutzrechte), bestimmte Fragen im Bereich des Versicherungsrechts, die Zulässigkeit nicht angeforderter kommerzieller Kommunikation („Spamming“, Junk-E-Mail) und vertragliche Schuldverhältnisse in Bezug auf Verbraucherverträge. Letztere Exzeption trägt dem Umstand Rechnung, dass das Römische Schuldrechtsübereinkommen spezifische Bestimmungen hinsichtlich des anwendbaren Rechts auf Verbraucherverträge enthält, die unter bestimmten Bedingungen die Anwendung des Rechts des Wohnsitzlandes des Verbrauchers vorsehen. Die Kommission wollte mit der Aufnahme dieser Ausnahme in den Richtlinienvorschlag einer zukünftigen Klarstellung und Anpassung dieser Bestimmungen auf den elektronischen Geschäftsverkehr nicht vorgreifen. Diese Ausnahme betrifft aber nicht alle Regeln, die sich irgendwie zum „Verbraucherschutz“ zählen lassen, sondern nur die vertraglichen Verpflichtungen aus (implizit: bestehenden) Verbraucherverträgen. Dies bedeutet also weiter, dass Vorgaben, die nicht direkt aus dem Verbrauchervertrag herstammen, nicht im Verbrauchervertrag ruhen, auch weiterhin unter das Herkunftslandprinzip fallen. Als Beispiel können Anforderungen an die

1 Weiter zB Richtlinie 87/102/EWG des Rates v. 22. 12. 1986 zur Angleichung der Rechts- und Verwaltungsvorschriften der Mitgliedstaaten über den Verbraucherkredit, ABl. L 42 v. 12. 2. 1987, S. 48; Richtlinie 93/13/EWG des Rates v. 5. 4. 1993 über missbräuchliche Klauseln in Verbraucherverträgen, ABl. L 95 v. 21. 4. 1993, S. 29; Richtlinie 90/3314/EWG des Rates v. 13. 6. 1990 über Pauschalreisen, ABl. L 158 v. 23. 6. 1990, S. 59.

2 Urt. v. 25. 7. 1991, Rs. C-221/89, Slg. 1991, I 3905.

Werbung genannt werden, die auf den Abschluss von Verbraucherverträgen zielt.

404 Das weitere Kapitel von Ausnahmen betrifft die Einzelmaßnahmen, die die Mitgliedstaaten ergreifen können, um bestimmte „public objectives" zu schützen, Art. 3 Abs. 4 EC-RL. Es sind zB Schutz der öffentlichen Ordnung, Schutz der öffentlichen Gesundheit, Schutz der öffentlichen Sicherheit. Unter diesen Kategorien können die Mitgliedstaaten im Einzelfall dann doch ihr Heimatrecht versuchen durchzusetzen, wenn sie zu der Auffassung gelangen, dass der Sitzstaat des Anbieters keine ausreichenden Maßnahmen ergreift. Hilfreich zur Auslegung des Anwendungsbereichs der EC-RL ist u.a. der vierte Punkt von Art. 3 Abs. 4a) i), der lautet „Schutz der Verbraucher inklusive des Schutzes der Anleger". Die ausdrückliche Nennung der „(Verbraucher)Anleger" als Ausnahme wäre nicht nötig gewesen, wenn der Bereich der Finanzdienstleistungen aus dem Anwendungsbereich des Herkunftslandprinzips herausgenommen wäre (argumentum ex contrario), wie manchmal fälschlich behauptet wird. Tatsächlich war dies ein Diskussionspunkt im Rat, der aber schließlich eindeutig entschieden hat, dass grundsätzlich auch die Finanzdienstleistungen dem Herkunftslandprinzip unterworfen sind.

405 Das Herkunftslandprinzip in Art. 3 Abs. 1 und 2 der Richtlinie beinhaltet, dass die Erbringung eines Dienstes der Informationsgesellschaft grundsätzlich (abgesehen allein von den in der Richtlinie statuierten Ausnahmen) nur dem Recht des Herkunftslandes unterliegt, unabhängig davon, ob es sich um Normen des öffentlichen Rechts, des Privatrechts oder des Strafrechts handelt. Das hat insbesondere die Frage nach dem **Verhältnis zum Internationalen Privatrecht** aufgeworfen. Art. 3 der Richtlinie ist selbst keine Kollisionsnorm des Internationalen Privatrechts, sondern vermeidet gerade Kollisionsfälle im Binnenmarkt. So stellt Art. 1 Abs. 4 EC-RL klar, dass diese Richtlinie weder zusätzliche Regeln im Bereich des internationalen Privatrechts schafft, noch sich befasst mit der Zuständigkeit der Gerichte. Art. 1 Abs. 4 sagt ausdrücklich nicht, dass das internationale Privatrecht unberührt bleibt (wird aber fälschlicherweise oft so zitiert). Eine Regel des IPR zu schaffen, hätte dem Anliegen der EC-RL auch nicht wesentlich geholfen, denn das Herkunftslandprinzip soll ja nicht nur für zivilrechtliche Fragen, sondern für den gesamten „koordinierten Bereich (Art. 2h EC-RL)" gelten und damit querschnittsartig, „horizontal" durch verschiedene Rechtsmaterien hindurch Anwendung finden, die in den Mitgliedstaaten auch noch unterschiedlich abgegrenzt sind. Jedenfalls muss im Ergebnis auch die Anwendung des Sachrechts, auf die das Internationale Privatrecht verweist, im Einklang mit Art. 3 der Richtlinie stehen.

f) Grundsatz der Zulassungsfreiheit: Art. 4

406 Wie bereits im deutschen Teledienstegesetz und im Mediendienste-Staatsvertrag festgelegt, sieht auch die EC-RL an zentraler Stelle vor, dass der Zugang zur Tätigkeit eines Anbieters von Diensten der Informationsgesell-

schaft **nicht zulassungspflichtig** ist, Art. 4 Abs. 1 EC-RL. Die Mitgliedstaaten können demnach keine Lizenzpflicht mehr für solche Dienste vorschreiben. Möglich bleiben dagegen **„allgemeine" Zulassungsverfahren**, also solche, die nicht speziell und ausschließlich Dienste der Informationsgesellschaft betreffen. Auch telekommunikationsrechtliche Lizenzverfahren bleiben unberührt, Art. 4 Abs. 2 EC-RL.

g) Allgemeine Informationspflichten

Art. 5 Abs. 1 EC-RL enthält eine Reihe allgemeiner Informationspflichten, die dem Nutzer helfen sollen, sich über **Identität und Beschaffenheit** der angebotenen Dienste der Informationsgesellschaft klar zu werden. Besonders wichtig ist dabei die Identitätsangabe und die Angabe des Orts der Niederlassung, weil sich eben hierüber – iVm. Art. 3 EC-RL – der jeweils – grundsätzlich – verantwortliche Mitgliedstaat mit seinem Recht ergibt. Damit hat der Nutzer im Konfliktfall einen Anknüpfungspunkt für die Rechtsverfolgung. Die E-Mail-Adresse eines Versenders von unerbetener Werbemail soll es zB ermöglichen, gegen zukünftige Aktionen Widerspruch einzulegen. 407

Art. 5 Abs. 2 EC-RL, der sich mit **Preisangaben** im Netz beschäftigt, enthält selbst keine Verpflichtung zur Preisangabe – zum allgemeinen Thema der Preisangabepflicht gibt es bereits EU-rechtliche Vorgaben[1] –, sondern besagt lediglich, dass die Preise von Diensten der Informationsgesellschaft zutreffend und unzweideutig ausgewiesen werden müssen, wenn sie denn angegeben werden. 408

h) Kommerzielle Kommunikationen

Der Begriff „Kommerzielle Kommunikationen"[2] wird in Art. 2f EC-RL legaldefiniert als „alle Formen der Kommunikation, die der Förderung des Absatzes von Waren und Dienstleistungen oder des Erscheinungsbilds eines Unternehmens, einer sonstigen Organisation oder einer natürlichen Person dienen, die eine Tätigkeit in Handel, Gewerbe oder Handwerk oder einen freien Beruf ausübt. Die folgenden Angaben stellen als solche keine Form der kommerziellen Kommunikation dar: Angaben, die direkten Zugang zur Tätigkeit des Unternehmens bzw. der Organisation oder Person ermöglichen, wie insbesondere ein Domain-Name oder eine E-Mail-Adresse; Angaben in Bezug auf Waren und Dienstleistungen oder das Erscheinungsbild eines Unternehmens, einer Organisation oder Person, die von diesen unabhängig und insbesondere ohne finanzielle Gegenleistung gemacht werden". 409

---

1 Richtlinie 88/314/EWG des Rates v. 7. 6. 1988 über den Schutz der Verbraucher bei der Angabe von Preisen von anderen Erzeugnissen als Lebensmitteln, ABl. L 142 v. 9. 6. 1988.

2 Dieser Begriff, der mit „Werbung" oder „Marketing" nur unscharf umschrieben wäre, beginnt sich durchzusetzen, vgl. auch die Mitteilung der Kommission „Folgemaßnahmen zum Grünbuch kommerzielle Kommunikation im Binnenmarkt".

410 Die EC-RL sieht nun auch für kommerzielle Kommunikationen einige **Informationspflichten** vor, die angesichts der weit verbreiteten Werbefinanzierung und der Probleme bei der Inhaltsbewertung von Internetangeboten besonders wichtig sind. Es gibt in zunehmendem Maße Websites, die vorgeblich objektive, neutrale Informationen vermitteln, hinter denen in Wirklichkeit jedoch ein kommerzielles Interesse steht, ohne dass dies für den Nutzer ersichtlich ist. Wer beispielsweise eine Web-Seite mit Gesundheitsratschlägen aufsucht, die unter anderem den Gebrauch bestimmter Medikamente anrät, sollte wissen, ob diese Web-Seite von einem Pharmaunternehmen gesponsert wird. Kommerzielle Kommunikationen sollen daher als solche klar erkennbar sein und ihren Auftraggeber erkennen lassen. Soweit Angebote zur Verkaufsförderung erlaubt sind, müssen die jeweiligen Bedingungen transparent sein. Soweit Preisausschreiben oder Gewinnspiele erlaubt sind, müssen die Teilnahmebedingungen transparent sein[1].

i) Spamming

411 Vor dem Hintergrund der Regelung des Art. 3 Abs. 3 i.V.m. dem Annex der Richtlinie, 8. und letzter Spiegelstrich der Aufzählung (Ausnahme vom Herkunftslandprinzip), beschäftigt sich Art. 7 EC-RL mit „nicht angeforderter kommerzieller Kommunikation" per E-Mail („Spamming", „Junk-Mail"), die „bei Eingang" beim Nutzer **klar und unzweideutig als solche erkennbar** sein muss[2]. Damit soll dem Nutzer ein Instrument an die Hand gegeben werden, das es ihm ermöglicht, die unaufgeforderte Werbemail bereits „am Umschlag" zu erkennen und ohne weiteres – vor allem ohne sie öffnen zu müssen und damit mit begrenztem Kosten- und Zeitaufwand – zu löschen. Außer zu der Kennzeichnungspflicht sagt der Richtlinienentwurf aber nichts zu anderen materiellen Fragen, insbesondere nicht zur Frage „verboten/erlaubt". Für die Mitgliedstaaten bleibt es daher – abgesehen von der neuen Etikettierungspflicht – beim jetzigen Status quo, der durch die schon bestehenden Vorgaben der Fernabsatzrichtlinie (dort Art. 10 Abs. 2) und der Richtlinie über die Verarbeitung personenbezogener Daten und den Schutz der Privatsphäre im Bereich der Telekommunikation (dort Art. 12 Abs. 2) gekennzeichnet ist (sog. Opt-in-/Opt-out-Lösungen)[3].

412 Nach Art. 10 Abs. 2 der Fernabsatzrichtlinie tragen die Mitgliedstaaten „dafür Sorge, dass Fernkommunikationstechniken, die eine individuelle Kommunikation erlauben, . . ., nur dann verwendet werden dürfen, wenn der Verbraucher ihre Verwendung nicht offenkundig abgelehnt hat". Art. 14

---

1 Zu Gewinnspielen mit einem einen Geldwert darstellenden Einsatz bei Glücksspielen siehe allerdings oben Rz. 396 (Ausnahmen vom Anwendungsbereich der Richtlinie).

2 Die etwas hölzern wirkende Terminologie ist nicht zufällig: ob solche E-Mails wirklich immer „unerbeten" oder „unerwünscht" sind, lässt sich nicht generell sagen.

3 Richtlinie 97/7/EG, ABl. L 144 v. 4. 6. 1997, S. 19.

Fernabsatzrichtlinie lässt aber auch strengere Bestimmungen zu, wenn diese mit dem EG-Vertrag in Einklang stehen. Die Frage bleibt aber, welche strengeren Maßnahmen denn im Hinblick auf Art. 49 (ex 59) EGV möglich sind, wenn es um Dienste der Informationsgesellschaft mit Import- oder Exportbezug geht.

j) Reglementierte Berufe

Kommerzielle Kommunikation für freie Berufe ist in den meisten Mitglied- 413
staaten sehr strengen Regelungen unterworfen, bis hin zu totalen Werbeverboten. Werbeverbote führen dazu, dass die Einrichtung von Web-Seiten durch Angehörige der betreffenden Berufe („reglementierten Berufe"[1], im deutschen Sprachgebrauch eher „freie Berufe") als unzulässig erachtet wird, unabhängig von ihrem Inhalt. Dies hindert die freien Berufe daran, ihre Dienste online anzubieten und zu erbringen und die Chancen des Internets zu nutzen. Dies ist zum Nachteil der Berufe selbst, aber auch zum Nachteil der Verbraucher. Die Richtlinie sieht deshalb eine Verpflichtung für die Mitgliedstaaten vor, ihre rechtlichen Regelungen, soweit erforderlich, anzupassen und kommerzielle Kommunikation zu ermöglichen, unter Beachtung der standesrechtlichen Maßstäbe für deren Inhalt. Online angebotene und auch erbrachte Dienstleistungen haben eine herausragende Bedeutung bei der Entwicklung des elektronischen Geschäftsverkehrs. Zudem fällt die Trennung von „kommerzieller Kommunikation" für die Dienstleistung und „reiner" Dienstleistung online sehr viel schwerer als offline. Die in Art. 8 EC-RL vorgeschlagene Lösung will zuvörderst diese Rechtsunsicherheit als auch bestehende Wettbewerbsnachteile gegenüber Angehörigen der reglementierten Berufe aus Drittstaaten beseitigen. Die Mitgliedstaaten werden daher aufgefordert, den Angehörigen dieser Berufe den Weg ins Netz grundsätzlich zu erlauben. Die dafür nötigen berufsrechtlichen Regeln sollen die Berufsvereinigungen und -organisationen möglichst selbst, und zwar auf Gemeinschaftsebene, aufstellen.

k) Verträge online

Immer mehr Unternehmen und Verbraucher schließen den Kontrakt mit 414
ihrem Vertragspartner unter Nutzung des Internets ab. Nur eines von vielen Beispielen ist der klassische Versandhandel, wo diese Art des Kontakts

1 Der Begriff baut auf der Richtlinie 89/48/EWG des Rates v. 21. 12. 1988 „über eine allgemeine Regelung zur Anerkennung der Hochschuldiplome, die eine mindestens dreijährige Berufsausbildung abschließen" (ABl. L 019 v. 24. 1. 1989, S. 16–23) auf. Nach dieser Richtlinie ist als eine reglementierte berufliche Tätigkeit nicht nur eine berufliche Tätigkeit zu betrachten, deren Aufnahme in einem Mitgliedstaat an den Besitz eines Diploms gebunden ist, sondern auch eine berufliche Tätigkeit, deren Aufnahme frei ist, wenn sie in Verbindung mit der Führung eines Titels ausgeübt wird, der denjenigen vorbehalten ist, die bestimmte Qualifikationsvoraussetzungen erfüllen.

immer beliebter wird. Auch in vielen anderen wichtigen Industrienationen sowie bei internationalen Organisationen steht das Thema **Vertragsschluss im elektronischen Geschäftsverkehr** weit oben auf den Arbeitsplänen[1]. Während Rechtsprechung und Schrifttum im nationalen Rechtskreis sichere Lösungen anbieten können, wirft das „online-contracting" im grenzüberschreitenden Verkehr Probleme auf, die das Funktionieren des Binnenmarktes behindern können.

415 Art. 9 der Richtlinie fordert die Mitgliedstaaten auf, in ihren jeweiligen nationalen Rechtsordnungen dafür zu sorgen, dass ein Vertragsschluss auch „online", also auf elektronischem Weg möglich ist. Die Richtlinie bezieht sich auf „Verträge" und nennt nicht den allgemeineren Begriff des „Rechtsgeschäfts", wie er nach deutschem Rechtsverständnis vielleicht nahe gelegen hätte, um einen zu weitgehenden Einfluss auf die gewachsenen nationalen Rechtsordnungen zu vermeiden und um sich auf das Kernproblem zu konzentrieren. Ein auf elektronischem Weg geschlossener Vertrag muss die gleiche Gültigkeit und Rechtskraft haben wie ein Vertrag, der auf konventionellem Weg abgeschlossen wurde. Diese Vorgabe an die Mitgliedstaaten kann man als **„Ermöglichungsgrundsatz"** bezeichnen. Er bedeutet, dass Formvorschriften, die einen Vertrag nur in Verbindung mit einem Papierdokument zulassen, so geändert werden müssen, dass auch ein papierloser, elektronischer Weg möglich wird. Die Sorge, die nützlichen und teilweise unverzichtbaren Funktionen einer Unterschrift oder der Papier-/Schriftform könnten dann nicht mehr erfüllt werden, teilt die EC-RL nicht, denn es bieten sich Auswege an. Diese Funktionen, wie etwa typischerweise Warnfunktion, Belehrungsfunktion und Beweisfunktion, können auch auf anderen Wegen erreicht werden. Das wichtigste Mittel in diesem Zusammenhang sind **elektronische Signaturen**, die Authentifizierung und Integritätsprüfung einer Willenserklärung vielfach in besserer Weise als ein Papierdokument ermöglichen. Die EC-RL steht daher in engem Zusammenhang mit der sog. Signaturrichtlinie[2]; beide ergänzen sich gegenseitig und sind aufeinander abgestimmt. Während hier grundsätzliche Probleme des Online-Vertragsschlusses angesprochen werden, schafft die Signaturrichtlinie einen europäischen Rechtsrahmen für die Werkzeuge, die für eine sichere und vertrauensvolle Kommunikation in den Datennetzen benötigt werden.

416 Den Mitgliedstaaten steht offen, bestimmte, in Art. 9 Abs. 2 EC-RL genannte Vertragsarten vom „Ermöglichungsgrundsatz" **auszunehmen**. Dazu gehören vor allem Verträge, die nur unter notarieller Beteiligung geschlossen werden können oder eine behördliche Registrierung erfordern, wie etwa Kaufverträge über Grund und Boden oder Wohneigentum. Auch zB Eheschließung oder

---

1 Vgl. zB in den USA mehrere verschiedene Ansätze, so die Arbeiten zu Art. 2b Uniform Commercial Code (UCC), den im Jahr 2000 angenommenen Uniform Electronic Transactions Act (UETA, zuvor ETA) sowie den Uniform Computer Information Transaction Act (UCITA); hierzu zB *Winn/Wright*, Law of Electronic Commerce, 4. Aufl. 2000, New York, § 5.1.

2 Richtlinie 99/93/EG, ABl. L 13 v. 19. 1. 2000, S. 12 ff.

Testamentserstellung können in den gewohnten traditionellen Formen verbleiben und werden ausdrücklich genannt, um Zweifelsfälle zu vermeiden.

Der „Ermöglichungsgrundsatz" beschränkt sich aber nicht nur auf den rechtlichen Status eines zB im Internet geschlossenen Vertrags, sondern fordert auch ein **„effektives" Ergebnis**, dh., es wäre nicht ausreichend, wenn ein Mitgliedstaat die den elektronischen Geschäftsverkehr hindernden Regelungen nur „pro forma" ändert, andere Vorschriften aber nach wie vor die alltägliche Nutzung behindern. Ein Beispiel: Eine Vorschrift, die von den vertragsschließenden Parteien die Hinterlegung einer elektronischen Kopie bei einer Behörde verlangt, während vergleichbare, auf traditionellem Wege geschlossene Verträge ansonsten nicht zu hinterlegen sind, würde den elektronischen Vertragsschluss zwar nicht als solchen verbieten, aber dennoch erheblich behindern. Eine solche Vorschrift stünde nicht im Einklang mit Art. 9 EC-RL. 417

Eine der vielen interessanten Fragen in diesem Zusammenhang betrifft das deutsche Recht: die Schriftformbedürftigkeit von **Verbraucherkreditverträgen**. Bislang unterliegen Verbraucherkreditverträge der Schriftform, § 4 VerbrKrG[1]. Da die Verbraucherkreditverträge nicht bei den Ausnahmen des Art. 9 EC-RL genannt werden, müsste Deutschland in korrekter Umsetzung der EC-RL den Abschluss eines Verbraucherkreditvertrags auch online (sei es formlos oder zB mit elektronischer Signatur) zulassen. Das neue „Gesetz zur Anpassung der Formvorschriften des Privatrechts und anderer Vorschriften an den modernen Rechtsgeschäftsverkehr"[2], in dem ein Teil der Umsetzung des Art. 9 EC-RL schon vorweggenommen ist, erlaubt neben der Einführung der sog. Textform auch den Einsatz der **digitalen Signatur**. Ein ergänzter § 126 BGB soll es ermöglichen, dass „die schriftliche Form durch die sog. elektronische Form ersetzt werden kann" (Abs. 3), wenn sich nicht aus dem Gesetz ein anderes ergibt. Damit wäre bei vielen bislang schriftformgebundenen Verträgen alternativ auch der Einsatz der digitalen Signatur möglich. Es wird nicht erlaubt bei den Verbraucherkreditverträgen, denn nach Art. 16 Formvorschriftengesetz lautet § 4 Abs. 1 Satz 3 jetzt: „Der Abschluss des Vertrages in elektronischer Form ist ausgeschlossen." Hier soll der Kunde also weiterhin zur Bank gehen müssen, sich einen Termin beim Kundenberater beschaffen und dann mit diesem die Papiere ausfüllen. Wie kann das sein? Das Gesetz beruft sich offenbar auf die entsprechende Richtlinie der Europäischen Union zu den Verbraucherkreditverträgen, in der es in der deutschen Fassung heißt, Verbraucherkreditverträge bedürfen der Schriftform (Art. 4)[3]. In der englischen Version heißt es: „shall be in writing", in der französischen Fassung: „Les contrats de crédit sont établis 418

1 Verbraucherkreditgesetz v. 17. 12. 1990 (BGBl. I S. 2840), zuletzt geändert durch Gesetz v. 27. 6. 2001 (BGBl. I S. 1542).

2 V. 13. 6. 2001 (BGBl. I S. 1542).

3 Richtlinie 87/102/EWG des Rates v. 22. 12. 1986 zur Angleichung der Rechts- und Verwaltungsvorschriften der Mitgliedstaaten über den Verbraucherkredit, ABl. L 42 v. 12. 2. 1987, S. 48.

par écrit“. Das wird allgemein so ausgelegt, dass die Wahrung einer Form im Sinne der vorgeschlagenen deutschen „Textform“ ausreicht, es also ausreicht, wenn der Text „schriftlich“ lesbar ist. Es muss keine Schriftform im deutschen Sinne des § 126 BGB sein, dh. Papier plus Unterschrift. Die deutsche Version der Richtlinie spricht also nicht von „schriftlich“, wie es wohl gewollt war und auch den anderen Sprachversionen entspricht und was man ja auch im Deutschen zwanglos auslegen könnte als „Textform“, sondern es heißt „Schriftform“. Dies scheint der Grund für die fehlende Liberalisierung bei den Verbraucherkreditverträgen zu sein. Tatsächlich sind alle Sprachfassungen einer Richtlinie gleich viel „wert“ und gültig. Dennoch muss die Frage richtigerweise lauten, ob der Begriff „Schriftform“ im Text einer EU-Richtlinie zwangsläufig wie der gleich lautende Begriff in einem deutschen Gesetz ausgelegt werden muss. Richtigerweise wird man auch den deutschen Text einer EU-Richtlinie im Kontext des EU-Rechts, nicht des nationalen Rechts auslegen und andere Sprachfassungen zur Auslegung heranziehen. So gesehen müsste die deutsche Umsetzung die elektronische Signatur auch für Verbraucherkreditverträge zulassen.

419 Art. 10 EC-RL soll dafür sorgen, dass ein Diensteanbieter auch ein Mindestmaß an **Informationen** über die Art und Weise des Vertragsschlusses bereitstellt. Anders als die meisten traditionellen Arten, einen Vertrag zu schließen – sei es per Zuruf, Handschlag, Telefon oder auf Papier –, erklärt sich das „Wie“ in der elektronischen Welt (noch) nicht immer von selbst. Einige grundlegende Informationen über den tatsächlichen Vorgang – nicht über die rechtliche Bewertung – sind daher zumindest so lange nötig, bis der Umgang mit den elektronischen Medien selbstverständlich geworden ist. Wie die Erfahrung zeigt, handeln die meisten Anbieter von Diensten der Informationsgesellschaft bereits jetzt im Sinne dieser Regel; eine zusätzliche Belastung für die Unternehmen entsteht daher in der Regel nicht.

420 Die in Art. 11 EC-RL festgelegte Regel beschäftigt sich mit der **„Abgabe einer Bestellung“**. Die Mitgliedstaaten stellen sicher, dass – außer im Fall abweichender Vereinbarungen zwischen Parteien, die nicht Verbraucher sind – im Fall einer Bestellung durch einen Nutzer auf elektronischem Wege folgende Grundsätze gelten: Der Diensteanbieter hat den Eingang der Bestellung des Nutzers unverzüglich auf elektronischem Wege zu bestätigen, und Bestellung und Empfangsbestätigung gelten als eingegangen, wenn die Parteien, für die sie bestimmt sind, sie abrufen können.

421 Art. 11 Abs. 2 EC-RL fordert die Mitgliedstaaten zusätzlich auf, die Diensteanbieter zu verpflichten, einen Mechanismus zur **Korrektur von Bedienungs-/Eingabefehlern** vorzusehen. Ein „Verklicken“ aus Versehen soll damit ohne weitreichende Folgen bleiben. Auch dies findet sich bereits heute auf sehr vielen kommerziellen Websites (zB die Angabe „Im Warenkorb liegt“, „Soll die Bestellung abgeschickt werden?“).

l) Verantwortlichkeit der Vermittler

Die Ausgestaltung der Verantwortlichkeit von Informationsvermittlern in den Art. 12–15 EC-RL ist ein weiterer Schwerpunkt der Richtlinie, die, wegen der Fokussierung der interessierten Öffentlichkeit auf dieses Thema, von den interessierten Kreisen anfangs auch als „Liability"-Richtlinie bezeichnet wurde. Das Verfahren des Münchener Amtsgerichts gegen den ehemaligen CompuServe-Geschäftsführer[1] und dessen mögliche Auswirkungen auf den freien Dienstleistungsverkehr waren nur eines – wenn auch wichtiges – von vielen Signalen. Auch im Zusammenhang der Umsetzung der WIPO-Verträge zum Urheberrecht stellte sich die Frage nach der Haftung der Vermittler für Rechtsverstöße. Diese zwei Beispiele aus einer Fülle von Themen machten aber auch auf Gemeinschaftsebene rasch deutlich, dass diese Frage generell quer zu allen Sachbereichen („horizontal") und nicht sektorspezifisch gelöst werden muss. Eine solche horizontale Lösung schlägt der Entwurf dann auch vor und bezieht sich dabei – wegen des unauflöslichen Sachzusammenhangs mit dem freien Dienstleistungsverkehr – u.a. auch auf strafrechtliche Sachverhalte. Dabei schränkt die EC-RL die mögliche Verantwortung von Vermittlern ein, anstatt „positiv" zu formulieren, in welchen Fällen von einer Haftung gesprochen werden kann. Die EC-RL weist damit eine vergleichbare Regelungstechnik wie §§ 5 TDG/MDStV auf. Erfüllt ein Diensteanbieter die Voraussetzungen für die Einschränkung seiner Verantwortlichkeit nicht, so bestimmt sich seine Verantwortlichkeit nach den geltenden innerstaatlichen Rechtsvorschriften. All dies liegt auf einer Linie mit der entsprechenden deutschen Regelung in §§ 5 TDG/MDStV. 422

Die EC-RL stellt nicht auf die Art des Vermittlers ab, sondern fragt direkt nach dessen Tätigkeit und kommt so zu zwei grundlegenden Kategorien, nämlich der **„reinen Durchleitung"** (Art. 12 EC-RL) und der **„Beherbergung"** (wofür die deutsche Sprachversion den englischen Begriff des „Hosting" importiert, Art. 14 EC-RL). Art. 13 EC-RL behandelt den Sonderfall des **„Caching"** (auch hier fehlt ein treffender deutscher Begriff). 423

Für die „reine Durchleitung" von Inhalten soll der Diensteanbieter nicht verantwortlich sein, wenn er die Übermittlung nicht veranlasst, den Adressaten nicht auswählt und die übermittelten Informationen nicht auswählt oder verändert (vgl. „lediglich" in §§ 5 Abs. 3 Satz 1 TDG/MDStV). Die automatische kurzzeitige Zwischenspeicherung der Datenpakete auf dem Weg von Hop zu Hop gehört zur Durchleitung, Art. 12 Abs. 2 EC-RL. Auch beim „Hosting", also dem Bereitstellen von Speicherplatz (und dessen Öffnung nach außen) für Daten des Nutzers, geregelt in Art. 14 EC-RL, bleibt der Diensteanbieter von einer Verantwortlichkeit frei, wenn er keine Kenntnis von der rechtswidrigen Tätigkeit oder Information hat und wenn er, falls er Kenntnis erlangt, unverzüglich tätig wird, um den rechtswidrigen Zustand

1 AG München v. 28. 5. 1998 – 8340 Ds 465 Js 173158/95, n.v.; Freispruch in zweiter Instanz LG München I v. 17. 11. 1999 – 20 Ns 465 Js 173158/95, n.v.; siehe dazu www.digital-law.net/somm.

abzustellen. Hinsichtlich zivilrechtlicher Schadensersatzansprüche kann sich das Tor zur Haftung auch dann öffnen, wenn der Diensteanbieter hätte wissen müssen, dass rechtswidrige Tätigkeiten vor sich gehen. Beide Spezifika weichen von der deutschen Regelung ab. Art. 13 schließlich geht auf das „Caching" ein und regelt die Besonderheiten, die sich aus der Stellung des Caching zwischen reiner Durchleitung und Hosting ergeben.

424 Mit diesen Regelungen ist die EC-RL auch **international kompatibel**, vor allem im Hinblick auf die US-amerikanische Regelung des sog. Digital Millennium Copyright Act[1]. Dies betrifft den Ausschluss von der Verantwortlichkeit für die reine Durchleitung, die Behandlung des „system caching" sowie die Begrenzung der Verantwortlichkeit für das Vorhalten von Inhalten Dritter. Die Richtlinie beschränkt sich allerdings auf die Grundlinien und vermeidet den Detaillierungsgrad des DMCA[2], geht wegen ihres horizontalen Ansatzes aber weit über die – von der Wirtschaft vielfach als zu eng kritisierte – Copyright-Bedeutung des DMCA hinaus.

425 Die **Schlussbestimmung** des Abschnitts in Art. 15 EC-RL schließt eine aktive, generelle Überwachungspflicht hinsichtlich der übermittelten Inhalte ausdrücklich aus; nur Einzelmaßnahmen sollen zulässig bleiben. Die Richtlinie schützt auf diese Weise auch das Fernmeldegeheimnis und Belange des Datenschutzes.

m) Umsetzung

426 Kapitel III der Richtlinie listet schließlich eine Reihe von Einzelmaßnahmen zur erfolgreichen **Umsetzung** der Regelungen auf. Großen Wert legt die EC-RL auf Verhaltenskodizes, die von den beteiligten Berufsverbänden und Standesorganisationen aufgestellt werden sollen (Art. 16 EC-RL). Damit wird der Gedanke der Selbstkontrolle unterstrichen; dies wiederum ermöglicht es der Richtlinie, sich vielfach auf die wesentlichen Grundaussagen zu beschränken. Ein weiterer Bereich, der weniger im Blickpunkt der Öffentlichkeit steht, aber nicht weniger wichtig ist, sind **Rechtsdurchsetzung** und **Rechtsschutz**. Die Richtlinie geht davon aus, dass der elektronische Geschäftsverkehr und die Dienste der Informationsgesellschaft sich nicht in einem rechtsfreien Raum entwickeln, sondern dass es weitgehend ausreichende materielle Regeln gibt, die zur Anwendung kommen. Die durch das Internet aufgeworfenen Fragen finden ihre Antwort daher nicht in erster Linie in der Schaffung neuer Regeln, sondern in der tatsächlichen Anwendung und Durchsetzung der bestehenden Regeln. Hier gibt es Handlungsbedarf, nicht nur im Hinblick auf die grenzüberschreitende Dimension des Internets, sondern auch angesichts des Umstands, dass Schäden innerhalb kürzester Zeit und europa- oder sogar weltweit eintreten können. Daher muss die Zusammenarbeit zwischen den Mitgliedstaaten in Justiz und Ver-

1 DCMA, siehe Pub. L 105–304, 112 Stat. 2877 (1998).
2 Auch um der weiteren Entwicklung nicht vorzugreifen, vgl. etwa die Diskussionen zu Hyperlinks oder Suchmaschinen.

waltung verbessert werden. Art. 17 und 18 EC-RL beschäftigen sich daher mit gerichtlichen und außergerichtlichen Klagemöglichkeiten („online dispute settlement"). Die Gerichtsverfahren müssen effizienter, insbesondere auch schneller werden. In einigen Mitgliedstaaten ist es beispielsweise nicht möglich, eine einstweilige Verfügung unter einer Zeit von einigen Wochen oder in Extremfällen von einigen Monaten zu erhalten. Im Fall einer Verletzung von Persönlichkeitsrechten, Urheberrechten oder Datenschutzauflagen ist dies völlig unangemessen. Deswegen sieht die Richtlinie Verpflichtungen für die Mitgliedstaaten vor, ihre bestehenden Gerichtsverfahren zu überprüfen und darauf hinzuwirken, dass zumindest für den Bereich des elektronischen Geschäftsverkehrs geeignete Verfahren und geeignete Strukturen geschaffen werden. Vorgaben zur **Zusammenarbeit** zwischen den Behörden der Mitgliedstaaten (Art. 19 EC-RL) sollen dafür sorgen, dass die Regeln der Richtlinie auch wirksam durchgesetzt werden. Dazu gehört auch die Schaffung von Kontaktstellen, bei denen Verbraucher in Fällen grenzüberschreitender Transaktionen und Probleme Hilfestellung, Informationen und Rat finden können. Art. 20 EC-RL schließlich verpflichtet die Mitgliedstaaten, die einzelstaatlichen Vorschriften zu Umsetzung der Richtlinie mit ausreichenden **Sanktionen** zu bewehren. Hier findet sich einer der Fälle, die zu einer Anpassung des TDG zwingen, war doch im dortigen Gesetzgebungsverfahren auf eine Sanktionsbewehrung der Vorgaben verzichtet worden.

n) Internationale Aspekte

Die EC-RL beschränkt sich auf die Regelung der gemeinschaftsinternen Be- 427
lange. Nicht erfasst werden Dienste der Informationsgesellschaft, die von einem in einem Drittland niedergelassenen Diensteanbieter bereitgestellt werden, die damit aber auch nicht von den durch die Richtlinie gewährten Vorteilen profitieren können. Die Kommission stand bei Schaffung des Richtlinienvorschlags vor einer divergierenden Ausgangslage: einerseits die Tatsache eines globalen Netzwerks, eines „World Wide Web", das auch nach möglichst globalen Regeln verlangte, andererseits der notwendige Binnenmarktansatz mit dem Herkunftslandprinzip, der wegen der fehlenden rechtlichen Integration zur Zeit nicht als Modell für internationale Vereinbarungen angesehen werden konnte. Vorrangig war der Blick auf den Binnenmarkt, dies vor dem Hintergrund, dass „die Gemeinschaft bereits aktiv an verschiedenen Arbeiten teilnimmt, die auf die Herstellung eines globalen Regelungsrahmens für die Dienste der Informationsgesellschaft abzielen"[1]. Gemeint sind damit vor allem die Arbeiten im Rahmen der WTO, der OECD und der WIPO; in diesen Gremien ist aber auch die Meinungsbildung der Mitgliedstaaten erforderlich. Initiiert hat die Kommission den sog. „Global Business Dialogue"[2], ein Forum der weltweit tätigen Unternehmen im Be-

1 Begründung zum Richtlinienentwurf S. 18.
2 Siehe www.GBDe.org.

reich der Informationsgesellschaft. Insbesondere bei der WTO hat sich eine Diskussion zur richtigen Einstufung von Dienstleistungen, die online erbracht werden, entfaltet; hierbei geht es um die Frage, welcher „mode of supply" die richtige Kategorie anbietet[1]. Gerade von US-amerikanischer Seite wird dabei die Spielart des „consumption abroad" in das Gespräch gebracht. Sollte sich eine solche Sichtweise durchsetzen, bleibt angesichts des wettbewerbsstarken US-amerikanischen Dienstleistungssektors nur zu hoffen, dass solche Maßnahmen wie etwa in Art. 8 EC-RL nicht zu spät kommen.

o) Ausblick

428 Die Mitgliedstaaten setzen die erforderlichen Rechts- und Verwaltungsvorschriften in Kraft, um dieser Richtlinie vor dem 17. Januar 2002 nachzukommen, so Art. 22 EC-RL, also bis spätestens $1^1/_2$ Jahre nach dem Tag der Veröffentlichung – und damit dem Inkrafttreten, Art. 23 – der EC-RL im Amtsblatt. Sie setzen die Kommission unverzüglich davon in Kenntnis.

429 Der Fokus des Interesses liegt damit jetzt auf der **Implementierung der Richtlinie in den nationalen Rechtsordnungen** der Mitgliedstaaten[2]. Da die Richtlinie in vielen Fällen „nur" einen Rechtsrahmen aufstellt, bleibt Raum für eine kreative und zielorientierte Umsetzung, die von den Mitgliedstaaten durchaus auch zu eigener Profilierung in diesem Gebiet genutzt werden kann. Bei anderen Bestimmungen der Richtlinie, etwa dem Herkunftslandprinzip, die direkt das Funktionieren des Binnenmarktes betreffen, kommt es dagegen auf genaue und abweichungsfreie Umsetzung an.

430 Schon recht bald wird sich aber wieder die Frage stellen, ob und wie der Gemeinschaftsrahmen weiterentwickelt werden muss. Art. 21 EC-RL sieht daher ausdrücklich eine **Berichtspflicht der Kommission** vor, die bis spätestens 17. Juli 2003 erfüllt sein muss.

Der Bericht soll einmal auf die Erfahrungen mit der Anwendung der Richtlinie eingehen, zum anderen – gegebenenfalls – Vorschläge für die Anpassung der EC-RL an die rechtlichen, technischen und wirtschaftlichen Entwicklungen im Bereich der Dienste der Informationsgesellschaft, insbesondere in Bezug auf die Verbrechensverhütung, den Jugendschutz, den Verbraucherschutz und das einwandfreie Funktionieren des Binnenmarktes vorlegen. Im Hinblick auf das etwaige Erfordernis einer Anpassung der EC-RL soll in dem Bericht insbesondere untersucht werden, ob Vorschläge in Bezug auf die Haftung der Anbieter von Hyperlinks und von Instrumenten zur Lokalisierung von Informationen, Verfahren zur Meldung und Entfernung rechtswidriger Inhalte („notice and take down"-Verfahren) und eine Haftbarmachung im Anschluss an die Entfernung von Inhalten erforderlich sind. In dem Bericht ist auch zu untersuchen, ob angesichts der technischen Entwicklun-

1 GATS Part I, Article I para 2 (a)–(d).
2 Zur Umsetzung in Deutschland siehe *Tettenborn*, unten Rz. 432 ff.

gen zusätzliche Bedingungen für die in den Art. 12 und 13 EC-RL vorgesehene Haftungsfreistellung erforderlich sind und ob die Grundsätze des Binnenmarkts auf nicht angeforderte kommerzielle Kommunikationen mittels elektronischer Post angewendet werden können.

Unverändert auf der Agenda steht darüber hinaus die **Entwicklung des internationalen Rechtsrahmens**. Dabei wird auch weiterhin die Rechtsentwicklung in den USA eine wichtige, über den nordamerikanischen Raum hinausgehende Bedeutung haben. Nach der Konstituierung der neuen US-amerikanischen Regierung zu Beginn des Jahres 2001 ist auch der Kongress „back into full swing" und bearbeitet Themen wie Cybercrime, broadband, Internet-Besteuerung und die bereits angesprochenen „unsolicited commercial emails" („spam"). Diese und andere technologiebezogene Themen werden auch in Zukunft eine wichtige Rolle in der politischen Diskussion spielen. 431

2. Die EG-Richtlinie über den elektronischen Geschäftsverkehr: ihre Umsetzung in Deutschland*

a) Allgemeiner Teil – Einleitung und Vorüberlegungen zur Umsetzung

aa) Ausgangslage

Am 17. 7. 2000 ist die „Richtlinie über den elektronischen Geschäftsverkehr" (nachfolgend auch EC-RL genannt) in Kraft getreten[1], nachdem sie am 4. 5. 2000 das Europäische Parlament überraschend ohne Änderungen passiert hatte. Dies war deshalb überraschend, da es nur wenige EG-Richtlinien gibt, die bereits vor der Verabschiedung viele Kontroversen ausgelöst hatten. Dies hat den Grund vor allem im sog. „Herkunftslandprinzip" und seinen Folgen für den nationalen Gesetzgeber, worauf unten näher eingegangen wird. 432

Bereits der offizielle Name der Richtlinie „2000/31/EG des Europäischen Parlaments und des Rates über bestimmte rechtliche Aspekte der Dienste der Informationsgesellschaft, insbesondere des elektronischen Geschäftsverkehrs, im Binnenmarkt" verrät viel über die Intentionen der Europäischen Kommission zur Verabschiedung der EC-RL, die auch gerne „E-Commerce-Richtlinie" genannt wird. Der Begriff **„E-Commerce-Richtlinie"** verkürzt jedoch den eigentlichen Regelungsinhalt der Richtlinie. Ursprünglich lautete der Titel des Kommissionsvorschlages vom 18. 11. 1998 auch „Vorschlag für eine Richtlinie des Europäischen Parlaments und des Rates über bestimmte 433

---

* Der Beitrag beinhaltet die persönliche Auffassung des Autors, nicht die der Bundesregierung.

1 Richtlinie 2000/31/EG des Europäischen Parlaments und des Rates über bestimmte rechtliche Aspekte der Dienste der Informationsgesellschaft, insbesondere des elektronischen Geschäftsverkehrs, im Binnenmarkt („Richtlinie über den elektronischen Geschäftsverkehr"), ABl. EG Nr. L 178 S. 1 v. 17. 7. 2000.

rechtliche Aspekte des elektronischen Geschäftsverkehrs im Binnenmarkt"[1]; die jetzige Richtlinie spricht jedoch von „bestimmten rechtlichen Aspekten der Dienste der Informationsgesellschaft" – nur noch im „Arbeitstitel" ist der elektronische Geschäftsverkehr alleine genannt. Die Erweiterung auf **„Dienste der Informationsgesellschaft"** im Titel zeigt, dass es bei der Richtlinie im Kern um die Regelung dieser Dienste geht und der elektronische Geschäftsverkehr „insbesondere" geregelt wird, jedoch nicht ausschließlich. Allerdings umfasst die Reichweite der EC-RL nur die Dienste, die „in der Regel gegen Entgelt" erbracht werden. Dies bedeutet, dass zwar sog. entgeltfreie Dienste erfasst sein können, diese sich aber kommerziell, zB mittels Werbung, PR usw., finanzieren müssen. Hier geht der Ansatz in Deutschland mit den „Tele-" und „Mediendiensten" weiter. Hierauf wird unten näher eingegangen. Die Richtlinie regelt auch nur „bestimmte" Aspekte der Dienste der Informationsgesellschaft, ist also nicht umfassend im Ansatz: Sie „ergänzt" die bereits bestehenden Regelungen, wie aus Art. 1 EC-RL deutlich wird.

bb) Die Umsetzung in nationales Recht

(1) Die Entwicklung

434 Bereits weniger als einen Monat nach In-Kraft-Treten der Richtlinie kündigte die Bundesregierung in einem Kabinettsbeschluss[2] vom 16. 8. 2000 an, die Richtlinie bis zum Sommer 2001 umsetzen zu wollen. Gleichzeitig wurde die Vorlage eines Diskussionsentwurfs zu einem Umsetzungsgesetz bis zum Herbst 2000 angekündigt. In der Bundesregierung haben das Bundesministerium für Wirtschaft und Technologie und das Bundesministerium der Justiz hierfür die gemeinsame Federführung. Am 1. 12. 2000 legte die Bundesregierung ein Arbeitspapier zum **„Entwurf eines Gesetzes über rechtliche Rahmenbedingungen für den elektronischen Geschäftsverkehr – EGG"** vor[3]. Am 13. 12. 2000 beschloss das Bundeskabinett[4] im Zusammenhang mit der künftigen Geltung des Herkunftslandprinzips der Richtlinie für den Bereich des Wettbewerbsrechts die Aufhebung des Rabattgesetzes und der Zugabeverordnung. Bereits in der Anhörung der Verbände und betroffenen Kreise am 19. 6. 2000 in Berlin zeigte sich, dass die Mehrheit für eine Abschaffung des Rabattgesetzese und – mit Einschränkungen – auch für die Abschaffung der Zugabeverordnung plädierte[5].

---

1 KOM 98 586 endg. v. 18. 11. 1999, Ratsdok. 98/0325, nachfolgend: RL-Vorschlag.

2 Vgl. dazu Pressemitteilung abrufbar unter www.bmwi.de (s. dort Presseforum-Pressemitteilungen-Archiv – dort unter 16. 8. 2000 „Bundeskabinett stellt Weichen für E-Commerce").

3 Entwurf – Stand 1. 12. 2000 – abzurufen unter www.iukdg.de (Arbeitspapier und Erläuterungen).

4 Pressemitteilung abrufbar unter www.bmwi.de (Presseforum-Pressemitteilung-Archiv – dort unter 19. 12. 2000).

5 Vgl. näher dazu *Tettenborn*, K&R 2000, 59 ff.

Am 19. 12. 2000 wurde in Berlin eine Anhörung der betroffenen Kreise (Verbände, Industrie) zum geplanten Umsetzungsgesetz – EGG – durchgeführt. Das Vorhaben der Bundesregierung wurde insgesamt begrüßt; zahlreiche Detailanregungen wurden gegeben, vor allem auch zur Formulierung des Herkunftslandprinzips. Im Februar 2001 beschloss das Bundeskabinett das EGG. In die Kabinettfassung konnten zahlreiche Anregungen aus Industrie und Verbänden Eingang finden. Die Änderungen waren jedoch nicht substanzieller Natur, sondern dienten vor allem der Klarstellung des Gewollten[1]; wichtig waren die Änderungen zum Herkunftslandprinzip, auf die unten Rz. 451 näher eingegangen wird. Die Bundesländer wollen im Rahmen des Mediendienstestaatsvertrages die sie betreffenden Regelungen umsetzen. Es liegen hierzu noch keine offiziellen Entwürfe vor[2]. Am 30. 3. 2001 hat der Bundesrat zum Gesetzentwurf Stellung genommen[3]. Ein Teil der Forderungen des Bundesrates betrifft das Herkunftslandprinzip. Der Bundesrat hat vor dem Hintergrund der Tragweite der Regelung um erneute Überprüfung dahin gehend gebeten, ob die Regelung nicht über das von der Richtlinie geforderte Maß hinausgeht. Außerdem bat der Bundesrat, im Rahmen der Regelungen zur Verantwortlichkeit eine Regelung zu Hyperlinks zu schaffen, da hier eine erhebliche rechtliche Rechtsunsicherheit bestehe.

Zur Zeit des Redaktionsschlusses war der Gesetzentwurf der Bundesregierung zur Umsetzung der EC-RL[4] – das „EGG" – noch in der Beratung im Deutschen Bundestag. Es fand hierzu eine Experten-Anhörung des Deutschen Bundestages im Oktober 2001 statt. Dies bedeutet, dass der zweite Durchgang des Bundesrates dieses nicht zustimmungsbedürftigen Gesetzes am 9. 11. 2001 stattfinden kann. Erfolgt kein Einspruch des Bundesrates gegen das dann vom Deutschen Bundestag in 2./3. Lesung beschlossene Gesetz, kann dieses bis Dezember 2001, also noch vor Ablauf der Umsetzungsfrist der Richtlinie (17. 1. 2002), in Kraft treten. Anders sieht es für den MDStV aus: Es kann wegen der Parallelität der Regelungen erst mit dem Verfahren zum Inkrafttreten des Staatsvertrages begonnen werden, wenn die Regelungen des EGG feststehen. Der neue MDStV (im Folgenden MDStV nF) wird dann mit Abschluss des Umlaufverfahrens voraussichtlich bis Ende 2002 in Kraft treten können. 435

1 Vgl. im Einzelnen die Diskussionsfassung v. 1. 12. 2000, die Grundlage der Anhörung war und die von der Bundesregierung beschlossene Kabinettfassung unter www.iukdg.de.

2 Im Rahmen der Anhörung am 19. 12. 2000 wurden inoffizielle Fassungen der Änderungsvorschläge zum MDStV vorgelegt, die jedoch nur Vorüberlegungen darstellen.

3 BR-Drucks. 136/01 (Beschluss) v. 30. 3. 2001.

4 Entwurf eines Gesetzes über rechtliche Rahmenbedingungen für den elektronischen Geschäftsverkehr (Elektronisches Geschäftsverkehrs-Gesetz – EGG), BT-Drucks. 14/6098 v. 17. 7. 2001; vgl. dazu auch *Bröhl*, MMR 2001, 67 ff.

(2) Vorüberlegungen zur Umsetzung

436 Bei der Umsetzung der EC-RL sind **drei Bereiche** zu unterscheiden:

erstens: Der harmonisierte Bereich der Art. 4 bis 18 der Richtlinie,

zweitens: der koordinierte Bereich, primär des Artikels 3 (und Anhang), und

drittens: die Bestimmungen, die „vor die Klammer" zu ziehen sind (Art. 1 und 2 sowie Schlussbestimmungen).

(a) Umsetzungsbereich 1: der harmonisierte Bereich

437 Der harmonisierte Bereich der Richtlinie ist zwingend umzusetzen. Wie der Begriff schon sagt, geht es hier um die Harmonisierung von Rechtsbereichen, bezogen auf die Ebene der EU und idR auch mit Erweiterung auf den Europäischen Wirtschaftsraum (EWR). Aber auch hier ist zwischen zwei Kategorien von Regelungen zu unterscheiden:

- die lediglich Mindestanforderungen beschreiben, wie die der Art. 5 bis 7 EC-RL, und
- den Anforderungen, die den Mitgliedstaaten allenfalls einen geringen Spielraum bei der Umsetzung zugestehen wie die der Art. 4, 8 Abs. 1, 9 bis 15 Abs. 1, 18, 19 Abs. 1 bis 4, 20 und 22 EC-RL, die also einen hohen Grad an Harmonisierung der Rechtsordnungen verlangen.

(b) Umsetzungsbereich 2: der koordinierte Bereich

438 Dieser Umsetzungsbereich, der koordinierte Bereich, der in Art. 2 lit. h) EC-RL definiert ist, umfasst primär die Anforderungen und die Reichweite des **Herkunftslandprinzips** des Art. 3 EC-RL. Das Herkunftslandprinzip, auf das unten näher eingegangen wird, beruht auf dem Prinzip der gegenseitigen Anerkennung der bestehenden Rechtsordnungen in den jeweiligen Mitgliedstaaten. Der mittelbare Änderungsdruck auf die jeweils ungünstigste Rechtsordnung in der EU führt zwar oft im Ergebnis zu Rechtsänderungen, aber es ist festzuhalten, dass eine Änderung der Rechtsordnungen aufgrund des Artikels 3 Abs. 1 und 2 EC-RL unmittelbar nicht erforderlich ist. Daher ist dieser Bereich zwingend nicht umzusetzen. Ein Beispiel ist hier die EG-Fernsehrichtlinie, bei der keine Umsetzung des darin verankerten Herkunftslandprinzips[1] in Deutschland erfolgte. Zum koordinierten Bereich im weiteren Sinne kann man wohl auch die Anforderungen mit primär empfehlendem Charakter wie die der Art. 8 Abs. 2, 16, 17 Abs. 2 und 3 oder 19 Abs. 5 EC-RL zählen.

---

1 Vgl. Art. 3 der EG-Fernsehrichtlinie 89/552/EG v. 3. 10. 1989 (ABl. EG Nr. L 298/23 v. 17. 10. 1989, geändert durch die Richtlinie 97/36/EG v. 30. 6. 1997, ABl. EG Nr. L 202/60 v. 30. 7. 1997), auch abgedruckt in *Engel-Flechsig/Roßnagel*, Multimedia-Recht, 1998, S. 238 ff.

(3) Mögliche Modelle zur Umsetzung der Richtlinie in nationales Recht

Für die Umsetzung der Richtlinie sind drei Regelungsmodelle denkbar: 439

Modell 1: Konzentration auf die unmittelbar und zwingend umzusetzenden Regelungen der Richtlinie, vor allem die Regelungen der Art. 4 bis 15 und – soweit noch erforderlich – der Art. 2 sowie 16 bis 20.

Modell 2: Einbeziehung der Folgen des Herkunftslandprinzips des Art. 3 EC-RL über das Modell 1 hinaus in die Umsetzung. Entweder belässt man es bei einer Regelung des Art. 3 oder man geht noch darüber hinaus und versucht, möglichst viele Regelungen, die bei Geltung des Herkunftslandprinzips zu einer Inländerdiskriminierung führen würden, in die Umsetzung einzubeziehen. Dies betrifft insbesondere das Wettbewerbsrecht und den Bereich der reglementierten Berufe.

Modell Nr. 3: Denkbare Mittellösung: Modell 1 zuzüglich einer allgemeinen Regelung des Herkunftslandprinzips.

Die unterschiedlichen Modelle haben **Vor- und Nachteile**, die der einzelne nationale Gesetzgeber sorgfältig abwägen muss. Das Modell 1 hat den Vorteil, dass eine Umsetzung relativ rasch vollzogen werden kann. Damit könnten auch die erforderlichen Rahmenbedingungen für die IuK-Dienste in Deutschland zügig an den EG-Standard angepasst werden. Der Nachteil liegt andererseits darin, dass hierdurch die Anpassung der Gesetze, die zu einer Inländerdiskriminierung führten, unter Umständen nicht so rasch vollzogen werden könnte wie die „reine Umsetzung" der Richtlinie. 440

Das Modell 2 hat den Vorteil, dass eine allumfassende Regelung geschaffen würde, die eine „Diskriminierungslücke" für die Inländer vermiede. Die im Vergleich zu anderen Mitgliedstaaten nachteiligen Regelungen würden an den EU-Standards – ggf. auch „nach unten" – angepasst. Der Nachteil dieses Modells liegt in einer „Bepackung" der Umsetzung mit den hochkomplexen Einzelfragen zu den betroffenen Regelungsbereichen, wie denen des Wettbewerbsrechts, insbesondere des Lauterkeitsrechts und auch des Rechts der freien Berufe, was zu langwierigen Prozessen führen kann und die Umsetzung innerhalb der von der Richtlinie vorgeschriebenen Frist gefährden könnte. 441

Beide Modelle haben Vor- und Nachteile. Eine rasche und „reine" Umsetzung der Richtlinie ist im Grundsatz zwar vorzugswürdig. Der politische Druck zur Anpassung der Regelungen, die durch das Herkunftslandprinzip deutsche Anbieter benachteiligen, besteht von Anfang an. Es bietet sich daher an, zumindest das Herkunftslandprinzip abstrakt zu regeln, ohne die betroffenen Rechtsbereiche zu nennen – dies ist „Modell 3", das schließlich für die Umsetzung in deutsches Recht im Rahmen des EGG gewählt wurde. 442

(4) Systematik der Umsetzung der Richtlinie in Deutschland

443 Die Richtlinie wird sowohl im Rahmen des Bundesgesetzes EGG als auch – soweit die Zuständigkeit der Länder berührt sind – parallel und wort- bzw. inhaltsgleich im Mediendienste-Staatsvertrag (MDStV) der Länder umgesetzt. Für die Umsetzung für Deutschland wird im Grundsatz, wie bereits oben erwähnt, das Umsetzungsmodell Nr. 3 – der Mittelweg – zugrunde gelegt. Dies heißt, dass die Gesetzgeber sich auf das **zwingend notwendige Maß an Umsetzung beschränken**[1] und zusätzlich das **Herkunftslandprinzip als abstraktes Prinzip** verankern. Damit ist dieses zentrale Binnenmarktprinzip im deutschen Rechtssystem erstmalig klar verankert. Da die Bundesgesetzgebung bereits weit gediehen ist, wird im Folgenden vor allem auf die Regelungen des EGG eingegangen. Das EGG ist ein Artikelgesetz, das in den Artikeln 1 und 2 die Umsetzung der Richtlinie beinhaltet. In einem weiteren Art. des EGG (Art. 3) wird darüber hinaus das Teledienstedatenschutzgesetz (TDDSG) geändert, auf das hier nicht näher eingegangen wird. Zentraler Artikel des EGG ist Art. 1, in dem das seit 1997 bestehende Teledienstegesetz (im Folgenden: TDG 97 und sofern keine Änderungen vorliegen oder allgemeine Ausführungen: „TDG") mittels Neufassung (im Folgenden: TDG nF) geändert wird. In Art. 2 wird die ZPO in Umsetzung des Art. 17 Abs. 1 EC-RL entsprechend für Schiedsvereinbarungen angepasst.

b) Besonderer Teil: die einzelnen Regelungen der Richtlinie und ihre Umsetzung

aa) Regelungszweck

444 Sowohl § 1 TDG 97 als auch § 1 MDStV von 1997 (im Folgenden MDStV 97 oder wenn unverändert oder allgemein: „MDStV") sehen im Grundsatz bereits Bestimmungen zum Regelungszweck vor. In der Richtlinie ist der Regelungszweck in Art. 1 EC-RL geregelt. Die Bestimmungen des Art. 1 Abs. 1 und 2 EC-RL bedürfen keiner Umsetzung in deutsches Recht; eine Binnenmarktklausel wird zwar von der Kommission als begrüßenswert angesehen[2], eine solche Klausel ist jedoch nicht zwingend in nationales Recht aufzunehmen, da sie lediglich eine Selbstverständlichkeit aus dem EG-Gemeinschaftsrecht referiert. Auch diese Vorschrift ist nicht in nationales Recht umzusetzen; sie hat jedoch wichtige Klarstellungsfunktion bei der Formulierung der Umsetzungsgesetze und damit verbundener Abgrenzungsfragen zu bestehendem Recht (zB in Deutschland zum Fernabsatzgesetz) der Mitgliedstaaten zur Richtlinie.

1 Vgl. dazu auch *Bröhl*, MMR 2001, 67 ff.

2 So regelmäßig die Kommission im Rahmen der Umsetzung von Binnenmarktregelungen, zB im Rahmen der Notifizierungsverfahren nach der Richtlinie 98/34/EG idF der Richtlinie 98/48/EG zur EG-Signaturrichtlinie.

bb) Anwendungsbereich

(1) Die Reichweite

Der Begriff „Dienste der Informationsgesellschaft" ist von zentraler Bedeutung für die Richtlinie. Der Begriff und die Definition **„Dienste der Informationsgesellschaft"** sind nicht neu: Er wurde bereits eingeführt in der Informationsrichtlinie 98/48/EG und in der Richtlinie über den rechtlichen Schutz von zugangskontrollierten Diensten[1] (sog. „Pay-TV"-Richtlinie). Der Begriff umfasst die Informations- und Kommunikationsdienste nach dem Rechtsrahmen in Deutschland – die für den Bereich des Bundes („Teledienste") im TDG geregelt sind und für den Bereich der Länder („Mediendienste") im MDStV[2]. Allerdings ist der Begriff „Dienste der Informationsgesellschaft" nach EG-Recht enger als der der Informations- und Kommunikationsdienste in Deutschland: Der EG-Begriff umfasst, wie bereits oben ausgeführt, nur die „in der Regel gegen Entgelt" erbrachten Dienste, während in Deutschland auch nicht-kommerzielle Dienste erfasst sind. Dieser Unterschied macht jedoch eine Änderung des Geltungsbereichs des § 2 TDG und des MDStV nicht erforderlich[3], da in den betreffenden Regelungen zur Umsetzung der EC-RL die entsprechenden Einschränkungen („geschäftsmäßig") dann vorgenommen werden. Es kann mithin auch an der historischen Bund-Länder-Einigung von 1. 7. 1996 festgehalten werden, nach der für Tele- und Mediendienste ein eng abgestimmter Rechtsrahmen weitgehend wort- und inhaltsgleich geschaffen und fortentwickelt werden soll[4]. Diese Praxis hat sich, obwohl objektiv wegen der Rechtszersplitterung ungünstig, bewährt, wie auch im Bericht der Bundesregierung zur Evaluierung des Informations- und Kommunikationsdienste-Gesetzes festgestellt wurde[5]. 445

(2) Ausnahmen vom Anwendungsbereich

Die Ausnahmen vom Anwendungsbereich der Richtlinie waren während der Beratungen umstritten und bereiten mindestens in einem Punkt – dem Verhältnis des Internationalen Privatrechts zum Herkunftslandprinzip – auch im Rahmen der Umsetzung in nationales Recht erhebliche Probleme. 446

In Art. 1 Abs. 4 EC-RL wird das **Verhältnis zu den Regelungen des internationalen Privatrechts** und den Bestimmungen über die Zuständigkeit der Ge- 447

---

1 Richtlinie 98/84/EG v. 20. 11. 1998 über den rechtlichen Schutz von zugangskontrollierten Diensten und von Zugangskontrolldiensten, ABl. Nr. L 320/54 v. 28. 11. 1998.

2 TDG v. 22. 7. 1997 (BGBl. I S. 1870); MDStV v. 20. 1./12. 2. 1997; beide Regelungen abgedruckt in *Engel-Flechsig/Maennel/Tettenborn*, Multimedia-Recht, 1998, Anhang.

3 Vgl. zur Richtlinie unter rundfunkrechtlichen Gesichtspunkten *Hamann*, ZUM 2000, 290 ff.

4 Vgl. zB *Bröhl*, MMR 2001, 67 (68).

5 Vgl. näher dazu sowie zu den Einzelheiten der Bestimmung von „Teledienst", *Tettenborn*, MMR 1999, 516 (517 ff.) sowie Bericht der Bundesregierung, BT-Drucks. 14/1191, S. 6 ff.

richte geregelt. In Art. 1 Abs. 5 sind bestimmte Bereiche und Tätigkeiten vom Anwendungsbereich der Richtlinie ausgenommen. Die bisherigen Erfahrungen in Deutschland mit dem TDG 97 und MDStV 97 haben keine Anhaltspunkte dafür ergeben, alle in Art. 1 Abs. 5 EC-RL genannten Bereiche und Tätigkeiten vom Anwendungsbereich des TDG oder des MDStV herauszunehmen[1]. Allerdings wurde aus grundsätzlichen Erwägungen der Bereich der Besteuerung aus dem Anwendungsbereich des TDG 97 genommen und in § 2 Abs. 4 TDG nF ein neuer Ausnahmetatbestand als Nr. 4 aufgenommen. Die weiteren Ausnahmebestimmungen des Art. 1 Abs. 5 EC-RL sind jedoch in den Regelungen des EGG zum Herkunftslandprinzip (Art. 1 § 4 TDG nF) aufgenommen worden, um sicherzustellen, dass für diese Bereiche und Tätigkeiten ausschließlich das nationale Recht gilt[2]. Diese Vorgehensweise wird auch von Erwägungsgrund Nr. 12 der Richtlinie gestützt, worin als Begründung für die Aufnahme als Ausnahmebereiche ausgeführt wird, dass in diesen Bereichen der freie Dienstleistungsverkehr gemeinschaftsrechtlich (noch) nicht sichergestellt ist. Diese Ausnahmebereiche werden folgend im Zusammenhang mit dem Herkunftslandprinzip behandelt.

cc) Begriffsbestimmungen

448 Der zentrale Begriff der Richtlinie „Dienste der Informationsgesellschaft" wurde bereits oben behandelt. Die Aufnahme dieses Begriffs – zB in Ersetzung des Begriffs „Informations- und Kommunikationsdienste" – wurde nicht vorgenommen. Hier spielen vor allem historische Gründe, die ihre Wurzeln in der Bund-Länder-Einigung von 1996 über den Rechtsrahmen für neue Dienste haben, eine Rolle. Die Zeit ist noch nicht reif, um die klassische Bund-Länder-Rolle und die damit verbundenen Zuständigkeiten neu zu definieren. Der Begriff „Dienste der Informationsgesellschaft" wird deshalb nicht direkt in das TDG oder in den MDStV aufgenommen. Es bleibt bei der bisherigen Definition von Tele- und Mediendiensten in §§ 2 TDG und MDStV. Allerdings neu aufgenommen als Folge der Definition „Dienste der Informationsgesellschaft" nach Art. 2a EC-RL wurden die Begriffe „Verteildienste" und „Abrufdienste", obwohl diese bereits im TDG 97 und MDStV 97 von Anfang an verankert waren; allerdings waren diese bisher nicht näher definiert. Die Aufnahme des Begriffes „Verteildienste" war dann als Folge der Aufnahme der „Abrufdienste" notwendig, um die Ausnahmevorschrift des § 4 Abs. 4 Nr. 5 TDG nF (Nr. 4 alt) im Verhältnis zum MDStV klar einzugrenzen. Die Begriffsbestimmungen in § 3 TDG nF (und entsprechend im MDStV nF) wurden darüber hinaus entsprechend der Vorgaben aus der Richtlinie um die Begriffe „Kommerzielle Kommunikationen" und „niedergelassene Diensteanbieter"[3] erweitert. Der Begriff „Nutzer" des TDG 97/MDStV 97 (§ 3 Nr. 2) wurde an den Wortlaut der Richtlinie angepasst. Inhaltlich unverändert blieb der Begriff „Diensteanbieter".

1 Vgl. *Bröhl*, MMR 2001, 67 (68).
2 *Bröhl*, MMR 2001, 67 (68).
3 Siehe hier insbesondere näher Erwägungsgrund Nr. 19 der Richtlinie.

dd) Das Herkunftslandprinzip

(1) Einführung

Im Zentrum der Diskussion um die Richtlinie steht das in Art. 3 EC-RL vorgesehene Herkunftsland- oder Ursprungslandprinzip. Die Regelungen in Art. 3 Abs. 1 bis 4 lit. a) EC-RL werden in § 4 TDG nF (und parallel im MDStV nF –) umgesetzt. Das Herkunftslandprinzip hat sich in der Rechtsprechung des EuGH und in der Praxis der EU-Kommission zu einem konstituierenden Bestandteil des Binnenmarkts entwickelt. Dies galt jedoch bisher nur für den Warenbereich; der Dienstleistungssektor blieb von dem Prinzip bisher weitgehend[1] unberührt. Das Herkunftslandprinzip bedeutet, dass ein Dienst der Informationsgesellschaft, der in einem Mitgliedstaat rechtmäßig erbracht wird, im Zugang zum Binnenmarkt nicht behindert werden darf; außerdem unterliegt die Aufsicht über den Dienst dem Mitgliedstaat, in dem der Dienst niedergelassen ist[2]. Der Vorteil für die Diensteanbieter liegt auf der Hand: Sie müssen sich nur nach einer Rechtsordnung richten und an eine Aufsichtsbehörde halten. Dies hat allerdings auch die **Verpflichtung der gegenseitigen Anerkennung** der Regelungen und Standards der anderen Mitgliedstaaten zur Folge, vermeidet somit jedoch eine Vollharmonisierung und lässt Raum für abweichende Regelungen in den Mitgliedstaaten. Daher ist für die Richtlinien betreffend die Freiheiten der EG heute überwiegend das Herkunftslandprinzip vorgesehen. Dem Mitgliedstaat bleibt es somit überlassen, strengere Regelungen für seine eigenen Bürger beizubehalten. Eine solche **Inländerdiskriminierung** ist nach Gemeinschaftsrecht zulässig und nicht immer auch zum Nachteil der Inländer, wie das Reinheitsgebot des Bieres in Deutschland zeigt[3]. Verschiedene Richtlinien, insbesondere im Verbraucherschutzbereich[4] oder auch die Fernseh-Richtlinie, sehen ausdrücklich vor, dass Mitgliedstaaten auch strengere Regeln als auf Gemeinschaftsebene vorgesehen erlassen dürfen[5]. Dies ist auch das Modell für die Richtlinie und für die Umsetzung im Rahmen des EGG/TDG, denn letztlich wird in diesen Mindestklauseln nur das festgeschrieben, was sowieso schon anerkanntes Gemeinschaftsrecht ist. Allerdings sind dem auch Grenzen gesetzt, wie der EuGH im *Ambry-Urteil*[6] verdeutlichte, indem diese Beschrän- 449

1 „Weitgehend" deshalb, da zB in Teilbereichen wie in Art. 2a) der revidierten EG-Fernsehrichtlinie 89/552/EG, rev. durch Richtlinie 97/36/EG, zB das Herkunftslandprinzip für den Fernsehsektor niedergelegt ist.

2 Vgl. eingehend hierzu *Bullinger/Mestmäcker*, Multimediadienste, 1997, S. 100 ff.

3 Vgl. zB *Herdegen*, Europarecht, 2. Aufl. 1999, Rz. 99 mwN.

4 Vgl. zB Art. 14 der Richtlinie 97/7/EG über den Verbraucherschutz bei Vertragsabschlüssen im Fernabsatz v. 20. 5. 1997 (ABl. EG Nr. L 144/19 v. 5. 6. 1997).

5 Vgl. Art. 2a) der revidierten EU-Fernsehrichtlinie 89/552/EWG v. 3. 10. 1989, ABl. EG Nr. L 298 v. 17. 10. 1989 in der Fassung der Richtlinie 97/36/EG v. 30. 6. 1997, ABl. EG Nr. L 202/60 v. 30. 7. 1997.

6 EuGH, Urt. v. 1. 12. 1998 – Rs. C 410/96, Ambry/Kommission, abrufbar unter http://europa.eu.int/eurlex.

kungen insbesondere hinsichtlich ihrer Notwendigkeit der vollen Überprüfung unterliegen.[1]

(2) Die Umsetzung im Einzelnen

(a) Allgemeines

450 In § 4 Abs. 1 TDG nF ist der Kern des Herkunftslandprinzips verankert. Es wird in der Regelung festgelegt, dass ein in Deutschland niedergelassener Diensteanbieter auch dann, wenn er in einem anderen EU-Mitgliedstaat Teledienste anbietet, grundsätzlich nur den Anforderungen und der Aufsicht nach deutschem Recht unterliegt. Die Absätze 1 und 2 gelten nur für **geschäftsmäßiges Handeln**, dh. für ein nachhaltiges Angebot von Telediensten; es muss nicht notwendig gewerbsmäßig sein, aber auf Dauer angelegt, so wie in § 3 Nr. 5 TKG zu verstehen. Die Begrenzung auf „geschäftsmäßig" ergibt sich aus der Definition „niedergelassener Diensteanbieter". Private Gelegenheitsgeschäfte (zB „schwarzes Brett") sind damit nicht erfasst. Wichtig ist auch, dass nach Art. 2 lit. h, ii EC-RL Anforderungen betreffend Waren oder physisch erbrachte Dienstleistungen nicht vom Herkunftslandprinzip des TDG nF oder MDStV nF erfasst sind. Dies bedeutet: Nur solange der Dienst online angeboten wird, gelten die Anforderungen des Herkunftslandprinzips; dh. dass zB Anforderungen betreffend die Lieferung oder Beförderung von Waren, wie das deutsche Versandhandelsverbot für Arzneimittel nach § 43 Abs. 1 AMG[2], nach wie vor wie bisher auch gelten und nicht vom koordinierten Bereich der Richtlinie und damit des TDG nF oder des MDStV nF erfasst sind.

(b) Das Verhältnis zum Internationalen Privatrecht (IPR)

451 Das Verhältnis des Herkunftslandprinzips zum IPR ist heftig umstritten und letztlich Auslöser der Anhörung zum EGG im Deutschen Bundestag. In der Kabinettfassung wird – im Gegensatz zur Arbeitsfassung vom Dezember 2000 – in Abs. 1 das Verhältnis des Herkunftslandprinzips zu den Regelungen des internationalen Privatrechts (IPR) festgelegt[3]. Zum einen wird durch die „soweit-Regelung" des Satzes 1 klargestellt, dass die **Regelungen des IPR grundsätzlich anwendbar** sind. Diese Regelung beachtet Art. 1 Abs. 4 EC-RL, worin bestimmt ist, dass die Richtlinie keine zusätzlichen Regeln im Bereich des IPR schafft. Tatsächlich aber ist Art. 3 Abs. 1 EC-RL eine IPR-Regelung, da diese bestimmt, welches Staates Privatrecht anzuwenden

1 Vgl. insbesondere grundlegend van Binsbergen-Urteil des EuGH v. 3. 12. 1974 – Rs. 33/74, Slg. 1974, 1299 und *Bleckmann*, Europarecht, 6. Aufl. 1997, Rz. 1678 ff.

2 Vgl. ausf. – auch vor dem Hintergrund des DocMorris-Urteils – hierzu *Koenig/Engelmann*, ZUM 2001, 19 ff.

3 Vgl. eingehend zum E-Commerce und Internationalen Privatrecht zB *Bräutigam* in Geis, Die digitale Signatur – eine Sicherheitstechnik für die Informationsgesellschaft, 2000, S. 253 ff.

ist[1]. Darüber hinaus verkompliziert sich die Frage der Anwendbarkeit des IPR durch die Regelung des Art. 3 Abs. 2 EC-RL und des erläuternden Erwägungsgrundes Nr. 23 der Richtlinie, wonach die Mitgliedstaaten den freien Dienstleistungsverkehr nicht aus Gründen einschränken dürfen, die in den „koordinierten Bereich" der Richtlinie fallen; dies umfasst nach dem Erwägungsgrund Nr. 23 der Richtlinie auch die Anwendbarkeit der Regelungen des IPR. Es reichte nicht aus, wie im Kommissionsvorschlag vorgesehen, das Verhältnis zum IPR nur in einem Erwägungsgrund zu regeln[2]. In § 2 Abs. 6 TDG nF wird die Regelung des Art. 1 Abs. 5 EC-RL umgesetzt. Um diesen Widerspruch und dieses Spannungsverhältnis zwischen Art. 1 Abs. 5 und Art. 3 Abs. 1 und 2 EC-RL richtlinienkonform im TDG aufzulösen, sollte das Verhältnis des IPR im Rahmen der Regelung des Herkunftslandprinzips in § 4 Abs. 1 TDG nF klargestellt werden. Um auch die Regelung des Art. 3 Abs. 2 EC-RL iVm. Erwägungsgrund Nr. 23 im Verhältnis zum IPR umzusetzen und das oben genannte Spannungsverhältnis aufzulösen, wurde ursprünglich das **Günstigkeitsprinzip** geschaffen. Danach war das nach den Regeln des IPR maßgebliche Recht auf Teledienste nicht anwendbar, soweit hierdurch der freie Dienstleistungsverkehr behindert würde. Dies bedeutete: Grundsätzlich gilt das IPR bei grenzüberschreitenden Telediensten. Wenn dies jedoch im Ergebnis zur Anwendbarkeit einer Regelung führt, die dadurch den freien Dienstleistungsverkehr über die Anforderungen des deutschen Rechts hinaus beschränkt, dann waren diese nicht anwendbar. So kann es sein, dass das anwendbare ausländische Recht dem in Deutschland niedergelassenen Diensteanbieter Zusatzpflichten auferlegt, wie zB besondere Kennzeichnungspflichten, Informationspflichten oder Verifikationspflichten oder auch zum Verbot dieses Angebots führen würde (zB strengere Werberegelungen, zB Tabakwerbeverbot), dann würde diese Regelung gegenüber dem deutschen Anbieter nicht anwendbar sein. Kein nationaler Gesetzgeber kommt um die Beantwortung der Frage des anwendbaren Sachrechts bei Auslandsberührung vorbei. Nach der Anhörung im September 2001 wurde das Herkunftslandprinzip als das geltende und das IPR überlagernde Prinzip im Ergebnis festgelegt. Das Günstigkeitsprinzip wurde fallen gelassen. Das Herkunftslandprinzip ist mit dem Grundsatz vereinbar, der in Art. 4 des Römischen Übereinkommens von 1980 über das auf vertragliche Schuldverhältnisse anzuwendende Recht niederlegt ist und die freie Wahl des anzuwendenden Rechts vorsieht[3].

---

1 Dies hat auch der juristische Dienst des Rates der Europäischen Union anlässlich der Beratungen zur EC-RL festgestellt (Dok.: 11190/99 v. 22. 9. 1999 – nicht veröffentlicht): „[. . .] Zudem enthält der Vorschlag selbst in Art. 3 Absatz 1 eine Vorschrift des Internationalen Privatrechts, nämlich die Herkunftslandsregel." Vgl. grundlegend zur Geltung des IPR *Kegel/Schurig*, Internationales Privatrecht, 8. Aufl. 2000, § 1 II.

2 So Auffassung des Juristischen Dienstes des Rates der Europäischen Union, Dok. 11190/99 v. 22. 9. 1999, n.v.

3 So eindeutig der Juristische Dienst, Dok. 11190/99 v. 22. 9. 1999, n.v.

452 Es wird an einem Beispiel deutlich, dass diese Frage zu regeln ist: Kommt es zB im dispositiven Business-to-Business-Bereich[1] im Rechtsverkehr in der EU zu einem Vertragsabschluss und es wurde keine Rechtswahlvereinbarung getroffen, dann kommt das IPR zur Anwendung. Verweist nun das Recht des Anbieters auf das Recht des Staates des Kunden als anwendbares Recht und nimmt dieses Recht die Verweisung an, dann ist der Konflikt vorprogrammiert. Der Anbieter beansprucht für sich, dass das Herkunftslandprinzip und damit das Recht seines Staates zur Anwendung kommt, und der Kunde beansprucht für sich (sofern ihm das nutzt) das Recht seines Staates, das in diesem Fall nach dem IPR zur Anwendung kommt. Jetzt gilt das Herkunftslandprinzip – ohne allerdings den inneren Widerspruch zwischen § 2 Abs. 6 TDG nF und § 4 Abs. 1 und 2 TDG nF ganz aufzulösen. Hier ist die Zukunft abzuwarten.

453 In § 4 Abs. 2 TDG nF wird Art. 3 Abs. 2 EC-RL umgesetzt, der die **Dienstleistungsfreiheit für die Dienste der Informationsgesellschaft** normiert. Nach Art. 3 Abs. 2 EC-RL darf ein Mitgliedstaat im Grundsatz eine Regelung nicht anwenden, wenn diese zu einer Beschränkung der Dienstleistungsfreiheit führt. Dies gilt natürlich nur, soweit nicht die im Folgenden beschriebenen Ausnahmetatbestände greifen.

(3) Die Ausnahmebereiche vom Herkunftslandprinzip

454 Leider ist das die Richtlinie prägende Herkunftslandprinzip von einer Vielzahl von Ausnahmetatbeständen durchzogen, die auch zum großen Teil unterschiedslos den Business-to-Business-Bereich und den Business-to-Consumer-Bereich erfassen.

455 Die Ausnahmebereiche bzw. Ausnahmetatbestände vom Herkunftslandprinzip sind in **§ 4 Abs. 3 bis 5 TDG nF** geregelt. Die Umsetzung der Ausnahmebereiche des Art. 3 Abs. 3 iVm. dem Anhang der Richtlinie findet sich teilweise in den Regelungen des § 4 Abs. 3 und zum Teil in § 4 Abs. 4 TDG nF. Der Hintergrund dieser Aufsplittung ergab sich aus dem Erfordernis, dass für die in § 4 Abs. 3 TDG nF genannten Bereiche eine Einschränkung der nach den Regeln des IPR anwendbaren Sachrechts nicht in Betracht kommt[2] und ist – streng genommen – nach der Umformulierung der Herkunftslandregelung überholt. Die Ausnahmetatbestände des Art. 3 Abs. 4 und 5 EC-RL sind einheitlich in § 4 Abs. 5 TDG nF umgesetzt. Für diese Ausnahmebereiche gilt das Bestimmungslandprinzip, dh. das Recht des Staates gilt, in dem der Dienst empfangen wird bzw. in Anspruch genommen wird.

1 Die Verbraucherverträge sind vom Herkunftslandprinzip ausgenommen.
2 Vgl. Begründung zum EGG zu § 4 Abs. 3 (Vorbemerkung) abrufbar unter www.bmwi.de – unter Politikfelder – Informationsgesellschaft – Medienrecht.

(a) Die Ausnahmebereiche des Artikels 1 Abs. 5 EC-RL

Das Erfordernis einer 1-zu-1-Umsetzung der allgemeinen Ausnahmeregelung für Teledienste, wie in Art. 1 Abs. 5 EC-RL vorgesehen, wurde für die Umsetzung in Deutschland als nicht erforderlich gesehen. Die in Art. 1 Abs. 5 genannten Bereiche und Tätigkeiten werden vielmehr – wie bereits ausgeführt – im Zusammenhang mit dem Herkunftslandprinzip geregelt. 456

Die einzelnen Ausnahmebereiche in Umsetzung des Art. 1 Abs. 5 EC-RL sind im Zusammenhang mit dem Herkunftslandprinzip in § 4 Abs. 4 TDG nF geregelt und umfassen: 457

- Nr. 1: die **Tätigkeit von Notaren** sowie von Angehörigen anderer Berufe, allerdings nur so weit, wie diese ebenfalls hoheitlich tätig sind, wie zB die öffentlich bestellten Vermessungsingenieure;
- Nr. 2: die **Vertretung von Mandanten** und die Wahrnehmung ihrer Interessen **vor Gericht**; dh., die außergerichtlichen Tätigkeiten des Anwalts sind vom Ausnahmetatbestand nicht erfasst;
- Nr. 4: **Gewinnspiele** mit einem einen Geldwert darstellenden Einsatz bei Glücksspielen, einschließlich Lotterien und Wetten, so dass Geschicklichkeitsspiele oder andere Telespiele nicht vom Ausnahmebereich erfasst sind,
- Nr. 9: Vereinbarungen und Verhaltensweisen, die dem **Kartellrecht** unterliegen[1], was primär auf deutschen Wunsch in die Richtlinie kam, um die Verfolgung von kartellrechtlichen Verstößen im Ausland, die sich in einem Mitgliedstaat (zB in Deutschland) auswirken („Auswirkungsprinzip"), durch die nationalen Behörden (Deutschland: Bundeskartellamt) sicherzustellen, und
- Nr. 10: das für den Schutz personenbezogener Daten geltende Recht, vor allem um sicherzustellen, dass die Regelungen zum **Datenschutz** uneingeschränkt anwendbar bleiben (vgl. Erwägungsgrund Nr. 14 zur Richtlinie).

(b) Die Ausnahmebereiche des Artikels 3 Abs. 3 iVm. dem Anhang der Richtlinie

Im Anhang zu Art. 3 der Richtlinie sind die Kernbereiche der Ausnahmetatbestände zum Herkunftslandprinzip aufgelistet. In Deutschland sind sie in § 4 Abs. 3 Nr. 1 bis 3 TDG nF und in § 4 Abs. 4 TDG geregelt und umfassen folgende Bereiche: 458

- Abs. 3 Nr. 1: Die **Freiheit der Rechtswahl**; Ziel: Verhinderung, dass die Parteien durch das Herkunftslandprinzip nicht in der Freiheit der Rechtswahl nach dem Internationalen Privatrecht eingeschränkt werden können,
- Abs. 3 Nr. 2: Die Vorschriften für **Verbraucherverträge**; diese Textfassung des Kabinetts wurde nach den Diskussionen zum Gesetzgebungsverfahren im Verlauf der Beratungen des deutschen Bundestages an den Wortlaut

1 Vgl. zur Frage Internet und Vertriebskartellrecht *Pautke*, BB 2001, 317.

des Anhangs der Richtlinie angepasst (dort: „vertragliche Schuldverhältnisse in Bezug auf Verbraucherverträge"), wobei zu beachten ist, dass die Kommission im Gegensatz zum deutschen Gesetzgeber davon ausgeht, dass vor-/nachvertragliche Schuldverhältnisse wie cic oder pVV nicht vom Ausnahmebereich erfasst sind,

- Abs. 3 Nr. 3: **gesetzliche Formvorschriften** für Verträge, die Rechte an **Immobilien** begründen oder übertragen, um zu verhindern, dass die bestehenden Formvorschriften für diese Verträge in Deutschland durch geringere Formanforderungen aus dem EU-Ausland umgangen werden können,
- Abs. 4 Nr. 3: die Zulässigkeit nicht angeforderter kommerzieller Kommunikationen (sog. **Spamming**) durch elektronische Post, dh., das in Deutschland unzulässige Spamming, das aus dem EU-Ausland kommt, muss nicht in Deutschland geduldet werden und kann von deutschen Behörden uneingeschränkt verfolgt werden,
- Abs. 4 Nr. 6: das **Urheberrecht**, verwandte Schutzrechte und **gewerbliche Schutzrechte**; da hier bereits anderweitige EU-weite Regelungen bestehen oder zur Zeit der Beratungen der Richtlinie noch in Vorbereitung waren, wie die Richtlinie zur Harmonisierung bestimmter Aspekte des Urheberrechts und der verwandten Schutzrechte in der Informationsgesellschaft,
- Abs. 4 Nr. 7: die **Ausgabe elektronischen Geldes** durch Institute, die nach Art. 8 Abs. 1 der sog. E-Geld-Richtlinie (2000/46/EG) von Aufsichtsvorschriften freigestellt sind,
- Abs. 4 Nr. 9: Bedingungen für grenzüberschreitende Tätigkeiten von **Versicherungsunternehmen** bleiben vor allem in Hinblick auf die Aufsichtsregelungen unberührt, da zum einen die versicherungsrechtlichen Regelungen weitgehend EU-weit harmonisiert sind und zum anderen die Regelungen zum Fernabsatz, insbesondere zum hier einschlägigen Finanzfernabsatz, bereits EU-weit bestehen bzw. im Rahmen von Richtlinien in Vorbereitung sind[1].

(c) Zusätzliche Ausnahmebereiche in Deutschland

459 Die medienspezifischen Besonderheiten erfordern, in § 4 Abs. 4 Nr. 5 TDG zusätzlich noch die Anforderungen an das Angebot und die Erbringung von **Verteildiensten** in den Ausnahmekatalog zum Herkunftslandprinzip aufzunehmen. Dies hängt damit zusammen, dass die Richtlinie nur die Anforderungen an Abrufdienste regelt; das Herkunftslandprinzip erfasst nicht die Verteildienste. Die Verteildienste sind primär von der EG-Fernsehrichtlinie 89/552/EWG[2] erfasst und damit vom dort in Art. 2a Abs. 1 geregelten Herkunftslandprinzip.

1 Vgl. Erwägungsgrund Nr. 27 zur Richtlinie.
2 Geändert durch die Richtlinie 97/36/EG v. 30. 6. 1997, ABl. EG Nr. 202/60 v. 30. 7. 1997.

(d) Eingriffsmöglichkeiten nach Art. 3 Abs. 5 EC-RL („Gefahren")

460 Die Richtlinie sieht in Art. 3 Abs. 5 bestimmte Eingriffsmöglichkeiten für nationale Behörden unter eingeschränkten Bedingungen vor. Hiervon hat der deutsche Gesetzgeber Gebrauch gemacht: Nach Art. 4 Abs. 5 EC-RL können über die oben genannten Ausnahmebereiche hinaus das Angebot und die Erbringung eines Teledienstes durch einen Diensteanbieter, der unter die Voraussetzungen des Absatzes 2 fällt, nach den allgemeinen Gesetzen beschränkt werden, wenn dieser Teledienst eine Beeinträchtigung oder ernsthafte und schwer wiegende **Gefahr für den Schutz der öffentlichen Ordnung** darstellt[1]; es sind folgende Bereiche hiervon erfasst:

- Nr. 1: die Verhütung, Ermittlung, Aufklärung und Verfolgung von Straftaten, einschließlich zB rassistischer Hetze („Nazipropaganda" usw.),
- Nr. 2 : die öffentliche Sicherheit einschließlich der Wahrung nationaler Sicherheits- und Verteidigungsinteressen,
- Nr. 3: die öffentliche Gesundheit, was zB ein zusätzliches Eingriffsinstrument zur effektiven Bekämpfung illegalen Versandhandels von Medikamenten etc. darstellt,
- Nr. 4: die Interessen der Verbraucher einschließlich des Schutzes der Anleger, wobei durch den Begriff „Verbraucher" klargestellt ist, dass professionelle Anleger wie institutionelle Anleger nicht erfasst sind.

Die Regelung ist jedoch eng auszulegen und kann nicht zu einem „Notinstrument" werden und für alle Fälle breite Anwendung finden. Durch die Wahl der Begriffe „schwer wiegend" und „ernsthaft" in bezug auf die zu bekämpfende Gefahr ist eine klare Grenze gezogen. Die Richtlinie zieht eine weitere Bremse: Im Falle der Einleitung von Verfahren nach Abs. 5 sind Mitteilungspflichten an die Kommission, wie in Abs. 5 Satz 2 klargestellt wird, vorgesehen. Es müssen hier jedoch keine besonderen Verfahrensvorschriften geschaffen werden – es findet „der allgemeine Dienstweg" Anwendung[2].

(4) Das Herkunftslandprinzip: seine mittelbaren Auswirkungen

461 Das Herkunftslandprinzip hat als solches nur unmittelbare Auswirkungen für Anbieter aus dem europäischen Ausland. Der Handlungsdruck im Deutschland entstand jedoch wegen seiner mittelbaren Auswirkungen auf die deutsche Rechtsordnung. Von zentraler Bedeutung waren vor allem die Auswirkungen auf das **deutsche Lauterkeitsrecht**, namentlich auf das Rabattgesetz und die Zugabeverordnung[3]. Dies hängt damit zusammen, dass auch heute noch die Werbung ein Kerngeschäft des Internet-Handels ist, jedoch die grenzüberschreitenden Auswirkungen für viele unklar sind. Das Rabattgesetz und die Zugabeverordnung wurden noch im Sommer 2001

---

1 Vgl. *Bröhl*, MMR 2001, 67 (70).
2 *Bröhl*, MMR 2001, 67 (70).
3 Vgl. dazu *Tettenborn*, K&R 2000, 60 (62) und ausf. *Karenfort/Weißgerber*, MMR 2000, Beil. 7, 38 f.

abgeschafft[1]. Dies ist jedoch nur ein „Teilerfolg“: Es bleibt das UWG und hier insbesondere die Generalklausel des § 1 UWG. Die Generaklausel kann durchaus als wirksames Instrument an Stelle des Rabattgesetzes und der Zugabeverordnung herangezogen werden, wie zB die Power-Shopping-Entscheidung zeigte[2]. Vor diesem Hintergrund kommt dem Ratsbeschluss vom 7. 12. 1999 anlässlich der politischen Einigung zur Richtlinie große Bedeutung zu: Hiernach hat sich in einer gemeinsamen Erklärung von Rat und Kommission die Kommission verpflichtet, binnen eines Jahres nach Annahme der Richtlinie entsprechende Vorschläge zu einer weiteren EU-Harmonisierung insbesondere im Bereich der kommerziellen Kommunikationen zu unterbreiten[3]; diese Vorschläge waren demnach im Juni 2001 zu unterbreiten, was bisher jedoch unterblieben ist.

462 Anfangs wurden für den Bereich der **reglementierten Berufe** große Probleme gesehen, da es gerade in Deutschland mehr reglementierte Berufe gibt als im europäischen Ausland (zB Steuerberater). Im Ergebnis sind die Folgen der Richtlinie im Vergleich zum Wettbewerbsrecht nicht so dramatisch. Höchstvorsorglich hatte die deutsche Delegation durchgesetzt, dass in Erwägungsgrund Nr. 33 klargestellt wird, dass die Richtlinie gemeinschaftsrechtliche und einzelstaatliche Rechtsvorschriften für reglementierte Berufe „ergänzt“, soweit „für diesen Bereich ein kohärenter Bestand anwendbarer Regeln beibehalten wird“. In einer Erklärung zu Protokoll des Rates stellt die deutsche Delegation außerdem aus ihrer Sicht das Verhältnis der Richtlinie zum Bereich der reglementierten Berufe klar[4].

ee) Zugangsfreiheit und allgemeine Informationspflichten

(1) Zugangsfreiheit

463 Der Grundsatz der Zugangsfreiheit entspricht der Philosophie des Internets als freies Medium ohne Zulassungs- und Zugangsbeschränkungen. Die Regelung in Art. 4 EC-RL, die den Grundsatz der Zulassungsfreiheit für die Diensteanbieter EU-weit festschreibt, ist deshalb zu begrüßen. Man ist auf EU-Ebene dem Leitbild der Regelungen in Deutschland zur Zugangsfreiheit im TDG 97 und im MDStV 97 (jeweils § 4) gefolgt. Insofern sind keine Änderungen der Regelungen zur Zugangsfreiheit im TDG oder im MDStV erforderlich; lediglich der Standort der Regelung verändert sich (künftig §§ 5 TDG/MDStV nF). Die Zulassungs- und Anmeldeerfordernisse im Rundfunk- und im Telekommunikationsbereich bleiben unberührt.

1 BGBl. I 2001, S. 1661 und 1663.
2 Vgl. zB *Hoffmann*, NJW 2001, Beil. zu Heft 14, 15 mwN.
3 Vgl. *Tettenborn*, K&R 2000, 60 (62).
4 Vgl. zB *Tettenborn*, K&R 2000, 60 (62), und zu den früheren Überlegungen *Tettenborn*, K&R 1999, 252 (256).

(2) Die Transparenzverpflichtungen

In § 5 TDG 97 und parallel im § 5 MDStV 97 finden sich bereits Regelungen zu Informationsverpflichtungen. Die Umsetzung macht eine gegenüber dem geltenden schlanken Rechtsrahmen nicht unerhebliche Erweiterung der Transparenzverpflichtungen erforderlich. Die Bestimmungen werden nun in § 6 TDG nF und in § 10 MDSTV nF geregelt. Sie gelten – wie bisher auch – nach wie vor nur für die geschäftsmäßigen Angebote. 464

Die Vorschrift des Art. 5 Abs. 1 EC-RL dient der Mindestharmonisierung („*zumindest*") hinsichtlich bestimmter Transparenzverpflichtungen für Diensteanbieter und ergänzt insbesondere die Informationsanforderungen der Richtlinie 97/7/EG über den Verbraucherschutz auf dem Gebiet des Fernabsatzes[1] (Fernabsatzrichtlinie), die in Deutschland vor allem durch die Unterrichtungspflichten in § 2 des Fernabsatzgesetzes umgesetzt[2] worden sind. Während die Fernabsatzrichtlinie und das Fernabsatzgesetz nur die Vertragsbeziehungen zwischen einem Unternehmer und einem Verbraucher betreffen[3], so gilt diese Vorschrift darüber hinaus auch im Verhältnis zu Behörden und allgemein zu „Nutzern", die auch Unternehmen sein können. Darüber hinaus gilt die Vorschrift auch dann, wenn kein Vertrag geschlossen wird; es handelt sich bei diesem Absatz um eine generelle, vertragsunabhängige Transparenzanforderung an die Diensteanbieter. Im MDStV bleiben die Regelungen zur Impressumspflicht unverändert; sie wechseln nur den Standort als § 10 Abs. 2 MDStV nF. 465

(3) Preisangaben

In Deutschland gibt es bereits seit 1997 als Bestandteil des IuKDG Regelungen zu Preisangaben für IuK-Dienste (Anpassungen des PAngG und der PAngV). Deshalb sind Änderungen dieses Rechtsrahmens in Deutschland nicht zwingend erforderlich. Der Art. 5 Abs. 2 EC-RL dient der Mindestharmonisierung („*zumindest*") im Bereich der Preisangaben und hat vor allem den Verbraucherschutz zum Ziel, schützt aber auch andere Nutzer vor unlauteren Geschäftspraktiken. Die Regelungen der Fernabsatzrichtlinie, die im FernAbsG bereits umgesetzt sind, und die der künftigen Finanzfernabsatzrichtlinie bleiben unberührt. Allerdings wird dort nur der Verbraucherbereich abgedeckt. Die Regelungen des Art. 5 Abs. 2 EC-RL erfassen hingegen alle Bereiche, auch die des Business-to-Business-Bereichs. 466

1 Dies betrifft vor allem die Unterrichtungspflichten des Artikels 4 der Richtlinie, ABl. EG Nr. L 144 v. 4. 6. 1997, S. 19.
2 Fernabsatzgesetz v. 27. 6. 2000, in Kraft seit dem 30. 6. 2000, BGBl. I S. 897.
3 Vgl. Art. 1 der Fernabsatzrichtlinie und § 1 des Fernabsatzgesetzes.

ff) Kommerzielle Kommunikationen

(1) Besondere Informationspflichten

467 Die Regelungen in § 7 nF und in § 10 Abs. 4 MDStV nF setzen die (Mindest-) Anforderungen des Art. 6 EC-RL im Wesentlichen wortgetreu um. Die Richtlinie enthält nur eine Mindestharmonisierung bezüglich der klaren Kennzeichnung von Werbung, von Angeboten zur Verkaufsförderung (zB Preisnachlässe, Zugaben und Geschenke) und der Personen, in deren Auftrag die kommerziellen Kommunikationen erfolgen. Damit wird das medienrechtliche **Trennungsgebot** für Werbung, das in den Presse- und Rundfunkregelungen bereits seit langem Bestand hat und auch schon von Anfang an im MDStV (§ 9) als medienspezifische Regelung enthalten war, für die Online-Angebote verpflichtend. Wichtig ist, dass vor dem Hintergrund der bestehenden Rechtslage nach dem allgemeinen Wettbewerbsrecht (insbesondere dem UWG) durch § 7 Satz 2 TDG nF Folgendes klargestellt wird: Diese Regelung ist *nicht* als konstitutive Vorschrift anzusehen[1]. Die Folgen von Verstößen gegen diese Transparenzanforderungen richten sich deshalb (unverändert) nach dem UWG.

(2) Spamming (unerbetene kommerzielle Kommunikationen)

468 Der Nutzer wird oftmals mit E-Mails überschwemmt, die er gar nicht erbeten hat. Dies wird „Spamming" genannt. Die unerbetene kommerzielle Kommunikation (spamming) ist in Art. 7 EC-RL geregelt und vom Herkunftslandprinzip ausgenommen. Diese Regelung bedeutet jedoch entgegen zum Teil anderslautender Meldungen nicht, dass künftig Spamming EU-weit erlaubt ist. Zwar lässt die Richtlinie eine sog. Opt-out-Lösung (dh. grundsätzliche Zulässigkeit) in Bezug auf Spamming zu, ist aber als Mindestregelung konzipiert und lässt mithin auch die Möglichkeit einer Opt-in-Lösung (dh. Zulässigkeit nur bei vorliegender Zustimmung), wie sie in der Fernabsatz-Richtlinie und in der Datenschutz-Richtlinie[2] vorgesehen ist, zu. In Deutschland ist Spamming nach einhelliger Rechtsprechung und der absolut hL nicht zulässig[3]; für Deutschland gilt somit in Bezug auf Spamming die **Opt-in-Lösung**. Es bedarf daher keiner spezifischen Umsetzung dieser Regelung. Offen ist nur, ob Art. 7 Abs. 2 EC-RL, dh. das Erfordernis einer sog. Robinsonliste, für deutsche Anbieter insoweit verpflichtend sein soll, als sie auch grenzüberschreitend tätig sind.

---

1 Vgl. *Bröhl*, MMR 2001, 67 (71).

2 Vgl. Art. 10 und 14 der Fernabsatz-RL; Art. 12 und 14 der Datenschutz-Richtlinie 95/46/EG v. 24. 10. 1995 (ABl. EG Nr. L 281/31 v. 23. 11. 1995).

3 Vgl. hierzu LG Traunstein, Beschluss v. 18. 12. 1997 – 2 HKO 3755/97, K&R 1998, 117; LG Berlin, Beschluss v. 14. 5. 1998 – 16 O 301/98, K&R 1998, 304 (305), und Übersicht zur Rechtsprechung bezüglich unerbetener Werbung *Schrey/Westerwelle*, Supplement Kommunikation&Recht, in BB Heft 48/1997 sowie *Engels*, K&R 1998, 196; *Schrey* K&R 1998, 117.

(3) Kommerzielle Kommunikationen für reglementierte Berufe

469 Mehr und mehr Berufszweige sind im Internet vertreten. Dies gilt auch für die reglementierten Berufe. Aber gerade im Bereich von Werbung, Sponsoring und PR gibt es für diese Berufszweige eine Vielzahl von Beschränkungen und damit verbundene Rechtsunsicherheiten. Die Richtlinie sieht in Art. 8 Abs. 1 deshalb eine Sonderregelung für die kommerzielle Kommunikation reglementierter Berufe vor. Die Mitgliedstaaten sollen in ihren Regelungen zur kommerziellen Kommunikation reglementierter Berufe die Erbringung von Diensten der Informationsgesellschaft ermöglichen, allerdings mit der wichtigen Einschränkung, dass diese den jeweiligen **berufsrechtlichen Regeln** zB zur Gewährleistung von Würde und Ehre des Berufs entsprechen. In Deutschland gibt es keine vollständigen Werbeverbote mehr; sachliche Werbung ist zulässig[1]. Hiernach sind diese – auf die kommerzielle Kommunikation bezogenen Regelungen – dem Grunde nach für Deutschland unproblematisch und bedürfen nicht der besonderen Umsetzung.

gg) Die Verantwortlichkeit der Diensteanbieter

470 Auf die Regelungen zur Verantwortlichkeit kann aus Platzgründen hier nicht vertieft eingegangen werden. Daher hier nur kurze Ausführungen.

In Deutschland gibt es seit 1997 einen schlanken und – wie der Evaluierungsbericht der Bundesregierung feststellte[2] – praktikablen Rechtsrahmen für die Diensteanbieter in Deutschland. Es ist der **§ 5 TDG 97**. Die Regelung sah drei Grundfälle der Verantwortlichkeit vor:

Erstens: **Volle Verantwortlichkeit** der Haftung für **eigene Inhalte**, nach dem Leitbild des Presserechts (§ 5 Abs. 1 TDG 97).

Zweitens: **Eingeschränkte Verantwortlichkeit** für das **„Hosten“** von fremden Informationen, und (§ 5 Abs. 2 TDG 97),

Drittens: **Keine Verantwortlichkeit** für die **reine Durchleitung** von Informationen nach dem Leitbild des TK-Rechts, wobei eine automatische und kurzzeitige Zwischenspeicherung („caching“) als Vermittlung fingiert wurde (§ 5 Abs. 3 TDG 97).

Flankiert wurde dies von einer Regelung, die dem Leitbild des Polizeirechts für die Eingriffsmöglichkeit bei Nichtstörern folgte (§ 5 Abs. 4 TDG 97).

471 Die Richtlinie regelt in den **Art. 12 bis 15** sehr detailliert die einzelnen Fälle zur Verantwortlichkeit der Diensteanbieter, wobei der Fall der Verantwortlichkeit für eigene Inhalte nicht geregelt ist. Dies wurde von der Kommission als „überflüssig“ angesehen, aber auch als unschädlich, wenn dies in den Mitgliedstaaten ebenfalls geregelt wird. Bedauerlich ist es, dass in Deutsch-

1 Vgl. zB § 43b Bundesrechtsanwaltsordnung (BRAO), die eine Sonderregelung über die Zulässigkeit von Werbung von Rechtsanwälten getroffen hat.
2 Vgl. BT-Drucks. 14/1191, S. 10 ff.

land der schlanke Regelungsansatz des § 5 TDG 97 (und des MDStV 97) zugunsten einer schwerfälligen und detaillierten Regelung der Art. 12 bis 15 nach dem Vorbild des US Digital Millenium Copyright Act (DMCA) aufgegeben werden musste. Es hatte sich zunehmend die Erkenntnis durchgesetzt, dass das TDG 97 hier Regelungen getroffen hat, die zu sachgerechten, einzelfallbezogenen Lösungen führen können[1]. Hintergrund der nun sehr schwerfälligen Regelungen waren der Druck aus dem Urheberrechtsbereich, entsprechend klare und detaillierte Regelungen zum Vorgehen gegen Urheberrechtsverletzer im Internet zu erhalten.

472 Die **Richtlinie** sieht drei Grundfälle der Verantwortlichkeit vor, die in der Neufassung des TDG entsprechend – nun in drei Bestimmungen, die der §§ 8 bis 11 aufgesplittet sind:

Grundfall 1: Die **reine Durchleitung** von Informationen: Hier im Grundsatz keine Verantwortlichkeit (geregelt in § 9 TDG nF).

Grundfall 2: Die **Zwischenspeicherung** („Caching"): Hier eingeschränkte Verantwortlichkeit. Vor allem die Regelung dieses Falles war wichtiges Anliegen des Urheberrechtsschutzes (geregelt in § 10 TDG nF).

Grundfall 3: Die **Speicherung** von Informationen („Hosten"). Unter bestimmten Umständen („Kenntnis") Haftung, die gegenüber der Regelung des § 5 Abs. 2 TDG 97 schärfer ist. Zum einen fehlt die Exkulpation der „Zumutbarkeit", wie sie im § 5 Abs. 2 TDG 97 vorgesehen ist, und zum anderen sind die Anforderungen des § 11 Nr. 1 TDG nF in Bezug auf die haftungsbegründenden Tatsachen oder Umstände tendeziell schärfer („. . . oder Umstände bekannt sind, aus denen die rechtswidrige Handlung oder die Information offensichtlich wird . . .") gegenüber der noch im Sommer 2001 geltenden Rechtslage. In § 8 TDG nF ist noch ein „Restbestand" des § 5 TDG 97 „hinübergerettet": Es sind die Regelungen des § 5 Abs. 1 und 4 Satz 2 und 3 TDG 97; § 8 Abs. 2 Satz 1 TDG nF setzt zugleich Art. 15 EC-RL in Bezug auf die Überwachungspflichten um.

473 Und noch eine Anmerkung zur Regelung von **Hyperlinks**. Die Richtlinie lässt ausdrücklich eine Regelung zu Hyperlinks offen und will dies, wie in Art. 21 Abs. 2 EC-RL deutlich wird, erst einmal überprüfen und, wenn überhaupt, tendenziell erst später regeln. Eine Regelung zu Hyperlinks, wie jetzt auch vom Bundesrat gefordert wird, ist vor dem Hintergrund der verschiedenen Ebenen der Links (Verweis auf eine Homepage, die wiederum auf eine weitere verweist usw.) und der unterschiedlichen haftungsrechtlichen Anforderungen nicht sinnvoll und würde zu unnötig komplizierten, technikzentrierten und schwerfälligen Regelungen führen. Darüber hinaus würde auch eine Regelung spätere Harmonisierungen auf EU-Ebene behindern und unter Umständen in kurzer Zeit wieder eine Gesetzesänderung erforderlich machen.

---

1 Vgl. *Sieber,* MMR 1999, Beil. 2, 15 f.; dies gilt auch für den kritischen Urheberrechtsbereich, vgl. hierzu zB *Freytag,* ZUM 1999, 185 (195) und *Lehmann,* ZUM 1999, 180.

hh) Abschluss von Verträgen auf elektronischem Weg

474 Es ist im Laufe der Verhandlungen zur Richtlinie gelungen, den ursprünglich konstitutiven Ansatz der Regelungen zum Vertragsabschluss in „technische Regelungen" oder „Anleitungen" abzumildern. Es war und ist nicht notwendig, wegen des Internets das Vertragsrecht abzuändern, insbesondere nicht die Regelungen zum Vertragsabschluss, die auch im Internet-Verkehr ohne weiteres funktionieren.

475 Die vertragsrechtsbezogenen Regelungen der Richtlinie[1], die der Art. 9 bis 11 EC-RL, werden jedoch nicht im Rahmen des EGG umgesetzt, sondern finden vielmehr Eingang in das geplante **Schuldrechtsmodernisierungsgesetz**[2]. Diese Regelungen ergänzen die bereits bestehenden Informationsverpflichtungen im Vorfeld des Vertragsabschlusses nach dem FernAbsG, wobei diese weiter sind, da die Bestimmungen der EC-RL nicht nur den Verbraucherbereich (B2C), sondern auch den Business-to-Business-Bereich (B2B) erfassen. Da die Freiheit der Rechtswahl in Bezug auf den B2B-Bereich unberührt bleibt, kann man für diesen Bereich auch „lästige Bestimmungen" notfalls durch Wahl eines einfacheren Rechtsregimes umgehen.

476 Fraglich ist, ob die nach wie vor fortbestehenden **Schriftformerfordernisse** nach dem Schuldrechtmodernisierungsgesetz-Entwurf, wie insbesondere für den wichtigen Bereich der Verbraucherkredite, mit Art. 9 Abs. 1 EC-RL in Einklang stehen, der gerade auf die Beseitigung dieser Hindernisse abzielt[3]. Rein formal kann man sich – was das zuständige Bundesjustizministerium auch tut – auf den Standpunkt stellen, dass die EC-RL nach Art. 1 Abs. 3 das bestehende Gemeinschaftsrecht lediglich „ergänzt" , mithin die bestehenden Schriftformerfordernisse nach EG-Recht, wie zB für Verbraucherkredite nach der Verbraucherkredit-Richtlinie 87/102/EWG, unberührt lässt. Dafür spricht auch, dass diese Richtlinie im Erwägungsgrund Nr. 11 EC-RL ausdrücklich Erwähnung findet. Die Beseitigung dieses Formerfordernisses wäre insbesondere vor dem Hintergrund des Erfordernisses eines effektiven und breiten Einsatzes elektronischer Signaturen wichtig; hier könnte sich in der nahen Zukunft ein „Gesinnungswandel" vollziehen.

ii) Die weiteren Bestimmungen der Richtlinie und ihre Umsetzung

(1) Sanktionen: die Schaffung von Bußgeldvorschriften

477 Die Transparenzvorschrift des § 6 TDG 97 sah keine Sanktionen vor. In § 12 TDG nF sind nun für den Fall des Verstoßes gegen die Transparenzvorschriften des § 6 Satz 1 TDG Bußgeldvorschriften vorgesehen. Diese Regelung setzt Art. 20 EC-RL um, der eine Sanktionsbewehrung bei Verstößen gegen

1 Vgl. näher zur Vorgeschichte *Tettenborn,* K&R 1999, 252 (257).
2 Vgl. zum Gesetzentwurf www.bmj.bund.de und zB *Brüggemeier/Reich,* BB 2001, 213 ff. und *Grigoleit,* WM 2001, 597 ff. mwN.
3 Kritisch zB *Brüggemeier/Reich,* BB 2001, 213 (215).

die durch die Richtlinie umzusetzenden Regelungen vorsieht. Leider hat sich die „milde Bestimmung“ des § 6 TDG 97 nicht bewährt – sie wurde schlicht nicht beachtet[1]. Insofern ist mit der Sanktionsbewehrung dem Verbraucherschutz Rechnung getragen worden: Ohne Transparenz kann ich als Verbraucher meine Rechte nicht oder nur mit Mühen durchsetzen.

(2) Gerichtliche und außergerichtliche Online-Streitigkeiten

478 Art. 17 Abs. 1 EC-RL sieht die Ermöglichung von außergerichtlichen Streitgkeiten auf elektronischem Wege vor. In einem Art. 2 des EGG soll durch eine Änderung von § 1031 Abs. 5 ZPO sichergestellt werden, dass Schiedsvereinbarungen, an denen ein Verbraucher beteiligt ist, auch in elektronischer Form abgeschlossen werden können. Diese Änderung erfüllt die Anforderungen des Art. 17 Abs. 1 EC-RL und wurde nach einer Expertenanhörung im Oktober 2000 im Bundesjustizminsterium in das EGG aufgenommen.

479 Hinsichtlich der Ermöglichung von Klagen auf elektronischem Weg, wie in Art. 18 EC-RL vorgesehen, ist eine Umsetzung nicht erforderlich. Die geltende ZPO sieht bereits nach geltender Rechtslage ausreichende Klagemöglichkeiten im Zusammenhang mit der Inanspruchnahme von IuK-Diensten vor. Auch ist Art. 18 Abs. 2 EC-RL, der die Erhebung von Verbandsklagen im Zusammenhang mit Verstößen gegen die Richtlinie vorsieht, nicht umzusetzen, da bereits § 22 AGBG in diesen Fällen Anwendung findet[2].

c) Ausblick

480 Die Richtlinie selbst beinhaltet bereits einen Ausblick. In Art. 21 EC-RL werden die künftigen Aufgaben der Kommission hinsichtlich der Richtlinie bereits umrissen: Es geht um die Beobachtung, inwieweit sich die Richtlinie in den einzelnen Mitgliedstaaten bewährt hat. Sie wird erstmals im Jahre 2003 und danach alle zwei Jahre einen **Bericht** über die Anwendung dieser Richtlinie vorlegen und gegebenenfalls Vorschläge zur Änderung unterbreiten. Das deutsche Beispiel der Evaluierung des IuKDG macht – nicht nur bei dieser Richtlinie – Schule und ist im Prinzip mit Blick auf die Dynamik der Änderungen auf dem IuK-Bereich auch sinnvoll. Hier sind insbesondere in Art. 21 Abs. 2 bestimmte Bereiche der Regelungen zu den Verantwortlichkeiten genannt, wie die Hyperlinks oder das *notice and take-down*-Verfahren und die Frage der Geltung des Herkunftslandprinzips für die unerbetenen kommerziellen Kommunikationen.

481 Wichtig werden auch die Fragen der **Konvergenz** und die Folgen für den **Rechtsrahmen**. Die klassische Dreiteilung des Rechtsrahmens für Telekommunikation – Rundfunk und neue Medien (vor allem Internet) kommt in

1 Vgl. Evaluierungsbericht, BT-Drucks. 14/1191, S. 12.
2 *Bröhl*, MMR 2001, 67 ff.

Bewegung. Im Rahmen der Revision der EG-Fernsehrichtlinie wird insbesondere in den nächsten zwei Jahren zu lösen sein die Abgrenzung der neuen Dienste, insbesondere der Internet-Dienste zum Rundfunk. Die Kommission hat bereits im Vorschlag zur Richtlinie[1] im Hinblick auf das Internet-TV ausgeführt, dass es nicht zum Bereich der Dienste der Informationsgesellschaft zählt, wenn das ausschließlich als Träger der Information einer 1-zu-1-Übertragung des Programms dient, was im Umkehrschluss auch zulässt, dass es nicht als Rundfunk anzusehen ist, wenn nur Teile des Programms via Internet übertragen werden oder abrufbar gehalten werden.

Auch im Bereich der Telekommunikation gibt es eine Bewegung in Richtung **Regelung von Teilen der neuen Dienste**. Der Vorschlag für eine Richtlinie über einen gemeinsamen Rechtsrahmen für elektronische Kommunikationsnetze und – Dienste vom Sommer 2000[2] will übergreifend sowohl TK-Dienste als auch die E-mail erfassen, ein klassischer Internet-Dienst, der auf TK-Diensten beruht, aber mittels IP vermittelt wird. Auch in Bezug auf die IP-(Internet-)Telefonie ist Bewegung zu erkennen aus dem Nischenmarkt hinaus zum Massenmarkt, da immer mehr Anbieter und Kunden an eine ernsthafte Nutzung dieses Dienstes denken. Der Rechtsrahmen wird diesen Entwicklungen Rechnung tragen müssen. 482

1 Vgl. Kommissionsvorschlag KOM (98) 586 endg. v. 18. 11. 1999 – unter Art. 2 „Begriffsbestimmungen".

2 Abrufbar unter http://europa.eu.int/eur-lex.

D. Haftung der im Netz Tätigen

I. Die Haftungsbeschränkung nach dem Teledienstegesetz (TDG) und dem Mediendienste-Staatsvertrag (MDStV)

1. Einleitung

a) Allgemeines

Eine der entscheidenden Voraussetzungen für jegliches positives Investitionsklima, das letztlich auch zur nachhaltigen Sicherung eines Wirtschaftsstandortes führt, liegt in der Schaffung von Rechtssicherheit. Gerade hieran mangelte es jedoch im Hinblick auf nachvollziehbare und angemessene Regelungen zur Verantwortlichkeit der Diensteanbieter im Bereich des Internets. 1

Schon frühzeitig gelangte man zu der Erkenntnis, dass für die Vielzahl der am Datenaustausch via Internet Beteiligten und ihre sehr unterschiedlichen Funktionen kein geeigneter und verlässlicher Rechtsrahmen vorhanden war, der die notwendige Sicherheit im Hinblick auf die Verantwortlichkeit für Internetaktivitäten hätte bieten können.[1] Der Grund dafür lag zunächst in der weitgehenden Unvergleichbarkeit der im Netz vorherrschenden Bedingungen mit allen bisher bekannten Gegebenheiten. Abweichend von anderen Bereichen des täglichen Lebens kann den am Internet Teilhabenden nur schwer eine eindeutige Rolle zugeordnet werden, die es sodann ermöglicht, ihre Pflichten zu definieren. So wird zB der private Internet-Nutzer zum Anbieter selbst entworfener Inhalte, wenn er diese mittels seiner Homepage im Netz verbreitet. Während hier noch von einem eindeutigen Rollenwechsel ausgegangen werden kann, der es ermöglicht, dem nunmehr als Anbieter Auftretenden klare Sorgfaltspflichten für die Unbedenklichkeit der verbreiteten Inhalte aufzuerlegen,[2] verkompliziert sich die Situation schon nach nur einem weiteren Schritt. Verweist nämlich der Anbieter mittels Hyperlinks auf die Inhalte anderer Homepages, so stellt sich die Frage nach einer erneuten Bewertung seiner Tätigkeit. Sind ihm die Inhalte ohne Einschränkung nach den konventionellen Haftungsnormen des Zivil-, Straf- und öffentlichen Rechts zuzurechnen, da er sie durch den Link schlicht in sein Angebot übernommen hat? Inwiefern er hier neben dem tatsächlichen Urheber eine Mitverantwortung für die Rechtmäßigkeit der verwiesenen Inhalte 2

---

1 Vgl. *Engel-Flechsig/Maennel/Tettenborn*, Neue gesetzliche Rahmenbedingungen für Multimedia, BB-Sonderveröffentlichung 1998, S. 7; *Sieber*, JZ 1996, 494 (506); *Hoeren*, MMR 1998, 297 ff.; *Bleisteiner*, Rechtliche Verantwortlichkeit im Internet, 1998, S. 6 mwN.

2 Vgl. hierzu die übliche Reaktion des Gesetzgebers auf neue Technologien durch Schaffen von einschlägiger Gefährdungshaftung wie zB durch § 7 StVG, §§ 25 ff. AtomG; siehe insbesondere *Freytag*, Haftung im Netz, 1999, S. 1.

zu tragen hat, war unklar. Ein vergleichbarer Zustand zeichnete sich auch für die kommerziellen Anbieter von Internetdiensten ab. Auch für sie war zunächst nicht eindeutig erkennbar, ob und in welchem Umfang sie für Inhalte, die über ihre technischen Einrichtungen im Internet verbreitet wurden, verantwortlich sein sollten.[1] Hier stellt sich insbesondere das Problem der Kenntnis hinsichtlich der Inhalte, da es einem kommerziellen Anbieter aufgrund der oft zahllosen Speicher- und Übermittlungsvorgänge im Verlauf seine geschäftlichen Tätigkeit nicht möglich ist, sämtliche Inhalte auf ihre Unbedenklichkeit zu überprüfen.

b) Die Notwendigkeit gesetzgeberischer Initiative

3 Angesichts des erheblichen wirtschaftlichen Potentials, das dem Internet anhaftet,[2] bedurfte es einer umgehenden Beseitigung dieser Rechtsunsicherheiten, die sich auf Dauer zu Investitionshemmnissen und so zum Standortnachteil entwickelt hätten.[3]

Allerdings konnte wegen der soeben skizzenhaft dargestellten Besonderheiten des Internets auf das naheliegenste Mittel zur Beseitigung von Rechtsunsicherheit nicht zurückgegriffen werden. Die Rechtsfortbildung durch Übertragung und Fortentwicklung bereits vorhandener Regelungen wie beispielsweise die **für Presseangehörige geltenden Sorgfaltspflichten**, die wohl am ehesten auf die Tätigkeiten im Internet anwendbar wären, scheiterte daran, dass sich zunächst eine eindeutige Zuordnung der Funktionen eines Online-Anbieters zu einer der von Presseangehörigen regelmäßig ausgefüllten Aufgaben nicht vornehmen ließ. Weiterhin war man sich zwar darüber einig, dass die Verantwortlichkeit für im Netz verbreitete Informationen unter bestimmten Umständen eingeschränkt sein müsse; allerdings sollten die dafür notwendigen Maßstäbe nicht allein dem Presserecht entnommen werden, sondern jeweils auch demjenigen Rechtsgebiet, dem der aufzuarbeitende Sachverhalt weitgehend unterfiel.[4] Eine eindeutige Antwort auf die Frage

---

1 Grundsätzlich ist die Frage nach einer Mitverantwortlichkeit von nur mittelbar an der Verbreitung von Inhalten Beteiligten nicht neu. Problematisch ist zB seit langem die Mitverantwortlichkeit von Presseangehörigen für wettbewerbswidrige Werbeanzeigen; siehe hierzu *Henning-Bodewig*, Die wettbewerbsrechtliche Haftung von Massenmedien, GRUR 1981, 867 ff.; ebenfalls zur Frage der Mitverantwortlichkeit vgl. BGH, Urt. v. 18. 5. 1955 – I ZR 8/54, GRUR 1955, 492 (Tonbandgeräteheresteller), BGH, Urt. v. 9. 6. 1983 – I ZR 70/81, GRUR 1984, 54 (Kopierläden); siehe auch *Helle*, JZ 1997, 786 ff.

2 Für die bereits getätigten und in der Zukunft erwarteten Umsätze nur für den Bereich der über Internet georderten Waren vgl. die Nachweise bei *Moritz/Hermann*, unten Rz. 310.

3 Vgl. auch *Engel-Flechsig/Maennel/Tettenborn*, NJW 1997, 2981 ff.; *Gounalakis*, NJW 1997, 2993.

4 So kamen neben den in den Landespressegesetzen normierten Sorgfaltsverpflichtungen auch jene des Strafrechts, des Urheber- oder Wettbewerbsrechts in Betracht; vgl. auch *Freytag*, Haftung im Netz, S. 13.

nach der Verantwortlichkeit konnte auf diese Weise nicht gegeben werden; die notwendige Rechtssicherheit war so nicht erreichbar.

Unter diesen Umständen musste es Sache des Gesetzgebers sein, durch die Schaffung **einschlägiger Regelungen zur Frage der Verantwortlichkeit** im Online-Bereich für umsetzbare und vor allen Dingen verlässliche Rahmenbedingungen zu sorgen. Das gesetzgeberische Ziel bestand daher in der „Klarstellung von Verantwortlichkeiten" durch Schaffung einer „verlässlichen Grundlage für die Gestaltung der sich dynamisch entwickelnden Angebote im Bereich der Informations- und Kommunikationsdienste" durch die Herbeiführung „eines Ausgleichs zwischen freiem Wettbewerb, berechtigten Nutzerinteressen und öffentlichen Ordnungsinteressen".[1] 4

Als erstes Hindernis auf dem Weg zur Schaffung dieser gesetzlichen Grundlagen entpuppte sich schon die Frage der **Gesetzgebungskompetenz**. Auf der einen Seite beanspruchten die Länder ihre Regelungszuständigkeit wegen der sachlichen Nähe zum Rundfunk unter Berufung auf ihre Allzuständigkeit nach Art. 70 GG, andererseits konnte sich der Bund auf seine ausschließliche Gesetzgebungskompetenz[2] im Bereich der Telekommunikation, des Urheberrechts, des gewerblichen Rechtsschutzes sowie auf seine Kompetenzen im Rahmen der konkurrierenden Gesetzgebung[3] für das Bürgerliche Recht und das Strafrecht berufen.[4] Die Lösung dieses Konfliktes wurde in einem Kompromiss gefunden, wonach zunächst eine Aufteilung der Multimediadienste in Informations- und Kommunikationsdienste, die für eine individuelle Nutzung bestimmt sind, und solche, die sich an die Allgemeinheit richten, vorzunehmen war.[5] Letztere, sich an die Allgemeinheit wendenden Dienste unterfallen der Gesetzgebungskompetenz der Länder, die sie vereinbarungsgemäß durch Erlass des **Mediendienste-Staatsvertrages (MDStV)** wahrnahmen.[6] Der Bund machte durch Schaffung des **Teledienstegesetzes (TDG)** im Rahmen des **Informations- und Kommunikationsdienstegesetzes (IuKDG)** von seinen Kompetenzen im Bereich der individuell nutz- 5

1 BT-Drucks. 13/7385 v. 9. 4. 1997, S. 1, 2, 16; vgl. auch OLG München, Urt. v. 3. 2. 2000 – 6 U 5475/99, CR 2000, 541 (542).

2 Art. 71, 73 Nr. 7 und 9 GG. Den Ländern fällt erst dann eine Regelungskompetenz zu, wenn sie durch ein Bundesgesetz ausdrücklich dazu ermächtig werden.

3 Art. 72 Abs. 2 Nr. 1, 74 Nr. 1 GG. Den Ländern steht eine Regelungskompetenz zu, wenn der Bund auf seine Kompetenzen verzichtet.

4 *Bullinger/Mestmäcker*, Multimediadienste – Struktur und staatliche Aufgaben nach deutschem und europäischem Recht, 1997, S. 135 ff.; *Kröger/Moos*, ZUM 1997, 462; *Schulz*, Regulierung von Medien- und Telediensten, Reihe Arbeitspapiere des Instituts für Rundfunkökonomie der Univ. Köln, 1997, S. 13; *Engel-Flechsig/Roßnagel*, Multimedia-Recht, 1998, S. 4; zur Problematik der Gesetzgebungskompetenzen siehe umfassend *Freytag*, Haftung im Netz, S. 29 ff.

5 Vgl. die gemeinsame Erklärung von Bund und Ländern vom 18. 12. 1996, abgedr. bei *Engel-Flechsig*, ZUM 1997, 231; siehe auch *Beucher/Leyendecker/v. Rosenberg*, Mediengesetze – Kommentar, 1999, § 2 RStV Rz. 2.

6 Für eine Auflistung der förmlichen Gesetze der Länder zur Ratifikation des Staatsvertrages siehe *Freytag*, Haftung im Netz, S. 1.

baren Online-Angebote Gebrauch.[1] Des Weiteren verzichtete der Bund auf jedwede Regelungskompetenz im Bereich der Mediendienste, indem er Letztere durch Einfügen des § 2 Abs. 4 Nr. 3 TDG der Regelungskompetenz der Länder zuwies.

6 Angesichts der Notwendigkeit einer einheitlichen Verantwortlichkeitsregelung kamen Bund und Länder überein, in dieser Frage einen wortgleichen Normtext zu vereinbaren, der auch hinsichtlich seiner Auslegung in beiden Gesetzen anhand derselben Maßstäbe zu bewerten ist.[2]

c) Die Umsetzung europäischer Vorgaben in nationales Recht

7 Im Hinblick auf den grenzüberschreitenden Charakter des Internets lässt sich das Bedürfnis nach Rechtssicherheit zur Schaffung verlässlicher Rahmenbedingungen für die Internetwirtschaft nicht allein auf nationaler Ebene befriedigen. Einem Online-Anbieter ist nur wenig geholfen, wenn sich seine Verantwortlichkeit für durch ihn verbreitete Inhalte in einigen Ländern nach denselben Maßstäben bestimmen lässt wie im Inland und er zumindest dahin gehend Rechtssicherheit genießt; denn andererseits sind die Inhalte auch in Staaten abrufbar, in denen die Frage der Verantwortlichkeit auf andere Weise geregelt ist. Zur Sicherstellung des freien Dienstleistungsverkehrs im Bereich der Dienste der Informationsgesellschaft sowie zur Harmonisierung der diesbezüglich geltenden innerstaatlichen Regeln erließen das Europäische Parlament und der Rat die „**Richtlinie (RL) 2000/31/EG über bestimmte rechtliche Aspekte der Dienste der Informationsgesellschaft, insbesondere des elektronischen Geschäftsverkehrs im Binnenmarkt (Richtlinie über den elektronischen Geschäftsverkehr)**".[3] Die Richtlinie ist von den Einzelstaaten bis zum 17.1.2002 in nationales Recht umzusetzen. Mittlerweile liegt seitens der Bundesregierung ein „**Entwurf eines Gesetzes über rechtliche Rahmenbedingungen für den elektronischen Geschäftsverkehr Elektronischer Geschäftsverkehr-Gesetz – EGG**" (EGG-E) vor, der u.a. die europäischen Vorgaben zur Regelung der Verantwortlichkeit von Diensteanbietern umsetzt, soweit sie nicht schon durch die im Rahmen des TDG und MDStV getroffenen Bestimmungen erfüllt wurden.[4] Auch die Länder bereiten einen Änderungsstaatsvertrag zum MDStV vor, der mit den Änderungs- und Ergänzungsvorschlägen des TDG wort- bzw. inhaltsgleich übereinstimmt und zeitgleich in Kraft treten soll.[5]

---

1 BGBl. I 1997, S. 1870.

2 Gemeinsame Erkl. v. 18. 12. 1996, abgedr. bei *Engel-Flechsig*, ZUM 1997, 231; vgl. auch *Bröhl*, CR 1997, 73 f.

3 ABl. EG Nr. L 178/1 v. 17. 7. 2000.

4 Kabinettssache – Datenblatt-Nr. 14/09 089, BT-Drucks. 14/6098 v. 17. 5. 2001.

5 Kabinettssache – Datenblatt-Nr. 14/09 089, S. 21.

d) Gang der Darstellung

8 Angesichts der kurz vor der Verabschiedung stehenden Novelle des TDG aufgrund der Umsetzung der E-Commerce-RL wäre eine konventionelle Darstellung der Verantwortlichkeitsregeln des bestehenden TDG sowie des MDStV bald veraltet. Zwar handelt es sich hier noch um geltendes Recht, allerdings lediglich längstens bis zum 17. 1. 2002. Aus diesem Grunde ist es geboten, neben der Darlegung des bestehenden Rechts gleichzeitig die Änderungen herauszuarbeiten, die die Gesetzesnovelle mit sich bringt. Zur Veranschaulichung wird daher im Rahmen eines jeden Abschnitts zunächst der zu analysierende Gesetzeswortlaut des geltenden TDG/MDStV aufgeführt und diesem der Wortlaut des EGG-E gegenübergestellt.[1]

2. Die Verantwortlichkeitsregelungen der §§ 5 TDG und 5 MDStV sowie des Art. 1 §§ 8 bis 11 EGG-E[2]

9 Die Regelung der Verantwortlichkeit von Online-Anbietern wurde im Bereich des TDG und des MDStV zwischen Bund und Ländern insofern einheitlich vorgenommen, als dass § 5 TDG und § 5 MDStV von einem **beinahe deckungsgleichen Wortlaut** getragen werden. Beide Normen sind wegen der Vielschichtigkeit des Internets und der daraus folgenden, sämtliche Rechtsgebiete berührenden Sachverhalte als rechtsgebietsübergreifende Verantwortlichkeitsregelungen zu verstehen, die jede Art des rechtlichen Eingestehenmüssens beschreiben. **Sie gelten daher für das Zivilrecht ebenso wie für das Straf- und das öffentliche Recht.**[3] Dieser rechtsgebietsübergreifende Charakter bleibt auch im Rahmen des EGG-E erhalten.

a) Die jeweiligen Anwendungsbereiche des TDG und des MDStV

aa) Abgrenzung der Teledienste von den Mediendiensten

10 Sowohl das TDG als auch der MDStV versuchen in § 2 Abs. 1 TDG und § 2 Abs. 1 MDStV eine nachvollziehbare Abgrenzung der Teledienste von den Mediendiensten, indem beide Normen eine Legaldefinition des durch sie geregelten Dienstes enthalten. Diese Unterscheidung bleibt auch nach dem EGG-E bestehen; eine Änderung des bestehenden Wortlauts ist nicht vorgesehen.

1 Sieht das EGG-E keine abweichende Regelung vor, werden bei Bedarf die unterschiedlichen Regelungen des TDG und des MDStV gegenübergestellt.
2 Bei Art. 1 des EGG-E handelt es sich um die Änderungen des TDG.
3 *Sieber*, Verantwortlichkeit im Internet, 1999, Rz. 276.

§ 2 Abs. 1 TDG (Teledienste)

„Die nachfolgenden Vorschriften gelten für alle elektronischen Informations- und Kommunikationsdienste, die für eine individuelle Nutzung von kombinierbaren Daten wie Zeichen, Bilder oder Töne bestimmt sind und denen eine Übermittlung mittels Telekommunikation zugrunde liegt."

§ 2 Abs. 1 MDStV (Mediendienste)

„Dieser Staatsvertrag gilt für das Angebot und die Nutzung von an die Allgemeinheit gerichteten Informations- und Kommunikationsdiensten in Text, Ton oder Bild, die unter Benutzung elektronischer Schwingungen ohne Verbindungsleitung oder längs oder mittels eines Leiters verbreitet werden."

11 Gemäß dieser Definitionen kommt es im Falle der Teledienste also entscheidend auf die **individuelle Nutzung** an, während sich die Mediendienste an die **Allgemeinheit** in Form einer **unbestimmt großen Anzahl von Nutzern** wenden.[1] Weiterhin sind Teledienste im Gegensatz zu den Mediendiensten nicht als auf die öffentliche Meinungsbildung einwirkende massenmediale Veranstaltungen angelegt, sondern auf die durch einen Nutzer bestimmbare Individualkommunikation.[2] Allein diese Definitionen sowie die Formulierung von zur Verdeutlichung abgefassten Regelbeispielen in §§ 2 Abs. 2 TDG und 2 Abs. 2 MDStV reichen nach verbreiteter Ansicht jedoch nicht aus, um die intendierte sachgerechte Trennung von Tele- und Mediendiensten herbeizuführen.[3] Der Grund hierfür liegt in der nur schwer vorzunehmenden eindeutigen Einordnung der neuen Dienste als Massen- oder Individualkommunikation. Denn es liegt gerade in der Konzeption des Internets, dass sich die Informationsangebote weitgehend an die Allgemeinheit richten, die Nutzer selbst jedoch in der Lage sind, die Angebote nicht nur individuell abzurufen, sondern dieselben auch beeinflussen und mitgestalten zu können. Hier vermischen sich die in den Legaldefinitionen aufgestellten Abgrenzungskriterien der individuellen bzw. an die Allgemeinheit gerichteten Informationsangebote und erweisen sich somit als nicht hinreichend.[4] Ein mögliches Abgrenzungskriterium könnte vielmehr in der Formulierung des § 2 Abs. 2 Nr. 2 TDG bestehen, nach der das TDG nicht schon dann unanwendbar sein soll, wenn ein Dienst zunächst als Mediendienst zu qualifizieren ist, sondern erst, wenn zusätzlich die redaktionelle Bearbeitung des Inhaltes für die Allgemeinheit im Vordergrund steht, was jedoch aufgrund der weiten Definition der Mediendienste nicht immer der Fall sein muss.[5] Somit kommt dem Merkmal der redaktionellen Gestaltung der Inhalte für die

---

1 Vgl. BayLT-Drucks. 13/7716 v. 9. 2. 1996, S. 37.

2 *Engel-Flechsig*, DuD 1997, 8 (10); *Ernst*, JuS 1997, 776 ff.

3 Vgl. *Engel-Flechsig/Maennel/Tettenborn*, Neue gesetzliche Rahmenbedingungen für Multimedia, S. 13; *Beucher/Leyendecker/von Rosenberg*, Mediengesetze-Kommentar, § 2 TDG Rz. 2; *von Heyl*, ZUM 1998, 115 (117).

4 Vgl. *Kröger/Moos*, AfP 1997, 675 (676 ff.); *Gounalakis* NJW 1997, 2993 f.; *Bräutigam*, WiB 1997, 855 f.

5 *Freytag*, Haftung im Netz, S. 41.

Allgemeinheit eine entscheidende Bedeutung im Hinblick auf die Frage der Abgrenzung zwischen Tele- und Mediendiensten zu.[1]

12 Letztlich kann die Frage der Abgrenzung jedoch für den hier zu behandelnden Bereich der Verantwortlichkeit vernachlässigt werden, da bereits darauf hingewiesen wurde, dass die Verantwortlichkeitsregelungen der §§ 5 TDG und 5 MDStV beinahe wortgleich gestaltet sind und die identische Auslegung auch dem Willen beider Normschöpfer entspricht.[2] Insofern ist es für die Bestimmung der Verantwortlichkeit eines Diensteanbieters nicht entscheidend, ob er mit seinem Angebot dem MDStV oder dem TDG unterfällt.[3]

bb) Abgrenzung der Tele- und Mediendienste von anderen Diensten

13 Aus der vernachlässigbaren Frage nach der Qualifizierung eines Angebotes als Tele- oder Mediendienst resultiert für den Diensteanbieter das Interesse daran, überhaupt in den Anwendungsbereich der Verantwortlichkeitsregelungen zu gelangen, unabhängig davon, ob für ihn § 5 TDG oder § 5 MDStV einschlägig ist. Für ihn ist demnach die Abgrenzung der Tele- und Mediendienste von anderen Diensten von entscheidender Bedeutung.

14 Während die Unterscheidung der Tele- und Mediendienste von den konventionellen Printmedien schon am Merkmal der Übertragung mittels Telekommunikation bzw. elektromagnetischer Schwingungen nicht schwer fällt, bereitet ihre **Abgrenzung vom Rundfunk** in Form von Fernsehen und Hörfunk eher Probleme. Für die Mediendienste besteht das entscheidende Abgrenzungskriterium zum Rundfunk im Merkmal der „**Darbietung**", worunter sämtliche für die öffentliche und private Meinungsbildung relevanten, als Gesamtprogramm angebotenen Informationen in Form von Bildungs-, Beratungs-, Informations- und Unterhaltungssendungen zu verstehen sind.[4] Dabei ist jedoch nicht allein auf die Art der Verbreitung abzustellen, die im Fall des Rundfunks durch die Übermittlung der Inhalte von einer Stelle an eine unbestimmte Vielzahl von Empfängern zu einem vom Anbieter einseitig festgelegten Zeitpunkt gekennzeichnet ist.[5] Denn dieses Kriterium erfüllen auch die in § 2 Abs. 2 Nr. 1–3 MDStV aufgeführten Verteildienste. Die Lösung liegt in der Begründung zum MDStV. Danach sollen den Regelungen des MDStV nur solche Dienste unterfallen, denen **aufgrund ihrer engen inhaltlichen Begrenzung** und ihrer deutlich geringeren Breitenwirkung, Ak-

1 *Engel-Flechsig/Maennel/Tettenborn*, Neue gesetzliche Rahmenbedingungen für Multimedia, S. 13; kritisch *Bleisteiner*, Rechtliche Verantwortlichkeit im Internet, S. 133.

2 *Bettinger/Freytag*, CR 1998, 545 (547).

3 Auf die besondere Situation im Hinblick auf § 5 Abs. 4 TDG siehe unten Rz 58 ff.; vgl. auch *Freytag*, Haftung im Netz, S. 42.

4 Vgl. *Bullinger/Mestmäcker*, Multimediadienste, S. 51 ff.; *Gersdorf*, AfP 1995, 565 (569).

5 Dieser Umstand erleichtert die Abgrenzung zu den Telediensten, da der Rundfunk eben nicht für eine individuelle Nutzung ausgelegt ist, sondern kollektiv und gleichzeitig wahrgenommen wird.

tualität und Suggestivkraft nur wenig Bedeutung für die öffentliche Meinungsbildung zukommen.[1]

15 Allerdings erweist sich das Merkmal der „Darbietung“ als für die Meinungsbildung relevantes Informationsangebot insofern als schwammig, da ein Mediendienst, erlangt er eine entsprechende Breitenwirkung, sehr wohl als „Darbietung“ zu qualifizieren wäre und sodann nicht mehr dem MDStV, sondern dem RStV[2] unterfiele. Für den betroffenenen Anbieter besteht jedoch die Möglichkeit, gemäß § 20 Abs. 2 RStV feststellen zu lassen, dass es sich im Falle seines Angebots um Rundfunk handelt und er deshalb einer entsprechenden Zulassung bedarf. Zur Vermeidung von Rechtsunsicherheit kann bei der zuständigen Landesmedienanstalt ein Antrag auf „rundfunkrechtliche Unbedenklichkeit“ gestellt werden.[3]

Hiernach fällt die Abgrenzung der Teledienste vom Rundfunk leicht, denn anders als Letzterer sind die Teledienste für eine individuelle Nutzung bestimmt; es wird gerade kein planmäßig ablaufendes Gesamtprogramm angeboten, in dem sich die Rolle des Nutzers lediglich auf die Möglichkeit des Ein- oder Ausschaltens des Programms beschränkt.[4]

cc) Zwischenergebnis

16 Für den Anbieter von Online-Angeboten ist die Abgrenzung zwischen Tele- und Mediendiensten hinsichtlich der Frage seiner Verantwortlichkeit vernachlässigbar. Auch die Abgrenzung der Teledienste zu anderen Diensten fällt nicht schwer. Eine Unterscheidung der Mediendienste von anderen Diensten wie insbesondere dem Rundfunk kann anhand des Merkmals der Darbietung als an die Allgemeinheit gerichtete Dienste vorgenommen werden; soweit ihnen wegen ihrer inhaltlichen Begrenzung nur eine eingeschränkte Bedeutung für die öffentliche Meinungsbildung zukommt, handelt es sich regelmäßig um Mediendienste.[5]

b) Die Begriffsdefinitionen

17 Grundsätzlich gilt, dass **Handlungen, die außerhalb des Internets gegen bestehendes Recht verstoßen, auch innerhalb desselben nicht erlaubt sind.**[6] Daraus folgt, dass die in den Normen der einzelnen Rechtsgebiete festgelegten Verantwortlichkeitsmaßstäbe in vollem Umfang bestehen bleiben. Insofern begründen die §§ 5 TDG, 5 MDStV und Art. 1 §§ 8–11 EGG-E keine

---

1 *Degenhart*, MMR 1998, 137 (138); *Michel*, ZUM 1998, 350 ff.; *Ricker*, NJW 1997, 3199 ff.; für eine Darstellung einzelner Dienste siehe *Bleisteiner*, Rechtliche Verantwortlichkeit im Internet, S. 126 ff.

2 Rundfunkstaatsvertrag.

3 *Sieber*, Verantwortlichkeit im Internet, Rz. 272.

4 *Engel-Flechsig*, Neue gesetzliche Rahmenbedingungen für Multimedia, S. 13.

5 Vgl. *Bleisteiner*, Rechtliche Verantwortlichkeit im Internet, S. 133.

6 *Moritz*, CR 1998, 505 ff.; *Sieber*, CR 1997, 581 (583); *Koch*, CR 1997, 193 f.

eigenständige multimediarechtliche Verantwortlichkeit, vielmehr wird eine solche nach den allgemeinen Gesetzen vorausgesetzt.[1] Somit kommt den Verantwortlichkeitsregelungen des TDG, MDStV sowie des EGG-E zunächst nur ein rein **deklaratorischer Charakter** zu, indem sie nur allgemein auf das „**Einstehenmüssen**" von Online-Anbietern hinweisen, die für durch sie verursachte Rechtsverletzungen zur Verantwortung gezogen werden, wenn nicht eine der normierten Verantwortlichkeitsprivilegierungen der §§ 5 TDG/MDStV oder des Art. 1 §§ 8 bis 11 EGG-E zur Anwendung kommt.[2]

18 Daraus folgt für die rechtliche Bewertung konkreter Sachverhalte mit Bezug zum Internet, dass erst dann eine Prüfung der Verantwortlichkeit nach den allgemeinen Gesetzen erfolgen kann, wenn zunächst das Nichtvorliegen eines Verantwortlichkeitsausschlusses festgestellt worden ist. Die §§ 5 TDG/MDStV und Art. 1 §§ 8 bis 11 EGG-E funktionieren insoweit wie ein **Vorfilter**, der der eigentlichen Prüfung anhand der allgemeinen Gesetze vorgelagert ist und die Verantwortlichkeit des Diensteanbieters schon im Vorfeld entfallen lassen kann, so dass ein Fortfahren in der Prüfung nicht notwendig ist.[3]

aa) Diensteanbieter

19

§ 3 Nr. 1 TDG	**§ 3 Nr. 1 MDStV**
„Diensteanbieter (sind) natürliche oder juristische Personen oder Personenvereinigungen, die eigene oder fremde Teledienste zur Nutzung bereithalten oder den Zugang zur Nutzung vermitteln."	„Anbieter (sind) natürliche oder juristische Personen oder Personenvereinigungen, die eigene oder fremde Mediendienste zur Nutzung bereithalten oder den Zugang zur Nutzung vermitteln."

Die Begriffe „Diensteanbieter" im TDG bzw. „Anbieter" im MDStV sind wortgleich definiert und insofern **synonym** zu verwenden.

20 Schon der Versuch einer negativen Abgrenzung der Begriffe mittels der Feststellung, dass „Diensteanbieter" keine „Nutzer" sind, ist nicht unproblematisch. Denn einmal gestaltet sich eine eindeutige Abgrenzung deswegen als schwierig, da beide Positionen im Zuge Internet-bezogener Tätigkeiten fließend ineinander übergehen können; andererseits kommt dieser Abgrenzung hinsichtlich der §§ 5 TDG/MDStV eine wesentliche Bedeutung zu, da

---

1 Vgl. hinsichtlich §§ 5 TDG/MDStV *Pichler*, MMR 1998, 79 (81); für §§ 8–11 EGG-E siehe Kabinettssache – Datenblatt-Nr. 14/09 089, S. 49.

2 *Helle* in Hoeren/Sieber, Multimedia-Recht, Teil 8 Rz. 28; *Engel-Flechsig/Maennel/Tettenborn*, NJW 1997, 2981 (2984); *Spindler*, NJW 1997, 3193 (3195); *Sieber*, Verantwortlichkeit im Internet, 1999, Rz. 276 f.; Begr. RegE zu § 5 I TDG, BT-Drucks. 13/7385, S. 19.

3 Vgl. EGG-E, Kabinettssache, Datenblatt Nr. 14/09 089, S. 49; *Sieber*, Verantwortlichkeit im Internet, Rz. 232 ff. mit umfangreichen Nachweisen; *Moritz*, CR 1998, 500 (506).

sich die Verantwortlichkeitsregelungen lediglich auf die Diensteanbieter bezieht. Eine rechtliche Beurteilung des Verhaltens von Nutzern erfolgt auch weiterhin nach den allgemeinen Gesetzen.

21 Problematisch gestaltet sich die Abgrenzung zB im Hinblick auf **Unternehmen**, die ihren Mitarbeitern Zugang zum Internet gewähren. Hier sind die Unternehmen im Verhältnis zu den Providern als Nutzer anzusehen; andererseits gilt es jedoch, das Verhältnis zwischen dem Unternehmen und seinen Mitarbeitern zu bewerten, denen wiederum das Unternehmen einen Netzzugang ermöglicht. Hier ist allein auf das vertragliche Verhältnis zwischen dem tatsächlichen Provider und dem Zugang nachfragenden Unternehmen abzustellen. Somit wäre das Unternehmen als Nutzer zu qualifizieren, und zwar unabhängig von der innerbetrieblichen Organisation der tatsächlichen Nutzung durch die Mitarbeiter im Rahmen eines Arbeitsverhältnisses. In Anlehnung daran bedarf jedoch auch die **private Nutzung unternehmensseitig zur Verfügung gestellter Internetzugänge** sowie das Betreiben sog. **Internet-Cafés** einer nachvollziehbaren Einordnung als Diensteanbieter oder Nutzer. Hier kommt es auf die Unterscheidung des in §§ 3, 5 TDG/MDStV verwendeten Begriffs des „Zugangvermittelns" vom Begriff des im Äußerungsrecht gebräuchlichen Begriff des „Zugänglichmachens" an.[1] So ist unter letzterem jegliches Schaffen einer konkreten Möglichkeit unmittelbarer Kenntnisnahme durch einen Dritten erfasst.[2] Dagegen umfassen §§ 3, 5 TDG/MDStV durch den Begriff der „Zugangsvermittlung" lediglich die technisch-telekommunikativen Erscheinungsformen der Zugangsvermittlung. Daraus folgt, dass das Betreiben eines Internet-Cafés bzw. die private Nutzung unternehmensseitig bereitgestellter Internetzugänge ebenso wie die Nutzung von Netzzugängen im Rahmen eines Arbeitsverhältnisses als Nutzung zu werten ist. Darauf folgt für die Betreiber solcher Einrichtungen, dass sie sich auf die Haftungsprivilegierungen der §§ 5 TDG/MDStV nicht berufen können.[3]

22 Insbesondere im Hinblick auf die strafrechtliche Verantwortlichkeit von Diensteanbietern ist darauf hinzuweisen, dass jeder Inhaber oder Beschäftigte des Diensteanbieters, soweit es sich um eine juristische Person handelt, Adressat und Nutznießer der §§ 5 TDG/MDStV ist. Nur so können die Verantwortlichkeitsprivilegierungen sachgerecht zur Anwendung kommen,

---

1 Vgl. hierzu den Wortlaut des § 119 Abs. 1 Nr. 2 OWiG, wonach derjenige sanktioniert wird, der „in grob anstößiger Weise durch Verbreiten von (...) Ton- oder Bildträgern, Abbildungen oder Darstellungen oder **durch das öffentliche Zugänglichmachen von Datenspeichern** Gelegenheit zu sexuellen Handlungen anbietet, (...)."

2 Vgl. *Tröndle/Fischer*, Strafgesetzbuch, 50. Aufl. 2001, § 184 Rz. 13, § 74d Rz. 6.

3 So ging auch die StA München I in ihrem Einstellungsbescheid v. 16. 1. 1997 – Az. 467 Js 319998/96, im Falle eines Internet-Café-Betreibers von dessen Eigenschaft als Nutzer aus und lehnte eine Anwendung des § 5 TDG ab. Eine Strafbarkeit kam lediglich mangels Garantenpflicht – der Betreiber hatte es unterlassen, das Aufrufen pornographischer Seiten zu verhindern – nicht in Betracht.

denn ansonsten wäre es denkbar, dass zwar die juristische Person als Diensteanbieter von der zivilrechtlichen Haftung freigestellt wird; deren Angestellte jedoch möglicherweise strafrechtlich zur Verantwortung gezogen werden könnten.[1]

Der Begriff des Diensteanbieters wird im Rahmen des EGG-E nicht verändert. Zwar bestand aufgrund der E-Commerce-RL die Möglichkeit, das Anbieten von Tele- bzw. Mediendiensten durch private Diensteanbieter aus dem Anwendungsbereich der Verantwortlichkeitsregelungen auszunehmen. Der Grund hierfür liegt im Art. 1 Nr. 1 der sog. Transparenzrichtlinie.[2] Danach ist unter einem „Dienst der Informationsgesellschaft" – dieser Begriff ist synonym mit den Begriffen „Teledienste" bzw. „Mediendienste" zu verwenden – jede „in der Regel gegen Entgelt elektronisch im Fernabsatz und auf individuellen Abruf eines Empfängers erbrachte Dienstleistung" zu verstehen. Daraus folgt, dass zwar grundsätzlich auch ohne Entgelt erbrachte Leistungen erfasst sein können, solange die Leistung regelmäßig gegen Entgelt erbracht wird. Allerdings gehen die Urheber der Richtlinie davon aus, dass ein „Dienst der Informationsgesellschaft" eine wirtschaftliche Tätigkeit im Sinne der Grundfreiheiten des EG-Vertrags darstellen müsse. So weist auch Erwägungsgrund Nr. 18 im Hinblick auf die elektronische Post darauf hin, dass deren Verwendung zB durch natürliche Personen außerhalb ihrer gewerblichen, geschäftlichen und beruflichen Tätigkeit kein Dienst der Informationsgesellschaft ist.[3] Allerdings verzichtet der nationale Gesetzgeber im Rahmen des EGG-E auf eine Ausnahme der privaten Tätigkeiten aus dem Anwendungsbereich der Verantwortlichkeitsregelungen, da dieses im Hinblick auf den Gleichbehandlungsgrundsatz als nicht gerechtfertigt anzusehen wäre. 23

bb) Inhalte

§§ 5 TDG/MDStV regeln die Verantwortlichkeit der Diensteanbieter für Inhalte, die sie über das Internet verbreiten. Weder der MDStV noch das TDG enthalten eine Legaldefinition des Begriffs „Inhalt", sodass es für die Online-Anbieter zunächst nicht eindeutig ersichtlich ist, wofür sie eine Verantwortung zu übernehmen haben. Eine Definition lässt sich jedoch unter Berücksichtigung der §§ 3 Nr. 1 TDG und MDStV und §§ 2 Abs. 1 TDG und 2 Abs. 1 MDStV herleiten. 24

Nach § 3 Nr. 1 MDStV ist derjenige als „Anbieter" zu bezeichnen, der „eigene oder fremde Mediendienste" zur Nutzung bereithält oder den Zugang zur Nutzung eröffnet. In gleicher Weise definiert § 3 Nr. 1 TDG den Begriff des „Diensteanbieters", der „eigene oder fremde Teledienste zur Nutzung" be- 25

1 *Freytag*, CR 2000, 601.

2 RL 98/34/EG des Europäischen Parlaments und des Rates v. 22. 6. 1998 über ein Informationsverfahren auf dem Gebiet der Normen und technischen Vorschriften, ABl. EG 1998 Nr. L204/37.

3 RL 2000/31/EG v. 8. 6. 2000, Erwägungsgrund 18.

reithält bzw. den Zugang zur Nutzung vermittelt. Schon die lediglich bis auf den Begriff „Inhalt“ mit § 5 TDG/MDStV identische Formulierung zeigt, dass der Normgeber in diesem Fall die Begriffe „Inhalt“ und „Tele-“ bzw. „Mediendienste“ weitgehend synonym verstanden wissen will.[1] Ein anderes Verständnis wäre im Übrigen deshalb nicht sinnvoll, da gerade die Regelungen zur Verantwortlichkeit nach §§ 5 TDG/MDStV den Schwerpunkt der beiden Gesetzeswerke bilden; insbesondere durch sie sollte die vor ihrem Erlass herrschende Rechtsunsicherheit für die Online-Anbieter beseitigt werden. Es macht insoweit keinen Sinn, durch §§ 3 Nr. 1 TDG, 3 Nr. 1 MDStV sowie §§ 2 Abs. 2 TDG, 2 Abs. 1 MDStV, die wiederum die Begriffe „Mediendienste“ und „Teledienste“ näher bestimmen, den Anbietern von Online-Diensten einerseits die Anwendungsbereiche des MDStV und des TDG aufzuzeigen, andererseits jedoch für die zentralen Normen zur Regelung der Verantwortlichkeit differenzierte Definitionen zugrunde zu legen.

26 Wäre der Anwendungsbereich des TDG und des MDStV nicht weitgehend deckungsgleich mit dem der in ihnen enthaltenen Verantwortlichkeitsregelungen, so könnte es zu der unbefriedigenden und Rechtsunsicherheit stiftenden Konstellation kommen, dass der Anbieter von Tele- bzw. Mediendiensten anhand einer Bewertung seiner angebotenen Dienste zwar in den Geltungsbereich eines der beiden Regelungswerke fällt, er jedoch nicht in den Genuss der für ihn möglicherweise positiven Verantwortlichkeitsregelungen kommt, da hier ein anderer Bewertungsmaßstab zugrunde liegt.[2] Aus diesem Grund sind die Merkmale **„Inhalte“** und **„Tele-“ bzw. „Mediendienste“** weitgehend **synonym** zu verstehen.

(1) Der Inhaltsbegriff im TDG

27 Nunmehr definiert § 2 Abs. 1 TDG den Begriff „Teledienste“ – und somit, wie gezeigt, indirekt auch den Begriff der Inhalte – als „Informations- und Kommunikationsdienste, die für eine individuelle Nutzung von kombinierbaren Daten wie Zeichen, Bilder oder Töne bestimmt sind.“ Anhand dieser Beschreibung können **Inhalte als Informationen jeglicher Art in Schrift, Bild oder Ton, und zwar in jeweils isolierter oder kombinierter Form bezeichnet werden.**[3] Eine Eingrenzung dieser Inhalte auf **„kommunikative Inhalte“** hat der Gesetzgeber mittels der getroffenen Formulierung bewusst nicht vorgenommen, sodass Inhalte im Rahmen des TDG auch **Computerprogramme** sein können, die eben gerade aus kombinierbaren bzw. kombinierten Daten bestehen und zur individuellen Nutzung zur Verfügung stehen.[4]

---

1 Vgl. *Bleisteiner*, Rechtliche Verantwortlichkeit im Internet, S. 163.

2 Vgl. hierzu insbesondere *Spindler*, NJW 1997, 3193 (3195).

3 v. *Bonin/Köster*, ZUM 1997, 821 f.; *Koch*, CR 1997, 193 (196); *Sieber* in Hoeren/Sieber, Multimedia-Recht, Teil 19, Rz. 248.

4 HM; vgl. *Freytag*, CR 2000, 600 (603); *Moritz*, K&R 2000, 307 (309); *Sieber*, Verantwortlichkeit im Internet, Rz. 270; *Vassilaki*, MMR 1998, 630 f.; aA *Waldenberger*, MMR 1998, 124 (126 f.); *Waldenberger*, MMR 2001, 378; *Koch*, CR 1997, 193 (197); LG München I, Urt. v. 30. 3. 2000 – 7 O 3625/98, CR 2000, 389 (390).

Dieses wird auch durch § 2 Abs. 2 Nr. 5 TDG bestätigt, in dem ausdrücklich Angebote von Waren in elektronisch abrufbaren Datenbanken mit Bestellmöglichkeit als Teledienste qualifiziert werden.[1]

Ebenso kann § 2 Abs. 2 Nr. 4 TDG zur Untermauerung dieser Ansicht angeführt werden, da hier auch das Angebot von **Telespielen** unter den Begriff der Teledienste fällt.[2] Wären hier die Inhalte auf solche mit kommunikativem Charakter beschränkt, so könnten nur solche Spiele von § 2 Abs. 2 Nr. 4 TDG erfasst sein, die interaktiv im Netz gespielt werden; jene, die als Programme auf die Festplatte des Nutzers zu laden sind, würden somit aus dem Anwendungsbereich herausfallen. Für eine solche Differenzierung kann jedoch kein überzeugendes Argument geliefert werden. Zuletzt ergibt sich – im Vorgriff auf die diesbezüglichen Ausführungen in diesem Beitrag – die Ausdehnung des Begriffs „Inhalte" auch auf Computerprogramme aus dem Normzweck des § 5 Abs. 2 TDG. Wenn einerseits der Anbieter von Online-Diensten weitgehende Rechtssicherheit hinsichtlich der Frage seiner Verantwortlichkeit für fremde Inhalte, die er zur Nutzung bereithält, genießen soll, so kann ihm andererseits diese Rechtssicherheit nicht für die häufigen Fälle des Bereithaltens von fremden Computerprogrammen wieder genommen werden. Denn ein entscheidender Aspekt für die Schaffung der Verantwortlichkeitsprivilegierung nach § 5 Abs. 2 TDG lag neben dem Erreichen von Rechtssicherheit auch in der Entbindung des Anbieters von umfassenden Prüfungsverpflichtungen im Hinblick auf die rechtliche Unbedenklichkeit seiner bereitgehaltenen Inhalte. 28

Ein Ausschluss von Computerprogrammen aus dem Anwendungsbereich des § 2 Abs. 2 TDG würde beiden Normzielen in erheblichem Umfang schaden. Einmal träfen den Anbieter erneut die gerade einzudämmenden Prüfungsverpflichtungen, weiterhin wäre die notwendige Rechtssicherheit hinsichtlich der Verantwortlichkeit für einen beträchtlichen Anteil der auf Servern bereitgehaltenen Daten, nämlich diejenigen in Form von Softwareprodukten, nicht mehr gewährleistet.

(2) Der Inhaltsbegriff im MDStV

Fraglich ist allerdings, ob sich diese Begriffsauslegung ebenso auf den MDStV übertragen lässt, in dessen § 2 Abs. 1 MDStV eine mit der entsprechenden Regelung des TDG nicht übereinstimmende Formulierung gewählt wurde. Hier heißt es, dass Mediendienste – und eben auch Inhalte – „das Angebot und die Nutzung von an die Allgemeinheit gerichteten Informations- und Kommunikationsdiensten in Text, Ton oder Bild [...]" umfassen. Damit fehlt zum einen der Hinweis auf die Kombinierbarkeit der Daten, was jedoch schlicht den Charakter von Computerprogrammen ausmacht. Zum anderen stellt § 2 Abs. 1 MDStV lediglich auf die „Nutzung" der Informations- und Kommunikationsdienste ab. Anders als die Möglichkeit der „indi- 29

1 Vgl. *Spindler*, NJW 1997, 3193 (3195); aA *Koch*, CR 1997, 193 ff.
2 Vgl. hierzu OLG Hamburg, Urt. v. 4. 11. 1999 – 3 U 274/98, CR 2000, 385.

viduellen“, also von Nutzer zu Nutzer andersartigen und voneinander unterscheidbaren Nutzung der Daten in § 2 Abs. 1 TDG, wodurch insbesondere auch die Verwendung von Software beschrieben wird, lässt sich gerade dieses mit der Begrifflichkeit des Nutzens von an die Allgemeinheit gerichteten Diensten nicht unbedingt vereinbaren.

30 Auch die Aufzählung von Verteil- und Abrufdiensten in § 2 Abs. 2 MDStV, in denen u.a. „Verteildienste in Form von direkten Angeboten an die Öffentlichkeit für den Verkauf, den Kauf oder die Miete oder Pacht von Erzeugnissen oder die Erbringung von Dienstleistungen“ genannt werden, scheint für eine Einschränkung der Mediendienste auf „kommunikative Inhalte“ zu sprechen. So bezieht sich der in § 2 Abs. 2 Nr. 1 MDStV aufgeführte Dienst eben nicht auf das tatsächliche Zurverfügungstellen der beschriebenen Leistungen oder Erzeugnisse, was nämlich die Übertragung von Software mit einschließen würde. Hier soll lediglich auf das Angebot und den darin enthaltenen Kommunikationsbestandteil abgestellt werden.[1] Weiterhin werden in § 2 Abs. 2 Nr. 4 MDStV **der individuelle Leistungsaustausch sowie Telespiele aus dem Anwendungsbereich ausgeschlossen**.

Gleichwohl ist eine Beschränkung der Mediendienste auf „kommunikative Inhalte“ wenig sinnvoll. Denn wiederum ist auf den Zweck insbesondere im Hinblick auf die Verantwortlichkeitsregeln zu verweisen, der in der Schaffung von Rechtssicherheit liegt. Eine solche ist nicht nur durch die schon im Rahmen der Erörterung des Inhaltsbegriffs im TDG beschriebene großzügige Anwendung auf alles, was „in einem Tele- bzw. Mediendienst enthalten ist“,[2] zu erzielen, sondern ohne Zweifel auch nur im Falle einer weitgehend einheitlichen Begriffsauslegung sowohl für das TDG als auch den MDStV. Ob die Informationen im Rahmen des MDStV unmittelbar in Form von Text, Ton und Bild an den Nutzer übermittelt werden, oder ob sie zunächst in Standarddateien oder integralen Computerprogrammen „verpackt“ werden, kann für die Bewertung als Mediendienst keinen Unterschied machen.[3]

(3) Zwischenergebnis

31 Unter den Begriff der **Inhalte** im Sinne der §§ 5 TDG und 5 MDStV fallen demnach **alle Informationen, die im Rahmen einer Nutzung von Tele- bzw. Mediendiensten an den Nutzer übermittelt werden**. Eine Begrenzung dieser „Inhalte“ auf jene mit rein „kommunikativem“ Charakter hat der Gesetzgeber im Hinblick auf den Normzweck bewusst nicht vorgenommen, so dass auch Computerprogramme sowie die Speicherung und Übermittlung von urheberrechtsverletzenden Inhalten von den Verantwortlichkeitsregelungen erfasst sind.[4]

1 *Kuch*, ZUM 1997, 193 ff.; *Spindler*, NJW 1997, 3193 (3194).

2 Ausschließlich der zur Übertragung notwendigen Informationen; *Freytag*, Haftung im Netz, S. 159.

3 *Freytag*, Haftung im Netz, S. 161.

4 So die herrschende Meinung; *Bettinger/Freytag*, CR 1998, 545 (546); *Vassilaki*, MMR 1998, 630 (632); *Spindler*, CR 2001, 324 (325); *Hoeren/Pichler* in Loewen-

(4) Reaktion der Rechtsprechung

Insbesondere Letzteres, nämlich die Anwendung von § 5 TDG auch auf Urheber- und Markenrechtsverstöße, wird von der Rechtsprechung nicht einheitlich beurteilt. So entschied das LG Frankenthal, dass **Hyperlinks**, die lediglich der Erleichterung des Zugangs des Nutzers zu den betreffenden Homepages dienen, keine Schadensersatzhaftung des Linksetzers nach § 97 UrhG für auf den fremden Homepages liegende urheberrechtsverletzende Inhalte begründen. Unabhängig von der an späterer Stelle zu erörternden Frage, ob die Anwendung der vollständigen Verantwortlichkeitsfreistellung nach § 5 Abs. 3 TDG auf Hyperlinks möglich und rechtlich vertretbar ist (unten Rz. 68 f.), geht das Gericht von einer grundsätzlichen Anwendbarkeit des TDG auf das Urheberrecht betreffende Sachverhalte aus.[1] 32

Anders entschied das OLG München, als es die Anwendbarkeit des § 5 TDG auf **Urheberrechtsverletzungen** verneinte.[2] Die Haftung habe sich insoweit uneingeschränkt nach den allgemeinen Grundsätzen des Urheberrechts zu bestimmen. Der Entscheidung liegt die Überlegung zugrunde, dass eine Verantwortlichkeit nach § 5 TDG nur dann in Betracht komme, wenn der Anbieter Kenntnis hinsichtlich der Inhalte habe. Daraus schließt das Gericht, dass der Inhalt in Form seines kommunikativen Gehalts zu bewerten sei, nicht jedoch die Rechtszuordnung in Form der Frage, ob der an sich rechtlich unbedenkliche kommunikative Inhalt in einer unrechtmäßigen Weise verwendet werde.[3] 33

(5) Lösung durch die Umsetzung europarechtlicher Vorgaben

Zukünftig wird auch die in nationales Recht umzusetzende E-Commerce-RL für eine diesbezüglich eindeutige Regelung sorgen. So sieht Art. 14 der RL vor, dass ein Diensteanbieter dann nicht verantwortlich ist, wenn er „keine tatsächliche Kenntnis von der rechtswidrigen Tätigkeit oder Information" hat. Während hier der Begriff der „Information", der systematisch dem des „Inhalts" des TDG bzw. MDStV entspricht, ohnehin schon einen ausgedehnten Anwendungsbereich beschreibt,[4] wird die Ausweitung auf Computerpro- 34

heim/Koch, Online-Recht, 2001, S. 437; *Härting*, Internetrecht, 1999, Rz. 245; *Schack*, JZ 1998, 753 (760). Hinsichtlich der Erfassung von Urheberrechtsverstößen kommt wegen der ausschießlichen Gesetzgebungskompetenz für diesen Bereich nach Art. 73 Nr. 9 GG nur § 5 TDG als einschlägige Norm in Betracht.

1 Auch das LG Bremen, Urt. v. 13. 1. 2000 – 12 O 453/99, CR 2000, 541, geht von einer grundsätzlichen Anwendung der Verantwortlichkeitsprivilegierung des TDG auf Markenrechtsverletzungen aus.

2 OLG München, Urt. v. 8. 3. 2001 – 29 U 3282/00, MMR 2001, 375 ff. m. Anm. *Waldenberger* und *Hoeren*.

3 Das Gericht folgte insoweit nicht den Ausführungen der Vorinstanz, LG München I, Urt. v. 30. 3. 2000 – 7 O 3625/98, CR 2000, 389 ff., die eine generelle Anwendung des § 5 TDG auf Urheberrechtsverletzungen bejahte.

4 *Freytag*, CR 2000, 600 (603); vgl. auch *Spindler*, CR 2001, 324 (332), der darauf hinweist, dass zwar aus dem Kontext der Richtlinie eine Einschränkung auf rein

gramme erst recht durch die **Kenntnis von der „rechtswidrigen Tätigkeit“** deutlich. Hier wird der rechtswidrige Umgang mit rechtlich unbedenklichen Informationen – oder auch Inhalten – durch die ausdrückliche Unterscheidung zwischen der Kenntnis der rechtswidrigen Tätigkeit und der Kenntnis der rechtswidrigen Information ausdrücklich vorgesehen.

35 Die Formulierung der Richtlinie wird voraussichtlich in die Neufassung des Bundesgesetzes TDG wörtlich übernommen.[1] Auch die Landesgesetzgeber werden die Formulierung mit Sicherheit schon allein aus der bereits beschriebenen Notwendigkeit einer umfassenden Normierung in den MDStV übernehmen. Darüber hinaus sind sie an die Umsetzung der Richtlinie gebunden, da ihnen vom Bund mittels der Abgrenzungsklausel des § 2 Abs. 4 Nr. 2 und 3 TDG im Hinblick auf die Regelung der Mediendienste eine das Strafrecht, bürgerliche Recht sowie die wirtschaftlichen Rahmenbedingungen umfassende Regelungszuständigkeit bewusst überlassen wurde.[2]

c) Die einzelnen Verantwortlichkeitsprivilegierungen

36 Den §§ 5 TDG/MDStV liegt die Erkenntnis zugrunde, dass sich die Tätigkeiten von Diensteanbietern in **drei wesentliche Bereiche** unterteilen lassen. Dabei bildet die **Nähe des Diensteanbieters zum Inhalt** das zentrale Kriterium. Zu unterscheiden sind daher Diensteanbieter, die eigene Inhalte zur Nutzung bereithalten, von jenen, die fremde Inhalte bereithalten. Bezüglich der fremden Inhalte wird wiederum differenziert, indem das Vermitteln eines Zugangs zu fremden Inhalten eine Abstufung hinsichtlich der Verantwortlichkeit erfährt.

37 Das **abgestufte Verantwortlichkeitssystem** in §§ 5 TDG/MDStV bleibt auch im Rahmen des Art. 1 §§ 8 bis 11 EGG-E bestehen; insofern entsprachen die nach nationalem Recht bestehenden Verantwortlichkeitsregelungen schon zum Zeitpunkt ihres Erlasses im Jahre 1997 weitgehend den Vorgaben der E-Commerce-RL.

aa) §§ 5 Abs. 1 TDG/MDStV und Art. 1 § 8 EGG-E[3]

38

§§ 5 Abs. 1 TDG/MDStV	**Art. 1 § 8 EGG-E**
„Diensteanbieter/Anbieter sind für eigene Inhalte, die sie zur Nutzung bereithalten, nach den allgemeinen Gesetzen verantwortlich.“	„Diensteanbieter sind für eigene Informationen, die sie zur Nutzung bereithalten, nach den allgemeinen Gesetzen verantwortlich.“

kommunikative Inhalte keineswegs beabsichtigt ist, jedoch der Begriff „Information“ gerade dieses eher vermittelt als der Begriff „Inhalt“.

1 Vgl. Elektronischer Geschäftsverkehr-Gesetz-Entwurf, BT-Drucks. 14/6098 v. 17. 5. 2001.

2 Vgl. *Sieber*, Verantwortlichkeit im Internet, Rz. 224.

3 Bei Art. 1 EGG-E handelt es sich um die Änderung des TDG.

Was offline verboten ist, soll auch online verboten sein. Da der Anbieter eigener Inhalte diese in aller Regel kontrollieren kann, da er sie selbst gestaltet bzw. ausgewählt hat, ist für die Einräumung einer Haftungsprivilegierung kein Raum. Vielmehr ist der sog. **Content-Provider** den gleichen Verpflichtungen „nach den allgemeinen Gesetzen" unterworfen, die auch denjenigen treffen, der eigene Inhalte in Druckschriften veröffentlicht.[1] 39

Für das „zur Nutzung Bereithalten" ist eine Speicherung der Inhalte auf eigenen Servern nicht notwendig. Auch derjenige, der **eigene Inhalte auf fremden Servern** ablegt, ist nach §§ 5 Abs. 1 TDG/MDStV zu beurteilen, wenn die in Anspruch genommenen Speicherkapazitäten des fremden Diensteanbieters dem Content-Provider zuzuordnen sind und er hierüber entsprechend disponieren kann; vgl. unten Rz. 43. Auch wenn der Content-Provider keinen Zugriff auf seine vom fremden Service-Provider bereitgehaltenen eigenen Inhalte hat, da ihm die technische Einflussnahme durch vom Service-Provider zu verantwortende Maßnahmen genommen wurde, ändert dieses zunächst nichts an seiner Verantwortlichkeit, wenn die Inhalte rechtswidrig waren. Denn durch deren Ablegen auf den fremden Speichereinheiten hat er aktiv zur Verbreitung beigetragen und ist daher haftbar. Eine andere Bewertung kommt auch nicht für die Konstellation in Frage, in der der Content-Provider in Unkenntnis der Rechtswidrigkeit der Inhalte diese auf einem fremden Server speichert und ihm – bei Bekanntwerden der Rechtswidrigkeit – eine Löschung nicht mehr möglich ist. Eine Haftungsfreistellung kann sich auch hier nur aus den allgemeinen Gesetzen ergeben, da es auf die Kenntnis der Rechtswidrigkeit gerade nicht ankommt; vgl. unten Rz. 48. 40

Neben den originär vom Content-Provider stammenden Inhalten besteht die Möglichkeit, fremde Inhalte anderer dergestalt in das eigene Angebot mit einzubeziehen, dass diese Inhalte als eigene Inhalte im Sinne eines „**Sichzueigenmachens**" dem Anbieter zuzurechnen sind.[2] 41

Zur Abgrenzung der sich zu Eigen gemachten Inhalte von fremden Inhalten ist darauf abzustellen, ob der Diensteanbieter die Informationen in subjektiver Hinsicht in **Kenntnis ihres Inhalts einzeln ausgewählt und übernommen hat** bzw. **ob er in für den objektiven Nutzer erkennbarer Weise deutlich macht, dass er sich einen bestimmten Inhalt zurechnen** lässt, indem er eindeutig für ihn Verantwortung übernehmen will.[3]

1 *Sieber*, Verantwortlichkeit im Internet, Rz. 280.
2 Vgl. nur OLG München, Urt. v. 3. 2. 2000 – 6 U 5475/99, MMR 2000, 617.
3 *Bleisteiner*, Rechtliche Verantwortlichkeit im Internet, S. 163; *Sieber*, MMR 1999, Beil. 2, 15; *Sieber*, Verantwortlichkeit im Internet, Rz. 304.

bb) §§ 5 Abs. 2 TDG/MDStV und Art. 1 § 11 EGG-E[1]

42 **§§ 5 Abs. 2 TDG/MDStV**

„Diensteanbieter/Anbieter sind für fremde Inhalte, die sie zur Nutzung bereithalten, nur dann verantwortlich, wenn sie von diesen Inhalten Kenntnis haben und es ihnen technisch möglich und zumutbar ist, deren Nutzung zu verhindern."

Art. 1 § 11 EGG-E

„Diensteanbieter sind für fremde Informationen, die sie für einen Nutzer speichern, nicht verantwortlich, sofern

1. sie keine Kenntnis von der rechtswidrigen Handlung oder der Information haben und ihnen im Falle von Schadensersatzansprüchen keine Tatsachen oder Umstände bekannt sind, aus denen die Rechtswidrigkeit der Handlung oder der Information offensichtlich wird, oder
2. sie unverzüglich tätig geworden sind, um die Information zu entfernen oder den Zugang zu ihr zu sperren, sobald sie diese Kenntnis erlangt haben."

(1) Zur Nutzung bereitgehaltene Inhalte

43 Das entscheidende Kriterium zur Bestimmung des „Bereithaltens von Inhalten" ist die **Beherrschung der einzelnen gespeicherten Daten** im Sinne einer dem Anbieter möglichen Sperrung bzw. Löschung derselben.[2] Grundsätzlich werden Inhalte dann zur Nutzung bereitgehalten, wenn der Diensteanbieter die entsprechenden fremden Inhalte auf **eigenen Servern** speichert.[3] Allerdings können dem Diensteanbieter im Einzelfall auch die auf **fremden Servern** gespeicherten Inhalte als fremde „zugerechnet" werden, wenn es ihm im Falle der Kenntniserlangung aufgrund seiner direkten Einwirkungsmöglichkeit auf das fremde Computersystem möglich ist, die konkreten Inhalte zu entfernen bzw. den Zugang zu ihnen zu verhindern. Es macht für ihn insoweit keinen Unterschied, ob das Speichermedium sein eigenes ist oder ob es von einem Fremden betrieben wird.[4]

44 Art. 1 § 11 EGG-E weicht im Hinblick auf das Bereithalten der Inhalte vom Wortlaut der §§ 5 Abs. 2 TDG/MDStV ab. Der in Art. 1 § 11 EGG-E verwendete Begriff des „**Speicherns** fremder Informationen für einen Nutzer" beschreibt jedoch letztlich nichts anderes als das Bereithalten von fremden Inhalten zur Nutzung. Denn für das Bereithalten von Inhalten im Sinne einer jederzeitigen Nutzung ist deren vorheriges Speichern auf einem – wenn

1 Bei Art. 1 EGG-E handelt es sich um die Änderung des TDG.
2 *Sieber*, MMR 1998, 438 (441); *Vassilaki*, MMR 1998, 630 (632).
3 *Vassilaki*, MMR 1998, 630 f.
4 Vgl. hierzu OLG München, Urt. v. 3. 2. 2000 – 6 U 5475/99, CR 2000, 541 (542).

auch fremden – Speichermedium unumgänglich. So ist dem Nutzer ein Zugriff auf die Daten nur dann möglich, wenn sie vorher vom Anbieter zunächst auf dem System abgelegt und sodann bereitgehalten werden. Somit bedeutet das „für einen Nutzer speichern“ nichts anderes als das „zur Nutzung bereithalten“.[1]

(2) Kenntnis der Inhalte

Eine Verantwortlichkeit nach §§ 5 Abs. 2 TDG/MDStV kommt nur dann in Betracht, wenn der Diensteanbieter von den bereitgehaltenen Inhalten **positive Kenntnis** hat. Daraus folgt, dass der Diensteanbieter von den Inhalten sichere Kenntnis haben muss; lediglich Kennenkönnen oder Könnenmüssen ist nicht ausreichend.[2] Aus diesem Grunde scheiden die aus strafrechtlicher Sicht schwächste Vorsatzform des dolus eventualis[3] sowie die Fahrlässigkeit als Kriterien, die zur Nichtanwendung der §§ 5 Abs. 2 TDG/MDStV führen könnten, aus. Für diesen Ausschluss spricht neben dem eindeutigen Wortlaut von § 5 Abs. 2 TDG/MDStV vor allem das Hauptanliegen des Gesetzgebers, proaktive Kontrollpflichten der Provider auszuschließen, da gerade solche Verpflichtungen die Entwicklung einer funktionierenden Internetwirtschaft behindern würden.[4] 45

Die Kenntnis hat demnach die wesentlichen, konstituierenden Elemente des fraglichen Angebotes wie zB Aufbau, wesentliche Text- und Bildbestandteile zu umfassen.[5] Allein das nachweisbare Wissen um Bezeichnungen von Newsgroups oder Chat-Kanälen reicht für die Annahme der Kenntnis nicht aus, da diese Bezeichnungen noch nichts über die tatsächlichen Inhalte aussagen.[6] 46

Die Kenntniszurechnung bei **juristischen Personen** wird unter dem Gesichtspunkt der Pflicht zur ordnungsgemäßen Weiterleitung von Informationen vorgenommen. Ihr werden nicht nur die Kenntnisse einer konkret für die 47

1 Zur Problematik des Linkings nach § 11 EGG-E siehe Rz. 76 ff.

2 Insofern gelangt das AG München, Urt. v. 28. 5. 1998 – 8340 Ds 465 Js 173158/95, CR 1998, 500 ff. zu einem falschen Ergebnis, soweit es unter „Kenntnis über den Inhalt von Newsgroups im Sinne von § 5 Abs. 2 TDG“ das Wissenmüssen des Anbieters versteht.

3 Der tatbestandliche Erfolg wird für möglich gehalten und billigend in Kauf genommen.

4 Vgl. BT-Drucks. 13/7385 v. 9. 4. 1997, S. 20; *Pichler*, MMR 1998, 540 (542); *Sieber*, MMR 1999, Beil. 2, 19.

5 *Bleisteiner*, Rechtliche Verantwortlichkeit im Internet, S. 180.

6 Selbst ein Name, der eindeutig auf rechtlich bedenkliche Sachverhalte Bezug nimmt, erfüllt das Merkmal der Kenntnis deshalb nicht, da sich die tatsächlichen Inhalte uU kritisch mit den im Titel erwähnten Sachverhalten auseinander setzen und insofern zur rechtlich zulässigen, seriösen Information der Nutzer beitragen; vgl. *Sieber*, MMR 1998, 441 f.; aA AG München, („CompuServe“-Fall, Urt. v. 28. 5. 1998 – 8340 Ds 465 Js 173158/95, CR 1998, 500), das hinsichtlich der Kenntnis ausführt, dass es für den Bezugspunkt der Kenntnis nicht darauf ankommt, ob die jeweiligen Beiträge im Einzelnen bekannt sind.

Gesellschaft handelnden Person zugerechnet, sondern auch jene anderer Personen innerhalb der Gesamtorganisation, wenn diese Kenntnisse bei sorgfältiger Abwicklung des Geschäftsbetriebes der konkret für die Gesellschaft handelnden Person zugetragen worden wären.[1]

48 Während sich im Hinblick auf §§ 5 Abs. 2 TDG/MDStV die Kenntnis lediglich auf eine bloße Tatsachenkenntnis bezieht und insoweit die Kenntnis der Rechtswidrigkeit der Inhalte nach herrschender Meinung nicht notwendig ist,[2] trifft **Art. 1 § 11 EGG-E** diesbezüglich eine **differenzierte Regelung**. Hier bezieht sich der Begriff „rechtswidrig" nur auf die Tätigkeit, nicht aber die Information selbst. Auf diese Weise werden zwei Fallkonstellationen erfasst. Zum einen werden jene Fälle erfasst, in denen **die Information als solche bereits zu beanstanden ist**. Dieser Fall entspricht dem der §§ 5 Abs. 2 TDG/MDStV. Darüber hinaus sind aber auch jene Fälle erfasst, in denen **die Information als solche nicht zu beanstanden ist, sondern vielmehr die entfaltete Tätigkeit**, die insbesondere in der Verwendung von Informationen ohne Erlaubnis des Rechteinhabers besteht. Da sich insoweit die Kenntnis auch auf den Umstand beziehen muss, dass eine Erlaubnis fehlt, wird auf die Kenntnis von der rechtswidrigen Handlung abgestellt.[3] Hierdurch wird im Übrigen erneut auch die mögliche Anwendung der Norm auf **Urheber- und Markenrechtsverletzungen** deutlich.[4]

49 Für die **zivilrechtlichtlichen Schadensersatzansprüche** ergibt sich aus Art. 1 § 11 Nr. 1 EGG-E eine über §§ 5 Abs. 2 TDG/MDStV hinausgehende Regelung. Denn wenn dem Diensteanbieter „keine Tatsachen oder Umstände bekannt sein dürfen, aus denen die Rechtswidrigkeit der Handlung oder der Information offensichtlich wird", so bedeutet dieses insofern eine Einschränkung der Privilegierung, als dass hier auch das Vorliegen von **Fahrlässigkeitselementen** zur Verantwortlichkeit führt. Hier reicht es schon aus, wenn der Anbieter zB Kenntnis hinsichtlich eines verdächtig klingenden Domain-Namens hat, es jedoch unterlässt, diesem Verdacht nachzugehen, um die tatsächlichen Inhalte zu überprüfen. Ob dieses Unterlassen vorsätzlich oder fahrlässig geschieht, wäre dabei unerheblich. Der Gesetzgeber hat sich in seiner Begründung jedoch bisher nicht hinreichend zu dieser Einschränkung der Privilegierung geäußert, so dass zunächst die endgültige Gesetzesbegründung abzuwarten ist.

50 Auf die **Art und Weise der Kenntniserlangung** kommt es nicht an. Als Informanten kommen daher nicht nur Behörden, sondern auch Private in

1 Vgl. *Sieber*, Verantwortlichkeit im Internet, Rz. 348.
2 LG München I, Urt. v. 30. 3. 2000 – 7 O 3625/98, NJW 2000, 2214 ff.
3 EGG-E, BT-Drucks. 14/6098 v. 17. 5. 2001, Kabinettssache, Datenblatt Nr. 14/09 089; zur Begründung der E-Commerce-RL siehe Begr. zum Richtlinienvorschlag, KOM (1998) 586, S. 32; vgl. auch *Freytag*, CR 2000, 600 (608).
4 So entschied das LG Bremen, Urt. v. 13. 1. 2000 – 12 O 453/99, CR 2000, 543 f., dass es der Provider ab Kenntnis von der Markenrechtsverletzung zu unterlassen hat, die markenrechtlich zu beanstandende Domain für Dritte bereitzuhalten, und zwar selbst dann, wenn er das Haftungsprivileg des § 5 Abs. 2 TDG für sich in Anspruch nehmen kann.

Betracht. Die zur Kenntnis der Inhalte führenden Mitteilungen müssen so konkret gefasst sein, dass der Provider den einzelnen Inhalt ohne größere Recherche sperren oder löschen kann, denn eine Verpflichtung zur aktiven Suche nach rechtswidrigen Inhalten ist insbesondere gemäß Art. 1 § 8 EGG-E ausgeschlossen.

(3) Technische Möglichkeit und Zumutbarkeit der Sperrung

Sowohl nach §§ 5 Abs. 2 TDG/MDStV als auch nach Art. 1 § 11 EGG-E 51
bestehen für den Diensteanbieter, der von den rechtswidrigen oder bereitgehaltenen Inhalten Kenntnis erlangt hat, nur insoweit Pflichten zur Löschung oder Sperrung, wenn ihm die hierzu notwendigen Maßnahmen technisch möglich und zumutbar sind. In Art. 1 § 11 EGG-E wird hierauf nicht explizit hingewiesen, da der Gesetzgeber in seiner vorläufigen Begründung davon ausgeht, dass sich die Zumutbarkeit sowie die Sperrmöglichkeit aus allgemeinen übergeordneten Grundsätzen ergibt. Denn **das Recht darf weder technisch Unmögliches noch Unzumutbares verlangen.**[1] Dabei ist die Frage, ob eine Sperrung technisch möglich ist, zunächst anhand des konkreten Sachverhalts zu entscheiden. Es kommt dabei auf die subjektiven technischen Möglichkeiten des Diensteanbieters an.[2] Diese subjektive Auslegung ist insofern bedeutsam, da am Markt Diensteanbieter von sehr unterschiedlicher Größe anzutreffen sind, deren technische und kapazitive Ausstattung unterschiedlich gestaltet ist.[3]

Die Sperrung muss darüber hinaus auch **zumutbar** sein. Auch hier kommt es 52
auf eine individuelle Betrachtung des einzelnen Diensteanbieters an. So ist der Diensteanbieter nicht verpflichtet, jeden nur denkbaren Aufwand zur Sperrung der Inhalte zu betreiben.[4] Der technische und wirtschaftliche Aufwand sowie die Auswirkungen auf andere Teile des Dienstes und andere Nutzer muss vielmehr im nachvollziehbaren Verhältnis zur Bedeutung der gefährdeten Rechtsgüter stehen.[5] Des Weiteren sind Maßnahmen unzumutbar, wenn sie einen erheblichen Aufwand erfordern, ihre Wirksamkeit durch den Zugriff auf andere Anwendungen etwa im Ausland aber umgangen werden kann.[6]

1 EGG-E, Kabinettssache, Datenblatt Nr. 14/09 089, S. 51.

2 *Sieber*, CR 1997, 581 ff.

3 Vgl. auch OLG München, Urt. v. 3. 2. 2000 – 6 U 5475/99, CR 2000, 541 (542); *Manssen/Manssen*, Telekommunikations- und Multimediarecht, E5, Rz. 12.

4 Nicht zu folgen ist der Ansicht des AG München, Urt. v. 28. 5. 1998 – 8340 Ds 465 Js 173158/95, CR 1998, 500 ff., wonach sich innerhalb eines Konzerns die Tochtergesellschaft und die Muttergesellschaft wechselseitig die technischen Möglichkeiten zur Verbreitungsverhinderung zurechnen lassen müssen.

5 So ist die Grenze des zumutbaren Aufwandes im Falle der Verhinderung von kinderpornographischen Inhalten höher anzusetzen als bei sonstigen Rechtsverletzungen; vgl. auch OLG München, Urt. v. 3. 2. 2000 – 6 U 5475/99, CR 2000, 541, 542.

6 *Manssen/Manssen*, Telekommunikations- und Multimediarecht, E5, Rz. 13.

53 Nach Art. 1 § 11 Nr. 2 EGG-E muss der Diensteanbeiter **unverzüglich** tätig werden, um die Information zu entfernen oder den Zugang zu ihr zu sperren. Insoweit entspricht Art. 1 § 11 Nr. 2 den §§ 5 Abs. 2 TGG/MDStV.

cc) §§ 5 Abs. 3 TDG/MDStV und Art. 1 § 9 EGG-E[1]

54 **§§ 5 Abs. 3 TDG/MDStV**

„Diensteanbieter sind für fremde Inhalte, zu denen sie lediglich den Zugang vermitteln, nicht verantwortlich. Eine automatische und kurzzeitige Vorhaltung fremder Inhalte auf Grund Nutzerabfrage gilt als Zugangsvermittlung."

Art. 1 § 9 EGG-E

„(1) Diensteanbieter sind für fremde Informationen, die sie in einem Kommunikationsnetz übermitteln oder zu denen sie den Zugang zur Nutzung übermitteln, nicht verantwortlich, sofern sie
1. die Übermittlung nicht veranlasst,
2. den Adressaten der übermittelten Informationen nicht ausgewählt und
3. die übermittelten Informationen nicht ausgewählt oder verändert haben.

(2) Die Übermittlung von Informationen nach Abs. 1 und die Vermittlung des Zugangs zu ihnen umfasst auch die automatische kurzzeitige Zwischenspeicherung dieser Informationen, soweit dies nur zur Durchführung der Übermittlung im Kommunikationsnetz geschieht [...]."

55 Diensteanbieter sind für fremde Inhalte, zu denen sie lediglich den Zugang zur Nutzung vermitteln, nicht verantwortlich. Hier ist der **Begriff der Zugangsvermittlung grundsätzlich im technischen Sinne** zu verstehen. Dieses wird unter anderem auch durch die Gesetzesbegründung zu Art. 1 § 9 EGG-E deutlich, wonach die Tätigkeit des Diensteanbieters beim bloßen Durchleiten auf den technischen Vorgang beschränkt ist, ein Kommunikationsnetz zu betreiben und den Zugang zu diesem zu vermitteln, über das von Dritten zur Verfügung gestellte Informationen übermittelt oder zum alleinigen Zweck der Übermittlung kurzzeitig zwischengespeichert werden. Im Verlauf dieses technischen Vorgangs erlangt der Diensteanbieter regelmäßig keine Kenntnis hinsichtlich der weitergeleiteten bzw. kurzzeitig zwischengespeicherten Informationen. Er kann hinsichtlich des erheblichen Datenvolumens eine entsprechende Auswahl der Inhalte nicht vornehmen. Aus diesem Grunde stellen §§ 5 Abs. 3 TDG sowie Art. 1 § 9 EGG-E nicht auf die Kenntnis der Inhalte bzw. Informationen ab.[2] Weiterhin steht dem Anbieter auch keine

1 Bei Art. 1 EGG-E handelt es sich um die Änderung des TDG.
2 Vgl. LG Potsdam, Urt. v. 8. 7. 1999 – 3 O 317/99, CR 2000, 123 (124) m. Anm. *Schmitz*, CR 2000, 125.

Möglichkeit der Beherrschung der Einzeldaten zur Verfügung; er kann sie nicht gezielt löschen oder den Zugang zu ihnen verhindern, ohne auch andere von ihm angebotene Dienste zu beeinträchtigen, da er lediglich den gesamten Dienst sperren könnte. Dieses ist ihm jedoch nicht zumutbar.

Die Entscheidung des LG München I[1] im „CompuServe"-Fall, die neben dem erstinstanzlichen Urteil des AG München[2] weltweit für Schlagzeilen gesorgt hat, überträgt diese Grundsätze richtigerweise auch auf das Einstehenmüssen für Inhalte, die durch das arbeitsteilige Erbringen des Angebotes durch einen Konzern dem Nutzer zur Verfügung gestellt werden. So ist die deutsche Tochter einer amerikanischen Muttergesellschaft gemäß § 5 Abs. 3 TDG von der Verantwortlichkeit freizustellen, wenn sie aufgrund der Gesamtorganisation der Mutter vollständig untergeordnet ist und lediglich für die im Inland ansässigen Kunden der Muttergesellschaft den Zugang zu deren Servern in den USA eröffnet, auf denen zu beanstandende Inhalte abgelegt sind. 56

dd) § 5 Abs. 4 TDG und Art. 1 § 8 Abs. 2 Satz 2 und 3 EGG-E[3]

57

§ 5 Abs. 4 TDG	Art. 1 § 8 Abs. 2 Satz 2 und 3 EGG-E
„Verpflichtungen zur Sperrung der Nutzung rechtswidriger Inhalte nach den allgemeinen Gesetzen bleiben unberührt, wenn der Diensteanbieter unter Wahrung des Fernmeldegeheimnisses gem. § 85 TKG von diesen Inhalten Kenntnis erlangt und eine Sperrung technisch möglich und zumutbar ist."	„Verpflichtungen zur Entfernung oder Sperrung der Nutzung von Informationen nach den allgemeinen Gesetzen bleiben auch im Falle der Nichtverantwortlichkeit des Diensteanbieters nach den §§ 9 bis 11 unberührt. Das Fernmeldegeheimnis nach § 85 TKG ist zu wahren."

Der **vollständige Haftungsausschluss** gemäß § 5 Abs. 3 TDG und Art. 1 § 9 EGG-E wäre zu weitgehend, wenn ein Diensteanbieter, der lediglich den Zugang zu fremden Inhalten eröffnet, Kenntnis von zu beanstandenden Informationen erhält und dennoch den Nutzern die Möglichkeit des Zugangs einräumt. § 5 Abs. 4 TDG erschließt daher gegen die an sich grundsätzlich von der Haftung freigestellten Zugangsvermittler **verschuldensunabhängige zivilrechtliche Unterlassungs- und Beseitigungsansprüche**[4] sowie **verwaltungsrechtliche Anordnungen**[5] in Form einer Ausnahmeregelung zur Verantwortlichkeitsfreistellung des § 5 Abs. 3 TDG. Dabei bedarf es für die 58

1 LG München I, Urt. v. 17. 11. 1999 – 20 Ns 465 Js 173158/95, CR 2000, 117 f. m. Anm. *Moritz*, CR 2000, 119 ff.
2 AG München, Urt. v. 28. 5. 1998 – 8340 Ds 465 Js 173158/95, CR 1998, 500 m. Anm. *Moritz*, CR 1998, 505 ff.
3 Bei Art. 1 EGG-E handelt es sich um die Änderung des TDG.
4 ZB § 1004 BGB, § 13 UWG.
5 ZB § 35 GewO.

Feststellung der technischen Möglichkeit und Zumutbarkeit einer Sperrung zunächst einer gerichtlichen Überprüfung.[1] Der Vorteil dieser notwendigen Überprüfung besteht für den Zugangsvermittler in der dadurch geschaffenen **Rechtssicherheit hinsichtlich der Sperrmöglichkeiten in der konkreten Situation**, so dass er im Nachhinein die Maßnahmen einleiten kann und so von der Haftung freizustellen ist. Der Zugangsvermittler ist demnach erst dann für die Beseitigung der Rechtsverstöße zur Verantwortung zu ziehen, wenn er Kenntnis von ihnen erlangt hat und gegen eine entsprechende Verfügung verstößt.[2] Auch insofern ist der Zugangsvermittler noch immer deutlich weitgehender privilegiert als der Service-Provider, denn dessen Möglichkeiten zur Verbreitungsverhinderung werden erst im Rahmen eines Verfahrens erörtert, nach dessen Abschluss lediglich das Bestehen von Schadensersatzansprüchen oder das Vorliegen strafbewehrten Verhaltens festgestellt wird; der Service-Provider ist für die Bewertung seiner Sperrmöglichkeiten zunächst auf sich gestellt und daher mit entsprechender Rechtsunsicherheit belastet.

59 Die Sperrung des Zugangs muss für den Zugangsvermittler jedoch technisch möglich und zumutbar sein. Dabei muss der Anbieter nicht jeden denkbaren Aufwand betreiben. So kann einem Zugangsvermittler nicht zugemutet werden, dass er eine bestimmte, durch eine sog. Spiegelung täglich übertragene Datei immer wieder einzeln herausfiltert, da eine definitive Löschung nur auf dem fremden Server möglich wäre, der jedoch nicht beherrscht wird.[3]

60 Verstößt der Zugangsvermittler nach Erlass einer vorläufig vollstreckbaren Unterlassungsverfügung gegen diese, so kann der Verstoß lediglich mit den vorgesehenen **Ordnungsstrafen und Beugemitteln** sanktioniert werden; auf eine **Schadensersatzhaftung kann aus § 5 Abs. 4 TDG nicht geschlossen werden**, da lediglich „Verpflichtungen zur Sperrung" unberührt bleiben. Der Wortlaut lässt insoweit keinen Raum für eine Verpflichtung zum Schadensersatz bei Verstoß gegen eine entsprechende Anordnung.[4]

61 Ob der Gesetzgeber diese Grundsätze im EGG-E vollständig übernehmen wollte, ist nicht ganz durchschaubar; in seiner vorläufigen Begründung weist er zwar explizit auf die ausschließliche Anwendung auf Zugangsvermittler hin, allerdings ist der Wortlaut der Norm sodann im Vergleich mit § 5 Abs. 4 TDG missverständlich gefasst. Denn Letzterer erwähnt allein die „Verpflichtungen zu Sperrung", also die einzige Möglichkeit zur Zugangsverhinde-

1 Daraus folgt, dass zB Abmahnkosten gegenüber dem Gemahnten nicht geltend gemacht werden können, da zu diesem Zeitpunkt die notwendige Verpflichtung zur Sperrung noch nicht vorliegt. Darüber hinaus entsteht der Anspruch aus § 5 Abs. 4 TDG erst mit Kenntnis des Inhalts, so dass der Mahnende in aller Regel den Gemahnten erst in Kenntnis setzt; allein dieses löst einen Erstattungsanspruch jedoch nicht aus; *Sieber*, Verantwortlichkeit im Internet, Rz. 381.

2 Vgl. OLG Hamburg, Urt. v. 4. 11. 1997 – 3 U 274/98, CR 2000, 385.

3 OLG München, Urt. v. 3. 2. 2000 – 6 U 5475/99, CR 2000, 541 (542).

4 *Sieber*, Verantwortlichkeit im Internet, Rz. 387; aA *Manssen/Manssen*, Telekommunikations- und Multimediarecht, E 5 Rz. 19.

rung, die einem Zugangsvermittler zur Verfügung steht. Demgegenüber formuliert Art. 1 § 8 Abs. 2 EGG-E die „Verpflichtungen zur Entfernung oder Sperrung der Nutzung von Informationen"; er beschreibt demnach auch eine Möglichkeit der Entfernung von Informationen, die dem Zugangsvermittler mangels Beherrschungsmöglichkeit der Daten jedoch nicht zur Verfügung steht. Hätte er die Möglichkeit der Löschung konkreter Inhalte, so wäre er Service-Provider und nach Art. 1 § 11 EGG-E zu beurteilen. Gerade dieses schließt der Wortlaut des Art. 1 § 8 Abs. 2 EGG-E auch nicht aus, denn er weist ausdrücklich darauf hin, dass die Verpflichtungen zur Nutzungsverhinderung durch Entfernung oder Sperrung „auch im Falle der Nichtverantwortlichkeit des Diensteanbieters **nach den §§ 9 bis 11**" unberührt bleiben. Hier ist die endgültige Begründung des Normgebers abzuwarten.

ee) §§ 5 Abs. 3 Satz 3, 18 MDStV

Der Mediendienstestaatsvertrag enthält keinen § 5 Abs. 4 TDG entsprechenden vierten Absatz, sondern regelt durch § 18 MDStV allein die **verwaltungsrechtlichen Beseitigungsanordnungen im Rahmen aufsichtsbehördlicher Gefahrenabwehrmaßnahmen**. Die Notwendigkeit einer § 5 Abs. 4 TDG entsprechenden Bestimmung wurde von den Landesgesetzgebern im Rahmen des Gesetzgebungsverfahrens zwar erkannt – waren sie es doch, die ohne Einfügen dieses Absatzes in § 5 TDG den vollständigen Haftungsausschluss des § 5 Abs. 3 TDG nicht akzeptiert hätten –, aber zumindest hinsichtlich der verschuldensunabhängigen zivilrechtlichen Unterlassungs- und Beseitigungsansprüche unzureichend umgesetzt. Der Grund hierfür lag zunächst in dem Bestreben der Länder, insbesondere im Hinblick auf einen effektiven Jugendschutz eine Ermächtigungsgrundlage für Sperrungsverfügungen zu schaffen, die nicht wie § 5 Abs. 4 TDG erst einer weiteren, an anderer Stelle der allgemeinen Gesetze normierten Sperrungsverpflichtung bedarf. Es sollte also eine Bestimmung eingefügt werden, aus der unmittelbar ein Anspruch auf die Durchführung einer Beseitigung oder Sperrung von Inhalten ableitbar ist, und zwar für den Fall, dass sich der Anspruchsgegner prinzipiell auf die Haftungsfreistellung des § 5 Abs. 3 MDStV berufen kann.[1] 62

Mit Einfügen des § 18 Abs. 3 MDStV schufen die Länder jene Bestimmung, die sie jedoch mittels der Einbettung in § 18 MDStV systematisch in einen ausschließlich öffentlich-rechtlichen Kontext einordneten. Eine Anwendung auf zivilrechtliche Ansprüche auf Beseitigung oder Sperrung scheidet dadurch aus. Da den Gesetzgebungsmaterialien jedoch an keiner Stelle zu entnehmen ist, dass die Länder eben diese Ansprüche auszuklammern gedachten, es sich also um eine offensichtliche Regelungslücke handelt, ist diese durch eine **analoge Anwendung von § 5 Abs. 4 TDG** zu schließen. Hierfür spricht auch, dass die Länder in ihrer Begründung darauf hinwiesen, dass die allgemeinen bundesrechtlichen Grundsätze des Strafrechts sowie des Zivil- 63

1 *Engel-Flechsig/Maennel/Tettenborn*, NJW 1997, 2981 (2984).

rechts unberührt bleiben.[1] Des Weiteren ist den Ausführungen zu §§ 5 Abs. 3, 18 MDStV kein Hinweis darauf zu entnehmen, dass zivilrechtliche Ansprüche auf Unterlassung und Beseitigung ausgenommen sein sollen.[2]

d) Hyperlinks

64 Auf welche Weise das Setzen von Hyperlinks in das Verantwortlichkeitssystem der §§ 5 TDG/MDStV einzuordnen ist, wird noch immer höchst unterschiedlich bewertet. So lassen sich ebenso viele Stimmen für die grundsätzliche Anwendung von §§ 5 Abs. 1 TDG/MDStV[3] finden wie für die grundsätzliche Anwendung von §§ 5 Abs. 2[4] oder Abs. 3[5] TDG/MDStV. Allerdings bietet sich eine pauschale Einordnung unter die eine oder andere Verantwortlichkeitsregel deswegen nicht an, da für eine abschließende Bewertung im Einzelfall zunächst eine umfassende Analyse des in Rede stehenden Sachverhalts vorzunehmen ist. So kommt es darauf an, ob sich der den Link Setzende die verlinkten Inhalte zu Eigen gemacht hat oder ob sie für ihn fremd sind. Schon hier kann eine grundsätzliche Anwendung von §§ 5 Abs. 1 TDG/MDStV zu nicht nachvollziehbaren Ergebnissen führen. Weiterhin stellt sich für den Link auf fremde Inhalte die Frage, ob sie vom Linksetzer zur Nutzung bereitgehalten werden oder ob er lediglich den Zugang zu ihnen vermittelt. Beide Konstellationen können in Frage kommen, so dass auch hier eine umfassende Beschränkung des Linkings auf nur eine der beiden Alternativen nicht angezeigt ist.

aa) Links als eigene oder fremde Inhalte

65 Wie bereits oben (Rz. 41) geschildert, bestehen zwei Möglichkeiten, sich **fremde Inhalte zu Eigen** zu machen; einmal, indem sie im Einzelnen bewusst ausgewählt werden und weiterhin, wenn durch ausdrückliche Erklärung eindeutig die Verantwortung übernommen wird. Am deutlichsten wird dieses im Hinblick auf die verwiesenen Inhalte der ersten Linkebene, bei denen regelmäßig eine bewusste Auswahl durch den Anbieter anzunehmen ist. Hier ist, soweit es sich um überschaubare verlinkte Angebote handelt, auch gewöhnlich von einer Kontrollmöglichkeit auszugehen, so dass sich der Anbieter nicht darauf berufen kann, nur deshalb auf fremde Inhalte verwiesen zu haben, weil ein eindeutiger Hinweis auf die Übernahme der

---

1 BayLT-Drucks. 13/7716 v. 21. 3. 1997, S. 10.

2 BayLT-Drucks. 13/7716 v. 21. 3. 1997, S. 10; *Sieber*, Verantwortlichkeit im Internet, Rz. 397.

3 *Barton*, Multimedia-Strafrecht, 1999, S. 215 f.; LG Frankfurt/M., Urt. v. 27. 5. 1998 – 3/12 0 173/97, CR 1999, 45; LG Hamburg, Urt. v. 12. 5. 1998 – 312 O 85/98, CR 1998, 565 f.

4 *Bonin/Köster*, ZUM 1997, 821 (823 ff.); *Bettinger/Freytag*, CR 1998, 545 (550); *Freytag*, ZUM 1999, 185 (192).

5 *Spindler*, CR 1998, 745 (752); *Moritz* in Loewenheim/Koch, Online-Recht, S. 512; *Vassilaki*, NStZ 1998, 521; *Eichler/Helmers/Schneider*, K&R 1997, Beil. 48, 23 (25); *Koch*, CR 1997, 193.

Inhalte als eigene nicht vorgenommen wurde.[1] Vielmehr verhält es sich umgekehrt; der Anbieter muss sich mangels entsprechenden Hinweises die Inhalte zurechnen lassen; eine Qualifizierung als Fremdinhalte kommt nur dann in Betracht, wenn der Anbieter eine entsprechende Anmerkung formuliert, nach der er die verwiesenen Inhalte als fremde verstanden wissen möchte.[2]

Anders verhält es sich, wenn der Anbieter mittels eines Links auf sehr **umfangreiche Textdokumente** verweist bzw. die verlinkte Seite wiederum Links enthält. Hier kann aufgrund des **Fehlens eines eindeutigen Hinweises**, dass es sich um Fremdinhalte handelt, keine grundsätzliche Zurechnung als eigene erfolgen. Die dem Anbieter nachzuweisende bewusste Auswahl- und Kontrollentscheidung ist hier nur dann zu belegen, wenn sie sich entweder durch einen eindeutigen Hinweis im Text äußert oder wenn die Inhalte dergestalt in das eigene Angebot integriert werden, dass der objektive Nutzer unzweifelhaft davon ausgehen kann, dass es sich um eigene Inhalte handelt.[3] 66

Zur Qualifizierung des zuzurechnenden Inhalts auf der verwiesenen fremden Website als rechtlich bedenklich oder unbedenklich ist allein auf den Zeitpunkt der Linkerstellung abzustellen.[4] Werden die Inhalte später verändert, wie es zB im Rahmen von Online-Angeboten großer Tageszeitungen oder **regelmäßig erscheinender** Zeitschriften der Fall ist, so trifft den Anbieter keine Verpflichtung zur Überprüfung der ursprünglich rechtmäßigen Links.[5] Da es sich in der Nichtvornahme von entsprechenden Kontrollen um ein Unterlassen handelt, bedarf es aus strafrechtlicher Sicht einer Garantenstellung, die die Vornahme der Überprüfung vorschreibt. Eine solche ist jedoch aus den im Strafrecht anerkannten Grundsätzen zur Begründung von **Garantenpflichten** nicht ableitbar.[6] 67

---

1 Vgl. LG Frankfurt/M., Urt. v. 27. 5. 1998 – 3/12 O 173/97, CR 1999, 45 (46) m. Anm. *Kloos*, CR 2000, 46 f.

2 Hier ist auf die im Strafrecht relevante Unterscheidung zwischen Äußerungs- und Verbreitungsdelikten hinzuweisen. Während Erstere nur dann täterschaftlich begangen werden können, wenn eine Identifizierung mit den Inhalten vorgenommen wird, kommt es im Falle der Verbreitungsdelikte auf ein Zueigenmachen nicht an; das strafbare Verhalten liegt hier allein in der Verbreitung der Inhalte (zB kinderpornographische Bilder etc., deren Verbreitung unabhängig von der Einstellung des Verbreitenden grundsätzlich nach § 184 StGB zur Strafbarkeit führt).

3 So im Falle der Einbindung fremder Inhalte in das „Frameset" des Anbieters oder des Setzens von „Inline-Links"; in beiden Konstellationen nimmt der Nutzer die verlinkten Inhalte auf der Oberfläche des ursprünglichen Anbieters wahr, so dass für ihn nicht ersichtlich ist, dass sie nicht von diesem stammen; vgl. LG Lübeck, Urt. v. 24. 11. 1998 – 11 S 4/98, NJW-CoR 1999, 244; ausführlich *Sieber*, Verantwortlichkeit im Internet, Rz. 310 f.; *Gabel*, K&R 1998, 555, 556; aA offensichtlich LG Frankfurt/M., Urt. v. 27. 5. 1998 – 3/12 O 173/97, CR 1999, 45 f., das auch die Inhalte tieferer Linkebenen regelmäßig als eigene einstuft.

4 Vgl. auch AG Tiergarten, Urt. v. 30. 6. 1997 – 260 DS 857/96, CR 1998, 111 m. Anm. *Vassilaki*, CR 1998, 111 f.; *Hütig*, MMR 1998, 50 ff.

5 *Sieber*, Verantwortlichkeit im Internet, Rz. 314.

6 Vgl. hierzu *Vassilaki*, MMR 1998, 630 (637 f.); *Sieber*, JZ 1996, 494 (500 ff.).

bb) Links zu fremden Inhalten als Bereithalten oder als Zugangsvermittlung

68 Wie bereits oben (Rz. 43) ausgeführt, liegt das entscheidende Abgrenzungskriterium zwischen einem Bereithalten fremder Inhalte und der Zugangsvermittlung zu diesen in der **Beherrschbarkeit der einzelnen Inhalte im Sinne bestehender Löschungs- oder Sperrmöglichkeiten**. Eine Einflussnahme auf die Gestaltung des Inhalts als Voraussetzung der Beherrschbarkeit ist nicht notwendig, da §§ 5 Abs. 2 TDG/MDStV insoweit darauf ausgerichtet sind, die Verbreitung rechtswidriger Inhalte zu verhindern, was in erster Linie durch deren Sperrung bzw. Löschung erreicht werden kann.[1]

69 So kann für die **erste Linkebene** von einer Beherrschungsmöglichkeit ausgegangen werden, da es dem Anbieter möglich ist, den Link entweder zu setzen oder ihn zu entfernen. Für eine Verantwortlichkeit nach §§ 5 Abs. 2 TDG/MDStV spricht im Übrigen, dass der Anbieter zum Zeitpunkt des Linksetzens regelmäßig in Kenntnis der verwiesenen Inhalte handelt und er in zumutbarer Weise eine Prüfung vornehmen kann, falls sich die Inhalte nachträglich ändern. Daran ändert sich auch nichts, wenn der Anbieter mit seinem Link auf sehr lange Textdokumente verweist, deren umfangreichen Inhalt er nicht in allen Einzelheiten kennen kann.[2] Wird er jedoch konkret in Kenntnis über die beanstandeten Informationen gesetzt, so ist ihm deren Sperrung zumutbar.

70 Anders sind die **tieferen Linkebenen** zu bewerten, auf **denen der Anbieter keine Möglichkeit der gezielten Löschung oder Sperrung** der beanstandeten Inhalte hat. Hier beschränken sich seine Handlungsalternativen allein auf das vollständige Entfernen des Links, so dass von einer Beherrschung der Einzeldaten – was jedoch im Falle der §§ 5 Abs. 1 und Abs. 2 TDG/MDStV unterstellt wird – nicht ausgegangen werden kann; insofern sind die über die erste Linkebene hinausgehenden tieferen Ebenen als **Zugangsvermittlung** im Sinne der §§ 5 TDG/MDStV zu verstehen.[3]

cc) Das Linking nach EGG-E

71 Während eine Einordnung des Linkings in jede der drei Konstellationen der §§ 5 TDG/MDStV möglich ist, wird dieses nach den neuen Verantwortlichkeitsregelungen im EGG-E problematisch. Der Ursache hierfür liegt zunächst in der Historie der Gesetzesnovelle, mit der die in der E-Commerce-RL in Art. 12 bis 15 festgelegten Verantwortlichkeitsbeschränkungen in nationales Recht umzusetzen sind. Dabei geht der nationale Gesetzgeber davon aus,

1 Vgl. *Spindler*, CR 1998, 745 (752); *Sieber*, Verantwortlichkeit im Internet, Rz. 326; aA *Hoeren/Pichler* in Loewenheim/Koch, Online-Recht, S. 444.

2 Vgl. OLG München, Urt. v. 3. 2. 2000 – 6 U 5475/99, CR 2000, 541 (542).

3 *Spindler*, CR 1998, 745 (752); *Moritz* in Loewenheim/Koch, Online-Recht, S. 512; *Vassilaki*, NStZ 1998, 521 f.; *Sieber*, Verantwortlichkeit im Internet, Rz. 330; vgl. auch sogleich Rz. 71 ff.

dass die Richtlinienbestimmungen über die Verantwortlichkeit, soweit sie Verantwortlichkeitsprivilegierungen vorsehen, als Vollharmonisierung gedacht sind, so dass weder weitere noch engere Regelungen getroffen werden dürfen.[1] Dies führte dazu, dass sich der Gesetzgeber hinsichtlich des Wortlauts der Normen nah an den Formulierungen der Richtlinie orientierte, indem er diese weitgehend wortgleich übernahm. Nunmehr ist zu beachten, dass die Richtlinie in Art. 21 Abs. 2 ausdrücklich die rechtliche Würdigung von Hyperlinks einer später zu erfolgenden Anpassung der Richtlinie überlassen hat.

Daraus folgt, dass die Richtlinie die Problematik der Hyperlinks **nicht erfasst** und insoweit nicht nur keine ausdrücklichen Regelungen enthält; auch der Versuch einer entsprechenden Auslegung der Richtlinie erscheint aufgrund der technisch sehr spezifischen Formulierungen, die teilweise auch Eingang in Art. 1 §§ 8 bis 11 EGG-E gefunden haben, problematisch, da sie wegen des engen Wortlauts nur wenig Raum für Interpretationen bieten.[2]

Dennoch soll an dieser Stelle der Versuch unternommen werden, das Linking 72
nach Art. 1 §§ 8 bis 11 EGG-E zu beurteilen; denn eben weil die E-Commerce-RL ausdrücklich auf eine Regelung verzichtet hat, steht es im Ermessen der Einzelstaaten, entsprechende Maßnahmen zu treffen. Da die vorläufige Begründung des EGG-E – anders als die Richtlinie in Art. 21 Abs. 2 – keinen expliziten Bezug auf Hyperlinks nimmt, muss der Versuch einer Auslegung unternommen werden; nicht zuletzt deswegen, weil eine Beurteilung des Linkings ansonsten anhand der allgemeinen Gesetze zu erfolgen hat, was in der Vergangenheit zu weitgehender Rechtsunsicherheit führte.[3]

So weit es sich um **eigene oder zu Eigen gemachte Informationen** handelt, 73
die auf der ersten Linkebene bereitgehalten werden, ist der Anbieter – ebenso wie gemäß §§ 5 Abs. 1 TDG/MDStV – nach den allgemeinen Gesetzen zur Verantwortung zu ziehen. Der Wortlaut des hier einschlägigen Art. 1 § 8 Abs. 1 EGG-E spricht für diese Einschätzung, da er – wie oben (Rz. 39 f.) gezeigt – weitgehend mit §§ 5 Abs. 1 TDG/MDStV übereinstimmt.

Schon schwieriger gestaltet sich die Situation, wenn der Anbieter durch 74
seinen Link **unmittelbar auf fremde Inhalte** verweist. Wie gezeigt, handelt es sich hierbei nach den geltenden §§ 5 Abs. 2 TDG/MDStV um ein Bereithalten fremder Inhalte zur Nutzung. Ob hiervon auch nach Art. 1 § 11 EGG-E ausgegangen werden kann, ist fraglich. Zwar ist das Bereithalten der Inhalte zur Nutzung nach §§ 5 Abs. 2 TDG/MDStV grundsätzlich zu verstehen als das „Speichern für einen Nutzer" in Art. 1 § 11 EGG-E, allerdings kommt es hier im Hinblick auf Hyperlinks zu schwer wiegenden Differenzen zwischen dem Wortlaut des § 11 EGG-E und seiner bisherigen Begründung durch den

1 EGG-E, Kabinettssache, Datenblatt Nr. 14/09 089, S. 49.
2 Vgl. *Freytag*, CR 2000, 604.
3 Vgl. nur den CompuServe-Fall, Urteil der ersten Instanz AG München v. 28. 5. 1998 – 8340 Ds 465 Js 173158/95, CR 1998, 500 m. Anm. *Sieber*, MMR 1998, 438 ff.

nationalen Gesetzgeber auf der einen Seite und des durch Art. 1 § 11 EGG-E umgesetzten Art. 14 E-Commerce-RL.

75 Eine am Wortlaut des Art. 1 § 11 EGG-E orientierte Auslegung führt zunächst zu keiner anderen Beurteilung von Hyperlinks wie nach §§ 5 Abs. 2 TDG/MDStV. Zwar lässt die Wortwahl „für einen Nutzer speichern" darauf schließen, dass die Speicherung der Informationen auf dem fremden Server vom Nutzer veranlasst worden sein muss. Genau dieses bringt auch Art. 14 E-Commerce-RL zum Ausdruck, in dem es heißt, dass „im Falle eines Dienstes der Informationsgesellschaft, der in der Speicherung von durch einen Nutzer eingegebenen Informationen besteht, der Diensteanbieter nicht für **die im Auftrag eines Nutzers** gespeicherten Informationen verantwortlich ist [...]." Nach diesem Verständnis wäre eine Anwendung auf Hyperlinks nicht mehr möglich, da der den Link Setzende in aller Regel nicht im Auftrag eines Nutzers handelt. Auch der Erwägungsgrund 42 der Richtlinie spricht – neben Art. 21 Abs. 2 der Richtlinie – gegen eine Übertragbarkeit der Verantwortlichkeitsprivilegierung auf das Linking. Hier stellt der europäische Normgeber fest, **dass sich die Ausnahmen von der vollen Verantwortlichkeit der Diensteanbieter allein auf deren rein technische Tätigkeit beziehen, die automatischer und passiver Art sind.**[1] Diese Formulierungen und Erwägungen der E-Commerce-RL hat der nationale Gesetzgeber jedoch nicht übernommen, sondern neben der Wendung „für einen Nutzer speichert" lediglich in der vorläufigen Begründung darauf hingewiesen, dass die Verantwortlichkeitsbeschränkung darauf beruht, dass die Tätigkeit des Anbieters auf den technischen Vorgang der Speicherung von Informationen beschränkt ist.[2] Er übernimmt damit die Erwägungen zur Haftungsprivilegierung nach §§ 5 Abs. 2 TDG/MDStV, die auf die weitgehende Unkontrollierbarkeit der gespeicherten Fremdinhalte abstellen. Damit kann auch auf die zu §§ 5 Abs. 2 TDG/MDStV entwickelten und bereits oben dargestellten Grundsätze verwiesen werden (vgl. Rz. 43 ff.).

76 Unter diesen Prämissen fällt eine Auslegung des Art. 1 § 11 EGG-E zugunsten einer Erfassung von Hyperlinks nicht schwer. Wie bereits oben gezeigt (Rz. 44), würde eine Beschränkung des Verständnisses des „für einen Nutzer Speichern" auf den reinen Vorgang des Ablegens auf einem Server letztlich den Anwendungsbereich der Norm derartig verkürzen, dass sie weitgehend ins Leere laufen müsste. Denn das Speichern von Daten erfolgt naturgemäß ausschließlich zum Zwecke des Bereithaltens derselben für eine gewisse Dauer. Dabei beschreibt der Begriff des Speicherns lediglich einen Zeitpunkt – den des Speichervorgangs –, nicht jedoch einen Zeitraum. Gerade die Frage nach der Verantwortlichkeit im Verlaufe dieses Zeitraumes, in

---

1 Das Setzen eines Links ist kein passives Verhalten; vielmehr wird entweder aktiv auf vorher ausgewählte und sodann als fremd qualifizierte Inhalte verwiesen, oder der verwiesene Inhalt ist für eine Zurechnung als eigener Inhalt zu umfangreich; vgl. oben Rz. 64 ff.

2 EGG-E, Kabinettssache, Datenblatt Nr. 14/09 089, S. 56, BT-Drucks. 14/6098 v. 17. 5. 2001.

dem der Nutzer die Inhalte abruft, ist aber für den Anbieter hinsichtlich seiner Verantwortlichkeit von Bedeutung. Der Schwerpunkt der durch Art. 1 § 11 EGG-E zu regelnden Sachverhaltskonstellationen liegt daher sachgerecht nicht auf dem nur augenblickartigen Speichervorgang, sondern auf dem Bereithalten der Informationen für den Nutzer.

Soweit unter dem „für einen Nutzer Speichern" auch das Bereithalten mit der Möglichkeit der **Beherrschung der Inhalte** im Sinne deren Löschung oder Sperrung verstanden wird, trifft dieses auch auf den Linkanbieter zu. Denn wird der von einem Anbieter beherrschbare Bereich des Internets betrachtet, so bietet er dem Nutzer seines Web-Angebotes die Möglichkeit, durch den Hyperlink einzelne Inhalte auf fremden Speichermedien zu nutzen. Dabei stehen dem Link-Anbieter im von ihm kontrollierten Bereich dieselben Möglichkeiten zur Sperrung und Löschung der Inhalte zur Verfügung wie dem Anbieter fremder Inhalte, die auf eigenen Servern gespeichert sind. Er kann durch Deinstallieren des Links die Kenntnisnahme der einzelnen Informationen insofern verhindern, als dass sie zumindest über den von ihm kontrollierten Bereich, nämlich seine Web-Site, nicht mehr erreichbar sind.[1] Weiter gehende Möglichkeiten stehen dem Anbieter, der die fremden Inhalte auf eigenen Speichermedien bereithält, auch nicht zur Verfügung. Er kann die Daten bei Kenntnis des zu beanstandenden Inhalts ebenfalls entweder sperren oder löschen, was jedoch den Content-Provider nicht daran hindert, die Daten auf anderem Wege – zB durch Ablegen auf einem anderen Server – erneut zugänglich zu machen. 77

Es bleibt somit festzuhalten, dass Art. 1 § 11 EGG-E ebenso wie §§ 5 Abs. 2 TDG/MDStV auf Hyperlinks anwendbar ist. 78

Wiederum weniger problematisch erscheint die Anwendung von Art. 1 § 9 EGG-E auf die **tieferen Linkebenen**. Hier ist der Anbieter für die Inhalte nicht verantwortlich, solange er deren Übermittlung nicht veranlasst hat, den Adressaten der übermittelten Information nicht ausgewählt und auch die Information selbst nicht ausgewählt oder verändert hat. Erneut ist darauf hinzuweisen, dass es sich beim Merkmal der Information um den einzelnen, konkret bestimmbaren Inhalt handelt. 79

Hinsichtlich der **über die erste Linkebene hinausgehenden Ebenen** kann daher davon ausgegangen werden, dass der Anbieter des Links keine Möglichkeit hat, die konkret beanstandeten Inhalte auf tieferen Linkebenen gezielt sperren oder löschen zu können. Seine Position ist somit – wie bereits oben dargestellt (Rz. 43) – mit der eines Zugangsvermittlers vergleichbar. Diese Einschätzung ist auch mit Art. 1 § 9 EGG-E vereinbar, denn in der Tat kann nicht davon ausgegangen werden, dass der Anbieter des Links die Übermittlung von Informationen auf tieferen Linkebenen veranlasst hat. Vielmehr 80

---

1 Zur strafrechtlichen Frage der Kausalität, wenn die zu beanstandende Website trotz Entfernens des Links auch über andere Sites zu erreichen ist, siehe *Sieber* in Hoeren/Sieber, Multimedia-Recht, Teil 19, Rz. 356 ff.

ermöglicht er dem Nutzer mittels des ursprünglich von ihm installierten Links lediglich den Zugang zu den Informationen auf diesen Ebenen; ob ein Nutzer den Hyperlink im Zuge seines „Besuchs" auf der Website des Anbieters tatsächlich aktiviert und auf diese Weise auch auf tiefere Linkebenen vordringt, ist allein dessen Entscheidung. Er veranlasst die Übertragung von Daten auf seinen Rechner zwecks Kenntnisnahme, und zwar ohne jegliche aktive Beteiligung des ursprünglichen Linksetzers. Ebenso hat der Link-Anbieter den Adressaten der Informationen, also den Nutzer seines Online-Angebots, nicht ausgewählt. Dieses ergibt sich schon aus dem Umstand, dass der Anbieter die Übermittlung nicht veranlasst hat. Denn die vom Anbieter veranlasste Übermittlung konkreter Inhalte geschieht nur dann, wenn er mit ihrer Vornahme beauftragt worden ist. Letzteres geht in aller Regel vom Nutzer aus, der somit für den Anbieter identifizerbar wird. Dieses trifft auf das Abrufen von Inhalten tieferer Linkebenen jedoch nicht zu. Daraus folgt ferner, dass der Anbieter des ursprünglichen Links die aus tieferen Linkebenen vom Nutzer abgerufenen konkreten Inhalte auch nicht ausgewählt oder verändert hat.

dd) Zwischenergebnis

81 Es zeigt sich, dass sich die Einordnung von Hyperlinks in das Verantwortlichkeitssystem des Art. 1 §§ 8 bis 11 EGG-E auf dieselbe Weise vornehmen lässt wie in §§ 5 TDG/MDStV. Es bleibt jedoch abzuwarten, wie der vom europäischen Gesetzgeber in Art. 21 Abs. 1 E-Commerce-RL spätestens für den 17. 7. 2003 angekündigte Bericht über die Anwendung der Richtlinie ausfällt, denn im Rahmen dieses Berichtes sollen insbesondere die Verantwortlichkeitsregelungen der Mitgliedsstaaten für Hyperlinks untersucht und im Falle bestehenden Bedarfs eine diesbezügliche Anpassung der Richtlinie gemäß Art. 21 Abs. 2 vorgenommen werden.

3. Schlussbetrachtung

82 Bevor ein Diensteanbieter für Rechtsverletzungen zur Verantwortung gezogen werden kann, bedarf es zunächst einer eingehenden Prüfung der Frage, ob eine solche überhaupt auf der Grundlage der §§ 5 TDG/MDStV sowie des zukünftig das TDG modifizierenden Art. 1 §§ 8 bis 11 EGG-E in Betracht kommt. Den hier beschriebenen Verantwortlichkeitsprivilegierungen liegt eine für Diensteanbieter nachvollziehbare und Rechtssicherheit schaffende Systematik zugrunde.

83 Allerdings muss auch vier Jahre nach Erlass der Normen konstatiert werden, dass die Diskussionen über die den Regelungen anhaftenden Rechtsfragen eher theoretischer Natur sind und nur selten Eingang in die tägliche Praxis der Rechtsprechung finden. Immer wieder werden gerichtliche Entscheidungen getroffen, die §§ 5 TDG/MDStV nicht berücksichtigen. Es ist daher jedem Diensteanbieter zu raten, im Falle juristischer Auseinandersetzungen unbedingt die Verantwortlichkeitsprivilegierungen der §§ 5 TDG/MDStV im Auge zu behalten und die erkennenden Gerichte auf diese aufmerksam zu machen.

Ob die Umsetzung der E-Commerce-RL durch das EGG an den problematischen Stellen letztlich zu mehr Transparenz führt, bleibt zunächst abzuwarten. 84

II. Haftungstatbestände

1. Zivilrecht

a) Allgemeines privates Haftungsrecht

Das allgemeine Zivilrecht (in Abgrenzung zum sog. Sonderprivatrecht wie 85
zB Urheber-[1], Marken-[2] oder Patentrecht[3] oder Wettbewerbsrecht[4]) spielt bei der Haftung der im Netz Tätigen in zweifacher Weise eine Rolle.

Zum einen betrifft das **allgemeine Haftungsrecht** Fragen des richtigen Anspruchsgegners **(Passivlegitimation)** und der Rechtsfolgen **(Ansprüche)**, namentlich Unterlassung, Beseitigung, Schadensersatz, Auskunft und Gegendarstellung. Seine Vorschriften und Grundsätze ergeben sich im Wesentlichen aus dem BGB und ergänzenden richterrechtlichen Fortbildungen. Sie gelten auch für die einzelnen Gebiete des Sonderprivatrechts, soweit diese keine abweichenden Vorschriften enthalten.[5] Im Zusammenhang mit der privatrechtlichen Haftung von Anbietern im E-Business stellen sich hier Fragen des **Verhältnisses** zwischen allgemeinem Haftungsrecht und den besondere **Haftungsprivilegierungen für Informations- und Kommunikationsdienste** einerseits und dem **Herkunftslandprinzip** nach der E-Commerce-Richtlinie bzw. seiner Umsetzung in den novellierten Vorschriften von TDG und MDStV andererseits.

Zum anderen umfasst das **besondere Haftungsrecht** ebenso wie die Haf- 86
tungstatbestände des Sonderprivatrechts einzelne **Haftungstatbestände**. Von besonderer praktischer Bedeutung im Zusammenhang mit Tätigkeiten im Netz sind hier Verletzungen des **Persönlichkeitsrechts** und der **Ehre** sowie die Haftung für **falsche Informationen** und **fehlerhafte Waren bzw. Dienstleistungen**, welche über das Netz vertrieben oder erbracht werden.

Nicht behandelt werden hier Fragen der **vertraglichen** Haftung und Gewähr- 87
leistung wie zB Minderung, Wandlung und sonstige Rückgewähransprüche. Insoweit wird auf die Erläuterungen zum Vertragsrecht in diesem Handbuch verwiesen.[6]

---

1 Zur urheberrechtlichen Haftung *Dreier/Buschle*, unten Rz. 256 ff.
2 Zur markenrechtlichen Haftung *Dieselhorst*, unten Rz. 281 ff.
3 Zur patentrechtlichen Haftung *Betten*, unten Rz. 294 ff.
4 Zur wettbewerbsrechtlichen Haftung *Moritz/Hermann*, unten Rz. 310 ff.
5 Vgl. hierzu die Spezialkapitel.
6 Beiträge von *Göckel, Holzbach/Süßenberger* und *Jessen/Müller* zur vertraglichen Haftung und Gewährleistung.

aa) Passivlegitimation

88 Die Passivlegitimation bestimmt, wer der richtige **Anspruchsgegner** ist.

In der Praxis geht es zum einen darum, an wen sich der in seinen Rechten Verletzte halten kann, um seine **Ansprüche durchzusetzen**. Vielfach sind die eigentlichen Urheber einer Verletzung nicht zu ermitteln oder versuchen, sich dem Zugriff zu entziehen. Schwierigkeiten, an den Verletzer heranzukommen, bestehen hier zB bei rechtsverletzenden Inhalten in Newsgroups, bei Dateien, die über anonyme Peer-to-Peer-Systeme wie Napster oder Gnutella getauscht werden, oder bei der illegalen Veröffentlichung oder Verbreitung von Software und Codes für die Umgehung von Conditional-Access-Systemen, zB beim Pay-TV. Hier stellt sich die Frage der Passivlegitimation (auch) von Providern, den Anbietern von Links u.a.

89 Zum anderen geht es für den Anbieter und Dienstleister im E-Business darum, Sachverhalte zu ermitteln, die für sie das Risiko einer Haftung oder Mithaftung mit sich bringen, und dementsprechende **Maßnahmen zur Vermeidung, Begrenzung oder Verlagerung dieser (Mit-) Haftungsrisiken** zu treffen. Zahlreiche Angebote wie zB Hosting-Angebote, Communities, Suchmaschinen, Verzeichnisse bestehen darin, dass dem oft anonymen Nutzer oder Vertragspartner die Möglichkeit gegeben wird, eigene Inhalte bzw. Angebote bestimmten Dritten oder der Öffentlichkeit zugänglich zu machen bzw. an diese Leistungen zu erbringen, ohne dass der Anbieter eine Gewähr für die Rechtmäßigkeit dieser Angebote hat oder haben kann. Regelmäßig werden Angebote und Dienstleistungen im Netz im Rahmen von teilweise sehr komplexen Kooperationsverhältnissen erbracht. Dabei werden Informationen oder andere Leistungen von einer Partei zur Verfügung gestellt, die sie dann wiederum in ihrem eigenen Angebot verwertet oder an Dritte weitergibt. In solchen Fällen ergeben sich für alle Beteiligten Haftungsrisiken, da Arbeitsteilung und Delegation in aller Regel von der Rechtsordnung nicht als Enthaftungsgrund akzeptiert werden.[1] Diesen Haftungsrisiken kann jedoch durch vorbeugende **organisatorische Maßnahmen** begegnet werden, zB durch Einführung eines Beschwerde- bzw. Hinweismanagements, das bei Meldung – vorgeblich – rechtswidriger Inhalte auf geeignete Weise zu reagieren vermag. Auch im Rahmen der **Vertragsgestaltung** kann den Haftungsrisiken zB durch eine sorgfältige Definition von Nutzerpflichten und die Abgrenzung von Verantwortungsbereichen, die Aufnahme entsprechender Freistellungs- und Enthaftungsklauseln sowie weitere Maßnahmen begegnet werden.[2]

90 Im Folgenden werden daher zunächst die allgemeinen Grundsätze dargestellt, nach denen die Frage des richtigen Anspruchsgegners zu beantworten ist (Rz. 91 ff.). Dies wird dann an Beispielen für einzelne Gruppen von im

---

1 Vgl. nur §§ 278, 831 BGB, § 13 Abs. 4 UWG; auch § 5 Abs. 2 TDG aF.

2 Vgl. zB *Spindler*, Vertragsrecht der Internet-Provider, Teil IV, Rz. 143 ff., 178 ff., 242 ff.; Teil V, Rz. 85 ff.

Netz Tätigen näher bestimmt (Rz. 117 ff.). Im Anschluss daran wird auf das Verhältnis von Passivlegitimation nach allgemeinem Recht und den besonderen Verantwortlichkeitsregelungen in TDG und MDStV eingegangen (Rz. 140 ff.). Ferner ist zu klären, wie sich das von der E-Commerce-Richtlinie und ihrer Umsetzung in deutsches Recht eingeführte Herkunftslandprinzip auf die Passivlegitimation auswirkt (Rz. 150 ff.).

(1) Allgemeine Grundsätze

Grundsätzlich kennen das Gesetz und dessen von der Rechtsprechung entwickelte Fortbildungen drei Ansätze zur Bestimmung des richtigen Anspruchsgegners, die jede für sich die Passivlegitimation begründen können: die **unmittelbare Haftung des Verletzers**, die **Haftung für fremdes Verhalten** kraft besonderer gesetzlicher Regelung oder im Rahmen eines Organisationsverschuldens und die eigene **Haftung des (Mit-) Störers**. 91

(a) Haftung des Verletzers

Richtiger Anspruchsgegner ist zunächst der, der selbst oder zusammen mit Mittätern (§ 840 BGB) **alle Tatbestandsvoraussetzungen des Verletzungstatbestands** der Vorschrift des besonderen Haftungsrechts erfüllt. Welches diese Voraussetzungen sind, ergibt sich aus den jeweiligen Vorschriften des besonderen Haftungsrechts. Der Tatbestand kann entweder durch **positives Tun** oder durch **pflichtwidriges Unterlassen bzw. Dulden** erfüllt sein. 92

Unterlassen genügt nur dann, wenn eine Pflicht zum Handeln bestand und die Vornahme der gebotenen Handlung den Eintritt der Rechtsverletzung verhindert hätte.[1] Die **Pflicht zum Handeln** kann auf Gesetz, Vertrag, vorausgegangenem gefährlichen Tun oder der Aufnahme von Vertragsverhandlungen beruhen. Gesetzliche Handlungspflichten ergeben sich vor allem aus den vom jeweiligen Tätigkeitskreis abhängigen Verkehrssicherungspflichten. Um beim Unterlassen **Kausalität und Zurechnungszusammenhang** zu bejahen, muss die unterbliebene Handlung hinzugedacht und festgestellt werden, dass die Rechtsverletzung dann nicht eingetreten wäre. Bloße Wahrscheinlichkeit des Nichteintritts genügt nicht.[2] Voraussetzung ist ferner, dass die Rechtsverletzung bzw. der eingetretene Schaden unter den **Schutzzweck** der verletzten Pflicht fällt.[3] 93

Dem **Allein- oder Mittäter** steht der **mittelbare Täter** gleich. Im Zivilrecht besteht dabei die Tendenz, den **Veranlasser** bzw. **Veranstalter** dem (mittelbaren) Täter gleichzustellen, auch wenn die strafrechtlichen Voraussetzungen der mittelbaren Täterschaft, insbesondere die Werkzeugqualität 94

---

1 BGH v. 25. 9. 1952 – III ZR 322/51, BGHZ 7, 198 (204); Palandt/*Heinrichs*, vor § 249 BGB Rz. 84.

2 BGH v. 19. 2. 1975 – VIII ZR 144/73, BGHZ 64, 46 (51).

3 BayObLG v. 2. 9. 1993 – 2 ZBR 63/93, BayObLGR 1994, 3 = NJW-RR 1994, 337.

des unmittelbar Handelnden, nicht gegeben sind.[1] Wer einen Dritten bewusst und absichtlich zur Vornahme rechtswidriger Handlungen veranlasst, muss – vorbehaltlich einer etwaigen Privilegierung nach TDG oder MDStV[2] – zivilrechtlich für diese einstehen, als wären es seine eigenen Handlungen.

95 Vielfach wird dagegen Personen, die zwar rein tatsächlich an der Verletzung mitwirken und dabei auch alle Tatbestandsmerkmale erfüllen, die Verletzerqualität abgesprochen, wenn sie in völlig **untergeordneter Stellung** ohne eigenen Entscheidungsspielraum tätig sind.[3] Dieses Ergebnis erscheint sachgerecht, ist aber rechtlich schwer zu begründen. Denkbar wäre, hier die Verkehrspflichten, über die sonst im Wege der Zurechnung nur mittelbar verursachter Verletzungen der Kreis der Haftenden ausgeweitet wird, im Wege teleologischer Reduktion des Tatbestandes heranzuziehen und dessen Verwirklichung mit der Begründung zu verneinen, dass dem in völlig untergeordneter Stellung Handelnden keine Pflicht zum Schutz des verletzten Rechtsguts oblag. Deshalb sei ihm die Rechtsverletzung nicht zuzurechnen und er trotz formaler Verwirklichung des Tatbestands nicht Verletzer.

Da es allerdings nicht auf eine untergeordnete Stellung im Gesamtzusammenhang allein ankommt, sondern vor allem eine persönlich untergeordnete Stellung ohne eigenen Entscheidungsspielraum erforderlich ist, käme eine derartige gesetzesimmanente Privilegierung ohnehin nur für Angestellte oder Arbeiter auf der untersten Hierarchieebene in Frage, nicht jedoch für Organe und leitende Angestellte und selbständige Unternehmer.

(b) Haftung für fremdes Verhalten kraft Gesetz

96 Ferner sieht das Gesetz sowohl im BGB als auch in den Vorschriften des Sonderprivatrechts eine Reihe ausdrücklicher Vorschriften vor, welche eine Mithaftung weiterer Personen anordnen. Es sind **gesetzliche Vorschriften**, die die Reaktion der Rechtsordnung auf die Delegierung von Verantwortlichkeitsbereichen darstellen und die eine Enthaftung durch bloßes Weiterdelegieren der Verantwortung ausschließen.

Dem Delegierenden wird dabei nach dem Sinn der Regelung nicht erst das Verschulden, sondern bereits die haftungsbegründende Haftung desjenigen

---

1 ZB BGH v. 18. 2. 1993 – I ZR 52/91, GRUR 1993, 561 (562) – Produktinformation I; v. 20. 12. 1988 – VI ZR 182/88, MDR 1989, 439 = CR 1989, 485 = GRUR 1989, 225 (226) – Handzettel; BGH v. 16. 6. 1971 – I ZR 120/69, GRUR 1972, 141 (142) – Konzertveranstalter; KG v. 28. 3. 1958 – 5 U 2090/57, GRUR 1959, 150 – Musikbox-Aufsteller.

2 Siehe dazu *Hütig*, oben Rz. 1 ff.; kritisch *Lehmann*, CR 2000, 50 und CR 1998, 232; zum Verhältnis von Verantwortlichkeitsrecht nach TDG und MDStV und allgemeinem Haftungsrecht siehe unten Rz. 140; in diesen Fällen kommt natürlich ein Zueigenmachen etwaiger fremder Inhalte in Betracht.

3 *Köhler/Piper*, vor § 13 UWG, Rz. 66; Schricker/*Wild*, § 97 UrhG, Rz. 38.

zugerechnet, für den er nach dem Wortlaut einzustehen hat. Somit gelten entsprechende Vorschriften, wenn sie nach dem Wortlaut nur die Verpflichtung zum Schadensersatz betreffen, **analog auch für verschuldensunabhängige Ansprüche**.

(aa) Repräsentantenhaftung nach §§ 31, 89 BGB

Nach **§§ 31, 89 BGB**, welche erweiternd auf alle juristischen Personen des öffentlichen und privaten Rechts Anwendung finden, ist die jeweils dahinter stehende Organisation ohne die Möglichkeit einer Entlastung für rechtswidrige Handlungen ihrer Organe und anderer verfassungsmäßig berufener Vertreter in Ausführung der ihnen zustehenden Verrichtungen verantwortlich. Diese sog. **Repräsentantenhaftung** besteht nicht nur für gesetzliche Vertreter, zB die Vorstände einer AG oder den Geschäftsführer einer GmbH, sondern generell für Führungskräfte. Als Führungskräfte gelten alle Personen, denen durch die allgemeine Betriebsregelung und Handhabung bedeutsame Funktionen der Organisation zur selbständigen, eigenverantwortlichen Erfüllung zugewiesen sind, unabhängig davon, ob ihre Stellung satzungsmäßig geregelt ist oder ihnen entsprechende Vertretungsmacht erteilt ist.[1] 97

Die Repräsentantenhaftung schließt die **Eigenhaftung des Repräsentanten** nicht aus, wenn er persönlich den Haftungstatbestand verwirklicht hat.[2] Der Geschäftsführer haftet auch dann selbst, wenn er die Verletzung zwar nicht selbst begangen hat, aber sie aus seinem Unternehmen heraus erfolgte und er sie kannte und duldete.[3] 98

Die Einstandspflicht erstreckt sich jedoch nicht auf eine juristisch selbständige, nicht weisungsgebundene **Schwestergesellschaft**.[4] 99

(bb) Haftung für Verrichtungs- und Erfüllungsgehilfen

Der Anbieter haftet für Handlungen seiner **weisungsabhängigen Verrichtungsgehilfen** (§ 831 BGB), also in der Praxis für seine Angestellten. Dies gilt nach dem Wortlaut des § 831 BGB im Rahmen des Schadensersatzes. Es gilt darüber hinaus erst recht auch für Unterlassung und Beseitigung.[5] 100

Er kann sich hier jedoch insbesondere durch den **Nachweis sorgfältiger Auswahl *und* Überwachung exkulpieren**. In der Praxis dürfte die Exkulpation bei § 831 BGB durch den Nachweis sorgfältiger Auswahl in der Regel gelingen, während bei der sorgfältigen Überwachung in der Praxis häufig 101

---

1 BGH v. 5. 3. 1998 – III ZR 183/96, MDR 1998, 638 = NJW 1998, 1854 (1856).

2 BGH v. 12. 3. 1996 – VI ZR 90/95, GmbHR 1996, 453 = MDR 1996, 591 = NJW 1996, 1535 (1536).

3 BGH v. 26. 9. 1985 – I ZR 86/83, GmbHR 1986, 83 = MDR 1986, 382 = GRUR 1986, 248 (251) – Sporthosen.

4 OLG München v. 6. 2. 1985 – 6 W 2980/84, WRP 1985, 238; vgl. ausführlich zur Providerhaftung im Konzern *Spindler*, CR 1998, 745.

5 *Larenz/Canaris*, Schuldrecht II, 13. Aufl. 1994, § 86 III, 2c.

Defizite bestehen dürften, die die Exkulpation im Ergebnis dann scheitern lassen.

So wird man beispielsweise eine sorgfältige Überwachung nicht annehmen können, wenn rechtlich unkundige Mitarbeiter im Betrieb Urheber- oder Persönlichkeitsrechtsverletzungen zB durch Einstellung entsprechenden Bildmaterials in öffentliche Dienste begehen und der Anbieter keine entsprechende Aufklärung oder Schulung nachweisen kann.

102 Im quasi-vertraglichen Bereich (**culpa in contrahendo** und **Geschäftsführung ohne Auftrag**) ist ferner auf die Haftung für Erfüllungsgehilfen nach **§ 278 BGB** hinzuweisen, der so ebenfalls zu einer Bestimmung über den richtigen Anspruchsgegner wird.[1] Im Zuge der branchenüblichen komplexen Kooperationsbeziehungen bei der Leistungserbringung hat diese Vorschrift eine ganz erhebliche Bedeutung und kann Haftungsrisiken kaskadenartig weiterleiten.

(cc) Haftung für Angestellte und Beauftragte nach § 13 Abs. 4 UWG, §§ 14 Abs. 7 und 15 Abs. 6 MarkenG und § 100 UrhG

103 Diese Vorschriften schaffen eine zusätzliche **Erfolgshaftung** gegen den Betriebsinhaber für Rechtsverletzungen seiner Angestellten und Beauftragten. Sie werden im Allgemeinen weit ausgelegt,[2] finden allerdings **nur auf die Abwehr-, nicht hingegen auf Schadensersatzansprüche** Anwendung.

104 Danach muss sich der Betriebsinhaber auch das Handeln von Angestellten oder Beauftragten zurechnen lassen.[3] In Betracht kommen insbesondere Handelsvertreter, Vertragshändler, Werbeagenturen, Provider, wenn sie die Pflege der Website des Betriebsinhabers übernehmen, usw.[4]

105 **Betriebsinhaber** kann eine natürliche oder juristische Person oder eine Personengesellschaft sein, in deren Namen und Verantwortung der Betrieb geführt wird, in der Regel also der Eigentümer, Pächter oder Nießbraucher. Nicht Betriebsinhaber sind Organe, die persönlich haftenden Gesellschafter einer OHG oder KG oder die einzelnen Mitglieder einer BGB-Gesellschaft. Diese haften unter den entsprechenden Voraussetzungen als Verletzer oder (Mit-)Störer unmittelbar.[5]

106 **Angestellter** ist jeder, der aufgrund eines – nicht notwendig entgeltlichen oder wirksamen – Vertrages bzw. Dienstverhältnisses weisungsabhängige Dienste zu leisten hat. Dies sind neben Arbeitnehmern auch Praktikanten, Volontäre und freiberufliche Mitarbeiter.[6]

1 Vgl. Palandt/*Heinrichs*, § 278 BGB Rz. 2.
2 *Köhler/Piper*, § 13 UWG Rz. 38.
3 BGH v. 6. 6. 1958 – I ZR 33/57, BGHZ 28, 1 (12 f.) = MDR 1958, 835; OLG Stuttgart v. 22. 8. 1997 – 2 U 121/97, WM 1998, 2054.
4 Vgl. *Köhler/Piper*, § 13 UWG Rz. 46.
5 *Köhler/Piper*, § 13 UWG Rz. 50.
6 *Köhler/Piper*, § 13 UWG Rz. 42 und 43.

Beauftragter ist jeder, der – ohne Angestellter zu sein – im oder für den Geschäftsbetrieb eines anderen aufgrund eines vertraglichen oder anderen Verhältnisses tätig ist. Er muss in die betriebliche Organisation der Gestalt eingegliedert sein, dass einerseits der Erfolg seiner Handlung zumindest auch dem Betriebsinhaber zugute kommt, andererseits dem Betriebsinhaber ein bestimmender und durchsetzbarer Einfluss auf seine Tätigkeit eingeräumt ist.[1] Alternativ wird darauf abgestellt, Beauftragter sei jeder, der mit Wissen und Wollen des Betriebsinhabers oder als sein gesetzlicher Vertreter für den Betrieb tätig ist.[2] 107

(c) Haftung in Organisationen und für Organisationsmängel

Eine weitere Haftungserstreckung ergibt sich aus den **richterrechtlichen Grundsätzen zur Haftung in Organisationen und für Organisationsmängel**. 108

Danach haftet jeder Betriebsinhaber ohne Ansicht seiner rechtlichen Organisation, also juristische Personen wie AG und GmbH ebenso wie Personengesellschaften oder Einzelunternehmer, für Organisationsmängel. Der Betriebsinhaber hat das Unternehmen **so zu organisieren, dass für alle wichtigen Aufgabengebiete ein Organ zuständig ist, das die wesentlichen Entscheidungen trifft**.

Ist die solche Entscheidungen tatsächlich treffende **Person kein Organ**, so findet § 31 BGB auf sie gleichwohl **analoge** Anwendung, sie gilt insoweit als der verfassungsmäßige Vertreter. Ist überhaupt **niemand** für solche Entscheidungen zuständig, so ist § 31 BGB unmittelbar wegen **Organisationsmangel** anwendbar.[3] 109

(d) Haftung des (Mit-)Störers

Im Bereich der **verschuldensunabhängigen Ansprüche** (Unterlassung und Beseitigung), jedoch nur auf diese beschränkt, kommt schließlich der von der Rechtsprechung ursprünglich in Analogie zu § 1004 BGB entwickelten sog. **Störerhaftung** eine ganz erhebliche Bedeutung zu. 110

Die Störerhaftung hat ihre Anwendungsfälle überwiegend im Bereich der Verletzung von **Immaterialgüterrechten**, wo in der Praxis dem Unterlassungsanspruch die überragende Rolle zukommt. Im allgemeinen Zivilrecht kommt ihr, abgesehen von den Fällen der klassischen Eigentumsverletzungen, welche im Online-Bereich schwer vorstellbar sind, vor allem im Zusammenhang mit **Persönlichkeitsrechtsverletzungen** große Bedeutung zu. Persönlichkeitsrechtsverletzungen sind von der Schutzlage ähnlich gelagert wie Verletzungen von Urheberrechten oder gewerblichen Schutzrechten. 111

---

1 BGH v. 22. 3. 1963 – Ib ZR 161/61, GRUR 1963, 438 (439); v. 31. 5. 1990 – I ZR 228/88, MDR 1990, 983 = GRUR 1990, 1039 (1040).

2 *Köhler*, GRUR 1991, 344 (352).

3 BGH v. 10. 5. 1957 – I ZR 234/55, BGHZ 24, 200 (213); Palandt/*Heinrichs*, § 31 BGB Rz. 7 ff.; vgl. zur Haftung im Konzern ferner *Spindler*, CR 1998, 745 mwN.

112 Voraussetzung ist in jedem Fall zunächst das Vorliegen einer **objektiven, nicht notwendigerweise schuldhaften Rechtsverletzung eines Dritten** (sog. **Akzessorietätserfordernis**).[1] Dies eröffnet gegenüber einer Inanspruchnahme als Störer grundsätzlich die Verteidigung auch damit, dass die Handlung des Dritten rechtmäßig sei; in der Praxis ist Letzteres allerdings meist nicht der Fall.

113 Nach den von der Rechtsprechung entwickelten Grundsätzen[2] haftet neben dem eigentlichen Verletzer als Störer derjenige, welcher **willentlich und adäquat kausal, wenn auch nicht notwendigerweise schuldhaft, die Rechtsverletzung ermöglicht oder fördert**. Von dieser Ausgangsformel von kaum begrenzbarer Weite wird im herkömmlichen Bereich beispielsweise der Verlag oder der Pressevertreiber erfasst, soweit es um eine rechtswidrige Veröffentlichung in einer Zeitung geht. Im Online-Bereich wäre dies etwa der Betreiber eines Host-Servers für die dort abgelegten Inhalte Dritter. Diese Formel findet jedoch, wie die Rechtsprechung in jüngster Zeit nach einer zeitweisen Ausuferung und immer weiteren Handhabung der Störerhaftung mehrfach betonte, eine ganz erhebliche **Einschränkung** darin, dass der Störer die **tatsächliche und rechtliche Möglichkeit** haben muss, **die Rechtsverletzung in zumutbarer Weise zu verhindern oder abzustellen**.[3]

114 Im Rahmen dieser Präzisierung der Störerformel sind also – allerdings losgelöst vom Einzelfall und auf typisiert-genereller Ebene, denn es geht nicht um ein individuelles Verschulden – **Zumutbarkeitserwägungen** anzustellen, die beispielsweise darauf hinauslaufen können, dass eine Störerstellung des Mitwirkenden nur in Fällen grober und eindeutiger sowie leicht zu erkennender Rechtsverletzungen angenommen wird. Dies zeigt, dass die zuweilen anzutreffende Ansicht, Fragen der Zumutbarkeit seien typischerweise und ausschließlich auf der Schuldebene angesiedelt, nicht zutrifft.

115 Eine **Parallele** besteht ferner zwischen der genannten Umschreibung der Störerhaftung und der Regelung der bisherigen Formulierung „und ihnen die Verhinderung der Nutzung bzw. die Sperrung technisch möglich und zumutbar ist" in **§ 5 TDG und § 5 MDStV**. In der Sache handelt es sich sowohl bei der Formel der Rechtsprechung zur Störerhaftung als auch bei der gesetzlichen Formulierung um den gleichen Gedanken, so dass zumindest Wertungen übertragen werden können. Dies gilt beispielsweise für die Frage der Störerhaftung der DENIC[4] oder von Domain-Providern, wo eine Anwendung

---

1 BGH v. 10. 10. 1996 – I ZR 129/94, MDR 1997, 677 = GRUR 1997, 313 (315) mwN; BGH v. 18. 5. 1999 – X ZR 156/97, WRP 1999, 1045 (1048); BGH v. 10. 11. 1999 – I ZR 121/97, WRP 2000, 506 (509).

2 BGH v. 17. 5. 2001 – I ZR 251/99, NJW 2001, 3265 – ambiente.

3 BGH v. 10. 10. 1996 – I ZR 129/94, GRUR 1997, 313 (315); BGH v. 10. 4. 1997 – I ZR 3/95, WRP 1997, 1059 (1061); BGH v. 15. 10. 1998 – I ZR 120/96, WRP 1999, 211 (212).

4 Dazu *Bettinger/Freytag*, CR 1999, 28; ihnen folgend OLG Frankfurt/M. v. 14. 9. 1999 – 11 U Kart 59/98, CR 1999, 707, bestätigt durch BGH, Urt. v 17. 5. 2001 – I ZR 251/99, NJW 2001, 3265 – ambiente; OLG Dresden v. 28. 11. 2000 – 14 4 2486/00, CR 2001, 408.

der Verantwortlichkeitsprivilegierung in TDG und MDStV auch im Wege der Analogie nicht möglich ist.

Hierauf wird es auch insoweit ankommen, als die im Zuge der Umsetzung der **E-Commerce-Richtlinie** geplante Novelle der Verantwortlichkeitsregelungen von TDG und MDStV ohne Abkehr in der Sache weitgehend neue Formulierungen wählt. Insbesondere wird im Hinblick auf Verpflichtungen zur Entfernung oder Sperrung der Nutzung rechtswidriger Information (also bei Unterlassungs- und Beseitigungsansprüchen) zwar weiterhin das Erfordernis der Kenntnis von diesen Inhalten (nunmehr „Kenntnis von diesen Informationen") festgeschrieben. Auf eine ausdrückliche Aufnahme der Erfordernisse der Möglichkeit und Zumutbarkeit der Sperrung bzw. Nutzungsverhinderung wie im bisherigen § 5 TDG bzw. MDStV soll aber in Zukunft verzichtet werden. Die Begründung zum Entwurf des Änderungsgesetzes zum TDG hält ausdrücklich fest, dass der Verzicht auf diese Formulierung keinen Verzicht auf das Zumutbarkeitserfordernis bedeutet, da sich dieses bereits aus allgemeinen übergeordneten Grundsätzen ergebe.[1] Dies sind insbesondere die dargestellten Grundsätze der Störerhaftung, auf die es deshalb in Zukunft im Zusammenhang mit der Verantwortlichkeit von Tele- bzw. Mediendiensteanbietern für fremde Informationen oder Inhalte unmittelbar ankommen wird. Das gilt umso mehr, als die Novelle ausdrücklich von einer Regelung für Links absehen wird.[2] 116

(2) Beispiele

Bei den nachfolgend aufgezählten Beispielen zur Passivlegitimation muss beachtet werden, dass es je nach einschlägigem Haftungstatbestand im einzelnen zu Abweichungen kommen kann. Die gilt insbesondere für die Haftung als Verletzer, da sich die zu erfüllenden Tatbestandsmerkmale je nach einschlägiger Norm unterscheiden. Eine schematische Übertragung verbietet sich also. Grundsätzlich gelten die oben dargestellten allgemeinen Regeln. 117

(a) Content-Provider

Der **Begriff ist nicht eindeutig** besetzt. Teils wird hierunter derjenige verstanden, der im Gegensatz zu Dienstleistern wie einem Host-Service oder Access-Providern Angebote zu eigenen Zwecken bereit hält (im Folgenden als **Content-Anbieter** bezeichnet), teils derjenige, der für Dritte Inhalte im Stile einer Werbeagenturleistung erstellt oder pflegt (im Folgenden als **Agentur** bezeichnet). 118

Der **Content-Anbieter** haftet regelmäßig als Verletzer. Für juristische Personen und diesen Gleichgestellte gilt § 31 BGB. Soweit er nicht selbst handelt, sind ihm im Rahmen seiner Geschäftstätigkeit von ihm bewusst veranlasste 119

1 Entwurf der Bundesregierung zum Elektronischer Geschäftsverkehr-Gesetz (EGG), BR-Drucks. 136/01 v. 16. 2. 2001, S. 51.

2 Vgl. zur Problematik auch *Schütz/Attendorn*, CR 2001, 404.

Handlungen wie eigene zuzurechnen. Für Angestellte haftet er nach § 831 BGB bzw. nach § 13 Abs. 4 UWG, §§ 14 Abs. 7, 15 Abs. 6 MarkenG oder § 100 UrhG; nach diesen sonderprivatrechtlichen Vorschriften haftet er ferner für Beauftragte, zB eine Agentur. Eine Eigenhaftung seiner Organe kommt in Betracht, wenn sie entweder selbst Verletzer sind oder die Verletzung kennen und dulden. Für Mitarbeiter in völlig untergeordneter Stellung kommt hinsichtlich deren Eigenhaftung in Betracht, sie trotz Tatbestandsverwirklichung aus Billigkeitsgründen nicht haften zu lassen, wenn man dies mit einer verbreiteten Auffassung für möglich hält. Eine bloße Störerhaftung, die erheblichen Einschränkungen unterliegen kann, kommt bei Content-Anbietern deshalb dagegen nicht in Betracht. Von Dritten für sein Angebot erworbene Inhalte, zB Photos, Texte etc., macht sich der Content-Anbieter zu Eigen; auch im Sinne der Verantwortlichkeitsprivilegierungen nach TDG und MDStV. Etwas anderes mag nur in bestimmten Fällen für Äußerungen Dritter gelten, denen er ein neutrales Forum bietet („Markt der Meinungen“, s.u. Rz. 239).[1]

120 Ob die **Agentur** im Außenverhältnis[2] Verletzer oder nur Störer ist, hängt vom jeweiligen Verletzungstatbestand ab. Während sie bzw. ihre Organe oder Angestellten im Rahmen der Erstellung von Content für Dritte zB oft selbst Vervielfältigungen im Sinne von § 16 UrhG vornimmt, wird zB die öffentliche Wiedergabe dieses Content im Sinne von § 15 UrhG selbst unmittelbar wohl erst vom Content-Anbieter bzw. dessen Host-Service-Provider vorgenommen. Ihre Haftung als Verletzer kommt daher unter dem Gesichtspunkt der Veranlassung oder ansonsten der Störerhaftung in Betracht.[3] Eine Haftung der Agentur als Gehilfe oder Anstifter (§ 830 Abs. 2 BGB) ihres Kunden wird in der Regel ausscheiden, da diese Begriffe auch im Zivilrecht strafrechtlich verstanden werden[4] und deshalb sowohl beim Kunden wie auch bei der Agentur (bedingten) Vorsatz erfordern. Eine völlig untergeordnete Stellung ist allenfalls bei einzelnen Mitarbeitern anzunehmen. Eine Anwendung der Haftungsprivilegierungen nach TDG und MDStV kommt bei reinen Agenturleistungen für dritte Content-Anbieter nicht in Betracht, da die Agentur selbst keinen Tele- oder Mediendienst anbietet. Für Zurechnung von Tatbeiträgen und die Eigenhaftung von Organen und Angestellten gelten intern dieselben Grundsätze wie beim Content-Anbieter.

---

1 LG Berlin v. 17. 3. 1998 – 27 O 686/97, NJW-RR 1998, 1634.

2 Das Innenverhältnis richtet sich nach der vertraglichen Beziehung zwischen Content-Anbieter und Agentur, zB nach der Rechtsmängelgewährleistung des Werkvertragsrechts.

3 Vgl. BGH v. 22. 9. 1972 – I ZR 19/72, GRUR 1973, 208 (209) – Neues aus der Medizin für die wettbewerbsrechtliche Haftung der Werbeagentur für unlautere Werbeanzeigen in der Presse.

4 Palandt/*Thomas*, § 830 BGB Rz. 4.

(b) Hosting und Rechenzentrumsleistungen

Beim Hosting, also der öffentlichen Zurverfügungstellung fremden Contents auf eigenen oder wenigstens selbst kontrollierten Servern, sind sehr verschiedenartige Fallgestaltungen denkbar; vom klassischen Server-Hosting im Stil einer Rechenzentrumsleistung bis hin zum Hosting von Foren oder Newsgroups.[1] 121

Je nach Tatbestandsvoraussetzungen der einschlägigen Haftungsnorm kommt beim Hosting eine Haftung als **Verletzer** oder als **Störer**[2] in Betracht. Soweit die Störerhaftung auf Möglichkeit und Zumutbarkeit abstellt, gelten ähnliche Grundsätze wie bei der regelmäßig auch erforderlichen Prüfung nach § 5 Abs. 2 TDG bzw. MDStV. Für Zurechnung von Tatbeiträgen und die Eigenhaftung von Organen und Angestellten gelten intern dieselben Grundsätze wie beim Content-Anbieter. 122

Beim Hosting sind hier die Verantwortlichkeitsprivilegierungen von TDG und MDStV für fremde Inhalte ohne weiteres anwendbar, sofern nicht ausnahmsweise ein Zueigenmachen zu bejahen ist.[3] Erst sie führen zu praktikablen Ergebnissen. Ist Kenntnis von bestimmen Inhalten gegeben, so kann im Rahmen des Zumutbarkeitserfordernisses nicht ohne weiteres von einer Reduzierung der Verkehrssicherungspflicht auf eine Grobprüfung ausgegangen werden. Die Frage ist in der Rechtsprechung so noch nicht geklärt.[4] Hier wird es insbesondere auch darauf ankommen, ob der Hosting-Anbieter sich im Einzelfall auf Art. 5 GG berufen kann. 123

(c) Access-Providing, Network-Providing, Routing

Es handelt sich hierbei um reine TK-Dienstleistungen, die von ihrer Natur her inhalteunspezifisch sind. Vielfach laufen nur kleine Datenpakete durch. Außerdem verbietet das Telekommunikationsgeheimnis nach § 85 TKG dem Anbieter eine Überwachung. Deshalb sind hier in der Regel die besonderen Haftungstatbestände wie zB Aufstellen oder Verbreiten einer ehrverletzenden Behauptung, öffentliche Wiedergabe eines Werkes oder von (noch) 124

---

1 Vgl. zB LG Potsdam v. 8. 7. 1999 – 2 O 317/99, CR 2000, 123 – Tolerantes Brandenburg (Anwendung von § 5 Abs. 3 TDG für Zugangsvermittlung, tatsächlich aber Hosting bzw. Bereithalten zur Nutzung) sowie die folgenden Nachweise.

2 So ohne Problembewusstsein hinsichtlich des damals schon geltenden § 5 TDG OLG München v. 26. 2. 1998 – 29 U 4466/97, OLGR München 1998, 294 = CR 1998, 300 – Störer im Internet.

3 Für Einzelheiten siehe *Hütig*, oben Rz. 40.

4 Im Fall LG München I, Urt. v. 30. 3. 2000 – 7 O 3625/98, CR 2000, 389 (390) war die Urheberrechtsverletzung wegen Copyright-Vermerken offensichtlich; in der Berufungsinstanz von OLG München v. 8. 3. 2001 – 29 U 3282/00, OLGR München 2001, 115 = CR 2001, 333 bestätigt, allerdings unter Ablehnung der Anwendung von § 5 TDG; hierzu mit zutreffender Kritik *Spindler*, CR 2001, 324; vgl. ferner OLG München v. 3. 2. 2000 – 6 U 5475/99, OLGR München 2000, 307 = CR 2000, 541 – CD-Bench zur Frage einer Markenverletzung beim Hosting.

schutzfähigen Teilen davon, Benutzen einer Marke etc. nicht erfüllt. Eine Störerhaftung scheitert beim gegenwärtigen technischen Stand wohl an tatsächlichen („möglich") und rechtlichen Hürden (§ 85 TKG). Im Ergebnis kommt es dann nicht mehr auf die besondere Verantwortlichkeitsprivilegierung in TDG und MDStV für die bloße Zugangsvermittlung an.[1] Anders kann es nach geltendem deutschen Recht daher wohl nur sein, wenn ein solcher Anbieter vorsätzlich mit einem Nutzer zusammenarbeitet, um rechtswidrige Taten zu begehen; dazu unten Rz. 143. Dies kann nur im Einzelfall beurteilt werden. Ohne Hinzutreten besonderer Umstände kann ein solcher Vorsatz noch nicht angenommen werden, wenn ein Access-Provider einem Kunden, der mehrfach oder sogar notorisch Rechtverletzungen begangen hat, nicht generell den Zugang sperrt. Es gibt insoweit keine allgemeinen Vertriebsverbote wie zB für Betäubungsmittel. Allerdings kann in Zukunft EU-Recht, konkret die **Richtlinie Urheberrecht in der Informationsgesellschaft**, dazu führen, dass im Falle von Urheberrechtsverletzungen jedoch nach „Bedingungen und Modalitäten" des nationalen Rechts gleichwohl Unterlassungsanordnungen auch gegen solche technischen „Vermittler" möglich sein müssen.[2] Ob und ggf. wie dies der deutsche Gesetzgeber bei der Umsetzung der Richtlinie berücksichtigen wird, ist gegenwärtig noch nicht abzusehen.

(d) Links

125 Die Passivlegitimation desjenigen, der einen Link auf einen rechtswidrigen Inhalt setzt und unterhält, dürfte die umstrittenste Frage im Internetrecht sein.

126 Ob ein Link nach allgemeinem Haftungsrecht eine **Verletzung** ist, kann nicht einheitlich beantwortet werden. Es hängt maßgeblich von dem jeweils einschlägigen Tatbestand ab, zB Vervielfältigung gem. § 16 UrhG, öffentliche Wiedergabe gem. § 15 UrhG, Benutzung einer Marke gem. § 14 MarkenG[3], Angabe gem. § 3 UWG usw. Hierzu muss auf die Sonderkapitel dieses Handbuchs verwiesen werden.

127 Derjenige, der einen Link auf rechtswidrige Inhalte setzt, ist aber grundsätzlich **Störer**, da er dadurch zur – untechnisch gesprochen – „Verbreitung" dieser Inhalte im Internet willentlich und adäquat kausal beiträgt und soweit diese Verbreitung beim Verantwortlichen für die verlinkten Inhalte einen Haftungstatbestand objektiv verwirklicht. Soweit im Rahmen des Störerbegriffs die Zumutbarkeit der Verhinderung der Rechtsverletzung eine Rolle

1 U.a. dies war der Grund für den Freispruch im CompuServe-Fall auf die Berufung des Angeklagten, LG München I v. 17. 11. 1999 – 20 Ns 465 Js 173158/95, CR 2000, 117.

2 Richtlinie zur Harmonisierung bestimmter Aspekte des Urheberrechts und der verwandten Schutzrechte in der Informationsgesellschaft v. 22. 5. 2001, ABl. EG Nr. L 167 v. 22. 5. 2001, S. 10, Art. 8 Abs. 3. Vgl. dazu auch Art. 5 Abs. 1 und Erwägungsgrund 59.

3 Vgl. BGH v. 17. 5. 2001 – I ZR 251/99, NJW 2001, 3265 – ambiente.

spielt, stellen sich dieselben Fragen wie beim entsprechenden Tatbestandsmerkmal „zumutbar" der Verantwortlichkeitsprivilegierungen nach TDG und MDStV, auf die sich die Diskussion bei den Links konzentriert.

Soweit die entsprechenden subjektiven Voraussetzungen (Vorsatz des Täters 128
und des Teilnehmers) erfüllt sind, kommt für das Setzen und Unterhalten eines Links ferner eine Haftung wegen **Beihilfe** (§ 830 Abs. 2 BGB) in Betracht.

Ergibt sich danach nach allgemeinen Grundsätzen eine Haftung desjenigen, 129
der den Link setzt oder unterhält, ist im Anschluss die Frage der direkten oder analogen Anwendung der **Verantwortlichkeitsprivilegierungen** nach TDG und MDStV und ggf. welcher ihrer Alternativen zu beantworten.[1] Die Rechtsprechung hierzu ist äußerst diffus. Dies gilt sowohl für die Anwendung der Verantwortlichkeitsprivilegierungen nach TDG und MDStV[2] als auch vor dem Hintergrund unterschiedlicher Haftungstatbestände für das allgemeine Haftungsrecht.[3]

Richtigerweise findet auf Links **§ 5 Abs. 2 TDG analoge** Anwendung, solan- 130
ge der Verweisende sich den verlinkten Inhalt nicht zu Eigen macht.[4] Da der Link der Ersatz für die Spiegelung eines fremden Inhalts und dessen Bereithalten auf dem eigenen Server ist, liegt ein „virtuelles Bereithalten" analog dem technischen Bereithalten zur Nutzung nach § 5 Abs. 2 TDG vor. Die Anwendung von § 5 Abs. 1 TDG widerspräche der als sozialadäquat anerkannten Verweisfunktion eines Links. Umgekehrt würde die Anwendung von § 5 Abs. 3 TDG, der auf rein TK-technische Sachverhalte zugeschnitten ist, dem Umstand nicht Rechnung tragen, dass hinter einem Link eine be-

1 Dazu grundlegend *Bettinger/Freytag*, CR 1998, 545; *Waldenberger*, MMR 1998, 124; aus neuerer Zeit zB *Boddien*, Mitt. 1999, 401; *Gercke*, ZUM 2001, 34 jew. mwN.

2 Keine Anwendung oder offen gelassen: LG Braunschweig v. 6. 9. 2000 – 9 O 188/00, CR 2001, 47; LG München I v. 22. 4. 1999 – 9 HK O 6873/99, CR 1999, 592; LG Hamburg v. 12. 5. 1998 – 312 O 85/98, CR 1998, 565; LG München I v. 25. 5. 1999 – 9 HK O 850/99, K&R 1999, 336; OLG München v. 30. 4. 1999 – 6 W 1563/99, K&R 1999, 335; verlinkte als eigene bzw. zu Eigen gemachte Inhalte § 5 Abs. 1 TDG/MDStV: LG München I, Urt. v. 25. 5. 2000 – 4 HK O 6543/00, n.v.; LG Frankfurt/M. v. 27. 5. 1998 – 312 O 173/97, CR 1999, 45; bloße Zugangsvermittlung § 5 Abs. 3 TDG/MDStV: LG Lübeck v. 24. 11. 1998 – 11 S 4/98, CR 1999, 650; OLG Schleswig v. 19. 12. 2000 – 6 U 51/00, MMR 2001, 399; LG Frankenthal v. 28. 11. 2000 – 6 O 293/00, MMR 2001, 401.

3 Verletzer: LG München I, Urt. v. 25. 5. 2000 – 4 HK O 6543/00, n.v.; LG München I v. 22. 4. 1999 – 9 HK O 6873/99, CR 1999, 592; LG Hamburg v. 12. 5. 1998 – 312 O 85/98, CR 1998, 565; LG Frankenthal v. 28. 11. 2000 – 6 O 293/00, MMR 2001, 401; Störer: LG Braunschweig v. 6. 9. 2000 – 9 O 188/00, CR 2001, 47; LG Frankfurt/M. v. 27. 5. 1998 – 312 O 173/97, CR 1999, 45; Beihilfe: OLG München v. 30. 4. 1999 – 6 W 1563/99, K&R 1999, 335.

4 *Waldenberger*, MMR 1998, 124; *Bettinger/Freytag*, CR 1998, 545; *Freytag*, Haftung im Netz, S. 228 ff. (dort jew. noch für direkte Anwendung); so auch die hM: *Riehmer/Hessler* in Spindler, Vertragsrecht der Internet-Provider, Teil II, Rz. 175 (Fn. 1 auf S. 67); *Engels/Köster*, MMR 1999, 522 (524); *von Lackum*, MMR 1999, 697 (700); *Schütz/Attendorn*, MMR 2001, 404 und *Gercke*, ZUM 2001, 34.

wusste Auswahl eines fremden Inhalts liegt, welche wenigstens bei Vorsatz auch bezüglich der Rechtswidrigkeit die Möglichkeit einer Schadensersatzpflicht oder Strafbarkeit nicht abschneiden darf.

Selbst wenn es bei der Anwendung des allgemeinen Haftungsrechts bliebe, fänden gleichwohl die Kriterien „Möglichkeit" und „Zumutbarkeit" der Nutzungsverhinderung Anwendung, da sie nicht nur in § 5 Abs. 2 TDG bzw. MDStV Geltung finden, sondern bereits in den ungeschriebenen Einschränkungen der Störerhaftung nach der neueren BGH-Rechtsprechung (oben Rz. 113 f.).

131 Für Zurechnung von Tatbeiträgen und die Eigenhaftung von Organen und Angestellten gelten im Übrigen intern dieselben Grundsätze wie beim Content-Anbieter.

(e) Suchmaschinen und Verzeichnisse

132 Ähnlich ungeklärt wie bei Links im Allgemeinen ist die Lage bei Suchmaschinen (automatische, computerprogrammgesteuerte Suche) und Verzeichnissen (manuell erstellt). Einigkeit besteht über eine weitgehende Privilegierung. Vorzugswürdig ist die Lösung über das Kriterium der **Zumutbarkeit** von Prüfungspflichten, sei es über den allgemeinen Störerbegriff[1] oder über Analogie zu § 5 Abs. 2 TDG bzw. MDStV.[2] Für automatisch arbeitende Suchmaschinen, nicht aber für von Menschenhand durch bewusste Auswahl erstellte Verzeichnisse kann auch eine Analogie zu § 5 Abs. 3 TDG bzw. MDStV zu sachgerechten Ergebnissen führen.[3]

133 Für Zurechnung von Tatbeiträgen und die Eigenhaftung von Organen und Angestellten gelten auch hier intern dieselben Grundsätze wie beim Content-Anbieter.

(f) Peer-to-Peer-Server, File-Sharing-Dienste

134 Noch weniger geklärt sind Fragen der Haftung für den Betrieb von Servern in Peer-to-Peer-Systemen, auch File-Sharing-Dienste genannt. Dort sind die Dateien bzw. Inhalte (zB Raubkopien) ausschließlich auf den PCs der teilnehmenden Nutzer gespeichert und für andere Nutzer unmittelbar abrufbar. Auf einem Server, wie ihn zB der Napster-Dienst vorsieht bzw. vorsah, ist lediglich für alle Nutzer ein **Verzeichnis** zu konsultieren, aus dem sich die jeweiligen Speicherorte ergeben, von denen die Dateien dann direkt heruntergeladen werden. Von der Benutzeroberfläche her genügt aber für all diese Vorgänge das einfache Anklicken eines Dateinamens. Insoweit ergibt sich durchaus eine Parallele zum „virtuellen Bereithalten" bei Links und zur Anwendung der dortigen Grundsätze. Andererseits kann man in diesem Fall auch eine stärkere Verwandtschaft des Serverbetriebs zu einer rein TK-tech-

1 LG München v. 20. 9. 2000 – 7 HK O 12081/00, CR 2001, 46 (47).
2 *von Lackum*, MMR 1999, 697.
3 So LG Frankfurt/M. v. 10. 11. 2000 – 3-08 O 159/00, MMR 2001, 405.

nischen Vermittlungsleistung wie zB beim Routing sehen, was zur Anwendung von § 5 Abs. 3 TDG bzw. MDStV und § 5 Abs. 4 TDG führen würde.[1] Ganz aus dem Bereich der Tele- und Mediendienste kommt man mit „Diensten" wie Gnutella, die keinen zentralen Server kennen, sondern bei denen auch das **Verzeichnis dezentral** geführt wird. Hier kommt allenfalls ein Vorgehen gegen bzw. eine Haftung für den Vertrieb der erforderlichen Software in Betracht.

(g) Softwarehersteller

Grundsätzlich kommt auch eine Haftung von Herstellern und Vertreibern von Soft- und Hardware für den Missbrauch ihrer Produkte zur Begehung von Rechtsverletzungen in Betracht. Zu denken ist hier vor allem an **Urheberrechtsverletzungen** (vgl. zB die soeben erwähnten Peer-to-Peer-Systeme in dezentralen Varianten wie Gnutella) sowie an die Umgehung von Conditional-Access-Systemen zB für Pay-TV. Die aus den bisherigen Grundsätzen der Rechtsprechung abzuleitenden Verkehrspflichten sind äußerst großzügig und erschöpfen sich im Wesentlichen in Warnhinweisen.[2] Dies wird sich aber in Zukunft sowohl unter dem Gesichtspunkt der Störer- als auch der Verletzerhaftung ändern. Denn technische Schutzmaßnahmen zum Schutz vor unberechtigten Verwertungshandlungen werden in Zukunft in Umsetzung internationaler Verpflichtungen der Bundesrepublik auch einen (verstärkten) rechtlichen Schutz genießen.[3] 135

(h) Domainvergabestelle DENIC

Die deutsche Top-Level-Domain-Vergabestelle DENIC haftet im Rahmen der Störerhaftung außer in den (eher theoretischen) Fällen einer vorsätzlichen Beihilfe nur sehr eingeschränkt für Kennzeichenverletzungen von Anmeldern rechtswidriger Domains. Sie wird erst dann Mitstörer, wenn sie nach Hinweis auf die angebliche Rechtswidrigkeit eines Domain-Eintrags diesen nicht sperrt, obwohl er in grober und für die DENIC offensichtlich erkennbarer Weise Rechte des Anspruchstellers verletzt. In der Regel ist hierfür die Vorlage einer rechtskräftigen Verurteilung des Domain-Inhabers erforderlich.[4] Entsprechend enge Voraussetzungen gelten auch für einen kartell- 136

---

1 Ausführlich *Kreutzer*, GRUR 2001, 307 (308).

2 ZB BGH v. 29. 5. 1964 – Ib ZR 4/63, GRUR 1965, 104 – Personalausweise; BGH v. 9. 6. 1983 – I ZR 70/81, MDR 1984, 201 = GRUR 1984, 54 – Kopierläden; näher *Freytag*, Haftung im Netz, S. 112 ff.

3 Infolge der Umsetzung der Richtlinie 98/84/EG über den rechtlichen Schutz von zugangskontrollierten Diensten und Zugangskontrolldiensten v. 20. 11. 1998, ABl. EG Nr. L 320 v. 28. 11. 1998, S. 54 durch ein Zugangskontrolldiensteschutzgesetz (vgl. Gesetzentwurf der Bundesregierung vom 4. 7. 2001) und der Richtlinie 2001/29/EG zur Harmonisierung bestimmter Aspekte des Urheberrechts und der verwandten Schutzrechte in der Informationsgesellschaft v. 22. 5. 2001, ABl.EG Nr. L 167 v. 22. 6. 2001, S. 10, dort Art. 6 und 7.

4 *Bettinger/Freytag*, CR 1999, 28.

rechtlichen Anspruch. Diese Grundsätze wurden mittlerweile von zwei Oberlandesgerichten[1] und vom BGH[2] bestätigt.

137 Für die Zurechnung von Tatbeiträgen und die Eigenhaftung von Organen und Angestellten gelten intern dieselben Grundsätze wie beim Content-Anbieter.

(i) Domain-Provider und Name-Server

138 Auf keine so weitgehende Privilegierung im Rahmen der Störerhaftung können sich Domain-Provider berufen, die für Kunden (die Domaininhaber) Domains bei der DENIC reservieren und als technischer Kontakt- oder Nameserver agieren. Im Rahmen der ihnen für diese Tätigkeit obliegenden Verkehrssicherungspflichten sind sie ab **Kenntnis** der Umstände, aus denen sich eine Verletzung zB von Markenrechten durch die Domainregistrierung ergibt, verpflichtet, die Rechtswidrigkeit zu prüfen und im Falle der Rechtswidrigkeit nicht weiter an der Registrierung und Konnektierung mitzuwirken.[3] Denn der Domain-Provider wirkt willentlich und adäquat kausal an der rechtswidrigen Konnektierung und ggf. Benutzung der Domain mit, die Konnektierung abzustellen ist ihm möglich und eine Prüfung auch zumutbar, da er einer wesentlich geringeren Anzahl von Anmeldungen gegenübersteht als die DENIC oder eine andere Vergabestelle, nicht wie diese eine Aufgabe wahrnimmt, die in öffentlichem Interesse liegt, und sich im Regressfall an seinen Kunden halten kann. Aus Sicht des Verletzten ist es daher ratsam, den Domain-Provider parallel oder im Anschluss an die an den Domaininhaber gerichtete Abmahnung zu **informieren**. Für den Fall einer möglicherweise unberechtigten Abmahnung sollte er allerdings dabei das Risiko einer sog. „Abnehmer"verwarnung bedenken.

139 Für Zurechnung von Tatbeiträgen und die Eigenhaftung von Organen und Angestellten gelten intern dieselben Grundsätze wie beim Content-Anbieter.

(3) Verhältnis der Passivlegitimation zu den Verantwortlichkeitsprivilegierungen nach TDG und MDStV

140 Bei der Passivlegitimation kommt es zu **Überschneidung** des allgemeinen Haftungsrechts mit dem besonderen Verantwortlichkeitsrecht nach TDG und MDStV. Dies ist dann der Fall, **wenn der nach allgemeinen Grundsätzen Passivlegitimierte Anbieter eines Informations- und Kommunikationsdienstes im Sinne von § 2 TDG oder § 2 MDStV ist**. Dann kommen ihm die Verantwortlichkeitsprivilegierungen für eigene oder fremde Inhalte nach § 5 TDG oder § 5 MDStV zugute. Hierbei bleibt es auch bei Umsetzung der E-Commerce-Richtli-

---

1 OLG Frankfurt v. 14. 9. 1999 – 11 U Kart 59/98, CR 1999, 707 – ambiente; OLG Dresden v. 28. 11. 2000 – 14 U 2486/00, CR 2001, 408 – Biedenkopf.

2 BGH v. 17. 5. 2001 – I ZR 251/99, NJW 2001, 3265 – ambiente.

3 OLG Hamburg v. 4. 11. 1999 – 3 U 274/98, CR 2000, 385; LG Bremen v. 13. 1. 2000 – 12 O 453/99, CR 2000, 543.

nie. Denn der deutsche Gesetzgeber wird die Verantwortlichkeit im Rahmen der geplanten Novelle von TDG und MDStV weiter dort und damit systematisch außerhalb des allgemeinen Haftungsrechts regeln.[1]

(a) Eigene Inhalte

Bei eigenen Inhalten ergeben sich keine Probleme. Für eigene Inhalte sind die Anbieter gemäß § 5 Abs. 1 TDG und § 5 Abs. 1 MDStV ohne bereichsspezifische Einschränkungen **nach den allgemeinen Gesetzen**, also insbesondere nach dem allgemeinen zivilrechtlichen Haftungsrecht verantwortlich. 141

Insoweit sind **§ 5 TDG und § 5 MDStV haftungsrechtlich transparent**. Daran ändern auch die E-Commerce-Richtlinie und ihre Umsetzung nichts.[2]

(b) Fremde Inhalte

Nur bei **fremden Inhalten** ergibt sich auch sachlich eine **Überschneidung**. 142
Diese Überschneidung ist durch den **Vorrang des besonderen Verantwortlichkeitsrechts** (TDG und MDStV) zu lösen. Dies ergibt sich zunächst aus dem allgemeinem Grundsatz, dass das jüngere Gesetz dem älteren vorgeht. Vor allem folgt dies aber aus der erklärten haftungsklarstellenden und haftungsprivilegierenden Zielsetzung von § 5 TDG und § 5 MDStV, die im Ergebnis wie ein Filter die Verantwortlichkeit und damit die Passivlegitimation des Anbieters nur dann gestatten sollen, wenn ihre besonderen Voraussetzungen erfüllt sind.

Die Vorschriften schließen bei Erfüllung ihrer Voraussetzungen auch eine sekundäre Mithaftung als Störer oder aufgrund der Haftung für fremdes Verhalten (dazu oben Rz. 96 ff.) grundsätzlich aus.

Eine **Ausnahme** hiervon gilt nur dann, wenn der Anbieter und der Nutzer 143
direkt vorsätzlich[3] **mit einem Nutzer**, der seinerseits wieder Anbieter sein kann,[4] **zusammenarbeitet, um rechtswidrige Handlungen zu begehen**. Der Vorsatz ersetzt hier die Zurechnung mittelbar verursachter Verletzungserfolge wegen Mitwirkung an der Verbreitung rechtswidriger Inhalte Dritter, wie sie den Verantwortlichkeitsregelungen von TDG und MDStV und auch der E-Commerce-Richtlinie zugrunde liegt. Das Vorsatzelement überbrückt damit aufgrund der damit verbundenen objektiven Gefahrsteigerung gewisser-

1 §§ 8 bis 11 TDG-E 2001 und § 6 bis 9 MDStV-E 2001; vgl. Entwurf der Bundesregierung zum Elektronischer Geschäftsverkehr-Gesetz (EGG), BR-Drucks. 136/01 v. 16. 2. 2001, S. 51 und Entwurf eines Staatsvertrags zur Änderung des Mediendienste-Staatsvertrags (Stand: 5. 12. 2000).

2 *Freytag*, CR 2000, 600 (603); vgl. § 8 Abs. 1 TDG-E 2001 und § 6 Abs. 1 MDStV-E 2001.

3 Erwägungsgrund Nr. 44 der E-Commerce-Richtlinie spricht in der deutschen Fassung von „absichtlich“, die englische Fassung lautet „deliberately“ und die französische „delibérement“.

4 *Freytag*, CR 2000, 600 (608).

maßen wie ein überspringender Funke beim Kurzschluss die sonst anzuwendenden differenzierenden Zurechnungskriterien.[1] **Bedingter Vorsatz genügt** hierfür **nicht**. Ob Absicht als gesteigerte Form des Vorsatzes tatsächlich erforderlich ist, ist fraglich, da der Vergleich des deutschen Richtlinientextes mit der englischen und französischen Fassung ergibt, dass nach letzteren wohl einfacher direkter Vorsatz genügt.

144 Diese Filterfunktion entspricht bei **dogmatischer Einordnung**[2] einer gesetzlichen Regelung des rechtlichen Zurechnungszusammenhangs zwischen einem Verhalten einer Person,[3] welches nach den Grundsätzen des allgemeinen Haftungsrechts haftungsbegründend sein kann, einerseits und einer Rechtsverletzung, die sich aus den besonderen Vorschriften des besonderen Haftungsrechts ergibt, andererseits. Das besondere Verantwortlichkeitsrecht für den Online-Bereich modifiziert also das allgemeine Haftungsrecht auf der Tatbestandsebene.[4]

Auf die Frage der dogmatischen Einordnung wird es jedoch in der **Praxis** nur selten ankommen:

145 – Sind die **Voraussetzungen für eine Haftungsprivilegierung nach § 5 TDG oder § 5 MDStV erfüllt**, scheitert eine Haftung jedenfalls hieran, ohne dass es auf das Ergebnis der Prüfung nach allgemeinem Haftungsrecht und dessen Verhältnis zum besonderen Verantwortlichkeitsrecht noch ankäme.

  Auch hier sind allerdings die in § 5 TDG und § 5 MDStV zum Ausdruck gekommenen gesetzlichen Wertungen zu beachten. Steht also beispielsweise fest, dass ein Anbieter von fremden rechtswidrigen Inhalten, die er zur Nutzung bereithielt, aber mittlerweile gelöscht oder gesperrt hat, im entscheidenden Augenblick **keine Kenntnis** hatte (§ 5 Abs. 2 TDG), so kann diese gesetzliche Wertung nicht dadurch umgangen werden, dass man eine Haftung kraft Beihilfe durch Unterlassen mit dem Argument konstruiert, der Anbieter habe infolge unterlassener Kontrollen die von ihm bereitgehaltenen Inhalte nicht ge- und deren Rechtswidrigkeit nicht erkannt, deshalb diese nicht gesperrt und so die Verbreitung dieser rechtswidrigen Informationen im Sinne der Beihilfe gefördert und dabei Rechtsverletzungen Dritter billigend in Kauf genommen.

---

1 Vgl. zur Parallele der Auslegung von „lediglich" den Zugang vermitteln in § 5 Abs. 3 TDG aF *Sieber*, Verantwortlichkeit im Internet, Rz. 370 bis 375; ferner *Freytag*, Haftung im Netz, S. 143, wobei an der Erstreckung des Vorbehalts über Mittäterschaft, Anstiftung und Beihilfe hinaus für die Novelle nach Umsetzung der E-Commcerce-Richtlinie nicht festgehalten wird.

2 Vgl. hierzu auch *Spindler*, MMR 1998, 639 und *Haedike*, CR 1999, 309.

3 Dieses ist uU weiter zuzurechnen, zB als Organ der jur. Person oder dem Arbeit- oder Auftraggeber, siehe oben Rz. 96 ff.

4 *Freytag*, Haftung im Netz, S. 129 ff.; *Freytag*, ZUM 1999, 185 (189); *Sieber*, Verantwortlichkeit im Internet, S. 123 jew. mwN; *Spindler*, NJW 1997, 3193 (3195); so auch LG Lübeck v. 24. 11. 1998 – 11 S 4/98, CR 1999, 650 – Zurechnung.

- **Fehlen die Voraussetzungen einer besonderen Haftungsprivilegierung nach TDG oder MDStV und sind auch alle weiteren Tatbestandsmerkmale nach dem herkömmlichen allgemeinen und besonderen Haftungsrecht erfüllt**, kann das Verhältnis auch in diesem Fall dahingestellt bleiben. Denn es gibt grundsätzlich keine festgelegte Prüfungsreihenfolge haftungsbegründender oder haftungsausschließender Tatbestandsmerkmale. In diesem Fall ist jedenfalls im Ergebnis unabhängig vom Verhältnis von allgemeinem Haftungsrecht und TDG bzw. MDStV die Haftung zu bejahen. 146

- Nur wenn **bei Ausscheiden einer Privilegierung nach § 5 TDG oder § 5 MDStV eine Mithaftung an nach allgemeinem Haftungsrecht zu prüfenden Kriterien für eine Zurechnung fremden Verhaltens**[1] **scheitern würde**, kommt es auf die Klärung des dogmatischen Verhältnisses zwischen allgemeinem Haftungsrecht und besonderem Online-Verantwortlichkeitsrecht an. 147

Dann gilt Folgendes: Sind die bedingten Verantwortlichkeitsprivilegierungen eine ausdrückliche gesetzliche Regelung der Verkehrspflichten, welche die Anbieter von Tele- und Mediendiensten hinsichtlich fremder Inhalte treffen, so sind sie besondere Kriterien für die **tatbestandliche Zurechnung fremden Verhaltens und der durch diese verursachten Verletzungserfolge.** Deshalb sind in diesem Bereich **Wertungswidersprüche** zu **vermeiden**, wobei die spätere ausdrückliche gesetzliche Regelung vorgehen muss. 148

So kann, wenn feststeht, dass ein Anbieter **fremde Informationen in Kenntnis ihres Inhalts bereitgehalten** hat und ihm eine **Nutzungsverhinderung technisch möglich und zumutbar gewesen** wäre, nicht argumentiert werden, ihm sei die Verbreitung dieser Inhalte tatbestandlich objektiv nicht zuzurechnen, da ihm Maßnahmen zur Nutzungsverhinderung nach allgemeinen Grundsätzen der Störerhaftung nicht zuzumuten seien.

Kein Wertungswiderspruch tritt dagegen auf, soweit die Haftung des Anbieters nach allgemeinem Haftungsrecht unter Gesichtspunkten bejaht oder verneint wird, die nichts mit der tatbestandlichen Zurechnung fremden Verhaltens gerade aufgrund der Nichtbeachtung der den Anbietern von Tele- und Mediendiensten hinsichtlich fremder Inhalte obliegenden Verkehrspflichten tun haben. Dies ist etwa der Fall, wenn es um die Frage geht, ob die handelnde Person als Organ im Sinne von **§ 31 BGB** oder als Angestellter oder Beauftragter im Sinne von **§ 13 Abs. 4 UWG** anzusehen ist. In diesem Fall finden die Bestimmungen des allgemeinen Haftungsrechts **unberührt** von TDG und MDStV Anwendung. 149

1 Also neben der sog. objektiven Zurechnung mittelbarer Tatbeiträge bei der Verletzerhaftung insbesondere in den Fällen einer Haftung für fremdes Verhalten und der Störerhaftung; siehe oben Rz. 91 ff.

(4) Verhältnis der Passivlegitimation zum Herkunftslandprinzip nach der E-Commerce-Richtlinie

150 In gewissen Konstellationen kann es auch zu **Überschneidungen** zwischen den Vorschriften des **allgemeinen Haftungsrechts** und dem **Herkunftslandprinzip nach Art. 3 der E-Commerce-Richtlinie**, welches im TDG und im MDStV in deutsches Recht umgesetzt werden soll,[1] kommen.

151 Nach dem **Herkunftslandprinzip** darf in dessen **Anwendungsbereich** ein Mitgliedstaat die Tätigkeit eines Anbieters eines Dienstes der Informationsgesellschaft, der in einem anderen Mitgliedsstaat niedergelassen ist, im Grundsatz **nicht beschränken oder behindern**, sofern die Gründe hierfür nicht rechtlichen Bereichen zuzuordnen sind, die vom Anwendungsbereich der E-Commerce-Richtlinie ausgenommen sind, oder eine der **Ausnahmen** zwingender Schutzinteressen nach der E-Commerce-Richtlinie eingreift. Vereinfacht gesprochen dürfen also Anbieter, die grenzüberschreitend tätig sind, EU-weit grundsätzlich **höchstens so streng behandelt werden wie in ihrem Niederlassungsland**. Das Herkunftslandprinzip ist eine spezielle, sekundärrechtliche Ausprägung der allgemeinen Dienstleistungsfreiheit gem. Art. 50 EGV.

152 Eine **zumindest faktische Beschränkung** der Tätigkeit des Anbieters stellt es im Grundsatz auch dar, wenn der ausländische Anbieter wegen Verstoßes gegen und aufgrund von inländischen Vorschriften vom Staat oder von privaten Dritten haftbar gemacht wird. Es handelt sich hierbei um eine sog. **Maßnahme gleicher Wirkung** im Sinne der Dassonville-Formel.[2]

153 Ein **unmittelbarer Konflikt** zwischen Herkunftslandprinzip und allgemeinem Haftungsrecht, insbesondere der Passivlegitimation, erscheint nur **ausgeschlossen**, soweit der Anbieter und seine Tätigkeit in den Anwendungsbereich der Verantwortlichkeitsprivilegierungen nach der E-Commerce-Richtlinie bzw. ihrer jeweiligen Umsetzungen in nationales Recht fallen. Denn bei europarechtlich ordnungsgemäßer Umsetzung der Richtlinie gelten für alle Anbieter dieselben Haftungsprivilegierungen und Voraussetzungen für diese.

154 Ein **unmittelbarer Konflikt** kann sich aber in den von den harmonisierten Verantwortlichkeitsregelungen der E-Commerce-Richtlinie **ausgesparten Bereichen** ergeben. Dies sind vor allem die Verantwortlichkeit für **Links** und die konkrete Ausgestaltung der Verantwortlichkeit, soweit diese die **Sperrung oder Nutzungsverhinderung** rechtswidriger Inhalte betrifft. In diesen Bereichen ist es durchaus denkbar, dass beispielsweise das deutsche Recht

---

1 Vgl. § 4 TDG nF und § 5 MDStV nF in den Fassungen der geplanten Änderungsgesetze (Entwurf der Bundesregierung zum Elektronisches Geschäftsverkehr-Gesetz – EEG, BT-Drucks. 14/6098 v. 17. 5. 2001 und Entwurf eines Staatsvertrags zur Änderung des Mediendienste-Staatsvertrag); zum Herkunftslandprinzip siehe ferner *Tettenborn*, oben C Rz. 450 ff.; umfassend zum europäischen Rechtsrahmen: *Lehmann* (Hrsg.), Electronic Business in Europa, 2001.

2 EuGH Slg. 1974, 837 – Dassonville; *Geiger*, EUV/EGV, 3. Aufl. 2000, Art. 28 EGV Rz. 9 und 10.

einem in England niedergelassenen Anbieter eine Verantwortlichkeit für fremde Inhalte, auf die Links in seinem Angebot verweisen, zuweist oder ihm generell oder im Einzelfall strengere Unterlassungspflichten auferlegt, als dies das englische Recht tut. In diesen Fällen müsste aufgrund des Vorrangs des Gemeinschaftsrechts das **Herkunftslandprinzip eingreifen** und eine Haftung nach deutschem Recht[1] (zB für einen Link auf eine nach deutschem Recht wettbewerbswidrige Werbung) ausschließen, wenn nicht ohnehin eine der in Art. 3 Abs. 4 bis 6 E-Commerce-Richtlinie vorgesehenen Ausnahmen eingreift.

Eine weitere Einschränkung der Freiheit der Erbringung von Diensten der Informationsgesellschaft kann sich **mittelbar** aus nationalem Haftungsrecht ergeben. Wenn zwar der **Dienst eines ausländischen Anbieters** selbst aufgrund des Herkunftslandprinzips in Deutschland nach inländischem Recht von der Haftung **ausgenommen** ist, **aber der im Inland niedergelassene Kooperationspartner, Kunde o.Ä.** zB als Störer nach UWG **haftbar** ist, weil er diesen Dienst zB hostet oder in sein Portal integriert hat, so **wirkt sich dies faktisch und mittelbar auch auf den ausländischen Anbieter aus**. Denn dies erschwert ihm faktisch die Ausübung seiner Freiheit der Erbringung seines Dienstes der Informationsgesellschaft vom Ausland aus in Deutschland. Ein Anbieter von Powershopping, der in einem Mitgliedstaat niedergelassen ist, in dem dieses rechtmäßig ist, könnte also beispielsweise de facto nicht mit einem Portal wie T-Online kooperieren, solange Powershopping in Deutschland als Verstoß gegen § 1 UWG und der Portalbetreiber als Störer angesehen wird.[2] Weitere Beispiele sind grenzüberschreitende Kooperationen zwischen deutschem Provider und ausländischem Dienstleister im Zusammenhang mit E-Mail oder SMS-Werbung o.Ä. 155

Möglicherweise greift auch hier das Herkunftslandprinzip zugunsten des ausländischen Anbieters und mit mittelbarer Auswirkung auf die Tätigkeit der inländischen Vertrags- und Kooperationspartner ein. Denn auch mittelbare oder faktische Diskriminierungen oder Behinderungen fallen in den Anwendungsbereich der Grundfreiheiten des EG-Vertrages, als deren besondere sekundärrechtliche Ausprägung das Herkunftslandprinzip angesehen werden kann. Dies erscheint auf den ersten Blick als eine sehr **weitgehende Auslegung des Herkunftslandprinzips**, die möglicherweise mit dem Argument abgelehnt werden könnte, es handle sich in diesen Fällen nur um einen nicht beachtlichen Rechtsreflex des Herkunftslandprinzips. Fälle, in denen die Inanspruchnahme einer Grundfreiheit durch den grenzüberschreitenden Erbringer einer Hilfsleistung mit faktischer Begünstigung eines inländischen 156

1 Insoweit wäre noch das IPR des angerufenen Gerichts zu beachten und zB deutsches IPR müsste auf deutsches Recht, zB das UWG, verweisen. Im Ergebnis geht auch dann allerdings das Herkunftslandprinzip dem IPR vor, Erwägungsgrund 23 Satz 2 E-Commerce-Richtlinie (bestr.).

2 Hier sind natürlich wieder je nach Ausgestaltung der Kooperation die Verantwortlichkeitsprivilegierungen nach TDG und MDStV zu beachten.

Akteurs in Betracht gezogen wurden, sind in der **Rechtsprechung des EuGH** allerdings durchaus bekannt.[1]

bb) Ansprüche und Rechtsfolgen

157 Sind die Voraussetzungen für die Haftung eines im Netz Tätigen gegeben – also neben den einzelnen Tatbestandsvoraussetzungen des besonderen Haftungsrechts insbesondere die Passivlegitimation des in Anspruch Genommenen –, so sind auf der Rechtsfolgenseite verschiedene Ansprüche zu unterscheiden.

158 Hierzu zählen der **Unterlassungs-** und der **Beseitigungsanspruch**, die unter dem Oberbegriff **Abwehransprüche** zusammengefasst werden und die ein Verschulden erfordern. Ferner der grundsätzlich verschuldensabhängige **Schadensersatzanspruch** und der Anspruch auf Herausgabe ungerechtfertigter Bereicherung, der so genannte **Bereicherungsanspruch**. Hinzu kommen Ansprüche auf **Auskunft und Rechnungslegung**, die der Verwirklichung von Beseitigung-, Schadensersatz- oder Bereicherungsansprüchen dienen. Besonderen Regeln folgt der **Gegendarstellungsanspruch** wegen vermeintlich unwahrer Tatsachenbehauptungen in Presse, Rundfunk und Mediendiensten, den die Presse- und Mediengesetze der Länder und der Mediendienste-Staatsvertrag gewähren.

159 Keine Erwähnung finden hier besondere **vertragliche Ansprüche** wie zB Ansprüche auf Rückgewähr oder auf bzw. aus Gewährleistung. Hier wird auf die Abschnitte über das Vertragsrecht verwiesen.[2] Ebenfalls ausgespart bleiben spezielle Ansprüche zB des Urheber- oder Markenrechts auf Vernichtung, Übertragung usw. Auch insoweit wird auf die speziellen Kapitel verwiesen.[3]

(1) Unterlassung

160 Der Unterlassungsanspruch schützt vor **zukünftigen Verletzungen**. Er erfordert deshalb neben einer bereits erfolgten (dann sog. Verletzungsunterlassungsanspruch) oder konkret zu befürchtenden (dann sog. vorbeugender Unterlassungsanspruch) objektiven **Verletzungshandlung** Begehungsgefahr (**Wiederholungs- bzw. Erstbegehungsgefahr**). Die Begehungsgefahr ist ungeschriebenes Tatbestandsmerkmal und damit materielle Anspruchsvoraussetzung.[4] Letzteres gilt allerdings nur für den gesetzlichen Unterlassungsan-

1 Vgl. zB die Fallgestaltungen in EuGH Slg. 1994 I, 1078 – Schindler (Werbung für eine Lotterie), EuGH Slg. 1995 I, 1141 – Alpine Investments (Werbung für Finanzdienstleistungen), EuGH v. 9. 7. 1997 – C-34/95, C-35/95, C-36/95, GRUR Int. 1997, 913 – de Agostini (zur Fernsehrichtlinie).

2 Siehe die Beiträge von *Göckel, Holzbach/Süßenberger* und *Jessen/Müller* zur vertraglichen Haftung und Gewährleistung.

3 *Dreier/Buschle*, unten Rz. 256 ff., *Dieselhorst*, unten Rz. 281 ff.

4 BGH v. 2. 12. 1981 – I ZR 121/80, MDR 1983, 558 = GRUR 1983, 186 – Wiederholte Unterwerfung I.

spruch, nicht für den vertraglichen Unterlassungsanspruch.[1] Hat der Anbieter auf eine Abmahnung hin eine Unterlassungserklärung abgegeben und gegen sie verstoßen, so kann er sich nicht mit materiellen Erwägungen aus dem gesetzlichen Tatbestand verteidigen.[2]

(a) Rechtsverletzung

161 Erforderlich und ausreichend ist eine **objektive Rechtsverletzung**, die dem Anspruchsgegner **zuzurechnen** ist. Dies darzulegen und zu beweisen ist Sache des Anspruchsstellers. **Verschulden** ist **nicht erforderlich**.[3] Sein Fehlen ist daher als Verteidigung ungeeignet.

162 Von der Frage des Verschuldens zu trennen sind allerdings Fragen der Zumutbarkeit von Prüfungspflichten, wenn es um die Zurechnung von Handlungen Dritter geht. Sind solche Pflichten im Rahmen des Pflichtenkreises eines Anbieters zu verneinen oder hat er ihnen im Rahmen des Zumutbaren Genüge getan, so ist ihm die Verletzung auf Tatbestandsebene nicht zuzurechnen. Es fehlt dann bereits an der Passivlegitimation und damit an einer Rechtsverletzung.

(b) Begehungsgefahr und deren Wegfall

163 Bei der Begehungsgefahr ist zwischen Wiederholungs- und Erstbegehungsgefahr zu unterscheiden.

(aa) Wiederholungsgefahr

164 Liegt bereits eine Verletzung vor, so wird die **Wiederholungsgefahr vermutet**. Sie auszuräumen ist dann Sache des Verletzers. An den **Wegfall** der Wiederholungsgefahr sind **strenge Anforderungen** zu stellen.[4]

165 Grundsätzlich kann die Wiederholungsgefahr nur durch Abgabe einer **strafbewehrten Unterlassungsverpflichtungserklärung** beseitigt werden.[5] Die erklärte Unterlassungsverpflichtung muss auf einen ernstlichen Unterlassungswillen schließen lassen und – soweit die Vermutung der Wiederholungsgefahr reicht – **uneingeschränkt, unbefristet, bedingungslos und unwiderruflich** erklärt werden und eine **angemessene Vertragsstrafe** für jeden Fall der Zuwiderhandlung vorsehen. Zulässig ist allein die Beifügung einer auflösenden Bedingung, dass die Rechtmäßigkeit des Verhaltens allgemeinverbindlich und zweifelsfrei durchgesetzt oder höchstrichterliche Rechtspre-

---

1 BGH v. 3. 12. 1998 – X ZR 181/98, GRUR 1999, 522 (524) – Datenbankabgleich.
2 Vgl. auch LG Berlin v. 14. 10. 1999 – 16 O 84/98, MMR 2000, 495.
3 *Köhler/Piper*, vor § 13 UWG Rz. 2.
4 BGH v. 10. 7. 1997 – I ZR 62/95, WRP 1998, 296 (301) – Der M. Markt packt aus.
5 Einzelheiten bei *Köhler/Piper*, vor § 13 UWG Rz. 5 ff.; *Teplitzky*, Wettbewerbsrechtliche Ansprüche, 7. Aufl. 1997, Kap. 7; vgl. auch Palandt/*Bassenge*, § 1004 BGB Rz. 29.

chung geklärt wird.[1] **Nicht ausreichend** sind hingegen neben der bloßen, nicht strafbewehrten Erklärung, den Verstoß nicht zu wiederholen, zB die Entfernung eines Links, die Abschaltung einer Homepage oder die Löschung einer Domain.

166 Für den Wegfall der Wiederholungsgefahr ist es nicht erforderlich, dass der **Gläubiger** die als solche ausreichende **Erklärung auch annimmt**.[2] Zur Klarstellung ist dies aber zu empfehlen, insbesondere wenn die abgegebene Erklärung im Wortlaut von der ursprünglich geforderten abweicht. Das gilt vor allem im Hinblick auf die Möglichkeit des Abgemahnten, erfolgreich negative Feststellungsklage zu erheben, soweit die Abmahnung (teilweise) unberechtigt ist.

167 Eine bestimmte **Form** ist für die Unterlassungserklärung **nicht erforderlich**. Sie kann grundsätzlich auch mündlich oder fernschriftlich erklärt werden. In diesen Fällen hat der Gläubiger allerdings nach Treu und Glauben einen Anspruch auf **schriftliche Bestätigung**.[3] Dies gilt auch für **Telefax**, so dass die Faxübermittlung einer Unterlassungserklärung zwar **fristwahrend** ist, das **Original** jedoch **unverzüglich nachzusenden** ist.

168 Ist eine Unterlassungsverpflichtungserklärung abgegeben, so haftet der Schuldner auch für **Verstöße** seiner Erfüllungsgehilfen gemäß **§ 278 BGB**. Schließt er dies aus, so beseitigt seine Erklärung die Wiederholungsgefahr nicht. Will er das Risiko der Haftung für Erfüllungsgehilfen nicht übernehmen, so bleibt ihm **alternativ** nur, **sich verurteilen zu lassen**. Im Rahmen der Vollstreckung nach **§ 890 ZPO** haftet er für Erfüllungsgehilfen nicht; jedoch werden dort im Rahmen des **Organisationsverschuldens** von den Gerichten regelmäßig so strenge Anforderungen gestellt, dass sich in der Praxis unter dem Gesichtspunkt des Aufsichtverschuldens der Unterschied vielfach relativieren wird. Der Rat eines Rechtsanwalts entlastet den Schuldner grundsätzlich ebenfalls nicht.[4]

169 Die Wiederholungsgefahr ist nicht teilbar. Mithin beseitigt die – als solche ausreichende – Unterwerfung gegenüber einem Verletzten, unter besonderen Umständen auch einem Dritten gegenüber, die Wiederholungsgefahr gegenüber allen potentiellen Anspruchsstellern. Gegenüber dem so genannten **Zweitabmahner** braucht der Schuldner daher grundsätzlich keine weitere strafbewehrte Unterlassungserklärung abzugeben.[5] Nach Treu und Glauben

---

1 BGH v. 1. 4. 1993 – I ZR 136/91, MDR 1993, 746 = GRUR 1993, 677 (679) – Bedingte Unterwerfung.

2 BGH v. 16. 11. 1995 – I ZR 229/93, MDR 1996, 489 = GRUR 1997, 379 (380) – Wegfall der Wiederholungsgefahr II.

3 BGH v. 8. 3. 1990 – I ZR 116/88, MDR 1990, 1093 = CR 1990, 654 = GRUR 1990, 530 (532) – Unterwerfung durch Fernschreiben.

4 OLG Hamm v. 27. 10. 1977 – 4 W 62/77, WRP 1978, 223; vgl. *Thomas/Putzo*, ZPO, 23. Aufl. 2001, § 890 ZPO Rz. 15; Stein/Jonas/*Brehm*, § 890 ZPO Rz. 25; *Teplitzky*, Wettbewerbsrechtliche Ansprüche, 7. Aufl. 1997, Kap. 57, Rz. 26 ff. mwN.

5 BGH v. 13. 5. 1987 – I ZR 79/85, MDR 1987, 998 = GRUR 1987, 640 (641) – Wiederholte Unterwerfung II.

ist er jedoch, um eine Schadensersatzpflicht aus positiver Forderungsverletzung zu vermeiden, gehalten, dem Zweitabmahner zu **antworten** und ihm die Erstabmahnung und seine Unterwerfung im Wortlaut schriftlich mitzuteilen.[1]

(bb) Erstbegehungsgefahr

170 An die **Erstbegehungsgefahr** werden **strenge Anforderungen** gestellt. Hierunter ist nicht jede mögliche, sondern nur die ernstlich drohende, unmittelbar oder innerhalb naher Zukunft bevorstehende Gefahr einer Rechtsverletzung zu verstehen.[2] Hier müssen ernsthafte und greifbare Anhaltspunkte vorliegen, die eine zuverlässige rechtliche Beurteilung ermöglichen.

171 Die Erstbegehungsgefahr wird **nicht vermutet**, sie ist vom Anspruchssteller darzulegen und zu beweisen. Er muss also von dem Verhalten des Anspruchsgegners, aus dem die drohende Verletzung herrührt, bereits Kenntnis haben. Schon daran wird in der Praxis ein vorbeugender Unterlassungsanspruch häufig scheitern. Anders ist dies wohl nur in den Fällen, in denen sich der Verletzer ausdrücklich eines ihm nicht zustehenden Rechtes berühmt.

(c) Inhalt des Anspruchs

172 Der Inhalt möglicher Unterlassungsansprüche ist nicht notwendigerweise auf bloßes Nichtstun beschränkt. Zwar kann er grundsätzlich dadurch erfüllt werden, dass sich der Schuldner weiterer Verletzungshandlungen enthält. Allerdings ist es Frage des Einzelfalles, ob im Rahmen der Unterlassungspflicht nicht **auch ein positives Tun** erforderlich ist, um erneute Rechtsverletzungen zu vermeiden. Besteht der Verstoß etwa darin, dass der Anbieter nicht ordnungsgemäß über ein bestehendes Widerrufsrecht belehrt hat,[3] muss er im Rahmen der Unterlassung in Zukunft ordnungsgemäß belehren. Ist ein Arzt Störer, weil er duldet, dass für ihn unzulässigerweise geworben wird, so muss er Maßnahmen treffen, um dies in Zukunft zu verhindern.[4]

173 Besteht ein Unterlassungsanspruch wegen rechtswidriger Inhalte im Internet, so muss der Anbieter diese **Inhalte löschen oder gegen Abruf sperren**. Besteht hierzu Anlass, so muss er auch im Rahmen des Möglichen und Zumutbaren Vorkehrungen treffen, um ein **erneutes Auftauchen** dieser Inhalte etwa im Rahmen einer automatischen Spiegelung von anderen Rech-

1 OLG Dresden v. 16. 3. 1999 – 14 W 1689/98, WRP 2000, 430.
2 BGH v. 19. 3. 1992 – I ZR 166/90, MDR 1993, 136 = GRUR 1993, 53 (55) – Ausländischer Inserent.
3 BGH v. 7. 5. 1986 – I ZR 95/84, MDR 1987, 24 = GRUR 1986, 816 – Widerrufsbelehrung bei Teilzahlungskauf.
4 BGH, Urt. v. 26. 11. 1998 – I ZR 179/96, WRP 1999, 501 (504) – Implantatbehandlung.

nern zu verhindern. Er muss seinen Provider kontrollieren und sicherstellen, dass nur noch eine ordnungsgemäße Fassung abrufbar ist.[1] Besteht die Rechtsverletzung eines Anbieters darin, dass er über so genannte **Metatags** in seinen Seiten irreführende Einträge in Suchmaschinen generiert hat, so ist er (auch) im Rahmen der Unterlassung verpflichtet sicherzustellen, dass die so generierten Verknüpfungen gelöscht werden.[2]

174 Die **räumliche Weite** des Unterlassungsanspruchs ist stets auf das Bundesgebiet beschränkt. Deutsche Gerichte können zwar unter Beachtung der Regeln des internationalen Zivilprozessrechts und des Internationalen Privatrechts wegen Handlungen im Ausland Unterlassungsgebote bzw. -verbote aussprechen. Voraussetzung für einen Verstoß und damit für die Durchsetzung von Ordnungsmitteln ist aber, dass sich die Zuwiderhandlung auch gegen ein im Inland ausgesprochenes Verbot richtet. Dies ist im territorial nicht begrenzten Internet allerdings regelmäßig der Fall.

(d) Durchsetzung des Anspruchs

175 Der Verletzte hat die Wahl, ob er seinen Anspruch zunächst außergerichtlich oder sofort gerichtlich durchsetzen will.

176 Unterlassungsansprüche werden in der überwiegenden Zahl der Fälle nicht (nur) im Hauptsacheverfahren geltend gemacht, sondern im Rahmen des einstweiligen Rechtsschutzes durch Antrag auf Erlass einer **einstweiligen Verfügung**. Bei **Domainstreitigkeiten** ist zu beachten, dass nach Auffassung einzelner Gerichte eine Verurteilung zur Aufgabe einer Domain-Registrierung im Verfügungsverfahren nicht möglich ist, weil dies eine Vorwegnahme der Hauptsache bedeuten würde.[3] Häufig wird dem Löschungsantrag aber auch im Wege einer einstweiligen Verfügung stattgegeben. Soweit man bereits in der Registrierung in Form einer Domain eine Benutzung des geschützten Zeichens sieht,[4] zwingt aber ohnehin schon der allgemeine Unterlassungsantrag (Unterlassen der Benutzung) zur Löschung.

177 Liegt dem Unterlassungsanspruch ein deliktischer Anspruch zu Grunde, so hat der Verletzte **bei Internetsachverhalten** regelmäßig die Wahl zwischen allen deutschen Gerichten (§ 32 ZPO), sofern keine gesetzliche Zuständigkeitskonzentration eingreift. Denn soweit die Daten in Deutschland bestimmungsgemäß abrufbar sind,[5] sind sie es in jedem deutschen Gerichtsbezirk. Es besteht ein so genannter **fliegender Gerichtsstand**. In UWG-Sachen ist § 24 UWG zu beachten.

---

1 OLG Köln v. 31. 3. 2000 – 6 W 61/99, NJW-RR 2001, 24.

2 OLG Frankfurt/Main v. 3. 12. 1999 – 3/11 0 98/99, MMR 2000, 493 – DiaProg. Vgl. auch den Beitrag von *Dieselhorst*, unten Rz. 281 ff.

3 ZB OLG Frankfurt/M. v. 27. 7. 2000 – 6 U 50/00, CR 2001, 412 – mediafacts.de.

4 *Fezer*, Markenrecht, 2. Aufl. 1999, § 3 Rz. 318.

5 KG v. 25. 3. 1997 – 5 U 657/97, K&R 1998, 36; LG München I v. 21. 9. 1999 – 9 HK O 12244/99, CR 2000, 464.

178 Nach ständiger Rechtsprechung ist der Verletzte wenigstens in Sachen des gewerblichen Rechtsschutzes und des Urheberrechts sowie des Wettbewerbs- und Presserechts **zur Vermeidung von Kostennachteilen** im Falle eines sofortigen Anerkenntnisses nach **§ 93 ZPO** vor Inanspruchnahme gerichtlicher Hilfe gehalten, den Verletzer **abzumahnen**. Die **Kosten** einer erforderlichen **Abmahnung** sind bei Verschulden als Schadensersatz und auch ohne Verschulden im Rahmen eines Anspruchs auf Aufwendungsersatz nach den Vorschriften der berechtigten Geschäftsführung ohne Auftrag erstattungsfähig.[1]

179 Im Anwendungsbereich von **§ 5 TDG und § 5 MDStV** besteht hier allerdings eine **Besonderheit**. Sofern sich der Anbieter im Fall der Verantwortlichkeit für fremde Inhalte auf die Privilegierung berufen kann, gilt Folgendes:[2] **Vor Kenntnis des Anbieters von fremden Inhalten** – und deshalb auch dann, wenn er diese Kenntnis erst durch die Abmahnungen erlangt – besteht **kein Anspruch auf Ersatz der Abmahnkosten**. Denn in diesen Fällen ist der Anbieter für diese Inhalte (anders bei eigenen Inhalten) bis dahin nicht verantwortlich. Dass er diese Inhalte bereithält, kann bis dahin also auch keine ihm zurechenbare Rechtsverletzung darstellen. Da somit auch kein Unterlassungsanspruch gegen ihn bestehen kann, aus dessen gerichtlicher Geltendmachung ihm Kosten entstehen könnten, an deren Vermeidung er ein objektives Interesse im Sinne einer Geschäftsführung ohne Auftrag haben könnte, fehlt es an den Voraussetzungen einer berechtigten Geschäftsführung ohne Auftrag. Mangels objektiver Rechtsverletzung scheidet gleichzeitig auch ein Schadensersatzanspruch aus.

180 Das **Vorgehen** des Anspruchsstellers muss in diesen Fällen also **zweistufig** ausfallen: Er muss in diesen Fällen **zunächst** (nicht notwendigerweise durch seinen Anwalt) **dem Anbieter Kenntnis** von solchen fremden Inhalte **verschaffen**, um ihn dann, wenn dieser nach angemessener Reaktionszeit diese Inhalte nicht sperrt oder ihre Nutzung verhindert, abzumahnen. Nur dann sind – die Berechtigung der Abmahnung vorausgesetzt – die Abmahnkosten erstattungsfähig.

181 Wählt der Anbieter das einstweilige Verfügungsverfahren, so sollte er spätestens vor Zustellung der einzelnen Verfügung die Vorschrift des **§ 945 ZPO** mit bedenken. Danach ist er unabhängig von einem Verschulden zum Ersatz des aus der Vollziehung der einzelnen Verfügung entstehenden Schadens verpflichtet. Außer dem Bestreiten des Schadens und der Kausalität hat er dabei kaum Verteidigungsmöglichkeiten.

---

1 BGH v. 15. 10. 1969 – I ZR 3/68, BGHZ 52, 393 (399) = MDR 1970, 121 – Fotowettbewerb; BGH v. 21. 3. 1991 – I ZR 151/89, MDR 1991, 739 = WRP 1991, 573 (575) – Fundstellenangabe; *Köhler/Piper*, vor § 13 UWG Rz. 191.

2 *Freytag*, Haftung im Netz, S. 206; *Freytag*, ZUM 1999, 185, 194; *Sieber*, Verantwortlichkeit im Internet, S. 176.; aA *Körner/Lehment* in Hoeren/Sieber, Multimedia-Recht, Teil 11.1, Rz. 191 f.

(2) Beseitigung

182 Der Beseitigungsanspruch schützt im Gegensatz zum Unterlassungsanspruch nicht vor zukünftigen Verletzungen, sondern verpflichtet zur **Beseitigung bereits eingetretener Störungszustände. Überschneidungen mit dem Unterlassungsanspruch** sind möglich, sofern die Nichtbeseitigung einer Störung gleich bedeutend mit der Fortsetzung der Verletzungshandlung ist.[1]

183 **Art und Umfang** der beschuldeten Beseitigungsmaßnahmen richten sich im Einzelfall nach dem jeweiligen Störungszustand. Nur solche Maßnahmen sind geschuldet, die geeignet und erforderlich sind, die noch vorhandene Störung zu beseitigen, und die dem Schuldner zumutbar sind. Es gilt der Grundsatz der Verhältnismäßigkeit.[2]

184 Die **Kosten** der Beseitigung trägt der Schuldner. Ein etwaiges Mitverschulden des Gläubigers ist zu berücksichtigen.[3]

185 Ein besonderer Fall des Beseitigungsanspruchs ist der sog. **Widerrufs- oder Berichtigungsanspruch**. Dieser kommt im Zusammenhang mit nachgewiesenen unrichtigen Tatsachenbehauptungen und Persönlichkeitsrechtsverletzungen in Betracht; dazu unten Rz. 234 ff.[4]

186 Voraussetzung ist über die **erwiesene Unwahrheit** der beanstandeten Äußerung, die stets eine **Tatsachenbehauptung** und nicht nur eine Meinungsäußerung sein muss, darüber hinaus die **Verletzung eines absolut geschützten Rechtsguts**. Äußerungen, die zwar objektiv unwahr sind, die den Betroffenen aber nicht in seinen Rechten verletzen, scheiden als Angriffspunkt für einen Widerrufsanspruch aus. Beim Widerruf ist besonders sorgfältig zwischen den Rechten des Betroffenen und der auch für Online-Medien geltenden allgemeinen Meinungs- bzw. der Presse- oder Rundfunkfreiheit nach **Art. 5 GG abzuwägen**. Daraus folgt, dass Meinungsäußerungen überhaupt nicht widerrufsfähig sind.

187 Grundsätzlich sind auch nur solche Tatsachenbehauptungen widerrufsfähig, die die Medien selbst aufgestellt haben. Verbreiten sie **Behauptungen Dritter**, so kommt ein Widerrufsanspruch uU jedoch in Gestalt eines **Distanzierungsanspruchs** in Betracht. Auch ein solcher Anspruch entfällt allerdings, wenn die erforderliche Distanzierung schon in der Erstmitteilung enthalten war.

188 Die **Unwahrheit** der beanstandeten Tatsachenbehauptung muss positiv feststehen[5]. Ausnahmen, etwa die Veröffentlichung einer strafbewehrten Unter-

---

1 BGH v. 22. 10. 1992 – IX ZR 36/92, MDR 1993, 268 = GRUR 1993, 415 (416) – Straßenverengung; siehe schon zum Unterlassungsanspruch oben Rz. 172.

2 *Köhler/Piper*, vor § 13 UWG Rz. 38.

3 BGH v. 18. 4. 1997 – V ZR 28/96, MDR 1997, 825 = NJW 1997, 2234 (2235).

4 Für weitere Einzelheiten siehe die Literatur zum Presserecht, zB *Soehring*, Presserecht, 2. Aufl. 1995, S. 544 ff.; *Löffler*, Presserecht, 4. Aufl. 1997, S. 398 ff.; *Helle* in Hoeren/Sieber, Multimedia-Recht, Teil 8.1, Rz. 166.

5 BGH v. 6. 4. 1976 – VI ZR 246/74, GRUR 1976, 651 – Panorama; ständige Rechtsprechung.

lassungserklärung oder die Veröffentlichung des Tenors eines unanfechtbaren Unterlassungsurteils, sind auf enge Ausnahmefälle beschränkt.

Zusätzlich zu der positiven Feststellung der Unwahrheit der zu berichtigenden Behauptung ist im Einzelfall erforderlich, dass die Veröffentlichung der Berichtigung zur Beseitigung einer fortdauernden Beeinträchtigung des Betroffenen **erforderlich** ist[1]. 189

Für den Berichtigungsanspruch gibt es keine feststehenden **Formulierungen**. 190
In der Praxis werden aber verschiedene Formen der Berichtigung unterschieden: der **Widerruf**, die **Richtigstellung**, die **Erklärung, dass eine Behauptung nicht aufrechterhalten wird** und die **Distanzierung**. Die schärfste Form ist der förmliche Widerruf. Er setzt ausnahmslos die nachgewiesene oder unstreitige Unwahrheit der Behauptung voraus. Weniger förmlich ist die sog. Richtigstellung, die uU auch lediglich eine erforderliche erläuternde Klarstellung erlaubt. Als eingeschränkter Widerruf wird die Erklärung bezeichnet, eine bestimmte Behauptung werde nicht aufrechterhalten. Sie kommt insbesondere dann in Betracht, wenn die Unwahrheit zwar nicht positiv festgestellt werden kann, es nach Klärung des Sachverhalts aber keine vernünftigen Anhaltspunkte für die Richtigkeit der verbreiteten Behauptung gibt. Die Distanzierung betrifft die Wiedergabe unwahrer Tatsachenbehauptungen Dritter.

Für Einzelheiten muss auf die spezielle Literatur zum Presserecht verwiesen werden[2].

(3) Schadensersatz

Während es bei den Abwehransprüchen um die Verteidigung gegen gegenwärtige und zukünftige Verletzungen und mit ihnen in unmittelbarem Zusammenhang stehende Störungen geht, betrifft der Schadensersatzanspruch die **Kompensation** des Verletzten für infolge der Verletzungshandlung eingetretene Schäden. 191

Voraussetzung ist neben der dem in Anspruch Genommenen zurechenbaren widerrechtlichen Verletzung eines geschützten Rechtsguts oder Schutzgesetzes, dass den in Anspruch Genommenen insoweit ein **Verschulden** trifft (Ausnahme: gesetzlich geregelte Fälle der Gefährdungshaftung), dass durch die Rechtsverletzung beim Anspruchsteller ein Schaden eingetreten ist und dass zwischen der Rechtsverletzung und dem Schaden unter Berücksichtigung des Schutzzwecks der verletzten Norm ein adäquater Zurechungszusammenhang besteht. 192

Verschulden kann in Form **eigenen Verschuldens** oder in Form **zurechenbaren Fremdverschuldens** vorliegen. Inwieweit im Rahmen eigenen Organisationsverschuldens, aufgrund gesetzlicher Zurechnungsnormen oder im Rah- 193

1 *Soehring*, Presserecht, 2. Aufl. 1995, S. 548; *Damm/Rehbock*, Widerruf, Unterlassung und Schadensersatz in Presse und Rundfunk, 2. Aufl. 2001.
2 ZB *Söhring*, Presserecht, 2. Aufl. 1995; *Löffler*, Presserecht, 4. Aufl. 1997.

men der Störerhaftung nach der Rechtsprechung für fremdes Verhalten einzustehen ist, war Gegenstand der Darstellung zur Passivlegitimation (oben Rz. 88 ff.). Diese Zurechnungsregeln gelten allerdings nur zum Teil auch für den Schadensersatzanspruch. Wer gegenüber den Abwehransprüchen passivlegitimiert ist, haftet nicht automatisch auch auf Schadensersatz. Dies ergibt sich teils daraus, dass die einschlägige gesetzliche Regelung schon dem Wortlaut nach (zB § 14 Abs. 7, § 15 Abs. 6 MarkenG) auf Unterlassungs- und Beseitigungsansprüche beschränkt ist, teils aus einer entsprechenden Beschränkung aus der Natur der Rechtsfigur heraus (Störerhaftung in Analogie zu § 1004 BGB).

194 Soweit es beim Verschulden auf einen **Rechtsirrtum** bzw. auf dessen Vermeidbarkeit ankommt, trägt das Risiko einer unzutreffenden rechtlichen Beurteilung ganz weitgehend der Verletzer. Nur ganz ausnahmsweise ist die Berufung auf eine ungeklärte Rechtslage, wie sie im Internet an der Tagesordnung ist, erfolgreich und geeignet, ein Verschulden auszuschließen. Gerade im Bereich des geistigen und gewerblichen Eigentums und des Wettbewerbsrechts – Gebiete, die im Online-Bereich von besonderer Bedeutung sind – legt die Rechtsprechung hier einen sehr **strengen Maßstab** an[1]. Danach handelt der Anbieter fahrlässig, wenn er bei erkennbar unklarer oder zweifelhafter Rechtslage die ihm günstigere Beurteilung aufgreift. Er muss mit abweichender Beurteilung durch die Gerichte rechnen und darf bei umstrittenen Rechtsfragen nicht auf ihm günstige Entscheidungen der Instanzgerichte vertrauen. Selbst die Einholung einer Rechtsauskunft soll den Anbieter nicht immer entlasten.

195 Sowohl dem Grunde als auch der Höhe nach ist ein **Mitverschulden** des Verletzten (§ 254 BGB) oder seiner Hilfsperson (§ 254 Abs. 2 Satz 1 BGB) zu berücksichtigen.

196 **Inhaltlich** richtet sich der Schadensersatzanspruch entweder auf Naturalherstellung oder Geldentschädigung. Sofern beides möglich ist, hat der Verletzte ein Wahlrecht. Im Rahmen der Naturalherstellung hat er den Verletzten so zu stellen, wie dieser ohne das verletzende Ereignis stehen würde. Auch im Rahmen der Naturalrestitution ist bei Domainstreitigkeiten der Verletzer in der Regel nicht verpflichtet, dem Verletzten die Domain zu übertragen. Denn aufgrund des „first come, first served“-Prinzips gibt es keine Vermutung dafür, dass der Verletzte selbst Inhaber der Domain geworden wäre, wenn der Verletzer diese nicht rechtswidrig für sich hätte registrieren lassen[2]. Die Frage hat allerdings praktisch wegen der Möglichkeit eines Dispute-Eintrags bei der DENIC (dazu *Dieselhorst*, oben B Rz. 896) jedenfalls für Domains mit der Endung „.de“ kaum Bedeutung.

197 Im Rahmen der Geldentschädigung ist zwischen **konkreter** und **abstrakter Schadensberechnung** zu unterscheiden.

---

1 *Köhler/Piper*, vor § 13 UWG Rz. 94.

2 Vgl. *Ingerl/Rohnke*, Markengesetz, vor §§ 14–19 MarkenG Rz. 97.

Zum **konkreten Schadensersatz** gehört auch der entgangene Gewinn, soweit er nachgewiesen wurde oder von seinem Eintritt nach der Lebenserfahrung auszugehen gewesen wäre (§ 252 BGB).

Kosten der Rechtsverfolgung sind nur ersatzfähig, soweit sie tatsächlich entstanden sind und auch erforderlich waren. Die Erforderlichkeit richtet sich dabei in der Regel nach den Sätzen der BRAGO.[1] 198

Bei der Verletzung folgender **immaterieller Rechtspositionen** gewährt die Rechtsprechung dem Verletzten mit der Möglichkeit **dreifacher Schadensberechnung** weitere Erleichterungen: Urheberrechte, Patentrechte, Gebrauchsmusterrechte, Geschmacksmusterrechte, Marken- Namens- und Firmenrechte, wettbewerbsrechtlich geschützte Leistungspositionen im Rahmen des ergänzenden Leistungsschutzes und Persönlichkeitsrechte, soweit der Eingriff üblicherweise nur gegen Entgelt gestattet wird[2]. Hier hat der Verletzte bis Rechtskraft die Wahl zwischen der Berechnung nach dem konkreten Schaden einschließlich des entgangenen Gewinns, der angemessenen fiktiven Lizenzgebühr und der Herausgabe des Verletzergewinns. 199

Der **Lizenzanalogie** liegt überwiegend zugrunde, dass der Verletzer grundsätzlich nicht besser, aber auch nicht besser stehen soll als ein vertraglicher Lizenznehmer, der eine Lizenzgebühr entrichtet hätte. Deshalb wird zum Zwecke der Schadensberechnung ein Lizenzvertrag fingiert und ermittelt, was vernünftig denkende Parteien als Lizenzgebühr vereinbart hätten. Die angemessene Höhe lässt sich aufgrund einer wertenden Entscheidung unter Berücksichtigung der Umstände des Einzelfalls gemäß § 287 Abs. 1 ZPO schätzen. In der Regel wird von einer Stücklizenz auf der Basis der Abgabepreise des Verletzers ausgegangen, wobei Lizenzbeträge in der Regel zwischen 1 und 5 %, abhängig von den betroffenen Gütern teilweise aber auch deutlich darüber liegen. In der Regel ist hier, wenn sich die Parteien nicht einigen, die Einholung eines Sachverständigengutachtens erforderlich. 200

Verlangt der Verletzter Herausgabe des **Verletzergewinns**, muss er in den Grenzen des § 287 ZPO nachweisen, dass die Verletzungshandlung mit Wahrscheinlichkeit nicht nur bei ihm zu einem Schaden, sondern auch bei dem Verletzer zu einem Gewinn geführt hat. Hintergrund ist der Gedanke der Gewinnabschöpfung. Der erzielte Gewinn ist nicht vollständig, sondern nur insoweit herauszugeben, als er auf der unerlaubten Nutzung des Immaterialguts beruht. Gemeinkosten wurden bisher generell abgezogen. Dies ist aber nach der jüngsten Rechtsprechung des BGH bei sog. **nicht stückbezogenen Gemeinkosten** nicht zulässig. Diese fallen beim Verletzer unabhängig von der Verletzung des geschützten Rechts an. Sie sind deshalb im Rahmen der Berechnung des herauszugebenden Gewinns nicht abzugsfähig[3]. 201

---

1 Palandt/*Heinrichs*, § 249 BGB Rz. 20 mwN.
2 *Köhler/Piper*, vor § 13 UWG Rz. 100.
3 BGH v. 2. 11. 2000 – I ZR 246/98, WRP 2001, 276.

202 Abgesehen von den Fällen einer angemessenen Lizenzgebühr bei kommerzialisierbaren Bestandteilen des allgemeinen **Persönlichkeitsrechts** (Lizenzen an Namen, dem Recht am eigenen Bild usw.) scheidet bei immateriellen Persönlichkeitsrechtsverletzungen ein materieller Schadensersatz grundsätzlich aus. Im Übrigen kommt grundsätzlich nur der **Ersatz eines immateriellen Schadens** in Betracht. In dessen Rahmen trägt die Rechtsprechung jedoch ausnahmsweise dem Gesichtspunkt der Prävention Rechnung. Voraussetzungen sind eine **schwere, nicht hinnehmbare Persönlichkeitsverletzung**, **Verschulden** und **Subsidiarität**, dass die Einbuße also auf andere Art, insbesondere durch einen Widerruf nicht auszugleichen ist[1]. Hinsichtlich der Bemessungskriterien für die **Höhe** sind mittlerweile infolge der verstärkten Betonung des Präventionszwecks folgende **Gesichtspunkte** besonders zu beachten: Wenn die Eingriffe in das Persönlichkeitsrecht durch die Presse und sonstige Medien unter vorsätzlichem Rechtsbruch zum Zwecke der Gewinnerzielung durch Auflagensteigerung oder Auflagenerhaltung oder gar durch rücksichtslose **Zwangskommerzialisierung** durch rücksichtslose Vermarktung der Persönlichkeit erfolgen, muss die Geldentschädigung ein „Gegenstück" bilden, von dem ein „echter Hemmungseffekt" ausgeht. Danach muss zwar nicht eine förmliche Gewinnabschöpfung stattfinden, wohl aber ist erforderlich, dass die Erzielung von Gewinnen aus der Rechtsverletzung als Bemessungsfaktor in die Entscheidung über die Höhe der geltendenden Entschädigung einzubeziehen ist[2].

(4) Auskunft und Rechnungslegung

203 Auskunft und Rechnungslegung dienen der **Berechnung und Durchsetzung** von anderen Ansprüchen, insbesondere des Beseitigungs-, Schadensersatz- und Bereicherungsanspruchs. Sie haben den Charakter von **Hilfsansprüchen**.

204 Zu unterscheiden sind der **selbständige** Auskunftsanspruch, insbesondere der Anspruch auf Drittauskunft zB nach § 101a UrhG oder §§ 19 MarkenG und der **unselbständige**, akzessorische Auskunftsanspruch nach Treu und Glauben § 242 BGB.[3]

205 Voraussetzung für den unselbständigen Auskunftsanspruch ist, dass zwischen den Parteien eine **Rechtsbeziehung** besteht, dass es **dem Gläubiger unmöglich oder unzumutbar ist, die betreffende Information selbst zu beschaffen**, dass diese Ungewissheit des Gläubigers von ihm **unverschuldet** und dass dem Verletzer die **Auskunftserteilung zumutbar** ist. Im Rahmen der Zumutbarkeit ist auch ein schützenswertes Geheimhaltungsinteresse des Verletzers zu berücksichtigen. Diesem wird regelmäßig durch die Aufnahme eines sog. **Wirtschaftsprüfervorbehalts** hinreichend Rechnung getragen.

---

1 Erman/*Ehman*, BGB, 10. Aufl. 2000, Anhang § 12 BGB Rz. 803 ff.

2 BGH v. 15. 11. 1994 – VI ZR 56/94, MDR 1995, 804 = NJW 1995, 861; BGH v. 5. 12. 1995 – VI ZR 332/94, MDR 1996, 366 = NJW 1996, 984; BGH v. 12. 12. 1995 – VI ZR 223/94, MDR 1996, 365 = NJW 1996, 985.

3 Palandt/*Heinrichs*, § 261 BGB Rz. 8 ff.

Der Auskunftsanspruch ist in der Praxis allerdings **schwer durchzusetzen**. Die Durchsetzung der Auskunft erfolgt durch Leistungsklage und Vollstreckung nach § 880 ZPO. Ist die Auskunft als solche gegeben, kann, wenn der Verdacht besteht, dass die Auskunft falsch oder unvollständig ist, nicht mit dem Mittel der Zwangsvollstreckung weiter vollstreckt werden. Der Gläubiger hat lediglich Anspruch auf Abgabe einer **eidesstattlichen Versicherung**, wenn Grund zur Annahme besteht, dass die Angaben nicht mit der erforderlichen Sorgfalt gemacht wurden (§ 259 Abs. 2, § 260 Abs. 2 BGB). 206

Der **Rechnungslegungsanspruch** ist eine gesteigerte Form des Auskunftsanspruchs. Die Rechnungslegung kommt in den Fällen der objektiven Schadensberechnung nach Verletzergewinn und Lizenzanalogie in Betracht. Für den Rechnungslegungsanspruch gelten im Wesentlichen die gleichen Grundsätze wie für den Auskunftsanspruch. 207

(5) Bereicherungsherausgabe

Nach Bereicherungsrecht (Eingriffskondiktion) kann der Verletzer Herausgabe der Bereicherung verlangen. Wichtiger Anwendungsfall ist die Verletzung von Immaterialgüterrechten.[1] Im Wesentlichen gelten die gleichen Grundsätze wie für die Zahlung der angemessenen Lizenzgebühr im Rahmen der objektiven Schadensberechnung. Das Erlangte ist die Nutzung. Die unmittelbare Herausgabe ist nicht möglich, so dass Wertersatz in Form der **Zahlung einer angemessenen Lizenzgebühr** geschuldet ist. Verschulden ist hier keine Voraussetzung. Die **Verjährung** berechnet sich nach § 195 BGB und beträgt **30 Jahre**. Eine Berufung auf den Wegfall der Bereicherung ist in der Regel nicht möglich. 208

(6) Gegendarstellung

Ein besonders auf den **Persönlichkeitsschutz** des Einzelnen gegenüber der Berichterstattung in den **Massenmedien** zugeschnittener Anspruch ist der Gegendarstellungsanspruch. Er ist nicht mit dem Widerrufsanspruch als besonderer Form des Beseitigungsanspruches zu verwechseln. Er ist kein Beseitigungsanspruch, sondern der Anspruch auf **ungeprüfte Veröffentlichung einer Gegenäußerung** des Betroffenen. Ob diese Gegenäußerung der Wahrheit entspricht, ist dabei unerheblich und wird nicht geprüft. 209

Ein Gegendarstellungsanspruch besteht nur gegenüber Äußerungen in bestimmten Medien und nur auf der Grundlage besonderer gesetzlicher Regelungen. Solche finden sich für die gedruckte Presse in den Pressegesetzen der Länder, für den Rundfunk in den Landesmediengesetzen[2] und für **Mediendienste** in **§ 10 MDStV**.[3] Für den im TDG geregelten Bereich der **Tele-** 210

1 *Köhler/Piper*, vor § 13 UWG Rz. 106 ff.

2 ZB Art. 18 BayMG, Art. § 18 LRG NW; vgl. ferner Regelungen in den Gesetzen über die öffentlich-rechtlichen Sendeanstalten.

3 Vgl. dazu LG Düsseldorf v. 29. 4. 1998 – 12 O 132/98, CR 1998, 431; *Helle*, CR 1998, 672; *Barton*, MMR 1998, 294.

dienstgesetze gibt es dagegen **keinen Gegendarstellungsanspruch**. Die insoweit erforderliche **Abgrenzung** zwischen Tele- und Mediendiensten ist im Einzelfall schwierig.[1] Als Richtschnur ist davon auszugehen, dass ein Informations- und Kommunikationsdienst nur dann ein Mediendienst ist, wenn die **redaktionelle Gestaltung zur Meinungsbildung für die Allgemeinheit** im Vordergrund steht (vgl. § 2 Abs. 4 Nr. 4 TDG); ansonsten handelt es sich um einen Teledienst.

211 Die wichtigste Anspruchsvoraussetzung des Gegendarstellungsanspruchs ist die Beschränkung auf **Tatsachenbehauptungen**. Sowohl die **Erstmitteilung**, auf die entgegnet wird, muss eine Tatsachenbehauptung sein als auch die in der Gegendarstellung erhaltene **Gegenäußerung**. Die Gegendarstellung muss dabei einen gedanklichen **Bezug** zur Erstmitteilung haben und in einem gewissen **Gegensatz** zu ihr stehen.

212 Eine Verpflichtung zur Aufnahme der Gegendarstellung besteht nicht, wenn der Betroffene **kein berechtigtes Interesse** hat, der **Umfang** der Gegendarstellung unangemessen über den der Erstmitteilung hinausgeht und die Gegendarstellung sich **nicht auf tatsächliche Angaben beschränkt oder strafbaren Inhalts** ist.

213 Die Gegendarstellung ist ohne Ergänzungen und Kürzungen in gleicher Aufmachung wie die Erstmitteilung anzubieten. Die Gegendarstellung darf nicht durch eine Erwiderung, die sich nicht nur auf tatsächliche Angaben bezieht oder die unmittelbar mit der Gegendarstellung verknüpft ist, beeinträchtigt werden (sog. **Glossierungsverbot**).

214 Solange die Erstmitteilung angeboten wird, ist auch die Gegendarstellung mit ihr anzubieten. Darüber hinaus kann der Betroffene längstens einen Monat nach Herausnahme der Erstmitteilung das weitere Angebot der Gegendarstellung verlangen. Die Gegendarstellung muss unverzüglich, **spätestens sechs Wochen nach dem letzten Tag des Angebots der Erstmitteilung, jedenfalls jedoch drei Monate nach der erstmaligen Einstellung der Erstmitteilung**, verlangt werden. Das Verlangen muss **schriftlich** erfolgen und von dem Betroffenen oder seinem gesetzlichen Vertreter unterzeichnet dem Anbieter zugehen.

215 Der Anspruch ist **zivilrechtlicher Natur**. Er ist im **ordentlichen Rechtsweg** geltend zu machen. Es gelten die Vorschriften über die **einstweilige Verfügung**. Ein Hauptsacheverfahren findet nicht statt. Zu beachten ist dabei, dass das sog. **Alles-oder-nichts-Prinzip** gilt. Dies bedeutet, dass der Anbieter das Gegendarstellungsverlangen berechtigt zurückweisen darf, wenn es auch nur in Teilen den gesetzlichen Anforderungen nicht entspricht, und dass das Gericht, wie an sich nach § 938 ZPO möglich, nicht von sich aus die Gegendarstellung ändern und als Minus zum Beantragten zusprechen darf. Sind die Anforderungen an eine berechtigte Gegendarstellung nach Auffassung des Gerichts nicht erfüllt, muss es das Begehren also insgesamt zurückwei-

---

1 Vgl. etwa *Klöck*, CR 1999, 456; rechtspolitisch *Koenig*, MMM 1998, Beil. 12.

sen. Der Betroffene kann hierauf nur durch ein neues Gegendarstellungsverlangen reagieren, wobei er häufig jedoch die Fristen versäumt haben wird.

b) Besonderes Haftungsrecht

aa) Zivilrecht

216 Die dem allgemeinen Zivilrecht zuzuordnenden besonderen Haftungstatbestände, die im Zusammenhang mit der Tätigkeit eines Anbieters im E-Business relevant werden, sind zum einen vor allem Delikte, die sich gegen verschiedene Ausprägungen des allgemeinen **Persönlichkeitsrechts** richten. Betroffen sind dabei insbesondere das **Recht am eigenen Bild**, welches systematisch außerhalb des allgemeinen Zivilrechts in den fortgeltenden Vorschriften des Kunsturheberrechtgesetzes (KUG) geregelt ist, der **Namensschutz** nach § 12 BGB und die Tatbestände der Haftungen für die **Verletzung der persönlichen und der Unternehmensehre**, also vor allem § 823 BGB, § 824 BGB und § 823 Abs. 2 BGB iVm. §§ 185, 186 StGB. Zum anderen fallen in diesen Bereich allgemein zivilrechtliche Haftungsrisiken, insbesondere die **Haftung für fehlerhafte Produkte und Dienstleistungen und falsche Informationen**, die, soweit es sich nicht um rein vertragsrechtliche Ansprüche handelt, unter Umständen in den Anwendungsbereich des Produkthaftungsgesetzes, jedenfalls aber in den Bereich der deliktischen Produzentenhaftung nach § 823 Abs. 1 BGB fällt.

(1) Haftung für Verletzungen des Persönlichkeitsrechts und seiner speziellen Ausprägungen

217 Besonders verletzlich sind im weltweiten Online-Medium Persönlichkeitsrechte.[1] Das allgemeine Persönlichkeitsrecht wird als sonstiges Recht im Sinne von § 823 Abs. 1 BGB sowie seinen speziellen Ausprägungen durch die besonderen Vorschriften über die Verletzung des Rechts am eigenen Bild, am Namen und der Ehre geschützt.[2]

(a) Recht am eigenen Bild

218 Das Recht am eigenen Bild ist eine **besondere Ausprägung des Persönlichkeitsrechts**. Es ist – systematisch nicht ganz korrekt – außerhalb des BGB in den insoweit fortgeltenden Vorschriften des ansonsten außer Kraft getretenen Kunsturheberrechtsgesetzes (KUG) geregelt. Das Recht am eigenen Bild als besonderes Persönlichkeitsrecht ist **vom Urheberrecht an Fotografien** oder dem **Leistungsschutzrecht an Lichtbildern** nach dem Urheberrechtsgesetz **zu unterscheiden**. Während das Recht am eigenen Bild dem Abgebildeten an seinem Bildnis zusteht, steht das Urheber- bzw. Leistungsschutzrecht

1 Siehe nur den Fall des Thüringer OLG v. 16. 8. 2000 – 3 W 486/00, AfP 2001, 78 (anprangernde Darstellung mit Bild auf rechtsextremer Homepage).

2 Ausführlich *Helle* in Hoeren/Sieber, Multimedia-Recht, Teil 8.1.

an der Fotografie als Abbildung dem Lichtbildner, also dem Fotografen, zu. Werden Fotografien, die Personen erkennbar zeigen, ins Internet gestellt, so sind beide Rechte zu beachten.

219 Nach **§ 22 KUG** dürfen Bildnisse nur mit Einwilligung des Abgebildeten verbreitet oder öffentlich zur Schau gestellt werden. Schutzgegenstand ist das Bildnis des Abgebildeten und die Freiheit seiner Selbstbestimmung über die Publikation des Bildnisses.

220 Das Recht am eigenen Bild steht **jeder natürlichen Person** zu, ohne Rücksicht auf ihr Alter. Das Recht am eigenen Bild endet nicht mit dem Tod des Abgebildeten, sondern das Einwilligungserfordernis gilt von Gesetzes wegen **bis zum Ablauf von zehn Jahren nach dem Tode** fort (§ 22 Satz 2 KUG). In diesem Fall bedarf es der Einwilligung der Angehörigen, dh. des überlebenden Ehegatten und der Kinder des Abgebildeten, bzw., wenn weder ein Ehegatte noch Kinder vorhanden sind, der Eltern des Abgebildeten (§ 22 Satz 3 KUG).

221 Entscheidendes Merkmal dafür, ob ein Bildnis vorliegt, ist die **Erkennbarkeit** der abgebildeten Person.[1] Hierfür reicht aber aus, wenn nur ein kleiner Bekanntenkreis den Abgebildeten identifizieren kann. Der Nachweis, dass der Betroffene tatsächlich erkannt worden ist, ist nicht erforderlich. Die Maßstäbe sind tendenziell großzügig. Der bekannte **schwarze Balken über den Augenbereich** ist deshalb in aller Regel nicht ausreichend, um die Anwendung der Vorschriften über das Recht am eigenen Bild auszuschließen.

222 Das Recht am eigenen Bild behält dem Abgebildeten die **Verbreitung** und die **öffentliche Zurschaustellung** vor. Diese Begriffe werden ähnlich wie die Begriffe des Verbreitens bzw. der öffentlichen Wiedergabe im Urheberrecht verstanden.[2] Verbreiten erfordert das Anbieten oder das Inverkehrbringen eines **körperlichen** Gegenstandes, Schaustellung ist jede **unkörperliche** Darstellung des Bildnisses. Für den Begriff der **Öffentlichkeit** gilt grundsätzlich dasselbe wie in § 15 Abs. 3 UrhG. Die öffentliche Wiedergabe eines Bildnisses im Internet verletzt also ohne die erforderliche Einwilligung das Recht des Abgebildeten. Dabei ist es unerheblich, ob es sich über (digitalisierte) Fotos oder um bewegte Bilder, zB aus einer **Webcam** handelt.

223 Der Eingriff ist nur dann **gerechtfertigt**, wenn er entweder durch die **Einwilligung** des Betroffenen oder eine der **Schranken** des Rechts am eigenen Bild gerechtfertigt wird.

224 Die **Einwilligung** ist nach herrschender Meinung eine einseitige, empfangsbedürftige Willenserklärung.[3] Sie ist verbindlich, kann aber ähnlich wie die Einwilligung in die Veröffentlichung eines Interviews aus wichtigen persön-

1 Schricker/*Götting*, Urheberrecht, § 22 KUG Rz. 5 und 6.
2 *Helle* in Hoeren/Sieber, Multimedia-Recht, Teil 8.1, Rz. 128.
3 Schricker/*Götting*, Urheberrecht, § 22 KUG Rz. 14.

lichkeitsbedingten Gründen widerrufen werden, wobei dann analog §§ 122 BGB, 42 UrhG der Schaden zu ersetzen ist.[1] Eine Einwilligung ist im Zweifel eng auszulegen und rechtfertigt nicht jede wiederholte Wiedergabe des Bildnisses in anderem als dem vom Zweck der Einwilligung gedeckten Umfang. Die Einwilligung **gilt** nach § 22 Satz 2 KUG **im Zweifel als erteilt**, wenn der Abgebildete dafür, dass er sich abbilden ließ, eine **Entlohnung** erhielt.

Nach § 23 KUG dürfen Bildnisse **ohne** die nach § 22 KUG grundsätzlich erforderliche **Einwilligung** verbreitet oder zur Schau gestellt werden, wenn bestimmte Voraussetzungen erfüllt sind, in denen der Persönlichkeitsrechtschutz des Einzelnen typischerweise hinter dem Informationsinteresse der Öffentlichkeit zurücktritt. Dies gilt etwa für Bilder, auf denen die Personen nur als **Beiwerk** neben einer Landschaft oder sonstigen Örtlichkeit erscheinen (§ 23 Abs. 1 Nr. 2 KUG) sowie für Bilder von **Versammlungen**, Aufzügen und ähnlichen Vorgängen, an denen die dargestellten Personen teilgenommen haben (§ 23 Abs. 1 Nr. 3 KUG). 225

Am wichtigsten ist jedoch die Ausnahme für **Bildnisse aus dem Bereich der Zeitgeschichte** (§ 23 Abs. 1 Nr. 1 KUG).[2] Bilder aus dem Bereich der Zeitgeschichte sind Bildnisse von sog. absoluten und relativen Personen der Zeitgeschichte. Zu den **absoluten Personen der Zeitgeschichte** gehören Personen, die durch ihr gesamtes Wirken öffentlich bekannt geworden sind. Hierzu zählen bekannte Politiker, Wirtschaftler, Künstler, Sportler, Anwälte, Ärzte usw. Zu den **relativen Personen der Zeitgeschichte** gehören Personen, die der Öffentlichkeit im Sinne breiterer Publikumskreise nur durch ein öffentlich relevantes Ereignis bekannt geworden sind. Hierzu zählen etwa Leiter und Redner auf Versammlungen oder Demonstrationen, Kandidaten von Show-Sendungen, Angeklagte und Parteien bei interessanten Prozessen, Teilnehmer an einem Aufsehen erregenden Unfall usw. Angehörige von absoluten Personen der Zeitgeschichte sind allein durch ihre Angehörigeneigenschaft nicht ohne weiteres selbst absolute oder relative Personen der Zeitgeschichte. 226

Absolute Personen der Zeitgeschichte können grundsätzlich mit ihrem ganzen Wirken erfasst und abgebildet werden, wobei auch hier Grenzen für die Privat- und Intimsphäre gelten. Gerade für das engste Familienleben hat das Bundesverfassungsgericht hier in jüngster Zeit der Presseberichterstattung engere Grenzen gezogen.[3] Relative Personen der Zeitgeschichte können dagegen nur insoweit ohne ihre Einwilligung abgebildet werden, als dies im konkreten Zusammenhang mit ihrem zeitgeschichtlichen Bezug steht. 227

In jedem Fall gilt auch für diese Ausnahmen die **Einschränkung**, dass eine einwilligungsfreie Verbreitung oder Zurschaustellung des Bildnisses dann nicht zulässig ist, wenn dadurch ein **berechtigtes Interesse** des Abgebildeten 228

1 *Helle* in Hoeren/Sieber, Multimedia-Recht, Teil 8.1, Rz. 130.

2 Schricker/*Götting*, Urheberrecht, § 23 KUG Rz. 6–17.

3 BVerfG v. 15. 12. 1999 – 1 BvR 653/96, AfP 2000, 76 – Caroline von Monaco I; BVerfG v. 31. 12. 2000 – 1 BvR 1457/97, AfP 2000, 347 – Caroline von Monaco II.

oder, falls dieser verstorben ist, seiner Angehörigen verletzt wird (§ 23 Abs. 2 KUG). Dies kann sich zB aus einer Verletzung der Intim- oder Privatsphäre ergeben. Vor allem aber liegt eine Verletzung des berechtigten Interesses immer dann vor, wenn ein Bildnis, sei es ein Bildnis einer absoluten Person der Zeitgeschichte, zu **Werbezwecken** verwendet wird. Dies ist stets nur mit Einwilligung des Abgebildeten zulässig.[1]

229 Die Verletzung des Rechts am eigenen Bild zieht **Unterlassungs-, Beseitigungs- und Schadensersatzansprüche**[2] sowie damit zusammenhängende **Auskunftsansprüche** nach sich. Das Recht am eigenen Bild ist gleichzeitig als **absolutes Recht im Sinne des § 823 Abs. 1 BGB** anerkannt. Das KUG sieht darüber hinaus in § 33 eine **Strafvorschrift** und in § 37 einen **Vernichtungsanspruch** vor.

(b) Namensrecht

230 Eine weitere besondere Ausprägung des allgemeinen Persönlichkeitsrechts ist das Namensrecht.[3] § 12 BGB gewährt demjenigen, dem der Gebrauch seines Namens von einem Dritten bestritten wird oder dessen Interesse dadurch verletzt wird, dass ein Dritter unbefugt den gleichen Namen gebraucht, einen Beseitigungs- und Unterlassungsanspruch. Da das Namensrecht gleichzeitig ein absolutes Recht im Sinne von § 823 Abs. 1 BGB ist, besteht hier ebenfalls ein Schadensersatzanspruch.

231 Der Name ist zunächst der **bürgerliche Name**, dh. die Kombination aus Vor- und Nachname. Der Namensschutz kann sich nach der Rechtsprechung in besonderen Einzelfällen auch auf den **Vornamen** in Alleinstellung erstrecken,[4] wenn in der konkreten Verwendung erhebliche Verkehrskreise den Vornamen im Zusammenhang mit einer bestimmten Person bringen, zB den Vornamen Boris im Zusammenhang mit Tennis mit Boris Becker oder im Zusammenhang mit Russland oder Wodka mit Boris Jelzin. Darüber hinaus kann sich der Namensschutz auch auf **Künstlernamen** und **Unternehmensnamen** sowie deren schlagwortartige Verkürzung erstrecken.[5]

---

1 Grundlegend BGH v. 8. 5. 1956 – I ZR 62/54, BGHZ 20, 345 (350) – Paul Dahlke; Entsprechendes gilt für den Namen, BGH v. 18. 3. 1959 – IV ZR 182/58, BGHZ 30, 7 (10) = MDR 1959, 559 – Caterina Valente, und sonstige Persönlichkeitsmerkmale, OLG München v. 26. 1. 2001 – 21 U 4612/00, ZUM 2001, 434. Dass mit der Information über das Abbild zugleich ein Gewinn erzielt wird, ist jedoch nicht entscheidend; vgl. BGH v. 6. 2. 1979 – VI ZR 46/77, GRUR 1979, 425 – Fußballspieler (Abbildung auf Kalenderfoto) sowie BGH v. 14. 11. 1995 – VI ZR 410/94, MDR 1996, 163 = GRUR 1996, 195 – Abschiedsmedaille (Willy-Brandt-Gedenkmünze).

2 Diese Ansprüche stehen auch den Angehörigen zu; BGH v. 1. 12. 1999 – I ZR 49/97, GRUR 2000, 709 – Marlene Dietrich, sowie BGH v. 1. 12. 1999 – I ZR 226/97, GRUR 2000, 715 – Der Blaue Engel.

3 Vgl. Erman/*Westermann*, 10. Aufl. 2000, § 12 BGB Rz. 2.

4 BGH v. 27. 1. 1983 – I ZR 160/83, MDR 1983, 643 = NJW 1983, 1184 – Uwe (Uwe Seeler).

5 Erman/*Westermann*, 10. Aufl. 2000, § 12 BGB Rz. 14 mwN.

232 Voraussetzung der Namensrechtsverletzung ist entweder, dass dem Berechtigten das Recht zum Gebrauch des Namens bestritten wird (sog. **Namensleugnung**) oder ein Dritter unbefugt den gleichen Namen gebraucht und dadurch ein schutzwürdiges Interesse des Namensträgers verletzt (**Namensanmaßung**). Eine derartige Namensanmaßung kommt zB in Betracht bei der Eintragung des Namens eines Dritten als Domainname. Es gibt zahlreiche Fälle, in denen die Eintragung eines Namens als Domainnamen als Namensverletzung angesehen wurde; vgl. dazu *Dieselhorst*, B Rz. 846 ff., 860 ff. Dabei kommt es nicht auf eine identische Schreibweise an.

233 Soweit es um Unternehmensnamen geht, **konkurriert** das Namensrecht nach § 12 BGB oft mit dem Unternehmenskennzeichenrecht nach §§ 5, 15 MarkenG und evtl., soweit das Zeichen auch als Marke eingetragen ist, mit dem **Markenrecht** aus §§ 4, 14 MarkenG. In diesen Fällen sollte der Vorrang den schärfer konturierten ausdrücklichen gesetzlichen Vorschriften des Markengesetzes gebühren und nicht einer erweiternden Auslegung von § 12 BGB, die mittlerweile wegen der Sondervorschriften des Markengesetzes nicht mehr zur Gewährleistung eines ausreichenden Schutzes erforderlich ist. Siehe ausführlich dazu *Dieselhorst*, oben B Rz. 872 ff.

(2) Haftung für Verletzungen der persönlichen und der Unternehmensehre

234 Der privatrechtliche Schutz der persönlichen Ehre und der Unternehmensehre ergibt sich aus dem Zusammenspiel einer Zahl von originär zivilrechtlichen (zB **§ 824 BGB**) und – über **§ 823 Abs. 2 BGB** ggf. iVm. § 1004 BGB – den strafrechtlichen Vorschriften der **§§ 185 ff. StGB**. Im Bereich der Unternehmensehre spielen ferner die Vorschriften des UWG, insbesondere **§ 1 und § 14 UWG**, eine Rolle. Ergänzend greifen über § 823 Abs. 1 BGB das **allgemeine Persönlichkeitsrecht** und das **Recht am eingerichteten und ausgeübten Gewerbebetrieb** als Rahmenrechte ein.[1]

235 Wegen der Vielzahl der sich ergänzenden Vorschriften und der starken **verfassungsrechtlichen Prägung** dieses Bereichs (Art. 5 GG) wird in der Praxis in der Regel weniger zwischen den einzelnen Tatbeständen unterschieden, sondern die Prüfung nach **Eingriff und dessen Rechtfertigung** aufgebaut. Für Einzelheiten muss allerdings auf Sonderdarstellungen zum Presse- und Äußerungsrecht verwiesen werden.[2]

236 Der **Eingriff** ist regelmäßig die **Behauptung oder Verbreitung einer unzulässigen Tatsachenbehauptung oder eines unzulässigen Werturteils**. §§ 186, 187 StGB und § 124 BGB setzen ausdrücklich Tatsachenbehauptungen voraus. Nicht erforderlich ist eine Tatsachenbehauptung hingegen für den Tat-

1 Fälle mit Internet-Bezug zB LG Hamburg v. 12. 5. 1998 – 312 O 85/98, K&R 1998, 367; LG Potsdam v. 8. 7. 1999 – 3 O 317/99, CR 2000, 123 – Tolerantes Brandenburg; LG Hamburg v. 12. 5. 1998 – 312 O 85/98, CR 1998, 565 – D-orfdepp.

2 ZB *Soehring*, Presserecht, 2. Aufl. 1995, S. 544 ff.; *Löffler*, Presserecht, 4. Aufl. 1997, S. 398 ff.; auch *Helle* in Hoeren/Sieber, Multimedia-Recht, Teil 8.1, Rz. 166.

bestand des § 185 StGB und eine Verletzung des allgemeinen Persönlichkeitsrechts oder des Rechts am eingerichteten und ausgeübten Gewerbebetrieb.

237 Ob eine Tatsachenbehauptung oder ein Werturteil vorliegt, ist nach der sog. **Beweisbarkeitsformel** zu ermitteln. Unter einer Tatsache wird etwas Geschehenes oder Bestehendes verstanden, das grundsätzlich dem Beweis zugänglich ist.[1] Demgegenüber ist das Werturteil durch die subjektive Beziehung des Äußerers zum Inhalt seiner Aussage gekennzeichnet. Als **Faustformel** gilt:[2] Tatsachenbehauptungen sind wahr oder unwahr, was man beweisen kann. Werturteile sind richtig oder falsch, worüber man geteilter Meinung sein kann.

238 Dabei gelten für Tatsachenbehauptungen und Werturteile grundsätzlich **unterschiedliche Maßstäbe**. Während die Aufstellung und Verbreitung einer unwahren **Tatsachenbehauptung** in der Regel rechtswidrig ist, sofern sie nicht ausnahmsweise durch die Wahrnehmung berechtigter Interessen gerechtfertigt ist, ist die Aufstellung und Verbreitung von (richtigen oder falschen) **Meinungsäußerungen** grundsätzlich zulässig, sofern sie nicht in bloße **Schmähkritik** umschlägt und deshalb nicht mehr in den Schutzbereich der grundgesetzlichen Meinungsfreiheit fällt.

239 Das Gesetz nennt in den meisten Tatbeständen das **Behaupten und das Verbreiten** von Tatsachen als alternative und **formal gleichwertige Handlungsformen**. Dem entspricht die Praxis allerdings nicht. Während die Haftung desjenigen, der eine eigene Behauptung aufstellt, keiner Einschränkung bedarf, wird für denjenigen, der eine fremde Behauptung verbreitet, in vielfacher Weise ein restriktiverer Maßstab angewendet. Insbesondere im Bereich der **Massenmedien**, zB der Presse und des Fernsehens, wird das **Verbreiten privilegiert**. Unter den Figuren der „Dokumentation des Meinungsstandes“[3] und des „Marktes der Meinungen“[4] wird ein Medium, welches innerhalb einer solchen Zweckbestimmung fremde Aussagen verbreitet, letztlich unmittelbar aus den verfassungsrechtlichen Erwägungen der Presse- und Rundfunkfreiheit heraus nicht als passivlegitimiert angesehen. Diese Grundsätze sind auf die Sachverhalte in den neuen Medien zu übertragen, soweit die Anbieter dort in den Schutzbereich der verfassungsrechtlichen **Rundfunkfreiheit** fallen. Dies ist vorbehaltlich einer Einordnung des einzelnen Angebots **grundsätzlich bei Mediendiensten** der Fall. Obwohl einfachgesetzlich Rundfunkdienste und Mediendienste unterschieden werden, sind verfassungsrechtlich beide als Rundfunk anzusehen. Dies ist **nicht der Fall bei Telediensten**, für die sich eine entsprechende Privilegierung für fremde

1 St. Rspr., zB BGH v. 28. 6. 1994 – VI ZR 252/93, MDR 1995, 698 = NJW 1994, 2614 – Börsenjournalist; BVerfG v. 13. 2. 1996 – 1 BvR 262/91, BVerfGE 94, 1 – DGHS.

2 Vgl. *Helle* in Hoeren/Sieber, Multimedia-Recht, Teil 8.1, Rz. 12.

3 BGH v. 20. 6. 1969 – VI ZR 234/67, NJW 1970, 187 – Hormoncreme.

4 BGH v. 6. 4. 1976 – VI ZR 246/74, BGHZ 66, 182 – Panorama; für ein Internetangebot: LG Berlin v. 17. 3. 1998 – 27 O 686/97, NJW-RR 1998, 1634.

Inhalte nur aus den besonderen Verantwortlichkeitsregelungen des TDG ergeben kann. Ein journalistisch redaktionell gestaltetes Angebot der elektronischen Presse kann sich also insoweit auf weitergehende Privilegierungen berufen als der Internetauftritt eines werbenden Unternehmens zu dessen Selbstdarstellung.

Hinsichtlich der Rechtsfolgen, unter denen neben der Unterlassung die Beseitigung in Form des Widerrufs in seinen verschiedenen Ausgestaltungen und der Anspruch auf Ersatz des immateriellen Schadens sowie der Gegendarstellungsanspruch besondere Bedeutung haben, wird auf die Darstellung zu den jeweiligen Ansprüchen verwiesen (oben Rz. 157 ff.). 240

(3) Haftung für fehlerhafte Produkte und Dienstleistungen und falsche Informationen

Bisher weniger Beachtung gefunden haben die Fragen der Haftung für fehlerhafte Produkte und Dienstleistungen und falsche Informationen in E-Business-Anwendungen.[1] Dies mag zum einen daran liegen, dass hier vertragsrechtliche Fragen im Vordergrund stehen, zum anderen auch daran, dass bisher die dominierenden Geschäftsmodelle überwiegend von Produkten geprägt waren, die erstens kostenlos und zweitens ihrer Art nach weitgehend ohne Risiken für absolut geschützte Rechtsgüter angeboten wurden. Insoweit waren, wenn überhaupt, lediglich reine Vermögensschäden zu befürchten. 241

Dies kann sich in Zukunft ändern. Vermehrt werden Angebote entwickelt und vermarktet, deren Versagen durchaus geeignet ist, Schäden an Leben und Gesundheit oder Eigentum hervorzurufen. Zu denken ist hier an Anwendungen im Bereich der medizinischen Telematik oder auch der Verkehrstelematik. Wenn etwa Patienten über Internetanwendungen oder mobile Anwendungen (zB Mobiltelefon) in ihren Vitalfunktionen überwacht werden oder Anweisung für die Verabreichung lebensentscheidender Medikamente (zB Herzmedikamente oder Insulin) erhalten, können sich bei Fehlfunktionen erhebliche Gesundheitsrisiken ergeben.[2] Entsprechendes gilt für Empfehlungen im Zusammenhang mit risikoreichen Sportarten (zB Lawineninformationen). 242

(a) Produkthaftungsgesetz

Das Produkthaftungsgesetz findet auf die Fälle des unkörperlichen Vertriebs von bloßen Informationen im E-Business **keine Anwendung**. Denn es setzt nach § 2 ProdHG ein körperliches Produkt voraus. Die Ausnahmevorschrift für Elektrizität lässt dabei keinen Raum für eine Analogie. Erlaubt der Anbieter aber die **Verkörperung einer Information** oder einer **Software** durch den 243

1 Ausführlich nun aber: *Günther*, Produkthaftung für Informationsgüter, 2001, passim.

2 Dazu *Spindler*, MMR 1998, 23 und *Spindler*, MMR 1998, 119; ferner *Beckmann*, MMR 1999, 14.

Benutzer, so muss er sich wie jeder andere Hersteller auch behandeln lassen. Er haftet dann verschuldensunabhängig im Rahmen des Produkthaftungsgesetzes mit den entsprechenden Beschränkungen hinsichtlich ersatzfähigen Schäden und Haftungshöchstgrenzen.[1]

(b) Deliktische Produkthaftung nach § 823 Abs. 1 BGB

244 Während es eine feststehende allgemeine Dogmatik zur Haftung des Produzenten für fehlerhafte Waren, also körperliche Produkte, gibt, die im Wege von Vermutungen einer Gefährdungshaftung teilweise angenähert ist,[2] kann man hiervon im Bereich der **Haftung für fehlerhafte Dienstleistungen** nicht sprechen. Die Grundsätze der Arzthaftung[3] sind ein Fall der Haftung für fehlerhafte Dienstleistungen, allerdings stark von den Besonderheiten dieses Berufsstandes geprägt.

245 Lässt man derart weitgehende Modifizierungen der Darlegungs- und Beweislast, welche im Bereich fehlerhafte Dienstleistungen im Allgemeinen erst von der Rechtsprechung entwickelt werden müssten, einmal beiseite, so spricht zumindest nichts dagegen, im Rahmen von **§ 823 Abs. 1 BGB** eine deliktische Haftung für fehlerhafte Dienstleistungen, die online erbracht werden, **grundsätzlich zu bejahen**.[4]

246 Sofern also der Anbieter bei der Erbringung einer Dienstleistung ihm obliegende **Verkehrssicherungspflichten** nicht beachtet und dadurch in **adäquat kausaler Weise** einen **Schaden an einem absolut geschützten Rechtsgut** im Sinne des § 823 Abs. 1 BGB **verursacht** und den Anbieter insoweit ein **Verschulden** trifft, ist er zum Ersatz des Schadens verpflichtet.

247 Ähnlich wie beim Hersteller körperlicher Produkte[5] oder bei Software[6] lassen sich die Verstöße gegen Verkehrssicherungspflichten **(„Fehler")** auch beim Anbieter einer Online-Dienstleistung systematisieren. Zu unterscheiden sind danach:

– **Konstruktionsfehler**: Der Hersteller hat den Stand von Wissenschaft und Technik zu erforschen und anzuwenden. Dabei muss er auch die von anderen Herstellern zu liefernden Teile seines Produktes (zB Links) auf ihre Tauglichkeit prüfen. Technische Normen sind stets einzuhalten, stellen jedoch kein abschließendes Verhaltensprogramm dar;

---

1 Einzelheiten bei *Spindler*, MMR 1998, 119; ferner *Littbarski* in Kilian/Heussen, Computerrechts-Handbuch, Teil 18, Rz. 94 ff.

2 Vgl. Palandt/*Thomas*, § 823 BGB Rz. 201 ff. mwN.

3 Vgl. Palandt/*Thomas*, § 823 BGB Rz. 66 ff.

4 So auch *Spindler* in Hoeren/Sieber, Multimedia-Recht, Teil 29, Rz. 179 ff.; ferner *Spindler*, MMR 1998, 23; ferner *Littbarski* in Kilian/Heussen, Computerrechts-Handbuch, Teil 18, Rz. 6 ff.; *Schneider*, Handbuch des EDV-Rechts, 2. Aufl. 1997, Kap. I, Rz. 269 ff.

5 Vgl. BGH v. 7. 7. 1970 – VI ZR 223/68, NJW 1970, 1963 – Kommafehler; BGH v. 19. 11. 1991 – VI ZR 171/91, BGHZ 116, 104 = MDR 1992, 456 – Hochzeitsessen.

6 Vgl. *Lehmann*, NJW 1992, 1721; MünchKomm/*Mertens*, § 823 BGB Rz. 277.

- **Fabrikationsfehler**: Der gesamte Betriebsablauf ist so durchzuorganisieren, dass Fehler nach menschlichem Ermessen vermieden werden. Kontrollen sind – wenigstens stichprobenweise – regelmäßig erforderlich;
- **Instruktionsfehler**: Der Hersteller muss über Gefahren und schädliche Nebenwirkungen seines Produktes durch Hinweise aufklären, wenn durch die – uU auch missbräuchliche – Anwendung oder Verwendung des Produktes in nicht ganz fern liegender Weise Schäden entstehen können. Dabei muss der Hersteller auch von nahe liegenden Fehlanwendungen weniger gebildeter oder geschickter Nutzer ausgehen. Erst wenn das Produkt grob missbräuchlich oder höchst leichtsinnig verwendet wird, sind die Grenzen der Instruktionspflicht überschritten;
- **Produktbeobachtungspflicht**: Der Anbieter muss auch im weiteren Verlauf das Produkt und seine Abwendung beobachten und, sobald er dies erkennt oder erkennen kann, vor Gefahren warnen, selbst wenn sich diese anfangs nicht gezeigt haben. Zeigen sich nachträglich Konstruktionsfehler, so muss der Hersteller die Konstruktion ändern, vor Gefahren warnen und ggf. einen Rückruf anordnen. Gleiches gilt für mangelhafte oder unvollständige Instruktionen, die erst später als solche erkannt werden können.

Auf ein **Online-Angebot** übertragen, beziehen sich die Konstruktions- und die Produktionspflichten vor allem auf die verwendete Software und deren eventuelle Fehler. Die Pflicht zur Vermeidung von Fabrikationsfehlern stellt sich hier als Pflicht zur Sicherstellung des ordnungsgemäßen und fehlerfrei laufenden Betriebs des Angebots dar. Hinsichtlich der Konstruktions- und der Produktbeobachtungspflicht ergeben sich keine Besonderheiten mit Ausnahme des Rückrufs, der bei einer Online-Dienstleistung durch eine Umgestaltung der Dienstleistung realisiert wird, unbeschadet einer selbstverständlich auch bestehenden Warnpflicht. Zur Vermeidung von Instruktionsfehlern ist im Bereich von Online-Angeboten die Hinweispflicht von ganz besonderer Bedeutung. 248

(4) Schutzgesetzverletzung nach § 823 Abs. 2 BGB

Über § 823 Abs. 2 BGB kann eine Vielzahl sog. Schutzgesetze außerhalb des BGB zu einer zivilrechtlichen Haftung des Anbieters führen. **Schutzgesetz** in diesem Sinne kann jede Rechtsnorm sein, also nicht nur formelle Gesetze, sondern auch Verordnungen oder sogar Einzelfallregelungen. 249

Das Gesetz muss den **Schutz eines anderen** in der Weise **bezwecken**, dass die **Schaffung eines individuellen Schadensersatzanspruches erkennbar vom Gesetz erstrebt** ist.[1] Keine Schutzgesetze in diesem Sinne sind Vorschriften, die die Ordnung des Staatsganzen zum Gegenstand haben oder allgemeine, nicht drittschützende Verhaltenspflichten anordnen. 250

1 BGH v. 29. 4. 1966 – V ZR 147/63, BGHZ 46, 17 (23).

251 Eine Darstellung der Rechtsprechung zu **einzelnen Vorschriften** würde den Rahmen sprengen.[1] Je nach Fallgestaltung können aber auch unkörperliche Handlungen gegen verschiedene Schutzgesetze verstoßen. Bedeutung im Online-Bereich wird hier vielleicht auch das neue Zugangskontrolldiensteschutzgesetz (ZKDSG) erlangen, das noch im Laufe des Jahres 2001 verabschiedet werden und in Kraft treten soll. Es dient der Umsetzung der EU-Conditional-Access-Richtlinie.[2] Seine Hauptzielrichtung ist eine verbesserte Bekämpfung der Pay-TV-Piraterie, es erfasst aber auch alle sonstigen Tele- und Mediendienste, die gegen Entgelt erbracht werden und rechtmäßig nur unter Verwendung eines Zugangskontrolldienstes, zB einer Software zur Entschlüsselung, genutzt werden können. Das ZKDSG wird in der Begründung zum Regierungsentwurf ausdrücklich als Schutzgesetz im Sinne von § 823 Abs. 2 BGB bezeichnet.[3]

252 Über **§ 1004 BGB analog** werden bei einer Verwirklichung von § 823 Abs. 2 BGB neben dem Schadensersatzanspruch auch Unterlassungs- und Beseitigungsansprüche ausgelöst.

(5) Vorsätzliche sittenwidrige Schädigung nach § 826 BGB

253 Keinen großen praktischen Anwendungsbereich hatte bisher die Haftung nach § 826 BGB im Bereich von E-Business-Angeboten. Danach ist zum Schadensersatz verpflichtet, wer in einer gegen die guten Sitten verstoßenden Weise einem anderen vorsätzlich Schaden zufügt. Der **Vorsatz** kann **bedingt** sein und muss sich **nur auf den Schaden, nicht auch auf die Sittenwidrigkeit beziehen**. Bezüglich Letzterer genügt vielmehr die Kenntnis der tatsächlichen Umstände, welche die Sittenwidrigkeit begründen. Dem steht es gleich, wenn sich der Handelnde dieser Kenntnis bewusst verschließt.

254 **Anwendungsfälle** könnten außerhalb des Domain-Grabbings etwa die Verbreitung von Computerviren oder Denial-of-Service-Attacken sein. Auch die Verbreitung bewusst unrichtiger Informationen, zB über angebliche Zahlungsschwierigkeiten eines Unternehmens, können unter § 826 BGB fallen.

255 In Verbindung mit **§ 1004 BGB analog** ergeben sich auch Unterlassungs- und Beseitigungsansprüche.

---

1 Vgl. aber die Auflistung bei Palandt/*Thomas*, § 823 BGB Rz. 145 bis 156.

2 Richtlinie 98/84/EG über den rechtlichen Schutz von zugangskontrollierten Diensten und von Zugangskontrolldiensten v. 20. 11. 1998, ABl. EG Nr. L 320, S. 54 v. 28. 11. 1998.

3 Regierungsentwurf, BR-Drucks. 586/01 v. 17. 8. 2001, S. 10 „zu § 4 Herausgabe des erlangten Gewinns“.

2. Gewerblicher Rechtsschutz und urheberrechtlicher Schutz

a) Urheberrecht und Datenbankschutz (Verweis auf fremde Inhalte)

aa) Allgemeines

Nach § 97 Abs. 1 UrhG haftet,[1] wer fremde Urheberrechte – gleichviel, ob es sich um Rechte an geschützten Werken oder an Gegenständen des nachbarrechtlichen Schutzes handelt – vorsätzlich oder fahrlässig verletzt. Zugleich besteht ein Anspruch auf **Unterlassung und Beseitigung**. Nach § 97 Abs. 2 UrhG haben Urheber, Verfasser wissenschaftlicher Ausgaben (§ 70 UrhG), Lichtbildner (§ 72 UrhG) und ausübende Künstler (§ 73 UrhG) bei schuldhafter Verletzung auch einen Anspruch auf **Ersatz des immateriellen Schadens**. Nach § 97 Abs. 3 UrhG bleiben andere gesetzliche Vorschriften unberührt, so dass selbst bei fehlendem Verschulden des Verletzers eine Bereicherungshaftung in Betracht kommt. Darüber hinaus sind Urheberrechtsverletzungen nicht nur zivil-, sondern gem. §§ 106 ff. UrhG auch strafrechtlich sanktioniert. Allerdings spielt die strafrechtliche Sanktionierung in der Praxis gegenwärtig keine allzu große Rolle; vor allem Freiheitsstrafen werden so gut wie nicht verhängt.[2] Parallele Rechtsfolgen enthalten für die Verletzung am eigenen Bild die §§ 33 ff. KUG, die gem. § 141 Nr. 5 UrhG auch nach In-Kraft-Treten des UrhG fortgelten. 256

Angesichts der besonderen Verletzlichkeit von Urheberrechten – wie im übrigen sämtlicher Rechte des geistigen Eigentums – haben Gesetzgeber und Rechtsprechung jedoch eine Reihe von Besonderheiten entwickelt, die von den allgemeinen Grundsätzen mehr oder minder abweichen, und sie zumindest in einem für die Praxis beträchtlichen Umfang modifizieren. 257

(1) Dreifache Schadensberechnung

Auch für die Berechnung des dem Verletzten entstandenen Schadens gelten zunächst die §§ 249 ff. BGB, so dass der Verletzte Ersatz des ihm verletzungsbedingt entstandenen **konkreten** Schadens einschließlich eines verletzungsbedingt **entgangenen Gewinns** (§ 252 BGB) verlangen kann. Wie auch bei der Verletzung anderer Rechte des geistigen Eigentums hat die Recht- 258

---

1 Als Sonderprivatrecht ist das Urheberrecht zugleich „sonstiges" Recht iSv. § 823 Abs. 1 BGB. Zum allgemeinen Deliktsrecht steht das Urheberrecht in einem Verhältnis von Spezialität und Subsidiarität (vgl. BGH, Urt. v. 15. 11. 1957 – I ZR 83/56, GRUR 1958, 354 (356) – Sherlock Holmes), so dass die allgemeinen Vorschriften allenfalls lückenfüllend zur Anwendung kommen. Angesichts des umfassenden Regelungsbereichs der §§ 97 ff. UrhG bleibt für die Anwendung des allgemeinen Deliktsrechts bei Urheberrechtsverletzungen jedoch ein nur begrenzter Raum.

2 Vgl. nur den ersten Produktpiraterieberichte der Bundesregierung, BT-Drucks. 12/4427, v. 25. 2. 1993, S. 13 ff., sowie den Zweiten Produktpiraterieberichte der Bundesregierung über die Auswirkungen des PrPG, BT-Drucks. 14/2111 v. 10. 12. 1999, S. 2, 9 ff. – Vgl. zum CompuServe-Verfahren bereits Rz. 56.

sprechung angesichts der damit trotz des richterlichen Schätzungsermessens nach § 287 ZPO regelmäßig verbundenen Beweisschwierigkeiten, die den Verletzten überdies zur Offenlegung seiner Kalkulation zwingen würden, jedoch schon früh die sog. **dreifache Schadensberechnung** zugelassen.[1] Danach kann der Verletzte alternativ den Verletzergewinn herausverlangen oder aber – wovon in der Praxis am häufigsten Gebrauch gemacht wird – vom Verletzer im Wege der sog. Lizenzanalogie dasjenige herausverlangen, was vernünftige Parteien in Kenntnis der Sachlage als Lizenzgebühr vereinbart hätten.

259 Dabei ist die Herausgabe des **Verletzergewinns** in § 97 Abs. 1 Satz 2 UrhG für das Urheberrecht ausdrücklich im Gesetz genannt, so dass es der Heranziehung von § 687 Abs. 2 BGB insoweit nicht bedarf und die Herausgabe des Verletzergewinns auch nicht allein unter den dortigen verschärften Voraussetzungen in Betracht kommt. Nach einer neueren Entscheidung des BGH kann der Verletzer bei der Herausgabe seines Verletzergewinns nur die in konkretem Zusammenhang mit der Verletzung stehenden Ausgaben, nicht jedoch seine Gemeinkosten insgesamt in Abzug bringen.[2] Da die Herausgabe des Verletzergewinns als sog. objektive Schadensberechnung jedoch einen Regelzusammenhang zwischen Verletzergewinn und Schaden des Verletzten voraussetzt, scheidet diese Art des Schadensersatzes ausnahmsweise dann aus, wenn ein solcher Zusammenhang nicht besteht, weil etwa der Verletzte verletzungsbedingt sogar einen Gewinn gemacht hat.[3]

260 Gegenüber der **Lizenzanalogie** kann der Verletzer weder einwenden, er hätte in Kenntnis des fremden Rechts keine Lizenz erworben, noch dass der Verletzte zur Erteilung einer Lizenz gar nicht bereit gewesen sei. Seine nutzlosen Aufwendungen kann der Verletzer bei dieser Berechnungsart nicht in Abzug bringen, und zumindest dort, wo in der Praxis Pauschallizenzen üblich sind, haftet er unabhängig vom tatsächlichen Umfang der Verletzungshandlung auf den Umfang der kleinsten üblichen Lizenzgebühr.[4] Eine generelle, pauschale Erhöhung der üblichen Lizenzgebühr, wie sie zuguns-

---

1 St. Rspr.; vgl. zum Urheberrecht nur BGH, Urt. v. 7. 12. 1979 – I ZR 157/77, GRUR 1980, 227 (232) – Monumenta Germaniae Historica; BGH, Urt. v. 30. 1. 1959 – I ZR 82/57, GRUR 1959, 379 (383) – Gasparone.

2 BGH, Urt. v. 2. 11. 2000 – I ZR 246/99, GRUR 2001, 329 – Gemeinkostenanteil (in Bezug auf den insoweit regelungsgleichen § 14a Abs. 1 Satz 2 GeschmMG).

3 So BGH, Urt. v. 2. 2. 1995 – I ZR 16/93, GRUR 1995, 349 – Objektive Schadensberechnung (Umsatzsteigerung aufgrund Verletzung des Urheberrechts an Fotos von Werbeprospekten für Produkte des Verletzten).

4 BGH, Urt. v. 16. 11. 1989 – ZR 15/88, GRUR 1990, 353 – Raubkopien (Verurteilung zum vollen, für Vervielfältigung und Vertrieb üblichen Lizenzsatz, obwohl die rechtswidrig hergestellten Video-Raubkopien rechtzeitig vor ihrem Vertrieb beschlagnahmt worden waren); BGH, Urt. v. 13. 3. 1962 – I ZR 18/61, GRUR 1990, 1008 – Lizenzanalogie (Verurteilung zu der für eine zehnjährige europaweite Nutzung üblichen Pauschalzahlung trotz nur einmaliger rechtswidriger Benutzung einer Filmmusik).

ten der GEMA als sog. Verletzerzuschlag anerkannt ist,[1] unter dem Gesichtspunkt der Prävention hat die Rechtsprechung bislang dagegen ausdrücklich abgelehnt.[2] In welchem Umfang der vom BGH inzwischen zumindest für schwerwiegende Persönlichkeitsrechtsverletzungen durch Massenmedien ausdrücklich anerkannte **Präventionsgedanke**[3] auf das gesamte, primär auf Ausgleich abzielende Schadensrecht erweiterungsfähig ist, ist einstweilen noch ungeklärt. Immerhin spricht einiges dafür, die Entscheidung, die der Gesetzgeber mit der Gewähr ausschließlicher Rechte für die Schutzfähigkeit immaterieller Güter getroffen hat, zugleich durch entsprechend wirksame, dh. auch präventiv wirkende Sanktionen abzusichern.

(2) Bereicherungsausgleich

Wer in fremde Immaterialgüterrechte eingreift, haftet im Weiteren unabhängig vom Verschulden gem. den **§§ 812 ff. BGB** unter dem Gesichtspunkt der **Eingriffskondiktion** aus ungerechtfertigter Bereicherung, da dabei in den Zuweisungsgehalt eines Rechts eingegriffen wird, dessen wirtschaftliche Verwertung dem Rechtsinhaber vorbehalten ist.[4] Das Gleiche gilt auch bei Eingriffen in fremde Persönlichkeitsrechte, sofern für den in Anspruch genommenen Bestandteil der fremden Persönlichkeit üblicherweise eine Vergütung gezahlt wird.[5] „Erlangt" ist dabei nicht die fiktive Lizenzgebühr als ersparte Aufwendung für den Erwerb einer Lizenz (sog. **Ersparnislizenz** der früheren Rechtsprechung), sondern die Nutzung des fremden Rechts an sich (sog. **Berechnungslizenz**).[6] Dies gilt unabhängig davon, ob der zur Nutzung Berechtigte, Urheber oder Lizenznehmer von seinen Möglichkeiten tatsächlich Gebrauch gemacht hätte oder nicht. Herauszugeben ist mithin der objektive Verkehrswert. Dieser deckt sich regelmäßig mit einer angemessenen 261

---

1 Grundlegend BGH, Urt. v. 10. 3. 1972 – ZR 160/0, BGHZ 59, 286 – Doppelte Tarifgebühr, sowie zuvor BGH, Urt. v. 24. 6. 1955 – I ZR 178/53, BGHZ 17, 376, 383 – Betriebsveranstaltungen. – Begründet wird dies vor allem mit einem anteiligen Ersatz der Kosten für den aufwendigen Kontroll- und Überwachungsapparat, ohne den sich die Rechte im Ergebnis kaum wirksam schützen lassen.

2 BGH, Urt. v. 6. 3. 1980 – X ZR 49/78, GRUR 1980, 841 (844) – Tolbutamid (ein „Verletzerzuschlag würde die gewohnheitsrechtliche Grundlage des nach der Lizenzanalogie zu errechnenden ‚Schadens' verlassen und auch sonst keine rechtliche Stütze finden"); vgl. zuvor etwa auch BGH, Urt. v. 13. 3. 1962 – I ZR 18/61, GRUR 1962, 401 – Kreuzbodenventilsäcke III.

3 So in den beiden Caroline von Monaco-Entscheidungen aus den Jahren 1994 und 1995: BGH, Urt. v. 15. 11. 1994 – IV ZR 56/94, BGHZ 128, 1 und BGH, Urt. v. 5. 12. 1995 – VI ZR 332/94, NJW 1996, 984.

4 Das war bereits im UrhG von 1870 angeordnet und ergibt sich heute aus § 97 Abs. 3 UrhG, der „Ansprüche aus anderen gesetzlichen Vorschriften" ausdrücklich unberührt lässt; vgl. nur BGH, Urt. v. 2. 7. 1971 – I ZR 58/70, BGHZ 56, 317, 320 – Gasparone II.

5 Grundlegend BGH, Urt. v. 8. 5. 1956 – I ZR 62/54, BGHZ 20, 345 – Paul Dahlke (Recht am eigenen Bild); BGH Urt. v. 26. 6. 1981 – I ZR 73/79, BGHZ 81, 75, 81 – Carrera (allgemeines Persönlichkeitsrecht).

6 BGH, Urt. v. 24. 11. 1981 – X ZR 7/80, BGHZ 82, 299 – Kunststoffhohlprofil II.

Lizenz,[1] so dass der Inhalt des Bereicherungsanspruchs dem des Schadensersatzanspruchs in Form der Lizenzanalogie gleichkommt. In der Praxis der Urheberrechtsverletzungen spielt der Bereicherungsausgleich angesichts der hohen Anforderungen, welche die Rechtsprechung an die zur Prüfung fremder Urheberrechte erforderliche Sorgfalt stellt, bislang jedoch kaum eine Rolle. Das könnte für diejenigen, die, wie insbesondere im Online-Bereich häufig, lediglich untergeordnete Tatbeiträge leisten und bei denen es mangels Prüfungs- und Überwachungspflichten nicht selten an einem Verschulden fehlt, allerdings anders sein.[2]

(3) Unterlassungs- und Beseitigungsansprüche

262 Im Weiteren besteht nach § 97 Abs. 1 UrhG sowohl ein Unterlassungs- wie auch ein Beseitigungsanspruch.

263 Dabei löst jede Urheberrechtsverletzung grundsätzlich einen Unterlassungsanspruch aus, vorausgesetzt, es ist eine Wiederholungs- und bei noch nicht erfolgter Verletzung eine drohende, hinreichend konkretisierte Erstbegehungsgefahr (sog. **vorbeugender Unterlassungsanspruch**) gegeben. Bestehen und Umfang des Unterlassungsanspruchs sind – ebenso wie die negatorische Haftung insgesamt – an den Grundsatz der Verhältnismäßigkeit gebunden.[3] Wie dem Unterlassungsgebot im Einzelfall nachzukommen ist, ist Sache des Unterlassungsschuldners. Zum allgemeinen Zivilrecht bestehen insoweit keine Unterschiede.

264 Hinsichtlich des **Beseitigungsanspruchs** kennt das Urheberrecht mit den §§ 98, 99, 69f UrhG eine Reihe besonderer Beseitigungsansprüche, in denen typische Beseitigungsverpflichtungen sondergesetzlich normiert sind. Danach hat der Verletzte gegen den Verletzer – sowie im Fall urheberrechtlich geschützter Computerprogramme sogar gegenüber jedem Dritten – einen lediglich durch den Grundsatz der Verhältnismäßigkeit beschränkten Anspruch auf Vernichtung bzw. Überlassung verletzender Erzeugnisse, Vervielfältigungsstücke einschließlich der zu deren Herstellung benutzten oder bestimmten Vorrichtungen.[4] Zwar kommt zur Beseitigung der Beeinträchtigung nach § 98 Abs. 3 UrhG grundsätzlich nur das mildeste Mittel in Betracht, doch ist dies bei elektronisch gespeicherten Werken regelmäßig deren Löschung, wenn nicht gar – wie im Fall insbesondere von CD-ROM – die Vernichtung bzw. Unbrauchbarmachung des Datenträgers insgesamt.[5]

1 Vgl. nur Schricker/*Wild*, Urheberrecht, § 97 Rz. 87.

2 Nach *Freytag*, Haftung im Netz, 1999, S. 219, gilt die Haftungsbefreiung nach § 5 TDG nicht auch für die Bereicherungshaftung.

3 Vgl. nur *Köhler*, GRUR 1996, 82 (89 ff.).

4 Als besonderer Beseitigungsanspruch deuten lässt sich im Weiteren der eigenständige zivilrechtliche Anspruch auf Urteilsveröffentlichung nach § 111 UrhG, der allerdings ohnehin nur in Fällen einer strafrechtlichen Verurteilung greift.

5 Zu Einzelheiten vgl. etwa Schricker/*Loewenheim*, Urheberrecht, § 67f Rz. 4 ff.; Schricker/*Wild*, Urheberrecht, §§ 98/99 Rz. 4 ff.

Erwähnt sei in diesem Zusammenhang, dass die EU-Richtlinie über Urheberrecht in der Informationsgesellschaft[1] in Umsetzung der WIPO-Verträge[2] in den Art. 6 und 7 für die EU-Mitgliedstaaten künftig zwingend vorschreiben wird, rechtliche Maßnahmen zum einen gegen die **Umgehung** wirksamer technischer Schutzmaßnahmen und gegen die Herstellung, Einfuhr und Verbreitung von Umgehungsmitteln vorzusehen sowie zum anderen gegen die Entfernung oder Änderung elektronischer Informationen für die Wahrnehmung der Rechte einschließlich der Verbreitung von geschützten Werken oder Leistungen, bei denen elektronische Informationen für die Wahrnehmung der Rechte unbefugt entfernt oder geändert wurden. 265

Eine besondere Ausprägung des Verhältnismäßigkeitsgrundsatzes ist im Urheberrecht die sog. **Ablösungsbefugnis** nach § 101 UrhG, der zufolge der schuldlose Verletzer die Ansprüche auf Beseitigung oder Unterlassung (§ 97 UrhG), auf Vernichtung oder Überlassung der Vervielfältigungsstücke (§ 98 UrhG) oder der Vorrichtungen (§ 99 UrhG) gegen Zahlung einer Geldentschädigung abwenden kann, wenn dem Verletzten durch die Erfüllung der Ansprüche ein unverhältnismäßig großer Schaden entstehen würde und dem Verletzten die Abfindung in Geld zuzumuten ist.[3] Angesichts der strengen Anforderungen, welche die Rechtsprechung an die Beachtung fremder Urheberrechte knüpft, kommt der Regelung jedoch kaum praktische Bedeutung zu. Mehr helfen könnte dem Verletzer hingegen zumindest in Bezug auf verletzende Werbematerialien oder Offline-Vervielfältigungsstücke möglicherweise die aus dem Marken- und Wettbewerbsrecht bekannte **Aufbrauchsfrist.**[4] Im Online-Bereich dürfte hierfür jedoch kein Raum sein; allenfalls können bis zur Erfüllung eines Unterlassungs- oder Beseitigungsgebots bestimmte Fristen gewährt werden. 266

Ist ein fremdes Urheberrecht in einem Unternehmen von einem Arbeitnehmer oder Beauftragten verletzt worden, so hat der Verletzte die Ansprüche aus den §§ 97 bis 99 UrhG mit Ausnahme des Anspruchs auf Schadenersatz nach § 100 UrhG auch gegen den Inhaber des Unternehmens (sog. **Inhaberhaftung**). Inhaber ist grundsätzlich derjenige, unter dessen Namen der Betrieb geführt wird, also der betreibende Kaufmann. Bei einer OHG und einer 267

1 Richtlinie 2001/29/EG des Europäischen Parlaments und des Rates vom 22. 5. 2001 zur Harmonisierung bestimmter Aspekte des Urheberrechts und der verwandten Schutzrechte in der Informationsgesellschaft, ABl. EU Nr. L 167 v. 22. 6. 2001, S. 10 ff.

2 Art. 11, 12 WIPO Copyright Treaty (WCT) und Art. 18, 19 WIPO Performances and Phonograms Treaty (WPPT), abgedruckt im ABl. EU Nr. L 89 v. 11. 4. 2000, S. 8, 15 ff.

3 Als Entschädigung ist der Betrag zu zahlen, der im Falle einer vertraglichen Einräumung des Rechts als Vergütung angemessen gewesen wäre. Mit der Zahlung der Entschädigung gilt die Einwilligung des Verletzten zur Verwertung im üblichen Umfange als erteilt.

4 Vgl. dazu nur *Berlit*, Aufbrauchsfrist im gewerblichen Rechtsschutz und Urheberrecht, 1997.

KG sind Unternehmensinhaber die Personenhandelsgesellschaften selbst, sowie gem. §§ 128, 161 Abs. 2 HGB auch die persönlich haftenden Gesellschafter. Bei einer AG oder GmbH hingegen ist Unternehmensinhaber die juristische Person, nicht jedoch deren gesetzlicher Vertreter, da dieser als Organ für die Gesellschaft handelt.[1]

(4) Hilfsansprüche

268 Darüber hinaus gewährt die Rechtsprechung wie auch sonst im Deliktsrecht auf der Grundlage von § 242 BGB und unter Heranziehung der §§ 259, 260 BGB einen **Auskunftsanspruch** als Hilfsanspruch zum Schadensersatzanspruch.[2] Das setzt den Verletzten in die Lage, diejenigen Umstände in Erfahrung zu bringen, derer er zur Substantiierung der Schadenshöhe bedarf, und über die er nicht schuldhaft in Unkenntnis ist. In der Praxis handelt es sich hierbei zumeist um Umsatzzahlen und Kalkulationsgrundlagen. § 242 BGB bestimmt unter dem Gesichtspunkt des dem Auskunftsschuldner Zumutbaren und des Schutzes vor unzulässiger Ausforschung zugleich Inhalt und Umfang des Anspruchs. Dabei ist entscheidend, welche Angaben der Verletzte für eine sachgerechte Rechtsverfolgung und insbesondere für die Schadensberechnung benötigt.[3] Die Auskunft erstreckt sich auch auf sog. Kontrolltatsachen, dh. auf Tatsachen, die lediglich der Überprüfung der Haupttatsachen dienen und die dem Verletzten ggf. ein Vorgehen gem. den §§ 259 Abs. 2, 260 Abs. 2 BGB ermöglichen.[4] Informationsbedürfnis, Zumutbarkeit und Verhältnismäßigkeit entscheiden auch darüber, ob als qualifizierte Auskunft Rechnungslegung geschuldet ist,[5] inwieweit zum Schutz berechtigter Geheimhaltungsinteressen ein sog. Wirtschaftsprüfervorbehalt auszusprechen ist[6] und inwieweit Schutz vor strafrechtlich relevanter Selbst- bzw. vor einer strafrechtlichen Bezichtigung Dritter besteht. In Bezug auf die Gewinn-

---

1 Vgl. zu weiteren Einzelheiten Schricker/*Wild*, Urheberrecht, § 100 Rz. 2.

2 BGH, Urt. v. 7. 12. 1979 – I ZR 157/77, GRUR 1980, 227 (232) – Monumenta Germaniae Historica; für den Bereicherungsanspruch BGH, Urt. v. 12. 10. 1995 – I ZR 191/93, GRUR 1996, 57 (61) – Spielzeugautos.

3 Vgl. etwa BGH, Urt. v. 27. 9. 1990 – I ZR 87/89, GRUR 1991, 153 (155) – Pizza & Pasta; BGH, Urt. v. 14. 1. 1977 – I ZR 170/75, GRUR 1977, 491 (493 f.) – Allstar; BGH, Urt. v. 16. 2. 1973 – I ZR 74/71, GRUR 1973, 375 (378) – Miß Petite.

4 Vgl. BGH, Urt. v. 7. 12. 1979 – I ZR 157/77, GRUR 1980, 227 (244) – Monumenta Germaniae Historica; BGH, Urt. v. 13. 2. 1976 – I ZR 1/75, GRUR 1978, 52 (53) – Fernschreibverzeichnisse, sowie aus der Literatur etwa *Köhler/Piper*, Vor § 13 UWG Rz. 73; teilweise aA *Tilmann*, GRUR 1987, 251 (253 ff.).

5 Vgl. BGH, Urt. v. 13. 3. 1962 – I ZR 108/60, GRUR 1962, 398 (400) – Kreuzbodenventilsäcke II; Urt. v. 13. 7. 1973 – I ZR 101/72, GRUR 1974, 53 (54) – Nebelscheinwerfer; Urt. v. 3. 7. 1984 – X ZR 34/83, GRUR 1984, 725 (730) – Dampffrisierstab II.

6 Dieser ist zur Verschwiegenheit verpflichtet und der Verletzte kann ihm, nachdem ihm vom Verletzer die zuvor genau umschriebene Auskunft erteilt worden ist, präzise Fragen stellen; vgl. etwa BGH, Beschl. v. 13. 2. 1981 – I ZR 111/78, GRUR 1981, 535 – Wirtschaftsprüfervorbehalt; Urt. v. 11. 7. 1991 – I ZR 33/990, GRUR 1992, 117 (120) – IEC-Publikation; Urt. v. 7. 12. 1979 – I ZR 157/77, GRUR 1980, 227 (233) – Monumenta Germaniae Historica.

herausgabe in § 97 Abs. 1 Satz 2 UrhG ist der Anspruch als Anspruch auf Rechnungslegung sogar gesetzlich normiert. Ebenfalls ein gesetzlich genannter Auskunftsanspruch steht seit 1985 den Verwertungsgesellschaften zu, die mit der Geltendmachung der Vergütungsansprüche für die Abgabe im Bereich der privaten Vervielfältigung und Kopie betraut sind.[1]

Seit dem **Produktpirateriegesetz (PrPG)** von 1990 kennt das UrhG in § 101a schließlich auch einen Anspruch auf sog. **Drittauskunft**.[2] Danach ist der konkret ertappte Verletzer verpflichtet, Auskünfte über Bezugs- und Absatzwege sowie über Art und Umfang der abgesetzten schutzrechtsverletzenden Ware zu erteilen. Damit soll dem Verletzten die Aufdeckung von Quellen und Hintermännern ermöglicht werden.[3] Der Ausforschung von Mitbewerbern wirkt eine präzise Umschreibung des Inhalts der geschuldeten Auskunft[4] ebenso entgegen wie ein ausdrücklicher Vorbehalt der Verhältnismäßigkeit. – Der auskunftspflichtige Dritte kann die Auskunft nicht deshalb verweigern, weil er sich durch sie der Gefahr aussetzt, selbst zivilrechtlich wegen einer Schutzrechtsverletzung belangt zu werden.[5] Allerdings besteht 269

---

1 Es handelt sich um die jetzt in § 54g Abs. 1 und 2 UrhG geregelten Ansprüche gegenüber den gem. §§ 54 Abs. 1 und 54a Abs. 1 UrhG zur Zahlung verpflichteten Geräte- und Leerkassettenherstellern (Auskunft über Art und Stückzahl der im Geltungsbereich des UrhG veräußerten Geräte und Bild- und Tonträger) sowie den gem. § 54a Abs. 2 Satz 1 UrhG zahlungsverpflichteten Betreibern von Kopiergeräten (für die Bemessung der Vergütung erforderliche Auskunft). – Die im Zuge des Wegfalls der EG-Binnengrenzen erforderliche Neuregelung von 1994 (BGBl. I S. 1739) hat die Auskunftspflicht des Händlers nach dem Muster des PrPG auch auf die Bezugsquelle erstreckt (§ 54g Abs. 1 Satz 2 UrhG) und im Übrigen die Regelung des § 26 Abs. 6 UrhG über die Nachprüfung bei offensichtlicher Unrichtigkeit oder Unvollständigkeit auch für den Auskunftsanspruch gem. § 54g Abs. 1 UrhG übernommen (§ 54g Abs. 1 Satz 3 UrhG).

2 Einen Vorläufer hat dieser Anspruch auf Drittauskunft in dem Auskunftsanspruch des Urhebers eines Werkes der bildenden Kunst nach § 26 Abs. 4 UrhG zur Durchsetzung seines sog. Folgerechts bei Weiterveräußerung eines Kunstwerkes gegen den Kunsthändler oder Versteigerer auf Mitteilung von Namen und Anschrift des Veräußerers sowie der Höhe des Veräußerungserlöses. Allerdings können Kunsthändler oder Versteigerer die Auskunft über Namen und Anschrift des Veräußerers verweigern, wenn sie dem Urheber den Anteil entrichten.

3 Vgl. dazu BGH, Urt. v. 20. 12. 1994 – X ZR 56/93, GRUR 1995, 338 – Kleiderbügel (Anspruch erfasst auch die Namen mittelbarer Patentverletzer; offen gelassen jedoch für die Namen der Hersteller und Vorbesitzer von Teilen für die Herstellung eines patentverletzenden Gegenstandes); OLG Köln, Urt. v. 17. 3. 1995 – 6 U 228/94, GRUR 1995, 676 – Vorlage von Geschäftsunterlagen (vom Anspruch nicht erfasst).

4 Nach § 101a Abs. 2 UrhG zu nennen sind Namen und Anschrift des Herstellers, des Lieferanten und anderer Vorbesitzer der verletzenden, immaterialgüterrechtlich geschützten Gegenstände, des gewerblichen Abnehmers oder Auftraggebers sowie die Menge der hergestellten, ausgelieferten, erhaltenen und bestellten Gegenstände.

5 Vgl. BGH, Urt. v. 20. 12. 1994 – X ZR 56/93 (OLG Düsseldorf), GRUR 1995, 338 (340) – Kleiderbügel; auch ein Wirtschaftsprüfervorbehalt kommt danach im Anwendungsbereich der gesetzlichen Ansprüche auf Drittauskunft grundsätzlich nicht mehr in Betracht.

in Bezug auf eine Selbstbezichtigung bzw. die Bezichtigung in § 52 Abs. 1 StPO genannter Dritter ein strafrechtliches Verwertungsverbot.[1]

270 Zuletzt kennt das UrhG seit dem PrPG von 1990 eine mit der Zollbeschlagnahmeregelung an den EU-Außengrenzen[2] kombinierte und in den Art. 51 ff. TRIPS inzwischen zum internationalen Standard erhobene[3] Möglichkeit der **Grenzbeschlagnahme** offensichtlich schutzrechtsverletzender Waren bei deren Ein- oder Ausfuhr.[4] Die Erleichterung besteht darin, dass es zur Zollbeschlagnahme keines vorherigen Gerichtsbeschlusses, sondern lediglich eines – vorsorglich stellbaren und bis zu zwei Jahre gültigen – Antrags[5] bedarf, sowie darin, dass die Ware ohne vorherige Anhörung des Verfügungsberechtigten am Zoll festgehalten werden kann. Überdies erhält der Schutzrechtsinhaber von Amts wegen eine Reihe von Informationen, die er sonst erst in eigenständigen Auskunfts- und/oder Vorlagebegehren in Erfahrung bringen könnte.

bb) Unmittelbare Verletzung und mittelbarer Störer

271 Wegen eigener Urheberrechtsverletzung haftet jeder, der ein fremdes Urheberrecht verletzt. Das ist nicht nur derjenige, der selbst eine dem Rechtsinhaber vorbehaltene Handlung vornimmt, sondern auch derjenige, der eine solche Handlung in Auftrag gibt.[6] In Betracht kommt also grundsätzlich jeder, der als **Täter** oder **Teilnehmer**[7] an einer Verletzung fremden Urheberrechts mitwirkt, sofern es sich nicht lediglich um bloße Hilfsdienste handelt.[8] Mehrere Verletzer haften dabei nach den §§ 830, 840 Abs. 1 iVm. 421 ff. BGB als **Gesamtschuldner**.

272 Vor allem im Online-Bereich ist darüber hinaus von Bedeutung, wie weit der Kreis derjenigen reicht, die, ohne selbst in fremde Urheberrechte einzugreifen, dennoch adäquat-kausal zu einer Verletzung fremder Urheberrechte beitragen.

---

1 § 101a Abs. 4 UrhG. – Zulässig ist die strafrechtliche Verwertung der Auskunft danach allein mit Zustimmung des Auskunftsverpflichteten.

2 Verordnung VO 3842/86/EWG v. 1. 12. 1986 über Maßnahmen zum Verbot der Überführung nachgeahmter Waren in den zollrechtlich freien Verkehr, ABl. EG Nr. L 357 v. 18. 12. 1986, S. 1 ff., die inzwischen durch die VO 3295/94/EG v. 22. 12. 1994, ABl. EG Nr. L 341 v. 30. 12. 1994, ersetzt worden ist, die sich nun auch auf urheberrechtlich geschützte Gegenstände erstreckt; zu Einzelheiten und Unterschieden vgl. *Scheja*, CR 1995, 714, sowie (zur alten VO) *Cremer*, Mitt. 1992, 153 und *Schöner*, Mitt. 1992, 180.

3 Vgl. dazu näher *Dreier*, GRUR Int. 1996, 205 (213 f.).

4 § 111a UrhG. Die Regelung stimmt mit den Vorschriften in anderen gewerblichen Schutzrechten überein.

5 § 111a Abs. 6 UrhG.

6 So für das Einspeisen eines Computerprogramms ausdrücklich BGH, Urt. v. 20. 1. 1994 – I ZR 267/91, GRUR 1994, 363 – Holzhandelsprogramm.

7 So wird eine Beihilfehandlung beim Online-Angebot mitunter im Bereithalten zum Download gesehen, wenn beim Abrufenden ein körperliches Vervielfältigungsexemplar entsteht; so vor allem *Schwarz* in Schwarz, Recht im Internet, 3-2.2, S. 32.

8 Vgl. statt vieler Schricker/*Wild*, Urheberrecht, § 97 Rz. 35 ff. mwN.

Für diese sog. **mittelbaren Störer** hat die Rechtsprechung im Verlauf der technischen Entwicklung[1] hinreichend gefestigte Grundsätze entwickelt. Danach handelt als Störer grundsätzlich jeder, der in irgendeiner Weise willentlich und adäquat kausal an der Herbeiführung einer Verletzung mitwirkt. Allerdings hängt der Inhalt der Störerhaftung dann von den Umständen des Einzelfalles ab. So ist der Störer zunächst zur Unterlassung konkreter, bereits eingetretener und gegenwärtig noch fortdauernder Beeinträchtigungen verpflichtet. Darüber hinaus trifft ihn auch hinsichtlich künftiger Beeinträchtigungen grundsätzlich die Pflicht, notwendige und zumutbare Sicherungsmaßnahmen zur Verhinderung eines rechtsverletzenden Gebrauchs eines Schutzgegenstandes zu ergreifen. Welche Maßnahmen im Einzelnen verlangt werden können, hängt dann im Weiteren vom Ausmaß der Rechtsgefährdung ebenso ab wie davon, ob die nach der Lebenserfahrung zu erwartende Wirksamkeit der fraglichen Maßnahmen in angemessenem Verhältnis zu der Belastung steht, die dem Verpflichteten mit ihrer Durchführung aufgebürdet wird. Sofern nicht lediglich eine Hinweispflicht zumutbar erscheint, legt die Rechtsprechung dem Störer durchaus auch eine allgemeine Kontroll- und **Prüfungspflicht** auf, schränkt diese zugleich jedoch unter dem Gesichtspunkt der Zumutbarkeit zumeist auf eine Pflicht zur Kontrolle hinsichtlich grober und unschwer erkennbarer Verstöße ein. Dabei verdichtet sich diese Kontroll- und Überwachungspflicht umso mehr und verlangt dem potentiellen Störer einen umso größeren Aufwand ab, je mehr vergangenes Verhalten des eigentlichen Verletzers auch künftige Verletzungshandlungen erwarten lässt.[2]

cc) Haftungsfreistellung nach § 5 TDG

Der Gesetzgeber hat die Anwendung dieser Grundsätze auf den digitalen 273
Online-Kontext nicht erst abwarten wollen und auch nicht – wie es die historischen Vorbilder der rechtlichen Reaktion auf neue Gefährdungslagen nahe gelegt hätten – eine Gefährdungshaftung eingeführt. Stattdessen hat er die **Diensteanbieter** ganz bewusst von schwer abschätzbaren Haftungsrisiken befreien wollen.[3] Nach der bereits eingangs[4] dargelegten Dreiteilung des 1997 eingeführten § 5 TDG sind Diensteanbieter für **eigene Inhalte**, die sie

---

1 Betroffen waren zunächst Auslieferer von Printmedien (BGH, Urt. v. 15. 1. 1957 – I ZR 56/55, GRUR 1957, 352 – Taeschner; Urt. v. 3. 2. 1976 – VI ZR 23/72, GRUR 1977, 114 – VUS), sodann Hersteller von Ton- und Bildaufzeichnungsgeräten (BGH, Urt. v. 18. 5. 1955 – I ZR 8/54, BGHZ 17, 266 – Grundig-Reporter; BGH, Urt. v. 26. 6. 1963 – Ib ZR 127/62, GRUR 1964, 94 – Tonbandgeräte-Händler) und schließlich Hersteller und Betreiber von Kopiergeräten (BGH, Urt. v. 9. 6. 1983 – I ZR 70/81, GRUR 1984, 54 [55]).

2 Vgl. zur Konkretisierung in Bezug auf die Zurverfügungstellung von Leitungen für die Kabelweitersendung etwa *Schricker*, Urheberrechtliche Probleme des Kabelrundfunks, 1986, S. 25.

3 Vgl. nur die amtl. Begründung des IuKDG, BT-Drucks. 13/7385 sowie den Ausschussbericht in BT-Drucks. 13/7934 und den Entschließungsantrag der seinerzeitigen Regierungsfraktionen in BT-Drucks. 13/7935.

4 S. oben Rz. 36 ff.

zur Nutzung bereithalten, nach den allgemeinen Gesetzen verantwortlich (Abs. 1) und für **fremde Inhalte**, die sie zur Nutzung bereithalten, nur dann, wenn sie von diesen Inhalten Kenntnis haben und es ihnen technisch möglich und zumutbar ist, deren Nutzung zu verhindern (Abs. 2). Nicht verantwortlich sind sie hingegen für fremde Inhalte, zu denen sie lediglich den Zugang zur Nutzung vermitteln, wobei eine kurzzeitige Vorhaltung fremder Inhalte auf Grund Nutzerabfrage ausdrücklich als Zugangsvermittlung gilt (Abs. 3). Schließlich bleiben Verpflichtungen zur Sperrung der Nutzung rechtswidriger Inhalte nach den allgemeinen Gesetzen unberührt, wenn der Diensteanbieter unter Wahrung des Fernmeldegeheimnisses von diesen Inhalten Kenntnis erlangt und eine Sperrung technisch möglich und zumutbar ist (Abs. 4).

274 Unproblematisch ist danach die **Haftung gem. § 5 Abs. 1 TDG** wegen Urheberrechtsverletzungen des Online-Anbieters im Zusammenhang mit eigenen Inhalten. Auch der vollständige und daher rechtlich problematische[1] Ausschluss der Haftung des bloßen Zugangsvermittlers nach § 5 Abs. 3 TDG weist angesichts des eindeutigen Gesetzeswortlautes keinen Auslegungsspielraum auf. Problematisch ist jedoch ganz generell – und damit auch in Bezug auf das Urheberrecht –, unter welchen Umständen der Online-Anbieter **„von den Inhalten" Kenntnis** hat und ob es insoweit auf die Kenntnis von den Inhalten selbst oder auf die Kenntnis von deren Rechtswidrigkeit ankommt. Denkbar ist auch, dass mit „Inhalten" vielleicht gar nur solche Daten gemeint sind, bei denen der Inhalt selbst Grundlage der Beurteilung der Rechtmäßigkeit oder der Rechtswidrigkeit ihrer Bereithaltung ist und bei denen deswegen ihre Kenntnis – wenn auch unter Umständen unter Schwierigkeiten – die Beurteilung der Rechtmäßigkeit oder Rechtswidrigkeit der Bereithaltung für den Diensteanbieter ermöglicht. Umstritten ist weiterhin, inwieweit die Regelung Raum für Kontroll- und Überwachungspflichten lässt, ebenso wie die Frage nach dem Umfang der Auskunftsverpflichtung desjenigen, der fremde Inhalte zur Nutzung bereithält. Das Gleiche gilt schließlich in Bezug auf Voraussetzungen und Umfang der Unterlassungshaftung nach § 5 Abs. 4 TDG. Da sich diese Fragen jedoch nicht allein für das Urheberrecht, sondern ganz allgemein stellen, sei insoweit auf die obige Erörterung verwiesen.[2]

275 Waren die Auswirkungen der generellen Haftungsregelung nach § 5 TDG auf das Urheberrecht zunächst eingestandenermaßen nicht bedacht worden, so wird doch weitgehend davon ausgegangen, dass zumindest § 5 Abs. 2 und 3 TDG auch hinsichtlich der urheberrechtlichen Haftung die Funktion eines generellen „Filters" erfüllen. Danach ist zunächst die Haftung nach allgemeinen Grundsätzen zu bestimmen und diese dann ggf. einzuschränken.

---

1 Erfasst ist dem Wortlaut nach etwa auch eine – in der Praxis allerdings wohl eher seltene – Haftung wegen vorsätzlicher sittenwidriger Schädigung nach § 826 BGB. – Kritisch in Bezug auf die konventionsrechtliche Zulässigkeit vor allem *Lehmann*, CR 1998, 232.

2 S. Rz. 36 ff., mit entsprechenden Verweisen auch auf die insoweit parallelen Vorschriften des MDStV.

In einem neueren Urteil allerdings hat das OLG München die **Anwendbarkeit von § 5 TDG** auf Urheberrechtsverletzungen generell abgelehnt und den Anbieter eines redaktionell nicht betreuten Forums, auf dessen Speicherplatz die Mitglieder von ihnen ausgewählte Inhalte heraufladen, die sich andere Mitglieder von dort in den Arbeitsspeicher ihres Computers herunterladen und auf der Festplatte ihres PC speichern können, wegen Beihilfe zu der von den Mitgliedern begangenen Urheberrechtsverletzung zu Schadensersatz verurteilt.[1] Zur Begründung hat das OLG neben den genannten Unstimmigkeiten in Bezug auf die „Kenntnis von den Inhalten" vor allem auf die Entstehungsgeschichte der Vorschrift verwiesen und die Auffassung vertreten, mit dem IuKDG sei – über die das Urheberrecht betreffenden Bestimmungen des Teledienstedatenschutzgesetzes hinaus – keine Modifikation des Urheberrechtsgesetzes beabsichtigt gewesen. Vielmehr finde § 5 TDG allein auf solche Inhalte Anwendung, bei denen sich die Rechtswidrigkeit einer Veröffentlichung – wie bei pornografischen und Gewaltdarstellungen – aus den Inhalten selbst bzw. aus den öffentlich-rechtlichen, strafrechtlichen und zivilrechtlichen Vorschriften ergibt, welche die Zulässigkeit der Veröffentlichung von Inhalten regeln.[2] 276

Sollte das im Ergebnis zutreffen, so wäre die Haftung wegen Urheberrechtsverletzungen für alle Beteiligten uneingeschränkt nach den allgemeinen Grundsätzen des Urheberrechts zu beurteilen.

dd) EU-Richtlinie E-Commerce und EGG-Entwurf

Inwieweit sich an dieser Beurteilung künftig aufgrund der Umsetzung von Art. 12 – 15 der **EU-Richtlinie E-Commerce**[3] in das deutsche Recht etwas ändern wird, ist gegenwärtig angesichts der Entscheidung des OLG München nicht 277

1 OLG München, Urt. v. 8. 3. 2001 – 29 U 3282/00 – AOL. – Die Vorinstanz (LG München I, Urt. v. 30. 3. 2000 – 7 O 3625/98, CR 2000, 389) hatte § 5 Abs. 2 TDG angewandt, die Voraussetzungen für eine Haftungsfreistellung jedoch nicht als erfüllt angesehen; zwar sei die Kenntnis und nicht die Rechtswidrigkeit entscheidend, doch dürfe der Rechtsschutz nicht durch bewusstes Wegschauen unterlaufen werden. Den „Scouts" der Beklagten sei angesichts der Titel zumindest für die heraufgeladenen Werke die Kenntnisnahme leicht möglich und ohne weiteres zumutbar und die Verhinderung des Bereithaltens mit zumutbarem Aufwand auch ohne weiteres möglich gewesen.

2 Im Ergebnis ebenso schon zuvor *Waldenberger*, MMR 1998, 124 (127) und *Schaefer/Rasch/Braun*, ZUM 1998, 451 (453); aA die überwiegende Meinung im Schrifttum, das im Wesentlichen an *Spindler*, NJW 1997, 3193, anschließt; vgl. Schricker/*Wild*, Urheberrecht, § 97 Rz. 40a–g; *Fromm/Nordemann*, Urheberrecht, § 97 Rz. 18 a; *Pichler*, MMR 1998, 79 (81); *Spindler*, MMR 1998, 639 (640); *Sieber*, Verantwortlichkeit im Internet, Rz. 273; *Kröger/Gimmy*, Handbuch zum Internetrecht, S. 185, jeweils mwN.

3 Richtlinie 2000/31/EG des Europäischen Parlaments und des Rates v. 8. 6. 2000 über bestimmte rechtliche Aspekte der Dienste der Informationsgesellschaft, insbesondere des elektronischen Geschäftsverkehrs, im Binnenmarkt, ABl. EG Nr. L 178 v. 17. 7. 2000, S. 1 ff.

recht klar. Immerhin ließe sich argumentieren, dass die EU-Regelung im Wesentlichen dem Vorbild des **IuKDG** folgt und dass auch der Text der EU-Richtlinie ähnlich von der „tatsächliche[n] Kenntnis“ sowie von „Informationen“ spricht und diese „Informationen“ dem im geltenden § 5 TDG verwendeten Begriff „Inhalte“ entsprechen. Doch bezieht sich die „**Kenntnis**“ nach dem Wortlaut der Richtlinie jetzt nicht allein auf „rechtswidrige Informationen“, sondern auch auf „rechtswidrige Tätigkeiten“. Diese Formulierung übernehmen die §§ 8 ff. des Entwurfs eines Gesetzes über rechtliche Rahmenbedingungen für den elektronischen Geschäftsverkehr (**Elektronischer Geschäftsverkehr-Gesetz – EGG**), wenn es in § 11 Abs. 1 TDG idF des EGG-E heißt, dass „Diensteanbieter ... für fremde Informationen, die sie für einen Nutzer speichern, nicht verantwortlich [sind], sofern sie keine Kenntnis von der rechtswidrigen Handlung oder der Information haben und ihnen im Falle von Schadensersatzansprüchen auch keine Tatsachen oder Umstände bekannt sind, aus denen die rechtswidrige Handlung oder die Information offensichtlich wird“. Ähnlich bestimmt auch § 8 Abs. 2 TDG idF des EGG-E, dass „Diensteanbieter im Sinne der §§ 9 bis 11 nicht verpflichtet [sind], die von ihnen übermittelten oder gespeicherten Informationen zu überwachen oder nach Umständen zu forschen, die auf eine rechtswidrige Tätigkeit hinweisen. Verpflichtungen zur Entfernung oder Sperrung der Nutzung von Informationen nach den allgemeinen Gesetzen bleiben auch im Falle der Nichtverantwortlichkeit des Diensteanbieters nach den §§ 9 bis 11 unberührt“.

278 Die Begründung zu § 11 TDG idF des EGG-E sieht darin ausdrücklich zwei Arten von Fällen geregelt: „ Zum einen die Fälle, in denen die **Information als solche** bereits zu beanstanden ist; insoweit lässt die (positive) Kenntnis von der Information bzw. von diesbezüglichen Tatsachen oder Umständen die Haftungsprivilegierung entfallen. Zum anderen sind die Fälle erfasst, in denen die Information als solche nicht zu beanstanden ist, sondern die insoweit entfaltete Tätigkeit, nämlich (insbesondere) die **Verwendung von Informationen** ohne Erlaubnis des Rechteinhabers. Da sich insoweit die Kenntnis auch auf den Umstand beziehen muss, dass eine Erlaubnis fehlt, wird insoweit auf die Kenntnis von der rechtswidrigen Handlung abgestellt“.

279 Das Haftungsprivileg besteht danach zum einen darin, dass die Haftung auf **Vorsatz und grobe Fahrlässigkeit** beschränkt wird,[1] wobei sich der Sorgfaltsverstoß nicht aufgrund der Verletzung einer Überwachungs- und Nachforschungspflicht ergeben kann,[2] und zum anderen darin, dass die Haftung auch dann entfällt, wenn die Diensteanbieter „**unverzüglich tätig** geworden sind, um die Information zu entfernen oder den Zugang zu ihr zu sperren, sobald sie diese Kenntnis erlangt haben“.[3]

1 Art. 14 Abs. 1 Buchst. a der E-Commerce-Richtlinie; § 11 Abs. 1 Nr. 1 TDG idF des EGG-E.

2 Denn dazu sind die Diensteanbieter nach Art. 15 Abs. 1 der E-Commerce-Richtlinie; § 8 Abs. 1 Satz 1 TDG idF des EGG-E nicht verpflichtet.

3 Art. 14 Abs. 1 Buchst. b der E-Commerce-Richtlinie; § 11 Abs. 1 Nr. 2 TDG idF des EGG-E.

Auf die bisherige gesonderte Erwähnung, dass eine Sperrung **technisch möglich und zumutbar** sein muss, verzichtet der Entwurf, da sich dies bereits aus allgemeinen Grundsätzen ergibt, darf das Recht etwas technisch Unmögliches doch ebenso wenig verlangen wie Unzumutbares. Nach wie vor ist die Zumutbarkeitsgrenze in jedem Einzelfall zu bestimmen. Dabei hängt sie auch von der Wertigkeit des gefährdeten Rechtsgutes ab; denn je höherwertiger das geschützte Rechtsgut ist, umso mehr kann dem betroffenen Diensteanbieter zugemutet werden.[1] 280

b) Marken- und Kennzeichenrecht

Kennzeichenrechtliche Haftungsansprüche im Zusammenhang mit Verletzungshandlungen im Internet treten in der Praxis in erster Linie in den folgenden **Fallgestaltungen** auf: 281

- Haftung wegen der Nutzung eines fremden Kennzeichens in Domainnamen (vgl. Rz. 282),
- Haftung wegen der Nutzung eines fremden Kennzeichens im Text des eigenen Internet-Angebotes (vgl. Rz. 283–285),
- Haftung wegen der Nutzung eines fremden Kennzeichens im Rahmen von Hyperlinks, welche auf die Website eines Dritten verbinden (vgl. Rz. 286 f.),
- Haftung wegen der Nutzung eines fremden Kennzeichens im Rahmen von Metatags (vgl. Rz. 288–291) sowie
- Haftung wegen der Nutzung eines fremden Kennzeichens als „Keyword Buy" bei Suchmaschinen (vgl. Rz. 292 f.).

Das Haftungsrisiko des Diensteanbieters ist bei den genannten Tatbeständen nicht stets das Gleiche. Vielmehr ist sowohl hinsichtlich des Haftungsgrundes als auch hinsichtlich des Haftungsumfanges zu unterscheiden:

aa) Nutzung fremder Kennzeichen in Domainnamen

Da die Einzelheiten der möglichen Anspruchsgrundlagen gegen kennzeichenverletzende Domainnamen und dessen Haftungsfolgen bereits umfangreich in Kapitel B Rz. 846 ff. beschrieben worden sind, soll hier auf diese Ausführungen verwiesen werden. 282

bb) Nutzung fremder Kennzeichen im Text des eigenen Internet-Angebots

Bei der Nutzung fremder Kennzeichen im Text des eigenen Internet-Angebotes bestehen gegenüber der Nutzung von Kennzeichen in herkömmlichen Medien grundsätzlich **keine wesentlichen Besonderheiten**. Hier wie da stellt jede identische oder verwechslungsfähige[2] „kennzeichenmäßige Nutzung" 283

1 So ausdrücklich nochmals die Begründung zu § 8 Abs. 2 TDG idF des EGG-E.

2 Im Bereich bekannter Kennzeichen ist zusätzlich der Verwässerungsschutz nach §§ 14 Abs. 2 Nr. 3 und 15 Abs. 3 MarkenG zu berücksichtigen.

eines fremden Kennzeichens eine Kennzeichenverletzung dar und führt zu entsprechenden Unterlassungs- und Schadensersatzansprüchen nach §§ 14, 15 MarkenG[1]. Eine „kennzeichenmäßige Nutzung" liegt dabei dann vor, wenn eine Marke zur Kennzeichnung der Herkunft einer Ware oder einer Dienstleistung aus einem bestimmten Geschäftsbetrieb genutzt wird[2].

284 Nach neuerer Auffassung sollen kennzeichenrechtliche Ansprüche gegenüber Dritten unter dem neuen Markenrecht nicht nur gegen „kennzeichenmäßige" Nutzungsformen, sondern gegen Nutzungsformen jeglicher Art bestehen[3]. Nach dieser im Vordringen befindlichen Auffassung können Rechtsinhaber daher auch gegen solche Arten der Kennzeichennutzung Ansprüche geltend machen, welche nach herkömmlicher Anschauung nur nach §§ 1, 3 UWG verfolgt werden konnten. Hierzu zählt insbesondere die Wiedergabe fremder Marken zur Vornahme eines Image-Transfers auf eine andere Ware oder Dienstleistung, ohne dass die Marke zur Kennzeichnung der Herkunft dieser Ware oder Dienstleistung genutzt wird[4]. Auch hinsichtlich dieses Streites bestehen jedoch in Bezug auf E-Commerce-Angebote keine Besonderheiten, so dass auf die allgemeine Literatur zur kennzeichenmäßigen Nutzung verwiesen werden kann[5].

285 Eine Besonderheit, welche Markenverletzungen im Internet gegenüber herkömmlichen Verletzungsformen aufweisen, ist allerdings die Internationalität der Verwendung eines Kennzeichens im Internet und die damit einhergehende Frage nach dem **anwendbaren Kennzeichenrecht**. Die herrschende Meinung in Literatur und Rechtsprechung versucht der besonderen Internationalität des Internets dadurch gerecht zu werden, dass sie die Anwendbarkeit des deutschen Markenrechtes auf solche Internet-Angebote beschränkt, welche nach ihrer objektiven Zielrichtung bestimmungsgemäß auf Deutschland ausgerichtet sind. Hinsichtlich der Einzelheiten kann auf die Darstellungen zur Geltendmachung deutscher Kennzeichenrechte gegenüber internationalen Domainnamen verwiesen werden (siehe Kapitel B Rz. 889 ff.).

---

1 Zu beachten ist insoweit auch, dass nach § 5 Abs. 1 TDG/MDStV auf eigene Inhalte die „allgemeinen Gesetz" Anwendung finden und eine Privilegierung des Internet-Diensteanbieters nicht stattfindet.

2 Vgl. *Ingerl/Rohnke*, MarkenG, § 14 Rz. 58 ff.

3 Vgl. zum Stand der Diskussion *Ingerl/Rohnke*, MarkenG, § 14 Rz. 46 ff. sowie *Althammer/Ströbele/Klake,* MarkenG, § 14 Rz. 66 ff.

4 Vgl. insoweit den Rolls-Royce-Fall des BGH aus dem Jahr 1982 (BGH v. 9. 12. 1982 – I ZR 133/80, GRUR 1983, 247), bei welchem die berühmte markenmäßig geschützte Rolls-Royce-Kühlerfigur im Rahmen einer Whisky-Werbung genutzt wurde. Der BGH entschied damals, dass die Rolls-Royce-Kühlerfigur nicht als Herkunftshinweis für den Whisky genutzt wurde und es daher an einer „markenmäßigen Nutzung" fehle, welche für die Geltendmachung von markenrechtlichen Unterlassungsansprüchen notwendig sei. Der BGH gewährte jedoch einen Unterlassungsanspruch wegen Rufausbeutung nach § 1 UWG.

5 *Ingerl/Rohnke*, MarkenG, § 14 Rz. 46 ff. sowie *Althammer/Ströbele/Klake,* MarkenG, § 14 Rz. 66 ff.

cc) Nutzung fremder Kennzeichen im Rahmen von Hyperlinks

Noch nicht ganz geklärt ist die Frage, ob die Wiedergabe fremder Kennzeichen in Hyperlinks eine kennzeichenmäßige Nutzung – soweit unter der Geltung des neuen Markenrechts überhaupt an diesem Merkmal festgehalten werden soll (vgl. Rz. 284) – und damit eine Kennzeichenverletzung darstellt. Diese Frage war in den diversen Rechtsstreitigkeiten, welche die deutsche Inhaberin der Marke „Explorer" gegen Internet-Seiten, die auf eine Software eines ausländischen Softwareherstellers namens „FTP-Explorer" verwiesen und in dem hierfür vorgesehenen Hyperlink den Namen „FTP-Explorer" benutzten, von Bedeutung[1]. 286

Bei der Nutzung fremder Kennzeichen im Rahmen von Hyperlinks ist zu berücksichtigen, daß der Grund der Nutzung des fremden Kennzeichens im Normalfall nicht in einer Entscheidung des Link-Setzers liegt, sondern in der Nutzung dieses Kennzeichens durch den Anbieter derjenigen Site, auf die gelinkt wird. Die Nutzung des fremden Kennzeichens im Rahmen des Hyperlinks erfolgt daher nicht zur Kennzeichnung eigener Produkte oder Dienstleistungen des Link-Setzers, sondern ausschließlich zur Kennzeichnung des Verweises auf eine fremde Site, die diese Kennzeichnung – berechtigt oder unberechtigt – nutzt.

Die bislang **herrschende Meinung** in der Rechtsprechung sieht auch in dieser Form der Nutzung eines fremden Kennzeichens eine kennzeichenmäßige Nutzung durch den Hyperlink-Anbieter, welche zur Geltendmachung von Unterlassungsansprüchen des Kennzeicheninhabers gegen den Hyperlink-Setzer berechtigt[2]. Richtigerweise dürfte dieser Fall der Kennzeichennutzung allerdings im Regelfall als eine bloße **Markennennung** anzusehen sein, welche keine kennzeichenmäßige Nutzungshandlung im Sinne der §§ 14, 15 MarkenG darstellt[3]. Derartige Nennungen von geschützten Kennzeichen im Rahmen von Hyperlinks sind nicht anders zu bewerten als die Nennung fremder Kennzeichen in Nachschlagewerken oder redaktionellen Beiträgen, bei denen anerkanntermaßen keine kennzeichenmäßige Nutzungshandlung vorliegt. Denn beiden Nutzungsformen ist es gemeinsam, dass sich die Nutzung des Kennzeichens auf einen Verweis auf das fremde Produkt beschränkt, ohne dass hiermit in irgendeiner Form eine Unterstützung des Drittproduktes zu eigenen Zwecken verbunden ist. Zu berücksichtigen ist insoweit ebenfalls, dass dem Link-Setzer häufig gar keine andere Wahl bleibt, als die Waren oder Dienstleistungen des Dritten unter demjenigen Begriff zu verlinken, den der Dritte für dieses Produkt tatsächlich nutzt. Zumindest dann, wenn der Linksetzer mit einem Verweis auf das fremde Produkt keine eigenen geschäftlichen Interessen – zB im Rahmen einer Vertriebskooperation – verfolgt, stellt daher die schlichte Nennung fremder Kennzeichen im Rahmen von Hyperlinks keinen markenrechtlichen Verletzungstatbestand dar. 287

1 Vgl. zB LG Bielefeld v. 29. 12. 2000 – 3 O 452/00, CR 2001, 473 mit Anm. *Graf.*
2 Vgl. zB LG Düsseldorf v. 25. 10. 2000 – 2a O 106/00, MMR 2001, 183.
3 Vgl. zur Markennennung *Ingerl/Rohnke,* MarkenG, § 14 Rz. 85 ff.

dd) Nutzung fremder Kennzeichen im Rahmen von Metatags

288 Die Frage, ob und in welchem Umfang die Nutzung fremder Kennzeichen im Rahmen von Metatags markenrechtliche Verletzungstatbestände begründet, ist in der jüngsten Zeit Gegenstand erheblicher Erörterungen geworden.

Metatags sind nicht sichtbare[1] Codierungen einer Website, die durch den Website-Inhaber frei gewählt werden können und normalerweise die wesentlichen Such- oder Schlagwörter einer Website anzeigen. Sie dienen dazu, Suchmaschinenbetreibern die Identifzierung des Inhalts der jeweiligen Website zu vereinfachen. So kann zB ein Betreiber einer Fahrschule Schlagworte wie „Fahrschule" oder „Führerschein" als Metatag in seine Website eingeben. Dies führt dazu, dass Suchmaschinen, die nach diesen Schlagworten suchen, die Website des Fahrschul-Betreibers erkennen und in ihre „Treffer-Liste" aufnehmen[2].

In jüngerer Zeit machen sich einige Website-Anbieter dieses Verfahren dadurch zunutze, dass sie bekannte Markennamen von Wettbewerbern als Metatags in ihre eigenen Internet-Seiten aufnehmen. Dies führt dazu, dass Suchmaschinen bei der Eingabe des Kennzeichens des Wettbewerbers nicht nur die Original-Websites des Kennzeichen-Inhabers, sondern auch die Internet-Seiten des mit dem Kennzeichen-Inhaber konkurrierenden Wettbewerbers anzeigen. Hiergegen setzen sich die Kennzeicheninhaber u.a. unter Berufung auf das Kennzeichenrecht zur Wehr.

289 Ob die beschriebene, sich an ein fremdes Kennzeichen anhängende Nutzung von Metatags eine **Kennzeichenrechtsverletzung** darstellt, ist in Rechtsprechung und Literatur **umstritten**. Mehrere Gerichte haben eine Kennzeichenrechtsverletzung ohne weiteres angenommen[3]. Dass Metatags im Rahmen der normalen Website-Anzeige nicht sichtbar sind, hielten sie für irrelevant, da eine kennzeichenmäßige Nutzung nicht die permanente Sichtbarkeit des Kennzeichens erfordere und die Nutzung des Kennzeichens durch den Metatag-Setzer eindeutig zu eigenen geschäftlichen Zwecken erfolgt sei.

290 Dieser Ansicht sind sowohl mehrere Stimmen in der juristischen Literatur als auch zuletzt die 15. Zivilkammer des **LG Hamburg** in einer umfangreich begründeten Entscheidung entgegengetreten[4]. Nach diesen Stimmen fehlt es

---

1 Metatags können jedoch über den Browser beim Aufrufen des Quelltextes eingesehen werden.

2 Hinzuzufügen ist, dass Suchmaschinen-Betreiber ihre „Trefferliste" nicht allein nach Metatags ausrichten, sondern – je nach Suchmaschine – auch Volltext-Recherchen oder eigene redaktionelle Überarbeitungen vornehmen. Die Eintragung von Metatags führt jedoch bei vielen Suchmaschinen zumindest zu einer bevorzugten Anzeige.

3 LG Mannheim v. 1. 8. 1997 – 7 O 291/97, CR 1998, 306 – Arwis; OLG München v. 6. 4. 2000 – 6 U 4123/99, K&R 2000, 359 – Hanseatic; LG Hamburg v. 13. 9. 1999 – 315 O 258/99, CR 2000, 121 – Galerie d'Histoire.

4 LG Hamburg v. 16. 12. 2000 – 315 O 25/99, CR 2000, 392 – Estee Lauder; *Kotthoff*, K&R 1999, 157; *Varadinek*, GRUR 2000, 279; siehe auch *Menke*, WRP 2000, 982.

bei der Nutzung fremder Kennzeichen in „Metatags" an einer „kennzeichenmäßigen Nutzung"[1]. Das fremde Kennzeichen werde gerade nicht als Herkunftshinweis für die eigenen Produkte genutzt, sondern diene dazu, Internet-Nutzer, die an Produkten des Kennzeichen-Inhabers interessiert seien, auf die eigene Website – ohne Irreführung über die Herkunft der eigenen Produkte – umzuleiten. Ein derartiges Anhängen an den guten Ruf des fremden Kennzeichens stelle zwar möglicherweise eine Wettbewerbsverletzung nach § 1 UWG unter dem Gesichtspunkt der Rufausbeutung oder des Abfangens von Kunden dar, nicht jedoch eine kennzeichenrechtliche Verletzungshandlung.

291 Entscheidend für die Richtigkeit der einen oder anderen Meinung ist letztlich, ob das Kriterium der „kennzeichenmäßigen Nutzung" auch unter dem neuen Markenrecht weiterhin als einschränkendes Kriterium für die Geltendmachung kennzeichenrechtlicher Ansprüche aufrechterhalten werden soll (siehe hierzu bereits Rz. 284). Praktische Auswirkungen dürfte die Entscheidung dieser Frage für die Beurteilung der Nutzung fremder Kennzeichen im Rahmen von Metatags allerdings kaum haben. Denn selbst wenn an dem Erfordernis einer „kennzeichenmäßigen Nutzung" festzuhalten ist und eine Kennzeichenrechtsverletzung deswegen ausscheidet, dürfte die Nutzung des fremden Kennzeichens aufgrund des bewussten und planmäßigen Anhängens an die Bekanntheit des fremden Kennzeichens im Regelfall eine Wettbewerbsverletzung nach **§ 1 UWG** darstellen[2] (vgl. hierzu noch *Moritz/Hermann*, unten Rz. 484 ff.).

ee) Nutzung fremder Kennzeichen als „Keyword Buy" bei Suchmaschinen

292 Eine vergleichbare Fallgestaltung wie die Nutzung von Kennzeichen im Rahmen von Metatags ist die Nutzung fremder Kennzeichen als „Keyword Buy" in Suchmaschinen. Bei derartigen „**Keyword Buys**" handelt es sich um folgendes: Suchmaschinen-Betreiber bieten Werbekunden zum Teil eine interaktive Einblendung ihrer Werbebanner in Abhängigkeit von dem durch den Internet-Nutzer jeweils eingegebenen Suchbegriff ein. So kann sich zB ein Anbieter von Parfüms den Werbeplatz, der bei der Eingabe des Suchbegriffs „Parfüm" generiert wird, zuweisen lassen.

Auch hier sind – ähnlich wie bei den Metatags – Anbieter in der Vergangenheit zum Teil dazu übergegangen, sich die Bekanntheit der Kennzeichen von Wettbewerbern dadurch zunutze zu machen, dass sie derartige Kennzeichen als „Keyword Buys" von Suchmaschinenbetreibern erwarben. So kaufte in der Entscheidung „Estee Lauder" des LG Hamburg[3] zum Beispiel ein Parfüm-Billiganbieter das Keyword „Estee Lauder". Gab nun ein Nutzer der

1 Siehe hierzu und zu der Frage, ob eine „kennzeichenmäßige Nutzung" unter dem neuen Markenrecht überhaupt noch erforderlich ist, bereits Rz. 284.

2 Zu weitgehend insoweit *Kotthof*, K&R 1999, 157 und *Varadinek*, GRUR 2000, 179, die auch eine Wettbewerbsverletzung ablehnen.

3 LG Hamburg v. 16. 2. 2000 – 315 O 25/99, CR 2000, 392 – Estee Lauder.

Suchmaschine das Wort „Estee Lauder" als Suchbegriff ein, blieb die Ausgabe der „Estee Lauder"-Trefferliste zwar unverändert. Neben der Trefferliste erschien jedoch das Werbebanner eines Wettbewerbers von „Estee Lauder" und wies auf die unmittelbar mit „Estee Lauder" konkurrierenden Angebote hin.

293 Ob eine derartige Nutzung des Kennzeichens eines Dritten eine Kennzeichenrechtsverletzung darstellt, entscheidet sich – ebenso wie bei den Meta-Tags – danach, ob an dem Kriterium einer „kennzeichenmäßigen Nutzung" des verletzten Kennzeichens auch nach dem neuen Markenrecht festzuhalten ist (siehe hierzu bereits Rz. 284). Angesichts der Tatsache, dass das fremde Kennzeichen durch den Wettbewerber gar nicht für die Kennzeichnung von Produkten genutzt wird, scheidet eine „kennzeichenmäßige Nutzung" des fremden Kennzeichens als Herkunftshinweis regelmäßig aus. Da der Wettbewerber das fremde Kennzeichen allerdings als Anknüpfung für die eigene Werbung nutzt und sich dabei die Bekanntheit und den guten Ruf des fremden Kennzeichens zu Eigen macht, dürfte auch diese Form der versteckten Nutzung fremder Kennzeichenrechte nach § 1 UWG unzulässig sein[1] (vgl. hierzu *Moritz/Hermann*, unten Rz. 492 ff.).

c) Patentrecht

aa) Geographischer Schutzbereich eines Patents

294 Im Patentrecht gilt ähnlich wie im Markenrecht das **Territorialitätsprinzip**. Patente werden für ein bestimmtes geographisches Territorium erteilt und durch Zahlung von Jahresgebühren aufrechterhalten. Die Wirkung des Patents erstreckt sich nur auf dieses Territorium; bei einem deutschen Patent also auf Deutschland. Bei einem europäischen Patent handelt es sich um ein Schutzrecht, das – bei Zahlung entsprechender Benennungsgebühren – für bis zu derzeit 20 Vertragsstaaten des Europäischen Patentübereinkommens zentral beim Europäischen Patentamt in München angemeldet und erteilt wird. Danach entfaltet das europäische Patent seine Wirkung nur in denjenigen Vertragsstaaten, die der Anmelder ausgewählt hat und für die er die nationalen Erfordernisse (beispielsweise Einreichung einer Übersetzung) erfüllt hat. Das europäische Patent hat für alle benannten Staaten, für die es in Kraft ist, die Wirkungen eines nationalen Patents (Art. 64 Abs. 1 EPÜ). Patentverletzungsstreitigkeiten werden von den jeweils zuständigen Gerichten nach nationalem Recht behandelt (Art. 64 Abs. 3 EPÜ).

295 Im **Internet** sind die nationalen Grenzen jedoch leicht überwindbar. Einerseits lässt sich ein Patent auf ein durch Software implementiertes Verfahren leicht dadurch umgehen, indem man es auf einem Computer im patentfreien Ausland ablaufen lässt. Andererseits stellt schon das Anbieten von patentgeschützten Produkten (sowohl Waren zum Versand auf herkömmlichen Wegen als auch Software zum Downloaden) auf einer Internetseite eine Patent-

1 LG Hamburg v. 16. 2. 2000 – 315 O 25/99, CR 2000, 392 – Estee Lauder.

verletzung dar, wenn diese in Deutschland abgerufen werden kann und eine Lieferung der Ware nach Deutschland nicht ausdrücklich ausgeschlossen ist, etwa durch den Hinweis, dass nach Deutschland nicht ausgeliefert wird[1]. Ein derartiger Disclaimer ist für Softwareprodukte zum Herunterladen aber nicht wirksam, da vom Betreiber der Internetseite in der Regel nicht steuerbar ist, an welchen Client-Computer die Software übermittelt wird.

bb) Sachlicher Schutzbereich eines Patents

Der Schutzbereich eines Patents wird durch die **Patentansprüche** bestimmt, 296
wobei die Beschreibung und die Zeichnungen zur Auslegung der Patentansprüche heranzuziehen sind (§ 14 PatG und Art. 69 EPÜ). Ein Patent wird dann verletzt, wenn alle Merkmale wenigstens eines der Patentansprüche benutzt werden, bei einem Erzeugnispatent somit, wenn ein Erzeugnis mit allen Merkmalen des Patentanspruchs benutzt wird, und bei einem Verfahrenspatent, wenn alle in dem Patentanspruch beanspruchten Verfahrensschritte verwendet werden. Wird schon **ein** Merkmal des Patentanspruchs nicht benutzt, so liegt in der Regel keine Patentverletzung vor[2]. Jedoch ist nach ständiger Rechtsprechung[3] anerkannt, dass sich der Schutzbereich auch auf sog. Äquivalente, dh. gleichwirkende und für den Fachmann als solche nahe liegende Mittel erstreckt[4]. Der Patentschutz von Äquivalenten wurde bei der diplomatischen Konferenz im November 2000 auch auf europäischer Ebene durch Vereinbarung eines neuen Art. 2 des Protokolls über die Auslegung des Art. 69 EPÜ beschlossen. Die Erstreckung des Schutzumfangs eines Patentanspruchs auf Äquivalente bedeutet zum Beispiel, dass ein Patentanspruch für eine elektronische Schaltung, die als ein Merkmal einen Feldeffekttransistor enthält, auch von einer Schaltung verletzt wird, die an dieser Stelle einen Bipolartransistor enthält, wenn dieser die gleiche Funktion ausführt und die Wirkungen der Erfindung im Wesentlichen genauso hervorruft. Bei der Formulierung der Patentansprüche durch den Patentanwalt ist darauf zu achten, einen möglichst breit auslegbaren Wortlaut zu wählen, im genannten Beispiel etwa Transistor oder Schaltelement anstelle von Feldeffekttransistor. Gerade im Elektronik- und Softwarebereich hat sich daher eine funktionale Merkmalsformulierung (Mittel zum ... oder Element zum ...) durchgesetzt, die jedoch in den USA der Gefahr einer engen Auslegung durch die Gerichte unterliegt[5].

---

1 OLG Frankfurt, Beschl. v. 3. 12. 1998 – 6 W 122/98, CR 1999, 450; OLG München, Urt. v. 21. 9. 1999 – 9HK O 12244/99, CR 2000, 464; OLG Bremen, Urt. v. 17. 2. 2000 – 2 U 139/99, CR 2000, 770.

2 *Ullmann* in Benkard, Patentgesetz, 9. Aufl. 1993, § 14 PatG Rz. 143.

3 *Ullmann* in Benkard, Patentgesetz, 9. Aufl. 1993, § 14 PatG Rz. 119–140.

4 BGH, Urt. v. 17. 3. 1994 – X ZR 16/93, Mitt. 1994, 181 – Zerlegvorrichtung für Baumstämme m. Anm. *König*, Mitt. 1994, 178.

5 *Esslinger*, Mitt. 1998, 132.

cc) Benutzungshandlungen

– Unmittelbare Patentverletzung (Erzeugnisse)

297 Folgende Handlungen betreffend ein durch ein Patent geschütztes **Erzeugnis** (Vorrichtung, Maschine, Computersystem, Computerprogramm), sind alleine dem Patentinhaber vorbehalten oder von dessen Zustimmung abhängig (§ 9 Nr. 1 PatG):

- Herstellen des Erzeugnisses
- Anbieten des Erzeugnisses
- in Verkehr bringen des Erzeugnisses
- das Erzeugnis gebrauchen oder benutzen
- das Erzeugnis zu den obigen Zwecken einzuführen oder zu besitzen.

Für den Geschäftsverkehr über das Internet spielt insbesondere die Benutzungshandlung des Anbietens eine bedeutende Rolle, da schon das Angebot zum Verkauf eines patentgeschützten Erzeugnisses auf einer Internetseite, die von Deutschland aus erreichbar ist, eine Patentverletzung darstellt und einen Gerichtsstand für eine Klage des Verletzten (Patentinhabers oder durch diesen legitimierten Klägers) überall in Deutschland begründet. Ein durch einen Produktanspruch geschütztes Computerprogramm[1] wird in Verkehr gebracht, wenn es von einer Internetseite zum Herunterladen angeboten und tatsächlich heruntergeladen wird. Ein derartiges Computerprogramm wird gebraucht, wenn es auf einem Computer in Deutschland abläuft. Es wird eingeführt, wenn es von einem Server im Ausland heruntergeladen wird. Die Benutzungshandlung ist erfüllt, wenn das patentverletzende Computerprogramm auf einer Speichereinrichtung eines im Inland befindlichen Computers gespeichert ist. Erzeugnisansprüche für Computerprogramme bieten dem Patentinhaber daher einen wesentlich umfangreicheren Schutz als Verfahrensansprüche, die im Folgenden besprochen werden.

– Unmittelbare Patentverletzung (Verfahren)

298 Die folgenden **Benutzungshandlungen** sind dem Inhaber eines Verfahrenspatents vorbehalten bzw. erfordern dessen Zustimmung (§ 9 Nr. 2 PatG):

- das patentierte Verfahren anzuwenden
- das Verfahren zur Anwendung anzubieten, wenn die Anwendung des Verfahrens nicht zulässig ist.

Ferner sind die Benutzungshandlungen eines geschützten Erzeugnisses (s.o.) auf ein unmittelbar durch das patentierte Verfahren hergestelltes Erzeugnis anwendbar (§ 9 Nr. 3 PatG und Art. 64 Abs. 2 EPÜ). Diese Bestimmung ist insbesondere auf Herstellungsverfahren (etwa in der Chemie) anwendbar,

---

1 Wird vom EPA akzeptiert: EPA, Entscheidung v. 1. 7. 1998 – T 1173/97, Amtsbl. EPA 1999, 609 – Computerprogrammprodukt/IBM; eine Entscheidung des BGH über die Zulässigkeit von Erzeugnisansprüchen für Computerprogramme steht noch aus.

jedoch sind auch computergestützte Herstellungsverfahren nicht ausgeschlossen.

Das Verfahrenspatent hat für den Patentinhaber daher den Nachteil, dass nur die Anwendung des Verfahrens und, wenn diese widerrechtlich ist, das Anbieten zur Anwendung rechtswidrig ist. Wenn der Käufer beispielsweise eines patentgeschützten Computerprogramms jedoch ein Endverbraucher ist, dessen private, nichtgewerbliche Nutzung des als Verfahren patentgeschützten Programms zulässig ist, kann gegen den Anbieter des Programms nicht wegen unmittelbarer Patentverletzung vorgegangen werden.

– **Mittelbare Patentverletzung** (§ 10 PatG und Art. 64 Abs. 2 EPÜ)

Um dem Inhaber eines Verfahrenspatents die Durchsetzung seiner Rechte zu 299
erleichtern, wurde das Rechtsinstitut der **mittelbaren Patentverletzung** eingeführt[1]. Derjenige, der Mittel anbietet oder liefert, die sich auf ein wesentliches Element einer patentgeschützten Erfindung beziehen, begeht selbst eine Patentverletzung, wenn diese Mittel dazu geeignet und dazu bestimmt sind, für die Benutzung der Erfindung verwendet zu werden. Eine mittelbare Patentverletzung begeht beispielsweise derjenige, der wesentliche Elemente anbietet, die die Benutzung einer als Verfahren oder als Vorrichtung (Kombination aus Hardware und Software) geschützten Erfindung ermöglichen, dh. derjenige, der die für die Erfindung wesentliche Software liefert. Dies gilt auch dann, wenn der Benutzer des patentierten Verfahrens oder des patentierten Computersystems die Erfindung privat nutzt und daher selbst keine Patentverletzung begeht[2].

– **Erschöpfung**

Ist ein patentiertes **Erzeugnis** durch den Patentinhaber oder mit seiner Zu- 300
stimmung in den Verkehr gebracht worden, unterliegen weiteres In-Verkehr-Bringen, Anbieten und Gebrauchen dieses Erzeugnisses nicht mehr dem Verbietungsrecht des Patentinhabers. Dessen Rechte haben sich nach dem ersten rechtmäßigen In-Verkehr-Bringen „erschöpft“. Bei einem Verfahrenspatent tritt eine Erschöpfung nur hinsichtlich des unmittelbar mit dem Verfahren hergestellten Erzeugnisses ein[3]. Für ein patentiertes Verfahren selbst tritt keine Erschöpfung ein. Jedwede Verwendung des Verfahrens unterliegt dem Verbietungsrecht des Patentinhabers. Bei einem patentierten Computerprogramm, das ein bestimmtes Verfahren implementiert, ist jedoch davon auszugehen, dass sich die Patentrechte erschöpfen, wenn das Computerprogramm rechtmäßig in den Verkehr gebracht worden ist, da der Erwerber des Computerprogramms dieses sonst nicht ohne Erlaubnis des Patentinhabers bestimmungsgemäß nützen könnte. Umstritten ist, ob das Prinzip der Erschöpfung des Patentrechts nur national wirksam ist oder auch dann eintritt, wenn ein Erzeugnis in einem Mitgliedstaat der EU rechtmäßig in

1 *Bruchhausen* in Benkard, Patentgesetz, 9. Aufl. 1993, § 10 PatG Rz. 2.
2 *Bruchhausen* in Benkard, Patentgesetz, 9. Aufl. 1993, § 10 PatG Rz. 8.
3 *Keukenschrijver* in Busse, Patentgesetz, 5. Aufl. 1999, § 9 PatG Rz. 151.

Verkehr gebracht wurde, in dem kein Patentschutz besteht und dann innerhalb des EU-Binnenmarkts in einen anderen Mitgliedstaat exportiert wird, in dem der Patentschutz vorhanden ist (siehe auch unten E Rz. 25).

dd) Ausnahmen von der Wirkung des Patents

– **Private Handlungen und Handlungen zu Versuchszwecken** (§ 11 PatG)

301 Die private und **nichtgewerbliche Nutzung** einer Erfindung bleibt patentfrei. Der Endverbraucher, der eine Erfindung zu Hause und ohne kommerzielle Absicht nutzt, braucht sich um Patentrechte nicht zu kümmern. Auch der Programmierer, der an seinem eigenen Computer ein Programm schreibt, muss auf evtl. patentgeschützte Software keine Rücksicht nehmen. Sobald jedoch ein Computerprogramm im Internet veröffentlicht ist, wird der private Bereich und damit der patentfreie Raum verlassen[1]. Die zweite Ausnahmebestimmung des § 11 PatG betrifft Handlungen zu Versuchszwecken, die sich auf den Gegenstand einer patentierten Erfindung beziehen. Für den Programmierer bedeutet dies, dass die Weiterentwicklung eines Programmes oder das Ablaufen auf einem Computer mit dem Ziel, festzustellen, ob dieses funktioniert, vom Patentschutz ausgenommen ist[2] (siehe auch E Rz. 22).

– **Vorbenutzungsrechte** (§ 12 PatG)

302 Derjenige, der eine patentierte Erfindung **schon vor der Anmeldung des Patents** benutzt hat, selbst aber nicht um ein Patent nachgesucht hat, kann die Erfindung für die Bedürfnisse des eigenen Betriebs weiterbenutzen. Dieses Weiterbenutzungsrecht ist nur zusammen mit dem Betrieb veräußerbar[3] und kann nur durch eine Vorbenutzung der Erfindung im Inland erworben werden. Das Weiterbenutzungsrecht basiert auf einer internen, nichtöffentlichen Vorbenutzung der Erfindung. Ist die Erfindung schon vor dem Tag der Patentanmeldung veröffentlicht worden, so ist diese nicht mehr patentierbar.

ee) Ansprüche des Verletzten

303 Dem Patentinhaber (Verletzten) stehen gegenüber dem Patentverletzer die folgenden Ansprüche zu:

– **Unterlassung** (§ 139 Abs. 1 PatG)

Der Patentinhaber kann vom Patentverletzer die Unterlassung aller Benutzungshandlungen (siehe oben Rz. 297 ff.) verlangen und gerichtlich geltend machen. Voraussetzung für den Unterlassungsanspruch ist, dass in Zukunft rechtswidrige Eingriffe in das Patentrecht zu besorgen sind; eine Patentverletzung braucht noch nicht stattgefunden zu haben und ein Verschulden ist

---

1 *Bruchhausen* in Benkard, Patentgesetz, 9. Aufl. 1993, § 12 PatG Rz. 25; *Esslinger/Betten*, CR 2000, 18, 21.

2 *Bruchhausen* in Benkard, Patentgesetz, 9. Aufl. 1993, § 11 PatG Rz. 6.

3 *Bruchhausen* in Benkard, Patentgesetz, 9. Aufl. 1993, § 12 PatG Rz. 25.

ebenfalls nicht erforderlich[1]. In Ausnahmefällen kann der Unterlassungsanspruch auch durch eine einstweilige Verfügung durchgesetzt werden[2].

– **Schadenersatz** (§ 139 Abs. 2 PatG)

Der **vorsätzliche** oder **fahrlässige** Patentverletzer ist gegenüber dem Verletzten zur Leistung von Schadenersatz rückwirkend ab dem Tag der Patenterteilung verpflichtet. Die Höhe des Schadens berechnet sich entweder als entgangener Gewinn des Verletzten, als tatsächlicher erzielter Gewinn des Verletzers oder als branchenüblich angemessene Lizenzgebühr. Zur Bestimmung der Schadenshöhe hat der Verletzte gegenüber dem Verletzer einen Auskunftsanspruch (siehe unten Rz. 307). Trotzdem wird in der Praxis die Bestimmung der Schadenshöhe auf Basis einer angemessenen Lizenzgebühr am häufigsten gewählt, weil die Berechnung vergleichsweise einfach ist und keine vertraulichen internen Informationen (etwa Großhandelspreise, Margen etc.) erfordert[3]. 304

Vom Hersteller eines Erzeugnisses oder gewerblichen Nutzer eines Verfahrens wird erwartet, dass dieser die für sein Fachgebiet einschlägigen Patente überwacht. Bei Verletzung eines Patents ist er daher aufgrund von Fahrlässigkeit zur Leistung von Schadenersatz verpflichtet. Von einem Händler, insbesondere mit einem großen, nichtspezifischen Sortiment, kann dasselbe jedoch nicht erwartet werden. Er hat daher in der Regel keinen Schadenersatz zu leisten[4].

– **Entschädigung** (§ 33 PatG)

Nach Veröffentlichung einer Patentanmeldung, aber noch **vor der Erteilung**, hat der Patentanmelder gegen den schuldhaften Benutzer Anspruch auf eine angemessene Entschädigung für die Benutzung der Erfindung. Die Höhe der Entschädigung soll den Umständen nach angemessen sein und wird in der Regel die Höhe des vollen Schadenersatzes nicht erreichen[5]. Wenn die Patentanmeldung nicht zur Erteilung gelangt, fällt der Anspruch rückwirkend weg und kann ggf. zurückgefordert werden[6]. 305

– **Vernichtung** (§ 140a PatG)

Wenn der durch die Patentverletzung verursachte Zustand nicht auf andere Weise beseitigt werden kann und dies für den Verletzer nicht im Einzelfall unverhältnismäßig ist, hat der Verletzte gegenüber dem Patentverletzer Anspruch auf **Vernichtung** der patentverletzenden Erzeugnisse. Diese Regelung ist zur Bekämpfung von Produktpiratierie eingeführt worden und wird für höherwertige und kostspieligere High-Tech-Artikel in der Regel nicht angewendet. 306

---

1 *Rogge* in Benkard, Patentgesetz, 9. Aufl. 1993, § 139 PatG Rz. 27, 28.
2 *Rogge* in Benkard, Patentgesetz, 9. Aufl. 1993, § 139 PatG Rz. 150 ff.
3 *Rogge* in Benkard, Patentgesetz, 9. Aufl. 1993, § 139 PatG Rz. 161.
4 *Rogge* in Benkard, Patentgesetz, 9. Aufl. 1993, § 139 PatG Rz. 47.
5 *Keukenschrijver* in Busse, Patentgesetz, 5. Aufl. 1999, § 33 PatG Rz. 14.
6 *Schulte*, Patentgesetz, 5. Aufl. 1994, § 33 PatG Rz. 10.

– **Auskunft und Rechnungslegung** (§ 140b PatG)

307 Der **Anspruch auf Auskunft** dient der Ermittlung von Herstellern und Lieferanten von patentgeschützten Produkten und ist nicht verschuldensabhängig und daher auch auf Händler und Importeure anwendbar. Der Anspruch auf Rechnungslegung dient auch der Ermittlung der Höhe des Schadenersatzes.

– **Grenzbeschlagnahme** (§ 142a PatG)

308 Die **Zollbehörden** können bei Fällen offensichtlicher Patentverletzung auf Antrag des Patentinhabers bei der Oberfinanzdirektion die Beschlagnahme patentverletzender Produkte an der Grenze verlangen. Da die Feststellung einer Patentverletzung in den allermeisten Fällen eine genaue Prüfung des Schutzumfangs der Patentansprüche einerseits und der technischen Details des angeblich patentverletzenden Produkts andererseits erfordert, ist eine offensichtliche Rechtsverletzung im Patentrecht die Ausnahme. Die Grenzbeschlagnahme wird daher in Patent- und Gebrauchsmustersachen selten durchgeführt.

– **Strafrechtliche Ansprüche** (§ 142 PatG)

309 Wer ein Patent verletzt, begeht im Prinzip eine Straftat. Diese gesetzliche Regelung hat jedoch seit Jahrzehnten **keine praktische Bedeutung** mehr, da Patentverletzungen strafrechtlich nur auf Antrag des Verletzers verfolgt werden[1]. In manchen Fällen versuchen Patentinhaber durch einen Strafantrag amtliche Ermittlungen über die behauptete Patentverletzung in Gang zu setzen, um eigene Anwaltskosten zu sparen. Wie bei jedem Straftatbestand ist auch für die strafbare Patentverletzung Vorsatz Voraussetzung.

3. Wettbewerbsrechtliche Haftung im Internet

a) Einleitung

310 Immer mehr Unternehmen werden veranlasst, mit Hilfe des neuen Mediums Internet für ihre Produkte Werbung zu machen und neue Absatzmärkte zu erschließen.[2] Bereits 1998 errechnete Price Waterhouse in einer für das Internet Advertising Bureau (IAB) erstellten weltweiten Studie einen jährli-

1 *Rogge* in Benkard, Patentgesetz, 9. Aufl. 1993, § 142 PatG Rz. 1.

2 Nach Studien der National Retail Federation, Forrest Research – NRF/Forrester Online Retail Index, abrufbar unter http://www.forrester.nl/NRF – sowie Greenfield Online kauften US-Bürger im Januar 2000 für insgesamt 3,4 Milliarden US$ Waren über Internet ein. An der Spitze lag dabei der Handel mit Flugtickets (317.608,16 US$), gefolgt von Büchern (224.366,97 US$) und Computer Hardware (224.363,20 US$). Mediaprodukte wie Bücher, Musik, Videos und Software erzielten insgesamt 653.600 US$ Umsatz. Durchschnittlich geben US-Konsumenten monatlich bereits pro Kopf rund 202,59 US$ aus. Nach einer Studie der Organisation for Economic Cooperation and Development (OECD) wird für den Bereich E-Commerce eine Umsatzsteigerung von 200 Milliarden Euro im Jahr 2000 auf 850 Milliarden Euro im Jahr 2005 erwartet.

chen Umsatz für Werbung im Internet von 3,4 Milliarden US$. Nach ähnlichen Studien wird weltweit mit einer Steigerung des Werbevolumens auf 15 Milliarden US$ bis ins Jahr 2003 gerechnet.

Nur wenigen Online-Marketing-Experten wird aber bewusst sein, dass sie sich auch im Internet nicht in einem rechtsfreien Raum bewegen. Zwar hinkt die Rechtsprechung den technischen Möglichkeiten, die das WWW mittlerweile bietet, hinterher, doch zeigen Gerichtsentscheidungen in Deutschland, dass im Internet betriebene Werbung – ebenso wie jede andere Werbung – den für einen funktionierenden Leistungswettbewerb aufgestellten Bedingungen genügen muss. Ob es sich dabei um produktbezogene Werbebeschränkungen oder um Beschränkungen des Lauterkeitsrechts handelt; immer häufiger versuchen deutsche Richter, ihr über Jahrzehnte entwickeltes juristisches Handwerkszeug auf das neue Medium und die dadurch möglich gewordenen Werbemöglichkeiten zu kalibrieren. 311

Im folgenden wettbewerbsrechtlichen Teil des Handbuchs wird zuerst auf kennzeichenrechtliche und lauterkeitsspezifische Probleme im Zusammenhang mit der Wahl der richtigen Domain eingegangen (Rz. 316 ff.). Anschließend wird der Inhalt einer Website auf mögliche UWG-Verstöße untersucht (Rz. 337 ff.). Wettbewerbsrelevante Sonderformen der Werbung im Internet wie Hyperlinks, Framing, Metatagging, Keyword buys und das unerwünschte Versenden von Werbe-E-Mails, Banner-Werbung sowie die Verwendung von Cookies waren bereits Gegenstand von Entscheidungen der deutschen Gerichte. Eine einheitliche Rechtsprechungspraxis existiert in diesen Bereichen aber noch nicht (Rz. 466 ff.). Ebenso ergeben sich bei der wettbewerbsrechtlichen Zulässigkeit bestimmter Warenvertriebsformen im Internet, wie zB Auktionen, Power-Shopping und Community-Shopping aus wettbewerbsrechtlicher Sicht einige Fragen, auf die unter Darstellung der bisherigen Rechtsprechung eingegangen wird (Rz. 538 ff.). 312

Ein weiteres Kapitel beschäftigt sich mit haftungsrelevanten Fragen, die besonders im Bereich der Providerhaftung durch die E-Commerce Richtlinie europaweit einheitlich geregelt wurden (Rz. 585 ff.). 313

Wann deutsches Wettbewerbsrecht zur Beurteilung einer Website zur Anwendung kommt und deutsche Gerichte zuständig sind, wird in Rz. 605 ff. untersucht.

Ein kursorischer Überblick über die Zulässigkeit der Werbung im Internet nach US-Recht bildet den Abschluss dieses Abschnitts.

b) Überblick über das Wettbewerbsrecht

Das Wettbewerbsrecht gehört neben dem Kennzeichen-, Geschmacks-, Patent- und Gebrauchsmusterrecht zu den gewerblichen Schutzrechten.[1] All 314

---

1 Der im Ausland verbreitete Begriff des „geistigen Eigentums“, wie er jetzt auch im internationalen Übereinkommen über handelsbezogene Aspekte der Rechte des

diesen Sondergesetzen ist gemeinsam, dass sie bestimmte unkörperliche Güter (Erfindungen, Muster, Kennzeichen) demjenigen zuordnen, der sie zuerst durch seine individuelle Leistung gewerblich verwertbar gemacht hat, gewerblich benutzt oder beim Patentamt angemeldet hat und dass sie ihn vor Einriffen unberechtigter Dritter schützen.

Das Wettbewerbsrecht schützt dabei nicht nur die **gewerbliche Leistung**, die sich in eigenartigen Erzeugnissen, im Ruf des Unternehmens, in Geschäftsgeheimnissen, aber auch auf allgemeinere Weise im Unternehmen objektiviert, sondern sichert auch die laufende **gewerbliche Betätigung** und **Entfaltung des Unternehmers** gegen unlautere Wettbewerbshandlungen.

Geregelt ist das Wettbewerbsrecht vor allem im Gesetz gegen den unlauteren Wettbewerb (UWG)[1], in der Zugabeverordnung (ZugabeVO)[2] und im Rabattgesetz (RabattG).[3] Die ZugabeVO und das Rabattgesetz sind aber seit 1. 8. 2001 außer Kraft.[4]

Zum Bereich des Wettbewerbsrechts gehört auch das Namens-, Firmen- und Markenrecht.[5]

315 Einzelne Gesetze enthalten zusätzlich Regelungen mit wettbewerbsrechtlichem Gehalt, so etwa § 9 Mediendienste-Staatsvertrag (MDStV) und § 8 Heilmittelwerbegesetz (HWG).

Das UWG verfolgt den Rechtsschutz durch Schutztatbestände, deren Verletzung sowohl zivilrechtliche Ansprüche als auch strafrechtliche Verfolgung nach sich ziehen.

Dabei kommt den Tatbeständen der **§§ 1–3 UWG** besondere Bedeutung zu. Die Generalklausel in § 1 UWG verbietet jede sittenwidrige Handlung im geschäftlichen Verkehr zu Zwecken des Wettbewerbs.

§ 2 UWG regelt, wann eine vergleichende Werbung sittenwidrig und damit iSv. § 1 UWG unzulässig ist.

Irreführende Angaben im geschäftlichen Verkehr zu Zwecken des Wettbewerbs werden durch § 3 UWG untersagt.

---

geistigen Eigentums (TRIPS) vom 15. 4. 1994 verwendet wird, umfasst über den gewerblichen Rechtsschutz hinaus zugleich auch das Urheberrecht und die verwandten Schutzrechte.

1 Gesetz gegen den unlauteren Wettbewerb vom 7. 6. 1909 (RGBl. S. 499) in der im BGBl. III, Gliederungsnummer 43-1, veröffentlichten bereinigten Fassung.

2 Zugabeverordnung v. 9. 3. 1932 (RGBl. I S. 121), mit allen Änderungen (außer Kraft).

3 Gesetz über Preisnachlässe (Rabattgesetz) v. 25. 9. 1933 (RGBl. I S. 1011) mit allen Änderungen (außer Kraft).

4 Gesetz zur Aufhebung der Zugabeverordnung und zur Anpassung weiterer Vorschriften v. 23. 7. 2001, BGBl. I 2001, S. 1661; Gesetz zur Aufhebung des Rabattgesetzes und zur Anpassung anderer Vorschriften v. 23. 7. 2001, BGBl. I 2001, S. 1663.

5 Vgl. *Baumbach/Hefermehl*, Wettbewerbsrecht, Allg. Rz. 95.

Wer gegen §§ 1–3 UWG verstößt, kann auf Schadenersatz und Unterlassung verklagt werden. Ein Zuwiderhandeln gegen § 3 UWG verpflichtet aber nur dann zum Ersatz des entstandenen Schadens, wenn der Schädiger wusste oder wissen musste, dass die von ihm gemachten Angaben irreführend sind.

Anspruchsberechtigte sind neben den direkt Verletzten nach § 13 Abs. 2 UWG Konkurrenten, Interessensverbände und Kammern. Nicht selbst aktiv logitimiort ist der einzelne Verbraucher.

c) Die Adresse im Internet

Sollen zwei Computer via Internet kommunizieren, dh. sollen Datenpakete von einem Rechner an einen anderen gesendet werden, müssen die jeweiligen Computer genau identifizierbar sein. Jeder Rechner im Internet besitzt daher eine Identifikationsnummer, die sog. **IP-Adresse**. Die IP-Adresse ist eine Kombination aus vier Zahlen zwischen 0 und 255, die durch Punkte getrennt sind (zB 192.168.10.50). Da eine solche numerische Adresse für die Nutzer im täglichen Umgang unpraktikabel ist, wurde das **Domain-Name-System (DNS)** eingeführt. Dabei wird jeder numerischen Zieladresse ein hierarchisch strukturierter Name zugewiesen. Jeder Domain-Name besteht aus mehreren Ebenen (Top-Levels), die von rechts nach links gelesen hierarchisch abnehmen und jeweils durch einen Punkt (dot) voneinander getrennt sind. Neben den derzeitigen **generischen Top-Level-Domains** – „.com“, „.org“, „.net“, „.mil“, „.edu“, „.gov“, und „.int“[1], im November 2000 erweitert um „.biz“ (business), „.pro“ (accountants, lawyers and physicians), „.name“ (for registration by individuals), „.info“ (unrestricted use), „.museum“ (museums), „.aero“ (air-transport industry) und „.coop“ (non-profit cooperatives) – existieren auch **länderspezifische Top-Level-Domains** wie etwa „.de“, „.at“, „.uk“; diese werden als ccTLDs (country codes) bezeichnet. Die Vergabe der Domains erfolgt aufgrund der globalen Vernetzung im Internet weltweit einheitlich. 316

aa) Die Vergabe der Domain

Zuständig für die Vergabe und Koordination von eindeutigen IP-Adressen und Domain-Namen im Internet war ursprünglich die **Internet Assigned Numbers Authority (IANA)**, die von der Internet Society (ISOC) und vom U.S. Federal Network Council hiermit beauftragt wurde. Die Koordination der Vergabe und Registrierung von Domain-Namen unterhalb der generischen TLDs erfolgte durch das InterNic, das die Administration sodann auf das Unternehmen Network Solution Inc. (NSI) weiter übertrug. 317

1 „.com“ steht sowohl für kommerzielle Organisationen als auch private Internetnutzer; „.org“ für Organisationen, „.net“ für Netzwerkbetreiber, „.mil“ für militärische Einrichtungen, „.edu“ für Bildungseinrichtungen, „.gov“ für Regierungsstellen und „.int“ für internationale Organisationen.

318 Die Globalisierung und die zunehmende Kommerzialisierung des Internets sowie Marken- und Namenskonflikte, aber auch die Unzufriedenheit über das Fehlen von Wettbewerb im Bereich der Registrierung generischer TLDs durch NSI führten 1998 dazu, dass die **Internet Corporation for Assigned Names and Numbers (ICANN)** gegründet wurde. Deren Aufgabe ist die eindeutige Vergabe von IP-Adressen, Domain-Namen sowie Protokoll- und Port-Adressen. Anders als bei der IANA haben Regierungen nunmehr keinen direkten Einfluss auf die Vergabepraxis von ICANN. Nur durch das Governmental Advisory Commity (GAC) als beratendes Gremium, dem auch Regierungsvertreter angehören, können Regierungen weiterhin – zumindest einen indirekten – Einfluss auf die Tätigkeit von ICANN nehmen.[1]

319 Europaweit werden die oben genannten Aufgaben vom **Reseaux IP Europeen-Network Coordination Center (RIPE-NCC)** wahrgenommen, das die Zuteilung von Domain-Namen unterhalb der ccTLDs an die nationalen NICs delegiert hat.

320 Die Registrierung einer Domain unter den generischen TLD „.com“, „.net“ und „.org“ wird seit 1998 von akkreditierten Registrars gemäß der Registrar Accrediation durchgeführt.[2] Für Deutschland erfolgt die Registrierung aller Domains unter der ccTLD „.de“ durch die **DENIC Domain Verwaltungs- und Betriebsgesellschaft e.G.** mit Sitz in Frankfurt am Main.[3]

321 Nach § 1 der **DENIC-Registrierungsbedingungen**[4] kann der Kunde seinen Registrierungsauftrag direkt[5] oder an einen Internet Service Provider (ISP), der DENIC-Genossenschaftsmitglied[6] ist, senden. Egal, ob die Registrierung über einen ISP oder unmittelbar über DENIC direkt erfolgt, kommt ein direktes Vertragsverhältnis zwischen DENIC und dem Kunden zustande. Der ISP nimmt nur im Auftrag oder als Vertreter des Kunden die Registrierung bei der DENIC vor.[7] Entgegen den früheren Registrierungsbedingungen können nun auch ausländische Personen eine Domain beantragen, sofern sie einen in Deutschland ansässigen Zustellungsbevollmächtigten nennen.[8]

Die DENIC nimmt eine Registrierung der Domain unter dem Top-Level „.de“ vor. Dabei ist sie nach § 2 der Registrierungsbedingungen nicht verpflichtet

1 *Andrew McLaughlin*, CFO der ICANN, beschrieb ICANN auf der 1. Tagung des ICANN-Studienkreises Ende März in Leipzig als Experiment technischer Selbstverwaltung der Internetgemeinde, das zum Erfolg verurteilt sei.
2 Eine aktuelle Liste der akkreditierten Registrars ist unter: http://www.icann.org/registrars/accredited-list.html abrufbar.
3 Derzeit erfolgen durch die DENIC monatlich etwa 200.000 Neuregistrierungen.
4 Abrufbar unter: http://www.denic.de/doc/DENIC/agb.html.
5 Service DENICdirect.
6 Derzeit sind über 100 ISP Mitglieder der DENIC; eine aktuelle Mitgliederliste ist unter http://www.denic.de/doc/DENIC/mitgliedr.shtml abrufbar.
7 Dieses entspricht den neuen Registrierungsbedingungen, die seit dem 30. 9. 2000 in Kraft sind.
8 Vgl. § 3 Abs. 1 der DENIC Registrierungsbedingungen.

zu prüfen, ob die Nutzung durch den Anmelder rechtmäßig ist.[1] Für mögliche Verletzungen bestehender Kennzeichen- und Namensrechte oder Verstöße gegen das Lauterkeitsrecht, die nicht offensichtlich sind, hat nicht die DENIC, sondern der Domain-Inhaber selbst einzustehen.

bb) Der erlaubte Domain-Name

Dem Domain-Namen, der **ursprünglich eine rein technische Adresse** zur genauen Identifizierung eines Rechners im Internet darstellte, kommt insbesondere seit der Entwicklung des World Wide Web (WWW) als Plattform für den Absatz von Produkten mittlerweile eine derartig hohe wirtschaftliche Bedeutung zu, dass die Wahl des richtigen Domain-Namens sowie dessen Registrierfähigkeit für die Umsatzchancen eines Unternehmens ausschlaggebend sein kann.[2] 322

Sowohl im Bereich des Business to Business (B2B) als auch im Bereich des Business to Consumer (B2C) erwarten potentielle Kunden, dass das gesuchte Unternehmen unter seiner geschäftlichen Bezeichnung oder unter seiner Marke im Internet vertreten ist.[3] Dieser **Wertungswandel** ist mittlerweile auch **rechtlich anerkannt**. So hat das OLG München konstatiert, dass dem Verkehr mittlerweile die Übung vieler Unternehmer, unter ihrer Geschäfts- oder Produktbezeichnung im Internet Informations- oder Bestellmöglichkeiten zu bieten, bekannt sei.[4] Ebenso schließe der Verkehr aus der Verwendung eines identischen Firmenschlagwortes oder Namens als Domain-Name regelmäßig auf das damit bezeichnete Unternehmen bzw. den Namensträger.[5]

Sog. **„Domain-Grabber“** haben den Funktionswandel und damit die wirtschaftliche Bedeutung der Domain-Namen als Erste erkannt und sich unter den Namen oder Namensbestandteilen bekannter Unternehmen oder Marken im Internet eine Second Level Domain registrieren lassen, um diese Gewinn bringend weiter zu veräußern.[6] 323

---

1 Vgl. zur Haftung der DENIC *Bettinger/Freytag*, Verantwortlichkeit der DENIC e.G. für rechtswidrige Domains?, CR 1999, 28 ff.; vgl. zur Prüfungspflicht der DENIC auch OLG Frankfurt v. 14. 9. 1999, CR 1999, 707 ff.

2 Ende August 2000 waren unter der ccTLD „.de“ 3 Millionen Domain-Namen registriert. Davon entfielen gut 25% auf Unternehmen.

3 Vgl. *Kur* in Loewenheim/Koch, Praxis des Online-Rechts, S. 341.

4 OLG München v. 2. 4. 1998 – 6 U 4798/97, CR 1998, 556 – freundin.de.

5 OLG Stuttgart v. 3. 2. 1998 – 2 W 77/97, MMR 1998, 543 f. – steiff.com.

6 Eifrigen Domain-Grabbern ist es gelungen, bis zu 240 Domain-Namen für sich registrieren zu lassen. Darunter so bekannte Bezeichnungen wie aircanada.com, deltaairlines.com, lufthansa.com und australiaopen.com. Ebenso mussten Mc. Donalds und die Deutsche Bank zunächst auf eine Registrierung im Internet unter ihrer Unternehmensbezeichnung verzichten. Als erstmals die damalige Vergabestelle für generische TLDs NSI wegen einer möglichen Beihilfe zu einer Markenrechtsverletzung strafrechtlich verfolgt wurde, verabschiedete NSI ein sog. „Domain-Name Dispute Policy Statement“. In dieser Vergaberichtlinie und den folgenden Novellie-

324 Die **Anmeldung, Registrierung und Benutzung eines Domain-Namens kann** markenrechtliche **Ansprüche** nach § 14 MarkenG, unternehmensrechtliche Ansprüche nach § 15 MarkenG und Ansprüche nach den §§ 126 ff. MarkenG **auslösen**. Ebenso sind namensrechtliche Ansprüche nach § 12 BGB, handelsrechtliche Ansprüche nach § 37 Abs. 2 HGB, deliktsrechtliche Ansprüche nach §§ 823 und 1004 BGB sowie wettbewerbsrechtliche Ansprüche nach §§ 1 bis 3 UWG möglich.[1]

Daher muss jedem Unternehmer und jedem Privaten, der auf der Suche nach einem Domain-Namen für seine Website ist, dringend empfohlen werden, sich vor Antragstellung zu informieren, ob der gewünschte Name für die zukünftige Internetplattform gegen Rechte Dritter verstößt.[2]

(1) Die Verletzung bestehender Markenrechte durch einen Domain-Namen

325 Siehe zur Verletzung bestehender Markenrechte durch einen Domain-Namen den Beitrag von *Dieselhorst*, Rz. 281 ff.

(2) Die Verletzung bestehender Unternehmenskennzeichen und Werktitel durch einen Domain-Namen

326 Der Schutz von geschäftlichen Bezeichnungen gegen eine Verwendung als identische oder ähnliche Domain-Namen ergibt sich sowohl aus § 15 iVm. § 5 MarkenG[3] als auch aus dem Namensrecht (§ 12 BGB). Darüber hinaus

---

rungen wird darauf hingewiesen, dass jeder Anmelder an diese und zukünftige Bestimmungen gebunden ist; weiterhin ist jedem Anmelder bewusst, dass NSI keine rechtliche Verpflichtung zur Überprüfung treffe, ob ein Domain-Name das Recht eines Dritten verletze. Weiterhin sollte die Bestimmung, dass jeder Antragsteller seine Absicht erklärt, in Zukunft den Domain-Namen regelmäßig zu nutzen, sowie die Versicherung, dass durch die Benutzung und Registrierung keine rechtswidrigen Absichten verfolgt werden, die Vergabestelle von einer eventuellen Haftung freistellen und dem Domain-Grabbing entgegenwirken.

1 *Fezer*, Markenrecht, 2. Aufl. 1999, § 3 MarkenG Rz. 314.

2 Informationen über mögliche Markenverletzungen durch Anmeldung eines Domain-Namens können online eingeholt werden. So bietet das Deutsche Patent- und Markenamt im Rahmen des Schutzrechtsauskunftssystems DPINFO über das Internet auch einen Zugriff auf das elektronisch geführte Markenregister und damit Online-Informationen zu eingetragenen deutschen Marken an. Eingetragene Gemeinschaftsmarken können beim Harmonisierungsamt für den Binnenmarkt in Alicante im Internet über „CTM-Online" recherchiert werden. Zudem ist es möglich, über so genannte „Whois"-Datenbanken im Internet zu prüfen, ob bestimmte Namen bereits vergeben sind. Diese Datenbanken werden von den Domain-Namen-Registrierstellen unterhalten und sind frei zugänglich. Ebenso beabsichtigt die Weltorganisation für geistiges Eigentum (WIPO), demnächst auch den Online-Zugriff auf das von ihr geführte Register zu international registrierten Marken zu ermöglichen.

3 Als geschäftliche Bezeichnungen werden Unternehmenskennzeichen und Werktitel geschützt (§ 5 Abs. 1 MarkenG). Als Unternehmenskennzeichen sind nach § 5 Abs. 2 Satz 1 MarkenG der Name, die Firma und die besondere Geschäfts- und Unternehmensbezeichnung geschützt. Nach § 5 Abs. 2 Satz 2 MarkenG werden

kommt ein Schutz nach dem Firmenrecht (§ 37 HGB) in Betracht. Die verschiedenen Kollisionstatbestände normieren einen Identitätsschutz der geschäftlichen Bezeichnung (§§ 15 Abs. 2 MarkenG, 12 BGB, 37 Abs. 2 HGB), einen Verwechslungsschutz (§§ 15 Abs. 2 MarkenG, 12 BGB, 37 Abs. 2 HGB), einen Interessenschutz (§ 12 BGB) sowie einen Bekanntheitsschutz (§ 15 Abs. 3 MarkenG) und einen Verwässerungsschutz (§ 12 BGB) der geschäftlichen Bezeichnung. Zwischen den kennzeichenrechtlichen, namensrechtlichen und firmenrechtlichen Schutztatbeständen besteht Anspruchskonkurrenz.[1]

Die Verletzungstatbestände in § 15 MarkenG setzen wie jene der Markenverletzung (§ 14 MarkenG) voraus, dass eine Nutzung der Domain im geschäftlichen Verkehr erfolgt. Diesbezüglich wird auf die Ausführungen zu möglichen Markenverletzungen verwiesen. Sowohl der Identitäts- als auch der Verwechslungsschutz setzen voraus, dass eine Verwechslungsgefahr besteht. Diese ist gegeben, wenn die beteiligten Verkehrskreise entweder über die Identität des Unternehmens (Verwechslungsgefahr im engeren Sinne) oder über die wirtschaftlichen oder organisatorischen Zusammenhänge (Verwechslungsgefahr im weiteren Sinne) irren.

(3) Domain-Grabbing

Unter Domain-Grabbing versteht man das Reservieren oder Anmelden von mit bekannten Unternehmens- oder Produktnamen identischen Domain-Namen, um diese dann später Gewinn bringend an diese Unternehmen zu veräußern. Die **reine Reservierung einer Domain** ist seit dem 1.2. 1997 **nicht mehr möglich**. Die Domain muss in den DNS-Servern sofort eingetragen werden. Es ist allerdings weiterhin nicht erforderlich, dass unter der Internet-Adresse im WWW auch ein Angebot verfügbar gemacht wird. Außerdem ist ein rein privater Gebrauch der Domain denkbar. In solchen Fällen wird meist ein kennzeichenrechtlicher bzw. wettbewerbsrechtlicher Schutz wegen der fehlenden Verwechslungsgefahr bzw. des fehlenden Wettbewerbsverhältnisses ausscheiden.[2] Kein Problem stellt das marken- bzw. wettbewerbsrechtliche Tatbestandsmerkmal des Handelns im geschäftlichen Verkehr dar. Denn der Domain-Grabber möchte die angemeldete Domain Gewinn bringend veräußern. Er handelt somit in Erwerbsabsicht.[3] 327

Geschäftsabzeichen und sonstige betriebliche Unterscheidungszeichen, die innerhalb der beteiligten Verkehrskreise als Kennzeichen des Geschäftsbetriebes gelten, gleichgestellt. Nach § 5 Abs. 3 Satz 3 MarkenG sind Werktitel von Druckschriften, Filmwerken, Tonwerken, Bühnenwerken oder sonstigen vergleichbaren Werken geschützt.

1 *Fezer*, § 15 MarkenG Rz. 10.

2 Vgl. *Bettinger*, Kennzeichenrecht im Cyberspace: Der Kampf um die Domain, GRUR Int. 1997, 414; anders LG Lüneburg v. 18. 2. 1999 – 2 O 462/98, MMR 1999, 624: Lässt jemand eine Domain registrieren, um sie einem Dritten zum Kauf anzubieten, besteht bereits die Verwechslungsgefahr mit der Marke.

3 Vgl. *Nordemann*, NJW 1997, 1891 (1893).

328 Der **Nachweis** des unlauteren Domain-Grabbings ergibt sich indiziell aus den **Umständen des Einzelfalles**. Indiziert ist dies zB, wenn der Inhaber des Domain-Namens an den Inhaber der bekannten Firma oder der bekannten Marke herantritt, um entweder seine angemeldete Domain zu verkaufen oder Leistungen im Zusammenhang mit der Domain anzubieten. Ein weiteres Indiz für eine unlautere Anmeldung ist darin gegeben, dass der Inhaber des Domain-Namens möglicherweise eine Vielzahl von Domain-Namen angemeldet hat und kein eigenes Interesse an der Nutzung nachweisen kann.[1]

Einen Schutz gegen Domain-Grabber bietet zusätzlich das **Namensrecht** (§ 12 BGB). Diese Norm setzt kein Handeln im geschäftlichen Verkehr voraus. Nach der Rechtsprechung ist bereits in der Reservierung eines Domain-Namens ein Bestreiten des Namensrechts des rechtmäßigen Trägers zu sehen. Das Namensrecht schließt die Möglichkeit und die Befugnis des Namensträgers ein, sich, und das durch die Bezeichnung repräsentierte Unternehmen, durch eine Homepage im Internet vorzustellen. Das Bestreiten durch schlüssiges Handeln, das dazu führt, dass dem Namensberechtigten ein Zugang zum Internet unter seinem Namen nicht mehr möglich ist, stellt daher eine rechtswidrige Namensleugnung dar.[2] Der Inhaber des Domain-Namens kann sich nur dann auf ein eigenes Namensrecht berufen, wenn keine Unlauterkeitsmerkmale des Domain-Grabbings hinzutreten.

329 Die gezielte Registrierung fremder Kennzeichen als Domain-Namen in der Absicht, den Kennzeicheninhaber an deren Benutzung als Internet-Adresse zu hindern, stellt ferner einen rechtswidrigen Eingriff in den eingerichteten und ausgeübten Gewerbebetrieb im Sinne des § 823 Abs. 1 BGB dar. Zum Nachweis des rechtswidrigen Handelns reicht es hier aus, dass sich der Domain-Inhaber eine Vielzahl von Domain-Namen hat registrieren lassen, um diese an Kennzeicheninhaber zu veräußern.[3]

Ebenso stellt es eine vorsätzliche **schikanöse Behinderung** im Sinne des § 826 BGB dar, wenn sich jemand ohne nachvollziehbares Interesse einen Domain-Namen, der mit der eigenen Tätigkeit in keinem Zusammenhang steht, aber gleich lautend mit der Marke eines fremden Unternehmens ist, registrieren lässt.[4]

(4) Gattungsbezeichnung als Domain-Name

330 Anders als im Falle einer Markenanmeldung unterliegen **Domain-Namen bei Registrierung** durch die einzelnen Vergabestellen **keiner Kontrolle** bezüglich ihrer Unterscheidungskraft. Daher können freihaltungsbedürftige Gattungsbegriffe uneingeschränkt als Domain-Namen angemeldet (zB kfz.handel.de oder Schiff.de) werden. Durch die Verwendung von Gattungsbegriffen

1 Vgl. *Viefhus* in Hoeren/Sieber, Multimedia-Recht, Teil 6 Rz. 162.
2 OLG Düsseldorf v. 17. 11. 1998 – 20 U 162/97, CR 1999, 528 – ufa.de.
3 Vgl. *Kur*, Kennzeichenkonflikte im Internet, in FS für Beier, 1996, S. 265 (273).
4 OLG Frankfurt/M. v. 12. 4. 2000 – 6 W 33/00, WRP 2000, 645 – weideglueck.de.

als Domain-Namen können Internetnutzer leichter auf eine Homepage und damit auf ein bestimmtes Angebot kanalisiert werden. Zudem erweckt die Nutzung eines solchen generischen Domain-Namens den Eindruck einer Alleinstellung des jeweiligen Anbieters. Daher ist die Zulässigkeit der Nutzung solcher Domains in der **Literatur umstritten.**[1]

In der instanzgerichlichen **Rechtsprechung** ist die Nutzung von Gattungsbe- 331
griffen **unterschiedlich beurteilt** worden.

Während das OLG Frankfurt 1997[2] noch die Verwendung von generischen Domain-Namen für zulässig erachtete, entschied das OLG Hamburg 1999,[3] dass die Verwendung von Gattungsbezeichnungen ohne unterscheidungskräftige Zusätze unter bestimmten Umständen wettbewerbswidrig im Sinne § 1 UWG sei. Dies sei nach Ansicht des Gerichtes der Fall, wenn die Verwendung der Domainbezeichnung zu einer **unlauteren Absatzbehinderung** durch „Abfangen" von potentiellen Kunden führe, die sich ohne detaillierte Kenntnis der Anbieter das Leistungssegment „Mitwohnzentralen" im Internet erschließen wollten, aber durch Eingabe der Gattungsbezeichnung auf die Homepage der Konkurrentin gelangen und sodann die Suche nach anderen Anbietern und damit einen weiteren Leistungsvergleich einstellen.

Nach einer später ergangenen Entscheidung des LG Hamburg[4] sei eine Kana- 332
lisierung der Kundenströme und somit eine sittenwidrige Absatzbehinderung im Sinne § 1 UWG bei Verwendung eines Gattungsbegriffes (als Domain-Namen, Anm. des Red.) dann nicht gegeben, wenn durch die Werbung gewährleistet sei, dass dem Verkehr verschiedene Anbieter der beworbenen Leistung bekannt sind. Inzwischen wurden die Rechtsansichten der beiden Instanzgerichte durch eine Entscheidung des BGH Mitte 2001 revidiert.[5]

Der BGH hat nun eindeutig klargestellt, dass die Verwendung eines Gattungsbegriffes als Domain-Name generell nicht wettbewerbswidrig ist. Erst wenn in der Verwendung des beschreibenden Begriffes als Domain-Name eine irreführende Alleinstellungsbehauptung liegt, führt dies zu einer Rechtswidrigkeit im Sinne von § 3 UWG.[6]

---

1 Vgl. *Schuster/Müller*, MMR 2000, Beil. 10, 1 ff., 21 mwN.

2 OLG Frankfurt/M. v. 13. 2. 1997 – 6 W 5/97, CR 1997, 271 – wirtschaft-online.de.

3 OLG Hamburg v. 13. 7. 1999 – 3 U 58/98, K&R 2000, 190 – mitwohnzentrale.de mit Anm. *Strömer*. Gegen die Entscheidung wurde Revision erhoben. Inzwischen hat der BGH der Revision stattgegeben, BGH v. 17. 5. 2001 – I ZR 216/99, CR 2001, 777 mit Anm. *Jaeger-Lenz* = Medien und Recht 2001, 254 ff.

4 LG Hamburg v. 30. 6. 2000 – 416 O 91/00, CR 2000, 617 – lastminute.de.

5 BGH, Urt. v. 17. 5. 2001 – I ZR 216/99, CR 2001, 777 mit Anm. *Jaeger-Lenz* = Medien und Recht 2001, 254 ff. mit Anm. *Burgstaller* – mitwohnzentrale.de.

6 Damit hat der BGH die Verwendung des Gattungsbegriffes „Mitwohnzentrale" als Domain-Namen nicht bedingungslos erlaubt. Vielmehr wurde die Sache an das zuständige OLG zur Feststellung einer möglichen Irreführungsgefahr zurückverwiesen. Würde dem Nutzer der Homepage nämlich suggeriert, bei dem Anbieter handele sich es um den einzigen oder doch um den maßgeblichen Verband von Mitwohnzentralen, so wäre darin eine wettbewerbswidrige Irreführung zu sehen.

Damit hat der BGH die Frage, ob eine Verwendung eines Gattungsbegriffes als Domain-Name wegen einer Kanalisierung von Kundenströmen grundsätzlich sittenwidrig ist, verneint. Der BGH hält ausdrücklich fest, dass der Unternehmer mit der geschickten Domain-Wahl lediglich einen sich bietenden zulässigen Vorteil genutzt habe, ohne dabei in unlauterer Weise auf bereits einem Wettbewerber gehörende Kunden einzuwirken. Auch sei ein Freihaltebedürfnis bei der Verwendung von Gattungsbezeichnungen als Domain-Namen, anders als bei der Eintragung von Marken im Bereich der DENIC-Registrierung, nicht gegeben. Der BGH verneinte somit eine Übertragbarkeit der markenrechtlichen Grundsätze auf die Registrierung von Domain-Namen.

Der Domain-Name „hauptbahnhof.de" wurde vom LG Köln[1] als nicht zulässig erachtet, weil der Name Hauptbahnhof im Verkehr ausschließlich der Deutschen Bundesbahn zugeordnet werde. Dagegen ist die Verwendung von „fahrplan.de" nach Ansicht des LG Köln[2] zulässig, weil die Domain nicht ausschließlich der Deutschen Bundesbahn AG zugeordnet werde, so dass ein marken- bzw. namensrechtlicher Schutz nicht bestehe.[3]

333 Den **Wertungsmaßstab** sollte dabei allerdings nicht das in § 1 UWG postulierte Verbot der Absatzbehinderung darstellen,[4] sondern die Antwort auf die Frage, ob der verwendete Gattungsbegriff geeignet ist, das angesprochene Publikum im Sinne von **§ 3 UWG irrezuführen**. So muss zB hinter der Angabe „Rechtsanwalt.de" und „Steuerberater.de" tatsächlich ein Rechtsanwalt bzw. ein Steuerberater stehen.[5] Hinter dem Domain-Namen „ärztekammer.de" darf sich kein Brancheninformationsdienst im Internet verbergen, weil die Verkehrskreise unter einer solchen Domain einen Informationsdienst der Ärtzekammer vermuten.[6]

(5) Sonstige mögliche Verstöße gegen das Lauterkeitsrecht

334 Wie bereits dargestellt wurde, setzt sowohl die Verletzung einer bekannten Marke im Sinne des § 14 Abs. 3 MarkenG als auch die Verletzung einer bekannten geschäftlichen Bezeichnung die unlautere Verwendung des Domain-Namens voraus. Ebenso stellt die Registrierung eines fremden Kennzeichens eine wettbewerbswidrige Behinderung dar, wenn sie in der Absicht

1 LG Köln v. 23. 9. 1999 – 31 O 522/99, MMR 2000, 45.

2 LG Köln v. 23. 9. 1999 – 31 O 513/99, n.v.

3 Vgl. *Schuster/Müller*, MMR 2000, Beilage 10, 1 ff. (21).

4 Vgl. *Strömer*, Anm. zum Urteil des OLG Hamburg v. 13. 7. 1999 – 3 U 58/98, K&R 2000, 190 (192) – mitwohnzentrale.de; ebenso die Entscheidung kritisierend *Sosnitza*, Gattungsbegriffe als Domain-Namen im Internet, K&R 2000, 209 ff.; grundsätzlich der Entscheidung zustimmend, aber auf die mögliche Zulässigkeit des Domain-Namens durch Setzen eines Links zum Konkurrenten hinweisend *Renck*, Scheiden allgemeine Begriffe als Gattungsbezeichnung aus?, WRP 2000, 264 ff.

5 Vgl. *Biermann*, Kennzeichenrechtliche Probleme des Internets: Das Domain-Name-System, WRP 1999, 997 ff. (1003).

6 LG Heidelberg v. 13. 8. 1997, WRP 1997, 1230 – aerztekammer.de.

vorgenommen wird, den Berechtigten dadurch in seinen Absatzmöglichkeiten zu behindern. Hier können die Grundsätze der Rechtsprechung im Zusammenhang mit der sittenwidrigen Markenanmeldung herangezogen werden.[1] Demnach liegt eine sittenwidrige Behinderung vor, wenn ein nicht registriertes Kennzeichen als Marke eingetragen und verwendet wird und dies mit der Absicht erfolgt, den eigentlich Berechtigten zu schädigen. Deshalb ist die **Registrierung eines Domain-Namens mit Behinderungsabsicht** wegen Errichtung eines Vertriebshindernisses gemäß § 1 UWG sittenwidrig. Darüber hinaus kommt ein Anspruch gemäß § 1 UWG in Betracht, wenn durch Registrierung von Gattungsbezeichnungen als Domain-Namen Kundenströme kanalisiert werden.

Die Verwendung eines **Domain-Namens** kann auch **gegen § 3 UWG verstoßen**, wenn der Domain-Name über den Inhalt der Website irreführt. 335

Wer im geschäftliche Verkehr zu Zwecken des Wettbewerbs über geschäftliche Verhältnisse **irreführende Angaben** macht, kann auf Unterlassung der Angaben in Anspruch genommen werden. Zu solchen Angaben zählt auch der Domain-Name. Eine Angabe ist irreführend, wenn ein nicht unbeachtlicher Teil der angesprochenen Verkehrskreise die Angabe entgegen der Realität versteht. Zu den angesprochenen Verkehrskreisen zählen alle Internetnutzer. Für eine Irreführungseignung ist es ausreichend wenn 10–15% die Angabe entgegen der Realität verstehen.[2] Deshalb ist es irreführend im Sinne § 3 UWG, wenn sich eine Kölner Rechtsanwaltskanzlei unter „Rechtsanwälte_Köln.de" registrieren lässt, weil der Verkehr unter einer solchen Domain nicht nur eine einzelne Kanzlei, sondern alle Kölner Kanzleien oder aber die Rechtsanwaltskammer Köln erwartet[3]. Dasselbe gilt für den Domain-Namen „aerztekammer.de," wenn sich darunter nur ein Internet-Branchen-Informationsdienst befindet.[4] Es verstößt auch gegen das Irreführungsverbot des § 3 UWG, im Internet eine Auflistung von Immobilienzwangsversteigerungsdaten unter dem Domain-Namen „amtsgericht.de" zu veröffentlichen, weil die angesprochenen Verkehrskreise unter dieser Internet-Adresse ein Angebot aller deutschen Gerichte erwarten.[5]

Werden unter dem Domain-Namen „last minute.de" Reisen angeboten, bei denen der Abreisetermin mehr als 14 Tage hinausgeschoben ist, so führt dieser Domain-Name die angesprochenen Verkehrskreise zu dem Irrtum,

---

1 Siehe dazu *Kiethk/Groeschke*, Die sittenwidrige Markenanmeldung und die Rechtsschutzmöglichkeiten des § 1 UWG, WRP 1997, 269 ff. mwN.

2 Vgl. dazu die unterschiedliche Rechtsprechungspraxis des EuGH, der zur Beantwortung der Irreführungseignung auf das Verständnis eines durchschnittlich informierten, aufmerksamen und verständigen Verbrauchers abstellt. Außerdem geht der EuGH von einer notwendigen erheblichen Anzahl von Verbrauchern aus. Zur Bejahung der Irreführungseignung müssten daher mindestens 30% der Verbraucher getäuscht werden.

3 LG Köln, Urt. v. 7. 9. 1998 – 31 O 723/98, n.v. – rechtsanwaelte-koeln.de.

4 LG Heidelberg v. 13. 8. 1997, WRP 1997, 1230 – aerztekammer.de.

5 LG Köln v. 1. 9. 1998 – 31 O 714/98, n.v. – amtsgericht.de.

dass unter ihm nur Reisen angeboten werden, die wegen der kurzen Buchungsfristen sehr günstig zu bekommen sind.[1]

336 Gegen § 3 UWG verstößt auch, wer in irreführender Weise mit seinem Domain-Namen eine **Spitzen- oder Alleinstellung behauptet**. Voraussetzung dafür ist, dass der Domain-Name eine hinreichend bestimmte Vorstellung über das Angebot vermittelt und die behauptete Spitzenstellung tatsächlich nicht existiert.[2]

d) Der Inhalt der Website und Verstöße gegen den lauteren Wettbewerb

337 Unter einer Website versteht man die Gesamtheit der unter einem Domain-Namen abrufbaren Webpages. Als Einstieg dient meist eine Homepage, die direkt nach Aufruf einer Internet-Adresse erscheint.

Grundsätzlich gilt für die Beurteilung, ob der Inhalt einer Website sittenwidrig im Sinne § 1 UWG oder irreführend im Sinne § 3 UWG ist, dass Inhalte, die außerhalb des Internets unlauter sind, dies auch sind, wenn sie online dargestellt werden.

aa) Grundbegriffe

338 Wie bereits oben dargestellt, setzt ein Verstoß gegen die §§ 1 und 3 UWG jeweils ein Handeln im geschäftlichen Verkehr zu Zwecken des Wettbewerbs voraus.

(1) Handeln im geschäftlichen Verkehr

339 Ein Handeln im geschäftlichen Verkehr setzt weder einen Betrieb noch ein Unternehmen voraus. Zum Bereich des geschäftlichen Verkehrs zählt **jede Tätigkeit, die irgendwie der Förderung eines beliebigen Geschäftszwecks dient**, der auch ein fremder sein kann.[3] Erfasst wird jede selbständige, wirtschaftliche Zwecke verfolgende Tätigkeit, in der eine Teilnahme am Erwerbsleben zum Ausdruck kommt. Ein Handeln im geschäftlichen Verkehr scheidet daher nur bei einer rein privat genutzten Homepage oder einer amtlichen Homepage aus. Auch im Falle einer Homepage, auf der sich nur unentgeltliche Angebote befinden, die aber durch Werbeschaltungen oder entgeltliche Anzeigen finanziert wird, wird das Tatbestandsmerkmal des Handelns im geschäftlichen Verkehr erfüllt.

1 OLG München v. 26. 2. 1999 – 29 U 4466/97, NJW 1999, 65 – last-minute-Reisen.de; vgl. zu einer möglichen wettbewerbswidrigen Irreführungsgefahr von Domain-Namen auch die jüngste Entscheidung des BGH v. 17. 5. 2001 – I ZR 216/99, CR 2001, 777 mit Anm. *Jaeger-Lenz* = Medien und Recht 2001, 254 ff. mit Anm. *Burgstaller* – mitwohnzentrale.de.

2 Vgl. OLG München v. 22. 4. 1999 – 29 W 1389/99, MMR 1999, 547 – buecher.de.

3 *Baumbach/Hefermehl*, Einl. UWG Rz. 208.

(2) Die Wettbewerbshandlung

Das Tatbestandsmerkmal des „Handeln zu Zwecken des Wettbewerbs“ besteht aus einer objektiven und einer subjektiven Komponente. 340

Objektiv liegt ein „Handeln zu Zwecken des Wettbewerbs“ **in jedem Verhalten, das äußerlich geeignet ist, den Absatz oder Bezug einer Person zum Nachteil einer anderen Person zu fördern.**[1] Dabei kann es sich um die Förderung eigener oder fremder wirtschaftlicher Betätigung handeln. Zwischen dem geförderten und dem benachteiligten Unternehmen muss ein konkretes Wettbewerbsverhältnis bestehen. Allerdings wird die Wettbewerbsbeziehung durch § 13 Abs. 2 UWG relativiert. 341

Nach § 13 Abs. 2 UWG steht der Anspruch auf Unterlassung nicht nur dem unmittelbar Verletzten zu, sondern „jedem Gewerbetreibenden, der Waren oder gewerbliche Leistungen gleicher oder verwandter Art auf demselben Markt wie der Mitbewerber vertreibt, soweit der Anspruch eine Handlung betrifft, die geeignet ist, den Wettbewerb auf diesem Markt wesentlich zu beeinträchtigen“. Daher muss eine konkrete Wettbewerbsbeziehung zu einem oder mehreren unmittelbar betroffenen Mitbewerbern nicht bestehen, um einen Unterlassungsanspruch begründen zu können.[2] Für die einzelnen Gewerbetreibenden ist demnach nur entscheidend, ob sie Waren oder gewerbliche Leistungen gleicher bzw. verwandter Art vertreiben. Im Internet hat die geographische Marktabgrenzung danach zu erfolgen, welche Märkte bestimmungsgemäß angesprochen werden sollen.

Ein konkretes Wettbewerbsverhältnis kann zwischen Gewerbetreibenden verschiedener Wirtschaftsstufen bestehen, etwa zwischen einem Hersteller, der seine Waren direkt an den Endverbraucher absetzt und einem Einzelhändler.

Gewerbetreibende verschiedener Branchen können durch eine Wettbewerbshandlung in eine wettbewerbliche Beziehung zu einander treten, ohne dass der Absatz der beiderseitigen ungleichartigen Waren beeinträchtigt wird. So kann ein konkretes Wettbewerbsverhältnis ad hoc durch eine Handlung gegenüber dem Betroffenen begründet werden. Dies ist dann der Fall, wenn der Gewerbetreibende durch sein Verhalten in eine beliebige Beziehung mit dem betroffenen Unternehmen tritt, ohne dass es auf die Gleichheit des Kundenkreises oder auf die Branchengleichheit ankommt.[3]

---

1 BGH v. 20. 3. 1981 – I ZR 10/79, GRUR 1981, 658 (659).

2 *Baumbach/Hefermehl*, Einl. UWG Rz. 217.

3 Vgl. BGH v. 12. 1. 1972 – I ZR 60/70, GRUR 1970, 553; in diesem Urteil bejahte der BGH ein konkretes Wettbewerbsverhältnis zwischen Blumen- und Kaffeehändlern, wenn diese für Kaffee als Geschenkartikel mit dem Hinweis „Statt Blumen Onko-Kaffee“ werben. Ein konkretes Wettbewerbsverhältnis wurde auch zwischen der Herstellerin von Rolls-Royce-Automobilen, die auch Abbildungslizenzen vergibt, und einer Werbeagentur, die den guten Ruf des wegen seiner Exklusivität bekannten Automobils dadurch ausnutzt, dass sie in einer Werbeanzeige für Whisky die Vorderansicht eines Rolls-Royce-Automobils verwendet (BGH v. 9. 12. 1982 – I ZR 133/80, GRUR 1983, 247 [249]).

342 Als **subjektive Voraussetzung** muss eine Wettbewerbshandlung in der **Absicht erfolgen, eigenen oder fremden Wettbewerb zum Nachteil eines anderen Mitbewerbers zu fördern.** Dabei muss die auf Förderung des eigenen oder fremden Wettbewerbs gerichtete Absicht nicht der alleinige Beweggrund der Handlung sein. Sie darf bezüglich der anderen Beweggründe nur nicht völlig zurücktreten.[1]

Im Falle von Wirtschaftsunternehmen ist bei Vorliegen einer auf den Wettbewerb bezogenen Handlung idR auch auf eine entsprechende Absicht zur Förderung des Wettbewerbs zu schließen.[2] Dieses gilt nicht für Stellungnahmen der Presse sowie für vergleichende Warentests. Hier ist die Wettbewerbsabsicht konkret nachzuweisen. Eine Wettbewerbsförderungsabsicht durch Werbung im Rahmen redaktioneller Beiträge liegt vor, wenn der Hinweis im Rahmen des Beitrags unnötige werbliche Wirkung hat oder wenn das Unternehmen, über das berichtet wird, zugleich als Anzeigenkunde in Erscheinung tritt; auch die unsachliche Kritik an einem Konkurrenten belegt die Wettbewerbsabsicht.[3]

bb) Formen der sittenwidrigen Werbung

343 Wer im **geschäftlichen Verkehr zu Zwecken des Wettbewerbs** Handlungen vornimmt, die **gegen die guten Sitten** verstoßen, kann gem. § 1 UWG auf **Unterlassung und Schadenersatz** in Anspruch genommen werden.

344 Die sog. Generalklausel im § 1 UWG dient als Auffangtatbestand gegen unlauteres Handeln für jene Fälle, in denen die Einzelvorschriften des UWG nicht greifen. § 1 UWG ist aber auch dort anwendbar, wo neben der Generalklausel auch noch Tatbestände anderer Sondervorschriften des UWG oder anderer Gesetze erfüllt werden.

345 § 1 UWG knüpft an ein Handeln im geschäftlichen Verkehr zu Zwecken des Wettbewerbs an (siehe Rz. 340). Ob ein solches Handeln **sittenwidrig** ist, bedarf im Streitfall einer einzelfallbezogenen Beurteilung. Nur solche Handlungen sind sittenwidrig iSv. § 1 UWG, die dem Anstandsgefühl des verständigen Durchschnittsgewerbetreibenden widersprechen oder von der Allgemeinheit missbilligt und für untragbar gehalten werden.[4]

Zur Konkretisierung des unbestimmten Rechtsbegriffes der „guten Sitten" wurde von Lehre und Rechtsprechung eine **Einteilung nach Fallgruppen** vorgenommen, die sich an der Art und Richtung des wettbewerblichen Vorgehens orientiert. So wird zwischen unlauterer Kundenwerbung (Kundenfang), Behinderung, Ausbeutung und Rechtsbruch unterschieden.

In subjektiver Hinsicht setzt der Vorwurf der Sittenwidrigkeit voraus, dass der Wettbewerber die Umstände kennt, die seine Handlungsweise als unlau-

1 BGH v. 23. 5. 1996 – I ZR 122/94, WRP 1996, 1099 – Testfotos II.
2 Vgl. *Baumbach/Hefermehl*, Einl. UWG Rz. 235 mwN aus der Rspr.
3 BGH v. 30. 10. 1981 – I ZR 93/79, NJW 1982, 637 ff. (638).
4 *Köhler/Piper*, § 1 UWG Rz. 3.

ter erscheinen lassen, oder wenigstens mit der Möglichkeit rechnet, dass solche Umstände vorliegen.[1] Wird auf Unterlassung geklagt, so genügt es, dass der Gegner die erforderliche Tatsachenkenntnis zum Zeitpunkt der letzten mündlichen Verhandlung hat.[2]

(1) Kundenfang

Überall dort, wo die Beeinflussung des Kunden darauf abzielt, seine freie Willensentschließung zu beeinträchtigen oder auszuschließen, ist sie sittenwidrig iSv. § 1 UWG. Darunter fallen Methoden wie die Täuschung (Irreführung) des Kunden (vgl. aber auch § 3 UWG), die Ausübung eines physischen oder psychischen Zwanges auf den Kunden (Nötigung[3]), die Belästigung des Kunden, die Verlockung durch besondere Vorteile, die Schaffung aleatorischer Anreize und die Ausnutzung von Gefühlen des Kunden. 346

(a) Täuschung des Kunden

Hier wird entweder der Kunde oder das Publikum über die geschäftlichen Verhältnisse eines Wettbewerbers irregeführt (objektive Irreführung); es kommt auch das Hervorrufen einer Gefahr der Verwechslung mit dem Geschäft, der Person oder den Waren oder gewerblichen Leistungen eines Konkurrenten in Betracht (subjektive Irreführung). Neben § 3 UWG, der irreführende Angaben verbietet, kommt auch § 1 UWG zur Anwendung (Anspruchskonkurrenz), wenn der Wettbewerber zusätzlich sittenwidrig handelt. 347

Eine **bewusste Irreführung** ist stets auch sittenwidrig.[4] Dabei reicht es für den Vorwurf der Unlauterkeit schon aus, dass der Handelnde die die Unlauterkeit begründenden Tatumstände gekannt oder sich ihrer Kenntnis bewusst entzogen hat.

Sittenwidrig im Sinne § 1 UWG ist etwa eine **falsche Selbstanpreisung mit Vorzügen**, die nicht wirklich oder zumindest nach verbreiteter Meinung nicht vorliegen. Darunter fallen namentlich Fälle, in denen ernsthaft eine Spitzenstellung oder Alleinstellung behauptet wird und der Versuch des Nachweises die Unrichtigkeit der Behauptung ergibt. So ist die Werbeaussage „größte Programmzeitschrift für das Internet im Internet" unzulässig, wenn es mehrere gleich große Anbieter gibt.[5] 348

1 BGH v. 16. 3. 1979 – I ZR 39/77, GRUR 1979, 554.
2 BGH v. 3. 11. 1959 – I ZR 120/58, GRUR 1960, 193 (196).
3 Die wettbewerbswidrige Nötigung muss die Schwelle zur strafbaren Nötigung gemäß § 240 StGB nicht überschreiten. Strafrechtlich relevantes Verhalten ist insoweit grundsätzlich wettbewerbswidrig.
4 Vgl. *Baumbach/Hefermehl*, § 1 UWG Rz. 6.
5 Vgl. LG Düsseldorf v. 2. 2. 2000 – 12 O 40/00, abrufbar unter: http://www.netlaw.de.

Dagegen ist die Werbeaussage „die beste Telefongesellschaft Deutschlands" in einem ironischen Gesamtzusammenhang nicht wettbewerbswidrig.[1]

349 Sittenwidrig ist es auch, wenn ein Hersteller eine für seine eigenen Erzeugnisse bestimmte Werbeaktion ankündigt, die im Verkehr als **Veranstaltung der gesamten Branche** aufgefasst wird. Wer etwa im Internet auf seiner Homepage eine „Deutsche Weinmesse" ankündigt, in Wirklichkeit aber lediglich wenige deutsche Winzer in seiner Website auftreten, handelt sittenwidrig.

350 Wettbewerbswidrig ist das **Ausnutzen der Unkenntnis der Verbraucher**, beispielsweise durch Verwendung von Vertragsformularen, die den gesetzlichen Vorschriften über die Widerrufsbelehrung bei Abzahlungs- und Haustürgeschäften nicht entsprechen und daher geeignet sind, den die Rechtslage nicht überblickenden Käufer vom Widerruf abzuhalten.[2] Gleiches gilt, wenn nicht ordnungsgemäß über den Widerruf belehrt wird.[3]

351 Durch das **Fernabsatzgesetz**[4] wurden für bestimmte Verträge, die „unter ausschließlicher Verwendung von Fernkommunikationsmitteln" wie dem Internet abgeschlossen werden, besondere Informationspflichten des Verkäufers eingeführt. Dazu gehören Informationen über die eigene Identität, die Art und Qualität der verkauften Ware oder Dienstleistung, Preis, Liefermodalitäten und ein besonderes Widerrufsrecht. Ein Verstoß gegen diese Informationspflichten im Rahmen online abgeschlossener Verträge wird regelmäßig auch eine wettbewerbswidrige Täuschung darstellen.

352 Nicht nur gegen § 3 UWG, sondern auch gegen § 1 UWG verstößt, wer etwa eine Markenware zu einem besonders günstigen Preis anbietet, um den Eindruck allgemein günstiger Preise zu erwecken.

Wer eine andere als die bestellte Ware, Marke oder Leistung liefert, ohne den Kunden darauf hinzuweisen, liefert in der Regel in der Hoffnung, der Kunde werde den Unterschied nicht merken oder sich mit der aufgedrängten Ware zufrieden geben. Der Lieferant handelt somit sittenwidrig.

353 In verbotener Weise wird der Umworbene getäuscht **(Verstoß gegen das Trennungsgebot)**, wenn er eine Werbemaßnahme aufgrund einer Tarnung, etwa in einem Gutachten, einer wissenschaftlichen Arbeit oder in einem redaktionellen Teil nicht als Werbung erkennen kann. Gegen Entgelt veröffentlichte Anzeigen müssen also als solche erkennbar gemacht werden und dürfen nicht in Stil und Aufmachung Reportagen, Public Relations, redaktionell gestalteten Texten oder wissenschaftlichen Aufsätzen gleichen.[5]

---

1 Vgl. LG Düsseldorf v. 2. 12. 1999 – 12 O 507/99, abrufbar unter: http://www.netlaw.de.

2 BGH v. 7. 5. 1986 – I ZR 95/84, GRUR 1986, 816 (818) – Widerrufsbelehrung bei Teilzahlungskauf.

3 Vgl. BGH v. 7. 5. 1986 – I ZR 119/84, GRUR 1986, 819 (820).

4 Gesetz über Fernabsatzverträge und andere Fragen des Verbraucherrechts sowie zur Umstellung von Vorschriften auf Euro v. 27. 6. 2000, BGBl. I 2000, S. 897.

5 *Baumbach/Hefermehl*, § 1 UWG Rz. 31.

Die Grundsätze einer sachlich unabhängigen Informationsvermittlung bestehen auch für das Internet. Deshalb gilt auch im Internet eine Kennzeichnungspflicht von Werbung.[1] Anderes wird nur für eine werblich gestaltete Homepage eines Unternehmers gelten, auf der ein Internetuser keine unabhängigen Informationen erwartet.

Zusätzlich ergibt sich für das Internet ein Trennungsverbot für redaktionell 354
gestaltete Mediendienste aus § 9 Abs. 2 MDStV. Danach muss Werbung als solche klar erkennbar und vom übrigen Inhalt der Angebote eindeutig getrennt sein. In der Werbung dürfen keine unterschwelligen Techniken eingesetzt werden. Ein Verstoß gegen diese Norm wird grundsätzlich auch einen sittenwidrigen Rechtsbruch nach § 1 UWG darstellen.

Vgl. dazu die Beurteilung der Zulässigkeit von Hyperlinks, Frames und Banner unter Rz. 466 ff.

(b) Nötigung des Kunden

Wettbewerbswidrig ist es, den Kunden durch Einsatz physischer oder psy- 355
chischer Mittel zum Abschluss eines Geschäfts zu nötigen. Als Druckmittel kommen sowohl „autoritärer" sowie „moralischer" als auch „psychischer" Druck in Frage. Jeweils befindet sich der Kunde durch den auf ihn ausgeübten Druck in einer Zwangslage, die einen Kauf aus sachlichen Gründen nicht zulässt.

Für das Internet wären etwa Fälle denkbar, in denen sich ein **Rechtsanwalt** 356
an News-Groups oder Mailing-Lists beteiligt und so unter Umständen die Teilnehmer psychologisch dahin gehend unter Druck setzt, dass sie ihre juristischen Streitigkeiten über ihn abwickeln.

(c) Belästigung

Darunter sind jene Fälle zu verstehen, in denen der Kunde durch aufdringli- 357
che Werbemethoden belästigt wird. Erreicht die Aufdringlichkeit dabei einen solchen Grad, dass der Kunde nur deshalb einen Kaufabschluss tätigt, um letztlich der Belästigung zu entgehen, wird die Werbung sittenwidrig. Dieses trifft speziell für die vielfältigen Formen der Direktwerbung und der **Telefon-, Telex-, Teletex-, Btx- und Briefkastenwerbung** zu.[2] Der Schutzzweck des Belästigungsverbotes ist ein angemessener Schutz der Individualsphäre gegenüber dem wirtschaftlichen Gewinnstreben Dritter.

Da § 1 UWG neben dem Schutz des Mitbewerbers auch die Allgemeinheit vor Wettbewerbsauswüchsen schützen soll, kann eine bestimmte Werbemethode, die im Einzelfall im Hinblick auf den Schutz des Mitbewerbers noch gerade zulässig wäre, unter dem Gesichtspunkt der Gefahr eines Nachahmungseffektes im Sinne des § 1 UWG wettbewerbswidrig sein, da eine sich

1 *Hoeren*, WRP 1997, 993 ff. (995).
2 *Baumbach/Hefermehl*, § 1 UWG Rz. 57.

ausbreitende Nachahmung der Werbemethode zu einer nicht mehr hinnehmbaren Verwilderung des Wettbewerbs führen könnte. Zur Unzulässigkeit von E-Mail-Werbung siehe unten Rz. 499 ff.

358 Das **Zusenden unverlangter und unbestellter Waren** oder Dienstleistungen an mutmaßliche Interessenten mit der Aufforderung, entweder dem Absender den Kaufpreis zu überweisen oder die Ware zurückzusenden, ist als Belästigung sittenwidrig.[1] Dies gilt sowohl bei Zusendung an Privatleute als auch an Kaufleute.

Dieser Grundsatz wird auch auf die Online-Übermittlung von Leistungen zu übertragen sein.

(d) Die Verlockung

359 Diese Art der sittenwidrigen Werbung liegt vor, wenn dem Kunden ein besonderer Vorteil in Aussicht gestellt wird. Die Erlangung dieses Vorteils muss geeignet sein, ihn zu sachfremden, mit dem Kauf nicht rational verbundenen Überlegungen oder Entschlüssen zu verleiten. In Betracht kommen etwa Geschenke, Gewinnchancen oder aleatorische Effekte. Gesetzlich verboten waren bis 1. 8. 2001 grundsätzlich Zugaben (ZugabeVO) und übermäßige Preisnachlässe (RabattG).[2] Die ZugabeVO kam nur zur Anwendung, wenn für die Vergünstigung kein Preis oder nur ein Scheinpreis verlangt wurde. Nicht sittenwidrig war eine Beigabe, wenn es sich aus der Sicht des Publikums um ein Gesamtangebot handelte.[3]

(e) Aleatorische Anreize

360 Aleatorische Veranstaltungen wie Lotterien, Ausspielungen, Verlosungen, Preisausschreiben, Preisrätsel oder Gewinnspiele verbinden das Mittel der Wertreklame mit dem der Ausnutzung der Spielleidenschaft. Sie sind nicht schlechthin wettbewerbswidrig. Wettbewerbswidrig sind aleatorische Veranstaltungen erst dann, wenn sie dazu führen, die freie Entschließung der angesprochenen Verkehrskreise so nachhaltig zu beeinflussen, dass die **Kaufentscheidung** nicht mehr durch sachliche Gesichtspunkte, sondern maßgeblich durch das **Streben nach der in Aussicht gestellten Gewinnchance bestimmt** wird.[4]

Siehe in diesem Zusammenhang das Verbot der Internet-Verkaufsmodelle **„Power Shopping“** und **„Community Shopping“** unter Rz. 550.

361 Unter dem Aspekt des Ausnutzens der Spielleidenschaft sind auch Vertriebssysteme der progressiven Kundenwerbung (u.a. sog. **Schneeballsyste-**

1 Vgl. BGH v. 21. 5. 1965 – Ib ZR 106/63, GRUR 1966, 47.
2 Mit Wirkung vom 1. 8. 2001 sind das RabattG und die ZugabeVO aufgehoben worden, BGBl. I 2001, S. 1663, BGBl. I 2001, S. 1661.
3 BGH v. 8. 10. 1998 – I ZR 187/97, WRP 1999, 90 (92) – Handy für 0,00 DM.
4 Vgl. *Köhler/Piper*, § 1 UWG Rz. 55.

me) zu beurteilen, die darauf basieren, dass dem Kunden eine Reduktion oder ein Erlass der Kaufpreisschuld gewährt wird, wenn er eine bestimmte Anzahl von Neukunden unter denselben Bedingungen akquiriert.[1] Diese Systeme sind als sittenwidrig einzustufen.[2]

(f) Subliminale Werbung

Bei dieser Art der sittenwidrigen Werbung erfolgt die Einwirkung auf den potentiellen Kunden versteckt, so dass ihm jede Möglichkeit genommen wird, sich der Beeinflussung durch die Werbung zu entziehen. Dies ist etwa der Fall, wenn in einem Spielfilm während eines Bruchteils einer Sekunde und somit nur für das menschliche Unterbewusstsein wahrnehmbar, eine Werbung gezeigt wird. Sittenwidrig ist daher das kurzfristige Einblenden von Werbebotschaften, Marken oder Produkten, die aufgrund der Kurzzeitigkeit nur mehr auf das Unterbewusstsein einwirken und dieses mit der Absicht geschieht, den Umworbenen zu manipulieren.[3] Nach diesen Grundsätzen ist auch die subliminale Werbung in einer Website, etwa durch **kurzfristige Einblendung von Bannern**, gemäß § 1 UWG verboten. 362

(2) Behinderung

Die Behinderung eines Konkurrenten bis hin zu dessen totaler Verdrängung vom Markt liegt grundsätzlich in der Natur des Wettbewerbs. 363

Ein „Behinderung" im wettbewerbsrechtlich relevanten Sinne liegt daher erst vor, wenn ein Wettbewerber durch eine Maßnahme zu erreichen versucht, dass der Mitbewerber seine Leistung auf dem Markt nicht oder nicht mehr hinreichend zur Geltung bringen kann und infolgedessen die Marktpartner auf der Marktgegenseite einen echten, auf ihrem freien Willen beruhenden Leistungsvergleich nicht vornehmen können.[4]

(a) Absatz- und Werbebehinderung

Zur sittenwidrigen Absatzbehinderung gehört etwa das Abfangen von Kunden, wobei sich der Werbende auf eine den Wettbewerb behindernde Weise zwischen seine Mitbewerber und die Interessenten schiebt, um Letztere zu einer Änderung des Kaufentschlusses zu drängen.[5] 364

Ebenso ist die Schaffung einer vertriebsbezogenen Behinderung stets wettbewerbswidrig, wenn sie nur den Zweck hat, den Vertrieb des Mitbewerbers zu

1 Vgl. *Köhler/Piper*, § 1 UWG Rz. 59.
2 *Baumbach/Hefermehl*, § 1 UWG Rz. 172a f.
3 Vgl. *Henning-Bodewig*, GRUR Int. 1991, 858 ff.
4 BGH v. 31. 1. 1979 – I ZR 21/77, GRUR 1979, 321 ff. (323) – Verkauf unter Einstandspreis I.
5 BGH v. 18. 12. 1986 – I ZR 111/84, GRUR 1987, 520 (523).

behindern oder auszuschalten. Das ist dann der Fall, wenn kein sachlicher Grund für die Maßnahme erkennbar ist.

So stellt die **unlautere Reservierung einer Domain** wegen der dadurch entstehenden Blockadewirkung gegen Dritte eine wettbewerbsbezogene Absatzbehinderung dar.[1] Siehe dazu auch oben unter Zulässigkeit von Domain-Namen.

365 Daher ist es als sittenwidrige Absatzbehinderung eines branchenfremden Unternehmens zu werten, wenn die Vergabestelle (DENIC) die Registrierung eines Domain-Namens unter der Ländererkennung „de“ aufrechterhält, obwohl der Domain-Name mit einem unterscheidungskräftigen Firmenschlagwort übereinstimmt und der um Registrierung Ersuchende trotz diesbezüglicher Kenntnis an der Registrierung festhält, ohne jedoch ein eigenes rechtliches und wirtschaftliches Interesse an dem Domain-Namen nachweisen zu können.[2] Daher stehen dem branchenfremden Unternehmen Unterlassungsansprüche gegen Domain-Inhaber zu.

366 Einen kartellrechtlichen Verstoß (unbillige Behinderung iSd. § 20 Abs.1 GWB) und damit gleichzeitig einen Verstoß gegen § 1 UWG begeht die Vergabestelle, wenn sie sich **weigert**, die **Registrierung** eines tatsächlich nicht genutzten **Domain-Namens** zugunsten eines nutzungswilligen Interessenten **aufzuheben** und diesen als Domain-Inhaber zu registrieren.[3]

367 Die Zusendung einer größeren Menge **unverlangter elektronischer Post** oder anderer Datenmengen an einen Konkurrenten ist regelmäßig als sittenwidrige Behinderung zu qualifizieren, weil dadurch die Abwicklung des täglichen elektronischen Geschäftsverkehrs behindert wird.

368 Eine sittenwidrige Absatzbehinderung kann auch in der Annäherung an eine nicht sonderrechlich geschützte Warenkennzeichnung liegen, wenn der mit ihr verbundene besondere Ruf der unter ihr vertriebenen Produkte zwar nicht ausgenutzt, aber in rufschädigender Weise verwendet wird. Die angesprochenen Verkehrskreise könnten aufgrund der Ähnlichkeit auf eine geschäftliche Verbindung schließen, wodurch diese Produkte durch die möglicherweise minderwertigeren in Misskredit geraten können.[4] Dieses wäre etwa der Fall, wenn durch die Wahl eines **Domain-Namens** die Internetnutzer zwar nicht davon ausgehen können, dass die Website dem bekannten Unternehmen gehört, aber eine geschäftliche Beziehung zu diesem Unternehmen angenommen wird.

Gleiches gilt, wenn durch den Domain-Namen oder einen Werbeslogan im Internet, obwohl scherzhaft, auf ein Unternehmen oder dessen Marke in

1 OLG Dresden v. 15. 8. 1999 – 14 U 3613/97, CI 2000, 92 f. – cyberspace.de mit Anm. *Stopp*.
2 OLG Nürnberg v. 11. 1. 2000 – 3 U 1352/99, JurBüro 2000, 317 ff.
3 Vgl. LG Frankfurt v. 14. 10. 1998 – 2/06 0 283/98, NJW 1999, 586 f.
4 *Baumbach/Hefermehl*, § 1 UWG Rz. 224.

verunglimpfender Form Bezug genommen wird und der Markeninhaber dadurch wirtschaftliche Nachteile erleidet.[1]

Als wettbewerbswidrige Absatzbehinderung ist auch die Herstellung und der Vertrieb von Programmen zur **Umgehung oder Entschlüsselung von systemtechnisch gesicherter, entgeltlicher Software oder TV-Programmen** zu werten. Die Entschlüsselung von Pay-TV-Programmen ist sowohl dem Programmanbieter als auch dem Hersteller der Verschlüsselungstechnologie gegenüber wettbewerbswidrig.[2] 369

Zur möglichen Absatzbehinderung durch Verwendung von generischen Begriffen als Domain-Namen siehe Rz. 330 ff.

(b) Sittenwidrige Preisunterbietung

Die Preisunterbietung zu Wettbewerbszwecken ist nach ständiger Rechtsprechung des BGH grundsätzlich erlaubt.[3] Dies gilt, sofern der Unternehmer nicht durch Vertrag oder Gesetz an einen vorgeschrieben Preis gebunden ist (siehe dazu unten unter Sittenwidrigkeit durch Rechtsbruch). Ist der Unternehmer in seiner Preisgestaltung grundsätzlich frei, ergeben sich dennoch Grenzen durch das Kartellrecht, insbesondere im Falle einer marktbeherrschenden Stellung des Anbieters (§§ 19 f. GWB) oder durch die Generalklausel des § 1 UWG. 370

Ausschlaggebend für die Einschätzung einer Preisunterbietung als sittenwidrige Behinderung ist, ob das durch die Unterbietung verfolgte Ziel den Leistungswettbewerb schädigen kann. Wer zB seine Ware in der Absicht, Konkurrenten zu verdrängen oder zu vernichten, extrem günstig verkauft, handelt nicht im Sinne eines Leistungswettbewerbes und damit sittenwidrig iSd. § 1 UWG. 371

Wettbewerbswidrig wird aber zB der **Verkauf unter dem Einstands- oder Selbstkostenpreis** erst dann, wenn die Verdrängung des Mitbewerbers nicht aufgrund eines sachlichen Leistungsvergleiches, sondern durch eine Verfälschung des Leistungsvergleiches eintritt und sich damit nicht mehr das Unternehmen mit der besseren Leistung, sondern jenes durchsetzt, das durch leistungswidrige Praktiken die Möglichkeit eines sachlichen Leistungsvergleichs beseitigt.[4] Das ist etwa der Fall, wenn ein Produkt nicht nur zeitweilig, sondern ständig unter dem Einstandspreis verkauft wird, ohne dass dafür ein sachlich gerechtfertigter Grund besteht. 372

---

1 Vgl. zur sittenwidrigen Markenverunglimpfung etwa BGH v. 19. 10. 1994 – I ZR 130/92, GRUR 1995, 57.

2 Vgl. OLG München v. 19. 3. 1991 – 29 U 4370/91, WRP 1992, 661 f. sowie OLG Frankfurt v. 13. 6. 1995 – 6 U 14/95, jur-pc 1995, 3235 ff.

3 Vgl. etwa BGH v. 6. 10. 1983 – I ZR 39/83, GRUR 1984, 204 (206) – Verkauf unter Einstandspreis II.

4 *Baumbach/Hefermehl*, § 1 UWG Rz. 256.

Ein generelles Verbot des Anbietens von Waren mit Verlust besteht in Belgien, Frankreich und Luxemburg. Diese ausländischen Regelungen sind bei Angeboten im Internet wegen der weltweiten Abrufbarkeit einer Website vom Werbenden zu berücksichtigen.

(c) Boykott

373 Beim Boykott versucht eine oder eine Mehrzahl von Personen, durch einen Aufruf zur organisierten Absperrung einen bestimmten Gegner vom üblichen Geschäftsverkehr abzuschneiden. Der Aufruf selbst muss geeignet sein, den freien Willen der Aufgerufenen zu beeinflussen.[1] Der Boykottaufruf ist im Regelfall rechtswidrig und damit unlauter, sofern nicht besondere Umstände vorliegen. Rechtfertigende Umstände können vorliegen, wenn der Boykottaufruf etwa durch die Meinungs- und Pressefreiheit gedeckt ist oder er als Abwehrmaßnahme erfolgt.

An einen rechtswidrigen und somit unlauteren Boykottaufruf wäre etwa zu denken, wenn Dritte aufgerufen werden, den elektronischen Geschäftsverkehr eines Konkurrenten durch eine Vielzahl **unverlangter E-Mails lahm zu legen**.

(d) Diskriminierung

374 Unter Diskriminierung versteht man die sachlich nicht gerechtfertigte unterschiedliche Behandlung von Personen im Geschäftsverkehr. Diskriminiert werden kann sowohl durch die Preisstellung, durch Konditionen als auch durch Ablehnung von Vertragsabschlüssen gegenüber Abnehmern (Bezugssperre) oder Lieferanten (Abnehmersperre).

Grundsätzlich kann sich jeder seinen Vertragspartner selbst aussuchen. Grenzen finden sich im Kartellrecht unter §§ 20 ff. GWB. Daneben ist zB die Ablehnung eines Bewerbers durch eine Vereinigung sittenwidrig, wenn die Aufnahme eines Bewerbers abgelehnt wird, um den eigenen oder fremden Wettbewerb zu fördern.

Die Frage der Diskriminierung im Internet stellt sich etwa, wenn sich **marktmächtige Unternehmen im Internet zum Betrieb einer Plattform zusammenschließen**, um den Vertrieb und die Koordination ihrer Produkte zu verbessern und die Möglichkeit eines Beitritts von Wettbewerbern aufgrund unsachlicher Kriterien verweigert wird.[2]

---

1 BGH v. 2. 2. 1984 – I ZR 4/82, GRUR 1984, 461 f.

2 Vgl. Bundeskartellamt v. 25. 9. 2000 – B 5-34100 U 40/00, BB 2000, 2431 ff. – Covisint.

(3) Ausbeutung

Wettbewerbswidrig handelt, wer das Ergebnis fremder Tätigkeit und fremder Aufwendungen mit verwerflichen Mitteln ausnutzt, um sich einen Vorsprung vor seinen Mitbewerbern zu verschaffen. Zu den wichtigsten Fällen der Ausbeutung gehören das Schmarotzen an fremder Leistung, fremder Werbung und fremdem Ruf.[1] 375

(a) Unmittelbare Übernahme oder Nachahmen einer fremden Leistung

Wirtschaftliche Leistungen genießen häufig Sonderrechtsschutz. Dazu gehören das Patent-, das Gebrauchsmuster- sowie das Urheberrecht und die verwandten Geschmacksmuster- und Kennzeichenrechte. Der „ergänzende Teil" des wettbewerbsrechtlichen Leistungschutzes dient der Verhinderung sittenwidriger Ausnutzungshandlungen. 376

Während es bei der unmittelbaren Übernahme an einer nennenswerten zusätzlichen Leistung des Übernehmenden fehlt,[2] liegt eine Nachahmung im wettbewerbsrechtlich relevanten Sinne vor, wenn der Nachahmer seine Leistung von der eines anderen ableitet, indem er ein fremdes Arbeitsergebnis als Vorbild benutzt und es durch eigene Leistung nachschaffend wiederholt.[3]

Als **Schutzgegenstand** kommen neben **nicht unter Sonderschutz stehenden fremden Leistungsergebnissen fremde Kennzeichnungen**, für die kein Sonderrechtsschutz besteht, auch **Werbemaßnahmen** in Betracht.[4] Besteht bereits ein sonderrechtlicher Schutz, so scheidet ein wettbewerbsrechtlicher Schutz aus.[5] Ein wettbewerbsrechtlicher Schutz besteht **nur bei** Gegenständen von einer gewissen **gewerblichen Eigenart**. Die danach erforderliche Eigenart setzt ein Erzeugnis voraus, dessen konkrete Ausgestaltung oder einzelne Merkmale geeignet sind, im Verkehr auf seine betriebliche Herkunft oder auf seine Besonderheiten hinzuweisen.[6] 377

Die Nachahmung nicht sonderrechtlich geschützter Leistungen ist grundsätzlich frei. Daher ist nicht jede maßgetreue Nachahmung wettbewerbswidrig. Damit eine solche Handlung sittenwidrig wird, müssen besondere Umstände von wettbewerbsrechtlicher Relevanz hinzutreten.[7] 378

Diese Umstände sind im Rahmen einer **Gesamtbeurteilung** zu berücksichtigen. Alle Merkmale objektiver und subjektiver Natur sind darin einzubeziehen. Neben dem objektiven Merkmal etwa einer **Verwechslungsgefahr** muss noch eine **subjektive Verwerflichkeit** hinzutreten, um im Rahmen einer 379

1 *Baumbach/Hefermehl*, § 1 UWG Rz. 438.
2 Etwa durch eine technische Vervielfältigung.
3 BGH v. 15. 10. 1957 – I ZR 103/56, GRUR 1958, 97 – Gartensessel.
4 *Baumbach/Hefermehl*, § 1 UWG Rz. 447.
5 BGH v. 23. 3. 1994 – I ZR 42/93, GRUR 1994, 630 (632) – Cartier-Armreif.
6 BGH v. 6. 2. 1986 – I ZR 243/83, GRUR 1986, 673 (675) – Beschlagprogramm.
7 BGH v. 19. 10. 1994 – I ZR 130/92, GRUR 1995, 57 (59) – Markenverunglimpfung II.

Gesamtbeurteilung die Nachahmung als sittenwidrig iSd. § 1 UWG erscheinen zu lassen. Solche verwerflichen subjektiven Elemente liegen etwa vor, wenn der Nachahmer es unterlassen hat, sich in gehörigem Maße um die Verhinderung der Verwechslungsgefahr zu kümmern, indem er nicht das nach den Umständen Erforderliche und Zumutbare unternimmt, um die Gefahr einer Irreführung des angesprochenen Verkehrs möglichst auszuschließen.[1] Wettbewerbswidrig ist es ebenfalls, wenn die Übernahme systematisch erfolgt und der Nachahmer auf diese Weise eine gleiche Leistung weitaus billiger anbieten kann.[2]

380 Aus diesem Grund verstößt zB die ungekennzeichnete **Übernahme von Daten aus einer Internet-Datenbank** eines Steuerberater-Suchservices des Deutschen Steuerberaterverbandes gegen § 1 UWG.[3]

381 Der Anbieter sog. **Online-Stellenanzeigen** handelt wettbewerbswidrig, wenn er Stellenanzeigen aus einer Tageszeitung übernimmt und über das Computer-Netzwerk „T-online" im Internet verbreitet. Daran ändert auch der Umstand nichts, dass der übernommene Teil des Stellenmarktes nicht das gesamte Online-Angebot ausmachte und die übernommenen Stellenanzeigen durch Bearbeitung verkürzt wurden.[4]

Zur Zulässigkeit des sog. **„Framing" oder „Inline-Linking"** im Rahmen einer sittenwidrigen Herkunftstäuschung siehe Rz. 601 und 472.

382 An eine Wettbewerbsverletzung iSd. § 1 UWG durch Ausbeutung fremder Leistung ist auch bei **Übernahme des Layouts fremder Webpages** zu denken. Zwar ergibt sich der Schutz einer Webpage möglicherweise bereits aus dem Urheberrecht. So sind Texte, die das Merkmal der persönlichen geistigen Schöpfung des § 2 Abs. 2 UrhG erfüllen, bereits als Sprachwerke geschützt. Stehende Bilder genießen entweder als Lichtbildwerke (§ 2 Abs. 1 Nr. UrhG) oder als einfache Lichtbilder gemäß § 72 UrhG urheberrechtlichen Schutz. Diagramme und Tabellen können bei genügender schöpferischer Höhe als wissenschaftliche oder technische Darstellungen (§ 2 Abs.1 Nr. 7 UrhG) urheberrechtlich geschützt sein. Eine Zusammenstellung medizinischer Fachausdrücke genießt den Schutz als Sammelwerk iSd. § 4 Abs. 1 UrhG und die in das Internet gestellte Version den Schutz als Datenbankwerk iSd. § 4 Abs. 2 UrhG.[5]

383 Der graphischen Einheit, dem sog. Layout, einer Webpage kann aber auch ein urheberrechtlicher Schutz als ein Werk der bildenden Kunst aufgrund der fehlenden Gestaltungshöhe versagt werden.[6]

---

1 *Baumbach/Hefermehl*, § 1 UWG Rz. 448.
2 BGH v. 10. 12. 1987 – I ZR 221/85, GRUR 1988, 308 (309) – Informationsdienst.
3 LG Köln v. 19. 11. 1998 – 31 O 426/98, Stbg 1999, 172 ff.
4 LG Berlin v. 21. 5. 1996 – 16 O 171/96, AfP 1996, 405 f.
5 Vgl. LG Hamburg v. 12. 7. 2000 – 308 O 205/00, CR 2000, 776 (778).
6 Anderer Ansicht: *Cichon*, ZUM 1998, 900 f., die selbst bei Websites mit geringer Gestaltungshöhe einen Urheberrechtsschutz zusprechen will.

In diesen Fällen, in denen eine Webpage nur aus den üblichen Gestaltungsmitteln wie Frames, Tabellen und einfachen Logos – diese können aber bei komplexerer Gestaltung einen eigenen Schutz als Werke der bildenden Kunst genießen – besteht, kommt jedoch ein Schutz nach § 1 UWG in Frage.

Werden hingegen keine kompletten Webpages übernommen, sondern nur 384
bestimmte kreative Einzelelemente kopiert, stellt sich die Frage, ob schon die einzelnen Elemente als solche einen hinreichenden Grad wettbewerblicher Eigenart verkörpern. Sind sie für sich genommen geeignet, im Netz einen überdurchschnittlichen „Aufmerksamkeitsvorsprung" zu verschaffen, dürfte dies zu bejahen sein.[1]

(b) Ausbeutung fremden Rufs

Für einen guten Ruf ist wesentlich, dass das Publikum mit einer Ware über 385
ihren bloßen Bekanntheitsgrad hinaus eine besondere Wert- oder Gütevorstellung verbindet. Diese Wert- bzw. Gütevorstellung ist Voraussetzung für die Annahme, dass der gute Ruf (Image), den ein Wettbewerber erworben hat, von einem Mitbewerber ausgenutzt werden kann. Die Rufausnutzung vollzieht sich dadurch, dass der angesprochene Verkehrskreis die Wertvorstellung, die er mit einer bestimmten Ware verbindet, auf eine andere Ware überträgt.

Dabei ist die bloße Anlehnung an einen fremden Ruf für sich genommen noch nicht wettbewerbswidrig. Vielmehr bedarf es weiterer Umstände, um einen Verstoß gegen § 1 UWG zu begründen.[2]

Wettbewerbswidrig handelt erst derjenige, der das **Ergebnis fremder Tätig-** 386
keit und **Aufwendungen mit verwerflichen Mitteln** durch die zielbewusste Annäherung an einen fremden Ruf und durch Ausbeutung des Werbewertes der Produkte **ausnutzt, um sich einen Vorsprung** vor seinen Mitbewerbern zu verschaffen.

Es stellt daher eine wettbewerbsrechtlich unzulässige Rufausbeutung dar, 387
wenn der Betreiber einer virtuellen Parfümerie mittels eines Suchmaschinen-Betreibers über durch **Keyword Buys** nutzbar gemachte Suchbegriffe potentielle Kunden eines weltweit exklusive Kosmetikprodukte vertreibenden Konzerns über Hyperlinks auf die eigene Homepage leitet, um so den eigenen Warenabsatz zu fördern, ohne zum Produktvertrieb autorisiert zu sein.[3] Siehe zur rechtlichen Beurteilung von so genannten Keyword Buys und zur Haftung des Suchmaschinen-Betreibers auch Rz. 492 ff.

1 Vgl. *Leistner/Bettinger*, Creating Cyberspace, CR 1999, Beil. 12, 31.
2 Vgl. *Baumbach/Hefermehl*, § 1 UWG Rz. 541 ff.
3 Vgl. LG Hamburg v. 16. 2. 2000 – 315 O 25/99, CR 2000, 392 ff.

(4) Sittenwidrigkeit durch Rechtsbruch

388 Es widerspricht dem Leistungswettbewerb, wenn ein Wettbewerber dadurch einen Vorsprung vor seinen Mitbewerbern erlangt, dass er die durch Gesetz oder Vertrag festgelegten Bedingungen missachtet, an die sich seine Mitbewerber halten.[1]

389 Nicht jedes Handeln zu Zwecken des Wettbewerbs, das gegen gesetzliche Vorschriften außerhalb des UWG verstößt, stellt gleichzeitig auch einen Verstoß gegen § 1 UWG dar. Eine Voraussetzung, dass ein Verstoß gegen § 1 UWG vorliegt, ist, dass der Normenverstoß gleichzeitig die in § 1 UWG geforderte Sittenwidrigkeit erfüllt. Maßgebend für die Anwendbarkeit des § 1 UWG ist die sittlich rechtliche Wertung des komplexen Lebensvorgangs unter Einbeziehung des in Rede stehenden Gesetzesverstoßes.[2] Bei der Beurteilung, ob ein Wettbewerbsverstoß durch Rechtsbruch vorliegt, kommt es daher darauf an, ob es sich bei der verletzten Norm um eine wertbezogene oder um eine wertneutrale Norm handelt.

390 **Wertbezogene Normen** sind Normen, die entweder sittlich dadurch fundiert sind, dass ihnen eine dem Schutzzweck des UWG entsprechende sittlich-rechtliche Wertung zugrunde liegt, oder Regeln, die eine unmittelbare Rechtsbezogenheit aufweisen oder besonders wichtige Gemeinschaftsgüter (etwa Volksgesundheit) schützen. Ein Verstoß gegen eine wertebezogene Norm begründet in der Regel automatisch die Sittenwidrigkeit und damit einen Verstoß gegen § 1 UWG.

391 **Wertneutrale Normen** sind Vorschriften, die nur zu Ordnungszwecken erlassen worden sind. Ein Verstoß gegen eine solche wertneutrale Norm ist zwar gesetzwidrig, aber nicht gleichzeitig nach § 1 UWG sittenwidrig. Dieses ist nur dann der Fall, wenn besondere, wettbewerbsrelevante Umstände hinzutreten.[3] Erst wenn sich ein Wettbewerber vorsätzlich über wertneutrale Vorschriften hinwegsetzt, um dadurch einen sachlich ungerechtfertigten Vorsprung vor seinen gesetzestreuen Mitbewerbern zu gewinnen, kann die Missachtung der Vorschrift im Rahmen einer sittlich rechtlichen Wertung auch zu einem Verstoß gegen § 1 UWG führen.[4]

(a) Verstoß gegen eine wertbezogene Norm

392 Zu den wertbezogenen Normen gehören einzelne **strafrechtliche Normen**, wie beispielsweise die §§ 242, 246, 259, 263 StGB, da aufgrund des Unwertgehaltes der jeweiligen Norm ein Verstoß nach Auffassung der Allgemein-

1 *Baumbach/Hefermehl*, § 1 UWG Rz. 608.
2 *Köhler/Piper*, § 1 UWG Rz. 323.
3 *Baumbach/Hefermehl*, § 1 UWG Rz. 630.
4 Ständige Rspr.; exempl. BGH v. 30. 9. 1992 – VIII ZR 196/91, GRUR 1993, 66 ff.; BGH v. 7. 6. 1996 – I ZR 114/94, GRUR 1996, 786 ff.; BGH v. 4. 3. 1993 – I ZR 15/91, GRUR 1993, 679 ff.

heit nicht nur sittlich, sondern auch wettbewerbsrechtlich schlechthin verwerflich ist.[1]

Wer ohne behördliche Genehmigung im Internet ein Glücksspiel betreibt, verstößt gegen § 284 StGB und handelt sittenwidrig.[2] Siehe zum Glückspiel im Internet auch unten Rz. 557 ff.

Ebenso begründet ein Verstoß gegen unmittelbar wettbewerbsbezogene Nor- 393
men, die außerhalb des UWG auf den Schutz des Wettbewerbs zielen, wie etwa **berufs- und standesrechtliche Verbote in öffentlich-rechtlichen Satzungen** oder gesetzliche Werbeverbote, automatisch einen Verstoß gegen § 1 UWG.

Für den **Rechtsanwalt** regelt § 43b BRAO die zulässige Werbung. Danach ist 394
dem Rechtsanwalt nur Werbung erlaubt, soweit sie über die berufliche Tätigkeit in Form und Inhalt sachlich unterrichtet und nicht auf die Erteilung eines Auftrages im Einzelfall gerichtet ist. Rechtsanwälten ist es nicht verboten, mit Serienbriefen unaufgefordert an Mandanten mit dem Ziel einer Mandatsanbahnung heranzutreten. Verboten nach § 43b BRAO und somit sittenwidrig nach § 1 UWG ist aber eine gezielte Werbung und ein unaufgefordertes Herantreten an potentielle Mandanten durch individuelle Anschreiben oder reklamehaftes Sichherausstellen.[3]

Zulässig dagegen ist die Angabe des bloßen Tätigkeitsbereiches, um das 395
rechtssuchende Publikum sachlich zu informieren. Dies gilt auch für eine Homepage im Internet.[4]

Richtet ein Rechtsanwalt im Internet eine Homepage ein und können Besucher auf einer Art „Gästebuch" Äußerungen über die berufliche Tätigkeit des Anwalts hinterlassen, wirkt er daran mit, dass Dritte für ihn Werbung betreiben. Damit verstößt er gegen das standesrechtliche Werbeverbot in § 43b BRAO und handelt somit sittenwidrig iSd. § 1 UWG.[5]

Wirbt ein Rechtsanwalt auf einer Homepage mit reklamehaften Qualitätsaus- 396
sagen, die mit dem Berufsbild des Rechtsanwaltes als Organ der Rechtspflege unvereinbar sind, wie „Fairness, Zuverlässigkeit und Spitzenqualität treffen Sie hier an", verstößt er ebenso gegen § 43b BRAO und handelt sittenwidrig.[6]

Rechtsanwälte, die sich an einer telefonischen Rechtsberatungshotline beteiligen, bei der die Rechtsanwaltsgebühren mit 0,63 DM/Min. abgerechnet werden, verstoßen gegen § 3 BRAGO – somit auch gegen § 1 UWG –, da die

1 Vgl. *Köhler/Piper*, § 1 UWG Rz. 330.
2 OLG Hamburg v. 4. 5. 1999 – 3 U 274/98, CR 2000, 385 ff.
3 Vgl. OLG Frankfurt/M. v. 25. 1. 1996 – 6 U 150/95, WRP 1996, 567 ff.
4 Vgl. die Entscheidung des KG Berlin v. 19. 5. 2000 – 5 U 727/00, BB 2000, 2068 f.
5 OLG Nürnberg v. 23. 3. 1999 – 3 U 3977/98, AnwBl. 1999, 407 ff.
6 Vgl. LG Berlin v. 7. 3. 2000 – 15 O 496/99, MMR 2000, 490 f.

pauschale Zeitvergütung die gesetzlichen Gebühren in unangemessener Weise unterschreiten kann (§ 3 Abs. 5 Satz 4 BRAGO).[1]

397 Zwar ist einem **Arzt** grundsätzlich nicht verboten, sich im Internet zu präsentieren.[2] Ein Verstoß gegen das in den Ärzteberufsordnungen der Länder normierte Werbeverbot begründet aber auch hier, ohne dass weitere wettbewerbswidrige Umstände hinzutreten müssten, die Wettbewerbswidrigkeit.

398 Ein Zahnarzt, der auf einer Homepage im Internet außerhalb des durch die Berufsordnung zulässigen Rahmens für seine Praxis wirbt, handelt sittenwidrig iSd. § 1 UWG. Nach den Berufsordnungen für Ärzte ist jede sachliche Information, etwa Angaben über spezielle Kenntnisse zu bestimmten Krankheiten bzw. Operations- und/oder Behandlungsmethoden aber erlaubt. Eine darüber hinausgehende anpreisende oder reklamehafte Werbung ist verboten.[3] Erlaubt ist weiterhin, wenn ein Arzt auf seiner Homepage für eine „Sauerstoff-Mehrschritt-Therapie“ wirbt, wenn dies eine rein sachliche Information im Rahmen des Fachgebietes des Arztes darstellt.[4] Dies gilt auch für die Darstellung im Internet.[5] Unzulässig ist dagegen die Darstellung in einer Website von Referententätigkeiten des Arztes, Besuche von Weiterbildungsveranstaltungen etc.

399 Gegen das ärztliche Werbeverbot und gegen § 1 UWG verstößt auch ein Zahnarzt, der auf seiner eigenen Homepage im Internet für seine Praxis wirbt, indem er neben zulässigen Informationen ein Gewinnquiz veranstaltet.[6] Das Bewerben von Leistungen eines Zahnarztes in seiner Website, die nicht der Gesundheitsvorsorge dienen (zB „Zahnschmuck“), das Anlegen eines Gästebuches, die Werbung für einen „Praxisshop“(in dem Zahnpflegeartikel verkauft werden), das Anlegen eines „virtuellen Kunstmuseums“ und die o.g. Veranstaltung von Gewinnspielen verstößt gegen § 23 Nr. 11 Heilberufegesetz RP[7] und somit gegen § 1 UWG.[8] Erlaubt ist die graphische und farbliche Gestaltung von Namen, Anschrift und Sprechzeiten, die Vorstellung der Praxisräume und der Mitarbeiter, das Aufzeichnen des Anfahrtsweges sowie Gesundheitstipps, sofern sie sachlich und ohne reklamehafte Formulierungen sind.[9]

400 Obwohl für eine **Ärzte-GmbH** das in den BerufsO verankerte Werbeverbot nicht direkt gilt, kann sie als Störerin auf Unterlassung in Anspruch genom-

---

1 Vgl. OLG München – 29 U 4401/99 – 0190-Rechtsberatungs-Hotline, abrufbar unter: http://www.jur-pc.de/rechtspr/20000243.htm.
2 Vgl. LG Trier v. 30. 12. 1997 – 7 HO 100/97, CR 1998, 303 ff.
3 BGH v. 8. 6. 2000 – I ZR 269/97, WRP 2001, 28 ff.
4 OLG Koblenz v. 30. 5. 2000 – 4 U 192/00, OLGR Koblenz 2000, 394 ff.
5 Vgl. LG München v. 14. 1. 1999 – 4 HKO 16788/98, CR 2001, 55 – Medizinischer Informationsdienst.
6 Vgl. OLG Koblenz v. 13. 2. 1997 – 6 U 1500/96, CR 1997, 343 ff.
7 Heilberufegesetz des Bundeslandes Rheinland-Pfalz.
8 LG Trier v. 30. 12. 1997 – 7 HO 100/97, CR 1998, 303 ff.
9 LG Trier v. 30. 12. 1997 – 7 HO 100/97, CR 1998, 303 (304).

men werden, wenn die in der Gesellschaft tätigen Ärzte die standeswidrige Werbung gekannt und geduldet haben.[1]

Regelungen zum Schutz der Rechtspflege beinhalten zwar keine wettbewerbsbezogenen Vorschriften, sie dienen aber dem Schutz besonders wichtiger Gemeinschaftsgüter. Als solche gehören sie zu den wertbezogenen Normen. Daher sind Verstöße gegen das **Rechtsberatungs- oder Steuerberatungsgesetz**, etwa durch unentgeltliche Beratung mit Hilfe des Internets, auch ohne Hinzutreten besonderer sittenwidriger Begleitumstände wettbewerbswidrige Handlungen. 401

Nicht gegen das Rechtsberatungsgesetz und somit gegen § 1 UWG verstößt das Angebot eines Rechtsanwalts im Internet, der Rechtsberatung gegen eine Pauschalgebühr von 50,– DM anbietet und durchführt, wenn aus dem auf der Website veröffentlichten Text folgt, dass die Pauschalgebühr nicht regelmäßig, sondern je nach Schwierigkeit des Einzelfalles auch höhere Gebühren anfallen können. Der veröffentlichte Text ist insoweit nicht irreführend iSd. § 3 UWG.[2] 402

Nicht wertbezogene Vorschriften finden sich im RabattG (aufgehoben), in der ZugabenVO (aufgehoben)[3], der PreisangabeVO und im LadenschlußG. 403

Vorschriften, die dem Schutz der Volksgesundheit dienen, sind dagegen wertbezogene Normen. Ein Verstoß gegen das **Arzeimittelgesetz (AMG) oder Heilmittelwerbegesetz (HWG)** kann daher per se die Sittenwidrigkeit iSd. § 1 UWG begründen.[4]

Auch **lebensmittelrechtliche Vorschriften** dienen der Volksgesundheit. Ein Verstoß gegen die §§ 17, 18, 22 und 27 LMG begründet automatisch auch einen Verstoß gegen § 1 UWG.

Umstritten ist, ob das **Bundesdatenschutzgesetz (BDSG)** zu den wertbezogenen Normen zählt. Die ältere Rechtsprechung ging davon aus, dass ein Verstoß gegen das BDSG nur dann zur Sittenwidrigkeit iSd. § 1 UWG führt, wenn er in Absicht erfolgt, einen Vorsprung im Wettbewerb gegenüber anderen Mitbewerbern zu erreichen.[5] 404

Nach neueren instanzgerichtlichen Entscheidungen handelt es sich bei den Bestimmungen des BDSG jedoch regelmäßig um wertbezogene Normen, die dem Schutz der informationellen Selbstbestimmung dienen. Ein Verstoß gegen das BDSG begründet somit auch ohne Hinzutreten weiterer Umstände die Sittenwidrigkeit nach § 1 UWG.[6]

---

1 Vgl. BGH v. 8. 6. 2000 – I ZR 269/97, WRP 2001, 28 ff.

2 Vgl. Urteil des LG Berlin v. 7. 3. 2000 – 2 O 241/99, CI 2000, 139 f.

3 Mit Wirkung vom 1. 8. 2001 sind das RabattG und die ZugabeVO aufgehoben worden, BGBl. I 2001, S. 1661 (1663).

4 Vgl. *Baumbach/Hefermehl,* § 1 UWG Rz. 618.

5 Vgl. OLG Frankfurt – 11 U (Kart) 44/95, OLGR Frankfurt 1997, 274.

6 Vgl. OLG Köln v. 9. 4. 1999 – 6 W 88/98, MMR 2000, 106 ff.; sowie OLG Koblenz v. 1. 12. 1998 – 4 U 1196/98, MMR 1999, 427.

(b) Verstoß gegen eine wertneutrale Norm

405 Die Verletzung einer wertneutralen Norm führt regelmäßig erst dann zu einer Wettbewerbswidrigkeit iSd. § 1 UWG, wenn der **Handelnde bewusst und planmäßig vorgeht, obwohl für ihn erkennbar ist, dass er dadurch einen sachlich ungerechtfertigten Vorsprung im Wettbewerb vor gesetzestreuen Mitbewerbern** erlangen kann.[1] Objektive Voraussetzungen sind, dass der Rechtsbruch für den Handelnden zu einem greifbaren Wettbewerbsvorteil führt und dass der rechtswidrig Handelnde Vorschriften verletzt, durch die seine Mitbewerber in gleicher Weise gebunden sind. Nicht von Relevanz ist in diesem Zusammenhang, ob die Vorschrift von anderen Mitbewerbern beachtet wird. Entscheidend ist der Vorsprung im Wettbewerb durch den Rechtsbruch.

In subjektiver Hinsicht muss sich der Handelnde in bewusster und planmäßiger Weise über die Norm hinwegsetzen, obwohl erkennbar ist, dass er damit einen sachlich ungerechtfertigten Vorsprung im Wettbewerb erlangen kann.[2] Bewusstes Handeln erfordert Vorsatz, dh. Kenntnis der Tatumstände, aus denen der Wettbewerbsverstoß folgt.[3]

406 Zu den wertneutralen Normen zählen nach der ständigen Rechtsprechung des BGH auch die Bestimmungen der **Preisangabeverordnung (PAngV).**[4]

Nach § 1 Abs. 1 PAngV hat, „wer Letztverbrauchern gewerbs- oder geschäftsmäßig Waren oder Leistungen anbietet oder als Anbieter von Waren oder Leistungen gegenüber Letztverbrauchern auf sonstige Weise unter Angabe von Preisen wirbt, die Preise anzugeben, die einschließlich der Umsatzsteuer und sonstiger Bestandteile unabhängig von einer Rabattgewährung zu zahlen sind (Endpreise). Soweit es der Verkehrsauffassung entspricht, sind auch die Verkaufs- und Leistungseinheit und die Gütebezeichnung anzugeben, auf die sich die Preise beziehen“. Unter Letztverbrauchern sind alle Kunden zu verstehen, welche die Waren für den Privatbedarf ge- oder verbrauchen, sowie gewerbliche Abnehmer, die Waren erwerben oder Leistungen in Anspruch nehmen, ohne sie weiter umzusetzen oder sonst verwerten zu wollen.[5]

407 Besondere Bedeutung erlangt das Verbot der Werbung mit Nettopreisen gegenüber Letztverbrauchern im Internet. Aufgrund der Tatsache, dass eine Website und die in ihr befindlichen Angebote undifferenziert nach Adressatenkreisen von jedem Internetuser aufgerufen werden kann, verstößt eine Werbung mit Nettopreisen ohne ausdrücklichen Hinweis, dass sich das

1 Ständige Rspr. des BGH; vgl. etwa BGH v. 14. 10. 1993 – I ZR 218/91, GRUR 1994, 222 (224) – Flaschenpfand; BGH v. 2. 5. 1991 – I ZR 227/89, GRUR 1991, 769 (771) – Honoraranfrage.

2 BGH v. 14. 10. 1993 – I ZR 218/91, GRUR 1994, 222 (224).

3 *Köhler/Piper*, § 1 UWG Rz. 349.

4 *Baumbach/Hefermehl*, § 1 UWG Rz. 634 mwN aus der Rspr.

5 Vgl. *Weidert*, Internet und Wettbewerbsrecht, AnwBl. 2000, 390.

Angebot ausnahmslos an gewerbliche Verbraucher richtet und Waren an Letztverbraucher nicht verkauft werden, gegen die PAngV. Ein solches Handeln verstößt unter dem Gesichtspunkt des Vorsprungs durch Rechtsbruch gegen § 1 UWG und, sofern die angesprochenen Verkehrskreise irregeführt werden können, auch gegen § 3 UWG.

Dementsprechend handelt nach Ansicht des OLG Oldenburg wettbewerbswidrig, wer auf einer **Webpage blickfangmäßig mit Nettopreisen** für das Leistungsangebot einer Hundeschule **wirbt**.[1] 408

Diese Entscheidung verdient aber noch aus einem anderen Grund Beachtung. Wie das Gericht feststellte, reicht es zur Erfüllung eines Unterlassungsanspruches nicht aus, dass der Unterlassungsschuldner dem Provider die gewünschte Änderung der Webpage lediglich mitteilt. Der Unterlassungsschuldner ist vielmehr zur Kontrolle der Umsetzung einer Homepage-Änderung durch den Provider verpflichtet.

Auch reicht es zur Abwendung der Wiederholungsgefahr einer sittenwidrigen Nettopreis-Werbung im Internet nicht aus, dass der Werbende die Nettopreise durch Bruttopreise ersetzt. Zur Abwendung der Gefahr eines erneuten Verstoßes gegen die Pflicht zur korrekten Preisauszeichnung bedarf es der Abgabe einer strafbewehrten Unterlassungserklärung.[2] 409

Kein Wettbewerbsverstoß liegt vor, wenn sich ein Internet-Provider mit seinem Dienstleistungsangebot im Internet an Unternehmer, Gewerbetreibende und Selbständige richtet und die **Umsatzsteuer gesondert ausgewiesen wird**, sofern für den privaten Endverbraucher erkennbar ist, dass die in der Werbung genannten Preise nicht für ihn gelten. Hier kann der am Seitenende kleingedruckte Hinweis ausreichend sein, dass die Umsatzsteuer hinzuzurechnen ist.[3] 410

Die Bestimmungen der Gewerbeordnung sind, sofern sie nicht unmittelbar wettbewerbsregelnden Charakter haben, wertneutrale Vorschriften.[4]

Daher handelt nicht sittenwidrig, wer im Internet für Sportwetten wirbt, obwohl die behördliche Erteilung der Gewerbeerlaubnis (§ 33d GewO) nicht für das ganze Bundesgebiet, sondern allein im betreffenden Bundesland wirksam ist.[5] Zur teilweise unterschiedlichen Beurteilung von Glücksspielen im Internet siehe aber auch Rz. 557 ff.

1 OLG Oldenburg v. 27. 1. 2000 – 1 U 142/99, NJW-RR 2000, 1143 f.
2 Vgl. LG Ellwangen v. 27. 8. 1999 – 2 KGH O 5/99, CR 2000, 188.
3 OLG Karlsruhe v. 11. 3. 1998 – 6 U 141/97, CR 1998, 361.
4 *Baumbach/Hefermehl*, § 1 UWG Rz. 631.
5 Vgl. OLG Hamm v. 24. 9. 1998 – 4 U 152/98, SpuRt 1999, 114 f.; offensichlich aA OLG Hamburg v. 4. 11. 1999 – 3 U 274/98, MMR 2000, 92 ff.

cc) Formen der irreführenden Werbung im Internet

411 **§ 3 UWG verbietet** es, **im geschäftlichen Verkehr zu Zwecken des Wettbewerbs über geschäftliche Verhältnisse**, insbesondere über die Beschaffenheit, den Ursprung, die Herstellungsart oder die Preisbemessung einzelner Waren oder gewerblicher Leistungen oder des gesamten Angebots, über Preislisten, über die Art des Bezugs oder die Bezugsquelle von Waren, über den Besitz von Auszeichnungen, über den Anlass oder den Zweck des Verkaufs oder über die Menge der Vorräte **irreführende Angaben zu machen**. Angaben über geschäftliche Verhältnisse im Sinne des Satzes 1 sind auch Angaben im Rahmen vergleichender Werbung.

412 Irreführende Angaben sind zwar schon durch § 1 UWG (siehe unter Täuschung) verboten, jedoch wird dessen Anwendbarkeit verneint, wenn dem Werbenden die Kenntnis hinsichtlich der Tatumstände fehlt. Dagegen gewährt § 3 UWG auch einen Unterlassungsanspruch ohne Kenntnis des Handelnden über die Unrichtigkeit seiner Angaben.

(1) Angaben über geschäftliche Verhältnisse

413 Die Abgrenzung zwischen **Angaben** iSd. § 3 UWG und nicht wettbewerbsrelevanten Werturteilen ist schwierig. Unter Angaben sind Aussagen des Werbenden zu verstehen, deren Aussagekraft objektiv nachgeprüft werden kann. Auch objektive Werturteile können wettbewerbsrechtlich relevante Aussagen sein, sofern sie in ihrem Kern konkrete und nachprüfbare Tatsachenbehauptungen enthalten. Die Grenze ist zwischen Äußerungen zu ziehen, die nach Auffassung der Verkehrskreise eine nachprüfbare Tatsachenbehauptung enthalten, und solchen Äußerungen, die als bloßes Werturteil, als eine der Nachprüfung nicht zugängliche bloße Meinungsäußerung, aufgefasst werden.

Letztere sind keine Angaben iSd. § 3 UWG. Werbeaussagen zu Qualität, Preis oder Vorratsmenge oder Äußerungen bekannter seriöser Unternehmen wird im allgemeinen ein sachlicher Gehalt zuerkannt; sie sind Angaben iSd. § 3 UWG.[1]

414 Eine **Angabe** kann schriftlich, mündlich, durch Bild oder Ton, ausdrücklich oder schlüssig oder durch andere, in äußere Erscheinung tretende Kundgebungen geschehen; dh. **auch** durch einen **Domain-Namen**, wenn dieser eine hinreichend bestimmte Vorstellung über Art und Inhalt des Leistungsangebotes zulässt.

---

1 „Die schönsten Blumen der Welt" ist keine nachprüfbare Aussage. Hingegen kann die Verwendung „unschlagbar" beim angesprochenen Publikum die Vorstellung einer technischen oder wirtschaftlichen Spitzenstellung, einer Spitzenqualität oder jedenfalls einer besseren Qualität als der durchschnittlichen hervorrufen und ist somit objektiv überprüfbar (vgl. BGH v. 25. 10. 1974 – I ZR 94/73, GRUR 1975, 141). Ebenso enthält der Buchtitel „Das große deutsche Wörterbuch" eine objektiv nachprüfbare Tatsachenbehauptung, da sich der damit behauptete Rang des Werkes nachprüfen lässt (BGH v. 2. 4. 1971 – I ZR 22/70, GRUR 1971, 365 [367]).

Als Angabe werden deshalb nicht nur ausdrückliche **Äußerungen in einer Website** zu verstehen sein. Ebenso wird die reine **Aufmachung einer Website** bzw. der einzelnen in ihr enthaltenen Webpages Angaben iSd. Gesetzes darstellen, die nach ihrer Irreführungseignung beurteilt werden können. Wer etwa auf seiner Webpage eine große Fabrik mit vielen Schloten darstellt, erweckt auf diese Weise den Anschein, dass es sich hier um eine Abbildung seines Betriebes handelt. Dieses kann uU von den angesprochenen Verkehrskreisen als eine irreführende Aussage über die Größe seines Betriebes gewertet werden. 415

Die Angaben müssen weiterhin **geschäftliche Verhältnisse betreffen**. Hierzu zählt alles, was mit dem eigenen und fremden Geschäftsbetrieb auf irgendeine Weise zusammenhängt. § 3 UWG nennt exemplarisch die bereits erwähnten Angaben über Beschaffenheit, Ursprung, die Herstellungsart, den Preis, Angaben über die Bezugsart oder Bezugsquelle, Angaben über den Besitz von Auszeichnungen und Angaben sowie den Anlass oder Zweck des Verkaufs oder über die Vorratsmenge. 416

Das Schweigen hinsichtlich geschäftlicher Verhältnisse ist für sich allein noch nicht als Angabe zu werten. Werden jedoch Umstände verschwiegen, die wesentlich, dh. für den Kaufentschluss relevant sind und deshalb einer Aufklärungspflicht unterliegen, kann durch das Verschweigen solcher Umstände eine Angabe irreführend werden.[1]

(2) „Im geschäftlichen Verkehr zu Zwecken des Wettbewerbs“

Diesbezüglich ergeben sich zu den Tatbestandsvoraussetzungen in § 1 UWG keine Unterschiede. Es wird daher auf die Ausführungen unter Rz. 338 ff. verwiesen. 417

(3) Irreführungseignung

Die Angabe muss irreführend sein. Es kommt nicht darauf an, ob sie objektiv unrichtig ist oder wie sie vom Werbenden gemeint ist. Entscheidend ist allein, wie die Angabe von den angesprochen Verkehrskreisen in ihrer Gesamtwirkung verstanden wird.[2] Stimmt die **Vorstellung der angesprochenen Verkehrskreise** über den Inhalt der Angabe nicht mit der Realität überein, ist sie irreführend und wettbewerbswidrig iSd. § 3 UWG. Zu den angesprochenen Verkehrskreisen zählen alle von der Werbung angesprochenen Personen. Ob der Werbende die erreichten Personen gezielt ansprechen wollte, spielt keine Rolle. 418

Zur Beurteilung der maßgeblichen Verkehrskreise ist also das von der Werbung angesprochene Publikum entscheidend. Einer Festlegung der relevanten Personengruppe kommt aufgrund der Ermittlung des Verständnisses der 419

1 BGH v. 11. 3. 1982 – I ZR 71/80, GRUR 1982, 437 (438).
2 Vgl. BGH v. 7. 3. 1973 – I ZR 24/72, GRUR 1973, 481.

Werbebotschaft besondere Bedeutung zu, da sich der Aussagegehalt nach der Auffassung der umworbenen Verkehrskreise bestimmt.[1] Je nach angesprochenem Publikum, ob Privat- oder Fachleute, kann der Wissensstand variieren und somit das Verständnis unterschiedlich sein. Doch kann auch der Wissensstand innerhalb einer Gruppe, etwa bei Privatkunden, aufgrund besonderer Umstände, zB bedingt durch das Medium, in dem geworben wird, oder aufgrund der üblicherweise bei größeren Investitionen eingeholten Informationen unterschiedlich sein.

420 **Werbung im Internet** ist generell überall und von jeder Person, die über die technischen Mittel verfügt, abrufbar. Sie richtet sich grundsätzlich undifferenziert an Verbraucher wie Fachleute gleichermaßen. Daher empfiehlt es sich, gerade im Internet auf die Personengruppe, die angesprochen werden soll, unmissverständlich hinzuweisen. Das kann etwa durch einen Hinweis erreicht werden, dass sich das Angebot nur an bestimmte Fachleute richtet und andere Personen vom Werbenden nicht direkt beliefert werden. Ebenso wäre die Verwendung von Passwörtern denkbar. Verstößt allerdings der Werbende selbst gegen die Einschränkungen bezüglich des anzusprechenden Publikums, indem er zB trotzdem an Privatpersonen verkauft, werden die Einschränkungen in der Website unwirksam; er muss seine Angaben so dann am Verständnis aller Internetteilnehmer messen lassen.

421 Zur Bejahung der Wettbewerbswidrigkeit iSd. § 3 UWG ist es nicht erforderlich, dass die Gesamtheit oder ein Großteil des angesprochenen Publikums irregeführt wird. Maßgebend für die Irreführungseignung einer Angabe ist die Bedeutung, die ein nicht unbeachtlicher Teil der angesprochenen Verkehrskreise dieser in ungezwungener Auffassung beilegt.[2] Nach Ansicht der **Rechtsprechung** ist in der Zielgruppe des angesprochenen Publikums das **Verständnis des flüchtigen, unbefangenen Durchschnittsadressaten** entscheidend.[3]

422 Soweit auf eine Werbung europäisches Recht anwendbar ist, muss auch die **Rechtsprechung des EuGH** beachtet werden. Danach ist auf **den durchschnittlich informierten, aufmerksamen und verständigen Durchschnittsadressaten** abzustellen.[4] Außerdem geht der EuGH von einer erheblichen Zahl der Verbraucher aus. Diese dürfe nicht unter 30% liegen.[5]

423 Wie hoch der Prozentsatz der Irregeführten nach deutschem Wettbewerbsrecht sein muss, um die Schwelle des „nicht unbeachtlichen Teils der ange-

---

1 *Köhler/Piper,* § 3 UWG Rz. 68.

2 St. Rspr. des BGH; vgl. exemplarisch BGH v. 5. 4. 1990 – I ZR 19/88, GRUR 1990, 604 (605).

3 St. Rspr. BGH v. 29. 9. 1982 – I ZR 25/80, GRUR 1983, 32 – Stangenglas I; BGH v. 11. 7. 1991 – I ZR 33/90, WRP 1991, 789 – ICE.

4 Vgl. etwa EuGH v. 16. 7. 1998 – C-210/96, WRP 1998, 848 (850) – 6-Korn-Gut Springenheide.

5 Vgl. *Sack,* Die Bedeutung der EG-Richtlinie 84/450/EWG und 97/55/EG über irreführende und vergleichende Werbung für das deutsche Wettbewerbsrecht, GRUR Int. 1998, 263 (264).

sprochenen Verkehrskreise" zu erreichen, hängt von den Umständen des Einzelfalls ab. Generell wird von der Rechtsprechung 10–15% als ausreichend angesehen. Dieser Prozentsatz kann in besonders sensiblen Bereichen wie gesundheits- bzw. umweltbezogener Werbung bis auf 5% absinken. Auf die Feststellung einer konkreten Irreführungsquote durch Demoskopien kann aber verzichtet werden, wenn der urteilende Richter selbst den beteiligten Verkehrskreisen angehört und auch er einer Irreführungsgefahr ausgesetzt ist. Irrt er ebenfalls hinsichtlich der Angaben, spricht die Lebenserfahrung dafür, dass dies nicht allein bei ihm so ist, sondern zumindest auch bei einem nicht unbeachtlichen Teil der in Betracht kommenden Verkehrskreise.[1]

Im Bereich des Internets stellt sich hierbei die Frage, ob das Richterkollegium in jedem Falle den beteiligen Verkehrskreisen angehört. Dies wurde anfangs für irreführende Online-Werbung nicht so gesehen.[2] In neueren Entscheidungen wird auf diese Frage allerdings nicht mehr eingegangen. Es ist daher anzunehmen, dass mittlerweile alle Richter Internetuser sind und sich somit den zur Beurteilung berufenen Verkehrskreisen zurechnen. 424

(4) Irreführende Angaben im Internet

Zu den **Beschaffenheitsangaben** zählen Angaben über alle körperlichen oder unkörperlichen Eigenschaften, die nach der Verkehrsauffassung einen Einfluss auf die Wertschätzung der Ware haben.[3] Darunter fallen Angaben über die Natur, die stoffliche Zusammensetzung und den Zustand eines Produktes sowie etwa Schutzrechtsbehauptungen.[4] Wer demnach im Internet seine Produkte mit **„gesetzlich geschützt" oder „patentiert"** bewirbt, obwohl (noch) kein Patentschutz besteht, handelt wettbewerbswidrig.[5] 425

Nach instanzgerichtlichen Urteilen – Entscheidungen des BGH existieren dazu noch nicht – wurden nachstehende internetbezogene Sachverhalte als irreführend und somit wettbewerbswidrig iSd. § 3 UWG beurteilt: 426

---

1 BGH v. 20. 2. 1992 – I ZR 32/90, GRUR 1992, 406 (407) – Beschädigte Verpackung I.

2 In der Entscheidung des LG Düsseldorf – 12 O 507/99 – Beste Telefongesellschaft, abrufbar unter: http://www.netlaw.de/urteile/lgd_17.htm., weist das Gericht ausdrücklich darauf hin, dass das Gericht die Erwartungen der das Internet nutzenden Personengruppe aus eigener Erfahrung beurteilen könne. Zu den Kenntnissen der Internetuser führte das Gericht aus, dass diese Gruppe den Neuerungen der Kommunikation besonders interessiert gegenüberstehe und durch seine Erfahrungen mit den vielfältigen Leistungsangeboten der unterschiedlichen Provider im Prüfen von Leistungsangeboten der Telekommunikationsdienstleister generell geschult sei. In einer älteren Entscheidung des LG Düsseldorf v. 29. 4. 1998 – 12 O 347/97, CR 1998, 763 ff., verweist das Gericht noch auf die ihm fehlende Fachkenntnis zur Beurteilung der tatsächlichen Verkehrskreise (somit der Internetuser, Anm.d. Red.).

3 Vgl. *Hubmann/Götting*, Gewerblicher Rechtsschutz, 6. Aufl. 1998, S. 358.

4 Vgl. *Baumbach/Hefermehl*, § 3 UWG Rz. 124.

5 Vgl. *Köhler/Piper*, § 3 UWG Rz. 180.

427 Irreführend handelt ein Webhosting-Provider, der mit einer superschnellen 155MBit/s-Internet-Anbindung in Deutschland wirbt und dadurch bei dem angesprochenen Publikum den Eindruck erweckt, diese schnelle Zugriffsgeschwindigkeit gelte für alle auf derselben Textseite angebotenen Tarife, wenn diese Zugriffsgeschwindigkeit tatsächlich aber nur für bestimmte Tarife angeboten wird.[1]

428 Irreführend iSd. 3 UWG ist auch die im Internet getroffene Werbeaussage „weltweit größtes Steuerberaterverzeichnis mit aktuell 38 000 Eintragungen", wenn tatsächlich nur ca. 1200 Kanzleien eingetragen sind.[2]

429 Wirbt ein Online-Buchhandel mit der Behauptung, „Mit 4,2 Millionen Büchern größter Online-Buchhandel der Welt" zu sein, so wird diese Aussage von den einschlägigen Kreisen als Lieferbarkeitsaussage verstanden. Diese Behauptung ist ohne Nachweis der Lieferbarkeit irreführend. Ebenfalls irreführend ist die Behauptung, dass etwa 4 Millionen Buchtitel „angeboten" werden.[3]

430 Eine wettbewerbswidrige Irreführung über aufklärungsbedürftige Umstände liegt zB darin, dass ein Softwarevertreiber seine Kunden nicht darüber aufklärt, dass eine Verwendung des Programmes nur bei Online-Übermittlung der personenbezogenen Daten des Nutzers möglich ist.

Außerdem lag im konkreten Fall zusätzlich ein Verstoß gegen § 1 UWG vor, weil der Softwarevertreiber die mittels der Programmsperre auf sittenwidrige Weise erlangten Kundendaten sittenwidrig dazu nutzte, den Kunden aufgrund der erlangten Angaben Werbung zukommen zu lassen, wodurch ihm ein wettbewerbswidriger Vorsprung vor seinen Konkurrenten ermöglicht wurde.[4]

Soweit mit Normen (etwa DIN oder ISO) für eine bestimmte Beschaffenheit oder einen Qualitätsstandard eines Produktes geworben wird, sind diese Normen auch einzuhalten.[5]

431 **Ursprungsangaben** beziehen sich auf Angaben über die geographische Herkunft einer Ware sowie auf deren betrieblichen Ursprung.[6] Die Täuschung über den Ursprung einer Ware muss nicht ausdrücklich erfolgen. Es genügt, wenn bei den angesprochenen Verkehrskreisen durch die Angabe der Eindruck entsteht, dass die Ware, entgegen der Realität, aus einem anderen als

1 LG Düsseldorf v. 13. 11. 1998 – 38 O 83/98, CR 1999, 528.
2 LG Köln v. 19. 11. 1998 – 31 O 426/98, Stbg Köln 1999, 172 ff.
3 LG München I v. 23. 5. 1999 – 9 HK O 22713/98, K&R 1999, 574 ff.
4 LG München – 7 O 115/00 – OmniPage, abrufbar unter: http://www.netlaw.de/urteile.
5 Vgl. BGH v. 11. 7. 1991 – I ZR 271/89, GRUR 1992, 117, 119 – IEC-Publikation.
6 Angaben über die Herkunft genießen meist auch einen Individualschutz. So ergibt sich ein Schutz für Marken, Firmen und Unternehmenskennzeichen sowie für geographische Herkunftsangaben aus dem MarkenG. Zusätzlich unterliegen sie bei Vorliegen aller Voraussetzungen dem Schutz des § 3 UWG.

dem suggerierten Land kommt. Wer etwa auf einer Webpage durch Abbildungen von Bauwerken, Wahrzeichen, Wappen etc. einen irreführenden Eindruck über die Herkunft seiner Produkte erweckt, handelt wettbewerbswidrig.

Bei Angaben über die betriebliche Herkunft ist erforderlich, dass das angesprochene Publikum mit der Herkunft eine bestimmte Vorstellung über die Güte oder Vertrauenswürdigkeit verbindet. Deshalb ist erst die Irreführung über die aus dem betrieblichen Herkunftshinweis zu folgernde Beschaffenheit und Güte der Ware wettbewerbswidrig. Zur möglichen Herkunftstäuschung bei einer über einen Link abrufbaren fremden Website, wenn diese in einem Frame ohne Hinweis auf den Webdesigner und die Werbeplattform erscheint, siehe unter Rz. 472 u. Rz. 479 f.

Unzulässig ist es, irreführende Angaben über die **Herstellungsart** einer Ware 432
zu machen. Wer seine Waren im Internet als handgefertigt bewirbt, obwohl sie maschinell hergestellt werden, handelt wettwerbswidrig.[1]

Irreführende Angaben über den **Preis oder die Preisbemessung** macht, wer 433
etwa unbestimmte Preisaussagen trifft oder einen Preis als Komplett- oder Festpreis angibt, obwohl es sich nicht um den Endpreis handelt. Wirbt etwa ein Zugangsvermittler mit der Aussage **„Internet zum Festpreis"** und handelt es sich bei dem angegebenen Preis nur um eine monatliche Grundgebühr, zu der noch zusätzliche Kosten wie für den Verbindungsaufbau und die Aufrechterhaltung der Verbindung hinzukommen, so handelt er wettbewerbswidrig, weil das angesprochenen Publikum unter dieser Werbeangabe einen „Inklusivpreis" versteht.[2]

Irreführend handelt ein Gewerbetreibender, der in seiner an Letztverbrau- 434
cher gerichteten Werbung im Internet eine mit 01805 beginnende **kostenpflichtige Telefonnummer**, über die Verbraucher Produkte bestellen oder Angebote und Informationen einholen können, bewirbt, **ohne** darauf **hinzuweisen**, dass die Telefonnummer gebührenpflichtig ist und wie hoch die anfallenden Gebühren sind.[3]

Unzulässig ist eine Irreführung des Verbrauchers über die Preisbemessung 435
des gesamten Angebots. Dies ist der Fall, wenn aufgrund einzelner preisgünstiger Waren der Verbraucher den Eindruck gewinnt, die herausgestellten Waren seien beispielhaft und kennzeichnend für die gesamte Preisgestaltung, während die anderen Waren in Wirklichkeit normal oder sogar überhöht kalkuliert sind.[4]

Verboten ist es auch, einige Waren zu besonders günstigen Preisen anzubie- 436
ten, obwohl diese gar nicht oder in nur unzureichender Menge zum beworbenen Preis vorhanden sind **(Lockvogelwerbung)**. Steht einem Händler da-

---

1 Vgl. BGH v. 10. 3. 1961 – I ZR 142/59, GRUR 1961, 425 (428) – Möbelhaus des Handwerks.
2 Vgl. OLG Köln v. 26. 5. 2000 – 6 U 191/99, CR 2001, 91.
3 OLG Stuttgart v. 19. 11. 1999 – 2 U 167/99, CR 2000, 745 ff.
4 Vgl. *Baumbach/Hefermehl*, § 3 UWG Rz. 283.

her nur eine geringe Menge der beworbenen Ware zur Verfügung, so muss er in seiner Werbung darauf hinweisen. Dies gilt auch für Angebote, die via Internet bestellt werden können.

Daher darf nicht für einen Online-Buchhandel mit dem Wort „anbieten" geworben werden, wenn die angebotenen Waren nicht in verkehrsüblicher Zeit verfügbar gemacht werden können. Wird dies dennoch getan, so ist der Tatbestand der Irreführung iSd. § 3 UWG erfüllt.[1]

437 Eine Irreführung über die **Bezugsquelle** liegt vor, wenn über den gewerblichen Charakter des Angebots getäuscht wird, weil Angebote Privater preisgünstiger oder verhandelbarer erscheinen als Angebote von Gewerbetreibenden.

Der Kaufmann muss deshalb in einem Inserat oder sonstigen Ankündigung sein gewerbliches Angebot deutlich machen, wenn die Werbung nicht irreführend sein soll. Nichtssagende Namen, Chiffren oder Telefonanzeigen sprechen ohne Hinweis auf Händler- oder Maklereigenschaft für ein Privatangebot.[2]

438 **Kommerzielle Angebote** ohne deutlichen Hinweis auf deren gewerblichen Charakter **in** sog. **News-Groups oder anderen Foren im Internet**, bei denen die User regelmäßig von Angeboten Privater ausgehen können, sind daher wettbewerbswidrig. Dasselbe gilt auch für bezahlte „Animateure" in Chatrooms, wenn diese dem User einen Kontakt mit einer Privatperson vortäuschen. Täuscht der Anbieter solcher Foren über das Mitwirken solcher Animateure, indem er den User nicht bei Einstieg in das System darauf hinweist, kann er von Konkurrenten auf Unterlassung in Anspruch genommen werden.[3]

439 Wettbewerbswidrig iSd. § 3 UWG ist auch die **Darstellung vorgetäuschter Anzeigen in einer Website**, wenn diese nicht tatsächlich von Auftraggebern der darstellenden Unternehmen bestellt wurden. Auf diese Weise sollen potentielle Werbekunden über die tatsächlich nicht vorhandene Werbewirksamkeit der Internet-Plattform getäuscht und irregeführt werden.[4]

440 Wer gegenüber den Letztverbrauchern für den Verkauf von Waren wirbt, muss diese auch in einer **Vorratsmenge** zur Verfügung haben, die ausreicht, die aufgrund sorgfältiger Kalkulation in Betracht zu ziehende Nachfrage zu decken. Ist dies nicht der Fall, ist die Werbung grundsätzlich irreführend iSd. § 3 UWG.[5] Dies wird auch für **Angebote in Internet-Shops** gelten.

---

1 Vgl. LG München v. 23. 5. 1999 – 9 HK O 22713/98, K&R 1999, 574 – Werbung für Online-Buchhandel.

2 Vgl. BGH v. 27. 5. 1987 – I ZR 153/85, GRUR 1987, 748 (749) – getarnte Werbung.

3 Vgl. OLG Köln v. 21. 9. 1997 – 19 U 128/97, CR 1998, 244 ff. – BTX-Animateure II; OLG Frankfurt v. 1. 4. 1996 – 6 U 49/95, CR 1996, 602 ff. – BTX-Animateure I.

4 Vgl. dazu die Entscheidung in Bezug auf Printmedien BGH v. 23. 1. 1997 – I ZR 226/94, GRUR 1997, 380 f. – Füllanzeigen.

5 St. Rspr., so BGH v. 27. 5. 1982 – I ZR 35/80, GRUR 1982, 681 – Skistiefel; BGH v. 18. 4. 1985 – I ZR 155/83, GRUR 1985, 980 f. – Tennisschuhe.

Nach Ansicht des OLG Frankfurt[1] ist aber eine im Internet veröffentlichte Werbeanzeige eines Filialunternehmens, die der Nutzer nur bei Auswahl einer mit „Shop“ gekennzeichneten Seite erreicht und die die Oberzeile „Willkommen im Internet-Shop ...“ aufweist, nicht irreführend, obwohl die beworbene Ware nur über Bestellung erhältlich ist und nicht zur sofortigen Mitnahme in den Filialen bereitsteht.

Spitzen- oder Alleinstellungsbehauptungen sind Werbeaussagen über Quali- 441
tät oder Preis. Werden diese Aussagen von bekannten und seriösen Unternehmen getätigt, so wird ihnen im Allgemeinen ein sachlicher und somit nachprüfbarer Kern beigemessen. Solchen Aussagen misst der angesprochene Verkehrskreis Bedeutung zu und erwartet, dass das beworbene Produkt oder Unternehmen zumindest einen deutlichen Vorsprung gegenüber seinen Mitbewerbern vorzuweisen hat. Wird in einer Werbeaussage mit einer Spitzengruppenstellung wie etwa „Deutsches Spitzenerzeugnis“ geworben, so muss die Ware nach Güte und Beschaffenheit zur Spitzengruppe aller auf dem Markt befindlicher Produkte gleicher Gattung gehören und sich von Waren mittlerer Qualität und Güte deutlich unterscheiden.[2]

Verboten ist deshalb die Behauptung eines Diensteanbieters im Internet, sein Internet-Dienst biete „die **größte Programmzeitschrift für das Internet im Internet**“, wenn es mehrere Programmzeitschriften von gleicher Größe im Internet gibt.[3]

Nicht wettbewerbsrelevante Angaben sind Aussagen, die die angesproche- 442
nen Verkehrskreise als rein reklamehafte und daher nicht ernst gemeinte Aussagen oder als reine Werturteile ohne nachprüfbaren Kern verstehen. So sind Aussagen wie „das beste Bier der Welt“ oder „Mutti gibt mir das Beste“ (für Kinderbrei) zulässig.

Daher ist die Aussage „die beste Telefongesellschaft Deutschlands“ auf einem Internetformular dann nicht irreführend, wenn unwahrscheinlich ist, dass die Aussage im Kontext zur übrigen Werbebotschaft als ernsthafte Berühmung einer Alleinstellung verstanden wird. Nach Ansicht des erkennenden Gerichts war dafür der Umstand maßgebend, dass es sich bei den angesprochenen Verkehrskreisen ausschließlich um Internetnutzer handelte. Dieses Publikum, zu dem sich auch das Gericht zählte, „stehe Neuerungen auf dem Gebiet der Kommunikation besonders interessiert gegenüber und sei daher im Prüfen der Leistungsangebote der Telekommunikationsdienstleister besonders geschult“.[4]

---

1 OLG Frankfurt v. 30. 4. 1998 – 6 W 58/98, n.v.

2 Vgl. BGH v. 14. 4. 1961 – I ZR 150/59, GRUR 1961, 538 (540) – Feldstecher: „Deutsches Spitzenerzeugnis“.

3 LG Düsseldorf – 12 O 40/00 – GmbH iG., abrufbar unter: http://www.netlaw.de/urteile/lgd_12.htm.

4 LG Düsseldorf – 12 O 40/90 – beste Telefongesellschaft, abrufbar unter: http://www.netlaw.de/urteile.

(5) Strafrechtliche Folgen irreführender Werbung

443 Das in § 4 UWG verankerte Verbot, „wer in der Absicht, den Anschein eines besonders günstigen Angebots hervorzurufen, in öffentlichen Bekanntmachungen oder Mitteilungen, die für einen größeren Kreis von Personen bestimmt sind, über geschäftliche Verhältnisse wissentlich unwahre und zur Irreführung geeignete Angaben macht, kann mit Freiheitsstrafe bis zu 2 Jahren oder Geldstrafe bestraft werden“, gilt seit der Umsetzung der Richtlinie 97/55/EG über vergleichende Werbung auch für Angaben im Rahmen vergleichender Werbung.

Angaben auf einer Webpage richten sich an die Öffentlichkeit. Deshalb ist bei Erfüllen der sonstigen Tatbestandsvoraussetzungen des § 4 UWG auch eine irreführende Werbung im Internet strafbar.

dd) Formen der vergleichenden Werbung im Internet

(1) Die Richtlinie 97/55/EG über vergleichende Werbung

444 Im Falle vergleichender Werbung wird entweder auf die persönlichen Eigenschaften und Verhältnisse des Mitbewerbers (persönliche vergleichende Werbung) oder auf die Ware oder Leistung des Mitbewerbers (vergleichende Werbung) Bezug genommen. Bei der kritisierenden vergleichenden Werbung erfolgt die Bezugnahme in negativer Form, um die Leistung des Mitbewerbers in der Vorstellung des Kunden herabzusetzen. Bei der anlehnenden vergleichenden Werbung erfolgt die Bezugnahme in positiver Form, um sich ihre Vorzüge als Vorspann für die eigene Leistung nutzbar zu machen.

445 Bis zum Erlass der Richtlinie 97/55/EG über vergleichende Werbung[1] (im folgenden RL) war die vergleichende Werbung bis auf einige Ausnahmen grundsätzlich iSd. § 1 UWG sittenwidrig. Die RL, die bis April 2000 umzusetzen war, erklärt dagegen unter näher bestimmten Umständen eine vergleichende Werbung für zulässig. Dies veranlasste den BGH, schon vor Ende der Umsetzungsfrist durch eine richtlinienkonforme Auslegung des § 1 UWG vom grundsätzlichen Verbot der vergleichenden Werbung abzurücken.[2] Dennoch entschied sich der Gesetzgeber für eine fast wörtliche Übernahme der RL in § 2 UWG.[3]

446 Als sekundäres Gemeinschaftsrecht obliegt die Auslegung der RL gemäß Art. 234 Abs. 1b EGV dem EuGH.[4] Daher sind einzelne Fragen bezüglich der

1 Richtlinie 97/55/EG zur Änderung der Richtlinie 84/450/EWG über irreführende Werbung zwecks Einbeziehung der vergleichenden Werbung vom 6. 10. 1997, ABl. EG Nr. L 280/18.

2 Vgl. BGH v. 5. 2. 1998 – I ZR 211/95, WRP 1998, 718 – Testpreisangebot.

3 Vgl. Gesetz zur vergleichenden Werbung und zur Änderung wettbewerbsrechtlicher Vorschriften v. 1. 9. 2000, BGBl. I 2000, S. 1374.

4 *Grabitz/Hilf/Wohlfahrt*, Art. 177 EGV Rz. 17 mwN.

Auslegung der umgesetzten Bestimmungen der RL im Wege eines Vorabentscheidungsverfahren nach Art. 234 Abs. 2 und 3 EGV zu klären.

Im Zusammenhang mit vergleichender Werbung im Internet sind folgende Kriterien zu beachten:

(2) Zulässigkeit der vergleichenden Werbung

(a) Definition der vergleichenden Werbung

447 Vergleichende Werbung ist gemäß § 2 UWG (neu) jede Werbung, die **unmittelbar oder mittelbar einen Mitbewerber oder die von einem Mitbewerber angebotenen Waren oder Dienstleistungen erkennbar macht.**

Damit unterfällt der Legaldefinition jede kritisierende, anlehnende und persönliche vergleichende Werbung. Voraussetzung ist, dass auf bestimmte individualisierbare Mitbewerber Bezug genommen wird. Nicht erfasst sind daher die Fälle des Systemvergleichs und der Alleinstellungswerbung. Ferner soll die rufschädigende Werbung, sofern also über einen Mitbewerber unwahre Tatsachen verbreitet werden, die geschäftsschädigend sind oder sein können, oder sofern die unwahren Tatsachen sogar verleumderisch sind, nicht unter § 2, sondern unter die §§ 14 und 15 UWG fallen.[1] Als Werbung ist nach Art. 2 Nr. 1 der RL jede Äußerung bei der Ausübung eines Handels, Gewerbes, Handwerks oder freien Berufs mit dem Ziel anzusehen, den Absatz von Waren oder das Erbringen von Handelsleistungen einschließlich unbeweglicher Sachen, Rechte und Verpflichtungen zu fördern.

448 **Vergleichende Werbung im Internet** unterliegt den Zulässigkeitskriterien des Wettbewerbsrecht. Dies gilt selbst dann, wenn zB nur mittels auf einer Homepage befindlicher Links auf die nach deutschem Recht unzulässige Werbung einer US-amerikanischen Schwestergesellschaft zugegriffen werden kann. Die nationale Schwestergesellschaft muss sich in diesem Fall die unzulässige vergleichende Werbung als eigene zurechnen lassen und haftet auf Unterlassung.[2]

Deshalb soll im Folgenden ein kurzer Überblick über die zulässige vergleichende Werbung gegeben werden. Für weitere Studien wird auf die umfangreiche Literatur verwiesen.[3]

(b) Unzulässigkeitskatalog in § 2 Abs. 2 UWG

449 Während die RL in Art. 3a einen positiven Zulässigkeitskatalog für vergleichende Werbung aufstellt, verstößt vergleichende Werbung gemäß § 2 Abs. 2

1 Vgl. BT-Drucks. 14/2959, 10.

2 Vgl. LG Frankfurt v. 22. 9. 1997 – 3/12 O 173/97, CI 1999, 6 f.

3 Vgl. etwa *Plassmann*, GRUR-Int. 1997, 985; *Tilmann*, GRUR 1997, 790 ff.; *Eckl/Ikas*, WRP 1999, 251 ff.; *Menke*, WRP 1999, 811 ff.; *Henning-Bodewig*, GRUR-Int. 1999, 385 ff.; *Ohly/Spence*, GRUR-Int. 1999, 681 ff. und *Berli*, BB 2000, 1305 ff.

Nr. 1 bis 6 UWG bei Erfüllung nachfolgender Unlauterkeitskritierien gegen § 1 UWG. Die Aufstellung eines Negativkataloges ergibt sich aus der Systematik des UWG.

(aa) Der unzulässige Warenvergleich

450 Nach § 2 Abs. 2 Nr. 1 UWG dürfen nicht Waren und Dienstleistungen verglichen werden, wenn sich der Vergleich nicht auf denselben Bedarf oder dieselbe Zweckbestimmung bezieht. Eine völlige Identität der Waren ist aber nicht erforderlich; sie müssen nur aus der Sicht der Verbraucher substituierbar sein.

(bb) Der unzulässige Eigenschaftsvergleich

451 Nach § 2 Abs. 2 Nr. 2 UWG ist ein Vergleich sittenwidrig, wenn der Vergleich nicht objektiv auf eine oder mehrere wesentliche, relevante, nachprüfbare und typische Eigenschaften oder den Preis der Waren oder Dienstleistungen bezogen ist. Der Vergleich muss sachlich bleiben. Pauschale Aussagen über Produkte sind verboten. Es muss sich um nachprüfbare, dh. einem Beweis zugängliche Eigenschaften handeln. Dabei wird aber nicht verlangt, dass die Eigenschaften ohne jeglichen Aufwand von den Verbrauchern nachgeprüft werden können. Es reicht aus, wenn sich der Verbraucher diesbezügliche Informationen vom Werbenden beschaffen kann.[1] Subjektive Pauschalurteile wie „das Produkt A ist besser als das Produkt B“ sind somit verboten.

452 Ebenso dürfen unwesentliche Eigenschaften, außer auf Verlangen des Kunden, nicht verglichen werden. Durch sein Nachfragen legt der Kunde selbst fest, welche Eigenschaften für seinen Kaufentschluss „wesentlich“ und „relevant“ sind.[2] Damit soll verhindert werden, dass ein unrichtiger Gesamteindruck beim Kunden entsteht. Wesentliche Eigenschaften werden meistens auch relevante und typische Eigenschaften sein, weil diese Begriffe vom Verständnis der Verbraucher her zu bestimmen sind.

(cc) Das Verbot des Herbeiführens von Verwechslungen, Rufausnutzung und Rufbeeinträchtigung

453 § 2 Abs. 2 Nr. 3 und 4 UWG verbieten einen Vergleich, der zu Verwechslungen zwischen dem Werbenden und einem Mitbewerber oder zwischen Marken, den Handelsnamen oder anderen Kennzeichen[3] führt oder die Wertschätzung des fremden Kennzeichen in unlauterer Form ausnutzt oder beeinträchtigt. Erlaubt ist im Vergleich die Verwendung fremder Kennzeichen, um die Unterschiede in sachlicher Weise herauszustellen.

---

1 BGH v. 15. 10. 1998 – I ZR 69/96, WRP 1998, 1065 (1068) – Preisvergleichsliste II.
2 Vgl. BT-Drucks. 14/2959, 11.
3 Damit werden alle Kennzeichenformen iSd. § 1 MarkenG erfasst.

Verboten ist die Nennung fremder Marken, fremder Handelsnamen und anderer fremder Unterscheidungszeichen erst, wenn darüber hinausgehende unlautere Umstände hinzutreten.[1]

(dd) Die verbotene Herabsetzung und Verunglimpfung

§ 2 Abs. 2 Nr. 5 UWG soll verhindern, dass Waren, Dienstleistungen, Tätigkeiten und persönliche oder geschäftliche Verhältnisse eines Mitbewerbers herabgesetzt oder verunglimpft werden. Damit werden alle herabsetzenden Äußerungen erfasst, egal ob sie erweislich wahr sind oder nicht. Nicht herabsetzend oder verunglimpfend ist der sachlich gehaltene Werbevergleich an sich. Das Hinzutreten besonderer Umstände kann den Vergleich wiederum abwertend oder unsachlich erscheinen lassen. Damit wird er sittenwidrig und verboten. 454

(ee) Die verbotene Darstellung als „Imitation“ oder „Nachahmung“

Nach § 2 Abs. 2 Nr. 6 UWG ist es verboten, im Vergleich Waren oder Dienstleistungen als Imitation oder Nachahmung einer unter einem geschützten Kennzeichen vertriebenen Ware oder Dienstleistung darzustellen. Damit soll eine offene Anlehnung des Werbenden an das Markenprodukt des Wettbewerbers untersagt werden, sofern der Werbende sein Produkt als „Nachahmung“ oder „Imitation“ der gekennzeichneten Ware bezeichnet. Besteht ein Sonderschutzrecht, etwa ein Patentrecht an dem Vergleichsprodukt, darf keinesfalls vergleichend geworben werden. Nach der Gesetzesbegründung nicht verboten ist es aber, sein eigenes Produkt als einem Markenprodukt gleichwertig darzustellen.[2] 455

(ff) Der unzulässige Preisvergleich

Ebenso wie der objektive Vergleich der wesentlichen Eigenschaften von Waren oder Dienstleistungen ist der Preisvergleich grundsätzlich zulässig. Wettbewerbswidrig kann ein Preisvergleich sein, wenn er entweder zur Irreführung geeignet oder sittenwidrig ist, weil er die Zulässigkeitsvoraussetzungen nach § 2 Abs. 2 Nr. 1 bis 6 UWG nicht erfüllt. 456

Werden etwa nur im Wesentlichen gleiche Leistungen preislich verglichen, dann ist dieser Vergleich nur zulässig, wenn die Unterschiede deutlich hervorgehoben werden.[3]

Zusätzlich verbietet § 2 Abs. 3 UWG, in einem Vergleich auf einen besonderen Preis oder besondere Bedingungen Bezug zu nehmen, ohne auf den Zeitpunkt und die Dauer des Angebots genau hinzuweisen. Gilt ein Angebot nur, solange Waren verfügbar sind, so ist auch darauf genau hinzuweisen.

---

1 BGH v. 15. 10. 1998 – I ZR 69/96, WRP 1999, 414 (416) – Vergleichen Sie.
2 BT-Drucks.14/2959, 12, zu Nr. 6.
3 Vgl. OLG Frankfurt v. 10. 8. 2000 – 6 U 89/00, CR 2000, 742 – ISDN-Anschluss.

(gg) Das Verbot der Irreführung im Vergleich

457 Der Gesetzgeber hat durch Anfügen des letzten Satzes in § 3 Abs. 1 UWG sichergestellt, dass das Irreführungsverbot in § 3 UWG nicht nur für Angaben über die geschäftlichen Verhältnisse des Werbenden bzw. Mitbewerbers gilt, sondern auch auf das Ergebnis eines Werbevergleiches Anwendung findet. Fraglich ist, ob zur Beurteilung der Irreführungseignung des Vergleiches das strenge „deutsche Verbraucherleitbild" heranzuziehen ist oder ob aufgrund der umgesetzten europarechtlichen Sekundärnorm die Rechtsprechung des EuGH maßgebend sein muss.

458 Nach Art. 3a Abs. 1 lit. a der RL ist vergleichende Werbung nur zulässig, wenn sie nicht irreführend im Sinne des Art. 2 Nr. 2, des Art. 3 und des Art. 7 Abs. 1 der RL ist.

Nach Art. 7 Abs. 1, der noch aus der RL 84/450/EWG über irreführende Werbung stammt, ist es den Mitgliedsstaaten erlaubt, Bestimmungen aufrechtzuerhalten oder zu erlassen, die einen weiter reichenden Schutz der Verbraucher vorsehen. Damit wurde durch die RL über irreführende Werbung nur ein Mindeststandard vorgeschrieben. Das in Deutschland nach der Rechtsprechung geltende strenge **Verbraucherleitbild**[1], das allerdings nicht die Warenverkehrsfreiheit innerhalb der EU betreffen durfte, war daher zulässig.

459 Die RL über vergleichende Werbung ergänzt die RL über irreführende Werbung. Der nun neu eingefügte Art. 7 Abs. 2 der RL bestimmt, dass Art. 7 Abs. 1 nicht für vergleichende Werbung gelten soll, soweit es sich um den Vergleich handelt. Damit statuiert Art. 7 Abs. 2 der RL einen „Ist-Standard" und keinen „Mindest-Standard", wie er durch Art. 7 Abs. 1 der RL über irreführende Werbung für diese eingeführt worden war.[2]

460 Demgegenüber bedeutet das Anfügen des letzten Satzes in § 3 UWG, dass es trotz Umsetzung der RL weiterhin nur einen **einheitlichen Irreführungstatbestand** geben soll.[3] Dieser einheitliche Irreführungstatbestand soll nach Ansicht des deutschen Gesetzgebers weiterhin entsprechend der bisherigen

---

1 Vgl. EuGH v. 13. 3. 1984 – Rs. C-16/83, Slg. 1984, 1299 (1306) – Prantl. In dieser Entscheidung hatte der EuGH darüber zu entscheiden, ob das Verbot, nicht aus Franken stammende Weine in Bocksbeutel abzufüllen, zulässig sei. In Deutschland wurde das Verbot mit einer möglichen Irreführung der Verbraucher begründet, da diese gewohnt seien, in Flaschen mit dieser Form einen Wein mit besonderer Güte zu erhalten. Der Beschwerdeführer, ein Getränkehändler namens Prantl, kritisierte dabei das für die Irreführungseignung nach deutschem Recht relevante Leitbild des Verbrauchers. Maßgebend sei nach seiner Ansicht in Deutschland „das Leitbild eines absolut unmündigen, fast schon pathologisch dummen und fahrlässig unaufmerksamen Durchschnittsverbrauchers".

2 Vgl. Erwägungsgrund 18 der RL über vergleichende Werbung. Danach sollte die Möglichkeit der Mitgliedsstaaten, Regelungen zu erlassen oder aufrechtzuerhalten, die einen weiter reichenden Schutz vorsehen, „nicht für die vergleichende Werbung gelten, da der Zweck der Änderung der Richtlinie darin besteht, die Bedingungen festzulegen, unter denen vergleichende Werbung zulässig ist".

3 Vgl. *Berlit*, BB 2000, 1305 (1309).

Rechtsprechung des BGH ausgelegt werden.[1] Dies hätte aber zur Folge, dass auch im Bereich der vergleichenden Werbung und somit auch für die Irreführungseignung des Vergleiches selbst das strenge deutsche „Verbraucherleitbild“ zur Anwendung käme. Damit widerspricht die Umsetzung des Verbots der Irreführung im Rahmen vergleichender Werbung den Vorgaben der RL und müsste über kurz oder lang durch die Rechtsprechung des EuGH korrigiert werden.

Zu Recht gehen daher Instanzgerichte dazu über, bei der Beurteilung der Irreführungseignung die Rechtsprechung des EuGH zu übernehmen und auf das Verständnis eines durchschnittlich informierten, aufmerksamen und verständigen Verbrauchers abzustellen.[2]

Die endgültige Klärung, wie groß der Teil des angesprochenen Verkehrskreises, bei dem die Gefahr einer Irreführung besteht, sein muss, um auch eine eventuell wahre Angabe im Rahmen einer vergleichenden Werbung zu verbieten, bedarf einer höchstgerichtlichen Entscheidung, notfalls des EuGH. Das daraus gewonnene Verbraucherleitbild wäre wegen des einheitlichen Irreführungstatbestandes in § 3 UWG auf alle Formen der irreführenden Werbung anzuwenden.

ee) Preisangaben im Internet

Angaben über Preise in Websites unterliegen der rechtlichen Kontrolle. Sind 461
Preisangaben in Anzeigen in Websites sowohl an Letztverbraucher als auch an Gewerbetreibende gerichtet, muss die Preisangabenverordnung berücksichtigt werden. Siehe dazu oben unter Sittenwidrigkeit durch Rechtsbruch einer wertneutralen Norm (Rz. 405).

Preisangaben im Internet können irreführend sein, wenn ein Teil der Verbraucher die Aussage anders wahrnimmt, als sie in der Realität gemeint ist. Siehe dazu oben unter Formen der irreführenden Werbung im Internet (Rz. 425).

Werden im Internet eigene Waren oder Dienstleistungen unter Preisangabe mit Produkten und Preisen von Mitbewerbern verglichen, ist der Vergleich nicht grundsätzlich verboten. Wettbewerbswidrig ist aber eine vergleichende Preiswerbung, wenn sie einen Tatbestand des § 2 UWG erfüllt oder irreführend iSd. § 3 UWG ist. Siehe dazu oben unter der Zulässigkeit vergleichender Werbung (Rz. 447 ff.).

ff) Werbung und Vertrieb von Pharmaka via Internet

Durch die in den einzelnen Staaten unterschiedliche Preisgestaltung von 462
Pharmaka versuchen sowohl Hersteller als auch Vertreiber von Medikamen-

1 BT-Drucks. 14/2959, Ziff. 7.
2 Vgl. OLG Frankfurt v. 10. 8. 2000 – 6 U 89/00, CR 2000, 742.

ten, das Internet als neuen, grenzüberschreitenden Vertriebsweg zu nutzen. Hersteller bemühen sich, den Zwischenhandel auszuschalten. Ausländische Apotheken wollen das Preisgefälle nutzen und direkt an Verbraucher in anderen Staaten liefern, in denen die Preise für Medikamente generell höher liegen.

Somit können nicht nur inländische, sondern auch **ausländische Internetanbieter trotz ausländischem Unternehmenssitz gegen deutsche Normen verstoßen und deswegen entsprechend verfolgt werden.** Dienen diese Normen dem Schutz der Volksgesundheit, handelt es sich um wertbezogene Normen iSd. § 1 UWG. Ein Verstoß begründet deshalb ohne weitere unlautere Umstände eine sittenwidrige und somit wettbewerbswidrige Handlung. Voraussetzung für die Anwendbarkeit deutschen Lauterkeitsrechts ist aber nicht nur, dass die betreffende Website in Deutschland abrufbar ist, sondern auch, dass das Angebot final auf deutsche Abnehmer gerichtet ist.

Dazu reicht es aus, dass der Internetanbieter auch deutsche Kunden beliefert. Beliefert der Anbieter keine Kunden in Deutschland, obwohl seine Internetangebote auch dort abrufbar sind, so muss sein Wille zur Nichtlieferung deutlich ersichtlich sein, damit das deutsche Lauterkeitsrecht keine Anwendung findet. Deshalb kann nur ein eindeutiger Hinweis in seiner Website als Indiz gegen eine Ausrichtung seiner Geschäftstätigkeit nach Deutschland gewertet werden. Bloße interne Vertriebsbeschränkungen, die nicht nach außen ersichtlich sind, reichen somit nicht aus.[1]

463 Pharmahersteller können mit ihrer Werbung gegen das **Heilmittelwerbegesetz (HWG) verstoßen.**

§ 10 Abs. 1 HWG verbietet die Werbung für verschreibungspflichtige Arzneimittel außerhalb bestimmter Fachkreise. Da der Begriff der Werbung sehr weit auszulegen ist, fallen darunter alle produktbezogenen Aussagen, die über die gesetzlich geforderte Pflichtangabe hinausgehen.[2] Will daher ein Pharmahersteller sicherstellen, dass seine Werbung im Internet nur Fachleute erreicht, muss er ein effizientes Kontrollsystem mit Vergabe von Passwörtern einrichten. Unterlässt er dieses, so handelt er sittenwidrig iSd. § 1 UWG.

464 Wer im Internet eine Plattform betreibt, auf der Medikamente zum Verkauf angeboten werden, **verstößt** möglicherweise auch **gegen** das **Arzneimittelgesetz (AMG)** und handelt unlauter iSd. § 1UWG.

Nach § 43 Abs.1 AMG dürfen Arzneimittel grundsätzlich berufs- oder gewerbsmäßig für den Endverbraucher nur in Apotheken und nicht im Wege des Versandhandels in den Verkehr gebracht werden. § 8 Abs.1 HWG verbietet eine Werbung, die darauf hinwirkt, Arzneimittel, deren Abgabe den Apotheken vorbehalten ist, im Wege des Versandes zu beziehen. Ein Unter-

1 Vgl. OLG Frankfurt v. 3. 12. 1998 – 6 W 122/98, CR 1999, 450.
2 Vgl. BGH v. 29. 5. 1991 – I ZR 284/89, BGHZ 114, 354 ff. – Katovit.

lassungsanspruch besteht zB auch gegen einen in den Niederlanden ansässigen Apotheker, der über eine Internet-Apotheke, die sich aufgrund der Gestaltung ihres Internet-Auftritts mit ihrem Angebot auch an deutsche Kunden richtet, Medikamente vertreibt und diese auch nach Deutschland versendet.[1] Anderer Ansicht war allerdings das LG Berlin,[2] das entgegen dem LG Frankfurt im Betreiben der niederländischen Internet-Apotheke keine gewerbs- oder berufsmäßige Vermittlung von Arzneimitteln erblickte und den Tatbestand unter die Ausnahmeregelung des § 73 Abs. 2 Nr. 6a AMG subsumierte.[3] Danach dürfen zulassungspflichtige Arzneimittel von deutschen Endverbrauchern aus anderen Mitgliedstaaten der EU bezogen werden; sie unterliegen somit nicht § 43 Abs. 1 AMG, wenn sie im Herkunftsland in den Verkehr gebracht werden dürfen und **ohne gewerbs- oder berufsmäßige Vermittlung** in einer dem üblichen persönlichen Bedarf entsprechenden Menge an den Verbraucher abgegeben werden.

Wie auch immer die oberinstanzlichen Gerichte im Rahmen einer europarechtskonformen Interpretation des HWG in Zukunft entscheiden werden,[4] bleibt für inländische Apotheken ohne Änderung des AMG der Zugang zum Internet versperrt.[5] Fraglich ist, ob sich eine unterschiedliche rechtliche Behandlung von ausländischen und inländischen Anbietern von Medikamenten im Internet mit dem in Art. 3 GG verankerten Diskriminierungsverbot vereinbaren lässt. Jedenfalls würde eine Privilegierung ausländischer Online-Apotheken diese ungerechtfertigt begünstigen. Hier scheint Handlungsbedarf des Gesetzgebers gegeben. 465

Nach dem HWG und AMG ist es Pharmaunternehmen nicht verboten, reine Unternehmens- oder Imagewerbung durchzuführen.[6]

---

1 LG Frankfurt v. 9. 11. 2000 – 2-03 O 365/00, abrufbar unter http://www.landgericht.frankfurt-main.de/ZS_Urteil_lang(InternetApothekeI).htm.

2 LG Berlin v. 11. 1. 2001 – 103.O.192/2000 – Doc.Morris.com.

3 Das LG Berlin legte den Begriff „Vermittlung" im Rahmen der Berücksichtigung der Warenverkehrsfreiheit in Art. 28 EGV aus und kam so zur Ansicht, dass der Tatbestand unter § 73 Abs. 2 Nr. 6a AMG falle.

4 Zum Zeitpunkt der Manuskriptabgabe waren noch keine oberinstanzlichen Entscheidungen bekannt.

5 Siehe auch die Anm. zum Urteil des LG Frankfurt von *Eichler*, K&R 2001, 144 ff.; ebenfalls hierzu: *Koenig/Müller/Trafkowksi*, Internet-Handel mit Arzneimitteln und Wettbewerb, EWS 2000, 97 ff.; sowie *Meyer*, E-Commerce mit Arzneimitteln – Ist der Internetvertrieb apothekenpflichtiger Arzneimittel an Endverbraucher in Deutschland zulässig?, 2000.

6 BGH v. 15. 12. 1994 – I ZR 154/92, NJW 1995, 1617 f.; *Bülow/Ring*, Heilmittelwerbegesetz, 1996, § 3; siehe zur Werbung mit Pharmaka im Internet auch *Weidert*, Internet und Wettbewerbsrecht, AnwBl. 2000, 391.

e) Wettbewerbsrelevante Sonderformen der Werbung im Internet

aa) Der Hyperlink (Link)

(1) Definition

466 Der Hyperlink – abgekürzt auch Link genannt – ist ein Programmbefehl, der die Verbindung im World Wide Web zwischen zwei unterschiedlichen Websites oder zu einer anderen Stelle innerhalb derselben Website herstellt. Man unterscheidet die verschiedenen Formen von Links nach der Art der dargestellten „verlinkten" Webpage innerhalb der Website und nach der Darstellungsform.

Wird der importierte Inhalt in einem eigenen graphisch-optischen Rahmen auf einer eigenen Webpage dargestellt, spricht man vom „Framing", da der fremde Inhalt einen anderen Darstellungsrahmen erhält. Siehe zu „Frames" auch unten Rz. 476 ff.

467 Neben einem eventuellen **urheberrechtlichen Schutz** könnte unter gewissen Umständen auch ein ergänzender **wettbewerbsrechtlicher Leistungsschutz der verlinkten Webpage** in Frage kommen.

468 Grundsätzlich ist aber das Setzen von Links aus wettbewerbsrechtlicher Sicht zulässig, da derjenige, der eine Website im Internet einrichtet, mit Verweisen auch auf seine Inhalte rechnen muss und sich daher mit dem Verknüpfen seiner Webpage zumindest konkludent einverstanden erklärt.[1]

Wird eine fremde Webpage mit fremden Produkten auf der eigenen Webpage mit eigenen Produkten verglichen, so sind auch die Grundsätze zur zulässigen vergleichenden Werbung zu beachten.

An eine wettbewerbsrechtliche **Haftung des Link-Setzenden** ist zu denken, wenn auf der fremden Webpage unlautere Werbung betrieben wird.

(2) Der „Deep Link"

469 Der „Deep Link" greift unter Umgehung der Homepage der fremden Website unmittelbar auf eine dahinter liegende Webpage zu. Daher wird der Internetuser an den Informationen der fremden Homepage „vorbeigeschleust". Die eigentliche Homepage ist vom User nur durch„Zurückblättern" erreichbar.

470 Die meisten Websites werden einerseits durch Schaltung von Werbung für fremde Unternehmen finanziert. Der Website-Betreiber ist allerdings auch daran interessiert, dass den User bestimmte Informationen über das eigene Unternehmen oder eigene Produkte erreichen. Deshalb werden für den Kunden interessante Informationen häufig auf einer sehr weit hinter der Homepage liegenden Webpage gezeigt. Der User soll diese Information erst erhalten, wenn er sich durch die verschiedenen anderen Webpages „durchge-

1 Vgl. OLG Düsseldorf v. 29. 6. 1999 – 20 U 85/98, MMR 1999, 729 ff.

klickt" hat. Dabei nimmt er, wie erwünscht, Werbung oder Informationen wahr. Ist es einem User nunmehr möglich, über einen Link direkt zur gewünschten Webpage zu gelangen, können dadurch die Interessen des Inhabers der Website verletzt werden. Daher könnte hier eine **sittenwidrige Behinderung iSd. § 1 UWG** vorliegen.

Die Werbewirksamkeit einer Website wird oft durch die Anzahl der Personen gemessen, die eine Website aufrufen (sog. Hits). Wird nun durch die Verwendung von „Deep Links" der **„Zähler" umgangen**, behindert dies den Nachweis der Werbewirksamkeit und somit den Verkauf der Werbefläche. Der Website-Inhaber wird sittenwidrig in seinem Absatz behindert.

Das Gleiche gilt, wenn sich auf den umgangenen Webpages „Banner-Werbung" befindet, die „angeklickt" werden muss, um auf die nächste Webpage zu gelangen, und nach Anzahl der „Clicks" mit dem Werbenden abgerechnet wird.

Je nach Anzahl und Herkunft der importierten Webpages kann auch eine 471
sittenwidrige Leistungsübernahme vorliegen.

So hat das OLG Celle[1] in einer Entscheidung festgestellt, dass die Aufnahme von Homepages, die von einem Wettbewerber mit erheblichen Kosten akquiriert worden seien und unter dessen Domain präsentiert würden, in eine eigene Homepage – hier das Verzeichnis eines Homepage-Informationsdienstes – durch das Setzen von Hyperlinks (es handelt sich also um „Deep Links") unter dem Gesichtspunkt der unlauteren Leistungsübernahme wettbewerbswidrig sei. Der Wettbewerber würde dadurch systematisch um die Früchte seiner Arbeit gebracht werden. Der „Link-Setzende" steigere durch die Übernahme der fremden Homepages die Attraktivität und Abfragehäufigkeit seines Informationsdienstes. Außerdem entwerte er das Internet-Angebot der Konkurrentin, da ihre Website nicht mehr so häufig frequentiert würde. Ob dieser Entscheidung Grundsatzcharakter zukommt, ist fraglich, da im beurteilten Sachverhalt die Akquisitionstätigkeit der Klägerin vornehmlich das Gewinnen von Kunden für Webdesigning und Webhosting-Leistungen betraf. Die zusätzliche Einstellung der Kunden auf der „verlinkten" Homepage stellte für den Kläger somit keinen nennenswerten Mehraufwand gegenüber den schon erbrachten Leistungen dar. Somit ist fraglich, ob es sich bei der Übertragung der fremden Kundenliste auf die eigene Webpage um eine unlautere Leistungsübernahme handelte.[2]

(3) Inline-Links

Unter „Inline-Links" werden einerseits **Verknüpfungen mit** einer anderen 472
***eigenen* Webpage** verstanden. Diese sind wettbewerbsrechtlich nicht zu beanstanden.

1 OLG Celle v. 12. 5. 1999 – 13 U 38/99, CR 1999, 523 ff. mit Anm. *Wiebe*.
2 Vgl. Anm. *Wiebe*, CR 1999, 524.

Andererseits werden unter „Inline-Links“ auch **Verknüpfungen mit** einer ***fremden*** **Webpage** verstanden. Hierbei wird direkt aus einer anderen Datei Material eingefügt, und zwar ohne dass der fremde Ursprung ersichtlich ist. Dies kann unter dem Gesichtspunkt der Herkunftstäuschung irreführend iSd. § 3 UWG sein, sofern sich die Internetuser über die Herkunft der eingefügten Teile Vorstellungen über die Person des Gestalters der Webpage machen und diese nicht mit der Wirklichkeit übereinstimmen. Hiervon wird aber ohne Hinzutreten besonderer Umstände nicht auszugehen sein.[1]

473 Die Verknüpfung kann eine **sittenwidrige Leistungsübernahme** nach § 1 UWG darstellen, sofern der übernommene Inhalt aufgrund seiner überdurchschnittlichen Gestaltung einen wettbewerbsrechtlichen Leistungsschutz genießt. Ein derartiger Schutz setzt aber voraus, dass die „verlinkten“ Teile eine wettbewerbliche Eigenart aufweisen. Das ist nur der Fall, wenn die konkrete Ausgestaltung oder einzelne Merkmale der übernommen Teile geeignet sind, im Verkehr auf ihre betriebliche Herkunft oder auf ihre Besonderheit hinzuweisen.

(4) Die wettbewerbsrechtliche Haftung für verlinkte Inhalte

474 Nach § 5 Teledienstegesetz (TDG)[2] und § 5 Mediendienste-Staatsvertrag (MDStV) bestehen für Informationsdienste und Telekommunikationsdienste besondere Haftungsregeln. Diese sind auch für eine wettwerbsrechtliche Haftung im Internet von Bedeutung. Nach § 5 Abs. 1 TDG tritt für eigene Inhalte keine Haftungsfreistellung ein. Eigene Inhalte sind originär eigene, aber auch Inhalte Dritter, die man sich zu Eigen macht. Eine wettbewerbsrechtliche Verantwortlichkeit ergibt sich nach § 5 Abs. 1 TDG daher auch für fremde verlinkte Inhalte, wenn zusätzliche Umstände vorliegen, die verdeutlichen, dass sich der Anbieter der Webpage, auf der sich der Hyperlink befindet, den Inhalt der fremden Webpage geistig zu Eigen macht.

Derartige Umstände sind etwa gegeben, wenn sich die fremde Webpage auf derselben Domain befindet wie die eigene Webpage, wenn die fremden Werbeaussagen in einer Weise in das eigene Angebot einbezogen sind, dass das eigene Angebot ohne Einbeziehung der fremden Inhalte seinen Informationszweck nicht erfüllen könnte, und wenn der Hyperlink als „Inline Link“ gestaltet ist.[3]

---

1 Vgl. OLG Düsseldorf v. 29. 6. 1999 – 20 U 85/98, MMR 1999, 729 ff. Das Gericht verneinte eine Irreführungsgefahr iSd. § 3 UWG für eine durch einen „Inline-Link“ importierten Teil einer fremden Webpage mit dem Hinweis, dass sich der Internetuser nur für die Informationen interessiere und er sich keine Vorstellungen über den Gestalter der fremden Webpage mache.

2 Dieses Gesetz wurde durch das Informations- und Kommunikationsdienste-Gesetz (IuKDG) eingeführt und trat am 1. 8. 1997 in Kraft. Durch dieses Gesetz wird gesondert die Verantwortlichkeit eines Anbieters von Inhalten, die über Informations- und Kommunikationsdienste zur Verfügung gestellt werden, geregelt.

3 LG Lübeck v. 24. 11. 1998 – 11 S 4/98, CR 1999, 650 f.

Zur gleichen Ansicht kam das LG Frankfurt[1] bei der Beurteilung einer Störerhaftung eines Internetanbieters, der nach deutschem Recht unzulässige irreführende Werbung durch „Inline Links“ auf seine eigene Webpage importierte. Dabei sei, nach Ansicht das Gericht, auch nicht schädlich, dass der Aufruf der Webpage mit dem wettbewerbswidrigen Angaben erst durch Aktivierung weiterer Links möglich wurde.

Ebenso ist eine Fachhochschule als markenrechtliche Mitstörerin zu beurteilen, wenn sie einen Hyperlink setzt, der zu einem amerikanischen Hersteller einer Gratis-Software führt, wenn der Name der Software in Deutschland eingetragene Kennzeichenrechte verletzt.[2] 475

Eine Haftung ist auch denkbar, wenn durch einen fremden Link eine eigene, bereits verbotene Webpage aufrufbar ist. So entschied das LG München,[3] dass derjenige, der auf einer eigenen Website wettbewerbswidrige Werbung verbreitet hat, auch dann gegen das Unterlassungsgebot verstößt, wenn die inkriminierte Webpage nur noch über fremde Links aus dem Ausland aufgerufen werden kann.

bb) Der Frame

(1) Definition

Beim Framing wird eine einheitliche Webpage in verschiedene Rahmen unterteilt. In jedem Rahmen kann ein eigenständiges HTML-Dokument dargestellt werden. In diesen Rahmen können sich dann sowohl eigene als auch fremde Inhalte, dh. Inhalte aus einer fremden Website, befinden. 476

(2) Rechtliche Beurteilung

Neben **urheberrechtlichen** Unterlassungsansprüchen, etwa wenn ein fremdes urheberrechtlich geschütztes Sammelwerk in einem Frame auf der eigenen Webpage dargestellt wird,[4] können sich auch **wettbewerbsrechtliche** Unterlassungsansprüche ergeben. Dies kann insbesondere dann der Fall sein, wenn Inhalte aus fremden Webpages mittels „Inline-Links“ importiert werden. Siehe dazu oben unter Inline-Link, Rz. 472. 477

Grundsätzlich aber gilt, dass der Inhaber einer Website mit Verweisen auf einzelne Webpages zu rechnen hat. Er ist daher grundsätzlich damit einverstanden, dass seine Inhalte auf einer fremden Webpage erscheinen. Dies gilt insbesondere dann, wenn die in einen Frame gefasste Webpage Werbung enthält. 478

1 LG Frankfurt/M. v. 27. 5. 1998 – 3/12 O 173/97, CR 1999, 45 f.
2 Vgl. LG Braunschweig v. 6. 9. 2000 – 9 O 188/00, CR 2001, 47 f.
3 LG München I v. 31. 3. 2000 – 4 HKO 18839/98, MMR 2000, 489.
4 Vgl. LG Hamburg v. 12. 7. 2000 – 308 O 205/00, CR 2000, 776 ff.

Wird die aufgerufene fremde **Webpage samt** ihrem **Gestaltungsrahmen übernommen,** so wird regelmäßig eine sittenwidrige Ausbeutung wegen fehlender Herkunftstäuschung von vornherein ausscheiden.

479 Darüber hinaus ist ein **wettbewerbsrechtlicher Leistungsschutz** nur einer aus dem alltäglich-üblichen Schaffen herausragenden Leistung von wettbewerblicher Eigenart zuzuerkennen. Es muss sich somit um ein Erzeugnis handeln, dessen konkrete Ausgestaltung oder einzelne bestimmte Merkmale geeignet sind, die angesprochenen Verkehrskreise auf die betriebliche Herkunft oder auf die Besonderheit des Erzeugnisses hinzuweisen.[1]

Üblicherweise misst der angesprochene Verkehr einzelnen Webpages regelmäßig aber keinen derartigen Hinweischarakter zu.[2] Die Besonderheit einer einzelnen importierten Webpage oder Teilen davon, wodurch sie sich vom Alltäglichen und Üblichen unterscheidet, wird daher im Einzelfall vor Gericht anhand bestimmter Merkmale darzulegen und zu beweisen sein.

480 Die Darstellung von Werbebotschaften in Frames kann unter dem Aspekt der Kundentäuschung wettbewerbswidrig sein, wenn die **Werbung auf** einer **redaktionell abgefassten Webpage** erscheint. Das gilt nur dann nicht, wenn der Kunde auf der Webpage keinesfalls unabhängige Informationen erwarten kann. Vergleiche dazu oben Rz. 353.

481 An eine **vergleichende Werbung** ist zu denken, wenn in einem Frame fremde Produkte oder Leistungen erscheinen und diese dem eigenen Angebot auf der Webpage gegenübergestellt werden. Ist dies der Fall, sind die Rahmenbedingungen für eine zulässige vergleichende Werbung in § 2 UWG zu berücksichtigen. Siehe dazu oben Rz. 447 ff.

cc) Der Metatag

(1) Definition

482 Um eine bestimmte Website im World Wide Web zu finden, bedienen sich viele Internetuser einer Suchmaschine. Dabei tragen sie das gesuchte Wort, von dem sie annehmen, dass es in einem besonderen Zusammenhang zur gesuchten Website steht, in ein Dialogfeld ein. Die Suchmaschine durchsucht daraufhin ihren Datenbestand nach möglichen Treffern und listet die dazugehörigen Websites samt Domain-Namen und Links auf.

Um dieses zu ermöglichen, müssen die Suchmaschinen in regelmäßigen Abständen die Datenbestände des Internets durchforsten und den Datenbestand bestimmten charakteristischen Suchwörtern zuordnen.

483 Mit Metatags oder „Oberbefehlen“ können neben Befehlen für den WWW-Server und den Browser auch Befehle für die Suchmaschinen festgelegt werden. Die drei für die **Suchmaschine** wichtigsten Tags sind die **Befehle**

1 Vgl. *Baumbach/Hefermehl*, § 1 UWG Rz. 451.
2 Vgl. OLG Düsseldorf v. 29. 6. 1999 – 20 U 85/98, CR 2000, 184 (185).

„description“, „author“ und „keywords“. Die Filterprogramme wichtiger Suchmaschinen behandeln die in den Metatags einer Website eingegeben Begriffe als Information über den Inhalt des Dokuments und nehmen diese als Stichworte auf. Wird ein Begriff nicht nur im Text, sondern auch im Metatag gefunden, bewertet die Suchmaschine den Treffer mit einer höheren Trefferquote und listet ihn auf der Trefferliste der gefundenen Websites höher, dh., diese Website wird ganz vorne eingereiht. Daher kann durch Eingabe von bestimmten Begriffen als Metatag, von denen angenommen werden kann, dass sie von den Internetusern oft als Suchwörter eingeben werden, die Möglichkeit einer Auflistung der Website erhöht werden.

Technisch nicht erforderlich ist, dass der Begriff in irgendeinem Zusammenhang mit dem Inhalt der Website steht. Deshalb sind Website-Inhaber schnell dazu übergegangen, bekannte Namen oder Marken in ihre Metatags einzufügen, um die Trefferwahrscheinlichkeit durch die Suchmaschinen zu erhöhen.

(2) Rechtliche Beurteilung

Die **Verwendung von geschützten Kennzeichen in Metatags kann** sowohl nach den **§§ 14 und 15 MarkenG** als auch nach den **§§ 1 und 3 UWG verboten** sein. 484

Die Verwendung fremder Kennzeichen in Metatags als Verstoß gegen das Markenrecht wird in der Literatur unterschiedlich bewertet.[1] Vor allem wird bei Verwendung fremder Markennamen in eigenen Metatags die kennzeichenmäßige Benutzung mangels Sichtbarkeit der Marke bezweifelt.[2]

Die **instanzgerichtliche Rechtsprechung** bewertet die Verwendung einer fremden Marke in einem Metatag als Kennzeichenverletzung iSd. § 14 Abs. 2 MarkenG und teilweise zusätzlich als Verstoß gegen das Lauterkeitsrecht. 485

Soweit die Gerichte eine Unzulässigkeit nach dem MarkenG feststellen, wird auf die Prüfung, ob darin zugleich ein Wettbewerbsverstoß liegt, meist verzichtet.

Deshalb wird im Folgenden ein kurzer Überblick über die bisherigen instanzgerichtlichen Entscheidungen gegeben. Eine höchstgerichtliche Entscheidung im Bereich der Verwendung von Metatags liegt derzeit noch nicht vor.[3]

In einer frühen Entscheidung, die die Verwendung fremder Marken in Metatags behandelte, stellte das LG Mannheim[4] fest, dass die Beeinflussung der 486

1 Vgl. *Menke*, WRP 2000, 982 (983) mwN.
2 Vgl. *Kotthoff*, K&R 1999, 157 ff.
3 Gegen das Urt. des OLG München v. 6. 4. 2000 – 6 U 4123/99, abrufbar unter http://www.jurpc.de/rechtspr/20000150.htm, wurde keine Revision eingelegt.
4 Vgl. LG Mannheim v. 1. 8. 1997 – 7 O 291/97, MMR 1998, 217 ff. mit Anm. *v. Grafenreuth* – ARWIS.

Trefferlisten in Suchmaschinen durch Verwendung markenrechtlich geschützter Begriffe eine Benutzung iSd. § 14 Abs. 2 Nr.1 MarkenG und somit eine Kennzeichenverletzung darstelle, und zwar unabhängig davon, ob der Inhaber der Seite den Metatag nachweislich gesetzt hat. Zusätzlich stellte das Gericht neben dem **Verstoß gegen das Markenrecht** fest, dass in der Verwendung der fremden Marke als Metatag auch eine **Irreführung** iSd. § 3 UWG zu sehen sei. Die angesprochenen Verkehrskreise würden nämlich zu der unzutreffenden Annahme verleitet, dass die Website-Inhaberin mit der Markeninhaberin (die auch eine gleich lautende Firmenbezeichnung führte), in einer wirtschaftlichen oder gesellschaftsrechtlichen Verbindung stehe. Dies treffe aber nicht zu.

487 Ebenso führte das LG Hamburg[1] aus, dass die Verwendung von Firmenbestandteilen eines fremden Unternehmens als Metatags in der eigenen Website das fremde Kennzeichenrecht verletze. Aufgrund der Branchenidentität bestehe zumindest eine mittelbare Verwechslungsgefahr, da für den Internet-Benutzer die Annahme nahe liegend erscheine, zwischen den beiden Geschäften bestehe eine Verbindung. Dies gelte um so mehr, als die Inhaberin der geschäftlichen Bezeichnung nicht selbst im Internet vertreten sei. Neben der **Verletzung von Kennzeichenrechten** sei auch ein **Unterlassungsanspruch** aus § 1 UWG gegeben. Denn derjenige, der das Suchwort eingebe, lande auf der Homepage der Beklagten. Der Sache nach handele es sich um ein sittenwidriges Umleiten der Kunden zum Beklagten.

Bedenkt man, dass es sich bei der widerrechtlichen Verwendung als Metatags um die Begriffe „Galerie" und „dHistorie" handelte und das klagende Unternehmen unter „Galerie DHistoire" firmierte, erscheint der Schutz des Unternehmenskennzeichens aufgrund des auch beschreibenden Charakters der Begriffe wohl zu weit gehend. Dies um so mehr, als die verwendeten Begriffe auch im Zusammenhang mit dem Inhalt der Website, nämlich Angebote von Orden und militärische Antiquitäten, standen und der Kläger selbst nicht im Internet vertreten war.

488 Das LG Frankfurt[2] folgte der vorgenannten Rechtsprechungspraxis und bejahte einen Anspruch des Verfügungsklägers und Inhabers der eingetragenen Marke „DiaProg" auf Unterlassung gemäß § 14 Abs. 2 Nr. 1 MarkenG.

Aufmerksamkeit verdient die Entscheidung aber noch aus einem anderen Grund. Die Verfügungsbeklagte hatte nach Kenntnis einer möglichen Kennzeichenverletzung durch Verwendung des Begriffes „DiaProg" eine strafbewehrte Unterlassungserklärung abgegeben und ihren Internet-Provider von der widerrechtlichen Verwendung des Begriffs im Metatag unterrichtet. Der Provider hatte daraufhin einen Suchmaschinen-Betreiber von der rechtswidrigen Verwendung in Kenntnis gesetzt. Das Gericht hat dies als nicht ausreichende Erfüllung der Unterlassungsverpflichtung angesehen. Nach Ansicht

---

1 LG Hamburg v. 13. 9. 1999 – 315 O 258/99, CR 2000, 121 ff.
2 LG Frankfurt v. 3. 12. 1999 – 3/11 O 98/99, CR 2000, 462 ff.

des Gerichts habe der Unterlassungsverpflichtete alle ihm zumutbaren Schritte zu unternehmen, um die nunmehr unrechtmäßige Benutzung der Marke, und zwar auch durch Dritte, zu unterbinden. Dazu gehöre auch, durch geeignete Maßnahmen zu verhindern, dass Suchmaschinen, etwa über einen Metatag, eine Verbindung zur Homepage herstellen können. Die Kontaktaufnahme nur zu einem Suchmaschinen-Betreiber sei für die Erfüllung dieser Pflicht nicht ausreichend. Der Verfügungsbeklagte hätte zur Erfüllung des Verfügungsanspruches dafür Sorge tragen müssen, dass die Verknüpfung aus dem Bestand sämtlicher anderer Suchmaschinen entfernt werde.

Folgt man der Entscheidung des Gerichts, so müsste der Verwender eines rechtsverletzenden Begriffs in einem Metatag ab Kenntnis der Rechtswidrigkeit alle im Internet befindlichen Suchmaschinen-Betreiber von der rechtswidrigen Verwendung in Kenntnis setzen, da Suchmaschinen ihren Informationsstand gegenseitig ergänzen und nur nach und nach aktualisieren. Dies erscheint aufgrund der bestehenden Anzahl von Suchmaschinen und Meta-Suchmaschinen im Internet schlicht unmöglich. Sollte sich die Rechtsansicht des LG Frankfurt durchsetzen, so bliebe dem Website-Inhaber als einziger Ausweg das Abschalten und Neuinstallieren der Homepage.

In der bislang einzigen Berufungsentscheidung hatte das OLG München[1] zu 489
beurteilen, ob die Verwendung eines Bestandteiles einer eingetragenen Marke, wobei dem Zeichenteil aufgrund einer erheblichen Bekanntheit eine das Gesamtzeichen prägende Funktion zukam, als Metatag in einer fremden Website zulässig ist.

Nach Ansicht des Gerichts liege auch in der Verwendung der Bezeichnung „Hanseatic" im nicht sichtbaren Teil einer Website eine verbotene Markenbenutzung iSd. § 14 Abs. 3 Nr. 5 MarkenG. Die in Maschinensprache niedergelegte Bezeichnung sei ebenso verwechselbar wie die in Schriftzeichen sichtbare Bezeichnung. Durch die vom Sucher eingegebene Nennung werde er durch die Suchmaschine mit der Website des Beklagten zusammengeführt, und es entstehe so der Eindruck, als seien hier (auf der Website) Waren der Klägerin erhältlich. Dies sei eine Werbung unter der Bezeichnung „Hanseatic". Eine Verwechselbarkeit liege auf der Hand.

Somit stützte das Gericht das Tatbestandsmerkmal der **Verwechslungsgefahr** mit dem Hilfsargument, dass durch das Handeln der Beklagten der irreführende Eindruck entstand, als seien hier Waren der Klägerin käuflich. Dieser irreführende Eindruck wurde noch durch die Begrüßung auf der Homepage „Willkommen bei den freundlichen Fachhändlern" verstärkt, obwohl es sich bei den werbenden Händlern um zum Verkauf der Marke nicht autorisierte Reparaturbetriebe handelte. Der Hinweis auf Fachbetriebe (anstatt auf Reparaturbetriebe der geschützten Markenware) veranlasste das Gericht, § 23 MarkenG nicht anzuwenden. Nach **§ 23 MarkenG** ist die Verwendung einer fremden Marke oder fremden geschäftlichen Bezeichnung als Hinweis auf

1 OLG München v. 6. 4. 2000 – 6 U 4123/99, rechtskräftig, abrufbar unter http://www.jurpc.de/rechtspr/20000150.htm.

die Bestimmung einer Ware, insbesondere als Zubehör oder Ersatzteil, oder einer Dienstleistung erlaubt, sofern die Benutzung dafür notwendig ist und nicht gegen die guten Sitten verstößt.

Damit konnte das Gericht einer Entscheidung, unter welchen Umständen die Verwendung eines geschützten Kennzeichens als Metatag einer fremden Website zulässig ist, aus dem Wege gehen.

Dabei scheint gerade die Schrankenbestimmung in § 23 MarkenG die richtige Lösung des Problems zu bieten.[1]

Diese Schrankenbestimmung könnte auf der Grundlage folgender Überlegungen ausgelegt werden:

490 Durch Metatags werden Websites beschrieben. Dieses soll Suchmaschinen ein leichteres Auffinden ermöglichen. Bei einer Website handelt es sich technisch um Speicherplatz. Diese Überlassung des Speicherplatzes stellt, jedenfalls sofern er vermietet wird, eine Dienstleistung iSd. § 23 Nr. 3 MarkenG dar. Ist die Verwendung des geschützten Zeichens im Metatag für das Auffinden der Website im Internet notwendig, muss dies zulässig sein. Notwendig ist die Verwendung des geschützten Zeichens, wenn es dafür eine sachliche Rechtfertigung gibt.

Dabei sind die aus dem Markenrecht bekannten Kriterien des Ausschließlichkeitsrechts des Markeninhabers, das Interesse an wirtschaftlicher Betätigungsfreiheit und besonders das Interesse der Verbraucher an Information in die Interessensabwägung mit einzubeziehen.

Lässt sich die Verwendung des geschützten Kennzeichens sachlich begründen, darf diese auch nicht sittenwidrig sein. Damit ist jede Verwendung, die unter die Fallgruppen Kundenfang, Behinderung oder Rufausbeutung iSd. § 1 UWG fällt, unzulässig.

Anders als § 1 UWG verlangt § 23 MarkenG aber kein Handeln zu Zwecken des Wettbewerbs.[2]

491 Aufgrund der Schranke der Sittenwidrigkeit sollten an das Erfordernis der **sachlichen Begründbarkeit der Verwendung** keine zu hohen Ansprüche gestellt werden.

Besteht überhaupt kein sachlich begründbarer Zusammenhang zwischen der Website und dem verwendeten Begriff im Metatag, ist die Verwendung freilich stets unzulässig.[3]

Dies sollte aus Gründen der Irreführungsgefahr bei gewerblichen Websites auch gelten, wenn kein geschütztes Kennzeichen verwendet wird.

---

1 Vgl. *Kur*, CR 2000, 448 ff.

2 Vgl. *Fezer*, § 23 MarkenG Rz. 15.

3 Vgl. dazu auch *Menke/Burkhart*, Die Verwendung fremder Kennzeichen in Metatags; ein Fall für das Kennzeichen und/oder das Wettbewerbsrecht?, WRP 1999, 982 ff.

dd) Keyword Buys

(1) Definition

Während der Verwendung einer Suchmaschine durch einen Internetuser erscheint zwischen Eingabe des Suchbegriffes und der Auflistung des Recherche-Ergebnisses häufig Werbung. Dieses geschieht entweder durch großformatige Anzeigen (sog. Banners) oder durch Buttons (kleinformatige Werbeflächen). Letztere sind regelmäßig durch Links mit der Website des werbenden Unternehmens verbunden. 492

Im Normalfall besteht allerdings keine Verbindung zwischen der dargestellten Werbung und dem Suchbegriff. Die Werbung erscheint nach einem Rotationsprinzip.

Ist die Einblendung der Werbung jedoch abfrageabhängig, dh., führt die Eingabe eines Suchbegriffs nicht zur Ausgabe der jeweiligen Trefferliste, sondern auch zielgruppenorientiert zur Einblendung ganz bestimmter Werbung, nämlich zu der desjenigen Werbenden, der das entsprechende Stichwort zuvor gekauft hat, spricht man von Keyword Buys.

(2) Rechtliche Beurteilung

In der einzigen Entscheidung, die zu diesem Thema bis jetzt ergangen ist, hatte das LG Hamburg[1] zu prüfen, ob ein Keyword Buy unzulässig ist, wenn durch Eingabe von Marken oder Geschäftszeichen eines weltweit bekannten Kosmetikkonzerns Werbung eines US- amerikanischen Unternehmens, welches via Internet weltweit Kosmetika und Parfums vertreibt, erscheint. 493

Zu einer möglichen Markenverletzung führte das Gericht richtigerweise aus, dass einer Marke hauptsächlich eine herkunftshinweisende Funktion, aber kein nach dem Gesetz geschützter Werbe- oder Kommunikationswert als solcher zukomme.[2] Da weder der – als **Keyword** verwendete – Markenname noch das ebenso verwendete Geschäftszeichen von der Beklagten ausdrücklich genannt worden seien, käme **allenfalls** eine **mittelbare markenmäßige Verwendung** ohne Begrenzung auf bestimmte Benutzungsformen in Betracht. Voraussetzung dafür wäre, dass der Marke auch ein Werbe- und Kommunikationswert beizumessen ist.

Dies aber lehnte die Kammer ab und gewährte keinen Unterlassungsanspruch auf Basis des § 14 Abs. 2 Nr. 1 MarkenG, da sie in der Verwendung als Keyword keine markenmäßige Benutzung erblicken konnte.

Der Sachverhalt des Keyword Buys war nach Ansicht des Gerichts somit **nicht nach dem Markengesetz, sondern dem ergänzenden Leistungsschutz (§ 1 UWG) zu beurteilen.** 494

---

1 LG Hamburg v. 16. 2. 2000 – 315 O 25/99, CR 2000, 392 ff.

2 Vgl. *Ingerl/Rohnke*, MarkenG, Einl. Rz. 34–36 mwN; aA *Fezer*, § 14 MarkenG Rz. 39, 48 und 49.

Das Gericht kam zu dem Ergebnis, dass der Markeninhaber sowohl von dem Werbenden als auch von dem Betreiber des Suchdienstes gemäß § 1 UWG unter dem Gesichtspunkt des ergänzenden Leistungsschutzes Unterlassung, Auskunft und Schadenersatz verlangen kann.

495 Zur Begründung führte das Gericht aus, dass durch die Verwendung der Keywords und den damit verbundenen Werbeeinblendungen die Website-Betreiberin bewusst den fremden Ruf der Marken und Produkte in wettbewerbswidriger Weise ausbeute. Soweit sie in ihren Werbeeinblendungen ausdrücklich auf ihren Geschäftsbetrieb hinweise, täusche sie zwar nicht über die betriebliche Herkunft ihrer eigenen Produkte, doch fördere sie die eigene Geschäftstätigkeit in der Gestalt der Veräußerung von Markenprodukten außerhalb des von der Klägerin vorgesehenen Vertriebssystems über eigene virtuelle Parfümerien.

Das Handeln der **Website-Betreiberin** war nach Ansicht des Gerichts zudem auch schuldhaft, da sie, zum einen mit Hilfe der fremden Marken entsprechenden Suchbegriffen, zum anderen durch die ausdrückliche Nennung der Marken, darauf abzielte, interessierte und potentielle Käufer zu kanalisieren und zu ihren virtuellen Parfümerien hin- und umzuleiten. Nur so ließe sich der Umstand der „Keyword Buys" und die Nennung der Markennamen der suchbegriffsspezifisch geschalteten Werbeeinblendung erklären.

496 Die **Haftung der Suchmaschinen-Betreiberin** begründete das Gericht mit dem Umstand, dass diese erst durch die „Keyword Buys" der Website-Inhaberin die Möglichkeit verschaffe, ihre spezifisch ausgerichtete (wettbewerbswidrige) Werbung an Internetuser zu richten, die an Produkten der Markeninhaberin interessiert sind. Damit wirke die Suchmaschinen-Betreiberin nicht nur mittelbar, sondern unmittelbar aufgrund eigenen unlauteren Verhaltens an der wettbewerbswidrigen Werbung der Website-Inhaberin mit.

Die Suchmaschinen-Betreiberin habe der Website-Inhaberin erst die Möglichkeit eröffnet, interessierte Kunden in wettbewerbswidriger Weise zu kanalisieren sowie auf die Homepage der virtuellen Parfümerie der Website-Inhaberin hin- und umzuleiten. Dadurch wirke sie durch Konfiguration der eigenen Suchmaschine aktiv an der wettbewerbswidrigen Handlung mit. Dies tue sie in Kenntnis oder mit Billigung des Umstandes, dass die Website-Inhaberin international tätig ist und mithin die Werbung an Personen im Ausland, hier unter anderem in Deutschland, planmäßig richtet. Die Suchmaschinen-Betreiberin wirke aktiv am (wettbewerbswidrigen) Handeln der Website-Inhaberin mit und habe daher auch dafür zu haften.

497 Soweit die Marke nicht nur als Suchwort verwendet wird, sondern auch ohne Zustimmung des Markeninhabers in der Werbeeinblendung selbst erscheint, besteht nach Ansicht des Gerichts zusätzlich auch ein markenrechtlicher Unterlassungsanspruch gem. § 14 Abs. 2 Nr. 1 MarkenG oder § 1004 BGB. In dem Hinweis (durch die Werbeeinblendung), dass die Produkte in den „virtuellen" Parfümerien der Website-Inhaberin erhältlich sind, liege eine markenmäßige Benutzung im Sinne der Herkunftsfunktion der Marken

vor. Nach Ansicht des Gerichts hat sich die Website-Inhaberin durch das Legen eines Hyperlinks auf ihre eigene Homepage unter Verwendung der fremden Marken zumindest mittelbar in die Herkunftshinweisfunktion hineingedrängt. Außerdem würde dadurch der objektiv falsche Eindruck erweckt, die Website-Inhaberin gehöre zum exklusiven Vertriebssystem der Markeninhaberin und sei von dieser dazu ermächtigt worden, mit der Marke zu werben.[1]

Durch das Vertreiben von Produkten außerhalb des Gebiets der Europäischen Union tritt eine markenmäßige Erschöpfung gem. § 24 Abs. 1 MarkenG innerhalb eines Staates der EU nicht ein. Soweit die Markeninhaberin ihre Produkte also ausschließlich in den USA auf den Markt gebracht hat, kann sie gem. § 14 Abs. 2 Nr. 1 iVm. Abs. 5 MarkenG verlangen, dass ihre kosmetischen Erzeugnisse nicht ohne ihre Zustimmung nach Deutschland geliefert werden. 498

ee) E-Mail-Werbung

(1) Definition

Unter E-Mail (Abk. für Electronic Mail) wird ein „elektronischer Brief“, der über das Internet oder ähnliche Kommunikationssysteme verschickt wird, verstanden. Nach Erstellen des Textes auf einem Computer wird eine Kopie in digitalisierter Form (Datei) an den Adressaten via Internet versendet. Hat der Empfänger einen eigenen Mailbox-Server (sog. elektronischer Briefkasten), so wird diese Datei dort direkt gespeichert. 499

In den meisten Fällen verfügt der Adressat aber über keinen eigenen Mailbox-Server. Deshalb wird die elektronische Nachricht auf einem fremden Server, dem sog. Mailbox-Host, eines Online-Diensteanbieters zwischengespeichert und zum Abruf durch den Adressaten bereitgehalten. Mit einer E-Mail können andere Dateien, sog. Attachments, mitgesendet werden.

(2) Formen

Zunächst beschränkte sich die Kommunikation per E-Mail auf den privaten Bereich. Durch die Entwicklung des WWW ist es üblich geworden, dieses Kommunikationsmittel auch im Geschäftsverkehr zu nutzen. Marketingabteilung haben daher sehr bald die kostengünstige Möglichkeit erkannt, ihre Werbebotschaften per E-Mail zu versenden. 500

Es wird zwischen unerwünschten E-Mails (sog. bulk mails oder junk mails) und erbetenen E-Mails unterschieden. Die Zustimmung zum Erhalt von elektronischer Werbung kann ausdrücklich oder konkludent erfolgen oder sich aus den konkreten tatsächlichen Umständen ergeben, etwa wenn zwischen Gewerbetreibenden eine Geschäftsbeziehung bereits besteht.

1 Vgl. LG Hamburg v. 16. 2. 2000 – 315 O 25/99, CR 2000, 392 (396).

Wird E-Mail-Werbung massenhaft versandt, so spricht man von **Spamming**. Der Begriff leitet sich vom Wort „Spam“ ab. Spam steht für **S**piced **P**ork and **Ham**.[1]

(3) Rechtliche Beurteilung nach deutschem Recht

501 Die Rechtsprechung geht bei der Beurteilung der Zulässigkeit von E-Mail-Werbung von der weitgehend unzulässigen unerbetenen Telefonwerbung (sog. cold calling)[2] und der verbotenen unerwünschten Telefax-Werbung[3] sowie von der Unzulässigkeit des Versendens unerbetener Werbeschreiben an Btx-Teilnehmer[4] aus.

502 Zur **Telefax-Werbung** führte der BGH aus, dass aufgrund der kostenmäßigen Belastung durch das Betreiben des Geräts (Strom, Toner, Wartung, den Druck selbst sowie das Papier) und die Blockierung des Geräts beim Einlauf von Werbeschreiben es grundsätzlich wettbewerbswidrig sei, an einen Gewerbetreibenden Telefax-Schreiben zu richten, wenn dieser nicht damit einverstanden sei oder sein Einverständnis, zB im Rahmen einer Geschäftsverbindung, nicht vermutet werden könne.

Aber nicht nur im geschäftlichen, sondern erst recht im privaten Bereich ist die unaufgeforderte Telefax-Werbung grundsätzlich wettbewerbswidrig. Sie beeinträchtigt den Wettbewerb wesentlich iSv. § 13 Abs. 2 Nr. 2 UWG.[5]

Ein Verbot der unerbetenen Telefax-Werbung und von Automaten als Gesprächspartner ergibt sich zusätzlich aus Art. 12 Abs. 1 der Richtlinie 97/66/EG über die Verarbeitung personenbezogener Daten und den Schutz der Privatsphäre im Bereich der Telekommunikation.[6]

503 Die Zusendung von unerwünschten **Werbebotschaften in Bildschirmtext-Nachrichten** beurteilte der BGH ebenso als einen Verstoß gegen § 1 UWG. Den Btx-Teilnehmern entstünden zwar nicht die Kosten und der sonstige Aufwand wie bei Telefax-Werbung. Der Btx-Teilnehmer müsse aber beim Leeren des elektronischen Briefkastens die unverlangte Werbung unter Aufwand von Zeit und Mühe erst aussortieren, indem er die Sendungen in der Reihenfolge ihres Eingangs auf einem Bildschirm aufbaue. Dies stelle eine unzumutbare Belästigung der Btx-Teilnehmer dar und sei deshalb nach § 1 UWG sittenwidrig. Außerdem sei eine Werbeart schon dann als unlauter anzusehen, wenn sie im Keim ein immer weiteres Umsichgreifen in sich trage und damit zu einer untragbaren Belästigung und Verwilderung der Werbesitten führe.

---

1 In einem Sketch von Monty Pythons Flying Circus kommt das Wort etwa 120 Mal vor, daher die Assoziation zu massenweise auftretenden Mails.

2 BGH v. 24. 1. 1991 – I ZR 133/89, BGHZ 113, 282 ff. = CR 1991, 465 – Telefonwerbung IV.

3 BGH v. 25. 10. 1995 – I ZR 255/93, NJW 1996, 660 ff.

4 BGH v. 3. 2. 1988 – I ZR 222/85, CR 1988, 460 – Btx-Werbung.

5 Vgl. *Baumbach/Hefermehl*, § 1 UWG Rz. 69b.

6 ABl. EG Nr. L 24 vom 30. 1. 1998.

Anders sollte dies nach Ansicht des BGH nur sein, wenn die Werbung schon anhand des „Inhaltsverzeichnisses" ohne weiteres als Werbung erkennbar sei und ausgesondert werden könne.

Überträgt man diese Grundsätze auf die Übermittlung von Werbebotschaften via E-Mails im Internet, so ist einerseits zu fragen, welche **Kosten** durch die Übertragung von E-Mails beim Empfänger entstehen und andererseits, ob der Umworbene **unzumutbar belästigt** wird. 504

Eine Kennzeichnung der E-Mails als Werbung im „Betreff-Feld" ist möglich. Die als Werbung gekennzeichneten E-Mails müssen nicht mehr vom Mail-Host abgeholt werden. Es entstehen daher keine Kosten durch das Downloaden.

Das Aussortieren vereinzelter Werbe-Mails wird auch keine unzumutbare Belästigung darstellen.

Allerdings ist bei grundsätzlicher rechtlicher Zulässigkeit zu befürchten, dass durch die technischen Multiplikationsmöglichkeiten und die vernachlässigbaren Kosten, die die Unternehmer für die Versendung tragen müssen, mit einer Flut solcher Werbebotschaften (Spams) zu rechnen wäre. Dies würde zu einer Überladung der Mail-Server führen und hätte zur Folge, dass größere Speicherkapazitäten vom Provider zur Verfügung zu stellen wären.[1] Die erhöhten Speicherkosten sowie der erhöhte Personalaufwand, um einschlägigen Kundenbeschwerden gerecht zu werden, würden wieder auf die Teilnehmergebühren und somit auf die Gesamtheit der Anschlussinhaber abgewälzt werden.[2] 505

Vom Empfänger eingesetzte Software zum Herausfiltern der Spams verursachen ebenfalls Kosten durch Anschaffung und Verbindungszeit, die zum Reinigen benötigt wird.[3]

Außerdem ist durch die Versendung von Werbe-Mails eine Verwilderung der Wettbewerbssitten noch stärker zu befürchten als im Rahmen der Btx-Werbung.

Aus den letztgenannten Gründen haben die meisten Instanzgerichte – zumindest bis zum Erlass der Fernabsatzrichtlinie der EG[4] – unter Heranziehen unterschiedlicher Normen eine unerwünschte E-Mail-Werbung als **unzulässig** erklärt. 506

---

1 Vgl. *Hoeren*, WRP 1997, 993 (994).

2 Vgl. *Mankowski*, Besondere Formen von Wettbewerbsverstößen im Internet und Internationales Wettbewerbsrecht, GRUR Int. 1999, 995 (1000).

3 Vgl. *Göckel*, ArchPT 1998, 60 (61); sowie *Freitag/Buseman*, AfP 1998, 475 (478).

4 RL 97/7/EG des Europäischen Parlaments und des Rates v. 20. 5. 1997 über den Verbraucherschutz bei Vertragsabschlüssen im Fernabsatz, ABl. Nr. L 144 v. 4. 6. 1997. Die RL wurde durch das Gesetz über Fernabsatzverträge und andere Fragen des Verbraucherrechts sowie zur Umstellung von Vorschriften auf Euro vom 27. 6. 2000, BGBl. I 2000, S. 897 umgesetzt. Siehe mehr dazu unter Rz. 516 ff.

507 In einer der ersten Entscheidungen hat das LG Traunstein[1] die Versendung unerwünschter Werbe-Mails wegen einer Gefahr der Verwilderung der Wettbewerbssitten als unlauter iSd. § 1 UWG erklärt.

508 Das LG Berlin[2] hat in mehreren Entscheidungen in der Versendung unerwünschter Werbebotschaften mittels E-Mails an Gewerbetreibende einen Eingriff in den eingerichteten und ausgeübten Gewerbebetrieb gesehen und einen Unterlassungsanspruch gem. §§ 1004 und 823 Abs. 1 BGB bejaht. Das Heranziehen dieser zivilrechtlichen Norm hat zudem den oftmals entscheidenden Vorteil, dass zwischen Kläger und Beklagtem kein Wettbewerbsverhältnis bestehen muss.

509 Das LG Ellwangen[3] hat die Versendung unerbetener E-Mails als sittenwidriges Abwerben von Kunden iSd. § 1 UWG beurteilt.

510 Jüngere Entscheidungen sprechen sich, wohl aufgrund der mittlerweile umgesetzten Fernabsatzrichtlinie, unter ganz bestimmten Umständen für eine **Zulässigkeit unerwünschter E-Mails** aus.

Zu den europarechtlichen Regelungen bezüglich der Beurteilung von Werbe-E-Mails siehe unten Rz. 516 ff.

511 Das LG Braunschweig[4] ging von einer Zulässigkeit unerbetener E-Mails im **Geschäftsbereich** aus, **wenn** diese schon **vor Abruf als Werbung erkennbar** sind. Nach Ansicht des Gerichts könne der Adressat diese löschen, ohne den Text der E-Mail aufrufen zu müssen. Die dadurch entstehenden minimalen Kosten und Kapazitätsverluste könne der Adressat durch eine geeignete Providerwahl abwenden.

512 Das LG Kiel[5] setzte sich besonders ausführlich mit den einzelnen Problembereichen auseinander. Das Gericht hatte folgenden Sachverhalt rechtlich zu bewerten:

Der Beklagte versandte E-Mails mit dem Text „Hallo Internet-User, wir haben ihre E-Mail-Adresse auf einer Website gefunden..." Im folgenden Text wies der Beklagte auf seine eigene Website hin. In dieser wurde dem potentiellen Kunden ein konkretes Leistungsangebot unterbreitet. Für das Übernehmen von Banner-Werbung, welches auf den Online-Shop des Beklagten hinwies, wurde jedem Kunden eine 7,5% Umsatzprovision auf die so vermittelten Käufe versprochen. Zusätzlich sollte jeder „Banner-Kunde" bei eigenen Einkäufen noch einen besonderen Rabatt erhalten.

Hinsichtlich der Frage der Zulässigkeit dieser E-Mail-Werbung beschäftigte sich das Gericht in vorbildlicher Weise mit den möglichen Verbotstatbeständen der §§ 1 UWG, 823 BGB sowie 4 BDSG. Zusätzlich erfolgte ein Prüfung

1 LG Traunstein v. 14. 10. 1997 – 2 HKO 3755/97, CR 1998, 171.
2 Vgl. etwa LG Berlin v. 7. 1. 2000 – 15 O 495/99, CR 2000, 622.
3 LG Ellwangen v. 27. 8. 1999 – 2 KGH O 5/99, CR 2000, 188.
4 LG Braunschweig v. 11. 8. 1999 – 22 O 1683/99, CR 2000, 854.
5 LG Kiel v. 22. 6. 2000 – 8 S 263/99, CI 2000, 170 ff.

unter Heranziehung der damals noch nicht umgesetzten Richtlinie der EU über den Verbraucherschutz bei Vertragsabschlüssen im Fernabsatz.

Die Anwendung des § 1 UWG musste das Gericht aufgrund der Tatsache, dass der Kläger mit seiner Website nicht am „geschäftlichen Verkehr" teilnahm, sondern nur im Verhältnis „Privat zu Privat" handelte, ablehnen.

Der Umstand, dass sich der Kläger samt seiner E-Mail-Adresse via Internet an die Öffentlichkeit richtete, er somit die Möglichkeit eröffnete, die Daten (E-Mail-Adresse) aus dem Internet zu beziehen, machte die unerbetene E-Mail auch nicht nach dem Bundesdatenschutzgesetz unzulässig.[1]

Im Zusenden der E-Mail lag nach Ansicht des Gerichts auch kein rechtswidriger Eingriff nach § 823 Abs. 1 BGB iVm. § 1004 BGB, Art. 5 GG. Der Kläger werde weder in seinem Recht auf Informationsfreiheit noch in seinem negativen Recht auf Informationsfreiheit, also in seinem Recht, „in Ruhe gelassen zu werden", verletzt. Dieses sei deshalb anzunehmen, weil zum einen schon zweifelhaft sei, ob die gegen den Staat gerichtete Grundrechtsnorm auch zwischen Bürgern Anwendung findet (sog. Drittwirkung von Grundrechten), zum anderen, weil der Kläger jederzeit die Möglichkeit hatte, die E-Mail vor Abruf zu löschen.

Zu einer möglichen Verletzung des allgemeinen Persönlichkeitsrechts führte 513
das Gericht aus, dass es mittlerweile anerkannt sei, dass dieses Recht ein „sonstiges Recht" iSv. § 823 Abs. 1 BGB darstelle. Dadurch sei auch die Privatsphäre geschützt, die das Leben im häuslichen oder Familienkreis sowie das sonstige Privatleben des Einzelnen nicht nur im eigenen häuslichen Bereich, sondern je nach den Umständen auch außerhalb umfasst.

Daraus ergab sich für das Gericht, dass das Eindringen von Werbemitteln in den persönlich-häuslichen Bereich des Klägers, zu dem auch der Betrieb seines privaten E-Mail-Anschlusses gehört, einen Eingriff in die Privatsphäre jedenfalls nicht fern liegend erscheinen ließ.

Die Grundsätze zur unzulässigen Btx-Werbung weiterführend und auf das kostengünstige Werbemittel hinweisend, kam dann das Gericht weiter zu der Ansicht, dass nicht unerhebliche Gründe dafür sprechen, das Verbot der Post- und Btx-Werbung auf das neue Medium des E-Mail-Systems zu übertragen. Dies gelte jedenfalls für alle Fälle, in denen nicht ausdrücklich eine Werbung für erwünscht erklärt wird.

---

1 Nach dem BDSG ist die Verarbeitung personenbezogener Daten und deren Nutzung grundsätzlich nur zulässig, wenn das BDSG oder eine andere Rechtsvorschrift eine solche erlaubt oder anordnet bzw. soweit der Betroffene eingewilligt hat (§ 4 Abs. 1 BDSG). Diese Norm wird aber durch § 28 Abs. 1 Nr. 3 BDSG eingeschränkt. Danach ist das Speichern, Verändern oder Übermitteln personenbezogener Daten oder ihre Nutzung als Mittel für die Erfüllung eigener Geschäftszwecke zulässig, wenn die Daten aus allgemein zugänglichen Quellen entnommen werden können, es sei denn, dass das schutzwürdige Interesse des Betroffenen an dem Ausschluss der Verarbeitung oder Nutzung offensichtlich überwiegt.

Im zu entscheidenden Fall handelt es sich nach Ansicht des Gerichts aber um keine Werbung, die regelmäßig nur eine bloße Aufforderung darstelle, überhaupt erst ein rechtsverbindliches Angebot zu machen (ivitatio ad offerendum). In der **zugesandten E-Mail** und dem Verweis auf die eigene Website und den darauf befindlichen Angebote sei bereits ein **verbindliches Angebot** zur Gewährung eines Entgeltes für die Zur-Verfügung-Stellung einer Werbefläche zu erblicken. Solche Angebote würden ein sozialtypisches Element darstellen und seien deshalb **keinesfalls unzulässig**.

Nach Ansicht des Gerichts biete die Selbstbindung des Anbietenden an sein Angebot (§ 145 BGB) ausreichenden Schutz vor einer überhand nehmenden Versendung derartiger E-Mails.

514 Damit spricht sich das Gericht zwar auch weiterhin für ein grundsätzliches Verbot der unerwünschten Werbe-E-Mails aus. Es verschärft dieses Verbot sogar, indem es für die Zulässigkeit eine ausdrückliche Zustimmung des Adressaten fordert.

Im Ergebnis allerdings erklärt es jedoch die gegenständliche Zusendung des unerwünschten E-Mails aufgrund der Tatsache, dass es sich bei deren Inhalt um ein konkretes Angebot und nicht um eine Werbung handelte, für zulässig.

515 Dass die E-Mail für rechtmäßig erklärt und deren Zulässigkeit von dem Umstand abhängig gemacht wurde, ob der Inhalt der E-Mail ein verbindliches Angebot iSd. § 145 BGB darstellt, erscheint kein glücklicher Lösungsweg. Durch das Verbinden von Werbung mit konkreten Vertragsangeboten iSd. § 145 BGB wäre unerwünschten Werbe-E-Mails Tür und Tor geöffnet.[1]

Vorrang ist daher den vom BGH in der Btx-Entscheidung aufgestellten Grundsätzen zu geben. Diese sollte auch auf die Werbung mit unerwünschten E-Mails Anwendung finden.

(4) Rechtliche Beurteilung nach europäischem Recht

(a) Die Fernabsatzrichtlinie

516 Das hauptsächliche Ziel der Fernabsatzrichtlinie[2] (FernARL) ist, die in den verschiedenen Mitgliedstaaten bereits erlassenen **Verbraucherschutzbestimmungen** im Fernabsatz zu harmonisieren.

Die FernARL wurde durch das **Fernabsatzgesetz** vom 27. 6. 2000[3] in Deutschland **umgesetzt.**

517 Die FernARL enthält neben Regelungen über Verträge, die im Rahmen eines auf den Fernabsatz ausgerichteten Vertriebs- und Dienstleistungssystems eines Un-

1 Vgl. *Rössel*, Spamming: Mailing-Liste und Vertragsangebot, CI 2000, 170 f.

2 Richtlinie 97/7/EG des Europäischen Parlaments und des Rates vom 20. 5. 1997 über den Verbraucherschutz bei Vertragsabschlüssen im Fernabsatz, ABl. EG Nr. L 144 S. 19.

3 BGBl. I 2000, S. 897.

ternehmers mit einem Verbraucher unter ausschließlicher Verwendung von Fernkommunikationstechniken abgeschlossen werden, auch Regelungen über die Zusendung von unerwünschten Werbebotschaften via E-Mail.

Nach Art. 10 Abs. 2 der FernARL haben die Mitgliedstaaten dafür Sorge zu tragen, dass Fernkommunikationstechniken, die eine individuelle Kommunikation erlauben, mit Ausnahme der in Abs. 1 genannten Techniken[1], nur dann verwendet werden dürfen, wenn der Verbraucher ihre Verwendung nicht offenkundig abgelehnt hat. Damit statuiert die **FernARL grundsätzlich** eine sog. **„opt-out"-Lösung**, dh., die Versendung von E-Mails als Werbeträger wäre nach dieser Bestimmung nur verboten, wenn der Adressat die Zusendung offenkundig abgelehnt hat. Dies könnte etwa durch direkte Nachricht an den Absender erfolgen oder durch Eintrag in eine„Ablehnungsliste", die sog. „Robinson-Liste". Diese hätte der Werbetreibende dann regelmäßig einzusehen. 518

Art. 10 FernARL ist aber insofern nicht zwingend, als **Art. 14 FernARL** bestimmt, dass die **Mitgliedstaaten** unter diese RL fallende Bereiche auch mittels **strengerer Bestimmungen erlassen** oder aufrechterhalten können, solange diese mit dem EG-Vertrag vereinbar sind und ein höheres Schutzniveau für die Verbraucher sicherstellen. 519

Deshalb hat der deutsche Gesetzgeber bei Umsetzung der FernARL auch keine Notwendigkeit gesehen, Art. 10 FernARL im Fernabsatzgesetz umzusetzen.

Damit bleibt die **strenge Rechtsprechung des BGH zur Btx-Werbung** auch auf die Versendung von Werbebotschaften via **E-Mail weiterhin anwendbar**. 520

So ist das Versenden von unerwünschten E-Mails nach derzeitiger Rechtslage grundsätzlich unzulässig.

Neben der FernARL wird das unerbetene Zusenden von E-Mails nunmehr auch durch die E-Commerce-Richtlinie geregelt.

(b) Die E-Commerce-Richtlinie

Der Anwendungsbereich der **E-Commerce-Richtlinie**[2] zielt auf den freien Verkehr von Diensten der Informationsgesellschaft.[3] 521

---

1 Nach Art. 10 Abs. 1 bedarf die Verwendung von Automaten als Gesprächspartner (sog. Voice-Mail-System) und die Verwendung von Telefaxgeräten der vorherigen Zustimmung des Verbrauchers.

2 Richtlinie 2000/31/EG des Europäischen Parlaments und des Rates vom 8. 6. 2000 über bestimmte rechtliche Aspekte der Dienste der Informationsgesellschaft, insbesondere des elektronischen Geschäftsverkehrs, im Binnenmarkt („Richtlinie über den elektronischen Geschäftsverkehr"), ABl. EG Nr. L 178 S. 1

3 Die E-Commerce-RL verweist bezüglich der Definition auf Art. 1 Nr. 2 der RL 98/34/EG in der Fassung der RL 98/48/EG (Informationsrichtlinie). Danach sind „Dienste der Informationsgesellschaft" jede in der Regel gegen Entgelt elektronisch im Fernabsatz und auf individuellen Abruf eines Empfängers erbrachte Dienstleistung.

Neben allgemeinen Informationspflichten[1] und Informationspflichten im Bereich der kommerziellen Kommunikation[2] regelt die Richtlinie den elektronischen Vertragsabschluss[3] sowie die Verantwortlichkeit von Vermittlern.[4]

Als Kernstück führt die E-Commerce-Richtlinie unter dem Schlagwort „Binnenmarkt" für Dienste der Informationsgesellschaft das Herkunftslandprinzip[5] ein.

522 Für das Versenden von unerwünschten Werbebotschaften via E-Mails ist Art. 7 von Bedeutung.

Dieser bestimmt in seinem Absatz 1, dass die Mitgliedsstaaten in ihren Rechtsvorschriften vorzusehen haben, dass durch elektronische Post übermittelte **unerbetene kommerzielle Kommunikationen** bei Eingang beim Nutzer klar und unzweideutig als solche **erkennbar ist**.

523 Nach Art. 7 Abs. 2 sollen die Mitgliedstaaten ungeachtet anderer Richtlinien Maßnahmen ergreifen, um sicherzustellen, dass Diensteanbieter, die unerbetene kommerzielle Kommunikation durch elektronische Post übermitteln, regelmäßig **„opt-out"**-Register konsultieren, in die sich natürliche Personen eintragen können, die keine derartigen Informationen zu erhalten wünschen, und dass die Diensteanbieter dieser Liste nachkommen.

Nach der E-Commerce-Richtlinie gilt also auch der Grundsatz, dass unerwünschte E-Mails grundsätzlich so lange zulässig sind, bis sich der Adressat eindeutig gegen deren Empfang ausgesprochen hat. Die E-Commerce-Richtlinie geht somit in diesem Bereich, ebenso wie die FernARL, von einer „opt-out"- und nicht von einer „opt-in"-Lösung aus. Die letztgenannte Lösungsvariante, bei der E-Mails so lange unzulässig sind, bis sich der Adressat für deren Übermittlung ausspricht, wird, wie oben dargestellt, bisweilen von der deutschen Rechtsprechung vertreten.

524 Zu fragen ist, wie sich die Umsetzung der E-Commerce-Richtlinie, mit der noch im Jahre 2001 zu rechnen ist, auf die deutsche Rechtsprechung auswirken wird.

---

1 Art. 5 der E-Commerce-RL bestimmt eine Reihe von Informationspflichten des Diensteanbieters. Der Diensteanbieter muss seine Identität bekannt geben, um dem Nutzer eine leichte Kontaktaufnahme zu ermöglichen. Ferner muss der Diensteanbieter, falls Angaben, die für den Verkauf und die Erbringung der Dienste der Informationsgesellschaft erfolgen, diese unzweideutig darstellen.

2 Art. 2e der E-Commerce-RL definiert „Kommerzielle Kommunikation" als „alle Formen der Kommunikation, die der Förderung des Absatzes von Waren und Dienstleistungen oder des Erscheinungsbildes eines Unternehmens, einer sonstigen Organisation oder einer natürlichen Person dient, die eine Tätigkeit in Handel, Gewerbe oder Handwerk oder einen freien Beruf ausüben".

3 Die Art. 9–11 der E-Commerce-RL regeln elektronische Verträge.

4 Die Art. 12–15 der E-Commerce-RL regeln die Verantwortlichkeit für Anbieter von vermittelnden Diensten.

5 Gem. Art. 3 der E-Commerce-RL können Diensteanbieter gemeinschaftsweit tätig werden, wenn sie die Regeln ihres Herkunftslandes einhalten, auch wenn das Empfangsland andere Regeln vorsehen sollte.

Dazu sind Art. 3 Abs. 1 und 2 der E-Commerce-Richtlinie zu beachten:

Art. 3 Abs. 1 bestimmt, dass die Mitgliedstaaten dafür Sorge zu tragen haben, 525
dass die Dienste der Informationsgesellschaft, die von einem in seinem Hoheitsgebiet niedergelassenen Diensteanbieter erbracht werden, den einschlägigen, in diesem Mitgliedstaat geltenden innerstaatlichen Vorschriften, entsprechen.

Art. 3 Abs. 2 verbietet den Mitgliedstaaten, den freien Verkehr von Diensten der Informationsgesellschaft aus einem anderen Mitgliedstaat nicht aus Gründen einzuschränken, die in den koordinierten Bereich fallen. Diese Bestimmung statuiert somit das bisweilen heftig kritisierte **„Herkunftslandprinzip"**.

Art. 3 Abs. 3 iVm. Anhang II nimmt dagegen den Bereich der kommerziel- 526
len Kommunikation vom Herkunftslandprinzip aus, so dass für aus dem Ausland versendete E-Mails zur Beurteilung ihrer Zulässigkeit weiterhin das Rechtssystem des Adressatenstaates ausschlaggebend ist.

Ob es den Mitgliedstaaten freisteht, nationale Regelungen zu treffen, die von 527
den Regelungen in Art. 7 E-Commerce-Richtlinie abweichen, bleibt schließlich noch zu untersuchen.

Neben einer Kennzeichnungspflicht von Werbe-E-Mails und der Einrichtung einer „opt-out"-Liste enthält die E-Commerce-Richtlinie aber explizit keine materiellrechtlichen Bestimmungen über die Zulässigkeit nationaler Regelungen.[1] Ferner ist kommerzielle Kommunikation vom Herkunftslandprinzip ausgenommen. Aus dieser Tatsache und dem Umstand, dass die Kommission in diesem Bereich die FernARL durch die Bestimmungen der E-Commerce-Richtlinie nur ergänzen wollte, ergibt sich, dass durch beide Richtlinien in diesem Bereich nur ein Mindeststandard zum Schutz der Verbraucher vor unerbetenen E-Mails errichtet werden sollte.

Der Entwurf eines Gesetzes über rechtliche Rahmenbedingungen für den 528
elektronischen Geschäftsverkehr[2], Elektronischer Geschäftsverkehr-Gesetz – EGG, mit dem die E-Commerce-Richtlinie umgesetzt werden soll, weist in der Begründung dementsprechend darauf hin, dass in Deuschland nach einhelliger Gerichtspraxis die elektronische Zusendung unaufgeforderter Werbung nach § 1 UWG unzulässig ist. Deshalb ist Art. 7 der E-Commerce-Richtinie, welcher die Kennzeichnungspflicht unerbetener Werbung im Falle der Zulässigkeit vorschreibt, gemäß der Begründung zum Entwurf des EEG auch nicht umsetzungsbedürftig.

Daher wird die Zusendung von **unerbetenen Werbe-E-Mails** auch **nach Umsetzung der E-Commerce-Richtlinie unzulässig sein.**[3]

1 Vgl. *Maennel*, MMR 1999, 187 (190).
2 BT-Drucks. 14/6098.
3 Vgl. *Maennel*, MMR 1999, 187 (190); *Brisch*, CR 1999, 235 (239); sowie *Waldenberger*, EuZW 1999, 296 (300).

529 Daraus folgt, dass die **bisherige einhellige Rechtsprechung** zur Zulässigkeit von Werbebotschaften mittels E-Mail **weiter zu berücksichtigen ist**.

Erlaubt ist die Zusendung von Werbe-E-Mails daher **nur**, **wenn** der Werbende das **Einverständnis** des Adressaten annehmen kann. Dazu reicht es aber nicht aus, dass der Adressat eine E-Mail-Adresse auf der Visitenkarte angibt.

Nur konkrete Umstände können den Werbenden vermuten lassen, dass der Adressat dem Postverkehr via E-Mail zustimmen wird. Dies ist etwa der Fall, wenn zwischen Werbenden und Adressaten schon ein geschäftliches Verhältnis besteht und die elektronische Post das übliche Kommunikationsmittel darstellt.[1]

Bei Privatpersonen ist ein Einverständnis anzunehmen, wenn der Adressat einer Aufnahme in eine Verteilerliste (Mailing List) zustimmt und ein direkter Themenbezug zum Gegenstand der Verteilerliste besteht.[2]

530 Zur Zulässigkeit einmalig unverlangter Übersendung geschäftlicher E-Mail-Werbung wegen fehlender Wiederholungsgefahr, da es sich um ein Angebot einer einmalig auszuführenden Dienstleistung handelt, siehe das Urteil des OLG Hamburg.[3]

ff) Banner-Werbung

(1) Definition und Arten

531 Banner sind graphisch gestaltete Werbeflächen auf einer Webpage. Dabei kann das „Werbeplakat" das eigene oder, wie meist der Fall, ein fremdes Unternehmen bewerben. Während früher die Banner noch statisch waren, ermöglicht die Weiterentwicklung der Browsertechnologie mittlerweile auch bewegte Sequenzen in animierten Bannern. Durch die HTML-Darstellung ist heute sogar die Integration von Dialogboxen, Adressfeldern oder Pull Down Menues möglich. Ebenso können Banner mit Links mit anderen Websites verbunden sein, die durch „Anklicken" des Banners aufgerufen werden können.

Aufwendig programmierte „rich media"-Banner ermöglichen sogar die Integration von Filmsequenzen mit Sprach- oder Musikwiedergabe.[4]

532 Je nach Größe unterscheidet man Full-Banner, Short- oder Micro-Button. Das animierte Banner, bei dem sich der Inhalt des Banners während der Darstellung ständig verändert, ist wegen der Werbewirksamkeit die beliebteste Darstellungsform. Im zunehmenden Maße wird heute Banner-Werbung nicht

1 Vgl. *Baumbach/Hefermehl*, § 1 UWG Rz. 70b.

2 Vgl. *Körner/Lehment* in Hoeren/Sieber, Multmedia-Recht, Teil 11.1, Rz. 35/47.

3 OLG Hamburg v. 2. 8. 1999 – 12 W 17/99, CR 2000, 183.

4 Vgl. *Leupold/Bräutigam/Pfeiffer*, Von der Werbung zur kommerziellen Kommunikation: Die Vermarktung von Waren und Dienstleistungen im Internet, WRP 2000, 575 (579).

nur dazu verwendet, um den Umworbenen dazu zu bewegen, auf die beworbene Website „durchzuklicken“, sondern sie dient ebenso zur Stärkung der eigenen Marke.

(2) Rechtliche Beurteilung

Viele Inhaber redaktionell betreuter Websites, die für den Abruf ihrer Website kein Entgelt verlangen, finanzieren ihre Internettätigkeit durch Schaltung von Werbe-Banner. Der Internetuser ist aber grundsätzlich nicht an dem Inhalt der Banner interessiert. Dies gilt insbesondere, wenn es sich um Werbung handelt, die mit der aufgerufenen Website thematisch nicht in Verbindung steht und so meistens keine zusätzlichen Informationen enthält. Unternehmen, die ihre Banner schalten, wollen, wie auch bei konventioneller Werbung, dass sich ihre Werbebotschaften möglichst an Stellen befinden, die vom Websitebesucher nicht „übersehen“ werden können. Daher werden Banner oft so auf redaktionell gestaltete Webpages platziert, dass der **Leser die „Banner-Werbung“ als dem redaktionellen Teil zugehörig versteht**. In diesem Fall **verstößt** die Banner-Werbung **gegen das Trennungsgebot.** 533

Eine Kennzeichnung als Werbung ist in derartigen Fällen notwendig, um den Leser der Webpage nicht irrezuführen.[1] Dabei wird zB ein englischsprachiger Hinweis, der den Bannerinhalt als Werbung kennzeichnet, ausreichend sein.[2] 534

Ebenso müssen sich die dargestellten **Werbeinhalte der Banner**, wie jede andere Werbung auch, am **Lauterkeitsrecht messen lassen**. Irreführende oder nicht erlaubte vergleichende Werbebotschaften sind deshalb genauso verboten wie kurzfristig eingeblendete Werbung in Banner, die vom Website-Besucher nicht bewusst wahrgenommen werden kann, aber trotzdem sein Unterbewusstsein und damit seine Kaufentscheidung beeinflusst. Siehe dazu oben unter Rz. 362.

gg) Cookies

(1) Definition

Bei Cookies handelt es sich um eine Software, die der Betreiber eines Servers im WWW-Browser eines Benutzers abspeichern kann. 535

Das Ablegen des Cookies ermöglicht es dem Betreiber des Servers, Informationen über die Anzahl und Art der verschiedenen vom User abgerufenen Websites abzurufen und zu sammeln. Diese Informationen über das „Internetverhalten“ des Betroffenen kann er dann gezielt für eigene Werbezwecke und Verkaufsstrategien ausnutzen.

1 Vgl. *Loewenheim/Koch*, Praxis des Online-Rechts, S. 256.
2 Vgl. *Leupold/Bräutigam/Pfeiffer*, WRP 2000, 575 (590).

(2) Rechtliche Beurteilung

536 Das Einsetzen von **Cookies verletzt** die **Persönlichkeitsrechte** des Internetusers, da durch das Abrufen der User-Daten in informationelle Selbstbestimmungsrechte eingegriffen wird. Der Internetuser wird in seinem Recht verletzt, darüber zu entscheiden, ob und an wen er Daten über seine eigene Person und über sein Verhalten im Internet weitergeben will.[1]

Daneben stellt das Setzen von „Cookies" auch eine **sittenwidrige Handlung iSd. § 1 UWG** dar.

Durch die Verwendung von **„Cookies" erlangt** der **Betreiber des Servers widerrechtlich Informationen über Internetuser.** Mit diesen Daten verschafft sich der Unternehmer einen erheblichen Wettbewerbsvorsprung vor gesetzestreuen Mitbewerbern, weil die Verwendung der Daten eine individuelle Ausrichtung der Anbietermaßnahmen ermöglicht und so die Chance auf einen möglichen Kaufabschluss mit dem potentiellen Kunden erhöht wird.

537 Werden mittels Cookies personenbezogene Daten gesammelt, liegt darin außerdem ein **Verstoß gegen § 3 Abs. 5 TDDSG, § 12 Abs. 6 MDStV**. Dies gilt, wenn durch die Daten eine natürliche Person ohne weiteres identifiziert werden kann. Hiervon ist auszugehen, wenn aufgrund der IP-Adresse eine Rückverfolgung bis zur natürlichen Person möglich ist.[2]

f) Besondere Aktionen im Internet

aa) Internetauktionen

538 Von den Internetauktionen sind ähnliche Verkaufsformen im Internet wie Power-Shopping und Community-Shopping zu unterscheiden.

Es gibt inzwischen viele Varianten von Internteauktionen. Internetauktionen können sich über mehrere Tage oder auch nur über wenige Minuten erstrecken. Die Veranstalter können eigene Waren anbieten oder lediglich Vertragsabschlüsse mit Dritten vermitteln.

Ebenso werden Plattformen angeboten, auf denen Dritte Verkaufsveranstaltungen durchführen können. Tatsache ist jedoch, dass bei allen Auktionen im Internet bei einer weltweit möglichen Teilnahme auch **viele unterschiedliche nationale Versteigerungsvorschriften zu beachten sind.**

539 So hat ein französisches Gericht[3] in den aus den USA abrufbaren Auktionen einen Verstoß gegen das gesetzlich geregelte Monopol der staatlichen Versteigerungshäuser erblickt und die Beklagte verurteilt, die Teilnahme an solchen Versteigerungen für französische Teilnehmer zu sperren.

---

1 Vgl. *Mankowski*, Besondere Formen von Wettbewerbsverstößen im Internet und Internationales Wettbewerbsrecht, GRUR Int. 1999, 995 (1002).

2 Vgl. *Strömer*, Online Recht, 2. Aufl. 1999, S. 283.

3 Tribunal de Grande Instance Paris, Urt. v. 3. 5. 2000, K&R 2000, 368 f.

In Deutschland sind nicht nur Internetauktionshäuser[1] wie Pilze aus dem Boden geschossen; mittlerweile sind bereits einige gerichtliche Entscheidungen in diesem Bereich ergangen.

Herkömmliche **Auktionen sind nach § 34b GewO erlaubnispflichtig**. Fraglich ist, ob Internetauktionen mit herkömmlichen Auktionen vergleichbar sind und daher ebenfalls dieser Erlaubnis bedürfen.

Bei herkömmlichen Auktionen bietet der Auktionator entweder im eigenen 540
Namen (in der Regel für fremde Rechnung) oder im fremden Namen den am Versteigerungsort anwesenden Personen regelmäßig gebrauchte Gegenstände zu einem Mindestpreis an. Internetauktionen unterscheiden sich diesbezüglich in einigen Punkten. So werden via Internet meist nicht nur gebrauchte, sondern auch neue Waren versteigert. Der Mitbieter ist während der Versteigerung nicht physisch anwesend und kann daher die Ware nicht begutachten. Käufer wird nicht diejenige Person, die den Zuschlag erhält, sondern jener Internetbieter, der bei Zeitablauf das höchste Gebot abgegeben hat.

Die Internetauktion findet nicht in einem örtlich begrenzten Veranstaltungslokal statt. Gerade dieser letzte Faktor ist aber entscheidend für die Frage, ob **Internetauktionen unter den gewerberechtlichen Versteigerungsbegriff fallen** und daher einer Erlaubnis bedürfen.

Diesbezüglich herrscht allerdings **Uneinigkeit**. Während etwa die Wirt- 541
schaftsbehörde der Freien Hansestadt Hamburg[2] die Ansicht vertrat, dass eine Internetauktion nicht dem Gewerberecht unterfalle, vertrat das LG Hamburg[3] bei Beurteilung derselben Online-Auktion die gegenteilige Ansicht.

Das Gericht hat in den versteigerungsartigen Internet-Verkaufsaktionen von „ricardo", die ungebrauchte Handelswaren betrafen, echte Versteigerungen iSv. § 34b GewO und der VersteigerungsVO gesehen. Es hat das Internet als virtuellen Raum gesehen, in dem die Versteigerung stattfindet, und damit die nach der GewO notwendige örtliche Begrenzung bejaht.

Der ebenso nach der Gewerbeordnung erforderliche feste zeitliche Rahmen sei nach Ansicht des Gerichtes auch dann gegeben, wenn die Auktion auf sieben Tage begrenzt ist.

Damit verstieß „ricardo" nach Ansicht des Gerichts – unabhängig davon, ob gebrauchte oder ungebrauchte Ware verkauft wurde – gegen § 34b Abs. 6 Nr. 5b der GewO.

Das Gericht verneinte aber einen Verstoß gegen § 1 UWG, da zuvor die zuständige Behörde die Online-Versteigerung nicht für erlaubnispflichtig

1 Siehe etwa Ansold (www.ansold.de), ein von Bertelsmann gegründetes Hamburger Internetauktionshaus; ebenso www.ricardo.de und die von Sixt unter www.sixt.de wöchentlich durchgeführten Versteigerungen.

2 Vgl. *Fuchs/Demmer*, Sitzung des Bundes-Länder-Ausschusses „Gewerberecht", GewArch 1997, 60 (63).

3 LG Hamburg, Urt. v. 14. 4. 1999 – 3/5 O 144/99, CR 1999, 526.

hielt. Damit handelte es sich bei der durchgeführten Versteigerung nicht um einen bewussten und planmäßigen Verstoß gegen die GewO zwecks Verschaffens eines ungerechtfertigten Wettbewerbsvorteils. Dies wäre aber aufgrund der Tatsache, dass es sich im Falle des § 34b GewO um eine wertneutrale Norm handelt, zur Bejahung eines Verstoßes gegen § 1 UWG[1] notwendig gewesen.

542 In der Entscheidung des LG Wiesbaden[2] vom 13.1. 2000 hatte das Gericht zu beurteilen, ob eine Versteigerung im Internet, bei der Kunstobjekte, die von Privaten und Händlern eingebracht wurden, einer Erlaubnis iSd. GewO bedarf. Auch in diesem Fall hatte die zuständige Behörde zuvor einen Negativattest erteilt, dh. eine Erlaubnis nach § 34 GewO nicht für notwendig erachtet.

Das Gericht kam zu der Ansicht, dass im konkreten Fall kein Verstoß gegen die GewO vorliege. Die gegenständliche Auktion unterliege nicht der GewO, da entgegen üblichen Auktionen, bei denen der Meistbietende rein durch den Bieterwettbewerb ermittelt werde, bei dieser Internetauktion ein festgelegter Zeitrahmen bestand und das Kaufobjekt an denjenigen fiel, der „zufällig“ bei Zeitablauf das höchste Gebot abgegeben hatte.

543 Ebenso vertrat das LG Münster[3] die Ansicht, dass es sich bei einer auf einer Auktionsplattform von einem Autohändler durchgeführten Verkaufsveranstaltung im Internet, wobei ein Neuwagen mit Startpreis 10,– DM zur Versteigerung angeboten wurde, nicht um eine übliche Auktion handle und daher die GewO keinen Anwendung finde. Wohl aber vertrat das Gericht in derselben Entscheidung an anderer Stelle die Meinung, dass, falls man in der zur Beurteilung stehenden Verkaufsveranstaltung eine Auktion sehe, diese trotz Durchführung im Internet nach den gewerberechtlichen Gesichtspunkten zu prüfen sei.

Nach Ansicht der Verfasser bedürfen auch Internetauktionen, ebenso wie übliche Auktionen, einer gewerberechtlichen Erlaubnis, da § 156 BGB, der in allen Fällen gilt, in denen eine Versteigerung nach den Vorschriften des Privatrechts erfolgt, dispositives Recht enthält. Daher unterfällt auch eine Veranstaltung, welche der Leitfigur des § 156 BGB nicht vollständig entspricht, § 34b GewO. Erforderlich ist lediglich, dass durch die Veranstaltung ein rechtswirksames Austauschgeschäft zustande kommt.

544 Grundsätzlich gilt für Versteigerungen, dass durch einen öffentlichen Verkauf einer angebotenen Ware durch Konkurrenz der Bieter eine möglichst hohe Gegenleistung erzielt werden soll.[4] Daraus ergibt sich die Möglichkeit, dass diese „möglichst hohe Gegenleistung“ nicht zwingend absolut, sondern auch durch Umstände, etwa durch eine zeitliche Begrenzung, definiert werden kann.

---

1 Siehe dazu oben Rz. 405.

2 LG Wiesbaden v. 13. 1. 2000 – 13 O 132/99, CR 2000, 317.

3 LG Münster v. 21. 1. 2000 – 4 O 424/99, MMR 2000, 280.

4 Vgl. Staudinger/*Bork*, § 156 BGB Rz. 9.

Daher ist dem LG Hamburg zuzustimmen, wonach auch Online-Auktionen dem Gewerberecht unterliegen und einer Erlaubnis bedürfen.[1] Eine gesetzliche Klarstellung der Einstufung von Internet-Auktionen wäre dennoch wünschenswert.

Unlauter werden Internetauktionen dann, **wenn** sie entweder **gegen die „guten Sitten" iSd. § 1 UWG verstoßen oder irreführend iSd. § 3 UWG sind**. Sittenwidrig sind sicherlich Auktionen, bei denen der Preis durch das anonyme Mitbieten des Verkäufers in die Höhe getrieben wird (sog. shill bidding). 545

Der Auktionator haftet auf Unterlassung, wenn der über seine Auktionsplattform abgewickelte Vertrieb bestimmter Waren gegen ein Gesetz verstößt; so etwa, wenn Waffen oder verschreibungspflichtige Medikamente versteigert werden. Das Mitwirken am Rechtsbruch wird regelmäßig eine sittenwidrige Handlung iSd. § 1 UWG darstellen und Unterlassungsansprüche auch gegen den Auktionator begründen. 546

Die **Verbraucherschutzregeln der FernARL** bzw. des Fernabsatzgesetzes, wie zB die Informationspflicht des Unternehmers sowie das Widerrufsrecht, **finden auf Versteigerungen im Internet keine Anwendung.** Art 3 Abs.1 FernARL sowie § 1 Abs. 3 Nr. 7c FernabsatzG enthalten eine ausdrückliche Regelung, nach der die Bestimmungen der Richtlinie bzw. des Gesetzes nicht für Verträge gelten, die im Wege einer Versteigerung geschlossen werden. 547

Der **Abschluss** elektronischer Verträge – wie es bei **Internetauktionen** der Fall ist – **fällt in den Anwendungsbereich der E-Commerce-Richtlinie.** Eine Ausnahmeregelung für Versteigerungen sieht die E-Commerce-Richtlinie jedoch nicht vor.[2] Daher kommen die nationalen Regelungen zur Anwendung. 548

Zur Frage, ob bei einer **online durchgeführten Versteigerung** eines Neuwagens ein **gültiger Vertrag** zustande kommt, auch wenn das Letztgebot weit unter dem Listenpreis liegt, nahmen die Gerichte bereits Stellung. Das LG Münster[3], als erste Instanz, vertrat die Ansicht, dass der Inhaber des Neuwagens gegenüber den Bietern im Rahmen der Internetauktion wegen des Fehlens eines entgültigen Rechtsbindungswillens noch kein bindendes Angebot, sondern nur eine „invitatio ad offerendum" abgegeben hätte. Die Mitteilung des Internetauktionators an den Höchstbieter über den erhaltenen Zuschlag via E-Mail entfalte keine bindende Wirkung gegenüber dem Anbieter des PKWs. 549

1 Siehe weiter gehend zu Online-Auktionen: *Mankowski*, CR 1999, 512 f.; *Stögmüller*, K&R 1999, 391 sowie *Bullinger*, Internet-Auktionen – Die Versteigerung von Neuwaren im Internet aus wettbewerbsrechtlicher Sicht, WRP 2000, 253 ff., der aber Internetauktionen aufgrund einer historisch-teleologischen Interpretation von § 34b GewO als nicht von der GewO erfasst sieht.

2 Vgl. dazu *Stögmüller*, Auktionen im Internet, K&R 1999, 391 (395).

3 LG Münster v. 21. 1. 2000 – 4 O 429/99, JZ 2000, 730 ff.

Dieser Ansicht konnte das OLG Hamm[1], das als Berufungsgericht angerufen wurde, nicht folgen. Obwohl nach Ansicht der Richter ein „Verkauf zum Höchstgebot" nicht im Sinne einer Auktion zu verstehen sei, käme im konkreten Fall **ein gültiger Vertrag zustande**. Denn sobald die an der Auktion beteiligten Personen mittels Mausklick die Bedingungen der Internetauktion akzeptierten, würden sie gleichzeitig signalisieren, dass sie auch ein im Auktionsprozess erzieltes Angebot akzeptieren würden. Die Regeln der invitatio ad offerendum fänden insoweit keine Anwendung. Auch sei der im letzten Angebot liegende Erwerberpreis, auch wenn er auffällig hinter dem Listenpreis zurückbleibt, verbindlich. Der Anbietende hätte es nämlich in der Hand gehabt, durch Setzen eines Mindestgebots auf den Erwerberpreis Einfluss zu nehmen.[2]

bb) Power-Shopping, Powerbuying oder Community-Shopping

(1) Definition

550 Auf einer Website werden den Käufern verschiedene Markenartikel zum Kauf angeboten. Dabei bestimmen die Internetkunden, welchen Artikel sie gerne mit anderen in einer „Einkaufsgemeinschaft" (shopping community, buying group) erwerben wollen. Die Artikel werden jeweils in verschiedenen Preisstufen angeboten, die von der Anzahl der Angebote abhängig sind. Je größer die Anzahl der Käufer, desto geringer wird der Preis. Die Käufer können für die verschiedenen Preisstufen ein verbindliches Angebot abgeben.

Dabei kann der Käufer entscheiden, in welche Preisstufe er sich eintragen will. Trägt er sich in eine niedrige Preisstufe ein, dh., sind viele Kaufangebote erforderlich, damit die Ware um diesen Preis verkauft wird, geht er das höchste Risiko ein, da es ihm passieren kann, dass sich nicht genug Käufer für diese Gruppe finden und er die Ware nicht erhält.

Will er wenig Risiko eingehen, so trägt er sich in eine preislich höhere Gruppe ein. Melden sich genug Käufer in einer niedrigeren Gruppe, so erhält er trotzdem die Ware zum günstigeren Preis. Verhalten sich aber alle Käufer wie er, kommen möglicherweise nicht genug Angebote in einer preislich niedrigeren Gruppe zustande mit der Folge, dass er die Ware nur zum höheren Preis erwirbt.

Der wirtschaftliche Sinn dieses Verkaufsmodells ist darin begründet, dass der Verkäufer aufgrund der größeren Menge wiederum bei seinem Zulieferer einen günstigeren Preis aushandeln kann.

1 OLG Hamm v. 14. 12. 2000 – 2 U 58/00, NJW 2001, 1142 ff.; diese Entscheidung hat der BGH mit Urt. v. 7. 11. 2001 – VIII ZR 13/01 inzwischen bestätigt.

2 Zu Auktionen im Internet siehe auch die Darstellungen von *Huppertz*, MMR 2000, 65 ff.; *Leible/Sosnitza*, ZIP 2000, 732 ff.; *Menke*, WRP 2000, 337 ff.

(2) Rechtliche Beurteilung

551 Das aus den USA kommende Internetverkaufsmodell erfreut sich seit 1999 auch in Europa besonderer Beliebtheit. Natürlich sind Hersteller von Markenartikeln, besonders um den Preis für ihre Produkte hoch zu halten, bemüht, diese Verkaufsform zu unterbinden.

Deshalb ergingen seit 1999 mehrere gerichtliche Entscheidungen über die Zulässigkeit solcher Verkaufsmodelle im Internet.

552 Als Erste waren Philipps und Sony gegen Primus-Online, ein Unternehmen der Metro-Gruppe, das die Website „Power-Shopping" betrieb, vorgegangen und hatten sowohl beim OLG Hamburg[1] als auch beim LG Köln[2] Unterlassungsverfügungen erwirken können.[3]

553 Das OLG Hamburg sah in dieser Form des Vertriebes im Internet einen Verstoß gegen das Rabattgesetz.[4] Der höchste vom Anbieter genannte Preis sei der Normalpreis, von dem je nach Preisstufe Mengenrabatte gewährt würden, für die jedoch die gesetzlichen Voraussetzungen fehlten. Eine wirtschaftlich vernünftige Fortentwicklung verneinte das OLG, weil der Preis für den Kunden letztlich von dem ungewissen Kaufverhalten anderer, ihm unbekannter Käufer abhinge.

Das OLG Hamburg konnte aber wegen des angenommenen Verstoßes gegen das RabattG die Frage offen lassen, ob wegen des Zufallmoments und des damit verbundenen aleatorischen Anreizes auch ein Verstoß gegen § 1 UWG vorliegt.

554 Das LG Köln entschied zwar im Ergebnis ebenso wie das OLG Hamburg, doch begründete es die Unzulässigkeit des „Powershoppings" nicht nur mit einem **Verstoß gegen das RabattG,** sondern sah darin **auch** unter dem Gesichtspunkt des übertriebenen Anlockens einen **Verstoß gegen § 1 UWG.**

Der Anbieter nutze vor dem Hintergrund der großen Preisnachlässe und der zeitlichen Befristung – im Streitfall war das Angebot auf eine Woche begrenzt – die Spiellust der angesprochenen Verbraucher aus (aleatorischer Anreiz) und verkopple sie derart mit der Art und Weise seines Angebots bzw. seiner Preisgestaltung, dass der Verbraucher zur Laienwerbung animiert und sein Kaufentschluss unsachlich beeinflusst werde.

555 Mit der gleichen Begründung wie das LG Köln verboten auch das LG Nürnberg-Fürth[5] und das LG Hamburg[6] in späteren Entscheidungen diese Vertriebsform im Internet. In beiden Fällen bejahten die Gerichte sowohl einen Verstoß gegen das RabattG als auch einen Verstoß gegen § 1 UWG.

---

1 OLG Hamburg v. 18. 11. 1999 – 3 U 230/99, WRP 2000, 412 – Powershopping.
2 LG Köln v. 25. 11. 1999 – 31 O 990/99, CR 2000, 318.
3 *Menke*, Community Shopping und Wettbewerbsrecht, WRP 2000, 337.
4 Inzwischen aufgehoben, BGBl. I 2001, S. 1663.
5 LG Nürnberg-Fürth v. 8. 2. 2000 – 4 HK O 976/00, MMR 2000, 640.
6 LG Hamburg v. 14. 7. 2000 – 416 O 155/00, CR 2000, 774 ff.

556 Da das RabattG mit Wirkung vom 1. 8. 2001 abgeschafft worden ist, dürfte in Zukunft die größte juristische Hürde für das Community-Shopping das Lauterkeitsrecht sein.

Bis zu einer höchstgerichtlichen Entscheidung ist davon auszugehen, dass Vertriebsformen wie das Power- oder Community-Shopping im Internet wegen Verstoßes gegen § 1 UWG unzulässig sind.[1]

cc) Glücksspiel im Internet

557 Schon bald nach Einführung des WWW haben findige Unternehmer die Möglichkeit erkannt, via Internet an eine große Gruppe spielbegeisterter Personen heranzutreten und deren Spielleidenschaft wirtschaftlich zu nutzen.

Dabei wurde übersehen, dass sowohl die Durchführung von Sportwetten als auch die Durchführung anderer Glücksspiele in **„Online-Casinos" einer gewerbebehördlichen Erlaubnis bedürfen**.

Ein Verstoß gegen die Genehmigungspflicht kann **neben lauterkeitsrechtlichen Unterlassungsansprüchen auch strafrechtliche Konsequenzen auslösen**.

558 Die GewO schreibt in § 33 für die gewerbsmäßige Durchführung bestimmter Spiele mit Gewinnmöglichkeit eine **Erlaubnispflicht** der zuständigen Behörde vor. Diese darf nur erteilt werden, wenn der Betreiber eine Unbedenklichkeitsbescheinigung beibringt und er die erforderliche Zuverlässigkeit besitzt. Eine Unbedenklichkeitsbescheinigung ist gem. § 33e GewO aber zu versagen, wenn die Gefahr besteht, dass der Spieler in kurzer Zeit unangemessen hohe Verluste erleidet oder die Spieleinrichtung mit einfachen Mitteln als Glücksspiel iSd. § 284 StGB veranstaltet werden kann.

Gewisse Spiele, nämlich Lotterien und Glücksspiele iSd. § 284 StGB, sind gem. § 33h GewO vom beschriebenen allgemeinen Erlaubnisverfahren ausgenommen und bedürfen einer besonderen behördlichen Erlaubnis.[2]

559 Wer ein Glücksspiel ohne behördliche Erlaubnis öffentlich veranstaltet oder hält oder die Einrichtungen hierzu bereitstellt, macht sich gem. § 284 StGB strafbar. Glücksspiel iSv. § 284 StGB sind solche Spiele, bei denen die Entscheidung über Gewinn und Verlust nach den Vertragsbedingungen nicht wesentlich von den Fähigkeiten und Kenntnissen und vom Grade der Auf-

---

1 Vgl. auch *Menke*, WRP 2000, 337, der nach einer ausführlichen Prüfung zu dem Ergebnis kommt, dass diese Vertriebsform weder nach Rabatt-, Preisangaben- noch lauterkeitsrechtlichen Bestimmungen zu beanstanden ist.

2 Vgl. dazu etwa das SpielbankenG v. 14. 7. 1933 (RGBl. 480), das zum Teil als Landesrecht fortgalt und durch das Spielbankengesetz der Länder ersetzt wurde. Ebenso enthalten einzelne Landesgesetze Vorschriften über die Zulässigkeit von Sportwetten und Lotterien.

merksamkeit der Spieler, sondern allein oder hauptsächlich vom Zufall bestimmt wird.[1]

Zur Abgrenzung zwischen einem Geschicklichkeitsspiel und einem Glücksspiel, das vom Straftatbestand des § 284 StGB erfasst wird,[2] kann die jüngst ergangene Entscheidung des hessischen Verwaltungsgerichtshofs[3] herangezogen werden. Nach Ansicht des Senats liegt ein Geschicklichkeitsspiel dann vor, wenn die Trefferquote von einem Durchschnittsspieler durch Einsatz seiner Geschicklichkeit um mehr als das Doppelte der Zufallstrefferquote erhöht werden kann und die Trefferquote im Verhältnis zur Nichttrefferquote noch als wesentlich anzusehen ist. 560

Ein Treffer kann auch in einem Freispiel oder in einer Rückgabe des Spieleinsatzes liegen.

Besondere strafrechtliche Probleme wirft diesbezüglich die Durchführung von Gewinnspielen im Internet auf. Soweit der Anbieter aber ausschließlich im Ausland handelt, wird hier von einer dem deutschen Strafrecht unterfallenden Tathandlung nicht gesprochen werden können.[4] 561

In Deutschland sind zu dieser Thematik bisher folgende Urteile ergangen:

Der Entscheidung des OLG Hamm[5] lag der Sachverhalt zugrunde, dass für im Internet beworbene Sportwetten keine bzw. eine unwirksame Erteilung einer Gewerbeerlaubnis vorlag. Das Gericht sah darin einen Verstoß gegen die behördliche Erlaubnispflicht. Einen wettbewerbsrechtlichen Unterlassungsanspruch hat das Gericht aber mit der Begründung abgelehnt, dass ein bloßer Verstoß gegen die behördlichen Zulassungsregeln als solcher nicht für einen Verstoß gegen § 1 UWG ausreiche. Bei der GewO handele es sich um eine wertneutrale Norm. Daher verdichte sich der gesetzeswidrig verschaffte Wettbewerbszutritt erst dann zu einem im Rahmen § 1 UWG relevanten wettbewerbswidrigen Vorteil, wenn er das Wettbewerbsverhalten im Vergleich zu Mitbewerbern nicht nur erst ermöglicht, sondern auch erleichtert und begünstigt. 562

Die Durchführung von Glücksspielen im Internet kann aber wesentlich schwerwiegendere Konsequenzen nach sich ziehen. Der **Betreiber eines Domain-Servers kann zur straf-[6] und zivilrechtlichen[7] Haftung herangezogen** 563

1 Vgl. dazu *Tröndle/Fischer*, Strafgesetzbuch und Nebengesetze, 50. Aufl. 2001, § 284 StGB Rz. 3.

2 Vgl. auch § 33h Nr. 3 und § 33d GewO.

3 Entscheidung des VGH Hess. v. 26. 10. 2000 – 8 UE 3924/95, unveröffentlicht.

4 Vgl. *Lankemann/Junker*, AfP 2000, 254.

5 OLG Hamm v. 24. 9. 1998 – 4 U 152/98, SpuRt 1999, 114 ff. mit Anm. *Summerer*.

6 § 284 StGB sanktioniert nicht nur die öffentliche Veranstaltung eines Glücksspiels ohne behördliche Erlaubnis mit einer Freiheitsstrafe bis zu 2 Jahren, sondern verbietet auch die Werbung für ein solches. Wer unerlaubte Glückspiele trotzdem bewirbt, muss mit einer Freiheitsstrafe bis zu einem Jahr rechnen.

7 Diese folgt aus dem Umstand, dass ein Verstoß gegen § 284 StGB auch eine sittenwidrige Handlung iSd. § 1 UWG darstellt.

werden, wenn über ihn ein in Deutschland nicht genehmigtes Glückspiel eines im Ausland ansässigen Anbieters abgerufen werden kann und er gegenüber der Domain-Registrierungsstelle als „technical contact" und „billing contact" auftritt.

564 Das OLG Hamburg[1] hatte einen solchen Fall zu beurteilen. Unter der Homepage www.goldenjackpot.com einer venezuelanischen Firma bestand u.a. in Deutschland die Möglichkeit, in einem „Golden Jackpot Casino" im Internet an verschiedenen Glücksspielen (zB Roulette) teilzunehmen. Dabei konnte der Internetuser von englischsprachigen Webpages direkt auf eine deutschsprachige Version des Casinos gelangen.

Der deutsche Betreiber eines Domain-Name-Servers hat an der Registrierung der Internet-Domain gegenüber der InterNIC mitgewirkt und stand dem Anbieter der Glückspieldienste in Deutschland als Betreiber eines Domain-Name Servers zur Verfügung.

Der venezuelanische Betreiber besaß in Deutschland keine erforderliche gewerbebehördliche Erlaubnis zur Durchführung derartiger Glücksspiele.

Nach Ansicht des Gerichts beging die Betreiberfirma des „Internet-Casinos" durch ihr Handeln einen Verstoß sowohl gegen eine strafrechtliche Norm (§ 284 StGB) als auch gegen die gewerberechtliche Vorschrift des § 33d GewO. Diese Vorschriften stellen nach Ansicht des Gerichts wertebezogene Normen iSd. § 1 UWG dar.[2] Daher handelte die Betreiberfirma sittenwidrig iSd. § 1 UWG.

Der Betreiber des Domain-Name-Servers wirke als Störer am wettbewerbswidrigen Verhalten der Betreiberfirma mit und sei deshalb zur Unterlassung verpflichtet.

Interessant ist die Entscheidung aber auch aus zwei anderen Gründen.

565 Erstens beschäftigte sich das Gericht zwar mit den haftungsfreistellenden Bestimmungen in § 5 Teledienstegesetz (TDG), es kam aber zu der Ansicht, dass die technische **Übersetzung eines Domain-Namens in eine IP-Adresse durch den Betreiber eines Domain-Name-Servers kein Bereithalten fremder Inhalte zur Nutzung iSv. § 5 Abs. 2 TDG darstelle**. Ebensowenig handele es sich um eine reine Vermittlung des Zugangs zur Nutzung fremder Inhalte iSd. § 5 Abs. 3 TDG, da der Betreiber in einem Rechtsverhältnis zum Anbieter stehe.

566 Zweitens sah das Gericht die auf der deutschsprachigen Zugangsseite aufgenommenen **Warnhinweise**, wonach das Spiel in Deutschland nicht gespielt werden durfte, als für den Ausschluss der Sittenwidrigkeit **nicht ausreichend** an. Denn nach Ansicht des Gerichts würden hierdurch die Nutzer

---

1 OLG Hamburg v. 4. 11. 1999 – 3 U 274/98, CR 2000, 385.

2 Vgl. aber die Entscheidung des OLG Hamm v. 24. 9. 1998 – 4 U 152/98, SpuRt 1999, 114, nach der § 33d GewO eine wertneutrale Norm iSv. § 1 UWG darstellt.

nicht hinreichend davon abgehalten werden, an dem nichtgenehmigten Gewinnspiel teilzunehmen.

Das in Art. 3 der E-Commerce-Richtlinie verankerte **Herkunftslandprinzip** (siehe dazu unten Rz. 584 und 611) gilt nicht für Gewinnspiele. Dementsprechend sieht der Entwurf des Gesetzes über rechtliche Rahmenbedingungen für den elektronischen Geschäftsverkehr (kurz EGG) in Art. 1 (Änderung des Teledienstegesetzes) auch vor, dass Gewinnspiele mit einem vermögenswerten Einsatz einschließlich Lotterien und Wetten vom Herkunftslandprinzips **ausgenommen** sind. Mit anderen Worten wird auch nach der Umsetzung des Herkunftslandprinzips zur Beurteilung der Zulässigkeit von obigen Glücksspielen das Recht des Empfängerstaates, dh. dort, wo das Gewinnspiel abgerufen werden kann, maßgebend sein. 567

g) Haftung im Internet

aa) Allgemeine Haftungsregeln im UWG

Verstöße gegen das Wettbewerbsrecht lösen vor allem **Unterlassungs- und Schadenersatzansprüche** aus. 568

Besondere Bedeutung kommt im Rahmen von Verletzungshandlungen im Internet dabei den §§ 1 und 3 UWG zu.[1] Daher soll vornehmlich auf die möglichen Ansprüche bei Verletzung dieser Normen eingegangen werden.

Beide Normen gewähren unter ergänzender Heranziehung der Rechtsprechung zu § 1004 BGB für alle Beeinträchtigungen absoluter Rechte und geschützter Interessen und bei vorliegender Rechtswidrigkeit einen verschuldensunabhängigen Unterlassungsanspruch. Dieser Anspruch umfasst sowohl die Unterlassung künftiger Wettbewerbsverstöße als auch die Beseitigung fortwirkender Störungen.

Zur **Leistung eines Schadenersatzes** kann diejenige Person verurteilt werden, die fahrlässig oder vorsätzlich gegen § 1 UWG verstößt, dh., der Täter muss Kenntnis oder fahrlässig Unkenntnis von den die Sittenwidrigkeit begründenden Umständen haben. Bei einer Zuwiderhandlung gegen § 1 UWG handelt aber oft sogar schon schuldhaft, wer in Kenntnis der gesamten Umstände gegen die guten Sitten des Wettbewerbs verstößt. Dann kann sich die Feststellung eines besonderen Verschuldens erübrigen.[2]

Schuldner ist, wer entweder als Täter, Mittäter, Anstifter oder Gehilfe (§ 830 BGB) den Tatbestand der Haftungsnorm erfüllt oder für das Verhalten eines Dritten nach den §§ 31, 831 BGB einzustehen hat.[3]

Zusätzlich kann **§ 823 Abs. 1 BGB** anwendbar sein, wenn das Recht am eingerichteten und ausgeübten Gewerbebetrieb verletzt ist. Diese Anspruchs- 569

1 Die unzulässige vergleichende Werbung gem. § 2 UWG verstößt gegen § 1 UWG und löst daher die Rechtsfolgen der letztgenannten Norm aus.
2 *Baumbach/Hefermehl*, Einl UWG Rz. 340.
3 *Köhler/Piper*, vor § 13 UWG Rz. 43.

grundlage kommt aber nur dann in Betracht, wenn die Vorschriften des engeren Wettbewerbsrechts Lücken aufweisen.

§ 823 Abs. 2 BGB ist nach ständiger Rechtsprechung[1] nicht anwendbar. Zwar sind Verbotsvorschriften des UWG-Rechts Schutzvorschriften zugunsten des Mitbewerbers. Doch regeln die Sondervorschriften des UWG, insbesondere § 13 Abs. 6 UWG, die Schadenersatzpflicht bei schuldhafter Zuwidorhandlung oolbständig und erschöpfend.

Bei bewusst unrichtigen und unsachlichen Beurteilungen kommt **auch** eine Haftung nach **§ 826 BGB** in Betracht.[2]

570 Während § 1 UWG bei Zuwiderhandlung die Rechtsfolge in Form des Schadenersatzes selbst statuiert, bestimmt § 13 Abs. 6 UWG, wann ein Verstoß gegen § 3 UWG neben einem Unterlassungsanspruch – dieser ergibt sich direkt aus § 3 UWG – zusätzlich einen Schadenersatzanspruch gewährt.

Danach ist gem. § 3 UWG nur der zum Schadenersatz verpflichtet, der wusste oder wissen musste, dass die von ihm gemachten Angaben irreführend sind.

571 **Anspruchsberechtigt** ist zunächst, wer durch die wettbewerbsrechtliche Handlung unmittelbar in seinen Rechten bzw. rechtlich geschützten Interessenspositionen verletzt ist.

Daneben erweitert § 13 Abs. 2 Nr. 1 bis 4 UWG den Kreis der zur Erhebung eines Unterlassungsanspruchs Berechtigen. So sind Gewerbetreibende, die Waren oder gewerbliche Leistungen gleicher oder verwandter Art auf dem selben Markt vertreiben, soweit der Anspruch eine Handlung betrifft, die geeignet ist, den Wettbewerb auf diesem Markt wesentlich zu beeinträchtigen, aktiv legitimiert. Diese Legitimation haben aber auch bestimmte rechtsfähige Verbände zur Förderung gewerblicher Interessen sowie Verbände, zu deren satzungsmäßigen Aufgaben es gehört, die Interessen der Verbraucher durch Aufklärung und Beratung wahrzunehmen.

572 **Passiv legitimiert** sind grundsätzlich der **Verletzer und der Störer** sowie jeder Teilnehmer am Wettbewerbsverstoß.

573 Die **Störerhaftung** ergibt sich aus der analogen Anwendung des § 1004 BGB iVm. § 1 UWG. Danach haftet jeder, der an der Herbeiführung eines wettbewerblichen Erfolges willentlich und adäquat ursächlich mitwirkt, sei es durch positives Tun oder sei es dadurch, dass er es trotz bestehender rechtlicher Möglichkeiten unterlässt, den Wettbewerbsverstoß zu verhindern.

Zur Begründung der Störerhaftung kommt es weder auf ein schuldhaftes Handeln noch auf eine Wettbewerbsförderungsabsicht an. Die Art und der Umfang des Tatbeitrages sind irrelevant. Es genügt, dass überhaupt eine

1 BGH v. 30. 11. 1954 – I ZR 143/52, BGHZ 15, 338 (355) und *Baumbach/Hefermehl*, Einl. UWG Rz. 342 mwN.

2 Vgl. BGH v. 9. 12. 1975 – VI ZR 157/73, GRUR 1976, 268 (271) – Warentest II.

wettbewerbswidrige Beeinträchtigung besteht und dass der Störer an der Schaffung und Aufrechterhaltung des wettbewerbswidrigen Zustandes mitgewirkt hat.[1]

Zusätzlich ist nach der jüngeren Rechtsprechung des BGH zur Begründung einer Störerhaftung die Verletzung einer Prüfungspflicht notwendig.[2] Danach müsse Störern der Einwand offen stehen, dass ihnen eine Prüfungspflicht – weil der störende Zustand nicht erkennbar war – nicht oder nur eingeschränkt zumutbar gewesen sei.[3]

Die bloße Störereigenschaft reicht aber für die Begründung einer **Schadensersatzpflicht nicht** aus.[4]

574 Wurde der Wettbewerbsverstoß in einem **geschäftlichen Betrieb von einem Angestellten oder Beauftragten** begangen, so haftet auch der Inhaber des Betriebes gem. § 13 Abs. 2 Nr. 4 UWG auf Unterlassung. Zur Begründung von schadenersatzrechtlichen Ansprüchen gegen den Betriebsinhaber sind die allgemeinen Vorschriften des Zivilrechts (§§ 31 und 831 BGB) maßgebend.

575 **Die Schadensberechnung** folgt zunächst den allgemeinen Grundsätzen, dh., die §§ 249 ff. BGB finden Anwendung.

Darüber hinaus gewährt die Rechtsprechung dem Verletzten in Fällen des wettbewerbsrechtlichen Leistungsschutzes ein dreifaches Wahlrecht. So kann der Verletzte neben der herkömmlichen Schadensberechnung auch die Zahlung einer angemessenen, fiktiven Lizenzgebühr verlangen oder die Herausgabe des Verletzergewinns fordern. Das Wahlrecht erlischt erst mit Erfüllung bzw. rechtskräftiger Verurteilung des Verletzten.[5]

Zusätzlich besteht im Wettbewerbsrecht ein Hilfsanspruch in Form eines Auskunfts- und Rechnungslegungsanspruches, der sich in seinem Umfang nach Treu und Glauben richtet.

bb) Besondere Haftungsregeln im Internet

(1) Die Einschränkung der Verantwortlichkeit für wettbewerbsrechtliche Verstöße nach § 5 TDG und § 5 MDStV

576 Die **Diensteanbieter** (Provider) trifft nach den §§ 5 TDG und 5 MDStV, abhängig davon, ob sie eigene oder fremde Inhalte bereithalten oder nur als

1 BGH v. 12. 10. 1989 – I ZR 29/88, GRUR 1990, 373 (374) – Schönheitschirurgie sowie *Köhler/Piper*, Einf. Rz. 171 mwN.

2 BGH v. 10. 10. 1996 – I ZR 129/94, GRUR 1997, 313 (316) – Architektenwettbewerb sowie BGH v. 10. 4. 1997 – I ZR 3/95, GRUR 1997, 909 – Branchenbuch-Nomenklatur.

3 Vgl. dazu auch *Haedicke*, Die Haftung für mittelbare Urheber- und Wettbewerbsrechtsverletzungen, GRUR 1999, 397 ff.

4 BGH v. 6. 4. 2000 – I ZR 67/98, WRP 2000, 1263 (1266) – Neu in Bielefeld I.

5 BGH v. 17. 6. 1992 – I ZR 107/90, GRUR 1993, 55 – Tschibo/Rolex; vgl. auch *Hubmann/Götting*, Gewerblicher Rechtsschutz, 1998, S. 373 mwN aus der Rspr.

Zugangsvermittler (sog. Access-Provider) fungieren, eine **abgestufte Verantwortung** für Inhalte im Internet.

Nach **§ 5 Abs. 1 TDG** (§ 5 Abs.1 MDStV ist im Wortlaut identisch) kann sich der Diensteanbieter, der **eigene Inhalte** auf einer Website zur Nutzung bereithält (sog. Content-Provider), auf keine Haftungbeschränkung berufen. Er haftet in vollem Umfang nach den allgemeinen Rechtsvorschriften.

Handelt es sich aber um einen Host-Service-Provider, so haftet dieser gem. **§ 5 Abs. 2 TDG** (§ 5 Abs. 2 MDStV) für **fremde Inhalte** nur, wenn er Kenntnis des Inhalts hat und es ihm sowohl technisch möglich als auch zumutbar ist, dessen Nutzung zu verhindern. Somit trifft auch den Host-Service-Provider eine Haftung, allerdings nur, wenn er sich neben den genannten Voraussetzungen die für ihn zunächst fremden Inhalte zu Eigen macht.

577 Dabei ist fraglich, ob für eine Haftungsfreistellung des Host-Service-Providers nach § 5 Abs. 2 TDG (§ 5 Abs. 2 MDStV) bereits die bloße Kenntnis des Inhalts schädlich ist, oder ob ihm zusätzlich auch deren Rechtswidrigkeit bekannt sein muss. Während die amtliche Begründung[1] zu § 5 Abs. 2 TDG von einer positiven Kenntnis der Rechtswidrigkeit und damit von einem bewussten Bereitstellen der rechtswidrigen Inhalte durch den Diensteanbieter ausgeht, lässt es die bisherige Rechtsprechung[2] für eine Haftung genügen, wenn dem Provider lediglich der konkrete Inhalt bekannt war.

578 **§ 5 Abs. 3 TDG** stellt Diensteanbieter, die lediglich den Zugang zu fremden Inhalten vermitteln (sog. Access-Provider), von jeglicher Haftung frei.

Dies wird damit begründet, dass reine Zugangsvermittler in der Regel keine Möglichkeit haben, den häufig durch das Fernmeldegeheimnis geschützten und in Echtzeit erfolgenden Datenverkehr in ihren Leitungen oder Netzknoten zu kontrollieren.

Unter die Haftungsfreistellung fallen auch die Betreiber von Proxy-Servern, da § 5 Abs. 3 Satz 2 TDG eine automatische und zeitlich begrenzte Vorhaltung fremder Inhalte ausdrücklich von einer Haftung ausnimmt.

Gemäß § 5 Abs. 4 TDG bleiben (verschuldensunabhängige) Verpflichtungen zur Sperrung rechtswidriger Inhalte nach den allgemeinen Gesetzen unberührt, wenn der Dienstanbieter unter Wahrung des Fernmeldegeheimnisses **von** diesen **Inhalten Kenntnis erlangt** und eine Sperrung technisch möglich

1 BT-Drucks. 13/7385, 20.

2 So etwa LG München v. 30. 3. 2000 – 7 O 3625/98, CR 2000, 389 mit Anm. *Moritz*. Nach Ansicht des Gerichts würden bei Anwendung der amtlichen Begründung des Art. 5 Abs. 2 TDG sowohl Art. 14 GG als auch die Regelungen in den Art. 8, 10 und 14 WIPO-Vertrag unterlaufen werden. Inzwischen ist zur Haftung eines Providers für eine urheberrechtsverletzende Musiktauschbörse auch eine Entscheidung des OLG München v. 8. 3. 2001 – 29 U 3282/03, ergangen. Nach Ansicht des OLG findet § 5 TDG in Fällen von Urheberrechtsverletzungen keine Anwendung. Die Haftung des Providers bestimmt sich deshalb nach den allgemeinen Grundsätzen des Urheberrechts.

und zumutbar ist. Eine derartige Vorschrift ist dem Mediendienste-Staatsvertrag unbekannt. Der Mediendienste-Staatsvertrag statuiert in § 18 Abs. 3 MDStV nur eine subsidiäre Störerhaftung des Zugangsvermittlers, die jedoch nur öffentlich-rechtlich ausgestaltet ist.

(2) Die Einschränkung der Haftung nach der E-Commerce-Richtlinie

Die in Europa unterschiedlichen Verantwortlichkeitsregelungen für Diensteanbieter sollen durch die E-Commerce-Richtlinie (im Folgenden EC-RL) harmonisiert werden. 579

Die Art. 12 bis 15 EC-RL[1] enthalten, ähnlich dem TDG, **Regelungen zur Haftungsfreistellung von Diensteanbietern**.[2] Diese ist je nach der Tätigkeit, dh. dem Dienst der Informationsgesellschaft, abgestuft.

Art. 12 EC-RL bestimmt, dass für **die „reine Durchleitung"** von Daten, außer im Falle einer Unterlassungsklage, keine Verantwortlichkeit besteht. Darunter fallen Dienste, die nur die vom Nutzer des Dienstes eingegebenen Informationen innerhalb eines Kommunikationsnetzes übertragen oder den Zugang zu diesem vermitteln. 580

Der Diensteanbieter darf die Übermittlung der Daten aber nicht veranlasst, den Adressaten der übermittelten Informationen nicht ausgewählt und die übermittelten Informationen nicht ausgewählt oder verändert haben.

Art. 13 EC-RL behandelt die Fälle des **„Caching"**. Diese liegen vor, wenn der Dienstanbieter nur die von einem Nutzer des Dienstes eingegebenen Informationen in einem Kommunikationsnetz übermittelt und eine automatische, zeitlich begrenzte Speicherung durchführt, die dem alleinigen Zweck dient, die Effizienz der weiteren Verbreitung der Informationen aufgrund der Anfrage anderer Nutzer des Dienstes zu steigern. Neben anderen Voraussetzungen, die erfüllt sein müssen, haftet der Vermittler dann nicht für den übermittelten Inhalt, wenn er zügig handelt, um eine Information zu entfernen oder den Zugang zu ihr zu sperren, sobald er Kenntnis davon erlangt hat, dass eine zuständige Behörde die Entfernung oder Sperrung angeordnet hat. 581

Art. 14 EC-RL regelt den Fall des **„Hosting"**. Beim „Hosting" stellt der Diensteanbieter Speicherplatz für Daten eines Nutzers des Dienstes zur Verfügung. Der Diensteanbieter haftet dann nicht für die rechtswidrige Tätigkeit oder Information eines Nutzers, wenn er keine Kenntnis davon hat, dass die Tätigkeit oder Information rechtswidrig ist, und er, nachdem er erfahren hat oder ihm bewusst geworden ist, dass die Tätigkeit oder Information rechtswidrig ist, unverzüglich tätig wird, um die Information zu entfernen oder den Zugang zu ihr zu sperren. 582

---

1 Siehe zum Inhalt der E-Commerce-Richtlinie auch Rz. 611 ff.

2 Diensteanbieter iSd. EC-RL ist jede natürliche oder juristische Person, die eigene oder fremde Teledienste zur Nutzung bereithält oder den Zugang zur Nutzung vermittelt.

Um Schadenersatzansprüchen zu entgehen, dürfen dem Dienstanbieter auch keine Tatsachen oder Umstände bewusst sein, aus denen die rechtswidrige Tätigkeit oder Information offensichtlich wird.

583 Gem. **Art. 15 EC-RL** dürfen die Mitgliedstaaten den Anbietern von Diensten im Sinne der Art. 12 bis 14 keine allgemeine Verpflichtung auferlegen, die von ihnen übermittelten und gespeicherten Informationen zu überwachen oder aktiv nach Umständen Ausschau zu halten, die auf eine unerlaubte Tätigkeit hinweisen. Davon ausgenommen sind nur die von nationalen Justizbehörden angeordneten zielgerichteten und zeitweiligen Überwachungsmaßnahmen, sofern sie in Übereinstimmung mit dem materiellen Recht angeordnet werden.

584 Gem. Art. 3 der EC-RL können Diensteanbieter gemeinschaftsweit tätig werden, wenn sie die Regeln ihres Herkunftslandes einhalten, auch wenn das Empfangsland andere Regeln vorsehen sollte **(Herkunftslandprinzip)**.

Der Entwurf des **Elektronischen Geschäftsverkehr-Gesetzes – EGG**[1] mit dem, wie oben erwähnt, die Umsetzung der EC-RL in Deutschland erfolgen soll, trägt den Bestimmungen zur Verantwortung der Diensteanbieter in den Artt. 12–15 EC-RL Rechnung. Damit dürfte auch in Deutschland kein Grund mehr für eine Diskussion bestehen, ob Host-Service-Provider bzgl. fremder gespeicherter Inhalte eine aktive Prüfungspflicht trifft.[2]

§ 8 EGG bestimmt nunmehr unzweideutig, dass **Diensteanbieter** iSd. §§ 9 bis 11 EGG – durch sie werden die Art. 12–14 EC-RL umgesetzt – **nicht verpflichtet** sind, die **von ihnen übermittelten oder gespeicherten Informationen zu überwachen** oder nach Umständen zu forschen, die auf eine rechtswidrige Tätigkeit hinweisen. Verpflichtungen nach den allgemeinen Gesetzen bleiben auch im Falle der Nichtverantwortlichkeit des Diensteanbieters nach §§ 9 bis 11 EGG unberührt.

cc) Die Haftung des Werbenden im Internet

(1) Allgemeines

585 Wer im Internet selbst wirbt, haftet für Wettbewerbsverstöße nach den oben dargelegten **allgemeinen Grundsätzen des Wettbewerbsrechts**. Er kann daher sowohl auf Unterlassung und Auskunftserteilung als auch – schuldhaftes Handeln vorausgesetzt – auf Schadenersatz in Anspruch genommen werden.

Der Umstand, dass die unlautere Werbung im Medium Internet erfolgt, hat, insofern deutsches Lauterkeitsrecht zur Anwendung kommt, für die Begründung dieser Ansprüche und deren Umfang keine Auswirkungen.

586 Nach Ansicht des LG Mannheim[3] kommt eine **Haftung des Werbenden als Störer** ausnahmsweise in Frage, wenn auf eine Homepage, deren Inhaber die

1 BT-Drucks. 14/6094.
2 Vgl. oben Rz. 577.
3 LG Mannheim v. 1. 8. 1997 – 7 O 291/97, MMR 1998, 217 f.

markenwidrige und irreführende Verwendung eines geschützten Kennzeichens auf seiner Homepage untersagt wurde, via Suchmaschine und von ihm nicht gesetzter Links weiter zugegriffen werden kann. In diesem Fall hatte der Werbende den Marken- bzw. Wettbewerbsverstoß zwar nicht selbst veranlasst, doch haftet er als Störer, weil er das gesetzwidrige Verhalten eines Dritten für sich ausnutzt, sofern er die Möglichkeit besitzt, dieses Verhalten zu verhindern. Da der Suchmaschinen-Betreiber auf Wunsch bestimmte Links entfernen kann, hätte der Werbende die Möglichkeit gehabt, die rechtswidrige „Verlinkung“ zu verhindern.

(2) Die Haftung des Providers als Diensteanbieter

Die **Haftung des Providers** bestimmt sich bis zur endgültigen Umsetzung der EC-RL grundsätzlich nach **§ 5 TDG** (aF).[1] Als horizontale Regelung gelten diese Bestimmungen für das Wettbewerbsrecht genauso wie für das Zivil- und Strafrecht.[2] 587

Schwierig ist die **Abgrenzung** zwischen **„eigenen“ und „fremden“ Diensten iSd. § 5 TDG (5 MDStV)**. Soweit Provider eigene Dienste bereithalten, sind sie gemäß § 5 Abs. 1 TDG (§ 5 Abs. 1 MDStV) „nach den allgemeinen Gesetzen“ verantwortlich, dh., sie trifft eine Haftung nach den allgemeinen wettbewerbsrechtlichen Grundsätzen. Zu den eigenen Inhalten gehören aber nicht nur Inhalte, die der Provider selbst erstellt hat, sondern auch fremde Inhalte, die sich der Provider als Diensteanbieter zu Eigen macht, § 5 Abs. 2 TDG (§ 5 Abs. 2 MDStV).[3] Ob sich der Provider den fremden Inhalt zu Eigen macht, hängt dabei nicht von der Vorstellung des Providers, sondern von der Sicht eines durchschnittlich informierten, aufmerksamen und verständigen Durchschnittsverbrauchers ab.[4] 588

Kann sich der **Provider nach § 5 Abs. 2 TDG** wegen eines zu Eigen gemachten, fremden Inhalts **nicht** auf eine **Haftungsfreistellung** berufen, so kann er bei Vorliegen aller wettbewerbsrechtlichen Tatbestandsmerkmale **auf Unterlassung und Schadensersatz in Anspruch genommen werden**. 589

Somit bedarf es der Voraussetzung, dass der Provider zu Zwecken des Wettbewerbs handelt. Diese Voraussetzung ist gegeben, wenn in objektiver Hinsicht ein Verhalten vorliegt, das geeignet ist, den Absatz oder den Bezug einer Person zum Nachteil einer anderen zu begünstigen, und wenn der 590

1 Wie oben dargestellt werden durch das EGG die Haftungsbestimmungen bzgl. der Diensteanbieter im TDG und die MDStV an die Bestimmungen der E-Commerce-RL angepasst.

2 Vgl. *Waldenberger*, Teledienste, Mediendienste und die „Verantwortlichkeit“ ihrer Anbieter, MMR 1998, 129 ff.; *Spindler*, Deliktsrechtliche Haftung im Internet, ZUM 1996, 533 ff.; sowie *Sieber*, Verantwortlichkeit im Internet, 1999, aber auch die jüngste Entscheidung des OLG München v. 8. 3. 2001 – 29 U 3282/00, wonach auf Urheberrechtsverletzungen § 5 TDG keine Anwendung findet.

3 Vgl. OLG München v. 26. 2. 1998 – 29 U 4466/97, NJW 1999, 65.

4 Vgl. *Engels/Köster*, MMR 1999, 522 (523).

Handelnde dabei in subjektiver Hinsicht in der Absicht vorgeht, den eigenen oder fremden Wettbewerb einer Person zum Nachteil eines anderen zu fördern, sofern diese Absicht nicht völlig hinter die anderen Beweggründe zurücktritt.[1]

In diesen Fällen haftet der Provider als Diensteanbieter auf Unterlassung und Schadensersatz.

Auf Schadensersatz haftet er auch für fahrlässiges Handeln; etwa, wenn er irrtümlich annimmt, dass keine Wettbewerbsverletzung vorliegt.[2]

Eine Haftung des Diensteanbieters nach § 5 Abs. 2 TDG für fremde wettbewerbswidrige Inhalte trifft ihn jedenfalls ab Erlangung positiver Kenntnis von einem bestimmten Inhalt. Sorgt er nicht umgehend dafür, dass die Nutzung unmöglich gemacht wird, etwa durch Löschung, so haftet er nach den allgemeinen wettbewerbsrechtlichen Bestimmungen für den fremden Inhalt. Er kann auf Unterlassung und Schadensersatz in Anspruch genommen werden.

591 **Vor positiver Kenntnis** besteht **weder** ein **Anspruch auf Unterlassung noch auf Abgabe einer strafbewehrten Unterlassungserklärung**.

Für die positive Kenntnis des Inhalts ist der Verletzte beweispflichtig.

592 Es empfiehlt sich im Zuge der **Abmahnung** daher folgende Vorgangsweise:

Zuerst sollte der Provider (oder der sonstige Diensteanbieter) mittels eingeschriebenem Brief über den als rechtswidrig eingeschätzten fremden Inhalt auf seinem Server **in Kenntnis gesetzt** werden. Dabei sind die vermeintlich rechtswidrigen Webpages so genau wie möglich zu beschreiben.

Löscht der Diensteanbieter den rechtswidrigen Inhalt innerhalb einer angemessenen Frist nicht, so kann er in einem zweiten Schritt zur **Abgabe einer strafbewehrten Unterlassungserklärung** aufgefordert werden. Diese Vorgangsweise sichert einerseits den Kostenerstattungsanspruch für die strafbewehrte Unterlassungserklärung und verhindert anderseits, dass die Kostenfolge nach § 93 ZPO im Falle eines sofortigen Anerkenntnisses eintritt.

Für die erste Abmahnung (Information über den rechtswidrigen Inhalt) besteht allerdings kein Kostenerstattungsanspruch.[3]

(3) Die Haftung sonstiger Dritter

(a) Die Haftung der Domain-Name-Vergabestelle (DENIC)

593 In der Literatur wird die Meinung vertreten, dass die DENIC dann als **Mitverantwortliche** auf Unterlassung, Beseitigung und Schadenersatz in Anspruch

1 BGH v. 6. 7. 1995 – I ZR 110/93, GRUR 1995, 595 (597).
2 Vgl. *Pichler*, MMR 1998, 79 (87).
3 Vgl. *Sieber*, Verantwortlichkeit im Internet, 1999, Rz. 357.

genommen werden kann, wenn ein Dritter dadurch, dass er eine bestimmte Second-Level-Domain für sich registrieren lässt, **Kennzeichenrechte** eines Dritten verletzt bzw. diesen **wettbewerbsrechtlich** nach § 1 UWG unzulässig behindert. Dieses gilt, sofern

- die DENIC in Kenntnis der Rechtswidrigkeit der Domain den Eintrag billigend in Kauf nimmt oder
- die DENIC in Kenntnis der angeblichen (mitgeteilten) Rechtswidrigkeit den Eintrag nicht sperrt, obwohl er in grober und für die DENIC offensichtlich erkennbarer Weise das Kennzeichen- oder Wettbewerbsrecht verletzt.[1]

Über eine wettbewerbsrechtliche Haftung der DENIC liegen allerdings bislang keine gerichtlichen Entscheidungen vor. 594

Nach einer Entscheidung des LG Frankfurt[2] trifft die DENIC aufgrund ihrer marktbeherrschenden Stellung bei der Vergabe von Domains unter der Top-Level-Domain „.de" jedoch gemäß § 20 Abs. 1 GWB die Pflicht, Nutzungen und Konnektierungen von Internetadressen, die offensichtlich in der Absicht der Behinderung eines anderen vorgenommen wurden, zu kontrollieren und die Behinderung zu beenden.

(b) Die Haftung des Suchmaschinen-Betreibers

Im Falle der **wettbewerbswidrigen keyword buys** (siehe dazu oben Rz. 492) hat der **Betreiber einer Suchmaschine** mittelbar Anteil am wettbewerbswidrigen Verhalten des Betreibers einer „virtuellen Parfümerie" und **haftet** aufgrund des Verfügbarmachens von bekannten Marken oder identischen Suchbegriffen außerdem **für eigenes unlauteres Verhalten**. Daher schuldet auch der Suchmaschinen-Betreiber neben einer Unterlassung der unlauteren Handlung, sofern ihn ein Verschulden trifft, Schadensersatz. 595

(c) Haftung für Betreiber einer Internetplattform

Ein Internet-Server-Betreiber, der Reiseveranstaltern die Möglichkeit bietet, Reiseangebote zu veröffentlichen, ohne dass die Reiseveranstalter auf den Internetseiten erkennbar werden, haftet für den wettbewerbswidrigen Inhalt solcher Reiseangebote. Er kann selbst als Störer mittels eigener Werbung (für von Dritten veranstaltete Reisen) in Anspruch genommen werden. Dies gilt gerade dann, wenn es mit Hilfe eines geeigneten Programms möglich ist, die beanstandeten Reiseangebote (hier: last minute) auszufiltern. 596

Der Sachverhalt könnte wohl auch unter dem Gesichtspunkt der Verantwortlichkeit von Diensteanbietern geprüft werden.

---

1 Vgl. *Bettinger/Freytag*, Verantwortlichkeit der DENIC e. G. für rechtswidrige Domains?, CR 1999, 28 ff.

2 LG Frankfurt v. 14. 10. 1998 – 2106 O 283/98, CR 1999, 452 ff.

Das OLG München hielt aber eine Beurteilung der Haftung nach § 5 TDG für nicht erforderlich.[1]

(4) Die Haftung für fremde wettbewerbswidrige Inhalte aufgrund von Links und Frames

597 Die Haftung für eigene Inhalte erstreckt sich unzweifelhaft auch auf den Inhalt interner Links, die zu eigenen Webpages führen.

Problematisch ist die Beurteilung der Haftung für den wettbewerbswidrigen Inhalt fremder Webpages, wenn diese über einen eigenen Link erreichbar sind.

Ebenso ist unklar, ob Links von den Haftungsfreistellungstatbeständen des § 5 TDG (bzw. MDStV) erfasst werden und, wenn dem so ist, unter welche Tatbestandsvariante sie zu subsumieren sind.[2]

598 In einem diesbezüglich bereits gerichtlich entschieden Fall war es möglich, über die Homepage eines deutschen Unternehmens über Links zur Website der US-amerikanischen Schwestergesellschaft zu gelangen. Von dieser in englisch verfassten Website führten Links zu einer weiteren US-amerikanischen Website. In einer dieser Websites befand sich eine vergleichende Werbung, die nach dem deutschen Recht unzulässig ist.

Das LG Frankfurt[3] ging zwar richtigerweise von der grundlegenden Anwendbarkeit des § 5 TDG bei der Verwendung von Links aus, doch rechnete es die via Links erreichbare verbotene vergleichende Werbung der deutschen Tochtergesellschaft als eigene Inhalte zu und begründete eine Störerhaftung nach § 5 Abs. 1 TDG.

Das Gericht maß hierbei dem Umstand keine Bedeutung zu, dass die in den USA zulässige Werbung erst über mehrere Schritte (mehrere nacheinander folgende Links von der Homepage des deutschen Unternehmens ausgehend), erreichbar war. Über die konkrete Ausgestaltung der verlinkten Inhalte, ob diese etwa in einem Frame so erschienen, dass für den Durchschnitts-Internetuser nicht zu erkennen war, ob es sich um geistig zu Eigen gemachte oder fremde Inhalte handelte, traf das Gericht keine Feststellungen.

Nach der hier vertretenen Ansicht dürfe der Umstand allein, dass die fremde Website über Links von der Homepage des deutschen Unternehmens erreichbar war, ohne das Hinzutreten besonderer Umstände nicht ausreichend sein, damit ein durchschnittlich informierter, aufmerksamer und verständiger Durchschnitts-Internetuser die fremden Werbeinhalte dem deutschen Unternehmen zurechnet. Eine Haftung wäre also höchstens nach § 5 Abs. 2 TDG denkbar gewesen. Dann hätte das Gericht aber zu prüfen gehabt, ob es

1 Urteil des OLG München v. 26. 2. 1998 – 29 U 4466/97, CR 1998, 302 ff.

2 Vgl. *Engel-Flechsig/Maennel/Tettenborn*, Das neue IuKDG, NJW 1997, 2981 (2983 f.).

3 LG Frankfurt v. 27. 5. 1998 – 3/12 O 173/97, CR 1999, 45 mit krit. Anm. *Kloos*.

dem deutschen Unternehmen nach Erlangen der Kenntnis über den rechtswidrigen Inhalt technisch möglich und zumutbar war, den Zugang zur fremden Website zu sperren.

Diesen Grundsätzen folgend entschied das LG Lübeck,[1] dass von einem 599
„geistig zu Eigen machen“ verlinkter fremder Inhalte und damit einer fehlenden Haftungsfreistellung iSd. § 5 Abs. 1 TDG nur bei Vorhandensein bestimmter Umstände auszugehen sei. Derartige Umstände seien gegeben, „wenn sich dieselbe Seite auf derselben Domain befindet wie die eigene Seite und die fremden Werbeaussagen in einer Weise in das eigene Angebot einbezogen sind, dass das eigene Angebot ohne Einbeziehung der fremden Inhalte seinen Informationszweck nicht erfüllen könnte und der Link als sog. ‚Inline-Link‘, bei dem also die Herkunft aus einer fremden Domain nicht ersichtlich ist, gestaltet und somit die Verknüpfung mit der fremden Seite für den Besucher der Seite nicht erkennbar wird“.

Der Entscheidung des LG Lübeck ist beizupflichten. Ob der Linksetzende für 600
wettbewerbswidrige Inhalte der verlinkten fremden Website in Anspruch genommen werden kann, muss nach den Einzelumständen des Sachverhalts beurteilt werden.

Dabei ist auch zu berücksichtigen, um welche Art von Link es sich handelt.

Im Falle der **Inline-Links**, bei denen der Linksetzende Inhalte fremder Web- 601
sites als die seinigen ausgibt, ist eine direkte Zurechnung jedenfalls zu bejahen. Eine Haftungsfreistellung tritt gem. § 5 Abs.1 TDG nicht ein. Der Linksetzende haftet für den wettbewerbswidrigen Inhalt der fremden Website in vollem Umfang.

Dasselbe gilt auch für **Frames**, wenn die Domain, von der der fremde Inhalt stammt, nicht erkennbar ist.

Hinsichtlich der **Deep Links**, bei denen Webpages hinter der Homepage 602
einer fremden Website verlinkt werden, kommt es darauf an, welcher Eindruck beim durchschnittlich versierten Internetuser hervorgerufen wird. Rechnet dieser die verlinkten Inhalte dem Linksetzenden zu, etwa weil er eine Zusammengehörigkeit der Websites vermutet, so wird sich auch in diesem Fall der Linksetzende nicht auf die Haftungsfreistellung für fremde Inhalte iSd. § 5 Abs. 2 TDG berufen können. Er wird für die fremden Inhalte wie für eigene haften.

Ist jedoch deutlich erkennbar, dass es sich um fremde Inhalte handelt, etwa weil neben der fremden Domain auch kein Bezug zur Website des Linksetzenden besteht, so haftet er nur als Störer ab dem Zeitpunkt, zu dem er vom rechtswidrigen Inhalt der fremden Webpage Kenntnis erlangt. Er kann auf Unterlassung der Verlinkung gem. § 1004 BGB, § 1 UWG in Anspruch genommen werden.

1 LG Lübeck v. 24. 11. 1998 – 11 S 4/98, NJW-CoR 1999, 429 f.

603 Derjenige, der einen Link setzt, bleibt aber nach den allgemeinen zivil- und strafrechtlichen Regeln als **Gehilfe** verantwortlich (§ 830 Abs. 2 BGB), wenn er vorsätzlich einen Link auf eine fremde Website mit rechtswidrigem Inhalt setzt. Für eine Haftung reicht bedingter Vorsatz aus.[1]

604 Daneben ist eine **Prüfpflicht** in Bezug auf etwaige Änderungen der verlinkten Website zu bejahen. Diese sollte aber, ähnlich der haftungsrechtlichen Privilegierung der Presse,[2] auf grobe, unschwer zu erkennende Wettbewerbsverstöße begrenzt sein.[3]

h) Das anzuwendende Recht

aa) Nach deutschem Kollisionsrecht

605 Die Rechtmäßigkeit von Werbemaßnahmen richtet sich grundsätzlich nach den jeweiligen nationalen Wettbewerbsrechten. Werbung im WWW kann überall abgerufen werden und ist somit gleichzeitig weltweite Werbung. Damit kann eine einzige Werbung auf einer Webpage zur Verletzung vieler nationaler Wettbewerbsrechte führen.

606 Für die Frage, wann sich eine Werbung im Internet am deutschen Wettbewerbsrecht messen lassen muss, ist das deutsche Internationale Privatrecht und hier wiederum Art. 40 Abs. 1 EGBGB relevant. Diese kollisionsrechtliche Norm regelt das anzuwendende Recht im Falle unerlaubter Handlungen. Wettbewersbverstöße zählen nach dem Internationalen Privatrecht zu den unerlaubten Handlungen iSd. Art. 40 EGBGB.[4]

Dabei sind von dieser Kollisionsnorm alle Voraussetzungen und Folgen der Haftung, also Deliktsfähigkeit, Tatbestand, Kausalität, Rechtswidrigkeit, Verschulden und Art und Umfang des Schadenersatzes umfasst. Auch Unterlassungs- und Beseitigungsansprüche richten sich nach diesem Deliktsstatut.

Im Ausgangspunkt hält Art. 40 Abs. 1 EGBGB am Tatortprinzip fest, wobei der Tatort in einen Handlungs- und Erfolgsort zerfällt. Ansprüche aus deliktrechtlichen Handlungen richten sich daher nach dem Recht des Staates, in dem der Ersatzpflichtige gehandelt hat, oder, wenn es der Verletzte verlangt, nach dem Recht des Staates, in dem der Erfolg eingetreten ist. Dieses Bestimmungsrecht muss der Verletzte aber spätestens bis zum Ende des frühen ersten Termins oder dem Ende des schriftlichen Vorverfahrens ausüben.

---

1 LG München I v. 30. 3. 2000 – 7 O 3625/98, ZUM 2000, 418 (423) – Midi-Files mit Anm. *Brauneck*.

2 Nach der Rspr. des BGH besteht für Redakteure insoweit eine Prüfpflicht, als ein besonderer Anlass für die Überprüfung von Anzeigen gegeben ist, zB weil der Inhalt einer Werbeseite erkennbar Rechtsgüter Dritter verletzt.

3 BGH v. 7. 7. 1970 – VI ZR 223/68, NJW 1970, 1963 ff.; vgl. auch *Marwitz*, K&R 1998, 370; *Pichler*, MMR 1998, 85 f.

4 Vgl. BGH v. 30. 6. 1961 – I ZR 39/60, BGHZ 35, 329 (333) – Kindersaugflaschen; BGH v. 20. 12. 1963 – Ib ZR 104/62, BGHZ 40, 391 (394) – Stahlexport.

Danach ist im Internet der Handlungsort iSd. Art. 40 Abs. 1 Satz 1 EGBGB der Ort, an dem wettbewerbsrechtlich relevante Signale in das Netz eingespeichert werden. Der Erfolgsort iSd. Art. 40 Abs. 1 Satz 2 EGBGB bei Internetdelikten ist dort festzustellen, wo die Informationen abgerufen werden können.

Von dieser weitgehenden Auffassung ist der BGH aber im Bereich des Wett- 607
bewerbsrechts abgewichen. Nach der ständigen Rechtsprechung des BGH[1] ist der Anknüpfungspunkt für Verletzungen des Wettbewerbsrechts dort, wo die **wettbewerblichen Interessen** kollidieren, sich also der Marktort befindet. Darüber hinaus ist für die Anwendung von deutschem Wettbewerbsrecht erforderlich, dass nach objektiver Betrachtung auf Deutschland als Marktort eingewirkt werden soll (**Zielrichtung der Werbung**).[2] Die subjektive Wettbewerbsabsicht ist dabei anhand **objektiver Kriterien zu prüfen**.

Als Kriterien kommen etwa in Betracht: 608

- Die **verwendete Sprache**. Eine in Englisch verfasste Webpage wird aber aufgrund des allgemeinen Bildungsniveaus der meisten Internetnutzer kein Indiz für eine fehlende Ausrichtung der Werbung nach Deutschland sein.[3]
- Die **verwendeten Zahlungs- und Versandmodalitäten** können einen Hinweis auf die Zielrichtung darstellen. Preisangaben in weltbekannten Währungen statt DM werden aber für sich genommen wohl nicht zu einer Verneinung der Ausrichtung nach Deutschland führen.
- Die **Platzierung der Werbung** spielt ebenfalls eine Rolle. Findet sich die Werbung zB nur auf der Webpage eines regionalen Anbieters, spricht dies für eine bloß regionale Ausrichtung. Wurde sie hingegen auf der Webpage einer weltbekannten Internet-Suchmaschine platziert, wird dies für eine weltweite Ausrichtung der Werbung sprechen.
- Wird **tatsächlich Ware** aufgrund von Bestellungen nach Deutschland **geliefert**, so kann schon eine einzige Lieferung zur Anwendung deutschen Wettbewerbsrechts führen.

In der Literatur wird auch vorgeschlagen, das Kriterium der Spürbarkeitsgrenze der Werbung auf dem inländischen Markt in die Beurteilung, ob deutsches Wettbewerbsrecht zur Anwendung kommt, aufzunehmen. Dabei soll es für die Anwendung deutschen Wettbewerbsrecht, zusätzlich zu den oben genannten objektiven Kriterien zur Feststellung der subjektiven Zielgerichtetheit (Wettbewerbsabsicht), darauf ankommen, ob durch den Marktanteil, den das ausländische Unternehmen in Deutschland hat, eine relevante Einwirkung auf den deutschen Markt besteht.[4]

---

1 Vgl. BGH v. 23. 10. 1970 – I ZR 86/69, GRUR 1971, 153 Tampax mwN.

2 Vgl. BGH v. 15. 11. 1990 – I ZR 22/89, BGHZ 113, 11 (15); *Kotthoff*, CR 1997, 676 (680 f.).

3 Vgl. *Koch*, Internet-Recht, 1998, S. 86.

4 Vgl. *Leupold/Bräutigam/Pfeiffer*, WRP 2000, 575 (582); *Mankowski*, GRUR Int. 1999, 909 ff.; *Peschel* in Schwarz (Hrsg.), Recht im Internet, Teil 5.2.1., S. 14.

Ferner ist eine **Unterscheidung** nach der **Funktion der Website** denkbar. Dient die Website nur dem Vertrieb, wird ein Hinweis, wonach der Verkauf nach Deutschland ausgeschlossen wird, und wenn auch tatsächlich nicht geliefert wird, für die Nichtanwendung des deutschen Wettbewerbsrecht ausreichen.[1]

Im Falle von Websites mit Marketingfunktion sind die Vorschriften des deutschen Wettbewerbsrechts grundsätzlich auf jede für den deutschen Verkehrskreis verständliche Werbung anwendbar.

609 Der **Einsatz von Hinweisen**, dass nicht an deutsche Kunden geliefert wird, sog. Disclaimer, stellt bei Websites mit Marketingfunktion nur ein Indiz für die fehlende Ausrichtung der Werbung nach Deutschland dar.[2] Wird entgegen dem Hinweis trotzdem nach Deutschland geliefert, ist die Ausrichtung auf den deutschen Markt gegeben.

610 Manche Gerichte[3] lassen es, ohne konkrete Prüfung der Zielorientiertheit der Werbung, für die Anwendbarkeit des deutschen Wettbewerbsrechts schon genügen, wenn die Website, in der sich der wettbewerbswidrige Inhalt befindet, in Deutschland abrufbar ist und wenn durch Links eine Verknüpfung mit einer deutschen Website besteht. Für die Nichtanwendbarkeit deutschen Wettbewerbsrechts soll auch nicht maßgebend sein, dass sich die nach deutschem Recht verbotene Werbung nur im englischen und nicht im deutschen Teil der Website befindet.

bb) Nach den Vorgaben der E-Commerce-Richtlinie der Europäischen Union

611 Wie bereits oben erwähnt, sieht die Richtlinie über den elektronischen Geschäftsverkehr (EC-RL) die Schaffung eines einheitlichen Rahmens für den europäischen E-Commerce vor. Dies soll insbesondere durch das in Art. 3 EC-RL statuierte Herkunftslandprinzip erreicht werden. Siehe zum Herkunftslandprinzip auch oben Rz. 584.

Gemäß Art. 3 Abs. 2 EC-RL dürfen die Mitgliedsstaaten den freien Verkehr von Diensten der Informationsgesellschaft aus einem anderen Mitgliedsstaat nicht aus Gründen einschränken, die in den koordinierten Bereich fallen. Diensteanbieter ist gem. Art. 2 EC-RL jede natürliche oder juristische Person, die einen Dienst der Informationsgesellschaft anbietet.

Zum koordinierten Bereich zählt gem. Art. 2 lit. h die Ausübung der **Tätigkeit eines Dienstes der Informationsgesellschaft**, beispielsweise Anforderungen betreffend Qualität oder Inhalt des Dienstes, **einschließlich** der **Werbung**.

1 Vgl. OLG Frankfurt v. 3. 12. 1998 – 6 W 122/98, CR 1998, 450.

2 Vgl. OLG Frankfurt v. 3. 12. 1998 – 6 W 122/98, CR 1998, 450; *Kotthoff*, K&R, 1999, 139; *Mankowski*, GRUR Int. 1999, 909 (919).

3 Vgl. LG Frankfurt v. 27. 5. 1998 – 3/12 O 173/97, CR 1999, 45 f. mit Anm. *Kloos*.

Durch diese Bestimmung sollen aber keine zusätzlichen Regeln im Bereich des Internationalen Privatrechts geschaffen werden.[1] Daher sind auf Teledienste die innerstaatlichen Normen anwendbar, die nach den Regeln des Internationalen Privatrechts gelten. Die danach anwendbaren Sachnormen sind jedoch insoweit nicht anwendbar, als dadurch der freie Dienstleistungsverkehr über die Anforderungen des Niederlassungsstaates hinausgehend eingeschränkt werden würde.

Damit wird es dem **Diensteanbieter** ermöglicht, lediglich bei **Einhaltung seiner nationalen Vorschriften** auch dann Dienste in einem anderen Mitgliedsstaat zu erbringen, wenn dort andere Vorschriften gelten. Es ist also das Recht des Mitgliedstaates für den Diensteanbieter **ausschlaggebend**, in dem er seine Niederlassung hat. 612

Als **Niederlassung** ist der Ort zu verstehen, an dem der Anbieter eine tatsächliche wirtschaftliche Tätigkeit mittels einer festen Einrichtung auf unbestimmte Zeit ausübt.[2] Erbringt ein Unternehmen Dienstleistungen über eine Website, so ist es weder dort niedergelassen, wo sich die technischen Mittel befinden, die diese Website beherbergen, noch dort, wo die Website zugänglich ist. Entscheidend ist der Ort, an dem das Unternehmen seine Wirtschaftstätigkeit ausübt. Bei mehreren Niederlassungen ist der Ort entscheidend, von welchem aus der betreffende Dienst erbracht wird.[3] 613

Das erkennende Gericht hat demnach nach Umsetzung der EC-RL folgendes **umfangreiches Prüfungsverfahren** durchzuführen: 614

Das Gericht des Empfangsstaates hat anhand des eigenen IPR das anwendbare Recht zu bestimmen.

In Deuschland bestimmt sich in Wettbewerbssachen das anzuwendende Recht nach dem Marktortprinzip. Damit kommt deutsches Wettbewerbsrecht zur Anwendung.

Führt das nationale Wettbewerbsrecht zu einer Einschränkung des Internetangebots, hat das Gericht zu prüfen, ob die Bestimmungen der E-Commerce-Richtlinie bzw. die Bestimmungen des Gesetzes, mit dem die Richtlinie umgesetzt wird, zur Anwendung kommen. Dieses setzt voraus, dass der **Anbieter** in einem Mitgliedstaat der **EU niedergelassen** ist.

Ferner muss es sich um einen **Dienst der Informationsgesellschaft** iSd. Art. 2 lit. a EC-RL handeln. Darüber hinaus findet die EC-RL keine Anwendung auf die in Art. 1 Abs. 5 EC-RL genannten Bereiche[4]. 615

---

1 Art. 1 Abs. 4 EC-RL.

2 Diese Bedingung ist auch erfüllt, wenn ein Unternehmen für einen festgelegten Zeitraum gegründet wird.

3 Vgl. Erwägg. 19 der E-Commerce-RL.

4 Nach Art. 1 Abs. 5 EC-RL sind vom Anwendungsbereich der RL der Bereich der Besteuerung, Fragen des Kartellrechts und verschiedene Tätigkeiten, wie die der Notare, Vertretung von Mandanten und Verteidigung seiner Interessen vor Gericht und Gewinnspiele.

616 Auch muss der Sachverhalt in den **„koordinierten Bereich“** iSv. Art. 2 lit. h EC-RL fallen. Nicht vom Herkunftslandprinzip erfasst sind zB Bestimmungen, die die Anforderungen an die Ware selbst und ihre Lieferung betreffen. Darüber hinaus sind gemäß dem Anhang zur EC-RL bestimmte Aspekte und Bereiche generell vom Herkunftslandprinzip ausgenommen. Dazu gehören etwa das Urheberrecht und die Bestimmungen über die Zulässigkeit elektronischer Post.

Hat das Gericht alle diese Punkte geprüft und kommt es zur Ansicht, dass das fremde Wettbewerbsrecht zur Anwendung kommt, hat es zu untersuchen, ob die Einschränkung, die das deutsche Wettbewerbsrecht vorsieht, auch durch das **Recht des anderen Mitgliedstaates**, in dem der Anbieter seine Niederlassung hat, **gedeckt** ist.

Kennt das fremde Recht keine derartige Einschränkung, hat das Gericht zu prüfen, ob ausnahmsweise trotzdem eine Ausnahme vom Herkunftslandprinzip nach Art. 3 Abs. 4 der EC-RL erlaubt ist.

617 **Art. 3 Abs. 4 EC-RL rechtfertigt bestimmte „Maßnahmen“**, sofern sie zum Schutz der öffentlichen Ordnung, der Gesundheit, der öffentlichen Sicherheit und der Verbraucher notwendig sind, diese Schutzziele ernsthaft gefährdet und die beabsichtigten Maßnahmen erforderlich und verhältnismäßig sind. Zu diesen Maßnahmen werden auch Gerichtsentscheidungen zu zählen sein.[1] Bejaht das Gericht einen dieser Ausnahmetatbestände, so muss das in Art. 3 Abs. 4 lit. b EC-RL geregelte Verfahren eingehalten werden. Das Gericht hat demnach den Herkunftsstaat zur Abhilfe aufzufordern und die Kommission zu unterrichten. Nur in dringenden Fällen ist das Verfahren auf eine Mitteilungspflicht beschränkt.

618 Zur Beurteilung, ob Maßnahmen zum Schutz der Verbraucher gerechtfertigt sind, wird auch Art. 1 Abs. 3 EC-RL mit einzubeziehen sein. Diese Vorschrift bestimmt, dass das Schutzniveau für die öffentliche Gesundheit und den Verbraucherschutz, wie es sich aus Gemeinschaftsrechtsakten und einzelstaatlichen Rechtsvorschriften zu deren Umsetzung ergibt, unberührt bleibt, soweit die Freiheit, Dienste der Informationsgesellschaft anzubieten, dadurch nicht eingeschränkt wird.

Unbestritten dienen die Normen des deutschen Wettbewerbsrechts neben dem Schutz des lauteren Handelsverkehrs auch dem Schutz der Verbraucher. Wie weit dies aber die Anwendung der verschiedenen Normen des strengen deutschen Wettbewerbsrechts rechtfertigt, sofern diese nicht mit dem Recht des Herkunftstaates übereinstimmen, ist fraglich. Die Anwendung divergierender Normen des deutschen Wettbewerbsrechts, die vorrangig dem Schutz des lauteren Handelsverkehrs und nur indirekt auch dem Schutz der Verbraucher dienen, wird wohl kaum durch Art. 3 Abs. 4 EC-RL gedeckt sein.[2]

1 Vgl. *Spindler*, MMR 1999, 199 (205).
2 Vgl. *Bodewig*, Elektronischer Geschäftsverkehr und unlauterer Wettbewerb, GRUR Int. 2000, 475 ff.

Die Beurteilung, ob eine Werbung auf einer Webpage eines in einem anderen Mitgliedstaat niedergelassenen Anbieters nach deutschem Wettbewerbsrecht verboten werden darf, wird nach Umsetzung der EC-RL eine umfangreiche Prüfung voraussetzen. Eine Klärung für fremde Diensteanbieter, inwieweit die strengen deutschen Wettbewerbsnormen zum Schutz der Verbraucher gerechtfertigt sind und sie ihre Werbung im Internet an das deutsche Wettbewerbsrecht anpassen müssen, wird sich erst durch höchstgerichtliche Entscheidungen ergeben. Grundsätzlich ist anzunehmen, dass die deutschen Gerichte an der bisherigen Rechtsprechungspraxis im Rahmen des Lauterkeitsrechts bis zu endgültigen Entscheidungen des EuGH festhalten werden. Allerdings sollten die deutschen Gerichte ihre Vorlagerechte und ihre Vorlagepflichten nach Art. 234 EGV nicht vernachlässigen. 619

i) Die internationale Zuständigkeit

Ob ein deutsches oder ein ausländisches Gericht zur Entscheidung berufen ist, bestimmt sich nach den Regeln über die örtliche Zuständigkeit. Grundsätzlich ist ein örtlich zuständiges deutsches Gericht auch international zuständig.[1] 620

Die internationale Zuständigkeit eines deutschen Gerichts ergibt sich demnach aus den allgemeinen Regeln der Gerichtstandsbestimmungen in den §§ 12 ff. ZPO und § 24 UWG.

Nach den Regeln der ZPO kommen hier drei Gerichtsstände in Betracht: Der Gerichtsstand des Wohnsitzes des Beklagten, des Aufenthaltsortes des Beklagten (§§ 12, 13, 16 ZPO) sowie der Gerichtsstand der unerlaubten Handlung (§ 32 ZPO).

§ 24 UWG enthält gegenüber §§ 12 ff. ZPO eine Sonderregelung der örtlichen Zuständigkeit.

§ 24 UWG statuiert insoweit selbst einen **ausschließlichen Gerichtsstand** für Verstöße gegen Bestimmungen des UWG.

Nach § 24 Abs.1 UWG ist das Gericht zuständig, in dem der Beklagte seine gewerbliche Niederlassung oder, in Ermangelung einer solchen, seinen Wohnsitz hat. 621

Fehlen auch diese im Inland, so kann auch am inländischen Aufenthaltsort geklagt werden.

Neben diesen Gerichtsständen ist gem. § 24 Abs. 2 UWG zusätzlich das **Gericht zuständig, in dessen Bezirk die Handlung begangen ist** (sog. fliegender Gerichtsstand). 622

Damit entspricht § 24 Abs. 2 UWG der Regelung des § 32 ZPO.

Der Gerichtsstand des **§ 24 UWG** und die allgemeinen Gerichtsstände nach den §§ 12 ff. ZPO stehen wie folgt zueinander: 623

1 BGH v. 8. 5. 1992 – V ZR 95/91, RIW 1992, 673.

Der wettbewerbliche Gerichtsstand gilt für Ansprüche aus dem Recht des unlauteren Wettbewerbs und begründet eine **ausschließliche Zuständigkeit**. Der allgemeine verfahrensrechtliche Gerichtsstand gilt für Ansprüche, die sich aus dem Bürgerlichen Recht ergeben. Lässt sich ein Anspruch auf beide Anspruchsgrundlagen zugleich stützen, so ist das Gericht aufgrund beider Normen entscheidungsbefugt.[1]

624 Als **Begehung der Handlung** ist jene Handlung zu verstehen, die den Tatbestand des behaupteten Wettbewerbsverstoßes verwirklicht. Dabei genügt es, dass am betreffenden Ort eines von mehreren Tatbestandsmerkmalen verwirklicht wird. Es können also für ein und denselben Wettbewerbsverstoß mehrere Begehungsorte in Betracht kommen, zwischen denen der Kläger die Wahl hat.[2] Insbesondere können Handlungs- und Erfolgsort auseinander fallen.

Daher gelten die im Bereich des anwendbaren Rechts von der Rechtsprechung entwickelten Grundsätze des „Marktortes" hier nicht.

625 Im Bereich der **Verbreitung von Druckschriften** mit wettbewerbswidrigem Inhalt ist der Begehungsort nicht nur der Ort des Erscheinens, sondern auch der Ort der Verbreitung, also derjenige Ort, an dem die Druckschriften bestimmungsgemäß und nicht nur zufällig Dritten zur Kenntnis gebracht werden.

Umstritten ist, ob ein tatsächliches Verbreiten ausreicht[3] oder ob dies in wettbewerblich relevanter Weise erfolgen muss.[4] Letztere Ansicht, die zu befürworten ist, führt zu einer gewissen Einschränkung des „fliegenden Gerichsstandes" im Sinne des Marktortprinzips.[5]

Eine Verbreitung in wettbewerblich relevanter Weise setzt zumindest einen gewissen Wettbewerbsnachteil des Verletzten voraus. Bei Anpreisung eigener Ware kommt es etwa darauf an, ob das Angebot am Verbreitungsort noch Interesse finden kann.[6]

Im Bereich des Internets folgt die internationale Zuständigkeit bei Verstößen gegen das Wettbewerbsrecht grundsätzlich den Regeln des Presserechts.[7]

626 Für Wettbewerbsverstöße aufgrund von Handlungen im Internet ergibt sich daher generell folgende internationale Zuständigkeit:

---

1 Vgl. *Jacobs/Lindacher/Teplitzky*, § 24 UWG Rz. 9 f.
2 OLG Köln v. 27. 7. 1987 – 6 U 126/87, GRUR 1988, 148.
3 So etwa OLG Düsseldorf v. 19. 2. 1987 – 2 U 31/84, WRP 1987, 476 f.
4 Vgl. OLG Köln v. 27. 7. 1987 – 6 U 126/87, GRUR 1988, 148 (149); OLG München v. 2. 4. 1986 – 6 W 908/96, WRP 1986, 357 (358).
5 Vgl. *Mankowski*, Wettbewerbsrechtliches Gerichtspflichtigkeits- und Rechtsanwendungsrisiko bei Werbung über Websites, CR 2000, 763 (764).
6 OLG Köln v. 27. 7. 1987 – 6 U 126/87, GRUR 1988, 148 (149).
7 Vgl. *Bachmann,* Der Gerichtsstand der unerlaubten Handlung im Internet, IPRax 1998, 179 (187).

- Am Standort des Computers des Täters ist ein Handlungsort anzunehmen. Daher ist hier eine Zuständigkeit begründet.
- Am Erfolgsort, dh. an jedem Ort, an dem die Information dritten Personen bestimmungsgemäß zur Kenntnis gebracht wird und keine bloß zufällige Kenntnisnahme vorliegt, ist ein Begehungsort anzunehmen. Daher ging die ältere Rechtsprechung davon aus, dass, falls eine Website auch für den Abruf in Deutschland bestimmt ist, die Zuständigkeit deutscher Gerichte überall dort begründet ist, wo die Werbung abgerufen werden kann.[1]

Die neuere Rechtsprechung fordert hingegen zusätzlich, dass am **Ort der Abrufbarkeit der Website** auch eine **Verletzung in wettbewerblich relevanter Weise** erfolgt. Dabei sind die räumlichen Märkte, die das im Internet werbende Unternehmen ansprechen will, ähnlich wie bei der Feststellung des anzuwendenen Rechts, anhand objektiv feststellbarer Kriterien zu ermitteln.[2]

Keine Zuständigkeit begründet der Standort des Servers oder sonstiger Hardware.

Bei der **Versendung von elektronischer Post** ist der Begehungsort iSd. § 24 Abs. 2 UWG sowohl der Absende- als auch der Empfangsort, dh. der Standort des Empfängercomputers.[3] 627

Im Zusammenhang mit der Bestimmung der **internationalen Zuständigkeit auf europäischer Ebene** sind auch die Vorschriften des Europäischen Gerichts- und Vollstreckungsabkommens über die internationale Zuständigkeit in Zivil- und Handelssachen (EuGVÜ) zu berücksichtigen.[4] Diese haben Vorrang vor nationalem Recht. 628

Art. 5 Nr. 3 EuGVÜ bestimmt als Gerichtsstand den **Begehungsort der unerlaubten Handlung**. Dazu zählen auch Ansprüche wegen Verstößen gegen das Wettbewerbsrecht.[5] Sie sind nach dem Wortlaut des Übereinkommens am Gericht des Ortes zu erheben, an dem das schädigende Ereignis eingetreten ist. In der Interpretation des EuGH bedeutet dies alternativ am Ort des ursächlichen Geschehens oder am Ort der Verwirklichung des Schadenserfolges. Dies entspricht im Wesentlichen der Handlungs- und Erfolgsortanbindung des deutschen Rechts.[6] 629

Im Wettbewerbsrecht ist der europäische Gerichtsstand weiter gefasst als die innerstaatlichen Gerichtsstände, da ihm eine Einschränkung auf den Ort der Interessenskollision fehlt.[7]

1 Vgl. LG München I v. 17. 10. 1996 – 4 HKO 12190/96, CR 1997, 155 f.; LG Berlin v. 21. 5. 1996 – 16 O 171/96, CR 1997, 216.
2 Vgl. OLG Bremen v. 17. 2. 2000 – 2 U 139/99, CR 2000, 770; OLG Frankfurt v. 3. 12. 1998 – 6 W 122/98, CR 1999, 450 mit Anm. *Kotthoff*.
3 *Baumbach/Hefermehl*, § 24 UWG Rz. 6.
4 BGBl. II 1972, S. 774; II 1986, S. 1020.
5 BGH v. 11. 2. 1988 – I ZR 201/86, GRUR 1988, 483 (485).
6 *Bachmann*, IPRax 1998, 179 (182).
7 Vgl. *Gloy*, Handbuch des Wettbewerbsrechts, 2. Aufl. 1997, § 97 Rz. 21.

630 Die **E-Commerce-Richtlinie** enthält zwar Regelungen bezüglich des anzuwendenden materiellen Rechts (Herkunftslandprinzip), jedoch **keine Bestimmungen** über die internationale Zuständigkeit.

631 Die **Vollstreckbarkeit** deutscher Gerichtsentscheidungen im EU-Inland bereitet aufgrund der Art. 25 ff. EuGVÜ kaum Probleme. Danach unterliegen Entscheidungen in Urteilsform einem vereinfachten Anerkennungsverfahren und können auf diese Weise weitgehend effizient umgesetzt werden.

632 Bei gerichtlichen Entscheidungen, die nicht in Urteilsform ergangen sind, ist mit langwierigen Anerkennungsverfahren zu rechnen, sofern keine anderwärtigen bilateralen Abkommen bestehen.

Dasselbe gilt für Gerichtsentscheidungen, die außerhalb der Europäischen Union vollstreckt werden sollen, wenn mit dem Vollstreckungsstaat diesbezüglich kein Übereinkommen besteht. Derartige Entscheidungen werden dann vom Vollstreckungsstaat u.a. daraufhin geprüft, ob auch nach dem ausländischen IPR deutsches Recht zur Anwendung gekommen wäre.

j) Exkurs – Überblick über die Zulässigkeit der Werbung nach US-amerikanischem Recht

aa) Grundlagen

633 Das US-amerikanische Recht sieht eine Verfolgung von „unfair competition" sowohl durch zivilrechtliche Klagen als auch durch die Kontrolle der Federal Trade Commission (FTC), eine Behörde, die die öffentlichen Interessen vertritt, vor.

Nach US-amerikanischem Recht sind die irreführende Werbung (**false advertising**), Markenrechtsverletzungen (**trademark infrigement**) und das Nachahmen einer fremden Leistung (**passing off**) verboten. Voraussetzung ist jeweils, dass dadurch eine Verwirrung der Verbraucher (**likelihood of confusion**) wahrscheinlich ist.

bb) Zulässigkeit von Domain-Namen

634 Domain-Namen dürfen keine Markenrechte verletzen. Meistens wird zusätzlich gefordert, dass die widerrechtliche Verwendung geeignet ist, die Verbraucher zu verwirren. Berühmte Marken werden seit dem Federal Dilution Act auch gegen Verwässerung geschützt.[1] In diesem Fall ist eine Verwirrung der Verbraucher nicht erforderlich. Siehe auch Rz. 638 und Rz. 645.

1 Vgl. Federal Dilution Act of 1995, Pub.L.No 104-98, 109 Stat. 985, codified generally at 15 U.S.C. §§ 1125 and 1127. Diese verbieten die Verwendung eines fremden Kennzeichens in einer Art und Weise, die „causes dilution of distinctive quality of the famous mark".

cc) Zulässigkeit von Metatags

Die Verwendung einer fremden Marke in einem Metatag führt nach Ansicht der US-amerikanischen Gerichte zwar nicht zu einer unmittelbaren Verwirrung der Verbraucher in der Form, dass der Verbraucher annehme, er befinde sich auf der Website des Kennzeicheninhabers oder dieser sponsere den Inhaber der aufgerufenen Website. Doch nütze derjenige, der den Metatag setzt, den guten Ruf der fremden Marke aus. Dies sei so zu bewerten, als befestige man ein Schild mit einer fremden Marke über dem eigenen Geschäft. Damit verursache der Verwender eines fremden Markennamens im Metatag eine „initial interest confusion". Dies stelle nach Ansicht des Gerichts daher eine **Verletzung des fremden Markenrechts** dar.[1] 635

dd) Zulässigkeit der Werbung im Internet

Die Zulässigkeit der Werbung auf einer Webpage beurteilt sich nach dem Federal Trade Commission Act. 15 U.S.C. § 45 (a) (1) verbietet generell unfaire oder irreführende Handlungen, soweit sie im Wirtschaftsleben erfolgen oder sich auf dieses auswirken. Hiergegen können die Verletzten im Klageweg vorgehen. 636

Zusätzlich können Handlungen, die einen „unfair competition" darstellen, auch durch Maßnahmen der FTC unterbunden werden.

Zum Bereich des „unfair competition" gehören irreführende Handlungen (false advertising) und „unfair business practices".

Die meisten US-amerikanischen Staaten haben eigene Gesetze erlassen, die „unfair competition" untersagen.[2]

ee) Die neuesten Entwicklungen im US-amerikanischen Recht zum Schutz des geistigen Eigentums im Internet

Im November 1999 unterzeichnete der damalige Präsident Clinton ein Gesetz zum Schutz des geistigen Eigentums, den **„Intellectual Property and Communications Omnibus Reform Act of 1999 (Cybersquatting Act)"**.[3] Das Gesetz baut den in einigen anderen Gesetzen geregelten Schutz gegen Verletzungen des geistigen Eigentums mit speziellem Bezug auf Verletzungen im Internet (sog. Cybersquatting) aus. 637

Nach § 43 (a) Lanham Act sind falsche Angaben über Herkunft und Eigenschaften von Waren und Dienstleistungen verboten. 638

1 Vgl. die Entscheidung des Ninth District Court of Appeals Brookfild Communication/West Coast Video, besprochen von *Miranda*. IPL Newsletter, 1999, Vol 17, Nr. 4.

2 Vgl. *McDonald/Reich/Bain*, Intellectuell Property and Privacy Issues on the Internet, 1996, S. 39.

3 Intellectual Property and Communications Omnibus Reform Act of 1999, Pub. L. No. 106–133, § 3002(a), 113 Stat. 1501, 1537.

Durch den Cybersquatting Act wurde nun dem **Lanham Act** ein **lit. d § 43** angefügt.

Dieser verbietet in Abs. 1 unter bestimmten Voraussetzungen den Gebrauch einer unterscheidungsfähigen Marke als Domain-Name und gewährt dem Eigentümer der schutzfähigen Marke einen Unterlassungs- und Schadenersatzanspruch unter den Voraussetzungen, dass:

- der **Benutzer bösgläubig** handelt und vom Ruf der Marke profitieren möchte und
- die Registrierung, der Handel oder der Gebrauch des Domain-Namens
- ein **Markenrecht verletzt** oder
- eine berühmte Marke verwässert.

639 Zur **Feststellung, ob** die Benutzung **gut- oder bösgläubig** erfolgt ist, zählt § 43 (d) (1) (B) (i) exemplarisch einige **Kriterien** auf. Zur Beurteilung soll demnach berücksichtigt werden, ob

- eventuell eigene Rechte an dem Domain-Namen bestehen,
- eine Verwendung des eigenen Namens vorliegt,
- eine frühere Verwendung des Domain-Namens im Zusammenhang mit dem gutgläubigen Verkauf von Waren unter dieser Bezeichnung erfolgte,
- die Absicht des Domain-Inhabers besteht, Konsumenten durch die Verwendung der fremden Marke von der Website des Markeninhabers auf eine andere Website umzuleiten und durch Verwechslung dem Ruf der Marke zu schaden oder sie zu verunglimpfen,
- der Domain-Inhaber dem Markeninhaber die Domain anbietet, ohne selbst jemals Güter unter dieser Domain angeboten zu haben,
- eine Registrierung vieler Domain-Namen durchgeführt wurde, die mit Marken identisch oder diesen ähnlich sind, welche jedoch mit den vertriebenen Gütern in keiner Beziehung stehen.

640 Damit ist auch nach US-amerikanischem Recht die Benutzung fremder Marken in der eigenen Website, so zB etwa die Bezeichnung von Ersatzteilen für bestimmte Automarken, als „fair use" der Marke weiterhin zulässig.

641 Ferner wurde durch den Cybersquatting Act nun ausdrücklich festgestellt, dass die **Sanktionen** bei Verstößen gegen den Lanham Act im Bereich der Verletzung von Markenrechten, Verwässerung einer Marke oder irreführender Werbung **auch für Handlungen im Internet** gelten.

642 Entgegen deutschem Recht kann das Gericht neben der Löschung oder dem Verfall des Domain-Namens auch die Übertragung an den Markeninhaber anordnen.

643 Ebenso enthält der Cybersquatting Act Bestimmungen über die Konsequenzen einer Markenverletzung, wenn der **Inhaber der Domain sich außerhalb der USA** befindet. In diesem Fall ist eine „in rem action" zulässig. Zuständig ist dann der Distrikt, in dem der Registrar seinen Sitz hat. Die in diesem Fall

möglichen Folgen beschränken sich aber auf Löschungs- oder Übertragungspflichten.

Durch den Act wurde auch § 32 (2) (D) Lanham Act geschaffen. Dieser **schränkt die Haftung von Registrierungsstellen** bei Verstößen gegen Bestimmungen des Lanham Acts stark ein. 644

Section 3002 (b) (1) (A) des Cybersquatting Act verbietet nun den **unbefugten Gebrauch von Namen** lebender Personen **als Domain-Namen**. 645

4. Personenbezogene Datenverarbeitung im E-Commerce

a) E-Commerce als datenschutzrechtliches Spezialproblem

aa) Datenschutzrechtliche Zusatzprobleme im E-Commerce

E-Commerce ist eingebettet in Strategie-Konzepte der Wirtschaft. Für die 646 Anwendung von Datenschutzrecht ist **E-Commerce als „Digitalisierungsstrategie von Unternehmen"** hoch relevant, weil ein solches Konzept eine umfassende Nutzung von Informations- und Kommunikationstechnologien, mithin auch ein Wissensmanagement[1] für die Verarbeitung personenbezogener Daten zur Voraussetzung hat. Diese Daten sind „Rohstoff der Informationsgesellschaft", deren Umgang zum Schutz des Persönlichkeitsrechts des Einzelnen das Datenschutzrecht regeln möchte[2].

Diese Regelungen für den Umgang mit personenbezogenen Daten werden in ihrer Anwendung aber immer vielschichtiger, weil die Unterscheidung „natürlicher Datenverarbeitung" im engen Kontext menschlicher Handlungen (traditioneller Datenschutz des BDSG 1977 und des BDSG 1990) und diejenige „künstlicher Datenverarbeitung" im Kontext des Internets und E-Commerce zunehmend neue Fragestellungen aufwirft. Ein erster Ansatzpunkt, **Datenschutz als Thematik des Cyberlaw** aufzugreifen, findet sich im neu geschaffenen § 6a BDSG nF zur Automatisierten Einzelentscheidung. In den Anwendungsbereich dieser Rechtsvorschrift fallen zB automatisierte **Scoring Systeme**, welche die Kreditwürdigkeit eines Betroffenen (von diesem unbemerkt) überprüfen. Eine hierbei ausschließlich automatisierte Verarbeitung könnte nach § 6a Abs. 2 Nr. 2 Satz 2 BDSG nF zulässig sein, wenn der Betroffene „die Möglichkeit erhält, seinen Standpunkt geltend zu machen".

1 S. dazu *Burkert/Eppler*, MMR 1999, 627 ff.; vgl. ferner zu den Entwicklungslinien des Informationsrechts zur Wissensordnung *Lutterbeck* in Informationsmarkt und Informationsschutz in Europa, 1995, S. 127 ff. (132 ff.). Diskutiert wird im E-Commerce perspektivisch eine „Künstliche Intelligenz (KI)-Umsetzung", mit welcher die Datenverarbeitung als KI-System die bis dahin erhaltenen Daten als „Wissenspool" nutzt.

2 Instruktiv hierzu und zu den Problemstellungen, welche für die Realisierung des bundesdeutschen Regelungsansatzes für den Datenschutz aus dem „Phänomen Internet" angesichts des E-Commerce resultieren, *Boehme-Neßler*, CyberLaw, 2001, S. 284 ff. (289–291, 299 ff.).

Durch die Verschmelzung von Datenverarbeitung und Telekommunikation ergeben sich vor diesem Hintergrund weitere komplexe **datenschutzrechtliche Zusatzprobleme** der Rechtmäßigkeit des Einsatzes von Informationstechnik sowie der Zulässigkeit der Generierung, Nutzung und Verwertung umfangreichen Datenmaterials[1].

Hinzu kommt beim Datenschutz im E-Commerce die „funktionale Verflechtung" mit anderen Rechtsgebieten (wie zB dem Wettbewerbsrecht) oder Querschnittsmaterien (wie zB dem Verbraucherschutz) sowie das Ineinandergreifen mit lizenzrechtlichen Fragestellungen.

647 Durch „internetgestützte Adressierung" von Nutzern im Netz wird deren Identität und Verhaltensprofil zum Wirtschaftsfaktor. **Datenschutzrechtlich relevant ist, dass dieser Prozess der Individualisierung darauf angelegt ist, die Anonymität der Nutzer aufzuheben.** Die Erhebung, Verarbeitung und Nutzung von Informationen erfolgt massenhaft und ist für Betroffene „intransparent", weil deren Zwecke nicht überschaubar sind.

Personenbezogene Datenverarbeitung „für die Erfüllung von Geschäftszwecken und Zielen", wie sie in § 22 BDSG 1977 verankert wurde[2] und in § 28 Abs. 1 BDSG 1990/§ 28 Abs. 1 BDSG nF[3] ihre Fortschreibung erfahren hat, gewinnt damit eine völlig neue Wendung. Die Regeln des Umgangs mit

---

1 Dies betrifft die zunehmende wirtschaftliche Nutzung personenbezogenen Datenmaterials; vgl. dazu *Weichert,* NJW 2001, 1463 ff.; s. auch *Banerjee/Baumer/Hennekeuser* in Das E-business Prinzip, herausgegeben von IBM Consulting Group, 1999, S. 159 ff.

2 S. dazu *Auernhammer*, Bundesdatenschutzgesetz, 2. Aufl. 1981, § 22 Rz. 3 sowie *Simitis* in Simitis/Dammann/Mallmann/Reh, Kommentar zum Bundesdatenschutzgesetz, 3. Aufl. 1981, § 22 Rz. 2, 11–14.

3 BDSG nF sind die Gesetzesvorschriften aufgrund des Gesetzes zur Änderung des Bundesdatenschutzgesetzes und anderer Gesetze (Gesetzesbeschluss des Deutschen Bundestages, Drucksache 279/01 v. 20. 4. 2001). Der Deutsche Bundestag hat in seiner 165. Sitzung am 6. 4. 2001 aufgrund der Beschlussempfehlung und des Berichts des Innenausschusses – Drucksache 14/5793 – den von der Bundesregierung eingebrachten Entwurf eines Gesetzes zur Änderung des Bundesdatenschutzgesetzes und anderer Gesetze – Drucksachen 14/4329, 14/4458 – angenommen (BGBl. I 2001, S. 904; vgl. dazu NJW 2001, 2063). Vgl. zur Begründung der Änderung einzelner Regelungsinhalte die synoptische Darstellung der alten BDSG-Fassung v. 20. 12. 1990 und der vorgeschlagenen Änderung des Bundesdatenschutzgesetzes mit Stand 14. 6. 2000 http://www.jurpc.de/aufsatz/20000183.htm oder http://www.dud.de/ unter der Rubrik „Aktuelles"). Nach § 45 Satz 1 BDSG nF sind „laufende Verwendungen" dann binnen drei Jahren nach Verkündung des Gesetzes, dh. bis Mai 2004, mit dem novellierten Gesetz in Übereinstimmung zu bringen. Soweit Vorschriften des Bundesdatenschutzgesetzes außerhalb des Anwendungsbereiches der EU-Datenschutzrichtlinie zur Anwendung gelangen, sind Erhebungen, Verarbeitungen oder Nutzungen personenbezogener Daten binnen fünf Jahren nach Verkündung des Gesetzes, dh. bis Mai 2006, mit den Vorschriften des Bundesdatenschutzgesetzes in Übereinstimmung zu bringen. Insofern sind vorliegend beide Gesetzesfassungen je nach Sachverhalt im genannten Übergangszeitraum anzuwenden.

personenbezogenen Daten werden ergänzt bzw. ersetzt durch rechtliche Vorgaben zur Informationsübermittlung mittels Telekommunikation und werden flankiert durch Rahmenbedingungen für einen rechtssicheren Geschäftsverkehr.

(1) Datenschutz in offenen Systemen

648 Für die Behandlung datenschutzrechtlicher Vorschriften ist entscheidend, dass dem E-Business **die Idee ubiquitärer Kommunikation** „im" und „durch" das Internet zugrunde liegt[1]. Für das Datenschutzrecht bedeutet E-Business durch die Eingliederung der Internet-Technologie zur Nutzung des Web, dass sowohl die interne als auch die firmenübergreifende Datenverarbeitung – bei primärer „Funktionsverantwortung" der Privatwirtschaft durch Eigenkontrolle[2] – zu regeln ist.

(2) Datenschutz im E-Commerce als E-Business-Kategorie

(a) Datenverarbeitung für E-Business

649 Für Online-Geschäfte, dh. digitale Geschäftsmodelle (E-Banking/E-Commerce), ist Datenverarbeitung für die technische E-Business-Abwicklung und Durchführung der Geschäftsabwicklung[3] einzuführen. Für die Realisierung solcher EDV-Projekte wie auch den laufenden Datenverarbeitungs-Betrieb sind datenschutzgesetzliche Vorgaben zu beachten (vgl. § 37 Abs. 1 Satz 1 BDSG aF/§ 4g BDSG nF).

Zur Ausführung der Gesetze sowie von Vorschriften über den Datenschutz sind die Zulässigkeiten sicherzustellen. **Hierzu gehört im E-Commerce die Prüfung der Zulässigkeit der Zusammenführung von Daten aus Web- und Enterprise Resource Planning (ERP)-Systemen**, im Besonderen die Rechtmäßigkeit einer Verfügbarmachung von Daten aus dem Netz für die operationalen Back Office Systeme von Unternehmen.

650 Bei der Herstellung „dispositiver Datenhaltungssysteme" (Management-Informations-Systeme) stellt sich jeweils die Frage der Zulässigkeit einer „**Datenverarbeitung auf Vorrat**". Denn die „Multifunktionalität" des Datenmaterials in Datenbanksystemen (Data Warehouses bzw. Data Marts) ermöglicht, durch Algorithmen Kennzahlen zu extrahieren. Durch diese können zwischen den Daten bestehende Kausalzusammenhänge dargestellt und **neue**

---

1 Angesichts dieses Befunds war auch die juristische Diskussion zum Anpassungsbedarf des Bundesdatenschutzgesetzes aufgrund der EU-Datenschutzrichtlinie fokussiert auf die Frage des grenzüberschreitenden Datenverkehrs; vgl. zur Aufbereitung dieses Diskussionsstandes nur *Hoeren*, Grundzüge des Internetrechts, 2001, S. 59 ff.

2 Dies freilich im Rahmen der öffentlich-rechtlichen Informationsordnung; s. dazu *Trute*, VVDStRL 57 (1997), 216 ff. (244 ff., 257 ff.).

3 Vgl. zu den rechtstatsächlichen Vertragsmodellen *Cichon*, Internetverträge, 2000, S. 205 ff.

Verwendungszusammenhänge für Daten hergestellt werden. Dies macht die Multifunktionalität der Datenverarbeitung aus und geht im E-Commerce über vom „Umgang mit personenbezogenen Daten" in eine „wirtschaftliche Verwertung von personenbezogenen Daten".

(b) Absatzmarkt und Beschaffungsmarkt

651 Durch E-Business-Strategien werden Marktreichweite und Kundenanbindungen verstärkt. Portieren Unternehmen den Artikelstamm aus ihrem Backoffice-System ins Internet, können Waren von Kunden direkt über ein Web-Interface bestellt werden. Wird der Kauf eines Artikels über das Internet getätigt, werden diese Daten direkt ins Backoffice-System übertragen.

Benötigen Unternehmen Betriebsmittel oder Waren, betrifft dies den Beschaffungsmarkt. Ein solches E-Procurement betrifft nichtproduktive Waren und Dienstleistungen[1], dh. Betriebsmittel, aber auch zB Reservierungen und Tickets für Dienstreisen, deren personenbezogene Erfassung erhebliche datenschutzrechtliche Relevanz hat.

Die Beschaffung von Produktionsmitteln kann durch ein integriertes „Supply Chain Management" erfolgen[2]. Ein Unternehmen stellt seine Produktdatenbank und das Informationssystem ins Netz. Hersteller, Logistikunternehmen, Absender, Empfänger und Einzelhändler arbeiten zusammen. Innerhalb der Lieferkette werden alle Informationen zur Erfüllung von Angeboten, den Vertrieb von Produkten und Dienstleistungen umfassend ausgetauscht.

(c) Marktplatz und Portal

652 Ein sog. Marktplatz im Internet ist eine **offene Plattform**, über die zB Geschäftspartner ihren elektronischen Handel abwickeln können und welche die Kommunikation unterstützt. Unternehmen benötigen Schnittstellen zu diesen Marktplätzen.

Das Portal ist eine World Wide Website für den Einstieg in das Internet[3]. Die Portalfähigkeit von Software ermöglicht, dass Waren direkt aus einem (komponentenfähigen und integrierten) ERP-System (Warenwirtschaft/Produktion/Vertrieb/Logistik mit Marktplatzanbindung) auf einem Internet-Marktplatz angeboten werden können. Umgekehrt kann auch im Warenwirtschaftssystem ein Bedarf generiert werden, welcher auf einen Marktplatz übertragen wird, was wiederum eine Beschaffungslösung über das Internet darstellt.

Diese neuen Wertschöpfungsketten erfordern eine Vielzahl von technischen Datenübertragungen bzw. inhaltlichen Datenübermittlungen. Die Entwick-

1 S. dazu *Amor*, Die E-Business-(R)Evolution, 2000, S. 73 f.
2 S. dazu *Amor*, Die E-Business-(R)Evolution, 2000, S. 74.
3 S. dazu *Amor*, Die E-Business-(R)Evolution, 2000, S. 307 ff.

lung geht von isolierten Datenbankanwendungen innerhalb von Anbieterunternehmen über die gezielte Verknüpfung von Datenbasen und den Datenaustausch zwischen Unternehmen hin zu verteilten Informationssystemen zwischen Unternehmen[1].

Unternehmen einer Branche, zB in der Automobilindustrie, streben heute an, ihre Einkaufsaktivitäten über einen gemeinsamen virtuellen Marktplatz im Internet abzuwickeln. Denn solche Portale verfügen über das Potenzial, Bestell- und Lieferprozesse weiter zu vereinfachen. Dies bedeutet die Einbindung in eine „internetbasierte Planungskette" (supply chain Management).

(3) Datenschutz zwischen Front-Office- und ERP-Systemen

Die datenverarbeitungsseitige Notwendigkeit einer Verknüpfung von Front- und Backoffice-Daten zur Nutzung des „virtuellen E-Commerce-Markt"[2] hat datenschutzrechtliche Konsequenzen sowohl für die Abwicklung des Geschäftsverkehrs als auch für die Verarbeitung von Kunden-, Lieferanten- und Arbeitnehmerdaten. 653

Während traditionelle ERP-Systeme „alte Verfahren" der Produktionsplanung und -steuerung (PPS) in digitalisierter Form durchführen, erfolgt durch Erfordernisse des kaufmännischen E-Commerce und das technische E-Business eine qualitativ neuartige Datenverarbeitung, **welche unter datenschutzrechtlicher Sicht „Daten über verfügbare Daten", dh. Metadaten, verwertet**.

Die technische Realisierung von E-Commerce schafft damit sog. Schlüsselinformationen (mithin ein „digitales Nervensystem"[3]), welche in bestehende Backoffice-Systeme und Structured Query Language (SQL)-Datenbanken einfließen und dort verarbeitet werden. 654

Technisch angebunden hieran sind Intranet-Lösungen. Ein **Intranet** ist ein internes Netz einer Organisation oder eines Unternehmens, welche auf Internet-Technologie und dem Transmission Control Protocol (TCP)/Internet Protocol (IP)-Protokoll basiert. Datenschutzrechtlich erheblich ist, dass Mitarbeitern und Fachabteilungen im Unternehmen durch dieses interne Netzwerk Informationen, Dienste und Applikationen zugänglich gemacht werden[4].

---

1 *Picot/Reichwald/Wigand*, Die grenzenlose Unternehmung, 1996, S. 316 ff. (332).

2 Vgl. *Heckmann*, NJW 2000, 1370 ff. S. ferner zum Zusammenhang von elektronischem Geschäftsverkehr, europäische Integration und Informationsgesellschaft *Fröhlinger* in Drexl u.a., Europarecht im Informationszeitalter, 2000, S. 9 ff.

3 *Gates*, Digitales Business: Wettbewerb im Informationszeitalter, 2000, S. 13.

4 S. zu den arbeitsrechtlichen Implikationen unten *Däubler*, H Rz. 62 ff., 80 ff., 113 ff.

bb) Datenschutzrechtliche Lösungsansätze zur Realisierung von E-Commerce

(1) Zweckbindung, Anonymisierung und Pseudonymisierung

(a) Teledienste

655 Datenschutz befindet sich **angesichts der massenhaften Datenverarbeitung im E-Commerce an den Grenzen seiner Realisierbarkeit und Kontrollierbarkeit**. Bestimmungen des TDDSG und des MDStV enthalten spezifische Datenverarbeitungsrestriktionen bei Informations- und Kommunikationsdiensten[1]. Deren Anwendbarkeit ist je nach Sachverhaltszusammenhang im E-Commerce zu prüfen.

Das Recht auf informationelle Selbstbestimmung[2] lässt sich im Datenschutz als Technikrecht im Wesentlichen nur durch das Mittel der **Zweckbindung der Datenverarbeitung** realisieren[3]. Im E-Commerce sind zur Realisierung dieses Prinzips ggf. eine **Anonymisierung und Pseudonymisierung von Daten**, dh. die Trennung der personenbezogenen Daten von den sie identifizierenden Informationen, erforderlich.

Eine nicht erlaubte De-Anonymisierung, dh. **Reidentifizierung anonymisierter Daten**, ist nach § 43 Abs. 2 Nr. 3 BDSG aF/§ 43 Abs. 2 Nr. 6 BDSG nF eine Ordnungswidrigkeit bzw. bei Vornahme einer solchen Handlung gegen Entgelt oder in Bereicherungsabsicht nach § 44 Abs. 1 BDSG nF eine Straftat[4]. Diese Tat wird nach § 44 Abs. 2 BDSG nF allerdings nur auf Antrag des Betroffenen, der verantwortlichen Stelle, des Bundesbeauftragten für den Datenschutz oder der Aufsichtsbehörde verfolgt.

Das Prinzip der **Datenvermeidung und Datensparsamkeit** bei der Gestaltung und Auswahl von Datenverarbeitungssystemen nach § 3a BDSG nF soll durch die Nutzung der Möglichkeiten der Anonymisierung und Pseudonymisierung von Daten nach § 3a Satz 2 BDSG nF weiter intensiviert werden (vgl. auch die Begriffsbestimmung zu Pseudonymisieren in § 3 Abs. 6a BDSG nF), soweit dies wirtschaftlich angemessen und im Verhältnis zum verfolgten Schutzzweck steht. Aufgrund dieser gesetzgeberischen Prämisse wird Datenvermeidung und Datensparsamkeit in der Praxis im Wesentlichen und ganz zentral für den **Bereich der sensitiven Daten** zur Anwendung kommen.

---

1 Vgl. zum generellen Anwendungsbereich dieser gesetzlichen Vorgaben *Hütig*, oben Rz. 10 ff.

2 Näher zum Grundsatz der informationellen Selbstbestimmung *Kunig*, Jura 1993, 595 ff., und zu seinen datenschutzrechtlichen Facetten *Trute*, JZ 1998, 822 ff.

3 *Simitis* in Drexl u.a., Europarecht im Informationszeitalter, 2000, S. 23 ff. (30 f.).Vgl. auch *Dammann*, NVwZ 1991, 640 ff. (641) und *Heußner*, RDV 1988, 7 ff. (8 f.).

4 Vgl. diesbezüglich zum BDSG 1990 *Dammann* in Simitis/Dammann/Geiger/Mallmann/Walz, Kommentar zum Bundesdatenschutzgesetz, 4. Aufl. 1992 ff., § 43 Rz. 41–43. Dazu und zu weiteren datenschutzstrafrechtlichen Tatbeständen vgl. *Vassilaki*, unten G Rz. 162 ff.

§ 89 Abs. 2 Nr. 1 TKG beinhaltet eine Regelung zur **Zweckbindung**. Diese Vorschrift regelt, dass die Verarbeitung von Daten natürlicher und juristischer Personen zum Zwecke der „betrieblichen Abwicklung ihrer jeweiligen geschäftsmäßigen Kommunikationsdienste", dh. beschränkt nur für eigene Zwecke der Anbieter erfolgen darf. Dies betrifft die Verarbeitung von **Bestandsdaten bzw. Verbindungsdaten** zum Zwecke der Durchführung des Vertragsverhältnisses (§ 89 Abs. 2 Nr. 1a) bis 1c) TKG). 656

§ 89 Abs. 7 TKG erlaubt die Verarbeitung und Nutzung von Bestandsdaten zu Werbe-, Beratungs- und Marktforschungszwecken, sofern der Betroffene „in die Zweckänderung" eingewilligt hat. Vor Erteilung einer Einwilligung ist der Kunde sachgerecht über **Inhalt und Reichweite der Einwilligung** einschließlich der Zwecke sowie der Nutzungszeiten zu informieren (vgl. § 89 Abs. 10 Satz 2 bis 5 TKG).

Ergänzt werden die Regelungen zur Zweckbindung durch **spezielle Löschungsfristen für Bestands- und Verbindungsdaten**. Nach Beendigung des Vertragsverhältnisses sind nach § 5 Abs. 3 TDSV Bestandsdaten mit Ablauf des auf die Beendigung folgenden Kalenderjahres zu löschen. Ausnahmen gelten für die Bearbeitung von Beschwerden. § 35 Abs. 3 BDSG aF/§ 35 Abs. 3 BDSG nF gilt entsprechend. 657

Verbindungsdaten sind gemäß § 6 Abs. 2 Satz 2 TDSV mit Verbindungsende zu löschen, wenn sie nicht zum Aufbau weiterer Verbindungen oder zu anderen nach der TDSV erlaubten Zwecken (Entgeltabrechnung) benötigt werden. § 7 Abs. 3 TDSV erlaubt die Speicherung der Verbindungsdaten unter Verkürzung der Zielrufnummer um die letzten drei Ziffern für einen Zeitraum von 6 Monaten nach Versand der Rechnung.

(b) Mediendienste

Bei den sog. Mediendiensten, dh. den massenkommunikativ ausgestalteten Diensten wie zB den Angeboten der elektronischen Presse, richtet sich der **Datenschutz nach dem TDDSG** und §§ 12 bis 17 MDStV. Nach § 3 Abs. 1 TDDSG ist die Erhebung, Verarbeitung und Nutzung personenbezogener Daten durch Diensteanbieter nur aufgrund einer Rechtsvorschrift oder einer Einwilligung des Nutzers erlaubt. 658

Der Zweck der Verarbeitung ist dabei auf die Durchführung von Diensten beschränkt. Soll die Verarbeitung zu einem anderen Zweck erfolgen, bedarf es einer Einwilligung des Nutzers oder einer Rechtsvorschrift, die dies erlaubt (vgl. § 3 Abs. 2 TDDSG). Diese **Schaffung von Transparenz** wird flankiert durch eine umfangreiche Unterrichtungspflicht gegenüber dem Nutzer (vgl. § 3 Abs. 5 TDDSG).

TDDSG und der MDStV enthalten **Prinzipien zum Systemdatenschutz** und zur Selbstkontrolle der Betroffenen. Der **Grundsatz der Datensparsamkeit** in § 3 Abs. 4 TDDSG verpflichtet den Anbieter darüber hinaus dazu, so wenige personenbezogene Daten wie möglich zu verarbeiten. Zudem soll der Anbie- 659 ter eine anonyme bzw. pseudonyme Nutzung seiner Dienste ermöglichen (vgl. § 4 Abs. 1 TDDSG). Nutzungsprofile sollen nur bei Verwendung von Pseudonymen möglich sein.

(2) Einwilligung der Betroffenen zu Phasen der Datenverarbeitung

660 In der allgemeinen Datenschutzdiskussion wird die **Einwilligung als Datenfreigabeklausel/Datenschutzermächtigungsklausel**[1] mithin sogar als „Fiktion"[2] kritisiert. Im E-Commerce nimmt sie allerdings einen **zentralen Stellenwert** ein.

Nach § 4a Abs. 1 Satz 1 BDSG nF ist die **Einwilligung nur wirksam, wenn sie „auf einer freien Entscheidung des Betroffenen beruht"**. Die Freiwilligkeit der Einwilligung wird im E-Commerce damit zum Schlüsselbegriff datenschutzgesetzlicher Zulässigkeit. Um eine vertragliche „Störfallvorsorge"[3] zu betreiben, wird deshalb heute schon eine sog. **„doppelte Einwilligung"** eingeholt, wonach die erteilte Einwilligung dem Betroffenen nochmals zur Einsicht gegeben wird, damit dieser die Richtigkeit aller Umstände, die Gegenstand seiner Einwilligungserklärung waren, noch einmal „rückbestätigt". Eine solche Maßnahme ist allerdings nur dann zu begrüßen, wenn die verantwortliche Stelle sich dann auch strikt an den vorgesehenen Zweck der Verarbeitung hält (vgl. § 4a Abs. 1 Satz 2 BSG nF).

Eine Einwilligung ist immer dann erforderlich, wenn Daten über die gesetzliche Frist hinaus gespeichert werden sollen (§ 6 TDDSG, § 15 MDStV) oder von der engen Zweckbindung des § 3 Abs. 2 TDDSG und § 12 Abs. 3 MDStV abgewichen werden soll. So ist aufgrund der engen Zweckbindung der Datenverarbeitung für Zwecke des E-Commerce regelmäßig eine **materiell qualifizierte Einwilligung** erforderlich.

Die Ausgestaltung der elektronischen Einwilligung ist in § 3 Abs. 7 TDDSG geregelt. Erforderlich ist, dass die Einwilligung rechtzeitig eingeholt wird und der Betroffene die Möglichkeit hat, die Reichweite seiner Einwilligung zu bestimmen (vgl. auch Art. 7a EG-Datenschutzrichtlinie).

661 Im E-Commerce steht der Persönlichkeitsschutz der Betroffenen **„in Forderungseinheit" zum Verbraucherschutz**. So bleiben bei Nutzung von „Fernkommunikationsmitteln" iSv. § 1 Abs. 2 FernAbsG weitergehende Einschränkungen nach § 2 Abs. 1 Satz 3 FernAbsG „auf Grund anderer Vorschriften unberührt". Dazu gehört auch das Erfordernis der Einwilligung als Individualrechtsposition Betroffener.

1 *Simitis* in Simitis/Dammann/Geiger/Mallmann/Walz, Kommentar zum Bundesdatenschutzgesetz, 4. Aufl. 1992 ff., § 4 Rz. 21.

2 *Simitis* in Simitis/Dammann/Geiger/Mallmann/Walz, Kommentar zum Bundesdatenschutzgesetz, 4. Aufl. 1992 ff., § 4 Rz. 20.

3 Vgl. zu diesem Terminus und den daraus zu ziehenden Implikationen *Langenfeld*, Einführung in die Vertragsgestaltung, 2001, Rz. 116–121.

In diesen Kontext gehört auch, dass **Pauschaleinwilligungen/Blankoermächtigungen** ohne Festlegung zu den unterschiedlichen Phasen der Datenverarbeitung und einer Zweckbindung der Datenverarbeitung unzulässig sind[1]. Dies bedeutet auch, dass AGB-Klauseln, denen zufolge ein nicht-kaufmännischer Kunde sich gegenüber dem Unternehmen einverstanden erklärt, dass Daten „ohne jede Einschränkung" gespeichert, verändert, gelöscht oder übermittelt werden, eine unangemessene Benachteiligung des Kunden im Sinne von § 9 Abs. 2 Nr. 1 AGBG darstellen[2].

Ein Sonderthema im E-Commerce ist die **Einwilligung zur Veröffentlichung der Domain-Adresse**. Denn soweit dies zur Verwaltung der vom Kunden beantragten Domain im Rahmen der Registrierungsprozeduren des jeweiligen „Network Information Centers" erforderlich ist, werden Name und Anschrift des Kunden sowie gegebenenfalls die Namen der vom Kunden benannten administrativen und technischen Ansprechpartner an Registries weitergegeben. Die Registries veröffentlichen diese Daten in einer über das Internet von jedermann einsehbaren Datenbank. Der Kunde erklärt mit der Auftragserteilung sein Einverständnis zur Weitergabe dieser Daten und deren Veröffentlichung. Dieses Einverständnis muss freilich so geregelt sein, dass es jederzeit widerrufen werden kann. 662

(3) Anwendung und Implementierung von „Privacy Rules"

Prinzipien, dh. Privacy Rules, machen Datenschutz angesichts technischer Komplexität und der Schwierigkeiten ihrer rechtlichen Bewältigung im E-Commerce umsetzbar. Dies gilt sowohl für **Prinzipien der Selbstregulierung** an der Schnittstelle zwischen Privatwirtschaft und Staat als auch für Prinzipien aufgrund einer **Selbstverpflichtung der Industrie** im Rahmen eines Corporate Law bzw. der Wahrnehmung einer Corporate Policy durch Unternehmen. 663

Datenschutzrecht ist je nach Perspektive – sowohl für Adressaten von Gesetzen über den Datenschutz als auch für Betroffene – „anthropomorph"[3]. Diese spezifisch subjektive Komponente in der Rechtsgutsbestimmung des Bundesdatenschutzgesetzes bezeichnet das Phänomen der **„Relativität der Privatsphäre"**[4].

1 Vgl. nur *Auernhammer*, Bundesdatenschutzgesetz, 3. Aufl. 1993, § 4 Rz. 8, und *Wohlgemuth*, Datenschutzrecht, 2. Aufl. 1993, Rz. 111 ff. (120).

2 S. OLG Karlsruhe, Urt. v. 28. 6. 1996 – 15 U 4/96, CR 1997, 152 f.; vgl. zur sog. Datenschutzklausel auch Erman/*Hefermehl/Werner*, Bürgerliches Gesetzbuch, 10. Aufl. 2000, Band II, AGBG § 9 Rz. 175, *Brandner* in Ulmer/Brandner/Hensen, AGB-Gesetz, Kommentar, 9. Aufl. 2001, Anh. §§ 9–11, Rz. 286 f. sowie *Wolf* in Wolf/Horn/Lindacher, AGB-Gesetz, Kommentar, 4. Aufl. 1999, § 9 A 163 ff. (A 166).

3 Vgl. dazu *Popper*, Die beiden Grundprobleme der Erkenntnistheorie, 2. Aufl. 1994, S. 90–97.

4 Nach wie vor instruktiv *Auernhammer*, Bundesdatenschutzgesetz, Kommentar, 2. Aufl. 1981, Einführung Rz. 31.

Einzubeziehen in die Anwendung von Datenschutzrecht im E-Commerce sind vor diesem Hintergrund folgende objektivierende Prinzipien:

- Consumer Confidentiality Privacy Statements,
- **Codes of Conduct** (Art. 16 E-Commerce-Richtlinie, Art. 27 EU-Datenschutzrichtlinie, § 38a BDSG nF),
- Quality Management und **(freiwilliges) Datenschutzaudit** (§ 9a BDSG nF)/Cütoɛiogol,
- zwischenstaatlich garantierte Verhaltensregeln (Safe Harbor Principles[1]) und ggf.
- alternative Schlichtungsverfahren (Alternative Dispute Resolutions).

Diese Prinzipien berücksichtigen, dass der Datenschutz durch wirtschaftliche Globalisierung und die Nutzung des Internets „entgrenzt" wird[2]. Als moderner kollisionsrechtlicher Ansatzpunkt kommt deshalb für das Datenschutzrecht die „Lehre vom günstigeren Recht" (**better law approach**[3]) in Betracht.

Diese Prinzipien stabilisieren den im E-Commerce anzuwendenden „Mix der Rechtsgrundlagen"[4]. Denn sie unterwerfen die Datenverarbeitung einer „Kontrollmacht" und den E-Commerce einer „Initialmoral".

Voraussetzung hierzu ist freilich, dass die Mehrzahl von Rechtsprinzipien und mögliche inhaltliche Spannungen zwischen ihnen aufgelöst werden. Nach der **„Lehre vom beweglichen System"**[5] sind die anzuwendenden Regeln umso besser begründet, je mehr und je intensiver die Ausgangsprinzipien des Datenschutzes für sie sprechen. Diese Ausgangsprinzipien sind die nachfolgend bei den Prinzipien der Inhouse-Datenverarbeitung genannten.

664 Für den Datenschutz im E-Commerce sind vier Anwendungs-Fallgruppen für Prinzipien zu unterscheiden. Sie betreffen

- die **Eigenkontrolle bei Inhouse-Datenverarbeitung**,
- die **Eigenkontrolle bei Application Service Providing**,

---

1 Die Europäische Kommission hat festgestellt, dass die vom US-amerikanischen Handelsministerium getroffene Regelung zu den „safe harbor privacy principles" einen angemessenen Schutz für personenbezogene Daten darstellt, welche aus der EU übermittelt werden; s. dazu *Heymann*, CRI 2000, 70 ff.

2 Zunehmend wird Datenschutzrecht durch internationale Regelungsvorgaben verlagert. Der Bedeutungsverlust des deutschen Rechts geht einher (vgl. dazu *Lutterbeck*, CR 2000, 52 ff. [56 ff.]) mit einer Debatte über die künftige Bedeutung der deutschen Sprache für das Recht (vgl. dazu *Hattenhauer*, JZ 2000, 545 ff.).

3 Vgl. dazu *Hay*, U.S.-amerikanisches Recht, 2000, Rz. 213.

4 Zu einer Zusammenstellung einschlägiger Rechtsgrundlagen vgl. *Geis* in Herrmanns/Sauter, Management-Handbuch Electronic Commerce, 1999, S. 243 ff. (insbesondere zum Datenschutzrecht S. 247 ff.). Im internationalen Kontext spielt freilich die Frage der Möglichkeiten und Grenzen der Anwendung positiven Rechts ein große Rolle. *Hoeren* plädiert deshalb (in NJW 2001, 1184 f.) für die Stärkung informeller Verfahren zur Durchsetzung von Verfahrensregeln zB für Codes of Conduct.

5 Näher dazu *Bydlinski*, Fundamentale Rechtsgrundsätze, 1988, S. 125 ff. (127).

- die Eigenkontrolle im Telekommunikations-Datenschutz und
- die Unterstützung der Eigenkontrolle durch Qualitätsmanagement.

Prinzipien bei **Inhouse-Datenverarbeitung** sind: 665

- **Transparenz der Datenverwendung**
- Zweckbestimmung der Datenverwendung,
- **Zweckbindung der Datenverarbeitung**,
- Gewährleistung von Datensicherheit,
- Gewährleistung des Datenzugangs für Betroffene und
- Verantwortung und Haftung für die Einhaltung der Privacy Rules[1].

Prinzipien bei **Application Service Providing** sind: 666

- **Sicherstellung der Rechtmäßigkeit der Datenweitergabe** an E-Commerce-Dienstleister/Rechenzentrum,
- Ausschließliche Verarbeitung durch E-Commerce-Dienstleister/Rechenzentrum nach Anweisungen unter Einhaltung der vertraglichen Zweckbestimmung,
- **Schutz der Daten vor Missbrauch und Verlust**, Einhaltung der technischen und organisatorischen Maßnahmen, Überzeugung über Angemessenheit der Maßnahmen durch Datenschutzaudit,
- Datengeheimnisverpflichtung von Mitarbeitern und Erfüllungsgehilfen auf das Datengeheimnis,
- Unterstützung bei der Erstellung der in § 4g Abs. 2 BDSG nF vorgeschriebenen Übersicht über die in § 4e Satz 1 BDSG nF genannten Angaben sowie der zugriffsberechtigten Personen durch E-Commerce-Dienstleister/ Rechenzentrum.

Prinzipien bei der Verarbeitung von **Teledienstedaten** sind: 667

Teledienstedaten, die darüber Auskunft geben, wer wann mit wem kommuniziert hat, könnten als „besondere Kategorie personenbezogener Daten" iSd. Art. 8 Abs. 1 EU-Datenschutzrichtlinie angesehen werden. Sie sind für den Bereich des E-Commerce geeignet, aus der Beobachtung des **Kommunikationsverhaltens eines Nutzers**, dh. des Interessenten bzw. Kunden, auf dessen politische Einstellungen, religiöse oder philosophische Überzeugungen zu schließen (vgl. auch § 3 Abs. 9 BDSG nF).

Es sind deshalb folgende Verpflichtungen bzw. Maßnahmen zum Persönlichkeits-/Privatsphäreschutz des Nutzers zu gewährleisten:

- die Hinweispflicht des Diensteanbieters auf anonyme oder pseudonyme Nutzungs- und Bezahlungsmöglichkeit und Verpflichtung des Diensteanbieters zur Schaffung einer solchen technischen Möglichkeit,
- das Alleinlassen des Nutzers bei Abruf oder Zugriff oder sonstigen Nutzung. Schaffung einer Abbruchmöglichkeit für Nutzer, keine Kenntniser-

1 S. dazu *Tröndle*, CR 1999, 717 ff. (718).

langung der Nutzung durch Dritte, keine Zusammenführung von Daten über die Nutzung verschiedener Dienste, Anzeige bei Weitervermittlung an einen anderen Diensteanbieter,
- die Erstellung von Nutzungsprofilen der Dienste nur unter Verwendung von Pseudonymen.

668 Prinzipien zur Unterstützung der Eigenkontrolle ergeben sich durch das **Qualitätsmanagement** wie folgt:

Im E-Commerce sind Fragen der Qualität bei der Erbringung von Dienstleistungen und der Nutzung von Software zu unterscheiden. Dienstleistungen sind diejenigen Tätigkeiten des Lieferanten, welche zur Lieferung der Dienstleistung nötig sind. Immaterielle Produkte wie Software zur Realisierung von E-Commerce sind gespeicherte geistige Werkzeuge, welche nur in Verbindung mit materiellen Produkten, zB Hardware, angewendet werden können[1].

Im E-Commerce könnte ein dienstleistungsorientiertes Qualitätsaudit in Betracht kommen. In DIN ISO 9004, Teil 2 (Qualitätsmanagement und Elemente eines Qualitätssicherungssystems) ist ein Leitfaden beschrieben, in welchem die Elemente beschrieben sind, die einem Audit unterliegen[2].

Eine Besonderheit im MDStV ist § 17, der ein **freiwilliges Datenschutzaudit** für die Anbieter von Mediendiensten einführt. Unabhängige und zugelassene Gutachter sollen das Datenschutzkonzept von Mediendienst-Anbietern auf deren Anforderung hin prüfen und bewerten und das Ergebnis der Prüfung veröffentlichen.

§ 9a BDSG nF ist diesem Modellgedanken gefolgt und der Ansatz eines Datenschutzaudits ist ebenfalls aufgenommen worden. Danach können Anbieter von Datenverarbeitungssystemen und -programmen und datenverarbeitende Stellen ihr Datenschutzkonzept und ihre technischen Einrichtungen durch unabhängige Gutachter prüfen lassen. Einzelheiten sollen in einem besonderen Gesetz festgelegt werden.

In Art. 6 EU-Datenschutzrichtlinie sind die elementaren Grundsätze in Bezug auf die Qualität der Daten festgelegt:
- Verarbeitung nach Treu und Glauben und auf rechtmäßige Weise,
- Zweckbestimmung der Datenerhebung für eindeutige und rechtmäßige Zwecke,
- eine mit der Zweckbestimmung der Datenverarbeitung zu vereinbarende Weise der Weiterverarbeitung,
- Zweckbindung, Aktualität und Richtigkeit der Daten.

---

1 *Geiger* in Masing (Hrsg.), Handbuch Qualitätsmanagement, 3. Aufl. 1994, S. 767 ff. (771).

2 *Gaster* in Masing (Hrsg.), Handbuch Qualitätsmanagement, 3. Aufl. 1994, S. 927 ff. (945).

b) Rechtmäßigkeit der Datenverarbeitung im E-Commerce

aa) Allgemeine Verarbeitungsvoraussetzungen im E-Commerce

(1) Erlaubnisvorbehalt personenbezogener Datenverarbeitung

Es ist dem Diensteanbieter untersagt, die für die Durchführung von Telediensten erhobenen Daten „für andere Zwecke zu verwenden" (§ 3 Abs. 2 TDDSG)[1], es sei denn eine Erlaubnisnorm des TDDSG oder eine andere Rechtsvorschrift zum Schutz personenbezogener Daten gestattet dies. Als Erlaubnisnorm kommt eine Zulässigkeit nach Bundesdatenschutzgesetz in Betracht, dessen **Verbotskonzept mit Erlaubnisvorbehalt** wiederum eine Zulässigkeitsprüfung erfordert. 669

Das Bundesdatenschutzgesetz 1990 stellte im Hinblick auf seine Anwendbarkeit auf den Ort der Datenverarbeitung ab (§ 1 Abs. 2 BDSG aF; Territorialitätsprinzip). § 1 Abs. 5 BDSG nF geht nunmehr vom **Sitzprinzip** aus.

Nach dem neuen Prinzip richtet sich das insoweit anzuwendende nationale Recht primär nicht nach dem Ort der Datenverarbeitung, sondern nach dem Sitz der verantwortlichen Stelle. Das Bundesdatenschutzgesetz findet nach § 1 Abs. 5 Satz 1 BDSG nF dann keine Anwendung, wenn eine verantwortliche Stelle (ein Unternehmen) in einem anderen Mitgliedstaat der Europäischen Union oder in einem anderen Vertragsstaat des Abkommens über den Europäischen Wirtschaftsraum ihren Sitz hat und personenbezogene Daten in Deutschland erhebt, verarbeitet oder nutzt, es sei denn, dies erfolgt durch eine Niederlassung des Unternehmens in Deutschland.

Das Bundesdatenschutzgesetz findet allerdings nach § 1 Abs. 5 Satz 2 BDSG nF dann Anwendung, wenn eine verantwortliche Stelle ihren Sitz nicht in einem Mitgliedstaat der Europäischen Union oder in einem anderen Vertragsstaat des Abkommens über den Europäischen Wirtschaftsraum hat, aber in Deutschland personenbezogene Daten erhebt, verarbeitet oder nutzt.

Im Datenschutzrecht gilt für die Normadressaten die Verbotskonzeption, da im Datenschutzrecht die Erlaubniskonzeption keine angemessenen Kriterien zur Zulässigkeit der Datenverarbeitung bietet und nur durch den Extremfall der Strafbarkeit zu regeln wäre. Das Verbotsprinzip nach § 4 Abs. 1 BDSG aF/§ 4 BDSG Abs. 1 nF **unterscheidet 3 Zulässigkeitsalternativen**: 670

- außerhalb des Bundesdatenschutzgesetzes angesiedelte Vorschriften
- Einwilligung des Betroffenen
- Erlaubnisregelung nach Bundesdatenschutzgesetz.

(2) Regelungsvorgaben und Subsidiarität des BDSG

Das Datenschutzgesetz ist gemäß § 1 Abs. 2 Nr. 3 BDSG aF anwendbar, soweit die Datenverarbeitung geschäftsmäßig oder für berufliche oder ge- 671

1 S. dazu *Köhler/Arndt*, Recht des Internet, 1999, Rz. 388.

werbliche Zwecke erfolgt. Nach § 1 Abs. 2 Nr. 3 BDSG nF ist das **BDSG dann nicht anwendbar, wenn die Erhebung, Verarbeitung oder Nutzung ausschließlich für persönliche oder familiäre Tätigkeiten erfolgt**.

Es stellt sich die Frage, inwieweit das Bundesdatenschutzgesetz bei Nutzung des Internets für E-Commerce-Aktivitäten anwendbar ist. Die Aussage, das Bundesdatenschutzgesetz finde bei Nutzung des Internets im Wesentlichen nur noch dann Anwendung, soweit es um die Nutzung von Daten durch „Non-User im Online-Bereich" geht[1], ist in der getroffenen Weise nicht zutreffend und ergänzungsbedürftig. Denn nach § 2 Abs. 4 Nr. 1 TDG soll das Gesetz nicht für Telekommunikationsleistungen gelten. Online-Dienste sind danach nicht per se als Kommunikationsdienstleistungen anzusehen. Bei einer „funktionalen Betrachtung"[2] ist zwischen der **Transportleistung** (dann Telekommunikationsdienst) und der **Inhaltsleistung** (dann Tele- oder Mediendienst) zu unterscheiden.

Dies hat zur Konsequenz, dass der technische Vorgang des Aussendens, Übermittelns und Empfangens von Informationen anderen rechtlichen Schutzzwecken und rechtlichen Regelungsvorgaben und -erfordernissen unterliegt als die mittels dieses technischen Vorgangs übertragenen, dh. transportierten Dateninhalte. Für die Frage der Anwendbarkeit des Bundesdatenschutzgesetzes ist damit der Regelungs- und Sachverhaltszusammenhang, die Rolle des Users als Kunde, Lieferant oder Arbeitnehmer wie auch die Zweckbestimmung der Datennutzung zu berücksichtigen.

Damit kann das Bundesdatenschutzgesetz auch für **User im Online-Bereich** Anwendung finden. Denn soweit im E-Commerce Daten in Systemen verarbeitet werden, welche der Prozesssteuerung innerhalb eines Unternehmens bzw. Konzerns dienen, fallen diese unter das Bundesdatenschutzgesetz[3] und unterliegen auch dem Geltungsbereich des Betriebsverfassungsgesetzes, insbesondere den Vorschriften der §§ 87 Abs. 1 Nr. 6, 94 Abs. 1, 94 Abs. 2 und 95 Abs. 1 BetrVG[4].

672 Im Hinblick auf die Regelungsvorgaben des Bundesdatenschutzgesetzes und seine Subsidiarität ist vorliegend das „Transportverhältnis der Telekommunikation" zu betrachten, das auf zweierlei Weise gestaltet sein kann.

Der Anbieter erbringt geschäftsmäßig Telekommunikationsdienste iSv. § 3 Nr. 5 TKG als nachhaltiges Angebot an Dritte, mit oder ohne die Absicht, damit Gewinne zu erzielen. Oder der Anbieter erbringt Telekommunikationsdienstleistungen als entsprechendes gewerbliches Angebot an Dritte iSv. § 3 Nr. 18, 19 TKG. Anwendungsbereich des TKG sind somit „die

1 So *Köhler/Arndt*, Recht des Internet, 1999, Rz. 393.

2 Vgl. dazu Beck TKG-Komm/*Schuster*, § 3 Rz. 21b.

3 So auch *Rieß* in Bartsch/Lutterbeck, Neues Recht für neue Medien, 1998, S. 277 ff. (291).

4 Instruktiv dazu *Lorenz* in Kasseler Handbuch zum Arbeitsrecht, Band 1, 2. Aufl. 2000, Teil 2.10 Datenschutz, Rz. 601 ff., 628 ff., 636 ff. Vgl. auch *Däubler*, unten H Rz. 102 ff.

Kommunikationsdaten". **Personenbezogene Daten nach TKG** sind alle Einzelangaben, die dem Fernmeldegeheimnis unterliegen („jemand" iSv. § 85 Abs. 1 Satz 1 TKG). Insoweit unterliegen auch Daten juristischer Personen dem Schutz des TKG.

Bei Durchführung einer diesbezüglichen Sprach-, Text- und Datenkommunikation gehen Gesetze des IT-Datenschutzes nach § 1 Abs. 4 BDSG aF/§ 1 Abs. 3 BDSG nF vor. Denn es handelt sich bei dem TKG und auch dem TDG und TDDSG um Rechtsvorschriften des Bundes, welche auf die Verarbeitung personenbezogener Daten insoweit anzuwenden sind. Die an eine zulässige Verarbeitung anknüpfenden sonstigen Verpflichtungen zur Durchführung des Datenschutzes, die das Bundesdatenschutzgesetz vorschreibt, bleiben unberührt. Wesentlich für den E-Commerce sind hierbei

- die Pflicht zur Beachtung des Datengeheimnisses durch die bei der Verarbeitung personenbezogener Daten beschäftigten Personen,
- die Gewährleistung der Rechte der Betroffenen auf Auskunft, Berichtigung, Löschung oder Sperrung sowie
- die Verpflichtung zum Ersatz des Schadens im gesetzlich geregelten Umfang wegen einer nach diesem Gesetz oder anderen Vorschriften über den Datenschutz unzulässigen oder unrichtigen automatisierten Verarbeitung personenbezogener Daten.

(3) Personenbezogene und anonyme Daten

Verbindungs- und Abrechnungsdaten (Kommunikationsdaten) sind perso- 673
nenbezogene Daten der Beteiligten an der Telekommunikation. Der Diensteanbieter ist jedenfalls in der Lage, die zunächst technischen Verbindungsdaten aufgrund der Teilnehmerkennungen (Telefon-Nr., IP-Adresse[1]) den jeweiligen Vertragspartnern zuzuordnen. Die beteiligten Personen sind daher „bestimmbar" im Sinne der Definition des Begriffs „personenbezogene Daten". Auch juristische Personen sind hier eingeschlossen.

Die Handhabung von Nutzungsdaten ist in § 6 Abs. 1 Nr. 1 TDDSG und § 15 Abs. 1 Satz 1 MDStV insoweit legaldefiniert, als unter diesen solche Daten zu verstehen sind, deren Erhebung, Verarbeitung und Nutzung für die Ermöglichung einer Inanspruchnahme von Tele- bzw. Mediendiensten erforderlich ist. Darunter fallen alle Informationen zur Identifikation des Nutzers oder dessen Pseudonym (sofern der Dienst nicht anonym nutzbar ist), über den Zeitpunkt und die Dauer der Nutzung, ggf. auch die Passwörter oder Zugangscodes.

Navigiert der Nutzer im Angebot, interagiert er mit dem Diensteanbieter, so 674
entstehen dabei **Daten über den Pfad, den der Nutzer beschreitet**, die sofern

1 So *Helfrich* in Hoeren/Sieber, Multimedia-Recht, Teil 16.1, Rz. 30; vgl. zu den Problemen der Festlegung des Personenbezugs von Daten *Schmitz*, TDDSG und das Recht auf informationelle Selbstbestimmung, 2000, S. 91 ff. sowie *Gundermann*, NJW-CoR 1998, 492.

personenbeziehbar, ebenfalls Nutzungsdaten darstellen. Solche Nutzungsdaten (zB über die Verbindung zu einer konkreten Homepage) sind nach § 6 Abs. 2 Nr. 1 TDDSG „frühestmöglich" zu löschen.

Hier kann es Überschneidungen zu Verbindungsdaten iSv. § 6 Abs. 1 TDSV geben, denn durch die Speicherung des Suchlaufs kann der Weg des Nutzers durch das Internet verfolgt werden. Abrechnungsdaten sind gemäß § 6 Abs. 1 Nr. 2 TDDSG und § 15 Abs. 1 Nr. 2 MDStV solche, deren Erhebung, Verarbeitung und Nutzung für die Abrechnung der Inanspruchnahme von Tele- und Mediendiensten erforderlich ist.

(4) Regelungsvorgaben des IT-Datenschutzrechts

675 Für Teledienste enthält das TDDSG konzeptionelle Regelungsvorgaben für das IT-Datenschutzrecht. Nach § 3 Abs. 2 bis 6 TDDSG ergeben sich folgende besonderen Grundsätze:

- Daten dürfen nur unter Beachtung einer strengen Zweckbindung erhoben, verarbeitet und genutzt werden,
- eine Einwilligung darf nicht davon abhängig gemacht werden, dass der Nutzer in eine Verarbeitung oder Nutzung seiner Daten einwilligt, die nicht dem Zweck dient, die Teilnahme am Teledienst zu realisieren,
- der Teledienst ist technisch so zu gestalten, dass der Anbieter **möglichst wenige Daten der Nutzer erheben, verarbeiten oder nutzen** muss,
- der Betroffene ist über die Zwecke und Verfahren der Erhebung, Verarbeitung und Nutzung vor der Erhebung zu unterrichten. Der Inhalt der Unterrichtung muss für ihn jederzeit abrufbar sein, er kann aber auf die Unterrichtung verzichten. Tut er dies, so sind Unterrichtung und Verzichtserklärung zu protokollieren.
- der Betroffene kann seine gegebene Einwilligung jederzeit widerrufen.

Die Vorschriften des TKG gehen nach § 85 Abs. 3 Satz 3 TKG als bereichsspezifische Regelungen den allgemeinen Vorschriften des BDSG vor (vgl. § 1 Abs. 4 Satz 1 BDSG aF/§ 1 Abs. 3 BDSG nF). **Das Fernmeldegeheimnis in § 85 TKG** dient danach dem Schutz des Inhalts der Telekommunikation[1]. Allerdings wird nach § 89 TKG beim „Schutz der personenbezogenen Daten der an der Telekommunikation beteiligten Personen" deutlich, dass Datenschutz ein Teil der Sicherstellung des Fernmeldegeheimnisses in der Telekommunikation ist. So schützt das Fernmeldegeheimnis die näheren Umstände der Telekommunikation (wer kommuniziert mit wem wie lange von wo wohin).

676 Im E-Commerce ist Adressat der Gewährleistung des Fernmeldegeheimnisses, wer nach § 85 Abs. 2 TKG geschäftsmäßig Telekommunikationsdienste erbringt oder an der Erbringung beteiligt ist. Im Sinne von § 3 Nr. 5 TKG ist das geschäftsmäßige Erbringen von Telekommunikationsdiensten das auf

1 S. auch *Lammich*, B Rz. 81 ff.

Dauer angelegte Angebot von Telekommunikation (§ 3 Nr. 16 TKG), und zwar unabhängig davon, ob ein Gewinn erzielt werden soll. Darunter fallen zB auch von Dritten bzw. Tochterunternehmen betriebene **„Corporate Networks“** und betriebliche Nebenstellenanlagen – allerdings nur, wenn den Beschäftigten eine private Nutzung erlaubt ist[1].

Die durch das Fernmeldegeheimnis geschützten Daten unterliegen gemäß § 85 TKG einer strikten Zweckbindung. Sie dürfen nur zur Erbringung der Telekommunikationsdienste verwendet werden, es sei denn, eine Rechtsvorschrift, die sich ausdrücklich auf Telekommunikationsvorgänge bezieht, erlaubt eine anderweitige Verwendung.

Damit ist für diesen Bereich eine strikte Zweckbindung unter Beachtung des **Grundsatzes der Erforderlichkeit** nach § 89 Abs. 1 Satz 2 TKG vorgegeben. Eine Verarbeitung und Nutzung von Daten, die unter das Fernmeldegeheimnis fallen, ist demnach nur möglich, wenn dies durch eine Rechtsvorschrift, die sich ausdrücklich auf Telekommunikationsvorgänge bezieht, erlaubt ist (vgl. zB § 89 Abs. 7 TKG).

bb) Zulässigkeit der personenbezogenen Datenverarbeitung

677 Die Zulässigkeiten des Datenschutzrechts ermöglichen die personenbezogene Datenverarbeitung im E-Commerce und begrenzen sie gleichzeitig. Nachfolgend werden die „abgestuften Zulässigkeiten“ erläutert und dargestellt.

(1) Datenerhebung und Datenerfassung

(a) Datamining/Datawarehouse

678 Die **prinzipielle Grundrechtsbindung** des Datenschutzes soll von seinem gedanklichen Grundansatz her eine „singuläre Datenverarbeitung“ implizieren[2]. Im E-Commerce erfolgt indes keine generelle Restriktion der Datenverarbeitung, da in diesem Kontext Datenverarbeitung einer Kommerzialisierung unterliegt. Personenbezogene Daten werden zum Wirtschaftsfaktor oder selbst zum Wirtschaftsgut[3]. Dieser Befund darf aber nichts an der zu erreichenden Zielsetzung des § 1 Abs. 1 BDSG nF ändern, **den Einzelnen davor zu schützen, dass er in seiner „Persönlichkeit“ beeinträchtigt wird**[4].

Vor diesem Hintergrund ist die Partizipation der Betroffenen an der Datenerhebung und Datenverarbeitung sowie die Realisierung einer Techniknähe

1 Vgl. auch *Däubler*, H Rz. 100 f.

2 *Simitis* in Drexl u.a., Europarecht im Informationszeitalter, 2000, S. 23 ff. (25).

3 *Simitis* in Drexl u.a., Europarecht im Informationszeitalter, 2000, S. 23 ff. (36 f.).

4 Der Gesetzgeber spricht leider von „Persönlichkeitsrecht“. Würde er nur von „Persönlichkeit“ sprechen, so würde dies besser zum Ausdruck bringen, dass bestimmte „Ausflüsse der Persönlichkeit“, die vom Persönlichkeitsrecht geschützt werden, sich von der Persönlichkeit selbst eigentlich gar nicht trennen lassen. So richtigerweise auch *Medicus*, Bürgerliches Recht, 17. Aufl. 1996, Rz. 615.

bei der Umsetzung datenschutzgesetzlicher Vorschriften unabdingbar, um Datenschutz im E-Commerce realisieren zu können.

Datenerhebung ist das Beschaffen von Daten über den Betroffenen (vgl. § 3 Abs. 4 BDSG aF/§ 3 Abs. 3 BDSG nF). Diese hat rechtmäßig zu erfolgen, da eine Speicherung und Verarbeitung unrechtmäßig erhobener Daten unzulässig ist[1] und diese damit einem Verwertungsverbot unterliegen.

Wesentlich ist für den E-Commerce, dass eine Erhebung zulässig ist, wenn ein Betroffener seine Daten offenkundig selbst öffentlich gemacht hat (vgl. § 28 Abs. 6 Nr. 2 BDSG nF). Im Übrigen ist bei der Datenerhebung grundsätzlich von einem **Primat der Direkterhebung** auszugehen (vgl. § 4 Abs. 2 BDSG nF). Die Sonderregelung für die Erhebung besonderer, weil per se sensitiver Daten (vgl. § 3 Abs. 9 BDSG nF, Art. 8 EG-Datenschutzrichtlinie) in § 28 Abs. 7 bis 9 BDSG nF ist entsprechend zu beachten.

679 Sachlich stellt § 3 Abs. 2 BDSG nF die automatisierte Erhebung und die nicht-automatisierte Erhebung, soweit die Daten in einer Datei gespeichert werden bzw. gespeichert werden sollen, als automatisierte Verarbeitung in den sachlichen Anwendungsbereich des Bundesdatenschutzgesetzes.

Die Datenerhebung im E-Commerce ist anhand der genannten Kriterien, aber auch anhand der Vorgaben der **Verhältnismäßigkeit und des Übermaßverbots** kritisch zu überprüfen[2]. Denn im E-Commerce ist die Art und Weise der Datenerhebung sowie das Sammeln und die Aggregation von Daten von wesentlicher Bedeutung, weil die Erfassung von Nutzern und Daten „interner“ Systeme ergänzt wird, insbesondere durch solche des Extranets[3]. Die Anbindung unterschiedlicher Datenquellen kann zu einem Übermaß der Datenerhebung führen[4].

680 Die so erhobenen und durch ein sog. E-Mining bzw. Datamining[5] generierten Daten werden nutzbar gemacht und fließen in Management-Informations-Systeme und für Zwecke des E-Commerce in bestehende Kundensysteme ein. Diese können als **„Daten über Daten“, dh. Metadaten**, zusätzliche Informationen verfügbar machen, denen wiederum Eigenschaften und Bewertungen zugeordnet werden können.

---

1 S. dazu *Wächter*, DuD 1992, 66 ff. (68 f.); vgl. ferner auch *Auernhammer*, Bundesdatenschutzgesetz, 3. Aufl. 1993, § 28 Rz. 64.

2 Das Prinzip des „Übermaßverbots“ ist ergebnisäquivalent mit dem Gedanken, dass nicht das „Ob“, sondern das „Wie“ zur Debatte steht. Dieses Prinzip juristischer Praxisklugheit hat *Herberger* in Tinnefeld/Philipps/Weis, Die dunkle Seite des Chips: Herrschaft und Beherrschbarkeit neuer Technologien, 1993, S. 173 ff. (175) eindrucksvoll am Beispiel von Computer-Chips erläutert. Diese Diskussion findet sich in einer lediglich abgewandelten Facette im E-Commerce wieder.

3 S. dazu *Brian/Büchi* in Das E-business Prinzip, herausgegeben von IBM Consulting Group, 1999, S. 229 ff. (231).

4 S. dazu *Simitis* in Simitis/Dammann/Geiger/Mallmann/Walz, Kommentar zum Bundesdatenschutzgesetz, 4. Aufl. 1992 ff., § 28 Rz. 63 und § 1 Rz. 198 f.

5 Vgl. auch *Büllesbach*, CR 2000, 11 ff.

Die Gewährleistung von Datenschutz für Metadaten und die Nutzung operativer Datenbanken von Data Warehouses hat zur Konsequenz, dass zur Erfüllung datenschutzrechtlicher Pflichten neben den Schutzpflichten normativer Art auch dem Prinzip der Effektivität[1] entsprechend vermehrte Maßnahmen tatsächlicher Art der „Systemgestaltung zur **Sicherstellung eines Individualdatenschutzes**“[2] erforderlich sind.

b) Cookies

Unter Sicherheitsaspekten ist problematisch, dass kleine eigenständige Programme, die per HTTP-Protokoll auf das Rechnersystem des Anwenders geladen und ausgeführt werden, unter Umständen als aktive Elemente (Java-Applets) Zugriff auf elementare Systemressourcen haben können[3]. 681

Unter datenschutzrechtlichen Gesichtspunkten problematisch sind die sog. Cookies. Diese sind Informationen über den Zustand einer HTTP-Verbindung zwischen einem Client und einem Server[4]. Sie bestehen aus **Paaren von Variablen und Werten**, die in einer sog. Cookie-Datei gespeichert werden. Diese Datenstrukturen werden vom Webserver auf den Client geladen und – zur weiteren Wiederverwendung – „zwischengespeichert“. Eine Datenerhebung liegt hier dann vor, wenn der Diensteanbieter zum Zeitpunkt der Ablage der Daten eine Verfügungsgewalt über diese Daten begründet[5].

Zu beantworten ist jeweils, ob bei den Daten ein datenschutzrechtlich rele- 682
vanter Personenbezug gegeben ist. Ferner ist ein datenschutzrechtlicher Erlaubnisvorbehalt festzustellen. Ein solcher kann sich zB ergeben, wenn Zugangsvermittler und Diensteanbieter identisch sind oder wenn der Nutzer dem Diensteanbieter selbst Angaben über seine Person durch ein elektronisches Formular[6] macht, wie zB **bei formulargestützen Online-Bestellungen**. Hier besteht ein zu beachtender datenschutzrechtlicher Erlaubnisvorbehalt, der von § 6 TDDSG bzw. § 15 MDStV nicht abgedeckt ist, sofern die Datenverarbeitung über das für die Inanspruchnahme der Dienste erforderliche Maß hinausgeht und die Daten nicht unmittelbar nach der Nutzung gelöscht werden.

Auch wenn dem Kunden durch Browser-Einstellung die Möglichkeit gegeben wird, dass er bei Erhalt eines Cookie über eine solche Datensammlung in

1 Freilich ist zu bedenken, dass Grundrechte zwischen Privaten nicht unmittelbar anwendbar sind und so nicht zu staatlichen Eingriffen „umgewidmet“ werden können, weshalb das Merkmal der Effektivität im privaten Bereich zu relativieren ist; vgl. zur Reichweite der Verantwortung des Staates im Rahmen seiner grundrechtlichen Schutzpflicht *Klein*, NJW 1989, 1633 ff.

2 *Roßnagel* in Die Freiheit und die Macht, – Wissenschaft im Ernstfall –, 1994, S. 227 ff. (240 ff.).

3 S. dazu *Pohlmann*, Firewall-Systeme, 3. Aufl. 2000, S. 75.

4 Vgl. *Fuhrberg*, Internet-Sicherheit, 2. Aufl. 2000, S. 348 ff.

5 Näher zu diesem Erfordernis einer Datenerhebung *Dammann* in Simitis/Dammann/Geiger/Mallmann/Walz, Kommentar zum Bundesdatenschutzgesetz, 4. Aufl. 1992 ff., § 3 Rz. 108 ff.

6 Vgl. *Schaar* in Roßnagel, Recht der Multimedia-Dienste, 1999, § 4 TDDSG Rz. 50.

Kenntnis gesetzt wird, so ist der Empfang und die weitere Verarbeitung der Daten durch einen Diensteanbieter eine Erhebung von Daten, deren Verwendung unter dem Erlaubnisvorbehalt des § 3 Abs. 2 TDDSG steht[1].

Bei jeder erneuten Ansteuerung des Angebots durch den Nutzer wird die Cookie-Datei um die aktuellen Nutzungsinformationen ergänzt, so dass mit der Zeit ein aussagekräftiges **Nutzungsprofil, dh. eine „Nutzer-Vorgeschichte“**, erstellt wird. Bei der nächsten Inanspruchnahme eines Tele- oder Mediendienstes wird diese sich auf dem Rechner des Nutzers befindliche Datei vom Anbieter, der sie erstellt hat, gelesen, so dass der Nutzer automatisch in der Cookie-Datei über ihn gespeicherte Informationen preisgibt.

(2) Datenverarbeitung zu vertraglichen Zwecken

683 E-Commerce beschreibt eine Entwicklungslinie zu zahlenmäßig vermehrten Geschäftsabwicklungen, insbesondere durch Forcierung von Vertriebs- und Marketingprozessen[2], was regelmäßig auch eine Umstrukturierung von Geschäftsprozessen mit sich bringt. Dennoch dürfen personenbezogene Daten nur für einen bestimmten, dh. **dem Betroffenen gegenüber erkennbaren Zweck** verarbeitet werden. Dies soll die Überschaubarkeit und **Kontrollierbarkeit der Verwendung personenbezogener Daten**, mithin die Transparenz der Datenverarbeitung selbst gewährleisten.

Die Datenverarbeitung im Rahmen eines Vertragsverhältnisses ist zulässig, weshalb für diesen Bereich nach wie vor[3] berechtigterweise eine Privilegierung der Privatwirtschaft insofern gegeben ist, als auch die Interessen der verarbeitenden Stellen als Grundrechtsträger zu berücksichtigen sind. Allerdings ergeben sich in der Privatwirtschaft noch weitere Problemfelder des Datenschutzes, wenn Datenschutzrecht mit Regelungen anderer Rechtsgebiete wie zB dem Gesellschaftsrecht kollidiert, welche das Thema Datenschutz nicht in ihrem Fokus haben. Ein Beispiel hierfür ist, dass E-Commerce für Unternehmen durch Einbindung von Partnern eine Flexibilisierung von Unternehmensstrukturen mit sich bringt bzw. eine wirtschaftliche Vernetzung von Unternehmen mit datenschutzrechtlichen Implikationen nach sich zieht[4].

---

1 Vgl. *Schmitz* in Hoeren/Sieber, Multimedia-Recht, Teil 16.4, Rz. 144.

2 Diese neuen Möglichkeiten der Vermarktung von Produkten führt zu einem engen Zusammenspiel von IT-Infrastruktur und Marketing; vgl. zur diesbezüglichen Management- und Investitionsperspektive *Rosenthal/Schmid/Eggenberger/v. Borsig* in Das E-business Prinzip, herausgegeben von IBM Consulting Group, 1999, S. 87 ff. sowie zu den wettbewerbsrechtlichen Implikationen dessen *Dethloff*, NJW 1998, 1596 ff. S. zum Ganzen auch *Moritz*, CR 2000, 61 ff.

3 Dies ist allerdings heftig umstritten; vgl. zur Gegenauffassung *Simitis* in Drexl u.a., Europarecht im Informationszeitalter, 2000, S. 23 ff. (29–31), der eine Privilegierung der Privatwirtschaft ablehnt.

4 Auch dies kann erhebliche datenschutzrechtliche Probleme mit sich bringen. Vgl. hierzu für den Fall von Fusionen *Wengert/Widmann/Wengert*, NJW 2000, 1289 ff.; und dagegen mit wenig überzeugenden Argumenten *Lüttge*, NJW 2000, 2463 ff.

Eine inhaltliche **Einschränkung des „Datenverarbeitungsradius"** erfolgt im E-Commerce im Kernbereich seiner datenschutzgesetzlichen Zulässigkeiten allerdings weniger durch solche Kollisionsfragen oder durch Vorgaben des Bundesdatenschutzgesetzes als durch solche des IT-Datenschutzrechts[1], welches bei Verschränkung von Zulässigkeitsregelungen für Inhaltsdaten mit solchen für Bestands-, Nutzungs- und Abrechnungsdaten virulent wird. So ist die Speicherung von Nutzungsdaten bzw. Abrechnungsdaten nach § 3 Abs. 1 TDDSG bzw. § 28 Abs. 1 Nr. 1 BDSG aF/§ 28 Abs. 1 Nr. 1 BDSG nF ohne Einwilligung nur dann zulässig, wenn sie entweder Übertragungsvorgänge der Telekommunikation betreffen oder vom jeweiligen Vertragszweck gerechtfertigt sind[2].

(a) Verarbeitung von personenbezogenen Daten

Personenbezogene Datenverarbeitung zu vertraglichen oder vertragsähnlichen Zwecken erlaubt § 28 Abs. 1 Nr. 1 BDSG aF/§ 28 Abs. 1 Nr. 1 BDSG nF. Die Datenverarbeitung und Nutzung von Informationen bei Vertragsverhältnissen, zB von Daten zu einem Kaufvertrag über eine Ware, muss in unmittelbarem Zusammenhang mit dem jeweiligen Vertragszweck stehen, der sich aus den übereinstimmenden Erklärungen der Vertragsparteien ergibt[3]. Die Datenverarbeitung muss danach erfolgen, um der Erfüllung der gegenseitigen, sich aus dem Vertrag ergebenden Pflichten zu dienen, zB der Lieferung der Ware. 684

Bei geschäftsmäßiger Datenerhebung und -speicherung zur Übermittlung, insbesondere, wenn dies der Werbung, der Tätigkeit von Auskunfteien, dem **Adresshandel oder der Markt- und Meinungsforschung** dient, kommt die Anwendbarkeit des § 29 BDSG aF/§ 29 BDSG nF in Betracht.

Maßgebend für die Anwendbarkeit des § 29 BDSG aF/§ 29 BDSG nF ist die geschäftsmäßige Datenverarbeitung für fremde Zwecke. Datenverarbeitung ist hier nicht Hilfsmittel zur Durchführung anderer Geschäftszwecke, sondern sie steht im Mittelpunkt der Tätigkeit des Normadressaten. Typisches Merkmal ist, dass hier anders bei der Datenverarbeitung für eigene Zwecke keine Beziehungen zum Betroffenen bestehen und Daten überwiegend aus anderen Quellen beschafft werden. Vor diesem Hintergrund regelt § 29 Abs. 3 BDSG nF die Aufnahme personenbezogener Daten in elektronische oder gedruckte Adress-, Telefon-, Branchen- oder vergleichbare Verzeichnisse. Die Vorschrift stellt sicher, dass der Wille von Betroffenen, nicht eingetragen zu werden, von Herausgebern entsprechender Verzeichnisse regelmäßig zu beachten ist. 685

---

1 Vgl. *Wächter*, http://www.jurpc.de/aufsatz/20000085.htm, Abs. 43.

2 Instruktiv dazu *Schmitz* in Hoeren/Sieber, Multimedia-Recht, Teil 16.4, Rz. 136.

3 Vgl. zum Vertragsschluss im Internet *Drexl* in Drexl u.a., Europarecht im Informationszeitalter, 2000, S. 75 ff. (88 ff.); s. ferner auch *Larenz/Wolf*, Allgemeiner Teil des Bürgerlichen Rechts, 8. Aufl. 1997, S. 572 ff. (S. 603 ff.).

(b) Verarbeitung von Arbeitnehmerdaten

686 Im Verhältnis Arbeitgeber-Arbeitnehmer liegt bei der Zurverfügungstellung der Internet-Technologie in der Regel kein Angebot an bzw. keine Nutzung von Telekommunikation durch Dritte vor[1]. E-Commerce-Lösungen dienen unternehmensintern dem Aufbau eines Intranets, also einem **Knowledge-Management**, um einen unternehmensweiten Zugriff auf wichtige Geschäftsinformationen zu gewährleisten. Zu beantworten ist deshalb, ob für eine solche „Verarbeitung von Daten im Netz" das TDG und TDDSG anwendbar sind.

Während man generell geschlossene Nutzergruppen aus dem Anwendungsbereich dieser Gesetze herausnehmen kann, sind TDG und TDDSG für den Regelungszusammenhang der Realisierung von E-Commerce zur Abwicklung von Geschäftsvorfällen anzuwenden. Dies gebietet der **Schutzzweck von TDDSG und MDStV**. Hinzu kommt, dass die innerbetrieblichen Informations- und Kommunikationssysteme und Intranet-Anwendungen (geschlossene Benutzergruppen) im E-Commerce tief in die Infrastruktur des Unternehmens eingreifen.

687 Von einer Anwendbarkeit des TDG und TDDSG ist auch dann auszugehen, wenn Mitarbeitern Dienstleistungen und Waren angeboten werden, dh. die Mitarbeiter die Kommunikationsdienste individuell nutzen.

Die **Intranet-Lösung** (sog. „corporate network") im Unternehmen dient zB als Informationsplattform für die Mitarbeiter. Der Arbeitgeber ist in diesem Fall allerdings Normadressat des TKG und hat die Bestimmungen im Elften Teil zum Fernmeldegeheimnis, Datenschutz und zur Sicherheit der Kommunikation zu beachten. Die Mitarbeiter sind nach § 5 BDSG aF/§ 5 BDSG nF auf das Fernmeldegeheimnis (§ 85 TKG) und das Abhörverbot (§ 86 TKG) zu verpflichten. Zu beachten ist die Gewährleistung der Datensicherheit durch technische Schutzmaßnahmen (vgl. §§ 87 Abs. 1, 88 TKG).

Die Kommunikationssysteme, die als Arbeitsmittel für konkrete Aufgaben bereitgestellt werden, die diesbezügliche Datenverarbeitung und auch die Rechtfertigungsgründe für **die Speicherung von Mitarbeiterdaten im Arbeitsverhältnis beurteilen sich nach dem Bundesdatenschutzgesetz**[2].

(c) Verarbeitung von Bestands-, Nutzungs- und Abrechnungsdaten

688 Teledienste betreffen Angebote im Bereich der Individualinformation. Die Zulässigkeitsregelungen sind ggf. mit solchen des Bundesdatenschutzgeset-

1 Vgl. *Gola*, MMR 1999, 322 ff. (323).

2 Vgl. dazu *Schneider*, Handbuch des EDV-Rechts, 2. Aufl. 1997, Teil B, Rz. 217 ff. (231 ff.); s. dazu und den betriebsverfassungsrechtlichen Implikationen auch *Schaub*, Arbeitsrechts-Handbuch, 9. Aufl. 2000, § 148, Rz. 35–40 sowie *Fitting/Kaiser/Heither/Engels*, Betriebsverfassungsgesetz, 20. Aufl. 2000, § 83 Rz. 20, 20a, 24–29.

zes für Inhaltsdaten in Beziehung zu setzen. Sie differieren zwischen **Bestandsdaten, Nutzungsdaten und Abrechnungsdaten**:

- **Bestandsdaten** sind personenbezogene Daten der Nutzer, soweit sie der Begründung, technischen Ausgestaltung oder Änderung des Nutzungsvertragsverhältnisses dienen (§ 5 Abs. 1 TDDSG). Sie dürfen für diesen Zweck genutzt werden. Möchte der Diensteanbieter sie für andere Zwecke – Werbung, Marktforschung u.a. – nutzen, muss er die ausdrückliche Einwilligung einholen (§ 5 Abs. 2 TDDSG).
- **Nutzungsdaten** sind personenbezogene Daten der Nutzer, die anlässlich und zur technischen Realisierung eines Abrufs durch den Nutzer zwangsläufig beim Diensteanbieter anfallen. Sie dürfen zur Diensteerbringung und zur Abrechnung verarbeitet werden (§ 6 Abs. 1 TDDSG). Sie werden nicht beim Nutzer erhoben und müssen frühestmöglich, spätestens nach Beendigung der jeweiligen Nutzung gelöscht werden. Ausgenommen sind Abrechnungsdaten.
- **Abrechnungsdaten** sind personenbezogene Daten der Nutzer, die der Abrechnung des Entgelts für die Inanspruchnahme der Dienste dienen. Verbindungsdaten können von TK-Anbietern 6 Monate nach Versendung der Entgeltnachweise gespeichert werden (vgl. § 7 Abs. 3 Satz 3 TDSV). Die Übermittlung von Nutzungs- und Abrechnungsdaten an Dritte ist gemäß § 6 Abs. 3 TDDSG unzulässig, es sei denn, der Dritte benötigt sie zum Forderungseinzug oder anonymisierte Nutzungsdaten werden zu Marktforschungszwecken übermittelt. Ausnahmen gelten nur für Strafverfolgungsbehörden.

Die **Bildung von Nutzungsprofilen** ist gemäß § 4 Abs. 4 TDDSG erlaubt, wenn dabei Pseudonyme verwendet werden und die Profile nicht mit dem Träger in Verbindung gebracht werden[1]. Der im TDDSG verankerte Zweckbindungsgrundsatz sowie der Grundsatz der Datensparsamkeit haben zur Folge, dass eine weitere Datenverarbeitung für Zwecke des E-Commerce ohne weitere Einwilligung des Nutzers unzulässig ist.

(3) Datenverarbeitung zur Wahrung berechtigter Interessen

Der Anbieter darf Inhaltsdaten nach § 3 Abs. 2 TDDSG iVm. § 28 Abs. 1 689
Nr. 2 BDSG aF/§ 28 Abs. 1 Nr. 2 BDSG nF verarbeiten, soweit dies zur vertraglichen Erbringung des Dienstes erforderlich ist. Das **Zweckbindungsgebot** nach § 3 Abs. 2 TDDSG ist insoweit vorrangig.

Erfolgt die Speicherung nicht im Rahmen der Zweckbestimmung eines Rechtsverhältnisses, so kann sie zur Wahrung berechtigter Interessen der speichernden Stelle zulässig sein, wenn entgegenstehende schutzwürdige Interessen der betroffenen Person nicht anzunehmen sind (vgl. § 28 Abs. 1 Nr. 2 BDSG aF/§ 28 Abs. 1 Nr. 2 BDSG nF).

1 Skeptisch zur Verfassungsmäßigkeit des § 4 Abs. 4 TDDSG *Schmitz* in Hoeren/Sieber, Multimedia-Recht, Teil 16.4, Rz. 145, 112.

690 So ist nach **Ausübung des verbraucher(schutz)rechtlichen Widerspruchsrechts** nach § 361a BGB an eine Speicherbegrenzung der Daten im Rahmen dieser Zulässigkeitsvariante zu denken. Denn diese Regelung geht nach dem Modell einer „schwebenden Wirksamkeit“[1] davon aus, dass der Verbraucher an seine auf den Abschluss eines Vertrages gerichtete Willenserklärung nicht mehr gebunden ist[2], wenn er sie fristgerecht widerrufen hat.

§ 361a BGB schafft eine einheitliche verbraucherrechtliche Regelung, gilt also nicht im Verhältnis **Business-to-Business bzw. beim C-(=Collaborative)Commerce**, sofern er die kollaborative, elektronisch unterstützte Abwicklung von Geschäftsprozessen mit Lieferanten und Geschäftspartnern betrifft (vgl. auch § 13 BGB zur Definition des Verbrauchers). Für Verbraucherverträge ist die Zulässigkeitsvariante des § 28 Abs. 1 Nr. 2 BDSG aF/§ 28 Abs. 1 Nr. 2 BDSG nF kein Auffangtatbestand, sondern eine rechtlich gleichrangige Zulässigkeitsvorschrift insbesondere auch zu § 28 Abs. 1 Nr. 1 BDSG aF/§ 28 Abs. 1 Nr. 1 BDSG nF.

691 Die Verarbeitung von Daten zu Werbe- und Marketingzwecken kann nach § 28 Abs. 1 Nr. 2 BDSG aF/§ 28 Abs. 1 Nr. 2 BDSG nF zulässig sein. Die schutzwürdigen Interessen können aber überwiegen, wenn zB Kundenprofile über Kaufverhalten erstellt werden. Ebenso, wenn Daten zum Adressenhandel genutzt werden[3]. Es ist **in jedem Einzelfall eine Interessenabwägung** zwischen den Interessen der verarbeitenden Stelle und der betroffenen Person vorzunehmen.

692 § 28 Abs. 1 Nr. 2 BDSG aF/§ 28 Abs. 1 Nr. 2 BDSG nF erlaubt die **Übermittlung nur zu eigenen Zwecken**, nicht zB aus Interesse eines Konzernunternehmen, welches Kunden sucht, deren Kauf es als Leasinggesellschaft finanzieren könnte[4]. Rechtsgrundlage könnte hier aber § 28 Abs. 2 Nr. 1a BDSG aF/§ 28 Abs. 3 BDSG nF sein, dh. die Übermittlung „zur Wahrung berechtigter Interessen eines Dritten“. Zu berücksichtigen ist indes das schutzwürdige Interesse der betroffenen Person am Ausschluss der Übermittlung. Daran wird eine Übermittlung nach dieser Vorschrift regelmäßig scheitern.

1 Vgl. dazu *Bülow/Artz*, NJW 2000, 2049 ff. (2052).

2 Je nach rechtsdogmatischer Einordnung bzw. gesetzlichem Regelungsmodell des Widerrufs der Willenserklärung (vgl. dazu *Gernhuber*, WM 1998, 1797 ff. sowie *Boemke*, AcP 197 (1997), 161 ff.) kann dies Auswirkung haben auf die Beurteilung der datenschutzrechtlichen Zulässigkeitsbetrachtung im Vertragsverhältnis, vertragsähnlichen Vertrauensverhältnis oder im Rahmen einer Interessenabwägung zwischen berechtigten Interessen an der Datenverarbeitung bzw. schutzwürdigen Interessen am Ausschluss der Datenverarbeitung.

3 Konzis *Paefgen*, CR 1994, 14 ff; s. ferner zu den Zulässigkeiten auch *Weichert*, WRP 1996, 522 ff. (526 ff.).

4 Dies gilt datenschutzrechtlich erst recht für „weiche Konzerne“, dh. Unternehmensvernetzungen, welche zur Durchführung von E-business genutzt werden; instruktiv zu solchen faktischen Unternehmensanbindungen *Nagel*, Deutsches und europäisches Gesellschaftsrecht, 2000, S. 233 ff. (234 f.).

(4) Datenverarbeitung aufgrund einer Einwilligung

(a) Materielle Wirksamkeitsvoraussetzungen

Besteht für eine Datenverarbeitung kein gesetzlicher Erlaubnistatbestand, begründet die Einwilligung des Betroffenen in die Verarbeitung der auf seine Person bezogenen Daten deren Zulässigkeit. Betrachtet man die Einwilligung auch als eine auf einen tatsächlichen Erfolg gerichtete Erklärung, so ist im nicht-öffentlichen Bereich von der **Betrachtung der Einwilligung als einer rechtsgeschäftlichen Erklärung** auszugehen[1]. 693

Vertritt man die Auffassung, die Einwilligung sei in der Regel keine rechtsgeschäftliche Handlung, so wird dies jedenfalls anerkannt, wenn die Einwilligung Gegenstand eines Vertrages ist[2]. Ungeachtet des Rechtscharakters der Einwilligung bedarf es zu deren Wirksamkeit der **Einsichtsfähigkeit des Einwilligenden**, der die Tragweite seiner Einwilligung erkennt.

Im E-Commerce spielt die Einholung einer Einwilligung eine zentrale Rolle. 694
Zu dieser gehört in vorliegendem Kontext auch der Hinweis, dass es aufgrund der Struktur des Internets möglich ist, dass der Datenschutz von anderen, nicht in der Einflusssphäre und dem Verantwortungsbereich der speichernden Stelle stehenden Personen, Unternehmen oder Institutionen missachtet wird.

Außerdem ist es möglich, dass eine Nachricht, die aufgrund ihrer Adressierung den Geltungsbereich des Bundesdatenschutzgesetzes nicht verlassen hat, diesen trotzdem verlässt. Hierzu gehört auch die Information, dass unverschlüsselt über das Internet übertragene Daten nicht sicher sind und von Dritten zur Kenntnis genommen werden können.

Hinzu kommt auch **eine lizenzrechtliche Komponente**, dh. der Hinweis der speichernden Stelle an den Kunden, dass Daten, zu denen dem Kunden ein Zugang ermöglicht wird, urheberrechtlich geschützt sein können. Es obliegt dem Kunden, sich von der Schutzfreiheit fremder Daten zu überzeugen und die jeweiligen Schutzgesetze einzuhalten. Im Übrigen ist der Kunde dafür verantwortlich, dass die von ihm im Rahmen dieses Vertrags in das Netz eingebrachten Daten keine Rechte Dritter verletzen.

(b) Schutzkonzept im IT-Datenschutzrecht

Die Regelungen des § 3 Abs. 3, 5, 6 und 7 TDDSG bzw. § 12 Abs. 4, 6, 7 und 695
8 MDStV gewähren dem Nutzer bei einwilligungsbedürftigen Datenerhebungen zusätzlichen Schutz. Danach ist für die Erteilung der Einwilligung in die Erhebung, Verarbeitung und Nutzung personenbezogener Nutzerdaten **ein mehrstufiges Schutzkonzept** vorgesehen:

1 *Müller/Wächter*, Der Datenschutzbeauftragte, 1991, S. 33.
2 So zB *Auernhammer*, Bundesdatenschutzgesetz, 3. Aufl. 1993, § 4 Rz. 11; instruktiv zum Meinungsstand *Simitis* in Simitis/Dammann/Geiger/Mallmann/Walz, Kommentar zum Bundesdatenschutzgesetz, 4. Aufl. 1992 ff., § 4 Rz. 28.

- Die Einwilligung darf nur **unter bestimmten Voraussetzungen** zur Bedingung für die Erhebung des Teledienstes erhoben werden,
- der Nutzer ist vor der Datenerhebung umfassend über die näheren Umstände dieser Erhebung zu unterrichten und vor der Einwilligung über sein Widerrufsrecht zu informieren (**sog. „informed consent"**),
- bei der elektronisch erklärten Einwilligung sind aufgrund der fehlenden Schriftform der Erklärung besondere Schutzerfordernisse zu beachten.

Die **umfangreichen Unterrichtungspflichten** in § 3 Abs. 5 TDDSG sind bei der Gestaltung von Einwilligungserklärungen zu berücksichtigen. Dazu gehören spezielle Fragestellungen wie Bonitätsprüfungen wie auch solche der Löschung bzw. Anonymisierung von Verbindungsdaten.

Zu beachten ist, dass ein großer Teil der Daten von Diensteanbietern unter die Kategorien Bestands-, Nutzungs- oder Abrechnungsdaten mit der Konsequenz des Eingreifens gesetzlicher Erlaubnistatbestände fällt. Eine Einwilligung ist allerdings in den Fällen einzuholen, **in denen Daten über die gesetzlich zugelassene Frist hinaus dauerhaft gespeichert werden sollen** oder von der „engen Zweckbindung der Datenerhebung" gemäß § 3 Abs. 2 TDDSG und § 12 Abs. 3 MDStV abgewichen werden soll.

696 Zum Schutzkonzept gehört ganz wesentlich die **Zweckbindung der Daten**. Die Vorschrift des § 89 Abs. 7 TKG, wonach Diensteanbieter nach Einwilligung der Kunden die erhobenen Daten für Zwecke der Werbung, Kundenberatung und Marktforschung nutzen können, ist anhand dieser Zielsetzung zu interpretieren. Denn bei ihr ist die Reichweite und Zweckbindung der Verarbeitung anhand der **Einwilligung als Instrument „privaten Selbstschutzes"** aufgrund nicht überschaubarer Verwendungsmöglichkeiten der Daten ggf. nicht gewährleistet[1]. Unter Berücksichtigung des Rechts auf informationelle Selbstbestimmung bezieht sich die Vorschrift allerdings nicht auf Verbindungsdaten eines Kommunikationsvorgangs[2], sondern nur auf die Befugnis zur Verarbeitung von Bestandsdaten[3].

Problematisch ist, wenn **„Datensammlungen" ohne Zweckbestimmung** an Dritte übertragen werden, weil sich die Einwilligung zB nicht auf eine bestimmte Datenverwendung beschränkt. Solche erfolgten Datensammlungen nennt man **Daten-„Profiling"** durch Fragebögen. Hier ist darauf zu achten, dass der umfassend informierte Kunde nicht so weitgehend einwilligt, dass er damit dokumentiert, dass er auch in solchen Fällen seine schutzwürdigen Interessen als nicht verletzt ansieht. Echte Nutzerprofile sind indes nach § 4 TDDSG bzw. § 13 Abs. 4 MDStV zu pseudonymisieren.

---

1 So *Billig*, NJW 1998, 1286 ff. (1286 f.); vgl. ferner zum Generalthema mangelnder Zweckbindung von Daten auch *Kutscha*, ZRP 1999, 156 ff. (159 f.).

2 Vgl. erläuternd zum Begriff der Verbindungsdaten Beck TKG-Komm/*Büchner*, 2. Aufl. 2000, § 85 Rz. 3.

3 Zutreffend *Gundermann*, NJW 1999, 477 f.

(c) Schriftformerfordernis und Widerruf

Das Bundesdatenschutzgesetz sieht für die Einwilligung in eine Datenverarbeitung nach § 4 Abs. 2 Satz 2 BDSG aF/§ 4a Abs. 1 Satz 2 BDSG nF ein Schriftformerfordernis vor. Nur bei Vorliegen besonderer Umstände kann von diesem Schriftformerfordernis abgewichen werden. **Ein Schriftformerfordernis besteht im TDDSG und MDStV hingegen nicht.** 697

Von einem Schriftformerfordernis bei Inanspruchnahme von Informations- und Kommunikationsdiensten, dh. einer Kommunikation und Nutzung des Dienstes in Echtzeit, war abzusehen, um nicht die Inanspruchnahme von Diensten gänzlich in Frage zu stellen.

Die Einwilligung hat insofern „innerhalb" (dh. zB nicht zusätzlich per Brief, Telefon) des Kommunikationsvorgangs zu erfolgen. Die elektronische Einwilligung in die Datenerhebung ist in § 3 Abs. 7 TDDSG bzw. § 12 Abs. 8 MDStV geregelt. Auch § 89 Abs. 10 TKG sieht die **elektronische Einwilligung** vor.

Wegen der besonderen Risiken, denen elektronische Erklärungen mangels Verkörperung (keine Schriftform) und mangels biometrischer Kennzeichen (keine eigene Unterschrift) ausgesetzt sind, bedürfen sie besonderer Verfahren, **die ihre Wirksamkeit und Authentizität sicherstellen** (vgl. auch die Anforderungen von Art. 15 Abs. 2 EG-Datenschutzrichtlinie: Zulässigkeit einer automatisierten Einzelentscheidung im Rahmen des Abschlusses eines Vertrags oder durch Gesetz[1]; vgl. auch § 6a Abs. 2 Nr. 2 BDSG nF). 698

Vor diesem Hintergrund müssen im E-Commerce **Garantien „zur Wahrung der berechtigten Interessen der Betroffenen"** festgelegt werden. Solche den Schutz der berechtigten Nutzerinteressen bezweckenden Verfahren sind in § 3 Abs. 7 Nr. 1 bis 5 TDDSG und § 12 Abs. 8 Nr. 1 bis 5 MDStV festgeschrieben. Danach kann eine elektronische Einwilligung erfolgen, wenn der Diensteanbieter sicherstellt, dass

- sie **nur durch eine eindeutige und bewusste Handlung des Nutzers** erfolgen kann,
- sie nicht unerkennbar verändert werden kann,
- die Einwilligung (Tag, Uhrzeit, Inhalt) protokolliert wird und
- der Inhalt der Einwilligung jederzeit vom Nutzer abgerufen werden kann.

Der **Widerruf einer Einwilligung** muss grundsätzlich jederzeit möglich sein. Er wirkt vom Zeitpunkt des Widerrufs (ex nunc).

1 S. dazu *Wächter*, Falsifikation und Fortschritt im Datenschutz, 2000, S. 313 f. (396 f.).

cc) Pflichten der Unternehmen und Betroffenenrechte

(1) Fremdkontrolle der Datenverarbeitung

699 TDDSG und MDStV verzichten darauf, bei Anbietern von Informations- und Kommunikationsdienstleistungen zwischen solchen aus dem öffentlichen Bereich und solchen aus dem nicht-öffentlichen Bereich zu unterscheiden. Die **Datenschutzaufsicht für die Anbieter von Telediensten** ist in § 8 Abs. 1 TDDSG – auch für die öffentlichen Anbieter – der Aufsichtsbehörde für den Datenschutz gemäß § 38 BDSG aF/§ 38 BDSG nF[1] übertragen.

Wenn ein Kaufvertrag als Folge eines per Teledienst verbreiteten Angebots zustande kommt, gilt für die Verarbeitung personenbezogener Daten im Rahmen dieses Kaufvertrages das Bundesdatenschutzgesetz und damit im nicht-öffentlichen Bereich die Datenschutzaufsichtsregelung des § 38 BDSG aF/ § 38 BDSG nF. Die Aufsicht umfasst den Gesamtvorgang: das Angebot als Teledienst ebenso wie die sich daran anschließende vertragliche Abwicklung.

700 Für **Mediendienste** schreibt allerdings § 18 Abs. 1 MDStV vor, dass die nach den allgemeinen Datenschutzgesetzen des Bundes und der Länder zuständigen Kontrollbehörden für ihren Bereich die Einhaltung der Bestimmungen nach §§ 12–16 MDStV überwachen.

Zusammenfassend ergibt sich für den E-Commerce folgendes Bild:

- Nicht-öffentliche Stellen unterliegen bei Datenverarbeitung für eigene Zwecke und bei geschäftsmäßiger Datenverarbeitung der Kontrolle der Aufsichtsbehörde nach § 38 BDSG aF/§ 38 BDSG nF
- Nicht-öffentliche Anbieter von Mediendiensten unterliegen der Kontrolle der Aufsichtsbehörde nach § 38 BDSG aF/§ 38 BDSG nF
- Anbieter im Geltungsbereich der Landesdatenschutzgesetze unterliegen der Kontrolle durch die jeweils zuständigen Landes-Datenschutzbeauftragten
- Öffentliche Anbieter im Geltungsbereich des 2. Abschnitts des Bundesdatenschutzgesetzes unterliegen der Kontrolle durch den Bundesbeauftragten für den Datenschutz.

Dem Bundesbeauftragten für den Datenschutz ist weiterhin eine Beobachtungsfunktion hinsichtlich der Entwicklung des Datenschutzes bei Telediensten zugewiesen (§ 8 Abs. 2 TDDSG).

(2) Eigenkontrolle der Datenverarbeitung

(a) Pflicht zur Benachrichtigung

701 Die Benachrichtigung ist eine betroffenenbezogene Pflicht der Unternehmen. Rechtliche Zielsetzung der Benachrichtigung ist, den Betroffenen zu ermög-

1 Instruktiv zur Organisation der staatlichen Datenschutzkontrolle für die Privatwirtschaft *Gola/Schomerus*, ZRP 2000, 183 ff.

lichen, ihre Individualrechte geltend zu machen. Unter dem Gesichtspunkt des Qualitätsmanagements dienen auch freiwillige Benachrichtigungen zur **Überprüfung der Richtigkeit und Aktualität von Daten**. Im E-Commerce werden Benachrichtigungen darüber hinaus für „Feedback-Prozesse“[1] der Kunden genutzt.

Werden vom Betroffenen Daten erstmals gespeichert, ist er von der Speicherung und der Art der Daten zu benachrichtigen; nunmehr **bei Erhebung ohne Kenntnis des Betroffenen auch über die Zweckbestimmung** der Erhebung, Verarbeitung und Nutzung und der Identität der verantwortlichen Stelle (vgl. § 33 Abs. 1 Satz 1 BDSG aF/§ 33 Abs. 1 Satz 1 BDSG nF).

Eine Pflicht besteht nicht, wenn der Betroffene zB von der Speicherung Kenntnis hat (vgl. § 33 Abs. 2 Nr. 1 BDSG aF[2]/§ 33 Abs. 2 Nr. 1 BDSG nF), diese Speicherung lediglich der Datensicherung dient (§ 33 Abs. 2 Nr. 2 BDSG aF), die Benachrichtigung einen unverhältnismäßigen Aufwand bedeuten würde (vgl. § 33 Abs. 2 Nr. 2 BDSG nF) oder die Daten nur vorübergehend vorgehalten werden und innerhalb von drei Monaten gelöscht werden (§ 33 Abs. 2 Nr. 5 BDSG aF; mit Neufassung des BDSG wurde diese Vorschrift zur Entbehrlichkeit der Benachrichtigung aufgegeben, weil kurzfristige Datenspeicherungen nicht mehr privilegiert werden sollen).

Derjenige, der die **tatsächliche Herrschaft über personenbezogene Daten** 702
ausübt, dh. über diese verfügt, ist zur Benachrichtigung nach BDSG-Vorgaben verpflichtet. Sofern er sich anstelle von §§ 4, 27 ff. BDSG aF/§§ 4, 27 ff. BDSG nF nach § 11 BDSG aF/§ 11 BDSG nF auf seine Eigenschaft als Auftragnehmer beruft und demzufolge nicht zur Benachrichtigung verpflichtet ist, ist er für den ihn legitimierenden Grund beweispflichtig. Er muss als Auftragsdatenverarbeiter dem Betroffenen aber auch in diesem Fall den ihn anweisenden „Herrn der Daten“ bekannt geben, soweit es für die Wahrnehmung der Rechte des Betroffenen erforderlich ist.

(b) Pflicht zur Löschung oder Sperrung

Das Bundesdatenschutzgesetz gibt dem einzelnen Betroffenen nach §§ 33 ff. 703
BDSG aF/§§ 33 ff. BDSG nF im Hinblick auf die Speicherung, Übermittlung und Veränderung, Sperrung und Löschung von Daten bestimmte Rechte[3], die gemäß § 1 Abs. 4 BDSG aF/§ 1 Abs. 3 BDSG nF nur insoweit hinter anderen Vorschriften zurücktreten, als sich deren Regelungsabsicht mit den

---

1 S. zu diesem betrieblich-organisatorischen Instrumentarium im Datenschutz *Wächter*, Falsifikation und Fortschritt im Datenschutz, 2000, S. 329.

2 Vgl. dazu *Wächter*, CR 1992, 558 ff.; s. ferner auch *Tinnefeld/Ehmann*, Einführung in das Datenschutzrecht, 3. Aufl. 1998, S. 390 ff. (394).

3 *Müller/Wächter*, Der Datenschutzbeauftragte, 2. Aufl. 1991, S. 242 ff.; konzis zu den Rechten betroffener Arbeitnehmer *Buschmann* in Däubler/Kittner/Klebe (Hrsg.), Betriebsverfassungsgesetz, 7. Aufl. 2000, § 83 Rz. 21.

BDSG-Vorschriften deckt. Diesen Rechten stehen Pflichten der speichernden Stellen gegenüber[1].

Eine **Löschungsverpflichtung** besteht vom Zeitpunkt des Wegfalls der Zulässigkeitsvoraussetzungen an. § 35 Abs. 2 Nr. 3 BDSG aF/§ 35 Abs. 2 Nr. 3 BDSG nF regelt für die Verarbeitung für eigene Zwecke nach den Vorschriften des § 28 BDSG aF/§ 28 BDSG nF die Fälle, in denen die Zulässigkeitsvoraussetzungen für die Speicherung von Anfang an erfüllt waren, später aber weggefallen sind, weil die Kenntnis zur Erfüllung des Zwecks der Speicherung nicht mehr erforderlich ist.

In den Fällen, in welchen der Betroffene seine Einwilligung widerruft oder der Tatbestand einer anderen Zulässigkeitsvorschrift nicht mehr erfüllt ist, kann eine entsprechende Anwendung der Rechtsvorschrift in Betracht kommen. Ebenfalls in Betracht kommt eine Löschungsverpflichtung nach § 35 Abs. 2 BDSG aF/§ 35 Abs. 2 BDSG nF. Werden Daten geschäftsmäßig zum Zwecke der Übermittlung verarbeitet, sind sie ggf. am Ende des vierten Kalenderjahres zu löschen. Ggf. sind die Daten auch zu sperren statt zu löschen, § 35 Abs. 3 BDSG aF/§ 35 Abs. 3 BDSG nF.

704 § 6 Abs. 2 Nr. 2 TDDSG verpflichtet den Diensteanbieter, technisch-organisatorisch sicherzustellen, dass die bei der Nutzung von Telediensten anfallenden personenbezogenen Daten über den Ablauf des Abrufs oder Zugriffs oder der sonstigen Nutzung unmittelbar nach deren Beendigung gelöscht werden, soweit nicht eine längere Speicherung für Abrechnungszwecke erforderlich ist. Die Vorschrift betont den **Erforderlichkeitsgrundsatz**.

Die Löschungsregelung bezieht sich zunächst auf die personenbezogenen Nutzungsdaten gemäß § 6 Abs. 1 TDDSG mit Ausnahme der Abrechnungsdaten und ist insofern das Gebot zur technisch-organisatorischen Umsetzung der Löschungsregelung des § 6 Abs. 2 Nr. 1 TDDSG. Das Löschungsgebot umfasst auch Inhaltsdaten, die bei der Nutzung eines Teledienstes angefallen sind und die nicht aufgrund einer anderen Vorschrift – § 28 BDSG aF/§ 28 BDSG nF – gespeichert werden dürfen.

(3) Selbstkontrolle der Datenverarbeitung

(a) Recht auf Auskunft

705 Das **Auskunftsrecht reicht über die Benachrichtigungspflicht der speichernden Stellen nach § 33 BDSG aF** hinaus, weil es bei der Benachrichtigung „nur" um die Offenlegung des „dass" und „wo" der Speicherung, nicht um detaillierte Angaben zu den einzelnen Daten selbst geht[2].

1 S. zu Betroffenenrechten und den dazu korrespondierenden Pflichten der speichernden Stellen *Tinnefeld/Ehmann*, Einführung in das Datenschutzrecht, 3. Aufl. 1998, S. 385 ff. (und insbes. zur Datenkorrektur S. 396 ff.).

2 S. zur Zielsetzung der Benachrichtigungspflicht näher *Auernhammer*, Bundesdatenschutzgesetz, 3. Aufl. 1993, § 33 Rz. 1, 6.

Das Auskunftsrecht gibt dem Betroffenen einen Anspruch auf Mitteilung der über ihn gespeicherten Daten (§ 34 BDSG aF). § 34 BDSG nF erweitert den Umfang des Auskunftsrechts um die Information über Empfänger oder Kategorien von Empfängern, an welche Daten weitergegeben werden.

Wesentlich für die massenhafte Datenverarbeitung im E-Commerce ist bei Speicherung aufgrund von Aufbewahrungsvorschriften, Datensicherung oder Datenschutzkontrolle jetzt aber, dass in der Ausnahmevorschrift zur Benachrichtigung in § 33 Abs. 2 Nr. 2 BDSG nF **nunmehr der Gedanke festgelegt wurde, dass das Absehen von einer Benachrichtigung einen unverhältnismäßigen Aufwand zur Voraussetzung haben muss** (vgl. auch § 11 Abs. 2 EU-Datenschutzrichtlinie).

Schwierig ist die **Bestimmung des „Zwecks der Speicherung“** (vgl. § 34 706
Abs. 1 Nr. 2 BDSG aF/§ 34 Abs. 1 Nr. 3 BDSG nF). Hier könnte eine pauschale Umschreibung aller Einzelzwecke ausreichend sein. Führen Einzelauswertungen zu neuen Informationen, so wird befürwortet, auch über diese informieren zu müssen[1]. Vor dem Hintergrund der Zielsetzung, dem Betroffenen Kenntnis von Datenverarbeitungsvorgängen zu verschaffen, um ihm dadurch die Möglichkeit zu geben, selbst festzustellen, ob die Daten über ihn zulässig gespeichert und ob sie richtig gespeichert sind, dürfte dieser Ansatzpunkt zu weitgehend sein. Denn beim Recht auf informationelle Selbstbestimmung, deren Ausfluss das Auskunftsrecht ist, stellt sich auch die Frage, wie weitreichend aus der objektiv-rechtlichen **Schutzpflicht einer informationellen und kommunikativen Selbstbestimmung** ein diesbezüglich subjektivrechtlicher Anspruch für den Betroffenen bei massenhafter Datenverarbeitung tatsächlich besteht[2].

Für die geschäftsmäßige Speicherung der Übermittlung in anonymisierter Form (§ 30 BDSG aF/§ 30 BDSG nF) ist die Anwendung der Auskunftsregelung des § 34 BDSG aF/§ 34 BDSG nF ausdrücklich ausgeschlossen (vgl. § 30 Abs. 4 BDSG aF). Der ausdrückliche Ausschluss der Betroffenenrechte wurde in § 30 Abs. 4 BDSG nF aufgegeben, weil man darin einen Verstoß gegen Art. 13 EU-Datenschutzrichtlinie sah.

Gegenstand der Auskunft sind alle zur Person des Betroffenen gespeicherten 707
geschützten Daten, soweit nicht eine Ausnahme nach § 34 Abs. 4 BDSG aF in Betracht kommt. Nach neuer Regelung entfällt die Auskunftspflicht nach § 34 Abs. 4 BDSG nF nur noch für die Fälle des §§ 33 Abs. 2 Nr. 3 (überwiegendes Geheimhaltungsinteresse eines Dritten) und Nr. 6 (Gefährdung öffentlicher Sicherheit) BDSG nF.

1 So zB *Däubler*, CR 1991, 475 ff. (478) für den Bereich des Arbeitnehmerdatenschutzrechts.

2 S. dazu *Scherzberg*, DVBl. 1989, 1128 ff. Er definiert (auf S. 1136) als Gegenstand des subjektiven Grundrechts „die Durchsetzung aller vom Schutzzweck der Grundrechtsnorm umfassten Vorgaben des objektiven Verfassungsrechts im Rahmen des individuellen Status“. S. ferner zum Ansatz, die Funktion von Grundrechten nicht auf ihre Eingriffsabwehr zu reduzieren, *Albers*, DVBl. 1996, 233 ff.

Ihrem Wesen nach **geheim zu halten sind „streng vertrauliche Daten"**[1] sowie solche der Betriebssicherheit. Hier können sich Überschneidungen zu § 33 Abs. 2 Nr. 6b BDSG aF/§ 33 Abs. 2 Nr. 7b BDSG nF ergeben.

(b) Recht auf Widerruf

708 Das Bundesdatenschutzgesetz räumt der Stellungnahme des Betroffenen eine zentrale Bedeutung ein[2]. In diesem Kontext steht im E-Commerce das Widerspruchsrecht nach § 28 Abs. 3 BDSG aF/§ 28 Abs. 4 BDSG nF. Rechtsfolge bei dessen Ausübung ist, dass die Datenverarbeitung bei der speichernden Stelle unzulässig wird und der Empfänger der betreffenden Daten diese sperren muss (vgl. auch § 35 Abs. 5 BDSG nF).

Die Betroffenen haben das Recht, der Übermittlung oder Nutzung ihrer Daten für **Zwecke der Werbung oder der Markt- und Meinungsforschung** gemäß § 28 Abs. 3 BDSG aF zu widersprechen. Nach § 28 Abs. 4 Satz 2 BDSG nF ist der Betroffene bei der Ansprache zum Zwecke der Werbung oder der Markt- oder Meinungsforschung über die verantwortliche Stelle sowie über das Widerspruchsrecht zu unterrichten (vgl. auch Art. 14b EU-Datenschutzrichtlinie). Als spezialgesetzliche Regelung kann im E-Commerce auch einmal das **Urheberpersönlichkeitsrecht** nach § 13 UrhG eine Rolle spielen, wenn aus Sicht des Betroffenen von jemandem fälschlicherweise die Urheberschaft für ein Werk in Anspruch genommen wird. Der Betroffene hat in einem solchen Fall einen Widerrufsanspruch. Bei schuldhafter Verletzung hat der Betroffene auch einen Ersatzanspruch auf Ausgleich des immateriellen Schadens nach § 97 Abs. 2 UrhG.

Für den Fall, dass für eine Datenverarbeitung keine gesetzliche Erlaubnisnorm existiert und eine Datenverarbeitung erfolgen soll, kann der Betroffene bereits zu diesem Zeitpunkt erklären, dass er einer Datenverarbeitung nicht zustimmt und in diese nicht einwilligen wird. Denn in einem solchen Fall erklärt der Betroffene implizit, dass sein schutzwürdiges Interesse gegenüber der speichernden Stelle überwiegt[3].

Das Widerspruchsrecht ist ein selbständiges Recht, welches weder andere Rechte ersetzt noch diese verdrängt[4]. Überlässt der Kunde einem Unternehmen seine Daten über das Internet, damit zB ein Kaufvertrag über eine Ware abgewickelt werden kann, kann der Kunde widersprechen, wenn das Unternehmen die Daten explizit auch für weitere Kontaktaufnahmen speichern möchte.

1 *Müller/Wächter*, Der Datenschutzbeauftragte, 2. Aufl. 1991, S. 205 f., 210.

2 S. dazu *Wohlgemuth*, Datenschutzrecht, 2. Aufl. 1993, Rz. 230.

3 Vgl. zu diesem Bewertungsprinzip *Gola/Schomerus*, Bundesdatenschutzgesetz, 6. Aufl. 1997, § 28 Anm. 7.5.

4 S. dazu auch *Simitis* in Simitis/Dammann/Geiger/Mallmann/Walz, Kommentar zum Bundesdatenschutzgesetz, 4. Aufl. 1992 ff., § 28 Rz. 259.

Mit Zugang des Widerspruchs bei der speichernden Stelle gegen eine Übermittlung oder Nutzung seiner Daten wird diese unzulässig, die Übermittlung nach § 43 Abs. 1 BDSG aF/§ 43 Abs. 1 Nr. 1 BDSG nF strafbar[1].

dd) Haftung für Datenschutzverstöße

(1) Verpflichtung zum Schadensersatz

(a) Deliktische Haftung

Durch **Umsetzung von Art. 23 EU-Datenschutzrichtlinie** wird im Bundesdatenschutzgesetz mit § 7 BDSG nF erstmals eine eigene Regelung für eine **Verschuldenshaftung** geschaffen, die sowohl im öffentlichen als auch im nicht-öffentlichen Bereich gilt. Nach dieser Vorschrift ist dem Betroffenen bei Schadenszuführung „Schadensersatz" zu leisten. Unter diesem Schaden ist auch der **Ersatz immateriellen Schadens** zu verstehen. Dies war bislang nach alter Gesetzeslage ein streitiger Punkt[2]. 709

§ 7 BDSG nF umfasst die unzulässige oder unrichtige Erhebung, Verarbeitung oder Nutzung der personenbezogenen Daten. Wesentlich ist für den Datenschutz im Unternehmen § 7 Satz 2 BDSG nF, wonach die **Ersatzpflicht entfällt, soweit die verantwortliche Stelle die nach den Umständen des Falles gebotene Sorgfalt beachtet hat**. Damit ist einzelfallbezogen und situativ jede Schadenssituation dahin gehend zu analysieren, inwieweit das Instrumentarium zur Sicherstellung des Einzelfalles eingehalten wurde.

Bloße Datenschutzpannen führen aber auch nach neuer Gesetzeslage nicht in jedem Fall zum Schadensersatzanspruch. Er setzt vielmehr voraus, dass die in diesem Fall gebotene Sorgfalt nicht beachtet wurde. § 7 Satz 2 BDSG nF setzt damit Art. 23 Abs. 2 EG-Datenschutzrichtlinie um, der den für die Verarbeitung Verantwortlichen von der Haftung befreit, wenn er nachweist, dass der Umstand, durch den der Schaden eingetreten ist, ihm nicht zur Last gelegt werden kann.

Neben der Anspruchsgrundlage des § 7 BDSG nF kommt bei Schadensersatzansprüchen nach wie vor das Bundesdatenschutzgesetz als Schutzgesetz im Sinne von § 823 Abs. 2 BGB zur Anwendung. Neben der Geltendmachung eines Anspruchs nach § 7 BDSG nF scheidet ebenfalls grundsätzlich auch die Geltendmachung eines Anspruchs nach § 823 Abs. 1 BGB nicht aus. Denn es handelt sich bei diesen Ansprüchen nach allgemeinem Bürgerlichen Recht nicht lediglich um Auffangtatbestände, die gegenüber einer speziellen Regelung zum Persönlichkeitsrecht zurücktreten.

In § 7 Abs. 7 BDSG aF wurde ein allgemeiner Verweis auf weitergehende Haftungsvorschriften aufgenommen, nach welchem der Betroffene bei Scha-

1 *Auernhammer*, Bundesdatenschutzgesetz, 3. Aufl. 1993, § 28 Rz. 53.
2 Vgl. dazu AG Kassel, Urt. v. 3. 11. 1998 – 424 C 1260/98, CR 1999, 749 ff. m. Anm. *E. Ehmann* auf S. 751 f. unter Darstellung des Meinungsstandes.

denszufügung durch öffentliche Stellen alle in Betracht kommenden Vorschriften geltend machen kann. In § 8 BDSG nF, welche den Schadensersatz bei automatisierter Datenverarbeitung durch öffentliche Stellen regelt, wurde diese Regelung nicht mehr aufgenommen. Sinnvollerweise ist aber nach wie vor davon auszugehen, dass der Gesetzgeber mit den Haftungsvorschriften der **§§ 7 und 8 BDSG nF keine abschließende Regelung** treffen wollte.

Ebenso enthält § 6 Abs. 1 BDSG aF/§ 6 Abs. 1 BDSG nF **keine abschließende Aufzählung der Einzelrechte von Betroffenen**. § 6 BDSG nF legt Rechte der Selbstkontrolle der Betroffenen als unabdingbar fest, um Datenschutz für diese präventiv sicherzustellen. Es ist danach gesetzgeberischer Wille, den Betroffenen einen umfassenden Rechtsschutz zu gewährleisten. Im Übrigen wird der Betroffenenschutz in diesem Sinne immer mehr auch durch bereichsspezifische Regelungen flankiert.

Allgemeine Voraussetzung für eine Haftung ist die **zurechenbare Rechtsverletzung**, dh., es muss zwischen Handlung und Rechtsgutsverletzung ein Zusammenhang festgestellt werden. Der Maßstab für die Zurechenbarkeit beschreibt hierbei eine Organisationspflicht zur Vermeidung unzulässiger oder unrichtiger Verarbeitungen[1], wobei zu beantworten ist, welche vorhersehbaren und vermeidbaren Folgen seines Handelns der Schädiger „nicht mehr" zu vertreten hat[2].

710 Eine **Haftung aufgrund eines organisatorischen Verschuldens der verantwortlichen Stelle** tritt dann ein[3], wenn der Geschäftsherr nicht durch ausreichende organisatorische Maßnahmen, zB der Datensicherung[4], und entsprechende Anordnungen dafür sorgt, dass durch betriebliche Abläufe Betroffene nicht geschädigt werden. Auf diese Weise wird unter dem Gesichtspunkt des allgemeinem Bürgerlichen Rechts die Haftung von § 831 BGB grundsätzlich auf § 823 BGB iVm. § 31 BGB verlagert und der Entlastungsbeweis problematisch[5]. Diesen Beweis wird die verantwortliche Stelle nunmehr nach den Vorgaben des § 7 Satz 2 BDSG nF zu führen haben.

Problematisch ist vor diesem Hintergrund auch die allgemeine Tendenz, allein in dem Unterlassen, einen verantwortlichen Vertreter zu bestellen, eine Verletzung der Organisationspflicht zu sehen[6]. Die Kausalität eines Unterlassens für die Rechtsverletzung ist richtigerweise aber dann anzunehmen, wenn derjenige, dessen Verhalten in Frage steht, zur Abwendung der Verletzung tatsächlich in der Lage gewesen wäre, dh. ein zumutbares Verhal-

1 Vgl. *Simitis* in Simitis/Dammann/Geiger/Mallmann/Walz, Kommentar zum Bundesdatenschutzgesetz, 4. Aufl. 1992 ff., § 8 Rz. 20 und *Auernhammer*, Bundesdatenschutzgesetz, 3. Aufl. 1993, § 8 Rz. 6.

2 BGH v. 5. 12. 1989 – VI ZR 335/88, BGHZ 109, 297 ff. (302 ff.) m. Anm. *Mertens/Mertens*, JZ 1990, 488–490; kritisch auch *Krebs/Dylla*, DB 1990, 1271 ff.

3 Ausführlich dazu *Freytag*, oben Rz. 96 ff.

4 S. zur diesbezüglichen Rechtsprechung *Erben/Zahrnt*, CR 2000, 88 ff.

5 Vgl. auch *Geis*, CR 1993, 269 ff. (271).

6 Soergel/*Zeuner*, § 823 BGB Rz. 214–218.

ten die Verletzung zu diesem Zeitpunkt vermieden hätte. Vor diesem Hintergrund empfiehlt sich für verantwortliche Stellen die **Bestellung eines Datenschutzbeauftragten**, auch wenn für eine verantwortliche Stelle keine gesetzliche Bestellpflicht nach § 4f BDSG nF gegeben sein sollte.

Eine wesentliche Rolle spielt im Datenschutzrecht als Anspruchsgrundlage der § 823 Abs. 2 BGB. Er ist zwar insofern enger, als regelmäßig ein bestimmtes Verhalten des Schädigers gefordert wird, der Schutz geht aber gerade auch **vor dem Hintergrund der Ökonomisierung des Datenschutzrechts** wesentlich weiter, weil er auch Interessen und Schutzvorschriften im Kontext wirtschaftlicher Betätigung berücksichtigt[1].

Im E-Commerce ist die **Verknüpfung mit dem Wettbewerbsrecht**[2] von Interesse[3]. So ist zu diskutieren, ob zB ein Unterlassungsanspruch nach § 1 UWG auf einen Verstoß gegen Zulässigkeiten personenbezogener Datenverarbeitung nach dem Bundesdatenschutzgesetz gestützt werden kann. Fraglich ist, ob insbesondere die §§ 28 und 29 BDSG nF als datenschutzgesetzliche Zulässigkeitstatbestände einem **wettbewerbsrechtlichen Normzweck** unterliegen. Würde man einen solchen verneinen, so fehlt es am Rechtswidrigkeitszusammenhang zwischen einem Verstoß gegen Zulässigkeiten des Bundesdatenschutzgesetzes und dem Unwerturteil über ein Fehlverhalten zu Zwecken des Wettbewerbs. 711

In Frage steht damit, ob ein wettbewerbsrechtlicher Verstoß gegen „außerwettbewerbsrechtliche Vorschriften“ möglich ist. Dazu müsste das Datenschutzrecht auch – gewissermaßen als „Nebenfolge“[4] – wettbewerbsrechtliche Ziele verfolgen. Betrachtet man das UWG als „Marktverhaltensrecht“, so ist Zielsetzung des § 1 UWG die „Lauterkeit des Wettbewerbs“ im Interesse der Marktbeteiligten.

Bei den datenschutzgesetzlichen Zulässigkeiten könnte man argumentieren, der Gesetzesverstoß einer unzulässigen Datenverarbeitung sei grundsätzlich dem wettbewerbsrechtlichen Handeln vorausgegangen, weshalb ein Verstoß zB gegen die §§ 28 und 29 BDSG nF keine wettbewerbsrechtliche Relevanz habe[5]. Die Zulässigkeiten des BDSG haben allerdings zumindest eine „sekundäre wettbewerbsrechtliche Schutzfunktion“, zumal auch § 28 Abs. 3 Nr. 3 und Abs. 4 sowie § 29 Abs. 1 und Abs. 3 BDSG nF konkrete Marktbezüge aufweisen.

---

1 Vgl. ausf. zu diesem Haftungstatbestand *Wächter*, Falsifikation und Fortschritt im Datenschutz, 2000, S. 436 ff.

2 S. zu den wettbewerbsrechtlichen Tatbeständen *Moritz/Hermann*, oben Rz. 310 ff.

3 Grdl. zu dieser Konnexität *von Gamm*, GRUR 1996, 574 ff.

4 Vgl. zur folgenadäquaten Rechtskonkretisierung im Datenschutzrecht *Wächter*, Falsifikation und Fortschritt im Datenschutz, 2000, S. 199 ff. (213 ff., 217 ff.).

5 S. näher zu diesem rechtsdogmatischen Befund BGH, Urt. v. 11. 5. 2000 – I ZR 28/98, NJW 2000, 3351 ff. (3353 f.).

(b) Vertragliche Haftung

712 Besteht zwischen dem Betroffenen und der speichernden Stelle ein Vertragsverhältnis, so kann eine „missbräuchliche Verarbeitung" personenbezogener Daten eine **positive Vertragsverletzung**[1] aufgrund von Verletzungen gegen Verpflichtungen zum Datenschutz begründen, wobei der datenschutzgemäße Umgang entweder vertragliche Nebenpflicht[2] oder, sofern und soweit vertraglich vereinbart, auch vertragliche Hauptpflicht sein kann.

Begleitet werden diese haftungsrelevanten Tatbestände im E-Commerce durch solche des Datenverlustes und der Datenzerstörung zB aufgrund mangelnder Datensicherung[3], ggf. auch verursacht durch Computerviren[4]. Im Rahmen eines Vertragsverhältnisses zur Softwareüberlassung ist von Bedeutung, dass der Lizenznehmer regelmäßig für die Sicherung der Software und der Daten verantwortlich ist, wobei es Ausnahmen bei gesonderten individuellen Vereinbarungen zum Application Service Providing geben kann. Dies ist von Bedeutung, weil die im E-Commerce genutzten, verarbeiteten und „für Geschäftszwecke verwerteten Daten" einen erheblichen wirtschaftlichen Wert darstellen.

713 Werden Daten im Rahmen eines vorvertraglichen Vertrauensverhältnisses, dh. bei Aufnahme eines geschäftlichen Kontakts, verarbeitet, so kann ein schuldhaft und rechtswidrig herbeigeführter Datenschutzverstoß Schadensersatzansprüche wegen **Verschulden bei Vertragsschluss** (culpa in contrahendo) auslösen[5]. Die Haftung ist auf den Vermögensschaden begrenzt[6]. Bedient sich die verantwortliche Stelle eines Erfüllungsgehilfen nach § 278 BGB, so haftet diese für dessen Verschulden wie für eigenes.

Für datenverarbeitungstechnische Dienstleistungen werden aufgrund dieses Befunds regelmäßig vertragliche Vereinbarungen getroffen, wonach der Dienstleister seine Leistungen lediglich auf der Grundlage des derzeitigen Stands der Programmierung sowie des Internets und seiner technischen, rechtlichen und kommerziellen Rahmenbedingungen für dessen Nutzung erbringt. Dies bedeutet auch, dass der Dienstleister regelmäßig, soweit rechtlich möglich, **Haftungsausschlüsse** vereinbart für Störungen der Qualität des Zugangs zum Internet und/oder des Datenverkehrs im Internet aufgrund höherer Gewalt oder Umständen, die der Dienstleister nicht zu vertreten hat.

1 Vgl. *Simitis* in Simitis/Dammann/Geiger/Mallmann/Walz, Kommentar zum Bundesdatenschutzgesetz, 4. Aufl. 1992 ff., § 8 Rz. 16.

2 Vgl. zur Verletzung einer Schutzpflicht als Fallgruppe vertraglicher Nebenpflichtverletzung *Führich*, Wirtschaftsprivatrecht, 4. Aufl. 2000, S. 162.

3 S. näher dazu *Meier/Wehlau*, NJW 1998, 1585 ff. (1590 f.).

4 Vgl. *Schneider/Günther*, CR 1997, 389 ff.

5 *Gola/Schomerus*, Bundesdatenschutzgesetz, 6. Aufl. 1997, § 8 Anm. 2.1; vgl. zum Haftungsinstitut auch *Führich*, Wirtschaftsprivatrecht, 4. Aufl. 2000, S. 163 f.

6 Vgl. näher zum Inhalt des Schadensersatzanspruchs MünchKomm/*Emmerich*, vor § 275 Rz. 194 f., sowie *Fikentscher*, Schuldrecht, 9. Aufl. 1997, Rz. 81.

(c) Verantwortlichkeit für Web-Inhalte

Softwarehäuser legen häufig vertraglich fest, dass sie ihre Dienstleistungen ausschließlich auf Basis der Vertragsbedingungen erbringen. Dort ist auch festgelegt, dass der Kunde für die Webinhalte die Verantwortung übernehmen muss. Dies wird deshalb so geregelt, weil die **Verantwortlichkeitsregelungen der §§ 5 TDG/MDStV** ein (Mit-)Einstehen für eine Rechtsverletzung[1], unabhängig aus welchem Rechtsgebiet sie abgeleitet wird, festlegen[2]. 714

Zentraler Inhalt des TDG sind die Regelungen zur Verantwortlichkeit für die Inhalte der Angebote: Die Diensteanbieter sind für eigene Inhalte, die sie zur Nutzung bereithalten, nach den allgemeinen Gesetzen verantwortlich (§ 5 Abs. 1 TDG). Für fremde Inhalte, die Diensteanbieter als sog. Provider zur Nutzung bereithalten, sind sie grundsätzlich nicht verantwortlich.

Jeder Anbieter, der unter Wahrung des Fernmeldegeheimnisses Kenntnis von rechtswidrigen Inhalten erlangt hat, ist allerdings verpflichtet, diese nach Maßgabe der allgemeinen Gesetze für eine Nutzung zu sperren. Für mögliche Verletzungen von Persönlichkeitsrechten durch Datenangebote im Internet ist im Einzelfall der Betroffene, im Allgemeinen **die Gesamtheit der Nutzer im Rahmen einer Etiquette im Internet („Netiquette“**[3]) zur Abwehr aufgefordert.

Im Hinblick auf **Mitarbeiter** stellt sich die Frage, in welchem Umfang personenbezogene Daten der eigenen Mitarbeiter – organisatorische Stellung, Telefonnummer, E-Mail-Adresse, ggf. auch Bild und weitere persönliche Angaben – im WWW-Angebot des Unternehmens enthalten sein dürfen. Denn die Aufnahme dieser Daten stellt datenschutzrechtlich eine Übermittlung dar (Bereithalten zum Abruf, § 3 Abs. 5 Nr. 3b BDSG aF/§ 3 Abs. 5 Nr. 3b BDSG nF). Und der Abrufende kann diese Daten frei weitergeben, da er sie aus einer allgemein zugänglichen Quelle entnommen hat (§ 29 Abs. 1 Nr. 2 BDSG aF/§ 29 Abs. 1 Nr. 2 BDSG nF). 715

Nach den Regelungen des Datenschutzrechts ist hier eine **besondere Abwägung zwischen dem Interesse des Unternehmens an öffentlicher Darstellung und den Persönlichkeitsinteressen der Mitarbeiter** erforderlich. Der Betroffene kann auch widersprechen nach § 28 Abs. 4 Satz 2 BDSG nF. Über dieses Widerspruchsrecht ist er nach neuer Gesetzeslage auch zu unterrichten.

---

1 S. dazu *Freytag*, Haftung im Netz, 1999, S. 44 ff. (48 f.); vgl. zu diesem Befund angesichts der E-Commerce-Richtlinie *Freytag*, CR 2000, 600 ff. (604) sowie *Spindler*, ZRP 2001, 203 ff. (206). Ausführlich zum Ganzen *Freytag*, oben Rz. 1 ff. (110 ff.).

2 Vgl. zum Meinungsstand der Rechtsanwendungsdebatte der Verantwortlichkeitsregelung der §§ 5 TDG/MDStV *Sieber*, Verantwortlichkeit im Internet, 1999, Rz. 215 ff. S. ferner zu Ausgangspunkten der Diskussion *Koch*, CR 1997, 193 ff.

3 Jedermann kann sich mit Beschwerden über Inhalte in Online-Diensten an die „Freiwillige Selbstkontrolle Multimedia-Diensteanbieter e.V. (FSM)“, „http://www.fsm.de“, wenden.

716 Vor dem Hintergrund der Unternehmensverantwortung für die unter der **Firmen-Homepage** erreichbaren Inhalte ist auch die eventuelle Erlaubnis zur Einrichtung privater Web-Seiten der Mitarbeiter zu sehen. Nicht nur die Informationsangebote selbst, sondern auch die hier eingerichteten **Querverweise zu anderen WWW-Angeboten (sog. Hyperlinks)** können gegen allgemeine Gesetze verstoßen.

Im Hinblick auf den Kunden wird angesichts des Gesagten häufig vereinbart, dass es ihm untersagt ist, auf dem ihm durch das Softwarehaus zur Verfügung gestellten Speicherplatz der Maschinen des Softwarehauses rechtswidrige Informationen zu hinterlegen oder in irgendeiner Form auf strafbare Dienste, die von ihm oder Dritten angeboten werden, hinzuweisen oder Hyperlinks[1] zu solchen Internetadressen zu platzieren.

Der Kunde sollte sich aus Gründen des Datenschutzes verpflichten, – jedoch nicht ausschließlich – die Bestimmungen der **Vorschriften zum Schutz sog. sensitiver Daten, dh. solcher besonderer Kategorien** (Daten, aus denen die rassische und ethnische Herkunft, politische Meinungen, religiöse oder philosophische Überzeugungen oder die Gewerkschaftszugehörigkeit hervorgehen sowie Daten über Gesundheit oder Sexualleben, vgl. Art. 8 EU-Datenschutzrichtlinie und § 3 Abs. 9 BDSG nF) sowie Gesetze gegen die Verbreitung rechtswidriger und/oder jugendgefährdender Inhalte in ihrer jeweils gültigen Fassung, zu beachten.

Für den Fall, dass der Kunde die entsprechenden Inhalte nicht auf erste Anforderung vom Server entfernt, ist regelmäßig zwischen Softwarehaus und Kunde vereinbart, dass das Softwarehaus berechtigt ist, den Server zu dekonfigurieren und/oder den Vertrag fristlos zu kündigen.

(2) Anspruch auf Unterlassung

717 Verschuldens- (§ 7 BDSG nF) und Gefährdungshaftung (§ 8 BDSG nF) bewirken den Ausgleich eines Schadens, der schon entstanden ist. Dem Betroffenen wird aber daran gelegen sein, die seine Rechte beeinträchtigende Datenverarbeitung zu verhindern und damit deren Unterlassung bewirken wollen. Es geht ihm darum, eine fortdauernde widerrechtliche Beeinträchtigung zu verhindern bzw. zu beseitigen. Die Beseitigung ist durch spezielle Rechte im Datenschutz geregelt: den Widerruf, die Sperrung, die Löschung. Im E-Commerce spielen ferner auch die **Anonymisierung und Pseudonymisierung** eine Rolle.

Der Betroffene kann bei einem rechtswidrigen Eingriff in sein Persönlichkeitsrecht bei unzulässiger personenbezogener Datenverarbeitung – auch künftige – **Unterlassung analog §§ 823 Abs. 1, 1004 BGB** verlangen. Diese Rechtsanalogie gegen drohende Verletzungen aller in § 823 Abs. 1 und 2 BGB geschützten Rechte und Rechtsgüter ist anerkannt[2] und für den E-Com-

1 S. zur Verantwortlichkeit für Hyperlinks *Freytag*, CR 2000, 600 ff. (604).
2 *Esser/Weyers*, Schuldrecht, Band II Besonderer Teil, 7. Aufl. 1991, S. 628 ff.

merce ein wichtiges rechtliches Instrumentarium. Voraussetzung für einen Unterlassungsanspruch ist lediglich die objektive Widerrechtlichkeit des bevorstehenden Eingriffs, während es auf das Verschulden des potenziellen Verletzers oder das Bewusstsein der Rechtswidrigkeit nicht ankommt. Der Unterlassungsanspruch ist im Gegensatz zum Ersatzanspruch das Mittel, dem Verletzten einen **präventiven Schutz vor weiteren Verletzungen** zu gewähren.

Ein Vorschulden des Anspruchsgegners ist hierbei nicht erforderlich. Der unerlaubte Umgang mit personenbezogenen Daten im E-Commerce kann eine Verletzung des über § 823 Abs. 1 BGB geschützten – und in § 1 Abs. 1 BDSG nF verankerten – Persönlichkeitsrechts beinhalten.

(3) IT-Haftpflicht für Datenschutzverstöße

Für die IT-Haftpflicht handeln Unternehmen für ihre Datenverarbeitung – und E-Commerce-Anwendungen – entsprechende **Haftpflicht-Vertragskonditionen** aus. Zielsetzung ist ein Risikotransfer an die Versicherungsmärkte durch den Abschluss entsprechender Versicherungen, deren Bedingungswerke dezidiert auf die jeweilige Risikosituation des Versicherungsnehmers zugeschnitten sind bzw. sein sollten. 718

Solche Haftpflichtversicherungsverträge enthalten für den Fall eines Schadensersatzanspruchs eines Dritten einen **Befreiungsanspruch des Versicherungsnehmers gegenüber dem Versicherer**:

- ihn von den Ansprüchen des Dritten freizustellen,
- die Einstandpflicht des Versicherungsnehmers zu prüfen, gegebenenfalls abzuwehren, zu vergleichen oder zu begleichen.

Folgende **Leistungsinhalte** sind hierbei – sofern vertraglich auch so vereinbart – für IT-Unternehmen im Hinblick auf die Überlassung und Pflege von E-Commerce-Anwendungen sowie für E-Commerce-Projekte von Bedeutung und zu versichern[1]: 719

- **IT-Analyse, Beratung, Organisation**: Schäden Dritter aus fehlerhafter Analyse, Beratung, Organisation (auch Schulung und Weiterbildung) im Bereich der IT (Informationstechnologie und Telekommunikation). Unter den Versicherungsschutz fallen auch – während der Wirksamkeit der Versicherung vorgenommene – vorgelagerte Analysen, Beratungen, Organisationen.

1 Im Hinblick auf die vertragliche Festlegung von Leistungsinhalten ist die Regelung des § 4 Abs. 1 Nr. 1 AHB (Ausschlüsse) von Bedeutung; s. dazu *Littbarski*, Allgemeine Versicherungsbedingungen für die Haftpflichtversicherung (AHB), Kommentar, 2001, § 4 Rz. 15 ff. (22, 26). Ebenso von Bedeutung ist § 1 Nr. 3 AHB, wonach echte, dh. reine Vermögensschäden (zB durch unrichtige Beratung, Softwarefehler, unzulässige Datenverarbeitung) explizit vertraglich in den Versicherungsschutz einzubeziehen sind.

- **IT-Sicherheitsberatung**: Schäden Dritter aus fehlerhafter Analyse, Beratung und Organisation (auch Einweisung) im Bereich der IT-Sicherheit.
- **Software**: Schäden Dritter aus fehlerhafter Software des Versicherungsnehmers. Mitversichert sind auch Schäden Dritter aus der Pflege, Wartung und Implementierung von Software mit Ausnahme von solchen Ansprüchen, die aus einem vollständigen Unterlassen der Pflege von Software des Versicherungsnehmers herrühren.
- **Datenerfassung, -verarbeitung und -speicherung**: Schäden Dritter wegen fehlerhafter Datenerfassung, -verarbeitung und -speicherung durch den Versicherungsnehmer oder durch Dritte aufgrund der vom Versicherungsnehmer gelieferten sowie ggf. montierten, reparierten oder gewarteten Hardware.
- **Provider iSd. TDG**: Schäden Dritter aus Fehlern und Rechtsverstößen bei dem Anbieten von Diensten im Bereich der Teledienste.
- **Provider iSd. TKG**: Schäden Dritter aus Fehlern und Rechtsverstößen bei Angebot und Betrieb von Telekommunikationsdiensten und/oder Telekommunikationsnetzen.

Mitversichert sind in der Praxis[1] – teilweise abweichend von § 7 Nr. 2 AHB[2] – gesetzliche Haftpflichtansprüche mitversicherter natürlicher Personen, **und zwar auch wegen Vermögensschäden aufgrund von Verstößen gegen Datenschutzgesetze**.

720 Eingeschlossen wäre damit die gesetzliche Haftpflicht des Versicherungsnehmers und der Betriebsangehörigen einschließlich des angestellten Datenschutzbeauftragten wegen echter Vermögensschäden im Sinne des § 1 Nr. 3 AHB durch die Verletzung personenbezogener Bestimmungen in Datenschutzgesetzen, die während der Wirksamkeit der Versicherung eingetreten sind. Mitzuversichern sind insoweit Haftpflichtansprüche auf Ersatz eines immateriellen Schadens wegen Verletzung eines Persönlichkeitsrechts.

Nicht versichert sind in heute üblichen Vereinbarungen Ansprüche auf Auskunft, Berichtigung, Sperrung und Löschung sowie die hiermit zusammenhängenden Verfahrenskosten. Auch fallen Bußen, Strafen sowie die Kosten derartiger Verfahren nicht unter die Deckung.

Die persönliche Haftpflicht selbständiger Datenschutzbeauftragter und deren Beschäftigter bleibt vom Versicherungsschutz regelmäßig ausgeschlossen.

721 Zu beachten ist auch, dass die Haftpflichtversicherung dem Schädiger nur einen Befreiungsanspruch gegenüber seinem Haftpflichversicherer gibt und

---

1 Ausführlich zum gesamten Komplex der IT-Versicherung *Langheid*, unten J Rz. 1 ff.

2 Versicherungsausschlüsse können ganz oder teilweise abbedungen werden; vgl. dazu *Hoeren/Schulze/Schwienhorst* zu § 4 Abs. 1 Ziff. 1 AHB, in Friedrich Graf von Westphalen, Vertragsrecht und AGB-Klauselwerke, 2. Ordner, Haftpflichtversicherungen (Stand: Juli 1998), Rz. 60.

der Geschädigte keinen direkten Anspruch gegen den Haftpflichtversicherer des Schädigers hat[1].

c) Datensicherheit und IT-Datenschutzrecht im E-Commerce

aa) Angemessener Schutz durch technische Maßnahmen

Zur technischen Ausgestaltung automatisierter Verarbeitung personenbezogener Daten sind **„angemessene und geeignete Maßnahmen"[2] zur Datensicherung und Datenschutzkontrolle** der Anlage zu § 9 Satz 1 BDSG nF zu treffen. Für den Teledienst ist § 4 Abs. 2 TDDSG zu beachten. Soweit die Datenverarbeitung der Erfüllung eines Vertragsverhältnisses dient, sind ebenso die Vorgaben des § 9 BDSG nF zu beachten[3]. 722

Für die Realisierung von E-Commerce sind folgende Maßnahmen bedeutsam (vgl. Anlage zu § 9 Satz 1 BDSG nF), um

- zu verhindern, dass Datenverarbeitungssysteme mit Hilfe von Einrichtungen zur Datenübertragung von Unbefugten genutzt werden können (Benutzerkontrolle/**Zugriffskontrolle**),
- zu gewährleisten, dass überprüft und festgestellt werden kann, an welche Stelle personenbezogene Daten durch Einrichtungen zur Datenübertragung übermittelt werden können (Übermittlungskontrolle/**Weitergabekontrolle**),
- zu verhindern, dass bei der Übertragung personenbezogener Daten sowie beim Transport von Datenträgern die Daten unbefugt gelesen, kopiert, verändert oder gelöscht werden können (Transportkontrolle/**Weitergabekontrolle**).

Das Bundesdatenschutzgesetz regelt den Inhalt einer „Datenübertragung" und schützt diese gegen unbefugte Verarbeitung oder Nutzung. Diesem Gesetz sind die „personenbezogenen Inhaltsdaten" Anlass, Kontrollmaßnahmen vorzuschreiben, die ihrerseits die Erhebung, Verarbeitung oder Nutzung personenbezogener Daten derjenigen Personen erforderlich machen, die an den Datenübertragungsprozessen mitwirken. In diesen Kontext gehört als eine Maßnahme der Datensicherheit das Login, dh. die Protokollierung von Systemaktivitäten[4]. 723

Die Datenübertragung im technischen Sinn wird im E-Commerce realisiert durch Verfahren der Telekommunikation. Wer es also übernimmt, den Vorgang des Transports elektronischer Nachrichten technisch zu realisieren,

1 S. zB *Littbarski*, Allgemeine Versicherungsbedingungen für die Haftpflichtversicherung (AHB), Kommentar, 2001, Vorbemerkung Rz. 46.
2 S. näher zu dieser Konnexität von Aufwand und angestrebtem Schutzzweck *Geiger* in Simitis/Dammann/Geiger/Mallmann/Walz, Kommentar zum Bundesdatenschutzgesetz, 4. Aufl. 1992 ff., § 9 Rz. 24 ff., 35 ff.
3 So auch *Engel-Flechsig/Maennel/Tettenborn*, NJW 1997, 2981 ff. (2986).
4 Ausführlich zu Maßnahmen der Datensicherheit *Federrath/Pfitzmann*, F Rz. 1 ff.

betreibt Telekommunikation. Datenschutzrechtlich ist Telekommunikation der technische Vorgang des Aussendens, Übermittelns und Empfangens von Nachrichten jeglicher Art in der Form von Zeichen, Sprache, Bildern oder Tönen mittels technischer Einrichtungen oder Systeme (vgl. § 3 Nr. 16, 17 TKG).

Das Telekommunikationsrecht regelt Verfahren der Informationsübermittlung, deren Inhalte allerdings auch unter den Gesichtspunkten des Bundesdatenschutzgesetzes zu prüfen sind. Datenschutz im E-Commerce besteht aber nicht nur darin, dass personenbezogene Daten Gegenstand eines Kommunikationsvorgangs sein können, sondern er muss sich auch damit auseinander setzen, dass die Systeme der Telekommunikation Daten über ihre Nutzer aufzeichnen, ohne dass ein Nutzer im Einzelfall Umfang und Verwendungszweck der Daten bestimmen kann.

724 Bei bestimmungsgemäßem Gebrauch dienen Datenspeicherungen dem ordnungsgemäßen und sicheren Betrieb der technischen Systeme (analog § 31 BDSG nF). Sie können aber sehr viel über das Informationsbedürfnis und Kommunikationsverhalten der Betroffenen aussagen und werden damit Regelungsgegenstand des Datenschutzrechts. Auch weist unter verfassungsrechtlichem Blickwinkel die Zwangsläufigkeit, mit der ein Nutzer der Telekommunikation seine personenbezogenen Daten preisgeben muss, über das vom Bundesverfassungsgericht etablierte Recht auf informationelle Selbstbestimmung hinaus.

Für den E-Commerce bedeutet dies, dass die Anwendung fortschrittlicher Digitaltechnologien in Kommunikationsnetzen zur Voraussetzung hat, dass sie die **Privatsphäre im Sinne einer „privacy protection"** unangetastet lassen und garantieren, dass die **Vertraulichkeit der Kommunikation im Einklang mit den internationalen Menschenrechtsbestimmungen** (insbesondere der Europäischen Konvention zum Schutz der Menschenrechte und Grundfreiheiten), den Verfassungen der Mitgliedstaaten und der Charta der Grundrechte der Europäischen Union[1] steht.

Vor diesem Hintergrund stellt die Implementierung von Electronic-Commerce (EC)-Systemen für Unternehmen ein Sicherheitsrisiko dar. Teile der Unternehmens-DV sind bei Nutzung von EC-Systemen (mehr oder weniger) direkt mit dem Internet verbunden und so Angriffen von außen ausgesetzt. Die IT-Sicherheit umfasst die Gewährleistung der Vertraulichkeit, der Integrität, der Authentizität und der Verbindlichkeit der im Netz übertragenen und gespeicherten Informationen sowie die Verfügbarkeit der Systeme[2].

725 Beim Persönlichkeitsschutz geht es um den Schutz der Daten im Rahmen von Kommunikationsvorgängen. Auf Anbieter- und auch auf Kundenseite ist hierbei zwischen **drei Bereichen der Sicherheit** zu unterscheiden:

---

1 Kritisch zur Effektivität und Schutzwirkung der in der Charta gewährleisteten Rechte *Kenntner*, ZRP 2000, 423 ff.

2 S. dazu *Eberspächer* in Tinnefeld u.a., Arbeit in der mobilen Kommunikationsgesellschaft, 1996, S. 138 ff. (147 f.).

- der Systemsicherheit,
- der Daten- und Applikationssicherheit und
- der Kommunikationssicherheit.

(1) Systemsicherheit

Die Systemsicherheit betrifft im E-Commerce das sog. Händlersystem (Produzent, Großhandel, Einzelhandel, Kunde)[1], unter welchem die Gesamtheit der Unternehmens-DV, die direkt oder indirekt mit dem Internet verbunden ist, zusammengefasst ist. Sie betrifft mindestens einen einzelnen Rechner, meistens jedoch ein ganzes Netzwerk, da die einzelnen Serverprogramme auf physisch getrennten Rechnern ablaufen und untereinander Informationen austauschen. 726

Um einerseits sämtliche Daten, die auf einem System gespeichert sind, vor unbefugten Zugriffen von außen, dh. vom Internet aus, und andererseits die laufenden Anwendungen **vor einer Manipulation durch Dritte zu schützen**, muss der Systemzugriff aus dem Internet eingeschränkt und reglementiert werden. Dies ist **möglich durch sog. Firewall-Systeme** zwischen Internet und dem eigenen Netzwerk[2].

Eine **Firewall** besteht meist aus einem eigenen Rechner mit Betriebssystem, das so konfiguriert ist, dass nur bestimmte Internetdienste (Protokolle) oder Verbindungen von festgelegten Internetadressen aus zulässig sind. Für ein E-Commerce-System werden beispielsweise die TCP/IP Protokolle HTTP (Hypertext Transport Protocol) und HTTP mit SSL (Secure Socket Layer) verwendet. Protokolle wie Telnet, FTP (File Transfer Protocol) oder SMTP (Simple Mail Transfer Protocol) werden hier im Allgemeinen nicht benötigt, wobei gerade das Telnet-Protokoll durch seine Fähigkeit, Sitzungen auf fremden Rechnern auszuführen, große Sicherheitsrisiken bringt. 727

Die Funktionsweise ist häufig so, dass der Web-Server hinter der Firewall (Server 2) alle Datenbanken (Fachhändler, Großhändler, Produkte) enthält, die für das E-Commerce-System notwendig sind. Diese Daten werden laufend aus dem ERP-System aktualisiert. Außerdem dient dieser Server als Entwicklungs- und Intranet-Server. **Auch das Backup der Daten erfolgt hier**. Der äußere Server (Server 1) wird aus dem Server 2 gespiegelt und übernimmt die Kommunikation zum Internet.

Dieser äußere Server wird durch Firewall-Software gesichert. Sollte dieser aber gehackt werden, können alle Daten innerhalb von wenigen Stunden wieder aus dem Server 2 rekonstruiert werden. Ein solches System realisiert die Verfügbarkeit und Sicherheit der Daten sowie die erforderliche Perfor-

1 S. dazu *Picot/Reichwald/Wigand*, Die grenzenlose Unternehmung, 1996, S. 333.
2 Vgl. näher dazu *Groeneveld/Wächter*, CR 1999, 390 ff. Ausführlich zu weiteren technischen Entwicklungen *Pohlmann*, Firewall-Systeme, 3. Aufl. 2000, S. 185 ff. (285 ff. und 357 ff.). Zum Ganzen *Federrath/Pfitzmann*, F Rz. 54 ff.

mance für die Datenverarbeitung. Vor allem das ERP-System ist dadurch geschützt, weil von außen kein direkter Zugriff gewährt wird und ein Zugriff nur auf gespiegelte Daten möglich ist.

(2) Daten- und Applikationssicherheit

728 Bei der Anwendungssicherheit im E-Commerce geht es um Sicherheitsrisiken, die sich von einzelnen Programmen (HTTP- und Electronic Commerce Server, Browsern) her ergeben. Problematisch sind hier insbesondere solche Anwendungen, die gewollt oder aufgrund von Programmierfehlern einen Zugriff auf bestimmte Betriebssystemfunktionen und damit auf angeschlossene Geräte oder das Dateisystem haben. Dies können beispielsweise der HTTP-Server und bestimmte Applikationen sein.

Eine Sicherung gegen die hier genannten Risiken ist nur teilweise durch eine sorgsame Konfiguration oder einen Verzicht auf bestimmte Anwendungskomponenten möglich.

Der Dienstleister für das Application Service Providing stellt die Rechenanlage einschließlich Software während der vereinbarten Betriebszeiten zur Verfügung oder er wird im Hinblick auf die Räume, die Hardware und das Operating mit einem Rechenzentrum zusammenarbeiten.

729 Auftragsunternehmen obliegt im Rahmen der schriftlichen Beauftragung (vgl. § 11 Abs. 2 Satz 2 BDSG aF/§ 11 Abs. 2 Satz 2 BDSG nF) **die tatsächliche technische Ausführung der Datenverarbeitung als „technisches Servicezentrum“**. In Umsetzung von Art. 17 Abs. 2 Halbs. 2 EG-Datenschutzrichtlinie hat sich der Auftraggeber nach § 11 Abs. 2 Satz 4 BDSG nF von der Einhaltung der getroffenen technischen und organisatorischen Maßnahmen beim Auftragnehmer nunmehr zu überzeugen.

Solche schriftlich zu vereinbarenden Maßnahmen sind[1]:

- Service Level-Definition: Betriebszeiten, Verfügbarkeit, Antwortzeiten, Ausfallzeiten, Stabilitätsvorkehrungen, **Datensicherung, Datenschutz**,
- Wiederanlaufplanung: Organisatorische Vorkehrungen zum Wiederanlauf nach Systemausfällen,
- Organisation des Betriebsumfeldes: Zutrittsregeln, Berechtigung, Bewachung, Notdienst,
- Katastrophenfall: Katastrophenplan, Recovery, Notfallbetrieb.

(3) Kommunikationssicherheit/Transportsicherheit

730 Während die beiden vorgenannten Sicherheitsbereiche keine E-Commerce-spezifischen Probleme darstellen, sondern sämtliche mit dem Internet ver-

1 Vgl. insgesamt zur Sicherheitsberatung für Maßnahmen zur Betriebssicherheit und zur Verhinderung unberechtigter Zugriffe auf Daten (Kenntnisnahme und Veränderung) *Pohl* in Eberspächer, Sichere Daten, sichere Kommunikation, 1994, S. 278 ff.

bundenen Systeme betreffen, stellt die **Kommunikationssicherheit, dh. der sichere Austausch von Daten zwischen Händler und Kunden, ein ganz wesentliches Element des E-Commerce-Systems dar.**

Eine sichere Datenübertragung, welche die Grundlage für die Abwicklung rechtlich bindender Transaktionen über das Internet ist, muss folgenden Anforderungen gerecht werden:

- Vertraulichkeit
- Integrität
- Authentizität/Authentisierung[1]
- Identifikation/Autorisierung/Zugriffskontrolle
- Nachweisbarkeit/Nicht-Abstreitbarkeit

Wesentlich bei den Betriebssicherheitsmaßnahmen ist weiterhin, dass alle Rechnersysteme, die zum Betrieb der in den E-Commerce-Dienstleistungen enthaltenen oder auf ihnen basierenden Informationsdienste verwendet werden, in einem Rechenzentrum mit elektronischer **Zugangskontrolle** untergebracht sind[2]. 731

Die Identität aller an der Transaktion beteiligten Parteien, also dem Händler, dem Kunden und weiterer Dritter, muss sichergestellt sein. Für die Sicherstellung der Vertraulichkeit bedeutet dies, dass vor einer Datenübertragung die Möglichkeit bestehen muss, **die Daten zu verschlüsseln**, damit sie ein unbefugter Dritter, falls er in den Besitz der Daten gelangt, nicht lesen kann.

Die Entschlüsselung sollte nur durch den Empfänger vorgenommen werden können. Ihm sollte des Weiteren die Möglichkeit gegeben werden, den Absender der Daten auf seine Authentizität zu prüfen. Die Existenz der Transaktion sollte für alle Beteiligten nachweisbar sein, so dass sie nachträglich nicht abgestritten werden kann. Schließlich sollte eine Integritätsprüfung der Daten nach der Übertragung gewährleistet sein.

bb) Technische Sicherung der Telekommunikationsdaten

(1) Schutz vor unberechtigten Zugriffen

Bei E-Commerce wird eine Datenverarbeitungs-Infrastruktur mit hohem Bedrohungspotential geschaffen. Dies ist datenschutzrechtlich relevant, **weil Telekommunikationsdaten im E-Commerce dem Fernmeldegeheimnis sowie dem Datengeheimnis unterliegen**. Der Schutz der Systeme gegen unberechtigte Zugriffe liegt damit im Interesse der Betreiber wie der Nutzer von Telekommunikationsdiensten, damit Schaden verursachende Angriffe auf Netze und Anlagen verhindert werden. 732

---

1 S. zu Authentisierungsverfahren *Fuhrberg*, Internet-Sicherheit, 2. Aufl. 2000, S. 319 ff. sowie *Pohlmann*, Firewall-Systeme, 3. Aufl. 2000, S. 271 ff. (insbesondere für Firewall-Systeme S. 276 ff.).

2 S. dazu *Gola/Schomerus*, Bundesdatenschutzgesetz, 6. Aufl. 1997, § 9 Anm. 4.1.

IT-Sicherheit befasst sich mit dem Schutz von Werten gegen Angriffe, wobei Angreifer das Ziel haben, die Werte für eigene Zwecke zu nutzen oder den Eigentümer/Inhaber der Rechte zu schädigen. **Die Sicherung der Werte (assets) liegt in der Verantwortung des Inhabers/Owners.**

Personenbezogene Daten sind Teil des Datenbestands. Gerade im E-Commerce wird die Identität von Betroffenen in offenen Netzen bzw. in offenen Infrastrukturen ein handelbares Gut. Der Schutz des Datenbestands betrifft den Verlust

- der Vertraulichkeit (unberechtigte Kenntnis bzw. Entgegennahme von Informationen/Werten),
- der Integrität (Manipulation von Werten/Informationen) und
- der Verfügbarkeit der Daten (unberechtigter Zugriff auf Werte/Informationen/Betriebsmittel).

733 § 87 Abs. 1 TKG schreibt vor, dass **angemessene technische Vorkehrungen** oder sonstige Maßnahmen zum Schutz der Systeme getroffen werden müssen. Die Telekommunikation ist daher als Teil der Informationstechnik in das IT-Sicherheitskonzept eines Unternehmens einzubeziehen. Damit sind Unternehmen verpflichtet, die technische Zuverlässigkeit ihrer Telekommunikationsanlagen und die **Integrität und Vertraulichkeit der in den Telekommunikationssystemen verarbeiteten personenbezogenen Daten** „vor Bedrohungen im Netz“[1] sicherzustellen.

Betreiber von Telekommunikationsanlagen sind im Übrigen verpflichtet, die Überwachung und Aufzeichnung der Telekommunikation durch „berechtigte Stellen“ (§ 90 Abs. 3 TKG), dh. der Sicherheitsbehörden, zu ermöglichen[2]. Dies betrifft die Bereitstellung eines Netzzugangs (§ 88 TKG), die Verpflichtung zur Übermittlung von TK-Vertragsdaten an die Sicherheitsbehörden im Einzelfall auf Ersuchen der zuständigen Stellen (§ 89 Abs. 6 TKG) sowie die Verpflichtung, Kundendateien zu führen und daraus auf dem Weg über die Regulierungsbehörde den verschiedenen Sicherheitsbehörden Auskunft zu erteilen bzw. der Regulierungsbehörde darauf den automatisierten Zugriff zu ermöglichen (§ 90 TKG).

(2) Schutz des Datenbestands

734 Der Schutz des Datenbestands betrifft die Frage seiner Verfügbarkeit. **Hierzu dient das Recovery Management, dh. die Sicherung des Datenbestands**, dessen Aktualität und Vollständigkeit.

Werden von einem Rechenzentrum die gesetzlichen Vorgaben bezüglich Datenschutz und Ordnungsmäßigkeit der Informationsverarbeitung (vgl. § 4 g BDSG nF) beim Betrieb seines Informationssystems nicht eingehalten, so muss das Rechenzentrum bei Erkennen dieses Tatbestands darauf hinweisen

1 *Pohlmann*, Firewall-Systeme, 3. Aufl. 2000, S. 79 ff.
2 Vgl. Beck TKG-Komm/*Ehmer*, 2. Aufl. 2000, § 90 Rz. 24–29.

(vgl. § 11 Abs. 3 Satz 2 BDSG aF/§ 11 BDSG Abs. 3 Satz 2 nF)[1], und es sind dann entsprechende Maßnahmen zu vereinbaren und durchzuführen.

Beide Vertragspartner gewährleisten dazu auch eine am jeweiligen technischen Stand orientierte **Prüfung auf Computerviren der in der Informationsverarbeitung**, im dezentralen oder im Endbenutzerbereich verwendeten Programme und Datenträger.

Der Auftraggeber ist verantwortlich für die Definition der zu sichernden Daten sowie für die Festlegung der Sicherungsfrequenz und Sicherungsstände. Der Auftragnehmer ist verantwortlich für die Datensicherung der Systemdateien sowie für die ordnungsgemäße Durchführung der Backup-Prozeduren. Der Auftragnehmer entscheidet über die notwendigen Zugriffsrechte für das Servicepersonal und richtet diese ein.

cc) Schutz personenbezogener Daten im E-Commerce

(1) Informationsvermittlung und Persönlichkeitsrecht

Beim E-Commerce können Unternehmen vielfältige Dienste der Informationsvermittlung bereitstellen. So können Unternehmen als Anbieter von Information in der Form von Zeichen, Sprache, Bildern und/oder Tönen zum Abruf durch einen grundsätzlich nicht begrenzten Nutzerkreis auftreten. Die Informationsangebote werden auf einem im WWW adressierbaren Server in abruffähiger Form gespeichert. 735

Diese „Besucher" als Nutzer eines WWW-Angebotes benötigen ebenfalls einen im WWW adressierbaren Rechner und auf diesem ein Programm, den sog. Browser, das die Abrufmöglichkeit der angebotenen Information erschließt. **Im Zusammenwirken von Browser und Anbieter-Rechner sind beliebige Sammelmöglichkeiten bezüglich Daten vorstellbar**, die darüber Auskunft geben, wer wann wie oft welche Dienste nutzt oder genutzt hat.

Die Betroffenen hinterlassen **„Datenspuren"**[2], welche sie in ihrer Persönlichkeit beeinträchtigen können. Anders als beim Bareinkauf im Kaufhaus werden Lebensäußerungen in der virtuellen Welt des WWW als Daten aufgezeichnet. Solche Datensammlungen werden für Initiativen des E-Commerce genutzt, insbesondere für Marketingstrategien.

Zur technischen Realisierung der Dienste enthalten die Gesetze keine Vorschriften; es gilt das Recht der Telekommunikation. 736

Informationsangebote als Teledienst sind in § 2 Abs. 2 TDG beispielhaft aufgezählt:

---

1 Vgl. *Auernhammer*, Bundesdatenschutzgesetz, Kommentar, 3. Aufl. 1993, § 11 Rz. 18; s. ferner auch *Tinnefeld/Ehmann*, Einführung in das Datenschutzrecht, 3. Aufl. 1998, S. 248.

2 S. dazu *Baller* in Haratsch u.a., Herausforderungen an das Recht der Informationsgesellschaft, 1996, S. 33 ff. (43 f.).

„1. Angebote im **Bereich der Individualkommunikation** (zum Beispiel Telebanking, Datenaustausch),

2. Angebote zur Information oder Kommunikation überwiegend ohne eigene redaktionelle Gestaltung für die Allgemeinheit (Datendienste, zum Beispiel Verkehrs-, Wetter-, Umwelt- und Börsendaten, Verbreitung von Informationen über Waren und Dienstleistungsangebote),

3. Angebote zur **Nutzung des Internets** oder weiterer Netze,

4. Angebote zur Nutzung von Telespielen,

5. Angebote von Waren und Dienstleistungen in elektronisch abrufbaren Datenbanken, mit interaktivem Zugriff und unmittelbarer Bestellmöglichkeit."

Unter Ziffer 3 ist auch die Sprachkommunikation auf dem Internet – webphone – einzuordnen. Es liegt kein „Sprachtelefondienst", § 3 Nr. 15 TKG, vor, da die technische Voraussetzung „direkter Transport ... in Echtzeit" (bislang) nicht gegeben ist[1].

Der Text unter Ziffer 2 beschreibt ein Angebot zur Information oder Kommunikation für die Allgemeinheit, bei dem nicht die redaktionelle Gestaltung zur Meinungsbildung für die Allgemeinheit im Vordergrund steht. Dagegen ist ein inhaltliches Angebot bei Verteildiensten und Abrufdiensten, bei denen die redaktionelle Gestaltung zur Meinungsbildung an die Allgemeinheit im Vordergrund steht, ein Mediendienst.

737 Für die rechtliche Ausgestaltung eines Mediendienstes ist nicht das vom Bund erlassene TDG heranzuziehen, sondern der zwischen den Ländern abgeschlossene **Mediendienste-Staatsvertrag (MDStV)** anzuwenden.

„Mediendienste" unterscheiden sich nach der Logik gesetzgeberischer Zuständigkeit von den auf die Individualkommunikation bezogenen Telediensten darin, dass sie sich nicht an Einzelpersonen, sondern an die „Allgemeinheit" richten.

§ 2 Abs. 2 MDStV listet auf, was „insbesondere" **Mediendienst** ist:

„1. Verteildienste in Form von direkten Angeboten an die Öffentlichkeit für den Verkauf, den Kauf oder die Miete oder Pacht von Erzeugnissen oder die Erbringung von Dienstleistungen **(Fernseheinkauf)**,

2. Verteildienste, in denen Messergebnisse und Datenübermittlungen in Text oder Bild mit oder ohne Begleitton verbreitet werden,

3. Verteildienste in Form von Fernsehtext, Radiotext oder vergleichbaren Textdiensten,

4. **Abrufdienste**, bei denen Text-, Ton- und Bilddarbietungen auf Anforderung aus elektronischen Speichern zur Nutzung übermittelt werden, mit

---

1 Vgl. dazu *Moritz/Niebler*, CR 1997, 697 ff. (701); s. ferner *Schick*, NJW-CoR 1998, 486 ff. (490).

Ausnahme von solchen Diensten, bei denen der individuelle Leistungsaustausch oder die reine Übermittlung von Daten im Vordergrund steht, ferner von Telespielen."

Datenschutzrechtliche Besonderheiten im MDStV sind die an das Presserecht angelehnten Vorschriften bezüglich Gegendarstellungen, Unterlassungserklärungen oder Widerrufen sowie den Umfang der Auskunftspflicht gegenüber Betroffenen in § 16 Abs. 2 und 3 MDStV.

(2) Internetbasierte Geschäftsabwicklung und Persönlichkeitsschutz

Die Relevanz des Persönlichkeitsschutzes bei internetbasierter Geschäftsab- 738
wicklung im E-Commerce hängt davon ab, **wie weit durch diese Geschäftsvorgänge in die Infrastruktur von Unternehmen eingegriffen wird**. Bei der Entwicklung des E-Commerce sind unterschiedliche Stufen zu unterscheiden:

- Stufe 1: der Nutzer hat nur Zugriff auf Unternehmensbestände der Website (traditionelle EDV-Infrastrukur + Website),
- Stufe 2: der Nutzer hat einen Zugriff auf die internen Systeme/Schnittstellen (Zusammenspiel traditionelle Software + Website),
- Stufe 3: der Nutzer greift auf den Web-Server, Applikationen und weitere Systeme zu (Einbeziehung der internen Systeme + Website).

Dies zeigt, dass die Entwicklung dahin geht, den Web-Zugriff des Kunden vom Unternehmen direkt zu bedienen. Dies beinhaltet auch das Erfordernis der Umstrukturierung von Geschäftsabläufen und die **Gewährleistung eines einheitlichen digitalisierten Informationsflusses** ohne Medienbrüche[1].

Eine wesentliche Komponente des E-Commerce ist hierbei der sog. **E-Shop** 739
zur Umsetzung einer Händler-Endverbraucher-Beziehung. Denn er enthält die Basisfunktionalität zur Realisierung von Business-to-Customer-Prozessen. Der E-Shop nutzt dabei, und dies ist datenschutzrechtlich relevant, Artikel- und Verkaufsdaten bestehender Unternehmens-Backoffice-Systeme.

Unternehmen nutzen hierbei folgende Softwarekomponenten für Internetanwendungen: Erstellen, Verwalten und Aktualisieren von Internetseiten (Homepage), Anbindung von Produktkatalogen an bestehende Marktplätze, Erstellen von kundenspezifischen Internet-Shop-Anwendungen und Bereitstellung von branchenspezifischen Internetanwendungen.

(3) Telekommunikationsdaten und Persönlichkeitsschutz

Datenschutzrelevante Eigenschaft bei Telekommunikationsdiensten und Te- 740
lekommunikationsdienstleistungen ist, **dass Daten über die beteiligten Stellen erfasst, gespeichert, verarbeitet und genutzt werden**. Diese Daten sind unabhängig vom Inhalt der transportierten Nachricht sog. Kommunikations-

1 S. dazu *Amor*, Die E-Business- (R)Evolution, 2000, S. 92 ff. (93).

daten. Zur Festlegung der Verantwortlichkeit eines diesbezüglichen Persönlichkeitsschutzes wird in Erwägungsgrund 47 der EU-Datenschutzrichtlinie ausgeführt:

„Wird eine Nachricht, die personenbezogene Daten enthält, über Telekommunikationsdienste oder durch elektronische Post übermittelt, deren einziger Zweck darin besteht, Nachrichten dieser Art zu übermitteln, so gilt in der Regel die Person, von der die Nachricht stammt, und nicht die Person, die den Übermittlungsdienst anbietet, als Verantwortlicher für die Verarbeitung der in der Nachricht enthaltenen personenbezogenen Daten.

Jedoch gelten die Personen, die diese Dienste anbieten, in der Regel als Verantwortliche für die Verarbeitung der personenbezogenen Daten, die zusätzlich für den Betrieb des Dienstes erforderlich sind."

Satz 1 dieses Erwägungsgrundes bezieht sich auf die Dateninhalte, Satz 2 auf die Kommunikationsdaten. Somit ist festzuhalten:

Für Telekommunikationsdaten gelten die datenschutzrechtlichen Vorschriften in § 89 TKG bzw. der Verordnung zu § 89 TKG als bereichsspezifische, gegenüber dem Bundesdatenschutzgesetz vorrangige Regelungen.

Neben dem Datengeheimnis gilt in der Telekommunikation das Fernmeldegeheimnis: **Dem Fernmeldegeheimnis unterliegen der Inhalt der Telekommunikation** und ihre näheren Umstände, insbesondere die Tatsache, ob jemand an einem Telekommunikationsvorgang beteiligt ist oder war (vgl. § 85 Abs. 1 TKG).

741 Adressaten der TKG-Regelungen sind Unternehmen, die Telekommunikationsdienstleistungen für die Öffentlichkeit als gewerbliches Angebot erbringen (Fernmeldeverkehr). Für sie gelten die Vorschriften der TDSV. Sie beschränkt sich hinsichtlich ihres Geltungsbereichs auf Unternehmen wie zB die Telekom.

Die Datenschutzvorschriften in § 89 TKG richten sich an Unternehmen, die geschäftsmäßig Telekommunikationsdienste erbringen oder an der Erbringung solcher Dienste mitwirken. „Geschäftsmäßig" bedeutet, dass es sich um ein dauerhaftes Angebot an Dritte handeln muss; auf die Absicht, damit Gewinne zu erzielen, kommt es nicht an[1].

Zu den **Adressaten** des Gesetzes gehören:

- Unternehmen, die Dritten Anschlüsse an ihrer Telefon-/ISDN-Nebenstellenanlage dauerhaft zur Verfügung stellen, zum Beispiel für Datentransfers im Rahmen der Auftragsdatenverarbeitung oder zur Durchführung der Fernwartung,
- Unternehmen, die ihren Mitarbeitern regelmäßig gestatten, ihren dienstlichen Fernsprechanschluss/Internet-Anschluss für private Zwecke (kommend und/oder abgehend) zu nutzen,

1 Vgl. Beck TKG-Komm/*Büchner*, 2. Aufl. 2000, § 89 Rz. 8.

- Unternehmensverbünde bzw. Konzerne, die ihre Kommunikation über ein eigenes, geschlossenes Netzwerk abwickeln **(corporate networks)**,
- Hotels, Krankenhäuser, Heime, die ihren Gästen die Nutzung ihrer TK-Anlage ermöglichen,
- Betreiber von WWW-Servern, die Dritten die Möglichkeit bieten, eigene Homepages auf dem Server einzurichten,
- generell die Anbieter bzw. Provider von Tele- und Mediendiensten.

Jeder, der nach diesen Beispielsfällen **geschäftsmäßig Telekommunikationsdienste erbringt**, muss Grundsätze und Verfahren festlegen, nach denen die gesetzlichen Erfordernisse des TKG und insbesondere dessen 11. Teil „Fernmeldegeheimnis, Datenschutz, Sicherheit" praktisch umgesetzt werden.

Diese Tele- (bzw. Medien-)dienstdaten sind nicht identisch mit den Kommu- 742
nikationsdaten, die beim „Betreiber der Telekommunikationsinfrastruktur" anfallen. Sie sind daher **einem datenschutzrechtlichen Sonderrecht unterworfen: dem Teledienste-Datenschutzgesetz**, das mit seinen Vorschriften über die Zulässigkeit der Verarbeitung personenbezogener Daten gemäß § 1 Abs. 4 BDSG nF den Vorschriften des BDSG vorgeht. Die materiellen Regelungen im TDDSG richten sich als Pflichten an den Diensteanbieter (= verantwortliche Stelle iSd. BDSG) und bestimmen die Rechte des Nutzers des Teledienstes (= Betroffener iSd. BDSG).

Wie in jedem anderen Kunden-Lieferanten-Verhältnis ist die Verarbeitung personenbezogener Daten der Kunden (Beteiligten) durch den Lieferanten (Anbieter) zulässig zur Begründung, inhaltlichen Ausgestaltung und Änderung des Vertragsverhältnisses (§ 89 Abs. 2 Nr. 1a TKG). Welche Angaben dies im Einzelnen sind, ist gesetzlich nicht festgelegt, doch werden hier die Maßstäbe nach obigen Grundsätzen anzulegen sein, so dass **„generelle Firmengrundsätze über die Behandlung von Kundendaten"** im E-Commerce eher restriktiv angewendet werden müssen.

Die zulässigen Verarbeitungen von Kundendaten durch den Anbieter sind für bestimmte typische Fälle strikt geregelt (§ 89 Abs. 7–9 TKG). Zusätzlich ist dem Diensteanbieter verboten, das Angebot seiner Dienste davon abhängig zu machen, dass der Betroffene mehr personenbezogene Daten offenbart, als zur Erbringung des Dienstes und zur Entgeltfestsetzung erforderlich ist (§ 89 Abs. 10 Satz 1 TKG).

Kommunikationsdaten sind, besonders wenn sie über einen längeren Zeit- 743
raum erfasst und gespeichert und personenbezogen ausgewertet werden, **Daten, die über die Lebensverhältnisse der betroffenen Personen** weitreichende Aussagen ermöglichen.

Der Schutz der Privatsphäre gebietet es, für die Verarbeitung dieser Daten besonders enge Grenzen zu ziehen. Gilt dies schon für Daten, welche die näheren Umstände eines Kommunikationsvorgangs beschreiben – also zB das Aufzeichnen der Daten über eine stattgefundene Kommunikation im

Sprachtelefondienst, bei dem im Normalbetrieb Inhalte nicht gespeichert werden –, so erst recht für Dienste, bei denen Kommunikationsinhalte technisch zwangsläufig zwischengespeichert werden, wie beispielsweise im elektronischen Post-Dienst (E-Mail).

Der **weit gefasste Geltungsbereich der „geschäftsmäßigen Telekommunikationsdienste“** führt dazu, dass in vielen Unternehmen/Betrieben mit anderen Geschäftszwecken die zentralen Kommunikationseinrichtungen (Fernsprechzentrale, Betrieb der Mail- und sonstigen Internet-Server) ebenfalls von diesen Vorschriften betroffen sind.

d) Datenschutz bei E-Commerce-Lösungen

aa) Zulässigkeit und datenschutzkonforme Nutzung eines E-Commerce-Systems

(1) Einrichtung einer E-Commerce-Lösung

744 Der Einsatz von Informations- und Kommunikationstechnologien ermöglichen neue Formen der betrieblichen und zwischenbetrieblichen Leistungskoordination. Durch die Einrichtung von E-Commerce-Lösungen sollen Kerngeschäftsprozesse internetfähig gemacht werden, um einen effizienten, dynamischen und globalen Austausch von Gütern und Dienstleistungen zu ermöglichen.

Datenschutzrechtlich ist nach den Vorgaben des Bundesverfassungsgerichts zu bestimmen, wer auf was zugreifen kann und welche Daten wie verarbeitet werden. Ferner erfordert eine solche Technikimplementierung bei EDV-Projekten[1] zur Einrichtung eines E-Commerce-Systems **datenschutzadäquate Lösungen für die Web-Anbindung** zur Steuerung von Geschäftsprozessen (Beschaffung/Geschäftsdatenaustausch/Marktplatzanbindung/Vertriebspartner- und Kundenanbindung) sowie im Besonderen des ERP-Systems (Materialwirtschaft/Produktion/Vertrieb/Logistik). ERP als zentrale Unternehmensapplikation dient hierbei als **Framework für alle anderen Anwendungen**, insbesondere SCM (Supply Chain Management) und CRM (Customer Relationship Management) mit datenschutzkritischen Implikationen.

745 Zu prüfen ist im E-Commerce in jedem Einzelfall die Anwendbarkeit von § 10 BDSG aF/§ 10 BDSG nF. Das Bereitstellen von Daten über das Web, dh. das Ermöglichen eines Datenabrufs regelt § 10 BDSG aF/§ 10 BDSG nF. Da ein Dritter eine Verfügungsmöglichkeit über Daten erhält, ist dieses Verfahren **einer besonderen zweistufigen Zulässigkeitsregelung** unterworfen[2]. Es ist sowohl die Einrichtung des Verfahrens als auch der einzelne Abruf einer Zulässigkeitsprüfung zu unterwerfen. Sofern E-Commerce-Anwendungen di-

1 S. dazu *Brunner* in Das E-business-Prinzip, herausgegeben von der IBM Consulting Group, 1999, S. 181 ff.

2 S. dazu *Gola/Schomerus*, Bundesdatenschutzgesetz, 6. Aufl. 1997, § 10 Anm. 1.2 sowie 3.1 und 3.2.

rekt für einen Kundenkreis oder Einzelkunden zur Verfügung stehen, ist diese Vorschrift zu beachten.

§ 10 BDSG aF/§ 10 BDSG nF ist für die Einrichtung eines Verfahrens zur Übermittlung personenbezogener Daten durch Abruf allerdings nicht anwendbar, soweit der Abruf jedermann zusteht. § 10 BDSG aF/§ 10 BDSG nF ist **ebenfalls nicht anwendbar bei Einrichtung eines Online-Verfahrens innerhalb eines Unternehmens**, weil es hier an einer Übermittlung fehlt. Anders ist es innerhalb eines Konzerns, weil das Bundesdatenschutzgesetz hierfür keine Sonderregelung vorsieht. Während innerhalb eines Unternehmens Daten „weitergegeben" werden, werden sie an ein anderes Konzernunternehmen übermittelt.

Ein ähnliche Problematik betrifft auch den Abruf vom Auftragsdatenverarbeiter seitens des Auftraggebers. Da hier keine Übermittlung vorliegt, unterliegt dieser Vorgang nicht § 10 BDSG aF/§ 10 BDSG nF. Werden also Daten an einen Auftragnehmer nach § 11 BDSG aF/§ 11 BDSG nF weitergegeben oder erfolgt das Abrufverfahren innerhalb einer speichernden Stelle, so handelt es sich nicht um eine Datenübermittlung. 746

Ist § 10 BDSG aF/§ 10 BDSG nF anzuwenden, so ist die Einrichtung von Online-Anbindungen für einen E-Shop zulässig, wenn das Direktabrufverfahren die schutzwürdigen Interessen der Betroffenen, deren Daten ausgetauscht werden, berücksichtigt und die Geschäftszwecke der Unternehmen angemessen sind. Werden personenbezogene Daten zum Abruf bereitgehalten, so ist die Zulässigkeit des einzelnen Datenabrufs zu prüfen, denn es handelt sich um einen **„passiven Export" von Daten**.

Nach dem BDSG 1977 galt der gesamte online bereitgehaltene Datenbestand als übermittelt (§ 2 Abs. 2 Nr. 2 2. Alt. BDSG 1977). Nach geltender Rechtslage liegt Datenübermittlung erst dann vor, wenn der Dritte die Daten von der verantwortlichen Stelle tatsächlich abruft (§ 3 Abs. 5 Nr. 3b BDSG nF). Nur für den „realisierten Abruf" sind die Zulässigkeitsvoraussetzungen zu prüfen.

Es stellt sich damit die Frage, ob die bereitgehaltenen Daten in der Regel tatsächlich übermittelt werden (physische Datenübertragung) oder ob in den Dateien des Dateiverantwortlichen „nur" gelesen wird. Datenschutzrechtlich ist damit zu beantworten, ob eine Datenübermittlung zur Voraussetzung hat, dass die Daten beim Empfänger weiterverwendet werden. Diese Frage ist folgendermaßen zu beantworten: Nach § 3 Abs. 5 Nr. 3b BDSG nF ist Übermitteln das Bekanntgeben gespeicherter oder durch Datenverarbeitung gewonnener Daten an einen Dritten in der Weise, dass der Dritte die von der verantwortlichen Stelle bereitgehaltenen Daten „einsieht" oder abruft. **Abruf ist danach die Übertragung in das System des Empfängers**. Für den tatsächlichen Abruf reicht danach das Lesen beim „Dateieigner". 747

Ist § 10 BDSG aF/§ 10 BDSG nF anwendbar, sind bei einem solchen Abrufverfahren nach § 10 Abs. 2 BDSG aF/§ 10 Abs. 2 BDSG nF bestimmte Erfordernisse festzulegen: Anlass und Zweck des Abrufverfahrens; Dritte, an die übermittelt wird; Art der zu übermittelnden Daten; nach § 9 BDSG aF/§ 9 BDSG nF erforderliche technische und organisatorische Maßnahmen.

Problematisch ist diesbezüglich die Abgrenzung zu § 4 Abs. 2 TDDSG. Denn wie das TDDSG bezieht sich § 10 BDSG aF/§ 10 BDSG nF auf Datenverarbeitungsverfahren, die üblicherweise online auf der Basis der Telekommunikation abgewickelt werden. Nur bestimmte Teledienste, bei denen es um einen Datenabruf geht, sind Abrufverfahren nach § 10 BDSG aF/§ 10 BDSG nF. **Soweit sich die Regelungen von TDDSG und BDSG widersprechen, geht § 10 BDSG aF/§ 10 BDSG nF als die speziellere Regelung vor** (zB das Protokollierungsgebot nach § 10 Abs. 4 BDSG aF/§ 10 Abs. 4 BDSG nF gegenüber der Löschungsverpflichtung nach § 4 Abs. 2 Nr. 2 TDDSG).

(2) Betrieb einer Inhouse-Lösung

(a) Datengeheimnis und Zugriffsberechtigung

748 Der Betrieb einer E-Commerce-Inhouse-Lösung erfordert Leistungen zum Systembetrieb. Diese beziehen sich auf einen bekannten und definierten Systemzustand und beinhalten solche Maßnahmen, die den Betrieb konsistent und sicher gewährleisten. Diese sind ebenso wie Serviceleistungen zur Systemänderung datenschutzkonform zu gestalten.

Gemäß § 5 BDSG aF/§ 5 BDSG nF sind die bei der Datenverarbeitung beschäftigten Mitarbeiter auf das Datengeheimnis zu verpflichten. Dies impliziert auch Sicherheitsregeln für IT-Anwender. So sollte der Zugriff zu IT-administrierten Rechnern aus Sicherheitsgründen nur über einen Rechneraccount möglich sein. Dieser besteht aus einer User-ID und einem geheim zu haltenden Passwort. Accounts für externe Benutzer sollten nach Anlage Nr. 5 zu § 9 Satz 1 BDSG/Anlage Nr. 3 zu § 9 Satz 1 BDSG nF) grundsätzlich nach drei Monaten verfallen.

(b) E-Mail und Internet-Zugang

749 Jeder vernetzte Arbeitsplatzrechner wird mit der Möglichkeit der elektronischen Post ausgestattet[1]. Da die Mitarbeiter als Nutzer für den Umgang mit der E-Mail regelmäßig selbst verantwortlich sind, fordert § 37 Abs. 1 Nr. 2 BDSG aF/§ 4g Abs. 1 Nr. 2 BDSG nF **Schulungsmaßnahmen für Mitarbeiter**, denn diese haben allein Zugriff auf ihre Mails und entscheiden über deren Löschung und Weiterverwendung.

Es sollte in Unternehmen geregelt sein, dass E-Mails, welche unternehmensrelevante Daten enthalten, vom Benutzer nicht gelöscht werden dürfen, wenn er aus dem Unternehmen ausscheidet. Der Benutzer genehmigt hierzu dem Unternehmen den Übertrag des Mailfiles an den Vorgesetzten.

---

1 Näher zu diesem Internet-Dienst zum Austausch von Nachrichten *Fuhrberg*, Internet-Sicherheit, 2. Aufl. 2000, S. 195 ff. (357 f., 431 f.).

Dies zeigt, dass die Umsetzung von Datenschutz in Unternehmen immer weitergehenden Schulungserfordernissen unterliegt, wobei im E-Commerce Eigenkontrolle der Unternehmen und Selbstkontrolle der Nutzer und Betroffenen Hand in Hand gehen. 750

Werden Internetzugriffe protokolliert, sollte das **Protokoll ausschließlich zur Gewährleistung der Systemsicherheit** und zur Analyse und Korrektur von technischen Fehlern im System dienen. Der Zugriff auf das Protokoll ist auf das technische Personal, das für die Aufrechterhaltung der Netz-Infrastruktur verantwortlich ist, beschränkt. Diese Personen dürfen die ihnen aus dem Protokollzugriff bekannt werdenden Informationen nicht weitergeben.

(3) Application Service Providing

(a) Datenverarbeitung im Auftrag/Funktionsübertragung

Die Datenverarbeitung kann von Dienstleistungsunternehmen im Rahmen eines Application Service Providing übernommen werden. Eine solche Beauftragung ist typisch, wenn zB ein Unternehmen eine gesonderte Webanwendung als „Stand-Alone-Shop“ ohne Warenwirtschaftssystem fährt, zB weil es über kein entsprechendes Backoffice-System verfügt. 751

Beim Application Service Providing geht es um die Gewährleistung einer zuverlässigen Infrastruktur und deren Verfügbarkeit im Echtbetrieb. Unterliegen Online-Anschlüsse nicht dem § 10 BDSG aF/§ 10 BDSG nF, weil die zu prüfende Datenübertragung keine Übermittlung iSd. BDSG ist, steht die Anwendbarkeit des § 11 BDSG aF/§ 11 BDSG nF in Frage.

Hier ist zu beantworten, ob es sich um einen „ausgelagerten Server-Dienst“ im Sinne eines Application Service Providing handelt, dessen datenschutzrechtliche Beurteilung sich nach 11 BDSG aF/§ 11 BDSG nF bemisst. Dies ist dann der Fall, wenn ein Unternehmen als Dienstleister im Auftrag des Kunden ein System betreibt, das ständig an das Internet angebunden ist (Webhosting).

Auftragsdatenverarbeitung iSv. § 11 BDSG aF/§ 11 BDSG nF ist dadurch charakterisiert, dass derjenige, der über Daten verfügt, sich eines Dienstleistungsunternehmens bedient, das in vollständiger Abhängigkeit von Art und Umfang der Datenverarbeitung betreffenden Vorgaben des Auftraggebers die Verarbeitung personenbezogener Daten übernimmt[1]. **Das BDSG betrachtet Auftragnehmer in beschriebenem Sinn rechtlich als Einheit mit der speichernden Stelle** (vgl. § 3 Abs. 8 BDSG aF/§ 3 Abs. 7 BDSG nF). Dies hat zur Folge, dass Datentransfer zu und von Auftragsdatenverarbeitern nicht als „Übermittlung“ zu bewerten ist (§ 3 Abs. 9 Satz 2 aF/§ 3 Abs. 8 Satz 2 BDSG nF iVm. Abs. 5 Nr. 3 BDSG aF/Abs. 4 Nr. 3 BDSG nF). 752

1 S. dazu *Müller/Wächter*, Der Datenschutzbeauftragte, 2. Aufl. 1991, S. 261 ff.

Der Bereich der Auftragsdatenverarbeitung wird dann verlassen, sobald dem Service-Unternehmen eine rechtliche Zuständigkeit für die Erfüllung der Aufgabe selbst zugewiesen wird, und nicht nur die Datenverarbeitung[1]. Wird also die eigentliche Aufgabe als solche, zB der Wareneinkauf eines Unternehmens im Internet, zur selbständigen Erledigung übertragen, liegt keine Auftragsdatenverarbeitung vor, sondern eine Datenverarbeitung in Erfüllung eigener Aufgaben. Bei einer solchen **„Funktionsübertragung"** ist der andere selbst speichernde, dh. verantwortliche Stelle.

(b) Verfügbarkeit des technischen Systems

753 Unter datenschutzrechtlichen Gesichtspunkten ist ebenfalls die Verfügbarkeit des technischen Systems von Bedeutung. Im E-Commerce stellen Softwarehäuser Software-Funktionalitäten (Produktinformationen, Produktsuche, Produktbestellung) als Lizenz zur Verfügung.

Erforderlich ist bei einem solchen Application Service Providing ferner eine **Rechenzentrums-Lizenz**[2] sowie die Bereitstellung eines Rechners, Programmierleistungen/Applikationsentwicklung, Wartungs- und Pflegeleistungen (Unterstützung des laufenden Betriebs) und Support (Hotline, technische Fehlerbeseitigung).

754 Für den E-Commerce sind weitere **spezifische Leistungen** erforderlich:

- Dem Kunden wird ein Basiskontingent an Festplattenspeicherplatz zugewiesen, über das er frei verfügen kann. Das Kontingent gilt jeweils für die vom Kunden bereitgestellten Informationen und Skripten, lokal abgelegten E-Mail-Nachrichten sowie für die vom Server erzeugten Protokolldaten.
- Es werden E-Mail-Dienste für die Domain des Kunden geleistet, und es werden zur Zwischenspeicherung von E-Mail eine bestimmte Anzahl von **POP3 (Post Office Protocol)-Mailboxen** zur Verfügung gestellt. Dieses Protokoll wird für den Abruf von Nachrichten von einem Client angefertigt. Es werden eingehende E-Mails an vom Kunden benannte E-Mail-Adressen oder in die bereitgestellten Mailboxen weitergeleitet.
- Dem Kunden steht ein Basiskontingent für den Datentransfer zur Verfügung.
- Das Softwarehaus stellt dem Kunden **regelmäßig aktualisierte Zugriffsstatistiken** auf Tages-, Wochen- oder Monatsbasis zur Verfügung.
- Die Bereitstellung und Aktualisierung der Website-Inhalte kann je nach Vertrag per **Fernwartung**[3] erfolgen (vgl. § 11 Abs. 5 BDSG nF).

---

1 S. dazu *Walz* in Simitis/Dammann/Geiger/Mallmann/Walz, Kommentar zum Bundesdatenschutzgesetz, 4. Aufl. 1992 ff., § 11 Rz. 18 sowie *Gola/Schomerus*, Bundesdatenschutzgesetz, 6. Aufl. 1997, § 11 Anm. 2.4.

2 S. dazu *Wächter*, NJW-CoR 1999, 292 ff. (294–296).

3 Vgl. *Tinnefeld/Ehmann*, Einführung in das Datenschutzrecht, 3. Aufl. 1998, S. 245 f.

bb) Datenschutzkonforme Softwareleistungen im Systembetrieb

(1) Datenschutz in der Softwareüberlassung

(a) Vertragsinhalte der Softwareüberlassung

Es ist erforderlich, dass Lizenzgeber und Dienstleister sich verpflichten, alle 755
im Rahmen des Vertragsverhältnisses erlangten Kenntnisse von Betriebsgeheimnissen und von als vertraulich bezeichneten Informationen nur zur Durchführung dieses Auftrages zu verwenden und zeitlich unbegrenzt vertraulich zu behandeln. Die Mitarbeiter sind zur **Wahrung der Vertraulichkeit** zu verpflichten.

Die Überlassung und **Nutzung von Software hat datenschutzkonform** zu erfolgen, dh., Vertragsinhalte haben Fragen der Datensicherheit zu berücksichtigen. Dazu gehört in offenen Systemen die Benutzererkennung sowie der Schutz vor Missbrauch der ins Netz gestellten Daten. Auch sind Vorkehrungen zur Qualität in der Datenverarbeitung zu treffen, welche die **Aktualität und Richtigkeit der Daten** garantieren.

Es ist sicherzustellen, dass die übertragenen Daten von Dritten weder abgehört, verändert, gelöscht, kopiert oder manipuliert werden können noch eine Auswertung des Datenflusses erfolgen kann.

(b) Integration der Internet-Applikation

E-Commerce-Lösungen berücksichtigen spezifische Kundenanforderungen 756
im Hinblick auf ihre Organisation und innerbetrieblichen Prozesse. Erforderlich sind hierzu zumeist Projekte, um die Integration von Internet-Applikationen und Backoffice-(ERP)Systemen zu ermöglichen. Denn die Erstellung von Internet- oder Intranet-basierten Geschäftsanwendungen erfordert eine **Integration der Software-Komponenten mit Web-Technologie**.

Die Kompatibilität der E-Commerce-Lösung mit dem E-Commerce-Back-End hat zum Inhalt, dass der Datenaustausch in beide Richtungen ohne Probleme und ohne manuelle Eingaben funktionieren muss. Dies erfordert datenschutzrechtliche Zulässigkeitsprüfungen.

Sind Daten verstreut in den einzelnen Abteilungen in unterschiedlichsten Dokumentationsformen abgespeichert, so birgt diese Situation große Gefahren, wie zum Beispiel eine **Redundanz der Daten**. Außerdem ist es sehr schwer, die Daten unter den Abteilungen verfügbar zu machen. Auch die Aktualität ist schwerer zu gewährleisten, und nach bestimmten Informationen zu suchen, ist fast unmöglich. Eine Datenspeicherung sollte zentral erfolgen, um ein **umfassendes Datamining** zu vermeiden.

(2) Pflege und Betriebssicherheitsmaßnahmen der Software-Systeme

757 Der Auftragnehmer als Application Service Provider hat die Verfügbarkeit des Produktivsystems am Netzübergabepunkt zu den vereinbarten Servicezeiten sicherzustellen. Die Verfügbarkeit und vereinbarte Servicezeit wird vor dem Hintergrund der Summe von Ausfallzeiten sowie geplanten Wartungszeiten vereinbart.

Zur Pflege wird der Kunde dem Softwarehaus Fernbetreuung (Ferndiagnose und -korrekturen, Überspielen von neuen Releases) ermöglichen. **Der Application Service Provider wird regelmäßig mittels Kapazitätsmanagment das System und die eingesetzten Betriebsmittel überwachen.** Das Softwarehaus führt die Implementierung, Installation und Wartung der Systemsoftware sowie der systemnahen Software durch, welche für den ordnungsgemäßen Ablauf der Rechenzentrumsprozesse für den Kunden notwendig sind.

758 Für den Datenschutz im E-Commerce sind das **Mengengerüst der Daten und ihre Inhalte** von Bedeutung:

- Kundendaten: Die Kundendaten sind größtenteils im ERP-System abgebildet und aktuell (Kundennummer, Kundenname, Lieferanschrift, Rechnungsanschrift, Liefertag, Kreditlimit),
- Mengenübersicht: Anzahl der Produkte, Anzahl der Bestellungen,
- Bestelldaten: Bestellnummer, Verknüpfung von Kunden- und Artikeldaten.

Für diese Daten sind entsprechende Vorkehrungen zur Datensicherung und zum Datenschutz zu treffen[1]. Im Übrigen sind die Zulässigkeiten der Datenverarbeitung für jede Phase zu prüfen. Die Anwendung von Datenschutzrecht bedeutet im E-Commerce, „das Unerwartete zu erwarten“[2].

759 Hinzu kommt für das Datenschutzrecht im E-Commerce der Befund einer **engen Verwiesenheit von Themen der Softwareüberlassung und deren Maßnahmen zur Betriebssicherung mit solchen des technisch-organisatorischen und des rechtlichen Datenschutzes**. Nutzt man die gegenwärtig vorhandenen technischen Möglichkeiten, kann die Datenverarbeitung zur Lösung der von ihr selbst „ausgelösten“ datenschutzrechtlichen Probleme in erheblichem Umfang beitragen.

III. Internationales Prozessrecht

760 Die Haftung der im Internet Tätigen, der Nutzer, der Access- oder Service-Provider, für Marken- oder Urheberrechtsverletzungen, für Wettbewerbsverletzungen, für Verstöße gegen Datenschutzvorschriften und für sonstige un-

1 S. näher dazu *Schneider*, Handbuch des EDV-Rechts, 2. Aufl. 1997, Teil B, Rz. 439 sowie Teil K, Rz. 113, 188 und 200 zu den Anforderungen zur Datensicherheit.
2 *Gates*, Digitales Business: Wettbewerb im Informationszeitalter, 2000, S. 413 ff.

erlaubte Handlungen hängt wesentlich auch davon ab, in welchem Staat und mit welchen prozessualen Mitteln diese Verletzungen geltend gemacht werden können. Diese Fragen des „international" genannten, in Wirklichkeit aber nationalen oder europäischen Zivilprozessrechts für grenzüberschreitende Sachverhalte sind nicht nur aus der Perspektive des Rechtsschutz suchenden Geschädigten, sondern bereits bei der Gestaltung der einzelnen Website oder des Links zu untersuchen.

Soweit es um zivilprozessuale Fragen geht, wenden die Gerichte jedes Staa- 761
tes jeweils nur das in dem jeweiligen Staat in Kraft gesetzte Zivilprozessrecht an (**lex fori-Prinzip**)[1]. In der EU gilt hier zunächst der **Vorrang des Gemeinschaftsrechts**, dh. der am 1. März 2002 in Kraft tretenden Verordnung über die gerichtliche Zuständigkeit und die Anerkennung und Vollstreckung von Entscheidungen in Zivil- und Handelssachen (fortan: EG-Zuständigkeit- und Vollstreckungsverordnung[2]). Diese EG-Zuständigkeits- und Vollstreckungsverordnung wird damit weitestgehend das bisherige, auf einem Staatsvertrag beruhende EuGVÜ ablösen. Im Übrigen sind zahlreiche multilaterale und bilaterale Abkommen in Spezialbereichen oder für einzelne Staaten zu berücksichtigen[3].

Zu unterscheiden sind im Folgenden die Bereiche des Zugangs zu den Gerichten (Rz. 762 ff.), des Gerichtsverfahrens (Erkenntnisverfahren) und der Vollstreckung (Rz. 799).

1. Gerichtsstände für Haftung im Online-Bereich

a) Allgemeines

Häufig sind es die Verletzten, etwa das durch unzulässige Links geschädigte 762
Unternehmen oder der durch eine Flut von unverlangt zugesandter Mail-Werbung betroffene Verbraucher, die zu Beginn eines Rechtsstreits zu ermitteln versuchen, welchen Staates Gerichte für die Entscheidung zuständig sind. Da zumeist mehrere Staaten ihre Zuständigkeit bejahen werden, treffen die Kläger ihre Auswahl (auch **„forum shopping"** genannt[4]) entsprechend den zu erwartenden Kosten der Rechtsverfolgung, nach dem von einem bestimmten Gericht anzuwendenden nationalen oder ausländischen Recht sowie nach der Vollstreckungsmöglichkeit eines erlassenen Urteils oder einer einstweiligen Verfügung.

Die Abgrenzung zwischen EuGVÜ bzw. zukünftig (ab 1. März 2002) der 763
EG-Zuständigkeits- und Vollstreckungsverordnung und nationalem Zuständigkeitsrecht wurde ebenfalls bereits oben behandelt (C Rz. 9 f.).

1 *H. Roth*, FS für Stree und Wessels, 1993, S. 1045; *Schack*, Internationales Zivilverfahrensrecht, Rz. 40 ff.
2 Gesamtüberblick bei *Micklitz/Rott*, EuZW 2001, 325 ff.
3 Übersicht bei MünchKommZPO/*Gottwald*, IZPR Rz. 1 ff.
4 *Schack*, Internationales Zivilverfahrensrecht, Rz. 221 ff.; *Kropholler*, IPR, § 58 IV.3 (S. 534).

b) Nationales Zuständigkeitsrecht für Haftung im Online-Bereich

764 Im nationalen Zuständigkeitsrecht ist zwischen dem (besonderen) Gerichtsstand für alle deliktischen Handlungen und dem besonderen Gerichtsstand für Wettbewerbsverletzungen zu unterscheiden.

aa) Gerichtsstands- und Schiedsgerichtsvereinbarungen

765 Gerichtsstands- und Schiedsgerichtsvereinbarungen sind aus dem Blickwinkel der Haftung nur dann relevant, wenn solche Tatbestände im Rahmen einer **bestehenden Vertragsbeziehung** auftreten (können). Dies kommt bei allen Arten von Providerverträgen, bei Hostingverträgen oder auch bei Linking-Vereinbarungen in Betracht, bei denen im Falle von Vertragsverletzungen häufig auch deliktische Anspruchsgrundlagen (zB aus Urheber- oder Markenrecht) konkurrierend bestehen. In einem solchen Fall können in eine Gerichtsstands- oder Schiedsgerichtsklausel eines (Rahmen-)Vertrages auch Streitigkeiten einbezogen werden, die „im Zusammenhang" mit diesem Vertragsverhältnis stehen[1]. Zu Vereinbarung, Wirksamkeit und Reichweite solcher Klauseln vgl. oben C Rz. 16 ff.

bb) Allgemeiner Gerichtsstand

766 Der allgemeine Gerichtsstand (§ 12 ZPO) am **Wohnsitz** bei natürlichen Personen (§ 12 ZPO) oder am **Sitz** (§ 17 ZPO) oder der **Niederlasssung** (§ 21 ZPO) bei juristischen Personen oder Gesellschaften ist bei Verletzungsklagen immer eröffnet. Eine Klage an diesem Ort bietet sich häufig an, weil dort in der Regel auch Vermögensgegenstände vorhanden sind, in die vollstreckt werden kann.

cc) Gerichtsstand des Erfüllungsortes bei vertraglicher Bindung

767 Verletzungen von Rechtsgütern und absoluten Rechten (Eigentumsrechten, Immaterialgüterrechten) stellen häufig auch einen Verstoß gegen vertragliche Pflichten dar. § 29 ZPO eröffnet dann den Gerichtsstand des Erfüllungsortes. Es sind die Gerichte des Staates zuständig, in dessen Hoheitsgebiet die jeweils verletzte Pflicht zu erfüllen ist[2]. Der Erfüllungsort wird dabei nach hM gemäß dem anwendbaren materiellen Vertragsrecht ermittelt[3]; anders möchte *Schack* den Begriff eines prozessualen Erfüllungsorts prägen[4], der für Vertragspflichten des Providers gegenüber dem Nutzer am Ort des Abrufs der Daten liegen soll[5]. Aufgrund der Zuständigkeitszuweisung nach § 29 ZPO

1 OLG Stuttgart v. 14. 12. 1973 – 2 U 136/73, BB 1974, 1270; Zöller/*Vollkommer*, ZPO, § 40 Rz. 4.

2 *Schack*, Internationales Zivilverfahrensrecht, Rz. 265.

3 Stein/Jonas/*Schumann*, ZPO, § 29 Rz. 43; Zöller/*Vollkommer*, ZPO, § 29 Rz. 3.

4 *Schack*, Internationales Zivilverfahrensrecht, Rz. 271.

5 *Schack*, ZEuP 1998, 943 f.; *Schack*, MMR 2000, 135 (137).

können Gerichte allerdings nur über die vertraglichen Ansprüche entscheiden; eine Kompetenz kraft Sachzusammenhangs kennt § 29 ZPO nicht[1].

dd) Gerichtsstand der unerlaubten Handlung

768 Der besondere Gerichtsstand der unerlaubten Handlung in § 32 ZPO regelt doppelfunktional sowohl die örtliche wie auch die internationale Zuständigkeit[2].

(1) Anwendungsbereich

(a) Unerlaubte Handlungen

769 Der Begriff der unerlaubten Handlung geht über den der §§ 823 ff. BGB hinaus und bezieht alle Tatbestände der Gefährdungshaftung (insbesondere auch §§ 1 ff. ProdHaftG, § 94a AMG), der Verletzung gewerblicher Schutzrechte (Marken-, Firmen-, Urheber-, Patent-, Geschmacksmuster-, Sortenschutzrechte sowie Halbleiterschutzrechte) und Kartellverstöße[3] mit ein. Nach hM sind ebenfalls Ansprüche aus Eingriffskondiktion erfasst, sofern es hier um die unbefugte Nutzung oder Verletzung fremder Schutzrechte geht[4].

770 In **Wettbewerbssachen** ist die ausschließliche Zuständigkeit nach § 24 UWG zu beachten. Konkurrierende Gerichtsstände werden aber nur für Klagen von Verbänden, Kammern und lediglich „abstrakt“ betroffenen Mitbewerbern ausgeschlossen. Das unmittelbar von Wettbewerbsverstößen betroffene Unternehmen kann sich neben § 24 UWG auch auf § 32 ZPO stütztent[5].

771 Schwierigkeiten bereitet vor allem im internationalen Bereich die Qualifizierung der Haftung aus **culpa in contrahendo**. Viele nationale Rechte erfassen den im deutschen Recht auch als quasi-vertragliche Haftung bezeichneten Tatbestand im Rahmen der deliktischen Haftung. Teilweise soll es darauf ankommen, ob ein Vertrag abgeschlossen wurde[6]. Als herrschend ist jedoch die autonome Qualifikation anzusehen[7]: Sofern es um die Verletzung von

---

1 HM: vgl. Zöller/*Vollkommer*, ZPO, § 29 Rz. 14 mwN.

2 MünchKommZPO/*Patzina*, § 32 Rz. 40.

3 BGH v. 23. 10. 1979 – KZR 21/78, NJW 1980, 1224; OLG Stuttgart v. 13. 10. 1978 – 2 U (Kart) 77/78, BB 1979, 390; OLG München v. 28. 3. 1996 – U (K) 3424/95, NJW 1996, 2382; Zöller/*Vollkommer*, ZPO, § 32 Rz. 11.

4 *Hausmann* in Wieczorek/Schütze, ZPO, § 32 Rz. 17; *Spickhoff*, ZZP 109 (1996), 493 (513); Zöller/*Vollkommer*, ZPO, § 32 Rz. 9.

5 OLG Düsseldorf v. 24. 8. 1994 – 2 W 88/94, NJW 1995, 60; OLG Hamburg v. 9. 12. 1994 – 3 W 156/94, NJW-RR 1995, 1449; KG v. 12. 12. 1994 – 25 W 7370/94, NJW-RR 1995, 1130 (1131); OLG Zweibrücken v. 9. 2. 1996 – 2 W 21/95, GRUR 1997, 77; Zöller/*Vollkommer*, ZPO, § 32 Rz. 10 mwN; anders LG Frankenthal v. 31. 8. 1995 – 1 HK O 197/95, NJW-RR 1996, 234.

6 *Schack*, Internationales Zivilverfahrensrecht, Rz. 310.

7 *Schlosser*, EuGVÜ, 1996, Art. 5 Rz. 5; *Geimer/Schütze*, Europäisches Zivilprozeßrecht, Art. 5 Rz. 18; MünchKommZPO/*Gottwald*, Art. 5 Rz. 5; ähnlich wohl auch

Aufklärungs- und Beratungspflichten bei der Anbahnung von Vertragsverhältnissen geht, handelt es sich um eine vertragliche Anspruchsgrundlage im Sinn der Zuständigkeitsordnung, es sei denn, wie im Falle der arglistigen Täuschung, es läge gleichzeitig eine deliktische Handlung vor[1]. Wenn die Verletzung von Obhuts- und Erhaltungspflichten betroffen ist, kommt der Deliktsgerichtsstand zur Anwendung.

(b) Zusammentreffen mit anderen Ansprüchen

772 Nach hM sind im Deliktsgerichtsstand ausschließlich deliktische Anspruchsgrundlagen im oben definierten Sinn (Rz. 769) zu prüfen, es sei denn das Gericht wäre auch auf anderer Grundlage, zB als allgemeiner Gerichtsstand des Sitzes, der Niederlassung oder des Wohnsitzes, zuständig. Eine Zuständigkeit für andere Anspruchsgrundlagen kraft Sachzusammenhangs wird von der noch hM verneint[2]. Daran hat auch die Änderung des § 17 Abs. 2 GVG nichts geändert[3].

(2) Begehungsort (allgemein)

773 Der Begehungsort liegt überall dort, wo auch nur eines der wesentlichen Tatbestandsmerkmale verwirklicht wurde[4]. Sowohl Handlungsort als auch Erfolgsort sind deshalb maßgeblich. Handlungsort ist jeder Ort, an dem eine Verletzungshandlung begangen wurde[5]. Der Erfolgsort liegt da, wo in das geschützte Rechtsgut eingegriffen wurde[6]; hierbei bleibt der Ort, an dem der Schaden eintritt, grundsätzlich außer Betracht[7], es sei denn, der deliktische Tatbestand dient dem Schutz des Vermögens[8].

Patzina in MünchKomm/ZPO, § 32 Rz. 19; anders BayObLG v. 16. 8. 1995 – 1Z AR 35/95, MDR 1995, 1261; *Auer* in Bülow/Böckstiegel, Internationaler Rechtsverkehr, Art. 5 Rz. 24.

1 Zöller/*Vollkommer*, ZPO, § 32 Rz. 12.

2 BGH v. 6. 11. 1973 – VI ZR 199/71, NJW 1974, 410 (411); zuletzt wieder BGH v. 28. 2. 1996 – XII ZR 181/93, NJW 1996, 1411 (1413); MünchKommZPO/*Patzina*, § 32 Rz. 19; anders OLG Frankfurt/M. v. 22. 3. 1996 – 24 U 173/94, NJW-RR 1996, 1341; BayObLG v. 31. 8. 1995 – 1Z AR 37/95, NJW-RR 1996, 508; OLG Hamburg v. 15. 4. 1997 – 13 W 6/97, MDR 1997, 884; OLG Köln v. 6. 11. 1998 – 5 W 92/98, NJW-RR 1999, 1081; OLG Hamm v. 17. 12. 1998 – 6 U 28/97, NJW-RR 2000, 727; KG v. 2. 9. 1999 – 28 AR 90/99, MDR 2000, 413; Zöller/*Vollkommer*, ZPO, § 32 Rz. 20; *Rosenberg/Schwab/Gottwald*, § 36 VI 2.

3 BGH v. 28. 2. 1996 – XII ZR 181/93, NJW 1996, 1411 (1413).

4 BGH v. 20. 12. 1963 – Ib ZR 104/62, NJW 1964, 969.

5 BGH v. 25. 11. 1993 – UX ZR 32/93, NJW 1994, 1413 (1414); BGH v. 28. 2. 1996 – XII ZR 181/93, NJW 1996, 1411 (1413).

6 BGH v. 25. 11. 1993 – UX ZR 32/93, NJW 1994, 1413 (1414); BGH v. 28. 2. 1996 – XII ZR 181/93, NJW 1996, 1411 (1413).

7 BGH v. 14. 5. 1969 – I ZR 24/68, BGHZ 52, 108 (111).

8 BGH v. 20. 12. 1963 – Ib ZR 104/62, BGHZ 40, 391 (395); BayObLG v. 31. 8. 1995 – 1Z AR 37/95, BayObLGZ 1995, 301 (303); BGH v. 28. 2. 1996 – XII ZR 181/93, NJW 1996, 1411 (1413 f.).

In Wettbewerbssachen gilt die **örtliche** Zuständigkeit des Tatorts gemäß § 32 ZPO nur für die unmittelbar von der Verletzung Betroffenen[1]. Ansonsten stellt § 24 UWG eine abschließende Sonderregelung dar, die nur die Klage am allgemeinen Gerichtsstand des Gegners und am Handlungsort zulässt (§ 24 Abs. 1 und Abs. 2 Satz 2 UWG). International ist § 24 UWG dagegen ohne Bedeutung.

(3) Besonderheiten im Online-Bereich

774 Bei weltweiter Verbreitung von Nachrichten, Meinungen, sonstigen Informationen, Daten und auch von Produkten (Software, Musik, Filme) über das Internet stellt sich die Frage, ob die oben beschriebene Tatortregel im Online-Bereich zu einer uferlosen Fülle von Gerichtsständen führt und somit eine Haftung unüberschaubar macht[2]. Im deutschen Recht stellt sich daher die Frage, ob zum Schutz von Anbietern im Internet der Gerichtsstand der unerlaubten Handlung einzuschränken ist. Da die Bestimmung von Handlungs- und Erfolgsort abhängig ist von den einzelnen Tatbestandsmerkmalen, ist von den einzelnen deliktischen Tatbeständen auszugehen.

(a) Produkthaftung

775 Auf den **Tatort** kommt es an bei einer online gelieferten Software an, die einen Virus enthielt, der beim Downloaden den Festspeicher eines Computers zerstört hat. Eine Rezeptur kann falsch sein und zu Gesundheitsschäden führen.

776 Der **Erfolgsort** ist der Ort des Abrufs der Information und des Films[3]. Bei der Software wäre der Erfolgsort dort anzusetzen, wo sich der Virus ausbreiten und die Festplatte zerstören konnte[4]; ähnlich zu beurteilen ist im Übrigen auch das sog. Hacking, dh. die Manipulation von fremden Datenbeständen[5].

777 Schwieriger sind die **Handlungsorte** zu ermitteln. Es kommen in Betracht: der Ort der Herstellung[6] der Software, des Films, der Information, der Sitz

---

1 OLG Zweibrücken v. 9. 2. 1996 – 2 W 21/95, GRUR 1997, 77; OLG Düsseldorf v. 24. 8. 1994 – 2 W 88/94, NJW 1995, 60; OLG Hamburg v. 9. 12. 1994 – 3 W 156/94, NJW-RR 1995, 1449; *Dieselhorst*, WRP 1995, 1 ff.; *Vogt*, NJW 1995, 2825 ff.; *Tillmann*, BB 1994, 1793; anders LG Frankenthal v. 31. 8. 1995 – 1 HK O 197/95, NJW-RR 1996, 234.

2 So befürchten *Ernst*, BB 1997, 1057 (1059); *Kuner*, CR 1996, 453 (456); *Marly*, jur-pc 1989, 355 (361); *Strömer*, Online-Recht, S. 214; dagegen *Pichler* in Hoeren/Sieber, Multimedia-Recht, Teil 31 Rz. 116.

3 *Pichler* in Hoeren/Sieber, Multimedia-Recht, Teil 31 Rz. 121; *Mankowski*, RabelsZ 63 (1999), 203 (270).

4 *Mankowski*, RabelsZ 63 (1999), 203 (282 f.).

5 *Mankowski*, RabelsZ 63 (1999), 203 (280 ff.).

6 *Schack*, Internationales Zivilverfahrensrecht, Rz. 301; differenzierend *Mankowski*, RabelsZ 63 (1999), 203 (263).

oder Niederlassung des Vertreibers[1], der Ort des Uploading[2], die Standorte des Servers[3] und des Zwischenspeichers und der Ort des Abrufs durch den Nutzer.

778 Hier ist es in der Tat mit der ganz hM anzuerkennen, dass Vorbereitungsakte, wie die **Herstellung des Produkts,** einen Tatort, dh. einen Handlungsort, nicht begründen können[4]. Indes ist mit Blick auf das anzuwendende materielle Recht zu bestimmen, inwieweit Vorbereitungshandlungen bereits tatbestandsmäßig erfasst werden und somit auch im Rahmen des Kollisionsrechts als Handlungsort erfasst werden können[5].

779 Unproblematisch ist in der Regel der **Ort des Uploading**, das heißt der Ort, an dem das eigentliche Inverkehrbringen stattfindet, ist als Handlungsort anzusehen. Dieser Ort liegt aber nicht etwa dort, wo der zu belegende Server steht, sondern am Ort der Einspeisungshandlung des Anbieters[6]. Dieser Ort wird in der Regel an dem Sitz oder der Niederlassung des Herstellers liegen, die aber als Handlungsorte nur in Betracht kommen, wenn von dort aus das Produkt in den Verkehr gebracht wird. Dies ist der Handlungsort für das Inverkehrbringen virenbefallener Software[7] sowie auch für das Platzieren von sog. Cookies[8].

780 Der **Standort des Servers** kann – entgegen vielfach geäußerten Meinungen[9] – keinen Handlungsort begründen, da er nur Durchleitungsmedium ist, ähnlich den Relay-Stationen beim Telefon oder dem Ort der Zwischenlagerung einer Zeitung oder Zeitschrift. Der Standort des Servers ist unter Umständen auch vollständig in das Belieben des Internets-Service-Providers gestellt, der im Rahmen des Hosting in einem beliebigen Staat den Speicherplatz für den Hersteller zur Verfügung stellt. Er ist auch nicht mit dem Erscheinungsort etwa einer Zeitung oder Zeitschrift vergleichbar, da der Serverstandort, anders als der Zeitschriftenkiosk, nach außen gar nicht in Erscheinung tritt. Der Einspeisende kann und muss den Standort des Servers nicht kennen und kann folglich sein Verhalten auch nicht auf das Recht dieses Staates einstellen[10]. Auch für den Verletzten sind solche Zwischenlagerungen unerheblich.

1 *Pichler* in Hoeren/Sieber, Multimedia-Recht, Teil 31 Rz. 121.

2 *Mankowski*, RabelsZ 63 (1999), 203 (257).

3 *Pichler* in Hoeren/Sieber, Multimedia-Recht, Teil 31 Rz. 121; dagegen *Spindler*, ZUM 1996, 533 (560); *Mankowski*, RabelsZ 63 (1999), 203 (257).

4 BGH v. 30. 6. 1961 – I ZR 39/60, BGHZ 35, 329 (333 f.); Erman/*Hohloch*, BGB, Art. 40 EGBGB Rz. 24.

5 Erman/*Hohloch*, BGB, Art. 40 EGBGB Rz. 24; *Mankowski*, RabelsZ 63 (1999), 203 (263).

6 *Spindler*, ZUM 1996, 533 (560); *Mankowski*, RabelsZ 63 (1999), 203 (257); mißverständlich *Pichler* in Hoeren/Sieber, Multimedia-Recht, Teil 31 Rz. 121.

7 *Mankowski*, RabelsZ 63 (1999), 203 (282 f.).

8 *Mankowski*, RabelsZ 63 (1999), 203 (283).

9 KG v. 25. 3. 1977 – 5 U 659/97, NJW 1997, 3321; LG Düsseldorf v. 4. 4. 1997 – 34 O 191/96, NJW-RR 1998, 979; *Spindler*, NJW 1997, 3198; Erman/*Hohloch*, BGB, Art. 40 EGBGB Rz. 56.

10 So mit Recht *Mankowski*, RabelsZ 63 (1999), 203 (258).

Dasselbe gilt erst recht für den Ort der Zwischenspeicherung auf einem Cache-Server[1].

An die Stelle des Zeitschriftenkioskes und an die Stelle der Ladenverkaufstheke, in der die Produkte von dem Hersteller oder dem von ihm eingeschalteten Vertriebshändler zum Verkauf angeboten werden, tritt jedoch der **Ort des Abrufs** durch den Nutzer[2]. Hier kann sich der Hersteller auch nicht darauf berufen, dass er mit diesem Ort nicht rechnen konnte, wenn er gerade die weltweiten Vertriebsmöglichkeiten des Internets nutzt[3]. Dieser Ort ist gerade nicht den Einwänden des Serverstandorts ausgesetzt, der nur die Durchleitungsfunktion hat[4]. Da es um das öffentliche Feilhalten geht, kommt es in diesem Rahmen auch nicht auf die bloß potentielle Abrufbarkeit an. In Staaten, in denen solche Produkte nicht oder nur zufällig einmal abgerufen werden, entsteht also kein Handlungsort[5]. Weitere Einschränkungen können sich aufgrund verschiedener Umstände des Einzelfalls ergeben, beispielsweise aufgrund der Sprache, in der die Instruktionen für das Produkt verfasst sind. 781

(b) Äußerungsdelikte

Nahezu alle Tages- und Wochenzeitungen sowie Nachrichtensender halten ein ähnliches Angebot im Internet bereit. Des Weiteren kann es vorkommen, dass ein Pornographie-Anbieter sein Angebot nicht ausreichend verschlüsselt hat und Eltern im Namen ihres Kindes wegen einer Persönlichkeitsverletzung klagen. 782

Auch hier kommen die bei der Produkthaftung (oben Rz. 775 ff.) genannten Anknüpfungspunkte in Betracht. Der **Ort der Herstellung** der Internet-Zeitung, des Films oder der Sprachdatei ist nur dann Handlungsort, wenn das materielle Recht bereits solche Akte inkriminiert und nicht als tatbestandslose Vorbereitungshandlungen betrachtet[6]. 783

Der **Standort des Servers** kann auch hier nicht Anknüpfungspunkt sein[7]. Insoweit gelten dieselben Ausführungen wie oben (Rz. 780). Es kommt vielmehr auf den Ort der **Einspeisung** als dem Ort des Inverkehrbringens, des Behauptens und Verbreitens an. Die auf den Serverstandort abstellende Ansicht übersieht, dass nicht am Ort des mit Hilfe der Serversoftware auto- 784

1 *Mankowski*, RabelsZ 63 (1999), 203 (268 f.).

2 Ähnlich *Spindler* in Hoeren/Sieber, Multimedia-Recht, Teil 29 Rz. 479.

3 *Spindler* in Hoeren/Sieber, Multimedia-Recht, Teil 29 Rz. 478.

4 Anders *Mankowski*, RabelsZ 63 (1999), 203 (268).

5 Vgl. die Rechtsprechung zu Pressedelikten, wenn Zeitungen nur „hier und dort einmal" bezogen werden: RG JW 1936, 1291 (1292).

6 *Pichler* in Hoeren/Sieber, Multimedia-Recht, Teil 31 Rz. 123; undifferenziert Erman/*Hohloch*, BGB, Art. 40 EGBGB Rz. 53.

7 Anders KG v. 25. 3. 1997 – 5 U 659/97, NJW 1997, 3321; *Pichler* in Hoeren/Sieber, Multimedia-Recht, Teil 31 Rz. 124; *Bachmann*, IPRax 1998, 179 (182); dagegen zu Recht *Mankowski*, RabelsZ 63 (1999), 203 (257 ff.).

matisch erfolgenden Speicherns die Handlung vorgenommen wird, sondern am Ort des in der Regel an der Niederlassung des Verlegers oder der Sendeanstalt befindlichen Rechners, von dem aus die Daten auf den Server eingespeist werden[1].

785 Inwieweit des Weiteren – ebenso wie im Presse- und Rundfunkbereich – auf den **bestimmungsgemäßen Erscheinungs- oder Ausstrahlungsort** abzustellen ist, wird nicht einheitlich gesehen[2]. Diese Frage ist aber ebenso zu entscheiden wie im Rahmen der Produkthaftung (Rz. 775 ff.). Die Anwendung dieser Regel rechtfertigt sich grundsätzlich daraus, dass der Anbieter mit einem potentiell globalen Empfängerkreis rechnen muss und dies in der Regel auch gezielt einsetzt[3]. Auch eine Differenzierung zwischen Push- und Pull-Diensten (Verteil- und Abrufdienste), wonach nur die – angeblich – ohne Zutun des Nutzers in seinen Bereich eindringenden Push-Dienste erfasst werden[4], lässt sich auf der Basis der presserechtlichen Rechtsprechung nicht durchführen. Auch bei Zeitungen nämlich bedarf es eines „Abrufs" durch Kauf[5]. Es entscheidet jedoch die Tatsache des konkreten Abrufs[6]; die bloße Abrufbarkeit ist im Online-Bereich ebenso wenig ein Kriterium wie beim Radio und Fernsehen. Auch Abrufe, die lediglich das Ziel haben, den Gerichtsstand zu begründen, müssen ausscheiden[7].

(c) Wettbewerbsverletzungen

786 Für Wettbewerbsverletzungen gelten im Rahmen dessen, was § 24 UWG zwingend vorgibt (oben Rz. 770, 773), dieselben Bedingungen wie bei Äußerungsdelikten. Im Rahmen von Unterlassungsklagen, bei denen es um die drohende Wettbewerbsverletzung geht, ist allerdings nicht der Ort von tatsächlich erfolgten Abrufen maßgeblich, sondern es genügt, dass das jeweilige Angebot in bestimmten Staaten abrufbar ist und damit Gefahr droht[8]. Gerichtsstände sind jedoch in jenen Staaten nicht eröffnet, in denen eine wettbewerbsrechtliche Interessenkollision nicht besteht; insoweit gilt nichts anderes als bei herkömmlicher Print- oder Fernsehwerbung[9]. Insbesondere,

1 Vgl. die in der vorigen Fn. Genannten.
2 *Pichler* in Hoeren/Sieber, Multimedia-Recht, Teil 31 Rz. 125 ff., teilweise abweichend *Spindler*, ZUM 1996, 533 (563); *Spindler* in Hoeren/Sieber, Multimedia-Recht, Teil 29 Rz. 467 ff.; anders *Kuner*, CR 1996, 453 (458); *Marly*, jur-pc 1989, 355 (360); *Marly*, jur-pc 1992, 1442 (1449).
3 *Spindler*, ZUM 1996, 533 (563); ähnlich *Spindler* in Hoeren/Sieber, Multimedia-Recht, Teil 29 Rz. 467 ff.
4 *Kuner*, CR 1996, 453 (458); *Marly*, jur-pc 1989, 355 (360).
5 LG Düsseldorf v. 4. 4. 1997 – 34 O 191/96, WM 1997, 1444 (1446).
6 LG Nürnberg/Fürth v. 29. 1. 1997 – 3 O 33/97, NJW-CoR 1997, 229 (230); anders *Bachmann*, IPRax 1998, 179 (186).
7 Zum Presserecht BGH v. 5. 3. 1977 – VI ZR 24/75, NJW 1977, 1590.
8 *Pichler* in Hoeren/Sieber, Multimedia-Recht, Teil 31 Rz. 142 ff.
9 *Dethloff*, NJW 1998, 1596 (1600 ff.); *Dieselhorst*, ZUM 1998, 293 ff.; *Kotthoff*, CR 1997, 676 (681 f.); anders jedoch teilweise *Spindler*, ZUM 1996, 533 (561), der die Einschränkung im Online-Bereich nur restriktiv handhabt.

wenn aufgrund von Sprache und angepriesenen Artikeln die Werbung offenkundig nicht auf die Verbraucher in einem bestimmten Staat abzielt, kann dies eine Einschränkung rechtfertigen[1].

(d) Verletzung von Immaterialgüterrechten (Urheber-, Firmen- und Namensrechten)

Bei den Immaterialgüterrechten erlangt der Satz eine besondere Bedeutung, dass die Bestimmung des Tatortes abhängig ist von den materiell-rechtlichen Verletzungstatbeständen (oben Rz. 733), so dass ein Rückgriff auf das anzuwendende Recht unentbehrlich ist[2]. 787

Bei Verletzung von Schutzrechten (**Firmen-, Namens-, Markenrechten**) liegt in der Regel der Handlungsort sowohl dort, wo die Ware hergestellt wurde, als auch dort, wo sie in den Verkehr gebracht wurde[3]. Der Hersteller kann aber auch am Ort des Vertriebs durch ein Einzelhandelsgeschäft belangt werden[4]. Einen vom Handlungsort verschiedenen Erfolgsort kann es bei diesen Rechten nicht geben, da sie überall belegen sind[5]. 788

Für den Online-Bereich bedeutet dies, dass beispielsweise der Schutz von **Internet-Domains** dort eingefordert werden kann, wo diese – unbefugt – auf einen Server eingespeist werden und wo die Domain sodann abgerufen wird. Sofern offensichtlich erkennbar ist, dass ein Unternehmen seine Tätigkeit nicht auf einen bestimmten Markt ausrichtet, ist jedoch mangels bestimmungsgemäßer Verbreitung kein Handlungsort gegeben[6].

Urheberrechtsverletzungen, die im Internet in vielfältiger Weise auftreten können (unten E Rz. 1 ff.), sind dort lokalisiert im Sinn des internationalen Zuständigkeitsrecht, wo eine – nach dem anwendbaren materiellen Recht – tatbestandlich relevante Verletzungshandlung vorgenommen wird[7]. Nach hM zum deutschen Urheberrecht wird das Zurverfügungstellen von Inhalten an die Nutzer nicht als Verbreitung im Sinn von § 17 UrhG und nicht als Ausprägung des Senderechts des § 20 UrhG[8], sondern vielmehr als sonstige unkörperliche Wiedergabe nach § 15 Abs. 2 UrhG eingeordnet[9]. Im Rahmen 789

1 *Dethloff*, NJW 1998, 1596 (1600 ff.); *Dieselhorst*, ZUM 1998, 293 ff.
2 *Schack*, MMR 2000, 135 (137); *Schack*, MMR 2000, 59 (64).
3 LG Mainz v. 4. 12. 1970 – HO 92/70, BB 1971, 143; *Benkard/Rogge*, PatG, § 139 Rz. 98; *Kühnen*, GRUR 1997, 20.
4 *Althammer/Ströbele/Klaka*, MarkenG, § 141 Rz. 2.
5 *Schack*, MMR 2000, 135 (137).
6 *Bettinger*, GRUR Int. 1997, 402 (417); *Ubber*, WRP 1997, 497 (503); *Dethloff*, NJW 1998, 1596 (1599 f.); *Thum*, GRUR Int. 1999, 659 (662 ff.); *Mankowski*, RabelsZ 63 (1999), 203 (280); strikt gegen diese Begrenzungen *Schack*, MMR 2000, 135 (138).
7 *Pichler* in Hoeren/Sieber, Multimedia-Recht, Teil 31 Rz. 144 ff.; *Schack*, MMR 2000, 135 (138).
8 So aber *Spindler*, ZUM 1996, 533 (543).
9 *Schricker* (Hrsg.), Urheberrecht auf dem Weg zur Informationsgesellschaft?, S. 131; *Waldenberger*, ZUM 1997, 176 (178); *Becker*, ZUM 1995, 231 (245); vgl. auch *Katzenberger*, GRUR Int. 1983, 895 (904 ff.).

der Bestimmung des Tatortes ist allerdings sehr streitig, ob ein Handlungsort nur am Ort der Einspeisung[1] oder auch am Ort der Wiedergabe[2], also dort, wo die Website abrufbar ist und auch tatsächlich abgerufen wird, anzunehmen ist. Die Auslegung von § 15 Abs. 2 UrhG ergibt jedoch, dass die Wahrnehmung nach außen Teil des Tatbestandes ist, sodass auch hierdurch ein Handlungsort begründet werden kann[3]. Einschränkend kommt jedoch auch hier die so genannte Spürbarkeitsgrenze zum Tragen, wenn die Internet-Nutzer eines bestimmten Staates das Angebot typischerweise nicht wahrnehmen können, was aber bei Urheberrechtsverletzungen durch Nutzung fremder Bild- und Toninhalte nur unter sehr engen Voraussetzungen vorstellbar ist[4].

c) Gerichtliche Zuständigkeit nach dem EuGVÜ

790 Das EuGVÜ, welches zum 1. März 2002 durch die EG-Zuständigkeits- und Vollstreckungsverordnung[5] abgelöst wird, kennt dieselben Gerichtsstände für Verletzungen von Rechtsgütern und absoluten Rechten wie das nationale deutsche Recht.

aa) Gerichtsstandsvereinbarungen

791 Gerichtsstandsvereinbarungen sind im Rahmen des Art. 17 EuGVÜ zulässig und können insofern ausschließlich wirken, als sie in ihrem Anwendungsbereich konkurrierende Gerichtszuständigkeiten verdrängen. Zu den Anforderungen vgl. oben C Rz. 11 ff.

bb) Allgemeiner Gerichtsstand

792 Jedermann, natürliche oder juristische Person, kann unabhängig von seiner Staatsangehörigkeit an seinem **Wohnsitz** verklagt werden, sofern dieser in dem Hoheitsgebiet eines Vertragsstaates des EuGVÜ liegt (Art. 2 Abs. 1 EuGVÜ). Diese Möglichkeit gilt auch für Kläger aus Drittstaaten[6]. Nach Art. 53 Abs. 1 Satz 1 EuGVÜ steht der Sitz von Gesellschaften und juristischen Personen dem Wohnsitz gleich; der Sitz ist nach den Regeln des internationalen Privatrechts zu bestimmen (Art. 53 Abs. 1 Satz 2 EuGVÜ).

---

1 So *Herrmann*, GRUR Int. 1984, 578 (586); *Dittrich*, ZUM 1988, 359; *Kühn*, ZUM 1985, 299 (300).

2 *Pichler* in Hoeren/Sieber, Multimedia-Recht, Teil 31 Rz. 155 f.

3 *Pichler* in Hoeren/Sieber, Multimedia-Recht, Teil 31 Rz. 155.

4 *Bettinger*, GRUR Int. 1997, 402 (417); *Ubber*, WRP 1997, 497 (503); *Dethloff*, NJW 1998, 1596 (1599 f.); *Thum*, GRUR Int. 1999, 659 (662 ff.); *Mankowski*, RabelsZ 63 (1999), 203 (280); dagegen *Schack*, MMR 2000, 135 (138).

5 ABl. EG Nr. L 12 v. 16. 1. 2001, S. 1.

6 MünchKommZPO/*Gottwald*, Art. 2 EuGVÜ Rz. 23.

cc) Gerichtsstand des Erfüllungsortes

Auch im Rahmen des Art. 5 Nr. 1 EuGVÜ, der dem deutschen § 29 ZPO entspricht, hat sich eine autonome Bestimmmung des Erfüllungsortes nicht durchgesetzt[1]. Maßgeblich ist vielmehr die **lex causae**[2]. Dagegen ist autonom für das Abkommen der Begriff „Vertrag oder Ansprüche aus einem Vertrag" auszulegen[3]. Die Anknüpfung der culpa in contrahendo wird nach der hM[4] hier ebenso gelöst wie oben für § 32 ZPO vorgeschlagen (oben Rz. 771). Eine Kompetenz kraft Sachzusammenhangs auch für nicht-vertragliche Ansprüche hat der EuGH bisher abgelehnt[5]. 793

Zu Vereinbarungen des Erfüllungsortes oben Rz. 767.

dd) Verbrauchergerichtsstand

Zum besonderen Gerichtsstand des Verbrauchers vgl. oben C Rz. 236. 794

ee) Gerichtsstand der unerlaubten Handlung

Der Begriff der unerlaubten Handlung in Art. 5 Nr. 3 EuGVÜ ist ebenfalls autonom für das Übereinkommen auszulegen[6]. Dieser erfasst danach nicht nur Fälle der Schadenshaftung, sondern auch Ansprüche auf Zahlung einer angemessenen Lizenzgebühr bei Verletzung gewerblicher Schutzrechte oder Ansprüche auf Gewinnherausgabe, darüber hinaus auch presserechtliche Gegendarstellungsansprüche[7]. Zu culpa in contrahendo s.o. Rz. 771. Auch eine vorbeugende Unterlassungsklage bei noch nicht eingetretener Schädigung (vgl. nunmehr Art. 5 Nr. 3 EG-Zuständigkeits- und Vollstreckungsverordnung) ist nach hM erfasst[8]. Eine Kompetenz kraft Sachzu- 795

---

1 EuGH v. 29. 6. 1994 – Rs. C-288/92, Slg. 1994, I-2913, 2949; anders *Schack*, ZZP 107 (1994), 279 (295); *Schack*, Internationales Zivilverfahrensrecht, Rz. 271; befürwortend auch MünchKommZPO/*Gottwald*, Art. 5 EuGVÜ Rz. 18 f.

2 EuGH v. 29. 6. 1994 – Rs. C-288/92, RIW 1994, 676 (Tz. 26); MünchKommZPO/*Gottwald*, Art. 5 EuGVÜ Rz. 20.

3 Zuletzt EuGH v. 17. 6. 1992 – Rs. C-26/91, Slg. 1992, I-3967.

4 MünchKommZPO/*Gottwald*, Art. 5 EuGVÜ Rz. 5; anders *Auer* in Bülow/Böckstiegel, Internationaler Rechtsverkehr, Art. 5 EuGVÜ Rz. 24.

5 EuGH v. 27. 9. 1988 – Rs. C-189/87, Slg. 1988, 5565; ebenso *Auer* in Bülow/Böckstiegel, Internationaler Rechtsverkehr, Art. 5 EuGVÜ Rz. 29 f.; anders dagegen *Geimer/Schütze*, Europäisches Zivilprozeßrecht, Art. 5 Rz. 34; *Kropholler*, Europäisches Zivilprozeßrecht, Art. 5 Rz. 53; *Mansel*, ZvglRWiss 86 (1987), 1, 22; *Otte*, Umfassende Streitenscheidung durch Beachtung von Sachzusammenhängen, 1998, S. 520 ff.

6 EuGH v. 27. 9. 1988 – Rs. C-189/87, Slg. 1988, 5565; EuGH v. 7. 3. 1995 – Rs. C-68/93, Slg. 1995, I-415.

7 Vgl. im Einzelnen: MünchKommZPO/*Gottwald*, Art. 5 EuGVÜ Rz. 37.

8 *Geimer/Schütze*, Europäisches Zivilprozeßrecht, Art. 5 Rz. 169; *Kropholler*, Europäisches Zivilprozeßrecht, Art. 5 Rz. 52; vgl. auch Vorlageentscheidung des BGH v. 17. 3. 1994 – I ZR 304/91, RIW 1994, 678.

sammenhangs für vertragliche Ansprüche hat der EuGH folgerichtig (vgl. auch Rz. 767) verneint[1].

Ort des schädigenden Ereignisses im Sinn von Art. 5 Nr. 3 EuGVÜ ist der Tatort, dh. der Handlungs- und der Erfolgsort gleichermaßen. Bei Pressedelikten ist Handlungsort und Erscheinungsort der Ort der Erstellung der Nachricht, der Erfolgsort ist der Ort bestimmungsgemäßer Verbreitung[2].

Für online begangene Delikte gelten die Ausführungen oben (Rz. 774 ff.) im Rahmen des EuGVÜ ebenso.

d) US-amerikanisches Zuständigkeitsrecht im Überblick

796 Aufgrund der zahlreichen Kontakte über das Internet in die USA, dem Mutterland des Internets, ist es angezeigt, kurz die wichtigsten dort bekannten Gerichtsstände zu skizzieren. Dabei sei vorweggeschickt, dass Zivilprozessrecht in den USA sowohl in den einzelnen Staaten für die eigenen Gerichte als auch auf Bundesebene selbständig besteht[3]. Dies gilt auch für die internationale Zuständigkeit der eigenen Gerichte.

aa) Allgemeines

797 Die US-amerikanischen Rechte sehen im Wesentlichen Zuständigkeiten wegen der Belegenheit von Sachen (in rem jurisdiction) und aufgrund des Wohnsitzes von Personen (in personam jurisdiction) vor[4]. Da im Online-Bereich vorwiegend Ansprüche und nicht Rechte an beweglichen und unbeweglichen Sachen eine Rolle spielen[5], geht es hier um die „in personam jurisdiction" oder auch „personal jurisdiction". Dies kann nach einzelnen Rechten darauf basieren, dass sich der Beklagte lediglich in einem Staat aufhält[6]. Gleichermaßen können Staatsanghörigkeit, Wohnsitz und Aufenthalt Anknüpfungspunkte einer Zuständigkeit sein[7]. Eine Zuständigkeitsvereinbarung ist ebenfalls zulässig, sofern sie nicht aufgrund einer Zwangslage zustande gekommen ist[8]. Von zentraler Bedeutung sind darüber hinaus so genannte **long-arm statutes**, die die Gerichtsbarkeit eines Einzelstaates auf einen anderen Staat, beispielsweise durch die Notwendigkeit von Zustellungen in dem anderen Staat, erstrecken[9]. In diesen Statutes befinden sich in

1 EuGH v. 27. 9. 1988 – Rs. C-189/87, Slg. 1988, 5565; anders *Mansel*, IPRax 1989, 84 (85).

2 MünchKommZPO/*Gottwald*, Art. 5 EuGVÜ Rz. 42.

3 *Scoles/Hay*, Conflict of Laws, Ch. 5 I § 5.1.

4 *Scoles/Hay*, Conflict of Laws, Ch. 5 II § 5.2 ff.

5 Zur Abgrenzung vgl. *Scoles/Hay*, Conflict of Laws, Ch. 5 II § 5.4.

6 Vgl. zur Verfassungsgemäßheit nach der Verfassung der USA: Burnham v. Superior Court, U.S., 110 S.Ct. 2105, 109 L.Ed.2d 631 (1990).

7 *Scoles/Hay*, Conflict of Laws, Ch. 8 II § 8.8 ff.

8 D. H. Overmyer Co., Inc. v. Frick Co., 405 U.S. 174, 188, 92 S.Ct. 775 (783); im Einzelnen *Scoles/Hay*, Conflict of Laws, Ch. 8 II § 8.16 ff.

9 Wuchter v. Pizzutti, 276 U.S. 13, 48 S.Ct. 259; *Scoles/Hay*, Conflict of Laws, Ch. 8 II § 8.32.

der Regel detaillierte Regeln zu besonderen Gerichtsständen, insbesondere auch wegen unerlaubter Handlungen[1].

Begrenzt wird die Möglichkeit der Einzelstaaten, die eigenen Gerichte für zuständig zu erklären, durch das 14. Amendment der Verfassung der USA, die sog. „due process clause“[2]. In diesem Rahmen befand der Supreme Court, dass die Gerichtsbarkeit für den Beklagten vorhersehbar sein müsse und deshalb des Weiteren **„minimum contacts“** zu dem Gerichtsstaat bestehen müssten[3]. Diese minimum contacts müssen nach einer neueren Entscheidung derart beschaffen sein, dass der Beklagte damit rechnen musste, in einem bestimmten Staat der Gerichtsbarkeit unterworfen zu werden[4], in welchem er willentlich seine Produkte verfügbar gemacht hat[5]. Im Bereich der Äußerungsdelikte hat der Supreme Court anerkannt, dass die Staaten im Rahmen des „due process“ berechtigt sind, eine Zuständigkeit dann anzunehmen, wenn in einem bestimmten Staat der regelmäßige Vertrieb stattfindet[6].

bb) US-amerikanische Besonderheiten im Online-Bereich

In jüngerer Vergangenheit haben zahlreiche Gerichte auf der Basis der vorstehenden Grundsätze Regeln auch für den Online-Bereich entwickelt[7]. 798

Nicht auf den Ort der Einspeisung, sondern auf den Standort des Servers stellt eine Entscheidung ab, in der über das Webangebot der Warenvertrieb organisiert wurde und von dem Server der Download stattfand[8].

Insbesondere die Regel der „minimum contacts“ aus der International Shoe-Entscheidung wurde hier in der Weise interpretiert, dass über die bloße Abrufbarkeit eines Angebots weitere Faktoren vorhanden sein müssen[9]: Maßgebliche Kontakte sind beispielsweise Abonnenten eines Portals oder Offline-Werbung für einen bestimmten Dienst, die zeigen, dass der Anbieter den Markt zielgerichtet für sich einnehmen will.

1 Nachweise bei *Scoles/Hay*, Conflict of Laws, Ch. 8 II § 8.33.
2 Wuchter v. Pizzutti, 276 U.S. 13, 48 S.Ct. 259 (1928); *Scoles/Hay*, Conflict of Laws, Ch. 8 II § 8.32.
3 International Shoe Co. v. Washington, 326 U.S. 310, 66 S.Ct. 154 (1945).
4 World-Wide Volkswagen Corp. v. Woodson, 444 U.S. 286, 100 S.Ct. 559 (1980).
5 Hanson v. Denckla, 357 U.S. 235 (1958).
6 Keeton v. Hustler Magazine, Inc., 465 U.S. 770 (1984).
7 Hierzu *Kuner*, CR 1996, 453 (454 f.); *Bettinger*, GRUR Int. 1998, 660 ff.
8 CompuServe, In.c v. Patterson, 89 F.3d 1257 (6th Civ. 1996).
9 American Network, Inc. v. Access America/Connect Atlanta, Inc., 975 F.Supp. 494 (S.D.N.Y. 1997).

2. Vollstreckung

a) Allgemeines

799 Die Vollstreckung von Entscheidungen eines staatlichen Gerichtes ist möglichst schon im Stadium der Klageerhebung oder der Einreichung des Antrags auf Erlass einer einstweiligen Verfügung zu bedenken. Gerade im Zusammenhang mit Online-Geschäften kann es hier zu Überraschungen kommen, wenn zwar ein Gerichtsstand im Inland garantiert ist; eine **Vollstreckung im Ausland** jedoch dadurch unmöglich wird, dass der verklagte Service Provider seinen Sitz und sein gesamtes vollstreckungsfähiges Vermögen in einem Staat hat, der sich keinem Vollstreckungsabkommen oder einem die Anerkennung zusichernden Handels- und Freundschaftsabkommen unterworfen hat und in dem deutsche Urteile auch sonst nicht anerkannt werden[1]. Teilweise werden auch bestimmte inländische Zuständigkeitsvorschriften, insbesondere die des Vermögens gem. § 23 ZPO, im Ausland nicht anerkannt[2], wenn dort nicht ähnliche Vorschriften zu finden sind. Auch Versäumnisurteile können Schwierigkeiten bereiten.

b) Nationales Zivilprozessrecht

800 Für ausländische Urteile, die nicht von einem Vollstreckungsabkommen erfasst werden, sieht § 723 Abs. 1 ZPO vor, dass sie eines deutschen Vollstreckungsurteils (exequatur) bedürfen. In dem anzustrengenden Erkenntnisverfahren (§ 723 Abs. 2 ZPO) darf das Gericht aber nur die Voraussetzungen der Anerkennungsfähigkeit (§ 328 ZPO) prüfen; die Gesetzmäßigkeit der ursprünglichen Entscheidung kann nur dann angezweifelt werden, wenn sie zugleich den deutschen ordre public (§ 328 Abs. 1 Nr. 4 ZPO) berührt.

Die Anerkennung nach § 328 ZPO kann nur erfolgen, wenn (Nr. 1) die Zuständigkeit des ausländischen Gerichts auch nach den deutschen Vorschriften gegeben wäre (indirekte Zuständigkeit), wesentliche Grundsätze des rechtlichen Gehörs verletzt wurden (Nr. 2), wenn die Entscheidung mit einem früheren in- oder ausländischen Urteil oder einem früher im Inland rechtshängig gewordenen Verfahren im Widerspruch steht (Nr. 3), wenn ein Verstoß gegen den deutschen ordre public vorliegt (Nr. 4) oder wenn, bei vermögensrechtlichen Streitigkeiten, die Gegenseitigkeit nicht verbürgt ist (Nr. 5).

Entscheidungen in **Eilverfahren**, die nach ausländischem Verfahrensrecht ohne mündliche Verhandlung ergehen, sind demnach im Inland wegen § 328 Abs. 1 Nr. 2 ZPO nicht anerkennungsfähig.

---

1 Einige solche Staaten sind aufgeführt bei *Hoeren*, MMR 1998, 297 f.; im Übrigen vgl. das Staatenverzeichnis bei MünchKommZPO/*Gottwald*, § 328 Rz. 111 ff.

2 Vgl. im Einzelnen *Geimer*, Internationales Zivilprozeßrecht, Rz. 1362.

c) EuGVÜ

Mit Ausnahme des Erfordernisses der indirekten Zuständigkeit und der Gegenseitigkeit gelten nach Art. 27 EuGVÜ ähnliche Voraussetzungen für die Anerkennung von Entscheidungen eines anderen Vertragsstaates. Insbesondere sind auch Entscheidungen im **Eilverfahren** ohne vorherige Benachrichtigung des Gegners, dh. ohne mündliche Verhandlung, nicht anerkennungsfähig. Anders liegt es für **Versäumnisurteile**. Allerdings hat der Anerkennungsrichter im Rahmen des Art. 27 Nr. 2 EuGVÜ zwar nicht die ordnungsgemäße Zustellung, diese wird nach dem Recht des Urteilsstaates bestimmt[1], jedoch die Rechtzeitigkeit der Zustellung des verfahrenseinleitenden Schriftstücks nach seinem eigenen Recht zu bestimmen[2]. 801

d) US-amerikanisches Recht (Überblick)

In den USA ist die Anerkennung von Urteilen aus anderen Einzelstaaten und auch aus dem Ausland einzelstaatlich unterschiedlich geregelt[3]. Hierbei wird in der Regel auch verlangt, dass der ausländische Staat nach den Regeln des US-amerikanischen Anerkennungsstaates zuständig war, die Entscheidung zu erlassen[4]. Erforderlich hierbei sind in der Regel minimum contacts des Beklagten zum Urteilsstaat (s. auch Rz. 797)[5], sodass die Zuständigkeit nach § 23 ZPO sowie bestimmte weitgehende Interpretationen des Deliktsgerichtsstands problematisch sein können. 802

1 OLG Düsseldorf v. 19. 9. 1984 – 3 W 319/84, IPRax 1985, 289; OLG Köln v. 29. 2. 1980 – 29 T 3/80, MDR 1980, 1030; MünchKommZPO/*Gottwald*, Art. 27 EuGVÜ Rz. 19.

2 EuGH v. 16. 6. 1981 – Rs. C-166/80, Slg. 1981, 1593; zustimmend *Schlosser*, EuGVÜ, Art. 27–29 Rz. 17.

3 *Scoles/Hay*, Conflict of Laws, Ch. 24 I § 24.2.

4 *Scoles/Hay*, Conflict of Laws, Ch. 24 II § 24.14 ff., III § 24.42.

5 Mercandino v. Devoe & Raynolds, Inc., 436 A.2d 942 (N.J.Super. 1981); *Scoles/Hay*, Conflict of Laws, Ch. 24 II § 24.14 ff., III § 24.42.

E. Schutz der Tätigkeit

I. Urheberrecht/Datenbankschutz

Wer eine Online-Dienstleistung anbietet, kommt mit dem Urheberrecht auf zweierlei Weise in Berührung: Enthält das Angebot fremde urheberrechtlich geschützte Werke und Leistungen, so bedarf der Anbieter dazu zum einen sämtlicher urheberrechtlichen Nutzungsrechte an den einzelnen geschützten Bestandteilen seines Angebots.[1] Zum anderen erwirbt der Online-Anbieter an seinem Angebot möglicherweise aber auch eigene Urheberrechte. In Betracht kommt insbesondere ein urheberrechtlicher Schutz an der eigenen Website sowie ein Datenbankschutz in Bezug auf das angebotene Informationsmaterial sowie ganz generell ein Schutz in Bezug auf jeden urheberrechtlich geschützten Gegenstand, der zum Zwecke des Angebots eigens geschaffen wird. 1

1. Urheberrechtlicher Schutz des eigenen Angebots

a) Rechte an eigenen Werken und Leistungen

Durch das Urheberrecht geschützt ist grundsätzlich jede schutzfähige Schöpfung im Rahmen des **eigenen Angebots**. Das können selbstverfasste Texte ebenso sein wie eigenständig komponierte Musik oder eigenes Stand- bzw. Bewegtbildmaterial sowie ein zum Betrieb des Online-Angebotes eigens entwickeltes Computerprogramm. In Betracht kommen sämtliche in § 2 Abs. 1 UrhG beispielhaft aufgezählten Werkarten. Insofern kann auf die Ausführungen hinsichtlich des Erwerbs von Rechten an fremden urheberrechtlich geschützten Werken verwiesen werden. Das Gleiche gilt auch in Bezug auf die verwandten Schutzrechte.[2] Der Anbieter vermag also etwa Herstellerrechte in Bezug auf von ihm erstelltes Filmmaterial erwerben. 2

Anders als für Sendeunternehmen, Hersteller von Tonträgern und Filmunternehmen hält das UrhG für den Anbieter in Bezug auf seine Online-Dienstleistung als solche jedoch **kein eigenes Leistungsschutzrecht** bereit. Der Online-Anbieter ist auch nicht Sendeunternehmen iSv. § 97 UrhG. Denn der Schutz des Sendeunternehmens nach § 87 UrhG knüpft an den Begriff der „Funksendung" iSv. § 20 UrhG an,[3] dem das Online-Angebot nicht unterfällt.[4] Eine Ausnahme besteht allenfalls insoweit, als der Anbieter mittels Streaming ein eigenes Rundfunkprogramm über das Netz anbietet. Die Einordnung als Sendung iSd. UrhG besteht hier jedoch nur dann, wenn der 3

1 S. dazu eingehend bereits oben B Rz. 196 ff.
2 S. dazu oben B Rz. 695 ff. und 732 ff.
3 Schricker/*v. Ungern-Sternberg*, Urheberrecht, § 87 Rz. 12.
4 Vgl. auch dazu bereits oben B Rz. 737.

Nutzer auf die zeitliche Abfolge der programmtragenden Signale keinerlei Einfluss hat. Werden dagegen fremde Rundfunksignale nur weitergeleitet, so mag die darin liegende zeitgleiche und vollständige Weiterleitung über das Netz zwar dem Begriff der Kabelweitersendung gem. § 20b Abs. 1 Satz 1 UrhG[1] unterfallen, ein eigenständiges Leistungsschutzrecht erwirbt das Kabelweitersendeunternehmen nach deutschem Recht mangels einer eigenen hinreichenden organisatorisch-technischen Leistung dadurch jedoch nicht.[2]

b) Urheberschutz der eigenen Website

4 In Betracht kommt für den Online-Anbieter jedoch vor allem ein Schutz der eigenen Website, sei es insgesamt als **Werk der bildenden Kunst** (§ 2 Abs. 1 Nr. 4 UrhG), sei es als **Darstellung wissenschaftlicher oder technischer Art** (§ 2 Abs. 1 Nr. 7 UrhG),[3] sei es als Kompositwerk eigener Art vergleichbar einem Multimediawerk, das als solches zwar nicht im Werkkatalog des UrhG genannt ist, jedoch als geistige Schöpfung gem. § 2 Abs. 2 UrhG gleichfalls urheberrechtsschutzfähig ist, wenn es hinreichende Individualität und Originalität aufweist.[4] Aufgrund ihres Gesamtplanes dürfte eine Website jedenfalls zumeist mehr sein als lediglich eine Werkverbindung[5] oder ein Sammelwerk.[6] Zu denken wäre weiterhin an einen Schutz als Filmwerk, doch setzt dieser voraus, dass die einzelnen Webseiten nicht den Eindruck einer Bewegtbildfolge vermitteln, und auch, dass sie automatisch ablaufen. Soweit die der Homepage zugrunde liegenden Steuerungsbefehle ein Computerprogramm darstellen, erstreckt sich ein daran nach den §§ 2 Abs. 1 Nr. 1, 69a ff. UrhG bestehender Urheberrechtsschutz jedoch allein auf die Form des Programms. Mit einem solchen Recht könnte der Online-Anbieter die Realisierung einer identischen Homepage daher wohl dann nicht untersagen, wenn

1 § 20b Abs. 1 Satz 1 UrhG definiert die Kabelweitersendung als die Weitersendung eines gesendeten Werkes „im Rahmen eines zeitgleich, unverändert und vollständig weiterübertragenen Programms durch Kabelsysteme oder Mikrowellensysteme".

2 Schricker/*v. Ungern-Sternberg*, Urheberrecht, § 87 Rz. 13 und 24, mwN.

3 Allerdings ist bei Darstellungen wissenschaftlicher Art nur die Art der Darstellung, nicht jedoch der eigentliche kreative Inhalt des Dargestellten geschützt; vgl. Schricker/*Loewenheim*, Urheberrecht, § 2 Rz. 56 f., 194.

4 Vgl. zum Ganzen Schricker/*Loewenheim*, Urheberrecht, § 2 Rz. 93, 201; *Schricker*, Urheberrecht auf dem Weg zur Informationsgesellschaft, S. 19 ff.; *Loewenheim/Koch*, Praxis des Online-Rechts, 7.1.3.2; *Koch*, GRUR 1997, 417; *Koch*, NJW-CoR 1997, 298. – Das Problem des Schutzes eines mehrere Einzelwerke umfassenden Gesamtwerkes ist dem UrhG aber nicht unbekannt. Auch Filmwerke, die Elemente von Lichtbildwerken, Musik- und Sprachwerken beinhalten, sind grundsätzlich gem. § 2 Abs. 1 Nr. 6 UrhG urheberschutzfähig. Die Vereinigung mehrerer Werke und Werkteile ist aber im UrhG in § 4 (Sammelwerke), § 9 (Werkverbindungen), § 8 (Miturheberschaft) und mittelbar in §§ 3, 23 (Bearbeitungen) nur unvollkommen geregelt.

5 Vgl. zur Werkverbindung und zur Miturheberschaft bereits oben B Rz. 750 f.

6 Vgl. dazu oben B Rz. 725 ff.

das gleiche Erscheinungsbild durch andere Programmbefehle und eine andere Programmstruktur erzeugt wird.[1]

In der Gestaltung einer Homepage vermag auch durchaus eine **eigenpersönliche geistige Schöpfung** zu liegen, die über die Originalität hinausgeht, die sich in den einzelnen Bestandteilen ausdrückt. Denn es handelt sich bei der Erstellung einer Homepage durchaus um einen kreativen Akt. Es bedarf eines Drehbuchs, das sich aus einem Konzept zu einem Storyboard entwickelt. Hinzu kommt ein Screendesign, die Gestaltung der einzelnen Fenster und die graphische Anordnung der Schaltflächen. 5

Schließlich kommt ein urheberrechtlicher Schutz auch für alle **Einzelelemente** einer Website in Betracht, seien sie nun textlicher (§ 2 Abs. 1 Nr. 1 UrhG) oder bildlicher Natur (§ 2 Abs. 1 Nr. 4, 5 UrhG).[2] 6

c) Datenbankrechte

Wer im Rahmen seines Online-Angebots elektronisch zugängliche **Sammlungen** von Werken, Daten oder anderen unabhängigen Elementen anbietet, die systematisch oder methodisch angeordnet und einzeln zugänglich sind, der kann daran neben einem Urheberrecht aufgrund hinreichend schöpferischer Auswahl oder Anordnung[3] auch den Schutz als Hersteller einer Datenbank gem. den §§ 87a ff. UrhG erwerben. Voraussetzung dafür ist zum einen, dass die Beschaffung, Überprüfung oder Darstellung der inhaltlichen Elemente eine nach Art oder Umfang wesentliche Investition erfordert. Zum anderen erwirbt der Datenbankhersteller dieses Recht dann, wenn er selbst diese Investition vorgenommen hat, dh., wenn er die Datenbank also nicht von Dritten übernommen oder nur unter unwesentlichem Aufwand an Zeit und Geld aufbereitet hat. Zu Einzelheiten sei auf die obigen Ausführungen verwiesen.[4] 7

2. Originärer und derivativer Rechtserwerb

Nach deutschem Urheberrecht ist ursprünglicher Inhaber der Rechte grundsätzlich derjenige, der die persönliche geistige Leistung erbracht hat (§ 7 UrhG). Das gilt auch dann, wenn ein Werk im Rahmen eines Arbeits-, Dienst- oder auch eines Auftragsverhältnisses geschaffen worden ist.[5] Ist der Online-Anbieter eine **juristische Person**, so kann er daher grundsätzlich nur abgelei- 8

1 Wie hier Schricker/*Loewenheim*, Urheberrecht, § 69a Rz. 27; *Lehmann/v. Tucher*, CR 1999, 700 (703). AA offensichtlich *Koch*, GRUR 1997, 417 (420) (Webseiten als Ausdrucksform desjenigen Computerprogramms, das sie generiert).

2 Vgl. nur *Hoeren/Sieber*, Multimedia-Recht, Teil B 7.1, Rz. 17.

3 Vgl. zum Urheberschutz von Datenbankwerken als einer Unterkategorie der Sammelwerke nach § 4 UrhG bereits oben B Rz. 727.

4 Vgl. B Rz. 743 ff. im Abschnitt über fremde geschützte Werke und Leistungen, die der Online-Anbieter übernimmt.

5 Vgl. auch hierzu bereits oben B Rz. 749 ff.

tete, dh. ihm übertragene Rechte innehaben. Gleiches gilt, wenn der Online-Anbieter zwar eine natürliche Person ist, er die in seinem Angebot enthaltenen, eigens geschaffenen schutzfähigen Werke und Leistungen jedoch nicht selbst in Person geschaffen hat, sondern diese von Dritten geschaffen worden sind, gleichviel, ob es sich dabei um Angestellte, freiberuflich Tätige oder Beauftragte handelt. Eine Ausnahme stellt hier allein das **Datenbankschutzrecht** nach den §§ 87a ff. UrhG dar. Denn dieses steht nach § 87a Abs. 2 UrhG grundsätzlich demjenigen zu, der die Investition getätigt hat und auf dessen Initiative hin das Datenbankwerk geschaffen worden ist.[1] Nicht entscheidend ist dagegen, wer die in der Datenbank enthaltenen Daten tatsächlich erhoben hat.[2]

9 Von dieser Ausnahme abgesehen, muss sich der Online-Anbieter die Rechte der in seinem Auftrag Tätigen mithin auf **vertraglichem Wege** sichern. Dabei mögen ihm insbesondere die Vermutungsregelungen der §§ 43, 69b UrhG entgegenkommen; umgekehrt werden ihn die urheberschützenden Regelungen wie etwa § 31 Abs. 5 UrhG zu größerer Sorgfalt und Umsicht beim Abfassen vertraglicher Klauseln anhalten, will er sein Ziel einer möglichst umfassenden Übertragung von Nutzungsrechten erreichen.[3] Im Ergebnis stehen dem Online-Anbieter ebenso wie schon in Bezug auf Werke und Leistungen Dritter, die er für sein Online-Angebot lizenziert hat, auch an den für das eigene Angebot eigens erstellten Werken regelmäßig ebenfalls nur abgeleitete Rechte zu. Allerdings wird sich der Online-Anbieter die ihm zustehenden Rechte an Eigen- und Auftragsproduktionen regelmäßig in größerem Umfang gesichert haben, als er sie für die Nutzung fremden geschützten Materials benötigt.

II. Markenrecht

10 Diensteanbieter können für die im Rahmen ihrer Tätigkeiten genutzten Kennzeichen und Logos markenrechtlichen Schutz erlangen. Hinsichtlich der verschiedenen in Betracht kommenden Kennzeichenrechte und ihrer jeweiligen Schutzvoraussetzungen sei auf die Ausführungen in B Rz. 212 ff. verwiesen.

11 Eine besondere Bedeutung kommt im Rahmen von E-Commerce-Diensten dem Schutz des für den Dienst gewählten Domainnamen zu. Dabei können Domainnamen nach der herrschenden Meinung auch ohne Markenanmeldung als Unternehmenskennzeichen oder Werktitel markenrechtlich geschützt sein (vgl. B Rz. 873 ff.). Gleichwohl ist im Regelfall die zusätzliche Anmeldung einer Marke zum Schutz des Domainnamens ratsam (vgl. B Rz. 909 ff.).

---

1 Vgl. nur Schricker/*Vogel*, Urheberrecht, § 87a Rz. 28 ff.

2 BGH, Urt. v. 6. 5. 1999 – I ZR 199/96, GRUR 1999, 923 – Tele-Info-CD; KG, Urt. v. 9. 6. 2000 – 5 U 2172/00, CR 2000, 812.

3 Vgl. auch dazu bereits oben B Rz. 754 ff.

III. Patentrechtlicher Schutz von Innovationen im E-Business

1. Förderung von Innovation durch das Patentrecht

a) Sinn und Zweck des Patentrechts

Unter Berücksichtigung von Persönlichkeitsrechten des Erfinders liegt der Sinn und Zweck des Patentrechts hauptsächlich darin, **den technischen Fortschritt zu fördern** und Erfindungen der Allgemeinheit zur Nutzung zur Verfügung zu stellen[1]. Dem Erfinder bzw. seinem Rechtsnachfolger, dh. bei angestellten Erfindern in der Regel dem Arbeitgeber (siehe Rz. 58 ff.) steht für einen Zeitraum von 20 Jahren nach Anmeldung der Erfindung beim Patentamt ein exklusives Recht zur Benutzung der Erfindung zu. Voraussetzung für diese Schutzgewährung gegenüber Nachahmern und auch späteren unabhängigen Erfindern ist die obligatorische Veröffentlichung der Erfindung spätestens 18 Monate nach dem Anmeldetag. In der Veröffentlichung muss die Erfindung nach § 21 Abs. 1 Nr. 2 PatG so deutlich und vollständig offenbart sein, dass ein Fachmann sie ausführen kann. Es genügt somit nicht, dass in der Patentanmeldung eine abstrakte Idee beschrieben wird; die Erfindung muss so konkret, umfassend und auch verständlich beschrieben sein, dass ein auf dem technischen Gebiet der Erfindung tätiger Fachmann die Erfindung mit zumutbarem Aufwand ausführen kann[2]. Der Erfinder erhält das Ausschließlichkeitsrecht eines Patentes als „Gegenleistung“ dafür, dass er die Erfindung nicht geheim hält, sondern der Öffentlichkeit zugänglich macht, wodurch das verfügbare technische Wissen erweitert wird und dadurch kostenaufwändige Parallelentwicklungen vermieden werden können. Nach Ablauf der 20-jährigen Schutzfrist steht die Erfindung dann jedermann unbeschränkt zur Verfügung. 12

Während in der Vergangenheit veröffentlichte Patentanmeldungen im Wesentlichen im Patentamt und einigen Patentinformationszentren in gedruckter Form zugänglich waren und hauptsächlich von mittleren und größeren Unternehmen als Quelle technischer Information genutzt wurden, stehen **Patentveröffentlichungen** heute jedermann über das Internet zur Verfügung (etwa unter **www.dpma.de** bzw. **www.espacenet.com**). Dadurch können auch Einzelpersonen und kleine Unternehmen kostenlos auf Patentinformationen zugreifen und dabei mittels Patentklassifikation, Stichwortsuche usw. moderne Recherchetechniken einsetzen. Die Veröffentlichung von Patentschriften im Internet unterstützt daher wesentlich den Zweck des Patentsystems, die Verbreitung technischer Innovation und Information zu fördern. 13

---

1 *Bruchhausen* in Benkard, Patentgesetz, 9. Aufl. 1993, Einleitung Rz. 1a.

2 BGH, Beschl. v. 13. 5. 1980 – X ZB 19/78, GRUR 1980, 849 (851) – Antiblockiersystem.

b) Prüfung von Patenten auf Schutzfähigkeit

14 Nach § 1 PatG werden Patente nur für Erfindungen erteilt, die neu sind, auf einer erfinderischen Tätigkeit beruhen und gewerblich anwendbar sind. Im Deutschen Patentamt und im Europäischen Patentamt werden Patente (etwa im Gegensatz zu Frankreich und Italien) erst erteilt, nachdem das Vorliegen der **materiellen Schutzvoraussetzungen** geprüft wurde. Neben der bereits unter Rz. 12 erwähnten ausreichenden Offenbarung zählen dazu die gerade zitierten Voraussetzungen Neuheit, erfinderische Tätigkeit und gewerbliche Anwendbarkeit. Während Letzteres von Ausnahmefällen abgesehen kein Problem darstellt, bilden Neuheit und erfinderische Tätigkeit den Hauptgegenstand der Prüfung vor dem Patentamt.

– Neuheit

15 Eine Erfindung gilt dann als neu, wenn sie vor dem Anmeldetag beim Patentamt oder einem wirksam in Anspruch genommenen, nicht länger als ein Jahr zurückliegenden Anmeldetag bei einem ausländischen Patentamt (Priorität) **nicht der Öffentlichkeit** durch schriftliche oder mündliche Beschreibung oder auf sonstige Weise zugänglich war (§ 3 Abs. 1 PatG). Eine Veröffentlichung der Erfindung in einer wissenschaftlichen Zeitschrift, eine Vorführung auf einer Messe oder gegenüber einem Kunden, der nicht explizit oder implizit zur Geheimhaltung verpflichtet ist, auch nur einen Tag vor der Einreichung der Patentanmeldung beim Patentamt, zerstört die Neuheit und damit die Patentfähigkeit der Erfindung. Dies stellt insbesondere für Hochschulforscher ein Problem dar, die unter dem Druck stehen, ihre Forschungsergebnisse möglichst schnell zu publizieren. Der Öffentlichkeit zugänglich gemacht ist eine Erfindung auch dann, wenn beliebige Personen auf eine Beschreibung der Erfindung über das Internet zugreifen konnten. Das Patentamt recherchiert allerdings gewöhnlich nicht im Internet, ob die Erfindung dort schon irgendwo beschrieben ist. Im Falle eines Angriffs auf das Patent liegt die Beweislast dann beim Angreifer, dass eine Veröffentlichung im Internet schon vor dem Anmeldetag des Patentes stattgefunden hat.

Nicht als neuheitsschädliche Veröffentlichung gilt die Weitergabe von Kenntnissen innerhalb eines Unternehmens, auch über Intranet. Keine Vorveröffentlichung liegt auch dann vor, wenn Personen Kenntnis von der Erfindung gehabt haben, die durch eine explizite oder implizite, den Umständen nach anzunehmende Geheimhaltungsvereinbarung gebunden sind und diese Vereinbarung auch tatsächlich eingehalten wurde[1].

– Erfinderische Tätigkeit

16 Eine Erfindung gilt nach § 4 PatG als auf einer erfinderischen Tätigkeit beruhend, wenn sie sich für den Fachmann **nicht in naheliegender Weise** aus dem vorveröffentlichten Stand der Technik ergibt. Während bei der Prüfung auf Neuheit untersucht wird, ob die Erfindung identisch oder bei-

1 *Bruchhausen* in Benkard, Patentgesetz, 9. Aufl. 1993, § 3 PatG Rz. 67, 68.

nahe identisch schon irgendwo beschrieben wurde, soll durch die Prüfung auf erfinderische Tätigkeit ein erfinderischer Überschuss gegenüber dem bisher Bekannten ermittelt werden, der über dasjenige hinausgeht, was der einschlägige Fachmann auf dem relevanten technischen Gebiet in Ausübung seiner gewöhnlichen Tätigkeit routinemäßig tut. Die Prüfung auf erfinderische Tätigkeit soll sicherstellen, dass nur für solche Erfindungen ein Ausschlussrecht gewährt wird, die den Stand der Technik um eine außerordentliche Leistung bereichern; rein „handwerkliche" Weiterentwicklungen des Standes der Technik sollen nicht durch ein Patent belohnt werden. Ob die Prüfung durch das Patentamt diesem Anspruch immer gerecht wird, ist umstritten. Gerade in neuen, sich sehr schnell entwickelnden Technikbereichen wie etwa dem Internet ist die Sachprüfung durch die Patentämter durch die geringere Verfügbarkeit von Patentveröffentlichungen in den Patentdatenbanken und die geringere Vertrautheit der Prüfer mit den neuen Technologien erschwert. Dies hat insbesondere in den USA zu einer Diskussion über die Erteilung von sog. „Trivialpatenten" geführt. Durch die Zunahme von Patentanmeldungen und damit Patentveröffentlichungen sowie verbesserte Datenbankrecherchen ist aber anzunehmen, dass dieses Problem, das ungefähr 10 Jahre früher im Bereich der Biotechnologie ähnlich aufgetreten ist, in den nächsten Jahren gelöst wird.

c) Verfahren vor dem Patentamt

Das **Patenterteilungsverfahren** wird durch den Anmelder mit der Einreichung der Patentanmeldung beim Patentamt in Gang gesetzt. Erfüllt die Patentanmeldung einige Minimalerfordernisse – insbesondere muss die Identität des Anmelders feststehen und die Erfindung offenbar sein –, wird der Patentanmeldung der Einreichungstag als Anmeldetag zuerkannt. Dieser Anmeldetag (Priorität) kann innerhalb einer Frist von 12 Monaten gemäß den Bestimmungen des Pariser Verbandsübereinkommens (PVÜ) für fast alle Staaten der Welt rechtswirksam in Anspruch genommen werden. Beispielsweise kann ein Patentanmelder den Anmeldetag seiner deutschen Patentanmeldung für eine beim Europäischen Patentamt einzureichende europäische Patentanmeldung oder eine US-Patentanmeldung in Anspruch nehmen. 17

Auf Antrag und gegen Gebühr recherchiert das Patentamt nach relevanten Vorveröffentlichungen und prüft, ob die **Patentierungsvoraussetzungen**, insbesondere Neuheit und erfinderische Tätigkeit, vorliegen. Ist der vom Patentamt beauftragte Prüfer der Auffassung, dass eine patentfähige Erfindung vorliegt, so wird das Patent erteilt und eine Patentschrift veröffentlicht. Dauert das Prüfungsverfahren länger als eineinhalb Jahre gerechnet vom Anmeldetag an, so wird 18 Monate nach Anmeldung auf jeden Fall die Patentanmeldung veröffentlicht, so dass die Öffentlichkeit über die bestehende Anmeldung informiert wird. Die Aufrechterhaltung eines Patentes ist an die regelmäßige Zahlung von im Zeitverlauf progressiv zunehmenden Jahresgebühren gebunden. Dadurch soll der Anreiz geschaffen werden, nicht 18 genutzte oder kommerziell oder technisch nicht erfolgreiche Patente für die Öffentlichkeit freizugeben. Die maximale Patentlaufzeit beträgt 20 Jahre ab Anmeldetag.

19 Gegen die Erteilung eines Patentes kann jedermann innerhalb einer Frist von drei Monaten (beim Europäischen Patentamt von neun Monaten) **Einspruch** einlegen. Im Einspruchsverfahren wird unter Zugrundelegung der von dem Einsprechenden genannten Argumente und Beweismittel die Rechtmäßigkeit der Patenterteilung erneut überprüft. So hat die Öffentlichkeit die Möglichkeit, gegen ungerechtfertigte Patente mittels eines relativ preisgünstigen, leider jedoch nicht schnellem Verwaltungsverfahrens vorzugehen. Jedem Unternehmen, das in einem patentaktiven Tätigkeitsfeld arbeitet, ist daher zu empfehlen, die Erteilung von relevanten Patenten beispielsweise von Konkurrenzunternehmen regelmäßig zu überwachen.

d) Schranken des Patentschutzes

aa) Vorbenutzungsrechte

20 Grundsätzlich gilt im Patentrecht in Deutschland und fast allen Staaten der Welt mit Ausnahme der USA das **Erstanmelderprinzip (first to file)**, wonach im Falle mehrerer unabhängiger Parallelerfinder derjenige einen Patentschutz erhalten kann, der die Erfindung als Erster beim Patentamt anmeldet. Um jedoch einen Parallelerfinder, der bereits vor dem Anmeldetag eines Patentanmelders im Erfindungsbesitz war, diese jedoch erst später oder gar nicht beim Patentamt angemeldet hat, nicht unbillig zu benachteiligen, erwirbt der frühere Benutzer des Patentes nach § 12 PatG ein sog. **Weiterbenutzungsrecht**. Er darf die Erfindung für die Bedürfnisse des eigenen Betriebes weiter benutzen, kann selbst aber kein Schutzrecht erwerben. Das Weiterbenutzungsrecht ist nur zusammen mit dem Betrieb veräußerbar[1]. Das Weiterbenutzungsrecht kann nur durch eine Vorbenutzung der Erfindung im Inland erworben werden. Es gründet sich auf eine interne Vorbenutzung der Erfindung in einem Unternehmen. Sobald die Benutzung öffentlich wird, beispielsweise erfindungsgemäße Gegenstände auf einer Messe präsentiert oder verkauft werden, ist die Erfindung Teil des Standes der Technik und kann von niemandem mehr patentiert werden.

21 Wird in einem Unternehmen eine Erfindung gemacht, so bestehen drei Alternativen. Entweder kann es die Erfindung selbst **zum Patent anmelden**, die Erfindung **sofort veröffentlichen**, dass niemand anderes sie zum Patent anmelden kann, oder diese **geheim halten** und intern benutzen, womit im Falle einer späteren Patentanmeldung durch einen Dritten ein Weiterbenutzungsrecht entsteht. Aufgrund des beschränkten Umfangs des Weiterbenutzungsrechts ist die dritte Alternative nur dann zu empfehlen, wenn aus betrieblichen oder strategischen Gründen eine Erfindung auf Dauer geheim gehalten werden soll.

---

1 *Bruchhausen* in Benkard, Patentgesetz, 9. Aufl. 1993, § 12 PatG Rz. 25.

bb) Private Nutzung

22 Patente verleihen Ausschließlichkeitsrechte für die Nutzung von Erfindungen im **Wirtschaftsverkehr**. Daher sind grundsätzlich nur solche Erfindungen patentierbar, die auch gewerblich anwendbar sind. Folgerichtig erstreckt sich die Wirkung eines Patentes nicht auf Handlungen im privaten Bereich zu nicht gewerblichen Zwecken und auf Handlungen zu Versuchszwecken, die sich auf den Gegenstand der patentierten Erfindung beziehen (§ 11 PatG). Ein Programmierer beispielsweise, der zu Hause und ohne kommerzielle Absicht ein Programm schreibt, braucht auf eventuell patentgeschützte Software keine Rücksicht zu nehmen. Sobald eine der beiden Voraussetzungen – im privaten Bereich und zu nicht gewerblichen Zwecken – nicht erfüllt ist, entfällt die Patentfreiheit der entsprechenden Handlung[1]. Sobald also Computerprogramme oder -programmteile über das Internet zum Herunterladen angeboten werden, wird durch die Öffentlichkeit des Internets der private Bereich und damit der patentfreie Raum verlassen[2]. Der Austausch von Programmen oder Programmteilen unter Programmentwicklern über das Internet zum Zwecke der Entwicklung oder Weiterentwicklung eines Computerprogrammes zB im Rahmen eines Open-Source-Projektes könnte jedoch unter die zweite genannte Ausnahmebestimmung, dh. Handlungen zu Versuchszwecken, die sich auf den Gegenstand der patentierten Erfindung beziehen, fallen. Um die Weiterentwicklung von patentgeschützter Technologie nicht zu behindern, sind Handlungen zu Versuchszwecken an patentierten Gegenständen und Verfahren zulässig, etwa um zu überprüfen, ob ein patentierter Wirkstoff gegen Kopfschmerzen auch Wirkungen gegen Magengeschwüre entfaltet. Ebenso patentfrei sind Versuche, die ausschließlich dem Zweck dienen festzustellen, ob die Erfindung funktioniert[3]. Dies gilt auch für patentgeschützte Computerprogramme. Das Herunterladen, Ablaufenlassen oder Veröffentlichen im Internet von patentgeschützten Computerprogrammen ist so lange zulässig, wie es der Weiterentwicklung oder dem Test des Programmes dient. Wird jedoch ein fertig gestelltes Softwarepaket zur Nutzung angeboten, so wird der patentfreie Raum verlassen und die Erlaubnis des Patentinhabers ist erforderlich, wenn beim Ablaufen der Software patentgeschützte Erfindungen benutzt werden, unabhängig davon, ob für das Downloaden des Programmes ein Entgelt verlangt wird oder nicht.

cc) Erschöpfung

23 Ist ein durch ein Patent geschütztes Erzeugnis **durch den Patentinhaber oder mit seiner Zustimmung** in den Verkehr gebracht worden, unterliegen weiteres Inverkehrbringen, Anbieten und der Gebrauch dieses Erzeugnisses nicht mehr dem Verbietungsrecht des Patentinhabers. Das einmal rechtmäßig in

1 *Bruchhausen* in Benkard, Patentgesetz, 9. Aufl. 1993, § 12 PatG Rz. 25.
2 *Esslinger/Betten*, CR 2000, 18 (21).
3 *Bruchhausen* in Benkard, Patentgesetz, 9. Aufl. 1993, § 11 PatG Rz. 6.

Verkehr gebrachte Erzeugnis wird gemeinfrei, die Rechte des Patentinhabers sind nach dem ersten rechtmäßigen Inverkehrbringen des Gegenstandes „erschöpft“. Der Patentinhaber hat nicht das Recht, die Benutzung, den Weiterverkauf oder andere Handlungen mit dem Erzeugnis zu verbieten.

24 Bei einem **Verfahrenspatent** kommt eine Erschöpfung nur hinsichtlich des unmittelbar mit diesem Verfahren hergestellten Erzeugnisses in Betracht[1]. Für patentgeschützte Verfahren selbst tritt keine Erschöpfung ein, jedwede Verwendung des Verfahrens unterliegt dem Verbietungsrecht des Patentinhabers. Bei einem Computerprogramm, das ein bestimmtes Verfahren implementiert, ist jedoch davon auszugehen, dass sich die Patentrechte erschöpfen, wenn das Computerprogramm rechtmäßig in den Verkehr gebracht worden ist.

25 Umstritten ist, ob eine Erschöpfung des Patentrechts auch dann eintritt, wenn ein Erzeugnis **in einem Mitgliedstaat der EU** mit Zustimmung des Patentinhabers in den Verkehr gebracht wurde, in dem kein Patentschutz besteht und dann in einen EU-Mitgliedstaat importiert wird, in dem Patentschutz vorhanden ist[2]. Hier kollidiert das Prinzip des freien Warenverkehrs innerhalb der EU mit dem nach wie vor geltenden Territorialprinzip des Patentrechts. Die Frage der gemeinschaftsrechtlichen Patenterschöpfung ist insbesondere in Märkten von Bedeutung, in denen die Preise zwischen den einzelnen EU-Mitgliedstaaten stark differieren, wie etwa im Arzneimittelsektor. Ist ein Anbieter auf Märkten mit starkem Preisgefälle innerhalb der EU tätig, so sollte dieser sich um Patentschutz in allen EU-Mitgliedstaaten sowie den Staaten des europäischen Wirtschaftsraumes bemühen.

dd) Benutzungszwang und Zwangslizenz

26 Das Patentgesetz enthält weiterhin eine Bestimmung, die es der Bundesregierung erlaubt, die Benutzung einer patentierten Erfindung im **öffentlichen Interesse** anzuordnen (§ 13 PatG). Außerdem kann, wenn ein öffentliches Interesse vorliegt, einem Dritten die Befugnis zur Benutzung einer patentierten Erfindung per Gerichtsbeschluss gegen eine angemessene Vergütung zugesprochen werden (Zwangslizenz; § 24 PatG). Die genannten Bestimmungen ermöglichen es dem Staat, durch Anordnung bzw. Dritten durch Beschreitung des Rechtsweges gegen eine das öffentliche Interesse verletzende Ausnutzung des durch ein Patent gewährten Ausschließlichkeitsrechtes vorzugehen. Praktisch haben diese Bestimmungen jedoch keine Bedeutung. Ob sie im Falle von E-Business-Patenten zur Anwendung kommen könnten, wurde diskutiert, erscheint aus heutiger Sicht aber eher fraglich.

---

1 *Keukenschrijver* in Busse, Patentgesetz, 5. Aufl. 1999, § 9 Rz. 151.

2 *Keukenschrijver* in Busse, Patentgesetz, 5. Aufl. 1999, § 9 Rz. 161–163, *Bruchhausen* in Benkard, Patentgesetz, 9. Aufl. 1993, § 9 PatG Rz. 20.

2. Patentierbarkeit von Software und Geschäftsmethoden

a) Rechtslage in Deutschland und Europa

aa) Gesetzliche Bestimmungen

Der **sachliche Anwendungsbereich** des Patentrechts in Deutschland wird durch § 1 PatG geregelt. Der Erfindungsbegriff selbst wird dort nicht definiert, sondern durch eine nicht abschließende Liste von Gegenständen und Tätigkeiten eingegrenzt, die als solche insbesondere nicht als Erfindung angesehen werden. 27

§ 1 PatG lautet wie folgt:

„(1) Patente werden für Erfindungen erteilt, die neu sind, auf einer erfinderischen Tätigkeit beruhen und gewerblich anwendbar sind.

(2) Als Erfindungen im Sinne des Absatzes (1) werden insbesondere nicht angesehen:

1. Entdeckungen sowie wissenschaftliche Theorien und mathematische Methoden;
2. ästhetische Formschöpfungen;
3. Pläne, Regeln und Verfahren für gedankliche Tätigkeiten, für Spiele oder für geschäftliche Tätigkeiten sowie Programme für Datenverarbeitungsanlagen;
4. die Wiedergabe von Informationen.

(3) Absatz (2) steht der Patentfähigkeit nur insoweit entgegen, als für die genannten Gegenstände oder Tätigkeiten als solche Schutz begehrt wird."

Die Tatsache, dass Programme für Datenverarbeitungsanlagen unter 3. in der Ausschlussliste enthalten sind, hat zu der in Deutschland weit verbreiteten Fehleinschätzung geführt, dass Computerprogramme durch Patente grundsätzlich nicht schützbar seien. Wie später unter Rz. 29 diskutiert wird, hat die Rechtsprechung jedoch eine differenzierte Beurteilungsweise entwickelt, die sowohl patentfähige als auch nicht patentfähige Computerprogramme kennt.

Durch das von allen Mitgliedsstaaten der Welthandelsorganisation (WTO) unterzeichnete **TRIPS-Übereinkommen** (Trade-Related Aspects of Intellectual Property Rights) von 1994 hat sich auch Deutschland verpflichtet, die im Übereinkommen festgelegten Mindeststandards für gewerbliche Schutzrechte einschließlich Patenten zu gewähren. Gemäß Art. 27 Abs. 1 TRIPS müssen Patente für Erfindungen auf allen Gebieten der Technik erhältlich sein, vorausgesetzt sie sind neu, beruhen auf einer erfinderischen Tätigkeit und sind gewerblich anwendbar. Eine Diskriminierung hinsichtlich des Gebietes der Technik darf nicht erfolgen. Das heißt, kein Erfinder oder Patent- 28 anmelder darf bei der Erlangung eines Patentes aufgrund des Gebietes der Technik benachteiligt werden. Eine international kompatible Interpretation dieser TRIPS-Bestimmung kommt zu dem Ergebnis, dass auch Erfindungen, die durch Computerprogramme (Software) implementiert werden, dem Gebiet der Technik zuzuordnen sind und damit dem Patentschutz zugänglich sein müssen[1]. Als Konsequenz des TRIPS-Übereinkommens wurde bei der EPÜ-Revisionskonferenz im November 2000 in München ein geänderter Art. 52 EPÜ, der § 1 PatG entspricht, beschlossen, dessen Absatz 1 jetzt die Formulierung enthält, dass Patente auf allen Gebieten der Technik erteilt werden. Das Anti-Diskriminierungsprinzip wurde nicht mit aufgenommen. Die ebenfalls angestrebte Streichung der Computerprogramme als solche aus der Ausschlussliste nicht patentierter Gegenstände und Tätigkeiten wurde ebenfalls nicht beschlossen (siehe unten Rz. 44).

bb) Rechtsprechung

29 Sowohl die Beschwerdekammern des **Europäischen Patentamtes** als auch der **Bundesgerichtshof** und das **Bundespatentgericht** haben in den letzten 20 Jahren eine Vielzahl von Entscheidungen zum sachlichen Anwendungsbereich des Patentrechts bezüglich Computerprogrammen und in jüngster Zeit auch bezüglich geschäftlicher Tätigkeiten gefällt[2]. Eine klare, für den Patentanmelder leicht verständliche Abgrenzung zwischen patentfähigen und nicht patentfähigen Computerprogrammen lässt sich aus der Rechtsprechung nicht herauskristallisieren. Vereinfacht ausgedrückt sind nicht-technische Computerprogramme als nicht patentfähige Computerprogramme „als solche“ anzusehen, während andererseits technische Computerprogramme patentfähig sind. Die Rechtsprechung hat sich im Trend dahin gehend entwickelt, den Begriff des Technischen immer weiter auszulegen[3], so dass bis Ende des Jahres 2000 allein vom Europäischen Patentamt nach übereinstimmenden Schätzungen je nach Abgrenzung zwischen 15.000 und über 20.000 Patente auf durch Software implementierte Erfindungen erteilt wurden. Ins-

---

1 *Betten*, GRUR 1995, 775 (778); *Schiuma*, GRUR 1998, 852; EPA, Entscheidung v. 1. 7. 1998 – T 1173/97, CR 2000, 91 (92) – Computerprogrammprodukt/IBM.

2 EPA, Entscheidung v. 15. 7. 1986 – T 208/84, CR 1986, 537 – VICOM; EPA, Entscheidung v. 31. 5. 1994 – T 769/92, CR 1995, 208 – SOHEI; BGH, Beschl. v. 13. 5. 1980 – X ZB 19/78, GRUR 1980, 859 – Antiblockiersystem; BGH, Beschl. v. 11. 6. 1991 – X ZB 13/88, GRUR 1992, 33 – Seitenpuffer; BGH, Beschl. v. 11. 6. 1991 – X ZB 24/89, NJW 1992, 374 – Chinesische Schriftzeichen; BGH, Beschl. v. 4. 12. 1992 – X ZR 43/91, GRUR 1992, 430 – Tauchcomputer; EPA, Entscheidung v. 1. 7. 1998 – T 1173/97, Amtsblatt 1999, 609 – Computerprogrammprodukt/IBM; BGH, Beschl. v. 13. 12. 1999 – X ZB 11/98, CR 2000, 281 – Logikverifikation; BGH, Beschl. v. 11. 5. 2000 – X ZB 15/98, CR 2000, 500 – Sprachanalyseeinrichtung; BPatG, Beschl. v. 14. 6. 1999 – 20W (pat) 8/99, CR 2000, 97 – Automatische Absatzsteuerung EPA, Entscheidung v. 12. 6. 2001 – T 995/97.

3 Überblick in *Betten*, GRUR 1995, 775; *Tauchert*, GRUR 1997, 149 und Mitt. 1999, 248; *Melullis*, GRUR 1998, 843; *Schmidtchen*, Mitt. 1999, 284, *Hössle*, Mitt. 2000, 343; *Busche*, Mitt. 2000, 164.

besondere in den Jahren 1999 und 2000 ist die Zahl der Patentanmeldungen mit Softwarebezug stark gestiegen. Dazu haben besonders die soeben zitierten jüngsten Entscheidungen des Bundesgerichtshofs, des Bundespatentgerichts und des Europäischen Patentamtes beigetragen, die eine großzügigere Öffnung des Patentrechts für computerprogrammbezogene Erfindungen bestätigt haben.

Die neueste Tendenz der Rechtsprechung der Beschwerdekammern des Europäischen Patentamtes geht dahin, die Hürde von der Prüfung des technischen Charakters der Erfindung zur **Prüfung auf erfinderische Tätigkeit** zu verlagern[1]. Danach werden zur Beurteilung der erfinderischen Tätigkeit nur solche Merkmale der Erfindung berücksichtigt, die einen technischen Beitrag zur Erfindung leisten. Ein Computerprogramm, das eine Geschäftsmethode, beispielsweise ein bestimmtes Fondsmanagementverfahren implementiert, wird nur dann als auf einer erfinderischen Tätigkeit beruhend und damit patentfähig angesehen, wenn das Computerprogramm gegenüber dem Stand der Technik eine erfinderische Implementierung als Programm aufweist. Ein gegenüber dem Stand der Technik erfinderisches Verfahren zum Fondsmanagement, das auf bekannte Art und Weise implementiert wird, kann nicht patentiert werden. Die erfinderische Leistung des Erfinders des Geschäftsverfahrens wird nicht als patentwürdig angesehen, aber die erfinderische Leistung des Programmierers, der ein Geschäftsverfahren als Computerprogramm auf nicht nahe liegende Weise implementiert. Diese neueste Entwicklung der Rechtsprechung wurde bisher so vom BGH noch nicht nachvollzogen, wo die Abgrenzung des sachlichen Anwendungsbereichs des Patentrechts noch aufgrund der Frage technisch/nicht technisch beurteilt wird, im Gegensatz beispielsweise zum 20. Senat des Bundespatentgerichts[2]. Sowohl vom Europäischen Patentamt als auch vom BGH wird ein Patent für Vorrichtungen nach der jüngsten Rechtsprechung eher gewährt als für Verfahren[3]. 30

Einen **erfinderischen „technischen" Beitrag** vorausgesetzt, kann der Patentanmelder beim Europäischen Patentamt neben den klassischen Anspruchskategorien Vorrichtung (Computersystem) und (auf dem Computer ausführbares) Verfahren auch Schutz für das (auf einem Datenträger gespeicherte oder davon unabhängige) Computerprogramm, eine Datenstruktur oder ein Trägersignal, das bestimmte Informationen übermittelt, erhalten[4]. Eine Ent- 31

---

1 EPA, Entscheidung v. 8. 9. 2000 – T 0931/95, CRI 2001, 18 – Controlling Pension Benefits System, m. Anm. *Sedlmaier/Glaser.*

2 BPatG, Beschl. v. 14. 6. 1999 – 20W (pat) 8/99, CR 2000, 97 – Automatische Absatzsteuerung.

3 EPA, Entscheidung v. 8. 9. 2000 – T 0931/95, CRI 2001, 18 – Pension Benefits System; BGH, Beschl. v. 11. 5. 2000 – X ZB 15/98, CR 2000, 500 – Sprachanalyseeinrichtung.

4 EPA, Entscheidung v. 1. 7. 1998 – T 1173/97, CR 2000, 91 – Computerprogrammprodukt/IBM; EPA, Entscheidung v. 14. 3. 1989 – T163/85, GRUR Int. 1990, 977 – Farbfernsehsignal/BBC.

scheidung über diese Anspruchsformate, die bedeutsam für die Durchsetzung von Patenten für computerimplementierte Erfindungen sind, steht vom BGH noch aus.

32 Angesichts der noch nicht etablierten und für die Zukunft schwer absehbaren Rechtsprechung sollten **wirtschaftlich bedeutsame Erfindungen** auf dem Gebiet der Software und, im Falle von international tätigen Unternehmen, auch für Geschäftsmethoden auf jeden Fall zum Patent angemeldet werden, wobei zur Erlangung eines Patentrechts auf die sorgfältige Formulierung von Patentansprüchen und Beschreibung besonders zu achten ist.

cc) Durchsetzung von Patenten, insbesondere im Internet

33 Das Patentgesetz gibt dem Patentinhaber das **exklusive Recht** an der Benutzung der patentierten Erfindung (§ 9 PatG). Der Patentinhaber kann es Dritten verbieten, die Erfindung gewerblich zu nutzen oder er kann für die Nutzung Lizenzgebühren verlangen. Eine erfolgreiche Patentverwertung ist jedoch nur dann möglich, wenn der Patentinhaber sein Recht im Streitfall gegen einen möglichen Verletzer durchsetzen und Unterlassungs- und Schadenersatzansprüche erfolgreich einklagen kann. Der vom Patentschutz erfasste Gegenstand wird durch die Patentansprüche definiert. Ein Dritter verletzt das Patent, wenn er **alle Merkmale** eines Patentanspruchs benutzt.

34 Nach § 9 PatG gibt es grundsätzlich zwei Arten von schutzfähigen Gegenständen, **Erzeugnisse** und **Verfahren**. Zu den Erzeugnissen zählen insbesondere Vorrichtungen (Maschinen, Computersysteme) und Stoffe wie beispielsweise chemische Verbindungen. Die Verfahren umfassen Arbeitsverfahren, Herstellungsverfahren und Verwendungen. Ein Computerprogramm oder eine als Computerprogramm implementierte Geschäftsmethode lässt sich in Verbindung mit der Hardware als Computersystem, dh. als Erzeugnis und als Verfahren zur Ausführung auf einem Computer schützen. Beide Patentkategorien haben für den Patentinhaber jedoch gravierende Nachteile. Der Computersystem-Anspruch schützt die Software nur in Verbindung mit der Hardware. Ein Patentverletzer, der die Software unabhängig von der Hardware vertreibt, kann in der Regel nicht unmittelbar belangt werden und begeht dann allenfalls eine mittelbare Patentverletzung (siehe D Rz. 299), die wesentlich schwieriger und international nicht einheitlich zu verfolgen ist. Das Verfahrenspatent wiederum hat den Nachteil, dass nur die Anwendung des Verfahrens und, wenn diese widerrechtlich ist, das Anbieten zur Anwendung rechtswidrig ist[1]. Wenn der Käufer des patentverletzenden Computerprogrammes jedoch ein Endverbraucher ist, dessen private, nicht gewerbliche Nutzung des Programmes zulässig ist, kann gegen den Anbieter dann auch nicht vorgegangen werden.

35 Vorteile bieten Patentansprüche, die auf das **Computerprogramm** oder das „Computerprogrammprodukt" gerichtet sind, die vom Europäischen Patent-

1 *Bruchhausen* in Benkard, Patentgesetz, 9. Aufl. 1993, § 9 PatG Rz. 51.

amt akzeptiert werden. Ähnlich wie bei einer chemischen Verbindung, die ihre technische Wirkung erst bei einer Anwendung in einem chemischen Verfahren entfaltet, enthält das Computerprogramm eine potentielle technische Wirkung, die sich erst beim Ablaufen auf einem Computer oder einem vernetzten Computersystem entfaltet. Der Patentinhaber eines Computerprogrammpatentes genießt den vollen Schutz eines Erzeugnispatentes. Das im Handel erworbene (auf CD gespeicherte oder aus dem Internet heruntergeladene) Computerprogramm wird patentrechtlich nicht anders behandelt als beispielsweise ein Fernsehgerät oder ein Mobiltelefon. Weitere mögliche Anspruchsformate betreffen eine Datenstruktur[1] oder ein über eine Kommunikationsverbindung übertragenes Datensignal[2].

Beim **Verbreiten von Computerprogrammen über das Internet** tritt ein wei- 36
teres Problem auf, da im Patentrecht das **Territorialitätsprinzip** gilt, dh. der Patentschutz territorial auf diejenigen Länder beschränkt ist, in denen ein Patent angemeldet und erteilt wurde. Nationale Barrieren sind beim Vertrieb über das Internet jedoch leicht überwindbar. Der Patentverletzer könnte ein patentgeschütztes Programm von einem im patentfreien Ausland befindlichen Server aus über das Internet weltweit zum Downloaden anbieten. Wenn die Software jedoch als Erzeugnisanspruch geschützt ist, stellt nach § 9 Nr. 1 PatG schon das Anbieten der patentgeschützten Software eine Patentverletzung dar. Nach geltender Rechtsprechung[3] ist bei Angeboten im Internet für den Ort der deliktischen Handlung nicht auf den Ort abzustellen, an dem die reale Einrichtung der Homepage erfolgt oder an dem der Server steht, sondern als Begehungsort kommt grundsätzlich jeder Ort in Betracht, an dem die Homepage bestimmungsgemäß abgerufen werden kann und einen Rechtsverstoß bewirkt. Das Anbieten einer in Deutschland patentgeschützten Software über eine Internetseite, die (auch) an deutsche Verbraucher gerichtet ist und bei der kein Vorbehalt hinsichtlich der Nichtbelieferung deutscher Verbraucher gemacht wird, stellt unabhängig von dem Ort des Servers, an dem die Homepage installiert ist, eine Patentverletzung dar. Falls der Patentverletzer in Deutschland oder einem anderen vom Patentschutz erfassten Land keine Niederlassung hat, ist eine Verfolgung der Patentverletzung trotzdem schwierig, da Vernichtungsansprüche oder eine Zollbeschlagnahme bei über das Internet vertriebenen Softwareprogrammen natürlich ins Leere laufen. Es wird jedoch verhindert, dass ein im Inland ansässiger Anbieter den Patentschutz einfach dadurch unterlaufen kann, daß er die geschützte Software von einem im patentfreien Ausland angesiedelten Server über das Internet vertreibt. Der Patentanmelder muss deshalb darauf

---

1 EPA, Entscheidung v. 15. 3. 2000 – T 1194/97, Amtsblatt EPA 2000, 525 – Datenstrukturprodukt/Philips.

2 EPA, Entscheidung v. 14. 3. 1989 – T 163/85, GRUR Int. 1990, 977 – Farbfernsehsignal/BBC.

3 OLG Frankfurt, Beschl. v. 3. 12. 1998 – 6 W 122/98, CR 1999, 450; OLG München, Urt. v. 21. 9. 1999 – 9 HK O 12244/99, CR 2000, 464; OLG Bremen, Urt. v. 17. 2. 2000 – 2 U 139/99, CR 2000, 770.

achten, dass er Patentanmeldungen insbesondere in den Ländern tätigt, in denen die Hauptkonkurrenten Sitz oder Niederlassung besitzen.

b) Rechtslage in den USA

aa) Gesetzliche Grundlagen

37 Im Gegensatz zu Deutschland ist das Patentrecht in den USA schon in der **Verfassung** verankert, die den Kongress ermächtigt, den Fortschritt der Technik dadurch zu fördern, dass dem Erfinder für eine beschränkte Zeit ein Exklusivrecht an seinen Erfindungen eingeräumt wird. Die dem § 1 PatG entsprechende Bestimmung ist 35 U.S.C. § 101 in den USA:

„Wer irgendein neues und nützliches Verfahren, Vorrichtung, Produkt oder Stoffzusammensetzung oder irgendeine neue und nützliche Verbesserung davon erfindet, kann dafür unter Berücksichtigung der Bedingungen und Voraussetzungen dieses Titels ein Patent erhalten."

Im Gegensatz zum deutschen Patentgesetz und dem Europäischen Patentübereinkommen existiert in den USA somit kein gesetzlicher Patentierungsausschluss für Computerprogramme als solche. Es sind lediglich die Patentkategorien erschöpfend aufgezählt, nämlich Verfahren, Vorrichtung, Produkt oder Stoffzusammensetzung.

bb) Rechtsprechung

38 Obwohl kein gesetzlicher Ausschluss besteht, wurden bis Ende der 70er Jahre Computerprogramme auch in den USA als **abstrakte Ideen** und damit nicht patentfähig angesehen. Die Situation änderte sich durch die bahnbrechende Entscheidung „Diamond vs. Chakrabarty"[1] des Obersten Gerichtshofs (Supreme Court) der USA aus dem Jahre 1980. Zu beurteilen war die Patentierung einer biotechnologischen Erfindung. In den Entscheidungsgründen haben die Richter festgestellt, dass „alles unter der Sonne vom Menschen Erschaffene (anything under the sun that is made by man)" patentfähig sei. Diese Formulierung hat natürlich Raum geschaffen für eine weite Auslegung des § 101. In der Folgeentscheidung „Diamond vs. Diehr"[2] ebenfalls des Supreme Court, die jetzt eine Erfindung im Bereich der Software betraf, hat das Gericht drei Gegenstände identifiziert, die dem Patentschutz nicht zugänglich sind, nämlich Naturgesetze, natürliche Phänomene und abstrakte Ideen.

39 Die weitere Entwicklung der Rechtsprechung lag in den Händen des 1982 geschaffenen bundeseinheitlichen **Berufungsgerichtshofs CAFC** (Court of Appeal for the Federal Circuit). In der Entscheidung „Alappat" des CAFC[3]

1 GRUR Int. 1980, 627.
2 GRUR Int. 1981, 646.
3 31 USPQ 2d, 1545 (Fed. Cir. 1995).

aus dem Jahre 1994 wird die Patentierbarkeit von Computerprogrammen grundsätzlich bejaht. Ein mathematischer Algorithmus selbst stelle zwar eine abstrakte Idee dar, die dem Patentschutz nicht zugänglich sei, eine praktische Anwendung des Algorithmus sei dagegen patentierbar. Die praktische Anwendung ist gleichbedeutend mit der Erzeugung eines nützlichen, konkreten und fassbaren Resultats (useful, concrete and tangible result).

40 Die letzten Zweifel wurden durch die berühmte Entscheidung „**State Street Bank**“ des CAFC aus dem Jahre 1998 beseitigt[1]. In diesem Falle hatte das Gericht über die Rechtsbeständigkeit eines Patents zu entscheiden, das für ein Computersystem zur Ausführung eines bestimmten Fondsmanagementschemas erteilt wurde. Der CAFC hat in dem Urteil präzisiert, dass es sich bei dem nützlichen, konkreten und fassbaren Resultat auch um einen am Ende eines Geschäftsjahres errechneten Geldbetrag handeln kann. Die Patentfähigkeit von Computerprogrammen ist also nicht auf industrielle Anwendungen beschränkt. Außerdem hat das Berufungsgericht mit eindeutiger Formulierung festgestellt, dass es einen Patentierungsausschluss für Geschäftsverfahren (wie etwa in Europa und Deutschland) nicht gibt. Geschäftsverfahren sind, auch unabhängig von der Implementierung als Software, patentfähig, sofern die weiteren Patentierungsvoraussetzungen Neuheit und erfinderische Tätigkeit (non-obviousness) erfüllt sind. Der Supreme Court hat dieser Entscheidung dadurch seinen Segen gegeben, dass er ein dagegen gerichtetes Rechtsmittel nicht zur Verhandlung angenommen hat. In der Folgeentscheidung „ATT vs. Excell“[2] hat der CAFC noch klargestellt, dass die Grundsätze aus „State Street Bank“ nicht nur für Vorrichtungs-, sondern genauso für Verfahrenspatente gelten. Auch Datenstrukturen[3] und Datenträger mit einem darauf geladenen Computerprogramm sind in den USA patentierbar, aufgrund der in § 101 enthaltenen abschließenden Auflistung von Kategorien jedoch keine Computerprogramme selbst.

41 Die Entscheidung „State Street Bank“ hat in den USA innerhalb kürzester Zeit zu einer Fülle von neuen **Patentanmeldungen für Computersoftware und Geschäftsmethoden** geführt. Bekannte Beispiele sind etwa das „One-Click“-Patent des Online-Händlers Amazon.com[4], in dem ein Verfahren zum Ordern eines Gegenstandes durch einen vorher registrierten Kunden über ein Computernetzwerk mittels eines einzigen Vorgangs geschützt wird, und das inverse Auktionsschema der Online-Flugreiseagentur Priceline.com.

Durch „State Street Bank“ sind Patente für Internet-basierte Geschäftsmethoden und Computerprogramme fester Bestandteil der meisten E-Commerce-Strategien geworden.

1 GRUR Int. 1999, 633; *Esslinger/Hössle*, Mitt. 1999, 327; CRI 2000, 19 m. Anm. *Esslinger*.
2 CRI 2000, 118; GRUR Int. 2000, 174.
3 CAFC In re Lowry, 32 USPQ 2d, 1031.
4 US-Patent Nr. 5,960,411.

c) Rechtspolitische Diskussion und internationale Entwicklung

42 Die durch die „State Street Bank"-Entscheidung ausgelöste Entwicklung hat in den USA, aber auch in Europa und Japan eine neue Diskussion über den **Nutzen und die Risiken des Patentsystems** angestoßen. In den USA wurden gesetzliche Regelungen erlassen, die für patentierte Geschäftsmethoden Vorbenutzungsrechte ähnlich den im deutschen Patentrecht bekannten einführen (siehe oben Rz. 20). Außerdem gilt ein Patent auf ein Geschäftsverfahren prima facie als nicht rechtsbeständig, wenn die Erfindung nur die Umsetzung eines bekannten Geschäftsverfahrens als Computerprogramm betrifft und somit weder das Geschäftsverfahren selbst noch seine Implementierung neu und erfinderisch sind[1].

43 Auch in **Japan** hat „State Street Bank" eine intensive Diskussion der Patentierung von Software und Geschäftsmethoden angestoßen. Neue Richtlinien des Patentamtes wurden veröffentlicht. Danach sind Geschäftsverfahren nicht wie in den USA unabhängig von zugrunde liegender Software schützbar, sondern nur zusammen mit dem Computerprogramm. Im Gegensatz zur jüngsten europäischen Rechtsprechung muss die erfinderische Leistung jedoch nicht in der Implementierung durch die Software liegen.

44 In **Europa** hat „State Street Bank" laute Kritik an der Patentierung von Software insbesondere durch die Open Source- und LINUX-Gemeinde hervorgerufen. Diese argumentiert insbesondere, Softwarepatente seien hauptsächlich für Großunternehmen nützlich, schadeten kleinen und mittleren Unternehmen jedoch eher und behinderten außerdem den freien Austausch von Quellcode (source code) über das Internet. Diese Kritik hat dazu geführt, dass die ursprünglich geplante Streichung von Computerprogrammen als solchen aus der Ausschlussliste des Art. 52 EPÜ nicht beschlossen, sondern wieder aufgeschoben wurde. Für eine geplante EU-Richtlinie zum Patentschutz computerimplementierter Erfindungen wurde der Konsultationsprozess erneut eröffnet. Die erhoffte Rechtsklarheit für den europäischen Raum ist somit noch nicht verwirklicht. Jeder im E-Commerce oder E-Business Tätige muss sich jedoch bewusst sein, dass Wettbewerber aus den USA und Japan sich nicht an den vornehmlich in Europa vorgetragenen Bedenken orientieren, sondern strategisch wichtige Patentrechte erwerben, und zwar nicht nur in den Heimatländern, sondern auch, unter Ausnutzung der durch die Rechtsprechung gewährten Spielräume, in Europa.

3. Patente als Vermögensgegenstand

45 Ein Patent stellt ein auf dem Realakt einer Erfindung basierendes, durch den hoheitlichen Akt der Patenterteilung entstehendes **immaterielles Eigentumsrecht** dar, das, von einigen an die Person des Erfinders gebundenen Persönlichkeitsrechten wie dem Anspruch auf Nennung als Erfinder abgesehen,

1 *Meyer/Kort*, Mitt. 2000, 478 (490).

frei übertragbar ist[1]. Obwohl das Patent erst durch die Erteilung entsteht, kann schon die Patentanmeldung, die ein Anwartschaftsrecht auf das Patent und einen Anspruch auf die Erteilung begründet, gemäß § 15 Abs. 1 PatG beschränkt oder unbeschränkt Gegenstand einer Rechtsübertragung sein.

a) Unbeschränkte Übertragung

Die **unbeschränkte Übertragung** des Patentes bzw. der Patentanmeldung kann erfolgen: 46

- durch Vertrag
- durch Erbschaft
- durch Übertragung des Unternehmens, das Inhaber der Patentrechte ist.

Wie andere Eigentumsrechte auch kann ein Patent durch rechtsgeschäftlichen Vertrag gemäß §§ 413, 398 BGB an eine andere natürliche oder juristische Person übertragen werden. Im Gegensatz zu einem Lizenzvertrag gehen dann alle Rechte auf den Erwerber über.

Nach der gesetzlichen Vorschrift des § 15 Abs. 1 Satz 1 PatG ist das Patentrecht vererblich. Der Rechtsübergang auf den Erben vollzieht sich dabei im Wege der Gesamtrechtsnachfolge nach den Vorschriften des Erbrechts[2].

Ein Patent geht auch dann auf einen neuen Eigentümer über, wenn der 47
Patentinhaber ein Unternehmen ist, das im Zuge einer Firmenübernahme oder Firmenfusion als Ganzes auf einen neuen Eigentümer übertragen wird. Stellen die Patente oder andere gewerbliche Schutzrechte wie etwa Marken einen wesentlichen Teil des Unternehmenswertes dar, so ist im Rahmen der so genannten **Due-Diligence-Prüfung** bei der Firmenübernahme auch der tatsächliche Rechtsstatus der Patente (sind Patente erteilt oder schon erloschen, sind Einsprüche eingegangen?) zu überprüfen.

Die Übertragung eines Patentes oder einer Patentanmeldung auf einen neuen 48
Inhaber bzw. Anmelder wird nur **auf Antrag** in dem beim Patentamt geführten Register vermerkt (§ 30 Abs. 3 PatG). Die Eintragung des Inhaberwechsels (Umschreibung) im Patentregister hat nur deklaratorische Bedeutung[3]. Bei Patentanmeldungen ist jedoch zu beachten, dass das Patentamt die Korrespondenz mit dem im Register eingetragenen Anmelder führt. Wird bei einer Übertragung einer Patentanmeldung diese nicht im Register vermerkt, so kann der bisherige Inhaber Handlungen durchführen, die zu einem nicht reparierbaren Rechtsverlust führen können (etwa die Rücknahme der Patentanmeldung).

---

1 *Bruchhausen* in Benkard, Patentgesetz, 9. Aufl. 1993, § 1 PatG Rz. 2.
2 *Ullmann* in Benkard, Patentgesetz, 9. Aufl. 1993, § 15 PatG Rz. 3.
3 *Schäfers* in Benkard, Patentgesetz, 9. Aufl. 1993, § 30 PatG Rz. 17.

b) Beschränkte Rechtsübertragung – Lizenzverträge

49 Das Patentgesetz sieht in § 15 Abs. 2 PatG ausdrücklich die Möglichkeit der Vergabe von ausschließlichen oder nicht ausschließlichen **Lizenzen**, also Nutzungsrechten an der durch das Patent geschützten Erfindung vor. Der Lizenzvertrag lässt sich keinem der bekannten gesetzlich geregelten Vertragstypen eindeutig zuordnen. Er wird heute überwiegend als ein Vertrag eigener Art (Vertrag sui generis) angesehen[1]. Es gelangen je nach vertraglicher Gestaltung im Einzelfall Elemente eines Mietvertrages, Pachtvertrages, Kaufvertrages und anderer Vertragstypen zur Anwendung.

50 Man unterscheidet grundsätzlich zwischen **ausschließlichen** (exklusiven) und nicht ausschließlichen oder einfachen Lizenzverträgen. Bei einem ausschließlichen Lizenzvertrag gewährt der Lizenzgeber dem Lizenznehmer das exklusive Recht der Nutzung an der Erfindung. Der Lizenznehmer hat somit wirtschaftlich eine ebenso starke Stellung wie ein Patentinhaber selbst. In einem exklusiven Lizenzvertrag muss jedoch auch geregelt werden, ob der Patentinhaber und Lizenzgeber selbst neben dem Lizenznehmer zur Nutzung der patentierten Erfindung berechtigt ist.

51 Bei einer **einfachen** Lizenzvereinbarung erwirbt der Lizenznehmer das Recht zur Benutzung der Erfindung, der Lizenzgeber behält sich jedoch vor, die Erfindung an weitere Lizenznehmer zu lizensieren und auch selbst zu nutzen. Die Lizenzgebühren werden für eine einfache Lizenz natürlich in der Regel niedriger sein als für eine ausschließliche Lizenz.

52 Zur **Gestaltung von Lizenzverträgen** im Einzelnen gibt es umfangreiche Literatur, die auch Musterverträge enthält[2]. Im Folgenden sollen daher nur einige wesentliche regelungsbedürftige Aspekte unter Berücksichtigung der Besonderheiten des E-Commerce aufgezählt werden:

- Zeitlicher und geographischer **Umfang** der Vereinbarung: Hierbei ist zu berücksichtigen, dass geographische Einschränkungen beim Handel über das Internet wesentlich schwieriger in die Praxis umzusetzen sind als beim herkömmlichen Handel mit Gütern.
- **Nutzungshandlungen**: Welche Arten der Nutzung der Erfindung umfasst die Vereinbarung (Herstellung von Waren/Dienstleistungen, Anbieten und Vertreiben, Dienstleistungen zu dem Produkt, wie etwa Software)?
- **Unterlizenzen**: Ist die Vergabe von Unterlizenzen an Lieferanten, Herstellungsfirmen, Servicepartner usw. vorgesehen?
- Pflicht zur **Verteidigung des Patents**: Wer ist zur Verteidigung des Patents (und zur Übernahme der Kosten dafür) verpflichtet?

---

1 *Ullmann* in Benkard, Patentgesetz, 9. Aufl. 1993, § 15 PatG Rz. 49; *Miesling* in Weitnauer, Handbuch Venture Capital, 2000, S. 231.

2 *Pagenberg/Geissler*, Lizenzverträge, 4. Aufl. 1997; *Stumpf/Groß*, Der Lizenzvertrag, 6. Aufl. 1993; *Pfaff/Nagel*, Internationale Rechtsgrundlagen für Lizenzverträge im gewerblichen Rechtsschutz, 1993.

- **Nichtangriffspflicht**: Häufig wird vereinbart, dass der Lizenznehmer sich verpflichtet, das Patent nicht (etwa mittels einer Nichtigkeitsklage) anzugreifen. Dabei sind kartellrechtliche Aspekte zu berücksichtigen.
- **Nutzungspflicht**: Ist der Lizenznehmer, insbesondere der exklusive Lizenznehmer, zu einer gewissen Mindestnutzung der Erfindung verpflichtet?
- **Lizenzzahlung**: Es gibt verschiedene Modelle der Lizenzzahlung, etwa Einmalzahlungen unter Berücksichtigung der Patentkosten, Stücklizenzen, Umsatzlizenzen usw. Die Lizenzsätze sind frei verhandelbar und schwanken sehr stark von Branche zu Branche.
- **Unterstützung**: In der Regel verpflichtet sich der Lizenzgeber zur Leistung von Unterstützung bei der Ausführung/Umsetzung der Erfindung.
- **Folgeerfindungen**: Wer besitzt Rechte an Folgeerfindungen, die sich auf den Lizenzgegenstand beziehen?
- **Kündigung**.

c) Lizenzpools

In vielen technischen Gebieten wie insbesondere der Telekommunikation, 53
aber auch der Unterhaltungselektronik lassen sich Produkte und Dienstleistungen nur auf Basis von etablierten **technischen Standards** erfolgreich vermarkten. Die gewerblichen Schutzrechte, insbesondere Patentrechte, auf denen derartige technische Standards basieren, gehören oft einer Vielzahl von Unternehmen. Diese Unternehmen müssen eine mehrseitige Vereinbarung treffen, damit der Standard genutzt werden kann. Solche Vereinbarungen sind beispielsweise Lizenzpools, bei denen die beteiligten Unternehmen ihre jeweiligen geschützten Erfindungen einbringen und sich verpflichten, diese an die anderen Mitglieder des Lizenzpools zu lizensieren. Die Lizenzgebühren werden entsprechend der Anzahl und Bedeutung der jeweils eingebrachten Schutzrechte verteilt. Jedes Mitglied eines Lizenzpools hat daher einen Anreiz, mit möglichst vielen geschützten Erfindungen zu einem sich entwickelnden technischen Standard beizutragen.

Ein Beispiel für einen solchen Lizenzpool ist die **3G-Patentplattform** für die 54
dritte Generation der Mobiltelefonie[1]. Dabei verpflichten sich die bedeutendsten großen Telekommunikations- und Infrastrukturhersteller, essentielle Patente (dh. solche, ohne die der Standard nicht genutzt werden kann) zu festgelegten Bedingungen an alle Mitglieder des Lizenzpools zu lizensieren. Dabei behält jeder Patentinhaber das Recht an seinem Patent. Der vereinbarte Standard-Lizenzsatz beträgt 0,1% pro Lizenz bei einer maximalen zu zahlenden kumulativen Lizenz von 5% in jeder Produktkategorie, die Infrastruktur, Endgeräte, Testgeräte und andere umfasst. Jedem Mitglied des Lizenzpools steht es frei, darüber hinausgehende zwei- oder mehrseitige Vereinbarungen mit anderen Mitgliedern des Lizenzpools abzuschließen.

1 *Kearsey/MacNaughton*, Managing Intellectual Property, September 1999, 16.

Mehrseitige Lizenzvereinbarungen sind eine notwendige Voraussetzung für den Erfolg von Electronic Commerce und Electronic Business, die auf einer Vielzahl miteinander vernetzter, voneinander abhängiger Technologien basieren.

d) Bewertung von Patenten

55 In der Informations- und Wissensgesellschaft stellen **immaterielle Vermögenswerte** wie Patente, Marken, Know-how einen immer größeren Anteil am Gesamtwert eines Unternehmens dar. Nach den Bilanzierungsregeln gemäß HGB sind immaterielle Wirtschaftsgüter nur insoweit bilanzierungsfähig, als sie extern für einen bestimmten Geldbetrag erworben wurden, beispielsweise im Falle des Erwerbs von Patenten. Im Unternehmen selbst entwickelte und erworbene Patente tauchen in den Bilanzen gemäß HGB nicht auf[1]. Gemäß den international weit verbreiteten und anerkannten International Accounting Standards (IAS), die auch zunehmend von deutschen Unternehmen zur Bilanzierung verwendet werden, sind auch intern erarbeitete immaterielle Vermögenswerte dann als Aktiva in die Bilanz des Unternehmens aufnehmbar, wenn es wahrscheinlich ist, dass dem Unternehmen künftige Erträgnisse zufließen werden, die dem immateriellen Wert zurechenbar sind, und wenn die Kosten des immateriellen Werts verlässlich berechenbar sind[2].

56 Die **Bewertung von Patenten** erfolgt in den meisten Fällen nach einer der drei folgenden Methoden[3]:

- **Kostenbasierte Bewertung**: Die mit dem Erwerb und der Aufrechterhaltung des Schutzrechtes verbundenen Kosten werden als Wert angesetzt.
- **Gewinnbasierte Bewertung**: Die durch das Patent zu erwartenden zukünftigen zusätzlichen Gewinne bzw. Kostenersparnisse werden abgeschätzt und auf den Bewertungszeitpunkt diskontiert.
- **Lizenzanalogie**: Der Patentwert wird anhand branchenüblicher Lizenzsätze bestimmt. Diese sind beispielsweise einschlägigen Büchern und Veröffentlichungen zu entnehmen[4].

57 Da bei der Bewertung von Patenten weit in die Zukunft reichende Entwicklungen mit vielen voneinander unabhängigen Parametern berücksichtigt werden müssen, ist eine einigermaßen exakte Wertermittlung äußerst selten und meist erst gegen Ende der Patentlaufzeit möglich. Folgende **Unsicherheiten** erschweren eine exakte Wertbestimmung:

- Rechtliche Unsicherheit: Bei Patentanmeldungen ist nicht sicher, ob diese zu einem erteilten Patent führen und wie groß der dann erreichte Schutz-

1 *Rings*, GRUR 2000, 839 (840).
2 *Berger*, Markenrecht 1999, 271 (278).
3 *Rings*, GRUR 2000, 839 (842).
4 *Hellebrandt/Taube*, Lizenzsätze für technische Erfindungen, 1998; *Groß*, BB 1998, 1321.

umfang ist, bei erteilten Patenten besteht das Risiko der mangelnden Rechtsbeständigkeit in einem Einspruchs- oder Verletzungsverfahren.

- Technische Unsicherheit: Gerade in sich schnell entwickelnden Bereichen wie der Informations- oder Kommunikationstechnologie können neue technische Entwicklungen eine Erfindung obsolet oder auch wesentlich bedeutsamer machen.
- Wirtschaftliche Unsicherheit: Das Marktumfeld und die mit einem Produkt erzielbaren Preise können sich sehr schnell ändern und sind generell schwer vorhersagbar.

Während beispielsweise in der pharmazeutischen Industrie zu dem Zeitpunkt, wenn ein Medikament zugelassen und am Markt eingeführt ist, einigermaßen verlässliche Aussagen über die mit einem einzelnen Patent erzielbaren Gewinne gemacht werden können, ist die Situation in der Informations- und Kommunikationstechnologie meistens komplizierter, da für ein Produkt oder eine Dienstleistung eine Vielzahl von gegenseitig voneinander abhängigen Patenten erforderlich sind.

e) Erfindungen von Arbeitnehmern

Während in den meisten Staaten das Eigentum an Erfindungen, die durch 58
Arbeitnehmer gemacht werden, arbeitsvertraglich geregelt ist, üblicherweise in dem Sinne, dass die Erfindungen dem Arbeitgeber mit oder ohne Vergütung gegenüber dem Arbeitnehmer zustehen, sind in Deutschland mit dem **Arbeitnehmererfindergesetz (ArbEG)** detaillierte und zwingende gesetzliche Regelungen anzuwenden[1]. Die Nichtbeachtung der im ArbEG vorgesehenen Regelungen, insbesondere der schriftlichen Inanspruchnahme einer Arbeitnehmererfindung durch den Arbeitgeber, kann zum Verlust des Rechts an der Erfindung führen. Dies wirft insbesondere dann Probleme auf, wenn sich eine Erfindung als sehr erfolgreich erwiesen hat und der Arbeitnehmererfinder sein früheres Unternehmen mittlerweile verlassen hat und, etwa als Mitarbeiter oder Teilhaber eines Konkurrenzunternehmens, die Patentrechte für die Erfindung geltend macht.

Das ArbEG geht von dem Grundsatz aus, dass eine Erfindung zunächst 59
der Person des Erfinders zusteht. Dieser muss die Erfindung dem Arbeitgeber melden. Handelt es sich um eine Diensterfindung (siehe unten Rz. 61), kann der Arbeitgeber die Erfindung in Anspruch nehmen, woraufhin der Arbeitnehmer einen Vergütungsanspruch erwirbt. Einige wesentliche Grundzüge des Arbeitnehmererfinderrechts werden im Folgenden kurz erläutert:

- **Anwendbarkeit des Gesetzes**

Das ArbEG ist auf deutsche Unternehmen und deutsche Tochtergesellschaf- 60
ten ausländischer Unternehmen anwendbar, wenn der **gewöhnliche Arbeits-**

1 *Goddar*, Les Nouvelles 1996, 82.

ort des angestellten Erfinders in Deutschland ist[1]. Das Gesetz ist sowohl auf deutsche wie auch auf ausländische Arbeitnehmer anwendbar, jedoch nicht auf Organe des Unternehmens wie etwa Mitglieder der Geschäftsführung, des Vorstandes oder des Aufsichtsrates. Ebenfalls nicht anwendbar ist das ArbEG auf selbständig tätige Programmierer. Mit diesen muss vertraglich vereinbart werden, dass alle Rechte an der geschuldeten Leistung (Urheberrechte, Patentrechte) auf den Auftraggeber übergehen.

– **Diensterfindungen und freie Erfindungen** (§ 4 ArbEG)

61 Wenn eine Erfindung aus der dem Arbeitnehmer **im Betrieb obliegenden Tätigkeit** hervorgeht oder maßgeblich auf Erfahrungen oder Arbeiten am Arbeitsplatz beruht, wird diese Erfindung als eine sog. Diensterfindung angesehen, auf die das ArbEG anwendbar ist. Andere Erfindungen, die etwa im privaten Umfeld eines Arbeitnehmers entstanden sind, sind freie Erfindungen, die dem Arbeitnehmer selbst zustehen.

– **Meldepflicht** (§ 5 ArbEG)

62 Der Arbeitnehmer hat die Verpflichtung, eine Diensterfindung dem Arbeitgeber unverzüglich schriftlich zu **melden**. Ferner hat der Arbeitnehmer die Verpflichtung, den Arbeitgeber von einer freien Erfindung zu informieren, so dass der Arbeitgeber prüfen kann, ob es sich tatsächlich um eine freie Erfindung handelt (Ausnahme: Erfindungen, die gar nichts mit dem Tätigkeitsgebiet des Arbeitgebers zu tun haben).

– **Inanspruchnahme durch den Arbeitgeber** (§ 6 ArbEG)

63 Der Arbeitgeber ist verpflichtet, innerhalb von vier Monaten nach Empfang der Erfindungsmeldung dem Arbeitnehmer schriftlich zu erklären, ob die Erfindung in Anspruch genommen wird. Dabei kann eine Erfindung **beschränkt oder unbeschränkt** in Anspruch genommen werden. Um Probleme zu vermeiden, ist es in jedem Fall empfehlenswert und auch allgemein üblich, eine Arbeitnehmererfindung unbeschränkt in Anspruch zu nehmen.

– **Verpflichtung zur Anmeldung von Schutzrechten** (§§ 13, 14 ArbEG)

64 Wenn der Arbeitgeber eine Diensterfindung in Anspruch genommen hat, hat er die Verpflichtung, eine **Patent- oder Gebrauchsmusteranmeldung in Deutschland** (oder eine europäische oder internationale Patentanmeldung mit Benennung Deutschland) vorzunehmen. Der angestellte Erfinder hat die Verpflichtung, den Arbeitgeber bei der Erringung von Schutzrechten zu unterstützen.

Der Arbeitgeber ist auch berechtigt, jedoch nicht verpflichtet, **Auslandsanmeldungen** für die Erfindung einzureichen. Vor Ablauf der zwölfmonatigen Prioritätsfrist hat der Arbeitgeber den Erfinder zu informieren, in welchen Ländern er Auslandsanmeldungen vornehmen will. In allen anderen Län-

1 *Reimer/Schade/Schippel*, Das Recht der Arbeitnehmererfindung, 7. Aufl. 2000, § 1 Rz. 14.

dern hat der angestellte Erfinder das Recht, Patentanmeldungen im eigenen Rahmen und auf eigene Kosten anzumelden, was in der Praxis aufgrund der Kosten jedoch eher selten ist.

– **Vergütung**

Der angestellte Erfinder hat ein Anrecht auf eine **Erfindervergütung** für eine vom Arbeitgeber benutzte Erfindung. Die Auszahlung der Vergütung soll drei Monate nach Benutzungsaufnahme durch den Arbeitgeber beginnen. 65

Die Vergütung für Arbeitnehmererfindungen ist detailliert geregelt in den **Richtlinien für die Vergütung von Arbeitnehmererfindungen** im privaten und öffentlichen Dienst. Die Vergütung wird berechnet als Produkt eines Anteilsfaktors mit einem Lizenzsatz, der zu bezahlen wäre, wenn die Erfindung von einem freien Erfinder erworben worden wäre. Der Anteilsfaktor hängt von der Position des angestellten Erfinders im Unternehmen ab, wobei der Anteilsfaktor um so größer ist, je niedriger die Position ist. Von einem Leiter der Softwareentwicklung (mit einem entsprechenden Gehalt) wird eine Erfindung viel eher „erwartet" als etwa von einem Auszubildenden. Für Angestellte mit Universitätsabschluss liegt der Anteilsfaktor allgemein um etwa 10%. Wenn mehrere Erfinder an der Erfindung beteiligt sind, wird die Vergütung entsprechend dem jeweiligen Anteil der einzelnen Erfinder auf diese aufgeteilt.

Da ein vermarktetes Produkt in der Praxis mehrere Erfindungen beinhaltet, fällt der als Berechnungsgrundlage heranzuziehende Lizenzsatz entsprechend der Bedeutung einer einzelnen Erfindung für das Gesamtprodukt niedriger aus. In der Praxis liegen Erfindervergütungen regelmäßig in der Größenordnung von einigen hundert oder wenigen tausend Euro jährlich, jedoch nur, wenn die Erfindung schon benutzt wird. In vielen Unternehmen ist es zur Förderung der Innovationstätigkeit üblich, einen Pauschalbetrag (etwa 500 Euro) für die Erfindungsmeldung und/oder die Patentanmeldung/Patenterteilung an den/die Erfinder zu zahlen.

Zur Schlichtung von Streitigkeiten zwischen Arbeitgeber und Arbeitnehmer über die Erfindervergütung ist eine **Schiedsstelle** vor dem Deutschen Patent- und Markenamt eingerichtet.

– **Geheimgehaltene Erfindungen** (§ 17 ArbEG)

Wenn die Notwendigkeiten des Betriebes es erfordern, eine gemeldete Diensterfindung als **Betriebsgeheimnis** geheim zu halten, besteht keine Verpflichtung des Arbeitgebers zur Patentanmeldung, die ja nach 18 Monaten veröffentlicht wird. Der Arbeitnehmer hat jedoch auch in diesem Fall Anspruch auf eine Vergütung. 66

F. Sicherheit im Netz

I. Datensicherheit

1. Abgrenzung von Datensicherheit und Datenschutz

1 In komplexen IT-Systemen, wie es unsere heutigen und zukünftigen Kommunikationsnetze sind, handeln verschiedene Subjekte (Organisationen, Personen). Sie können dabei nicht nur kooperieren, sondern auch konkurrieren (zB um Betriebsmittel), sabotieren (zB Kommunikation behindern, stören, blockieren, lahm legen), fingieren (zB Identitäten vortäuschen, Daten verändern) oder abhören (zB bespitzeln, lauschen). Die Großrechner vor 20 Jahren waren streng bewacht, dh. für sie galten Zugangskontrollmaßnahmen (Pförtner, Stahltüren etc.), die nicht leicht zu überwinden waren. Die Vernetzung von Rechnern blieb Spezialanwendungen vorbehalten.

2 Während **Datensicherheit** die Daten schützen soll, schützt **Datenschutz** die Menschen. Datensicherheit betrifft den Schutz von Daten vor Missbrauch, (Ver-)Fälschung und Verlust bzw. Nicht-Verfügbarkeit. Datenschutz betrifft dagegen den Gebrauch von personenbezogenen Daten durch Berechtigte. Datenschutz ist primär aus der Sicht des Betroffenen interessant, während Datensicherheit primär aus der Sicht des Datenverarbeiters und -besitzers betrachtet wird.

2. Bedrohungen und Schutzziele

3 IT-Systeme (einschließlich der Übertragungsstrecken) müssen dazu gegen unbeabsichtigte Fehler und Ereignisse (zB höhere Gewalt, technische Fehler, Fahrlässigkeit, Programmierfehler, Verschleiß, Havarien) und beabsichtigte Angriffe (zB Abhören, Manipulation und Zerstören von Informationen, aber auch von Software und Hardware) von außen (zB Hacker oder Terroristen mit Sprengstoff) und innen (zB Administratoren, Programmierer) gesichert werden.

4 Im Englischen werden die Begriffe *security* für den Schutz vor beabsichtigten und *safety* für den Schutz vor unbeabsichtigten Ereignissen verwendet (Tab. 1).

5 Seit den frühen 80er Jahren[1] findet sich eine Dreiteilung der Bedrohungen und korrespondierenden **Schutzziele Vertraulichkeit**, **Integrität** und **Verfügbarkeit**:

- Unbefugter Informationsgewinn, dh. Verlust der **Vertraulichkeit** (Confidentiality),
- Unbefugte Modifikation von Informationen, dh. Verlust der **Integrität** (Integrity) und
- Unbefugte Beeinträchtigung der Funktionalität, dh. Verlust der **Verfügbarkeit** (Availability).

---

1 *Voydock/Kent*, Security Mechanisms in High-Level Network Protocols, ACM Computing Surveys 15 (1983), No. 2, June 1983, 135–170.

Security Schutz gegen beabsichtige Angriffe		**Safety** Schutz gegen unbeabsichtigte Ereignisse	
Vertraulichkeit:	Anonymität Unbeobachtbarkeit Unverkettbarkeit Pseudonymität Abhörsicherheit Sicherheit gegen unbefugten Gerätezugriff	Verfügbarkeit:	Funktionssicherheit Technische Sicherheit
Integrität:	Unabstreitbarkeit Übertragungsintegrität Abrechnungssicherheit Übertragungssicherheit	Sonstige Schutzziele:	Maßnahmen gegen hohe Gesundheitsbelastung
Verfügbarkeit:	Ermöglichen von Kommunikation		
Abwehr der Angriffe gegen Insider und Outsider			

Tab. 1: Abgrenzung von Security und Safety

6 Die neuen Kommunikationsmedien sollen zunächst natürlich erwünschte Funktionen leisten, allerdings ebenso unerwünschte Funktionen oder Verhaltensweisen verhindern. Entsprechend lassen sich die großen Schutzziele Vertraulichkeit, Integrität und Verfügbarkeit verfeinern.

	Inhalte Worüber?	**Umfeld** Wer, wann, wo, mit wem, wie lange?
Unerwünschtes verhindern	Vertraulichkeit von Nachrichteninhalten	gegenseitige Anonymität der Anwender; Unbeobachtbarkeit der Anwender durch die Betreiber
Erwünschtes leisten	Integrität von Nachrichteninhalten	Zurechenbarkeit von Nachrichten zu Absendern und/oder Empfängern
	Verfügbarkeit von Daten und Diensten	Erreichbarkeit von Anwendern

Tab. 2: Gliederung von Schutzzielen

7 Schutzinteressen können sich nicht nur auf die über die Netze ausgetauschten Nachrichteninhalte (Vertraulichkeit, Integrität) beziehen, sondern gelten ebenfalls für den Schutz von **Kommunikationsumständen**: In manchen Anwendungen ist zu schützen, wer wann mit wem kommuniziert hat (Anony-

mität und Unbeobachtbarkeit), in anderen Anwendungen ist vor allem sicherzustellen, dass eine Nachricht nachprüfbar und beweisbar von einem bestimmten Absender stammt und/oder einen Empfänger nachweisbar erreicht (Zurechenbarkeit).

Die Vertraulichkeit von Nachrichten kann mit Hilfe von **Verschlüsselung** erreicht werden. 8

Message Authentication Codes dienen dem Schutz von Nachrichten vor unerkannter Verfälschung auf den Übertragungswegen. 9

Mit Hilfe der **digitalen Signatur** ist Zurechenbarkeit realisierbar: Nachrichten können so ihrem „Unterzeichner" eindeutig zugeordnet werden. 10

Die Anonymität und Unbeobachtbarkeit von Internet-Nutzern kann durch sog. **datenschutzfreundliche Techniken** realisiert werden. Im Bereich E-Commerce sind die bekanntesten Verfahren, die zur Klasse der anonymen Verfahren zählen, die digitalen anonymen Zahlungssysteme[1] und Verfahren zum unbeobachtbaren Web-Surfen im Internet[2]. 11

Die Verfügbarkeit von Daten und Diensten kann erreicht werden durch **Diversität und redundante Auslegung** von Leitungskapazitäten, Rechenressourcen und Datenspeichern. 12

a) Angreifermodell

Die Schutzmechanismen, die die Schutzziele implementieren, schützen vor einem Gegner bis zu einer bestimmten Stärke, die im Angreifermodell definiert wird. Ein **Angreifermodell** definiert die Stärke eines Angreifers, gegen den ein bestimmter Schutzmechanismus (zB ein ganz bestimmtes Verschlüsselungsverfahren) gerade noch sicher ist. Dabei berücksichtigt es folgende Aspekte: 13

1. Aktive oder passive Rolle des Angreifers:
- Was kann der Angreifer maximal passiv beobachten?
- Was kann der Angreifer maximal aktiv kontrollieren (steuern, verhindern) bzw. verändern?

2. Mächtigkeit des Angreifers:
- Wie viel Rechenkapazität besitzt der Angreifer?
- Wie viel finanzielle Mittel besitzt der Angreifer?
- Wie viel Zeit besitzt der Angreifer?
- Welche Verbreitung hat der Angreifer? Oder spezieller: Welche Leitungen, Kanäle, Rechner kann der Angreifer beherrschen?

Als potentielle Angreifer können Außenstehende, Teilnehmer, Betreiber, Hersteller, Entwickler und Wartungstechniker betrachtet werden, die natür-

1 *Pfitzmann/Waidner/Pfitzmann*, Rechtssicherheit trotz Anonymität in offenen digitalen Systemen, DuD 1990, 243–253, 305–315.

2 *Federrath/Pfitzmann*, Neue Anonymitätstechniken, DuD 1998, 628–632.

lich auch kombiniert auftreten können. Außerdem kann man nach Angreifern innerhalb des betrachteten IT-Systems (Insider) und außerhalb (Outsider) unterscheiden. Die Feststellung, dass eine Instanz angreifen kann, ist nicht gleichzusetzen damit, dass sie wirklich angreift.

14 Die Vertrauensverhältnisse zwischen den verschiedenen beteiligten Instanzen innerhalb eines IT-Systems entscheiden stark darüber, welches Schutzniveau für den einzelnen Beteiligten tatsächlich erreicht werden kann. Nicht selten gilt dabei, wie im „wirklichen Leben", dass die Mächtigen ihre Interessen gegen die schwächeren Partner durchsetzen, zumindest solange sie dies auf legaler Basis tun können. Man könnte diesen Prozess mit dem evolutionären Grundgedanken, dass der (genetisch) Stärkere den Überlebenskampf gewinnt, erklären und billigen. Glücklicherweise hat sich aber in den letzten Jahren eine Gegenströmung im Bereich der IT-Sicherheit etabliert, die dieser einseitigen Betrachtung von Sicherheit und Schutz das Konzept der mehrseitigen Sicherheit entgegenstellt.

b) Mehrseitige Sicherheit

15 Mehrseitige Sicherheit[1] bedeutet die Einbeziehung der Schutzinteressen aller Beteiligten sowie das Austragen daraus resultierender Schutzkonflikte beim Entstehen einer Kommunikationsverbindung. Dabei gilt:

- Jeder Beteiligte hat Sicherheitsinteressen.
- Jeder Beteiligte kann seine Interessen formulieren.
- Konflikte werden erkannt und Lösungen ausgehandelt.
- Jeder Beteiligte kann seine Sicherheitsinteressen in den ausgehandelten Lösungen durchsetzen.

Die Realisierung von mehrseitiger Sicherheit führt nicht zwangsläufig dazu, dass die Interessen aller Beteiligten erfüllt werden. Sie gewährleistet jedoch, dass die Partner einer mehrseitig sicheren Kommunikation in einem geklärten Kräfteverhältnis bzgl. Sicherheit miteinander interagieren.

16 Die mehrseitige Sicherheit verbindet die Sichtweisen von Datenschutz und Datensicherheit zu einem gemeinsamen Konzept. Während sich Datenschutz hauptsächlich um die Interessen der Betroffenen kümmert und Datensicherheit vor allem die Interessen der Datenbesitzer und -verarbeiter beachtet, wird bei mehrseitiger Sicherheit in einem Aushandlungsprozess versucht, möglichst beides, Datenschutz und Datensicherheit, zu gewährleisten. Dies trägt der Entwicklung Rechnung, dass aus den bisher lediglich Betroffenen zunehmend informationstechnisch Beteiligte werden können und oftmals werden sollten.

---

1 *Müller/Pfitzmann* (Hrsg.), Mehrseitige Sicherheit in der Kommunikationstechnik, 1997; *Müller/Rannenberg* (Ed.), Multilateral Security in Communications, 1999.

3. Physische Sicherheit

Um sichere Kommunikation zu erreichen, werden Geräte (Hardware) und Programme (Software) benötigt, die für denjenigen, der sie benutzt, sicher sind. Diese persönliche Rechenumgebung (typischerweise der PC) ist der **Vertrauensbereich** des Benutzers: Es wird angenommen, dass Angriffe auf die Interessen des Benutzers innerhalb dieses Bereiches nicht stattfinden. In diesem Vertrauensbereich kann der Nutzer Berechnungen integer und ggf. vertraulich durchführen. Darüber hinaus muss das Gerät auch über ein vertrauenswürdiges Benutzungsinterface verfügen. Ist ein Benutzerendgerät für den Teilnehmer nicht (mehr) vertrauenswürdig, so können noch so gute kryptographische Systeme ihm keinerlei vertrauenswürdige Sicherheit bieten. 17

Der Vertrauensbereich ist vor Zugang und Zugriff durch Unberechtigte zu schützen. Dies muss zunächst durch **physische Schutzmaßnahmen** (Zugangskontrolle) erfolgen, bevor weitere Maßnahmen wie Zugriffskontrolle sinnvoll sind. 18

Dies betrifft zunächst den persönlichen Rechner zu Hause und am Arbeitsplatz. In den heute weit verbreiteten PC-Betriebssystemen (DOS, Windows 95/98/ME/CE, MacOS) fehlt leider die Zugriffskontrolle, so dass der Ausbreitung von **Viren** und **Trojanischen Pferden** Tür und Tor geöffnet ist. Leider sind aber auch weniger unsichere Betriebssysteme wie Windows NT und Windows 2000 mit Zugriffskontrolle in ihren inneren Funktionen vom Hersteller nicht genug offen gelegt, um sie wirklich prüfen und ihnen danach ggf. vertrauen zu können. Die Existenz Trojanischer Pferde kann somit nicht völlig ausgeschlossen werden. Trojanische Pferde können nicht nur die Vertraulichkeit von privaten oder geschäftlichen Geheimnissen verletzen; sie sind in der Lage, alle Schutzziele, also auch Integrität und Verfügbarkeit zu verletzen. Im schlimmsten Fall kann ein Trojanisches Pferd seine Schadensfunktion modifizieren und sich so an seine aktuelle Umgebung anpassen und sogar sich selbst zerstören, nachdem es seine Aufgabe erfüllt hat, um keine Spuren zu hinterlassen. 19

Alle technischen Schutzmaßnahmen benötigen also eine physische „Verankerung" in Form eines Systemteils, auf den der Angreifer keinen physischen Zugriff hat. 20

Beispielsweise ist es unmöglich, den Inhalt einer zu verschlüsselnden Nachricht vor dem Verschlüsselungsbaustein zu verbergen. Dies gilt analog für die eingesetzten kryptographischen Schlüssel.

Die Größe physisch sicherer Geräte muss skalierbar sein, dh. ein Vertrauensbereich ist nicht notwendigerweise deckungsgleich mit dem PC. 21

Beispiel: 22

Es soll der Inhalt einer Festplatte vor unbefugtem Zugriff geschützt werden. Um zu verhindern, dass die Festplatte aus dem Rechner ausgebaut wird, muß der Rechner physisch sicher sein. Alternativ kann die Festplatte verschlüsselt werden. Die Ver- und Entschlüsselung der Festplatte erfolgt über ein Sicherheitsmodul, das während des Betriebs im Rechner steckt. Nun genügt es, dass das Sicherheitsmodul physisch geschützt wird. Wird der Rechner bzw. die Festplatte gestohlen, bleiben die gespeicherten Inhalte trotzdem vertraulich.

23 Die maximal erreichbare persönliche Sicherheit eines Benutzers eines IT-Systems kann – bezogen auf das IT-System – nie größer werden als die Sicherheit des Gerätes, mit dem er physisch direkt interagiert.

24 Angriffe auf die physische Sicherheit werden, unabhängig von der jeweiligen Größe des physischen Gerätes, durch Schirmung (zB gegen elektromagnetische Abstrahlung), Erkennen und Bewerten (zB durch entsprechende Sensoren) sowie Verzögern des Angriffs (zB durch hartes Material) realisiert. Bei Angriffen können als letzte Maßnahme die gespeicherten Geheimnisse gelöscht werden.

25 Die Realisierung eines physisch sicheren und für den Benutzer vertrauenswürdigen Endgerätes ist kein triviales Problem[1] und gelingt bestenfalls auf Zeit, da immer wieder neue Angriffe auf vermeintlich sicher geglaubte physisch sichere Geräte (zB Chipkarten) bekannt werden.

4. Zugangskontrolle

26 Unter **Zugangskontrolle** versteht man, dass ein IT-System die Identitäten seiner Kommunikationspartner erfragt, prüft und nur mit berechtigten Partnern weiter kommuniziert.

Die Zugangskontrolle verhindert so mindestens die unbefugte Inanspruchnahme seiner Betriebsmittel. Ein IT-System kann einen Menschen daran erkennen (**Identifikation**), was er ist, hat oder weiß (Tab. 3).

Was man . . . **. . . ist:**	**. . . hat:**	**. . . weiß:**
– Handgeometrie – Fingerabdruck – Aussehen – Eigenhändige Unterschrift – Retina-Muster – Stimme – Tipp-Charakteristik (Tastenanschlag) – DNA-Muster	– Papierdokument – Metallschlüssel – Magnetstreifenkarte – Chipkarte – Taschenrechner	– Passwort – Antworten auf Fragen

Tab. 3: Identifikation von Menschen durch IT-Systeme

1 *Pfitzmann/Pfitzmann/Schunter/Waidner*, Trusting Mobile User Devices and Security Modules, Computer 30/2 (1997) 61–68; *Pfitzmann/Pfitzmann/Schunter/Waidner*, Vertrauenswürdiger Entwurf portabler Benutzerendgeräte und Sicherheitsmodule, in: Brüggemann/Gerhardt-Häckl (ed.), Verläßliche IT-Systeme, Proceedings der GI-Fachtagung VIS '95, 1995, S. 329–350.

Beispiele: 27
- Ein (maschinenlesbarer) Personalausweis ist eine Kombination aus Foto („Aussehen“), eigenhändiger Unterschrift und Papierdokument.
- Die in IT-Systemen derzeit noch am häufigsten vorkommende Form der Identifizierung ist das Passwort.

5. Zugriffskontrolle und Rechtevergabe

Unter **Zugriffskontrolle** versteht man, dass ein IT-System auch berechtigten 28
Partnern nicht alles erlaubt: Jedes Subjekt (Mensch, IT-System, Prozess) hat nur bestimmte Rechte, Operationen auf Objekten (Prozesse, Daten, Peripherie-Geräte etc.) auszuführen.

Ein möglichst kleiner und gut abgegrenzter Teil des IT-Systems kontrolliert vor Ausführung aller Operationen, ob ihr Urheber die dafür nötigen Rechte hat. Dieser Teil des IT-Systems wird **Zugriffsmonitor** genannt (Abb. 1). Der Zugriffsmonitor merkt sich ihm vorgelegte oder implizit entstehende Rechte und muss auch deren Ungültigwerden erkennen.

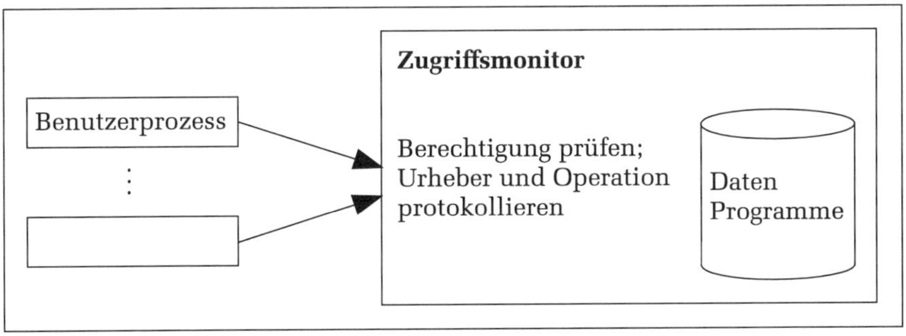

Abb. 1: Gewährung von Rechten über einen Zugriffsmonitor

Beispiel: 29
Rechte werden zB in einer Zugriffskontrollmatrix gespeichert. Typische Rechte sind Schreiben, Lesen, Verändern, Löschen, Ausführen.

Die Rechtevergabe selbst wird **Autorisierung** (*authorization*) genannt. 30

6. Protokollierung

Kein System ist hundertprozentig sicher, bei der Rechtevergabe können 31
Fehler gemacht werden und regelwidriges Verhalten eines Mitarbeiters (gemäß den Organisationsrichtlinien eines Unternehmens) bedeutet nicht unmittelbar eine Verletzung der technischen Sicherheitsvorkehrungen.

Sollen im Nachhinein Angriffe und Fehlverhalten erkannt werden, müssen 32
sicherheitsrelevante Vorgänge durch das System protokolliert werden. Ein

späteres Verändern oder Vernichten der sog. Log-Dateien durch den Angreifer muss dabei ausgeschlossen sein.

Protokollierung muss in Einklang mit den datenschutzrechtlichen Bestimmungen stehen. Der Missbrauch von Log-Dateien muss durch technische und organisatorische Maßnahmen verhindert werden.

Typische Protokolle enthalten Daten über alle Login-Versuche (erfolgreich, nicht erfolgreich), Logout, Ändern von Passwörtern, lesende und schreibende Zugriffe auf Dateien, Installation von Software.

33 Wenn die Auswertung protokollierter Vorgänge automatisch (oder sogar in nahezu Echtzeit) erfolgt, spricht man von **Intrusion-Detection**.

7. Sicherheit des Betriebssystems

34 Die Sicherheit des Betriebssystems ist essentiell für die sichere Benutzung von Anwendungen auf einem Rechner. Da alle Programmbefehle und Daten vom Betriebssystem interpretiert und verarbeitet werden, kann es keine Manipulationssicherheit oder Vertraulichkeit reiner Softwareanwendungen und ihrer Daten vor dem Betriebssystem geben (nach oben zeigender Pfeil in Abb. 2).

35 Umgekehrt ist ein sicheres Betriebssystem jedoch in der Lage, sich vor Angriffen durch Anwendungen oder prinzipieller formuliert durch höhere Schichten eines Systems zu schützen (durchgestrichene, nach unten zeigende Pfeile in Abb. 2). Die Schichtenstruktur von Systemen macht auch klar, dass dies ebenso für die Beziehung zwischen Betriebssystem und Rechner gilt, auf dem das Betriebssystem läuft. Für den Fall, dass sichere Systemkomponenten lediglich kommunizieren, sind unkontrollierbare Zugriffe nicht möglich, da hier nichts gegenseitig ausgeführt oder interpretiert wird. Um

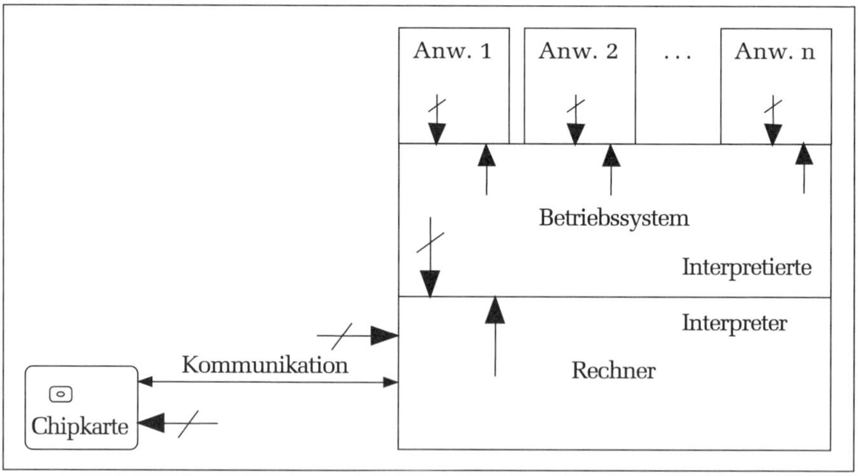

Abb. 2: Verhältnis von Schichtenstruktur und Angriffserfolg

Angriffe des zwischen den Systemkomponenten liegenden Mediums auszuschließen, kommen kryptographische Verfahren (Verschlüsselung, Schutz vor Verfälschung etc.) zum Einsatz.

Besonders kritisch wird die Situation, wenn die für seinen Benutzer vertrauenswürdigen Systemteile (Geräte) zum Erbringen ihrer Funktion in Systemteile (Geräte) anderer integriert (zB hineingesteckt) werden müssen. Ein besonders kritisches Gerät ist in dieser Beziehung die **Chipkarte**. Im Normalfall muss die Chipkarte, die durch eine Persönliche Identifikationsnummer (PIN) vor unberechtigter Verwendung geschützt ist, bei der Benutzung in ein Lesegerät eingeführt werden. Die Tastatur am Lesegerät ermöglicht die Eingabe der PIN und damit die Aktivierung der Chipkarte. Der Besitzer der Chipkarte darf in einem solchen Fall nicht nur seiner Chipkarte vertrauen, sondern muss seinen Vertrauensbereich auch auf das Lesegerät erweitern, da das Lesegerät in Kenntnis des Aktivierungscodes gelangt und somit in der Lage ist, nicht autorisierte Aktionen (zB Zahlungen, digitale Signaturen) auszulösen, zumindest solange die Chipkarte im Leser verbleibt oder wenn sie zu einem späteren Zeitpunkt erneut eingeführt wird. 36

8. Schutz vor Computerviren

In vielen heute verbreiteten PC-Betriebssystemen (DOS, Windows 95/98/ME/CE, MacOS) fehlt die Zugriffskontrolle. Dies begünstigt die Ausbreitung von Computerviren[1] und Trojanischen Pferden erheblich. 37

Ein **Computervirus** ist ein ausführbarer Code, der sich in fremde Programme einpflanzt, dort ausgeführt wird und ggf. eine sog. **Schadensfunktion** ausführt. Ein **Wurm** ist ein ausführbares Programm, das sich über Rechnernetze verbreitet und ggf. eine Schadensfunktion ausführt. Ein **Trojanisches Pferd** ist ein Rechnerprogramm, das neben einer bekannten (vom Anwender gewünschten) Funktion eine (nicht gewünschte) Schadensfunktion ausführt. 38

Viren, Würmer und Trojanische Pferde können nicht nur die Integrität und Verfügbarkeit von Daten und Programmen verletzen, sondern alle Schutzziele, also auch die Vertraulichkeit von Daten. Im schlimmsten Fall können Viren und Trojanische Pferde ihre Schadensfunktion modifizieren und sogar sich selbst zerstören, nachdem sie ihre „Aufgabe" erfüllt haben, um die hinterlassenen Spuren zu vernichten. 39

In IT-Systemen mit Zugriffskontrolle kann die Ausbreitung von Viren durch das **Prinzip der geringstmöglichen Privilegierung** (*principle of least privilege*) verhindert werden. Das bedeutet, jedes Programm bekommt nur die minimal notwendigen (Schreib-)Rechte. 40

1 *Denning* (ed.), Computers under attack: intruders, worms and viruses. ACM Press, 1990; *Ferbrache*, A Pathology of Computer Viruses, 1992; *Gleißner/Grimm/Herda/Isselhorst*, Manipulation in Rechnern und Netzen – Risiken, Bedrohungen, Gegenmaßnahmen, 1989.

41 Bei Würmern und Trojanischen Pferden kann der Schaden zumindest auf die autorisierten Ressourcen begrenzt werden. Die Beschränkung von Ausführungsrechten verhindert die Verbreitung von Würmern. So ist beispielsweise die Weiterverbreitung von E-Mail-Würmern durch die automatisierte Ausführung von in E-Mails eingebetteten ausführbaren Dateien sehr leicht möglich und führte zu großen Schäden.[1]

9. Schutz der Verfügbarkeit und Vermeidung von Fehlern

42 Um Vertrauenswürdigkeit zu erreichen, muss es möglich sein, Systeme zu validieren. Das bedeutet, unabhängige, (frei) wählbare Experten vergewissern sich von der korrekten Implementierung und Arbeitsweise eines Systems gemäß einer allgemein akzeptierten Spezifikation. Da dem normalen Anwender meist weder die Mittel noch das Wissen zur Verfügung stehen, um Systemkomponenten oder gar ganze Systeme zu validieren (geschweige denn zu verifizieren), kann diese Aufgabe durch **unabhängige Stellen** durchgeführt und das System so zertifiziert werden.

43 Im weiteren Sinn bedeutet Begrenzung von Fehlern auch, dass Systeme nicht nur von einem Hersteller (Entwickler, Administrator) entwickelt, produziert, angeboten und betreut werden sollen, sondern von vielen. Solange beispielsweise kein perfektes Betriebssystem existiert, sollte der Anwender die Auswahl unter mehreren Betriebssystemen haben.

44 Ein interessantes Konzept zur Vermeidung von Fehlern ist die Politik der Offenheit, insbesondere bei der Erstellung und Validierung von Software. **Open Source**[2] kann helfen, „Fehler" in Software schneller zu finden und die Qualität der Software durch Verfügbarkeit von allgemein nutzbaren Modulen zu verbessern. Im Sicherheitsbereich ist Offenheit ohnehin ein gutes Mittel zur Erhöhung der Vertrauenswürdigkeit. Kein Kundiger würde der Sicherheit eines Verschlüsselungsalgorithmus ernsthaft vertrauen, wenn dieser nicht öffentlich bekannt und durch Experten auf Sicherheitslücken geprüft worden ist.

a) Diversität

45 Kryptographische Systeme allein können das Schutzziel Verfügbarkeit nicht realisieren. Die Verfügbarkeit von Daten, Programmen und Diensten kann jedoch durch die adäquate technische Gestaltung der Kommunikationsinfrastruktur sichergestellt werden. Dabei spielen der Grad an **Diversität** und **Entwurfskomplexität** eine entscheidende Rolle.

46 So sollte im Interesse der Durchschaubarkeit eine Kommunikationsinfrastruktur mit geringstmöglicher Entwurfskomplexität gewählt werden, damit sie keine, zumindest keine schweren, verborgenen Entwurfsfehler enthält.

---

1 Vgl. Loveletter, http://www.sarc.com/avcenter/venc/data/vbs.loveletter.fw.a.html.

2 *Köhntopp/Köhntopp/Pfitzmann*, Sicherheit durch Open Source? Chancen und Grenzen, DuD 2000, 508–513.

Ein diversitäres Kommunikationsnetz mit mehrfach redundanter und unterschiedlicher Leitungsführung kann zB den Totalausfall bei Ausfall von Teilen des Netzes vermeiden. Bei Funknetzen könnte auf unterschiedliche Frequenzbänder ausgewichen werden, sobald Störungen auftreten. Besonders problematisch sind evtl. vorhandene Diversitätsengpässe, zB Netzübergänge. 47

Verfügbarkeit kann nicht isoliert von den Schutzzielen Vertraulichkeit und Integrität betrachtet werden. So könnte zB die Störung der Verfügbarkeit für andere Teilnehmer zur Deanonymisierung und damit Beobachtbarkeit eines bestimmten Teilnehmers führen, falls die Teilnehmer zusammen in einer Anonymitätsgruppe hätten handeln sollen. Andererseits können zB Authentikationsmaßnahmen den unerkennbaren und unentdeckbaren Betriebsmittelentzug (und damit Verfügbarkeitsverlust) für andere Teilnehmer verhinden, wenn jeder Zugriff auf Betriebsmittel nur authentisiert erfolgen darf. 48

b) Verfügbarkeit im Internet

Die in den letzten Jahren bekannteste Angriffsklasse auf Rechner im Internet sind Angriffe auf die Verfügbarkeit. Diese Angriffe werden auch als Denial-of-Service (DoS) bezeichnet. **DoS-Angriffe** können 49

- entweder durchgeführt werden, indem der Angreifer versucht, in den Rechner einzudringen, und sich die notwendigen Rechte verschafft, um einen Service zu beeinträchtigen,
- oder der Angreifer versucht, den Dienst mit Service Requests dermaßen zu überlasten, dass er für normale Anfragen nicht mehr verfügbar ist (Flooding).

Das unberechtigte Eindringen bzw. Nutzen von Diensten lässt sich durch geeignete Zugangskontrollmechanismen (siehe Rz. 28) verhindern. Das **Flooding** eines Dienstes mit Anfragen lässt sich dadurch jedoch nicht verhindern. Schließlich kann der Zugangskontrolldienst selbst durch Anfragen überlastet werden, die zwar sowieso abgelehnt würden. Aber die Berechtigungsprüfung kostet natürlich Betriebsmittel. 50

Bei öffentlichen und frei zugänglichen Dienstangeboten (zB im World Wide Web) erfolgt meist keine Zugangskontrolle. Diese Dienste werden meist durch Flooding angegriffen. 51

Ein Beispiel eines Angriffs durch Flooding ist die **Smurf-Attack**[1]. Dabei handelt es sich um eine „distributed Denial-of-Service" (dDoS) Attack. Der Angriff beruht auf dem Ping-Service, den nahezu jeder an das Internet angeschlossene Rechner anbietet. Um herauszufinden, ob ein Rechner im Internet erreichbar ist, sendet man ihm eine Ping-Anfrage. Die Ping-Anfrage enthält, wie jedes IP-Paket, die IP-Adresse des Absenders (Anfragers) und die IP-Adresse des Empfängers, also des Rechners, der die Ping-Anfrage erhalten soll. Nur bei Erreichbarkeit sendet der angefragte Rechner eine Antwort (Pong) an den Absender zurück. 52

---

1 Attack CERT Advisory CA-1998-01 Smurf IP Denial-of-Service Attack.

Aufgrund eines schlecht konfigurierten lokalen Netzes kommt es vor, dass nicht nur der angefragte Rechner mit einem Pong anwortet, sondern gleich mehrere. Dies tritt dadurch auf, dass der eigentlich angefragte Rechner, der als Gateway zu einem lokalen Netz dient, die Ping-Anfrage fälschlicherweise an alle seine angeschlossenen lokalen Rechner weitergibt, die korrekt darauf antworten. Das Gateway sendet diese Antworten nun (ebenfalls fälschlicherweise) zurück an den Absender. Die Folge ist eine Vervielfachung der Pong-Nachrichten.

Ziele des Angriffs ist es, den angegriffenen Rechner mit ankommenden IP-Paketen so zu überfluten, dass er die ankommende Datenmenge nicht mehr verarbeiten kann und alle seine Dienste einstellt. Da hierfür eine gewaltige Menge an Datenpaketen versendet werden muss, sind mehrere Rechner nötig, die synchronisiert die Datenflut für das Opfer erzeugen.

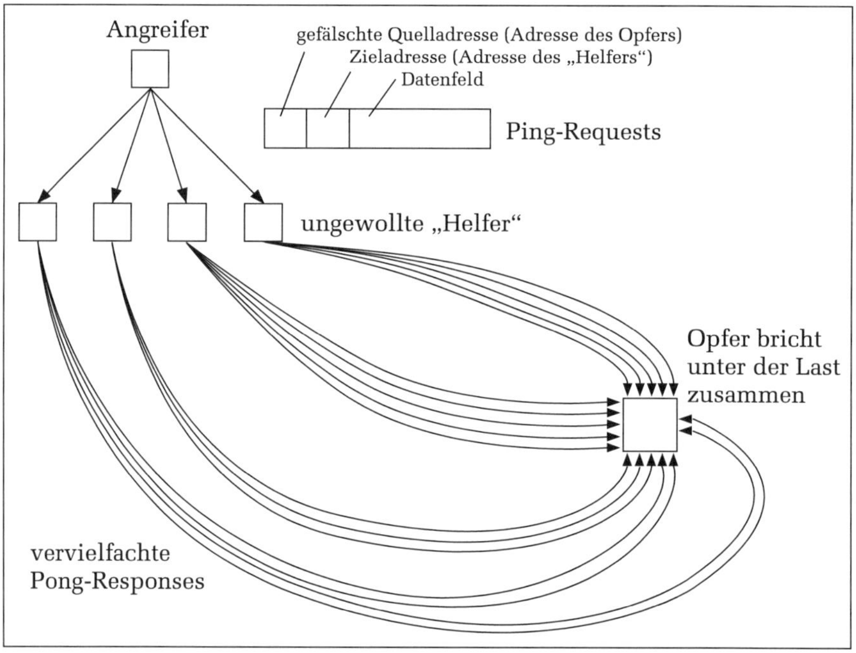

Abb. 3: Distributed Denial-of-Service Attack

53 Der Angreifer sucht sich zunächst eine genügend große Anzahl schlecht administrierter Rechner (Abb. 3), die mit einem Vielfachen an Pong-Nachrichten auf ein Ping antworten. Ein Eindringen in den Rechner ist wie beschrieben hierfür nicht nötig.

Der Angreifer sendet nun Ping-Anfragen mit gefälschter Absenderangabe (der IP-Adresse des Opfers) an diese Rechner. Da die Absenderadresse falsch ist, erhält das Opfer die Pong-Nachrichten und bricht unter der Menge der empfangenen Datenpakte zusammen. Der eigentliche Angreifer bleibt unerkannt, da seine IP-Adresse in den Datenpaketen nirgends auftaucht.

10. Firewalls

Firewalls[1] dienen der Abschottung eines Intranets bzw. eines sicherheitsempfindlichen Teilnetzes vor unberechtigten Zugriffen von **außen**. Das zu schützende Netz hat als einzigen Zugangspunkt die Firewall: Alle Datenpakete zum und vom Intranet müssen die Firewall passieren. 54

Firewalls sind regelbasierte Filtersysteme. Die Filterfunktionen sind auf drei Ebenen der Kommunikationsprotokolle angesiedelt: 55

- **Paketfilter** überprüfen anhand der IP-Adresse des Absenders und Empfängers sowie der Portnummer (TCP oder UDP), ob das Datenpaket die Firewall passieren darf. Teilweise analysieren Paketfilter auch den Inhalt der Datenpakete.
- **Circuit Level Gateways** überprüfen TCP- oder UDP-Verbindungen, ob sie die Firewall passieren dürfen. Verbindungen setzen sich aus vielen Datenpaketen zusammen. Die Firewall ersetzt bei Verbindungen, die das Intranet verlassen, die ursprüngliche Absenderadresse durch die eigene IP-Adresse und verbirgt somit die interne Netzstruktur.
- **Application Level Gateways**, auch **Proxies** genannt, implementieren die Schnittstelle des Clients als auch des Servers eines Dienstes.

Während Paketfilter und Circuit Level Gateways eingesetzt werden können, ohne dass der Anwender im Intranet davon etwas mitbekommen muss[2], müssen die Anwendungen den Gebrauch von **Proxies** unterstützen. Dies ist heute bei nahezu allen relevanten Anwendungen (Browser, Filetransfer, News, Napster) der Fall. Da für jede Anwendung (bzw. deren Protokoll) ein eigener Proxy vorhanden sein muss, können nicht ohne weiteres neue Anwendungen proxy-tauglich gemacht werden. Abhilfe schafft hier ein so genannter SOCKS-Proxy, der eine universelle Proxy-Schnittstelle bereitstellt. 56

a) Grenzen von Firewalls

Firewalls sind eine „best-practice"-Technik, dh. sie stellen einen **Kompromiss zwischen Schutz und Kosten** dar. Besser, aber teurer wäre es, jeden einzelnen Rechner im Intranet mit entsprechenden Filterfunktionen auszustatten. Firewalls haben klare Grenzen bzgl. des erreichbaren Schutzes: 57

- Sie schützen erstens nicht vor Angriffen von innen. Wenn ein Mitarbeiter beispielsweise einen illegalen Modemzugang im sicherheitsempfindlichen Teilnetz installiert, werden die Daten an der Firewall vorbeigeschleust.

---

1 *Strobel*, Firewalls für das Netz der Netze, 1997.
2 Informatiker sagen: Paketfilter und Circuit Level Gateways sind für die Anwendung transparent.

- Zweitens müssen die Filterfunktionen naturgemäß so konfiguriert sein, dass vernünftiges Arbeiten noch möglich ist. Dies führt in der Praxis jedoch zu einem schrittweisen „Aufweichen" der Firewall-Funktion.
- Drittens schützen selbst sehr restriktive Filterfunktionen nicht vor unerlaubtem oder gar unbemerktem Datenfluss: Mit Techniken wie HTTP-Tunneling ist es möglich, verdeckte Kanäle zu realisieren: In harmlos erscheinenden Daten (hier: Anfrage an einen Webserver) können andere Daten unbemerkt transportiert werden. Hierzu muss sich ein Benutzer lediglich ein harmlos erscheinendes, ihm nutzbringendes Programm „eingefangen" haben, das in Wirklichkeit ein Trojanisches Pferd ist.
- Viertens schützt eine Firewall auch nicht vor Trojanischen Pferden. Die Aktivierung eines Virenscanners auf der Firewall dagegen ist möglich und nutzbringend, solange die Nachrichteninhalte nicht Ende-zu-Ende-verschlüsselt sind.

b) Firewall-Architekturen

58 Firewalls sollen Angriffe von außen verhindern, konkreter, sie sollen das Eindringen in das sicherheitsempfindliche Intranet verhindern. Da es selbst bei sorgsamer Administration der Firewall und des Netzes vorkommen kann, dass ein Eindringversuch erfolgreich ist, werden Firewalls in unterschiedlich aufwendigen Architekturen betrieben.

59 Die **sicherste Form** einer Firewall ist eine Kombination aus internem und externem Paketfilter mit dazwischenliegendem Gateway (sog. Bastion-Host), siehe auch Abb. 4.

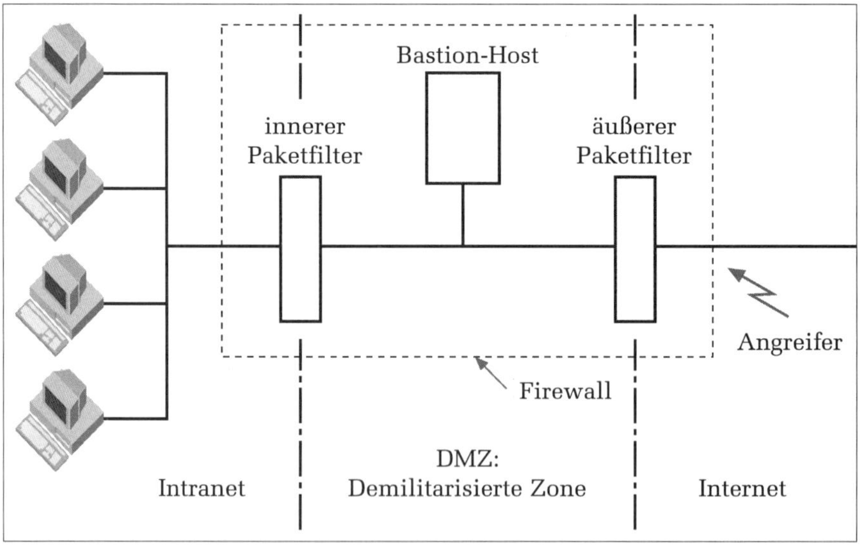

Abb. 4: Schutz eines Intranets durch eine Firewall

Das Segment zwischen den **beiden Paketfiltern** wird klangvoll „demilitarisierte Zone" (DMZ) genannt. Die Paketfilter erlauben jeweils nur die Kommunikation mit dem Bastion-Host, so dass ein Eindringling, der den äußeren Paketfilter überwunden hat, zwar den Bastion angreifen kann, aber keinen Rechner des Intranets. Erst wenn der Bastion-Host und der innere Paketfilter überwunden sind, hat der Angreifer auch Zugang zum Intranet. 60

Schwächere Firewall-Architekturen verzichten zu Lasten der Sicherheit und zugunsten der geringeren Kosten auf den inneren Paketfilter, manche sogar auf den äußeren Paketfilter. 61

11. Sicherheitsmanagement

Je mehr Funktionen eine Organisation mit Hilfe von IT-Systemen erledigt, umso abhängiger wird sie von der fehlerfreien und verlässlichen Funktion der Systeme. Im Rahmen des Sicherheitsmanagements sind folglich entsprechende **Maßnahmen** zu treffen: 62

- Entwicklung einer IT-Sicherheitspolitik und eines IT-Sicherheitskonzeptes,
- Realisierung der IT-Sicherheitsmaßnahmen,
- Schulung und Sensibilisierung der Benutzer,
- Erhaltung der IT-Sicherheit im laufenden Betrieb.

Im Rahmen des IT-Sicherheitskonzeptes werden Maßnahmen festgelegt, die auf weite Teile der Organisation Einfluss haben. Hierzu zählen: 63

- **Infrastruktur:** Physische Zugangs- und Zutrittskontrolle, Stromversorgung, Feuerschutz, Klimatisierung;
- **Organisation:** Überwachung, Kontrolle, Dokumentation, permanente Anpassung des Sicherheitskonzeptes an veränderte Gegebenheiten;
- **Personal:** Maßnahmen bei Auswahl, Einstellung, Ausscheiden; fortlaufende Schulung;
- **Hardware und Software:** Hardware-, Betriebssystem- und Softwareauswahl, Passwort- und Virenschutz;
- **Kommunikation:** Netztopologie, Netzverwaltung, -administration, Übertragungssicherung, Protokollierung von Zugriffen;
- **Notfallvorsorge:** Datensicherungskonzept (Backup), Versicherungen, Notfallrechenzentrum.

Konkrete Maßnahmen- und Gefährdungskataloge sowie Informationen zum IT-Grundschutz findet man zB im Grundschutzhandbuch[1] des Bundesamtes für die Sicherheit in der Informationstechnik (BSI). 64

1 http://www.bsi.de/gshb/.

II. Elektronische Signatur

1. Einleitung

65 Ein wesentlicher Grund dafür, weshalb sich die angekündigten Wachstumsprognosen für die Entwicklung des electronic and mobile commerce bislang noch nicht in dem Maße wie vorhergesagt bestätigt haben, ist die bestehende Unsicherheit über die Rechtsgültigkeit elektronisch eingegangener Verpflichtungen. Diese Ungewissheit beruht darauf, dass elektronische Dokumente unbemerkt verändert werden können (**Problem der Integrität**) und ihren Aussteller nicht sicher erkennen lassen (**Problem der Authentizität**). Eine Sicherheitsfunktion, mittels derer die Unverfälschtheit und Urheberschaft elektronischer Willenserklärungen in offenen Netzen nachgewiesen werden kann, ist das informationstechnische Konzept der digitalen Signatur.

2. Funktionsweise des Signaturverfahrens

66 Das Signaturverfahren beruht auf **asymmetrischen Verschlüsselungsverfahren** (vgl. dazu unten Rz. 115). Es umfasst insgesamt zwei Schritte: ein Verfahren zum fälschungssicheren Signieren eines Dokuments und ein Verfahren, um zu überprüfen, ob die Signatur von der angegebenen Person erstellt wurde.

a) Signieren eines Dokuments

67 Zum Signieren eines elektronischen Dokuments wird von diesem zunächst eine Kurzfassung erstellt, indem die Bitfolgen, aus denen es besteht, nach einem bestimmten Algorithmus neu geordnet und so zusammengefasst werden, dass eine beliebig lange Nachricht auf eine feste kurze Länge von Bitfolgen reduziert werden kann.[1] Dieses Programm wird als Hashfunktion und das Ergebnis dieser Berechnung als Prüfsumme oder Kryptogramm bezeichnet. Als Hashverfahren werden derzeit insbesondere MD2, MD4, MD5, RIPEMD-160 und der Secure Hash Algorithm (SHA und SHA-1) eingesetzt.[2]

Die erstellte Prüfsumme wird mit dem privaten Schlüssel verschlüsselt, wodurch die digitale Signatur entsteht. Diese wird an den normalen Text als Zusatz angehängt, so dass die Nachricht selbst im Klartext lesbar bleibt. Im Ergebnis ist die digitale Signatur also eine Nummernfolge, die von Nachricht zu Nachricht unterschiedlich ist, weil die Nachricht selbst in die Signatur eingeht.

1 Zur Funktionsweise der Hashfunktion siehe insbesondere *Dobbertin*, DuD 1997, 84 f.; *Herda*, Zurechenbarkeit – Verbindlichkeit – Nichtabstreitbarkeit, S. 110.

2 Zu weiterführenden Informationen siehe http://www.digital-law.net/knupfer/algorithmen1.htm.

b) Prüfen der Signatur

Zur Verifizierung der digitalen Signatur benötigt der Empfänger den **öffentlichen Schlüssel** desjenigen, der die Signatur mit seinem privaten Schlüssel erstellt hat. Diesen öffentlichen Schlüssel kann der Absender entweder zusammen mit der Nachricht verschicken oder in ein öffentliches Verzeichnis einstellen, auf das der Empfänger zugreifen kann. 68

Technisch erfolgt die Prüfung in zwei Schritten:

Mittels des öffentlichen Schlüssels wird zunächst die digitale Signatur entschlüsselt. Aufgrund dieser Entschlüsselungsmöglichkeit wird der Nachweis geführt, dass die beiden Schlüssel zusammengehören.

Anschließend wird mittels des gleichen Hashalgorithmus, mit dem zuvor der Absender das Dokument komprimiert hat, die Prüfsumme des Dokuments erneut berechnet. Die beiden Prüfsummen werden sodann miteinander verglichen. Sind sie gleich, kann sich der Empfänger sicher sein, dass das Dokument seit der Signierung nicht verändert wurde. Selbst bei der geringsten Veränderung der Nachricht würden sich zwei voneinander abweichende Prüfsummen ergeben und der Empfänger könnte so eine nach der Erstellung der Signatur erfolgte Änderung der Nachricht feststellen (Nachweis der Integrität), wobei allerdings nicht nachgewiesen werden kann, an welcher Stelle die Änderung erfolgte.

c) Verbindung zwischen dem Schlüsselpaar und einer bestimmten Person

Die Möglichkeit, mittels des öffentlichen Schlüssels die Nachricht zu entschlüsseln, lässt allerdings lediglich den Schluss zu, dass die Signatur mittels eines bestimmten privaten Schlüssels erstellt wurde.[1] Dadurch wird aber noch keine Aussage darüber getroffen, wer den privaten Schlüssel eingesetzt hat. Da eine Identifikation des Absenders anhand der digitalen Signatur ausscheidet – denn diese ist infolge ihrer Textabhängigkeit für jeden Text verschieden – muss eine Verbindung zwischen dem Schlüsselinhaber und dem Schlüsselpaar hergestellt werden. Dies kann insbesondere durch eine elektronische Bescheinigung gewährleistet werden, in der die Zugehörigkeit eines Schlüsselpaares zu einer bestimmten Person bestätigt wird.[2] Diese Bescheinigung wird als **Zertifikat**[3] bezeichnet. Auf diese Weise wird der Nachweis der Authentizität geführt. 69

Der Empfänger wird aufgrund der in dem Zertifikat enthaltenen Angaben nur dann eine rechtsgeschäftliche Handlung vornehmen, wenn er der das Zertifikat ausstellenden Stelle vertraut. Um dieses Vertrauen aufzubauen, gibt es unterschiedliche Möglichkeiten.

1 *Bizer/Herda*, Kriterien zur Gewährleistung eines ausreichenden Beweiswertes digital signierter Dokumente im elektronischen Rechtsverkehr, S. 20.
2 *Roßnagel*, Die Infrastruktur sicherer und verbindlicher Telekooperation, S. 23.
3 Zur Erklärung des Begriffs „Signaturschlüssel-Zertifikat" siehe *Fox*, DuD 1997, 106.

aa) Web of Trust

70 Kennzeichen des „Web of Trust“ ist es, dass der Empfänger entweder den Aussteller des Zertifikats persönlich kennt oder einem anderen vertraut, der ihm die Seriosität des Ausstellers versichert. Dieses Verfahren wird durch die von *Phil Zimmermann* entwickelte und 1991 erstmals veröffentlichte Verschlüsselungssoftware **„Pretty Good Privacy“ (PGP)** unterstützt. PGP enthält eine Standardfunktion, durch die der Hashwert des öffentlichen Schlüssels gebildet wird. Dieser so genannte „Fingerabdruck“ besteht aus wenigen ASCII-Zeichen und kann somit leicht weitergegeben werden (zB auf einer Visitenkarte). Im Rahmen der Weitergabe des komprimierten öffentlichen Schlüssels kann sich der Empfänger der Identität des Schlüsselinhabers versichern. Erhält er eine Nachricht von dem Schlüsselinhaber, kann er aus dem öffentlichen Schlüssel mittels der gleichen Hashfunktion den „Fingerabdruck“ erzeugen und mit dem ihm übergebenen vergleichen. Durch den Vergleich der Werte wird der öffentliche Schlüssel verifiziert.[1] Der so verifizierte öffentliche Schlüssel kann auch an Dritte weitergegeben werden. Ob sich der Dritte dann auf die Verifikation verlassen wird, hängt davon ab, wie sehr er der Person, die ihm den Schlüssel weitergegeben hat, vertraut.

Da letztlich die Funktionsfähigkeit des Web of Trust auf der persönlichen Kenntnis der an dem Netzwerk Beteiligten beruht, ist es für offene Kommunikationsbeziehungen[2] wenig geeignet.[3]

bb) Zertifizierungsstellen

71 In offenen Netzen, in denen der Empfänger einer signierten Erklärung nicht die Möglichkeit hat, sich persönlich von der Identität des Schlüsselinhabers zu überzeugen, bedarf es des Zertifikats einer unabhängigen vertrauenswürdigen Instanz (**Zertifizierungsstelle** oder Trusted Third Party), damit der Empfänger auf die Zuordnung eines Schlüsselpaars zu einer bestimmten Person vertrauen kann.

cc) Sicherungsinfrastrukturen

72 Um die vertrauenswürdige Zuordnung eines Schlüsselpaares zu einer bestimmten Person zu gewährleisten, sind eine Reihe von **technischen und organisatorischen Anforderungen** zu erfüllen. So ist insbesondere sicherzustellen, dass der Inhaber des Schlüsselpaares zuverlässig identifiziert und

1 Vgl. insbesondere zur Erläuterung von PGP *Grimm*, DuD 1996, 34; *Camphausen*, DuD 1998, 382 ff.; *Roessler*, DuD 1998, 377 ff.; *Schneider/Bartosch*, DuD 2000, 394 f.

2 Offene Kommunikationsbeziehungen sind solche, die nicht auf einen bestimmten Teilnehmerkreis beschränkt sind und an denen auch Personen teilnehmen können, die bisher noch keinerlei Kontakt miteinander hatten.

3 *Roßnagel*, Die Infrastruktur sicherer und verbindlicher Telekooperation, S. 32.

ihm ein einmaliger Name zugeordnet wird.[1] Weiterhin ist eine sichere Schlüsselgenerierung, die sowohl durch den Teilnehmer selbst als auch durch die Zertifizierungsstelle vorgenommen werden kann,[2] und gegebenenfalls eine sichere Übergabe der Schlüssel zu gewährleisten. Die öffentlichen Schlüssel sind in öffentliche Datenbanken aufzunehmen, zu pflegen und dann zu sperren oder zurückzunehmen, wenn die Kompromittierung des privaten Schlüssels zu befürchten ist.

3. Überblick über die Regulierung von Signaturverfahren

Die Frage, ob diese technischen und organisatorischen Voraussetzungen 73
reguliert werden sollen, die notwendig sind, damit mittels digitaler Signaturen der Nachweis der Integrität und Authentizität erbracht werden kann, wird von den einzelnen Gesetzgebern sehr unterschiedlich gesehen. Dabei reicht die **Bandbreite der Ansätze** von der völligen Ablehnung „gesetzgeberischer Eingriffe" bis zur Regulierung aller wesentlichen technischen und organisatorischen Anforderungen zur Gewährleistung der Sicherheit von Signaturverfahren.[3] Diese Regulierungsvielfalt wird dem Charakter des Regelungsobjekts als Mittel zur Ermöglichung einer weltweiten beweissicheren Kommunikation nicht gerecht. Um die mit dem informationstechnischen Konzept der digitalen Signatur verbundenen Potentiale nutzen zu können, müsste man sich weltweit zumindest auf einen allgemein anerkannten Verbindlichkeitsgrad und Beweiswert einigen. Dieser weltweit akzeptierte Konsens ist schwer zu erzielen, weil es keinen weltweit zuständigen supranationalen Gesetzgeber gibt. Eine Einigung bedingt daher, dass alle Beteiligten Kompromisse eingehen. Einen wichtigen Beitrag zur Vereinheitlichung der rechtlichen Rahmenbedingungen leisten die Uniform Rules on Electronic Signatures vom Juli 2000, die seitens der UNCITRAL Working Group on Electronic Commerce erarbeitet wurden und den einzelnen nationalen Gesetzgebern zur Umsetzung vorgeschlagen werden.[4] Inwieweit dem dort vorgeschlagenen Regulierungsansatz gefolgt werden wird, bleibt abzuwarten.

4. Die Europäische Richtlinie über gemeinschaftliche Rahmenbedingungen für elektronische Signaturen

Um zumindest für die Europäische Union vereinheitlichte Rahmenbedin- 74
gungen zu schaffen, wurde am 13. Dezember 1999 die **Richtlinie des Euro-**

---

1 Vgl. dazu insbesondere *Hammer*, Gestaltungsbedarf und Gestaltungsoptionen für Sicherungsinfrastrukturen, S. 64.

2 Zu der Frage, welche Form der Schlüsselgenerierung zu befürworten ist, vgl. insbesondere *Federrath/Jerichow/Pfitzmann/Pfitzmann*, Mehrseitig sichere Schlüsselerzeugung, S. 117 ff.

3 Siehe zu einer Systematisierung der Ansätze in den Vereinigten Staaten *Miedbrodt*, Signaturregulierung im Rechtsvergleich, S. 36 f.

4 Die Uniform Rules on Electronic Signatures sind auf der Website der UNICITRAL unter http://www.unicitral.org veröffentlicht.

päischen Parlaments und des Rates über gemeinschaftliche Rahmenbedingungen für elektronische Signaturen (im Folgenden die Richtlinie für elektronische Signaturen) verabschiedet.[1] Sie trat am 19. Januar 2000 in Kraft.[2]

a) Überblick über die Richtlinie für elektronische Signaturen

75 **Regelungsgegenstand der Richtlinie für elektronische Signaturen** sind nicht allein digitale Signaturen. Um auch künftig sich erst entwickelnde Authentifizierungstechnologien nicht vom Anwendungsbereich der Richtlinie auszuschließen,[3] erstreckt sich der Regelungsbereich grundsätzlich auf elektronische Signaturen allgemein. Nicht erfasst sind elektronische Signaturen, die ausschließlich in Systemen verwendet werden, welche auf freiwilligen privatrechtlichen Vereinbarungen zwischen einer bestimmten Anzahl von Teilnehmern beruhen, weil insoweit ein Regulierungsbedarf verneint wird.[4]

Ebenso wie bei traditionell abgewickelten Geschäftsprozessen sind auch in der elektronischen Welt eine Fülle verschiedenster Anwendungen denkbar, die alle unterschiedliche Sicherheitsbedürfnisse aufweisen. Um dieser Vielfalt Rechnung zu tragen, unterscheidet die Richtlinie für elektronische Signaturen zwischen „elektronischen" und „fortgeschrittenen elektronischen Signaturen".

b) Elektronische Signaturen

76 „Elektronische Signaturen" sind **Daten in elektronischer Form, die anderen elektronischen Daten beigefügt oder logisch mit ihnen verknüpft sind und die zur Authentifizierung dienen.**[5] Darunter fallen vielfältigste Authentifizierungstechniken, wie zB eingescannte Unterschriften oder auch biometrische Verfahren.[6]

Für „elektronische Signaturen" werden keine speziellen Anforderungen formuliert, wodurch den Marktkräften Gestaltungsspielraum zur Spezifizierung von technischen und organisatorischen Anforderungen für die unterschiedlichsten Anwendungen eingeräumt wird. Um zur rechtlichen Anerkennung der „elektronischen Signatur" entsprechend dem Ziel der Richtlinie für elektronische Signaturen[7] beizutragen, ordnet die Richtlinie nach Art. 5 Abs. 2 an, dass die Mitgliedstaaten dafür Sorge tragen sollen, „dass einer elektronischen Signatur die rechtliche Wirksamkeit und Zulässigkeit als Beweismittel in Gerichtsverfahren nicht allein deshalb abgesprochen wird,

---

1 ABl. Nr. L 13 v. 19. 1. 2000, S. 12.

2 Dies ergibt sich aus Art. 14 der Richtlinie für elektronische Signaturen, wonach die Richtlinie am Tag ihrer Veröffentlichung im Amtsblatt der Europäischen Gemeinschaften in Kraft treten soll.

3 Vgl. Erwägungsgrund 8 der Richtlinie für elektronische Signaturen.

4 Vgl. Erwägungsgrund 16 der Richtlinie für elektronische Signaturen.

5 Vgl. Art. 2 Ziff. 1 der Richtlinie für elektronische Signaturen.

6 Siehe zu biometrischen Verfahren insbesondere auch *Wirtz*, DuD 1998, 129 ff.

7 Vgl. Art. 1 der Richtlinie für elektronische Signaturen.

- weil sie in elektronischer Form vorliegt
- nicht auf einem qualifizierten Zertifikat oder
- nicht auf einem von einem akkreditierten Zertifizierungsdiensteanbieter ausgestellten qualifizierten Zertifikat beruht oder
- nicht von einer sicheren Signaturerstellungseinheit erstellt wurde."

Durch diese Regelung soll sichergestellt werden, dass die nationalen Rechtssysteme der Mitgliedstaaten elektronische Signaturen grundsätzlich anerkennen und ihnen nicht die Wirksamkeit *allein* aufgrund der in Art. 5 Abs. 2 der Richtlinie für elektronische Signaturen genannten Umstände versagen. Eine Einschränkung der Wirksamkeit oder Beweiszulässigkeit elektronischer Signaturen ist also nur aus anderen Gründen möglich.

c) Fortgeschrittene elektronische Signaturen

aa) Definition

„**Fortgeschrittene elektronische Signaturen**" sind dagegen elektronische Signaturen, die folgende Anforderungen erfüllen: 77

- Sie sind ausschließlich dem Unterzeichner zugeordnet;
- sie ermöglichen die Identifizierung des Unterzeichners;
- sie werden mit Mitteln erstellt, die der Unterzeichner unter seiner alleinigen Kontrolle halten kann;
- sie sind so mit den Daten, auf die sie sich beziehen, verknüpft, dass eine nachträgliche Veränderung der Daten erkannt werden kann.[1]

Diese Funktionen einer „fortgeschrittenen elektronischen Signatur" lassen sich nach dem heutigen Stand der Technik ausschließlich durch die Technologie der digitalen Signatur realisieren.[2] Die Signatur wird dem Unterzeichner dadurch ausschließlich zugewiesen, dass allein der Signaturschlüsselinhaber den privaten Schlüssel in seinem Gewahrsam hat und dieser weder aus der Signatur noch aus dem öffentlichen Schlüssel errechenbar ist. Dadurch, dass der Signaturschlüsselinhaber die Einheit, auf der sein privater Schlüssel gespeichert ist, in seinem persönlichen Gewahrsam zu halten hat und der Schlüssel nur durch die Eingabe einer PIN oder durch die Anwendung eines biometrischen Verfahrens aktiviert werden kann, wird sichergestellt, dass die Signatur nur mit Mitteln erstellt wird, die der Unterzeichner unter seiner alleinigen Kontrolle halten kann. Die Identifizierung des Unterzeichners wird durch das Signaturschlüsselzertifikat gewährleistet. Dadurch, dass die digitale Signatur aus dem zu signierenden Text errechnet wird, ist sie auch so mit den Daten verknüpft, auf die sie sich bezieht, dass eine nachträgliche Veränderung der Daten erkannt werden kann.

1 Vgl. Art. 1 Ziff. 2 der Richtlinie für elektronische Signaturen.
2 Vgl. insbes. *Roßnagel*, MMR 1998, 332; *Grimm/Fox*, DuD 1998, 407; *Neuser*, MMR 1999, 69 Fn. 18.

bb) Technische und organisatorische Anforderungen

78 Im Gegensatz zu „elektronischen“ Signaturen werden in der Richtlinie für **„fortgeschrittene elektronische Signaturen“** technische und organisatorische Anforderungen formuliert. Das dadurch gewährleistete Sicherheitsniveau bildet die Grundlage dafür, dass rechtliche Folgen an diese Art von Signaturen geknüpft werden können. Die Anforderungen sind in den Anhängen I–III der Richtlinie für elektronische Signaturen enthalten. Des Weiteren enthält Anhang IV der Richtlinie Empfehlungen für die sichere Signaturprüfung.[1]

Nach Art. 5 Abs. 1 der Richtlinie für elektronische Signaturen sollen die Mitgliedstaaten dafür Sorge tragen, dass „fortgeschrittene elektronische Signaturen“

- die rechtlichen Anforderungen an eine Unterschrift in Bezug auf in elektronischer Form vorliegende Daten in gleicher Weise erfüllen wie eine handschriftliche Unterschrift in Bezug auf Daten, die auf Papier vorliegen und
- in Gerichtsverfahren als Beweismittel zugelassen sind,

wenn sie

- auf einem „qualifizierten Zertifikat“ beruhen und
- mittels einer „sicheren Signaturerstellungseinheit“ erstellt worden sind.

Ein **„qualifiziertes Zertifikat“** ist nach Art. 2 Nr. 10 der Richtlinie für elektronische Signaturen ein Zertifikat, das die Anforderungen des Anhangs I erfüllt und von einem „Zertifizierungsdiensteanbieter“[2] ausgestellt wird, der die Anforderungen des Anhangs II erfüllt.

„Sicher“ ist eine Signaturerstellungseinheit nach der Richtlinie für elektronische Signaturen dann, wenn sie die Anforderungen des Anhangs III erfüllt.[3]

Vereinfacht ausgedrückt, sollen die Rechtsfolgen des Art. 5 Abs. 1 der Richtlinie für elektronische Signaturen dann an „fortgeschrittene elektronische Signaturen“ geknüpft werden, wenn die Anforderungen der Anhänge I bis III der Richtlinie für elektronische Signaturen erfüllt sind.

(1) Anforderungen an Zertifikate nach Anhang I

79 Anhang I der Richtlinie für elektronische Signaturen regelt, welche inhaltlichen Angaben **„qualifizierte Zertifikate“** aufweisen müssen, wie beispielsweise die Angabe, dass das Zertifikat als qualifiziertes ausgestellt wird und wer dieses Zertifikat ausstellt. Des Weiteren muss das Zertifikat den Namen des Unterzeichners oder ein Pseudonym enthalten, das als solches zu identifizieren ist, sowie Platz für ein spezifisches Attribut des Unterzeichners

1 Vgl. auch Art. 3 Abs. 6 der Richtlinie für elektronische Signaturen.

2 „Zertifizierungsdiensteanbieter“ sind Stellen oder juristische oder natürliche Personen, die Zertifikate ausstellen oder anderweitige Dienste im Zusammenhang mit elektronischen Signaturen bereitstellen (Art. 2 Ziff. 11 der Richtlinie für elektronische Signaturen).

3 Art. 2 Ziff. 6 der Richtlinie für elektronische Signaturen.

vorsehen. Neben den Signaturprüfdaten, der Gültigkeitsdauer des Zertifikats und dem Identitätscode kann das Zertifikat gegebenenfalls auch Beschränkungen hinsichtlich seines Geltungsbereiches oder des Wertes der Transaktionen enthalten, für die das Zertifikat verwendet werden kann.[1] Zudem muss es mit einer „fortgeschrittenen elektronischen Signatur" des ausstellenden „Zertifizierungsdiensteanbieters" signiert sein.

(2) Anforderungen an Zertifizierungsdiensteanbieter nach Anhang II

Die in Anhang II enthaltenen **technischen und organisatorischen Anforde-** 80
rungen dienen dazu, die Sicherheit und die Vertrauenswürdigkeit der Zertifizierungsdienstleistungen zu gewährleisten.

Im Einzelnen sollen die Anforderungen sicherstellen, dass die „Zertifizierungsdiensteanbieter"

- dafür sorgen, dass die im Rahmen einer Sicherungsinfrastruktur notwendigen Dienstleistungen erbracht werden (wie Verzeichnis- und Widerrufsdienst[2] und Identifizierung[3]),
- zuverlässig sind[4],
- nur ausreichend fachkundiges Personal einsetzen[5],
- über ausreichende Finanzmittel verfügen[6],
- bestimmten Dokumentationspflichten nachkommen[7],
- vertrauenswürdige Systeme und Produkte einsetzen[8],
- bestimmten Unterrichtungs- und Aufklärungspflichten nachkommen.[9]

Von besonderer Wichtigkeit für die Möglichkeit, mittels elektronischer Signaturen den Nachweis der Integrität und Authentizität führen zu können, ist auch die Anforderung, dass „Zertifizierungsdiensteanbieter" keine Signaturerstellungsdaten von Personen speichern oder kopieren dürfen, denen Schlüsselmanagementdienste angeboten werden.[10] Andernfalls könnte sich der Signaturschlüsselinhaber unwiderlegbar auf die Behauptung zurückziehen, sein privater Schlüssel sei missbraucht worden. In diesem Fall ist der Nachweis der Integrität und Authentizität nicht mehr zu führen.[11]

---

1 Diese Angaben bilden den Ansatzpunkt für Haftungsbeschränkungen des „Zertifizierungsdiensteanbieters" gemäß Art. 6 Abs. 3 und 4 der Richtlinie für elektronische Signaturen.
2 Vgl. dazu Anhang II b), c) der Richtlinie für elektronische Signaturen.
3 Vgl. dazu Anhang II d) der Richtlinie für elektronische Signaturen.
4 Vgl. dazu Anhang II a) der Richtlinie für elektronische Signaturen.
5 Vgl. dazu Anhang II e) der Richtlinie für elektronische Signaturen.
6 Vgl. dazu Anhang II h) der Richtlinie für elektronische Signaturen.
7 Vgl. dazu Anhang II i) der Richtlinie für elektronische Signaturen.
8 Vgl. dazu Anhang II f) und l) der Richtlinie für elektronische Signaturen.
9 Vgl. dazu Anhang II k) der Richtlinie für elektronische Signaturen.
10 Vgl. dazu Anhang II j) der Richtlinie für elektronische Signaturen.
11 Vgl. dazu auch *Federrath*, DuD 1997, 98 f.

81 Zu den Kriterien, anhand derer die Vertrauenswürdigkeit der Produkte und Systeme bewertet werden soll, die der „Zertifizierungsdiensteanbieter“ einsetzt, enthält die Richtlinie für elektronische Signaturen selbst keine Aussagen. Diesbezüglich verweist sie auf die Beschlüsse eines gesondert zu bildenden „Ausschusses für elektronische Signaturen“.[1] Basierend auf den dort erzielten Ergebnissen kann die Kommission Referenznummern in Bezug auf allgemein anerkannte Produkte für elektronische Signaturen festlegen und im Amtsblatt der Europäischen Gemeinschaften veröffentlichen. Entspricht ein Produkt für elektronische Signaturen diesen Normen, können die Mitgliedstaaten davon ausgehen, dass die Anforderungen des Anhangs II der Richtlinie für elektronische Signaturen an die Vertrauenswürdigkeit der eingesetzten Produkte erfüllt sind.[2] Vorbereitet werden die Entscheidungen des Ausschusses für elektronische Signaturen in der so genannten European Electronic Signature Standardization Initiative (EESSI).[3] Dieses Gremium wurde von der Europäischen Kommission und dem European ICT Standards Board ins Leben gerufen. Aufgabe dieser Initiative ist, die bestehenden Standards auf nationaler und europäischer Ebene daraufhin zu untersuchen, ob sie sich zur Konkretisierung der Anforderungen, die die Richtlinie für elektronische Signaturen stellt, eignen und gegebenenfalls neue Standards zu entwickeln. Unterstützt wird EESSI dabei wiederum durch die European Standards Organizations CEN and ETSI.[4]

(3) Kontrolle der Anforderungen

82 Die in Anhang II der Richtlinie für elektronische Signaturen zusammengefassten Anforderungen an „Zertifizierungsdiensteanbieter“ sollen nach dem Konzept der Richtlinie für elektronische Signaturen nicht im Rahmen eines **Genehmigungsverfahren**s überprüft werden. Im Gegenteil ist es den Mitgliedstaaten nicht gestattet, die Bereitstellung von Zertifizierungsdiensten von einer vorherigen Genehmigung abhängig zu machen.[5] Darunter versteht die Richtlinie für elektronische Signaturen nicht nur eine Erlaubnis, nach der der betreffende „Zertifizierungsdiensteanbieter“ einen Bescheid der einzelstaatlichen Stelle einholen muss, bevor er seine Zertifizierungsdienste erbringen kann, sondern auch alle sonstigen Maßnahmen mit der gleichen Wirkung.[6]

83 Allerdings sind die Mitgliedstaaten nicht gehindert, **freiwillige Akkreditierungssysteme** einzuführen oder beizubehalten, die auf die Steigerung des Niveaus der erbrachten Zertifizierungsdienste abzielen.[7] Unter freiwilliger

1 Art. 9 Abs. 1 der Richtlinie für elektronische Signaturen.
2 Art. 3 Abs. 5 der Richtlinie für elektronische Signaturen.
3 *Gravesen/Dumortier/Van Eecke*, MMR 1999, 585.
4 Nähere Informationen dazu können unter http://www.ict.etsi.fr/eessi abgerufen werden.
5 Art. 3 Abs. 1 der Richtlinie für elektronische Signaturen.
6 Erwägungsgrund 10 der Richtlinie für elektronische Signaturen.
7 Art. 3 Abs. 2 der Richtlinie für elektronische Signaturen.

Akkreditierung ist nach der Richtlinie für elektronische Signaturen[1] eine Erlaubnis zu verstehen, mit der die Rechte und Pflichten für die Erbringung von Zertifizierungsdiensten festgelegt werden und die auf Antrag des betreffenden „Zertifizierungsdiensteanbieters“ von der öffentlichen oder privaten Stelle, die für die Festlegung dieser Rechte und Pflichten sowie für die Überwachung ihrer Einhaltung zuständig ist, erteilt wird, wenn der „Zertifizierungsdiensteanbieter“ die sich aus der Erlaubnis ergebenden Rechte nicht ausüben darf, bevor er den Bescheid der Stelle erhalten hat.[2]

Abgesehen von der Möglichkeit, die Einhaltung der Anforderungen der Richtlinie für elektronische Signaturen in einem Akkreditierungsverfahren zu überprüfen, wird die Befolgung der Vorgaben der Richtlinie letztlich durch ein von den Mitgliedstaaten einzurichtendes **Überwachungssystem** sichergestellt. Zusätzlich zu dem Überwachungssystem soll die zuverlässige Erbringung von Zertifizierungsdiensten durch Haftungsregelungen abgesichert werden.[3] Nach der Richtlinie für elektronische Signaturen sollen die Mitgliedstaaten zwei Mindestregelungen gewährleisten: „Zertifizierungsdiensteanbieter“ haften zum einen für die Vollständigkeit und Richtigkeit der in dem qualifizierten Zertifikat enthaltenen Angaben und zum anderen für die Registrierung des Widerrufs des Zertifikats. Von der Haftung sind sie nur befreit, wenn sie nachweisen können, dass sie nicht fahrlässig gehandelt haben.[4] 84

(4) Anforderungen an Signaturerstellungseinheiten nach Anhang III

Eine „**Signaturerstellungseinheit**“ ist nach der Definition der Richtlinie für elektronische Signaturen eine konfigurierte Software oder Hardware, die zur Implementierung der Signaturerstellungsdaten verwendet wird.[5] Unter „Signaturerstellungsdaten“ sind einmalige Daten wie Codes oder private kryptographische Schlüssel zu verstehen, die vom Unterzeichner zur Erstellung einer elektronischen Signatur verwendet werden.[6] Bezogen auf die Technologie der digitalen Signatur sind „Signaturerstellungseinheiten“ die Chipkarten, Smartdisks oder portablen Computer (Personal Digital Assistant), auf denen der private Schlüssel gespeichert ist. 85

„**Sicher**“ ist eine Signaturerstellungseinheit nach der Richtlinie für elektronische Signaturen dann, wenn sie die Anforderungen des Anhangs III erfüllt.[7] Diese Anforderungen dienen dazu, die Funktionalität „fortgeschrittener elektronischer Signaturen“ zu gewährleisten. So müssen „sichere Signaturerstellungseinheiten“ durch geeignete Technik und Verfahren zumindest gewährleisten, dass 86

1 Art. 2 Nr. 13 der Richtlinie für elektronische Signaturen.
2 Art. 2 Nr. 13 der Richtlinie für elektronische Signaturen.
3 Art. 6 der Richtlinie für elektronische Signaturen.
4 Art. 6 Abs. 1 und 2 der Richtlinie für elektronische Signaturen.
5 Art. 2 Ziff. 5 der Richtlinie für elektronische Signaturen.
6 Art. 2 Ziff. 4 der Richtlinie für elektronische Signaturen.
7 Art. 2 Ziff. 6 der Richtlinie für elektronische Signaturen.

- die für die Erzeugung der Signatur verwendeten Signaturerstellungsdaten praktisch nur einmal auftreten können und dass ihre Geheimhaltung hinreichend gewährleistet ist;
- die für die Erzeugung der Signatur verwendeten Signaturerstellungsdaten mit hinreichender Sicherheit nicht abgeleitet werden können und die Signatur vor Fälschungen bei Verwendung der jeweils verfügbaren Technologie geschützt ist;
- die für die Erzeugung der Signatur verwendeten Signaturerstellungsdaten von dem rechtmäßigen Unterzeichner vor der Verwendung durch andere verlässlich geschützt werden können.

Des Weiteren sollen „sichere Signaturerstellungseinheiten" die unterzeichnenden Daten nicht verändern und nicht verhindern, dass diese Daten dem Unterzeichner vor dem Signiervorgang dargestellt werden.

Die Übereinstimmung von „Signaturerstellungseinheiten" mit den Anforderungen des Anhangs III soll durch geeignete öffentliche oder private Stellen festgestellt werden, die von den Mitgliedstaaten benannt werden. Gestützt auf die Ergebnisse des „Ausschusses für elektronische Signaturen" hat die Kommission die Kriterien festgelegt, anhand derer die Mitgliedstaaten bestimmen, ob eine Stelle zur Benennung geeignet ist.[1]

Ebenso wie bei der Beurteilung der Vertrauenswürdigkeit der von den „Zertifizierungsdiensteanbietern" eingesetzten Produkte und Systeme kann die Kommission auch für „Signaturerstellungseinheiten" nach dem Verfahren des Art. 9 Referenznummern für allgemein anerkannte Normen und Produkte festlegen und im Amtsblatt veröffentlichen. Entspricht ein Produkt diesen Normen, können die Mitgliedstaaten davon ausgehen, dass die Anforderungen des Anhangs III der Richtlinie für elektronische Signaturen erfüllt sind.[2]

cc) Rechtsfolgen für „fortgeschrittene elektronische Signaturen"

87 Bei der Beurteilung der rechtlichen Wirkungen, auf die **Art. 5 Abs. 1 a) der Richtlinie für elektronische Signaturen** abzielt, muss ergänzend Art. 9 der am 17. 7. 2000 in Kraft getretenen Europäischen Richtlinie über bestimmte rechtliche Aspekte der Dienste der Informationsgesellschaft, insbesondere des elektronischen Geschäftsverkehrs, im Binnenmarkt („Richtlinie über den elektronischen Geschäftsverkehr") betrachtet werden.[3] Nach dieser Bestimmung sind die Mitgliedstaaten verpflichtet, sicherzustellen, dass ihr Rechtssystem den Abschluss von Verträgen auf elektronischem Wege ermöglicht.

1 Art. 3 Abs. 4 der Richtlinie für elektronische Signaturen; vgl. dazu die Entscheidung der Kommission vom 6. 11. 2000 über die Mindestkriterien, die von den Mitgliedstaaten bei der Benennung der Stellen gemäß Art. 3 Abs. 4 der Richtlinie 1999/93/EG des Europäischen Parlaments und des Rates über gemeinschaftliche Rahmenbedingungen für elektronische Signaturen zu berücksichtigen sind; ABl. Nr. L 289 v. 16. 11. 2000, S. 42.

2 Art. 3 Abs. 5 der Richtlinie für elektronische Signaturen.

3 ABl. Nr. L 178/1 vom 17. 7. 2000.

Dazu sollen sie insbesondere gewährleisten, dass ihre für den Vertragsabschluss geltenden Rechtsvorschriften weder Hindernisse für die Verwendung elektronischer Verträge bilden noch dazu führen, dass diese Verträge aufgrund des Umstandes, dass sie auf elektronischem Weg zustande gekommen sind, keine rechtliche Wirksamkeit oder Gültigkeit haben. In Umsetzung dieser Verpflichtung sind die Mitgliedstaaten insbesondere gehalten, ihre Formvorschriften zu überprüfen. Soweit im Rahmen dessen die Funktionalitäten der handschriftlichen Unterschrift in elektronische Medien übertragen werden mussen, gelten die Anforderungen des Art. 5 Abs. 1 a) der Richtlinie für elektronische Signaturen.[1] (Siehe zur Umsetzung dieser Anforderungen in Deutschland die Erörterungen unter Rz. 97.)

Durch **Art. 5 Abs. 1 b) der Richtlinie für elektronische Signaturen** sollen 88
Beschränkungen der rechtlichen Wirksamkeit und der Zulässigkeit elektronischer Signaturen in Gerichtsverfahren beseitigt werden, die in manchen Rechtssystemen für elektronische Dokumente bestehen. So bestimmen beispielsweise das belgische oder das französische Recht, dass bestimmte Verträge ab einem festgelegten Streitwert ausschließlich durch eine unterschriebene Urkunde bewiesen werden können.[2]

Im Unterschied dazu kennt das deutsche Prozessrecht keine Einschränkungen für die Beweisführung mit Hilfe elektronischer Dokumente. Aus diesem Grunde ergibt sich für das deutsche Recht kein Anpassungsbedarf, weshalb sich der deutsche Gesetzgeber in Art. 2 Nr. 6 des Gesetzes zur Anpassung der Formvorschriften des Privatrechts und anderer Vorschriften an den modernen Rechtsgeschäftsverkehr vom 13. 7. 2001[3] auf folgende klarstellende Ergänzung des § 371 ZPO beschränkt hat: „Ist ein elektronisches Dokument Gegenstand des Beweises, wird der Beweis durch Vorlegung oder Übermittlung der Datei angetreten; befindet sich diese nicht im Besitz des Beweisführers, gelten die §§ 422 bis 432 entsprechend".

5. Umsetzung der Richtlinie für elektronische Signaturen in Deutschland[4]

Aufgrund von Art. 249 Satz 4 EG-Vertrag iVm. Art. 13 der Richtlinie für 89
elektronische Signaturen waren die Mitgliedstaaten bis zum 19. 7. 2001 zur **Umsetzung der Richtlinie in das nationale Recht** verpflichtet.[5] In Anbe-

---

1 Erwägungsgrund 34 der Richtlinie über den elektronischen Geschäftsverkehr.

2 Vgl. dazu Interdisciplinary Centre for Law and Information Technology, The Legal Aspects of Digital Signatures, Report III, S. 82; *Boriths-Müller/Roessler*, DuD 1999, 497 ff.

3 BGBl. I 2001, S. 1542.

4 Vgl. zur Umsetzung der Richtlinie in anderen Mitgliedstaaten der Europäischen Union *Dumortier/Rinderle*, CRI 2001, 5 ff.

5 Zu den Unterschieden zwischen der Richtlinie für elektronische Signaturen und dem SigG aF siehe insbesondere *Roßnagel*, Der europäische Standard: Die elektronische Signatur der europäischen Richtlinie, S. 223 ff.; *Tettenborn*, Die Evaluierung des Signaturgesetzes und Umsetzung der EG-Signaturrichtlinie, S. 237 ff.

tracht dieser Verpflichtung wurde das Gesetz über Rahmenbedingungen für elektronische Signaturen und zur Änderung weiterer Vorschriften (im folgenden SigG) verabschiedet,[1] durch das das Signaturgesetz vom 22. 7. 1997[2] novelliert wurde. Im Rahmen der Novellierung wurden auch die Ergebnisse der Evaluierung des Signaturgesetzes von 1997 berücksichtigt.[3]

Daneben wurde auch die das SigG ergänzende und näher spezifizierende Signaturverordnung vom 22. 10. 1997[4] novelliert. Die neue Signaturverordnung ist am 22. 11. 2001 in Kraft getreten.[5]

a) Konzeption des SigG

90 In Anpassung an die Richtlinie für elektronische Signaturen erstreckt sich der **Anwendungsbereich des SigG** allgemein auf elektronische Signaturen und beschränkt sich nicht mehr nur auf die Technologie der digitalen Signatur.[6]

Ebenso wie die Richtlinie für elektronische Signaturen unterscheidet das SigG zwischen den „elektronischen"[7] und den „fortgeschrittenen elektronischen Signaturen".[8] Darüber hinaus führt es noch die Kategorie der „qualifizierten elektronischen Signatur" ein.

„Qualifizierte elektronische Signaturen" sind nach dem SigG[9] „fortgeschrittene elektronische Signaturen, die auf einem zum Zeitpunkt ihrer Erzeugung

1 BGBl. I 2001, S. 876.
2 BGBl. I 1997, S. 1870.
3 Eine derartige Überprüfung des Signaturgesetzes wurde im Rahmen des Gesetzgebungsverfahrens zum IuKDG vom Bundestag gefordert. Grund dieses Beschlusses (BT-Drucks. 13/7935, S. 2, siehe dazu auch *Engel-Flechsig*, DuD 1997, 476) war die Empfehlung des Bundesrates, das SigG aus dem IuKDG zu streichen (BR-Drucks. 966/2/96, S. 21). Vgl. Bericht der Bundesregierung über die Erfahrungen und Entwicklungen bei den neuen Informations- und Kommunikationsdiensten im Zusammenhang mit der Umsetzung des Informations- und Kommunikationsdienste-Gesetzes (IuKDG) vom 18. 6. 1999, BT-Drucks. 14/1191.
4 BGBl. I 1997, S. 2498.
5 BGBl. I 2001, S. 3074; siehe zur Stellungnahme von TeleTrust e.V. zum Arbeitspapier zur Vorbereitung einer Verordnung zur elektronischen Signatur und zur Umstellung der Gebühren auf Euro vom 30. 11. 2000, DuD 2001, 79 ff.
6 Vgl. im Unterschied dazu § 1 Abs. 1 SigG aF, wonach Zweck des Gesetzes die Schaffung rechtlicher Rahmenbedingungen für digitale Signaturen war.
7 „Elektronische Signaturen" sind nach § 2 Nr. 1 SigG Daten in elektronischer Form, die anderen elektronischen Daten beigefügt oder logisch mit ihnen verknüpft sind und die zur Authentifizierung dienen.
8 „Fortgeschrittene elektronische Signaturen" sind gemäß § 2 Nr. 2 SigG elektronische Signaturen, die a) ausschließlich dem Signaturschlüssel-Inhaber zugeordnet sind, b) die Identifizierung des Signaturschlüssel-Inhabers ermöglichen, c) mit Mitteln erzeugt werden, die der Signaturschlüssel-Inhaber unter seiner alleinigen Kontrolle halten kann, und d) mit den Daten, auf die sie sich beziehen, so verknüpft sind, dass eine nachträgliche Veränderung der Daten erkannt werden kann.
9 § 2 Nr. 3 SigG.

gültigen „qualifizierten Zertifikat" beruhen und mit einer „sicheren Signaturerstellungseinheit" erzeugt werden.

Mit dem Begriff der **„qualifizierten elektronischen Signatur"** hat das SigG die Voraussetzungen zusammengefasst, die Art. 5 Abs. 1 der Richtlinie für elektronische Signaturen an die Anknüpfung von rechtlichen Wirkungen an „fortgeschrittene elektronische Signaturen" stellt. 91

b) Technische und organisatorische Anforderungen an Zertifizierungsdiensteanbieter

Bei der Umsetzung der **technischen und organisatorischen Anforderungen an „Zertifizierungsdiensteanbieter"** geht das SigG an einigen Stellen über die Anforderungen der Richtlinie für elektronische Signaturen hinaus.[1] 92

So sind nach § 17 Abs. 2 SigG für die Darstellung der zu signierenden Daten „Signaturanwendungskomponenten"[2] erforderlich, die die Erzeugung einer „qualifizierten elektronischen Signatur" vorher eindeutig anzeigen und feststellen lassen, auf welche Daten sich die Signatur bezieht, während nach Anhang III Nr. 2 der Richtlinie für elektronische Signaturen lediglich gefordert ist, dass die „sicheren Signaturerstellungseinheiten" nicht verhindern sollen, dass diese Daten dem Unterzeichner vor dem Signiervorgang dargestellt werden.

Ein weiteres Beispiel ist auch § 5 Abs. 6 SigG, wonach ein „Zertifizierungsdiensteanbieter" verpflichtet ist, sich bei der Ausstellung eines „qualifizierten Zertifikats" in geeigneter Weise davon zu überzeugen, dass der Antragsteller die zugehörige „sichere Signaturerstellungseinheit" besitzt. Nach der Richtlinie für elektronische Signaturen muss ein „Zertifizierungsdiensteanbieter" dafür lediglich haftungsrechtlich einstehen.[3]

c) Anzeige oder Akkreditierung

In Umsetzung des Art. 3 Abs. 1 der Richtlinie für elektronische Signaturen bedarf der Betrieb eines Zertifizierungsdienstes keiner besonderen Genehmigung.[4] Allerdings muss der Betrieb eines Zertifizierungsdienstes der Regulierungsbehörde für Telekommunikation und Post als der zuständigen Behör- 93

1 Vgl. dazu auch TeleTrust Deutschland e.V., Stellungnahme zum Diskussionsentwurf eines Gesetzes über Rahmenbedingungen für elektronische Signaturen Version 07 (Stand April 2000), *Rieß*, DuD 2000, 530.

2 „Signaturanwendungskomponenten" sind Software- und Hardwareprodukte, die dazu bestimmt sind, a) Daten dem Prozess der Erzeugung oder Prüfung qualifizierter elektronischer Signaturen zuzuführen oder b) qualifizierte elektronische Signaturen zu prüfen oder qualifizierte Zertifikate nachzuprüfen und die Ergebnisse anzuzeigen (§ 2 Nr. 11 SigG).

3 Vgl. Art. 6 Abs. 1 b) der Richtlinie für elektronische Signaturen.

4 § 4 Abs. 1 SigG.

de[1] spätestens mit dessen Aufnahme angezeigt werden. Mit der **Anzeige** ist außerdem darzulegen, dass die technischen und organisatorischen Anforderungen, die das Gesetz vorschreibt, erfüllt sind.[2] Dazu hat der „Zertifizierungsdiensteanbieter" ein Sicherheitskonzept zu erstellen.[3]

94 Neben diesem Anzeigeverfahren eröffnet das SigG den „Zertifizierungsdiensteanbietern" auch die Möglichkeit der **Akkreditierung**. Hierbei müssen die „Zertifizierungsdiensteanbieter" bei Aufnahme der Tätigkeit nachweisen, dass sie die gesetzlichen Anforderungen erfüllen.[4] Dies erfolgt durch eine umfassende Prüfung des Sicherheitskonzepts durch anerkannte Prüf- und Bestätigungsstellen.[5] Im Ergebnis erhalten „akkreditierte Zertifizierungsdiensteanbieter" ein Gütezeichen der zuständigen Behörde, durch das der Nachweis der umfassend geprüften technischen und administrativen Sicherheit für die auf „qualifizierten Zertifikaten" beruhenden „qualifizierten elektronischen Signaturen" zum Ausdruck gebracht wird. Im Rechtsverkehr dürfen sie sich als „akkreditierte Zertifizierungsdiensteanbieter" bezeichnen und auf die nachgewiesene Sicherheit berufen.[6] Der wesentliche Unterschied zwischen akkreditierten und nicht akkreditierten „Zertifizierungsdiensteanbietern" besteht im Grunde darin, dass die Qualität qualifizierter elektronischer Signaturen angemeldeter „Zertifizierungsdiensteanbieter" weitgehend auf den Erklärungen der Unternehmen beruht, welche die dafür benötigten Leistungen und Produkte anbieten, während die Qualität „qualifizierter elektronischer Signaturen" freiwillig anerkannter „Zertifizierungsdiensteanbieter" durch unabhängige Dritte umfassend geprüft, bestätigt und dokumentiert wird.[7]

95 Aufgrund des Verbots, die Erbringung von Zertifizierungsdienstleistungen von einer vorherigen Genehmigung abhängig zu machen (Art. 3 Abs. 1 der Richtlinie für elektronische Signaturen), ist der Gesetzgeber gehindert, eine Akkreditierung vorzuschreiben. Nur für den **öffentlichen Bereich** können „qualifizierte elektronische Signaturen", die auf einem „qualifizierten Zertifikat" eines akkreditierten „Zertifizierungsdiensteanbieters" beruhen, verlangt werden, wenn die spezifischen Merkmale der betreffenden Anwendung dies erfordern.[8] Dies entspricht Art. 3 Abs. 7 der Richtlinie für elektronische Signaturen, wonach die Mitgliedstaaten ermächtigt sind, den Einsatz elektronischer Signaturen im öffentlichen Bereich zusätzlichen Anforderungen zu unterwerfen. Allerdings schreibt die Richtlinie für elektronische Signaturen vor, dass die Anforderungen objektiv, transparent, verhältnismäßig und nicht diskriminierend sein dürfen und dass sie sich auf die

1 § 3 SigG iVm. § 66 TKG.
2 § 4 Abs. 3 iVm. Abs. 2 SigG.
3 § 4 Abs. 2 Satz 4 SigG.
4 § 15 Abs. 1 Satz 1 und 2 SigG.
5 § 15 Abs. 2 Satz 1 SigG.
6 § 15 Abs. 1 Satz 4 u. 5 SigG.
7 So auch *Geis*, MMR 2000, 671.
8 § 1 Abs. 3 SigG.

spezifischen Merkmale der betreffenden Anwendung beziehen müssen. In Umsetzung dieser Anforderungen werden derzeit das Verwaltungsverfahrensgesetz sowie die Abgabenordnung und das Sozialgesetzbuch geändert.[1]

d) Kontrolle

Mit der Anzeige über die Aufnahme der Zertifizierungstätigkeit bzw. der Akkreditierung unterliegt der „Zertifizierungsdiensteanbieter" der **Aufsicht der Regulierungsbehörde für Telekommunikation und Post**.[2] Sie ist ermächtigt, entsprechende Maßnahmen zur Sicherstellung der Einhaltung der gesetzlichen Anforderungen zu treffen, wozu auch die vorübergehende, teilweise oder gänzliche Untersagung des Betriebes des „Zertifizierungsdiensteanbieters"[3] oder die Anordnung der Sperrung von Zertifikaten[4] zählt. 96

Für „akkreditierte Zertifizierungsdiensteanbieter" sieht das SigG zudem eine regelmäßige Prüfung und Bestätigung der Einhaltung der gesetzlichen Anforderungen durch anerkannte Prüf- und Bestätigungsstellen vor.[5]

e) Rechtsfolgen

aa) Ersetzung der Schriftform im Bürgerlichen Recht

In Umsetzung der sich aufgrund von Art. 9 der Richtlinie über den elektronischen Geschäftsverkehr für die Mitgliedstaaten ergebenden Verpflichtung und um die beginnende unübersichtliche und dogmatische Zersplitterung der Formvorschriften durch eine Vielzahl von Ausnahmeregelungen zu vermeiden (vgl. § 8 MHG, § 4 Abs. 1 Satz 3 VerbrKG), wurde das Gesetz zur Anpassung der Formvorschriften des Privatrechts und anderer Vorschriften an den modernen Rechtsverkehr verabschiedet (siehe dazu auch die Ausführungen in Rz. 101 ff.).[6] 97

Diese Novellierung wurde notwendig, weil eine mit einer „qualifizierten elektronischen Signatur" versehene Erklärung nicht das **Schriftformerfordernis des § 126 Abs. 1 BGB** erfüllte. Hierzu war neben dem notariell beglaubigten Handzeichen die eigenhändige Unterzeichnung einer über den Vertrags- bzw. Erklärungsinhalt errichteten Urkunde durch den Aussteller erforderlich. Eine elektronisch signierte Erklärung kann aber weder schriftlich unterzeichnet werden, noch handelt es sich um eine Urkunde, weil ein 98

---

1 Siehe dazu den Entwurf eines Dritten Gesetzes zur Änderung verwaltungsverfahrensrechtlicher Vorschriften (3. VwVfÄndG) vom 16. 7. 2001, abzurufen unter http://www.bmi.bund.de.

2 § 19 Abs. 1 SigG.

3 § 19 Abs. 3 SigG.

4 § 19 Abs. 4 SigG.

5 § 15 Abs. 2 Satz 2 SigG.

6 Siehe zum Vorentwurf vom 6. 9. 2000 *Scheffler/Dressel*, CR 2000, 378; zum Vorentwurf vom 19. 5. 1999 siehe *Malzer*, Gesetzesentwurf des BMJ: Die Anpassung der Formvorschriften an den modernen Rechtsverkehr, S. 171 ff.

elektronisches Dokument keine schriftlich verkörperte Gedankenerklärung darstellt.

99 Das Merkmal der **Schriftlichkeit** scheitert daran, dass ein elektronisches Dokument nicht in Schriftzeichen abgefasst ist, auch wenn der Text auf dem Bildschirm in Schriftzeichen erscheint. Tatsächlich ist das elektronische Dokument aus einem binären Code zweier Ziffern 0 und 1 zusammengesetzt, denen eine bestimmte Interpretationsregel zugrunde liegt.[1]

100 **Verkörpert** ist das elektronische Dokument deshalb nicht, weil es nicht aus sich heraus wahrgenommen werden kann. Um es lesbar zu machen, bedarf es technischer Hilfsmittel.[2] Etwas anderes ergibt sich auch nicht aus der Rechtsprechung. Eine Tendenz, neue Übermittlungstechniken und Verfahren zur Übermittlung von Erklärungen anzuerkennen, besteht höchstens für die Übermittlung von fristwahrenden anwaltlichen Schriftsätzen an das Gericht. Zweck dieser Rechtsprechung ist es, dem Rechtssuchenden die Ausschöpfung der Rechtsmittelfristen zu ermöglichen.[3]

101 Um Verträge, die zu ihrer Wirksamkeit der Schriftform nach § 126 Abs. 1 BGB bedürfen, auch elektronisch schließen zu können, regelt das Gesetz zur Anpassung der Formvorschriften Anforderungen an die **„elektronische Form“**, die grundsätzlich die Schriftform ersetzen kann. Etwas anderes gilt nur dann, wenn dies durch gesetzliche Vorschriften ausgeschlossen wird.[4] Das Gesetz zur Anpassung der Formvorschriften schließt die „elektronische Form“ unter anderem in folgenden Fällen aus: bei der Kündigung oder Aufhebung von Arbeitsverhältnissen (§ 623 BGB), bei der Erteilung von Arbeitzeugnissen (§ 630 BGB), für die Erteilung der Bürgschaftserklärung (§ 766 BGB), die Abgabe eines Schuldversprechens (§ 780 BGB) oder eines Schuldanerkenntnisses (§ 781 BGB).[5] Diese Ausnahmen sind entweder durch die Richtlinie über den elektronischen Geschäftsverkehr ausdrücklich zugelassen (Bürgschaft[6] bzw. Vorschriften des Arbeitsrechts[7]) oder werden innerhalb der Umsetzungsfrist dieser Richtlinie (bis zum 17. 1. 2002) im Hinblick auf die Zulassung der elektronischen Form geprüft.

---

1 Siehe dazu insbesondere *Bizer/Hammer*, DuD 1993, 623.

2 *Provet/GMD*, Simulationsstudie Rechtspflege, S. 228.

3 Vgl. dazu beispielsweise BGH, Urteil vom 28. 1. 1993 – IX ZR 259/91, BGHZ 121, 224 (229). Eine Auswertung dieser Rechtsprechung bieten *Bachhofer*, NJW-CoR 1993, 27; *Bizer*, Digitale Dokumente im elektronischen Rechtsverkehr, S. 153 ff.

4 § 126 Abs. 3 BGB nF lautet: „Die schriftliche Form kann durch die elektronische Form ersetzt werden, wenn sich nicht aus dem Gesetz ein anderes ergibt.“

5 Die Arbeitsgemeinschaft der Verbraucherverbände plädierte in ihrer Stellungnahme vom 11. 8. 2000 zum Entwurf eines Gesetzes zur Anpassung der Formvorschriften des Privatrechts an den modernen Rechtsverkehr, Stand 5. 6. 2000, S. 6 dafür, dass die elektronische Form auch bei § 15 VerbrKG ausgeschlossen werden sollte.

6 Vgl. Art. 9 Abs. 2 c) der Richtlinie über den elektronischen Geschäftsverkehr.

7 Für den Abschluss von Arbeitsverträgen bleibt es wie bisher den Tarifparteien im Rahmen ihrer Privatautonomie vorbehalten, über das Formerfordernis zu befinden. Deshalb können Tarifparteien weiterhin nur die Schriftform vorsehen und die elektronische Form ausschließen.

Die **Anforderungen an die „elektronische Form"** sind erfüllt, wenn der Aussteller dem Text seinen Namen hinzufügt und das elektronische Dokument mit einer „qualifizierten elektronischen Signatur" nach dem Signaturgesetz versieht (§ 126a Abs. 1 BGB). Die elektronische Signatur ist Substitut für die eigenhändige Unterschrift. Werden diese Vorgaben nicht eingehalten, ist die elektronische Willenserklärung – wenn sie formbedürftig ist – gemäß § 125 BGB nichtig. Bei einem Vertrag wird verlangt, dass die Parteien jeweils ein gleich lautendes Dokument in der beschriebenen Weise elektronisch signieren (§ 126a Abs. 2 BGB). Es reicht daher anders als bei herkömmlichen Schriftstücken nicht aus, dass jeder Vertragspartner seine eigene Angebots- und Annahmeerklärung elektronisch signiert.[1] Bei der elektronischen Form ist dem Vertragspartner daher das gesamte Vertragsdokument sowie die elektronische Signierung des Dokuments zuzusenden.[2] 102

Bei der **durch Rechtsgeschäft bestimmten (gewillkürten) Schriftform** ist es nicht erforderlich, dass die Signatur die Anforderungen des Signaturgesetzes erfüllt. Die Parteien können daher insoweit auch einfache elektronische Signaturen vorsehen. Wird von der einfachen Signatur Gebrauch gemacht, kann der andere Vertragsteil verlangen, dass das Geschäft nachträglich mit einer qualifizierten elektronischen Signatur versehen wird. Steht die entsprechende Ausführung nicht zur Verfügung, kann statt dessen die Unterzeichnung verlangt werden.[3] 103

Neben der „elektronischen Form" sieht das Gesetz zur Anpassung der Formvorschriften die „**Textform**" vor, die die Schriftform dann ersetzen kann, wenn dies ausdrücklich gesetzlich zugelassen ist (§ 126b BGB).[4] Die Anforderungen an die „Textform" sind dann erfüllt, wenn die Erklärung in einer Urkunde oder auf andere zur dauerhaften Wiedergabe in Schriftzeichen geeigneten Weise abgegeben, die Person des Erklärenden genannt und der Abschluss der Erklärung durch Nachbildung der Namensunterschrift oder anders erkennbar gemacht worden ist. Da bei der Textform die eigenhändige Unterschrift und die Papierform entbehrlich sind, ist sie jeder Übermittlungsart – abgesehen von der mündlichen – zugänglich. Somit kommen neben der brieflichen Übermittlung insbesondere Telefax, E-Fax und E-Mail in Betracht. Nicht ausreichend ist die digitalisierte gesprochene Mitteilung, 104

1 Begründung zum Entwurf eines Gesetzes zur Anpassung der Formvorschriften des Privatrechts und anderer Vorschriften an den modernen Rechtsgeschäftsverkehr vom 6. 9. 2000, S. 33.

2 *Vehslage*, DB 2000, 1802.

3 § 127 Abs. 2 BGB nF.

4 Vgl. zur Kritik des Rechtsinstituts „der Textform" die Stellungnahme der Arbeitsgemeinschaft der Verbraucherverbände vom 11. 8. 2000 zum Entwurf eines Gesetzes zur Anpassung der Formvorschriften des Privatrechts an den modernen Rechtsverkehr, Stand 5. 6. 2000, S. 7 f., sowie die Stellungnahme der Bundesnotarkammer, Anlage 1, die einen Bedarf für eine neue Formvorschrift verneint; der Kritik zustimmend auch *Geis*, Die elektronische Signatur als Bestandteil rechtssicheren Geschäftsverkehrs, S. 165.

die beim Empfänger erst noch in Zeichen umgewandelt werden muss.[1] Die Textform soll die Schriftform insbesondere in Bereichen ablösen, in denen ein dem Schriftformerfordernis vergleichbarer Sicherheitsstandard nicht erforderlich ist, weil es sich um Erklärungen ohne erhebliche Beweiswirkung sowie mit nicht erheblichen und leicht wieder rückgängig zu machenden Rechtsfolgen handelt und weil es keines dem schriftlichen Formgebot immanenten Schutzes des Erklärenden mittels der Warnfunktion bedarf.[2] Deshalb eignet sich die „Textform" nicht für Bereiche, in denen die Schriftform wegen ihrer Warn- oder Beweisfunktion angeordnet wurde.

105 Daneben gibt es **spezielle Bestimmungen**, die in Anpassung an die modernen Informations- und Kommunikationstechniken regeln, wie die Schriftform ersetzt werden kann. Verwiesen sei in diesem Zusammenhang auf das Gesetz zur Namensaktie und zur Erleichterung der Stimmrechtsausübung (NaStraG), durch dessen Vorschriften die Bevollmächtigung zur Stimmrechtsausübung erleichtert wird. Nach § 134 Abs. 3 Satz 2 AktG aF erforderte die Vollmacht, mittels derer ein Aktionär einen anderen zur Ausübung seines Stimmrechts bevollmächtigten konnte, die Schriftform. In dieser Hinsicht sieht das NaStraG eine Erleichterung vor, indem es das Formerfordernis für die Bevollmächtigung von Kreditinstituten nach § 135 Abs. 1 Satz 1 AktG streicht und die Schriftform der Bevollmächtigung nach § 134 Abs. 3 Satz 1 AktG satzungsdispositiv stellt (§ 134 Abs. 3 Satz 2 AktG).[3]

bb) Beweisrechtliche Regelungen in der Zivilprozessordnung

106 Nach geltendem Recht finden auf elektronisch signierte Dokumente die **Beweisvermutungen für Privaturkunden** nach §§ 416, 440 ZPO keine Anwendung, weil elektronische Dokumente keine Urkunden im Sinne des Zivilprozessrechts sind (vgl. dazu bereits die Ausführungen unter Rz. 100). Vielmehr unterliegen die mittels eines elektronisch signierten Dokuments abgegebenen Erklärungen dem Augenscheins- und Sachverständigenbeweis nach §§ 371 ff., 402 ff. ZPO.[4]

107 Zum Schutz des Empfängers, der darauf vertraut, dass eine mittels einer „qualifizierten elektronischen Signatur" versehene Erklärung tatsächlich von dem Signaturschlüsselinhaber stammt, sieht das Gesetz zur Anpassung der Formvorschriften auch beweisrechtliche Regelungen vor. So bestimmt **292a ZPO**, dass „der Anschein der Echtheit einer in elektronischer Form (§ 126a BGB) vorliegenden Erklärung, der sich aufgrund der Prüfung nach dem

1 *Vehslage*, DB 2000, 1803.

2 Begründung zum Entwurf eines Gesetzes zur Anpassung der Formvorschriften des Privatrechts und anderer Vorschriften an den modernen Rechtsgeschäftsverkehr vom 6. 9. 2000, S. 21, 34.

3 Siehe auch *Büllesbach/Klawitter/Miedbrodt*, CR 2000, 565 ff.; *Büllesbach/Klawitter/Miedbrodt*, DStR 2001, 666.

4 *Fritzemeyer/Heun*, CR 1992, 132; *Bizer/Hammer*, DuD 1993, 623; *Bizer/Hammer*, GMD-Spiegel 1993, 41; *Roßnagel*, NJW 1998, 3315; *Hoffmann*, NJW 2001, Beil. zu Heft 14, 8.

Signaturgesetz ergibt, nur durch Tatsachen erschüttert werden kann, die ernstliche Zweifel daran begründen, dass die Erklärung mit dem Willen des Signaturschlüssel-Inhabers abgegeben worden ist." Der Nachweis der Echtheit der in dieser Form abgegebenen Willenserklärung wird danach grundsätzlich schon durch die Prüfung nach dem Signaturgesetz erbracht, die die Signierung mit dem auf der Signaturchipkarte gespeicherten geheimen Schlüssel bestätigt. Der Schlüsselinhaber kann diesen Nachweis nur erschüttern, wenn er schlüssig Tatsachen vorträgt, die einen abweichenden Geschehensablauf ernsthaft als möglich erscheinen lassen.

Mit dieser gesetzlichen Regelung des Beweises des ersten Anscheins[1] wird die bereits in dem Vorentwurf eines „Gesetzes zur Anpassung der Formvorschriften des Privatrechts an den modernen Rechtsgeschäftsverkehr" vorgeschlagene Zurechnungsregelung nach § 126a Abs. 3 BGB-E wieder aufgegriffen. Nach dieser Regelung sollte vermutet werden, dass eine Erklärung, die die Voraussetzungen der „elektronischen Form" erfüllt, von dem Signaturschlüsselinhaber abgegeben worden ist.

Andererseits bestehen gegen die gesetzliche Regelung des Anscheinsbewei- 108
ses deshalb **Bedenken**, weil es bislang noch an dem für den Anscheinsbeweis erforderlichen Erfahrungswissen[2] hinsichtlich des Ablaufs des Signaturverfahrens fehlt. Es werden also dem Richter unter Eingriff in seine freie Beweiswürdigung Erfahrungssätze vorgeschrieben, deren tatsächliche Geltung nicht feststeht.[3] Zudem werden durch diese Beweisvermutung nicht die Sicherheitsbedenken ausgeräumt, die mit dem Signaturverfahren verbunden sind. Verwiesen sei in diesem Zusammenhang auf die Sicherheitslücken, die bei der Authentifizierung des Signaturschlüsselinhabers mittels der PIN gegenüber der „Signaturerstellungseinheit" bestehen.[4] Aufgrund dieser Lücken hat die Rechtsprechung bereits die Zurechnung von Zahlungsanweisungen verneint, die mittels der ec-Karte getätigt worden sind.[5]

Diese Problematik wird durch den Gesetzgeber nicht hinreichend berücksichtigt, weil er davon ausgeht, dass „die für private Schrifturkunden geltenden Vorschriften, die bestimmen, unter welchen Voraussetzungen die über der Unterschrift stehende Erklärung die Vermutung der Echtheit für sich hat (§ 440 Abs. 2 ZPO) und das Gericht die Abgabe der in ihr enthaltenen

---

1 Begründung zum Entwurf eines Gesetzes zur Anpassung der Formvorschriften des Privatrechts und anderer Vorschriften an den modernen Rechtsgeschäftsverkehr vom 6. 9. 2000, S. 23; vgl. dazu auch *Redeker*, CR 2000, 458.

2 BGH, Urteil vom 17. 4. 1951 – I ZR 28/150, BGHZ 2, 1 (5); BGH, Urteil vom 27. 5. 1957 – II ZR 132/56, BGHZ 24, 308 (312).

3 So auch Stellungnahme der Arbeitsgemeinschaft der Verbraucherverbände vom 11. 8. 2000 zum Entwurf eines Gesetzes zur Anpassung der Formvorschriften des Privatrechts an den modernen Rechtsverkehr, Stand 5. 6. 2000, S. 11 f.

4 *Albrecht*, DuD 2000, 333 f.

5 OLG Hamm, Urteil vom 17. 3. 1997 – 31 U 72/96, NJW 1997, 1711; siehe dazu *Rüßmann*, DuD 1998, 395 ff.; aA LG Darmstadt, Urteil vom 10. 11. 1999 (2 O 571/97), WM 2000, 911 (914); AG Bremen, Urteil vom 15. 3. 2000 – 6 C 37/99, WM 2000, 1639 (1640) bei den seit 1998 eingesetzten ec-Karten.

Erklärung als bewiesen ansehen muss (§ 416 ZPO), nicht dem hohen Beweiswert eines elektronischen Dokuments gerecht wird, das mit einer qualifizierten elektronischen Signatur versehen ist".[1]

Eine Regelung, die diese technischen Unsicherheiten übergeht und damit dem Erklärenden ungeklärte Risiken aufbürdet, gefährdet die breite Akzeptanz und letztlich die Verbreitung dieser Technologie.[2]

cc) Weitere zivilprozessuale Regelungen

109 Das Gesetz zur Reform des Verfahrens bei Zustellungen im gerichtlichen Verfahren (**Zustellungsreformgesetz-ZustRG**) vom 25. 6. 2001[3] sieht nach § 174 Abs. 3 ZPO vor, dass an einen Anwalt, einen Notar, einen Gerichtsvollzieher oder an eine sonstige Person, bei der aufgrund ihres Berufs von einer erhöhten Zuverlässigkeit ausgegangen werden kann, an eine Behörde, eine Körperschaft oder eine Anstalt öffentlichen Rechts auch ein elektronisches Dokument zugestellt werden kann. Für die Übermittlung ist das Dokument mit einer elektronischen Signatur zu versehen und gegen die unbefugte Kenntnisnahme Dritter zu schützen. Das Empfangsbekenntnis kann als elektronisches Dokument durch Fernkopie oder schriftlich erteilt werden. Wird es als elektronisches Dokument erteilt, genügt an Stelle der Unterschrift die Angabe des Namens des Adressaten. Einen ersten Ansatz, Mittel elektronischer Kommunikation für Gerichtsverfahren einzusetzen, stellt der seit dem 2. 8. 1999 beim Finanzgericht Hamburg laufende Feldversuch mit digitaler Schriftsatzübermittlung und elektronischer Akte dar.[4]

dd) Ersetzung von Formerfordernissen im Öffentlichen Recht

110 Im Bereich des öffentlichen Rechts wurden eine Reihe von speziellen Vorschriften getroffen, um die Verfahren an die modernen Informations- und Kommunikationsmittel anzupassen. So ist beispielsweise die Neuregelung der Verordnung über den Zahlungsverkehr, die Buchführung und Rechnungslegung in der Sozialversicherung (SVRV) und der Allgemeinen Verwaltungsvorschrift über das Rechnungswesen in der Sozialversicherung (SRVwV) in Kraft getreten, die anstelle einer handschriftlichen Unterschrift auch eine signaturgesetzkonforme digitale Signatur zulassen.[5] Um die digitale Signatur

---

1 Begründung zum Entwurf eines Gesetzes zur Anpassung der Formvorschriften des Privatrechts und anderer Vorschriften an den modernen Rechtsgeschäftsverkehr vom 6. 9. 2000, S. 50.

2 So auch Stellungnahme der Arbeitsgemeinschaft der Verbraucherverbände vom 11. 8. 2000 zum Entwurf eines Gesetzes zur Anpassung der Formvorschriften des Privatrechts an den modernen Rechtsverkehr, Stand 5. 6. 2000, S. 12.

3 BGBl. I 2001, S. 1206.

4 Vgl. zu diesem Projekt *Drühmel*, Feldversuch Elektronischer Rechtsverkehr – Finanzgericht Hamburg, S. 113 ff.

5 Vgl. dazu beispielsweise § 7 Abs. 3 SVRV, wonach eine Zahlungsanforderung von dem zur Anordnung Befugten entweder unterschrieben oder mit einer digitalen

in der öffentlichen Verwaltung erproben zu können, hat der Bremer Senat am 1. 6. 1999 das von der Bremer Bürgerschaft beschlossene „Bremische Gesetz zur Erprobung der digitalen Signatur in der Verwaltung" verkündet. Dieses Gesetz ermöglicht es, durch eine Verordnung in bestimmten näher spezifizierten Bereichen zeitlich befristet die elektronische Form auch dort zuzulassen, wo landesrechtliche Vorschriften die Schriftform verlangen. Nach § 15 der Verordnung über die Vergabe öffentlicher Aufträge (Vergabeverordnung – VgV)[1] können die Auftraggeber, soweit nicht gesetzlich etwas anderes bestimmt ist, zulassen, dass die Einreichung der Angebote in anderer Form als schriftlich per Post oder direkt erfolgen kann, sofern sichergestellt ist, dass die Vertraulichkeit der Angebote gewahrt ist. Digitale Angebote sind mit einer Signatur nach dem Signaturgesetz zu versehen und zu verschlüsseln; die Verschlüsselung ist bis zum Ablauf der für die Einreichung der Angebote festgelegten Frist aufrechtzuerhalten. Im Rahmen des Steuersenkungsgesetzes wurde § 14 Abs. 4 UStG um einen neuen Satz 2 ergänzt: „Als Rechnung gilt auch eine mit einer digitalen Signatur nach dem Signaturgesetz vom 22. 7. 1997 in der jeweils geltenden Fassung versehene Abrechnung."

Um generell die elektronische Erledigung von Verwaltungsverfahren zu ermöglichen, sieht § 3a Abs. 2 des Entwurfes eines Dritten Gesetzes zur Änderung verwaltungsverfahrensrechtlicher Vorschriften vor, dass grundsätzlich eine durch Rechtsvorschrift angeordnete Schriftform durch eine „mit einer qualifizierten elektronischen Signatur im Sinne des Signaturgesetzes verbundene elektronische Form" ersetzt werden kann.

6. Fazit

Derzeit ist das informationstechnische Konzept der digitalen Signatur die einzige Technologie, mittels derer der Nachweis der Integrität und der Authentizität von elektronischen Dokumenten geführt werden kann. Durch die Anpassung der gesetzlichen Rahmenbedingungen ist es zunehmend möglich, herkömmliche Geschäftsprozesse in die elektronische Welt zu verlagern. Dies gelangt zunehmend in das Bewusstsein der Entscheider in den einzelnen Bereichen der Wirtschaft und der Verwaltung. Auch wenn der jetzige Stand der Anwendung der Technologie der digitalen Signatur noch weit unter den Erwartungen liegt,[2] ist in Zukunft zu erwarten, dass die Technologie der digitalen Signatur in vielfältigsten Anwendungszusammenhängen eingesetzt wird. 111

Signatur nach § 2 Abs. 1 SigG versehen sein kann. Nach § 41 SRVwV können in allen Verwaltungsabläufen im Rechnungswesen der Sozialversicherung digitale Signaturen statt einer Unterschrift eingesetzt werden.

1 BGBl. I 2001, S. 110 f.

2 Vgl. dazu *Bieser*, DStR 2001, 29 f.; *Zeuner*, Erfahrungen mit der Umsetzung des deutschen Signaturgesetzes, S. 51 ff.; *Büllesbach/Miedbrodt/Rieß*, Digitale Signaturen zwischen Anwendung und Regulierung am Beispiel der Situation in Europa, Japan und den Vereinigten Staaten von Amerika, S. 2 ff.; *Thiel*, DuD 2000, 77; *Kelm*, DuD 2000, 526.

III. Kryptographie

1. Einleitung

112 Im Gegensatz zu herkömmlichen Kommunikationsformen, bei denen die Teilnehmer sensible Informationen vor der Kenntnisnahme durch unberechtigte Dritte schützen können (Briefumschlag oder Auswahl des Kreises der Zuhörer), sind elektronisch übermittelte Dokumente grundsätzlich dem ungehinderten Zugriff der Netzbetreiber und Dienstleistungsanbieter ausgesetzt. Auch Dritte können mit verhältnismäßig geringem technischem Aufwand Leitungen oder Server öffentlicher Netzwerke anzapfen oder Funkstrecken scannen und somit gezielt Nachrichten abhören. Diese **„neue Öffentlichkeit" der Kommunikationsinhalte** hat vielfältige Auswirkungen in unterschiedlichsten Bereichen: Nicht nur Unternehmen müssen neue Konzepte entwickeln, wie sie ihre Geschäftsgeheimnisse schützen können. Die gleiche Verpflichtung trifft auch die Rechtsanwälte, Steuerberater und Ärzte, um den ihnen obliegenden Geheimhaltungspflichten gerecht zu werden. Aber auch zum Schutz der Privatkommunikation gewinnen technische Konzepte zum Schutz der Vertraulichkeit zunehmend an Bedeutung. Geeignete Mittel zur Gewährleistung der Vertraulichkeit der Kommunikation bieten kryptographische Verfahren.

2. Überblick über die wichtigsten Verschlüsselungsverfahren

113 Grundsätzlich sind zwei **verschiedene Arten von Verschlüsselungsverfahren**[1] zu unterscheiden: die symmetrischen (auch Secret-Key-Verfahren genannt) und die asymmetrischen Verfahren (auch Public-Key Verfahren genannt).

114 Kennzeichen **symmetrischer Verschlüsselungsverfahren** ist, dass sowohl der Sender als auch der Empfänger einer Nachricht denselben geheimen Schlüssel verwenden. Zur Gewährleistung der Vertraulichkeit der Kommunikation eignet sich dieses Verschlüsselungsverfahren nur dann, wenn der Sender und der Empfänger einer Nachricht einen sicheren Kommunikationskanal finden, um die Schlüssel auszutauschen. Verwendet wird dieses Prinzip beim Data Encryption Standard (DES), dem seit 1977 offiziellen Verschlüsselungsstandard der US-Regierung. Der DES wird vom „National Institute of Standards and Technology" (NIST)[2] in regelmäßigen Abständen auf seine Tauglichkeit überprüft und neu zertifiziert. Weitere Beispiele für symmetrische Verfahren sind: Blowfish, Twofish, der Advanced Encryption Standard (AES),[3] der Fast Encryption Algorithm (FEAL), der International Data Encryption Algorithm (IDEA) sowie die Secure And Fast Encryption Routine (SAFER).[4]

1 Vgl. auch *Gerling*, DuD 1997, 197 ff.
2 Vgl. bezüglich weiterführender Informationen http://www.nist.org.
3 Siehe dazu auch *Weis/Lucks*, DuD 1999, 582 ff.
4 Weiterführende Informationen zu diesen Secret-Key-Verfahren sind unter http://www.uni-siegen.de/security/krypto/index.html abzurufen.

Die **asymmetrischen Verschlüsselungsverfahren** beruhen auf zwei nicht identischen Schlüsseln, die mathematisch zusammenhängen. Ein Schlüssel dient der Ver- und der andere der Entschlüsselung. Der Schlüssel zur Verschlüsselung kann veröffentlicht werden. Er wird daher auch als öffentlicher Schlüssel oder public key bezeichnet. Mittels des mit dem public key mathematisch zusammenhängenden geheimen Schlüssels oder secret key, der, wie sein Name schon sagt, geheim zu halten ist, kann die Nachricht entschlüsselt werden. Um die Geheimhaltung des privaten Schlüssels zu gewährleisten, darf der private Schlüssel nicht aus dem öffentlichen Schlüssel errechenbar sein. Dies ist unter anderem von der Schlüssellänge abhängig. Diese muss daher so gewählt werden, dass es praktisch, dh. mit begrenzter Rechenleistung und in genügend kurzer Zeit, nicht möglich ist, den privaten Schlüssel zu errechnen. Mit zunehmender Rechnerleistung muss daher durch eine Verlängerung der Schlüssel für ausreichende Sicherheit gesorgt werden. 115

Der Einsatz asymmetrischer Verschlüsselungsverfahren setzt eine vertrauenswürdige Sicherungsinfrastruktur voraus. Die Schlüssel müssen sicher erzeugt, einer bestimmten Person zugeordnet und gegen unberechtigten Zugriff Dritter geschützt werden.

Beispiele für dieses Verschlüsselungsverfahren sind der Digital Signature Standard (DSS) oder das RSA-Verfahren (benannt nach seinen Erfindern *Ron Rivest, Adi Shamir* und *Leonard Adleman*).[1]

Häufig werden auch die beiden Verfahren **kombiniert**. Da asymmetrische Verschlüsselungsverfahren höhere Rechnerleistungen benötigen als symmetrische, wird häufig das asymmetrische Verfahren lediglich zum Schlüsselaustausch verwendet.

3. Kryptokontroverse

Unter den Stichwort „Kryptokontroverse" wird die **Auseinandersetzung über die staatliche Reglementierung** von Verschlüsselungsverfahren zusammengefasst. Dabei stehen sich zwei widerstreitende Interessen gegenüber. 116

Einerseits ist das durch Art. 10 GG geschützte **Fernmeldegeheimnis** zu beachten. Dieses Grundrecht schützt nicht nur die Vertraulichkeit aller mit Mitteln des Fernmeldeverkehrs übertragenen Mitteilungen, wozu unter anderem der Telegramm-, Telefon- und Fernschreibverkehr oder Datenübertragungen über Standleitungen zwischen Computern zählen, sondern auch das Ob, das Wann und das Wie der Fernmeldekommunikation.[2] 117

1 Das RSA-Verfahren ist eines der bekanntesten asymmetrischen Verschlüsselungsverfahren und beruht auf der Primzahlenfaktorierung. Es kann sowohl zur Verschlüsselung als auch zum Signieren von Dokumenten verwendet werden.

2 *Sachs/Krüger*, GG, 2. Aufl. 1999, Art. 10 GG Rz. 14.

118 Auf der anderen Seite sind die **Interessen der Strafverfolgungsorgane** an der wirksamen Durchsetzung der ihnen eingeräumten Abhörbefugnisse[1] zu berücksichtigen, die durch Verschlüsselungsverfahren unterlaufen werden könnten.

119 Die **Spannung zwischen diesen beiden gegenläufigen Interessen** kann auch nicht dadurch aufgelöst werden, dass den Bürgern, deren Bindung an Recht und Gesetz unterstellt werden kann, die Verschlüsselung gestattet wird, ohne dass die damit ermöglichte Nutzung von Kryptographie auch von Unbefugten verwendet werden könnte.[2]

Aus diesem Grunde fand auch in Deutschland eine sehr intensive Auseinandersetzung über die Frage statt, wie beiden Interessen Rechnung getragen werden kann.[3] Diskutiert wurde neben dem vollständigen Verbot von Verschlüsselungsverfahren auch die Möglichkeit der Lizenzierung von Verschlüsselungsverfahren nach dem Modell des US-amerikanischen Clipper-Chips, bei dem der geheime Schlüssel treuhänderisch von staatlichen Organen verwaltet wird.

Im Rahmen der geführten Auseinandersetzung setzte sich die Erkenntnis durch, dass ein Verbot des Einsatzes von Verschlüsselungsverfahren nur begrenzt tauglich ist, um die Unterwanderung der Abhörbefugnisse der Strafverfolgungsorgane zu verhindern, die mit dem Einsatz von Verschlüsselungsverfahren verbunden sind. Der Aufwand für die Einrichtung einer Infrastruktur zur Überwachung der Kryptoregulierung steht in keinem Verhältnis zu dem geringen Ertrag, der angesichts der technischen Möglichkeiten besteht, jegliche Überwachung durch verschiedenste Formen der Verschlüsselungstarnung zu unterlaufen. So können sich beispielsweise die Kommunikationspartner auf die Benutzung von Codes einigen, die für einen bestimmten Nachrichteninhalt stehen, oder es wird ein Text mit einem zugelassenen Verschlüsselungsverfahren übertragen, der vorher mit einem nicht reglementierten Verfahren verschlüsselt wurde. Des Weiteren besteht die Möglichkeit, Informationen in digitalen Signalen zu verstecken (Steganographie), so dass diese bei einer Überwachung nicht erkannt werden können. Selbst wenn ein Verstoß gegen das Verbot des Einsatzes von oder bestimmter Verschlüsselungsverfahren nachgewiesen werden kann, wird damit nicht das Ziel der Lesbarkeit der verschlüsselten Nachrichten erreicht.

120 Aus diesem Grund empfahl auch der im Oktober 1997 durch das Bundeskabinett verabschiedete „**Fortschrittsbericht der Bundesregierung Info 2000**:

---

1 Vgl. beispielsweise § 100a StPO; 39 Abs. 1 AWG; G-10-Gesetz. Siehe dazu ausführlich *Bizer*, DuD 1996, 7 ff.

2 *Hamm*, DuD 1997, 186. Siehe zur rechtlichen Bedeutung der Kryptographie *Bizer*, DuD 1997, 203 ff.

3 *Bizer*, Die Kryptokontroverse. Innere Sicherheit und Sicherungsinfrastrukturen, S. 179 ff.; *Bizer*, DuD 1996, 5 ff.; *Bizer*, Kryptokontroverse. Teilnehmerautonome Verschlüsselung und Innere Sicherheit, S. 214 ff.; *Blaze*, DuD 1997, 209 ff.; *Kelm/Kossakowski*, DuD 1997, 192 ff.

Deutschlands Weg in die Informationsgesellschaft“, „auf eine gesetzliche Regelung des Inverkehrbringens und der Nutzung von Kryptoprodukten und -verfahren zu verzichten, so dass es bei der uneingeschränkten Freiheit der Nutzer bei der Auswahl und dem Einsatz von Verschlüsselungsverfahren bleibt“.

4. Eckpunkte der deutschen Kryptopolitik

Mit ihrem **Eckpunktepapier zur Kryptopolitik**[1] hat sich die Bundesregie- 121
rung am 2. Juni 1999 eindeutig zu der Frage der gesetzlichen Beschränkung der Nutzung kryptographischer Verfahren beim Einsatz im elektronischen Geschäftsverkehr positioniert. Sie beabsichtigt nicht, „die freie Verfügbarkeit von Verschlüsselungsprodukten in Deutschland einzuschränken. Sie sieht in der Anwendung sicherer Verschlüsselung eine entscheidende Voraussetzung für den Datenschutz der Bürger und für die Entwicklung des elektronischen Geschäftsverkehrs sowie für den Schutz von Unternehmensgeheimnissen“. Auf der anderen Seite sollen durch die Verbreitung starker Verschlüsselungsverfahren die gesetzlichen Befugnisse der Strafverfolgungs- und Sicherheitsbehörden zur Telekommunikationsüberwachung nicht ausgehöhlt werden. Aus diesem Grund werden die Bundesministerien beauftragt, die Entwicklung zu beobachten und nach Ablauf von zwei Jahren darüber zu berichten. Dieser Bericht ist noch in 2001 zu erwarten.

5. Exportregulierung

Die Entscheidung der Bundesregierung stellt klar, dass in Deutschland auch 122
künftig Verschlüsselungsverfahren und -produkte ohne Restriktionen entwickelt, hergestellt und vermarktet werden dürfen. Unter Berücksichtigung der Zielsetzung, dass durch diese Kryptopolitik auch das Wachstum und die internationale Wettbewerbsfähigkeit der deutschen Kryptographieindustrie gestärkt werden soll, stellt sich die Frage, ob Kryptoprodukte ohne Beschränkungen exportiert werden können.

Der **Export kryptographischer Verfahren** wird durch eine Vielzahl von nationalen und europäischen Vorschriften, die zum Teil auf internationalen Vereinbarungen beruhen, geregelt. Zusätzlich müssen auch die US-Reexportvorschriften beachtet werden, die zum Teil Beschränkungen für den Export von einem europäischen Land in ein anderes vorsehen.

a) Europäische Regelungen

Neben den deutschen Vorschriften gelten für zivile Waren vor allem die in 123
der Europäischen Union vereinheitlichten Vorschriften der Verordnung (EG) Nr. 1334/2000 des Rates vom 22. 6. 2000 über die Gemeinschaftsregelung für

1 Vgl. unter http://www.dud.de/documents/kred990602.htm.

die Kontrolle der Ausfuhr von Gütern und Technologien mit doppeltem Verwendungszeck (im Folgenden **„Dual-Use-Verordnung“**).[1]

aa) Ziel der Dual-Use-Verordnung

124 Mittels der Dual-Use-Verordnung soll ein wirksames und vereinheitlichtes **Kontrollsystem** für Exporte von Gütern mit doppeltem Verwendungszweck aus der Gemeinschaft geschaffen werden.[2] Auf diese Weise können sowohl die Mitgliedstaaten als auch die Europäische Union den von ihnen übernommen internationalen Verpflichtungen zur Gewährleistung einer effektiven Exportkontrolle nachkommen.[3]

125 **„Güter mit doppeltem Verwendungszweck“** sind solche, die sowohl für zivile als auch militärische Zwecke verwendet werden können. Neben Datenverarbeitungsprogrammen und Technologien gehören dazu auch alle Waren, die sowohl für nichtexplosive Zwecke als auch für jedwede Form der Unterstützung bei der Herstellung von Kernwaffen oder sonstigen Kernsprengkörpern verwendet werden können.[4]

bb) Anwendungsbereich der Dual-Use-Verordnung

126 Der **Regelungsbereich der Dual-Use-Verordnung** umfasst nicht nur die Verbringung der Waren aus dem Gemeinschaftsgebiet,[5] sondern auch die Übertragung von Software und Technologie mittels elektronischer Medien, Telefax oder Telefon nach einem Bestimmungsziel außerhalb der Gemeinschaft. Für die mündliche telefonische Weitergabe von Technologie gilt dies nur insofern, als die Technologie in einem Dokument enthalten ist und der betreffende Teil des Dokuments am Telefon verlesen oder am Telefon so beschrieben wird, dass im Wesentlichen das gleiche Ergebnis erzielt wird.[6]

Die Dual-Use-Verordnung gilt nicht für die Erbringung von Dienstleistungen oder die Weitergabe von Technologie, wenn dies mit einem Grenzübertritt natürlicher Personen verbunden ist.[7] Des Weiteren findet die Dual-Use-Verordnung keine Anwendung auf den Transit von Gütern.[8]

---

1 ABl. L 159/1 vom 30. 6. 2000.
2 Vgl. Art. 1 der Dual-Use-Verordnung.
3 Vgl. dazu Erwägungsgrund (1) und (2) der Dual-Use-Verordnung.
4 Vgl. Art. 2 a) der Dual-Use-Verordnung.
5 Vgl. Art. 2 b) i) der Dual-Use-Verordnung iVm. Art. 161 Abs. 1 der Verordnung (EWG) Nr. 2913/92 des Rates vom 12. 10. 1992 zur Festlegung des Zollkodex der Gemeinschaft, ABl. L 302 vom 19. 10. 1992.
6 Vgl. Art. 2 b) iii) der Dual-Use-Verordnung.
7 Vgl. Art. 3 Abs. 3 Dual-Use-Verordnung.
8 Vgl. Art. 3 Abs. 4 Dual-Use-Verordnung.

cc) Inhalt der Dual-Use-Verordnung

Grundlage für die Vereinheitlichung der Exportkontrollsysteme der Mitgliedstaaten, wodurch auch der freie Verkehr von Gütern mit doppeltem Verwendungszweck innerhalb der Gemeinschaft ermöglicht wird, sind die **gemeinsamen Ausfuhrlisten**, die in Anhang I der Verordnung enthalten sind.[1] Die dort aufgeführten Güter sind nach Art. 3 Abs. 1 der Dual-Use-Verordnung genehmigungspflichtig.[2] 127

Grundsätzlich gilt die **Genehmigungspflicht** nur für die Ausfuhr der Güter außerhalb des Gemeinschaftsgebietes. Eine Ausnahme dazu regelt Art. 21 der Dual-Use-Verordnung. Nach dieser Vorschrift unterliegt auch die innergemeinschaftliche Verbringung einer Genehmigungspflicht, soweit es sich um Güter handelt, die in Anhang IV der Dual-Use-Verordnung aufgeführt sind. 128

Die **administrative Ausgestaltung dieses Exportkontrollsystems** wird den Mitgliedstaaten überlassen.[3] So sind die Behörden des Mitgliedstaates, in dem der Ausführer niedergelassen ist, für die Erteilung der Genehmigung, die dann in der gesamten Gemeinschaft gültig ist,[4] zuständig.[5] Des Weiteren begründet die Dual-Use-Verordnung für die Mitgliedstaaten die Verpflichtung, ihre nationalen Behörden mit den entsprechenden Befugnissen auszustatten, um die Verordnung umsetzen zu können, wozu auch die Festlegung von Maßnahmen bei Verstößen gegen die in der Verordnung angeordneten Verpflichtungen gehört.[6] 129

dd) Verhältnis zum Wassenaar Arrangement

Grundlage für die Liste der EU für die Güter mit doppeltem Verwendungszweck (Anhang I der Dual-Use-Verordnung) sind die Wassenaar-Listen für nukleare und industrielle Güter.[7] 130

Das **Wassenaar Arrangement** ist als COCOM-Nachfolger die erste globale multilaterale Vereinbarung über Exportkontrollen, an der 33 Staaten, unter anderen auch Deutschland, beteiligt sind. Ziel dieser Vereinbarung ist es, die

1 Vgl. dazu Erwägungsgrund (5) der Dual-Use-Verordnung.

2 Nach Art. 3 Abs. 2 der Dual-Use-Verordnung kann auch die Ausfuhr von Gütern, die nicht in Anhang I aufgeführt sind, unter bestimmten Voraussetzungen genehmigungspflichtig sein (wie zB wenn die Güter im Zusammenhang mit der Entwicklung, der Herstellung und Verbreitung von chemischen, biologischen oder Kernwaffen oder sonstigen Kernsprengkörpern stehen oder gegen das Empfängerland ein Embargo verhängt wurde oder wenn der Ausführer darüber unterrichtet wurde, dass die Güter für eine militärische Endverwendung bestimmt sind etc.).

3 Art. 19 der Dual-Use-Verordnung.

4 Art. 6 Abs. 2 Satz 3 Dual-Use-Verordnung.

5 Art. 6 Abs. 2 Satz 1 der Dual-Use-Verordnung.

6 Vgl. dazu Erwägungsgrund (13) (14) der Dual-Use-Verordnung.

7 *Roth*, DuD 1998, 11.

Verbreitung von Waffen und Dual-Use-Gütern für die militärische Endverwendung einzudämmen.[1] Zu diesem Zweck werden Ausfuhrlisten erarbeitet, die jährlich überprüft werden, und die von den beteiligten Staaten in nationales Recht umgesetzt werden sollen.

ee) Beschränkungen des Exports von Kryptographie

131 Die **Liste der Güter mit doppeltem Verwendungszweck** (Anhang I der Dual-Use-Verordnung) ist insgesamt aufgeteilt in 10 unterschiedliche Kategorien.

Die maßgeblichen Beschränkungen für Verschlüsselungsprodukte sind in den Kategorien 4 „Rechner" und 5 Teil 2 „Informationssicherheit" enthalten.

132 Unter **Informationssicherheit** sind sämtliche Mittel und Funktionen, die die Zugriffsmöglichkeit, die Vertraulichkeit oder Unversehrtheit von Information oder Kommunikation sichern, zu verstehen. Darunter fallen auch die Kryptotechnik,[2] die Kryptoanalyse[3] und der Schutz gegen kompromittierende Abstrahlung und Rechnersicherheit. Ausgenommen davon sind Mittel und Funktionen, die zur Absicherung von Funktionsstörungen dienen.[4]

So sind nach Kategorie 5 Teil 2 der Liste insbesondere Systeme, Geräte, anwenderspezifische elektronische Baugruppen, Module und integrierte Schaltungen für Informationssicherheit genehmigungspflichtig, die

1. zum Einsatz von Kryptotechnik unter Verwendung digitaler Verfahren, entwickelt oder geändert wurden, soweit es sich nicht um Authentisierung oder digitale Signaturen handelt und die eine der folgenden Eigenschaften aufweisen:

   a) Verwendung symmetrischer Algorithmen mit einer Schlüssellänge größer als 56 bit oder

   b) Verwendung asymmetrischer Algorithmen, deren Sicherheit auf einem der folgenden Verfahren beruht:

      – Faktorierung ganzer Zahlen, die größer als 2^{512} sind (zB RSA-Verfahren),

1 Zu weiterführenden Informationen siehe unter http://www.wassenaar.org.

2 Cryptographie oder Kryptotechnik ist laut der Begriffsbestimmung der Dual-Use-Verordnung die Technik der Prinzipien, Mittel und Methoden zur Transformation von Daten, um ihren Informationsinhalt unkenntlich zu machen, ihre unbemerkte Änderung oder ihren unerlaubten Gebrauch zu verhindern. Kryptotechnik beschränkt sich auf die Transformation von Informationen unter Benutzung eines oder mehrerer geheimer Parameter (zB Schlüssel-Variable) oder des zugehörigen Schlüssel-Managements.

3 Unter Kryptoanalyse ist laut der Anmerkung zur Informationssicherheit der Begriffsbestimmung der Dual-Use-Verordnung die Analyse eines Kryptosystems oder seiner Eingänge und Ausgänge, um vertrauliche variable oder sensitive Daten einschließlich Klartext abzuleiten, zu verstehen.

4 Vgl. dazu die Begriffsbestimmung der Dual-Use-Verordnung.

– Berechnung des diskreten Logarithmus in der Multiplikatorengruppe eines endlichen Körpers mit mehr als 2^{512} Elementen (zB Diffie-Hellmann-Verfahren über Z/pZ) oder

– Berechnung des diskreten Logarithmus in anderen Gruppen als den im vorherigen Punkt aufgeführten mit größerer Ordnung als 2^{112} (zB Diffie-Hellmann-Verfahren über einer elliptischen Kurve)

2. zur Ausführung kryptoanalytischer Funktionen entwickelt oder geändert wurden[1]

...

6. entwickelt oder geändert wurden, um eingestufte oder einstufbare mehrstufige Sicherheit oder Teilnehmerabgrenzungen auf einer höheren Ebene als Klasse B2 von TCSEC (Trusted Computer System Evaluation Criteria) oder einer vergleichbaren Norm zu ermöglichen, oder

7. Kommunikations-Kabelnetze, die entwickelt oder geändert wurden, um unter Einsatz von mechanischen, elektrischen oder elektronischen Mitteln heimliches Eindringen zu erkennen.[2]

Ausgenommen davon sind Güter, die im Einzelhandel ohne Einschränkungen verkauft werden, deren kryptographische Funktionalität nicht mit einfachen Mitteln durch den Benutzer geändert werden kann, die vom Benutzer ohne umfangreiche Unterstützung durch den Anbieter installiert werden können und die keinen symmetrischen Algorithmus mit einer Schlüssellänge von mehr als 64 bit enthalten.[3] 133

Darunter fällt insbesondere die Verschlüsselung von Netscape Navigator und Microsoft-Explorer: Die käuflichen Web-Browser sind als mass-market Software für jedermann erhältlich und dazu entwickelt, um vom Nutzer selbst installiert zu werden.[4]

Unter die Kategorie der genehmigungspflichtigen Produkte fallen ebenfalls nicht Empfangseinrichtungen für Rundfunk, Pay-TV oder ähnliche Verteildienste mit eingeschränktem Empfängerkreis, die für den allgemeinen Gebrauch bestimmt sind und die keine digitale Verschlüsselungsfunktion enthalten. Ausgenommen sind auch solche Einrichtungen, deren kryptographische Funktionalität nicht anwenderzugänglich ist und beschränkt ist auf den Zugriff auf kopiergeschützte und nur mit Leseberechtigung versehene Medien. Unter die Kategorie 5 Teil 2 fallen des Weiteren nicht Kryptoeinrichtungen, die besonders für den Bankengebrauch oder Geldtransaktionen ent-

---

1 Diese Güter sind auch genehmigungspflichtig, wenn sie von einem Mitgliedstaat in einen anderen exportiert werden sollen. Dies folgt aus Anhang IV der Dual-Use-Verordnung.

2 Vgl. Kategorie 5 Teil 2 des Anhangs II der Dual-Use-Verordnung 5A002.

3 Vgl. Kategorie 5 Teil 2 des Anhangs II der Dual-Use-Verordnung 5A002a) einschließlich der Anmerkung zu Kategorie 5 Teil 2.

4 *Roth*, DuD 1998, 13.

wickelt sind oder mobile Funktelefone für den mobilen Einsatz, die Verschlüsselungstechnologien enthalten, soweit sie keine End-zu-End-Verschlüsselung enthalten.[1]

134 Nach **Kategorie 4** D003c der Liste ist „Software mit Eigenschaften oder Funktionen, die die Grenzwerte der Kategorie 5 Teil 2 – Informationssicherheit überschreiten" genehmigungspflichtig. Hier ist wie folgt zu differenzieren: Jede Software, die auf einem General Purpose Computer läuft (also zB unter DOS, Windows, MAC, OS usw. auf einem PC oder einem entsprechenden Server) wird nach 4D003c geprüft. Alle andere Software wird unter Kategorie 5 Teil 2 abgefragt.[2]

b) Nationale Grundlagen für die Exportregulierung

aa) Überblick

135 Ergänzend zu den Bestimmungen der Dual-Use-Verordnung werden **in Deutschland** die **rechtlichen Rahmenbedingungen** für den Export von Verschlüsselungsprodukten im Wesentlichen durch das Außenwirtschaftsgesetz (AWG),[3] das durch die Außenwirtschaftsverordnung (AWV)[4] näher spezifiziert wird, bestimmt.

§ 1 AWG geht vom Grundsatz der Freiheit des Außenwirtschaftsverkehrs aus. Nach § 7 Abs. 1 AWG sind aber Beschränkungen möglich, um

- die Sicherheit der Bundesrepublik Deutschland zu gewährleisten
- eine Störung des friedlichen Zusammenlebens der Völker zu verhüten oder
- zu verhüten, dass die auswärtigen Beziehungen der Bundesrepublik Deutschland erheblich gestört werden.

136 Auf dieser Grundlage sind in der **Außenwirtschaftsverordnung** (AWV) konkrete Verbote und Genehmigungspflichten geregelt. Dies ergibt sich aus § 2 Abs. 1 AWV, wonach durch Rechtsverordnung vorgeschrieben werden kann, dass Rechtsgeschäfte und Handlungen allgemein oder unter bestimmten Voraussetzungen einer Genehmigung bedürfen oder verboten sind, soweit durch das AWG Beschränkungen zugelassen sind.

137 Nach § 7 Abs. 1 AWV bedarf die Ausfuhr der in Teil I Abschnitt A der Ausfuhrliste genannten Güter der Genehmigung.

Unter **Ausfuhr** ist das Verbringen von Sachen und Elektrizität aus dem Geltungsbereich des AWG in ein fremdes Wirtschaftsgebiet zu verstehen.[5]

1 Vgl. zu weiteren Ausnahmen Anmerkung zu 5A002.
2 *Roth*, Fälle zur Exportkontrolle, in Geis, Die digitale Signatur, 2000, S. 79.
3 Außenwirtschaftsgesetz vom 28. 4. 1961, BGBl. I S. 481 ff., geändert durch das Gesetz zur Einführung des Euro vom 9. 6. 1998, BGBl. I S. 1242 (1254).
4 Außenwirtschaftsverordnung in der Fassung der 51. Änderungsverordnung vom 30. 8. 2000 (BAnz. Nr. 176 vom 16. 9. 2000, 18577).
5 Vgl. § 4 Abs. 1 Nr. 1 iVm. Abs. 2 Nr. 3 AWG.

Dies schließt auch die nichtgegenständliche Übermittlung durch Daten- und Nachrichtentechnik ein.[1] Es besteht dazu die Auffassung, dass der Upload von Software auf den Server oder überhaupt die Ausfuhr von Software, die passwortgeschützt/verschlüsselt ist, ohne gleichzeitige Bekanntgabe des Passwortes oder Schlüssels nicht genehmigungspflichtig ist, weil die Software ohne den entsprechenden Schlüssel/Passwort nicht einsetzbar wäre. Das Bundesausfuhramt als die für die Genehmigung zuständige Behörde vertritt dazu allerdings die Ansicht, dass es bei der Software auf deren potentielle Eigenschaften ankommen würde.[2]

Teil I der Ausfuhrliste besteht aus drei Abschnitten: 138

Abschnitt A: Liste für Waffen, Munition und Rüstungsmaterial

Abschnitt B: Liste sonstiger Güter

Abschnitt C: Liste der Dual-Use-Güter.

Die Liste der Dual-Use-Güter ist identisch mit Anhang I Dual-Use-Verordnung und lediglich um nationale Sonderposten ergänzt. Gegen eine derartige Ergänzung bestehen aus europarechtlicher Sicht insoweit keine Bedenken, da Art. 5 Abs. 1 der Dual-Use-Verordnung vorsieht, dass ein Mitgliedstaat die Ausfuhr von Gütern mit doppeltem Verwendungszweck, die nicht in Anhang I aufgeführt sind, aus Gründen der öffentlichen Sicherheit oder aus Menschenrechtserwägungen untersagen oder hierfür eine Genehmigungspflicht vorschreiben kann.

Auch **wenn ein Gut nicht in der Ausfuhrliste genannt ist**, kann seine Ausfuhr genehmigungspflichtig sein. Dies ist insbesondere der Fall, wenn entweder dem Ausführer bekannt ist, dass diese Güter ganz oder teilweise für die militärische Endverwendung bestimmt sind oder bestimmt sein können und das Käufer- und Bestimmungsland ein Land der Länderliste K ist, oder wenn er vom Bundesaufsichtsamt darüber unterrichtet worden ist[3] oder wenn gegen das Bestimmungsland ein Embargo verhängt wurde.[4] 139

bb) Beschränkungen des Exports für Kryptographieprodukte

Die **maßgeblichen Beschränkungen für den Export von Verschlüsselungsprodukten** ergeben sich – abgesehen von der Liste für Dual-Use-Güter – aus Teil A der Ausfuhrliste, die unter anderem unter den Nummern 0011, 0018, 0021 und 0022 als militärische Verschlüsselungsprodukte aufgeführt sind. 140

1 Vgl. § 4b AWV.
2 *Roth*, Fälle zur Exportkontrolle, in Geis, Die digitale Signatur, 2000, S. 77.
3 Vgl. § 5c Abs. 1 und 2 AWV. Die Ausnahmen dazu sind in § 5c Abs. 3 und 4 AWV geregelt.
4 Vgl. Art. 4 Abs. 2 der Dual-Use-Verordnung.

So erfasst AL 0011 beispielsweise :

„Elektronische Ausrüstung, soweit nicht anderweitig von Teil I A erfasst, besonders konstruiert für militärische Zwecke, und besonders konstruierte Bestandteile hierfür.

Anmerkung:

Nummer 0011 schließt folgende Ausrüstung ein

...

e) Geräte zum Schutz der Datenverarbeitung, Datensicherungsgeräte und Geräte zur Sicherung der Datenübertragung und Zeichengabe, die Verschlüsselungsverfahren verwenden,

f) Identifizierungs-, Authentifizierungs- und Kennungsladegeräte (keyloader) sowie Schlüssel-Management, -Generierungs- und Verteilungsausrüstung.“

Die für die Nutzung dieser Geräte besonders entwickelte oder geänderte Software ist durch Nummer 0021 erfasst. Dies wird insbesondere dann der Fall sein, wenn zivile Kryptosoftware für militärische Zwecke geändert wird. Unter 0018 fällt die besonders konstruierte oder geänderte Ausrüstung und Technologie, die für die Herstellung der in Teil I A genannten Waren erforderlich ist. Gewissermaßen als Auffangtatbestand erfasst Nummer 0022 die Technologie, die nicht unter Nummer 0018 subsumiert werden kann und die zur Entwicklung, Herstellung und Verwendung der in Teil I A genannten Güter notwendig ist.

141 Bei Unsicherheiten über die Frage, ob ein Gut unter die Ausfuhrliste fällt, ist zu empfehlen, sich beim Bundesausfuhramt mit einem formularmäßigen Antrag eine schriftliche „**Auskunft zur Güterliste**“ zu besorgen.

Die Verbringung dieser Güter bedarf grundsätzlich selbst dann einer Genehmigung, wenn sie in einen anderen Mitgliedstaat der Europäischen Union erfolgen soll.[1]

142 Die **Verbringung von Gütern des Abschnitts B und C der Ausfuhrliste** bedarf nur dann der Genehmigung, wenn dem Verbringer bekannt ist, dass das endgültige Ziel außerhalb der Europäischen Union liegt. Dies gilt allerdings dann nicht, wenn es sich um Güter handelt, die in Anhang IV Teil 2 der Dual-Use-Verordnung aufgeführt sind (§ 7 Abs. 2 AWV). Dies ist beispielsweise der Fall bei Geräten, die zur Ausführung kryptoanalytischer Funktionen entwickelt oder geändert worden sind.

6. Import und Nutzung von Verschlüsselungsprodukten

143 In Deutschland gibt es für Verschlüsselungsprodukte – sei es Hardware, Software oder Technologie – keine **Importkontrollen**. Allerdings sind in

1 § 7 Abs. 1 AWV.

diesem Zusammenhang die Reexportvorschriften der Vereinigten Staaten zu beachten.

144 Abgesehen von den Beschränkungen, die sich in Deutschland aus der Verordnung über die technische Umsetzung von Überwachungsmaßnahmen des Fernmeldeverkehrs in Fernmeldeanlagen, die für den öffentlichen Verkehr bestimmt sind (**Fernmeldeverkehr-Überwachungs-Verordnung-FÜV**) vom 18. 5. 1995 ergeben,[1] ist die Nutzung von Verschlüsselung im Inland keinen Einschränkungen unterworfen. Auch Anbieter von Verschlüsselungsverfahren sind nicht verpflichtet, Schlüsselduplikate ihrer Kunden aufzubewahren und für Zwecke der Sicherheitsbehörden zur Verfügung zu halten.

145 § 8 Abs. 3 Satz 1 FÜV enthält für die Netzbetreiber, soweit sie den Fernmeldeverkehr verschlüsseln, die Verpflichtung, die Nachrichten den Sicherheitsbehörden unverschlüsselt zur Verfügung zu stellen. Die FÜV wird derzeit novelliert. Es liegt bereits ein Entwurf einer Verordnung über die technische und organisatorische Umsetzung von Maßnahmen zur Überwachung der Telekommunikation (**Telekommunikations-Überwachungsverordnung TKÜV**)[2] vor. Auch nach dieser Vorschrift sind Betreiber von Telekommunikationsanlagen oder Teilen von Telekommunikationsanlagen, mittels derer Telekommunikationsdienstleistungen für die Öffentlichkeit (§ 3 Nr. 19 des TKG)[3] angeboten werden können, verpflichtet, „ein Doppel der ungeschützten Telekommunikation bereitzustellen", wenn sie die ihnen „zur Übermittlung anvertraute Telekommunikation netzseitig gegen unbefugte Kenntnisnahme durch Dritte schützen."

Fraglich ist allerdings, ob diese Vorschrift von der Ermächtigungsgrundlage des § 88 Abs. 2 Satz 2 TKG vom 25. 7. 1996[4] gedeckt ist, weil dieser nur zur näheren Regelung der „Anforderungen an die Gestaltung der technischen Einrichtungen zur Überwachung der Telekommunikation sowie die organisatorische Umsetzung von Überwachungsmaßnahmen" ermächtigt. Ob darunter auch die Verpflichtung zur Bereitstellung unverschlüsselter Nachrichten subsumiert werden kann, ist sehr fragwürdig.[5]

1 Siehe BGBl. I S. 722; die FÜV beruht auf § 10 b Satz 2 des Gesetzes über Fernmeldeanlagen (FAG) in der Fassung der Bekanntmachung vom 3. 7. 1989 (BGBl. I S. 1461), der durch Artikel 5 Nr. 11 des Gesetzes zur Neuordnung des Postwesens und der Telekommunikation vom 14. 9. 1994 eingefügt worden ist (BGBl. I S. 2367). Dieser § 10b FAG ist bereits durch § 99 Abs. 1 Nr. 3 des Telekommunikationsgesetzes vom 25. 7. 1996 (BGBl. I S. 1120) aufgehoben worden.

2 Siehe dazu unter http://www.dud.de

3 Unter „Telekommunikationsdienstleistungen für die Öffentlichkeit" ist nach § 3 Nr. 19 TKG das gewerbliche Angebot von Telekommunikation, einschließlich des Angebots von Übertragungswegen für beliebige natürliche oder juristische Personen und nicht lediglich für Teilnehmer geschlossener Benutzgruppen zu verstehen.

4 Siehe BGBl. I S. 1120.

5 Aus diesem Grund hielt *Bizer*, DuD 1996, 10 auch schon § 8 Abs. 3 FÜV für verfassungswidrig.

7. Zusammenfassung

146 Die Kryptographie ist insbesondere in offenen Netzen eine wichtige Technologie, um die Vertraulichkeit von Nachrichten zu gewährleisten. Durch ihr Eckpunktepapier zur Kryptopolitik hat die Bundesregierung klargestellt, dass die freie Verfügbarkeit von Kryptographie nicht beschränkt werden soll. Dies ist – abgesehen von den Ausnahmen, die sich aus der Fernmeldeüberwachungsverordnung ergeben – auch für die Verwendung von kryptographischen Produkten im Inland und für den Import der Fall. Beschränkungen bestehen allerdings für den Export von Verschlüsselungsprodukten, die sich aus dem Zusammenspiel zwischen europäischen und nationalen Vorschriften ergeben.

G. Strafrechtlicher Schutz des E-Commerce

I. Anwendbarkeit des deutschen Strafrechts

Die Ahndung eines rechtswidrigen Verhaltens, das den regelmäßigen Ablauf des E-Commerce beeinflusst, hängt zunächst von der Frage ab, ob das deutsche Strafrecht auf die hier einschlägigen Fälle Anwendung findet. Die Grundlagen für die Beantwortung dieser Frage liefern die §§ 3–10 StGB, die das sog. innerstaatliche Strafanwendungsrecht bzw. das internationale Strafrecht regeln. 1

Das StGB knüpft in erster Linie an das **Territorialitätsprinzip** (§ 3 StGB) an, das festlegt, dass das deutsche Strafrecht für alle Taten Anwendung findet, die auf deutschem Boden begangen werden, auch wenn der Täter Ausländer ist. Ähnlich bestimmt § 5 OWiG, dass nur solche Ordnungswidrigkeiten geahndet werden können, die im räumlichen Geltungsbereich eben dieses Gesetzes begangen werden. Demzufolge ist für die Frage, ob die Tat im Inland begangen worden ist, die Feststellung von Bedeutung, ob der Begehungsort in Deutschland liegt. Dabei bestimmen § 9 StGB und § 7 OWiG, dass als Begehungsort sowohl der Ort der Handlung als auch der Ort des tatbestandsmäßigen Erfolges in Frage kommen kann. 2

Im Falle der Unterlassungsdelikte sind Begehungsorte alle diejenigen, an denen der Täter hätte handeln müssen.[1] Dieses sog. **Ubiquitätsprinzip** beruht auf dem Gedanken der Gleichwertigkeit von Handlung und Erfolg für den kriminellen Gehalt einer Tat und auf dem Erfordernis der Lückenlosigkeit im Zuge der Anwendung des Territorialitätsprinzips.[2] Für die Distanzdelikte[3], die eng im Zusammenhang mit dem E-Commerce stehen, hat dieser Grundsatz als Konsequenz, dass für die Bestrafung bzw. Ahndung eines rechtswidrigen Verhaltens nach deutschem Recht entweder die Tathandlung oder der Taterfolg auf deutschem Territorium erfolgt sein muss. 3

Falls etwa wegen irreführender Werbung gem. § 4 Abs. 1 UWG ermittelt wird, ist zu untersuchen, ob die irreführenden Angaben in Deutschland eingespeist worden sind; betrügerische Manipulationen eines ausländischen Anbieters bei Online-Auktionen können darüber hinaus nach § 263 StGB bestraft werden, wenn der durch die Manipulationen entstandene Vermögensschaden des Geschädigten in Deutschland eintritt. 4

Dabei ist jedoch – entgegen einer verbreiteten Meinung[4] – der in § 9 StGB bzw. § 7 OWiG umschriebene Erfolg nicht mit dem Erfolgsbegriff der allge-

---

1 S. RG v. 27. 11. 1883 – II StR 2538/1883, RGSt 9, 253; LG Frankfurt/M. v. 28. 9. 1976 – 73 LS 98/75, NJW 1977, 508 (509).

2 S. *Jescheck/Weigend,* Strafrecht AT, 5. Aufl. 1996, § 18 IV 1; *Oehler,* Internationales Strafrecht, 2. Aufl. 1983, Rz. 252.

3 Distanzdelikte sind Delikte, in denen Handlungs- und Erfolgsort auseinander fallen.

4 S. etwa *Breuer,* MMR 1998, 144; *Collardin,* CR 1995, 620; *Conradi/Schlömer,* NStZ 1996, 368 f.; *Heinrich,* GA 1999, 82; *Hilgendorf,* NJW 1997, 1876 f.

meinen strafrechtlichen Tatbestandslehre gleichzusetzen. Ähnlich wie in § 13 StGB bzw. § 8 OWiG, in denen man unter „Erfolg" auch die Verwirklichung eines schlichten Begehungstatbestandes bzw. eines abstrakten Gefährdungsdelikts versteht,[1] kann die Auslegung des Erfolgsbegriffs in § 9 StGB bzw. § 7 OWiG weiter als der entsprechende Begriff bei den Erfolgsdelikten erfolgen. In diesem Sinne ist die Feststellung des Erfolgseintritts in enger Beziehung zum Straftatbestand zu sehen.[2]

5 Bei jeder Fallgestaltung wird somit der in Frage kommende Tatbestand herangezogen und – unabhängig davon, ob dieser ein Erfolgs- oder Gefährdungsdelikt darstellt – untersucht, ob der zum konkreten Straftatbestand gehörende Erfolg eingetreten ist.[3] Diese Vorgehensweise ist insbesondere für die Distanzdelikte von Bedeutung, bei denen der Erfolgseintritt nicht zum Straftatbestand gehört, da sich hier der Erfolg in einer abstrakten Gefahr manifestiert. So hat der BGH in seinem Beschluss v. 12. 12. 2000, in dem die Auslegung von § 130 Abs. 1, 3 StGB behandelt wurde, festgestellt, dass es für die Tatbestandsverwirklichung der Volksverhetzung ausreiche, dass die Handlung des Täters konkret geeignet sei, den öffentlichen Frieden zu stören. Dabei sei es nicht notwendig, dass der öffentliche Frieden konkret gestört oder gefährdet worden sei.[4]

6 Unabhängig davon, ob den Folgerungen der Entscheidung zuzustimmen ist,[5] machen die Ausführungen des BGH das Vorgehen deutlich, nach dem die Feststellung des Erfolgsortes und damit die Anwendbarkeit des deutschen Straf- bzw. Ordnungswidrigkeitenrechts zu bestimmen ist: Es wird auf die **Auslegung des konkreten Tatbestandes abgestellt und überprüft, ob durch die Tathandlung der im einschlägigen Tatbestand enthaltene Taterfolg eingetreten ist.** Auf diese Weise wird die Frage nach der Feststellung des Erfolgsortes von der Unterscheidung zwischen Erfolgs- und Gefährdungsdelikten losgelöst, so dass der Erfolgsbegriff iSv. § 9 StGB eigenständig definiert wird. Zugleich wird sie jedoch mit einer Untersuchung der tatsächlichen Wirkung der Tathandlung verbunden, so dass die Ermittlung des Erfolgsortes eingegrenzt werden kann.

7 Dieses bedeutet, dass ermittelt werden muss, ob das durch den einschlägigen Tatbestand geschützte Rechtsgut beeinträchtigt, dh. durch die Tathandlung

---

1 S. *Lackner/Kühl,* § 13 Rz. 3; Schönke/Schröder/*Stree,* § 13 Rz. 3; *Tröndle/Fischer,* § 13 Rz. 6; *Tenckhoff,* FS Spendel, 1992, S. 347; vgl. auch §§ 78a Satz 2 StGB und 31 Abs. 3 OWiG, in denen für den Verjährungsbeginn – nach der Rspr. – die Ausführungshandlung auch für das abstrakte Gefährdungsdelikt maßgeblich ist; siehe etwa BGH v. 7. 3. 1984 – 3 StR 550/83 (S), BGHSt 32, 293; s. aber auch *Dannecker,* NStZ 1985, 51, der den Verjährungsbeginn bis zum Eintritt der „endgültigen Rechtsgutsverletzung" hinausschieben will.

2 *Kleinwein* in Niederschriften über die Sitzung der Großen Strafrechtskommission IV, AT, 38. bis 52. Sitzung, 1958, S. 20.

3 Ausführlich zu diesem Ansatz s. *Sieber,* NJW 1999, 2068 ff.

4 S. BGH v. 12. 12. 2000 – 1 StR 184/00, CR 2001, 260 ff. m. Anm. *Vassilaki.*

5 Kritik des Beschlusses s. in *Vassilaki,* CR 2001, 262 ff.; dazu s.auch *Sieber,* ZRP 2001, 100 ff.

entweder verletzt oder gefährdet worden ist. Bei den Erfolgsdelikten wird somit die Rechtsgutbeeinträchtigung „festgestellt", während bei den Gefährdungsdelikten eine solche „prognostiziert" wird. Für die „Prognose" einer Rechtsgutsbeeinträchtigung wird freilich eine „Prognoseentscheidung" erfordert, die die Frage betrifft, ob der konkrete Geschehensablauf im ungestörten Fortgang zur Rechtsgutsbeeinträchtigung führen wird.

Im Zuge der Untersuchung von Straftaten im Bereich der Gefährdungsdelikte 8 ist mithin der Schwerpunkt auf das inkriminierte Verhalten zu legen und zu fragen, **ob dieses Verhalten geeignet ist, zu einer Beeinträchtigung des geschützten Rechtsgutes zu führen.** Wenn diese Frage positiv beantwortet werden kann, liegt eine Gefährdung des Rechtsgutes vor und der zum Tatbestand gehörende, aber in diesem nicht beschriebene Erfolg ist eingetreten. So ist beispielsweise zu prüfen, ob jemand einer Person unter 18 Jahren via Internet pornographische Schriften zugänglich gemacht hat; strafbar nach § 184 Abs. 1 Nr. 1 StGB. Wird dieses festgestellt, so wurde das geschützte Rechtsgut – die ungestörte sexuelle Entwicklung von Minderjährigen – gefährdet,[1] so dass der zum Tatbestand gehörende Erfolg iwS eingetreten ist.

Das Merkmal der Geeignetheit ist im Sinne von „typischerweise" zu begrei- 9 fen. Die Geeignetheit ist demzufolge zu bejahen, wenn das inkriminierte Verhalten „gewöhnlicherweise" zur mittelbaren oder unmittelbaren Beeinträchtigung des geschützten Rechtsgutes führen kann. Sie ist wiederum zu verneinen, wenn das Verhalten des Täters erst durch eine atypische Konstellation zu einer Rechtsgutsbeeinträchtigung führt. Ein Komponist eines Liedes mit volksverhetzendem Text kann gemäß § 130 Abs. 3 StGB bestraft werden, wenn seine Verse nationalsozialistisches Gedankengut beinhalten. Dagegen ist er straffrei zu stellen, wenn sein ursprünglich neutrales Werk von einer radikalen Gruppierung aufgegriffen und nach etlichen Veränderungen zur „Hymne" dieser Gruppe wird. **Demnach hat eine Ex-ante-Bewertung des zur Prüfung anstehenden Verhaltens, abstrahiert vom Einzelfall, zu geschehen. An deren Ende muss sodann die Entscheidung stehen, ob das konkrete Verhalten gemäß dem vom Täter vorgestellten Verlauf zur Beeinträchtigung des geschützten Rechtsgutes führt.** Als solche Vorkommnisse, die den „normalen Ablauf" beeinflussen können und so die Beurteilung der Geeignetheit des inkriminierten Verhaltens erschweren, können u.a. Gesichtspunkte in Betracht gezogen werden, die schon hinsichtlich der Feststellung der objektiven Zurechnung eine Rolle spielen.

Die Feststellung der Anwendbarkeit des deutschen Straf- bzw. Ordnungs- 10 widrigkeitenrechts wird auch von der **E-Commerce-Richtlinie** beeinflusst, da diese das Strafrecht aus ihrem Anwendungsbereich nicht herausnimmt, wie es insbesondere im Bereich des Steuerwesens oder der kartellrechtli-

1 Und zwar unabhängig davon, ob durch die Tat im konkreten Fall die Jugend gefährdet wird; s. OLG Köln v. 24. 6. 1980 – 1 Ss 284–285/80, NJW 1981, 1458 (1459); *Lackner/Kühl,* § 184 Rz. 1; *Tröndle/Fischer,* § 184 Rz. 4.

chen Vereinbarungen der Fall ist.[1] Durch den zentralen Grundsatz der Richtlinie in Form des in Art. 3 verankerten **Herkunftslandprinzips**,[2] wonach in Kollisionsfällen die Rechtsordnung desjenigen EU-Mitgliedstaates angewendet wird, in dem ein Diensteanbieter seine Niederlassung iSd. Art. 2c hat, liegt es auf der Hand, dass die Umsetzung der Richtlinie auch das innerstaatliche Strafanwendungsrecht tangieren wird.

11 Die durch die Umsetzung der Richtlinie eingefügte Vorschrift wird demzufolge ein „lex specialis" gegenüber § 9 StGB bzw. § 7 OWiG darstellen, die das Ubiquitätsprinzip teilweise aufheben und festlegen wird, dass für den Begehungsort einer Straftat bzw. Ordnungswidrigkeit, die dem Anwendungsbereich der Richtlinie unterfällt, lediglich der **Handlungsort** von Bedeutung ist.

II. Strafrechtlicher Schutz des elektronischen Geschäftsverkehrs

1. Infrastrukturen des elektronischen Geschäftsverkehrs

a) Domain Name

12 Die Bedeutung, die ein Domain Name für die Abwicklung des E-Commerce hat, kann Täter dazu verleiten, die – noch bestehenden – juristischen Unklarheiten und Gesetzeslücken für ihre Zwecke zu missbrauchen. Mögliche Manipulationen können etwa die **Registrierung** oder die **Benutzung** eines Domain Name betreffen.

aa) Registrierung eines Domain Name

13 Die Feststellung, dass zu einer erfolgreichen Internetdarstellung auch die richtige Wahl des Domain Name gehört, darf heutzutage als allgemein anerkannt angenommen werden. Gerade deswegen werden Fälle berichtet, in denen Dritte verschiedene Markenbegriffe als Internet Domains registrieren lassen, so dass der tatsächliche Inhaber des markenrechtlich geschützten Begriffs bzw. des Firmennamens die Internet-Adresse, die den eigenen Marken- bzw. Firmennamen beinhaltet, nicht benutzen kann. Die Nutzung wird normalerweise nach Verhandlungen zwischen dem „rechtmäßigen" Domain-Name-Internet-Benutzer und dem Inhaber der geschützten Bezeichnung gegen eine Zahlung freigegeben. Ein solches **Domain-Name-Handeln, Domain-Name-Piraterie** oder **„Domain-Name-Grabbing"** ist strafrechtlich bedenklich.

1 S. Art. 1 Abs. 51b EC-RL; Erwägungsgründe 12, 13.

2 Dazu s. nur *Ahrens,* CR 2000, 835 ff.; *Lindholm/Maennel,* CRI 2000, 69; *Spindler,* MMR 2000, Beil. 7, 7 ff.; *Tettenborn,* K&R 2000, 61 f.; *Maennel,* oben C Rz. 397 ff. und *Tettenborn,* oben C Rz. 449 ff.

(1) Erpressung (§ 253 StGB)

Die Übernahme des Domain Name durch den Markeninhaber nach der Zahlung entsprechender Geldbeträge an den Domain-Name-Inhaber für seinen Rücktritt könnte eine Erpressung gem. § 253 StGB darstellen. Unabhängig davon, ob der Inhaber des Domain Name an den Inhaber der Marke herangetreten ist und ein Übernahmeangebot gemacht hat oder nicht, enthält sein Verhalten **Nötigungselemente,** die unter § 253 Abs.1 StGB subsumiert werden können. 14

Das Verbot der Nutzung des konkreten Domain Name kann als **Drohung** gegenüber dem Markeninhaber iS des Inaussichtstellens eines für sein Geschäft folgenreichen künftigen Übels anzusehen sein, auf dessen Eintritt der Domain-Name-Inhaber als Drohender Einfluss hat.[1] Die Tatsache, dass der Domain-Name-Inhaber den Domain Name zwar registriert, aber dem tatsächlichen Inhaber des markenrechtlich geschützten Begriffs bzw. des Firmennamens kein Übernahmeangebot gemacht hat, kann die Qualifikation seiner Handlung als Drohung iSd. § 253 StGB nicht beeinflussen. Denn für die Erfüllung dieses objektiven Tatbestandsmerkmals reicht es, wenn die Drohung schlüssig, versteckt, sogar uU bedingt ausgesprochen wird, soweit das Übel genügend erkennbar gemacht ist.[2] In diesem Sinne zwingt die Tathandlung den Markeninhaber, gegen seinen freien Willen zu agieren und dem Täter Geld anzubieten, um die Sperrwirkung seiner Handlung aufzuheben. Damit tritt der **Nötigungserfolg** der Erpressung ein, indem der Markeninhaber durch die Gelderstattung zu erkennen gibt, dass sein entgegenstehender Wille gebrochen ist und er sich dem Druck der Drohung beugt, der in der Folge einen **Vermögensnachteil** für ihn bedeutet.[3] 15

Die Tatsache, dass § 253 Abs. 2 StGB ausdrücklich verlangt, dass die Tat rechtswidrig sein muss, bedeutet, dass das Rechtswidrigkeitsurteil positiv zu begründen ist. Die Feststellung erfolgt nach der Zweck-Mittel-Relation, die eine **Verwerflichkeit** des Vermögensvorteils dann annimmt, wenn der Täter auf die erstrebte Bereicherung keinen nach bürgerlichem oder öffentlichem Recht begründbaren Anspruch hat. Denn wer sich auf Kosten eines anderen zu Unrecht bereichern will, indem er diesen mit Übelandrohung – auch stillschweigend – bedroht, handelt sittlich verachtenswert und sozialinadäquat.[4] Die Rechtsprechung diagnostiziert die Verwerflichkeit der erpresserischen Tat – ähnlich wie bei der Nötigung – durch eine Gesamtbetrachtung des Verhaltens, die sich nicht an „moralischer Bedenklichkeit“, sondern an 16

1 Für den Begriff der Drohung s. nur *Lackner/Kühl,* § 240 Rz. 12; *Tröndle/Fischer* § 240 Rz. 15.

2 BGH v. 21. 2. 1989 – 5 StR 586/88, NJW, 1989, 1289.

3 Dazu nur SK/*Samson,* § 253 Rz. 8; Schönke/Schröder/*Eser,* § 253 Rz. 8; *Gössel,* Strafrecht, Besonderer Teil 2, 1996, § 31 Rz. 7, 13; *Maurach/Schroeder/Maiwald,* Strafrecht, Besonderer Teil 1, 8. Aufl. 1995, § 42 Rz. 37; *Mitsch,* Strafrecht, BT 2, 2001, § 6 Rz. 33, 37.

4 Ähnlich *Mitsch,* Strafrecht, BT 2, 2001, § 6 Rz. 74.

der „Betrachtung der Position des Opfers“ orientiert.[1] Diese Feststellung ist insbesondere in den Fällen von Bedeutung, wo durch das erpresserische Verhalten Nachteile angedroht werden, deren Zufügung für sich betrachtet rechtmäßig wäre.[2]

17 Unter diesem Gesichtspunkt kann die Tatsache, dass die Registrierung eines Domain Name als solche rechtmäßig ist, keinen Beweis dafür liefern, dass die Übernahme eines Domain Name strafrechtlich unbedenklich ist. Vielmehr ist nach einer **Gesamtbeurteilung des Sachverhalts** festzustellen, ob die der Übernahme vorangegangene Gelderstattung freiwillig – also ohne Zwang – oder in einer sozial unerträglichen Weise erfolgt ist, so dass der Markeninhaber auf Grund eines nach § 253 StGB relevanten Verhaltens des Inhabers des Domain Name gehandelt hat.[3]

(2) Strafbare Kennzeichenverletzung (§ 143 MarkenG)

18 Die Domain-Name-Piraterie kann außerdem eine strafbare Kennzeichenverletzung nach dem MarkenG darstellen. Die Registrierung eines Domain Name kann als **Ausnutzung der Wertschätzung** einer bekannten Marke betrachtet werden, wodurch gegen § 143 Abs. 1 Nr. 3 MarkenG verstoßen wird.[4] Danach macht sich strafbar, wer ohne Zustimmung des Inhabers einer Marke ein mit der Marke identisches Zeichen im geschäftlichen Verkehr anbringt, deren Benutzung ihm gem. § 14 Abs. 4 MarkenG untersagt wäre.

19 Da § 143 MarkenG auf § 14 bzw. § 15 MarkenG verweist, muss der registrierte Domain Name im **geschäftlichen Verkehr** benutzt werden. Unter Handeln im geschäftlichen Verkehr ist jede wirtschaftliche Tätigkeit im Markt zu verstehen, die der Förderung eines eigenen oder fremden Geschäftszwecks dient.[5] Da eine Gewinnerzielung nicht erforderlich ist, stellt auch die erwerbswirtschaftliche Betätigung eines gemeinnützigen Unternehmers geschäftlichen Verkehr dar. Die Verwendung einer Marke bzw. Bezeichnung zum eigenen Gebrauch oder zu wissenschaftlichen oder lexikalischen Zwecken wird dagegen nicht als Benutzung im geschäftlichen Verkehr bewertet.

20 Demnach kann die Registrierung bzw. Verwendung von Domain Names durch private Anwender zum eigenen Gebrauch nicht unter den Anwen-

1 S. etwa BGH v. 22. 4. 1998 – 5 StR 5/98, BGHSt 44, 81.

2 So etwa die sog. Chantage, nämlich die Erpressung von Schweigegeld durch Drohung mit der Enthüllung von bloßstellenden Begebenheiten s. etwa RG v. 19. 6. 1930 – III 106/30, RGSt 64, 381; *Krause,* FS Spendel, 1992, S. 547; s. auch BGH v. 11. 11. 1998 – 5 StR 325/98, BGHSt 44, 251, der entschieden hat, dass die Drohung mit dem Abbruch geschäftlicher Beziehungen zur Erlangung von Schmiergeldzahlungen dann § 253 Abs. 1 StGB unterfällt, „wenn der Adressat der Drohung ohne den Geschäftsabschluss in existenzielle wirtschaftliche Nöte geriete“.

3 Ähnlich auch LG München II v. 14. 9. 2000 – W 5 KLs 70 Js 12730/99, CR 2000, 847 f.

4 Über die Funktion von Domainnamen als Marke bzw. Unternehmenszeichen s. o. *Dieselhorst,* B Rz. 872 ff.

5 S. *Fezer,* Markenrecht, § 14 MarkenG Rz. 41.

dungsbereich des § 143 MarkenG fallen. So liegt etwa die Registrierung des Domain Name eines rechtsfähigen Vereins, der ideelle Interessen verfolgt, außerhalb des geschäftlichen Verkehrs, selbst wenn es einen identischen Namensträger gibt, der gewerblich tätig ist[1] und dessen Interesse an der Benutzung des Domain Name nachgewiesen werden kann. Denn in diesen Fällen überwiegt die nach Art. 5 Abs. 1 Satz 1 GG geschützte Meinungsfreiheit, die auch im Internet gewährleistet werden muss, so dass man sich über gewisse Themen frei äußern und informieren kann.[2]

Weil aber die private Nutzung als Vorwand dienen kann, die Anwendung von § 143 MarkenG zu umgehen und die Widerrechtlichkeit der Registrierung zu verschleiern, ist für die Beantwortung der Frage, ob die Benutzung im geschäftlichen Verkehr erfolgt, eine Gesamtbetrachtung des Sachverhalts erforderlich, im Zuge derer schon geringe Anzeichen genügen, um von der Annahme einer geschäftlichen Benutzung des Domain Name auszugehen.[3] 21

§ 143 MarkenG stellt eine Handlung unter Strafe, die nach § 14 Abs. 4 MarkenG markenverletzend sein kann. Diese begeht, wer – wie mittels der Verweisung auf § 14 Abs. 4 Nr. 2, 3 MarkenG bestimmt wird – Kennzeichnungsmittel in Verkehr bringt, anbietet, besitzt, einführt oder ausführt, die mit einem identischen oder ähnlichen Zeichen oder Kennzeichnungsmittel versehen sind, ohne die Zustimmung des rechtmäßigen Markeninhabers bekommen zu haben. Weil nunmehr durch die nach § 14 Abs. 2, 3 MarkenG unzulässige Registrierung eines Domain Name die Unterscheidungskraft der bekannten Marke im geschäftlichen Verkehr ausgenutzt werden könnte, ist diese als markenverletzende Vorbereitungshandlung zu bewerten, die in den Anwendungsbereich des § 143 Abs. 1 Nr. 3 MarkenG fällt. 22

Damit gehört § 143 Abs. 1 Nr. 3 MarkenG zu den wenigen Strafvorschriften – wie etwa § 86a, 149, 275 StGB – die eine Tätigkeit, die an sich vor dem Versuchsstadium liegt, ausdrücklich bestraft. Diese wird als selbständige Tat definiert, bei der es weder Vorbereitung noch Versuch, sondern nur Vollendung gibt. Durch diese dogmatische Einordnung kommt der Handlung der rechtswidrigen Registrierung eines Domain Name besonderer Bedeutung zu, der damit der Charakter einer selbständigen Straftat zugesprochen wird. 23

bb) Benutzung eines Domain Name

Neben der Registrierung sind auch Fälle denkbar, in denen als Domain die Marke eines Unternehmens rechtmäßig benutzt wird. Ohne dass der Domain-Inhaber direkt vorgibt, selbst auch der Markeninhaber zu sein, ist er auf diese Weise in der Lage, die Garantie- und Werbefunktion, die der Marke zugunsten des Markeninhabers zukommt, für seine Zwecke auszunutzen. 24

1 S. Ansätze in BGH v. 7. 11. 1975 – I ZR 128/74, GRUR 1976, 379.
2 S. dazu BGH v. 11. 5. 1983 – I ZR 64/81, GRUR 1984, 467 (468).
3 S. dazu LG München II v. 14. 9. 2000 – W 5 KLs 70 Js 12730/99, CR 2000, 847 (848).

(1) Betrug (§ 263 StGB)

25 Die Nutzung eines Domain Name durch seinen Inhaber kann uU einen vollendeten oder versuchten Betrug darstellen. Falls der Domain-Inhaber auf seiner Website Angebote macht, die beim Internetnutzer aufgrund der Domainverwendung den Eindruck erwecken, dass diese vom gleichnamigen Markeninhaber stammen, wäre eine Irreführung denkbar, die zur Konsequenz hätte, dass der Domain-Inhaber wegen Betruges zur Verantwortung zu ziehen wäre. Eine solche „Zuordnungsverwirrung", die als Irrtum gem. § 263 StGB zu werten wäre, liegt auf jeden Fall vor, wenn auf der Website **Waren oder Dienstleistungen angeboten werden, die Ähnlichkeit mit denen haben, die der konventionelle Markeninhaber** anbietet.

26 Diese Konstellation würde anzunehmen sein, wenn zB unter der Adresse „www.vw.de", die jedoch nicht durch den bekannten Autohersteller registriert wäre, Fahrzeuge, Ersatzteile oder Autozubehör des tatsächlichen Markeninhabers angeboten würden. Die Identitätsverwirrung wäre in diesem Fall zu bejahen, da es angesichts der Verwendung des Begriffs aus Sicht eines verständigen Dritten nahe liegt, dass hinter dieser Domain der Autohersteller als Urheber der Angebote steht.[1] So wird für den Internetnutzer die **Gefahr einer Verwechselung** geschaffen, die letztlich zu einem Irrtum iSd. § 263 StGB führen könnte, nämlich in Form einer positiven Vorstellung einer in der Wirklichkeit nicht existenten Tatsache.[2]

27 Etwas anders gilt dagegen für Fälle, in denen als Domain Name eine Bezeichnung benutzt wird, die zwar mit einer eingetragenen Marke übereinstimmt, allerdings keine Ähnlichkeit zwischen den unter **dieser Domain angebotenen Waren oder Dienstleistungen und jenen besteht, die der konventionelle Markeninhaber anbietet.** Werden etwa unter „www.vw.de" Computer und Computerzubehör angeboten, so wird der Internetnutzer durch das schlüssige Verhalten des Domain-Name-Inhabers in Form der Benutzung der in Rede stehenden Domain nicht getäuscht.

28 Denn zum Nachweis einer strafrechtlich relevanten Täuschungshandlung ist dem konkludenten Verhalten unter Berücksichtigung der allgemeinen Verkehrsanschauung ein bestimmter Erklärungsgehalt beizumessen;[3] nach dieser Verkehrsanschauung wird jedoch der Begriff „vw" mit einer bestimmten Automarke verbunden und nicht mit dem Vertrieb von Computerzubehör, so dass die Benutzung dieser Domain nicht als stillschweigende Erklärung über ihre Urheberschaft gedeutet werden kann, die als Täuschung gem. § 263 StGB zu bewerten wäre.

---

1 S. für die zivilrechtliche Beurteilung dieses Sachverhalts LG München I v. 18. 7. 1997 – 21 O 17599/96, CR 1997, 540 ff., das auch auf die Warenähnlichkeit abstellt; ähnlich auch LG Frankfurt/M. v. 10. 9. 1997 – 2/6 O 261/97, MMR 1998, 151.

2 So RG v. 29. 10. 1908 – III 620/08, RGSt 42, 40; BGH v. 24. 4. 1952 – 4 StR 854/51, BGHSt 2, 325; LK/*Lackner,* § 263 Rz. 75; *Lackner/Kühl,* § 263 Rz. 18; Schönke/Schröder/*Cramer,* § 263 Rz. 37.

3 Dazu s. *Lackner/Kühl,* § 263 Rz. 8; *Tröndle/Fischer,* § 263 Rz. 7; *Rengier,* Strafrecht, Besonderer Teil 1, 4. Aufl. 2000, § 13 Rz. 4; *Ranft,* Jura 1992, 66.

29 Eine dritte Gruppe erfasst jene Fälle, in denen unter einer registrierten Domain, die der Bezeichnung einer **geschützten Marke zum Verwechseln ähnlich ist, identische oder zumindest ähnliche Waren oder Dienstleistungen der geschützten Marke angeboten werden; also** wenn etwa unter „http://www.auto-vw.de" Fahrzeuge, Ersatzteile und Autozubehör angeboten werden. Ob diese Handlung zu einem Irrtum nach § 263 StGB führen kann, hängt vom Irrtumsbegriff ab. Da allerdings die Definition eines Irrtums nicht nur die falsche Gewissheitsvorstellung, sondern auch die falsche Möglichkeitsvorstellung umfasst, irrt sich auch derjenige, der über die Wahrheit einer Behauptung im Zweifel ist.[1] Denn wenn der Getäuschte die vom Täter suggerierte Tatsache, dass der Autohersteller auch der Inhaber der Domain ist, mehr oder minder intensiv für möglich hält, geht er in seiner Vorstellung davon aus, dass die Wirklichkeit so beschaffen ist, wie sie vom Täter durch sein konkludentes Verhalten dargestellt wird.

30 Da die Tatsachen allerdings der vom Täter vorgestellten Wirklichkeit widersprechen, fallen Opfervorstellung und Wirklichkeit in der Frage, wer der Domain-Name-Inhaber ist, auseinander und erzeugen so einen nach § 263 StGB relevanten Irrtum. Wenn darüber hinaus auch die anderen Tatbestandsmerkmale des Betrugs erfüllt sind, kommt eine strafrechtliche Verantwortlichkeit des Domain-Name-Inhabers nach § 263 StGB in Betracht.

(2) Strafbare Kennzeichenverletzung (§ 143 Abs. 1 Nr. 2, 5 MarkenG)

31 Fraglich ist weiterhin, ob die rechtmäßige Verwendung eines Domain Name, der mit einer „älteren" und geschützten Marke identisch ist, eine strafbare Marken- bzw. Kennzeichenverletzung gem. § 143 Abs. 1 Nr. 2, 5 MarkenG darstellt, und zwar unabhängig davon, ob die Verwendung der Domain zum Irrtum eines Internetbenutzers führen könnte. Nach dieser Strafvorschrift macht sich strafbar, wer ein Zeichen entgegen § 14 Abs. 2 Nr. 3 MarkenG in der Absicht benutzt, die **Unterscheidungskraft** oder die **Wertschätzung einer bekannten Marke auszunutzen oder zu beeinträchtigen**. Gem. § 143 Abs. 1 Nr. 5 MarkenG wird dagegen derjenige bestraft, der entgegen § 15 Abs. 3 MarkenG eine Bezeichnung in der Absicht gebraucht, die Unterscheidungskraft oder die Wertschätzung einer bekannten geschäftlichen Bezeichnung auszunutzen oder zu beeinträchtigen.

32 § 143 Abs. 1 Nr. 2, 5 MarkenG schützt damit die Bekanntheit einer Marke bzw. geschäftlichen Bezeichnung[2] und bestraft die Markenrechts- bzw. Kennzeichenverletzung. Diese liegt vor, wenn eine Marken- bzw. Kennzei-

---

1 BGH v. 8. 5. 1990 – 1 StR 144/90, Wistra 1990, 305; v. 15. 10. 1991 – 4 StR 420/91, Wistra 1992, 95; *Lackner/Kühl,* § 263 Rz. 18; LK/*Lackner,* § 263 Rz. 80; Schönke/Schröder/*Cramer,* § 263 Rz. 40; *Tröndle/Fischer,* § 263 Rz. 18; *Otto,* Jura 1983, 22; *Samson,* JA 1978, 474.

2 Zum Begriff der Bekanntheit s. etwa *Boës/Deutsch,* GRUR 1996, 168 ff.; *Eichmann,* GRUR 1998, 201 ff.; *Schneider,* GRUR Int. 1998, 461 ff.

chenkollision festzustellen ist, wenn es sich also bei der kollidierenden Marke bzw. beim kollidierenden Kennzeichen um eine im Inland bekannte Marke bzw. ein Kennzeichen handelt und durch ihre Benutzung die Unterscheidungskraft oder Wertschätzung ausgenutzt oder beeinträchtigt wird.[1] Weil freilich die Domain Names technisch nur einmal vergeben werden können, kommt im Zuge der Feststellung einer Kollision gerade der Verwechslungsgefahr besondere Bedeutung zu.[2]

33 Diese setzt die **Identität bzw. Ähnlichkeit zwischen dem Angebot der bekannten Marke sowie dem der Domain** voraus. Aus dieser Voraussetzung folgt wiederum die Verlagerung des Schwerpunkts der strafrechtlichen Handlung von einer schlichten Benutzung der konkreten Domain auf den Inhalt der Website. Hier ist zu beurteilen, ob Elemente der bekannten Marke bzw. Kennzeichnung, etwa im Rahmen der Präsentation des Angebots, auf unlautere Weise ausgenutzt werden. Falls dieses festgestellt wird, ist die schlichte Benutzung einer bekannten Marke bzw. Kennzeichnung als Domain lediglich als Teil des strafbaren Verhaltens des Domain-Name-Inhabers zu werten; dieser versucht, die Aufmerksamkeit der Internetnutzer auf seine Website zu ziehen, was der Ausnutzung der Wertschätzung der bekannten Marke unmittelbar vorgelagert ist.[3] Durch das bloße Verwenden einer bekannten Marke bzw. Bezeichnung als Domain Name wird der Tatbestand des § 143 Abs. 1 Nr. 2, 5 MarkenG allerdings nicht verwirklicht, so dass eine Anwendung dieser Norm nicht in Betracht kommt.

34 Die Verletzungshandlung wird nur dann bestraft, wenn der Täter mit der Absicht handelt, die Unterscheidungskraft oder Wertschätzung der bekannten Marke bzw. geschäftlichen Bezeichnung auszunutzen oder zu beeinträchtigen, die durch eine Einzelfallentscheidung festgestellt wird. Indiz für das Vorhandensein der **Ausnutzungsabsicht** kann bei der Verwendung von Domain Names das Angebot des Domain Inhabers diesen entgeltlich zu veräußern oder wenn der Domain ähnliche Waren oder Dienste wie die bekannte Marke oder Kennzeichnung anbietet.

35 Zur Feststellung, ob eine Absicht vorliegt, ist weiterhin die Rechtsprechung zur **Rufausbeutung von bekannten Kennzeichen** heranzuziehen.[4] Danach reicht es nicht aus, dass der in der Domain enthaltene Name der Marke dafür genutzt wird, die Aufmerksamkeit des Internetnutzers zu erhöhen. Vielmehr

---

1 So etwa *Fezer*, Markenrecht, § 143 f Rz. 16, 19.

2 Für die Feststellung der Verwechslungsgefahr als Voraussetzung für die Geltendmachung von Kennzeichenrechten s. *Dieselhorst*, B Rz. 852 ff.

3 Ähnlich *Viefhues* in Hoeren/Sieber, Multimedia-Recht, Teil 6 Rz. 142, der bei der zivilrechtlichen Beurteilung dieser Frage, die schlichte Benutzung des Domain Name als „erster Schritt zur Ausnutzung der Wertschätzung des fremden Kennzeichens" bewertet.

4 S. etwa BGH v. 14. 11. 1980 – I ZR 134/74, GRUR 1981, 142 (144); v. 29. 11. 1984 – I ZR 158/82, GRUR 1985, 550 (552); v. 11. 7. 1996 – I ZR 22/94, GRUR 1996, 875 (876).

muss die Benutzung der bekannten Marke bzw. Kennzeichnung dazu dienen, den Wert der vom Domain-Name-Inhaber vertriebenen Waren oder Dienstleistungen zu erhöhen. So ist positiv festzustellen, dass der Domain-Name-Inhaber durch die Wahl des Namens einen „Imagetransfer" insofern beabsichtigt, als dass Elemente der bekannten Marke, zB Prestige, Qualität usw., auf sein Angebot übertragen werden sollen.

b) Strafbare Werbung im Internet

Das Internet bietet als neues Kommunikationsmedium eine bisher nicht bekannte Plattform für kommerzielle Werbung. Daraus folgt, dass im Zuge der Überprüfung entsprechender Werbemaßnahmen unter strafrechtlichen Aspekten die Besonderheiten dieses Mediums berücksichtigt werden müssen. 36

Als häufig genutzte Werbeinstrumente im Internet kommen die Sendung von **E-Mails**, die Herstellung von **Links** und die Verwendung von **Frames** in Betracht. Als Mittel indirekter Werbung kann auch die Bereitstellung von **Metatags** und das **Inserieren** per Chiffreanzeigen betrachtet werden. Obwohl die Vornahme von Online-Werbung in vielen Fällen den Wettbewerb fördert, sind nicht selten Konstellationen zu beobachten, in denen das Verhalten der Marktteilnehmer im Kampf um Abnehmer die (straf-)rechtlichen Grenzen überschritten hat. Derartige Fälle stellen Verstöße entweder gegen das Verbot irreführender Werbung oder gegen das allgemeine Werbungsverbot dar. 37

aa) Irreführende Werbung (§ 4 UWG)

Zur Bekämpfung des unlauteren Wettbewerbs mittels irreführender Werbung dient u.a. § 4 UWG. Danach macht sich strafbar, wer in der Absicht, den Anschein eines besonders günstigen Angebots zu erwecken, in öffentlichen Bekanntmachungen oder Mitteilungen, die für einen größeren Personenkreis bestimmt sind, wissentlich unwahre und zur Irreführung geeignete Angaben über geschäftliche Verhältnisse macht. 38

(1) Persönlicher Anwendungsbereich

Dadurch, dass die Kundgaben durch öffentliche Bekanntmachungen oder durch für einen größeren Personenkreis bestimmte Mitteilungen erfolgen müssen, stellt die Vorschrift klar, dass – im Gegensatz zum zivilrechtlichen Pendant § 3 UWG – die Kundgaben einer Öffentlichkeit gegenüber geäußert werden müssen. **Öffentliche Bekanntmachungen** sind schriftliche oder mündliche Mitteilungen, die sich an einen unbegrenzten und unbestimmten Personenkreis richten. 39

Dieser ist gegeben, wenn sich die Bekanntmachung ohne Rücksicht auf die Öffentlichkeit des Ortes an die Allgemeinheit wendet, wenn sie also von 40 einer **unbestimmten Anzahl von Personen** wahrgenommen werden kann.[1] Demnach stellt das Einfügen von Links und Frames in Webseiten eine als Werbeinstrument an die Öffentlichkeit gerichtete Bekanntmachung dar, da sie sich nach ihrer technischen Konstruktion an jeden richtet, der die entsprechenden Webseiten abruft.

41 Anders verhält es sich, wenn die Links bzw. Frames an Nachrichten geheftet werden, die von Beteiligten einer geschlossenen Newsgroup heruntergeladen werden, denn in solchen Konstellationen ist das Merkmal der Allgemeinheit nicht vorhanden. Solche Formen von Internetwerbung könnten indes als **Mitteilungen, die für einen größeren Kreis von Personen bestimmt sind,** betrachtet werden, soweit sie Kundgaben darstellen, die sich nicht an die Allgemeinheit, sondern lediglich an einen Teil der Öffentlichkeit richten, der jedoch eine unbestimmte und unbegrenzte Mehrheit von Personen umfasst.[2]

42 Daher würden Werbeaktionen, die an einzelne Internet-User gerichtet werden, etwa durch die **Versendung von gewerblichen E-Mails,** aus dem Anwendungsbereich des § 4 Abs. 1 UWG herausfallen. Gleichwohl werden solche Zusendungen von § 4 Abs. 1 UWG erfasst, wenn diese Art von Mitteilungen an mehrere Internet-User hintereinander gerichtet werden und sie sich in Sinn und Inhalt entsprechen. Diese Ansicht findet ihre Begründung in der Rechtsprechung sowohl des RG als auch des BGH, nach der für die Erfüllung des Tatbestandsmerkmals „Mitteilung gegenüber einem größeren Personenkreis“ die Wiederholung der „in ihrem **sachlichen Gehalt gleichbleibenden Behauptung**“ maßgeblich ist.[3]

43 Dieses ist insbesondere der Fall, wenn die werbenden E-Mails an die Teilnehmer einer Mailing List als **Spamming** zugeschickt werden. Unter diesem Gesichtspunkt kommt für die Versendung von gewerblichen E-Mails § 4 Abs. 1 UWG grundsätzlich in Betracht. Die Anwendung der Norm scheidet lediglich für jene werbende E-Mails aus, die nach der Untersuchung des Profils eines Internetnutzers auf die Person zugeschnittene Angebote enthalten. Ob allerdings die Versendung solcher E-Mails möglicherweise in den Anwendungsbereich des § 3 UWG fällt, sei an dieser Stelle dahingestellt.

1 RG v. 9. 4. 1929 – I 101/29, RGSt 63, 110; *Baumbach/Hefermehl,* § 4 UWG Rz. 3; Erbs/Kohlhaas/*Fuhrmann,* § 4 UWG Rz. 57; GroßKommUWG/*Otto,* § 4 UWG Rz. 83; *Gribkowsky,* Strafbare Werbung, 1989, S. 38; *Pfeiffer,* FS Lieberknecht, 1997, S. 211.

2 RG v. 16. 1. 1912 – II StR 973/11, RGSt 45, 364; *Baumbach/Hefermehl,* § 4 UWG Rz. 4; Erbs/Kohlhaas/*Fuhrmann,* § 4 UWG Rz. 58; GroßkommUWG/*Otto,* § 4 UWG Rz. 85; *Gribkowsky,* Strafbare Werbung, 1989, S. 39; *Fabricius,* GRUR 1965, 528; *Pfeiffer,* FS Lieberknecht, 1997, S. 211.

3 S. etwa RG v. 19. 6. 1930 – III 106/30, RGSt 64, 248; BGH v. 17. 12. 1971 – 2 StR 522/71, BGHSt 24, 274; OLG Frankfurt v. 29. 1. 1976 – 2 Ss 654/76, GA 1977, 154; OLG Köln v. 12. 10. 1976 – Ss 441/76, GA 1977, 190; OLG Oldenburg v. 25. 5. 1965 – 1 Ss 114/65, GRUR 1967, 106 ff.

(2) Strafbares Verhalten

Der Werbende im Internet wird bestraft, wenn er unwahre und zur Irreführung geeignete Angaben über geschäftliche Verhältnisse macht. 44

(a) Das Tatbestandsmerkmal der Angaben

Angaben sind **nachprüfbare Aussagen** des Werbenden über Tatsachen, nämlich über konkrete äußere oder innere Geschehnisse oder Zustände der Vergangenheit oder Gegenwart. Als Angaben können auch Werturteile oder Prognosen betrachtet werden, soweit diese auf eine Tatsachengrundlage verweisen oder einen nachprüfbaren tatsächlichen Kern besitzen.[1] Damit wird unter § 4 Abs. 1 UWG jede werbende Aussage erfasst, soweit diese nicht nur eine allgemeine Anpreisung oder offensichtlich reklamehafte Übertreibungen[2] enthält. 45

Mithin sind Links, Frames oder Werbe-Mails, die eine sachliche Aussage enthalten, als Angaben iSd. § 4 UWG zu betrachten. Da die Angaben durch Bild, Ton oder Gebärde erfolgen können,[3] ist auch im Rahmen der **Internetwerbung die Ausdrucksform irrelevant,** um eine nach § 4 UWG strafbare Handlung darzustellen. 46

(b) Das Tatbestandsmerkmal der geschäftlichen Verhältnisse

Tatbestandsmäßig sind solche Angaben, die über geschäftliche Verhältnisse gemacht werden. Der Begriff, der mit dem des § 3 UWG identisch ist, umfasst alle **Angaben, die einen Bezug zum Geschäftsbetrieb oder zur Erwerbstätigkeit des Äußernden herstellen** und für den Wettbewerb von Bedeutung sein könnten.[4] Damit werden lediglich Angaben ausgeschlossen, denen rein privater oder öffentlich-rechtlicher Charakter zukommt.[5] Die im Gesetz aufgeführten Beispiele entsprechen den im § 3 UWG genannten und stellen, 47

---

1 *Achenbach/Wannemacher/Ebert-Weidenfeller,* Beraterhandbuch zum Steuerstrafrecht und Wirtschaftsstrafrecht, Loseblatt, § 29 Rz. 12; Erbs/Kohlhaas/*Fuhrmann,* § 4 UWG Rz. 8; GroßkommUWG/*Otto,* § 4 UWG Rz. 16; *Gribkowsky,* Strafbare Werbung, 1989, S. 44; *Meyer/Möhrenschlager,* WiVerw 1982, 23; *Pfeiffer,* FS Lieberknecht, 1997, S. 209.

2 So etwa BGH v. 30. 1. 1963 – Ib ZR 183/61, GRUR 1963, 483; s. auch *Horn,* Strafbare Werbung, 1991, S. 51.

3 *Achenbach/Wannemacher/Ebert-Weidenfeller,* Beraterhandbuch zum Steuerstrafrecht und Wirtschaftsstrafrecht, Loseblatt, § 29 Rz. 12; Erbs/Kohlhaas/*Fuhrmann,* § 4 UWG Rz. 10; GroßkommUWG/*Otto,* § 4 UWG Rz. 20 f.; *Gribkowsky,* Strafbare Werbung, 1989, S. 45; *Hernandéz,* Strafrechtlicher Schutz vor irreführender Werbung, 1998, S. 164; *Pfeiffer,* FS Lieberknecht, 1997, S. 210.

4 S. etwa BGH v. 29. 3. 1990 – 1 StR 22/90, BGHSt 36, 392; BGH v. 30. 10. 1963 – Ib ZR 42/62, GRUR 1964, 33 (36); BayObLG v. 20. 7. 1967 – RReg. 4a St 63/67, NJW 1967, 2418.

5 BayObLG v. 18. 9. 1973 – RReg. 4 St 112/73, GRUR 1974, 400; Erbs/Kohlhaas/*Fuhrmann,* § 4 UWG Rz. 23; GroßkommUWG/*Otto,* § 4 UWG Rz. 47.

wie durch den Begriff „insbesondere" zum Ausdruck kommt, keine abschließende Regelung dar.

48 In diesem Zusammenhang ist insbesondere die **Platzierung der Internetwerbung** zu untersuchen. Das Einbauen eines werbenden Links auf der Homepage eines Unternehmens, das zB ähnliche Produkte wie die beworbene Ware vertreibt, kann als Rufausbeutung betrachtet werden,[1] der zur **Herkunftstäuschung** führt und damit eine strafbare Handlung gem. § 4 Abs. 1 UWG darstellt. Ähnlich ist die Verwendung von Frames zu beurteilen, wenn diese auf einer fremden Webseite eingerichtet werden und für den Internetnutzer nicht erkennbar ist, ob die durch den Frame verbreitete Werbung von dem Betreiber der Website stammt, dessen Adresse der Browser angibt oder ob es sich um das Angebot eines Dritten handelt.[2]

49 Auch die Übernahme von fremden Elementen einer Website oder Internetwerbung kommt als strafbares Verhalten gem. § 4 UWG in Betracht. Dadurch, dass in die Online-Werbung künstlerische oder konstruktive Leistungen eines anderen Anbieters übertragen werden und dabei der Eindruck erweckt wird, dass diese vom Werbenden stammen, liegt eine **Aussage über gewerbliche Leistungen** vor, die als Angabe über geschäftliche Verhältnisse iSd. § 4 Abs. 1 UWG zu bewerten ist.[3]

50 Einen besonderen Fall stellt die **Verwendung von Metatags** dar. Indem der Programmierer einer Website die Informationen festlegt, die von den Suchmaschinen abgerufen werden, steuert er die Daten, die die Suchmaschine über seine Website speichert. Demzufolge ist es technisch möglich, etwa die Unternehmensnamen eines unmittelbaren Konkurrenten in den eigenen Metatags anzugeben, so dass die Website des Unternehmens, das die Metatags entsprechend installiert hat, in der Ergebnisliste der Suchmaschine vor dieser des Konkurrenten erscheint.[4] Dadurch macht der Programmierer der Metatags jedoch Angaben, die für den Wettbewerb bedeutsam sind und entweder **den Ursprung oder die Bezugsquelle von Waren oder Dienstleistungen** betreffen. Auf diese Weise wird die Leistungsfähigkeit eines anderen Anbieters übernommen und so sein Ruf ausgebeutet; die missbräuchliche Verwendung von Metatags kann daher als strafbare Handlung gem. § 4 Abs. 1 UWG gewertet werden.

51 Auch die **Verwendung von Domain Names** wird von § 4 Abs. 1 UWG erfasst. Aus der Bedeutung, die diese für das Angebot von Waren und Dienstleistungen per Internet haben, ist die Folgerung zu ziehen, dass sich die Domain

---

1 S. dazu etwa *Körner/Lehment* in Hoeren/Sieber, Multimedia-Recht, Teil 11.1 Rz. 84 ff.; *Peschel-Mehner* in Schwarz (Hrsg.), Recht im Internet, 5–2.2, 20.

2 S. dazu etwa *Körner/Lehment* in Hoeren/Sieber, Multimedia-Recht, Teil 11.1 Rz. 100; *Ernst,* NJW-CoR 1997, 226; *Koch,* NJW-CoR 1997, 301 bez. des Inline-Linking.

3 S. dazu auch *Bechthold,* ZUM 1997, 434 f.; *Ernst,* BB 1997, 1060 f.; *Ernst,* NJW-CoR 1997, 226 hinsichtlich der zivilrechtlichen Bewertung dieses Verhaltens.

4 S. dazu LG Mannheim v. 1. 8. 1997 – 7 O 291/97, K&R 1998, 119 m. Anm. *Ernst,* NJW-CoR 1997, 493.

Names mittelbar oder unmittelbar auf den Geschäftsbetrieb oder die Erwerbstätigkeit des Äußernden beziehen und damit als Angaben über geschäftliche Verhältnisse zu betrachten sind.

(c) Das Tatbestandsmerkmal der Unwahrheit

Angaben über geschäftliche Verhältnisse unterliegen dem Tatbestand des § 4 Abs. 1 UWG nur dann, wenn sie **unwahr** sind. Uneinigkeit herrscht darüber, wie das Merkmal der „Unwahrheit" auszulegen ist. Nach einer sog. objektiven Auffassung wird unter Unwahrheit die **objektive Diskrepanz zwischen den Werbeangaben und der Wirklichkeit** verstanden.[1] Die subjektive Auffassung befürwortet dagegen eine sinnidentische Interpretation von „unwahr" und „zur Irreführung geeignet", indem sie auf die subjektive Vorstellung des Umworbenen abstellt und als „unwahr" diejenigen Angaben bewertet, die dieser als „unwahr" versteht.[2] 52

Die Anhänger der subjektiven Auffassung weisen darauf hin, dass „unwahr" auch sonst fast überall im Recht dasselbe wie „irreführend" bedeutet, da um das Problem der objektiven Wahrheit im Recht nur selten, um das Problem der subjektiven Irreführung dagegen um so häufiger gerungen wird.[3] Gerade die Divergenz zwischen der Bedeutungsvorstellung und der Wirklichkeit begründet den Verstoß gegen das Wahrheitsgebot in der Werbung.[4] Demzufolge ist nach dieser Ansicht eine Angabe unwahr, wenn sie den durchschnittlichen Werbungsadressaten veranlassen kann, diese für wahr zu halten, wodurch er sodann getäuscht wird.[5] 53

Gleichwohl sind die in diesem Zusammenhang vorgebrachten Argumente nicht überzeugend. Zunächst wird dem Element der „Unrichtigkeit" in strafrechtlichen Vorschriften oft eine **objektive Bedeutung** beigemessen. An dieser Stelle sei nur auf die Auslegung von § 263a Abs. 1 StGB (Verwendung unrichtiger Daten), § 264 Abs. 1 Nr. 1 StGB (unrichtige Angaben machen) sowie § 88 Nr. 1 BörsenG (unrichtige Angaben machen) und § 82 Abs. 1 GmbHG (falsche Angaben machen) hingewiesen. 54

---

1 Für die objektive Auffassung s. etwa OLG Stuttgart v. 31. 3. 1981 – 3 Ss 168/80, GRUR 1981, 750; Erbs/Kohlhaas/*Fuhrmann,* § 4 UWG Rz. 12; *Gribkowsky,* Strafbare Werbung, 1989, S. 47 ff.; *Klug,* GRUR 1975, 219; *Meyer/Möhrenschlager,* WiVerw 1982, 24.

2 Für die subjektive Ansicht s. etwa RG v. 6. 3. 1908 – II StR 18/08, RGSt 41, 162; BayObLG v. 25. 11. 1971 – RReg. 8 St 28/71, GRUR 1972, 659 ff.; *Baumbach/Hefermehl,* § 4 UWG Rz. 8; GroßkommUWG/*Otto,* § 4 UWG Rz. 32 ff.; *Lampe,* FS für Lange, 1972, S. 460 f.; *Tiedemann,* Wirtschaftsstrafrecht und Wirtschaftskriminalität, 2. Bd. 1977, 35.

3 So *Lampe,* FS für Lange, 1972, S. 461; auch *Baumbach/Hefermehl,* § 4 UWG Rz. 8; GroßkommUWG/*Otto,* § 4 UWG Rz. 32.

4 So *Baumbach/Hefermehl,* § 4 UWG Rz. 8; GroßkommUWG/*Otto,* § 4 UWG Rz. 32.

5 S. etwa RG v. 12. 4. 1907 – 5 StR 1140/06, RGSt 40, 439; RGSt v. 30. 5. 1913 – 5 StR/13, 47, 163 f.; BGH v. 18. 3. 1952 – GS St 2/51, BGHSt 2, 145; *Baumbach/Hefermehl,* § 4 UWG Rz. 8; GroßkommUWG/*Otto,* § 4 UWG Rz. 33; *Tiedemann,* Wettbewerb und Strafrecht, 1976, S. 35.

55 Darüber hinaus trifft es zwar zu, dass der Schwerpunkt des Vorwurfs im Bereich rechtswidriger Werbung im Widerspruch zwischen Wirklichkeit und Wirklichkeitsdarstellung liegt. Gerade deswegen hat allerdings der Gesetzgeber § 3 UWG eingeführt und für die im Werbebereich vorgenommene Irreführung als solche zivilrechtliche Maßnahmen vorgesehen. Demzufolge entspricht es der **gesetzlichen Systematik,** dass das Heranziehen der strafrechtlichen Vorschrift als ultima ratio mit strengeren Prämissen als diese der zivilrechtlichen Norm verbunden ist, so dass mithin nicht nur irreführende, sondern auch unwahre Angaben vorauszusetzen sind.

56 Außerdem stellt der Rekurs auf die durchschnittliche Auffassung der Werbeadressaten einen unsicheren Faktor dar, der im Hinblick auf die Einleitung strafrechtlicher Maßnahmen Unbestimmtheiten und damit verfassungsrechtliche Unklarheiten gem. Art. 103 Abs. 2 GG verursachen kann.[1]

57 Das wichtigste Argument, das für die objektive Interpretation des § 4 Abs. 1 UWG spricht, ist allerdings der **Gesetzeswortlaut.** Die Umdeutung des Merkmals „unwahre" in „irreführende" Angaben bedeutet eine Erweiterung des Anwendungsbereichs der Norm und damit die Bestrafung einer Reihe von Handlungen des Werbenden, die sonst dem Tatbestand der irreführenden Werbung gem. § 3 UWG unterliegen würden. Durch diese Auslegung wird demnach § 4 Abs. 1 UWG auf einen Sachverhalt angewendet, der dem von ihm erfassten lediglich rechtsähnlich ist; so würde eine strafbegründete Analogie gebildet, die nach Art. 103 Abs. 2 GG verfassungsrechtlich verboten ist.[2]

58 Die Ansicht, dass unter das Tatbestandsmerkmal der „unwahren Angaben" in § 4 UWG Werbeangaben fallen, deren Inhalt mit der Wirklichkeit nicht übereinstimmen, erleichtert deutlich die Ermittlung der Unwahrheit in der internetspezifischen Werbung. Da nicht auf das Verständnis des durchschnittlichen Werbeadressaten zurückgegriffen werden muss, erübrigt sich die Beurteilung der Frage, welche die betroffenen Werbeadressaten sein können. Diese wäre ein nur schwer auszuräumendes Hindernis, das wegen die Internationalität des Internets die Bildung tragbarer Folgerungen beachtlich erschweren würde.

59 In diesem Sinne reicht im Zuge einer Untersuchung der internetspezifischen Werbung die Feststellung, dass etwa eine bestimmte Leistung entgeltlich angeboten wird. Dasselbe gilt, wenn etwa die Präsentation eines neuen Produkts an das „schwarze Brett" einer Mailing List geheftet wird, ohne unmissverständlich darauf hinzuweisen, dass es sich um eine kommerzielle Werbung und keine Empfehlung eines anderen Teilnehmers der Mailing List handelt. Ähnlich ist auch der Fall zu beurteilen, in dem die Anbieter von Action Groups oder interaktiven Spielen verschweigen, dass eigene Ge-

1 Ähnlich auch *Gribkowsky,* Strafbare Werbung, 1989, S. 48; *Hernandéz,* Strafrechtlicher Vermögensschutz vor irreführender Werbung, 1998, S. 182 ff.; *Horn,* Strafbare Werbung, 1991, S. 51 f.; *Klug,* GRUR 1975, 219 f.

2 S. dazu etwa BVerfG v. 3. 7. 1962 – 2 BvR 15/62, BVerfGE 14, 185; v. 14. 5. 1969 – 2 BvR 238/68, BVerfGE 26, 42; v. 11. 11. 1986 – 1 BvR 713/83, 921, 1190/84 und 333, 248, 306, 497/85, BVerfGE 73, 235.

sprächspartner oder Mitspieler entgeltliche Leistungen anbieten, die vom Leistungsanbieter, um die Dauer des interaktiven Spiels und damit das anfallende Entgelt zu erhöhen, vergütet werden.[1] Damit werden unwahre Angaben hinsichtlich der Kommerzialität des Angebots gemacht, die unter das strafrechtlich relevante Verhalten des § 4 Abs. 1 UWG fallen können.

d) Das Tatbestandsmerkmal der Irreführung

Die Bekanntmachung von unwahren Angaben wird bestraft, wenn diese zur 60
Irreführung der Werbeadressaten geeignet ist. Nach allgemeiner Meinung ist die Eignung zur Irreführung nach der Auffassung eines nicht ganz beachtlichen Teils des angesprochenen Verkehrskreises zu ermitteln.[2] Dies bedeutet, dass nicht darauf abgestellt wird, wie ein sachkundiger oder interessierter Werbeadressat die Angabe versteht, sondern darauf, **welche Vorstellung diese Angabe bei den durchschnittlichen Werbeadressaten** erweckt.[3] Es kommt demzufolge nicht darauf an, ob tatsächlich ein Werbeadressat irregeführt worden ist. Vielmehr genügt es, dass eine **konkrete Irreführungsgefahr** vorliegt, wie im Übrigen aus dem Wort „geeignet" abzuleiten ist. Damit stellt § 4 Abs. 1 UWG ein konkret-abstraktes Gefährdungsdelikt dar.[4]

Die Feststellung, wann eine solche Irreführungseignung vorliegt, ist **richter-** 61
liche Aufgabe. Der Tatrichter kann sich ohne großen Aufwand eine Meinung bilden, wenn er selbst zu dem Verkehrskreis gehört, auf den es für die Ermittlung des Sinnes einer Angabe ankommt, wenn es etwa um die Irreführung von Verbrauchern geht, zu denen auch der Richter gehört, oder wenn es um die Beurteilung der Angaben einer Werbung geht, die sich an das allgemeine Publikum wendet.[5] In anderen Fällen sind alle anderen Beweismöglichkeiten auszuschöpfen, insb. sind **Sachverständige oder demoskopische Untersuchungen** heranzuziehen, um das Verständnis der angesprochenen Verkehrkreise zu ermitteln.[6]

---

1 S. dazu etwa OLG Frankfurt v. 1. 4. 1996 – 6 U 49/95, CR 1996, 602 f.

2 S. etwa RG v. 2. 11. 1886 – II StR 2504V StR 57/13/1886, RGSt 14, 437; RG v. 3. 2. 1905 – IV StR 3410/04, RGSt 36, 378; BGH v. 16. 2. 1954 – 5 StR 471/53, BB 1954, 299 (300); OLG Stuttgart v. 31. 3. 1981 – 3 Ss 168/80, GRUR 1981, 750; *Baumbach/Hefermehl,* § 4 UWG Rz. 8; Erbs/Kohlhaas/*Fuhrmann,* § 4 UWG Rz. 17 ff.; *Gribkowsky,* Strafbare Werbung, 1989, S. 46 f.; *Klug,* GRUR 1975, 219; *Meyer/Möhrenschlager,* WiVerw 1982, 24; *Pfeiffer,* FS Lieberknecht, 1997, S. 210 f.

3 S. dazu etwa *Lindmeyer/Henseler,* WRP 1978, 88.

4 Über die abstrakt-konkreten Gefährdungsdelikte s. nur *Schröder,* ZStW 81, 7; *Schröder,* JZ 1967, 171.

5 S. dazu etwa BGH v. 13. 7. 1962 – I ZR 43/61, NJW 1962, 2149 (2151); v. 30. 3. 1977 – 4 StR 28/77, NJW 1977, 1695 (1696); v. 11. 5. 1983 – I ZR 64/81, GRUR 1984, 467 (468); GroßkommUWG/*Otto,* § 4 UWG Rz. 43.

6 S. dazu GroßkommUWG/*Otto,* § 4 UWG Rz. 44 f.; *Gribkowsky,* Strafbare Werbung, 1989, S. 46; *Schricker,* Möglichkeiten des Schutzes der Verbraucher und des funktionsfähigen Wettbewerbs im Recht des unlauteren Wettbewerbs in Tagungsberichte der Sachverständigenkommission zur Bekämpfung der Wirtschaftskriminalität, Bd. VIII, 1985, Anl. 5 27.

62 Als internetspezifische Irreführungstatbestände kann insbesondere die **Kommerzialität eines Internetangebots** betrachtet werden. Da die Leistungen im Internet meistens unentgeltlich angeboten werden, erwartet der durchschnittliche Internetnutzer, dass die Entgegennahme von Leistungsangeboten keine zusätzlichen Gebühren verursachen wird.[1] Entgeltliche Internetangebote, die nicht ausdrücklich als solche gekennzeichnet werden, sind daher geeignet, beim Nutzer die Vorstellung zu erwecken, dass diese kostenlos konsumiert werden können.

63 Auch die Verwendung von **unwahren Metatags** eignet sich zur Irreführung der Internetnutzer. Denn diese beabsichtigen, durch die Nutzung von Suchmaschinen Websites bzw. Leistungen zu finden, die den Suchwörtern bzw. Namen entsprechen, die sie beim Suchprozess angegeben haben. Die Internetnutzer gehen jedoch davon aus, in der von einer Suchmaschine zusammengestellten Auswahl keine Websites zu finden, die ihnen lediglich mittels unzutreffender Stichwörter zugeleitet werden.

64 Der Einsatz von bezahlten Sex-Animateuren im Rahmen eines Sex-Dialogdienstes hat das OLG Frankfurt nach § 3 UWG als irreführend gewertet, denn der besondere Reiz des streitgegenständlichen Dialogsystems bestand laut Angabe des Betreibers darin, dass ein erheblicher Teil der Teilnehmer davon ausgehen konnte, auf diese Weise mit anderen privaten Teilnehmern in Kontakt zu treten, mit denen sich sodann ein für beide Seiten sexuell anregendes Kommunikationserlebnis ergeben sollte.[2] Die Kenntnis über den Einsatz von kommerziellen Animateuren hätte damit die Entscheidung über die Teilnahme an dem Dialogsystem beeinflusst, so dass die Teilnehmer hierüber getäuscht wurden.

(3) Subjektiver Tatbestand

(a) Vorsätzliche Tatbegehung

65 Der Täter muss den objektiven Tatbestand vorsätzlich verwirklichen. Dabei genügt bedingter Vorsatz. Demnach muss dem Werbenden bewusst sein, dass er in öffentlichen Bekanntmachungen oder in Mitteilungen, die für einen größeren Kreis von Personen bestimmt sind – was im Falle einer Werbung im Internet vorauszusetzen ist – Angaben über geschäftliche Verhältnisse macht. Darüber hinaus muss er mit der Möglichkeit rechnen, dass diese Angaben geeignet sind, den durchschnittlichen Werbeadressaten zu einer falschen Vorstellung des Sachverhalts zu veranlassen und ihn dadurch irrezuführen. Dem Täter muss demzufolge die Gefahr der Tatbestandsverwirklichung bewusst sein und dass es nur vom Zufall abhängig ist, ob diese eintritt oder nicht. Durch das Erfordernis der vorsätzlichen Tatbegehung

1 Dazu aus zivilrechtlicher Sicht *Körner/Lehment* in Hoeren/Sieber, Multimedia-Recht, Teil 11.1, Rz. 155.
2 S. OLG Frankfurt v. 1. 4. 1996 – 6 U 49/95, CR 1996, 602 f.

unterscheidet sich der Tatbestand des § 4 UWG vom zivilrechtlichen Verbot der irreführenden Werbung gem. § 3 UWG.[1]

(b) Absicht, den Anschein eines besonders günstigen Angebots hervorzuheben

66 Dem Täter muss es darauf ankommen, den Anschein eines besonders günstigen Angebots hervorzurufen. Ein solcher Anschein liegt nach ständiger Rechtsprechung vor, wenn der Werbende sein Angebot durch das Hervorheben besonderer Vorteile als besonders günstig erscheinen lässt. Damit ist nicht unbedingt ein materieller Vorteil verbunden, dh., dass sein Angebot nicht grundsätzlich preisgünstig sein muss.[2] Nicht maßgebend ist auch, ob der angepriesene Vorteil in Wirklichkeit fehlt. Vielmehr genügt es, dass ein möglicherweise vorhandener Bonus durch die irreführende Werbung besonders akzentuiert wird.[3]

67 Für die Feststellung, wann ein Angebot besonders günstig erscheint, sind die vergleichenden Angebote von Mitbewerbern für Leistungen gleicher Art und Güte heranzuziehen. Falls jedoch nach dem Vergleich festgestellt werden kann, dass der Täter trotz der Angabe falscher geschäftlicher Verhältnisse gleiche Angebote wie seine Mitbewerber macht, fehlt es an der erforderlichen Absicht.[4]

bb) Internet-Werbung und Jugendschutz (§ 21 Abs. 2, 3 GjSM)

68 Um den in Art. 5 Abs. 2 GG verfassungsrechtlich vorgegebenen Jugendschutz zu gewähren, hat der Gesetzgeber die Werbung für indizierte Schriften (§ 5 Abs. 2 GjSM) und die Werbung für eine nicht indizierte Schrift mit dem Hinweis auf ein Indizierungsverfahren (§ 5 Abs. 1 GjSM) verboten. Die Verletzung dieses Verbots wird unter Strafe gestellt (§ 21 Abs. 2 Nr. 1 GjSM), auch wenn diese fahrlässig geschieht (§ 21 Abs. 3 GjSM). Ebenso wird derjenige bestraft, der zum Zwecke geschäftlicher Werbung die Liste, die die indizierten Schriften enthält, abdruckt oder veröffentlicht (§ 21 Abs. 2 Nr. 2 GjSM).

(1) Räumlicher Anwendungsbereich

69 Als Ausgangspunkt der Untersuchung ist die Frage zu stellen, für welchen räumlichen Geltungsbereich das Werbeverbot des § 5 GjSM gilt. Es liegt

1 So GroßkommUWG/*Otto,* § 4 UWG Rz. 92; *Gribkowsky,* Strafbare Werbung, 1989, S. 50.

2 S. etwa RG v. 12. 4. 1907 – V StR 1140/06, RGSt 40, 122 ff.; RG v. 30. 5. 1913 – V StR 57/13, RGSt 47, 280 ff.; BGH v. 7. 2. 1953 – 2 StR 341/52, BGHSt 4, 44 ff.; BGH v. 26. 10. 1977 – 2 StR 432/77, BGHSt 27, 293 ff.; BayObLG v. 30. 4. 1958 – 1 St 533/1957, GRUR 1959, 427.

3 S. dazu etwa RG v. 1. 10. 1907 – V StR 535/07, RGSt 40, 281.

4 S. dazu etwa BayObLG v. 29. 11. 1988 – RReg. 4 St 156/88, Wistra 1989, 1188.

zunächst in der Natur der Sache, dass es für indizierte Schriften besteht, die **innerhalb des deutschen Hoheitsgebiets bereitgehalten** und über das Netz verbreitet werden, und zwar unabhängig davon, ob die Verbreitung innerhalb oder außerhalb des deutschen Hoheitsgebiets stattfindet. Denn ausschlaggebend ist, dass die Tathandlung, also das „Bereithalten von Schriften“, innerhalb des deutschen Hoheitsgebiets stattfindet, so dass gem. § 3 StGB das deutsche Strafrecht, das auch das Nebenstrafrecht und die blankettausfüllenden Normen, wie es in der vorliegenden Konstellation der Fall ist, umfasst,[1] Anwendung findet.

70 Unklar ist dagegen, ob sich das Werbeverbot des § 5 GjSM auch auf **indizierte Schriften erstreckt, die auf Servern im Ausland bereitgehalten** werden und von Deutschland aus per Internet abgerufen werden können. Zur Beantwortung dieser Frage ist § 9 Abs. 1 StGB heranzuziehen und zu prüfen, ob der Taterfolg des gem. § 21 Abs. 2 GjSM unter Strafe stehenden Werbeverbots in Deutschland eingetreten ist. In Übereinstimmung mit den neusten Ausführungen des BGH ist die Antwort in Verbindung mit dem konkreten Straftatbestand zu ermitteln und dabei zu untersuchen, ob durch die Tathandlung der im einschlägigen Tatbestand enthaltene Taterfolg eingetreten ist.[2] Da § 21 Abs. 2 GjSM ein Tätigkeitsdelikt darstellt, dh. nach dem Gesetzeswortlaut für die Strafbarkeit das bloße Tätigwerden bzw. die Vornahme der verbotenen Werbung genügt, reicht es, dass die Werbung aus Deutschland stammt, unabhängig davon, ob sie Schriften betrifft, die im Inland oder Ausland verbreitet werden.[3]

(2) Strafbares Verhalten

71 Als Haupttat kommt die unter Strafe gestellte geschäftliche Werbung für indizierte Schriften in Betracht (§ 21 Abs. 2 Nr. 1 GjSM).

(a) Schriftenbegriff

72 Den „Schriften“ werden – durch das IuKDG – nach § 1 Abs. 3 Satz 1 GjSM „Ton- und Bildträgern, Datenspeichern, Abbildungen und andere Darstellungen“ gleichgestellt. Damit bildet die „Darstellung“ den Oberbegriff des Tatobjekts der strafbaren Werbung nach § 21 Abs. 2 GjSM, die nach der hM einen **sinnlich wahrnehmbaren, körperlichen Gegenstand von gewisser Dauer erfasst, der einen Vorgang oder einen Gedanken ausdrückt.**[4] Demnach unterfallen dem GjSM Text-, Audio- oder Videodateien, die etwa Com-

1 S. dazu etwa OLG Karlsruhe v. 21. 2. 1985 – 4 Ss 1/85, NStZ 1985, 317.

2 S. dazu BGH v. 12. 12. 2000 – 1 StR 184/00, CR 2001, 260 ff. m. Anm. *Vassilaki.*

3 S. aber *Altenhain* in Hoeren/Sieber, Multimedia-Recht, Teil 20 Rz. 40, der auf den Zweck des Jugendmedienschutzes abstellt.

4 S. BT-Drucks. 13/7385, 36; *Scholz,* Jugendschutz, 3. Aufl. 1999, § 1 GjS Rz. 9; Löffler/*Gödel,* Presserecht, 4. Aufl. 1997, § 1 GjS Rz. 120 ff.; *Altenhain* in Roßnagel, Recht der Multimediadienste, 9, § 1 GjS Rz. 19.

puterspiele, Mailboxen, Websites oder einfache Links darstellen. Nicht erfasst werden dagegen Dateiinhalte, die in Echtzeit oder Echtzeit entsprechend übermittelt werden, wie zB Live-Übertragungen von Konzerten im Internet, denn das Merkmal der „Speicherung für eine gewisse Dauer" liegt hier nicht vor.[1]

Die Darstellung drückt dann einen Vorgang oder Gedanken aus, wenn diese vom Aussteller für eine gedankliche Übermittlung bestimmt ist und dies vom Empfänger erkannt werden kann.[2] Demnach scheiden die Metatags aus dem Anwendungsbereich des GjSM aus, denn sie sollen lediglich Suchmaschinen, jedoch keiner natürlichen Person Anweisungen in Bezug auf einen Suchvorgang liefern. 73

(b) Werbebegriff

Für die Auslegung des Begriffs „Werbung" kann der Wortlaut des § 5 Abs. 2 GjSM herangezogen werden, nämlich das Anbieten, Ankündigen oder Anpreisen einer Schrift. Demzufolge ist unter **Werbung** jede **Handlung zu verstehen, die das Interesse des Adressaten an der Kenntnisnahme des Inhalts der Schrift fördert oder fördern soll.**[3] In diesem Sinne fällt unter den Werbebegriff des § 5 GjSM und demzufolge unter den Anwendungsbereich des § 21 Abs. 2 Nr. 1 GjSM die **gegenstandsbezogene Werbung,** nämlich diejenige, die für einen interessierten und informierten Betrachter erkennbar auf den indizierten Charakter der Schrift hinweist.[4] 74

Umstritten ist dagegen, ob die **neutrale Werbung,** also eine Werbemaßnahme, die weder selbst pornographisch oder jugendgefährdend ist noch auf diesen Charakter der dargebotenen Erzeugnisse hinweist,[5] gem. § 21 Abs. 2 Nr. 1 iVm. § 5 Abs. 1 GjSM verboten ist. Die **Rechtsprechung** unterscheidet zwischen indizierten und nicht indizierten, aber dennoch schwer jugendgefährdenden Schriften und subsumiert die neutrale Werbung für die erste Kategorie unter § 5 GjSM, während die neutrale Werbung für die zweite Gruppe für zulässig erachtet wird.[6] Als Hauptargument wird dabei der effektive Jugendschutz herangezogen, der das Verbot der neutralen Werbung für indizierte Schriften notwendig macht. Darüber hinaus wird auf die Auslegung des § 5 Abs. 2 GjSM abgestellt, aus dessen Wortlaut nicht herausgele- 75

1 S. dazu BT-Drucks. 13/7385, 36; *Scholz,* Jugendschutz, 3. Aufl. 1999, § 1 GjSM Rz. 9.

2 Vgl. dazu v. 27. 6. 1913 – IV StR 11/13, RGSt 47, 224; RG v. 28. 10. 1913 – II StR 197/113, RGSt 47, 406 f.

3 S. dazu etwa BGH v. 4. 11. 1986 – 1 StR 546/86, BGHSt, 34, 220; Löffler/*Gödel,* Presserecht, 4. Aufl. 1997, § 5 GJS Rz. 4.

4 S. BGH v. 10. 6. 1986 – 1 StR 41/86, BGHSt 34, 98; BGH v. 30. 3. 1977 – 4 StR 28/77, NJW 1977, 1695 (1696); *Deblitz,* Die Strafbarkeit der Werbung für pornographische Schriften, 1995, S. 119; *Laufhütte,* JZ 1974, 51.

5 BGH v. 10. 7. 1984 – 1 StR 264/84, BGHSt 33, 1.

6 S. BGH v. 10. 7. 1984 – 1 StR 264/84, BGHSt 33, 1 ff.; 34 99; vgl. auch BVerfG v. 22. 3. 1986 – 2 BvR 1499/84, 99/85, NJW 1986, 1241 ff.

sen werden könne, dass nicht „nur“ die Werbung für eine Schrift unter Hinweis auf ihren jugendgefährdenden Charakter verboten ist.

76 Die **Literatur** weist dagegen diese Ausführungen zurück. Ein Teil des Schrifttums lehnt dabei die Differenzierung der Rechtsprechung ab und befürwortet – im Anschluss an die Interpretation des § 5 Abs. 2 GjSM – das einheitliche Verbot der neutralen Werbung sowohl für indizierte als auch für nicht indizierte, schwer jugendgefährdende Schriften.[1] Die überwiegende Meinung in der Literatur favorisiert dagegen die verfassungskonforme Auslegung des § 5 Abs. 2 GjSM und plädiert für die Beschränkung auf das Verbot offener Werbung, da das allgemeine Verbot neutraler Werbung über den Zweck des Jugendschutzes hinausgeht und somit ein verfassungswidriges Übermaß darstellt.[2]

77 Dieser letzten Ansicht ist zuzustimmen. Zunächst liefert § 5 Abs. 2 GjSM keinen Hinweis für oder gegen das Verbot der neutralen Werbung. Da der Wortlaut beide Auslegungsmöglichkeiten zulässt, bietet er keine sichere Grundlage, die die Interpretation zugunsten einer Richtung argumentativ untermauern könnte. Darüber hinaus überzeugt das Argument des wirkungsvollen Jugendschutzes nicht. Insbesondere lässt sich mit diesem Gesichtspunkt nicht erklären, warum für indizierte und nicht indizierte Schriften unterschiedliche Maßstäbe gelten sollen. Da durch die Indizierung keine zusätzliche Gefährdung für den Jugendschutz eintritt, ist es nicht nachvollziehbar, aus welchem Grunde die neutrale Werbung für eine schwer jugendgefährdende Schrift zunächst zulässig, andererseits aber verboten sein soll, wenn diese Schrift zusätzlich indiziert wird.[3]

78 Demnach fällt die neutrale Werbung nicht unter das Verbot von § 21 Abs. 2 Nr. 1 GjSM. Allerdings ist gleichwohl festzustellen, wann eine neutrale Werbung vorliegt, bzw. wann für den Werbeadressaten nicht erkennbar ist, dass sich die Werbemaßnahme auf jugendgefährdende Schriften bezieht. Diese Erkennbarkeit muss regelmäßig aus dem Blickwinkel eines Jugendlichen beurteilt werden. Daraus folgt, dass es für den interessierten und informierten Jugendlichen nicht erkennbar sein darf, dass durch die Werbung ausdrücklich oder konkludent, direkt oder indirekt auf einen jugendgefährdenden Inhalt hingewiesen wird. Demnach scheidet als neutrale Werbung zB jegliche Abbildung, die einem sog. Snuff-Movie[4] entnommen worden ist,

1 S. Löffler/*Gödel,* Presserecht, 4. Aufl. 1997, § 5 GjS Rz. 12; *Vlachopoulos,* Kunstfreiheit und Jugendschutz, 1996, S. 65 Fn. 190; *Greger,* JR 1987, 210 f.

2 S. LK/*Laufhütte,* § 184 StGB Rz. 34; Schönke/Schröder/*Lenckner,* § 184 StGB, Rz. 29; *Lerche,* Werbung und Verfassung, 1967, S. 110; *Altenhain* in Hoeren/Sieber, Multimedia-Recht, Teil 20, Rz. 193; *Meier,* NStZ 1985, 346; *Schumann,* NJW 1978, 1137.

3 Ausführliche Auseinandersetzung mit Rspr. und Literatur bei *Altenhain* in Roßnagel, Recht der Multimediadienste, 9, § 5 GjS Rz. 23 ff.; *Deblitz,* Die Strafbarkeit der Werbung für pornographische Schriften, 1995, S. 126 ff.

4 Snuff-Movies sind Filme, bei denen das Abfilmen eines Mordes für kommerzielle Zwecke der Grund für den Mord ist.

aus, soweit diese Filme kommerziell angeboten werden. Dieses gilt ebenfalls für Filmmaterial, das zB die Handhabung von Waffen ausführlich erklärt. Auch das Angebot von Shareware (Demonstrationssoftware), durch die im Hinblick auf den Jugendschutz überzogen aggressive Computerspiele in den Markt eingeführt und beworben werden sollen, gilt nicht als neutrale Werbung.[1]

Die Werbung soll darüber hinaus geschäftlich sein, sie muss also **zum Zwecke gewerbsmäßiger Verbreitung von Waren oder Dienstleistungen bzw. zur Gewinnerzielung** erfolgen.[2] Dadurch scheidet jegliche private Werbung aus, wenn zB der Betreiber einer Mailbox innerhalb der Mailing List für Schriften, die harte Pornographie enthalten, wirbt. 79

§ 21 Abs. 2 Nr. 1 GjSM untersagt jene Werbung, die entweder auf ein laufendes oder abgeschlossenes Indizierungsverfahren hinweist, und zwar unabhängig davon, wie das Indizierungsverfahren ausgegangen ist.[3] 80

(c) Veröffentlichung der Liste

Dem entgegen bestraft § 21 Abs. 2 Nr. 2 GjSM die für Werbezwecke unternommene Veröffentlichung der Liste, in der alle indizierten Schriften ausgeführt sind. Für die hM genügt dabei die Veröffentlichung eines Teils der Liste.[4] Gleichwohl widerspricht diese Ansicht der grammatischen Auslegung und dehnt die Strafbarkeit über den Wortlaut hinaus aus, so dass sie die äußerste Grenze zulässiger Auslegung überschreitet[5] und damit einen Verstoß gegen den verfassungsrechtlichen Grundsatz des „nullum crimen sine lege“ darstellt. Demzufolge wird für die Strafbarkeit nach § 21 Abs. 2 Nr. 2 GjSM vorausgesetzt, dass die die indizierten Schriften enthaltende Liste **„vollständig“** veröffentlicht wird.[6] 81

Unter Veröffentlichung ist **jede Form der Zugänglichmachung oder Verbreitung der Liste im Internet** zu verstehen, etwa die Zusendung durch E-Mail-Listen oder durch den Einbau eines Links auf einer Website, der zur Liste führt. Dadurch muss die Möglichkeit eröffnet werden, eine größere und unbestimmte Personengruppe über den Inhalt der Liste in Kenntnis zu setzen. 82

1 Ausführlich dazu in Enquete-Kommission (Hrsg.), Kinder- und Jugendschutz im Multimediazeitalter, 59 ff.
2 S. *Scholz,* Jugendschutz, 3. Aufl. 1999, § 5 GjS Rz. 1; *Altenhain* in Roßnagel, Recht der Multimediadienste, 9, § 5 GjS Rz. 14.
3 Gegen die Verfassungsmäßigkeit dieses Verbots s. *Altenhain* in Roßnagel, Recht der Multimediadienste, 9, § 5 GjS Rz. 17.
4 S. etwa Löffler/*Gödel,* Presserecht, 4. Aufl. 1997, § 21 GjS Rz. 2; *Scholz,* 3. Aufl. 1999, Jugendschutz, § 21 GjSM Rz. 4.
5 Über den Wortsinn als Grenze zulässiger Auslegung s. BVerfG v. 23. 10. 1985 – 1 BvR 1053/83, BVerfGE 71, 114; BGH v. 22. 4. 1998 – 5 StR 5/98, BGHSt 4, 148.
6 Ähnlich auch *Altenhain* in Roßnagel, Recht der Multimediadienste, 9, § 21 GjS Rz. 20.

(3) Fahrlässigkeit (§ 21 Abs. 3 GjSM)

83 Gem. § 21 Abs. 3 GjSM macht sich der Werbende auch dann strafbar, wenn er die Handlungen nach § 21 Abs. 2 GjSM fahrlässig begeht. Dafür wird nach den allgemeinen Grundsätzen der Fahrlässigkeit vorausgesetzt, dass er die objektiv gebotene Sorgfaltspflicht verletzt hat. Darunter ist die im Verkehr erforderliche Sorgfalt in Form der Verkehrsgepflogenheiten der gewissenhaften und verständigen Angehörigen des Verkehrkreises zu verstehen.[1] Um herauszufinden, welche die Verkehrsnormen eines bestimmten Verkehrskreises sind, werden unter anderem sowohl Rechtsnormen als auch Regelungen des betreffenden Kreises herangezogen.[2]

84 Im vorliegenden Fall obliegt es dem Werbenden festzustellen, ob gegen die Schrift bzw. Darstellung, für die über Internet geworben werden soll, ein Indizierungsverfahren anhängig ist oder war.

2. Ausgewählte Formen des elektronischen Geschäftsverkehrs

a) Online-Auktionen

85 Die Zunahme von Online-Versteigerungen und verwandten Transaktionsformen eröffnet gleichzeitig die Möglichkeit der Vornahme strafrechtlich relevanter Handlungen im Zuge ihrer Durchführung.[3]

aa) Betrug (§ 263 StGB)

86 Einer der häufigsten Fälle besteht in der Konstellation, dass der Anbieter bzw. Eigenversteigerer falsche Angaben in Bezug auf bestimmte Eigenschaften der angebotenen Ware macht. Dadurch wird der Ersteigerer über die Eigenschaften der angebotenen Ware getäuscht,[4] so dass er sich darüber irrt. Wenn er nunmehr ein Gebot abgibt, verfügt er über sein Vermögen, da er eine rechtsgeschäftliche Disposition vornimmt.[5] Somit erleidet er einen Vermögensschaden, da es zu dem durch den Anbieter suggerierten Leistungsaustausch letztlich nicht kommt; die geschuldete Leistung in Form der ersteigerten Ware ist insofern minderwertiger als die im Angebot vorgestellte.[6] Da der Vermögensschaden unmittelbar aus dem Abschluss des ungünstigen

---

1 Dazu s. etwa *Gropp,* Strafrecht Allgemeiner Teil, 2. Aufl. 2001, § 12 Rz. 13; *Jescheck/Weigend,* Strafrecht AT, 5. Aufl. 1996, § 55 I 2 B; Schönke/Schröder/*Cramer,* § 15 Rz. 133.

2 Dazu. s. *Roxin,* Strafrecht Allgemeiner Teil, 3. Aufl. 1997, § 24 A III 2.

3 S. dazu etwa Charged with Auction Fraud in The New York Times, v. 9. 3. 2001.

4 RG v. 14. 11. 1921 – II 864/21, RGSt 56, 227 (231); BGH v. 25. 6. 1952 – 5 StR 509/52, BGHSt 4, 69 (71); BGH v. 19. 12. 1979 – 3 StR 313/79, BGHSt 29, 165 (167); BGH v. 16. 11. 1993 – 4 StR 648/93, BGHSt 39, 392 (398); SK/*Günther,* § 263 StGB, Rz. 7; *Wessels/Hillenkamp,* Strafrecht, BT 2, 23. Aufl. 2000, Rz. 494.

5 Schönke/Schröder/*Cramer,* § 263 StGB, Rz. 55; SK/*Günther,* § 263 StGB, Rz. 66.

6 Schönke/Schröder/*Cramer,* § 263 StGB, Rz. 128; *Lenckner,* JZ 1971, 320 (322); *Wessels/Hillenkamp,* Strafrecht, BT 2, 23. Aufl. 2000, Rz. 539.

Vertrages zwischen Anbieter und Bieter resultiert, ist der objektive Tatbestand des **Eingehungsbetruges** erfüllt.[1]

Falls dagegen der Anbieter zwar richtige Angaben über seine angebotene Ware macht, die daraufhin auch ersteigert wird, er dann jedoch eine andere minderwertige Ware an den Ersteigerer liefert, begeht er einen **Erfüllungsbetrug.** Hier führt nicht der Abschluss des Geschäfts durch die Erteilung des Zuschlags, sondern erst die Erfüllung der daraus entstehenden vertraglichen Verpflichtungen in Form der Lieferung des ersteigerten Gutes zum tatbestandlichen Vermögensschaden.[2] 87

Wenn ein Bieter sein Angebot im Rahmen einer Online-Auktion abgibt, obwohl er nicht beabsichtigt, die Ware zu ersteigern, weil etwa sein Konto nicht gedeckt ist, könnte er, falls der Zuschlag an ihn erteilt wird, einen Computerbetrug gem. § 263a 2. Alt. StGB begangen haben. Denn der Bieter verwendet durch die Abgabe seines Gebots unrichtige Daten und beeinflusst dadurch das Ergebnis des durch den Computer durchgeführten Datenverarbeitungsvorgangs, das in dem Erteilen des Zuschlags besteht. Auf diese Weise wird das Vermögen des Anbieters der Ware beschädigt, da das Betriebsprogramm durch Erteilung des Zuschlags zugunsten des zahlungsunwilligen Ersteigerers einen Vertrag zwischen ihm und dem Anbieter zustande kommen lässt, an den beide Parteien in gleichem Maße rechtlich gebunden sind. 88

bb) Hehlerei (§ 259 StGB)

Online-Auktionen bieten auch Hehlern ein weites Betätigungsfeld. Zur Erfüllung des Tatbestandes bedarf es zunächst einer „Sache", also eines körperlichen Gegenstandes, der von einem anderen mittels eines Diebstahls oder einer sonstigen gegen fremdes Vermögen gerichteten rechtswidrigen Tat erlangt wurde. Als Hehlereihandlung, die im **Absetzen** dieser Sache bestehen muss, kommt hier sodann das Anbieten der Sache im Rahmen einer Online-Versteigerung in Betracht. Absetzen ist das Unterstützen des Vortäters beim Weiterschieben der „bemakelten" Sache durch die selbständige wirtschaftliche Verwertung derselben in Form der entgeltlichen Veräußerung an Dritte, so dass zB das Verschenken der Sache kein Absetzen darstellt. 89

Zwar muss die Veräußerung vom Einverständnis des Vortäters gedeckt sein, allerdings kann er nicht derjenige sein, dem der Hehler durch das Absetzen einen Vermögensvorteil verschaffen will.[3] Hiergegen spricht der Wortlaut 90

1 RG v. 29. 10. 1934 – III StR 1082/34, RGSt 68, 379 (380); BGH v. 3. 6. 1960 – StR 121/60, BGHSt 15, 24 (25); BGH v. 16. 7. 1970 – 4 StR 505/69, BGHSt 23, 300 (302); *Lackner/Kühl,* § 263 StGB, Rz. 83; *Krey,* Strafrecht BT 2, 12. Aufl. 1999, Rz. 447.

2 BGH v. 8. 7. 1955 – 1 StR 245/55, BGHSt 8, 46 (49); Schönke/Schröder/*Cramer,* § 263 StGB, Rz. 135; *Lackner/Kühl,* § 263 StGB, Rz. 53; *Küper,* Strafrecht, BT Definitionen, Vermögensschaden, 4. Aufl. 2000, IV.

3 BGH v. 26. 10. 1977 – 2 StR 432/77, BGHSt 27, 45 (46); *Lackner/Kühl,* § 259 StGB Rz. 14; *LK/Ruß,* § 259 StGB Rz. 27; Schönke/Schröder/*Stree,* § 259 StGB Rz. 32; *Wessels/Hillenkamp,* Strafrecht BT 2, 23. Aufl. 2000, Rz. 868.

der Norm, die zwischen „einem anderen" und „einem Dritten" unterscheidet. Verschafft der Handelnde den Vermögensvorteil zugunsten des Vortäters, so liegt keine Hehlerei, sondern lediglich eine Begünstigung nach § 257 StGB vor. Sind somit die beschriebenen Voraussetzungen gegeben, so ist in einer erfolgreichen Online-Versteigerung einer „bemakelten" Sache ein „Absetzen" gem. § 259 Abs. 1 StGB zu sehen.

91 Anders fällt die Bewertung aus, wenn der Vortäter selbst die Sache zur Versteigerung anbietet. Hier liegt kein Absetzen iSd. § 259 Abs. 1 StGB vor, denn die Hehlerei setzt zwingend das – wenn auch selbständige – Handeln für den Vortäter voraus, ohne jedoch diesem einen Vermögensvorteil zu verschaffen. Daraus folgt, dass der Vortäter nicht Täter des § 259 StGB sein kann.

92 Für den Online-Auktionator, der fremde bemakelte Sachen zur Versteigerung offeriert, kommt eine Strafbarkeit wegen **Beihilfe** gem. §§ 259, 27 StGB in Betracht. Denn durch das Anbieten der Sache auf dem Versteigerungsforum fördert er das Absetzen der Ware und trägt auf diese Weise zur Aufrechterhaltung des rechtswidrigen Zustandes bei.[1] Dabei wird weiterhin vorausgesetzt, dass der Online-Auktionator Kenntnis über das Angebot der hehlereitauglichen Sachen und Vorsatz bezüglich des Absetzens der bemakelten Sache hat.[2]

cc) Zuwiderhandlung gegen die Erlaubnispflicht (§§ 144 Abs. 1 Satz 1 lit. g, 148 Abs. 1 GewO)

93 § 144 GewO enthält Tatbestände, die die Verletzung von Vorschriften über die Zulassung oder die Ausübung eines erlaubnisbedürftigen Gewerbes mit Geldbuße ahnden. Da nach § 34b Abs. 1 GewO jeder, der gewerbsmäßig fremde Sachen oder Rechte versteigern will, einer Erlaubnis bedarf und da auch virtuelle Versteigerungen erlaubnispflichtig sind,[3] kommt bei einer Verletzung dieser Erlaubnispflicht die Anwendung von § 144 Abs. 1 Satz 1 lit. g GewO in Betracht. Falls der Online-Versteigerer die Erlaubnispflicht verletzt, kann er gem. § 144 Abs. 2 GewO mit einer Geldbuße bis zu 10.000 DM belegt werden.

94 Somit ist der Online-Auktionator erlaubnispflichtig, wenn er **„fremde" Sachen** versteigert. Gleichwohl wird auch die Online-Auktion zur Veräußerung eigener Sachen von der Erlaubnispflicht erfasst, wenn nach § 34b Abs. 7

1 Freilich ist die Beihilfe zur Hehlerei von der Hilfe zum Absetzen zu trennen. Letztere stellt eine Tatbestandsalternative des § 259 StGB dar, die in ihrer Erscheinung über eine bloße Beihilfehandlung hinausgehen muss. Der Täter, der eine Absatzhilfe leistet, unterstützt insofern nicht den absetzenden Hehler – hier käme Beihilfe in Betracht –, sondern den Vortäter; vgl. *Tröndle/Fischer*, § 259 StGB Rz. 15.

2 Dazu *Vassilaki in* Spindler/Wiebe, Internet-Auktionen, 2001, K Rz. 26 ff.

3 S. dazu *Ernst* in Spindler/Wiebe, Internet-Auktionen, 2001, B Rz. 14; Erbs/Kohlhaas/*Friauf/Ambs*, § 144 GewO Rz. 30 f.

GewO der Online-Auktionator Einzelhändler oder Warenhersteller, also kein Großhändler ist und die Online-Versteigerung an den Letztverbraucher und damit an keinen Großhändler gerichtet ist.

Der Verstoß gegen die Erlaubnispflicht gem. § 144 Abs. 1 Satz 1 lit. g GewO 95
wird weiterhin gem. § 148 Abs. 1 GewO unter Strafe gestellt, wenn diese Zuwiderhandlung „beharrlich wiederholt" wird. Eine **beharrliche Wiederholung** liegt vor, „wenn der Täter durch mindestens einen erneuten Verstoß seine rechtsfeindliche Einstellung gegenüber den in § 148 Nr. 1 GewO aufgeführten Vorschriften erkennen lässt; er also trotz einer etwaigen Ahndung, Abmahnung oder einer sonst hemmend wirkenden Erfahrung oder Erkenntnis an seinem Verhalten festhält".[1] Somit erfüllt nicht jede Wiederholung der Ordnungswidrigkeit das Merkmal der Beharrlichkeit. Erforderlich ist vielmehr, dass der Täter gegen das Verbot aus Missachtung oder Gleichgültigkeit immer wieder verstößt.

Dies setzt voraus, dass eine unbestrittene Rechtslage gegeben sein muss. Die 96
Rechtsprechung und ein großer Teil der Literatur müssen sich zur Schaffung einer solchen juristischen Situation zunächst für die Anwendung der Vorschriften der GewO auf Online-Auktionen ausgesprochen haben. Darüber hinaus sollten Umstände gegeben sein, die Schlüsse über die Motivationslage und damit die Gesinnung des Täters ermöglichen. Das gewerbebehördliche Einschreiten nach § 15 Abs. 2 GewO oder nach § 23 VerstV, das die Durchführung von Online-Auktionen ohne entsprechende Erlaubnis verhindern soll, könnte einen Ansatz dafür liefern, dass sich der Online-Versteigerer, wenn er dennoch seine Auktionen ohne Erlaubnis weiterhin durchführt, über die Rechtswidrigkeit seines Verhaltens im Klaren ist und somit der Vorwurf einer erhöhten Pflichtwidrigkeit iSd. beharrlichen Wiederholung als berechtigt erhoben werden darf.[2]

dd) Ordnungswidrigkeiten nach der Versteigererverordnung (§ 24 VerstV)

Da auch Online-Auktionen Versteigerungen iSd. Versteigererverordnung 97
darstellen,[3] werden Zuwiderhandlungen, die unter § 24 VerstV erfasst sind, nach § 144 Abs. 2 Nr. 1 GewO mit einer Geldbuße bis zu 5.000 DM geahndet. Die in § 24 VerstV aufgeführten Ordnungswidrigkeiten erfassen Verstöße, bei denen schutzwürdige Belange der Allgemeinheit, der Auftraggeber und Bieter ernstlich gefährdet sind.[4]

Im Rahmen der Versteigerungsmanipulationen, die in § 24 VerstV genannt 98
sind, werden auch Anbieter einer Ware oder eines anderen Angebotes mit

1 BT-Druck. 7/626, 14.
2 Einzelheiten dazu s. *Vassilaki* in Spindler/Wiebe, Internet-Auktionen, 2001, K Rz. 40 ff.
3 S. dazu etwa *Ernst* in Spindler/Wiebe, Internet-Auktionen, 2001, B Rz. 25; *Huppert,* MMR 2000, 65 (67).
4 S. *Marx/Arens,* Der Auktionator, 1992, § 24 VerstV Rz. 1.

einer Buße belegt, wenn sie an einer Manipulation des Online-Auktionators bewusst und gewollt mitwirken. Verhalten sie sich aber normwidrig, ohne den Online-Auktionator vorher miteinbezogen zu haben, greift § 24 VerstV deshalb nicht ein, da die auf diese Weise Handelnden nicht als Versteigerer tätig werden, so dass diese notwendige Voraussetzung für die Anwendung der Vorschrift nicht erfüllt ist.[1]

ee) Verstoß gegen die Preisregelung (§ 3 WiStG)

99 Für die sog. Reverse-Auktionen bzw. umgekehrte Auktionen käme ein Verstoß der Online-Auktionatoren gegen Preisnachlassregelungen in Betracht. Gem. § 3 Abs. 1 WiStG handelt ordnungswidrig, wer vorsätzlich oder fahrlässig eine Rechtsvorschrift über Preise verletzt. Dieses kann mit einer Geldbuße bis zu 50.000 DM geahndet werden. Diese Norm stellt somit eine Blankettvorschrift dar, die durch andere Rechtsnormen ausgefüllt wird.

b) Datenbanken bzw. Datenbankwerke

100 Der zunehmende Einsatz von Datenbanken als Informationsdienste, insbesondere aber der wirtschaftliche und geistige Aufwand für ihre Entwicklung, führt zu einer Zunahme von Fällen, in denen Datenbanken missbraucht werden.[2] Der strafrechtliche Schutz von Verwertungsinteressen der Datenbankersteller wird in erster Linie durch die nebenstrafrechtlichen Vorschriften des UrhG und des UWG gewährleistet.

aa) Urheberstrafrecht (§§ 106 ff. UrhG)

101 Das UrhG enthält in §§ 106 ff. Tatbestandsmerkmale, deren Erfüllung zugleich eine Verletzung geschützter Interessen der Datenbankersteller bedeutet und eine strafrechtliche Haftung des Täters begründet. Ebenso wie der zivilrechtliche unterscheidet auch der strafrechtliche Teil des UrhG zwischen „Datenbankwerken“, die aufgrund der Auswahl oder Anordnung des Stoffes eine geistige Schöpfung ihres Urhebers darstellen, und „Datenbanken“, die aufgrund wesentlicher Investitionen geschützt werden müssen. Diese Unterscheidung lässt sich aus dem Wortlaut der §§ 106 Abs. 1 und 108 Abs. 1 Nr. 8 UrhG deutlich ableiten. Denn § 106 Abs. 1 UrhG nennt als geschütztes Tatobjekt „Werke“ und verweist so auf § 2 UrhG, der unter diesem Begriff urheberrechtlich geschützte Schöpfungen erfasst. Da eine Datenbank gem. § 4 UrhG ein Werk bzw. Sammelwerk darstellt, wenn sie Elemente einer persönlichen Schöpfung aufweist, fällt sie als „Datenbankwerk“ in den Anwendungsbereich des § 106 Abs. 1 UrhG. § 108 Abs. 1 Nr. 8 UrhG stellt dagegen die unbefugte Verwertung entgegen § 87b Abs. 1 UrhG

1 S. dazu *Marx/Arens,* Der Auktionator, 1992, § 24 VerstV Rz. 8; *Vassilaki* in Spindler/Wiebe, Internet-Auktionen, 2001, K Rz. 48 ff.
2 Dazu s. bereits *Sieber,* CR 1995, 105.

unter Strafe, der die Rechte von Herstellern urheberrechtlich nicht geschützter Datenbanken erfasst.

(1) Strafrechtlicher Schutz von Datenbankwerken nach dem Urhebergesetz (§ 106 UrhG)

§ 106 UrhG schützt das Verwertungsrecht des Datenbankwerkerstellers durch 102
das Verbot des Vervielfältigens und des Verbreitens. Dieser Schutz gilt auch gegenüber dem Rechtsnachfolger sowie gegenüber denjenigen, denen ausschließliche Nutzungsrechte eingeräumt wurden.[1] Da der Wortlaut nicht auf die Tatbestandsmerkmale des § 18 UrhG eingeht, ist davon auszugehen, dass das dort beschriebene Ausstellungsrecht nicht erfasst wird, ebenso wie das Urheberpersönlichkeitsrecht sowie rein obligatorische Ansprüche.[2]

Das **Tatobjekt** des § 106 Abs. 1 UrhG besteht im Werk bzw. Datenbankwerk sowie dessen Bearbeitung und Gestaltung.[3]

(a) Strafbares Verhalten

Die Vorschrift stellt die unzulässige Vervielfältigung, Verbreitung oder öf- 103
fentliche Wiedergabe eines Datenbankwerks unter Strafe. Unter **Vervielfältigung** ist die Herstellung eines körperlichen Gegenstandes zu verstehen, in der das Werk in einer sinnlich wahrnehmbaren Weise weitergegeben werden kann.[4] Eine **Verbreitung** ist die körperliche Weitergabe eines Werks, wodurch das Werk entweder als Original oder Vervielfältigungsstück in Verkehr gebracht oder der Öffentlichkeit angeboten wird.[5] Eine **Werkwiedergabe ist wiederum öffentlich,** wenn sie für eine Mehrheit von Personen bestimmt ist, die gleichzeitig erreicht werden soll und kann.[6]

Demnach stellt auch die **Speicherung eines Datenbankwerks** auf der Fest- 104
platte eines Computers oder auf einem digitalen Datenträger eine Vervielfältigung dar, denn sie ist dazu geeignet, das Werk mittelbar wahrnehmbar zu machen.[7] Unklar ist dagegen, ob die **vorübergehende Speicherung im Ar-**

1 Ausführlich dazu *Weber,* Der strafrechtliche Schutz des Urheberrechts, 1976, S. 188 ff.

2 Fromm/Nordemann/*Vinck,* § 106 UrhG Rz. 1; Schricker/*Haß,* § 106 UrhG Rz. 1; *Eiding,* Strafrechtlicher Schutz elektronischer Datenbanken, 1997, S. 120; *Weber,* Der strafrechtliche Schutz des Urheberrechts, 1976, S. 187 f.

3 Dazu s. oben Rz. 101.

4 Dazu nur Amtl. Begr. BT-Drucks. 5/270, 47; Anm. zu BGH v. 4. 10. 1990 – I ZR 139/89, GRUR 1991, 453.

5 Dazu *Fromm/Nordemann,* § 17 UrhG Rz. 1 ff.; Schricker/*Lowenheim,* § 17 UrhG Rz. 4 ff.

6 Dazu BGH v. 11. 7. 1996 – I ZR 22/94, GRUR 1996, 876; Schricker/*v.Ungern-Sternberg,* § 15 UrhG Rz. 58 ff.; *Schack,* Urheber- und Urhebervertragsrecht, Rz. 400.

7 S. *Dreier* in Schricker (Hrsg.), Urheberrecht auf dem Weg zur Informationsgesellschaft, 1997, S. 110 f.; *Loewenheim* in Loewenheim/Koch, (Hrsg.) Praxis des Online-Rechts, 1998, S. 297 f.

beitsspeicher als urheberrechtlich und somit möglicherweise auch als strafrechtlich relevante Vervielfältigung anzusehen ist. Es trifft zwar zu, dass solche vorübergehenden Speicherungen keine unmittelbare Nutzung der Datenbank ermöglichen, sondern allein technischen Vorgängen dienen. Da jedoch diese wiederum eine Nutzung des Werks erleichtern, sind sie sehr wohl als Vervielfältigungshandlung zu werten,[1] die, soweit sie ohne Einwilligung bzw. trotz eines entgegenstehenden Willens des Berechtigten stattfindet, nach § 106 Abs. 1 UrhG geahndet werden kann.

105 Ähnlich ist auch das **Downloading** als solches zu bewerten, wodurch die Festlegung des Datenbankwerkes auf einen Datenträger ermöglicht wird. Ebenso verhält es sich im Falle des **Uploading,** durch das die Versendung des Datenbankwerkes zB per E-Mail ermöglicht wird und so die Festlegung des Werkes auf einem Serverrechner realisiert wird.[2]

106 In diesem Zusammenhang wirft auch die Installation von **Hyperlinks** Fragen auf, durch die auf Datenbankwerke verwiesen werden kann. Da durch das Aktivieren eines Hyperlinks durch den Internetnutzer das Downloading des Datenbankwerkes oder eines Teils davon in Gang gesetzt wird und so eine Vervielfältigung vollgezogen wird, ist zu fragen, ob der Internetnutzer, der den Hyperlink aktiviert, eine Urheberrechtsverletzung gem. § 106 Abs. 1 UrhG begeht. Da der Internetnutzer in den meisten Fällen nicht in Kenntnis darüber sein kann, dass er durch die Aktivierung des Hyperlinks die Vervielfältigung eines urheberrechtlich geschützten Werks verursacht, befindet er sich in einem **Tatbestandsirrtum,** der gem. § 16 Abs. 1 StGB die Strafbarkeit ausschließt.

107 In diesem Fall kommt jedoch der Hersteller des Hyperlinks als **mittelbarer Täter** nach § 106 Abs. 1 UrhG in Betracht, denn er begeht die strafbare Vervielfältigung gem. § 25 Abs. 1 StGB durch einen anderen, der wegen des Tatbestandsirrtums ohne Vorsatz handelt und deswegen nicht zur Verantwortung gezogen werden kann. Da aber § 106 Abs. 2 UrhG schon den Versuch unter Strafe stellt, macht sich der Hersteller eines Hyperlinks, der auf urheberrechtlich geschützte Datenbankwerke verweist, schon mit der Installation des elektronischen Verweises wegen versuchter unerlaubter Vervielfältigung strafbar.

108 Anders ist freilich der Fall zu beurteilen, wenn schon vor der Aktivierung des Hyperlinks die begleitenden Umstände offenbaren, dass es sich bei den verwiesenen Inhalten um urheberrechtlich geschützte Werke handelt. Wenn trotz dieses Erkenntnisses der Internetnutzer den Hyperlink aktiviert, kommt er als Täter der unzulässigen Vervielfältigung des Datenbankwerkes gem.

---

1 So etwa OLG Düsseldorf v. 14. 5. 1996 – 20 U 126/95, CR 1996, 728 (729); *Dreier* in Schricker (Hrsg.), Urheberrecht auf dem Weg zur Informationsgesellschaft, 1997, S. 112 f.; *Loewenheim* in Loewenheim/Koch (Hrsg.), Praxis des Online-Rechts, 1998, S. 298 f.; *Moritz/Tybusseck,* Computersoftware, Rz. 238; *Koch,* GRUR 1997, 423.

2 Dazu etwa *Loewenheim,* GRUR 1996, 841; *Fischer,* ZUM 1995, 120.

§ 106 Abs. 1 UrhG in Betracht. Der Hyperlinkhersteller kann hier als **Teilnehmer** an dieser Tat gem. § 106 Abs. 1 UrhG iVm. §§ 26, 27 StGB bestraft werden, soweit er durch seine Handlung die Vervielfältigung des Datenbankwerkes durch den Internetnutzer angeregt bzw. gefördert hat.

Die **Bildschirmweitergabe** stellt dagegen keine Vervielfältigung dar, denn dadurch erfolgt keine neue körperliche Festlegung; vielmehr handelt es sich um eine unkörperliche Übermittlung des Datenbankwerkes. 109

Die Vervielfältigung muss nicht das ganze Datenbankwerk betreffen. Es reicht vielmehr aus, wenn das Ergebnis in der Festlegung eines **Teils des Werkes** besteht. 110

Unklar ist allerdings, wie die **Online-Übertragung** eines Datenbankwerkes zu bewerten ist. Da während des Übertragungsvorganges keine körperlichen Werkstücke übermittelt werden, scheidet er als Vervielfältigung bzw. Verbreitung aus. Demnach kann er lediglich als öffentliche Werkwiedergabe gem. § 15 Abs. 2 UrhG eingestuft werden. Hier erscheint es jedoch als problematisch, dass das Merkmal der öffentlichen Wiedergabe eine gleichzeitige Erreichbarkeit einer Personenmehrzahl voraussetzt.[1] 111

Für die strafrechtliche Auslegung des Begriffs „öffentliche Wiedergabe" kann auf die **„Gleichzeitigkeit"** der Wiedergabe verzichtet werden,[2] da der Wortlaut des § 15 Abs. 3 UrhG, der im Zuge der Auslegung des § 106 Abs. 1 UrhG akzessorisch heranzuziehen ist, ein solches Element nicht voraussetzt. Gleichwohl lässt sich die Online-Übertragung eines Datenbankwerkes nicht pauschal unter eine der in § 15 Abs. 2 UrhG aufgeführten Formen der öffentlichen Wiedergabe subsumieren. Teilweise könnte sie als „Sendung" gem. § 15 Abs. 2 Nr. 2 UrhG angesehen werden, und zwar insbesondere dann, wenn die Übermittlung mittels der Push-Technologien realisiert wird. Da aber die Online-Übertragung nicht grundsätzlich mit einer „Sendung" nach § 20 UrhG verglichen werden kann,[3] erscheint es systemkonsequent, die Online-Übertragung eines Datenbankwerkes als eine neue Form öffentlicher Übertragung zu bewerten, die in § 15 Abs. 2 UrhG nicht ausdrücklich erwähnt wird, sondern die durch den Begriff „insbesondere" die nicht als abschließende Aufzählung konzipierte Liste der in Frage kommenden Alternativen insoweit ergänzt. 112

Eine solche Auslegung verstößt nicht gegen den verfassungsrechtlich gebotenen Bestimmtheitsgrundsatz. Denn die Ergänzung mit neuen Formen der öffentlichen Wiedergabe durch die Möglichkeit der Online-Übertragung unterscheidet sich nicht grundlegend von den bereits bekannten und in § 15 Abs. 2 Nr. 1–4 UrhG aufgeführten Alternativen. Allerdings können die bis- 113

1 Dazu nur Schricker/*v.Ungern-Sternberg,* § 15 UrhG Rz. 59 mwN.
2 Für die zivilrechtliche Handhabung dieser Frage s. *Loewenheim* in Loewenheim/Koch, (Hrsg.) Praxis des Online-Rechts, 1998, S. 303 mwN.
3 Ausführlich dazu *Dreier* in Schricker (Hrsg.), Urheberrecht auf dem Weg zur Informationsgesellschaft, 1997, S. 131 f.

her entwickelten Grundsätze, die zur Auslegung des Begriffs „öffentliche Wiedergabe“ im konventionellen Bereich entwickelt wurden, nicht für die Interpretation im Online-Bereich herangezogen werden.[1]

114 Die in § 106 Abs. 1 UrhG beschriebenen Handlungen werden bestraft, wenn sie in **anderen als den gesetzlich zugelassenen Fällen** vorgenommen werden. Der Wortlaut bezieht sich damit auf die §§ 45–60 UrhG, nach denen Handlungen zugelassen sind, die ansonsten der Einwilligung des Berechtigten vorenthalten bleiben. Demzufolge bildet die in § 106 Abs. 1 UrhG getroffene Formulierung ein negativ gefasstes Merkmal des Tatbestandes und lässt somit keinen Verweis auf die allgemeinen Rechtfertigungsgründe zu.[2] Diese Klarstellung ist im Hinblick auf die möglichen Irrtümer des Täters notwendig, die entweder als Tatbestands- oder Verbotsirrtum bewertet werden können.

(b) Ausschluss der Rechtswidrigkeit

115 Die Rechtswidrigkeit der Handlung kann vor allem durch **Einwilligung** ausgeschlossen sein. Obwohl die Einwilligungsklausel im Tatbestand erwähnt wird, ist sie nicht als tatbestandsausschließendes Einverständnis einzustufen.[3] Nach der hM enthält die Formulierung eine „Appellfunktion“, nach der der Verwerter fremden Geistesgutes dazu verpflichtet ist, beim Berechtigten die Einwilligung einzuholen.[4] Gerade die Erteilung von Nutzungsrechten ist zwischen den Beteiligten oft umstritten und der Grund für rechtliche Auseinandersetzungen. Daher würde eine im Hinblick auf § 106 UrhG vertretene Meinung, dass die Einwilligung nicht die Rechtswidrigkeit, sondern den Tatbestand entfallen lässt,[5] zu einem Nachteil des Urhebers führen, der erst dann strafrechtlich gegen den Missbrauch vorgehen kann, wenn im Rahmen eines Zivilverfahrens die Frage der berechtigten Verwertung geklärt worden ist und im Ergebnis eine Tatbestandsmäßigkeit auch im Hinblick auf § 106 UrhG festgestellt werden konnte.[6]

(c) Subjektiver Tatbestand

116 Der Tatbestand erfordert **vorsätzliches Handeln.** Nimmt der Täter an, dass die Datenbank, die er vervielfältigt, verbreitet oder öffentlich anbietet, keine

1 So auch *Weber,* Der strafrechtliche Schutz des Urheberrechts, 1976, S. 224 f.; dazu auch Schricker/*Haß,* § 106 UrhG Rz. 6.

2 Ausführlich dazu *Weber,* Der strafrechtliche Schutz des Urheberrechts, 1976, S. 225 ff.; dazu auch Fromm/Nordemann/*Vinck,* § 106 UrhG Rz. 3; Schricker/*Haß,* § 106 UrhG Rz. 7 ff.

3 So etwa *von Gamm,* Urheberrechtsgesetz, 1968, § 106 UrhG Rz. 2.

4 S. dazu Fromm/Nordemann/*Vinck,* § 106 UrhG Rz. 5; Schricker/*Haß,* § 106 UrhG Rz. 11; *Eiding,* Strafrechtlicher Schutz elektronischer Datenbanken, 1997, S. 138 f.

5 So zB *Rochlitz,* Der strafrechtliche Schutz des ausübenden Künstlers, des Tonträger- und Filmherstellers und des Sendeunternehmens, 1987, S. 134 ff.; *von Gramm,* Urheberrechtsgesetz, 1968, § 106 UrhG Rz. 2.

6 Ausführlich dazu *Weber,* Der strafrechtliche Schutz des Urheberrechts, 1976, S. 265 ff.

urheberrechtlich geschützte geistige Schöpfung darstellt, unterliegt er einem Subsumtionsirrtum. Dadurch entfällt zwar der Vorsatz nicht, es kann aber gem. § 17 StGB ein Verbotsirrtum vorliegen, der zum Ausschluss der Schuld führt. Glaubt der Täter dagegen, dass eine Einwilligung des Datenbankwerkerstellers in die tatbestandsmäßige Handlung vorliegt, so unterliegt er einem Erlaubnistatbestandsirrtum, der nach der eingeschränkten Schuldtheorie den Vorsatz ausschließt.[1]

(2) Urheberrechtlicher Schutz von Datenbanken (§ 108 Abs. 1 Nr. 8 UrhG)

Die Vorschrift stellt die vorsätzliche und nach § 87b UrhG unzulässige Verwertung von Datenbanken unter Strafe. Die strafbaren Handlungen erfassen in Anlehnung an § 106 Abs. 1 UrhG das Vielfältigen, Verbreiten sowie die öffentliche Wiedergabe von Datenbanken, die ohne Zustimmung des Datenbankerstellers vorgenommen werden. Soweit für die Auslegung der Norm auf § 87b Abs. 1 UrhG verwiesen wird, der eine Reihe unbestimmter Begriffe enthält, wird die Meinung vertreten, dass die Vorschrift nicht mit dem Bestimmtheitsgebot zu vereinbaren ist.[2] 117

Allerdings ist dieser Ansicht nicht zu folgen.[3] Denn § 108 Abs. 1 Nr. 8 UrhG bildet den typischen Fall von **Blankettstrafgesetzen**, deren man sich im Bereich des Wirtschaftstrafrechts regelmäßig bedient. Es trifft zwar zu, dass § 87b UrhG, auf den verwiesen wird, mehrere Begriffe enthält, die einer Konkretisierung bedürfen. Gleichwohl haben diese Begriffe keinen dehnbaren Charakter, die zu einer Gefahr der „subjektiv-eigenmächtigen“ Entscheidung eines Richters[4] führen könnten. Vielmehr sind sowohl Rechtsprechung als auch Literatur in der Position, Ansätze zu liefern, die die Auslegung von § 87b UrhG eindeutig und voraussehbar gestalten werden. 118

bb) Betrieblicher Geheimschutz von Datenbanken (§§ 17 ff. UWG)

Während das Urheberrecht die geistige Leistung als solche schützt, verbietet das Wettbewerbsrecht lediglich bestimmte Methoden der Verschaffung fremder Leistungen. Mithin ist für den wettbewerblichen Schutz von Datenbank ihre Qualifizierung als „Werk“ iSd. Urheberrechts, die als Folge die Unterscheidung zwischen „Datenbanken“ und „Datenbankwerken“ hat, irrelevant. §§ 17 ff. UWG schützen sowohl das **Interesse des Betriebsinhabers** an der Wahrung seiner Geschäfts- und Betriebsgeheimnisse als auch den **Wettbewerb als Institution** der Wirtschaftsordnung.[5] 119

---

1 Dazu nur BGH v. 10. 3. 1983 – 4 StR 375/82, BGHSt 31, 286.

2 So Fromm/Nordemann/*Hertin*, Vor §§ 87a–e UrhG Rz. 5.

3 Für die Verfassungsmäßigkeit der Vorschrift wohl auch *von Lewinski* in Roßnagel, Recht der Multimediadienste, 10, § 108 Rz. 9.

4 Dazu BVerfG v. 17. 1. 1978 – 1 BvL 13/76, BVerfGE 47, 120.

5 Zur Diskussion um das geschützte Rechtsgut s. eingehend *Arians* in Oehler (Hrsg.), Der strafrechtliche Schutz des Geschäfts- und Betriebsgeheimnisses in der Ländern der EU sowie in Österreich und der Schweiz, 1985, S. 339 ff.

(1) Tatobjekt

120 Da die zentrale Vorschrift, die innerhalb des UWG den strafrechtlichen Schutz gewährt, die Verletzung von Geschäfts- und Betriebsgeheimnissen (§ 17 UWG) unter Strafe stellt, wird für die Anwendung der Norm vorausgesetzt, dass eine Datenbank in irgendeiner Form ein Wirtschaftsgeheimnis darstellt. Unter Wirtschaftsgeheimnis sind nicht offenkundige, den Betrieb oder die Geschäftstätigkeit betreffende Tatsachen zu verstehen, an deren Geheimhaltung der Betriebsinhaber ein berechtigtes wirtschaftliches Interesse hat und die nach seinem bekundeten oder doch erkennbaren Willen auch geheim bleiben soll.[1]

121 Bezüglich des Elements **„Geheimhaltung"** ist freilich hervorzuheben, dass die Datenbanken gerade darauf ausgerichtet sind, die Informationen, die sie enthalten, entgeltlich oder unentgeltlich zu verbreiten bzw. öffentlich weiterzugeben. Demnach läge es nahe, die Ansicht zu vertreten, dass die Datenbanken aus dem Anwendungsbereich der §§ 17 ff. UWG ausscheiden. Gleichwohl wäre eine solche Verallgemeinerung nicht zutreffend. Gewiss erfüllen die für den Vertrieb hergestellten Datenbanken das Merkmal der Geheimhaltung nicht. Davon sind aber die betriebsinternen Datenbanken zu unterscheiden, die etwa Sammlungen von vertraulichen Geschäftsdaten enthalten und die nicht zur öffentlichen Weitergabe bestimmt sind. Darüber hinaus ist das in jeder Datenbank enthaltene Know-how zu erwähnen, das die Besonderheit der konkreten Datenbank charakterisieren und damit den Erfolg des Vertriebs der Datenbank bestimmen kann.

122 Demnach ist grundsätzlich zwischen dem Inhalt und den technischen Elementen einer Datenbank zu unterscheiden. Der Inhalt einer Datenbank kann lediglich als „geheim" iSv. § 17 UWG betrachtet werden, wenn er nicht zur Weitergabe bestimmt ist, während ihre technischen Daten immer der betrieblichen Geheimhaltung unterfallen, denn sie stellen einen marktorientierten Vorteil dar.[2]

(2) Strafbares Verhalten

123 Datenbanken in ihrer Eigenschaft als Wirtschaftsgeheimnisse werden im UWG folgendermaßen strafrechtlich geschützt: Durch § 17 Abs. 1 UWG, der den Geheimnisverrat durch einen Beschäftigten unter Strafe stellt, durch § 17 Abs. 2 Nr. 1 UWG, der die Betriebsspionage, nämlich das Ausspähen eines Geheimnisses durch bestimmte Mittel, verbietet, durch § 17 Abs. 2 Nr. 2 UWG, der die Geheimnisverwertung, nämlich die unbefugte Verwer-

1 Dazu s. etwa BGH v. 15. 3. 1955 – I ZR 111/53, GRUR 1955, 425; BGH v. 1. 7. 1960 – I ZR 72/59, GRUR 1961, 40 (43); BGH v. 10. 5. 1995 – 1 StR 764/94, NJW 1995, 2301.

2 Ähnlich *Eiding,* Strafrechtlicher Schutz elektronischer Datenbanken, 1997, S. 83; *Mehrings,* Der Rechtsschutz computergestützter Fachinformationen, 1990, S. 177 f.; *Mehrings,* CR 1990, 311.

tung eines durch Verrat und Ausspähung erlangten Wirtschaftsgeheimnisses, untersagt und durch § 18 UWG, der die Vorlagenfreibeuterei, nämlich die unbefugte Nutzung anvertrauter Geheimnisse durch Selbständige, bestraft.

(a) Geheimnisverrat (§ 17 Abs. 1 UWG)

124 § 17 Abs. 1 UWG schützt eine Datenbank als Wirtschaftsgeheimnis und stellt jede Mitteilung, die dieses Geschäftsgeheimnis betrifft, unter Strafe, wenn diese von „Angestellten, Arbeitern oder Lehrlingen eines Geschäftsbetriebs" weitergegeben wird. Damit wird eine **Beschränkung des Täterkreises** normiert, die alle Beschäftigten, nämlich vom Unternehmen abhängige Personen, erfasst. Gleichgültig ist dabei die Dauer der Anstellung, die Art der Tätigkeit des Beschäftigten und ob er entlohnt wird oder nicht.[1]

125 Die Beschränkung des Täterkreises bedeutet freilich nicht, dass Nichtbeschäftigte aus der strafrechtlichen Haftung nach § 17 Abs. 1 UWG ausgeschlossen werden. Weil aber die Vorschrift ein Sonderdelikt darstellt, kommen die Nichtbeschäftigten in einem Unternehmen lediglich als Anstifter oder Gehilfen des Geheimnisverrates durch Beschäftigte in Betracht.

126 Die Norm erwähnt als strafbare Handlung die „unbefugte Mitteilung" des Wirtschaftsgeheimnisses. Als **Mitteilung** ist jede Bekanntgabe des Geheimnisses an einen Dritten anzusehen, die die Ausnutzung des Geheimnisses in irgendeiner Form ermöglicht.[2] Darunter fällt jede mündliche oder schriftliche Erklärung, Übergabe einer Diskette oder Veröffentlichung im Internet. Darüber hinaus genügt es, dass der Täter die Hardware, die das Wirtschaftsgeheimnis enthält, einem Dritten zugänglich macht. Da für die Erfüllung des Tatbestandes eine nur teilweise Mitteilung genügt, reicht es aus, wenn der Täter lediglich einen Teil der Datenbank offenbart, wie etwa einzelne technische Daten, die der Geheimhaltung unterfallen.

127 Aus dem Wortlaut lässt sich ableiten, dass auch die **Duldung der Kenntnisnahme** bestraft wird. In diesem Sinne wäre etwa der Fall eines Angestellten zu bewerten, der die geheimgehaltene Struktur einer Datenbank bewusst so hinterlässt, dass Dritte Kenntnis erlangen können. Ebenso ist eine **Mitteilung durch Unterlassen** denkbar, wenn etwa der Täter, der mit der Verwaltung einer Datenbank beauftragt ist, keine technischen Maßnahmen trifft, die die Sicherheit des Systems garantieren können, so dass die Kenntnisnahme der Datenbankstruktur durch einen Dritten leicht vorgenommen werden kann. Die **Garantenpflicht**, die für eine Begehung der Straftat durch Unterlassen erforderlich ist, ergibt sich aus dem Arbeitsvertrag des Täters mit dem Unternehmen.

---

1 *Baumbach/Hefermehl,* § 17 UWG Rz. 10.

2 *Baumbach/Hefermehl,* § 17 UWG Rz. 17; Erbs/Kohlhaas/*Fuhrmann* § 17 UWG Anm. 3c aa; GroßkommUWG/*Otto,* § 17 UWG Rz. 32.

128 Da das Geheimnis dem Empfänger in der Weise zugänglich gemacht werden muss, dass dieser von ihm Gebrauch machen kann,[1] ist es erforderlich, dass der Empfänger das Geheimnis als ein solches erkennt und es behalten und weitergeben kann.[2]

129 Die Mitteilung muss **unbefugt** erfolgen. So wirkt die Offenbarung mit Einwilligung des Berechtigten oder aufgrund gesetzlicher Erlaubnis tatbestandsausschließend. Die Verbotsnorm wird daher nicht verletzt, wenn es zu einer Aussage über die Konstruktion oder den Inhalt einer Datenbank im Rahmen eines Strafprozesses kommt.

130 Der Täter muss darüber hinaus das Geheimnis während der **Geltungsdauer seines Dienstverhältnisses** mitgeteilt haben.

(b) Betriebsspionage bzw. unbefugtes Ausspähen von Geheimnissen (§ 17 Abs. 2 Nr. 1 UWG)

131 Die hauptstrafrechtliche Vorschrift im UWG befindet sich in § 17 Abs. 2 UWG. Der Täter muss ein **Wirtschaftsgeheimnis sich verschaffen oder sichern**. Kennzeichnend für diese Norm ist, dass das Ausspähen nur dann bestraft wird, wenn es in bestimmten Erscheinungsformen geschieht, wenn nämlich bestimmte Mittel für das Sichverschaffen oder die Sicherung des Geheimnisses eingesetzt werden. Damit liegt der Strafbarkeitsgrund primär nicht im Schutz von Wirtschaftsgeheimnissen, sondern in der kriminellen Energie, die der Täter durch den Einsatz bestimmter Mittel entfaltet. Diese Feststellung lässt sich aus dem Gesetzeswortlaut ableiten, der die Betriebsspionage bestraft, auch wenn die Verwertung des Geheimnisses unterbleibt. Entgegen § 17 Abs. 1 UWG kommt als Täter des Ausspähens jede Person in Betracht, also auch ein Beschäftigter im Rahmen seines Dienstverhältnisses. Demnach stellt die Norm eine „lex specialis“ dar, die das Hacking von Unternehmensgeheimnissen mit Strafe bewehrt.

132 § 17 Abs. 2 UWG bestraft das Sichverschaffen und die Sicherung eines Geheimnisses. Unter **Sichverschaffen** ist das Erlangen der Verfügungsgewalt über das Wirtschaftsgeheimnis zu verstehen, dh. bei verkörperten Geheimnissen die Gewahrsamserlangung und bei nicht verkörperten Geheimnissen die Kenntniserlangung. Unwichtig ist dabei, ob ein Verständnis für die Bedeutung des Geheimnisses vorliegt.[3] Das Geheimnis wird vom Täter **gesichert,** wenn er dessen Verschaffung absichert bzw. „materialisiert“.

133 Das „Sichverschaffen“ oder die „Sicherung“ muss gem. § 17 Abs. 2 Nr. 1a UWG durch die **Anwendung technischer Mittel** stattfinden, die dem Täter die Kenntniserlangung des Geheimnisses ohne seine Verkörperung ermögli-

1 Dabei ist es unerheblich, ob er Gebrauch gemacht hat, s. OLG Hamm v. 20. 1. 1959 – 3 Ss 1425/58, GA 1959, 288.

2 Dazu RG v. 3. 7. 1917 – V 54/17, RGSt 51, 189.

3 S. dazu etwa *Köhler/Piper,* § 17 UWG Rz. 26; GroßkommUWG/*Otto,* § 17 UWG Rz. 66.

chen. Hierunter kann zB die Zusendung der Daten über das Internet[1] fallen. Das Ausspähen kann auch nach § 17 Abs. 2 Nr. 2b UWG durch die **Herstellung einer verkörperten Wiedergabe** des Geheimnisses geschehen, die bewirkt, dass dieses ganz oder teilweise einem anderen offenbart wird, wie etwa die Übertragung des Inhalts einer Datenbank auf Datenträger oder der Abdruck und Ausdruck von Daten einer innerbetrieblichen Datenbank[2].

§ 17 Abs. 2 Nr. 2c UWG bestraft auch die Kenntniserlangung eines Geheim- 134
nisses, wenn sie durch die **Wegnahme einer Sache, in der das Geheimnis verkörpert ist,** stattfindet. Wie dem Gesetzeswortlaut zu entnehmen ist, erfasst diese Alternative jede Handlung des Täters, die entgegen dem Willen des rechtmäßigen Geheimnisträgers eine verkörperte Wiedergabe des Geheimnisses ermöglicht. Damit wird ein strafbares, den Eigentumsdelikten ähnliches Delikt begründet, etwa die Wegnahme einer Diskette, die die technischen Daten einer Datenbank enthält. Dies bedeutet freilich, dass das bloße Kopieren und Verwerten der auf der Diskette gespeicherten Daten nicht unter § 17 Abs. 2 Nr. 2c UWG fällt, da es gerade zu keiner Manifestation der Zueignung der Diskette kommt.

Ähnlich wie beim Geheimnisverrat durch Beschäftigte muss das Ausspähen 135
des Geheimnisses **unbefugt** geschehen. Das Geheimnis ist somit gegen den ausdrücklichen oder mutmaßlichen Willen des Geheimnisinhabers zu verschaffen oder zu sichern. Wer hingegen zufällig in Kenntnis des Geheimnisses gelangt, hat es sich nicht unbefugt verschafft.

(c) Geheimnisverwertung (§ 17 Abs. 2 Nr. 2 UWG)

Die Norm bestraft das unbefugte **Verwerten oder Mitteilen** eines Wirtschafts- 136
geheimnisses. Wegen des weit gefassten Gesetzeswortlauts fallen unter § 17 Abs. 2 Nr. 2 UWG alle Fälle **unbefugter Geheimniserlangung**. Der Täter, der jede beliebige Person – auch der Beschäftigte – sein kann, braucht das Geheimnis nicht zu kennen. Es reicht vielmehr eine Geheimniserlangung aus, die zur Verwertung führen könnte.

Die Geheimniserlangung kann durch Geheimnisverrat nach § 17 Abs. 1 137
UWG oder durch verbotenes Ausspähen gem. § 17 Abs. 2 Nr. 1 UWG erfolgt sein. Die dritte Alternative der Geheimniserlangung nach § 17 Abs. 2 Nr. 2 UWG stellt einen Auffangtatbestand dar und erfasst alle Fälle, die von den anderen Alternativen nicht gedeckt werden. Sie stellt nämlich jedes unbefugte Sichverschaffen und Sichern des Geheimnisses unter Strafe.

Die Geheimniserlangung wird allerdings nur dann bestraft, wenn diese zum 138
Verwerten des Geheimnisses beiträgt. Der Begriff des **Verwertens** ist weit auszulegen, so dass darunter jede Tätigkeit fällt, die darauf gerichtet ist, das

1 S. ähnlich bez. die Datenfernübertragung, LG München I v. 11. 6. 1997 – 21 O 10040/96, CR 1998, 83.

2 *Baumbach/Hefermehl*, § 17 UWG Rz. 26; *Grosch/Liebl*, CR 1988, 572; *Möhrenschlager*, wistra 1986, 138.

Geheimnis wirtschaftlich zum Zwecke der Gewinnerzielung zu nutzen.[1] So ist etwa das Anbieten des Know-how einer Datenbank zum Zwecke seiner Veräußerung oder zur Lizenzerteilung hierunter zu verstehen. Wenn die Verwertung unterbleibt, stellt die Geheimniserlangung eine Vorbereitungshandlung dar, die nur dann bestraft wird, wenn sie das Merkmal des verbotenen Ausspähens gem. § 17 Abs. 2 Nr. 1 UWG erfüllt. Sonst bleibt sie straflos.

139 Das Verwerten muss darüber hinaus wiederum **unbefugt** erfolgen. Dies bedeutet, dass der Täter keinen Grund, etwa eine Einwilligung des Geschädigten, vorweisen kann, der sein Verhalten rechtfertigen könnte. Da der Verwerter in vielen Fällen ein Beschäftigter des Geheimnisinhabers ist, kann er behaupten, dass ihm das Geheimnis kraft des Dienstverhältnisses ohnehin bekannt war, so dass er dieses nach dem Ausscheiden frei hätte verwerten können. Diese Aussage kann unter zwei Voraussetzungen als Argument, das die „Unbefugtheit" ausschließt, angenommen werden: Erstens, dass dem ausgeschiedenen Beschäftigten das Geheimnis aus seiner erlaubten Tätigkeit bekannt geworden und im Gedächtnis geblieben ist und zweitens, dass die Kenntnis des Geheimnisses nicht aufgrund von Aufzeichnungen bzw. Notizen im Computer behalten wurde.[2]

(d) Vorlagenfreibeuterei (§ 18 UWG)

140 Nach § 18 UWG wird das unbefugte Verwerten oder Mitteilen von anvertrauten Vorlagen oder technischen Vorschriften unter Strafe gestellt. Gegenstand der Tat sind Vorlagen, nämlich Gegenstände, die als Grundlage oder Vorbild für die Herstellung neuer Gegenstände dienen sollen.[3] Vorschriften technischer Art sind mündliche oder schriftliche Anweisungen über einen technischen Vorgang.[4] Demnach kommt als Tatobjekt bei der Vorlagenfreibeuterei von Datenbanken ihr **Know-how** in Betracht, das bei der Entwicklung anderer ähnlicher Konstruktionen als Modell helfen kann.

141 Die Vorlagen oder technischen Vorschriften müssen dem Täter **anvertraut** worden sein. Sie müssen ihm nämlich vertraglich oder außervertraglich mit der ausdrücklichen oder aus den Umständen folgenden Verpflichtung überlassen worden sein, dass diese nur im Interesse des Anvertrauenden verwertet werden dürfen. Daraus folgt, dass die Vorlagen nicht offenkundig,[5] also allgemein bekannt sein dürfen; es darf nicht für jeden Interessierten die Möglichkeit bestehen, sich mit lauteren Mitteln ohne größere Schwierigkeiten von ihnen Kenntnis zu verschaffen.[6] Aus dem Gesetzeswortlaut ergibt

1 S. dazu nur RG v. 21. 6. 1929 – I 573/29, RGSt 63, 207; BGH v. 10. 11. 1959 – 5 StR 337/59, BGHSt 13, 333.
2 BGH v. 24. 11. 1959 – 1 StR 439/59, GRUR 1960, 294.
3 RG v. 2. 2. 1912 – IV StR 1175/11, RGSt 45, 386; KG v. 9. 6. 1987 – 5 U 6153/85, GRUR 1988, 703.
4 *Baumbach/Hefermehl,* § 18 UWG Rz. 3.
5 BGH v. 17. 12. 1981 – X ZR 71/80, GRUR 1982, 225 f.
6 BayObLG v. 28. 8. 1990 – RReg. 4 St 250/89, GRUR 1991, 694.

sich ferner, dass es unerheblich ist, wie der Anvertrauende in den Besitz der Vorlagen gelangt ist. Er kann demnach auch unrechtmäßiger Besitzer sein.

(3) Subjektiver Tatbestand

Die in §§ 17, 18 UWG beschriebene Handlung wird bestraft, wenn sie zu 142
Zwecken des Wettbewerbs oder aus Eigennutz begangen worden ist. Darüber hinaus wird der Geheimnisverrat oder das Ausspähen bestraft, wenn der Täter zugunsten eines Dritten oder in Schädigungsabsicht zulasten des Geheimnisinhabers handelt. Ein **Handeln zum Zwecke des Wettbewerbs** liegt in jedem Verhalten, das äußerlich geeignet ist, den Absatz oder Bezug einer Ware zum Nachteil eines anderen zu fördern (hM). Aus **Eigennutz** handelt, wer irgendeinen, auch nicht vermögenswerten Vorteil für sich erstrebt. Es reicht aus, dass der Täter seine Lage persönlich als verbessert empfindet, auch wenn diese objektiv nicht verbessert worden ist.[1] Für die Feststellung, wann der Täter in **Schädigungsabsicht** des Geheimnisinhabers handelt, kann auf § 826 BGB zurückgegriffen werden. Dabei wird nicht verlangt, dass es sich um einen vermögensrechtlichen Schaden handelt. Vielmehr reicht die Beeinträchtigung eines rechtlich anerkannten Interesses aus, wie etwa der Datenschutz. Das **Handeln zugunsten eines Dritten** ist als subjektiver Auffangtatbestand zu verstehen, der alle Fälle erfasst, die von den anderen subjektiven Voraussetzungen nicht gedeckt werden. Hierunter fällt etwa das Ausspähen von Elementen einer Datenbank, die staatliche Informationen enthält und von einem ideologisch motivierten Täter einer verfassungswidrigen Organisation weitergeleitet werden.

3. Strafrechtliche Sonderfragen des elektronischen Geschäftsverkehrs

a) Steuerstrafrechtliche Aspekte grenzüberschreitender Online-Dienste (§§ 369 ff. AO)

Die Unklarheiten, die – immer noch – die Besteuerung des grenzüberschrei- 143
tenden elektronischen Geschäftsverkehrs kennzeichnen, bieten nicht nur einen Anreiz, sich im virtuellen Raum der Steuerpflicht zu entziehen. Hinzu kommt, dass die Internationalität des E-Commerce die Verfolgung und Bestrafung der entsprechenden Aktivitäten erschwert. Die zentralen Vorschriften des deutschen Steuerstrafrechts sind in den §§ 369–412 AO enthalten und erfassen sowohl materielle als auch prozessuale Regelungen. Nach überwiegender Meinung stellen die Steuerstraftaten einen Angriff auf die **Vermögensinteressen des steuererhebenden Staates** dar und bilden daher ein Vermögensdelikt.[2]

1 *Baumbach/Hefermehl,* § 17 UWG Rz. 20.
2 Eingehend dazu *Joecks* in Franzen/Gast/Joecks, Steuerstrafrecht, 5. Aufl. 2001, Einl. Rz. 8.

144 Nach § 369 Abs. 1 AO bestraft das Steuerstrafrecht die Steuerstraftaten, nämlich die Steuerhinterziehung (§ 370 AO) und Steuerhehlerei (§ 374 AO) als auch den Bannbruch (§ 369 Abs. 1 Nr. 2 AO), die Steuerzeichenfälschung (§ 369 Abs. 1 Nr. 3 AO) und die Begünstigung (§ 369 Abs. 1 Nr. 5 AO). Im Folgenden werden Merkmale der Steuerhinterziehung (§ 370 AO) erläutert, die von besonderer Bedeutung für die Steuerstraftaten sind, die mit Hilfe des Internet begangen werden.

aa) Steuerhinterziehung im Internet (§ 370 AO) – Örtlicher Anwendungsbereich

145 Der örtliche Anwendungsbereich des § 370 AO bestimmt sich nach den allgemeinen Gesetzen über das Strafrecht (§ 369 Abs. 2 AO). Demzufolge ist gemäß dem Territorialitätsprinzip (§ 3 StGB) festzustellen, wo die Tat begangen worden ist. Nach § 9 StGB, der den Tatort bestimmt, kommen die folgenden Tatorte für eine Steuerhinterziehung im Internet in Betracht: Der **Tätigkeitsort** als der Ort, wo ein Softwarehersteller unrichtige Angaben bzgl. der Online-Lizenzierung seiner Produkte gemacht hat; der **Unterlassungsort**, der Ort nämlich, wo der Softwarehersteller Angaben über die Online-Lizenzierung seiner Produkte hätte machen müssen, und der **Erfolgsort**, nämlich der Ort, wo die Steuerkürzung oder der ungerechtfertigte Steuervorteil[1] des Softwareherstellers eingetreten ist. Dies hat als Konsequenz, dass insofern ein Steueranspruch des deutsches Staates besteht, wenn der Erfolgsort im Inland belegen ist und damit das deutsche Steuerstrafrecht Anwendung findet. Die Festlegung des Ortes des **vorgestellten Erfolgseintritts** (§ 9 Abs. 1 4. Alt. StGB) ist darüber hinaus maßgebend für den Fall der versuchten Steuerhinterziehung (§ 370 Abs. 2 AO).

146 Durch § 370 Abs. 7 AO erstreckt sich die Bestrafung der Steuerhinterziehung ausdrücklich auch auf **Auslandstaten.** Diese Erweiterung des Anwendungsbereichs gewinnt an Bedeutung, wenn es sich um die Bestrafung der Hinterziehung von Eingangsabgaben von Drittstaaten handelt, die § 370 Abs. 7 iVm. § 370 Abs. 6 AO miteinschließt, denn in solchen Fällen fällt nicht nur die Handlung, sondern auch der Erfolg außerhalb des Anwendungsbereichs der AO. In diesem Sinne werden Steuerstraftaten, die via Internet begangen werden, nach deutschem Steuerstrafrecht bestraft, wenn die Handlung oder der Erfolg der Steuerhinterziehung innerhalb der EU-Staaten, EFTA-Staaten oder Staaten, die mit diesen assoziiert sind, realisiert worden ist, unabhängig davon, ob der Täter Deutscher oder Ausländer ist.

bb) Persönlicher Anwendungsbereich

147 Bei der Steuerhinterziehung durch Handeln (§ 370 Abs. 1 Nr. 1 AO) ergibt sich aus dem Gesetzeswortlaut keine Begrenzung des Täterkreises. Täter kann demnach jeder sein, der aufgrund von Steuergesetzen erklärungs- oder

1 Dazu nur BGH v. 20. 7. 1971 – 1 StR 683/70, BGHSt 24, 181.

mitwirkungspflichtig ist, unabhängig davon, ob er etwa Anbieter oder Nutzer von Online-Dienstleistungen ist. Die Unterlassungsvarianten der Vorschrift setzen dagegen eine Sonderpflicht zum Handeln voraus, die sich in erster Linie aus Gesetzen bzw. Steuergesetzen ergibt. Diese Pflicht begründet die **Garantenstellung**, die für die Begründung der Strafbarkeit gem. § 370 Abs. 1 Nr. 2, 3 AO notwendig ist.[1] Unter Pflichten, die das strafbare Unterlassen begründen, kann etwa die **Nichterfüllung von Erfassungspflichten** erfasst werden, wenn etwa die im Internet angebotene Beratungsleistung eines Übersetzers dem zuständigen Finanzamt gem. § 18 EStG nicht gemeldet wird. Hinzu sei die **Nichtabgabe von Steuererklärungen oder Steueranmeldungen** erwähnt, wenn etwa ein Datenbankhersteller die Einnahmen aus dem entgeltlichen Angebot des Inhalts seiner Datenbank nicht in seiner Steuererklärung angibt. Keine Garantenstellung hat dagegen ein Off-Shore-Staat, der eine Steueroase anbietet, denn ein behördenfremder Bürger ist kein „Hüter" des Steueranspruchs.[2]

cc) Strafbares Verhalten

Die Steuerhinterziehung gem. § 370 Abs. 1 Nr. 1 AO kann durch die **Abgabe von unrichtigen oder unvollständigen Angaben** begangen werden. Unrichtig ist die Angabe, wenn zwischen der Erklärung und der Wirklichkeit ein Widerspruch besteht,[3] wenn etwa die Gewinne von der Veranstaltung von Glückspielen im Internet bei der Steuererklärung des Veranstalters nicht angegeben werden. Unvollständig sind dagegen die Angaben, wenn der Erklärende ausdrücklich oder konkludent behauptet, dass er sämtliche erheblichen Umstände aus einem bestimmten Umkreis vollständig erklärt hat, wenn etwa der Veranstalter von Glücksspielen im Internet nur einen Teil seiner Gewinne in seiner Steuererklärung angibt. 148

Die Angaben können auch fingierte Vorgänge betreffen wie etwa **Scheingründungen**, die dafür benutzt werden, Umsatzsteuererstattungen zu erschleichen. Dieser Fall ist insbesondere beim E-Commerce von Bedeutung, wenn die Scheinfirma nur aus einem Server besteht, der für den Transport von Daten als Betriebsstätte iSv. § 12 AO verwendet wird. Erheblich ist dabei die Beantwortung der Frage, ob eine solche Scheingründung vorliegt, die wiederum nach den steuer(zivil)rechtlichen Grundsätzen beantwortet werden muss.[4] 149

---

1 S. dazu BGH v. 12. 11. 1986 – 3 StR 405/86, wistra 1987, 147.

2 S. dazu *Joecks* in Franzen/Gast/Joecks, Steuerstrafrecht, 5. Aufl. 2001, § 370 AO Rz. 162.

3 BGH v. 16. 12. 1954 – 3 StR 493/54, BGHSt 7, 148.

4 Für die Einrichtung eines Internet-Servers als ertragssteuerliche Betriebsstätte s. etwa *Flore,* K&R 1999, 165; *Gießler,* K&R 1998, 351; *Gummert/Trapp,* MMR 1998, 353; gegen die Einrichtung eines Internet-Servers als ertragssteuerliche Betriebsstätte s. etwa *Strunk,* BB 1998, 1824; *Holler/Heerspink,* BB 1998, 773; *Spatscheck,* CR 1999, 168 f.; dazu s. auch *Spatscheck,* Steuern im Internet, 2000, S. 109 ff.

150 Die Angaben müssen **steuerlich erheblich** sein, sie müssen nämlich aufgrund eines Steuergesetzes für die Steuer von Bedeutung sein. Darüber hinaus müssen sie **gegenüber Finanzbehörden oder anderen Behörden** gemacht werden.

151 Unerheblich ist, ob die unrichtigen oder unvollständigen Angaben **sittenwidrige Geschäfte** betreffen, denn auch diese unterliegen der Besteuerung. Betreffen diese zB Einkünfte aus Sex-Dialogdiensten per Internet, erfüllen sie den Tatbestand der Steuerhinterziehung. Ebenso ist für die Besteuerung unerheblich, ob ein **Rechtsgeschäft verboten** ist. Weil gem. § 370 Abs. 5 AO Steuerhinterziehung auch hinsichtlich solcher Waren begangen werden kann, deren Einfuhr, Ausfuhr oder Durchfuhr verboten ist, begründet auch zB die Nichtangabe von Einnahmen aus der per Internet gewerbsmäßigen Vermittlung von Menschenorganen, die für Transplantationen geeignet sind, eine Steuerhinterziehung.

152 Gem. § 370 Abs. 1 Nr. 2 AO macht sich wegen Steuerhinterziehung strafbar, wer die Finanzbehörden über **steuerlich erhebliche Tatsachen pflichtwidrig in Unkenntnis** lässt. Es wird freilich vorausgesetzt, dass die Offenbarung steuerlich erheblicher Tatsachen für den Steuerpflichtigen zumutbar sein muss. **Unzumutbar** ist die Offenbarung, wenn durch sie billigenswerte Interessen des Unterlassungstäters gefährdet würden. Das Problem der Unzumutbarkeit spielt vor allem dann eine Rolle, wenn der Unterlassungstäter durch die pflichtgemäße Offenbarung der steuerlich erheblichen Tatsachen **selbst einer strafbaren Handlung bezichtigen** würde. Es trifft zwar zu, dass nach dem „nemo-tenetur-Prinzip" niemand im Strafverfahren gegen sich auszusagen braucht. Falls aber jemand mit der Erklärung sich eines Verhaltens bezichtigt, für das noch kein Strafverfahren eröffnet ist, ist die Finanzbehörde, die die Erklärung entgegennimmt, zur **Geheimhaltung gem. § 30 AO** verpflichtet. In diesem Sinne sind die Gewinne von der Online-Vermittlung von Menschenorganen pflichtgemäß den Finanzbehörden angegeben, denn die Letzten dürfen die Tatsache, dass die Einkünfte aus einer strafbaren Handlung (§§ 17, 18 Transplantationsgesetzes) herrühren, nicht an die Strafverfolgungsbehörden weiterleiten.

153 Ist dagegen ein Strafverfahren gegen den Unterlassungstäter bereits eröffnet und betreffen die steuerlich erheblichen Angaben Beweismittel, die für dieses Strafverfahren von Bedeutung wären, so besteht für diese Angaben hinsichtlich dieser Straftat, die keine Steuerstraftat ist, gem. **§ 393 Abs. 2 Satz 1 AO Verwertungsverbot.** Demnach dürfen die Angaben über Einkünfte von Online-Vermietung von pornographischen Schriften während eines Strafverfahrens nicht verwendet werden, das gegen den Vermieter nach § 184 Abs. 1 Nr. 3a StGB durchgeführt wird.

154 Anders ist allerdings der Fall zu beurteilen, wenn gem. § 393 Abs. 2 Satz 2 iVm. § 30 Abs. 4 Nr. 5 AO ein **zwingendes öffentliches Interesse für die Strafverfolgung** der Straftat vorhanden ist. Wenn etwa die Einkünfte aus der Online-Vermietung von pornographischen Schriften herrühren, die den

Missbrauch von Kindern beinhalten, greift die Ausnahme von § 30 Abs. 4 Nr. 5a AO ein. Damit werden die steuerlichen Angaben an die Strafverfolgungsbehörden weitergeleitet, um sie als Beweismittel während des Strafverfahrens gem. § 184 Abs. 3 StGB gegen den Steuerpflichtigen zu verwerten.[1]

dd) Taterfolg

Weil, wie aus dem Wortlaut zu entnehmen ist, § 370 Abs. 1 AO ein Erfolgsdelikt darstellt, muss das strafrechtliche Verhalten eine Steuerverkürzung oder die Erlangung eines nicht gerechtfertigten Steuervorteils verursachen. **Steuerverkürzung ist das Zurückbleiben der Ist-Einnahme hinter der Soll-Einnahme.**[2] Es wird freilich vorausgesetzt, dass ein Steueranspruch besteht, der durchsetzbar und noch nicht erloschen ist, etwa durch Verjährung (§§ 160–171 AO).[3] 155

Gegenstand der Verkürzung müssen **Steuern** sein, also Geldleistungen, die nach der Definition des § 3 Abs. 1 AO „eine Gegenleistung für eine besondere Leistung darstellen und von einem öffentlich-rechtlichen Gemeinwesen zur Erzielung von Einnahmen allen auferlegt werden, bei denen der Tatbestand zutrifft, an den das Gesetz die Leistungspflicht knüpft". 156

Darüber hinaus können gem. § 370 Abs. 6 AO **Eingangsabgaben anderer EU-Staaten, EFTA-Staaten und anderer Staaten, die mit diesen assoziiert** sind, Gegenstand einer Steuererkürzung sein. Maßgebend ist dabei § 370 Abs. 7 AO, der die Hinterziehung von Eingangsabgaben von Drittstaaten bestraft, unabhängig von dem Recht des Tatortes von Steuerstraftaten, die außerhalb des Geltungsbereiches der AO begangen worden sind. Diese Ausdehnung des Geltungsbereichs der AO ist von besonderer Bedeutung im Bereich des E-Commerce, wo Angebot und Dienstleistung und damit Umsatzsteuer oder/und Einkommensteuer oft grenzüberschreitenden Charakter aufweisen. In solchen Fällen wird zwar die ausländische Steuerhinterziehung nach deutschem Strafrecht bestraft. Dabei wird aber vorausgesetzt, dass die betreffenden Eingangsabgaben von dem ausländischen Staat erhoben sind, so dass diese ihm zustehen.[4] Die Blankettvorschrift des § 370 AO wird nämlich durch die materiellen steuerlichen Vorschriften des betreffenden Staates ausgefüllt. 157

---

1 Über die Zumutbarkeit der Angabe von steuerlich erheblichen Straftaten s. etwa BGH v. 18. 10. 1956 – 4 StR 166/56, BStBl. I 1957, 122; ferner BVerfG v. 14. 1. 1981 – 1 BvR 612/72, BVerfGE 56, 37 ff.; *Engelhardt* in Hübschmann/Hepp/Spitaler, AO–FGO, Loseblatt, § 370 AO Rz. 57; *Kohlmann,* Steuerstrafrecht, Loseblatt, § 370 AO Rz. 85; kritisch *Joecks* in Franzen/Gast/Joecks, Steuerstrafrecht, 5. Aufl. 2001, § 370 AO Rz. 163.

2 So etwa *Joecks* in Franzen/Gast/Joecks, Steuerstrafrecht, 5. Aufl. 2001, § 370 AO Rz. 22.

3 Einzelheiten dazu s. in *Kohlmann,* Steuerstrafrecht, Loseblatt, § 370 AO Rz. 130 f.

4 S. dazu BGH v. 25. 9. 1990 – 3 StR 8/90, wistra 1991, 29.

158 Der Taterfolg erfasst auch jede **Erlangung von ungerechtfertigten Steuervorteilen,** etwa Steuererlasse, Steuerbefreiung oder Verlängerung der Abgabefrist für Steuererklärungen.

ee) Irrtümer bei der Steuerhinterziehung

159 Wegen der steuerrechtlichen Unklarheiten, die zur Zeit bei den Internetgeschäften anzutreffen sind, können die Irrtumsfragen bei der Behandlung von steuerstrafrechtlichen Fällen eine bedeutende Rolle spielen.

160 Durch die grenzüberschreitende Abwicklung von Internetgeschäften kann vom Täter behauptet werden, dass er seine steuerliche Verpflichtung und den konkreten Steueranspruch des Staates nicht kennt[1]. In solchen Fällen, weil das **Bestehen des Steueranspruchs** ein Tatbestandsmerkmal des § 370 AO bildet, liegt ein **Tatbestandsirrtum** vor, der nach § 16 StGB den Vorsatz ausschließt. Der Irrtum über das **rechtliche Verbot** als solches stellt dagegen einen **Verbotsirrtum** dar, dessen Vermeidbarkeit nach den Regeln des § 17 StGB beurteilt wird. Nimmt demzufolge der Täter irrig an, dass die Annahmen von Internetleistungen, etwa Informationsdiensten, die im Ausland angeboten werden, nicht in Deutschland besteuert werden sollen, ist zu untersuchen, ob er nach den Umständen des Falles und nach seinem Lebens- und Berufskreis die Einsicht über die Unrechtmäßigkeit seines Verhaltens gewinnen konnte.[2]

ff) Teilnahme an der Steuerhinterziehung

161 Die Problematik der Teilnahme ist bei der Steuerhinterziehung im Internetbereich vor allem bei der Internet-Werbung von **Offshore-Gesellschaften** von Bedeutung, die durch ihre Angebote offen oder verdeckt zur Steuerhinterziehung auffordern.[3] Solche Gesellschaften, die mittels ihrer Angebote Kapitalanleger gewinnen, sind – gem. § 26 StGB – als **Anstifter** einer Steuerhinterziehung zu betrachten, denn durch ihr Verhalten rufen sie den Tatentschluss des Steuerpflichtigen hervor, vorsätzliche Steuerhinterziehung zu begehen. Ist dagegen der Kapitalanleger zur Steuerhinterziehung entschlossen und bemüht sich um Steueroasen per Internet, machen sich die Offshore-Gesellschaften als **Gehilfen** bei der Steuerhinterziehung gem. § 27 Abs. 2 StGB strafbar.[4]

---

1 S. dazu *Lohmeyer*, GA 1964, 17.

2 Dazu nur BGH v. 18. 3. 1952 – GS St 2/51, BGHSt 2, 202; v. 27. 1. 1966 – KRB 2/65, BGHSt 21, 21.

3 S. dazu etwa *Flore,* K&R 1999, 164; *Spatscheck,* StraFo 2000, 5.

4 S. auch *Spatscheck,* Steuern im Internet, 2000, S. 89 f.

b) Datenschutzstrafrechtliche Aspekte des elektronischen Geschäftsverkehrs

Die elektronische Abwicklung der Geschäfte per Internet bedeutet – unter anderem – die Sammlung einer enormen Summe von personenbezogenen Daten, die einen erheblichen wirtschaftlichen Wert aufweisen können, wenn sie etwa für Werbungszwecke verwertet werden. In diesem Zusammenhang wird oft der Versuch unternommen, in den Besitz solcher Daten zu kommen, was zu der Frage überleitet, wie solche Handlungen aus datenschutzstrafrechtlicher Sicht zu beurteilen sind. 162

aa) Datenschutzstrafrechtliche Sanktionen des TDDSG bzw. BDSG

Das TDDSG enthält keine strafrechtlichen Vorschriften. § 1 Abs. 2 TDDSG legt allerdings fest, dass, soweit im TDDSG nicht anderes bestimmt ist, auf die allgemeinen Vorschriften für den Schutz personenbezogener Daten und damit auf das BDSG zurückgegriffen werden kann.[1] Damit ist der Weg offen, die **Straftatbestände des BDSG (§ 44 BDSG)** auf Handlungen anzuwenden, die die Vorschriften des TDDSG verletzen. Die Anwendung der Ordnungswidrigkeiten (§ 43 BDSG) des BDSG scheidet dagegen aus, denn sie ahnden Handlungen, die ausdrücklich bestimmte BDSG-Normen verletzen.[2] 163

Weil freilich sowohl § 43 als auch § 44 BDSG Blankettnormen darstellen, ergibt sich die Beschreibung der Handlung, die die Vorschrift unter Strafe stellt, erst, wenn andere sog. „blankettausfüllende Normen" herangezogen werden. Indem nunmehr § 44 BDSG ergänzend im Bereich des TDDSG angewendet wird, wird für seine Auslegung auf die Vorschriften des TDDSG zurückgegriffen. 164

So ist etwa für die Auslegung des Merkmals „unbefugt" nach § 44 Abs. 1 iVm. § 43 Abs. 2 BDSG die Einwilligung nach den Anforderungen des TDDSG heranzuziehen, die von der Unterrichtung vor der Erhebung der persönlichen Daten (§ 3 Abs. 1, 5 TDDSG) oder von dem Einverständnis des Teledienstenutzers in elektronischer Form (§ 3 Abs. 7 TDDSG)[3] abhängig ist. 165

In diesem Sinne wird etwa als Ordnungswidrigkeit die unbefugte Erhebung oder Verarbeitung von personenbezogenen Daten, die nicht allgemein zugänglich sind (§ 43 Abs. 2 Nr. 1 iVm. § 5 Abs. 1 TDDSG), oder die Bereithaltung von personenbezogenen Daten, die nicht allgemein zugänglich sind, zum Abruf mittels automatischen Verfahrens (§ 43 Abs. 2 Nr. 2 iVm. § 3 Abs. 5 TDDSG) angesehen. Die Ordnungswidrigkeit wird dadurch modifiziert bzw. präzisiert. 166

---

1 S. dazu eindeutig BR-Drucks. 966/96, 23.

2 So auch *Schmitz* in Hoeren/Sieber, Multimedia-Recht, Teil 16.4, Rz. 124.

3 Dazu etwa *Engel-Flechsig* in Roßnagel, Recht der Multimediadienste, 3, TDDSG Einl. Rz. 66 ff.

bb) Datenschutzrechtliche Verantwortlichkeit der Anbieter von E-Commerce-Geschäften nach § 130 OWiG

167 Neben den strafrechtlichen Vorschriften, die für jeden verbindlich sind, ist die Frage zu stellen, ob dem Internetanbieter, der im Rahmen der Abwicklung von E-Commerce personenbezogene Daten speichert, verarbeitet und übermittelt, besondere Pflichten auferlegt werden können. Dabei sind die Aufsichtspflichten in Betrieben und Unternehmen zu erwähnen, deren Verletzung gem. § 130 OWiG mit Geldbuße bis zu einer Million DM geahndet wird. Die Vorschrift regelt die Verantwortlichkeit des Betriebsinhabers und der ihm gleichzustellenden Personen im Falle der Verletzung bzw. Unterlassung von Aufsichtspflichten, die zur Verletzung von Geboten oder Verboten führt, die mit Strafe oder Geldbuße bedroht ist. Dabei wird vorausgesetzt, dass die Normadressaten als Täter der Verletzung von Ge- oder Verboten ausscheiden, weil sie selbst nicht positiv gehandelt haben oder außerstande waren, die Pflichten wahrzunehmen.[1] § 130 OWiG greift demnach subsidiär als **Auffangtatbestand,** um die wirksame Bekämpfung von Zuwiderhandlungen innerhalb von Betrieben und Unternehmen zu bekämpfen.[2] Im Bereich des E-Commerce kann durch die Anwendung von § 130 OWiG die datenschutzrechtliche Haftung von Telediensteunternehmen erweitert werden, soweit diese die Einhaltung der Pflichten betreffen, die das TDDSG vorschreibt.

168 Als **Haftungsverantwortliche** kommen sowohl die Inhaber von Betrieben und Unternehmen in Betracht als auch Personen, die – wie in § 9 OWiG normiert ist – diesen als Organe, Vertreter oder Beauftragter gleichstehen.[3] Wenn mehrere Personen aufsichtspflichtig verantwortlich sind, können gesonderte Verfahren durchgeführt und Geldbußen festgesetzt werden.[4] Damit erfasst der Normadressatenkreis die Geschäftsführung und auch Betriebs- und Teilbetriebsleiter eines Unternehmens, das Internetdienste anbietet. Ihre Verantwortung begrenzt sich freilich auf den Bereich, den sie im Rahmen des ihnen übertragenen Auftrags erfüllen müssen.[5] Die Aktionäre einer solchen Gesellschaft scheiden dagegen aus dem Täterkreis des § 130 OWiG aus. Denn obwohl sie vom Gesichtspunkt der Kapitalbeteiligung als „Inhaber" zu betrachten sind, sind sie nicht verpflichtet, die das Unternehmen betreffenden Pflichten zu erfüllen.[6]

1 S. Erbs/Kohlhaas/*Senge,* § 130 OWiG Rz. 1; *Göhler,* § 130 OWiG Rz. 3; *Brenner,* DRiZ 1975, 72.
2 S. dazu aber auch *Rogall,* ZStW 98 (1986), 575 ff., der den Schwerpunkt auf die Zurechnungsproblematik bei der Unternehmenskriminalität verlagert.
3 Ausführlich dazu KKOWiG/*Rogall,* § 130 Rz. 20 ff.
4 So *Göhler,* wistra 1986, 113.
5 *Demuth/Schneider,* BB 1970, 648.
6 Dazu s. KKOWiG/*Rogall,* § 130 Rz. 23.

(1) Strafbares Verhalten

Der Haftende steht dafür ein, dass er die **erforderlichen Aufsichtsmaßnahmen unterlassen** hat, so dass im Betrieb eine mit Strafe oder Geldbuße bedrohte Zuwiderhandlung begangen wurde. Die Vorschrift stellt demzufolge ein echtes Unterlassungsdelikt dar. Der Unrechtsgehalt der Tat erschöpft sich darin, dass der Betroffene die erforderlichen Maßnahmen nicht ergriffen hat, die die betriebstypischen Zuwiderhandlungen hätten verhindern können.[1] 169

Welches die Aufsichtsverpflichtungen sind, konkretisiert das Gesetz nicht. Nur in § 130 Abs. 2 OWiG wird ausgeführt, dass zu den erforderlichen Maßnahmen „auch" die Bestellung, sorgfältige Auswahl und Überwachung von Aufsichtspersonen gehören. Damit gehen sowohl Schrifttum als auch Rechtsprechung davon aus, dass vom **Einzelfall** abhängig ist, welche Aufsichtsmaßnahmen geboten sind.[2] Es ist freilich davon auszugehen, dass unter solche Maßnahmen Leitungs-, Koordinations-, Organisations- und Kontrollpflichten zu fassen sind.[3] 170

Im konkreten Fall ist demzufolge auf das TDDSG abzustellen, um festzustellen, welche Aufsichtspflichten den nach § 130 OWiG Verantwortlichen aufzuerlegen sind. Zunächst ist – entsprechend § 130 Abs. 2 OWiG – zu erwarten, dass der Betroffene für eine sorgfältige Auswahl von Mitarbeitern und Aufsichtspersonen bzw. einen internen Datenschutzbeauftragten zu sorgen hat. Darüber hinaus soll er technische und organisatorische Vorkehrungen aufbauen lassen, die die Einhaltung des Datenschutzes gewähren. Hinzu kommen Organisationshinweise, die die nach dem TDDSG gesetzmäßige Verarbeitung und Übermittlung von personenbezogenen Daten vorsehen. Nicht zuletzt ist eine Kontrolle unerlässlich, die darauf gerichtet ist, datenschutzrechtlich unzulässige Verarbeitungsvorgänge, etwa die Verarbeitung von Inhaltsdaten zu Kontrollzwecken oder die Herstellung von Nutzungsprofilen, festzustellen. Für den Umfang dieser Pflichten ist „in erster Linie Art, Größe und Organisation des Betriebs, die unterschiedlichen Überwachungsmöglichkeiten, aber auch Vielfalt und Bedeutung der zu beachtenden Vorschriften und die Anfälligkeit des Betriebs für Verstöße gegen diese Bestimmungen" maßgeblich.[4] 171

---

1 So KKOWiG/*Rogall,* § 130 Rz. 37.

2 S. dazu etwa OLG Düsseldorf v. 12. 11, 1998 – 2 Ss (OWi) 395/98 – (OWi) 112/98 III, wistra 1999, 115 (116); OLG Zweibrücken v. 25. 6. 1998 – 1 Ss 100/98, NStZ-RR 1998, 312; Erbs/Kohlhaas/*Senge,* § 130 OWiG Rz. 12; *Göhler,* § 130 OWiG Rz. 10; KKOWiG/*Rogall,* § 130 Rz. 40; *Hermanns/Kleier,* Grenzen der Aufsichtspflicht in Betrieben und Unternehmen, 1987, S. 38; *Többens,* NStZ 1999, 4; *Otto,* Jura 1998, 414.

3 S. etwa BGH v. 11. 7. 1956 – 1 StR 306/55, BGHSt 9, 323; BGH v. 23. 3. 1973 – 2 StR 390/72, BGHSt 25, 162 f.; *Göhler,* § 130 OWiG Rz. 14; *Hermanns/Kleier,* Grenzen der Aufsichtspflicht in Betrieben und Unternehmen, 1987, S. 41 ff.; *Demuth/ Schneider,* BB 1970, 648.

4 OLG Düsseldorf v. 12. 11. 1998 – 2 Ss (OWi) 395/98 – (OWi) 112/98 III, wistra 1999, 115 (116); OLG Köln v. 20. 5. 1994 – Ss 193/94 (B), wistra 1994, 315; OLG Zweibrücken v. 25. 6. 1998 – 1 Ss 100/98, NStZ-RR 1998, 311 f.

172 Diese Aufsichtsmaßnahmen sind **erforderlich**, um die Gefährdung des Datenschutzes während der Durchführung der Internetdienste abzuwenden, während ihre Umsetzung **zumutbar** für den Betrieb sein muss.

(2) Objektive Bedingung der Ahndung – Zuwiderhandlung gegen betriebsbezogene Pflichten

173 Der Verstoß gegen die Aufsichtspflicht wird nur geahndet, wenn in dem Betrieb eine mit Strafe oder Geldbuße bedrohte **Zuwiderhandlung** begangen wurde, zB die gem. §§ 44 Abs. 1, 43 Abs. 2 Nr. 5 BDSG strafbare Übermittlung von personenbezogenen Daten von einem Betriebsangehörigen, die durch die Unterlassung von Aufsichtsmaßnahmen des Betroffenen ermöglicht wurde. In diesem Sinne bildet die Zuwiderhandlung eine objektive Bedingung der Ahndung[1], die weder vom Vorsatz noch von der Fahrlässigkeit des Aufsichtspflichtigen erfasst werden muss.

174 Demzufolge wird für die Ahndung des Verhaltens eine Vortat vorausgesetzt, die eine Zuwiderhandlung gegen Pflichten darstellt, die den Betriebsinhaber oder das Unternehmensorgan „als solches" betreffen.[2] Nach hM können sich solche **„betriebsbezogenen Pflichten" sowohl aus Sonderdelikten als auch aus Allgemeindelikten ergeben, wenn die letzteren im Zusammenhang mit der Führung des Betriebs oder Unternehmens stehen.**[3] Demnach werden für die Ahndung eines Internetdiensteanbieters als Haftungsverantwortlichen für den Datenschutz unter den Vortaten des § 130 OWiG nicht nur Verletzungen erfasst, die direkt von datenschutzrechtlichen Vorschriften bestraft werden. Darüber hinaus kommen auch Taten in Betracht, die in Verbindung mit dem Betätigungsfeld innerhalb des Betriebs begangen worden sind. So ist etwa ein Betrug gem. § 263 StGB zu Lasten eines Internetnutzers als Vortat iSd. § 130 OWiG zu betrachten, wenn der Betrug durch Manipulation der Abrechnungsdaten begangen wird.

175 Der Täter braucht allerdings **nicht Betriebsangehöriger** zu sein. Es reicht aus, dass jemand in Wahrnehmung der Angelegenheiten des Betriebs etwa als freier Mitarbeiter eine dem Aufsichtsverantwortlichen obliegende Pflicht verletzt. Damit kommen auch als Täter einer Vortat Angestellte eines anderen Betriebs in Betracht, die im Rahmen des Outsourcing personenbezogene Daten verarbeiten.

176 Darüber hinaus wird nicht vorausgesetzt, dass die Identität des Täters bekannt ist. Es genügt die Entdeckung der Zuwiderhandlung und die Feststel-

---

1 Erbs/Kohlhaas/*Senge*, § 130 OWiG Rz. 9; *Göhler*, § 130 OWiG Rz. 17; KKOWiG/*Rogall*, § 130 Rz. 73; *Hermanns/Kleier*, Grenzen der Aufsichtspflicht in Betrieben und Unternehmen, 1987, S. 75.

2 So *Hermanns/Kleier*, Grenzen der Aufsichtspflicht in Betrieben und Unternehmen, 1987, S. 76.

3 S. etwa Erbs/Kohlhaas/*Senge*, § 130 OWiG Rz. 21; *Göhler*, § 130 OWiG Rz. 18; dazu aber auch die Kritik von KKOWiG/*Rogall*, § 130 Rz. 84 ff.; *Hermanns/Kleier*, Grenzen der Aufsichtspflicht in Betrieben und Unternehmen, 1987, S. 76 ff.

lung, dass diese bei gehöriger Aufsicht verhindert oder wesentlich erschwert worden wäre.[1] Die Bedeutung der Vortat ist damit nicht personen-, sondern sachbezogen.

(3) Kausalität zwischen Zuwiderhandlung und Aufsichtspflichtverletzung

Wie sich aus dem Gesetzeswortlaut ergibt, greift § 130 OWiG ein, wenn die Aufsichtsverletzung zu einer wesentlichen Gefahrenerhöhung hinsichtlich der später begangenen Zuwiderhandlung geführt hat. Die Vorschrift normiert dadurch die Risikoerhöhungslehre, konkretisiert aber das Maß der Risikoverringerung nicht. Um die Ausuferung der Anwendung der Norm zu vermeiden, ist indes ein **Schutzzweckzusammenhang zwischen der Aufsichtspflichtverletzung und der Zuwiderhandlung** zu verlangen.[2] Es muss untersucht werden, ob die Zuwiderhandlung die Realisierung einer betriebstypischen Gefahr darstellt, die vom Aufsichtspflichtigen hätte bekämpft werden müssen. Dies ist etwa der Fall, wenn die Vortat die Verschaffung von personenbezogenen Daten betrifft, die durch die Umsetzung von geeigneten Sicherungsmaßnahmen vermieden werden könnte. 177

(4) Subjektiver Tatbestand

Der Betroffene muss seine Aufsichtspflichten vorsätzlich oder fahrlässig verletzt haben. Wenn der Aufsichtspflichtige jede Aufsichtsmaßnahme unterlässt, wird ihm Vorsatz unterstellt.[3] Sind dagegen nur unzureichende Aufsichtsmaßnahmen vorgenommen worden, muss dem Betroffenen nachgewiesen werden, dass die von ihm eingeleiteten Maßnahmen unzureichend waren.[4] Gegen den Vorwurf fahrlässiger Aufsichtspflichtverletzung kann indes der Betroffene nicht einwenden, dass er von staatlichen Stellen, etwa dem Landesdatenschutzbeauftragten, über das Ausmaß der notwendigen Aufsichtsmaßnahmen nicht aufgeklärt worden sei.[5] 178

1 Erbs/Kohlhaas/*Senge,* § 130 OWiG Rz. 24; *Göhler,* § 130 OWiG Rz. 20; *Demuth/Schneider,* BB 1970, 648.
2 So etwa *Schünemann,* Unternehmenskriminalität und Strafrecht, 1979, S. 119 mwN.
3 *Hermanns/Kleier,* Grenzen der Aufsichtspflicht in Betrieben und Unternehmen, 1987, S. 83.
4 S. OLG Frankfurt v. 11. 5. 1978 – 2 Ws (B) 240/78, VRS 1956, 110.
5 S. etwa OLG Stuttgart v. 7. 9. 1976 – 3 Ss 526/76, NJW 1977, 1410.

H. Das Netz und arbeitsrechtliche Fragen

I. Überblick

Entschließt sich ein Unternehmen, selbst im Internet Angebote zu machen oder über das Internet Bestellungen zu tätigen, so ergeben sich **für die** praktische **Arbeit im Betrieb zahlreiche Veränderungen.** Bei ihrer Planung und Realisierung sind auch viele arbeitsrechtliche Fragen zu beantworten. Dabei wird durchgängig zwischen der arbeitsvertraglichen und der betriebsverfassungsrechtlichen Seite unterschieden. Während die erste für alle Betriebe maßgebend ist, ist die zweite nur dann relevant, wenn im konkreten Betrieb ein Betriebsrat existiert. 1

Zunächst soll uns die Einführung und Umgestaltung des Internetzugangs von einzelnen Arbeitsplätzen aus beschäftigen (unten Rz. 3 ff.). Arbeitnehmerrechte sind auch betroffen, wenn der Internetauftritt ganz oder teilweise mit Hilfe eigener Beschäftigter erstellt wird (unten Rz. 41 ff.). Großes öffentliches Interesse findet häufig die Frage, inwieweit privates Surfen am Arbeitsplatz gestattet ist oder gestattet werden sollte; dabei ist auch an die Sanktionen zu denken, die bei einer Übertretung klarer Verbote in Betracht kommen (unten Rz. 62 ff.). Wer als User arbeitet, hinterlässt Spuren im Netz. Von arbeitsrechtlicher Bedeutung ist etwa die Erfassung aller Vorgänge durch ein Firewall-System, das unbefugten Zugang von außen, aber auch unbefugte Nutzung von innen her verhindern will. Wie viel Kontrolle lässt das Arbeitsrecht zu (unten Rz. 80 ff.)? Schließlich kann die Frage auftauchen, dass einzelne Personen wie zB Kundendiensttechniker, Beschäftigte im Vertrieb usw. mit Namen, Qualifikation und Foto ins Netz gestellt werden sollen. Kann dies auch ohne ausdrückliche Einwilligung des Betroffenen geschehen? Ist ggf. der Betriebsrat einzuschalten (unten Rz. 113 ff.)? 2

II. Einführung und Umgestaltung des Internetzugangs

1. Arbeitsvertragsrechtliche Fragen

a) Zulässigkeit

Soweit Gesetze, Tarifverträge, der Arbeitsvertrag oder andere Bestimmungen keine Grenzen ziehen, ist der **Arbeitgeber bei der Organisation des Arbeitsprozesses frei.**[1] Sein Weisungsrecht bezieht sich auf den Ort wie auch auf den Inhalt und die Modalitäten der Arbeit. Er hat deshalb auch die grundsätzliche Befugnis, die Arbeit an neuen Geräten oder an Geräten mit erweiterter Funktion anzuordnen. Voraussetzung ist lediglich, dass das im Arbeitsvertrag festgelegte Tätigkeitsspektrum nicht verlassen wird. 3

---

1 *Däubler*, Das Arbeitsrecht 2, 11. Aufl. 1998, Rz. 152.

4 Die Frage, inwieweit der Einsatz an neuen Geräten vom Arbeitnehmer hinzunehmen ist, hat die **Rechtsprechung** erstaunlich **wenig** beschäftigt. Erwähnenswert ist lediglich der Fall, dass eine Bäckereifachverkäuferin angewiesen wurde, eine automatische Brötchenbackanlage zu bedienen; das LAG Hamm[1] bejahte eine entsprechende Pflicht, sah also das **Direktionsrecht nicht** als **überschritten** an.

5 Die vom Arbeitnehmer **geschuldete Tätigkeit** ist in der Regel im **Arbeitsvertrag nur relativ allgemein umschrieben** und deutet den Umgang mit bestimmten technischen Geräten nicht einmal an.

Man ist „Sachbearbeiterin" oder „kaufmännische Angestellte" oder „Vertriebsbeauftragter" usw., ohne dass weitere Konkretisierungen erfolgen würden.

6 Die **Rechtsprechung** neigt überdies dazu, das **Direktionsrecht eher weit** als eng zu interpretieren. So ist etwa eine Versetzung von der Nacht- in die Tagschicht trotz Wegfalls von Zulagen zulässig.[2] Sogar die Funktion des Vorarbeiters kann entzogen werden, soweit sich dadurch keine Herabgruppierung ergibt.[3] Auch muss man grundsätzlich der Anordnung Folge leisten, einen Dienstwagen selbst zu fahren und ggf. Arbeitskollegen mitzunehmen.[4]

7 Auch eine langjährige **Tätigkeit schließt** die Betrauung mit **neuen Aufgaben nicht aus**, sofern sich diese innerhalb des (sehr allgemeinen) Rahmens des Arbeitsvertrags bewegen.[5] So kann sich etwa eine Verkäuferin in einem Textilgeschäft, die acht Jahre lang in der Kinderabteilung eingesetzt wurde, nicht gegen eine „Versetzung" in die Herrenabteilung wehren.[6] Dies rechtfertigt sich mit dem Gedanken, dass sich nach der Lebenserfahrung der Tätigkeitsschwerpunkt des Unternehmens oder die Arbeitsprozesse ändern können, so dass kein Vertrauen in die Beibehaltung des Status quo entsteht.[7]

8 **Im Normalfall kann sich** der **Arbeitnehmer** somit **nicht weigern**, an einem vernetzten Gerät mit Internetzugang zu arbeiten. Auch die Veränderung der Nutzung wie zB das Aufgeben bisher schriftlich erteilter Bestellungen übers Netz würde sich innerhalb des arbeitsvertraglichen Rahmens bewegen. Dasselbe gilt dann, wenn man nicht mehr primär die per Brief oder Fax eingehenden Bestellungen sichten und ausführen, sondern die entsprechenden Informationen auf den Bildschirm holen muss.

---

1 Urt. v. 8. 6. 1994 – 14 Sa 2054/93, LAGE § 611 BGB Direktionsrecht Nr. 20.
2 BAG, Urt. v. 15. 10. 1992 – 6 AZR 342/91, DB 1993, 2600.
3 BAG, Urt. v. 10. 11. 1992 – 1 AZR 185/92, DB 1993, 1726.
4 BAG, Urt. v. 29. 8. 1991 – 6 AZR 593/88, DB 1992, 147.
5 Einzelheiten bei MünchArbR/*Blomeyer* § 46 Rz. 47.
6 LAG Köln, Urt. v. 26. 10. 1984 – 6 Sa 740/84, NZA 1985, 58.
7 Dies ist vom BAG (Urt. v. 12. 4. 1973 – 2 AZR 291/72, AP Nr. 24 zu § 611 BGB Direktionsrecht) sogar für den Bereich des öffentlichen Dienstes bejaht worden.

Die **Ausübung des Direktionsrechts** durch den Arbeitgeber muss nach ständiger Rechtsprechung des BAG[1] „**billigem Ermessen**“ **entsprechen**. Dies bedeutet, dass der Arbeitgeber auch die Arbeitnehmerinteressen berücksichtigen muss. So hat er insbesondere auf die Kräfte und Fähigkeiten des Arbeitnehmers Rücksicht zu nehmen.[2] Hat ein Beschäftigter bisher nicht am PC gearbeitet, können sich uU erhebliche „Berührungsängste“ ergeben. Sind diese nicht überwindbar, muss der Arbeitgeber insbesondere bei älteren Arbeitnehmern nach einem Ausweg suchen. Soweit die Internetnutzung an dem fraglichen Arbeitsplatz aus betrieblichen Gründen wirklich geboten ist, muss eine Versetzung an einen „internetfreien“ Arbeitsplatz ins Auge gefasst werden, sofern dieser unbesetzt ist oder der dort tätige Arbeitnehmer keine Probleme mit dem PC hat und ihm ein Wechsel zuzumuten ist. Kommen solche Ausweichmöglichkeiten nicht in Betracht, riskiert der Arbeitnehmer eine (Änderungs-)Kündigung. 9

Im Einzelfall kann auch die Situation auftreten, dass ein **Arbeitnehmer** einen **Internetanschluss haben möchte**, der Arbeitgeber einen solchen aber verweigert. Die Gewährung des Anschlusses wird beispielsweise als Vertrauensbeweis angesehen oder auf bestimmte Personengruppen beschränkt; der Ausgeschlossene möchte auch dazugehören. 10

Der Arbeitgeber muss sich bei allen Maßnahmen vom **Gleichbehandlungsgrundsatz** leiten lassen und darf nicht ohne sachlichen Grund einen Arbeitnehmer schlechter als andere behandeln.[3] Dies bedeutet, dass er ggf. die „Internetaktion“ auch auf den bisher nicht berücksichtigten Arbeitnehmer erstrecken muss. 11

b) Qualifizierungsprobleme

Nicht jeder Arbeitnehmer ist automatisch in der Lage, von einem Netzanschluss den durch die Arbeit geforderten **sachgerechten Gebrauch** zu machen. Es fragt sich daher, ob der Einzelne vom Arbeitgeber verlangen kann, die nötigen Informationen und Fähigkeiten in einem Kurs oder auf sonstige Weise vermittelt zu bekommen. Auf der anderen Seite ist auch der Fall denkbar, dass der Arbeitgeber eine Weiterbildungsmaßnahme für notwendig ansieht, der Arbeitnehmer sich jedoch weigert, „noch einmal die Schulbank zu drücken“. Beide Fälle werfen Rechtsfragen auf. 12

Ob den Arbeitgeber eine **Nebenpflicht** trifft, dem Arbeitnehmer die Möglichkeit zu eröffnen, sich die für die geänderten Arbeitsanforderungen notwendigen Kenntnisse zu verschaffen, ist in Rechtsprechung und Literatur nicht 13

1 S. etwa BAG, Urt. v. 20. 12. 1984 – 2 AZR 436/83, AP Nr. 26 zu § 611 BGB Direktionsrecht und Urt. v. 25. 10. 1989 – 2 AZR 633/88, AP Nr. 36 zu § 611 BGB Direktionsrecht.

2 BAG, Urt. v. 29. 8. 1991 – 6 AZR 593/88, DB 1992, 147.

3 Ebenso im vorliegenden Zusammenhang *Strömer*, Online-Recht, 2. Aufl. 1999, S. 167; vgl. weiter *Bosmann*, NZA 1984, 187, zur entsprechenden Problematik bei der Einführung von Bildschirmgeräten.

abschließend geklärt. Gewichtige Gesichtspunkte sprechen jedoch dafür, die Frage **zu bejahen**.

14 **Keine Lösung** bietet insoweit **§ 81 Abs. 1 BetrVG**, wonach der Arbeitgeber den Arbeitnehmer „über dessen Aufgabe und Verantwortung sowie über die Art seiner Tätigkeit und ihre Einordnung in den Arbeitsablauf des Betriebes zu unterrichten" hat. Wie schon der Wortlaut deutlich macht, geht es dabei nur um die Darstellung der Aufgaben, nicht aber um die Vermittlung zusätzlicher, bisher fehlender Kenntnisse. Dies hat das BAG ausdrücklich betont[1] und beispielsweise die Vermittlung der für den Betrieb eines Kernkraftwerks erforderlichen Fachkunde an das dort tätige verantwortliche Schichtpersonal als Maßnahme der betrieblichen Berufsbildung, nicht aber als Unterrichtung gem. § 81 BetrVG qualifiziert.[2]

15 Aus der Rechtsprechung ist jedoch eine Entscheidung des **ArbG Bonn vom 4. 7. 1990**[3] zu erwähnen, bei der es um eine „Büroangestellte" ging, die in das damals wichtige **Btx-System** eingeführt werden sollte. Obwohl primär die Frage strittig war, ob der Arbeitgeber in Ausübung seines Weisungsrechts eine Teilnahme an einer entsprechenden Veranstaltung anordnen konnte, führte das Gericht u. a. aus:

„Schon aufgrund seiner Fürsorgepflicht hat der Arbeitgeber dafür zu sorgen, dass auch ältere Mitarbeiter geschult werden, um nicht den Anschluss an die technische Entwicklung zu verlieren und möglicherweise sogar ihren Arbeitsplatz zu riskieren, weil sie mit den neu eingeführten Systemen nicht umgehen können."

16 Die **Annahme einer** solchen **Nebenpflicht** des Arbeitgebers lässt sich auf verschiedene Gesichtspunkte stützen:[4]

– Der Arbeitgeber hat die Aufgabe, **die für** die Erbringung der **Arbeitsleistung erforderlichen Voraussetzungen** zu schaffen. Dazu gehören beispielsweise Schutzausrüstungen, die das Arbeitsschutzrecht vorschreibt; Entsprechendes sieht nunmehr § 3 Abs. 3 Arbeitsschutzgesetz ausdrücklich vor. Auf demselben Grundgedanken beruht die **Rechtsprechung über das Betriebsrisiko**, wonach der Arbeitgeber das Entgelt auch dann fortzahlen muss, wenn aufgrund von ihm nicht zu vertretender Umstände wie Stromausfall, Nichtanlieferung von Vorprodukten usw. die Arbeitsleistung nicht erbracht werden kann oder wirtschaftlich völlig sinnlos ist.[5]

---

1 BAG, Beschl. v. 10. 2. 1988 – 1 ABR 39/86, AP Nr. 5 zu § 98 BetrVG 1972 Bl. 3 R, bestätigt durch BAG, Beschl. v. 23. 4. 1991 – 1 ABR 49/90, AP Nr. 7 zu § 98 BetrVG 1972 Leitsatz 2.

2 BAG, Beschl. v. 5. 11. 1985 – 1 ABR 49/83, AP Nr. 2 zu § 98 BetrVG 1972 Leitsatz 2.

3 ArbG Bonn, Urt. v. 4. 7. 1990 – 4 Ca 751/90, NJW 1991, 2168.

4 Dazu *Katja Käufer*, Weiterbildung im Arbeitsverhältnis, Diss. Bremen 2001.

5 So BAG, Urt. v. 8. 2. 1957 – 1 AZR 338/55, AP Nr. 2 zu § 615 BGB Betriebsrisiko, bestätigt durch BAG, Urt. v. 7. 12. 1962 – 1 AZR 134/61, AP Nr. 14 zu § 615 BGB Betriebsrisiko Bl. 2 R; BAG, Urt. v. 10. 7. 1969 – 5 AZR 323/68, AP Nr. 2 zu § 615 BGB Kurzarbeit.

Auch hier liegt der Gedanke zu Grunde, dass allein der Arbeitgeber die Voraussetzungen für die Arbeitsleistung sicherstellen muss. Ändert er die Arbeitsanforderungen im Vergleich zum bisher Praktizierten, gilt nichts anderes. Er muss dafür sorgen, dass der Arbeitsprozess reibungslos fortgesetzt werden kann.

- Wer nicht über die volle Qualifikation zur Bedienung seiner Arbeitsgeräte verfügt, wird häufig in **Stresssituationen** geraten, aus denen er sich nicht oder nur mit großem Aufwand befreien kann. Dies verstößt gegen das Gebot, möglichst humane Arbeitsbedingungen zu schaffen.[1] 17
- Die Pflicht des Arbeitgebers, dem Arbeitnehmer **die arbeitsnotwendige Weiterqualifizierung zu ermöglichen**, wird mittelbar durch § 1 Abs. 2 Satz 3 **KSchG** bestätigt. Danach ist eine Kündigung sozial ungerechtfertigt, „wenn die Weiterbeschäftigung des Arbeitnehmers nach zumutbaren Umschulungs- oder Fortbildungsmaßnahmen ... möglich ist". Können Kündigungen durch Weiterbildung vermieden werden, ist von dieser Möglichkeit Gebrauch zu machen. Insoweit haben die Nebenpflichten des Arbeitgebers eine gesetzliche Konkretisierung erfahren.[2] 18
- § 75 Abs. 2 BetrVG verpflichtet u. a. auch den Arbeitgeber, die **freie Entfaltung der Persönlichkeit des Arbeitnehmers** zu fördern. Zu Letzterer gehört auch die durch Art. 12 Abs. 1 GG geschützte berufliche Entfaltungsfreiheit, die der Gesetzgeber bzw. der an seiner Stelle handelnde Richter auch im Arbeitsverhältnis zu schützen hat.[3] 19

Legt man dies zugrunde, so reicht die Nebenpflicht des Arbeitgebers nur soweit, wie ein Bedarf auf Arbeitnehmerseite besteht. Es muss feststehen, dass sich die Anforderungen am konkreten Arbeitsplatz ändern (oder geändert haben) und dass der Arbeitnehmer insoweit **Informations- und Kenntnisdefizite** hat. **Nur dann** greift die **Weiterbildungspflicht** ein. „Schulungen auf Vorrat" anzubieten ist dem Arbeitgeber unbenommen, doch kann der Arbeitnehmer keinen dahin gehenden Anspruch geltend machen. 20

Die **Weiterbildung** muss nach hier vertretener Auffassung **während der Arbeitszeit** erfolgen. Sie ist Teil der Aufgabenerfüllung durch den Arbeitnehmer, sie gehört gewissermaßen (untechnisch gesprochen) zur Arbeitsvorbereitung. Das **BAG** dürfte gleichfalls zu diesem Ergebnis neigen. Anders lässt es sich nicht erklären, dass es eine Betriebsvereinbarung über Gleitzeit als verletzt ansah, weil der Arbeitgeber eine Schulungs- und Informationsveranstaltung für Kundenberater nicht in die Kernarbeitszeit gelegt hatte. Insoweit war Vertragserfüllung ohne Rücksicht auf das freie Entscheidungsrecht des Einzelnen über den Einsatz seiner Arbeitskraft festgelegt worden.[4] 21

---

1 Für eine derartige Pflicht *Zöllner*, RdA 1973, 214; zustimmend *Däubler*, Arbeitsrecht 2, 11. Aufl. 1998, Rz. 601 ff.
2 *Birk* in FS Kissel, 1994, S. 55.
3 BVerfG, Beschl. v. 27. 1. 1998 – 1 BvL 15/87, NZA 1998, 470 ff.
4 BAG, Beschl. v. 18. 4. 1989 – 1 ABR 3/88, DB 1989, 1978.

Befindet sich der Betrieb in einer Notsituation, wäre ausnahmsweise ein anderes Ergebnis denkbar.

22 Mit der **Zuordnung** der arbeitsnotwendigen Weiterbildung **zur Arbeitszeit** ist im Grunde die Frage schon beantwortet, ob der Arbeitnehmer an entsprechenden Weiterbildungsmaßnahmen teilnehmen muss. Das ArbG Bonn[1] hat mit Recht den Standpunkt vertreten, dass sich der **Arbeitgeber** im Rahmen seines Direktionsrechts bewegt, wenn er eine solche **Weiterbildung anordnet**. Wenn es um die Herstellung der Arbeitsvoraussetzungen geht, ist auch der Arbeitnehmer zur Mitwirkung verpflichtet – nicht anders, als wenn er an einem gesetzlich vorgeschriebenen Lehrgang über bestimmte Fragen des Arbeitsschutzes teilnehmen muss.

23 Das ArbG Bonn hat eine solche Anordnungsbefugnis des Arbeitgebers auch für den Fall bejaht, dass die neue Technik (im damaligen Fall: Btx-System) am Arbeitsplatz der Arbeitnehmerin in der Telefonzentrale gar nicht zur Anwendung kam, jedoch ihre **Einsetzbarkeit** als Büroangestellte auf anderen Arbeitsplätzen **erhöht** wurde. Dem wird man grundsätzlich zustimmen können. Lediglich dann, wenn kein Bezug zur aktuellen oder künftigen Arbeit mehr besteht, lässt sich eine entsprechende Nebenpflicht des Arbeitnehmers nicht mehr aus dem Arbeitsvertrag ableiten.

24 Das ArbG Bonn[2] erwägt ausdrücklich auch **Ausnahmefälle**, in denen eine Teilnahmepflicht des Arbeitnehmers ausscheidet. Derartiges kann sich aus dem fortgeschrittenen Alter ergeben, doch wurde dies bei 50 Jahren zu Recht nicht angenommen. Weiter kann der Arbeitnehmer geltend machen, zu der Weiterbildungsmaßnahme konstitutionell und intellektuell nicht in der Lage zu sein, doch war dieser Tatbestand nicht gegeben. In der Praxis wird er auch nur in Extremfällen eine Rolle spielen.

2. Beteiligung des Betriebsrats

a) Informationsrechte

25 Nach § 80 Abs. 1 Nr. 1 BetrVG hat der Betriebsrat darüber zu wachen, dass die zu Gunsten der Arbeitnehmer bestehenden gesetzlichen Bestimmungen (und andere Vorschriften) eingehalten werden. Dazu gehören u. a. Vorschriften des Datenschutzes, und zwar sowohl das BDSG als auch Spezialnormen wie TKG und TDDSG. Dass das BDSG eine arbeitnehmerschützende Norm im Sinne des § 80 Abs. 1 Nr. 1 BetrVG ist, entspricht der ständigen Rechtsprechung des BAG.[3] Nach § 80 Abs. 2 Satz 1 BetrVG ist der **Betriebsrat „zur Durchführung seiner Aufgaben“** rechtzeitig und umfassend vom Arbeitgeber **zu unterrichten**. Im konkreten Zusammenhang bedeutet dies, dass er vom Arbeitgeber all die Informationen verlangen kann, die er für seine Kontroll-

1 ArbG Bonn, Urt. v. 4. 7. 1990 – 4 Ca 751/90, NJW 1991, 2168.
2 ArbG Bonn, Urt. v. 4. 7. 1990 – 4 Ca 751/90, NJW 1991, 2168.
3 S. nur BAG, Beschl. v. 17. 3. 1987 – 1 ABR 5/85, AP Nr. 29 zu § 80 BetrVG 1972.

aufgabe benötigt. Dazu gehört beispielsweise auch, dass er sich nach den Qualifizierungsmaßnahmen erkundigen kann, die für neu ans Netz angeschlossene Arbeitnehmer vorgesehen sind. Auch kann er sich das Funktionieren der EDV-Systeme in allen Einzelheiten erläutern lassen.[1]

b) Beratungsrechte

Plant der Arbeitgeber u. a. „technische Anlagen" oder (neue) „Arbeitsverfahren und Arbeitsabläufe", so hat er nach **§ 90 BetrVG** den Betriebsrat rechtzeitig unter Vorlage der erforderlichen Unterlagen zu unterrichten und mit ihm die vorgesehenen Maßnahmen und ihre Auswirkungen auf die Arbeitnehmer zu beraten. Zu den **„technischen Anlagen"** gehören selbstredend EDV-Systeme.[2] Erfasst ist auch der Fall einer Vernetzung, insbesondere des Anschlusses ans Intranet oder Internet.[3] Im Regelfall sind auch die Voraussetzungen des § 90 Abs. 1 Nr. 3 BetrVG erfüllt, da sich sowohl Arbeitsverfahren als auch Arbeitsabläufe ändern. 26

Soweit die Beratungen zu keinem Resultat führen, kann der Betriebsrat nur unter den fast nie vorliegenden Voraussetzungen des **§ 91 BetrVG** ein Mitbestimmungsverfahren in Gang setzen. Auch nach der Novellierung des BetrVG hat sich insoweit nichts geändert. 27

c) Mitbestimmungsrechte

Werden einzelne Arbeitsplätze an das Internet angeschlossen, kann dies eine Reihe von Mitbestimmungsrechten des Betriebsrats auslösen. Diese können erhebliche praktische Bedeutung gewinnen, obwohl sie **bislang nicht** immer **in vollem Umfang wahrgenommen** oder gar ausgeschöpft werden. 28

Denkbar ist einmal, dass eine **„Versetzung"** im Sinne des § 95 Abs. 3 Satz 1 BetrVG vorliegt, so dass der Betriebsrat ein Zustimmungsverweigerungsrecht nach § 99 Abs. 2 BetrVG hätte. 29

§ 95 Abs. 3 BetrVG enthält eine **selbstständige betriebsverfassungsrechtliche Begriffbestimmung**. Das Mitbestimmungsrecht des Betriebsrats ist deshalb nicht davon abhängig, dass die „Zuweisung eines anderen Arbeitsbereichs" sich innerhalb des Direktionsrechts bewegt.[4] Arbeitsvertragsrecht und Betriebsverfassungsrecht sind insoweit zwei völlig getrennte Sphären. 30

Beim **„Arbeitsbereich"** geht es um den konkreten Arbeitsplatz und seine Beziehung zur betrieblichen Umgebung in räumlicher, technischer und orga- 31

---

1 BAG, Beschl. v. 17. 3. 1987 – 1 ABR 59/85, AP Nr. 29 zu § 80 BetrVG 1972.

2 S. statt aller DKK/*Klebe*, § 90 BetrVG Rz. 9; GK/*Wiese*, § 90 BetrVG Rz. 14.

3 Vgl. *Fitting/Kaiser/Heither/Engels*, § 90 BetrVG Rz. 27.

4 Die Trennung der arbeitsvertraglichen von der betriebsverfassungsrechtlichen Ebene ist allgemein anerkannt. S. nur DKK/*Kittner*, § 99 BetrVG Rz. 88; *Fitting/Kaiser/Heither/Engels*, § 99 BetrVG Rz. 92, jeweils mwN.

nisatorischer Hinsicht.[1] Dabei müssen Bagatellfälle und Änderungen „innerhalb der üblichen Schwankungsbreite" von Arbeitsplätzen von vornherein ausscheiden.[2] Der Arbeitsbereich ist nicht nur bei örtlicher Veränderung (Versetzung in die in einem anderen Gebäude untergebrachte Abteilung X), sondern auch dann ein anderer, wenn das geforderte **Arbeitsresultat** am bisherigen (räumlich verstandenen) Arbeitsplatz **ein anderes** wird.

32 Eine „Veränderung" kann auch darin liegen, dass zwar der vom Arbeitnehmer verlangte „Output" derselbe bleibt, dass die dafür einzusetzenden **Hilfsmittel** jedoch **andere** werden. Es reicht aus, wenn der Gegenstand der Arbeitsleistung wegen der technischen Gestaltung verändert wird, auch wenn die Aufgaben als solche dieselben bleiben.[3] Auch das BAG vertritt heute diesen Standpunkt und stellt darauf ab, das **Gesamtbild der Tätigkeit** müsse sich ändern.[4] Dies ist gerade im vorliegenden Zusammenhang von erheblicher Bedeutung.

In seiner Entscheidung vom 10. 4. 1984[5] hatte das BAG den Standpunkt vertreten, die Umstellung von der Kugelkopfschreibmaschine auf die Textverarbeitung am Bildschirm sei keine „Versetzung" im Sinne des § 95 Abs. 3 BetrVG. Maßgebend hierfür war die Erwägung, dass die bloße Änderung der technischen Gestaltung der Arbeit nicht zu einer Änderung des Arbeitsbereichs führe. Diese Position ist jedoch in der Entscheidung vom 26. 5. 1988[6] ausdrücklich aufgegeben worden.[7]

33 Bezieht man mit der neueren Rechtsprechung auch die anzuwendenden Arbeitsmittel als wesentliches Element in die Bestimmung des „Arbeitsbereichs" mit ein, so ist der **Anschluss an das Internet** bzw. eine neuartige Nutzung eine **erhebliche Änderung des Arbeitsbereichs**. Dies zeigt sich in den unterschiedlichen Handlungsmöglichkeiten sowie in dem Qualifikationsbedarf, der bei „Internetneulingen" besteht. Auch lässt sich nicht behaupten, die hier eintretenden Veränderungen seien Bagatellfälle oder würden sich innerhalb der üblichen Schwankungsbreite bewegen.[8] Es geht eben nicht nur darum, wie bei einem neuen Maschinentypus „ein paar andere Handgriffe" zu tätigen;[9] vielmehr geht es in vielen Fällen um eine neue

1 *Fitting/Kaiser/Heither/Engels*, § 99 BetrVG Rz. 95 mwN.

2 BAG, Urt. v. 2. 4. 1996 – 1 AZR 743/95, DB 1996, 1881 li. Sp.; *Hess/Schlochauer/Glaubitz*, § 99 BetrVG Rz. 46 u. a.

3 Ebenso *Richardi*, § 99 BetrVG Rz. 97.

4 BAG, Beschl. v. 26. 5. 1988 – 1 ABR 18/87, DB 1988, 2158; BAG Urt. v. 2. 3. 1996 – 1 AZR 743/95, DB 1996, 1880; ebenso DKK/*Kittner*, § 99 BetrVG Rz. 91; *Fitting/Kaiser/Heither/Engels*, § 99 Rz. 96; kritisch *Hess/Schlochauer/Glaubitz*, § 99 BetrVG Rz. 47.

5 BAG, Beschl. v. 10. 4. 1984 – 1 ABR 67/82, DB 1984, 2198.

6 BAG, Beschl. v. 26. 5. 1988 – 1 ABR 18/87, DB 1988, 2158.

7 Wobei es im konkreten Fall um die Größe des vom Arbeitnehmers zu fahrenden LKW ging.

8 Zu dieser Ausnahme s. oben Rz. 31.

9 So *Hess/Schlochauer/Glaubitz*, § 99 BetrVG Rz. 47 für die traditionellen Beispiele aus der industriellen Produktion.

Qualität von Arbeit, die dem einzelnen mehr Spielräume einräumt, ihm aber auch mehr an Konzentration und Leistungsvermögen abverlangt.

Wird der Betriebsrat von der geplanten Einführung oder Änderung informiert, kann er aus den in § 99 Abs. 2 BetrVG genannten Gründen **binnen einer Woche** schriftlich die Zustimmung verweigern. Bleibt er untätig oder erhebt er nur mündliche Gegenvorstellungen, **gilt** die **Maßnahme** nach § 99 Abs. 3 Satz 2 BetrVG **als gebilligt**. 34

Verweigert der **Betriebsrat** seine **Zustimmung**, muss der Arbeitgeber genau wie bei einer Einstellung diese durch das Arbeitsgericht ersetzen lassen. Dabei wird geprüft, ob effektiv ein Zustimmungsverweigerungsgrund nach § 99 Abs. 2 BetrVG vorliegt. In der Zwischenzeit kann der Arbeitgeber die geplante **Maßnahme** nach § 100 BetrVG „**vorläufig durchführen**", wenn dies aus sachlichen Gründen dringend erforderlich ist. 35

Wird der **Betriebsrat überhaupt nicht eingeschaltet**, können sich die einzelnen Arbeitnehmer von Rechts wegen weigern, den Anschluss zu bedienen.[1] Ob es dazu effektiv kommen wird, ist eine offene Frage; insbesondere dann, wenn ein bestimmter Zustand seit Monaten praktiziert wird, ist ein Rückgriff auf diese Möglichkeit denkbar unwahrscheinlich. 36

Soweit **Weiterbildungsmaßnahmen** stattfinden, kann der Betriebsrat nach näherer Maßgabe des § 98 BetrVG über diese **mitbestimmen**. Die Novellierung[2] hat ihm in Form des § 97 Abs. 2 auch ein Initiativrecht auf diesem Sektor eingeräumt. Es greift – pauschal gesprochen – immer dann ein, wenn eine Divergenz zwischen den vom Arbeitgeber geschaffenen Anforderungen und der Qualifikation der betroffenen Beschäftigten besteht. Im hier interessierenden Zusammenhang wird sich dadurch kein wesentlicher Wandel ergeben, da in allen Fällen, in denen eine Versetzung im Sinne des § 95 Abs. 3 BetrVG vorliegt, der Betriebsrat seine Zustimmung schon bisher mit der Begründung verweigern konnte, die kraft Arbeitsvertrags notwendige Qualifizierung sei nicht sichergestellt. 37

Der **Übergang zum E-Commerce kann** auch eine **Betriebsänderung** im Sinne des § 111 Satz 3 BetrVG **darstellen**. Dabei kommen drei der in § 111 Satz 3 BetrVG aufgeführten Fälle in Betracht: 38

Die in § 111 Satz 3 Nr. 4 BetrVG angesprochene „**Betriebsorganisation**" betrifft die Art und Weise, wie Menschen und Betriebsanlagen so koordiniert werden, dass der gewünschte arbeitstechnische Erfolg eintritt. Dazu gehört auch, wenn EDV-Anlagen eingeführt und auf diese Weise die Produktion gesteuert wird.[3] Ausdrücklich ist in diesem Zusammenhang auch von der 39

1 Für Unwirksamkeit der Arbeitgebermaßnahme auch BAG, Urt. v. 26. 1. 1988 – 1 AZR 531/86, DB 1988, 1167; BAG, Urt. v. 30. 9. 1993 – 2 AZR 283/93, DB 1994, 637; BAG, Urt. v. 2. 4. 1996 – 1 AZR 743/95 DB 1996, 1881 f.

2 Gesetz zur Reform des Betriebsverfassungsgesetzes v. 23. 7. 2001, BGBl. I, S. 1852. Dazu *Däubler*, AuR 2001, 285 ff.

3 *Fitting/Kaiser/Heither/Engels*, § 111 BetrVG Rz. 85.

Umstellung auf ein Inhouse-Netz die Rede.[1] Die **Änderung** der Betriebsorganisation muss „**grundlegend**" sein. Dies wird jedenfalls dann bejaht, wenn der Innovationswert so hoch ist, dass man von einem „Sprung" in der technischen Entwicklung sprechen kann.[2] Auch das BAG ist generell davon ausgegangen, dass der Einsatz von „Datensichtgeräten" eine grundlegende Neuerung darstelle.[3] Legt man dies zugrunde, so stellt die Vernetzung bzw. die Nutzung des Internet etwas prinzipiell Neues dar, da zahllose arbeitsbezogene Kommunikationsvorgänge nicht nur in der äußeren Form, sondern auch im Inhalt und in der Schnelligkeit der Erledigung umgestaltet werden. Von daher ist es auch gerechtfertigt, von einer grundlegenden **Änderung der Betriebsanlagen** nach § 111 Satz 3 Nr. 4 BetrVG und von einer **Einführung grundlegend neuer Arbeitsmethoden** nach § 111 Satz 3 Nr. 5 zu sprechen.

40 Ist eine Betriebsänderung in diesem Sinne geplant, ist der **Betriebsrat** nach § 111 Satz 1 BetrVG **umfassend zu unterrichten**. Außerdem sind Verhandlungen über einen **Interessenausgleich** zu führen; dieser kann jedoch nicht über die Einigungsstelle erzwungen werden. Anders verhält es sich mit dem **Sozialplan**, den der Betriebsrat notfalls über die Einigungsstelle erzwingen kann. Allerdings ist dabei zu beachten, dass **lediglich wirtschaftliche Nachteile ausgeglichen** werden können; sind sie nicht zu erwarten, läuft das Mitbestimmungsrecht faktisch ins Leere.

III. Erstellung des Internetauftritts durch Arbeitnehmer

41 Ob und inwieweit bei der Erarbeitung des Internetauftritts **urheberrechtsfähige Werke** entstehen, ist an anderer Stelle abgehandelt.[4] Im vorliegenden Zusammenhang interessiert allein, wie die Rechte zwischen Arbeitgeber und Arbeitnehmer verteilt sind. Insoweit ist zu unterscheiden.

1. Gewöhnliches Urheberrecht

42 Soweit die Erstellung einer Website zur Entstehung eines Urheberrechts im Sinne des § 2 Abs. 1 UrhG führt (Beispiele: Texte als persönliche geistige Schöpfungen, Filmsequenzen, musikalische Werke), greift **im Arbeitsverhältnis § 43 UrhG** ein. Dieser bestimmt:

„Die Vorschriften dieses Unterabschnitts sind auch anzuwenden, wenn der Urheber das Werk in Erfüllung seiner Verpflichtungen aus einem Arbeits- oder Dienstverhältnis geschaffen hat, soweit sich aus dem Inhalt oder dem Wesen des Arbeits- oder Dienstverhältnisses nichts anderes ergibt."

1 DKK/*Däubler*, § 111 BetrVG Rz. 82.

2 *Fitting/Kaiser/Heither/Engels*, § 111 BetrVG Rz. 84, 88.

3 BAG, Beschl. v. 26. 10. 1982 – 1 ABR 11/81, AP Nr. 10 zu § 111 BetrVG 1972; BAG, Beschl. v. 6. 12. 1983 – 1 ABR 43/81, AP Nr. 7 zu § 87 BetrVG 1972 Überwachung.

4 Dazu *Dreier/Würfel*, oben B Rz. 695 ff. Aus der jüngsten Literatur s. *Schack*, MMR 2001, 9 ff.

Anders als beispielsweise nach US-amerikanischem Recht wird der **Arbeitnehmer zunächst** selbst **Urheber**. Aus Inhalt und „Wesen" des Arbeitsverhältnisses folgt jedoch, dass die wirtschaftlichen Ergebnisse der Arbeit grundsätzlich dem Arbeitgeber zustehen. Dies wird im hier interessierenden Bereich in der Weise konkretisiert, dass mit der Ablieferung des Werks **alle Verwertungsrechte auf den Arbeitgeber übergehen**, die dem „Zweck" des Arbeitsverhältnisses entsprechen. Es liegt eine stillschweigende Rechtsabtretung vor.[1] Man spricht insoweit von der **„Zweckübertragungstheorie"**. 43

Wie weit diese im Einzelnen reicht, kann zweifelhaft sein; so lässt sich jedenfalls nicht von vorneherein mit Sicherheit sagen, dass ein angestellter Fotograf auch mit der mehrmaligen Veröffentlichung eines von ihm hergestellten Fotos einverstanden ist.[2] Einigkeit besteht jedoch insoweit, dass nur **die Verwertungsrechte** abgetreten sind, **die für den Gewerbebetrieb des Arbeitgebers erforderlich sind.**[3] Dies bedeutet, dass beispielsweise Nutzungsarten, die bei der Übertragung noch gar nicht bekannt sind, entsprechend § 31 Abs. 4 UrhG nicht erfasst werden.[4] Dem Arbeitgeber wird empfohlen, den Nutzungszweck weit zu umschreiben und insbesondere auch die Fortdauer seiner Rechte nach Beendigung des Arbeitsverhältnisses vorzusehen.[5] 44

Der **Arbeitnehmer-Urheber** hat anders als der Arbeitnehmer-Erfinder für seine dienstlich geschaffenen Werke **keinen Anspruch auf zusätzliche Vergütung**. Davon werden nur zwei Ausnahmen gemacht: 45

- Wird das Werk zu einem „Renner", aus dem der Arbeitgeber hohe Erträge zieht, greift § 36 Abs. 1 UrhG ein.[6] Voraussetzung ist, dass zwischen der (arbeitsvertraglichen) Vergütung des Arbeitnehmers und den Erträgen aus der Nutzung des Werks ein „grobes Missverhältnis" besteht. Nach dieser – auch „Bestsellerparagraf" genannten – Bestimmung kann der Arbeitnehmer einen „Nachschlag" ggf. in beträchtlicher Höhe verlangen. 46
- Hat der Arbeitnehmer eine **qualitativ weit über das** vertraglich **Geschuldete hinausgehende** Leistung erbracht, steht ihm dafür eine Sondervergütung zu. Eine solche qualitative Mehrleistung wurde etwa angenommen, als eine Schreibkraft das ihr vorgelegte völlig missglückte Manuskript total überarbeitete und daraus einen lesbaren „Ratgeber für Tierheilkunde" machte.[7] 47

Beide Ausnahmen werden im Rahmen der Erstellung eines Internetauftritts kaum je praktische Bedeutung gewinnen.

---

1 BGH, Urt. v. 22. 2. 1974 – I ZR 128/72, AP Nr. 1 zu § 43 UrhG Leitsatz 1 und Bl. 5 R; ebenso *Schwab*, NZA 1999, 1256.
2 So aber OLG Karlsruhe, Urt. v. 9. 5. 1984 – 6 U 142/83, GRUR 1984, 522 ff.
3 MünchArbR/*Sack*, § 100 Rz. 42.
4 Fromm/Nordemann/*Vinck*, Urheberrecht, § 43 UrhG Rz. 3.
5 *Schack*, MMR 2001, 9.
6 Ebenso *Meiser*, NZA 1998, 294 mwN; MünchArbR/*Sack*, § 100 Rz. 59.
7 BGH, Urt. v. 11. 11. 1977 – I ZR 56/75, AP Nr. 30 zu § 612 BGB.

48 Ein weiteres Problem besteht darin, dass § 43 UrhG nur urheberrechtlich geschützte Werke erfasst, die ein **„Arbeitnehmer" in Erfüllung seiner** arbeitsvertraglichen **Pflichten** geschaffen hat. Dies hat zwei wichtige Konsequenzen:

49 Soweit die eingesetzte Person **freier Mitarbeiter** oder eine andere sog. arbeitnehmerähnliche Person ist, greift § 43 UrhG nicht ein. Mit Recht betont *Schack*[1], eine solche Ausdehnung würde die arbeitnehmerähnlichen Personen belasten und ihren Auftraggeber begünstigen; dies sei aber nicht Sinn der partiellen Einbeziehung arbeitnehmerähnlicher Personen ins Arbeitsrecht. Auch die Entscheidung des BGH in Sachen Hummelbilder[2] spricht eindeutig für eine solche Lösung, da in jenem Fall der Erwerb der Verwertungsrechte durch das Kloster damit gerechtfertigt wurde, dass Berta Hummel als Ordensschwester in das Leben und die Arbeitsorganisation des Klosters voll integriert war. Maßgebender Gesichtspunkt war also auch hier letztlich die persönliche Abhängigkeit, die für das Arbeitsverhältnis typisch ist, nicht aber die wirtschaftliche Abhängigkeit, die Basis für die Qualifizierung als arbeitnehmerähnliche Person ist.[3] Die Abtretung von Verwertungsrechten müsste daher mit arbeitnehmerähnlichen Personen ausdrücklich vereinbart werden; ein entsprechender Automatismus wie im Rahmen des § 43 UrhG existiert nicht.

50 Wird ein **Urheberrecht nicht „in Erfüllung" arbeitsvertraglicher Pflichten** geschaffen, handelt der Arbeitnehmer wie ein beliebiger Privatmann. Anders als im Bereich des Erfinderrechts besteht auch **keine Mitteilungs- und Anbietungspflicht** gegenüber dem Arbeitgeber. Entscheidend ist daher, wie die Grenze zwischen „betrieblicher" und „privater" Betätigung zu ziehen ist. Ein angestellter Journalist, der eine Reportage schreibt, oder ein Fernsehreporter, der ein Interview macht, wird selbstredend von § 43 UrhG erfasst. Anders wäre die Situation dann, wenn sich eine Regieassistentin eine Kamera ausleiht und in ihrer Freizeit auf eigene Faust einen Film dreht. Da Arbeitsverträge häufig die geschuldete Tätigkeit nur pauschal umschreiben, muss man den Umfang arbeitsvertraglicher Verpflichtungen häufig aus den Umständen, insbesondere der betrieblichen Funktion des Arbeitnehmers, seinem Berufsbild und der Branchenüblichkeit, entnehmen.[4] Wer als kaufmännischer Angestellter in seiner Freizeit eine Homepage bastelt, ist nicht gezwungen, diese dem Arbeitgeber zur Verfügung zu stellen. Macht er dies gleichwohl, kann er eine angemessene Vergütung verlangen. Wurde **Arbeitszeit** für diese Aufgabe **verwendet**, wird man in der Regel eine stillschweigende Änderung des Arbeitsvertrags annehmen können.

1 *Schack*, Urheber- und Urhebervertragsrecht, 2. Aufl. 2001, Rz. 981.

2 BGH, Urt. v. 22. 2. 1974 – I ZR 128/72, AP Nr. 1 zu § 43 UrhG Bl. 4 R.

3 Widersprüchlich Fromm/Nordemann/*Vinck*, Urheberrecht, § 43 UrhG Rz. 2, die auf der einen Seite die arbeitnehmerähnlichen Personen einbeziehen, auf der anderen Seite jedoch ausdrücklich sagen, wirtschaftliche Abhängigkeit führe nicht zur Anwendung des § 43 UrhG.

4 MünchArbR/*Sack*, § 100 Rz. 29.

Nach § 29 Satz 2 UrhG ist das **Urheberrecht** als solches **nicht** (unter Lebenden) **übertragbar**. Möglich ist nur die Einräumung von Nutzungsrechten entsprechend §§ 31 ff. UrhG. Dies bedeutet, dass auch im Falle des Arbeitsverhältnisses die **persönlichkeitsrechtlichen Befugnisse** des Urhebers **beim Arbeitnehmer** bleiben. Dies ist – soweit ersichtlich – unbestritten. 51

Sehr viel zweifelhafter ist jedoch, inwieweit ein **vertraglicher Verzicht** anzunehmen und zulässig ist, zB bei einer Veröffentlichung als Urheber genannt zu werden. Die bloße Branchenüblichkeit dürfte dafür nicht genügen.[1] 52

2. Computerprogramme

Eine Sonderregelung enthält **§ 69b UrhG** für das Urheberrecht an Computerprogrammen. Sie ist „**arbeitgeberfreundlicher**" als die allgemeine Vorschrift des § 43 UrhG: Kraft Gesetzes werden aktuelle, aber auch **alle** künftigen **Nutzungsrechte** aus dem Urheberrecht des Arbeitnehmers abgespalten und **dem Arbeitgeber zugeordnet**. Eine abweichende Vereinbarung, die die Nutzungsrechte ganz oder teilweise beim Arbeitnehmer belässt, ist zulässig, kommt in der Praxis jedoch, soweit ersichtlich, nur selten vor. 53

Die übrigen Fragen regeln sich nach denselben Grundsätzen, wie sie für das allgemeine Arbeitnehmer-Urheberrecht gelten. **Arbeitnehmerähnliche Personen** sind gleichfalls nicht einbezogen.[2] Ob **in Erfüllung arbeitsvertraglicher Pflichten** gehandelt wurde, bestimmt sich danach, ob ein „enger innerer Zusammenhang" zu diesen bestand.[3] Wann dies der Fall ist, kann angesichts der wenigen Entscheidungen, die bisher vorliegen, nicht sicher beurteilt werden. 54

Im Fall eines **angestellten Aushilfsbuchhalters** bei der Treuhand wurde vom KG Berlin[4] für ausreichend angesehen, dass die Software mit Billigung des Arbeitgebers **während der Arbeitszeit** erstellt wurde, obwohl weder der Arbeitsvertrag noch das generelle Tätigkeitsbild Programmierarbeiten vorgesehen hatte. Praxisnah erscheint demgegenüber eine Entscheidung des OLG München[5], wonach im Falle eines **Arbeitnehmers**, der **nur für eine unterstützende Tätigkeit eingestellt** wurde und keine Programmierausbildung erhalten hatte, ein „enger innerer Zusammenhang" mit dem Arbeitsverhältnis verneint wurde, als dieser eine Reihe von Programmen entwickelte. Der Fall bietet im Übrigen bemerkenswertes Anschauungsmaterial, wie Kreativität durch bürokratische Strukturen gehemmt wird. 55

Ein **Vergütungsanspruch** besteht **nicht**, soweit im Rahmen des Arbeitsverhältnisses gearbeitet wurde. Bot der Arbeitnehmer die von ihm außerhalb 56

1 *Schwab*, NZA 1999, 1259.

2 *Heilmann/Kuhtz*, Arbeitnehmererfinder- und -urheberrecht, in Blanke (Hrsg.), Handbuch außertarifliche Angestellte, 2. Aufl. 1998, Rz. 412.

3 OLG München, Urt. v. 25. 11. 1999 – 29 U 2437/97, ZUM-RD 2000, 8; ebenso Fromm/Nordemann/*Vinck*, § 69b UrhG Rz. 4.

4 KG Berlin, Urt. v. 28. 1. 1997 – 5 W 6232/96, ZUM 1998, 167.

5 OLG München, Urt. v. 25. 11. 1999 – 29 U 2437/97, ZUM-RD 2000, 8.

seiner arbeitsvertraglichen Funktionen erstellte Software dem Arbeitgeber an, der sie daraufhin nutzte, so ist nach § 242 BGB eine **angemessene Vergütung** zu bezahlen.[1] Der „Bestseller-Paragraf" (§ 36 UrhG) ist auch im vorliegenden Zusammenhang anwendbar[2], doch dürften **neue Nutzungsarten** wegen der kategorischen Formulierung des § 69b UrhG gleichfalls dem Arbeitgeber zustehen.

57 Das (persönlichkeitsrechtliche) **Recht auf Namensnennung** verträgt sich durchaus mit der Softwareerstellung; Namen der Softwareentwickler lassen sich unter der Rubrik „Info" ohne Schwierigkeiten unterbringen.[3]

3. Erstellung von Datenbanken

58 Unter bestimmten Voraussetzungen kann ein Internetauftritt auch die Voraussetzung einer Datenbank nach § 87a UrhG erfüllen. In diesem Fall greift insoweit § 87a Abs. 2 UrhG ein, wonach als Hersteller derjenige gilt, der die Investition getätigt hat. Insoweit ergeben sich im Regelfall nicht die bisher angesprochenen Probleme; vielmehr **steht** die Datenbank **dem Arbeitgeber zu.**

4. Geschmacksmuster

59 Im Einzelfall kann eine eigenständige Gestaltung einer Website Geschmacksmusterschutz begründen.[4] Insoweit stehen nach § 2 GeschmMG die **Rechte** mangels abweichender Abreden **grundsätzlich dem Arbeitgeber** zu. Auch hier verbleiben jedoch persönlichkeitsrechtliche Befugnisse beim Arbeitnehmer.[5] Ein spezieller Vergütungsanspruch besteht nicht. Auch der Bestseller-Paragraf soll keine Anwendung finden[6]; dies überzeugt zwar nicht unbedingt, hat jedoch im Rahmen der Erstellung eines Internetauftritts keine praktische Bedeutung, da es nicht um dessen Vervielfältigung gehen wird.

5. Einschaltung des Betriebsrats

60 Die hier dargestellten arbeitsvertraglichen Beziehungen sind vom Betriebsrat nicht zu beeinflussen. Er hat lediglich das Recht, zB die Einhaltung des § 43 UrhG nach § 80 Abs. 1 Nr. 1 BetrVG zu überwachen.

61 Will der Arbeitgeber über das Gesetz hinaus **Anreize für Zusatzleistungen** schaffen, greift das Mitbestimmungsrecht des Betriebsrats nach § 87 Abs. 1 Nr. 12 BetrVG ein. Einzelheiten sind hier nicht darzustellen.[7]

---

1 OLG München, Urt. v. 25. 11. 1999 – 29 U 2437/97, ZUM-RD 2000, 8.

2 Fromm/Nordemann/*Vinck*, Urheberrecht, § 43 UrhG Rz. 4.

3 Fromm/Nordemann/*Vinck*, Urheberrecht, § 69b UrhG Rz. 3.

4 Auf die relativ geringe praktische Bedeutung verweist *Schack*, MMR 2001, 10.

5 MünchArbR/*Sack*, § 100 Rz. 93; *Schoden*, Betriebliche Arbeitnehmererfindungen und betriebliches Vorschlagswesen, 1995, Rz. 139.

6 MünchArbR/*Sack*, § 100 Rz. 105.

7 S. näher DKK/*Klebe*, § 87 BetrVG Rz. 289 ff.; GK/*Wiese*, § 87 BetrVG Rz. 1010 ff.

IV. Das Problem der Privatnutzung von Internetanschlüssen

Als Inhaber des Zugangs zum Internet **entscheidet** der **Arbeitgeber grundsätzlich frei** darüber, in welchem Umfang er seinen Beschäftigten oder anderen Personen Nutzungsmöglichkeiten eröffnen will. Insoweit liegt ein Stück Eigentumsgebrauch vor.[1] Auch der Betriebsrat hat bei dieser Grundsatzfrage kein Mitbestimmungsrecht.[2] In der Praxis ergeben sich zahlreiche Einzelfragon. 62

1. Wann liegt dienstliche, wann private Nutzung vor?

Soweit ein Bezug zu den dienstlichen Aufgaben besteht, diese also durch das Tun des Arbeitnehmers gefördert werden sollen, liegt eine dienstliche Nutzung vor. Ob sie im Einzelfall zweckmäßig ist, spielt im Ergebnis keine Rolle. Es reicht die **Absicht, die Arbeit voranzubringen**. In Zweifelsfällen kann man auf die Abgrenzungsversuche zurückgreifen, die im Unfallversicherungsrecht[3] und im Recht der Arbeitnehmerhaftung[4] entwickelt wurden, da in beiden Fällen auf das Vorliegen einer „betrieblichen Tätigkeit" abgestellt wird. 63

Soweit Telefongespräche in Rede stehen, werden **Privatgespräche „aus dienstlichem Anlass"** wie Dienstgespräche behandelt.[5] Paradebeispiel ist der Anruf bei der Ehefrau, weil man wegen einer sich länger hinziehenden Sitzung erst später als vorgesehen nach Hause kommen kann. Entsprechende Fälle können auch im Zusammenhang mit der E-Mail-Nutzung auftauchen. Wird eine geplante **Reise** nach Washington oder Singapur aus dienstlichen Gründen um drei Tage **verschoben**, kann man dies auch privaten Freunden per E-Mail mitteilen, mit denen man sich am Reiseziel abends treffen wollte.[6] 64

Alle anderen Formen der Außenkommunikation haben privaten Charakter. Lediglich bei Arbeitsverhältnissen, die ausschließlich oder fast **ausschließlich übers Netz** abgewickelt werden, ist anderes anzunehmen: So wie es zur Normalform der Arbeit gehört, dass man mit Kollegen, die man auf dem Gang oder in der Poststelle trifft, auch mal ein paar Minuten über Privates redet, muss es auch bei einer rein elektronischen „Anbindung" ein gewisses Maß an nichtdienstlichem Austausch geben. Dies ist aber bislang **nicht durch Rechtsprechung unterlegt**. 65

---

1 Ebenso LAG Nürnberg, Beschl. v. 29. 1. 1987 – 5 Ta BV 4/86, LAGE § 87 BetrVG 1972 Kontrolleinrichtung Nr. 9; *Beckschulze/Henkel*, DB 2001, 1491; MünchArbR/*Blomeyer*, § 51 Rz. 33 in Bezug auf Telefonanlagen.

2 *Bijok/Class*, RDV 2001, 52, 53.

3 Kurzer Überblick bei *Däubler*, Arbeitsrecht 2, 11. Aufl. 1998, Rz. 429.

4 BAG GS, Beschl. v. 12. 6. 1992 – GS 1/89, DB 1993, 939; GemS, Verfügung v. 16. 12. 1993 – GmS-06B 1/93, BB 1994, 431.

5 *Matthes*, CR 1987, 112; MünchArbR/*Blomeyer*, § 95 Rz. 10.

6 Für Übertragung auf E-Mail auch *Balke/Müller*, DB 1997, 326; *Heilmann/Tege*, AuA 2001, 53.

2. Erlaubte Privatnutzung

66 Hat der Arbeitgeber lediglich eine dienstliche Nutzung erlaubt[1], so ist eine private Nutzung auf marginale Fälle beschränkt. Neben dem eben erwähnten „Internetarbeitsverhältnis" und seinen – von der Rechtsprechung bisher nicht behandelten – Besonderheiten wäre insbesondere an den Fall zu denken, dass der Arbeitnehmer **in dringenden Fällen** die Kommunikationseinrichtungen des Arbeitgebers auch für private Zwecke benutzen darf.[2] Grundlage ist die aus dem Arbeitsverhältnis folgende **Nebenpflicht des Arbeitgebers**, auf wichtige Interessen des Arbeitnehmers Rücksicht zu nehmen. Diese Wertung liegt dem **§ 616 BGB** zugrunde, der beispielsweise eine bezahlte Freistellung für den Fall vorsieht, dass ein Arztbesuch nur während der Arbeitszeit möglich ist[3] oder dass ein Gerichtstermin nicht verlegt werden kann.[4] Auch die Erkrankung von Kindern unter zwölf Jahren gibt innerhalb bestimmter quantitativer Schranken einen Freistellungsanspruch.[5] Da die Benutzung des Telefons (oder des Internets) ungleich geringere Belastungen mit sich bringt, dürften insoweit schon weniger gravierende Anlässe genügen. Zulässig wäre deshalb etwa, dass ein Arbeitnehmer eine E-Mail in die USA schickt, um sich nach dem Befinden seiner Schwester zu erkundigen, die dort in einen Unfall verwickelt wurde und im Krankenhaus liegt. Ein vergleichbarer Fall wäre es, wenn eine Betreuungsperson wegen gesundheitlicher Probleme nicht mehr für das dreijährige Kind sorgen kann und man über das Netz kurzfristig nach jemandem sucht, der einspringen könnte.

67 Voraussetzung ist allerdings immer, dass **keine Verschiebung auf die Freizeit** bzw. ein anderes Medium **möglich** und sinnvoll ist. Dass hier keine kleinlichen Maßstäbe anzulegen sind, wird daran deutlich, dass das BAG die (generelle) Zulässigkeit privater Ferngespräche während der Arbeitszeit nicht etwa ablehnte, sondern dahinstehen ließ[6], was eher für eine weiter gehende als die hier vertretene Position spricht.

68 **Von diesen singulären Fällen** einmal **abgesehen**, bedarf die private Nutzung von E-Mail und anderen Internet-Diensten der **Zustimmung des Arbeitgebers**. Soweit sie ausdrücklich erteilt wird, findet sie sich entweder im Arbeitsvertrag oder in einer Betriebsvereinbarung. Denkbar ist auch eine Erklärung des Arbeitgebers, die im Betrieb bekannt gemacht wird.[7] Möglich und

1 So der Formulierungsvorschlag bei *Bijok/Class*, RDV 2001, 58.

2 Für das Telefon dahingestellt bei LAG Nürnberg, Beschl. v. 29. 1. 1987 – 5 Ta BV 4/86, LAGE § 87 BetrVG 1972 Kontrolleinrichtung Nr. 9.

3 BAG, Urt. v. 27. 6. 1990 – 5 AZR 365/89, DB 1990, 2072.

4 LAG Hamm, Beschl. v. 24. 11. 1971 – 8 Ta 78/71, BB 1972, 177.

5 *Erasmy*, NZA 1992, 921; *Sowka*, RdA 1993, 34.

6 BAG, Urt. v. 1. 3. 1973 – 5 AZR 453/72, AP Nr. 1 zu § 611 BGB Persönlichkeitsrecht Bl. 2 R.

7 S. den Fall der Firma Ford, wo jedem Arbeitnehmer ein PC mit Internetzugang gespendet wurde, der auch für private Zwecke verwendet werden darf (mitgeteilt bei *Klotz*, CF 3/2000, S. 12).

praktikabel ist weiter, dem einzelnen Arbeitnehmer sowohl eine dienstliche wie eine private E-Mail-Adresse zuzuordnen.[1]

Größere **Probleme** bereitet das Vorliegen einer **konkludenten Einwilligung.**[2] 69
Sie wird beispielsweise dann vorliegen, wenn der Arbeitgeber von sich aus die Software entsprechend gestaltet, also beispielsweise unter „Lesezeichen" „Finanztips" und „Gesundheit" aufnehmen lässt.[3] Ist **privates Telefonieren gestattet**, so wird der Arbeitnehmer davon ausgehen können, dass in vergleichbarem Umfang auch private E-Mails und privates Internetsurfen möglich sind.[4] Dies gilt jedenfalls dann, wenn dem Arbeitgeber wegen einer Pauschalabrede mit dem Provider keine zusätzlichen Kosten entstehen. Von einer konkludenten Einwilligung wird man schließlich auch dann ausgehen können, wenn zwar eine Regelung über die Differenzierung zwischen privater und dienstlicher Nutzung zwischen Betriebsrat und Arbeitgeber vereinbart wurde, diese jedoch trotz einer an sich vorgesehen Kostenbeteiligung der Arbeitnehmer während längerer Zeit nicht praktiziert wird.[5]

Die private Internetnutzung kann auch „**betriebsüblich**" sein.[6] Dies setzt 70
allerdings voraus, dass die entsprechende **Praxis für den Arbeitgeber wenigstens erkennbar** war[7] und die Arbeitnehmer darauf vertrauen konnten, auch in Zukunft werde es bei dem aktuellen Zustand bleiben.

Wie lange eine entsprechende **Praxis** bestanden haben muss, lässt sich nicht 71
sicher bestimmen, solange es zu dem hier untersuchten Bereich keine höchstrichterliche Rechtsprechung gibt. Im Regelfall dürfte ein **Zeitraum von einem halben Jahr bis zu einem Jahr** genügen.[8]

Wird die private Inanspruchnahme des Internet-Anschlusses **gestattet**, so 72
stellt dies – ähnlich wie die Zulassung privater Telefongespräche – eine **freiwillige Leistung des Arbeitgebers** dar.[9] Wurde diese von vorneherein unter Vorbehalt gewährt (was nur bei einer ausdrücklichen Gestattung in Betracht kommt), so kann der Entzug nach billigem Ermessen erfolgen. Dieses bedeutet, dass beispielsweise auf eine besonders hohe Kostenbelastung abgestellt werden kann.[10] Fehlt ein solcher Freiwilligkeitsvorbehalt, so

1 *Gola*, MMR 1999, 326.
2 Dass sie genügt, ist unbestritten; s. statt aller MünchArbR/*Blomeyer*, § 51 Rz. 33.
3 Derartiges existiert in einer norddeutschen Universität.
4 *Heilmann/Tege*, AuA 2001, 55; vgl. weiter *Balke/Müller*, DB 1997, 326, wonach Telefon und E-Mail weitgehend äquivalent sind.
5 So der Fall LAG Köln, Urt. v. 2. 7. 1998 – 6 Sa 42/98, LAGE § 1 KSchG Verhaltensbedingte Kündigung Nr. 66 in Bezug auf Telefongespräche.
6 *Bijok/Class*, RDV 2001, 53.
7 MünchArbR/*Blomeyer*, § 51 Rz. 33.
8 Zu den Voraussetzungen der Entstehung einer Betriebsübung s. BAG, Urt. v. 20. 3. 1985 – 5 AZR 50/84, DB 1985, 1483; BAG, Urt. v. 24. 3. 1993 – 5 AZR 16/92, DB 1993, 1882.
9 GK/*Wiese*, § 87 BetrVG Rz. 189.
10 *Bijok/Class*, RDV 2001, 53.

ist die Zusage bzw. die Betriebsübung automatisch Inhalt des Arbeitsvertrags geworden. Ihre Beseitigung setzt daher eine freiwillige oder durch Änderungskündigung erzwungene Änderung des Arbeitsvertrags voraus.[1] Dies ist in vielen Fällen wenig praktikabel.

3. Missbrauchsfälle

73 Hat der Arbeitgeber die private Nutzung weder ausdrücklich noch konkludent gestattet und liegt auch keiner der oben genannten Ausnahmefälle vor, so ist der Arbeitnehmer auf eine **Nutzung zu dienstlichen Zwecken** beschränkt. Auch insoweit muss etwaigen **Vorgaben in zeitlicher und inhaltlicher Hinsicht** Rechnung getragen werden.

74 Nimmt der **Arbeitnehmer** gleichwohl private Nutzungen vor, so hat er damit eine arbeitsvertragliche **Nebenpflicht verletzt.**[2] Außerdem ist er für die Zeit der Nutzung möglicherweise der Arbeitspflicht nicht nachgekommen.

75 **Wie schwer** der **Verstoß** des Arbeitnehmers wiegt, hängt von den Umständen ab. War für ihn unklar, dass die private Nutzung ausgeschlossen ist, kommt lediglich eine klarstellende Ermahnung in Betracht. Anders dann, wenn die Nutzung eindeutig geregelt ist: Hier wird grundsätzlich eine **Abmahnung** in Erwägung zu ziehen sein. Eine Kündigung ist dann denkbar, wenn es sich durch die Länge der Nutzung und die dadurch ggf. verursachten Kosten um einen gravierenden Verstoß handelte oder wenn eine Abmahnung fruchtlos war. Auch geringfügige Grenzüberschreitungen können dann rechtlich relevant werden, wenn sie häufig vorkommen und in ihrer Summierung ein erhebliches Gewicht gewinnen.

76 Ist **private Nutzung gestattet**, muss sie sich in einem angemessenen zeitlichen Rahmen bewegen. Nach der Rechtsprechung verletzt „**ausschweifendes**" privates **Telefonieren** die Arbeitspflicht[3], dasselbe gilt für „ausschweifendes" Surfen im Internet.[4] Wann die Grenze des „Normalen" und „Hinnehmbaren" überschritten und das Reich des „Ausschweifenden" erreicht ist, lässt sich im Regelfall auch nicht annähernd genau bestimmen. Anders liegt der Fall nur dann, wenn von vornherein eine zeitliche Beschränkung („nicht mehr als eine Stunde pro Woche") oder eine inhaltliche Festlegung („zur Erledigung unaufschiebbarer Angelegenheiten") besteht und der Arbeitnehmer die Nutzung auf einen ganzen Nachmittag ausdehnt. In einem solchen Fall scheint eine **Abmahnung** angemessen, während im Regelfall erst einmal für klare Verhältnisse gesorgt werden müsste. **Nicht einmal** eine **Ermahnung** dürfte in Betracht kommen, wenn im Einzelfall eine sog. **Vertrauensarbeitszeit** praktiziert wird und der betroffene Beschäftigte die

1 *Bijok/Class*, RDV 2001, 53.

2 Ebenso für unerlaubte Nutzung von E-Mail *Balke/Müller*, DB 1997, 326.

3 LAG Köln, Urt. v. 2. 7. 1998 – 6 Sa 42/98, LAGE § 1 KSchG Verhaltensbedingte Kündigung Nr. 66.

4 *Kronisch*, AuA 1999, 550.

durchschnittliche Wochenarbeitszeit effektiv gearbeitet hat. Hier ist die Arbeitspflicht nicht verletzt worden.

Großes Interesse findet immer wieder ein zweiter denkbarer Missbrauchsfall: 77
Der Arbeitnehmer verschafft sich über seinen auch für private Zwecke nutzbaren Anschluss **Zugang zu Pornodateien mit strafbarem Inhalt**, was die fristlose Kündigung rechtfertigen soll.[1] Dabei ist zu beachten, dass strafbar nur gewalt-, kinder- und tierpornografische Darstellungen sind. In solchen Fällen ist zu differenzieren.

Werden die strafbaren **Dateien nur individuell konsumiert** und anderen 78
Beschäftigten nicht zugänglich gemacht, ist das Arbeitsverhältnis nicht berührt. Entsprechend hat das LAG Baden-Württemberg[2] für einen Fall von Haschischkonsum im Betrieb entschieden, der sich in keiner Weise auf die Arbeitsleistung ausgewirkt hatte. In solchen Situationen müssen daher Abmahnungen und verhaltensbedingte Kündigungen ausscheiden. **Im Einzelfall kann** allerdings die **Eignung** für die ausgeübte Tätigkeit **entfallen**; wer sich als Leiter eines Kindergartens Kinderpornografie über das Internet verschafft, um sich daran zu ergötzen, muss mit einer außerordentlichen Kündigung rechnen.[3]

Berührt das strafbare Verhalten das Arbeitsverhältnis, weil beispielsweise 79
andere Beschäftigte belästigt werden, liegt eine Pflichtwidrigkeit vor, die zu einer Abmahnung, ggf. auch zu einer Kündigung führen kann. Ähnliches gilt, wenn der E-Mail-Zugang dazu benutzt wird, andere Arbeitnehmer durch zahlreiche Sendungen mit kränkendem oder beleidigendem Inhalt einzuschüchtern.

V. Kontrolle des Arbeitsverhaltens

1. Grundsätzliche Vorüberlegungen

Niemand kann dem Arbeitgeber das **grundsätzliche Recht** verwehren, **die** 80
Erfüllung der übernommenen Arbeitsaufgabe zu kontrollieren.[4] Für ein effizientes Funktionieren der Unternehmen ist dies sogar unerlässlich. Die Frage ist lediglich die, ob und in welchem Umfang der Arbeitgeber sich dabei technischer Mittel bedienen darf, die ein sehr hohes Kontrollpotenzial besitzen und totale Transparenz des Arbeitnehmerverhaltens herstellen können.

Zugunsten einer technisierten Kontrolle werden folgende Argumente ange- 81
führt:

---

1 *Kronisch*, AuA 1999, 550.
2 LAG Baden-Württemberg, Beschl. v. 19. 10. 1993 – 11 TaBV 9/93, LAGE § 626 BGB Nr. 76.
3 So der Fall ArbG Braunschweig, Urt. v. 22. 1. 1999 – 3 Ca 370/98, K&R 2000, 42.
4 *Däubler*, K&R 2000, 326; *Raffler/Hellich*, NZA 1997, 862.

- Die Kontrolle stellt sicher, dass sich die durch Nutzung des Systems verursachten Kosten in Grenzen halten[1] und dass dieses auch nicht überlastet wird.[2]
- Insbesondere E-Mails können ein Mittel sein, um Geschäftsgeheimnisse zu verraten oder strafbare Handlungen wie zB Beleidigungen zu begehen. Dies kann eine Überwachung weithin verhindern.[3]
- Die Einschaltung in die Kommunikation mit Dritten kann wichtige Informationen darüber bringen, ob Kunden korrekt und mit der gewünschten Freundlichkeit behandelt werden.
- Ein Kontrollsystem kann gegen Wirtschaftsspionage schützen, die auch zu Lasten deutscher Unternehmen bereits aufgetreten ist.[4]

82 **Von Arbeitnehmerseite** wird dem **entgegengehalten**, dass sich eine Kostenkontrolle auf anderem Wege bewerkstelligen lässt. Auch ist die Nutzung von Netzen mittlerweile so preiswert, dass etwa die Belastung durch eine zusätzliche E-Mail entweder gleich Null ist oder sich ihrer Geringfügigkeit wegen nur schwer ermitteln lässt. Auch sind die Systeme so leistungsfähig, dass **keine Überlastungen mehr** zu besorgen sind. Der Schutz von Geschäftsgeheimnissen und die Verhinderung strafbarer Handlungen sind wichtige Ziele, die durch eine systematische E-Mail-Kontrolle aber kaum gefördert werden können. Wer das Unternehmen oder andere schädigen will, wird dann eben wie bisher das Telefon oder die schriftliche Dokumentation nutzen. Der Schutz vor Eindringlingen ist gleichfalls wesentlich, kann jedoch auch ohne Erfassung von Arbeitnehmerdaten realisiert werden.

83 Die durch das System erleichterte **Kontrolle** ist – so kann man hinzufügen – **immer wichtiger, je mehr mit Informationstechnologien gearbeitet** wird. Wer pro Tag eine halbe Stunde am Bildschirm sitzt, wird gegen das Festhalten der Nutzungszeiten weniger Einwände haben als der Beschäftigte in einem Call-Center, der mit der Feststellung konfroniert wird, seine Kundentelefonate hätten im Durchschnitt fünf Minuten länger als die anderer Mitarbeiter gedauert. Aus einem (scheinbaren) Randproblem wird so eine zentrale Frage des Arbeitslebens.

2. Der rechtliche Rahmen im Arbeitsvertragsrecht

84 Der Einsatz technischer Kontrollmöglichkeiten hat wichtige rechtliche Rahmenbedingungen zu beachten. Auch hier ist zwischen dienstlicher und privater Nutzung zu unterscheiden.

1 *Balke/Müller*, DB 1997, 326; *Raffler/Hellich*, NZA 1997, 862.

2 *Balke/Müller*, DB 1997, 326.

3 *Balke/Müller*, DB 1997, 326.

4 *Kiper*, CF 6/2000, S. 17 berichtet, Konzerne wie Siemens und Boehringer hätten in der Vergangenheit unliebsame Erfahrungen mit dem amerikanischen Geheimdienst NSA gemacht, der offensichtlich Wirtschaftsgeheimnisse an konkurrierende amerikanische Firmen weitergegeben habe.

a) Dienstliche Nutzung

Nach mittlerweile ganz herrschender Auffassung sind das **TKG und** das **TDDSG im Arbeitsverhältnis nicht anwendbar**. Beide Gesetze verlangen ein „Angebot" von Telekommunikationsleistungen bzw. Telediensten, das von einem Nachfrager angenommen wird. Die Beziehung Arbeitgeber – Arbeitnehmer ist jedoch keine marktförmige, sondern im Kern eine hierarchisch strukturierte.[1] Keine wesentliche Bedeutung kommt der Tatsache zu, dass auch auf reinen Dienstanschlussen private Gespräche oder private E-Mails ankommen können. Insoweit ändert sich der Gesamtcharakter der Kommunikation nicht; angesichts der quantitativen Geringfügigkeit besteht kein Zwang, das TKG anzuwenden.[2] 85

Das Nichteingreifen von TKG und TDDSG hat automatisch zur Folge, dass auf **allgemeine Grundsätze des Persönlichkeitsschutzes im Arbeitsverhältnis** zurückgegriffen werden muss. Dass das Arbeitsverhältnis insoweit nicht etwa einen „rechtsfreien Raum", gewissermaßen ein „besonderes Gewaltverhältnis" neuer Art darstellt, macht nicht zuletzt § 75 Abs. 2 BetrVG deutlich, wonach Arbeitgeber und Betriebsrat „die freie Entfaltung der Persönlichkeit der im Betrieb beschäftigten Arbeitnehmer zu schützen und zu fördern" haben. 86

Konkrete Aussagen zum Umfang und zu den Grenzen des Persönlichkeitsschutzes finden sich in Rechtsprechung und Literatur insbesondere im Hinblick auf die **Vertraulichkeit von Telefongesprächen**. Insoweit haben sich folgende Grundsätze herausgebildet: 87

Nach der **Rechtsprechung des BVerfG**[3] kann sich ein Arbeitnehmer auch dann auf sein „Recht am eigenen Wort" berufen, wenn er Dienstgespräche führt. Das Mithören durch Dritte stellt einen Eingriff in seine Persönlichkeitssphäre dar, die mit einer heimlichen Tonbandaufnahme vergleichbar ist.[4] Der Einzelne muss selbst bestimmen können, wem seine Worte zugänglich sein sollen.[5] Der grundrechtliche Schutz geht auch nicht dadurch verloren, dass der Arbeitnehmer die Mithörmöglichkeit kennt. Allerdings kann es Fälle geben, in denen der **Eingriff gerechtfertigt** ist. Hierfür ist aber ein **überwiegendes schutzwürdiges Interesse des Arbeitgebers** erforderlich. 88

Das **BAG** hat sich dieser Rechtsprechung angeschlossen[6] und die **Rechtfertigungsgründe näher eingegrenzt**: Im Einzelfall müsse das Interesse des Ar- 89

---

1 *Däubler*, Internet und Arbeitsrecht, 2001, Rz. 234 ff.; *Gola*, MMR 1999, 323; *Heilmann/Tege*, AuA 2001, 54 f.; *Mühlein/Jaspers*, Tele-Gesetze, 1998, S. 22; *Post-Ortmann*, RDV 1999, 103.

2 Ebenso *Gola*, MMR 1999, 324.

3 BVerfG, Urt. v. 19. 12. 1991 – 1 BvR 382/85, CR 1992, 498 ff.

4 Zu deren Unzulässigkeit s. BVerfG, Beschl. v. 31. 1. 1973 – 2 BvR 454/71, BVerfGE 34, 238 (245).

5 BVerfG, Urt. v. 19. 12. 1991 – 1 BvR 382/85, CR 1992, 498 unter Bezugnahme auf BVerfG, Beschl. v. 3. 6. 1980 – 1 BvR 185/77, BVerfGE 54, 148 (155).

6 BAG, Beschl. v. 30. 8. 1995 – 1 ABR 4/95, NZA 1996, 218; BAG, Urt. v. 29. 10. 1997 – 5 AZR 508/96, DB 1998, 371.

beitgebers vor demjenigen des Arbeitnehmers den Vorzug verdienen. Dies sei nur dann anzunehmen, wenn der Eingriff nach Inhalt, Form und Begleitumständen erforderlich sei und überdies das schonendste Mittel darstelle.[1] Im konkreten Fall ging es um das Reservierungszentrum eines Luftfahrtunternehmens und um das Bestreben des Arbeitgebers, das Bild eines Unternehmens zu geben, das um „kompetenten Service" bemüht ist. Ob neu eingestellte Arbeitnehmer dieser Vorgabe entsprächen, lasse sich nur durch Mithören der Gespräche feststellen. Eine derartige Maßnahme sei erlaubt, weil die Interessen des Arbeitnehmers von geringerem Gewicht seien: Die Überwachung sei auf die Probezeit beschränkt und außerdem würden sich die Gespräche nur auf Reservierungen und damit in Zusammenhang stehende Informationen beziehen, also auf „Gegenstände, deren Erörterung die vom allgemeinen Persönlichkeitsrecht geschützte Eigensphäre des Arbeitnehmers kaum berührt".[2] **Bei der Abwägung** wird also (mit Recht) auch **berücksichtigt, wie stark** der **Eingriff** in den Bereich des Persönlichen ist. Dass hier zu differenzieren ist, wird an der weiter zurückliegenden Entscheidung zur Kontrolle durch versteckte Kameras deutlich:[3] Auch dort muss zwar eine Güter- und Interessenabwägung stattfinden, doch wird als Rechtfertigungsgrund nur erwogen, dass es zu erheblichen Warenverlusten gekommen sei und der Einsatz der Kameras die einzige Möglichkeit wäre, den Täter zu ermitteln. In Bezug auf ein Personalgespräch wurde in neuerer Zeit festgestellt, „im Regelfall" sei kein anerkennenswerter Grund für das heimliche Mithören durch eine andere Person vorhanden.[4]

90 Bei der **Erfassung der Begleitumstände von Telefongesprächen** (Beginn und Ende, vertelefonierte Einheiten, angerufene Nummer) liegt ein geringerer Eingriff in das Persönlichkeitsrecht des Arbeitnehmers vor. Deshalb wird hier in der Regel dem **Arbeitgeberinteresse** an der Kontrolle des Arbeitsverhaltens der **Vorrang** eingeräumt.[5] Das Arbeitgeberinteresse überwiege sogar bei Privatgesprächen aus dienstlichem Anlass, solange es dem Arbeitnehmer freistehe, auf eigene Kosten ein reines Privatgespräch zu führen.[6]

91 Die **Feststellungen des BVerfG und des BAG** sind nicht auf bestimmte Situationen oder die Verwendung einer bestimmten Technik beschränkt. Sie **gelten für alle Arbeitsverhältnisse** und beschränken sich nicht auf den Schutz des gesprochenen Wortes. Entscheidend ist letztlich, dass die einen Eingriff rechtfertigenden Gründe um so gewichtiger sein müssen, je stärker die Persönlichkeitssphäre beeinträchtigt wird. Auch die Literatur bejaht eine solche **Generalisierung des Persönlichkeitsschutzes** und bezieht ihn insbe-

1 BAG, Beschl. v. 30. 8. 1995 – 1 ABR 4/95, NZA 1996, 218 (221); MünchArbR/*Blomeyer*, § 95 Rz. 4.
2 BAG, Beschl. v. 30. 8. 1995 – 1 ABR 4/95, NZA 1996, 218 (221).
3 BAG, Urt. v. 7. 10. 1987 – 5 AZR 116/86, DB 1988, 403.
4 BAG, Urt. v. 29. 10. 1997 – 5 AZR 508/96, DB 1998, 371.
5 Grundlegend BAG, Beschl. v. 27. 5. 1986 – 1 ABR 48/84, DB 1986, 2080 (2082 f.).
6 BAG, Beschl. v. 27. 5. 1986 – 1 ABR 48/84, DB 1986, 2080 (2083).

sondere auf E-Mails.[1] Anders vorzugehen würde auch der Entwicklung widersprechen, die das Telekommunikationsrecht genommen hat: Für TKG und TDDSG spielt es keine Rolle, ob gesprochene oder nicht gesprochene Kommunikation in Rede steht.

Bei **E-Mail** macht es einen ähnlich großen Unterschied wie bei Telefongesprächen, ob der Arbeitgeber bzw. der Vorgesetzte **lediglich die äußeren Daten** wie Zeitpunkt der Absendung und angeschriebene Adresse zur Kenntnis bekommt oder ob ihm auch der **Inhalt selbst** zugänglich ist. Zwar ist bei einer E-Mail nicht das Recht am gesprochenen Wort betroffen, doch geht die Literatur zutreffend davon aus, dass sie dem Telefon näher steht als dem Wechseln von Briefen.[2] In der Tat geht es hier häufig um spontane Reaktionen, die sich ausschließlich an den Adressaten richten. Kontrollmaßnahmen haben also prinzipiell dieselbe „Eingriffstiefe" wie das heimliche Mithören von Telefongesprächen. Daraus folgt, dass ein Zugriff auf die übermittelten Inhalte grundsätzlich ausgeschlossen ist. Eine Ausnahme gilt nur dann, wenn für sie überwiegende Arbeitgeberbelange sprechen. Dies ist insbesondere dann anzunehmen, wenn ein begründeter Verdacht für strafbare Handlungen, insbesondere für den Verrat von Betriebs- oder Geschäftsgeheimnissen, besteht.[3] 92

Dem **Arbeitnehmer** bleibt es unbenommen, seine **E-Mails zu verschlüsseln**, doch wird von dieser Möglichkeit bislang nur sehr eingeschränkt Gebrauch gemacht.[4] In diesem Fall ist dem Arbeitgeber ein unmittelbarer Zugriff schon aus technischen Gründen nicht möglich. Liegt einer der **Ausnahmetatbestände** vor, **in denen** das **Arbeitgeberinteresse überwiegt**, ist der Arbeitnehmer zur Entschlüsselung verpflichtet.[5] Dabei ist nicht nur an den Verdacht strafbarer Handlungen zu denken. Reagiert beispielsweise ein Geschäftspartner mit einem abrupten Abbruch der Geschäftsbeziehungen, so hat der Arbeitgeber ein berechtigtes Interesse daran, genaue Kenntnis von den vorangegangenen E-Mails zu bekommen. 93

Ein **Verschlüsselungsverbot** wäre ein unzulässiger Eingriff in die Persönlichkeitssphäre des Arbeitnehmers, der seine spontanen Äußerungen nicht dem unkontrollierbaren Zugriff Dritter im Internet aussetzen möchte. Niemand hätte Verständnis dafür, wollte der Arbeitgeber seine Beschäftigten anweisen, statt Briefen nur noch Postkarten zu verwenden – das Verschlüsselungsverbot hätte eine vergleichbare Wirkung. 94

---

1 *Balke/Müller*, DB 1997, 326; *Bijok/Class*, RDV 2001, 54; *Kiper*, CF 6/2000 S. 14; *Raffler/Hellich*, NZA 1997, 863; *Post-Ortmann*, RDV 1999, 106; *Skowronek*, CF 10/2000 S. 27; etwas einschränkend *Gola*, MMR 1999, 326; aA *Beckschulze/Henkel*, DB 2001, 1494.

2 *Balke/Müller*, DB 1997, 326; *Raffler/Hellich*, NZA 1997, 863.

3 Ähnlich *Bijok/Class*, RDV 2001, 54.

4 Nach *Kiper*, CF 6/2000, S. 17 ist dies nur in 4 % aller deutschen Unternehmen der Fall. Zu den Techniken s. *Haverkamp*, CF 10/2000, S. 32.

5 *Balke/Müller*, DB 1997, 328; *Raffler/Hellich*, NZA 1997, 863.

95 Legt man die Rechtsprechung zur traditionellen Telefondatenerfassung zugrunde[1], so bestehen keine Bedenken dagegen, dass der **Zeitpunkt der Absendung einer E-Mail** und die angemailte Adresse **festgehalten** werden. Für das Eingehen von E-Mails gilt dasselbe, da oft keine anderen Dokumente vorhanden sind. Der Vorgesetzte kann insoweit verlangen, dass ihm **bei Bedarf ein Ausdruck vorgelegt** wird. Auch der Ursprung von Viren kann nur auf diesem Wege annäherungsweise geklärt werden.

96 Werden **unternehmensexterne Teledienste** oder andere im Internet vorhandene Angebote für dienstliche Zwecke **in Anspruch genommen**, so kann diese Tatsache als solche selbstredend festgehalten werden. Dies gilt jedenfalls dann, wenn es um kostenpflichtige Aktivitäten geht. Ist der Umfang der Internetnutzung nicht kostenwirksam, da insoweit eine Pauschalabrede mit einem Provider besteht, hat die Erfassung nur den Sinn, das Arbeitsverhalten zu kontrollieren. Soweit „**Vertrauensarbeitszeit**" besteht, fehlt hierfür jede Grundlage, da es dem Arbeitnehmer überlassen ist, zu welchen Zeiten er die gestellte Aufgabe erfüllen will. Bestehen feste Arbeitszeiten, mag man die Situation anders einschätzen, sofern dadurch nicht eine Totalüberwachung des Arbeitsverhaltens eintritt.

97 Ist die **private Internetnutzung nicht zulässig**, kann der Arbeitgeber durch Einsatz von Filterprogrammen, durch Zugangssperren usw. ggf. von vornherein eine andere als dienstlich veranlasste Nutzung unmöglich machen. Denkbar ist auch, bestimmte **Verbindungen**, die ersichtlich nicht mit der Aufgabenerfüllung zusammenhängen, als solche zu **erfassen** und dem betroffenen Arbeitnehmer ggf. entgegenzuhalten. Wer mit dem Einkauf von Büchern per Internet betraut ist, jedoch immer wieder die Adresse „www.seitensprung.de" anwählt, wird Schwierigkeiten haben, eine unerlaubte Privatnutzung zu bestreiten.

98 **Bestimmte Personen**, etwa angestellte Ärzte oder Psychologen, sind **Träger von Berufsgeheimnissen**, die nach § 203 StGB sogar strafrechtlich abgesichert sind. Bei Psychologen hat das BAG entschieden, dass die Aufzeichnung der Zielnummern nicht zulässig ist, weil damit die Vertraulichkeit beeinträchtigt werden könnte.[2] Dasselbe gilt bei anderen von § 203 StGB erfassten Personen. Gleichgestellt sind in weitem Umfang Personen mit fachlicher Unabhängigkeit wie zB betriebliche Umweltschutzbeauftragte oder Wissenschaftler.[3] Große Bedeutung werden diese Fälle beim Übergang zum E-Commerce schwerlich haben.

99 Soweit der **Betriebsrat** einen **Internetzugang** hat, können die über diesen laufenden Kommunikationsvorgänge vom Arbeitgeber nicht technisch kontrolliert werden.[4] Maßgebend ist die Erwägung, dass der Betriebsrat in seiner

1 BAG, Beschl. v. 27. 5. 1986 – 1 ABR 48/84, DB 1986, 2080.

2 BAG, Urt. v. 13. 1. 1987 – 1 AZR 267/85, DB 1987, 1153.

3 Einzelheiten bei *Däubler*, Internet und Arbeitsrecht, 2001, Rz. 267 ff.; ähnlich *Beckschulze/Henkel*, DB 2001, 1495.

4 Ähnlich *Bijok/Class*, RDV 2001, 54 re. Sp.

Tätigkeit vom Arbeitgeber unabhängig ist und deshalb nicht kontrolliert werden darf. Das BAG hat diesen Grundsatz sehr ernst genommen und deshalb auch dem in der Regel vom Arbeitgeber ernannten betrieblichen Datenschutzbeauftragten das Recht verweigert, die Datenverarbeitung durch den Betriebsrat zu kontrollieren.[1]

b) Private Nutzung

Soweit dem Arbeitnehmer die private Nutzung gestattet ist, bestehen derzeit **keine steuerrechtlichen Probleme** mehr. § 3 Nr. 45 EStG bestimmt ausdrücklich, dass die „Vorteile des Arbeitnehmers aus der privaten Nutzung von betrieblichen Personalcomputern und Telekommunikationsgeräten" steuerfrei sind. Diese Regelung gilt seit 1. 1. 2001. 100

Soweit die private Nutzung in Frage steht, gelten die **§§ 85 ff. TKG und das TDDSG**, da der Arbeitgeber hier als „Anbieter" von Telekommunikationsdienstleistungen bzw. als Vermittler von Telediensten auftritt. Dies hat zur Konsequenz, dass faktisch nur Abrechnungsdaten erfasst und ausgewertet werden dürfen.[2] Nach § 87 Abs. 1 TKG sind angemessene technische Vorkehrungen zum Schutze des Telekommunikationsgeheimnisses und personenbezogener Daten zu treffen.[3] 101

3. Mitbestimmung des Betriebsrats

a) Der Tatbestand des § 87 Abs. 1 Nr. 6 BetrVG

Nach § 87 Abs. 1 Nr. 6 BetrVG unterliegt der Mitbestimmung „die Einführung und Anwendung von technischen Einrichtungen, die dazu bestimmt sind, das Verhalten und die Leistung des Arbeitnehmers zu überwachen". Die Vorschrift beruht nach allgemeiner Auffassung auf dem Gedanken des **Persönlichkeitsschutzes**; dieser soll mit Hilfe eines bestimmten Verfahrens, dh. der Mitbestimmung des Betriebsrats, verbessert werden.[4] Unzulässige Eingriffe sollen verhindert, zulässige auf das notwendige Maß beschränkt werden.[5] 102

Die Rechtsprechung des BAG hat sich im Wesentlichen an diesen Grundsatz gehalten. Schon die **objektive Möglichkeit zur Kontrolle** reicht für die Anwendbarkeit des § 87 Abs. 1 Nr. 6 aus, eine (schwer beweisbare) Überwachungsabsicht muss nicht vorliegen.[6] Mitbestimmungspflichtig ist nicht nur 103

1 BAG, Beschl. v. 11. 11. 1997 – 1 ABR 21/97, DB 1998, 627.

2 Einzelheiten bei *Däubler*, Internet und Arbeitsrecht, 2001, Rz. 273 ff.; vgl. auch *Beckschulze/Henkel*, DB 2001, 1495.

3 Dazu *Heilmann/Tege*, AuA 2001, 55.

4 BAG, Beschl. v. 14. 5. 1974 – 1 ABR 46/43, AP Nr. 1 zu § 87 BetrVG 1972 Überwachung; DKK/*Klebe*, § 87 BetrVG Rz. 135; *Richardi*, § 87 BetrVG Rz. 526.

5 DKK/*Klebe*, § 87 BetrVG Rz. 135; *Richardi*, § 87 BetrVG Rz. 526.

6 BAG, Beschl. v. 23. 4. 1985 – 1 ABR 2/82, AP Nr. 12 zu § 87 BetrVG 1972 Überwachung; ständige Rechtsprechung.

die Erhebung von personenbezogenen Daten durch technische Einrichtungen, sondern auch die Auswertung manuell erhobener Daten mit Hilfe der EDV.[1]

104 Verhalten und Leistung von Arbeitnehmern werden auch dann erfasst, wenn nur **mittels zusätzlicher Hilfsmittel** wie einer Liste, die Namen und Personalnummern zuordnet, **rückgeschlossen** werden kann, welche Person im konkreten Fall für die aufgezeichneten Vorgänge verantwortlich war. Die erfassten Daten müssen nicht schon für sich allein „Beurteilungsrelevanz" aufweisen.[2] Die EDV-mäßig erfasste Tatsache kann ein relativ kleines Partikelchen für die Beurteilung sein.

105 Notwendig ist in allen Fällen, dass eine „**technische Einrichtung**" eingeführt oder angewandt wird, was bei elektronischer Kommunikation von niemandem in Frage gestellt wird.

106 § 87 Abs. 1 Nr. 6 BetrVG greift auch dann ein, wenn ein **bestehendes technisches System erweitert** wird, sich also seine Anwendung ändert. Auf das Ausmaß der Änderung kommt es insoweit nicht an.[3] Dies ist insbesondere dann von Bedeutung, wenn Geräte vernetzt werden oder das bestehende System erweitert wird.[4]

b) Anwendung auf E-Mail und Internet

107 In der Literatur ist man sich darüber einig, dass § 87 Abs. 1 Nr. 6 BetrVG auch dann eingreift, wenn ein **Arbeitsplatz mit E-Mail-Anschluss versehen** wird.[5] Dies erklärt sich unmittelbar damit, dass Zeitpunkt und Zahl abgesandter oder empfangener E-Mails für sich allein oder jedenfalls zusammen mit weiteren Informationen Rückschlüsse auf Verhalten und Leistung zulassen. Dabei spielt es auch keine Rolle, ob der Arbeitnehmer seine E-Mails auf Anweisung oder aus eigenem Antrieb verschlüsselt; unmittelbare oder mittelbare Kontrollmöglichkeiten ergeben sich auch in einem solchen Fall.[6]

108 Werden **Internetanschlüsse** eingeführt, so wird die Nutzung im Regelfall durch die **Firewall-Software** erfasst. Die dort gespeicherten Informationen

1 BAG, Beschl. v. 14. 9. 1984 – 1 ABR 23/82, NZA 1985, 28 ff.

2 BAG, Beschl. v. 11. 3. 1986 – 1 ABR 12/84, AP Nr. 14 zu § 87 BetrVG 1972 Überwachung; ebenso *Fitting/Kaiser/Heither/Engels*, § 87 BetrVG Rz. 230 mit eingehenden Nachweisen.

3 DKK/*Klebe*, § 87 BetrVG Rz. 141, 156; ErfK/*Hanau/Kania*, § 87 BetrVG Rz. 59; *Fitting/Kaiser/Heither/Engels*, § 87 BetrVG Rz. 243; *Hess/Schlochauer/Glaubitz*, § 87 BetrVG Rz. 292a.

4 Dazu *Däubler*, Gläserne Belegschaften?, 3. Aufl. 1993, Rz. 525 ff.; DKK/*Klebe*, § 87 BetrVG Rz. 156.

5 *Balke/Müller*, DB 1997, 327; *Beckschulze/Henkel*, DB 2001, 1500; *Däubler*, Arbeitsrecht 2, 11. Aufl. 1998, Rz. 486; DKK/*Klebe*, § 87 BetrVG Rz. 164; *Fitting/Kaiser/Heither/Engels*, § 87 BetrVG Rz. 240; *Linnenkohl/Gressierer*, AuA 1999, 413; *Post-Ortmann*, RDV 1999, 107.

6 *Balke/Müller*, DB 1997, 327.

können ausgewertet werden, so dass eine objektive Möglichkeit zur Überwachung besteht. Ob davon auch wirklich Gebrauch gemacht wird oder ob eine entsprechende Absicht existiert, ist ohne rechtliche Bedeutung. Werden die Internet-Anschlüsse direkt an einen externen Provider angebunden, so wird dieser im Auftrag des Arbeitgebers tätig. Auch dies steht der Anwendung des § 87 Abs. 1 Nr. 6 BetrVG nicht entgegen.[1]

c) Ausübung des Mitbestimmungsrechts

Das Mitbestimmungsrecht wird in der Regel durch **Betriebsvereinbarungen** ausgeübt. Zulässig ist allerdings auch, dass sich Arbeitgeber und Betriebsrat auf eine so genannte Betriebsabsprache oder Regelungsabrede beschränken.[2] Die Regelungsabrede ist formlos gültig, kann jedoch vom Betriebsratsvorsitzenden wirksam nur dann vereinbart werden, wenn ein entsprechender Betriebsratsbeschluss zugrunde liegt.[3] Allerdings besteht für den Betriebsrat jederzeit die Möglichkeit, trotz bestehender Regelungsabrede den Abschluss einer Betriebsvereinbarung zu verlangen.[4] 109

Wurde der **Betriebsrat** gar **nicht eingeschaltet** oder fehlt seine Zustimmung, kann er vom Arbeitgeber verlangen, dass dieser die weitere Nutzung der technischen Einrichtung unterlässt, bis eine Einigung zu den Überwachungsfragen erreicht oder durch die Einigungsstelle herbeigeführt wird.[5] Dem einzelnen Arbeitnehmer steht in einem solchen Falle nach ganz herrschender Auffassung ein **Leistungsverweigerungsrecht** nach § 273 BGB zu, das die Fortzahlung des Entgelts durch den Arbeitgeber unberührt lässt.[6] In der Praxis dürfte davon allerdings kaum jemals Gebrauch gemacht werden. 110

d) Gestaltungsspielraum

Beim Abschluss von Betriebsvereinbarungen bzw. bei Entscheidungen der Einigungsstelle ist der **Persönlichkeitsschutz** der Arbeitnehmer zu beachten. § 75 Abs. 2 BetrVG gilt auch in einem solchen Fall.[7] Dies bedeutet, dass der gesetzlich vorgegebene Schutzstandard weder bei dienstlicher noch bei pri- 111

---

1 So schon zur traditionellen Personaldatenverarbeitung im Auftrag *Däubler*, Gläserne Belegschaften?, 3. Aufl. 1993, Rz. 464 mwN; vgl. auch *Bijok/Class*, RDV 2001, 56 f.

2 DKK/*Berg*, § 77 BetrVG Rz. 81; *Fitting/Kaiser/Heither/Engels*, § 87 BetrVG Rz. 249; GK/*Wiese*, § 87 BetrVG Rz. 578; *Hess/Schlochauer/Glaubitz*, § 87 BetrVG Rz. 328.

3 DKK/*Berg*, § 77 BetrVG Rz. 82; *Fitting/Kaiser/Heither/Engels*, § 77 BetrVG Rz. 184; GK/*Kreuz*, § 77 BetrVG Rz. 10; GK/*Wiese*, § 87 BetrVG Rz. 91.

4 BAG, Beschl. v. 8. 8. 1989 – 1 ABR 62/88, DB 1990, 281 (282).

5 *Fitting/Kaiser/Heither/Engels*, § 87 BetrVG Rz. 250 mwN.

6 DKK/*Klebe*, § 87 BetrVG Rz. 135; *Fitting/Kaiser/Heither/Engels*, § 87 BetrVG Rz. 250; GK/*Wiese*, § 87 BetrVG Rz. 580; aA *Hess/Schlochauer/Glaubitz*, § 87 BetrVG Rz. 330; differenzierend *Richardi*, § 87 BetrVG Rz. 578.

7 BAG, Beschl. v. 27. 5. 1986 – 1 ABR 48/84, DB 1986, 2080 (2082); vgl. auch BAG, Urt. v. 29. 10. 1997 – 5 AZR 508/96, DB 1998, 371.

vater Nutzung unterschritten werden darf. Dass Betriebsvereinbarungen von den allgemeinen Regelungen des BDSG auch zu Lasten einzelner Arbeitnehmer abweichen können[1], ist im vorliegenden Zusammenhang ohne Bedeutung, da sich bei dienstlicher Nutzung der Schutz unmittelbar aus dem Persönlichkeitsrecht des Arbeitnehmers und bei privater Nutzung aus telekommunikationsrechtlichen Sondernormen ergibt.

e) Einzel- oder Gesamtbetriebsrat?

112 Bei unternehmenseinheitlichen Systemen kommt eine betriebsspezifische Regelung meist nicht in Betracht. Sinnvoll ist in solchen Fällen allein eine unternehmenseinheitliche Regelung, so dass nach § 50 Abs. 1 BetrVG der Gesamtbetriebsrat zuständig ist.[2] Die Zuständigkeit des Gesamtbetriebsrates erstreckt sich dabei auch auf die nähere Ausgestaltung der Nutzung, wenn die Art und Beschaffenheit der verwendeten Geräte und Programme im gesamten Unternehmen einheitlich sind.[3] Gleiches wird bei betriebsübergreifenden Formen von Vernetzungen anzunehmen sein. Ist **nur ein Betrieb betroffen** oder werden unterschiedliche Techniken eingesetzt, bleibt es dagegen bei der Zuständigkeit des Einzelbetriebsrates.

VI. Arbeitnehmerdaten im Internet

113 Aus den Berichten von Landesdatenschutzbeauftragten wird deutlich, dass öffentliche Stellen wie auch Firmen Daten ihrer Mitarbeiter ins Internet stellen.[4] Erfasst sind etwa **Name**, **Titel**, **Qualifikation**, Arbeitsgebiet und **Erreichbarkeit** per Telefon, Fax oder E-Mail. Auch ist denkbar, dass ein **Foto** in digitalisierter Form beigefügt wird. In der Literatur wird die Zulässigkeit einer solchen Maßnahme nach Arbeitsvertrags- und nach Datenschutzrecht nur von wenigen kurz angesprochen.[5] Das OVG Nordrhein-Westfalen hatte über den Fall zu entscheiden, ob der Personalrat nach § 72 Abs. 3 Nr. 1 LPersVG NW mitbestimmen kann, wenn der Rektor Angaben über die in einem Institut tätigen Professoren ins Internet gibt.[6]

114 Personenbezogen Daten ins Internet zu stellen läuft auf eine **weltweite Veröffentlichung** hinaus. Dass dies nicht generell unzulässig sein kann, wird daran deutlich, das derselbe Effekt schon auf der Grundlage traditioneller Technologien eingetreten ist, wenn etwa ein angestellter Journalist in einer

1 So BAG, Beschl. v. 27. 5. 1986 – 1 ABR 48/84, DB 1986, 2080 ff.

2 So auch BAG, Beschl. v. 30. 8. 1995 – 1 ABR 4/95, NZA 1996, 218; BAG, Beschl. v. 11. 11. 1998 – 7 ABR 47/97, K&R 2000, 262.

3 BAG, Beschl. v. 11. 11. 1998 – 7 ABR 47/97, DB 1999, 1457 (1458).

4 Nachweise bei *Gola*, MMR 1999, 323.

5 *Gola*, MMR 1999, 323; *Ruppmann*, Der konzerninterne Austausch personenbezogener Daten, 2000, S. 63; *Weichert*, Datenschutz-Nachrichten Heft 4–5/1996, S. 9, 13.

6 OVG Nordrhein-Westfalen, Beschl. v. 20. 1. 2000 – 1 A 128/98.PVL, RDV 2000, 171.

überregionalen Tageszeitung Artikel veröffentlichte oder ein Kommentator der Deutschen Welle seine Meinung zum Besten gab. Auch Buchverfasser sind eher erfreut, wenn sie außerhalb ihrer näheren Umgebung zur Kenntnis genommen werden. Gleichwohl könnten sich rechtliche Schranken ergeben.

Das BAG hat es in dem vergleichsweise harmlosen Fall der Mitteilung des **Vornamens auf Geschäftsbriefen** dahinstehen lassen, ob eine entsprechende Verpflichtung mit § 75 Abs. 2 BetrVG vereinbar sei.[1] In der Literatur wird zum Teil danach unterschieden, ob ein universeller Außenkontakt des Arbeitnehmers wie zum Beispiel bei einem Kundenberater oder Vertreter geboten sei oder nicht.[2] So weit es daran fehle, müsse der Arbeitnehmer freiwillig seine Einwilligung zu einer Verbreitung seiner Daten geben.[3] 115

Auch für Kundenberater und Handelsvertreter stellt die weltweite Zugänglichkeit einzelner ihrer personenbezogener Daten ein Novum im Vergleich zu bisherigen Formen der Außenkontakte dar. Den **Arbeitsvertrag dynamisch** im Sinne einer Erweiterung der Arbeitnehmerpflichten angesichts veränderter Umstände **auszulegen** würde meines Erachtens gegen das arbeitsrechtliche Schutzprinzip verstoßen. Auch kann man bei einem in der Regel vom Arbeitgeber vorformulierten Vertrag auf den Rechtsgedanken des § 5 AGBG zurückgreifen, wonach in Zweifelsfällen die dem Arbeitgeber ungünstigere Auslegungsvariante zu wählen ist.[4] Dies rechtfertigt es, auch in solchen Fällen eine **ausdrückliche Einwilligung** des Arbeitnehmers zu verlangen. Diese kann unter den heutigen Verhältnissen auch bereits im Arbeitsvertrag selbst abgegeben werden: Wer angesichts der Existenz und der sprunghaft wachsenden Nutzung des Internets etwa eine Stelle als Pressesprecher eines Unternehmens annimmt, wird sich nicht dagegen wehren können, dass sein Name und seine Erreichbarkeit auf der entsprechenden Homepage erscheinen[5]. 116

Die vom Arbeitnehmer erteilte **Einwilligung** muss den Anforderungen des § 4a BGSG nF entsprechen und deshalb freiwillig sein.[6] Zu beachten sind dabei überdies drei Dinge: 117

- Im Regelfall dürfen **nur so viele** personenbezogene **Daten** der weltweiten Öffentlichkeit zugänglich gemacht werden, **wie** dies **vom Geschäftszweck** des Arbeitgebers **gefordert** ist. Über Name, Vorname, Titel, Qualifikation, Funktion und dienstliche Erreichbarkeit hinaus kommen keine Angaben in Betracht. Eine Ausnahme kann nur dann gelten, wenn sich der Arbeitnehmer bewusst präsentieren will und beispielsweise Angaben wie den 118

1 BAG, Beschl. v. 8. 6. 1999 – 1 ABR 67/98, DB 1999, 2218.
2 *Gola*, MMR 1999, 323.
3 *Gola*, MMR 1999, 323; ähnlich *Tinnefeld/Viethen*, NZA 2000, 980.
4 Ebenso für allgemeine Arbeitsbedingungen BAG, Urt. v. 25. 5. 1973 – 3 AZR 405/72, AP Nr. 160 zu § 242 BGB Ruhegehalt; BAG, Urt. v. 18. 9. 1991 – 5 AZR 650/90, EzA § 339 BGB Nr. 7.
5 Großzügiger *Beckschulze/Henkel*, DB 2001, 1496.
6 Ebenso zum bisherigen Recht *Gola*, MMR 1999, 323.

Ort des Abschlussexamens, Erfindungen und Auszeichnungen sowie sein Foto und seine Publikationen angeben möchte, wie sie üblicherweise in einem „Who is Who" erscheinen.

119 – Auf der anderen Seite sollte man dem Arbeitnehmer dem Rechtsgedanken des § 28 Abs. 4 BDSG nF entsprechend das Recht einräumen, eine einmal erteilte **Einwilligung** wieder **zurückzuziehen.**[1] Soweit die Geschäftszwecke des Arbeitgebers die Nennung einer Person erfordern, ist gegebenenfalls ein Pseudonym zu wählen, das auch beim E-Mail-Anschluss Verwendung findet.

120 – Fragt der Arbeitgeber eine **Mehrzahl von Arbeitnehmern**, ob sie mit der Veröffentlichung bestimmter Daten einverstanden sind, so greift **§ 94 BetrVG** ein. Auch schafft das Stellen personenbezogener Daten ins Internet gegebenenfalls erweiterte Kontrollmöglichkeiten (wenn zum Beispiel die Zahl der Kontaktaufnahmen erfasst wird), so dass auch § 87 Abs. 1 Nr. 6 BetrVG Anwendung findet.

121 Auch **ohne eine bewusste „Bekanntmachung"** können Angaben über Arbeitnehmer im Internet festgehalten werden, wenn zum Beispiel die dienstliche E-Mail-Adresse den individuellen Namen nennt. Dies ist unbedenklich. Die Tatsache, dass die Nutzung des Internets mit gewissen Gefahren verbunden ist, steht einer entsprechenden arbeitsvertraglichen Verpflichtung nicht entgegen. Auch wer sich aus dienstlichem Anlass mit dem PKW oder anderen Verkehrsmitteln fortbewegt, geht ein (möglicherweise existenzielles) Risiko ein, ohne dass man die arbeitsvertragliche Zulässigkeit irgendwie in Zweifel gezogen hätte. Anders als bei der bewussten Präsentation wird man allerdings hier nur das absolut notwendige Maß an personenbezogenen Daten preisgeben.

1 Dafür *Ruppmann*, Der konzerninterne Austausch personenbezogener Daten, 2000, S. 63; *Weichert*, Datenschutz-Nachrichten Heft 4–5/1996, 9, 13.

I. Das Netz und die Steuer

I. Der E-Commerce im deutschen und internationalen Steuerrecht

1. Bedeutung

1 Der E-Commerce ist insbesondere im B2B-Bereich im Begriff, den **klassischen Handel** zu ersetzen. Nach einer Umfrage des Handelsblatt[1] rechnen Experten damit, dass bis im Jahr 2005 36 % bis 50 % des geschäftlichen Einkaufs (B2B) online abgewickelt werden. Ferner geht die eher konservative Forrester Group davon aus, dass im Jahr 2004 der weltweite E-Commerce-Nettoumsatz – im B2B- und B2C-Bereich – insgesamt 6,8 Trillionen US-$ überschreiten wird[2]. Auf Deutschland sollen 386,5 Billionen US-$ entfallen. Das sind 6,5 % aller deutschen Handelsumsätze[3].

2 Sollte der Fiskus nicht in der Lage sein, den E-Commerce materiell und verfahrenstechnisch sinnvoll zu erfassen, läuft er Gefahr, ein erhebliches **Steueraufkommen** zu verlieren.

3 Insofern weniger problematisch sind die „**Offline-Umsätze**"[4], bei denen das Internet lediglich zur Vertragsanbahnung und zum Vertragsschluss genutzt wird, während die Ausführung des Geschäfts, dh. die eigentliche Leistungserbringung auf klassischem Wege erfolgt.

4 **Beispiel**:

Ein Versandhaus bietet im Rahmen des Webauftritts[5] sein Warensortiment an und gibt gleichzeitig seinen Kunden die Gelegenheit, direkt über das Internet zu bestellen. Die Lieferung erfolgt auf klassischem Wege per Post oder Spedition.

5 In diesem Fall ersetzt das Internet nur die Bestellpostkarte, das Telefon oder das Bestell-Fax. Es handelt sich demnach lediglich um eine modifizierte Form des **traditionellen Versandhandels** mit der Folge, dass dessen bekannte und bewährte Steuerrechtsnormen auch auf die Offline-Umsätze im Internet anwendbar sind.

---

1 Dialego Online Market Research, Handelsblatt-Netzwert vom 4.9.2000, S. 7.

2 http://www.forrester.com/ER/Press/ForrFind/0,1768,0,FF.html.

3 B2B und B2C. Siehe http://www.forrester.com/ER/Press/ForrFind/0,1768,0,FF.html.

4 *Spatscheck*, Steuern im Internet, 2000, Rz. 157. Teilweise werden „Offline-Umsätze" als „indirect electronic commerce" und „Online-Umsätze" als „direct electronic commerce" bezeichnet (*Fetzer*, Die Besteuerung des Electronic Commerce im Internet, 2000, S. 7).

5 ZB www.otto.de.

6 Wesentlich komplizierter ist die steuerliche Erfassung der „**Online-Umsätze**" des E-Commerce. Hierunter werden Geschäftsvorfälle verstanden, bei denen die geschuldete Hauptleistung über das Internet erbracht wird[1]. Regelmäßig erfolgen die Anbahnung des Geschäfts und der Vertragsabschluss ebenfalls unter Zuhilfenahme des Internets. Das ist jedoch nicht zwingend. Denkbar ist, dass die Bestellung per Telefon oder Fax durchgeführt wird und nur die Lieferung online erfolgt.

7 **Beispiele**:

Den weitaus größten Anteil an den Online-Umsätzen bildet der Abruf von Software als Download on demand via Internet[2]. Ferner stehen Musik-Songs im MP3-Format als Download zur Verfügung. Immer häufiger werden Bücher, Kataloge und Zeitschriften in digitalisierter Form vorhanden sein und über das Internet als Download gegen Entgelt vertrieben werden.

8 Die kostenpflichtige Nutzung von Online-Datenbanken[3] und Online-Informationsdiensten[4] stellen weitere Anwendungsbeispiele von Online-Umsätzen dar.

9 Im Gegensatz zu den traditionellen Versandgeschäften oder den diesen nahe stehenden Offline-Umsätzen sind die Online-Umsätze „**standortelastisch**"[5], dh., sie können von überall aus weltweit angeboten und durchgeführt werden. So macht es für einen Online-Anbieter von Computersoftware technisch keinen Unterschied, ob er seinen Webauftritt in Deutschland, den USA oder in Übersee hostet und von wo aus er ihn verwaltet. Ebenso wenig spielt es für den Kunden eine Rolle, wo die Website, die er aufruft, gespeichert ist. Oft bemerkt er es nicht einmal. Bei diesen häufig grenzüberschreitenden Kontakten des E-Commerce sind somit die im Rahmen der internationalen Besteuerung bekannten **materiellen Besteuerungsfragen**[6] an der Tagesordnung. Ferner haben viele Steuerprobleme ihren Ursprung darin, dass der Steuergesetzgeber bislang Online-Umsätze noch nicht kannte und sie des-

1 *Spatscheck*, Steuern im Internet, 2000, Rz. 159 ff.; *Vellen* in Fischer/Strunk, Steuerliche Aspekte des Electronic Commerce, 1998, S. 84, differenziert noch weiter zwischen „reinen" und „abgeleiteten" Online-Umsätzen. Während unter „reinen" Online-Umsätzen die Fälle der Online-Bestellung, Online-Vertragsabschluss, Online-Bezahlung und Online-Lieferung zu verstehen sind, sollen die „abgeleiteten" Online-Umsätze alle Online-Bestellungen erfassen, bei denen die Hauptleistung nicht den klassischen Versandhandel darstellt (zB Online-Reservierung von Theaterkarten, Flugscheinen etc). Diese weitere Unterscheidung bringt in der Praxis keine zusätzliche Erkenntnis, da die abgeleiteten Online-Umsätze steuerlich wie Offline-Umsätze behandelt werden (ebenso: *Fetzer*, Die Besteuerung des Electronic Commerce im Internet, 2000, S. 8 f.).

2 ZB bei www.microsoft.com.

3 ZB JURIS.

4 ZB Börseninformationsdienste.

5 *Spatscheck*, Steuern im Internet, 2000, Rz. 39.

6 ZB Doppelbesteuerung oder nichtsteuerbare, „weiße" Einkünfte mangels aufeinander abgestimmter, nationaler Steuernormen.

halb in seine materiellen Regelungen nicht einbezogen hat. Nationale Steuernachteile des E-Commerce und somit dem Gleichheitssatz[1] widersprechende Wettbewerbsnachteile mit der Konsequenz der Abwanderung von Unternehmen, die ihren Vertriebsweg über das Internet haben, können die Folge sein.

Hinzu kommen erhebliche **Verfahrensprobleme** im Bereich der Steuerüber- 10
wachung. ZB erlaubt das Internet derzeit noch seinen Benutzern, auf Wunsch anonym zu bleiben[2]. Ferner gibt es bei Online-Umsätzen keine Zwischenhändler oder Spediteure mehr, die der Finanzverwaltung Informationen über Geschäftsvorfälle geben könnten. Zahlungen erfolgen immer häufiger über elektronische Zahlungssysteme[3], die eine Identifizierung der Beteiligten verhindern. Der deutsche Online-Vertreiber eines Softwareprogramms könnte zB montags WebSpace in Kalifornien/USA anmieten und von dort aus sein Produkt vertreiben. Mittwochs kündigt er den Vertrag mit dem amerikanischen Anbieter und schließt einen neuen Webhosting-Vertrag mit einem Anbieter auf den niederländischen Antillen ab. Die Chance für die Finanzverwaltung, die Umsätze zu ermitteln, die über den nur drei Tage andauernden Webauftritt in den USA durchgeführt worden sind, ist gering. Somit besteht die Gefahr, dass dem deutschen Fiskus, wie allen übrigen Fisken, allein wegen mangelnder Überwachungsmöglichkeiten erhebliche Steuerausfälle entstehen.

Neben dem **Verfahrensrecht** ergeben sich internet-spezifische Fragestellun- 11
gen im Bereich der **Ertrag- und Umsatzsteuer**. Für die übrigen Steuerarten, wie zB Gewerbesteuer, Erbschaftsteuer sowie die Mineralölsteuer und andere spezielle Verbrauchsteuern bestehen keine Besonderheiten.

2. Stand der europäischen und internationalen Überlegungen

Die Internationalität des Internets führt dazu, dass die mit dem E-Commerce 12
aufkommenden Besteuerungsfragen nicht nur von nationalem, sondern zwangsläufig von **nationenübergreifendem Interesse** sind[4]. So waren seit Beginn der Öffnung des Internets und dessen wirtschaftlich ernst zu nehmenden Einsatzes für breitere Bevölkerungsgruppen dessen rechtliche und

1 Aus Art. 3 Abs. 1 GG kann für das Steuerrecht das „Leistungsfähigkeitsprinzip" entnommen werden. Bestimmte Lebenssachverhalte, die Ausdruck einer vergleichbaren Leistungsfähigkeit sind, müssen demnach gleich besteuert werden, die Steuer muss „neutral" sein (*Fetzer*, Die Besteuerung des Electronic Commerce im Internet, 2000, S. 253 ff.).

2 Die IP-Nummern, unter denen sich die Benutzer im Internet bewegen, werden im Moment noch „dynamisch" vergeben, dh., beim Abmelden wird die verwandte IP-Nummer an den nächsten „Surfer" weitergegeben (*Spatscheck*, Steuern im Internet, 2000, Rz. 203).

3 ZB Chipkarten oder digitales Bargeld (*Kümpel*, NJW 1999, 313; *Spatscheck*, Steuern im Internet, 2000, Rz. 17 ff. und 205).

4 Vgl. Zusammenstellung bei *Doernberg/Hinnekens*, Electronic Commerce and International Taxation, 1999, S. 342 ff.; *Spatscheck*, Steuern im Internet, 2000, Rz. 26 ff.

steuerrechtliche Auswirkungen mehrfach Gegenstand von Konferenzen und Gesetzgebungsüberlegungen.

13 Erstmals wurden die Steuerfragen des E-Commerce im Rahmen einer **G7-Ministerkonferenz über die Informationsgesellschaft 1995** im internationalen Kontext – allerdings ohne konkrete Ergebnisse – angesprochen.

14 „A European Initiative in Electronic Commerce" war der Titel des **Grünbuchs**, das die **Europäische Kommission 1997** veröffentlichte. Soweit das Steuerrecht angesprochen war, wurden im Wesentlichen **drei Prinzipien** herausgestellt: Steuerliche Sicherheit, Neutralität[1] und Klärung der Verfahrens- und Kontrollprobleme.

15 Gleich die erste Ausgabe des **„Policy Brief"**, mit dem die **OECD seit 1997** über ihre Tätigkeit informiert, behandelt den E-Commerce[2]. Im Hinblick auf **Besteuerungsfragen** sieht die OECD ihr Betätigungsfeld im Wesentlichen darin, die bestehenden gesetzlichen Regelungen für den E-Commerce anzupassen, um ein neutrales steuerliches Umfeld zu schaffen.[3]

16 Der E-Commerce war ferner Gegenstand einer in **1997** erschienenen **Abhandlung des US-amerikanischen Präsidenten** *William J. Clinton* und des Vizepräsidenten *Albert Gore*[4], in der die Neutralität und Anpassung des materiellen Besteuerungssystems ohne die Einführung neuer Steuern bei gleichzeitiger Transparenz gefordert wurde.

17 Die **Bonner Erklärungen von 1997**[5] gehen auf eine Konferenz von Ministern der Europäischen Union und der Europäischen Freihandelsorganisation (EFTA) mit Vertretern der Industrie und Internet-Anwendern zurück. Deren Ergebnis war die Bekräftigung der Notwendigkeit, internationale Kooperationen unter Aufrechterhaltung der Steuerneutralität der Internet-Geschäfte zu fördern. Zu dem gleichen Ergebnis kam eine **OECD-Konferenz in Turku 1997**[6].

18 In den **Vereinigten Staaten von Amerika** drohte die Einführung einer **Bit-Tax** den sich erst entwickelnden E-Commerce zu stoppen[7]. Die zuvor weltweit unbekannte Bit-Tax ist einer Verkehrsteuer auf den Daten-Traffic, unabhängig vom Wert der mit der jeweiligen Datenübertragung ausgeführten Leistung. Um den wirtschaftlich als wichtig eingestuften E-Commerce in der Anfangsphase von zusätzlichen Steuern freizuhalten, hat der Bundesgesetzgeber den **Internet Tax Freedom Act**[8] erlassen, der am 1.10.1998 in Kraft trat

---

1 Der virtuelle Handel im Internet darf dem realen, traditionellen Handel gegenüber weder bevorzugt noch benachteiligt werden.
2 http://www.oecd.org/publications/pol-brief/9701-pol.html.
3 Vgl. *Korf/Sovinz*, CR 1999, 314 (315).
4 http://www.Whitehouse.gov/WH/New/commerce/read.html.
5 http://www.www2.echo.lu/bonn/conference.html.
6 DSTI/ICCP(98)13/FINAL auf der Homepage der OECD (http://www.oecd.org).
7 *Spatscheck*, Steuern im Internet, 2000, Rz. 32 ff.
8 Ausführlich *Tröndle*, K&R 1999, 71, mwN; FAZ v. 30.7.1998.

und bis zum 21.10.2001 gilt. Das Steuermoratorium soll für drei Jahre Folgendes verhindern: Besteuerung des Internet-Zugangs, Einführung von Bit-Steuern, Mehrfachbesteuerung und steuerliche Diskriminierung des E-Commerce. Die „normalen", in der „realen Welt" schon vorher vorhandenen Steuern bleiben hingegen auch beim E-Commerce bestehen. Während des Steuermoratoriums soll ein für 18 Monate eingesetzter **Ausschuss von Experten** die Probleme, die sich im Zusammenhang mit der Besteuerung des Internets ergeben, umfassend – in möglichst öffentlichen Sitzungen – aufarbeiten und einen Gesetzgebungsentwurf für die zukünftige Besteuerung verfassen[1]. Insofern ist noch kein amtliches Ergebnis bekannt. Vielmehr soll eine Verlängerung des Moratoriums um weitere zwei Jahre erfolgen.

„A Borderless World: Realising the potential of Global Electronic Commerce" war das Gesamtmotto der **OECD-Konferenz vom Oktober 1998 in Ottawa**. Letztlich wurden nur Arbeitsgruppen gebildet, die eine europäische Vereinheitlichung auf dem Gebiet der Besteuerung entwickeln sollen. 19

Die **International Fiscal Association (IFA)** beauftragte zwei Hochschullehrer, sich mit den steuerrechtlichen Problemen des Electronic Commerce auseinander zu setzen. Die Studie ist als **Doernberg/Hinnekens-Report** seit 1999 im Buchhandel erhältlich[2]. Inhaltlich kommt sie zu dem Schluss, dass eine befriedigende steuerliche Erfassung des E-Commerce nur durch eine Anpassung der bereits vorhandenen Systeme erfolgen könne. Für „Neuerfindungen" von Steuern fehle die internationale politische Akzeptanz und praktische Durchführbarkeit. Der europaweit schon am ehesten vereinheitlichten Mehrwertsteuer komme insofern eine besondere Bedeutung zu[3]. 20

An **EU-Projekten** sind zu erwähnen: Die **„Financial Issues Working Group" (FIWG)** wurde von der EU-Kommission für den Bereich der Normierung gegründet. Derzeit erarbeitet sie mit dem **„European Committee for Banking Standards" (CEBS)** eine EU-Richtlinie zum E-Commerce, in der insbesondere die für das E-Cash, dh. für die im E-Commerce zum Einsatz kommenden elektronischen Zahlungssysteme, berechtigten Ausgabestellen geregelt sind. 21

Den ersten konkreten Ansatz zur steuerlichen Regelung des E-Commerce auf Europaebene stellt der **Richtlinienvorschlag der EU-Kommission zur Umsatzbesteuerung elektronisch erbrachter Dienstleistungen**[4] dar. 22

Wesentlicher Regelungsinhalt ist der Versuch, durch das aktuelle Umsatzsteuersystem auftretende Wettbewerbsverzerrungen im B2C-Bereich zu beseitigen. Der Richtlinienentwurf zeigt einerseits, dass sich die von allen als 23

1 *Spatscheck*, Steuern im Internet, 2000, Rz. 34.
2 Offizieller Buchtitel: *Richard L. Doernberg* und *Luc Hinnekens*, Electronic Commerce and International Taxation, 1999.
3 *Doernberg/Hinnekens*-Report, S. 297 ff. und 363 ff.
4 Vorschlag für eine Richtlinie des Rates zur Änderung der Richtlinie 77/388/EWG bezüglich der mehrwertsteuerlichen Behandlung bestimmter elektronisch erbrachter Dienstleistungen, KOMM (2000) 348, Ratsdok. 9366/00, BR-Drucks. 403/00 v. 27.6.2000.

äußerst wichtig eingestuften EU-Bemühungen nicht nur in Thesensammlungen erschöpfen, sondern zu einer konkreten Regelung hinleiten. Andererseits wird deutlich, dass die Probleme der steuerlichen Erfassung weniger im Materiellen, sondern eher in der verfahrensrechtlichen und praktischen Umsetzung liegen. Der Entwurf ist unter Rz. 126 ff. des Beitrags besprochen.

II. Ertragsteuern

1. Grundsätze der Besteuerung von E-Business-Einkünften

24 Da es in Deutschland kein „Sonderrecht" für die Ertragsbesteuerung des E-Business gibt, findet das **klassische Besteuerungskonzept** Anwendung. Keine Probleme ergeben sich hierdurch im Hinblick auf die Offline-Umsätze[1], bei denen die Leistungserbringung nicht „online", sondern in der „realen Welt" erfolgt. Für diese Art von Geschäften wurden die Steuergesetze geschaffen. Komplizierter ist die Subsumtion der Online-Umsätze[2]. Nach weitestgehend einhelliger Einschätzung in Politik und Literatur soll es auch für diese dem Grunde nach dauerhaft bei der Anwendung des klassischen Besteuerungskonzepts bleiben[3]. Lediglich „Anpassungen" sollen vorgenommen werden, die das Online-E-Business einfacher und verlässlicher erfassen[4]. Bis diese diskutiert und eingeführt werden, bleibt es bei der Anwendung und Auslegung der bestehenden Steuernormen.

25 Eine Tätigkeit unterliegt nur dann der deutschen Einkommensteuerpflicht, dh., sie stellt nur dann eine steuerlich relevante „**Einkunftsquelle**" dar, wenn sie nach ihrer Art unter eine der **sieben Einkunftsarten** der §§ 2 Abs. 1 Nr. 1–7, 49 Abs. 1 EStG iVm. § 8 Abs. 2 KStG fällt. Ferner muss die Einkunftsquelle einem inländischen **örtlichen Anknüpfungspunkt**, zB dem Wohnsitz des Steuerpflichtigen oder einer inländischen Betriebstätte, zurechenbar sein, wobei die Anknüpfungspunkte je nach Einkunftsart differieren können.

26 Insofern ergeben sich bei der Subsumtion des Online-E-Business unter die Ertragsteuernormen **neue Fragen**, zB welcher Einkunftsart neue, erst durch das Internet mögliche Geschäftsfelder (zB Online-Recherche auf Datenbanken) angehören, welcher Staat die häufig auf der Grundlage von internationalen Verflechtungen des E-Commerce erzielten Einkünfte besteuern darf, welcher Anteil an der steuerbaren Wertschöpfung auf die beteiligten Fisken entfällt. Für alle Inhaltsanbieter ist die Frage von Bedeutung, wie die hohen Aufwendungen eines professionellen Internet-Auftritts im Rahmen der Gewinnermittlung zu erfassen sind.

---

1 S.o. Rz. 3.

2 S.o. Rz. 6.

3 S.o. Rz. 12 ff.

4 *Doernberg/Hinnekens*, Electronic Commerce and International Taxation, 1999, S. 302 ff.; *Spatscheck*, Steuern im Internet, 2000, Rz. 30, 31 und 36.

2. Einkunftsarten

a) Allgemeine Zuordnung

Vorrangig ist die Frage zu klären, welche **Art von Einkünften** iSv. § 2 Abs. 1 EStG die Beteiligten des E-Commerce bei ihren Geschäftsaktivitäten erzielen. Von besonderer Relevanz sind derzeit die Einkünfte aus Gewerbebetrieb (§ 2 Abs. 1 Nr. 2 EStG), selbständiger Arbeit (§ 2 Abs. 1 Nr. 3 EStG), nichtselbständiger Arbeit (§ 2 Abs. 1 Nr. 4 EStG), Vermietung und Verpachtung (§ 2 Abs. 1 Nr. 6 EStG) sowie die sonstigen Einkünfte iSv. § 2 Abs. 1 Nr. 7 EStG. Bei der Zuordnung von Einkünften ist vor allem auf den wirtschaftlichen Gehalt des Vorgangs und weniger auf die wörtliche Formulierung abzustellen[1]. 27

Einkünfte aus Gewerbebetrieb (§ 2 Abs. 1 Nr. 2, § 15 EStG) können vorliegen, wenn zB eine Vertriebstätigkeit über das Netz ausgeübt wird, indem Websites als virtuelle Kataloge im Versandhandel von Waren eingesetzt werden. Die Bestellung erfolgt online, während die Lieferung auf gewöhnliche Weise vorgenommen wird. Denkbar ist auch, dass die Ware, zB Musik-Songs, Video-Clips im MP3-Standard, gleich online als Download geliefert werden. Ferner bietet sich das Internet als Vertriebsweg für Reiseveranstalter an, indem Angebote und Buchungen online abgewickelt werden. Der Provider des Webhostings, der die Website seines Kunden gegen Vergütung auf seinem Server aufnimmt, erfüllt mit seinen Einkünften die Voraussetzungen des Gewerbebetriebs[2]. Kapitalgesellschaften[3] sowie Personenhandelsgesellschaften[4] erzielen stets gewerbliche Einkünfte. 28

Einkünfte aus selbständiger Arbeit (§ 2 Nr. 1 Nr. 3, § 18 EStG) stellen beispielsweise Beratungsleistungen von Freiberuflern via Internet, wie zB Online-Rechtsberatung, die Erstellung von Gutachten oder die über das Internet zur Verfügung gestellte Assistenz bei komplizierten medizinischen Operationen, dar. 29

Verfügen Arbeitnehmer über ein Home-Office, über das sie via Internet mit dem Rechenzentrum ihres Arbeitgebers verbunden sind, mit dessen Hilfe sie die ihnen übertragenen Arbeiten erledigen, sind die Gehaltszahlungen als **Einkünfte aus nichtselbständiger Arbeit** (§ 2 Abs. 1 Satz 1 Nr. 4, § 19 EStG) zu qualifizieren. 30

---

1 „Satelliten-Urteil" des FG Rheinland-Pfalz, Urteil v. 30.4.1997 – 1 K 1168/96, IStR 1998, 428, mit Anmerkung von *Strunk*. Ferner müssen nach der „**isolierenden Betrachtungsweise**" des § 49 Abs. 2 EStG im Ausland vorliegende Besteuerungsmerkmale außer Betracht bleiben, wenn bei ihrer Berücksichtigung inländische Einkünfte iSv. § 49 Abs. 1 EStG nicht angenommen werden könnten (*Spatscheck*, Steuern im Internet, 2000, Rz. 42; ebenso: *Strunk/Wichmann*, IFA-Nationalbericht, IWB Gruppe 3, S. 1339).

2 *Krabbe*, IStR 2000, 490 (493).

3 § 8 Abs. 2 KStG iVm. § 140 AO, § 238 HGB.

4 § 15 Abs. 1 Nr. 2 Satz 1, Abs. 3 Nr. 1 EStG.

31 Zu heftiger Kritik[1] hat das BMF-Schreiben vom 24.5.2000[2] geführt, nach dem die **private Mitbenutzung von Internet-Anschlüssen** durch Arbeitnehmer in Unternehmen **lohnsteuerpflichtig** sein soll. Eine Ausnahme soll allein gelten, wenn der Arbeitgeber die private Nutzung untersagt und das Verbot überwacht oder sonst die private Nutzung ausschließt. Inzwischen hat die Bundesregierung erkannt, dass die in dem BMF-Schreiben aufgestellte Forderung überzogen, nicht praktikabel und unzeitgemäß ist. So kann zB bei einer Flatrate für die Internet-Nutzung kein konkreter Aufwand ausgewiesen werden. An dem BMF-Schreiben soll deshalb nicht mehr festgehalten werden[3].

32 Das Internet bietet Banken die Möglichkeit, nahezu die gesamte Produktpalette via Internet anzubieten. Online-Banking und Online-Broking sind schon jetzt sehr beliebt. So können **Einkünfte aus Kapitalvermögen** (§ 2 Abs. 1 Nr. 5, § 20 EStG) eine Rolle spielen.

33 Denkbar ist ferner, dass im Rahmen des E-Business immaterielle Wirtschaftsgüter und Rechte, wie zB zeitlich befristete Online-Nutzungsrechte, von Datenbanken angeboten werden, was, je nach Vertragsausgestaltung, zu **Einkünften aus Vermietung und Verpachtung** (§ 2 Abs. 1 Nr. 6, § 21 EStG) führen kann. Beschränkt sich das Angebot nicht hierauf, sondern werden zusätzliche Online-Dienste, Auswertungsmodule etc., ggf. als Gesamt-Service, angeboten, liegen insgesamt Einkünfte aus Gewerbebetrieb vor.

b) Problemfall: Software-Überlassung

34 Ertragsteuerlich wird die **Online-Überlassung von Standard-Software**[4] zur bloßen Werknutzung als einer der häufigsten Praxis-Fälle der Online-Umsätze dem „Sachkauf" gleichgestellt[5]. Das hat zur Folge, dass ein Software-Händler, der Standard-Programme vertreibt, stets Einkünfte aus Gewerbebetrieb erzielt, unabhängig, ob er diese als Diskette, CD, DVD oder als Download via Internet vertreibt[6].

1 *Albert*, FR 2000, 931; *Utescher/Herden*, DB 2000, 1366; *Strohner/Albert*, DB 2000, 1535.

2 Schreiben des Bundesministers der Finanzen v. 24.5.2000 – IV C 5 – S 2336 – 13/00, BStBl. I 2000, S. 613 = FR 2000, 739.

3 So Regierungsvertreter in der Tagespresse.

4 Zum Begriff: *Spatscheck*, Steuern im Internet, 2000, Rz. 168 ff.

5 *Kessler*, IStR 2000, 98 (100). Das gilt sowohl nach deutschem Recht als auch nach dem OECD-MA.

6 Nach einer in der Literatur vertretenen Ansicht soll die Online-Überlassung von Software zur Anwendernutzung zu sonstigen Einkünften nach § 22 Nr. 3 EStG führen können, wenn Software als Know-how gegen Entgelt genutzt werde (*Welnhofer/Pross* in Schwarz, [Hrsg.], Recht im Internet, „Einkommensteuerrechtliche Aspekte" und „Umsatzsteuerrechtliche Aspekte", Loseblattwerk, Kapitel 13 Rz. 46). Das ist jedoch regelmäßig nicht der Fall, da die Anwender der Software nicht an den fachlichen Kenntnissen des Software-Entwicklers, sondern an der Nutzung des fertigen Programms interessiert sind (*Kessler*, IStR 2000, 70 [75 ff.]).

35 Die **individuelle Software-Erstellung** im Auftrag eines Kunden und deren Überlassung via Internet führt nach der umstrittenen Rechtsansicht des Bundesfinanzhofs[1] nur in seltenen Fällen bei dem Programmierer zu Einkünften aus selbständiger Arbeit. Da der Software-Entwickler keinen Katalog-Beruf iSv. § 18 EStG ausübe, könne eine selbständige Arbeit nur vorliegen, wenn es sich um einen „ähnlichen Beruf" iSv. § 18 Nr. 1 Satz 2 EStG handle[2]. Das sei nur der Fall, wenn Systemsoftware entwickelt, nicht jedoch, wenn „nur" Anwendersoftware programmiert werde. Bei Letzterer würden die Kenntnisse des vorgesehenen Anwendungsbereichs diejenigen des eigentlichen Informatikbereichs überwiegen. Diese Unterscheidung entspricht nicht mehr dem Fortschritt auf dem Gebiet der Softwareentwicklung und den Programmierungsüblichkeiten und ist deshalb nicht mehr haltbar. Betriebssoftware ist heute weitestgehend standardisiert. Hingegen kommen bei der Entwicklung von anspruchsvollen Anwenderprogrammen häufig Hochschulabsolventen zum Einsatz. Deshalb sind die Absolventen eines technischen Hochschulstudiums als Freiberufler anzusehen, auch wenn sie „lediglich" Anwendersoftware entwickeln[3]. Bei Autodidakten ist nach ihrem konkreten Einsatz zu entscheiden.

36 Wird die **urheberrechtliche Nutzung von Computerprogrammen auf bestimmte Zeit** gestattet, stellt das hierfür zu entrichtende Entgelt Einkünfte aus Vermietung und Verpachtung (§ 2 Abs. 1 Nr. 6, § 21 EStG) dar. Voraussetzung ist die zeitlich befristete Überlassung von in § 69c UrhG normierten, urheberrechtlich geschützten Positionen, wie zB die Berechtigung zur Vervielfältigung oder Verbreitung des Programms[4]. Wird die Software lediglich auf bestimmte Zeit zur Werknutzung überlassen, wie zB beim Application-Service-Providing (ASP), liegen Einkünfte aus Gewerbebetrieb vor[5].

3. Internationale Zurechnung

37 Wurde im ersten Schritt eine steuerpflichtige Einkunftsquelle ermittelt, ist in einem zweiten Schritt festzulegen, wo die Besteuerung zu erfolgen hat. Handelt es sich um ein reines deutsches Inlandsgeschäft ohne **Auslandsberührung**, ergeben sich keine Probleme der nationalen Zurechnung. Schwieriger wird die Abgrenzung, wenn – wie beim E-Business häufig der Fall – die Steuersysteme von mehreren Staaten betroffen sind, wenn zB der US-amerikanische Softwarehändler über seine Website Computerprogramme als Download an seinen deutschen Kunden „liefert". Insofern ist danach zu unterscheiden, ob die betroffenen Staaten mit Deutschland ein Doppel-

1 BFH, Urt. v. 7.11.1991 – IV R 17/90, BStBl. II 1993, S. 324; BFH, Beschl. v. 8.9.1994 – IV B 130/93, BFH/NV 1995, 209.
2 *Spatscheck*, Steuern im Internet, 2000, Rz. 79.
3 FG Baden-Württemberg, Urt. v. 19.5.1999 – 12 K 410/95, rkr., FR 1999, 1373, m. Anm. von *Kempermann*.
4 *Krabbe*, IStR 2000, 196 (199).
5 *Spatscheck*, Steuern im Internet, 2000, Rz. 83 f.

besteuerungsabkommen (DBA) abgeschlossen haben oder ob das jeweilige nationale Steuerrecht Anwendung findet.

a) Nicht-DBA-Fälle[1]

38 Soweit Deutschland mit dem betroffenen Staat **kein Doppelbesteuerungsabkommen** abgeschlossen hat, das die grenzüberschreitende Einkünfteerzielung regelt, findet im Hinblick auf die deutsche Steuerpflicht ausschließlich nationales Recht Anwendung. Zwei Grundfälle sind zu unterscheiden:

aa) Der Outbound-Fall

39 Leistet der im Inland ansässige Anbieter an Kunden im Ausland, sind die sich ergebenden Einkünfte nach dem **Welteinkommensprinzip** des § 1 Abs. 1 iVm. § 2 Abs. 1 EStG und § 1 Abs. 1, 2 KStG unabhängig von ihrer Quelle und in vollem Umfang der deutschen Besteuerung unterworfen[2]. Eventuell im Ausland gezahlte Steuern werden auf die in Deutschland angefallenen angerechnet, § 34c EStG.

bb) Der Inbound-Fall

40 Komplizierter ist die Beurteilung eines Sachverhalts, bei dem der Anbieter im Ausland und der Kunde in Deutschland ansässig ist[3]. Nach § 1 Abs. 4 EStG bzw. § 2 Nr. 1 KStG sind die Anbieter in diesem Fall nur mit ihren inländischen Einkünften iSv. § 49 Abs. 1 EStG **beschränkt steuerpflichtig**. Die Voraussetzungen sind je nach Einkunftsart unterschiedlich.

41 Einkünfte aus Gewerbebetrieb iSv. § 49 Abs. 1 Nr. 2a EStG, die im E-Business den Regelfall darstellen, unterliegen nur der beschränkten Steuerpflicht, wenn sie einer im Inland gelegenen **Betriebstätte**[4] zurechenbar sind.

42 Nach § 12 AO[5] ist eine **Betriebstätte** jede feste Geschäftseinrichtung oder Anlage, die der Tätigkeit eines Unternehmens dient. Unter „Geschäftseinrichtung oder Anlage" wird jeder körperliche Gegenstand und jede Zusammenfassung körperlicher Gegenstände verstanden. Diese sind „fest", wenn sie eine Beziehung zu einem bestimmten Punkt an der Erdoberfläche aufweisen. Die Beziehung muss auf gewisse Dauer und/oder Stetigkeit angelegt

---

1 Gerade mit sog. „Steueroasen", von denen die Gestaltungsphantasie der Unternehmen des E-Business beflügelt wird, hat Deutschland keine DBA abgeschlossen. In diesem für die Problematik der Steuerüberwachung besonders wichtigen Bereich findet demnach für ein Unternehmen mit Sitz in Deutschland ausschließlich deutsches Steuerrecht Anwendung.

2 Vgl. *Strunk/Zöllkau*, FR 1998, 589.

3 Vgl. *Strunk*, IStR 1997, 257.

4 Die weitere Zurechnungsmöglichkeit durch einen „ständigen Vertreter" findet im E-Commerce keine Praxisanwendung.

5 Definition vgl. BMF-Schreiben v. 24.12.1999 – IV B 4 – S 1300 – 111/99, „Betriebstättenerlass", BStBl. I 1999, S. 1076.

sein, wobei eine feste Verbindung iSd. Mechanik nicht erforderlich ist. Eine Einrichtung „dient“ dem Unternehmen, wenn sie den Unternehmenszweck unmittelbar fördert und das Unternehmen über sie verfügen kann. Verfügungsmacht setzt voraus, dass dem Unternehmen eine Rechtsposition eingeräumt wird, die nicht ohne weiteres entzogen werden kann. Miete oder Pacht sind ausreichend, Eigentum ist nicht erforderlich[1]. Zweck des Betriebstätten-Begriffs ist demnach der Versuch, eine hinreichende Verbindung des Geschäftsvorfalls mit dem Land, das die Einkünfte besteuern darf, zu finden.

Welche **Anknüpfungspunkte** für eine Betriebstätte des Inhaltsanbieters im E-Commerce (Content-Provider) in Betracht kommen, wurde in der Literatur ausführlich diskutiert[2]. Im Ergebnis bleibt jedoch nur der Server, dessen sich der Content-Provider zur Geschäftsausführung bedient, als realistischer Anknüpfungspunkt übrig. 43

Bei der Frage, ob der im Inland vorhandene **Server**, auf dem die Homepage des ausländischen Content-Providers gespeichert ist, eine Betriebstätte darstellt, ist zwischen dem Webhosting und der Aufstellung eines Internet-Hardware-Servers zu unterscheiden. 44

Beim **Webhosting** stellt der Content-Provider keinen eigenen, körperlich-gegenständlichen Hardware-Server auf, sondern nimmt insofern die Dienste von kommerziellen Anbietern in Anspruch. Diese verpflichten sich vertraglich, auf ihren Hardware-Servern gegen Entgelt eine bestimmte Kapazität an Web-Space zu „vermieten“ und für die Anbindung an das Internet Sorge zu tragen. Die Mehrzahl der Homepages ist heute auf diese Art gespeichert, da Privatleute und kleinere Content-Provider nur selten über das Know-how verfügen, eine permanente Internet-Verbindung einzurichten und mit ausreichender Bandbreite aufrechtzuerhalten. 45

Bei kleineren Pauschalangeboten wird vom Anbieter in der Regel nur eine **bestimmte Größe an Speicherplatz** vertraglich zugesagt. Die nächstbessere Stufe bilden Angebote, bei denen neben dem Speicherplatz auch eine gewisse Bandbreite garantiert wird. In keinem dieser Fälle hat der Kunde einen Anspruch darauf, dass seine Websites auf einem bestimmten Server des Anbieters gespeichert werden. Oft weiß er es nicht einmal. Die IP-Nummern sind insofern nicht aussagekräftig, da sie regelmäßig für den Hauptsitz des Anbieters vergeben werden. Sind verschiedene Niederlassungen vorhanden, kann nicht gesagt werden, wo genau die Speicherung erfolgte. Ferner erfolgt bei modernen Netzwerken laufend eine interne Optimierung. Der Internet-Service-Provider behält sich häufig vor, die Daten zur besseren Verfügbarkeit für die Kunden zu spiegeln. So werden regelmäßig oft abgefragte und in den USA gespeicherte Homepages gespiegelt und „zur Nachtzeit“ auf einen Server nach Europa übertragen. Greifen zu der nachfolgenden Hauptgeschäftszeit in Europa sehr viele Kunden auf diese Homepage zu, werden sie auf die 46

1 BFH, Urt. v. 3.2.1993 – I R 80-81/91, BStBl. II 1993, S. 462.
2 Nachweise bei *Spatscheck*, Steuern im Internet, 2000, Rz. 50 ff.

„europäische Kopie“ geführt und bemerken keinen Geschwindigkeitsverlust durch die häufig überlasteten Transatlantik-Daten-Routen. Verschiedene Anbieter[1] werben damit, dass ihnen mehrere Hundert Hardware-Server zur Verfügung stehen und sie die Homepage zur besseren und vor allem schnelleren Verfügbarkeit für den Benutzer permanent in ihrem **„Content-Distribution-Network“** verteilen. Sie soll immer dort einmal oder sogar auf mehreren Hardware-Servern gleichzeitig gespeichert sein, wo sie am meisten nachgefragt wird und auch mit größter Bandbreite erreicht werden kann.

47 In diesen Fällen fehlt es zum Vorliegen einer Betriebstätte an dem Tatbestandsmerkmal der **„örtlichen Fixierung“**. Ferner setzt das Tatbestandsmerkmal der **„Verfügungsmacht“** in der Abgabenordnung zumindest voraus, dass der Berechtigte weiß, in welcher Form und wo sich seine „Betriebstätte“ befindet. Gerade das ist bei der mietweisen Zurverfügungstellung von nicht näher bestimmtem Speicherplatz und den erforderlichen Internet-Übertragungsmöglichkeiten nicht der Fall.

48 Anders ist es, wenn der Content-Provider über einen eigenen körperlich vorhandenen **Internet-Hardware-Server** verfügt. Dem steht der Fall gleich, dass zB ein Großunternehmen mit einem Internet-Service-Provider ein **„qualifiziertes“ Webhosting** vereinbart, in dem es sich zusagen lässt, dass die Speicherung der Websites ausschließlich auf einem bestimmten, genau bezeichneten Server des Anbieters bei einer genau definierten Bandbreite erfolgen darf. Großunternehmen haben ihre Websites häufig bei weltweit tätigen Anbietern gespeichert, da allein diese ihnen eine ausreichende Bandbreite garantieren können, wenn zB bei einer Bank zu Stoßzeiten, dh. zwischen 8 und 10 Uhr sowie zwischen 17 und 21 Uhr, sich die Anzahl der Zugriffe plötzlich vervielfacht.

49 Die **Betriebstättenvoraussetzungen** „körperlicher Gegenstand“, „örtliche Fixierung“ und „Dauerhaftigkeit“ liegen dann vor. „Verfügungsgewalt“ ist gegeben, soweit sich der Server im (Mit-)Eigentum des Inhaltsanbieters befindet oder er eine zivilrechtliche Vereinbarung mit dem Eigentümer besitzt, die ihm eine vergleichbare Rechtsposition einräumt und ein konkretes Benutzungsrecht garantiert. Die längerfristige Anmietung eines genau bestimmten Hardware-Servers reicht demnach aus.

50 Überträgt man die Rechtsprechung des Bundesfinanzhofs in dem sog. „Pipeline-Urteil“[2] auf den E-Commerce, kann der Hardware-Server dem Unternehmen **„dienen“, dh. zu unternehmerischen Zwecken herangezogen** werden,

1 ZB AT & T oder Akamai.

2 BFH, Urteil v. 30.10.1996 – II R 12/92, BStBl. II 1997, S. 12. Dem Urteil lag der Fall eines niederländischen Unternehmens zugrunde, das durch seine in Deutschland unterirdisch verlegten Pipelines fremdes Rohöl pumpte. Sowohl Mitarbeiter, Pumpstation als auch Verwaltung befanden sich außerhalb Deutschlands. Dem BFH reichte das unterirdische Röhrennetz zum Vorliegen einer deutschen Betriebstätte aus. Der von einem Unternehmen im Ausland aufgestellte Hardware-Server, der per „Fernwartung“ bestückt und kontrolliert wird, ähnelt dem unterirdischen Rohölpumpsystem sehr, weshalb die rechtliche Einschätzung des BFH auf diese Konstellation übertragen wird.

selbst wenn er nur einen unselbständigen, isoliert nicht funktionsfähigen Teil einer Gesamtanlage darstellt und in Deutschland keine Personen aus dem Bereich des Inhaltsanbieters eingesetzt werden[1].

Bei über das Internet vertriebenen **Computerprogrammen** kann sich in Spe- 51
zialfällen eine beschränkte deutsche Steuerpflicht nach § 49 Abs. 1 Nr. 2f bzw. Nr. 6 EStG ergeben. Nach der Definition der Normen ist das der Fall, wenn „Rechte veräußert" werden. Bei Computerprogrammen kommen als „Rechte" urheberrechtlich geschützte Positionen iSv. § 69c UrhG, wie zB das Recht zur Vervielfältigung etc.[2], in Betracht. Unproblematisch ist insofern, dass nach dem deutschen Urheberrechtsgesetz das Urheberrecht an einem Computerprogramm nur in Erfüllung einer Verfügung von Todes wegen oder an Miterben im Wege der Erbauseinandersetzung übertragen werden kann. Der Urheber kann den Werknutzern nur ein aus dem Urheberrecht abgeleitetes einfaches oder ausschließliches Nutzungsrecht einräumen, §§ 29, 31 UrhG. Auf der Grundlage einer wirtschaftlichen Betrachtungsweise soll eine „Veräußerung" anzunehmen sein, wenn ein einfaches oder ausschließliches Urheber-Nutzungsrecht zeitlich unbefristet überlassen wird[3]. Im Normalfall des Softwareverkaufs zur bloßen Werknutzung werden urheberrechtlich geschützte Positionen gerade nicht eingeräumt, weshalb die Vorschrift jedenfalls im B2C-Bereich praktisch leer läuft[4].

b) DBA-Fälle

Hat die Bundesrepublik Deutschland mit dem Ansässigkeitsstaat des Ge- 52
schäftspartners ein **Doppelbesteuerungsabkommen** geschlossen, entscheidet dieses über die Berechtigung zur Besteuerung der grenzüberschreitenden Einkünfte. Der Staat, dem das Besteuerungsrecht nicht zusteht, stellt die Einkünfte idR von der Besteuerung frei[5]. Hier wird exemplarisch von dem OECD-Musterabkommen (OECD-MA) ausgegangen.

„**Unternehmensgewinne**" iSv. Art. 7 OECD-MA[6] entsprechen im Wesentli- 53
chen den Einkünften aus Gewerbebetrieb des deutschen Einkommensteuer-

---

1 *Spatscheck*, Steuern im Internet, 2000, Rz. 62, mwN.

2 *Kessler*, IStR 2000, 70 (71 f.) und oben Rz. 36.

3 *Kessler*, IStR 2000, 70 (72).

4 Umstritten ist, ob die Vorschrift im Falle der Einräumung des Rechts zum Software-Vertrieb durch eigene Vervielfältigung an einen gewerblichen Händler anwendbar ist (vgl. *Spatscheck*, Steuern im Internet, 2000, Rz. 64, Fn. 61). Zwar lässt sich der Vorgang grundsätzlich unter die Norm subsumieren. Wegen der Gefahr einer Wettbewerbsverzerrung im Hinblick auf den „physischen Handel" und der Aufrechterhaltung der Steuerneutralität des E-Commerce wird die Anwendung jedoch abgelehnt (*Kessler*, IStR 2000, 70 [75]). Nur so kann es zu einer Gleichbehandlung mit dem Softwarehandler kommen, der zB eine bestimmte Anzahl von Software-Exemplaren auf CD vom Urheber zur Weiterveräußerung erwirbt.

5 *Vogel*, DBA, 3. Aufl. 1996, Vor Art. 6–22 Rz. 4 f.

6 Art. 14 OECD-MA, der für die Einkünfte aus selbständiger Arbeit galt, wurde aufgehoben. Insofern ist jetzt auch Art. 7 OECD-MA anwendbar.

rechts. Nach Abs. 1 können sie nur im Wohnsitzstaat des Unternehmens besteuert werden, soweit das Unternehmen nicht im Vertragsstaat eine Betriebstätte unterhält.

54 Die **Betriebstätten-Definition des Art. 5 Abs. 1 OECD-MA** gleicht insofern derjenigen in § 12 Abs. 1 AO. Es gibt jedoch zwei Einschränkungen: Die Geschäftseinrichtung im anderen Staat muss nicht nur dem Unternehmen „dienen", vielmehr muss die Tätigkeit des Unternehmens „hierdurch ausgeübt" werden[1]. Weiter gelten nach Art. 5 Abs. 4 OECD-MA Einrichtungen, die bloße Hilfs- und Unterstützungsfunktion haben, nicht als Betriebstätte.

55 Es fällt schwer, den E-Commerce in diese Betriebstätten-Definition einzuordnen. Insbesondere der „**Aktivitätsvorbehalt**", dh. das Tätigwerden von Personal, der nach klassischem Verständnis für die Anerkennung einer DBA-Betriebstätte erforderlich war, führte dazu, dass der Internet-Hardware-Server, der nach der obigen AO-Definition eine Betriebstätte darstellt, nach der ehemals enger verstandenen Definition des OECD-MA nicht als DBA-Betriebstätte angesehen wird[2].

56 Im Rahmen der **Revision 2000 des OECD-MA** nebst dem Kommentar zum OECD-MA (OECD-MK) hat der OECD-Steuerausschuss das Betriebstättenproblem beim E-Business ausführlich diskutiert[3]. Für eine sinnvolle Behandlung des E-Commerce wurde eine Änderung oder Ergänzung des Betriebstättenbegriffs des Art. 5 OECD-MA derzeit für nicht erforderlich gehalten. Vielmehr verständigte sich der OECD-Steuerausschuss am 22.12.2000 auf eine e-commerce-spezifische Änderung des OECD-MK[4]. Ob auch eine Änderung des OECD-MA erfolgen wird, hängt von den Erfahrungen ab, die in den Mitgliedstaaten mit einer Änderung des OECD-MK in den nächsten Monaten und Jahren gemacht werden.

57 Der OECD-MK hat für das DBA-Verständnis folgende **Bedeutung**[5]: Der OECD-Kommentar kann bei der Auslegung der geltenden DBA nicht als Auslegungsmittel iSd. Art. 31 des Wiener Übereinkommens über das Recht der Verträge (WÜRV) angesehen werden. Er kann allenfalls als ergänzendes Auslegungsmittel im Sinne des Art. 32 WÜRV in Betracht kommen. Ebenso wenig konnte durchgesetzt werden, im Text des Musterabkommens eine Regelung fest zu verankern, nach der die Vertragsparteien sich bei der Auslegung des Abkommens nach dem Kommentar richten müssen. Es bleibt den Vertragstaaten jedoch unbenommen, eine solche Regelung im Einzelfall bilateral zu treffen. Die Bedeutung des Kommentars liegt vor allem darin,

1 *Vogel*, DBA, 3. Aufl. 1996, § 5 Rz. 28 ff.
2 Ausführlich: *Spatscheck*, Steuern im Internet, 2000, Rz. 67 ff.
3 *Krabbe*, IStR 2000, 196 ff.
4 Aktuell nur unter http://www.oecd.org/daf/fa/treaties/Clarif_e.pdf als Download erhältlich. Mit der Annahme durch den OECD-Ministerrat ist Anfang 2002 zu rechnen (*Kessler/Peter*, IStR 2001, 238).
5 Aus *Krabbe*, IStR 2000, 196 (197).

dass er in immer größerem Maße von Steuerverwaltungen, Steuerpflichtigen und Steuergerichten konsultiert und zitiert wird. Im Sinne einer weitreichenden Auslegungsharmonie wird mit einem engeren Zusammenwachsen in Europa noch eine breitere Akzeptanz seiner Aussagen erwartet.

Inhaltlich trifft der aktuelle **Kommentar zu Art. 5 OECD-MA** im Hinblick auf 58
den E-Commerce folgende Aussagen:

- Eine **Internet-Website**, die nur aus Software und elektronischen Daten besteht, stellt selbst keine Betriebstätte dar[1]. Ihr fehlt es an einer „Geschäftseinrichtung".
- Ein **Internet-Hardware-Server** kann eine Betriebstätte für das Unternehmen sein, das ihn unterhält[2]. Insbesondere kann durch die technische Ausrüstung eine „Einrichtung" vorliegen[3].
- **Webhosting** stellt deshalb keine Betriebstätte für den Content-Provider dar. Der Hosting-Vertrag ist regelmäßig nicht ausreichend, um eine physische Präsenz zu vermitteln. Wohl aber kann eine Betriebstätte des Internet-Service-Providers vorliegen, der den Hardware-Server selbst unterhält[4].
- Eine Betriebstätte des **Content-Providers** liegt nur vor, wenn er selbst den Hardware-Server betreibt und dieser ihm fest zur Verfügung steht (Eigentum, Leasing etc.)[5].
- Ein Hardware-Server stellt nur dann eine **feste Geschäftseinrichtung** und somit eine Betriebstätte dar, wenn er eine ausreichende Zeitdauer an einem bestimmten Platz tatsächlich verweilt. Unerheblich ist, dass er grundsätzlich mobil sein kann[6].
- Das Geschäft des Unternehmens muss **durch die Betriebstätte ausgeübt** werden, was im Einzelfall zu ermitteln ist[7].
- Hierbei ist **kein Personal** erforderlich, wenn der Server alle wesentlichen Geschäftsvorfälle selbst erledigen kann[8].
- Der Hardware-Server stellt keine Betriebstätte dar, wenn er lediglich **Vorbereitungs- oder Hilfstätigkeiten** iSv. Art. 5 Abs. 4 OECD-MA wahrnimmt[9]. Als solche kommen in Betracht: Betreiben eines bloßen Kommunikationsforums für Lieferanten und Käufer; Werbung; Datenspiegelung aus Sicherheits- und Effizienzgründen; Sammeln von Marktdaten; Zurverfügungstellung von Informationen.

---

1 Ziff. 42.2 OECD-MK.
2 Ziff. 42.2 OECD-MK.
3 Zur Problematik der Steuererhebung bei in Deutschland aufgestellten Hardware-Servern ausländischer Steuerpflichtiger siehe unten Rz. 158.
4 Ziff. 42.3 OECD-MK.
5 Ziff. 42.3 OECD-MK.
6 Ziff. 42.4 OECD-MK.
7 Ziff. 42.5 OECD-MK.
8 Ziff. 42.6 OECD-MK.
9 Ziff. 42.7 OECD-MK.

- Eine Ausnahme von dieser Regel gilt, wenn die Hilfstätigkeit das **Hauptgeschäft** des Unternehmens darstellt[1]. Beispiel: Ein Internet-Service-Provider stellt einen Hardware-Server zum Hosting etc. zur Verfügung[2]. In diesem Fall ist das Betreiben eines Servers die Haupttätigkeit des Unternehmens, die eine Betriebstätte vermitteln kann. Gegenbeispiel: Der Server des E-Tailers, der nur für Werbezwecke genutzt wird, ist keine Betriebstätte.
- Für die Einordnung ist demnach der konkrete Einsatz des Servers, dh. dessen **Funktion** in Bezug zur Haupttätigkeit des Unternehmens, wichtig[3]. Während ein für Werbezwecke eingesetzter Server keine Betriebstätte ist, stellt ein Hardware-Server, der Vertragsschluss, Bezahlung und Online-Lieferung automatisch durchführt, eine Betriebstätte dar.
- Internet-Service-Provider „vermitteln" keine Betriebstätte für ihre Kunden[4]. Sie sind nicht deren **„ständige Vertreter"**. Hierzu fehlt ihnen die Befugnis, Verträge im Namen ihrer Kunden abzuschließen. Ebensowenig kann die Website selbst als „ständiger Vertreter" angesehen werden. Sie ist schon keine Person iSv. Art. 3 Abs. 5 OECD-MA.

59 Es ist fraglich, ob bei der Auslegung der **bestehenden Doppelbesteuerungsabkommen** im Hinblick auf den E-Commerce dem Kommentar des OECD-MA in der Version der Revision 2000 Beachtung geschenkt werden wird. Unabhängig vom Ergebnis ist das wegen der hiermit verbundenen internationalen Steuerrechtsangleichung wünschenswert. Sollte dem nicht so sein, würde nach bisherigem Abkommensverständnis auch ein „intelligenter" Internet-Hardware-Server, der in seiner Funktion in der Lage ist, komplette Geschäftsvorfälle abzuwickeln, nicht als Betriebstätte angesehen[5].

60 Die Revision 2000 des OECD-MK brachte ferner eine Klarstellung[6] hinsichtlich der **Qualifikation von Softwarevergütungen** in Art. 12 Nr. 12 bis 17 OECD-MA mit sich. Die Neufassung enthält folgende Kernpunkte[7]:

- Es bleibt bei der **Software-Definition** als „Programm oder Folge von Programmen mit Befehlen für datenverarbeitende Anlagen, die für deren operationellen Prozesse selbst (Systemprogramme) oder für die Durchführung anderer Aufgaben (Anwenderprogramme) benötigt werden"[8]. Entsprechend der in den USA üblichen Unterscheidung orientiert sich die Qua-

1 Ziff. 42.8 OECD-MK.
2 Ziff. 42.9 OECD-MK.
3 Ziff. 42.9 OECD-MK. Diese Regelung ermöglicht dem Steuerpflichtigen ein Wahlrecht: Möchte er eine Betriebsstätte begründen, wählt er einen „intelligenten" Hardware-Server. Soll eine Betriebsstätte vermieden werden, ist die Funktion auf zwei in unterschiedlichen Orten/Staaten aufgestellte, isoliert „unintelligente" Hardware-Server zu verteilen.
4 Ziff. 42.10 OECD-MK.
5 *Spatscheck*, Steuern im Internet, 2000, Rz. 73 f.; *Krabbe*, IStR 2000, 490 (494).
6 Der Steuerausschuss ging davon aus, dass man schon vor der – rein deklaratorischen – Änderung zu gleichen Ergebnissen kam (*Spatscheck*, Steuern im Internet, 2000, Rz. 85 f.; *Steimel*, IStR 2000, 490 (492)).
7 *Steimel*, IStR 2000, 490 (492).
8 Ziff. 12.1 OECD-MK.

lifikation der Vergütungen an der Unterscheidung zwischen dem geistigen Eigentum („copyright in the program and software") und dem damit zusammenhängenden Produkt („copyrighted program").

- Vergütungen für den Erwerb eines Teilrechts am Copyright stellen ausschließlich im Sitzstaat des Lizenzgebers zu besteuernde Lizenzgebühren iSd. Art. 12 Abs. 2 OECD-MA dar, soweit sie auf das Recht zur **Nutzung des Copyrights** ausgerichtet sind[1]. Beispiel: Lizenz zum Vertrieb, zur Modifikation oder Vorführung des „copyrighted program".
- Lizenzgebühren iSv. Art. 12 Abs. 2 OECD-MA liegen ebenfalls in dem – ungewöhnlichen – Fall vor, wenn Vergütungen für die Offenlegung der dem Programm zugrunde liegenden **Ideen und Konzepte** bezogen werden[2].
- Vergütungen für den Erwerb eines Teilrechts am Copyright stellen Unternehmensgewinne iSv. Art. 7 OECD-MA dar, wenn die Rechte auf die **bloße Nutzung des Programms** und auf die damit verbundene Reproduktion begrenzt sind, wobei die Art der Überlassung, dh. in digitaler Form als Download oder als Gegenstand (CD, DVD, ...), ohne Bedeutung ist[3]. Die Kopie des Programms auf einen Computer wird in diesem Zusammenhang als wesentliche Voraussetzung der Programmbenutzung angesehen, so dass das Recht zur Vornahme der Kopie auf das „copyrighted program" und nicht auf das Copyright selbst gerichtet ist. Dies stellt den häufigsten Praxisfall dar.
- Wird das **Vollrecht am Copyright** erworben[4], liegen keine Lizenzgebühren vor, die nur bei einer eingeschränkten, dh. zeitlich oder sachlich begrenzten, „Überlassung" in Betracht kommen. Die Vergütungen stellen regelmäßig Unternehmensgewinne iSv. Art. 7 OECD-MA dar[5].

4. Verrechnungspreise

Die Problematik der Zurechnung und Festlegung von Preisen, zu denen 61
verbundene Unternehmen, dh. Schwester- sowie Mutter-/Tochterunternehmen, innerdeutsch und international **konzernintern erbrachte Lieferungen und Dienstleistungen** steuerlich anzusetzen haben, ist dem Grunde nach weder neu noch spezifisch für den E-Commerce. Gleiches gilt für die steuerlich anerkannten Verrechnungsmöglichkeiten zwischen Stammhaus und nationaler oder internationaler Betriebstätte. Was hingegen für das Steuerrecht neu ist, ist die dem Internet innewohnende Intensität der internationalen Kontakte[6] sowie die zuvor nicht möglichen Verflechtungen von Wertschöpfungsvorgängen.

---

1 Ziff. 13.1 OECD-MK.
2 Ziff. 14.3 OECD-MK.
3 Ziff. 14 f. OECD-MK.
4 Zur begrenzten Übertragungsmöglichkeit des Urheberrechts nach deutschem Recht und der im Steuerrecht angewandten „wirtschaftlichen Betrachtungsweise" siehe Rz. 51.
5 Ziff. 15 f. OECD-MK.
6 Werden zB Softwareprogramme über einen ausländischen Hardware-Server international vertrieben und hält man diesen Hardware-Server ertragsteuerlich für eine

62 **Beispiel**:

Das Internet ermöglicht verschiedenen Abteilungen eines weltweit vertretenen Unternehmens, unter Berücksichtigung der Zeitverschiebungen, rund um die Uhr an einem bestimmten Projekt noch enger zusammenzuarbeiten, als dies früher per Fax und Telefon möglich war (**Global Development**)[1]. Dies kommt häufig bei Entwicklungsabteilungen großer Konzerne vor. Der deutsche Entwicklungsingenieur übergibt sein Arbeitsergebnis – mit allen Verbesserungen und Fehlern – am Ende seines Arbeitstags via Internet an seinen Kollegen in den USA, der gleich einem Staffelläufer die Entwicklung weiterführt und ggf. entdeckte Fehler des Vorgängers ausmerzt. Vor Verlassen des Büros übergibt der Mitarbeiter in den USA das Arbeitsergebnis via Internet an seinen Konzern-Kollegen in Japan, der das „Projekt" nach eigener Weiterbearbeitung auf dem gleichen Weg wieder nach Deutschland gibt. Durch schnellere Datenstrecken findet das eigentliche Entwicklungsprojekt immer häufiger nur noch auf der Rechenanlage von einem der beteiligten Unternehmen statt, während die anderen Entwickler sich dort anmelden und darin arbeiten dürfen. Teilweise werden extra Rechenzentren als konzerneigene Serviceunternehmen über Outsourcing ausgelagert.

63 Im Beispielsfall müssen die **Teilleistungen** aus unterschiedlichen Staaten im Rahmen der internationalen Besteuerung erfasst und zugerechnet werden.

64 Um zu verhindern, dass Stammhaus und Betriebstätte sowie mehrere verbundene, ggf. konzernangehörige Unternehmen bei der gegenseitigen Leistungserbringung über die Landesgrenzen hinweg bzw. der gemeinsamen Leistungserbringung gegenüber Dritten durch die betragsmäßig freie Abrechnung entstehende Gewinne beliebig auf mehrere beteiligte Staaten verteilen können, unterliegt die Ermittlung dieser internen „Verrechnungspreise" Restriktionen der Finanzverwaltung.

65 Die in der Rechtsprechung und den internationalen Übereinkommen bislang verwandten **Standard-Gewinnermittlungsmethoden** basieren auf dem Transaktionsbezug, bei dem die einzelnen Leistungsbeiträge bewertet werden. Insofern führt weder die direkte Transaktions-Methode[2], nach der die Gewinne jeweils auf der Grundlage der Einzelbuchführung ermittelt werden[3], noch die indirekte Methode[4], nach der auf der Grundlage äußerer Anzeichen

---

Betriebstätte, ist von entscheidender Bedeutung, welcher Anteil der Wertschöpfung hierauf entfällt. Richtigerweise wird es nur ein „Vermittlungsentgelt" sein. Die eigentliche Wertschöpfung wurde am Sitz des Programmierers erbracht. Liegt diese im Inland, hat somit – trotz ausländischer Vertriebs-Betriebstätte – dennoch eine inländische Besteuerung zu erfolgen (*Spatscheck*, Steuern im Internet, 2000, Rz. 95 ff.; *Doernberg/Hinnekens*, Electronic Commerce and International Taxation, 1999, S. 302 ff.).

1 *Kaminski/Strunk*, IStR 1999, 217 (220).

2 Tz. 2.3.1. der Verwaltungsgrundsätze.

3 *Becker* in Becker/Kroppen, OECD-Verrechnungspreisgrundsätze, Loseblatt, Anm. 2.1. ff.

4 Tz. 2.3.2. der Verwaltungsgrundsätze.

(zB Preisvergleich, Wiederverkaufspreis, Kostenaufschlag) ein einheitlicher Gewinnverteilungsschlüssel im Wege des Fremdvergleichs ermittelt wird[1], zu praktikablen Ergebnissen[2]. So lässt sich im Beispielsfall die Wertschöpfung an dem Entwicklungsprojekt nur schwer anhand der Entwicklungszeiten, dh. der bloßen Computerzugriffszeiten, messen. Weder bei einem Unternehmen vorhandene Vorkenntnisse (Know-how) noch eine eventuelle Beseitigung von Entwicklungsfehlern lassen sich so erfassen.

Allenfalls Gebiete, die durch das Internet **keine strukturelle Neuerung** erfah- 66
ren, sondern bei denen der Interneteinsatz allein der Ablösung der „alten" Kommunikationsmittel Telefon und Fax dient, wie zB Teilaspekte des Vertriebs- und Auftragsabwicklungsbereichs, lassen in Einzelfällen noch einen Transaktionsbezug zu[3].

Eine gesonderte Gewinnermittlung der Einzelbeiträge auf den internetspezi- 67
fischen Gebieten, dh. in den Bereichen, in denen das Internet einen wirklichen Wechsel mit sich gebracht hat, wie zB dem Dienstleistungsbereich (Entwicklung), ist aufgrund des Integrationsgrads nicht möglich. Auch die Frage nach der Zurechnung von Gewinnen aus **Synergie-Effekten** durch den Interneteinsatz lässt sich mit diesen Methoden nicht in den Griff bekommen[4]. Zwar bietet das Internet wegen der notwendig vorliegenden Datenprotokolle theoretisch die Möglichkeit der Einzeltransaktionserfassung. Die Menge der Daten, die Probleme deren Bewertung und der Mangel an Vergleichsfällen schließen Gewinnverteilungsmethoden, die auf der Transaktionsanalyse beruhen, grundsätzlich aus[5].

Einen konkreten, genau angepassten Aufteilungsmaßstab zu finden, ist viel- 68
mehr nur durch einen Blick auf die internen Unternehmensabläufe, dh. einer internen **Funktionsanalyse** der einzelnen Unternehmenskomponenten, möglich. Dies setzt voraus, dass die Inhaltsanbieter ihre internen Strukturen gegenüber den beteiligten Fisken öffnen und diese sich beispielsweise auf eine Bewertung des Anteils einer Abteilung oder eines Arbeitsvorgangs am Gesamtgewinn einigen (**Profit-Split-Methode**)[6].

---

1 *Becker* in Becker/Kroppen, OECD-Verrechnungspreisgrundsätze, Loseblatt, Anm. 1.1. ff.; *Kroppen/Eigelshoven*, IWB Nr. 1 vom 12.1.2000, Fach 3, Gruppe 1, 1587.

2 Hingegen meinen das US-amerikanische Treasury Department und IRS, der „elektronische Handel" werfe bei der Verrechnungspreisbildung keine Besonderheit auf. Problematisch seien vielmehr die in- und ausländischen steuerlichen Zuständigkeitsbereiche (*Zschiegner*, IWB Nr. 1 vom 12.1.2000, Fach 8, Gruppe 2, 1021 (1025)).

3 Vgl. *Kaminski/Strunk*, IStR 1999, 217, die zwar die dogmatische Umsetzung bejahen, aber keine Lösung für schon erkannte Praxisprobleme bieten.

4 *Wichmann*, K&R 1999, 193 (196).

5 Ebenso: *Strunk*, IStR 1997, 257.

6 *Kuckhoff/Schreiber*, Verrechnungspreise in der Betriebsprüfung, 1997, Rz. 129 ff.; *Portner*, IStR 1998, 549; *Becker* in Becker/Kroppen, OECD-Verrechnungspreisgrundsätze, Loseblatt, Anm. 3.5, 3.6, 3.13; allg. zu Verrechnungspreisen: *Portner*, IStR 1995, 356; im Ergebnis für den Internet-Dienstleistungsbereich ebenso: *Kaminski/Strunk*, IStR 1999, 217.

69 Ein solches, internationales Analyse- und Einigungsverfahren hat den Nachteil, dass es, neben dem zwingend erforderlichen internationalen **Konsens der beteiligten Staaten**, äußerst aufwendig ist und für jeden Veranlagungszeitraum ein neuer Schlüssel festgelegt werden muss. Um in der Masse der Veranlagungsfälle eine Lösung zu finden, bleibt – de lege ferenda – nur eine pauschale Aufteilung zwischen Verkaufs- und Produktionsland[1]. Während bei Großunternehmen die Quote in einem bestimmten Rahmen noch verhandelbar sein kann, würde für Kleinunternehmen automatisch ein Verhältnis von 50 : 50 angesetzt. Die auf „Steueroasen“, die sich an dem System nicht beteiligen, entfallende Quote käme – zur Vermeidung „weißer“ Einkünfte – zur Verteilung auf die übrigen Staaten[2].

70 Bislang noch wenig erforscht ist die Frage, ob und ggf. wie die neu eingeführte **Datenzugriffsmöglichkeit der Finanzverwaltung** auf die Computeranlage der Unternehmen[3] zur Ermittlung der Verrechnungspreise eingesetzt werden kann. Sollte die Finanzverwaltung hierdurch nicht nur Zugriff auf die Finanzbuchhaltung, sondern auch auf die betriebswirtschaftlich orientierten Managementaccounts erhalten, könnte hierdurch eine Abgrenzung unter den Gesichtspunkten einer Funktionsbetrachtung erleichtert werden[4].

5. Bilanzierung

71 Während in der Anfangszeit des Internets der Webauftritt der Unternehmen häufig selbst gestaltet war und eher als „Versuch“ verstanden wurde, gehört es heute zur Corporate Identity, und es ist somit selbstverständlich, über einen professionell gestalteten Webauftritt zu verfügen. Insbesondere die Unternehmen, die am E-Commerce teilnehmen wollen, benötigen neben einer ansprechenden Gestaltung noch einen aufwendigen Programm-Unterbau, um mit dauerhafter Kundenzufriedenheit am Markt bestehen zu können. Somit ist es für ein Unternehmen mit hohen Investitionen verbunden, zB einen professionellen „Virtual Shop“ selbst aufzubauen. Vor diesem Hintergrund ist es von wirtschaftlicher Bedeutung, ob die Aufwendungen für den Webauftritt bei der steuerlichen **Gewinnermittlung des Unternehmens** sofort als Betriebsausgaben abgezogen werden dürfen oder ob eine Aktivierung mit der Folge einer Steuerabschreibung auf längere Dauer zu erfolgen hat[5].

72 Eine steuerliche Aktivierung hat zu erfolgen, wenn die **abstrakte Aktivierungsfähigkeit** vorliegt und **kein Aktivierungsverbot** entgegensteht.

73 Die **abstrakte Aktivierungsfähigkeit** ist gegeben, wenn sich der Kaufmann die Sache etwas kosten lässt, das Objekt selbständig bewertbar ist und der

1 *Doernberg/Hinnekens*, Electronic Commerce and International Taxation, 1999, S. 326.
2 *Doernberg/Hinnekens*, Electronic Commerce and International Taxation, 1999, S. 327.
3 Siehe Rz. 143 ff.
4 *Vögele/Edelmann*, IStR 2000, 463 (465).
5 *Kessler*, DB 1998, 1341; *Hütten*, INF 1998, 161; *Spatscheck*, CR 1999, 341; *Kirnberger*, EStB 1999, 302.

Vorteil über den Bilanzstichtag hinausreichenden Nutzen hat. Webdokumente haben für den Kaufmann ebenso wie Reklametafeln, Messestände und Schaufenster als digitale Instrumente der Öffentlichkeitsarbeit einen konkreten Wert. Die erste Voraussetzung ist deshalb erfüllt. Bei der Frage der selbständigen Bewertbarkeit ist fraglich, wie die Bewertungseinheiten abzugrenzen sind. Folgt man strikt dem Grundsatz der Einzelbewertung[1], würde jede geladene Datei ein Wirtschaftsgut darstellen. Nach der aktuellen Rechtsprechung ist jedoch hauptsächlich auf den Nutzungs- und Funktionszusammenhang abzustellen[2]. Es müssen Zweckeinheiten gebildet werden. Demnach ist nach dem jeweiligen Einsatz der Webdokumente zu differenzieren. Beispielsweise die Webdokumente „Öffentlichkeitsarbeit" und „elektronischer Katalog" sind als einzelne Wirtschaftsgüter anzusehen, während die mit diesen verbundenen Text-, Grafik-, Sound- und sonstigen Hilfsdateien nur unselbständige Bestandteile des Wirtschaftsguts sind[3]. Da die abstrakte Aktivierungsfähigkeit weiter voraussetzt, dass der „Vorteil" über den Bilanzstichtag hinaus noch vorhanden ist, scheiden Webdokumente für den kurzzeitigen Einsatz – zB Werbung für eine Aktionswoche im März – insofern aus.

Ferner darf **kein Aktivierungsverbot** entgegenstehen, was nach § 248 Abs. 2 HGB und § 5 Abs. 2 EStG der Fall ist, wenn ein immaterielles Wirtschaftsgut unentgeltlich erworben wurde. Da Webdokumente – jedenfalls soweit sie urheberrechtlich geschützt sind – als immaterielle Wirtschaftsgüter des Anlagevermögens anzusehen sind[4], besteht die Aktivierungsfähigkeit folglich nur für die im Wege der „echten Auftragsproduktion" von einem Webdesigner als Werkunternehmer entgeltlich erworbenen Webpages[5]. 74

Werden einmal erstellte Webdokumente **überholt oder erweitert**, stellt sich die Frage, ob die hierfür aufgewandten Kosten zu den aktivierungspflichtigen Herstellungskosten oder zu dem sofort abzugsfähigen Erhaltungsaufwand zu zählen sind. Nach allgemeiner Definition sind Herstellungskosten anzunehmen, wenn ein nach der Verkehrsanschauung völlig neues Wirtschaftsgut entsteht bzw. wenn das vorhandene deutlich körperlich erweitert oder über den ursprünglichen Zustand hinaus wesentlich verbessert wird. Überträgt man diese Grundsätze auf Webdokumente des Internets, so sind Herstellungskosten anzunehmen, wenn beispielsweise der Informationsgehalt des Dokuments deutlich verbessert wird oder die Programmierung so restrukturiert wird, dass die Webpage in Aufbau und Funktion eine erhebliche Verbesserung und Beschleunigung erfährt[6]. Ansonsten liegt Erhaltungsaufwand vor. 75

1 § 252 Abs. 1 Nr. 3 HGB.
2 BFH, Urteil v. 28.9.1990 – III R 77/89, BStBl. II 1991, S. 362.
3 *Hütten*, INF 1998, 161.
4 *Bordewin*, NWB Nr. 38 v. 14.9.1998, Fach 17, 1583.
5 Ebenso: *Kessler*, DB 1998, 1341.
6 Ebenso: *Kessler*, DB 1998, 1341.

6. Konsequenzen für die Steuergestaltung

a) Steuerstundung

76 Überlegt der deutsche Unternehmer, ob er durch die Aufstellung eines Internet-Hardware-Servers in einem niedrig besteuerten **Nicht-DBA-Staat** einen Steuervorteil erzielen kann, muss er berücksichtigen, dass nach dem deutschen **Welteinkommensprinzip**[1] alle etwaigen Gewinne im Rahmen der deutschen Besteuerung erfasst werden. Die Betriebstättendiskussion ist insofern ohne Bedeutung.

77 Es gibt nur die Möglichkeit, eine **Steuerstundung** zu erreichen, indem in dem Niedrigsteuer-Nicht-DBA-Staat eine Tochter-Kapitalgesellschaft gegründet wird, um dort etwaige Gewinne zu thesaurieren[2]. Handelt es sich um eine „aktive Tätigkeit", so dass die Hinzurechnungsbesteuerung nach §§ 7 ff. AStG nicht eingreift, erfolgt die Besteuerung in Deutschland erst mit der Veräußerung der Beteiligung.

78 Wird in einem **DBA-Staat**, der mit dem Sitzstaat des Unternehmers ein dem OECD-MA vergleichbares Abkommen abgeschlossen hat, ein „intelligenter" Internet-Hardware-Server aufgestellt, der eine Unternehmens-Haupttätigkeit ausführt, liegt eine DBA-Betriebstätte vor[3]. Das hat zur Konsequenz, dass die dort erzielten Gewinne grundsätzlich nur im Betriebstätten-Staat versteuert werden. Je nach dessen Steuervorschriften besteht somit die theoretische Hoffnung auf eine Steuerersparnis.

b) Gestaltungsmissbrauch

79 Mit der Begründung einer DBA-Betriebstätte ist noch nicht sichergestellt, dass die im Zusammenhang mit dem Server erzielten Gewinne nur im Betriebstätten-Staat besteuert werden. Die deutsche Finanzverwaltung könnte die durch Aufstellung eines Internet-Servers im Ausland erzielte Gewinnverlagerung eines Unternehmens mit Sitz in Deutschland als „**Gestaltungsmissbrauch**" im Sinne von § 42 AO sehen[4], mit der Folge der Gewinnbesteuerung in Deutschland und – je nach Qualifikation des Betriebstätten-Staats – nochmals am Aufstellungsort des Internet-Servers. Insofern wird die „Standortelastizität" bzw. Ortsunabhängigkeit von Internetgeschäften zum Bumerang. Abhängig vom konkreten Fall könnte es aufwendig, wenn nicht sogar unmöglich sein, der Finanzverwaltung argumentativ nachzuweisen, dass die Aufstellung eines Internet-Servers in einem Niedrigsteuer-Staat

---

1 Siehe unter Rz. 39.

2 *Spatscheck*, Steuern im Internet, 2000, Rz. 108 bis 110.

3 Siehe unter Rz. 58.

4 *Spatscheck*, Steuern im Internet, 2000, Rz. 77. Eine eher praxisfremde Ausnahme kann für die Verlagerung ins EU-Ausland gelten, da insofern die Anwendung von Art. 42 AO der Niederlassungsfreiheit der Art. 43, 48 EG-Vertrag entgegensteht (ebenso: *Arndt/Fetzer*, BB 2001, 1175). Wegen der hiermit verbundenen Steuervorteile wird es sich regelmäßig um eine Verlagerung in Drittländer handeln.

andere als steuerliche Gründe hatte. Ob zB Kostenvorteile im Betriebstätten-Staat, eine bessere Performance durch größere Bandbreite etc. von der Finanzverwaltung als „außersteuerliche Gründe" anerkannt werden, ist in der Praxis noch nicht erprobt. Hier dürfte zum Problem werden, dass die Staaten, die über argumentativ nachweisbare „außersteuerliche Gründe" für die Aufstellung eines Internet-Hardware-Servers verfügen, ein dem deutschen Recht ähnliches Besteuerungssystem mit einer vergleichbaren Belastung haben. Offshore-Staaten haben zwar verlockende Steuervorteile. Aufgrund ihrer häufig mangelnden Infrastruktur und technischen Entwicklung fehlt es aber an gerade den Gründen, die nicht zum Gestaltungsmissbrauch führen.

III. Umsatzsteuer

1. Prinzip des Europäischen Mehrwertsteuersystems

Das Einkommen ist sowohl bei seiner Entstehung als auch bei seiner Verwendung mit Steuern belastet. Im Rahmen des Zuflusses von Einnahmen erfolgt eine Besteuerung durch Ertragsteuern[1]. Die Einkommensverwendung wird durch Verbrauchsteuern erfasst. Bei der Umsatzsteuer handelt es sich um eine **allgemeine Verbrauchsteuer**, mit der wirtschaftlich letztlich der Endverbraucher – als Ausdruck der Leistungsfähigkeit – belastet werden soll[2]. Die technische Umsetzung erfolgt nach dem Prinzip der Allphasen-Netto-Umsatzsteuer mit Vorsteuerabzug, was bedeutet[3], dass Unternehmer, die steuerpflichtige Umsätze ausführen, die Umsatzsteuer gesondert ausweisen (§ 14 UStG) und an den Fiskus abführen. Ist der Empfänger der Leistung ein umsatzsteuerlicher Unternehmer, kann dieser von der von ihm geschuldeten Umsatzsteuer im Wege des „**Vorsteuerabzugs**" (§ 15 UStG) die Umsatzsteuer abziehen, die ihm selbst von seinem (Vor-) Leistungserbringer, zB seinem Lieferanten, in Rechnung gestellt wurde. Handelt es sich nicht um einen Unternehmer, trifft ihn, als Endverbraucher, wirtschaftlich die Belastung. 80

Steuersubjekte und im Normalfall auch Steuerschuldner sind demnach die **Unternehmer** iSv. §§ 2, 13 Abs. 2 Nr. 1 UStG. 81

Steuerobjekt sind alle Lieferungen von Gegenständen und alle sonstigen Leistungen, die im Inland gegen Entgelt ausgeführt werden (§ 1 Abs. 1 Nr. 1 UStG) sowie die Einfuhr von Gegenständen in das Inland (§ 1 Abs. 1 Nr. 4 UStG) und der innergemeinschaftliche Erwerb im Inland gegen Entgelt (§ 1 Abs. 1 Nr. 5 UStG). 82

Unter Lieferung wird die „**Verschaffung wirtschaftlicher Verfügungsmacht**" verstanden (§ 3 Abs. 1 UStG). Der Leistungsbegriff hingegen ist im Umsatz- 83

1 Siehe Rz. 24 ff.
2 *Tipke/Lang*, Steuerrecht, 16. Aufl. 1998, § 14 Rz. 1 ff.
3 *Tipke/Lang*, Steuerrecht, 16. Aufl. 1998, § 14 Rz. 3 f.

steuergesetz als **Nicht-Lieferung** nur negativ definiert (§ 3 Abs. 9 UStG) und umfasst im Wesentlichen alle Dienstleistungen. Die Umsatzsteuer umfasst somit den gesamten Leistungsaustausch, weshalb auch der im elektronischen Handel denkbare Geschäftsverkehr unter den Anwendungsbereich des Umsatzsteuergesetzes fällt[1].

84 Da von der deutschen Umsatzsteuerpflicht nur der mit dem „Inland" iSv. § 1 Abs. 2 UStG in Beziehung stehende Leistungsaustausch erfasst wird[2], ist insbesondere für die international angelegten Internet-Geschäfte die Festlegung des **Liefer- bzw. Leistungsorts** von Bedeutung.

85 Das Umsatzsteuerrecht ist in erheblichem Maße von dem **Gemeinschaftsrecht der Europäischen Union** beeinflusst. Von besonderer Bedeutung ist die „**6. Richtlinie zum gemeinsamen Mehrwertsteuersystem**"[3]. Sie enthält detaillierte Angaben zum Gegenstand der Steuer, zu Befreiungen, zur Bemessungsgrundlage und zum Vorsteuerabzug.

2. Netzbetreiber

86 Netzbetreiber können zwei Arten von umsatzsteuerlich relevanten Leistungsbeziehungen unterhalten: Sie stellen ihr **Netzwerk gegen Entgelt** anderen Unternehmern, zB kleineren Netzbetreibern, die dieses selbst weitervermarkten, zur Verfügung. Ferner können bloße **Daten-Übertragungskapazitäten** Privaten oder einem anderen Unternehmer entgeltlich zu dessen eigener Datenkommunikation zur Verfügung gestellt werden, dh., dieser tritt insofern wie ein Endabnehmer am Markt auf.

87 Da die Netzbetreiber keine Lieferung erbringen, handelt es sich um eine **sonstige Leistung** iSv. § 3 Abs. 9 UStG.

88 Die Qualifikation als sonstige Leistung ist insbesondere für die Frage von Bedeutung, wo sich der über die Steuerbarkeit entscheidende **Leistungsort** befindet. Nach der Grundregel des § 3a Abs. 1 Satz 1 UStG ist dieser am Sitz des leistenden Unternehmers (**Ursprungslandprinzip**). Abweichend hiervon kann nach § 3a Abs. 3 iVm. Abs. 4 Nr. 12 UStG[4] der Leistungsort am Sitz des Empfängers der Leistung sein (**Verbrauchslandprinzip**), wenn eine „Telekommunikationsdienstleistung" vorliegt[5].

---

1 Das ist heute international unbestritten (vgl. *Vellen* in Fischer/Strunk, Steuerliche Aspekte des Electronic Commerce, 1998, S. 85 f.; *Spatscheck*, Internet und Steuern, 2000, Rz. 111 ff.).

2 Vgl. § 1 Abs. 1 UStG.

3 Richtlinie Nr. 77/388 EWG des Rates v. 17.5.1977, ABl. EG 1977 Nr. L 145, 1; in aktueller, konsolidierter Fassung abgedruckt in *Plückebaum/Malitzky*, Umsatzsteuergesetz, Loseblatt, Band I, Teil C 60.

4 Durch das Umsatzsteuer-Änderungsgesetz 1997 v. 12.12.1996, BGBl. I 1996, S. 1851 = BStBl. I 1996, S. 1560, wurden die Telekommunikationsdienstleistungen in § 3a Abs. 4 Nr. 12 UStG aufgenommen.

5 *Spatscheck*, Steuern im Internet, 2000, Rz. 126 ff.

Art. 9 Abs. 2e der „geänderten" 6. EG-Richtlinie[1] enthält eine **Legaldefinition** der Telekommunikationsdienstleistung: 89

Als **Telekommunikationsdienstleistung** gelten solche Dienstleistungen, mit denen die Übertragung, die Ausstrahlung oder der Empfang von Signalen, Schrift, Bild und Ton oder Informationen jeglicher Art über Draht, Funk, optische oder sonstige elektromagnetische Medien ermöglicht werden, einschließlich der damit im Zusammenhang stehenden Abtretung oder Einräumung von Nutzungsrechten an Einrichtungen zur Übertragung, Ausstrahlung oder zum Empfang. Zu den Telekommunikationsdienstleistungen im Sinne dieser Vorschrift gehört auch die Bereitstellung des Zugangs zu globalen Informationsnetzen. 90

In einer **gemeinsamen Protokollerklärung** des Rates und der Europäischen Kommission werden – zum besseren Verständnis – exemplarisch Vorgänge genannt, die nach einvernehmlicher Einschätzung unter die Definition fallen sollen[2]: 91

- Pauschale **Anschlussgebühren**, Abonnementgebühren und Gebühren für den Transfer für eine das Senden oder Empfangen von Telekommunikation ermöglichende **Vorrichtung**,
- die Zurverfügungstellung von **Telekommunikationsnetzen**,
- das **Nutzungsrecht** an einem Netz gesonderter Leitungen,
- Pauschalpreis für ein **Internet-Zugangsabonnement** (Anschluss und Austausch von Mitteilungen).

Ein **Netzbetreiber**, der lediglich die Übertragungswege zur Übermittlung der relevanten Daten zur Verfügung stellt, erbringt demnach eine **Telekommunikationsdienstleistung** iSv. § 3a Abs. 4 Nr. 12 UStG. 92

Für den **Leistungsort** von Telekommunikationsdienstleistungen gilt auf der Grundlage der 6. EG-Richtlinie, die im deutschen Umsatzsteuergesetz umgesetzt ist, im Einzelnen: 93

- Nach der allgemeinen Grundregel in Art. 9 Abs. 1 der 6. EG-Richtlinie ist eine Dienstleistung – und somit auch eine Telekommunikationsdienstleistung – an dem Ort zu besteuern, an dem der Dienstleistungserbringer seinen Sitz hat. Dem entspricht im deutschen Recht § 3a Abs. 1 Satz 1 UStG.
- Für den Fall, dass die Telekommunikationsdienstleistung an einen außerhalb der Gemeinschaft ansässigen Empfänger (Steuerpflichtiger oder Nicht-Steuerpflichtiger) oder an einen in einem anderen **EU-Mitgliedstaat ansässigen Unternehmer** erbracht wird, gilt nach Art. 9 Abs. 2e der 6. EG-Richtlinie als Leistungsort der Ort, an dem der Empfänger den Sitz seiner wirtschaftlichen Tätigkeit oder eine feste Niederlassung hat, für welche die Dienstleistung erbracht worden ist. Dem entspricht § 3a Abs. 3

1 ABl. EG Nr. L 162/1999, 63.
2 *Vellen*, UR 1999, 349 (355).

Satz 1 und Satz 3 des deutschen UStG. Es gilt insofern – als Abweichung zur Grundregel – das **Verbrauchslandprinzip**.

- Ferner räumt Art. 9 Abs. 3b der 6. EG-Richtlinie den Mitgliedstaaten ein **Optionsrecht** ein: Als weitere **Ausnahme** von der Grundregel des Art. 9 Abs. 1 der 6. EG-Richtlinie kann der Leistungsort von allen Arten von Dienstleistungen, wenn er nach allgemeinen Grundsätzen im Drittlandsgebiet läge, so behandelt werden, als sei er im Inland, wenn hier die Nutzung und Auswertung erfolgt. Der US-amerikanische Telekommunikationsdienstleistungsanbieter, der an den Kölner Internet-User leistet, hat seinen Leistungsort – folgt man der Grundregel – in den Vereinigten Staaten. Macht der Mitgliedstaat von der Optionsmöglichkeit Gebrauch, ist der Leistungsort in Deutschland.
- Zur Vermeidung von Wettbewerbsverzerrungen innerhalb der EU-Mitgliedstaaten wird durch die Änderungsrichtlinie[1] die **Optionsmöglichkeit bei Telekommunikationsdienstleistungen zur Optionspflicht**, wenn der Leistungsempfänger ein Nichtunternehmer ist. Art. 9 Abs. 4 der 6. EG-Richtlinie zwingt demnach die Mitgliedstaaten in den Fällen, in denen ein Drittlandsunternehmen Telekommunikationsdienstleistungen an einen in der Gemeinschaft ansässigen Nichtsteuerpflichtigen erbringt, den Leistungsort in das Inland zu verlagern, wenn hier die tatsächliche Nutzung und Auswertung erfolgt. In Deutschland wird dies durch § 3a Abs. 1 UStG iVm. § 1 Abs. 1 Satz 1 Nr. 2 UStDV sichergestellt. Wäre im Beispielsfall der Kölner Internet-User nichtsteuerpflichtiger Privatmann, läge der Leistungsort an seinem Sitz, wo die Leistung ausgewertet wird, unabhängig davon, ob dieser in Deutschland, Frankreich, England oder im sonstigen Gemeinschaftsgebiet liegt. Hierdurch soll es Drittlandsunternehmen erleichtert werden, mit einer in diesem Punkt einheitlichen EU-Umsatzsteuerregelung zurechtzukommen[2].
- In allen übrigen Fällen bleibt für die Mitgliedstaaten die Optionsmöglichkeit des Art. 9 Abs. 3 der 6. EG-Richtlinie erhalten. Erbringt zB ein im Drittland ansässiger Unternehmer eine Telekommunikationsdienstleistung, zB die Zurverfügungstellung einer Telefonleitung, an einen amerikanischen Touristen, der diese in Deutschland nutzt oder auswertet, kann der **Besteuerungsort** nach dem **Optionsrecht** in Art. 9 Abs. 3b der 6. EG-Richtlinie **ins Inland verlagert** werden[3]. Deutschland hat hiervon keinen Gebrauch gemacht. Nach § 3a Abs. 3 Satz 3 UStG ist der Leistungsort im Drittland. Diese Konstellation ist in der Praxis problematisch[4]: Der deutsche Anbieter wird im täglichen Massengeschäft die Leistungsempfänger aus Drittländern nicht gesondert behandeln können. Demnach bezahlt der amerikanische Tourist den Preis inklusive der deutschen Umsatzsteuer. Gleichzeitig ist er – möglicherweise – in seinem Heimatland verpflichtet,

1 Siehe oben Rz. 85, 89.
2 *Vellen*, UR 1999, 349 (354).
3 *Vellen*, UR 1999, 349 (354).
4 Vgl. *Schmittmann*, ZAP 1999, Fach 20, 353 (356).

die Umsatzsteuer anzumelden und abzuführen. Kommt er dieser Verpflichtung nicht nach, macht er sich gegebenenfalls strafbar. Ferner kann es – je nach der Rechtslage im Drittstaat – zur Doppelbesteuerung oder Nichtbesteuerung kommen.

In allen praktisch wichtigen Fällen hat sich demnach das **Verbrauchslandprinzip** durchgesetzt. 94

Die **Tabelle**[1] fasst hinsichtlich der Leistungsortbestimmung und der Regelung des Abzugsverfahrens alle Fallkonstellationen zusammen: 95

Leistungsempfänger	**Leistungserbringer**		
	Unternehmer mit Sitz in Deutschland	**Unternehmer mit Sitz im übrigen Gemeinschaftsgebiet**	**Unternehmer mit Sitz im Drittland**
Unternehmer mit Sitz in Deutschland	§ 3a Abs. 3 Satz 1 UStG: Deutschland	§ 3a Abs. 3 Satz 1 UStG: Deutschland; §§ 51 ff. UStDV Abzugsverfahren/ Nullregelung	§ 3a Abs. 3 Satz 1 UStG: Deutschland §§ 51 ff. UStDV Abzugsverfahren/ Nullregelung
Unternehmer mit Sitz im übrigen Gemeinschaftsgebiet	§ 3a Abs. 3 Satz 1 UStG: übriges Gemeinschaftsgebiet	§ 3a Abs. 3 Satz 1 UStG: übriges Gemeinschaftsgebiet	§ 3a Abs. 3 Satz 1 UStG: übriges Gemeinschaftsgebiet
Unternehmer mit Sitz im Drittland	§ 3a Abs. 3 Satz 1 UStG: Drittland	§ 3a Abs. 3 Satz 1 UStG: Drittland	§ 3a Abs. 3 Satz 1 UStG: Drittland
Privatperson mit Wohnsitz in Deutschland	§ 3a Abs. 1 UStG: Deutschland	§ 3a Abs. 1 UStG: übriges Gemeinschaftsgebiet	§ 3a Abs. 1 UStG iVm. § 1 Abs. 1 Satz 1 Nr. 2 UStDV: Deutschland
Privatperson mit Wohnsitz im übrigen Gemeinschaftsgebiet	§ 3a Abs. 1 UStG: Deutschland	§ 3a Abs. 1 UStG: übriges Gemeinschaftsgebiet	§ 3a Abs. 1 UStG iVm. § 1 Abs. 1 Satz 1 Nr. 2 UStDV: Deutschland
Privatperson mit Wohnsitz im Drittland	§ 3a Abs. 3 Satz 3 UStG: Drittland	§ 3a Abs. 3 Satz 3 UStG: Drittland	§ 3a Abs. 3 Satz 3 UStG: Drittland

Tab. 1: Bestimmung des Leistungsorts

1 Vgl. *Zöllkau/Schilling/Jansen*, IStR 1998, 97 (98); *Vellen*, UR 1999, 349 (357).

3. Internet-Service-Provider

96 Neben der reinen Datenweiterleitung erbringen Internet-Service-Provider (ISP) und Online-Dienste noch zusätzliche, **entgeltliche Leistungen,** wie zB Mailbox-Service, Webhosting, informative Datenbanken, Chat-Rooms und Marktplätze.

97 Es handelt sich insgesamt um „**sonstige Leistungen**" iSv. § 3 Abs. 9 UStG.

98 Zur Bestimmung des **Leistungsorts** sind die Leistungen des Bündels gesondert zu betrachten:

a) Access

99 Der „reine Access Provider" erbringt ausschließlich **Telekommunikationsdienstleistungen** iSv. § 3a Abs. 4 Nr. 12 UStG[1].

b) Teledienste

100 Über die Ermöglichung des Internet-Zugangs hinaus bieten Online-Dienste häufig noch weitere Zusatzleistungen an, die als „**Teledienste**" bezeichnet werden[2]. Zur Definition wird auf § 2 Abs. 2 des Teledienstegesetzes[3] (TDG) zurückgegriffen, wobei sich in der Praxis schon Fallgruppen herausgebildet haben. Es kommen in Betracht[4]: Telebanking, Verkehrs-, Wetter-, Umwelt- und Börsendaten, Verbreitung von **Informationen** über Waren und Dienstleistungen, Browser und Suchmaschinen, Telespiele, Werbung und Bestellmöglichkeiten von Waren und Dienstleistungen auf „**virtuellen Marktplätzen**" (Malls) oder Individual-Homepages.

101 Der Inhalt dieser „Teledienste" lässt sich regelmäßig unter eine der **Katalog-Leistungen des § 3a Abs. 4 Nr. 1 bis 5 UStG** subsumieren, wie zB die Einräumung, Übertragung und Wahrnehmung von bestimmten Rechten (§ 3a Abs. 4 Nr. 1 UStG), die Werbung (§ 3a Abs. 4 Nr. 2 UStG), die rechtliche, wirtschaftliche und technische Beratung (§ 3a Abs. 4 Nr. 3 UStG), die Datenverarbeitung (§ 3a Abs. 4 Nr. 4 UStG) oder die Überlassung von Informationen (§ 3a Abs. 4 Nr. 5 UStG). Da für alle in § 3a Abs. 4 UStG aufgeführten Leistungen der Leistungsort – zunächst – nach § 3a Abs. 3 UStG zu bestimmen ist, macht es insofern grundsätzlich keinen Unterschied, ob eine unter Rz. 92 beschriebene Telekommunikationsdienstleistung iSv. § 3a Abs. 4 Nr. 12 UStG oder eine Teledienstleistung iSv. § 3a Abs. 4 Nr. 1 bis 5 UStG vorliegt. Dem Grunde nach findet immer die bei den „Netzbetreibern[5]" dargestellte Leistungsortbestimmung Anwendung.

1 *Spatscheck*, Steuern im Internet, 2000, Rz. 151.
2 *Zöllkau/Schilling/Jansen*, IStR 1998, 97; BMF-Schreiben v. 18.11.1997, BStBl. II 1997, S. 960.
3 BGBl. I 1997, S. 1870.
4 BMF-Schreiben v. 18.11.1997, BStBl. II 1997, S. 960.
5 Siehe Rz. 86 ff.

102 Es gibt nur einen **Sonderfall**, bei dem die Einordnung Auswirkung auf die Leistungsortbestimmung hat:

103 Erbringt ein **Unternehmer aus einem Drittland** oder von einer im Drittland gelegenen Betriebstätte aus eine Telekommunikationsdienstleistung iSv. § 3a Abs. 4 Nr. 12 UStG an eine **Privatperson**[1], ist die Leistung – abweichend von § 3a Abs. 1 UStG – im Inland zu besteuern, wenn sie dort genutzt oder ausgewertet wird, § 1 Abs. 1 Satz 1 Nr. 2 UStDV iVm. § 3a Abs. 5 UStG. Bei den Telediensten iSv. § 3a Abs. 4 Nr. 1 bis 5 UStG fehlt hingegen eine solche Verlagerung des Leistungsorts bei Leistungen von Drittlandsanbietern an Privatpersonen.

104 Nur für diesen Sonderfall wird demnach das Leistungsbündel des Online-Dienstes genau analysiert und differenziert. Im Einzelnen gelten hierbei folgende **Grundsätze**[2]:

105 – **Jede einzelne Leistung** ist gesondert zu betrachten.

106 – Besteht die Leistung des Online-Dienstes vornehmlich darin, den Zugang zum und das Bewegen im Internet zu ermöglichen (§ 3a Abs. 4 Nr. 12 UStG), handelt es sich hingegen bei der weiteren Leistung (Teledienst) um eine untergeordnete Nebenleistung, teilt sie das **umsatzsteuerliche Schicksal der Hauptleistung**[3].

107 – Erbringt der Online-Dienst neben der Ermöglichung des Internetzugangs noch weitere sonstige Leistungen (Teledienste), die **keine reinen Nebenleistungen** sind, liegen **eigenständige Hauptleistungen** vor, die getrennt zu behandeln sind[4].

108 – Werden für die Leistungen **getrennte Entgelte** vereinbart, ist die Besteuerung daran auszurichten. Ein einheitlich entrichtetes Gesamtentgelt ist im Schätzungswege aufzuteilen. Beim Aufteilungsmaßstab ist auf das Verhältnis der Nutzungszeiten der einzelnen Telekommunikationsdienstleistungen und Teledienste abzustellen. Ist das nicht möglich – etwa weil für die Leistung (Webhosting) keine Nutzungszeiten anfallen –, sind die vom Anbieter in anderen Fällen angesetzten Einzelpreise ins Verhältnis zu setzen. Sollte es bei diesem Anbieter die Leistungen nur im Paket geben, ist der Fremdvergleich mit den Preislisten anderer Anbieter zugrunde zu legen.

---

1 Ist der Empfänger ein Unternehmer, ist bereits nach § 3a Abs. 3 UStG iVm. § 3a Abs. 4 Nr. 12 UStG die Leistung am Sitz des Empfänger-Unternehmens zu besteuern.

2 BMF-Schreiben v. 18.11.1997, BStBl. II 1997, S. 960 (961 f.).

3 Beispiel: Ein Online-Dienst stellt entgeltlich den Internetzugang und dazu einen Browser oder ein sonstiges Portal zur Verfügung. Es liegt insgesamt eine Telekommunikationsdienstleistung vor.

4 Beispiel: Ein Online-Dienst bietet neben dem entgeltlichen Internetzugang Webhosting gegen Bezahlung oder ein eigenes, ebenfalls entgeltliches Telebanking-Modul an.

109 **Beispiel**:
Der US-amerikanische Anbieter stellt dem deutschen Privatmann sowohl eine Internetzugangsmöglichkeit als auch Webspace für dessen Homepage gegen Zahlung eines Pauschalpreises iHv. 120 DM pro Monat bei einem entsprechenden Datentraffic-Volumen zur Verfügung. Bei dem Internetzugang handelt es sich um eine Telekommunikationsdienstleistung iSv. § 3a Abs. 4 Nr. 12 UStG. Der Leistungsort befindet sich nach § 1 Abs. 1 Satz 1 Nr. 2 UStDV iVm. § 3a Abs. 5 UStG in Deutschland. Hingegen liegt beim Webhosting ein Teledienst iSv. § 3a Abs. 4 Nr. 2 UStG vor. Der Leistungsort befindet sich nach § 3a Abs. 1 UStG – § 1 Abs. 1 Satz 1 Nr. 2 UStDV ist nicht einschlägig – in den USA. Der Gesamtpreis ist zwischen den beiden Leistungsorten aufzuteilen. Der amerikanische Anbieter verlangt nur für die Zurverfügungstellung des Internetzugangs pauschal 100 DM pro Monat. Nur das Webhosting würde pauschal 50 DM pro Monat kosten. Es ergibt sich demnach das Verhältnis 2 : 1. In diesem ist auch der tatsächlich gezahlte Paketpreis aufzuteilen. Demnach werden 80 DM (Internetzugang/Telekommunikationsdienstleistung) in Deutschland versteuert, während 40 DM (Webhosting/Teledienst) – aus deutscher Steuersicht – in den USA zu versteuern sind.

4. Content-Provider und User-Kunde

110 Für die **Offline-Umsätze** gelten die umsatzsteuerlichen Regeln des klassischen Versandhandels[1]. Insofern bringt der E-Commerce keine Neuerungen.

111 Bei **Online-Umsätzen** handelt es sich aufgrund der fehlenden physischen Erscheinungsformen um **Dienstleistungen** iSv. § 3 Abs. 9 UStG[2].

112 Demnach ist der Leistungsort grundsätzlich nach § 3a Abs. 1 UStG[3] zu bestimmen und befindet sich an dem **Sitzort des leistenden Unternehmers**.

113 Da § 3a UStG in den Absätzen 2 bis 5[4] eine große Anzahl von **Ausnahmen** für konkrete Fallgruppen kennt, bei denen der Leistungsort – entsprechend dem **Verbrauchslandprinzip** – an den Sitz des Empfängers verlagert wird, ist der Inhalt der Leistung für die Festlegung deren Ausführungsorts maßgeblich. Durch die umfangreiche Ausnahmeregelung zur Grundregel stellt diese de facto nur noch einen Auffangtatbestand dar. Es gilt demnach bei Online-Umsätzen regelmäßig das **Verbrauchslandprinzip**[5].

---

1 OFD Münster, Vfg. v. 7.12.1999 – S 7117f – 54 – St 14–32, UR 2000, 128; *Schmittmann*, ZAP 1999, Fach 20, 353 (354 f.); *Zöllkau/Schilling/Jansen*, IStR 1998, 97 (101); *Vellen* in Fischer/Strunk, Steuerliche Aspekte des Electronic Commerce, 1998, S. 86.
2 Entspricht Art. 6 der 6. EG-Richtlinie.
3 Entspricht Art. 9 Abs. 1 der 6. EG-Richtlinie.
4 Entspricht Art. 9 Abs. 2 und 3 der 6. EG-Richtlinie.
5 OFD Münster, Vfg. v. 7.12.1999 – S 7117f – 54 – St 14–32, UR 2000, 128; *Vellen* in Fischer/Strunk, Steuerliche Aspekte des Electronic Commerce, 1998, S. 86 ff.

Lässt sich zB ein deutscher Unternehmer via Internet von einem **Rechtsanwalt aus Frankreich** beraten, ist diese Online-Dienstleistung nach § 3a Abs. 3 UStG iVm. § 3a Abs. 4 Nr. 3 UStG in Deutschland zu versteuern. 114

In der Literatur werden hinsichtlich der umsatzsteuerlichen Einordnung der **Software-Überlassung** unterschiedliche Ansichten vertreten[1]. Die **Finanzverwaltung** hat sich auf diese Subsumtion verständigt[2]: 115

Wird **Individualsoftware** überlassen, handelt es sich immer um eine **„sonstige Leistung“** iSv. § 3 Abs. 9 UStG iVm. § 3a Abs. 4 Nr. 5 UStG, unabhängig davon, ob die Übertragung auf Datenträger oder online als Download erfolgt. Im Vordergrund der Überlassung steht hier der **geistige Inhalt**[3]. Leistungsort ist demnach nach § 3a Abs. 1 UStG grundsätzlich der Sitz des leistenden Unternehmers. Abweichend hiervon liegt nach § 3a Abs. 3 Satz 1 UStG bei Leistungen an einen Unternehmer der Leistungsort an dessen Sitz. Für Leistungen an Nichtunternehmer mit Wohnsitz oder Sitz im Drittlandsgebiet gilt § 3a Abs. 3 Satz 3 UStG: Die Leistung wird am Sitz des Empfängers erbracht. Im Übrigen bleibt es bei der Grundregel. 116

Beim Verkauf von **Standardsoftware** auf einem **Datenträger** (zB CD-ROM oder Diskette) liegt eine **Lieferung** vor[4]. Durch die körperliche Übergabe der Software im Rahmen einer Lieferung gem. § 3 Abs. 1 UStG wird dem Leistungsempfänger die Verfügungsmacht über die bewegliche Sache „Datenträger“ verschafft. Da der Empfänger lediglich ein „Standard-Produkt von der Stange“ erwirbt, ist die Übertragung des geistigen Gehalts – anders als bei der Individualsoftware – nicht als überwiegender Leistungsgrund anzusehen. Ein Offline-Umsatz liegt vor. 117

Die Überlassung von **Standard-Software auf elektronischem Weg**, dh. via Internet als Download, ist als Dienstleistung einzustufen. Als Argument wird angeführt, dem Leistungsempfänger werde – im Gegensatz zur Lieferung – lediglich die Möglichkeit eröffnet, die Software auf seine Anlage zu überspielen. Somit gelten hinsichtlich des Leistungsorts die obigen Ausführungen zu den Online-Umsätzen. 118

Fraglich ist, wie mit **Updates** oder **Modul-Erweiterungen** zu verfahren ist. 119
Häufig erfolgt die Lieferung des Programmes auf Diskette, während Updates

1 Vgl. *Spatscheck*, Steuern im Internet, 2000, Rz. 167 ff.

2 OFD Koblenz, Vfg. v. 22.6.1998 – S 7100 A – St 51 2, DB 1998, 1441; OFD Düsseldorf, Vfg. v. 11.1.1999, S 7100 A – St 141, IStR 1999, 186; OFD Hannover, Vfg. v. 23.2.1999, S 7100 – 936 – StH 532/S 7100 – 384 – StO 355, DStR 1999, 675; OFD München, Vfg. v. 5.7.1999 – S 7100 B – 444/2 – St 433, UR 2000, 129; Abschn. 25 Abs. 2 Nr. 7 Satz 2 Umsatzsteuer-Richtlinie 2000 v. 10.12.1999 (BStBl. I 1999, Sondernummer 2).

3 Wird – was im Einzelfall zu überprüfen ist – dem Empfänger zusätzlich eine eigene urheberrechtliche Stellung bzw. Lizenzgewährung eingeräumt, liegt hier der wirtschaftliche Gehalt und Schwerpunkt des Vertrags. Es handelt sich insofern um eine „sonstige Leistung“ iSv. § 3 Abs. 9 UStG iVm. § 3a Abs. 4 Nr. 1 UStG.

4 Abschn. 25 Abs. 2 Nr. 7 Satz 2 Umsatzsteuer-Richtlinie 2000 v. 10.12.1999 (BStBl. I 1999, Sondernummer 2).

auf der Homepage des Software-Herstellers online abgerufen werden können. Insofern sind Updates und Erweiterungen als **eigenständige Leistungen** anzusehen, die je nach Qualifikation als Lieferung oder Dienstleistung einzustufen sind.

5. Steuersatz

120 Der **Regelsteuersatz** beträgt nach § 12 Abs. 1 UStG derzeit 16 %. Dieser ermäßigt sich gemäß § 12 Abs. 2 Nr. 7c UStG auf 7 %, wenn der Umsatz besteht in der „Einräumung, Übertragung und Wahrnehmung von Rechten, die sich aus dem **Urheberrechtsgesetz** ergeben".

121 Mit Urteil vom 13.3.1997[1] hat der Bundesfinanzhof entschieden, dass „**Standardsoftware**" die Voraussetzungen des § 12 Abs. 2 Nr. 7c UStG nicht erfüllt, weshalb der Regelsteuersatz anwendbar bleibt. Bei der „Standardsoftware" erfolgt die Überlassung ausschließlich zur Nutzung. Urheberrechtlich relevante Positionen werden hingegen nicht übertragen.

122 Bei der **Überlassung von „Individualsoftware**" ist zu unterscheiden[2]: Bei der bloßen Werknutzung bleibt es beim Regelsteuersatz. Der ermäßigte Steuersatz nach § 12 Abs. 2 Nr. 7c UStG betrifft nur solche Rechte, die aufgrund der ausschließlichen Befugnis des Rechtsinhabers der **Zustimmung nach dem Urhebergesetz** bedürfen[3]. Das ist nur dann der Fall, wenn beispielsweise Individualsoftware zur Vermarktung mit Übertragung der urheberrechtlichen Positionen überlassen wird. Es ist eine wirtschaftliche Betrachtungsweise anzustellen[4].

6. Vorsteuerabzug aus digitaler Rechnung

123 Zur Geltendmachung des Vorsteuerabzugs nach § 15 Abs. 1 UStG benötigen Unternehmer derzeit noch eine vom Leistenden ausgestellte, **schriftliche Rechnung** iSv. § 14 Abs. 4 UStG. Durch das Unternehmensteuerreform- und Steuersenkungsgesetz – URefSenkG[5] – wurde dem Absatz 4 ein weiterer Absatz angefügt, der lautet:

„Als Rechnung gilt auch eine mit einer digitalen Signatur nach dem Signaturgesetz vom 22. Juli 1997 (BGBl. 1997 I S. 1870, 1872) in der jeweils geltenden Fassung versehene elektronische Rechnung."

124 Durch diese Regelung entfällt eine die Einfachheit des E-Business erheblich erschwerende Anforderung, nämlich schriftliche Rechnungen – ausschließlich für Zwecke des Vorsteuerabzugs – auszudrucken. Sie gilt ab 1.1.2002.

1 BFH, Urt. v. 13.3.1997 – V R 13/96, BStBl. II 1997, S. 372 (373).
2 *Löffler*, UR 2000, 98.
3 BFH, Beschl. v. 13.3.1997 – V B 120/96, UR 1998, 157.
4 FG Köln, Urt. v. 19.5.1999 – 4 K 1135/96, nrkr.; *Amann*, UR 1994, 218.
5 BT-Drucks. 14/2683, Art. 9.

Über die Einzelheiten der Ausgestaltung ist sich die Finanzverwaltung bislang noch nicht im Klaren. Das **BMF-Schreiben** vom 16.7.2001 hat folgenden Inhalt[1]:

„II. Prüfbarkeit digitaler Unterlagen

1. Elektronische Abrechnungen im Sinne des § 14 Abs. 4 Satz 2 UStG

Die qualifizierte elektronische Signatur mit Anbieter-Akkreditierung nach § 15 Abs. 1 des Signaturgesetzes ist Bestandteil der elektronischen Abrechnung[2]. Der Originalzustand des übermittelten ggf. noch verschlüsselten Dokuments muss jederzeit überprüfbar sein. Dies setzt neben den Anforderungen nach Abschnitt VIII Buchstabe b) Nr. 2 der GoBS (aaO) insbesondere voraus, dass

- vor einer weiteren Verarbeitung der elektronischen Abrechnung die qualifizierte elektronische Signatur im Hinblick auf die Integrität der Daten und die Signaturberechtigung geprüft werden und das Ergebnis dokumentiert wird;
- die Speicherung der elektronischen Abrechnung auf einem Datenträger erfolgt, der Änderungen nicht mehr zulässt. Bei einer temporären Speicherung auf einem änderbaren Datenträger muss das DV-System sicherstellen, dass Änderungen nicht möglich sind;
- bei Umwandlung (Konvertierung) der elektronischen Abrechnung in ein unternehmenseigenes Format (sog. Inhouse-Format) beide Versionen archiviert und nach den GoBS mit demselben Index verwaltet werden sowie die konvertierte Version als solche gekennzeichnet wird;
- der Signaturprüfschlüssel aufbewahrt wird;
- bei Einsatz von Kryptographietechniken die verschlüsselte und die entschlüsselte Abrechnung sowie der Schlüssel zur Entschlüsselung der elektronischen Abrechnung aufbewahrt wird;
- der Eingang der elektronischen Abrechnung, ihre Archivierung und ggf. Konvertierung sowie die weitere Verarbeitung protokolliert werden;
- die Übertragungs-, Archivierungs- und Konvertierungssysteme den Anforderungen der GoBS, insbesondere an die Dokumentation, an das interne Kontrollsystem, an das Sicherungskonzept sowie an die Aufbewahrung entsprechen;
- das qualifizierte Zertifikat des Empfängers aufbewahrt wird.

...

1 BMF-Schreiben v. 16.7.2001 – IV D 2 – S 0316 – 136/01. Es ist über die Homepage des Bundesministers für Finanzen als pdf-Datei abrufbar.

2 Anpassung des § 14 Abs. 4 Satz 2 UStG 1999 an das Signaturgesetz vom 16.5.2001 (BGBl. I S. 876) ist im Entwurf eines Steueränderungsgesetzes 2001 vorgesehen.

IV. Anwendung

1. Die Regelungen zum Datenzugriff (Abschnitt I) sind bei steuerlichen Außenprüfungen anzuwenden, die nach dem 31. Dezember 2001 beginnen.

2. Die Regelungen zur Prüfbarkeit digitaler Unterlagen (Abschnitt II) gelten

   a) für elektronische Abrechnungen mit Inkrafttreten des § 14 Abs. 4 Satz 2 UStC (1. Januar 2002) und

   b) für sonstige aufbewahrungspflichtige Unterlagen, die nach dem 31. Dezember 2001 erstellt werden.

Im Übrigen bleiben die Regelungen des BMF-Schreibens zu den Grundsätzen ordnungsgemäßer DV-gestützter Buchführungssysteme (GoBS) vom 7. November 1995 (BStBl I S. 738) unberührt."

7. EG-Richtlinien-Vorschlag

125 Bislang gilt ein verwirrendes System von nur schwer zu bestimmenden Leistungsorten und Steuerpflichtigen[1], das allein schon viele Anbieter im Internet an einer zutreffenden Mehrwertsteuererklärung und -abführung hindert. Ferner begünstigt unser aktuelles Mehrwertsteuersystem außereuropäische Online-Anbieter. So kann es zu **ungewollten Wettbewerbsverzerrungen** kommen, wenn US-amerikanische Anbieter ihren deutschen Kunden Software mehrwertsteuerfrei als Download überlassen, während der Umsatz beim Bezug von EU-Anbietern mit Mehrwertsteuer belastet ist.

126 Am 7. 6. 2000 stellte die Kommission der Europäischen Gemeinschaften den von den Unternehmen der IT-Branche und deren Beratern mit Spannung erwarteten Entwurf einer **EG-Richtlinie des Rats zur Änderung der 6. Mehrwertsteuerrichtlinie**[2] **„bezüglich der mehrwertsteuerlichen Behandlung bestimmter elektronisch erbrachter Dienstleistungen"** vor[3].

127 **Inhaltlich** bezieht sich der Richtlinien-Vorschlag nur auf die Umsätze mit Videos, Programmen, Musik und anderen digitalen Inhalten, die sich die Kunden über das Internet auf ihre Computer „downloaden", sowie das Webhosting und Webdesigning. Aufgenommen in den Regelungsbereich sind auch die elektronischen Informationsdienste und das Bezahlfernsehen im Abonnement oder als „Pay-per-view". Wird das Internet lediglich benutzt, um – wie dies früher per Brief, Telefon oder Fax geschehen ist – für bestimmte Produkte zu werben und Bestellungen aufzugeben, während die Lieferung „offline", dh. im Wege des klassischen Versandhandels, erfolgt, sollen die geltenden EU-Mehrwertsteuervorschriften anwendbar bleiben.

---

1 Siehe oben unter Rz. 80 ff.; *Korf/Sovinz*, CR 1999, 314 ff. und 371 ff.

2 77/388/EWG des Rats v. 17.5.1977; BR-Drucks. 403/00 v. 27.6.2000. Der Volltext mit Begründung ist über die Homepage der EU unter „http://europa.eu.int/comm/taxation_customs/proposals/taxation/tax_prop.htm" abrufbar.

3 *Spatscheck*, Steuern im Internet, 2000, Rz. 188 ff.

Die unter den Richtlinien-Vorschlag fallenden Umsätze werden grundsätzlich als **Dienstleistungen** eingestuft. 128

Die wichtigsten Regelungen betreffen den **Leistungsort** und die **Steuerschuldnerschaft**: 129

- Bei Dienstleistungen, die ein Unternehmer mit Sitz in einem Drittland an einen Kunden in der EU erbringt, liegt der Ort der Besteuerung in der EU – die betreffenden Dienstleistungen unterliegen daher in der EU der Mehrwertsteuer.
- Bei Dienstleistungen, die ein Unternehmer mit Sitz in der EU an einen Kunden außerhalb der EU erbringt, liegt der Ort der Besteuerung im Lande des Kunden – die betreffenden Dienstleistungen unterliegen daher in der EU nicht der Mehrwertsteuer.
- Bei Dienstleistungen, die ein Unternehmer mit Sitz in der EU an einen Steuerpflichtigen (dh. ein anderes umsatzsteuerliches Unternehmen) in einem anderen Mitgliedstaat erbringt, liegt der Ort der Besteuerung in dem Mitgliedstaat, in dem der Kunde seinen Sitz hat.
- Bei Dienstleistungen, die ein Unternehmer mit Sitz in der EU an eine Privatperson in der EU oder an einen Steuerpflichtigen in demselben Mitgliedstaat erbringt, liegt der Ort der Besteuerung im Mitgliedstaat des Dienstleisters.
- Die Mehrwertsteuer auf Dienstleistungen an gewerbliche Kunden (B2B) wird vom Kunden geschuldet. Hingegen ist bei Umsätzen an private Kunden (B2C) der leistende Unternehmer der Steuerschuldner. Eine EU-Registrierung von Drittlandsunternehmen für Mehrwertsteuerzwecke wird für den Fall eingeführt, dass Dienstleistungen an private Kunden ausgeführt werden.
- Unternehmen mit Sitz außerhalb der EU, deren Umsatz in der EU unter 100.000 Euro liegt[1], müssen sich nicht für Mehrwertsteuerzwecke registrieren lassen.
- Es reicht die Registrierung an einem Ort aus (die EU-Kommission geht davon aus, dass es sich um den Ort der ersten steuerbaren Leistung handeln wird – realistischer wird sein, das EU-Mitgliedsland anzunehmen, das den geringsten Mehrwertsteuersatz hat). So soll einem Drittlandsunternehmer ermöglicht werden, sämtliche mehrwertsteuerlichen Pflichten bei einer Steuerbehörde zu erledigen. EU und Nicht-EU-Unternehmen sollen hierdurch gleichgestellt werden.
- Es soll die Möglichkeit geschaffen werden, alle im Zusammenhang mit der Registrierung und der Einreichung der Steuererklärung stehenden Vorgänge elektronisch abzuwickeln.

1 Die Formulierung ist ungenau. Systemgerecht wäre, die Regelung nur für Leistungen an Privatpersonen in der Gemeinschaft anzuwenden. Demnach bezieht sich die genannte Umsatzgrenze nur auf elektronische Dienstleistungen an Privatpersonen in der Gemeinschaft (*Vellen*, UR 2000, 401 [405]).

– Zur praktischen Durchführung ist vorgesehen, dass die Steuerverwaltungen den im Falle von Umsätzen an Privatkunden die Steuer schuldenden Unternehmern alle für die Veranlagung erforderlichen Informationen an die Hand geben. Hierzu gehören der Steuerstatus des Kunden (Unternehmer/Privatperson), die Kenntnis, welches nationale Steuerrecht anwendbar ist, und die Höhe des Steuersatzes.
– Da der Kommission deutlich war, welche Bürde sie dem die Dienstleistung erbringenden Unternehmer mit der Steuerschuldnerschaft und der Verpflichtung zur Abgabe von Erklärungen sowie der Steuerabführung auferlegt, hat sie die Möglichkeit seiner „Entbindung" von der Steuerschuldnerschaft vorgesehen: Wenn er die „nach dem jeweiligen Handelsbrauch übliche Sorgfalt" aufwendet und insbesondere anhand der Umsatzsteueridentifikationsnummer überprüft, ob sein Kunde ein Steuerpflichtiger mit Sitz in der EU ist, so soll er von der Steuerschuldnerschaft entbunden sein. In diesem Fall ist der Leistungsempfänger der Steuerschuldner.

130 Um die zur Besteuerung **erforderlichen Informationen** zur Verfügung stellen zu können, soll gleichzeitig die EU-Verordnung Nr. 218/92 über die Zusammenarbeit der Verwaltungsbehörden auf dem Gebiet der indirekten Besteuerung (MwSt) entsprechend geändert werden[1].

131 Die Besteuerung der **Telekommunikationsdienstleistungen**[2] bleibt von der geplanten Neuregelung unberührt.

132 Bei der Frage, ob der Entwurf in die Realität umgesetzt werden wird, ist äußerste **Skepsis geboten**. Entgegen allen zuvor abgegebenen Bekenntnissen der EU-Organe bringt die geplante Regelung eine **Zweiteilung zwischen Online-Umsätzen und sonstigen Umsätzen**. Die bislang stets geforderte Neutralität der E-Commerce-Besteuerung wird nicht gewahrt. Ferner bringt die Unterscheidung zwischen Unternehmer-Kunden und Privat-Kunden und die damit verbundene Steuerschuldnerschaft des leistenden Unternehmers in der Praxis unüberbrückbare Probleme mit sich. Derzeit ist nicht vorstellbar, wie im zweiten Fall der die Steuer schuldende, möglicherweise aus einem Drittland stammende Leistungserbringer an die für eine Besteuerung **zwingend erforderlichen Informationen** gelangen soll[3]. Er muss zunächst das Verbrauchsland kennen, dann muss er wissen, ob es sich um einen Unternehmer oder eine Privatperson handelt und welcher Steuersatz anwendbar ist. Nur für die letzten beiden Merkmale bietet die Umsatzsteuerindentifikationsnummer einen „gewissen" Anhaltspunkt[4]. Ferner ist eine verlässliche Steuererhebung bei den ausländischen Unternehmern faktisch unmöglich. Auch ist zu befürchten, dass mit der Einmalregistrierung von Drittlandsunternehmen in der EU (Single Place-Prinzip) ein unerwünschtes „Steuersatz-

1 Der Text ist über die gleiche Fundstelle wie der EG-Richtlinien-Entwurf abrufbar.
2 *Spatscheck*, CR 1999, 798.
3 *Huschens*, UVR 2000, 365.
4 *Vellen*, UR 2000, 401 (409).

shopping" hin zu dem Land mit dem günstigsten Steuersatz beginnt[1]. Vor diesem Hintergrund hat der EU-Ausschuss der amerikanischen Handelskammer vor einem europäischen Alleingang gewarnt und ein auf der Ebene der Organisation für Wirtschaftliche Zusammenarbeit und Entwicklung (OECD) abgestimmtes System vorgeschlagen[2].

Vergleicht man die Situation mit derjenigen, die vor der Einführung des Zinsabschlagsgesetzes bei der Erhebung der Kapitalertragsteuer bestand, könnte der Entwurf wegen eines Vollzugsdefizits bzw. wegen einer Vollzugsunmöglichkeit sogar **verfassungswidrig** sein[3]. Jedenfalls fehlt es aber an der Möglichkeit, die geplante Regelung durchzusetzen. Oft werden die Online-Umsätze den EU-Fisken unerkannt bleiben, so dass, selbst wenn die verfahrensrechtliche Möglichkeit bestünde, gegen „schwarze Schafe" vorzugehen, diese jedenfalls faktisch ausscheidet. Es ist demnach nicht damit zu rechnen, dass der Richtlinienvorschlag kurzfristig umgesetzt werden wird. 133

IV. Verfahrensfragen

1. Steuerliche Pflichten im E-Commerce

Spezielle steuerliche Pflichten für Teilnehmer des E-Commerce gibt es – noch – nicht. Vielmehr gelten die allgemeinen Regeln für die Buchführung sowie die Erstellung und Abgabe von Erklärungen. 134

So finden zB die derivativen und originären **Buchführungs- und Aufzeichnungspflichten** der §§ 140 bis 148 AO Anwendung. Handelt es sich, was im E-Business häufig der Fall sein wird, um gewerbliche Unternehmen, besteht bei Überschreiten der Freigrenzen[4] eine originäre Verpflichtung zur Buchführung und Erstellung von Abschlüssen nach § 141 Abs. 1 Satz 1 AO. Hinzu kommen die handelsrechtlichen Buchführungspflichten. 135

Für den E-Commerce von Bedeutung ist ferner die Regelung des § 146 Abs. Satz 1 AO, nach der die „Bücher und sonst erforderlichen Aufzeichnungen" **im Geltungsbereich der Abgabenordnung**, also in Deutschland, zu führen sind. Vor diesem Hintergrund scheidet eine Buchführung mit Speicherung der Daten durch einen Application-Service-Provider mit Sitz im Ausland aus. 136

---

1 *Schindhelm/Reiss*, CR 2000, 757. Den niedrigsten Steuersatz hat derzeit Madeira mit 12 %.
2 http://www.treas.gov/press/releases/ps687.htm.
3 *Spatscheck*, CR 2000, 485.
4 § 141 Abs. 1 Nr. 1 AO, 260.000 Euro Umsatz pro Kalenderjahr.

2. Probleme bei der Steuerüberwachung

a) Betriebsprüfung

137 Der E-Commerce stellt dem Grunde nach eine virtuelle Nachbildung von in der „realen Welt" seit langem bekannten und materiell-steuerlich erfassten Handelsvorgängen dar. Dass der Verkauf eines Standard-Computerprogramms zur Benutzung durch Endabnehmer ertragsteuerlich und umsatzsteuerlich erfasst wird, ist keine grundsätzliche Neuerung des E-Business. Insofern sind nur Anpassungen bekannter Strukturen, wie zB des Betriebstättenbegriffs im Hinblick auf Internet-Hardware-Server, an die Internet-Welt erforderlich. In ihrer Art völlig neu und international nur schwer zu erfassen sind hingegen die **Verfahrensfragen des E-Commerce**. Die bislang der Finanzverwaltung zur Verfügung stehenden Möglichkeiten, die Besteuerungsvorgänge des E-Business nachzuvollziehen, sind – wie die Praxis bestätigt hat – nicht geeignet, eine gleichmäßige und zuverlässige Besteuerung zu garantieren.

138 Im Vergleich zur „realen Welt" kämpft die Finanzverwaltung beim E-Commerce mit folgenden **Problemen**[1]:

- Das Internet ist kein abgeschlossenes Netzwerk, das zB wie das Telefonnetz stets zwei „Teilnehmer" miteinander verbindet. Es ähnelt eher einem **offenen Flusssystem**[2]. Für die Betriebsprüfung bzw. für die Internet-Kontrolle durch die Finanzverwaltung bedeutet dies, dass es keinen **überwachbaren** Übertragungsknoten gibt.
- Professionell arbeitende Internet-Service-Provider (ISP) mit **intelligenten Netzwerken** sind dafür verantwortlich, dass Homepages weltweit gespeichert werden, ohne dass der Content-Provider im Einzelnen hierüber Bescheid weiß oder Einfluss hätte.
- Das größte Problem für die Finanzverwaltung stellt die **hohe Mobilität der Unternehmen** dar. Ohne größeren technischen Aufwand kann ein „Wohnzimmer-Unternehmen" von fast jedem Punkt der Erde aus tätig werden. Durch nur einen Kopiervorgang lässt sich der Standort des Servers, auf dem sich die Website befindet, beliebig verlagern.
- Ferner erschwert die noch bestehende **Anonymität im Netz**[3] eine fiskalische Überwachung[4]. So hat zB die Zertifizierungsstelle auf Verlangen des Antragstellers anstelle seines Namens ein **Pseudonym** aufzuführen, § 5 Abs. 3 SigG. Die Daten über die wahre Identität dürfen auf Ersuchen nur übermittelt werden, soweit dies für die Verfolgung von Straftaten oder einer Ordnungswidrigkeit erforderlich ist (§ 14 Abs. 2 SigG). Elektronische Zahlungssysteme[5] sorgen dafür, dass Bank und Finanzamt das durch

1 Ausführlich: *Spatscheck*, Steuern im Internet, 2000, Rz. 197 ff.
2 Siehe bei *Federrath/Pfitzmann*, A Rz. 7 ff.
3 Siehe bei *Federrath/Pfitzmann*, A Rz. 7 ff., 25 ff., 31 ff.
4 *Korf/Sovinz*, CR 1999, 314 (320).
5 Siehe bei *Federrath/Pfitzmann*, A Rz. 53.

einen Händler eingezahlte Geld nicht mehr mit dem Kunden in Verbindung bringen können[1].

- Der Kontakt zwischen Anbieter und Kunde lässt sich via Internet so einfach und kostengünstig herstellen, dass auch kleinere Unternehmen direkt an Endabnehmer anbieten und liefern können. Die ansonsten typischerweise eingeschalteten Großhändler fallen weg (**Disintermediation**).
- Ferner lassen sich – jedenfalls derzeit noch – die meisten digitalen Daten bei der Speicherung und nachträglich **spurlos verändern**.
- Bereits heute bewegen sich die übertragenen Daten durchschnittlich bei einem Provider pro Tag bei einem Terabyte (= 1 Million Megabyte). Die Tendenz ist vor allem mit zunehmender Bandbreite der Übertragungsmöglichkeiten stark steigend. Eine solche **Datenmenge** ist für die Finanzverwaltung nicht mehr kontrollierbar.

b) Steuerhinterziehung im Internet

Wie in der „realen Welt“ besteht auch bei manchen Teilnehmern des E-Commerce die Tendenz, dem Finanzamt nicht alle Besteuerungssachverhalte mitzuteilen, um eine günstigere steuerliche Veranlagung zu erreichen. Wie die Betriebsprüfung im mit dem E-Business in Zusammenhang stehenden Besteuerungsverfahren, stehen die Steuerfahnder im Ermittlungsverfahren vor dem Problem, die erforderlichen Sachverhaltsinformationen nur schwer erlangen zu können. Es lassen sich im Wesentlichen **drei Grundfälle**[2] der „Steuerhinterziehung im Internet“ unterscheiden: 139

Am einfachsten und eindeutig als Steuerhinterziehung iSv. § 370 AO einzuordnen ist der Fall des Internet-Content-Providers mit Sitz in Deutschland, der im In- oder Ausland einen „Web-Shop“ einrichtet und die damit erzielten Gewinne dem Finanzamt **überhaupt nicht** meldet. 140

Schwieriger zu beurteilen sind die **§ 42 AO-Fälle**[3]. Stellt ein Unternehmen mit Sitz, Verwaltung, Geschäftsleitung und Produktionseinrichtungen in Deutschland einen Internet-Hardware-Server in einem Niedrigsteuer-DBA-Staat auf, um über diese vollautomatisch und selbständig arbeitende Anlage zB ihre aktuelle Standardsoftware als Download gegen Entgelt zu vertreiben, liegt nach dem OECD-MK eine Betriebstätte im Vertragstaat vor[4]. Die dort erzielten Einkünfte sind in Deutschland von der Besteuerung freigestellt[5]. Spätestens bei der nächsten Betriebsprüfung ist damit zu rechnen, dass die Verwaltung untersuchen wird, ob ein Fall des Gestaltungsmissbrauchs iSv. § 42 AO vorliegt. Sicher kann es auch außersteuerliche Gründe geben, die das Unternehmen zu der Gestaltung veranlasst haben, wie zB eine bessere 141

1 *Kümpel*, NJW 1999, 313.
2 Vgl. *Spatscheck*, Steuern im Internet, 2000, Rz. 247 ff.
3 Siehe Rz. 79.
4 Siehe Rz. 58.
5 Siehe Rz. 52.

Verfügbarkeit der Homepage durch eine größere Bandbreite des Netzes, günstigere Internet-Service-Provider oder erfahreneres und besser geschultes Personal. Fehlen solche wirtschaftlichen, angemessenen Gründe, ist damit zu rechnen, dass die Finanzverwaltung einen Fall des Gestaltungsmissbrauchs annimmt. Ob ein Fall des § 42 AO steuerstrafrechtlich relevant sein kann, ist umstritten[1]. Nach zutreffender Ansicht scheidet eine Verurteilung wegen Steuerhinterziehung auf der Grundlage der allgemeinen Grundsätze zu § 42 AO wegen Verstoßes gegen den Bestimmtheitsgrundsatz des Art. 103 Abs. 2 GG aus[2]. Die Unbestimmtheit der Tatbestandsmerkmale und die leerformelhafte, abstrakte Auslegung der Steuerrechtsprechung ermöglicht keine verlässliche Orientierung über die Grenzen zwischen nicht zu beanstandenden Steuersparmaßnahmen und unerlaubter Steuerumgehung[3]. Da es im Bereich des E-Commerce noch nicht einmal fest umschriebene § 42 AO-Fallgruppen gibt, wie zB bei sog. Basisgesellschaften, scheidet eine Strafbarkeit aus.

142 Letzte und in der Praxis häufigste Möglichkeit des E-Commerce, mit der Steuerhinterziehung in Kontakt zu kommen, ist die **Werbung von Offshore-Gesellschaften** für ihr Angebot via Internet[4]. Da die beworbenen Geschäfte, zB eine Offshore-Geldanlage, regelmäßig auch via Internet abgewickelt werden, gibt es nur wenig Ansatzmöglichkeiten für die Steuerermittler.

3. Datenzugriff der Finanzverwaltung ab 1.1.2002

a) Gesetzesänderung

143 Der Gesetzgeber hat die Verfahrensprobleme der Finanzverwaltung erkannt und durch Art. 7 des Unternehmensteuerreform- und Steuersenkungsgesetzes **weitreichende Zugriffsrechte der Finanzverwaltung auf die Datenverarbeitungsanlage der Steuerpflichtigen im Rahmen einer Außenprüfung** eingeführt. Geändert wurde in der Abgabenordnung § 146 Abs. 5, § 147 Abs. 2 Nr. 2, § 147 Abs. 5, und ein neuer Abs. 6 wurde hinzugefügt. Ferner wird eine Verpflichtung des Steuerpflichtigen zur Unterstützung der Finanzbehörde bei der Ausübung des Datenzugriffs in § 200 Abs. 1 AO eingeführt. Hierbei handelt es sich um die Einführung von umfangreichen Ermächtigungs- und Zugriffsrechten der Finanzverwaltung, die nicht nur auf den Bereich des E-Commerce beschränkt sind, sondern dem seit langem gehegten Wunsch der Finanzverwaltung entsprechen, auf die EDV-Anlagen der Unternehmen, wo man steuererheblich bislang nicht verfügbare Daten vermutete, Zugriff zu nehmen. Für deren politische Durchsetzung fehlte es vor dem Aufblühen des E-Commerce an Argumenten.

1 *Spatscheck*, Steuern im Internet, 2000, Rz. 248 ff.

2 LG Frankfurt a.M., Beschl. v. 28.3.1996 – 5/13 Kls 94 Js 36385/88 (M 3/96), wistra 1997, 152 ff., rkr.

3 LG Frankfurt a.M., Beschl. v. 28.3.1996 – 5/13 Kls 94 Js 36385/88 (M 3/96), wistra 1997, 152 ff., rkr.

4 ZB www.melchizedek.com.

144 Der **Außenprüfer** hat nach dieser Änderung folgende – im Gesetz ohne interne Rangfolge aufgeführte – Befugnisse:

- Er kann **unmittelbar** auf das Computersystem des Steuerpflichtigen zugreifen und dieses zur Auswertung der gespeicherten Daten nutzen.
- Er kann verlangen, dass der Steuerpflichtige die Daten nach den Vorgaben der Finanzverwaltung **selbst auswertet**, oder
- er kann verlangen, dass ihm sämtliche Daten auf einem maschinell verwertbaren Datenträger **zur Verfügung gestellt** werden.

145 Ferner wurden die Aufbewahrungsfristen (§§ 146, 147 AO) so geändert, dass elektronisch gespeicherte Daten während der Aufbewahrungsfristen nicht nur jederzeit verfügbar sind und lesbar gemacht, sondern darüber hinaus auch **bearbeitet werden** können.

b) Einschätzung der Finanzverwaltung

146 Da der Datenzugriff schon im Rahmen von Betriebsprüfungen ab dem 1.1.2002 zulässig ist, ist es ein Anliegen der Finanzverwaltung, einerseits intern zu klären, wie mit dem neuen Instrument umgegangen werden soll. Andererseits wollte man auch den Steuerpflichtigen eine möglichst konkrete Ausgestaltung des sehr unbestimmten Gesetzeswortlauts bieten, um diesen eine Verlässlichkeit in der Planung zu geben sowie die Furcht vor einem „gläsernen Unternehmen" nicht aufkommen zu lassen. Deshalb hat das Bundesministerium der Finanzen ein **BMF-Schreiben** zusammengestellt.[1]

147 Es trifft im Einzelnen diese Regelungen:

„I. Datenzugriff

Nach § 147 Abs. 6 AO ist der Finanzbehörde das Recht eingeräumt, die mit Hilfe eines Datenverarbeitungssystems erstellte Buchführung des Steuerpflichtigen durch Datenzugriff zu prüfen. Diese neue Prüfungsmethode tritt neben die Möglichkeit der herkömmlichen Prüfung. Das Recht auf Datenzugriff steht der Finanzbehörde nur im Rahmen steuerlicher Außenprüfungen zu. Durch die Regelungen zum Datenzugriff wird der sachliche Umfang der Außenprüfung (§ 194 AO) nicht erweitert; er wird durch die Prüfungsanordnung (§ 196 AO, § 5 BpO) bestimmt. Gegenstand der Prüfung sind wie bisher nur die nach § 147 Abs. 1 AO aufbewahrungspflichtigen Unterlagen. Es ist jedoch erforderlich, die Prüfungsmethoden den modernen Buchführungstechniken anzupassen. Dies gilt umso mehr, als in zunehmendem Maße der Geschäftsverkehr papierlos abgewickelt wird und ab dem 1. Januar 2002 der Vorsteuerabzug aus elektronischen Abrechnungen mit qualifizierter elektronischer Signatur und Anbieter-Akkreditierung nach dem Signaturgesetz möglich ist.

1 BMF-Schreiben v. 16.7.2001 – IV D 2 – S 0316 – 136/01 zu den „Grundsätzen zum Datenzugriff und zur Prüfbarkeit digitaler Unterlagen" (GDPdU); als Download über die Homepage des Bundesministeriums der Finanzen als pdf-Datei erhältlich.

Die Einführung dieser neuen Prüfungsmethode ermöglicht zugleich rationellere und zeitnähere Außenprüfungen.

1. Umfang und Ausübung des Rechts auf Datenzugriff nach § 147 Abs. 6 AO

Das Recht auf Datenzugriff beschränkt sich ausschließlich auf Daten, die für die Besteuerung von Bedeutung sind (steuerlich relevante Daten).

Die Daten der Finanzbuchhaltung, der Anlagenbuchhaltung und der Lohnbuchhaltung sind danach für den Datenzugriff zur Verfügung zu halten.

Soweit sich auch in anderen Bereichen des Datenverarbeitungssystems steuerlich relevante Daten befinden, sind sie durch den Steuerpflichtigen nach Maßgabe seiner steuerlichen Aufzeichnungs- und Aufbewahrungspflichten zu qualifizieren und für den Datenzugriff in geeigneter Weise vorzuhalten.

Bei unzutreffender Qualifizierung von Daten kann die Finanzbehörde im Rahmen ihres pflichtgemäßen Ermessens verlangen, dass der Steuerpflichtige den Datenzugriff auf diese steuerlich relevanten Daten nachträglich ermöglicht. Das allgemeine Auskunftsrecht des Prüfers (§§ 88, 199 Abs. 1 AO) und die Mitwirkungspflichten des Steuerpflichtigen (§§ 90, 200 AO) bleiben unberührt.

Bei der Ausübung des Rechts auf Datenzugriff stehen der Finanzbehörde nach dem Gesetz drei Möglichkeiten zur Verfügung. Die Entscheidung, von welcher Möglichkeit des Datenzugriffs die Finanzbehörde Gebrauch macht, steht in ihrem pflichtgemäßen Ermessen; falls erforderlich, kann sie auch mehrere Möglichkeiten in Anspruch nehmen:

a) Sie hat das Recht, selbst unmittelbar auf das Datenverarbeitungssystem dergestalt zuzugreifen, dass sie in Form des Nur-Lesezugriffs Einsicht in die gespeicherten Daten nimmt und die vom Steuerpflichtigen oder von einem beauftragten Dritten eingesetzte Hard- und Software zur Prüfung der gespeicherten Daten einschließlich der Stammdaten und Verknüpfungen (Daten) nutzt (unmittelbarer Datenzugriff). Dabei darf sie nur mit Hilfe dieser Hard- und Software auf die elektronisch gespeicherten Daten zugreifen. Dies schließt eine Fernabfrage (Online-Zugriff) auf das Datenverarbeitungssystem des Steuerpflichtigen durch die Finanzbehörde aus.

   Der Nur-Lesezugriff umfasst das Lesen, Filtern und Sortieren der Daten gegebenenfalls unter Nutzung der im Datenverarbeitungssystem vorhandenen Auswertungsmöglichkeiten.

b) Sie kann vom Steuerpflichtigen auch verlangen, dass er an ihrer Stelle die Daten nach ihren Vorgaben maschinell auswertet oder von einem beauftragten Dritten maschinell auswerten lässt, um den Nur-Lesezugriff durchführen zu können (mittelbarer Datenzugriff). Es kann nur eine maschinelle Auswertung und Verwendung der im Datenverarbeitungssystem des Steuerpflichtigen oder des beauftragten Dritten vorhandenen Auswertungsmöglichkeiten verlangt werden.

c) Sie kann ferner verlangen, dass ihr die gespeicherten Unterlagen auf einem maschinell verwertbaren Datenträger zur Auswertung überlassen werden (Datenträgerüberlassung). Der zur Auswertung überlassene Datenträger ist spätestens nach Bestandskraft der aufgrund der Außenprüfung ergangenen Bescheide an den Steuerpflichtigen zurückzugeben oder zu löschen.

2. Umfang der Mitwirkungspflicht nach §§ 147 Abs. 6 und 200 Abs. 1 Satz 2 AO

Der Steuerpflichtige hat die Finanzbehörde bei Ausübung ihres Rechts auf Datenzugriff zu unterstützen (§ 200 Abs. 1 AO). Im Einzelnen gilt Folgendes:

a) Beim unmittelbaren Datenzugriff (Abschnitt I Nr. 1 Buchstabe a) hat der Steuerpflichtige dem Prüfer die für den Datenzugriff erforderlichen Hilfsmittel zur Verfügung zu stellen und ihn für den Nur-Lesezugriff in das DV-System einzuweisen. Die Zugangsberechtigung muss so ausgestaltet sein, dass dem Prüfer dieser Zugriff auf alle steuerlich relevanten Daten eingeräumt wird. Sie umfasst u.a. auch die Nutzung der im DV-System vorhandenen Auswertungsprogramme. Enthalten elektronisch gespeicherte Datenbestände andere, zB steuerlich nicht relevante personenbezogene oder dem Berufsgeheimnis (§ 102 AO) unterliegende Daten, so obliegt es dem Steuerpflichtigen oder dem von ihm beauftragten Dritten, durch geeignete Zugriffsbeschränkungen sicherzustellen, dass der Prüfer nur auf steuerlich relevante Daten des Steuerpflichtigen zugreifen kann. Die Zugangsberechtigung hat auch die Nutzung der im DV-System vorhandenen Auswertungsprogramme zu umfassen.

Das Datenverarbeitungssystem muss die Unveränderbarkeit des Datenbestandes gewährleisten (§ 146 Abs. 4 AO; Abschnitt V des BMF-Schreibens zu den Grundsätzen ordnungsmäßiger DV-gestützter Buchführungssysteme (GoBS) vom 7. November 1995, BStBl. I S. 738). Eine Veränderung des Datenbestandes und des Datenverarbeitungssystems durch die Finanzbehörde ist somit ausgeschlossen.

b) Beim mittelbaren Datenzugriff (Abschnitt I Nr. 1 Buchstabe b) gehört zur Mithilfe des Steuerpflichtigen beim Nur-Lesezugriff (Abschnitt I Nr. 1 Buchstabe a Abs. 2) neben der Zurverfügungstellung von Hard- und Software die Unterstützung durch mit dem Datenverarbeitungssystem vertraute Personen. Der Umfang der zumutbaren Mithilfe richtet sich nach den betrieblichen Begebenheiten des Unternehmens. Hierfür können zB seine Größe oder Mitarbeiterzahl Anhaltspunkte sein.

c) Bei der Datenträgerüberlassung (Abschnitt I Nr. 1 Buchstabe c) sind der Finanzbehörde mit den gespeicherten Unterlagen und Aufzeichnungen alle zur Auswertung der Daten notwendigen Informationen (zB über die Dateistruktur, die Datenfelder sowie interne und externe Verknüpfungen) in maschinell auswertbarer Form zur Verfügung zu stellen. Dies gilt auch in den Fällen, in denen sich die Daten bei Dritten befinden.

3. Grundsatz der Verhältnismäßigkeit

Die Finanzbehörde hat bei Anwendung der Regelungen zum Datenzugriff den Grundsatz der Verhältnismäßigkeit zu beachten. Dies bedeutet ua.:

a) Bei **vor dem 1. Januar 2002** archivierten Daten kann sie beim unmittelbaren Datenzugriff (Abschnitt I Nr. 1 Buchstabe a Abs. 1) und beim mittelbaren Datenzugriff (Abschnitt I Nr. 1 Buchstabe b) nicht verlangen, dass diese Daten für Zwecke ihrer maschinellen Auswertung (§ 147 Abs. 2 Nr. 2 AO iVm. § 147 Abs. 6 AO) nochmals in das Datenverarbeitungssystem eingespeist (reaktiviert) werden, wenn dies mit unverhältnismäßigem Aufwand für den Steuerpflichtigen verbunden wäre. Dies kommt zB in Betracht bei fehlender Speicherkapazität, nochmaliger Erfassung der Daten, Archivierung der Daten außerhalb des aktuellen Datenverarbeitungssystems, Wechsel des Hard- oder Software-Systems. Müssen hiernach die Daten nicht reaktiviert werden, braucht der Steuerpflichtige auch nicht die für eine maschinelle Auswertung der betreffenden Daten erforderliche Hard- und Software zur Verfügung zu halten, wenn sie nicht mehr im Einsatz ist. Dies gilt auch, wenn die Aufbewahrungsfrist (§ 147 Abs. 3 AO) noch nicht abgelaufen ist.

   Diese für die maschinelle Auswertbarkeit der Daten erforderliche technische, organisatorische und zeitliche Einschränkung bezieht sich nicht auf die Pflicht des Steuerpflichtigen zur Lesbarmachung der Daten (§ 147 Abs. 2 Nr. 2 AO, § 147 Abs. 5 AO). Die Lesbarmachung muss während der ganzen Aufbewahrungsfrist sichergestellt sein.

b) Bei **nach dem 31. Dezember 2001** archivierten Daten ist beim unmittelbaren Datenzugriff (Abschnitt I Nr. 1 Buchstabe a Abs. 1) und beim mittelbaren Datenzugriff (Abschnitt I Nr. 1 Buchstabe b) die maschinelle Auswertbarkeit (§ 147 Abs. 2 Nr. 2 und Abs. 6 AO) in Form des Nur-Lesezugriffs (Abschnitt I Nr. 1 Buchstabe a Abs. 2) sicherzustellen. Im Falle eines Systemwechsels ist es nicht erforderlich, die ursprüngliche Hard- und Software vorzuhalten, wenn die maschinelle Auswertbarkeit auch für die nach dem 31. Dezember 2001, aber vor dem Systemwechsel archivierten Daten durch das neue oder ein anderes System gewährleistet ist.

c) Für die Datenträgerüberlassung (Abschnitt I Nr. 1 Buchstabe c) kann die Finanzbehörde nicht verlangen, **vor dem 1. Januar 2002** auf nicht maschinell auswertbaren Datenträgern (zB Mikrofilm) archivierte Daten auf maschinell auswertbare Datenträger aufzuzeichnen.

II. Prüfbarkeit digitaler Unterlagen

1. Elektronische Abrechnungen im Sinne des § 14 Abs. 4 Satz 2 UStG[1]

1 S. Rz. 124.

2. Sonstige aufbewahrungspflichtige Unterlagen

- Bei sonstigen aufbewahrungspflichtigen Unterlagen iSd. § 147 Abs. 1 AO, die digitalisiert sind und nicht in Papierform übermittelt werden, muss das dabei angewendete Verfahren den GoBS entsprechen.
- Der Originalzustand der übermittelten ggf. noch verschlüsselten Daten muss erkennbar sein (§ 146 Abs. 4 AO). Die Speicherung hat auf einem Datenträger zu erfolgen, der Änderungen nicht mehr zulässt. Bei einer temporären Speicherung auf einem änderbaren Datenträger muss das Datenverarbeitungssystem sicherstellen, dass Änderungen nicht möglich sind.
- Bei Einsatz von Kryptographietechniken sind die verschlüsselte und die entschlüsselte Unterlage aufzubewahren.
- Bei Umwandlung (Konvertierung) der sonstigen aufbewahrungspflichtigen Unterlagen in ein unternehmenseigenes Format (sog. Inhouse-Format) sind beide Versionen zu archivieren und nach den GoBS mit demselben Index zu verwalten sowie die konvertierte Version als solche zu kennzeichnen.
- Wenn Signaturprüfschlüssel oder kryptographische Verfahren verwendet werden, sind die verwendeten Schlüssel aufzubewahren.
- Bei sonstigen aufbewahrungspflichtigen Unterlagen sind der Eingang, ihre Archivierung und ggf. Konvertierung sowie die weitere Verarbeitung zu protokollieren.

III. Archivierung digitaler Unterlagen

1. Originär digitale Unterlagen nach § 146 Abs. 5 AO sind auf maschinell verwertbaren Datenträgern zu archivieren. Originär digitale Unterlagen sind die in das Datenverarbeitungssystem in elektronischer Form eingehenden und die im Datenverarbeitungssystem erzeugten Daten; ein maschinell verwertbarer Datenträger ist ein maschinell lesbarer und auswertbarer Datenträger. Die originär digitalen Daten dürfen nicht ausschließlich in ausgedruckter Form oder auf Mikrofilm aufbewahrt werden. Somit reicht die Aufzeichnung im COM-Verfahren (Computer-Output-Microfilm) nicht mehr aus. Diese Einschränkung gilt nicht, wenn die vor der Übertragung auf Mikrofilm vorhandenen Daten vorgehalten werden, die eine maschinelle Auswertbarkeit durch das Datenverarbeitungssystem gewährleisten. Nicht ausreichend ist auch die ausschließliche Archivierung in maschinell nicht auswertbaren Formaten (zB pdf-Datei).

   Eine Pflicht zur Archivierung einer Unterlage iSd. § 147 Abs. 1 AO in maschinell auswertbarer Form (§ 147 Abs. 2 Nr. 2 AO) besteht nicht, wenn diese Unterlage zwar DV-gestützt erstellt wurde, sie aber nicht zur Weiterverarbeitung in einem DV-gestützten Buchführungssystem geeignet ist (zB Textdokumente).
2. Originär in Papierform angefallene Unterlagen, zB Eingangsrechnungen, können weiterhin mikroverfilmt werden.

3. Kann im Falle eines abweichenden Wirtschaftsjahrs die Archivierung ab 1. Januar 2002 nachweisbar aus technischen Gründen nicht auf einem maschinell auswertbaren Datenträger (§ 147 Abs. 2 Nr. 2 AO) erfolgen, wird dies nicht beanstandet, wenn der Steuerpflichtige bis spätestens zu Beginn des anschließenden abweichenden Wirtschaftsjahrs den Archivierungspflichten gemäß § 147 Abs. 2 Nr. 2 AO nachkommt.

IV. Anwendung

1. Die Regelungen zum Datenzugriff (Abschnitt I) sind bei steuerlichen Außenprüfungen anzuwenden, die nach dem 31. Dezember 2001 beginnen.
2. Die Regelungen zur Prüfbarkeit digitaler Unterlagen (Abschnitt II) gelten
   a) für elektronische Abrechnungen mit Inkrafttreten des § 14 Abs. 4 Satz 2 UStG (1. Januar 2002) und
   b) für sonstige aufbewahrungspflichtige Unterlagen, die nach dem 31. Dezember 2001 erstellt werden.

Im Übrigen bleiben die Regelungen des BMF-Schreibens zu den Grundsätzen ordnungsmäßiger DV-gestützter Buchführungssysteme (GoBS) vom 7. November 1995 (BStBl. I S. 738) unberührt."

c) Kritik

148 Für Steuerpflichtige besonders schwer abzuschätzen ist die Frage, auf **welche EDV-Daten** konkret die Finanzverwaltung zugreifen darf. Die Aufzählung des BMF-Schreibens bringt hier mehr Verwirrung als Klarheit. Grundsätzlich ist der Zugriff auf alle Daten zulässig, die steuerrelevant sind. Da dieser Kreis im Einzelnen sehr weit gezogen sein kann, sollte eine Abschichtung des Datenzugriffs für den Außenprüfer technisch möglich sein. Deshalb ist den Steuerpflichtigen zur Vorbereitung auf den Datenzugriff zu empfehlen, die Datenstruktur und insbesondere das Zugriffs-Berechtigungskonzept zu überprüfen, zu verfeinern und eindeutig zu regeln. So muss zB bei Steuerberatern, Rechtsanwälten, etc. die Möglichkeit bestehen, den EDV-Zugriff auf die eigenen EDV-Daten und die geheimhaltunspflichtigen Mandantendaten getrennt einzuräumen. Gleiches gilt für Service-Unternehmen, die in einem Konzernverbund für mehrere Unternehmen die Buchhaltungsaufgaben wahrnehmen. Häufig lässt sich jedoch durch die Berechtigung der Finanzverwaltung zur systematischen Auswertung im Voraus nur unzureichend abschätzen, welche internen Datenverknüpfungen strukturbedingt angesprochen und somit – unfreiwillig – der Finanzverwaltung mitgeteilt werden.

149 Technisch problematisch und finanziell aufwendig ist es insbesondere für Unternehmen, die über eine große Menge an Einzeldaten verfügen (zB Kaufhäuser), diese **über einen Zeitraum von 10 Jahren** (§§ 146, 147 AO) **verar-**

beitbar zu halten. Neue Hard- und Software[1] sowie häufige Release-Wechsel bei noch im Einsatz befindlichen Programmen verhindern regelmäßig die EDV-Verarbeitung von Altdaten. Ferner müsste das Personal noch laufend auf die Alt-Systeme geschult werden, um im Falle einer Außenprüfung selbst Daten verarbeiten und Finanzbeamte einweisen zu können. Dem Umstand, dass die Datenzugriffsregelung für Außenprüfungen seit dem 1.1.2002 gilt und bei einer 10-jährigen Prüfbarkeit zu einer verfassungswidrigen Rückwirkung bis in den Veranlagungszeitraum 1992 führt, möchte die Finanzverwaltung mit dem Verhältnismäßigkeitsgrundsatz abhelfen. Nach diesem soll, wenn „Altdaten“ nicht mehr verfügbar sind, auf ein nachträgliches Einspeisen von Daten zur Verarbeitung verzichtet werden[2].

Die gesetzliche Neuregelung bringt erhebliche **Datenschutzprobleme** mit 150
sich. So ist zB im Wortlaut der Norm nicht sichergestellt, dass es sich um ein Recht der Finanzverwaltung auf Nur-Lesezugriff handelt. Der Entwurf des BMF-Schreibens enthält zwar eine Selbstbeschränkung der Finanzverwaltung hierauf. Diese dürfte auch vor dem Hintergrund selbst auferlegt worden sein, um sich im Falle einer ungewollten Veränderung von Daten nicht schadensersatzpflichtig zu machen. Die entsprechend dem Bestimmtheitsgebot erforderliche gesetzliche Regelung zum Eingriff in das Grundrecht auf informationelle Selbstbestimmung nach Art. 2 Abs. 1 iVm. Art. 1 Abs. 1 GG und Art. 19 Abs. 3 GG fehlt jedoch. Ferner ist nicht ausreichend sichergestellt, dass Daten, die der Finanzverwaltung zur Verfügung gestellt werden, dort sicher aufbewahrt werden. Im Moment scheint die Finanzverwaltung noch nicht von der Möglichkeit eines „Online-Zugriffs“ auf die Computeranlagen der Unternehmen auszugehen. Gesetzlich ausgeschlossen ist das jedoch nicht. So werden sich Fragen wie zB wer für die Sicherheit der Datenstrecken oder den auf CD oder einem anderen Speichermedium zur Auswertung zur Verfügung gestellten Daten Sorge zu tragen hat, in der Zukunft stellen.

Zusammenfassend ist zur **Vorbereitung auf den Datenzugriff** auf folgende 151
Punkte zu achten: Zunächst ist die unternehmenseigene Datenstruktur zu überprüfen und die Möglichkeit der Trennung von steuerrechtlich relevanten und sonstigen Daten zu schaffen. Erforderlich ist weiterhin eine eindeutige Regelung des Zugriffberechtigungskonzepts sowie die Schaffung von Eigenprotokollierungsmöglichkeiten der Zugriffe der Finanzverwaltung. Im technischen Bereich ist derzeit eine Vielzahl von unterschiedlichen Datenspeicherungsformaten im Einsatz. Um sicherzugehen, dass man auch in Zukunft die „Altdaten“ noch aufrufen und verarbeiten kann, ist ein möglichst gängiges Datenformat zu verwenden. Letztlich werden die großen Anbieter hier Vorteile haben. Neben der Möglichkeit der Lesbarkeit für die Zukunft muss eine Möglichkeit des Datenexports in dem Programm vorgesehen sein. Hierbei sollte auch an die Schaffung externer Datenanschlüsse gedacht werden. Bieten die derzeit im Einsatz befindlichen Programme die

---

1 Zyklen von 2–3 Jahren für den Software-Austausch sind nicht selten.
2 Ziff. I aE des BMF-Schreibens v. 16.7.2001 (oben Rz. 147).

Möglichkeit nicht, ist wegen der Kostentragungspflicht des Steuerpflichtigen nach § 147 Abs. 6 Satz 3 AO an die Bildung von Rücklagen zu denken, um im Hinblick auf die zehnjährige Aufbewahrungspflicht die Daten im Streitfall auswertungsfähig zu machen.

4. Weitere Lösungsüberlegungen

152 In der Literatur werden weitere Ansätze diskutiert, die es den international mit der steuerlichen Erfassung des E-Commerce befassten Finanzverwaltungen ermöglichen sollen, eine gleichmäßige und zuverlässige Besteuerung durchzuführen:

153 Während die **IP-Nummern** derzeit vom Provider **dynamisch vergeben**[1] werden, dh., bei jeder Einwahl wird eine neue IP-Nummer vergeben, die bei der Auflösung der Verbindung „erlischt", wird in der Literatur[2] die Idee verfolgt, **feste IP-Nummern** für alle, die am E-Commerce teilnehmen, zu schaffen. So wäre jedenfalls eine eindeutige Identifizierung der Person mit der Unterstützung des Providers möglich.

154 Das **Open Trading Protocol (OTP)-Modell** sieht vor, die Internet-Händler, Internet-Shops bzw. virtuelle Malls beim Finanzamt zu registrieren und zur Abführung von Steuern zu verpflichten[3]. Dieses Modell bietet sich vor allem für die Erfassung jedenfalls europaweit teilweise vereinheitlichter, umsatzsteuerlich relevanter Vorgänge an. Die OTP-Idee[4] umfasst im Einzelnen, dass die anfallende Umsatzsteuer individuell für den via IP-Adresse oder Signatur identifizierten Kunden nach dessen – gegebenenfalls fiktiv bestimmtem – **Verbrauchsort** berechnet wird. Der Kunde zahlt den Preis einschließlich Umsatzsteuer an den Händler. Dieser führt die einbehaltene Umsatzsteuer an die Finanzbehörden seines Ansässigkeitsstaats ab. Im Wege eines **internationalen Clearing-Verfahrens** wird die im Händlerstaat abgeführte Umsatzsteuer an den Verbraucherstaat überwiesen bzw. mit eventuellen Gegenforderungen verrechnet.

155 In der Literatur wird das **Reverse-Charge-Verfahren** als mögliche Verfahrenslösung im Business-to-Business-Bereich für „sonstige Leistungen" diskutiert[5]. Nach der Mechanik des Reverse-Charge, dh. der **Umkehr der Steuerschuldnerschaft**, wird der Leistungsempfänger Steuerschuldner. Er versteuert den Leistungsbezug nach allgemeinen Regeln im Verbrauchsland. Bei der Berechnung seiner Umsatzsteuerzahllast macht er von seiner Vorsteuerabzugsberechtigung Gebrauch. Handelt es sich um einen normal steuerpflichtigen Unternehmer und gleiche Umsatzsteuersätze, entsteht keine Umsatzsteuer-Mehrschuld.

---

1 Siehe bei *Federrath/Pfitzmann*, A Rz. 7 und 31 bis 33.
2 *Spatscheck*, Steuern im Internet, 2000, Rz. 235, mwN.
3 *Korf/Sovinz*, CR 1999, 371 (378 ff.).
4 Siehe http://www.otp.org.
5 *Korf/Sovinz*, CR 1999, 371 (375); *Vellen* in Fischer/Strunk, Steuerliche Aspekte des Electronic Commerce, 1998, S. 107.

Das **Quellensteuer-Modell** beruht auf dem Umstand, dass im elektronischen Handel eine Bezahlung entweder durch die Belastung eines Bank-, eines Kreditkarten- bzw. eines beim Service-Provider unterhaltenen Kundenkontos[1] oder mittels eines „elektronischen Zahlungssystems", wie zB eCash erfolgt. In diesen Fällen könnte die Bank oder der sonstige Anbieter zur Rechnungslegung und Steuerabführung als „Quellensteuer"[2] herangezogen werden[3]. Denkbar ist beispielsweise, dass die Bank die auf Geschäfte des E-Commerce entfallende Umsatzsteuer sowie einen pauschalen Ertragsteuersatz anonym einbehält und in einer Summe an die Finanzverwaltung abführt. Der Bankkunde erhält eine Bescheinigung hierüber, die er bei seinem Finanzamt „zur Verrechnung" einreicht. 156

V. Steuerliche Zukunft des E-Commerce

1. Festhalten am Betriebstättenprinzip?

In der Literatur werden verschiedene Modelle angedacht, bei denen vom klassischen Besteuerungskonzept und vom international eingespielten Betriebstättenkonzept abweichende, **spezielle Steuerarten und Besteuerungsverfahren** für das Internet entwickelt werden[4]. Ein solcher „Alleingang" der E-Commerce-Besteuerung scheidet vor dem Hintergrund ungewollter Wettbewerbsverzerrungen zwischen realen Geschäftsvorfällen und dem Internet-Handel aus[5]. Wie man an der nur langsam voranschreitenden europäischen und internationalen Vereinheitlichung auf dem Gebiet der indirekten Steuern deutlich erkennen kann, fällt es den einzelnen Staaten schwer, in ihrem ureigensten Bereich, nämlich dem Steuerrecht, Zugeständnisse zu machen. Deshalb haben die internationalen E-Business-Besteuerungskonzepte die größte Akzeptanz und Chance der Realisierung, die Bekanntes aufnehmen und anpassen. 157

---

1 Um eine Vermischung der normalen Umsätze mit denen des E-Commerce zu verhindern, ist daran gedacht, neben dem Normal-Konto ein spezielles Internet-Handels-Konto zB mit spezieller E-Commerce-Kreditkarte zu errichten (vgl. im Ansatz: *Korf/Sovinz*, CR 1999, 371 [376]). Nur so lässt sich sicherstellen, dass die mit einer Kreditkarte bezahlten Online- und Offline-Umsätze nicht doppelt besteuert werden. Während der Online-Umsatz erst durch die Quellenbesteuerung des Kreditkarteninstituts umsatzsteuerlich erfasst wird, ist der Offline-Umsatz zB bereits mit Einfuhrumsatzsteuer versehen und würde – falls das Kreditkarten-Institut nochmals eine Quellensteuer einbehält und abführt – unberechtigt doppelt versteuert.

2 *Korf/Sovinz*, CR 1999, 371 (372); *Vellen* in Fischer/Strunk, Steuerliche Aspekte des Electronic Commerce, 1998, S. 109 f.; im Ansatz: *Käbisch*, IWB Nr. 20 v. 27.10. 1999, Fach 11, Gruppe 2, 395.

3 Allgemein: *Amann*, IStR 1999, 449.

4 ZB *Amann*, IStR 1999, 449; Zusammenfassung bei *Spatscheck*, Steuern im Internet, 2000, Rz. 321 ff.

5 Siehe oben Rz. 19.

158 So hat zB der **OECD-MK** das Betriebstättenkonzept grundsätzlich aufrechterhalten, aber den **Betriebstättenbegriff in E-Commerce-Fällen** neu definiert[1]. Demnach handelt es sich bei intelligenten Hardware-Servern, die alle Funktionen eines Hauptgeschäftsvorfalls allein durchführen können, um eine DBA-Betriebstätte. Die Zukunft wird zeigen, ob dieser Vorstoß praktikabel ist. Probleme wird es vor allem bei der Steuererhebung und Beitreibung geben. Wie soll der deutsche Fiskus einem Unternehmen, das in Deutschland nur einen Internet-Hardware-Server aufstellt, sonst aber in Europa nicht vertreten ist, den Steuerbescheid zustellen, und vor allem, wie soll die festgesetzte Steuer beigetrieben werden, wenn das Unternehmen die Zahlung verweigert? Deshalb könnte es systemgerechter und praktikabler sein, den Internet-Hardware-Server selbst nie als Betriebstätte anzusehen[2]. Die Wertschöpfung als solche, zB die Erstellung eines Standard-Software-Programms, wird regelmäßig nicht mit dem im Ausland aufgestellten Internet-Hardware-Server, sondern am Sitz des Unternehmens erbracht. Deshalb soll dort auch die Besteuerung erfolgen. Ferner ist das reale Unternehmen dem Finanzamt bekannt.

2. Cyber-Finanzamt und Cyber-Finanzgericht

159 Während die Verwaltung und die Gerichte durch den Internet-Handel neue und zunächst belastende Aufgaben auf sich zukommen sehen, besteht gleichzeitig der Versuch, durch das Internet eine interne **Verfahrens- und Eingabeerleichterung** zu erreichen.

160 So haben die Finanzverwaltungen der Länder das Verfahren „**EL**ektronische **ST**euer**ER**klärung" (ELSTER) als **bundeseinheitliche Software** entwickelt[3]. Seit 1999 wurde es zunächst in Pilotverfahren erprobt. Seit dem Veranlagungszeitraum 2000 steht das System bundesweit unter „http://www.elster.de" zur Verfügung. Mit dem Telemodul, das unter http://www.elsterformular.de als Download erhältlich ist, können die Steuerdaten beim Steuerpflichtigen nicht nur erfasst werden. Es wird gleichzeitig eine Plausibilitätsprüfung und Kryptung durchgeführt. Ferner wird – solange gesetzlich noch erforderlich – eine komprimierte schriftliche Steuererklärung ausgedruckt. Sollten die online übermittelten Daten von den Angaben in der schriftlichen Steuererklärung abweichen, sind allein die in dem schriftlichen Formular enthaltenen Besteuerungsangaben verbindlich[4]. Mittelfristig besteht bei der Finanzverwaltung die Hoffnung, dass die derzeit sehr personalintensive Ein-

1 Siehe oben Rz. 58.

2 *Spatscheck*, Steuern im Internet, 2000, Rz. 331 ff. Eine Betriebstätte wird nur angenommen, wenn der Steuerpflichtige nach klassischer Abgrenzung im Ausland wirklich „aktiv" wird.

3 NWB Nr. 2 v. 11.1.1999, Aktuelles, 67; BMF-Schreiben v. 27.12.1999 – IV D 4 – 2250 – 118/99, IV D 6 – S 0082 – 18/99, BStBl. I 1999, 1051; BMF-Schreiben v. 27.12.1999 – IV D 4 – O 2250 – 120/99, IV D 6 – S 0082 – 17/99, NWB Nr. 4 v. 24.1.2000, Fach 2, 7293.

4 Ziff. 2 des BMF-Schreibens v. 27.12.1999, BStBl. I 1999, 1051.

gabe der Besteuerungsdaten in die EDV-Anlagen der Finanzämter vom Steuerpflichtigen selbst via Internet übernommen wird.

Am 2.8.1999 startete das Finanzgericht Hamburg mit einem Feldversuch, bei dem der gesamte Rechtsverkehr per E-Mail erfolgt[1]. An diesem Versuch sind neben dem Finanzgericht Hamburg die Hamburger Finanz- und Zollverwaltung, die Hanseatische Rechtsanwaltskammer Hamburg, die DATEV eG und ein Softwareunternehmen beteiligt. 20 von 21 Richtern des Finanzgerichts sowie ca. 30 Rechtsanwalts- und Steuerberatungsbüros sind an das System angeschlossen. Es funktioniert so, dass der Rechtsanwalt seinen Schriftsatz per E-Mail an das Finanzgericht Hamburg sendet. Anlagen und Abbildungen werden eingescannt. Der gesamte weitere interne und externe Aktenverkehr, wie zB die Weiterleitung von Schriftsätzen zur Stellungnahme etc. erfolgt per E-Mail. Parallel wird derzeit noch eine Papierakte geführt. Das liegt unter anderem an dem Schriftlichkeitsgebot des § 64 FGO. Zur Vermeidung von Haftungsansprüchen wegen Formfehlern übersenden die Rechtsanwälte und Berater derzeit die Klageschrift sowie die bestimmenden Schriftsätze zusätzlich per Fax. Ein Referentenentwurf vom 5.6.2000, der vorsieht, dass sämtliche Schriftsätze als verschlüsseltes elektronisches Dokument mit digitaler Signatur formwahrend versandt werden können, hat den Gesetzgeber noch nicht passiert. Hierbei ist vorgesehen, dass die Verschlüsselung, die mit dem von der DATEV entwickelten Programm GERVA über einen zertifizierten Schlüssel erfolgt, neben den persönlichen Daten auch Informationen über die Berufszugehörigkeit, also zB Rechtsanwalt oder Steuerberater, enthält. Die Akzeptanz unter den Beratern ist noch zögerlich. So waren Anfang 2000 nur ca. 50 Vorgänge registriert. 161

1 Informationen bei http://www.hamburg.de/Behoerden/JB/presse/fg_vortrag-000321.htm, www.rechtsanwaltskammerhamburg.de oder www.datev.de.

J. Versicherungsmöglichkeiten

I. Einführung

1. IT-Versicherung

Neue technische Rahmenbedingungen bedingen **innovative Versicherungsprodukte**. Die globale Welt des Internets, die damit verbundene Kommunikationsrevolution und die daraus resultierenden Risiken für Benutzer und Hersteller von Informationstechnologie können durch herkömmliche Versicherungsprodukte nicht oder nur unzureichend abgesichert werden. Im Bereich der Aktivenversicherung müssen neue Versicherungsprodukte marktzugängig werden, weil die herkömmlichen Versicherungsbedingungen regelmäßig an einen Sachschaden anknüpfen, der beim Ausfall oder Untergang von Datenkonfigurationen keine Rolle spielt. Deswegen muss eine neue Definition des versicherten Risikos gefunden werden, mit der dann auch die Versicherung eines Ertragsausfalls, der sich an einen Computerausfall und die damit verbundene Betriebsunterbrechung anschließt, verknüpft sein muss. 1

Das herkömmliche Prinzip der Haftpflichtversicherung, das bestenfalls Vermögensfolgeschäden, die durch primär versicherte Sach- oder Personenschäden verursacht worden waren, versichert hatte, muss revidiert werden. Die Haftpflicht, die sich aus der Herstellung oder dem Betrieb von Informationstechnologie ergibt, betrifft in erster Linie Vermögensschäden. Die gesetzlichen Haftungsgrundlagen für derartige Vermögensschäden gehen weit über das bisher versicherte Maß hinaus: während gesetzliche Haftungsgrundlagen für Sach- und Personenschäden relativ eng begrenzt waren (und dennoch schon genug Probleme bereiteten), ergeben sich **Haftungsgrundlagen für Vermögensschäden**, die aus der Nutzung oder Herstellung/Vertrieb von IT resultieren können, aus einer viel größeren Anzahl von Gesetzen, etwa dem UrheberrechtsG, dem MarkenG, dem UWG u.Ä. Durch die Globalisierung der Kommunikation internationalisiert sich das Recht und eine adäquate Deckung eines Haftpflichtversicherungsproduktes für Vermögensschäden wird und muss internationale Schäden zumindest berücksichtigen. 2

Hinzu kommt letztlich, dass die moderne Informationstechnologie eine ganze Phalanx von Gefahren und damit von **Versicherungsbedarf** hervorgerufen hat: Es geht nicht nur um den bloßen Ausfall von Daten, Software und damit betriebenen Computern und damit wiederum verbundenen Betriebsunterbrechungsschäden, sondern – in einer Art Kreditversicherung – auch um die Versicherung des (internationalen) Waren- und Zahlungsverkehrs. Es geht nicht nur um die bloße weltweite Versicherung gegen die Inanspruchnahme für Vermögensschäden (was schon für sich genommen ein gewaltiges Haftungspotential darstellt), sondern es geht auch um die Versicherung der Organhaftung für adäquates Risikomanagement. Da nicht zu erwarten ist, dass die technische Entwicklung bereits ihren Abschluss gefunden hat, wer- 3 den die Anforderungen an adäquate Versicherungsprodukte mit der sich rasant weiterentwickelnden Technik noch steigen. Die nachfolgenden Ausführungen sollen – als eine Momentaufnahme – einen kurzen Überblick über den derzeitigen Stand des Versicherungsmarktes geben[1].

2. Deregulierung und Bedingungsvielfalt

4 Seit der sog. Deregulierung des Versicherungsmarktes im Jahre 1994 und dem damit verbundenen Wegfall der Genehmigungspflicht von Allgemeinen Versicherungsbedingungen (AVB) durch das Bundesaufsichtsamt für das Versicherungswesen (BAV)[2] ist die **Vielfalt** der am Markt angebotenen Versicherungsprodukte drastisch gestiegen.

5 Mit dieser Bedingungsvielfalt wurde die Erwartung verknüpft, dass der freigesetzte Leistungs- und Preiswettbewerb die Position des Verbrauchers stärken würde. In Wirklichkeit hat die Vielfalt der angebotenen Versicherungsprodukte zur **Intransparenz des Marktes** geführt: Es ist kaum mehr möglich, die Vielzahl der marktgängigen AVB auf ihr Leistungssubstrat hin zu untersuchen, also das Konglomerat von Leistungsbeschreibung, Ausschlüssen und eventuellen Wiedereinschlüssen[3]. Ist aber schon der bloße Leistungsvergleich nicht möglich, scheitert ein Preis-Leistungs-Vergleich erst recht.

6 Die ohnehin schon vorhandene Bedingungsvielfalt wird zusätzlich dadurch erhöht, dass namentlich im Industriegeschäft sog. **Maklerbedingungen** geschrieben werden, Versicherungsbedingungen, die nicht der Versicherer stellt, sondern die vom Makler im Auftrag seines Kunden, des Versicherungsnehmers, erarbeitet und dem Versicherer „angeboten" werden. Dabei haftet der Versicherungsmakler für adäquaten Versicherungsschutz zu marktgerechten Prämien (best advice[4]).

1 Für die vertiefende Beschäftigung mit dem Thema sei auf folgende Literatur hingewiesen: *Büchel-Favre-Wiest*, Recht und Versicherung im Internet – Per Mausklick in eine neue Risikolandschaft?, 2000, Hrsg.: Swiss Re Publishing; Deutscher Versicherungs-Schutzverband, Wie Sie Ihre EDV-Risiken richtig versichern, 1992; *Koch/Wagner*, Electronic Commerce in der Versicherungswirtschaft, VW 1998, 1643 ff.; *Lesch/Richter*, Prävention und Versicherung für Gefahren aus dem Internet, VW 2000, 1774; *Quack-Grobecker*, Zur Haftpflichtversicherung von Internetrisiken, ZfVers 1998, 614 ff.; *Quack-Grobecker/Funke*, Internetrisiken – eine Herausforderung für die Haftpflichtversicherung, VW 1999, 157 ff.; *Köhne/Koch*, Die virtuelle Versicherung, VW 1999, 1820.

2 Zur Deregulierung vgl. etwa *Präve*, VW 1994, 800; *Hohlfeld*, VersR 1993, 144; *Müller*, VW 1993, 548; *Sönnichsen*, VW 1993, 88.

3 Man spricht von primären, sekundären und tertiären Leistungsbeschreibungen, die erst in ihrer Gesamtheit das „unsichtbare Produkt Versicherung" (so *Martin*, VersR 1984, 1107, 1108) ausmachen, *Sieg*, VersR 1977, 489; zur Funktionalität von Risikobeschreibung vgl. *Kollhosser* in Prölss/Martin, 26. Aufl. 1998, § 49 Rz. 3; *Bruck/Möller/Sieg*, VVG, Vorbemerkung, § 49-80 Anm. 11.

4 *Kollhosser* in Prölss/Martin, Anh. zu §§ 43 ff. Rz. 5; zuletzt BGH v. 10.5.2000 – IV ZR 297, 98, NVersZ 2000, 389.

3. Bedarfsanalyse

Zunächst muss jeder IT-Nutzer oder -Hersteller, der Versicherungsbedarf hat, genau überlegen, in welcher Hinsicht er Versicherungsschutz benötigt. 7

Das gilt für den IT-Nutzer zunächst in Bezug auf die Versicherung **eigener** Schäden. Der IT-Vertreiber/Hersteller muss demgegenüber Versicherungsschutz gegen die Inanspruchnahme durch Dritte suchen (Haftpflichtversicherung). 8

Ungeachtet dieser Grundbedarfsanalyse muss der Versicherungsnehmer seine IT-Technologie in Bezug auf **spezifischen Versicherungsbedarf** hin analysieren. Die Risiken sind ebenso groß wie vielfältig: Zunächst ist zwischen Hard- und Softwarerisiken zu unterscheiden; sodann drohen technische Defekte (Stromausfall) und höhere Gewalt, logistisches Versagen bei der Herstellung von Hard- und Software, Bedienungsfehler bei Einrichtung und Anwendung der IT- Medien- und Computerkriminalität, die wiederum in vielfältigen Formen auftreten kann[1]. Die Folgen können in Datenverlusten, Datenblockaden oder Datenmanipulationen bestehen, die ihrerseits nicht nur mit teilweise erheblichem Kostenaufwand wieder beseitigt werden müssen, sondern die auch zu existenzgefährdenden Ertragsverlusten führen können (Betriebsunterbrechung). 9

Angesichts der zuvor beschriebenen Bedingungsvielfalt muss der Nachfrager von Versicherungsschutz sehr genau differenzieren, welches der am Markt angebotenen **Deckungskonzepte** er für sich konkret benötigt. Nur eine ganz konkrete Bedarfsanalyse wird zu einem adäquaten Versicherungsschutz führen. 10

Gleiches gilt uneingeschränkt auch für die Haftpflichtversicherung; hier muss in gleichem Maße geprüft werden, inwieweit herkömmliche Versicherungsprodukte für einen hinreichenden Versicherungsschutz sorgen können oder ob und gegebenenfalls in welchem Umfang spezieller IT-Versicherungsschutz nachgefragt werden muss. Das gilt nicht nur für die herkömmliche Haftpflichtdeckung, sondern auch für die Haftung von Unternehmensorganen, die nach dem KonTraG eine Art Frühwarnsystem für ihr Unternehmen schulden. 11

Schließlich werden E-Commerce-Versicherungen angeboten, durch die die spezifischen Risiken der Internetnutzung, also die Sicherheit des Waren- und Zahlungsverkehrs, versichert werden. 12

---

1 In der einschlägigen Literatur finden sich Hacker (die „Guten“, die – angeblich – nur an Informationstransparenz interessiert sind) und Cracker (die „eingesperrte bits“ befreien wollen), es finden sich Crasher (Datenvandalen) und Infowarrior (Zerschlagung des Systems); es finden sich „Demonstranten“, die entweder den Zugang zum System blockieren (denial of access) oder den Rechner überschwemmen (e-mail bombing; denial of service); und schließlich findet man den guten alten Computerkriminellen, dem es nur um seinen eigenen wirtschaftlichen Vorteil geht, indem er fremde Daten ausspioniert oder zu seinem Vorteil manipuliert.

4. Marktanalyse

13 Steht der Versicherungsbedarf fest, muss geprüft werden, welcher Versicherer das erforderliche Deckungskonzept anbietet. Die **Marktvielfalt** ist groß: Die Palette der Angebote reicht von einer nur geringfügig modifizierten Standardpolice für „Benannte Gefahren“ einschließlich eines darin anschließenden Betriebsunterbrechungsversicherungsschutzes bis hin zu eigens geschaffenen IT-Versicherungen, durch die ganz speziell Entschädigung für Kosten versprochen wird, die durch einen Ausfall oder den Verlust von Daten entstehen. Von entscheidender Bedeutung ist die Wahl des Grundversicherungsschutzes für die sich an den Grundversicherungsschutz anschließende Ertragsausfallversicherung. Es nutzt dem Versicherungsnehmer nichts, wenn er eine umfassende Betriebsunterbrechungsversicherung unterhält, diese aber an den „falschen“ Schaden anknüpft, also nicht an den Datenausfall, der dann zur Betriebsunterbrechung führt.

14 Ähnliches gilt für die Haftpflichtversicherung. Auch hier ist die Palette der angebotenen Deckungskonzepte groß, sie reicht von einer herkömmlichen AHB-Deckung mit dem zusätzlichen IT-Betriebsrisiko bis hin zur Abdeckung echter Vermögensschäden Dritter, die durch eine fehlerhafte Softwarelieferung oder -implementierung oder die Verletzung gewerblicher Rechte (Urheber- und Markenrechte o.Ä.) hervorgerufen worden sind. Auch hier kann der „falsche“ Versicherungsschutz noch so umfangreich ausgebildet sein, er nutzt nichts, wenn er nicht spezifisch auf die Bedürfnisse des Versicherungsnehmers abgestimmt ist.

5. Erscheinungsformen der IT-Versicherung

15 Die nachfolgende **Marktübersicht** kann nicht den Anspruch haben, vollständig zu sein; sie enthält die Produkte, die dem Autor während der Beschäftigung mit dem Thema bekannt geworden sind. Die Auflistung erfolgt alphabetisch nach den anbietenden Versicherern und soll nur eine grobe Orientierungshilfe bieten:

16

Sachversicherung

VU	Produkt	Versicherte Sachen	Versicherte Gefahren	Ausschlüsse	BU	Sonstiges
ACE EUROPE	Dataguard	Daten, Datenträger	zufällige Beschädigung oder Zerstörung; Veränderung oder Verlust von Daten aufgrund konkretisierter Umstände (zB Stromausfall); Versicherungsschutz gegen Computerkriminalität wird mit angeboten	Krieg etc.; Haftung Dritten gegenüber; Sachschaden an der Computerhardware; vorsätzliche Beschädigungen durch Vertrauenspersonen; Schäden aus normalem Gebrauch (Alterung); Schäden aufgrund behördlicher Anordnung	ja, knüpft an Software- und Computerkriminalitätsversicherung an; 12 Monate Haftungszeit; unterschiedliche Selbstbehalte für Ertrag und Kosten	weitere Deckungsmöglichkeiten in Kombination mit Computerkriminalität
AIG EUROPE	Business Guard	elektronische Anlagen und Geräte; fakultativ alle maschinellen Anlagen und Geräte auf dem Betriebsgrundstück; zusätzliche Daten und Datenprogrammversicherung	alle Gefahren gem. §§ 1 und 2 ABE	jeweils zu den versicherten Sachen und Gefahren werden Ausnahmen gemacht; bei der Betriebsunterbrechungsversicherung sind einige Ausschlüsse enumerativ aufgezählt (zB behördlich angeordnete	ja, knüpft an den Ausfall der elektronischen Anlagen und Geräte aus der Basisdeckung an	Es handelt sich um eine sog. Multiline-Police, durch die Haftpflicht-, Vertrauensschaden-, D&O-, Strafrechts-, Sach-, Betriebsunterbrechungs- und Gruppenunfallversicherungsschutz angeboten wird

VU	Produkt	Versicherte Sachen	Versicherte Gefahren	Ausschlüsse	BU	Sonstiges
				Wiederaufbau- oder Betriebsbeschränkungen)		
Gerling	Daten und Software	Daten/Softwaresysteme einschließlich Anwenderprogramme	zB falscher Programmeinsatz, vorsätzliche Handlungen bei Programmen und Daten, Computerviren, trojanische Pferde, Würmer, Stromausfall, höhere Gewalt etc. (siehe AVB-Text)	Krieg; Kernenergie in bestimmtem Umfang; Vorsatz; falsche Dateneingabe; Programmfehler; Programmveränderung bei der Installation etc.; Raubkopien; Vermögensschäden durch Unterschlagung/Veruntreuung; „flüchtiger Speicher“; Änderungs-, Ergänzungs- oder Verbesserungskosten etc. (Einzelheiten in den AVB)	ja, für interne und externe Netze	
Gothaer	Secusure	Software gem. Klausel 028 zu den ABE	Zerstörung/Manipulation von Daten/Programmen einschließlich Websites	§ 2 Nr. 5 ABE	ja, nach Maßgabe der ABEBU	

VU	Produkt	Versicherte Sachen	Versicherte Gefahren	Ausschlüsse	BU	Sonstiges
Marsh McLennan	Netsecure	Daten, Softwareprogramme etc.	im Einzelnen benannte Schadensursachen; Computervirus; Eingriffe Dritter; Computerkriminalität; Erpressung; Zugriffs- oder Serviceverweigerung; unberechtigtes Eindringen Dritter	behördliche Eingriffe; Sachschaden; Satellitenausfall; Stromausfall, solange nicht von VN kontrolliert; alle Einrichtungen, die noch im Erprobungsstatus sind; Verletzung von Geschäftsgeheimnissen durch Be-rechtigte; Identifizierung und Erneuerung von Softwarefehlern	ja	Belohnung bis zu 25.000 US-$ für Aufdeckung von Computerkriminalität
TELA	Online	nur Betriebsunterbrechungsversicherung	Allgefahrenversicherung für den Ausfall externer Netze, die nicht vom Versicherungsnehmern kontrolliert werden	Vorsatz, Krieg und Nuklearschäden; Haftung Dritter; geplante Unterbrechung; ungesetzliche finanzielle Transaktionen; Unterbrechungsschäden aufgrund bereits bekannter Fehlfunktionen; Insolvenz, Streik;	Subsidiärversicherung; Eintritt nach den ersten 24 Stunden; weitere Ersatzbeschränkungen	

VU	Produkt	Versicherte Sachen	Versicherte Gefahren	Ausschlüsse	BU	Sonstiges
				Umstellung oder Tests; behördliche Eingriffe		
Württembergische	WüBa	Daten und Software	jede rechtswidrige und vorsätzliche Beeinflussung von Daten und Software; Computervirus (optional); fahrlässige Veränderung von Daten durch Mitarbeiter (optional)	Drittschäden; Krieg etc.; Y2K; etc.	ja; weiterlaufende Kosten und besondere Kosten aufgrund der Betriebsunterbrechung sind versichert	Schäden durch vorsätzliche Taten von Mitarbeitern oder von Dritten sind eingeschlossen.
Zürich Agrippina	E-Risk	Datenverlust oder Unterbrechung;	zB Datenraub, Computervirus, Fahrlässigkeit der berechtigten Personen; Spamming	bekannte Umstände bei Versicherungsbeginn; behördliche Eingriffe; Sachschäden; Vorsatz der Versicherungsnehmer-Organe; Internetausfälle, solange nicht vom Versicherungsnehmer kontrolliert; Verbesserungskosten; Satellitenausfall	ja; Berechnung des Ausfalls auf stündlicher Basis	zusätzliche Deckung für Haftpflicht, Computerkriminalität und Erpressungsversicherung möglich; Ausgaben für Public Relations

Haftpflichtversicherung

VU	Produkt	Versicherte Gefahren	Versicherungsfall	Ausschlüsse	Sonstiges
AIG	BusinessGuard	alle Schäden aufgrund gesetzlicher Haftpflichtbestimmungen privatrechtlichen Inhalts, die in Ausübung der betrieblichen Aktivitäten entstanden sind	Claims Made	enumerative Aufzählung von Ausschlüssen, zB Vertragserfüllung; Nichterfüllung; Verzug, Personen- oder Sachschäden, Computerviren, Sicherheitseinrichtungen, die durch den Versicherungsnehmer erstellt wurden etc.	
CHUBB	IT-Vermögensschaden-Haftpflichtversicherung	Vermögensschäden Dritter einschließlich Folgeschäden aufgrund von Leistungen im Rahmen des versicherten Betriebscharakters	Verstoß des Versicherungsnehmers bei der Ausübung von Tätigkeiten und/oder Erbringung von Leistungen	enumerativ aufgezählte nicht versicherte Tatbestände in Ziff. 5 AVB, zB Gewährleistungsansprüche, Nichterfüllung, gesetzliche Gefahrtragung oder Umweltschäden etc.	
Gerling	CLIC Computer Liability Insurance Coverage	deutlich erweiterte AHB-Deckung (zB Abbedingung von Allmählichkeit und Tätigkeitsschadensausschlüssen)	keine besondere vertragliche Regelung	enumerativ aufgezählte Deckungsausschlüsse, zB Datumserkennung, Viren, Gentechnik, Vertragserfüllung,	

VU	Produkt	Versicherte Gefahren	Versicherungsfall	Ausschlüsse	Sonstiges
				Garantiezusagen etc.	
Marsh McLennan	Netsecure	alle Schäden, zu deren Ersatz der Versicherungsnehmer rechtlich verpflichtet ist; Verteidigungskosten	Claims Made	Personen- und Sachschäden; vertragliche Erfüllungsschäden; Garantien; Satellitenausfall; Fehler der Stromversorgung etc.	
Zürich	IT Safe Cover	gesetzliche Haftpflicht des VN aus dem Betrieb eines Unternehmens für Informationstechnologie für Personen-, Sach- und (echte) Vermögensschäden einschließlich aller daraus resultierender Folgeschäden, auch soweit die Schäden auf dem Fehlen zugesicherter Eigenschaften oder auf Falschlieferung beruhen	während der Versicherungsdauer vorkommende Schadenereignisse	enumerativ aufgezählte Ausschlüsse, zB § 4 II Nr. 5 AHB, Wandelung, Minderung, Nachbesserung Neu-(Ersatz-) Lieferung etc.; Schäden aus E-Banking und E-Commerce, Rückruf etc.	

6. Verständnisgrundlagen

Es ist angesichts der Marktvielfalt der angebotenen Versicherungsprodukte ausgeschlossen, im nachfolgenden Text einzelne AVB vorzustellen, zu besprechen und auf ihre Reichweite und Wirksamkeit hin zu untersuchen. Es sind deswegen nur **allgemein gehaltene Ausführungen** zu **marktüblichen Deckungsversprechen**, Ausschlüssen etc. möglich. Wer konkreten Sach- oder Haftpflichtversicherungsschutz sucht, muss sich erst sach- und dann marktkundig machen. 17

Soweit im nachfolgenden Text von standardisierten AVB gesprochen wird, handelt es sich jeweils um die Musterempfehlungen der entsprechenden Verbände. Es sei an dieser Stelle noch einmal ausdrücklich darauf hingewiesen, dass jede einzelne Police von diesen Musterempfehlungen abweichen kann. 18

II. Eigene Schäden des Versicherungsnehmers (Sachversicherung)

1. Grundprinzipien der Sachversicherung

Zum besseren Verständnis der Funktionalität der Sachversicherung sollen einige allgemeine Grundsätze vorangestellt werden: 19

a) Anwendbare Vorschriften

Das Sachversicherungsrecht bestimmt sich zunächst nach dem Versicherungsvertragsgesetz, von dem einerseits die allgemeinen Vorschriften in §§ 1–48 VVG anwendbar sind, zum anderen die Vorschriften für die Schadensversicherung in §§ 49–80 VVG und sodann die Vorschriften über die Feuerversicherung in §§ 81–107c VVG. Das, was den eigentlichen Inhalt des versprochenen Versicherungsschutzes ausmacht, ergibt sich aus den entweder vom Versicherer gestellten oder vom Makler des Versicherungsnehmers in das Vertragsverhältnis eingeführten Allgemeinen Versicherungsbedingungen (AVB), die sich einerseits an die halbzwingenden Vorschriften des VVG zu halten haben (vgl. die Regelungen in §§ 16a und 34a VVG), die andererseits auch der richterlichen Inhaltskontrolle nach §§ 8, 9 AGBG unterfallen. 20

b) Versicherungsschutz

Die Sachversicherung ist eine sog. **Aktivenversicherung**: In ihr verspricht das Versicherungsunternehmen dem Versicherungsnehmer Versicherungsschutz für dessen Aktiva, wobei man zwischen der Benannte- und der All-Gefahrenversicherung unterscheidet. Bei der Vereinbarung von benannten Gefahren leistet der Versicherer nur, wenn die versicherte Sache durch einen der im Vertrag im Einzelnen aufgelisteten Gefahren zu Schaden gekommen ist, bei der All-Gefahrenversicherung kommt es auf die Schadens- 21 ursache nicht an. Ein uferloses Ausdehnen des Versicherungsschutzes wird dort regelmäßig durch die Parameter eines „unvorhergesehenen Ereignisses" o.Ä. beschränkt.

22 Grundsätzlich soll die Sachversicherung Versicherungsschutz lediglich gegen sog. **Sachsubstanzschäden** bieten[1]. Vielfach wird allerdings nicht streng unterschieden zwischen Sachsubstanz- und Vermögens- oder Vermögensfolgeschäden[2]; das ist namentlich bei der im Folgenden zu erläuternden Software-Versicherung der Fall, weil es hier häufig an einem Sachsubstanzschaden fehlt und insoweit letztlich ein Vermögensschaden gedeckt wird.

c) Funktionalität von AVB

23 Grundsätzlich funktioniert das „unsichtbare Produkt Versicherung"[3] so, dass **primäre, sekundäre und tertiäre Risikobeschreibungen** ineinander greifen, wobei die primäre Risikobeschreibung das grundsätzliche Leistungsversprechen des Versicherers festlegt, sekundäre Risikobeschreibungen Ausschlüsse davon beinhalten und tertiäre Risikobeschreibungen bestimmte Risiken von den Ausschlüssen wieder ausklammern (sog. Wiedereinschlüsse)[4]. Das alles gemeinsam legt den Umfang der Leistungspflicht des Versicherers fest.

d) Richterliche Inhaltskontrolle

24 Sämtliche AVB unterliegen – wie alle AGB – der richterlichen Inhaltskontrolle nach §§ 8, 9 AGBG, wobei der BGH den Bereich der der richterlichen Inhaltskontrolle entzogenen Leistungsbeschreibungen sehr eng fasst und nur das aus der Inhaltskontrolle ausklammert, was „Art, Umfang und Güte der geschuldeten Leistung" im eigentlichen Sinn festlegt[5]. Die Rechtsprechung prüft die AVB an den Kontrollkriterien des § 9 Abs. 2 Nr. 1 AGBG (Abweichen von gesetzlichen Leitlinien) oder an § 9 Abs. 2 Nr. 2 AGBG (unangemessene Benachteiligung). Prüfungsmaßstäbe sind dabei die **Aushöhlung** des Versicherungsschutzes und die **Transparenz** von Versicherungsbedingungen[6].

---

1 Vgl. dazu unten Rz. 38 ff.

2 Vgl. dazu *Martin*, Sachversicherungsrecht, 3. Aufl. 1992, A I Rz. 6 ff.

3 So *Martin*, VersR 1984, 1107 (1108).

4 Vgl. zur Funktionalität und Systematik von Risikobeschreibungen *Kollhosser* in Prölss/Martin, VVG, 26. Aufl. § 49 Rz. 3; *Bruck/Möller/Sieg*, VVG, Vorbemerkungen vor §§ 49–80 Anm. 11; *Sieg*, VersR 1977, 489.

5 BGH, Urt. v. 24.3.1999 – IV ZR 90/98, NJW 1999, 2279; BGH, Urt. v. 17.3.1999 – IV ZR 137/98, VersR 1999, 745; ständige Rechtsprechung seit BGH, Urt. v. 23.6.1993 – IV ZR 135/92, NJW 1993, 2369; vgl. ferner BGH, Urt. v. 13.7.1994 – IV ZR 107/93, NJW 1994, 2693; zur Problematik der EG-AGB-Richtlinie vgl. *Langheid*, NVersZ 2000, 63 ff. mwN.

6 Vgl. etwa BGH, Urt. v. 22.3.2000 – IV ZR 23/99, NJW 2000, 2103; BGH, Urt. v. 5.7.1995 – IV ZR 133/94, NJW-RR 1995, 1303.

e) Auslegungsgrundsätze

Allgemein anerkannt ist, dass AVB objektiv nach dem typischen Verständnis redlicher Vertragspartner dahin gehend **auszulegen** sind, wie sie ein durchschnittlicher Versicherungsnehmer bei verständiger Würdigung, aufmerksamer Durchsicht und Berücksichtigung des erkennbaren Sinnzusammenhanges verstehen würde. Abzustellen ist auf die Verständnismöglichkeiten eines Versicherungsnehmers ohne versicherungsrechtliche Spezialkenntnisse[1]. Auch die Entstehungsgeschichte von AVB darf bei der Auslegung keine Rolle spielen, jedenfalls dann nicht, wenn sich die Entstehungsgeschichte aus der Klausel selbst nicht erschließt[2]. Bei der Auslegung von AVB ist allerdings atypisches individuelles Umstands- und/oder Regelwissen zu berücksichtigen: Besondere Fachkenntnisse des Vertragspartners des Verwenders sind mit der Maßgabe zu berücksichtigen, dass die AVB nach diesem technischen Sonderwissen zu beurteilen ist[3]. Im Zusammenhang mit IT-Versicherung sind diese Grundsätze von besonderer Bedeutung, weil es sich um eine durch und durch technische Materie handelt. 25

2. Hardware

Nach den zuvor dargestellten Prinzipien bieten herkömmliche Versicherungsprodukte Schutz im Rahmen der so genannten Aktiven-Versicherung. Solche im Zusammenhang mit IT-Risiken auch Hardware-Versicherung genannte Versicherungsprodukte werden im Folgenden nur dargestellt, soweit sie irgendeinen Bezug zur Informationstechnologie aufweisen. 26

a) Überblick

aa) AFB

§ 2 Nr. 1 b, Nr. 3 und Nr. 4 AFB 87 versichern **bewegliche Sachen**, soweit der Versicherungsnehmer Eigentümer ist oder eine entsprechende Position erlangt hat (§ 2 Nr. 3 b, c AFB 87). Außerdem sind bewegliche Sachen mitversichert, soweit es sich um fremdes Eigentum handelt, dass „seiner Art nach zu den versicherten Sachen gehört und dem Versicherungsnehmer zur Bearbeitung, Benutzung oder Verwahrung oder zum Verkauf in Obhut gegeben wurde" (§ 2 Nr. 4 AFB 87). 27

---

1 BGH, Urt. v. 17.12.1987 – VII ZR 307/86, NJW 1988, 1261 (1262); BGH, Urt. v. 23.6.1993 – IV ZR 135/92, NJW 1993, 2369 ff.; zuletzt BGH, Urt. v. 8.12.1999 – IV ZR 40/99, VersR 2000, 311; vgl. ferner *Römer* in Römer/Langheid, VVG, 1997, vor § 1 Rz. 2; *Ulmer* in Ulmer/Brandner/Hensen, AGB-Gesetz, 9. Aufl. 2001, § 5 Rz. 13 ff.

2 BGH, Urt. v. 17.5.2000 – IV ZR 113/99, VersR 2000, 1090 m. Anm. *Lorenz*.

3 Zur „technischen Betrachtungsweise" in der Maschinengarantieversicherung vgl. BGH, Urt. v. 28.4.1976 – IV ZR 56/74, VersR 1976, 676 (677); BGH, Urt. v. 29.6.1994 – IV ZR 129/93, VersR 1994, 1185 (1186); vgl. *Lindacher* in Wolf/Horn/Lindacher, AGBG, 4. Aufl. 1999, § 5 Rz. 14; *Römer* in Römer/Langheid, VVG, 1997, vor § 1 Rz. 7 aE und Rz. 8.

28 Ist eine **Betriebseinrichtung** versichert, fallen darunter u.a. **nicht** Magnetbänder, Magnetplatten und sonstige Datenträger, § 2 Nr. 6c AFB 87. Allerdings kann gesondert vereinbart werden, dass der Versicherer die infolge eines Versicherungsfalles notwendigen Aufwendungen erstattet, soweit sie „für die Wiederherstellung von Akten, Plänen, Geschäftsbüchern, Karteien, Zeichnungen, Lochkarten, Magnetbändern, Magnetplatten und sonstigen Datenträgern einschließlich des Neuwertes der Datenträger" anfallen, § 3 Nr. 3d AFB 87.

bb) VGB

29 Gemäß § 1 Nr. 3 VGB 88 kann aufgrund besonderer Vereinbarung **Grundstücks-Zubehör** gegen die in den VGB benannten Gefahren versichert werden, also solche IT-Anlagen, die dem Zwecke des Grundstücks zu dienen bestimmt sind. Dadurch regelmäßig versicherbar dürften alle die IT-Anlagen werden, die in Geschäftshäusern als bewegliche Sachen benutzt werden. Daran entstehende Schäden sind gemäß § 9 Nr. 2 c VGB 88 dann nicht versichert, wenn es sich um Kurzschluss- und Überspannungsschäden handelt, die „an elektrischen Einrichtungen entstanden" sind, „außer wenn sie die Folge eines Brandes oder Explosion" sind. Besondere Ersatzwertvorschriften gelten nicht, vielmehr gilt hier die allgemeine Zeit- oder Neuwertentschädigungsregelung in § 15 Nr. 1a oder b VGB 88. Spezifische Datenvorschriften finden sich nicht.

cc) ABE

30 § 1 Nr. 1 ABE versichern die im Versicherungsschein aufgeführten Anlagen und Geräte der **Informations-, Kommunikations- und Medizintechnik** sowie alle sonstigen elektrotechnischen und elektronischen Anlagen und Geräte. Nach der Elektronik-Pauschalversicherung in Klausel 026 zu den ABE[1] müssen die versicherten Gegenstände nicht mehr im Versicherungsschein aufgeführt werden, sondern es sind alle die in Nr. 1a Klausel 026 aufgeführten Gegenstände versichert, ausgenommen sind gemäß Nr. 1b Klausel 026 Anlagen und Geräte der Medizintechnik, der Mess-, Prüf- und Regeltechnik, der Satz- und Reprotechnik, mobile Funkgeräte, Auto- und Mobiltelefone, Prozessrechner, Steuerungen von Maschinen, Handelswaren und Vorführgeräte.

31 **Datenträger**, die als „Datenspeicher für maschinenlesbare Informationen" definiert werden, sind gemäß § 1 Nr. 2a ABE nur versichert, „wenn sie vom Benutzer nicht auswechselbar sind", als Beispielsfälle werden „Festplatten jeder Art" genannt.

32 Daten als solche sind gemäß § 1 Nr. 2b ABE nur versichert, „wenn sie für die Grundfunktion der Versicherungssachen notwendig sind" (System-Programmdaten aus Betriebssystemen oder damit gleichzusetzende Daten).

1 VerBAV 1991, 355.

Nach § 2 Nr. 3 ABE wird eine **Entschädigung** für **versicherte Daten** nur dann geleistet, „wenn der Verlust oder die Veränderung der Daten infolge eines dem Grunde nach versicherten Schadens an dem Datenträger eingetreten ist, auf dem diese Daten gespeichert waren". Voraussetzung ist also nach wie vor ein Sachschaden an der Hardware des Datenträgers[1].

dd) AMB

33 Eine der Versicherung nach den ABE entsprechende Versicherung findet sich auch in § 1 Nr. 2c AMB 91, wobei auch hier **Daten** nur dann versichert sind, wenn sie aufgrund eines versicherten Schadens an dem Datenträger verloren gehen oder verändert werden, § 2 Nr. 2 AMB 91.

b) Deckungsumfang

34 Die Sachversicherung unterscheidet gemeinhin zwischen so genannten **benannten Gefahren** und einer **All-Gefahrenversicherung**. Eine Versicherung gegen benannte Gefahren (Named Perils) verspricht die Risikoübernahme durch den Versicherer, wenn die im Vertrag genannten versicherten Gegenstände durch bestimmte im Versicherungsvertrag benannte Risikoumstände oder Gefahren zerstört oder beschädigt werden (zB Feuer, Leitungswasser o.Ä.).

35 Demgegenüber bietet die All-Gefahrenversicherung unspezifiziert Versicherungsschutz gegen alle denkbaren Risiken, solange nur ein entsprechender Sachschaden eintritt. Da aber ein unendlich ausgedehnter Versicherungsschutz vorläge, wenn man buchstäblich alle denkbaren Schäden, die an den versicherten Gegenständen eintreten können, versichern würde (also etwa auch „genetisch" bedingte Alterungsschäden o.Ä.), wird in der All-Gefahrenversicherung regelmäßig eine Einschränkung dahin gehend vorgenommen, dass die versicherten Schäden entweder **unvorhergesehen** bzw. **unvorhersehbar** oder durch **Ereignisse** (oder durch eine Kombination dieser Parameter) hervorgerufen worden sein müssen.

aa) All-Gefahrenversicherung

36 Eine typische All-Gefahrenversicherung ist § 2 Nr. 1 ABE, wonach der Versicherer Entschädigung für solche Sachschäden übernimmt, die „durch vom Versicherungsnehmer oder dessen Repräsentanten nicht rechtzeitig vorhergesehene Ereignisse" hervorgerufen werden[2]. Auch die technischen Versicherungszweige (etwa die oben erwähnten AMB 91) sind All-Gefahrenversicherung, der Versicherer leistet „Entschädigung für unvorhergesehene eingetretene Schäden an versicherten Sachen". Unvorhergesehen ist ein Ereignis dann, wenn es vom Versicherungsnehmer nicht oder nicht rechtzeitig vor-

---

1 Vgl. dazu Rz. 38 ff.

2 Zum Ereignisbegriff in der Maschinenversicherung vgl. zuletzt *Langheid*, VersR 2000, 1057 ff. (1059 f.).

hergesehen wurde und vom ihm (oder seinem Repräsentanten)[1] nicht vorhergesehen werden konnte[2].

bb) Benannte Gefahren

37 Dem gegenüber versprechen die herkömmlichen Versicherungsprodukte in der Sachversicherung Versicherungsschutz gegen die in den AVB im **Einzelnen aufgelisteten Gefahren**, im Wesentlichen also gegen Brand, Blitzschlag, Explosion, aber auch gegen „Löschen, Niederreißen oder Ausräumen infolge eines dieser Ereignisse" (§ 1 Nr. 1 e AFB 87).

cc) Sachschaden

38 Voraussetzung für alle diese Versicherungen, gleichgültig, ob es sich um eine All-Gefahren- oder eine Benannte Gefahrenversicherung handelt, ist stets das Eintreten eines **Sachschadens**[3]. Es ist schon die Frage, ob Daten als solche überhaupt Sachen im Sinne von § 90 BGB sind[4] oder nicht[5]. Die besondere Problematik in diesem Zusammenhang liegt in der Frage, ob ein Sachschaden bereits dann anzunehmen ist, wenn lediglich die Gebrauchstauglichkeit des versicherten Gegenstandes (Einrichtung der IT) beeinträchtigt ist[6] oder ob zusätzlich noch eine Beeinträchtigung der Sachsubstanz hinzukommen muss[7].

---

1 Zum Repräsentantenbegriff vgl. *Landheid* in Römer/Langheid, VVG, 1997 § 61 Rz. 8 ff.

2 Zum Begriff dieses Unvorhergesehenen, das auf den subjektiven Horizont des Versicherungsnehmers abstellen soll, während unvorhersehbare Schäden gemischt subjektiv-objektiv zu verstehen sein sollen, vgl. BGH, Urt. v. 2.3.1994 – IV ZR 109/93, NJW 1994, 1534 m. Anm. *Prölss*, VersR 1994, 1216; OLG Köln, Urt. v. 4.11.1998 – 54 87/97, NVersZ 1999, 131; vgl. ferner *Langheid*, NVersZ 1998, 1 ff. sowie *Langheid* in Graf von Westphalen/Langheid/Streitz, Der Jahr-2000-Fehler – Haftung und Versicherung, 1999, Rz. 1068 ff.

3 Vgl. dazu im Einzelnen *Langheid* in Graf von Westphalen/Langheid/Streitz, Der Jahr-2000-Fehler – Haftung und Versicherung, 1999, Rz. 1039 ff.; zur Definition des Sachschadens vgl. ebendort Rz. 1054 ff. jeweils mwN.

4 So OLG Karlsruhe, Urt. v. 7.11.1995 – 3 U 15/95, NJW 1996, 200, unter Hinweis auf *Rombach*, CR 1990, 101 (104) unter Hinweis darauf, dass das Programm jedenfalls in einem Datenträger verkörpert sein müsse.

5 So LG Konstanz, Urt. v. 10.6.1996 – 1 S 292/93, NJW 1996, 2662, dass darauf hinweist, dass ein Datum als solches keinen der drei bekannten Aggregatzustände aufweist, also weder „fest, flüssig noch gasförmig" wäre.

6 Für den Bereich der Produkthaftpflichtversicherung hat der BGH entschieden, dass die bloße Beeinträchtigung des Gebrauchs an der Sache eine Eigentumsverletzung im Sinne des § 823 Abs. 1 BGB darstellen kann, BGH, Urt. v. 6.12.1994 – VI ZR 229/93, NJW-RR 1995, 342 f. – „Gewindeschneidemittel" mwN; zur Beeinträchtigung der Nutzung eines Baugrundstücks durch Ablagerung von zu viel Erdreich vgl. BGH, Urt. v. 21.1.1976 – IV ZR 123/74, VersR 1976, 477.

7 Zum Problem vgl. *Martin*, Sachversicherungsrecht, 3. Aufl. 1992, B III Rz. 4 ff. und B III Rz. 23 f.; zur Definition eines Sachschadens einschließlich Sachsubstanzbeeinträchtigung vgl. *Langheid*, NVersZ 1999, 1 (6); *Langheid* in Graf von Westpha-

c) Ausschlüsse

Wie dargelegt[1] bestimmen sich die Leistungen des Versicherers zunächst nach den primären Leistungsversprechen, die sodann durch Ausschlüsse (sekundäre Risikobeschreibungen) auf den endgültigen Deckungsumfang reduziert werden. 39

aa) Beispiele

§ 1 Nr. 5d AFB 87 schließt alle Schäden von der Feuerversicherung aus, „die durch die Wirkung des elektrischen Stromes an elektrischen Einrichtungen mit oder ohne Feuererscheinung entstehen (zB durch Überstrom, Oberspannung, Isolationsfehler wie Gurt-, Windungs-, Körper- oder Erdschluss, unzureichende Kontaktgabe, Versagen von Mess-, Regel- oder Sicherheitseinrichtungen)“[2]. 40

Weitere denkbare Ausschlüsse im Zusammenhang mit IT-Versicherung finden sich in § 2 Nr. 5 ABE (Vorsatz, Krieg etc.). 41

bb) Auswirkungen

Für die IT-Versicherung kann der **Ausschluss in § 1 Nr. 5d AFB 87** von Bedeutung sein, wo beispielhaft das Versagen von Mess-, Regel- oder Sicherheitseinrichtungen genannt wird. Aufgrund des Ausfalles einer IT-Anlage können entsprechende Einrichtungen ausfallen, was kausal zu einem Stromschaden führen kann. Ausgenommen vom Versicherungsschutz sind dann alle von dem Stromschaden betroffenen elektrischen Einrichtungen, was u.a. für die Betriebsunterbrechungsversicherung von erheblicher Bedeutung sein kann. 42

Von Bedeutung für die IT-Versicherung ist ferner die **Folgeschadenregelung in § 1 Nr. 6 AFB 87**. Danach sind Folgeschäden von Stromschäden wieder eingeschlossen, „soweit sie Folgeschäden von Brand- oder Explosionsschäden“ sind. Tritt also aufgrund des Versagen einer IT-Einrichtung ein Feuerschaden ein, zB Ausfall von Steuerungstechnik bei Kühlaggregaten o.Ä., dann gilt der Ausschluss für Stromschäden nicht, wenn gleichzeitig ein Brand-Folgeschaden vorliegt[3]. 43

---

len/Langheid/Streitz, Der Jahr-2000-Fehler – Haftung und Versicherung, 1999, Rz. 1065, jeweils mwN.

1 S.o. Rz. 23 ff.

2 Zur Möglichkeit des Einschlusses von Überspannungsschäden in der Feuerversicherung vgl. VerBAV 1991, 71.

3 Für eine vertiefende Auseinandersetzung vgl. *Langheid* in Graf von Westphalen/Langheid/Streitz, Der Jahr-2000-Fehler – Haftung und Versicherung, 1999, Rz. 1224 ff.; soweit dort von einem y2k-Problem ausgegangen wird, sind die dortigen Grundsätze auf den Ausfall einer IT-Anlage gleichermaßen anzuwenden.

d) Ersatzwertvorschriften

44 Von Bedeutung für die IT-Problematik ist im Zusammenhang mit den versicherten Kosten die Vorschrift in § 3 Nr. 3d AFB 87. Danach können bei Vereinbarung auch die Kosten für die Herstellung u.a. von Magnetbändern, Magnetplatten und sonstigen Datenträgern einschließlich des Neuwertes der Datenträger versichert sein.

45 In § 9 Nr. 1 ABE findet sich die Vereinbarung einer Wahlleistung des Versicherers, der sowohl **Natural- als auch Geldersatz** leisten darf[1]. Gemäß § 9 Nr. 10 ABE leistet der Versicherer Entschädigung für versicherte Daten „in Höhe der notwendigen Kosten für deren Wiederbeschaffung" vorbehaltlich einer anderen Regelung über Minderersatz (in dem etwa ein Abzug für eine Wertverbesserung vorgenommen wird, § 9 Nr. 8a ABE oder für Wartungskosten, § 9 Nr. 11a ABE).

e) Besonderheiten bzgl. IT-Versicherung

46 Außer den beschriebenen Umständen finden sich in herkömmlichen Deckungskonzepten der Sachversicherung **keine Besonderheiten der IT-Versicherung**. Es ist ausdrücklich darauf hinzuweisen, dass eine herkömmliche Sacheindeckung nur sehr unzureichenden Schutz gegen die typischen Risiken des Betriebs einer IT-Anlage bietet. Die vorstehenden Ausführungen sollen lediglich belegen, dass auch bei herkömmlicher Deckung und einem eingetretenen Sachschaden (sei es durch ein versichertes Risiko, sei es der All-Gefahrenversicherung) in gewissem, eingeschränktem Umfange Daten, Datenträger und Einrichtungen der Datenverarbeitung Versicherungsschutz genießen können.

3. Software

47 Der nationale und der internationale Versicherungsmarkt haben inzwischen umfangreiche Produkte für die **spezifische Eindeckung von IT-Risiken** in der Sachversicherung entwickelt. Eine Marktanalyse ersetzt die nachfolgenden Darlegungen nicht, es sollen lediglich an Hand von Beispielfällen typische Vertragsgestaltungen erörtert werden.

a) Überblick

48 Neben üblichen Hardware-Versicherungen, die an herkömmliche Versicherungskonzepte anknüpfen, gibt es spezielle Versicherungen von „Daten und Software", keine Sachschaden-, sondern **Kostenversicherungen** für die Wiederherstellung bzw. Wiederbeschaffung von Daten und Software[2]. Unter

1 Lehnt der Versicherungsnehmer allerdings eine Entschädigung durch Naturalersatz ab, hat der Versicherer zwingend Geldersatz zu leisten.

2 Anbietender Versicherer: Gerling Allgemeine.

dem Namen **„NetSecure“**[1] wird in einer sog. Multilinepolice u.a. Sachversicherungsschutz für elektronische Daten, elektronische Informationsanlagen, elektronische Computerprogramme und elektronische Datenverarbeitungsmedien angeboten. Versicherungsschutz besteht gegen Verluste durch Beschädigungen, Veränderungen, Korruptionen, Abweichungen oder Zerstörung der versicherten Sachen (einschließlich elektronischer Daten). Voraussetzung ist allerdings die Verwirklichung benannter Gefahren, die im Einzelnen aufgelistet sind[2].

Unter dem Namen **„DataGuard“**[3] wird u.a. eine erweiterte Softwareversicherung angeboten, die dem Versicherungsnehmer „Versicherungsschutz für Schäden an seinen Daten (und) Datenträgern“ gewährt. Unter „Versicherungsort“ wird Versicherungsschutz versprochen für das Betriebsgrundstück des Versicherungsnehmers, aber unter bestimmten Umständen auch für externe Betriebsstätten, für externe Lagerstätten und für Daten „während der Fernübertragung“ oder „während des Transports“. Die versicherten Gefahren beinhalten die „zufällige Beschädigung oder Zerstörung von Datenträgern mit der Folge, dass die darauf gespeicherten Daten nicht mehr maschinenlesbar sind“, aber auch Veränderungen oder Datenverluste[4]. 49

Ein umfangreiches Produkt unter dem Namen **„BusinessGuard“**[5] bietet Versicherungsschutz im Bereich der Haftpflichtversicherung, des Vertrauensschadens, der D&O-Vermögensschaden-Haftpflichtversicherung, im Strafrechtsschutz und in der Sachversicherung, wobei eine spezifische Elektronik-Sachversicherung angeboten wird, allerdings ausschließlich auf der (modifizierten) Basis der ABE. Versichert werden hier „in Abweichung von § 1 Nr. 1 ABE alle elektronischen Anlagen und Geräte (Basisdeckung) einschließlich des dazugehörigen innen verlegten Leitungsnetzes“. In diesem Zusammenhang werden ferner „die im Versicherungsvertrag bezeichneten Daten (maschinenlesbare Informationen), zB Stamm- und Bewegungsdaten aus Dateien/Datenbanken, Daten aus serienmäßig hergestellten Standardprogrammen, Daten aus individuell hergestellten betriebsfertigen Programmen“ versichert. Versichert werden die „Wiederbeschaffungs- bzw. Wiedereingabekosten“, wobei die anschließende Betriebsunterbrechungsversicherung sich lediglich auf den Hardwareschaden bezieht, nicht aber auf den Daten- oder Softwareschaden. 50

Unter dem Namen **„Secusure“**[6] wird eine Softwareversicherung auf der Grundlage der Klausel 028 zu den ABE[7] angeboten. Nach dieser Klausel 51

1 Entworfen von dem Versicherungsmakler Marsh McLennan, anbietender Versicherer: Zürich Agrippina.
2 Vgl. das Beispiel Rz. 54.
3 Angeboten von der ACE Europe.
4 Vgl. unten Rz. 54 ff. die Textbeispiele zur IT-Versicherung.
5 Versicherer ist die AIG Europe.
6 Gothaer Versicherung.
7 Vgl. VerBAV 1992, 201.

finden die ABE[1] Anwendung auch auf Daten und Softwareprogramme. Secusure verspricht auf dieser Grundlage Entschädigung für die „Zerstörung oder Manipulation von Daten oder Programmen ... durch Dritte“ (unter Einschluss der vom Versicherungsnehmer beim Serviceprovider hinterlegten Webseiten), es wird weiter Versicherungsschutz gegen die „Veränderung des Inhalts der Webseiten zB durch Hacker und Viren“ angeboten, und es wird „Veränderung oder Verlust oder Virenbefall der Daten oder Programme durch an E-Mails angehängte Dateien“ versichert. Voraussetzung ist eine Sicherheitsanalyse durch die Fa. Secunet.

52 **„Onsecure“**[2] bietet eine private Virenversicherung, über die sämtliche Daten und Programme des IT-Nutzers innerhalb der Wohnung des Versicherungsnehmers bis zu einem Maximalschaden von 1.000,00 DM versichert sind.

b) Textbeispiele

53 In der herkömmlichen **Elektronikversicherung** wird zB folgender Versicherungsschutz versprochen:

Der Versicherer leistet Entschädigung für unten näher bezeichnete versicherte Sachen, die durch andere als nach §§ 1–4 versicherbare Gefahren und Schäden unvorhergesehen zerstört oder beschädigt werden.

Unvorhergesehen sind Schäden, die der Versicherungsnehmer oder seine Repräsentanten weder rechtzeitig vorhergesehen haben noch mit dem für die im Betrieb ausgeübte Tätigkeit erforderlichen Fachwissen hätten vorhersehen können.

Versichert sind folgende Anlagen

- elektronische Büroeinrichtungen;
- Mess-, Prüf- und Steuerungstechnik, Laborgeräte;
- Medizintechnik;
- Ton- und Bildtechnik;
- Fotosatz- und Reprotechnik.

54 Demgegenüber liegt einer speziellen **„Versicherung von Daten und Software“** folgendes Versicherungsversprechen zugrunde:

1 Vgl. dazu oben Rz. 30 ff.

2 Anbieter ist die onsecure AG in Kooperation mit verschiedenen Erst- und Rückversicherungsgesellschaften.

Versicherung von „Daten und Software"

1. Versicherungsversprechen

Der Versicherer leistet Entschädigung für Kosten, die dem Versicherungsnehmer aufgrund eines innerhalb der Versicherungsdauer eingetretenen Schadens entstehen.

Die Versicherung umfasst die Wiederherstellung oder Wiederbeschaffung

– von Daten;

– der Systemsoftware;

– der systemnahen Software;

– der Standardsoftware;

– von Anwenderprogrammen.

Mitversichert sind die Datenträger, auf denen die versicherten Daten, Programme und Software gespeichert sind.

2. Umfang des Versicherungsschutzes bei „Daten und Software"

Ersetzt werden die Kosten – einschließlich der (falls erforderlich) manuellen Eingabe von Daten aus vorhandenen Dokumenten. Diese Kosten werden jedoch nur ersetzt, wenn sie

- entweder im Zusammenhang mit einem dem Grunde nach ersatzpflichtigen Schaden – gem. Grundbaustein – entstehen;
- oder im Zusammenhang mit dem Verlust oder der Minderung der Gebrauchsfähigkeit (Schaden) an der Software oder an den Daten anfallen aufgrund von
  - falschem Programmeinsatz,
  - vorsätzlichen Handlungen oder Unterlassungen einschließlich Manipulation von Programmen und Daten,
  - Computerviren, trojanische Pferde, Würmer,
  - elektronische Aufladung, magnetische oder elektromagnetische Störungen,
  - Stromausfällen, Überstrom, Überspannungen, Unterspannungen, elektronische Aufladung, magnetische oder elektromagnetische Störungen,
  - höhere Gewalt.

Voraussetzung für die Ersatzpflicht ist weiter, dass die Daten zum Zeitpunkt des Schadens auf maschinell lesbaren Datenträgern gespeichert waren oder über Fernmeldedienste übertragen wurden.

55 Ein weiteres (britisches) Beispiel bietet folgendes Versicherungsversprechen:

> Coverage is provided as described below for one or more of the following coverages for which a limit of insurance is shown in the declarations. This coverage part applies to losses discovered during the policy period.
>
> Coverage of electronic data, electronic information assets, electronic computer programs, and electronic data processing media.
>
> We shall pay subject to the limitations of liability for this coverage, loss resulting from damage to, or distortion, corruption, alteration, or distruction of your electronic data, electronic information assets, electronic computer programs or your electronics data processing media resulting from the following specified perils listed below which occur during the policy period:
>
> 1. Any inadvertent mistake, error or omission in the creation, distribution, installation, maintenance, modification, processing, prepare, testing, or use of your computer system;
> 2. The implantation, introduction, or spread of a computer virus;
> 3. An attack;
> 4. Computer crime;
> 5. Extortion;
> 6. Denial of service;
> 7. Unauthorized access; or
> 8. Unauthorized use.

56 Wie bei englischen Versicherungspolicen üblich ist der Police vorangestellt eine ganze Reihe sog. *definitions*, mit der die meisten der benannten Gefahren im Einzelnen definiert werden[1].

57 Schließlich ein letztes Beispiel für eine sog. **„Erweiterte Softwareversicherung“**:

1 ZB „attack means a hostile action or actions, or a threat of hostile action or actions, that has the intent to affect, alter, disrupt, injure, or provide unauthorized access or unauthorized use of your computer system“.

1. Die erweiterte Softwareversicherung gewährt dem Versicherungsnehmer Versicherungsschutz für Schäden an seinen

   a) Daten,

   b) Datenträgern.

2. Daten und Datenträger sind versichert

   a) auf den Betriebsgrundstücken des Versicherungsnehmers,

   b) in anderen, externen Betriebsstätten, sofern ein anderes Unternehmen von dem Versicherungsnehmer beauftragt wird, die versicherten Daten zu verarbeiten,

   c) in externen Lagerstätten für Sicherungsdaten/-Datenträger,

   d) Daten während der Fernübertragung,

   e) Datenträger während des Transports.

3. Der Versicherer leistet Entschädigung für Schäden, welche aus folgenden Gefahren resultieren:

   a) Zufällige Beschädigung oder Zerstörung von Datenträgern mit der Folge, dass die darauf gespeicherten Daten nicht mehr maschinenlesbar sind.

   b) Veränderung oder Verlust von Daten aufgrund von

   - menschlichem Versagen,
   - elektrostatischer Aufladung, elektromagnetischen Störungen,
   - Naturkatastrophen, den Folgen eines Blitzeinschlags,
   - Fehlfunktionen, Störungen oder
   - Ausfall des Computersystems,
   - der Energieversorgungssysteme, einschließlich Klimaanlage, stromnetzunabhängige Generatoren, Notstromaggregate, Frequenzwechsler sowie anderer Geräte, welche dazu beitragen, dass die elektronischen Geräte jederzeit betriebsbereit sind,
   - der für die Datenübertragung verwendeten Peripheriegeräte und Datenleitungen,
   - Ausfall der Stromversorgung, Über- oder Unterspannung.

c) Deckungsvoraussetzungen marktgängiger Konzepte

Die vorbezeichneten Beispielsfälle, die – es sei wiederholt – nicht abschließend sein können[1], beinhalten zwar ganz unterschiedliche Deckungsversprechen und -konzepte, sie haben allerdings gemein, dass speziell Daten und Software versichert sein sollen. 58

1 Vgl. hier die Übersicht oben Rz. 16.

aa) Versicherte Sachen

59 Versichert werden regelmäßig **Daten, Software und Computerprogramme**. Die Allgemeinheit dieser Begriffe führt zu einer weiten Auslegung dahin gehend, dass unter „Daten" alle Informationen zu verstehen sind, die sich in einer computerisiert-maschinell verarbeiteten oder verarbeitbaren Form darstellen lassen[1]. Unter Computerprogrammen versteht man allgemein[2] sämtliche Informationen, die zum Betrieb eines Computers[3] erforderlich sind oder sein können. Dabei stellt der Begriff „Software" die Gesamtheit von Programmen und technischen Vorgängen dar, die mit dem Betrieb eines Computers oder einer EDV-Anlage oder eben von Informationstechnologie gemeinhin zu tun haben.

60 Wenn also die hier vorgestellten Versicherungsprodukte als versicherte Sachen Daten, Software (einschließlich aller möglichen Konfigurationen von Software) und Anwenderprogramme versichern, dann wird man darunter weitestgehend alles das zu verstehen haben, was als technische Information zum Betrieb einer EDV-Anlage oder weitergehend einer IT-Anlage im konkreten Einzelfall erforderlich ist oder generell-abstrakt erforderlich sein kann.

bb) Versicherter Schaden

61 Voraussetzung für den Versicherungsschutz ist nicht mehr der herkömmliche Sachschaden, sondern der **Schaden** wird zB **definiert** als „Verlust oder Minderung der Gebrauchsfähigkeit an der Software oder an den Daten". Der oben wiedergegebene englische Beispielstext geht noch weiter und verspricht Versicherungsschutz für alle Verluste, „resulting from damage to, or distortion, corruption, alteration, or distraction of your electronic data...".

62 Versichert werden in der Softwareversicherung also weitestgehende Datenverluste oder Datenschäden oder auch nur die Gebrauchsbeeinträchtigung oder der Verlust der Gebrauchsfähigkeit in Bezug auf die versicherten Sachen „Daten etc..." in dem zuvor definierten Sinne.

cc) Versicherte Gefahren

63 Obwohl vordergründig häufig als All-Gefahrenversicherung ausgekleidet, werden sowohl bei der Ursache für den versicherten Schaden (Datenverlust o.Ä.) als auch im Zusammenhang mit dem Umfang des Versicherungsschutzes doch wieder **konkret benannte Gefahren** vereinbart, weil Kostenersatz nur für bestimmte Schadensursachen oder für bestimmte Fälle der Gebrauchsbeeinträchtigung oder des Datenverlustes versprochen wird. Ge-

1 Meyers Lexikon – Das Wissen A–Z.
2 Jedenfalls nach der Encyclopaedia Britannica.
3 Software are instructions that tell a computer what to do.

brauchsminderung oder Gebrauchsverlust müssen durch bestimmte, im Einzelnen aufgeführte Umstände verursacht worden sein, zB falscher Programmeinsatz, Computerviren, trojanische Pferde o.Ä.

Das bedeutet, dass man jedes einzelne Versicherungswerk im Einzelnen daraufhin durchsehen muss, inwieweit nicht nur der grundsätzliche Versicherungsschutz, sondern eben auch der versprochene Schadenersatz vom Eintreten im Einzelnen beschriebener Gefahren abhängt. 64

Kompliziert wird es dort, wo **Versicherungsschutz** nicht nur in Bezug auf die Wiederherstellung oder Wiederbeschaffung von Daten versprochen wird, sondern alle denkbaren Schäden versichert sein sollen, die durch die im Einzelnen beschriebenen **Schadenursachen** herbeigeführt worden sein können. Wenn dann bei den Ersatzwertvorschriften zusätzlich **benannte Gefahren** dergestalt eingeführt werden, dass Schadenersatz nur im Falle der Verwirklichung zumindest einer der im Einzelnen beschriebenen Gefahren eintritt, dann liegt eine doppelte Verwendung von versicherten Gefahren vor: zum einen muss der Schaden aus einer Beschädigung oder einer Manipulation oder Zerstörung der versicherten Gegenstände (oder irgendeiner sonstigen bezeichneten Ursache) resultieren, darüber hinaus muss diese Beschädigung oder Zerstörung zusätzlich durch bestimmte, im Vertrag aufgelistete Gefahren verwirklicht worden sein, etwa durch unbeabsichtigte Fehler bei der Benutzung des Computersystems, durch einen Computervirus o.Ä. 65

Diese **Potenzierung von versicherten Gefahren** bewirkt eine erhebliche Einschränkung des Versicherungsschutzes; denn nicht jeder Schaden wird ersetzt, sondern nur der Schaden, der auf eine der benannten Gefahren zurückzuführen ist und nicht jede benannte Gefahr ist versichert, sondern nur solche Gefahren, die einen der im Einzelnen aufgelisteten Schäden verursacht haben. 66

Dennoch aber dürfte die Aufzählung so weitreichend sein, dass man sie – im Einzelfall – für umfassend halten kann. Angesichts der rasanten technischen Entwicklung ist aber nie auszuschließen, ob es nicht alsbald weitere Schäden und/oder Gefahren gibt, die von dem jeweils konkreten Versicherungsversprechen nicht erfasst werden. Es ist wohl damit zu rechnen, dass in der nächsten, spätestens aber der übernächsten Bedingungsgeneration AVB erscheinen werden, die abstrakt Schäden, Schadensursachen und Gefahren im Zusammenhang mit dem Betrieb oder der Nutzung von Informationstechnologie versichern mit der Folge, dass eine wirkliche All-Gefahren-Deckung vorliegt. 67

dd) Schadenersatz

In der Regel wird in der Softwareversicherung der zu **ersetzende Schaden** dahin gehend definiert, dass die Wiederherstellung oder Wiederbeschaffung der zerstörten, verloren gegangenen oder beschädigten Daten etc. versprochen wird. 68

69 Dabei werden in einem der oben vorgestellten Beispielsfälle die „Kosten“ für die „manuelle Eingabe von Daten aus vorhandenen Dokumenten“ ersetzt. Auch hier muss jedes einzelne Bedingungswerk auf das konkrete Leistungsversprechen hin untersucht werden.

70 Aber es existieren auch AVB, die alle Schäden aus bestimmten Ursachen zu ersetzen versprechen. Ein solches Versicherungsversprechen kann man nur so verstehen, dass tatsächlich alle (also auch Vermögensfolge- oder Sach-) Schäden einschließlich Ertragsausfall versichert sind (aber Vorsicht: die Ausschlüsse müssen bei der Analyse von primären Versicherungsversprechen immer mit berücksichtigt werden).

ee) Unterschiede

71 Die Unterschiede der hier besprochenen Deckungskonzepte ergeben sich aus deren Wortlaut im Einzelnen. Während das erste oben vorgestellte Versicherungsprodukt eine ganz allgemeine Hardware-Sachschadenversicherung darstellt[1], beinhalten die anderen Versicherungen das Versprechen, einen aufgrund verschiedener Umstände eintretenden Kostenschaden, der in der Notwendigkeit der Wiederherstellung oder Wiederbeschaffung von Daten und/oder Softwareprogrammen liegt, zu ersetzen.

72 Die **Unterschiede der einzelnen Versicherungsversprechen** liegen

- in den unterschiedlichen Definitionen dessen, was eigentlich versichert sein soll;
- in den Voraussetzungen, unter denen ein versicherter Schaden entstanden sein muss;
- in den im Zusammenhang mit den Ersatzwertvorschriften genannten versicherten Gefahren und
- in einer Kombination bzw. Kumulation von Gefahrumständen und Schadensursachen.

73 **Beispiel:**

In dem oben wiedergegebenen englischen Versicherungsbeispiel übernimmt der Versicherer alle Schäden, die aus einer Beschädigung oder Beeinträchtigung oder einer Veränderung der versicherten Gegenstände resultiert („damage to, or distortion...“). Nur die aus diesen ganz eng umschriebenen Schadensursachen resultierenden Schäden sind versichert, wobei zusätzliche Deckungsvoraussetzung ist, dass der Schaden wiederum durch eine der im Einzelnen aufgelisteten benannten Gefahren verursacht worden ist. Diese Kombination führt zu einem konkret beschriebenen und damit eng eingegrenzten Versicherungsschutz, der wegen der Vielzahl der genannten Schadensursachen und Gefahren umfassend erscheint, der aber – namentlich angesichts rasanter technischer Entwicklungen – keineswegs abschließend sein muss.

---

1 Was namentlich für einen daran anknüpfenden Betriebsunterbrechungsschaden und dessen Versicherung von großer Bedeutung ist.

d) Nachweis des Versicherungsfalls

Von großer Bedeutung in diesem Zusammenhang ist ferner, in welcher Weise in den verschiedenen Deckungsversprechen der Eintritt des Versicherungsfalls definiert wird. Das hat naturgemäß nicht nur für die grundsätzliche Eintrittspflicht des Versicherers Bedeutung, sondern auch für die **Frage der Beweisführung** im Zusammenhang mit dem Nachweis des Versicherungsfalls. 74

Wenn der Versicherer eine Entschädigung für einen „innerhalb der Versicherungsdauer eingetretenen Schaden" verspricht, unterfällt es der **Beweislast des Versicherungsnehmers**, einen Schaden nachzuweisen und dessen Eintritt innerhalb der Versicherungsdauer. Ist der Schaden dahin gehend definiert, dass damit der „Verlust oder die Minderung der Gebrauchsfähigkeit an der Software oder an den Daten" gemeint ist, muss der Versicherungsnehmer folglich beweisen, dass innerhalb der Versicherungsdauer ein Verlust an Daten oder Software entstanden ist und deren Gebrauchsfähigkeit gemindert wurde. Das kann problematisch werden, wenn unklar bleibt, wann zB Computerviren in die versicherte IT-Anlage eingedrungen sind und wann sie dergestalt aktiviert wurden, dass sie zu einem Datenschaden geführt haben. 75

Aus dem Bereich der Haftpflichtversicherung sind die Probleme der Verstoßtheorie einerseits und der Schadensereignistheorie andererseits bekannt[1]. In moderneren Werken der Vermögensschadenhaftpflichtversicherung wird deswegen auf die **Schadensmeldung** abgestellt (claims made policy) oder es wird – wie etwa im Arzneimittelgesetz – auf eine Erstfeststellung bestimmter Symptome abgestellt. Dem folgt auch in der IT-Versicherung die vertragliche Regelung, die auf „discovered losses" abstellt, wobei allerdings die Definition der „discovered losses" jedenfalls für die Sachversicherung wiederum dahin gehend lautet, dass der Schaden während der Laufzeit der Versicherungsperiode erstmals entdeckt worden sein muss. Hier kann der Nachweis eines Kausalzusammenhanges noch schwieriger werden, erst recht, wenn benannte Gefahren in der zuvor beschriebenen Weise miteinander kombiniert werden[2]. 76

Gar keine Limitierung in Bezug auf den Eintritt des Versicherungsscheins enthält die Onsecure-Police für den privaten Anwendungsbereich. Wenn also etwa Ersatz von Schäden versprochen wird, die durch Störung oder Ausfall der Datenverarbeitungsanlage entstanden sind, dann muss diese Störung nicht notwendigerweise innerhalb der Versicherungszeit eingetreten sein; es dürfte vielmehr darauf abzustellen sein, wann der zu ersetzende Schaden (also eine „nachteilige Veränderung oder ein Verlust der versicherten Daten und Programme") eingetreten ist. 77

1 Zum Begriff vgl. *Späte*, Haftpflichtversicherung, 1993, § 21 Nr. 17 ff.; *Langheid* in Römer/Langheid, VVG, 1997, § 149 Rz. 26.

2 Vgl. dazu oben Rz. 63, 65.

e) Ausschlüsse

78 Wie bereits ausgeführt, definiert sich das Versicherungsversprechen immer durch die Deckungseinschlüsse und die Deckungsausschlüsse, die zu deren Begrenzung vereinbart worden sind.

aa) Beispiele

79 Typische Ausschlüsse lauten etwa wie folgt:

Ausschlüsse bei der Versicherung von „Daten und Software"

Die Versicherung erstreckt sich nicht auf Schäden durch

- Krieg und sonstige kriegsähnliche Ereignisse, Verfügbarkeit von hoher Hand;
- Kernenergie (das gilt nicht für Schäden durch Kernenergie, die als Folge eines anderen unter die Versicherung fallenden Schadenereignisses durch auf dem Versicherungsgrundstück betriebsbedingt vorhandene und verwendete radioaktive Isotope (außer solche von Kernreaktoren) entstanden sind);
- Vorsatz oder grobe Fahrlässigkeit des Versicherungsnehmers und seiner Repräsentanten;
- falsche Dateneingabe;
- Programmfehler (ausgenommen sind solche durch Manipulation);
- Veränderungen in den Programmen bei der Installation, Wiederherstellung, durch Tests oder den Austausch von Programmen;
- die Verwendung von Raubkopien, es sei denn, dass diese Programme ohne Wissen des Versicherungsnehmers verwendet wurden.

Die Versicherung erstreckt sich ferner nicht auf

- Vermögensschäden durch Unterschlagung, Veruntreuung;
- Kosten für die Wiederherstellung von Daten im Arbeitsspeicher (flüchtiger Speicher) der Zentraleinheit;
- Kosten im Zusammenhang mit Änderungen, Ergänzungen und/oder Verbesserungen, die wegen des eingetretenen Schadens vorgenommen werden;
- Kosten für die Korrektur von manuell fehlerhaft eingegebenen Daten.

Der Versicherer leistet ohne Rücksicht auf mitwirkende Ursachen außerdem keine Entschädigung für Schäden, für die ein Dritter als Lieferant, Hersteller, Händler, Werkunternehmer oder aus Wartungs- oder Pflegeauftrag einzutreten hat.

Die Versicherung erstreckt sich nicht auf Schäden durch Herstellung von fehlerhaften oder mangelnden Produkten oder Dienstleistungen (Ziff. 4.3).

Eine andere typische Ausschlussformulierung im Zusammenhang mit einer reinen Virenversicherung lautet wie folgt: 80

Ausschlüsse Virenversicherung

Nicht versichert sind

- zusätzliche Kosten, die dadurch entstehen, weil die versicherten Daten oder Programme durch Kopierschutz, Zugriffsschutz oder vergleichbare Vorkehrungen (zB Dongle) gesichert sind (Kosten für neuerlichen Lizenzerwerb);
- Korrektur von manuell fehlerhaft eingegebenen Daten;
- Daten und Programme, zu deren Nutzung der Versicherungsnehmer nicht berechtigt ist (zB Raubkopien);
- nicht betriebsfähige oder lauffähige Programme, Daten und Programme, die sich nur im Arbeitsspeicher der Zentraleinheit befinden.

Ein letztes Beispiel für einen IT-Versicherungsausschluss lautet wie folgt: 81

1. Ausgeschlossene Gegenstände

Der Versicherer übernimmt keine Haftung für Schäden, durch

a) Programme, deren Entwicklungsphase noch nicht abgeschlossen ist, die noch nicht sämtliche Tests erfolgreich durchlaufen oder sich nicht bei der täglichen Anwendung bewährt haben,

b) illegale und nicht lizensierte Programme.

2. Ausgeschlossene Gefahren

Der Versicherer übernimmt keine Haftung für Schäden, die durch eine der folgenden Gefahren verursacht wurden oder mit ihr im Zusammenhang stehen

a) böswillige oder vorsätzliche Handlungen von jeglichen Personen einschließlich, jedoch nicht begrenzt auf den Versicherungsnehmer oder ein Organ oder Treuhänder des Versicherungsnehmers,

b) Krieg, Invasion, Handlungen ausländischer Feinde, Bürgerkrieg, Rebellion, Revolution, Aufstand, Meuterei, Putsch, Streik, Aufruhr, innere Unruhen, Terrorismus oder schädigende Handlungen politischer Organisationen,

c) Beschlagnahme, Beitreibung, Zerstörung oder Beschädigung von Eigentum aufgrund von Hoheitsakten,

d) Kernreaktion, Kernstrahlung oder radioaktive Verseuchung, gleichgültig auf welche Weise verursacht,

e) Betriebsunterbrechungsschäden und Mehrkosten (sofern nicht durch Nachtrag gesondert vereinbart),

f) übliche oder vorzeitige betriebsbedingte Abnutzung, Abrieb oder Alterung der Computerhardware des Versicherungsnehmers, die Gegenstand von Wartungsverträgen sind oder sein könnten. Wartungsverträge im Sinne dieser Police sind solche Verträge, die das Wartungsunternehmen verpflichten, alle zur Aufrechterhaltung der normalen Betriebstätigkeit erforderlichen Maßnahmen zu ergreifen (präventive Instandhaltung) und alle im Verlauf der normalen Betriebstätigkeit ohne Einwirkung äußerer Umstände entstandenen Schäden und Fehlfunktionen zu beseitigen (korrektive Instandsetzung).

3. Ausgeschlossene Kosten

Der Versicherer übernimmt keine Haftung für Kosten, die im Zusammenhang stehen mit

a) der Wiederherstellung versicherter Daten auf ein Niveau, welches das vor Eintritt des Schadensereignisses bestandene Niveau übersteigt,

b) der Aktualisierung oder dem Ersatz von Programmen auf einem Niveau, welches das vor Eintritt des Schadensereignisses bestandene Niveau übersteigt,

c) der Ermittlung und Beseitigung von Programmfehlern,

d) Sachschäden an der Computerhardware, die mit Ausnahme der im Rahmen dieser erweiterten Softwareversicherung gedeckten Datenträger,

e) Vertragsstrafen oder Folgeschäden,

f) Haftung gegenüber Dritten, unabhängig vom Haftungsgrund,

g) Gerichtskosten und Honorare für Rechtsanwälte oder ähnliche Ausgaben,

h) Geldbußen oder Ordnungsstrafen.

bb) Analyse

82 Bei der Analyse von Versicherungsausschlüssen im Zusammenhang mit IT-Versicherung ist Folgendes zu beachten:

83 Zunächst beziehen Ausschlüsse sich auf **Schadensursachen**. So wird durch Abs. 1 des oben in Rz. 79 wiedergegebenen Ausschlusses ein kriegsbedingter Schaden ebenso ausgeschlossen wie ein Schaden, der auf vorsätzlichem Handeln des Versicherungsnehmers beruht. Ausgeschlossen sind aber auch Schäden „durch falsche Dateneingabe“ oder „durch Programmfehler“ oder Fehler infolge von „Veränderungen in den Programmen bei der Installation, Wiederherstellung, durch Tests oder den Austausch von Programmen“. Wird eine Softwareversicherung als All-Gefahrenversicherung angeboten, kann es durch die Formulierung von entsprechenden Ausschlüssen dazu kommen, dass bestimmte Gefahren (zB falsche Dateneingabe) vom Umfang der All-Ge-

fahrendeckung wieder ausgeschlossen werden. Noch problematischer ist die Versicherung benannter Gefahren: hier kann es geschehen[1], dass nur bestimmte Gefahren versichert werden (Verseuchung durch Viren o.Ä.), was dann durch die negativen Formulierungen in den Ausschlüssen durchaus extensiv erweitert werden kann. Verspricht der Versicherer etwa Versicherungsschutz nur bei der Verwirklichung verschiedener benannter Gefahren und schließt er den dergestalt versprochenen Versicherungsschutz mit der Vereinbarung von Ausschlüssen aus, die ihrerseits an Gefahrenverwirklichungen anknüpfen, kann sich der Versicherungsschutz sehr reduzieren.

Abs. 2 des in Rz. 79 wiedergegebenen Ausschlusses knüpft nicht an eine 84 Gefahrenverwirklichung an, sondern an den **Umfang der Versicherungsleistung**. Es handelt sich um eine Art Ersatzwertvorschrift, die es ausschließt, dass der Versicherer etwa für „Vermögensschäden durch Unterschlagung oder Veruntreuung" aufzukommen hat. Gleiches gilt für die im Einzelnen aufgeführten Kostenpositionen, für die der Versicherungsnehmer ohne den Ausschluss sicherlich Deckung erwartet hätte. Auffällig bei der Durchsicht der am Markt gängigen Versicherungsprodukte ist, dass sich häufig Ausschlüsse finden, die unmittelbar mit dem angebotenen Versicherungsschutz nichts oder nur wenig zu tun haben. Es handelt sich um eine reine Vorsichtsmaßnahme der Versicherer, die einfach eine uferlose Eintrittspflicht ihrerseits beschränken wollen. So wird es – um im obigen Beispiel zu bleiben – kaum denkbar sein, dass in einer Softwareversicherung ein „Vermögensschaden durch Unterschlagung" eintreten wird, dennoch findet sich ein entsprechender Ausschluss, weil weder in technischer noch in wirtschaftlicher Hinsicht völlig auszuschließen ist, dass es doch einmal zu einer solchen Konstellation kommen kann. Mit anderen Worten: Viele der in den gängigen Versicherungsprodukten angebotenen Ausschlüsse sind weder praxisrelevant, noch ist ihre Verwirklichung nahe liegend. Man ist deswegen gut beraten, die Ausschlüsse auf ihren wirklichen und materiellen Inhalt hin zu untersuchen.

Der dritte Absatz des in Rz. 79 aufgeführten Ausschlusstextes macht aus der 85 Softwareversicherung eine **Subsidiärversicherung**: für Schäden, für die der Softwarelieferant o.Ä. einzutreten hat, will der Softwareversicherer keine Entschädigung leisten. In diesen Fällen muss sich der Versicherungsnehmer an den Lieferanten oder dessen Haftpflichtversicherer wenden. Gleiches gilt für die ebenfalls ausgeschlossene Produkthaftpflicht, die durch Schäden des Computerprogrammes verwirklicht werden kann.

Auffällig ist außerdem, dass sich eine Vielzahl der Ausschlüsse überhaupt 86 nicht auf die Aktivenversicherung beziehen: So kann es im Zusammenhang mit einem dem Versicherungsnehmer entstandenen und vom Versicherer zu ersetzenden Sachschaden durch Datenverlust kaum zu „Vertragsstrafen" kommen, die der Versicherungsnehmer Dritten zu bezahlen hätte oder zu einer sonstigen „Haftung gegenüber Dritten". Wenn solche Umstände, die

1 Auch verdeckt durch die Vereinbarung von benannten Gefahren bei den Ersatzwertvorschriften.

bestenfalls in einer Haftpflichtversicherung Relevanz haben könnten, dennoch in einem Produkt der Sachversicherung ausgeschlossen werden, liegt dies einerseits an der übergroßen Vorsicht der Versicherer, die deklaratorisch noch einmal das ausschließen, wofür sie – in der Sachversicherung – ohnehin nicht haften können, und zum anderen daran, dass man sich erst an eine souveräne Produktgestaltung herantasten muss. Wie dem auch sei: Ein Ausschluss, der ohnehin Nicht-Versichertes vom Versicherungsschutz ausnimmt, ist für den Versicherer stets unschädlich und hat bestenfalls deklaratorische Funktion.

f) Obliegenheiten

aa) Obliegenheiten vor Eintritt des Versicherungsfalls

87 Die Vereinbarung derartiger Obliegenheiten folgt der gesetzlichen Regelung in § 6 Abs. 1 VVG. Eine typische vorbeugende Obliegenheit lautet wie folgt:

Der Versicherungsnehmer hat eine übliche Datensicherung vorzunehmen oder zu veranlassen, dh. Duplikate der zu versichernden Daten oder Programme anzufertigen und so aufzubewahren, dass sie von einem Schadensfall der Originale voraussichtlich nicht gleichzeitig betroffen werden können.

88 Jede einzelne Obliegenheit, die sich aus dem Versicherungsvertrag ergibt, muss vom Versicherungsnehmer beachtet werden, andernfalls der Versicherer bei Verletzung solcher gefahrvorbeugenden Obliegenheiten im Schadensfall leistungsfrei wird.

bb) Obliegenheiten nach Eintritt des Versicherungsfalls

89 Obliegenheiten nach dem Versicherungsfall richten sich nach § 6 Abs. 3 VVG[1]. Es handelt sich um Anzeige- und Aufklärungsobliegenheiten, die dem Versicherer helfen sollen, seine Eintrittspflicht überprüfen zu können und den Schaden möglichst gering zu halten. Eine typische Obliegenheit lautet wie folgt:

Im Versicherungsfall hat der Versicherungsnehmer
- jeden Schaden an der Hardware;
- jede Netzunterbrechung;
- jede nachteilige Veränderung oder den Verlust versicherter Daten, Programme oder Webseiten und dadurch fehlgeschlagene Verträge;
- jeden Ausfall der EDV-Anlage oder des Webservers, der einen Unterbrechungsschaden von voraussichtlich mehr als 24 Stunden verursachen könnte;
- Anspruch Dritter;
- dem Versicherer innerhalb von 24 Stunden anzuzeigen. In dringenden Fällen sollte die Anzeige dem Versicherer gegenüber mündlich oder fernschriftlich erfolgen;

1 Vgl. dazu im Einzelnen *Römer* in Römer/Langheid, VVG, 1997, § 6 Rz. 20.

- den Unterbrechungsschaden nach Möglichkeit abzuwenden oder zu mindern und dabei die Weisungen des Versicherers zu befolgen; er hat, soweit die Umstände es gestatten, solche Weisungen einzuholen;
- einem Beauftragten des Versicherers alle erforderlichen Untersuchungen über Ursache und Höhe des Unterbrechungsschadens zu gestatten;
- dem Versicherer auf Verlangen alle erforderlichen Auskünfte zu erteilen;
- dem Versicherer Einsicht in die Geschäftsbücher, Inventuren und Bilanzen sowie Hilfsbücher, Rechnungen und Belege über den Geschäftsgang während des laufenden Geschäftsjahres und der drei Vorjahre zu gewähren.

Auch hier gilt das, was oben für die Obliegenheiten vor Eintritt des Versicherungsfalls gesagt wurde: Der Versicherungsnehmer ist gut beraten, den Vertrag im Einzelnen auf vereinbarte Obliegenheiten hin durchzusehen und diese zu beachten, will er nicht die Leistungsfreiheit des Versicherers im Schadensfall riskieren. 90

III. Betriebsunterbrechungsschäden

1. Grundlagen der Betriebsunterbrechungsversicherung

Es liegt auf der Hand, dass Störungen der IT-Anlage des Versicherungsnehmers vor allem zu Betriebsunterbrechungsschäden führen können. Wären die Kosten für den Ersatz von verloren gegangenen Daten oder nicht mehr benutzbarer Systemsoftware in überschaubaren Grenzen liegen dürften, können Betriebsunterbrechungsschäden aufgrund eines Ausfalls von IT ungeahnte Größenordnungen annehmen: bei der Wichtigkeit, die die Datenverarbeitung heute in modernen Produktionsbetrieben hat (einschließlich Rechnungslegung und Buchhaltung etc.), kann der Ausfall der Datenverarbeitung ganze Produktionsbereiche dauerhaft außer Betrieb setzen. 91

Dagegen schützt die Betriebsunterbrechungsversicherung, die herkömmlicherweise an den ausgangs versicherten Sachschaden anknüpft, vgl. etwa § 1 FBUB, wonach der Versicherer den daraus entstehenden Unterbrechungsschaden ersetzt, dass der Betrieb des Versicherungsnehmers „infolge eines Sachschadens unterbrochen" wird[1]. Versicherungsschutz wird also gewährt für eine sich an diesen Sachschaden anschließende und mit einem Ertragsausfall verbundene Betriebsunterbrechung. 92

Liegt der der BU-Versicherung zugrunde liegenden Sachversicherung eine benannte Gefahrenversicherung zugrunde, knüpft der Betriebsunterbrechungsschaden an die **Verwirklichung eines Sachschadens** durch eine der versicherten Gefahren an (sog. Flexaschäden, also Feuer, Leitungswasser, *extended coverage* etc.). Ist das zugrunde liegende Sachversicherungswerk 93

1 Ähnliche Bestimmungen finden sich in den ECBUB, den ZFBUB oder den AMBUB.

eine All-Gefahrenversicherung, kommt es auf die Schadensursache nicht an, sondern nur darauf, dass sich überhaupt ein Sachschaden verwirklicht hat[1].

2. IT-Betriebsunterbrechungsversicherungen

94 Wie bereits dargelegt, ist der Schutz des Versicherungsnehmers gegen einen betriebsunterbrechungsbedingten Ertragsausfall durch eine adäquate IT-Versicherung von besonderer Bedeutung. Demzufolge bietet der Markt in erheblichem Umfang entsprechende Betriebsunterbrechungsversicherungen an, alle gängigen Versicherungsprodukte, die IT-Versicherungsschutz bieten, sind stets mit einer BU-Versicherung verbunden[2].

95 Wesentlich bei der Überprüfung adäquaten Versicherungsschutzes ist die **Verknüpfung** zwischen Versicherungsversprechen im Zusammenhang mit der Betriebsunterbrechung und dem eigentlichen Versicherungsversprechen in Bezug auf den Ausfall von Daten und/oder Softwaresystemen. Unsinnig ist eine BU-Versicherung, die im Zusammenhang mit einer Datenversicherung an das Auftreten eines Sachschadens anknüpft; vielmehr muss die BU-Versicherung im IT-Bereich zwingend an das gesonderte Versicherungsversprechen des Ausfalls von Daten oder Softwaresystemen anknüpfen[3].

96 Wichtige Unterscheidungskriterien (neben der Überprüfung, ob überhaupt adäquater Versicherungsschutz geboten wird) sind die Unterscheidung zwischen internen und externen IT-Netzen, die Dauer der Haftzeit, die durchaus unterschiedlichen Regelungen zu den Selbstbehalten des Versicherungsnehmers und die jeweils vereinbarten Ersatzwertvorschriften[4].

3. Unterbrechungsversicherung bei internen Netzen

97 Zunächst sind die Bedingungswerke vorzustellen, die Schutz gegen einen Ertragsschaden aufgrund des Ausfalls der internen IT des Versicherungsnehmers bieten.

a) Deckungsversprechen

98 Typische Deckungsversprechen lauten etwa wie folgt:

1 Zur Problematik des Sachschadens bei Datenverlust vgl. *Langheid* in Graf Westphalen/Langheid/Streitz, Der Jahr-2000-Fehler – Haftung und Versicherung, 1999, Rz. 1054 ff.
2 Vgl. oben die Übersicht in Rz. 15.
3 Vgl. dazu unten die einzelnen Deckungssysteme in Rz. 97 ff. und 110 ff.
4 Vgl. dazu unten Rz. 117 ff.

Beispiel 1: 99

Gegenstand der Betriebsunterbrechungsversicherung Daten und Software

Wird der Betrieb des Versicherungsnehmers durch einen Schaden gem. Ziff. 1 und 2 dieses Zusatzbausteins unterbrochen, so ersetzt der Versicherer nach den folgenden Bestimmungen den dadurch bestehenden Unterbrechungsschaden (Ziff. 8.2 dieses Zusatzbausteins)[1].

Beispiel 2: 100

Infolge von Schäden, die durch die Computerkriminalitäts-Versicherung und die Erweiterte Softwareversicherung gedeckt sind, leistet der Versicherer nach Maßgabe dieses Nachtrags zusätzlich Entschädigung für

a) Betriebsunterbrechungsschäden ...

und

b) Mehrkosten ...[2].

Beispiel 3: 101

Gegenstand der Versicherung

Wird der Betrieb des Versicherungsnehmers infolge eines Schadens, der nach den Teilen F I und F II entschädigungspflichtig ist, unterbrochen oder beeinträchtigt, so ersetzt (der Versicherer) die dadurch in dem Betrieb des Versicherungsnehmers entstandenen Mehrkosten und/oder den Ertragsausfall.

Ein Unterbrechungsschaden wird auch dann ersetzt, wenn der dem Grunde nach entschädigungspflichtige Sachschaden Gebäude oder bewegliche Sachen betrifft, die dem versicherten Betrieb des Versicherungsnehmers dienen, jedoch nicht durch den vorliegenden Vertrag versichert sind.[3]

1 Vgl. Gerling Zusatzbaustein „Daten und Software“.

2 Es handelt sich um die ACE DataGuard-Police, die im Anschluss an die Begriffe „Betriebsunterbrechungsschäden“ und „Mehrkosten “ zugleich entsprechende Definitionen liefert, auf die weiter unten eingegangen werden soll, Rz. 117 ff.

3 Es handelt sich um die AVB BusinessGuard der AIG Europe.

102 **Beispiel 4:**

Business income and extra expense

We will pay for your actual loss of business income and extra expense that you sustain due to the disruption, interruption, delay, or suspension of your internet and network activities during the period of recovery. The actual disruption, interruption, delay, or suspension of your internet and network activities must result from the following specified perils listed below during the policy period:

1. Any inadvertent mistake, error or omission in the creation, distribution, installation, maintenance, modification, processing, repair, testing, or use of your computer system;
2. Threat of or actual implantation, introduction, or spread of a computer virus;
3. An attack;
4. Computer crime;
5. Extortion;
6. Denial of service;
7. Loss of service;
8. Unauthorized access; or
9. Unauthorized use.[1]

103 Alle genannten Versicherungsversprechen beziehen sich auf eine Betriebsunterbrechung und einen dadurch bedingten Ertragsausfall, den der Versicherungsnehmer durch einen **entschädigungspflichtigen Grundschaden** im Sinne des jeweiligen Bedingungswerks erlitten hat. Wichtig ist also stets die Prüfung des eigentlichen und grundsätzlichen Versicherungsversprechens, an dessen Definition stets auch das Leistungsversprechen im Zusammenhang mit dem Betriebsunterbrechungsschaden anknüpft.

b) Ausschlüsse

104 Während das grundsätzliche Versicherungsversprechen im Zusammenhang mit der Betriebsunterbrechungsversicherung im Wesentlichen gleichartig gestaltet ist, finden sich in Bezug auf vereinbarte Ausschlüsse **deutliche Unterschiede**. Manche AVB beinhalten ausdrücklich eine Reihe von Ausschlüssen (die sogleich vorgestellt werden), andere Bedingungswerke beinhalten keine namentlichen Ausschlüsse, reduzieren die Eintrittspflicht des Versicherers aber durch eine besondere Gestaltung der Ersatzwertvorschriften. Eine sehr spezifische Form des Ausschlusses ist die konkrete Beschreibung der versi-

1 Es handelt sich um die Bedingungen Net Secure, die von dem Broker Marsh McLennan entworfen worden sind und u.a. von der Zürich angeboten werden.

cherten Gefahren, die sich verwirklicht haben müssen, damit der Versicherer für einen eingetretenen Ertragsausfallschaden eintrittspflichtig ist; alles, was nicht unter die spezifisch beschriebenen Gefahren fällt, ist schon vom primären Leistungsversprechen nicht eingeschlossen und stellt sich deswegen de facto als Ausschluss dar[1].

Im Übrigen gestalten sich die Ausschlüsse gänzlich unterschiedlich. In einem Versicherungswerk findet sich lediglich folgender knapper Ausschluss: 105

Die Versicherung erstreckt sich nicht auf Schäden durch Herstellung von fehlerhaften oder mangelnden Produkten oder Dienstleistungen.

Da sich das Grund-Versicherungsversprechen auf den Ausfall von Daten oder von Software bezieht, werden durch einen solchen Ausschluss also solche Schäden vom Versicherungsschutz ausgenommen, die nach einem Versicherungsfall durch Daten- oder Softwareausfall nicht zu einem völligen Betriebsstillstand geführt haben, sondern die zur Herstellung von fehler- oder mangelhaften Produkten oder Dienstleistungen geführt haben. Versichert sein soll also der echte Ertragsausfall aufgrund eines Betriebsstillstandes; nicht versichert sein soll die Schadenersatzpflicht des Versicherungsnehmers Dritten gegenüber aufgrund der Herstellung fehler- oder mangelhafter Produkte. 106

Ein anderer Ausschluss lautet wie folgt: 107

1. Der Versicherer haftet nicht

   a) für den Ertragsausfall an nicht versicherten Sachen nach Teil F I 1.2[2];

   b) für Unterbrechungsschäden infolge Schäden und Abhandenkommen von Datenträgern, Programmen, Software, Softwareschutz-Modulen (zB Dongles, Steckkarten) infolge Diebstahl, Einbruchdiebstahl, Raub oder Plünderung.

2. Ausschluss bei Vergrößerung des Schadens

Der Versicherer haftet nicht, soweit der Unterbrechungsschaden vergrößert wird

   a) durch behördlich angeordnete Wiederaufbau- oder Betriebsbeschränkungen;

1 Eine ähnliche Technik findet sich schon im Zusammenhang mit der Verwendung spezifischer versicherter Gefahren auch im Rahmen der All-Gefahrenversicherung, was das Versicherungsversprechen erheblich einschränkt, vgl. dazu oben Rz. 19 ff.

2 Die entsprechende Klausel lautet: Soweit im Versicherungsvertrag vereinbart, sind darüber hinaus alle maschinellen Anlagen und Geräte auf dem Betriebsgrundstück versichert.

b) durch außergewöhnliche, während der Unterbrechung oder Beeinträchtigung der technischen Einsatzmöglichkeit hinzutretende Ereignisse, mit deren Eintritt als Folge des Sachschadens nach der allgemeinen Lebenserfahrung gerechnet werden muss;

c) durch Verderb, Beschädigung oder Zerstörung von Rohstoffen, Halb- oder Fertigfabrikaten oder Hilfs- oder Betriebsstoffen;

d) durch den Umstand, dass beschädigte oder zerstörte Sachen anlässlich der Wiederherstellung oder Wiederbeschaffung geändert, verbessert oder überholt werden;

e) weil der Versicherungsnehmer infolge der fehlenden technischen Einsatzmöglichkeit von versicherten Sachen oder eines Schadens an Gebäuden oder Gebäudeteilen beschädigte, zerstörte oder abhanden gekommene Daten nicht wiederherstellen oder wiederbeschaffen kann;

f) weil Programme nicht wiederbeschafft werden können;

g) weil dem Versicherungsnehmer zur Wiederherstellung oder zur Wiederbeschaffung beschädigter oder zerstörter oder abhanden gekommener Daten und Programme nicht genügend Kapital zur Verfügung steht.

108 Schließlich ein weiterer Ausschluss:

Ausgeschlossene Gefahren

1. Der Versicherer übernimmt keine Haftung für Betriebsunterbrechungsschäden, die durch eine der folgenden Gefahren verursacht wurden oder mit ihr im Zusammenhang stehen:

   a) menschliches Versagen und/oder

   b) unbeabsichtigte oder fehlerhafte Eingabe von Daten.

Der Versicherer leistet jedoch für Mehrkosten, die durch menschliches Versagen und/oder unbeabsichtigte oder fehlerhafte Eingabe von Daten verursacht wurden.

2. Der Versicherer übernimmt keine Haftung für Betriebsunterbrechungsschäden oder Mehrkosten, die durch eine der folgenden Gefahren verursacht wurden oder mit ihr im Zusammenhang stehen:

   a) Programmierfehler

   b) Softwarefehler.

109 Diese beiden zuvor erwähnten Ausschlussklauseln zeigen, wie **stark unterschiedlich** die Bedingungswerke ausgestaltet sein können. Generelle Aussa-

gen oder Analysen sind nicht möglich. Es muss im Einzelnen geprüft werden, inwieweit spezifische Ausschlüsse (etwa in Bezug auf Programmierfehler) das eigentliche Versicherungsversprechen (Datenverlust oder Veränderung gerade aufgrund von Programmierfehlern) wieder rückgängig machen oder einschränken. Insoweit stellen die einzelnen AVB jeweils geschlossene Versicherungssysteme dar, die der Versicherungsschutz suchende Versicherungsnehmer jeweils nach Prüfung seines Versicherungsbedarfs auf ihre Konsistenz und auf ihre Adäquanz in Bezug auf den von ihm analysierten Versicherungsbedarf hin untersuchen muss.

4. Unterbrechungsversicherung bei externen Netzen

Verschiedentlich wird Betriebsunterbrechungsversicherungsschutz auch an- 110
geboten bei dem Ausfall externer Netze. Das geschieht zum Teil expressis verbis, indem auf den Ausfall externer Netze ausdrücklich abgestellt wird, dies geschieht aber auch dadurch, dass das Grund-Versicherungsversprechen sich bereits auf den Datenausfall auch bei externen Betriebsstätten bezieht.

Verspricht der Versicherer dem Versicherungsnehmer etwa „Versicherungs- 111
schutz für Schäden an seinen Daten und Datenträgern" und bezieht sich dieses Versicherungsversprechen unter dem Stichwort „Versicherungsort" auf die „Betriebsgrundstücke des Versicherungsnehmers" und zusätzlich auf „andere, externe Betriebsstätten, sofern ein anderes Unternehmen von dem Versicherungsnehmer beauftragt wurde, die versicherten Daten zu verarbeiten", dann bezieht sich die Betriebsunterbrechungsversicherung, die auf das Grund-Versicherungsversprechen abstellt, auch auf externe Netze, soweit Daten des Versicherungsnehmers prozessiert werden („... seinen Daten und Datenträgern...").

Der **Betrieb Dritter** kann auch wie folgt in das Betriebsunterbrechungsversi- 112
cherungsversprechen einbezogen werden:

Versichert sind ebenfalls Unterbrechungsschäden durch den Verlust der Kommunikationsfähigkeit

- innerhalb und zwischen versicherten Betrieben des Versicherungsnehmers aufgrund eines im Sinne der Ziff. 1 und 2 dieses Zusatzbausteins eintretenden Ausfalls der eigenen, versicherten Datenübertragungseinrichtungen;
- zwischen versicherten Betrieben des Versicherungsnehmers und Dritten aufgrund eines im Sinne der §§ 1 und 2 ... eintretenden Sachschadens an den Datenübertragungseinrichtungen des mit dem Datentransfer beauftragten Unternehmens.

113 Es wird aber auch Schutz gegen Unterbrechungsschäden angeboten, die ausschließlich in **Fehlern in externen Netzen** ihre Ursache haben:

In Erweiterung des Grundbausteins Sachwerte und Erträge leistet der Versicherer Entschädigung für Unterbrechungsschäden, sofern diese infolge einer Unterbrechung oder einer Beeinträchtigung der technischen Einsatzmöglichkeit der externen Informations- und Kommunikationsnetze (IT-Netze) eingetreten sind.

Zusätzlich versichert sind Ansprüche der Netzbetreiber und Service-Provider auf Nutzungsgebühren, die dem Versicherungsnehmer durch die widerrechtliche Nutzung betriebsfremder Dritter entstehen (zB infolge Telefonhacking oder Gebührenmissbrauch).

Unter externen IT-Netzen im Sinne dieser Bestimmung sind alle Datenübertragungswege zu verstehen, die sich nicht im Besitz des Versicherungsnehmers befinden und für die er nicht die Gefahr trägt. Ist nicht eindeutig festzustellen, ob diese Tatbestände vorliegen, wird unterstellt, dass es sich nur außerhalb des Versicherungsgrundstücks um externe IT-Netze handelt.

Versicherungsschutz im Sinne dieser Bestimmungen besteht nur für den Ausfall der IT-Netze, auf die der Versicherungsnehmer ständig vom Versicherungsgrundstück zugreift.

114 Es versteht sich, dass eine solche Versicherung der Kommunikationsfähigkeit externer Netze auch besondere Ausschlüsse bedingt. Der entsprechende Ausschluss zu dem oben zuletzt wiedergegebenen Versicherungsversprechen lautet wie folgt:

Der Versicherer haftet nicht, soweit der Ausfall der externen IT-Netze verursacht wurde durch

- vorausgeplante Abschaltungen;
- Tests und Umstellungen auf neue Netz-/Durchleitungsverfahren;
- behördliche Betriebsbeschränkungen bei den genutzten IT-Netzen;
- widerrechtliche Transaktionen;
- Vorsatz des Versicherungsnehmers und dessen Repräsentanten;
- Kriegsereignisse jeder Art;
- Kernenergie.

115 Eine andere Klausel verspricht folgenden Versicherungsschutz[1]:

1. Der Versicherer leistet Entschädigung nach Maßgabe der nachfolgenden Bedingungen, wenn infolge von
   - versicherten Sachschäden an der versicherten Hardware des Versicherungsnehmers;
   - versicherten Verlusten oder Veränderungen von versicherter Software (Daten und Programme, Webseiten);
   - Hard- oder Softwareschäden am Webserver des Providers oder an der externen Netzinfrastruktur

der im Versicherungsvertrag bezeichnete Betrieb des Versicherungsnehmers unterbrochen oder beeinträchtigt wird.

2. Der Versicherer leistet nach Maßgabe der ABEBU (inkl. Feuer) Entschädigung für Betriebsunterbrechung durch Sachschäden gem. Nr.1 an der Hardware.

Der Versicherer leistet ferner Entschädigung für Betriebsunterbrechungen, wenn die versicherten Daten, Programme oder Webseiten gem. Ziff. 4 Klausel 028 ABE nachteilig verändert oder gelöscht werden.

Der Versicherer leistet ferner Entschädigung für Betriebsunterbrechungen infolge von Hard- und Softwareschäden an der externen Netzinfrastruktur.

Mitversichert gelten Netzausfälle auf den Übertragungswegen, an den Übertragungseinrichtungen, an der Übertragungssoftware, soweit diese durch Schäden, wie zB durch Baggerarbeiten, Brand, Blitzschlag, Explosion, Überspannung, Überschwemmung, Sabotage sowie Fahrlässigkeit, Vorsatz Dritter, Bedienungsfehler, Hacker, Viren, hervorgerufen wurden.

Externe Netze sind Netze, auf die der Versicherungsnehmer keinen Einfluss hat und die sich außerhalb des Versicherungsortes innerhalb der Bundesrepublik Deutschland befinden.

116 Alle oben abgedruckten Beispiele belegen ein weiteres Mal die Vielfalt des Marktes und die zum Teil nicht inhaltlich, aber konzeptionell stark voneinander abweichenden Deckungssysteme. Erneut gilt, dass generelle Aussagen nicht möglich sind; jedes geschlossene Deckungssystem muss im Einzelnen auf die Versicherungsbedürfnisse des Nachfragers hin untersucht werden.

1 Hier wird die gesamte Klausel (Betriebsunterbrechung nach Hardwareschäden, nach Softwareschäden im eigenen Netz und nach Softwareschäden bei externen Netzen) nebeneinander gestellt.

5. Ersatzwertregelungen

a) Grundsätze

117 Üblicherweise werden in der Betriebsunterbrechungsversicherung der **entgehende Betriebsgewinn** einerseits und der **Aufwand an fortlaufenden Kosten** in dem versicherten Betrieb andererseits versichert, § 3 Nr. 1 FBUB. Gem. § 4 Nr. 1 FBUB wird der „Gewinn aus dem Umsatz der hergestellten Erzeugnisse und der gehandelten Ware sowie der Gewinn aus Dienstleistungen" versichert, daneben auch die „Kosten des versicherten Betriebes". Begrenzt wird die Eintrittspflicht des Versicherers regelmäßig durch eine bestimmte Haftungszeit, gem. § 3 Nr. 3 FBUB zwölf Monate.

b) Spezifische IT-Ersatzwertregelungen

118 Die am Markt vorhandenen IT-AVB sehen im Zusammenhang mit den Ersatzwertvorschriften unterschiedliche Definitionen von Ertragsausfall, Mehrkosten, Entschädigungsumfang, Selbstbehalten und Haftzeiten vor.

aa) Ertragsausfall

119 Im Zusammenhang mit der Definition des Ertragsausfalls gibt es folgende Definitionen:

> Ertragsausfall sind der Betriebsgewinn und die umsatzunabhängigen Kosten in dem versicherten Betrieb, die der Versicherungsnehmer nicht erwirtschaften kann, weil der frühere betriebsfertige Zustand einer beschädigten Sache wiederhergestellt oder eine zerstörte Sache durch eine gleichartige ersetzt werden muss (Unterbrechungsschaden).

120 Während § 3 Nr. 1 FBUB etwa auf den „entgehenden Betriebsgewinn" abstellt, wird hier auf den Betriebsgewinn abgestellt, den der Versicherungsnehmer nicht erwirtschaften kann. Ergänzend ist hier ferner von „umsatzunabhängigen Kosten" die Rede, während § 3 Nr. 1 FBUB auf „fortlaufende Kosten" abstellt. Neu ist ferner die Angabe des Grundes für den Ertragsausfall, der von den FBUB vorausgesetzt wird bzw. in § 1 FBUB definiert wird (Betriebsunterbrechung während der Reparatur des Sachschadens).

121 Eine andere Definition definiert den Betriebsunterbrechungsschaden bzw. die Mehrkosten so:

Betriebsunterbrechungsschäden

Als Betriebsunterbrechungsschaden wird der Bruttogewinn ersetzt, den der Versicherungsnehmer erzielt hätte, wenn sich die versicherte Gefahr nicht verwirklicht hätte, sowie die laufenden Betriebskosten, soweit sie aufgrund des versicherten Schadens nicht mehr erwirtschaftet werden können, inklusive Löhne und Gehälter.

Bruttogewinn ist der Gewinn vor allen Steuern, der ohne Eintritt der versicherten Gefahr erzielt worden ware.

Der Betriebsunterbrechungsschaden verringert sich in dem Maße, in welchem der Versicherungsnehmer

- beschädigte oder unbeschädigte Vermögenswerte verwerten kann,
- auf verfügbare Lagerbestände, Fertigerzeugnisse oder andere Vermögenswerte zurückgreifen kann oder
- Ersatzgeräte, -ausrüstung oder -personal zum Einsatz bringen kann.

Mehrkosten

Mehrkosten im Sinne dieser Police sind Aufwendungen des Versicherungsnehmers, die dazu dienen, um die Unterbrechung des Geschäftsbetriebes sachlich und zeitlich zu begrenzen oder zu vermeiden, und welche dem Versicherungsnehmer nicht entstanden wären, wenn die versicherte Gefahr nicht eingetreten wäre.

Ersetzt werden Mehrkosten für

- die Benutzung gemieteter, gepachteter oder geleaster Ausrüstung oder
- die Anwendung anderer Arbeits- oder Produktionsverfahren oder
- die Inanspruchnahme von Dienstleistungen Dritter oder
- zusätzlichen Personal- oder Arbeitsaufwand

.

Hier wird – wie in § 3 Nr. 1 FBUB – auf die **laufenden Betriebskosten** abgestellt; auch zum „entgehenden Betriebsgewinn“ sind keine Unterschiede festzustellen. Die „Verringerungsklausel“ enthält etwas Selbstverständliches, weil es insoweit ohnehin an einem Ertragsschaden fehlt. 122

Eine **andere Ersatzwertklausel** sieht wesentlich konkretere Vorgaben in Bezug auf den zu erstattenden Unterbrechungsschaden vor: 123

Unterbrechungsschaden ist der entgehende Betriebsgewinn und der Aufwand an fortlaufenden Kosten in dem versicherten Betrieb, sofern sich der Schaden innerhalb des örtlichen Geltungsbereichs ereignet hat.

Der Versicherer haftet für den Unterbrechungsschaden während der Haftzeit.

Kosten werden nur ersetzt, soweit ihr Weiteraufwand rechtlich notwendig oder wirtschaftlich begründet ist und soweit sie ohne Unterbrechung erwirtschaftet worden wären. Der Versicherer erkennt den Weiteraufwand von Mieten und Pachtgebühren als wirtschaftlich begründet an, soweit entsprechende Zahlungen an den Vermieter tatsächlich erbracht werden. Die Weiterzahlung von Gehältern und Löhnen über den nächstzulässigen Entlassungstermin hinaus und von Provisionen erkennt der Versicherer als wirtschaftlich begründet an, soweit sie erforderlich ist, um die Angestellten, Arbeiter oder Vertreter dem Betrieb zu erhalten.

Abschreibungen auf Gebäude, Maschinen oder Einrichtungen sind nur insoweit zu entschädigen, als sie auf vom Schaden nicht betroffene Teile der Einrichtungen entfallen.

Bei Feststellung des Unterbrechungsschadens sind alle Umstände zu berücksichtigen, die Gang und Ergebnis des Betriebes günstig oder ungünstig beeinflusst haben würden, wenn die Unterbrechung nicht eingetreten wäre.

Wirtschaftliche Vorteile, die sich nach dem Unterbrechungszeitraum innerhalb der Haftzeit als Folgen der Unterbrechung ergeben, sind auf die Entschädigung angemessen anzurechnen.

Der Versicherer haftet nicht, soweit der Unterbrechungsschaden erheblich dadurch vergrößert wird, dass dem Versicherungsnehmer zur Wiederherstellung oder Wiederbeschaffung der Daten und Software nicht rechtzeitig genügend Kapital zur Verfügung steht.

Betriebsgewinn ist der Gewinn aus dem Umsatz der hergestellten Erzeugnisse oder der gehandelten Waren oder der Gewinn aus Dienstleistungen. Hierunter fallen nicht Gewinne, die außerhalb des eigentlichen Betriebszwecks erzielt werden, zB durch Kapital- oder Immobiliengeschäfte.

Unter Kosten fallen nicht

- Aufwendungen für Roh-, Hilfs- und Betriebsstoffe und für bezogene Leistungen, soweit es sich nicht um Aufwendungen zur Betriebserhaltung oder um Mindest- und Vorhaltegebühren für Energiefremdbezug handelt;
- Umsatzsteuer, Verbrauchssteuern und Ausfuhrzölle;
- Paketporti und sonstige Ausgangsfrachten, soweit sie nicht aufgrund fortlaufender vertraglicher Verpflichtungen ohne Rücksicht auf den Umsatz von Waren zu entrichten sind;
- umsatzabhängige Versicherungsbeiträge;
- umsatzabhängige Lizenzgebühren und umsatzabhängige Erfindervergütungen;
- Aufwendungen, die außerhalb des eigentlichen Betriebszwecks entstanden sind, zB durch Kapital- oder Immobiliengeschäfte.

bb) Selbstbehalte

124 Die in den einzelnen AVB vorgesehenen Selbstbehalte sind exakt zu analysieren, zumal sie zum Teil nach Ertrag und fortlaufenden Kosten differenziert werden. Denkbar ist auch ein **Selbstbehalt** dergestalt, dass der Versicherer erst nach den ersten 24 Stunden eintrittspflichtig wird, so dass ein IT-Schaden, der innerhalb dieser Zeit wieder beseitigt werden kann, vom Versicherungsnehmer selbst zu tragen ist.

cc) Haftzeit

125 Auch die Haftzeit kann unterschiedlich ausgestaltet sein; regelmäßig wird eine Haftzeit von bis zu 12 Monaten verabredet, wenn nicht individualvertraglich etwas anderes vereinbart ist.

c) Nachweis

126 Es ist grundsätzlich **Sache des Versicherungsnehmers**, den Eintritt des Versicherungsfalls und die Höhe des von ihm erlittenen Schadens nachzuweisen[1].

127 Viele IT-AVB ändern an diesen Beweislasten nichts; andere indes gewähren dem Versicherungsnehmer zumindest im Zusammenhang mit dem Nachweis der Höhe des Schadens gewisse Beweiserleichterungen.

128 Eine solche beweiserleichternde Klausel lautet etwa:

> Wenn der Versicherungsnehmer die Höhe des ihm entstandenen Schadens nicht im Einzelnen nachweisen kann, leistet der Versicherer für jede dem Grunde nach nachgewiesene und innerhalb der Haftzeit angefallene entschädigungspflichtige Ausfallstunde 50 % der hierauf entfallenden anteiligen Entschädigungsgrenze. Die anteilige Entschädigungsgrenze je Ausfallstunde entspricht 1/2160 der vereinbarten Entschädigungsgrenze[2].

129 Andere Versicherer gewähren dem Versicherungsnehmer eine Mindestentschädigung in den Fällen, in denen ein Unterbrechungsschaden dem Grunde nach eingetreten ist, der daraus resultierende genaue Ertragsschaden aber nicht nachgewiesen werden kann. In diesen Fällen wird ein bestimmter Prozentsatz der maximalen Entschädigungsleistung auch ohne konkreten Nachweis gezahlt.

---

1 BGH, Urt. v. 18.2.1987 – IV a ZR 196/85, VersR 1987, 1007; BGH, Urt. v. 21.2.1957 – II ZR 175/55, VersR 1957, 212 (213); BGH, Urt. v. 14.1.1985 – II ZR 72/84, VersR 1985, 541 unter 2.

2 Gilt nur für einen Ertragsschaden aufgrund Ausfall externer IT-Netze.

IV. Haftpflichtversicherung

1. Haftungskonfigurationen

130 Die Haftung einer natürlichen oder juristischen Person einem Dritten gegenüber kann sich aus **vertraglichen und gesetzlichen Anspruchsgrundlagen** herleiten. Vertragliche Ansprüche sind im Wesentlichen die Ansprüche auf Vertragserfüllung und Gewährleistungsansprüche bei Vorliegen von Mängeln; gesetzliche Ansprüche sind in erster Linie deliktsrechtlich begründet.

131 Der **Hersteller, Vertreiber oder Betreuer von Computersoftware** haftet zunächst aufgrund des Vertrages, der ihn mit seinen Kunden verbindet. Daneben kommen aber durchaus auch deliktsrechtliche Ansprüche in Betracht, wobei vor allem den am Softwarevertrag nicht beteiligten Dritten nur aus Delikt gehaftet wird. Erstellt ein Softwareunternehmen beispielsweise die Software für den Betrieb einer Produktionsanlage einschließlich Sicherheitssystemen, dann haftet es dem Auftraggeber zunächst aus Vertrag; fällt aber aufgrund eines Softwarefehlers eine Sicherheitseinrichtung der geplanten Produktionsanlage aus und wird dadurch etwa ein Arbeitnehmer oder sonstiger Dritter verletzt, dann haftet das Softwareunternehmen mangels vertraglicher Bindung diesem Dritten ausschließlich aus unerlaubter Handlung.

132 Unabhängig von diesen Unterscheidungen ist zwischen **Sach-, Personen- und Vermögens-(Folge-)Schäden** zu differenzieren. Das spielt für die Haftung dem Vertragspartner oder Dritten gegenüber zunächst keine Rolle, ist aber für die Frage des Versicherungsschutzes im Haftpflichtversicherungsbereich von erheblicher Bedeutung. Verbindet das Softwareunternehmen in dem in Rz. 131 genannten Beispielsfall etwa die von ihm erstellte Software zum Betrieb einer Produktionsanlage mit einer schon vorhandenen Software und stellt sich ein Fehler an der gelieferten Software heraus, der auf die bereits vorhandene Software durchschlägt, liegt ein Sachschaden vor, die anschließende Betriebsunterbrechung stellt einen Vermögensfolgeschaden dar. Anders ist es schon, wenn nur die gelieferte Software ausfällt: dann handelt es sich bei dem anschließenden Ertragsschaden um einen Vermögensschaden, der mangels gedecktem Sachschaden durch herkömmliche Haftpflicht-Versicherungskonzepte nicht gedeckt ist.

133 Das **Internet** bietet über diese Haftungskonfigurationen hinaus eine Fülle von weiteren **denkbaren Haftungsszenarien**: Domain- oder andere Rechtsverletzungen können in vielfältiger Weise gegen gewerbliche Schutzrechte verstoßen, etwa gegen Marken-, Urheber- oder sonstige Persönlichkeitsrechte. Wettbewerbsverstöße im globalen Internet können weltweit gegen nationale Wettbewerbsrechte verstoßen und Schadenersatzpflichten auslösen. Auch hier stellt sich die Frage nach einem wirksamen Versicherungsschutz.

134 Im Folgenden soll nun zunächst dargestellt werden, mit welchen **Deckungskonzepten die allgemeine Haftpflichtversicherung** arbeitet, wobei namentlich die Problemfelder der (versicherten oder eben nicht versicherten)

Rechtsgutverletzungen, der Inanspruchnahme aufgrund vertraglicher oder gesetzlicher Anspruchsgrundlagen, der Definition des Versicherungsfalles und die Problematik der weitreichenden Ausschlüsse erörtert werden sollen. Im Anschluss daran soll (kurz) das Prinzip der Produkthaftpflichtversicherung angesprochen werden, um sodann die von der Assekuranz angebotenen spezifischen IT-Versicherungen darzustellen.

2. Allgemeine Haftpflichtversicherung

a) Grundsätze des Deckungskonzepts

Gem. § 1 Abs. 1 AHB gewährt der Versicherer dem Versicherungsnehmer 135
Versicherungsschutz für den Fall, dass dieser wegen eines Schadenereignisses, das einen Personen- oder Sachschaden zur Folge hatte, für diese Folgen aufgrund **gesetzlicher Haftpflichtbestimmungen privatrechtlichen Inhalts** von einem Dritten auf Schadenersatz in Anspruch genommen wird. Der Deckungsanspruch umfasst die Gewährung von Rechtsschutz zur Abwehr unbegründet geltend gemachter Ansprüche, einen Freistellungsanspruch in Bezug auf begründete Schadenersatzansprüche und eventuell Zahlungsansprüche, wenn der Versicherungsnehmer ausnahmsweise den berechtigten Anspruch des Dritten bereits befriedigen durfte[1]. Der Deckungsanspruch entsteht, wenn der tatsächlich oder vermeintlich geschädigte Dritte ernsthaft einen Haftpflichtanspruch geltend gemacht hat[2]. Unter gesetzlichen Haftpflichtbestimmungen[3] sind alle die Rechtsnormen zu verstehen, die unabhängig vom Willen der Beteiligten Rechtsfolgebestimmungen enthalten, die an ein in § 1 Abs. 1 AHB genanntes Schadenereignis anknüpfen[4]. Dazu gehören auch alle deliktischen und quasideliktischen Anspruchsnormen und Schadenersatzansprüche aus Vertrag, etwa § 635 BGB, soweit sie nicht durch sekundäre Risikobeschreibungen vom Versicherungsschutz wieder ausgeschlossen werden[5]. Erfüllungsansprüche können nicht Gegenstand gesetzlicher Haftpflichtbestimmungen sein, ebenso nicht auf Schadenersatz gerichtete Gewährleistungsansprüche, die aber insoweit gedeckt sein können, als sie in Anspruchskonkurrenz zu deliktischen Schadenersatzansprüchen geltend gemacht werden[6]. Das Gleiche gilt für Ansprüche aus pVV und cic.[7].

---

1 Zu alledem vgl. *Langheid* in Römer/Langheid, VVG, 1997, § 149 Rz. 15 ff. mwN.

2 BGH, Urt. v. 3.10.1979 – IV ZR 45/78, VersR 1979, 1117.

3 Die privatrechtlichen Inhalts sein müssen, wodurch öffentlich-rechtliche Haftpflichtbestimmungen (etwa steuerrechtliche) grundsätzlich vom Versicherungsschutz ausgenommen werden.

4 Zum Problem vgl. *Johannsen* in Bruck/Möller/Sieg, VVG, Anm. G 58; *Späte*, Haftpflichtversicherung, 1993, § 1 AHB Rz. 125; *Voit* in Prölss/Martin, VVG, 26. Aufl. 1998, § 1 AHB Rz. 3 mwN.

5 Vgl. BGH, Urt. v. 21.9.1983 – IV a ZR 154/81, VersR 1983, 1169; BGH, Urt. v. 18.1.1965 – II ZR 135/62, BGHZ 43, 88.

6 BGH, Urt. v. 21.11.1989 – VI ZR 350/88, VersR 1990, 204.

7 Vgl. *Voit* in Prölss/Martin, VVG, 26. Aufl. 1998, Rz. 5; *Späte*, Haftpflichtversicherung, Rz. 134 f. für pVV und Rz. 136 f. für cic.

b) Einzelheiten

136 Für die oben angesprochenen Problemfelder der Anspruchsgrundlagen, des Schadens, des Versicherungsfalls und der Ausschlüsse folgt aus dem Deckungskonzept der AHB folgendes:

aa) Anspruchsgrundlagen

137 **Vertragserfüllungsansprüche und Erfüllungssurrogate** sind nicht gedeckt, wobei man unter Erfüllungssurrogaten sämtliche Schadenersatzansprüche versteht, die auf das Vertragserfüllungsinteresse gerichtet sind, also alle Ansprüche, durch die ein unmittelbares Interesse am eigentlichen Leistungsgegenstand geltend gemacht wird[1]. Was Schadenersatzansprüche wegen Nichterfüllung angeht, sind diese regelmäßig durch § 4 I Nr. 6 Abs. 3 AHB ausgeschlossen.

138 Für den Softwarebereich dürfte die Regelung in § 635 BGB von besonderer Bedeutung sein. Danach kann der Besteller eines Werkes statt Wandelung oder Minderung auch Schadenersatz wegen Nichterfüllung verlangen, wenn der Mangel des Werkes auf einem vom Unternehmer zu vertretenden Umstand beruht. Seit der Statiker-Entscheidung des BGH[2] werden solche Ansprüche aus § 635 BGB vom Schutzzweck des Haftpflichtversicherungsvertrages erfasst, die nicht den Charakter von Erfüllungsansprüchen im Sinne von § 4 I Nr. 6 Abs. 3 AHB haben, Mangelfolgeschäden sind daher gedeckt[3].

139 Ähnlich problematisch ist die Deckung von Schadenersatzansprüchen wegen des Fehlens von zugesicherten Eigenschaften, §§ 463 Satz 1, 480 Abs. 2 BGB. Dem Zuvorgesagten entsprechend besteht Deckungsschutz nur insoweit, als ein Schadenersatzanspruch besteht bzw. geltend gemacht wird, der das unmittelbare Interesse des Vertragspartners des Versicherungsnehmers am Gegenstand der Vertragserfüllung übersteigt, also bei **Mangelfolgeschäden**[4].

140 **Gewährleistungsansprüche** sind grundsätzlich vom Versicherungsschutz ausgeschlossen[5]. Nicht gedeckt sind auch Mängelnebenkosten, die entstehen, wenn etwa zur Durchführung der Nachbesserung des Werkes im Sinne

---

1 Ständige Rechtsprechung, vgl. die Nachweise bei *Späte*, Haftpflichtversicherung, Rz. 132, und *Littbarski*, AHB, 2001, § 1 Rz. 37 ff.; § 4 Rz. 301 ff.

2 BGH, Urt. v. 13.5.1981 – IV a ZR 96/80, VersR 1981, 771 ff.

3 Zum Begriff des Mangelfolgeschadens vgl. Palandt/*Sprau*, Vorbem. vor § 633, Rz. 23 ff.

4 So *Johannsen* in Bruck/Möller/Sieg, VVG, Anm. G 159 mwN; ebenso *Wussow*, AHB, 8. Aufl. 1976, § 1 Rz. 64; ähnlich *Voit* in Prölss/Martin, VVG, 26. Aufl. 1998, § 4 AHB Rz. 3; vgl. schließlich *Späte*, Haftpflichtversicherung, 1993, § 1 AHB, Rz. 150, wonach Deckungsschutz besteht, wenn der Versicherungsnehmer wegen einer zugesicherten Eigenschaft haftet, er „diese Haftpflicht (aber) nicht durch besondere Zusage auf sich gezogen" hat.

5 *Johannsen* in Bruck/Möller/Sieg, VVG, Anm. G 59; *Wussow*, AHB, 8. Aufl. 1976, § 1 AHB Rz. 68; *Voit* in Prölss/Martin, VVG, 26. Aufl. 1998, § 1 AHB Ziff. 4; *Späte*, Haftpflichtversicherung, 1993, § 1 AHB, Rz. 152.

von § 633 Abs. 2 Satz 1 BGB andere Sachen des Bestellers beschädigt werden müssen[1].

bb) Gedeckte Schäden

Grundsätzlich werden nur **Personen- und Sachschäden gedeckt**, wobei aus § 1 Abs. 3 AHB (fakultative Vermögensschadenversicherung) geschlossen wird, dass Vermögensfolgeschäden[2] gedeckt sein sollen[3]. 141

cc) Versicherungsfall

Voraussetzung für eine AHB-Deckung ist schließlich, dass das fragliche Schadenereignis, das einen Personen- oder Sachschaden zur Folge hatte, „während der Wirksamkeit der Versicherung eingetreten" sein muss. Es ist nach wie vor eines der großen Geheimnisse der Haftpflichtversicherung, ob der Versicherungsfall in dem Augenblick eintritt, in dem der Versicherer gegen Haftpflichtbestimmungen verstößt[4] oder ob es auf die Verwirklichung eines Schadens ankommt, also auf das sog. **Schadens- oder Folgeereignis**[5]. Da zwischen beiden Vorkommnissen Jahre und Jahrzehnte liegen können, hat diese Frage – bis heute – erhebliche praktische Relevanz, wobei mit der Einfügung des Wortes „Schadenereignis" in § 1 Abs. 1 AHB in der Regulierungspraxis der Assekuranz auf den Eintritt eines Folgeereignisses abgestellt wird[6]. 142

Wegen der fehlenden Praktikabilität einer scharfen Abgrenzung, was nun den Versicherungsfall darstellen soll, greifen andere Bedingungswerke auf andere Anknüpfungsumstände zurück, etwa auf eine erste Schadensmanifestation oder auf den Zeitpunkt der ersten Anspruchserhebung[7]. 143

---

1 Vgl. Schmidt-Salzer/*Thürmann*, Produkthaftung Bd. IV/1: Produkthaftpflichtversicherung, 1. Teil, 2. Aufl. 1990, Rz. 8.092; *Späte*, Haftpflichtversicherung, 1993, § 1 AHB, Rz. 154.

2 Also solche, die durch einen Personen- oder Sachschaden verursacht worden sind; vgl. *Littbarski*, AHB, 2001, Vorb. Rz. 41.

3 Wobei seit BGH, Urt. v. 17.3.1999 – IV ZR 89/98, NJW-RR 1999, 1038 (zustimmend *Bayer*, VersR 1999, 813) Vermögensfolgeschäden (zB Nutzungsausfall) selbst dann gedeckt sein sollen, wenn der unmittelbare Sachschaden wirksam vom Versicherungsschutz ausgeschlossen ist (im Einzelfall durch § 4 I Nr. 6 b AHB); zur Kritik daran *Langheid/Müller-Frank*, NJW 1999, 3454 ff.; zum Problem *Littbarski*, AHB, 2001, § 4 Rz. 279 ff. (285).

4 So BGH, Urt. v. 4.12.1980 – IV a ZR 32/80, NJW 1981, 870; zum Problem vgl. *Späte*, Haftpflichtversicherung, 1993, AHB, Rz. 17 ff.; zum Zeitpunkt der BGH-Entscheidung wurde in § 1 Abs. 1 AHB nicht auf ein „Schadenereignis" abgestellt, sondern auf einen „Schaden".

5 Dazu BGH, Urt. v. 26.6.1957 – II ZR 299/55, NJW 1957, 1477; zum Problem vgl. *Littbarski*, AHB, 2001, § 1 Rz. 11; *Schwintowski*, VuR 1998, 35 ff.; *Langheid*, VersR 2000, 1057 (1060).

6 Zu den Zweifeln, ob die Einfügung des Wortes „Schadenereignis" tatsächlich alle Unklarheiten beseitigt hat, vgl. *Voit* in Prölss/Martin, VVG, 26. Aufl. 1998, § 149 Rz. 12.

7 Vgl. etwa Nr. 7 ProdHB oder Nr. 4 UmwHB.

dd) Ausschlüsse

144 Die Ausschlüsse in § 4 AHB sind – jedenfalls in Ansehung eines IT-Unternehmens – sehr weitreichend. Unabhängig von dem „unechten" Ausschluss in § 4 I Nr. 1 AHB (durch den nur das noch einmal ausgeschlossen ist, was gar nicht erst eingeschlossen ist, nämlich vertragliche Erfüllungsansprüche) ist insbesondere die **Bearbeitungsklausel** in § 4 I Nr. 6 b AHB von großer Relevanz. Hier sind Schäden an fremden Sachen vom Versicherungsschutz ausgeschlossen, die durch Bearbeitung oder Reparatur durch den Versicherungsnehmer an oder mit diesen Sachen entstanden sind[1].

145 Von großer Bedeutung für Softwareunternehmen ist auch der Ausschluss in § 4 I Nr. 6 Abs. 3 AHB, aufgrund dessen **Vertragserfüllungsansprüche** und entsprechende **Erfüllungssurrogate** ausgeschlossen sind, auch soweit es sich um gesetzliche Ansprüche handelt. Gleiches gilt für Ansprüche aus der gesetzlichen Gefahrtragung für zufälligen Untergang oder zufällige Verschlechterung der Sache[2]. Schuldet zB ein Softwareunternehmen Herstellung und/oder Implementierung funktionsfähiger EDV-Produkte, sind nicht nur die vertraglichen Erfüllungsansprüche von Deckungsversprechen ausgeschlossen, sondern auch solche Schadenersatzansprüche, die an die Stelle der Erfüllungsleistung treten oder Ansprüche „aus der gesetzlichen Gefahrtragung". Eine solche an die Stelle der Erfüllungsleistung tretende Ersatzleistung liegt vor, wenn der Schadenersatz das unmittelbare Interesse des Gläubigers am eigentlichen Leistungsgegenstand befriedigen soll[3]. Dazu zählt auch der Nutzungsausfall eines Dritten[4].

c) Auswirkungen auf IT-Anwender

146 Die vorstehenden Ausführungen belegen ipso facto, dass das **herkömmliche Deckungskonzept** für den IT-Bereich **gänzlich ungeeignet** ist. Schon das Abstellen auf gesetzliche Haftpflichtbestimmungen engt den Versicherungsschutz für einen Software-Hersteller o.Ä. stark ein. Vor allem aber die bloße Versicherung von Personen-, Sach- und unechten Vermögens-(Folge-)Schäden bedingt, dass für den IT-Anwender der Versicherungsschutz unbrauchbar ist, weil es in seinem Geschäftsbereich im Wesentlichen um die Verursachung von echten Vermögensschäden (Ertragsausfällen durch Betriebsunterbrechung, Nutzungsausfällen) geht. Auch die nach wie vor zumindest unklare, wenn nicht gänzlich unbeantwortete Frage, wann eigentlich ein Versiche-

1 Zum Ausschluss von Bearbeitungsschäden bei unbeweglichen Sachen vgl. zuletzt BGH, Urt. v. 3.5.2000 – IV ZR 172/99, NJW-RR 2000, 1189.

2 Zum Problem vgl. *Späte*, Haftpflichtversicherung, 1993, § 4 Rz. 170 ff.; *Schmidt-Salzer/Thürmann*, Produkthaftung, Bd. IV/1, 2. Aufl. 1990, Rz. 8059.

3 BGH, Urt. v. 26.1.1961 – II ZR 218/58, VersR 1961, 265; BGH, Urt. v. 16.3.1972 – VII ZR 179/70, VersR 1972, 534 m. Anm. *Höft*; BGH, Urt. v. 20.9.1962 – II ZR 171/61, NJW 1962, 2106; BGH, Urt. v. 9.4.1975 – IV ZR 4/74, VersR 1975, 557; BGH, Urt. v. 25.9.1985 – IV a ZR 183/83, VersR 1985, 1153.

4 BGH, Urt. v. 25.9.1985 – IV a ZR 183/83, VersR 1985, 1153; OLG Naumburg, Urt. v. 20.2.1995 – 1 U 218/94, VersR 1997, 179.

rungsfall als eingetreten anzusehen ist, birgt eine erhebliche Unsicherheit für den IT-Anbieter.

3. Produkthaftpflichtversicherung

147 Es fragt sich, ob die Produkthaftpflichtversicherung in ihrer derzeitigen Erscheinungsform geeignet ist, die oben genannten Schwächen einer Haftpflicht-Deckung für IT-Unternehmen zu eliminieren.

a) Deckungskonzept

148 Das Deckungskonzept in der Produkthaftpflichtversicherung[1] beinhaltet eine **Deckungserweiterung** für Haftpflichtansprüche aus bestimmten Produkthaftpflichtschäden, die bei einer gewöhnlichen Betriebshaftpflichtversicherung nicht gedeckt wären. Nach Ziff. 1.1 ProdHB gewährt der Versicherer Versicherungsschutz für Schäden, die **durch** vom Versicherungsnehmer hergestellte oder gelieferte Erzeugnisse verursacht werden oder durch Arbeiten oder sonstige Leistungen des Versicherungsnehmers nach Ausführung der Leistung oder nach Abschluss der Arbeiten entstehen[2].

149 Versichert ist die gesetzliche Haftpflicht des Versicherungsnehmers für Personen- und Sachschäden, wobei durch Ziff. 4 ProdHB bestimmte **Vermögensschäden**, die „wie Sachschäden behandelt" werden sollen, eingeschlossen sind. Diese Ziff. 4 ProdHB sieht eine erhebliche Erweiterung des Versicherungsschutzes gegenüber §§ 1, 4 I Nr. 1 und Nr. 6 Abs. 3 AHB vor, weil Schadenersatzansprüche in den Versicherungsschutz eingeschlossen werden, „die aus der Herstellung oder Lieferung mangelhafter Erzeugnisse oder Leistungen einschließlich der Falschlieferung von Erzeugnissen resultieren". Der anschließende Katalog in Ziff. 4 ProdHB bestimmt, wie weit diese Deckungserweiterung gehen soll, wobei immer Vermögensschäden „wie Sachschäden behandelt" werden, also eingeschlossen sind.

150 Der Katalog in Ziff. 4.1 ff. ProdHB umfasst Sachschäden Dritter und daraus resultierende Folgeschäden einschließlich Schäden aufgrund des **Fehlens von zugesicherten Eigenschaften**, Ziff. 4.2 ProdHB erfasst Schäden Dritter infolge der Mangelhaftigkeit von Sachen aufgrund von Verbindung, Vermischung oder Verarbeitung mit den vom Versicherer gelieferten mangelhaften Erzeugnissen, nach Ziff. 4.3 ProdHB ist Gegenstand des Versicherungsschutzes der Kostenaufwand Dritter für die Weiterver- oder Bearbeitung des mangelhaften Erzeugnisses, Ziff. 4.4 ProdHB deckt Aus- und Einbaukosten, die sich aus der Beseitigung, dem Ausbau, der Abnahme oder der Freilegung mangelhafter Erzeugnisse ergeben, die Maschinenklausel in Ziff. 4.5 ProdHB schließt Schadenersatzansprüche ein, die aus der Mangelhaftigkeit von Sachen entstehen,

---

1 Im Folgenden wird vom Produkthaftpflicht-Modell in der Fassung der ProdHB ausgegangen; zum Text vgl. etwa *Littbarski*, Produkthaftpflichtversicherung, 2000, S. 22 ff.

2 Vgl. *Littbarski*, Produkthaftpflichtversicherung, 2000, § 1 Rz. 10 ff. mwN.

die mit vom Versicherungsnehmer gelieferten oder montierten oder gewarteten Maschinen hergestellt oder be- oder verarbeitet worden sind.

151 Von großer Bedeutung erst recht für IT-Unternehmen sind die **Ausschlüsse in Ziff. 6 ProdHB**. Von besonderem Gewicht sind der Ausschluss von Folgeschäden in Ziff. 6.1 ProdHB[1], der Ausschluss in Ziff. 4.6 ProdHB, der den Ausschluss in § 4 II Nr. 5 AHB wiederholt[2], und Ziff. 6.6 ProdHB, durch den Sach- und Vermögensschäden vom Versicherungsschutz ausgeschlossen werden, wenn die Verwendung der mangelhaften Sache im Hinblick auf ihren konkreten Verwendungszweck nicht nach den anerkannten Regeln der Technik oder Wissenschaft oder in sonstiger Weise ausreichend erprobt war.

b) Anwendbarkeit auf IT-Unternehmen

152 Unverkennbar ist, dass die Produkthaftpflichtversicherung dem Softwareunternehmen in erheblichem Umfange Deckungsschutz im Zusammenhang mit seiner Tätigkeit gewährt, erst recht wenn – wie üblich – im Rahmen der Betriebshaftpflichtversicherung der Bearbeitungsausschluss gem. § 4 I Nr. 6 b AHB abbedungen wird[3].

153 Allerdings ist auch festzustellen, dass das Produkthaftpflichtmodell auf Schäden durch **Erzeugnisse** (oder Arbeiten oder sonstige Leistungen) des Versicherungsnehmers abstellt, die „nach Ausführung der Leistung oder nach Abschluss der Arbeiten" entstehen. Damit sind alle die Schäden nicht gedeckt, die während der Leistungserbringung verursacht werden; das scheint namentlich im IT-Bereich von außerordentlich großer Bedeutung zu sein, weil hier Auftraggeber und -nehmer gemeinsam innovativ eine Problemlösung anstreben, so dass Versicherungsschutz schon während der Zusammenarbeit und der Implementierung und Erprobung der anzuwendenden Software vonnöten ist. Dies mag im Einzelnen durch ein Abbedingen der Bearbeitungsklausel gelingen, wobei die zugrunde liegenden AVB dann im Einzelnen daraufhin zu untersuchen sind, welche Ausschlüsse im Zusammenhang mit der Abbedingung der Bearbeitungsklausel vereinbart werden. Dies gilt im Übrigen ohnehin im Zusammenhang mit einer Produkthaftpflichtversicherung für IT-Unternehmen; wenn dort trotz eines grundsätzlichen Leistungsversprechens bestimmte, IT-spezifische Gefahren vom Versicherungsschutz wieder ausgeklammert werden, ist dem Versicherungsnehmer nicht oder nur in sehr eingeschränktem Umfange geholfen[4].

1 Soweit sie nicht nach den Sonderreglungen in Ziff. 4.25 oder Ziff. 4.55 ProdHB eingeschlossen sind.

2 Vgl. dazu *Voit* in Prölss/Martin, VVG, 26. Aufl. 1998, § 4 AHB Rz. 98.

3 Wenn auch häufig mit reduzierten Sublimits.

4 Vgl. dazu die obigen Ausführungen zu Ziff. 6.6 ProdHB; führt ein Fehler in der Software – namentlich während der Implementierung – etwa zu einem Betriebsunterbrechungsschaden, wird man eo ipso dahin gehend argumentieren können, dass zuvor keine ausreichenden Tests vorgenommen worden sind mit der Folge, dass der Ausschluss nach Ziff. 6.6 ProdHB einschlägig ist.

Ungeachtet dieser Problematik beinhaltet der Katalog nach Ziff. 4 ProdHB ohnehin nur den oben im Einzelnen beschriebenen, eng umgrenzten Versicherungsschutz, der sich im Wesentlichen auf **Sachschäden Dritter bzw. Vermögensschäden Dritter** infolge der mangelhaften Erzeugnisse des Versicherungsnehmers erstreckt. Der Produktionsausfall des Dritten ist zwar gem. Ziff. 4.25 ProdHB versichert, erfasst werden hier aber nur die Kosten, die **unmittelbar** aus einem Produktionsausfall des Dritten entstehen, der seinerseits Folge der Verbindung, Vermischung oder Verarbeitung von Produkten mit dem mangelhaften Erzeugnis des VN sein muss. Ein versicherter Produktionsausfall scheidet zB dann aus, wenn das Endprodukt ohnehin mangelhaft war und sich der Software- oder EDV-Fehler nur zusätzlich eingestellt hat. Der durch den Produktionsausfall entgehende Gewinn ist nicht versichert; ohnehin ist wegen des engen Kausalitätserfordernisses nur der Kostenaufwand versichert, der unmittelbar auf die Fehlproduktion zurückzuführen ist, also etwa eine Unterbrechung des Fertigungsprozesses wegen Neueinrichtung der Produktionsmaschinen und Beseitigung der fehlerhaft hergestellten Produkte o.Ä.[1]. 154

4. Spezielle IT-Versicherungen

Es ist zu prüfen, ob die von der Versicherungswirtschaft in den vergangenen Jahren spezifisch für IT-Unternehmen entwickelten Versicherungsprodukte den oben aufgezeigten Versicherungsbedürfnissen, die bisher gar nicht oder nur eingeschränkt befriedigt werden konnten, gerecht werden. 155

a) Textbeispiele

Dies soll anhand der nachfolgenden Versicherungsversprechen untersucht werden: 156

Beispiel 1: 157

Für den genannten Versicherungsnehmer ist seine gesetzliche Haftpflicht privatrechtlichen Inhalts versichert, soweit es sich um Vermögensschäden Dritter und die daraus entstehenden weiteren Schäden (Folgeschäden) handelt, die aus Leistungen im Rahmen des versicherten Betriebscharakters, nämlich

- hergestellter und/oder gelieferter Hard- und/oder Software;
- Dienst-, Arbeits-, Implementierungs-, Service- und/oder Beratungsleistungen im Hinblick auf Hard- und Software, resultieren.

Schäden an Software bzw. durch Datenverlust werden wie Vermögensschäden behandelt.

Versicherungsfall ist der Verstoß des Versicherungsnehmers bei der Ausübung von Tätigkeiten und/oder Erbringung von Leistungen im Rahmen der Ziff. I 1.

1 Vgl. *Späte*, Haftpflichtversicherung, 1993, ProdHM, Rz. 35.

158 **Beispiel 2:**

Versichert ist die gesetzliche Haftpflicht des Versicherungsnehmers aus dem Betrieb eines Unternehmens der Informationstechnologie (IT) für Personen-, Sach- und (echte) Vermögensschäden, inklusive daraus resultierender Folgeschäden, auch soweit die Schäden auf dem Fehlen zugesicherter Eigenschaften oder auf Falschlieferung beruhen.

Mitversichert sind gesetzliche Haftpflichtansprüche auf einer vor Ort oder mittels elektronischem Zugang durch Implementierungs- oder Integrationsarbeiten verursachten Nichtverfügbarkeit von Daten (zum Beispiel durch versehentliche Datenlöschung, Beeinträchtigung der Datenordnung).

Mitversichert ist abweichend von § 4 Ziff. I Nr. 6 b AHB die gesetzliche Haftpflicht aus Schäden, die an fremden Sachen durch eine gewerbliche oder berufliche Tätigkeit des Versicherungsnehmers an oder mit diesen Sachen entstanden sind.

Mitversichert sind gesetzliche Haftpflichtansprüche aus Urheber-, Patent-, Datenschutz-, Persönlichkeits-, Marken- und Namensrechtsverletzungen.

...

Mitversichert sind gesetzliche Haftpflichtansprüche aus Verzug, wenn sie direkte Folge eines der folgenden Ereignisse sind:

Nichtverfügbarkeit von Daten aufgrund von Schäden an elektronischen Geräten des Versicherungsnehmers

- durch Brand, Explosion, Leitungswasser oder Abwasser;
- aufgrund eines Abhandenkommens durch Einbruchdiebstahl, Raub und Plünderung;
- aufgrund von Über- oder Unterspannung, elektrostatischer Aufladung, elektromagnetischen Störungen sowie höherer Gewalt einschließlich Blitzeinwirkung.

159 **Beispiel 3:**

Der Versicherer gewährt Versicherungsschutz für den Fall, dass eine der versicherten Personen für einen Schaden aufgrund gesetzlicher Haftpflichtbestimmungen privatrechtlichen Inhalts in Anspruch genommen wird, der in Ausübung der betrieblichen Aktivitäten, wie diese in der Police beschrieben sind, entstanden ist.

Versichert sind Schadenersatzansprüche, die während der Laufzeit gegenüber dem Versicherungsnehmer erstmals schriftlich geltend gemacht und dem Versicherer erstmals gemeldet wurden (Versicherungsfall).

...

In Abgrenzung zu den Bedingungen der Büro- und Betriebs-Haftpflichtversicherung besteht unter dieser Police Versicherungsschutz für Ansprüche im Zusammenhang mit von dem Versicherungsnehmer hergestellten, gelieferten, vollständig oder unvollständig erbrachten Produkten oder Leistungen, mangelhafter Beratung über An- und Verwendung dieser Erzeugnisse sowie für Arbeiten und sonstige Leistungen.

Die Erbringung von Leistungen aus einem Bereich schließt eine Leistung aus dem jeweils anderen Teil für den gleichen Schaden aus.

b) Analyse

160 Es ist unverkennbar, dass durch Texte wie die vorstehend wiedergegebenen die zuvor erörterten **Probleme** bei der Deckung von Haftpflichtrisiken von IT-Unternehmen im Wesentlichen **ausgeräumt** werden.

161 In der Regel wird der Versicherungsschutz auf gesetzliche Haftpflichtbestimmungen privatrechtlichen Inhalts beschränkt, insoweit ergeben sich zur normalen AHB-Deckung keine Unterschiede.

162 Allerdings werden **Vermögensschäden** regelmäßig **eingeschlossen**, ferner auch die Deckung von Schäden die auf dem Fehlen zugesicherter Eigenschaften oder auf Falschlieferung beruhen. Damit ist das Problem, das regelmäßig auf Softwarefehler zurückführende Schäden durch Ertragsausfälle normalerweise nicht abgedeckt sind, gelöst.

163 Auch das Problem des Versicherungsfalls wird durch die Vorgabe von genauen Definitionen (Verstoßtheorie; Schadenmeldung) gelöst.

164 Alles in allem: Über die herkömmlichen Deckungskonzepte in der allgemeinen Haftpflichtversicherung, aber auch in der spezifischen Produkthaftpflichtversicherung hinaus werden die **speziellen Versicherungsschutzprobleme** von IT-Unternehmen durch die im Markt angebotenen AVB im **Wesentlichen gelöst;** ob auch hier noch Deckungslücken bei gegenwärtig noch nicht bekannten Haftungskonfigurationen verbleiben, wird die Zukunft zeigen, ersichtlich sind sie gegenwärtig nicht. Ob dies auch durch eine entsprechende Erweiterung einer Produkthaftpflichtpolice möglich ist, sei hier dahingestellt. Allerdings ist auch hier noch einmal ganz dringend darauf hinzuweisen, dass allein die Vielzahl der unterschiedlichen Deckungsversprechen eine genaue Analyse sowohl des Versicherungsbedarfs einerseits als auch des angebotenen Deckungskonzeptes andererseits unerlässlich macht. Dazu gehören auch die (im Folgenden an Beispielen erörterten) Ausschlüsse, die unter Umständen ein wirkungsvolles und vernünftiges Deckungskonzept durch unsinnige Ausnahmen vom versprochenen Versicherungsschutz wieder zunichte machen können.

c) Ausschlüsse

165 Zunächst sollen auch hier einige Beispielsfälle wiedergegeben werden:

166 **Beispiel 1:**

Ausgeschlossen sind Ansprüche

- auf Wandelung, Minderung, Nachbesserung, Neuherstellung, Ersatzlieferung (dies gilt nicht für Mängelbeseitigungsnebenkosten);
- aus Verzug wegen grob fahrlässig verursachter fehlerhafter Leistungseinschränkung oder Zeitplanung zum Zeitpunkt des Vertragsabschlusses im Hinblick auf das zu erfüllende Gesamtwerk;
- wegen Nichterfüllung (dies gilt nicht für die hieraus entstehenden Folgeschäden);
- aus der gesetzlichen Gefahrtragung (für zufälligen Untergang und zufällige Verschlechterung);
- aus Schäden an und/oder Abhandenkommen von gemieteten, geliehenen, geleasten oder im speziellen Verwahrungsverhältnis befindlichen fremden Sachen, auch Software und Daten (dies gilt nicht für die hieraus entstehenden Folgeschäden);
- aus Schäden, für die im Rahmen eines anderen Vertrages (zB Betriebshaftpflichtversicherung, Montageversicherung usw.) zugunsten des Versicherungsnehmers Versicherungsschutz besteht;
- die daraus abgeleitet werden,

dass gelieferte Hard- und/oder Software oder Leistungen mit einem Rechtsmangel behaftet sind (zB Schäden aus der Verletzung von Patenten, gewerblichen Schutzrechten, Urheberrechten, Persönlichkeitsrechten, Verstößen in Wettbewerb und Werbung),

oder

dass ein Verstoß gegen das UWG (Gesetz gegen den unlauteren Wettbewerb) oder eine Verletzung von Namens- oder Markenrechten erfolgten;

- wegen Schäden an den vom Versicherungsnehmer hergestellten, gelieferten oder implementierten Produkten infolge einer in der Herstellung, Lieferung oder Implementierung liegenden Ursache;
- aus vorsätzlicher Schadensherbeiführung oder durch vorsätzliches Abweichen von gesetzlichen oder behördlichen Vorschriften sowie von schriftlichen Anweisungen oder Bedingungen des Auftraggebers;
- aufgrund eines Rückrufs sowie der daraus entstehenden Folgeschäden;
- wegen Schäden sowohl aus der Beratung über An- und Verwendung, Erstellung oder Lieferung von Software und/oder Hardware, aus Tätigkeiten und sonstigen Leistungen im Zusammenhang mit der Software und Hardware für Luft- und Raumfahrzeuge, für Teile von Luft- oder Raumfahrzeugen oder

Anlagen zur Steuerung oder Überwachung von Luft- oder Raumfahrzeugen als auch wegen Schäden durch Luft- oder Raumfahrzeuge.

Dies gilt nur insoweit, als diese Software und/oder Hardware für den Versicherungsnehmer ersichtlich für Luft- oder Raumfahrzeuge, Teile davon oder Anlagen zur Steuerung oder Überwachung des Luft- oder Raumverkehrs bestimmt war;

- infolge der unbefugten Nutzung oder des unbefugten Zugangs zu einem elektronischen System oder Programm aufgrund Versagens oder aus Unzulänglichkeit der vom Versicherungsnehmer gelieferten Produkte oder Leistungen (zB Firewall), dieses gilt, wenn der Schaden ausschließlich auf der von dem Versicherungsnehmer gelieferten Software basiert;
- aus Schäden durch Umwelteinwirkung auf Boden, Luft oder Wasser (einschließlich Gewässern) und alle sich daraus ergebenden weiteren Schäden;
- gegen den Versicherer infolge eines Vergleichs oder Insolvenz bzw. einer Gesamtvollstreckung des Versicherungsnehmers, eines Mitversicherten oder einer dritten Person;
- soweit sie aufgrund Vertrages oder besonderer Zusagen über den Umfang der gesetzlichen Haftpflicht des Versicherungsnehmers hinausgehen (siehe jedoch Ziff. 3 Gewährleistungsvereinbarung);
- von Unternehmen, die mit dem Versicherungsnehmer durch Personalunion, Gesellschaftsverhältnisse und/oder Kapitalbeteiligung verbunden sind.

Dieser Ausschluss findet keine Anwendung, wenn hinsichtlich des Gesellschaftsverhältnisses bzw. der Kapitalbeteiligung die Eigentumsquote bzw. die finanzielle Beteiligung weniger als 50 % beträgt

oder

Ansprüche Dritter im Regressweg über den mit dem Versicherungsnehmer durch Personalunion, Gesellschaftsverhältnis, Kapitalbeteiligung oder Geschäftsleitung verbundenen Auftraggeber an den schadenverursachenden Versicherungsnehmer weitergeleitet werden;

- auf Ersatz von Straf- und/oder Bußgeldzahlungen, auch im Zusammenhang mit im Umfang dieses Vertrages gedeckten Ansprüchen;
- auf Ersatz von Suchkosten und/oder Benachrichtigungskosten sowie Kosten für die Nachlieferung mangelfreier Erzeugnisse einschließlich Transportkosten;
- die aus der Tatsache resultieren, dass
  - Hardware, Software, Betriebssysteme, Netzwerke, Mikroprozessoren;
  - sonstige Ausrüstungsgegenstände oder Komponenten der Computer-, Datenverarbeitungs- oder Kommunikationssysteme sowie
  - sonstige Systeme, Ausrüstungsgegenstände oder Komponenten, welche mit den oben genannten Systemen kommunizieren

nicht in der Lage sind,

- Datumsangaben nach dem 31.12.1999 oder
- Informationen und/oder Codes, welche Datumsangaben nach dem 31.12.1999 beinhalten,

anzunehmen, zu erfassen, zu erkennen, zu verstehen, zu interpretieren, zu identifizieren, zu unterscheiden, zu verarbeiten, zu kommunizieren oder anderweitig zu verwenden (dieser Ausschluss findet ebenfalls Anwendung auf vom Versicherungsnehmer in diesem Zusammenhang erbrachte bzw. unterlassene Dienstleistungen).

167 **Beispiel 2:**

Nicht versichert sind Ansprüche

- wegen Schäden an den vom Versicherungsnehmer hergestellten, gelieferten oder implementierten Produkten/Leistungen selbst, infolge einer in der Herstellung oder Lieferung liegenden Ursache (s. § 4 II 5 AHB);
- auf Wandelung, Minderung, Nachbesserung, Neu-(Ersatz-)Lieferung, aus Überschreiten von Kostenanschlägen, Kalkulationen oder aus Verzug, es sei denn, die Ansprüche sind gem. Ziff. 10 oder 15 mitversichert;
- wegen Schäden im Bereich Zahlungs- oder Abrechnungsverkehr (zB E-Banking, E-Commerce), die dadurch entstehen, dass Dritte von außen auf Datenübertragungen in Datennetzen (zB Internet) manipulative Eingriffe vornehmen (zB Hacker-Attacks) und der Versicherungsnehmer wegen fehlender oder nicht dem Stand der Technik entsprechender Sicherheits- oder Verschlüsselungstechnologie (auch Beratung) in Anspruch genommen wird;
- wegen Schäden aus der Verletzung von anderen Schutz- oder Markenrechten als in Ziff. 09 aufgeführt sowie aus der Vergabe von Lizenzen;
- wegen eines Rückrufs und damit in Zusammenhang stehender Kosten;
- mit Strafcharakter (zB Geldstrafen, punitive oder exemplary damages);
- wegen Schäden aus Anlage-, Vermögensberatung, Beratung von Trust Center sowie aus dem Treffen von Entscheidungen anstelle des zu beratenden Unternehmens;
- wegen Schäden aus einem vollständigen Unterlassen der Softwarepflege oder Hardwarewartung;
- wegen Schäden, die der Versicherungsnehmer, ein Mitversicherter oder eine von ihnen bestellte oder beauftragte Person durch den Gebrauch eines Kraftfahrzeugs oder Kraftfahrzeuganhängers, Luft-, Raumfahrzeugs verursachen oder für die sie als Halter oder Besitzer eines Luft-, Raumfahrzeugs in Anspruch genommen werden.

Besteht nach diesen Bestimmungen für einen Versicherten (Versicherungsnehmer oder Mitversicherten) kein Versicherungsschutz, so gilt dies auch für alle anderen Versicherten.

Eine Tätigkeit der in Abs. 1 genannten Personen an einem Kraftfahrzeug, Kraftfahrzeuganhänger ist kein Gebrauch i.S. dieser Bestimmung, wenn keine dieser Personen Halter oder Besitzer des Fahrzeugs ist und wenn das Fahrzeug hierbei nicht in Betrieb gesetzt wird;

- wegen Schäden aus der Planung oder Konstruktion, Herstellung oder Lieferung von Luft- und Raumfahrzeugen oder Teilen für Luft- und Raumfahrzeuge – auch Implementierung von Soft-/Hardware –, soweit die Teile ersichtlich für den Bau von Luft- oder Raumfahrzeugen oder den Einbau in Luft- und Raumfahrzeuge bestimmt waren; aus Tätigkeiten (zB Montage, Wartung, Inspektion, Überholung, Reparatur, Beförderung) an Luft- und Raumfahrzeugen oder Luft- und Raumfahrzeugteilen, und zwar wegen Schäden an Luft- und Raumfahrzeugen, der mit diesen beförderten Sachen, der Insassen sowie wegen sonstiger Schäden durch Luft- und Raumfahrzeuge;
- wegen Schäden, die durch bewusstes Abweichen
  - von gesetzlichen oder behördlichen Vorschriften;
  - von schriftlichen Anweisungen oder Bedingungen des Auftraggebers verursacht werden, wenn der Versicherungsnehmer nicht nachweist, den Auftraggeber unverzüglich über die Abweichung unterrichtet zu haben.

Beispiel 3: 168

Ausgeschlossen sind Schadensersatzansprüche

a) auf Erfüllung von Verträgen sowie wegen Wandelung, Minderung, Nachbesserung, Neu- und Ersatzlieferung, wegen Aufwendungen für Prüf- und Suchkosten, Garantiezusagen, Garantie über den Umfang der gesetzlichen Haftpflicht hinausgehenden Haftung, Vertragsstrafen, Steuer-, Sozialversicherungs- oder Abgabenrecht, Bußgeldern;

b) wegen Nichterfüllung, soweit es sich nicht um Nichterfüllungsfolgeschäden handelt;

c) wegen Verzug, sofern dieser durch grob fahrlässige Handlung bei Vertragsabschluss hervorgerufen wird;

d) wegen Personen- (Körperverletzung, Tod, psychische Beeinträchtigung etc.) oder Sachschäden (Verlust, Beschädigung, Zerstörung etc.), die vom Versicherungsnehmer verursacht werden.

Dieser Ausschluss gilt nicht für Ansprüche, die daraus resultieren, dass der Versicherungsnehmer in Ausübung seiner Tätigkeit nicht die erforderliche Sorgfalt oder Fachwissen aufgewandt oder gegen gesetzliche Vorgaben verstoßen hat.

Ansprüche aus Tätigkeiten, die das allgemeine Betriebsstättenrisiko betreffen, werden über die Büro- und Betriebshaftpflichtversicherung gedeckt;

e) von konzernverbundenen Unternehmen oder von Personen die auf den Versicherungsnehmer aufgrund ihrer Beteiligung einen maßgeblichen Einfluss haben. Dies ist der Fall, sobald der Anteil 10 % des Kapitals der Versicherten übersteigt.

Regressansprüche, die aus Forderungen Dritter gegen die o.g. geltend gemacht werden und aus fehlerhaften Leistungen des Versicherungsnehmers resultieren, sind hiervon nicht betroffen;

f) aufgrund von Computerviren, wie zB „Würmern", „trojanischen Pferden", „logischen Bomben", Sabotageprogrammen etc. sowie unbefugtem Zugriff Dritter auf Daten durch Überwindung von Sicherheitseinrichtungen (zB Firewall etc.), die durch den Versicherungsnehmer erstellt wurden.

Dies gilt nicht für Computerviren und Sabotageprogramme, soweit seitens des Versicherungsnehmers Software sowie Computersysteme nach dem Stand der Technik regelmäßig auf Viren und ähnliche Sabotageprogramme hin geprüft werden;

g) Fehlfunktionen, sog. Public-Key-Infrastruktur oder anderer Methoden zur Verschlüsselung, Zertifizierung oder Signatur von Daten im Internet oder anderer zugangsbeschränkender Maßnahmen im Internet;

h) aufgrund fehlerhafter oder unvollständiger Kostenvoranschläge;

i) die unmittelbar, mittelbar oder in Verbindung mit

– der fehlerhaften Erkennung von Datumsangaben eines eigenen oder fremden Computersystems (Hard- und Software) oder Teilen davon stehen oder

– der Korrektur, versuchten Korrektur, Conversion, Programmierung, Implementation eines Computersystems oder Teilen davon im Hinblick auf die Erkennung von Datumsangaben stehen oder

– jeglicher Form von Beratung Dritter im Zusammenhang mit „Jahr 2000"-Unzulänglichkeiten stehen;

j) wegen Schäden, die vorsätzlich oder im Zusammenhang mit strafbaren Handlungen herbeigeführt wurden;

k) wegen Anordnungen oder Maßnahmen durch die öffentliche Hand oder Körperschaften des öffentlichen Rechts;

l) im Zusammenhang mit der Insolvenz des Versicherungsnehmers;

m) welche im Rahmen einer Gesellschaft bürgerlichen Rechtes, eines Joint Ventures oder einer anderen Kapital- oder Personengesellschaft zwischen dem Versicherungsnehmer oder Versicherten im Sinne von Teil B 2,5 und weiteren Beteiligten entstanden sind;

n) für die unter einer weiteren früher abgeschlossenen Versicherung Deckung besteht; dies gilt nicht für solche Ansprüche, welche Deckungssummen und -umfang der jeweiligen Versicherung übersteigen;

o) auf Grund von oder im Zusammenhang mit petrochemischen, chemischen oder nuklearen Zwischenfällen, die unmittelbar oder mittelbar zum Entweichen, Verbreiten oder Freisetzen von umweltschädlichen Stoffen führen oder zu führen drohen.

Dieser Ausschluss gilt nicht für Ansprüche gegen den Versicherungsnehmer, die sich unmittelbar auf nicht sicherheitsrelevante oder verwaltende Systeme beziehen.

p) aus Verletzung der Gesetze gegen den unlauteren Wettbewerb (UWG und GWB);

q) im Zusammenhang mit Hardware oder dem Service, Reparatur, Veränderung etc. (assembly) derselben.

Versicherungsschutz besteht jedoch für von dem Versicherungsnehmer aus fehlerfreien Fremdteilen (components) gefertigten, montierten oder ergänzten Produkten und/oder in den Fällen, in denen der Versicherungsnehmer im Auftrag Dritter Hardware wartet. Der Versicherungsnehmer muss den Beweis erbringen, dass die Ursache des Anspruchs sich aus dem Versagen seiner Leistung ergibt;

r) im Zusammenhang mit Handels- oder Devisengeschäften des Versicherungsnehmers;

s) im Zusammenhang mit in den USA oder Kanada erhobenen oder dem USA- bzw. CDN-Recht und/oder Jurisdiktion unterliegenden Ansprüchen.

Die – allein von ihrem Volumen her äußerst umfangreichen – Ausschlüsse **schränken** den ursprünglich gewährten Versicherungsschutz **zum Teil stark wieder** ein. Für eine genaue Analyse jedes einzelnen Ausschlusses fehlt hier wiederum der Platz. Beispielhaft sei etwa darauf verwiesen, dass ein umfassendes Versicherungsversprechen im Zusammenhang mit einer IT-Haftpflichtversicherung wenig Sinn macht, wenn anschließend „Ansprüche wegen Schäden an dem vom Versicherungsnehmer hergestellten ... Produkten infolge einer in der Herstellung ... liegenden Ursache“ wieder ausgeschlossen werden[1]. Gleiches gilt für Schäden infolge unbefugter Nutzung eines elektronischen Systems „aufgrund Versagens oder aus Unzulänglichkeit der vom Versicherungsnehmer gelieferten Produkte oder Leistungen (zB Firewall)“. Gegen solche Fehler will der Versicherungsnehmer in der Regel gerade versichert sein. 169

Manche Ausschlüsse passen auch nicht in die Systematik der Versicherung; sie sind offenkundig aus anderen Bedingungswerken übernommen worden, wobei auch hier der Grundsatz im Vordergrund zu stehen scheint, dass ein Ausschluss zu viel besser ist als ein Ausschluss zu wenig. Dass dadurch das 170

1 Damit wird der Ausschluss in § 4 II Nr. 5 AHB doch wieder in das Bedingungswerk implementiert.

gesamte Bedingungswerk, jedenfalls die fragliche Klausel unleserlich wird bis hin zur Intransparenz, scheint trotz der drohenden Unwirksamkeit nach § 9 Abs. Nr. 2 AGBG niemanden zu stören.

171 Häufig findet sich auch das Phänomen, dass etwas ausgeschlossen wird, was gar nicht eingeschlossen war: Wer für Fehler im Zusammenhang mit der Herstellung und/oder Implementierung von Software haftet, der haftet kaum für das „Treffen von Entscheidungen anstelle des zu beratenden Unternehmens".

172 Zusammenfassend verbleibt auch hier der Hinweis, dass jedes einzelne Bedingungswerk auf die in ihm enthaltenen Ausschlüsse hin **genauestens untersucht** werden muss; dabei ist vor allem die Interdependenz zwischen dem eigentlichen Versicherungsversprechen und den dieses Versicherungsversprechen wieder reduzierenden Ausschlüssen zu beachten.

V. E-Commerce-Versicherung

173 Das **Einkaufen im Internet** birgt – wegen seiner Anonymität und Unzuverlässigkeit – erhebliche Gefahren für den damit notwendigerweise verbundenen Geld- und Warenverkehr[1]. Es bietet sich also die Versicherung von E-Commerce-Risiken an, was streng zu unterscheiden ist vom Abschluss von Versicherungsverträgen über das Internet[2].

1. Risiken

174 Das Einkaufen im Internet birgt für beide Seiten erhebliche Risiken: Der Käufer will sich dagegen versichern, dass er einen **Kaufpreis bezahlt**, ohne dass die von ihm erworbene Ware auch **tatsächlich geliefert** wird; er will ferner eine Kaufpreisgarantie für den Fall haben, dass ihm die gelieferte Ware nicht gefällt und er von einem **Rückgaberecht** Gebrauch macht.

175 Auch der Web-Händler hat ein versicherbares Risiko, nämlich einen Forderungsausfall trotz Warenlieferung. Spezifische Versicherungen gegen dieses Risiko sind nicht bekannt, hier helfen nur herkömmliche Kreditversicherungen weiter.

176 Schließlich wird der Internet-Zahlungsverkehr in aller Regel über Kreditkarten abgewickelt. Bei betrügerischem Einkauf mit einer fremden Kreditkarte

---

1 Von 150 Testeinkäufen der Stiftung Warentest blieben 27 erfolglos: der Internetanbieter lieferte nicht, trotzdem wurde – jedenfalls teilweise – Geld abgebucht, vgl. Stiftung Warentest test, Ausgabe 7/99, Einkauf im Internet.

2 Hier nehmen die Versicherungsunternehmen selbst am E-Commerce teil; zu den daraus resultierenden Problemen vgl. etwa *Abram*, Schriftformprobleme bei versicherungsvertraglichen Belehrungen und Gestaltungsrechten im Internet, NVersZ 2000, 551; *Reusch*, Das Multimedia-Gesetz beim Internetauftritt von Versicherungsunternehmen, NVersZ 2000, 1 ff.

kann deswegen ein versicherbares Interesse des Web-Kunden daran bestehen, gegen die Inanspruchnahme der Selbstbeteiligung bei Kreditkartenbetrug abgesichert zu sein.

2. Versicherungsschutz

177 Unter dem Namen Trusted Shops bzw. Trusted Trade[1] wird eine spezifische E-Commerce Versicherung dergestalt angeboten, dass bestimmte Online-Anbieter eine **Zertifizierung** erhalten und der Online-Nachfrager in den mit der Zertifizierung verbundenen Versicherungsschutz dergestalt eingebunden wird, dass er eine sog. Geld-zurück-Garantie erhält.

178 Erfüllt der Online-Anbieter die Zertifizierungskriterien des Versicherers, darf er ein bestimmtes Gütesiegel führen, das dem Online-Käufer, der sich lediglich beim ersten Kauf registrieren lassen muss, signalisiert, dass er bei einem zertifizierten und mithin versicherten Online-Anbieter einkauft.

179 Die eigentliche Versicherungsleistung umfasst die Rückzahlung des Kaufpreises bei Nichtlieferung, die Erstattung des Kaufpreises bei vertragsgemäßer Warenrückgabe und eine mögliche Selbstbeteiligung des Online-Kunden im Falle eines Kreditkartenbetruges[2].

VI. Vertrauensschadenversicherung/Computerkriminalität

1. Computerkriminalität

180 Die Anonymität des Internets erleichtert – jedenfalls dem technisch findigen Kriminellen – den **Zugriff auf die Vermögenswerte Dritter**. Aus diesem Grunde gibt es spezifischen Versicherungsschutz gegen einen solchen Zugriff durch Computermedien.

a) Versicherungsversprechen

181 Regelmäßig wird in der Computerkriminalitätsversicherung Versicherungsschutz gegen Vermögensschäden gewährt, wobei unter Vermögen Finanz- und Sachvermögen verstanden wird, aber auch die Manipulation von Daten und/oder von Computern und Netzwerken.

182 Die versicherten Gefahren werden dahin gehend definiert, dass der Computerkriminelle Computer- oder Netzwerke einsetzt, um dem Versicherungsnehmer einen unmittelbaren Vermögensschaden zuzufügen. Der Versiche-

1 Trusted Shops versichert den Waren- und Zahlungsverkehr zwischen Online-Anbietern und Privatkunden, Trusted Trade versichert den Waren- und Zahlungsverkehr im sog. Business-to-business-Handel; Risikoträger ist der Gerling-Konzern, der die Trusted Shops GmbH gemeinsam mit dem Beratungsunternehmen IMPACT Business and Technology Consulting GmbH gegründet hat.

2 Einzelheiten finden sich unter www.trustedshops.de.

rungsschutz erstreckt sich regelmäßig auch auf **Betrug** oder **Unterschlagung** und auf **Erpressungen** dahin gehend, dass dem Versicherungsnehmer ein Computerdelikt angedroht wird (das regelmäßig in der Zerstörung oder Veränderung oder Manipulation von Programmen und/oder Daten besteht).

183 **Textbeispiel:**

Der Versicherer ersetzt nach Maßgabe dieses Vertrages Schäden, die durch eine der folgenden Gefahren verursacht werden

a) Computerdelikt

Ein Computerdelikt im Sinne dieser Police liegt vor, wenn der Täter Computer- oder Netzwerk-Serviceleistungen einsetzt, um Finanzvermögen oder Sachvermögen des Versicherungsnehmers zu stehlen, und hierdurch ein unmittelbarer Vermögensschaden verursacht wird. Als Computerdelikt gilt auch der vorsätzliche Gebrauch von Computern und Netzwerkserviceleistungen mit dem Ziel, Daten zu modifizieren oder den Zugang zu den Computern oder Netzwerk-Serviceleistungen des Versicherungsnehmers zu verhindern.

b) Betrug, Unterschlagung oder Diebstahl von versicherten Vermögenswerten unter Verwendung von Computern oder Netzwerk-Serviceleistungen des Versicherungsnehmers durch einen Täter, um auf diese Weise einen finanziellen Vorteil für sich selbst oder zu Gunsten anderer Personen oder Institutionen, in deren Namen der Täter handelte, zu erlangen oder zu versuchen zu erlangen (einschließlich solcher Handlungen, die unter Androhung von Gewalt gegen den Versicherungsnehmer ausgeführt werden).

c) Erpressung

Erpressung im Sinne dieser Police ist die einmalige Drohung oder eine Reihe zusammenhängender Drohungen, ein Computerdelikt zu begehen, Programme oder Daten zu beschädigen, zu zerstören, zu verändern, zu veröffentlichen oder den Zugriff auf diese zu verhindern, um als Bedingung dafür, eine solche Drohung nicht in die Tat umzusetzen, Erpressungsgelder zu fordern.

d) die unbefugte Benutzung von Computern und Netzwerk-Serviceleistungen.

b) Versicherungsfall

184 Die Bedingungswerke, die gegen Computerkriminalität versichern, stellen regelmäßig sog. **Claims-Made-Policen** dar. Die Eingrenzung eines Versicherungsfalls wäre sonst unpraktikabel. Der Versicherungsfall ist also dann eingetreten, wenn ein Schaden während des Versicherungszeitraums entdeckt und dem Versicherer gemeldet wird. Dabei wird in Bezug auf die

eigentliche kriminelle Handlung eine Rückwärtsdeckung angeboten, die regelmäßig zeitlich begrenzt wird (auf etwa 24 Monate o.Ä.).

c) Versicherte Schäden

Die häufig unklaren Begriffe wie „Finanzvermögen“ erfordern eine **klare vertragliche Definition**, was gemeint ist. Neben dem Ersatz für einen eigentlichen Vermögensschaden ersetzen die Versicherer auch die Wiederherstellung von Daten und Datenprogrammen sowie Erpressungsgelder und Kosten für einen nach Eintritt des Versicherungsfalls erhöhten Werbeaufwand. Ein typisches Versicherungsversprechen lautet wie folgt: 185

Im Rahmen dieser Computerkriminalitäts-Versicherung ersetzt der Versicherer nur Schäden an den im Folgenden aufgeführten Vermögenswerten sowie die im Nachfolgenden aufgeführten angemessenen und notwendigen Aufwendungen und Kosten, soweit diese dem Versicherungsnehmer als unmittelbare Folge einer der versicherten Gefahren entstanden sind. Die Aufwendungen und Kosten sind in der im Deckblatt aufgeführten Versicherungssumme enthalten.

Der Versicherer ersetzt nur solche Schäden oder Kosten, die innerhalb von zwölf (12) Monaten entstehen, nachdem der Versicherungsnehmer erstmals Kenntnis davon erlangt hat, dass eine der in Ziffer 2 dieses Vertragsteils aufgeführten Taten begangen wurde.

Ersetzt werden Schäden an den folgenden Vermögenswerten sowie die folgenden Aufwendungen und Kosten

a) Finanzvermögen

Finanzvermögen im Sinne dieser Police sind Bargeld, Buchgeld, Wertpapiere, Edelmetalle und Edelsteine.

Die Ermittlung der Schadenhöhe erfolgt auf der Grundlage des Marktwertes, den das Finanzvermögen am Tag der Tat hatte, die zu dem versicherten Schaden geführt hat.

b) Sachvermögen

Sachvermögen im Sinne dieser Police sind die Betriebseinrichtungen, Waren, Rohstoffe sowie die noch nicht fertig gestellten Waren des Versicherungsnehmers.

Die vom Versicherungsnehmer hergestellten oder sich noch im Herstellungsprozess befindlichen Waren werden zum Zwecke der Ermittlung der Schadenhöhe mit dem Einkaufspreis der verwendeten Rohstoffe bewertet, zuzüglich der bis zum Zeitpunkt der Tat, die zu einem Schaden führte, aufgewendeten Produktionskosten. Die anderen Waren sowie die Betriebseinrichtungen und Rohstoffe werden mit den Wiederbeschaffungskosten bewertet. Wiederbeschaffungskosten bezeichnet den Betrag, der erforderlich ist, um beschädigte oder zerstörte Vermögenswerte durch Vermögenswerte gleichwertiger Art oder Qualität zu ersetzen, festgelegt am Schadentag.

c) Daten

Daten im Sinne dieser Police sind maschinenlesbare Informationen und Computerprogramme.

Ersetzt werden die Kosten für die Wiederherstellung oder den Ersatz von Daten einschließlich der Aufwendungen für Materialien, Maschinen und Arbeitszeit sowie der hierauf entfallende Fixkostenanteil. Wurden die Daten bei Dritten erworben, ist die Entschädigung auf den ursprünglichen Kaufpreis begrenzt.

d) Computer- und Netzwerk-Serviceleistungen

Der Begriff „Computer- und Netzwerkserviceleistungen" bezeichnet die Gesamtkapazität des Computersystems sowie der Netzwerk-Service-Komponenten, welche den Benutzern zur Verfügung stehen.

Ersetzt werden die Kosten, die dem Versicherungsnehmer dadurch entstehen, dass seine Computer sowie seine Netzwerk-Serviceleistungen unbefugt benutzt bzw. in Anspruch genommen werden.

e) Kosten für Sachverständige, Rechnungsprüfer oder Schadenregulierer

Der Versicherer ersetzt die angemessenen und notwendigen Honorare und Spesen für Sachverständige, Rechnungsprüfer oder Schadenregulierer, die von dem Versicherungsnehmer beauftragt wurden, einen Schaden festzustellen, zu mindern oder der Höhe nach zu beziffern.

f) Kosten für erhöhten Werbeaufwand

Der Versicherer ersetzt dem Versicherungsnehmer die angemessenen und notwendigen Kosten zur Wiederherstellung seines Bildes in der Öffentlichkeit und seines Ansehens, sofern diese durch die versicherte Tat unmittelbar geschädigt wurden. Diese Kosten werden jedoch nur in Höhe von 10 % der Versicherungssumme unter Abzug des vereinbarten Selbstbehaltes ersetzt.

g) Erpressungsgelder bzw. Verlust von Erpressungsgeldern

Der Versicherer ersetzt die tatsächlich gezahlten oder verloren gegangenen Erpressungsgelder.

Erpressungsgelder im Sinne dieser Police sind Leistungen, die der Beendigung der Erpressung im Sinne der Ziffer 2 c) dieses Vertragsteils dienen sollen und an Personen erbracht werden, von denen angenommen werden kann, dass es sich um die Erpresser handelt. Diese Leistungen sind insbesondere Bargeld, Wertpapiere, marktfähige Waren, Dienstleistungen oder Sachwerte.

Der Versicherer entschädigt den Versicherungsnehmer auch für den Verlust von Erpressungsgeldern, die beschlagnahmt, zerstört oder widerrechtlich entwendet wurden oder verschwunden sind, während sie von einer hierzu seitens des Versicherungsnehmers ermächtigten Person, diese Gelder infolge einer Erpressung in Verwahrung zu nehmen, transportiert werden. Dies gilt jedoch nur unter der Voraussetzung, dass die Erpressung, durch die der Transport veranlasst wurde, im Rahmen dieses Vertrages versichert ist.

Eine Entschädigung wird nur für solche Schäden gewährt, bei denen ein eindeutiger Nachweis dafür vorliegt, dass sie durch eine der versicherten Gefahren verursacht wurden. Der Versicherungsnehmer ist verpflichtet, die erforderlichen Nachweise zu erbringen.

d) Ausschlüsse

Die Computerkriminalitätsversicherung ersetzt regelmäßig nur vorsätzlich von Dritten herbeigeführte Schäden. Deswegen beziehen sich die Ausschlüsse auf Zufallsfehler und auf solche Schäden, die durch Organe oder Mitarbeiter des Versicherungsnehmers herbeigeführt worden sind. Ferner werden beispielsweise Betriebsunterbrechungsschäden ausgeschlossen. Eine **typische Ausschlussklausel** lautet wie folgt: 186

Der Versicherer übernimmt keine Haftung für Schäden oder Aufwendungen, die

a) durch Zufall oder Fahrlässigkeit verursacht werden, insbesondere durch die versehentliche oder unrichtige Eingabe von Daten oder Verwendung von Softwareprogrammen oder die versehentliche Löschung von Daten;

b) verursacht werden durch einen Täter oder im geheimen Einverständnis mit einem Täter handelnden Personen, wie:

Organe oder Treuhänder des Versicherungsnehmers,

Personen, die auf Anweisung des Versicherungsnehmers tätig sind und von denen der Versicherungsnehmer weiß, dass sie bereits früher einen Diebstahl, einen Betrug, eine Unterschlagung, eine vorsätzliche Sachbeschädigung oder ein Computerdelikt begangen haben,

andere Gruppen oder Personen, soweit durch Nachtrag besonders vereinbart;

c) durch Beschlagnahme, Beitreibung, Zerstörung oder Beschädigung von Eigentum einschließlich Computerhardware, Software, Daten oder Datenträger aufgrund eines Hoheitsaktes verursacht werden;

d) im direkten oder indirekten Zusammenhang mit Krieg, Bürgerkrieg (ungeachtet, ob eine entsprechende Kriegserklärung erfolgt ist oder nicht), Revolution, Rebellion, Aufstand, Putsch, Handlungen ausländischer Feinde, Meuterei, Aufruhr, Streik oder inneren Unruhen stehen;

e) durch Kernreaktion, Kernstrahlung oder radioaktive Verseuchung, gleichgültig auf welche Weise, verursacht werden;

f) infolge einer Sachbeschädigung an der Computerhardware oder einem Datenträger entstehen;

g) für die Erfüllung von Vertragsstrafen erbracht werden oder auf Folgeschäden zurückzuführen sind;

h) aus der Haftung gegenüber Dritten, unabhängig vom Haftungsgrund, entstehen;

i) für Gerichtskosten oder Honorare für Rechtsanwälte oder ähnliche Ausgaben;

j) für Geldbußen oder Ordnungsstrafen erbracht werden;

k) für Betriebsunterbrechungsschäden und Mehrkosten (sofern nicht durch Nachtrag gesondert vereinbart).

2. Vertrauensschadenversicherung

187 Computerkriminalität wird häufig von **eigenen Mitarbeitern des Versicherungsnehmers** begangen. Deswegen werden auch Vertrauensschadenversicherungen angeboten, die ausdrücklich den Computerbetrug erfassen.

a) Versicherungsversprechen

188 Ein typisches Versicherungsversprechen lautet wie folgt:

Der Versicherer ersetzt dem Versicherungsnehmer Vermögensschäden, die durch Betrug, Computerbetrug, Diebstahl, Unterschlagung, Untreue oder sonstige vorsätzliche Handlungen, die nach den gesetzlichen Bestimmungen über unerlaubte Handlungen zum Schadenersatz verpflichten, während der Vertragslaufzeit verursacht werden und entstehen.

189 Ein anderer Beispielsfall verspricht folgenden Versicherungsschutz:

Der Versicherer ersetzt dem Versicherten nach Maßgabe dieser Bedingungen weltweit die folgenden während der Versicherungslaufzeit verursachten Schäden:

1.1 Schäden durch Vertrauenspersonen

a) Grunddeckung

Schäden am Vermögen des Versicherten, die von Vertrauenspersonen während ihres Einschlusses in die Versicherung durch vorsätzliche Handlungen, die nach den gesetzlichen Bestimmungen über unerlaubte Handlungen zum Schadenersatz verpflichten, verursacht werden. Derartige Schäden, die durch Computermissbrauch hervorgerufen werden, gelten als mitversichert.

b) Nichtidentifizierbarer Schadenstifter

Soweit der Nachweis der Verursachung durch eine namentlich festgestellte Vertrauensperson nicht geführt werden kann, genügt für die Ersatzpflicht die überwiegende Wahrscheinlichkeit der Verursachung durch irgendeine Vertrauensperson. Nicht ersatzfähig sind jedoch Schäden am Vermögen durch unaufgeklärte Inventurdifferenzen und Vermögensminderungen, die sich lediglich aus der Gegenüberstellung von Soll- und Istbeständen bei sonst ungeklärten Schadenursachen ergeben.

c) Schäden am Kundenvermögen

Schäden am Vermögen, die dem Versicherten dadurch entstehen, dass er für vorsätzlich gegenüber ihren Vertragspartnern begangene unerlaubte Handlungen im Sinne der Grunddeckung von Vertrauenspersonen aufgrund zivilrechtlicher Zurechnungsvorschriften einzustehen hat, gelten als mitversichert.

1.2 Hacker

Der vorliegende Vertrag gilt auch für von Dritten durch Computermissbrauch verursachte Schäden am Vermögen des Versicherten. Dritte sind alle Personen, die nicht versicherte Vertrauenspersonen oder Mitglieder der Organe des Versicherten sind.

1.3 Datenwiederherstellungskosten

Der vorliegende Vertrag gilt sowohl bei vorsätzlichem Computermissbrauch als auch bei vorsätzlichem rechtswidrigen Verändern, Hinzufügen oder Löschen von Daten oder Programmen durch Vertrauenspersonen oder Dritte auch für die durch die Versicherte veranlassten Aufwendungen für externes Personal und Überstunden zwecks Schadenlokalisierung im EDV-System und Wiederherstellung von Informationen (EDV-Daten oder Software).

1.4 Mehrkosten

Der vorliegende Vertrag gilt bei vorsätzlichem Computermissbrauch durch Vertrauenspersonen oder Dritte auch für die durch die Versicherte veranlassten während der Wiederherstellungsarbeiten verursachten Mehrkosten. Mehrkosten sind Aufwendungen, die zur Fortführung des Geschäftsbetriebes erforderlich sind (zB Inanspruchnahme zusätzlicher Grundstücke, Räume, Anlagen, Einrichtungen oder Dienstleistungen sowie Überstundenzuschläge) und die bei einem ungestörten Betriebsablauf nicht oder nicht in dieser Höhe entstanden wären. Der Anspruch entsteht ab dem dritten Tag der Wiederherstellungsarbeiten; der maximale Entschädigungszeitraum beträgt drei Monate. Die Ersatzleistung ist auf 500.000 DM begrenzt; diese versteht sich als Teil der Höchstversicherungssumme iSv. Teil C 5.1 b).[1]

1 Wichtig ist, dass hier nicht nur eine Vertrauensschadenversicherung enthalten ist, sondern gleichzeitig auch eine Kriminalitätsversicherung gegen den Computermissbrauch durch Dritte.

b) Umfang des Versicherungsschutzes

190 Das Versicherungsversprechen umfaßt den vom Versicherungsnehmer selbst durch **Vertrauensschaden erlittenen Vermögensverlust**; eingeschlossen ist häufig aber auch eine Haftpflichtversicherung für Schäden Dritter, die aus vorsätzlichen unerlaubten Handlungen der Vertrauensperson resultieren. Ein typisches Beispiel für den Umfang des Versicherungsschutzes lautet wie folgt:

Der Versicherer bietet Versicherungsschutz im Rahmen von § 1 für

- Schäden, die dem Versicherungsnehmer selbst durch Vertrauenspersonen zugefügt werden;
- Schäden aus vorsätzlichen unerlaubten Handlungen, die von den Vertrauenspersonen unmittelbar gegenüber Dritten begangen werden, sofern der Versicherungsnehmer hierfür haftet;
- Schäden, die dem Versicherungsnehmer von außenstehenden Dritten durch unmittelbare und rechtswidrige Eingriffe in die elektronische Datenverarbeitung des Versicherungsnehmers zugefügt werden, soweit der Dritte sich dabei am Vermögen des Versicherungsnehmers bereichert hat.

Der Versicherer erstattet dem Versicherungsnehmer dabei – im Rahmen der Versicherungssumme – folgende nachweislich entstandenen und erforderlichen Kosten von zusammen bis zu 20 % des versicherten unmittelbaren Schadens:

Externe Schadensermittlungskosten: Aufwendungen, die dem Versicherungsnehmer im Zusammenhang mit der Aufklärung und Rekonstruktion des Schadensherganges, der Feststellung der Schadenshöhe oder der Ermittlung des Schadensstifters entstehen, soweit für diese Tätigkeit nicht eigene Mitarbeiter des Versicherungsnehmers eingesetzt werden können.

Externe Rechtsverfolgungskosten: Aufwendungen des Versicherungsnehmers, die unmittelbar mit dem Versicherungsfall im Zusammenhang stehen und bei der Geltendmachung von Schadenersatzansprüchen gegen einen Schadensstifter anfallen, um Entschädigungsansprüche in gleicher Höhe aus dieser Versicherung zu erlangen.

c) Ausschlüsse

Naturgemäß kommt auch die Vertrauensschadenversicherung ohne **umfangreiche Ausschlüsse** nicht aus. Hier zwei typische Beispielsfälle: 191

Beispiel 1: 192

Nicht ersetzt werden Schäden, die

- durch Vertrauenspersonen verursacht werden, von denen der Versicherungsnehmer bei Versicherungsbeginn bzw. Einschluss in die Versicherung wusste, dass sie bereits vorsätzliche unerlaubte Handlungen im Sinne von § I begangen haben;
- zwar während der Laufzeit des Versicherungsvertrages entstanden sind, jedoch erst später als zwei Jahre nach Vertragsbeendigung angezeigt werden; § 11 Ziff. 2.3 und 2.4 bleiben unberührt;
- durch entgangenen Gewinn oder Vertrags- bzw. Ordnungsstrafen entstanden sind, sowie sonstige mittelbare Schäden des Versicherungsnehmers bzw. im Falle des § 2 Ziff. I. 2 des geschädigten Dritten;
- durch Aufwendungen für einen Personenschaden entstanden sind;
- durch eine marktübliche Einbruchdiebstahl-, Elektronik- oder Feuerversicherung versicherbar sind oder für die der Versicherungsnehmer aus einem anderen Versicherungsvertrag eine Entschädigung verlangen kann;
- von Vertrauenspersonen im Sinne von § 3 Ziff. 2 zwar vorsätzlich verursacht worden sind, aber ohne dass sich die betreffende Person selbst einen rechtswidrigen Vermögensvorteil zum Nachteil des Versicherungsnehmers verschafft hat. Erhöhte Bezüge (zB Gehalt, Tantiemen usw.) gelten nicht als rechtswidrig erlangter Vermögensvorteil;
- infolge einer gemeinschaftlichen Entscheidung der geschäftsführenden Organe, Aufsichtsorgane oder beratenden Organe des Versicherungsnehmers entstanden sind;
- durch Krieg, kriegerische Ereignisse, innere Unruhen, Verfügungen von hoher Hand, höhere Gewalt, Kernenergie oder durch Umwelteinwirkungen im Sinne des Umwelthaftungsgesetzes oder Wasserhaushaltsgesetzes mitverursacht worden sind.

193 **Beispiel 2:**

Vom Versicherungsschutz ausgeschlossen sind

a) Schäden, die vor dem im Versicherungsschein festgesetzten Zeitpunkt verursacht wurden, oder Schäden bei neu hinzukommenden Tochterunternehmen, welche früher als ein Jahr vor ihrem Einschluss, aber niemals früher als zu dem im Versicherungsschein festgesetzten Zeitpunkt, verursacht wurden;

b) Schäden, die erst nach Vertragsbeendigung angezeigt werden, sofern zwischen der Verursachung des Schadens und der Anzeige mehr als zwei Jahre liegen;

c) Schäden durch Vertrauenspersonen, die später als 30 Tage nach Verlust ihrer Eigenschaft als Vertrauensperson durch diese verursacht wurden;

d) mittelbare Schäden, Folgeschäden, Vermögensnachteile durch die Verwirkung von Vertragsstrafen und entgangenen Gewinn;

e) Schäden am Vermögen als Folge von Irrtümern oder Unterlassungen durch Vertrauenspersonen, es sei denn, sie stehen im Zusammenhang mit der Realisierung eines Betruges oder begünstigen einen solchen;

f) Schäden am Vermögen durch Vertrauenspersonen, die Tatbestände im Sinne von Ziffer I. dieser Bedingungen bereits früher verwirklicht hatten, sofern der Versicherte hiervon bei Verursachung des Schadens Kenntnis hatte oder – bei Zugrundelegung der Sorgfalt eines ordentlichen Kaufmanns – hätte haben müssen;

g) Schäden am Vermögen als Folge von Terrorismus, Krieg, kriegerischen Ereignissen, inneren Unruhen oder direkter oder indirekter Wirkung von Explosionen, Kernenergie oder Erdbeben;

h) Schäden, die nach dem Grundbedingungswerk der Feuer- und Leitungswasser-Versicherung versicherbar sind;

i) Schäden am Vermögen als Folge einer Nötigung oder Erpressung, sofern die Nötigungs- oder Erpressungshandlung außerhalb des Betriebsgeländes begangen wurde und der Vermögensverlust infolge der Erpressung außerhalb des Betriebsgeländes eingetreten ist;

j) Schäden am Vermögen als Folge der Verbreitung von vertraulichen Informationen oder Geschäftsgeheimnissen;

k) Schäden, soweit aufgrund des Schadens ein werthaltiger Schadenersatzanspruch gegen einen Dritten besteht;

l) Ausgeschlossen sind Schäden ohne die erkennbare Absicht des Handelnden, sich zu bereichern, soweit sie durch die Abweichung von einer Weisung oder die Überschreitung einer Vollmacht verursacht wurden und im Zusammenhang mit Geschäften mit Devisen, Edelmetallen, Wertpapieren, Futures oder Derivaten etc. oder der Gewährung von Krediten stehen. Keine Bereicherungsabsicht stellt der Wille zur Erlangung eines erhöhten erfolgsabhängigen Arbeitsentgeltes (Prämien, Tantiemen o. ä. Zahlungen) dar.

Glossar

AA	Abk. für Auto Answer; befindet sich ein Modem auf diesem Modus, werden eingehende Anrufe automatisch entgegen genommen.
Abakus (Abacus)	Ein von der Antike bis ins 16. Jahrhundert benutztes Rechenbrett, auf dem die Zahlen mit Hilfe von Steinen dargestellt werden. Bei diesem Zählbrett werden Rechnungen durch Umlegen der Rechensteine, sog. Calculi ausgeführt. Mittels Verwendung eines Stellenwertsystems, wobei der Wert jedes Steines von seiner Lage bestimmt wird, ermöglicht es die Durchführung der vier Grundrechnungsarten.
Abandonware	Spielklassiker, die von den Herstellerfirmen nicht mehr vertrieben werden, für die aber noch Urheberschutz besteht. Trotzdem werden diese Spiele in verschiedenen Webpages zum gratis → Download angeboten.
ABR	Abk. für Area Border Router; → Router, der ein → Area mit einem → Backbone eines autonomen Systems verbindet.
Access	Eine Zugangsberechtigung zu einem Computer, einem Online-Dienst oder einer Mailbox. Meistens erfolgt der Zugang per Modem (→ PPP-Verbindung) über Telefonleitung zu einem Provider. Die Zugangskontrolle (Access Control) erfolgt durch einen Usernamen und ein Passwort.
Access-Provider	Ein Internet Access Provider (IAP) ist ein → ISP, der die technischen Voraussetzungen für den Zugriff zum Internet anbietet; dh., er ermöglicht dem Internetnutzer sich via → PoPs telefonisch in die Datenautobahn einzuwählen. Bietet ein Provider neben dem reinen Zugang zum Internet noch zusätzliche Leistungen an, so unterscheidet man je nach dem Leistungsumfang zwischen Internet Host Provider (IHP) und Internet Content Provider (ICP).
Account	Ein Konto bei einem Provider. Über einen Usernamen und ein Passwort hat man Zugang zum Internet.
Ad	Im Internet häufig gebrauchte Vorsilbe, die für Advertising – sprich Werbemaßnahmen – steht. Daraus entstanden Kunstbegriffe wie zB → AdMail.

AdMail	Werbemitteilungen, die dem Internetbenutzer per E-Mail zugestellt wird. Erfolgt die Werbung unaufgefordert, so bezeichnet man sie als Spamming oder Junk-Mail.
Administration	Der Administrator verfügt zur Administration eines Netzwerkes über ein eigenes Konto, das bei der Windows-NT-Installation automatisch errichtet wird. Nur er hat Zutritt zu diesem Konto und kann Zugriffsrechte erteilen, Ressourcen freigeben oder die Software verändern.
Adressbus	Verbindungsleitung zur Ansteuerung der Adressen im → Arbeitsspeicher. Die Leistungfähigkeit dieser „Datenautobahnen“ hängt von der Menge der gleichzeitig übertragbaren Informationen ab. Übliche Mikroprozessoren übertragen gleichzeitig 16, 32 oder 64 → Bit.
Adresse	Im IT-Bereich dient das Wort Adresse zur Bezeichnung von vier verschiedenen Arten von Adressen. Als → Hardware-Adresse, als → E-Mail-Adresse, als Internet-Adresse (→ IP-Adresse) und als → URL.
ADSL	Abk. für Asynchronous Digital Subscriber Line; neue Technik, die über bestehende Telefonleitungen unter Verwendung eigener Modems einen Datentransfer bis zu 8 Mbits/s zulässt.
AES	Abk. für Advanced Encryption Standard; Standard, der zur → Datenverschlüsselung einen Verschlüsselungsalgorithmus nutzt, bei dem gegenüber dem → DES eine längere Schlüssellänge (128 Bit) verwendet wird.
Akronyme	Häufig in E-Mails und Chat-Rooms gebrauchte Abkürzungen; zB „werdrot“ für „ich schäme mich“.
Akustikkoppler	Gerät zur → DFÜ über das Telefonnetz, wobei die elektrischen Signale des Computers mittels eines Lautsprechers in akustische Schwingungen umgesetzt werden. Umgekehrt werden durch ein Mikrofon eingehende akustische Schwingungen vom Akustikkoppler in elektrische Signale umgesetzt und an den Computer weitergeleitet. Obwohl durch Anlegen des Telefonhörers am Akustikkoppler eine Verbindung mit dem Netz einfach möglich ist, werden Akustikkoppler aufgrund ihrer geringen Übertragungskapazität heute durch Modems ersetzt.
Aladin	Suchmaschine zum Finden von Informationen und Websites im WWW. Sie finden sie unter: http://www.aladin.de

Algorithmus — A. ist abgeleitet aus der arab. Bezeichnung für Mathematiker: Ibn Musa Al-Chwarismi. Präzise formulierte Verarbeitungsvorschrift, durch die eine vorgegebene Aufgabe gelöst werden kann. Die einfachsten Algorithmen sind Rechenregeln wie a+b=c. In der EDV bezeichnet Algorithmus eine Anleitung zur Lösung einer (auch nichtmathematischen) Aufgabe. Daher lassen Algorithmen durch eine mathematisch exakt definierte Maschine oder durch ein Programm beschreiben, die die absolut eindeutige Formulierung des Algorithmus schrittweise nachvollziehen. Algorithmen werden daneben auch benutzt, um Daten zu ver- bzw. entschlüsseln. Siehe auch → Datenverschlüsselung.

Alphanumerisch — Datentyp, der sämtliche Zeichen (Buchstaben, Zahlen oder Satzzeichen) zulässt. Bei einem numerischen Datentyp sind dagegen nur Ziffern, ein Vorzeichen (+/-), Dezimalzeichen und Exponentialzeichen erlaubt. Nur der numerische Datentyp erlaubt die Durchführung von Rechenoperationen.

Alpha-Version — Vorabversion einer Software, bei der noch nicht alle geplanten Neuerungen umgesetzt sind. Vgl. auch → Beta-Version.

Alta Vista — Suchmaschine im → WWW. Sie finden sie unter: http://www.altavista.com

AMD — Advanced Micro Devices Inc.; 1969 gegründete Firma in Sunnyvale, Kalifornien. AMD erzeugt wie Intel → Mikroprozessoren. Die heute produzierten AMD Athlon Prozessoren leisten mehr als 1000 MHz.
Sie finden mehr Informationen über AMD unter: http://www.amd.com

Analog — Kontinuierlich, stetig veränderbar; bei der analogen Sprachübertragung (herkömmliche Telefone) werden akustische Schwingungen in analoge elektrische Signale (elektromagnetische Schwingungen) umgewandelt. Dabei können die Werte innerhalb einer Bandbreite eine beliebige Größe annehmen. Im Gegensatz zu analogen Signalen werden Daten in einem → Computer durch diskrete Zustände von Elementen (dh. Zustände, die nicht stetig veränderbare Werte annehmen können) dargestellt. Deshalb müssen digitale Daten eines Computers, welche über herkömmliche Telefonleitung gesendet werden, in analoge Signale mittels eines Gerätes (Modem) umgesetzt werden.

ANSI — American National Standard Institut; das ANSI ist das nationale Institut für Normung. Obwohl die von ihm herausgegebenen Normen nur einen Empfehlungscharakter haben, werden die A.-Normen in USA als allgemein bindend anerkannt und führen so zur Vereinheitlichng von technischen Vorrichtungen und Verfahren. Daher sind diese Normen besonders im Bereich der Datenverarbeitung aufgrund der Lukrativität des amerikanischen Marktes auch für nichtamerikanische Produzenten von großer Bedeutung. Vgl. etwa → ANSI-Code.
Unter www.ansi.org können einige Normen abgefragt werden.

ANSI-Code — Von → ANSI genormte Zuordnungsregel, welche die Darstellung von Zeichen in Form von → binären Zahlen ermöglicht. Vgl. auch den → ASCII-Code.

ANSI-Datei — Nur Text-Datei; Datei, die nur Zeichen aus dem → ANSI-Zeichensatz enthielt.

ANSI-Zeichensatz — Von → ANSI genormter Satz aus 256 Zeichen, wobei jedem Zeichen eine eindeutige Zahl zwischen 0 und 255 zugewiesen ist, die zur Codierung des Zeichens dient. Windows und Windows-Programme verwenden zur Zeichendarstellung den ANSI-Zeichensatz, andere Programme hingegen häufig den → ASCII-Zeichensatz. Die Nummern 32 bis 127 des ANSI-Zeichensatzes sind mit dem ASCII-Zeichensatz identisch.

AOL — Abk. für America OnLine; kommerzieller internationaler Online-Diensteanbieter, der 1985 von American Online Inc. gegründet wurde. Sitz in Dulles, Virginia. Einer der weltgrößten Anbieter von interaktiven Diensten. 1997 übernahm AOL CompuServe und 1998 Netscape. Ende 2000 hatte AOL 24,5 Millionen Mitglieder. Die Bertelsmann AG ist an den in Europa tätigen Teilen von AOL, CompuServe und Netscape Online Services zu 50% beteiligt. Die Konzerne Mitsui & Co und Nihon Keizai Shimbun (Nikkei) halten 40 bzw. 10% von AOL Japan. Ende 2000 plante AOL einen Online-Dienst in Brasilien, Mexiko und Argentinien. Der Zugang kostet ca. DM 10/Monat, darin sind 2 Freistunden enthalten. Für jede weitere Minute werden 10 Pfennig verrechnet. Mehr Informationen sind unter : http://www.corp.aol.com oder http://www.aol.com abrufbar.

APNIC — The Asia Pacific Network Information Center; APNIC ist für die Verwaltung und Registrierung von → IP-

	Adressen in der Asien-Pazifik-Region einschl. Korea, China und Australien verantwortlich. Siehe auch → NIC.
Apple	1986 gegründeter amerikanischer Computerhersteller. Mit der Rechnerfamilie MacIntosh gelang Apple ein professioneller Rechner, der besonders im Desktop-Publishing-Bereich gerne verwendet wird. Mehr Information bietet Apple unter: http://www.apple.com
Application Sharing	Das Zugreifen auf ein Anwendungsprogramm im Netz, welches nicht am eigenen Terminal, sondern auf einem zentralen Computer gespeichert ist. Dies ermöglicht es, dass mehrere Nutzer zB während einer Videokonferenz gleichzeitig auf einer Datei dieselbe Anwendung durchführen und so gemeinsam ein Dokument betrachten (joint viewing) oder bearbeiten (joint editing).
Applikation	Synonym für Anwendungsprogramm; derjenige Teil der Software, der unmittelbar der Lösung betrieblicher und privater Aufgaben dient. Microsoft vertreibt unter dem Office 2000 verschiedene Applikationen wie zB das Textverarbeitungsprogramm Word zur Erstellung von Dokumenten, das Präsentationsprogramm Power Point oder das Tabellenkalkulationsprogramm Excel.
Arbeitsspeicher	Ein Speicher ist nach → DIN eine Funktionseinheit eines Rechensystems, die Daten aufnimmt, aufbewahrt und abgibt. Der Arbeitsspeicher ist als solcher Bestandteil des Hauptspeichers in einem PC und ermöglicht der → CPU durch eine genaue Adressierbarkeit der Speicherzellen einen schnellen Zugriff oder ein schnelles Ablegen neuer Inhalte (Operand). Beim Speichern neuer Daten auf einer Speicherzelle wird der vorherige Inhalt gelöscht. Arbeitsspeicher bestehen aus → Halbleitern. In der Computerindustrie wird dafür primär Silicium verwendet.
Architektur	Aufbau und Struktur von Datenverarbeitungssystemen, wie zB eines Netzwerkes. Dazu gehören etwa die Art der internen Speicherung, die Steuerung und die Datenübertragungswege.
Area	Teilsystem eines autonomen Systems; es gibt drei verschiedene Arten von Areas. Das → Backbone (kennt jeden → ABR, ist mit allen Areas verbunden), Sub Area (nur eine Verbindung zum Backbone) und Trans Area (mind. zwei Verbindungen zu einem Backbone).

ARPA	Abk. für Advanced Research Project Agency; ARPA ist ein Teil des Department of Defence. ARPA beschäftigt sich mit der Entwicklung neuer Technologien im militärischen Bereich.Von dieser Gruppe von jungen Computerspezialisten wurde das → ArpaNet, der Vorläufer des → Internet entwickelt.
ArpaNet	Computernetzwerk, das 1969 in Betrieb genommen wurde. Auftraggeber war das US-Verteidigungsministerium. Das ArpaNet sollte im Falle eines atomaren Angriffes die militärische Kommunikation aufrechterhalten. Das ArpaNet ist der Vorläufer des heutigen → Internet.
ASCII	Abk. für American Standard Code for Information Interchange. Standartisierter 7-Bit-Zeichensatz, mit dem insgesamt 128 Zeichen (Buchstaben a–z in Groß- und Kleinschreibung, die Ziffern 0–9 sowie Interpunktions- und Sonderzeichen) definiert werden. Dabei ist eine Zahl von 0–128 jeweils einem Zeichen zugeordnet. Die von IBM entwickelte erweiterte ASCII-Tabelle enthält 255 Zeichen. 256 Zeichen sind durch je eine 8-stellige Binärzahl kodiert. Per Tastenkombination (Alt)+(Ziffer) können Funktionen und Zeichen erzeugt werden. (Alt)+(6) und (5) entspricht dem Buchstaben A.
Assembler	Engl. to assemble = montieren; Bezeichnung für eine maschinenorientierte Programmiersprache. Ein Assembler-Programm ist auf einem Computer noch nicht direkt ausführbar. Dazu muss es erst in ein entsprechendes Maschinenprogramm übersetzt werden. Ein Programm, das dies automatisch durchführt, bezeichnet man als Assemblierer.
Assistent	Auch „Wizards" genannt sind Dienstprogramme, die den Anwender bei komplexen Abläufen, zB der Erstellung einer Hompage, unterstützen.
Asterisk	Bezeichnung für das Zeichen „*". Wird bei Suchmaschinen oft als Platzhalter (Wildcard) verwendet. Eine Wildcard steht für unbekannte Zeichen, zB bei der Eingabe von Inter* sucht die Suchmaschine nach allen möglichen Endungen in Verbindung mit Inter und den dazugehörigen Eintragungen.
Asymmetrische Datenverschlüsselung	Auch Public-Key-Verfahren; siehe unter → Datenverschlüsselung.

ATM Abk. für Asynchronous Transfer Mode; einer der neuen → B-ISDN- und Cell Relay Netzwerk-Standards. ATM ist ein paketorientierter asynchroner Übertragungsmodus für Netzwerke, die hohe Datenübertragungsgeschwindigkeiten (1,54 MBit/s bis 1,2 GBit/s) zulassen. Die → ITU hat ATM als Grundlage für zukünftige Breitbandnetze ausgewählt.

Attachment Bezeichnung für eine Datei, die an eine → E-Mail in einem beliebigen Format angehängt wird.

Attribut Durch ein Attribut wird eine besondere Eigenschaft einer Datei oder von Datensätzen uÄ beschrieben, um deren Merkmale, zB schreibgeschützt, eindeutig darzustellen.

Audio on Demand Audiodaten (Musik, Sound) können auf Abruf meist gegen Entgelt via Internet auf den eigenen PC geladen werden. Vgl. http://www.audio-ondemand.de

Auflösung Text und Bilder werden am Monitor durch eine Vielzahl von Bildpunkten dargestellt. Je mehr Bildpunkte je Bildfläche, desto exakter ist die Darstellung und desto höher die Auflösung. Die Angabe erfolgt in dpi (dots per inch – Punkte pro Zoll; 1 Zoll = 2,54 cm). Die Anzahl der Bildpunkte, die eine Grafikkarte gleichzeitig darstellen kann, bzw. die Anzahl der Bildpunkte auf dem Bildschirm in waagrechter mal senkrechter Richtung ergibt die Auflösung. Je größer die Anzahl der Bildpunkte, desto besser wird die Bildqualität. Bei einem 17-Zoll(43 cm)-Monitor sind zB 1024 mal 768 Bildpunkte üblich. Eine hohe Bildauflösung ist besonders bei der Bearbeitung von digitalen Fotographien erforderlich.

Autoexec Abk. für auto-execute; Bezeichnung in Anwendungsprogrammen und → Betriebssystemen für ein Makro oder eine Stapeldatei. Die in ihnen festgelegten Schritte und Befehle werden nach dem Start des Rechners automatisch abgearbeitet. Im → Betriebssystem DOS heißt diese Stapeldatei autoexec.bat (autoexecute batch file).

B-ISDN Auf → ATM Technologie basierendes → ISDN mit einer Übertragungsrate von 155 MBit/s.

B2B Auch B-to-B; Abkürzung für Business-to-Business. B2B ist ein Begriff aus dem E-Commerce und bezeichnet die geschäftliche Tätigkeit zwischen Unternehmern, im Unterschied zu → B2C.

B2C – Auch B-to-C; Der Begriff Business-to-Consumer stammt aus dem E-Commerce und bezeichnet die geschäftlichen Tätigkeiten zwischen Unternehmern und Endverbrauchern, im Gegensatz zu → B2B.

Babbage, Charles – Engl. Mathematiker (1792–1871), konzipierte die erste programmgesteuerte Rechenmaschine. Die „analytische Maschine“, wie B. seine Erfindung nannte, sollte mittels eines lochkartenähnlichen Systems bis zu 100 vierstellige Zahlen speichern und bearbeiten. Aus technischen Gründen konnte er seine Pläne aber nicht verwirklichen.

Backbone – Das B. ist das Rückgrat eines Hauptnetzwerkes und verbindet als solches mittels Hochgeschwindigkeitsleitungen mehrere → LANs zu einem Netzverbund. Das europäische Internet-Backbone heißt Ebone.

Backup – 1. Datensicherung, Kopieren der Daten auf einen anderen Datenträger, um bei einem notwendigen Auswechseln der Festplatte Dateien nicht zu verlieren.
2. MS-DOS-Befehl zur Datensicherung.

Bandbreite – Begriff, der die Leistungsfähigkeit eines Datenübertragungsweges bzw. einen nutzbaren Frequenzbereich angibt. Die Übertragungsgeschwindigkeit wird in → Byte/s gemessen. Die B. ist also die Differenz zwischen einer oberen und unteren Grenze einer elektrischen Frequenz oder optischen Wellenlänge. Während herkömmliche Übertragungssysteme mit einem schmalbandigen Medium operieren und daher nur eine relativ geringe Datenmenge übertragen können (zB ermöglichen herkömmliche Analogleitungen nur die Übertragung von 9600 Bit/s), kann via Glasfaserleitung aufgrund der großen Bandbreite eine Datenmenge von einigen → GigaBytes pro Sekunde übertragen werden.

Bandwidth on Demand – Methode der flexiblen Bandbreitenzuweisung zu bestimmten Anschlüssen eines digitalen Kommunikationsnetzes, je nach Bedarf des Nutzers.

Banner – Graphische Werbeanzeiger auf einer Webpage, die einen direkten → Link zur Seite des Werbetreibenden beinhaltet. Die Aufrufe dieser Banner können protokolliert werden. Anhand der Anzahl der Aufrufe (AdClicks) kann das Unternehmen die Werbewirksamkeit seiner → Website ermitteln.

Banner-Rotation	Technik, um auf einer bereits aufgerufenen Webpage → Banner dynamisch auszutauschen. Durch den Befehl eines → Browsers wird die dargestellte → Webside inklusive des Banners neu aufgebaut, dh. refreshed. Siehe auch → Bannertausch.
Bannerkiller	Programm zum Herausfiltern von unerwünschten → Bannern. Ein solches Programm ist für nicht-kommerzielle Anwender kostenlos unter : http://www.webwasher.com erhältlich.
Bannertausch	Ähnlich wie bei der → Banner-Rotation werden auch hier Banner auf Webpages dynamisch angezeigt. Beim Bannertausch sind aber mehrere Webpages mittels → Link zusammengeschlossen, um jeweils auch auf das Angebot eines anderen Unternehmers aufmerksam zu machen.
BASIC	Abk. für Beginner's All-purpose Symbolic Instruction Code; maschinennahe Programmiersprache, die 1969 in den USA entwickelt wurde. Als symbolischer Allzweck-Anweisungscode leicht zu erlernende Programmiersprache.
Batchdatei	Stapeldatei; die Folge von automatisch abzuarbeitenden Kommandos. Der Befehlsstapel wird bis zu einem bestimmten Datenzeichen abgearbeitet.
Baud	Schritt pro Sekunde (Bd); Maßeinheit der pro Sekunde stattfindenden Signalwechsel; nach dem Techniker E. Baudot (1845–1903) benannt. Werden binäre Signale übertragen, so stimmt die Schrittgeschwindigkeit mit der Datenübertragungsrate überein und es gilt 1 Baud = 1 bps = 1 Bit/s.
BBS	Abk. für Bulletin Board System; öffentliche oder private E-Mail-Service; Bezeichnung für einen online geschalteten → Server; der über → DFÜ zwecks Informationsaustausch von anderen Rechnern via Modem oder Akustikkoppler angewählt werden kann. Triviale Bezeichnung dafür ist → Mailbox.
BDA	Bundes-Daten-Autobahn; Zusammenschluss regionaler → Datenautobahnen, die wiederum von regionalen und überregionalen Providern in Deutschland betrieben werden.
Benefitting	Gratis Zurverfügungstellung von einer Leistung zu Werbezwecken; etwa freier Internetzugang, mit Werbeeinblendungen; kostenloser E-Mail-Dienst mit Newsletter diverser Firmen.

Berners-Lee, Tim	Informatiker; entwickelte zusammen mit → Cailliau Anfang der neunziger Jahre am → CERN das → WWW.
Beta-Version	Version einer Software, die vor dem Verkauf an bestimmte Personen verteilt wird, um über Rückmeldungen eventuelle Fehler noch zu beheben.
Betriebsart	Bezeichnung für die Art und Weise, in der eine Rechenanlage Aufträge bearbeitet. Die wichtigsten Betriebsarten sind: 1. Batchbetrieb: Der vollständig definierte Auftrag wird der Rechenmaschine zur Bearbeitung übergeben. Es besteht keine Möglichkeit, nach Eingabe auf den Ablauf des Auftrages einzuwirken. 2. Dialogbetrieb: Eine große Anzahl von Benutzern ist direkt mit der Rechenanlage verbunden und gibt mehr oder weniger gleichzeitig in schneller Folge kurze Teilaufträge an den Rechner. Dieser verarbeitet die Teilaufträge in der Reihenfolge ihres Eingangs. Die Form des Gesamtauftrages kann vom Benutzer interaktiv ständig verändert werden (Zentralbuchungen bei Banken). 3. Realzeitbetrieb : Die Berechnung eines Auftrages muss in Echtzeit (dh. im Millisekundenbreich) erfolgen. Eingesetzt wird diese Betriebsart zur Lösung von Meß- und Regelungsaufgaben (zB Verkehrsregelung durch Ampelzählung). 4. Multi-Tasking-Betrieb : Die Rechenanlage verarbeitet scheinbar gleichzeitig mehrere Programme. Meist sind die Programme nach Prioritäten geordnet und im Speicher festen Bereichen (partitions) zugeordnet. 5. Time-Sharing-Betrieb: Die Rechenanlage wird von verschiedenen Nutzern gleichzeitig genutzt. Die einzelnen Aufträge werden vom Betriebssystem als Prozesse angesehen und die Rechenzeit den einzelnen Aufträgen scheibchenweise zugeteilt.
Betriebsmittel	Bezeichnung für alle Hard- und Softwarekomponenten eines Rechnersystems, die zur Ausführung von Programmen benötigt werden. Dazu gehören zB Speicher, Prozessor, Drucker, Datei. Die Zuteilung von Betriebsmitteln an die einzelnen Benutzerprogramme erfolgt durch das → Betriebssystem.
Betriebssystem	Auch Systemsoftware oder Operating System genannt; zusammenfassende Bezeichnung für alle Programme, die die Ausführung der Benutzerprogramme, die Verteilung der → Betriebsmittel auf die einzelnen Benut-

zerprogramme und die Aufrechterhaltung der → Betriebsart steuern und überwachen.

Bi-Modem
: Modernes, leistungsfähiges → Übertragungsprotokoll; B. ermöglicht eine gleichzeitige Datenübertragung in beide Richtungen. Vgl. auch das Übertragungsprotokoll → Zmodem.

bidirektional
: Bezeichnung für Schnittstellen bzw. Leitungssysteme, die eine Übertragung in beide Richtungen zulassen.

binär
: Engl. binary; ein Element heißt binär, wenn es nur zwei sich gegenseitig ausschließende Zustände annehmen kann (0 und 1). Beispiele für binäre Elemente sind zB Schalter (ein/aus) oder Magnetkerne (rechts- oder links magnetisiert). Rechner bestehen in ihren wesentlichen Bestandteilen aus elektronischen Bauelementen, die jeweils nur zwei Zustände annehmen können. So besteht in einem → Halbleiter positive oder negative Spannung. Bei Magnetspeichern besteht entweder ein Magnetfeld oder nicht, bzw. es besteht ein nord- oder südgerichtetes Magnetfeld. Diesen physikalischen Formen ist gemeinsam, dass sie in sehr kurzen Zeitintervallen jeweils die entgegengesetzte Form annehmen können. Elektrische und magnetische Felder bzw. Licht (bei optischen Speichern) können Zustände mit einer Geschwindigkeit bis zu 300.000 km/s verändern. Daraus ergibt sich die schnelle Geschwindigkeit von Rechnern. Zur Bearbeitung von Daten müssen diese in für den Rechner bearbeitbare binäre Werte umgewandelt werden. Dies geschieht durch einen → Binärcode bzw. durch binäre Verschlüsselung.

Binärcode
: Auch binäre Verschlüsselung; zur rechnerinternen Bearbeitung von Zeichen müssen diese durch Kombinationen von Binärzeichen dargestellt werden. Die Grundlage eines Binärcodes ist das → Bit, dessen Inhalt entweder eine → binäre Null oder eine binäre Eins sein kann. Zur Darstellung eines Zeichens wird heute eine Einheit von 8 Bits (ein Byte) verwendet. Im → ASCII (amerik. Normcode) wird zB der Buchstabe A durch die Bitkombination 10100001 dargestellt. Auf diese Weise lassen sich im ASCII 256 Zeichen darstellen. Da jede Speicherzelle den Wert 0 oder 1 annehmen kann, ergeben sich aus der „achtstelligen Bitkombination" 2 hoch 8 = 256 Möglichkeiten. Je nach Art der Daten kann ein und dasselbe → Byte aufgrund seines Zahlenwertes als Textzeichen, als Bildpunkt einer Gra-

	fik oder als Computerbefehl (Steuerungsbefehl) interpretiert werden.
BIOS	Abk. für Basic Input/Output System; fest im → ROM oder → EEPROM gespeichertes Programm, das die grundlegende Konfiguration des Computers enthält. Beim „Booten“ (Hochstarten) des Rechners werden von BIOS die Hardware und die Systemdateien überprüft und der Computer betriebsbereit gemacht.
Bit	Kunstwort aus binary digit; Bezeichnung für die kleinste Darstellungseinheit für Daten in → binärer Zahlendarstellung. Ein Bit kann die Werte binär 0 und 1 annehmen. Die Zusammenfassung von 8 Bit heißt Byte. Die häufig bei Hardwarebestandteilen, v.a. bei Prozessoren, angegebenen Leistungsangaben in 16, 32 oder 64 Bit bezeichnen die Bitmenge, die in einem Durchgang bearbeitet bzw. übertragen werden kann.
Bitmap	Zerlegt man eine Bilddatei in Zeilen und Spalten, erhält man eine Rastergrafik. Jeder Punkt wird mit seiner Farbinformation als Bitfolge gespeichert. Das gleichnamige Dateiformat (Dateien vom Typ *.BMP) erlaubt aber keine → Kompression. Daher werden Grafiken im → GIF- oder → JPEG Format gespeichert.
Bluebox	Illegale Hardware-Einrichtung, mit der sich → DFÜ und gewöhnliche Telefongespräche führen lassen, ohne dass Telefongebühren anfallen. Die erste solche Hardware war in einer blauen Box und gab der Hardware den Namen.
BMPT	Das Bundesministerium für Post und Telekommunikation wurde durch die Liberalisierung des Telekommunikationsmarktes am 1. 1. 1998 aufgelöst und durch eine → Regulierungsbehörde abgelöst.
BND	Dt. Bundesnachrichtendienst
Bookmark	Dt.: Lesezeichen; durch Markieren der → Internet-Adresse (URL) einer aufgerufenen → Website wird diese mit Hilfe des → Browsers gespeichert. Dieser ermöglicht das nächste Mal einen Aufruf ohne Suche. Microsoft nennt im Internet Explorer seine Bookmarks „Favoriten“.
Bookware	Kunstwort aus Book und Software; Software, die gemeinsam mit dem Buch ausgeliefert wird.

Boole, George	B. entwickelte 1847 die „Algebra der Logik“, die Boole'sche Algebra mit den Operationen „und“, „oder“, „nicht“, „nicht oder“ und den Regeln „falsch“ und „wahr“. Dadurch wurde es möglich, Schaltkreise zu entwickeln, die allein aus der Kombination von zwei Zuständen komplizierte Funktionen realisieren können. Bei Suchmaschinen werden diese Operatoren eingesetzt, um mehrere Suchbegriffe zu einer detaillierten Suchvorschrift zusammenzusetzen.
Breitband-ISDN	Siehe → B-ISDN.
Bridges	Eine B. verbindet verschiedene → LANs miteinander. Dabei arbeitet die B. auf der 2. Schicht des → OSI-Schichtenmodells. Die Übertragung ist daher unabhängig von den Protokollen der Transportschicht und kann daher Datenpakete weiterleiten, die auf verschiedenen Protokollen beruhen, zB TCP (→ TCP/IP) und → IPX.
Brodie, Richard	B. ist Autor des Textprogramms MS-WORD.
Browser, Browsing	Engl. to browse = schmökern; Bezeichnung für ein schnelles überblicksartiges Durchblättern von Dateien, Programmen und Systemkomponenten. Das Programm, das diese Tätigkeit unterstützt, nennt man Browser. Um im Internet „surfen“ zu können, ist ein Browser notwendig. Diese Basissoftware stellt die Verbindung zum → World Wide Web her und ermöglicht den Abruf von multimedialen Daten (Text, Bild, Musik etc.). Bekannte Browser sind der Netscape Communicator und der Microsoft Internet-Explorer. Mit → Plug-Ins lässt sich die Fähigkeit des Browsers erweitern.
BSI	Bundesamt für Sicherheit in der Informationstechnik; Internetadresse: http://www.bsi.bund.de
Btx	Abk. für Bildschirmtext; 1980 von der Deutschen Telekom AG eingeführter Informations- und Kommunikationsdienst. Der Begriff wurde durch T-Online ersetzt. Als Dienstleistungen werden im Btx zB → Home Banking, Home Shopping und Recherche in → Datenbanken angeboten.
Bug	Dt.: Wanze; Bezeichnung für Computer- bzw. Sofwarefehler. Bugs werden mittels eines „Debuggers“ behoben.
Bulk-Mail	Auch Spam; unerwünschte persönliche Werbe-E-Mail.

Bulk-Ware Unter B. versteht man EDV-Artikel, die nur minimal verpackt sind und meist ohne Zubehör ausgeliefert werden. Gegenüber herkömmlichen Versionen des Artikels ist B. bedeutend billiger.

Bus B. sind Sammelleitungen zur Datenübertragung zwischen mehreren Funktionseinheiten einer Rechenanlage.

Buttons Siehe → Banner. Der Unterschied zum Banner besteht darin, dass Banner großformatige Werbeschaltungen auf einem HTML-Dokument im Internet sind, während als Buttons kleinformatige Werbeanzeigen verstanden werden.

Byte Ein Datenblock aus acht → Bit bildet ein Byte. Byte werden auch als Maß der Speicherkapazität einer Rechenanlage verwendet. Ein KByte (KB) sind 1024 Byte, ein MByte (MB) 1.048.576 und ein GByte (GB) 1.073.741.824 Byte. Jede Dezimalziffer lässt sich durch ein Byte darstellen.

C2-Sicherheitsrichtlinie Von der US-Regierung festgelegter Sicherheitsstandard, welcher als Grundstandard beim Erwerb von Software vorausgesetzt wird. Bei C2 wird bei jedem Zugriff auf Ressourcen die Zugriffsberechtigung abgefragt. Es gibt mehrere Sicherheitsstandards (Aufzählung aufsteigend nach Höhe der Sicherheit D, C1, C2; B1, B2; B3 und A1). Diese gewährleisten jeweils einen unterschiedlichen Grad an Schutz vor Zugriff unberechtigter Personen. Einige Betriebssysteme für PCs erfüllen bereits C2.

CA Abk. für Certification Authority; dt.: Zertifizierungsstelle; die CA ist eine vertrauenswürdige Institution, die öffentliche Schlüssel beglaubigt, also Zertifikate ausstellt. Dazu werden die darin enthaltenen Informationen, insbesondere die Identität des Schlüsselinhabers, überprüft.

Cache C. ist von dem franz. Wort cacher abgeleitet und bedeutet so viel wie verbergen, verstecken. Der Cache ist ein Pufferspeicher, der aus einem schnelleren Speichermedium besteht und durch Zwischenspeicherung von Daten aus einem langsameren Speichermedium einen schnelleren Zugriff auf Daten ermöglicht. Der Prozessor-Cache ist dem → Arbeitsspeicher „vorgeschaltet" und ermöglicht so einen schnelleren Zugriff durch den Prozessor. Der Disk-Cache beschleunigt den Zugriff auf

Daten, die sonst von der Festplatte geholt werden müssten.

Cache-Provider Die Aufgabe des Cache-Providers besteht darin, die von einem Nutzer eingegebenen Informationen im Internet zu übermitteln. Dabei wird die Information weder verändert, noch erfolgt eine Speicherung über einen der reinen Übermittlung hinaus notwendigen Zeitraum. Vgl. auch → Access-Provider, → Host-Provider, → Content-Provider.

Cailliau, Robert C. entwickelte Anfang der 90er Jahre gemeinsam mit → Berners-Lee am → CERN das → WWW. Ein Informationssystem, das auf → Hypertext, einem Weg, um zusammengehörige, auf einem Computer gespeicherte Teile zu verbinden, basiert. Weitere Informationen können unter http://www.public.web.cern.ch/Public/ACHIEVEMENTS/history.html eingeholt werden.

Callback Service von Telekommunikationsfirmen, wobei der günstigste Verbindungstarif ausgenutzt wird. Ein C.-Kunde ruft einen Vermittlungscomputer an und legt sofort wieder auf. Nach Herstellung einer freien Verbindungsleitung ruft der Computer zurück, und der Kunde kann direkt über das Telekommunikationsunternehmen die gewünschte Verbindung durch Wahl der Telefonnummer herstellen.

Carrier Netzbetreiber, der → Telekommunikationsdienstleistungen Dritten gegen Entgelt zur Verfügung stellt.

CEPT Abk. für Conférence Européenne des Administrations des Postes et Télécommunications; Konferenz der Europäischen Post- und Fernmeldeverwaltung.

CERN Abk. für Conseil Européen pour la Recherche Nucléaire; Europäisches Kernforschungszentrum in Genf. Anfang der 90er Jahre haben Tim → Berners-Lee und Robert → Cailliau als Mitarbeiter des CERN das → WWW erfunden, welches auf → Hypertext basiert. NCSA sorgte für den Erfolg des Hypertext-Projekts des → CERN, indem es mit dem Programm Mosaic den ersten wichtigen → Web-Browser entwickelte. Zu diesem Zeitpunkt bestand das WWW aus etwa 50 → Servern. Die Weiterentwicklung des WWW erfolgte nach 1994 durch das → World Wide Web Consortium (W3C).
Mehr Informationen über CERN sind unter http://cern.ch/Public/ACHIEVEMENTS/history.html erhältlich.

Chat
Eine Online-Unterhaltung zweier oder mehrerer Anwender über Tastatur und Bildschirm in Echtzeit, dh. ohne nennenswerte Zeitverzögerung gegenüber der absoluten Zeit.

Chip
Bezeichnung für millimetergroße Blättchen aus dem → Halbleitermaterial Silizium, auf dem integrierte Schaltungen untergebracht sind. Dabei wird mit photomikroskopischer Projektion der gewünschte Aufbau auf ein Siliziumstück projiziert und mittels Ätzung, Aufdampfung oder ähnlicher Verfahren realisiert. Die Entfernungen zwischen Bauelementen oder Leitungen betragen weniger als 1/5000 Millimeter. Die Verwendung im Computer erklärt einerseits die hohe Speicherkapazität und andererseits den schnellen Zugriff auf die gespeicherten Daten. Man unterscheidet logische Chips (Steuerchips, die Festprogramme für immer gleiche Abläufe enthalten) und Speicherchips, auf denen beliebige Programme oder Daten gespeichert und wieder gelöscht werden können.

Chipkarte
Ausweiskarte mit einem integrierten → Mikroprozessor.

Click&Pay-System
System zur Vereinfachung des Zahlungsverkehrs bei online bestellten Waren. Dabei wird mit der Bestellung einer Ware die Mobilfunk-Rufnummer mit übertragen. Vor Lieferung fragt der Verkäufer beim Netzbetreiber nach. Dieser lässt sich den Kauf beim Teilnehmer mittels Eingabe der → PIN bestätigen. Die Verrechnung erfolgt über den Mobilfunkbetreiber.

Client
Wörtl. Kunde; Gegenstück zu → Server. Ein Computersystem oder Programm, das einen Dienst von einem anderen Computersystem oder Programm anfordert. Eine Arbeitsstation, welche den Inhalt einer Datei von einem → Server anfordert, ist ein Client zu diesem Server. Bei einem → Online-Dienst wird jener Computer als C. bezeichnet, der mit dem Informationsdienst Verbindung aufnimmt, um Dienstleistungen anzufordern. Die Dienstleistung kann zB aus der Bereitstellung von Dateien zum → Download oder aus einer Recherche in → Datenbanken bestehen.

Client-Server-Modell
Mehrere → Clients sind mit einem oder mehreren Servern zu einem Netzwerk zusammengeschlossen. Dabei können auf dem Server Dateien oder Programme gespeichert sein, auf die die einzelnen Arbeitsstationen (Clients) bei Bedarf zugreifen können.

Client-Server-Netzwerk

Netzwerk, das aus mindestens einem Server und aus einem oder mehreren → Clients besteht. Die Clients können dabei als unabhängige Rechner fungieren und Dienste vom Server anfordern. Beim → Peer to Peer-Netzwerk sind alle angeschlossenen Arbeitsstationen gleichwertig, es gibt keinen Server.

Client-Server-Software

Eine Software, die ein Verteilungssystem unterstützt, in dem die Software sowohl Server- als auch Client-Aufträge erfüllt. Ein → Client sendet Anforderungen an einen → Server, welche mit einem gewissen Protokoll übereinstimmen, um vom Server Informationen oder Aktionen zu erhalten und der Server antwortet. Dieses Verhältnis ist vergleichbar mit einem Käufer (Client), der einen Auftrag (Anforderung) auf einem Auftragsformular zu einem Verkäufer (Server) sendet, der die geforderten Güter versendet und in Rechnung (Antwort) stellt. Das Auftragsformular und die Rechnung sind Teil des Protokolles. Dieses System ermöglicht eine unabhängige Positionierung des Clients und des Servers auf Rechnern in einem Netzwerk, möglicherweise auf verschiedener Hardware und verschiedenen Betriebssystemen.

CompuServe

Vollst. Name: CompuServe Information Service Inc.; C. ist ein → Online-Dienst mit über 3 Millionen Teilnehmern. C. bietet die Dienste eines → Access-, Host-, → Content-Providers den → Usern an. Mit C. kann man gleichzeitig im Netz von C. und auch im Internet surfen. Bis zum Siegeszug des Internets war C. sehr erfolgreich, da viele Dienste nur im eigenen Netz angeboten wurden. Seit 1995 hat die Bedeutung von C. stark abgenommen. 1997 wurde C. von der amerik. Telefongesellschaft WorldCom aufgekauft. Später wurden Teilbereiche (Abonnenten, Inhalte und Software), an → AOL weiterverkauft.

Computer

Kunstwort aus rechnen, berechnen (engl. to compute). Ein Computer ist ein Digitalrechner, der mit Hilfe zweier diskreter, strikt unterscheidbarer Signale (0 und 1) digitale Werte verarbeitet. Alle Daten und Programme werden rechnerintern als Folgen von 0 und 1 verschlüsselt und nach Bearbeitung wieder umgewandelt.

Computervirus

Ein Programm, das sich selbständig in bestehende Dateien kopiert oder auf andere Weise verbreitet. Beim Abruf der infizierten Datei oder des infizierten Programmes wird der C. abgearbeitet, dh. in den Arbeitsspeicher geladen und fortan auf alle aufgerufenen Programme übertragen. Ein C. besteht meistens aus drei Programmteilen; dem Teil, der Anweisungen für eine selbständige Reproduktion auf anderen Dateien enthält, dem Teil, der aufgrund einer bestimmten erfüllten Bedingung (zB ein Datum) aktiviert wird und dem dritten Teil, dem so genannten „Kern". Der „Kern" führt dann die eigentlich ungewünschte Veränderung (etwa Löschung oder Veränderung von Daten) aus.

Content-Provider – Bietet ein Diensteanbieter im Internet oder in → Online-Diensten neben möglichen anderen Diensten auch eigene Informationen (zB → Datenbanken, Nachrichten) an, so spricht man von einem Content-Provider. Vgl. zum Unterschied auch → Host-Provider und → Access-Provider.

Country Code Domains – Siehe unter → DNS.

CPU – Abk. für Central Processing Unit; der Teil des Computers, in dem die Daten verarbeitet werden. Die CPU steuert alle wesentlichen Funktionen des Computers, innerhalb deren die Rechenarbeit geleistet wird. Sie steuert die Ein- und Ausgabe der Daten an einen externen Speicher, den Programmablauf im Arbeitsspeicher etc.

CRL – Abk. für Certifikate Revocation List; eine CRL wird von einem Trustcenter bereitgehalten, um jedermann die Möglichkeit zu geben, sich über die Gültigkeit eines Zertifikats zu informieren. Siehe zu diesem Thema auch unter → Digitale Signatur.

CRM – Siehe → ERM.

Custom Software – Software, die speziell für den Kunden entwickelt und programmiert wird. Vgl. → PSA.

Cyberspace – Der Begriff C. wurde vom Science-Fiction-Autor William Gibson in seinem Roman „Neuromancer" (1984) geprägt. Darin bezeichnet C. ein riesiges Computernetzwerk, in das sich Menschen mit ihren Sinnen begeben können. Dabei tritt der Mensch mit der virtuellen Welt mittels Helm (Bild- und Tonübertragung) und Datenhandschuh (Tast- und Bewegungsübertragung) in Kontakt.

Data Warehouse – Eine Datenbank, welche speziell zur Unterstützung der Entscheidungsfindung in einem Unternehmen eingerichtet wurde. Sie kann aufgrund der in ihr erhaltenen Datenmenge die verschiedensten Analysen unterstützen.

Datacenter

Ein D. ist eine Abteilung, die Computersysteme und Zubehör, meist auch Datenbanken beherbergt.

Datenautobahn

Siehe → Informations-Highway.

Datenbank

Eine Sammlung von Werken, Daten oder anderen (unabhängigen) Elementen, die systematisch oder mechanisch angeordnet sind und einzeln mit elektronischen Mitteln oder auf andere Weise zugänglich sind. Man unterscheidet das Anwendungsprogramm, das zur Verwaltung und zum Abruf der Daten dient, und den Datenbestand selbst. Ein Datenbestand besteht wiederum aus Datensätzen, und diese setzen sich aus den einzelnen Datenfeldern zusammen. Datenbanken, deren Beschaffung, Überprüfung oder Darstellung eine nach Art oder Umfang wesentliche Investition erfordert, genießen sui generis Leistungsschutz. Stellt die Anordnung oder Auswahl der einzelnen Elemente eine persönliche geistige Schöpfung dar, so sind Datenbanken Datenbankwerke und wie Sammelwerke urheberrechtlich geschützt.

Datenverschlüsselung

Engl. Data Encryption; auch Kryptographie. Bei DV werden Daten mittels eines → Algorithmus in scheinbar sinnlose Informationen verwandelt, um eine unerlaubte Kenntnisnahme der Information zu verhindern. Erfolgt die Ver- und Entschlüsselung durch denselben Schlüssel, spricht man von einem symmetrischen Verfahren. Dieses Verfahren hat allerdings den Nachteil, dass der Schlüssel dem jeweiligen Empfänger auf geheimem Weg übermittelt werden muss. Um dieses Sicherheitsrisiko zu verhindern, verwendet man heute hauptsächlich ein asymmetrisches Verfahren (Public-Key-Verfahren). Dabei werden zwei verschiedene Schlüssel (Algorithmen) verwendet, die aber zusammenwirken, der Private Key und der Public Key. Während der öffentlich zugängliche Public Key E (für Encrypt) zur Verschlüsselung der Daten dient, können diese nur durch den geheimen Private Key D (für Decrypt) entschlüsselt werden. Daher kann E ohne Gefahr öffentlich zugänglich sein. Wenn also Alice an Bob eine geheime Nachricht übermitteln will, verschlüsselt sie diese mit dem öffentlichen Schlüssel von Bob. Nur Bob kann diese Nachricht mit seinem privaten Schlüssel entschlüsseln.
Siehe als Bsp. auch das → RSA-Verfahren.

Deep Link	D. ist ein Hyperlink (→ Link), der unter Umgehung der Homepage einer anderen → Website gleich auf eine tiefer liegende → Webside führt.
DENIC	Abk. für Deutsches Network Information Center; aufgrund einer vertraglichen Vereinbarung mit → IANA ist DENIC e.G. für die Domainnamensvergabe unterhalb der Top Level Domain „de" und allen dazugehörigen Tätigkeiten für hre Mitglieder zuständig. DENIC e.G. hat für die Erfüllung ihrer Aufgaben das Rechenzentrum der Universität Karlsruhe beauftragt. Dieses stellt den Betrieb des Primary Nameservers sowie die technische Abwicklung sicher. Die Anmeldung eines Domainnamens erfolgte früher direkt über DENIC e.G. Heute werden Anmeldungen nur mehr über ihre Mitglieder (→ ISP) durchgeführt. Derzeit sind 110 → ISPs Mitglied der DENIC und über 2 Mill. Domains enden auf „de".
DES	Abk. für Data Encryption Standard; ein Verschlüsselungsalgorithmus zur → Datenverschlüsselung, der mit einer Schlüssellänge von 56 Bit arbeitet. Dieser Standard ist heute wegen der möglichen Entschlüsselung durch Unberechtigte eher überholt. Als neuer Standard scheint sich → AES durchzusetzen.
DFÜ	Abk. für DatenFernÜbertragung; Übertragung von Daten über meist größere Distanzen. Üblicherweise wird damit der Datenaustausch über Telefonleitung via Modem oder ISDN-Adapter beschrieben.
Digitale Signatur	Auch digitale Unterschrift; Verfahren, mit dem die Echtheit (Integrität) und Herkunft (Authentizität) von per Internet übermittelten Daten sichergestellt werden soll. Dies geschieht durch asymmetrische → Datenverschlüsselung. Wenn zB Alice an Bob ein Dokument versenden will, so verwendet sie ihren Private Key, um die Daten zu signieren. Der Private Key erstellt unter Verwendung des Datensatzes eine digitale Signatur. Bob kann mittels des Public Key, welcher von Alice öffentlich hinterlegt wurde, die Authentizität und Integrität des Dokumentes überprüfen. Die Erstellung und Ausgabe des auf Personen ausgestellten asymmetrischen Schlüsselpaares auf einer Chipkarte erfolgt durch registrierte Institutionen, sog. Zertifizierungsstellen für digitale Signaturen (→ CA). Die Beantragung erfolgt bei Registrierungs- bzw. Annahmestellen (RA). Die daraus abgeleitete Schlüsselverwaltung sowie die

CA- und RA-Funktionen werden von Trust Centers übernommen, welche wiederum unter der Kontrolle der → Regulierungsbehörde für Telekommunikation und Post stehen. Entgegen der in Deutschland nach dem Signaturgesetz geltenden Rechtslage wird nach der europäischen Richtlinie, die durch das Formvorschriftenanpassungsgesetz mit Wirkung zum 1. 8. 2001 umgesetzt worden ist, die zertifizierte digitale Signatur einer schriftlichen Unterschrift vollkommen gleichgesetzt sein.

DIN — Symbol für Normen, die vom Deutschen Institut für Normung erlassen werden. Im Bereich der Datenverarbeitung sind zahlreiche DIN-Normen erarbeitet worden. Mehr Informationen erhalten Sie unter: http:// www. din.de

Disaster Recovery — Datensicherung durch Erstellen eines → Backups und Speicherung der Daten auf einem örtlich entfernten Datenträger; dient zur Vorsorge gegen Naturkatastrophen (etwa Erdbeben).

DNS — Domain Name System ist das hierachische System, das → IP-Adressen, welche aus numerischen Zahlenblöcken bestehen, zur benutzerfreundlicheren Anwendung weltweit einen eindeutigen Domainnamen zuordnet. Die oberste Ebene, die so genannte Top-Level-Domain (TLD) umfasste ursprünglich sieben generische Top-Level-Domains („com"; „net"; „int"; „org"; „gov"; „edu"; „mil") und über 200 sog. Country Code Domains (zB „de" für Deutschland; „at" für Österreich; „ch" für die Schweiz). Am 16. 11. 2000 wurde von ICANN die Einführung weiterer gemischter TLDs beschlossen. Dies sind: „wiz" (Business); „pro" (Accounts, Lawyers and Physicians); „name" (for registration by individuals); „info" (Unrestricted Use); „museum" (Museums); „aero" (Air-Transport Industry) und „coop" (Non-Profit Cooperatives). Die Namen der zweiten Ebene (Second Level Domain) können grundsätzlich frei gewählt werden, doch erfordert die eindeutige Zuordnung zu einer Website, dass unter einer Top-Level-Domain eine SLD nur einmal vergeben werden kann.

Domain Grabbing — Unter D. versteht man das Reservieren oder Beantragen eines Domainnamens ohne begründetes eigenes Interesse mit dem Hintergedanken, einem fremden Unternehmen den Zutritt zum → WWW zu versperren oder sich den Domainnamen abkaufen zu lassen.

Domainnamen	Ein D. steht im Internet stellvertretend für eine bestimmte → IP-Adresse. Da eine IP-Adresse aus Zahlenpaaren besteht und deshalb für das menschliche Gehirn nicht leicht memorierbar ist, wird sie durch eine alphanumerische Bezeichnung ersetzt. Die Umwandlung eines D. in die dazugehörige IP-Adresse erfolgt automatisch und für den User unsichtbar durch den → Domain-Name-Server. Ein Domainname besteht zumindest aus zwei Stufen (levels), die in ihrer Wertigkeit von rechts nach links abnehmen. Die höchste Stufe (Top-Level-Domain) ist entweder eine reservierte TLD („edu“, „gov“, „mil“, „com“, „net“, „org“, „firm“, „shop“, „web“, „arts“, „rec“, „info“ und „nom“) oder gibt das Land an, in dem sich der Zielrechner befindet (zB „de“ für Deutschland). Die Second-Level-Domain ist grundsätzlich – insofern noch nicht vergeben oder durch ihre Verwendung keine fremden Kennzeichenrechte verletzt werden – frei wählbar. Viele bekannte Unternehmen verwenden daher ihre Firmen- oder Markenbezeichnungen auch im Domainnamen. So kann zB die → Website des Verlages, in dem dieses Buch erscheint, unter: http://www.otto-schmidt.de erreicht werden. Domainnamen stellen heute einen hohen wirtschaftlichen Wert dar. Sie werden deshalb genauso wie andere Kennzeichenrechte gehandelt und können mehrere Millionen DM wert sein. Wer sich jedoch einen mit einem bekannten fremden Kennzeichen identischen Domainnamen mit dem Hintergedanken schützen lässt, ihn später gewinnbringend zu veräußern, handelt rechtswidrig (sog. → Domain-Grabbing) und kann zur Aufgabe des Domainnamens gezwungen werden.
Domain Name System	Siehe → DNS.
Dongle	Kleines Gerät, das zum Kopierschutz von Software dient und während der Nutzung der Software mit der Hardware verbunden sein muss.
Download	Der D. bezeichnet das „Herunterladen“ von Dateien, welche sich auf einem fremden Speicher befinden, auf den eigenen Computer. Dabei kann es sich um Daten aus einem → Online-Dienst oder dem → Internet handeln. Den Transfer in die andere Richtung, also das „Hochladen“ von Dateien auf einen → Server, nennt man Upload.
DPL	Digitale Powerline Kommunikation; Kommunikation über eine Stromleitung.

DSS
Abk. für Digital Standard Signature; 1994 veröffentlichter Standard zur Erzeugung von → Digitalen Signaturen.

DVD
Abk. für Digital Versatile Disc; von verschiedenen Firmen für das Abspeichern von Filmen entwickeltes Speichermedium, das gegenüber herkömmlichen Medien (zB CD-ROM) mit 4,7 → GigaByte eine etwa 7fache Speicherkapazität besitzt. Zum Abspielen von DVD sind eigene DVD-Player erforderlich.

E-Administration
E-Administration bezeichnet die Administrationswerkzeuge für ein Internetangebot.

E-Business
Unter E. bietet der Anbieter verschiedenste Dienstleistungen wie zB eine Dokumentation der einzelnen angebotenen Dienste, Hotline&Support, IP-Adressvergabe, → Backup von Dateien, Betriebssicherheitsmaßnahmen, Wartungszeiten und Bereitstellung einer Domain etc.

E-Cash
System zum virtuellen Zahlungsverkehr. Dabei hat der Kunde ein E-Cash-Konto bei einer Bank eingerichtet. Will er nun via Internet Waren erwerben, lädt er von seinem Konto virtuelles Geld (zB digi cash) auf seinen PC und überweist dieses auf den Computer des Verkäufers. Dieser kann über sein E-Cash-Konto auf seiner Bank den Betrag wieder in reales Geld umwechseln.

E-Commerce-Outsourcing
E-Commerce-Outsourcing ermöglicht den Betrieb einer Website im Internet auf Basis eines virtuellen Serversystems. Diese Website wird zusammen mit anderen Websites nach dem → Multitasking-Prinzip auf einem gemeinsamen Server-System betrieben. Dabei wird dem Kunden ein Basiskontingent an Speicherplatz zur Verfügung gestellt, auf dem er seine Informationen über das → Internet für die → User bereithält.

E-Mail
Abk. für Electronic Mail. Die E-Mail ist ein „elektronischer Brief", der über das → Internet, einen → Online-Dienst oder ähnliche Kommunikationssysteme verschickt wird. Zum Versenden von E-Mails benötigt man ein entsprechendes E-Mail-Programm, einen sog. E-Mail-Client (→ Client). Auf den meisten → Web-Browsern sind solche Programme inkorporiert. Der Absender versendet eine Kopie des Textes in digitalisierter Form. Die Datei wird daraufhin an den Adressaten via Internet übermittelt. Hat der Adressat einen eigenen Mailbox-Server, so wird die Datei auf diesem direkt abgespeichert. Besitzt der Adressat keinen Server, so wird die Datei auf einen

	Mailbox-Host eines Online-Diensteanbieters zwischengespeichert und zum Abruf durch den Adressaten bereitgehalten. Neben dem reinen Text ist es auch möglich, andere → binäre Dateien (File Attachments) mitzuversenden. → Attachments können beliebige Daten in digitalisierter Form enthalten (zB Grafiken, Sound, Programme etc). Absender und Adressat werden durch Domainnamen eindeutig identifiziert.
E-Mail-Adresse	Weltweit eindeutige Adresse zur Bestimmung eines Netzteilnehmers, an den elektronische Post (→ E-Mails) via Internet übermittelt wird. Im Internet besteht eine E. aus: dem Namen des Adressaten, der durch ein @ von der Second-Level-Domain.Top-Level-Domain getrennt ist. Die Second-Level-Domain wird als → Hostname bezeichnet. Im Namen selbst dürfen nur Buchstaben, Ziffern sowie Punkte (.), Bindestriche (-) und Unterstriche (_) verwendet werden.
E-Procurement	Bezeichnung für die Warenbeschaffung auf elektronischem Wege. Über elektronische Anbindung der Bedarfsstelle an eine Backoffice-Software können zB Büroartikel automatisch bestellt werden. Damit wird der administrative Aufwand reduziert.
EDGE	Abk. für Enhanced Data Rates for GSM Evolution; Nachfolger des → GSM-Standards, der auf denselben Frequenzen höhere Datenraten bringt. Mit EDGE lässt sich auch mit heutigen GSM-Frequenzen (900 und 1800 MHz) eine Datenübertragungsrate aus dem Internet von bis zu 384 Kbit/s erreichen. EDGE soll als Gegenstück zu → UMTS angeboten werden.
EEPROM	Abk. für Electrically Erasable Programmable ROM; E. ist ein Speichermedium, das wie ein → ROM gespeicherte Daten bei Wegfall der Stromversorgung nicht verliert, aber ähnlich wie ein → RAM wiederbeschreibbar ist.
ERM	Abk. für Enterprise Relation Management; ein intergriertes Informationssystem, welches alle „Front-office"-Abteilungen innerhalb eines Unternehmens, also Verkauf, Marketing und Kundenservice, unterstützt. Auch bekannt als CRM („C" = Costumer). Ein bekannter Vertreiber solcher Software ist Siebel Systems.
ERP	Abk. für Enterprise Resource Planning Software; eine integrierte Informationssoftware, welche alle Abteilungen eines Unternehmens unterstützt. ERP kann Anträ-

ge für eine Erzeugung, verschiedene Konten für Verbindlichkeiten und Forderungen sowie Lieferung, Lagerung und Transport beinhalten.

Firewall

Wörtl. Brandschutzmauer. Eine Firewall schützt ein privates Netzwerk (→ Intranet oder nur einen → Host), das an das Internet angeschlossen ist, gegen unerlaubte Zugriffe von außerhalb des Netzwerkes. Die Firewall besteht aus Hard- bzw. Software, die am Knotenpunkt Intranet/Internet installiert ist. Eine Firewall kann etwa aus zwei Filter- → Routern und aus einem oder mehreren → Proxy-Servern bestehen. Das Intranet ist durch die Router mit dem Internet verbunden, wobei der äußere Router unerlaubte Angreifer, die das IP verwenden, von außen abwehrt. Die Proxy-Server blockieren diejenigen Angreifer, die eine Verwundbarkeit auf einer höheren Schicht (→ OSI-Schichtenmodell) ausnutzen. Der interne Router blockiert den Datenverkehr aus dem Intranet hinaus und kanalisiert ihn zur Durchleitung durch den → Proxy-Server. Man unterscheidet zwischen Paketfilterung, bei der einzelne Datenpakete untersucht werden (bieten keinen ausreichenden Schutz gegen → Spoofing) und Circuit-Level Gateway, bei der eine Verbindung erst aufgebaut wird, wenn die Sicherheitskriterien erfüllt sind.

Forum

Bezeichnung für → Newsgroups bei → Online-Diensten. Jeder Newsgroup ist ein bestimmtes Thema zugeordnet. In diesen Foren können sich User zu bestimmten Themen äußern oder Dateien zum → Download bereitstellen.

Frame

Ein rechteckiger Breich mit fester Bildschirmposition auf einer Webpage im → WWW, dem graphischen Teil des → Internet, in dem ein eigenes HTML-Dokument (→ HTML) dargestellt werden kann. Dadurch ist es möglich, auf einer → Website fremde Inhalte darzustellen, ohne dass die → URL des Anbieters verändert werden muss. Daher können Inhalte neben den eigenen aufgerufen werden, ohne dass der Wechsel auf eine fremde → Webside angezeigt wird.

FTP

Abk. für File Transfer Protocol; Protokoll zur → DFÜ. In → RFC 959 festgelegtes → Übertragungsprotokoll für das → Internet, das auf den Schichten 5 bis 7 des → OSI-Schichtenmodells läuft. FTP lässt sich zur Übertragung von → binären Dateien und von → ASCII-Dateien einsetzen, wobei die von den einzelnen → Computern verwendeten → Betriebssysteme und die Art der Verbindung ohne Bedeutung sind. Zum Zugriff per FTP wird ein spezielles Programm benötigt, ein sog. FTP-Client. Derartige Programme sind in den meisten → Web-Browsern integriert.

Gates, Bill

Geb. 1945; G. gründete 1975 mit Paul Allen das Softwareunternehmen Microsoft mit Firmensitz in Redmond, Washington. Beide entwickelten gemeinsam einige Programmiersprachen ua. für Apple und IBM. 1980 erhielt Microsoft den Auftrag für die Entwicklung eines → Betriebssystems für IBM-PC, das spätere MS-DOS. Mit diesem Programm gelang Microsoft der große Durchbruch. 1995 veröffentlichte G. ein Buch mit dem Titel „The Road Ahead", in dem er seine Zukunftsvisionen einer voll vernetzten Informationsgesellschaft präsentierte. Im selben Jahr brachte Microsoft seinen ersten → Internet-Browser, den „Explorer" in Konkurrenz zum „Navigator" (heute Communicator), dem Internet-Browser von Netscape, auf den Markt. Da Microsoft PC-Hersteller bei der Belieferung von Betriebssystemen verpflichtete, den „Explorer" zu installieren, oder dieser in das Betriebssystem integriert worden war, wurden kartellrechtliche Klagen gegen Microsoft bei Gericht eingebracht. Am 3. 4. 2000 stellte ein Bundesgericht fest, dass Microsoft gegen das US-Wettbewerbsrecht verstoßen habe, in dem es sein Monopol bei den Betriebssystemen für den PC auf das Internet übertragen habe. Nach dem Scheitern von Vergleichsverhandlungen mit dem Kläger, der US-Regierung und mehreren US-Staaten wurde Microsoft zur Aufteilung je in ein Unternehmen für Betriebssysteme und für Anwendungsprogramme verurteilt. Nachdem der Oberste Gerichtshof der Vereinigten Staaten (US-Supreme Court) eine direkte Entscheidung des Falles abgelehnt hatte, hob nunmehr das Bundesberufungsgericht (Court of Appeals) für den District of Columbia die angeordnete Zerschlagung auf und schränkte die kartellrechtliche Verantwortlichkeit von Microsoft erheblich ein. Microsoft hat im Geschäftsjahr 1999/2000 einen Umsatz von 2,96 Milliarden US-Dollar erwirtschaftet.

Gateway

Das Gateway; Software, die an der Schnittstelle zwischen zwei Kommunikationssystemen eingerichtet wird, die mit unterschiedlicher Systemsoftware arbeiten. Das G. übernimmt dabei die Umsetzung der →

Übertragungsprotokolle und die Codekonvertierung. So werden G. eingesetzt, um das E-Mail-Protokoll X.400 in das Internet-Mail-Protokoll SMTP umzusetzen. Ein G. leitet alle Datenpakete weiter, deren Zieladresse mit einer Adresse hinter dem G. übereinstimmt. Mittels einer → Routing-Tabelle wird jener Adressat angesprochen, der das Datenpaket bis zur endgültigen Zieladresse weiterleiten kann, unter Umständen auch ein weiteres G.

Gbps — Gigabits pro Sekunde. Maßeinheit zur Messung digitaler Datenübertragung, ausgedrückt in Milliarden von → Bits pro Sekunde.

GIF — Abk. für Graphics Interchange Format; GIF ist ein Dateiformat zur Speicherung von → Bitmap-Graphiken. GIF findet heute hauptsächlich im Internet Anwendung.

GigaByte — Auch GByte; Maßeinheit für Informationseinheiten. Ein G. besteht aus 1.024 → MegaByte oder 1.074.741.824 → Byte.

Gopher — G. ist ein weltweites Informationssystem im Internet, wobei sich der → User bei einem Gopher-(→ Server) einwählt und die über Menüs gespeicherten Informationen abfragen kann. Die Menüeinträge können für Ressourcen auf dem Server selbst oder wiederum für andere G.-Server stehen, auf die durch Auswählen des zugehörigen Menüpunktes zugegriffen werden kann. G. ermöglicht das → Downloaden von Dateien über → FTP. Abfragen in Datenbanken können mittels → WAIS durchgeführt werden. Als → Übertragungsprotokoll dient → Telnet. Für den Zugriff auf G. benötigt man einen Gopher (→ Client). Dieser ist in den meisten → Web-Browsern integriert. Gopher wird durch das → WWW immer mehr verdrängt.

GPRS — Abk. für General Packet Radio Service; Übertragungsmodus bei Mobilfunkgeräten, der paketorientiert arbeitet. Die Teilnehmer sind permanent online, müssen aber innerhalb einer „Funkzelle“ die verfügbare Bandbreite miteinander teilen.

GSM — Abk. für Group Speciale Mobile; Arbeitsgruppe der Konferenz der Europäischen Post- und Fernmeldeverwaltung → CEPT. Durch GSM wurde 1987 ein europaweiter einheitlicher Mobilfunkstandard mit dem gleichen Namen eingeführt. Dadurch ist eine europaweite

	Nutzung jedes europäischen Mobilfunkgerätes möglich. GSM steht auch für Global System for Mobil Communication, einem Mobilfunksystem beruhend auf dem GSM-Standard. GSM arbeitet im Frequenzbereich 900 und 1800 MHz. GSM-Standard wird mittlerweile auch in den USA verwendet. Allerdings kommt hier eine Frequenz von 1900 MHz zur Anwendung. Deshalb können die meisten europäischen Mobilfunkgeräte nicht in den USA verwendet werden.
Halbleiter	Material, dessen elektrische Leitfähigkeit so beeinflusst werden kann, dass Strom in ihm fließt oder nicht.
Hardware	Gegenteil zu → Software.
Hardware-Adresse	Alle Speicherzellen eines → Mikroprozessors müssen eine eindeutige Adresse haben. Nur so kann jede Speichereinheit zur Datenabfrage oder zum Beschreiben eindeutig erkannt und lokalisiert werden.
Hash-Funktion	Eine H. generiert aus einer beliebigen Datei einen kurzen Extrakt (bis zu 20 Zeichen) derart, dass weder die Datei mit Hilfe der H. rekonstruierbar ist, noch es möglich ist, eine andere Datei zu erzeugen, die denselben Hash-Wert besitzt. Dieser Hash-Wert kann verschlüsselt werden und dient so als → Digitale Signatur.
Header	Bereich am Anfang einer Datei, in dem nicht die eigentlichen Daten erfasst sind, sondern Strukturinformationen zur Datei.
Home Banking	Auch als Online Banking oder Tele Banking bezeichnet; Mit Hilfe von H. können Bankgeschäfte via → Internet durchgeführt werden. Dazu muss der Kunde von der Bank eine → PIN und → TANs beantragen.
Homepage	Einstiegspage einer → Website im → WWW, dem graphischen Teil des → Internet. Die H. wird meist angezeigt, wenn man keinen bestimmten Dateinamen, der abgerufen werden soll, dem Domainnamen hinzufügt. Die H. stellt also eine Art Einstiegsseite dar, von der über → Links auf andere unter einer → IP-Adresse abrufbare Dateien via Internet zugegriffen werden kann. Als Homepage wird umgangssprachlich auch die Einrichtung einer eigenen Website durch private Personen oder Firmen im WWW bezeichnet.
Host	Wörtl. Wirt, Gastgeber. In einem Netzwerk ist der H. der Zentralcomputer, der die angeschlossenen Computer steuert und überwacht (auch → Server). Im Internet

wird als H. der angerufene Computer, von dem Daten erbeten werden, bezeichnet.

Host-Provider — Der Host-Provider bietet neben dem Zugang zum Internet noch Speicherplatz an, um im Auftrag eines Nutzers Informationen zu speichern, auf die via Internet ein freier Zugriff möglich sein soll (etwa Platz für eine → Website). Vergleiche auch → Access-Provider, → Cache-Provider und → Content-Provider.

Hostname — Im → Internet stellt der H. die leichter verwendbare alphanumerische Bezeichnung für eine numerische → IP-Adresse dar. Jeder alphanumerischen Adresse ist genau eine IP-Adresse zugeordnet. Die Umwandlung in die IP-Adresse erfolgt durch → DNS (Domain Name System).

HSCSD — Abk. für Highspeed Circuit-Switched Data; der Begriff leitet sich vom GSM-Kanalbündelungsverfahren ab, das auf leitungsvermittelter (circuit-switched) Übertragung basiert. Dabei werden bis zu vier GSM-Kanäle gebündelt. Dieses Verfahren wird derzeit nur von E-Plus eingesetzt und erlaubt einen Datentransfer zwischen dem Internet und Mobilfunkgeräten bis max. 57.600 Bit/s.

HTML — HTML steht für HyperText Markup Language, also Sprache zur Beschreibung von → Hypertext. HTML dient im → WWW, dem graphischen Teil des Internets, zur Formatierung der Seiten. HTML baut auf → SGML auf. Mit HTML wird die logische Struktur eines Dokuments definiert. Das entsprechende Layout wird vom jeweiligen → Web-Browser auf Basis der Struktur erstellt, dh. HTML bestimmt zB die Größe eines bestimmten Textes. Die jeweilige Schriftgröße, in der der Text tatsächlich angezeigt wird, wird hingegen vom Web-Browser bestimmt. Die Befehle in HTML werden als Tags bezeichnet. Ein Tag besteht aus einem Befehlswort, das die Art der Formatierung und durchzuführenden Aktion angibt. Dem Befehlswort nachgestellt sind die einzelnen Attribute. Zur Einleitung des Befehls steht dieser in einer Klammer zB für die Größe der Textdarstellung (<FONT SIZE=4>). Zur Aufhebung ist der Klammer noch ein Schrägstrich zugefügt zB (</FONT>). Der Tag <META> erlaubt die Angabe von Informationen über das Dokument. Diese Informationen werden von → Suchmaschinen ausgewertet. Über einen Tag kann auch erreicht werden, dass automa-

	tisch eine andere → Website aufgerufen wird. HTML wurde am → CERN entwickelt. Die Weiterentwicklung erfolgt durch das → World Wide Web Consortium (W3C). Die von W3C beabsichtigte Vereinheitlichung der HTML-Sprache wurde durch Weiterentwicklung und Einführung von zusätzlichen Parametern durch Web-Browser-Hersteller untergraben.
HTTP	Abk. für Hyper-Text Transfer Protocol. HTTP ist ein Protokoll auf der Anwendungsebene (siehe → OSI-Schichtenmodell); dh. es handelt sich dabei um ein Kommunikationsprotokoll, das WWW-Clients und WWW-Server zum Datenaustausch nutzen. Das HTTP ist objektorientiert und erlaubt eine Datenpräsentation im Hypermedia-System. HTTP setzt auf der Protokollfamilie → TCP/IP auf. Entgegen anderen Protokollen wie → FTP oder → Telnet baut das HTTP aber keine permante Verbindung auf, sondern es wird pro Übertragung eine seperate Verbindung hergestellt. Dabei stellt der → Client – der Web-Browser des Benutzers – eine Anfrage und wartet auf die Antwort des Web-Servers. Beim Transfer eines Dokumentes werden im → Header Informationen (wie zB zur Datenquelle) mitübertragen. Wurden die gewünschten Daten übertragen, wird die Verbindung wieder abgebrochen. HTTPs ist eine erweiterte Form des HTTP und versendet die Daten in verschlüsselter Form. Siehe auch → SSL.
Hyperlink	Siehe → Link.
Hypertext	Aus dem Griech.: hyper = über. Der Begriff wurde erstmals von Ted Nilson in seinem 1974 erschienenen Buch „Computer Lib/Dream Machines" verwendet. Heute bezeichnet man mit H. die assoziative Verknüpfung von Textinformationen. Der H. erlaubt neben dem üblichen linearen Zugriff, also von vorne nach hinten, mit Hilfe von → Links, auch ein „Springen" im Text. Leistungsfähige H.-Systeme ermöglichen die Verknüpfung von Text, Bild und Ton. Siehe dazu auch → HTML und → HTTP.
IANA	Internet Assigned Numbers Authority; IANA ist zuständig für die Vergabe und Koordination von eindeutigen Adressen (→ IP-Adressen) und Domainnamen im Internet. IANA wurde von → ARPA, der National Science Foundation und anderen amerikanischen Forschungseinrichtungen mit dieser Aufgabe betraut. IANA hat die

	praktische Administration der Vergabe und Eintragung der Domainnamen an so genannte → NICs übertragen. Seit Sept. 2000 hat → ICANN die Aufgaben der IANA übernommen. Siehe auch → InterNIC sowie → DENIC.
ICANN	Abk. für The Internet Corporation for Assigned Names and Numbers; ICANN ist eine weltweite, nicht auf Gewinn ausgerichtete Gesellschaft, die gegründet wurde, um den Teil der technischen Verwaltungsfunktionen zu überwachen, der vorher von der amerikanischen Regierung oder von ihren Vertragspartnern überwacht wurde. Bis zum September 2000 hatte ICANN stufenweise die Verantwortung für die Koordinierung der Zuteilung von Protokollvorgaben, die Verwaltung der Domainnamen und → Router-Systeme und die Zuteilung von → IP-Adressen-Platz übernommen. Weitere Informationen findet man unter: http://www.icann.org
IETF	Abk. für Internet Engineering Task Force; die IETF ist die technische Abteilung des → World Wide Web Consortiums und für jede interessierte Person frei zugänglich. Ihr Hauptaufgabengebiet ist die Entwicklung neuer Technologien im Internet. Neuerungen werden in besonderen Dokumenten, den → RFCs, bekannt gemacht. Weitere Informationen sind unter: http.//www.ietf.org erhältlich.
Informations-Highway	Auch Daten-Highway oder Datenautobahn; unter I. versteht man die vollkommene elektronische Verknüpfung einer Gesellschaft durch ein von der Regierung finanziertes, der Allgemeinheit offen stehendes und damit auch kommerziell nutzbares Netzwerk. Dadurch soll es möglich sein, vielfältigste Informationen und Dienstleistungen binnen Sekunden weltweit zu übermitteln. Der Ausdruck I. wurde Anfang der 90er Jahre vom damaligen US-Senator Al Gore für die von ihm geplante Kommunikationsinfrastruktur, die alle Universitäten, Schulen und Regierungsstellen in den USA mittels eines schnellen → WAN verbinden sollte, geprägt. Heute ist zumindest in Deutschland der Begriff → Datenautobahn üblich geworden, da dieser auf die dt. Autobahnen hinweist, auf denen, entgegen den amerikanischen Highways, keine Geschwindigkeitsbeschränkungen bestehen.
Inline Link	Als I. bezeichnet man einen → Link, der unmittelbar in einen anderen Teil derselben (eigenen) → Website

führt, oder es wird in einen Teil der eigenen Website unmittelbar Material aus anderen Dateien eingefügt, so dass die fremde Herkunft als solche nicht erkennbar ist. Vorteil für den Verwender von Inline Links ist, dass der Nutzer die Website des Anbieters nicht verlässt.

Internet	interconnecting network; weltweites Netz von Netzen, das sich aus dem → ArpaNet entwickelt hat. Durch das Internet sind mehr als 10000 nationale, regionale und lokale Netze (zB von Universitäten, Unternehmen etc.), die ihrerseits wiederum unzählige → Host-Rechner miteinander verbinden, zusammengeschlossen. Alle Unternetze verwenden das Kommunikationsprotokoll → TCP/IP und ein einheitliches Adressierungsschema. Dies ist die Voraussetzung, dass unterschiedliche Computer mit verschiedenster Architektur und Systemsoftware miteinander kommunizieren können. Das Internet verfügt – im Gegensatz zu kommerziellen → Online-Diensten – über kein ausgeprägtes Netzwerkmanagement oder eine Betreibergesellschaft, die das Netz betreut. Seit einigen Jahren sind jedoch transparente Übergänge zu anderen Netzwerken wie BITNET, DECnet etc., die nicht auf dem TCP/IP-Protokoll basieren, sowie Online-Diensten wie AOL möglich. Die Anwendungsschwerpunkte des Internet liegen heute noch im Bereich des E-Mailing, beim Kopieren und Übersenden von Programmdateien mittels → FTP, beim Austausch von Nachrichten in Diskussionsgruppen (Foren) sowie in der Datenbankrecherche. In zunehmendem Maße wird in letzter Zeit das Internet als Plattform für wirtschaftliche Tätigkeiten genutzt. Im Bereich → B2B sowie → B2C eröffnet das Internet durch sein weltumspannendes Netz ein erhebliches wirtschaftliches Potential.
Internet-Adresse	Im Internet ist jedem Rechner und Benutzer eine elektronische Adresse (→ IP-Adresse) zugeteilt.
Internetauftritt	Unter I. versteht man in erster Linie die Präsentation eines Unternehmens im Internet (Homepage, Image-Präsentation, Plattform für Marketing und Produktinformation etc.).
Internetbasierte Geschäftsabwicklung	Unternehmen, die ihre Einkaufsaktivitäten über einen gemeinsamen virtuellen Marktplatz im Internet abwickeln. Ziel der I. ist es, die Bestell- und Lieferprozesse weiter zu vereinfachen, indem Fehlbestände über die

gesamte Zulieferkette hinweg online „durchgeroutet“ werden.

InterNIC

InterNIC war bis Sept. 2000 für die weltweite Koordination der Vergabe und Registrierung von Domains unterhalb der generischen Top-Level-Domains zuständig. InterNIC wurde 1993 aufgrund eines Vertrages zwischen der amerikanischen Regierung (vertreten durch National Science Foundation) und den Firmen General Atomic, AT&T sowie → NSI mit dieser Aufgabe betraut. Nach diesem Vertrag lag die Verantwortung für die administrative Abwicklung der Registrierungsaufgaben bei dem privaten Unternehmen Network Solution Inc. (NSI) mit Sitz in Virginia, USA. Ab Sept. 2000 ist der Aufgabenbereich an → ICANN übertragen. Siehe dazu auch → IANA, → Country Code Domains und → DENIC.

Intranet

Anwendungen der Internet-Technik in einem nicht für jedermann zugänglichen unternehmensinternen Netzwerk.

IP-Adresse

Abk. für Internetworking Protocol; I. ist eine eindeutige numerische Adresse, über die ein Computer in einem Netzwerk (→ Internet oder → Intranet), das mit dem Protokoll → TCP/IP arbeitet, identifiziert wird. Die Adressen im → WWW werden aufgrund einer hierarchischen Struktur vergeben, wobei von links nach rechts gelesen die ersten 3 Zahlenblöcke bestimmte Netzwerke und der vierte Zahlenblock den eigentlichen Zielrechner darstellen. Jeder der vier Zahlenblökke ist durch einen Punkt getrennt. Eine I. besteht insgesamt aus 4 → Byte, also 32 Bit, damit ergeben sich 2^{32} mögliche Adressen. Da aber aus organisatorischen Gründen nicht alle Zahlenkombinationen zur Verfügung stehen, werden neuerdings 128 Bits-Adressen verwendet. Dabei erfolgt die Notation durch acht, durch Doppelpunkt getrennte vierstellige Hexadezimalzahlen. Da IP-Adressen für den Menschen schwer einprägbar sind, werden im Internet übersichtlichere Domainnamen verwendet. Diese werden von → DNS in IP-Adressen umgewandelt.

IPX

Abk. für Internet Package eXchange; wörtl. Paketaustausch innerhalb eines oder mehrerer Netzwerke; IPX ist ein → Übertragungsprotokoll, das den Datentransfer regelt. IPX ist zusammen mit dem Protokoll SPX Bestandteil von → IPX/SPX.

IPX/SPX

Abk. für Internet Package eXchange/Sequenced Package eXchange; IPX/SPX ist eine Erweiterung des → Übertragungsprotokolles → IPX. I. dient zum Aufbau, zur Aufrechterhaltung und zur Beendigung von Netzwerkverbindungen. SPX stellt die Auslieferung von Daten sicher. IPX entspricht im → OSI-Schichtenmodell der Vermittlungsschicht und SPX der Transportschicht.

ISDN

Abk. für Integrated Services Digital Network; ISDN integriert Telekommunikationsdienste wie Telefon, Fax und Datenübertragung in einem Netz. Durch die digitale Übertragung wird bei Telefongesprächen die Übertragungsqualität stark verbessert und bei Datenübertragung die Übertragungsgeschwindigkeit um das Doppelte gegenüber einem → anologen Netz erhöht. Außerdem erlaubt ISDN gegenüber den herkömmlichen analogen Netzen neben der gleichzeitigen Verwendung von Telefon und Fax das Anklopfen (Funktion, die dem telefonierenden Angerufenen mitteilt, dass eine zweite Person anruft), detaillierte Rechnungsaufstellung (durch einen Einzelgesprächsnachweis kann jedes geführte Telefonat auf Länge und Kosten überprüft werden), Rufnummererkennung (dabei wird die Rufnummer des Anrufers, sofern diese nicht von diesem unterdrückt wird, übermittelt), Anrufweiterleitung und andere Zusatzdienste.

ISO

Abk. für International Standards Organization. Das internationale Normierungsinstitut wurde 1946 in Genf als nicht länderabhängige Einrichtung gegründet. Ihr gehören heute über 100 Länder an. Ziel der ISO ist es, entwickelte Standards und Aktivitäten zur Bildung von Standards zu fördern und zu verbreiten. Die Ergebnisse der Arbeit der ISO werden als internationale Standards publiziert. Die Mitglieder der ISO sind die in einem Land am meisten respektierten Normeninstanzen. Jeweils nur ein Normungsinstitut eines Landes kann Mitglied der ISO werden. Die ISO selbst arbeitet völlig dezentralisiert mit über 2700 Komitees, Subkomitees und Arbeitsgruppen. Durch ISO wurde das → OSI-Schichtenmodell entwickelt.
Weitere Information sowie eine kostenpflichtige Abrufmöglichkeit von ISO-Standards finden sich unter: http://www.iso.ch

ISOC

Die Internet Society ist die internationale Organisation für die globale Zusammenarbeit und Koordination im

	Internet. Hauptaufgabe ist die Vereinheitlichung von internetspezifischen Technologien und Anwendungsprogrammen. ISOC ist für jederman frei zugänglich. Weitere Informationen finden sich unter: http://www.isoc.org
ISP	Abk. für Internet Service Provider; ein ISP ist eine Gesellschaft, die Zugang zum Internet zu Organisationen oder einzelnen Individuen anbietet. Zugangsdienste, die von ISPs angeboten werden, können neben dem Zugang zB noch → Webhosting, E-Mail-Dienste und Unterstützung bei vielen anderen Anwendungen anbieten.
ISV	Abk. für Independent Software Vendor; unabhängiger Software-Hersteller; ein Software-Hersteller, der nicht zum Unternehmen eines Hardware-Herstellers gehört.
ITU	Abk. für International Telecommunications Union; ITU wurde als weltweite Organisation mit Sitz in Genf 1965 gegründet. Die Empfehlungen für Telekommunikationsstandards werden als ITU-T bekannt gemacht. Weitere Informationen können unter: http//www.itu.ch abgerufen werden.
Jacquard, Joseph-Marie	Franz. Textilmaschineningenieur (1752–1834); J. entwarf den ersten mechanischen Webstuhl, bei dem die seperate Steuerung der einzelnen Kettfäden durch eine Maschine mit Hilfe von gelochten Papp- bzw. Holzscheiben erfolgte.
JPEG	Abk. für Joint Photographic Expert Group; Standard zur Komprimierung von digitalen Standbildern. JPEG findet vor allem im Internet Verwendung. Neben → GIF ist JPEG das meistverwendete Format. Dateien im JPEG-Format sind an der Erweiterung .jpeg zu erkennen. Mehr Informationen sind unter: http://www.jpeg.org erhältlich.
Kermit	Verbreitetes Kommunikationsprogramm, das in Form eines → Übertragungsprotokolles (TP) in verschiedene andere Kommunikationsprogramme eingebaut ist. Das K.-Protokoll teilt Dateien in gleich große Pakete und sendet sie der Reihe nach an den Adressaten, wobei der Empfang jedes Paketes bestätigt werden muss. Durch die jeweils zu erfolgende Empfangsbestätigung ergibt sich – anders als etwa beim → TCP – eine niedrige Übertragungsgeschwindigkeit.

Keyword Buys	K. ist eine anfrageabhängige Banner-ad-Werbung. Bei K. verkauft der Betreiber einer Internet-Suchmaschine (→ Suchmaschine) so genannte Keywords an Werbetreibende. Wird durch die Eingabe eines mit dem Keyword identischen Begriffs eine Suchanfrage gestartet, so erscheint neben der Trefferliste und → Hyperlinks zu den gefundenen Dokumenten auch eine → Banner-Werbung desjenigen Unternehmens, das das Keyword erworben hat.
KiloByte	Auch KByte; ein K. entspricht 1.024 → Byte.
Knoten	Engl. Node; Verzweigungspunkt in einem Netzwerk einzelner Computer. Man unterscheidet je nach Funktion Anschlussknoten und Vermittlungsknoten.
Kompression (von Daten)	Bei der Verdichtung von Daten werden Folgen von mindestens drei gleichen Zeichen auf jeweils zwei → Bytes verdichtet. Das erste Byte gibt die Menge, das zweite die Art der verdichteten Zeichen an (zB aaaaa= 5a). Durch Dekomprimierung wird der ursprüngliche Zustand wieder hergestellt. Siehe dazu auch die verschieden Kompressionsverfahren: → ZIP-Format, → JPEG-Format, → MPEG-Format. Durch manche Kompressionsverfahren lässt sich die Datenmenge um mehr als das Dreifache reduzieren. Dies wiederum erhöht die Übertragungszeit im Internet bzw. spart Speicherplatz.
LAN	Abk. für Local Area Network; wörtl. lokaler Netzverbund. Vgl. auch → Backbone.
Link	Auch Hyperlink. Der L. stellt die Verbindung im → WWW zwischen zwei unterschiedlichen → Websites oder zu einer anderen Stelle auf derselben Website her. Das Aufrufen erfolgt durch "Anklicken" des Links. Im WWW werden L. unterstrichen oder durch eine farbliche Unterscheidung zum sonstigen Fließtext gekennzeichnet. L., die innerhalb von 30 Tagen schon einmal aufgerufen wurden (sog. followed L.), werden durch eine farbliche Änderung markiert. In → HTML werden L. mit dem Befehl A HREF = „Ziel" eingeleitet und mit dem Befehl /A abgeschlossen. Für das Ziel wird die → URL eingesetzt. Siehe auch → Deep Link und → Inline Link.
Mailbox	Siehe → BBS.
MegaByte	Auch MByte; ein M. besteht aus 1.024 → KByte, das sind 1.048.576 → Byte. Mit einem M. lässt sich in etwa der Inhalt von 350 Buchseiten speichern.

Meta-tagging	Bei M. werden im → Header (Dokumentenkopf) der eigenen → Webpage so genannte Metatags eingefügt. Metatags sind Wörter die mit dem eigenen Namen nichts zu tun haben, aber dazu führen, dass bei der Suche nach dem Namen eines Konkurrenten der → Browser oder die → Suchmaschine auch die eigene URL in die Liste aufnimmt.
Middleware	Software, die als „Converter", also als Übersetzer, bei der Datenweiterleitung innerhalb einer Verbindung zweier grundsätzlich nicht kompatibler Systeme fungiert.
MIDI-File	Abk. für Musical Instruments Digital Interface. MIDI-Files sind Synthesizer-Instrumentalversionen von Musikwerken. Dabei werden musikalische Aufnahmen in ihre Einzelinstrumente zerlegt und diese Instrumente in einen Musicalcode (Noten) konvertiert. Die Eingabe der Klangdaten erfolgt über ein Keyboard oder über eine Computertastatur. Die einzelnen Musikdaten (Melodie, Begleitstimmen, Rhythmus etc.) werden auf unterschiedlichen Spuren des Datenträgers festgehalten. Die Wiedergabe erfolgt über einen Computer mit einer Soundkarte oder über elektrische Musikinstrumente. Die Speicherung erfolgt über eine spezielle Software (Musical Instruments Digital Interface – MIDI).
Mikroprozessor	Universell verwendbare und frei programmierbare Funktionseinheit, die das vollständige Steuerwerk und Rechenwerk einer Rechenanlage enthält und auf einem oder mehreren integrierten Schaltkreisen (Chip) untergebracht ist. Man unterscheidet Mikroprozessoren vorwiegend hinsichtlich ihrer Arbeitsgeschwindigkeit (bis zu 500 Millionen Befehle/s), ihres Befehlsformats, ihres Befehlsvorrats, ihrer Wortlänge, dh. die Zahl der gleichzeitig zu verarbeitenden → Bits (derzeit bis zu 32 Bit), und der Zahl adressierbarer Speicherzellen (derzeit bis 32 MByte).
MIME	Abk. für Multipurpose Internet Mail Extension; M. dient zur Erweiterung des E-Mail-Verkehrs im Internet mit Mehrfachzweck; Standard für die Codierung von beliebigen Daten (Texte, HTML-Code, Grafiken, Sounds etc.), um diese zusammen mit einer → E-Mail zu übertragen. M. ist ein Bestandteil von → HTTP. Alle Daten einer M. codierten E-Mail werden zusammengefasst und in einem einzigen Datenstrom übertragen. Jede Dateneinheit wird durch einen → Header eingeleitet, in dem Angaben zur Dateneinheit verzeichnet sind.

Modem	M. ist ein aus Modulator und Demodulator zusammengesetztes Kunstwort. Der M. dient zur Umwandlung → digitaler Signale (Computer) in → analoge Signale (Töne in Telefonleitung) und umgekehrt. Da in jüngster Zeit immer mehr Haushalte über digitale Telefonnetzanbindungen (ISDN) verfügen, verlieren M. an Bedeutung.
MPEG	Abk. für Moving Pictures Experts Group; Standard zur Komprimierung von Bild- und Toninformationen für Videosequenzen. Siehe auch → Kompression.
Multitasking	Wörtlich: Verarbeitung von mehreren Tasks; parallele Ausführung von zwei oder mehreren Tasks. Beim M. werden gleichzeitig mehrere Anwendungsprogramme verwendet. Dabei weist das → Betriebssystem jedem Programm einen bestimmten Anteil an Prozessorzeit zu. Der jeweilige Stand der Anwendung wird zwischengespeichert und ein Teil der nächsten Anwendung abgearbeitet. Das Abarbeiten der Aufgaben in den einzelnen Anwendungsprogrammen erfolgt in so kurzen Zeitintervallen, dass der Anwender meint, die Anwendungsprogramme würden parallel abgearbeitet werden.
Netzwerk	Allgemeine Bezeichnung für ein System aus mehreren miteinander verbundenen Computern. Siehe auch unter → Backbone, → LAN und → WAN.
News	Dienstekennung zur Teilnahme an den → Newsgroups des → Usenet (news://*.*).
Newsgroup	Als N. werden Diskussionsgruppen oder → Foren zum Nachrichtenaustausch zu bestimmten Themen im → Usenet bezeichnet. Dabei fungieren die einzelnen Foren als „Schwarzes Brett" im Internet, auf dem interessante Artikel für andere Abonnenten der Newsgroup hinterlegt werden können. Die Newsgroups sind zur besseren Unterscheidung in einzelne Themenbereiche gegliedert. Die verschiedenen Newsgroups sind mit Abkürzungen, entsprechend der Themen, die sie behandeln, gekennzeichnet (zB „soc" für Politik und Soziales, „comp" für Themen rund um den Computer und „sci" für Wissenschaft und Forschung). Auch die Gesamtheit der Teilnehmer, welche die jeweilige Kategorie abonniert haben, wird als Newsgroup bezeichnet.
Newsreader	Programm zur Teilnahme an den → Newsgroups des → Usenet. Die meisten → Web-Browser enthalten einen N.

NIC — Abk. für Network Information Center; ein NIC bietet einem Netzwerknutzer Information, Hilfe und Dienstleistungen. Es war durch → IANA mit der praktischen Administration der Vergabe und Eintragung von → Domains betraut. Siehe auch → ICANN, → InterNIC und → DENIC.

NIST — Abk. für National Institut for Standards and Technology; Abteilung im US-Handelsministerium, die sich mit Interoperabilität von verschiedener Hard- und Software beschäftigt.

Node — Siehe → Knoten.

NSA — Abk. für National Security Agency; NSA ist eine amerikanische Behörde, die sich mit der Entwicklung von → Datenverschlüsselungsverfahren beschäftigt.

NSI — Network Solution Inc.; NSI ist die Gesellschaft, die bis Mitte 2000 mit der Verwaltung der Top-Level-Domains „org“, „net“ und „com“ von der amerikanischen Regierung beauftragt war. Ab September 2000 wurde diese Aufgabe auf → ICANN übertragen.

Offline — Gegenteil zu → online.

Online — O. bedeutet so viel wie „Leitung aktiv“;
1. Bezeichnung für einen Zustand, in dem zwischen zwei oder mehreren Computern eine direkte Verbindung geschaltet ist, d.h. ein Datenaustausch stattfindet oder jederzeit stattfinden kann. Bei gebührenpflichtigen → Online-Diensten (zB Datenbanken) bemisst sich der Entgeltanspruch meist nach dieser Zeitspanne.
2. Zustand, bei dem eine aktive Verbindung zwischen einem System und einem Peripheriegerät besteht. Das Peripheriegerät (zB Drucker) signalisiert meist durch eine Anzeige im Display, dass es o. bzw. bereit ist, Daten zu empfangen.
3. Bei der Abwicklung und Erfüllung von Verträgen versteht man darunter, dass entweder der Vertrag unter ausschließlicher Verwendung von Datenübertragungssystemen zustande kommt oder die Erfüllung, dh. die Erbringung der Leistung, durch solche erfolgt. Typischer Fall der O.-Leistungserbringung ist die Übermittlung von → Software vom Verkäufer zum Käufer via → Internet.
Gegenteil zu o. ist offline.

Online-Dienste	Kommunikationssystem, das rund um die Uhr verfügbar ist und eine Reihe von online abrufbaren Diensten anbietet. Diese Dienste können das Versenden und Empfangen von elektronischen Nachrichten (→ E-Mail), die Möglichkeit, via Netz online zu diskutieren (→ Chat), die Möglichkeit, Einkäufe online zu tätigen (Home Shopping), die Inanspruchnahme von → Online-Informationsdiensten oder die Abfrage aus → Datenbanken umfassen. Die bekanntesten Online-Dienste sind → AOL, → CompuServe und T-Online.
Online-Informationsdienst	O. ist ein Kommunikationssystem, das den Abruf von Nachrichten via Netz erlaubt. Der Online-Informationsdienst wird von Nachrichtenagenturen wie Reuters und Associated Press mit aktuellen Informationen beliefert. Die meisten → Online-Dienste bieten auch Online-Informationsdienste an. Ein reiner Online-Informationsdienst ist Dow Jones News/Retrieval Service.
Online-Shop	Auch E-Shop; O. ist ein elektronischer Produkt-/Dienstleistungskatalog mit integrierter Bestellung. Ein O. ist eine Lösung für den Verkauf über das Internet, wobei ein Unternehmen seine Waren und Produkte über den Verkaufskanal Internet weltweit anbieten kann.
Operating System	Siehe unter → Betriebssystem.
OSI	Abk. für Open Systems Interconnection; 1977 gegründetes Komitee der → ISO und → ITU, welches 1984 das als internationalen Standard anerkannte → OSI-Schichtenmodell entwickelte.
OSI-Schichtenmodell	Auch OSI-Referenzmodell; dieses → Übertragungsprotokoll stellt ein Architekturprogramm für die Realisierung eines so genannten offenen Systems dar, dh. für Komponenten verschiedener Hersteller und Netzwerkbetreiber. Dies ist zur → DFÜ via verschiedener Netze, die zwar durch eine Schnittstelle miteinander verbunden, aber von sich aus nicht kompatibel zueinander sind, notwendig. Dabei bietet das OSI-Schichtenmodell eine abstrakte Definition, auf deren Grundlage verschiedene Datennetze (mit unterschiedlichen technischen Komponenten) miteinander kommunizieren können. Das OSI-Schichtenmodell weist drei Abstraktionsebenen auf. Die Architektur besteht aus sieben hierarchisch angeordneten Schichten, wobei jede Schicht auf den Diensten der darunter liegenden

Schicht aufbaut und ihrerseits der darüber liegenden Schicht Dienstleistungen anbietet. Hierüber werden die Organisation und der Ablauf einer Übermittlung in offenen Systemen definiert.

1. Schicht 1 (Bitübertragungsschicht) legt den physikalischen Übertragungsweg im Netz fest. Hier werden ua. Schnittstelle, Übertragungsrichtung und Kabelart festgelegt.
2. Die Sicherungsschicht ist für den sicheren Datenaustausch der durch Schicht 1 verbundenen Computer zuständig. Sie stellt die Verbindung zwischen den kommunizierenden Computern her und beendet sie, erkennt Übertragungsfehler und teilt Daten in Datenpakete.
3. Die Vermittlungs- oder Netzwerkschicht steuert den Datenaustausch zwischen nicht direkt miteinander verbundenen Computern. Da der Transport deshalb über Zwischenknoten erfolgen muss, übernimmt diese Schicht die Identifizierung der Knoten sowie den Aufbau und die Beendigung logischer Verbindungen.
4. Die Transportschicht stellt zwei Kommunikationspartnern eine transparente und gesicherte Verbindung unabhängig von den Übertragungsmedien zur Verfügung.
5. Die Kommunikationssteuerschicht koordiniert die Aufnahme, Durchführung und Beendigung einer Übertragungssitzung.
6. Die Darstellungsschicht dient zur Vermittlung des Datenaustausches zwischen zwei Computern. Dazu werden Ein- und Ausgabe von Daten überwacht und Übertragungscodes konvertiert und Bildschirm- und Druckerformate angepasst.
7. Die Anwendungsschicht bildet das Bindeglied zur Benutzeranwendung.

Spezifikationen der Kommunikationsdienste, dh. die von den einzelnen Schichten erbrachten Dienstleistungen, werden als Kommunikationsdienste bezeichnet. Spezifikation der Protokolle: Die Schichten kommunizieren über definierte Schnittstellen (mit festgelegten Aufrufen und Antworten), die durch Protokolle beschrieben werden.

Page Views P. bezeichnet die Anzahl der Sichtkontakte beliebiger → User mit einer → Webside. Dies dient zur Preisfindung bei Werbemaßnahmen im Internet.

PCI Abk. für Peripheral Component Interconnect; ein von Intel 1994 eingeführter Standard zur Verbindung von

Peripheriekomponenten. P. erlaubt einen Datenaustausch bis zu 132 Megabyte pro Sekunde. Außer Apple unterstützen die meisten PCs diesen Standard.

Peer to Peer	Peer to Peer Netzwerke sind Netzwerksysteme ohne zentrale Zugriffskontrolle (Server). Alle angeschlossenen Computer sind gleichrangige „Partner“ im Netz. Eine Datenverbindung besteht immer direkt zwischen zwei Computern ohne Zwischenschaltung eines → Servers.
PGP	Abk. für Pretty Good Privacy; ein von Phil Zimmermann entwickeltes Programm zur Verschlüsselung von → E-Mails und → Attachments. PGP gilt als besonders sicher, da zur Verschlüsselung die Public-Key-Methode eingesetzt wird. Siehe dazu auch → Datenverschlüsselung.
PIN	Abk. für Personal Identifikation Number; die PIN ist eine Geheimzahl, die vom Kunden zur Durchführung von Bankgeschäften via Internet zur Identifizierung seiner Person und zur Überprüfung der Zugangsberechtigung eingegeben werden muss. Einige Bankinstitute verlangen neben der PIN noch zusätzliche Transaktionsnummern (→ TANs).
Plug-In	Nachladbares Programmmodul, das ein vorhandenes Programm um Zusatzfunktionen ergänzt.
PoP	Abk. für Point of Presence; Einwahl- oder Zugangsknoten, über die sich ein → User in das → Internet einwählen kann. PoPs werden meist von einem Provider angeboten. Vgl. → Access-Provider.
POP 3	Abk. für Post Office Protocol 3; wörtl. Protokoll für elektronisches Postamt, Version 3; P. ist ein → Übertragungsprotokoll für → E-Mails, das zusammen mit dem Protokoll → TCP/IP arbeitet. POP3 erlaubt das Speichern der E-Mail auf einem → Server und den → Download auf den eigenen Computer. P wird in Kombination mit → SMTP eingesetzt.
POP3-Mailboxen	Ein Softwarehaus leistet E-Mail-Dienste, indem es für den Kunden zur Zwischenspeicherung von → E-Mails eine Anzahl von POP3-Mailboxen (→ POP3) zur Verfügung stellt, auf die eingehende Mails weitergeleitet und zum Abruf durch den Kunden bereitgestellt werden.
Portal/Portal Site	Unter einer Portal Site versteht man eine → Website, auf der viele Anbieter kostenpflichtig ihre Online-Inhalte präsentieren können.

PPP	Abk. für Point to Point Protocol; PPP ist ein serielles → Übertragungsprotokoll für Punkt-zu-Punkt-Verbindungen. PPP-Verbindungen werden aufgebaut und verwaltet, indem zunächst Datenpakete zur Konfiguration der Verbindung wechselseitig zwischen zwei Endpunkten einer PPP-Verbindung ausgetauscht werden. PPP erlaubt das Einwählen ins Internet über die Telefonleitung mit Hilfe eines Modems oder → ISDN-Adapters. PPP ist ein Protokoll der Sicherungsschicht im → OSI-Schichtenmodell.
Premium-Rate-Dienste	Darunter versteht man Sprach- oder Faxmehrwertdienste, für deren Erbringung der Angerufene ein Entgelt vom Anrufer erhält. Dieses Entgelt wird neben dem Verbindungsentgelt vom Netzbetreiber in Rechnung gestellt und an den Angerufenen überwiesen. Diese Dienste werden vor allem unter Rufnummern beginnend mit 0190 und 0900 angeboten.
Proxy-Server	Software, die in einem → LAN auf einem Web-Server installiert ist. Der P. fungiert als eine Art Zwischenstation für hereinkommende und hinausgehende Daten. Der P. kann zwei Funktionen erfüllen. Der P. dient zur Abspeicherung von Daten, die bereits einmal von einem → Client in einem LAN via Internet angefordert wurden. Dadurch wird bei einem nochmaligen Abruf der Daten die Zugriffszeit verkürzt (Cachefunktion). Ebenso dient der P. zur Erhöhung der Sicherheit in einem LAN, indem er die richtigen Adressen der einzelnen → User gegen andere ersetzt. Dadurch bleiben die eigentlichen Adressen außerhalb des LANs unbekannt. Datenpakete, die offensichtlich Viren enthalten, können ebenfalls vom P. entdeckt werden. P., mit speziellen Sicherheitsmechanismen ausgerüstet, können auch als → Firewall fungieren.
PSA	Abk. für Packaged Software Applications; ein Anwendungsprogramm, das zum Verkauf an ein breites Publikum entwickelt wurde. Es kann zwar durch einige Veränderungen auf einzelne Bedürfnisse des Endkunden zugeschnitten werden, ist aber nicht speziell für einen bestimmten Kunden entwickelt worden.
Public-Key-Server	Der P. ist ein öffentliches elektronisches Schlüsselverzeichnis, auf dem öffentliche Schlüssel, die zur → Datenverschlüsselung verwendet werden, für jederman leicht zugänglich gemacht sind. Siehe auch → Digitale Signatur.

RAM Abk. für Random Access Memory; auf ein RAM können sowohl Lese- als auch Schreibzugriffe beliebig oft erfolgen. Im Gegensatz zu → ROM verlieren sie bei Wegfall der Stromzufuhr den gespeicherten Inhalt. RAM werden in Rechnern als → Arbeitsspeicher verwendet.

Regulierungsbehörde Die Regulierungsbehörde für Telekommunikation und Post hat mit dem 1. 1. 1998 die Aufgaben des Bundesministeriums für Post und Telekommunikation (→ BMPT) und des Bundesamtes für Post und Telekommunikation (BAPT) übernommen. Sie wurde nach der Liberalisierung der Post- und Telekommunikationsmärkte als Bundesoberbehörde im Geschäftsbereich des Bundesministeriums für Wirtschaft mit Sitz in Bonn eingerichtet, insbesondere um eine Ausnutzung der Marktmachtstellung der ehemaligen Monopolunternehmen Deutsche Post AG und Deutsche Telekom AG zu verhindern. Die Entscheidungen der R., welche durch fünf Beschlusskammern auf der Grundlage der Bestimmungen des Telekommunikationsgesetzes getroffen werden, sind unmittelbar nur durch die Verwaltungsgerichte überprüfbar.
Die Hauptaufgaben der R. sind:
1. Die Sicherstellung eines chancengleichen und funktionsfähigen Wettbewerbs auf den Telekommunikations- und Postmärkten.
2. Die Sicherstellung einer flächendeckenden Grundversorgung mit Telekommunikations- und Postdienstleistungen (Universaldienstleistungen) zu erschwinglichen Preisen.
3. Die Vergabe von Lizenzen.
4. Die Verwaltung von Frequenzen (→ UMTS, → WLL, → GSM 900 und 1800 und → T-DAB) und Rufnummern.

RFC Abk. für Requests For Comments; die RFCs sind von der → IETF herausgegebene unverbindliche Standards und Standardisierungsmaßnahmen, die von der Internetgemeinde aber in der Regel eingehalten werden. Derzeit gibt es ca. 2600 RFCs. Eines der wichtigsten RFC ist Nr. 1661, in dem das → PPP definiert ist.
Mehr Information zu RFCs kann unter http://www.cis.ohio-state.edu abgerufen werden.

ROM Abk. für Read-Only Memory; ROM ist nur ein Lesespeicher, im Gegensatz zu → RAM. ROM ist ein Speichermedium, das gespeicherte Daten auf Dauer behält. Ein ständiges Wiederauffrischen der Daten ist nicht erforderlich. Die Daten im ROM können nur gelesen, aber nicht nachträglich verändert werden (zB CD-ROM).

Route — Weg, den ein Datenpaket im Netzwerk unter Zuhilfenahme eines → Routers vom Sende- bis zum Empfangscomputer nimmt. Der Weg ist im Internet durch das IP beschrieben.

Router — Engl. für „Wegsteuerer"; der R. (Computer mit entsprechender Software) ist am Aufbau von Verbindungen im → Internet beteiligt und sorgt dafür, dass die via Internet versendete Datei den im IP-Protokoll beschriebenen Weg zum Adressaten nimmt. Dabei leitet er die Datei wenn möglich direkt zum Empfangscomputer oder zum nächsten R., von wo aus sie weiter versendet wird. Der R. arbeitet auf der 3. Schicht des → OSI-Schichtenmodells (auf der Vermittlungsschicht) und ist daher vom Netzwerkprotokoll unabhängig. Daher können unterschiedliche Netzwerke mit unterschiedlichen Netzwerkprotokollen über einen R. verbunden werden. Siehe auch → Route.

Routing — Engl. für Wegsteuerung; die Ermittlung des geeigneten Übertragungsweges für ein Datenpaket im Netzwerk. Dieser Vorgang wird vom → Router durchgeführt und ist immer dann notwendig, wenn ein Datenpaket nicht direkt an den Empfangscomputer, sondern über Zwischenstationen (weitere Router) versendet wird. Dabei sollen die Zwischenstationen so ausgewählt werden, dass eine möglichst schnelle Übertragung erfolgt.

RSA — Abk. für Rivest, Shamir und Adleman; von diesen Personen 1978 unter Anwendung der Public-Key-Methode entwickeltes Verfahren zur → Datenverschlüsselung. Das RSA-Verfahren ist so ausgelegt, dass der für die Verschlüsselung konzipierte öffentliche Schlüssel aus dem Produkt zweier sehr hoher Primzahlen (mehrere hundert Dezimalstellen) abgeleitet wird. Der zur Entschlüsselung notwendige dazugehörige private Schlüssel enthält auch Informationen über die beiden Primzahlen. Durch dieses System wird eine hohe Datensicherheit gewährleistet, da aufgrund des öffentlichen Schlüssels der private Schlüssel nur sehr schwer errechnet werden kann. RSA wird auch bei → PGP verwendet.

S-PCS — Abk. für Satellite-Based Personal Communications Services; durch dieses System, welches aus einigen Satelliten und Bodenstationen besteht, ist es möglich, welt-

	weit Kommunikationsdienste unter einer Rufnummer in Anspruch zu nehmen. Dabei wird das über Satelliten übermittelte Signal durch die jeweilige Bodenstation an die vorhandenen Festnetze oder terrestrischen Mobilfunknetze weitergeleitet.
S/MIME	Abk. für Secure → MIME.
SAP	1. Abk. für Service Advertising Protocol; ein Novell-NetWare entwickeltes Protokoll, das → Servern erlaubt, für ihre Dienste zu werben. 2. Abk. für Systeme, Anwendungen, Produkte in der Datenverarbeitung. Name eines bedeutenden deutschen Softwareunternehmens mit Niederlassungen in aller Welt, das vorwiegend → Client-Server-Verbindungssoftware vertreibt.
Scouts	Kundschafter, die Inhalte des Internets oder eines Intranets nach möglichen Rechtsverletzungen durchsuchen.
Server	Wörtl. Diener, Gegenstück → Client. Software-Hardware-Einheit, die in einem Netzwerk Clients bedient. In einem lokalen Netzwerk heißt der Steuerrechner File-Server. Der Server ist in einem solchen Netzwerk für die Verwaltung zuständig und stellt alle benötigten Dienste für die einzelnen Benutzer (→ Clients) zur Verfügung. Diese Dienste können Datenspeicherplatz, Programme oder der Zugang zum Netzwerkdrucker sein. In einem → WAN oder einem Verbund von WANs (wie zB das Internet) bietet der S. verschiedene Dienste wie das Versenden und Weiterleiten von → E-Mails, die Möglichkeit des → Download von Dateien oder Recherchedienste in einer → Datenbank an.
SET	Abk. für Secure Electronic Transaction; Standard für sicheren Zahlungsverkehr im Internet per Kreditkarte. Dabei wird über eine spezielle Software unter Verwendung digitaler qualifizierter → Signaturen das Kreditkarteninstitut in den Zahlungsvorgang miteingebunden und das jeweilige Zertifikat mit der Kartennummer mitgebucht.
Set-Top-Box	Abk. STB; Zusatzgerät zum Fernseher, das den Empfang von digitalem Fernsehen und den an dieses Medium angebundenen Datendiensten ermöglicht. Herkömmliche Fernsehgeräte sind nur in der Lage, → Analog ausgestrahlte Fernsehprogramme wiederzugeben. Ein S. ist zB notwendig zum Empfang von Pay-TV-Paketen (DF1 und Premiere digital).

SGML — Abk. für Standardized Generalized Markup Language; wörtl. allgemeine, standardisierte Sprache zur Beschreibung (von Text). In → ISO 8.879 festgelegter Standard zur Beschreibung der logischen Struktur eines Dokuments. Die genaue Ausgestaltung (Schriftart und Schriftgröße etc.) wird vom Web-Browser durchgeführt. Siehe auch → HTML.

SHA-1 — S. wurde von → NIST entwickelt und ist eine 160-Bit → Hash-Funktion.

Signature — Wörtl. Unterschrift; steht am Ende einer → E-Mail; siehe auch → Digitale Signatur.

Simplex — S. bedeutet einfach Gegenteil zu Duplex; Verfahren, bei dem bei einer → DFÜ nur in eine Richtung gesendet werden kann (zB Radio- und Fernsehübertragung).

SITT — Abk. für eine sichere Internet-Treuhand-Transaktion; Verfahren zum sicheren Zahlungsverkehr bei Geschäften via Internet. Dabei vereinbaren der Käufer und der Verkäufer ein Treuhandkonto. Der Käufer überweist einen größeren Betrag auf das Treuhandkonto. Bei einer Online-Bestellung von Waren wird jeweils der bestimmte Kaufpreis vom Konto an den Verkäufer überwiesen.

SMTP — Abk. für Simple Mail Transfer Protocol; ein systemunabhängiges → Übertragungsprotokoll zum Austausch von → E-Mails zwischen verschiedenen → Servern. SMTP ist in → RFC 821definiert. Siehe auch → POP 3.

Software — S. bedeutet so viel wie „weiche Ware“. Darunter versteht man alle zum Betrieb einer Datenverarbeitungsanlage erforderlichen *nicht*apparativen Funktionsbestandteile (zB Programme). Gegenteil zu S. ist Hardware.

Spoofing — Wörtl. Schwindeln; das Vortäuschen einer falschen Identität. Beim IP-Spoofing werden Daten via Internet versendet, wobei der Absender aufgrund einer falschen Adressenangabe nicht ermittelbar ist. Beim DNS-Spoofing greift ein Hacker in das → DNS (Domain Name System) unerlaubt ein und verändert die Zuordnung der → IP-Adressen. Dadurch wird ein Domainname in eine falsche IP-Adresse umgewandelt und der → User gelangt auf einen unerwünschten Server oder versendet Daten zu diesem. Der Hacker kann dann in die übermittelten Daten unerlaubt Einsicht nehmen. Einen Schutz vor S. bieten → Firewalls.

SSL	Abk. für Secure Socket Layer. Das Protokoll setzt auf der Socket-Schnittstelle im → OSI-Schichtenmodell auf. Es wurde 1994 von Netscape entwickelt und unterstützt die Übertragung von Daten in verschlüsselter Form. Bei der Übertragung im WWW erkennt man ein Dokument, das in verschlüsselter Form übertragen wird, an der Abbildung eines Schlosses in der linken unteren Ecke.
Suchmaschine	Anwendung (Software) im Internet, die das Recherchieren im → WWW oder → Usenet ermöglicht. Durch Eingabe von Suchbegriffen ermittelt die S. Seiten im WWW, auf denen sich diese Begriffe befinden. Dabei greift die S. auf eine eigene → Datenbank zu, die durch spezielle Hilfsprogramme mit Daten, die sich auf den auf einzelnen → Servern gespeicherten Webpages befinden, gespeist wird. Diese Hilfsprogramme starten auf einer → Homepage eines Servers und verfolgen → Link für Link. Auf diese Weise bewegen sie sich seitenweise über den kompletten Server. Werden Veränderungen festgestellt, so werden diese auf der Datenbank der S. vermerkt. Dabei werden nur charakteristische Wörter jeder Webpage, der Titel der Seite, das Datum der letzten Aktualisierung und die dazugehörige → URL, unter der die Webpage aufgerufen werden kann, gespeichert.
System Management Software	Software, die Computersysteme in einem Unternehmen verwaltet. Zu deren Aufgaben gehören etwa die Softwareverteilung, Sicherung und Wiederherstellung von Daten, Erstellung und Verwaltung von Dienstplänen, Virenschutz sowie Präsentations- und Unternehmensplanung.
T-DAB	Digitaler terristrischer Tonrundfunk; DAB = Digital Audio Broadcasting; durch diese neue Technologie wird langfristig der → analoge UKW-Tonrundfunk abgelöst werden. Durch T. wird einerseits der Empfang von Tonrundfunkprogrammen erheblich verbessert und andererseits mit dem digitalen Datenstrom eine Vielzahl neuer Leistungen im Sinne multimedialer Anwendungen realisiert.
TAN	Abk. für Transaction Number; zur sicheren Durchführung von sensiblen Bankgeschäften (zB Überweisungen) via Internet erhält jeder einzelne Kunde eine Liste von TANs (Geheimzahlen), wobei jede TAN jeweils nur für eine einzelne Transaktion benutzt werden

kann. Sind die bereitgestellten TANs aufgebraucht, muss der Kunde bei seiner Bank eine neue Liste von TANs anfordern.

TCP/IP

Abk. für Transmission Control Protocol/Internet Protocol; das IP verwendet zur konkreten Bestimmung der verwendeten Adressen im Internet Zahlencodes von jeweils 4 Nummern von 0 bis 255, die durch einen Punkt getrennt werden. Die einzelnen Zahlencodes bestimmen, ähnlich einer Postadresse, das Netz, ein oder mehrere Subnetze und einen Rechner. Somit ist jeder Rechner genau identifizierbar. Mit dieser Information versehen werden Datenpakete bis zu einer Größe von 65.535 Bytes versandt. Aus diesem → Header erkennt der → Router den Weg, den das Nachrichtenpaket nehmen soll. Diese Ziffernblöcke (IP-Nummern) werden zur einfacheren Anwendbarkeit in alphanumerische Adressen gewandelt, so genannte Internet-Domainnamen. Siehe auch unter → URL. Das TCP dient anders als das IP zur Garantie der Übertragung. Im „IP-Briefumschlag" befindet sich ein zweiter „Umschlag", der vom Transportprotokoll (TCP) beschrieben wird und in dem sich die eigentlich zu übermittelnden Daten befinden.

Wird eine Nachricht in verschiedene Pakete zerlegt und so durch das Internet geschickt, kann aufgrund der Informationen auf dem TCP-Umschlag die Nachricht wieder zusammengesetzt werden. Ferner enthält TCP eine Prüfsumme des versendeten Datenpakets, die dem Empfänger die Kontrolle über die unveränderte Übermittlung der Daten gibt. Im TCP befinden sich Portnummern, die die Zuordnung der Daten zu verschiedenen Programmen oder Benutzern auf einem Empfangsrechner ermöglichen.

Telekommunikation

Der technische Vorgang des Sendens, Übermittelns und Empfangens von Nachrichten jeglicher Art in der Form von Zeichen, Bildern oder Tönen mittels → Telekommunikationsanlagen.

Telekommunikationsanlagen

T. sind technische Einrichtungen oder Systeme, die als Nachrichten identifizierbare elektromagnetische oder optische Signale senden, übertragen, vermitteln, empfangen, steuern oder kontrollieren können.

Telekommunikationsdienstleistungen

Das gewerbliche Angebot von → Telekommunikation einschließlich des Angebots von → Übertragungswegen für Dritte.

Telnet	Spezielles im Internet verwendetes → Übertragungsprotokoll. Siehe auch unter → URL.
Terminal	Datensichtstation; besteht meist nur aus einer Tastatur und einem Bildschirm.
Top-Level-Domain	Siehe → Domainnamen.
Triple-DES	Weiterentwicklung des → DES-Algorithmus, bei dem eine Schlüssellänge von 112 Bits verwendet wird.
Übertragungsprotokoll	Transfer Protocol; Komponente (meist Software), die bei einer → DFÜ eine Vermittlerrolle zwischen der Sende- und Empfangsstation übernimmt. Durch festgelegte Verfahren und Vorschriften wird ein Austausch von Nachrichten in Systemen der Datenübertragung erst ermöglicht. Sie beeinhalten die Beschreibung der Schnittstellen, des Verbindungsaufbaues, der Datenformate, der Zeitabläufe und der Fehlerkorrektur. Ü. werden in Kommunikationsprogrammen, in Zugangssoftware für → Online-Dienste und das Internet sowie im Netzwerk eingesetzt. Damit eine Datenübertragung erfolgen kann, müssen die an der Übertragung beteiligten Parteien dasselbe Übertragungsprotokoll verwenden. Ü. im Bereich der Kommunikationsprogramme sind etwa → Bi-Modem, → Kermit, → Zmodem. Die wichtigsten Ü. in Verbindung mit Netzwerken und dem → Internet sind → TCP/IP, → PPP sowie die im → OSI-Schichtenmodell festgelegten Protokolle.
Übertragungswege	Ü. sind → Telekommunikationsanlagen in Form von Kabel- oder Funkverbindungen mit ihren übertragungstechnischen Einrichtungen als Punkt-zu-Punkt- oder Punkt-zu-Mehrpunkt-Verbindungen mit einem bestimmten Informationsdurchsatzvermögen (→ Bandbreite oder Bitrate) einschließlich ihrer Abschlusseinrichtungen.
UMTS	Abk. für Universal Mobile Telecommunicationssystem; UMTS soll ein neuer weltweit gültiger Mobilfunkstandard werden. Bedeutendster Unterschied zu → GSM, dem derzeit üblichen Standard, ist, dass UMTS eine wesentlich höhere Übertragungsgeschwindigkeit ermöglichen wird. Während derzeit der → Download von Dateien aus dem → Internet auf ein Mobilfunkgerät noch schleppend vor sich geht (9600 → Bit/s), wird UMTS einen Datentransfer von bis zu 2 097 152 Bit/s ermöglichen. Neben den herkömmlichen Funktionen wie Sprachtelefonie oder Senden von Kurzmitteilun-

gen werden künftig multimediale Dienste mit der UMTS-Technik realisiert werden. Die Sprachqualität wird sich entscheidend verbessern; künftig wird nicht mehr die Zeit, die sich der Mobilfunkkunde im Netz aufhält, in Rechnung gestellt werden, sondern die übermittelte Datenmenge. Der Übergang zwischen nationalen Mobilfunknetzen wird einfacher, da UMTS auf den herkömmlichen digitalen Systemen aufbaut, so dass herkömmliche Mobilfunkgeräte in einem UMTS Netz und UMTS-Geräte in den bestehenden Netzen eingesetzt werden können. Ein Wechsel des Gerätes bei Reisen von Europa in den USA wird daher nicht mehr erforderlich sein. Die ersten UMTS-Netze sollen 2002 in Betrieb gehen. Da freie Funkfrequenzräume international vereinbart werden müssen, steht nur eine geringe Anzahl von Lizenzen zur Verteilung an. Die einzelnen Lizenzen – es wurden Frequenzblöcke mit einer Frequenzausstattung von insgesamt 145 MHz verteilt – wurden von den Telekom-Unternehmen für Milliardenbeträge ersteigert. Die Lizenznehmer sind verpflichtet, bis Ende 2003 die Versorgung von 25% der Bevölkerung mit UMTS-Dienstleistungen sicherzustellen. Bis 2005 muss die Hälfte der Bevölkerung in Deutschland mit UMTS erreichbar sein.

Unified Messaging — Unified Messaging ist die Fusion der einzelnen Fax-, Voice- und E-Mail-Server zu einem einheitlichen Kommunikationssystem mit einheitlicher Bedieneroberfläche am PC und dienstübergreifender Benutzerführung am Telefonapparat.

Upload — Gegenteil von → Download.

URL — Abk. für Uniform Resource Locator. Ein URL ist die genormte Methode zum Auffinden von Ressourcen in einem Netzwerk. Ein URL besteht aus Dienst://Adresse. Der Dienst gibt den Typ des Server-Programms an. Innerhalb des → WWW kommt das → Übertragungsprotokoll → HTTP zur Anwendung. Daneben gibt es auch noch andere Dienste wie zB → News, → WAIS, → Gopher, → FTP und → Telnet. Die Adresse beschreibt den → Hostnamen bzw. die dazugehörige → IP-Adresse. Neben der Adresse kann noch das Verzeichnis und die genaue Datei angegeben sein, auf die zugegriffen werden soll (zB ein bestimmtes Dokument, dies erkennt man an der Endung htm). Ohne Angabe der Datei gelangt man auf die → Homepage der jeweiligen → Website.

Usenet	Abk. für Users Network. Ein Diskussionsforum zu den unterschiedlichsten Themen. Die einzelnen Themenbereiche sind in → Newsgroups unterteilt. Der Zugang ist sowohl über → Internet als auch über andere Kommunikationssysteme möglich. Dabei unterhält man sich nicht live (vgl. → Chat), sondern verfasste Artikel werden online für alle Teilnehmer der Newsgroup sichtbar veröffentlicht. Wer an einer Newsgroup teilnehmen will, muss diese abonnieren. Dies geschieht bei den meisten Programmen mit einem einfachen Kommando.
User	Dt.: Anwender; Bezeichnung für einen Computer- oder Internetbenutzer.
User Program	U. ist die Bezeichnung für ein Anwendungsprogramm.
Video on Demand	V. bezeichnet die Bereitstellung von Videofilmen in digitalisierter Form auf einer Plattform im Internet, von der der → User, nach individuell getroffener Auswahl, meist gegen Entgelt, diese auf den eigenen PC → downloaden kann.
VPN	Abk. für Virtuelle Private Netzwerke; gemeint ist damit die Verknüpfung von → LANs via Internet, wobei der Datenaustausch außerhalb des LANs aber nur verschlüsselt erfolgt. Siehe auch → Datenverschlüsselung.
WAIS	Abk. für Wide Area Information System, dt.: „der weltweite Informationsdienst". Name eines Volltextsuch-Systems zum Auffinden von in Datenbanken gespeicherten Textinformationen im Internet. Neben kostenlosen → Datenbanken, auf die über W. zugegriffen werden kann, sind Abfragen auf kommerziellen Datenbanken gebührenpflichtig. Die Abfrage selbst erfolgt durch Angabe von Schlüsselwörtern und der zu durchsuchenden Datenbanken. Die Suche selbst wird von WWW- → Clients unterstützt.
WAN	Abk. für Wide Area Network; Gegenstück → LAN; ein WAN ist ein Netzwerk, in dem Computer über große Entfernungen verbunden sind. Meistens sind verschiedene lokale Netzwerke (LANs) über große Distanzen über Telefonleitungen miteinander verbunden. Als Schnittstelle zwischen den LANs dienen → Bridges, → Router und → Gateways, wobei Gateways Netze unterschiedlicher Netzwerkarchitekturen anschließen.

WAP	Abk. für Wireless Application Protocol; ein weltweiter offener Standard für die drahtlose → DFÜ vom → WWW zu einem WAP-Gerät (Mobiltelefon, SmartPhones). WAP ist für eine geringe Übertragungsgeschwindigkeit zwischen WAP-Server und WAP-Geräten konzipiert und überträgt daher nur die wesentlichen Informationen.
Web-Browser	Anwendungsprogramm zum „Suchen" im → WWW. Siehe auch unter → Browser. Die bekanntesten Web-Browser sind der Internet Explorer von Microsoft und der Netscape Communicator von Netscape. Neben dem eigentlichen Browser für das → WWW enthalten diese Komponenten meist noch einen → Client für → FTP, der das Empfangen und Senden von Dateien zu einem → Server ermöglicht, der entsprechende Dateibereiche anbietet.
Webhosting	Unter Webhosting versteht man das Zurverfügungstellen von Speicherplatz auf einem fremden → Server im → WWW. Vergleiche auch → Host-Provider.
Webside	Auch Webpage oder HTML-Seite; wörtl. Webseite; Seite im → WWW , die über → HTML formuliert wird. Nicht zu verwechseln mit → Website.
Website	W. bedeutet so viel wie: Standort, Platz, also der Standort eines Anbieters im → WWW. Eine Website besteht aus der Gesamtheit aller → Webpages, so genannte → HTML-Dokumente einer privaten Person oder eines Unternehmens, die über einen Domainnamen im Internet abgerufen werden können. Die Startseite einer Website wird als → Homepage bezeichnet. Über sie gelangt man interaktiv zu anderen Webpages oder über einen → Link auch zu einer anderen Website.
Wizzard	Siehe → Assistent.
WLL	Abk. für Wireless Local Loop. WLL bedeutet die drahtlose Funkanbindung eines Teilnehmers an ein Telekommunikationsnetz. Disloziert gelegene Endteilnehmer werden nicht mittels teurer Kabel, sondern mittels einer Funkanlage an örtliche Festnetze angeschlossen.
World Wide Web Consortium	Abk.: W3C. Das W3C wurde 1994 als nichtprofitorientierte Organisation in Zusammenarbeit mit → CERN gegründet. Direktor des W3C ist Tim → Berners-Lee, der am CERN maßgeblich an der Entwicklung des WWW beteiligt war. Hauptaufgabe des W3C ist die

Weiterentwicklug und Vereineinheitlichung von → Beschreibungssprachen (→ HTML und → XML) und Protokollen für das WWW. Teil der WC3 ist die → IETF (Abk. für Internet Engineering Task Force). IETF veröffentlicht die → RFCs (entwickelte Standards).

WTLS — Abk. für Wireless Transport Layer Security; WTLS stellt die Schicht dar, die im WAP-Protokoll die gesicherte Kommunikation steuert.

WWW — Das World Wide Web besteht aus der Gesamtheit der Computer im Internet, die über → HTTP mit Hypertext-Verknüpfungen vernetzt sind. WWW wurde von → CERN unter Beteiligung von NCSA 1990 entwickelt. Die Weiterentwicklung erfolgt seit 1994 durch das → World Wide Web Consortium (W3C). Die einfache Bedienung und Multimediafähigkeit verdrängte schnell die bisherigen Internet-Dienste wie → Gopher oder „Archie". Das WWW erlaubt einen weltweit systemunabhängigen Informationszugriff auf servergespeicherte Dokumente. Dabei muss der Anwender nicht wissen, auf welchem → Server ein Dokument gespeichert ist. Zum Suchen eines Dokuments ist ein → Web-Browser erforderlich. Das WWW wird über → HTTP definiert. HTTP ist ein objektorientiertes Protokoll zum Dokumentenaustauch zwischen WWW-Servern und -Clients. Texte werden im WWW hauptsächlich als Hypertext präsentiert. Dies geschieht mit Hilfe der Beschreibungssprache → HTML (Abk. für HyperText Markup Language). Die Besonderheit des HTML-Formats besteht in der Möglichkeit, → Links zu anderen Webpages oder anderen Websites einzubinden.

X.509 — X.509 ist ein von → ITU festgelegtes Standardformat für Zertifikate. X.509 wird bei → SSL und → S/MIME verwendet.

XML — Abk. für Extensible Markup Language. Siehe auch → HTML.

Zmodem — Z. ist ein → Übertragungsprotokoll, das bei → DFÜ Datenpakete bis zu 2 MByte versendet. Das Prüfsummenverfahren CRC sorgt für eine hohe Übertragungssicherheit der Dateien. Zmodem wird von den meisten Kommunikationsprogrammen unterstützt.

Stichwortverzeichnis

Fett gedruckte Buchstaben verweisen auf den Teil, magere Zahlen auf die Randzahlen des Teils; Zahlen mit dem Zusatz **Glossar** verweisen auf die Seitenzahlen.

Moritz/Dreier (Hrsg.), Rechts-Handbuch zum E-Commerce

- Hinweise und Anregungen: ______________________________

- In Teil __________ Rz. __________ Zeile __________ von oben/unten

muß es statt ______________________________

richtig heißen: ______________________________

Moritz/Dreier (Hrsg.), Rechts-Handbuch zum E-Commerce

- Hinweise und Anregungen: ______________________________

- In Teil __________ Rz. __________ Zeile __________ von oben/unten

muß es statt ______________________________

richtig heißen: ______________________________

Absender:

So können Sie uns auch erreichen:
lektorat@otto-schmidt.de

Wichtig: Bitte immer den Titel des Werks angeben!

Antwortkarte

Verlag Dr. Otto Schmidt KG
– Lektorat –
Unter den Ulmen 96-98

50968 Köln

Absender:

So können Sie uns auch erreichen:
lektorat@otto-schmidt.de

Wichtig: Bitte immer den Titel des Werks angeben!

Antwortkarte

Verlag Dr. Otto Schmidt KG
– Lektorat
Unter den Ulmen 96-98

50968 Köln